农业与健康创新的知识产权管理

最佳实践手册

[美] 阿纳托尔·克拉蒂格
[韩] 理查德·T. 马奥尼
[美] 利塔·内尔森
[南非] 詹妮弗·A. 汤姆森
[美] 阿兰·B. 班尼特 ◎编
[印度] 卡尼卡拉姆·萨蒂亚纳拉亚纳
[美] 格雷戈里·D. 格拉夫
[智利] 卡洛斯·费尔南德斯
[美] 斯坦利·P. 科瓦尔斯基

中国农业科学院◎主持翻译

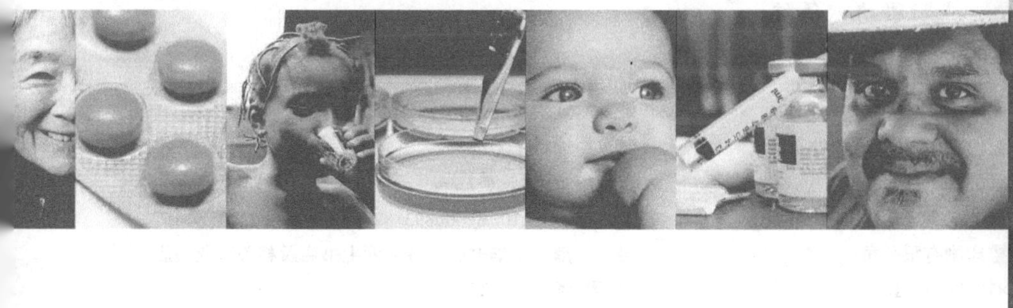

上 册

MIHR A STEP NEARER EQUITY
PIPRA public intellectual property resource for agriculture
Ministério da Saúde
FIOCRUZ
Fundação Oswaldo Cruz
bioDevelopments INTERNATIONAL INSTITUTE

知识产权出版社
全国百佳图书出版单位
—北京—

图书在版编目（CIP）数据

农业与健康创新的知识产权管理：最佳实践手册/（美）阿纳托尔·克拉蒂格等编；中国农业科学院主持翻译.—北京：知识产权出版社，2022.8

书名原文：Intellectual Property Management in Health and Agricultural Innovation：a handbook of best practices

ISBN 978-7-5130-8110-8

Ⅰ.①农… Ⅱ.①阿…②中… Ⅲ.①农业—知识产权—管理—研究 Ⅳ.①D913.404

中国版本图书馆 CIP 数据核字（2022）第 059159 号

内容提要

本书共分 16 部分。第一部分至第三部分，主要包括创新与知识产权管理的背景、促进创新的具体战略和机制、与创新相关的政策和法律环境等。第四部分至第七部分，主要包括知识产权基本知识、机构政策和战略、建立并运营技术转移办公室、合同和协议支持的伙伴关系等。第八部分至第十一部分，主要包括如何管理发明人与发明、技术评估与估值、专利申请与专利授权、技术许可等。第十二部分至第十五部分，主要包括技术交易和营销、创业者精神、风险管理、争端解决等。第十六部分，主要介绍了遗传资源惠益分享的机制和原理。

策划编辑：黄清明　　**责任编辑**：程足芬　张利萍　吴亚平　李芸杰　林竹鸣
责任校对：谷　洋　　**封面采用原书设计方案，设计者**：Linette Lao
责任印制：刘译文　　**封面设计**：杨杨工作室·张冀

农业与健康创新的知识产权管理——最佳实践手册（上）（下）
［美］阿纳托尔·克拉蒂格　等编
中国农业科学院　主持翻译

出版发行：知识产权出版社有限责任公司　　网　址：http://www.ipph.cn
社　址：北京市海淀区气象路 50 号院　　邮　编：100081
责编电话：010-82000860 转 8117　　责编邮箱：hqm@cnipr.com
发行电话：010-82000860 转 8101/8102　　发行传真：010-82000893/82005070/82000270
印　刷：北京建宏印刷有限公司　　经　销：新华书店、各大网上书店及相关专业书店
开　本：787mm×1092mm　1/16　　总 印 张：103.25
版　次：2022 年 8 月第 1 版　　印　次：2022 年 8 月第 1 次印刷
总 字 数：2400 千字　　总 定 价：496.00 元（上、下册）
ISBN 978-7-5130-8110-8

本书翻译指导委员会

主　　任：王汉中

副 主 任：赵玉林　王述民　袁龙江

委　　员：（按姓氏笔画排序）

马雄风　文　学　方金豹　孔繁涛　冯艳秋　刘录祥　刘荣乐
刘　洁　阮建云　杨永坤　张友军　张军民　张　毅　陈巧敏
金　轲　胡培松　高清竹　郭静利　曹永生　戴培刚

本书翻译分工

主 译 审：张　熠

副主译审：刘晓娜　李　雪　岳　强　沈慧芝

译　　者：（按姓氏笔画排序）

马凌珂　王友华　王秀芳　王　杰　王　迪　王靖轩　邓秋洁
朱晓昱　刘　芳　刘晓娜　刘　勤　刘　磊　孙娟娟　李义强
李瑞云　杨　坤　杨　洋　吴定峰　沈慧芝　宋　潇　张亚林
张成尧　张向向　张志刚　张　晓　张　熠　陈继康　范琳琳
岳　强　周希劢　赵丽霞　赵金梅　赵娜娜　赵海根　赵蓉蓉
姚金玲　索亚丽　贾淑云　顿宝庆　徐宗昌　焉　石　渠　晖
梁　燕　穆怀彬　戴培刚

审 校 者：（按姓氏笔画排序）

邓　欣　兰　星　刘　芳　刘晓娜　刘银良　李　宁　李　雪
李小娟　李紫陌　李瑞云　杨　坤　吴定峰　张　亮　张　熠
张春义　林鉴非　欧阳石文　周凌云　袁维峰　殷　宏　郭刚刚

行政助理：赵娜娜

项目支持

中国农业科学院
中国农业科学院北京畜牧兽医研究所

中文版序

创新是引领发展的第一动力，保护知识产权就是保护创新。党的十八大以来，以习近平同志为核心的党中央就建设知识产权强国作出一系列重大决策部署，深刻揭示了知识产权发展的客观规律、丰富内涵和重要作用，引领我国知识产权事业进入新时代，农业领域知识产权保护也获得了长足发展。

在制度建设方面，修订后的《促进科技成果转化法》《专利法》《种子法》，通过明确成果转化收入分配机制，实行开放许可唤醒“沉睡”专利，建立实质性派生品种制度，完善侵权赔偿制度等，为强化农业知识产权保护提供了强有力的制度保障。

在能力提升方面，我国作物育种、植物保护等部分领域科研竞争力进入世界第一方阵，农业科技创新成果取得重大突破，科技产出位居全球前列。据 2021 年统计，我国涉农授权专利 63.8 万件，数量居世界第一；农业植物新品种权总授权量 1.5 万件，居世界第三。全国农业知识产权创造指数从 2013 年的 40.1% 上升到 2019 年的 113.0%，提高了近两倍。

在转化运用方面，农业知识产权，如各类植物新品种权、动物药品和兽医疫苗等专利和技术秘密的推广应用，取得了显著的社会经济效益，农业科技进步贡献率从 2012 年的 54.5% 提高到 2021 年的 61.5%，增长了 7 个百分点。农业知识产权的创造与运用，为加快高水平农业科技自立自强和农业农村现代化，保障国家粮食安全，促进农民增收和乡村振兴发挥了重要作用。

如今，我国成功迈入创新型国家行列，正在由知识产权引进大国转变为知识产权创造大国，在这个时代背景下，更需要不断健全知识产权法规制度体系，建立高效的知识产权管理体制和运行机制。农业领域的知识产权保护工作专业性强，内容繁多，保护形式多样，掌握起来有难度。一些发达国家经过多年的探索，已经形成了从国家、机构到个人等不同层面协同加强农业知识产权保护的理论体系、制度机制和行为模式，值得学习和借鉴。由健康研发知识产权管理中心（MIHR）、农业公共知识产权资源联盟（PIPRA）和世界知识产权组织等机构的 200 余位专家学者和代理人、律师等专业人士共同撰写的《农业与健康创新的知识产权管理：最佳实践手册》，系统介绍了美欧日韩等国家和地区不同类型科教机构和企业保护农业及健康领域知识产权的规则、做法和案例，内容丰富、系统完整、通俗易懂。中国农业科学院组织院内外专家学者对此书进行了翻译，为国内开展农业知识产权研究及实践提供了翔实的基础资料。

做好新形势下的农业知识产权保护工作，既要结合发达国家的经验做法，也要结合我国国情，走出中国特色知识产权发展之路。期待与农业和健康领域的同仁共同努力，不断精进，充分发挥知识产权制度激励创新的基本保障作用，为强化国家粮食安全、促进人民生命健康、推动乡村全面振兴提供强有力的科技支撑。

中国农业科学院院长

中国工程院院士

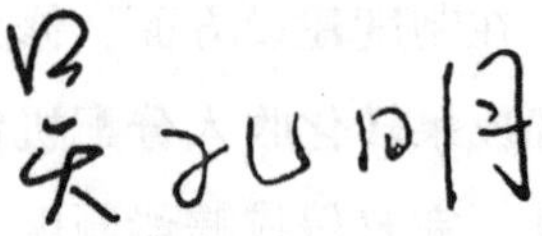

2022 年 8 月

译者前言

强化知识产权保护是我国促进科技创新的重要任务之一。“工欲善其事，必先利其器”，一本涵盖知识产权各保护形式及创造、运用、保护、管理、服务全过程的参考书籍，将有利于农业与健康领域创新从业者学习了解相关知识，有效利用知识产权制度促进科技创新发展。《农业与健康创新的知识产权管理：最佳实践手册》是专门针对农业和健康领域知识产权管理与保护撰写的参考书籍，具有以下特点。

一是内容丰富，系统全面。该手册详细介绍了农业和健康领域的知识产权创造、运用、保护、管理和服务的相关知识及经验，包括专利权、植物新品种权、软件著作权、商标权、商业秘密，技术转移机构的建立与管理，以及遗传资源、本土知识惠益分享等，中文版达 240 万字，可谓洋洋大观。

二是深入浅出，平实易懂。原书编著者从普通科研人员的实际需求出发，注重结合实际案例和实践经验，将专业知识和原理原则娓娓道来，读起来趣味盎然。

三是针对性强，应用面广。该手册总结了 1980 年美国实施《拜杜法案》后 25 年间，美国、日本、韩国、欧洲等国家和地区知识产权保护法律体系及实践案例，对我国实施创新驱动发展战略及《促进科技成果转化法》具有借鉴意义。针对目前遇到的问题，如 2020 年我国第四次修正《专利法》提出的专利保护期与药品审批制度的衔接机制，科技成果价值评估、产业集群创新、种质资源引进交换国际法律条约和渠道等，均有专门章节进行介绍。尤其在“一带一路”倡议下，强化国际知识产权布局所需要了解的基本情况及技巧，书中亦有介绍。本书具有的参考价值，在农业领域，国内目前无能出其右者。

鉴于此，本书中文版 60 余位译校者，历时 5 年，工作之余接续投入，对所选的 16 个部分 124 章开展了初翻、初校、二校、三遍统稿、文字润色和注释等工作，知识产权出版社相关团队负责三审三校，严格认真，几方共同努力，力求保证翻译质量。其间辛苦，其间长进，如人饮水，冷暖自知。囿于能力、时间和知识面有限，书中必有错讹之处，敬祈高明指正（联系邮箱：ipr@ caas. cn）。

感谢中国农业科学院原副院长、联合国粮农组织助理总干事王韧博士长期关心农业知识产权工作并积极推介此书。感谢美国加利福尼亚大学戴维斯分校原副校长、农业公共知识产权资源联盟（PIPRA）执行总裁阿兰·B. 班尼特（Alan B. Bennett）博士协助中国农业科学院获得中文版权并在翻译过程中给予各种支持。感谢北京大学法学院刘银良教授、国家知识产权局专利局专利审查协作河南中心化学部原副主任欧阳石文研究员、中国农业科学院兰州兽医研究所殷宏研究员、海南省农业科学院副院长（挂职）及中国农业科学院作物科学研究所副所长张春义研究员、中国科学院计算技术研究所技术发展处副处长李小娟等专家学者鼎力相助，审校关键章节、提升译文质量。

感谢农业农村部科技教育司、种业管理司、北京市知识产权局和海淀区知识产权局的支持与指导。

只争朝夕，不负韶华，努力提高农业与健康领域知识产权管理水平，强化农业创新驱动发展，为保障国家粮食安全和农业农村高质量发展尽绵薄之力，是我们共同的心愿。

主　编

阿纳托尔·克拉蒂格（Anatole Krattiger）

美国亚利桑那州立大学生物设计研究所，生物发展国际研究所，美国康奈尔大学

理查德·T. 马奥尼（Richard T. Mahoney）

韩国国际疫苗研究所

序　　言

洛克菲勒基金会

亲爱的读者：

在过去10年中，发达国家和发展中国家在农业、卫生健康和经济领域的差距引起了各国的关注。洛克菲勒基金会提出并启动众多计划来解决这些问题，包括成立非洲农业技术基金会、非洲绿色革命联盟、国际艾滋病疫苗倡议和全球结核病药物研发联盟等。

然而，这些工作和类似举措要想获得成功，需要我们与发达国家研究型大学直接参与，也需要鼓励发展中国家不断提高创新能力。为此，我们创建了农业公共知识产权资源联盟（PIPRA）和健康研发知识产权管理中心（MIHR）。其使命是加强公共研究机构掌握新技术的能力，并确保更公平地分享全球化的红利。本《手册》和配套《操作指南》以及在线版本是针对这一双重挑战提出的新的解决方案。后续的互动电子版覆盖范围将更广，而且我们希望读者从中受益更多。

洛克菲勒基金会很高兴资助创建这一独特资源。它为发达国家和发展中国家的政策制定者、研究机构的领导者、研究人员和技术管理人员提供了（多方面）富有价值的经验。事实上，本《手册》和《操作指南》有可能是有史以来为公众撰写的最全面的知识产权管理著作，体现MIHR和PIPRA的承诺和杰出工作。它将成为未来几年从事规划和专业人员不可或缺的工具。

顺致最美好的祝福！

朱迪思·罗丁（Judith Rodin）总裁

Judith Rodin
President
420 Fifth Avenue New York
New York 10018-2702
Tel 212. 852. 8400
Fax 212. 852. 8277
president@ rockfound. org www. rockfound. org

来自顾问委员会的致辞

亲爱的读者：

知识产权可以成为强大的工具。在符合道义并有效管理的情况下，它既可以促进发展挽救生命、减少贫困的创新技术，也可以确保创新成果得以应用。卫生健康和农业领域迫切需要研发并使用创新成果，以改善需要帮助的人们的生活——特别是发展中国家的人们。

本《手册》及其配套《操作指南》是关于知识产权管理与最佳实践的权威、全面和实用的参考资料。对于寻求从战略上利用知识产权促进经济增长并公平分配创新技术成果的任何人来说，这些作品都是无价之宝。《手册》为全球健康和粮食安全工作做出了独特贡献，我们很高兴该手册将付诸使用。

查尔斯·J. 阿恩岑（美国）
罗杰·N. 比奇（美国）
诺曼·E. 博洛格（墨西哥）
陈章良（中国）
马哈茂德·F. 法塔拉（埃及）
玛丽亚·弗雷尔（美国）
威廉·亨尼西（美国）
卡米尔·伊德里斯（苏丹/瑞士）
莫莉·詹（美国）
古尔德夫·库什（印度/美国）
莫西布迪·曼格纳（南非）
R. A. 马舍尔卡（印度）
亚历克斯·F. 麦卡拉（美国）
卡洛斯·莫雷尔（巴西）
英戈·波特里库斯（瑞士）
朱迪思·罗丁（美国）
埃米尔·萨利姆（印度尼西亚）
艾伯特·萨森（摩洛哥/法国）
秋野幸男（日本）
伊斯梅尔·瑟拉格尔丁（埃及）
维克多·S. 谢维卢卡（俄罗斯）
M. S. 斯瓦米纳桑（印度）
马克·范·蒙塔古男爵（比利时）
Vo Tong Xuan（越南）

本《手册》赞助商

洛克菲勒基金会
(THE ROCKEFELLER FOUNDATION)

考夫曼基金会
(Ewing Marion KAUFFMAN Foundation)

本《手册》分发支持方

AFRICAN AGRICULTURAL TECHNOLOGY FOUNDATION
FONDATION AFRICAINE POUR LES TECHNOLOGIES AGRICOLES

AUTM

Cornell University

GOBIERNO DE CHILE
FUNDACIÓN PARA LA INNOVACIÓN AGRARIA
INNOVA-CORFO

PIERCE LAW
FRANKLIN PIERCE LAW CENTER
AND GEROW D. BRILL, ESQ. '91

innovation fund

IRRI
INTERNATIONAL RICE RESEARCH INSTITUTE

ISAAA
INTERNATIONAL SERVICE FOR THE ACQUISITION OF AGRI-BIOTECH APPLICATIONS

Ewing Marion KAUFFMAN Foundation

Kirkhouse Trust

MONSANTO imagine

PIIPA

THE ROCKEFELLER FOUNDATION

SARIMA

Sathguru

Thomson-Shore
Book Manufacturing

THE UNIVERSITY OF CALIFORNIA 1868

VENABLE LLP

许多机构在看到本《手册》的样章后，纷纷购买并在各发展中国家分发。感谢他们的慷慨相助，并提前向愿意加入的其他人致谢。有关分发支持方的最新名单请访问 www. ipHandbook。

AUTM、PIIPA 和 Venable LLP 提供实物支持。

目　　录

诺曼·E. 博洛格（Norman E. Borlaug）的序

从多个角度来说，本《手册》的出版都恰逢其时。无论我们喜欢与否，在技术转移方面，全球一体化已经创建了一个复杂的知识产权管理体系。该体系中包括发展中国家的公共研究机构，但他们在应对新的不断变化的形势方面需要指导。《手册》力图以参考资料的形式为这些机构提供帮助。它不但解释了知识产权制度，而且展示了公共研究机构和发达国家如何利用知识产权制度实现其人道主义和社会经济目标。

过去50年是农业领域最富成效的历史时期。农业科技创新实现了绿色革命，使10亿人免于挨饿和饥荒。健康领域的创新成果使脊髓灰质炎、麻风病和天花得到控制。虽然实现了历史上饥饿人数的最大缩减，但还远远不够。尽管现代医学潜力巨大，但对于最需要预防和治疗的数亿人群而言，其覆盖范围仍然过小。

全球数十亿人需要既保护环境又可以养家糊口的农业新技术，也需要抗击艾滋病毒/艾滋病、疟疾、肺结核、登革热以及其他典型的困扰发展中国家贫困人群疾病的健康领域创新成果。新的科学技术（包括生物技术）具有满足这些需求的潜力。

今天，世界粮食供应总量是60亿吨，可食用干物质是30亿吨，包括谷物、块根块茎、豆类、水果蔬菜、家畜和鱼类。未来50年内，世界人口可能增加60%~80%，全球粮食产量需要增加近一倍。而我们必须在农业用地不断缩小的情况下实现这一增长，大部分新增产量则需要在消费国就近生产。更为复杂的是，全世界8亿饥饿人口中一半以上是发展中国家小农户，他们在耕种的边缘化土地易受环境的影响。用科技力量保护脆弱环境是21世纪最大的挑战之一。

尽管面临严峻而艰巨的挑战，但仍有理由希望，借助新的生物技术工具，将会迎来新一轮农业创新加速期。新的科学有能力提高产量、解决农业极端气候问题，并减轻一系列环境和生物问题。私营企业已在研究上投入数十亿美元，取得了惊人的新发现和产品，例如转基因作物。但不幸的是，除了中国和印度的Bt抗虫棉外，发展中国家小农户几乎没有种植私营企业开发的新作物。这种情况必须尽快纠正。

如今，科学创新方式与50年前甚至20年前截然不同。私营部门在新技术发明中已处于引领地位，因此发展中国家不能主要依赖公共部门的创新成果。即便是公共研究机构开发的创新成果，也因为基于公共和私营部门的共同发明，而与全球知识产权制度有着千丝万缕的联系。

作为全球系统的一部分，发展中国家的科研机构需要了解知识产权制度的运行方式，才能抓住新的机遇。此外，全球公共部门的研究工作，不能只按自己的节拍前进；为了向前发展，必须与私营部门开展合作。新的体系前景辉煌，发展中国家需要知道如何通过谈判获取权利和机会，以及如何在价值互换的基础上建立伙伴关系。

本《手册》是在日益复杂但丰富的全球化创新体系中发展的宝贵指南。读者会找到具有理论和实践指导意义的相关案例研究。对于发展中国家和发达国家的政府政策制定者、公共研究机构高级管理人员、技术转移官员以及科学家来说，《手册》非常有用。它能够帮助政府和其他机构应对未来农业及卫生健康领域的挑战。

2006 年 12 月

于墨哥西 El Batán

R. A. 马舍尔卡（R. A. Mashelkar）的序

知识产权（IP）不再是一个专家们独自耕耘的孤立领域，而已成为席卷全球的创新驱动社会经济发展的组成部分，并且逐渐成为解决各种技术、社会经济和政治问题的有效政策工具。这本《手册》及其《操作指南》新颖实用，恰逢其时，做出了非凡贡献。

知识产权的创造、评估、保护和定价问题日益复杂。对新型知识产权保护方式的需求不断增加。经济正在发生变化，知识型经济取代了"实体经济"。科学知识呈指数级增长。随着印度、中国和巴西等创新型发展中国家成为科技创新的主要贡献者，出现了新的"科学地理分布图"。政策制定者、研究人员和企业家对发展中国家丰富的传统知识给予高度评价，并认识到其与知识产权相关的复杂问题。不久以前，知识产权专家还只需要处理非生命主题的保护。而今，涉及植物和动物（包括人类）的知识产权引发的复杂情况令人困惑。因此，迫切需要一本指导处理这些问题的权威而条理清晰的书籍。《手册》和《操作指南》具有权威性，条理清晰，阐述方式通俗易懂，将知识产权管理领域的业界先驱和思想领袖的贡献悉数囊括在内，可满足这一需求。

以往出版的知识产权书籍也具有价值，但只针对发达国家的企业和机构。本《手册》首次致力于解决发展中国家关注的问题，并首次广泛宣传公共研究机构为公共利益和私人利益做出的巨大贡献及其在促进发展中国家实现社会经济目标和宗旨中的重要作用。

过去，新兴的全球创新网络只涉及北-北合作伙伴关系。但是现在，南-北合作伙伴关系以及南-南合作伙伴关系正在形成。随着"技术保护主义"与"技术全球化"达到新的平衡，知识产权管理问题变得更加复杂。私营领域和公共领域都在创造新的知识。这已不再是 Linux 与 Windows 的对抗——而是 Linux 与 Windows 的合作！总而言之，我们如何才能在公共和私营之间建立新的联系？本《手册》已经率先面对这一新的挑战。

起草、解释和分析知识产权文件中的技术、法律及商业信息，需要专业技能。通过在线数据库监测专利和其他形式知识产权中蕴含的海量信息，防范国家知识产权安全风险至关重要。分析这些信息获得市场情报，以及为创新性利用知识产权而开发潜在的细分领域，将产生知识型的新业务。从这个角度来看，《手册》亦是无价之宝。

如今，初创公司和衍生公司已不限于斯坦福大学、麻省理工学院、剑桥大学和牛津大学。中国的领导力报告称，中国大学已经建立了数百家高科技初创企业。印度正在为印度大学和研究机构引入《拜杜法案》式法律。简言之，通过大学产生的知识创造财富的现象正在全世界蔓延。《手册》为大学的发明者和管理者提供了许可、协议谈判、技术转移和争议解决等方面的宝贵指导。

本书最吸引人的内容是介绍了公共机构案例研究，提供了斯坦福大学、麻省理工学院、剑桥大学和其他领先公共研究机构的经验。对于拟建立自己的技术转移体系并希望效仿这些大学的新兴经济体机构而言，案例研究将最具启发性。

当一个公共机构开始倡导专利文化时，如何阅读和撰写专利申请、如何记录发明以及如何准备实验室记录和发明披露等问题变得至关重要。在印度，发起“专利扫盲运动”时，因为没有任何参考资料作指引，我们走过了一条艰难的路。如果当时有《手册》和《操作指南》，我们的工作会是多么容易而富有成效！

低收入和中等收入国家的知识产权管理问题非常复杂。特别是卫生健康领域挽救生命方面的创新和农业领域维持生计方面的创新，直接影响一个国家的社会经济发展。《手册》对解决这些问题给予了特别关注。

我希望，《手册》不仅能够提供知识产权管理方面的指导原则和最佳实践，而且能够成为一座灯塔，指引我们走向更加公平和包容的世界。毕竟，无论是被公众还是私人所有，让知识产权为贫困人群服务都是建立以创新为主导的包容性增长的唯一途径。

2007 年 3 月
于印度浦那

弗朗西斯·高锐（Francis Gurry）的序

知识产权（IP）在全球政策体系中已经由孤立转变为共同参与，成为一个更加丰富的工作领域。并且已经从一维的专业化技术，转变为多维的政策复合体。然而，在日趋复杂的形势下，这种转变并非没有成本。大多数国际组织已经参与了各类知识产权政策研讨，似乎依然没有上限，因为这些组织负责的每个政策领域都要面对如何在知识经济新环境中实施知识产权的问题。这些政策在区域、双边和国家层面上反复交叉出现。就好比，参与戏剧演出的演员阵容更加广泛、更多样化，表演的曲目比二十年前更为苛刻。这一发展趋势在生命科学领域，特别是涉及公共卫生和农业创新的领域，表现得最为突出。在这些领域中，新技术要满足人类最基本的需求，同时还要对技术产生的影响以及伦理问题考虑周全，并持有基本的正义和人权立场。

在充满挑战的新环境中，《农业与健康创新的知识产权管理：最佳实践手册》将成为宝贵的资源。《手册》基于多重定位，以非常积极的方式促进了对知识产权的了解，即其作为一种法律体系、政策制定机制和政策工具所具有的效用、价值和局限性。

《手册》的积极定位，首先体现在实用性上。知识产权引起了越来越多的关注，使知识产权问题与当代社会的某些“伟大思想”（*grandes idées*）联系在一起，例如全球化、科技发展的道德极限和分配公正性等。这种趋势对知识产权管理产生了不利影响，使知识产权的重心脱离了实际；对于这些宏大的思想而言，知识产权并不一定是中立的。但知识产权相关政策是操作层面的政策，其效果在很大程度上取决于如何部署和使用知识产权。扎实的实践指导和经验是宝贵的资源，在《手册》中随处可见。

相比任何事情都要依靠立法解决，实用方法和解决方案更受欢迎。无论是国家立法还是国际立法，如果没有采取实际行动或实施，其价值非常有限，甚至没有意义。过去15年来，我们经历了国际知识产权立法的爆炸式增长，1989年至2000年缔结了10项新的多边条约。知识产权的实际管理经验，为评价现有法律框架的益处，以及帮助公共和私营部门的运营者将现阶段密集立法的益处落在实处，提供了丰富的知识基础。

《手册》积极的定位，其次体现在坚持最佳实践方法论。在复杂的国际谈判中，解决方案通常以参与国不同的立场和基本利益的最低共同目标作为基准。在世界对共同范围缺乏足够认识时，这种方法对于达成共识是必要的。但至今难以找到基于最佳做法而达成的协议，缺乏对共同利益的积极表达，以及哪怕是努力推进此类最佳做法而达成共识。当世界期待在国际立法程序中更广泛地采用最佳实践方法论时，《手册》提供了运用这种方法论的具体指导，为当前立法环境中知识产权管理的实践提供了新的选择。

《手册》的战略定位是理解最佳实践方法，这也是做好知识产权管理的战略路径。复杂的知识产权环境，需要利用有效的策略摸清复杂的制度架构，并为促进商业、科学和公共部门创造、部署和传播新知识发挥知识产权的潜力。专利制度已形成了最全面、最系统并可获得的人类技术记录。15年前，这一知识宝藏只有少数专家知道，他们通过保存的纸质文件接触到这些专利技术记录。数字技术与互联网应用相结合，使这些记录能够免费提供给全世界。丰富的原始数据通过智能化的利用，可以为公共和私营部门提供技术和政策信息，使其能够更加战略化地制定研究方向、明确自由实施和商业策略。

《手册》以建设性、务实并高效的方式促进了对知识产权的理解和实践，健康研发知识产权管理中心（MIHR）和农业公共知识产权资源联盟（PIPRA）将因组织和出版《手册》受到表彰。

2007年3月

于瑞士日内瓦

霍华德·A. 朱克（Howard A. Zucker）的序

过去25年来，公共卫生领域经历了重大的挑战，也获得了成功。精心规划并实施的预防与控制措施，在与可怕的传染病斗争中，显示出了价值：1979年消灭了天花，并遏制了威胁公共健康的麻疹。开发了治疗HIV感染的新药，显著改善了接受抗逆转录病毒治疗患者的预后。即便出现了禽流感等新的威胁、消灭脊髓灰质炎计划受挫等问题，以技术防控传染病仍是可行的。

然而，即使技术上可行，发展中国家并不总能有效控制传染病，其发展现状与所获得的医疗方法和条件并不相称。部分问题源于医疗服务覆盖范围不足：世界上1/3的人口无法定期得到基本现代医疗（在非洲和亚洲的某些地区，这一比例高达一半）。缺乏直接的财政支持也是问题。药物开发复杂、漫长而花费巨大。世界卫生组织《公共卫生创新与知识产权——知识产权、创新和公共卫生委员会报告》称（见该报告第17页和第76页），保守估计某些药物的研发成本在1.15亿到2.40亿美元之间。

社会文化不平等对药物分配产生深远影响。大多数潜在患者生活在世界上较贫穷地区，而大多数药物和疫苗的生产者及购买者生活在富裕国家。虽然发展中国家拥有世界80%以上的人口，药品销售额却仅占10%左右。尽管大型药品生产商渴望使药物惠及所有人，但需要服从市场力量和股东意愿。

卫生健康产品供需均已失衡。许多公共卫生政策专家认为，知识产权，即对新药和疫苗所投入智力与金融投资的保护，导致了这种不平衡和不平等。在世界卫生组织的支持下，世界卫生大会决定成立独立委员会分析关于知识产权、创新及公共卫生的关系。该委员会2006年发布的报告指出，世界各国政府已经认识到在获取现有药物方面存在道德和法律问题（见该报告第8和第9页）。现有药物的易获取，是发展中国家和其他地方政府努力控制疾病的关键。

后续行动是由公共健康、创新和知识产权的政府官员和其他主要利益相关方组成工作组，制定全球战略和行动计划。其目标是强化并可持续发展需求驱动的健康研发，从而治愈或治疗对发展中国家造成严重影响的疾病。战略需解决三大挑战，其中之一是“使知识产权为健康服务”。为实施战略所提出行动计划有8项内容，其中之一是知识产权管理，包括立法、激励措施、文件编制、培训和监管等。

在政府间工作组议题中，世界卫生组织成员已将知识产权管理列为与疾病作斗争取得进展的关键因素，该因素在道德、经济和卫生政策领域形成了复杂而敏感的问题。《手册》及时出现又高度相关。希望《手册》通过帮助全球尤其是发展中国家的学者、研究人员和政策制定者厘清影响广泛获取药物与知识产权保护之间的关系问题，从而建立国家层面的决策能力。

2007年3月

于瑞士日内瓦

戈登·康威爵士（Sir Gordon Conway）的序

1998年到2004年，我担任洛克菲勒基金会主席。公正地说，在此期间，对于知识产权（IP）和贫困人群可负担必需品之间的确切关系，普遍缺乏认识。基金会尝试以各种方式来解决这一问题，包括支持建立健康研发知识产权管理中心（MIHR）和农业公共知识产权资源联盟（PIPRA）。到目前为止，这些组织一直在独立工作。尽管存在多种差异，但他们有一个共同的目标，即为公共利益制定并传播知识产权管理的最佳实践方法。现在，这些组织首次联手将各自领域的共同点整合在一起，创作了这本独特而全面的《农业与健康创新的知识产权管理：最佳实践手册》。

对这些互补性机构的创立原则，我想作一些回应。公众拥有的知识产权可以改善卫生健康和农业产品的流通及专有技术的传播，建立PIPRA和MIHR是为了加强他们各自领域新技术负有的道德层面上的责任。然而，在分别与农业界和医学界磋商后，洛克菲勒基金会内部明确了建立两个独立机构的想法。在基金会的水稻生物技术计划运作期间，负责粮食安全的项目官员敏锐地意识到公共研究机构开发的许多技术正在被大公司占有锁定，美国大学的专家也发现了这一问题。“健康公平”项目也遇到了类似问题，当时基金会正在通过建立全球公私伙伴关系，开发平价药物和疫苗。

这种情况是怎么形成的呢？在许多情况下，发达国家的研究机构根本没有考虑其技术许可行为对发展中国家造成的影响。发达国家和发展中国家的公共机构都缺乏合理的政策，能最大限度地发挥公私合作研发的全球公共产品所带来的益处。为解决这些问题，本地技术管理人员需要更好地获知信息并以国际化方式思维，而公共研究机构则需要合理的制度及政策，确保公共投资能够提供贫困人群可负担的必需品。

到目前为止，MIHR的工作重点是能力建设，致力于在发展中国家建立专业技术管理队伍，并提高这支队伍的素质。MIHR已经为发达国家和发展中国家的技术管理人员开发并推广了最佳实践“工具包”，鼓励采用有助于提高全球健康水平的许可措施。

与MIHR不同，PIPRA是由40多家美国主要的研究型大学和美国及国际上非营利性研究机构组成的联盟。建立联盟是为了使其成员机构开发的农业技术覆盖全球。PIPRA通过提高成员之间的研究合作和知识产权共享，实现公共利益。

PIPRA正在创建一个广泛的专利/许可数据库，该数据库有助于确定成员机构可提供的技术范围以及获得这些技术的特定方式。在明确自由实施的情况下，PIPRA正在制定相应策略，以促进科学家利用技术来满足发展中国家贫困农民的农业需求。PIPRA还为公共部门创建了帮助发展中国家改善自给型农作物以及在美国种植特种作物的方法。

PIPRA的业务规划包括在发展中国家构建农业技术管理能力，这也是MIHR的核心使命。与此同时，MIHR的业务规划包括建立卫生健康技术专利和许可数据库，MIHR目前正在探索建立一个由发达国家大学技术管理办公室组成的类似PIPRA的联盟。在生物技术方面，从实验室所用试剂到国家监管体系以及产业政策，农业与卫生健康领域存在诸多相似之处。PIPRA和MIHR显然具有广泛合作的潜力。出版本《手册》是朝这个方向迈出的令人激动的第一步。

我认为国际社会必须采取更多措施，在道德层面上促进发达国家公共资金产生的新技术，惠及发展中国家的农业和卫生健康。与此同时，我们必须认识到，发展中国家解决自身粮食短缺和公共卫生挑战问题的能力在逐渐加强。《手册》推进了这些目标实现。重要的是以MIHR和PIPRA的工作为基础并不断超越，建立新的跨国网络，吸纳更多伙伴，只要相信创新力量可以满足贫困人群的需求，无论是捐助者还是实干家，都可以加入进来。

2006年12月

于英国伦敦

编委会致辞：从最佳原则到最佳实践

作为编辑委员会的成员，我们不仅代表了多种专业背景、机构和地理区域，而且代表了关于知识产权（IP）的不同观点。我们在很多问题上观点一致并拥有共同目标：使卫生健康和农业领域挽救生命、减轻贫困的创新成果可以在更大范围内以更快速度推广应用，尤其在发展中国家。下述观点表明，正是出于希望世界更加公平的基本愿景，将我们联系在一起。

- **知识产权是培育创新的工具。**知识产权已经到来，并将在此长存。无论视其为法律概念、社会架构、商业资产还是实现人道主义目标的工具，知识产权的价值都毋庸置疑。发明可以成为财产、可以被拥有和出售的观念，鼓励科学家和研究人员发明创造，也鼓励企业家和公司投资创新，并允许他们利用技术成果获利。但若允许企业家排挤竞争对手并设定更高价格，知识产权保护也会阻碍一些个人或群体得到产品。当然，有效利用并分配知识产权还有许多方法。通过出版本《手册》、配套的《操作指南》及在线版本，我们有意促进知识产权为公共部门和公共利益服务。我们认为，对于知识产权，既不应拒之千里，也不应盲目接受；而应加强管理，使创新最大限度地惠及所有社会成员，特别是低收入人群。
- **知识产权是一种折中且不完美的解决方案。**知识产权代表着在公共领域自由获取所有知识与授予发明人发明所有权之间寻找平衡。从历史上看，这种平衡鼓励了创新投资和再投资，尽管这些创新较少针对贫困人群的需求。达到适度平衡需要持续、合理的知识产权管理，而鼓励加强管理正是我们编写《手册》和《操作指南》的初衷。幸运的是，众多案例研究表明，公共部门可以制定有效的解决方案，以实现、至少是接近适度平衡。尤其在公司同意捐赠或以其他方式共享其知识产权的情况下，可以利用现有知识产权制度实现这种平衡。
- **创造力是促进任何领域繁荣的动力，卫生健康和农业领域新兴的全球化创新体系为世界各地创新带来了崭新的前景。**无论经济状况如何，上述观点对每个国家的创新管理、技术转让、市场竞争和经济发展都产生了深远影响。有了机会和资源，任何地方的科学家和学者都能够以富有价值的技术创造前景无限的发明。无论发明来自本土还是国外，权威的知识产权管理都将在持续获得创新成果并转化运用中发挥至关重要的作用。
- **公共机构促进知识产权创造和管理的相关政策，应优先考虑实现机构的使命。**在大多数国家，大学的使命是教育、研究和公共服务。大学不是创收者。技术转移应该支持这些机构实现更大目标，而不仅仅是维持其运行。

- **知识产权主要使富人受益的历史发展趋势已持续多年。**部分原因在于公共部门对知识产权管理关注不足。这个问题必须得到纠正。公共部门知识产权管理是一门相当年轻的学科，自公共部门20世纪70年代参与卫生研究、20世纪90年代参与农业生物技术研究后，情况已经发生了巨大变化。公共部门现在才开始意识到该如何利用自己的知识产权以及他人的知识产权，来帮助实现自己的社会使命，包括对贫困人群的责任。我们认为，公共和私营部门利用知识产权维护公共利益的兴趣越来越浓厚，但缺乏相应的知识和能力。本《手册》旨在满足这些需求。

我们希望《手册》和《操作指南》能够鼓励各方更好地利用前所未有的机会，从知识产权战略管理中受益，从而促进公益事业，特别是那些迄今为止无法享受科技红利的人们。这将有助于建立一个更健康、更公平的世界。

阿纳托尔·克拉蒂格（ANATOLE KRATTIGER），美国亚利桑那州立大学生物设计研究所研究员；生物发展国际研究所主席；美国康奈尔大学兼职教授（P. O. Box 26, Interlaken, NY, 14847, U. S. A. afk3@ cornell. edu）

理查德·T. 马奥尼（RICHARD T. MAHONEY），韩国国际疫苗研究所儿科登革热疫苗计划疫苗接种主任（San Bongcheon-7dong, Kwanak-ku, Seoul 151-818, Republic of Korea. rmahoney@ pdvi. org）

利塔·内尔森（LITA NELSEN），美国麻省理工学院技术许可办公室主任（Kendall Square, Room NE25-230, Cambridge, MA, 02142-1493, U. S. A. lita@ MIT. edu）

詹妮弗·A. 汤姆森（JENNIFER A. THOMSON），南非开普敦大学分子与细胞生物学教授（Private Bag, Rondebosch 7701, South Africa. Jennifer. Thomson@ uct. ac. za）

阿兰·B. 班尼特（ALAN B. BENNETT），美国加利福尼亚大学戴维斯分校研究室，副校长助理；美国农业公共知识产权资源联盟常务理事（1850 Research Park Drive, Davis, CA, 95616, U. S. A. abbennett@ ucdavis. edu）

卡尼卡拉姆·萨蒂亚纳拉亚纳（KANIKARAM SATYANARAYANA），印度医学研究委员会知识产权部主任（Ramalingaswami Bhawan, Ansari Nagar, New Delhi 110029, India. kanikaram_s@ yahoo. com）

格雷戈里·D. 格拉夫（GREGORY D. GRAFF），美国农业公共知识产权资源联盟研究型经济学家，加利福尼亚大学伯克利分校农业和资源经济部访问博士后（Mail Stop 5, University of California, Davis, CA, 95616, U. S. A. gdgraff@ ucdavis. edu）

卡洛斯·费尔南德斯（CARLOS FERNANDEZ），智利农业创新基金战略研究部主任（Loreley 1582, La Reina, Santiago, Chile. carlos. fernandez@ fia. com）

斯坦利·P. 科瓦尔斯基（STANLEY P. KOWALSKI），富兰克林·皮尔斯法律中心（2 White Street, Concord, New Hampshire, 03301, U. S. A. spk3@ cornell. edu and skowalski@ piercelaw. edu）

上图左起：卡洛斯·费尔南德斯、阿兰·B. 班尼特、阿纳托尔·克拉蒂格、利塔·内尔森、詹妮弗·A. 汤姆森、卡尼卡拉姆·萨蒂亚纳拉亚纳、理查德·B. 马奥尼

左图：格雷戈里·D. 格拉夫、斯坦利·P. 科瓦尔斯基

前　言

本《手册》发出的声音构成了知识产权（IP）管理领域的专家大合唱。怀着对更美好世界的热情，这些大师自愿分享他们的经验，共同努力为贫困人群带来创新并改善数百万人的生活。这些无私的、具有开创精神的专家让人想起另一位革命家，Ludwig van Beethoven（路德维希·范·贝多芬），他曾宣称："我从未想过为声誉和荣耀而创作。我心中的激情必须表达出来：这就是我作曲的原因。"本作品显然不如贝多芬的作品那般壮丽，但是同样具有激发灵感的力量：因为作者一直在用心创作。

这些章节中表现出来的创造性反映了一个事实，即知识产权管理是一门更接近于艺术而不是科学的新兴学科。这就是每章标题页都注明《手册》"分享知识产权管理艺术"的原因。这些章节对知识产权在许多实际情景中的作用进行了清晰并有说服力的分析，为激励读者去尝试新的策略、冒险、即兴发挥并接受新的思想提供了充分的想象空间。这种创造力是对知识产权和公共利益之间日益复杂的关系和重要性所作出的必要反应。

鉴于知识产权是重要的机构管理和全球政策问题，公共研究机构不能继续忽视或将其甩给立法机构。政策制定者、科学机构领导者、许可专家和各地的科学家都需要齐心协力，正确对待、充分利用各自的专业知识做好本职工作。保护知识产权只是一个开端，真正的挑战是如何运用某项知识产权发挥知识产权制度的作用。考虑到人道主义和社会经济责任，这一点对于公共部门和私营部门都同样重要。

这首"大协奏曲"汇聚了东西南北各方知识产权专业人士的经验，并提供了可用于多种机构的创新性知识和策略。由于越来越多的发展中国家正在寻求最大限度地优化其知识资产及资源的社会经济和文化价值，我相信本《手册》将会找到知音。由近200位作者谱写的章节组曲，提供了实用建议和参考材料，将为获得更多健康解决方案和农业创新铺平道路。作者们从不同角度阐述多个主题，不可避免地导致一些重叠。而这种重叠使读者可以从多个角度去审视同一个主题。作者们各抒己见，正如贝多芬的著名对位法：整体如此引人注目，是源于其独特的组成部分。

科技飞速发展，全球互联来临，知识产权成为经济增长和人道主义的核心，将催生更加精细和复杂的机制框架。甚至当您阅读本文时，这一过程正在发生。因此，没有时间孤芳自赏，是时候发出您的声音，整合您的价值观并采取行动，形成有效的合作伙伴网络。正如独奏缺乏整个管弦乐队的磅礴力量，如果没有合作，独自创新必将受挫。

本《手册》的优势在于其信息的深度和广度。但是，就像只有琴弓碰到弦、响起定音鼓，音符才会变成音乐一样，只有当读者将这些章节的内容转化为行动时，它们才有意义。我最大的愿望是,《手册》能够引发一场充满热情、激动人心的表演,触动他人的生活并在书外回响。

主　编
阿纳托尔·克拉蒂格(ANATOLE KRATTIGER)
美国亚利桑那州立大学生物设计研究所研究员
生物发展国际研究所主席
美国康奈尔大学兼职教授

致 谢

就像从试验台到临床（健康）或从播种到收获（农业）的创新过程一样，创造本《手册》及其《操作指南》和在线版本的过程，需要努力和好运。作为总编辑，我发现编辑这本由近200位作者158章的书籍，存在许多独特的挑战，也得到了很多特殊的回报。

首先，特别感谢作者们自愿分享经验和见解，紧急开展合作，花费大量的宝贵时间进行写作（感谢雇主允许作者花费时间去写作）。作者们辛勤工作是读者的福气。

特别感谢洛克菲勒基金会，尤其是负责卫生健康领域的 Ariel Pablos-Méndez 和 Charles Gardner；负责农业领域的 Gary Toenniessen 和 Deborah Delmer；以及 Jacob Werksman（现在世界资源研究所）。在他们的领导下，健康研发知识产权管理中心（MIHR）和农业公共知识产权资源联盟（PIPRA）几年前得以成立。他们的雄心壮志和洛克菲勒基金会主席 Judith Rodin 的远见卓识，使我们能够为您带来这本《手册》。我谨代表手册的所有用户、编辑委员会、MIHR 和 PIPRA，真诚地感谢洛克菲勒基金会重要的项目资金支持。同样感谢 Ewing Marion Kauffman 基金会提供资金。特别感谢 Lesa Mitchell 对《操作指南》的关心。两个基金会的联合赞助使得编写《手册》成为可能。但是，我们想强调的是，所有的原则、内容和编辑决定都是编辑委员会的独立职责。作为主编，我自然对任何错误或遗漏承担全部责任。

非常感谢《手册》发行支持者的慷慨相助。《手册》内容准备好之后，我们向一些组织提供了样本章节，一些人愿意出面购买本书，并在低收入和中等收入国家广泛分发。发行支持者除了学术和公共研究机构、慈善基金会和公司之外，还包括来自发展中经济体的若干机构。发行支持者，包括未来参与其中的支持者，将极大地增强本《手册》的影响力。

编辑委员会对赞助委员会所有成员慷慨地为本手册背书表示感谢。他们的明智意见极具价值。

感谢大学技术经理人员协会（AUTM）允许我们从《AUTM 技术转移实践手册》中遴选文章，更新并编辑后作为本《手册》的部分章节，允许我们从协会《世界项目和实地报告集萃》中选择案例，充实《操作指南》。这些贡献增加了《手册》内容的广度和深度。其中，Mark Crowell、John Fraser、Stu Gordon、Vicki Loise 和 Lisa Richter 提供的帮助最大。感谢公共利益知识产权顾问公司（PIIPA），特别是 Michael Gollin 和 Steven Price，感谢他们在其工作联络网中寻求律师事务所的帮助，律师事务所的成员对许多重要章节做出了贡献，对我们的要求迅速回应并愿意将想法和经验分享出来，证实了对 PIIPA 理想的承诺。英国大学公司协会（UNICO）提供了富有价值的《UNI-

CO 实用指南》，值得赞赏。我个人的感谢献给 Anderson & Company 的 Mark Anderson，他是指南的主要作者，编辑时期非常配合。感谢《知识资产杂志》（IAM，由全球白页有限公司出版），特别是 Joff Wild 编辑，允许《手册》的编辑进一步整编并更新 IAM 发表的文章作为重要章节。感谢国际许可贸易工作者协会出版的《Les Nouvelles》，允许我们修订其中的两篇文章并收录在《手册》中。

特别感谢 Whitehead 生物医学研究所，通过 Amina Hamzaoui 的斡旋，许可我们使用其宝贵的专利及协议管理系统 WIIPS™（Whitehead 研究所知识产权系统），并授权我们通过《手册》的在线版本将系统再许可给各技术转移办公室使用。

非常感谢英国牛津大学 MIHR 的同事。首先，感谢首席执行官 Robert Eiss 在敦促《手册》按期推进的足智多谋。还要感谢 Junko Chapman 勤勉而独具日式的礼貌，协调所有作者的简介、事迹和照片（后者出现在《手册》的在线版本中）。特别感谢 Rachelle Harris 在众多关键环节提供辛勤帮助和始终热情的支持。感谢 MIHR 的行政人员总是加倍努力完成工作。真诚感谢 MIHR 董事会，特别是主席 Pramilla Senanayake，他们卓有远见地成立了《手册》的理事会小组委员会。由 Lita Nelsen、Richard T. Mahoney 和 Jerry Keusch 组成的委员会效率惊人，感谢他们脚踏实地并鼓舞人心的工作。

这项尝试确实是 MIHR 和 PIPRA 合作的结果，是这个重要的合作伙伴关系让《手册》得以问世。与 Alan Bennett 和 Greg Graff（二者均为编辑委员会成员）、Sara Boettiger 和 Cecilia Chi-Ham 领导的 PIPRA 工作人员开展合作非常愉快。他们的努力不可或缺，体现了 PIPRA 独特的专业性和高效率。

如果没有熟练高效的编辑和制作团队，本《手册》就无法成形，也无法达到高水平的可读性和质量。我个人最诚挚地感谢 David Alvarez 的慷慨帮助和承诺。他在整个项目过程中与我合作，用幽默化解了难以忍受的关键时刻。感谢他最能干、最热情的手稿编辑 Jacqueline Stuhmiller 和 Katy Dixon。非常感谢 Paula Douglass 以其严格的标准，勤奋、敏锐、敏感地编辑手稿。特别感谢卓有贡献的编辑 Stan Kowalski 和 Greg Graff 坚持不懈的努力。他们组织和处理繁杂材料的能力是不可或缺的。

任何拿到本《手册》的人都能明显地感受到 Linette Lao 的优雅设计。很高兴与她合作，感谢她的工作人员 Mary Penn、Julie Morelli 和 Kristin Schrader，有时他们会整天地研究本书的布局和设计。我代表所有的《手册》读者，感谢火眼金睛的 Barry Hall 对每一章进行了最后定稿。

特别要提及 Stan、David、Jacqueline、Paula、Greg、Linette、Mary 和 Barry 非凡的奉献精神，使本书能够及时出版。

特别高兴地感谢 Dynamic Diagrams 有限责任公司的 Lisa Agustin 及她的团队，包括 Timothy Roy、Fred Toth、Matt DeMeis 和 Henry Woodbury，在开发《手册》在线版本中做出的出色工作。他们的热情和专注使得在线版本比我们想象得更优秀。Jacob Werksman 的远见格外有价值。

特别感谢亚利桑那州立大学生物设计研究所的 Charles Arntzen，他认识到本《手册》的重要性并给予了深思熟虑的支持。亚利桑那州立大学校长 Michael Crow 以他的远见和热情，直接和间接鼓励了我。感谢 Dodds & Associates 的 John Dodds，教会我很多知识产权管理的来龙去脉，并在章节审查过程中提供了很多实用的法律建议。

作为主编，我最幸运的是得到了杰出的编辑委员会的帮助和支持。这些敬业和才华横溢的董事会成员，以辛勤的工作、郑重的承诺、专业的指导和丰富的经验，从个人到专业都给予我鼓舞和激励，并使本项目按照既定目标进行。我很高兴有机会与这些优秀的人们一起领导这项富有价值并影响深远的工作。

最后，我谨代表编辑委员会，特别感谢本《手册》的共同主编以及早期更简洁版本的唯一编辑 Richard T. Mahoney。Richard 的书及其毕生事业，在《手册》编辑整个过程中给了我很大的启发。在过去的两年里，他的热情支持和创造力以及对时间和精力的慷慨投入始终如一。他令人愉快的幽默感和写实主义风格有助于客观地看待每件事务，以无法估量的方式创造了本《手册》并将其提供给您。

主　编

阿纳托尔·克拉蒂格（ANATOLE KRATTIGER）

译者　张熠　**审校者**　刘晓娜　李雪　张熠（文前部分）

第一部分

创新与知识产权管理：背景概述

第 1.1 章

知识产权管理在健康和农业创新中的作用

理查德·T. 马奥尼（RICHARD T. MAHONEY）
韩国国际疫苗研究所儿科登革热疫苗计划疫苗接种中心主任
阿纳托尔·克拉蒂格（ANATOLE KRATTIGER）
美国亚利桑那州立大学生物设计研究所研究员；
生物发展国际研究所主席；美国康奈尔大学兼职教授
▌译者 张成尧 赵娜娜 ▌审校者 刘晓娜 李紫陌 李雪 陈继康 张熠 殷宏

摘 要

最近，国内外知识产权立法框架都发生了一些变化，这些变化可能会对卫生健康和农业创新如何惠及贫困人口，以及公共和私营研发机构如何开展工作产生深远影响。尽管知识产权有时被视为阻碍了卫生健康和农业创新发展，但我们坚持认为造成这些障碍的并不是知识产权本身，而是知识产权使用和管理的方式（特别是公共部门机构如何使用和管理）。重要的是，我们认为知识产权仅是创新的 6 个要素之一，且并不是最重要的组成部分。

本章回顾了近年来在知识产权制度以及全球政策发生的转变和国际研究方面的重大进展，这些进展除引发其他方面的后果外，也影响了健康研发知识产权管理中心（the Centre for the Management of Intellectual Property in Health Research and Development，MIHR）和农业公共知识产权资源联盟（the Public Intellectual Property Resource for Agriculture，PIPRA）的创建环境。在卫生健康领域，随着一种新型创新机构——产品开发合作伙伴关系（product-development partnerships，PDPs）的建立，变化尤为明显。我们认为，看待并开展卫生健康和农业创新领域知识产权管理的方式正在发生根本性的改变。发展中国家在缓解贫困、处理由贫困带来的疾病以及营养不良等问题时，应将知识产权管理作为国家战略的重要内容，使战略更具创新性。此外，公共部门可以在不断发展的知识产权框架内找到新的方式实现目标。这些新的方式可以帮助公共部门更有效地配置资源，通过创新获取产品。新的方式应包括：a）开展全球可获取并可

Mahoney RT and A Krattiger. The Role of IP Management in Health and Agricultural Innovation. In *Intellectual Property Management in Health and Agricultural Innovation*: *A Handbook of Best Practices* (eds. A Krattiger, RT Mahoney, L Nelsen, et al.). MIHR: Oxford, U.K., and PIPRA: Davis, U.S.A. Available online at www.ipHandbook.org.

负担的创新许可实践；b）提升机构的知识产权管理能力；c）制定全面的国家知识产权政策；d）加强知识产权法庭系统和专利局的建设。

这些就是知识产权的最佳实践，以及本《手册》力求帮助实现和推广的内容。

1 引言

国内外知识产权立法框架的变化，已经深刻影响了创新惠及贫困人口、公共和私营研发机构开展工作的方式。1980 年，美国颁布的《拜杜法案》* 对美国政府机构的众多知识产权所有权政策进行了整合，提供了非常具有启发性的经验。[1] 这部法案显著改变了学术机构管理知识产权的方式。各个大学必须适应不断加剧的知识经济快速发展趋势。由于发达经济体与发展中经济体之间的互动日益增加，公共部门与私营部门之间的关系愈发复杂，理解这些伙伴关系以及最佳运作方式的需求也越来越迫切。在过去 10 年中，卫生健康、农业以及知识产权本身发生的巨大变化如文本框 1 所示。

另外，过去几年，机构的知识产权基础设施发生了巨大变化，非政府组织（NGOs）、公共研究机构和公私合作伙伴关系领域也实现了巨大发展（见文本框 2 关于农业生物技术相关领域的讨论）。这些发展有望重塑全球知识产权环境，尤其是发展中国家的知识产权环境。其中一些较为重大的事件包括：[2]

- 2003 年：非洲农业技术基金会（AATF）成立
- 2003 年：健康研发知识产权管理中心（MIHR）成立
- 2003 年：全球健康技术经理人协会（TMGH）成立，隶属于大学技术经理人协会（AUTM）
- 2004 年：农业公共知识产权资源联盟（PIPRA）成立

在卫生健康领域，变化也很显著。1990—2000 年，出现了许多与发展中国家重点关注疾病有关的产品开发合作伙伴关系（PDPs）。PDPs 必须每天处理知识产权管理问题，而且他们从中学到有关知识产权作用的经验非常有趣。MIHR 已经召开了两次会议分析 PDPs 中的知识产权管理，这两次会议都在 Aeras** 的全球结核病疫苗基金会召开，第一次是在 2004 年 12 月，第二次是在 2006 年 7 月。[3] 实际上，MIHR 的建立和发展在很多方面也反映或间接影响了知识产权管理环境的变化。总而言之，MIHR 建立的过程可以帮助我们理解已经发生和正在发生的巨大变化。

文本框 1：近期全球知识产权体系的重大事件

关于知识产权总体情况：

- 2002 年：英国知识产权委员会报告[4]

---

* 1980 年专利和商标修正案（35 U. S. C. § § 200-211），另见本《手册》第 3. 2 章、第 3. 4 章。——译者注

** 一家新结核病疫苗研发商，完全一体化的全球性非营利生物技术机构。——译者注

- 2005年：1月份，许多低收入和中等收入国家加入TRIPS协定

主要与卫生健康相关：

- 2001年：世界贸易组织（WTO）第四次部长会议，通过了关于TRIPS协定和公共卫生健康的《多哈宣言》[5]
- 2005年：批准TRIPS协定的修正案，为没有生产能力的发展中国家提供强制许可下生产的药物
- 2006年：世界卫生组织（WHO）委员会发布《知识产权、创新和公共卫生健康报告》[6]

主要与农业相关：

- 2001年：成立世界知识产权组织（WIPO）知识产权、遗传资源、传统知识和民间艺术的政府间委员会[7]
- 2001年：联合国粮农组织（FAO）制定《粮食和农业植物遗传资源国际条约》
- 2002年：联合国粮农组织和世界银行设立全球生物多样性信托基金
- 2002年：根据《生物多样性公约》，通过关于获取遗传资源以及公平公正分享利用遗传资源获取利益的《波恩准则》

文本框2：发挥公共部门农业知识产权的作用

20世纪90年代，农业生物技术领域快速发展，一些大公司拥有使能技术平台的关键技术所有权。这种所有权，加上强大的研发能力、现有的营销和分销网络，以及来自农用化学品和种子的大量现金流，激励了这些公司大举投资开发农业生物技术产品。[8]随着研发投资的增加，这些公司成为新作物基因和转基因作物的主要供应者。[9]在同一时期，生物安全监管的要求导致研发成本大幅增加，减缓了公共部门农业生物技术作物的发展，特别是公共部门的作物育种项目。发展中国家在农业领域也减少了对小作物和低经济价值性状的研究，尽管这些作物和性状具有较高的社会、人文和环境价值。[10]

公共部门和农业知识产权之间的关系出现了一个重要的转折点，受洛克菲勒基金会委托，由阿纳托尔·克拉蒂格（AK）领导进行的一项关于含有维生素A黄金大米的自由实施（FTO）调查显示，大约有70项专利和专利申请适用于改良大米。[11]幸运的是，通过一项简单的知识产权管理策略（将权利归还给能够利用这些权利为发展中国家造福的单一实体），使所有障碍在几个月内得到解决。这些障碍的迅速解决

表明，有效的知识产权管理，加上公共和私营部门之间的有力合作，可以帮助发展中国家实现人文主义目标。知识产权的限制并没有延误产品的开发，特别是与整体研发成本相比，解决知识产权限制的成本并不高。同时，FTO 的审查敲响了警钟，提醒公共部门要更加重视知识产权管理这一强大工具。

对农业创新研究潜在限制的担忧激发了公共部门对知识产权的兴趣，这也促进了农业公共知识产权资源联盟（PIPRA）[12] 的形成。在洛克菲勒和麦克奈特基金会等机构的支持下，PIPRA，开始研究农业生物技术中的知识产权所有权结构，并发起一项公共部门倡议，它认识到继续加强与私营部门的合作是成功利用知识产权实现公共部门目标的关键组成部分，用该研究的作者理查德·阿特金森和同事们的话来说：

研究发现，大约 1/4 的专利发明是由公共部门研究人员完成的，这大大超过了任何一家农业生物技术公司所拥有的知识产权组合。然而，它们在各个机构和技术类别之间高度分散。这些知识产权中的大部分通常根据保密条款已获得许可，但很可能导致对底层技术访问的极大限制。研究表明，除了几个重要的例外，公共部门科学家已经发明了许多开展基础生物学研究和开发新的转基因植物品种所必需的技术。例如，他们开发了将基因转移到植物细胞的技术；具有驱动独特基因表达模式的特定 DNA 元素特征；并且已经鉴定了许多具有重要植物特性的基因。这些发现突显了一个事实，即公共部门研究机构一直是技术创新的重要来源。[13]

我们相信，这些创新可以更直接地发挥作用，通过更集中的公共部门知识产权管理帮助贫困人口。

过去 10 年间发生的重大事件，已经让健康和农业领域的国际发展机构从根本上认识到了知识产权在该领域创新中的作用，特别是与贫困人口需求息息相关的内容。在 20 世纪 80 年代和 90 年代，许多人认为知识产权和专利对人类健康并无益处，创造性的生物技术产品也对食品不利。这派观点认为，知识产权被大型医药和农业企业所掌控，他们利用知识产权的力量占领市场，限制消费者在健康和农业市场的消费选择，更重要的是，他们提高了产品的价格。产品价格的提高不仅将贫困人口排挤出了市场，也阻碍了对贫困人口所需产品的进一步创新。[14]

然而，只有在公共部门被动应对全球知识产权体系的情况下，这些观点才成立。像其他所有人一样，公共部门也需要适应这些制度变化，以便抓住新的机遇，运用新的方式实现目标。如果公共部门忽略了对知识产权制度的有效利用，那么被忽略的不仅仅是其本身的利益，还有其服务对象的利益。没有有效的知识产权管理，公共部门可能会浪费掉知识产权制度修订所提供的新权力。知识产权是一种工具，其作用取决于谁来使用、如何使用以及为了什么目的使用。

这一观点已经产生了新的成效，包括 MIHR（见下文）和 PIPRA（见文本框 3）的建立，目的是使知识产权管理成为公共部门获得利益的一个有力工具。

文本框3：农业公共知识产权资源联盟（PIPRA）

农业公共知识产权资源联盟是由大学、基金会和非营利研究机构发起的一项国际倡议，旨在使农业技术更容易用于发展中国家自给作物和发达国家特种作物的开发和分配。

随着生物技术在农业中的应用，研究人员获得了促进开发主要作物和特种作物品种改良品种的重要机遇。然而，利用生物技术开发新作物品种取决于能否获得多种技术，这些技术往往受到知识产权的专利保护或其他方面的保护。这些权利的所有权分散在公共和私营部门的许多机构中，这种情况难以确定哪些国家拥有哪些技术权利，以及在哪些国家。然而，为了确定一个新作物品种是否有侵犯这些权利的危险，这种信息是必要的。因此，目前的情况对新的主要作物和特种作物品种的商业化造成了障碍。PIPRA成员认为，如果公共部门机构在收集有关农业知识产权的信息和使用方面进行合作，将更容易加快推动主要作物和特种作物的创造和商业化，从而实现部分公共使命。具体来说，PIPRA集中于以下主要活动：

- 审查公共部门的许可做法
- 实施集体公共知识产权资产数据库
- 开发共享技术包
- 提供信息、与其他组织建立联系并激发讨论
- 与私营部门合作

来源：改编自PIPRA。[15]

2 健康研发知识产权管理中心（MIHR）创建之路

20世纪90年代末，洛克菲勒基金会健康平等项目的工作人员，开始考虑专利和其他知识产权可能会对新的卫生健康技术的开发和投入使用产生影响，这些技术与发展中国家民众的疾病息息相关。20世纪90年代，工作人员发现，大量农业知识产权掌握在跨国公司手中，这种情况使得部分为贫困国家谋取利益的农业研究难以为继。洛克菲勒基金会的工作人员力求确保在卫生健康技术的开发方面不会出现类似情况。该基金会委托了由理查德·T. 马奥尼（RTM）领导的团队，对知识产权和卫生健康方面的需求及机会进行详细评估。评估结果最终促成了健康研发知识产权管理中心（MIHR）的成立。

该研究于2001年4月启动。那时，人们对专利和其他知识产权的作用及影响还存在许多困惑。有人担心核心知识产权会被私营企业控制，从而阻碍产品研发的进程；有人担心专利会为企业在现有产品方面提供虚拟垄断，从而在市场上获取高额利润，使贫困人群难以从市场上获取使他们受益的技术。

洛克菲勒基金会的研究很快就面临一个实际困难：过去几乎没有知识产权和卫生健康方面的需求及机会做研究，仅仅有一少部分已经出版的文献涉及该基金会感兴趣的问题。而且，很少有学者研究这些问题。因此，研究团队决定广泛采访公共和私营部门、发达国家和发展中国家不同类型的个体，来推动此项工作。有将近200人接受了采访，采访有时以集体形式进行，但大多数是一对一的形式。下面重点介绍该研究的重要发现。

该研究从问题的背景着手。在市场经济中，私营部门的动力是最大限度地获取投资回报。现代经济理论认为，最大限度获取回报可刺激经济增长。将高利润健康产品卖给生活富裕的人群可实现投资回报的最大化，所以，私营部门优先考虑为这类群体生产产品。反过来说，私营部门不想也不愿优先考虑贫困人群的需要。

在民主国家，公共部门的动力是寻求人民福利的最大化。现代社会理论认为，不论是以何种公民身份、经济状况或者其他统计变量进行描述的任何人，都应有机会使自己的福利最大化。由于贫困人群的健康水平最低，且通常买不起所需药品，公共部门有责任优先考虑这类群体。

在可预见的政策和经济框架下，知识产权已经变得越来越重要。资本主义公司大力寻求并积极保护知识产权，以获得充足的投资回报。知识产权对于私营部门来说必不可少的观点已被广泛接受。但是，对于公共部门来说呢？知识产权能否帮助公共部门实现其重要目标？

3 产品开发与获取的社会与经济需求

从最务实的角度出发，因为知识产权对私营部门很重要，所以对公共部门也很重要。如果公共部门机构（例如PDPs）想要与私营部门合作开发新的、有价值的卫生健康技术，就必须解决知识产权问题，许多PDPs已经意识到了这点。事实上，他们的经历已使很多人重新评估知识产权在为贫困人群提供卫生健康和农业产品中的作用。在PDPs之前，批判者认为知识产权使得私营医药公司主导了市场，持续抬高价格并排挤贫困人群。然而，PDPs的经验表明，知识产权不但可以用来为贫困人群服务，而且滥用或浪费知识产权会减缓发展中国家新技术的发展。

但是，公共部门如何最大限度地利用知识产权制度？是应该寻求减少专利和其他类型的知识产权带来的问题，还是应该扮演更加积极的角色，寻求利用知识产权提供的某些权利？要回答这些问题，人们必须认清行使这些权利可以带来什么能力和利益。

该研究最终得出的结论是，公共部门支持知识产权有一个很重要的理由：它是实现安全有效卫生健康技术的重要工具。为什么呢？答案可在政府行为与经济需求的结合中找到。20世纪下半叶，发达国家建立了全新的药物管理体系。其中，美国食品药品监督管理局（FDA）的生物评估与研究中心是较为有影响力的一个，其成立的动机之一是脊髓灰质炎疫苗接种导致多名儿童死亡事件，后来该疫苗被证实含有活性脊髓灰质炎病毒。[16] 因此，生产和流通安全有效疫苗的条例及制度得以建立。多年来，这些条例及制度越来越严格，使得开发新型、安全、有效药物的成本越来越昂贵。由于新药物开发费用上涨，药品行业不得不加大资金投入。投入巨额资金的投资者自然要为他们的风险投资寻求高收益的回报，但假如没有知识产权保护，就不可能实现高收益的回报。实际上，知识产权的存在使得私营部门能够调动必要的资金开发安全有效的药物。公共部门无法（或至少没有）提供这些资金，也没有能力开发所需的新产品。

因此，该研究得出结论，知识产权制度在实现公共部门目标方面发挥着至关重要的作用：开发安全有效的药物。接下来的问题是，知识产权是否能为公共部门带来实际利益。该研究列出了公共部门为争取公共利益而从事的大量许可实践。如果公共部门拥有有价值的知识产权，就可以在对己有利的条件下，将这项知识产权许可给私营部门。例如，许可条款中可以要求给公共部门优惠的价格。而且，公共部门可以通过多家许可促进竞争，为消费者带来更低的价格。甚至，公共部门可要求将产品同时提供给收入不菲的私营部门市场以及公共部门。

另外，创新型发展中国家（IDCs）[17]的崛起，如巴西、中国和印度，正在改变全球农业与健康创新的面貌。不久的将来，这些国家和其他类似国家必将会为生物研发做出突出贡献。然而，有一个重大问题仍待解决，即在发展中国家，创新能否惠及贫困人群。要明确能够确保 IDCs 的研发投资惠及贫困人群的创新战略、知识产权管理政策及实践。

该研究还得出一个结论，公共部门，特别是发展中国家的公共部门，由于人员、政策和实践等方面能力极其有限，难以通过实施开明的许可实践获得应有的回报。由此，该研究提出了记录最佳许可实践和能力建设举措的方案。这是 MIHR 的两个重点项目，也是本《手册》要解决的两个目标：一是力求记录最佳实践；二是成为教学和能力建设的资料来源。

如上所述，该研究关注的其中一个问题是，专利和其他知识产权的存在，会在多大程度上阻碍发展中国家对贫困人群所需产品的开发工作。该研究和黄金大米案例（见上文中的文本框 2）一样，认为知识产权很少会阻碍产品开发。在对公共部门和私营部门的不同群体的采访中，这一结论都得到了验证。他们认为，对于企业或者产品开发者来说，有几种方式可以处理"阻碍性专利"。首先，可以从专利持有方获得许可。如果未成功获得许可，可以采取其他措施。例如，如果专家意见明确认为阻碍性专利经受不起法律的考验，那么就可以不经许可直接实施。其次，欧洲有一项一般性的研究豁免条例，允许在未获得技术许可的情况下利用该专利技术开展研究；在美国，专利法中的研究豁免条款"避风港"（safe harbor）制度[18]允许在专利保护期内生产和使用药物（但不允许销售），这项制度极大地促进了仿制药产业的繁荣发展。一旦专利到期，这种例外对于获得监管部门审批所需的开发数据非常关键。第三种选择是知识产权"规避"，换句话说，就是创造对其他已有专利都不存在侵权行为的相似技术。这对疫苗产业来说，是一个常见的做法，因为很难确保有一项或多项几乎不可能规避的核心专利。最后还有一个策略，即在那些还未申请专利的国家开发并销售产品。[19]几个韩国制造商联合开发乙肝疫苗就使用了这一策略。[20]

该研究表明，知识产权几乎从未成为影响药物和疫苗开发及供应最重要的因素，最重要的因素反而是药物是否存在市场。一个乙肝疫苗案例非常有说服力。一旦公共部门开始"制造市场"，每年购买数量达千万剂的乙肝疫苗，[21]疫苗的价格即从高于 18 美元/剂降到了低于 0.3 美元/剂。药物研发和供应与知识产权的重要性关系不大，这项发现使得洛克菲勒基金会的员工开始研究影响药物开发和供应的所有重要因素。简单地说，这项分析表明，影响药物开发和供应的重要因素有：对研发的支持，国内市场（包括国家卫生健康体系）的存在，产品国际贸易的存在（包括国际公共部门机构的采购），有力的监管体制运作，高质量产品的制造能力。知识产权仅仅是6个影响因素之一，且可能是最不重要的影响因素。这6个因素也被称作“创新要素”。

我们认为，将知识产权置于更广泛的产品开发环境，能够促进开发和供应可造福贫困人群的健康技术。只关注知识产权势必适得其反。因此，在发展中国家推动强制许可，获得更低的药品价格，不仅要克服知识产权难题，还要克服其他创新要素带来的障碍：具有符合国际标准的制造设备，有足够的资金为国内外分销采购产品，有强制许可下获得监管部门审批生产产品的成本。这些都是非常重要且需要付出很高代价的障碍，它们中任何一个都可能阻碍强制许可的可用性和经济性，即强制许可下的产品成本要高于那些通过单独的国家或者通过类似全球疫苗与免疫联盟（GAVI）的机制大批量采购的成本。[截至2007年年中，全球抗击艾滋病、结核病和疟疾基金（The Global Fund to Fight AIDS, TB and Malaria）重新制定了采购政策，他们会正在考虑通过大批量采购而不是允许各个国家自主采购，以确保获得最好的价格。]

4 TRIPS协定规则下的创新和知识产权管理

在MIHR的研究开始后不久，《多哈宣言》获得通过。《多哈宣言》呼吁，相比贸易而言，应更多地优先考虑公共卫生健康，它强调各个国家可以自由使用TRIPS协定的“灵活机制”来保护公共卫生健康。MIHR建立若干年后，《多哈宣言》被批准作为TRIPS协定的修正案。从多哈会议到批准修正案的间隔期内，关于TRIPS协定对发展中国家药物供应的影响引发了激烈的争论。一些人认为TRIPS协定对发展中国家是一场灾难，有人担心它会扼制研发、导致仿制药消失、迅速抬高药品价格。另一部分人认为TRIPS协定会推动发展中国家对研发的支持力度，鼓励发达国家和发展中国家合资经营药物企业，对仿制药的供应和价格几乎不会造成影响。

2005年1月，印度和许多其他发展中国家加入TRIPS协定。2005年12月，MIHR和印度医学研究委员会召开了一次国际研讨会，审查TRIPS协定的影响。研讨会的完整报告已经出版。[22] 简言之，会议结论倾向于支持上文提到的积极预测。会议强调，发展中国家需以符合自己需求的方式提升知识产权管理能力。会议认为，创新是一项复杂的工程，知识产权只是其中的一个因素，因此很难去评判TRIPS协定对创新的影响；相反，任何对创新的影响都是多重因素作用的结果，绝不仅仅因为知识产权。

2001年MIHR开展的这项研究即将结束，但在MIHR成立之前，英国知识产权委员会（CIPR）发布了一篇报告，[23] 引起了MIHR研究团队的极大兴趣。CIPR报告的核心结论是：“一刀切”的方法对知识产权是不可取的，每个国家应该有一定的自由，按照自身需要采用和实施法律法规。最近，世界卫生组织的知识产权、创新与公共卫生健康委员会（CIPIH）也发布了一篇报告，与CIPR的报告相比，其从更广泛的视角审视知识产权和创新。两篇报告均得出如下结论：

- 创新发生在复杂的环境中，知识产权只是其中的一个因素，而且很少作为最重要的因素。

- 发展中国家需要进行决策，什么样的规章制度最能满足他们的特殊需要。
- 发展中国家的知识产权管理能力需要快速提升，以保证知识产权能够用于提升卫生健康水平。

Morel 和他的同事[24] 通过对知识产权管理及创新的分析发现，捐赠者已经聚集了大量的资源，并建立了组织机构，这些机构致力于加速新型卫生健康产品的开发，以及帮助贫困人群获得和分发药品及疫苗。他们的分析结果对改善卫生健康公平性提出了一项建议：国家政府应支持产品开发工作，公共和私营部门需要连贯的策略来解决创新的 6 个相互关联因素，也称为决定性因素。[25]

5 结语

洛克菲勒基金会对知识产权在惠及贫困人群，特别是发展中国家贫困人群的卫生健康和农业技术创新中的作用进行了深入评估。通过洛克菲勒基金会和那些迄今为止在这个领域工作过的个人和组织的努力，有助于重新定义全球知识产权体系和发展中国家的关系。重新定义的概念有以下几个要素：

- 资本主义、市场经济和民主政治主导的政策/社会框架高度重视知识产权保护。在不远的未来，这个框架将与我们息息相关，因此公共部门需要在这个框架内找到实现其目标的方法。
- 知识产权对于私营部门很重要，因为它可以帮助投资者实现高投资回报。
- 知识产权对于公共部门也很重要，因为：
  - –它可以通过研发过程调动生产产品所需要的资源（特别是那些旨在确保产品安全性和有效性的步骤）。
  - –它可以帮助贫困人群。例如，确保全球可获取并可负担的创新许可实践。
- 知识产权管理能力需要提升，特别是在发展中国家，只有这样，知识产权管理才能惠及贫困人群。
- 知识产权仅仅是创新的 6 个要素之一，而且不是最重要的。满足贫困人群的需要还必须：
  - –支持研发。
  - –制定可支撑国内市场的国家卫生健康计划和农业推广体系，包括公共部门和私营部门的分配制度。
  - –大力促进卫生健康和农业技术及产品贸易（包括进口和出口）。
  - –鼓励药品和疫苗的高质量生产，并加强对高质量的种子生产和其他农业投入的投资。
  - –出台政策并制定安全有效的监管体系（药品和疫苗登记；在食品、饲料和纤维方面申请应用生物技术的生物安全和食品安全监管，种子质量认证等）。
- 各个国家需要利用 TRIPS 协定的灵活机制，并根据自身需要，制定并执行政策和实践规范。快速解决医疗和卫生健康领域技术需求的方式，如强制许可，不太可能像公共部门和私营部门协作那般有效或可持续。通过提高内部知识产权管理能力、强化知识产权法院系统和专利管理部门建设以及优先满足贫困人群的需求，各国才能真正受益。

成功提升发展中国家卫生健康和农业领域的基础创新，需要知识、能力和积极的参与。这些就是知识产权管理的最佳实践，也是本《手册》力求创建和推广的内容。

RICHARD T. MAHONEY, *Director, Vaccine Access, Pediatric Dengue Vaccine Initiative, International Vaccine Institute, San Bongcheon-7dong, Kwanak-ku, Seoul* 151-818, *Republic of Korea.* rmahoney@pdvi.org

ANATOLE KRATTIGER, *Research Professor, the Biodesign Institute at Arizona State University; Chair, bioDevelopments-International Institute; and Adjunct Professor, Cornell University, PO Box* 26, *Interlaken, NY*, 14847, *U.S.A.* afk3@cornell.edu

---

1 The Patent and Trademark Amendment Act of 1980 (35 U.S.C. §§200-211). See, also in this *Handbook*, chapters 3.2 By RA Nugent and GT Keusch and 3.4 by SK Finston.

2 While these developments trace their origins to many sources, it is important to note that the Rockefeller Foundation played a lead role in each.

3 See, also in this *Handbook*, chapter 2.3 by R Eiss, KE Hanna and RT Mahoney.

4 Commission on Intellectual Property Rights. 2002. Integrating Intellectual Property Rights and Development Policy. Final Report of the Commission on Intellectual Property Rights. DFID: London. www.iprcommission.org.

5 WT/MIN(01)/DEC/W/2, 14 November 2001. www.wto.org (full text in Annex I).

6 www.who.int/intellectualproperty/report/en/index.html.

7 www.wipo.int/tk/en/.

8 Graff GD, GC Rausser and AA Small. 2003. Agricultural Biotechnology's Complementary Intellectual Assets. *Review of Economics & Statistics* 85(2):349-363.

9 Wright BD. 1998. Public Germplasm Development at a Crossroads: Biotechnology and Intellectual Property. *California Agriculture* 52(6):8-13; Kowalski S. 2007. Rational Risk/Benefit Analysis of Genetically Modified Crops. *Journal of Intellectual Property Rights* 12:92-103.

10 Krattiger AF. 2000. Food Biotechnology: Promising Havoc or Hope for the Poor? Proteus (Special Millennium Issue on Food) 17:3-8; von Braun J, M Qaim and AF Krattiger (eds.) 2000. *Agricultural Biotechnology in Developing Countries: Towards Optimizing the Benefits for the Poor.* Kluwer Academic Publishers. The Hague. p. 433; Wambugu FM. 1999. Why Africa Needs Agricultural Biotech. *Nature* 400(6739): 15-16.

11 Kryder D, SP Kowalski and AF Krattiger. 2000. The Intellectual and Technical Property Components of Pro-Vitamin A Rice (*Golden*Rice™): A Preliminary Freedom-to-Operate Review. *ISAAA Briefs* No 20. ISAAA: Ithaca, NY. www.isaaa.org/kc/bin/isaaa_briefs/index.htm. Vitamin A deficiency (VAD) is

one such problem. In many areas of the world where rice is a basic staple food, thousands of impoverished people lose their eyesight because of VAD. In fact, severe VAD (xerophthalmia, also called night blindness) leads to permanent blindness: 500,000 people, 250,000 of them children, go blind every year. VAD also leads to a depressed immune system that increases the incidence and severity of infectious diseases and infant mortality rates. See also www. goldenrice. org/Content2-How/how9_IP. html.

12 Graff G, A Bennett, B Wright and D Zilberman. 2001. Intellectual Property Clearinghouse Mechanisms for Agriculture: Summary of an Industry, Academia, and International Development Round Table. *IP Strategy Today* No. 3-2001. pp. 15-38. www. bioDevelopments. org/ip.

13 Atkinson RC, RN Beachy, G Conway, FA Cordova, MA Fox, KA Holbrook, DF Klessig, RL McCormick, PM McPherson, HR Rawlings III, R Rapson, LN Vanderhoef, JD Wiley, and CE Young. 2003. Public Sector Collaboration for Agricultural IP Management. Science 301(5630): 174-175.

14 't Hoen E. 2002. TRIPS, Pharmaceuticals, Developing Countries, and the Doha "Solution." *Chicago Journal of International Law* 3(1): 27-48.

15 www. pipra. org/.

16 The Center was first established within the National Institutes of Health but was later moved to the FDA.

17 Morel CM, T Acharya, D Broun, A Dangi, C Elias, NK Ganguly, CA Gardner, RK Gupta, J Haycock, AD Heher, PT Hotez, HE Kettler, GT Keusch, AF Krattiger, FT Kreutz, S Lall, K Lee, R Mahoney, A Martinez-Palomo, RA Mashelkar, SA Matlin, M Mzimba, J Oehler, FG Ridley, P Senanayake, P Singera and M Yun. Health Innovation Networks to Help Developing Countries Address Neglected Diseases. *Science* 309: 401-4.

18 Hatch-Waxman Act (Drug Price Competition and Patent Term Restoration Act of 1984).

19 For a comprehensive discussion on FTO strategies, particularly for the public sector, see, also in this *Handbook*, chapter 14. 1 by A Krattiger.

20 See, also in this *Handbook*, chapter 1. 2 by RT Mahoney.

21 Advances in molecular pharming, the so-called third generation biotechnology plant products, are bringing agricultural biotechnology and health innovations closely together. For a recent review, see Arntzen C, B Dodet, R Hammond, A Karasev, M Russell and S Plotkin. 2004. Plant-derived Vaccines and Antibodies: Potential and Limitations. *Vaccine* 23: 1753-1885. See, also in this *Handbook*, chapter 17. 23 by A Krattiger and RT Mahoney.

22 See, also in this *Handbook*, chapter 3. 7 by R Eiss, RT Mahoney and K Satyanarayana.

23 See *supra* note 2.

24 Morel C, D Broun, A Dangi, C Elias, C Gardner, RK Gupta, J Haycock, T Heher, P Hotez, H Kettler, G Keusch, A Krattiger, F Kreutz, K Lee, R Mahoney, RA Mashelkar, Hong-ki Min, S Matlin, M Mzimba, J Oehler, R Ridley, P Senanayake, H Thorsteinsdóttir, PA Singer and Mikyung Yun. 2005. Health Innovation in Developing Countries to Address Diseases of the Poor. *Innovation Strategy Today* 1(1): 1-15. www. biodevelopments. org/innovation/index. htm.

25 Mahoney R. 2004. Policy Analysis: An Essential Research Tool for the Introduction of Vaccines in Developing Countries. *Journal of Health, Population and Nutrition* 22: 331-37.

第 1.2 章

卫生健康领域产品创新能力建设

理查德 · T. 马奥尼（RICHARD T. MAHONEY）
韩国国际疫苗研究所儿科登革热疫苗计划疫苗接种中心主任

译者 张熠 **审校者** 刘晓娜 李紫陌 李雪 陈继康 张熠 殷宏

摘 要

本章介绍了一个理论框架，解释知识产权在创新中的作用，并将该框架应用于制药行业的发展。发展中国家经过能力建设阶段才能跻身创新型发展中国家（IDC）。为了迈入 IDC 行列，各国需要共同关注产品创新的 6 个组成部分：公共和私营部门的研发；形成药物和疫苗安全有效的监管机制；制造高标准卫生健康新技术产品的能力；公共和私营部门的国家流通体系；国际医药流通体系（包括通过联合国儿童基金会等国际组织供给，全球基金运作和各国间贸易）以及知识产权管理体系。

通过分析韩国疫苗行业的创新情况可以得出结论，它的成功是因为密切关注了创新的 6 个组成部分。当知识产权迅速发展到高级阶段，《与贸易有关的知识产权协定》（TRIPS）能够在多大程度上刺激或阻碍其他的创新组成部分，目前还尚未明确。

Mahoney RT. 2007. Building Product Innovation Capability in Health. In *Intellectual Property Management in Health and Agricultural Innovation: A Handbook of Best Practices* (eds. A Krattiger, RT Mahoney, L Nelsen, et al.). MIHR: Oxford, U.K., and PIPRA: Davis, U.S.A. Available online at www.ipHandbook.org.

1 引言

一些发展中国家，包括巴西、中国、印度和南非在内，正在迅速增加对生物技术的研发投入。这些国家及其他国家还在对药品监管机构进行改革，并采用现代法律和法规管理知识产权。这些国家中，部分制药公司已经通过仿制药和自主研发产品进入国际市场。经济快速发展扩大了国内市场。这种扩张也增加了对解决国内疾病产品的需求。以这种方式发展的国家被称为创新型发展中国家（IDC）[1]。由于贫困人群的疾病严重影响了这些国家和其他发展中国家，因此，IDC 可能成为针对贫困人群疾病卫生健康产品创新的主要来源。

需要对 IDC 在知识产权管理方面的变化进行评估，以便国际发展机构能够了解 IDC 如何更好地参与，以及在某些情况下领导发展中国家贫困人群的卫生健康新技术研发工作。这种评估应考虑生物技术制造、当地对这些产品的需求、出口潜力、公共和私营部门对生物技术研究支持的性质和程度等方面的变化，以及知识产权、药物和疫苗法规等外界环境的变化。本章介绍了对这些因素进行分析的框架。

2 制药业分析框架

2.1 6 个组成部分

该框架使我们能够通过 6 个组成部分分析发展中国家制药业的发展：

（1）公共和私营部门的研发

（2）制造高标准卫生健康新技术产品的能力

（3）公共和私营部门的国家医药流通体系

（4）国际医药流通体系，包括通过联合国儿童基金会等国际组织供给、全球基金运作以及各国间贸易

（5）知识产权的管理体系

（6）形成药物和疫苗安全有效的监管机制

该分析框架的各部分是动态关联的。某一部分取得进展，需要其他大多数组成部分也有所进展。如果不能首先提高制造能力或建立国家、国际出口市场（需要流通体系）产生生产设施投资资源，就很难提高研发能力。而没有良好的知识产权或监管制度，进入发达国家市场同样困难。虽然发展中国家可以通过与发达国家的尖端企业建立合资企业来获取新技术，但这些外国公司决定成立合资企业取决于发展中国家国内市场的价值、当地研发中心的能力以及知识产权保护水平。6 个组成部分的相互关联非常紧密，知识产权是其中的重要组成部分。

2.2 从知识获取到知识产权的作用

发展中国家制定知识产权政策似乎受相互矛盾的目标所驱动。一个目标是想鼓励

国外技术进入本国。实现这个目标可以通过提供足够的知识产权保护，使国外知识产权所有者能够通过在受让国进行许可、营销和投资获得利润。当发展中国家的国内研发专注于模仿或改进国外技术时，尤其需要这样的保护。另外，在不受知识产权约束的情况下，发展中国家能够廉价获得国外技术，并更快构建制造能力。这使得发展中国家将知识产权保护维持在较低水平，尤其是几乎没有国内创新者受到这种制度的伤害。然而，舍弃将国外知识产权所有者的利益和国内创新者的利益看作简单对立关系的做法，而是更加细致地分析，就会形成一种动态的观点。在早期发展阶段，发展中国家与国外知识产权持有人的冲突极少，通常是因为发展中国家的能力不足，几乎没有外国公司有兴趣将技术引入该国。但随着发展中国家技术水平的提高，对外国知识产权保护不力很可能与进一步提升国内能力产生冲突。到最后阶段，当本地公司能够产生自主知识产权时，就会对知识产权保护水平提出更高需求，与国外知识产权持有人的冲突也会相应减少。[2]

2.3 药物和疫苗法律法规的特殊作用

制药产业与其他大多数产业之间的关键区别，在于药物和疫苗监管体系的严格性。随着国家的发展，知识产权体系和监管体系往往同步发展。[3] 初期，由于大多数药物和疫苗都是从其他国家进口，生产国的监管机构确保了其安全性和有效性，因此几乎没有必要建立完善的国家监管体系。本地生产的均是外国公司的订单，这些公司会确保质量控制，以达到其母国或其他销售该产品国家的监管标准。

随着本地生产用于国内市场的仿制产品变得更加重要，本地监管需求应运而生。政府会有意确保优质产品。最初，其主要活动是检验产品组分并检查生产设备。后来，国内公司需要更加先进的监管能力。基于建立新开发产品的审批程序和支持并维持出口市场的发展这两个原因，他们需要更多的规章制度和更有能力的监管机构。

3 韩国的知识产权和生物技术发展

3.1 动态发展框架

图 1 说明了发展中国家生物技术发展情况，显示了韩国疫苗发明人在韩国和美国的专利申请趋势。由于生物技术的快速发展，韩国是能够体现本章意图的典型案例。韩国疫苗生物技术从 20 世纪 90 年代中期开始迅速发展。

韩国生物技术产业的发展可以用表 1 中的 6 个组成部分来解释。该表通过展示每个阶段各个创新组成部分的差异，反映了发展中国家如何通过制药产业的 4 个阶段能力提升取得进步。该表区分了国内和国际流通，并且将支持研发的情况分为公共部门和私营部门。该表说明，不同发展阶段的知识产权管理体系也不同。该表有助于我们思考《与贸易有关的知识产权协定》（TRIPS）给发展中国家带来的挑战，其中一项挑战是所有签署该协定的发展中国家必须立即进入第三阶段。有些国家，如巴西、中国和印度等已经实现了这一目标，其他国家正在进行中。尚未解决的主要问题是，立即转向第三阶段，知识产权制度是否会对影响创新的其他要素产生拉动效应，或者是否会对获取医药产品造成不利影响。

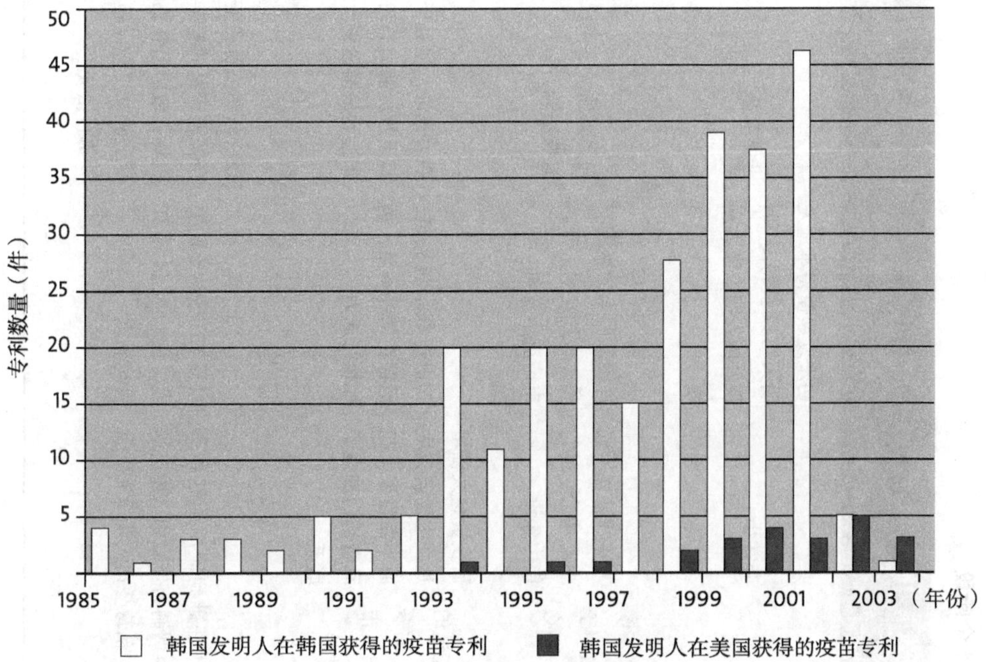

图 1　韩国公民获得的疫苗专利

来源：the U. S. Patent and Trademark Office (PTO)[4]

3.2　韩国知识产权制度的发展

韩国经济发达，而且在很大程度上自主地加强了知识产权保护，而非仅是应 TRIPS 协定的要求，这为研究知识产权制度发展提供了有用的案例。韩国目前处于生物技术发展的第三阶段，已经逐步解决了框架中各组成部分的问题，能够非常迅速地开发疫苗产业。在 20 世纪 80 年代到 90 年代之间，韩国用 10 年时间度过了框架中的前两个阶段。韩国于 1979 年加入世界知识产权组织（WIPO）后，于 1980 年加入了《巴黎公约》，1984 年加入了《专利合作条约》（PCT）。1987 年，韩国修订了法律，允许产品申请专利。到 20 世纪 80 年代末，韩国的法律和政策基本上符合了 TRIPS 协定最终施行的要求。

随着生物技术研发能力的发展，韩国于 1990 年前后完成了知识产权制度的第一阶段。1995 年加入了 TRIPS 协定，并在 1997—1998 年进一步修订了其知识产权法律，使其完全符合 TRIPS 协定。世界贸易组织（WTO）于 2000 年对韩国进行了贸易政策审查，并得出结论："通过签署新的条约，加强国际合作和更严格的执法，加强了对（知识财产）权利的保护。"[5]

表 1　生物技术发展的 4 个阶段

	生产能力的发展	流通体系的发展		研发能力的发展		知识产权制度	药品和疫苗监管
		国内	国际	私营部门	公共部门		
阶段一：基础建立阶段	进口成品或将零件组装成成品	国内市场很小	非常少，来料加工商除外	非常小	非常小	初步发展使得本地发明人可以获得专利；但外国发明人尚无兴趣	非常有限
阶段二：能力建设阶段	许可生产或仿制	本土市场不断扩大，外国公司越来越感兴趣；进口替代	成长中的公司学习如何建立出口市场	研发是为了了解技术，要么用于许可生产，要么用于仿制	大学和独立研究中心有所发展，能力建设	外国发明人的兴趣增长，本地发明人开始申请更多专利	有限的服务，但没有执法能力
阶段三：IDC 成熟阶段	制造国内开发的高科技产品	国内市场快速增长，外国公司更感兴趣	出口不断增加，占国民生产总值的份额越来越大	小规模的先进的研发工作，能够为国内和出口市场创造新产品	研发资金大幅增加，主要研究中心不断发展，与私营部门加强了联系	知识产权系统先进，但存在某些不足，例如执行乏力	能力先进，但由于缺乏执行能力而尚未达到最高级别
阶段四：拥有药物或疫苗工业的最发达国家	具有生产高科技药物和疫苗的最高能力	公共和私营部门都有可获得高利润的市场，所产生的利润部分用于支持前沿研究	全球化公司	慷慨支持从基础到应用的健康研究；包括大型制药公司和生物技术公司在内的私营公司大量投资研究		根据 TRIPS 协定的要求，运行复杂的 IP 管理制度	设有药品监督和疫苗监管审批的复杂机构；政府监督临床试验和生产设施并执行法规

与美国不同，在整个20世纪80年代以及90年代的大部分时间里，韩国的大学和研究机构并不是该国产业的主要技术来源。大多数对新技术有需求的公司必须到国外去寻找。另外，在美国，《拜杜法案》于1980年生效，大学投入大量资金管理其研发的知识产权。不仅对外许可科学家研究的发明专利，还设立衍生公司，即教授成立一家公司，专门将发明开发为商业产品。从20世纪90年代末开始，韩国开始效仿，彻底改变了公共机构知识产权管理的法律法规。通过《技术转移促进法》，允许公立大学保留新的知识产权的所有权，鼓励其设立技术转移办公室；制定了针对发明人具体分配许可收入的指导原则。

基于表1中部分专利数据，韩国在2000年前后完成了知识产权制度的第二阶段，再次与其生物技术研发能力的进展相吻合。因此，韩国能够在其他5个创新组成部分能力增长的情况下，同步发展其知识产权制度。在TRIPS协定下，其他发展中国家立即进入知识产权制度第三阶段会导致什么情况发生，是个有意思的话题。李（Lee）等人对韩国知识产权制度的发展进行了更广泛的调查。[6] 虽然我们缺乏足够的数据得出任何明确结论，但值得注意的是，韩国能够通过解决全部6个创新组成部分问题得以进步。

4 结语

该框架表明，知识产权是药物开发创新的重要组成部分，但它只是6个组成部分中的一个。对生物技术的分析表明，监管体系也是非常重要的组成部分。以上分析表明，发展中国家提高生物技术创新能力时将经历4个发展阶段。只有关注创新的6个组成部分，才能实现这种进步。该框架强调的一个关键问题是，如果知识产权制度直接进入第三阶段，对于制药创新能力仍处于第一或第二阶段的国家会产生何种影响？会阻碍还是帮助他们取得进步？我们缺乏必要的数据来评估TRIPS协定所导致的影响。但韩国的案例研究表明，可以采取广泛的举措推进生物技术发展。该国解决了创新6个组成部分的所有问题。特别是使其知识产权制度与更发达国家的知识产权制度兼容，也与TRIPS协定兼容。至少在疫苗方面，韩国的生物技术取得了巨大的成功。我们认为，TRIPS协定并没有阻止生物技术能力的提高。甚至它可能对生物技术的提高起到了推动作用。因此，TRIPS协定对发展中国家不利的观点似乎为时过早，这些观点可能会导致发展中国家无法有效地追求更高水平的生物技术能力：其产品不会被重视知识产权的市场所接受，因而将无法参与国际贸易（除了作为进口商）。

致 谢

本章大量引用了以下论文：Mahoney R, K Lee and M Yun. 2005. Intellectual Property, Drug Regulation, and Building Product Innovation Capability in Biotechnology: The Case of Hepatitis B Vaccine in Korea. *Innovation Strategy Today* 1(2): 33-44. www.biodevelopments.org/innovation/index.htm

RICHARD T. MAHONEY, *Director*, *Vaccine Access*, *Pediatric Dengue Vaccine Initiative*, *In-*

ternational Vaccine Institute, San Bongcheon-7dong, Kwanak-ku, Seoul 151-818, Republic of Korea. *rmahoney@pdvi.org*

1 The term *innovative developing countries* has been introduced by Dr. Charles Gardner, Associate Director, Health Equity, The Rockefeller Foundation.

2 Lee K, CS Lim and DH Park. 2003. The Role of the Industrial Property Rights in the Technological Development of Korea. World Intellectual Property Organization: Geneva.

3 Mahoney R, A Pablos-Mendez and S Ramachandran. 2003. The Introduction of New Vaccines into Developing Countries III: The Role of Intellectual Property. *Vaccine* 22 (5-6): 786-792.

4 www.uspto.gov.

5 WTO. 2000. Trade Policy Review: Korea 2000. World Trade Organization: Geneva. www.wto.int/english/tratop_e/tpr_e/tp138_e.htm.

6 See *supra* note 2.

第1.3章

全球健康研发成果的知识产权管理和交易：新的“想象力回报率”(ROI)*

约翰·弗雷泽 (JOHN FRASER)
2006年大学技术经理人协会主席兼美国佛罗里达州立大学
知识产权发展与商业化办公室执行主任

▌译者 张熠 ▌审校者 刘晓娜 李紫陌 李雪 陈继康 张熠 殷宏

摘 要

技术转移的益处无处不在，正如本《手册》案例研究所展现的，这些好处已使发展中国家受益。在美国《拜杜法案》取得成功的基础上，各国都在寻求更好地发挥大学和公共研究机构的研究能力的方法。这些快速增长的技术转移业绩令人深受鼓舞，为保障全世界贫困人群从全球知识产权制度中受益而发展起来的创新型合作伙伴关系也令人精神振奋。

1 引言

技术转移在发挥着作用。技术转移成功的证据无处不在，甚至无法视而不见。当我们坐上汽车并系上安全带，当我们加糖精使咖啡变甜，以及当我们使用Google™搜索互联网时，都在从技术转移中受益。我们的健康更加有保障也是得益于以下技术的成功转移：Allegra®，Taxol®，Trusopt®，子宫颈抹片检测，乙型肝炎疫苗，结肠癌的癌胚抗原免疫检测，胰岛素，Rheo-Knee（高科技替代膝关节），南美锥虫病的无毒药物治疗和尼古丁贴片等，而这些只是大学实验室早期发明的医疗保健创新成果中的一小部分。

除了教育下一代和创造新的知识，大学还致力于挽救生命、提高生活质量并改进

Fraser J. 2007. IP Management and Deal Making for Global Health Outcomes: The New "Return on Imagination" (ROI). In *Intellectual Property Management in Health and Agricultural Innovation: A Handbook of Best Practices* (eds. A Krattiger, RT Mahoney, L Nelsen, et al.). MIHR: Oxford, U.K., and PIPRA: Davis, U.S.A. Available online at www.ipHandbook.org.

* ROI，Return on Imagination。——译者注

经济生产力水平。《拜杜法案》通过后，美国各式创新蓬勃发展。该法案允许大学和公共研究机构利用公共资助的研究获得发明专利，然后将发明许可给私营部门。其目标是吸引发明商业化所需的私人投资，将发明从实验室转移到商店货架上。用美国参议院一位法案起草者的话来说，《拜杜法案》超越了我们的希望和梦想。这项法律非常有效，执行这项法律让很多人的生活因为大学、小企业和非营利组织取得的成功而变得更好。世界其他地方复制《拜杜法案》模式并非偶然，欧盟、日本、中国、印度以及其他国家和地区都希望利用顶尖大学的科研成果来开发新产品。正如以下案例研究所证实的，不断上升的创新趋势能够改善发达国家和发展中国家人民的生活质量。

2 数说技术转移

了解技术转移如何改变世界，有一种方法是看统计数据（来自定期调查美国和加拿大成员的 AUTM Licensing Survey™）。在 2004 财政年度，美国机构：[1]

- 在研发方面投入了 400 亿美元
- 签发了 4783 份许可
- 管理了 27 322 个有效许可
- 促成了 462 家新的衍生企业，使得自 1980 年以来的衍生企业总数达到了 4543 家*

在美国的 27 322 个许可中，每一个都反映了学术主体与专注于产品开发的公司之间一对一的关系。尽管这些数字反映出一个事实，即创新越来越成为“知识经济”的引擎，但真正令人印象深刻的是学术技术转移给人们带来的影响，比如通过新产品拯救生命、改善生活质量和提高经济生产力。

参与技术转移的人，即使了解这项工作的深远意义和价值所在，也无法充分认识到技术转移的影响范围。随着技术转移在发展中国家发展壮大，机制不断创新，进一步加强了技术转移的影响，甚至影响到全球健康成果。大学技术经理人协会（AUTM）更加关注源于世界各地大学的一些产品。“世界更美好计划”（BWR）是一系列连续出版物和在线数据库。[2] 该项目的两种出版物展示了 125 种产品，还包括一个汇集故事的电子数据库，从人的角度记录学术技术转移的成果（新的版本每年 3 月发布）。

3 大学技术经理人协会（AUTM）

技术转移增长的另一个明显迹象是 AUTM 的持续发展。目前，该组织聚集了来自 30 多个国家的 3500 多名技术转移专业人员，在学术技术转移中定义、发展并提升卓越领导人才。具体地说，AUTM 成员中：

- 65% 在学术技术转移办公室（TTOs）工作
- 35% 在学术界之外的企业和服务部门工作
- 80% 居住在美国并在美国工作

---

* 与本章“技术转移衍生企业”部分的数据不一致，原文如此。——译者注

- 9%居住在加拿大
- 11%居住在世界其他地区

尽管人数相对较少，但这种多样化的全球专业人员网络正在影响着全世界。

4 技术转移衍生企业

大学及其院系逐渐转向一种新的机制——衍生企业，而不是要求已有的企业基于大学研究开发的产品。衍生企业通常是为了生产和营销大学研发的知识产权产品而创建的新企业。AUTM 报告称，在 2004 财政年度，有 462 家新的美国企业以这种方式成立。报告还显示，自 1980 年以来，衍生企业总数超过 4443 家。这些企业通过寻求公共和私人资金（来自风险投资公司）来培育产品并推向市场。

4.1 社会责任：产品开发的公私合作伙伴关系

产品开发合作伙伴关系（PDPs）是一种相对较新的现象。与衍生企业的相似之处在于，它们聚焦发展中国家那些被忽视疾病的产品开发，以减轻疾病负担并改善健康状况。多个 PDPs 获得大学创新发明的授权，将技术纳入其产品开发中。PDPs 作为针对结核病、艾滋病毒和疟疾等传染性疾病而建立的产品开发虚拟企业，得到慈善基金的支持，聘请企业专门人才，降低成本，受疾病造成影响的迫切需求所驱动。正如以下涉及 PDPs 的案例研究所示，它们的特征是创造性，当这些组织面对临床试验、产品制造以及流通和患者依从性等关键问题时，这一特征将非常宝贵。

4.2 为解决发展中国家疾病的创新：风险慈善*

风险慈善是与 PDPs 同时期发展起来的。风险慈善的使命是将优异的科学与良好的商业结合起来，以开发新药和改良药。在一些案例中，由于家庭成员饱受疾病困扰，多名企业家创建了特定疾病基金，募集了慈善基金和个人捐款，并用商业模式管理疾病研究。例如，米尔肯研究所（Milken Institute）[3] 在教育及强调最佳实践方面发挥了重要作用，它最近发布的报告针对早期生物医学研究资金严重不足的问题提出了创新性的金融解决方案。

5 保持热情的缘由：关于伟大宏图的重要消息

尽管有些人坚持对全球知识产权制度的公平性提出异议，但其他人正在抓住该制度提供的新机会，改善发展中国家贫困人群的生活。很明显的证据是：创造性的工作正在提高我们的期望值，毕竟在技术转移释放人类想象力之前，我们追求看似像乌托

---

* 所谓风险慈善，就是借鉴风险投资的方式运作企业的慈善事业，将企业的捐赠视为一种“投资”，要求它产生最大的效益，既包括经济社会效益，更看重战略意义；企业不仅向捐赠对象提供财务资助，而且提供管理和技术支撑；双方不仅是捐赠与接受的关系，更着力形成合作伙伴关系；风险慈善是一项长期投资行为，运作时间一般在 3~6 年之间，企业亲自参与和监督慈善活动，其终极目标是帮助非营利性组织提升组织能力。——译者注

邦梦想般无法实现的希望。大学一直以来都是提供远见卓识想象力的发源地，教室和实验室正适合构想一个更具潜在全球公平性的新时代。的确，技术转移的时代正在改变对这些大学相关活动的认知和重要性。衡量学术技术转移成功与否，不仅包括经济指标，还包括挽救生命的数量、减轻疾病负担、改善生活质量以及提高生产力。

我们对技术转移人员职能的理解正在发生变化。传统意义上，TTO 的使命是尽快将大学产生的知识产权带给公众使用。TTO 通过与企业建立保护学术自由的合作伙伴关系以实现这一使命，在很多情况下，这种合作伙伴关系为大学、发明人和院系带来了经济回报。

TTO 仍然具有上述这些功能。但多年来，学术技术转移已衍变出更广泛的目标：通过促进与私营部门的研究关系，实现公共利益，提高学术机构的声誉，并帮助其达成从事教育、研究和社会活动的使命。

任何阅读本《手册》记录的技术转移成功案例的人，都会对技术转移人员所感受到的对未来的热情和希望感同身受。昨天难以解决的问题，今天可以解决了。我要告诉技术转移人员：当谈论工作和使命时，我们应该充满自信。当有人问“你是做什么的”，请准备好告诉他，“作为一名技术转移专业人士，我帮助世界变得更美好”。如果他们问你所希望的投资回报率（ROI）* 是多少，告诉他们，“哦，投资回报率——你的意思是‘想象力回报率’吧。让我告诉你有哪些可能。”然后，给他们看这本《手册》，并指出这些案例的成功之处！

JOHN FRASER, *2006 President of AUTM and Executive Director, Office of IP Development & Commercialization, Florida State University, Suite 109, Westcott Building, Co-peland Avenue, Tallahassee, FL, 32306, U. S. A. jfraser@research.fsu.edu*

1 AUTM 2005. *AUTM Licensing Survey.* ™ FY 2004. Association of University Technology Managers: Northbrook, Illinois. www.autm.net.

2 Visit the Web site at www.betterworldproject.net.

3 www.milkeninstitute.org.

4 Financial Innovations for Accelerating Medical Solutions [Financial Innovations Lab Report, Vol. 2] Milken Institute, October 2006. www.milkeninstitute.org/publications/publications.taf?function=detail&ID=580&cat=finlab.

* ROI，Return on Investment。——译者注

第 1.4 章

确保发展中国家获取新发明：专利的作用和公共研究机构的力量

利塔·内尔森（LITA NELSEN）
美国麻省理工学院技术许可办公室主任
阿纳托尔·克拉蒂格（ANATOLE KRATTIGER）
美国亚利桑那州立大学生物设计研究所研究员；
生物发展国际研究所主席；美国康奈尔大学兼职教授

译者 张熠 审校者 刘晓娜 李紫陌 李雪 陈继康 张熠 殷宏

摘 要

如果大学采取了合理的许可策略，不仅有助于激发困扰发展中国家贫困人口疾病的研究投资，还能确保这些国家能够负担得起并广泛使用研究的产品。确保研究产品在全球范围内都能够得到应用，是知识产权管理的核心目标之一。但在实现这一目标的过程中，大学面临着两个主要障碍。一是大学管理人员、技术转移官员和商人往往不了解发展中国家对新卫生健康技术的需求，也不认为申请专利和专利许可的方式能够成为全球流通战略不可或缺的组成部分。二是将这些问题纳入许可谈判的时间很短，经验不足，尚未形成最佳策略。本章提供了几个可行路径，确保大学的发明既能得到广泛应用，还能保持发展动力，包括在选定的发展中国家为发明申请专利。本章最后呼吁该领域的所有参与者总结自身经验，并在创新解决方案时勇于承担创造性风险。

1 引言

从人道主义的角度来看，专利制度代表了一种悖论。如何使一个制度设计出来既可以限制技术（包括医疗技术）的获取，同时又能以可负担的价格实现所需药物和疫

Nelsen L and A Krattiger. 2007. Ensuring Developing-Country Access to New Inventions: The Role of Patents and the Power of Public Sector Research Institutions. In *Intellectual Property Management in Health and Agricultural Innovation: A Hand-book of Best Practices* (eds. A Krattiger, RT Mahoney, L Nelsen, et al.). MIHR: Oxford, U.K., and PIPRA: Davis, U.S.A. Available online at www.ipHandbook.org.

苗的最大化应用？审视这一悖论的一种方法是设想极端情况：如果发展中国家目前已经有了治疗疾病所需的一切药物和疫苗，那么专利制度就没有存在的必要了。有些专家认为，没有专利就会引发最大限度的竞争，促使价格降低，从而使产品的可负担性和可获得性最大化。

但对发展中国家的许多疾病而言，药物或防治措施非常稀少，甚至没有。专利保护可以在一定程度上促进产业发展，鼓励使用技能和资源开展新药物和疫苗的发现、开发、测试、质量控制、制造和分发。如果不能通过专利保护防范竞争对手，几乎很少有公司愿意踏上漫长的新药发现和开发之路。

因此，专利不存在固有的好坏，而是像所有工具一样，必须明智地为了何种目的而使用。

大学、医学院和其他从事生物及医学研究的非营利性研究机构（本章统称为“大学”），在利用专利为发展中国家开发和分配疫苗及药物方面具有特殊的作用，因为用于开发药物和疫苗的核心技术（有时是先导化合物）通常来源于这些机构。

尽管大学公开声明其技术转移活动的公益性目的，却受到了批评，因为其使用专利的方式会阻碍或在极少数情况下已经阻碍了以可接受的价格向发展中国家推广药物。批评者认为，大学授予发达国家制药公司独家许可，相当于允许制药公司阻止发展中国家的公司以可负担的价格生产和销售药品，很大程度上阻碍了向这些国家的贫困人口提供挽救生命的药物。

虽然非营利性研究机构并不经常涉及这些问题（部分原因是这些机构所拥有的医学相关专利比例很小），但它们的公众关注度以及公共责任，正在促使大学技术转移办公室修正它们与发展中国家医疗卫生相关专利的许可措施。

一些批评者认为，为确保技术的可获得性，大学最好停止对医学相关发明申请专利，并公开所有研究内容。但这样做，既不现实，也会适得其反。专利已经被证明是引导投资技术开发的强大工具，如果没有投资，这些技术就会被闲置。大学的发明通常处于早期阶段（常被称为“萌芽期”），此阶段的发展投资潜藏大量风险，发明技术的实用性和市场接受度均未得到证实，无法进入市场的发明要远远多于能够进入市场的发明，尤其在医疗领域。专利是公司风险管理的重要途径，专利的运用对于药品和疫苗来说更为重要，因为药品和疫苗的开发成本，特别是临床试验的成本需要更大规模的投资，也会带来更高的风险。

非营利性研究机构希望从其专利中获得一定的财务回报，但与普遍持有的观点相反，专利很少能产生巨大的回报。美国大学平均获得的专利许可使用费仅相当于其研究预算的2%~4%。大多数大学认为，技术转移活动的主要目的是：（1）吸引技术开发投资，将产品推向公共市场；（2）通过建立以技术许可为基础的衍生公司，帮助当地经济发展；（3）两者兼有。

大学的宗旨是通过专利鼓励新技术开发，需要复杂的许可政策和程序，以确保贫困人口能够获得基于大学技术的药品。为此而制定的专利政策，如果切实可行，并得到适当公布和实施，就有可能成为私营部门广泛采用的“范式”。

截至目前，对于这些问题的认识是前所未有的，解决问题的方案也刚刚形成，对最佳做法尚未达成共识。本章其余部分介绍了一些可能的解决方案。

2 提高认识

鼓励有效的许可政策和实践，首要任务是提高研究机构内部对第 1 节所述问题的认识。技术转移官员需要了解发展中国家的医疗保健需求，以及大学对这些需求负有的责任。大学通常负有通过技术转移促进公共利益的责任，这种认识可以避免未考虑发展中国家的健康需求而在无意中授予许可。高级管理人员和研究人员还需要进一步关注相关问题，只有这样，专业人员才能够认识到许可条款更广泛的价值，也许从经济角度来看，这些条款带来的利润较低，但会解决世界贫困地区的紧急医疗问题。大学对这些问题采取一致性政策，将会提高合作公司的内部认识，使这些公司更容易接受解决上述问题的许可条款。

对此问题的认识正在不断提高。美国大学技术经理人协会（AUTM）于 2003 年开始向其成员宣传这一理念。该组织对技术转移专业人员理解上述问题产生重大影响：来自美国和加拿大非营利研究机构的技术转移专业人员中，超过 90% 属于 AUTM 成员，其他国家的数百名专业人士也包括在内。2003 年成立的 AUTM 特别兴趣小组已发展成为全球健康技术经理人协会（TMGH）[1]，其部分工作得到了健康研发知识产权管理中心（MIHR）的支持。TMGH 的目标是提高对全球卫生健康问题的认识，并与 AUTM 一起汇编可分发给 AUTM 成员和其他人的最佳实践政策和许可条款合集。尤其令人鼓舞的是，越来越多的 AUTM 成员表现出兴趣。在 AUTM 2006 年年会上，开幕式全体会议的主题是“技术转移的创新政策和实践：全球健康展望”。会议议程包括一个教育计划，其中包含数个关于全球卫生健康技术转移问题的研讨会。

美国国立卫生研究院（NIH）通过研究工具的专利和许可指南，提醒大学需要在排他许可方面采取深思熟虑的政策。[2]NIH 希望确保健康领域的研究人员能够不受专利的过度阻碍而获得研究材料，为此 NIH 发布了研究工具相关专利申请和许可指南。促进药品获取和广泛提供研究材料，这两大目标经常融入技术转让专业人员的脑海中，使他们更加意识到进行大学技术许可时需谨慎行事。

3 建议

3.1 考虑在哪里申请专利

当研究机构申请专利并对外许可一项技术时，该机构通常可以在许可后继续拥有该专利权（这是大多数美国大学的惯例）。该机构可以通过与被许可方签署合同，控制在哪些国家申请专利。然而，决定在何处申请并不容易。

3.1.1 禁止申请的策略

如果计划申请专利的药物或疫苗在发达国家具有较大市场，策略之一是禁止其在发展中国家申请专利。无论有没有在发展中国家申请专利，被许可方的大多数利润可能都来自发达国家市场。发展中国家无论如何都无法以发达国家的价格购买大量药品，因此来自发展中国家的潜在收入损失可以忽略不计，被许可方并不会因此受到不利影响。然而，不在发展中国家申请专利，会使“仿制品”的竞争者能够在这些国家以低价生产药品。

该策略仅在以下情况中有效：

- 发达国家的药品市场很大。如果发达国家市场只是一个专业的“旅游客源市场”*，药物的主要需求是在发展中国家（疟疾疫苗就是一个很好的例子），被许可公司可能不会接受这种策略。
- 药物或疫苗相对容易制造，不需依赖被许可公司所拥有的专有技术诀窍（包括有价值的技术档案）。生物药品（包括疫苗）的生产和提纯技术可能超出大多数发展中国家生产企业的能力。相比较而言，简单的化学药物更容易制造。同时，如果药物是易于制造的，则必须采取保护措施以避免平行进口。[3]
- 研究机构拥有药物或疫苗的核心专利，而被许可方拥有的其他“辅助”专利对开发和生产药物并不重要。如果辅助专利至关重要，且被许可方选择在发展中国家申请，那么大学试图免费提供自己的技术可能没有实际意义。唯一的好处就是让大学免受批评。理论上讲，大学也可以在其许可协议中要求被许可方不在发展中国家申请此类辅助专利，但是大学是否具备这种谈判能力是值得怀疑的，尤其是在许可时发明离产品还有很大差距的情况下。

3.1.2 什么时间在发展中国家申请专利有利于获得技术

当发展中国家是药物或疫苗的主要（或唯一）需求方，并且没有替代产品时，主要就是开拓一个有足够利润的市场，以鼓励私营部门投资研发。另外一个选择是政府或非政府组织（NGOs）资助所有的研究、开发、临床测试成本和制造。但是，让公共部门实体开发商业化产品通常是不可能的。

通过将发展中国家市场汇集形成一个更大的单一市场，可以利用专利激励私营部门投资。该策略的成功依赖于以下几方面：

- 一旦产品开发成功就有充足的资金购买产品［政府和非政府组织（NGOs）必须介入，为低收入发展中国家的公共部门提供资金以便购买产品，尤其是如果没有可以支持更高价格的私营旅游客源市场］
- 有适当的质量控制和监管准入体系，确保在没有类似于发达国家监管控制体系的情况下获得一致的高质量产品
- 非产地国的法律制度运行有力且一致，足以允许供应商实施其专利权并在合理期限内维持其垄断地位
- 政府和非政府组织（NGOs）愿意接受足够高的价格，使供应商能够收回研发成本

3.1.3 许可策略

专利一旦许可，研究机构便对优化使用其发明拥有最强的控制能力。也就是在发

---

* 旅游客源市场，是指旅游区内某一特定旅游产品的实际购买者和潜在购买者。——译者注

明许可之前，大学可以最大化地保障该发明将被用于促进，或者至少不妨碍发展中国家满足健康需求。

第一个决定是，是否授予（1）完全排他性许可，（2）受产品类型限制的排他许可，（3）受地理区域限制的排他许可，或（4）非排他许可。[4] 考虑以下两种极端情况会有所启发：

- 如果该发明是一种用于探索的工具，对许多人有用但又不是重大突破，那么对于发达国家而言最适合选择非排他许可，并且也不需要在发展中国家申请专利（许多大学规定不利用其专利权对任何国家的非营利性研究机构提出索赔，因此允许这类机构自由使用专利技术）。
- 如果该专利涵盖了有望成为新药或疫苗的核心发明，且需要很多年以及数百万甚至数千万美元投资，那么选择排他许可可能是最佳策略。这种情况下，在选定的发展中国家申请专利可能是确保实施全球布局战略的一个重要因素。

排他许可使大学在谈判许可条款方面承担了很大的责任，条款既要保障产品的开发，又要保障该价格能够被发展中国家承受且能够快速流通。然而，并不是每个大学技术转移工作人员都意识到了这一责任要求。由于此类谈判尚未建立最佳做法，因此需要在不断累积经验的基础上构建策略。回顾过去，我们知道有几类情形显然是错误的，可以从中汲取经验。以下为更好的、但仍然处于实验状态的策略：

- **制定里程碑计划**。作为公司持续获得许可的条件，大学要求公司投入一定的合理资源（如资金或员工时间）来开发技术。大学也可能要求公司提出某些目标达成的时间节点（例如，某个日期之前进行第一次临床试验，在之后的某个日期之前产品投放市场，等等）。[5] 然而，对于处于非常早期阶段的技术而言，成功设定时间节点是非常困难的。
- **要求为发展中国家提供产品**。大学可以要求公司在为发达国家提供产品的同时，或者几乎同时，就开始为发展中国家测试并分发产品。这对于疫苗来说尤为重要，因为消滴理论（trickle-down theory）[6] 有时会导致发展中国家几十年得不到合适的产品。
- **控制发展中国家的定价**。通常设定比成本略高的价格（所谓的成本加成定价法）。像发达国家一样，在拥有巨大且预期可盈利的市场的情况下，这一点尤为重要。
- **分许可**。如果公司无法交付产品或以可接受的价格交付产品，那么大学可要求公司将该专利再许可给他人。如果产品制造过程很简单，这种策略可能有效；但如果制造产品需要公司大量的专有技术和背景技术，只采取强制分许可方式可能无法取得实际效果。对于复杂的生物药物和许多疫苗尤其如此。因此，大学应该加强谈判，使分许可的条款尽可能具有吸引力，以便公司在实施分许可时能够充分合作共担风险。Friedman 及其同事的论文[7] 描述了 Pharmacia 公司的这种策略。该公司将专利与其专有技术一起进行了积极的分许可，并对该产品的质量加以控制。公司获得的好处主要在于赢得了声誉，同时也可以保护公司免受罔顾发展中国家贫困人口需求的指责。

4 结语

大学的技术转移专业人员越来越意识到，他们有义务保障贫困人口能够获得基于大学技术产生的药物。在很大程度上，大学正在履行这一义务，并希望精心策划的专利和许可政策可以成为履行义务的有力工具。但既没有明确的机制，也没有很多先例可以指导专业人士从事这项工作。本章介绍了研究机构为发展中国家提供新药获取途径方面可以采取的一些策略。所提供的策略都经过了尝试，但它们都相对较新，还需要进一步改进。而这种改进只能在研究机构和公司的实际谈判中实现。未来必将形成新的方案。只有研究机构和公司进一步提升他们对发展中国家贫困人口负有责任的意识，这些努力才会奏效。然而，提升意识只是第一步，只有为改善人类健康开发新技术的研究机构和公司的需求得到满足，这些策略才会得到发展。在已有知识和成功经验的基础上，我们不仅需要努力探索创新的解决方案，还要在探索过程中承担合理的风险。

LITA NELSEN, *Director, M. I. T. Technology Licensing Office, Massachusetts Institute of Technology, Five Cambridge Center, Kendall Square, Room NE 25-230, Cambridge, MA, 02142-1493, U. S. A.* lita@mit.edu

ANATOLE KRATTIGER, *Research Professor, the Biodesign Institute at Arizona State University; Chair, bioDevelopments-International Institute, and Adjunct Professor, Cornell University. PO Box 26, Interlaken, NY, 14847, U. S. A.* afk3@cornell.edu

1 See www.tmgh.org.

2 NIH. 2005. Best Practices for the Licensing of Genomic Inventions: Final Notice. *Federal Register* 70(68): 18413-415. www.ott.nih.gov/pdfs/70FR18413.pdf.

3 See, also in this *Handbook*, chapter 15.4 by D Matthews and V Munoz-Tellez.

4 See, also in this *Handbook*, chapter 11.8 by SL Shotwell.

5 See, also in this *Handbook*, chapter 2.7 by J Oehler.

6 Trickle-down theory relates to a product that may at first be so expensive that only wealthy people can afford it. The theory states that over time, however, the price will fall until it is available to the general public. In other words, the benefits trickle down.

7 Friedman MA, H den Besten and A Attaran. 2003. Out Licensing: A Practical Approach for Improvement of Access to Medicines in Poor Countries. *Lancet* 361: 341 - 44. www.fightingmalaria.org/pdfs/Lancet%20Article.pdf.

第 1.5 章

基因组学、伦理和知识产权

加里·E. 马尔尚（GARY E. MARCHANT）
美国亚利桑那州立大学桑德拉·戴·奥康纳法学院教授

▍译者 索亚丽 ▍审校者 刘晓娜 李紫陌 李雪 陈继康 张熠 殷宏

摘 要

考虑和讨论专利的伦理问题，在生物科学的发展和应用中扮演着越来越重要的角色。虽然伦理问题越来越重要，但目前还没有形成一致或明确的伦理原则，用于指导人、动物和植物基因及细胞的专利申请。争论主要集中在 3 个领域：（1）如果从商品化、尊严或类似的概念考虑，是否有一部分或者全部涉及基因和细胞的专利不符合伦理道德；（2）采集组织样本时，如何使用事先知情同意原则和利益共享原则；（3）专利是否限制生物技术领域的创新技术在医疗和农业领域运用。由于缺乏公认的指导原则，政策制定者、决策者、科学家和生物技术应用者在解决这些问题时别无选择，只能用个案具体分析的方法解决这些富有争议的伦理问题。

1 引言

过去 30 年，生命科学领域专利的伦理问题已经引发了大量讨论。不幸的是，这些对话和争论并没有促使生物材料领域专利的伦理原则和做法达成更加明确的共识。政策制定者、决策者、公司、科学家和产品最终用户必须在由法律原则、道德评论、社会规范和政治影响等尚未确定的因素构成的复杂网络中穿行，这个网络集中体现了该

Marchant GE. 2007. Genomics, Ethics, and Intellectual Property. In *Intellectual Property Management in Health and Agricultural Innovation: A Handbook of Best Practices* (eds. A Krattiger, RT Mahoney, L Nelsen, et al.). MIHR: Oxford, U.K., and PIPRA: Davis, U.S.A. Available online at www.ipHandbook.org.

领域专利的伦理范围。如果未能充分考虑并遵循这些因素影响，可能会引发争议、破坏和反对；与此同时，如果过分谨慎并坚持最极端的观点和立场，则有可能阻碍生命科学研究和创新为科学、经济和发展带来利益。

本章并不试图完整解释或解决生命科学专利的多种伦理问题，只是想简要描述与基因和其他生物材料专利相关的各种伦理争议和潜在冲突，并讨论如何在实践中解决或管理此类问题。主要争议可分为以下 3 类：（1）部分或全部生物技术专利本身是否不符合伦理道德；（2）获得或发现专利发明的方式；（3）专利的使用方式。

2 专利伦理

先决问题是生物专利是否本身就不符合伦理。一些个人、群体、文化和国家坚持认为，对任何人类、动物或植物的基因和组织申请专利都不符合伦理。各种争论已经激进到反对与遗传学或生物医学创新相关的任何专利。其中一个常见的观点是，专利使生命形式商品化了。相关观点认为，生物材料是自然发生的，因此对“大自然的作品”进行分离和描述，不应被视为可获得专利的主题。[1] 其他伦理问题包括：担心申请专利将促进并加速部分被认为不符合伦理的生物技术应用及商业化，担心申请专利会导致动物遭受更大的痛苦，担心申请专利使人类和其他物种的基因和细胞被他人所拥有，从而损害了其尊严。[2]

从道义伦理出发，反对生物技术专利的突出表现是 1995 年由将近 200 个宗教领袖发表的一份声明，反对人类或基因工程动物组织的任何专利，声明宣称“我们相信人和动物是上帝的创造物，而不属于人类，因此不能作为人类的干预结果被授予专利”[3]。另一个众所周知的案例是对基因专利化大加谴责的法国司法部长伊丽莎白·吉古（Elisabeth Guigou）于 2000 年发表的声明，即人类基因专利违背了法国的伦理准则。负责任遗传学委员会（The Council for Responsible Genetics）则发布了一项基因权利法案，主张“所有人有权享有一个不能以生物体申请专利的世界，包括人、动物、植物及其所有部分”[4]。

尽管一些组织和个人以上述部分或全部理由谴责生物材料专利化，但另一部分组织和个人则站在伦理的立场上捍卫基因和其他生物材料的可专利性。[5,6,7] 例如，联合国教科文组织国际生物伦理委员会［United Nations Educational, Scientific, and Cultural Organization（UNESCO）International Bioethics Committee］认为，“知识产权法律以发挥作用为服务目的，在伦理原则和普遍人权方面具有基础，并且往往有利于人类利益”[8]。此外，宗教领袖在反对基因和其他活体组织专利方面并不统一，许多著名宗教组织和个人明示或是暗示了支持这种专利。[9]

一种观点认为，尽管有些生物技术发明确实存在重要的伦理和政策问题，但是专利局并不是适合解决这些问题的场所，因为专利审查员并没有接受专门的伦理和政策培训。还有一种观点认为，取消对生物技术发明的专利保护措施，将使这些创新符合伦理要求的情况变得更少而不是更多，部分原因是由于公司更多依赖商业秘密替代专利和公开披露的要求，从而降低新技术的透明度。[10]

全面禁止任何基因或其他生物材料的专利不符合《与贸易有关的知识产权协定》

(TRIPS)，该协定要求各成员为大多数生物技术产品提供知识产权保护。因此，任何现有的和未来的世界贸易组织（WTO）成员都不可能通过或强制执行生物专利的通用禁令。虽然任何专利的反对者可能会提出所有上文总结的政治和伦理论点，但这样的论点几乎没有法律效力和相关性。

更相关的论点通常是，特定的专利或专利类型不符合伦理要求。例如，TRIPS 协定允许 WTO 成员将生物工程动物排除在专利之外。因此，每个成员必须单独决定是否将其专利法扩展至动物，而这些争论通常集中在有关动物权利和生命商业化的伦理争论上。

更普遍的是，TRIPS 协定明确规定，各成员可以选择在其专利法中包含一项条款，拒绝为不符合伦理的特定创新和发明授予专利。例如，欧盟有“公共道德条款”，或者公开的道德条款，拒绝对违反公共道德的发明进行专利保护。包括美国在内的其他国家拒绝加入此类道德条款，美国专利商标局声称，其无权根据基础发明的道德或伦理特征否定其他有效专利。

美国法院也不承认审查专利的伦理和政策方面能够发挥任何作用。美国最高法院在批准美国第一个生物有机体的专利时，声明：

> 我们无权受理这些争论……我们不得不作出这个选择，是由于法院不能提供此类调查、审查和研究，而立法机构可以，这是立法过程中需要解决的一个重要的政策问题。这个过程涉及平衡互相冲突的价值观和利益，这在我们民主制度中是民选代表的工作。无论其是否具有合法性，现在的争论应该针对政府的政治部门、国会和行政部门，而不是法院。[11]

在不承认专利道德的司法管辖区，有争议的专利在最初申请期间及后续授权后都会受到这些条款的质疑。例如，欧洲专利 BRCA 1/2 乳腺癌基因和致癌基因小鼠在初始专利发布数年后，受到了公共秩序条款的挑战，导致专利范围被缩小但未被取消。[12] 欧盟的公共秩序条款还涉及禁止克隆人、修饰人的生殖细胞系、为商业目的使用人类胚胎的专利，以及导致动物痛苦而对人的医疗没有实质性益处的动物基因工程专利。其他案例中，用公共秩序条款质疑生物技术专利并不成功。[13] 对公共秩序条款的一个批评是，欧洲专利局没有明确规定条款适用的定义和标准，导致个案分析经常不能使用统一的方法。[14]

没有什么问题比基于传统知识的产品和流程申请专利引起更多的愤怒和关注。1992 年的《生物多样性公约》鼓励各国尊重和保护传统知识。任何基于传统知识的产品，尝试申请专利，都有可能引起相当大的争议，如为印度香米、印度楝树和姜黄申请专利所引发的争议，便证明了这一点，这些专利都因一系列异议被放弃或撤销。[15] 归根结底，任何为来源于传统知识的产品申请专利的尝试，都可能引起相当大的反对和争议，只有当收集生物材料，符合事先知情同意和利益共享原则时（下一节讨论），才能避免这些反对和争议。

3 获取生物样品

生物技术专利引起伦理争议的另一个领域，就是发明专利生物样品的收集方式。在大多数人类基因研究中，通用的科学规则是，组织捐献者对他们所提供用于研究的细胞或基因不保留任何财产或其他权利。[16]这意味着组织捐献者不会因他们的样本获得经济补偿（除了报销他们的自付费用），也不会获得使用捐赠组织开发商业产品可能产生的任何利润或收入，以及对使用捐赠组织开展研究可专利发明的专利权。对于在领土内收集可用于申请专利的动物和植物标本这一问题，当地居民和国家政府相关法律和财产权利并不明确且经常存在争议。国际上，最激烈的争议涉及"生物剽窃"，即发达国家的科学家从其他欠发达国家收集的人类、动物或植物材料，以此为基础申请专利。在有关生物样本收集的伦理辩论中，两个最重要的问题是事先知情同意和利益共享。

3.1 事先知情同意

事先知情同意是指，在获得生物样品前事先获得有关方面的批准。与事先知情同意有关的另一个问题是应该由谁来批准。批准可能来自提供组织的具体人（对于人类样本而言），提供样本所在地区的当地社区、部落或地方政府，以及国家政府机关。当3个层面（个人、地方和国家）的决策者中，只有部分而非全部事先知情同意时，争议就会出现。例如，美国国立卫生研究院（NIH）1991年申请了一项源自巴布亚新几内亚一个独立部落——哈加海（Hagahai）成员的细胞系专利，该细胞系中与白血病相关的基因频率很高。这项专利申请随后因争议而被放弃，针对它的国际争议焦点是，NIH是否需要分别获得个人捐献者、哈加海部落和巴布亚新几内亚政府的知情同意。[17,18]

关于缺乏适当的事先知情同意而引起国际争议的另一个例子，涉及巴拿马最大的土著部落格伊米族（Guaymi）印第安人。[19,20]数千名格伊米族部落成员感染了一种被称为人类T淋巴细胞病毒2型（Human T-Lymphotropic Virus Type 2，HTVL-II）的类似HIV的病毒。美国疾病控制和预防中心（CDC）在20世纪90年代初期进行了一项感染情况的调查研究项目，随后美国商务部申请了一项专利，声称从在巴拿马接受白血病治疗的一名26岁格伊米族妇女的血液中分离出一个细胞系。美国表示该妇女在医院给予了口头同意（根据报道这名妇女是文盲、没有接受过教育且病情严重，这引发了对知情同意有效性的质疑）。随后争议的焦点是，该部落从未就将血样移至美国，并使用这些样本建立细胞系或申请专利，而被告知或征求同意。格伊米族的大会主席强烈谴责这项专利申请"不道德，与格伊米族自然观以及我们在自然中的地位背道而驰"。作为对争议的回应美国随后放弃了专利申请。从这些例子中得到的教训是，基于来自可识别人群（例如土著部落）组织的任何专利申请，如果事先没有取得提供组织样本的某个人或某些人、部落权威机构，以及国家政府的知情同意，就很可能引起重大争议。

在事先知情同意过程中，所提供的信息内容和形式也会存在争议。特别是，同意的过程中是否包括披露所收集的可能会用于获得专利的材料？根据对当前事先知情同意程序的批评，“过去30年来，从个人身上采集的血液、组织和其他体液样本，未经个人同意或知情而用于基因研究。如果找到了一个可获利的基因，就会成为专利。一旦一个基因被鉴定并获得专利，它的运用往往会受到严格限制，即使是为该基因研究提供组织样本和资金的人也是如此”。[21]

欧盟生物技术伦理影响顾问组已认可，在利用捐献者提供的组织开发可申请专利发明之前，必须事先征得同意：

> 必须尊重提供组织的人具有知情和自由同意权的伦理原则。该原则包括这个人的信息是完整和具体的，尤其是可能利用这些元素进行专利发明申请的信息。一项利用源于人体相关组织而获得的发明，如果不尊重知情同意的原则，将不符合伦理要求。[22]

欧盟在《关于生物技术发明的专利指令》的第26条陈述保留了该建议，声明“如果一项发明是基于源自人类的生物材料，或是使用此类材料，那么提交专利申请时，根据国家法律，提供材料的人必须有机会表示自由及事先知情同意”[23]。但是，由于这项声明是指令中的陈述，因此不具有法律约束力，仅作为劝诫。事先知情同意的要求，在以下情况下也存在实际问题：最初的研究人员或是后续获得生物组织材料的研究人员，在收集组织的阶段并没有意图或无法得知他们将来会基于该组织进行专利申请。另外，除了极少数情况下（包括下面讨论的 *Moore v. The Regents of the University of California* 案），大多数人类组织产生可获得专利的发明都是基于大量样本的调查结果，要求取得每一个个体组织捐献者对未来专利事先知情同意，非常复杂并缺少价值。

关于这个问题最著名的，也有人说是最臭名昭著的案件是1991年加州最高法院判决的 *Moore v. The Regents of the University of California* 案。[24] 为了治疗穆尔（Moore）的癌症，加利福尼亚大学（又称加州大学）洛杉矶分校医疗中心的医生在他不知情的情况下切除了他的脾，并用切除的组织创造了一个潜在的可获利细胞系。医生并没有向穆尔透露他们打算在不分享任何收益的情况下，为他的细胞申请专利这一意图，也没有经过他的同意。更令人震惊的是，他们误导了穆尔，让他随后多次返回医院，以便收集更多的组织。加州最高法院驳回了穆尔的辩论，即从他的身体移除的细胞继续归他自己所有，但是法院未驳回穆尔关于他的医生没有公开他们从穆尔细胞中获取潜在的经济利益、没有提供充分知情同意的说法。

美国最近一个案件提出了类似的问题，但该案例是在研究背景下，而不是在临床背景下的。一位医疗研究人员说服了患有遗传性海绵状脑白质营养不良疾病儿童的父母，尝试分离该疾病的基因，并提供了受感染儿童和他的家人的组织样本，还帮助这项研究筹集资金。[25] 研究人员成功鉴定了该基因，但是没有通知为研究捐献组织样本的父母。研究人员的雇主（迈阿密儿童医院）获得了这个基因专利，并且基于该基因进行基因检测，开始向使用新基因检测的诊所收取适度的许可费。这家人和支持这家人的各种组织对这种行为表示非常愤慨，并起诉了医院，包括侵占他人财产、未提供知情同意、不当得利以及违反信托义务等各种法律诉求。联邦地区法院驳回了这家人的大多数主张，但认为不当得利的主张有充分的理由继续申诉，案件随后得到了判决。[26] 这一案件与之前的“穆尔案”均表明，医生或是研究人员可能有法律义务通知组织捐献者他们有意使用捐献者的组织申请专利，即便在法律上没有规定此类披露，没有获得组织捐献者的事先知情同意，仍可能面临引发伦理争议的风险，导致负面影响和昂贵耗时的诉讼。

与人体组织收集相比，就植物和动物样本收集而言，建立知情同意伦理责任的情况还很少，但是近年来要求这种责任的势头很大。1992 年的《生物多样性公约》把获得有关国家当局事先知情同意，作为获取植物或动物基因遗传资源的先决条件。一些国家已经通过了自己的法律，要求事先知情同意才能收集植物和动物资源。[27] 近年来已经发表了几项关于这一主题的研究和提议，但是有关非人类生物材料事先知情同意要求的法律和伦理规定，仍然备受争议并存在不确定性。

3.2 利益共享

第二个主要问题是，收集用于专利化产品组织样本的实体，是否在道德上有义务与提供样本的个体或群体共享其发现带来的经济利益。国际人类基因组组织（The Human Genome Organization，HUGO）于 2000 年通过了一项关于人类基因研究利益共享的声明，该声明指出：“为了公正，最近 10 年，国际上已经形成了一个共识，就是参与研究的团体至少应当获益。”[28] 该声明建议，营利性研究机构“应该将税后净利润的 1%～3%用于医疗保健基础设施和/或人道主义建设工作，以造福捐赠基因样本的社区”。对于非营利性研究机构，“应立即满足社区对健康利益的需求”。同样，《国际人类基因数据宣言》第 19 条规定：“基于利用以医疗和科学研究为目的收集的人类基因数据、人类蛋白组学数据或生物样本所产生的利益，应当与整个社会和国际社会共享。”[29]

人类基因研究利益共享的一个重要先例是人类基因组多样性计划（Human Genome Diversity Project，HGDP），该项目旨在从地球上尽可能多地收集人类基因样本。尽管这项计划很大程度上因道德批判和争议从未实施，[30] 但它采纳了前期伦理准则，即承认了利益共享的伦理责任。[31] 准则规定，当研究结果成为商业化产品的时候，“应返还给抽样人群一定比例的经济报酬”。建议给捐献者返还款项的机制包括：（1）支付“一定比例的专利权使用费……以使抽样人群受益”；或者（2）与受托人协商，“为了公众利益，给抽样人群合理的经济支付”。

关于粮食和农业产品，1992 年的《生物多样性公约》第 15 条提到“决定获取遗传资源的权利取决于国家政府，并受国家立法的约束”，明确承认主权国家有权在领土内管理遗传资源的收集和使用，[32] 该公约第 1 条也承认生物多样性“公平合理共享利益”的原则。2001 年，经联合国粮食及农业组织（Food and Agriculture Organization of the United Nations，FAO）协商并作出决定，《粮食和农业植物遗传资源国际条约》（The Treaty on Plant Genetic Resources for Food and Agriculture）进一步建立了国外实体将国家资源用于商业化或科学研究时的“促进获取”和“利益共享”原则。[33] 当然，只有已经批准该条约的国家需要强制履行条约义务，包括美国和一些欧洲国家在内的许多主要国家还未批准 2001 年条约。此外，许多国家通过了他们自己的法律，要求在其境内获取生物材料通常需要某种形式的利益共享和事先知情同意。据最近一项统计，自1993年以来，已有40多个国家颁布了此类法律。[34]

尽管上述各种声明和国际条约支持利益共享，但是利益共享仍然是一个有争议和不确定性原则。一个实际问题是，许多科学研究人员没有研究经费能够提供给组织样本的个人和人群作为经济补偿。另一个问题是，在很多情况下无法确定由谁来决定这些经济利益在抽样人群中如何进行分配。当样本来自具有明确治理结构的独立社区或部落时，利益分配通常不存在问题，因为现有当地政府可以负责使用和分配利益，但是，当人口更加分散或更难清晰界定时，利益分配就会变得更加困难。有种伦理异议认为，向捐献组织的个人支付可观的经济利益可能会不恰当地诱导一些人参与研究。

总而言之，虽然一些法律规则和先例在有限的背景下解决了事先知情同意和利益共享的问题，但在没有适用法律的情况下，这些问题目前主要是伦理问题。这些尚未解决的伦理争论，核心是对生物技术研究和商业化的公平分配方面的疑虑，这是任何涉及植物、动物和人类的生物样本收集的研究项目和计划都应该考虑的重要因素。

4 专利使用

最后一个与生物材料专利相关的主要争议是这些专利发布后的使用（或滥用）。最普遍的担忧是，由于专利权所有人实施高额许可费、排他许可或类似的使用限制策略，导致专利发明的可应用性受到过度限制或成本过高。[35]这些做法可能会阻碍那些资金有限的实体从专利技术中获利，这些实体包括公共研究机构、患者、农民、一些医疗服务提供者、大学研究人员及类似的实体。应用性受限尤其会对自给农业、医学研究和医疗保健产生不利影响。

例如，批评人士称，麦利亚德基因公司（Myriad Genetics）的BRCA 1和BRCA 2乳腺癌基因专利，以及每次将近3000美元许可的费用，对科学研究和医疗保健产生了不利的影响。[36]这种高额的许可费和垄断，使一些非营利机构和其他临床护理机构无法为这些突变提供基因检测，特别是没有医疗保险或不打算为检测付费的病人，尽管该公司对大学和非营利研究人员提供了大幅许可费折扣，但仍可能会加重遗传性乳腺癌科学研究的负担或形成限制。[37]

一项2003年对132名诊断实验室负责人的调查发现，因为专利或许可的原因，他们当中有25%停止了医疗检测，有53%停止了研究工作。[38]排他许可的做法也限制了重要的科学工具、材料和程序的使用。20世纪90年代后期的一项调查发现，在研究的27个疾病基因专利中，有14个已经被许可，且均是排他性的。[39]美国医学遗传学学会*发表了一份立场声明，主张对具有临床意义的基因专利进行广泛许可并且“许可协议不应该通过过高的许可使用费及其他不合理条款限制（专利的）使用”。[40]

---

* 该组织于2012年更名为“美国医学遗传学与基因组学学会”（American College of Medical Genetics and Genomics）。——译者注

一些评论人士担心，涉及研究工具和基因的“上游”专利会产生“反公地悲剧”*，这将导致过多和重叠的专有障碍，从而阻碍科学研究。[41] 最近对1240名大学遗传学家的调查发现，将研究专利化和商业化可能会阻碍开放和共享的科学理念，73%的受访者声称，同事隐瞒数据的行为正在减缓他们所在领域的进步。[42]

另一种观点认为，一些生物技术专利的持有者正在利用其专利权获取更大的市场和利润，从而损害患者、农民和其他潜在的专利技术终端用户。例如，一些农民和公益性组织声称，孟山都（Monsanto）关于转基因作物专利许可协议，如抗草甘膦除草剂“农达”®专利技术，通过要求购买“农达”种子的农民同时也要使用孟山都的草甘膦除草剂“农达”®，而不使用竞争品牌的草甘膦除草剂，从而提高孟山都草甘膦除草剂的销售量。在几个案件中，孟山都因“专利滥用”被提起诉讼，但目前为止，这些法律诉讼都没有成功，[43] 这个问题仍停留在伦理道德层面进行辩论。

与生物技术专利相关的所有伦理问题一样，专利对科学研究和医疗保健的所谓有害影响也并非毫无争议。许多生物技术和制药公司认为专利是他们业务的命脉，如果没有这些专利，他们无法筹集和投入大量的资金来开发提高人类健康水平的创新产品。一些独立分析得出的结论与上述一些观点相反，认为专利带来的利益超过了科学研究和医疗保健方面的成本，[44] 或者说所担心的生物技术专利问题很大程度上还没有体现出来。[45]

一些评论人士建议，公司和其他专利持有者可以采取措施，尽量减少这些反对专利的争论，包括不对大学研究人员强制性实施专利权，降低非营利诊所和医院临床检测的许可费。[46] 为解决这些问题提出的其他政策建议，包括强制性许可要求、禁止排他许可、专利材料和检测的临床使用责任豁免、扩大实验用途豁免、专利池开发，以及生物医学研究的开源方法。

一个相关和相对较新的问题是使用专利权推动实现某些伦理或政治目标。例如，麦利亚德基因公司在美国和其他一些司法管辖区拥有BRCA 1/2乳腺癌基因的独家专利权，拒绝允许该专利被许可用于这些遗传标记的产前检查。[47] 这就是一个专利权被用来落实政策的例子，即防止针对癌症易感性特征进行产前检查（某些情况会导致后续流产）。

一组研究人员建议，专利许可可以作为“道德收费站”以确保使用生物技术符合道德要求。[48] 根据该建议，专利持有者应为不道德地使用基因发明承担责任。作者建议“期望专利持有者确保该发明的被许可方遵守与使用该技术有关的新兴法律和道德规范，例如在适当情况下，要求提供充分的知情同意或者遗传咨询”[49]。

5 结语

在生物医学和农业技术的发展与应用中，生物技术专利的伦理问题和争议是一个

* 反公地悲剧：在公地内存在许多权利所有者，为了达到某种目的，每个当事人都有权阻止其他人使用该资源或相互设置使用障碍，而没有人拥有有效的使用权，导致资源的闲置和使用不足，造成浪费，于是就发生了反公地悲剧。——译者注

重要且不断增长的因素。在一些有限的情况下，伦理问题已经被转化为法律规则，规定了明确的行为准则，但这些情况只是例外。大多数情况下，关于基因专利的伦理问题尚未纳入法律，伦理问题很大程度上仍未得到解决，并且广受争议。缺乏明确的伦理原则和准则，给该领域的实践者带来了问题。正如美国国会技术评估办公室多年前所认为的：

> 法院如何解决样本来源和使用者之间存在的争议，这些不确定性对学术研究人员和新成立的生物技术行业都是不利的……，即使具备各方声称的价值，对于生物技术的未来来说，解决当前的不确定性比以任何特定的方式解决更为重要。[50]

在缺乏更广泛和更明确的伦理共识的情况下，决策者必须逐案处理生物技术专利的伦理雷区，试图避免伦理热点可能引发的争议、破坏和反对，同时避免在相互冲突的伦理观点和立场中无所作为。

GARY E. MARCHANT, *Professor, Sandra Day O'Connor College of Law, Arizona State University, P. O. Box* 877906, *Tempe, AZ, 85287-7906, U. S. A.* gary. marchant@ asu. edu

---

1 Merz J, Cho M and D Leonard. 1997. Disease Gene Patenting Is a Bad Innovation. *Molecular Diagnosis* 2: 299-304.

2 Dresser R. 1988. Ethical and Legal Issues in Patenting New Animal Life. *Jurimetrics* 28:399-435.

3 Cited in Sagoff M. 1998. Patented Genes: An Ethical Appraisal. *Issues in Science & Technology* Spring 1998. pp. 37-41.

4 Council for Responsible Genetics. 2000. The Genetic Bill of Rights. www. gene-watch. org/programs/bill-ofrights/bill-of-rights-text. html.

5 McGee G. 1998. Gene Patents Can Be Ethical. *Cambridge Quart. Healthcare Ethics* 7:417-21.

6 Resnik DB. 2001. DNA Patents and Human Dignity. *J. of Law, Medicine & Ethics* 29:152-63.

7 See *supra* note 3.

8 UNESCO International Bioethics Committee. 2002. Ethics, Intellectual Property and Genomics. www. eubios. info/UNESCO/ibc2002ip. pdf.

9 Cole-Turner R. 1995. Religion and Gene Patenting. *Science* 270:52.

10 Caulfield TA and ER Gold. 2000. Genetic Testing, Ethical Concerns, and the Role of Patent Law. *Clinical Genetics* 57:370-75.

11 *Diamond v. Chakrabarty*, 447 U. S. 303(1980).

12 Cyranoski D. 2004. High-Flying Patents Get Their Wings Clipped in Europe. *Nature Medicine* 10:882.

13 Dworkin G. 1997. Should There Be Property Rights in Genes? *Phil. Trans. R. Soc. Lond. B.* 352:1077-86.

14 Nuffield Council on Bioethics. 2002. The Ethics of Patenting DNA: A Discussion Paper.

15 Arewa OB. 2006. TRIPS and Traditional Knowledge: Local Communities, Local Knowledge, and Global IP Frameworks. *Marquette Intellectual Property Law Review* 10:155-80.

16 Marchant G. 2005. Property Rights and Benefit Sharing for DNA Donors? *Jurimetrics* 45:153-78.

17 WIPO. 2006. Bioethics and Patent Law:The Cases of Moore and the Hagahai People. *WIPO Magazine* Issue 5, October 2006. pp. 16–17.

18 Taubes G. 1995. Scientists Attacked for"Patenting"Pacific Tribe. *Science* 270:1112.

19 Ching KH. 1997. Indigenous Self–Determination in an Age of Genetic Patenting:Recognizing an Emerging Human Rights Norm. *Fordham L. Review* 66:687–730.

20 Wu AO. 2000. Surpassing the Material: The Human Rights Implications of Informed Consent in Bioprospecting Cells Derived from Indigenous People Groups. *Washington U. Law Quart.* 78:979–1003.

21 Andrews LB and J Paradise. 2005. Gene Patents:The Need for Bioethics Scrutiny and Legal Change. *Yale J. Health Policy, Law & Ethics* 5:403–12.

22 E. U. Group of Advisers on the Ethical Implications of Biotechnology. 1996. Ethical Aspects of Patenting Inventions Involving Elements of Human Origin. ec. europa. eu/european_group_ethics/docs/opinion8_en. pdf.

23 European Union. 1998. Directive 98/44/EC of the European Parliament and of the Council of 6 July 1998 on the Legal Protection of Biotechnological Inventions.

24 *Moore v. The Regents of the University of California.* 1991. 793 P. 2d 479, cert. denied, 499 U. S. 936 (1991).

25 Marshall E. 2000. Families Sue Hospital, Scientist for Control of Canavan Gene. *Science* 290:1062.

26 *Greenberg v. Miami Children's Hospital Research Inst.* ,264 F. Supp. 2d 1064(S. D. Fla. 2003).

27 WIPO, *supra* note 17.

28 HUGO Ethics Committee. 2000. Statement on Benefit–Sharing. www. hugo–international. org/hugo/benefit. html.

29 UNESCO. 2003. International Declaration on Human Genetic Data. portal. unesco. org/en/ev. php–URL_ID=17720&URL_DO=DO_TOPIC&URL_SECTION=201. html.

30 Resnik DB. 1999. The Human Genome Diversity Project:Ethical Problems and Solutions. *Politics & Life Sci.* March 1999. pp. 15–17.

31 North American Regional Committee of the Human Genome Diversity Project. 1997. Proposed Model Ethical Protocol for Collecting DNA Samples. *Houston Law Rev.* 33:1431–73.

32 Convention on Biological Diversity. 1992. www. biodiv. org/convention/convention. shtml.

33 FAO. 2001. International Treaty on Plant Genetic Resources for Food and Agriculture. www. fao. org/AG/cgrfa/itpgr. htm.

34 Safrin S. 2007. Chain Reaction:How Property Begets Property(draft manuscript).

35 Andrews LB. 2002. Genes and Patent Policy:Rethinking IP Rights. *Nature Reviews Genetics* 3:803–8.

36 Rimmer M. 2003. Myriad Genetics:Patent Law and Genetic Testing. *European Intellectual Property Rev.* 25 (1):20–33.

37 Ibid.

38 Cho MK, S Illangasekare, MA Weaver, DGB Leonard and JF Merz. 2003. Effects of Patents and Licenses on the Provision of Clinical Genetic Testing Services. *J Mol Diag.* 5:3–8.

39 Schissel A, JF Merz and MK Cho. 1999. Survey Confirms Fears about Licensing of Genetic Tests. *Nature* 402:118.

40 American Conference on Medical Genetics. 1999. Position Statement on Gene Patents and Accessibility of Gene Testing. www. acmg. net/resources/policies/pol–015. asp.

41 Heller MA and RS Eisenberg. 1998. Can Patents Deter Innovation? The Anticommons in Biomedical Research. *Science* 280:698–701.

42 Campbell EB, et al. 2002. Data Withholding in Academic Genetics: Evidence from a National Survey *JAMA* 287(4):473-80.
43 *Monsanto Co. v. Scruggs*, 459 F. 3d 1328(Fed. Cir. 2006).
44 Resnik DB. 2003. Are DNA Patents Bad for Medicine? *Health Policy* 65:181-97.
45 Caulfield T, RM Cook-Deegan, FS Kieff and JP Walsh. 2006. Evidence and Anecdotes: An Analysis of Human Gene Patenting Controversies. *Nature Biotechnology* 24:1091-94.
46 Hemphill TA. 2003. Preemptive Patenting, Human Genomics, and the U. S. Biotechnology Sector: Balancing IP rights with Societal Welfare. *Technology in Society* 25:337-49.
47 See *supra* note 21.
48 Gold ER and TA Caulfield. 2002. The Moral Tollbooth: A Method That Makes Use of the Patent System to Address Ethical Concerns in Biotechnology. *Lancet* 359:2268-70.
49 Caulfield T, ER Gold and MK Cho. 2000. Patenting Human Genetic Material: Refocusing the Debate. *Nature Rev. Genetics* 1:227-31.
50 Office of Technology Assessment. 1987. New Developments in Biotechnology 1: Ownership of Human Tissue and Cells. Government Printing Office: Washington, DC. p. 27.

第二部分

促进创新的具体战略和机制

第 2.1 章

为人道主义用途保留权利

阿兰·B. 班尼特（ALAN B. BENNETT）

美国加利福尼亚大学戴维斯分校研究办公室副校长助理；

美国农业公共知识产权资源联盟常务理事

▌译者 焉石 范琳琳 ▌审校者 刘晓娜 李紫陌 张熠 岳强 殷宏

摘 要

在商业化技术许可中明确保留权利，可以保证许可方在为了机构的公益性目标而应用技术时，不会因商业许可中过于宽泛的条款而被无意阻碍或限制。许多大学通过保留权利来保证在后续研究或教育项目中可以继续使用已许可的技术。目前，在许可协议中，出于人道主义目的保留技术使用权的条款并不常见，但人们已经意识到这类条款的作用和重要性，特别是慈善性研究的资助者，已经开始要求被资助人确保项目的研究结果和发现能够无障碍地用于人道主义用途。在理想状况下，为人道主义目的保留权利的条款，既能够最大限度地表达出被许可方的慈善意图，也能清晰地界定人道主义用途与商业化用途的界限。

1 引言

在商业许可协议中保留某些权利，意味着技术提供者（许可方）明确其保留或保持有关技术部分权利的意图，即不在许可中授予这些权利，以确保许可条款不会阻碍许可方的某些特定目标。这些目标通常是非商业性的，因此不会直接损害被许可方技术商业化的能力，但对于许可方继续实现教育、研究和公共服务等其他结构目标来说，

Bennett AB. 2007. Reservation of Rights for Humanitarian Uses. In *Intellectual Property Management in Health and Agricultural Innovation: A Handbook of Best Practices* (eds. A Krattiger, RT Mahoney, L Nelsen, et al.). MIHR: Oxford, U.K., and PIPRA: Davis, U.S.A. Available online at www.ipHandbook.org.

却是非常重要的。就大学研究而言，保留权通常包括确保未来的非商业性研究不会受阻，更重要的是保证不会阻碍该技术的人道主义用途。[1] 本章主要讨论一个单一问题：在商业技术许可中明确保留权利，以确保机构为人道主义目的应用技术时不会因过于宽泛的商业许可条款而受限。此外，这类保留权利条款的常规做法，为机构通过管理技术实现公共利益最大化提供了一种手段。

2 权利保留条款

许可协议笼统地定义了很多条款，根据这些条款，技术提供者（许可方）将知识产权和/或有形资产转移给技术使用者或开发人员（被许可方），其通常用于商业开发。在大多数情况下，许可协议是非排他性的，或者明确限制了技术使用的特定领域或地域。在这种情况下，被许可方不会被授予（而会保留）该技术许可范围外的所有权利，因此没有必要进行特定的权利保留。然而，对于包括生物技术在内的一些技术和技术领域，通常需要宽泛的独占许可，以激发后续研发投资。在这种情况下，对于被许可方来说，为了确保非商业性的机构目标不被商业化许可的排他性条款所阻碍，在协议中明确保留这种权利显得尤为重要。

例如，大学签署的许可协议中通常包含一项条款，该条款保留了对已许可的专利和/或技术进行使用和研究的权利。自从 *Madey v. Duke University* 案[2] 有效限定了美国专利法规定中对大学研究的豁免权，[3] 上述保留条款在许可协议中就变得越来越重要。在美国，缺乏研究豁免权的情况下，出现了一种特殊的窘境，即如果发明进行独占许可，该项发明可能无法用于正在进行的任何研究，即使是在这个发明诞生的实验室。为了解决这个难题，许多大学在独占许可协议中保留了自身机构使用该项技术的权利，或者更进一步扩大，保留了所有学术或非营利性研究机构使用该项技术的权利。

加利福尼亚大学和斯坦福大学经常在他们的独占许可协议中加入类似的条款（文本框 1）。这种类型的权利保留条款也许是大学许可协议中最常用的一种，尽管如此，仍有很多大学在独占许可协议中没有使用这种明确合理的条款。

文本框 1：在独占许可协议中保留权利的样例

加利福尼亚大学

本协议中的任何内容都不被视为限制校董会（大学）出于……目的使用这项发明……和相关技术的权利，且允许其他教育和非营利性机构出于教育和研究目的使用。

斯坦福大学

斯坦福大学代表自己和其他非营利性学术研究机构，保留为任何目的实施被许可专利和技术的权利，包括被赞助的研究和合作。被许可方同意，尽管该协议有其他条款，但无权反对任何此类机构实施许可专利。

在大学许可协议中，为人道主义用途保留权利条款是个例，而不是惯例，但人们对这类条款的作用和潜在重要性的认识与日俱增。现如今，很多研究赞助者和项目，如慈善基金会等都会要求被资助人确保其研究成果和发现能够用于人道主义用途。基于此类资助人的要求，被授权人在研究协议框架下执行任何技术开发的商业许可时，须附带这样的条款，即要求在承担现有义务的同时，还需为人道主义用途保留权利。

3 权利保留条款的结构

出于人道主义目的保留权利，可以作为被许可方表达慈善意图的简单声明。例如，唐纳德·丹弗斯植物科学中心（the Donald Danforth Plant Science Center）所有的研究和许可协议中都包含了如下声明："公司和丹弗斯中心将真诚并抱有良好意愿地，对世界范围的许可条款保留知识产权（IP）运用权利，以保证满足发展中国家的需求。"[4] 这种声明具有简明扼要的优势，能够确保被许可方了解许可方的意图，但该声明未对"满足发展中国家的需求"进行充分明确定义，被许可方无法评估声明对其商业市场的影响程度。因此，需要制定更加详尽的条款，明确界定人道主义用途的界限，特别是与商业用途有关的界限。

3.1 定义

定义是保留人道主义使用权利的最关键部分。主要的定义包括：

人道主义目的。定义"人道主义目的"有以下几种方法：按收入水平、用途（维持生计或商业）和地域。当然，每种方法都有一定的局限性。在农业应用中，使用了将"人道主义用途"定义等同于"生存用途"的方法，但这种定义方法可能并不适用于健康领域，因为在没有商业伙伴大量投资的情况下，技术应用几乎很难取得成功（这种情况在农业创新中也越来越明显）。如果生存需求是人道主义定义的一部分，那么定义"用户"维持生计的收入水平尤显重要。这一标准已经应用在黄金大米*[5] 的人道主义许可中，但可能会衍生出难以遵守或监督的实际问题。或者，"人道主义用途"可以以地域进行定义，即将指定技术的所有用途限定在发展中国家内。

发展中国家。如果"人道主义用途"以地域进行定义，那么就需要对"发展中国家"作出明确的解释。例如，"发展中国家"可以被定义为世界银行或其他国际机构列出的国家。虽然这一定义可以有效划分技术的商业用途和人道主义用途，但目前列出的发展中国家清单可能无法囊括全部有需求的地域。这种定义应该具有灵活性，允许扩展地域列表。此外，如果人道主义用途以地域进行定义，则应明确阐述在限定地域范围以外的区域如何使用和销售这一问题。

商业目的。出于人道主义目的保留权利是在商业许可背景下提出并设计的条款，特别是将技术市场划分为商业用途和人道主义用途，因此确定商业用途的范围也很重要。

---

* 关于黄金大米，由于章节末链接失效，无法参照相关文献了解该许可情况，可能翻译有偏差。——译者注

3.2 保留权利

保留权利是该条款的有效部分，其结构将遵循上述定义。保留权利应清晰阐明保留何种权利，并明确将所保留的权利授予其他可以实现人道主义目的的企业或组织。这将是许可谈判中需要讨论的议题，因为商业被许可方很可能不熟悉这些条款。

4 标准条款

保留权利的标准条款实例相对较少，因为这些标准条款可能是在特定情况下量身定制的。本章列举了两个实例作为经验借鉴，一个是针对农业技术许可而制定的，另一个是针对卫生健康技术许可而制定的。

农业公共知识产权资源联盟（PIPRA）制定了一项保留人道主义使用权利的标准条款（文本框2），并鼓励其成员将该条款纳入农业技术商业许可协议中，特别是独占许可。该条款可作为实现此类目标许可条款的模板或基础。

加利福尼亚大学戴维斯分校的技术许可办公室针对卫生健康技术的商业许可，起草了一份保留权利条款（文本框3）。同样，它也可作为实现此类目标许可条款的模板或基础。

文本框2：农业公共知识产权资源联盟（PIPRA）对保留人道主义使用权利的定义

定义

“人道主义目的”是指（a）任何非营利性组织在世界任何地方以研发为目的使用发明/种质资源，并表达了为发展中国家开发育种材料和品种的明确意图；（b）在发展中国家出于商业用途使用发明/种质资源，包括使用和生产种质资源、种子、繁殖材料，以及用于人类或动物消耗的作物。

“商业目的”是指以销售或提供销售为目的的制造、已制造、繁殖、已繁殖、使用、已使用、进口或出口产品、商品或服务。

“发展中国家”是指在协议的生效日期内，任何一个被世界银行集团定义为低收入或中低等收入经济体国家，以及由许可方、被许可方共同认定的其他国家（现有的发展中国家名单通常在协议附录中列出）。[6]

保留权利

尽管根据本协议授予了其他权利，但大学出于人道主义目的，特此保留一项涉及发明/品种的不可撤销的、非排他性的权利。这种人道主义目的应当明确排除以下权利，即非营利性组织和/或发展中国家，以及其中任何个人或组织，向这些发展中国家以外的市场出口或销售种质资源、种子、繁殖材料，尤其在这些发展中国家的商业许可协议中，已经引入或即将引入体现发明/种质资源的产品。为免生疑问，非营利性组织和/或发展中国家，以及其中任何个人或组织，可将原产于发展中国家的种质资源、种子、繁殖材料或作物出口到其他发展中国家和所有其他经许可方和被许可方同意的国家。

文本框 3：为人道主义目的保留权利：加利福尼亚大学戴维斯分校

1.40　“人道主义目的”是指（a）将具有专利权的化合物（“化合物产品”）许可给任何组织或其他第三方用于研发产品时，表达出为世界任何经济弱势国家研发化合物产品的目的；（b）任何组织或者其他第三方在经济弱势国家出于商业目的使用化合物产品。

1.41　“商业目的”是指以销售或提供产品、商品、方法或服务为目的制造、已制造、使用、已使用、进口或出口产品、商品、方法或服务。

1.42　“经济弱势国家”（Economically Disadvantaged Country，EDC）指在联合国贸易和发展会议上列出的“最不发达国家”名单中的所有国家，其生效日期见本协议附录一所载的生效日期。

2.14　被许可方在经济弱势国家为商业目的制造、使用、销售、许诺销售和进口化合物产品，可免费许可，但会被要求免费或以成本价的方式分发具有专利权的化合物产品。

2.15　尽管本协议授予了其他权利，大学董事会（大学）在此保留授予任何第三方为人道主义目的而获得的复合专利权的权利。用于人道主义目的，将明确排除第三方将该化合物产品从经济弱势国家出口或销售到经济弱势国家之外市场的权利。在经济弱势国以外的市场，被许可方引入或将引入有专利权的化合物产品。对于这样的许可，第三方被许可方在经济弱势国家使用、销售、提供销售和进口化合物专利产品时将免除许可费，并且将被要求免费或以成本价发放化合物产品。为免生疑问，第三方被许可方允许将源自某个经济弱势国家的化合物产品向其他经济弱势国家出口，以及向大学董事会与被许可方共同同意的所有其他国家出口。

5　结语

最近有建议提出，需要由国家公共政策引导，提出具体支持措施，管理公共资助的研究成果，这样能在满足发达国家商业化需求的同时，出于人道主义目的，为世界贫困人口使用最新技术保留并提供机会。[7] 当前，在缺乏国家政策引导的情况下，仍然可以采取一些自愿措施，以确保研究成果、新发现和发明专利能够为人道主义目的服务，满足世界上贫困人口的需求。对于公共研究机构而言，在商业技术许可中保留人道主义使用权，是帮助其借助商业和人道主义渠道，履行服务公众利益使命的有效机制。

ALAN B. BENNETT, *Associate Vice Chancellor, Executive Director, PIPRA, Office of Research, University of California, Davis, 1850 Research Park Drive, Davis, CA, 95616, U. S. A.*
abbennett@ucdavis.edu

1 The broader topic of humanitarian access to health and agricultural innovations and a discussion of strategies to ensure broader access are also addressed in this *Handbook* in various chapters, most notably chapter 2. 2 by AL Brewster, SA Hansen and AR Chapman. For specific aspects of the topic, see in this *Handbook*, chapter 12. 1 by RT Mahoney.

2 (307 F. 3d 1351 [Fed. Cir. 2002]).

3 Ludwig SP and JC Chumney. 2003. No Room for Experiment: The Federal Circuit's Narrow Construction of the Experimental Use Defense. *Nature Biotechnology* 21:453.

4 Beachy R. 2003. IP Policies and Serving the Public. *Science* 299:473. See also in this *Handbook*, chapter 17. 10 by K Schubert.

5 Brewster AL, AR Chapman and SA Hansen. 2005. Facilitating Humanitarian Access to Pharmaceutical and Agricultural Innovation. *Innovation Strategy Today* 1(3):203-216. www. biodevelopments. org/innovation/index. htm.

6 web. worldbank. org/WBSITE/EXTERNAL/DATASTATIS TICS0, contentMDK: 20420458 ~ menuPK: 64133156 ~ pagePK: 64133150 ~ piPK: 64133175 ~ theSitePK: 239419, 00. html. Last updated by the World Bank July 2006.

7 Boettiger S and AB Bennett. 2006. Bayh-Dole: If We Knew Then What We Know Now. *Nature Biotechnology*. 24:320-24.

第2.2章

促进医药和农业创新的人道主义援助

阿曼达·L. 布鲁斯特(AMANDA L. BREWSTER)
美国公共利益协会(SIPPI)、美国科学促进会(AAAS,
现英国伦敦维康信托公司),科学与知识产权部政策官员
斯蒂芬·A. 汉森(STEPHEN A. HANSEN)
美国科学促进会(AAAS)科学与人权项目主任
奥黛丽·R. 查普曼(AUDREY R. CHAPMAN)
美国康涅狄格大学健康中心 Joseph M. Healey 授衔主席

译者 焉石 范琳琳 **审校者** 刘晓娜 李紫陌 岳强 张熠 殷宏

摘 要

由于某些专利的许可策略会阻碍产品在发展中国家的开发和传播,因此需要制定一些知识产权管理策略帮助消除这些障碍。专利管理策略的创新与积极促进发展中国家获得所需产品同等重要。然而,必须确保专利研究资金的投入,不会阻碍或陡然增加产品开发成本,尤其针对小规模或无利可图的市场需求产品。2004年美国科学促进会公益性科学和知识产权项目专门召集了一个工作组来探讨这些问题。本章借鉴了该小组的研究成果,以制定促进人道主义机构获得卫生健康和农产品创新有效许可的管理策略,并扩大其在贫困、弱势群体,特别是在低收入国家中的应用。本章鼓励更多的公共部门知识产权管理人员理解和采用能够实现这些目标的策略,并力求帮助私营部门的被许可方了解这些策略背后的基本原理和潜在好处。采用人道主义许可策略应进一步变为惯例,为发展中国家基本药物和农业技术的发展及传播做出贡献。

Brewster AL, SA Hansen and AR Chapman. 2007. Facilitating Humanitarian Access to Pharmaceutical and Agricultural Innovation. In *Intellectual Property Management in Health and Agricultural Innovation: A Handbook of Best Practices* (eds. A Krattiger, RT Mahoney, L Nelsen, et al.). MIHR: Oxford, U. K., and PIPRA: Davis, U. S. A. Available online at www.ipHandbook.org.

1 引言

1.1 专利和被忽视的市场

知识产权（IP）在农业和卫生健康产品的开发、生产及销售中扮演着越来越重要的角色。在过去的25年中，知识产权保护的范围、水平、作用以及地域和主题覆盖范围都出现了前所未有的增长。[1] 强有力的专利保护是为了给研究投资和技术转移创造良好环境，但它并不总能起到促进作用。事实上，知识产权许可在实施过程中可能会阻碍被保护的知识、研究工具和产品进行使用推广。

发展中国家的医疗和农业需求缺口巨大。发达国家和发展中国家在技术和经济上存在巨大差距，中低收入国家在全球研发支出中所占比例不到10%。[2] 尽管过去30年来药物研发投资水平不断提高，但上市的新化合物中仅有1%用于防治发展中国家的疾病。[3] 最近的研究表明，与相对贫穷国家特有疾病相关的创新研究活动有所增加，尽管增加幅度“相对于全球整体药物研究而言仍然非常低”[4]，并且很大程度上源自全球卫生公共研发资金的增加。[4,5] 在农业研究方面，私营部门仍投入更多精力研发发达国家感兴趣的特种作物，而不是选择研发对资源匮乏的发展中国家和农民都至关重要的主要粮食作物。[6]

1.2 背景和相关倡议

文中我们对策略的讨论，是基于其他知识产权管理组织的倡议、经验和建议。联合国千年项目科学、技术和创新研究组建议拓展相关机构，使发明人的想法可以免费提供给有需求的贫穷国家，并在其总结报告中指出，“只有少数几个机构是为促进这种目的而设计的”[7]。然而，从20世纪80年代开始，到20世纪90年代和21世纪初期，越来越多的机构开始探索将知识产权管理实践用于提高和保障匮乏人群的医疗水平和粮食安全。这些机构包括适宜卫生技术项目中心（the Program for Appropriate Technologies in Health, PATH）、人口理事会（the Population Council），以及其他公共和公私合作伙伴关系，如国际艾滋病疫苗行动组织（the International AIDS Vaccine Initiative）、全球结核病药物研发联盟（the Global Alliance for TB Drug Development）、全球疫苗倡议（the Global Vaccine Initiative）、国际疫苗研究所（the Diseases of the Most Impoverished Program of the International Vaccine Institute）、健康研发知识产权管理中心（the Centre for the Management of Intellectual Property in Health Research and Development, MIHR）等。一些国际机构，如世界卫生组织（the World Health Organization, WHO）等已经开展了人道主义许可，美国国立卫生研究院（the U. S. National Institutes of Health, NIH）等公共机构也已经在适当的许可协议中纳入了人道主义条款。一些发展中国家的政府组织，例如印度科学与工业研究理事会（Council for Scientific and Industrial Research of India），已开始进行人道主义许可；具有相关经验的农业组织包括非洲农业技术基金会（the African Agricultural Technology Foundation[8], AATF）、国际农业生物技术应用服务组织（the International Service for the Acquisition of Agri-biotech Applications, ISAAA）和国际农业研究磋商组织（Institutes of the Consultative Group on International Agricultural Research，CGIAR）的研究所。

富含维生素 A 的黄金大米是人道主义知识产权管理最典型的案例之一。黄金大米虽然主要是由公共部门资助和开发，与其相关的约 45 项专利由美国约 30 家公司和公共机构所拥有，发展中国家只拥有少数专利。[9] 黄金大米的发明人将有关发明授权给了 Greenovation 公司。Greenovation 是一家生物技术公司，由弗莱堡大学（University of Freiburg）创办，归发明人所有。随后，Greenovation 公司将其与黄金大米相关的专利独家授权给了阿斯利康公司［现为先正达公司（Syngenta）］。随后，先正达公司与发明人达成了许可协议，允许双方共同向发展中国家许可使用黄金大米技术。其他持有与黄金大米相关专利的公司也赞同这样的安排，使先正达公司和发明人有权向任何具有真正研究意图的研发机构颁发分许可，以发展黄金大米技术。种植这些大米不用支付专利费，并且每年能给农民带来约 1 万美元的销售收入。但如果想要获得更高的销售利润，就要从先正达公司获取商业许可。[10] “黄金大米” 的例子说明，将知识产权应用于发展中国家的研究和商业化是可行的。

耶鲁大学提供了另一个人道主义知识产权管理的案例。司他夫定（d4T）是一种广泛用于治疗 HIV/艾滋病抗逆转录病毒药物，耶鲁大学持有一项司他夫定的关键专利。耶鲁大学从人道主义出发，重新与百时美施贵宝公司（Bristol-Myers Squibb）签署独占许可协议，将人道主义条款纳入其中，随后许可该药物在南非进行仿制生产。协议中还包含了有关降价的条款，生效日起，立刻将非洲司他夫定的价格降至美国价格的 1/30。当仿制药品上市时，又进一步把价格降低了 40%。

其他有关人道主义知识产权管理的案例，包括康奈尔大学向泰国转让抗环斑病毒木瓜，以及国际农业生物技术应用服务组织（the International Service for the Acquisition of Agri-biotech Applications，ISAAA）的几个项目。如从孟山都公司转让给墨西哥的马铃薯品种，以及从孟山都和先正达公司转让到东南亚的抗环斑病毒和晚熟的木瓜。[11] 吉利德科学公司（Gilead Sciences）和南非制药商 Aspen Pharmacare 最新达成的一项协议也可以作为人道主义知识产权管理的又一典型案例。吉利德科学公司将允许 Aspen 生产仿制艾滋病抗逆转录病毒药物 Truvada® 和 Viread®，拥有这两种药物基础专利的大学发明人同意放弃向 Aspen 服务的发展中国家收取专利许可使用费。[12]

1.3 目标受众

本文的目标受众主要是许可方，特别是大学技术转移管理人员和公共部门知识产权管理人员，其次是可能达成协议的公司内部知识产权部门工作人员，或者可能涉及采用下述策略的其他人员。而另一个重要的目标受众是资助研究并要求或鼓励被许可方共同参与人道主义知识产权管理的基金会或机构。

1.3.1 公共部门

大学和公共部门在药品和农产品的研发中发挥着重要作用。大学和公共部门一般处于研发过程的早期阶段，由于大学研究通常处于“上游”，基于这些技术形成最终产品还需要其他部门对应用研发的继续投入。公共部门研究人员对于“上游”技术和研究方法的公开方式，直接影响到发展中国家的人群是否可以获得该研究的最终产品。[13]

近年来，一些非营利性的公私合作伙伴关系（nonprofit public/private partnerships，PPPs）已经建立，其目的是开发健康医疗产品和农产品，而这些产品的市场通常被营利性研发公司所忽视。PPPs 通常由基金会或公共资金资助支持，也会从私营部门获得实物援助，或在某种情况下直接获得资金支持。

与典型的制药公司一样，关注医疗卫生领域的 PPPs 通常会开发一系列备选产品，希望其中部分产品能够安全有效地治疗他们关注的疾病。开发药物的 PPPs 案例在文本框 1 中列出。

文本框 1：关于药品开发的 PPPs

全球结核病疫苗基金会（Aeras Global TB Vaccine Foundation）
www. aeras. org

帕斯适宜卫生科技组织儿童疫苗计划（Children's Vaccine Programme at PATH）
www. childrensvaccine. org

CONRAD
www. conrad. org

被忽视疾病药物研发组织（Drugs for Neglected Diseases Initiative，DNDi）
www. dndi. org

创新诊断学基金会（Foundation for Innovative New Diagnostics，FIND）
www. finddiagnostics. org

盖茨基金会/北卡罗来纳大学新药开发联盟（Gates Foundation/University of North Carolina Partnership for the Development of New Drugs）
www. ippph. org/index. cfm? page =/ippph/partnerships/name&thechoice = show&id = 85&typobj = 0

全球微生物杀灭剂项目（Global Microbicide Project）
www. gmp. org

全球疫苗股份有限公司（Global Vaccines Inc.）
www. globalvaccines. org

萨宾疫苗研究所人类十二指肠疫苗项目(Human Hookworm Vaccine Initiative at Sabin Vaccine Institute)

www. sabin. org/hookworm_slides. htm

国际艾滋病疫苗行动组织(International AIDS Vaccine Initiative, IAVI)

www. iavi. org

美国传染病研究所(Infectious Disease Research Institute)

www. idri. org

全人类健康研究所(Institute for One World Health, iOWH)

www. oneworldhealth. org

国际微生物杀灭剂合作组织(International Partnership for Microbicides, IPM)

www. ipm-microbicides. org

抗疟药品事业会(Medicines for Malaria Venture, MMV)

www. mmv. org

疟疾疫苗计划(Malaria Vaccine Initiative, MVI)

www. malariavaccine. org

适宜卫生技术项目中心(Program for Appropriate Technology in Health, PATH)

www. path. org

幼儿登革热疫苗计划(Pediatric Dengue Vaccine Initiative, PDVI)

www. pdvi. org

肺炎球菌疫苗加速开发与推广计划(Pneumococcal Vaccines Accelerated Development and Introduction Plan, PneumoADIP)

www. pneumoADIP. org

全球结核病药物研发联盟(Global Alliance for TB Drug Development, TB Alliance)

www. tballiance. org

来源:Compiled from Gardner and Garner[14] and Merz.[15]

如果一所大学已经将知识产权授权许可给了一家公司，那么为了给 PPPs 提供使用权而重新进行谈判将非常困难且代价不菲，即使 PPPs 只是试图将发明用于开发非竞争性的产品。然而，该大学可以在技术转移的开始阶段就采取措施，以促进其发明用于开发服务贫困人群的产品。如果一项技术不符合商业性被许可方的利益，大学的知识产权管理人员可以寻求 PPPs 或其他非传统的许可合作伙伴为被忽视的市场开发产品。为了充分利用这些机会，大学以人道主义为目的制定知识产权管理相关政策和指导方针就显得尤为重要。

为什么大学和公共部门应该利用这些机会来促进人道主义用途？因为大多数大学和公共部门的研究机构致力于通过专利和许可活动，为人类的福祉做贡献。例如，2004 年[16] 美国专利数量排名前 4 位的大学都将公共利益作为其专利政策的明确目标：

- 加利福尼亚大学（424 项专利）。“加利福尼亚大学校长主张为了公共利益而管理知识产权，鼓励和帮助教职员工及其他相关人员在利用专利制度的过程中，以平等的方式对待相关各方，尊重其发现和发明”[17]。
- 加州理工学院（135 项专利）。“学院的政策规定此类专利用于公共利益。如果创新或发现可提交专利申请并获得专利，则学院可以通过审慎和适当的努力将技术转移给那些能够促进公众使用的人，从而为公共利益服务”[18]。
- 麻省理工学院（132 项专利）。“众所周知，大学的主要职能是教育、研究和公共服务。在公共服务的背景下，学院旨在将研究成果供公众使用和受益”[19]。
- 得克萨斯大学（101 项专利）。“该政策的目的是鼓励为了公众、创造者和研究赞助者的最大利益而开发发明和其他知识产权，并允许通过开发及时保护和披露此类知识产权，在获得保护、通过发表或两者兼有之后实现商业化”[20]。

公共资助机构也同样力求促进公共利益。例如，美国国立卫生研究院（NIH）的使命是支持生物医学研究、减少世界范围内的疾病、延长生命。因此，该研究院一直致力于了解和解决那些制约公众获得科学家发明的阻碍。为此，NIH 进行了各种形式的人道主义许可和人道主义使用协议。[21] 许多其他公共部门和大学也有兴趣在促进使用的改革进程中“做正确的事”，但他们往往不知该如何实施。[22]

我们期望，至少能够有某些类型的人道主义知识产权策略几乎不对技术发明者的许可收入产生影响。这种情况是否存在，可能取决于人道主义许可是否被普遍实施和接受。很重要的一点是，大学或研究机构的行政部门是否致力于将人道主义知识产权管理作为该机构公共使命的延伸（文本框 2）。因为，技术许可官员出于人道主义目的为贫困人群制定产品开发计划的同时，需要承担牺牲部分许可收入的风险。机构管理部门可以在技术许可官员中培养一种倾向，即在预期收益较低的情况下加强此类产品的开发计划。

文本框 2：开发低成本的疟疾治疗方法

采用的策略：事先就知识产权管理条件达成一致

由抗疟药品事业会（Medicines for Malaria Venture，MMV）资助的研发小组开发出一种有前景、低成本的疟疾治疗方法，被称为 OZ277/RBx11160（以下简称 OZ）。MMV 支持内布拉斯加（Nebraska）大学、瑞士热带研究所、莫纳什（Monash）大学和霍夫曼-拉罗什（F. Hoffman-La Roche）有限公司的科学家合作开发 OZ。该药物结合了植物源抗疟药青蒿素的一些化学特性，但可以通过化学手段合成，从而降低成本。覆盖 OZ 技术的专利已转让给 MMV，该组织联合印度制药厂商 Ranbaxy 公司进行下一步药品开发。Ranbaxy 公司将在监管部门批准后，在疟疾流行国家以低成本分销 OZ。MMV 通过提前与合作者建立知识产权管理计划，安排了专利、许可费和定价结构等事宜，使有需求人群受益。以下是 MMV 合作原则声明的节选：

MMV 的中心目标是确保持续不断地生产出合适的新型疟疾药物，并且以可行最低价格提供给所有有需求的发展中国家。

MMV 要求获得免费使用疟疾领域相关知识产权的权利，并通过合作进行开发。

MMV 将寻求获得相关背景知识产权的权利，以实现此处所确定的目标。

MMV 通常不需要保留在疟疾领域之外使用相关知识产权的权利，但不限制其合作者使用。

来源：MMV and JC Craft Medicines for Malaria Ventures. Statement of MMVCollaboration Principles. Personal communication，J. Carl Craft，Chief Scientific Officer，MMV.[23]

1.3.2 私营部门

为什么要联系私营部门的知识产权管理者？大多数由大学和公共部门开发的技术都处于早期发展阶段，需要私营部门在研发上投入更多资金促成实际应用。大学通常将这些早期技术许可给私营部门。因此，人道主义许可能否成功取决于私营部门决策者是否愿意接受某些条件和要求，这些条件和要求将在产品开发和营销阶段进一步扩大产品的使用。

我们认为，商业化被许可方会支持人道主义许可有两个原因。首先，私营部门通常期望在发达国家市场获得重大的资金回报，对在发展中国家市场盈利往往不抱希望。因此，许多类型的人道主义许可不会损害商业化被许可方的经济利益。其次，私营部门可以通过接受人道主义许可，提高社会责任声誉，赢得公众认同。

跨国公司已经表现出分割市场的意愿，并提供优惠条件以促进贫穷国家获得产品，阿斯利康（Astra Zeneca）、百时美施贵宝（Bristol-Myers）、吉利德（Gilead）、孟山都（Monsanto）和先正达（Syngenta）已率先行动起来。葛兰素史克（Glaxo Smith Kline）、先锋（Pioneer）国际、罗氏（Roche）等公司的策略稍后也会提及。

2 人道主义许可策略

在本节中，我们将提供一些为了促进人道主义用途而管理知识产权的成功策略和新建议，包括研究知识产权所有者利用非传统的知识产权管理方法，促进被忽视市场产品开发的案例。在本节中，我们将介绍常规的许可方法，以及专利所有者在将技术转移给私营部门时可以使用的一些具体的许可特征。

2.1 确定预期受益者

为了保障发展中国家获取技术而保留的权利或义务，需要确定预期的受益者。所有以人道主义为目的作出的许可努力，都是为发展中国家有需求人群提供更多所需技术的机会。然而，在定义这一群体或确定能够为这一群体提供许可技术的机构时，可能需要不同的方法，这取决于主要被许可方对特定技术的要求。以下是定义人道主义许可条款受益人的一些选项。

可以通过多种方式界定发展中国家，例如参照联合国最不发达国家名单，参照地区或经济合作与发展组织（OECD）、世界银行或联合国粮农组织（FAO）提供的名单等。受惠国也可由缔约双方相互商定，同时还需决定该协定是否包括中等收入国家和低收入国家。

除了确定或者替换人道主义许可中保留和/或豁免的国家名单，谈判者还可能希望进一步界定这些国家中具体的受益人群。目标人群可能是贫困人口、有需求人群、勉强维持生计的农民、地域偏远服务不足的人群或特定的细分市场。

市场细分或双重市场方法通常用于确定预期的受益者，本文提供的许多策略都应用了这种方法。通过这种方式，独占许可既可以使私营部门有权在有利可图的市场中使用该技术，同时也允许其他人免费使用该技术，或者降低许可费服务私营部门不感兴趣的细分市场。

在“黄金大米”的许可协议中，人道主义使用条款被用于对一项农业技术的使用进行划分，让关键技术的所有者向贫困人口捐赠技术。关于如何定义和运作这种“捐赠”的谈判正在进行。谈判的重点是界定人道主义使用的市场，并最终确定人道主义使用条款的准确措辞。人道主义使用条款将确定谁是有资格免费使用黄金大米的受益者，以及他们将如何受益。[24]

尽管市场细分策略已经得到成功应用，[25] 但仍然存在一些挑战，即在目标市场阻碍了知识产权保护。除了向人道主义者目标人群转移商品外，许多发展中国家可能也存在需要同样商品的新兴私营市场。这些私营市场对大公司不具吸引力，但可能会为较小的公司提供商机。市场细分可能是最成功的策略，因为非商业市场可以清晰地按区域划分，从而更容易排除对非目标市场的溢出效应。[26] 此外，市场细分通常需要激烈的谈判、合作伙伴之间的信任以及执行协议的能力。

2.2 非独占许可

在非独占许可中，除主要许可协议外，许可方仍保留将技术许可给其他人的自由。有些机构（如美国国立卫生研究院，NIH）正在尝试使用非独占许可，或者尽可能向多家公司授权许可。如果一所大学可以使用非独占许可来实现技术转移，那么其随后可以将该技术用于人道主义用途。有时商业许可的被许可方会坚持独占许可，在这种情况下，公共部门许可方可以将排他性许可（后文会进行讨论）限制在发达国家或特定产品应用。

2.3 向非营利性的公私合作伙伴关系（PPPs）转移技术

当一项技术明确可以使被忽视的市场受益时（例如，低成本的艾滋病诊断技术或对温饱型农业至关重要的农艺性状），大学技术管理人员可以选择独占或非独占许可，将技术转移给非营利性机构进行产品开发。PPPs 的业务模式各不相同，有些进行内部产品开发；有些则通过公共和私营部门实验室来合作开发（文本框 3）。技术转移的形式多样，可以是直接授权许可或捐赠发明专利，也可以是贡献专有技术或学科专业技能。

另一种可行的方案是，对于专注发达国家市场的商业化被许可方，可以以相对优惠的条件将技术提供给 PPP，从而向贫困国家提供营销或发展机遇。为了降低 PPP 的交易成本，建议大学在与商业化被许可方谈判之前，与非营利性开发者建立友好关系。

大学技术管理人员还可以通过将不想维护的大学专利提供给 PPP，来促进非营利性产品开发。即使某些技术似乎对发展中地区没有明确的应用价值，但对于 PPP 为这些地区开发产品来说，也许是有意义的。

文本框 3：CDA 疟疾治疗

采用的策略：PPP 赞助产品开发和优惠价格要求

世界卫生组织热带疾病研究项目、抗疟药品事业会（MMV）和葛兰素史克公司建立了合作伙伴关系，共同承担在二联抗疟药物 LapDap™ 的基础上加入青蒿琥酯的研发。新疗法被称为 CDA，其成分为氯丙胍、氨苯砜和青蒿琥酯。LapDap 是由内罗毕维康信托（Wellcome Trust）基金会实验室和利物浦大学的科学家们构思出来，由 MMV、英国大学、维康信托基金会、葛兰素史克公司和英国国际发展部等公私合作伙伴联合推向市场的。2003 年，该药品获得了英国药监机构（MHRA）的批准。根据发展新型三联药物的协议规定，该药将以优惠的价格提供给疟疾流行国家的公共部门。

来源：TDR News.[27]

2.4 向发展中国家的公司转移技术

技术经理可以在低收入或中等收入国家寻找商业伙伴，以满足这些地区特定条件的技术开发。与发达国家的私营部门相比，这些公司更有兴趣开发符合本国需求的产品。他们也能够以比美国或其他发达国家合作伙伴更低的价格研发、生产并分销产品。

2.5 对外许可

对外许可主要由那些已经生产知名品牌专利药物的制药公司执行，但大学可以与被许可的公司进行谈判，以确保对仿制药公司进行对外许可。在这种专利许可方式下，药品专利持有人向仿制药生产商授予非独占许可，允许他们生产廉价的仿制药品并在指定的贫困国家销售。禁止仿制药生产商向专利持有者所在的发达国家市场销售仿制药，并且可能要求其更改产品包装，以方便海关官员识别，阻止仿制药品再进口。专利持有人向仿制药生产商收取专利使用费，并鼓励他们在价格上进行公平竞争。这种半合作方式的优点是，发展中国家的仿制药生产商可以从专利持有人那里获得更多信息，例如制造技术和监管数据，而不仅仅是专利技术本身。在极少数情况下，大学拥有的知识产权不需要进行额外的开发，就可以直接通过对外许可的方式实现转化，在发达国家市场将专利许可授权给一个知名的制药公司，同时在发展中国家将专利许可授权给仿制药生产商。鼓励共享制造技术和监管信息可能会存在困难，但并非不可行。

2.6 资助协议中附加的条件

基金会、政府机构和其他组织可以要求获得资助的项目基于人道主义条款进行许可，并将人道主义条款加入资助协议中。提前构建基于人道主义的知识产权管理可以简化后续谈判，帮助研究人员和知识产权管理人员提前计划，并提高谈判成功率（文本框 4）。洛克菲勒基金会为了达到这一目的，在研究协议中起草了专门的条款，为受资助者提供人道主义许可的途径。无论受资助者是否在其发现中声称或获得专利或其他财产所有权，洛克菲勒基金会都要求受资助者“向商业和公共部门（在材料转让协定允许的范围内）的第三方许可或以其他方式提供研究发现，以便进一步创新、复制、改良和/或销售”。

文本框 4：开发便携式艾滋病诊断系统

采用的策略：资助协议中附加的条件

当马萨诸塞州综合医院和得克萨斯大学的技术转移官员向一家创业公司授予艾滋病毒诊断设备原型许可时，基金会出资人要求基金会向能够满足最不发达国家慈善事业目标的部门授予额外许可。由于这是一种便携式设备，因此该技术可以在资源匮乏的环境中提供廉价、实用的艾滋病毒诊断手段。

来源：Foskett, Menapace and Basu.[28]

2.7 许可协议中的人道主义条件

许可条件中有时会要求被许可方为特定弱势群体的利益做出行动。这些条件被称为“白衣骑士”条款。例如，在发展中国家降低专利使用费，低价销售产品，为临床试验捐赠材料，或以特定方式与人道主义被许可方合作（例如提供临床或现场试验结果）等。许可方还可以加入条款，要求被许可方继续为中低收入国家改进可用技术，以更低的成本生产产品。

美国国立卫生研究院（NIH）经常在协议中使用这类条款，以确保被许可方采取具体行动，使公共部门受益。例如，强制执行许可产品或服务的供应，健康教育计划，贫困人口可获得计划，降低发展中国家的许可费，天然产物的生物多样性和顺应性，以及确保发展中国家获得许可产品的其他手段等。NIH 还要求被许可方创建一个全球范围内的产品开发与市场营销计划，以促进发展中国家获得许可产品，并通过商定的基准监督其执行情况。[29]

2.8 执行进程的里程碑

设立“里程碑”是被许可方执行许可的要求。公私合作伙伴关系和赞助研究协议经常用里程碑来衡量一个项目的进展和成功。人道主义许可的里程碑可能是一个要求，例如，在进行新药临床试验的第一阶段或之前，要求被许可方在中等收入国家确定一个仿制药生产商，以合理的价格生产许可使用的技术。如果该里程碑要求没有达成，协议中的其他条款和保留权利将被激活，例如，丧失独占权、分许可权和行使介入权，甚至协议可能会被终止。

2.9 通过定价确保可及性

为了确保产品的可及性，许可方可能要求所开发的任何产品以合理价格投向市场。尽管在定义什么是合理方面存在一定困难，但价格是一个容易衡量的条件，与其他更宽泛的“可获取”定义相比合理价格更好监控。[30] 这种模式能够推广，还需依赖许可协议中的具体规定，激励被许可方与贫困人口的市场可及之间保持适当的平衡。许可方可能会要求被许可方达到某些里程碑节点，例如特定国家的政府采购目标，以及适合该市场的价格等。在这里，合理的价格可能被定义为生产成本加少量利润，通常是允许商品从市场上获利之前，增加 5%～10%的利润。[31] 为确保达到并维持适当的价格，许可方可以在合同中加入条款，要求定期提交制造成本报告和产品成本计算明细。[32]

2.10 许可协议中的权利保留

重要的是要考虑被许可方如何从实现人道主义目的出发，实际应用这项技术，并保留适当的权利和豁免。例如，谈判代表肯定要根据特定的技术和应用考虑研究权利以及国际贸易权利的范围。人道主义被许可方可能需要在商业化被许可方的区域范围内，保留进行研究或制造的权利，只要研究是针对发展中国家的需求或为了向发展中国家出口产品；商业化被许可方可能希望得到保护，防止以人道主义目的研究或制造的产品出口到其主要的商业市场；人道主义被许可方可能还需要中低收入地区的商业使用权利。虽然保留权利可以被定义为人道主义用途，但许可方可能希望考虑其他更为具体的保留权利，如下所述。

2.11 研究豁免

人道主义知识产权管理的目标之一是鼓励研究开发适合发展中国家需要的产品。为此，许可方可以选择在许可协议中增加一项研究豁免条款，该条款为利用其专利技术进行特定类别和类型的研究，免除了专利侵权风险（例如，开发惠及大众或贫困国家人口的产品）。加利福尼亚大学技术转移办公室已经开始在许可协议中加入这种研究豁免条款。[33] 其他大学已经在其标准的排他许可协议中保留了学术机构的研究权利（例如，斯坦福大学，其标准许可条款见文本框 5）。如果该条款保留了非营利性研究机构为发展中国家开发产品的权利，就可以促进该技术的人道主义使用。

文本框 5：斯坦福大学在标准许可协议中保留学术研究权利

采用的策略：保留学术研究权利

3.4 保留权利。斯坦福大学代表自己和其他所有非营利性学术研究机构保留了为任何目的（包括赞助研究及合作）实施许可专利和使用技术的权利。被许可方同意，即使本协议有其他规定，也没有权利迫使任何此类机构强制实施被许可专利。斯坦福大学及此类其他任何机构均有权发表该技术或许可专利中包含的任何信息。

来源：Stanford Office of Technology Licensing.[34]

2.12 向发展中国家分许可

被许可方一般不享有分许可权，除非协议中有明确规定。如果双方同意允许分许可，主协议应当明确被许可方对分许可被许可方的权利和义务。在允许分许可的情况下，应考虑到原被许可方进行分许可时，会存在与原协议的人道主义目标不一致的情况。这种不一致应该受到限制。许可方通常要求被许可方负责确保分许可的被许可方满足主许可的所有要求。为保证分许可的被许可方具有与原被许可方同等的义务，最佳方式是由许可方起草分许可条款，这样就可以确保分许可条款中涵盖了主要协议内的所有人道主义要求。

2.13 介入权

如果协议中应体现的人道主义目的或里程碑目标未能实现，许可方可能希望保留介入权（例如，取消许可，或向第三方分许可以确保可及性）。

2.14 许可协议中未来权利的处理

2.14.1 延伸性条款（Reach-through clauses）

延伸性条款旨在提升已许可的技术，确保被许可方通过被许可技术发展而来的或在合作协议框架下的新技术履行原有许可所涵盖的相同开发义务。这类条款经常被用于公私合作伙伴关系，来鼓励开发有利于发展中国家的特定技术，同时允许私营部门的合作伙伴在发达国家获益。

许可方可以通过向商业合作伙伴授权时坚持某些条款，帮助那些需要帮助的人获得更多发明，还可以把握机会对公私合作伙伴关系或其他组织所开发的技术进行转移。

2.14.2 回授条款

如果商业被许可方有可能对技术进行改进，那么明智的做法是，要求被许可方回授这些改进技术的非独占性权利。这样可以确保这些改进技术能够被用于人道主义目的。对于测试结果或监管数据的使用权也可如此管理。如果任何一方担心责任问题，可以要求任何人道主义被许可方给予充分保证，或者严格按照有关规定运作。

2.14.3 修改已有协议

虽然本文的目标是从最开始就促进人道主义许可，但是在已经达成协议的情况下，可以对其进行修改或修订，以满足人道主义需求。有几个重新谈判的成功实例。前文关于耶鲁大学和百时美施贵宝的人道主义许可，实际上是他们对艾滋病药物 d4T 重新谈判的结果，即允许在南非仿制和使用 d4T。也有来自农业部门的案例，缔约方成功排除了大学和公司之间已达成全球独占许可所带来的障碍。另一个案例中，某公司坚持无须许可就可以在某国使用已许可的技术，并在信中声明，允许大学将一个基因结构直接转移给该国。通常，重新谈判许可条款并不可取，由于增加了谈判成本，延迟了项目启动，且不一定能成功。尽管提前解决这些问题会带来明显的收益，但已经达成协议的事实，不应妨碍参与者在出现不可预见的问题时重新审议协议。

3 关于知识产权人道主义许可新方法的建议

经过对人道主义许可具体策略的讨论，得出了两个新的建议：（1）考虑更短期限的独占许可；（2）公平获得许可。

3.1 短期独占许可

许可方可以不授予与专利期限相匹配的排他性许可，而是授予时间更短的许可，允许多个被许可方在专利期限内获得许可。这种方法的实际操作具有复杂性，因为大学通常会从被许可方那里获得专利成本费用的补偿，被许可方反过来又要求在专利期限届满前的排他性许可。授予短期排他性许可时，可能需要大学承担维持和实施专利的所有费用，但只有在专利本身能够带来大量许可收益的情况下才能做到这一点。在这种情况下，大学可能不愿终止与高收入被许可方的许可关系。[35]

3.2 公平获得许可

大学还可以利用公平获取许可的方式，为低收入和中等收入国家的竞争创造有利条件。公平获取许可能够：(1) 保障任何一方在低收入和中等收入国家制造和分销许可技术及衍生产品的自由，以及 (2) 通过启动自动执行的开放许可制度，将行政开销和政治应急事件最小化。在这样的许可中，大学和被许可方同意任何被许可的技术以及被许可方改进的技术（包括改进专利和注册数据），在低收入和中等收入国家出售，并公开许可给任何符合良好生产规范（Good Manufacturing Practice）的公司。[36] 在通知许可各方后，这种安排可以允许多个生产商（包括高收入国家的生产商）竞争性地生产在低收入和中等收入国家出售的产品。

基本药物大学联盟（UAEM）制定的公平获取许可原则，包括一项人道主义研究条款，鼓励对被忽视疾病开展研究。条款规定，只要是针对被忽视疾病的研究，在世界上任何地区的任何团体都可以使用大学的技术和被许可方改进的技术，而无须支付专利费。[37]

4 美国科学促进会（AAAS）人道主义知识产权管理举措的后续行动

本文强调公共部门知识产权管理对促进人道主义用途的重要性，它旨在提高人们对迄今为止已采用的某些方法的认识，我们乐观地认为，随着更多机构在考虑人道主义用途的情况下进行知识产权管理，将会出现更多的方法。我们当然不会排除其他选择。

即使技术管理人员在法律协议的解释、谈判和规范化过程中，采用了人道主义知识产权管理策略，也需要与开发伙伴保持联系，因为合作伙伴可以利用受保护的技术满足发展中国家未满足的需求。在某些情况下，这些合作伙伴可能还尚未出现。重要的是，当这类合作伙伴出现时，他们能简单、有效地识别出哪些是公共部门愿意分享的技术。

我们认为，出于人道主义目的进行管理的技术种类和数量将会不断增加，因此公益性科学和知识产权项目（Science and Intellectual Property in the Public Interest，SIPPI）计划探索如何提高涵盖这些技术许可条款的透明度，从而使这些信息更广泛地提供给潜在的受益者。

在后续开展人道主义许可工作时，SIPPI 将明确鼓励使用人道主义许可的策略，并提高健康和农业创新技术许可条款的透明度，从而使这些信息更广泛地提供给潜在的受益者。该项目正在开展下列活动，作为促进人道主义许可的策略。

促进人道主义许可使用的措施。与健康研发知识产权管理中心（Centre for the Management of Intellectual Property in Health Research and Development，MIHR）合作，SIPPI 计划确定并推广能够激励技术经理采用人道主义许可模式的方法。这将通过一系列的推广活动来完成，其中包括在美国大学技术经理人协会和美国大学联盟举行会议期间举办研讨会，并在美国科学促进会华盛顿总部举办一系列专题会议，以及 SIPPI 的年度会议等。

开发网络信息交流中心。我们将开发并运行一个基于网络的技术信息交流中心，用于产品开发的人道主义许可。信息交流中心将被设计成公开的数据库，列出可供人道主义使用的技术。它将确定技术的所有者，并提供每种技术具体许可条款的信息，包括许可类型、应用领域以及使用该技术的预期受益者。除了提供技术获取的便利，信息交流中心还将允许技术转移管理人员提交有关新技术的详细信息，与“知识共享”模型类似，将提供在线工具为这些技术构建特定的人道主义许可。这种模式将确保信息交流中心能够长期、持续地为预定目标服务。

致　谢

这项工作得到了麦克阿瑟基金会和洛克菲勒基金会的资助。作者感谢 SIPPI 人道主义许可工作组所有成员对本文早期起草工作的贡献。工作组成员包括：美国国立卫生研究院 Fogarty 国际中心 Nalini Anand；当时在爱荷华大学工作的 Usha Balakrishnan；斯坦福法学院 John Barton；加利福尼亚大学戴维斯分校及美国农业公共知识产权资源联盟 Alan Bennett；曼彻斯特知识资本公司 Cathy Garner；当时在孟山都公司工作的 Robert Horsch；耶鲁大学 Amy Kapczynski；亚利桑那州立大学和康奈尔大学 Anatole Krattiger；国际疫苗研究所（IVI）Richard Mahoney；伦敦大学玛丽女王知识产权研究所 Duncan Matthews；美国国立卫生研究院技术转移办公室 Luis Salicrup；全球结核病药物开发联盟 Joelle Tanguy；当时在洛克菲勒基金会工作的 Jacob Werksman；美国科学促进会（AAAS）职员 Audrey Chapman，Stephen Hansen 和 Amanda Brewster。礼来公司的一名工作人员出席了工作组第一次会议。我们也感谢以下人员在起草后期阶段发表评论：美国国立卫生研究院 Nalini Anand；爱荷华大学 Usha Balakrishnan；疟疾药物风险基金 J. Carl Craft；伦敦大学玛丽女王知识产权研究所 Duncan Matthews；洛克菲勒基金会 Jake Werksman；寰宇一家健康研究所 Katherine Woo。

本文修订版《促进药品和农业创新的人道主义获取》2005 年发表在《今日创新战略》1（3）：203-216。www. biodevelopments. org/innovation/index. htm

AMANDA L. BREWSTER, *Program Associate, Science & Intellectual Property in the Public Interest (SIPPI), American Association for the Advancement of Science (AAAS), 1200 New York Ave., NW, Washington, DC, 20005, U. S. A. Presently: Policy Officer at the Wellcome Trust, London. U. K.* amanda. brewster@ gmail. com

STEPHEN A. HANSEN, *Project Director, Science & Human Rights Program, American Association for the Advancement of Science (AAAS), 1200 New York Ave., NW, Washington, DC, 20005, U. S. A.* shansen@ aaas. org

AUDREY R. CHAPMAN, *Joseph M. Healey Endowed Chair, Medical Humanities, Law, and Ethics, Department of Community Medicine and Health Care, University of Connecticut Health Center, 263 Farmington Avenue, Farmington, CT, 06030-6325, U. S. A.* achapman@ uchc. edu

1 CIPR. 2002. Commission on Intellectual Property Rights. Integrating Intellectual Property Rights and Development Policy. Final Report of the Commission on Intellectual Property Rights, p. 2. DFID: London. www. iprcommission. org.

2 Ibid.

3 Shetty P. More Creative Thinking Needed on Drug R&D. (editorial) 3 May 2005 *SciDev. net*. www. scidev. net/content/editorials/eng/more-creative-thinkingneeded-on-drug-rd. cfm.

4 Lanjouw J and M Mac Leod. 2005. Statistical Trends in Pharmaceutical Research for Poor Countries. Commissioned by the WHO Commission on Intellectual Property, Innovation, and Public Health. www. who. int/intellectualproperty/studies/stats/en/index. html. The authors found an increase in indicators of innovative activity (patenting and bibliometric citation) related to some diseases specific to developing countries between 1980 and 2002, but only the subset still in need of better, low-cost treatments. The authors found a downtrend in innovative activity among the subset for which treatments already exist. The authors suggest that although the increase in innovation coincides in part with the introduction of stronger patent protection in developing countries, increased public R&D funding for global health and political developments is likely to have made significant contributions over the same interval. Still, drug innovation targeting developing countries remains a tiny fraction of drug innovation overall.

5 Moran M. 2005. A Breakthrough in R&D for Neglected Diseases: New Ways to Get the Drugs We Need. *PLOS Medicine* 2(9). The author reports an increase in neglected-disease drug development projects since the year 2000, including activity by multinational companies, small companies, and public-private partnerships (PPPs). She observes that "*commercial incentives were largely irrelevant to the decision by multinational companies to reenter the neglected disease field, while small companies involved in neglected disease R&D were indeed responding to commercial drivers. In most cases, the involvement or planned involvement of PPPs was crucial to company involvement, commercial or otherwise.*"

6 See the discussion of these issues on the Web site of PIPRA. www. pipra. org/purpose. htm.

7 UN Millennium Project. 2005. Innovation: Applying Knowledge in Development. Task Force on Science, Technology, and Innovation, p. 170.

8 See, also in this *Handbook*, chapter 17. 18 by R Y Boadi and M Bokanga.

9 Contrary to the often-quoted 70-plus patents, Kryder, Kowalski and Krattiger (see below) clearly showed that the 70-plus patents included patent applications and patent families in different countries. Only 45 unique patents were identified at the time. Kryder RD, S Kowalski and AF Krattiger. 2000. The Intellectual and Technical Property Components of Pro-Vitamin A Rice (GoldenRice™): A Preliminary Freedom-to-Operate Review. *ISAAA Briefs* 20. p. 74. www. isaaa. org.

10 A Krattiger. 2006. Cornell University. Personal communication.

11 Lybbert TJ. 2002. Technology Transfer for Humanitarian Use: Economic Issues and Market Segmentation Approaches, *IP Strategy Today*, 5: 18. www. biodevelopments. org/ip.

12 Gilead Press Release. 25 April, 2005. Gilead Sciences and Aspen Pharmacare Sign Letter of Intent to Establish Nonexclusive Licensing and Distribution Agreement for Antiretrovirals Truvada and Viread in Developing World Countries. www. gilead. com/wt/sec/pr_700521.

13 Kapczynski A, S Chaifetz, Z Katz and Y Benkler. 2005. Addressing Global Health Inequities: An Open Licensing Approach for University Innovations. *Berkeley Technology Law Journal* 20: 1-84. See page 3. btlj.

boalt. org/data/articles/20-2_spring-2005_2-benkler. pdf.
14 Gardner C and C Garner. 2004. Technology Licensing to Nontraditional Partners: Nonprofit Health Product Development Organizations for Better Global Health. www. mihr. org/?q=taxonomy_menu/1/6.
15 Merz JF. 2005. Intellectual Property and Product Development Public-Private Partnerships. WHO CIPIH. www. who. int/intellectualproperty/studies/intellectual_property/en/.
16 U. S. Patent and Trademark Office. USPTO Releases List of Top 10 Universities Receiving Most Patents in 2004. www. uspto. gov/web/offices/com/speeches/05-18. htm.
17 ucop. edu/ott/patentpolicy/patentpo. html.
18 www. ogc. caltech. edu/patent Policy. htm.
19 web. mit. edu/tlo/www/guide. 4. htm.
20 The University of Texas System: Rules and Regulations of the Board of Regents, Series: 90101. www. utsystem. edu/ogc/intellectualProperty/polguide. htm.
21 Salicrup L, RF Harris and ML Rohrbaugh. 2005. Partnerships in Technology Transfer: An Innovative Program to Move Biomedical and Health Technologies from the Laboratory to Worldwide Application. *IP Strategy Today*, 12: 1-12. www. biodevelopments. org/ip/ipst12. pdf.
22 See *supra note* 13, at p. 7.
23 Medicines for Malaria Ventures. "Statement of MMV Collaboration Principles." Personal communication, J. Carl Craft, Chief Scientific Officer, MMV. See also "Ranbaxy and MMV Achieve Potential Breakthrough in Malaria, Drug Enters Human Trials Phase." Ranbaxy Lab. Press Release, 18 August 2004. www. ranbaxy. com/newsroom/pressrelease_det. asp?sno=169.
24 See *supra* note 11, at p. 18.
25 For example, a license by Monsanto to the Kenya Agricultural Research Institute allows for unrestricted use of certain Monsanto technology and know-how for the development of virus-resistant sweet potatoes in Kenya and Africa. Other agreements allow for the use of insect resistance in maize transferred by Syngenta to Africa but cannot be used outside of the region; IRRI negotiated the rights for use of a stem-borer-resistant gene for rice from Plantech for all developing countries as defined by the UN. (Byerlee D and K Fischer 2001. Accessing Modern Science: Policy and Institutional Options for Agricultural Biotechnology in Developing Countries, *IP Strategy Today*, 1: 14.) www. biodevelopments. org/ip.
26 See Byerlee and Fischer at *supra* note 25.
27 TDR News No. 72. 2004. Artesunate combinations are coming: partnership develops LapDap plus artesunate. www. who. int/tdr/publications/tdrnews/news72/lapdap. htm.
28 Foskett H, R Menapace and S Shah Basu. 2003. Developing Inventions for Neglected Diseases. Poster Presentation, AUTM annual meeting.
29 Rorbaugh M. 2005. Technology Transfer to Benefit Public Health in LDCs. Global Health & Technology Transfer Meeting (presentation made 15 March), NIH Office of Technology Transfer.
30 See *supra* note 13, at p. 9.
31 The Concept Foundation (CF) has been a pioneer in licensing that helps to ensure access through appropriate pricing mechanisms. It has partnered with 10 different PPPs with pharmaceutical companies worldwide. It has licensed technology to nine manufacturer in five developing countries. CP has had products manufactured in eight countries and made available in more than 30 developing countries. Its first product, Cyclofem®, an injectable hormonal contraceptive, was made available to public sector health services in 1993. Since then, over 140 million doses of Cyclofem have been manufactured and distributed by CF licen-

sees worldwide. Around 16 million HIV rapid tests have been distributed by CF licensees to public sector health services worldwide as well. www. conceptfoundation. org.

32 See, also in this *Handbook*, chapter 2. 7 by J Oehler.

33 See, also in this *Handbook*, chapter 2. 1 by AB Bennett.

34 otl. stanford. edu/industry/resources/exclusive. pdf.

35 U Balakrishnan. 2004. University of Iowa. Personal communication.

36 The World Health Organization has established a detailed set of Good Manufacturing Practice (GMP) standards, and many individual countries maintain their own GMP requirements for regulatory approval.

37 Kapczynski A, S Chaifetz, Z Katz and Y Beukler. 2005. Addressing Global Health Inequities: An Open Licensing Approach for University Innovations. *Berkeley Technology Law Journal* 20:2. btlj. boalt. org/data/articles/20-2_spring-2005_2-benkler. pdf.

第 2.3 章

通过有效的知识产权管理确保全球获得产品：产品开发合作伙伴关系策略

罗伯特·艾斯（ROBERT EISS）
英国健康研发知识产权管理中心首席执行官
凯西·E. 汉娜（KATHI E. HANNA）
美国 Styllus 有限责任公司科学报告和会议部高级副总裁、部门主任
理查德·T. 马奥尼（RICHARD T. MAHONEY）
韩国国际疫苗研究所儿科登革热疫苗计划疫苗接种中心主任

▌译者 焉石 范琳琳 ▌审校者 刘晓娜 李紫陌 岳强 张熠 殷宏

摘 要

过去 10 年，产品开发合作伙伴关系（PDPs）已经成为发展中国家开发并推广疾病治疗方法的重要内容。产品开发合作伙伴关系通过创新、全面的伙伴关系战略，充分利用私营部门和公共部门的优势，填补私营部门留下的巨大空白，这一空白意味着要以全球 10% 的卫生健康研发资金承担全球 90% 的疾病研发任务。本章基于 2006 年召开的以“通过有效的知识产权管理确保全球获得产品”为题的会议及记录，概述了多个 PDPs 的形成历史和运作模式，并以 8 个不同产品开发合作伙伴关系（PDPs）的报告为基础，阐明需要防范的潜在问题和不起作用的策略，最重要的是分析何种策略可发挥作用，即公共部门如何参与到私营部门的运营中，以满足发展中国家的卫生健康和农业需求。由于认识到不存在单一的商业模式，PDPs 采用了全球卫生健康发展的知识产权管理通用模式，包括界定独立的地域市场；为公共部门和私营部门市场建立各自独

Eiss R, KE Hanna and RT Mahoney. Ensuring Global Access through Effective IP Management: Strategies of Product-Development Partnerships. In *Intellectual Property Management in Health and Agricultural Innovation: A Handbook of Best Practices* (eds. A Krattiger, RT Mahoney, L Nelsen, et al.). MIHR: Oxford, U. K., and PIPRA: Davis, U. S. A. Available online at www.ipHandbook.org.

特的架构；以战略的方式确定应用领域；确定许可费比率，优化激励机制；在研究或产业合作伙伴放弃项目的情况下，提供获取已开发技术的途径。存在产品开发合作伙伴关系（PDPs）的情况下，需要讨论的问题还包括全球获取战略、定价问题、市场细分的重要性、生产能力、战略性的早期许可、知识产权布局以及系统性挑战。总的来说，产品开发合作伙伴关系（PDPs）创造性地拓展了对实践方法的理解，解决了公共政策的困境，即私人激励、所需研发投资与达到亟须目标之间的平衡。

1 引言

艾滋病、结核病和疟疾等传染病，作为当今世界上最主要的杀手，已严重威胁到最贫困国家的最贫困人群。这些人往往得不到有效的治疗，并且无力承担治疗费用。此外，诸如利什曼病（leishmaniasis）和恰加斯病（Chagas' disease）等被忽视的疾病，每年都会导致发展中国家数百万人口死亡或致残。由于缺乏公共资金和激励私营部门研发新药及疫苗的政策，这些疾病的治疗方案要么不完善，要么根本不存在。这种研发的空缺造成了所谓 10/90 的巨大缺口，即以不到 10% 的全球卫生健康研发支出投入占世界疾病总量 90% 的疾病治疗中。[1]

关注科学技术创新是治疗疾病的必要条件，但不是充分条件。要改善全球卫生健康状况，还需要学术界和产业界的科学家、技术开发人员、知识产权专家、投资者、政府官员、决策者和公共卫生健康官员的共同努力。因此有必要建立合作伙伴关系，不仅要为最需要的人群制定提供干预措施的产品和策略，还需要达成知识产权和技术转移协议，在保护私人利益的同时促进公共卫生事业的发展。Mahoney 和 Morel 将这个新时代命名为“伙伴关系时代”[2]。他们主张的创新框架由以下 6 个部分组成：

（1）发展并扩大国家医疗卫生服务系统，包括有吸引力的、适宜本土的、有私营部门市场的卫生健康产品

（2）发展制造卫生健康产品的能力

（3）发展药品和疫苗监管体系

（4）发展知识产权监管体系

（5）发展公共和私营部门的研发能力

（6）发展卫生健康产品国际贸易体系，包括全球采购基金

本文作者认为，这些内容涵盖了成功开展创新所需的所有方面，已足够全面。[3] 所有内容都是动态关联的，每一个环节都需要全面关注，任何环节的失败都会导致整个系统的瘫痪，使所有努力付诸东流。虽然知识产权体系只是创新的一个组成部分，但也是不可或缺的部分。PDPs 必须关注创新的所有组成环节，包括知识产权，以确保全球获取医疗卫生服务。[4]

过去 10 年中，PDPs 提供了一种公共/私营共同合作方式，为被忽视的贫困疾病开发新产品提供了一种独特的机制。PDPs 采用多种策略来实现目标（例如，创造新技术，确保已开发的技术能够以低廉的价格尽可能多地惠及发展中国家贫困人群）。最基本的挑战是根据对方需求提供获取技术的机会，并密切关注技术分配或销售的方式，

同时向私营部门合作伙伴提供适当的激励政策，以鼓励其承担研发的任务并提供制造资源。为此，PDPs 既要制定新的领域计划，又要经常借鉴私营部门的管理模式。在某些情况下，PDPs 已经彻底改变了预防和治疗人类疾病的研发方法。与传统的研发协议不同，PDPs 需要超出传统商业协议的范围进行交易，明确可获取条件，以确保产品惠及目标人群。这些条款和条件侧重于战略性地运用知识产权，解决市场划分、定价和分销等问题。

PDPs 的经验表明，有些因素能够促使企业协同合作，并分享与疾病有关的知识产权。这些因素包括企业的社会责任感和战略构想，例如企业在新兴市场的定位。另一个激励因素是，PDPs 研发项目可能会促进商业性化合物的研究。例如，抗疟药品事业会（MMV）与产业合作伙伴开展了关于疟疾对四环素耐药性的联合研究，这有利于其商业化的抗菌研究。

PDPs 是一种日益增长和创新的组织。其丰富的经验可以帮助我们了解研发伙伴关系的构成和谈判有关信息，从而达成更好的协议来处理各种形式的知识产权。一些 PDPs 正在进入成熟阶段，比如将进入临床开发的产品应用于与贫困有关的疾病。这些产品开发合作伙伴关系（PDPs）设计了可行的解决方案，从满足需求规模的生产计划，到解决最终用户可获取的问题，以确保目标人群在其承受范围内能够获取相应的服务。PDPs 正在通过开创一种新的社会契约形式，来推动缺乏商业激励机制的医疗产品发展。

为了促进并推动已经开始或正在制定 PDPs 计划的机构参与讨论，健康研发知识产权管理中心（Centre for the Management of Intellectual Property in Health Research and Development，MIHR）、全球结核病疫苗基金会（AERAS）以及比尔和梅琳达·盖茨基金会于 2006 年召开了一次主题为“通过有效的知识产权管理确保全球获得产品”的会议。[5] 该会议在 2004 年类似联席会议的基础上召开，与会者包括高级管理人员、法律顾问、项目官员，以及参与 PDPs 的机构和组织的业务发展专业人员等约 50 余人。[6]

本章总结了会议代表们的发言报告。他们用实例说明了在全球医疗健康背景下制定研发协议和管理知识产权的方法具有多样性。这些协议的定义受到合作伙伴之间关系的影响。如 Oehler 指出：

从商业模式的性质来看，私营部门的商业利益整体上是以利润最大化为导向的。期望私营部门能够自发地为公共部门提供最好的服务，并保证形成和使用的知识产权专注于公共部门的最大利益，是不合乎情理的。

为了应对许可协议原有目标被延迟或未实现，避免参与项目的公共部门收益受到影响，可考虑设立合同节点里程碑，通过控制许可的目标时间节点，配套相应激励措施，确保各项任务按时推进执行，使许可方和被许可方可以集中资源，共同实现协议目标。[7]

2 实际运行中的产品开发合作伙伴关系

2.1 知识产权集中化管理的协同研究：DNDi

Nicoletta Dentico 指出，有几个 PDPs 侧重于通过建立研发伙伴关系，获得本来不可能实现的成果。例如，2003 年，来自世界各地的 7 个机构联手建立了被忽视疾病药物研发组织（the Drugs for Neglected Diseases initiative，DNDi）。[8]7 个机构中，包括 5 个公共部门机构，1 个人道主义组织和 1 个国际研究机构。

过去 30 年开发的新药中，治疗热带病和结核病的药物仅占 1.3%，为应对这一状况，DNDi 应运而生。该项目组本身并不从事与药物开发相关的科学研究工作。它主要为较为分散的现有研发力量，尤其发展中国家的研发力量提供资金支持，然后根据需要补充额外的专业人才。根据 DNDi 政策顾问 Dentico 的说法，这种一体化的方法有助于降低成本。

该项目组通过甄别医疗需求和研发机会，寻找愿意承担研发项目的团队，构建自己的项目库。学术和产业实验室目前开展的项目，侧重于为热带病筛选新的候选药物，如困扰撒哈拉以南非洲 36 个国家、感染 6600 万人的锥虫病。其他项目包括开发简化和缩短疟疾治疗周期的产品等。参与合作的伙伴提供资金、药物研发、活体和分子研究、开发分析模型、动物毒性测试和临床试验，以上工作都在 DNDi 协调和管理下进行。这种协同运作模式有效地融合了集中管理和分散运营，集中管理明确了不同项目的侧重点，分散运营则效仿了现代制药公司的做法。

DNDi 还建立了科学家的区域联络网，积极参与亚洲、非洲和拉丁美洲被忽视疾病的新药研究。这些区域联络网对 DNDi 项目的成功至关重要，由 DNDi 区域联络官员负责协调。他们能够收集到有关区域内可用的专家、能力和患者需求等数据，并鼓励科学家向 DNDi 提交建议书。

DNDi 就知识产权和知识传播协议进行谈判，为患者争取尽可能有利的条件，并确保 DNDi 赞助的研究成果在发展中国家容易获取，且负担得起。DNDi 保留了对特定研究项目结果的独占权、冠名权和收益权，包括但不限于任何发明所产生的专利。由 DNDi 决定将研究项目结果公布给公众的最佳方式，包括将结果归于公共领域而不设任何限制。

此外，DNDi 可能会选择一些知识产权管理策略：（1）申请专利保护，以保护研究项目的部分或全部产出；（2）对此类科研产出保密；或（3）采取其他措施来达成 DNDi 的使命（如公开披露结果）。为了确保 DNDi 能够充分利用研究项目的结果，DNDi 要求合作伙伴授予非独占的、全球性的、免使用费的、不可撤销的许可，以便使用任何可能需要的背景知识产权来进一步开发和商业化在研究项目过程中产生的化合物。

根据 DNDi 的经验，与北美的大学达成协议通常是一个漫长的过程：与美国和加拿大相关学术机构的平均谈判时间是 8 个月，而与欧洲相关机构的平均谈判时间是 4 个月。Dentico 表示，PDPs 可以提供有效的协作研发模式，为改善当前的研发环境开创了先河。这也在一定程度上弥补了政府侧重于研究早期阶段的投资，而在后续阶段无以为继的缺陷。与其他一些 PDPs 不同的是，DNDi 把大部分精力集中在公共部门层面上。此外，DNDi 还通过公共宣传活动，呼吁市民支持政府资助针对贫困人群疾病的研究。

2.2 通过社会企业家架起学术界和企业间的桥梁：iOWH

全人类健康研究所（One World Health，iOWH）作为美国第一家非营利性制药公司，是一个致力于为发展中国家寻找新候选药物的PDP。iOWH科学事务总监Katherine Woo指出，公司的目标是从商业计划中去掉利润因素，建立一个在新药研发和监管审批方面都具有核心竞争力的全球性组织。iOWH的一个显著特征是其作为社会企业家的角色，为世界上最贫困人群提供药物。

据Katherine Woo介绍，iOWH集团采用的策略是组建一支经验丰富的药学科学家团队，鉴别最有潜力的候选药物和疫苗——通常，最有潜力的候选药物是那些由于缺乏独立市场而被放弃的药物。一旦确定，iOWH就将着力开发安全、有效且价格实惠的药物。随后，该组织与发展中国家的公司、非营利性医院和组织合作完成必要的动物研究，开展临床试验，确保其在疫病严重国家的高质量生产，获得监管部门批准，并推广最新核准的治疗方法。

Woo表示，该集团的策略是基于这样一种假设：为发展中国家研发新药，并不需要巨额成本。通过与产业和研究人员合作，获得捐赠的知识产权，依靠并利用发展中国家的科研和制造能力，实现以经济有效的方式向发展中国家提供所需的疫苗和药物。PDPs的目标是在新型基础科学研究和其在发展中国家应用上架起桥梁。例如，将产业科学家联合起来，协助大学科学家进行高通量筛选和潜在新药的先导化合物优化等后期处理。

通过产品开发推进基础科学研究需要多方参与。然而，如果新药开发成功，合作伙伴中必须有人承担责任并面临被追究责任的风险。在很多情况下，iOWH作为全球发展合作伙伴，负责最不发达国家的市场（双重市场机会），并从私人基金会和政府获取资源，为新药投入发展中国家市场提供开发成本。此外，iOWH还能够提供国际监管专业人才，以增加销售重要新药的国家数量。

该公司将全球获取解释为价格可承受、供应可持续和经销商积极参与。它尽可能直接控制定价，并试图保持最大限度的灵活性，以吸引下游合作伙伴（例如，提供免费许可）。但有关销售市场地域覆盖范围、公共部门价格和独占权对价的谈判要经过一个复杂又漫长的过程。

作为一个非营利性的公司，iOWH对捐赠知识产权获得的未来收益提供税收减免。同时，iOWH为保护慈善投资会寻求排他性许可。Woo强调，iOWH尽量避免使人们对其采取的知识产权管理策略感到惊讶，他们总在关注可能会阻碍发展中国家重要研究的知识产权。当合作伙伴对知识产权的要求过于烦琐或艰巨时，该集团有时会放弃合作，转而寻找其他合作伙伴。

2.3 在研究联盟中管理知识产权：IAVI

有些PDPs充当了创建激励机制和运作模式的实际操作人和知识产权管理谈判人员的角色。国际艾滋病疫苗行动组织（International AIDS Vaccine Initiative，IAVI）的使命是促进研发安全、有效、可获取的预防性艾滋病疫苗供世界各地使用。Labeeb Abboud表示，IAVI还参与了宣传工作，力求保护和维持全球、国家和地方社区对艾滋病疫苗开发的参与和投入，并将工作重心放在艾滋病疫情最严重的发展中国家。

IAVI正在为疫苗研发的几个关键的、尚未解决的问题提供技术支持。在其他项目和研究计划中，他们还创建了一个学术和产业研究的实验室联盟，主要研究 HIV 中和抗体、保护机制和载体设计。该联盟目前在美国和欧洲有 16 个成员。IAVI 负责协调联合工作计划，并提供有效的管理架构。该联盟成员就有关知识产权管理和所有权的规定达成了共识，包括准入条款。IAVI 拥有许可项目知识产权和特定背景知识产权的权利，并负责后续的运营发展。未来的许可收入将由所有成员共享，预计不会向发展中国家收取销售提成。该联盟有效运作的关键是成员之间的密切工作关系。

IAVI 拥有多个疫苗开发计划；目前正在美国、欧洲、非洲和印度进行 3 种候选疫苗的人体临床试验。尽管追求知识产权管理的一致性，但在知识产权所有权、管理和许可方面的灵活性也很重要。所有权可以由发明人、背景知识产权的所有权人或投资方来决定。项目知识产权的许可可以是独占性的，也可以是非独占性的，可以在世界范围内实施，也可以仅限于特定的地理区域。IAVI 的合作伙伴根据合作伙伴关系控制知识产权或许可权，进而控制未来疫苗的生产和销售，IAVI 的合同要求合作伙伴对发展中国家获取产品作出承诺（关于价格、数量和供给），并为 IAVI 提供改进措施，如政府介入权，以确保研发产品能通过联盟提供给需要帮助的人。

在签约过程以及与合作伙伴维持关系的管理方面会遇到许多挑战。最大的挑战是在知识产权领域，主要包括尽职调查、管理（何时何地提交）、满足捐助者的要求（包括审计）以及建立终止权。

2.4 为每个协议量身定制知识产权条款：Aeras 基金会

全球结核病疫苗基金会（Aeras Global TB Vaccine Foundation）成立于 1997 年，是一家国际性非营利 PDP，凭借自有条件以及与学术界和产业界的合作开发结核病疫苗。该基金会的法律顾问 Rita Khanna 表示，Aeras 积极促进并帮助世界各地主要的结核病疫苗开发人员开展联合研发活动，同时，它还在自己的实验室开发候选疫苗。该基金会与其他机构合作伙伴也肩负着开发候选疫苗、为临床开发提供场地并确保疫苗供应的责任。Aeras 的合作伙伴包括 9 个国家的公司、8 个国家的学术实验室、5 个基金会或政府合作伙伴。Aeras 的目标是在 10 年内至少完成一种新结核病疫苗的开发、测试、鉴定、许可、制造和销售。

Aeras 通过临床前的管控要求，开展有前景的研究和候选疫苗的早期开发，开展临床一期、二期、三期研究，以及进行工艺开发、生产和推广。总体策略是，用重组 TB 蛋白加佐剂或重组病毒载体制备 TB 抗原的方法增强现有广泛应用的卡介（BCG）疫苗的活性，改进其疗效有限的问题。这种免疫方法在实验动物模型上已被证明能产生最有力的结核病免疫诱导剂，形成强有力的保护。

Khanna 指出，Aeras 的知识产权管理策略重点是确保全球获得所产生的任何疫苗。Aeras 已经与商业和学术合作伙伴签署了大量研究合作协议、许可协议和其他协议。在一项联合开发合作中，合作伙伴拥有背景知识产权，而新形成的知识产权所有权则由发明人决定。Aeras 拥有可在发展中国家和新兴经济体（emerging economy countries，EECs）的公共市场中进行分发和销售的免许可费的排他性分许可权利，其合作伙伴拥有在发达国家和 EECs 的私有市场进行商业化开发的免许可费排他性分许可权利。合作伙伴拥有独家生产及向 Aeras 供应疫苗合同的优先谈判权（即优先购买权），保证 Aeras 在发展中国家和 EECs 公共市场的销售。如果合作伙伴不能满足 Aeras 分发疫苗的需求，则合作伙伴必须将权利转让给 Aeras 或双方都认可的第三方。如果合作伙伴违反了合同，Aeras 将与新的合作伙伴谈判一个新的许可协议继续为发展中国家和 EECs 进行商品化生产。

第二种协议中有许多相同的条款，Aeras 和合作伙伴除了拥有可以在发展中国家分发和销售的免许可费、共同排他的许可权外，还有权授予一次分许可。在这种情况下，合作伙伴拥有在发达国家和 EECs 中进行商业化的排他权。此外，如果合作伙伴在一个工业化国家 3 年内都没有获得监管机构的批准，Aeras 就拥有 EECs 的免费使用许可，而该合作伙伴仅拥有前 5 年的制造生产权。如果合作伙伴违反本合同协议，Aeras 将获得在许可的区域内继续开发非独占许可，或有权选择另一家制造商。

在类似的协议中，Aeras 协商的条款是合作伙伴应以“合理的商业化努力”制造并供应产品。此外，合作伙伴可以对公共和私有市场以双重价格的方式提供疫苗。在这种情况下，知识产权将不授予 Aeras。

其他协议则侧重于许可权：例如在一个案例中，Aeras 拥有 EECs 市场中的非排他许可，而另一个案例中，Aeras 拥有全球范围的排他许可。在这些类型的协议中，Aeras 拥有改进的权利，并支付许可费、专利申请成本（包括过去的和未来的）、最低年度使用费、里程碑付款和净销售额的提成费。这些协议通常包括许可费叠加条款。

尽管 Aeras 在流行病学研究中获得了共同知识产权所有权，但在临床试验协议中，Aeras 也保留了与临床试验有关的知识产权权利。在研究赞助协议中，Aeras 提供了研究资金，就拥有谈判排他或非排他付费许可的独家优先权，可以在研究资助期内制造、使用和销售任何构思并付诸实践的可申请专利的发明。在另一种研究赞助协议中，Aeras 拥有其支持研究获得成果的所有知识产权，包括材料、数据和记录的所有权利等。

其中，许多协议还包含其他重要条款，包括保密、出版权、专利实施和侵权、赔偿、责任和保障措施、法律和管辖权、调解纠纷和仲裁以及终止等。

2.5 确保获得新药：MMV 的愿望和运作

Richard Wilder 认为，尽管许多 PDPs 侧重于发现被忽视的疾病并为之提供新药的早期阶段，但很少有人能够真正做到交付使用。实际上，在疫病流行的国家，谋划获得新药物并交付使用，无法仅由一个 PDPs 单独完成。

抗疟药品事业会（Medicines for Malaria Venture，MMV）的工作重点包括研发和递送使用。MMV 成立于 1999 年，是一个非营利性组织，旨在通过有效的公私合作伙伴关系发现、开发并递送新的抗疟药物。MMV 将全球公共卫生机构、医药产业、政府部门、研究机构和基金会汇集在一起，将他们的专业技术和资源结合起来，以确保抗疟药物的研究、开发和推广。

目前，MMV 管理着 20 多个处于药物研发阶段的项目，还有几个项目正在进行三期临床试验，报告显示进展良好。MMV 的目标是在 2010 年之前至少注册一种新的抗疟药物，并保持可持续的抗疟药物流通渠道，以满足24亿多风险人群的需求。

MMV与全球近40家公共和私营部门进行了开创性的合作，有力地推动了目标实现进程。特别是MMV与从事抗癌治疗研究的制药公司进行了探讨与合作，从而开发了具有高度抗疟原虫活性的化合物。

由于MMV的大部分重心放在了后期问题处理上，因此它一般会与合作伙伴商讨定价条款、谈判第三方权利，确保开发出足够数量的药物，并事先磋商有关交接条款。各方必须明确目标和进度要求，以及每种试验药物获得国家监管部门批准的途径。由MMV负责谈判后期临床试验和注册时限，产品在获得监管部门批准后立即注册并投入生产。另外，与合作伙伴的交涉包括对质量保证的要求。

MMV管理知识产权的所有权和许可事宜，合作伙伴的利益会体现在协议条款中。根据情况，MMV可能拥有全部知识产权，并保留知识产权的许可，或在协议中设置条件，如果条件不能满足，知识产权将回授给MMV。有时，该组织会与公司合作，共同寻找并开发一种有前景的化合物作为抗疟药物，此时MMV就没有必要拥有知识产权。在这种情况下，公司可能会保留知识产权的所有权，用于履行对MMV的义务，开发抗疟药物并将其投入市场。

MMV的协议明确规定了必须满足的条件，包括价格明细和获得的要求（例如，通过设置里程碑的方法）。MMV的经验表明，在过程时间压力加大的情况下，设置里程碑的时间不宜太晚。由于MMV要在许多国家开展工作，需要进行不同的市场分配，因此定价协议尤其具有挑战性。如果过早提出价格就会出现问题，例如，预先承诺设定价格上限，可能会阻碍投资。如果合作公司不能或将不能满足协议的条件，MMV会要求其归还知识产权，以便寻求其他合作伙伴。然而，交易的重点不在于知识产权本身，而在于MMV有能力将正在开发的新型抗疟药物推向市场，并使发展中国家的需求人群能够负担并获得这些药物。从MMV的角度来看，知识产权只是为了帮助合作伙伴达成共同目标的纽带。

2.6 通过创造性的许可方式保护候选产品：IPM

国际微生物杀灭剂合作组织（International Partnership for Microbicides，IPM）于2002年成立，是一个非营利的PDPs，旨在促进发展中国家妇女能够获得并使用安全、有效的微生物杀灭剂，从而防止艾滋病病毒的传播。Paul Model介绍，IPM的基本策略包括从商业制药公司获得活性化合物的许可，再进一步开发为微生物杀灭剂。IPM已经获得了强生/蒂博特克制药（Johnson & Johnson/Tibotec）、默克公司（Merck）和百时美施贵宝制药（Bristol Myers-Squibb）的化合物许可。IPM发现，大型制药公司更可能在不盈利或无损失的基础上发放许可。

IPM通过开创性的最佳实践方法，促进安全有效的微生物杀灭剂产品的快速开发和交付使用，方法包括：

- 筛选化合物并设计最佳配方
- 确定临床试验地点并开展临床试验
- 确定适用微生物杀灭剂产品的监管途径

• 建设制造和分销的条件，确保一旦某种微生物杀灭剂可用，就可迅速提供

IPM 同时也单独资助、共同资助或投入资源来支持其他机构的药物开发项目。在某些情况下，最有效的运作方法是 IPM 率先开发、测试和进行有前景的微生物杀灭剂化合物的临床试验。此时 IPM 作为技术开发主体，从该化合物所有者处获得非独占许可。该许可是免费的，并允许在资源贫乏的国家以可负担的价格推广。然而，强加规则和程序的目的是为研究而获得使用化合物的权利。需要引起重视的是，开发中的化合物仍然是有所有权的。因此，对化合物的改进通常需要向化合物所有者回授许可。产品或配方的回授许可必须进行谈判和协商。

Model 指出，更重要的一个谈判焦点是如何界定资源贫乏的国家。根据他的经验，每个合作伙伴都有自己列出的国家名单；对于某些国家（如中国、印度和巴西）是否有资格成为资源匮乏的国家，人们往往存在分歧。但是，迄今为止，IPM 及其合作伙伴已经成功地就这个问题达成了协议。在某些案例中，IPM 获得了全球范围内的权利，明确化合物仍然具有所有权，并确保产品将在“可负担的基础上”供应。

其他重要问题还包括区域和获取产品。一些资助组织特别关注如何获得所资助研究的成果。IPM 在授权协议中曾遇到了复杂的“公共部门定价机制”，类似其他几个组织遇到的问题。这些可能与 IPM 和商业制药公司谈判的许可在结构上不一致有关。IPM 对所有协议的谈判是以负担得起为标准。这些标准包括不对知识产权或开发成本进行补偿，要求以最低合理成本进行保质生产，明确 IPM 对所授许可的权利有限等。尽管一些合作伙伴最初对这些或其他条款有抵触，但来自竞争者的压力以及从事有意义事情的愿望往往成为促成交易的因素动力。

2.7 就已上市产品达成交易：TB 联盟

全球有 20 亿人（占全球人口 1/3）感染了结核分枝杆菌。每年超过 800 万人发展成肺结核，200 万人死于该病。现有药物已经有 40 年的使用历史，所提供的日常治疗方案周期长且繁琐，这种漫长的治愈过程也阻碍了对结核病的控制，反而促使结核病菌耐药性的不断提升。此外，结核病/艾滋病合并感染，互相促进，雪上加霜。耐多药结核病例（MDR-TB）和超级耐药结核病例（XDR-TB）呈上升趋势。

Gerald Siuta 表示，全球结核病药物研发联盟（Global Alliance for TB Drug Development, TB Alliance）是一个非营利性的 PDPs，旨在加快发现和/或开发价格实惠的新型结核病药物。期望这种药物能够缩短治疗时间、更容易服用、更有效地对抗耐药菌株，并适用于 HIV-TB 合并感染的患者，能够改善潜伏性感染的治疗。

在最初的 5 年里，TB 联盟建立了有史以来最强大的结核病药物流通渠道，有效地填补了私营部门留下的空白。任何新的药物治疗方案不仅要做到有效和易于操作，还要普遍可负担（affordable）、可被采用（adopted）和可获取（accessible），以该“AAA”目标原则指导了所有的项目决策和后续发展，以及协同工作，而影响政策和监管环境，促进发展中国家合理定价，确保将新药纳入现有的治疗方案，并帮助给最需要的患者采购和分发药物。

该联盟有两个项目正处于临床阶段，其中一项是测试莫西沙星对结核病治疗的效果。莫西沙星是一种氟喹诺酮类抗生素，已经在104个国家被批准用于治疗呼吸道和皮肤感染。它的创新之处在于通过DNA抑制杀死结核分枝杆菌。已经有证据显示莫西沙星替代异烟肼（抗结核药）治疗时，可以将疗程缩短2个月，并且在与抗逆转录病毒药物联合使用时，是安全的。

2005年10月，TB联盟与拜耳医疗保健公司宣布建立合作伙伴关系，共同开展全球临床试验计划，以研究莫西沙星能否缩短为期6个月的结核病常规疗程。这些临床试验将评估莫西沙星作为治疗结核病一线药物的有效性和安全性。如果试验取得成功，合作伙伴将把莫西沙星注册为结核适应证用药。双方都致力于让发展中国家的患者不仅能够买得到而且能够买得起莫西沙星。试验将在巴西、加拿大、南非、西班牙、坦桑尼亚、乌干达、美国和赞比亚进行，有近2500名结核病患者参与。

拜耳公司承诺向各个临床试验地点捐赠莫西沙星，并承担监管材料备案的费用，同时承诺为发展中国家的结核病患者提供价格合理的莫西沙星。TB联盟承诺帮助协调解决临床试验费用，积极推进信息共享和药物注册，TB联盟从美国疾病控制和预防中心、美国食品药品监督管理局下属的孤儿药品开发中心，以及欧洲与发展中国家临床试验协作计划获得了大量支持。

该交易的关键是确保拜耳公司的莫西沙星销售市场得到保护。同时，如果结核病适应证被批准，那么就有可能出现双重市场，需要单独的定价和分销方案。

2.8 关注诊断：FIND

Herbert Clemens在日内瓦世界卫生大会上介绍了成立于2003年的创新诊断学基金会（The Foundation for Innovative New Diagnostics，FIND）。FIND是瑞士的一家非营利组织，致力于为发展中国家与贫困相关疾病开发快速、准确、可负担得起的诊断测试。

FIND旨在作为桥梁，有效地将学术研究、诊断行业与发展中国家的具体需求联系起来。该机构利用多元化合作伙伴的优势，成为公共和私营卫生部门开发诊断与贫困相关疾病的技术平台。FIND与多个组织密切合作，包括联合国儿童基金会下属的热带病研究与培训特别规划（the Special Programme for Research and Training in Tropical Diseases，TDR）、联合国开发计划署（the United Nations Development Program，UNDP）、世界银行（the World Bank）和世界卫生组织（the World Health Organization，WHO）、诊断行业其他组织以及基金会。针对高负担国家的疾病，开发和验证可负担得起的、新的诊断测试。它利用新技术革新了发达国家疾病诊断工具，使其更简便、快速、准确。

FIND本质上是采用分拆投资的方式在运营，在疟疾、结核病和昏睡病领域拥有多个项目组合。虽然它涉及多个层面的项目管理，包括财务、行政、战略规划、业务发展、通信、信息技术和法律服务，但FIND侧重的是产品开发的中间层面。FIND利用其投资手段来确保在发展中国家的合理定价，从而确保那些有需求人群能够公平获得诊断产品。

Clemens指出，虽然FIND对每个项目都有知识产权预期，但与合作伙伴之间拥有深度的良好信誉。知识产权的所有权通常取决于其合作伙伴。在项目结束时，FIND再与合作伙伴谈判如何处理知识产权。

如何划分市场是最具挑战性的问题之一。在全球193个国家中，只有25%是发达国家，而且很多都具有双重市场，所以FIND必须达成定价协议，同时满足赞助商的市场需求（单位产品成本+利润）和FIND自己的获得需求。

2.9 全球健康领域的生物技术投资：BVGH

Christopher Earl表示，在开发新的医疗保健产品方面生物技术公司引领全球发展，这些产品大多用于治疗“孤儿病（罕见病）”，针对这些疾病的药物开发在商业上不可行或相当罕见。几乎没有公司专注于开发被忽视疾病的治疗药物。虽然许多生物技术行业的领导者致力于推动全球医疗健康发展，但他们的公司经常会因为市场、金融和信息存在的障碍阻止他们参与开发这类药物。

生物技术工业组织全球健康风险投资（BIO Ventures for Global Health，BVGH），结合了产业、投资和政策方面的专业力量，将生物技术和全球卫生健康联系起来。它的运作基于已经建设的技术平台和资金投入，即通过利用现有的基础设施，为发展中国家的疾病开发药物。

BVGH是从国际农业生物技术应用服务组织（the Biotechnology Industry Organization，BIO）分离出来的，得到了比尔和梅琳达·盖茨基金会（the Bill and Melinda Gates Foundation）、洛克菲勒基金会（the Rockefeller Foundation）以及领先生物技术公司的支持。Earl指出，市场上已有超过4000家公司和270种被批准的产品，生物技术产业为发现药物创造了一个非常多样化的高科技平台，因此能够很好地应对全球健康的挑战。

BVGH的策略是以市场为基础，通过创造或建立经济激励和市场机制实现目标。具体包括：（1）确认开发新药、疫苗和诊断试剂的目标；（2）通过一系列针对具体疾病的商业案例，确认被忽视疾病的市场机会；（3）与公司合作建立全球健康战略，最大限度地利用其核心能力；（4）扩大信息和资源的获取，提供信息交流的机会，促成新的伙伴关系，为最有说服力的项目争取资金。

Earl认为，生物技术产业由3个层次组成。顶层公司规模最大，“类似于制药公司的经营方式”。这些公司在其组织内部构建社会责任管理模式。对处于第二层的公司在制度上有所支持。虽说这些公司本身是“以盈利为先的”，其投资者“很强势”，但公司策略依旧非常重视机会成本，避免错失焦点。第三层由非常小的公司组成，本质上是“夫妻店”的经营方式。处于第二层的公司通常是BVGH的最佳合作目标，因为他们拥有完善的基础设施和充足的资金支持，并且没有制订有约束力的长期研发计划。此外，如果PDP已经具备生产或制造渠道，那么可以降低这些公司的机会成本，因为他们可以直接进行技术转移，无须付出高昂成本。

在PDP和生物技术公司之间的中介交易中，创新应该体现在产品上，而不是在交易中。任何时候、任何人都可以使用已有协议推进交易，尽量减少时间和成本，这些对于PDP和中型生物技术公司都是非常宝贵的。

2.10 知识产权合作管理的农业模式：PIPRA

农业公共知识产权资源联盟（PIPRA）不是PDPs，而是大学、基金会和非营利性研究机构的自发组织，其宗旨是使农业技术能够用于发展中国家主要粮食作物的人道主义开发和推广，以及开发发达国家的特种作物。

Alan Bennett 表示，尽管对农业领域知识产权的投入很少，但是在社会和人类的健康方面投入非常高。传统上，公共研究机构和农业大学的知识发现被视为“公共产品”，直接从公共研究机构流向农民和企业。这一模式为发达国家作物改良奠定了基础，形成了强大的种子产业，同时也大大增加了部分发展中国家的粮食产量。

在过去的几十年中，美国专利法和大学技术转移计划带来的变化导致利用专利制度保护农业创新的情况越来越多。在许多情况下，公共部门掌握的专利被许可给私营部门使用。公司获得许可后通常会改进公共部门的研发成果，将其转化为商业市场的农作物品种。由于许多公共部门从事农业研究，导致农业领域的技术组合高度分散在多个机构和技术类别中，因此很难找到相关的现有技术和权利信息。此外，更多技术的知识产权已授权许可给私营部门，被许可的通常还是独占权，有时根据条款属于保密信息。由于应用研究和作物遗传改良是基于先前存在的植物材料开展的衍生研究，涉及生物技术的每一次改进都可能带来许多知识产权和种质的限制，这些限制集中体现在育种材料中。因此，公共部门的研究人员通过获取技术来履行其公益使命的难度越来越大，特别是在发展中国家发展农业研究方面。

维生素 A 强化水稻或“黄金大米”案例说明了农业生物技术领域复杂的知识产权所有权带来的后果。黄金大米在食用时能够提供人类所需的膳食维生素 A，让发展中国家数百万贫困儿童直接受益，因为维生素 A 缺乏症每年导致 50 万个失明病例，并且每年造成 200 多万人过早死亡。然而，当准备推广这种产品的时候，由于研究人员使用的许多技术在某些国家已获得了专利，且其中一些材料是非官方批准或者违反法律协议使用的，一定程度上阻碍了产品的推广。黄金大米共涉及 70 项所有权技术，其中包括在美国授权的 40 项专利以及 10 多项材料转移协议（Material Transfer Agreements，MTAs）。虽然这些问题现在已经通过私营和公共部门的合作在很大程度上得到解决，但清除这些障碍却付出了很多努力。

PIPRA 基于这类情况而成立，通过确保获得开发和推广改良作物所需的知识产权，帮助公共部门的农业研究机构实现其公共使命。PIPRA 的两个相关项目集中于知识产权最佳实践和管理。其中一个项目正在探索和明晰公共部门应用知识产权许可的最佳实践方法，以此激励公共部门资助研究创新的商业开发。与此同时，PIPRA 还将保留公共研究机构为实现更广泛公共利益履行研究使命所需的权利。

PIPRA 另一个项目涉及建立一个知识产权数据库。目前，该数据库包含来自 39 个不同国家的 6600 多项专利和专利申请。这些专利可以在数据库中通过各种参数进行检索，包括许可状态。这些数据形成了 27 个参与的大学和非营利性研究机构的农业专利组合。数据库的目标是向公共部门的研究人员公布自由实施度（即清除了将新产品推向市场的所有知识产权障碍）。该数据库还提供寻找无效专利的途径，最大限度地减少专利被阻碍的可能性。基于学术研究和人道主义目的使用数据库以及使用 PIPRA 的分析服务都是免费的。

3 主要的经验教训

从拥有发明，到为已上市或被淘汰系列产品寻找新用途或市场，这一过程需要运用许多不同的运作模型，从而确定候选药物、疫苗和技术。获得专利授权后，知识产权事项和责任事项变得更容易管理，因为可供使用的安全数据会越来越多。拥有知识产权的合作伙伴能够提供背景技术和专业知识，并设定许可和使用条件。

PDPs 的形式多样，不需要遵循某个单一商业模式。从约定各种产品开发事宜的虚拟组织，到大学和公司，还包括在产品管理和监管事务方面具有相当国际能力和专门技术的 PDPs。无论哪种类型，所有的 PDPs 都是通过谈判达成各种协议，包括赞助研究合同、专有技术、专利许可以及分销协议。

尽管商业模式各不相同，但为了达到推动全球卫生健康领域发展的效果，PDPs 会采用一套通用的策略来管理知识产权，世界知识产权组织的 Antony Taubman 对此进行了有效的总结，内容如下：

- 定义一个分散独立的区域市场（将工业化市场与发展中国家分开，或专注于目标市场），允许组织利用在经济与合作发展市场进行投资所获得的收入，补贴发展中国家的产品供应
- 为公共部门营销、社会营销和私营市场建立特定的组织架构（例如，公共部门提供更多开放性许可，以平衡盈利市场的独占性）
- 以可行的方式确定技术或产品的使用范围，尽可能使其延伸到工业化国家正在流行的一些适应证，在可行的情况下可作为投资激励措施
- 对于需要激励的一方，以使其受益的方式，确定专利许可费率
- 如果研究/产业合作伙伴放弃项目，或不再为特定部门提供服务，PDPs 可以提供所开发技术的使用权，包括背景知识产权、前景知识产权、产品开发专有技术和监管批准数据等

如果产业合作伙伴因为早期参与投资或研发活动而承担风险，那么知识产权问题必须尽早得到解决，包括许可使用费、许可和准入的协议。这些问题可能相当复杂，不同级别的合作伙伴和贡献形式将影响条款的范围和灵活性。如果涉及多个合作伙伴，每个合作伙伴都拥有背景知识产权，且都对前景知识产权负有期望，则可能需要许可费叠加条款。

3.1 为产品应用做的准备

因为 PDPs 将产品可获取作为计划，为了确保产品成功开发后的供应、合理定价以及有效交付，他们面临一系列理论和实际的挑战。Jon Merz 为世界卫生组织的知识产权、创新和公共卫生委员会编写的分析报告中指出，许多 PDPs 研发合同将下游有关制造和分销问题推迟到未来解决。导致 PDPs 面临着一些运营挑战，包括公共部门定价、市场细分、市场规模、确保最低的可持续生产成本、质量控制，以及药物安全监管和产品责任等上市后的问题。

因此，尽早确定产品的应用需求和管理策略至关重要，以便在产品开发后不会遇到难以克服的障碍或承受代价高昂的延迟成本。实际上，经验表明，即使某些产品是为了在发展中国家销售而开发的，但由于各种下游制约因素的影响，产品应用一直比较缓慢或停滞。例如，用于抗疟组合疗法的复方蒿甲醚；用于治疗血吸虫病的吡喹酮；普及缓慢的乙肝疫苗。一些 PDPs，特别是那些面对目标国家交付能力不足的 PDPs（例如调用微生物杀灭剂或 HIV 疫苗），已经将准备有效供给确定为其任务的核心部分，并开始记录他们的需求。此外，全球疫苗与免疫联盟（GAVI）的加速发展和引进计划正在为分阶段引进选定疫苗量身定制方法。[9] 在某些情况下，PDPs 也可能与其所在领域的公私合作伙伴关系进行合作（例如减少疟疾伙伴关系），特别是在目标国家的定价和融资机制以及建立交付使用网络方面。

知识产权管理的一个重要工具是详细制定从公共部门许可给私营部门的知识产权合同里程碑，包括根据需要进行绩效审查和条款修订。关键里程碑包括对公共部门、不同区域和独占性的定价，监管工作和上市时间，专利使用费和术语，以及许可协议的终止。

3.2 价格问题

协商中考虑的关键因素是目标定价。PDPs 通常要求以合理或可负担的价格提供产品，这可能会导致谈判非常复杂，需考虑如何计算价格或可获取的区间差异模型。价格的确定要求双方事先了解有关生产、营销和分销成本的技术细节，并以一个清晰的框架来计算制造成本。因为许多 PDPs 是基于早期发现进行谈判的，以合同的方式明确价格，可能存在风险或不切实际。在大多数情况下，最终产品的成本是生产成本加上合理协商确定的加价。对可负担价格构成因素的评估非常复杂，因为需要考虑疾病的流行病学、患者的购买力以及政府资助计划等因素。与药物相比，疫苗定价更困难，因为化合物一旦被认定，人们就可以计算成本，但人们事先不知道疫苗可接受的价格是多少或者政府可能会支持什么。人们普遍认为，提前定价会阻碍产业合作伙伴的发展，降低其拓展研发的责任心。计算价格的方法是 PDPs 和相关专家重点交流的优先主题。

3.3 细分市场

细分市场已成为谈判中的一个常见问题。尽管可以按照一般数据资源区分国家（例如，世界银行收入数据），但在所谓的混合支付市场（如巴西和印度），伴随着权利分工，细分市场出现了挑战。随着更多协议的实施，以描述性的案例阐述分层定价以及国内市场细分的成效是有用的。相关需求包括防止公共和私营市场之间的套利或漏损。

3.4 生产和能力问题

生产也是必须要解决的问题。PDPs 带来了新的商业模式，同时也带来了新的挑战（例如，说服当事方建立具有不确定性的制造、经营权和期权的工厂）。某些 PDPs 具有识别现有设施条件的优势。然而，从事疫苗工作的人员会因监管方面的原因面临更大挑战，他们必须为每种疫苗找到一家专门制造的工厂。虽然产能过剩通常可以在制药厂化解，但疫苗的情况并非如此。因此，疫苗的价格是与制造工厂的生产和投资成本相挂钩的。

另一个关键问题是产品接近大规模生产阶段时预测和确保产能的责任。有人建议，在某些情况下，应该公开专门用途的制造能力，并在 PDPs 进行交易时考虑到这种预期。

3.5 早期的授权许可

一些 PDPs 与大学谈判时，在从学术机构获得所需技术的许可方面遇到挑战，大学可能会高估其发明的价值或缺乏灵活性。然而，通过 MIHR 和 PIPRA 等组织的努力，许多大学提高了利用知识产权工具促进技术走向发展中国家的能力，例如通过使用人道主义许可条款。

建立知识产权的清单，对全球卫生健康领域的关键许可状况进行调查等举措有助于 PDPs 建设。美国国立卫生研究院（the U. S. National Institutes of Health，NIH）正在开发一种原型数据库，该数据库基于美国联邦跨部门的爱迪生数据库中的发明报告数据组建。在机构层面，技术转移办公室对与经济和社会目标相一致的预期运营业绩越来越感兴趣。AUTM 正在考虑制定新的业绩衡量标准，如果衡量标准包括全球卫生或全球可及性等考虑因素，可能会促进对 PDPs 的学术性许可。

在某些情况下，与小型生物技术公司进行谈判相对困难。这些公司有时担心，分享平台技术用于开发非商业产品可能会削弱其商业地位。大学开展的对外拓展活动，可能同样有益于小型生物技术公司（例如，通过传播案例研究）。关键的挑战是要证实需求是确实存在的，以鼓励私营部门合作伙伴承担风险。在某些领域（如艾滋病毒、肺炎球菌和轮状病毒疫苗），正在建立模型以评估需求及其对资助机制的影响。

3.6 对知识产权布局进行谈判

PDPs 会实施尽职调查，并在必要时参与知识产权布局，以确保实际运作时的自由实施度。由于对专有工具的需求日益增加，各种知识产权组合问题变得更具挑战性。例如，对于保护范围广泛或与疫苗相关的专利来说更是如此，因为可能需要多种技术来表达或纯化抗原、增强免疫力或设计递送系统。这其中涉及的相关问题包括专利费叠加以及缺乏更多知识产权来进行交叉许可。

对专利丛林的响应，包括了解许可信息和探索创新性的许可方案。根据科学性挑战的特殊需要，可以应用新兴的知识产权管理工具。然而，这需要开展更系统的工作，以确定何时何地考虑当前或新出现的知识产权管理战略是最佳的，并使其得到应用。面临的挑战可能是确定在哪些特定的技术平台上，公共和私营部门产品开发利益是一致的。同样重要的是确定能被召集到一起的关键机构，讨论这种基于联盟的方法。科学界面临的普遍挑战是谈判专利布局以及获取研究工具。然而，医疗科学领域的创新模式可能会在全球卫生健康产品的背景下找到最肥沃的土壤，因为它们代表了非商业性或“低利润”的研发。

3.7 系统性的挑战

研讨会上强调了 PDPs 更广泛的系统需求，包括在基础设施薄弱国家的分销挑战。缩短产品开发和运用之间的时间差距，也需要继续发展国际临床试验系统，让当地的试验人员、社区、伦理审查委员会以及低收入和中等收入国家的监管机构都参与进来。它需要完善的质量控制和监管批准的系统，以确保在没有第一世界监管控制的情况下保证产品质量一致，并确保制造国的法律体系能够有效支持供应商的专利权。为了达到他们的目标，PDPs 需要更多的科学团体和资助机构参与运营和健康服务方面的研究，包括交付使用模式和成本、患者接受度和适应性、剂量和毒性，以及根据当地情况调整干预措施的方法，并将它们整合到现有服务中。

4 结语

研讨会发言人普遍赞成将不同群体的从业人员聚集在一起，以应对全球卫生健康产出结果方面的知识产权管理挑战。随着与 PDPs 相关的从业人员和机构数量的增加，此类平台的价值也随之增加，值得对相关问题继续进行广泛的讨论以及对具体问题（如计算价格）进行更集中的讨论。从研讨会的讨论中可以看出，一些行为可能有助于理解有关知识产权问题：

- 制定最佳实践标准并广泛传播这些标准
- 开发并传播一些与市场细分、分级定价及许可费相关的各类知识产权管理策略的案例研究
- 针对常见问题进行专题研讨，如定价、产品责任、早期授权许可、与学术机构签署赞助研究协议、知识产权组合和自由实施度等
- 建立持有的知识产权及其在全球重要卫生健康领域许可状态的清单
- 鼓励学术许可的做法，使产品更容易接近贫困人群，以及在研究赞助协议中响应 PDPs 的特定需求条款
- 支持对具有特别优先序的产品进行知识产权地图和/或知识产权布局分析，或在可能的情况下传播这些布局
- 建立培训计划和人员交流机制，培养低收入和中等收入国家研究和技术管理能力，并与之建立伙伴关系
- 鼓励必要的市场分析，比如评估需求，以吸引公司的兴趣

在过去的几年中，许多 PDPs 已经成熟，从研发到宣传都在不断进步。许多 PDPs 获得了资金，并与合作伙伴达成了成功的协议。然而，大多数产品仍处于产品开发的早期阶段，几乎没有达到形成最终产品和销售的门槛。因此，目前还没有真正的衡量标准。而且，交易具有高度的关联性。虽然最佳实践将不断涌现和完善，但确保产品可及并可用的一整套最佳原则或工作原则已明确建立。在各种情况下，知识产权在 PDP 协议中的作用，是激励私营部门投资公共健康，并在合伙人之间的权利分享或行

使方面建立和界定关系。PDPs 达成的协议条款没有什么特别新颖之处；相反，正是公共/私营部门混合在一起形成的整体才使它们与众不同。总的来说，PDPs 为创造性地解决公共政策两难困境的方法拓宽了思路，即以平衡私营部门激励机制，获得所需的研发投资，并使其达到惠及有需求人群的目标。

ROBERT EISS, *Chief Executive Officer, MIHR, Oxford Centre for Innovation, Mill Street, Oxford, OX2 OJX, U. K.* robert. eiss@mihr. org

KATHI E. HANNA, *Senior Vice President, Section Head, Scientific Reports and Proceedings, Styllus LLC, 36 Washington St., Suite 220, Wellesley, MA, 02481, U. S. A.* khanna@styllus. org

RICHARD T. MAHONEY, *Director, Vaccine Access, Pediatric Dengue Vaccine Initiative, International Vaccine Institute, San Bongcheon-7dong, Kwanak-ku, Seoul 151-818, Republic of Korea.* rmahoney@pdvi. or

---

1 Global Forum for Health Research. 1999. The 10/90 Report on Health Research. Geneva: Global Forum for Health Research.

2 Mahoney R and CM. Morel. 2006. A Global Health Innovation System. *Innovation Strategy Today* 2(1): 1–12. www. bioDevelopments. org/innovation.

3 Other activities such as financing and capacity building are *crosscutting means* to address the components. They are not components of innovation in and of themselves.

4 See also Mahoney RT, A Krattiger, J Clemens and R Curtiss III. 2007. The Introduction of New Vaccines into Developing Countries IV: Global Access Strategies. *Vaccine* (in press).

5 25 and 26 July 2006 at the Aeras facility in Rockville, Maryland, U. S. A. The meeting included representatives of PDPs, industry, and academe, who shared their perspectives on IP issues, partnership strategies, and value propositions or incentives in deal making. The involvement of corporate and academic partners helped facilitate discussions about the dynamics that shape and direct successful public-private partnerships. For example, there is a strong interest on the part of the PDPs in building knowledge among university technology managers of the special needs and requirements of the PDPs as nonprofit enterprises. Correspondingly, PDPs can learn from university technology offices how to more effectively negotiate sponsored research or early-stage licensing agreements with universities, given the requirements and needs of academic environments.

6 To view the 2004 MIHR report, see: www. globalforumhealth. org/filesupld/ippph/dealmaking. pdf. The 2006 meeting, like its predecessor, provided a platform for exchanging emerging best practices in structuring and negotiating product development agreements for technologies needed in developing countries. Presentations centered on case studies of several PDPs to illustrate terms, conditions, and strategies that may be employed to help ensure product availability and access. Topics included: segmentation of markets, pricing, negotiating with universities, liability issues, ownership and use of clinical trial and regulatory data, partnerships with emerging suppliers, and technical assistance needs to ensure technology transfer. Discussions

were focused on best practices for deal making in various contexts, from understanding complementarities of missions to negotiating contract language.

7 See, also in this *Handbook*, chapter 2. 7 by J Oehler. See also Kaplan W. 2005. www. who. int/intellectual-property/studies/W. Kaplan2. pdf.

8 See, also in this *Handbook*, chapter 17. 9 by J Banerji and B Pecoul.

9 www. gavialliance. org.

第 2.4 章

研究工具的专利申请和许可

查尔斯·克利夫特（CHARLES CLIFT）
英国伦敦

▌译者　焉石　范琳琳　▌审校者　刘晓娜　李紫陌　岳强　张熠　殷宏

摘　要

研究工具范围广泛，包括基因及基因片段、细胞系、单克隆抗体、试剂、动物模型、生长因子、组合化学和 DNA 文库、克隆和克隆工具（如聚合酶链式反应）、方法、实验室设备和仪器、数据库和计算机软件。在生物医学和农业科学领域，研究工具在推进生物技术研发进展方面发挥着不可或缺的作用。然而，由于分子生物学的变革，以及公共政策和专利法的同步变化等原因，已经形成了复杂的研究工具专利网络。这些专利成为获得研究工具的潜在障碍。对于发展中国家来说，可以通过制定一些政策并实施一些方法来克服与研究工具相关的潜在问题，包括改变专利政策，在专利法中规定研究豁免以减少研发侵权风险，执行强制许可获得上游技术，调整机制以促进获得所需技术，例如制定更适当的行为准则，改进体系中参与者的行为等。通过精心制定政策，采用多层次的管理方式，有效管理涉及研究工具的专利和许可（及其可能对农业和健康研究创新造成的影响）。

1　引言

研究工具很难精准定义。从广义上来说，研究工具可以被描述为在药物发现、药物治疗、诊断方法或作物新品种研发的过程中所需要的任何有形的或信息性资源。研究人员在研究过程中所需要使用或得到的任何内容，如分析化验、基因组数据库、动

Clift C. 2007. Patenting and Licensing Research Tools. In *Intellectual Property Management in Health and Agricultural Innovation: A Handbook of Best Practices* (eds. A Krattiger, RT Mahoney, L Nelsen, et al.). MIHR: Oxford, U.K., and PIPRA: Davis, U.S.A. Available online at www.ipHandbook.org.

物模型、作物种质资源等，都可归为研究工具。[1] 美国国立卫生研究院（National Institutes of Health，NIH）将研究工具定义为：科学家在实验室中使用的全套资源，包括“细胞系、单克隆抗体、试剂、动物模型、生长因子、组合化学文库、药物和药物靶标、克隆和克隆工具（例如PCR）、方法、实验室设备和仪器、数据库和计算机软件”。[2] 在这个定义中，应该列入基因和基因片段。

Heller 和 Eisenberg 对生物医学研究工具进行知识产权（IP）保护可能产生的后果发表过经典的论述：

> ……最近，生物医学研究领域知识产权激增表明了另一种悲剧，即“反公地悲剧”，因为有太多的所有权人相互设置使用阻碍，反而造成稀缺资源闲置或应用不足。为了维持上游研究和下游产品开发，必须更加谨慎地部署生物医学研究的私有化。否则，知识产权（IP）的增多可能会导致用于改善人类健康的产品减少。[3]

Boettiger 和 Bennett 对农业研究也表达了类似的担忧。[4]

2 研究工具的关键事件

关于研究工具专利的利弊，有3个关键性事件引发了全球争论，所有事件都可以追溯到1980年左右。

2.1 事件1：分子生物学的变革

分子生物学的变革促进了全新科学研究分支的发展，例如蛋白质组学（由基因表达蛋白质的科学），它不仅改变了开展研究的方式，也极大地提高了通过科学进步解决卫生健康和农业领域等涉及人类根本问题的潜力。对于其他研究者来说，此类研究的许多直接成果，都是中间技术或平台技术（也有例外情况，如诊断测试），而不是医疗行业从业人员和农民能够直接应用的最终产品。

2.2 事件2：*Chakrabarty*案

1980年，美国最高法院对*Diamond v. Chakrabarty*案[5] 里程碑式的判决，确立了基因发明（此处是指一种能够分解原油的基因工程细菌）属于美国法律规定的可被授予专利的对象。以这种方式应用专利制度，促进了生物技术产业商业化模式的切实发展。随着具有收益潜力的产品开发，尽管对于许多公司来说还有很长的路要走，但他们可以通过获得研究工具或其他上游基因技术的专利来筹集资金或者实现价值（如通过许可、转让或其他形式的收购）。[6]

2.3 事件3：《拜杜法案》

1980年，《拜杜法案》修正了美国专利法，赋予大学对由政府（联邦）资助研究产生的发明创造享有专利申请权和专利权，但政府具有介入权。它基于一种假定，即实施《拜杜法案》将会加快创新，促进研究的商业化，并且更快地将最新的创新产品推向市场。这促使大学成为新的生物技术发明专利的关键参与者，这些发明大多数属于研究工具，而非最终产品。越来越多的大学在农业和生物医学技术领域发展了广泛的专利组合。随后，大多数发达国家采取了类似美国的政策来促进大学研究产品的商业化。

3 研究工具：影响与挑战

近年来，包括巴西、印度和中国在内的科学技术水平较高的发展中国家，在促进大学研究成果商业化方面采取了与美国基本类似的政策。但是对于发展中国家即使是这些拥有相对发达的科技和医疗基础设施的国家，也仍然面临着与美国和其他发达国家截然不同的情况。大多数发达国家都试图以不同的方式来效仿《拜杜法案》，但这类政策在美国获得成功，很大程度上归功于美国的特有制度安排，也基于其独特的高等教育体系以及大学与企业之间的互动发展历史。[7]

与公开出版和知识共享相比，强调以专利和许可作为大学技术转移的主要手段，可能会给公共健康、农业及其他领域的研究带来负面影响。在发达国家，有市场潜力的产品获得收益的机会更多，这一前景会进一步扭曲研究资金的分配，使其偏离发展中国家的特定公共卫生与健康问题，因此，必须确保需优先研究的项目，尤其是那些能够直接惠及贫困人口的项目，不会因追求更多的许可收入而受到冷落。

对获得研究工具的担忧，既存在于公共部门，也存在于私营部门。例如，在公共部门，一所大学可能希望获得另一所大学的专利技术用于研究；在私营部门，企业获得彼此间的技术也可能遇到困难；与此同时，公共部门还可能希望获得私营部门的科学技术，反之亦然。

一些人认为，大学的大部分研究都是公共经费资助的，一所大学向另一所大学支付费用获得专利许可并不通情理，即使这所大学是私人资助的。但是，这就是将专利引入大学校园的必然结果。美国最高法院审理了 *Madey v. Duke* 案，[8] 法院认为，杜克大学的“业务”是研究和教学，使用专利是为了促进其业务发展，因此在其研究业务中不能行使豁免权来避免专利侵权。用户是营利性质还是非营利性质的，对法庭来说不是关键因素。尽管不是法庭裁决的部分内容，但其影响在于，既然大学现在是专利和许可的积极使用者，并且通过诉讼保护自己的专利权，那就与大学在研究项目中要求享有第三方的专利豁免权不一致。

4 研究工具的现实情况

4.1 在生物医学研究领域

发达国家（主要来自美国等）的证据表明，公共和私营部门的研究人员找到了多种途径应对研究工具申请专利的新环境。

在生物医学研究领域，可行的应对措施包括许可、围绕专利进行发明、侵权（通常是非正式地使用研究豁免）、开发并使用公共工具，以及在法庭上质疑专利的有效性。制度环境的变化，例如美国专利商标局收紧了授予基因专利的制度，以及美国国立卫生研究院为规范专利申请和许可行为而制定了指导方针，似乎进一步减少了谈判失败和获得受限的威胁，尽管依然存在不确定性。然而，各种应对措施都需要花费时间或金钱，或两者兼而有之。[9]

此外，对美国学术界、政府和非营利组织及产业界研究人员的一项研究表明，通过《材料转移协议》（MTA）获取材料（如数据或细胞系），所遇到的困难对研究的影响，比申请专利更重要。[10]

关键的调查结果是，在获取专利技术时，产业界研究人员比学术界研究人员遇到更明显的延迟和困难。这在很大程度上是因为产业界研究人员在商业性更浓的环境中工作，相比学术界研究人员具有更强的专利意识，更倾向于尊重他人的专利权并维护自己的专有技术（包括研究工具）权利。而当学术界的商业活动和面临的压力变得更加普遍，且专利申请也更为普遍时，研究人员对专利问题却知之甚少，不确定自己所使用的技术是否受到保护，对其他学术研究者主张自己权利的可能性很小。

基因组学和蛋白质研究与创新知识产权委员会的另一份报告得出以下结论：

> ……据报告，由于获取技术存在困难而放弃或推迟的项目数量很少，研究人员修改其规程以避免知识产权问题或为获取知识产权而付出高昂代价的情况也很少。因此，目前看来，获得受专利保护的发明或信息用于生物医学研究，很少给生物医学研究人员带来明显的负担。但是，由于多种原因，委员会得出结论，在基因表达和蛋白质相互反应等领域的专利布局已经变得复杂，并可能随着时间推移变得更加复杂和繁重。[11]

因此，委员会提出了应对以下问题的建议："随着创造更多的知识，提交更多的专利申请，基因组学和蛋白质组学的研究环境会面临更多问题，对信息和资源的获取及利用也受到更多的限制。"

基因诊断测试是特例，它既能在临床使用，也能在后续研究过程中使用。因此，它们具有最终产品和研究工具的双重性质。一项对100个以上美国实验室的调查研究结果显示，这个领域的专利和许可，对临床使用和进一步发展基因检测产生了负面影响。[12]

这些研究结果与具有潜在商业价值的主流研究相关。此外，交易费用可能会严重影响资源有限的特定疾病研究项目，这些疾病对发展中国家造成更大影响。另外，对一些公私合作伙伴关系来说（例如，全球结核病药物研发联盟），其慈善使命能够帮助企业更容易、更低廉地许可他们的知识产权，而不是彻底的商业化交易。因此，很难从现有证据中得出一个有效的一般性结论。

在发展中国家，研究工具申请专利影响生物医学研究领域的证据很少。这需要更多的经验和实证研究。这类专利对发展中国家的影响可能比对发达国家要更显著，因为一般来说，发展中国家研究机构或公司的法律和谈判能力不足以应对复杂的谈判，并且如果专利持有者有要求的话，这些机构和公司也缺乏支付许可费用的组织柔性和资金。

4.2 农业研究

农业研究的制度背景（此处主要指作物研究）不同于生物医学研究的制度背景，这个领域和潜在商业市场的规模，相比生物医学领域要小很多。公共部门机构在传统上会持有研究获得的权利直到商业化（至少在传统的育种项目研究中），而在生物医药领域，商业化绝大多数都是私营部门的活动。

农业研究的私营部门通常被少数大公司所控制，原因之一是生物技术的出现和基因专利的普及。尤其是相对重要的技术存在大量重合专利，这是促使并购以及形成战略联盟的重要动力。例如，Bt 基因能赋予多种作物抗虫能力，该专利对整个产业具有重要的战略意义。控制或不让其他人获取战略性技术，对其所有者来说，具有重要的商业价值，但有可能对商业市场规模较小的农作物研究产生不利影响（如发展中国家的粮食作物）。

关于知识产权、研究工具和农业研究，最近的一项调查得出以下结论：

> ……与健康领域的生物技术人员相比，从事农业领域的生物技术人员在缺乏获取所需技术的途径时，会对研究造成更为严重的影响。这可能反映出农业中有前景的技术相对较少，能够帮助科学家克服或围绕障碍进行发明的可利用资源更少。[13]

相比许多生物医学研究中使用的研究工具，得到专利保护的遗传作物材料（如 Bt 基因）被认为更具有商业价值。因此，尽管专利拥有者可以忽略上游生物医药研究中的侵权行为，或者认为并不值得花费成本对侵权行为提起诉讼，但在更下游的农业研究中可能情况并非如此。

5 应对研究工具的挑战

为了解决所有权限制使用研究工具的可能性，发展中国家在政策和实践层面上有许多选择，包括：

- 改变专利政策
- 在专利法中规定研究豁免，减少研发中的侵权风险
- 允许采用上游技术的强制许可
- 从机制上进行适当调整，以便获得所需的技术，如制定能够促进系统中的参与者采取更适当行为的指导方针

5.1 专利政策

各国可能采取不同的方法授予专利。一方面，《与贸易有关的知识产权协定》（TRIPS）第 27.1 条规定，如果技术具有新颖性，包括了创造性步骤（或具有非显而易见性），并具有工业应用的能力（或者实用性），则各国必须对所有技术领域的这类

技术授予专利。另一方面，该协定允许对可专利性进行排除，例如属于自然现象的发现（可能包括基因）就不符合可专利性的标准。

政府可以选择是否允许对遗传物质授予专利。除了微生物、非生物学和微生物学方法，植物和动物也可能被排除在可专利性之外。TRIPS 协定没有明确要求各国界定什么是“发明”，或解释可专利性的标准。实际无论哪点都不是指基因或遗传物质。

若想采取这种限制遗传发现可专利性的方式，需要根据各个国家的情况进行评估。例如，主要使用受国外专利保护研究工具的国家，可能会赞成通过限制它们的可专利性来促进该研究工具的使用。在基因组学研究能力较高的其他国家，可能会赞成对可专利性作出较宽松的解释，但需要注意限制它们广泛使用的可能性。

如果获得了专利，他们可以将专利权利要求的范围限制在实际发明的范围内。生物技术专利政策应该旨在促进医疗健康产品和作物新品种的研发。与其他一些国家不同，法国和德国引入了一些规则，将对人类基因序列的专利保护范围限制为专利申请中公开的特定用途，从而排除了对尚未发现的未来用途的保护。[14] 出台这些规则是因为广泛的保护可能不利于在已有发明基础上再开发，而较狭义的保护可能有利于它们的下游使用。

5.2 研究豁免

TRIPS 协定允许使用第 30 条规定的有限豁免，该条款可能适用于研究工具以及其他问题：

> 成员可以对专利的专有权规定有限的例外，前提是这些例外不得与专利的正常开发发生无理冲突，也不会损害专利权人的合法利益，且考虑第三方的合法利益。

在欧洲的大部分地区，一些非商业目的的私下行为具有豁免权，而验证发明主题的行为，哪怕是为了商业目的，也都具有豁免权。

相反，在美国，即使是非商业或研究用途，也没有相应的法定豁免权。然而，不过法院过去通常认可“仅出于实验的目的制造或使用专利发明，没有任何获利或产生实际利益的意图”的范围。到 2002 年，如上文所述，*Madey v. Duke* 案基本结束了这项非正式的研究豁免。[15]

很多国家仍在积极辩论研究豁免的适当范围。2004 年，美国国家科学院（NAS）发表了一份关于美国专利制度的报告，建议为非商业目的研究引入正式的豁免，[16] 并在随后有关基因组和蛋白质组学研究的报告中重复了该建议。[17]

因此，不同的国家以及法院在解释 TRIPS 协定允许的研究豁免方面有很多方式，关键是如何确保后续研究能够有助于卫生健康和农业领域的创新，而不是抑制其创新发展。在这种情况下，必须考虑适当的研究豁免范围。

5.3 强制许可

在大多数国家，法律允许政府根据多种理由颁布强制许可，包括在特定专利权人的行为阻碍了公共卫生健康或农业重要研究领域发展的情况下。例如，英国专利法案具有广泛权力，尽管这些权力很少被使用，但是可以用于补救上述情况。例如该法案第 48A（1）条例规定：

> 专利权人拒绝以合理的条件授予许可……禁止或阻碍任何受专利保护的发明，其中包括具有重大经济意义的重大技术进步的开发。

其他国家也有类似的规定。在美国，专利法没有规定类似的强制许可，但在《拜杜修正案》中规定只有联邦政府资助的发明（第 203 条），才有类似的介入权。

欧盟 1998 年颁布的《关于生物技术发明的法律保护指令》，在许多成员国国内法案中得以实施，包含了强制许可专利权或植物品种权的规定，允许在与所有权人事先商议失败的情况下使用，但前提条件是相对于专利或植物品种权所保护的原发明来说，因此产生的新发明蕴含着可产生相当可观经济利益的重大技术进步。

5.4 制度适应性

为适应或修改有关专利申请和许可的制度性措施，考虑或实施了各种倡议。

为适应技术环境变化而修改制度的实例是 2001 年美国专利局关于表达序列标签（expressed sequence tags，ESTs）新的指南声明（短片段 DNA 有助于识别特定基因在细胞中表达的时间）。该指南收紧了有关“实用性”构成要素的标准，并为专利审查员提供了如何将实用性标准应用于审查生物技术发明的指南。在这种情况下，只有当专利申请公开一种具体的、实质性的、具有可信度的实用性，才能具有可专利性。[18] 其目的是防止只公开一个投机的应用实例，就给发明授予专利。这些更严格标准的引入，可能是该领域专利申请下降的原因之一。

各国还可以考虑通过制定指导方针或其他手段，鼓励或强制实施促进创新的专利申请和许可制度。美国国立卫生研究院（NIH）作为美国学术性生物医学研究的主要资助者，于 1999 年出版了关于共享生物医学研究资源的原则和指导方针。这些努力促进了由 NIH 基金资助开发的研究工具能够得到最广泛的传播，为加速科学发现并促进产品开发提供支撑。与此同时，NIH 认为“为了保护合法的私有利益并维护对商业开发的激励，合理限制研究工具的传播有时是必要的”[19]。

2005 年，美国国立卫生研究院（NIH）针对其资助的遗传发明申请专利和许可，引入了自愿准则（“最佳实践”）。关于申请专利，指导方针说明应该考虑是否：

> ……需要私营部门对进一步的研究和开发投资，才能把发明投入实际和商业应用中。当明确需要私营部门投资研发才能使发明得到广泛运用时，应该寻求知识产权保护。相反，如果不需要大量对进一步研究和开发投资，例如研究材料和研究工具技术等，“最佳实践”规定应减少申请专利保护。

在许可方面，指导方针提供了一套更广泛的原则，即以支持非排他性许可作为一般规律。当确实需要排他性许可促进进一步研发时，指导方针建议应小心处理许可事宜，仅在被许可方工作的特定区域内授予许可，以避免阻碍其他研究领域使用相同技术。此外，还应考虑纳入具体条款，以保护进一步的研究和公共健康。例如，许可中应对该发明用于非营利性研究机构的研究或教育用途保留权利。[20]Boettiger 和 Bennett 认为，既然 NIH 的指导方针运行良好，应该在联邦资金参与的各个理事会中进行推广，特别是在农业生物技术领域。[21]

经济合作与发展组织（OECD）也制定了关于遗传发明许可的指导方针。[22] 除了指导方针的文本，附录中还列出一系列有用的网络链接，为许可和材料转移的各个方面提供协议模板。

农业研究中心的国际化联络网，即国际农业研究磋商组织（Consultative Group on International Agricultural Research，CGIAR）也制定了知识产权政策，其基本原则是“为保障公共利益，采取一切可能的措施，促进研究产品使用，特别是在发展中国家”。但同时也认识到会有例外情况，即当取得专利是各个中心实现其特定目标必不可少的条件时。[23]

有些美国大学正在尝试新的许可协议。例如，斯坦福大学拟定了下述几行文字，作为标准措施，使大学、公共部门研究机构或公私合作伙伴关系等能够自由使用已向第三方排他性许可的专门特定技术：

> 斯坦福大学代表自己和其他非营利性学术研究机构，保留以任何目的实施被许可专利和技术的权利，包括被赞助的研究和合作。被许可方同意，尽管该协议有其他条款，但它无权反对任何此类机构实施许可专利。斯坦福大学和其他任何此类机构都有权发表任何技术或许可专利中包含的信息。[24]

美国成立了基本药物大学联盟（UAEM），用于探索大学如何帮助贫穷国家获得药物等生物医学最终产品，并加强对被忽视疾病或者主要影响贫困人口的疾病的研究，因为这些疾病患者无法构成能够吸引私营部门研发投资的市场。该组织认识到大学科研人员是药物开发的主要贡献者，大学公开承诺肩负提高公共利益的使命。[25] 该组织已经制定了一个公平获取许可的模式，以实现这些目标。[26]

一些技术管理人员成立了全球健康技术经理人协会（Technology Managers for Global Health，TMGH），它是美国具有广泛影响的大学技术经理人协会（AUTM）的分支机构，以推动基本药物大学联盟（UAEM）所倡议的类似安排。全球健康技术经理人协会与本《手册》的共同发起者健康研发知识产权管理中心（the Centre for the Management of Intellectual Property in Health Research and Development，MIHR）合作，出版了一些宣传手册，向产品开发合作伙伴提供治疗主要影响发展中国家疾病的学术许可案例研究。[27]

另一项举措是想借鉴开放源代码促进会（Open Source Initiative，OSI）的成功经验，OSI 发展了一种或多或少被证实的研究模式，即基于普通的公共许可，允许他人免费使用或修改软件程序以进一步开发。这种方法的一个重要方面是它以极低的成本激发了部分开发人员的创新努力。

CAMBIA 是一家位于澳大利亚的非营利性组织，主要针对发展中国家的需求从事农业分子生物学方面的研究，也试图通过开发专利和技术数据库，以及利用 OSI 的经验开发创新型的许可技术等方式，克服技术碎片化的问题。CAMBIA 准备了一个许可协议模板，[28] 其目标是创建一个可以自由共享技术改进的共享池。另外，此类许可条款可能与其他应构成共享池的部分现有技术许可条款相冲突。

农业公共知识产权资源联盟（The Public Intellectual Property Resource for Agriculture, PIPRA）是本《手册》的另一个共同发起者，作为一个由大学、基金会和非营利性研究机构组成的组织，其宗旨是使农业技术能够用于发展中国家主要粮食作物的人道主义开发和推广。PIPRA 通过各种各样的活动，包括编辑专利和许可数据库，以减少不同机构中产权技术和材料碎片化所带来的问题。它还提出一项许可草案，以促进与发展中国家有关的研究。[29]

机构可以采用的另一种方法可能是使用专利池。2000 年，美国专利局关于专利池和生物技术专利的报告认为，"在生物技术领域使用专利池可以满足公共和私营部门的利益，形成双赢局面"。[30] 这种许可方式所带来的好处是：通过一站式许可机制提高了获得专利技术权利的效率；分散了研发带来的风险；消除了阻碍性专利（blocking patents）或批量许可（stacking licenses），从而推动合作富有成效。因此，专利池对于发展中国家相关的技术来说是最有用的，因为缺乏强有力的市场激励可能会导致难以制定协议。同时针对贫困人口利润较低的研究可能也会得到推广与促进。专利池也被提议用于疫苗开发，它更适用于不同机构拥有大量产品的状况，由此也造成了识别、追踪和获取专利技术许可的复杂性。

消费电子行业（Consumer Electronics Industry）已建立了专利池，这与广泛采用行业标准有关。然而，生物技术产业与电子行业非常不同。经济发展与合作组织（OCED）的一项报告指出：

> ……生物医药技术产业可能从根本上不同于电子行业。确定标准对这个行业并不是很重要，保证技术的互通（用）性也不是很重要，尤其是在治疗学的发展过程中。一家公司的价值与知识产权紧密相连，会催生出一种"地堡心态"（bunker mentality）。合作伙伴对专利池中不同专利的价值可能存在分歧，而占主导地位的参与者可能没有强烈的动机加入其中。如果能够明确有限的应用领域和必要的专利，那么专利池模式在生物技术领域的应用也是值得考虑的……[31]

当然，需要进一步研究专利池是否适应生物技术领域，以及政府在推广促进专利池方面的作用也是如此。

由于上述及其他原因，生物技术领域专利池并没有发展成为专利权碎片化的解决之道。特别是在农业生物技术领域，交叉许可和根本上的合并及收购才是普遍的应对办法。

6 结语

虽然没有具体的指导或结论可以涵盖决策者、研究人员、大学、研究机构、基金会或其他发达国家或发展中国家组织的所有具体情况，但下面列举的几个指导方针可能有助于在更广泛的框架内讨论基本概念：

- 发展中国家需要考虑实施与 TRIPS 协定相一致的专利法律，以达到其目标，特别是在基因遗传发现方面。
- 各国需要在本国立法中，根据实际情况，考虑采取何种适当的形式进行研究豁免，以促进卫生健康和农业领域的研究和创新。
- 根据 TRIPS 协定，各国应考虑在本国立法中规定使用强制许可的权力，这种权力可能是一种可用于促进与发展中国家卫生健康和农业问题直接相关研究的手段。
- 各国应寻求通过申请专利和许可政策，最大限度地提供包括研究工具和平台技术在内的创新产品，用于促进人类卫生健康和农业领域产品的发展。
- 公共资助机构应针对其资助所产生的技术，引入合理的专利申请和许可政策，以促进下游创新。
- 发达国家的公共研究机构和大学，应认真考虑制定相关计划，通过适当的许可政策和做法，确保与发展中国家的卫生健康问题有关的研发成果，以及由此产生产品的可及性。

CHARLES CLIFT, *18 Parsons Green Lane, London, SW64HS, U. K.* charlesclift@tiscali. co. uk.

---

1 Walsh JP, A Arora and WM Cohen. 2003. Research Tool Patenting and Licensing and Biomedical Innovation. In *Patents in the Knowledge-Based Economy* (eds. WM Cohen and SA Merrill). The National Academies Press: Washington, DC. pp. 285-340.

2 NIH. 1998. Report of the National Institutes of Health (NIH) Working Group on Research Tools. www. nih. gov/news/researchtools/#backgrnd. See, also in this *Handbook*, chapter 14. 2 by S Kowalski; Aljalian NN. 2005. The Role of Patent Scope in Biopharmaceutical Patents. *B. U. J. Sci. & Tech. L.* 11: 1-6.

3 Heller M and RS Eisenberg. 1998. Can Patents Deter Innovation? The Anticommons in Biomedical Research. *Science* 280: 698-701.

4 Boettiger B and AB Bennett. 2006. Bayh-Dole: If We Knew Then What We Know Now. *Nature Biotechnology* 24: 320-23. www. cambia. org/daisy/bios/2012/version/live/part/4/data.

5 *Diamond v. Chakrabarty*, 447 U. S. 303, 206 USPQ 193 (1980).

6 *Upstream* refers to technologies early in the research process and *downstream* to the later stages, likely to be making use of upstream technologies.

7 Mowery DC and B Sampat. 2004. *The Bayh-Dole Act of* 1980 *and University-Industry Technology Transfer: A Model for Other OECD Governments?* London Business School, Strategic and International Management Seminar Paper. www. london. edu/assets/documents/PDF/Mowery_paper. pdf.

8 *Madey v. Duke University*, 307 F. 3d 1351, 64 USPQ 2d 1737 (Fed. Cir. 2002).

9 See *supra* note 1.

10 Walsh JP, C Cho and WM Cohen. 2005. Patents, Material Transfers and Access to Research Inputs in Biomedical Research. Final Report to the National Academy of Sciences' Committee on Intellectual Property

Rights in Genomic and Protein-Related Inventions: Washington, DC. tigger. uic. edu/~jwalsh/Walsh-ChoCohenFinal050922. pdf.

11 National Research Council. 2006. *Reaping the Benefits of Genomic and Proteomic Research: Intellectual Property Rights, Innovation, and Public Health*. The National Academies Press: Washington, DC.

12 Cho MK, et al. 2003. Effects of Patents and Licences on the Provision of Clinical Genetic Testing Services. *Journal of Molecular Diagnostics* 5:3-8.

13 Wright B and P Pardey. 2006. Changing Intellectual Property Regimes: Implications for Developing Country Agriculture. *Int. J. Technology and Globalisation*. 2:93-114.

14 European Commission. 2005. Report from the Commission to the Council and the European Parliament. *Development and Implications of Patent Law in the Field of Biotechnology and Genetic Engineering*. European Commission: Brussels. eur-lex. europa. eu/LexUriServ/site/en/com/2005/com2005_0312en01. pdf.

15 See *supra* note 8.

16 Merrill SA, et al. 2004. *A Patent System for the 21st Century*. National Academy Press: Washington, DC.

17 See *supra* note 11.

18 U. S. Patent and Trademark Office. 2001. *Utility Examination Guidelines*. US Federal Register: Alexandria 66:1092-99. www. uspto. gov/web/offices/com/sol/notices/utilexmguide. pdf.

19 NIH. 1999. *Sharing Biomedical Research Resources: Principles and Guidelines for Recipients of NIH Research Grants and Contracts*. US Federal Register: Washington. 64:72090-96. ott. od. nih. gov/pdfs/64FR72090. pdf.

20 NIH. 2005. *Best Practices For The Licensing of Genomic Inventions*. U. S. Federal Register: Washington, DC. 70:18413-15. www. ott. nih. gov/pdfs/70FR18413. pdf.

21 See *supra* note 4.

22 OECD. 2006. *Guidelines for the Licensing of Genetic Inventions*. OECD: Paris. www. oecd. org/dataoecd/42/21/2491084. pdf.

23 ICRISAT. 2002. *Policy of the ICRISAT on Intellectual Property Rights*. The International Crops Research Institute for the Semi-Arid Tropics: Hyderabad. www. icrisat. org/ip_management/policy. htm.

24 otl. stanford. edu/industry/resources/exclusive. pdf.

25 Kapczynski A, et al. 2005. Addressing Global Health Inequities: An Open Licensing Approach for University Innovations. *Berkeley Technology Law Journal* 20:2. btlj. boalt. org/data/articles/20-2_spring-2005_2-benkler. pdf.

26 www. essentialmedicine. org/EALPrimer. pdf.

27 MIHR. 2006. *Academic Licensing to Global Health Product Development Partnerships*. MIHR: Oxford. www. tmgh. org/assets/MIHR-TMGH%20Sequel%20Booklet. pdf.

28 www. bios. net/daisy/PELicense/751.

29 www. pipra. org/docs/Hum Res Language PIPRA. doc.

30 Clark J, J Piccolo, B Stanton and K Tyson. 2000. *Patent Pools: A Solution to the Problem of Access in Biotechnology Patents*. U. S. Patent and Trademark Office: Alexandria. www. uspto. gov/web/offices/pac/dapp/opla/patentpool. pdf.

31 OECD. 2002. *Genetic Inventions, Intellectual Property Rights and Licensing Practices—Evidence and Policies*. OECD: Paris. www. oecd. org/dataoecd/42/21/2491084. pdf.

第2.5章

全球卫生健康领域的估值与许可

阿什利·J. 史蒂文斯（ASHLEY J. STEVENS）
美国波士顿大学管理学院技术创业与商业化研究所副所长，
波士顿大学技术转移办公室主任

▌译者 焉石 范琳琳 ▌审校者 刘晓娜 李紫陌 岳强 张熠 殷宏

摘 要

自1999年以来，有两种趋势改变了发展中国家治疗地方疾病的格局：（1）建立了高效的药物开发公私合作伙伴关系，为发展中国家开发新药提供了大量的慈善资金；（2）对受专利保护的药物，在发达国家和发展中国家采取分级定价的策略投入使用。因此，学术机构和公司为低收入和中等收入国家开发新疗法的选择有所增加。这也意味着传统的双边许可协议将被多成员的网络组织所取代，这些网络汇集了研发、监管、知识产权管理、生产、分销和营销所需的专业技术能力。这种情况需要新的许可方式，以确保知识产权管理能够促进而非阻碍这种合作与交易。本章提供的证据表明，此类交易中各方都应努力实现零利润、零损失（no profit-no loss）的财务模式，以使人道主义收益最大化。

1 两类制药行业：两种定价哲学

在发达国家，制药业由两个完全独立、基本不重叠的行业组成：[1]

- 研究驱动型行业，开发新药并通过临床试验进行测试。通常，向美国食品药品监督管理局（FDA）提交新药申请上市许可（new drug application，NDA），NDA获得批准后，基于药物给患者带来的益处，药品将以合法的、受专利保护的垄

Stevens AJ 2007. Valuation and Licensing in Global Health. In *Intellectual Property Management in Health and Agricultural Innovation：A Handbook of Best Practices*（eds. A Krattiger，RT Mahoney，L Nelsen，et al.）. MIHR：Oxford，U. K.，and PIPRA：Davis，U. S. A. Available online at www. ipHandbook. org.

断价格进行出售。

- 仿制药行业，在专利保护期即将结束时，药品已经准备好进入市场，当专利期满时，药品将以基于生产成本制定的商品价格竞争出售。

根据仿制药协会（Generic Pharmaceutical Association）利用 IMS 健康数据统计，2005 年美国所有处方药中，仿制药占 56%，但其支出仅占处方类药物支出的不到 13.1%。仿制药成本平均比其对等的品牌药低 30%~80%。[2] 仿制药的价格通常是其专利到期前价格的 10%~20%，并且是根据成本计算（即价格是基于生产成本的加价）。[3] 仿制药上市公司的财务分析显示，这些公司营业毛利率一般在 50%左右。[4] 这一利润率包括了公司的综合和管理成本、营销和销售成本以及利润。

2 发达国家的药品价格

美国政府与研究驱动型制药行业从一开始就存在着爱恨交加的关系。消费者喜爱该行业研发的新型救命药物，但厌恶其受专利保护的垄断所带来的高昂价格。

这一问题最早出现于 20 世纪 40 年代末，当时，四环素类抗生素刚问世。[5] 这是美国本土制药业发现的第一种抗生素。第一批抗生素，如青霉素、链霉素和新霉素是在学术实验室中发现的（青霉素是由英国伦敦圣玛丽医院发现，在美国农业部[6] 的主导下，牛津大学在战时研发了关键的量产步骤；链霉素和新霉素属于罗格斯大学[7]）。以上发明都被授予了非独占许可，由此引发的竞争导致其价格迅速下跌。

相比之下，由于享有专利保护，四环素价格一直居高不下。然而，最终的竞争却来自海外。当时，意大利是药品专利的“流氓国家”，意大利公司对美国四环素军方采购的投标，使政府意识到了专利药品的高额利润率。这一发现引发了针对制药业的听证会，听证会由美国参议员埃斯特·科福弗（Estes Kefauver）主导，他在 1959—1963 年担任参议院反托拉斯与反垄断分委员会的主席。Kefauver 明确指出，新一代抗生素为制药业带来了巨大的利润。药品价格上涨了数千个百分点的事实一经公开，就在全国各地上了头版头条，引发了众怒。他还指出了该行业存在的其他问题，特别是缺乏对系统化测试新药安全性和有效性的相关要求，以及行业自由地宣传新药物，而他们的主张缺乏必要的科学支持。

Kefauver 起草了一项对这个行业加强监管的法案。该法案包括对安全性和有效性的论证，以及在产品上市 3 年后对专利强制许可的要求。他的同事，美国众议员奥伦·哈里斯（Oren Harris）在美国众议院提出了相关立法，合并后的法案被称为《反垄断法 Kefauver-Harris 修正案》。听证会持续了 7 个月，受到了美国医药工业协会和美国医学会的强烈反对，如果不是因为“沙利度胺（反应停）惨案”，该法案很可能胎死腹中，惨案证明了对新药进行更严格审查的迫切需求。Kefauver-Harris 修正案虽然删除了强制许可条款，但最终还是得以通过。它引发了随后的 FDA 改革，但当时并没有采取任何行动来控制价格。

美国控制药品价格唯一的实质性行动是 1984 年颁布的《药品价格竞争和专利期限恢复法案》，通常被称为《Hatch-Waxman 法案》，这项法案极大地促进了仿制药产业的蓬勃发展。公司获得了一项豁免权，即根据专利法第271条（e）中的研究豁免权规定，允许他们在专利保护期间制造并使用（但不销售）药物，目的是获得数据证明新版药物的疗效相当于专利药物。然后，该公司可以向FDA提交一份简略新药申请（ANDA），并准备在专利到期后立即出售仿制药物。如果没有这项研究豁免权，制药公司实际上将多享受一年或两年的独占权，因为在专利期满前，仿制药生产商无法制造并使用该药物进行测试。

尽管已有立法上的改革，但药品价格仍然是美国面临的主要问题。当生物技术产品在20世纪80年代中期推出后，问题更加严重。这些药物的生产成本远高于传统药物（小分子药物或简单化学药物），致使患者人均消费每年高达数千美元，比传统药物消费高出一个数量级，被认定为高价。一些孤儿药（罕见药，orphan drugs），如Genzyme公司用于治疗高歇氏病（Gaucher's disease）的思而赞（Ceredase®）和某些癌症治疗药物花费更加昂贵，患者人均药费高达30万美元每年。

美国价格高昂的药品市场得以维系，依赖于第三方支付对保险投保人的保障，以及对没有医疗保险的人提供的保障性慈善项目。加拿大、欧洲和日本采取单一买方模式和立法相结合的方法，使药品的价格低于美国，尽管这些国家的药品价格仍远高于生产成本。美国公民在加拿大或在线上低价购买相同的专利药物，引起了患者对美国药物价格高昂问题的强烈关注，这给国会和地方政府官员留下了深刻的印象。

3 发展中国家和双重价格

发展中国家的情况差别很大。印度、阿根廷和巴西等国家通过只承认制药技术专利的方式，鼓励仿制药产业发展。因此，在美国和欧洲受到专利保护的药物组成成分，可以在印度等国家合法生产，生产商只需开发新的制药技术。然而，那些没有仿制药产业的国家，只能进口专利到期的药品，并且受制于仿制药竞争。

发展中国家面临的另一个问题，是困扰他们的疾病往往与那些发达国家的疾病大不相同，尽管人们越来越意识到“贫穷限制了贫困人口疾病的治疗”。[8] 西方制药公司已经发现并着手开发治疗发达国家疾病的药物，通过这些药物他们能够获得巨大的回报，但这些公司大都对热带疾病置之不理。一项研究表明，1975—1999年推出的1339种新药中，只有13种新药用于治疗热带疾病，3种用于治疗结核病，这些疾病仍然在发展中国家肆虐，并造成巨大人员伤亡。后来的一项研究发现，这13种药物也不太适合发展中国家的病症。[9]

幸运的是，有时偶然的发现反而能意外地帮助到发展中国家。例如，在20世纪80年代早期，默克公司（现在的梅里亚集团，Merial, Inc.）的动物卫生部门开发了一种名为伊维菌素（Ivomec Plus Cattle Injection®）的抗寄生物药剂，用于治疗胃肠道蛔虫、肺蠕虫、虱子、螨虫、牛皮蝇虫、肝片吸虫成虫。伊维菌素在治疗狗和猫的肺蠕虫感染方面也有很大的应用市场。此外，这种药物被发现能够有效治疗两种发生在撒哈拉以南非洲地区的人类寄生虫病：

- 盘尾丝虫病，通常被称为河盲症，是一种通过黑蝇叮咬传播的线虫感染疾病。该疾病会引起剧烈的瘙痒、毁容性皮炎、眼睛严重损伤，并且随着时间的推移最终致盲。

- 淋巴丝虫病，通常被称为象皮病，在许多非洲国家与河盲症共存，也有少数发生在拉丁美洲国家。

默克公司研发了注册商品名为 Mectizan®的伊维菌素，用于治疗人类感染的盘尾丝虫病，但由联合国儿童基金会、联合国开发计划署、世界银行、世界卫生组织[10]共同设立的热带病研究和培训特别项目，为最终根除或控制盘尾丝虫病，大规模批量使用，Mectizan®进行了广泛的试验。随后，默克公司制订了一个捐赠计划，自 1987 年以来每年捐赠足够的 Mectizan®，治疗了超过 4000 万的患者。

葛兰素史克公司（GlaxoSmithKline，GSK）为治疗肠道寄生虫，捐赠了一种新的药物——阿苯达唑，它与 Mectizan®共同给药。[11] 这些项目对降低这些疾病的感染率做出了很大的贡献。

4 艾滋病

4.1 艾滋病在发达国家

随着艾滋病危机和由此产生的政治激进主义，逐渐破解了制药行业令人担忧的现状。这场危机造成了对有效新药的需求。

对艾滋病病毒/艾滋病紧急状况的应对，标志着美国和欧洲基础科学研究的胜利，政府投入大量的资金，并与制药和生物技术产业进行了整合。现在看来，第一个死于艾滋病的人是刚果民主共和国的一个居民，他于 1959 年去世[12]，而在 20 世纪 70 年代，艾滋病病毒正在慢慢地蔓延并感染人类（随后一个 1969 年去世的美国青少年、一个 1976 年左右去世的挪威水手也被证明感染了艾滋病病毒[13]），直到 1981 年，旧金山和纽约的医生才开始注意到一种罕见的癌症——卡波希氏肉瘤和一种罕见的肺炎——卡氏肺囊虫肺炎在同性恋社区不同寻常的发病率。直到那时，人们才意识到一种新的疾病出现了。[14]

尽管 1981 年年初新的共和党政府上台后，对同性恋群体漠不关心，但美国国立卫生研究院（the U. S. National Institutes of Health，NIH）的调查人员很快意识到了艾滋病病毒带来的风险。NIH 的科学家认识到该病毒具有独特的感染和破坏人体免疫系统的能力。因此，NIH 迅速投入大量资源来抗击艾滋病毒，并与美国疾病控制和预防中心（CDC）一起为调查非洲的流行病提供资金。抗击疾病的进展可谓迅速：

- 1983 年，巴黎巴斯德研究所的 Luc Montagnier 发现了一种假定的传染性病原体，他称之为淋巴结病相关病毒或 LAV。
- 1984 年，美国国家癌症研究所的 Robert Gallo 证实了 LAV 和他鉴定出的一种名为人类 T 淋巴细胞病毒 III 或 HTLV-III 的病毒是相同的，是艾滋病的病原体。[15]
- 1985 年，开发出来一项诊断测试方法，并获得许可，用于无偿献血的常规筛查。
- 1987 年，Retrovir（AZT）是第一种有效抗艾滋病病毒的药物，获得了 FDA 的批准。

- 1992 年，第二种抗逆转录病毒药物 Hivid（由 NIH 科学家发现并由瑞士罗氏公司销售）获得批准并开始联合治疗。
- 1996 年，利托那韦（Invirase）[沙奎那伟（saquinavir），由罗氏公司销售]，第一种被批准的第二代蛋白酶抑制剂问世，“三联疗法”启动。

通过三联疗法，感染艾滋病毒从延迟死亡判决，转而成为可治疗的伺机性感染或卡波西肉瘤，随着药物治疗方案的改善，感染者可以享受更长时间的高质量生活。继 1982 年首次发现使用阿昔洛韦治疗单纯疱疹病毒以来，艾滋病是第二个被发现能够有效治疗（并不是使用预防性疫苗）的病毒性疾病。

4.2 艾滋病对发展中国家的影响

艾滋病在发展中国家，特别是撒哈拉以南非洲地区的发生率和影响，使其在发达国家所引发的一切都相形见绌。现今，一些国家 1/3 或更多的成年人都感染了艾滋病毒。尽管一些亚洲国家的感染率仍然很低，但是印度或中国的人口规模庞大，意味着这些国家有大量感染者，尽管官方予以否认。*

通过 20 世纪 90 年代中后期高度活跃的抗逆转录病毒疗法（“三联鸡尾酒疗法”或 HAART），发达国家的艾滋病开始得到很好的控制，发展中国家开始要求同样获得这些拯救生命的药物。但艾滋病与其他疾病之间存在着重大差异。仿制药生产商根本无法向发展中国家提供使用期限够久、专利已过期的药品。这种疾病是新生事物，而治疗药物更新，所以这些药物将在未来几年里仍会受到专利保护。AZT 专利将率先于 2005 年到期。

巴西援引了《与贸易有关的知识产权协定》（TRIPS）中的公共健康危机措施，该措施使其能够超越国际专利，在其国有制药厂制造艾滋病药物，并通过免费药物项目的资助，提供给巴西的艾滋病毒感染者。1997—2002 年，巴西艾滋病患者的治疗费用从每年 6500 美元降至 1500 美元，[16] 死亡人数下降了一半。

非洲的情况令人绝望，他们既没有能力效仿巴西政府的举措，又没有按发达国家价格进口治疗艾滋病药物的经济实力，在这种情况下，患者年均药费是人均 GDP 的许多倍，这就意味着只有很少人能够得到治疗。2001 年，非洲有 2500 万人感染了艾滋病毒，但只有 2.5 万人（仅占感染人口的 0.1%）接受了 HAART 治疗。[17]

1997 年 12 月，曼德拉政府通过了《南非药品法》修正案，打破专利制度，允许生产或进口仿制药。1999 年，世界卫生组织提出了发展中国家艾滋病药物定价过程中的专利问题。

作为回应，2000 年，默克、百时美施贵宝、葛兰素史克、辉瑞制药[18] 和勃林格殷格翰等 6 家主要制药公司向世界卫生组织提出了降低非洲艾滋病药物价格的倡议。该倡议被称为“加速可及性”（Accelerating Access）。作为回报，这些公司要求世界卫生组织帮助分发药物。由此引发了旷日持久的讨论，且进展缓慢。个别公司开展了各种

---

* 译者不认同此说法。——译者注

慈善活动，主要集中在教育、研究和社区推广方面，但批评的声浪从未平息，并继续要求降低药品价格。

在倡议发起1年后，只有塞内加尔、乌干达和卢旺达3个国家与世界卫生组织达成了具体的协议。通过这一举措，使用抗逆转录病毒疗法每例患者每年需要花费1000美元至1500美元，这个价格约为美国的10%。然后，无国界医生组织（Medecins Sans Frontiéres，MSF）加入讨论。从2001年2月开始，一切都发生了改变，印度仿制药制造商Cipla向MSF提供三联鸡尾酒疗法所需药物，每位患者仅需花费350美元。Cipla向非洲各国政府提供每位患者每年600美元的治疗药物，比“加速可及性”倡议的价格低400美元。Cipla的新方案表明，大多数制药公司仅在南非申请专利。只有葛兰素史克、勃林格殷格翰和阿古朗药业倾向于在整个非洲申请专利。

2001年，有39家制药公司向南非政府提起诉讼，要求行使他们拥有知识产权的权利并阻止无国界医生组织购买Cipla的产品。

4.3 耶鲁大学和司他夫定

2001年年初，耶鲁大学法学院一年级学生Amy Kapczynski成为变革的关键催化剂。

1987年，耶鲁大学作出了一个看似平常的决定，即便是现在，大多数学术机构也会毫不犹豫、不用再三考虑就作出这样的决定，然而，事与愿违，在有关全球卫生健康与公平获取药物的争论中，此事成为人们关注的焦点。耶鲁大学这一命运转折般的决定是允许其某种药物的被许可方决定在哪个国家申请专利保护。

这个故事始于20世纪60年代初，在底特律癌症研究所［现在的芭芭拉·安·卡尔玛诺斯（Barbara Ann Karmanos）癌症研究所］，Jerome Horowitz正在进行当时流行的“病毒是癌症诱因”的相关研究，合成了许多可以抑制DNA复制的化合物，期望起到抗癌的作用。Horowitz合成的一些化合物包括：

- 双脱氧叠氮胸苷（AZT）
- 双脱氧胞苷（ddC）
- 双脱氧次黄苷（ddI）
- 双氢双脱氧胸苷（d4T）

这一理论对绝大多数类型的癌症是不适用的，因此认为这些化合物是无效的，最终被搁置。

当艾滋病毒开始肆虐的时候，Horowitz的工作重现江湖。他的一些化合物被评估为可抗艾滋病毒，并被证实确有疗效。通过评估Horowitz的化合物，AZT（宝来维康公司，Burroughs Wellcome），ddC和ddI（均由NIH发现）均被发现具有抗HIV的疗效。

由美国国立卫生研究院和百时美施贵宝公司（Bristol-Myers Squibb，BMS）资助，耶鲁大学的Tai-Shun Lin和William Prusoff共同合作，评估Horowitz的化合物d4T（司他夫定）对艾滋病病毒的疗效。BMS获得了独家选择权，拥有从该研究中衍生出的任何专利的独占性许可。Prusoff和Lin发现d4T是有效的，耶鲁大学于1986年12月17日申请了治疗方法专利（美国专利号4,978,655，最终于1990年12月18日获得授权）。BMS行使选择权，并于1988年1月12日签署许可协议。作为一份普通的学术许可，耶鲁大学授予BMS在国外的申请权，耶鲁大学则作为受让方。该公司在欧洲、日本和加拿大等主要西方国家和地区申请了相应专利。至关重要的是，该公司决定将南非、墨西哥和埃及纳入其专利申请国的范围。

BMS于1994年6月24日开始进行司他夫定的临床研发工作，并获得FDA批准。该产品的注册商品名为Zerit®。2001年，在签署许可13年后，由于Zerit®在南非得到了专利保护，使Zerit®的价格超过了大部分南非艾滋病患者的承受能力，特别是生活在最贫困地区（通常是乡镇）的艾滋病患者。由于南非是通往撒哈拉以南非洲的商业门户，Zerit®在该大陆的其他地方同样无法使用。

无国界医生组织（MSF）基本药物计划主管Toby Kasper将Zerit®列入基本药物清单。2000年7月，他在德班艾滋病会议上与耶鲁大学法学院的学生Amy Kapczynski会面，并立即意识到Amy Kapczynski可以帮助其向耶鲁大学施加压力，从耶鲁大学内部获得更好的许可协议。[19]Kapczynski的加入可能是耶鲁大学和Zerit®的发明人William Prusoff遇到的最令人尴尬的事情之一。Kaczynski向耶鲁大学公共卫生学院院长Michael Merson求助，他曾担任艾滋病项目的负责人。

2001年2月14日，无国界医生组织（MSF）致信耶鲁大学，询问其是否会认定"进口仿制司他夫定向艾滋病病毒感染者提供免费治疗，就侵犯了你方的知识产权"。如果没有，耶鲁大学可否发出自愿许可，允许在南非进口和使用仿制的司他夫定。

2001年2月28日，耶鲁大学作出回应，并根据法律规定回绝了这一请求，由于耶鲁大学已经授予BMS独家许可。随后Kapczynski在《耶鲁每日新闻》对这一事件进行了跟踪报道。2001年3月2日，该报发表了关于这一主题的第一篇文章，在校园内引发了舆论热潮。研究生联合会的一部分学生早已对耶鲁大学与企业赞助商交往过密持反对态度，他们发起了一份请愿书，要求学校放宽拥有的专利权。该小组在校园内收集了来自学生、教授和研究人员共600个签名。学生们还抨击了耶鲁大学与BMS的密切关系——该公司于1999年向该学校捐赠了25万美元。Kapczynski在校园内进行了法律研究，并试图获得许可协议的副本，但没有成功。她向MSF提供了她发现的信息。

2001年3月9日，MSF回应了耶鲁大学，指出耶鲁大学自己制定的政策声称，技术转移项目的一个关键目标是"社会的整体利益"，并指出d4T没有惠及那些在南非有需求人群。最后，MSF还提出耶鲁大学对其专利拥有最终权利，如果需要的话，可以违反与BMS的合同。

两天后，《纽约时报》刊登了一篇"耶鲁大学被迫帮助降低非洲的药品成本"的报道，这种影响力几乎是立竿见影的。2001年3月14日，BMS发表了一份声明，"公司将确保其专利不会阻止非洲廉价治疗艾滋病毒/艾滋病。耶鲁大学和BMS拥有的Zerit®专利将根据公司最近与耶鲁大学签署的协议，免费提供给南非的艾滋病患者"。2001年6月，BMS与南非领先的仿制药生产商阿斯彭医药保健公司（Aspen Pharmacare）签署了"不起诉协议"。

因此在不到两年的时间里，世界制药模式就被颠覆了。"双重价格"定价方法，即在专利保护的独占期已确立的前提下，药品将来也可以在发展中国家以仿制价格出售。有证据表明，制药行业或者至少疫苗行业已经开始接受根据支付能力分层或分段定价的概念。[20]

5 何为适当的许可方式？

前文所讨论的耶鲁大学案例表明，任何一种针对发展中国家需要的药物或候选疫苗的许可，从一开始就必须包含公平获取的许可条款。这是因为在执行许可之后，大学已将发展策略和专利策略的控制权转让给被许可方。[21]

针对有可能治疗发展中国家疾病的药物，其许可计划的目标应该是：

- 最大限度地开发药物的可能性
- 做好安排，以便采取双重定价法，使最贫穷的国家能够以最低的价格获得药品

开放阅读的在线期刊《今日创新战略》与美国科学促进会联合发表了一篇专题文章，对潜在的许可方法和许可协议架构进行了精彩的回顾。[22] 但是，文章并未提出任何模式化的语言或标准方法。

然而，有人提出了这样的建议。美国国立卫生研究院在开发和许可被忽视疾病的治疗方法方面拥有丰富的经验，[23] 制定了一套"白衣骑士"模式的许可条款（文本框 1）

波士顿大学（BU）也制定了一套条款（文本框 2）。它们的目的是讨论在发达国家和发展中国家都有市场的产品时，可以将这些条款作为出发点。这些条款采用不主张（nonassert）专利的方法生产向发展中国家销售的产品。

如果合作伙伴设想的产品只与发展中国家有关，那么知识产权保护发挥的作用，可能只是为了鼓励发展中国家的制造商获得开发产品的许可，而第二来源方法可能提供充分的保障措施。波士顿大学针对这些方法起草的条款模板，列在文本框 2 和文本框 3 中。

文本框 1：美国国立卫生研究院：白衣骑士条款摘录

在美国获得新药上市许可（New Drug Application，NDA）/生物制品许可申请（Biologic License Application，BLA）批准后 6 个月内，或者在欧洲类似的申请，被许可方应向美国公共健康服务局递交书面报告，详细说明新批药物的潜在公共部门市场，包括对任何已批准的竞争性药物或疫苗的影响，以满足发展中国家公共健康需求。该报告还应包括被许可方对商业发展计划的建议修正案，见附录 E（此处未包括），以及为满足发展中国家对许可产品的需求而制定的基准和绩效，见附录 D（此处未包括）。被许可方将认真考虑是否可以从商业和技术角度出发，直接通过被许可方自己的资源和/或通过与第三方共建合资企业来满足潜在的公共部门市场。美国公共健康服务局（Public Health Service，PHS）要求以书面形式递交和修订报告，这样的申请不会被无理由拒绝。

“公共部门”是指发展中国家的政府，或由发展中国家政府授权代表该国政府处理本协议适用事项的任何机构或组织，联合国系统内的组织，包括世界卫生组织和儿童基金会，以及其他可能在发展中国家交付、制造和/或销售药物或疫苗的非营利机构。

“发展中国家”是指有资格获得全球儿童疫苗基金（GAVI*）或后续组织支持的国家，在本协议生效之日，这些国家的人均国民生产总值每年低于1000美元，以及在本协议生效之日列入附录G（此处未详述）的国家。

文本框2：波士顿大学的不主张条款

1. 包括在“鉴于”条款中的内容：

鉴于大学和被许可方承认，在某些情况下，可以用负担得起的价格向非市场经济的国家提供某些药物，并为被许可方在其他市场的经济利益提供适当保障，从而为公共利益服务。

2. 在“定义”中包括的内容：

市场经济国家是指：

(a) 现有和未来加入经济合作与发展组织（OECD）的成员国，现有成员国为澳大利亚、奥地利、比利时、加拿大、捷克共和国、丹麦、芬兰、法国、德国、希腊、匈牙利、冰岛、爱尔兰、意大利、日本、卢森堡、墨西哥、荷兰、新西兰、挪威、波兰、葡萄牙、西班牙、瑞典、瑞士、土耳其、英国和美国；

(b) 现有和未来加入欧盟的成员国；

(c) 俄罗斯联邦、韩国、马来西亚和新加坡。

修订净销售的定义，排除根据本节“不主张”条款规定进行的产品销售（此处未提供）。

“非市场国家”是指市场经济国家以外的所有国家。

公共部门应该包括：

(a) 主权国家的政府；

(b) 联合国、世界卫生组织和世界银行的代理机构；

(c) 属于红十字会与红新月会国际联合会成员的组织；

(d) 国际慈善机构（也称为非政府组织或NGOs），包括但不限于乐施会、无国界医生组织等；

---

* 原文为the Global Fund for Children's（GAVI），GAVI是“全球疫苗与免疫联盟”而非“全球儿童疫苗基金”的缩写。——译者注

(e) 包括但不限于比尔和梅琳达·盖茨基金会、洛克菲勒基金会等慈善组织支持的组织机构，特别包括全球产品开发和分销公私合作伙伴关系（PDPs）。

“商业包装”是指被许可方在任何市场经济国家销售产品的外观，包括但不限于形状、颜色、气味、商号、商标、服务标志等特征。

3. 在“授权”条款中包括的内容：

“不起诉”：大学和被许可方代表自己以及知识产权公约的任何利益继承者，在本协议签署日期之前或之后，对任何向公共部门实体销售或许诺销售许可产品以供非市场经济国家使用的个人或实体，或任何制造或以其他方式将许可产品出售给公共部门实体以用于非市场经济国家，或在非市场经济国家使用许可产品的任何个人或实体，不主张知识产权侵权（包括直接侵权、间接侵权和诱使侵权）进一步扩展到有关制造、销售或许诺销售的权利要求。

尽管此处有其他条款，但该“不起诉”条款不适用于任何市场经济国家中的被许可方使用产品的商业包装包含的任何元素和特征，或不适用于未获得美国食品药品监督管理局（FDA）、欧洲药品评价机构（EMEA）以及已通过世界卫生组织资格预审项目预获资格的产品。

尽管传统的一对一许可模式已经不适合当前的环境，在过去的5~7年中，新兴的复杂网络改变了发展中国家获得有效且价格合理治疗方法的可能性，但这些许可原则依然有效。药物开发公私合作伙伴关系（PPPs）的出现，使比尔和梅琳达·盖茨基金会、洛克菲勒基金会等慈善机构提供大量资助，改变了被忽视疾病的药物开发。[24]

- 大公司受到激励投入药物研发技术和资源，因为他们知道其他人将负责资助后期的临床开发。
- 小公司获得资金开发具有双重市场用途的技术，通过PPPs为发展中国家授予使用费为零或低使用费的许可，同时保留在发达国家使用的权利。
- 学术机构有新的渠道能够推进他们对被忽视疾病的科学发现。
- 发展中国家的制药公司已经发现他们的生产和销售技巧是有市场需求的。

此外，PPPs已经具有一定的财务影响力，能够坚持将可负担能力作为谈判条件的一部分。

6 为发展中国家市场设定的许可条款

正如在许多论坛讨论的那样，可以从美国证券交易委员会（SEC）的公开文件中获取大量许可协议的副本。[25] 但是，只有处于发展期的公司上市交易，或者已提交注册声明即将上市交易的公司需要提交此类文件，并且仅限于影响公司销售额10%或公司资产5%的重大协议。

这些限制意味着此处讨论的交易是来源于SEC，下面的例子都是基于自愿原则披露的。由于不能获得隐含的协议，并且这些示例均来自第三方账户，此处提到的第三方账户通常是逐字逐句地引用来源（本章的第6.2节至第6.12节）。

在这篇文章的研究过程中，作者惊奇地发现，被认为透明度应该最高的许可部门恰恰最缺乏透明度。PPPs、公司和学术机构在讨论公开宣布的交易时，都表示不愿意披露详细信息，即使明确了这些公开信息仅被用来为其他人提供指导。

6.1 强制许可模式

为发展中国家市场建立公平许可条款（以及将在第6.2节中讨论的许可架构），所用到的几种方法都考虑到强制许可指导原则。TRIPS协定已授权可向专利持有人提供“适当的报酬”，但并没有提供具体的指导方针。[26]Scherer对强制许可中的补偿问题进行了全面的回顾。[27]

在20世纪70年代和80年代的大部分时间里，加拿大实施了广泛的药品强制许可政策。一般来说，加拿大要求强制许可接受者向专利权人支付被许可方销售价格的4%作为许可使用费。在世界贸易组织多哈回合谈判之后，加拿大是第一个实施TRIPS协定强制许可的国家，其向无法自行生产药物的国家提供药物。加拿大继续实行4%的许可提成费，但也会根据该国的国内生产总值（GDP）进行调整，因此在最贫穷的国家，许可提成费可能会降至0.2%。[28,29]

6.2 公平获得许可

由Amy Kapczynski的学生同伴们（见第4.3节）所建立的基本药物大学联盟，公开支持来自耶鲁大学工作组创建的《公平获取和被忽视疾病许可协议》（Equitable Access and Neglected Disease License，EAL）[30]。EAL建议对于世界银行定义的“中等收入国家”收取50 000美元入门费，外加5%提成费作为在这些国家销售的许可费；对定义的“低收入国家”收取5000美元入门费，外加2%提成费作为在这些国家销售的许可费。这些费用将以50∶50的比例在主要被许可方之间平分。但是，许可条款要求被许可方与大学分享在发展中国家制造、使用和销售许可产品所需的全部专有技术，以便大学可以反过来将专有技术转让给其他发展中国家的被许可方。同样，发展中国家的被许可方也将分享他们与大学共同开发的任何专有技术。2006年10月，在费城举行的年会上，基本药物大学联盟正式将这一方案定为《费城共识声明》，为个人和组织提供了签约机制的参考。

EAL建立的许可架构是为发展中国家提供低成本药物的理想机制，但它是一个乌托邦式的标准，可能会对大公司取得许可并开发技术产生强烈的抑制作用。在发展中国家，针对每个患者销售额的1%或2.5%是以美分而不是美元计算，这样的比例作为许可使用费不足以促使这些大公司向许可的大学提供其所有产品的专有技术。大学衍生企业可能同样抵制这些条款，因为它们有可能吓跑潜在的下游合作伙伴。此外，EAL将给管理这些不同密级专有技术的大学技术转移办公室造成相当大的行政负担。因此，EAL可能违反了可用于学术许可的第一条希波克拉底格言：“无损于病人为先”（First Do No Harm）。

在撰写本文时（2007年2月），全球健康领域的大量个人和非营利组织已经签署了《费城共识声明》。值得注意的是，没有大学以法人实体签署，只有一位现任和一位先前掌握执行学术许可权的人，被列为初始签署人。

文本框 3：波士顿大学的第二来源方法

1. 在“授权”条款中包含的内容：

第二来源：大学可在被许可方收到第一个销售许可产品的监管批准 1 周年后的任何时候，对供应商进行资格认证，要求其达到许可产品年度需求量的 1/3。

6.3 全球结核病药物研发联盟与凯龙公司（Chiron Corp）

在制药商和非营利组织之间的首个药物开发交易协议中，全球结核病药物研发联盟宣布从凯龙公司（Chiron Corp）获得 PA-824 的许可，这是一种有效抗结核分枝杆菌的化合物。[31] PA-824 由 Patho Genesis Inc. 发现并进行了保护，随后该公司被 Chiron 收购。Chiron 向全球结核病药物研发（TB）联盟提供了 PA-824 及其所有类似物的全球独家许可，并收取适度的一次性许可费作为回报（所谓适度，是与行业平均 100 万美元至 300 万美元的许可费相比较而言），[32] 同时由 TB 联盟每年投入研发门槛费，以确保快速发展。PA-824 的所有临床前研发都转包给商业临床研究机构（CRO；由 TB 联盟支付），由美国三角研究院（Research Triangle Institute，RTI）负责项目管理（由美国国立卫生研究院支付），该研究院是一家以合同承担美国国立卫生研究院和其他机构外包研究的非营利组织。如果开发成功，Chiron 可以通过向 TB 联盟支付所有开发成本的方式回购 OECD 国家的权利。TB 联盟将保留所有发展中国家市场的权利。这笔交易包括对可承受价格的“广泛承诺”。该协议有一个回授条款，允许 Chiron 在特定时间段内重新进入为富裕国家开发结核病药物的进程。该交易还包括该公司具有生产制造的选择权。

尽管没有在实验室之外使用，但这种名为 PA-824 的化合物，在体外进行的试验中已被证明可以有效对抗结核菌的耐药菌株。研究人员相信 PA-824 足够强大，可以大大缩短目前 6 个月的治疗时间，使更多的人能够完成治疗。

6.4 全人类健康研究所与塞雷拉基因组公司（Celera Genomics）

全人类健康研究所（iOWH）是一家非营利性药物公司，由 Genentech 的前雇员维多利亚·黑尔（Victoria Hale）创立，并于 2006 年获得麦克阿瑟基金会天才奖（McArthur Foundation Genius Award）。该公司从大学和药物公司为发展中国家寻求治疗疾病的备用药物，然后通过寻求慈善捐赠来资助临床开发。

2002 年，iOWH 获得塞雷拉基因组公司（Celera Genomics）的 CRA-3316 许可，作为南美锥虫病的一种候选疗法，并与 NIH 合作开始开发。CRA-3316，原名 APC-3116，是一种半胱氨酸蛋白酶抑制剂。[33] 塞雷拉基因组公司授权 iOWH 免费使用 CRA 3316，按照塞雷拉基因组公司的知识产权负责人 Wayne Montgomery 的话说：“否则这种药物只会被束之高阁。”[34]

6.5 全人类健康研究所—加利福尼亚大学伯克利分校—艾米瑞斯生物科技公司(Amyris Biotechnologies)[35]

2004年12月，比尔和梅琳达·盖茨基金会向iOWH提供了为期5年的产品开发赞助金，以创建iOWH、一所大学（加利福尼亚大学伯克利分校）和一家营利性公司（Amyris Biotechnologies, Inc.）之间的三方合作伙伴关系。该项目的目标是利用合成生物学、工业发酵和化学合成法，显著降低青蒿素的成本，青蒿素是生产青蒿素联合治疗（artemisinin combination therapies, ACT）疟疾药物的关键前体，青蒿素通过化学方法被转化为几个衍生物中的一种，然后与其他药物联合构成ACT。

青蒿素目前是从艾草植物中提取的，该植物由越南和中国的农民（最近更多来自非洲）提供，季节性和植物供给问题导致该药物价格居高不下。该项目由盖茨基金会资助，希望通过利用加利福尼亚大学伯克利分校Jay Keasling开发的“合成生物学”平台技术来减少对植物提取的需求。其目标是通过从微生物中产出一致、可靠、高质量的青蒿素，将青蒿素药物成本降低10倍。

基金会赞助的4260万美元，在三方中分配：加利福尼亚大学伯克利分校得到800万美元，继续进行基础研究；Amyris得到1200万美元，用于发酵和化学过程的应用研究；iOWH得到2260万美元，用于监管和引导发展中国家实施产品开发战略。

加利福尼亚大学伯克利分校的工作重点是药物前体生产微生物的工程设计。Amyris的工作是通过发酵和新的下游合成化学技术，覆盖从微生物生产工程到优化药物的半合成。iOWHs所发挥的作用是基于对全球监管要求的透彻理解、对当前ACT制造供应链和分销模式的分析而制定商业化战略。这笔赠款使发展涉及的3个领域所有活动得以实现。它创建了一个完整的合作伙伴团队，每一方都将自身专业技能应用于从基础研究到临床应用的合理转换中。合作伙伴关系的财务条款如下：

“获得许可”

- 该协议受三方合作协议和两项许可协议（从加利福尼亚大学伯克利分校到Amyris和iOWH）的约束。
- 加利福尼亚大学伯克利分校授予iOWH免费许可，用于制造供发展中国家使用的基于青蒿素的疟疾治疗药物。加利福尼亚大学伯克利分校还将向iOWH授予三方合作协议下开发知识产权的免费许可，用于制造发展中国家使用的基于青蒿素的疟疾治疗药物，iOWH将为ACT制造和分销建立合作伙伴关系。
- 加利福尼亚大学伯克利分校授予Amyris许可，为发展中国家的疟疾市场开发制造专有技术。Amyris还拥有发达国家疟疾市场、基于青蒿素的非疟疾适应证以及全球平台其他用途的许可。加利福尼亚大学伯克利分校将进一步向Amyris提供类似的在三方合作协议下开发的知识产权许可。
- Amyris将根据关于发展中国家使用的基于青蒿素的疟疾治疗方案的三方合作协议，授予iOWH一项免费的知识产权许可。

“使用费”

- 加利福尼亚大学伯克利分校授予iOWH的许可免许可使用费。

- 加利福尼亚大学伯克利分校授予 Amyris 的许可，对发展中国家疟疾市场（iOWH 开发）是免费使用的，对发达国家疟疾市场和发展中国家的非疟疾适应证征收许可使用费。

"专利"

- 加利福尼亚大学伯克利分校现有专利的专利费用由 iOWH 和 Amyris 共同分担。
- 加利福尼亚大学伯克利分校从合作研究中产生的专利知识产权由加利福尼亚大学伯克利分校提交，并按照上述预先安排的条款向 iOWH 和/或 Amyris 许可。被许可方按照比例分摊费用。如果被许可方不承诺支付专利费用，加利福尼亚大学伯克利分校就没有义务提交申请。
- Amyris 和/或 iOWH 的独家专利申请许可由 Amyris 和/或 iOWH（视情况而定）自费提交。
- 共同拥有知识产权的申请和成本费用支付等组织工作，将由共同所有人在产生共同知识产权时以诚信方式商定。如果共同所有人不能达成一致，并且如果 iOWH 拥有共同财产的所有权权益，那么 iOWH 可以代表所有权人登记并申请，费用自理。

6.6 全球结核病疫苗基金会与范德堡大学（Vanderbilt University）[36]

2006 年 5 月 4 日，全球结核病疫苗基金会（Aeras）和范德堡大学宣布了一项基于范德堡大学开发的 TB 疫苗技术的独占许可协议。该技术增强了卡介苗（Bacille Calmette-Guérin，BCG）疫苗激发免疫系统反应的能力。根据协议，Aeras 将使用该技术修改卡介苗，并指导新疫苗通过临床试验。许可协议授予 Aeras 独家开发 TB 疫苗的权利。如果使用这种技术开发出了成功的疫苗，那么 Aeras 将在位于马里兰州罗克维尔的工厂生产新疫苗。范德堡大学保留该技术作为其他用途递送系统的权利。可能包括针对艾滋病病毒、疟疾以及癌症等其他疾病的新疫苗或免疫疗法。

范德堡大学的技术，被称为促凋亡 BCG，旨在削弱 BCG 细菌。该技术是一种基因变异的 BCG，通过抑制细菌的能力终止患者免疫细胞的程序性死亡。这些改进可能会形成更好、抗结核保护效果更持久的疫苗，并可能阻止免疫系统受损人群发展为活性结核病。协议的财务条款如下：

- 授予：Aeras 获得其应用领域的排他性许可。
- 使用领域：Aeras 拥有 TB 领域的排他性许可证；范德堡大学保留其他领域的使用权。
- 支付/使用费：许可费包括提成费（包括叠加条款）以及里程碑付款。
- 专利：Aeras 支付专利费用。

6.7 全球结核病药物研发（TB）联盟与拜耳医疗保健公司[37]

莫西沙星是 1999 年首次批准的一种抗生素，目前在 104 个国家用于治疗某些细菌性呼吸道、皮肤和腹内感染，已被全球超过4700万患者使用。莫西沙星通常耐受性良好，但治疗可能导致某些常见轻微的副作用，包括恶心、腹泻和头晕等。体外和体内研究已经证明莫西沙星可抑制结核分枝杆菌的活性。约翰·霍普金斯大学的研究人员发现，莫西沙星代替异烟肼治疗肺结核的方案能缩短治疗时间（小鼠治疗时间缩短了两个月）。治疗方案包括利福平（rifampin）、吡嗪酰胺（pyrazinamide），以及莫西沙星（moxifloxacin）或异烟肼（isoniazid）。

2005年10月，TB联盟和拜耳医疗保健公司宣布合作，共同协调一项研究开发莫西沙星潜力的全球临床开发计划，目标是将6个月的标准结核病治疗时间缩短2~3个月。试验将评估莫西沙星替代标准结核病药物（乙胺丁醇或异烟肼），与目前的标准疗法相比，是否能更快地消除结核感染。如果成功并获得相关监管机构的批准，未来5年可能会产生新的更短期的治疗方案。

II/III期临床试验项目横跨四大洲，将招募近2500名结核病患者，在巴西、加拿大、南非、西班牙、坦桑尼亚、乌干达、美国和赞比亚举行。如果试验取得成功，该合作项目将把莫西沙星注册用于结核病适应证。一旦获得监管部门批准，该合作项目计划能够使最需要的发展中国家结核病患者负担得起，并且可获得相关药物。

在这个项目中，拜耳将为每个试验点捐赠莫西沙星，并将承担监管机构备案费用；TB联盟将协调和支付试验费用，力求获得各方支持，包括美国疾病控制和预防中心（CDC）、美国食品药物监督管理局下属的孤儿药品开发中心以及欧洲与发展中国家临床试验伙伴关系。2006年5月，TB联盟从比尔和梅琳达·盖茨基金会收到了1.04亿美元的赠款。部分资金将用于资助莫西沙星的II期和III期试验，目标是到2010年将基于莫西沙星的结核病治疗疗程减少两个月。该项目的财务条款如下：

- 使用领域：结核药物。
- 支付/使用费：将以成本价为发展中国家提供产品，用于防治结核病。
- 专利策略：利用已授权的专利。

6.8 国际艾滋病疫苗行动组织与中和抗体联盟（Neutralizing Antibody Consortium）

国际艾滋病疫苗行动组织（IAVI）的使命是促进研发安全、有效、可获取、预防性艾滋病毒/艾滋病疫苗供世界各地使用。IAVI的核心使命是提高发展中国家获取疫苗的机会，[38] 这对开发速度、可及性和可承受价格提出一定要求。IAVI利用其大部分资源进行研发设计，制造并测试有前景的艾滋病毒/艾滋病候选疫苗。

2002年7月，IAVI宣布成立一个为期5年的中和抗体联盟（NAC），将投入数百万美元资金，用于开发预防性艾滋病毒/艾滋病疫苗，填补目前进入临床试验阶段的大部分艾滋病毒/艾滋病疫苗尚未解决的关键空白。最初，NAC由4个创始机构组成。现在，NAC包括15个国际实验室小组，由IAVI资助，分别代表学术界、政府和非营利性研究机构。NAC的财务条款如下：

- IAVI资助NAC首席科学家的个人研究工作计划；在某些情况下，有限的赠款主要用于某些筛选过的研究项目。并制定了专门适用于该项目的特殊性合规条款。

- IAVI 代表 NAC 管理知识产权。IAVI 的权利包括：
  -对项目中产生的知识产权授予某领域独占许可
  -对背景知识产权授予非独占许可
- IAVI 支付与项目发明和背景发明有关的某些专利费用。
- 在所有合作者中预先确定收入分配机制。
- 其他条款包括尽职、管理、出版、专利管理和增加新成员的流程。

6.9 抗疟药品事业会（MMV）与葛兰素史克（GSK）

2003 年，世界经济论坛的非洲经济峰会在南非德班召开，抗疟药品事业会（MMV）和葛兰素史克宣布了一系列联合项目：

- Fab I——脂肪酸生物合成 I
- Falcipains——半胱氨酸蛋白酶抑制
- 4（1H）——吡啶酮的备份
- PDF——多肽去甲酰酶抑制剂（2005 年 3 月终止）

项目主要目标是补贴发展中国家的社会经济和公共卫生福利。由此项目成功发现的任何药物都将在主要流行地区以非营利方式提供。研究工作将由葛兰素史克位于西班牙特雷斯坎托斯（Tres Cantos）的药物研发部门开展，葛兰素史克主要通过该部门研究发展中国家的疾病。该部门拥有一支由 50 名长期工作人员组成的团队，具有药物研发方面的专业知识。特雷斯坎托斯中心已完全整合到葛兰素史克研发机构中，该机构为药物发现和开发的各个方面提供专业知识和基础设施。葛兰素史克将提供资金、在疟疾领域拥有药物发现专长的工作人员以及最先进的设施。MMV 通过补贴雇用更多科学家加入特雷斯坎托斯现有团队以及其专家科学咨询委员会（ESAC）专家的方式，为疟疾药物发现项目提供资金。

6.10 哈佛大学与亟需药品组织（Medicine in Need）

2006 年 11 月，哈佛大学宣布将由 David Edwards 教授发明的一种新型雾化结核疫苗，许可给亟需药品组织（Medicine in Need，MEND），这是一家由发明人创建的剑桥大学非营利性机构。[39] 根据协议，MEND 向发展中国家的销售将免收使用费，而向发达国家的销售将收取使用费，但哈佛大学会将大部分许可使用费归还给 MEND。David Edwards 的工作得到了比尔和梅琳达·盖茨基金会提供的 760 万美元资助，作为捐赠的一部分，哈佛大学须将技术许可给 MEND，并且哈佛大学不能从 MEND 向发展中国家的销售额中征收提成费。盖茨基金会也在其“重大挑战资助项目”（Grand Challenge Grants）中使用了这一策略。

6.11 科利制药集团与盖茨基金会

科利制药集团（Coley Pharmaceuticals Group）是位于马萨诸塞州韦尔斯利的一家上市生物技术公司。该公司同意将 VaxImmune 授权给比尔和梅琳达·盖茨基金会，用于感染疟疾后与疫苗结合使用。VaxImmune 是一种 TLR 9 促效剂，它既提高抗体水平，同时还能对感染或肿瘤的杀伤 T 细胞具有强效免疫反应。该协议是一种零利润/零损失（no-profit/no-loss）的协议，所有的临床开发都是由盖茨基金会资助的热带疾病研究所进行，而科利制药集团（Coley）不收取任何许可使用费或其他费用。针对 VaxImmune，科利制药集团（Coley）与葛兰素史克（GSK）针对 VaxImmune 在癌症和感染性疾病疫苗研发方面展开了合作，并与 Novartis 公司疫苗和诊断部在传染病应用方面进行了合作。它将对与盖茨基金会合作中出现的任何技术商业化应用收取提成费。[40]

6.12 未归类的交易

不同的消息来源[41] 认为，那些坚持向贫困人群中最贫困者销售药品获得经济回报的公司，其专利费率不超过销售额的 3%～5%。成品的政府采购成本通常为生产成本或生产成本加上 3%～5%，而要求在成本上增加 15%时，该协议没有达成。然而，并不清楚如何分配管理费用、企业成本和资金成本。在某些时候，如果需要利用私人资本，以及营利性机构作为可靠的供应商，或者公私合作伙伴关系（PPPs）需要提供必要的专用生产设施建设投资时，则需要提供一些激励措施。

7 结语：建立适当的估值架构

上述情况比较清楚地表明，正确的估值公式是要求发展中国家的被许可方承担未来专利费用，不收前期费用，不缴纳里程碑费用，也不要求按照产量支付提成费。大学获得的任何经济回报都将来自发达国家的机遇。实际上，如果一所大学的目标是“利用别人的钱”，无论是政府的还是慈善机构的，以尽可能低廉的价格将发达国家富裕高校研发的药物提供给世界上最贫困人群，那么真正的领导者建议那些大学不要从一开始就伸手说：“我们必须收取提成费。”

根据《拜杜法案》或任何其他法律或法规，大学没有义务收取提成费。通过索要提成费（即使是上述分析所建议的适度费率）所传递的信息也不适合大学的公共使命。这样做会受到道德谴责，并削弱大学在人道主义事业中的领导能力。

显然，大学的研究团队、学术领导和技术转移办公室之间需要达成内部共识。正如耶鲁大学与 William Prusoff 的经验所表明，那些花时间和精力开发治疗发展中国家疾病的药物或疫苗的研究人员，肯定会对这种方法感到满意。如果需要的话，公共卫生学院院长是通向管理层的合适途径，就像 Amy Kapczynski 在耶鲁大学发现的那样。发展和公共关系办事处应参与进来，以确保正确描述该机构的目标，并保证该机构为人道主义所做的努力得到适当的认可。

对于在发达国家有应用前景的技术，以及用于衍生企业的技术，在进行权利和财务条款谈判时，技术转移专业人员的谈判技巧将发挥作用。如果没有这类专业人员，就应该是一个简单的谈判，而补偿条款可能会是最具争议的问题。

致 谢

作者感谢 Gerald Keusch 对手稿进行严谨审阅并提出许多中肯建议，感谢 Robert

Eiss、Mary Moran、Mark Rohrbaugh、Sandra Shotwell 和 Gerry Siuta 提供有用的建议、出处和评论。

ASHLEY J. STEVENS, *Associate Director, Institute for Technology Entrepreneurship and Commercialization, School of Management and Director, Office of Technology Transfer, Boston University, 595 Commonwealth Avenue, Boston, MA, 02215, U. S. A.* astevens@ bu. edu

---

1 Novartis has decided to participate in both sectors and has recycled the name of one of its predecessor companies, Sandoz, to be the focus for this effort.

2 www. gphaonline. org/Content/NavigationMenu/AboutGenerics/Statistics/default. htm.

3 The first company to receive ANDA approval for a drug receives six months of coexclusivity after patent expiration with the patent holder. Prices come down fairly rapidly with this first entrant, but typically come down substantially further after six months when other companies can launch their own generic versions of the drug.

4 For example, Mylan, Teva, Watson, and Barr Labs.

5 Pearson M. 1969. *The Million Dollar Bugs.* Hudson Press: New York.

6 Lax E. 2004. *The Mold in Dr. Florey's Coat: The Story of the Penicillin Miracle.* John Mac Rae Books: New York.

7 Ryan F. 1993. *The Forgotten Plague: How the Battle Against Tuberculosis Was Won—and Lost.* Little, Brown: Boston.

8 Frenk J. 2006. Bridging the Divide: Global Lessons from Evidence-Based Health Policy in Mexico. *Lancet* 368:954-61.

9 Moran M, AL Ropars, J Guzman, J Diaz and C Garrison. 2005. The New Landscape of Neglected Disease Drug Development. *London School of Economics and The Wellcome Trust.* September 2005. www. thegeorgeinstitute. org/shadomx/apps/fms/fmsdownload. cfm? file _ uuid = 8103EC91 - AA42 - C19E - 182D - A6F3A789A7DC&siteName=iih.

10 UNICEF being The United Nations Children's Fund, UNDP the United Nations Development Program, and WHO the World Health Organization.

11 www. filariajournal. com/content/5/1/11/abstract.

12 aids. about. com/od/newlydiagnosed/a/hivtimeline. htm.

13 www. avert. org/origins. htm.

14 www. avert. org/his81_86. htm.

15 profiles. nlm. nih. gov/MV/Views/Exhibit/narrative/aids. html.

16 Deshpande R. 2006. AIDS in Brazil. Ricardo Reisen de Pinho. Harvard Business School Case 9-506-062. harvardbusinessonline. hbsp. harvard. edu/b02/en/home/index. jhtml?topicSection=gen.

17 Spar D. 2002. Life, Death, and Property Rights: The Pharmaceutical Industry Faces AIDS in Africa. Nicholas Bartlett. Harvard Business School Case 9-702-049, June 13, 2002, harvardbusinessonline. hbsp. harvard. edu/b02/en/home/index. jhtml?topicSection=gen.

18 Pfizer eventually withdrew.

19 Source: archive. salon. com/news/feature/2001/05/01/aids/print. html.

20 See, for example, Meeting the Challenges of Manufacturing and Delivering Affordable Vaccines. Remarks

of Jean Stéphenne, president and general manager, GlaxoSmithKline Biologics, at Bio Vision 2005, Lyon, France.

21 Indeed, Yale reportedly may be in for more bad press over the successor to d4T. Yale announced in June 2006 that it had licensed ed4T, a new and improved version of d4T, to Tokyo-based Oncolys BioPharma. (www.thecrimson.com/article.aspx?ref=515702). However, according to Universities Allied for Essential Medicines, the license agreement does not contain a provision ensuring that developing world HIV patients will have access to the drug.

22 Brewster AL, AR Chapman and SA Hansen. 2005. Facilitating Humanitarian Access to Pharmaceutical and Agricultural Innovation. *Innovation Strategy Today* 1(3). www.biodevelopments.org/innovation/ist3.pdf.

23 See, for example, Salicrup LA, RF Harris and ML Rohrbaugh. 2005. Partnerships in Technology Transfer: An Innovative Program to Move Biomedical and Health Technologies from the Laboratory to Worldwide Application. *IP Strategy Today* no. 12. www.biodevelopments.org/ip/ipst12.pdf.

24 For a comprehensive account of the emergence and impact of PPPs, see *supra* note 9.

25 Stevens A. 2003. Sources of Comparable Licensing Terms. In *Technology Transfer Practice Manual*, 2nd Edition. Association of University Technology Managers, Northbrook, Ill.

26 See, for example, Article 31.

27 Scherer FM and J Watal. 2002. *Post-TRIPS Options for Access to Patented Medicines in Developing Countries. Journal of International Economic Law* 5(4):913-939, drawing on Working Group 4 of the Commission for Macroeconomics and Health of the World Trade Organization, 2001.

28 See *supra* note 25.

29 See also Outterson K. 2005. *Nonrival Access to Pharmaceutical Knowledge.* WHO Commission on Intellectual Property Rights, Innovation, & Public Health. 3 January.

30 www.essentialmedicine.org/EAL.pdf.

31 Verbatim from Fuhrmans V. 2002. A Hard Sale: Chiron and Non-Profit Group Agree on Drug-Development Deal. *Wall Street Journal* 1 February 2002. new.tballiance.org/newscenter/view-innews.php?id=482.

32 See *supra* note 9.

33 www.asbmb.org/ASBMB/site.nsf/web/88F1B8F34BE6C08885256CA300618731/$FILE/ASBMB+Today0402.pdf.

34 www.forbes.com/2003/09/12/cz_zm_0910one world.html.

35 www.tmgh.org/case-studies-treatment-for-malaria.php.

36 www.tmgh.org/case-studies-better-tuberculosisvaccine.php.

37 www.tmgh.org/case-studies-tuberculosis.php.

38 www.tmgh.org/case-studies-aids-vaccine.php. The members of the NAC are: The Scripps Research Institute, the University of Pennsylvania School of Medicine, Weill Medical College of Cornell University, Dana Farber Cancer Institute, Harvard Medical School, University of Wisconsin, Center d'Immunologie de Marseille, the University of Oxford, University of Minnesota, The Children's Hospital of Philadelphia, Global Vaccines, Inc., Oregon Health & Science University, and the Dale and Betty Bumpers Vaccine Research Center of the National Institute of Allergy and Infectious Diseases.

39 www.thecrimson.com/article.aspx?ref=515702.

40 Arthur Krieg, CTO, Coley Pharmaceutical Group. Personal Communication.

41 See *supra* note 8.

第 2.6 章

开放源代码软件许可（开源许可）

珍妮特·霍普（JANET HOPE）
澳大利亚国立大学社会科学研究院知识与发展治理中心知识产权管理项目总监

▌译者 焉石 范琳琳 ▌审校者 刘晓娜 李紫陌 岳强 张熠 李小娟 殷宏

摘 要

本章介绍了开放源代码软件许可。通过阐明开源的概念，使知识产权（IP）所有者和管理者能够决定是否采用开源策略。本章解释了自由软件和开源软件许可的原则，并概述了创新者决定开发新发明时必须作出的决策；解释了开源和公共领域之间的区别，开源许可术语“公共版权”（copyleft）和“学术版权”的区别，以及开源许可的激励措施（经济和其他方面）。最后，作者指出了在软件开发以外的领域，特别是生物医学和农业生物技术领域，使用开源许可的可行性以及需要重点考虑的因素。

1 引言

开放源代码软件在技术和商业领域内已经取得了显著的成功。自 20 世纪 90 年代末以来，一直有人希望将开源原则应用于其他领域，包括生物医学和农业领域。

“开源”一词，有时广泛地指代一种需要较高透明度或更大信息获取量的知识产权管理方法，而不是通常所说的专有权。这一广泛使用的术语，对知识产权管理者来说并没有什么价值，因为它太不精确。

事实上，“开源”术语公认的定义一般仅用于软件开发领域。本章尽可能使用该术语在软件开发领域的含义，但也希望其中隐含的知识产权管理方法可以合理地应用于

Hope J. 2007. Open Source Licensing. In *Intellectual Property Management in Health and Agricultural Innovation*: *A Handbook of Best Practices* (eds. A Krattiger, RT Mahoney, L Nelsen, et al.). MIHR: Oxford, U.K., and PIPRA: Davis, U.S.A. Available online at www.ipHandbook.org.

其他领域。

传统的软件开发有时被称为“大教堂建筑模式”，因为它是按照一个或多个软件架构师的层级指令构建的（“架构师”这个词来源于“首席构建者”）。[1] 传统的软件通常是受知识产权保护的，这是一种将某些或所有潜在用户排除在外的管理策略。

相比之下，开源软件开发项目（例如 Linux、Apache 和 BIND 开发）具有分散性和自发性的特点。开源软件开发是一个循序渐进的过程：项目的自愿参与者所做的贡献在不同应用环境中进行试错性测试，由此产生的信息流促进了软件的进一步开发和完善。这种软件开发模式被称为“集市”，也被称为集体开发或公共开发。[2]

为了营造源代码开放的软件开发环境，潜在用户和开发人员必须获得访问源代码的授权。在软件开发的传统“专有”模式中，源代码不是免费提供的，其原因有两个：（1）源代码被视为商业秘密；（2）源代码程序中包含的原始表达式受版权保护。因此，为了实现开源开发，软件所有者必须：（1）公开提供源代码；（2）向他人授予知识产权许可，使其具有合法权利访问和操作受版权保护的代码资源。理论上，开源许可不应构成任何反垄断问题（至少在司法管辖区域内，相关测试会考虑对竞争的实质性影响），因为它的影响从根本上是有利于竞争的。[3]

2 什么是开源

2.1 开源的定义（OSD）

开放源代码软件许可符合美国开放源代码促进会（Open Source Initiative，OSI）在网站上公布的开源定义（OSD）最新版本。OSI 协会成立于 1998 年，是由一小群程序员创建的非营利性组织，成立的初衷是促进开源许可方式被更广泛地采用。[4] 符合 OSD 的许可允许使用注册认证标志。

OSD 的要求总结如下：一个软件许可若成为开源软件许可，被许可方需得到如下权利：（1）为任何目的使用软件；（2）在无须向许可方支付使用费的情况下复制和推广软件；（3）产生衍生作品并推广，同样无须支付许可使用费；（4）访问和使用源代码；（5）将开源软件与其他软件结合使用，包括别人享有所有权（即非开源）的软件。[5] 开源许可不得限制被许可方允许分发的产品数量、接收人的身份或地理位置，以及不得要求被许可方支付的费用。相同的指导原则可以视情况供原始软件的某些改进或其他下游使用。

OSD 的定义可以更简洁地概括为：在开源软件许可中，必须允许任何人、在任何地点和为任何目的复制、修改和分发软件（无论是免费或收费），因此，必须公开提供软件的源代码。[6]

2.2 自由软件的定义（FSD）

事实上，OSI 并不是自由和开源软件许可领域唯一的标准制定机构，其他机构还包括自由软件基金会（Free Software Foundation，FSF）[7] 和 Debian Linux 社区。[8]

根据 FSF 的自由软件定义（FSD），软件“自由权”是可自由使用、复制、研究、修改和重新分配经过修改或未修改的软件程序副本，而无需为此支付费用或以其他方式获得特定许可。为了达到这种自由权的实际效果，许可方必须允许用户访问软件的源代码。[9]

显然，FSD 与 OSD 非常相似。尽管对自由软件与开源软件区别的争论从未停止，实际上两者几乎完全相同：除了极少数例外，自由软件通常也符合 OSD，而开源软件则符合 FSD。[10]

3 制定许可策略的过程

开源许可只是一种知识产权策略。图 1 描述了选择何种许可策略（如果有的话）的过程。

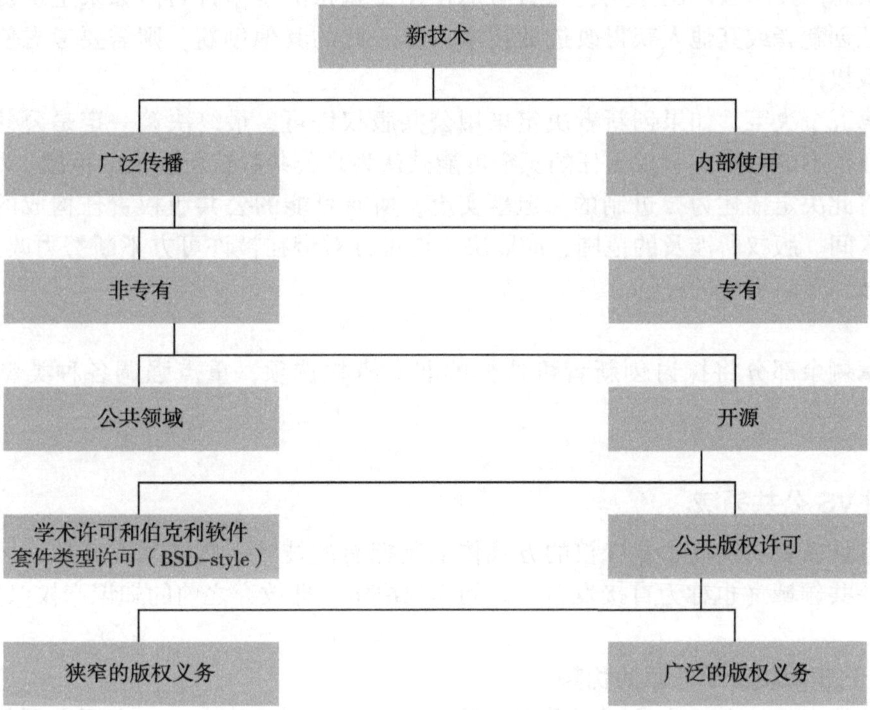

图 1 决定许可类型的决策树

制定新技术开发的策略时，首先要做的是对所有可能的发展路径进行成本效益分析。

这种分析需要考虑以下因素：

- 第一个决策。如果技术需要传播而不是留在机构内部使用，那么就需要投入资源推进技术市场化，对其实用性进行验证和改进，并在扩展的研发网络中建立新技术。[11]
- 第二个决策。如果创新者决定传播该技术，那么说明限制公众了解获得该技术，对创新者并无益处。有时候，免费给公众提供创新成果，也会为创新者创造与专有策略一样多的经济收益。非专有策略可能对学术界、整个社会和创新者更有利。与排他许可策略相比，开源许可通常花费更少的交易成本，并且本质上更加透明。遵循非专有策略的决定不一定是出于利他主义的意识形态，反而可能是出于健康的利己主义。

- 第三个决策。如果创新者决定采用非排他许可策略，可以使用开源方式进行许可或自由公开成为公共领域知识，即创新者根本不会去获得任何知识产权或其他产权。许可一项创新的费用高昂且非常消耗时间，只有在有充分的理由获得或保留技术所有权时才应该予以考虑。
- 第四个决策。在选择开源方式后，创新者必须在学术许可和公共版权许可之间进行选择（这两个术语在后面的章节中会进行定义）。如果主要目标是鼓励现有状态的技术被广泛采用，那么考虑使用更宽松的学术许可。如果主要目标是保证创新者或其他人获得改进的技术或基于此的其他创新，则需要考虑使用公共版权许可。
- 第五个决策。如果创新者决定采用公共版权许可，最终决策一定是公共版权责任范围的宽窄。版权责任的宽窄可能被认为是公共版权所涉及的范围。尽管图1将此决定描述为二进制的，但事实上，所有可能的公共版权责任构成的是一个区间。版权所涉及的范围，应取决于许可方对潜在被许可方不断努力改进软件、做出贡献程度的评估。

本章剩余部分将探讨创新者可选择的非专有权选项，重点强调各种类型的开源许可。

4 开源 VS 公共领域

一旦创新者决定以非专有权的方式传播其拥有的技术，则必须在开源许可和将创新置于公共领域（也称为直接发布）之间作出决定，即放弃之前的知识产权保护。

4.1 公共领域相对于开源的优势

直接发布或传播新技术而不采用开源方法，其主要优势在于，它不需要创新者获得或维护知识产权保护。根据知识产权的不同类型，为获得知识产权保护需要在时间和资源方面付出高昂代价，也不利于知识产权的扩散。

在某些情况下，宣称对创新具有所有权，也可能对正在进行的合作产生负面影响。它可能会使潜在用户产生敌意，并大大降低技术被广泛采用或改进的可能性。当所有权的权利要求范围特别宽泛时［如非编码 DNA 序列专利或垃圾 DNA（junk DNA）］,[12] 或者当用户-开发人员坚信该技术应该属于公共领域时（例如对于人类基因组序列数据），这种负面影响尤为突出。[13]

4.2 开源相对于公共领域的优势

在一些情况下，开源策略可能比置于公共领域的方式具有优势，这是一种激励广泛使用和持续改进创新的方式。

在发明者自动拥有相关技术部分所有权的情况下，开源方式是有用的。一些生物创新包含有形物质成分（如细胞系或种质），不管发明者是否积极努力保护创新，都会自动拥有这些物质的所有权。同样，在生物创新中集成的软件程序、数据或书面协议，只要符合法定标准，就会自动受到版权保护。在这些情况下，许可可以帮助降低将技术转移给其他潜在用户的交易成本，因为许可明确了所有者打算以开源条款提供技术的意愿。[这与知识共享组织（Creative Commons）通过帮助版权所有者指定保留哪些权利来促进文化传播的目标类似。][14]

从创新者的角度出发，开源许可可能比直接发布更具优势的第二种情况，是知识产权重叠激增，或创新领域的竞争性特别强或诉讼特别多。即便是开源许可，也会增加知识产权环境的复杂性，未主张技术所有权之前，就将其提供给公众使用，有时意味着其他人可以获得该技术的专利权并要求采取专有策略，从而损害了创新者和其他潜在用户的利益。在这种情况下，先申请专利再对创新进行开源许可也是一种防御性的披露形式，它可能比其他防御性信息披露机制更可靠，可作为防范后续专利申请的手段。

第三种情况，是知识产权所有权赋予了创新者设置使用条款的权利，并限制任何不遵守这些条款的人使用。例如，在公共版权协议中，后续创新者必须根据初始创新者提供给他们的相同自由使用条款，为其他人提供改进成果的自由使用权。另一个例子是在许多许可（包括开源和排他许可）中发现的诉讼威慑条款，如果有任何被许可方起诉许可方（例如，侵犯被许可方的某件专利），则该被许可方的权利将被终止。

最后，即使知识产权以开源的方式进行许可，也会以特定方式促进发展。知识产权保护的存在向潜在投资者发出了信号，表明创新者遵守相关政策，拥有资金支持，因此该创新是值得投入的。

4.3 将专有许可、开源和公共领域相结合

开源许可方完全可以以专有许可和开源许可两种方式提供技术。这种方法被称为双重许可，它为许多开源软件程序员带来了可观的收入，有些客户喜欢并愿意付费购买更传统的授权许可。因此，开源许可的商业化应用一定程度上弥补了相关知识产权保护的成本。

在创新生命周期相对较晚的阶段采用非专利策略是可行的，这个阶段也许是从创新产生的专利许可收入开始下降时开始。在这种情况下，相比完全放弃专利，对创新成果授予开源许可是更明智的选择。因为，在这个阶段，获得和维持知识产权保护的全部成本费用大部分已经发生过了，成本因素对决定是否开源的影响可以忽略不计。

5 鼓励使用开源发展的激励措施

为什么理性的、利已的知识产权拥有者会选择采取开源许可？许多人认为开源许可是一种利他行为或者是一种纯粹追求个人满足的策略，比如为了乐趣或社会归属感等。但这种观点具有不必要的局限性。

5.1 直接的经济激励

开源许可必须允许相关技术的共享和分发，并且不收取任何提成费用。本文中，提成费用是指任何与技术使用相关的持续性付费（例如，以技术所生产产品的利润百分比，或者以获得技术访问权限人数为基础的定期付费），而不是一次性支付。因此，虽然开源许可方不能收取提成费用，但他们可以一次性收取市场所能承受最高价格的费用。[15]

当然，开源许可必须确保被许可方能够自由复制被许可的软件，并将其分发给他人而无需向许可方支付额外费用，这意味着技术的价格趋于软件复制和分发的边际成本，几乎接近于零。请记住，开源软件产品相对于传统专有产品价格更低廉，是开源运作模式的一个固有特性，而开源软件回报给消费者的低价格（以及因此导致许可方在许可费方面的低回报率）可能是因为市场调节机制在其他类型技术领域不起作用的结果。

例如，对于有些技术而言，复制和分发的边际成本可能相当高，因为这些技术不像软件那样高度编码，或者需要嵌入有形物品中，其生产成本对规模效应很敏感。几乎没有经销商愿与原许可方竞争，被许可方可能更愿意支付费用给许可方以获得额外的技术版本，这点与软件的情况不一样。[16] 这意味着许可方可能有更多机会直接从销售非软件类型的开源技术中获利。

5.2 间接的经济激励

开源许可的大多数激励措施都是间接的而非直接的，包括节约成本、提高生产力和商誉资本等。然而，开源许可最重要的影响之一是扩大了技术的用户群，从而扩大了相关商品和服务的市场。

开源许可可能会增加用户数量的原因有以下几个。首先，根据开源条款推广的技术通常对用户更具吸引力，因为它比具有专有权的技术更加实惠和可获取，并且不依赖于任何特定的供应链。

其次，开源技术具有可塑性。被许可方可以对技术进行修改，并获取改进法。技术可塑性强不仅为技术本身创造市场，也为相关的维护、升级和调试服务拓展了市场。

这种市场扩张效应，对于网络效应强的技术尤为显著（即随着更多人采用该技术，技术知名度也会相应增加，进而提升技术价值）：该效应并不局限于信息和通信技术，还包括许多生物医学和农业技术。例如，如果许多科学家使用相同的阅读器，以特定格式显示数据的微阵列，阅读器功能将会变得更加强大，数据输出的一致性使比较和验证来自多家不同实验室的数据变得更加便利。

随着市场的扩大，来自销售、一次性许可和双重许可的收益，足以抵消采用非排他许可策略丧失的机会成本。与此同时，对配套产品和服务的需求将会增加，包括技术培训、技术支持、服务定制、硬件或人力资源（wetware）供应，以及专有数据分析软件，等等。许多成功的商业开源软件企业，通过提供配套产品和服务来实现盈利。最引人注目的案例就是 IBM：IBM 对开源软件产品的大量投资为 IBM 提供了一个更好的操作系统，使其主要商业产品——服务器对消费者更有价值。

5.3 对研究人员个人的非经济激励措施

计算机程序员经常并不是严格意义上受经济激励才参与促进开源软件的开发工作（尽管参与开源工作得到的奖励可以在就业市场上转化为金钱奖励），真正起激励作用的是：提高个人声誉的可能性和学习新技能的机会。[17]

乍一看，这种非经济激励似乎与生物医药或农业领域并无关系，因为在该领域对研究投资的决策通常是由机构而非个人作出的。然而，在某种程度上，这两个领域的研究人员可以决定他们将如何以及在哪里利用他们自己或所在实验室的资源，这种自主性在学术研究人员中很普遍。很明显，在生物技术和制药公司中，许多研究人员可以在个人研究项目上花费一些特定的精力来进行创新，这是一种激励模式，在提高研究人员工作满意度的同时，也会为公司创造新的商业机会。[18] 具有一定自主创造性的研究人员可以在适当的资金和工作条件下决定参与开源开发。同样，对于许多开源软件开发人员来说，他们并不是业余爱好者，而是专家，他们对开源领域的贡献是其本职工作的一部分。[19]

5.4 机构的激励措施

5.4.1 机构内激励措施

机构的优势在于获得了在前沿技术创新领域的声誉，通过允许研究人员参与一系列的研究项目保持其敏锐性，而无须考虑项目的商业价值。此外，开源开发模式促进有助于形成高效、协作的研发环境。

5.4.2 机构间激励措施

在生物医药和农业领域，创新的核心往往不是单个公司或大学，而是各个组织形成的合作网络。[20] 开源许可为许多潜在用户提供了分担技术开发成本和风险的方法，换句话说，开源开发可以成为一种竞争前的协作模式。随着用户和开发人员在同一个项目上进行协作，技术应用不断增加且多样化，并最终创建出耐用可靠的应用工具。OSD的作者 Bruce Perens 指出，同一组企业共同开发专有软件的成功率通常很低，但在大型开源项目中成功率却很高；他认为开源许可的内在公平性激励了不同利益方之间的有效协作。[21]

开源许可不是解决“反公地悲剧”问题的主要手段，反公地悲剧是多个互补的知识产权资产所有者之间谈判失败，造成资源闲置或应用不足。[22] 除非该技术是一个杀手级应用 APP——这是一个软件术语，即在同类别工具中，杀手级 APP 的出现使所有其他工具过时而被废弃——否则无论是开源还是其他方式，其许可条款都不会对现有的覆盖范围、提成费叠加条款，以及其他限制性许可条款产生影响。相反，开源是通过为基础或关键技术建立一个强大的共享系统来预防此类悲剧发生的手段，这类技术的价值很可能会通过累积创新得到提高。在反公地悲剧已经存在的情况下，采用非专有权策略可以产生有益的颠覆性效应，因为任何工具包中的非专有工具数量越多，该领域的每个人投资开发剩余专有工具替代品的动力就越足，以便实现工具包的整体操作自由。

6 不同类型的开源许可

6.1 公共版权许可

“公共版权许可”或者“互惠许可”允许用户任意修改和重新发布软件程序。根据公共版权许可，被许可方需履行的义务是将相关的下游技术按照原许可要求的相同条款提供给所有人（包括原许可方）。任何人（包括原许可方及其被许可方）都不会获得新一代技术的任何权利，例如预览任何改进技术的权利或对任何改进的排他性分许可权利等。获得公共版权许可的重点是创建一个不断增长的下游创新池，让所有来访者都可以自由访问。[23]

然而，采用公共版权，不一定是确保创新者自己能够获得未来技术改进的最佳途径。相反，潜在的许可方应该仔细考虑如何才能更好地鼓励被许可方为技术共享做出贡献。

在决定是否使用公共版权许可时，创新者应考虑潜在用户的态度、需求和限制，以及他们可能与该技术联合使用的其他工具。例如，如果被许可方使用的工具属于专有知识产权许可，那么由该知识产权所有者强加的条件可能会与公共版权免费提供下游创新的义务发生冲突。此外，即使用户没有完全遵守公共版权所有者的理想标准，只要有大量开发人员作为用户参与，就有触发循环累积式创新的可能。

只有当潜在的贡献者由于“免费搭车者”（free riders）的存在而失去研发兴趣时，才可能需要一份公共版权许可的义务条款。免费搭车者是指那些让他人投入时间和金钱进行研发，自己直接享受研究成果的人。即使如此，创新者也应该向被许可方解释公共版权许可义务的必要性。在任何情况下，无论是否经过许可方的批准，开源许可的许可方都不应限制被许可方在新的方向上进行自由开发。毕竟，开源的优势在于它能够影响相对自由工作的各种用户贡献者的创造力。

一旦决定采用公共版权许可，许可方可以通过两种方法来调整许可条款，最大限度地激励潜在的贡献者。并非每一项以公共版权条款许可的技术，其修改、改进或新用途都必须以相同的条款进行。首先，只有在外部开发的衍生作品，即在被许可方的机构范围之外销售或以其他方式分发，才会受到公共版权许可下的互惠义务约束。

其次，即使下游创新是外部开展的，它仍然可能不属于特定公共版权许可定义的改进范围，因为不同的许可具有更广或更窄的定义范围。除了其他贡献者愿意接受许可条款外，许可方对这一定义范围判定的唯一裁量标准是被许可的知识产权范围。许可方意图控制其不拥有所有权的许可权，可能会违反竞争法。

在这方面，“将要使用公共版权”的许可方必须意识到的一个陷阱是，开源许可必须做到不管任何理由，都要基于被许可方以前的贡献，赋予其创建新协作开发项目的自由（这是软件行业中已知的一种现象，称为代码分叉）。[24]“分叉”的出现意味着，即使最初的创新者对技术失去兴趣或失去了技术开发的能力，技术仍然可以得到改进。

在实践中，“分叉”难得一见，主要是因为很难说服其他人放弃旧项目，重新开发新项目。对于持不同意见的人来说，继续研究原始项目，然后投资一些自己的资源，调整产出以适应自己的特定需求，比完全放弃原始项目要容易得多。但是，在对公共版权许可中的改进进行定义时，许可方（或其代理人）必须避免限制分别开发的自由。

因此，公共版权许可最重要的两个方面是：（1）“改进”（或同等术语）的定义，它决定了哪些后续创新必须以初始创新的相同许可条款进行许可；（2）“外部开发”（或同等术语）的定义，它决定了在什么情况下必须履行上述义务。许可方创建公共版权许可时对上述内容进行调整，使其能达到适当的平衡以激励对任何项目的贡献。

6.2 学术许可

另一种类型的开源许可是学术或伯克利软件套件（BSD）式授权许可（以 Berkeley 软件分发许可命名，是 OSI 许可列表中最早被批准的许可）。这些许可不要求用户按照与原始技术相同的条件向许可方提供外部改进成果；在某些情况下，下游用户的唯一义务是必须在创新活动中给予原始创新者应有的名誉。Larry Rosen 认为，公共版权许可与学术许可之间的区别在于，慷慨的知识产权共享者使用前者，而慷慨的知识产权捐赠者使用后者。[25]

学术许可像公共版权许可一样，可以有效地实现开源的某些目标。事实上，当许可方的主要目标是鼓励初始创新被广泛采用的情况下，学术许可可能会更有效，因为公共版权许可可能会阻止想在专有基础上将自己的改进商业化的潜在被许可方加入。

7 在软件领域以外进行开源

尽管这里给出的大部分案例都来自软件行业，但开源原则也可以应用于其他领域。开源技术可能在利基市场更为有用，对于那些制造现成的专有技术产品的公司来说这个市场太小，无法盈利。重要的是，开源技术可以为发展中国家的小型农业和制药市场服务（这里的“小”是指潜在用户的数量小或潜在用户能够承担支付的金额数量小）。

7.1 生物创新

即使在专有策略为主的领域，如生命科学领域，开源也能占有一席之地。开源工具对于生命科学的研发非常重要，并且变得越来越重要。该领域中许多最有价值和最广泛采用的使能技术是生物信息学软件程序，是按照最严格意义上的开源条款进行许可的。对于开发生物医学和农业应用开源软件感兴趣的读者来说，开放生物信息学基金会（the Open Bioinformatics Foundation）网站是一个很好的起点。[26]

那么非软件类的生物技术开源许可呢？最早从 1999 年开始，各种生命科学倡议都有意识地采用了一项或多项开源原则，力图克服日益复杂的知识产权格局带来的一些挑战。这些倡议包括加拿大关于植物品种通用公共许可的提案（General Public License for plant germplasm），[27] 人类基因组项目序列数据的许可草案（从未被采用过），[28] 国际人类基因组单体型图计划（Hap Map）项目的数据访问政策，[29] Biobricks 基金会（the

Biobricks Foundation)，[30] 热带疾病倡议（Tropical Diseases Initiative，TDI），[31] 科学共享协会（Science Commons），[32] 以及开放社会的生物创新计划（Biological Innovation for Open Society，BIOS）等。[33]

起草开源软件的许可条款通常会尽可能保持其通用性，能够作为模板让更多的人以最少的成本使用它们。当然，如果生命科学领域能有开源先例或许可模板，或等同于OSD开源的自愿许可标准，或一套最佳实践指南，将很有帮助。这些工具不仅可以帮助潜在的被许可方决定生物医学或农业技术许可是否真“开源”（从而帮助他们判断是否有可能实现开源许可带来的积极协作结果），而且还有助于潜在的许可方为技术转让制定普遍有利的条款。

这些工具目前尚不存在。开发这些工具时，生物医药和农业领域研发团体可以从软件开发人员的经验中学到很多东西。然而，最终可能会证明生物技术根本不适合使用模板式的许可，因为这是一个比计算机编程更加多样化的技术领域，依赖于昂贵、耗时、复杂的专利，而不是自动的无成本的版权。

因此，至少对于目前而言，知识产权管理者应该警惕为非软件技术制定不加鉴别的仿制开源许可的模板，因为这些许可的通用性并没有强大到在所有情况下都适用的程度，并且某些许可可能并不能够真正体现开源工作的原则，从而使其行之有效。相反，未来的许可方及其顾问应量身定制相应的策略。

7.2 分子诊断中开源的例子

下面的案例揭示了即使在软件环境之外，开源许可对公共和私营部门来说都是有利的。

7.2.1 1#案例：非营利性设置

假设一位在非营利性机构（大学或医院实验室）工作的临床科学家发现了一种基因突变，这种基因突变似乎与某患者家庭中发生的一种遗传性疾病相关。利用标准分子生物学工具，科学家创造了一个诊断测试方法并证实了这个发现。假设诊断测试方法是可申请专利的，但由于可能有数十或数百个与该疾病相关的突变，新的诊断测试方法只能检测到这些突变中的一小部分。因此，该测试方法的价值是有限的。

很显然，如果新的诊断测试方法可以与已有的同疾病相关其他突变诊断测试方法结合使用，并且科学家实验室为患者及其家庭乃至整个社区提供这种服务，则这种诊断检测的效用将会增强。新的诊断测试的效用也会随着使用量的增加而增强：使用测试的人越多，系统性错误就越有可能被察觉而得到纠正，而且对监管机构来说，采用诊断测试的最佳实践标准，其成本效益能够最大化。

在这种情况下，公共版权类型的开源许可可能是保护新基因检测方法最明智的方式。这种方法将确保用户不必向后续开发者支付许可费，就能获得最全面的检测版本。

7.2.2 2#案例：营利性设置

假定现在我们假想的科学家为一家小型公司工作，该公司以混合收入业务模式运营，一部分收入来自为医院、诊所和家庭开发并营销诊断测试工具，更多的收入来自数据分析和合同研究服务，其余收入来自其系列基因专利的许可。

科学家的公司还开展了广泛的研发活动，在经济上对公司有两方面的贡献。首先，通过开发新技术并申请专利，使公司通过专利许可创造了更多收入。其次，该公司的研究计划提高了该公司作为高科技研发机构的声誉，从而吸引了新客户。由于其规模较小，独立研发能力有限，因此它与其他研究机构合作共享资源。然而，小公司之间的竞争非常激烈，他们想要同业界与非营利部门最理想的合作伙伴结成联盟，所以我们想象中的这家公司一直在寻找提高其前沿研究能力并宣传其卓越科学协作业绩的方法。

如果上面提到的基因检测是根据公共版权类型进行许可的，该公司将获得检测的任何新版本，这些版本可能比旧版本更可靠、更易于执行、更全面，而不必向其他开发者支付过高的费用或者处理限制性许可条款。检测水平越好，使用成本越低，相关产品和服务的市场就会越大（例如检测工具和遗传咨询）。如果该公司以经济有效的检测产品生产者闻名，其声誉将会大幅提高；反过来，声誉的提高将带来对其合同研究服务的更大需求，并且也可能导致对使用公司基因专利的更大需求。此外，在行业中更好的地位将使公司更容易吸引并留住优秀的研究人员和研发合作伙伴。同时，领导开源项目的经验将使公司有机会获得并展示其合作研究的经验。

请注意，虽然开源开发对于这里论述的两个假设是有意义的，但并不代表开源能够无往不利。关于开源的好处是否会超过成本，并没有盖棺定论，所以必须根据每种具体情况进行评估。

8 结语

在将开源许可完全用于生物医学和农业领域之前，还有很多工作要做，而本章仅仅触及了这一话题的表面。理想情况下，那些有兴趣探索生命科学中的非专有权开发策略的人将继续进行讨论，并最终创建开源标准和许可模板。在此之前，生命科学的潜在许可方必须有所准备，并独立地学习开放源代码软件许可的经验教训。

致 谢

我要感谢本《手册》的编辑对文本形式和内容所做的贡献。有关此主题更全面的讨论请浏览网址 http://rsss.anu.edu.au/~janeth。

JANET HOPE, *Project Director, Co-operative Intellectual Property Management, Centre for Governance of Knowledge and Development, Research School of Social Sciences, Australian National University, Canberra ACT 0200, Australia. janet.hope@anu.edu.au*

---

1 Thanks to considerable scholarly attention in recent years, a broad consensus regarding the essential features of open source development is gradually emerging. A good starting point for interested readers is Demil B and X Lecocq. 2006. Neither Market nor Hierarchy nor Network: The Emergence of Bazaar Governance.

Organization Studies 27:1447–1466.

2 See E. S. Raymond. 1998. The Cathedral and the Bazaar. *First Monday* 3(3); Benkler Y. 2002. Coase's Penguin, or, Linux and the Nature of the Firm. *Yale Law Journal* 112:369.

3 Feldman RC. 2004. The Open Source Biotechnology Movement: Is it Patent Misuse? *Minnesota Journal of Law, Science & Technology* 6(1):117–168; Boettinger, S. and Burk, D. 2004. Open Source Patenting. *Journal of International Biotechnology Law* 1:221.

4 The full text of the OSD is available online at www.opensource.org.

5 Rosen L. 2004. *Open Source Licensing: Software Freedom and Intellectual Property Law.* Prentice Hall: New Jersey. pp. 8–11.

6 Rosen L., et al. 2003. Live from Silicon Valley, Views of Open Source Practitioners, p. 39. In *Legal Issues Relating to Free and Open Source Software* (eds. B. Fitzgerald & G. Bassett), Volume 1 of Essays in Technology Policy and Law. Queensland University of Technology School of Law: Brisbane.

7 www.fsf.org/.

8 www.debian.org. For a history of free and open source software, see also Levy S. 2001. *Hackers: Heroes of the Computer Revolution.* Penguin: New York; Weber. 2004. *The Success of Open Source.* Harvard University Press: Cambridge, MA.

9 The free software definition is online at www.gnu.org/philosophy/free-sw.html.

10 For more information on "Debian-free licenses," see www.debian.org/legal.

11 For a discussion of this process in the context of the development of hybridoma technology, see Cambrosio A and P Keating. 1998. Monoclonal Antibodies: From Local to Extended Networks. In *Private Science: Biotechnology and the Rise of the Molecular Sciences* (ed. A Thackray). The Chemical Sciences in Society Series. University of Pennsylvania Press: Philadelphia. pp. 165–181.

12 For a discussion on these, see, for example, Nottenburg C. 2004. Analysis of "Junk DNA" Patents. *Cougar Patent Law: Seattle and CAMBIA.* Canberra. lorac.typepad.com/patent_blog/files/simons_patents_analysisf.pdf.

13 According to Sir John Sulston, the possibility of alienating key collaborators was the main reason acopyleft-style license was not adopted for human genome project sequence data.

14 See Creative Commons' Web site, creativecommons.org.

15 In Larry Rosen's words: "[W]hatever they charge for, you only have to pay once." Larry Rosen, *Personal Communication.* March 2003.

16 *Codified* refers to the nature of the information incorporated into a technological artifact. Highly codified knowledge is organized and easily reproduced and transferred. Uncodified information, on the other hand, consists of undeveloped ideas and/or unarticulated know-how. Any biotechnology that includes living material is likely to be highly uncodified because living systems are so complex. Similarly, a laboratory technique that can only be reliably performed after hands-on training from an experienced practitioner is also uncodified.

17 For an empirically verified list of motivations to contribute to open source development, see Kim EE. 2003. *An Introduction to Open Source Communities.* Blue Oxen Associates. www.blueoxen.org/research/00007/BOA-00007.pdf.

18 Drews J. 1999. *In Quest of Tomorrow's Medicines: An Eminent Scientist Talks about the Pharmaceutical Industry, Biotechnology and the Future of Drug Research.* Springer-Verlag: New York. pp. 229–232.

19 See *supra* note 17.

20 Powell WW. 2001. Networks of Learning in Biotechnology: Opportunities and Constraints Associated with Relational Contracting in a Knowledge-Intensive Field. In *Expanding the Boundaries of Intellectual Property: Innovation Policy for the Knowledge Society* (eds. RC Dreyfuss, D Zimmerman and H First). Oxford University Press: Oxford, U. K. pp. 251-266.

21 Perens B. 2005. The Emerging Economic Paradigm of Open Source. *First Monday. Special Issue#2: Open Source—3 October 2005.* Online at firstmonday. org/issues/special10_10/perens/index. html.

22 Heller MA and S Eisenberg. 1998. Can Patents Deter Innovation? The Anticommons in Biomedical Research. *Science* 280:698-701.

23 A copyleft license is formally similar to a grant-back, a type of license provision that in the patent context has sometimes been regarded with suspicion by competition authorities. See Boettiger S and D Burke. 2004. Open Source Patenting. *Journal of International Biotechnology Law* 1:221. However, it is functionally distinct because it requires improvements to be made available on the same terms to all, thereby creating a level playing field between the initial licensor and follow-on innovators.

24 Bedell K. 2004. Open Letter to Sun from Eric Raymond. *O'Reilly ONLamp. com*, www. oreillynet. com/onlamp/blog/2004/11/open_letter_to_sun_from_eric_r. html.

25 See *supra*, note 5. p. 104.

26 www. open-bio. org.

27 This proposal was developed by Tom Michaels, then of the Ontario Agricultural College, University of Guelph. A copy of the proposal is available from the author on request.

28 The proposal to publish genome sequence data under a copyleft-style license is described by the then-director of the Sanger Centre in Sulston J and G Ferry. 2002. *The Common Thread.* Random House: London. pp. 211-213.

29 For a post-case analysis of the HapMap data access policy, see Gitter D. 2007. Resolving the Open Source Paradox in Biotechnology: A Proposal for a Revised Open Source Policy for Publicly Funded Genomic Databases. *Houston Law Review* 43 (forthcoming).

30 Baker D. 2006. Building a Fab for Biology. *Scientific American* 294:44-51; Endy D. 2005. Foundations for Engineering Biology. *Nature* 438:449-453.

31 See Maurer S, et al. 2004. Finding Cures for Tropical Disease: Is Open Source the Answer? *Public Library of Science: Medicine* 1(3): e56. See also, the TDI Web site at www. tropicaldisease. org.

32 sciencecommons. org/.

33 Dennis C. 2004. Biologists Launch Open Source Movement. *Nature* 431:494.

第2.7章

利用医疗产品许可协议中的“里程碑”条款保障发展中国家权益

约阿希姆·奥勒（JOACHIM OEHLER）
泰国概念基金会首席执行官

译者 焉石 范琳琳 **审校者** 刘晓娜 李紫陌 岳强 张熠 殷宏

摘 要

当公共部门和公私产品开发合作伙伴关系（PDPs）管理知识产权时，他们需要平衡私营部门制造商的商业利益与公共部门的使命，以尽可能低的成本提供产品。实现这一平衡的重要工具是详细定义合同里的里程碑条款，条款应明确为公共部门制定价格、区域和独占性、监管工作和上市时间等内容。然而，里程碑条款不应该是一成不变的。根据对市场情况的详细分析，需要在合同的期限内保持里程碑条款的可调性。在定义明确的情况下，里程碑条款可以为发展中国家获取最先进的医疗产品提供保障。毕竟，对于公共部门来说，成功的知识产权管理是以一个产品惠及多少贫困人口、他们获取该产品的难易程度，以及有多少人能够负担得起这个产品来定义的。因此，公共部门向私营部门的合作伙伴许可知识产权时，需要许可方积极保护公共部门的利益。

1 引言

当公共部门和公私产品开发合作伙伴关系（PDPs）管理知识产权时，他们需要平衡私营部门制造商的商业利益与公共部门的使命，以尽可能低的成本提供产品。公共部门研究中心和国际组织在研发方面的许多重要发现，都是面向医疗健康和生物技术

Oehler J. 2007. Using Milestones in Healthcare Product Licensing Deals to Ensure Access in Developing Countries. In *Intellectual Property Management in Health and Agricultural Innovation: A Handbook of Best Practices* (eds. A Krattiger, RT Mahoney, L Nelsen, et al.). MIHR: Oxford, U.K., and PIPRA: Davis, U.S.A. Available online at www.ipHandbook.org.

的公共需求。通过对知识产权进行适当的管理，公共部门可以通过向发展中国家提供最现代化的医疗健康产品，从研发投资中受益，从而消除重大的可及性障碍。

1.1 合同与里程碑条款的重要性

对于签订协议的各方来说，主要的假设是协议中各方关心的交易主题将成功实现。显然，这并不是一个必然能安全实现的假设，当不可预见事件妨碍合作伙伴达成其目标时，合同提供的补救办法在质量和实质内容上会存在很大差异。太多的契约关系恶化，皆是因为合作伙伴急于达成协议，而没有仔细考虑意外情况。

没有及早制订应急计划和危机管理方案，是许多合同协议落入“蜜月陷阱”的主要原因，包括语言表达模糊、不明确，遗漏明确、详细、可执行的条件等。这些条件不仅应该包括合同的权利，还应包括各方的义务，以及如果一方在履行过程中遇到困难时应采取的具体对策。相反，使用“尽最大努力条款”或协商条款按情况解决问题，就不会破坏合同各方最初达成交易的热忱。在合同履行的过程中，当不可预见的事件发生时，如果对合同进展的观点不同且争端解决机制尚不明确，那么必然会造成灾难。

典型的合同应明确指定合同的标的物、期限和条款，以及各方在协议下的权利和义务。在许多问题中，两个机构之间的许可协议应包括获得所许可的知识产权或产品的性质和范围，向被许可方授予许可产品的地域范围，以及被许可方的财务义务。

实际中的例子包括，专有技术的使用或者科学研究的结果代表了许可方的特定知识产权，随后特定知识产权被许可给一家能够以知识产权创造产品并将其出售给消费者和用户的商业公司。双方在合约中的利益是直接的、互利的——这是一个双赢的局面。这种普遍的、带有理想主义色彩的假设，往往在任何许可协议形成的初期受到欢迎。然而，实际情况是这种假设常常妨碍最初协议目标的达成。未达到预期目标，或者预测错误，合同伙伴只实现了最初目标的一部分。

公共部门经常会忽略私营部门的商业利益是为了利润最大化。因此，不应指望私营部门的企业会自动向公共部门提供最好的服务，或者期望他们为了最大限度地提高公共部门的利益而专注于知识产权的创造和运用。如果许可协议的最初目标被推迟或未实现，为了有效避免公共部门预期目标延迟或无法实现，建立具有里程碑条款的合同是最佳的应对措施。这样可以管理许可合同的目标，为遵守时间进度和绩效目标设定激励措施。鼓励许可方和被许可方将优势资源集中在实现最初目标上。

但里程碑的设定不应该是固定的、不可变的。由于项目开发、市场环境和其他无法完全预期的潜在因素变化，在许可合同的整个生命周期内，里程碑条款需要保持可调性。当制定单个里程碑条款的详细规定时，是否选择一个绝对或相对的目标，抑或最终采用哪个定义并不重要。重要的是获得私营部门接受公共部门目标的承诺。为此，应制定一套合理的里程碑条款，并明确私营部门合作伙伴的绩效评估期限。当有新的可靠证据需要合作双方必须改变规则以维持产品和公共部门的目标时，双方都应该对修订持开放态度。以结果为导向制定里程碑条款，需要周密的前期准备工作，详细了解开发和营销产品相关的流程，对产品潜力进行客观预测，持续开展量化预测，为整个产品的研发推广制订总体规划，并以公共部门使命为导向建立最佳目标计划。

此外，当合作伙伴没有履行其义务时，有必要将罚款的级别和条件（货币或其他）解释清楚。为防止因不同意见和业绩的分歧而长期争吵，应该建立一种机制。否则，产品开发或营销活动可能会终止，最终会损害公共部门的利益。

大多数里程碑条款包含：

- 为公共部门制定价格
- 区域和独占性
- 监管工作和上市时间
- 许可使用费
- 许可协议的条款和终止

1.2 公私合作伙伴关系：缩小发展中国家药物可及性的差距

公私合作伙伴关系（PPPs），或在公共卫生领域里越来越多的产品开发合作伙伴关系（PDPs），成为一种为发展中国家发现、开发和分销医疗产品、药物及疫苗的创新模式，这在各种文章中已经被反复强调。[1] 事实上，全世界范围内已经建立了 90 多个 PPPs。然而，PPPs/PDPs 的成就很少被公布，部分原因是这些实体大多数都比较年轻。半数的 PPPs 是 1999 年以后建立的。在制药研发或医疗健康领域，上市时间很少有少于 10 年的，平均而言需要 12~15 年时间。这些合作伙伴关系的存续时间相对较短。但仍然有可能开始评估这些联合体的成功之处。

PDP 的一个案例是概念基金会（the Concept Foundation）[2]，该基金会成立于 1989 年，由多个计划与机构联合资助发起，包括世界卫生组织人类生殖研究、发展和科研培训特别规划（World Health Organization's Special Programme of Research, Development, and Research Training in Human Reproduction, WHO/HRP），世界银行和联合国人口基金（the World Bank, and United Nations Population Fund, UNFPA），引介与应用避孕科技计划/适宜健康科技计划（PATH/PIACT）[3] 和洛克菲勒基金会。其使命是“以最低价格为发展中国家提供高质量的生殖健康产品，通过加强对知识产权和技术转移的管理，实现公共部门利益最大化，否则公共部门通常无法以预期质量和价格获得相关的避孕药具和药品”。概念基金会在卫生健康技术开发和技术转移方面积累了丰富的管理经验，致力于在发展中国家推广新技术。

成功的 PPPs/PDPs 建立在公共部门和私营部门的价值主张上，并且合理利用了公共部门的内在能力。公共部门知识产权经理如果能鉴别特定公私合作伙伴关系的能力，并将这些能力转化为具体的价值主张，将有助于私营部门合作伙伴实现其商业目标。但也不应该牺牲公共部门的潜在利益。在这种情况下，更要克服对发展中国家中的小国和最小国贫困人口进一步边缘化的普遍现象。市场吸引力决定了商业环境中的优先事项，但在公共部门的背景下，最小国的贫困人口对可负担产品的需求最高。正如概念基金会的经验所揭示的那样，公共部门在平衡这些表面上相反利益的同时，成功地管理了其知识产权。

研发影响贫困人口的新药物、疫苗和疾病诊断的过程，是最终根除这些疾病的关键步骤。许多 PPPs/PDPs 专注于产品开发，最大的产品研发 PPPs/PDPs 在最近几年成功地筹集到了超过 5 亿美元的资金用于研发。然而，如果没有更重要的决定性因素存在，那么产品交付是获得药品的一个同等重要的因素，而大多数产品开发的 PPPs/PDPs 都不能确保他们的产品能够交付给当地的基层医疗单位。事实上，负责产品开发的 PPPs/PDPs 缺乏将产品带到此类市场的经验，难以解决相关的下游问题。

但是 PPPs/PDPs 面临着与融资和新产品交付相关的下游问题，包括：

- 医疗基础设施的充足程度
- 疾病监测
- 依从性监控
- 对卫生工作者和医务人员进行教育和培训
- 改善医疗设施
- 物流网络
- 充足的供应数量
- 合理的用量预测
- 治疗时尽量减少产品浪费

制药行业的经验表明，新药的成功上市和分销是其成本构成的重要决定性部分。虽然没有人会期望为治疗贫穷疾病产品而创造市场需求（换句话说，投入营销资金，虽然这些市场是存在的），因为这需要投入巨额资金，以补充最贫穷地区无力支付新型有效产品以及承担有效供应和分销药物相关所有下游任务的能力。此外，监督管理项目的费用也必须包括在内，以保证向所有需要治疗的人伸出援手。产品开发公私合作伙伴关系缺乏解决这些下游问题的经验。

要达到预期目标，就必须做到尽可能降低制造成本，以便为公共卫生服务提供优惠价格；建立可持续的生产能力并配备稳定的质量监控系统；建立对私营制药公司具有吸引力的商业模式，从而弥补公共部门市场可预期的微薄经营回报。概念基金会的 PPP/PDP 业务模式帮助实现了这些目标。它考虑了围绕产品交付的下游问题，并成功利用合同式的里程碑来实现缩小发展中国家医疗产品可及性差距的主要目标。

2 产业和公共部门的商业模式存在巨大分歧

无论公共部门的参与者如何理解产业，公共部门和产业之间的探讨都是一个跨文化事件。在这样一个跨文化的环境中，没有什么比想当然更危险、更容易产生误解。对于一个具有公共部门背景的人显而易见的事情，对于潜在的合作伙伴来说可能有不同的理解。不要依赖“尽力而为”和常识来完成义务及合同绩效。明确规定公共部门想要与商业伙伴达成什么目标，对双方来说是更好的选择。协议应详细说明何时采用何种策略实现预期目标，未能实现目标时，应明确相应的惩罚措施。如果协议只规定了尽最大努力和模糊的绩效，灾难就会如约而至！

通过知识产权管理使公共部门的利益最大化，公共部门期望以极低的价格获得产品，并保证优良的质量以及充足的数量，这种期望必须与私营部门公司的期望达到平衡，才能产生令人满意的回报率。

制药公司的重要价值主张是：

- **节省上市时间**。越早进入市场意味着公司获得更高市场份额的机会越大，最终获得更多销售额。例如，药物或临床研究可以利用公共部门机构的现有网络，通过并行缩短进入新的、不熟悉的试验点所需的准备时间，以及对 GCP（good clinical practices，药物临床试验质量管理规范）进行培训的时间，加速获得药品监管批准的进程。
- **节省资源**。减少对公司内部资源的需求，意味着为被许可方降低成本负担并提高盈亏点。另外，当保持投资水平时，在同样数量的资源下可以开展更多的并行活动，有助于提高公司的商业产出。例如，公共部门现有的分销网络，无论是正式的还是非正式的，都能让产品快速进入大型公共部门市场，而无须投建昂贵的供应链。
- **节省投资**。投资需求减少，意味着公司内部优化了现金流利用，这对投资者来说至关重要。

任何一个为实现价值主张而制订的计划，都必须明确合作伙伴关系的性质，而一个成功计划必须做到的是，将真实的实际价值完整呈现给潜在的合作伙伴。真实的实际的价值在于公共部门能够提供的所有能力，以及公共部门能够满足私营部门合作伙伴需求，这是一个创造价值的平台。这些实际价值包括上文提到的节约上市时间、节约资源、节约投资。综上所述，我们必须看到公共部门内个人能力的表面价值，以便能够识别和确定这类贡献的真正价值。事实上，真正的价值主张往往是由多种价值因素贡献组成，而不是单一的价值因素。

在刚开始接触潜在的许可合作伙伴时，了解其特定的价值至关重要，尤其是那些关于推动行业发展的价值，对潜在的被许可方来说尤其重要。对这些价值进行详尽的分析，判定公共部门现有能力能否实现这些价值，将有助于确定公共部门可以向私营部门合作伙伴提供的价值主张。

3 最重要的里程碑

通过知识产权管理使公共部门的利益最大化有 3 个关键方面：

（1）对产品营销上市地理覆盖范围的定义（即地域）

（2）私营部门被许可方对产品独占性的要求

（3）公共部门期望的价格或其他公共部门对利益的定义

这些条件看起来很容易理解。不难想象，许可所涉及的合作伙伴会就公共部门分销的产品定价达成一致，就产品可以出售的国家达成一致，因此私营部门公司作为被许可方就获得了在该领域内独家经营权。但是，在现实生活中，这并不一定意味着公共部门的利益已经最大化。还有一些关键性问题需要回答：

- 我们的产品能在多大程度上惠及更小的国家？
- 我们如何能够覆盖那些公共服务能力低下的发展中国家的农村人口？
- 以特殊的公共部门价格提供该产品，谁将会从中受益？
- 我们怎样才能确保公共部门以所负担得起的价格获得产品？

解决这些问题的主要方式是设置合同里程碑，防止小国家的贫困人口被边缘化，调节公共部门可及性，并为所有国家设定地域覆盖范围（即使是那些因无法产生可观的投资回报而不具有吸引力的国家和地区，其通常不会得到相应的服务）。最后，必须有一个明确的制造成本核算的方法，这一成本核算方法必须提供给公共部门合作伙伴。

迫于商业压力，将私营部门及其商业利益置于公共部门之上是一种固有的危险。这种优先排序通常表现为，因为担心无法达成协议而简化私营部门合作伙伴参与的意图。虽然简化协议是一种很好的做法，但设置特定的合同里程碑并在协议条款下明确它们也并不复杂。成功的里程碑条款需要专注于哪些领域需要制定目标、哪些问题需要排除。同时也要保证条款和规则的简单易行，不会使协议负担过重。

当谈到公共部门的利益时，简单地以市场价格提供产品或快速投放市场并不代表会有进展。成功的定义是产品将会惠及多少贫困人口，他们能获得多少便利，以及谁能、多少人能够承受产品价格。对于公共部门来说，降低发病率和死亡率才是产品开发的最终目标。如想取得上述成果，就需要在协议中明确设定里程碑条款。接下来我们将仔细研究地域、排他性和定价问题。

3.1 区域和使用领域

典型的许可协议强调许可的授予。常用语言如：“许可方授予公司制造和销售产品的权利，并将其销售到该地区的私营部门和公共部门市场。”协议中许可方、公司、产品、私营部门、公共部门和覆盖范围等条款，需按照前述“鉴于”章节中的定义使用。[4]

在这种措辞下，授权许可被定义为被许可方对产品所拥有的权利。但是，授予许可中没有明确规定向该地区出售产品的义务。这是为公共部门利益而进行实际知识产权管理的一个非常重要的问题。假设对于单一产品，其本土市场的制造商作为被许可方，将授权产品引入本土（单一）市场是合理的，但被许可方并不一定会将该产品引入多国家多地区的所有市场中去，特别是公共部门期望的市场。未能进入所有预期市场可能是由于在许可协议建立之初，协议各方没有全面考虑或低估了各种其他因素的影响。

从签署许可协议到商品的商业推广，需要经过产品开发、扩大生产和监管审批等流程，这需要相当长的一段时间。根据被许可方的能力，这段时间可能会延续几年。在此期间，公司的业务和商业环境可能发生重大变化，最初可用于处理产品的部分资源可能已分配给其他利润更加可观的产品和项目。起初看起来很有吸引力的市场，与公司认可的其他机会相比可能已经失去了吸引力。

商业环境的变化和业务重点的转移，可能会影响到被许可方最初设想的为整个地区公共部门服务的承诺。为了确保公共部门期望产品的可及性，只有谨慎地使用授予许可来强制被许可方在该地区出售产品，而不仅仅是作为被许可方的一项权利。这一目标可以通过多种方式完成：

- 将产品制造的权利与产品销售至该地区所有国家的义务进行分离（这里强调的是该地区的所有国家）。
- 通过增加里程碑条款来执行产品的销售权利（只有里程碑条款的定义成功执行之后，被许可方才能获得其他国家的额外销售权）。
- 公共部门和私营部门出售产品的权利可以通过单独的规定分别处理，优先考虑公共部门机构的目标，即将产品引入一个国家且达到令公共部门满意的水平之后（由充分的里程碑条款定义），才允许在其他国家的公共和私有市场赚取额外的份额。例如，许可中可以规定，巴西制造商拥有在巴西国内市场生产和销售产品的权利，以及在满足特定条件时才拥有在其他拉美国家销售产品的权利。这些特定条件的范围很广，并可以在许可协议中明确指出，例如：
  - **市场份额**。根据IMS公司的报告，被许可方在特定的细分市场中占有20%的市场份额后，将获得向其他国家销售该产品的权利。[5]
  - **市场地位**。根据分析报告，当产品跻身于巴西市场同类产品的前三名后，被许可方将获得向其他国家销售该产品的权利。
  - **销售数量**。根据分销代理商的累计销售报告，在巴西市场实现500万个单位的年销售量后，被许可方将获得向其他国家销售该产品的权利。
  - **向公共部门推销**。以公共部门机构的采购订单来衡量，向巴西公共部门出售的总量/年度数量达到1000万个单位后，被许可方将获得向其他国家销售该产品的权利。

除了赢得其他国家销售权利的里程碑条款，还可将许可区域内的国家，按照对于被许可方的重要性进行排序，最终也可以按照对于许可方的重要性排序。名单上的每个国家都将以公司必须达到的不同里程碑进行标注，达到了才允许在另外一个国家销售。在签署许可协议时，应该设置这些国家的优先级别和里程碑定义，并在执行一段时间之后修改优先级和里程碑条款。

为了提高灵活性，公开和披露国家优先级或里程碑定义是不明智的行为（例如，可在达到实际活动国家最后定义的里程碑之前不久设置下一个国家/地区优先级，或者采用类似推迟决策的灵活模式）。对于许可方和被许可方来说，就国家优先级别和里程碑定义达成共识可能会变得越来越困难，尤其是在被选国接近优先级别列表末位时。因此，被许可方因各种各样的隐藏因素，可能不再希望在其他某个特定国家，特别是对公共部门进行销售。该公司可以放弃为特定国家服务的责任。在这种情况下，私营部门公司不会违反许可协议，因为新里程碑并未得到双方的认可，新里程碑谈判是失败的。

另外，在日新月异的商业环境中，优先事项和里程碑定义可能随时间而改变。事实上，在许可协议生效几年之后，它们可能已失去效用。在确定优先事项和里程碑时，这是一个常见的问题，特别是对于倡导实时实施的人们。考虑到最终需要确定优先事项和里程碑，尽可能保障公共部门在任何地方都能获得产品，并避免在日后相互达成谅解之前对协议的重要部分未进行定义所带来的固有风险，并在签署的许可协议初始版本中省略这部分，或忽略这些定义是不负责任的。人们可以定期更新这些条件的细节，例如，当环境发生变化时，需要对它们进行修改。但到那时，被许可方需要证明修改已势在必行，并就计划修改的内容和如何修改形成一份详细的建议书。除非提议能令许可方信服，否则原优先事项和里程碑条款将不变。最初确定的公共部门目标保持有效，不会发生变化，被许可方仍需要履行这些目标。

当然，一开始确定合同的优先事项和详细的里程碑条款是一个艰苦的过程，需要进行大量密集的准备工作，以确保没有忽视公共部门目标的基本需求。为充分准备许可协议而做的调查研究和信息收集对于服务公共部门利益而言是至关重要的。双方进行初步谈判时，应该对所有相关细节进行研讨后，推出许可协议的详细条款，尽管这样做难度较高且耗费资源。推迟制定详细说明，或由合作伙伴提出忽略必要的细节以简化流程并快速达成协议，都会是陷阱。它不允许当事各方仅建立必要的框架，以实现高效的公共部门导向的许可安排。如果不能在合同开始阶段就里程碑条款中交错的优先事项达成一致，那么这些分歧又该如何解决呢？

3.2 独占权

公司首先要求的是独占权。重要的是将这些请求与特定的里程碑条款联系起来，例如：

- 在签署或启动协议后一段时间内达到的特定市场销售量
- 在竞争中所达到的市场份额水平
- 以总的产品潜力来衡量，在新的细分市场中达到的市场份额水平
- 在一个地区内大的市场或不同国家间，不同区域的覆盖程度
- 产品最新的上市日期，这通常将确保公司在选择地区获得产品/技术的独占性

如果未达到里程碑，对被许可方的处罚和罚款与设定具体里程碑同等重要。处罚可能是：

- 在达到里程碑条款之前，临时增加私营部门的销售许可使用费
- 丧失产品或技术的独占权，并在总体上或者针对特定区域将其转换为非独占许可
- 对某个竞争对手，丧失独占权和销售地域
- 在被许可方拥有独占权的地区，未能将产品引入一个国家，需以预先确定的金额缴纳罚款

针对潜在被许可方可以为公共部门提供的福利，评估其排他性要求是一种很好的做法。同样，当许可协议中没有规定具体义务，或里程碑制定不充分或不明确时，期望私营部门公司将主要资源集中用于服务公共部门是不合理的。由于要求排他性是为了保护市场的商业潜力，因此公共部门合作伙伴有权以此作为交换条件保证其合理需

求。公共部门合作伙伴尤其需要了解私营部门公司将为专属区域的公共部门在数量和质量上提供和调动什么样的资源。这应该在许可协议中明确说明。

3.3 公共部门的定价

发展中国家公共部门面临的关键问题是负担产品的能力。其定价必须确保最广泛的使用。然而，制药行业的价格与公共部门的计算方法有所不同。

制药公司通常采用倒推式计算方法。产品价格是建立在对市场中目标群体购买力了解的基础上。制造成本不是计算价格的主要因素。管理费用和营销成本通常都高于制造成本，需要通过产品定价来抵消。在很大程度上，产品在富裕市场中的充分定位决定了可实现的利润率和运营利润率。

相比之下，公共部门大多采用成本加成模式来确定价格。制造和组织化的基础设施建设会大大影响成本。销售和营销成本保持在尽可能低的水平，以免增加产品的价格。在这些成本的基础上增加一个合理的，但很少的营业利润，以确定产品的价格。由于公共部门的购买力受到严格限制，因此以成本加成模式进行定价是首选方法。

有效的许可协议需要采用详细的成本计算模型来定价。其目的应该是了解所有最终导致产品价格的直接和间接成本。通过应用该模型，以在出厂价上标记双方都可以接受的利润率销售给公共部门，成为实现公共部门可获得最低价格的合理平台。对于间接成本来说，有必要确定产品的成本负担是否合理。当然，最终私营部门对产品的定价完全取决于制造商的判断，而非公共部门的关注。

最好的做法是每年提交制造成本报告和产品成本计算细节。此外，许可方应保留独立审计成本报告的权利。

如果制造商在产品投入生产时无法保证产品价格与公共部门的预期水平相匹配，则应制定努力达到这些水平的明确时间表。如有此类情况发生，应针对这些情况设定足够的处罚机制。虽然许可协议不能成为迫使制造商以低于成本价格销售产品的工具，但基于制造成本的计算模型和产品的总体定价结构而制定的详细协议，将消除相关隐患。

许可方应该确定哪些公共部门机构能够以优惠的价格获得产品。对于医药产品，应明确界定也能从中受益的公共部门机构是否只能是卫生部、政府采购组织、公共部门医院和类似机构，或者是否包括具有慈善职能的非政府机构、国家的社会营销组织、具有人道主义使命的国际组织和其他机构。许可中应该明确这些机构和组织将如何以首选公共部门的价格得到这些产品。

3.4 监管工作和上市时间

医药产品受到政府卫生部门的药品监管，监管审批流程所需的时间延长了产品进入市场所需的时间。当被许可方必须将产品提交注册时，好的做法是在许可协议中明确作出规定。最好在签署许可协议后的特定时间内指定被许可方必须将完整的注册申请提交给有关部门。对于包含多国的区域，明确指定各国注册申请的优先顺序以及每个注册申请之间允许的最长时间至关重要。

另外，明确注册获批和公共部门产品发布之间的时间间隔也是有利的。这可以避免一种不寻常但很现实的情况发生，即被许可方坐拥自己的权利，但不顾公共部门的利益。

3.5 避免小国的贫困人口被边缘化

对于商业公司来说，大市场具有优先地位，占据了区域排名的首要位置，而小国家则被列在排名底端。这是因为市场吸引力在商业环境中形成了优先次序。对于那些期望从制造和营销中获得可观商业回报的公司来说，小国家贫困人口和公共部门机构的需求通常不具备市场吸引力。许可方必须确保产品的获取不仅仅局限于较大国家的市场，还应包括小国家，以避免贫困人口被进一步边缘化。

当许可方的目标是最大限度地提高公共部门利益时，必须慎重考虑许可协议的授权区域问题。在任何区域的私营市场上销售产品并获得巨大利益是通过许可协议赋予被许可方的商业优势。然而，授予权利的区域不仅要覆盖大国及其庞大的私有市场，而且还应包括私营部门伙伴通常不会覆盖的小国家和公共部门市场，这也是公共部门的主要动力。有效的权利授予区域条款必须包含大型和小型市场的混合体，以平衡被许可方的商业潜力和公共部门的人道主义需求。只有许可方可以保护这些公共部门的利益。

因此，如果不能确保向最小国家公共部门和市场提供服务的前提下，最好的做法是不要将大国的销售权授予单一被许可方。如果单一被许可方不能覆盖整个区域的市场，那么这个区域应该被适当地分割，以确保两个或更多的被许可方的盈利份额，并且最小国家的公共部门也能获得周到的服务。如上所述，这个目标需要得到特定里程碑的充分支持。

预先定义的区域里程碑常常被跳过或被忽略，这对公共部门不利。其中一个常见的原因是，公共部门的主要需求分布在广泛的地区和/或各种迫切需要服务的少数群体。要达到理想的覆盖范围，需要详细说明众多独特的优先事项和里程碑定义，对于最初的许可合作伙伴，尤其是许可方，是一种强加的负担。

对于最初并未进入许可区域，但又非常需要产品的国家来说，扩大产品区域的策略是许可方向该国的公共部门代理机构销售产品。这种方法具有以下优点：被许可方可以专注于许可协议下的义务和相关里程碑，而无需面对多个目标；许可方为区域外的公共部门代理机构提供服务，可能建立其他有效的合作关系。如果需要，被许可方可以承担这个额外市场。

制定公共部门销售的量化目标应作专门的考量。许可方可以使用绝对或相对的目标数字。其中产品发布一定时间后的市场占有率是一个很好的指标。其他可行性目标如：（1）定义第1年上市达到的销售增长率，或（2）以市场上1年、3年或5年后的销售量来表征预期和初步商定的成功率。例如，许可方可以指定该产品在上市第3年内应该跻身于特定细分市场该类产品市场份额的前三名。

在私营部门，竞争力是衡量任何产品成功与否的重要因素。被许可方需要在私营部门市场上达到最高水平的竞争力才能实现其商业目标。这反过来将支持一个非常有竞争力的制造成本结构，并最终为公共部门提供尽可能低的成本。因此衡量私有市场目标也是一种表达公共部门目标的适当方式。

另一种设定公共部门绩效里程碑的方法是，为私营部门和公共部门的销售额建立一种交互的关系。例如，一个里程碑定义指出，在产品推出后的 3 年内，公共部门销售额达到私人市场销售额的 40%（或任何其他协商好的比率）。

关于产品对公共部门的可及性问题，关键是必须指定产品的预期发布日期。例如，许可协议可以规定，应在协议签署后两年内向公共部门提供该产品。如果出于某种原因，产品需要在私营市场上先期销售，那么进入公共部门市场的要求可表述为“不迟于私营部门产品推出后的×年”。对于多个国家的区域，需要确定每个国家的具体要求，并明确定义。

在许可协议中需要明确里程碑条款未达成时的补救措施。一个行之有效的补救办法是在未达到里程碑条款时大幅增加私有市场销售的许可使用费。

4 结语：艰辛的行业，艰难的里程碑条款

最后，少数持谨慎观点的人对设定里程碑条款有不同看法，他们对在艰辛的行业中设定艰难的里程碑条款感到不适。从过程引导的角度来看，里程碑条款代表和定义了自愿接受认证程序组织（如 ISO）标准操作程序（standard operating procedures，SOP）的结果。为什么公共部门不能为许可协议的重要目标定义此类标准操作程序和具体结果呢？

然而，讨论上述所有内容的潜在假设是，里程碑条款并非一成不变的。在许可协议的整个生命周期中，里程碑条款需要保持可调性，以响应项目变化、市场环境变化以及其他不可预期的因素。制定个别里程碑条款的详细规定时，选择绝对或相对目标或最终选择采用哪些定义并不重要。重要的是让私营部门公司承诺接受公共部门的目标。要做到这一点，重要的是要制定一套合理的里程碑条款，为合同伙伴的绩效评估设定审查期，并在新的、可靠证据出现需要改变规则时，开放并接受里程碑条款的修订，以保持产品和公共部门的目标生动有力。

这种以结果为导向的里程碑条款需要：

- 强化前期准备
- 详细了解与产品开发和市场营销相关的流程
- 详细了解市场
- 对产品潜力进行客观预测
- 持续地进行量化预测，并为整个产品的研发推广制订总体计划
- 以使命为导向，建立最佳公共部门目标并防止公共部门迷失在商业思维中

最后，我们必须认识到，对于未明确规定的任务来说，公私合作伙伴关系本身并不是一种神奇的解决方案，其无法替代特定的、明确定义的目标。事实上，成功的公私合作伙伴关系是建立在明确的目标之上的。

JOACHIM OEHLER, *Chief Executive Officer*, *Concept Foundation*, *Thailand Science Park*, *Klong 1*, *Klong Luang*, *Pathumthani 12120*, *Thailand*. *joehler@concept-foundation. Org*

1 See www. ippph. org for a complete list.

2 www. ConceptFoundation. org.

3 PIACT, the Program for the Introduction and Adaptation of Contraceptive Technology, is a predecessor of PATH.

4 For a broader discussion on field-of-use licensing, see the chapter 10. 3, also in this *Handbook*, by SL Shotwell. Also, the chapter by M Olson, also in this *Handbook*.

5 IMS is an international company that publishes reports on pharmaceutical sales by conducting pharmacy audits and other means.

第2.8章

促进知识产权组合和可及性：对专利池及其他机制的综述

阿纳托尔·克拉蒂格（ANATOLE KRATTIGER）
美国亚利桑那州立大学生物设计研究所研究员；
生物发展国际研究所主席；美国康奈尔大学兼职教授
斯坦利·P. 科瓦尔斯基（STANLEY P. KOWALSKI）
富兰克林·皮尔斯法律中心

译者 焉石 范琳琳 审校者 刘晓娜 李紫陌 岳强 张熠 殷宏

摘 要

本章论述了知识产权“组合”机制的不同形式（许可费征收机构、信息交换所、技术交换所、开源创新交换所、公正的经纪人和其他形式的协助者、知识产权管理服务机构、知识产权商业化代理商、商业银行和风险投资企业的服务以及专利池）。本文的重点是专利池，它是由两个或两个以上专利权人自愿签署的、就一项或多项专利相互授权或向第三方授权的协议。尽管专利池有多种形式，但基本上都包括多个实体对基本必要专利使用权的互换（交叉许可），以及将池内的知识产权许可给对方和/或对外许可给第三方的约定，其中包含达成一致的定价和使用费分享机制。

专利池既有好处也存在风险。其优点包括更容易解决专利冲突，使专利池中已组合的专利能够供他人受益，并解决障碍性专利的争议。风险包括要承担反垄断相关责任。在某些情况下，专利池可以作为知识产权组合工具应用在人道主义许可领域。

1 引言

随着农业和卫生健康领域创新研发活动涉及的生物技术组件、方法和材料变得越

Krattiger A and SP Kowalski. 2007. Facilitating Assembly of and Access to Intellectual Property: Focus on Patent Pools anda Review of Other Mechanisms. In *Intellectual Property Management in Health and Agricultural Innovation: A Handbook of Best Practices* (eds. A Krattiger, RT Mahoney, L Nelsen, et al.). MIHR: Oxford, U.K., and PIPRA: Davis, U.S.A. Available online at www.ipHandbook.org.

来越复杂，知识产权“组合”的重要性日益凸显。专利池是实现知识产权组合的一种方式。但专利池的形成过程复杂且代价高昂，需要经济、商业和法律方面的特殊考量，故专利池只是促进知识产权组合和可及性的其中一种选择。

知识产权管理的其中一个方面是在指定市场中获得指定产品的自由实施（freedom to operate，FTO）的权利。[1] 因此，知识产权组合是创新管理的重要一步。但是，单凭技术自由实施不能将产品推向市场，更不用说向发展中国家的贫困人口提供产品了。在这种情况下，必须仔细考量专利池的价值，具体事例具体分析。因此，对于任何一项技术创新而言，是否运用专利池需要从法律、商业、运营和战略等方面进行仔细分析和考虑。此外，虽然专利池简化了知识产权的组合，但它本身并不一定能导致技术转移或市场准入和推广。

在详细讨论专利池之前，本章将简要概述知识产权组合的机制和选择。将专利池放在现有知识产权组合策略的背景下，以更广泛的视角，说明每种策略的优缺点。

2 知识产权组合：正确地看待其机制和选择

一系列复杂的因素推动了技术创新，其本质上归结于国家政策、国际协议和市场驱动。创新是使发明具有商业和社会价值的切入点，但创新本身不是提供商品或服务的技术产品。一项发明必须汇集第三方的专利和其他形式的知识产权。引进式许可是最著名的知识产权组合机制，而专利池是一种复杂的许可形式。标准的企业运作方法还包括其他机制，如：

- 合并和收购（并购）
- 战略联盟（合作、合资、企业合作伙伴关系）
- 许可（主要是包含所需所有发明的知识产权组合，也称为自由实施）

然而，仅靠知识产权组合本身并不会使发明得到商业化应用，还需采取从监管到获取专有技术知识等其他必要步骤。从更广泛的角度来看，可以通过一系列机制促成知识产权组合和许可。表 1 中总结了这些机制。在本《手册》中，所列举的机制还包括能力建设服务，它能够更广泛地处理技术转移事宜。

表 1　知识产权组合机制和选择汇总表

机制或服务类型	特　性	实　例
许可使用费征收机构： 一个实体代表其他成员收取少量许可费	如果所许可的行业已经建立，这很有用；也可以由行业本身创建	美国作曲家、作家与出版商协会；英国植物育种协会
信息交换所： 广义的定义是指使商品、服务或信息提供者相匹配的机制	用于交换与某个活动或行业相关的特定信息；不利于技术转移本身	BioBin，BINAS；国家或行业的生物技术、培训计划的门户网站

续表

机制或服务类型	特 性	实 例
技术交换所： 1. 基于互联网络的知识产权拍卖和许可，包括企业对企业	适用于通用技术、平台技术、软件包；进一步推广技术转移的能力有限	虚拟交易大厅、专利拍卖
2. 公共部门针对培训、最佳实践和技术组合的倡议	适合发展；促进技术转移	农业公共知识产权资源联盟（PIPRA）
开源创新交换所： 任何人都可以发布想法或发明的网站，允许任何人将这些想法转化为产品	可能适用于开源许可和有形研究材料的扩散	Barry Nalebuff 和 Ian Ayres 创建的网站“Why Not?”或者 Half Bakery 网站
经纪人和其他形式的协助者：通常专注于建立公私合作伙伴关系，提供“受管理的”技术转移	更适合规划新领域，并拉近公共和私营从业者的距离	非洲农业技术基金会（AATF）；全球疫苗与免疫联盟（GAVI）
知识产权管理服务机构： 包括广大的公共和私营实体，协助机构管理其知识产权资产	适合解决系统性问题；建立新的互动模式	律师事务所，管理顾问，全球性非营利实体（例如健康研发知识产权管理中心，MIHR）和学术培训机构
知识产权商业化代理商： 1. 致力于将第三方知识产权商业化的商业实体	高效的商业模式；有助于从他们的经验中学习并使自己适应于为新兴的私营部门提供服务	英国技术集团；某些专业律师事务所
2. 混合的商业和公共目标	汲取他们的经验，并将该模型应用于其他生物技术部门	例如概念基金会
综合商业化服务（商业银行）： 并购和衍生企业的系列服务，包括知识产权审计、业务评估、尽职调查	可能需要一个非营利的商业银行式机构为中小企业提供服务	商业银行； 风险资本投资服务
专利池： 是两个或更多的专利权人之间自愿达成的协议，将一个或多个专利授权给对方或第三方	专利池不可能改变技术转移的基本结构性障碍；因为行业参与者具有不同的战略利益，难以建立；以部分/修改形式，对技术转移有效	内部的、公司特定的专利池、组合专利池、合作专利池、第三方聚合、强制集中专利池
其他公共技术转移和融资机制	从教育和培训机构，到医疗卫生集团公司，到某些联合国专门计划（包括南南转移）	
公司对公司的安排： 合作，合资，战略合作伙伴，公司合作伙伴	有些最普遍和有效的技术转移系统，很少需要公共部门的援助；不同的政府政策要么鼓励，要么阻挠	

Source：Krattiger.[2]

2.1 许可费征收机构

在各种形式中，许可费征收机构是最简单的一种机制，是指一个实体代表其他成员收取少量许可费。在这种情况下，成员们可以进行双边或多边交易，并设定专利使用费率。这种多边体系在音乐界最为知名。例如，许多餐馆和酒吧都有自动点唱机，里面有数百张 CD，顾客可以在机器中投入钱币，并从 CD 中挑选心仪的歌曲。每播放一首歌曲，收入就会按照预定好的比例流向 CD 的出版商和艺术家。美国作曲家、作家与出版商协会（American Society of Composers, Authors, and Publishers, ASCAP）由超过 17 万名艺术家和各种音乐出版商组成，他们通过授权和分成的方式来保护其成员的版权作品非戏剧性公开表演的权利。[3] ASCAP 为音乐的创作者和用户提供简单的音乐表演许可，所有想公开播放受版权保护音乐的人都是其被许可方。

2.2 信息交换所

"票据交换所"（clearinghouse）一词衍生于银行机构，是指各成员银行之间进行支票和票据交换、只有净余额需要以现金形式转账的机制。如今，这个词有了更广泛的含义，包括任何使商品、服务或信息提供者相匹配的机制。为了促进并强化技术与科学的合作，《生物多样性公约》（Convention on Biologial Diversity, CBD）的信息交换所[4]建立了一种整合生物多样性信息的全球交流机制，并开发必要的人力和技术网络。信息交换所还为进入一个国家的生物技术领域提供途径（如芬兰[5]），并可作为培训中心为生物技术人员提供培训（如 BioLink[6]），以及行业链接、升级、新闻和就业市场（如 BioPortfolio[7]）等服务。

2.3 技术交换所

一个全面基于网络的交换所可以降低交易成本并提高参与度。然而在实践中，知识产权交易所无法实现这种收益。因为专利的具体实施程序具有高度特异性，往往难以界定，只有在进行了大量的实验和改进之后，在技术应用之中才能对其进行评估。[8] 知识产权交换并不常见。几乎没有专利充分完成，使得预期的被许可方无法将所需的许可组合在一起，实现自由实施（freedom to operate, FTO）。此外，实际与一家公司进行谈判，通常不仅需要交叉许可，而且还需要转让专有技术或商业秘密。知识产权所有者通常将他们的专利组合作为一种战略工具，这种做法不利于广泛的许可。仅仅通过点击 Web 链接、下载标准许可模板，然后汇款，很难成功地实现技术转移。

另外，农业公共知识产权资源联盟（PIPRA）[9] 作为一个知识产权管理交流的倡议机制，包括大学、基金会、非营利研究机构，旨在使农业技术更容易获得，以便更快速地培育和分发那些发展中国家用于人道主义目的的粮食作物和发达国家需要的特种作物。PIPRA 运作的原理是知识产权通常无心成为发展的障碍。例如，大学通常授予全球范围的独家许可。在发展中国家改变这些许可政策并保留人道主义用途的权利，将使知识产权和有形财产（TP）从大学转移到发展中国家变得更容易。

PIPRA 将公共部门机构联合起来，将已许可和未许可的技术捆绑在一起，作为

"共享技术包"，使成员机构可以更容易获得所需技术，用于商业许可或指定的人道主义以及其他特殊用途。PIPRA 正在开发农业技术专利数据库，并告知研究人员自由实施（FTO）的信息，允许他们修改其研究计划，以纳入更多可授权技术（IP 和 TP）或公共技术。PIPRA 目前也在探索建立专利池。

2.4 开源创新交换所

开源创新交换所作为交换所的一个特殊类型，具有研讨的价值。由哈佛商学院的经济学家 Barry Nalebuff 和法学教授 Ian Ayres 两位教授发起的网站，证明创新是一门可以传授的技能。最近几个月，一个概念在该网站上引发了激烈的辩论，即所谓的"数字颠倒 900"，由电话营销人员付费，让潜在的消费者接听电话。他们的创新体系在网络[10] 上不断发展，并从经济学、博弈论、心理学和合同法等角度争辩创新是否可以程序化、制度化。

而另一个名为 Half Bakery 的网络化倡议，[11] 允许任何人发布有关创新产品和服务的想法。任何人都可以根据自身意愿把想法变成可销售的产品，而不需要许可。因为能把"半成品想法"（half baked ideas）变成商业上的成功产品，这项服务很快赢得了国际声誉。但目前在卫生健康和农业领域还没有相关的产品。

此种运作机制不能与开源许可相混淆。[12] 在软件方面，开源许可实质上是没有专利保护的发明许可，其唯一要求是任何被许可方都必须同意向他人提供发明或技术方面的任何改进。这一现成的开源机制，目前还没有从软件领域应用到生物技术领域，因为开源软件的源代码与生物技术中的其他要素相比没有等效性。因此，使用新的术语可能更恰当，例如分布式的，基于互联网的协作或"信息嵌入式产品非专有的并行生产"（non-proprietary peer production of information-embedding goods），[13] 开放社会的生物创新计划（the Biological Innovation for Open Society，BiOS）是实现开源的一种尝试[14]。本质上，BiOS 是专利许可的一种特殊形式。它是用新奇术语来描述专利许可的另一种方式。BiOS 能在多大程度上促进创新还有待观察。

2.5 公正调节者和其他形式的协助者

公正调节者是和平谈判中经常使用的一个术语，从事公私合作伙伴关系建设的非营利组织也常使用。国际农业生物技术应用服务组织（the Acquisition of Agri-biotech Applications，ISAAA）就是这样一个以公正调节者为宗旨的公共机构。[15] 在 20 世纪 90 年代，它主要作为促进者，通过传递发达国家公司和发展中国家公共部门之间的知识及专有技术，为明确需求匹配可用技术、代理技术和建设能力。ISAAA 解决了生物技术转移中的其他制约因素，例如监管问题。在过去的几年里，该组织已将其战略调整为知识共享。

非洲农业技术基金会（AATF）是一个较新的类似机构机制。像 PIPRA 一样，AATF 源自洛克菲勒基金会的倡议。[16]AATF 意识到需要建立独特的公私合作伙伴关系，消除妨碍非洲小农户获取现有农业技术的障碍。通过集中力量建立公私合作伙伴关系，力求大幅度提高农业技术、材料和专有技术的获取能力，同时推动创建可持续发展的市场。

与人类健康生物技术领域类似的机构是全球疫苗与免疫联盟（GAVI）。[17] 该联盟成立于1999年，作为私营和公共部门机构的中间人，致力于在发展中国家扩大疫苗的使用。该联盟成员包括国际组织、政府、疫苗产业、研究机构和主要慈善家，共同组建了致力于共享GAVI目标的合作伙伴关系。该联盟将疫苗基金作为子公司或财务部门，为GAVI在较贫穷国家实现目标提供赞助。该联盟还设立了项目以刺激疫苗产业开发，并向低收入国家供应至关重要的疫苗。GAVI更多地在产品转移层面发挥作用，而ISAAA和AATF则在上游环节发挥作用。ISAAA最初的目标是绘制新领域蓝图并创建模型（这些模型更耗时），而不是转移大量技术。

2.6 知识产权管理服务机构

最有名的知识产权管理服务机构是专门从事专利、许可和管理咨询的律师事务所，比如毕马威（KPMG）、波士顿咨询集团（Boston Consulting Group）和安永会计师事务所（Ernst & Young）。这些商业导向的实体将在下一节讨论，让我们首先关注这一领域的非营利性机构。总部设在英国的健康研发知识产权管理中心（MIHR），[18] 是一家为发展中国家的公共部门（以及一些私营部门）提供权威的知识产权管理服务（包括内部产生的、许可的和即将许可的知识产权）的新兴组织。它认定，知识产权管理得当的健康项目能够更有效地调动资源、技术和合作伙伴，为贫困人口提供更好的卫生保健。

2.7 知识产权商业化代理商

许多类型的"咨询"服务都属于这一领域，但只有一个机构专门致力于健康、医药和其他生物技术领域中第三方知识产权的营利性商业化工作，即BTG有限公司[19]，其前身为英国技术集团。BTG堪称全球新技术商业化的领导者，其业务遍及全球，主要集中在欧洲、北美和日本。该公司可以将强大的商业重点，与如何开发创新、强化知识产权以及实现关键发展里程碑结合在一起。客户包括公共研究中心和全球科技公司，从初创公司到跨国公司。它的职能是为技术创新者提供服务，收取费用并分享其服务所产生的收入。

除了提供多个领域的服务，该公司还为他们管理的技术寻求许可。包括帮助寻求风险投资、管理以平台技术为主的初创公司以及研发资金的筹措等，确保BTG投资组合中的技术具有商业上的推广性。为此，BTG收购或从外部获得有发展前景技术的许可，协助进行发明专利保护，为通过研发阶段的技术组建联盟以推进发明，并制定技术营销策略。实际上，BTG将必要的技术集中于其管理的核心创新上，以增加其投资组合的价值。在发展方面，最突出的企业是总部设在泰国的概念基金会，[20] 该基金会提供一种机制，将国际组织开发或拥有的知识产权转变为具有竞争力和成本效益的产品，以尽可能低的成本价格分销，特别是进入发展中国家的公共部门医疗卫生渠道。这种知识产权的拥有形式主要是医学研究和临床试验数据、药理学研究数据、生产说明等。在某些情况下，世界卫生组织（WHO）等国际组织所拥有的知识产权得到增加，是通过专门致力于发展中国家公共部门医疗服务制药商的知识产权捐赠。这些许可由经验丰富的基金会工作人员进行谈判，这些工作人员由一位医药产业的前高级管理人员领导。

2.8 商业银行

“商业银行”这个词在几百年前就用来形容资金雄厚的组织，他们在可预测的风险投资中寻求高额回报（这也是有限责任公司的最初想法）。今天的投资银行服务包括知识产权审计、业务评估、尽职调查和公平意见，[21] 在准备资产剥离、首次公开募股（IPOs）全程管理、营销剥离、寻找收购目标、构建交易、提供资金、促进融资和现有债务再融资的过程中扮演着秘密顾问的角色。

商业银行基本上是全方位的服务中心，提供并购、财务管理、协议、申请政府备案、反垄断问题、估价、尽职调查等综合商业化服务。他们的服务对于任何类型的企业都是至关重要的。

2.9 其他技术转移机制

如果不提及其他类型的技术转移促进机构或组织将是不严谨的，如教育和培训机构（例如，世界各地的大学）、国际农业研究中心（例如，CGIAR）、健康协会［例如，适宜卫生技术项目中心（the Program for Appropriate Technology in Health，PATH）］，或联合国许多专门计划等。公司与公司之间的安排（包括合作、合资、战略合作伙伴关系和企业合作伙伴关系）是一些最普遍和有效的技术转移系统。

3 关注专利池

专利池是“几家公司对专利权的交换，任何一个或多个专利所有者或某个独立实体，都有权将入池的专利许可他人”。[22] 从本质上说，专利池是两个或更多的专利所有者之间自愿达成的协议，他们可以将一个或多个专利授权给对方或第三方。换言之，这些专利是“知识产权的集合，是交叉许可的主要对象，无论是被专利权所有人直接转移给被许可方，还是通过某种媒介，例如专门设立一个合资企业来管理专利池”。[23] 此外，“专利池的基本原理很简单：通过减少必要交易的数量和简化专利地图，降低交易成本并促进技术转移。专利池的优势是可以大大减少需要谈判的许可数量”。[24]

尽管专利池有多种形式，但基本的组成部分包括，一些公司对必要专利权的相互交换（交叉许可），以及将入池知识产权向第三方授予的议定框架，包括价格商定和使用费分享方案。专利权所有人可以直接向被许可方提供许可，也可以通过专门授权管理专利池的许可机构间接提供许可。[25] “专利池和交叉许可协议之间的一个主要区别在于，专利池中的专利权所有人同意向第三方进行许可，而该第三方不用向该专利池提供专利”。[26]

3.1 主要优点和缺点

专利池“具有竞争优势，因为它们可以帮助解决专利冲突，将专利池中已集合的专利提供给其他人，或解决阻碍性专利的争议。另外，专利池是竞争对手之间的横向协议，具有被滥用的可能性，并可能成为反竞争行为行业联盟的掩体”。[27] 因此，根据专利池的组织和实施方式，专利池变成了一把潜在的法律双刃剑：能够通过砍断专利错综复杂的封锁来促进获取关键技术革新，但也可能反复打磨而产生垄断问题。换句话说，专利池可以通过专利组合来克服知识产权障碍，或者可以通过垄断知识产权（通过不公平的报酬而完成）和屏蔽无效专利来阻止获取。[28]

此外，从实践的角度来看，重要的是需要知道哪些专利池能够促进技术革新。例如，专利池的目标是将知识产权组合起来，而不是技术本身的转移。尽管美国司法部（the U. S. Department of Justice，DOJ）与美国联邦贸易委员会（the U. S. Federal Trade Commission，FTC）观察到“通过技术传播、交叉许可和建立专利池等措施通常是促进竞争的”，但关键是要明白，在技术转移和与发展中国家合作伙伴进行合作的背景下，专利池的主要职能是协助许可知识产权。也就是说，这些发展中国家并不一定会从专有技术、技术示范和商业秘密的分享中平等获利。因此，专利池可以为某些目的服务并带来好处，但它们不是知识产权管理的灵丹妙药。

尽管如此，专利池还是有优势的：可以通过高效的一站式服务获得知识产权许可，可以消除叠加许可，避免专利诉讼，并且可以促进按制度化交换其他专有技术（商业秘密）。[29] 重大研究和管理成本将大幅下降，速度和效率将大大提高。专利池是一种知识产权管理策略，可以对促进创新产生重大的积极影响，但也要认识到，建立一个专利池可能不是实现这些目标的唯一途径，因为在整个知识产权管理的最佳实践中，可能还有其他同样有效的方法。

专利池更多地集中在 DVD 技术领域，其作用是通过销售而不是授权来实现并创造收入。这样的专利池有助于清除障碍。但就公共健康领域的专利池而言，让公司放弃其独占知识产权的可能性很小，主要取决于所研究的技术。因为知识产权所有者之间是相互阻碍的，所以专利池更倾向于自然形成，但疫苗领域尚未出现这种情况。专利池对于制定行业标准特别有用，但由于与 DVD 行业成熟度的差距，把已经在各个行业（特别是电子产品）中成功实施的专利池应用于健康和农业领域仍然为时尚早。表 2 总结了其优缺点。

3.2 组织和建立

组织和建立专利池不是一件简单的事情。[30] 这是一个漫长而复杂的多步骤过程，面临许多技术、法律和商业挑战。因此，需要律师、科学家、商业专业人士和其他专家的跨学科协调努力。建立一个成功的专利池需要基于完善的信息和可靠的分析进行组织和规划。一旦满足这些条件，专利池在运营及其合法性方面就可以得到有效管理和实施。

设立专利池的 10 个步骤清单，包括以下注意事项：

1. 确定入池专利的有效性
2. 确定正在考虑纳入池中专利的重要性
3. 由独立专家进行专利分析
4. 对专利池进行非独家许可

5. 被许可方必须能够自由开发并使用替代技术
6. 被许可方以合理的条件向许可方回授基础专利的改进非独占性许可
7. 许可使用费应根据专利池协议中规定的比例在许可方之间分配
8. 被许可方支付给专利池的使用费应公平、合理并且不带歧视
9. 敏感的商业信息必须得到保护
10. 将尽可能独立和中立的争端解决方案纳入专利池协议

设立专利池包括如下 10 个步骤：
1. 对潜在专利簇进行观察，确定哪些可以通过适当架构的专利池进行管理
2. 专利和科学领域的专家确定基本技术
3. 专利领域的专家列出专利和专利权人
4. 由律师组建工作组
5. 专利权人之间达成初步协议以推进专利池取得进展
6. 科学家和专利领域专家进一步评估专利
7. 达成专利池设定条件的协议
8. 签署专利池联盟协议
9. 对于所考虑的司法管辖区（例如美国、欧洲和日本），进行反垄断分析和评估
10. 执行专利池协议

专利池是由专利权人设立的，他们既是股东，又是指定许可机构的资助人（如果专利权人本身并不是真正的许可方）。因此，专利权人应建立并保留对许可条款的权利。[31]

表 2　专利池优点和缺点的总结

优　点	缺　点
集成互补技术 降低交易成本 克服产权障碍 避免昂贵的侵权诉讼 促进技术传播 使竞争环境变得公平	很难就单个专利的价值达成共识 建立专利池涉及反垄断问题而具有复杂性（密谋和固定价格） 可能会通过非障碍或不必要的专利来增加许可费用 当许多专利被起诉时，情况就会复杂化，在生物技术领域通常会遇到这种情况 可能会保护无效专利，从而阻止很多技术进入公共领域

3.3　专利池案例

最早的一批专利池是 19 世纪中叶为制造缝纫机而建立的。[32] 其他早期的专利池还包括飞机制造、玻璃制造和无线电技术。在不同案例中，专利池都对行业标准做出了显著的贡献（例如，无线电波）。最近，建立专利池是为了在 DVD、视频游戏和 MPEG2 视频压缩技术领域中设置标准。1997 年，私营和公共部门共同参与组成了 MPEG2 视频

压缩技术专利池，包括哥伦比亚大学、富士通、通用仪器、朗讯、松下、三菱、飞利浦和索尼。

通常情况下专利池是由在各自领域贡献专利的成员组成。发展中国家的机构是否有资格成为专利池的成员，自然也取决于各自的潜在贡献。

目前存在以下类型的专利池：

- 内部的或公司特定的专利池。例如，杜邦公司通过内部开发整合技术，或者先正达公司通过许可和并购外部技术，补充其内部技术组合；关键的挑战是保持内部持续创新并严格管理
- 投资组合专利池。内部技术辅以第三方技术，例如微软公司；关键的挑战是要有一个动态的团队处理从外向内许可并调整策略，随时与公司整体战略保持一致
- 合作专利池。多家公司同意将他们的技术联合起来，并允许由一个独立的实体进行管理，这是比较典型的专利池，通常以制定行业标准为目的；关键的挑战是如何避免行业垄断问题
- 第三方聚合。例如 BTG 有限公司；关键的挑战是要解决生物技术许可中非常普遍的反堆叠（antistacking）规定
- 强制性专利池。强制许可很少实施，例如，在无线电发明后不久，美国政府强制实施了专利池

3.4 生物技术领域的专利池

生物技术行业与电子行业有许多不同之处，标准制定并不是一个真正的问题，这也是为什么专利池不是生物技术行业商品化产品所必需的（如在开发药物和疫苗方面）。尽管如此，随着生物技术行业的不断发展和成熟，以及一些特殊部门逐渐成为商业焦点，有些基本问题可以通过专利池得到有效解决。

例如，生命科学中的“研究工具”问题促使美国公司呼吁组建专利池，由于传统上可用于公共领域的研究技术普遍被申请专利，生物技术领域研究机构的研发活动受到阻碍。许可预期成本的不确定性，许可费叠加导致成本缺乏竞争力，获取许可的过程延缓，以及在不同领域对纯研究与产品开发的定义存在差异等因素，阻碍了不同领域生物技术的研发。

同样，在反对美国专利商标局（PTO）的声音中，公众最大的担忧是，为生物技术特别是基因组学领域发明授予专利的做法，阻碍了专利保护发明在基础生物研究和研发中的应用。解决这种阻碍的解决方案是形成专利池，这是其他行业成功实施的一种机制。

在生物技术等快速变化的领域，专利池可以产生促进竞争的效应，并可能提高产业的生存能力。对于发展中国家来说，专利池可能更为重要，因为公司可以轻松获得实施特定技术所需的许可，从而降低交易成本并促进新的技术和产品在卫生健康和农业领域快速推广应用。因此，完全有理由建立为发展中国家提供优惠许可条件的新型

专利池。

尽管如此，从整个生物技术产业的角度来看，对需要建立行业标准平台技术的产业（例如DVD、MP3），通过专利池组合相关知识产权非常有用，当行业利益不一致（有待成熟的行业）时，专利池的价值无法充分发挥，生物技术领域的现状即是如此。因此，在许多生物技术的应用研发中，例如疫苗研发，这是一个没有平台、没有明确引导技术而不断发展的领域，行业利益很难被视为一致。事实上，如果一项技术还没有成熟到可以考虑行业标准的阶段，那么专利池可能就不是最佳选择。在创新技术研发的早期阶段，很少有公司有兴趣为竞争对手提供优先获取技术的途径。当建议建立专利池时，公司通常因涉及反垄断问题而持谨慎态度，这也可能阻碍其参与。

作为能够说明生物技术行业（至少大部分）现状和使用专利池潜力的事例，Gaulé将我们的注意力引向了最近的SARS疫情：

> 2003年2月，严重急性呼吸综合征（SARS）在全球范围内大面积暴发。不久，全球多个研究团队提交了涵盖SARS冠状病毒基因组序列的专利申请。一些人认为，这会导致产生复杂的、不确定的知识产权状况，从而推迟SARS疫苗和诊断工具的研发。因此，已知的拥有关键专利申请权的四方（美国疾病控制和预防中心，CDC）表示愿意组建专利池，使SARS基因组能够广泛获取。但请考虑一下SARS专利池和消费者电子产品专利池的区别。SARS专利池不是处于一个具有重要影响力的联结网络或与标准密切相关的行业。目前，许可方与私营部门没有纵向整合在一起，而是大学和公共机构纵向整合在一起，被许可方的数量将大大减少。最重要的是，使用许可技术的商业产品尚不存在，被许可方需要在后续进行大量研发。因此，SARS专利池的许可政策可能与其他现代化的专利池大相径庭。[33]

然而，随着该行业各个部门逐渐发展出集中的、可识别的技术和产品/服务（就像电子行业的情况一样），在生物技术领域中应用专利池的可能性会增加。例如在诊断遗传学，即疾病特异性诊断（例如，乳腺癌和囊性纤维化）中得到应用。这确实是生物技术产业中迅速崛起的一个领域，在这个领域内专利池可能是适用的，而且能起到积极的作用。与广泛多样的基因组学不同，诊断遗传学在商业上专注于确定具有明确行业标准（用于分析突变）的疾病诊断，并且该领域参与者具有相同的目标。因此，为了诊断特定的多突变疾病（例如囊性纤维化），在克服阻碍获得遗传诊断技术进展的知识产权组合方面，专利池可能具有很大效用。[34]

那些主张将专利池作为解决健康和农业生物技术进步相关知识产权问题的人应该记住，组建专利池将面临诸多挑战，例如，除了存在或缺乏行业标准，专利池的建立和维护成本也很高。因此，除非某项特定技术已达到一定的经济门槛，否则没有财务动力建立专利池。专利池的经济可行性取决于：

- 专利池参与者的数量
- 每个专利池参与者拥有的专利数量
- 专利用于特定平台的可行性

- 组建一个可行平台所需的专利数量
- 组建平台的市场价值
- 组建并维护专利池所需的成本

随着生物技术行业的不断发展和成熟，专利池的适用性也可能会增加。

3.5 法律因素

专利池之所以经常受到谨慎对待的一个原因是，美国反垄断法将专利池置于得到允许的垄断和反垄断行为的分界点上、但并不稳定。尽管建立专利池的合法性超出了本章的讨论范围，但值得注意的是，美国司法部（DOJ）和美国联邦贸易委员会（FTC）一起，公布了专利池申请指导方针，并要求审查申请程序。[35]

美国专利商标局（PTO）总结了美国司法部/联邦贸易委员会的专利池反垄断指导方针，这是一个简明的模板，用来理解专利池是否存在潜在的反垄断含义。[36] 当法院作出反垄断裁决时，将这些指导方针视为衡量“合理原则”分析诸多因素中的一部分。[37] 以下是 PTO 文件的简要摘录。

> 自 1979 年以来，FTC 采取了类似的程序，企业可以就所提出的商业措施寻求 FTC 咨询意见。这些程序导致 DOJ 和 FTC 在知识产权许可领域制定了政策，1995 年，这些机构颁布了《知识产权许可反垄断指南》，简称“知识产权指南”，阐述了该领域的执法政策。知识产权指南针对包括知识产权所有者及其权利的专利池进行了专门阐释。

知识产权指南指出，当专利池是如下情形时，它是促进竞争的：

- 集成互补技术
- 降低交易成本
- 克服产权障碍
- 避免昂贵的侵权诉讼
- 促进技术的传播

知识产权指南还讨论了在如下情况下将公司排除在知识产权池外，也有可能是反竞争的：

- 被排除在外的公司无法在相关市场中通过有效竞争获得被许可的技术。
- 专利池的参与者在相关市场中共同拥有支配市场的能力。
- 限制参与对于专利池内技术的有效开发和利用是不合理的。

如果专利池的安排是阻碍或阻止参与者从事研究和开发，则也可能起到反竞争的作用。当这种安排涵盖了创新市场上的大部分潜在研究和开发时，发生反竞争行为的可能性更大。

DOJ 已将这些指导方针应用于审议和批准 3 个拟建立的专利池。在首次审查中，制定了以下附加指南：

- 专利池中的专利必须有效且没有过期。
- 不能是竞争性技术的集合，也不能为它们设定单一价格。
- 由独立专家来确定某一专利是否对补充池中技术至关重要。
- 专利池协议不得对下游产品市场的竞争者造成不利。
- 专利池的参与者不得在专利池的范围之外密谋价格，如下游产品。

目前，指南已被“拆解”成以下两个首要问题：

1. 提议的许可计划是否可能整合互补性的专利权

如果是这样的话：

2. 由此产生的竞争优势是否可能超过该计划其他方面带来的竞争性损害

4 结语

专利池作为可能解决专利簇问题的方案，近年来备受关注。本文的综述表明，专利池确实是一种可能的选择，但同时也要考虑其他因素。组织和建立专利池不是一件简单的事情。这是一个漫长、复杂而步骤繁复的过程，面临许多技术、法律和业务方面的挑战，需要律师、科学家、商业专业人士和其他专家跨学科领域的合作。因此，建立一个成功的专利池，需要基于完善的信息和可靠的分析，进行组织和规划。

作为有利于竞争的安排，专利池旨在进行知识产权的组合。它们有助于解决专利冲突问题（减少诉讼），解决对障碍性专利的争议（加速产品开发和提高自由实施），并促进向外部成员授予池中专利许可（加速制定标准并降低许可交易成本）。通过集成入池成员的技术互补机制来拓展经济规模。

从法律角度来看，专利池需要进行谨慎的反垄断思考，以避免专利池成员或专利池本身潜在的、已察觉的或真正的反竞争行为。从操作角度来看，只有必要的专利才可以纳入池中。最后，从商业角度来看，各方知识产权所有者的利益需要统一起来，才能把他们带到谈判桌上（建立专利池始终是自愿的安排）。

致 谢

本章的部分内容是由日本笹川和平财团资助 MIHR 编写的。其他部分由联合国工业发展组织（UNIDO）的顾问（由本章第一作者）提供支持。这两个项目的完整版本可供 Web 下载。[38]

ANATOLE KRATTIGER, *Research Professor, the Biodesign Institute at Arizona State University; Chair, bioDevelopments-International Institute, and Adjunct Professor, Cornell University, PO Box 26, Interlaken, NY, 14847, U. S. A.* afk3@cornell.edu

STANLEY P. KOWALSKI, *Franklin Pierce Law Center, 2 White Street, Concord, New Hampshire,03301. U. S. A. spk3@cornell. edu and skowalski@piercelaw. edu*

---

1 See Section 14 in this *Handbook*, titled Freedom to Operate and Risk Management.

2 Krattiger AF. 2004. Financing the Bioindustry and Facilitating Biotechnology Transfer. *IP Strategy Today* No. 8,2004. www. bioDevelopments. org/ip.

3 www. ascap. com/index. html.

4 www. biodiv. org/chm/.

5 www. vyh. fi/eng/environ/bdclearh/gene/biotech. htm.

6 www. bio-link. org/resCurriculum. htm.

7 www. bioportfolio. com.

8 Graff G and D Zilberman. 2001. Towards an Intellectual Property Clearinghouse for Agricultural Biotechnology. *IP Strategy Today* No. 3,2001. pp 1-13. www. bioDevelopments. org.

9 See also the brief note titled About MIHR and About PIPRA in the first pages of this *Handbook*.

10 www. whynot. net/. See also Nalebuff BJ and I Ayres. 2003. Why Not? How to Use Everyday Ingenuity to Solve Problems Big and Small. Harvard Business School Press: Boston, Mass.

11 www. halfbakery. com.

12 See, also in this *Handbook*, chapter 2. 6 by J Hope.

13 Yochai Benkler, Yale University. As cited by *The Economist*. An open-source shot in the arm? 10 June, 2004.

14 www. bios. net.

15 www. isaaa. org.

16 See, also in this *Handbook*, chapter 17. 18 by RY Boadi and M Bokanga. www. aatf-africa. org.

17 www. vaccinealliance. org.

18 www. mihr. org.

19 www. btgplc. com.

20 www. conceptfoundation. org.

21 A fairness opinion provides an independent, objective analysis of a proposed deal's financial aspects from the point of view of one or more of the parties to the transaction. Any number of factors in deals involving both public and private companies can trigger the need for a fairness opinion. These documents are frequently used to protect the interests of company directors, stockholders, investors, and involved parties with any kind of fiduciary responsibility. Fairness opinions are often requested in deals involving public offerings, leveraged buyouts, or major refinancing/restructuring.

22 McCarthy JT, RE Schechter and DJ Franklyn. 2004. *McCarthy's Desk Encyclopedia of Intellectual Property*; Third Edition. Bureau of National Affairs, Inc.: Washington, DC.

23 Klein JI. 1997. An address to the American Intellectual Property Law Association on the subject of crosslicensing and antitrust law. Reprinted at www. usdoj. gov/atr/public/speeches/1123. htm.

24 Gaulé P. 2006. Towards Patent Pools in Biotechnology? *Innovation Strategy Today* 2(2):123-34. www. biodevelopments. org/innovation/index. htm.

25 Van Overwalle G, E Van Zimmeren, B Verbeure and G Matthijs. 2006. Models for Facilitating Access to Patents on Genetic Inventions. *Nature Reviews Genetics*. vol. 7, pp:143-48.

26 See *supra* note 23.

27 See *supra* note 21.

28 See *supra* note 24.

29 Ibid.

30 The information used in this section is adapted from the article of Verbeure B, E Van Zimmeren, G Matthijs and G Van Overwalle. 2006. Patent Pools and Diagnostic *Testing. Trends in Biotechnology* 24(3): 115-20.

31 See *supra* note 24.

32 Merges RP. 1999. *Institutions for Intellectual Property Transactions: The Case for Patent Pools.* www.law.berkeley.edu/institutes/bclt/pubs/merges.

33 See *supra* note 23.

34 Ebersole, TJ, MC Guthrie and JA Goldstein. 2005. Patent Pools and Standard Setting in Diagnostic Genetics. *Nature Biotechnology* 23(8):937-38.

35 U. S. Department of Justice and Federal Trade Commission, Antitrust Guidelines for the Licensing of Intellectual Property. 6 April 1995. www.usdoj.gov/atr/public/guidelines/0558.pdf.

36 Clark J, J Piccolo, B Stanton and K Tyson. Patent Pools: A Solution to the Problem of Access in Biotechnology Patents? U. S. Patent and Trademark Office. 5 December 2000. www.uspto.gov/web/offices/pac/dapp/opla/patentpool.pdf.

37 See *supra* note 21.

38 Krattiger A, S Kowalski, R Eiss and A Taubman. 2006. Intellectual Property Management Strategies to Accelerate the Development and Access of Vaccines and Diagnostics: Case Studies on Pandemic Influenza, Malaria and SARS. *Innovation Strategy Today* 2(2):67-122. www.biodevelopments.org/innovation/index.htm. See also *supra* note 2.

第三部分

与创新相关的政策和法律环境

第 3.1 章

法院与创新

波琳·纽曼（PAULINE NEWMAN）
美国联邦巡回上诉法院法官

▌译者 沈慧芝 ▌审校者 刘晓娜 李紫陌 焉石 张熠 殷宏

摘 要

在快速发展的经济环境中，纠纷在所难免，现行法律提供了公正有效的解决方案。而在快速发展的生物技术领域产生的纠纷常常是既无先例，也未达成共识的法律问题。然而，法律是充满活力的，能够适应不断变化的科技环境。在技术发展日新月异的时代，法律体系兼具稳定性和变化性，反映了科学对社会的影响。法庭必须对当今社会中出现的知识产权纠纷等科技问题作出正确的判决，通过法律的稳定性和可预测性保障经济平稳运行，支撑产业创新和国家利益。

1 引言

与其他技术领域一样，法院对生物技术领域的发展、保护、转移和商业化过程起到一定作用，包括解决纠纷的传统作用，以及在普通法的演变过程中发挥的作用等。虽然国内外经济越发依赖技术发展，但却始终依托反映文化传统和新兴科技发展的法律体系。这样的法律体系能够使法院通过诉讼程序和最终判决影响经济社会的发展。

法律制度在经济贸易方面有 3 项使命。首先，法律制度应建立包括知识产权在内的产权相关制度和规定。其次，法律制度应通过防止民事违法犯罪，保护产权不受非法处置。最后，在合约、销售及竞争等环节，法律制度应设立产权交易和转移的相关

Newman P. 2007. The Courts and Innovation. In *Intellectual Property Management in Health and Agricultural Innovation: A Handbook of Best Practices* (eds. A Krattiger, RT Mahoney, L Nelsen, et al.). MIHR: Oxford, U.K., and PIPRA: Davis, U.S.A. Available online at www.ipHandbook.org.

规则并加以实施。此外，法律制度应建立商业活动的进入和退出机制，例如，公司法、破产法及诸如反垄断法和知识产权法等有益于竞争和创新的法规。在技术的研发、管理和转移过程中，有效的法律制度为国内和国际约束力的稳定性、可预测性提供支撑。这个概念适用于全球：加强法治对每个国家和组织都有深远的影响。就知识产权法而言，它受到许多相关政策的影响。理解法院如何平衡彼此冲突的政策可以为企业、技术经理和科学家提供有益的指导。

当今生物学前沿领域也有诉讼纠纷，这些诉讼不仅把我们带到了科学的前沿，也把我们带到了政策相互冲突的边界，这些冲突往往是在以往的司法经验中未曾经历过的。霍尔姆斯（Holmes）大法官曾说："法律的生命不是逻辑，而是经验。"人类凭借经验把科技引入普通法及财产权利、人类责任、公平公正等基本概念中。然而，涉及科技的诉讼又给法制体系的基石带来了新的挑战。

法官并不能制定国家政策或产业政策，此类政策起源于本国文化，并依托国家法律得以维持。然而，对政策的理解在司法判决中至关重要。当涉及技术和生物学时，法理学的基本状况以及各个案件的判定可能会对国家经济和公众利益产生影响，甚至会产生深远的国际影响。科技产品的发展能带来公众利益，但有赖于科学界和产业界的共同参与才能实现，本着这样的理念，这本《手册》应运而生。当前，我们处于一个科技进步普及的时代，上述多方面的理念所带来的公众利益及其在经济领域和全球各国之间的扩散传播，值得我们全力以赴、为之努力。

2 法院和技术进步

社会选择规则，法院执行规则。一个可靠的纠纷解决机制可以促进技术进步、经济增长，并带来公共利益。快速发展的商业社会中，纠纷在所难免。现行法规为解决这些纠纷提供了公正迅速的解决方案。快速发展的生物技术给法庭带来了既无先例、也无共识的问题。在这样的领域，科技发展带来的法律问题往往需要通过法庭解决，而法庭作出的判决可能会影响经济发展和技术进步。

美国最高法院于1980年就*Chakrabarty*案作出的判决就是一个例子。[1]尽管有人预测任何生命形式被授予专利会带来可怕的后果，法院作出的判决却允许国家经济对工业化的生物技术打开大门，使这一新兴领域实现了商业化。此项判决为人类社会带来的益处已在今日彰显。生物技术产业的发展证明了司法的远见，因为当初，美国专利局拒绝了Chakrabarty博士的降解石油遗传改良细菌的专利申请。美国关税和专利上诉法院以及最高法院却作出了相反的判决。

另一个例子来自美国联邦巡回上诉法院，该案例在摇摇欲坠的经济中振兴了科技创新。科学界和产业界认识到，由于未能充分理解科学研究、技术进步和商业投资的关系，法庭层面所执行的国家政策对产业创新的支持力度不足，造成一系列不利影响，如贸易逆差大、产业研发创新滞后、科学工程人员大规模失业、资本形成不足、生产停滞、国际竞争力丧失等。

最主要的问题是在司法层面存在对专利制度及其目的和程序的误解，人们认为专利可能因诸多诉讼而被驳回，导致其不能为商业投资提供可靠支持。司法部门关于专利许可的“九不政策”进一步抑制了技术转移。在20世纪70年代后期的经济衰退时期，研发新技术的投资严重紧缩，以致人们接受了戏剧性的补救措施——联邦司法结构在百年间第一次进行了调整。[2]

联邦司法系统进行了重组，国家上诉法院负责受理国内所有的专利上诉。这些上诉可能来自地区法院、国际贸易委员会或专利局。[3]采取上述做法是希望国家上诉法院能够更好地理解相关政策并纠正错误观念，避免因法官原因减少专利带来的经济红利。上述做法的目标是通过加强法律的稳定性和可预测性，促进经济稳定并支持产业创新。此次重组虽然备受争议，但在威斯康星州的议员代表罗伯特·卡斯滕迈耶（Robert W. Kastenmeier）、参议员罗伯特·多尔（Robert Dole）和帕特里克·莱希（Patrick Leahy）等国会议员的努力下，此次重组最终完成。这是一次通过改变国家的法院体系来促进科技进步的伟大而有创造性的行动。这项举措带来的影响是革命性的，能够激励成熟企业和初创企业致力于研发和改进科技产品。

通过强化专利的激励机制，使产业发生了可喜的变化。人们很难有机会见证司法结构调整对经济活力产生如此直接的影响。

3 变革中的专利法

技术通过市场力量进入公共市场的法律框架与一切商业法律相关。所有法律首先要考虑国家利益。专利法有益于技术研究与产品商业化，不仅能够让公众体会到新技术的好处和便利，也实现了产品、就业和贸易的结合发展。这些社会和经济政策进一步巩固了知识产权相关法律。

自20年前开始，美国联邦巡回上诉法院有序地将专利法纳入主流法律。法院实施了专利法，恢复了暂停实施的法律原则，并应用于所有技术领域的决定中。以下是一些判决规则的例子：

- 如同其他诉讼程序一样，专利案件中可以使用即决判决
- 专利案件中的同意判决与和解协议不得违反公共政策
- 如同为了利益可以禁止财产转让一样，可以通过质疑专利的有效性而禁止专利出让人转让专利
- 如同其他侵权行为一样，侵犯专利权是错误的行为，需要加以赔偿。
- 如同其他侵权行为一样，专利赔偿中应对被侵权方的所有损失作出充分估量
- 按照成文法的要求，假定专利是有效的
- 在专利保护的不公平行为证据认定中，需要同时考虑侵权方的实质性和欺骗性意图
- 专利案件中的初步禁令与其他领域采用相同标准（见最高法院的最新澄清[4]）

法院初期就对“显而易见性”的判断（美国最高法院目前正在审查此主题）制定了客观的标准，法院和专利局采用了统一的法规，禁止挑选法庭上诉的行为，总体恢复了专利制度的有效性，为产业创新提供支撑。专利带来的“新力量”引起了许多媒体的关注。

美国联邦巡回上诉法院和最高法院的后续决策旨在完善法律，并使其更为精密。对许多判决而言，起决定性作用的是科学和技术，而不是法律条文。为此，法院调整了法官和陪审团在解读专利中的作用。*Markman* 案[5]中，就是把专利权利要求的解读权赋予了法官而非陪审团。这对庭审流程和专利内容的解读均产生了影响。这一决策至今仍存在争议。另一个备受争议的判决是 *Festo* 案[6]。该案件减少了专利权所有人获得未要求保护的类似技术的权利要求范围。这类决策的重点是加强专利保护范围的可预测性，促使发明者提供更充分的技术描述，鼓励其进一步进行技术开发。专利保护范围需要严格的公开才能获得，而假冒者往往利用公开的专利创新概念规避被保护专利的保护范围，这之间的平衡有赖于客观权衡法律方向带来的利弊，相关利益方为此寻求最佳政策，并希望其付诸实施。

生物科学的发展及应用常常带来未曾出现的法律情形，新的法律问题层出不穷，比如可申请专利的技术主题及科学研究的性质和行为等。当纠纷出现时，法院需要根据具体事实解决此类问题。其解决方案需要与法律条文及以往案例一致，同时兼顾经济实际、科研激励和公正性。由于知识产权相关的法律和经济理论具有多面性，在遇到个别互相矛盾的政策时司法判决会受到以往判例的影响。例如，一些专家认为专利主要是一个经济工具，另一些则认为专利基于自然权利和公平原则；一些专家唯恐专利法阻碍了知识和想法的交流，另一些则认为专利制度的缺失会阻碍知识的产生，甚至阻碍通过发明创造带来公共利益。笔者认为，关于专利作用的争议在很大程度上源自既得利益者片面强调并利用专利制度的某一目的，而法院则以“一刀切”的法律形式服务公众和国家利益。

4 科技问题的判决

科学技术的复杂性对知识产权法律各方面的司法解释和运用发起了挑战。在托马斯·杰斐逊的年代，受过教育的人可以理解生活中的所有已知技术。而今天我们提出的诉讼问题，其科学架构让专业人士都难以招架。这些问题包括法律技术应用的典型领域，如医疗纠纷中的因果关系、产品责任、环境问题和专利侵权等，也包括新的宪法和个人问题，以及来自新的科学知识及其应用所带来的商业权利。

诉讼中遇到的科学问题很少是简单易懂的，常常涉及尚待探索的领域，并与政策问题交织在一起。不断发展的生物学和遗传学以各种方式出现在法庭，如犯罪行为、就业问题、保险问题、医疗问题、产品责任以及知识产权等。不管法官的司法直觉多么敏锐，为人多么明智和仁慈，并不总能通过法官的理性分析、世俗经验或对可信性的本能判断等传统方式，解决科学或技术相关的问题。

那么，法院如何还原科学和技术问题的真相呢？如何公正地解决科学技术带来的问题给司法带来了巨大挑战。尽管如此，大多数法官还是希望不要偏离对抗制的审判程序——这不是出于原则，而是源自经验。法官们深知，并非所有的科学问题都有明确的答案，科学真理往往是作为证人的科研人员诚实却有分歧的观点，法庭需要解决的许多问题并没有确切答案。科学事实不像基于人们记忆和信用的传统诉讼事实。在传统司法事实的调查中，也存在对事实或谬误的等级、证据的权重和价值的疑问等。

法官所说的“事实”受到观念差异的影响，而科学的事实应该是客观且绝对的。但问题是，科学事实在诉讼过程中往往是未知的。要求法官基于现有知识解决科学家们尚无定论并可能无法解决的问题，负有举证责任的一方就会受到惩罚。

幸好，法学和科学之间存在着天然的伙伴关系，两者都增进了人们对自然法则的理解。法律及其处理的科学问题沿着不规则的路径，以不同的方向和步骤摸索前行，有时从错误开始，经常遭遇死胡同，在过去积累的基础上，形成了连贯稳定的知识体系。费里克斯·法兰克福（Felix Frankfurter）大法官将决策过程称为“在难以预料的事物间寻找相关性”，这一词汇用于形容不断发展的生物技术领域再适合不过。

法律是充满活力的，能够适应不断变化的科技环境。当今时代，技术变革快速发展，法学既提供了稳定的成文法律，也反映着社会对科学的影响。但是，科学和技术问题必须得到正确判决，涉及知识产权的纠纷就是一个例子。

为了判定科学和技术证据的可靠性，最高法院建议法官使用与科学界相同的标准。这并不容易，即使法官们能够理解科学方法，但科学本身令人望而生畏。逻辑思维的习惯和精确的推理是科学和法律所共有的，理论和实践每一次巧妙理智的融合，都有助于使复杂问题通过理性思考得到解决。虽然法官无法在实验室里检验自己的理论，但他们通过积累的知识和既往的智慧验证理论，这就是判例法的传统和优势，它能够不断适应变化，有效解决生物学新问题。

5 未来何去何从

司法决策的一个主要问题是如何公正地解决当今高新科技引发的纠纷。这个问题超越了知识产权法律的范畴，法庭上遇到的许多问题（如环境法律、通信技术、产品责任、取证以及其他犯罪问题）都变成了科学和技术问题，这些问题的复杂程度远超数年前，想要解决需要充分了解法治，了解其保护的公共利益及私人权利，保障诉讼当事人的权益，关注立法意图，以及其开放性、制衡性和正义性。

法治以鲜活的法律为基础，吸收过去的经验，适应变化的形势。法官必须理解以往和现行法规适用的社会经济结构。必须维持法律体系的稳定性，避免在以信赖为基础的领域引入不确定性。然而，新的问题不断出现，或旧的问题遇到了新的情况，例如，是否存在或者在何种情况下允许研究时使用他人的发明专利这一问题。在科学领域特别是生物科学领域，当基础研究和应用研究之间的界限变得模糊或不复存在问题之前，没有人认真思考过上述问题。

对于生物学新领域来说，法律的发展总体落后于科学的进步。法律通常滞后于社会变化。相对于生物遗传领域及生物多样性和农业生物技术领域层出不穷的问题，法律的进展可能太过滞后了。我们在思考科学领域新的法律及政策问题时（例如遗传科学进展所带来的问题），要考虑宪法原则。对人类多样性的保护——包括疾病、丑陋和低能人群——是宪法层面的问题吗？福尔摩斯（Holmes）大法官在判决意见中所表达的“三代智障已经足够”（three generations of imbeciles is enough）[7] 至今为人们诟病。他被批评是因为支持还是反对绝育吗？法庭案件常常促使人们思考法律的基础及相应的历史、社会和经济政策。

商业社会中，公共利益和私人利益交织，生物领域的发展带来了新的争议，这些争议在法理学领域可能还没有定论。笔者鼓励科技领域的研究者和传播者思考法律本来应有的样式，共同为现在和未来的科学技术进步寻找到最佳的法律框架。

PAULINE NEWMAN, *Judge, U. S. Court of Appeals for the Federal Circuit, National Courts Building, 717 Madison Place NW, Washington, DC, 20439, U. S. A. NewmanP@cafc.uscourts.gov.*

---

1 *Diamond v. Chakrabarty*, 447 U. S. 303(1980).

2 The Bayh–Dole Act, discussed elsewhere in this *Handbook*, was also implemented at this time, as part of the larger purpose of revitalizing commercial development of the products of academic science. See also, in this *Handbook*, chapter 3. 3 by GD Graff and chapter 3. 2 by R Nugent and J Keusch.

3 This patent–related jurisdiction was initially about 12% of the Federal Circuit's assignment, for the plan was to assure diversity and breadth of experience and responsibility. The number of patent–related cases has since increased, but they are still a minority of the court's assignment, which includes claims against the government, childhood vaccine injury cases, tax cases, Native American claims, veterans appeals, Fifth Amendment property takings, international trade and customs cases, and several other areas of national appellate jurisdiction.

4 *eBay v. Merc Exchange, L. L. C.*, 126 S. Ct. 1837 (2006).

5 *Markman v. Westview Instruments, Inc.*, 517 U. S. 370(1996).

6 *Festo Corp. v. Shoketsu Kinzoku Kogyo Kabushiki Co.*, 535 U. S. 722 (2002).

7 *Buck v. Bell*, 274 US 200 (1927).

第3.2章

全球健康

——《拜杜法案》的经验

瑞秋·A. 纽金特（RACHEL A. NUGENT）
美国全球发展中心健康项目高级助理
杰拉尔德·T. 基乌什（GERALD T. KEUSCH）
美国波士顿大学医疗中心和公共健康学院院长

▌译者 沈慧芝 ▌审校者 刘晓娜 李紫陌 焉石 张熠 殷宏

摘 要

公共机构帮助提供公共健康产品。具体而言，获得公共研究经费的大学必须为公众带来利益，不应仅限于将研究发现许可给私营部门进一步开发。美国《拜杜法案》（*the Bayh-Dole Act*）是管理、指导和促进公共研究所产生的知识产权得以运用的法案，该法案25年的实施经验为正在建设知识产权系统的发展中国家提供了参考。《拜杜法案》成功地促进了一大批通过公共资助研究获得的知识产权，但由于私营部门缺乏强烈的盈利动力，这一法案在健康产品生产上的成效不大。当前的实践低估了“公共利益”方面的需求，尤其针对贫困人群。解决这一问题可能需要公共部门及其生物医学科学领域的学术合作伙伴将公共资助研究成果的部分许可收入投入被忽视的贫困人群中常见的疾病项目中。从公共资助研究中获得的知识产权可以用于与私营企业谈判许可协议，要求私营部门重视这些被忽视的疾病。公共部门和学术研究部门也应该探寻与私营部门建立新的合作方式，减轻贫困人群疾病负担。

1 引言

过去50年，在生物医学和卫生健康领域，美国公共和私营部门科研从业者的研究

Nugent RA and GT Keusch. 2007. Global Health: Lessons from Bayh-Dole. In *Intellectual Property Management in Health and Agricultural Innovation: A Handbook of Best Practices* (eds. A Krattiger, RT Mahoney, L Nelsen, et al.). MIHR: Oxford, U.K., and PIPRA: Davis, U.S.A. Available online at www.ipHandbook.org.

强度和成果产出速度大为提高。大量安全有效的药品药物、疫苗和众多医疗器械横空出世，广泛覆盖了各类疾病并完善了医疗条件。但是，在目前的法律和政策下，由于过分依赖私营部门所设立的标准，错误地估计了公共健康研究带来的益处。此外，在日益开放的全球化世界中——疾病造成的风险和研究带来的益处可能来自任何一个地区——所以说从公共部门对卫生健康的投入中受益的社会应该是全球性的。因此，美国联邦研究投资所形成的“公共利益”应该造福美国和国际社会的贫困人群，应进一步调整知识产权法律和运用情况，从而提高投资效益。

据估计，全球健康研发支出 1060 亿美元，其中约 50% 来自公共部门。[1] 在美国，美国国立卫生研究院（NIH）统筹大多数生物医学和行为研究方面的公共资助。2006 年，其研究经费大约是 280 亿美元。这一数字远远超出发展中国家的公共研究经费。但是，发展中国家的研发投资会持续增长，随之而来的知识产权也会不断增加。随着知识产权制度的发展，发展中国家应进一步减少或避免针对贫困人群在健康和医疗方面产品开发障碍。

直到最近 10 年，全球才开始关注发展中国家贫困人群和边缘人口的健康需求。[2] 公众的注意力落在了本国法律及全球性的《与贸易有关的知识产权协定》（TRIPS）所体现的知识产权和贸易保护体系上。此外，最近关于发展中国家低收入人群获取药物的争论，凸显了专利制度和知识产权法律在晦涩难懂细节上存在争议。[3] 媒体经常把这些争论描绘成富国和穷国、大型医药公司和病人、冷漠的官僚机构和热心的救援组织之间的斗争。然而，这样描绘可能会引起公众和决策者的注意，他们要么将问题过于简单化，要么会掩盖问题的真正本质，反而为寻找解决方案制造更多的障碍。

经济、法律和政策为实验室的创新成果走向消费者架起了桥梁，但也给相应成果惠及贫困人群设置了障碍。经济方面主要的障碍是将基础研究成果转化成产品时成本过高。法律方面主要的障碍是复杂的所有权体系过度地保护了研发投资者。而政策性主要的障碍在于无法平衡研究者、消费者和企业之间的竞争性利益矛盾，他们在利润丰厚的医疗服务行业中彼此竞争，寻求最大利益。在发展中国家，随着知识产权制度的发展，应避免重蹈覆辙，为开发和提供面向贫困人群的健康医疗产品保驾护航。

本章概述了几种方案，帮助公共领域和大学的决策制定者重新调整知识产权策略，以消除这些障碍。首先，本章解释了政府投资生物医学领域的合理性和此类投资可预期的公共利益。其次，本章讨论有关联邦资助研究技术转移的主要法律，并概述了其通过的立法背景。最后，本章为公共领域和大学提出了一些创造性的方案，促进生物医药领域的成果可以惠及贫穷国家或使全球受益。其中的一些做法也可以被发展中国家的研发投资者和大学采用。

事实上，公共研究机构可通过几种方式增加资源和工具，以满足发展中国家的公共健康需求。在上游，公共研究机构可以增加对发展中国家和相应疾病的研发投入；也可以与目标一致的私营或非营利性实体合作。在下游，公共研究领域可直接向发展中国家提供援助，帮助相应机构提高能力建设，为贫穷国家的需求者提供产品，减少技术转移的障碍，与产业界或学术界合作，加快研究成果转化。这些建议大多数也适用于健康和医药领域之外的其他领域。

2 健康研究的公共领域投资

公众普遍认为，获得公共支持的基础研究对新的医疗技术发展做出了巨大贡献，这也是美国国立卫生研究院（NIH）的使命之一。此外，美国国会和国立卫生研究院的领导层认识到，全球健康状况的改善和美国公民健康状况具有直接联系。根据国会的要求，美国国立卫生研究院等公共研究机构肩负使研究成果惠及全球的使命。因此，美国国立卫生研究院根据发展中国家特定的健康需求，对部分研究资源和研究培训资源进行了分配（如艾滋病毒/艾滋病、结核病、疟疾、烟草相关疾病、认知发展障碍和其他疾病）等。美国国立卫生研究院还通过与私营企业进行技术转移谈判，深入开发相关实验室的研究发现。

值得强调的是，美国国立卫生研究院的研究经费中，约有 90% 用于支持外部项目，这些项目大部分在大学开展。根据 1980 年《拜杜法案》相关规定，大学享有其研发技术的所有权。因此，知识产权管理创新所能产生影响的程度取决于大学校长及其技术转移官员所作出的决策，这些决策决定了受公共资助研究产生的知识产权将被如何使用。以下大多数建议是出于对他们的特别考虑，发展中国家也可以采用类似安排。

2.1 生物医学领域公共投资的合理性

有人提出了一些论点来证明政府在资助研究方面的作用。虽然相关讨论主要集中在生物医学领域，但同样的论断也适用于其他领域。第一，由于基础知识积累是应用的前提，因此资助基础研究是政府提供公共投资的典型做法。由于市场对基础知识创造和运用的投资不足，政府对基础生物医学和健康研究的投入是有效利用社会资源的方式。此外，公共部门持续投资也很重要，以免私营部门由于开支增加而控制公众获得基础知识。公共资助研究的成果——无论是基因组学、发育生物学、衰老、新发传染病、分子病毒学、癌症或者其他的科学领域——都为公众提供了各种好处。这些成果不仅体现在新的医药技术上，也以尚不明确及未曾预料的方式体现。例如，美国国立卫生研究院对逆转录病毒研究的投资，为了解艾滋病的实质奠定了前期基础。

第二，用公共经费资助研究，能确保研究数据可以被科学家尽早使用。学术研究生涯取决于研究产出，甚至有“要么发表要么出局”（publish or perish）的说法。在公共资助的研究领域，研究成果常常通过演讲、发表出版和专业网络迅速传播。然而，私有经费资助的研究没有义务确保其他研究人员或公众获悉研究结果，有些情况下甚至可能因公司政策决定而对研究结果保密。[4] 这个差异在公共资助的人类基因组计划和私有经费资助的测序研究上有所体现。前者通过公共网络即时公布数据，后者则没有——尽管后者也从人类基因组计划的研究结果中获益。

第三，公共支持的研究可以填补私营部门忽略的知识空白点。因为公共部门采取的是基于利润以外的激励措施。政府支持的研究可以根据社会需求、研究前景等因素确定优先序，不像私营部门主要关注产品的市场前景等其他因素。因此，成果能否转化为产品很大程度上是由私营部门决定的。这样就意味着，公共研究的技术开发总体上是秉承“投资获得回报”的观点，根据私营部门的发展优先序而决定的。不可否认，公共和私营部门的利益是存在分歧的。然而，在美国，这些分歧通过多方谈判及审查流程进行了分类，有时意见会不统一，但总体上是开放透明的。

第三点带来的重要结果是公共资助研究可以解决基础问题，而不需要过多考虑研究成果的应用。联邦资助研究产生的专利通常是早期技术，常常为其他研究者提供方法和材料。[5] 联邦实验室的研究成果若要进入市场，通常需要多年的额外资金支持。这就解释了为什么生物医学领域的公共和私营领域投资是相互依存的：公共部门的研发成果通常是由私营部门进行产品开发。这种关系的后续效应就是私营部门拥有是否将新的研发成果转化为产品的主导权。这意味着，公共研究的技术开发由私营部门的发展优先序决定。

2.2 平衡公共和私营领域的研究投入

公共和私营部门间的协同关系总体上是高产高效的。然而，这种关系下，将公共研究成果转化为公共产品的前景还具有不确定性。从理论上讲，公共部门除了支持基础研究，还有责任确保研究成果惠及大众，如何完成这一责任还有待探索。在目前的情况下，公共部门在下游的产品研发和市场化方面，能力有限且经验不足。从事产品的研发推广不仅耗费资金，也不能发挥公共部门的相对优势。

因此，公共部门需要两种投资：一种是通过支持基础研究来促进私营部门的投资，这些基础研究成果最终将形成私营部门开发的产品；另一种则是通过投资私营部门不想投资的领域来弥补私营部门的不足。这两个途径对于满足公共部门改善大众健康的需求都至关重要，公共部门应不断调整这两类投资的比重。

公共研究机构面临的难题是，不管公共资金看起来有多庞大，相对科学机遇来说还是有限的。因此公共研究机构必须对研发资金的流向作出取舍，同时，也无法对技术进行充分的开发以惠及大众。全面充分开发一项新技术耗资巨大，研究探索过程中资金消耗量非常大，最终往往却是颗粒无收。[6]

最严重的问题是预期市场太小、投资前景不足导致一些研发半途夭折。在健康科学领域，这一问题主要体现在两类研发产品上：一是针对贫困人群或发展中国家疾病的产品研究（例如热带疾病和寄生虫病）；二是更适合发展中国家健康医疗体系递送或应用方式的产品研究。令人欣喜的是，在过去的 5 年里，通过公私合作伙伴关系（PPPs），更多研发投资转向了容易被忽视的贫困人群易患疾病的研究：来自公共部门和产业非营利性合作伙伴关系的研发开支从 2000 年年均 2300 万美元增长到 2004 年年均 4400 万美元。[7]

为了平衡上述利益，美国国立卫生研究院制定了研究资源共享指南。[8] 同时，美国国立卫生研究院对其资助的研究成果所转化的药物或疫苗进行了跟踪，并将已通过美国食品药品监督管理局审批的药物和疫苗在该院网站上公布。[9] 这个公布系统记录了研发过程中获得美国国立卫生研究院支持的所有商业化技术。发展中国家可以效仿，对研究投入的成效进行跟踪记录。尽管这个公布系统提供了关于研究成果应用的有价值信息，但仍是后验式的。

3 知识产权法律和公共研究投资

成功的研究活动创造了知识产权，但这种产权何时会增强公众利益呢？在美国，政府资助研究获得的知识产权，其地位和所有权会受到一系列公共法律的约束，这些法律建立了美国政府和私营部门共同认可的现行原则和程序。本文讨论的是25年前颁布的重要法案，尽管这些法案自那时起已有小幅度修订和完善，其重要性仍不容置疑。这些法案包括《史蒂文森-怀德勒技术创新法案》（P. L. 96-480）（*the Stevenson-Wydler Technology Innovation Act*（P. L. 96-480））和《拜杜法案》（专利和商标法的官方修正案，P. L. 96-517），其中《史蒂文森-怀德勒技术创新法案》是针对政府实验室完成的内部研究作出的规定，《拜杜法案》是对在政府实验室外完成的研究作出的规定。[10] 两项法案均于1980年通过，用于促进政府支持的研发技术被更好地应用。了解上述法案的立法史，有助于理解法律如何才能带来公众利益。

3.1 《史蒂文森-怀德勒技术创新法案》和《拜杜法案》的历史

在20世纪70年代，美国国会对联邦投资研发，拥有专利但缺乏后续开发应用感到担忧。当时，美国政府持有的28 000项专利中，只有5%对外许可得到应用。而私营领域研发的专利中，有25%~30%得到应用。[11] 这些情况促使国会对如何将联邦资助的研究转变为可用技术进行了调研。国会得出的结论是，对于学术界和私营部门来说，利用政府支持的研发产生的专利来开发可用技术时，遇到的障碍太大，得到的激励却太少。当时没有对公共部门参与下游活动进行讨论。

运用联邦专利的主要障碍是相关机构不愿意将专利独家授权许可给企业研发产品。独家授权许可能够使一个企业在相关领域享有垄断地位，有利于激励企业进行产品测试开发。企业还抱怨说，即使是试图获得非独家授权许可也是一个令人难以忍受的极其缓慢的过程。为了保护研发成果能带来公众利益，联邦机构在专利授权许可方面给企业增加了许多要求和负担。国会发现，若私营企业不能享有独占权利，且从不同机构获得专利使用权的流程也不够便捷，那么企业就不愿承担将联邦技术推向市场过程中所需要的风险和费用。[12]

《拜杜法案》和《史蒂文森-怀德勒技术创新法案》的出台，就是为了改变当时的形势。这两项法案创建了适用于所有联邦机构的统一许可制度，减少授予许可所需的步骤，并鼓励企业为联邦专利商业化而投入风险资本的做法。最重要的是，《拜杜法案》允许大学和小型企业等政府承包商获得政府资助发明的所有权，而不是以前由政府作为专利唯一所有权人。法案还允许受让人和承包商将这些专利进一步开发所获得的技术许可给小型企业和私营部门使用。[13]《史蒂文森-怀德勒技术创新法案》允许联邦政府实验室开展内部研究时享有同样的权利。

新法规的目的是转让知识产权所有权及取得相关收益。法规允许企业获得联邦政府资助的大学研究成果许可并进行产品研发，在竞争中受到充分的法律保护。根据美国国会研究服务中心（CRS）报告："法规的支持者认为，这种好处比起政府对技术的初步投入，或比起与联邦部门和机构打交道时，一家公司比另一家公司具有潜在的不公平优势更为重要。”[14]

有趣的是，《拜杜法案》最初针对专利商业化提出过一个偿还机制，用于回报政府纳税人的投资。这一规定在最后决议阶段被取消，原因是偿还机制在技术层面上还存在分歧。[15] 立法历史表明，尽管大家普遍接受私营企业使用公共项目资助研究的技术成果时应给予公众合理的回报，但在具体实施细节上该项规定最终未被采纳。[16]

尽管如此，该法案还是通过了几项条款，确保授予专利持有人和许可方的独占权不被滥用。知识产权专家对这些条款争执不休，也引起了私营部门的恐慌，他们担心的是，政府会在何时根据哪项条款对他们提出要求。上述立法历史表达了国会的观念：利用公共研究成果研发健康产品符合大众利益，即使必须要政府采取行动。

《拜杜法案》对立法意图做了以下说明：“需确保政府在联邦政府支持的发明中获得足够的权利，以满足政府需求，并杜绝发明不被公众所使用或被不合理使用……”[17] 以下是政府为实现上述目标而保留某些权力所设立的条款：

- 美国政府在全球范围内代表美国享有专利的非排他性、不可转让、不可撤销、已结清的许可使用权。[18]
- “介入权利”是指在特殊情况下，政府可要求许可方或专利持有人将专利的使用权授予另一个用户，并获得一定补偿。本条款中的特殊情况是指在约定时间内对专利运用不足，或许可方及专利持有人无法满足特定的健康或安全需求。[19]

第一个条款，允许政府使用技术，被狭义地解释为政府唯一的真正意图。由于截至目前对这一条款还没有发生过完整起诉，私营医药企业很担心对条文的不同解读会威胁到他们的经济利益。这项规定是在理论上允许政府为了使命职责而实施技术，或与第三方约定实施技术。因为美国国立卫生研究院的使命是“确保和分配研究所需资源，并支持对研究所需要资源的开发和维护”，一些人认为这会限制美国国立卫生研究院在这一条款的行动范围，[20] 本着维护公共健康的使命，美国卫生及公共服务部更有理由行使维护政府权利的这一条款。

第二个条款是政府介入条款。这一条款受到了更多关注，经历了更广泛的探讨。这一条款仅在一个案例中得到过正式验证。在该案例中，美国国立卫生研究院拒绝使用介入条款，驳回了申诉人的技术使用诉求。[21] 政府和相关方（主要是得到政府研究资助或预期许可的第三方）就此案例对以何种程度使用介入条款都表明了立场。争论的焦点是何为“及时推广”，以及怎样界定需要政府介入的健康或安全需求。[22] 大量请愿记录显示，大学和企业非常担心介入条款会削弱《拜杜法案》赋予它们的许可权利。也有记录显示，有关政府介入的请愿将催生成熟的法律程序，给任何潜在的申诉人增加时间和财务成本。

3.2 《史蒂文森-怀德勒技术创新法案》和《拜杜法案》出台后的25年

美国政府颁布了上述法律，用于管理和使用政府对健康研发资助所产生的技术。评估这些法律，首先要评估其是否符合立法意图。大多数对《拜杜法案》和相关立法的评估都得出了相同的结论：这些法律起到的作用符合国会的意图。[23] 在生物医药领域，这些法律条款极大地促进了从研究者向私营企业的技术转移，改善了政府的专利申请和许可程序，并向公众提供了改善健康状况的公共产品。[24] 因此，加强私营部门使用联邦资助研究成果的目标似乎已经实现。[25]

与此同时，研究型大学经历了重大变革，研究议题和研究人员的工作时间越来越向营利性集中。《拜杜法案》通过后的 25 年里，美国主要的研究型大学都设立了业务精湛的技术转移办公室，配备了处理专利和许可的专业人士。通过设置专门机构，大学开始期望其研究成果能够获得经济回报，即来自专利和许可的提成及许可费。在一些大学行政人员的眼里，这种收入是对其开展联邦资助研究所花费成本的合理补偿，大多数大学认为，企业对大学成本的耗费超过了联邦政府提供的补助。

谁都无法保证会从研究中获得财务回报，大多数大学即使没有这些额外收入也已经运行了很长时间。虽然会影响人员扩增和设施扩建，但他们仍然可以保持原状。《拜杜法案》的立法意图并不是为大学提供补充收入，而是促进创新以及增加技术对经济的贡献。大学确实承担着服务公众的责任，但普遍来说，它们首先关注的是大学自身的问题，其次才关注所在州和所在国家的健康问题。大多数大学既没有解决好也没有平衡好创业与造福公众的知识产生、使用及传播之间的关系。

最近的分析结论显示，随着时间的推移，尽管通过技术转移获利的大学已逐渐增多，但仍有许多大学未从研究成果的许可使用中获利。[26]

少数大学通过一鸣惊人的技术赚取了高额专利费，有些大学每年获得几百万美元的收入。但大多数大学在技术开发方面的商务进展仍然很有限。2004 年的 1500 项授权许可中，只有 1.5%（67 项）* 获得了超过 100 万美元的收入。根据 2004 年度 196 家美国机构对大学技术研究办公室的调查反馈，该年度来自专利许可的收入达 14 亿美元，来自转让的收入达 12 亿美元，研究支出约为 410 亿美元，提交了 10 000 项新的专利申请。[27]

《拜杜法案》和《史蒂文森-怀德勒技术创新法案》颁布后的 25 年中发生了许多变化，全球健康得到更多关注。这种关注，源自认识到贫穷国家人民的健康问题与美国人民的健康问题息息相关，与其经济社会发展之间存在密切联系。例如，大家都知道艾滋病毒/艾滋病（HIV/AIDS）带来的毁灭性影响，是与贫穷发展中国家处理感染和并发症方面落后的诊疗技术有关。很多国家试图寻找解决办法，将健康技术提供给贫困人群和边缘人群。在此过程中，使用新技术减少对健康的威胁与该技术所有权人的利益之间的平衡成了新的议题。

3.3 当前争论

在全球范围广泛的公众责任和普通的公众权益方面，存在着严峻问题：谁是公众？公众应获得怎样的投资回报？关于如何确保向有需求的人提供有效医疗和公私领域合作关系可行有效的争论仍在持续。诸如美国国立卫生研究院等公共研究或研究资助机构、学术界和产业界面临如何解读和应用知识产权法律，以及公众利益如何被专利或

---

* 原文如此。——译者注

许可授权、撤销影响等难题。运用知识产权法律不仅涉及经济、法律和政策方面的问题，也涉及复杂的伦理道德和社会考量。

与生物医学研究相关的知识产权争议，通过公开辩论和美国国会提出的最新提案得到了阐释：[28]

- 政府/企业投资产生知识产权之间竞争性的权利要求引发了争议。
- 由于在知识产权分配上存在分歧，合作研究和开发协议（CRASAs）协商过程进展缓慢。
- 制药企业是否具有联邦资助开发药品的定价权受到质疑。
- 资助资金混合来自政府、基金会和私营领域等多个部门的趋势日益明显，在带来不确定性因素的同时，人们也对知识产权有多大比例能代表社会公众利益表示怀疑。
- 联邦实验室使用私营部门开发的技术时，遇到了一系列问题（国会尚未考虑更普遍的获取研究工具等问题）。

上述议题并非详尽无遗，问题多于答案。更有甚者，每个议题都有可能被热议一番，出现在一连串的信件、证词、专栏文章和书籍中，许多议题也确实遭遇了这种情况。无论对于美国还是全球，探寻加强公共研究投资回报公众利益的好办法是对当前或将来用于实现利益传送的举措进行综合评判。

4　公共领域和全球健康研究

政府的研究资助者可采取多种方式增加资源和手段，满足发展中国家的公共健康需求。在上游，他们可以直接投资特定疾病研究，也可与目标一致的私人和非营利实体合作。在下游，他们可以直接向贫穷国家提供产品，减少技术转让障碍，或与产业界和学术界合作加快产品的开发。获得公共资助的大学，特别是利用公共资助并积极获得知识产权的大学，可以采用其中一些措施。

公共资助者及其来自学术界、产业界的伙伴可采取以下特定举措，来增加有利于全球公共健康产品的供应。通过实施知识产权法，以下行动中很多可经调整供发展中国家使用。

4.1　企业研发行动

强化发展中国家的研究能力。持续提高对发展中国家的研究资助是创造全球利益、最终提高科研成果可及性的最直接方式之一。这样的资助也可促进发达国家和发展中国家科学家之间的合作，为人力资源建设和研究基础建设发展创造机会，营造可持续的研究环境。

政府的研究奖励条款中，可以要求实验室对发展中国家的科学家进行培训。在健康科学方面，美国国立卫生研究院会将内部研究获得的部分转移收入返给研发该项技术的实验室。这种做法对研发专利的大学同样适用。这部分经费可以用作培训新的科学家，也可以向发展中国家提供相同的机会。

学术界/产业界的伙伴关系，大学和外部的研究机构中，来自私营部门资金的相对重要性有所提高。据估计，私营部门在生物医药领域的投资是美国国立卫生研究院的3倍，其中大部分投资用于他们自己的实验室，[29]但企业对大学研究的投入也在增加。虽然私营部门参与生物医药学术性研究的规模还不清晰，但有调查显示，私营部门的研发中，仅有一小部分（约12%）是在美国大学完成。[30]无论其参与规模情况如何，其参与已经模糊了大学和私营部门的定位标准，导致一些人对大学开展研究的动机表示怀疑。[31]

《拜杜法案》颁布后，科学和科学行为的性质也发生了变化。很少有学术或公共研究机构将科学专有技术、应用手段与科技转换为产品的商业化前景有机地结合起来。公私合作日益被视为未来生物医学研究迅速转化为产品的运作模式。当前，来自公共部门、学术界和产业界的人力资源和资金资源互为补充，形成将科学问题转为实际成果不可或缺的条件。盖茨基金会通过对这个过程的影响，成为造就科技成果转化版图的新生力量。

近年来，人们策划了新的方法并增加了有利条件，为贫困人群健康技术的研发提供更多机会，并吸引新的参与者，其中包括公私合作伙伴关系。例如，2002年建立的健康研发知识产权管理中心（MIHR）致力于满足公共领域中的知识产权管理需求。该中心帮助多个公共和私营实体改善健康领域的知识产权管理，通过信息交流、人才培训、定义许可最佳操作方法等方式为发展中国家谋福利。[32]该中心与发展中国家合作，帮助弥补公共和私营部门在满足全球健康需求方面所存在的差距。[33]

许多健康研究领域的优秀大学也在探索如何在实现财务目标、推进科学发现所需费用，以及将科学成果服务于公众之间达到平衡。发达国家和发展中国家的大学都应该探索如何建立彼此间的研究伙伴关系，以及如何与私营部门建立既有利于公众利益又有利于私营部门利益的合作伙伴关系。

4.2 技术转移手段

自从《拜杜法案》颁布以来，技术转移手段发生了变化，让公共机构和研究型大学置于“死地”而后生。过去几年中，这些机构和大学在研究兴趣、肩负的使命责任以及相对于私营部门保持住竞争地位之间反复碰撞。发展中国家的研究机构还需要面对人才流失的挑战，他们顶尖或年轻的科学家常常因更多的研究机会和更好的工资福利待遇而受到诱惑。

关于公共投资项目如何更有效地利用技术转移为全球公众造福的建议见下述方案。所有方案都应在指定各方和利益相关方之间开展开放式的讨论，包括发展中国家的决策制定人员和领军研究人员。许多建议源自美国国立卫生研究院的经验，并可广泛应用。改变现有操作理念最重要的是利益相关者的相互约定和参与，如果没有这些条件作为基础，仅依靠法令无法改变当前现状。

(1) 从研究中释放出社会红利的一个直接方式是将相关条款写入许可协议。美国国立卫生研究院和私营部门签订的许可协议包括了关于公众利益的自愿条款。因此，美国国立卫生研究院授权的许可协议中许多都包括涉及公众利益的内容。[34] 在这些自愿条款中，公共利益包括互联网教育、产品捐赠、为需要的群体提供药品等。由于此类许可条款中未规定提供公益或产出的具体水平，签订者会欣然接受。但是，显然通过该方式提供的公众利益非常有限。

许可协议中，公众利益条款可规定惠及贫穷国家的特定目标。无论是得到公共资助的研究机构，还是大学的技术转移办公室都可以在协议中强调上述条款。对发展中国家的许可协议而言，相关条款可以保证药品和技术惠及贫困人群，无论商业伙伴愿意采取直接机制（如药品捐赠或降低药价），还是间接机制（如通过非营利组织提供）来执行。例如，大学将合理比例（虽然对“合理”的界定存在差异）的专利费提成捐给支持全球健康的基金会。需要认识到一点，对大多数大学而言，用于捐赠的资金数量即使有也很少。

（2）私营部门对营利性不足的现成技术缺乏投资兴趣。因此，需要探索提升技术营利性的方法。对公共部门和学术机构来说，一种可行方法是集成多项实验室研发技术。这样就能要求企业为了得到利润丰厚的专利技术，而许可利润相对较小的另一种专利技术。这和《拜杜法案》的终极目标是一致的，即加强专利技术的利用。

迄今为止，这种方法在美国鲜有使用，影响力也很小。一种观点认为，这种捆绑许可方法不会为企业发展带来更多利益，但有助于推广吸引力不足的技术。在发展中国家，捆绑技术产生的经济效应有所不同。例如，如果公共机构可以帮助找到大型买家接受起初的成果，当买家对捆绑成果的出价达到规模生产成本的最低平均值时，就能达到盈亏平衡点。希望在发展中国家扩大生产规模的私营企业，也有可能得到预期的潜在利润。[35] 默克集团为获得中国市场而选择在中国生产重组乙型肝炎疫苗，并在中国建造了一流的疫苗制造工厂，达到了盈亏平衡点，该疫苗在中国被广泛使用，默克集团也在中国扎下根来，达到了双赢局面。

将产品推向发展中国家市场的经济模式与发达国家不同。[36] 在产品开发的过程中，人体临床试验阶段的耗资最为巨大，许多试验性技术都在这一阶段遭遇失败。发展中国家有机会优化开展临床试验的流程，包括建立更合理省时的伦理审查委员会（IRB）工作流程。发展中国家研发过程耗资较少的环节包括法律、市场和监管等。同时，发展中国家的医药研究公司可能比美国的公司更愿意承担风险。在发展中国家，企业和政府监管者们都更清楚提升医疗技术的迫切性，也更有提升的动力。

发展中国家的市场也可以进一步细分：在最贫穷的国家，可通过补贴机制低价或免费提供技术（市场拉动）；在中等收入的发展中国家，可通过使价格维持稳定而非一味降价的方式提供技术，市场发育成熟后价格还可以提高。这也符合经济理论，即价格差异可以提高市场效率和公平水平。[37] 事实上，发达国家的制药企业大多采用这样的定价方法，有助于使一些技术变得更具经济吸引力。为了让上述方案实际发挥作用，还必须采取措施，确保不会发生由低价格国家向高价格国家的平行进口或走私行为。虽然实现该目标存在一定困难，但通过《与贸易有关的知识产权协定》（TRIPS），可加速仿制药在发展中国家之间的贸易往来。

上述举措的变通做法是技术转移办公室加强与非营利组织的合作，以不追求商业利益为前提向公众提供技术。当前，美国国立卫生研究院通过合作研究和开发协议（CRADAs）与世界卫生组织（WHO）和非政府组织（NGOs）（如国际卫生科学技术组织 PATH）合作，推广疟疾药品和盈利率较低的技术。合作研究和开发协议主要关注的是机构能否研发出产品。据估计，私营部门研发一种药物的成本（包括通过审定后的研发成本）接近9亿美元。临床和审定阶段需要 8 年以上。非营利机构没有能力支撑这样的投资。[38] 然而，由于公共部门不掌握相关信息，很难对成本进行预估。发展中国家达到同样目标的相应成本应该会低很多，这可在日后进一步验证。

（3）为了强化对选定的发展中国家的疫苗技术许可应用，美国国立卫生研究院要求申请其技术许可的公司提供相关计划，确保在获得监管机构批准上市后的两年内，要在发展中国家开展技术市场化。在技术市场化阶段，他们既可以选择自主经营，也可以选择合作建立企业。此举的目标是鼓励公司利用从发达国家获得的潜在销售利润，以成本价或接近成本的价格为发展中国家生产产品。需要考虑的因素包括公司增加产能的花费，或者调整当前产能所付出的机会成本。另一种向贫困人群提供平价产品的方法是以低于美国的成本在发展中国家生产。[39] 这类搭配销售在美国很难完成，但发展中国家的政府很容易作出这种安排。

（4）向发展中国家提供技术的过程中，鲜少使用“多用途许可”。这种方法是授权基础技术在特定领域的应用（例如，癌症疫苗），并要求获得授权的公司（或其他公司）对这种技术在另一领域的应用进行平行研发（例如，人类免疫缺陷病毒 HIV 疫苗）。在现有的监管框架下，这种方法需要对已许可协议重新判断论证，必将受到被许可方的强烈反对。然而，对于发展中国家这样的开放市场，这种方法是有可能被推广的。

（5）为满足特定的健康和安全需求，美国政府可采用激进做法，对美国国立卫生研究院已经授权的技术行使介入权，但大学不能采用这个方法。这种方法被称为强制许可，发展中国家政府应留在解决公共健康危机时使用该权利，在必要时谨慎使用。

（6）最后，从理论上说，早期研发到生产销售环节的所有活动都可由政府研究机构、大学或承包商中的任何一方完成。例如，政府研究机构的业务可以向下游拓展，与私营或非营利组织对接。对于美国国立卫生研究院这样的研究机构来说，下游业务显然不是其主攻方向。即便如此，美国国立卫生研究院还是设立了相关药物开发项目，避免对私营部门的过分依赖。值得强调的是，在美国推行《拜杜法案》后，大学校长和技术转移办公室作出的决策成为影响知识产权创新成果最重要的因素，因为他们决定了如何使用源自公共研究的知识产权。

我们认为，如果大学想采取上述某种方法，应先征求利益相关方的意见。这些相关方包括公共研究机构、发展中国家代表、潜在资助方和产业界。大学及其职能部门将不得不承受强化技术转移机制的道德和社会压力，成为遴选方案的全面合作伙伴。由于相关技术大多由研究型大学的部分团队研发，没有必要邀请所有大学参与讨论。引领型大学的做法可以为其他大学提供参照标准。如果发展中国家加入并跟从国际医学科学院组织（Inter-Academy Medical Panel，IAMP）等跨国际组织的引领，上述过程会得到进一步强化。

5 结语

5.1 对于高层决策者

促进经济发展、推广贫困人群亟需的药品、形成完善世界常见疾病与热带疾病的医疗技术和手段，是所有国家理应追求的社会目标。然而，实现上述目标需要争取有限的资金保障和人才资源，相互间有时并不相容。决策制定者必须确保公共研究投资得到相应回报。这与《拜杜法案》通过一种制度促进经济发展和科研创新的意图一致。同样重要的是，知识产权保护制度应清晰阐述社会目标并编入法典。

对研究型大学来说，来自政府拨款的间接成本补贴可能无法覆盖维持研究基础设施的实际成本，而对产业界来说，产品研发的风险投资在此过程中也有可能失败。这对股东产生了相应影响，因为他们无法通过产品开发得到丰厚的投资回报。尽管如此，决策制定者必须坚持以获得知识产权保护和授权为条件要求企业和大学向公众输出红利。这种红利可能是间接的，如用于支持市场无法单独开展的后续研究。决策制定者应保留政府代表公众行使技术许可的权力和政府的完全介入权，在面对真正的公共健康危机，或被授权技术许可的企业无法将公益产品市场化的局面时，政府应行使上述权力。政府必须履行使命职责，确保公共投资回馈大众。事实证明，政府的举措本身便能推动企业将产品推向市场。美国政府也应该支持市场细分原则和分级定价措施，向国内外弱势群体（特别是贫困人群、老年人和特殊弱势群体）提供福利，通过这样的方式完成自身使命，使公众从公共投资中获益。

5.2 对于大学校长

在接触知识产权法律的过程中，学术界需要面对复杂的伦理道德和社会问题。如果建立合作关系是为了促进研究成果带来全球利益，那就应该通过协议明确各方就此目标所承担的职责，并创新资助方式和知识产权共享方式。科学家们需要优先考虑全球利益。同样，大学官员也应重视大学的社会角色和全球影响。大学管理层应加强机构的顶层设计，将应用研究和全球公益产品研发纳入学术能力评价标准。

许多生命健康领域的一流学府都在寻求达到经济目标、完成科研承诺和传播公众利益三者间的平衡。公共利益知识产权顾问公司（PIIPA）是一个新成立的校企联盟，在法律和专业层面向发展中国家的政府和大学等提供有关知识产权的援助。例如，美国大学通过提供经验咨询和培训服务，以满足全球公共健康需求。[40]

大学可以通过多种方法满足全球公共健康需求。在向私营部门授予专利许可时，可在许可协议中写入有关公共利益的条款；在收到专利授权后，可以将部分许可费捐给基金会，建立“道德”投资基金[41]，确保回报部分用于支持能力建设和关乎全球利益的应用型研究。还可以将专利授权给为贫穷国家研发生产的非营利机构，或通过技术捆绑方式鼓励研发面向贫困人群疾病的药物。研究型大学或公共资助机构可以单方面地采用上述方法中的任何一种。然而，机构间的多方合作能更好提升公众意识，对公共健康产生更大的影响。理想的合作关系应是国际化的、多机构的共同参与。

5.3 对于技术转移办公室

技术转移办公室的职责是激励科学研究的成果转化。想要激励学术研究人员将技术转化成产品，不能单纯依靠难以实现的高收益承诺，可以将专利获得的收益定向支持发明人所在实验室的研发，或者向研发公益产品的发明人提供经济奖励，并认可他们为公众利益所做的工作。虽然后者目前尚未成为，但未来可成为技术转移办公室的一部分职责。实现上述职责需要为授权许可创造多种机会（适当时可采用独家许可方式；但应坚持采用非独家许可方式，这样能更快地将有前景的技术推向市场）。对希望得到政府投资的技术许可，并能够坚持公共利益条款的私营部门（包括非营利机构）而言，这样的许可形式减少了文字材料和资金压力。技术转移办公室应该向校长汇报上述努力和潜在影响。

5.4 对于大学科学家

美国很多科研人员都成立了产品开发公司。但对发展中国家来说，这样的做法会让研究人员及其所在机构倍感压力。在考虑与美国科研人员开展合作时，发展中国家的科研人员应确保他们在知识产权所有权安排中得到公平的待遇。知识产权保护常常是促使产业进行研究成果转化的必要条件。然而，并不是所有的发现都应该或需要保护，学术界和政府要对此进行区别，科研人员应有参与相关讨论的能力。在美国，时而会出现对研发成果过度保护的现象，发展中国家也应抵抗这种现象，因为这样的保护有时会阻碍甚至阻止研究发现出版以及在科学界分享传播。对发展中国家的科研人员来说，通过发表科研成果提升知名度并获得机会是至关重要的，对知识产权不能采取故步自封的态度。

5.5 从全球视野

在全球范围内开发销售公共健康产品比在本国更加困难。然而，我们愿意用英国诗人丁尼生（Tennyson）的话庄严承诺：“奋斗，探索，发现，而不屈服。”改变现状需要大学、政府、行业、基金会和非政府组织协同努力，确定优先发展项目，共同推动发展进程。

知识产权显著推动了技术研发，促进富裕国家的公共健康。然而，其在促进全球公共健康上的作用只能算是喜忧参半。知识产权保护的基本前提是推动创新并回报风险投资，这一前提适用于所有行业。然而，健康行业的一些特点却将它与其他受到知识产权影响的行业区分开来，因为医疗健康方面的研发和供应是性命攸关、尤为重要的。

2002年，《经济学家》杂志写道："富裕国家应该承认，知识产权对贫穷国家产生的影响，不仅是海外援助机构应当考虑的，还应在更大范围内的经贸关系中发挥作用。"[42] 其中所蕴含的真理也是本章写作的基础，如果今天重新讨论《拜杜法案》，那么以经济发展目标作为立法核心，将被赋予更广泛的意义。

RACHEL A. NUGENT, *Senior Health Program Associate, Center for Global Development, 1776 Massachusetts Ave NW, Washington, DC 20036, U. S. A.* rnugent@cgdev.org

GERALD T. KEUSCH, *Provost and Dean for Global Health, Boston University Medical Center and School of Public Health, 715 Albany St., Boston, MA, 02118 U. S. A.* keusch@bu.edu

---

1 Global Forum for Health Research. 2006; Monitoring Financial Flows for Health Research 2005. Global Forum for Health Research: Geneva. www.GlobalForum-Health.org.

2 This attention has been prompted significantly by the World Bank's publication of *Investing in Health*, which was the World Development Report of 1993 (World Bank. 1993. *Investing in Health*. World Development Report 1993. The World Bank: Washington, DC). The concern has been reinforced by the expanded activities of the Bill and Melinda Gates Foundation for global public health, as well as the development of many other partnerships for public health.

3 See extensive media coverage in 2001 of the South Africa AIDS drug controversy, Brazil's decision to issue compulsory licenses for AIDS drugs, and the stalemate subsequent to the November 2001 WTO meeting in Doha, Qatar, over drug access in public health emergencies.

4 Thursby and Thursby report that 27% of university research licensed by industry allows for prepublication deletion of information from research papers; 44% of them allow for publication delays of about 4 months, on average (see Thursby J and M Thursby. 2003. Intellectual Property, University Licensing and the Bayh-Dole Act. *Science* 301: 1052).

5 Seventy-five percent of licensed inventions from universities are "proof of concept" (see Jensen R and M Thursby. 1998. *Proofs and Prototypes for Sale: The Tale of University Licensing*. National Bureau of Economic Research: Cambridge, MA). This means that most university inventions are at an early stage of development at time of license and require further involvement from the inventor to reach the commercial stage.

6 One rule of thumb is that one of 5,000 drug candidates discovered in labs will be commercialized, *Business Week*, July 9, 2001. p. 96.

7 Moran M and J Guzman. 2005. *Drug R&D for Neglected Diseases: Are Public Funds Appropriately Distributed?* chap. 2. Global Forum For Health Research: Geneva.

8 Nass S and B Stillman (eds). 2003. *Large-Scale Biomedical Science: Exploring Strategies for Future Research*. National Academies of Science, Washington, DC. p. 168.

9 ott.od.nih.gov/about_nih/fda_approved_products.html.

10 Stevenson-Wydler established technology transfer as a federal agency mission, creating rules by which federal agencies could license discoveries for commercial use and receive royalties and fees. Bayh-Dole extended these powers to other organizations performing federally sponsored research, including universities. See Congressional Research Service (various) and *supra* note 11 for further details about federal patent law.

11 U. S. General Accounting Office. 1998. Technology Transfer, Administration of the Bayh-Dole Act by Research Universities. *RCED* 98-126, Washington, DC. p. 3.

12 Ibid.

13 A 1983 presidential directive extended licensing rights to large businesses.

14 CRS. 2000a. Patent Ownership and Federal Research and Development (R&D): A Discussion on the Bayh-Dole Act and the Stevenson-Wydler Act. RL30320, December 11. Congressional Research Service: Washington, DC. p. 11.

15 National Institutes of Health. 2001. NIH Response to the Conference Report Request for a Plan to Ensure Taxpayers' Interests Are Protected. NIH, Washington, DC. p. 10. www. nih. gov/news/070101wyden. htm.

16 Prompted by persistent Congressional concerns about returns to taxpayers from federal research, NIH later attempted to impose a policy of "reasonable pricing" on the technology developed from certain types of federal research. The private sector refused to comply with this arrangement and it was eventually dropped. Reference is made to NIH Cooperative Research and Development Agreements (CRADAs); see *supra* note 15 for discussion.

17 35 U. S. C. § 202.

18 35 U. S. C. § 202(c)(4). Exclusivity grants the licensee the sole right to use the IP, which serves essentially as a monopoly. Nonexclusive rights allow the grantee to use the IP, but they do not provide the right to be the only user.

19 35 U. S. C. §. 203(1).

20 McGarey B and A Levey. 1999. Patents, Products and Public Health: An Analysis of the CellPro March-In Petition. *Berkeley Technology Law Journal* 14(3): 1114.

21 CellPro Petition to DHHS, March 3, 1997, cited and discussed in McGarey and Levey (see *supra* note 20). CellPro petitioned for a license to practice a stem-cell separation technique developed by a researcher at Johns Hopkins University. CellPro had not been able to negotiate a license agreement with Johns Hopkins or the existing licensee but had used the technology. It was found guilty of willful infringement on the Johns Hopkins patent. CellPro argued in its petition for government march in that Johns Hopkins and the licensee had failed to commercialize the technology in a timely fashion and that public health and safety needs were not being met. The NIH rejected both grounds of the petition. More recently, NIH was petitioned in 2004 to march in due to steep price increases imposed by Abbott Labs on ritonavir, an HIV/AIDS drug developed in part from public funds. NIH declined the petitioner's request. www. aamc. org/advocacy/library/washhigh/2004/060404/_4. htm.

22 Both the timeliness clause and the public health and safety clause were tested in the CellPro case.

23 National Academy of Science. 2001. Board on Science, Technology, and Economic Policy; Committee on Intellectual Property Rights in the Knowledge-Based Economy, Workshop and Related Papers. April. NAS: Washington, DC www7. national academies. org/step/STEP_Projects_Intellectual_Property_Rights. html.

24 CRS. 2000b. R&D Partnerships and Intellectual Property: Implications for U. S. Policy. 98-862 STM, Updated December 6. Congressional Research Service: Washington DC. p. 11.

25 See *supra* note 4.

26 See *supra* note 4.

27 AUTM 2005. AUTM Licensing Survey™ : FY 2004. Association of University Technology Managers : Northbrook, IL. www. autm. net. Note that figures include royalties and fees from all patents and licenses. In comparison, NIH royalties from intramural licensing were US $52 million in fiscal year 2000.

28 See *supra* note 24.

29 Goldberg R. 2001. In Changing Times, NIH, NSF Look Outdated. *Trendspotter*(May). www. genomeweb. com. This includes product development expenditures.

30 Blumenthal MD and M David. 1995. Capitalizing on Public Sector Research Investments : The Case of Academic-Industry Relationships in the Biomedical Sciences. Presented at NIH Economics Roundtable on Biomedical Research : Bethesda, October 19.

31 See for example : Bok D. 2002. *The Commercialization of Higher Education*. Princeton University Press : Princeton, NJ; Kennedy D. 2005. Bayh-Dole : Almost 25. *Science* 307 : 1375; Krimsky S. 2003. *Science in the Private Interest*. Rowman & Littlefield : Lanham, MD.

32 Mission statement and partners in MIHR can be viewed at www. mihr. org.

33 See also Widdus R and K White. 2004. Combating Diseases Associated with Poverty : Financing Strategies Associated with Public Health and the Potential Role of Public/Private Partnerships. The Initiative on Public/Private Partnerships for Health, Global Forum for Health Research : Geneva.

34 Ted Roumel, former deputy director of OTT/NIH. Personal communication, June 2001.

35 It is important to note that many existing purchase arrangements through WHO and nonprofits are on off-patent medicine and technology. Thus, the bulk purchase through a competitive bidding processby WHO for TB drugs allowed a 30% lower unit price through the purchase of generic drugs from manufacturers based in The Netherlands and India(*The New York Times*, June 22,2001).

36 Light D. 2005. Basic Research Funds to Discover Important New Drugs : Who Contributes How Much? chap. 3 in Global Forum for Health Research : Geneva.

37 Efficiency is maximized with an arrangement of perfect price discrimination (in which each buyer pays his maximum price), but can also be improved by using block pricing according to the willingness to pay of different market segments. This pricing scheme is referred to as Ramsey pricing.

38 Tufts Center for the Study of Drug Development. *Outlook* 2004. csdd. tufts. edu/InfoServices.

39 The domestic manufacturing requirement in the law can be waived and applies only to U. S. sales.

40 For information about PIIPA, see www. piipa. org and Gollin M. 2003. Answering the Call : Public Interest Intellectual Property Advisers. Paper presented at the Biodiversity and Biotechnology Conference, Washington University School of Law, St. Louis, MO, April 4-6,2003.

41 Ethical investment funds or other financial tools are recommended among the "Top 10 Biotechnology" approaches for improving global health by a commission of the Joint Center for Bioethics at the University of Toronto (see Daar AS, H Thorsteinsdottir, DK Martin, AC Smith and PA Singer. 2002. Top Ten Biotechnologies for Improving Health in Developing Countries. *Nature Genetics* 32 ; 229-32).

42 *The Economist*. 2002. September 14. p. 14.

第3.3章

《拜杜法案》的反响

——新兴和发展中国家知识产权和技术转移政策调查

格雷戈里·D. 格拉夫（GREGORY D. GRAFF）

美国农业公共知识产权资源联盟研究型经济学家，

加利福尼亚大学伯克利分校农业和资源经济部访问博士后

▌译者 沈慧芝 ▌审校者 刘晓娜 李紫陌 欧阳石文 焉石 张熠 殷宏

摘 要

在知识经济中，为寻求经济增长，政府更加努力推动公共研究成果商业化。在利用知识产权作为激励工具并加快经济发展的能力中，产权保护、产权归属和管理水平3项基本政策是关键。本章对诸多新兴和发展中国家的政策及做法进行了调查，包括阿根廷、巴西、智利、中国、埃塞俄比亚、印度、印度尼西亚、约旦、肯尼亚、马来西亚、墨西哥、菲律宾、波兰、俄罗斯、南非、坦桑尼亚、乌干达和越南等。调查显示，根据知识产权保护的水平，这些国家可被分为3个层次。第一层次的国家最具创新力。这些国家和知识产权制度充满活力，国内专利权人也善于运用该制度。第二层次的国家在积极提高创新力，国内专利权人刚开始运用知识产权体系。第三层次的国家知识产权体系仍待完善或处于初创期，国内专利权人的数量基本为零。几乎所有的第一层次国家和将近一半的第二层次国家，通过制定国家政策来解决知识产权所有权问题。然而，这种做法并未在第三层次国家中得到推行。调查显示，相关国家制定了各种各样政策，包括专利法、劳动法、政府采购法、合同法，以及科技部门、教育部门的相应管理规定。调查还显示，对不同层次的国家和同一层次的不同国家而言，在知识产

Graff GD. 2007. Echoes of Bayh-Dole? A Survey of IP and Technology Transfer Policies in Emerging and Developing Economies. In *Intellectual Property Management in Health and Agricultural Innovation*: *A Handbook of Best Practices* (eds. A Krattiger, RT Mahoney, L Nelsen, et al.). MIHR: Oxford, U. K., and PIPRA: Davis, U. S. A. Available online at www.ipHandbook.org.

权管理能力上，不同机构存在着各种复杂情况，并各有所长。知识产权管理能力的提高与研发支出水平密切相关，远甚于国家是否出台了允许或鼓励机构拥有所有权的政策，即机构层面的知识产权管理能力与研发强度、技术商业化在当地的前景呈正相关。

1 引言

面对全球化和技术进步，许多新兴和发展中国家的政府部门，关注如何利用本土大学和研究机构支持并促进私营部门的创新，从而拉动经济增长。大学和研究机构具有两项传统的核心职责，即培育精英人群，以及面向国家经济社会需求开展应用性和适应性研究。除此之外，提升国家在全球科学体系中的地位也是发展中国家的机构关注的问题。

发展中国家的政府官员肩负高等教育大众化和优先资助更为广泛的研发项目的责任，并将公共资助研究中产生的创新成果商品化视为核心任务。为完成该任务，愈发频繁推动专利的技术转移及企业创立。事实上，中国和印度等国家出现了学生人数攀升、国际一流期刊文章发表率提高、学术性研究专利增多、初创企业数量攀升等现象。与其他重点发展的政策领域一样，发展中国家迅速提高了学术创新领域面对知识经济发展应达到的要求和标准。

国家创新体制的建立并非一朝一夕，需经过几代人的努力。正是基于过去对机构建设和人力资源的投资，一些经济体方能在今天积极创新，从而扩大公共研发成果对私营部门的作用。当下的挑战在于，如何通过改善政策环境来提高投资的社会回报率，这一目标可以通过促进技术流向私营部门来实现。因此，理解国家政策对大学或公共研究机构技术转移的影响非常重要。任何一个国家都必须考虑以下 3 个基本政策问题：

(1) 知识产权在何种程度上可获得保护？

(2) 知识产权的归属应如何认定（是属于政府，还是属于赞助研究的第三方，是属于开展研究的机构，还是属于发明的个人）？

(3) 为促进新技术的鉴别、保护和商业化进程，支持产业发展和技术性企业的运作，应提供哪些能力，如专门的基础设施、项目或其他资源？

知识产权只是知识经济体创新制度的一部分。正如生态系统的不同部分共同进化一般，研究基础、知识产权相关法律制度、机构的基础设施这三者是彼此支撑、同步发展的。本章概述了大学和公共领域以知识产权开展技术转移时受到哪些国家政策的影响，揭示世界上不同国家是如何解决上述 3 个问题的。从上述调查中，我们可以总结出世界各国在立法、监管、机构改革方面的一般做法和总体倾向。

2 影响技术转移政策的主要方面

2.1 知识产权保护的有效性

首先要解决的政策问题是，是否对无形的研究成果主张私有权。该问题的答案取决于国家的知识和工业产权相关法律。多边协定在一定程度上带来了全球标准化。1883年的《巴黎公约》确保公约各成员国的发明人在其他成员国享有该国的国民待遇。1970年的《专利合作条约》(PCT),使专利申请人可以通过相同的模式提出国际专利申请,再向多个国家申请专利。世界贸易组织下的多边贸易协定——《与贸易有关的知识产权协定》(TRIPS)于1994年正式签署,从1995年起生效,该协议规定了成员必须达到的知识产权保护标准。此外,知识产权保护相关条款常常是双边贸易协定的重要内容。在国家政策方面,美国、欧盟这样的贸易中心对与其签订双边协定的伙伴国产生着积极影响。这些领跑世界经贸的国家和组织订立的知识产权保护标准,常常超出《与贸易有关的知识产权协定》(TRIPS)中所提出的要求。在植物新品种领域,《国际植物新品种保护公约》于1961年正式签署,并于1972年、1978年和1991年经历了3次修订,该公约订立了有关植物新品种保护的国际标准。协定的每次修订都提出了加强知识产权保护的措施,由成员确定是否适用。

即使新技术不能在国内被授予知识产权,发明人还可选择向其他国家申请,有获得知识产权。一个常见的做法是,发明人至少同时向美国、欧洲和日本三大经济体提交申请。

2.2 知识产权所有权

第二个政策问题涉及由公共资金资助机构完成的成果获得知识产权所有权的归属地问题。许多国家通过系统化立法改革促进技术的商业化。美国于1980年出台的《拜杜法案》对美国政府机构的各种知识产权所有权政策进行了整合,给这些国家提供了相关经验。《拜杜法案》重点关注如何认定联邦资助研究所获得的知识产权,有效限制了政府在所有权方面的地位,将所有权交给完成任务的研发机构,同时规定了该研发机构具有的相关职责和处理相关知识产权的条件。专利法和劳工法等其他法律也可能对大学如何管理知识产权产生影响。[1]

2.2.1 知识产权、工业产权、专利法律法规

知识产权法或专利法通常规定了发明人个人、发明人所在机构与指定专利受让人处置专利权的条件,其中专利的指定受让人可以是发明人所在机构,也可以是第三方。

2.2.2 劳动或雇用方面的法律法规

雇用方面的法律法规对被雇用者的特殊利益、权利和义务进行了规定,其中也包括雇用期间雇员所完成发明的权利处置。大多数相关法律法规规定,雇员在被雇用期间所取得的发明成果属于雇主。当然,雇主需要遵守一系列限制条件,如向作为发明人的雇员提供补偿。在一些国家,特别是欧洲大陆和斯堪的纳维亚半岛的国家,历史上大学教师曾获得过劳工法的豁免权,该豁免权被称作"教师豁免",即允许教师在大学完成的知识产权归教师本人所有。

2.2.3 资助或合同研究的法律法规

包括研究合同在内,政府对其资助对象或合同方常提出一系列要求。在一些(逐渐更为少见)案例中,政府会明确要求其资助的研究成果对公众开放,禁止知识产权

归私人所有。在另一些案例中，政府直接代替研究机构作为研究所得知识产权的所有人。或者，政府将知识产权移交给主持研究的研究机构或发明人个人。后两种政策的根本理由是，将知识产权转交给主持研究的研究机构或发明人个人，与私营部门的经济激励相结合，有助于鼓励发明创造和创业活动。这种做法的前提是，市场主导的经济环境有助于经济发展和消费者利益，同时根据研发成果的实际市场影响力来对机构和研究人员进行奖励及激励。

2.2.4 国家研发体系相关的法律法规

许多国家政府采取特定的综合性政策发展本国的创新或研发制度。这些政策包括新设研究机构，增加研发投入，加强人力资源管理，以及加强政府资助和补贴相关制度建设。相关政策可能涉及针对研发行业和机构的税收激励政策，以及对风险投资和创业的资助政策。在国家研发体系中知识产权的归属条款可能是上述综合性政策的一部分。

2.2.5 国内政策缺失时的知识产权归属问题

当发明人所在国家没有知识产权归属的相关规定时，可能产生知识产权的所有权问题。特别是，涉及国外授予发明人、政府、发明人所在机构或第三方受让人拥有的知识产权时，这种问题就更加显著。

重要的是，当缺乏专门确定知识产权归属及其使用条件的相关法律时，大学和公共研究机构可以自主制定自己的政策和措施。英国等很多发达国家都采用了这样的做法。在这样的开放政策下，研究机构拥有更自主的知识产权管理权。另外，如果国家缺乏知识产权归属的相关政策，知识产权归属认定过程就缺乏一致性和透明性。

2.3 知识产权管理能力

第三项基本的政策问题涉及知识产权管理和技术商业化。在知识财产方面仅明确私人产权是不够的。公共机构不仅需要拥有知识财产的权利，还需要建立管理知识财产的基础架构和专业能力，并与私营部门和投资者建立富有成效的商业关系。即使是在美国这样的高收入国家，大学的制度建设与机制改革都要花上 10 年甚至更长的时间。在美国，大学需自主建立知识产权的管理基础架构和专业能力；在许多其他国家，政府为大学提供补贴，既帮助其建立技术转移办公室（TTOs），还通过建立全国性网络和中央办公室同时协助大学开展技术转移（例如，智利），这方面丹麦是个很好的范例。[2]

如果国家的法律法规为大学和公共研究机构的运作提供了法律框架，则由负责技术商业化的专职管理人员落实执行。机构政策往往是逐步成型的，投入资源、设立办事处、配备员工都需要花费时间和精力。然而，当大学制定或修订正式的政策、规定和办法时，其学术文化中不成文的规范和做法同样重要。大学和公共研究机构可能需要花费长达 10 年时间，在整个机构层面建立相关政策和知识产权管理能力，并使知识产权管理程序发展成熟、运作有效。这些能力发展常常体现在创建知识产权管理办公室或部门的过程中，也体现在专利、许可的体量规模上，还体现在公共部门的衍生公司中。

3 新兴经济体现行政策

3.1 阿根廷

知识产权保护。阿根廷现行的专利法是1995年通过的第24.481号《专利和实用新型专利法》，于1995年修订为24.572号法案，并与1996年的第260.96号《行政法令》一致。阿根廷于1995年加入世界贸易组织，并成为TRIPS签约方，相关协议自2000年1月1日起在阿根廷生效。[3,4]新的《专利法》第100条规定，自2000年起，可对1995年之后申请专利的药品授予专利。而第6条则明确规定对植物、动物及“所有自然界本身存在的生命和物质”不授予专利权。[5]该规定在第7条中进一步强调将“自然界中的一切生物和遗传物质”排除在可授权专利范畴之外。阿根廷国家工业产权局（INPT）负责专利管理相关事宜。[6]

在阿根廷，植物品种根据1973年通过的第20.247号《种子和植物进化法令（植物品种法令）》获得保护。1994年，阿根廷颁布第24.376号《植物新品种保护法令》，正式加入国际植物新品种保护联盟（UPOV）。[7,8]

2004年，国家科学技术促进机构发布了一项行动计划，旨在提高国内专利申请率，为业界和政府实验室的研究人员在外国申请专利提供资助（许多国家或地区规定，在国内或地区内申请专利是向国外申请专利的前提条件）。2000年，阿根廷向本国居民授权了145项专利，而向外国居民授权了1442项专利。[9]

所有权。1990年通过的第23.877号《技术创新促进法令》和1995年通过的第24.521号《高等教育法》对公共机构所有权和研究人员在本职工作中产生的知识产权转移作出了规定。[10] 1990年法令允许国内研究机构建立或者利用外部的技术转移办公室，但并未对内部收入分配作出规定，而是留给机构自主决定。该法令允许政府研究人员除政府发放的工资之外，从技术商业化中获利。同时，该法令为技术转移办公室提供专项基金，资助办公室与企业（优先与小公司）开展合作。1995年法令中的第59条赋予国内大学财政自主权，允许其通过提供服务、产品、出资、收费、技术转移和商业化等途径获得额外收入。法令同样允许国内大学成立或拥有自己的公司。[11]

然而，1995年第24.481号《专利和实用新型专利法》（后修订为第24.572号）规定，在大多数情况下，员工在工作期间的发明归工作单位所有。但该法令同时规定，相应收入中的一部分归发明人所有。对国立大学的研究者而言，其研究成果归大学和国家科学技术研究委员会（CONICET）所有，后者负责管理阿根廷大部分大学科研人员的聘用和工资发放事宜。各个大学的技术转移办公室可能会与全国科学技术研究委员会就发明的转移和管理签订合约。然而，全国科学技术研究委员会并没有关于如何处理合作研发成果的总体政策。[12]

机构能力。根据知识产权所有权法律，政府层面需要具备一定的知识产权管理和协调能力。设有技术转移办公室的一些大学，也会将知识产权管理外包给第三方管理公司或管理中心。最为成功的项目举例如下：[13]

- 国立基尔梅斯大学

- 国立科尔多瓦大学
- 国立滨海大学
- INIS 生物技术（莱洛伊尔研究院的技术转移办公室）
- 在《阿根廷科学技术关联指令》的框架下，阿根廷国家科学技术研究委员会在某种程度上对知识产权实行集中管理。其网站上列出了在阿根廷注册的 60 多项专利，在其他拉丁美洲国家注册的 12 项专利，在欧盟、美国和加拿大注册的 4 项专利[14]
- 联合技术中心（the Constituyentes Technology Pole）成立于 1997 年，帮助几个研究机构开展技术转移，这些研究机构包括圣马丁国立大学、原子能委员会、国家工业技术研究院（INTI）

作为阿根廷教育部的职能部门之一，大学政策制定秘书处的主要职责是维持专业网络的运作。它建立了技术网络（技术链接网站），负责会议统筹和信息提供。

3.2 巴西

知识产权保护。巴西的知识产权保护制度历史悠久。1809 年，巴西开始实施了知识产权保护制度。同时，巴西也是 1883 年《巴黎公约》最初的缔约国之一。自从 20 世纪 50 年代以来，巴西在科学技术方面采取了积极政策。在一定程度上，制定政策是为了在进口替代政策的框架下发展经济。此前的《工业产权法》（5.772 号法令）自 1971 年施行，将药品、化学品等特定领域的技术排除在知识产权保护之外。随着政治和经济的改革，知识产权法律在 20 世纪 90 年代经历了重大变革。巴西成为世界贸易组织的创始会员国之一，并于 1995 年 1 月签署了 TRIPS 协定。1996 年出台的第 9.279 号《工业产权法》自 1997 年 5 月施行，落实了知识产权协定相关政策。该法律在施行后经历了几次修订。巴西的专利管理机构是国家工业产权局（INPI）。[15]《工业产权法》第 10 条将自然界存在的物质排除在专利的授权范围之外："自然界发现的全部或部分生命体或生物材料均不在专利的授权范围内，即使是从中分离出来的，包括任何生命体的基因组或种质资源，以及自然生物过程。"[16,17]

植物品种受 1997 年 4 月第 9.456 号法律的保护，该法律于 1997 年 11 月以第 2.366 号法令通过。同时，植物品种也受农业部 1997 年 12 月的第 503 号条例及 1999 年 6 月第 8 号条例的保护。1999 年 5 月以来，巴西成为国际植物新品种保护联盟（UPOV）的成员之一。[18]

2002 年，巴西向本国居民授权了 666 项专利，向外国居民授权了 1366 项专利。[19]

所有权。根据巴西法律规定，在发明所有权方面，大学及公共研究机构的研究者与其他类型机构员工享有相同权利。《工业产业法》赋予发明人申请专利的权利，但也同时根据聘用合同赋予雇用机构对雇员完成的发明（称为雇用发明）的所有权。工作中的发明、工作外的发明（自由发明）及混合性质的发明在所有权的归属上各不相同。因此，大学需要对各个发明的类型进行认定，进而获得工作期间完成发明的所有权。根据《工业产权法》第 93 条和 1998 年 4 月总统法令第 2.553 号，在公共机构工作的发明人可以通过工资的形式获得部分专利报酬，作为其发明的鼓励金或奖金。鼓励金或奖金的数额由机构政策决定，但不能超过发明价值的1/3。科技部1998年第88条政令和教育体育部1998年4月第322条政令对知识产权所有权和收入分配进行了进一步规定。[20]

机构能力。早在1982年，前一个军事政权执政时，国家科学技术委员会设立了技术创新中央办公室，以促进大学的创新，鼓励面向行业的技术转移。此后，巴西各大学创办了12个技术创新中心，用于保护知识产权并促进大学和企业合作。目前，已有超过30所大学和研究机构建立了技术转移办公室。[21]其中最大型和富有经验的技术转移办公室举例如下：

- 坎皮纳斯州立大学（Unicamp）[22]创新办事处[23]
- 圣保罗大学的USP创新机构[24]
- 巴西农业研究公司（EMBRAPA）在1996年制定了机构的知识产权政策，[25]并于1998年设立了知识产权秘书处，处理知识产权和技术转移事务[26]
- 巴西利亚大学于1989年率先设立了技术发展支持中心（CDC）[27,28]
- 2000年，南里奥格兰德联邦大学将技术转移办公室和创业孵化基地，合并成立技术发展秘书处[29]

巴西公共机构的专利授权数量增长迅速。1980—1995年，巴西所有大学和巴西农业研究公司获得的专利授权仅有264项。[30]而在2003年，巴西排名前七的大学和巴西农业研究公司就获得了153项专利授权。[31]

3.3 智利

知识产权保护。智利对技术发明的知识产权保护是基于1991年的《工业产权法》（第19.039号）。2005年的修正案（第19.996号）中，《工业产权法》的相关规定满足了TRIPS协定的基本要求及与美国和欧盟签订的双边自由贸易协定中对知识产权的要求。1995年，智利加入了世界贸易组织并签署TRIPS协定。然而，智利却不是PCT缔约国。该国的专利由国家工业产权部进行管理。[32,33,34]在智利，植物品种受1994年4月的《植物新品种培育人权利法》（第19.342号）保护。1996年，智利加入了国际植物新品种保护联盟（UPOV）。

2000年，智利向本国居民授予专利32项，向外国居民授予专利569项。

所有权。《工业产权法》（19.039号）对合同或雇用期间的知识产权归属作出了规定。法律中特别说明，大学中工作人员的研究成果属于其工作的一部分，归大学或工作的指派者所有。然而，智利劳动法中关于工作者权利的规定写明，上述情况下所有权认定受到一定条件的限制，即大学不能要求工作人员完全放弃其发明成果。智利的主要研究基金（如FPNDEF和CONICYT）要求接受资助的机构需要对研究成果进行知识产权保护，其中就包括大学。[35]

机构能力。在知识产权管理方面，智利以下机构处于领先地位：

- 康塞普西翁大学及其知识产权中心[36]

- 智利大学在2003年成立的知识产权中央委员会[37]
- 智利基金会，根据研发需要协调创新创业项目，为知识产权管理提供经验和资源[38]
- NEOS，是一家坐落于圣地亚哥的咨询公司，为智利的大学提供专业化的知识产权服务[39]

3.4 中国

知识产权保护。在中国，知识产权在很大程度上被认为是西方的舶来品。1984年，中国通过了第一部《专利法》。1990年，中国通过了第一部《著作权法》。专利和版权相关法律的出台和实施引起了国外投资者的持续关注。中国政府期望加入世界贸易组织的愿望，以及国内企业在科学技术方面不断增长的实力，对国内的政策环境造成了影响。

1997年施行的《植物新品种保护条例》对植物新品种的保护作出了规定。1999年，中国加入了国际植物新品种保护联盟（UPOV）。[40]

2004年，中国向本国居民授予专利18 241项，向外国居民授予专利31 119项。[41]

所有权。早在1985年，即美国通过《拜杜法案》的5年后，中华人民共和国国务院颁布的《关于技术转让的暂行规定》将国家作为知识产权的所有者，同时赋予大学管理和使用大学研究人员发明的权利。[42]然而，政府最近开始鼓励大学主张专利的所有权。1996年，中国通过了《促进科技成果转化法》。国务院于1999年发布的《关于加强技术创新，发展高科技，实现产业化的决定》及教育部和科技部于2002年共同发布的《关于充分发挥高等学校科技创新作用的若干意见》对相关事项作出了进一步规定。[43]其中，《关于充分发挥高等学校科技创新作用的若干意见》* 被认为是中国的“拜杜法案”。在2003年，教育部通过《加强高校工作要点》对政府资助机构开展研究的知识产权所有权进行了明确。[44]

机构能力。国内一流大学在知识产权管理能力方面往往较强，例如：

- 清华大学，拥有中国发展最好的技术转移办公室[45]
- 北京大学

中国大学专利申请的总数是巨大的。从1999年至2002年，4年内中国大学专利申请的数量翻了两番，相应数目从988项增长到4282项。[46]相比同一时间，美国大学在专利申请的数量增长了不到一倍，相应数目从8457项增长到12 222项。[47]由于中国学者常常将专利作为研究成果发表的代替物，我们应当谨慎解读这些数据。事实上，专利的发明人被普遍认为是学术进步的评判标准。值得关注的是，中国大学专利中授权许可或商业化的专利数目远远小于庞大的专利申请数目。但在这种情况下清华大学仍通过

---

* 原文为“Key Points on Promoting Science and Technology of Universities”，或指《加强高校科技工作要点》。——译者注

专利许可或商业化成立了超过38家公司，创造了18亿美元的年销售额。仅2003年，清华大学在其科技园内就孵化了超过200家公司。[48]

3.5 埃塞俄比亚

知识产权保护。埃塞俄比亚很大程度上还是全球知识产权体系之外的国家之一。1995年，埃塞俄比亚发布了关于发明、小型发明和工业设计第123号宣言，其中包括了知识产权基本准则。1997年，在此宣言基础上制定出台了第12号法规。该法规声明，其目的是鼓励国内技术的创新研究（大部分是对已有研究的微调）以及国外技术的转移转让。宣言将植物、动物和生物工艺排除在可申请专利的范围外。[49]埃塞俄比亚是世界贸易组织的观察方而非签约方。因此，埃塞俄比亚不受TRIPS协定的约束。埃塞俄比亚根据民法对版权进行保护。[50]

2006年2月，第481号宣言中对植物品种保护作出了规定，用于保护育种者的权利。[51]

2000年，埃塞俄比亚知识产权办公室收到了7项专利申请，但仅批准了其中1项外国居民提出的申请。同年，该办公室授权了19项工业外观设计保护，其中有12项授予本国居民，7项授予国外居民。[52]

所有权。埃塞俄比亚没有关于公共研究机构或发明人个人如何成为专利所有人的全国性统一规定，相关条件明显缺乏清晰度和透明度。

机构能力。生命科学方面，最大的研究机构是亚的斯亚贝巴大学、阿莱马亚大学、埃塞俄比亚健康营养研究中心、国立兽医研究所、国际畜牧研究所。这些研究机构取得了在国内外均可市场化的研究成果。埃塞俄比亚的农业研究组织中仅有一个机构正在成形的知识产权部门，其他机构均没有知识产权管理部门，其科学家和工作人员对知识产权的认识有限、知识不足。埃塞俄比亚的知识产权办公室仅收到少量来自大学研究者的专利申请（主要集中在农业、医药和机械领域），其中仅有1项来自埃塞俄比亚农业机构的专利申请。[53]

3.6 印度

知识产权保护。相比其他国家，印度的知识产权法律具有更悠久的历史。1856年，首部专利法实施。1911年，印度的专利法已达到发达国家水平。与专利法一样，印度很早就设立了版权、商业秘密和外观设计保护法。然而，受进口替代产业政策的影响，专利法在1970年被放宽了。进口替代产业政策鼓励对西方技术进行反向工程来发展经济。自从20世纪90年代以来，印度采取了以市场为导向的经济政策改革，积极加入世界贸易组织，这使知识产权法的改革进一步加快。1995年，印度加入了世界贸易组织并签署了《与贸易有关的知识产权协定》（TRIPS）。1999年，印度加强了专利法相关条款。2002年，相关条款进一步加强，达到了TRIPS协定的相关要求。[54] 1970年以来，药物的专利授权仅限于药物生产工艺流程，2005年通过的立法中将复合型药物也纳入专利授权的范围内。[55]当前，印度制药公司中的翘楚已具有参与国际研发竞争的能力，对印度国内的知识产权政策讨论具有深刻影响。

2001 年的植物品种保护和农户权利法案就如何保护植物品种作出了规定。[56]印度尚未加入国际植物新品种保护联盟（UPOV）。

2004 年，印度向本国居民授权了 851 项专利，向外国居民授权了 1466 项专利。[57]

所有权。2000 年，科技部规定，将专利授权给获得科技部资助的机构。该项规定虽未以立法形式存在，却被认为是印度政府逐步将技术转移权移交给研究机构的里程碑。这样的趋势至少可以追溯到 1995 年。[58]

机构能力。公共领域积累的知识产权和技术转移专业知识主要集中在政府部门，科学与工业研究中心（CSIR）、科技部（DST）和生物技术部（DBT）。科技部、印度医学研究理事会（ICMR）和国家研究和发展委员会（NRDC）也参与技术转移活动。[59]

除了印度理工学院和其他少数领军大学，印度的大部分学术机构仍然缺乏知识产权管理能力。下列机构建立了技术转移办公室和技术转移中心：

- 印度理工学院德里理工学院
- 印度理工学院孟买理工学院
- 印度理工学院卡哈拉格普尔理工学院
- 印度理工学院坎普尔理工学院
- 印度理工学院瓜哈提理工学院
- 印度理工学院卢克里理工学院
- 印度理工学院马德拉斯理工学院
- 德里大学
- 潘特纳加尔农业技术大学
- 印度州立农业大学
- 贾达普大学[60]

印度大学协会包含 277 所大学，其中仅有一小部分设立了技术转移办公室这一职能部门。[61] 2005 年 4 月成立了一个名为技术管理社群（STEM）的专业技术转移协会。[62] 2006 年 4 月，科技部部长宣布建立印度知识产权管理研究所的相关计划。[63]

3.7 印度尼西亚

知识产权保护。在印度尼西亚，知识产权是一个相对较新的概念。1950 年，印度尼西亚签署加入了《巴黎公约》。1979 年，印度尼西亚加入世界知识产权组织（WIPO）。1984 年第 5 号法律规定了工业设计相关条款。1989 年第 6 号法律即专利法引入了专利制度。1997 年，第 13 号法律对专利法进行了修订。自 1995 年起，印度尼西亚成为世界贸易组织的成员和 TRIPS 协定的签订方。[64,65]

在印度尼西亚，植物品种如果满足了基本的专利性，就可以得到专利保护。此外，基于 1991 年《国际植物新品种保护公约》的相关标准，印度尼西亚国会于 2001 年通过了《植物保护法案》，建立了植物品种保护制度。[66]然而，印度尼西亚并未加入国际植物新品种保护联盟（UPOV）。

1996 年，印度尼西亚向本国居民授予了 16 项专利，向外国居民授予了 615 项专利。[67]到了2003年，印度尼西亚向本国和外国居民授予的专利总计2902项。[68]

所有权。2002年第18号法律“国家技术研究、发展和应用体系”中规定了印度尼西亚的机构和大学应该建立知识产权管理的部门；同时，允许这些机构和大学使用知识产权开发的收入。[69]

机构能力。全印度尼西亚的研究所和大学目前拥有90多个知识产权管理部门，至少名义上如此。公共领域知识产权管理的主要中心包括：

- 农业研究发展机构（AARD），下属的30多家研究机构将技术转移事务交给KI-AT（Kekayaan Intellectual dan Alich Teknologi）处理，该机构成立于1999年
- 印度尼西亚科学研究所（LIPI）
- 印度尼西亚大学
- 万隆理工学院
- 茂物农业大学（IPB）[70]

3.8 约旦

知识产权保护。约旦于1999年加入世界贸易组织，是世界贸易组织的第136名成员。2000年4月，约旦成为TRIPS协定的成员和签订方。1999年，约旦通过了《发明专利第32号法律》。2001年，约旦签署了《美国—约旦自由贸易协定》，促进了约旦知识产权的进一步改革。由工业贸易部下属的工业产权保护司负责授权专利。[71,72,73]

植物品种受2000年《第24号植物品种法》保护。2004年10月，约旦加入了国际植物新品种保护联盟（UPOV）。

2004年，约旦向本国居民授权了4项专利，向外国居民授权了56项专利。

所有权。在公共机构技术商业化方面，约旦的法律很灵活，且正在对专利相关法律法规进行全面审查，以提出促进商业化的行动而需要完善的部分。此项审查将使约旦技术转移方面的法律法规得到实质性的提升。[74]

机构能力。大学或研究机构很少有时间去适应新的知识产权立法，到目前为止，仅有最高政府研究机构——皇家科学学会（Royal Scientific Society）宣称已建立了技术转移中心。[75]

3.9 肯尼亚

知识产权保护。在肯尼亚和其他非洲东部国家的历史上，知识产权制度并没有得到广泛应用。在殖民影响和全球化发展方面，肯尼亚是一个典型国家。1914年，肯尼亚效仿并依靠英国制度，出台了《专利注册条例》。然而，直至1989年，肯尼亚第一个独立的专利制度才随着工业产权法案建立起来。1995年，肯尼亚加入世界贸易组织并签署了TRIPS协定。2001年《工业产权法案》取代了原先的1989年法案，建立了肯尼亚工业产权研究所，旨在自主管理专利、实用新型、商标和服务标记。[76]根据TRIPS协定的标准，《工业产权法案》在第26部分中将下列内容排除在专利可授权范围之外：人畜疾病的治疗和诊断方法、防止公共健康威胁的药品或化合物，以及植物

品种。[77]

1972年，《种子和植物品种法案》引入了植物品种保护的规定，相关规定根据1994年的《种子和植物品种条例》得到实施。1999年，肯尼亚文本加入了《国际植物新品种保护公约》1978年文本。《植物品种保护法案》由肯尼亚农业部下辖的植物检疫局负责。[78]

2001年，肯尼亚没有向本国居民授权专利，向外国居民授权专利33项。当年，肯尼亚居民仅提出两项专利申请。[79]

所有权。肯尼亚除了《工业产权法》所规定的雇佣和发明权条款，缺乏知识产权所有权相关的国家政策，原因是肯尼亚大部分的研发工作是由公共领域研究机构承担的，而私营部门基本不开展研发工作。对于公共机构的专利所有权，肯尼亚政府既没有发出禁令，也没有全盘托管。只要本身运作符合国家知识产权法律的基本规定，公共机构即可通过机构政策和机构能力主张专利所有权。

机构能力。内罗毕大学是肯尼亚首屈一指的大学。有报道称，由于缺乏清晰的政策和组织架构，该大学不得不放弃一些发明成果的知识产权。这些成果包括发酵乳制品、啤酒、抗病豌豆品种、杀虫剂、药用植物数据库和艾滋病候选疫苗。[80]在一定程度上，这一案例促进了肯尼亚公共机构在知识产权管理能力的改善。下列研究机构目前正在酝酿知识产权政策并创立知识产权办公室：

- 内罗毕大学近期通过了一项知识产权政策，提出在大学中设置技术转移办公室。[81]
- 莫伊大学成立了有限公司，由莫伊大学全权所有，设有技术转移办公室，用于管理大学的知识产权相关事务。[82]
- 乔莫·肯雅塔农业大学已经制定了知识产权政策，并雇用了一名知识产权经理。
- 在肯尼亚农业研究所，一名法律官员负责管理知识产权。
- 国际畜牧研究所于1998年采取了一项知识产权政策，并在其内罗毕中心设立了知识产权办公室。[83,84,85]

3.10 马来西亚

知识产权保护。在20世纪80年代，马来西亚制定了一系列的知识产权法律，其中包括1983年的《专利法案》（第291号法案）。自出台至今，该专利法案经过了几次修订。1995年，马来西亚加入了世界贸易组织并签署了TRIPS协定。马来西亚专利法案规定生命科学领域相关研究成果不授予专利权，包括动植物品种、生物工艺过程和疾病的医学诊断及治疗方法。自1983年法案以来，马来西亚已批准了几项医药和农业化合物产品专利。《马来西亚2002年知识产权机构法案》（第617号法案）将马来西亚知识产权机构作为最新的专利办公室。2006年，马来西亚成为《专利合作条约》（PCT）的缔约国之一。[86]

虽然马来西亚还未加入国际植物新品种保护联盟（UPOV），但2004年的植物新品种保护法案（法案号：634）基本与《国际植物新品种保护公约》一致。[87]

2003 年，马来西亚向本国居民授予 31 项专利，向外国居民授予 1542 项专利。[88]

所有权。根据 1983 年的专利法案，包括公共资助研究机构在内，员工在职期间所创造的知识产权成果归雇主合法拥有。然而，马来西亚最近对知识产权所有权进行了行政审查，明确是否涉及政府项目。2003 年，政府宣布了第二项全国科学技术政策，包括以下条款：

- 促进所有公共研究机构和大学采取有效的研究管理措施，促进知识产权管理和研究成果商业化。
- 加强知识产权管理，包括专利咨询和其他服务。
- 对已有法律进行审查，或出台科学技术政策相关立法。[89]

2004 年，马来西亚科技创新部响应总理号召，对吸引和留住马来西亚科学家的激励制度进行了梳理。相关制度包括提供研发设施、财务援助和风险投资。[90]

科技创新部还曾考虑采取和美国《拜杜法案》相似的知识产权政策。[91]马来西亚政府随后指出，马来西亚将奉行知识产权三方共享政策：知识产权归政府、研究所和发明者共有。[92]在 2006 年 3 月发布的公告中，马来西亚科技创新部部长宣布："接受政府拨款进行的研究工作，其所获得的成果归政府、相应高校和研究者共有。"[93]

机构能力。在 1983 年专利法案的指导下，大多数大学和研究所制定了内部知识产权政策，明确了机构对员工发明创造的所有权和相应的管理。目前，在马来西亚的 45 所大学中，有 17 所建立了技术转移办公室。[94]一流大学和研究机构所设的管理办公室如下：

- 马来西亚大学于 1998 年成立了技术转移和商业化分部（UPTK），作为大学的行政职能部门之一。在 2001 年，该分部归入马来西亚大学研究管理和咨询协会（IPPP）。协会全面负责大学研究成果与产业对接的相关事务。
- 马来西亚理科大学的研究创新管理办公室（RCMO）负责管理产业研发的相关事务，包括营销知识产权。[95]企业和持续发展部也负责部分专利与市场化事务。[96]
- 马来西亚理工大学（UTM）是马来西亚一流的工学院。自 1981 年，大学研究和咨询部负责管理与产业有关的研究。[97] 1993 年，大学在该部门基础上成立了创新与咨询局，进一步促进技术成果的商业化。
- 最近，马来西亚砂拉越大学（UNIMAS）研究创新管理中心新成立了知识产权和商业化部（IPMCU）。2003 年，大学成立了创新管理部。[98] 2005 年，大学在该部门的基础上成立了研究创新管理中心。技术转移和咨询中心（CTTC）也为砂拉越大学提供部门知识产权商业化服务。该中心成立于 1993 年，旨在促进大学专家和当地企业之间的合作。[99]
- 在通过知识产权保护使技术商业化方面，马来西亚棕榈油委员会（MPOB）是该国最成功的组织之一。[100]该委员会提供一系列可供转移和商业化的技术，而专利的许可授权事务则由授权和实施部门管理。[101,102,103]
- 马来西亚农业发展研究所（MARDI）有相当大规模的技术转移和商业化部门，并拥有一系列可供转移和商业化的技术。[104,105]

3.11 墨西哥

知识产权保护。墨西哥从19世纪初就拥有了专利法。今天，知识产权保护依据《工业产权法》执行。该法律于1994年通过，并于1997年和1999年进一步修订。[106] 1995年，墨西哥加入世界贸易组织，并签订了TRIPS协定。该国的《工业产权法》规定，专利授权范畴将下列内容排除在外：动植物的生产繁殖等生物过程；自然界中的生物和遗传物质材料；动物物种；人体及活体组织和植物品种。[107]专利由墨西哥工业产权研究所进行管理。[108]

在植物品种保护方面，墨西哥于1997年出台了《植物品种联邦法律》，根据农业部2000年的实施条例施行。1997年，墨西哥依据1978年公约加入了国际植物新品种保护联盟（UPOV）。[109]

2004年，墨西哥向本国居民授权了162项专利，向外国居民授权了6677项专利。[110]

所有权。《墨西哥联邦劳动法》于1970年通过，1998年进行了修订。[111]该法律第163条对员工发明创造的所有权进行了规定。法律明确了雇主对研究成果的所有权和对专利的使用权，并规定员工应为此得到额外的补偿，有时还可以获得专利的所有权。发明者始终拥有发明人署名权。《工业产权法》第14条体现了对员工的上述保护措施。国家科学技术委员会（CONACYT）向大学、其他非政府组织、60个公共研究机构和农业研发中心提供资助。2002年，国家科学技术委员会规定的第47~59条款对这些获得资助研发成果的发明所属权进行了讨论，研发成果的所有权由研究者所在机构的政策确定。包括大学和大公司在内，许多组织制定的政策规定研究成果归机构所有。但大多数情况下，发明人可获得部分经济利益。在大学里，研究人员通常被列为专利的发明人，但将专利所有权全权交给大学，专利所带来的利益分配根据大学内部协议和相关政策确定。[112]

机构能力。制定机构知识产权政策和建立独立的知识产权管理办公室尚在起步阶段，但下列机构单位采取了举措：

- 在墨西哥国立自治大学（UNAM），由总法律顾问办公室负责知识产权政策和管理。然而，《自然生物技术》期刊的一篇评论中写道，“即使在大学的层面，专利申请也未得到支持，而技术转移水平较低……墨西哥国立自治大学既没有训练有素的员工，也明显缺乏为通过获得专利共享利益而奋斗的志趣。”[113]
- 墨西哥蒙特雷理工学院（ITESM）参与了航空航天与专家系统工程方面的几项技术转移项目。
- 墨西哥国立理工大学研究和高级学习中心（CINVESTAV）的植物生物技术与遗传工程研究所参与了多个生物技术项目，负责协调生物技术专利的转移。

3.12 菲律宾

知识产权保护。菲律宾知识产权保护的历史比周边国家更为悠久。第二次世界大战结束后，菲律宾于1946年从美国独立出来，于1947年出台共和国法案（第165号法案），为发明、实用新型、工业设计提供保护。该法案很大程度借鉴了美国专利法，自专利授予的日期起，为专利提供17年的保护，并基于“先发明”制度原则确定优先权。菲律宾于1995年加入刚刚成立的世界贸易组织，并签订了TRIPS协定。1998年共和国法案（第8293号法案）是菲律宾的知识产权法典，与TRIPS协定中相关条款一致。该法案对专利年限进行了修订，将专利期限改为自申请日起20年，根据申请先后确定优先权。在该法案的基础上，菲律宾创建了知识产权办公室。依据TRIPS协定相关条款，法案将植物、动物及动植物产生的生物过程排除在可授予专利权的范围之外。[114]

2002年共和国法案（第9168号）《植物新品种保护法案》，为植物品种提供了专门保护。在该法案的基础上，成立了国家植物品种保护委员会。菲律宾不是国际植物新品种保护联盟（UPOV）的成员。[115]

2003年，菲律宾知识产权办公室向本国居民授予11项专利，向外国居民授予1160项专利。[116]

所有权。菲律宾并没有出台授予大学或研究机构发明所有权的立法。各机构可自主制定本机构知识产权的所有权政策。

机构能力。无论是中央机构还是领军研究机构，知识产权政策和管理办公室都在不断发展：

- 科学技术部（DOST）出台了知识产权指导政策，技术应用与推广研究所（TAPI）为公共机构的技术转移提供集中服务。[117]
- 1997年，菲律宾大学成立了知识产权办公中心（UIPO），对其下属6所半自治分校的知识产权办公室工作进行协调。[118,119]
- 菲律宾大学迪里曼校区负责研发的校长办公室下设有研究推广与应用办公室（RDUO），其职能包括处理知识产权相关业务并为校区员工知识产权和技术转移需求提供服务。
- 菲律宾大学马尼拉校区，主要从事医药研究，其负责研发的校长办公室下设知识产权办公室。
- 菲律宾大学洛斯巴诺斯校区，其负责研究推广的校长办公室下设知识产权办公室。
- 2004年，农业部下属的菲律宾水稻研究所（PhiRice）设立了技术转移办公室。
- 1994年，国际水稻研究所（IRRI）通过了一项知识产权政策。该政策规定，为满足发展中国家农民的需要，应选择性地使用知识产权保护政策。国际水稻研究所和与其建立合作关系的机构共同协调一些生物技术项目的知识产权。

到目前为止，菲律宾仅向公共部门和机构授权了几十项专利。[120]

3.13 波兰

知识产权保护。波兰的知识产权制度较为成熟。波兰专利局成立于1918年。1990

年，波兰成为PCT的成员国。1995年，波兰加入世界贸易组织，并成为TRIPS协定的缔约国。2000年的《工业产权法》（自2001年8月起生效）使波兰的专利法和商标法与TRIPS协定一致。2002年的工业产权法修正案则提高了波兰知识产权法律与欧盟生物技术知识产权方针的一致性，具体体现在生物材料、方法和用途可授予专利权。[121]

1989年，波兰加入了国际植物新物种保护联盟（UPOV），其于1995年出台的《种子工业法》符合该联盟公约的相关规定。[122]

2004年，波兰向本国居民授权了778项专利，向外国居民授权了1016项专利。[123]

所有权。《工业产权法》第11（3）条规定，在聘用期或合同期内，雇主是发明的合法拥有者。若相关方同意，所有权可以发生转移。这项规定为大学提供了知识产权所有权方面的自主空间，通过聘用条款或研究合同对所有权作出具体规定。[124]近年来，波兰政府一直致力于使研发经费从相对低效的行业研究机构和国有企业更多地流向大学。[125]然而，波兰并没有出台新的政策，用于对国家资助研究所得知识产权的所有权作出规定。

机构能力。实际情况中，大学拥有所研究的知识产权。[126]波兰的知识产权办公室仍在发展过程中，大多出现在一流学府，举例如下：

- 弗罗茨瓦夫大学于1995年成立弗罗茨瓦夫技术转移中心（WCTT）。[127]
- 克拉科夫工业大学于1997年成立技术转移中心（CTT）。
- 雅盖隆大学于2003年成立创新、技术转移和大学发展中心（CITTRU）。[128]
- 通过与得克萨斯大学奥斯汀分校就技术商业化和企业家能力指导开展合作，罗兹大学于2003年成立技术推动和创新中心。[129]这是波兰政府向洛克希德·马丁公司购买F-16战斗机时所作出的补偿性承诺。
- 波兰有4个区域创新转移中心（IRC），由大学的科技中心负责管理，例如由克拉科夫工业大学技术转移中心协调管理波兰南方创新转移中心（IRC）。[130] 1995年，欧洲委员会建立了创新转移联盟。如今，该联盟的71个区域中心分散在欧洲各处。通过协调活动安排和共享技术数据库，该联盟致力于推动创新和跨国技术合作。

3.14 俄罗斯

知识产权保护。俄罗斯的知识产权历史可以追溯到沙皇时代。1812年，俄罗斯通过了第一部专利法案，并于1896年对该法案进行了修订。[131]苏联时期，对包括大学及研究所的技术创新有效地行使了垄断权，国家通过发明和发现委员会向发明人颁发证书。[132] 1991年，苏联的发明法从苏联制度体系中彻底脱离，创造了一种专利保护方式，赋予发明者专有的所有权。1992年，随着俄罗斯联邦的建立，通过了包括1992年的《专利法》在内的一系列知识产权立法。1996年，专利和商标委员会成立，并发展为现在的知识产权、专利和商标的联邦服务机构（ROSPATENT）。[133] 2003年，为加强与TRIPS协定的一致性，进一步修订了《专利法》。[134]到2006年为止，俄罗斯还只是世界贸易组织的观察方，不一定要遵循TRIPS协定的相关规定。

1992年，俄罗斯联邦通过了《植物育种成果保护法》和一系列知识产权立法。根据《植物育种成果保护法》，俄罗斯联邦提供相应的植物新品种保护。1998 年，俄罗斯加入了《国际植物新品种保护公约》1991 年文本。[135]

2005 年，俄罗斯向本国居民授权了 19 447 项专利，向外国居民授权了 3943 项专利。[136]

所有权。1998 年，根据俄罗斯联邦总统令第 863 号“科学技术成果引进的国家政策和知识产权成果转化的目标”，进一步明确了公共研究机构的所有权问题。该法令于 1999 年根据第 982 号决议“关于科学技术成果的使用”实施。[137,138]根据法令规定，原则上研究机构可以持有由联邦经费资助而发明创造的知识产权所有权。就军事、军民两用和其他被认为“对国家有用”的技术而言，这些政策规定俄罗斯政府对发明创造具有优先使用权利，并且要求所有联邦资助的发明应在联邦政府进行记录。这些要求意味着，政府资助的发明很少被报告，很少有专利通过官方渠道获得。[139]一直到 2003 年《专利法》修改案后，政府地位发生了根本性转变，对开展研究的机构权利予以明确。其第 9 条规定，除非研究合同中规定成果归政府所有，国家经费资助的发明专利属于与之签订合同的研究机构。[140]

机构能力。尽管在苏联体制国家集权且缺乏正式的知识产权制度下，一些人已经开始关注如何在机构层面制定对技术转移的监管机制，虽然发生在苏联和其他苏联国家的公共研究和国有企业之间的技术转移是免费的。

因此，相当数量的大学和研究机构目前拥有发展良好的技术转移政策和相应的办公室。此外，在特定的区域和科技领域，目前已经出现一些面向多方客户提供技术转移服务的第三方私人公司和中心。这些机构包括大学、机构和公司，著名的包括：

- 圣彼得斯堡国立大学，1967 年成立了知识产权和技术转移部，作为大学的专利和许可机构（PLD）[141]
- 普希诺科学中心的普希诺技术转移中心[142]
- 下诺夫哥罗德大学的创新和技术中心[143]
- 萨拉托夫国立大学的专利服务中心[144]
- 奥布宁斯克科学技术中心，负责管理物理与动力工程研究所（IPPE）的技术转移和商业发展项目；此外，还有俄罗斯原子能部和科学技术部的研发中心[145]
- 乌拉尔区域技术转移中心[146]
- 技术转移南方中心[147]

2005 年，俄罗斯和其他前苏联的国家成立了技术转移专业协会，协会的名称为欧亚技术转移管理协会（EATTM）。[148]

3.15 南非

知识产权保护。南非的知识产权法律历史起源于英国法律。1952 年，南非的第一个《专利法案》（第 37 号法案）以英国 1949 年的《专利法案》为原型。[149] 1978 年，第 57 号《专利法案》生效并被沿用至今。在此过程中，该法案已经历了至少 8 次修订。[150] 1995 年，南非签署了 TRIPS 协定。2002 年第 58 号《专利法修订案》主要是使专利法案的条款符合TRIPS协定的要求。《专利法修订案》将“任何种类的动物或植物，或任何实质性的动植物的生产过程”排除在可授予专利权的范围之外。[151]南非的专利管理部门由企业和知识产权登记办公室（CIPRO）负责。[152]

在南非，植物品种受1976年的《植物育种者权利法案》第15号保护。1977年，南非成为国际植物新品种保护联盟（UPOV）的一员，并仍遵守1978年法案。

1995年是世界知识产权组织最后一年公开相关数据，数据显示在这一年，其中本国居民提出了专利申请共5549项，外国居民提出了专利申请共5501项。[153]

所有权。南非专利法中关于知识产权所有权的条款具有代表性，但没有明确涉及公共领域工作者或公共资金资助研究的知识产权所有权问题。[154]目前，一项关于国家研究机构专利所有权的政策正在制定中。[155]由于过去缺少了这样的政策，所有权问题常常由机构自主政策来解决。而在机构间和机构内，这些政策也不一致。尽管大部分大学倾向于拥有知识产权所有权，但其研究资金的很大一部分来自与产业签订的合同，而这些合同一般会明确企业对资助项目成果的所有权。[156]因此，大多数大学保持灵活的政策，并为了获得来自企业的研究经费而放弃知识产权的所有权。[157]

2002年的国家研发战略中，包含了对公共研究形成知识产权的保护和商业化改进政策。[158]

2006年，提出了体现上述战略的立法草案——《公共资助研究知识产权框架》。该框架在很大程度上模仿了美国《拜杜法案》，寻求统一政府不同机构之间知识产权政策的平衡，将知识产权的所有权优先赋予研发机构。立法草案保留了某些政府使用受保护技术的特权，以及为国内企业提供更优惠的专利许可制度。[159]

机构能力。为了维持与产业间重要的资金关系，一大批一流研究型大学制定了有效的知识产权政策和知识产权内部管理职责。包括：[160]

- 斯坦林布什大学研究办公室聘用了一位技术转移官员，并成立了全资子公司Unistel，通过初创公司使研究成果商业化。
- 开普敦大学有良好的知识产权政策，成立了开普敦大学创新办公室，其中一名员工负责研究合同管理、知识产权保护和技术产业化的一系列事务。
- 比勒陀利亚大学和作为国家研究机构的科学与工业研究中心（CSIR）合作成立一个私有公司——南方教育区域联盟（SERA），负责为两个机构提供授权许可和商业化服务。
- 南非医学研究理事会（MRC）设有技术商业化部门，称为医学研究理事会创新中心。[161]

随着框架草案的制订，政府也提出了成立一个中央办公室——创新基金商业化办公室（the Innovation Fund Commercialization Office，IFCO）的建议。该办公室的成立，是为了协助公共机构进行知识产权管理，协助承担一部分知识产权保护的相关成本。[162]

2002年，成立了区域性的技术转移协会，即南非研究创新管理协会（the Southern African Research and Innovation Managers，SARIMA）。[163]

3.16 坦桑尼亚

知识产权保护。和其他东非国家一样，坦桑尼亚从英国承袭了殖民国的知识产权制度，其中包括1931年的217号专利注册条例，该条例后被《第1号专利法案》取代。《第1号专利法案》于1987年通过，并于1994年执行。1995年，坦桑尼亚加入世界贸易组织，并成为TRIPS协定的签署国。但与世界贸易组织对发展中国家的相关规定相比，直到2006年，坦桑尼亚才完全符合其规定。1997年，根据《政府执行机构法令第30号》，成立了负责管理工业产权的商业登记和授权许可机构（the Business Registrations and Licensing Agency，BRELA）。从1983年起，坦桑尼亚成为非洲地区工业产权组织（African Regional Industrial Property Organization，ARIPO）的成员之一。[164,165]

坦桑尼亚不是国际植物新品种保护联盟（UPOV）的成员。但为了履行TRIPS协定中的相关义务，坦桑尼亚通过2002年第22号的《植物育种者权利法案》为植物新品种提供保护。[166]

根据1989年的统计数据，也是该国最新数据，坦桑尼亚在当年授权的23项专利均是授予外国居民的。[167]

所有权。和其他非洲国家一样，《专利法》规定了坦桑尼亚知识产权所有权相关政策。公共部门研究机构是坦桑尼亚的研发主体，而私营部门则几乎不进行研发。就所有权而言，公共机构并没有收到明令禁止，也不必强制执行所有权，而是根据机构的政策和能力，在国家知识产权法律的框架内主张所有权。

机构能力。几个主要的大学和研究机构已经采取行动，制定机构层面的知识产权政策，并着手建立知识产权管理办公室：[168]

- 索可茵农业大学，坦桑尼亚首个在机构层面制定知识产权政策的先导者，相关政策于2003年12月通过
- 达累斯萨拉姆技术学院
- 坦桑尼亚工业研究与发展组织
- 热带农药研究所

3.17 乌干达

知识产权保护。1962年独立后，乌干达保留了一套继承自英国的专利制度。于1991年通过了第10号专利法律。随后，乌干达通过了《专利法案》第216章，并于1993年通过实施细则。第3节中规定了创建专利注册办公室和注册办事处，管理专利授权事项。乌干达是世界贸易组织的创始成员之一，于1995年成为TRIPS协定的签署方。2002年《专利修订法案》第7号中规定，乌干达适用PCT相关机制。为了加强与TRIPS协定的一致性，乌干达仍在制定相关立法。1978年起，乌干达成为非洲地区工业产权组织（the African Regional Industrial Property Organization，ARIPO）的成员之一。[169,170]

尽管乌干达不是国际植物新品种保护联盟（UPOV）的成员，但它是非洲统一组织（the Organization of African Unity，OAU）的成员之一。非洲统一组织（OAU）在成员中

推行独立的植物品种保护标准。1994 年，乌干达通过了《农业种子和植物法案》，为新的植物品种提供登记服务。

2001 年，乌干达没有向本国居民授权专利，向外国居民授权专利 34 项。这一年，仅收到两项来自本国居民的专利申请。[171]

所有权。关于公共领域研究机构的知识产权归属，或乌干达政府资助的研究工作产生的知识产权归属问题，乌干达法律中没有作出具体的要求、限制或区分。因此，大学和研究机构需要根据机构的政策和能力，在国家知识产权法律的框架内主张所有权。

机构能力。乌干达机构的知识产权管理仍处在初级阶段。在国家级领先研究机构中，知识产权的相关进展如下：[172]

- 乌干达国家科学技术委员会（UNCST）计划出台知识产权管理政策，并正在筹建知识产权的中央顾问办公室，为缺乏知识产权管理能力的研发机构提供服务。
- 乌干达工业研究所积极与当地产业开展合作，研究所聘用了一名联络官，负责知识产权问题。
- 麦克雷雷大学是乌干达历史最悠久、规模最大的大学，该大学没有出台知识产权管理政策，也没有设置相关办公室。

3.18 越南

知识产权保护。1995 年《民事法典》第 6 部分第 2 章中涉及知识产权和技术转移的内容，其中包括工业产权相关内容，是首部引入知识产权保护并符合 TRIPS 协定基本要求的法律。于 1996 年 10 月颁布政府第 63 号法令，其中包括工业产权的具体法规。[173]新的知识产权法案于 2005 年 11 月颁布并于 2006 年 7 月施行，其中包含 TRIPS 协定中相关标准的条款。该法案相关的法令和说明拟于 2006 年年末出台。[174] 2004 年，越南与美国达成了双边自由贸易协定，列明了越南在保护美国的知识产权方面需要尽到的义务。越南于 2006 年 12 月加入世界贸易组织，正式作出遵守 TRIPS 协定相关义务的承诺。

越南于 1995 年引进了《植物品种保护条例》（PVP）。但直到 2004 年 3 月出台新的植物品种条例才落实了相关保护条款。2006 年新出台的知识产权法案中也包含了植物品种保护相关内容。直到 2006 年下半年，越南成为国际植物新品种保护联盟（UPOV）的成员。[175]

2005 年，越南向本国居民授权了 17 项专利，向外国居民授权了 756 项专利。[176]到目前为止，越南只有大约 14 个植物品种保护授权案例，这些案例几乎都是外国实体申请人。目前，有 18 个植物品种保护的正在申请中，其中有一些来自国内的公司和大学。[177]

所有权。越南的产权保护制度相对并不健全。几乎没有相关机制对大学和研究机构的技术所有权进行澄清或作出保障。[178]更复杂的是，尽管人们享有更大的自治权，大学依然在很大程度上被认为是国家机关的一部分。[179]工业私有化还在进行中，在大多数情况下国家仍直接持有或大量持有私营企业股权。

机构能力。大学的研究人员和管理人员对知识产权了解不多。尽管有些大学已经开始寻求专利和植物品种的保护，但还是缺乏知识产权管理能力。生命科学领域的主要研究机构开始将知识产权作为技术转移的工具。这些机构包括：

- 越南科学技术院生物技术研究所目前还没有正式的知识产权政策，但已注册了大约 20 个专利。发明和使用费的分配是根据每个专利的具体情况决定的。
- 河内农业大学的科学管理办公室负责为其研究人员处理知识产权问题。据估计，该校教师已注册 3~4 项专利，并申报了 6~7 项商标。这些专利和商标主要是与作物新品种有关。[180]
- 农业农村部农业遗传学研究所声明，技术转移是新研究项目的重要目标。其中，特别重要的是面向农民的技术转移，但该研究所未对任何发明主张知识产权。
- 河内理工大学：过去 5 年间，20 多家越南领先的科技和农业类大学共签订 13 000 个合同，价值 1. 18 万亿越南盾（约合 7400 万美元）。2000—2004 年，越南举办了 22 场技术设备展览会——技术集市。通过该展览会，大学和研究机构达成 2000 多个技术合同，总值达 4 万亿越南盾（约合 2. 5 亿美元）。[181]

4 趋势和结论

上述 18 个国家的调研结果提供了新兴和发展中国家略有重叠的样本，在文化、社会和经济等方面都具有广泛的代表性，并重点关注了以下 3 个趋势：知识产权保护的可获得性，公共资助研究中知识产权的归属，以及机构实施知识产权的情况。

4. 1 知识产权保护趋势

有几个基本的决定因素影响着知识产权保护的可获得性。第一，国内公共和私营部门的科学技术能力以及国家的经济发展水平。这两者都可以促进知识产权政策形成，促使居民运用知识产权体系。第二个因素与第一个因素有一定关系，即国家知识产权法律的发展历史。相比上一因素，这个因素较难评判。一个多世纪以来，一些国家建立了相应体系，欧洲国家（俄罗斯和波兰）及以英国为代表的前欧洲殖民地国家（印度和南非）在这方面的成果尤为突出。这是因为，即使知识产权没有被广泛使用或执行，殖民历史仍然能够推动知识产权相关实践的承袭。第三，TRIPS 协定、《国际植物新品种保护公约》等国际协议对本文所提及各国家的知识产权立法几乎都起到了促进作用。

评估国内知识产权体系是否健全时，主要分为 3 个层次（表 1）。第一层次包括少数几个拥有有效的知识产权制度并建立相应机构的国家，这些国家需要处理大量来自国内的专利申请，包括在创新方面处于领先地位的新兴和发展中国家，包括巴西、中国、印度和俄罗斯。

表 1　国家知识产权制度状况的决定因素和指标

	国家	按购买力平价计算的人均GDP，2005[182]	科学和工程方面的文章2003[183]	全球排名领先的大学数量[184]	首部专利法颁布的时间	加入TRIPS的时间	根据TRIPS要求而调整专利法的时间	PVP法律颁布的时间	加入UPOV的时间	国民申请的专利/外国人申请的专利（YR）	国民与外国人的比例
	美国	41,399	211,233	168	1789	1995	—	1930	1981	84,271/80,020（2004）	1.05
层级1	俄罗斯	11,041	15,782	2	1812	—	2003	1992	1998	19,447/3,943（2005）	4.93
	中国	7,198	29,186	8	1984	2001	1992,2001	1997	1999	18,241/31,119（2004）	0.59
	南非	12,161	2,364	4	>1925	1995	2002	1976	1977	5549[a]/5501[a]（1995）	1.01
	波兰	12,994	6,770	3	>1925	1995	2000	1995	1989	778/1,016（2004）	0.77
	印度	3,320	12,774	3	1856	1995	1999,2002	2001	—	851/1,466（2004）	0.58
	巴西	8,560	8,684	4	1809	1995	1996-1997	1997	1999	666/1,366（2002）	0.49
层级2	阿根廷	14,108	3,086	1	>1875	1995	1996-2001	1973	1994	145/1,442（2000）	0.10
	墨西哥	10,186	3,747	1	>1850	1995	1997,1999	1997	1997	162/6,677（2004）	0.02
	智利	11,936	1,500	1	>1850	1995	2005	1997	1996	32/569（2000）	0.06
	印度尼西亚	4,459	178	0	1989	1995	1997	2001	—	16/615（1996）	0.03
	马来西亚	11,201	520	2	1983	1995	2000	2004	—	31/1,542（2003）	0.02
	约旦	5,095	263	0	1999	1999	1999,2001	2000	2004	4/56（2004）	0.07
	越南	3,025	216	0	1995	2006	2005	2004	2006	17/756（2005）	0.02
	菲律宾	4,923	179	0	1947	1995	1998	2002	—	16/1,437（2004）	0.01
层级3	埃塞俄比亚	823	99	0	1995	—	—	2006	—	0/1（2000）	0.00
	肯尼亚	1,445	258	0	1914	1995	2001	1972	1999	0/33（2001）	0.00
	坦桑尼亚	723	86	0	1931	1995	—	2002	—	0/23（1989）	0.00
	乌干达	1,501	90	0	>1950	1995	—	1994	—	0/34（2001）	0.00

[a] 专利申请。

每年，这些国家发表科学与工程类论文的数目在3000~30 000篇。国家专利局每年授予1000~30 000件专利。尤其重要的是，获得专利授权的人群之中，至少50%是国内居民，这标志其有较高的本国创新水平和较完善的国家知识产权制度。

第二层次包括一大批中等收入国家，这些国家最近进一步完善了知识产权政策，但大部分专利授权对象仍然是国外居民。相关国家包括阿根廷、印度尼西亚、马来西亚和墨西哥。这些国家具备一定的研究能力，每年都发表300~3000篇科学与工程类论文，成立了国家专利局，每年的专利授权量成百上千。但国内研发者获得专利授权的数目不到外国研发者的10%。这种情况下，专利制度的主要作用是保护引进的技术。尽管如此，公司和政府仍然在寻找利用知识产权制度提升研发能力的方式。

第三层次包含低收入国家，这些国家没有一个强大的知识产权制度，国内专利申请数量也相对较少。这些国家包括埃塞俄比亚、肯尼亚、坦桑尼亚和乌干达。在这次调查中，所有第三层次国家都来自撒哈拉以南非洲地区。这些国家缺乏研究或技术能力。每年，来自这些国家的研究者所发表的科学与工程类论文不足300篇，平均数少于每年100篇。这些国家的专利局并不活跃，每年授予的专利少于50项。最重要的是，没有任何一项专利是授予国内发明者的。

4.2 知识产权所有权政策的趋势

关于政府资助研究完成发明的所有权，这些国家有趋同的倾向，都偏向于赋予研究机构相应的权利和责任，根据国家具体情况而采取灵活的做法。这种趋同通常来自进一步的知识产权保护政策和/或政府在研发上投入的增加，也来自全球政策的总体趋势和政府通过加强研发投入促进经济发展的倾向。

知识产权所有权归属政策机制具有多样性（见表2）。包括：

- 专利法中的所有权归属条款
- 劳动法中的所有权归属条款
- 国家研发体系相关法律
- 部级令

一些国家（约旦、马来西亚、南非）目前正在审查新的政策草案。许多国家并没有明确制定关于大学或研究机构公共资助研究完成的知识产权所有权归属政策。在这种情况下，专利法中所有权归属条款通常涵盖了所有权问题，但其条款中没有专门提到大学或研究机构的公共资助研发或技术转移。

表 2　政府资助研究所产生的知识产权所有权的特殊政策

	国家	年份	知识产权所有权的特殊政策
	美国	1980	专利法：联邦政府资金资助所作出发明的所有权（《拜杜法案》）
层级 1	俄罗斯	2003	专利法：政府合同所产生发明的所有权
	中国	1985	国务院的技术转移管理规定
		2002	教育部与科技部联合制定的规定：大学对知识产权的所有权和技术转移
	波兰	—	—
	南非	过程中	国家研究系统的立法：政府资金资助的发明所有权
	巴西	1996	专利法：雇主拥有发明所有权，包括公共部门雇主的收益分享规定
	印度	2000	科技部规定：部委资金支持下的所有权
层级 2	阿根廷	1990	国家研究系统的法律：大学和机构建立技术转移办公室
		1995	专利法：雇主对发明的所有权
	墨西哥	1998	劳动法：雇主拥有发明所有权
		2002	国家研究系统的法律：发明的所有权由机构的政策决定
	智利	1991	专利法：关于大学对发明的所有权和转移部分
	印度尼西亚	2002	国家研究系统的法律：大学和机构应建立技术转移办公室
	马来西亚	过程中	部委对科学家的激励机制进行评估，包括知识产权所有权
	约旦	过程中	高级委员会对所有与技术转移相关的立法和规定进行评估
	越南	—	—
	菲律宾	—	—
层级 3	埃塞俄比亚	—	—
	肯尼亚	—	—
	坦桑尼亚	—	—
	乌干达	—	—

4.3 机构中的知识产权管理趋势

在某种程度上，本调查中提到的80多个机构都制定了知识产权政策，并建立了基础管理框架。其中包括被调查国家的许多领先研究型大学和研究机构。在数百个其他新兴和发展中国家，还有很多知识产权管理项目，在此不能一一提及。当然，本调查样本的代表性和典型性还是非常高的。一些国家每年有效的技术披露审核达数百件，并提交数十件专利申请。在另一些国家，知识产权政策仍然处于草案形式，尚未采取落实知识产权管理制度的行动。

强大复杂的知识产权管理制度与科学技术能力密切相关，包括大学和公共部门每年投入用于研发的金额。机构的知识产权管理，与国家层面明确鼓励公共研究机构完成知识产权所有权归属的政策之间的相关性要弱一些。在多数情况下，知识产权管理的实践先于知识产权所有权政策的改变。

4.4 结语

尽管世界各地的许多知识产权政策改革都是模仿美国《拜杜法案》进行的，但新兴和发展中国家特定的政策改革却具有多样性。在某些案例中，《拜杜法案》的模式清晰可辨。但在许多其他案例中，改革的方法更加具体，会根据当地的法律、政治和经济形势进行调整。显然，中国或南非新兴国家的国家政策试图在本国经济环境中建立更加完善的知识产权保护制度，并在公共领域推行效仿《拜杜法案》的政策。但也有许多国家只是敷衍了事，仅从TRIPS协定中引入了鼓励机构持有专利所有权的制度。在一些国家政策中，机构获得知识产权的所有权和管理权是技术商业化中的默认选项。其他一些国家则把它当作众多选项中的一个，没有表现出明确的偏好。本调查显示了一种一般趋势：强有力的知识产权保护和相应的机构管理能力是相辅相成的，主要取决于研发投入，也受到当地产业引进新技术能力的影响。这些发现可以为政策制定者提供借鉴，将知识产权的运用作为公共融资和商业化推动经济发展综合战略的一部分。

作者注：就其性质而言，本章所回顾的政策和制度是不断演变和改变的。作者欢迎任何更正、更新和补充的资料，包括政策研究或制度案例研究。新的资料将用于更新今后有关这个主题的讨论，并可能添加到 www. iphandbook. org 网上版本的知识产权手册中。

GREGORY D. GRAFF, *Research Economist, PIPRA, Plant Sciences, Mail Stop 5, University of California, Davis, CA 95616, U. S. A. gdgraff@ ucdavis. edu*; *and Visiting Research Fellow, Agricultural and Resource Economics, 340 Giannini Hall, University of California, Berkeley, CA, 94720, U. S. A. ggraff@ are. berkeley. edu.*

1 OECD. 2003. *Turning Science into Business*. Organisation for Economic Co－operation and Development

(OECD), Paris.
2 See also, in this *Handbook*, chapter 6.4 by Carlos Fernandez.
3 WTO. 2001. *TRIPS Council. Review of Legislation-Argentina*, *IP/Q4/ARG/1*. Council for Trade-Related Aspects of Intellectual Property Rights, 14 December. World Trade Organization: Geneva.
4 WIPO. 2006. *WIPO Guide to Intellectual Property Worldwide: Country Profiles, Argentina*. World Intellectual Property Organization: Geneva. www.wipo.int/about-ip/en/ipworldwide/country.htm.
5 INPI. 2006. Law on Patents for Inventions and Utility Models (Ley de Patentes de Invención y Modelos de Utilidad) 24.481 as modified by Laws 24.572 and 25.859. Institutio Nacional de la Propiedad Industrial: Buenos Aires.
6 www.inpi.gov.ar.
7 See *supra* note 3.
8 See *supra* note 4.
9 Roman V. 2004. Argentina to Back Scientists' Patent Bids. *SciDev. Net*, 17 May.
10 Ares X. 2006. The Legal Framework for Technology Transfer in Argentina. Unpublished manuscript. Stanford University Office of Technology Transfer: Stanford, Calif.
11 Ibid.
12 Ibid.
13 Ibid.
14 www.conicet.gov.ar/VINCULACION/quees.php.
15 www.inpi.gov.br.
16 WTO. 2004. *TRIPS Council. Review of Legislation-Brazil*, *IP/Q4/BRZ/1*. Council for Trade-Related Aspects of Intellectual Property Rights, 24 February. World Trade Organization: Geneva.
17 Chamas C. 2002. Management of Intangible Assets at Brazilian Universities. Paper presented at the DRUID conference on Industrial Dynamics of the New and Old Economy—Who Is Embracing Whom? Copenhagen, 6-8 June.
18 WIPO. 2006. *WIPO Guide to Intellectual Property Worldwide: Country Profiles, Brazil*. World Intellectual Property Organization: Geneva. www.wipo.int/aboutip/en/ipworldwide/country.htm.
19 Ibid.
20 See *supra* note 17.
21 Lahorgue M, M Ritter de Santos and J Carvalho de Mello. 2005. The Economic Development Mission in Brazilian Universities. Paper A136 presented at the 5th Triple Helix Conference, Turin, Italy, 18-21 May.
22 www.inova.unicamp.br/.
23 For a detailed case study on Unicamp, see also, in this *Handbook*, chapter 17.16 by Rosana C Di Giorgio.
24 www.inovacao.usp.br/.
25 www.embrapa.br/English/portfolio/mostra_pasta.
26 Maredia KM, FH Erbisch and M J Sampaio. 2000. Technology Transfer Offices for Developing Countries. *Biotechnology and Development Monitor* 43: 15-18.
27 www.cdt.unb.br.
28 See *supra* note 21.
29 See *supra* note 21.

30 See *supra* note 21.

31 Da Motta e Albuquerque E. 2000. Domestic Patents and Developing Countries: Arguments for Their Study and Data from Brazil (1980–1995). *Research Policy* 29:1047–60.

32 Flores J, P Acevedo and C Fernandez. 2005. Legal Framework for Technology Transfer in Chile. Unpublished manuscript. Unidad de Propiedad Industrial, Universidad de Concepcion and Fundación Chile: Santiago.

33 WIPO. 2006. *WIPO Guide to Intellectual Property Worldwide: Country Profiles, Chile*. World Intellectual Property Organization: Geneva. www.wipo.int/aboutip/en/ipworldwide/country.htm.

34 Department of Industrial Property, Santiago. www.dpi.cl.

35 See *supra* note 32.

36 www2.udec.cl/upi/.

37 www.patentes.uchile.cl/.

38 For details on the business model and IP management strategies, see also, in this *Handbook*, chapter 17.2 by Carlos Fernandez and Michael Moynihan.

39 www.neos.cl.

40 WIPO. 2006. *WIPO Guide to Intellectual Property Worldwide: Country Profiles, China*. World Intellectual Property Organization: Geneva. www.wipo.int/aboutip/en/ipworldwide/country.htm.

41 WIPA. 2006. *WIPO Patent Report: Statistics on Worldwide Patent Activities*. World Intellectual Property Organization: Geneva. www.wipo.int/ipstats/en/statistics/patents/patent_report_2006.html.

42 Kneller R. 1999. Ownership Rights to University Inventions in Japan and China. In *Streamlining International Intellectual Property*. CASRIP Publication Series 5. Center for Advanced Study and Research on Intellectual Property (CASRIP), University of Washington School of Law. pp. 160–64.

43 Gong K. 2005 Technological Innovation and Social Commitment: Perspectives and Practices of Tsinghua University, presented at AUTM 2005 Annual Meetings, Phoenix, Arizona, 3–5 February.

44 For a more detailed account of the regulatory history of technology transfer in China, see also, in this *Handbook*, chapter 17.9 by Hua Guo.

45 For a detailed case study on Tsinghua University, see *supra* note 44.

46 See *supra* note 43.

47 AUTM 2005. AUTM Licensing Survey™: FY 2004. Association of University Technology Managers: Northbrook, Ill. www.autm.net.

48 See *supra* note 43.

49 Belete W and H Geletu. 2005. Assessment Report on the Development of Intellectual Property Rights Guidelines for Research in Higher Learning Institutions in Ethiopia. In *Institutional Management of Intellectual Property in Biotechnology Research and Development in East Africa: Country Case Studie* s (eds., J Bananuka, C Mugoya and J Komen) BIO-EARN Intellectual Property Reports, October 2005. pp. 16–37.

50 WIPO. 2006. *WIPO Guide to Intellectual Property Worldwide: Country Profiles, Ethiopia*. World Intellectual Property Organization: Geneva. www.wipo.int/aboutip/en/ipworldwide/country.htm.

51 Feyissa R. 2006. *Farmers' Rights in Ethiopia: A Case Study*. Background Study 5, Farmers' Rights Project, Fridtjof Nansen Institute. Lysaker, Norway.

52 See *supra* note 50.

53 This section is based on Belete & Geletu, see *supra* note 49.

54 Saha R, K Satyanarayana and CA Gardner. 2004. Building a 'Cottage Industry' for Health (and Wealth): The New Framework for IP Management in India. *IP Strategy Today* 10:23-58. www.biodevelopments.org/ip.

55 ICTSD. 2005. Indian Parliament Approves Controversial Patent Bill. *Bridges: Weekly Trade News Digest* 9 (10): Story 1. International Centre for Trade and Sustainable Development (ICTSD): Geneva. http://www.ictsd.org/weekly/05-03-23/story1.htm.

56 WIPO. 2006. *WIPO Guide to Intellectual Property Worldwide: Country Profiles, India*. World Intellectual Property Organization: Geneva. www.wipo.int/aboutip/en/ipworldwide/country.htm.

57 WIPO. 2006. *WIPO Patent Report: Statistics on Worldwide Patent Activities*. World Intellectual Property Organization: Geneva. www.wipo.int/ipstats/en/statistics/patents/patent_report_2006.html.

58 See *supra* note 54.

59 See *supra* note 54.

60 See *supra* note 54.

61 AIU. 2006. *Universities Handbook*, 31st Edition. Association of Indian Universities: New Delhi.

62 www.stemglobal.org.

63 S Upadhyaya. 2006. How India Plans to Boost Innovation. *Rediff India Abroad*. 26 April. http://www.rediff.com/money/2006/apr/26germany.htm.

64 WTO. 2000. *TRIPS Council. Review of Legislation-Indonesia, IP/Q4/IDN/1*. Council for Trade-Related Aspects of Intellectual Property Rights, 4 August. World Trade Organization: Geneva.

65 WIPO. 2006. *WIPO Guide to Intellectual Property Worldwide: Country Profiles, Indonesia*. World Intellectual Property Organization: Geneva. www.wipo.int/about-ip/en/ipworldwide/country.htm.

66 ABSP. 2003. *Biotechnology Research and Policy Activities of ABSP in Indonesia*: 1991-2002. Agricultural Biotechnology Support Project, Michigan State University: East Lansing, Michigan. www.iia.msu.edu/absp/indonesia-absp.pdf.

67 See *supra* note 65.

68 See *supra* note 65.

69 Erbisch F. 2006. Intellectual Property Management in Asia: Philippines and Indonesia. Presented at session *Technology Transfer Models: an Innovation Update from Several Emerging Asian Countries*. AUTM Annual Meeting, Orlando, Florida, 3 March.

70 Ibid.

71 www.mit.gov.jo/Default.aspx?tabid=384.

72 Finston S. Intellectual Property and Related Factors Critical in an Enabling Environment for Technology Transfer and Development. Presented at the conference Intellectual Property and Technology Transfer in the Life Sciences: a North-South Dialogue, International Centre for Genetic Engineering and Biotechnology (ICGEB), Trieste, Italy, 12-14 June.

73 WIPO. 2006. *WIPO Guide to Intellectual Property Worldwide: Country Profiles, Jordan*. World Intellectual Property Organization: Geneva. www.wipo.int/aboutip/en/ipworldwide/country.htm.

74 See *supra* note 72.

75 www.rss.gov.jo/techtrans/TTC/home%20page%20ttc.html.

76 www.kipi.go.ke.

77 Kirea SK, JI Kinyamario, JM Mbeva and FO Otswong'o. 2005. An Assessment of Institutional IP policy Implementation and Management Capacity in the National BIO-EARN Network Partners and Other Select-

ed Institutions in Kenya. In *Institutional Management of Intellectual Property in Biotechnology Research and Development in East Africa: Country Case Studies* (eds., J Bananuka, C Mugoya and J Komen). BIOE-ARN, October 2005. pp. 38-61.

78 Ibid.

79 WIPO. 2006. *WIPO Guide to Intellectual Property Worldwide: Country Profiles*. Kenya. World Intellectual Property Organization: Geneva. www. wipo. int/ aboutip/ en/ ipworldwide/ country. htm.

80 NCST. 2002. *Development of Institutional Intellectual Property Rights Management System: A Report of the Regional Workshop Under the BIO-EARN Program*. NCST Publication no. 44, National Council for Science and Technology (NCST): Nairobi.

81 www. uonbi. ac. ke/ippolicy/responsibilities. html.

82 www. mu. ac. ke/muholdings/company. html.

83 See *supra* note 80.

84 See *supra* note 77.

85 See *supra* note 77.

86 WIPO. 2006. *WIPO Guide to Intellectual Property Worldwide: Country Profiles, Malaysia*. World Intellectual Property Organization: Geneva. www. wipo. int/ aboutip/ en/ ipworldwide/ country. htm.

87 Azmi I. 2006. The Protection of Plant Varieties in Malaysia. *Journal of World Intellectual Property* 7(6): 77-90.

88 See *supra* note 86.

89 MOSTI. 2000. Malaysia's Science & Technology Policy for the 21st Century. Ministry of Science, Technology, and Innovation (MOSTI): Kuala Lumpur. www. mosti. gov. my/opencms/opencms/MostePortal/GEN/dstn2bi. pdf.

90 Lim L. 2004. Malaysia Boosts Efforts to Reverse Brain Drain. *SciDev. Net*. 30 July. www. scidev. net/News/index. cfm?fuseaction=readNews&itemid=1527&language=1.

91 *New Straits Times*. More Perks for Scientists to Boost Research under New Scheme. 26 October 2004.

92 Miranda P. 2005 *Malaysia Contemplates Intellectual Property (IP) Rights Sharing*. Patrick Miranda Co.: Singapore. 21 November. www. mirandah. com/news/?id=80.

93 Bernama (Malaysian National News Agency). 2006 National Nanotechnology Centre to Be Set Up under 9MP. 14 March. www. bernama. com. my/bernama/v3/news_business. php?id=185498.

94 Nezu R, C Thebtaranonth, J Kway and MR Muhamad. Current Status of TLO's Technology Transfer in Southeast Asia. *Report on the International Licensing Seminar* 2006. National Center for Industrial Property Information and Training (NCIPI). Tokyo, Japan. pp. 392-7. www. ryutu. ncipi. go. jp/seminar_a/2006/pdf/D5_e. pdf.

95 Research Creativity and Management Office (RCMO). Universiti Sains Malaysia (USM). www. usm. my/r&d/aboutus. htm.

96 Profile of BPLK. Universiti Sains Malaysia (USM). www. chancellory. usm. my/bpk/.

97 Bureau of Innovation and Consultancy. Univeristi Teknologi Malaysia. web. utm. my/bip/.

98 Research and Innovation Management Centre (RIMC). Universiti Malaysia Sarawak. www. unimas. my/research/rimc/.

99 Introduction. Centre for Technology Transfer and Consultancy (CTTC). Universiti Malaysia Sarawak. www. unimas. my/centres/cttc/index. html.

100 See *supra* note 92.

101 Technologies for Commercialization. Malaysia Palm Oil Board. mpob. gov. my/html/04_tfc/04_a. htm.

102 Ibid.

103 MPOB Licensing. Malaysia Palm Oil Board. 161. 142. 157. 2/pnp/bi/pelesenan. html.

104 Management Contact. *Technology Transfer and Commercialization*. Malaysian Agricultural Research and Development Institute (MARDI). www. mardi. my/main. php? Content = vertsections&SubVertSectionID =1.

105 Technology on Offer. Malaysian Agricultural Research and Development Institute (MARDI). www. mardi. my/main. php?Content=sections&SectionID=601.

106 WIPO. 2006. *WIPO Guide to Intellectual Property Worldwide: Country Profiles, Mexico*. World Intellectual Property Organization: Geneva. www. wipo. int/aboutip/en/ipworldwide/country. htm.

107 Ley de la Propiedad Industrial, Chapter 2, Article 16.

108 www. impi. gob. mx.

109 Members of the International Union for the Protection of New Varieties of Plants. UPOV. November 2006. www. upov. int/en/about/members/index. htm.

110 WIPO. 2006. *WIPO Patent Report: Statistics on Worldwide Patent Activities*. World Intellectual Property Organization: Geneva. www. wipo. int/ipstats/en/statistics/patents/patent_report_2006. html.

111 Kelley PJ. 2002. *Mexico: Basic Labor Law Concepts, Non-Competes, Non-Disclosures, and Employee Inventions*. Fredrikson & Byron, P. A.: Minneapolis, Minn. www. fredlaw. com/articles/international/Mexico. pdf.

112 RQ Ramírez. Personal communication, 22 June 2006.

113 Possani LD. 2003. The Past, Present, and Future of Biotechnology in Mexico. *Nature Biotechnology* 21: 582-83.

114 WTO. 2004. *TRIPS Council. Review of Legislation-Philippines, IP/Q4/PHL/1*. Council for Trade-Related Aspects of Intellectual Property Rights. World Trade Organization: Geneva.

115 WIPO. 2006. *WIPO Guide to Intellectual Property Worldwide: Country Profiles, Philippines*. World Intellectual Property Organization: Geneva. www. wipo. int/about-ip/en/ipworldwide/country. htm.

116 Ibid.

117 www. tapi. dost. gov. ph.

118 Maredia KM, FH Erbisch, and MJ Sampaio. 2000. Technology Transfer Offices for Developing Countries. *Biotechnology and Development Monitor* no 43. pp. 15-18.

119 See *supra* note 69.

120 See *supra* note 69.

121 Twardowski T. 2005. Legal and Social Aspects of Biotechnology in Poland. *Acta Biochimica Polonica* 52 (3): III-V.

122 Members of the International Union for the Protection of New Varieties of Plants. UPOV, November 2006. www. upov. int/en/about/members/index. htm.

123 WIPO. 2006. *WIPO Patent Report: Statistics on Worldwide Patent Activities*. World Intellectual Property Organization: Geneva. www. wipo. int/ipstats/en/statistics/patents/patent_report_2006. html.

124 *Industrial Property Law, Consolidated Text of the Act*. Patent Office of the Republic of Poland. www. uprp. pl/formularze/ustawa2000_gb. htm.

125 Kijenska I. 2006. Barriers in Innovation and Technology Transfer in Poland: A Case of an Economy in Transition. Research Institute for Economic Development. Warsaw School of Economics. www. druid. dk/

uploads/tx_picturedb/dw2006-1684. pdf.

126 National Science Board. 2006. *Science and Engineering Indicators* 2006. National Science Foundation: Arlington Virginia.

127 www. wctt. pl/index. php.

128 www. cittru. uj. edu. pl/ang/index. html.

129 at. uni. lodz. pl/ahtml/onas. html.

130 www. transfer. edu. pl/index. php?lang=EN.

131 Historical note, Federal Service for Intellectual Property, Patents, and Trademarks (Rospatent). Russian Federation. www. fips. ru/ruptoru/histor_ros. htm.

132 Zolotykh N. 2003. Legal Regulation of Protection and Commercialization of Intellectual Property Created by Russian Public Research Organizations. *Turning Science into Business*. Organisation for Economic Co-operation and Development (OECD). pp. 153-66.

133 See *supra* note 131.

134 Felitsyna S. 2003. Russia: Recent Amendments to the Patent Law. *Managing Intellectual Property* May.

135 Members of the International Union for the Protection of New Varieties of Plants. UPOV, November 2006. www. upov. int/en/about/members/index. htm.

136 WIPO. 2006. *WIPO Guide to Intellectual Property Worldwide: Country Profiles, Russia*. World Intellectual Property Organization: Geneva. www. wipo. int/aboutip/en/ipworldwide/country. htm.

137 See *supra*, note 132.

138 *Development of Technology Transfer Legal Base in the Russian Federation*. Eurasian Association of Technology Transfer Managers (EATTM). www. eattm. net/en/index. php?page=catalog&pid=100026.

139 See *supra* note 132.

140 See *supra* note 138.

141 unipat. pu. ru.

142 pctt. psn. ru/.

143 www. itc. unn. ru.

144 www. sgu. ru/patents_department.

145 www. ocst. ru.

146 www. urctt. ru/main. php.

147 www. cttufo. kubsu. ru/.

148 www. eattm. net/en/.

149 WTO. 1998. Review of Legislation in the Fields of Patents, Layout-Designs (Topographies) of Integrated Circuits, Protection of Undisclosed Information and Control of Anti-Competitive Practices in Contractual Licenses: South Africa. Document no. IP/Q3/ZAF/1. 2 October 1998. World Trade Organization: Geneva.

150 South Africa Patent Act No. 57 of 1978, as amended. www. cipro. co. za/Home/.

151 South Africa Patent Act No. 57 of 1978, section 25(4)(b).

152 www. cipro. co. za/Home/.

153 Patent Applications by Office (1883 to 2005): Breakdown by Resident and Non-resident. WIPO Statistics. www. wipo. int/ipstats/en/statistics/patents/source/123_years_pat_appl_filings_table. csv.

154 The Patent Act of 1978, section 59.

155 Wolson R. 2005. Towards the Establishment of a Vibrant South African Biotechnology Industry: Will the Recent Policy Interventions Achieve Their Objectives? *International Journal of Biotechnology* 7(1/2/3):

147-60.

156 Garduno E. 2004. South African University Technology Transfer: A Comparative Analysis. International Intellectual Property Institute. Washington, DC. January.

157 See *supra* note 154.

158 *South Africa's National R&D Strategy*. June 2002. Department of Arts, Culture, Science, and Technology, Government of South Africa. www.chet.org.za/papers/rdstrat.pdf.

159 For more details on the content and expected impacts of the impending policy change, see also, in this *Handbook*, chapter 17.7 by R Wolson.

160 This part is largely based on Garduno, see *supra* note 155.

161 innovation.mrc.ac.za/index.htm.

162 See *supra* note 155.

163 www.sarima.co.za/.

164 Kasonta J S, G S Shemdoe and P C Chuwa. 2005. Current National Policy Framework on Intellectual Property Management and Capacity Building in Tanzania. In *Institutional Management of Intellectual Property in Biotechnology Research and Development in East Africa: Country Case Studies* (eds. J Bananuka, C Mugoya and J Komen). BIO-EARN. October 2005: 62-81.

165 Wangwe S. 2002. Country Case Study: Tanzania. For M. Leesti and T. Pengelly, *Institutional Issues for Developing Countries in IP Policy-Making, Administration and Enforcement*. Study Paper 9. Commission on Intellectual Property Rights, 2002.

166 See *supra* note 164.

167 WIPO. 2006. *WIPO Guide to Intellectual Property Worldwide: Country Profiles, Tanzania*. World Intellectual Property Organization: Geneva. www.wipo.int/about-ip/en/ipworldwide/country.htm.

168 See *supra* note 164.

169 WIPO. 2006. *WIPO Guide to Intellectual Property Worldwide: Country Profiles, Uganda*. World Intellectual Property Organization: Geneva. www.wipo.int/aboutip/en/ipworldwide/country.htm.

170 Tumushabe G and D Akol. 2005. Report of the Biotechnology Policy Background Study on Product Development Partnerships in Uganda. In *Institutional Management of Intellectual Property in Biotechnology Research and Development in East Africa: Country Case Studies* (eds. J Bananuka, C Mugoya and J Komen). BIOEARN. October 2005: 95-111.

171 See *supra* note 169.

172 Salazar S. 2005. Capacity Building for Intellectual Property Management in Four BIO-EARN Network Countries. In *Institutional Management of Intellectual Property in Biotechnology Research and Development in East Africa: Country Case Studies* (eds. J Bananuka, C Mugoya and J Komen). BIO-EARN. October 2005: 4-15.

173 WIPO. 2006. *WIPO Guide to Intellectual Property Worldwide: Country Profiles, Vietnam*. World Intellectual Property Organization (WIPO). www.wipo.int/about-ip/en/ipworldwide/country.htm.

174 L Kilgour. 2006. Assessing Needs for Agricultural Intellectual Property Management Support in Vietnam. Public Intellectual Property Resource for Agriculture (PIPRA), October 2006.

175 Ibid.

176 See *supra* note 173.

177 See *supra* note 174.

178 Nguyen PQ. 2006. The Role of Universities and Institutions in Supporting Small and Medium-Sized En-

terprises with Regard to the Intellectual Property. Paper presented at the EC-ASEAN Intellectual Property Rights Co-operation Programme (ECAP II) seminar on IP for SMEs, Hanoi, Vietnam, 15-18 March.

179 Nguyen VH and NC Tran. 2006. The Role of Academic Institutions in Economic Development: The Case of Vietnam. Paper presented at the Research Policy Institute, Lund University. www.fpi.lu.se/_media/en/research/universidad06-vietnam.pdf.

180 See *supra* note 174.

181 See *supra* note 178.

182 International Monetary Fund. *World Economic Outlook Database.* September 2006.

183 National Science Board. 2006. Science *and Engineering Indicators 2006.* National Science Foundation: Arlington, Virginia.

184 According to World University Rankings. *Times Higher Education Supplement*, 5 November 2004; and *Academic Ranking of World Universities* 2005. Institute of Higher Education. Shanghai Jiao Tong University, Shanghai, China. 2005. ed.sjtu.edu.cn/rank/2005/ARWU2005TOP500list.htm.

第 3.4 章

中等收入国家技术转移概述

——创新孕育社会经济福利

苏珊·K. 芬斯顿（SUSAN K. FINSTON）
美国芬斯顿咨询有限责任公司负责人和创始人

译者 沈慧芝 **审校者** 刘晓娜 李紫陌 欧阳石文 焉石 张熠 殷宏

摘 要

过去 20 年中，技术转移政策在巴西、印度、爱尔兰、以色列和约旦 5 个中等收入国家取得了一系列成效。这些成效表明，注重引进新技术的国家发展更快，创造的就业机会更多，对贫困改善的作用更为显著。同时，政府和市场力量的相互协作对有效促进技术转移十分关键，没有这种平衡，技术转移的效果就很有限。

1 引言

美国的开国元勋们明白创新的重要性，在建国之初就努力将促进和保护创新的有关条款写入宪法：

> 国会有权规定和征收直接税、间接税、进口税与货物税，用以偿付国债、提供合众国共同防御与公共福利；但所有间接税、进口税与货物税应全国统一……为促进科学和实用技艺的进步，保障作者和发明人对其著作和发明在限定期限内的专利权（《美国宪法》第 1 条第 8 项第 8 款）

Finston SK. 2007. Technology Transfer Snapshots from Middle - Income Countries: Creating Socio - Economic Benefits through Innovation. In *Intellectual Property Management in Health and Agricultural Innovation: A Handbook of Best Practices* (eds. A Krattiger, RT Mahoney, L Nelsen, et al.). MIHR: Oxford, U.K., and PIPRA: Davis, U.S.A. Available online at www.ipHandbook.org.

今天，该宪法条款所体现的原则在世界上其他国家亦被采用，以鼓励研发。例如，发明人和开发人员可以就其创新成果申请专利权，以获得在一定期限内的独有使用权。专利权实质上是“否定性”的权利：它具有排他性，排除其他人从研发者的成果中获利。不过，专利权也不能保证研发产品是有利可图的。在享有专利权的同时，发明人需披露专利相关信息，使“本领域技术人员”（具备该发明技术领域普通技术知识的人员）能理解和复制发明成果。因此，专利制度保障了发明人和社会公众的利益。

为了进一步说明这样的双重效应，我们以一位知名的美国人为例。乔治·华盛顿（George Washington）是一家磨坊的老板和经营者，他急于改善磨坊的生产情况。他对新的农业科技感兴趣，特别是奥利弗·埃文斯（Oliver Evans）发明并持有专利的埃文斯碾磨系统（Evans Mill System）（美国专利第3号）。现在该系统被公认是首个大规模生产工艺。1790年授权的专利均由华盛顿总统审查签署；而作为弗农山庄磨坊的主人，乔治·华盛顿是最早请求这项新技术许可的人之一。自动化的磨坊不仅生产高质量的面粉，还能将工人的数量由6个减少到2个。碾磨机可以不停地运转，生产效率高于传统工艺。两年内，美国有超过100个磨坊使用了埃文斯的新技术。自此，埃文斯的发明推动了美国磨坊的发展，促进了美国对欧洲的出口。该技术及其使用不仅使埃文斯获益，也造福了包括华盛顿总统在内的整个国家。[1]

另一个案例发生在《拜杜法案》出台前。青霉素和链霉素产品的发展路径截然不同，这也印证了激励科技成果商业化的重要性。青霉素最早被发现于1928年，其发现者路易·巴斯德（Louis Pasteur）博士因未申请相关专利或进行许可而为人称道。然而，在超过20年的时间里，青霉素一直没能获得商业开发。直至世界大战爆发后，该药物才得到大规模生产。[2]与之相反，20世纪30年代链霉菌被罗格斯大学（Rutgers University）教授赛尔曼·瓦克斯曼（Salman Waksman）发现后迅速推广，这得益于赛尔曼·瓦克斯曼早期与默克公司签署了独家许可使用协议。[3]

当前，鼓励发展新技术，能够创造就业机会，降低贫困水平并加速经济增长。在私营部门愈发趋向于投资无形资产的年代，受知识产权保护的资产作为投资资产再合适不过。[4]微软公司的创立者比尔·盖茨认为，全球经济发展的性质增加了对进一步激励创新的需求，他说：“不同国家间的经济竞争在持续上演，特别体现在新兴经济体的快速创新和发展方面……我们需要采取激励制度引导创新，因为当前世界的竞争不再是基于劳动力成本的竞争。”[5]本章分析了技术转移政策在过去20年里如何影响三大地区（中东、亚洲、欧洲）的不同国家。

2 什么是技术转移？

“技术转移”是根据科研成果开发并实际应用的过程。更广义地说，从经济和/或社会角度看，技术转移是人们从创新中获利的所有活动。

技术转移是一个复杂的过程，是从探索性研究走向成熟产品的漫长过程。相关研发可分为3个类别或阶段：

- “基础研究”的主要目标是促进知识本身的进步。该类研究是探索性或调查性的，由研究者的好奇心、兴趣和直觉所驱动。

- “应用研究”的主要目标是解决特定问题并产生实用效果。这类问题可能源自基础研究，也可能有其他来源。应用研究也可以是探索性的，但常常有更集中明确的目标。
- 在商业开发中，将基础和/或应用研究中衍生出的想法应用于制造商业化产品。

包含上述3个研发过程的一个案例是药物遗传学领域研发的药品：对人类基因组的解码（基础研究）促进了特定酶的鉴定分离（应用研究），并最终促使药品的研发和试验（商业开发）。该案例说明，政府在确定重点创新领域时发挥着重要作用，因为最初的人类基因组研究是一项公共研究。同时，政府在促进研发成果由理论走向实践的过程中也能够发挥作用，这常常体现在政府资助的公共研究中。在推进应用研究新产品、新工艺（例如，拥有知识产权的产品或工艺）发展的过程中，政府也同样发挥着积极作用。然而，随着研究从基础探索走向产品研发，政府的引导作用逐步减弱。大多数时候，市场在分配投资资源方面比政府更能发挥有效的作用。

3 促进技术转移的因素

活跃的技术转移体系包括三项核心要素：

（1）政府对科学教育、研究和相关基础设施的持续投入。为了给科学和技术的发展营造良好环境，政府投资教育和培训（包括国内和国外，高等和中等教育），资助基础和早期应用研究，改善技术相关的基础设施。

（2）包括高水平知识产权保护在内的广泛法律保护。法律保护给个体提供了签订强制性协议或合同的可能。当违反了相关条款时，被侵权方可以得到及时有效的法律补偿。

（3）依靠市场力量作为技术转移的引擎。以市场为导向的政策在鼓励承担风险的同时，增加了私营部门的投资。

正如凳子的3个支脚，上述3个要素是技术转移的三大支柱：每个要素都必不可少，又与另外两个互为补充。然而，同时满足上述要素是困难的。在20世纪中期，美国政府认为其对科学研究、法律保护和市场激励都提供了强有力的支持，但因公共资助研究的成果未被授予私人权利，导致了投资新技术市场的动力大大减弱。随着1980年开始实行《拜杜法案》，[6]私营部门具有使用公共资助研究成果的权利，这也构成了美国技术转移制度的一部分。此后，得到政府资助的科学家可以与熟知如何将产品推向市场的营销者合作，使得创新得到爆发式发展，带来了健康、农业和其他领域的一系列新产品。

4 技术转移简况

世界各地的人们都感受到了技术转移的影响力。这种影响力不仅有助于一个国家研究能力的提高，也有助于其整体经济的发展。基于戴维·萨克（David Sack）在孟加拉国的经验，他表示：

> 如果能在自己的国家找到有意义的工作和施展才华的平台，一流的科学家更倾向于在本国工作。机构的良好运作有助于吸引人才，从而丰富国家的科技和经济资源。[7]

无论一个国家处于怎样的发展阶段，其政府都可以通过合理有序的技术转移体系，来培养科学家并鼓励他们留在国内发展。本章简要介绍5个中等收入国家的政府，在过去20年里支持科学和教育发展，建立更为有效的知识产权保护体系，以及在成果商业化过程中通过市场进行投资分配的情况。这些国家的生物技术和信息技术领域呈现密集创新态势，这种态势又带来了广泛的社会经济利益。这些国家的经历为如何正确有效地利用技术转移带来了有益的经验和见解。

4.1 巴西

巴西政府对科学教育和基础设施进行了持续投入。在过去50年里，巴西圣保罗研究基金会（FAPESP）对当地几所大学的基础研究和研究生教育均给予了支持。联邦卫生部资助了两个重要公共研究机构：布坦坦研究所（Instituto Butantan）和奥斯瓦尔多·克鲁斯基金会（Oswaldo Cruz Foundation）。在近些年里，布坦坦研究所在乙型肝炎疫苗（hepatitis B）方面的研发成果已被认可。[8]奥斯瓦尔多·克鲁斯基金会历史悠久，曾在抗击黑死病、黄热病、天花等捍卫健康和卫生的战役中彪炳史册。[9]近期，该基金会发布了藻类微生物杀菌剂研究用于治疗艾滋病毒/艾滋病的最新进展。[10]

然而，在相关产品的商业化进程中，巴西缺乏基于市场且能够驱动私人资本投入商业开发的激励机制。就像迈克·瑞恩（Michael Ryan）所说："巴西公共部门对大学和公共实验室投资巨大，构建了生物医药技术创新的潜能。然而，私营部门不仅在研究能力上有所缺失，与公共部门的联系也不紧密，技术商业化发展存在传统阻力。"[11]巴西的经济在20世纪70~80年代发展缓慢，在一定程度上是由于技术创新体系中存在上述不足。[12]当前，巴西的科研支出中有2/3来自政府直接投资（在美国，对应的占比仅为1/3），仅有18%的科研人员和技术人员在私营部门工作。[13]由于政府对创新进程决定性的干预作用，市场的活力和弹性无法释放，导致市场效率低下，经济发展缓慢。

目前，巴西正在进行一系列改革，鼓励私营部门加大研发投入。在这一举措下，巴西企业通过《专利合作条约》（PCT）向世界知识产权组织提出了更多专利申请[14]，将更多的新产品推向市场。[15]这一趋势将有力推动经济发展，并在各个经济生活领域为巴西人民提供更多更好的产品。

根据瑞恩（Ryan）的说法，许多国家将政府放在科技发展中的主导地位，巴西并不是唯一这样做的国家。瑞恩列举了一些发展中大国作为例子，其中的许多国家都重新制定了政策，加强私营部门在新技术商业化发展中的作用。这些国家包括中国、墨西哥、埃及、印度和土耳其。从中，我们得到的经验是，政府并非不应为新技术的发展提供资助，而是应该将这些资助投入基础研究项目（这些研究是创新的基础和萌芽）。应用研究和创新成果商业化研究应更多地依赖私营部门投资，以确保效率最大化和经济增长。

4.2 以色列

以色列同样对科学教育和基础设施进行了长期投入。最新的投资数据显示，以色列的科学投资中，至少有一半来自以色列国家部门和国际的公共部门。[16]在以色列，各部委均设有首席科学家，[17]小学和中学阶段设置了完善的基础科学教育课程。[18]

以色列在信息和通信技术领域全球领先。这些技术领域所需的资本投入远小于生物技术领域，交付周期短，市场准入门槛低。然而，以色列在生物技术等领域，创新力却不那么强。如阿维·摩尔科（Avi Molcho）所说："在许多技术领域，以色列都处于世界领先地位。它是通信、半导体、信息技术及医疗设备的创新中心，这些创新技术已经取得了商业上的成功。相比上述领域，以色列在生命科学领域取得的研究成果有过之而无不及，但其生物技术行业仍处于初创阶段。"[19]事实上，以色列的专利成就斐然："来自以色列发明人的专利数量在生命科学领域的占比居于全球首位，人均拥有专利数量在全球排名第4位，生物制药授权专利的数量在全球排名第12。"[20]阿拉·卡茨内尔松（Alla Katsnelson）认为，虽然以色列的生命科学专利约占其全部专利的1/3，但专利未被充分利用的原因是，缺少将知识产权转化为生物技术产品的能力。[21]

米尔肯（Milken）研究所发布的报告显示，在科学成果商业化方面，以色列缺乏市场激励措施，这是以色列生物技术产品发展滞后的原因。[22]也有观点认为相关原因是知识产权保护和数据独占权水平相对较低。[23]还有一部分观点则认为以色列仿制药制造商梯瓦（Teva）制药工业有限公司[24]的市场垄断地位是造成市场和/或知识产权激励措施不足的因素之一，其阻碍国际生物技术企业进入以色列市场或在以色列长期发展。

有趣的是，在以色列知识产权保护水平较弱的同时，巴林、约旦、摩洛哥、沙特阿拉伯和阿拉伯联合酋长国等以色列相邻国家通过加入世界贸易组织、签订双边自由贸易协定和/或开展自身改革等方式加强了知识产权体制建设。[25]

无论理由是什么，以色列私营部门在医疗生物技术方面十分欠缺。大卫·哈兹尔科恩（David Haselkorn）精辟地指出："没有任何一家跨国制药公司在以色列建立了研发中心。"[26]米尔肯研究所则进一步指出，若以风险投资的数额计算，以色列的生物技术领域正在走下坡路。[27]

4.3 约旦

直至20世纪90年代早期，约旦哈希姆王国一直被认为是一个依赖援助和汇款的国家，人均国内生产总值（GDP）约为800美元。然而，约旦政府在过去的15年中加大了对科学教育和基础设施的投入，进一步完善了知识产权保护法律，并加以实施，采取了依靠私营部门推动就业和财富增长的经济计划模式。上述变革带来了深远影响：约旦进一步融入世界经济。自20世纪80年代中期以来，约旦人均GDP增长了5倍以上。2006年，达到4700美元。[28]

约旦出口主导型的医药行业增长十分显著。2001年，医药领域的生产总值达1.8亿美元；2002年，达到2.1亿美元；2003年，攀升到2.75亿美元。[29]该增长趋势一方面归因于国内较高水平的知识产权保护制度，另一方面归因于通过世界贸易组织

（WTO）及美国-约旦自由贸易双边协定带来的商贸红利。[30]约旦的医药公司正在加大研发投入。例如，约旦本土的 Triumpharma 和 Advanced Pharmaceuticals 两家公司均对药物递送系统的研究生产和专利保护加大了投入。近 3 年，约旦建立了两个新的临床研究组织。[31]当前，约旦的医药产品被销售至全球 60 多个国家或地区的市场。

此外，约旦也采取了一系列市场友好政策，吸引国际医药公司前来投资。欧加农（Organon）、诺华公司（Novartis）和安万特（Aventis）等大型跨国制药公司与约旦的临床研究组织和医药公司合作开展临床试验。自 2000 年起，约旦的医药公司已与意大利、日本、韩国、瑞士、英国、美国等国家的公司建立了许可关系。这些外国公司常常要依靠约旦这个合作伙伴向中东国家提供市场和营销经验。与此同时，国外投资为约旦的国内市场和出口市场带来更广阔的产品销售空间，也更有利于专有知识和技术的流通。[32]

约旦政府对科学技术进行了持续投资，投资领域包括天然产品开发，利用单克隆抗体进行早期诊断，应用食品微生物学，生物沼气、生物化肥、抗虫药和酵母的生产，生物技术设备的研发等。在美国国立卫生研究院的支持下，约旦通过癌症生物医学信息网络项目建立了侯赛因国王癌症中心和生物技术研究所。

4.4 印度

鲜有国家像印度那样，在制定有利于技术的政策方面遇到诸多挑战。从印度科学和工业研究理事会（CSIR）退休的马歇卡（R. A. Mashelkar）是印度采用技术转移政策的早期倡导者和坚定拥护者，他曾于 1995—2006 年担任该理事会会长。马歇卡认为印度采取技术转移政策的过程如同“错过班车”，即失去了在全球知识经济背景下利用知识资产的机会。[33]

许多人认为印度在生物技术领域发展的信心源自其在信息技术领域早期获得的成功。但很少有人知道，印度在信息技术方面的成功得益于专利保护，其保护是基于山姆·皮特罗达（Sam Pitroda）博士的软件专利[34]形式。1980 年，作为印度非本地居民和软件专家，山姆出售了其创立的第一家美国公司，将所得利润用于实现自己的梦想——在印度乡村安装电话。[35]在印度，电话通信被大多数人认为是整个信息通信技术（ICT）领域的基石，也被认为是“商务流程外包”（BPO，包括跨国公司、呼叫中心等机构的后台业务）及生物信息学（对生命科学临床研究获得数据的分析，它标志着生物技术在印度的萌芽）等相关细分领域的基础。[36]山姆的软件专利帮助他赚了第一桶金，他利用这笔经费让印度乡村的家家户户都装上了电话，为印度的信息技术革命奠定了基础。

如今，印度政府准备在 2007 年全面推动技术转移立法。根据该法案，研究机构的发明人与其所在机构共享专利使用费。同时，法案鼓励学术型企业家申请专利，通过专利使用费的方式既可以为他们机构增加研究基金，也可以为他们个人带来利益。[37]该法案还纳入了学术研究机构接受政府资助、开展专利研究的关键机制。[38]在过去一年里，印度已在医药等诸多领域实施了产品专利保护政策，其专利审批流程的改革提高了效率并减少了审批环节。国内公司还建议印度政府对具有商业价值的临床研究档案实施保护（该保护措施被叫作“数据独享保护”）。[39]

印度正在就如何实施上述知识产权保护改革进行内部合作对话。政府持续推动印度作为全球生物技术研发中心的地位，且印度已成为全球的临床前和临床主要研发中心。2006 年度安永欧洲投资吸引力报告中，印度是医药和生物医药研发的五大目的地之一。2005 年，印度的生物技术产业收入突破 10 亿美元大关。如今达到近 15 亿美元，年增长率为 36%。

4.5 爱尔兰

在过去 20 年，通过系统施行促进技术转移的政策，爱尔兰在生命科学领域成为外国直接投资的主要进口国，完成了由“人才净流失国”向“人才净引入国”的过渡。爱尔兰对专利和数据专有权进行了强有力的保护，保护期限可达 11 年。政府为科学教育和基础设施提供了实质性的支持。同时，政府通过增加劳动力制度调控、减少企业税收及其他方面的改革，[40]使政府的企业监管政策能够带来更强的市场导向成效。[41]

> 爱尔兰一直通过较低的企业税率吸引外国直接投资。而今，爱尔兰拥有世界上最低的企业税税率，交易利润的最高税收比率仅为 12%。同时，相关专业技能人才的储备也有助于吸引生物制药企业投资。为满足生命科学领域的需要，高等院校机构的产出也在持续改进。在过去 10 年间，爱尔兰的技术人才纷纷回国，经济得到显著增长。此外，爱尔兰没有太多的官僚政策并拥有出色的教育体制，是人们眼中理想的移居地。劳动力在欧盟内部的自由流动机制有助于爱尔兰人才的快速引进。[42]

因此，在生物技术和其他高科技领域，[43]爱尔兰越来越容易吸引外国投资者。同时，爱尔兰在吸引和留住创新性人才的全球竞争中处于优势地位。[44]在化学、制药、生物制药、医疗设备和诊断领域，[45]爱尔兰拥有 170 多家企业和 35 000 名从业者。2005 年，这些企业的出口值超过 520 亿美元。爱尔兰的人均收入从 1986 年的约 5000 美元[46]上升到 2006 年的 43 600 美元，[47]与美国和阿拉伯联合酋长国的人均收入不相上下。

5 结语

技术转移可以通过引进创新来改善生活。这些创新技术直接促进公共卫生健康、营养和通信等领域的发展。促进技术转移的相关政策（例如对个人权利和教育的重视）对经济发展也有促进作用，这种作用相对不明显但更为重要。理想的情况下，任何政治和经济环境方面的积极变化都能形成促进自身发展的良性循环：更好的经济环境和更高的教育水平将促进公共健康，更好的公共健康状况将反过来促进经济发展。

以上概述有力地说明：政府对基础研究持续有力的支持和强有力的知识产权保护可以有效促进技术转移。其中，基础研究政策包括加强科学教育，以及与技术相关的基础设施建设等。政府政策也应致力于市场导向，鼓励私营部门投资应用研究和研究成果商业化。这样一来，政府和市场的力量就能够相互协作，共同改善人们的生活。

SUSAN K. FINSTON, *Principal and Founder, Finston Consulting, LLC, 3514 30th Street, NW, Washington, DC, 20008 U. S. A.* *susan@finstonconsulting. com*

---

1 For more background on Oliver Evans, the mechanized flour mill and other inventions, see www. greenbankmill. org/oliverevans. html. For more about Washington's gristmill, see www. mountvernon. org/visit/plan/index. cfm/pid/806/.

2 Public Broadcasting Service. A Science Odyssey: People and Discoveries. www. pbs. org/wgbh/aso/databank/entries/bmflem. html.

3 "*An agreement was drawn up with Merck whereby the company provided chemical assistance, experimental animals for pharmacological evaluation of antibiotics, and large-scale equipment for producing any promising discoveries. In return, Waksman assigned Merck any patents resulting from research in his laboratory. Should any of the patents prove commercially successful, Merck was to pay the Rutgers Foundation a small royalty.*" acswebcontent. acs. org/landmarks/antibiotics/trials. html. Streptomycin is broadly recognized as one of the important early antibiotics. In addition to being the first effective chemotherapeutic treatment for tuberculosis, it also showed effectiveness against typhoid fever, cholera, bubonic plague, tularemia, urinary tract infections, and others. As Dr. Waksman recognized the importance of the new drug, he became uncomfortable with the agreement giving Merck exclusive rights, and Merck agreed to a renegotiated non-exclusive license and was granted a rebate on royalties to compensate the company for the cost of development of streptomycin. "*Merck was praised for its generosity and Rutgers made licensing agreements with other drug companies.*"

4 See Brief of *Amicus Curiae* BayhDole 25, Inc. , supporting respondent in *Microsoft vs. AT&T*, pp. 14-16.

5 26 January 2004 Keynote address by Bill Gates, Chairman and Chief Software Architect, Microsoft Corporation, at the Enterprising Britain Conference, London, UK. www. hm-treasury. gov. uk/documents/enterprise_and_productivity/enter_conf/ent_entconf_gates. cfm.

6 For and extensive discussion of the debate over the issue of allowing exclusive rights to private actors to commercialize publicly funded research outcome, see *BayhDole at 25: A Survey of the Origins, Effects, and Prospects of the Bayh Dole Act*. www. bayhdole25. org/resources. The author of this chapter is a founding board member of Bayh Dole 25, a not-for-profit organization that promotes technology transfer in developing and developed countries through education and outreach activities. For more background and information on this organization, see www. bayhdole25. org.

7 Sack DA. 2005. Letters: International Gaps in Science Publications. *Science* 309 (5739): 1325-1326.

8 Ferrer M et al. The Scientific Muscle of Brazil's Health Biotechnology. *Nature: Biotechnology* 22 (*Suppl.*): DC9, DC10. www. nature. com/naturebiotechnology; see also www. swissbiotechassociation. ch/files/countryprofile/Ferrer%20u. a. %20Scientific%20Muscle%20of%20Brazils%20.

9 See *supra* note 9. Historic background on the first hundred years of Oswaldo Cruz Foundation (originally founded as the Federal Serum Therapy Institute). World Health Organization (WHO) at www. who. int/tdr/publications/tdrnews/news65/oswaldo-cruz. htm.

10 Algae Gel to Combat HIV Infection. BBC News, 29 January 2007. news. bbc. co. uk/go/pr/fr/-/2/hi/health/6266527. stm.

11 Ryan M. 2006. *Brazil's Quiet Biomedical Innovation Revolution: Drugs, Patents, and the "10/90 Health*

Research Gap." Creative and Innovative Economy Center, George Washington University Law School: Washington, DC.

12 See *supra* note 5, p. 3.

13 See *supra* note 5, p. 5 (citing a 2005 FAPESP report).

14 Brazil leads Latin America in terms of resident patent applications filed in the Patent Cooperation Treaty. Though it still lags behind China and India, Brazil is in the top 20 patent offices for global PCT filings. WIPO Patent Report: *Statistics on Worldwide Patent Activities*, 2006, p. 7. www. wipo. int/ipstats/en/statistics/patents/. In 2004, Brazilians filed 280 PCT International Applications. Ibid. p. 37.

15 See *supra* note 5, pp. 5-10.

16 www. ilsi. org. il/industry_financing_history. asp.

17 www. science. co. il/ChiefSci. asp.

18 www. science. co. il/SciencePolicy. asp.

19 Molcho A. 2005. Meeting the Challenges of Israeli Biotechnology. *Israel Venture Capital Journal.* 8 March 2005. www. altassets. com/casefor/countries/2005/nz7289. php.

20 De Vol R, et al. 2006. *Mind to Market: A Global Analysis of University Biotechnology Transfer and Commercialization*, The Milken Institute, September 2006, p. 188. www. milkeninstitute. org/pdf/mind2mrkt_2006. pdf.

21 Katsnelson A. 2005. When will Israeli Biotech Grow Up? *Bioentrepreneur.* www. nature. com/bioent/bioenews/092005/full/bioent882. html.

22 Ibid at pp. 186-88.

23 See USTR 2006 "*Special* 301" *Priority Watch List.* www. ustr. gov/Document_Library/Reports_Publications/2006/2006_Special_301_Review/Section_Index. html? ht. (Retaining Israel on the IP blacklist for implementing weak protection for commercially valuable clinical dossiers and curtailing patent term restoration for time lost due to bureaucratic delay in patent review, USTR "*continues to urge Israel to strengthen its data protection regime in order to promote increased bilateral trade and investment in the field of pharmaceuticals and other knowledge-based sectors.*")

24 The dominant market position of Teva is illustrated by its outsized presence on the Tel Aviv Stock Exchange (TASE), on which the market value of the company is the largest of any company in Israel and stands at five times that of the next largest company, Bank HaPoalim. See Israeli Ministry of Finance. 2005. *Capital Market Annual Review.* www. mof. gov. il/beinle/capitalmarketsreport2005final. pdf. Teva remains among the largest generic pharmaceutical producers in the world, employing 25,000 people worldwide, with a total of $5. 3 billion in global sales in 2005. See *supra* note 21, p. 185.

25 See www. ustr. gov/Trade_Agreements/Section_Index. html for bilateral free trade agreements in the Middle East/North Africa region and related IP provisions. In addition, two governments, Jordan and Saudi Arabia, adopted enhanced protection for intellectual property protection as part of their WTO TRIPS accession, including strong patent protection, data exclusivity, and linkage between patent offices and regulatory bodies to prevent marketing of infringing products. For Jordan see http: //www. wto. org/English/thewto_e/countries_e/jordan_e. htm; for Saudi Arabia see http: //www. wto. org/English/thewto_e/acc_e/a1_arabie_saoudite_e. htm. The UAE unilaterally ratcheted up its levels of patent and data protection starting in the 2000-2002 period. See Haider L. United Arab Emirates: Agreement Set to Boost Research. *Managing IP.* www. managingip. com/Page=10&PUBID=34&ISS=20608&SID=588197&TYPE=20.

26 See *supra* note 12.

27 Citing the 19th annual Ernst & Young biotechnology report, which concludes that the medical devices sector received more investment in 2004 than did biotechnology. See *supra* note 21, p. 185.

28 For 1980s data see: Sullivan P. 1999. Globalization: Trade and Investment in Egypt, Jordan and Syria Since 1980. *Arab Studies Quarterly* (*ASQ*), 21: pp. 35-72.

For 2006 data see CIA. The World Factbook: Jordan. www. cia. gov/cia/publications/factbook/geos/jo. html.

29 Ryan M. 2004. *Establishing Globally Competitive Pharmaceutical and Bio-Medical Technology Industries in Jordan: Assessment of Business Strategies and The Enabling Environment.* International Intellectual Property Institute, Georgetown University McDonough School of Business: Washington, DC.

30 The growth in bilateral U. S. /Jordan trade flows provides a general example of the benefits of greater integration into the world economy through the WTO and the U. S. /Jordan Free Trade Agreement. When the FTA was signed in 2000, the bilateral trade flow was not much more than a trickle: total bilateral trade between the United States and Jordan was roughly US $385 million, where U. S. exports to Jordan accounted for approximately 80% (US $310 million) of the total. *U. S. Trade Balance*, *by Partner*, 2000, United States International Trade Commission. swpat. ffii. org/gasnu/us/usjdfta. txt. In contrast, the bilateral trade flow exceeded US $1. 7 billion for the first nine months of 2006, 2006 *Jordan Economic and Trade Bulletin*, cited in 16 *Washington Trade Daily*, 20. 26 January 2007. Jordanian exports to the United States have increased 91% since 2001. Ibid. A second general area of benefit is the increased level of foreign direct investment in Jordan since WTO accession, which grew from US $627 million in 2000 to US $2. 4 billion in 2002. Haider L. 2007. United Arab Emirates: Agreement Set to Boost Research. *Managing IP.* www. managingip. com/Page=10&PUBID=34&ISS=20608&SID=588197&TYPE=20.

31 See *supra* note 15.

32 See *supra* note 15.

33 "Dr. Mashelkar has often been called a 'dangerous optimist'; so it was no surprise when he suggested that instead of being rueful of the 'missed bus' we should work on the opportunities offered by the waiting buses of the knowledge economy." *Information Pasteboard*, #IP 428/20-26 Nov 2000. www. nal. res. in/old-home/pages/ipnov00. htm.

34 "*In fact, I spent my childhood without knowing how to use a telephone set. And I never used a telephone till I went to the U. S. to pursue my education in electrical engineering. The reason: I came from a poor background, and those were the days when telephones were locked in wooden boxes and considered an elite possession, so I never got a chance to use one. I left for [the] USA in 1964 with less than $400 in my pocket. I cherished a dream and returned to India in 1984 to realize it as a multi-millionaire with over 50 patents.*" The Thursday Interview/Sam Pitroda. 30 January, 2003, 09: 01. sify. com/news/internet/fullstory. php? id =12568313.

35 Pitroda viewed telephones as just as critical to India's modernization efforts as clean water, and his Public Call Offices created a million jobs and began to change the status of the girl child. Ibid.

36 Bhattacharya M. 2003. Background paper submitted to the Committee on India: Vision 2020. *Telecom Sector in India*, *Vision* 2020, p. 11. www. ictregulationtoolkit. org/en/Document. 1613. html.

37 Remarks of Minister Kapil Sibal, 28 October 2006, at Hi-Tech Pune (also cited by Joshi R. 2006. Patent Rewards. *Business India* [December 31], page 30). Where IT Meets BT, Pune, Maharashtra India, www. hitechpunemaharashtra. com. See also "Patent Rewards," Business India, December 31, 2006, p. 50 ("A new law is being written to ensure that scientists in government-run laboratories will get a share in

royalty when their innovation brings commercial dividends.)

38 Ibid. (Business India) (Quoting Montek Singh Ahluwalla, Deputy Chairman of India's Planning Commission: "We need to restructure our universities to make them incubation centers for research.")

39 Jyotha Datta PT. 2006. Domestic Producers of Herbal Products Seek Data-Exclusivity, *Hindu Business Line*, 12 September 2006. www. thehindubusinessline. com/2006/09/13/stories/2006091302850300. htm. See also Finston S. 2006. Data Exclusivity Brooks No Delay. *Hindu Business Line*, 18 July 2006. www. thehindubusinessline. com/2006/07/18/stories/2006071800221100. htm.

40 Glyn A. 2005. Labor Market Success and Labor Market Reform: Lessons from Ireland and New Zealand Fighting. *Unemployment*. February, 2005. www. ingentaconnect. com/content/oso/1050685/2005/00000001/00000001/art00006.

41 Ireland's low corporate tax rates include 12. 5% on trading profits and an exemption for patent income, "*U. S. Multinationals Overseas Profits: Ireland's patent income tax-exemption may fund over 5% of Irish Government annual spending in 2006*," *FinFacts Ireland*, 21 November 2005. www. finfacts. com/irelandbusinessnews/publish/article_10003995. shtml.

42 McCarthy S. 2004. Ireland's Biotech Boom. *BIO-IT World*, citing Ireland's top ranking by the 2004 *Harvard Business Online* Global Creative-Class Index, as well as the Kearney AT. 2004. Offshore Location Attractiveness Index, which ranked Ireland fourth in the world for people and skills, and third for business environment. www. bio-itworld. com/issues/2006/april/si-ireland/.

43 See *supra* note 42.

44 See Florida R and I Tinagli. 2004. Europe in the Creative Age, February 2004, p. 5 (noting that Irelandis outpacing all other European states in attracting creative, well-educated and productive workers in the 21st century.) www. creativeclass. org/acrobat/Europe_in_the_Creative_Age_2004. pdf.

45 See *supra* note 42. ("*Together these sectors generated more than $52 billion in exports in 2005. Nine of the world's top* 10 *pharmaceutical companies have major operations in Ireland.*")

46 Ireland's per capita GNP was US $4,970 in 1984 dollars, World Bank *World Development Report* 1986, p. 181.

47 CIA. 2007. The World Factbook: Field Listing; GDP per capita (PPP), 2007. www. cia. gov/cia/publications/factbook/fields/2004. html.

48 See *supra* note 47. For 2006 per capita GDP of the U. S. was US $43,500 and the U. A. E was US $49,700.

第3.5章

技术转移办公室的基准及其对发展中国家的意义

安东尼·D. 赫尔（ANTHONY D. HEHER）
南非经济发展协会主席

▍译者 沈慧芝 ▍审校者 刘晓娜 李紫陌 欧阳石文 焉石 张熠 殷宏

摘 要

不论在发达国家还是在发展中国家，大学都越来越重视促进技术转移。遗憾的是，有时技术转移却基于错误的出发点。典型的错误观念认为，技术转移将为机构带来可观的额外收益。虽说保护研究成果知识产权、积极促进研究成果转化应用的重要性毋庸置疑，但创收不应成为技术转移的首要目标。这对健康科学领域尤为重要，在该领域，知识产权若得不到有效保护，私营部门或公共部门可能无法运用相关技术造福社会。

了解国际技术转移的相关基准数据，有助于理解促进技术转移工作和技术转移项目的潜在影响。相关数据表明，有关机构在从事了8~10年的研究活动后，其平均收入可能只占年度研究支出的1%~2%。此外，收入具有高度的不确定性和多变性。机构和公共部门管理人员必须了解技术转移的上述本质和动态过程，以便有效地管理技术转移这一新兴事物，因为不切实际的期望可能会导致制定无效政策。本文旨在通过呈现相关数据和动态模型，为政策制定者提供参考。

1 引言

加拿大和美国大学技术转移项目的成功引来了其他国家效仿，澳大利亚、日本、

Heher AD. 2007. Benchmarking of Technology Transfer Offices and What It Means for Developing Countries. In *Intellectual Property Management in Health and Agricultural Innovation*: *A Handbook of Best Practices* (eds. A Krattiger, RT Mahoney, L Nelsen, et al.). MIHR: Oxford, U.K., and PIPRA: Davis, U.S.A. Available online at www.ipHandbook.org.

英国及其他一些国家相继启动了技术转移和商业化重大项目，仅有为数不多的机构获得了令人瞩目的成功，却引发了更多不切实际的期望。此外，不能在没有厘清收入与研究投入规模是否成正比的情况下，单纯以商业收入衡量成功。若没有资金充足的高质量研究体系，技术转移项目就不太可能对经济或社会发展做出显著贡献。由于处于不同的社会和经济环境，其他国家能否轻易效仿美国的成功案例也值得怀疑。

事实上，技术转移活动的创收潜力可能会阻碍项目的有效推进。除了创收前景，开展技术转移需有充分的理由。在健康科学和农业方面更是如此，适当保护知识产权对有效利用研究成果并确保社会广泛受益是至关重要的。除了学术发表这样的常规要求外，无论是出于商业目的还是人道主义目的，利用研究成果需要有效且合理的知识转移。

然而，即使研究投入相当，机构个体的执行情况仍充满变数和不确定性。对于规模和成熟度相似的机构也是如此，需要建立大规模专利布局和许可才有可能获得合理的正向净收益。在国家层面上建立大规模专利布局是可能的，但对于一些小型国家来说相对困难，对于一些小型机构来说更是如此。由于创新体系带来的收益主要体现在国家层面，若想减少投资带来的风险，研发机构需要获得公共部门的支持。

当然，技术转移只是整个研究与创新价值链中的一个要素。要从研究中获得经济和社会效益，机构需具备一系列有效协作要素。除了强大的研究体系外，大学还必须提供足够的激励措施来鼓励学者们参与，特别是在发明公开披露的关键初始阶段。大学必须具备提出和评估想法、适当保护知识产权要的能力和制度，进而寻求通过授权许可或设立大学衍生企业实现商业化。

人们普遍认识到，经济回报不是也不应当是从事技术转移的主要动力。为了确保研究成果及时有效地向公众开放并造福社会，公共研究机构牢记使命职责的重要性日益突出。培养毕业生和发表研究成果仍然是影响知识转移最重要的方式。而技术转移则是更直接的知识转移方式，是传统知识转移必不可少的补充形式。有效的技术转移不仅不会对传统的知识转移造成破坏，而且能支撑和增强传统的知识转移。

技术转移直接或间接对社会经济效益产生影响。本章将概述获得经济效益的必要条件和影响技术转移办公室（TTO）运转绩效的相关因素。相关数据和模型表明对技术转移专业人员的需求极大。在机构和国家两个层面进行技术转移专业人员培训和能力建设，能够为国家从研究投资中获利提供保障。

2　研究与创新价值链的基准数据

北美有关大学和研究机构已对研究与创新价值链进行了多年的基准化数据分析。[1]这些数据包含研究支出、发明披露数量、专利数量、许可数量、衍生企业数量、专利许可收入及知识产权保护支出等价值链的各个环节。另一些国家也采取了类似的做法，从而有助于不同国别之间进行比较。（表 1 选择性呈现了一些数据。）*

基准数据通常被转化为标准值，以便于不同国别之间的比较。最常用的方法是将

---

* 表 1～表 8、图 1～图 10 均按原书放在本章后。——译者注

研究总支出换算成等值美元进行标准化。该数值被称为校正研究总支出（adjusted total research expenditure, ATRE），常常以每 10 亿美元 ATRE 或每 1 亿美元 ATRE 为单位。表 2 呈现了表 1 中的原始数据基于 1 亿美元 ATRE 进行标准化后的校正研究总支出。为了简化起见，表 2 仅呈现选中的变量。该标准化数据可以看作是典型的美国中小型大学或发展中国家大型大学的数据。

标准化数据在不同国家之间呈现出显著的一致性（汇总见表 3，见本章后）。虽然在不同年份、不同国家间存在差异，但相比一个国家不同机构间的差异而言，这些差异相对较小，在统计意义上差异不显著。

由于此项调查没有对研究领域进行区分，表 1、表 2 和表 3 所列的数据是根据全学科领域得出的。虽然研究结果会很有趣，但缺乏国家内部和不同国家之间对不同领域的明确定义，导致分类研究非常困难。数据显示，医学和健康相关研究约占研究总支出的 50%；商业化个案分析结果还表明，健康相关产品约占技术转移产出的 50%。根据以上证据推测，全学科领域得出的数据在很大程度上代表了健康科学领域的情况。鉴于农业研究在所有研究中所占的比例相对较小，在农业科学领域的技术转移不太可能得出相似的结论，但是呈现的指标可能会遵循类似的模式。如表 3 所示，不同研究领域之间的平均表现很少存在显著差异。

年均许可收入占研究总支出的百分比被广泛作为衡量技术转移体系总体表现的指标。本章和本书其他部分也使用了这项指标，需要注意的是，该指标仅是复杂体系中的一个指标，其本身并不能说明所有问题。许可收入占研究支出的百分比，通常简称为技术转移投资产生的“回报”。产生经济效益回报的形式一般分为直接或间接的方式，两种方式基本具有同等重要的地位。社会效益往往远比机构可能获得的经济效益更为重要，在健康和农业领域尤为如此。当前面临的主要问题是机构需要承担技术转移，尤其是知识产权保护方面所投入的成本，而获得的收益却在更大程度上可能由社会，甚至另一个国家所享。

多年来的数据显示，授权许可总收入占比的趋势具有指导意义（具体见图 1 所示）。根据美国大学技术经理人协会（the Association of University Technology Managers, AUTM）的调查显示，在忽略 2000 年互联网公司发展带来反常峰值的情况下，授权许可总收入占比从 1991 年首次调查的 1.5%上升到近些年的 3.5%。若排除医学研究机构且仅仅以大学为研究对象，相应数值略低一些，约为 3%。图 1 显示了英国、澳大利亚、加拿大的可用数据。忽略 2000 年和 2001 年的反常数据，授权许可总收入占比平均值在 1%到 1.5%之间。有趣的是，尚无证据表明其他国家也出现过与美国早些年相同的上升趋势。目前仍不清楚这些国家未来几年是否会出现类似趋势，抑或美国与其他国家在这方面是否存在系统差异。

平均数据具有一定误导性，而完整数据虽能代表个体机构的情况，却需要仔细筛查。在这方面，美国大学技术经理人协会及澳大利亚提供的数据表现得非常出色。遗憾的是，欧洲的文化规范倾向于隐藏个体的表现情况，妨碍了对数据的获取和理解。

这些数据的特征分布如图 2 所示，图中列出了美国相关大学的许可收入占比排名结果。为便于理解，图 3 将相应数据用对数坐标的方式呈现，各点的连线显示了美国大学数据的大致趋势。图 4 和图 5 分别显示了加拿大与澳大利亚大学的相应数据，以及与美国大学的相应数据趋势的对比。在这 3 个国家，收益的分布具有高度一致性。英国大学的数据也显示了类似的趋势，但由于未能获得个体研究机构的相关数据，因而不能以同样的方式呈现相应情况。

表 4 分三行汇总呈现美国、加拿大、澳大利亚和英国的收益情况。第一行涵盖所有相关大学的数据，第二行是排除了收益排名在前 5% 大学的数据，而最后一行显示了收益排名在后 50% 大学的数据。其中收益排名在前 5% 的大学有 8 所来自美国，2 所来自加拿大，1 所来自澳大利亚，5 所来自英国。

收益偏态分布带来的影响是显而易见的：95% 的大学收益低于平均水平，50% 的大学从技术转移中获得的收益非常少。这一点对于判断技术转移办公室的收入是否足以维持运营抑或需要补贴是非常重要的。(下文将对此进行详细讨论。)

开展基准分析的一个重要原因是，该过程有助于加深对事物的理解和洞察。即，伦德瓦尔（Lundvall）[2]所称的在比较中学习、在不同环境中进行基准分析尤为重要。从根本上说，长时间滞后使收集和解读创新体系的基准数据变得非常困难。加深对数据来源和结构的理解有助于避免数据误用。本章中提出的模型有助于加深对原始基准数据及其背后加工处理过程的理解。

特殊案例的存在使数据分析更为复杂。例如，在澳大利亚，2000 年一项股权转让收入的遗漏，使该国授权许可总收入减少了 50% 以上；而某所大学在 2001 年和 2002 年的授权许可总收入占总收入的 66%。在加拿大，遗漏某两所大学的收入产生了类似的影响。而在欧洲，遗漏某两所大学的数据后，授权许可总收入减少了 70%。一些大宗交易使评估和解读基准数据变得更为困难，在推算和比较方面更是如此。

基于国家范围内平均数据得出的结论具有一定指导意义：

- 在不同国家和不同时期，发明披露率却始终保持高度一致性——每 1 亿 ATRE 的发明披露数量为 40～50 项（每项发明披露涉及的研究支出为 200 至 250 万美元)。根据英国最新的数据，其发明披露率在 2001—2002 年上升了近 50%，这一例外数据似乎表明了政策方面的变化。然而，并非所有发明披露都具有同等质量。在某些情况下，较高的发明披露率意味着较低的披露“质量”，正如表 2 所示，这种情况下的发明披露中仅有小部分通过许可或大学衍生公司进行了转化。
- 发明披露转化为专利或授权许可的比例在 30% 到 50%。相对来说，这与不同国家的政策和支持措施相对应。
- 大学衍生企业的创建比例也呈现类似的趋势，说明了欧洲和英国更重视成立大学衍生企业，而美国更重视授权许可。在 2000—2001 年，英国和欧洲成立的衍生企业数量增加了 4～6 倍。但该数值在 2002 年有所下降，反映出互联网泡沫破灭后，风险投资面临着更加严峻的环境。
- 一份来自英国的最新报告称，所报道的大学衍生企业成立比例比实际数值要高 50%。如果报告内容属实，英国大学衍生企业的相关数据与其他国家之间更具有可比性，这也说明在收集基准数据过程中定义明确、清晰的重要性。

- 值得注意的是，在所有被调研的国家中，不管以授权许可还是成立衍生企业形式而最终落地的发明披露，占总数的百分比大致相同，为 30%~40%。
- 技术转移办公室的人员规模也呈现了有趣的国别差异。每 1 亿美元 ATRE，美国平均有 4 名技术转移工作人员，澳大利亚和加拿大相应工作人员人数为 8~10 名。在美国，不同机构相关员工人数相似，反映了该国规模经济的情况。在英国，每 ATRE 相应工作人员数量的平均值比美国高出 6 倍。这反映了英国重视并以强有力的计划支持衍生企业成立（相比授权许可，成立衍生企业需要更多人员参与）。
- 技术转移办公室的运营成本，可以根据已有正式或非正式的工作人员规模和薪资调查结果进行估算。如表 5 所示，可将运营成本预算分为两个大类、三个小类。对于美国、加拿大和澳大利亚来说，小型大学的此类预算约占研究支出总额的 1%~2%；而对于大型院校，该数值约为 0.2%~0.5%。英国大学技术转移办公室的运营成本预算通常是上述数值的两倍。
- 根据表 4 所示的平均收益与表 5 所示的典型预算，可以对各类技术转移办公室的盈利水平作出估计。相关结果如表 6 所示。在美国和加拿大，许可收入占比后 50% 的大学处于亏损状态，许可收入占比 50%~95% 的大学处于盈亏平衡或略有盈利的水平，仅排名前 5% 的大学所获利润丰厚。正是这种收益偏态分布导致人们对盈利情况普遍存在过高的期待。在英国和澳大利亚，只有少数几所大学能够盈利，超过 95% 的大学处于亏损状态。

不同创新体系和文化背景的国家在表现上具有相似性，这表明创新过程在不同的环境下具有内在的一致性。研究支出是对创新过程影响最大的因素。单纯就创意产生和转化的有效性而言，不同创新体系间似乎不存在显著差异。

但这并不意味着不需要积极的创新支持体系。表 2 基准数据涉及的所有国家都拥有强有力的支持体系，在培训和培育研究及创新管理能力方面发挥着积极作用。若没有这样的能力，任何机构、地区或国家的表现都不太可能接近平均基准水平。[3]

3 创新价值链的阶段性

技术转移的长时间滞后性遮掩了基准数据的真实情况。价值链中的每一步都需要几年时间来完成；通常情况下，从发明披露到通过授权许可获得可观收入的时间间隔是 6~10 年。图 6 描述了上述滞后情况，而表 7 和图 7 显示了这种滞后性带来的影响。

这种滞后性使得解释基准数据变得更为困难，因为特定年份的数据依赖于许多年前所开展活动。例如，任何一年的许可收入总额都依赖于前几年叠加的发明披露和专利活动，而与当年的发明披露率无关。为了便于分析和报告，人们引入了不同变量之间关系的比值，这些变量的来源实际上可能相隔多年。上述比值在较稳定的发展环境中是相对准确的，但应正确理解其背后的动态关系。

因此，表 2 呈现的数据主要用于预测稳定状况下的发展情况，特别是用于预测新机构或刚建立创新体系国家的相关发展情况。对动态关系的误解可能导致对回报的错误期望，而基于成熟体系基本稳定状态下的数据，相关期望则更加合理。

该动态模型整合了价值链的阶段性特点和各步骤的时间与表 2 中的基准数据。该模型的主要目的是预测不同创新体系情境下的投资回报和现金流（包括机构和国家层面）。由于事先不知晓创新体系相关参数（回溯时也难以测量），该模型的主要用途是作为“假设工具”用于开发各种替代方法，以更好地理解政策决定所带来的影响。

假设有一家机构持续 20 年每年投资 1 亿美元作为研究支出，表 7 给出了一个可能的模型（该模型不受货币类别影响，美元或其他任何货币对回报率不产生影响）。该模型也被用于现实机构，前提是这些机构过去和未来的研究支出是已知或可预期的。过往的发明披露、专利或授权许可相关可用数据均可作为初始条件；该模型可以尽可能多地整合已有数据，以便对未来情况进行预测。

图 7 显示了利用代表技术转移办公室 3 种运作模式的一系列参数进行模拟的结果，其中技术转移办公室 3 种运作模式为收入、服务或经济模式。办公室对运作模式的选择既取决于机构和国家的政策，也取决于自身能力和资源。在实际运作中，技术转移办公室往往是混合模式。每个模式都可以由一组创新价值链的运作参数来界定。这些参数有助于预测办公室（或国家）的未来绩效，包括所需投资支出、专利审批成本、盈亏平衡时间和潜在内部收益率（Internal Rate of Return，IRR）。内部收益率指机构建立技术转移办公室的投入预期回报，相关投入包括员工成本和知识产权保护成本。

该模型的重要性并不在于其预测的准确性，它并不优于其所利用的相关参数和假说，而它最主要的优点是了解技术转移所涉及的动态体系和相对较长的时间跨度。因此，该模型有助于避免不切实际的期望，也可以为一系列中间基准提供基础，从而帮助创新体系朝着正确的方向发展。例如，发明披露显然是一个衡量研究体系健全和活力的重要早期指标。

4 经济影响预测

多年来，对技术转移活动所带来的经济影响的计算与估计一直引发人们积极讨论。技术经理人协会针对 1999 财政年的以下调查结果曾引发了一系列争议。随后的几年中，美国大学技术经理人协会尽量避免在调查报告中针对后续研究需求提出要求，而仅仅是给出建议。

“对学术机构开发的技术进行许可，将带来显著的经济影响。根据协会成员机构的反馈，学术机构创新成果在 1999 财政年的许可授权为经济活动贡献了 400 多亿美元，并支持了 27 万个就业岗位。此外，相关产品的销售预计可在联邦、州和地方各级为美国带来 50 亿美元的税收。”[4]

尽管对技术转移活动带来经济影响的具体形式存在争议，但人们普遍认为建立积极的创新体系和促进大学技术转移机制都能为国家带来经济效益。许多国家正加大技术转移投入，这也说明对技术转移活动投资的认可，并有信心获得回报。

在研究项目到位的情况下，发达国家有充分理由确定技术转移可帮助相关机构以较小的额外成本获得显著附加效益（如表 4 所示）。但在经济规模相对较小、创新体系发展滞后、资源需求竞争激烈的发展中国家，上述论点并不一定适用。基准数据显示，研究创新活动在量上与研究资助的金额成正比。如果以支持经济增长为由提出额外的研究投资建议，需要证明其合理性（例如，该投资将产生积极的回报）。

如表 2 和表 3 所示，虽然相关研究机构能获得一定的经济利益，但该经济利益相对于研究支出占比一般为 0.5%~1.5%，至多达 1%~2%。因此，通过技术转移创收显然不是使机构加大研发投入的充分理由，技术转移获得的经济收益主要是通过创造商机为国家层面带来直接或间接的财政效益。上述数据表明，加大对研究本身和相关技术转移活动的公共资金支持是令人信服的。

即使公共部门为研究提供了资金支持（无论是为了促进经济发展还是其他原因），研究机构也必须对技术转移活动进行一段时间（8~10 年）的投资，方能期望获得收益，而技术转移投资收益所具有的高度不确定性和多变性加剧了这些困难。事实上，衡量技术转移活动对国家经济的影响存在激烈的探讨和争议。当前已提出了一个简单模型用于阐明相关概念，它将为发展更全面的模型奠定基础［此处采用的是普瑞司曼(Pressman)[5]提出的方法］。

根据有关大学发布的报告，作为许可收入来源的专利提成使用费率一般为 2%~4%。技术转移产生的直接商务活动是机构许可收入的 25~50 倍。通过适当的乘数（通常为 1.5~2.0）可估测直接商务活动对经济的总体影响。严格意义上说，这不算是一种经济模型，而是对获得正向收益回报所需的乘数效应进行的估算。实际发生或可实现的乘数效应有待进一步研究。除了上述效益，与转移活动相关的生产前收益也具有重要意义。[6]

经济回报指机构通过技术转移办公室相关活动获得的直接回报。有充分证据表明，源自技术转移活动的企业文化带来了一系列其他方面的效益，虽然机构没有纳入考量，但这些效益对地方经济产生了影响，[7]这便是间接乘数效应。上述效益是否适用于发展中国家还很难说，需要进一步的研究。托纳茨基（Tornatzky）指出，创业活动支持力度较大的州（如马萨诸塞州和加利福尼亚州）往往会从创业活动支持力度较小的州吸引人才和机会，从而给只开展研究活动的州带来经济效益损失。这种流动使技术转移活动的效益从创业环境较差的州向创业环境较好的州流动，既然这种转移情况对美国产生了影响，那么对发展中国家带来的影响可能会更加显著。

基于图 7 所示的模型，图 8 对技术回报预测的相关概念进行了举例说明。上述预测对所做的假设具有敏感性。例如，该模型表明，只有当间接乘数效应至少是直接乘数效应的 3~4 倍以上时，国家内部收益率（IRR）才是正数。进一步说明了有必要加深对创新体系动态性的理解，才能理解和评估这些直接及间接效应。

从这个模型可以清楚地看出，技术转移活动所产生的直接收益远远不能作为增加研究开支的充分理由。在发展中国家，关于增加研究开支是否合理的争论十分激烈，而该模型表明需要更深入的分析和更优异的经济数据。

5 基准数据和回报的差异性

来自各个机构（包括各国数百家机构）的基准数据显示，不同年份和不同机构间的差异非常大。这种差异性在价值链各环节的评估中都有体现，如发明披露、专利、许可、大学衍生企业和相关收入等。即便是对于在其他方面具有诸多相似性的机构来说，这种差异性依旧高达两个数量级。图2~图5对其中一些趋势作出了分析，结果表明，收入、机构规模、技术转移办公室的成熟度或规模等变量，与效益或绩效评估均没有显著的相关性，唯一有显著相关性的是，创新产出指标与研究量成正比，而研究量是通过研究支出来衡量的。这种比例关系仅体现在大规模投入层面，且不同机构间存在较大差异。

例如，图9显示了发明披露率在不同机构间的变化，纵轴是每项发明披露的研究支出（以百万美元为单位），横轴是技术转移办公室成立年份和研究支出。发明披露率的差异是办公室成立时间和研究支出规模的函数。该数值在不同的时期和国家间变化不大，但在不同机构间的差异很大，并且与机构的成熟度和规模大小无关。对欧洲、英国和澳大利亚的调查也呈现了类似结果，可见这一现象并非美国独有的。

美国和加拿大相关机构授权许可收入的差异情况（授权许可收入占研究支出的百分比）如图10所示。该图进一步论证了上述理论模型，表明产生可观收入前存在10年滞后期。但即使经过了建设期，不同规模和经验的技术转移办公室之间的收入也存在很大的差异。

目前，回报率的高度差异性已引起了人们的重视并开展了研究。[8,9,10]回报的差异性似乎是创新的固有本质。然而，创新过程中导致早期收益（例如在发明披露阶段）基准数据差异的因素也不尽相同。虽然存在差异，但这种差异固有因素较低，更易于管理。经济回报是由一系列不可预测的市场因素决定的，而对于机构和技术转移办公室来说中间基准更具有可控性。借助业务精湛、经验丰富的工作人员，机构可以通过发掘机遇、激励发明披露、管理价值链后期环节等方式显著提升收益。

业务精湛的工作人员对整个创新过程和基准数据的影响有待进一步研究。找到最佳方案并加以推广可以大幅提高创新回报，对于规模较小、独立运行的办公室，以及缺乏效仿经验的发展中国家办公室来说尤其如此。建设强大的专业协作网络至关重要，需加以推广和发展。

谢勒（Sherer）和哈霍夫（Harhoff）[11]基于美国和德国8个大型专利组合的分析，对创新回报进行了深入研究，得出如下结论：

> 我们的实证研究表明，单个技术创新为私营部门带来价值回报在分布上具有明显的倾斜性——常常表现为对数正态分布。在创新带来的总体经济价值中，少数创新过程带来的经济价值占所有创新总经济价值的比例很大。这就意味着人们很难通过投资组合策略来规避风险，也很难对单个机构的创新绩效作出评估。假定政府资助的项目回报具有同等程度的差异，那些为寻求技术进步的公共部门必须努力增加项目的广度（Strive to let many flowers bloom）。几乎可以肯定的是，创新回报的差异会增加整个行业利润回报的不稳定性，这种影响甚至可能上升到宏观经济层面。虽然仍有许多方面需要进一步的研究，但在技术政策方面已经能够得出一些经验教训。

美国大学技术经理人协会的数据证实，上述差异在大学的投资组合中表现得更为明显，平均每200项许可授权中，只有1项能获得100万美元以上的收入。[12]这与谢勒的数据一致：谢勒分析的8个投资组合中所包含的3个来自大学的投资组合，其差异性均高于来自行业的投资组合。这种差异对较小机构和国家更为重要。

即便在规模、能力、投资方面均具有相似性的两个机构，它们的创新收益也会存在较大差异，因而会导致一系列问题。如果不进行深入了解，相关基准数据可能导致国家和机构制定错误的政策决定。

6　对发展中国家的启示

目前尚没有发展中国家实际表现的数据。至少，在进行本项研究和介绍相关国家情况时没有找到此类数据。[13]我们通过个人渠道从一些机构获取了一套关于南非的有限数据，参见表8。表3则根据这些数据预测了南非在国际范围内进行运作时可能产生的结果。

据估计，若南非要取得与其他地区类似机构相似的创新绩效，其高等教育研究体系每年要有200~300项发明披露。经过7~10年后，这样的披露比率将带来大约500个有效的授权许可投资组合，其中两个可能产生超过100万美元的年均收入，而这些投资组合带来的总收入为每年500万~1000万美元。

此外，即便是在5~6所主要研究型大学，回报分布上也会存在差异，更不必说15所规模较小的机构了。少数机构的表现可能相对较好，而大多数机构即使在10年或15年后也可能依旧处于净亏损状态。收益的偏差和变化意味着不可能预测谁将失败或谁将成功。鉴于高等教育机构存在的财务限制，除非提供外部支持或激励，否则继续向技术转移提供机构支持很可能存在风险。

在美国，1980年的《拜杜法案》为技术转移提供了重大的政策激励。但是，由于在经费上的差异，在南非使用类似的措施存在困难。在美国，来自联邦的研究资助占比61%，而来自行业的研究筹资额仅占资助总额的9%。[14]在南非，行业筹资额占资助总额的58%，政府资助则占比28%。[15]这种筹资模式也影响到知识产权的产生和所有权归属，在根据国际基准进行预测时需要考虑上述事例及差异。

一种具有一定影响的观点认为，在南非和其他采用相似资助模式的国家，较高比例的行业资助代表着非正式技术转移在研究合同中所占比例较大。因此，这些机构的真实绩效可能远远高于“类技术经理人协会”（AUTM-like）的简单技术转移指标。

研究创新体系规模较大、发展较完善的国家的基准数据，是否适用于小型国家还有待进一步研究。为确定合适的基准值并构建更为稳健精确的经济影响模型，研究人员需要进行更详细的分析和评估。

7　结语

在不同发达国家的高等教育体系中，技术转移的表现相对相似。这表明，创新过程本质上是相似的，没有哪个国家在创意的产生和转移方面表现出明显优于其他国家的高效性。只要具备积极有效的创新项目和训练有素的技术转移专业人员，技术转移项目的影响力就主要取决于研究支出规模和项目实施时间。若机构和国家想在技术转移方面的表现追上国际标准，这些是必不可少的条件。

对于较小国家和机构而言，为避免对技术转移带来的利益抱有不切实际的期望，必须对基准数据进行深入分析。创新系统的有效模型（优选基于当地数据）有助于预测预算需求、投资回报前景及达到这些目的所需的时间跨度。由于早期指标（如发明披露率）提供了能够预测价值链后续部分发展前景的有益信息，应尽早对当地创新体系进行评估。

个别机构实现技术转移收益需要较长时间，而且这些收益主要是对国民经济有益。这表明，国家层面采取恰当的支持措施，鼓励创新发展并克服有限资源环境下的机构内部阻力是必要的。应利用创新系统模型（在适当的情况下）来评估和量化备选方案，进一步研究最有效的支持措施。

机构和创新体系需要考虑创新回报的差异性。早期阶段，需要重点关注中间基准指标，减少对许可收入和衍生企业的关注。

致　谢

本研究大量借鉴了许多其他同事的工作。在过去的12年里，数以百计的美国大学技术经理人协会成员都在进行授权许可年度调查，我想借此机会向相关人员致谢。若没有这些数据，我们这些初涉技术转移行业的人可能需要在黑暗中摸索。英国、加拿大、欧洲和澳大利亚的同事们发给我的调查报告记录了技术转移行业十分有趣的历史故事。如果我在比较分析中曲解了部分数据，在此表达歉意。

本论文相关研究工作得到了美国国际开发署的资助（项目编号：674-0321-C-00-8016-22），特此致谢。

本章是以发表在《技术转移学报》（*the Journal for Technology Transfer*）上的一篇论文为基础，引用了该论文的数据，但在此基础上提出了许多新的见解。

ANTHONY D. HEHER, *Director*, *Associates for Economic Development*, *7 Fairview Road*, *Constantia 7896*, *Cape Town*, *South Africa*. Tony. Heher@ afed. co. za

---

1 See *AUTM Licensing* Survey™. Association of University Technology Managers. Northbrook, Ill. www. autm. net.

2 Lundvall BÅ and M Tomlinson. 2001. Learning-by-Comparing—Reflections on the Use and Abuse of International Benchmarking. In *Innovation*, *Economic Progress and the Quality of Life* (G Sweeney, ed.), chap. 8. Elgar Publishers: Denmark.

3 Comprehensive descriptions of the necessary support functions are given in:

DTI. 2001. The Higher Education Business Interaction Survey. Department of Trade and Industry: London.

Tornatzky LG. 2000. Building State Economies by Promoting University-Industry Technology Transfer. National Governors Association: Washington, DC.

Zeitlyn M and J Horne. 2002. Business Interface Training Provision (BITS) Review, Final Report for the

Department of Trade & Industry, London, UK. Oakland Innovation and Information Services Ltd. : Cambridge. http://www.auril-cpd.org/links/publicdocs/bitsreview.pdf.

4 *AUTM Licensing* Survey™: Fiscal Year 1999. Association of University Technology Managers. Northbrook, Ill. www.autm.net.

5 Pressman L. 2002. What is Known and Knowable about the Economic Impact of University Technology Transfer Programs? Research Universities as Tools For Economic Development. Council on Research Policy and Graduate Education, NASULCG Annual Meeting, Chicago.

6 Geist D. 1995. Pre-Production Investment and Jobs Induced by Technology Licensing: The M. I. T. Method. Technology Licensing Office. Massachusetts Institute of Technology: Cambridge.

7 See Tornatzky at *supra* note 3.

8 See AUTM 2000, 2001 and 2002. *AUTM Licensing Survey*™: Fiscal Years 1999, 2000, and 2001. Association of University Technology Managers: Northbrook, Ill. www.autm.net.

9 Sherer, FM and D Harhoff. 2000. Technology Policy for a World of Skew-Distributed Outcomes. *Research Policy* 29:559.

10 Marsili O and A Salter. 2003. Is Innovation 'Democratic'? Skewed Distributions and the Returns to Innovation in Dutch Manufacturing, Holland. ECIS-Eindhoven Centre for Innovation Studies. Eindhoven University of Technology: Eindhoven.

11 See *supra* note 9.

12 AUTM. 2002. AUTM Licensing Survey™: Fiscal Year 2001. Association of University Technology Managers: Northbrook, Ill. www.autm.net.

13 If any reader knows of benchmark data from countries other than those presented, the author would be pleased to be notified. The research on which this chapter is based is ongoing and the opportunity to extend the work to include data from other countries is welcome.

14 See *supra* note 12.

15 CENIS. 2002. South African S&T Indicators (2002). Centre for Interdisciplinary Studies. University of Stellenbosch: South Africa.

表 1　选定国家的技术转移基准值:核心数据一览

	美国[a]			加拿大[a]			英国[b]		澳大利亚[c]	
	2001	2002	2003	2001	2002	2003	2001	2002	2001	2002
					CAD(十亿)				CAD(十亿)	
研究支出		—	—	—	3.2	3.6	—	—	2.60	2.80
-10 亿美元(ATRE)[d]	$27.6	$31.7	$34.8	$2.1	$2.5	$2.5	$2.6	$3.1	$1.90	$2.10
发明披露	11,259	12,638	13,718	933	1,175	1,282	1,402	2,238	541	521
专利申请	5,784	6,509	7,203	415	422	425	743	1,098	401	459
专利授权	3,179	3,109	3,450	162	172	179	276	347	112	121
执行的许可	3,300	3,739	3,846	333	362	448	383	648	176	223
活跃的许可	22,937	—	—	1,412	1,715	—	—	1,616	—	—
许可产生的收益	7,715	8,490	8,976	—	738	891	403	635	270	235
许可收入(百万)	$827	$959	$963	$54.6	$32.8	$39.7	$26	$33	$33.6	$30.1
法务费用净值(百万)	$79	$96	$176	$3.2	$4.3	$7.5	$13	$16	$3.0	$3.5
初创企业(全部)	494	364	348	68	49	58	175	158	46	45
初创企业(运营中)	2,514	—	—	—	493	—	—	—	98	110
专业类员工	524	613	654	89	113	139	461	752	111	101
支撑类员工	546	624	665	95	122	137	—	—	54	53

注：以上数据是相关机构各个年度的指数，不同年份的绝对值不存在可比性。

a　数据来源为美国大学技术经理人协会对 2001—2003 财政年度的调研，数据仅涉及美国的大学和加拿大的大学。

b　数据来源为 UNICO 大学商业化 2001 年度推广成果调研和 UNICO、AURIL 和诺丁汉大学商学院 2002 年度调研（委托诺丁汉大学商学院进行）。

c　数据来源：澳大利亚研究委员会在 2001 年及 2002 年进行的研究成果商业化全国性调研（仅涉及大学）。

d　ATRE 指校正研究总支出（单位：美元）。

表 2　校正研究总支出（单位：每亿美元）

	美国			加拿大			英国		澳大利亚	
	2001	2002	2003	2001	2002	2003	2001	2002	2001	2002
研究支出（10 亿美元校正研究总支出）	$27.6	$31.7	$34.8	$2.1	$2.5	$2.5	$2.6	$3.1	$1.9	$2.1
发明披露	41	40	39	44	48	50	54	72	28	25
专利申请	21	21	21	20	17	17	29	35	21	22
专利授权	12	10	10	8	7	7	11	11	6	6
执行的许可	12	12	11	16	15	18	15	21	9	11
活跃的许可	83	—	—	67	70	—	—	52	—	—
许可产生的收益	28	27	26	—	30	35	16	20	—	—
初创企业（全部）	1.8	1.1	1.0	3.2	2.0	2.3	6.7	5.1	2.4	2.1
初创企业（运营中）	9.1	—	—	—	20.0	—	—	—	5.2	5.2
专业类员工	1.9	1.9	1.9	4.2	4.6	5.5	17.7	24.3	5.8	4.8
支撑类员工	2.0	2.0	1.9	4.5	5.0	5.4			2.8	2.5
披露										
许可	29%	30%	28%	36%	31%	35%	27%	29%	33%	43%
初创企业	4%	3%	3%	7%	4%	5%	12%	7%	9%	9%
许可+初创企业	34%	32%	31%	43%	35%	39%	40%	36%	41%	51%
许可收入	3.0%	3.0%	2.8%	2.6%	1.3%	1.6%	1.0%	1.1%	1.8%	1.4%
法务支出在研究总支出中的占比[a]	0.3%	0.3%	0.5%	0.2%	0.2%	0.3%	0.5%	0.5%	0.2%	0.2%
法务支出在许可收入中的占比[b]	10%	10%	18%	6%	13%	19%	51%	48%	9%	12%

a　净支出（已报销）在研究总支出中的占比。

b　净支出（已报销）在许可收入中的占比。

注：数据已经过标准化，货币均转化为等值美元。

表 3　研究和创新价值链

	对应每亿美元校正研究总支出的典型域值
发明披露	40~50
专利	20~30
许可	10~15
衍生公司	1~5
收入	100 万~300 万美元
	(研究支出的 1%~3%)

表 4　2002 年平均收益 (许可收入在研究总收入中的占比)

分组	美国	加拿大	澳大利亚	英国
全体大学	3%	1.60%	1.50%	1.10%
前 5%以外	1.60%	0.80%	0.60%	0.55%
平均水平以下大学的数量	8	2	1	5
后 50%	0.28%	0.23%	0.08%	0.02%

注：如图 2~图 5 所示，“分组”划分依据为许可收入占比高低。

表 5　典型技术转移办公室的预算情况 (在研究总支出中所占比值)

大学规模	预算 (美国/澳大利亚模型)	预算 (英国模型)
小型	1%~2%	2%~3%
中型	0.5%~1%	1%~2%
大型	0.2%~0.5%	0.5%~1%

表 6　产出估算 (预算估算 VS 收入估算)

分组	美国和加拿大	英国和澳大利亚
(所有大学中) 后 50%	亏损	亏损严重
50%~95%	收支平衡-盈利	亏损
(所有大学中) 前 5%	盈利情况好	盈利

注：如图 2~图 5 所示，“分组”划分依据为许可收入占比高低。

表 7　机构和国家对技术转移的影响

机构参数	参数	年份	第 1 年	2	3	4	5	6	7	8	9	10	11	12	……	20
研究（百万美元）			100	100	100	100	100	100	100	100	100	100	100	100	—	100
披露（百万美元）	8.0		13	13	13	13	13	13	13	13	13	13	13	13	—	13
专利	40%	1	0	5	5	5	5	5	5	5	5	5	5	5	—	5
平均专利成本（百万）	0.2	0	0	1.0	1.0	1.0	1.0	1.0	1.0	1.0	1.0	1.0	1.0	1.0	—	1.0
许可，全部	20%	2	0	0	3	3	3	3	3	3	3	3	3	3	—	3
许可，有效期	—	7				0	0	0	0	0	0	3	3	3	—	0
许可，累计	#	0	1	1	4	6	9	11	14	16	19	19	19	19	—	19
许可费（百万美元）	0.2	3	R0.0	R0.0	R0.0	0.2	0.2	0.7	1.2	1.7	2.2	2.7	3.2	3.7	—	3.2
衍生企业，全部	10%	3	0	0	0	1	1.3	1.3	1.3	1.3	1.3	R1.3	R1.3	R1.3	—	R1.3
衍生企业出售收入（百万美元）	3.0	6	R0.0	R0.0	R0.0	R0.0	R0.0	R0.0	R0.0	R0.0	R0.0	R3.8	R3.8	R3.8	—	R3.8
总收入（百万美元）			R0.0	R0.0	R0.0	0.2	0.2	0.7	1.2	1.7	2.2	6.5	7.0	7.5	—	7.0
办公支出、工资、日常开支	0.3	15%	0.3	0.3	0.3	0.3	0.3	0.4	0.5	0.6	0.6	1.3	1.3	1.4	—	1.3
知识产权成本（百万美元）	—	—		1.0	1.0	1.0	1.0	1.0	1.0	1.0	1.0	1.0	1.0	1.0	—	1.0
净收入	—	—	0.0	-1.3	-1.3	-1.1	-1.1	-0.7	-0.3	0.1	0.6	4.2	4.6	5.0	—	4.6
累计收入	—	—	0.0	-1.3	-2.6	-3.7	-4.9	-5.6	-5.8	-5.7	-5.1	-0.9	3.7	8.7	—	42.8

续表

机构参数	参数	年份	第1年	2	3	4	5	6	7	8	9	10	11	12	……	20
机构内部收益率	—	—					0%	0%	0%	0%	0%	-3%	8%	14%	—	24%
收入（研究占比）	—	—			-1.3%	-1.1%	-1.1%	-0.7%	-0.3%	0.1%	0.6%	4.2%	4.6%	5.0%	—	4.6%
经济影响估算		—	—	—	—											
平均专利费率营业额	3%	—	0.0	0.0	0.0	6.7	6.7	23.3	40.0	56.7	73.3	215.0	231.7	248.3	—	231.7
国内生产总值增长情况	1.5		0.0	0.0	0.0	10.0	10.0	35.0	60.0	85.0	110.0	322.5	347.5	372.5	—	347.5
直接税收收入	30%		0.0	0.0	0.0	3.0	3.0	10.5	18.0	25.5	33.0	96.8	104.3	111.8	—	104.3
间接系数	4		0.0	0.0	0.0	40.0	40.0	140.0	240.0	340.0	440.0	1290.0	1390.0	1490.0	—	1390.0
间接税收收入	25%		0.0	0.0	0.0	10.0	10.0	35.0	60.0	85.0	110.0	322.5	347.5	372.5	—	347.5
净收入			-100.0	-100.0	-100.0	-90.0	-90.0	-65.0	-40.0	-15.0	10.0	222.5	247.5	272.5	—	247.5
内部收益率-国家									—	—	—	—	-3%	3%	—	14%

表 8　南非技术转移办公室发展预测

	国际标准值域（数据来自表 3）	2004 年情况（数据来自 5 所大学的表现）	根据国际标准得出的预估值
		1.94 亿美元	20 亿南非币
研究支出（校正研究总支出）	每 1 亿美元	每 1 亿美元	每 5 亿美元
发明披露（总数）	40~60	23	200~300
专利申请	20~30	6	100~150
许可	10~15	4	60~100
初创公司	1~5	3	5~20
专利预算（占收入比值）	0.2%~0.5%	0.30%	
许可收入	占总值的 1%~2%	占总值的 0.1%	500 万~1000 万美元
员工规模	4~20	9	20~100

注：以上预估值是根据国际基准值域得出的。

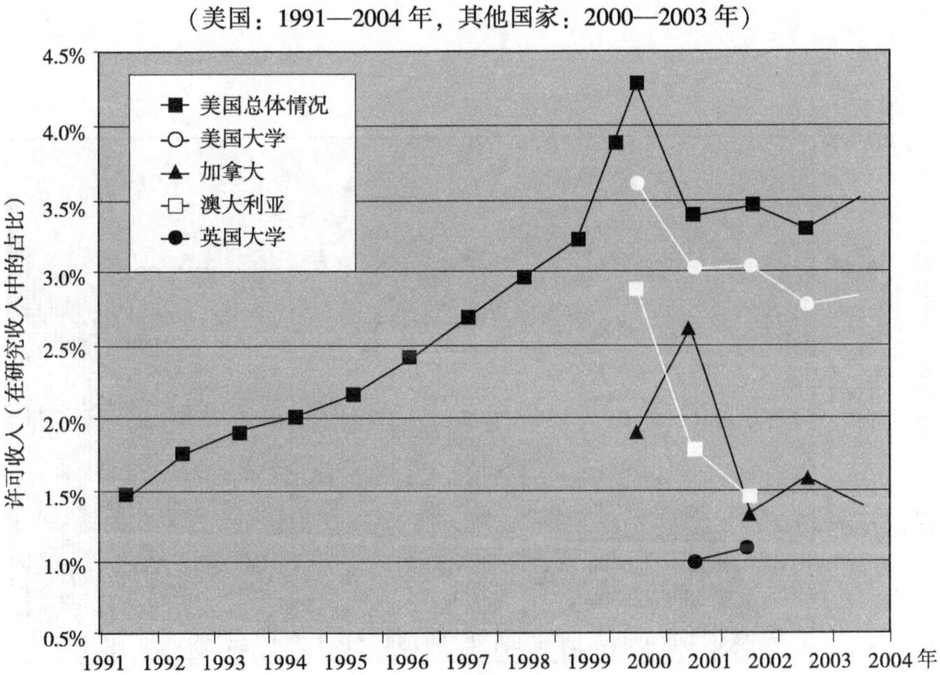

图 1　许可收入

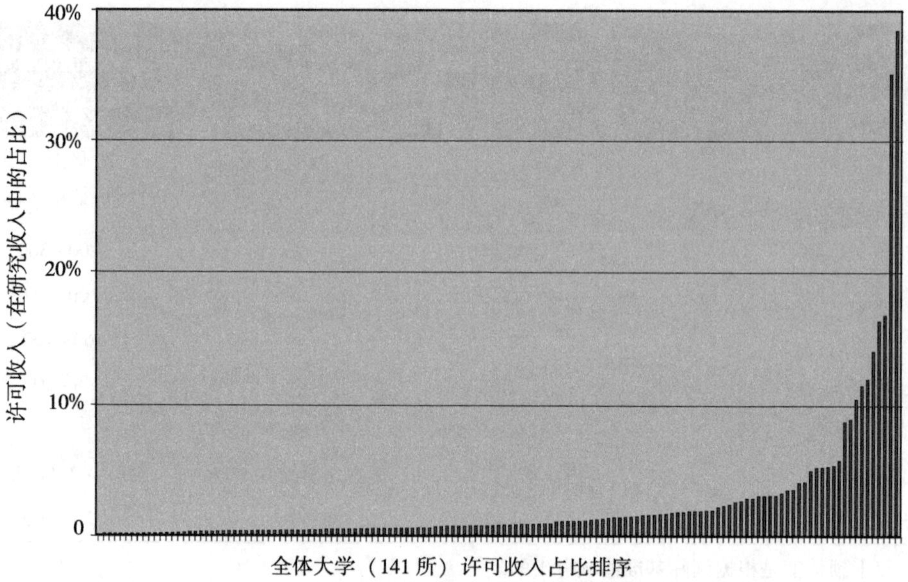

图 2　美国大学在 2002 财政年度的许可收入

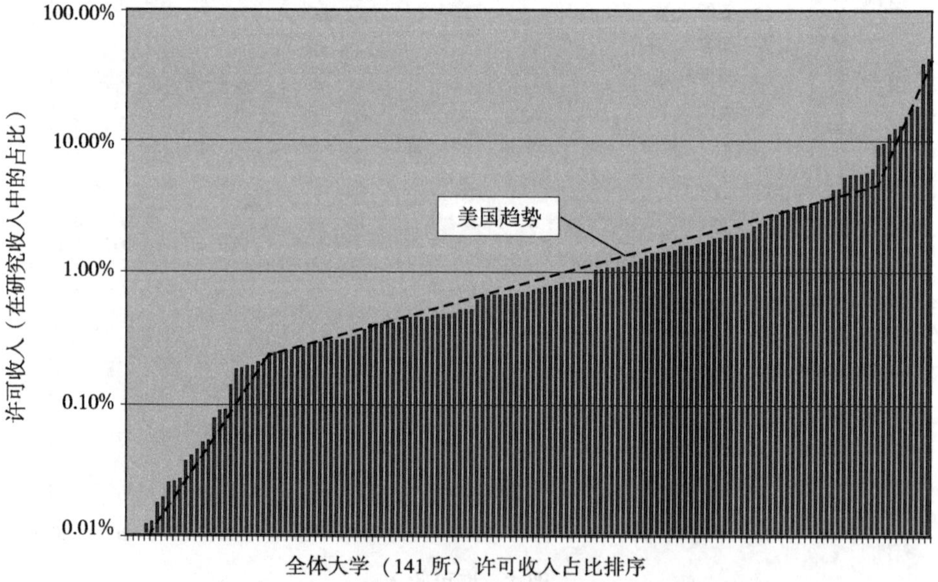

图 3　美国大学在 2002 财政年度的许可收入（对数坐标图）

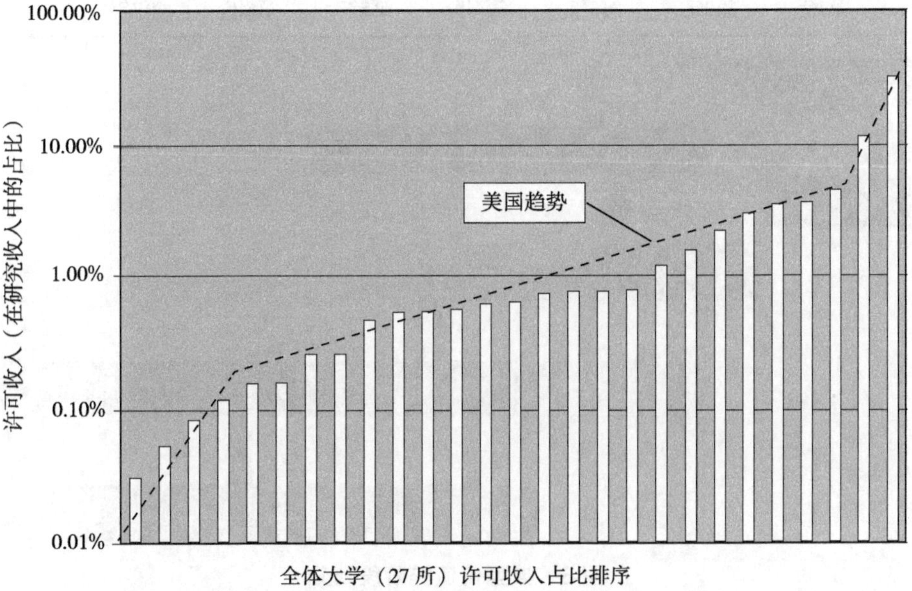

图 4　加拿大大学在 2002 财政年度的许可收入（对数坐标图）

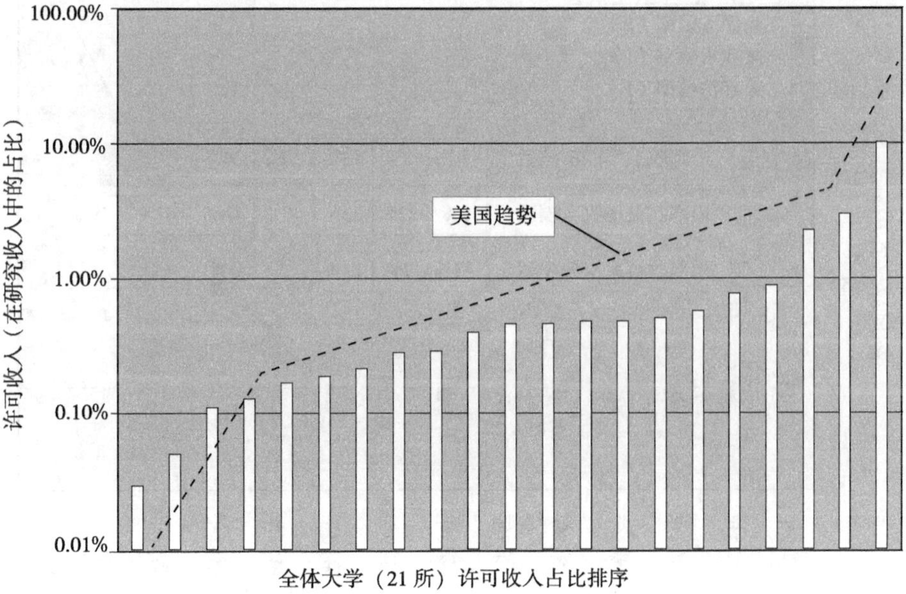

图 5　澳大利亚大学在 2002 财政年度的许可收入（对数坐标图）

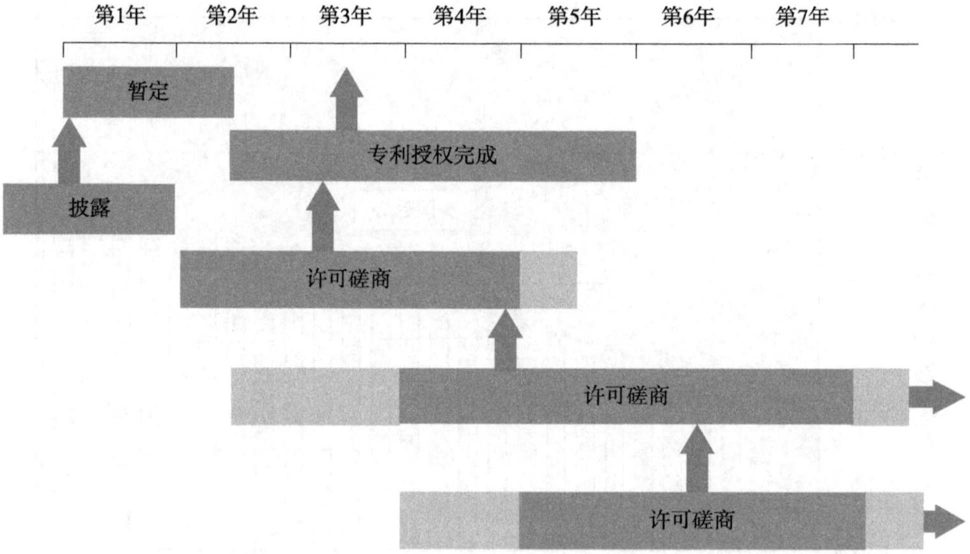

图 6　典型价值链阶段划分

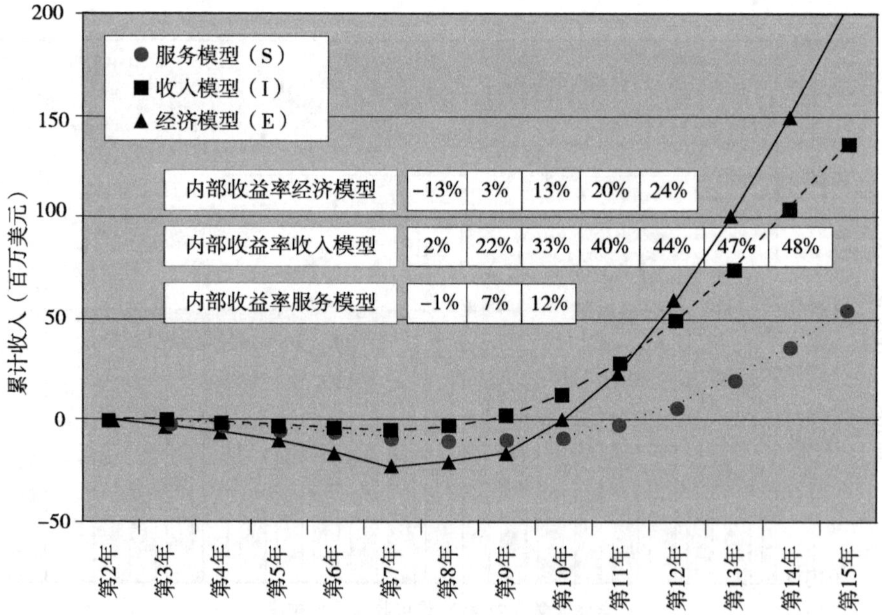

图 7　政策选择对表现的影响

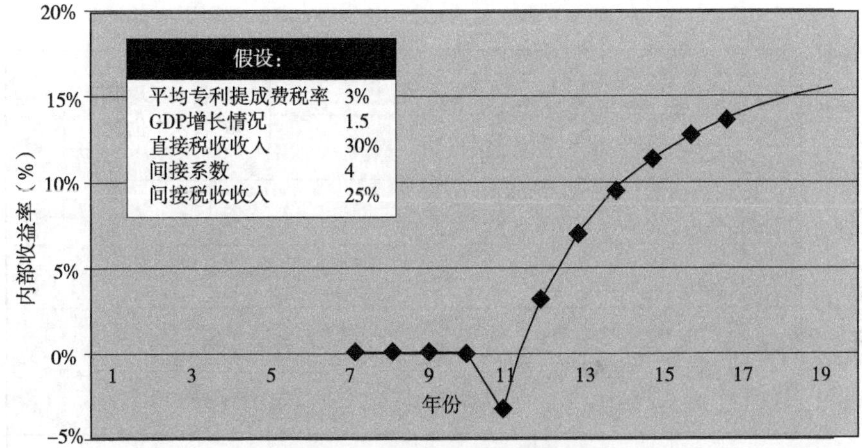

图 8　国家内部收益率预测

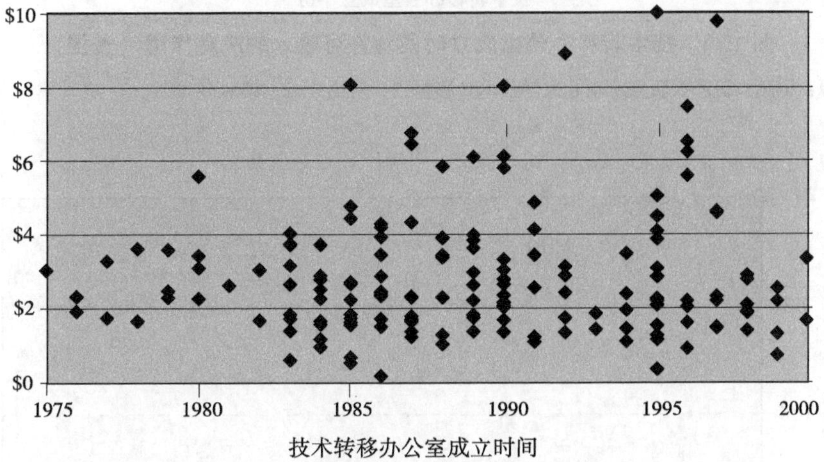

图 9A　披露率 VS. 办公室成立时间

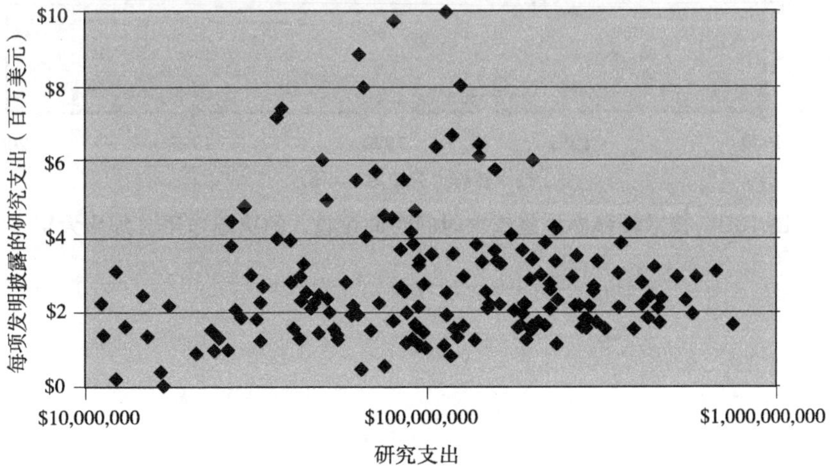

图 9B　披露率 VS. 研究支出

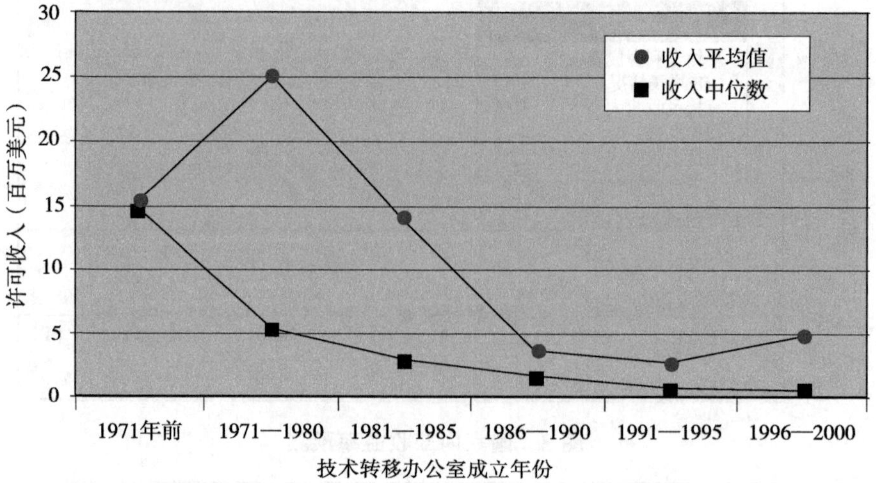

图 10A　技术转移办公室成立时间对许可收入的决定作用（美国）

资料来源：国际知识产权研究所南非大学技术转移报告：对比分析，2004 年 1 月。

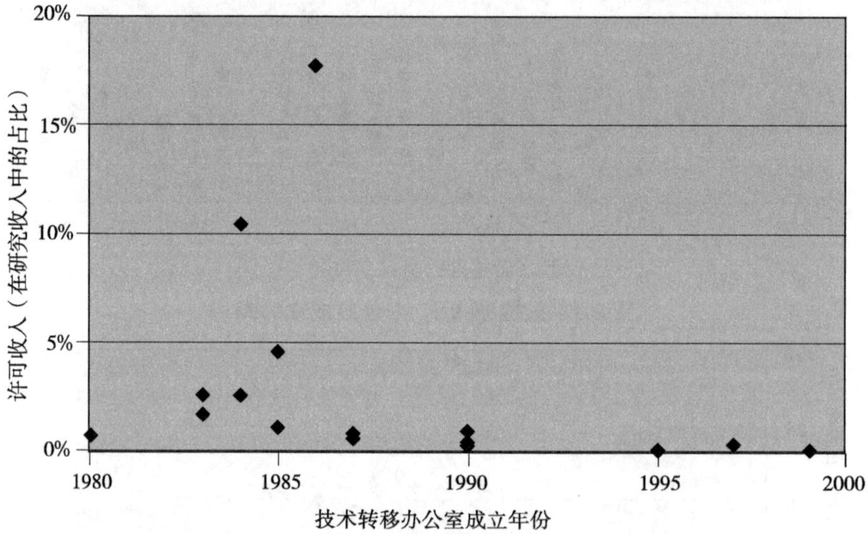

图 10B　技术转移办公室成立时间对许可收入的决定作用（加拿大）

第 3.6 章

生命科学公共知识产权管理：实践和政策的调和

——基于世界知识产权组织的视角

安东尼·陶布曼（ANTONY TAUBMAN）
世界知识产权组织生命科学计划全球知识产权司执行司长兼主任
罗亚·加费尔（ROYA GHAFELE）
世界知识产权组织生命科学计划全球知识产权司经济顾问

译者 沈慧芝 审校者 刘晓娜 李紫陌 欧阳石文 焉石 张熠 殷宏

摘 要

本章对生命科学领域公共知识产权管理的有效措施进行了综述，从以下两个维度阐述了采取明智、务实措施的必要性：(1) 技术专有权的部署；(2) 通过市场机制向公众推广新技术。公共领域知识产权管理的关键是寻找两者之间合理定位，在获得实质性成果的同时，实现公共利益的目标。经验表明，事前假设如何在专有权和适度依赖市场机制调控之间获得最佳杠杆效应，并不能很好地为公共领域知识产权管理人带来帮助。在阐明目标及其实现方式方面，实践与政策之间的调和是必要的。相比私营部门的同行，评价公共领域知识产权管理人更侧重其对公共利益预期目标的实现情况。对生命科学领域的知识产权管理来说，政策和实践可归结为硬币的两

Taubman A and R Ghafele. 2007. Public Sector IP Management in the Life Sciences: Reconciling Practice and Policy—Perspectives from WIPO. In *Intellectual Property Management in Health and Agricultural Innovation: A Handbook of Best Practices* (eds. A Krattiger, RT Mahoney, L Nelsen, et al.). MIHR: Oxford, U.K., and PIPRA: Davis, U.S.A. Available online at www.ipHandbook.org.

面；实践者不能希望、期待或计划在政策范围之外运作。因此，政策制定者在评估生命科学创新政策框架时，需要考虑知识产权管理的实践做法。知识产权管理者应根据需要灵活运用法律制度，对纳入知识产权保护范围或排除在知识产权保护范围之外的内容中进行选择，从而达到其目的。管理者应寻求机制，通过务实手段构建和推进合作关系，与能够向公众推广生命科学创新成果的伙伴加强合作。这样的合作关系可能集中在公共部门、慈善机构或私营部门内部，但更可能是上述部门或机构的组合。

1 概论和背景

1.1 建立实践与政策的互利关系

生命科学领域中运用知识产权制度的研究人员、技术经理人和知识产权顾问，并不是处于严格意义的技术环境中而不受政策的影响。由于在生命科学创新领域，公共利益具有至关重要的地位，所以许多看似独立、个性化的选择，实际上将影响政策制定者对知识产权制度的看法，从而有助于确定政策方向。因此，在知识产权管理中作出的实际选择最终会影响公共政策。事实上，考虑到公众对生命科学领域创新的期望，从政策角度评估何时及如何行使知识产权是不可避免的。

从业者需要对政策环境具有敏感性，并从公众关心的以下两个方面进行探讨：(1) 对生命科学领域自身发展的影响；(2) 知识产权应用对生命科学领域创新的影响。尽管具有法律知识背景的从业者可能会对此觉得沮丧，但知识产权制度的利用方式及生命科学领域技术给公众带来的普惠性，可能会影响公众对某项技术合法性的认知。朱玛（Juma）和康德（Konde）写道：

> 通过改善人们对技术获取及市场的认知，人们对新技术的抵制态度很有可能得到减缓。但对农业生物技术来说却并非如此，农业生物技术涉及全球出口，可能导致产品替代，也为技术追随者留下了巨大的不确定因素。[1]

此外，关于政策的争论不能脱离实际情况。政策制定者需要对相关技术、生命科学领域创新本质、知识产权制度的总体发展趋势及影响有切合实际的深入理解。只有这样，他们才能在获取的公平性与合理的排他性专有权之间找到平衡。对于在关键生命科学技术中应用的知识产权，最佳的政策选择要求获得经过筛选的、中立的信息。事实上，从业者的经验能为引导和支持生命科学创新成果未来政策环境的争论提供有用的见解。

1.2 解决悖论——通过专有权实现公共利益

在知识产权制度领域发挥公共政策的作用，与私有知识产权的管理和实践之间的调和就是要解决知识产权政策的核心悖论——为了促进公共利益，需要从公共领域中确定哪些法定的排他权？一旦被授予，如何才能通过知识产权法规使专有权作为公共政策工具发挥作用？生命科学关注人们对食物、健康和环境安全的基本需求。那么，知识产权如何进行最佳管理，通过共享生命科学创新成果和促进经济发展来提高公共利益呢？保障这些利益不仅需要依靠知识产权评估、授予和执行的相关制度，也需要依靠相关人员灵活而熟练地应用上述制度。知识产权制度带来的积极收益并非仅仅来自立法框架的抽象塑造过程，也来自个体选择的不断积累。最直接的体现是公共部门的管理经验。相比私营部门，公共部门更有责任确保公共研发投资能够转化为有形效益。因此，我们将公共部门的知识产权管理视为广泛知识产权管理中的一个独特子集。例如，医药领域中的公私合作伙伴关系“必须与任何商业机构一样积极地使用知识产权，但其追求的目的并不相同，尽管他们想要追求的目标是为发展中国家患者提供高质量、负担得起的产品”[2]。

知识产权的最佳实施方案要求切合实际地理解各种专有权，并且有能力评估和实施广泛战略中的部分选择。从正规法律特性看，知识产权具有排他性。然而，机构行使知识产权的方式多种多样，并与机构的广义目标相适应。例如，对生命科学领域知识产权管理而言，预先确定的许可协议模板并不是最佳实践方式。因为使用该模板可能会排除其他可选择的方式，预先误导了对每一种选项的客观评估。优秀的管理者将通过知识产权制度充分利用所需资源并获得自由实施，同时谨慎评估各种知识产权利用方式可能带来的影响。

可行的公共部门管理模式意味着既不完全依赖针对公共领域发放许可授权，也不完全依赖于排他性许可。生命科学产品的推出，往往是私营部门响应市场信号的结果。将整个产品开发过程完全依赖于公共部门或者私营部门的做法并不明智。由于生命科学领域需面对严格的监管环境，整个产品研发过程需要相应的资源支持，投资来源往往同时涉及公共和私营领域。因此，不能简单地为它贴上公共/私营或者开放/排他的标签，公共部门知识产权管理者通常从以下两个方面进行分析并作出选择：（1）排他性的程度，从公共领域开源或基于公共架构（commons-based constructs）的防御性公开、非排他性和排他性许可，到专有权的直接利用等；（2）市场参与程度，从纯粹的研究、部分利用私有资源进行开发，到各种产品外包开发、传播已验证的生命科学技术（包括设立衍生公司和向私营公司转让权利）。即使公共部门知识产权管理人员的核心职责是通过获得新的生命科学技术实现公共利益，他们在制定实际战略时很可能需要对上述两个方面进行全面分析并作出相应选择。这些选择如图 1 所示（这一点在下文第 4.1 节中将进行进一步讨论）。

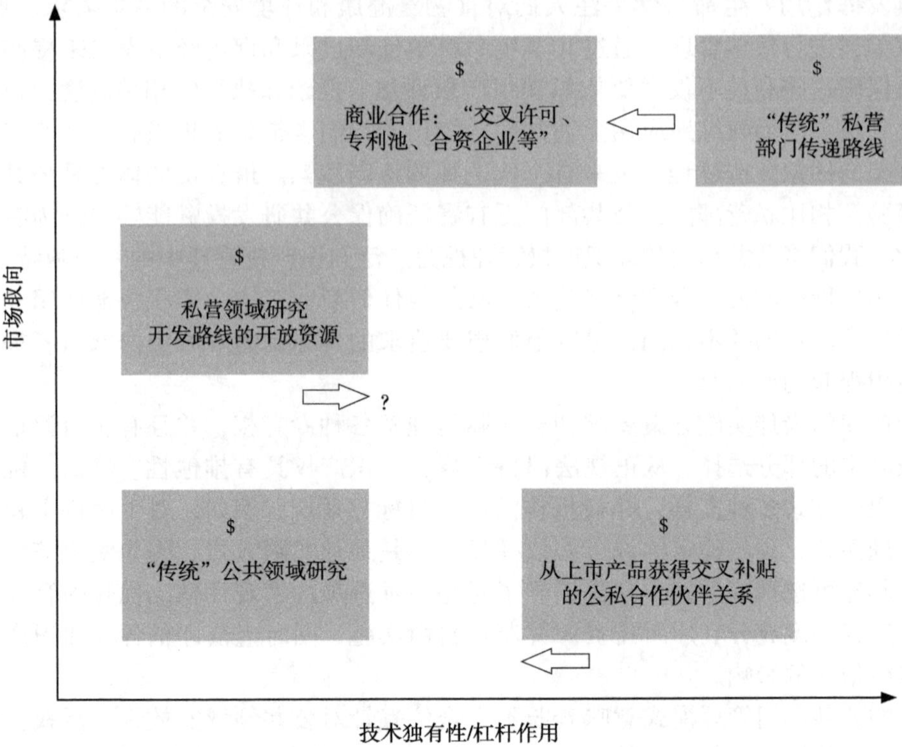

图 1　不限于许可协议的公共利益相关知识产权管理

来源：A Taubman[3]

1.3　全球知识产权的含义

随着人们以 3 种互相重叠的参与方式，不断增加在国际专利制度中的参与度并呈现多样化，每种参与方式都有直接对应的公共部门知识产权管理方式。

（1）更丰富的地域和文化多样性。《专利合作条约》（PCT）的早期成员国为发达国家和转型经济体。如今，发展中国家占《专利合作条约》成员国的大多数。从知识产权制度的实际运用情况来看，发达国家专利申请人数继续占主导地位。但当前趋势表明，来自某些领先发展中国家的专利申请人数已持续五年以上保持两位数增长。如果在一定时期内持续这种趋势，国际专利活动的中心将发生显著转移。2005 年，来自发展中国家的 PCT 国际申请量较 2004 年同期增长了 24.8%，占所提交的全部国际专利申请的 6.9%。中国、墨西哥和韩国等国在 PCT 申请方面都实现了两位数增长（如图 2 所示）。[3]

（2）公共机构和非营利组织在知识产权制度中的参与度更高。在生命科学领域，这样的机构或组织包括印度科学和工业研究委员会、巴西农牧研究院、韩国生物科学和生物技术研究所、国际艾滋病疫苗行动组织、疟疾药物开发项目和非营利组织 CAMBIA 等。

（3）生命科学技术领域中，知识产权制度的应用呈现出比平均水平更高的增长趋势。例如，2005 年，以国际专利分类号为 A61K（医疗、牙科或厕所用制剂）为代表的技术领域在专利公开数量上增长了 5.1%。而在增长率排名第二的领域（G06F——电子数字数据处理），相应的增长率为 4.6%。[4]

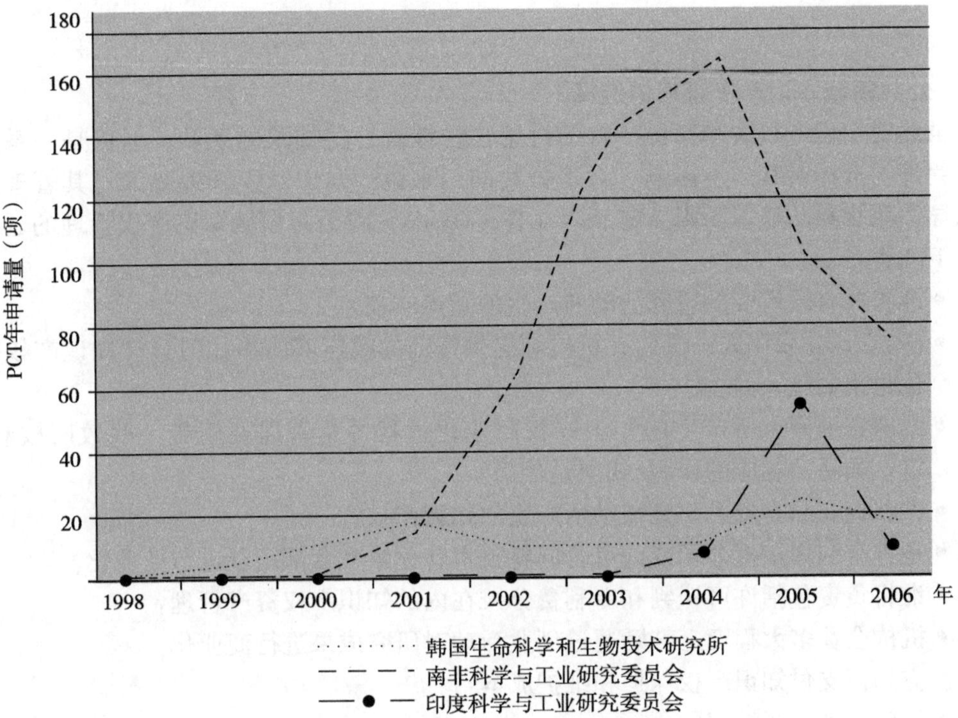

图 2　印度、韩国和南非部分研究中心的 PCT 申请

来源：PCT 专利统计数据，2006

在生命科学领域，应用专利制度的公共部门面临着如何通过专利资产管理推进机构实现发展目标这一实际问题。如今，这一发达国家长期争论的话题也日益成为困扰发展中国家的现实问题。在发展中国家，公共部门在生命科学研究方面的专利申请率呈现出显著的增长趋势。这些国家专利发展初期规模较小，因此需要一定的时间去感受从国际行动转换为不同国家的权利所带来的实际影响。在生命科学领域，公共资源投资或者私营和公共部门共同投资带来了不断增多的知识产权资产。可以肯定的是，发展中国家的政府机构和其他公共部门机构将越来越多地参与到这些资产的管理中。发展中国家的政府部门将承担起通过加强知识产权管理来促进公共利益的首要责任。要做到这一点，政府部门就需要拓宽工作范围，不能局限于工作核心是促进商业产出的主流知识产权管理。

这样的社会或机构责任要求公共部门知识产权管理人员拥有能够建立并有效运用知识产权制度的能力。他们可能需要从传统的私营部门管理方式中寻求突破，以找到能确保公共利益的有效管理方式。这样的管理方式可能包括确保新技术的发展和有效传播（例如新药物），促进经济和社会发展，创造技能型岗位就业机会，或增加重大研究资助经费等。

有效管理与公共利益相关的知识产权是一项需要判断力和敏感性的任务，在生命科学领域更需要高水平管理技能。各种管理方法对应着不同的目标，其中以促进公共健康成果为目标的知识产权管理特别具有挑战性；与此同时，它对公共利益也至关重要。

1.4 公共领域知识产权管理的选择

虽然对知识产权法和知识产权的讨论往往涉及一些抽象的条款，但仍是一系列实际且关键的选择对其产生影响。对于公共部门来说，知识产权管理政策对其管理选择的指导作用日益凸显。汤姆·奥加达（Tom Ogada）将公共领域知识产权管理的选择分为以下几类：

- 谁将拥有政府资助研究活动所产生的知识产权？
- 研究人员/发明人、部门、机构和提供资助的政府部门将如何分享知识产权商业化带来的收入/收益？
- 政府资助研究所产生的知识产权商业化过程中是否需要附带一些政府权利/约定？如是，相应的权利/约定是什么？
- 谁将拥有私有资助研究活动所产生的知识产权？
- 是否会利用衍生公司或许可合同将技术转让给私营部门以进行商业化？
- 谁将负责包括许可谈判和专利费分摊在内的知识产权资产管理？
- 机构会在多大程度上鼓励通过创业活动对研究成果进行商业化？
- 应如何支付知识产权保护和维护成本？
- 如何管理发明披露？
- 如何处理教学/科研职责和商业驱动研究项目之间的利益冲突？

为了协助公共部门知识产权管理者和政策制定者作出决策，奥加达（Ogada）创作出版了《非洲大学和研发机构的知识产权政策制定指南》（*Guidelines on Developing Intellectual Property Policy for Universities and R&D Institutions in African Countries*）。[5]世界知识产权组织（WIPO）的其他相关资源包括：

- 《成功的技术许可》（*Successful Technology Licensing*）。这本小册子是为商业经理人、技术经理人和处理许可问题的科学家编写的，旨在帮助读者进行双赢的许可协议协商，帮助各方平等地获得和交换收益和价值。
- 《交换价值：技术许可协议谈判培训手册》（*Exchanging Value—Negotiating Technology Licensing Agreements: A Training Manual*）。该手册关注非专业人士在处理引入技术许可或对外技术许可授权相关事宜中的实际业务需求和关心的问题。手册包括一个许可项目进度大纲，以及创建和管理团队/小组模拟谈判的实用指南。（相关内容来自一个为期5天的技术许可谈判实践研讨会，包含一个结核病疫苗的案例研究）
- 《生物技术和知识产权高级远程学习课程》（*Advanced Distance Learning Course on Biotechnology and Intellectual Property*）。该课程涉及生物技术发明专利的保护和植

物育种者权利制度体系，也涉及处于研究和开发进程中的知识产权及知识产权的管理和实际应用。

2 生物医学的创新与发展

2.1 把握自主创新收益

创新和发展的主流意见是把技术转移当作一项关键的创新战略，通常把发展中国家视为接受发达国家研发技术成果的一方。尽管引入外国技术对发展中国家的创新发展至关重要，但人们还是越来越重视发展中国家的自主创新潜力。[6]鉴于发展中国家拥有重要的传统知识和遗传资源，自主创新潜力在生命科学领域中的重要性较其他领域更为突出。生物剽窃相关讨论给我们的启示是，我们需要确保生命科学研究材料的提供国从中获得社会和经济利益。因此，履行关于生命科学创新的承诺需要考虑各个国家的具体情况。这意味着需要寻求对策普及创新成果，以应对那些被忽视且不同程度困扰发展中国家的疾病，或应对发展中国家农业相关的农艺、环境和营养情况。

许多发展中国家拥有生命科学创新所必需的人力资源。这些国家不仅从经济发展的角度，也从确保公共利益这一更广泛的角度出发，寻求挖掘创新潜力的切实途径。例如，作为一代代“临床试验”的后继者，当地健康相关从业人员在传统知识体系中积累了广泛的实践经验。在对抗地方病时，相关人员可借鉴当地健康相关从业人员的知识储备，用自下而上的方式进行可持续的药品开发。最近推出的南非本土知识体系政策（文本框1）将传统知识相关政策直接置于创新政策和惠益共享的框架下。

文本框1：南非的传统知识和创新

南非本土知识体系（Indigenous Knowledge System，IKS）政策，旨在通过以下系列措施实现“南非本土知识体系与南非国家创新体系之间的积极协同”：

- 创建有关惠益分享的法律框架
- 创建本土知识的正规记录体系
- 以立法的方式确保本土知识研究相关信息和材料转移协议的最低标准
- 通过有针对性的资助手段促进本土知识与科学研发基地间的联系
- 修正专利立法，实施本土知识作为现有技术的声明

来源：世界知识产权组织[7]

2.2 实践背景下的创新和知识产权

关于知识产权保护对促进创新和促进创新成果有效传播这两方面的总体作用及影响，相关争论仍在持续。[8]当采用本《手册》方法时，本章并不关注上述争论本身，而

是指出高度动态的政策环境在很大程度上受到知识产权管理者的一系列选择对实际和感知层面产生冲击所带来的影响。很明显，专利制度能否有效地维持这些目标取决于实际实施情况，可以从3个层面加以解决：

（1）监管和行政管理层面（下文将详细讨论）；

（2）技能和能力水平（作为复杂的政策机制，专利制度实施需要技能熟练的工作人员）；

（3）知识产权体系中个体的水平，这些个体包括申请人及竞争对手、被许可方、知识产权顾问和倡导者等，其中，需要特别关注涉及公共利益的用户。

在监管和行政层面，切实有效制度的关键要素包括：

- 专利质量，在这里解释为根据专利法，特别是可专利性的常规标准，实现专利产出和公共利益的最大公约数；
- 通过透明、清晰、有效、可预测的管理，确保可及时获得专利信息，以及清晰的专利保护范围和主题，并保证高质量专利发挥作用；
- 知识产权制度的实际公平性，有利于减少作为主流的私营部门参与者的偏向性；
- 专利授权后，采用令人信服的威慑手段和补救措施应对专利权滥用。

2.3 制度功能和实现制度功能的能力

总的来说，制度的公平性和对公共利益的影响在很大程度上取决于其制度功能，而不仅仅取决于成为国际争论焦点的法律制度环境。有效的功能取决于3个方面的特殊技能要求：

（1）在国际标准框架内，起草并实施符合国家需要和优先发展规划的法律和政策机制所需要的法律及政策技能；

（2）起草专利文件时需要了解技术秘密并具备法律技能，以及在专利审查和司法程序中能客观评估专利的有效性和法律保护范围的能力；

（3）技术管理技能，包括根据机构的目标（不仅仅是商业价值）评估发明披露，对技术研发和传播的潜在途径进行评价，以及制定专利保护和许可策略等技能。

发展中国家的能力建设过程始于自上而下的立法观点，侧重于上述这些技能的依次培育。这在《与贸易有关的知识产权协定》（TRIPS）实施10年来体现得非常明显。在能力建设初期，相关人员注重以反应性或防御性的方式来执行法律，其后才更加注重行政和机构能力建设。目前，则更加强调从自主研究能力和知识资源的比较优势中，切实和主动获取利益的策略。本《手册》的出版表明了对最后这种趋势的高度关注。然而，上述能力建设的3条轨道必须齐头并行、相互促进，在生命科学领域则更是如此。特别需要强调的是，自下而上、从实践出发的观点应该对自上而下的观点有所启示，有政策意识的实践者和有实践经验的决策者应该彼此尊重，进行平等对话。

2.4 来自实际用户的政策影响

管理者的核心角色和责任是促进知识产权制度作为一个系统有效、高效地运行。然而，用户不仅仅是专利制度的客户，更是专利质量保障的“活性剂”——是用户承担着申请人、专利竞争对手、诉讼当事人、许可方或被许可方等角色。专利法的许多重要细节规则，源自对立双方的法律诉讼程序。现有行政和法律制度的成本和局限性，亟须系统性地纳入用户对专利保护结果的考量。[9]随着政府机构和公共部门机构在生命科学领域提交的相关专利申请数量不断增长，公共机构的行政管理和知识管理之间的界限可能会进一步模糊，可能会实施更广泛、更全面的创新政策框架。实际上，有效管理知识产权组合的责任为与公共政策的广义责任相关。这种额外的操作和道德上的复杂性对公共部门的知识产权管理带来了独特的挑战。生命科学领域私营部门知识产权组合的管理者也需要考虑道德和社会的限制，例如职业道德和企业社会责任，但本章重点关注公共部门的管理者。

2.5 作为专利制度用户的公共领域知识产权管理者

对生命科学领域知识产权进行娴熟和严谨的管理，是提高生命科学技术实际应用的最现实途径，公共部门知识产权管理者肩负着根本性的重要责任。知识产权管理并非严格的法律纪律，而是实践性的技能，很难完全反映在一张清单或许可协议模板中。本部分概述了公共部门知识产权管理者在生命科学技术方面的最佳实践。相关讨论聚焦在两类责任上：政策导向型或系统性责任，以及结果导向型或实践性责任。经验表明，早期假设对于获取的独占性或开放性的正确组合，以及确定依赖公共资源和私有利益之间合理比例往往不太有效，甚至失之公允。公共资助研究项目通常将研究委托给公共领域机构，但在公共资助项目的知识产权管理中过度寻求排他性专有权的做法受到了批评。不采取任何措施让研究成果归属公共范畴，也会导致让更富有并更灵活的私营部门从这些公共资助项目的知识中获得了不相称的利益。因此，必须从务实和经验的角度看待公共部门的知识产权管理。相应地，结果导向型的公共利益知识产权管理包括以下内容：

- 在有效的保密规则下，促进内部发明披露
- 基于机构目标分析发明披露
- 根据优先等级对技术进行评估，其中技术等级分为向公共领域发布、防御性公开、公开许可、非排他性许可或内部战略重点等类型
- 审查新技术有效利用和传播的限制因素，包括资源限制、监管障碍和在目标市场更广泛的自由实施限制。由于专利保护水平相对较低，发展中国家往往有更宽泛的自由实施权利
- 通过制定战略和确定潜在合作伙伴关系等方式，为目标群体带来生命科学领域的创新成果。在这一过程中，需要考虑商业、技术和监管的相关问题，并对知识产权背景、项目管理能力、技术和制造能力、监管程序能力和投资资本等外部需求进行评估

- 利用知识产权：
  - -促进技术知识的传播
  - -确保被许可技术的改进和进一步应用以及衍生发展
  - -确保获取监管数据和后台/平台技术
  - -为人道主义目的保留第三方使用知识产权的权利
  - -给达到公共利益绩效标准（如低成本面向目标市场或交叉补贴分销到目标市场）的被许可方，保留独家许可权
  - -在被许可方未能达到公共利益绩效标准的情况下，保证背景知识产权、项目知识产权或监管档案的回授
  - -通过许可费、合作伙伴关系、研究工具和其他平台技术的使用，激发机构的研究能力

尽管商业评估以及产品开发和推广通常是不可或缺的，但在公共部门知识产权管理人员手中，知识产权组合不一定只是商业资产。知识产权组合还具有以下功能：

- 交易性资产，用于促进、加速和澄清技术伙伴之间的关系，并定义和构建伙伴关系中的特定贡献和期望
- 机构性资产，用于为实现机构目标而公平地获得必要的资源，这些资源涵盖专业研发人才及研究经费
- 政策性资产，用于影响对技术伙伴的选择，包括公私合作伙伴关系中的私营部门，并促进发展中国家或其他受益者团体以人道主义或交叉补贴的方式获得生命科学领域相关技术

生命科学领域的公共部门知识产权管理者也需要考虑公共政策对其本人的预期，这些预期可能是明示的，也可能是隐藏的，甚至可能是可追溯的。每位知识产权管理者应特别考虑下列政策性导向或系统性责任：

- 对创新模式的积极影响，促进上游研究成果的公开发布以及围绕这些成果展开的有效合作，其目的不仅是追求知识作为公共利益的内在价值，也是促进上游生物技术尽可能广泛的应用，例如，这些技术包括研究工具、诊断工具和基因修饰技术等
- 促进分析、调整并采纳实践型的创新结构，通过该结构有效利用多种资源，例如与其他公共机构的战略伙伴关系、公私合作伙伴关系和开放性合作机制等
- 诚信地参与专利保护过程，积极提高专利质量，关注战略性和系统性成果，而不是对专利制度的取巧性应用
- 在生命科学领域，应用跨学科的方法制定公共政策，在更广泛的政策背景下全面了解创新过程
- 在公共健康和农业发展项目中，出于研究或人道主义目的，推广开放式许可模式，为发展中国家谋福利

大学或其他公共研究机构完成的医学和农业研究，其人道主义许可是政策和实践相互转化的一个例证。“人道主义许可”表述的是一系列公共政策许可战略，包括向发展中国家的技术用户提供公开许可，再将形成的产品回销到商业市场，就像农业生物技术领域的案例一样。人道主义许可有可能意味着对新的衍生创新成果保留了直通权(reach-through rights)（例如，对于医药研究早期阶段许可的利用）。这些做法被视为促进技术许可规范的行动，甚至在生命科学领域创立了事实性的专利权例外。它们也可能被看作公共部门技术经理为实现机构目标而部署的一套实用性备选方案。然而，实施人道主义许可授权，或保留为人道主义用途使用专利的权利仍引起了与公共部门知识产权管理有关的一系列核心问题：

- 如何部署生命科学技术的排他权利才能促进公共利益；何时部署排他权利将违背人道主义目标（排他性的时间轴）？
- 公共部门的知识产权管理者应在多大程度上，以及如何投入并利用私有利益和私营部门资源，借助有需求产品的开发过程获取技术，而何时人道主义的利益足以通过产品线（市场的时间轴）推动产品发展？

文本框 2 描述了最新交流观点，强调公共利益知识产权管理人除了单纯的研究商业化之外，还有其他更宽广的选项。

文本框 2：公共部门知识产权管理商业化的可选方案—— 4 种视角

在莫伊大学负责通过政策手段解决知识产权问题的汤姆·奥加达（Tom Ogada）表示，“机构的知识产权政策，服务于推动知识产权的形成、保护和商业化。大学和研发机构是知识产权资产的主要产生者。在这一产生过程中还涉及许多利益相关方——研究人员、学生、私人赞助者、技术转移单位、国家专利局、公众等。知识产权政策需要协调这些人群之间的利益分歧”。因此，大学的知识产权政策应致力于“创造这样一种氛围，即在保护学者控制其学术工作成果传统权利的同时，鼓励和加快新知识传播以获得最大公共利益。政策应确保以公平公正的方式分配知识产权商业化过程带来的经济或其他利益，使发明人、所在机构以及其他利益相关方所做出的贡献得到认可。政策应促进、保护、鼓励并帮助科学调查和研究，应提高学生对知识产权的敏感度，激发其创造力。政策应激励研究人员开展研究，并为智力资本提供相应奖励。对发展中国家的大学来说，知识产权政策还应有助于推进诸如药物、清洁水和能源等紧迫问题解决方案的研究工作”。

来自加州大学伯克利分校产业联盟办公室的达纳·波斯特罗姆（Dana Bostrom）补充到，“大部分大学的技术转移办公室未将创收作为主要目标。奥加达教授对技术转移的两大目标作出了很好的阐述，即促进知识传播，并保证利益相关方的风险、利益和信用得到公平的分配。美国大学技术经理人协会（AUTM）不倾向于将增加收入作为衡量收益的指标。该协会看重的是如何通过许可授权收入为大学带来福祉；其推向市场的产品如何造福公众；以及由大学引领的创新许可项目如何推动产业和技术的发展（与其他措施一同发挥作用）。另外，免费政策对大公司更为有利，因为相比其他组织或个人，大公司能更快速地将“免费”知识产权进一步改进转化为研发成果。对发展中经济体和各类早期技术而言，“免费”伴随的是巨大代价。尽管免费的知识产权仍然能为公众带来最好的结果，使用该策略还应具体情况具体分析。没有相关资源支撑免费自由使用时，只有资源拥有者可以从开放的、免费的知识产权中获利。去年，通过美国和加拿大大学在技术转移方面作出的努力，推出了500多个新产品。大学在与企业的接触中受益，其认识到学术性思维和解决方案能如何用于解决商业问题。讽刺的是，大学同时还从学术圈对知识产权的进一步重视中受益。我们生活在一个知识产权日益重要的世界，企业在与大学的协作过程中提出了更多的责任，也越来越要求大学向社会展示其对知识经济做出的贡献”。

澳大利亚格里菲斯大学首席政策顾问加文·穆迪（Gavin Moodie）指出，“公立大学知识产权政策的关键问题不应是‘如何将知识产权的商业潜力最大化’，而是‘如何令创新思想的转化最大化’。知识产权商业化仅仅是创新思想转化的一个方式，而且常常是最不理想的方式。专注知识产权商业化使大学对知识产权进行过高估价，进而通过律师或其他中介进行旷日持久的谈判，阻碍了研究和创新繁荣所需要的思想自由交流。在非生物技术领域，通过知识产权许可授权获得的收入在大学收入中所占的比例微不足道。值得注意的是，许可收入并不全是盈余或“利润”，因为技术转移经理人、知识产权律师、会计师、商业化部门的费用十分高昂。知识产权许可也给研究人员带来了沉重的间接成本，因为他们必须向中介机构解释自己的研究及其可能结果。乔舒亚·B. 鲍尔斯（Joshua B. Powers）在《高等教育纪事报》（*The Chronicle of Higher Education*，2006年9月22日）中写道，美国半数以上的大学在技术转移上持续亏损。正如澳大利亚政策和管理顾问约翰·霍华德（John Howard）所观察到的那样，除极少数例外情况之外，研究人员和研究机构从合同和咨询服务中获得的工作报酬将超过从知识产权许可费收入或从衍生公司获得的收入。因此建议，公立大学把除了生物技术之外的大部分知识产权回馈给社会大众。大学可以在其知识产权许可协议中纳入一个标准的“重磅”或“头奖”条款。该条款规定，如果大学许可的知识产权在10年内实现创收目标（如5000万美元），收入分成可由指定的商业仲裁员确定”。

来自阿根廷马德普拉塔国立大学法学院技术转移秘书处（新技术研究组）的博纳多·马科斯·迪尔斯（Bernardo Marcos Diez）建议，该大学理事会“最近批准了一项关于界定大学内部和/或与第三方合作进行的科学或文化研究所得产权保护的范围、参与者和程序的规定。我们采取了一项有利于提高研究人员、教职员工、学生、决策层成员等相关人员知识产权意识的政策。通过在各个学院举行会议，对知识产权保护的目标、含义和优势作出阐释，对大学与外部社会/商业环境之间的技术转移作出说明。我们还申请加入世界知识产权组织的大学项目，任命一名协调员，并从相关知识产权参考资料中获益。虽然我们在知识产权保护和技术转移方面仍处于起步阶段，但可以肯定的是，我们在这方面作出的努力将不仅为大学，也为更宽阔的社会带来经济、科学和发展效益”。

来源：世界知识产权组织杂志[10]

3 生命科学领域的知识产权管理公共政策

知识产权管理本身并非最终目的，而是广泛政策工具的重要组成部分，这些工具需要通过协调实施来实现预期成果。评估知识产权管理的效率和有效性，需要以更广泛的发展目标来衡量，包括对创新政策的补充能力和研发基础设施的公共投资等。若想在生命科学领域实现知识产权的最佳利用，需要建立良好的知识产权制度并加以实施，对公共部门或由公共部门投资的知识产权成果所有权归属进行明确界定，配备充足的研发资源和基础设施，建立大学和其他研究机构的技术转移中心，以及将研究成果推向市场的机制。需要特别关注3个要素：

（1）制定监管和政策框架；

（2）建设运作良好的公共机构；

（3）管理公私合作伙伴关系。

3.1 来自约旦和印度尼西亚的案例

3.1.1 概述

本节概述了对约旦和印度尼西亚两个不同发展中国家的生物医学创新从业者实地采访所获得的信息。尽管两国在规模、结构、资源和地缘政治方面存在根本性差异，但印度尼西亚和约旦都制定了相关知识产权战略，以提升本土生物医学创新成果的社会效益。为了进一步促进公共利益，各国已寻求适宜的机构框架，将知识产权政策和知识产权管理联系起来。印度尼西亚是世界上第四大人口大国，仅次于美国*，是全球范围内生物多样性种类最多的国家。拥有400万人口的约旦则是一个相对较小的国家，不仅缺乏生物多样性和自然资源，也没有石油储备。两国均具备很强的生物医学创新潜力，印度尼西亚在这方面的潜力与其生物医药市场有关，而约旦的制药工业在该国是仅次于纺织业的第二大出口创收产业。

约旦医药产业的关注点正经历着从仿制药向生物医学创新药的转变。在约旦的

* 世界人口大国排名已更改，此处按2018年数据进行了调整。——译者注

12 家医药公司中，有 6 家已开展了专利组合布局，其中一些公司还是行业大佬（值得注意的是，其中大部分公司根本没有利用过专利制度）。印度尼西亚正在采取多种措施来加强其创新战略整体布局，例如，提升公共研究机构和私营部门对天然生物医药市场机遇的意识。天然医药市场的年增长率高达 20%。

这些国家正在稳步增加自主研发知识产权的持有量，特别是在医学和农业研究这两大生命科学的关键领域，这一过程带来了更广泛的公共利益相关问题。如何才能激励私营部门通过其知识产权管理为国家的社会经济发展做出最大限度的贡献？此外，公共部门或公共资助的知识产权产业应如何实现最佳管理，以确保通过创新收益的获取和公平分配达到维护公共利益的目的？以及需要何种机构设置才能促进研究成果惠及大众？以公共利益为宗旨的知识产权管理视角，有助于公共研究机构的技术转移中心找到解决这些问题的方案。此外，有效的知识产权管理可以鼓励以人道主义为目标的公私合作伙伴关系，特别是在研制可以负担得起的新药方面。

来自印度尼西亚和约旦的经验表明，为了使本国从生物医学创新中获益往往需要更适当的机构设置。两国经验也表明，公共利益范畴的机构基础设施投资与更为多样并有针对性的知识产权管理方法之间相互作用的重要性。知识产权管理注重企业的需求，然而，公众对生命科学研究成果如何实现公共利益高度关注，相对于私营部门传统的关注重点而言，各国和公共部门机构需要在更广泛的基础上作出关于知识产权部署的战略决策。

3.1.2 制定监管框架

因为涉及健康、食品、环境等基本需求，对知识产权法律和实践的审视，不能脱离更广泛的监管环境，在生命科学领域尤其如此。因此，在生物医学创新领域中，公共利益相关知识产权管理，需要协调公共健康需求和商业目标之间的关系，最大限度利用私营部门资源实现公共利益成果。

印度尼西亚和约旦都建立了有效的知识产权保护制度，同时都推行了相关的立法计划，以确保知识产权保护相关法律符合 TRIPS 协定相关要求。印度尼西亚 1997 年签署了 PCT 条约，约旦的知识产权法律受其与美国签订的双边贸易协定影响。对印度尼西亚和约旦来说，知识产权政策都是以跨学科的方式制定的，是更广泛的公共政策组合的一部分，而非某个狭隘的专业化政策。在约旦，规划部负责协调与创新有关的公共政策，并衡量该国在实现创新目标方面的全球竞争力。约旦的主要创新政策——《阿卜杜拉二世 2020 年愿景目标》中提出了战略性利用知识产权机制实现社会目标。印度尼西亚的研究部与知识产权总局共同协调政策组合中的知识产权模块，研究部和知识产权总局负责审查公共研究机构的科研经费拨款，开展专利检索，提供常规的文献综述。印度尼西亚也向专利申请者提供资助，使当地公司和公共研究机构能够负担专利保护费用，这是解决知识产权制度运用实现公平问题的一种方法。

约旦正在审查公共机构知识产权成果的管理立法提案。印度尼西亚已通过相关法律，将公共研究机构知识产权成果的所有权授予机构本身。这项监管措施的出台伴随着技术转移办公室（TTOs）的设立。通过投入不多的启动资本，印度尼西亚在全国共创建了 10 个技术转移办公室。近几年来，这些办公室通过成功的商业运作手段，回击了部分人对其看衰的论调。例如，万隆技术学院与当地公司签订了国际许可协议和研究合作协议，积极寻求满足当地需求的合作模式。基于一项公私合作伙伴关系，成功研发了一种用于收割当地农作物的新型机器。

3.1.3 建立负责、高效的公共机构

监管框架是否带来益处，取决于如何建立起既对公众负责、又能有效为公众服务的公共机构。这些义务超出了知识产权局作为专利制度行政管理部门的传统目标。在知识经济的背景下，公共机构的职责扩展到更为广泛的政策角色，知识产权机制被积极用于促进极其重要的公共利益。在印度尼西亚和约旦，知识产权办公室需要向负责商业和工业的部委报告，这有助于使知识产权政策与该国总体经济和贸易政策目标保持一致。与所有其他国家一样，印度尼西亚和约旦两国也需要在行政独立、自给自足、对政治管理者直接负责这几者之间作出抉择，以利于与政策部门建立联系，促使高层重视知识产权政策制定。两国的知识产权办公室均注重利用有限资源为不同的利益相关方服务，但两国的知识产权办公室在规模上有所差异：印度尼西亚知识产权办公室在处理专利申请数量上更胜一筹（2005 年专利申请量 4303 件）；而据报道，约旦知识产权办公室处理的专利申请数量为 200 件。然而，和许多其他发展中国家一样，为应对日益复杂的生命科学领域，印度尼西亚面临着招录和留住合格技术人员的问题，因为有效的审查能力是专利质量的重要保障。

3.2 管理公私合作伙伴关系

生命科学领域的研发通常以公共部门或学术研究人员开展上游或基础研究为特征，但它也需要依靠私营部门，通过开发渠道生产最终产品来参与生命科学的创新。这样一来，生命科学领域的创新途径越来越以公私合作伙伴关系为特征，那些进行早期研究和投资产品开发阶段的人员对这种公私伙伴关系持有不同的应对方式。但是，由于生命科学研究领域包含如此强的公共利益要素，如何管理知识产权以获得特定的公共利益越来越受到密切关注。公共部门研究机构正在学习寻求利用所持有的知识产权，确保从公共投资的研究中获得丰厚回报，不管这些回报是狭义的经济利益，还是更宽泛的社会效益。同时，公共领域知识产权管理者正尝试避免发展前景良好的创新因未获得必需资源而被束之高阁。这些资源包括经费、专业知识、监管审批能力、产品开发和制造专有技术等。大学中设立的技术转移办公室也认识到满足人道主义需求和协调科研与市场关系的双重目标直接影响到创新发展培育社会能力。

公共部门和私营部门在健康领域创新方面的互动可能对慈善方面有所贡献，同时带来商业利益。在公共健康领域的成功案例包括疟疾药物计划、被忽视疾病药物计划、PATH 疟疾疫苗研发项目、全球健康计划、比尔和梅琳达·盖茨基金会等。

公共资助的创新为企业提供了额外的使命和商业的激励体系。研究和开发之间通常会产生矛盾。研究人员旨在寻求新发现，而将市场利益放在次要位置。然而，由于新产品、新服务研发过程中存在的较高成本和风险，开发人员则通常将市场和预期收益放在第一位。[11] 目前，从事研究的大部分是公共部门，而从事开发的往往是企业。协调研究与开发之间的关系通常依赖于知识产权的保护以及后续公共部门和私营部门之

间知识产权的流通，这意味着两者间要建立起公平的协商体系，在不同发展目标和机构文化间建立起桥梁。通过知识产权制度，有助于公共研究机构对有价值的知识成果进行转让后，保有后续开发和传播的话语权，确保获得这些成果带来的经济或社会效益。通过这种方式，知识产权提供了与私营部门间的公平机制。

激励研究人员合理地对创新进行专利申请，是参与知识产权系统的重要组成部分，各机构需要对积极又有选择性的专利战略的必要性和优势提高认识。对研究人员的激励有助于理顺研究成果从研究实验室向技术转移办公室流转的通道，实现这一目标的一个方法是允许科研人员从咨询协议、许可费和许可协议中获得额外收入。当然，这并不意味着私营部门能对公共研究机构的研究安排指手画脚，也不意味着损害基本的研究自由，需要通过政策保护公共研究机构在这方面的自主权。一旦放开健康领域公共部门和私营部门在创新关系中的制度限制，公共研究可能会面临新的问题，并需要寻求新的解决方法。健康相关创新的经验表明，参与开发产品有助于提高基础研究的质量。例如，教职人员在咨询中解决行业相关问题时，可能会孕育创新见解。曼斯菲尔德发现，产业界和学术界的合作提高了健康相关创新研究的整体产出率。他得出结论，这种活动可以给公共部门带来新的紧迫感和现实感。[12]以瑞典为例，与健康相关创新成果的文章中，与私营部门研究人员共同撰写的文章占比达 10%。[13]政府资助可以针对这种交流有力地推动此类项目，奥地利阐明了这种模式是如何运作的。在奥地利，研究人员有机会在一家公司交流一年或两年，其后可以回到他们的大学。在交流过程中，会保留他们的岗位和已批准的经费。

为了获得最佳的公共健康成效，研究人员和机构必须认识到知识产权的价值，与潜在的贸易伙伴交换其知识产权成果的价值，洽谈具有吸引力的许可协议，并签订能够获得适当回报的协议。知识产权管理包括几个模块：确定研究目标的优先级，是否寻求及寻求何种知识产权保护，以及引起产品潜在投资者/购买者兴趣的方法。

公共研究机构下属的技术转移中心在保护知识产权方面发挥着重要作用。这些中心帮助研究人员理解知识产权需求，为申请知识产权保护提供支持，并将研究结果推向市场。为了加强知识产权管理能力，师资培训项目往往是不可或缺的。与许多其他发展中国家一样，这些中心的工作人员需要接受知识产权管理方面的培训。在此背景下，与发达国家的知识产权管理中心的交流合作可能是有益的。

为了实现上述所有目标，研究人员和公共机构需要寻找到潜在的许可方，促进协作研究，构建专利池，并避免不必要的重复研究。鼓励公共和私营部门合作的其他方式，包括委托研究项目、开展联合研究、利用产业实验室资金资助博士研究（适当考虑博士生发表研究成果的需要）、鼓励教职人员提供咨询服务、创建衍生公司等。建立研究集群，为公共和私营部门的研究人员和机构提供合作研究的计划，提供不对外公开知识（专有技术知识）和正规公开知识（如出版物和专利）的交换机会。明确透明的监管框架和基础研究成果的公开出版，避免反竞争问题。

从健康公平的角度来看，许可协议的有效性将取决于谈判协议中的条款和整体的创新市场。即便不考虑累积效应，许可制度也减少了竞争，并带来了反竞争相关问题。以下两种情况下，排他性许可协议可能不利于公共健康：第一种情况是市场参与者通过价格折扣将竞争对手排挤出市场；第二种情况是许可协议促成了相互串通。[14]

根据报道，印度尼西亚和约旦都在建立生物医学创新领域公私合作伙伴关系方面积累了有益的经验。印度尼西亚已建立了良好的公私合作框架。印度尼西亚科学基金会（LIPI）在公共利益相关知识产权管理方面树立了最佳实践范例。该机构为研究人员提供知识产权课程，在机构内部制定了知识产权政策，并设有活跃的技术转移中心，已完成多个许可。印度尼西亚科学基金会也与国外的研究机构进行合作，例如，该机构与马克斯·普朗克（Max Planck）研究所建立了合作关系，共享知识产权合作研发成果的所有权。

印度尼西亚的技术转移中心附属于公立大学或科研单位等研究机构。这些技术转移中心使用不同的名称，如 Gugus Ha KI（知识产权部门）、Sentra HKI（知识产权中心）、Klinik HKI（知识产权诊所）、知识产权管理办公室、知识产权（IPR）和许可办公室等。除了艾克曼研究所（Eijkman Institute），从事生物医学创新的所有主要公共研究机构都有自己的技术转移中心。这些知识产权中心既有提供协助知识产权许可协议的签订和落实这类高级服务的，也有仅仅处理知识产权保护申请，宣传提高研究人员的知识产权意识。印度尼西亚技术转移办公室的章程非常清楚地写明，公共机构所拥有的知识产权应在充分考虑公共利益的前提下进行许可授权。

约旦有几项生物医学研发公私合作项目的案例。然而，迄今为止其重点一直放在由私营部门牵头的研究上。据报道，关于公共领域创新成果所有权归属的讨论仍在继续。约旦皇家科学学会将目标集中在应用领域，而非研究方面。

在约旦，大学中并未设立技术转移办公室管理专利申请或谈判许可协议。然而，公司越来越将大学作为特定生物医学检测的分包商。截至目前，大学在向社会提供熟练劳动力的同时，也进行一些基础研究。公司和大学的这些活动似乎预示着学术界和私营部门之间的伙伴关系更具制度化。

4 结语：政策和实践的调和

4.1 排他性或包容性：公共利益或私有利益？

回顾专利法和专利政策的历史渊源，不难发现其生动地记录了人们为调和这两个相辅相成的目标而作出的努力：

（1）将资源引向有益的研发以促进创新

（2）切实并公平地获得创新成果

在生命科学领域，公共利益相关的知识产权管理本身就是实现这两个目标的实用方法。管理者在寻求获得必要资源的基础上，重点是为公共健康和农业领域中被忽视的需求寻求技术解决方案。知识产权开发所需的有形和无形资源，包括专有技术、研究和产品开发能力、临床或现场试验经验、监管框架、背景/平台技术以及公共和私有资本投资等。如果知识产权管理能够协助将相关资源投入未能满足的需求，则知识产权管理是有效的。这需要寻求私营部门的新资源（如激励政策和市场干预）和公共部门的新资源（额外的资助和发展基础设施）来实现。知识产权管理者可通过平衡技术可及性，以及利用私营部门发展经验和研发基础设施、自主研究创新能力以及传统医学知识，尽可能更好地利用现有资源。

在生命科学领域，传统观念认为公共部门和私营部门是截然不同的。如今，人们越来越倾向于认为这一界限正在瓦解。更准确地说，这种转变是一种进化，是公共部门和私营部门相互作用的范围逐步扩大，更广泛的政策框架被建立起来的过程。在该政策框架下，通过专利制度的运用，可以纳入更宽的地域、更丰富的文化和经济多样性。如前文所述，图1（见前文第1.2节）呈现了药品开发过程中涉及知识产权管理的选项。图1揭示了用于向大众推广生物医药创新成果可行机制的可能要求：（1）通过一系列战略选择，不同程度地利用或回避市场机制，以确保必需的资源和自由实施，而非选择彻底的“公共”或“私有”的技术发展和传播模型；（2）部署调整知识产权保护所提供排他权利的排他性和开放性程度，从一系列减少排他性的选择，直接利用排他性权利或排他性许可授权，到纯粹的公共领域披露。

一些公共部门技术发展战略也可能要求特殊情况下一定程度的排他性。例如，在寻求使用私营部门的专有合成物库（compound libraty），或访问现有监管档案的情况下。相反，正如来自SNP（单核苷酸多态性）联盟和人类基因组计划的经验表明，私营部门参与者也许能够在非排他性知识产权管理部署方面找到商业利益，特别是在竞争前技术。任何单一模板只能是指导性的指南或选项，因为归根结底，良好的实践就是良策：对于同样的排他性权利，可能会因私营部门、公共部门机构或者私人慈善机构不同，而看法不同。同样，人们对排他性权利的看法也会因其在实践中如何运用而大相径庭。[16]

4.2 培育跨学科的知识产权政策

对于法律制度环境在促进生命科学研究投资方面的作用，印度尼西亚和约旦的例子各具特色、互为补充。其政策是根据发展中国家的社会和经济需要而制定的。决定性的因素是国家具有为公共利益建立有效知识产权制度框架的能力。通过有效、知情、公正地实施相关制度，在实施独占商业权利和公平分配技术红利之间建立起积极联系，需要根据国家的富裕程度或经济发展状况，谨慎地制定适合本国的相关战略。

声　明

本章不代表世界知识产权组织、其秘书处或其成员的观点，仅从技术层面为重新审视生命科学领域公共部门知识产权管理的选择提供参考。

ANTONY TAUBMAN, *Antony Taubman, Director(a/g) and Head, Global IP Issues Division (former Traditional Knowledge Division) and Life Sciences Program, World Intellectual Property Organization, 34, chemin des Colombettes, 1202 Geneva 20, Switzerland. Antony. Taubman@wipo. int*

ROYA GHAFELE, *Economist, Life Sciences Program, Global IP Issues Division, World Intellectual Property Organization, 34, chemin des Colombettes, 1202 Geneva 20, Switzerland. roya.ghafele@wipo.int or ghafroia@yahoo.com*

---

1 Juma C and V Konde. 2002. The New Bioeconomy. In-dustrial and Environmental Biotechnology in Developing Countries. *Ad Hoc Expert Group Meeting*. UNCTAD: Geneva.

2 Kettler H and A Towse. 2001. Public private partnerships. CMH Working Paper Series, no. WG2:21.

3 WIPO. 2006. *International Patent Report*. WIPO: Geneva.

4 Ibid.

5 WIPO. (year unknown). Guidelines on Developing Intellectual Property Policies. WIPO Publication Number 848(E). WIPO: Geneva. www.wipo.int/freepublications/en/intproperty/848/wipo_pub_848.pdf.

6 Sampath PG. 2006. *Breaking the Fence: Patent Rights and Biomedical Innovation in "Technology Followers."* United Nations University Working Paper # 2006-008. United Nations University: Maastricht. http://run.iist.unu.edu/handle/repository/4920.

Javorcik BS. 2004. The Composition of Foreign Direct Investment and Protection of Intellectual Property Rights: Evidence from Transition Economies. *European Economic Journal* 48:39-62.

Lee JY and E Mansfield. 1996. Intellectual Property and U. S. Foreign Direct Investment. *Review of Economics and Statistics* 78:181-186.

Maskus KE. 1998. The Role of Intellectual Property Rights in Encouraging Foreign Direct Investment and Technology Transfer. *Duke Journal of Comparative and International Law* 9:109-61.

Maskus KE and M Penubarti. 1995. How Trade-Related Are Intellectual Property Rights? *The World Economy* 39:227-48.

Primo Braga CA and C Fink. 1998. The Relationship between Intellectual Property Rights and Foreign Direct Investment. *Duke Journal of Comparative and International Law* 9:163-88.

7 WIPO. 2006. Intergovernmental Committee on Intellectual Property and Genetic Resources, Traditional Knowledge, and Folklore. Document No. WIPO/GRTKF/IC/9/11. www.wipo.int/edocs/mdocs/tk/en/wipo_grtkf_ic_9/wipo_grtkf_ic_9_11.doc.

8 Yi Qiang provides evidence that patents do foster innovation in countries with sufficiently high levels of education and social, political, and economic freedom; however, the author remains cautious about conclusions of the innovation potential of patents in developing countries. Other scholars (Gallini, Horwitz, and Lai) have demonstrated that patents only foster innovation to a certain extent, after which patenting becomes counterproductive ("inverted U-shape"). Lerner argues that the current patent system is dysfunctional and calls for reform.

Qian Y. 2006. Do National Patent Laws Stimulate Domestic Innovation In a Global Patenting Environment? A Cross-Country Analysis of Pharmaceutical Patent Protection: 1978-2002. *Review of Economics and Statistics (RESTAT)*. M. I. T.: Boston.

Gallini N. 1992. Patent Policy and Costly Imitation. *Rand Journal of Economics* 23:52-63. Horwitz A and E Lai. 1996. Patent Length and the Rate of Innovation. *International Economic Review* 37:785-801.

Jaffe AB and J Lerner. 2004. *Innovation and Its Discontents: How Our Broken Patent System in Endangering Innovation and Progress, and What to Do About It.* Princeton University Press: Princeton.

9 Noveck BS. 2006. Peer to Patent: Collective Intelligence and Intellectual Property Reform. New York Law School Legal Studies Research Paper 5/06-18e.

10 WIPO. 2006. Letters to the Editor: Technology Transfer and Development. *WIPO Magazine*, no. 6. www.wipo.int/export/sites/www/wipo_magazine/en/pdf/2006/wipo_pub_121_2006_06.pdf. And WIPO. 2006. Letters to the Editor: IP and Universities: Putting Policies in Place. *WIPO Magazine*, no. 5. www.wipo.int/freepublications/en/general/121/2006/wipo_pub_121_2006_05.pdf.

11 Carraro C, A Pomè and D Siniscalco. 2001. Science Versus Profit in Research: Lessons from the Human Genome Project. Centre for Economic Policy Research Paper No. 2890.

12 Mansfield E. 1995. Intellectual Property Protection, Direct Investment, and Technology Transfer, Germany, Japan, and the United States. International Finance Corporation: Washington, DC. www.bvindecopi.gob.pe/colec/emansfield.pdf.

13 Goldfarb B and M Henrekson. 2002. Bottom-up versus Top-down Policies towards the Commercialization of University Intellectual Property. SSE/EFI Working Paper Series in Economics and Finance No. 463.

14 Gallini N and S Scotchmer. 2000. Intellectual Property: When Is It the Best Incentive System? Innovation Policy and the Economy No. 2.

15 Taumban A. 2007. The International Patent System and Biomedical Research: Reconciling Aspiration, Policy and Practice. *American Association of Pharmaceutical Scientists Journal*. In press. *

16 Taubman A. 2006. The Case of Myriad. *WIPO Magazine*, no. 4.

* 原文正文未见注释序号——译者注

第 3.7 章

发展中国家和 TRIPS 协定：何去何从

罗伯特·艾斯（ROBERT EISS）
健康研发知识产权管理中心（MIHR）首席执行官
理查德·T. 马奥尼（RICHARD T. MAHONEY）
韩国国际疫苗研究所儿科登革热疫苗计划疫苗接种中心主任
卡尼卡拉姆·萨蒂亚纳拉亚纳（KANIKARAM SATYANARAYANA）
印度医学研究委员会知识产权部主任

译者 沈慧芝 审校者 刘晓娜 李紫陌 欧阳石文 焉石 张熠 殷宏

摘 要

本章概述了 TRIPS 协定对低收入和中等收入国家当前和潜在的影响。本章也对印度新德里会议的成果进行了总结，探索了 TRIPS 协定法律层面的合规性。健康产品的普及与新技术成功创新等多种因素有关。而创新同样是一个复杂过程，涉及多个影响产品应用和价格的因素（知识产权只是因素之一）。

在指出全球和国家层面的公私产品开发合作伙伴关系（PDPs）呈增长趋势的同时，本章重点研究了低收入和中等收入国家抓住机遇的做法，并揭示了有效的知识产权管理对这些国家的重要作用。以艾滋病、疟疾、肺结核等影响人类健康的疾病为重点，在发达国家和发展中国家开展公私产品开发合作伙伴关系时，均需要建立并实施复杂的知识产权管理政策。最后，本章对强制许可和平行贸易的潜在作用进行了讨论。TRIPS 协定提及可以灵活选择这些做法，但并未做成文规定，所以其成功落实仍面临挑战。重要的是，在健康产品的可获得性方面，各国对于 TRIPS 协定的影响和成效都具有一定的自由控制权。国家可以通过强化知识产权管理能力，并通过法院、专利局和其他机构制定并实施对贫困人群有利的政策，有效实现上述控制。

Eiss R, RT Mahoney and K Satyanarayana. 2007. Developing Countries and TRIPS: What Next? In *Intellectual Property Management in Health and Agricultural Innovation: A Handbook of Best Practices* (eds. A Krattiger, RT Mahoney, L Nelsen, et al.). MIHR: Oxford, U.K., and PIPRA: Davis, U.S.A. Available online at www.ipHandbook.org.

1 背景

世界贸易组织（WTO）《与贸易有关的知识产权协定》（TRIPS）对专利药品的最低保护水平进行了强制性规定。TRIPS 协定带来的问题包括，新的全球专利保护标准将如何影响创新、研发投入和产品的可获得性，尤其是对于在卫生健康领域研发能力较强的发展中经济体（如巴西、中国、印度、南非）而言。2005 年 12 月，为探究上述问题，印度药品研究委员会（ICMR）和英国健康研发知识产权管理中心（MIHR）在新德里举办了一场名为"TRIPS 协定下的生活：面向贫困人群的健康技术创新"的国际会议。本章对该会议的结论进行了概述，报告全文另外发表。[1]

由于印度在仿制药生产、低成本药品潜在市场、作为跨国公司研发中心等方面具有引人关注的成本优势，使印度成为评估 TRIPS 协定对健康产品创新和推广影响的先导者。不论是在印度还是在其他国家，落实 TRIPS 协定的过程都经历了激烈争论，现在正是进一步关注争论提出问题的时候。新药在过去可以被仿制，而 TRIPS 协定是否可能导致新药垄断呢？TRIPS 协定是鼓励外国投资卫生健康行业，还是导致来自国外的限制？由于针对困扰贫困人群的疾病的市场存在不确定性，TRIPS 协定会不会降低发展中国家公司的研发投资意愿？或者，TRIPS 协定会不会促进针对该国家重要疾病创新药物的研发？目前，产品开发合作伙伴关系（PDPs）正在推动形成与贫困相关疾病药物的全球通道，这样的做法会不会易于建立与发展中国家机构和新兴供应商的合作关系？

2 将 TRIPS 协定置于背景之中

就 TRIPS 协定对发展中国家的利与弊作出定论几乎是不可能的。创新是一个受多种外部可变因素影响的动态过程。相关可变因素包括政府对科技的支持力度、促进贸易的政府项目、国家药品监管机构的能力，以及政府为促进相关和其他领域竞争力而作出的努力。尽管 TRIPS 协定所产生的效果难以衡量，我们至少还可以从先前案例中得到启示：一旦具有先决条件时（主要包括具有支撑性的研发环境、有效执行专利法律的司法体系、可开发的国内外市场），加强知识产权保护力度能促进外国直接投资和技术转移。虽然目前无法获得明确的测量结果，但可以判断最重要的趋势。

围绕 TRIPS 协定最具争议的话题便是它对新药的价格和可获得性的影响。如果在发展中国家获得并实施专利，TRIPS 协定就降低了专利仿制药品的供给，也对这些国家的药物价格管理产生不利影响。由于巴西、印度、南非和其他国家制造不受专利保护的产品存在竞争，对艾滋病毒等抗逆转录病毒药物的定价产生了重要影响。

因此，无论是仿制药产业强国，还是依赖进口仿制药替代品的国家，都需要对实施 TRIPS 协定过程中的价格影响进行密切监控。但除了价格，还有一些影响产品可获得性的潜在结构性障碍，其中包括医疗融资和药品/疫苗分配系统的公平性和有效性，改进当前做法实证分析的适用性，以及当地社区的参与程度。一个富有启发性且经常被引用的失败案例是世界卫生组织（WHO）列出的必需药物获取不均衡问题，其中专利药物占比低于5%。为了准确地对药品可获得性进行评估，应该考虑到药品供应的历史和社会文化背景。

加入TRIPS协定后，除了专利对药品的定价和可获得性具有潜在影响，新化合物相对于仿制药的治疗优势将对公共健康有益。所以，在对TRIPS协定进行长期评估时，药物创新速度是衡量强化专利制度对卫生健康影响的一个关键可变因素。

为了使TRIPS协定对国家利益最大化，各国需要进一步提升其知识产权管理能力。选择投资科学和技术的发展中国家，必须在参与国际市场时重视知识产权问题。提升知识产权管理能力可以帮助这些国家获得新兴工具、技术和资源，而发展中国家目前亟需制定政策和程序，培训工作人员有效管理知识产权。优先事项包括合同谈判、立法保护、专利检索及专利申请、技术评估、企业发展战略，以及在机构层面，尤其是公共研究机构和大学制定、完善和实施知识产权政策和战略。为了提供最有用、最准确的信息，在对TRIPS协定的成本和效益进行评估时应将能力建设投入作为一个重要可变因素。

3 援助贫困人群的新策略

评估TRIPS协定对治疗贫困人群疾病新产品研发的影响非常困难。一般来说，技术转移和创新被认为是振兴经济的方法，新兴制药行业不仅可以产生新的知识、培养技术熟练的劳动力、培育市场，还可以通过开发健康相关的产品来满足当地需求而达成社会目标。但巴西、中国、印度和其他地方的新兴制药公司能否成为那些严重影响低收入和中等收入国家疾病的新药物来源呢？早期的证据表明，答案是否定的。印度的制药公司正聚焦全球市场，利用其优势创制或改进治疗药物，用于在强劲的全球市场中打造良好的医疗条件。例如，基于预期销售增长，兰伯西实验室（Ranbaxy Laboratories）预期在经济合作与发展组织（OECD）成员国中的销售收入所占比例实现从2000年的20%提高到2007年的70%（2004年9月孟买投资会上发布）。

公共部门主要负责推动新技术发展以满足当地需求。例如，印度政府正在通过几个创新方案促进药物开发投资，以实现这一目标。这些创新方案包括增加研发税收的优惠和产学研合作的补贴。例如，新千年印度科技领袖项目支持公共研究机构与行业企业之间建立技术合作关系。在卫生健康领域，该项目支持结核分枝杆菌新靶标药物、药物递送系统、生物增强剂及相关疗法的研发，用于更好地控制印度高发的结核病。印度研究人员也在努力研究常见癌症诊断的基因药物靶点。该项目成为其他区域支持当地的公私合作的典范，尤其是私营部门可以通过寻求学术支持，来加强药物研发基础。重要的是，公共部门投资产品开发时，可以掌控知识产权所有权，以确保贫困人群受益（例如，通过对保护的技术如何分布或市场化设置条件）。

正如公私产品开发合作伙伴关系（PDPs）一样，新的全球知识产权标准出现也正在探索知识产权管理的创新形式。公私产品开发合作伙伴关系将知识产权作为谈判工具，为治疗贫困人群疾病提供高质量、可负担的药物和疫苗。例如，抗疟疾药物开发项目（MMV）已建立了技术合作伙伴关系，研制治疗疟疾的青蒿素衍生先导化合物。在解释合作伙伴关系的成功之处时，MMV开发项目相关人员指出，与私营部门建立了务实的合作方式，使知识产权的确认和管理更为有效。事实上，任何公私产品开发合作伙伴关系都必须根据公共部门和产业伙伴的贡献，来调整其知识产权策略。尽管如此，这种伙伴关系构建的共同目标既要为私营部门提供红利，又要实现公共部门的社会责任。公私合作交易通过区域市场、公共和私营市场的定价结构、产品的使用领域，以及其他因素的谈判协议来实现。上述 PDPs 协同关系如图 1 所示。

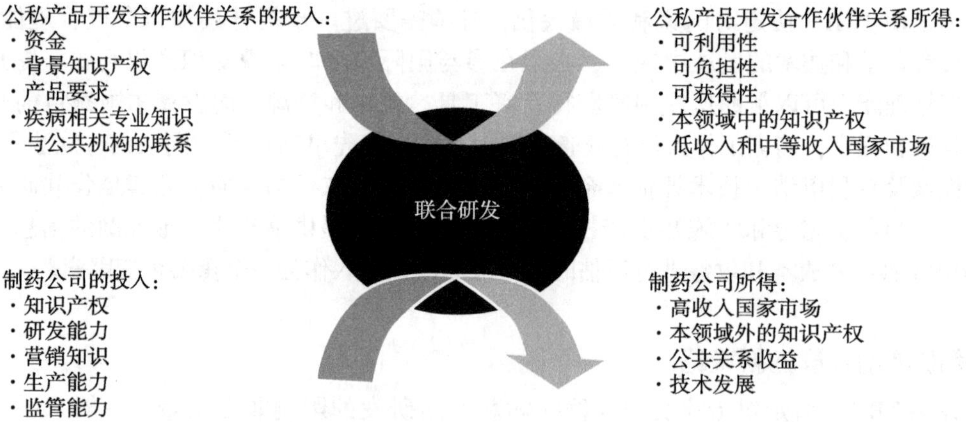

图 1　为发展中国家提供产品的公私产品开发合作伙伴关系

4　TRIPS 协定和公共健康保障

TRIPS 协定还讨论了强制许可和平行贸易相关的问题。[2] 这些 TRIPS 协定条款提供了一些公共健康保障措施，多哈部长级会议进一步强化了这些措施。2005 年 12 月，世界贸易组织理事会永久性地通过了一项自 2003 年以来即存在的予以豁免的强制许可关键政策。这项豁免政策明显改善了制造能力不足的发展中国家从原创公司以外来源进口专利药品的能力。世界贸易组织成员批准后，该豁免政策将成为协议的正式部分。

然而，根据强制许可生产药物面临着一些操作层面的挑战。第一，被许可公司需要从初始制造商或从其他地方，获得足够的制造该产品的专有技术诀窍。第二，产品面向的市场必须足够大，使强制许可能收回研制和生产成本。尽管强制许可是潜在的有益工具，发展中国家可以用其他方式来确保知识产权不对产品的可获得性造成障碍。这些方式包括传统的许可管理，特别是制定允许和规范政府使用专利发明的相关法律。其他做法包括专利法院采取行动保护公共利益，对遗传资源和传统知识的周全管理，以及制定完善竞争相关的法律和政策。

总而言之，通过 TRIPS 协定明确的国际知识产权标准，允许成员自行制定既符合协议要求，又支持国家创新政策和发展重点的法律和规定。

5　结语

本章阐述了新德里会议上讨论的问题和关于这些问题的分析。这些问题值得 TRIPS 协定的签署国给予关注。

- 知识产权是影响健康领域的几个创新决定因素之一。当对知识产权的影响进行评估时，必须将其置于其他能力中予以考虑。
- 创造性地管理基于公共利益的全球知识产权制度，有利于促进贫困人群获得新药，以及公共健康的干预。
- 期望通过 TRIPS 协定受益的国家，必须提升机构的知识产权管理能力和政策水平，以便融入全球市场，并从新兴技术受益。
- TRIPS 协定允许各国建立既能符合协议义务，又能满足本国经济需求和社会价值的国家专利政策，并加以实施。

ROBERT EISS, *Chief Executive Officer, MIHR, Oxford Centre for Innovation, Mill Street, Oxford OX2 OJX, U. K.* robert. eiss@mihr. org

RICHARD T. MAHONEY, *Director, Vaccine Access, Pediatric Dengue Vaccine Initiative, International Vaccine Institute, San Bongcheon-7dong, Kwanak-ku, Seoul 151-818, Republic of Korea*rmahoney@pdvi. org.

KANIKARAM SATYANARAYANA, *Chief, IP Rights Unit, Indian Council of Medical Research, Ramalingaswami Bhawan, Ansari Nagar, New Delhi, 110029, India.* kanikaram_s@yahoo. com

1 Eiss R, K Satyanarayana and RT Mahoney. 2006. Living with TRIPS: Innovation of New Health Technologies for the Poor. *Innovation Strategy Today* 2 (1): 13-16. www. biodevelopments. org/innovation/index. htm.

2 See also, in this *Handbook*, chapter 15. 4 by D Matthews and V Munoz-Tellez.

第 3.8 章

TRIPS 协定和健康与农业领域的知识产权

贾亚什雷·瓦塔尔（JAYASHREE WATAL）
（瑞士）世界贸易组织知识产权部门顾问
罗杰·坎普夫（ROGER KAMPF）
（瑞士）世界贸易组织知识产权部门顾问

▌译者 沈慧芝 ▌审校者 刘晓娜 李紫陌 欧阳石文 焉石 张熠 殷宏

摘 要

本章讨论了《与贸易有关的知识产权协定》（TRIPS）中与健康、农业相关的知识产权条款，并对世界贸易组织（WTO）已开展的政策工作进行论述。第一部分重点讨论公共健康的相关问题，包括专利和未公开信息的保护。本章概述了世界贸易组织成员可以灵活运用的 3 个知识产权工具：《TRIPS 与公共健康多哈宣言》（简称《多哈宣言》）、《关于落实多哈宣言第 6 段的决定》，以及《TRIPS 协定修正议定书》。第二部分考察了与农业有关的 TRIPS 协定条款，提出了 TRIPS 委员会关于专利的选择性授权排除条款和植物新品种保护相关议题。第二部分还讨论了 TRIPS 协定和《生物多样性公约》（CBD）之间的关系，建议在专利制度中引入披露要求，以及对传统知识的保护。此外，也讨论了两个有关地理标志的热点问题，即正在谈判的葡萄酒和烈酒地理标志的多边注册体系，以及将葡萄酒和烈酒类产品的较高保护水平扩展到其他产品上。第三部分讨论了世界贸易组织针对发展中国家施行 TRIPS 协定的能力提升项目。

1 引言

本章描述了《与贸易有关的知识产权协定》（TRIPS）中的条款，以及截至 2006

Watal J and R Kampf. 2007. The TRIPS Agreement and Intellectual Property in Health and Agriculture. In *Intellectual Property Management in Health and Agricultural Innovation*: *A Handbook of Best Practices* (eds. A Krattiger, RT Mahoney, L Nelsen, et al.). MIHR: Oxford, U.K., and PIPRA: Davis, U.S.A. Available online at www.ipHandbook.org.

年 7 月，世界贸易组织就健康和农业领域知识产权所做的政策性工作，还讨论了世界贸易组织在发展中国家施行 TRIPS 协定所开展的能力提升项目。

世界贸易组织成立于 1995 年。目前，拥有 149 个成员，占全球贸易量的 97%，大约有 30 个国家正在申请加入。新成员在加入世界贸易组织时，需经其他成员的一致同意，所有的世界贸易组织成员都需遵守 TRIPS 协定。

TRIPS 协定为各国（地区）政府给世界贸易组织所有成员的知识产权设定了最低保护水平。世界贸易组织希望通过设定最低保护水平的方式，达到社会长期效益和短期投入成本之间的平衡。知识产权保护能够鼓励创造和发明，为社会带来长远利益，尤其是保护期后，创造和发明进入公共领域，这种长期效益就越发明显。TRIPS 协定中的条款有助于政府减少短期投入资本（例如，通过授予权利的各种免责条款）。世界贸易组织的争端解决机制有助于解决成员之间就是否遵守了 TRIPS 协定条款所产生的争端。

《与贸易有关的知识产权协定》涉及下述 5 项宽泛的问题[1]：

- 如何推行贸易体系和其他国际知识产权协定的基本原则
- 如何对知识产权给予足够的保护
- 各国应如何保障这些权利在本国得到充分执行
- 如何解决世界贸易组织成员之间关于知识产权的争端
- 在新制度引入期间，如何适应过渡性安排

2 TRIPS 协定的相关条款

TRIPS 协定要求成员对所有领域的发明成果（包括产品和工艺方法在内）一视同仁，基于新颖性、创造性和工业实用性的一般判断标准提供专利保护。协定也要求，“发明的专利授权和享有权利方面不应因发明地点、技术领域，以及产品是否进口而有差别”（第 27.1 条）。尽管 TRIPS 协定中的许多方面对健康和农业领域有潜在的影响，但专利、试验数据保护和地理标志这 3 部分也许是最相关的。

有 3 种情形被允许排除在可授权范围之外。第 1 种排除情形是违反社会公德和妨害公共利益的发明。此类发明包括对人类、动物、植物的生命或健康有危害，或对环境造成极大损害的发明。这类发明不允许授权，商业开发也必须禁止，而且这种禁止是保护社会公德和公共利益所必需的（第 27.2 条）。

第 2 种排除情形是关于治疗人类或动物疾病的诊断、治疗和手术方法的发明［第 27.3 条（a）］。第 3 种排除情形是植物和动物品种（不包括微生物）的发明和用于生产植物或动物的主要生物学方法（不包括非生物和微生物学方法）。然而，将植物品种不纳入专利保护的任何国家，必须另行提供一种有效的专门保护制度。此外，在协定签订生效 4 年后，需要对此条款进行审查［第 27.3 条（b）］。

产品专利必须授予权利持有人以下排他权：制造、使用、许诺销售、销售和进口专利产品的权利。方法专利保护必须包括该方法使用和直接获得产品的排他权。专利权人也应当拥有转让或继承转让专利的权利，以及签订专利许可的权利（第 28 条）。成员可以提供专利排他权的有限豁免，前提是该豁免权不会与专利正常的开发利用产

生不合理的冲突，且不影响专利持有人和第三方的合法利益（第 30 条）。最后，专利保护期限从申请日起算不得少于 20 年（第 33 条）。成员应要求专利申请人对发明进行足够清晰和完整的公开，使得本领域技术人员能够实现发明。成员可要求申请人在申请日，或主张优先权的优先权日，描述发明人所知该发明的最佳实施方式（第 29.1 条）。如果专利的主题是一种获取产品的方法，司法审判机关有权责令被告证明制造同样的产品所使用的方法不同于专利方法，在某些条件下，表明使用了受保护方法的可能性也被认为使用了专利方法（第 34 条）。

在对专利权人的合法权益提供保护的前提下，允许进行强制许可和政府未经专利权人授权而使用。相关内容主要在第 31 条中规定，作为一般规则，授予此类许可的条件包括在合理时间内基于合理条款和条件请求许可而未获得成功。根据个案的具体情况，从许可的经济价值考虑而应支付足够的报酬，相关决定需要在权威机构的监督下，以司法或其他独立评估机构给出的结论为准。另一个重要条件是这种使用必须主要用于供应国内市场。当强制许可用于补救经法律程序确定的反竞争行为，或用于紧急或用于公共非商业性的情况下，这些条件中的一些要求可以放宽。

TRIPS 协定还包含保护未公开信息的条款。协定要求合法控制掌握信息的人，应防止他人在未经其同意的情况下，以非诚实商业行为的方式透露、获得或使用处于其合法控制之下的未公开信息。“非诚实商业行为的方式”包括违反合同、违背信义或引诱违背信义，以及包括通过第三方获得未公开的信息，而第三方知道或本应知道却因过失而不知道在获得过程中包含了这样的行为（第 39.2 条）。此外，未公开的试验数据和政府要求提交的用于申请采用新化学成分的药品或农业化学品市场准入许可的数据也必须得到保护，以避免不正当的商业用途。成员还必须保护这些数据不被公开，除非为了保护公众，或采取措施确保数据不会用于不正当的商业行为（第 39.3 条）。

根据 TRIPS 协定的规定，可以采用国家或地域地理标志对原产于成员的产品进行标志，以帮助顾客识别产品本质上依赖于其产地的质量、声誉或者其他特性。TRIPS 协定要求对所有地理标志提供标准水平的保护（第 22 条）。相关方必须采取法律手段防止地理标志被用来误导公众或构成不公平竞争行为。第 23 条为葡萄酒和烈酒的地理标志提供了更高水平的保护，作为一系列例外情形的主题，即使在地理标志的使用未造成误导公众或构成不公平竞争行为的情况下，也要提供保护。成员提供的资料显示，这些国家采用各种各样的法律手段保护地理标志，包括专门的地理标志法、商标法、消费者保护法及普通法。TRIPS 协定和世界贸易组织 TRIPS 理事会的当前地理标志工作考虑了这种多样性。

在某些情况下，地理标志不是必须被保护或者可以进行有限的保护。第 24 条规定允许以下例外情形：在 1994 年 4 月 15 日以前，已持续使用至少 10 年的地理标志，或者 1994 年 4 月 15 日之前已善意使用的地理标志；已经具有在先的商标权；产品名称已成为描述这类产品的通用（或“通称”）术语。

3 关于 TRIPS 协定与公共健康之间关系的澄清和灵活性

关于 TRIPS 协定和公共健康问题（包括获得专利药品的权利），WTO 以 3 个文件进行说明：

- 2001 年 11 月：《TRIPS 与公共健康多哈宣言》
- 2003 年 8 月：《关于落实多哈宣言第 6 段的决定》
- 2005 年 12 月：《TRIPS 协定修正议定书》

3.1 关于《TRIPS 与公共健康多哈宣言》

《TRIPS 与公共健康多哈宣言》回应了实施 TRIPS 协定对公共健康[2] 的影响，特别是专利药品的可获得性[2]。如前所述，TRIPS 协定允许成员出于公共健康目的而采取多种措施以确定可使用知识产权的条件或对知识产权权利进行限制。然而，人们对 TRIPS 协定在确保支持公共健康方面是否具有足够的灵活性仍持怀疑态度。尚不清楚 TRIPS 协定是否在支持研发新药的同时，促进药物可获得、可承受。

《多哈宣言》从许多方面回应了上述关切。第一，宣言强调 TRIPS 协定不会也不应当阻碍成员采取措施保护公共健康。宣言重申，成员出于公共健康目的有权充分利用协定条款提供的灵活性。通过这些重要的声明，世界贸易组织成员均表示，它们不会企图阻碍其他国家利用这些条款。

第二，宣言声明，TRIPS 协定应理解并以下述方式实施，即支持 WTO 成员保护公共健康的权利，特别是促进药品的可获得性。宣言强调了 TRIPS 协定的目标和原则在解释其条款时的重要性。这些声明有助于为单个成员，以及世界贸易组织争端解决机构在解决争端时提供重要指导。

第三，宣言对 TRIPS 协定条款中包含的灵活性问题进行了澄清。明确了各成员可以自由决定实施强制许可的理由。这有效纠正了有时引用的某些观点，即只有在某些紧急状态下才能实行强制许可。TRIPS 协定确实提到在国家受到威胁或其他极端紧急情况下，可以使用强制许可，但这只是表明，在这些情况下，并不是必须首先寻求自愿许可的通常条件。宣言明确每个成员都有权决定在什么情况下构成国家紧急状态或其他极端紧急情况。它还声明公共卫生健康危机，包括艾滋病毒/艾滋病、结核病、疟疾，以及其他流行病，都可以构成紧急情况。

关于知识产权权利用尽以及成员允许平行进口的权利，TRIPS 协定规定成员在这方面的做法不受 WTO 争端解决机制的制裁。宣言明确针对 TRIPS 协定中关于权利用尽条款的效力，TRIPS 协定允许各成员自由地建立自己的应对机制，只要该机制不违背 TRIPS 一般条款，即禁止基于个人国籍的歧视。

当 WTO 成员为最不发达国家时，宣言同意为他们提供过渡期直到 2016 年年初，其后应当开始保护并执行医药相关产品的专利和未公开信息权利。该条款通过 TRIPS 理事会的决定起到了法律效果，让最不发达国家延迟执行协定，直到 2016 年 1 月 1 日。[3]另外，TRIPS 总理事会还决定，在上述过渡期内，这些国家放弃根据协定第 70.9 条[4]规定的独占市场投放权。2005 年，TRIPS 理事会对这些成员执行协定其他条款的时间延迟至 2013 年 7 月。[5]

宣言在强调 TRIPS 协定在药品可获得性方面可采取灵活性措施的同时，强调知识产权保护在研发新药方面的作用，并重申了 WTO 成员关于遵守 TRIPS 协定的承诺。

3.2 《多哈宣言》第6段

在第6段中，《多哈宣言》承认，药品行业生产能力不足，或者无生产能力的国家，在有效利用TRIPS协定强制许可方面存在困难。这些国家可以在正常执行TRIPS协定规则的情况下，从那些准许利用强制许可进行国内生产和出口而不存在特别障碍的成员处进口药品。然而，问题在于其他供应仿制药的国家能否满足这类需求，特别是考虑到TRIPS协定第31条（f）的情况下。该条款规定，强制许可条件下的生产必须是“主要是为了供应成员的国内市场”。药品行业生产能力较弱的国家在药品可获得性方面的问题越来越严重，因为自2005年起，这些仿制药强国必须履行对医药产品提供专利保护的承诺，导致上述问题更为严重。

为了解决这个问题，世界贸易组织总理事会于2003年8月30日通过了一项决议[6]，即在某些情况下放弃TRIPS协定第31条（f）和（h）。决议中引用了主席声明，分享了关于成员如何解释并执行该决议的几个关键点[7]。该决议涵盖的任何专利药品或通过专利方法制备的药品，是为了解决《多哈宣言》第1段提及的公共健康问题，包括药品生产过程所需的活性辅料和用药所需的诊断试剂盒。在一定情况下，该决议还对TRIPS协定关于医药产品的第31条（f）和（h）所规定的义务授予了3项豁免。这3项豁免如下：

（1）针对TRIPS协定第31条（f）所规定义务的豁免，即第31条（f）所规定义务是为了向药品生产能力不足的国家提供药品，可以在必要程度上生产和出口所需药品。为保证操作的透明性。该豁免规定上述义务有一定的限制条件，即仅针对那些国内没有足够药品生产能力的国家，并且需要提供保障措施防止产品流向他们不期望的市场。

（2）针对TRIPS协定第31条（h）对进口国规定义务的豁免，根据第31条（h）规定，进口国应当向专利权所有人进行补偿，且补偿费用要与出口成员为相同产品所支付的费用相当。该豁免条款的目的是避免专利权所有人对同一产品获取双份的报酬。

（3）针对TRIPS协定第31条（f）对发展中国家和最不发达国家规定义务的豁免，这些国家所在区域贸易协作中有半数以上国家来自联合国最不发达国家清单。这种豁免的目的是使这些国家更好地利用规模经济增强购买力，并促进医药产品的本地生产。

以上主席声明旨在消除该决议过于开放而可能被滥用，以致损害专利制度的担忧。它认识到决议中对于《多哈宣言》第6段的规定，应该善意地用于保护公共健康，而非追求产业或商业性的政策目标。它解决了理解偏离的风险，并且规定了能够迅速而充分的解决实施过程中所产生任何分歧的途径。作为进口国的33个发达国家已经同意了这个决定，其中包括10个欧洲共同体国家[8]。另外，还有11个成员同意仅在国家（地区）出现紧急状态或其他极端情况下，作为进口国（地区）使用上述制度。[9]

该决议于2003年8月30日生效。从那时起，一些成员修改了本国（地区）的法律/法规以通过立法允许所述出口。截至2006年7月，加拿大、挪威、印度和欧洲共同体已就修改情况向WTO备案。[10]

3.3 《TRIPS协定修正议定书》

2003年8月决议的第11段呼吁TRIPS理事会起草一项修正案，以此为基础，在适当的情况下，该决议替代TRIPS协定的相关条款。在2005年12月6日对所述修改达成共识的基础上，总理事会通过了《TRIPS协定修正议定书》，并提交给WTO各成员批准接受。事实上，所述修正沿用了2003年8月决议的文本。修改的决议吸收了总理事会主席2003年8月所作声明。若取得2/3成员的同意，议定书将生效。2003年8月决议中的豁免条款在修正案对成员生效之日前继续适用。[11]

4 涉及农业的TRIPS协定条款

4.1 第27.3条（b）

如前所述，TRIPS协定第27条规定了各成员政府应当对发明授予专利权保护，以及哪些可以排除在授权专利之外。受专利保护的发明包括产品和方法，一般来说应当覆盖所有的技术领域。第27.3条（b）允许成员政府将某些发明排除在可授权范围之外（如植物、动物和其他“主要是生物学的”方法，但微生物、非生物学及微生物学方法必须属于可授予专利权的范围）。然而，对于植物品种必须给予保护，无论是通过专利保护，还是其他专门制度，或者以两者都采取的方式。

根据TRIPS协定要求，1999年起需对第27.3条（b）进行评估。TRIPS理事会提出讨论的议题包括：

- 如何将现有TRIPS条款适用于动植物专利保护，以及是否需要修改这些条款
- 如何处理道德和伦理问题（例如，包括生命形式的发明应在多大程度上获得保护）
- 如何处理原产国之外的其他地区和国家商业应用传统知识和遗传材料的情况，特别是以这些知识和材料申请专利保护时
- 如何确保TRIPS协定和《生物多样性公约》（CBD）相互支持

对于植物新品种“有效保护”的含义是此次审查讨论内容的一部分。[12]其讨论包括应当提供适度灵活性的考量（例如，允许传统农民继续保存和交换他们自己播种并收获的种子）。人们普遍认为，国际植物新品种保护联盟（UPOV）公约的保护标准足以达到TRIPS协定的要求（关于1978年或1991年文本哪一个是最合适的，目前仍存在不同的观点），但WTO成员在只要能对植物品种进行有效保护的情况下，不强制成员采纳国际植物新品种保护联盟（UPOV）的标准。通过种植受保护植物品种而收获的繁殖材料，农民享有自己持有并进行重新种植的权利，对于这一点是没有争议的。但关于上述灵活做法的底线及其是否与TRIPS协定相协调，目前还是没有定论。世界贸易组织关于这一问题也没有给出权威指导。然而，关于在成员内实施第27.3条（b）的问题，

某些成员的问卷调查结果纳入了TRIPS理事会的文件中。[13]

2001年多哈部长级会议之后，对第27.3条（b）的审查，TRIPS协定和《生物多样性公约》（CBD）之间关系，以及保护传统文化知识及民间风俗方面的工作在同时进行。[14]

4.2 生物多样性和传统知识

1995年，世界贸易组织贸易与环境委员会首次对TRIPS协定与《生物多样性公约》（CBD）的关系展开讨论。1999年，TRIPS理事会将该议题纳入对第27.3条（b）的审查之中。多哈部长级宣言第19段中指出，部长会议指示TRIPS理事会“审查TRIPS协定和《生物多样性公约》（CBD），以及保护传统文化知识及民间风俗之间的关系”。2005年12月，香港部长级宣言要求TRIPS理事会进一步加强相关工作[15]，并要求总理事会在下次部长级会议上报告工作开展情况。

多哈部长级宣言第12段中也强调了实施过程中的突出困难（发展中国家对世界贸易组织现有规则所产生的主要问题和关切，其中涉及生物技术、生物多样性和传统知识的多个规定）。就这些问题，理事会的工作关注TRIPS协定与《生物多样性公约》（CBD）间的关系。一些国家希望，将其所关注问题的解决方案谈判作为正在进行的多哈贸易谈判的一部分。另一些WTO成员提出，该问题没有谈判授权，也不适合开启谈判。2002年年末，在世界贸易组织总干事的主持下，有关人员对议题进行了磋商。2005年的香港部长级会议上，提出进一步推进磋商的程序，以及理事会总干事应向贸易协商委员会（TNC）和总理事会每次定期会议提交报告。这个问题是香港部长级宣言中明确指出需要实施的两个主要问题之一（另一问题是地理标志保护的延伸）。总理事会将对有关进展进行审查，并在2006年7月31日前采取适当行动。

在TRIPS理事会会议和其他讨论TRIPS协定与《生物多样性公约》（CBD）关系的会议上，[16]成员的观点可分为三大类。

第一，许多发展中国家代表建议修改TRIPS协定，要求专利申请应强制披露以下内容：（a）请求保护的发明所使用的生物资源和/或传统知识的来源；（b）国家法律/法规/程序规定的事先知情同意证明；（c）公正公平地与这些资源或知识的拥有人进行利益分享的证据。

第二，欧洲发达国家愿意在专利体系中增加一些方式以披露来源，但并不提供使用权，也不进行利益分享。对于那些同意采用披露方法的人来说，其在几个方面有所不同，如披露应该是强制性的还是自愿的，以及应基于什么样的规则披露（是TRIPS协定，还是世界知识产权组织的《专利合作条约》）。同时，目前对于错误披露或不披露的法律后果也存在分歧（是造成专利失效，还是在专利制度之外负有民事/刑事责任）。

第三，其他一些WTO成员反对披露要求，但愿意就如何最有效实现这些领域的共同目标参与讨论，例如，避免错误地授予专利并遵守国家准入和惠益分享机制。他们认为，采取一种包括合同在内的基于本国情况的国家解决方案，足以确保落实《生物多样性公约》所涉及的获取和惠益分享目标。他们认为，过度依赖专利制度既无益，也无效。

TRIPS 协定没有对传统知识作出专门规定。当传统知识被知识产权体系覆盖时，成员有义务对其进行保护；同时，成员也可以引入不违背 TRIPS 协定的专门法律来保护传统知识。成员可以类似地参照执行《生物多样性公约》第 8 条（j）（尊重、保存、维护本地和本社区的知识、创新及实践，鼓励公平的惠益分享）。目前，世界知识产权组织（WIPO）政府间委员会正在对知识产权、遗传资源、传统知识和民间风俗开展细致的工作。TRIPS 委员会会议反复讨论，提出了为充实这个议题的细节而设立论坛的问题。一些理事期待世界知识产权组织（WIPO）提出一个适当的框架，以确定何种程度的保护可以进入 TRIPS 协定之中。最后，正如上文所述，TRIPS 理事会当前的工作重点是厘清 TRIPS 协定与《生物多样性公约》间的关系，其中包含了传统知识某些方面的内容。

4.3 地理标志

2001 年多哈工作计划对有关地理标志的两个问题进行讨论：对葡萄酒和烈酒建立多边的地理标志注册制度；将第 23 条的更高保护水平扩展到葡萄酒和烈酒以外。

4.3.1 多边注册

目前正在谈判的多边注册体系希望达成的目标是促进葡萄酒和烈酒地理标志的保护。最早从 1997 年起相关工作就开始了，并依据 TRIPS 协定第 23.4 条和第 18 段（《多哈宣言》的第一句话）开展。这一议题的相关谈判通过 TRIPS 理事会的特别会议进行。

谈判主要有两种观点。阿根廷、澳大利亚、加拿大、智利、多米尼加、厄瓜多尔、萨尔瓦多、危地马拉、洪都拉斯、日本、墨西哥、新西兰、巴拉圭等发起了“联合倡议”。[17]而美国[18]则建议理事会应建立一个以自愿为前提的系统，相关地理标志可以通过该系统的数据库注册。那些选择参与这个系统的成员政府决定在本国（地区）对葡萄酒和烈酒的地理标志和商标进行保护时，可以参考该数据库。鼓励但不强制那些没有参与系统的成员参考该数据库。另外，欧洲共同体提出了一项 TRIPS 协定修正案，建议建立一套系统用于登记假设受保护的地理标志，但可以反驳，除非在规定期限内，例如 18 个月内正式提出保留意见。提出保留意见的理由包括，术语已经变为通用术语或者不符合地理标志定义。在缺乏保留意见的情况下，成员不得在地理标志注册后，以上述理由拒绝对其给予保护。这些建议连同一项来自中国香港的折中建议，均已在世界贸易组织秘书处的文件中并列列出。[19]

在两个关键问题上，目前依然存在重要的分歧。（1）葡萄酒或烈酒地理标志在注册体系中注册，多大程度上能影响国家层面的法律效力。（2）关于参与的问题，该体系下的任何法律效力是否适用于所有 WTO 成员，还是只针对那些选择参与该体系的国家。特别会议还讨论了一系列其他问题，包括对发展中国家而言，世界贸易组织成员的成本和行政负担问题。[20]

4.3.2 扩展保护

TRIPS 协定第 22 条要求对所有商品的地理标志给予保护。问题是，是否将第 23 条中目前仅针对葡萄酒和烈酒的高水平保护规定扩展到其他产品领域，包括农产品和食品、手工艺品和工业产品。

《多哈宣言》的第18段提出，TRIPS理事会将着手处理宣言第12段规定下的扩展保护问题，即有关执行方面的细节。如前所述，WTO成员对第12段规定存在不同的解读。许多发展中国家和欧盟成员国认为，执行过程中所谓的突出问题已经构成“一揽子计划”中的一部分，因而也构成多哈谈判议程的一部分。另一些人则认为，只有被贸易协商委员会（TNC）决定将问题纳入议程后，这些问题才能得到解决，但到目前为止，TNC还没这样做。目前，此问题已在世界贸易组织总理事的主持下，由相关人员进行了磋商。在中国香港部长级会议上，部长们要求总理事会对实施过程中所有突出问题加强磋商，包括地理标志保护的扩展，以及确定2006年7月31日是总理事会审查相关进度并采取适当行动的最后期限。[21]

关于TRIPS协定的依据基础，成员的观点也存在分歧，但他们愿意对该议题继续进行磋商。支持者认为，地理标志议题的推进将使他们更容易同意农业领域的重大交易。支持者把高水平保护的地理标志保护看作一种工具，有助于促进农村的发展，支持高质量生产，并帮助他们通过强化产品的识别度区别于其他竞争产品，来改进产品的市场销售情况。因此，欧盟最新的议案呼吁对TRIPS协定进行修订，使所有产品可以根据第23条规定获得更高水平的保护。[22]为满足其他国家的关切，第24条中排除授权的规定，根据需要也应当适当地调整。反对者则提出，第22条中现有的保护水平已经足够。他们提出加强保护的工作将是繁重的，且可能对现有的合法市场实践造成干扰，在先商标的权利人和第三方的权益可能受到影响，重新对他们的产品进行标记可能会产生相当高的成本。

讨论中所提出的问题和表达的观点已汇编到世界贸易组织秘书处准备的文件[23]中。相关议题包括可保护的主题（定义和可授权主题），对行政成本和负担的潜在影响，以及扩展保护对下列相关方产生影响：（1）在地理标志指定区域内外的生产者；（2）商标和地理标志之间的关系；（3）消费者。

5 技术转移

TRIPS协定第7条的目标是应通过知识产权保护来推进技术转移。一些发展中国家已经表示，对这个概念需要进行更多的“操作化”定义。TRIPS协定要求成员更积极主动地促进技术转移，加强技术在最不发达国家范围内的传播。第66.2条规定了发达国家具有激励在这些国家进行技术转移的义务。通过定期报告和理事会的审查对这一义务进行有效监测是多哈会议上的一项政治性协定的主题，并于2003年2月成为TRIPS理事会的决议。[24]最不发达国家成员正在根据这一新的机制于2003年、2004年和2005年年底提交的报告对其进行研究。

6 技术合作和能力提升项目

TRIPS协定第67条规定，WTO成员中的发达国家应根据请求和双边同意的条款及条件，提供有利于发展中国家和最不发达国家的技术及金融合作。这种合作包括，帮助发展中国家和最不发达国家制定有关知识产权保护法律法规并执行，防止知识产权被滥用，以及支持在这些国家建立或强化相关办事处和办事机构（包括人员培训）。在发达国家成员年度报告的基础上，TRIPS 理事会于每年秋季对其提供的技术合作进行审查。[25]

其他政府间组织也提供了大量援助，特别是世界知识产权组织、国际植物新品种保护联盟、世界银行和世界卫生组织。每年，TRIPS 理事会都会邀请这些组织分享开展活动的信息。[26]此外，世界贸易组织秘书处的技术合作项目包括与 TRIPS 协定相关的活动。[27]这些活动旨在帮助成员理解其在 TRIPS 协定和世界贸易组织相关决议框架下的权利及义务，包括其拥有的可选性和灵活性。合作项目鼓励成员充分参与世界贸易组织正在进行的 TRIPS 协定议题方面的工作，并强调与其他政府间组织的互补和合作关系的重要性，尤其是世界知识产权组织和世界卫生组织。

这些活动包括对 TRIPS 协定相关议题进行讨论、审查或谈判的地区性研讨会。这些议题包括 TRIPS 协定与公共健康、生物技术、传统知识、生物多样性和地理标志。这些地区性研讨会和在日内瓦进行的专门研讨会也致力于为发展中国家有效实施《TRIPS 与公共健康多哈宣言》第 6 段的内容提供相关信息。在发展中国家的要求下，世界贸易组织秘书处定期组织国家层面的知识产权培训班和研讨会。同时，在日内瓦和发展中国家举行的世界贸易组织培训班、讨论会和研讨会中，也对 TRIPS 协定相关问题进行重点讨论。世界贸易组织秘书处组织的能力提升项目中，一项新的重要内容是由世界知识产权组织和世界贸易组织共同举办的发展中国家知识产权教师研讨班，该研讨班在日内瓦举行。这个研讨班项目通过提供有国际事务方面专长的国际经验，以及向本国政府提供政策咨询或建议，提升了知识产权教师在各自国家培训知识产权人员方面的能力。

致　谢

我们向世界贸易组织知识产权部门的主任阿德里安·奥滕（Adrian Otten）致谢，他为我们提供了非常有用的信息。

这篇论文完全是由个人完成的，所表达的意见不代表世界贸易组织及其秘书处或其任何成员政府。

JAYASHREE WATAL, *Counselor, Intellectual Property Division, World Trade Organization, Switzerland, Centre William Rappard, Rue de Lausanne 154, 1211 Geneva, Switzerland. Jayashree. Watal@ wto. org*

ROGER KAMPF, *Counselor, Intellectual Property Division, World Trade Organization, Centre William Rappard, Rue de Lausanne 154, 1211 Geneva, Switzerland. Roger. Kampf@ wto. org*

1 For more details, see www.wto.org/english/tratop_e/trips_e/trips_e.htm#WhatAre.
2 Document WT/MIN(01)/DEC/2.
3 Document IP/C/25, June 2002.
4 Document WT/L/478, July 2002.
5 Document IP/C/40.
6 Documents WT/L/540 and Corr. 1.
7 Contained in paragraph 29 of document WT/GC/M/82.
8 The Czech Republic, Cyprus, Estonia, Hungary, Latvia, Lithuania, Malta, Poland, the Slovak Republic, and Slovenia.
9 Hong Kong, China; Israel; Korea; Kuwait; Macao, China; Mexico; Qatar; Singapore; Chinese Taipei; Turkey; and the United Arab Emirates.
10 Notifications about the use of the system will be accessible through a dedicated Web page on the WTO Web site: www.wto.org/english/tratop_e/trips_e/public_health_e.htm.
11 See document IP/C/W/369/Rev. 1, paragraphs 51-60 available at www.wto.org/english/tratop_e/trips_e/art27_3b_e.htm.
12 See document IP/C/W/369/Rev. 1, paragraphs 61-66 available at www.wto.org/english/tratop_e/trips_e/art27_3b_e.htm.
13 Document IP/C/W/273/Rev. 1, available at www.wto.org/english/tratop_e/trips_e/art27_3b_e.htm.
14 Secretariat summary notes of the work done on these issues (IP/C/W/368/Rev. 1, IP/C/W/369/Rev. 1, IP/C/W/370/Rev. 1) are available at www.wto.org/english/tratop_e/trips_e/art27_3b_e.htm.
15 Document WT/MIN(05)/DEC.
16 Summarized in Secretariat paper IP/C/W/368/Rev. 1.
17 In the WTO accession document, Chinese Taipei is referred to as Separate Customs Territory of Taiwan, Penghu, Kinmen and Matsu.
18 Document TN/IP/W/10 and Add. 1.
19 Document TN/IP/W/12.
20 See Chairman's report on the work done in 2005, document TN/IP/14.
21 Paragraph 39 of document WT/MIN(05)/DEC.
22 Document TN/IP/W/11.
23 Document WT/GC/W/546, document TN/C/W/25.
24 Document IP/C/28.
25 The most recent reports can be found in document IPC/W/445 and addenda.
26 The most recent information documents are in document IPC/W/456 and addenda.
27 The most recent information can be found in document IP/C/W/454.

第 3.9 章

影响知识产权转移的美国法律

霍华德 · 布雷默 (HOWARD BREMER)
美国威斯康星校友研究基金会名誉律师

译者 沈慧芝 **审校者** 刘晓娜 李紫陌 欧阳石文 焉石 张熠 殷宏

摘 要

本章对推进美国技术转移和知识产权有深刻影响的法案进行了概述。参照编入美国法律的具体法案条款，阐述其立法目的和历史环境。尽管本章并未穷尽列举所有影响知识产权相关法律的法案，但文件汇编为研究法律在特定环境下的适用性提供了有益的参考。

1 引言

美国宪法是技术作为产权进行转移的根本基础。为了保护具有更多创造性公民的权益，宪法制定者采取了折中办法：允许知识产权创造者拥有知识产权，并在有限期限内排除他人使用；到期后，该知识产权可以为公众自由使用。根据先进科学和艺术的“披露激发理论”，宪法制定者允许知识产权创造者通过向公众公开披露知识产权的实质，以换取在有限期限内排除他人使用知识产权的权利。美国宪法第 1 条第 8 款第 8 项对其进行了规定：

> 国会有权为促进科学和实用技艺的进步，对于作家和发明家各自完成的

Bremer H. 2007. U. S. Laws Affecting the Transfer of Intellectual Property. In *Intellectual Property Management in Health and Agricultural Innovation*: *A Handbook of Best Practices* (eds. A Krattiger, RT Mahoney, L Nelsen, et al.). MIHR: Oxford, U. K., and PIPRA: Davis, U. S. A. Available online at www.ipHandbook.org.

著作和发明，在一定期限内给予专利权保障。

2 美国的专利制度

美国专利制度的依据来源于美国宪法（第 1 条第 8 款第 8 项）。此处描述专利制度的内容是将知识产权从大学和非营利部门转移到私营部门的主要方式，或者通常情况下从政府转移到私营部门的主要方式。该条款将商标和版权纳入知识产权的范围内。事实上，专利、商标和版权都是知识产权的类型，在美国允许个人拥有这类产权。多部法规分别对这些知识产权类型进行规定，并被编入：《美国法典》第 35 编（35 U. S. C.）（涉及专利）；《美国法典》第 15 编（15 U. S. C.）第 22 章（涉及商标）；《美国法典》17 编（17 U. S. C.）（涉及版权）。这些法规的实施细则规定则在《美国联邦法规》第 37 编（37 C. F. R.）中的第Ⅰ章和第Ⅱ章。这些法律和实施细则概述了获得和维持知识产权保护，以及维护法律所主张的财产权的义务。

2.1 具体法律

有两项与此特别相关的法律均于 1980 年获得通过。第一项法律赋予政府部门对联邦所有或联邦资助的技术转移具有管理权；第二项法律规定政府法定机构拥有联邦所有发明获得专利和许可的权利，并且应在加强非营利部门（特别是大学）的技术转移功能中起到重要作用。

第一项法律名为《史蒂文森-怀德勒技术创新法案》（*the Stevenson-Wydler Act*）。其后数年中，该法案通过修正得到扩展，并编入《美国法典》第 15 编（15 U. S. C.）第 63 章，标题为“技术创新”。主要目的是促进联邦政府所拥有的或由其资助产生的研究成果的使用。该法案通过支持向私营部门、州政府和地方政府进行技术转移来达到其目的。最初，这项律法倡议将联邦实验室 0. 5%的预算用于资助技术转移活动；此后的修正案则要求联邦实验室“为技术转移活动提供足够的资金支持”。

第二项法律是 1980 年的《专利与商标法修正案》，又称《拜杜法案》（*the Bayh-Dole Act*）。1984 年，通过《商标法》对《拜杜法案》中的条款进行了修订，被编入《美国法典》第 35 编（第 200~212 节）。《拜杜法案》对于大学和小型企业等非营利组织，通过联邦政府全额或部分资助所获得的发明成果所有权，由政府转到这些机构。这项法案首次建立了统一的联邦专利政策，赋予美国政府通过其部门成为拥有、持有，并使用专利的第一法定机构。《拜杜法案》中涉及的相关规定可见《美国联邦法规》第 37 编第 401 部分。对政府持有发明成果使用许可的相关条例见第 404 部分，涉及被政府聘用发明人的相关条例见第 501 部分。

《拜杜法案》也包括由《植物品种保护法案》提供保护的植物新品种。《植物品种保护法案》被编入《美国法典》第 7 编第 57 章，以及第 28 编第 1545 节和第 2353 节，第 27 编第 1551 节和第 1562 节的修正案（《联邦种子法》），以及第 28 编中的第 1338 节和第 1498 节。

由于《拜杜法案》需要根据美国专利制度从非营利机构、大学和小型企业对外进行技术转移，因此，专利制度及其相关实施规定的变化会影响技术保护和转移的能力。

2.2 专利和反垄断法

许多人将专利划归为垄断类型，这一观点导致反垄断法与专利，特别是专利持有人排他性权利的问题引人关注。由于商业的发展和扩展，以及竞争者通过价格和配额协议稳定市场的努力，推动了美国反垄断法的立法。这些活动非常清楚地表明，有必要对逐渐增长的产业合并和垄断情况进行控制。

因而，1890 年通过了《谢尔曼反托拉斯法》（编入《美国法典》第 15 编第 1~7 节）。接着 1916 年出台了《克莱顿反托拉斯法》（编入《美国法典》第 15 编第 12~29 节和第 29 编第 52 节）。作为对上述两项法律的补充，1914 年通过了《联邦商务委员会法》，并于 1980 年和 1994 年进行了修订，于 1996 年重新授权编入《美国法典》第 15 编第 41~58 节。

《谢尔曼反托拉斯法》禁止对贸易的限制和垄断。反垄断法和专利彼此冲突，因为根据该法律，专利在一定程度上对“美国各州之间或与外国之间的贸易或商业往来”形成限制或垄断。具体来说，实质性的条款如下：

- **第一节**。出于信任或阴谋意图，在特定州或国家限制商贸行为的合约是违法的。每一项以信托或其他形式的组合，或合谋的合同，而限制几个州之间或与外国之间的贸易或商业往来，均属于违法……
- **第二节**。任何人进行垄断或试图进行垄断，或与任何其他人联合或共谋，以垄断几个州之间或与外国之间的贸易或商业往来，应被认定为轻罪。

值得注意的是，第一节中提到的贸易限制要求有双方或多方参与，而第二节提到的垄断行为可以仅由一方实施。

相比《谢尔曼反托拉斯法》法案中的宽泛表述，《克莱顿反托拉斯法》法案关注更具体的贸易违规：价格歧视、一家公司收购别的公司、禁止商品购买者经营竞争性商品的限制、大型公司间互兼董事等。相关的具体法律条文如下：

- **第三节**。……从事（美国各州之间）贸易的任何人，在贸易过程中，在美国、准州、哥伦比亚特区、美国司法管辖权下的属地及其他区域，为使用、消费或转售物品、器具、货物、机械、供应品或其他商品（无论是否有专利保护）而进行租赁、销售、签订销售契约等行为，是以承租人或购买方不得使用或经营其竞争者商品为条件，予以固定价格，给予回扣，所述行为可能会大大抑制竞争，在各商业环节造成垄断。这样的行为均为非法行为。
- **第七节**。……进行州间贸易的企业不允许采用直接或间接方式，获得全部或部分股份或其他股份资本。联邦商务委员会成员企业不应获取其他商贸公司的全部或部分资产，无论后者的经营领域和地理位置如何。该并购行为可能会大大抑制竞争，或造成垄断现象。

早期的历史观念认为，专利和反垄断原则是相冲突的，但近些年有所好转。当前观点认为，两项原则在加强竞争方面是互为补充的。虽然专利的排他性阻止第三方使用发明专利，但专利有多种使用途径（如基于专利，可以采取排他性许可，或部分排他性许可，或者非排他性许可，或者用于质押，或者实际销售）。需要进一步关注上述途径的性质、使用背景和目的意图。当前，专利本身并没有被视为市场支配力的传送体，但当其与其他资产结合，或用于营造独占性市场环境（而不通过内部研发投入）时，专利确实能够形成市场支配力。专利一旦与限制贸易的掠夺性市场结合，可能引发反垄断审查。例如，若强迫购买者从特定供应商处购买特定材料或供应物资而排斥竞争者，即所谓的“搭售”，这种行为就违反了《克莱顿反托拉斯法》。反垄断条例规定，这种搭售通过将专利保护发明的实施限制转移到需要使用的产品上，被视为扩大了专利范围，但该产品并非专利保护发明的一部分。例如，专利许可（或特许经销权）可以要求从许可方处购买非专利产品作为许可本身的条件。而如果没有这种胁迫，其他供应商则能够自由签订这种供应协议。

2.3 《出口管制条例》和《国际武器贸易条例》

商务部负责执行保护商业贸易的《出口管制条例》（EAR）。而美国国务院则负责执行维护国家安全的《国际武器贸易条例》（ITAR）。这些条例不仅适用于向美国之外的个人和/或机构转移实体物品，也适用于技术转移（无论是否存在实体物品）。还涉及向外国人披露在美国属于受管制项目的技术数据或信息的行为，以及为外国人提供涉及受管制设备的相关技术培训或提供相关服务的行为。

《出口管制条例》（EAR）编入《美国联邦法规》第15编第730~774节。《出口管制条例》（EAR）适用于与商品管制清单相关的物品和技术的出口（《美国联邦法规》第15编第774节附件1）。《国际武器贸易条例》（ITAR）被编入《美国联邦法规》第22编第120~130节，该条例管制本质上属于军事性质的物品、服务和相关技术数据的出口。被管制的条目清单可见《美国联邦法规》第22编第121节列出的军需品清单。

此外，该条例所限制出口的产品和技术可能会影响美国的经济活力，或者增强对手的军事能力和潜力。受全球恐怖主义的影响，近年更是特别强调后者。

以专利、专有技术和商业秘密、版权为代表的知识产权也受到《出口管制条例》（EAR）和《国际武器贸易条例》（ITAR）的影响。专利商标局通过对敏感技术颁发出口许可实施监管——在专利申请早期阶段进行考虑，或应申请人请求而自动地实施监管。在一些情况下，专利商标局会就包括敏感材料的专利申请下达保密令。这种情况下，申请人可以提出对该申请进行审查，由审查部门的特别小组负责审查，但在解除保密令限制之前，该专利不会得到授权。可以在其他被批准的国家提出相应的申请和审查，但直到被接受为止，专利本身不会得到授权。由于没有得到授权，该技术本身将落于《出口管制条例》和《国际武器贸易条例》的监管范围。

由于《出口管制条例》和《国际武器贸易条例》包含了对信息转移的管制（包括

技术数据、包含科技设备的实物，以及通过口头、书面、电子和/或视频方式泄露管制科技信息），这两项条例能够影响大学的研发活动，并影响大学通过专利许可和/或其他方式进行的技术转移。美国大学历来崇尚学术自由和开放性研发，这给《出口管制条例》和《国际武器贸易条例》的施行造成了困难。虽然如此，大学也必须遵照这些条例。尽管两项条例基本涵盖了大学研发涉及的所有科学工程领域，但各领域并非都要遵照这两项条例。在一定程度上，这是由大学的开放环境造成的。

面向大学的监管更为困难，两项条例均未要求美国大学向其他国家提供公共领域技术信息行为时要获得出口许可，包括大学课堂、实验室、会议或出版形式在内。公共领域信息是指全部或部分出版，可以通过不受约束或限制的方式获取的信息。然而，大学产生的所有信息资源，并非都属于公共领域豁免要求。在某些情况下，可能需提供特定的出口许可证明，尤其是在收到保密令的情况下，仍旧对外进行信息和/或技术出口的行为就是违法的。

辅助实施《出口管制条例》和《国际武器贸易条例》的是美国财政部海外资产控制办公室（OFAC)。海外资产控制办公室根据总统战时和国家紧急情况的权力行事，有权制定具体法案，禁止相关交易，包括提供服务，并冻结目标个人和机构在美国管辖下的外国资产。个人不得向财政部海外资产控制办公室列入被禁实体清单上的国家提供信息或服务，也不得在未获得财政部海外资产控制办公室和商务部许可的情况下向清单上的指定人员提供信息和服务。

2.4 2004 年《合作研究与技术促进法案》

2004 年，美国国会通过了《合作研究与技术促进法案》（*CREATE Act*)。该法案被编入《美国法典》第 35 编第 103（c）节，适用于在 2014 年 12 月 10 日及之后获得(包括再授权的）的任何专利。该法案旨在推翻一项司法裁决，该裁决认为从他人处获得机密信息（被称为秘密现有技术）可用于表明发明是显而易见的而不能获得专利授权。由于这样的信息交流最有可能在不同机构研究人员开展项目合作研究的情况下发生，这项裁决因此被认为对不同机构间的合作研究起到了“冷却效应”（chilling effect)。该法案使两个或多个实体能够获得并各自拥有不同的专利，而这些专利的权利要求相互之间不具备可专利性的差别（也就是说，一项专利的权利要求相对另一项专利的权利要求来说是显而易见的)。根据《合作研究与技术促进法案》的要求，开展合作研究必须签订合作研究协议，且该协议必须在请求保护的发明作出的时候或之前生效，请求保护的发明必须是基于合作研究协议确定的研究范围内的研究成果，同时相关的专利申请最初或通过修改后，必须以协议各方的名义进行公开。

2.5 《合作研究和开发协议》

《合作研究和开发协议》（CRADAs）编入《美国法典》第 35 编第 3710（a）节。该协议面向所有联邦政府机构，旨在促进政府运作的联邦实验室和政府所有、承包商运营的实验室技术创新。《美国法典》第 35 编第 3710（a）节中的具体规定如下：

(a) 一般权力。各联邦机构可允许任何政府运营的联邦实验室主任，在机构批准的联合工作声明规定的范围内，或在机构批准的年度战略计划中，或者机构同意，或者允许任何政府拥有的承包商运营实验室的主任：

(1) 代表机构［按照本节第 (c) 小节规定］与其他联邦机构、州或地方政府部门，工业组织（包括公司、合营公司、有限合伙公司和工业发展组织），公共或私营基金会、非营利组织（包括大学），其他个人（包括获得联邦机构拥有专利的被许可方）签订《合作研究和开发协议》；

(2) 根据《美国法典》第 35 编第 207 节或其他相关规定［对于政府拥有的承包商运营实验室依据本节第 (c) 小节］，负责本实验室完成发明或形成的其他知识产权，或其他自动转让给政府的其他发明或其他知识产权的许可协议谈判。

根据《合作研究和开发协议》，相关实验室可提前向合作方授予或同意授予由实验室员工根据所述协议完成的全部或部分发明的专利许可、转让或期权，以获得合理补偿［《美国法典》第 35 编第 3710a (b) 节列举的权限］。

2.6 能源部/核能监督管理委员会：发明和原子武器

相关法律编入《美国法典》第 42 编第 2014~2181 节。该法律特别禁止为研发核材料的应用或为原子武器提供原子能的发明或发现授予专利权。上述法律可以撤销涉及这些发明或发现授权的专利权。这项禁令还进一步规定，关于核材料或为原子武器提供原子能的发明或发现不能授予专利权，也不产生任何权利。

2.7 美国国家航空航天局

关于美国国家航空航天局（NASA）支持或签署的合同，所作发明的产权规定编入《美国法典》第 42 编第 2457 节。通常而言，与 NASA 签订协议而产生的任何发明都属于美国国家产权。《美国法典》第 42 编第 2457c 节中，进一步扩大了与 NASA 签订协议产生的所有专利权利和义务，提出“若专利发明人不提出反对意见，所有对航空航天具有重大意义的专利都归美国所有”。通过上诉有可能使 NASA 放弃权利（《美国法典》第 42 编第 2457f 节）。然而，即使 NASA 放弃了某专利的所有权，政府仍将代表美国或与美国签订条约或协议的他国政府，拥有不可撤销的、非独占性、不可转让的免费许可权利实施所述发明。

2.8 知识产权和国际贸易

《美国法典》第 19 编第 1337 节“进口贸易中的不公平行为”中，包含了知识产权和国际贸易领域的纲领性规定。国际贸易委员会负责相关争议的处理。该规定中第 (a) 小节标题为“违法活动；涉及行业；定义”，其含义不言自明，见文本框 1。

此外，《美国法典》第 19 编第 2242 节规定，在美国贸易代表采取适当行动反击、纠正或暂停向该国提供贸易和相关活动的利益之前，美国应当确定哪些国家属于缺乏

知识产权保护和市场准入的国家［贸易代表采取行动的权利见于《美国法典》第19卷第1526（C）节］

文本框1：违法活动、涉及行业、定义

（1）根据第（2）段，当委员会发现存在下列违法行为时，应结合本节其他法律条款，即刻进行处理：

（A）进口物品时的不正当竞争和不正当行为［（B）、（C）、（D）、（E）分段进口到美国的情况除外，或者权利所有人、进口商、承销人进行销售的情况除外］，其造成的威胁或影响是：

（ⅰ）对美国的相应行业产生毁灭性影响或造成实质性伤害；

（ⅱ）阻碍美国建立相应的行业；

（ⅲ）在美国限制或垄断商业贸易活动。

（B）进口到美国，进口销售，或进口后由所有人、进口商、承销人在美国销售的物品：

（ⅰ）侵犯了已根据《美国法典》第17卷进行登记的美国合法有效的专利，或合法有效的版权；

（ⅱ）其制造、生产、加工及开采，或其方法落入了美国合法有效的专利权利要求范围内。

（C）进口到美国，进口销售，或进口后由所有人、进口商、承销人在美国销售的物品，侵犯了根据1946年商标法案登记的有效美国商标。

（D）进口到美国，进口销售，或进口后由所有人、进口商、承销人在美国销售的半导体芯片产品，侵犯了根据《美国法典》第17编第9章登记的布图设计。

（E）进口到美国，进口销售，或进口后由所有人、进口商、承销人在美国销售的产品，侵犯了受《美国法典》第17编第13章所保护的工业设计专有权。

（2）第1段的（B）、（C）、（D）分段适用条件仅针对美国这些产业相关产品已受专利、版权、商标、布图设计、工业设计的保护，或正在申请保护的过程中。

（3）第（2）段的目的是，在美国的产业应当考虑美国存在相关受专利、版权、商标、布图设计或工业设计作品保护产品的相关产业：

（A）在工厂和设备上有较多的投入；

（B）雇用劳动力的人数较多；

（C）投入了较多的开发成本，包括工程、研究、发展和许可等形式。

（4）本部分所称“所有人、进口商、承销人”包括任何的所有人、进口商、承销的代理人。

2.9　1982 年的《小企业创新发展法案》

《小企业创新发展法案》（SBIR）编入《美国法典》第 15 编第 631 节。该法案旨在加强小型初创型企业在联邦资助研发活动中的作用，并鼓励它们将联邦研发作为技术创新的基础。该法案的重要特点是以联邦机构指令的形式要求每一个联邦机构将其一部分资金提供给小型企业，以支持它们开展研发。《拜杜法案》允许小型企业保留联邦全额或部分资助完成发明的所有权。SBIR 提升了小型企业的地位。

2.10　《小企业技术转移计划》

《小企业技术转移计划》（STTR）编入《美国法典》第 15 编第 638 节。该计划是对《小企业创新发展法案》的补充。《小企业技术转移计划》要求相关机构设置补助政策，用于支持小型企业和非营利研究机构参与的联合研发项目。《小企业技术转移计划》为后者提供了向联邦资助机构申请技术援助的机会。资助协议要求对国家和接受资助的小型企业间的知识产权所有权进行明确，对开展后续研究的任何权利作出约定。

3　结语

本文对美国知识产权法律及条例进行了综述，对相关的立法目标和历史考虑因素进行了介绍。随着这些立法目标和考虑因素的变化，知识产权相关法律也会不断变化。此外，许多涉及知识产权的相关问题在立法中得到解决，包括为各种联邦机构提供资金的授权法案。立法效果可能是暂时的，也可能是长久的，因此不仅要理解法律本身，也要理解法律背后的动机和理由。

HOWARD BREMER, *Counsel Emeritus, WARF-Wisconsin Alumni Research Foundation, 614 Walnut St. 13th floor, Madison, WI, 53726, U. S. Ahwbremer@ warf. org.*

第 3.10 章

强制许可：如何获得专利技术

卡洛斯·马乔·科雷亚（CARLOS MARíA CORREA）
阿根廷布宜诺斯艾利斯大学法学院工业产权与经济跨学科研究中心（CEIDIE）

▌译者 沈慧芝 ▌审校者 刘晓娜 李紫陌 欧阳石文 焉石 张熠 殷宏

摘 要

科研机构在获得专利的自愿许可时往往会遇到困难，这种现象在发展中国家尤为突出。本章介绍了为什么需要、如何获得，以及谁可以获得强制许可，重点关注受专利保护的研究工具，而不是受专利保护的终端产品。

1 引言

有些科技领域的发现和发明并不能在实际中直接应用，这种现象在生物技术领域特别明显。以河流作比喻，这些发明和发现被视为处在实际应用的上游。权利要求的保护范围过宽往往会阻碍下游应用的研发。[1]例如，依据美国法律，脱氧核糖核酸序列（DNA 序列）被认为是化学合成物，因此可以被授予专利权。其他研究者只有经过专利权人的同意才能使用该基因功能，即使是基因的未知功能。

下游研究者需要使用上游研发成果时遇到了困难，例如，MSP-1 抗原是抗疟疾疫苗研发中重要的候选抗原。健康领域适宜技术计划（PATH）研制这种抗疟疾疫苗的过程中，发现该抗原受到 20 多个部分重叠的专利保护。要获得该抗原的许可使用，意味着需要进行广泛的磋商和大量时间、金钱的投入。该计划的一位代表说道：

Correa CM. 2007 Compulsory Licensing: How to Gain Access to Patented Technology. In *Intellectual Property Management in Health and Agricultural Innovation: A Handbook of Best Practices* (eds. A Krattiger, RT Mahoney, L Nelsen, et al.). MIHR: Oxford, U.K., and PIPRA: Davis, U.S.A. Available online at www.ipHandbook.org.

之所以不采用技术转移和法律诉讼等传统途径来解决 MSP-1 抗原的知识产权问题，是因为使用 MSP-1 抗原需要从不少于 8 家机构获得许可。尽管这在理论上是可行的，但这种类型的许可交易需要花费数年时间，并耗费大量人工和几十万美元的律师费用。尽管公司在开发商业产品时常常采用这样的方式，但是疟疾疫苗的经济效益不足以让开发者情愿采取上述极其麻烦的方式来获得技术的许可。[2]

美国[3]和其他地区[4]已开展了几项涉及研究工具专利的潜在影响研究。美国国家科学院指出，发达国家的私营企业和研究机构总体上能够解决专利法带来的复杂问题，但需要注意的是，“在基因表达和蛋白质互作技术领域，越来越显现出专利的复杂性，且随着时间的推移，相关问题会更加复杂和难以承担”[5]。瑞士针对专利保护导致的研究障碍开展了调研，发现大部分公司和机构倾向于将临床应用领域排除在可授予专利权的范围之外，或者授予强制性许可。[6]

相比大型公司或机构，小型公司和研究机构更易受到上游专利带来的负面影响。发展中国家的机构由于缺乏处理复杂谈判所需要的法律、金融、技术和谈判能力，导致受到更大的限制。例如，一项针对 103 家印度制药公司的调查显示，获取上游专利技术受限是导致公司最终决定放弃相关研发项目最常见的共性理由。[7]

目前，保障低收入国家能够在特殊情况下获得技术的措施正在制定过程中。美国科学促进会（AAAS）的科学和知识产权公共利益项目（SIPPI）[8]推进了这样一种想法，即发达国家的技术管理者应在许可协议中纳入法律上可执行的条款，以保留出于人道主义目的发展中国家的第三方分享受保护技术的可能性。[9]

专利保护的上游技术给农业研究制造了障碍，[10]除非受保护的专利可以用作研究，或者得到了专利权人的同意。经过基因改造的黄金大米，含有维生素 A 或 β-胡萝卜素，可为发展中国家解决维生素 A 缺乏症。先正达种业公司通过谈判，获得了黄金大米生产[11]所需的主要相关技术，然后授权黄金大米的发明者向发展中国家的育种机构进行免费的分许可，其条件是将黄金大米用于自给农业而非商业用途。自给农业的定义为，出售该大米获得的年收入不超过 1 万美元的农场。先正达种业公司并不热衷将黄金大米在发达国家的商业化，因为维生素 A 缺乏症在这些国家几乎闻所未闻。[12]

通过“人道主义知识产权管理”消除专利壁垒的其他例子，还包括康奈尔大学将环斑病毒抗性番木瓜的技术转移给泰国，由国际农业生物技术应用服务组织（ISAAA）促成的若干项目，耶鲁大学和百时美施贵宝之间达成的关于广泛使用的 HIV/AIDS 抗逆转录病毒药物——司他夫定（d4T）专利的协议。人道主义知识产权管理除了专利技术的转移，还可以扩展到研究和试验中。

2 专利和下游研究

“强制许可”是指由“国家权力机构”向自然人或法人授予开发利用被保护专利技术的权力，而无须经过专利权人同意。对于进口或生产某种产品，以及用于研究的专利技术，强制许可是必要的。当某产品或方法没有接近的替代品，以及缺乏研究豁免（exception）或豁免范围太窄时，强制许可尤为重要。[13]

强制许可的授予旨在达到各种公共政策目标，如为了处理紧急情况，满足公共卫生健康需要，抵消反竞争的商业行为，或在相关研究不足的情况下允许利用某项专利。

世界贸易组织（WTO）在1994年的《与贸易有关的知识产权协定》（TRIPS）中[14]，认可了利用强制许可的权利。2001年11月[15]，第四届世界贸易组织部长级会议通过了《TRIPS与公共健康多哈宣言》，其中指出，每个世界贸易组织成员均有权决定授予强制许可的理由。[16]

在美国，强制许可被广泛用于政府征用及反垄断的情形。[17]赞比亚、津巴布韦等国家最近颁发的强制许可，可以帮助人们能够获得廉价的药品，马来西亚、印度尼西亚等国家也基于这一目的而颁布了专利的政府征用条款。基于公共非商业性用途的专利使用条款，与基于商业生产的强制许可条款有所不同。许多国家都设立了公共非商业使用条款，授权政府部门基于提供公共服务和非商业目的，在未经专利权人同意的情况下，自行或通过承包商使用专利技术。巴西和南非等其他国家已经宣布为获得更便宜的药品而发放强制许可。[18]与自愿许可相比，强制许可给专利所有人带来的利益要少一些。因此，对专利权人更为有利的做法是对其产品确定公开合理的价格，并通过合理条款和条件授予专利自愿许可。

在特定研发领域中，当专利限制了自由实施（FTO）时[19]，实施强制许可是必要的。这类许可须满足若干条件，特别是被许可方必须对专利持有人支付酬金。这些条件将在第3节中详述。

3 用于研究的强制许可

3.1 申请对象

通常而言，国家法律允许公司、非政府组织和研究机构申请这类强制许可。在一些国家，强制许可的被许可方首先需要证明其具备合理利用所述许可技术的能力和经济实力。

3.2 强制许可的申请时机

有些类型的强制许可是为了弥补专利权滥用而授予的，例如，专利没有被实施、在专利申请提交后满4年或专利授权后满3年（以后到期的时间为准）而未授予许可等。[20]但在另一些情况下，如公共健康、紧急情况、抑制反竞争行为时，上述条件并不适用。

3.3 事先的自愿许可协商

除了紧急、反垄断和政府征用的情况，潜在的被强制许可方必须事先以合理的商业条款与专利权人协商以寻求自愿许可。[21]这种“合理的商业条款”必须符合商业惯例，且必须符合国家法律和主管当局的规定要求。如果专利权人拒绝了这种自愿许可，潜在的被许可方就可以申请强制许可，虽然需要证明在合理的时间内，专利权人拒绝授予自愿许可。

大学常常开展一些初始阶段的上游技术发明，许多研究工具的专利也都是由大学持有的。然而，大学有时却拒绝向某些申请者授予自愿许可，或不能向申请者授予自愿许可。原因可能是多方面的：首先，该大学可能已经授予了独占许可；其次，大学可能正在与另一方进行授权谈判。当大学是专利权人时，确定合理的商业条款也很困难。许多大学在这些问题上积累了丰富经验，它们的实践标准可以作为参考，这也是为什么要鼓励大学为人道主义用途保留权利的原因之一。[22]

3.4 如何申请强制许可

国家法律对获得强制许可的实质条件和相关程序进行了规定。

3.4.1 有关主管当局

在大多数国家，强制许可是由政府行政部门授予的。在另一些国家，这种权力由司法部门行使。总体而言，法律专业服务并非必需，但是可提供一定帮助。

3.4.2 申请强制许可的理由

应向有关主管当局提供申请强制许可的合理理由。申请人应该在最大程度上明确申请的法律规定，并阐明申请理由。申请必须遵守相关国家法律的规定限制。[23]

申请应当写明请求强制许可的具体范围和期限。可以请求获得专利涵盖的所有内容，或请求获得专利的某部分内容，或请求专利保护发明的特定用途。

为了避免将来需要提交延期许可申请，建议申请实施强制许可的期限为专利剩余的有效期限。

3.4.3 申请人的身份

如果申请方不是自然人，通常需要提交有关章程或细则副本。此外，任何申请方的代表人都必须提供能够利用强制许可的能力证明。有些国家的法律规定，申请人还必须提供能够利用强制许可的足够的经济和技术能力（有关人员、资金、活动、合作伙伴、出版等信息）。

3.4.4 确定专利

通过列明关键产品或技术，确定强制许可涉及的专利。强制许可申请应指明与申请人试图开发的产品或技术有关的全部专利。换句话说，强制许可申请可以要求多项专利的权利。在美国，甚至可以要求目前已有的和将来获得的专利授予强制许可。[24]

3.4.5 强制许可的条件

酬金。政府需要对专利权人的酬金水平和种类作出合理的裁量。一般的规定是，考虑到每个案件的具体情况和强制许可的经济价值，[25]应给足酬金。下面是一些用于计算酬金的方法[26]：

- 1998 年日本特许厅（JPO）的指南规定（针对由政府持有的药物专利），专利的基础许可提成费应占一般商品总价的 2% ~ 4%；这一数值可以在 2% 以内增加或减少，即范围是0%~6%。

- 2001年，联合国发展计划署（UNDP）的人类发展报告中提出，专利的基础许可提成费应占通用药价格的4%，这一数值可以根据不同因素在2%以内上下浮动（药品的创新度，政府在提供研发经费中的作用等），即范围在2%~6%。
- 根据2003年8月30日世界贸易组织（WTO）决议，加拿大政府于2005年规定了缺乏药物生产能力的国家实施强制许可专利的许可提成费指南。许可提成费（占通用药价格的0.02%~4%）根据国家在联合国人类发展指数中的排名决定。对于大多数发展中国家来说，许可提成费占通用药价格的比率不超过3%。对大多数非洲国家来说，许可提成费占通用药价格的比率不超过1%。
- 分级实施许可提成费的方法并不常见，其中，专利许可提成费是基于拥有专利权的高收入国家中的品牌药价格，而不是同等仿制药的价格。许可提成费的基准（品牌药价格的4%）可根据人均相对收入调整，或者对发病率特别高的国家，该基准可根据患病人群人均相对收入进行调整。

这些方法用于确定产品的专利许可提成费，并不适用于确定研究工具的专利使用费。由于研究工具并没有直接涉及产品的上市销售，其使用费可能更低。

就农业技术而言，可参考案例是联合国粮食及农业组织《粮食和农业植物遗传资源国际条约》于2006年6月采用的标准材料转移协议，该协议规定，在多边系统中，专利许可提成费应占产品净销售额的1.1%。[27]

最后，授予强制许可时，应指定付款时间、计算费用或许可提成费的计算依据、支付货币、银行付款账户和其他相关细节。

其他条件。在所有情况下，强制许可都将是非排他性的：[28]专利权人、其他自愿或强制许可方可以同时使用这项专利发明或研究工具。根据一些国家的法律规定，如在特定期限内未使用，可以撤销强制许可。此外，一旦需要强制许可的条件不再存在，也不太可能再次发生这种条件时，强制许可方可以要求终止强制许可。[29]

3.4.6 申诉

如果专利权人对许可的有效性或相应的酬金进行申诉，强制许可可能被推迟。[30]由于这个原因，一些国家在申诉程序未结束之前，强制许可仍然可以生效。

4 结语

针对发明在下游应用中的专利侵权问题，可以通过多种方式来减少，在发展中国家尤其如此。国家应当采取并执行严格的可专利性标准，并针对研究豁免制定政策。如果研究工具专利限制了技术的自由实施，第一步应该以合理的条款和条件进行协商，以寻求自愿许可，这种做法尤其适合获得未在专利中披露的知识。如果因为这种方式流程过于烦琐或费用过高而无法实现，才能申请强制许可。申请人必须确定，他们获得许可后具备相应的开发能力，也拥有向专利权人支付酬金的实力。非营利研究机构满足这一点存在一定困难，因为除了拥有强制许可，它们还必须拥有对相应产品进行生产和分销的商业合作伙伴。因此，机构需要进一步加强能力建设，并建立强大的合作网络。

CARLOS MARÍA CORREA, *Center for Interdisciplinary Studies of Industrial Property and Economics (CEIDIE), Law Faculty, University of Buenos Aires, Av. Figueroa Alcorta 2263, 1st floor (1425), Buenos Aires, Argentina.* ceidie@derecho.uba.ar, *and* quies@sion.com.

---

1 Steil B, DG Victor and R Nelson. 2002. *Technological Innovationand Economic Performance* (A Council on Foreign Relations Book). Princeton University Press: Princeton and Oxford, p. 21.

2 Intellectual Property Rights and Vaccines in Developing Countries. Meeting report. Geneva, World Health Organization, 2004 (WHO/IVB/04.21). www.who.int/vaccines-documents/DocsPDF05/Dip-789-screen.pdf. Quoted in Commission on Intellectual Property Rights, Innovation, and Public Health (CIPIH). 2006. *Public Health, Innovation and Intellectual Property Rights*, World Health Organization. p. 77.

3 In a seminal contribution on this issue, Heller and Eisenberg stated: "*…the recent proliferation of intellectual property rights in biomedical research suggests a different tragedy,* an anticommons *in which people underuse scarce resources because too many owners can block each other. Privatization of biomedical research must be more carefully deployed to sustain both upstream research and downstream product development. Otherwise, more intellectual property rights may lead paradoxically to fewer useful products for improving human health.*" (Heller M and RS Eisenberg. 1998. Can Patents Deter Innovation? The Anticommons in Biomedical Research. *Science* 280: 698-701). See also Tran C. 2006. WARF Stem Cell Patents Challenged: Research Could Get Faster and Cheaper If the Patents Are Narrowed, Some Scientists Say. *The Scientist*. 10 October 2006.

4 See, for example, Cho MK, S Illangaskekare, MA Weaver, DGB Leonard and JF Merz. Effects of Patents and Licences on the Provision of Clinical Genetic Testing Services. *Journal of Molecular Diagnostics* 2003: 3-8.

5 National Research Council. 2006. *Reaping the Benefits of Genomic and Proteomic Research Intellectual Property Rights, Innovation and Public Health*. The National Academies Press: Washington, DC. www.nap.edu/books/0309100674/html/.

6 Thumm N. 2005. Patents for Genetic Inventions: A Tool to Promote Technological Advance or a Limitation for Upstream Inventions? *The International Journal of Technological Innovation and Entrepreneurship* 25: 1410-17.

7 See Sampath G. 2005. Breaking the Fence: Can Patent Rights Deter Biomedical Innovation in "Technology Followers"? Maastricht, UNU/INTECH, Discussion Paper Series No. 2005-10. www.intech.unu.edu/publications/discussion-papers/2005-10.pdf (CIPIH, p. 77).

8 See sippi.aaas.org/.

9 See also, in this *Handbook*, chapter 2.2 by A Brewster, AL Chapman and SA Hansen.

10 The effects of patents, although territorial in nature, may extend beyond the territory of cultivation and reach derivatives of patented plants or genes. Monsanto, for instance, does not have a patent on Roundup Ready® soybean in Argentina, which is exporting processed soybean flour to European countries. In Argentina, the original Monsanto materials have been used in breeding since 1996, and around 160 local varieties containing the gene have been developed and registered by third parties. Although Monsanto, did not

oppose the commercialization of those varieties, it has filed requests to the customs authorities of several European countries (where Monsanto does have patent protection for Roundup Ready® soybeans) demanding that the importation of soya flour produced in Argentina be prevented, and has initiated litigation against European importers. See also Correa C. 2006. La disputa sobre soja transgénica. *Monsanto vs. Argentina, Le Monde Diplomatique/El Dipló*, Buenos Aires, April 2006.

11 See for example, Kryder D, SP Kowalski and AF Krattiger. 2000. The Intellectual and Technical Property Components of pro-Vitamin A Rice (*Golden*Rice™): A Preliminary Freedom-to-Operate Review. *ISAAA Briefs* No 20. ISAAA: Ithaca, NY. www.isaaa.org/kc/bin/isaaa_briefs/index.htm.

12 www.goldenrice.org/Content2-How/how9_IP.html.

13 In some jurisdictions, research or experimentation exceptions may allow follow-on research *on* an invention, but not *with* it. This distinction is commonly accepted under European law. See, for example, Cornish W. 1998. Experimental Use of Patented Inventions in European Community States. *International Review of Industrial Property and Copyright Law*, 2. no. 7; Correa C. 2005. *International Dimension of the Research Exception*, SIPPI Project, AAAS, Washington, D. C. sippi.aaas.org/intlexemptionpaper.shtml. In the United States, research without the authorization of the patent owner is narrowly admitted for scientific purposes only. The Federal Circuit Court of Appeals held in *Madey v. Duke* that regardless of whether a particular institution or entity is engaged in an endeavor for commercial gain, so long as the act is in furtherance of the alleged infringer's legitimate business and is not solely for amusement, to satisfy idle curiosity, or for strictly philosophical inquiry, the act does not qualify for the very narrow and strictly limited experimental use defense. Moreover, the profit or nonprofit status of the user is not determinative (64 U. S. P. Q. 2d 1737 (Fed. Cir. 2002)).

14 See Article 31 of the TRIPS Agreement available at www.wto.org.

15 WT/MIN(01)/DEC/W/2, 14 November 2001. www.wto.org (full text in Annex I).

16 Paragraph 5(b): "*Accordingly and in the light of paragraph* 4 *above, while maintaining our commitments in the TRIPS Agreement, we recognize that these flexibilities include: b. Each Member has the right to grant compulsory licenses and the freedom to determine the grounds upon which such licenses are granted.*"

17 See, for example, Correa C. 1999. *Intellectual property rights and the use of compulsory licences: options for developing countries*. Trade-Related Agenda, Development and Equity, Working Papers. Geneva, South Centre; Reichman J and Hasenzahl C. 2002. Non voluntary licensing of patented inventions: history, TRIPs, and Canadian and United States Practice. Bridges (UNCTAD/ICTSD) Vol. 6, No. 7.

18 See *supra* note 2, CIPIH, p. 135.

19 FTO may be achieved through inventing around, nonassert covenants, opposition to the grant of a patent or invalidation thereof. For a comprehensive discussion on the various options for obtaining FTO, see in this *Handbook*, chapter 14.1 by A Krattiger.

20 See Article 5A of the Paris Convention for the Protection of Industrial Property.

21 See Article 31(b) of the TRIPS Agreement.

22 See, also in this *Handbook*, chapter 2.1 by AB Bennett.

23 If the permitted grounds are too narrow, a request for compulsory license may fail. For instance, the free trade agreement between the United States and Jordan (2000) limited the grounds on which compulsory licenses can be granted as follows: "*Neither Party shall permit the use of the subject matter of a patent without the authorization of the right holder except in the following circumstances: (a) to remedy a practice determined after judicial or administrative process to be anti-competitive; (b) in case of public non-commercial*

use or in the case of a national emergency or other circumstances of extreme urgency, provided that such use is limited to use by government entities or legal entities acting under the authority of a government;or(c) on the ground of failure to meet working requirement, provided that importation shall constitute working."(Article 4.20).

24 Correa C. 1999. Intellectual property rights and the use of compulsory licenses: options for developing countries. Trade-Related Agenda, Development, and Equity, Working Papers, South Centre, Geneva. Available at www.southcentre.org.

25 Article 31(h) of the TRIPS Agreement. The obligation to pay a remuneration is waived in the case of a compulsory license granted under the system established by the WTO Decision of 30 August 2003 (incorporated as Article 31bis of the TRIPS Agreement, but still subject to ratification) to import pharmaceutical products in cases where the importing country has established that it lacks sufficient manufacturing capacity in pharmaceuticals. Payment in these cases will only take place under the compulsory license granted in the exporting country.

26 Love J. 2005. Remuneration Guidelines for Non-Voluntary Use of a Patent on Medical Technologies. World Health Organization: Geneva. (WHO/TCM/2005.1), pp. 83-85.

27 Correa C. 2006. Considerations on the Standard Material Transfer Agreement under the FAO Treaty on Plant Genetic Resources for Food and Agriculture. *The Journal of World Intellectual Property* 9(2):137-65. See also the text of the adopted standard agreement at ftp://ftp.fao.org/ag/cgrfa/gb1/SMTAe.pdf.

28 Article 31(d) of the TRIPS Agreement.

29 Article 31(g) of the TRIPS Agreement.

30 The TRIPS Agreement specifically provides that "*the legal validity of any decision relating to the authorization of such use shall be subject to judicial review or other independent review by a distinct higher authority inthat Member*" (Article 31(i)).

第 3.11 章

集群在推动创新中的作用

彼得·W. B. 菲利普斯（PETER W. B. PHILLIPS）
加拿大萨斯喀彻温大学政治学系教授
卡米尔·D. 瑞安（CAMILLE D. RYAN）
加拿大卡尔加里大学文化交流系博士后

▌译者　沈慧芝　▌审校者　刘晓娜　李紫陌　欧阳石文　焉石　张熠　殷宏

摘　要

生物技术的发展依赖于日益复杂并专业化的新科学和繁复精妙的全球知识产权制度。这种复杂性需要研发项目具备更开放的知识共享体系。研究表明，成功的创新需要构建研究机构、企业和人员的创新集群。“位置，位置，位置”本来是各地房地产经纪人的口号，正日益成为创新驱动和知识型增长相关研究中的关键用语。本章概述了加拿大近期对创新集群方面的研究，并建议各国政府在创新集群形成过程中发挥重要作用，以确保通过“本地蜂鸣”（local buzz）* 与“全球影响力”相结合获得成功。

1　引言

生物技术改变了人们对农业和医药领域研发的讨论。过去的研究主要致力于满足农艺和人类健康的需求。而当前，各国政府将全球技术产品研发和商业化所形成的聚合态势，视为投资和创造比较优势的机会，或是对其竞争地位和获取新技术能力的

Phillips PWB and CD Ryan. 2007. The Role of Clusters in Driving Innovation. In *Intellectual Property Management in Health and Agricultural Innovation: A Handbook of Best Practices* (eds. A Krattiger, RT Mahoney, L Nelsen, et al.). MIHR: Oxford, U.K., and PIPRA: Davis, U.S.A. Available online at www.ipHandbook.org.

* 影响集群知识系统运行绩效的内部（或本地）环境主要由集群内部（或本地）的技术—经济环境、社会—文化环境和知识—能力环境构成。Batheh 等将这种地方环境形象地称为“本地蜂鸣”（local buzz）。套用野中与竹内提出的术语“巴”，也可以将这种地方环境称为集群知识活动的“本地巴”。引自彭灿. 企业集群知识系统的运行环境研究［J］. 研究与发展管理，2007（1）。——译者注

挑战。

理论和实践表明，竞争型创新企业及其相关行业有区域聚合的倾向。许多创新都需要边做边学，这给想要利用创新的模仿者制造了障碍，因为他们只有完成了自己的学习过程后才能实现创新。更重要的是，“以做带学”形成的累积效应为更具创造性的企业和行业带来了更强的竞争优势，因此对创新能力相对较弱的行业企业造成了障碍。尽管基础科学和发明（通常是科技文献和专利）转移的边际成本很低，甚至没有边际成本，但专有技术和经验的远距离转移却很困难。应用科学（专有技术）会溢出到该部门之外的其他部门，统计表明，隐性知识溢出范围距离中心 10~100 英里。这种模式常见于硅谷的创新走廊、波士顿 128 号公路、美国奥斯汀、英国剑桥、印度班加罗尔和加拿大萨斯卡通。

格鲁斯曼和赫尔普曼[1]（Grossman and Helpman）认为，局限于特定区域的技术溢出效应（如气候和产业结构的影响等）为形成内生比较优势提供了机会。他们认为，参与技术相关竞争的国家，经过一段时间能积累形成相对优势。若技术溢出效应显现出地区集中的态势，初始和后续条件将影响后续的经济增长。格鲁斯曼和赫尔普曼进一步讨论认为，这会导致初始推动的国家的高新科技份额在国内生产总值（GDP）和出口中的占比高于其他国家。在极端情况下，即使国家只在很小的技术领域具有领先地位，也能逐步发展为高科技产品全球市场的主导者。在这种情况下，生产力存在的差异就会自我维持。

吉尔平（Gilpin）[2]认为，经济增长新理论让美国政府承担了新的角色。政府能够拉动经济增长，许多国家和地区的政府正在努力做到这一点。一些统计显示，所有大型的产业经济体，几乎全球所有的大城市，许多小型国家、城市及地区已经决定投资并培育发展某种形式的生物技术创新集群。事实上，当前全球可视作生物技术创新集群的区域已达数百个。

2 生物技术、健康和农业

全球市场经济中，有 40% 的份额源自生物制品和加工——主要为食品、蛋白质、纤维和人类健康产品。[3]随着消费者需求增大、可耕种土地减少、水资源限制和现有技术收益减少，食品和纤维的安全及供应面临着威胁。尽管人们的生活质量得到了大幅提高，疾病仍然对许多国家人民的日常生活造成威胁。许多低收入发展中国家经济体面临来自食品供应安全和未控制疾病的双重困扰，全球人口中相当一部分人的生活愁云惨淡，呈现出马尔萨斯人口论描述的景象。

生物技术有可能改善食品生产和人类健康。自 1970 年开始，基因组学和蛋白质组学领域的许多重大科技发现（如基因筛选、基因剪接、代谢谱分析）为植物、动物、微生物新品种的研究提供了广阔空间，这些研究成果可以应用于医药、农业、提纯、加工和环境等领域。尽管面对着多种重大困难，科学家和政策顾问看好现代分子生物技术的发展前景，特别是在植物遗传改造和人类疾病检测及治疗方面的潜力。2001 年，达尔（Daar）及其同事[4]对全球 30 多名科学家和生物伦理学家开展了德尔菲（Delphi）调查，以确定可能解决发展中国家各类问题的十大技术。调查结果中包含 8

项生物医药应用技术：廉价简易的传染病分子诊断技术，开发传染病疫苗的重组技术，更高效的药品和疫苗递送系统，有助于理解病原体生物结构和确定新型抗菌素的病原体基因组测序技术，可由女性掌控的性传播疾病预防措施（不论是否有避孕效果），用于识别药物靶标和病原体—宿主互作检测的生物信息技术，更廉价的胰岛素和干扰素等治疗药物重组技术，以及应用于药品开发的组合化学技术。调查结果中也包含一项农业应用技术和一项环境应用技术。前者指具有高产、高营养、抗生物胁迫和非生物胁迫的遗传改良作物，后者指卫生、清洁水源和生物修复技术。上述技术一旦得到推广，将有助于解决发展中国家面临的有关食物和健康的最大挑战。

3 生命科学创新体系

创新体系中，生命科学研究、开发和商业化之间的关系，到底是为人类创造更美好的未来提供了机会，还是形成了约束，取决于看待问题的角度。传统的创新模式中，人数很少的研究人员团队（无论是在公共实验室，还是在私人研究团队）从事着自给自足的线性研发过程，通过直接或合同形式的生产及市场化，最终实现商业化。这种类型的实例包括爱迪生联合电气公司、3M 公司和施乐公司等的研究部门，其全职科研人员具有研究和发明新产品的自由，新产品被所在公司商业化。

许多早期生命科学研究也符合上述模式，只是这些研究通常在公共实验室进行[例如，多伦多大学的班廷（Banting）和贝斯特（Best）于 1922 年发现了胰岛素，剑桥大学的沃森（Watson）和克里克（Crick）提出了 DNA 结构模型并获得诺贝尔奖，加拿大专家培育了低芥酸、低硫代葡萄糖苷的双低油菜]。尽管上述研究是基于前人研究成果进行的，但是大部分研究在发现过程中很少进行正式或非正式的信息交换，而是在相对独立的环境中完成。17 世纪的科学和工业革命后，研究者总体上是“站在巨人的肩膀上”开展研究。这一方式在早期是适用的，因为许多创新仅仅依赖于发明者个人的聪明才智。但近些年来，许多机构、公司和产业在生命科学领域的研发方面采用了不同的策略。

当前，全球生命科学研究已经发生了巨大的变化。这种变化是由两个更具体的趋势导致的。首先，生命科学这一新领域变得越来越复杂化和专业化，使得科学家越来越难以仅凭个人实现突破或开展复杂的研究，而是以研究团队或研究网络的形式开展研究。其次，知识产权已经扩展到新的主题范畴和司法领域。1980 年，面对 *Chakrabarty* 案，美国将专利保护延伸到单细胞有机生命体，此后，通过一系列判决，专利保护范围扩展到植物、动物和许多人体器官（但并不包含完整的人类个体）。在过去的 20 年里，其他国家和地区（如澳大利亚、加拿大、欧盟和日本）对专利法进行修订或通过扩展专利保护主题范围的司法决定，使授予生命物质的专利权趋于国际化。随着世界贸易组织的《与贸易有关的知识产权协定》（TRIPS）的实施和世界贸易组织成员的增多，这种知识产权体系已经逐渐延伸到全球。其中，世界贸易组织 2006 年开始要求所有成员（几乎涉及所有国家）对涉及生命物质中所包含的知识产权提供专利、植物育种权利，或其他专门制度进行保护。私营和公共部门的发明家已经迅速地适应了这个新体制，对其几乎所有的发明（包括发现工具和最终产品）皆申请专利。截至 2005

年，美国与生物技术工具及产品相关的专利总数估计有58 000项，并且在世界其他国家获得或主张了错综复杂的权利。专利等知识产权在寻求利润方面的作用越来越大，因而阻碍了知识自由交换，这一点现在受到了严格审查。科学的专业化和知识产权的碎片化，使科学家不得不更加紧密地合作并形成工作网络才能获得成功（人类基因组计划就是一种涉及很广的研究网络）。为处理技术转移、技术获取和使用各类知识，研究机构和科学家形成的研究网络正逐步演变，研究者不仅仅是站在“前人的肩膀上”，而是越来越多地通过建立正式和非正式的合作或研究网络一起工作。这样的关系有时候是自发形成的，有时候则是在政府的支持和鼓励下建立的。它们的运作往往高于公司和机构层面，但尚未达到全球化的程度，本质上是区域性和跨组织的。

4 网络化知识

网络化知识具有三大特点。第一，它源自非线性研究体系，或许最好称为链式创新模式[5]。链式体系是在传统线性研发过程中嵌入一系列反馈循环。就核心阶段而言，新型技术产品的研发过程仍然是相对线性的。以确定潜在市场为开端，持续努力设计，不断调整新技术或产品以适应市场需求。在线性模式中，许多步骤是在一个封闭的研发体系中进行的（仅在一个公司内部，或者涉及少数几个正式伙伴关系的企业）。但与线性模式不同的是，链状模式中包含广泛的研究和发现功能，创新者往往会跳出自己的知识系统去寻找现有知识，或开展或委托研究以解决创新过程中的具体问题。从根本上来说，这样的体系取决于连结相关参与者关系网络的效力和效率。

第二，这样的体系涉及多种类别的知识。马列基（Malecki）[6]提出4种不同类别的知识，即“知道为什么”（Know-why，原理知识），“知道是什么”（Know-what，事实知识），“知道怎么样”（Know-how，专有知识）和“知道是谁”（Know-who）。这4类知识各有特点[7]，“原理知识”指关于自然规律和自然法则的科学知识，几乎均源自公立大学和非营利研究机构，随后被编撰、发表，且可以从学术或专业期刊上获得。这些机构在获得相关成果后，会通过学术或专业期刊进行共享。“事实知识”指技术知识，通常可以编撰并通过商业市场传播。“专有知识”是指个人和系统的技能、分析能力、智力、教育和身体灵活性的结合，在有效融合上述原理知识和事实知识的基础上进行创新的系统。这种知识常常通过教育和技术培训获得，并在实践中得到巩固。这类知识比较难编撰，转移给其他人也比较困难。最后，“知道是谁”的知识涉及谁知道什么、谁知道如何做什么等信息[8]，这在以生物技术为基础的行业中越来越重要。创新过程需要的知识量规模已经扩大到人们不得不开展合作的程度。当今社会，私营部门知识生产者有时会将重要信息、经验和知识作为机构机密，获取第四类知识需要对这些生产者有相应的了解和接触。“知道是谁”这类知识很少被编撰成文，但是常常存在于组织内部，有时则存在于开展同类研究的公共和私营部门的集群中。集群成员经常在彼此间进行技术、生物材料和资源的交换，寻求共同的员工培训或交叉培训的机会。

第三，上述各类知识都可能受到某种形式的交换成本影响。不同类型的知识很可能由不同的人来传递[9]。根据知识的性质（是否易于编成文字及交流成本），知识交流可能是关联双方进行的独立交易（如通过合同或现货市场形式），也可能涉及非市场组织（如公司内部的转移，或在公共部门及集体机构中开发和利用）。

公共机构进行了最优化设置，为保障公众利益提供“原理知识”这类科学知识。私营部门和市场通常非常适合管理已编撰成文的知识，通常的形式就是专利。在传播“专有知识”和“知道是谁”这类知识时[10]，集团化组织往往最具优势。此外，基于机构目标和能力，不同领域对正式和非正式的知识产权机制有不同的偏好。进行纯科学研究的学术派看重发表和使用版权，技术研发者则重视保护利益的专利和商业秘密。集团化机构采取正式性更低、更开放、更联动、更网络化的知识，并通过共同的语言、共同文化及广泛的合作经历控制知识的获取。[11]

总之，为了理解知识网络和网络化的知识，我们必须考虑研发和利用知识的性质、交流形式，以及管理知识产权开发和使用关系的机构结构。创新者的联系网络和社区越来越多地位于聚集的创新集群中。

5 创新集群理论

“位置，位置，位置”本来是各地房地产经纪人的口号，在动态创新和知识经济增长的研究领域，地理位置的地位也越来越重要。关于创新如何发生，以及关于公司和其他参与者如何及为什么集聚等更具体的相关理论尚不健全，仍在继续发展。随着我们对创新的认识不断加深，驾驭创新革命力量的能力也在增强。

“集群”这一术语被广泛应用于学术文献和经济发展从业者。《牛津英语词典》（the Oxford English Dictionary）将该术语定义为“一群相似的事物，尤其是共同成长的事物”。尽管自经济史有记录以来，同一行业或产品市场的企业和各类非营利机构就分布在特定地理区域（而并非在各地理位置和经济体中均匀分布）。但直至最近，研究者才开始探寻鼓励集群的方式。18 世纪，经济学家首先开始研究用于解释上述聚集现象的模型。到了 19 世纪中期，经济学家开始提出这种现象的新理论，并对这些现象进行深入的分析。这类研究工作一直持续至 20 世纪，但在 20 世纪 50 年代后，新古典主义经济学范式占据主导地位，使这些研究（以及相关政策规定）处于边缘地位。

这一切在 20 世纪 90 年代发生了变化。从 90 年代初开始，经济学家开始将注意力重新集中在增长的微观经济基础上。在经历了 10 年滞胀之后，新的“保守”政府转向了低通胀的宏观经济立场，开始寻求微观经济的新选择，以促进生产力和经济增长。1990 年，迈克尔·波特（Michael Porter）适时发布了《国家比较优势》（*Comparative Advantage of Nations*）[12]，重新引入了“集群”的概念，该范式中假定地区竞争是推动集群可持续发展的主要动力。这一概念与政府战略的转变相吻合。自此，“相似事物……互利共生”等概念被广泛应用于世界各地的经济和产业政策中。

当前，集群理论已成为由经济地理学、区域经济创新体系、国家创新体系、知识转移和社交网络等多个领域抽象集成的理论体系。目前尚未有一个完整一致的理论解释集群，在大多数解释中部分共同说法有所体现。这要回到马歇尔（Marshall）[13]的基本观察，他发现了解释产业地理位置的 3 种明确而直接的外部经济来源［克鲁曼（Kurgman）[14]称其为“向心力量”］：知识溢出、相关及支撑的产业，以及专业化劳动力市场。

许多关于集群的文献都关注知识溢出效应促使外部经济发展的潜力。除了知识型产业的基本规模经济，外部因素也能由于“悬而未决的奥秘”对产业产生显著影响[15]。关于“国家创新体系”的文献［伦德瓦尔（Lundvall）[16]最早提出］认为，这样的体系包括“共同或独立贡献于新技术发展和传播的一系列不同机构，并为政府制定和实施创新政策提供框架。因此，它是一个由相互关联的机构组成的系统，创造、储存和转移界定新技术的知识、技能和人工制品”。[17]换句话说，当前的创新涉及更多外部因素，也会引起外部环境的显著变化——研究者越来越依赖一系列正式和非正式的合作，这些合作关系的成效决定了研究者成功获得创新成果的能力。厄里（Mowery）和奥克斯勒（Oxley）[18]指出，这些系统必须有研究者以外的人员参与，也需要支持技术应用和推广的公共项目，以及一系列界定知识产权、管理科学发现、生产和市场营销有关的法律和法规。

大部分研究关注大学在创新体系中的作用。传统上，大学的作用是产生和传播基础性或探索性知识，并培养熟练的学术和技术劳动力。然而，这些传统角色（知识生产活动和文化方面）正在经历变革。正如库克（Cooke）[19]所言，强大的本地科学基地需要区域经济和学术团体中的浓厚创业文化作为支撑。这样的联系被布朗（Brown）和杜吉德（Duguid）[20]称为“实践共同体”。由于相关知识具有隐秘性和模糊性，对这些联系进行评估无疑是错综复杂且非常困难的。

同时，也有大量研究集中评估地方广大的相关产业和区域性支撑网络（常被称为“后向关联”），以及它们进入大型复杂市场的机会（常被称为“前向关联”）。根据综合实力及其前后向关联的价值，波特（Porter）[21]对全球2500个具有潜力的集群进行了分析。由一群学者组成的创新体系研究网，对加拿大的27个集群开展研究，也对产业及供应链之间的关系对竞争力和创新的重要性进行了评估。这些研究均揭示了关联的重要性，但所述关联是随机因素还是有效创新的结果，尚无力证。

最后，许多研究者试图就劳动力市场动态对经济增长的影响进行评估。这些研究指出，劳动力市场扩大和专业化会促使公司集聚，并促使拥有相应专业技能的劳动者移居到该地区。这就降低了在该地区寻求业务和进行谈判的成本。此外，这些劳动力动态维持并支持了参与者之间的知识流动。朱克（Zucker）、达比（Darby）、布鲁尔（Brewer）[22]对知名学者的集群现象开展了研究，结果表明知名学者的数目与区域创新呈正相关关系。知名学者为资本市场提供了有价值的风向标，从而促进新技术、新产品的商业化。

梅尔坎夫（Metcalfe）[23]指出，马莱尔巴（Malerba）1991年研究了意大利的两个彼此独立的创新体系。第一种体系以电脑软件行业为代表，是由中小型企业组成的弹性网络，常常集中分布在特定区域（如硅谷）。这些公司的发展具有不稳定、增长快的特点。第二种体系也许更好地反映了当前生物技术体系发展的特点。该体系基于开展研发和成果商业化的大学、公共实验室和大型企业，被埃茨科威兹（Etzkowitz）和雷德斯多夫（Leydesdorff）[24]称为“三重螺旋”。他们进一步指出，无论现行模式如何，任何机构都不能在技术活动中自成一体[25]。无论大小，所有公司都要依靠其他资源的知识。就公司、部门和地区的发展而言，支持公司获取、吸收和利用外部知识的体系至关重要。尤其是处于早期发展阶段的技术，或者拥有快速变化知识基础的技术（如生物技术）。

批评人士认为，“集群”这个词含糊其辞，甚至已成为空谈。玛库森（Markusen）[26]提出，集群相关的文献基于“缺乏证据”的“模糊概念”，从而产生“软弱无能的政策”。根据经济合作与发展组织（OECD）的说法，集群的定义“对于有效缩小调查范围的意义不大”[27]。类似地，根据马丁（Martin）和萨利（Sunley）[28]的说法，“（集群已经）在很大程度上被广泛接受，被认为是一种有效和有意义的国民经济思考方式。作为一种模板或程序，用于将经济分解成不同产业地域群体，以了解和促进竞争力及创新”。还有一些评论家认为，集群意味着提高自给自足，这可能会减弱由专门化和基于比较优势的开放贸易所带来的经济效益。

6 创新集群的实践

尽管集群实践这一术语具有模糊性，但并不妨碍迅速被人们应用。发达和发展中国家的经济发展机构已将波特（Porter）概括的方法应用于集群，使其适合特定的地缘政治区域。近些年来[29]，研究者对 1100 多个集群开展了研究，这些研究却鲜少关注健康和农业研究领域的集群现象，且仅有 3 项研究主要关注生命科学领域。

例如，赖安（Ryan）和菲利浦（Phillips）[30]在 2001 年对 7 个国家中生命科学领域的集群开展研究，将其分为 14 类。其结论是，在澳洲、欧洲和北美洲的不同区域，创新型生命科学集群在范围和规模上均存在差异（见表 1）。一些集群是独立的团体，由公共政策推动其发展和维持，这些集群常常有表明其在创新集群中地位的名称（如生物带、生物谷和创新科技园）。赖安（Ryan）和菲利普（Phillips）还发现，这些集群大多以生物医药研究为核心。即使是声称关注农业研究的集群，相对于核心而言，相关研究投入也只是一个小的、相对不重要的附属。在已有集群中，除了位于加拿大萨斯喀彻温省萨斯卡通市（Saskatoon, Saskatchewan）的创新科技园、位于安大略省（Ontario）圭尔夫（Guelph）的农产品品质集群，和位于澳大利亚的阿德莱德（Adelaide）中心之外，鲜有集群将农业研究或农业生物研究作为研究核心。上述集群中包含相当大比例的私营和公共的基础及支撑机构，直接参与食品质量和农业生物技术方面的研究。

表 1 生命科学集群示例

国家	地区	成员数目	私营领域占比	农业生物科技占比
加拿大	创新园，萨斯卡通市，萨斯喀彻温省	115	73%	29%
	农产品质量集群（AFQC），圭尔夫，安大略省	41	76%	49%
美国	康涅狄格州生物科学集群	110+	98%	1%
	美国三角研究园（RTP），罗利-达勒姆-教堂山，北卡罗来纳州	145	92%	3%
	生物带，圣路易斯，密苏里州和伊利诺伊州	1183	90%+	24%
	生物技术海滩，圣地亚哥，加利福尼亚州	700	90%+	3%

续表

国家	地区	成员数目	私营领域占比	农业生物科技占比
欧洲	创新三角，爱丁堡、邓迪和格拉斯哥，苏格兰	428	95%	2%
	生物谷，法国，德国，瑞士	459	90%	6%
澳大利亚	Qbio，布里斯班，昆士兰州	43	42%	5%
	生物中心，悉尼，新南威尔士州	28	75%	18%
	Bio21，墨尔本，维多利亚州	24	0%	4%
	阿德莱德，南澳大利亚州	25+	65%	44%
	珀斯，西澳大利亚州	27	80%～90%	20%

来源：赖安和菲利浦的研究结果[31]。

集群模式存在很大差异。[32]美国关注商业产出和吸引投资，将跨国公司巨头（也被称为国家冠军）置于区域集群的核心位置。在欧洲，公共部门（大学和大型研究机构）是集群的主要推动力。加拿大的主要集群往往由社区主导，而澳大利亚的集群则是多种方式的组合。通过创新体系研究网[33]，菲利普斯（Philips）及其同事[34]对加拿大的7个生物技术集群进行了研究。这些社区型集群在规模、范围、关注焦点和发展历史上呈现出广泛差异（如表2）。[35]

表2　加拿大生物技术集群比较

集群	焦点	核心成员	一流学者	初步观察发现
蒙特利尔	制药和生物技术	少数仿制药和跨国专利药公司	70	• 省政府领导基金政策 • 蒙特利尔大学的15家衍生企业
多伦多	生物技术和生物医药	医学及相关科学（MaRS）中心；多伦多大学；健康网	47	• 研发阶段的聚集地是多伦多，在开发阶段则迁至周边地区（埃托比科克） • 网络较松散
伦敦	生物技术/生物医药设备（自20世纪70年代开始）	西安大略大学，罗巴特研究所，劳森健康研究所	5	• 生物技术集群的初期 • 是集群，还是仅仅是队列？ • 交通被认为是弱点
温哥华	生物技术	不列颠哥伦比亚大学	80	• 创造知识产权，而非产品
萨斯卡通	农业生物技术	国家研究委员会—植物生物技术研究所，AgWest Bio	45	• 以研究为基础 • 由于对基因组学，加拿大光源公司和萨斯卡通大学的新投入也许会改变其研究方向

续表

集群	焦点	核心成员	一流学者	初步观察发现
渥太华	生物医药和生物技术	Gamma Dynacare（渥太华生物科学技术创新园）	6	• 超过 40 个研究机构 • 生命科学领域工作者超过 18 000 人 • 15~20 家高校衍生企业
哈利法克斯	制药 健康 保健品 信息技术 生物医学	无	最少	• 一批没有核心产品的公司 • 不是完全意义上的集群 • 协作网络效果较差

蒙特利尔（Montreal）集群是加拿大最大的生物技术集群，由大型制药公司和小型生物技术公司组成。它主要得益于省政府项目和国家研究实验室。最近的调查发现，该集群包含 351 个参与者，其中有 130 个属于健康领域，26 个属于人类营养领域，12 个属于农业生物技术领域，7 个属于环境领域；有 171 家服务和支撑性企业；1 个政府实验室；以及 4 所相关大学。截至 2002 年，蒙特利尔的 29 家公司获得了 234 项本土的发明技术专利，但其中 89% 的专利由 8 家大型公司所有。而在 1999 年，当地仅有 14 家企业，所拥有专利的总数为 66 项。由此可见，该地区的发展是爆炸性的。

多伦多集群分为两部分：一部分致力于核心生物技术研究，另一部分则关注生物医学设备。该集群由医学及相关科学（MaRS）研发为支点，多伦多大学和健康网也被认为是主要的知识创造者。许多公司位于市中心，而一些技术员工则集中在外围区域。研究显示，一旦公司或组织的发展重点从探索研究转向成果开发，基于成本考虑，它们更倾向于迁往邻近的城市埃托比科克（Etobicoke）或密西沙加（Mississauga）。这导致了网络的紧密性较弱，而密西沙加似乎更有凝聚力。尽管多伦多大学有相当多的领军学者，但当地常常被认为缺乏生物技术融资人才，这也是多伦多大学被认为在促进高校衍生企业方面并不成功的原因。

对于安大略省伦敦市是否有一个独立的生物技术集群，又或者只是多伦多集群的延伸，目前尚无定论。自 20 世纪 70 年代起，伦敦市便在生物医学设备方面颇有声誉，成为一个以生物制药为重点、处于早期阶段的新兴生物技术集群。该集群成员间的纽带相对较弱，大多数人认为，他们与多伦多核心区成员的联系比彼此之间的联系更大。

温哥华集群主要关注生物医学生物技术，本质上是以不列颠哥伦比亚大学（UBC）为中心的研究共同体。不列颠哥伦比亚大学和西蒙弗雷泽（Simon Fraser）大学拥有将近 80 位一流学者和一系列知识产权。UBC 还拥有一些高校衍生企业，其中有 2/3 的历史超过 5 年。该集群的重点是进行知识产权研发，而非进行产品开发。政府和产业的支持并没有使集群发生根本变化。早期研究表明，生活方式可能是维持大学并吸引公司和个人来到该地区的关键因素之一。

萨斯卡通（Saskatoon）集群则几乎是纯粹的农业生物技术集群，主要集中在油料作物研发。在共同体中，虽然大学是研究人员最多的地方，但许多领军学者开发和使用的知识产权来自联邦实验室。加拿大国家研究委员会（NRC）下属的植物生物技术研究所（PBI）承担了许多联合研究项目。该研究所与当地产业协会 AgWest Bio. 共同对集群起到领导作用。虽然该集群以研究为重点，但它成功对世界一流的遗传改良植物、疫苗和接种剂进行了商业化推广。最近面向大学的公共投资［包括加拿大光源公司（CLSI）同步项目和各种基因组项目］可能改变集群在未来几年的发展方向。

现有证据表明，按集群的传统概念定义，渥太华（Ottawa）和哈利法克斯（Halifax）都不是集群。尽管渥太华有很多研究机构，但可作为生物技术集群的极少。到 2002 年，渥太华生物技术集群只有 47 个参与者：包括 30 个小型生物技术公司，6 个政府实验室，1 所相关大学，以及 10 家服务/支撑机构。总部设在渥太华的公司中，仅有两家公司在 2002 年获得了专利，渥太华大学在学术领军人物和成功申请专利方面，数量均较为不足（截至 2002 年，专利数量仅为 11 个）。与此同时，哈利法克斯拥有各类公司，但缺乏市场焦点，参与者并未聚集特定技术或产品应用。相反，一些公司来自健康领域（设备、制药、信息技术和神经药物），另一些则来自园艺、环境应用和食品质量领域。目前，该地区还没有出现任何能明显起到带头作用的机构，相关参与者之间的联系十分松散。与大多数真正的集群不同，两地在过去几十年里对基础设施建设的投资甚少。当地调查显示，两地在促进技术转移方面的成功经验几乎为零，这导致了产业界与学术界接触不足。

对加拿大集群的综合评判为集群实践提供了许多见解。尽管生物技术产业均有“深层科学”的共性，但其在组织架构方面却有着很大不同。这些差异在规模（蒙特利尔相比于萨斯卡通集群）、市场焦点（温哥华集群以生物技术为核心相比于多伦多集群则关注医疗设备）、凝聚力（萨斯卡通和蒙特利尔集群的凝聚力强，而其他集群的凝聚力弱）等方面均有明显体现。这表明集群的组织形式可以有很大的不同，包括它在产品或技术生命周期中的位置，以及集群成员之间的互动等。

菲利普斯[36]（Phillips）以知识流动为焦点，对萨斯卡通农业生物技术集群进行了动态分析。沃尔夫（Wolfe）和格特勒（Gertler）提出，将集群视为包含本地区参与者的各种联系（沃尔夫和格特勒[37]称为“本地蜂鸣”），且与更广阔的国际经济（“全球影响力”）进行互动的创新体系，是对集群更为深入的理解方式。这种本地蜂鸣、全球影响力或集散地（entrepôt）的方式强调了地方、区域、国家和全球能力之间的平衡。通过集散地模型，菲利普斯[38]对萨斯卡通创新体系的股票、资金流动和成就进行分析，并考查了集群在创造知识、使用知识和将新产品商业化的能力。萨斯卡通的名声可以说是得益于油菜作物的发展（在过去 40 年里，萨斯卡通领头开发并最早应用了油菜作物所有新性状）。然而，分析显示，上述性状的培育过程中，有很大一部分是在其他国家完成的。此外，还有许多应用研究（例如，用于榨油的新品种）在其他地区进行。这些研究发现表明，在全球知识产业环境下，萨斯卡通相当于集散地，对品种的培育和基础的原理知识、专有知识和知道是谁的知识进行实施和组装，但产业链上游或下游的一系列流程则在其他地方进行。图 1 对全球产业和萨斯卡通集散地之间的关系作出了描述[39]。

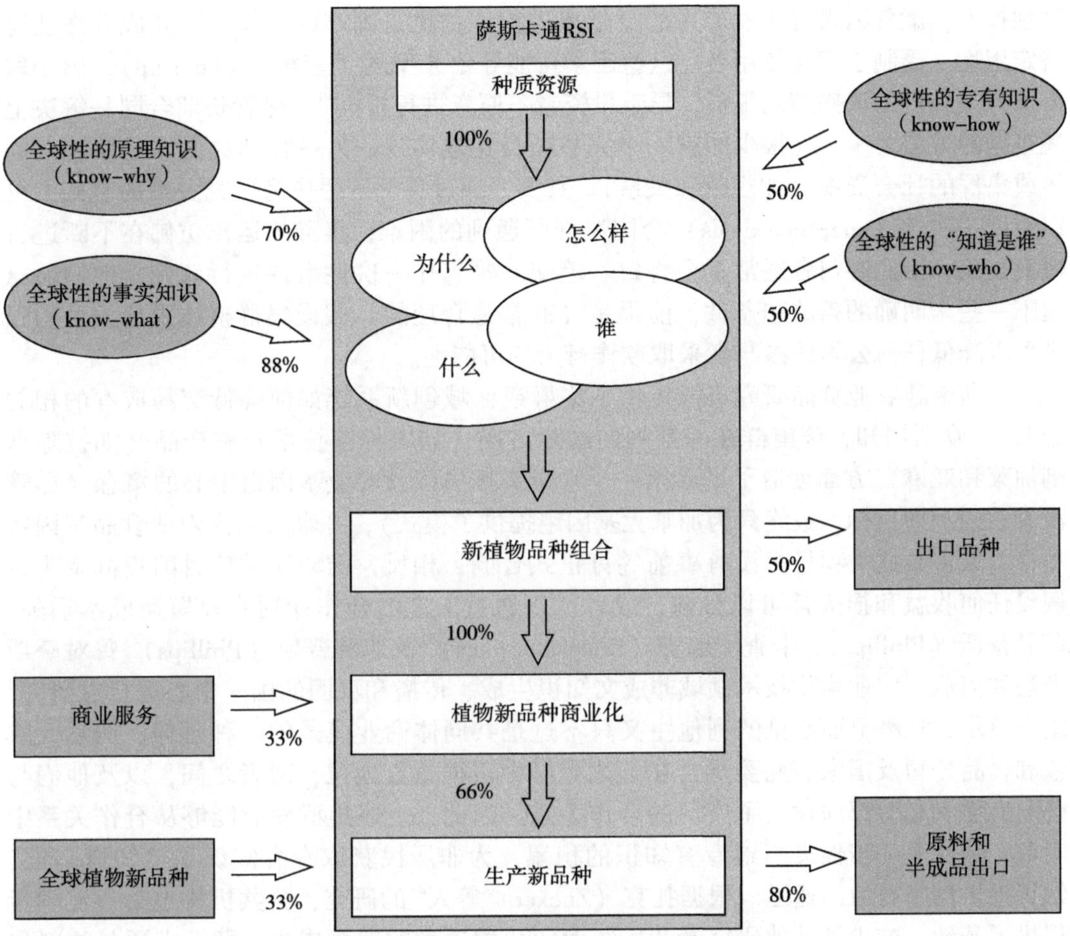

图1 萨斯卡通生物技术集散地及其全球纽带

来源：Phillips 2002

7 集群和知识产权管理

研究生成的知识日益网络化。这一特性具有潜在的新的经济和商业价值，但随之而来的是新的复杂关系和交易成本。对萨斯卡通农业生物技术集群结构的近期研究显示，构建一个经济高效的知识管理体系是聚集驱动力之一。萨斯卡通集群是许多高竞争力跨国公司的聚集地，拥有多项关键生命科学领域的发明专利，并将一系列世界一流的技术进行了市场化推广。相关经验为实现集群的另一个可能目标提供了借鉴。

在一个信息资源充分且没有交易成本的理想世界里，按合同完成融资和共同研究将是最佳选择。然而实际交易成本（特别是对于高度分散的知识产权）的数额并不小，任何给定项目获得商业成功的概率都是相对较低的（投资回报通常少于成本10%）。因此，随着交易成本的上升，人们很少签订整体合同。此外，通常很难衡量研究项目的隐性投入，就各因素对研发成果的贡献率进行评估也是困难的，任一研究成果往往有特定用途，受制于潜在使用者。这些因素可能导致典型的“套牢”（hold up），由于取得研究突破后的谈判筹码很低，导致投资者不愿意进行投资[40]。尽管长期合同是解决上述难题的方法之一，但很少能就一个完整项目达成协议。另一种解决方案是使用共同体或集群的社会资本（如规范和关系）。其实，通过集群运用作为研究关系的基础，可以克服一次性（one-time deals）合同谈判所遇到的困难，集群的运作仿佛在不断进行磋商交流，因此参与者通常不会将每一笔交易都当作一次性事件进行谈判，他们愿意留下一些未明确的条款和条件，前提是（通常是合理的）假设集群整体内部关系的强度可以降低任何公司或参与者采取欺诈行为的可能性。

萨斯卡通农业食品研究集群提供了集群或区域创新系统如何降低交易成本的相关经验[41]。众所周知，该集群在一系列的国际市场（如农杆菌技术）和产品（如抗除草剂油菜和亚麻）方面创造了世界第一。它带头推进国家农业基因组中心的概念（尽管没有达到预期目标，最终只为加拿大基因组提供了模式），并牵头四大农业食品基因组项目。大多数此类项目都没有事前签订正式合同；相反，推动这种项目的集群牵头者假设任何收益和损失都可以分摊，或者可以通过未来的合作计划弥补短期成本损失。菲利普斯（Phillips）、卡查图瑞安（Khachatourians）[42]及菲利普斯（Phillips）[43]曾对萨斯卡通如何成为农业生物技术领域非成文知识生成、传播和巩固的国家中心进行过研究，结果显示，这种显而易见的利他主义只不过是共同体商业模式的一种延伸。加拿大农业和食品公司及国家研究委员会在上述集群中占据核心地位，两者之间，以及他们与公立大学和私营部门建立了广泛的合作关系。因此，上述集群核心能够从合作关系中学习，从而进一步促进当地专有知识的积累，为非居民获取专有知识和“知道是谁”知识提供清晰有效的通道。根据扎克（Zucker）等人[44]的研究，公共机构也为一流学者提供了基地，减少了其他研究者和后续商业化营销者的搜索成本。萨斯卡通是油料作物研究领域出色学者最密集的地方，高端科学家69位中有11位在此生活和工作，比例达到16%[45]。菲利普斯和卡查图瑞安[46]的研究表明，萨斯卡通合作性和竞争性组织的核心成员是吸引跨国企业和小型公司前来投资的关键因素。虽然公共和私营部门在近些年发生了一定变化，其积累的社会资本仍然支撑着合作活动。

8 发展和知识产权管理的经验教训

知识型产业发展与传统产业发展有本质差别。虽然通过保护促进新兴产业的传统工业战略，在工业世界中有一定的意义，但不清楚它在知识型世界是否有价值。

新兴的“全球通道/本地蜂鸣”的创新集群模式对发展政策提出了严峻挑战。当前生物技术研发主要表现出以自给自足的重商主义为主的倾向。在许多国家，各级政府正在积极利用其税收和财政政策鼓励地方研发，吸引来自各国的企业研发项目，或者重新定位其研发计划，从而以高价值的出口代替进口。政府往往优先支持国内领军企业，或通过签订独家协议吸引来自跨国公司的投资。在采用上述做法时，政府通常不会考虑知识型企业成功所需要的合作关系和交互效应。如果将创新视为仅限于公司、地区或国家内部的行为，这种狭隘的做法很少有成功的机会。在生物领域，日趋复杂和分散的知识及知识产权表明，任何一个单独的中心都不能独自完成新生物技术或应用的有效开发，合作网络和伙伴关系将在当今社会居于主导地位。而且，正如生命科学领域中的诸多创新一样，如果创新是真正全球化的，那么狭隘、机械、自给自足的策略只会导致失败或适得其反。

在这种情况下，成功的关键是向机构和机制投资，鼓励发展并提供4类知识（原理知识、事实知识、专有知识、“知道是谁”的信息知识），为研究型经济的发展提供基础。有一些战略选择可能是适当的。第一，建立有效的跨国界保护和合法转让知识产权的机制，这是参与合作应当付出的代价。第二，对新知识、知识产权、高素质的人才和企业开放的集群更可能成功创造新的生物技术或相关产品并商业化。第三，简单地宣称一个地区是集群是不够的。必须有一些区域基础设施投资，以及开放和/或支持一个或多个领头机构。虽然私营部门可能拥有最大的商业驱动力，而政府对它们的选址和运作常常只能产生有限的直接影响。政府可以考虑如何利用大学或公共研究实验室来引领集群，从而强化政府的力量。最终目标则是创造某种平台，创建可以产生神奇效果的氛围。无论平台采取什么形式，它都需要产生本地蜂鸣，并融入全球通道。

简言之，创新性集群是非常具有吸引力的经济发展和知识产权管理工具。但由于其局部性和不完整的本质，必须对集群进行培育。作为全球创新体系中的一部分，创新性集群的茁壮成长无法脱离该体系的生命线，即创意、熟练劳动力和协作平台。

PETER W. B. PHILLIPS, *Professor, Department of Political Studies, University of Saskatchewan, 9 Campus Drive, Saskatoon, Saskatchewan, S7N 5A5, Canada.* peter.phillips@usask.ca

CAMILLE D. RYAN, *Postdoctoral Fellow, Faculty of Communication & Culture, University of Calgary, 2500 University Drive, Calgary, Alberta, T2L 2K7, Canada.* cami.ryan@ucalgary.ca

---

1 Grossman G and E Helpman. 1991. *Innovation and Growth in the Global Economy.* The MIT Press: London.

2 Gilpin R. 2001. *Global Political Economy: Understanding the International Economic Order.* Princeton University Press: Princeton.

3 Gadbow RM and TJ Richards (eds). 1990. Intellectual property rights—global consensus, global conflict? Westview Press, Boulder, CO.

4 Daar A, H Thorsteinsdottir, D Martin, A Smith, S Nast and P Singer. 2002. Top Ten Biotechnologies for Improving Health in Developing Countries. *Nat Genet.* 32(2): 229-32.

5 Klein S. and N Rosenberg. 1986. An Overview of Innovation. In *The Positive Sum Strategy: Harnessing Technology for Economic Growth* (eds. Landau and N Rosenberg) National Academy Press: Washington, DC. pp. 275-306.

6 Malecki E. 1997. *Technology and Economic Development: The Dynamics of Local, Regional and National Competitiveness.* Longman: Toronto.

7 Organisation of Economic and Cooperative Development (OECD). 1996. The Knowledge-Based Economy.

Paris: OECD. www.oecd.org/dataoecd/51/8/1913021.pdf.
8 Ibid.
9 Phillips P. 2005. The Challenge of Creating, Protecting and Exploiting Networked Knowledge: IP Management Challenges in Genome Canada. In *Crossing Over* (ed. E. Einseidel). University of Calgary Press.
10 Ryan C and P Phillips. 2003. Intellectual Property Management in Clusters: A Framework for Analysis? In *Clusters Old and New: The Transition to a Knowledge Economy in Canada's Regions, Kingston and Montreal.* McGill: Queen's University Press for the School of Policy Studies, Queen's University: Kingston and Montreal.
11 Ibid.
12 Porter M. 1990. *The Comparative Advantage of Nations.* Free Press: New York.
13 Marshall A. 1890. *Principles of Economics.* Macmillan: London.
14 Krugman P. 1998. What's New about the New Economic Geography? *Oxford Review of Economic Policy* 14 (2): 7-17.
15 See *supra* note 12.
16 Lundvall B. 1992. *National Systems of Innovation. Towards a Theory of Innovation and Interactive Learning*, Pinter: New York. p. 342.
17 Metcalfe J. 1995. Technology Systems and Technology Policy in an Evolutionary Framework. *Cambridge Journal of Economics* 19: 25-46.
18 Mowery D and J Oxley. 1995. Inward Technology Transfer and Competitiveness: The Role of National Innovation Systems. *Cambridge Journal of Economics* 19: 67-93.
19 Cooke P. 2002. Multilevel Governance and the Emergence of Regional Innovation Network Policy. In *Knowledge Economies: Clusters, Learning and Co-Operative Advantage.* Routledge: New York and London. pp. 50-70.
20 Brown J and P Duguid. 2000. *The Social Life of Information.* Harvard Business School Press: Boston.
21 See *supra* note 12.
22 Zucker L, M Darby and M Brewer. 1998. Intellectual Human Capital and the Birth of U. S. Biotechnology Enterprises. *American Journal of Economics* 88(1): 290-306.
23 See *supra* note 17.
24 Etzkowitz H and L Leydesdorff. 2000. The Triple Helix: University-Industry-Government Relations. *European Society of the Study of Science and Technology Review* 14. 14-19.
25 See *supra* note 17.
26 Markusen A. 1999. Fuzzy Concepts, Scanty Evidence, Policy Distance: The Case for Rigour and Policy Relevance in Critical Regional Studies. *Regional Studies* 33(9): 869-84.
27 See *supra* note 7.
28 Martin R and P Sunley. 2002. Deconstructing Clusters: Chaotic Concept or Policy Panacea? *Journal of Economic Geography* 3: 1.
29 See, for example:
ACOA. 1997. *Prospects for Growing Knowledge-based Industrial Clusters in Atlantic Canada.* Atlantic Canada Opportunities Agency.
KPMG, DRI McGraw-Hill, IMPAX Policy Services. 1996. *Building Technology Bridges: Cluster-based Economic Development for Western Canada.* Ottawa. 1(section 3.4).
Nordicity Group Ltd. 1996. *Regional/Local Industrial Clustering: Theory and Lessons from Abroad.* National

Research Council. Government of Canada.

Economic Development Administration (EDA), U. S. Department of Commerce. 1997. *Cluster-Based Economic Development: A Key to Regional Competitiveness.* Prepared by Information Design Associates (IDeA) with ICF Kaiser International. www. eda. gov/ImageCache/EDAPublic/documents/pdfdocs/1g3_5f5_5fcluster_2epdf/v1/1g3_5f5_5fcluster. pdf.

Roelandt T and P den Hertog (eds). 1998. *Cluster Analysis and Cluster-Based Policy in OECD Countries: Various Approache; Early Results and Policy Implication.* The Hague/Utrecht. p. 5.

Scottish Enterprise Network. 2000. *The Clusters Approach.* www. scottish-enterprise. com/publications//shareddocs/social_economy_and _clusters. pdf.

Sölvell O, G Lindqvist and C Ketels. 2003. *The Cluster Initiative Greenbook.* The Competitiveness Institute, September. www. ivorytower. se/dldocs/GreenbookSep03. pdf.

Van der Linde C. 2002. *Findings from the Cluster Meta-Study.* Institute for Strategy and Competitiveness, Harvard Business School. www. isc. hbs. edu/MetaStudy2002Prz. pdf.

Innovation Systems Research Network (ISRN). 2004. *Clusters in a Cold Climate: Innovation Dynamics in a Diverse Economy* (D Wolfe and M Lucas, eds.). McGill-Queen's University Press for the School of Policy Studies, Queen's University Press: Kingston and Montreal.

30 Ryan, C. and P. Phillips. 2004. *Knowledge Managementin Advanced Technology Industries: An Examination of International Agricultural Biotechnology Clusters.* Environment and Planning C, Government and Policy. London, England.

31 Ibid.

32 Ibid.

33 Phillips P, J Parchewski, T Procyshyn C Ryan, J Karwandy and J Kihlberg. 2004. *Agricultural and Life-science Clusters in Canada: An Empirical and Policy Analysis.* Final project report for AAFC Study of the Saskatoon Cluster, 30 March. www. agbio-management. org.

34 See Innovation Systems Research Network, *supra* note 29.

35 Adapted from reference in *supra* note 30.

36 Phillips P. 2002. Regional Systems of Innovation as a Modern R&D Entrepôt: The Case of the Saskatoon Biotechnology Cluster. In *Innovation, Entrepreneurship, Family Business and Economic Development: A Western Canadian Perspective* (J. Chrisman et al., eds.) University of Calgary Press. pp. 31-58.

37 Wolfe DA and MS Gertler. 2004. Clusters from the Inside and Out: Local Dynamics and Global Linkages. *Urban Studies* 41 (5/6): 1055.

38 See *supra* note 36.

39 See *supra* note 36.

40 Milgrom PR and J D Roberts. 1992. *Economics of Organization and Management.* Prentice-Hall: Englewood Cliffs, New Jersey.

41 See *supra* note 36.

42 Phillips P and G Khachatourians (eds). 2001. *The Biotechnology Revolution in Global Agriculture: Innovation, Invention and Investment in the Canola Sector.* CAB International: London.

43 See *supra* note 36.

44 See *supra* note 22.

45 See *supra* note 36.

46 See *supra* note 42.

第3.12章

如何在小国家建立本地生物技术集群
——以芬兰图尔库为例

金墨·维尔贾马（KIMMO VILJAMAA）
芬兰坦佩雷大学助理研究员，Advansis 有限公司顾问

译者 沈慧芝 审校者 刘晓娜 李紫陌 欧阳石文 焉石 张熠 殷宏

摘 要

几乎每一个国家，每一个地区，无论大小，都提出了生物技术计划。发达国家如此，许多发展中国家也是如此。同时，许多研究表明，生物技术领域带来的产业红利仅集中在几个全球重要的地理位置。它们的特点是小型研发企业与风险投资者、大型跨国企业和服务供应商之间建立了良好的关系。生物技术集群的区域性倾向引发了一些思考。新的计划能否成功？小规模生物技术集群能否发展繁荣？本章的目标是讨论如何在较不发达地区建立生物技术集群。以芬兰图尔库（Turku）的发展为例，本章分析了公共政策和地方活动如何弥补创新体系的空白，帮助新兴生物技术产业的发展。尽管案例研究是以发达国家为研究对象，但许多发展中国家面临的挑战与图尔库是相同的。

1 引言

过去10年的经济学文献常指出，创新是竞争力最重要的来源。这一点对处于全球市场中的高科技产业来说尤为如此。在此同时，特定产业倾向在特定地区聚集，其背

Viljamaa K. 2007. What Does It Take to Build a Local Biotechnology Cluster in a Small Country? The Case of Turku, Finland. In *Intellectual Property Management in Health and Agricultural Innovation*: *A Handbook of Best Practices* (eds. A Krattiger, RT Mahoney, L Nelsen, et al.). MIHR: Oxford, U.K., and PIPRA: Davis, U.S.A. Available online at www.ipHandbook.org.

后的重要原因之一是知识的集聚。

生物技术是最有前景的新兴产业之一，具有很强的地域聚集性。生物技术公司通常聚集在主要大学、医院、研究中心附近，有时与支持性的大型公司和中小型企业集聚在一起。此外，生物技术行业所依赖的实验测试、金融融资、市场营销等外部研发服务，也常常出现在相关机构附近。

全球范围内，生物技术活动表现出很强的地域性。一些集中地域（如马萨诸塞州剑桥市和加利福尼亚州旧金山/圣何塞市）领跑全球。[1]过去，生物技术领域主要由美国主导，其次是英国。[2]但过去10年中，许多其他地区取得了生物技术方面的长足进展。世界各地的国家、地区和城市意识到，生物技术是信息和通信技术（ICT）后的下一个“风口”。

以往研究表明，生物技术领域的产业驱动力集中在重要的集群，生物医药领域更是如此，其特点是小型研发企业、风险投资者、大型跨国企业和服务供应商之间建立了良好关系。当上述要素缺失时，发展生物技术产业就十分困难，甚至不可能实现。然而，在一些初始条件不足的地方，生物技术产业仍然得到了发展，包括芬兰等发达国家，以及印度、中国、巴西和南非等发展中国家。[3]

本章分析了公共政策和地区活动如何填补创新体系的空白，从而使生物技术行业能够在一些发展前景不被看好的地区发展。要回答的基本问题是：什么样的政策和机构有助于推广高科技行业领域的知识在较小的、边缘的、不发达的地区产生及传播？换言之，有利于当地生物技术集群发展的地区环境替代措施是什么？当地参与者之间的何种关系有助于发展进程？

我的观点是，在一定程度上，小型经济体和集群缺失的资源是可以弥补的。然而，成功需一些基本条件。第一，当地需要有较强的知识生产基地（常常是大学）。第二，国家性或地区性创新体系必须弥补资源上的缺失（公共风险投资、研发基金、相关服务等）。第三，当地有能力的参与者（公共和私营）能形成关系网络，并战略性引领当地创新体系。

为进一步论证缺失的关键资源能够被弥补的观点，本章分析了芬兰图尔库生物技术行业的发展情况。在过去15年里，芬兰的生物技术领域发展在很大程度上依赖于国家积极的创新政策。在生物技术企业的数量上，芬兰位居欧洲第十位。[4]图尔库是芬兰第二大生物技术中心，其生物技术行业的发展得益于当地的创新活动。

图尔库生物技术行业近期的兴起，在很大程度上利用了食品加工、药品和材料科学等众多部门积累了几十年的能力。此外，当地发展政策和国家科学技术创新项目推动了图尔库的发展。

图尔库的生物技术领域能否继续繁荣还有待进一步验证。然而，本研究发现，积极的政策措施有助于提升边缘地区对生物技术企业的吸引力。

2 生物技术行业

本章中，“生物技术”指广义的生命科学（生物科学）范畴，及其在医药、基础生产、行业和服务中的应用。[5]生物技术是利用生命体（或生命体的一部分）制造和改进产品，改进动植物或开发特定用途微生物的有力工具。经济合作与发展组织（OECD）对生物技术定义是，“将科学技术应用到生命体及其组成部分、产品和模型中，而改造生命或非生命材料以提供知识、产品和服务”。

生物技术发展可以分为3个阶段。第一阶段包括传统动植物育种技术，以及利用酵母制造面包、啤酒、红酒和奶酪。第二阶段从20世纪40年代开始，生物技术被引入现代产业。第三阶段，生物技术包括重组DNA、细胞融合、生物加工新技术和生物修复的产业化应用。该阶段始于20世纪70年代，这一时期出现了改变生物体遗传结构的新技术。[6]

有趣的是，生命科学领域的新进展打破了原本的学科界限。生物学开始与医学、化学、信息学、物理学等其他领域发生交叉。在这种情况下，跨学科研究的需求日益强烈，不同行业间的联系越来越紧密。许多分子生物研究领域的新技术，如DNA高通量测序、蛋白质结构测定、利用DNA芯片的基因表达分析，也应用在生态学、农学、林学、生物学和医药学行业领域。[7]

行业性质影响着其在某一地域的发展。生物技术的发展有赖于研发投入。生命科学研究同样是耗时的，需要利用那些快速演变的方法和工具，并且成本高昂。[8]由于研发成本如此之高，经费对相关大学和产业都极为重要。此外，许多生物技术创新都基于基础研究，这就意味着需要较长的时间将创新成果推向市场。

库克（Cooke）[9]指出，知识创造的焦点发生了变化。过去，医药行业的研发由大型跨国公司（MNCs）主导。然而，越来越多的证据表明，大学和公共实验室的衍生公司或专业生物技术公司（DBFs）是知识产生和利用的主力军，大型跨国公司则致力于供应和销售。空间上聚集的研发中心和全球供应销售策略这两大因素的结合，意味着生物技术创新体系既有高度的地域性，又有高度的全球性。生物技术活动的聚集倾向，则意味着可将生物技术集群相关活动作为一个重要单元进行分析研究。

3 关于产业集群和知识

本章关注生物技术活动的地区聚集现象。在19世纪和20世纪早期，马歇尔（Marshall）首次开展了关于地域集聚的经济学研究。[10,11,12]有关空间集群的传统分析是对地理位置相邻的公司彼此间会得到的益处进行分析（localization economies，方位经济学）。根据马姆伯格（Malmberg）和马斯克尔（Maskell）[13]的研究，导致空间集聚的传统因素至少包括下列3项：

（1）降低基础设施和其他聚集资源的生产及维护成本

（2）运作良好的专业技能市场

（3）减少了与处在同一区域合作伙伴的互动成本

在过去的几十年里，研究人员已经尝试解释空间集群与创新进程之间的关系。并提出了几种不同的方法，包括创新环境、新产业空间、空间创新集群、区域创新体系和学习性区域。[14]近年来，由于技术变革和全球化所导致的内在经济变化，相关话题越来越受到关注。

全球化市场、竞争的加剧和信息通信技术的发展，迫使公司寻找新的方式来提高竞争力。此外，新的科学进展时刻都在发生。外部压力和机遇导致企业环境波动很大。[15]企业通过两种方法应对这些压力，即专门化和创新。他们将自身的弱势领域外包，通过创新加强核心竞争力，获得最大利润。这两种策略都倾向于建立本地和全球的联系。许多服务和外部功能必须在本地运行，通常是由本地集群带来的规模经济所引起的，通过信任和简单的面对面交流，降低了交易时间和交易成本。公司通过共享基础设施、供应商和服务网络，可以提高其竞争力。为了促进知识产生和转移，公司在知识来源附近选址，并彼此相邻，从而更好地利用当地知识溢出效应[16]，为创新和学习提供基本的非正式社会关系。

如果一个行业要维持竞争力，知识、学习和创新是重要的。这意味着空间集群具有下述第四点优势。

(4) 促进知识溢出效应、学习和适应力

地方产业结构呈现出动态、灵活和创新性，许多企业在同一行业内竞争或在相关行业间进行合作。地域文化促进了知识转移，公司的聚集效应降低了知识识别、获取和转移的成本。[17]关于创新能力为何与空间集群有关的原因有以下几点：

- **新知识**。新知识通常难以编纂成文，因此转移比较困难。新知识最好的转移方式是反复和频繁地面对面交流。因此，地理相邻是促进创新的动力之一。
- **知识交流**。可以通过知识溢出效应实现。大多数参与者都不愿意分享重要的信息，害怕相关信息会落到竞争对手手里。所以，知识交流可能是与大学和研究机构长期合作的结果。
- **具有高级劳动力**。这是创新的重要条件。劳动力与其他资源相比，流动性较低。这一点在欧洲尤为明显。因此，劳动力倾向于集中在某些地区。

这些与知识有关的因素都很重要，相比任何其他行业，生物技术更需要基础研究和受过教育的劳动力，也比大多数行业更需要与大学合作。[18]本章也考察了信息聚集的过程和促进当地集群形成及发展的条件。关于成功的产业集群，传统的认知来源于对硅谷等发展、完善创新系统的研究。[19]然而许多情况下，成熟集群的运作条件，在创建新的集群时并不存在。每个集群都有独特的历史，说明集群发展要么具有路径依赖性，要么受偶然历史事件的决定性影响。[20]当前，特定地区的经济实力通常是几十年时间内所取得的发展和积累的经验。上述现象的实例是美国北卡罗来纳州的三角研究园（Research Triangle Park）[21]、美国硅谷[22]，芬兰奥卢（Oulu）和坦佩雷（Tampere）。[23]

新的集群发展往往得益于相关领域已形成的本地经验。许多具有信息通信中心地位的地区原本在电子方面已有优势（例如，硅谷和奥卢）。重要的是通过了解区域资产和集群形成过程，以制定支持新兴集群的政策。

费尔德曼（Feldman）和弗朗西斯（Francis）[24]的研究显示，集群形成经历了3个阶段。[25,26]第一阶段，很少有（如果有的话）衍生公司，但有一些必要资产，诸如大型企业和大学。降低创业机会成本的外部冲击（如，并购或融资环境的变化）往往会鼓励积极的创业精神，随后出现新的衍生公司。

第二阶段，重要特点是企业和所处环境之间的互动。[27]在这一阶段，为了更好地满足自身需求，集群自发地组织起来。为支持集群发展而建立的各类机构反过来激发了进一步的创新和区域性学习。[28]

第三阶段，第一批大学衍生企业的成功创立及其协同效应为该领域的企业提供了新的机遇。同时，集群周边形成了较好的创新环境（包括大学、技术中心、当地决策制定者、服务提供商等）。在集群建成的最后阶段，丰富的资源形成了地区优势。

4 生物技术的创新和产业结构

生物技术的地域集中化趋势也意味着“知识”的集中。大学和研发机构是当地知识和专业技术的集中地，为当地公司提供了潜在劳动力。知识溢出在许多情况下具有区域性，或由于这些知识基于隐性知识，或由于人们往往更熟悉本地内部知识系统的发展。例如，贾菲（Jaffe）及同事[29]的研究表明，大部分知识的使用范围是在知识来源大学的半径50英里范围内。生物技术在早期阶段的成功发展似乎需要相当多数量的隐性知识，而隐性知识往往依赖于短距离或面对面的交流。[30]

相对于当地知识溢出效应的影响，高级知识和研究的存在对生物技术集群发展影响更大。根据库克（Cooke）和他的同事们所进行的研究，[31]生物科学通常并不广泛使用非正式的本地隐性知识、面对面交流、非正式网络交流和其他间接的具有地域特性的资产，这些资产常常被认为具有非贸易性的相互依赖关系。[32]由于生物技术具体性和专业性的特点，通过社会关系或公司间的联系网络进行转移的知识并不太多。在生物技术集群建立的早期阶段，本土化效应似乎依赖于所谓的领导科学家，他们是研发的无价之宝，并倾向于在自己所在的大学附近扎堆。[33]

形成生物技术研究集群的另一个因素是生物技术研发具有越来越明显的多学科性质。在许多情况下，开发工作需要多元化认知技能的集合和跨学科的网络关系。这些元素最容易出现在相关活动集中的区域。[34]

库克和他的同事们所说的“挖掘知识”，即关于如何通过基础研究开发实际应用的知识。这种“挖掘知识”多次出现在集群中的原因是，小型专业生物技术公司（DBFs）依赖科研工作者对尚未编纂成文的知识进行开发，从而转化为商业产品或服务。那些兼具研究和产业经验的专家对新公司具有较强的吸引力。

在许多情况下，特殊服务也能发挥重要的作用。商业服务和特殊专业服务倾向于落户在关键客户的附近，导致该区域对新公司更具吸引力。即使研发公司间的知识交易很少，笔者仍建议这些公司与商务、专业和服务领域的其他公司进行互动。

生物技术公司倾向于落户在主要的大学、医院、研究中心附近，有时落户在与中小企业互动的大公司附近，主要因为大多数新想法和大学衍生公司起源于大学。然而，费尔德曼（Feldman）却认为，尽管大学对生物技术集群的发展是必要的，但仅仅有大学是不够的。[35]奥尔塞尼戈（Orsenigo）认为，即使大学对于生物技术研究集群是必需的，但仅仅有强大的科学基础不能保证新公司的成立和新产业的出现。[36]并且，大学衍生公司的数量与大学的资助或专利申请数量之间也没有明显的相关性。[37]

随着一个生物技术研究集群从“科学阶段”发展到商业应用，集群对大型主导公司的依赖性可能变得更强。规模较大的公司可作为熟练劳动力的人才库，需要特定的产品和服务投入，因而可能支撑小型的大学衍生企业发展。[38]已建立的大型企业也可以通过大学衍生企业或外包的形式，成为新的创业活动发源地。

地域集中与空间集群的机制在生物技术产业似乎特别明显。然而，有利条件的存在（如强大的科学基础和劳动力市场）还不足以解释产业在特定地区的发展。特定地区的有利条件可能会鼓励一个产业的建立，但它的增长是由其他因素决定的，即产业结构、技术变革、经济因素、机构变化和地方发展政策。

4.1* 成功的生物技术集群的典型特征

许多研究和战略文章都对生物技术行业发展所需的要素进行了分析，大多数得到了类似的结论。他们强调强大的科学基础、熟练的劳动力、支撑性基础设施、可获得的金融融资和服务的重要性。一项英国的研究[39]提出，下列因素影响生物技术集群的成功：

- 强大的科学基础
- 创业文化
- 不断增强的公司基础
- 吸引关键员工的能力
- 可获得的金融支持
- 适合的研发基础设施和前景
- 与商业支撑服务公司和相关产业的大公司距离很近
- 熟练的劳动力
- 有效的联系网络（如协会和集群委员会）
- 支持性的政府政策（国家、地区和地方层面）

尽管上述因素对许多行业产生有益影响，但在生物技术领域更加明显。生物技术是由科学驱动的，[40]这意味着集群经常出现在靠近关键知识中心的地方。这些地方通常是进行顶级研究的大学或公共研究中心。因为这方面的知识往往是隐性的，与个别研究人员或研究团队有关，知识的有效利用需要参与者在各层次建立密切的合作关系。

库克（Cooke）的研究表明，[41]由于集中在关键地点（大学和公共研究机构）附近，研究倾向于发展一条本地化的“生物科学知识价值链”（不仅仅是产业公司的集群，还与被称为“巨型中心”的当地知识中心建立联系，这种中心似乎少之又少）。与此同时，全球性“生物技术繁荣”意味着，许多国家和地区正在投资生物技术。这带来了几个问题：这些计划如何才能成功？稍小规模的或外围生物技术集群能否生存？芬兰图尔库的小型生物技术集群发展为这些问题提供了一些答案。主要数据包括对所获得的产业数据的详细分析，国家、地区和城市政府的政策文件，以及以往有关图尔库工业活动发展的研究，特别是在20世纪80年代中期至2004年之间进行的研究。在2002年的6个月期间，本研究对学者（科学家）、各层次政策制定者、公司首席执行官、公

---

* 原书只有4.1节，无4.2节。——译者注

司研发主管、市政府官员和经济发展机构以及行业增长综合组织等中介机构的参与者进行了36次详细的半结构式访谈。

5 图尔库案例：小型生物技术集群的发展

在芬兰，图尔库是继赫尔辛基之后的第二大生物技术活动集中区域，[42]其他生物技术中心地区为奥卢（Oulu）、坦佩雷（Tampere）和库奥皮奥（Kuopio）。芬兰也有许多从事生物技术相关研究与教育的大学。1996—2000年是芬兰生物技术公司数量增长最快的时期。图尔库经历了类似的增长期，许多生物技术公司都出现在20世纪90年代。[43]在1998—2000年成立的生物技术公司可被大致归类为生物医药公司（37%）、诊断公司（31%）、生物材料公司（13%）和“其他”公司（19%）[44,45]。然而，在过去的几年中，产业的增长几乎停滞不前，公司的数量也相对稳定。

图尔库地区在生物制药方面具有特别优势，但当地的公司也涉及诊断、生物材料和功能食品。2006年3月，图尔库地区大约有80家生物技术相关公司，员工有3000人左右。两家大型制药公司谢林（Schering）和奥立安（Orion）在图尔库进行研发。另有一些小型药物开发公司，比如，Tie Therapies公司、Hormos Medical公司（QuatRx公司的子公司）及Juvantia Pharma有限公司。这些公司与大学和服务公司共同形成了相对稳定的药品开发网络。

尽管图尔库生物技术发展非常迅速，但其产业根基源远流长。20世纪40年代，图尔库成立了第一家制药公司（Leiras & Farmos有限公司）。同时，Wallac股份有限公司也在该时期宣告成立［现为珀金埃尔默（PerkinElmer）集团的成员］。这些中型公司与大学合作的时候，这种合作在芬兰并不常见。一个很好的例子就是Wallac股份有限公司，该公司20世纪60年代就与大学开展合作，建立了多项与研究人员开展合作的机制。而今，这种文化似乎已经影响到其他公司。[46]同时，Wallac股份有限公司也需要专业人员支持，与大学的合作为他们开发这一资源提供了一个很好的机会。

历史更悠久、更大的公司提供了业务和发展方面的专业知识，并为大学衍生公司储备了劳动力。事实上，很多大学和规模较小公司中的关键人物在同时为这些大公司工作。许多想法也通过个别工作人员离职、建立新的初创企业，或者通过大公司常用的分拆战略而输出。

有几项研究指出，在生物技术领域，基础科学的表现、能力和广度可能是影响产业发展最重要的因素。[47]事实上，图尔库的科学知识基础并不是一夜之间出现，而是经历了20世纪60年代或70年代的发展时期，其生物技术相关领域的科学研究水平一直走在世界前列。大学衍生公司的成立在很大程度上要归功于与美国建立的紧密学术联系。20世纪70年代发生的分子生物学革命，图尔库的许多博士和医学博士在美国最好的实验室从事博士后研究工作。他们在国外学习期间，亲眼见证了商业化生物技术的诞生，见证了学者们参与医学生物技术商业化的不同方式。几个主要研究人员随后返回了图尔库，并开始建立生物技术中心和其他有前途的初创公司。

5.1 国家对生物技术研究和产业的大力支持

芬兰支持生物技术的模式被描述为“自上而下的科学引领战略”。[48]在芬兰，国家创新体系在生物技术领域发展中扮演了重要的角色。各类政府机构支持基于科学和资源密集型的产业。芬兰科学院支持基础研究；芬兰国家技术创新局（TEKES）为应用研究、开发和知识转移提供资助；芬兰国家技术研究中心（VTT）开展应用和合同研究；芬兰国家创新基金（SITRA）曾为小型高科技企业提供风险投资，尤其在20世纪90年代。[49]在许多城市，区域专业中心等公共项目协调资源并集中在主要产业上。许多国家生物技术创新体系的附属机构和组织位于赫尔辛基地区。

20世纪80年代末，教育部启动了第一个生物技术研究项目。此后，公共资金为各种研究和技术项目提供资金（特别是通过卓越中心提供给大学），公共风险投资的金额也大幅上升。大约40%的国家研发预算用于生物科学领域，芬兰国家技术创新局已经投资了大约9000万美元，占芬兰生物技术投资的27%；教育部也在大学创建了新的卓越中心。这些努力的回报是：在2000年，芬兰26个排名最靠前的大学院系中，有9个属于生物技术领域。

在图尔库，国家科学技术政策的影响也很引人注目。由于当地的参与者积极参加全国性发展计划，在一定程度上使得新成立的专门性大学研究机构获得了大量的公共资金。公共风险投资对新公司的成长起到了重要的促进作用。然而，在图尔库，国家机构被当作本地活动的资源，而不是新活动的发起者。直至20世纪80年代末，图尔库在生物技术产业方面一直不是很有知名度（与赫尔辛基等地区相比）。尽管图尔库生物技术的规模并不比赫尔辛基小，教育部还是于1987年发起了一项以赫尔辛基为中心的新生物技术研究项目。图尔库研究联盟对这样的“不公平”做法表示抗议，旨在提高图尔库生物技术活动知名度的非正式计划，对发展当地生物技术集群起到了积极作用。[50]

5.2 有助于集群建设的本地网络和计划

芬兰的生物技术发展不仅得到了国家政策的支持，而且得到了商业界、学术界、大学管理部门和市政府的支持。无论能否从所在机构得到战略支持，个体总是变革的推动者。虽然个人作为变革推动者的作用经常被忽略，但这一点很重要。[51]

图尔库创新网络的第一次变革发生在20世纪80年代中期。第一个改进生物技术研究的专门项目计划尤其重要。该项目开始于20世纪80年代中期的芬兰西南部生物技术项目计划（the South-West Finland Biotechnology Project，SWB）。大约在相同时间（1986年），新技术基金会（the Foundation of New Technology，FNT）成立。该组织是由大约30人组成的非正式组织。大部分成员来自产业界和学术界。新技术基金会成立的最初目的是建立图尔库的第一个技术中心——数据城（DataCity）。[52]

图尔库技术中心有限公司地方发展公司归图尔库市（90%）所有。它由两个子公司组成（100%所有权），即图尔库生物谷有限公司（Turku Bio Valley Ltd.）和资讯及通讯科技图尔库有限公司（ICT Turku Ltd.）。1989年，当数据城取得一定成功后，建立了生物科技城（BioCity），标志着图尔库进入了第二个发展阶段。抱有不同需求的人共同加入这项事业中：房地产行业看到了新的商机；生物技术公司看到了与大学合作及提升影响力的机会；大学也看到了获得更好的研究和教育资源的机会。1989 年，[53]市政府积极参与了 7 个科技园规划中的 5 个。而有趣的是在生物科技城（BioCity）的建设计划中，图尔库市政府没有参与其中。

生物科技城（BioCity）对图尔库的生物技术集群来说非常重要。它不仅仅是一个实体建筑，更是一个雄心勃勃的新理念。它的创始人希望通过聚集各领域的关键资源，在产业界和学术界之间创造协同效应。[54]由图尔库大学和埃博研究院（Abo Akademi）共同管理的新设施和实验室是该阶段的重要工程之一。大学的加入并非因为其拥有与创始人相同的愿景，而是为了解决资源缺失的问题。今天，图尔库生物科技城研究联盟拥有超过 50 个研究团队和 500 多名来自不同领域的员工。

20 世纪 90 年代，芬兰出现经济萧条，图尔库市政府寻求发展新的产业。相比奥卢、坦佩雷、于韦斯屈莱等芬兰其他中型城市，图尔库在发展本地经济方面起步较晚，这在一定程度上是受当地产业结构的影响，因为图尔库于 20 世纪七八十年代进行的经济重组相对于其他城市较不彻底。芬兰经济萧条和俄罗斯市场崩溃对很多当地企业都有重要影响，也使当地政府更重视经济发展。此后，图尔库积极促进以生物技术为代表的产业发展，并加大基础设施投入。图尔库政府鼓励生命科学研究和商业化，部分原因是图尔库不像芬兰其他中型城市那样已经拥有信息技术相关专业和产业。

当地政府支持了国家专家中心计划，该中心组织图尔库生物技术领域的合作。当地参与者有效地利用了国家和区域科学技术政策提供的机会。以生物技术作为城市市场主导主题的作用不可低估。

5.3 图尔库生物技术集群

图尔库成功建立了生物技术集群，但仍需要实质性的努力来确保其成功。下面将根据前述提到的生物技术集群的成功要素，对图尔库进行适应性分析：

- **强大的科学基础**。在最近进行的国际评估中，图尔库的基础科学名列前茅。
- **创业文化**。尽管当地成立了许多新公司，却没有形成浓厚的创业文化。
- **增强的公司基础**。在 20 世纪 90 年代后期，图尔库许多领域的公司都得到了快速发展。然而，图尔库近些年来并没有建成更多专业生物技术新公司（DBF）。
- **吸引关键员工的能力**。到目前为止，员工大多来自芬兰国内。许多公司都注意到图尔库城太小，不太能吸引人。
- **投资者的存在**。尽管国内风险投资（尤其是公共投资）弥补了国外风险投资的缺失，但缺乏跨国公司（MNCs）和国际风险投资（VC）。最近，国际风投资金（VC）不足的现象更为严重，造成了融资困难。
- **基础设施**。一般来说，研究和商业基础设施均建设良好。公共部门（特别是对图尔库城来说）最近支持了新的基础设施建设。由于大学经费紧张，这一点至关重要。
- **产业支撑服务和相关产业大公司**。大公司不经常使用本地服务。许多专业服务集中在赫尔辛基和国外。也有一些好的本地服务，但规模仍然很小。

- **熟练的劳动力**。到目前为止，当地大学提供了足够的新员工来源。该地区在制药和诊断方面具有传统优势，从而拥有一些有专业经验的人，虽然人数并不够。图尔库城市规模太小，不足以提供充足的劳动力。同时，当地在商业经验上也有所欠缺。
- **有效的联系网络**。本地网络能够有效运作。许多网络是基于地方需要自愿建立起来的，相比于政策引导的网络更为活跃有效，而政策引导的联系网络常常名不副实。将图尔库与世界其他地方相连接的网络非常广阔，这对研究和商业化有重要意义。
- **支持性的政策环境**。在为研究和产业发展提供资金方面，国家政策是非常重要的。本地政策越来越重视对基础设施建设的支持。大学政策在这方面则没有表现出倾向性。

图尔库克服了上述弱势，主要有两个原因：一是国家的大力支持，二是当地参与者使用内外部资源的能力。图尔库成功的因素可以总结如下：

(A) 建立了当地和国际联系的强大科学基础

- 来自历史悠久的大中型公司的专业知识为集群提供了经验和技能，而基于大学的初创企业在这方面比较缺乏。
- 公司早期与大学研究者建立了长期联系，从而建立了合作文化。
- 已有的科学网络和尖端的医学、生物学和化学的研究成果弥补了当地经验与机构的不足——如商业支撑服务、银行、咨询公司和风投资基金的不足。例如，与美国建立密切研究关系非常重要。
- 有国外经历的芬兰研究人员在一定程度上弥补了招募外籍员工的困难。

(B) 国家政策

- 充足的研究经费和教育支撑着科学基础。
- 芬兰国家技术创新局的科技计划支持研发。
- 公共风险投资在一定程度上弥补了国外风险投资资金的不足。
- 地方人才中心有助于建立联系网络。

(C) 本地计划

- 本地计划改善了基础设施，并改善了大学和研发公司的组织结构。
- 图尔库的成功对影响国家政策制定者投资生物技术至关重要。
- 图尔库生物（BioTurku）将不同的参与者聚集在一起，从而提高了本地生物技术集群的完整性。

尽管图尔库在弥补自身不足方面取得了一定成功，但仍然面临着一些问题。首先，较小的城市规模使图尔库很难维持本地服务。缺少外国风险投资也是一个潜在的问题，因为对生物技术来说，公共支持是有限的。虽然大学研究者与企业之间建立了密切联系，但技术转移机制仍不发达。此外，大学并没有一个明确的生物技术研究资本化策略。最大的问题是，图尔库缺乏完整价值链中的许多环节。在商业化和市场营销方面拥有专业知识的服务业、风险投资家和大型跨国公司屈指可数。而通常外部联系也比内部联系更加难以维护，成本也更高，对小公司来说更是如此。

6 讨论和结语

小型的外围生物技术集群可以在适当的条件下繁荣起来。一方面，当地必须存在强大的科学基础。另一方面，必须有一种弥补价值链缺失部分的方法。图尔库为生物技术产业提供了足够的条件。尽管图尔库的生物技术集群还很年轻，规模很小，且是边缘性的，其发展依然是成功的。这一成功取决于当地强大的科学基础，以及在医药和诊断方面的巨大优势。国家创新政策和强有力的地方举措对图尔库克服障碍都发挥了重要作用。

我们可以从芬兰经验中吸取几个方面的经验。第一，良好的教育体系很重要。有很多方法可以弥补价值链中缺少的部分。但是，若当地没有较好的知识基础，创立生物技术企业将十分困难。

第二，尽管在研发工作中引入有经验的人是必要的，但人力资本形成（受教育人群和研究团体）应该主要由当地人员组成。发展中国家很难与欧洲和美国主要研究中心竞争，但生物技术要求最及时可用的科学知识和专业知识。如果图尔库不能吸引来自国外的人，当地人应该到国外去学习，并建立国际关系网络，毕竟吸引外派人员回国工作要比吸引外国人容易得多。

第三，集群发展具有路径依赖性，主要是基于该区域的历史和现有能力。从零开始构建新的集群非常困难。因此，研究和创业活动应适宜于该地区现有的优势。在许多国家，这可能意味着要将重点放在有地区优势的特定领域，如农业或健康领域。一个强大的医疗体系带来的消费基础、灵感来源，以及测试和临床试验环境，对生物技术的发展至关重要。充分利用已有企业和大学的研发能力和专业知识同样重要。许多成功的新兴技术集群是在已有相关行业的基础上建立起来的。例如，图尔库的生物技术产业以已有的食品和医疗行业为基础，而硅谷的半导体行业则是以已有的电子工业为基础。

第四，地方和国家政策对新兴产业的支持非常重要，这一点在创新支持体系存在问题时特别明显。这种支持可以采取多种形式：用公共服务代替缺失的私营服务，开展支撑性研究，建立在职教育和研究体系，建立有利于初创公司的法律和经济环境，以及防止“人才流失”。

第五，个体的作用不应该被低估，在集群形成的早期阶段尤其如此。芬兰的经验表明，本地关键人物组成的联系网络提升了集群的整体功能，帮助不同的参与者达成共识。因此，给企业、大学和研究机构中的关键人物提供支持并促进形成合作网络是非常重要的。

外围小型生物技术集群确实有希望繁荣发展。然而，需要完善和加强政策支持来帮助这些小型集群克服各种困难。当然，如何实现这一目标仍然是个问题。到目前为止，“芬兰模式”运作得相当不错，但始终难以确定未来的政策和实践效果如何，或者在其他机制环境下的运作效果如何。此外，在生物技术这样的新行业，政府应该投资多少和实际投资多少也是长期困扰人们的问题。而这些做法不能确保取得成功。

致 谢

本章根据 Smita Srinivas 和 Kimmo Viljamaa[55]的一项研究撰写。该研究由麻省理工学院绩效中心指导，属于芬兰国家技术创新局（TEKES）资助的本地创新体系项目的部分成果。该研究也是由芬兰学院发起的项目——“城市发展隐形动力：网络、知识、愿景和权力的新兴图谱”（The Invisible Dynamics of the Urban Development Processes：Emerging Patterns of Networks，Knowledge，Images and Power）的部分成果（编号：78071）。

KIMMO VILJAMAA, *Research Affiliate, Research Unit for Urban and Regional Development Studies, University of Tampere, 33014 Tampere, Finland, kimmo.viljamaa@uta.fi and Consultant, Advansis Ltd., Itälahdenkatu 22 A b, 00210 Helsinki, Finland. kimmo.viljamaa@advansis.fi*

---

1 Cooke P. 2002. Towards Regional Science Policy? The Rationale from Biosciences. Prepared for Conference on Rethinking Science Policy: Analytical Frameworks for Evidence-Based Policy, SPRU, University of Sussex, 21-23 March 2002.

2 Breschi S, F Lissoni and L Orsenigo. 2001. Success and Failure in the Development of Biotechnology Clusters: The Case of Lombardy. In *Comparing the development of Biotechnology Clusters* (ed. G Fuchs). Harwood Academic Publishers (forthcoming).

3 Thorsteinsdóttir H, U Quach, DK Martin, AS Daar and PA Singer. 2004. Promting Biotechnology in Developing Countries. *Nature Biotechnology*. vol. 22, Supplement.

4 Critical I. 2006. *Comparative study for EuropaBio*. Critical I Ltd. www.finbio.net/download/criticali-2006.pdf.

5 Primary production refers to agriculture, forestry and fishing.

6 Tulkki P, A Järvenisvu and A Lyytinen. 2001. *The Emergence of Finnish Life Sciences Industries*, Sitra Report Series. Helsinki.

7 Biotechnology in Finland. 2002. *Impact Of Public Research Funding And Strategies for the Future Evaluation Report*. Publications of the Academy of Finland. November 2002.

8 See *supra* note 7, p. 15.

9 See *supra* note 1.

10 Malmberg A and P Maskell. 2001. The Elusive Concept of Localization Economies: Towards a Knowledge-based Theory of Spatial Clustering. ISRN working papers 2. 10. 2002. May 2001. www.utoronto.ca/isrn/working_papers.htm.

11 Moulaert F and F Sekia. 2003. Territorial Innovation Models: A Critical Survey. *Regional Studies* vol. 37 (3): 289-302.

12 Simmie J. 2001. Innovation and Agglomeration Theory. In *Innovative Cities* (ed. J Simmie). Spon Press.

Taylor & Francis.

13 See *supra* note 10.

14 See *supra* note 11.

15 Schienstock G and T hämäläinen. 2001. Transformation of the Finnish Innovation System: A Network Approach. *Sitra Report Series* 7. Helsinki.

16 The concept of knowledge spillover is based on the notion that knowledge cannot be totally appropriated and, therefore, knowledge may spill over across organizations. This is especially true when different organizations work closely in the same fields or have shared networks. Labour mobility, close observation, and information leakages typically provide knowledge spillovers.

17 See *supra* note 11.

18 Cohen W, R Nelson and J Walsh. 2002. Links and Impacts: The Influence of Public Research on Industrial R&D. *Management Science*, 48(1): 1–23.

19 Feldman M and Francis J. 2004. Homegrown Solutions: Fostering Cluster Formation. *Economic Development Quarterly*, May 2004 18(2): 127–137.

20 Kenney M and U Von Burg. 1999. Technology, Entrepreneurship and Path Dependence: Industrial Clustering in Silicon Valley and Route 128. *Industrial and Corporate Change* 8: 67–103.

21 Link AN. 2002. *From Seed to Harvest: The History of the Growth of Research Triangle Park.* Chapel Hill: University of North Carolina Press.

22 Sturgeon TJ. 2000. How Silicon Valley Came to Be. In *Understanding Silicon Valley: The Anatomy of an Entrepreneurial Region*, pp. 15–47. Stanford University Press: Stanford, California.

23 Sotarauta M and K Viljamaa. 2003. Mitkä tekijät tekevät kasvu keskuksesta kasvukeskuksen? In *Tulkintoja kaupunkiseutujen kehityksestä ja kehittämisestä. Kooste usean tutkimuksen tuloksista.* (Interpretations about development of city-regions: Compilation of several studies; eds. M Sotarauta and K Viljamaa). pp. 33–64. The Finnish Association of Graduate Engineers. TEK ry. Cityoffset Oy, Tampere.

24 See *supra* note 19.

25 Bresnahan T, A Gambardella and A Saxenian. 2001. "Old Economy" Inputs for "New Economy" Outcomes: Cluster Formation in the New Silicon Valleys. *Industrial and Corporate Change* 10: 835–860.

26 DTI. 2003. *A Practical Guide to Cluster Development: A Report to the Department of Trade and Industry andthe English RDAs by Ecotec Research & Consulting.* Department of Trade and Industry: London. www.dti.gov.uk/files/file14008.pdf.

27 See *supra* note 19.

28 Maskell P and A Malmberg. 1999. The Competitiveness of Firms and Regions, 'Ubiquitication' and the Importance of Localized Learning. *European Urban and Regional Studies* 6: 9–25.

29 Jaffe A, M Trajtenberg and R Henderson. 1993. Geographic Localization of Knowledge Spillovers as Evidenced by Patent Citations. *Quarterly Journal of Economics*, 108: 577–598.

30 Zucker L, M darby and M Brewer. 1998. Intellectual Human Capital and the Birth of U. S. Biotechnology Enterprises. *American Economic Review* 88(1): 290–306.

31 Cooke P, D Kaufmann and C Levin. 2003. The Biosciences Knowledge Value Chain and Comparative Incubation Models. Paper prepared for Regional Studies Association Conference on Reinventing Regions in the Global Economy 12–15 April 2003. Scuola Superiore Sant' Anna, Pisa, Italy.

32 Storper M. 1995. The Resurgence of Regional Economies, Ten Years Later: The Region as a Nexus of Untraded Interdependencies. *European Urban and Regional Studies* 2: 161–221.

33 See *supra* note 28.

34 Orsenigo L, F Pammolli and M Riccaboni. 2001. Technological Change and Network Dynamics: Lessons from the Pharmaceutical Industry. *Research Policy* 30:485-508.

35 Feldman M. 2002. The Locational Dynamics of the U. S. Biotech Industry: Knowledge Externalities and the Anchor Hypothesis. Plenary Paper for DRUID's New Economy Conference, June 2002. 4. 4. 2003. www. druid. dk/conferences/summer2002/Papers/Feldman. pdf.

36 Orsenigo L. 2001. The (Failed) Development of a Biotechnology Cluster. The Case of Lombardy. *Small Business Economics* 17:81-82.

37 See *supra* note 35.

38 See *supra* note 19.

39 Biotechnology Clusters. Report of a team led by Lord Sainsbury, Minister for Science. Department of Trade and Industry. August 1999. Internet Article 3. 2. 2003. www. dti. gov. uk/biotechclusters/bioclust. pdf.

40 Cooke P. 2003. The Evolution of Biotechnology in Three Continents: Schumpeterian or Penrosian? *European Planning Studies* 11(7):757-763.

41 See *supra* note 1.

42 Part of this section is based on: Srinivas S and K Viljamaa. 2003. Bio Turku: "Newly" innovative? The Rise of Bio-Pharmaceuticals and the Biotech Concentration in Southwest Finland. M. I. T. IPC Local Innovation Systems Working Paper 03-001.

43 Orava M, M Brännback, M Renko, S Suoniemi, S Söderlund and P Wiklund. 2001. Turun bioalan riskianalyysi [Risk analysis of the Bioindustry in Turku]. Innomarket, Turku School of Economics and Business Administration. FINBIO.

44 Finnish Bioindustries 28 November 2003. www. finbio. net.

45 Turku Biotechnology Strategy. 2004. Bio Turku. Unpublished policy document.

46 See *supra* note 42.

47 See *supra* note 2.

48 See *supra* note 1.

49 See www. research. fi for a more thorough description of the Finnish national innovation system.

50 BRuun H, M Höyssä and J Hukkinen. 2001. Networks of Ephemeral Empowerment: The Birth of a Biotechnology Centre in Turku, Finland, *Technology*, *Society*, *Environment* February 2001. Helsinki University of Technology Laboratory of Environmental Protection, 53-70.

51 Walcock SM. 2002. Analysing an Innovative Environmnet: San Diego as a Bioscience Beachead. *Economic Development Quarterly* 16 (2):99-114.

52 See *supra* note 50.

53 Höyssä M. 2001. Teknologiakeskusta tekemässä. BioCity-hankkeen vaiheet ideasta osaamiskeskuksen osaksi. [Making a technology park] Unpublished study.

54 See *supra* note 50.

55 See *supra* note 44.

第3.13章

麻省理工学院在推动集群形成和培育企业家精神方面采取的行动及作用

利塔·内尔森（LITA NELSEN）
美国麻省理工学院技术许可办公室主任

译者　沈慧芝　审校者　刘晓娜　李紫陌　欧阳石文　焉石　张熠　殷宏

摘　要

本章描述了麻省理工学院（MIT）技术许可办公室的机构设置、相关政策和实践经验。本章强调技术许可办公室在促进大学衍生公司发展中的作用，也凸显了生物技术集群在马萨诸塞州及其周边地区的重要性。本章还讨论了麻省理工学院在确保许可程序能最大限度地促进研究产生的药品和疫苗被外界所利用方面所采取的方式。

1　引言

无论对美国还是发展中国家来说，刚开展技术转移活动的大学和研究所并不能直接借鉴麻省理工学院的发展模式。相反，麻省理工学院的发展历程说明，一个成熟的机构是如何在半个世纪的时间里，获得了专利布局和技术转移方面的技能。麻省理工学院所在的剑桥市拥有优秀的创业氛围，受益于大学研发成果的科技型企业已经成为马萨诸塞地区经济的重要组成部分。麻省理工学院及马萨诸塞地区的其他主要研究机构，如怀特黑德生物医学研究所（Whitehead Institute for Biomedical Research）、哈佛大学、麻省总医院（Massachusetts General Hospital）、布列根和妇女医院（Brigham and Women's Hospital）以及波士顿大学，都为该地区的企业集群建设做出了贡献，也从集

Nelsen L. 2007. The Activities and Roles of M. I. T. in Forming Clusters and Strengthening Entrepreneurship. In *Intellectual Property Management in Health and Agricultural Innovation: A Handbook of Best Practices* (eds. A Krattiger, RT Mahoney, L Nelsen, et al.). MIHR: Oxford, U. K., and PIPRA: Davis, U. S. A. Available online at www.ipHandbook.org.

群的发展中受益。

麻省理工学院技术许可办公室[1] 乐于提供技术转移方面的经验及帮助，并为此感到荣幸。

1.1 历史和使命

在美国大学设立的专利和许可办公室中，麻省理工学院技术许可办公室是最为活跃的之一。目前，麻省理工学院拥有1500多项美国专利，其中许多是与国外合作的。

1980年，美国国会通过《拜杜法案》，授予大学享有联邦资助研发专利的所有权。麻省理工学院据此开展了技术许可方面的工作。《拜杜法案》极大地加速了大学开展技术许可的步伐，因为该法案赋予大学拥有联邦资助研发所产生的专利所有权授予独占许可，以及收取专利许可费并与发明人分享。美国大学基础研究经费中，有90%来自联邦政府，《拜杜法案》极大地转变了大学在技术转移方面的实践举措。

国会认识到大学的发现具有初期性的特点，从而出台了《拜杜法案》。由于大学不进行产品开发，所以其研发成果的商业化过程不得不依赖产业部门的早期投资。由于成果的使用性能和市场潜力均未得到证实，这样的早期投资具有高风险性。专利，尤其是独占许可，能够激励先发公司（first mover）开展投资：如果产品在市场上获得成功，专利可以在一段时间内保护初始投资者不受竞争的影响，获得最初风险投资的回报。

《拜杜法案》在经济层面激励大学和其研究人员就其发明申请专利，并参与技术转移。虽然技术转移所得的专利许可费对大学预算的贡献很小（对美国大学来说，平均约占大学科研预算的3%），但已有足够的经济回报支持技术转移，且相当大程度地激励了研究人员。对生物技术行业来说非常重要的是，技术转移过程采用了有组织、有效率的方法，以受保护的知识产权转移大学研究成果，形成新公司受保护的技术。大部分技术公司的投资者在投资前，必须确保公司具有专利和其他形式知识产权的独占许可，生物技术这样高风险、高投资的领域自然也不例外。

因此，通过许可知识产权，促进发明成果转化为公共利益。通过专利、许可和版权保护，进一步鼓励公司承担必要的风险，将发明转化为对人类有价值的产品和/或服务。从许可中获得的使用费可进一步支持研究，也可与发明人分享。这样，就激励了大学和研究人员开展进一步的创新。

每年，麻省理工学院本部的林肯实验室和怀特黑德生物医学研究所的研究经费超过12亿美元。这些受资助研究为麻省理工学院每年带来超过500项的发明。麻省理工学院技术许可办公室负责这些发明和软件的市场推广。该办公室的核心成员是一群经过技术培训并有商业背景的人员。他们与产业企业投资人士、风险投资家和企业家合作，寻找技术商业化的最佳方法。

麻省理工学院技术许可办公室成立于几十年前，起初叫作专利、版权和许可办公室。1986年，办公室进行重组，正式更名为技术许可办公室，由负责研究的副校长兼副教务长负责管理。当前，该办公室已成为大学学术机构的组成部分，其使命如下：

麻省理工学院技术许可办公室的使命是，通过技术许可推动麻省理工学院的研究成果为社会所用，带来公共利益。在此过程中，我们秉承学术原则，关注学生和教职员工的福利，遵循最高的道德准则。

通过开发新产品及促进经济发展，实现公共利益。
这将帮助麻省理工学院：
- 给资助基础研究的纳税人带来实际利益；
- 吸引教师和学生；
- 为研究提供产业支持；
- 获得可自由支配的收入；
- 为毕业生提供新的就业机会。

我们将在大学技术许可方面继续成为世界一流的卓越典范。

1.2 人员组成

技术许可办公室的人员组成情况如下：
- 利塔·尼尔森（Lita Nelsen），主任，化学工程技术背景（获得学士、硕士和工商管理硕士学位），在医学设备、薄膜分离和生物技术领域从业 20 年
- 杰克·特纳（Jack Turner），副主任，电子工程背景（获得学士学位），具有 18 年从业经验
- 7 名技术许可官员，均有工程或理科学位，具有 10~20 年的从业经验，分别负责 7 个技术板块中的 1 个，7 个技术板块分别为生物技术、化学、医疗设备、半导体、通信、软件和纳米技术
- 4 名技术许可助理，均有理学学士学位，其他相关经验较少或没有；技术许可助理协助技术许可官员开展工作
- 法律人士：1 名公司律师、1 名初级律师和 1 名法律助理。这些人员就许可提供建议，尤其是在公司架构方面，管理外部诉讼代理人，管理麻省理工学院在商标和终端软件方面的许可授权。专利诉讼则由外部律师和专利代理机构负责处理
- 财务和计算机系统人员：1 名财务经理、2 名会计、1 名程序员、1 名桌面支持管理员
- 办公室管理和文秘支持：1 名办公室主管、1 名合规主管（负责向政府进行事务报告）、3 名秘书、1 名接待员、1 名档案主管、1 名档案管理专员

1.3 专利和许可数量

目前，麻省理工学院有大约 1500 项专利处于有效状态，其中许多具有相应的国外专利。每年，麻省理工学院获得大约 150 项专利授权，拥有大约 600 项活跃的许可授

权，以及大约 100 项新的许可。

技术许可办公室的年收入大约是 4000 万美元，净收入约为 1000 万美元（减去了专利费用、人员费用及用于激励发明人的部分专利许可费）。

大部分许可面向现有公司，面向新的大学衍生公司的授权许可数量约占总许可数量的 25%，用于专门开发被授权许可技术。

2 技术许可办公室在商业界的作用

2.1 大学衍生公司的“虚拟孵化器”

每年从麻省理工学院会产生 20~30 家大学衍生公司。这些公司的基础均为麻省理工学院的发明成果，基于授权的专利许可和软件许可成立。而基于麻省理工学院生物医学领域发明成果成立的公司，构成了马萨诸塞州生物技术集群的重要组成部分（见下文第 3 节）。[2]

对于初创公司而言，我们的工作内容是进行专利申请，以及与公司就许可协议开展协商。尽管我们常常获得公司股份，作为专利许可费的一部分，但我们不占董事会席位或担任管理角色。这些限制条件是为了界限清晰地使公司独立于大学而存在。我们相信，这种角色分离的局面有助于大学聚焦基础研究、知识传播和教育。通过这些政策，技术转移管理实质上成为学术研究的重要副产品，而不会影响麻省理工学院的长期使命。

为了实现这一使命，我们需要采用清晰透明的利益冲突政策和措施（文本框 1）。由于衍生公司的数量比较大，因此制定严格的利益冲突政策是必要的（1987 年以来，麻省理工学院衍生公司的数量超过 250 个）。即使有如此多的公司，也不允许在管理上对各种规则存在例外的情况。我们的任务不是用这些规则作为威慑的武器，而是在这些规则的框架下，有效并创造性地进行管理。换句话说，我们在经营方面的座右铭是“在大学和产业间建立一道坚实的墙，而这道墙上开有许多扇门”。

我们并没有正式担任孵化这些大学衍生公司的角色。麻省理工学院并没有对这些公司进行资金投资；不允许公司使用麻省理工学院的实验设备；不撰写公司的商业计划，也不参与公司的管理。

文本框 1：麻省理工学院关于大学衍生公司的利益冲突条例
（2005 年 2 月修订）

1. 教工可以作为公司的咨询专家，但不可担任公司的管理职务。咨询过程中，教工不得使用大学资源，不得差遣学生。
2. 教工必须区分本人在大学职务范围内的研究方向与其在持股公司的研究方向。

3. 如果教工持有某公司的股份，麻省理工学院将不接受该公司赞助的研究经费。
4. 任何情况下，研究均不涉及保密事宜。所有研究成果均可公开发表。
5. 只有专利、版权和有形财产可以进行有偿授权许可（专有技术和商业秘密不可许可，以免影响公开发表）。
6. 教工不组织（也不参加）许可商谈。
7. 专家咨询属于教工和公司间进行的第三方行为，与授权许可无关。
8. 对后续发明（由先前许可专利衍生的发明）仅作出最低限度的许诺。不存在后续改进的直接许可（No pipelining of improvements）。
9. 拥有股权的教工/创始者需签署避免利益冲突声明，承诺：
   - 不接受公司提供的研究支持
   - 不阻碍研究发现的传播
   - 不要求麻省理工学院学生从事公司相关工作
10. 大学和公司建立的关系完全出于各自利益且不受对方的压力或胁迫。
    - 大学不对公司进行货币投资
    - 大学不占据董事会席位
    - 大学的财务主管负责管理股权，技术许可办公室不参与其中
11. 在尽责条款、支付专利成本费用和其他许可义务方面，技术许可办公室采用与其他公司相同的标准，不对麻省理工学院衍生公司给予特殊对待。
12. 各部门应对教工在专业领域外开展的活动进行年审。

常识：条例重点在于其所表达的精神（而非字面意思），由具有判断力的权威人士执行。

技术许可办公室的非正式职责范围更加广泛。我们将这种职责称为“虚拟孵化器”，鼓励成立衍生公司并加速其发展。在最初的许可协议中，纳入了对公司进行帮助的条款。在办公室运作的前几年，出于对新公司往往缺乏资金情况的理解，制定了非常慷慨的财务条款。同时，我们仅收取较低的专利许可费，因为我们深知在产品成功商业化之前，这些公司需要大量投资，进行开发并作出公司的关键知识产权。

对技术许可办公室和公司而言，定义“里程碑”或“尽责条款”是许可协议的一个重要组成部分。这些条款要求公司筹集最低数额的资本，并在产品开发方面取得进展。筹集资本方面的里程碑可以确保公司值得投资，获得外部市场的认可，有助于筹集足够的资金支持产品开发。

“虚拟孵化器”的职责还包括其他许多功能。与发明人会面，帮助他们确定公司的发展方向及他们自身的职业规划；将他们介绍给咨询顾问、执行人员候选人及其他的建议提供者，帮助他们制订商业战略、起草商业计划；通过长期与资本投资者之间的合作积累，还可以为发明人介绍有意投资新公司的风险投资者和天使投资人。

2.2 麻省理工学院学生在创业中的作用

麻省理工学院的学生，尤其是本科生的录取标准，有助于形成创业精神，以及毕业生对经济社会的最终影响力。在对申请入学的高中生进行评估时，我们不仅关注学术上的成就（例如，高分数和标准化考试成绩），也关注潜在的领导能力——一种孕育成功并影响他人的强度和专注度的能力。具有领导潜力的年轻人常常更具自信，有助于他们突破常规思维并迎接挑战——包括加入（或成立）一个企业的风险。

对这些学生（也包括他们在研究生院就读的“老大哥”和“老大姐”）的教育强调的是科学基础，而非短期应用。学生在其学习课程的早期阶段，便参与一流的研究项目。我们旨在培养具有领导力、具备扎实科学基础，并熟悉所属领域技术状况的毕业生。

在麻省理工学院的求学生涯中，商业模范榜样对这些学生产生了重要影响。许多教授和回校访问的校友，甚至不少同学都基于麻省理工学院的技术创立了公司。这些企业家向学生们展现了企业家思维。榜样的力量对发展创业文化具有重要作用；麻省理工学院和剑桥/波士顿区域有许多这样的榜样，使学生觉得“我也能做到”——这也是学生获得建议和策略的来源。

麻省理工学院的文化强调，对成功来说，承担风险是必要的。同样重要的是，“失败是学习的机会，而不是一个污点”。麻省理工学院相信，其学生具有承担风险和成功的能力。他们拥有的才能、精力和自信足以使他们快速地走出失败，从失败中汲取经验，拥有面对下一个挑战的能力。愿意承担风险并从失败中汲取经验是创业精神的关键。

2.3 与商业界互动

在大学技术转移过程中，一项重要组成部分是与相关企业维持各种合作关系，运用这些资源帮助大学衍生公司发展。对麻省理工学院来说，学院周边成熟的企业园区为衍生公司树立了典范。

麻省理工学院位于剑桥/波士顿区域，该区域为大学衍生公司的发展提供了基础设施。40 多年来，高科技公司在此地不断涌现。这里有许多管理人员、律师、会计师、咨询顾问、房地产经纪人，以及善于投入新公司工作的其他富有经验的从业者。同时，他们的圈子又是互相联系的，诸如麻省理工学院企业论坛、马萨诸塞州生物技术委员会（MBC）这样的社交网络平台加强了他们彼此间的联系。

最后，麻省理工学院开发了“知识化货币”（knowledgeable money）：除了提供资金上的支持，大学衍生公司的投资人还可以提供智慧、指导、人才管理经验，并为公司提供商业机会和后续资金支持。新一代高技术天使投资人（这些投资人具有成立公司的经验，并从这些公司中获利）正在向衍生公司提供知识经验、社会关系和资金支持。

也有一些风投资本面向技术型大学衍生公司。许多风投资本专注生物技术领域，与有生物技术领域从业经验的生物学硕士和博士开展合作，加强联系。

3 生物技术集群：来自马萨诸塞州的经验

对于那些参与技术转移的人来说，与有类似问题和挑战的其他人接触是有帮助的。剑桥/波士顿区域是美国的三大生物技术集群区域之一（生物技术集群指大量生物技术公司聚集的区域）。[3] 其余两大集群区域为：

- 加利福尼亚州北部旧金山湾区
- 加利福尼亚州南部圣迭戈/拉荷亚区域

许多因素造就了马萨诸塞州生物技术集群的形成和发展，其中研究机构发挥着决定性作用。该地区生物技术公司数量在 280 家以上，占美国全部生物技术公司数量的 20%。这些公司几乎均为最近 20 年内成立的小型创业公司，其中大部分公司成立于距今 12~15 年。根据马萨诸塞州生物技术委员会的数据，这些公司目前创造了 3 万多个就业岗位。此外，该区域还拥有超过 220 家医疗设备公司，额外地创造了 2.5 万个就业岗位。

3.1 生物技术集群的要素

基础研究早期阶段的支持主要来自美国政府。领军研究机构创新发现，形成知识产权，并培训科学家创立生物技术公司。在研究机构聚集的地方，新的公司也会孕育而生。这一过程伴随着生物技术公司和大型医药公司的同步发展，后者常常能为生物技术公司研发的药物提供必要的测试、生产和分销。

若想要形成强劲的集群，相应区域需要投资资本（以及有经验的投资者）、优秀的管理人员、训练有素的科学家和一系列专业人士的支持（包括律师、会计师、房地产经纪人及了解生物技术企业并能够协助公司成立）。本地有一流的机场与当地环境具有吸引高素质人才安家落户的竞争优势也至关重要。

马萨诸塞州剑桥/波士顿区域拥有数目惊人的世界级研究机构（包括大学和研究型医院）。这些研究机构在成立过程中大都得到来自美国政府的资助，尤其是美国国立卫生研究院（National Institutes of Health，NIH）。剑桥/波士顿区域从事的研究主要是生物学和生物医药领域的基础性研究。在 2003 年财政年度，马萨诸塞州的研究机构获得来自美国国立卫生研究院的资助超过 21 亿美元，约占国家财政资助总额的 10%。

这些研究机构为新兴生物技术公司的成立与发展提供支撑，包括新的发现、知识产权，为新公司提供知识丰富的科技咨询顾问。最重要的是，这些研究机构为新公司输送了训练有素的科学家。

3.2 自动供给式集群

虽然麻省理工学院拥有世界级的大学、相应的技术和知识产权成果，但集群创建之初仍很困难——创建集群没有简单的公式。然而，一旦启动，集群内部便形成了自动供给式的循环。生物技术集群通过下述方式实现自动供给：

- **榜样**。已经成立公司的企业家是榜样，他们能为新的创业者提供成功范例和建议。

- **管理/创立者**。新公司的管理者往往来自该区域的其他公司。早期在集群成立公司的员工在工作中获得相关经验，并对成立新公司产生兴趣。新公司也可以聘用集群中更早期公司有能力的员工。
- **留住应届毕业生**。集群中的生物技术公司鼓励邻近大学应届毕业生加入，并锻炼技能。
- **基础设施支持**。该区域的专利代理人、律师、会计师、招聘官、房地产经纪人、咨询顾问和设备供应商具有生物技术领域相关经验，能有效满足集群需求。
- **技术转移**。大学和其他研究机构在生物技术公司创立与管理方面不断积累经验。在此过程中，它们能够更有效地创立新公司，进一步强化集群。成功的技术许可和大学衍生公司带来财政收益，可以为申请更多的专利和更多机会提供资金支持。
- **天使投资人**。当地的天使投资人可以为集群发展提供技术、经验和资金支持，加快了集群发展。随着集群的成熟，早期公司的创立者经常成为新公司的投资人。

有的时候，风投资本会进入集群。在马萨诸塞州生物技术集群发展初期，来自本地的风险投资稀缺。大部分风险投资资本来自纽约、加利福尼亚或其他州的投资基金。随着当地高科技集群的发展（包含生物技术和通信），这些投资机构在马萨诸塞州设立新办公室，许多新的风险投资基金也在当地成立。当前，马萨诸塞州大部分新公司由当地风险投资机构注资成立。

4 结语

4.1 集群的重要方面

生物技术集群的成功依赖于许多因素。集群的起源与健康发展依赖于持续的先进科学资源，这常常来自大学和研究型医院所开展的基础研究。而基础研究的资金支持多由政府提供。私营部门不会为有风险的基础研究提供足够的资金支持，无法维持支撑集群发展的研究持续进行。

有效的技术转移也是集群成功的因素之一。大学所获科研成果在进行技术转移时，必须依靠相应的法律框架（是相对非官僚主义的），并提供足够的资金，以用于大学专利申请和知识产权保护。

形成新公司也需要集群内的商业基础。建立公司需要简单的法律制度作为基础，也需要咨询、财务和法律方面的建议及足够的物理空间。由于投资者和商务合作伙伴需要到公司访问，公司所在地的良好交通也十分重要。同时，投资资本是至关重要的。

对组建公司和后续集群的发展来说，人才是最为重要的，包括世界一流的领军科研人才、训练有素且富有才华的技术转移专家、企业创始人、为公司工作的科学家和管理人才，以及能为公司提供资金和指导的知识型投资者。集群的发展需要当地各类专业人士的支持，生物技术集群的建设需要整个社区的支持。一旦建成生物技术集群，集群可以实现自动供给，促进自身发展和社区的进步。

4.2 保证贫困人群可获得产品的政策

麻省理工学院一般仅在北美、欧洲和日本提交专利申请（有时也在中国、新加坡和韩国的电子工业领域提交专利申请）。因此，其申请的生物医药相关专利通常不会对发展中国家药品和疫苗的开发推广造成负面影响。

尽管如此，麻省理工学院依然高度关注健康相关新产品在发展中国家的开发和推广，在处理相关技术事宜时，会同时考虑到专利申请程序和许可条款。例如，有时候我们会考虑在一些发展中国家申请专利。这样一来，这些国家的本土企业便能在进一步开发我们技术的过程中保护自身投资。在另一些案例中，我们选择不在发展中国家提出专利申请，并禁止对这些国家进行专利许可。除非我们认为排他性许可能加强研发和推广，否则我们不会向这些国家进行这样的授权许可。在其他的协议中也可以要求向发展中国家的公共部门提供优惠定价。

我们没有用刚性的成文政策来指导处理技术的方式，相反，处理技术相关事宜的选择应该是开放式的，通过创造性地起草相关协议最大化技术的可及性。然而，由于没有医学院或公共健康相关学院作为支撑，导致研究的技术成果与被忽视疾病的关联性较弱，这类技术以及起草这种协议的经验略显不足。我们会在另一章中对这类技术的处理措施进行详细阐述。

LITA NELSEN, *Director, M. I. T. Technology Licensing Office, Massachusetts Institute of Technology, Five Cambridge Center, Kendall Square, Room NE 25-230, Cambridge, MA, 02142-1493, U. S. A. lita@mit. edu*

---

1 web. MIT. edu/tlo/www.

2 See also in this *Handbook*, chapter 3. 12 by K Viljamaa and 3. 11 by PWB Phillips.

3 See, in this *Handbook*, chapter 1. 3 by L Nelsen and A Krattiger.

第 3.14 章

建设研究型集群

——探索支持区域创新的公共政策

彼得 · W. B. 菲利普斯（PETER W. B. PHILLIPS）
加拿大萨斯喀彻温省大学政治学系教授
卡米尔 · D. 瑞安（CAMILLE D. RYAN）
加拿大卡尔加里大学传播与文化学院博士后研究员

▌译者 沈慧芝 ▌审校者 刘晓娜 李紫陌 欧阳石文 焉石 张熠 殷宏

摘 要

各级政府都对发展研究集群表现出了极大的兴趣，一些政府在这方面投入了大量资金，期望集群有助于本地和国家经济发展。考虑到集群的复杂性，本章旨在帮助政策制定者最大限度地发挥其效用。本章对各国及其集群发展潜力进行了分类，并阐述了构建现实集群过程的 5 个阶段。第一阶段是能力、资源和机会的评估。第二阶段是启动选择锚点战略。第三阶段是确定组织和机构领导者在集群发展中的引领作用。第四阶段是选择积极主动的策略。第五阶段是确定集群的生命周期和维持集群发展所需的策略。集群建设以知识为基础，与传统产业的发展有着本质区别。总之，构建集群需要发展全球网络。企业和经验丰富的员工对创新社区及其联系网络的兴趣更甚于对财政激励、公共基础设施或其他政府支持的兴趣。

1 引言

理论表明，有竞争力的公司及其相关行业通常集中在少数几个地方。与那些远离集群的相关企业相比，位于集群区域内的企业往往能创造更高的价值，提供更多的就

Phillips PWB and CD Ryan. 2007. Building Research Clusters: Exploring Public Policy Options for Supporting Regional Innovation. In *Intellectual Property Management in Health and Agricultural Innovation: A Handbook of Best Practices* (eds. A Krattiger, RT Mahoney, L Nelsen, et al.). MIHR: Oxford, U. K., and PIPRA: Davis, U. S. A. Available online at www.ipHandbook.org.

业机会，产生更多的创新成果，并从各种交易性或非交易性的相互依存关系中获益。这种获益包括相关或配套产业的规模经济、劳动力和资本市场的范围经济（economies of scope），以及竞争对手和合作者的知识溢出效应。[1]

根据一些分析人士的估测，规模经济、范围经济，以及或许最为重要的——隐性知识溢出所带来的利益，通常限于距离集群正中心的10~100英里区域内。考虑到这些集群能为所在的城市、地区和国家带来益处，各级政府都十分愿意采取各种措施，促进集群发展。

尽管在很多问题上的意见并不一致，但分析结果普遍认为集群是复杂的。以知识基础为驱动力的产业演进、全球市场变化，以及地缘政治力量变化影响着集群的发展和成功，集群具有多样性，对其特征的解释各有不同。此外，集群存在循环周期，有时需要进行大量资金、时间和资源方面的再投资（公共领域、私营领域或二者兼有）。在另一些情况下，集群则提供高比例的回报。没有千篇一律的方法或措施能够用于集群的开发和管理。

假设集群是动态并具有生命周期的，对集群创新能力的评估和支持需要考虑许多重要因素。本章中，作者首先考察国家及其集群发展潜力的分类方法，继而聚焦集群构建过程中的5个阶段。第一阶段是使用一系列常用分析工具来评估集群发展潜力。相关工具包括了各类度量参数，以及社会网络分析和新兴市场分析等更通用的分析工具。第二阶段是进行战略选择的阶段。第三阶段确定并动员区域内的参与者或组织方（来自公共、私营或其他领域）在集群中发挥引领作用。第四阶段从一套积极策略中选择最佳策略，以鼓励公司集群化发展。第五阶段确定目标集群的生命周期和维持集群发展规划所需要的策略。

2 背景

根据马舍尔卡（Mashelkar）[2]的观点，在任何情况下构建本土技术能力都需要满足一些条件，这些条件包括有利的政策环境、企业家精神、创新文化建设、技术获取（必要时，需要通过国际技术转移提供技术支持）、受过教育的熟练劳动力，以及“边干边学”的心态。尽管马舍尔卡以发展中国家为视角研究本土技术能力，但他提出的方法不仅可以用来研究发达国家和发展中国家间的差异，也可以用于研究发达国家内部和不同发达国家之间存在的差异。

针对医药卫生及健康相关组织，摩雷（Morel）及其研究团队[3]提出了用于评估经济实力和创新能力的分类方法。根据这些组织发展的3个阶段，他们提出了6个维度（制造能力、国内市场、出口市场、研发能力、知识产权制度和药品监管体系），用于综合衡量发展中国家取得创新成果的能力。我们对该分类体系进行了调整，以评估不同类型国家在支持集群发展方面的能力（见表1）。

大部分国家都可以被明确归入马舍尔卡提出的4个象限之一。第一象限由领先的工业国家组成，如美国、加拿大、澳大利亚、日本和欧盟国家。第二象限由人均收入相对较低，但创新能力较高的国家组成，包括韩国、中国、巴西、印度和一些东欧国家。第三象限由资源丰富，并依赖资源发展的国家组成，如中东国家等。第四象限由发展中国家组成，包括东南亚国家、撒哈拉以南非洲国家、南美洲国家和中美洲国家。

表 1　国家关键集群能力分类

	第一象限国家	第二象限国家	第三象限国家	第四象限国家
经济实力	高	低	高	低
创新能力	高	高	低	低
综合性集群政策	领先	初创	不适用	不适用
正式集群出现率	高	中	低/无	低/无
专业化程度	高	中高	中低	低

来源：根据马舍尔卡[4]和摩雷及其团队[5]的研究成果编制。

第一象限国家在经济实力、创新能力方面的排名很靠前：根据大部分衡量标准，它们拥有的集群数量最多，并且是集群发展最积极的支持者。对美国的进一步研究显示，160 多个集群集中分布在该国 25 个州，既涉及狭窄的类别，例如石油和天然气（如路易斯安那州）或枪械制造（如南达科他州），也包含更宽泛的类别，如生物技术[6]或生命科学[7]等。此外，9 个州的立法机构已将通过集群路径发展本州经济的政策[8]写入或建议写入法律。另有 7 个州[9]则制定了基于集群的非立法性经济发展战略。相比之下，加拿大虽然没有出台正式的全国性集群政策，[10]但大多数省份已经在其行政管辖范围内对集群开展调研，并试图提供支持。在加拿大，9 个行业领域中至少有 25 个集群或新兴集群。[11]澳大利亚已经出台一项全国性集群政策，主张用战略性、前瞻性的政策替代当前自由放任的政策，但该计划尚未正式实施。[12]

第四象限国家在经济实力和创新能力方面排名较为落后。这是由一系列的限制条件引起的，包括薄弱的基础设施建设和不完善的知识产权制度。然而，一些集群活动正在兴起。撒哈拉以南非洲地区出现了一些工匠型或贸易型小型集群（如肯尼亚的服装业集群）。[13]然而，这些集群的专业化程度低，集群成员通常由“小商品生产者”组成。[14]这些国家采取的另一个措施是建立出口加工区。20 世纪 70 年代早期，毛里求斯成为第一个建立出口加工区（EPZ）的撒哈拉以南非洲国家。[15]在 20 世纪 90 年代，尽管亚洲受到金融危机的影响，印度尼西亚、马来西亚和泰国等国家仍通过加强工业出口促进了经济发展。

中间象限国家（第二和第三象限）包括在经济实力和创新能力方面处于中低水平的国家。集群如果存在，通常呈现较低的技术或工业应用水平。韩国在这方面则是一个特例，虽然被归为第二象限国家，但韩国在电影动画、信息技术和数字媒体等专门领域的集群能力已处于领先水平。[16]同样，中国和印度的经济实力和创新能力也在不断增长。在印度，联合国工业发展组织（the United Nations Industrial Development Organization, UNIDO）和国家政府为 350 多个小规模工业（SSI）、农村集群和手工业集群提供支持。在班加罗尔，印度建立了世界一流的生物医学研究和软件工程研发集群，成功得到公众认可。[17]一些中东国家虽然在经济实力方面名列前茅，但其经济发展往往完全依赖石油和石油化学产品等自然资源的开采和加工，科技能力相对局限。[18]

简言之，虽然第一象限国家拥有更加强大和更大数量的集群，但所有国家均拥有从集群中获益的潜力。各地区需要对自身能力和发展机遇进行评估，以便对创建集群的领域、具体实施策略及支持当地集群的主导者进行战略选择。此外，上述选择需要考虑到具体国家和地区的能力及发展机遇。

2.1 步骤1：评估

对能力、资源和机遇进行评估是集群发展中需要进行的第一步，也是最为重要的一步。评估并拟订发展计划十分重要，却缺乏强有力的工具。在评估集群能力和潜力的过程中，行之有效的试金石并不存在。人们使用了许多方法，包括从临时咨询到正式咨询和意见形成，从对集群能力进行描述性或制度性的评估和分析，到以行业数据开展实证性数据统计分析等。如果想要真正理解和评估集群的发展潜力，可能需要定量和定性方法相结合来进行分析。

考虑到集群具有某种程度的自我定义特性，通常使用的评估方法是召开行业、专家或社区层面的讨论，以确定共同的利益和发展机遇。虽然这种方法有助于确认有意愿加入集群的参与者，或至少是有意愿的公司，但只能作为评估的起点。首先，人们可以通过这样的方式确认兴趣方和参与者的数量是否足以创建集群。这一过程也有助于确认当前交易性或非交易性依存关系的规模和范围，对社区发展所需或所带来的联络网络关系进行规划。但这种方法往往面临以下风险：参与者要么受从众思维的影响（所有人都跟随最重要或发声最大的参与者），要么为讨论本地发展的各种可能性花费精力。根据当地能力，有两种方法得到了尝试。

另一种常用的分析方法是关注产业、供应链、技术或市场中各机构的组成和引领能力。一般来说，集群代表着在特定区域内高度聚集的人员和行业活动。因此，针对集群的定量分析，应采用相对于衡量标准或相关区域能够反映其集中度的指标。任何定量方法都需以中心位置理论作为核心基础理论。该理论是解释人口规模和空间分布的地理理论。这一理论的立足点为，集中化体现了人类秩序的自然原则，而人和机构之间的嵌套层次结构将遵循这一原则。[19]在这种理论背景下，许多社区将布局一系列产业（如领军公司和供应商）、供应链（从投入品行业到生产到运输、批发和零售贸易的链接供应商）和功能性参与者（金融、市场营销、研究和劳务服务领域）。

上述两种方法适用于所有象限国家。如果可以获得数据（越发达的国家越容易获得），也可以采用许多其他方法，包括区位商（location quotient，LQ）测定、偏离-份额分析和新兴产业集群分析。

区位商（LQ）通过比较区域某一特定产业的相对份额与该产业在参考经济体中的相应份额，对竞争力作出衡量。这种方法确定了特定区域经济的专业化程度。作为一种应用广泛的经济分析方法，区位商测定为投入-产出分析提供了更复杂的模型。[20]当区位商小于1时，表示当地产业份额和名义竞争力较低——换句话说，当地产业活动的份额小于所在区域或国家的均值，或在所属的更大区域或国家中不具有竞争力。当区位商等于1时，表示当地产业份额与基准值相同。当区位商大于1时，表示当地相对于其他地区或整个国家来说具有较强的竞争力。采用类似的方式，区位商测定可用于计算某地区相对于所在国家或州的工资水平。此外，区位商测定可用于评估集群或区域所受的政策影响（如联邦资助计划或科学技术支持）。如果支撑活动的区位商显著小于1，而集群的区位商大于1，就需要对集群进行重新定位，使其发展更符合自然竞争力。波士顿咨询集团（Boston Consulting Group）用这种方法每年对当地区位商的变化开展研究，用于测定区域在特定产业领域的专业化程度。根据研究结果，波士顿咨询集团将集群分为4类：明星集群（呈现专业化态势，且专业化程度不断增加）、成熟集群（呈现专业化态势，但专业化程度不断下降）、初创新兴集群（尚未形成专业化态势，但专业化程度不断增加）和转换型集群（未形成专业化态势，且专业化程度不断下降）。随后，该方法被用于分析印第安纳州的集群数据：对印第安纳州15个集群的分析结果显示，大多数集群属于明星集群或转换型集群。[21]

为了确定国家经济发展情况、产业组合格局和当地竞争力对某区域就业情况的影响，常使用偏离-份额分析法。该方法将经济增长分成3种组成成分，即国家增长、产业结构和区域竞争力。[22]偏离-份额分析工具由3个成分或方程式组成。3种组成成分中，第一，国家增长衡量的是国家经济发展对所在地经济发展的拉动作用；第二，产业结构衡量的是当地产业相对总体经济表现的增减量；第三，差异偏离衡量的是自然资源等经济优势或低工资水平等经济劣势导致当地经济的变化。20世纪80年代，偏离-份额分析法用于研究分析对美国南部经济增长构成。[23]最近，该方法则用于分析新加坡在出口方面的竞争力水平。[24]

新兴集群分析法是被更广泛使用的工具。该方法首先通过就业水平确定主导产业或快速增长的新兴产业。该分析方法对一段时间内某地区与所在区域、州、省，甚至所在国家的就业情况和工资变化水平进行比较。如果就业和/或工资的净变化值大于或等于100%，则认为集群正在兴起。如果该数值居于0~99%之间，则认为集群相对稳定。而当该数值小于零时，则认为集群是成熟的。[25]

社交网络分析法（Social networks analysis，SNA）是另一种用于集群分析的诊断工具。它主要用于收集并分析个体间关系的数据，但研究范围不限于这些关系所带来的经济后果。根据威尔曼（Wellman）的观点，“社交网络分析法可以有效地解释资源、社会行为和社会经济效应方面存在的差异”。[26]社交网络分析法专注于代理人、集群节点和参与者之间的辩证关系，使无形的工作变得可见。[27]当应用于知识管理时，社交网络分析法可以识别网络中的交互和知识交换流向，以展示知识密集型工作的开展方式，阐明网络中复杂的交流渠道。作为一种分析工具，社交网络分析法将“参与者和参与行为”视为“相互依赖”的单元，并承认参与者间的“关系”是“资源转移或流动的通道”。社交网络分析法也可以成为“个体行动的机会或限制”，这与传统经济方法背道而驰。[28]社交网络分析法有助于识别跨界者、知识守门人和知识瓶颈，以及利用不足和利用过度的个人或组织。通过社交网络，许多元素得到协调（如工作场所环境、俱乐部和会员资格），这使社交网络分析法具有广泛的适用性。事实上，可以使用多层次的分析方法：二元体、节点本身，甚至分析整个网络。整体关联矩阵（代理人交互矩阵或代理人-事件交互矩阵）可被作为分析对象，也可仅被视作邻接矩阵中的一个变量，用于探究变量间的相关性。

社交网络分析法有助于解释社会环境中无法观察到的现实情况。密集度（density）用于衡量某社会环境中实际可操作的潜在关系数量（不同角色之间的配对）。理论上说，社区发展需要一定的密集度，但密集度过大的社区会扼杀创新和变革。集中性（centrality）概念强调特定角色的重要性和整个社交网络的层次等级。集中性是用于“描述和度量社交网络中‘角色位置’的属性”。[29]集中性（用于节点层面）由3个度量组成，每个度量都回答不同的理论问题。高度集中性意味着参与者、代理人或节点间存在密切联系，具有较高的权力水平或非正式领导能力。高亲密集中性建立在高度集中性的基础上，但也注重节点之间的距离。中度集中性确定了网络中流向的关键路径，并识别具有更密切动态关系的主导节点或代理人。集中性不仅涉及代理人或节点拥有联结关系的数目，也涉及与之建立联结关系的代理人或节点的集中性程度。[30]节点或参与者的权力可以用其在给定网络中的位置函数来衡量。[31]对社交网络分析法来说，特征向量是有用的衡量工具。具有高特征向量集中性的参与者或代理人与许多角色建立了联系，这些角色又与许多其他角色建立了联系，这就增加了参与者或代理人所承担的风险和/或享有的机会——这就是它们的权力指标。[32]虽然社交网络分析法需要大量数据，但许多数据通常有可用的代替物。共同出版物（文献计量学）和共有专利（技术计量学）经常被用作成员社会互动的代替物。[33]

在许多国家或地区中，这些测量和分析方法都有不同程度的应用。表2展示分析了对全球若干地区区域能力的分析和评估所得到的临时评估结果。进一步的研究表明，当在一个区域内对多个集群进行分析时，需要使用更多的分析方法，其中专业化或基于知识的集群通常需要用到更复杂的综合分析方法。举例来说，在对明尼苏达州（低技术）产业集群进行分析时，仅使用了区位商和投入-产出分析；而在对爱荷华州更先进的技术集群进行分析时，则用到了更多分析方法。社交网络分析法不常被用作集群分析，部分原因是该过程需要大量的资源和时间，且还需要收集原始数据，大多数从业者认为这种做法是不实用的。过去的实践经验表明，投入-产出分析和描述分析是探索集群时最常用的方法。此外，进行区域或集群选择时，区位商是最常用的定量工具。

表2　特定国家区域的集群分析方法

集群或地区	知识密度	偏离-份额分析	区位商	新兴产业分析	社交网络分析	投入-产出分析或描述分析
印第安纳州（1）（多个集群）	中-高	√	√			√
爱荷华州（2）（多个集群）	高	√	√	√		√
宾夕法尼亚州（3）（多个集群）	低-高	√	√			√
明尼苏达州（4）（多个集群）	低		√			√

续表

集群或地区	知识密度	偏离-份额分析	区位商	新兴产业分析	社交网络分析	投入-产出分析或描述分析
加拿大社区（50+社区建模与分析系统）(5)	低-高		√			
卡尔加里无线电集群 (6)	高		√			√
米西索加信息和通信技术（ICT）集群 (7)	高		√			√
魁北克光子学集群 (8)	高				√	√
萨斯卡通油菜研究集群 (9)	高				√	√
新加坡出口产业 (10)	低-高	√				

来源：数据来源详见尾注。[34]

无论使用何种方法或工具来分析指定的集群，结果的有效性均取决于数据的质量。通过北美产业分类系统（North American Industry Classification System，NAICS）的行业代码，对生物技术等知识驱动型行业数据的收集有所不足。此外，对于如何将多个行业代码分离或组合在一起，以最好地表示集群，目前还没有形成一致的意见。集群边界，尤其是先进技术领域，不能用传统意义上基于产品的产业或领域边界来定义。这种局限性在生物技术领域中尤为突出。

2.2 步骤 2：选择集群战略

从波特（Porter）提出的产业管理理论开始，表 3 概述了历史上划分的各种集群定义。不同的集群类型提出了不同的需求，需要不同的领导方式和发展策略，其中一些方式与某类国家的契合程度更高。发达国家和发展中国家中的经济发展机构经常将波特提出的广义通用方法应用于集群，并根据特定地缘政治区域的需求对该方法作出调整（参见第 3.12 章的案例）。尽管当前对集群的功能和运作方式缺乏共识，波特理论还是迅速被世界各地的相关人员采用。

波特的产业管理理论重点关注在当地和地区内具有竞争性和合作性公司之间的关系。这些公司通常没有特定的产业、产品或技术核心。当某地区有许多依赖范围经济和规模经济的高竞争力企业或供应链时，这些类型的集群就会兴起。波特强调，此类集群的成功典型是该群体要么拥有需求旺盛的本地尖端消费者，要么与此类消费者建立了强有力的联系。世界上鲜有国家能满足这一条件（第二、三、四象限的国家，甚至澳大利亚、加拿大、新西兰等第一象限发达国家也不能满足这一条件）。从这个意义上说，在美国、欧盟国家和日本等第一象限国家创建这类集群，更有可能取得成功，这些国家都拥有庞大、富有、需求旺盛（引领潮流的）本土市场。

以技术、产品供应链或产品市场为中心的不同集群，其产品/市场、旗舰公司和价值链模型均存在差异。此类集群中的公司在寻求更高的效率时，会以正式或非正式的方式建立与其他竞争性和互补性公司在本地和地区层面的依存关系。随着时间的推移，各种类型的非贸易依存关系随之出现，各成员间的关系进一步加强。这种模式可能更适用于产业范围更广的国家，因为无论本地能力如何，所有经济体都通过某种形式的供应链或产业结构，从根本上与某技术、产品或市场建立联系。这 3 种模式的不同之处在于谁起引领作用。产品/市场集群中往往没有单个正式的主导者；而是由不同公司和城镇领导者共同努力，构建集群发展所需的基础设施，发展规模经济和范围经济，以实现集群的潜力。实际上，许多集群由单独一家旗舰公司或国家领军企业主导。价值链模式中，某些“集成商”（integrator）通常起到领导作用。这取决于供应链性质的不同：主导者可以是最活跃的企业；物流、批发或零售商；某些关键技术、基础设施或供应链中产品的所有者；也可以是某个产业、技术、研究、教育或金融机构的领头羊。此类模型可以扩展至所有类别的集群。

表 3　集群的类型、定义和示例

集群类型	定义/描述	案例
产业/管理集群	合作性和竞争性公司、供应商、服务提供商和相关机构在特定区域聚集 以产业间的依存关系为基础（供需联系）	意大利纺织品区，第三意大利[36]
产品/市场集群	特点是在增值生产链中相互依存的公司、产生知识技术的机构，以及相互联系的客户形成的生产网络	意大利鞋类集群 澳大利亚葡萄酒集群
旗舰/公司集群	集群由跨国公司主导或发挥锚点作用；作为旗舰公司参与	孟山都公司领导的密苏里圣路易斯生物带集群
价值链（横向和/或纵向）集群	包括终端市场生产者、直接或间接参与贸易的第一、二、三产业供应商（价值链集群是更广义的投入/产出链或购买者/供应商链。集群包括多个领域和产业） 地理聚集公司和机构的市场体制及非市场联系（该联系使供应商和竞争者得以在商务流程、购买投资、战略制定和技术研究方面开展合作）	硅谷 波士顿生命科学集群
网络集群	在无形的市场灵活性与可见的组织或政治调控之间的区域最突出	生物谷（连接法国、瑞士、德国）
创新中转集群	创新供应链中不同链接阶段的专属地理区域（例如，研究、开发、孵化和应用）	萨斯卡通油菜研究集群（加拿大）

来源：根据菲利普斯（Phillips）相关研究改编。[37]

最后，有些集群是根据它们在开发知识方面的作用进行界定的。在欧洲和美国的大型中心，网络化模式变得越来越普遍。相关案例包括世界级的大学（如旧金山的斯坦福大学和加州大学伯克利分校）、关键研究机构（瑞士的欧洲核子研究中心），以及大型跨国公司的总部和研究中心。玛勒巴（Malerba）[38]针对网络模式区分了两种独立创新体系。一种类型以计算机软件产业为代表，其构建基础是灵活的中小型公司网络。这类系统常常共存于知名的产业区（如硅谷），并有一系列商业风险投资公司和天使投资人参与。这些社区的公司通常具有显著的可变性，且发展态势迅猛。另一种类型可能更好反映生物技术领域的特征，以从事研发及商业化的大学、公共研究实验室和大型公司为基础。这种模式目前仅限于大型集群，仅存在于美国、欧盟和日本（可能也出现在澳大利亚墨尔本和加拿大多伦多的大型研究中心）。随着集群的发展，这种模式迟早会引起侧重技术开发应用的其他象限国家的注意，特别是人口众多的第二象限国家（如中国、印度和巴西），它们正强化运用、适应并大力发展新的技术。

一些规模较小的研究密集型社区专注于更小范围的创新领域，通过在特定地点成为某领域专家来形成比较优势，采用另一种“创新中转”的模式。虽然该模式[39]需要大型网络集群的大部分元素，它仍然依赖小型、灵活和高度专门化的联系网络为当地所带来的比较优势。这对于许多社区来说都具有吸引力，因为它不要求网络模式的规模，在大部分国家都基本可以得到实际应用。专注度高和强大的网络关系比规模更重要。这种模式面对的挑战是，它需要人才、知识、技术和产品的高度贸易能力，这给它在第三和第四象限国家的推广造成了困难。因为这些国家在经济、法律、社会、文化和物质层面，仍存在贸易流通方面的一系列障碍。

2.3　步骤3：找到机构和组织的主导者

根据产业生命周期不同阶段的主导活动，参与者提供不同层面的主导作用。大多数集群的主要参与者是大学、公共部门实验室和机构以及私营部门。前两类集群——基于波特的产业管理模式和产品、市场、价值链方法——往往由私营公司主导；同时，根据创新速度，更具创新性的网络集群或中转集群，则由不同的参与者主导。齐柏尔曼（Zilberman）及其研究团队[40]对农业生物技术进行了概念性分析，提出了一个五阶段的线性发展过程（包括发现、开发、孕育、生产和市场化），不同的参与者（大学、公共实验室和公司）在不同阶段发挥着主导者的作用。早期阶段，公共实验室和大学往往占据主导地位，而企业此时除了营销研发产品外几乎没有做出贡献。该模式表明，随着技术的成熟，企业的贡献越来越大，将越来越多地处于主导地位。

几乎所有的学者和业界人士都认为，竞争性、营利性的公司是任何集群的核心。尽管一些集群似乎能够在没有明确主导者的情况下运行，但许多学者指出，那些最强大的集群是以跨国企业（multinational enterprises，MNEs）为中心形成的。[41]鲁格曼（Rugman）和狄克鲁兹（D'Cruz）[42]提出，跨国企业经常在联合业务和社交网络中担任旗舰角色，为合作公司的战略性增值服务提供引领、指导、协调和管理服务。他们的研究成果表明，世界上最大的20家跨国企业（基于收益和全球影响力定义）中，有14家设有家族式管理机构，制定了区域发展战略并拥有强大的区域网络。加斯曼（Gassman）和加叟（Gaso）[43]认为，无论跨国企业是否为家族式企业，它们都可以在集群中作为知识经纪人。一些跨国企业以实体形式提供信息：他们在世界各地的许多地区设立“监听站”，并在全球发布信息。其他跨国企业则通过新技术、新工艺和新产品等方式转移知识。无论使用何种方法，公司都是集群发展的必要条件。

集群区域中的大学也可以直接或间接地推动技术集群的发展和成功。根据尼奥斯（Niosi）和巴斯（Bas）[44]的研究，分散的横向政策*可以间接地激励新兴技术和产业集群的创新。这些政策包括建立政府实验室和研究型大学等。作为技术人才的输出机构，大学以直接和间接的方式起到“人才”和“业务”磁铁的作用。此外，大学出版物能够为本地和非本地知识提供交流渠道。大学的传统功能是产生和传播基础性或探索性知识（原理知识），并培养熟练的学术和技术人才。然而，这些传统角色正在演变。正如库克（Cooke）[45]所说，强大的本地科学基础需要以区域商业联盟和学术团体内部形成的企业家文化进行补充。他进一步指出，“……对生物技术产业来说，科学基础是一块磁铁，即便只是起间接作用”。这一观点在已有研究中得到了印证。先前的研究表明，多元化的知识基础（尤指学术知识）是在生物技术等知识型领域开展本地化创新活动的先决条件。[46]尼奥斯（Niosi）还提出，大学是集群以“良性循环”方式运作的基本要素——领军人才成为企业家并创办衍生企业。[47]

区域的主导者并不局限于组织和公司，还可以是一些关键的个人，比如该区域的代表或民营企业家可以作为区域变革的推进者。例如，罗伯特·蒙达维（Robert Mondavi）在加利福尼亚州纳帕谷（Napa Valley）创立葡萄酒集群，改变了当地的产业面貌。当时该地区已存在一些葡萄酒生产商，但大部分都不分享运营情况。蒙达维向游客、顾客和竞争者打开了他的酒厂大门，有效地将当地的葡萄酒产业转变为一个汇集知识和多元产品的开放平台，最终为该地区带来了成功。[48]

最后，合作性的主导者能够成为一些区域的竞争工具之一。例如，生物谷网络（位于法国、德国、瑞士交汇的莱茵河谷）自1996年启动，是因为瑞士巴塞尔的汽巴-嘉基公司（Ciba-Geigy AG）和山德士-盖吉公司（Sandoz AG）合并成立诺华制药（Novartis AG），这次合并导致当地一批员工下岗。因此，重要人士和机构都在积极倡导复兴。生物谷概念最初是由格奥尔格·恩德雷斯（Georg Endress）和汉斯·布林尼（Hans Briner）提出的，旨在将该地区重新打造为致力于生物技术和化学技术的“硅谷”。

公共部门/私营部门的参与者及个人之间的合作或协作对创新具有重要作用。在项目建设和创新地区构建中，通过合作伙伴关系相互启发，有助于公共部门了解市场需求，并为企业利用基础研究提供支持。

2.4 步骤4：策略选择

尽管许多目的性强、有针对性的策略，对集群发展可以起到帮助作用，但集群最重要的需求，是有利于市场的经济和商业环境。由于集群涉及交易性和非交易性相互

* 创新政策的目标可以是扩大能力数量（纵向政策）或能力组合能力（横向政策）。引自：ALJE VAN DAM, KOEN FRENKEN. Vertical vs. Horizontal Policy in a Capabilities Model of Economic Development [J]. Research Gate Gmb H, 2020 (6). ——译者注

依赖关系，而这些关系只有在市场和社会活动的强力支持下才能繁荣发展，在计划经济市场条件下便不太可能形成真正的集群。为了给各类风险性交易创造确定的环境，国家至少需要具备基本的法律和社会结构：法治、有效的财产保护和裁决机制；进入或退出关键性进口和出口市场的最低壁垒；开展国内和国际贸易的能力；以及有效的税收、监管和贸易规则。此外，加强教育、培训和社区基础设施方面的基础性投资有助于集群走向繁荣。集群不会在成本最低的位置落户，而是会选择可以完成任务的地理位置。但这种基本先决条件在世界许多地区都不存在，特别是对第四象限国家而言。如果不具备大多数的基础先决条件，创建集群的主动措施很可能都是徒劳的。某些情况下，缺失一个或多个基础条件（或条件薄弱），集群仍然可能出现。但通常情况下，只有市场能够发挥作用时，积极主动的努力才能发挥出效果。

除了确保有利的环境，一系列积极投资可以培育一个或多个集群类型。部分投资对某些类型的集群更合适（当然，不能保证这些努力都将带来预期的好处）。最常用的策略是从集群的核心参与者入手。所有成功的集群似乎都有一个中心或锚点。集群可能聚焦于工业/管理、产品、技术或供应链，相应地，其中心或锚点可能是竞争性公司的组合、领军公司、大学、公共实验室或行业协会。当锚点不存在时，大多数地区规划者和政治家会本能地想到投资引进计划；事实上，世界上每一个司法管辖区内，都有人把本地作为商业贸易场所进行营销。尽管人们的期望值通常很高，但前景并不乐观。很少有公司真正是可移动的。大多数可移动的公司需要有刺激措施：巨额补贴对于其他领域具有更大的影响，但长期看来这种做法对创造就业机会和财富的帮助甚微。当缺乏具有影响力的主导性参与者时，从当地参与者中寻找潜在人选，往往比用补贴吸引外来参与者更加有效。除了主导公司外，只要能够利用全球市场分销系统，有些地区有时也能够培育出波特式或供应链类型模式的集群。

第二种常见的模式是建设具有潜在吸引力的基础设施，其假设是“栽下梧桐树，引得凤凰来”。但对于许多企业来说，基础设施的吸引力是次要的，成了“栽好梧桐树，凤凰仍没来”。基础设施建设越来越需要满足用户的特定需求，相对于按照假想进行构建，“量体裁衣”这种做法能够大大地减少建设成本。话虽如此，行业参与者往往会将实验室、孵化器和有广泛用户的复杂设备等基础设施作为选址时考虑的关键因素。但从长远来看，任何基础设施的计划都不如商业模式重要。无论基础设施是研究园区、专业实验室或实验设备，经营者都需要制定明确的设备使用条款（例如明确的知识产权规则），确保风险性和竞争性高的研发项目能够适时地使用这些设备。当前，相比成本，时间和条款对研究更为重要。无论如何，单一的基础配套设施是无法满足集群运作所需的。

一些人认为，资金是解决问题的关键。在他们看来，只要设立更多的项目和资金，集群就会出现。的确，金钱能够推动集群活动，但并非所有的活动都是必须的。虽然从理论上讲，金钱是可替代的，但实际上，金钱是有一系列附加属性的。譬如，金钱的提供者是谁，什么样的条款可以加强其使用效率。几乎所有市场上，跨国企业和其他营利性企业都提供了最大份额的资本。因此，营利性运营企业的参与几乎是创建可持续集群的先决条件。然而，在集群成长期，公共和私人风险投资可以成为新的技术、产品和企业成功的关键因素。在研究的早期阶段，公共资金往往占主导地位。随着技术、产品和工艺逐步成熟和市场化发展进一步加强，私人资本的地位逐渐凸显。事实上，在集群发展后期，投入公共资金有利有弊。政府决策过程（旨在确保问责制和透明度）通常不利于有效的快速融资：许多获得政府拨款或补贴的公司发现，缓慢的决策过程和不灵活的条款带来的弊端抵消了所带来的益处。此外，政府往往难以发挥与私营投资者同样的影响力。例如，大多数政府都很难改变他们对所投企业的管理方式，很难放弃或写明股权配比。当公共资金与私人资金或私营部门管理经验相结合建立了合作和杠杆关系时，公共资金往往才能最大限度地发挥作用（例如，小额信贷系统和以私营方式管理的公共/私人风险资金池）。

当集群区域缺少锚点机构、诱人的基础设施和充沛的金融资源时，尤其在技术领域早期发展阶段，往往会寻求公共研究机构或大学作为支撑。在生物技术等知识密集型行业中则更是如此。在生物技术领域，大学对研发设施的公共投资可以说是知识基础型创新体系的关键前提。大学在创造社会资本、培育并支持领军人才，以及为合作创新提供基础方面的能力（虽然很难衡量但并非不可能）才是上述投资的真正价值。如上所述，该地区的大学可以直接或间接地推动当地技术集群的发展和成功。尼奥斯（Niosi）和巴斯（Bas）[49]认为，大学主要做 4 件事：产生原理知识、提供受过教育的熟练劳动力、直接或间接地吸引领军人才及商业、促进区域内外的知识交流（如通过出版物和联合研究的形式）。许多人提出，大学带来的最重要产出是成为提高经济“吸收能力”的基地。在实现这一职能的过程中，大学十分重要，但仅有大学的参与是不够的，还需要许多其他要素共同参与。第一，在实践层面和法律层面，必须建立有效的知识转移机制，至少需要一个开展国际合作的国内研究团体、拥有技术所有权的公司，以及适合于保护知识产权的国家法律体系。第二，必须向具有熟练技能、受过教育的工作者提供开放且可进入的劳动力市场。第三，需要一个机构平台，如一个主要的国家实验室、一所大学或一个大型研究机构/项目，以促进社区的互动和协同发展。这为引进全球知识提供了基础。诸如融资优惠和专业经济服务等其他要素可能也很重要，但似乎居于次要位置。

最终，许多理论家和实践者都指望通过“人才政策”扶持集群。人是产生新想法和新技术的核心，人在公司和机构中担任领导并开展工作，人是社会网络的核心。一些集群试图通过针对本地公司和集群需求的新的教育及技能培训项目来培养本地人才。另一些人则致力于搭建桥梁，将毕业生推送到当地的劳动力市场。这些项目的重点是技术培训、创业培训，并对专业化的高级研究技术进行指导。一些集群试图从其他地方吸引有动力、有经验、具有较高技能水平和教育背景的学术领军人才移居到自己的社区，以提供新的想法和引领作用。佛罗里达（Florida）和盖茨（Gates）[50]提出，在美国和加拿大，最重要和最有活力的社区往往重视人才，营造宽容的气氛。他们认为，有创造力和创业精神的人倾向于离开不利环境，搬到最有利的环境中去。其他研究人员认为，良好的气候、文化、城市环境、税收水平和其他宜居标准对建立一个集群至关重要。然而，也有一些相反的情况：集群的吸引力和生活质量之间关系的密切性，可能不如当地劳动力市场（对于某项专业技能，本地存在多个潜在雇主）、职业性质

（如处于技术或市场的前沿）的关系。[51]

与人才政策密切相关的战略是关注当地社区的学术领军人才。扎克（Zucker）及其研究团队[52]指出，在美国生物技术领域，学术领域和专业研究领域的领军人才（那些拥有大量专利或出版物的研究者）似乎更能吸引经同行评议的重大资助项目。这些人才是实现知识在学术领域和应用领域转换的重要参与者，是创立新的生物技术衍生公司的主要贡献者，也为其他研究人员和相关产业提供了帮助。当这些学术领军人才参与新的衍生公司时，便标志着市场出现了机会。一些地区通过吸引公共实验室或大学的国家卓越中心的研究专家来形成研究人才的聚集。这些地区和学术领军人才还为学者和科学家提供了更多的激励，使他们能够参与更多的外部活动，如加入公共和私营的董事会和委员会，或提供咨询服务工作。许多社区也在提升和培养城镇企业家，大学、行业或行业协会的这些人在为整个集群进行辩护、解释，或与其成员和外部其他人进行沟通。这些城镇企业家的价值十分重要——他们往往体现了集群的理念和愿景。区域创业文化也具有重要地位，但目前尚不清楚它是独立变量，还是仅仅取决于当地经济发展的程度。

2.5 步骤5：集群的生命周期

集群似乎有生命周期。有时候，强大的向心力加强了社区活动的丰富性（如通过知识溢出效应、规模经济、范围经济）；另一些时候，离心力则占据了主导地位（如不经济和拥堵成本）。[53]伦德瓦尔（Lundvall）[54]提出了一种新熊彼特式（neo-Schumpeterian）工业发展模式，即基于技术发展程度来解释本地化模式：创新型集群具有最大的聚集动力，但这类集群具有市场集中的特点，受到补贴下降、成本上升、产品标准化的影响，收益停滞不前。因此，不能确保能够维持集群。成功的集群持续关注创新（而不是生产效率），这需要对研发持续投入。

戴维斯（Davis）和谢弗（Schaefer）也对集群投资和回报循环进行了探讨。[55]他们提出了一个五阶段的演化过程。第一阶段是资产积累阶段，投资通常来自公共部门（如近期全球在基因组学研究方面的投入）；第二阶段，资产通过企业家努力创业转化为商业资源；第三阶段，集群建立起来，公司通过利用外部市场新的资源和生产能力不断发展壮大；第四阶段，随着生产和市场的成熟，集聚效应得以实现；第五阶段，各种市场化和非市场化的选择过程给地区带来了专业化优势。科恩（Crone）提出了一个更细致、更模式化的五阶段集群发展模型：预集群、原集群、新兴集群、成熟集群、重组或更新后集群。[56]根据科恩的说法，划分这些发展阶段的目的不是建立一个确定性的生命周期模型，而是用作分析工具。罗森菲尔德（Rosenfeld）在对欧盟弱势地区的集群和集群政策的研究中，提出了另一个生命周期模型。根据罗森菲尔德[57]的说法，集群经历了萌芽期、成长期、成熟期和衰败期。萌芽期，集群发展受到创新、发明或外来投资的刺激；成长期，市场充分发展，创建大学衍生公司，模仿者和竞争者不断出现，企业家精神也得到培养；成熟期，集群的活动走向常规化，更多的模仿者进入市场，较低的成本成为了集群的核心竞争优势；衰败期，产品或工艺上的优势不复存在，很容易被成本效益比更高的产品所代替。

就像产业生命周期一样，不同规模、范围、性质和活动的集群，其生命周期也存在差异。无论集群有何种特性，它很可能受到市场动态演化的影响。在发展周期的某个特定阶段，集群或产业活动必须发生改变。不同的参与者扮演不同的角色。在某些情况下，集群活动可能集中在一个机构内；在其他情况下，集群活动则是由一些参与者合作完成的。应对全球市场信号和行业发展，必须及时作出反应，避免行业衰弱或集群衰退。

3 结语

作为经济政策，集群战略有着高风险、高回报的特点。虽然不同类型的集群适合不同类型的国家，大部分国家可以尝试建立一种或多种类型的集群。如果考虑周全并审慎决定的话，即使未能建立起可持续的集群，但在集群分析、战略制定、地方引领地位和各种策略选择方面进行的投资也将会带来积极的社会回报。实际上，大多数适合集群发展的做法也是有益的经济政策。任何对经济发展感兴趣的人都应该记住，大多数行业的知识密集性程度正在提高。即使在例如发展中国家的服装行业等专业化程度较低的领域，也采取了提高生产效率和灵活性的技术。简而言之，虽然集群是有吸引力的经济发展工具，但在建设过程中必须考虑到它存在的局部性和和不完整性。从根本上说，集群是全球创新体系的一部分，脱离了该体系便无法生存。这一体系包括想法、熟练的劳动力、资本，以及竞争性和协作性公司和组织。

基于知识的发展模式与传统产业发展有本质区别。虽然对产业发展初期的保护在工业环境中有一定的意义，但该做法在知识经济环境中是否有价值尚不清楚。创新的紧迫性对发展政策提出了要求。目前，许多发展策略都有很强的重商主义倾向，注重自给自足的发展模式。为了努力产生更高价值的出口或取代进口，许多国家的各级政府正在利用税收和财政政策激励本地的研发，并吸引跨国公司在它们的管辖范围内开展研发项目。这通常涉及面向国家领军企业的优惠政策或面向跨国公司的独家交易条件，鼓励跨国公司重新选址。通常情况下，政府这样做的时候，没有考虑知识型公司成功所需的相关关系和相互作用。如果可以在单个或多个公司、地区或国家社区进行内部创新，那这种狭隘的方法可能会有成功的机会。但是，如果创新真的像生命科学领域那样是全球性的，那么狭隘的、机械式的自给自足策略要么会失败，要么会适得其反。这就是为什么公司和经验丰富的员工对创新社区的兴趣大于财政激励、公共基础设施或其他类型的政府支持。进一步来说，不重视全球联系的重商主义政策，不仅不能吸引来自全球的企业，还可能使本土企业或研究人员为了寻求进入全球性社区而流失。

PETER W. B. PHILLIPS, *Professor, Department of Political Studies, University of Saskatchewan, 9 Campus Drive, Saskatoon, Saskatchewan, S7N 5A5, Canada. peter.phillips@usask.ca*

CAMILLE D. RYAN, *Postdoctoral Fellow, Faculty of Communication & Culture, University of Calgary, 2500 University Drive, Calgary, Alberta, T2L 2K7, Canada. cami.ryan@ucalgary.ca*

1 For an in-depth discussion of the theory of clusters and how they work, see, also in this *Handbook*, chapter 3.11 by PWB Phillips and CD Ryan.

2 Mashelkar R. A. 2005. Nation Building through Science and Technology: A Developing World Perspective. 10th Zuckerman Lecture, The Royal Society, London. *Innovation Strategy Today* 1 (1): 16–32. www.bio-developments.org/innovation/ist1.pdf.

3 Morel C, D Broun, A Dangi, C Elias, C Gardner, RK Gupta, J Haycock, T Heher, P Hotez, H Kettler, G Keusch, A Krattiger, F Kruetz, K Lee, R Mahoney, RA Mashelkar, H Min, S Matlin, M Mzimba, J Oehler, R Ridley, P Senanayake, H Thorsteinsdottir, P Singer and M Yun. 2005. Health Innovation in Developing Countries to Address Diseases of the Poor. *Innovation Strategy Today* 1 (1): 1–15. www.biodevelopments.org/innovation/ist1.pdf.

4 See *supra* note 2.

5 See *supra* note 3.

6 Arizona, Delaware, Maine, Missouri, Nebraska (emerging), Oregon, Washington, and West Virginia.

7 Louisiana, Michigan, and Pennsylvania. See also Akundi KM. 2003. Cluster-based Economic Development, Part 1: A Survey of State Initiatives. *Research Corner* no. 4; July. Business and Industry Data Center: Austin, Texas. www.bidc.state.tx.us/researchcorner/Archives/Issue4/PART1_BandwagonEffect.pdf.

8 Connecticut, Kentucky, Louisiana, Maine, Oregon, Pennsylvania, Rhode Island, Texas, and Washington.

9 Arizona, California, Delaware, Indiana, Iowa, Massachusetts, and Tennessee.

10 Canada has prioritized the identification and facilitation of 10 key clusters by 2010 in its Innovation Strategy.

11 Wolfe DA and Gertler MS. 2004. Clusters from the Inside and Out: Local Dynamics and Global Linkages. *Urban Studies* 41(5/6): 1055.

12 McPherson L. 2001. Clusters Policy: A Future Strategy for Australia. *Innovation: Management, Policy & Practice* 4 (1–3): 54–69.

13 Brautigam D. 2003. Local Entrepreneurship in Southeast Asia and Sub-Saharan Africa: Networks and Linkages to the Global Economy. In *Asia and Africa in the Global Economy*. (ed. E Aryeetey) www.unu.edu/hq/academic/Pg_area4/Brautigam.html.

14 Pedersen PO. 1997. Clusters of Enterprises within Systems of Production and Distribution: Collective Efficiency and Transaction Costs. In *Enterprise Clusters and Networks in Developing Countries*. (eds. MP van Dijk and R Rabellotti). Frank Cass: London. pp. 11–29.

15 see *supra* note 13.

16 Korea Foundation for International Cooperation of Science & Technology (KICOS). 2005. Industrial Clusters in Korea. www.kicos.or.kr/eng/03_korea/korea_02_04.asp.

17 UN Industrial Development Organization (UNIDO). 2005. The UNIDO Cluster/Network Development Programme: India. www.unido.org/en/doc/4308.

18 See *supra* note 2.

19 The concept was originally founded by Christaller (see Christaller W. 1972. How I Discovered the Theory of Central Places: A Report about the Origin of Central Places. In *Man Space and Environment* (eds. PW English and RC Mayfield) Oxford Univ. Press. pp. 601–610; Lösch A. 1954. *The Economics of Location: A Pioneer Book in the Relations Between Economic Goods and Geography*. Translated from the Second Revised

(1944) Ed. by WH Woglom with the assistance of WF Stolper. Yale University Press: New Haven, Conn.

20 Definitions sourced Northwest Iowa Developers Coalition. 2005. Regional Industry Cluster Report. *Iowa Trends*. www.iowaworkforce.org/trends/industrycluster/clusterprojectnwia.PDF.

21 Nolan C. 2004. Industry Clusters: Part of Indiana's Strategic Planning Toolkit. *Incontext State of Indiana and Indiana University Partnership for Economic Development*. www.incontext.indiana.edu/2004/sep-oct04/news.html.

22 Niemi AW. 1985. Gross State Product and Comparative Economic Growth in the Southeast, 1950-80.

23 Seyfried W. 1996. Examining the Economic Competitiveness of the Economics of the Southern United States. www.westga.edu/~bquest/1996/seyfried.html.

24 Chern TS, P Wilson and HS Chuan. 2002. Assessing Singapore's Export Competitiveness through Dynamic Shift-Share Analysis. Occasional Paper, no. 23. Economic Policy Department Monetary Authority of Singapore. www.mas.gov.sg/resource/download/MASOP023-ed.pdf.

25 See *supra* note 20.

26 Policy Research Initiative/Social Sciences and Humanities Research Council/Statistics Canada (PRI/SSHRC/Stats Can). 2004. Measuring Social Capital through Analysis of Social Networks. Barry Wellman, University of Toronto. Session I: Expert Workshop on the Measurement of Social Capital.

27 Mead SP. 2001. Using Social Network Analysis to Visualize Project Teams. *Project Management Journal*. 32 (4): 32-38.

28 Wasserman S and K Faust. 1994. *Social Network Analysis*. Cambridge University Press: Cambridge.

29 Ibid., at 169.

30 According to Bonacich, power is a function of centrality plus the centrality of others, weighted by the distance and number of walks between the central node and other agents. See Bonacich P. 1972. Factoring And Weighting Approaches to Status Scores and Clique Identification. *Journal of Mathematical Sociology* 2: 113-120.

31 It is important to qualify the term *power*. Power can be endowed or it can be "referential" in nature, built up over time based upon a sound track record of good performance.

32 The attenuation level, or beta coefficient, reflects the nature of power levels. Centrality and being connected to central actors is not always positive. For instance, an agent that wishes to maintain a monopoly position would choose to be connected to multiple, nonconnected actors in order to maintain a power position.

33 Coenen and colleagues use both to analyze regional differences between the Scanian and Saskatoon regions (see Coenen L, J Moodysson, CD Ryan, B Asheim and PWB Phillips. 2006. Knowledge Bases and Spatial Patterns of Collaboration: Comparing the Pharma and Agro-Food Bioregions Scania and Saskatoon. *Industry and Innovation*: in press). Similarly, bibliometric analysis has been used to contrast and compare agricultural biotechnology clusters. Other proxies can be used as well. For instance, Ryan and Phillips employ an activity-based analytical approach, qualifying linkages between Saskatoon-based actors as research-based, financial, or exchange of high-quality personnel, just to name a few (see Ryan CD and PWB Phillips. 2004. Knowledge Management in Advanced Technology Industries: An Examination of International Agricultural Biotechnology Clusters. *Environment and Planning*, *Government*, and Policy 22(2): 217-32.)

34 Sources for Table 2:

(1) see *supra* note 21;

(2) see *supra* note 20;

(3) York County Economic Development Corporation. 2004. Industry Cluster Analysis Baseline Report (1995–2001 data). York County Economic Development Corporation: York, Pennsylvania. http://www.ycedc.org/images/ClusterAnalaselineReport.pdf;

(4) Munnich LW, M Bau and L Berkwitz. 1996. Southeastern and South Central Minnesota Industry Cluster Study. On Behalf of the Initiative Fund of Southeastern and South Central Minnesota. www.hhh.umn.edu/img/assets/9140/southeast_industry_cluster.pdf;

(5) Katz S and M Bordt. 2003. Community Innovation: Industrial Specialization in Canadian Cities. Working Paper no. 013. Science, Innovation and Electronic Information Division (SIEID). www.statcan.ca/english/research/88F0006XIE/88F0006XIE2004013.pdf;

(6) C–Prosperity. 2001. C–Prosperity Regional Diagnosis. Calgary Promote, Calgary, Alberta. 26 September, 2001. www.calgary-promote.com/html/sections/c-prosperity.html;

(7) Petovello L. 2005. Mississauga: A Leading Canadian ICT Cluster. Presentation for ITAC Ontario's 2005 IT Partnering Forum. September 13. www.itacontario.com/whos-who/2005/05MississaugaIPresentation.pdf;

(8) Keroack M, M Ouimet and R Landry. 2004. The Photonics Cluster in Quebec: A Social Network Analysis. In *Clusters in a Cold Climate: Innovation Dynamics in a Diverse Economy* (eds. DA Wolfe and M Lucas) School of Policy Studies, McGill – Queen's University Press: Montreal and Kingston. pp. 114–37;

(9) Phillips P, J Parchewski, T Procyshyn, C Ryan, J Karwandy and J Kihlberg. 2004. *Agricultural and Life–Science Clusters in Canada: An Empirical and Policy Analysis*. Final project report for AAFC Study of the Saskatoon Cluster, 30 March. at www.agbio-management.org;

(10) see *supra* note 24.

35 Porter, M. 1990. *The Comparative Advantage of Nations*. New York: Free Press.

36 The interest in SME clusters has been fueled particularly by the experience of what has come to be called the "Third Italy." The concept started to be used in the late 1970s when it became apparent that while little economic progress was in sight in the poor South (Second Italy), the traditionally rich Northwest (First Italy) was facing a deep crisis. In contrast, the Northeast and centre of Italy showed fast growth, which attracted the attention of social scientists. In a number of sectors where small companies predominated, groups of companies clustered together in specific regions seemed to be able to grow rapidly, develop niches in export markets, and offer new employment opportunities.

37 Adapted from Phillips and colleagues (see (9) of *supra* note 34).

38 Malerba F. 1993. Italy: The National System of Innovation. In *National Innovation Systems* (ed. RR Nelson). Oxford University Press: New York and Oxford. pp. 230–60.

39 Phillips P. 2002. Regional Systems of Innovation as a Modern R&D Entrepôt: The Case of the Saskatoon Biotechnology Cluster. In *Innovation, Entrepreneurship, Family Business, and Economic Development: A Western Canadian Perspective* (ed. J. Chrisman, et al.) University of Calgary Press. pp. 31–58.

40 Zilberman D, C Yarkin and A Heiman. 1997. Agricultural Biotechnology: Economic and International Implications. Paper presented at the XXIII International Conference of Agricultural Economists. Food Security, Diversification, and Resource Management: Refocusing the Role of Agriculture, Sacramento, August 10–16.

41 Rugman AM and A Verbeke. 2001. Subsidiary–Specific Advantages in Multinational Enterprises. *Strategic Management Journal* 22 (3): 237–50; Dunning J. 2001. Global Capitalism at Bay? Routledge: London.

42 Rugman AM and J D'Cruz. 2000. *Multinationals as Flagship Firms: Regional Business Networks.* Oxford U-

niversity Press:Oxford.
43 Gassman O and B Gaso. 2004. Insourcing Creativity with Listening Posts in Decentralized Firms. *Creativity and Innovation Management* 13 (1):3-14.
44 Niosi J and TG Bas. 2001. The Competence of Regions-Canada's Clusters in Biotechnology. *Small Business Economics* 17:31-42.
45 Cooke P. 2002. Multilevel Governance and the Emergence of Regional Innovation Network Policy. *Knowledge Economies: Clusters, Learning and Cooperative Advantage*. Routledge: New York and London. pp. 50-72.
46 Zeller C. 2001. Clustering in Biotech:A Recipe for Success? Spatial Patterns for Growth of Biotechnology in Munich, Rhineland, and Hamburg. *Small Business Economics* 17:123-41.
47 See *supra* note 44.
48 Hansen A. 2002. Leveraging Civic Entrepreneurs. The Competitiveness Institute (TCI) 5th Annual Conference. Cairns, Australia. October 9-11.
49 See *supra* note 47.
50 Florida R and G Gates. 2001. Technology and Tolerance:The Importance of Diversity to High Technology Growth. www. brook. edu/dybdocroot/es/urban/techtol. pdf.
51 Phillips P and G Khachatourians (eds.). 2001. *The Biotechnology Revolution in Global Agriculture: Innovation, Invention and Investment in the Canola Sector*: London.
52 Zucker L, M Darby and M Brewer. 1998. Intellectual Human Capital and the Birth of U. S. Biotechnology Enterprises. *American Journal of Economics* 88 (1):290-306.
53 Krugman P. 1998. What's new about the new economic geography? *Oxford Review of Economic Policy* 14 (2):7-17.
54 Lundvall B. 1992. *National Systems of Innovation: Towards a Theory of Innovation and Interactive Learning*. Pinter:New York. p 342.
55 Davis C and N Schaefer. 2003. Development Dynamics of a Startup Innovation Cluster:The ICT Sector in New Brunswick. In *Clusters Old and New: the Transition to a Knowledge Economy in Canada's Regions*. (ed. D. Wolfe) McGill-Queen's University Press:Montreal. pp. 121-60.
56 Crone M. 2005. Entrepreneurial activities and technology-based cluster development. Institute for Small Business and Entrepreneurship 28th National Conference, Blackpool, 1-3 November. www. qub. ac. uk/schools/SchoolofManagementandEconomics/Research/ResearchGroups/Management/Staff/DrMikeCrone/Uploads/Filetoupload,22801, en. pdf.
57 Rosenfeld S. 2002. Creating Smart Systems:A Guide to Cluster Strategies in Less Favored Regions. Report generated for the Directorate General for Regional Policy and Cohesion of the European Commission. April. europa. eu. int/comm/regional_policy/innovation/pdf/guide_rosenfeld_final. pdf.

第四部分

知识产权工具箱

第4.1章

法律工具箱简介

约翰·多德（JOHN DODDS）
美国Dodds & Associates公司创始人
阿纳托尔·克拉蒂格（ANATOLE KRATTIGER）
美国亚利桑那州立大学生物设计研究所研究员；
生物发展国际研究所主席；美国康奈尔大学兼职教授

译者　张晓　戴培刚　审校者　刘晓娜　杨坤　张熠　殷宏

摘　要

本章介绍了法定知识产权保护的主要形式，重点包括发明专利、商标、地理标志、版权和商业秘密。基本问题包括：谁能获得保护、每种形式的保护主题、法定要求以及特定的例外情况。本章最后简要介绍了制度方面的内容，包括员工协议、如何标记受保护的知识产权、如何整合各种权利以及如何鉴定侵权行为。笔者认为，为某项发明选择保护形式时，应当考虑该机构的使命（无论是公共机构还是私营机构），包括开展工作的目的、发明的本质或其他知识产权，这些都是知识产权保护的主题。

1　引言：什么是知识产权

知识产权，或称无形资产，是指人类思想或智力的任何产物。因此，知识产权几乎可以包罗万象：技术发明或对早期发明的改进；独特的名称或标识、设计、方法、软件、数据库、域名、书中的一个章节（如本章）或整本书（如本《手册》）。知识产权涉及的领域非常广泛，可分为不同的类型，通过法规或法律对不同类型的知识产权进行明确的定义和保护，然后采用多种不同的方式加以保护。例如，美国的知识产

Dodds J and A Krattiger. 2007. The Statutory Toolbox: An Introduction. In *Intellectual Property Management in Health and Agricultural Innovation: A Handbook of Best Practices* (eds. A Krattiger, RT Mahoney, L Nelsen, et al.). MIHR: Oxford, U. K., and PIPRA: Davis, U. S. A. Available online at www.ipHandbook.org.

权保护甚至已经被写入《美国宪法》：

> 国会有权……为促进科学和实用技术的进步，保证作者和发明者对其各自的著作及发现在有限时间内享有专有权。[1]

根据该条款，《美国宪法》授予专利权和版权保护。尽管《美国宪法》中没有明确表示保护商标，但不管是美国还是全世界，对商标的使用和保护历史都十分悠久。同样，长期以来，商业秘密保护也被认为是知识产权保护的一种。其他知识产权保护形式还包括植物育种者权利等。

知识产权保护形式格外有效的原因是其能够适应时代的变迁。即使当前技术不同于托马斯·杰斐逊（Thomas Jefferson）时代被保护的技术，但保护手段是相似的。远在《美国宪法》起草前，专利的本质是“发明”。其最早出现在中世纪的欧洲，授予个人拥有财产的权利，目的是作为报酬或奖励，鼓励个人创造“自己想要的财产”。更为正式的专利制度诞生于威尼斯共和国（the Venetian Republic），第一个专利于 1443 年授予了一家生产船只装卸运输机的制造商。[2] 两个世纪后，英国王室于 1623 年通过了《专利法》，后称为《垄断法》（*the Statute of Monopolies*）。该法律所界定的基本概念至今仍在影响世界各国对专利的诠释。

《美国宪法》获批后不久，美国于 1790 年通过了第一部《专利法》。1790 年 7 月 31 日，乔治·华盛顿（George Washington）总统签署了美国第一项专利，将其颁发给宾夕法尼亚州的塞缪尔·霍普金斯（Samuel Hopkins），以表彰其对钾碱生产工艺的改进。这项发明挽救了美国当时的出口主导产业。

以下章节将简要介绍与知识产权保护有关的问题；表 1 概述了知识产权保护的主要手段。一般来说，知识产权保护在世界许多地方都很相似，而我们重点关注美国的法律。需要特别注意的是那些协调知识产权保护的国际协议。知识产权保护在各国法律中存在着一定的差异，一些国家对知识产权给予较广的保护，另一些国家则给予较窄的保护。但保护形式基本相同，特别是对世界贸易组织（World Trade Organization）成员而言，都需要遵守《与贸易有关的知识产权协定》（TRIPS）。

表 1　什么是知识产权

保护手段	保护对象	保护方式	保护期限	所有人权利
专利	任何实用的、新颖的，且具有非显而易见性的发明；新的、原创的或装饰性的外观设计专利	提交专利申请	自提交优先申请日起 20 年；外观设计专利是自申请发布日起 14 年	禁止他人在专利授予国制造、使用、许诺销售、销售或生产此项发明的权利
商标	能够区别于其他商品或服务的词、短语、标识	使用或有真实意图使用并申请联邦注册	商标只要在使用中，保护就没有时间限制；但是商标每 10 年要更新一次	禁止他人使用此商标或其他可能引起公众混淆的类似商标的权利

续表

保护手段	保护对象	保护方式	保护期限	所有人权利
著作权（版权）	文学作品、软件、戏剧作品、音乐作品、绘画作品、录音、建筑作品、影视作品	申请联邦注册	作者寿命加上70年	禁止他人在未经授权的情况下复制或公开表演的权利
商业秘密	任何能够给予拥有者相较于其他竞争者而言不为公众所知的技术、商业信息	保密；无须注册	只要保护的主题是秘密的，就没有保护期限	禁止他人非法使用的权利

注：有关植物保护的概述和介绍在本《手册》的其他地方讨论。[1]

2 专利

2.1 什么是专利

专利，通常指“发明专利”（美国），专利权授予那些发明或改良了一个新的且实用的工艺、机器、物品、制造品、组合物的任何人。发明专利的保护期通常为申请日后20年。专利权人在专利授予国具有制造、使用、许诺销售、销售或进口此项发明的排他权。作为授权的交换条件，专利发明人需在专利申请中披露发明细节以及最佳实施例。一般在专利申请提交后的18个月，最迟到专利授权时，要公开发明细节。披露发明细节有助于其他人进一步研发，从而推动技术进步、造福社会。

美国有3种不同的专利：发明专利、外观设计专利和植物专利。植物专利为美国所特有。除了以上几种专利，部分国家还有“实用新型专利”。实用新型专利也称“小专利”，通常也允许专利权人在一定期限内阻止他人利用专利进行商业营利。因此，实用新型专利基本类似于发明专利，两者的区别在于对非显而易见性的要求，或者说是对创造性的要求，实用新型专利的要求没有发明专利严格。此外，实用新型专利的保护期限比发明专利的保护期限短。各国保护期限不同，一般在7~10年。例如，在爱沙尼亚和芬兰，一项实用新型专利的保护期限最长为10年。

在美国，发明专利有临时申请和非临时申请两种。临时申请成本低且不需要说明保护范围。临时申请自申请日起有12个月的未决期。临时申请的专利还没有成熟到可以获得授权，但发明人的申请日得以提前了，并且可标注为“专利未决”（patent pending）。为了充分利用申请日提前，申请人必须在临时申请的12个月未决期结束前，提交非临时申请。先提交临时申请，再提交非临时申请，可以将专利期限延长到21年。[4]

“外观设计专利”通常授予对产品进行了新的、原创的、装饰性设计的任何人。外观设计专利的保护期是自发布之日起14年。

某些国家提供的被称为注册登记或工业设计的保护，类似于美国的外观设计专利。一些国家的工业设计保护期限长达25年。自2003年4月以来，人们可以在欧盟申请共同体外观设计（Community Design），其在欧盟所有成员国内保护该外观设计专利，保护期限最长也达25年。

“植物专利”是美国所独有的。发明或发现任何具有特异性、新颖性的无性繁殖的植物新品种的人都可以获得植物专利，但块茎繁殖的植物不能申请植物专利。对于有性繁殖（种子繁殖）或块茎繁殖的植物，可以通过美国农业部管辖的植物品种保护办公室获得保护。一些国家通过保护植物育种者权利来保护有性繁殖的植物品种。[5] 植物专利和与植物相关的发明专利存在区别，需要特别关注。[6]

2.2 谁能获得专利

根据美国专利法的规定，只有发明人才能申请美国专利。但如果发明人已故，其法定代表人可以提出专利申请。同样，如果发明人将权利转让给雇主或第三方，那么雇主或第三方可提出专利申请。不管怎样，重要的是在专利申请中要标明真正的发明人。如果有多个发明人，则他们可共同申请该项专利。仅在经济上支持发明的人不能被列为共同发明人。有资格申请美国专利的人并不要求必须是美国人或居住在美国的人。

2.3 美国和“国际”（PCT）专利申请

专利具有地域性，并不存在“世界专利”。美国专利仅在美国有效，因此美国专利的所有权人可以基于该美国专利，在美国要求保护其权利。

《专利合作条约》（Patent Cooperation Treaty，PCT）是一项协调其缔约国专利申请程序的国际条约。依据PCT专利申请，发明人可通过一份申请，同时在所有缔约国内获得一个申请日。自申请之日起30个月后，申请人必须决定要进入哪个缔约国申请专利。PCT申请的好处在于申请者不需要在所有国家分别提交申请；仅需提交一份申请即可完成所有手续。此外，PCT制度给予发明者大约30个月的时间权衡决定专利进入哪些国家获得保护。

如果在公布前没有放弃，所有PCT申请将在提交18个月后公布。如果没有特别要求不公布的话，美国专利申请通常在提交18个月后公布。如果提交申请18个月后，该申请在所有缔约国中都不是且不会成为专利申请的主题，那么申请人有权要求不公布。该发明也可以不作为PCT申请提出。如果该专利申请得到授权，其将被公开。由于PCT的公开政策，不少发明人倾向于在美国提交专利申请，并要求不予公布，从而在颁布专利证书之前对发明进行保密。[7]

2.4 先申请制与先发明制

美国是世界上唯一没有采用先申请制的国家。* 在美国，专利被授予最先发明的一方。也因此，美国专利制度以其干预措施而闻名。干预是在专利上诉委员会前进行的程序，用以确定未决申请与另一未决申请或未到期专利之间的发明优先权归谁。确定优先权归属的关键考虑要素是发明构思日期、发明付诸实施的日期以及对于其发明创

---

* 美国于2011年9月16日开始实行发明人先申请制。——译者注

造是否尽职。

2.5 专利的主题

美国专利法定义的专利主题为“任何有用的新工艺、机器、制造品或组合物，或其他有用的新改进”。[8]

美国最高法院（the Supreme Court）认可国会将专利的主题限定为“人在阳光下创造的任何事物”（anything under the sun that is made by man）。[9]

美国最高法院明确标明了3类不可授予专利权的主题。自然规律、自然现象和抽象概念不属于任何法定范畴，因此它们不可被授予专利权。此外，根据其他许多国家的立法，这些主题类别的相关内容也是不可授予专利权的。一些国家的法律对不可被授予专利权的主题作出了进一步规定。例如，印度对农业方法不授予专利权；欧盟和许多其他国家对人类疾病治疗方法或外科手术方法不授予专利权。

数学算法不仅是独立的抽象概念，而且是没有被付诸实际应用的方法。但当抽象概念付诸实际应用时便是有用的、具体的、有形的，因而是可被授予专利权的。[10] 在美国，数学算法作为商业方法的专利数量日益增多。不过，有些国家不认可商业方法专利，例如，欧洲专利局（the European Patent Office）目前不受理披露商业方法的专利申请。

2.6 具备专利性的法律要求

2.6.1 新颖性

授予专利权的立法本意是促进有用技术的进步，因此只有新产品或新工艺才能被授予专利权。如果请求保护的权利要求特征已明确记载或本身已存在于一件单独的现有技术中，那么所请求保护的产品或工艺就不具备新颖性。如果单个相关现有技术包含了所请求的所有权利要求，按说该产品或工艺是能够预期的。如果“这个国家的其他人已经知晓或使用了该技术，或者在这个国家或某国的出版物上已有相关记载或者已经授权……”,[11] 那么此技术就不是新的，因此也就不能被授予专利权。“知晓”是指公众想知道就能获知。对公众而言，口头报告是足以让公众知晓的方式。在本条款中“使用”是指公开使用。露天作业的机器即使没有人看到也属于公开使用，[12] 但如果该机器放置在没有窗口的建筑物内，并且只有宣誓保密才能进入该建筑物内，这种情况则是未公开使用。[13]“出版物”是指广义上的所有有形的、公众想用就可以用的材料。[14] 口头沟通不包括在出版物范畴内，但会议上分发的文字材料副本就属于出版物。但是，若收到出版物后被要求对沟通内容保密，那么这些文字材料就不属于出版物。

如果“该项发明在美国或另一国家被授予专利权，或由出版物公开，或公开使用，或出售的时间早于提交专利申请的时间超过1年”,[15] 则该发明不能被授予专利权。本条款规定了1年的宽限期，在宽限期内，发明者可以进一步开发、销售，并准备提交专利申请。

值得注意的是，正是由于这种宽限期，使得美国专利制度不同于大多数其他国家的专利制度。在大多数其他国家，如果该发明在申请日前被披露于众，发明人将失去该项发明的专利权。例如，在欧洲国家，公开披露是获得专利权的绝对障碍因素。在日本，如果在科学会议上公开披露，发明人会有6个月的宽限期。

2.6.2 实用性

授予专利权的目的是促进有用技术得到运用。因此，发明获得专利权的前提是必须有用。产品或工艺有用则意味着它至少可以实际运用，但无须完美无缺，或必须比其他任何竞争性的产品或工艺好。若产品或工艺虽然可以实际运用，但仅能用于不道德或非法目的，也不具备实用性。此外，被看作无用的产品和工艺也不能认为是实际有用的。例如，一种没有已知用途的类固醇生产方法不具备实用性，因而也是不可被授予专利权的。[16]

2.6.3 非显而易见性

新的、有用的产品或工艺在发明时如果不具备非显而易见性，则不能被授予专利权。美国专利法（*the Patent Act*）第103条包括了对非显而易见性的具体要求。与新颖性不同，非显而易见性并不包含严格的特定要求。因此，在判断非显而易见性时，未公开权利要求所有特征的现有技术都可能与此判断相关，审查员必须决定在本发明产生时本领域普通技术人员的知识水平是什么。

2.7 研究试验免责

美国专利法没有明文规定研究免责条款，目前主要由法院依据判例法进行裁决。基本原则是，不允许专利权所有人阻止他人为了促进科技进步而使用其专利产品或工艺进行科学研究试验。

但是，试验研究免责条款的应用范围非常有限，任何商业化的研究（即使只有非常轻微的商业倾向）都不在试验研究免责范围内，且须承担侵权责任。

3 商标和相关的权利

"商标"是由词、短语、符号、设计或这些要素组合的标记，用于区别某方提供的商品或服务与他人提供的商品或服务。商标只有用于商业运营或与商品或服务相联结时才有效。

能够在美国专利商标局注册的标志种类繁多。除了商标[17]和服务标志（表示特定服务的标志，如出租或租赁服务标志），商标法（*the Trademark Act*）还包含集体商标、会员标志和认证标志的注册规定。"集体商标"是专供某一团体、协会或其他组织使用的标志。"会员标志"是集体商标中的一种，这些都不是普通意义上的商标。会员标志并不表明商品或服务的来源，它通常用于表明该标志的使用者是特定组织的成员。

"证明标志"包括3类：第一类，证明商品或产品来自某一特定地区，如Congac是来自法国某特定区域的蒸馏白兰地；第二类，证明商品或服务达到某一标准，如质量标准或安全标准；第三类，证明协会或其他组织的成员对商品或服务进行了加工或劳动，且其操作符合特定标准。

此外，商品或服务的"商业外观"也可注册商标。例如，商业外观可以是产品设计、包装或色彩；服务的商业外观可以是餐厅的整体外观。

获取商标注册最有效的方法是选择一个想象的或随机任意的标志。EXXON（埃克森美孚）就是一个想象的标志，这是一个编造的词，其本身没有实际意义。苹果电脑公司的标志 Apple 也是一个随机任意的标志，它是一个现有的英语单词，但其本身与电脑没有任何联系。

由于可能存在客户混淆商标的情况，与已有商标相似的商标在美国是无法注册的。因此，在申请商标注册前，十分有必要进行商标检索，以了解已有相似商标的使用情况。

商标法的一个重要内容是“裸许可”（naked licensing）原则。保证质量、保护公众是商标法的核心目的。因此，商标许可有效的必要条件是，许可方应控制被许可方以此商标销售商品或服务的性质和质量。当许可方不能充分监督被许可方商品或服务质量时，就会出现裸许可的情况。出现裸许可情况将视为许可方放弃了此商标，从而导致该商标注册被取消。

4　地理标志

地理标志是用于鉴别商品原产地的标志，主要依据产品原产地的质量、声誉或其他确定特性对其进行标记。《与贸易有关的知识产权协定》（TRIPS）将地理标志列为知识产权的一种。世界贸易组织成员为有关各方提供法律保障，以防止使用地理标志来表明或暗示产品来源于具有良好特性的地理区域而非它本来的生产地区，从而误导公众或引起不公平的竞争。

地理标志一般由产品原产地的地名组成。农产品通常受原产地气候、土壤等因素影响而具有当地独有的特征，例如爱达荷（Idaho）土豆和罗克福（Roquefort）奶酪。

地理标志能否发挥作用反映了一个国家的法律观和消费观。TRIPS 协定规定，如果某地理标志是其成员产品的通用标志，则无须对其进行额外保护。因而，在美国，“香槟”不能被注册为地理标志，因为“香槟”在美国是一个通用术语，指所有带气泡的浅色葡萄酒。

美国将地理标志作为证明标志进行注册登记，以此对其提供强有力的保护。

5　版权（著作权）

版权是对作者原创作品的一种知识产权保护。一般而言，受保护的作品类别包括：

- 文字作品
- 音乐作品，包括配词
- 戏剧作品
- 哑剧和舞蹈艺术作品
- 绘画与雕塑作品
- 电影和其他视听作品
- 录音

• 建筑作品

原创作品受版权保护，并赋予作者以下专有权利：

• 排他性的复制权
• 改编权
• 通过出售、转让所有权、租赁、出租或出借等方式传播副本或唱片
• 表演权
• 展览权

原创作品一旦被保存在某个有形的媒介中即受版权保护。1978 年以后，版权保护的时长为作者寿命加 70 年。如果有两名或两名以上作者，保护时长为最后一位作者逝世后再加 70 年。如果作品是受雇创作而且匿名发表，其保护时长为作品发表后的 95 年或是作品创作开始后的 120 年，以较短者为准。

只有作者或获得作者授权的人才能主张作品的版权。获得版权保护不需要注册或出版，当作品被固定在有形媒介中，版权作品即自动受到保护。

联邦版权注册是一种法定形式，目的是公开记录版权的基本状况。版权注册可以在作品生命周期的任何时候进行。虽然注册不是版权保护的必要条件，但具有若干优势。例如，在提起侵权诉讼之前，必须对源自美国的作品进行注册。此外，若在作品出版 5 年内进行注册，注册信息在法庭上可作为初步证据证明版权证书上所列事实的有效性。在侵权诉讼中，如果作品在出版后 3 个月或被侵权前已注册，那么版权所有人可以获得法定的侵权赔偿和律师费。版权注册还使版权所有人受美国海关总署保护，避免进口侵权复制品。

作品要想获得版权，必须是原创的，且有固定媒介。这意味着作品必须由作者独立创作，并具有一定的创造性。“固定媒介”是指作品具有有形的形式，例如写一篇短篇小说、录制一首歌曲等。没有具体描述或说明的纯粹想法或概念是不能获得版权的。

软件和数据库是否可以受保护是个重要的问题。过去几十年，知识管理、图书馆服务和信息资源数据库配置发生了重大变革。使用集成的计算机网络，产生和传播信息的能力对知识产权保护产生了深远的影响。为了说明知识产权法律及其具体应用，另一章将结合地理信息系统和遥感进行讨论。[18]

如前所述，作品的作者拥有版权。如果是受雇创作，雇主被视为作者，雇员不拥有版权。受雇作品在版权法中的定义是：创作者在其受聘任务范围内所创作的作品，受命令或委托为集体工作贡献力量而制作的作品，如电影或其他视听作品的一部分、翻译作品、补充作品、汇编、指导文本、测试、测试答案、地图集等，如果当事各方在所签署的书面文件中进行明确约定，则都是受雇创作作品。

从作品以固定形式创作之时起，版权保护就存在。版权所有人可以无条件地将其所有权转让给他人。或者，可以选择排他或非排他性的权利许可。如果共同作者在创作时就打算将每个人创作的部分汇集于一体，那么该作品就是联合作品，版权归所有作者共享。每位版权所有人都以可平等地行使所有权。在这种情况下，公司可以仅从

一位作者处获得整个作品版权的许可或转让。如果在创作之初，作者不希望他们的作品成为不可分割整体的一部分，那么事实上后来将他们的作品放在一起，就意味着该作品是集体作品。在这种情况下，每个作者只对最终作品中其所创作的部分享有版权，公司只有获得每一位作者的同意才能获得作品的版权。

需要注意，与美国相比，欧盟成员国为数据库提供了更多保护。1996 年欧洲议会通过的《欧盟数据库指令》（*the European Union Database Directive*）规定了数据库制作者拥有的两项权利：

- 禁止未经授权提取数据库信息的权利
- 禁止未经授权重复使用数据库内容的权利

第一项权利类似于《美国版权法》（*the Copyright Act*）中的规定。依据这一权利，该指令保护的是数据库而非基本数据，并且要求在选择或排列数据时，这些数据库需具有足够的创造性。第二项则规定了一项特殊权利，禁止提取或重复使用任何数据库，但如果为获取、核实或呈现数据内容投入了大量资金，则该规定对创造性或独创性没有要求。保护的有效期为自数据库创建起 15 年。如果数据库内容有重大修改，则修改后的数据库将再次获得为期 15 年的保护。该指令规定的保护仅对欧盟成员国公民有效。其他国家只有为欧洲公民创建的数据库提供相类似的保护，且达成双边协议的情况下，才能获得这类保护。

在《美国版权法》中，有一个“合理使用例外”，即授权将作者的原创作品用于批评、评论、新闻报道、教学、学术或研究。合理使用应考虑使用的目的和性质、版权作品的性质、同整个版权作品相比使用部分的数量和内容的性质、使用版权作品对潜在市场所产生的影响。合理使用包括以下几个方面：

（1）课堂使用。允许特定的教育机构在面对面教学活动中公开播放和表演他人的作品。但这种例外情况仅适于合法获得的作品。

（2）图书馆复制使用。在学术和研究机构中，复制某些版权作品的特定部分[19]并不构成侵权，但前提是图书馆（或使用者）只复制了该作品的单个副本，并适于以下情况：

①仅复制较长作品（如一本书中的）中的独立篇章或一小部分。

②副本成为复制者的财产。

③副本用于私人学习、学术或研究。

④复制不是为了商业利益。

⑤图书馆根据美国版权局发布的要求，张贴了版权限制使用的提醒[20]。

最后，应当注意，不存在“国际版权”。但由于大多数国家根据简化的国际版权条约和公约对外国作品提供保护，习惯做法是，如果一件作品作为美国国内作品可以得到保护的话，那么在国外作为外国作品时也能得到保护。然而在有些情况下，外国的版权法限制比美国法律少，因此作品即使在美国归属于公共领域，其在国外仍可获得保护。

6 商业秘密

6.1 什么可以作为商业秘密

在美国，商业秘密是一项重要且使用广泛的商业资产。大大小小的企业都有赖于商业秘密保护，尽管他们经常意识不到商业秘密的存在。据估计，90%的发明都受商业秘密保护。

商业秘密的种类多样，其中最为人熟知的是已成功保密100多年的可口可乐配方。除了化学配方或加工方法，商业秘密还包括软件、数据记录、客户名单、工厂设计等。尽管商业秘密可能与可申请专利保护的主题相重合，但远比其范围广。

商业秘密广泛受到认可的定义，是1939年出版的《美国侵权法重述》（*the Restatement of Torts*）中的表述。即商业秘密的主题必须是保密的。行业内众所周知的知识信息或已通过市场上物品所公开披露的信息不能作为商业秘密。因此，商业秘密仅在使用它的特定企业内是已知的。

6.2 商业秘密如何得到保护

联邦与各州法律规定，蓄意窃取商业秘密可构成犯罪。1996年的《经济间谍法》（*the Economic Espionage Act*，EEA）是处理窃取商业秘密最重要的法律。[21]《经济间谍法》的适用对象是美国公民与公司，不管案件发生在美国境内还是境外。美国50个州均制定了其商业秘密保护法，其中大部分为《统一商业秘密法》（*the Uniform Trade Secret Act*，UTSA）的不同修改版本。

6.3 申请专利还是保持商业秘密

在申请专利前，应考虑是否将发明作为商业秘密进行保护，有时候这两种方法中的一种会比另一种更有用。

将发明作为商业秘密进行保护，在保护时间上没有限制。相反，专利的保护期限通常为提交申请后的20年。如果发明主题本身易于作为商业秘密进行保护，且不会通过反向工程将受商业秘密保护的产品推向市场，则将其作为商业秘密保持下去，是值得考虑的。

专利是否被侵权，有时很难确认。例如，实验室方法专利的侵权行为就很难确认，因此，将其作为商业秘密进行保护会是更好的保护手段。

可申请专利的发明必须具备实用性、新颖性与非显而易见性，而商业秘密无任何此类要求。根据《美国侵权法重述》相关条款（§757），对商业秘密唯一的“实用性”要求是指“与不知道或不使用该商业秘密的其他竞争对手相比，商业秘密赋予其持有人更多市场优势”。以某种方法为例，其改进或变化都可能成为商业秘密，但可能并不能被授予专利。商业秘密覆盖的领域比专利更广。

6.4 侵犯商业秘密

1939年的《美国侵权法重述》规定，通过分析包含商业秘密的产品、对其进行反向工程或通过独立发明等合理方式发现商业秘密者，可以自主选择披露或将其用于个人业务而无须对该商业秘密所有人负责。侵犯商业秘密的案件主要有以下3种类型：

（1）通过商业间谍等不正当手段获取商业秘密。

（2）知悉某商业秘密的雇员受雇于该商业秘密所有人的竞争对手，并将商业秘密透露给竞争对手，或知悉某商业秘密的雇员以该商业秘密为基础开展个人业务。

（3）在许可谈判期间商业秘密遭到泄露，而后，被许可方拒绝支付使用费且继续使用该商业秘密[22]。

7 权利归属

在将权利许可或转让给另一方时，需要注意的一个重要问题是权利归属。例如，当权利属于某一机构的雇员时，会影响机构进一步许可这些权利获得的利益。为了避免由此产生的误解，需要厘清该技术是如何产生的：该机构是否聘用了顾问？协议的条件是什么？谁赞助了这项研究？发明人现在在哪里？

7.1 专利权归属

职务发明。一般来说，即使发明人是在受雇期间构思或将构思付诸实践的，发明人仍拥有该发明的专利权。其主要例外情况是"职务发明例外"。如果雇员受雇的目的是进行发明或解决发明问题，则雇员所做的发明归雇主所有。

雇员发明专利使用权（shopright）。如果雇员的发明或发现产生于工作范围之外，但利用了雇主的资源，那么即使发明专利归雇员所有，雇主仍具有雇员发明专利使用权。雇员发明专利使用权是指雇主具有使用雇员发明专利的权利，该权利免费、非专有且不可转让。

雇员发明专利使用权与专利生命周期共存，不受是否存在雇佣关系的影响。拥有雇员发明专利使用权的雇主可以制造、使用、销售包含发明专利的物品，但不能超出其正常的业务范围。

共同发明人。《美国联邦法规》（*Code of Federal Regulations*）中对"共同发明人"的定义为"无论单独或联合，对专利申请要求保护的至少一项权利要求做出实质性贡献的人"。要合法地列为"发明人"，必须对发明拟取得的预期效果做出一定贡献。仅对希望获得的预期效果有想法，并不足以构成共同发明。

任何人如果不能达到法律标准的最低要求却署名为专利发明人，将直接导致专利无效，这一点需特别注意。同样，如果没有列全所有的共同发明人，该专利也将无效。

如果没有相关协议，共同发明人即为专利的共同所有人。每位共同所有人对专利都拥有所有权，这意味着他们中的每一个人都有权在不经过其他共同所有人许可的情况下，制造、使用或销售该专利。

7.2 版权的所有权

一般来说，作品的创作人就是作者，其拥有作品的所有权利。但受雇创作的作品不包括在内。如果雇员在工作范围之内创作作品，那么视为作者的将是雇主，而非雇员。

8 机构的知识产权保护

8.1 记录本保存

根据美国法律，专利权授予第一个提出发明构思的人，而非第一个提交专利申请的人。根据先发明制原则，记录本必须能够证明产生发明构思的日期。为防止其他干扰，记录本还应能够证明产生发明构思后，为开发发明所做出的努力。为此妥善保存记录本十分重要。[23] 记录本的所有条目都应使用永久性墨水书写，每页连续编号，不留空白。同时应有了解该项工作的人旁观监督整个过程，但其不得参与该项工作。

8.2 员工协议

美国大部分发明专利来自雇员。因而，机构应制订与雇员所做发明相关的协议。雇员协议通常包含的条款有：要求雇员保守商业秘密和机密信息，将发明转让给雇主，披露创作过程时应相互合作，并配合进行专利申请工作等。雇员协议还可以包括要求员工在离职后一定时间内转让发明的尾部条款（trailer clauses）。

有些州颁布了州法令，试图防止雇主滥用不平等的议价权利。这些法令限制了雇主根据合同要求发明者转让的发明类型。

8.3 标记受保护的知识产权

专利标记。专利法赋予专利权人标记专利产品的权利。在产品上进行标记并不是强求的，但如果专利权人未标记产品，可能存在在产品未标记期间无法向侵权者要求损害赔偿的风险。正确的标记方式为：U. S. Patent No 5, 555, 555 或 U. S. Pat. No. 5, 555, 555。仅有申请日但未获得授权，专利权人可以使用以下标记：专利未决（Patent Pending or Pat. Pending）。

商标标记。*TM* 表示其使用者将特定的词、符号或徽标作为商业标记。同理，*SM* 即表示服务标记。

当在美国专利商标局注册商标后，应将 *TM* 或 *SM* 更改为注册商标符号®。商标所有人可以使用 *Registered in the U. S. Patent and Trademark Office* 或 *Reg. U. S. Pat & TM* 代替®符号。由于 *Registered trademark* 没有指明注册地点，可能会产生误导，因此不能作为标记。重要的是要表明商标是在美国专利商标局注册的，因为法律规定，除非可以确定被告人已收到关于商标注册的实际通知，否则商标所有人不得追回利润和损害赔偿。

版权标记。© 、*Copr* 或 *Copyright* 是版权保护常用的法律提醒标记。版权提醒标记直接标注在产品或产品标签上，通常采用以下形式：

© ABC Corporation 2007.

或

© MIHR and PIPRA. All Rights Reserved.

曾经没有加上版权声明对版权所有人的权利是致命的，但如今已不再如此。在美国加入《伯尔尼公约》（*the Berne Convention*）之前，如果作者没有加上版权声明便会丧失其权利。然而在适当的情况下加上传统的版权声明仍不失为好的做法。版权作品除了版权标记外通常还带有“版权所有”（All Rights Reserved）的声明，这是因为《布宜诺斯艾利斯版权公约》（*the Buenos Aires Copyright Convention*）要求作此标记。这在南美洲一些国家十分重要。

9 知识产权权利整合

人们常常会问一个问题，即一方能否同时拥有专利和商业秘密？乍看之下，专利和商业秘密似乎互相排斥：专利申请最迟将在专利授权时公布于众，而商业秘密则必须保密。而且，专利法要求专利申请人在申请书中披露发明的最佳实施例。如果一个人申请了专利，似乎就无法保守商业秘密。

然而实际情况并非如此。一个人既可以拥有专利，也可以保持商业秘密。常见的情况是，申请专利后，该发明会得到进一步开发，而提交申请后，进一步开发的详情即会作为秘密得到保护。专利法要求发明人在申请专利时披露发明的最佳实施例，但并未要求在申请之后披露任何改进的详情。而且，商业秘密有时可能是“没用的”技术诀窍。例如，在研究和开发过程中，知悉某些公式或工艺不起作用也可以作为商业秘密。据估算，80%的许可和技术转让协议中包含专有技术或商业秘密。

另外，商标可以延长专利产品的保护时长。专利的保护时长通常为20年，而商标只要持续使用就没有时间限制。许多公司使用商标来延长对专利产品的保护。在专利有效期内，产品会受到很好的保护，如果公司对该产品进行了商标注册，公众在专利期满后也将认可该专利产品。但申请人为专利产品申请商标时应当记住，任何功能性特征都不能得到商标的保护。

10 知识产权侵权

专利侵权包括直接侵权和间接侵权。“直接侵权”既可以是相同侵权（又称字面侵权，literal infringement），也可以是在等同原则下实际发生的侵权。在专利有效期内，未经专利权人许可，一方在美国境内制造、使用、许诺销售或销售，或在美国进口受专利保护的发明，即构成直接侵权。

如果权利要求中的所有必要技术特征都体现在被控侵权的产品或工艺中，即为相同侵权。如果有一项技术特征没有出现在被控侵权的产品或工艺中，就不是相同侵权。

在被控产品或工艺缺少权利要求中的某一组件或步骤的情况下，如果其与该组件或步骤无实质不同，仍有可能存在直接侵权。根据等同原则，这种情况也属于侵权。

在这种情况下，被控侵权的设备（或方法）基本上以与专利发明相同的方式达到相同的功能。

除了直接侵权，专利法还规定了“间接侵权”。间接侵权要么是诱导侵权（明知故犯地帮助他人实施侵权行为；协助和教唆他人侵权），要么是共同侵权（明知故犯地出售除了作为专利发明的一部分而没有其他用途的物品）。[24]

如果被告复制了原告的版权作品，即构成版权侵权。原告可以通过两种途径证明复制行为：一是直接证据，即复制的版权作品；二是间接证据，即被告能够接触原告的作品且其作品与原告的作品基本相似。

11 现在我有了知识产权，然后呢

显然，只有生产过程中确实使用、应用或结合了发明时，知识产权才真正有用。这个过程可以由所有权人或被授权的第三方（许可证持有人）完成。发明新东西很重要，保护该发明也很重要，但最重要的无疑是将发明从实验室研究运用到实际中去。为此，本手册其他章节所推荐的最佳方式并不总是关于知识产权保护。[25] 同样重要的还包括何时、向谁以及如何许可知识产权，从而优化其经济和人道主义价值。[26] 也就是说，应该根据机构的使命和开展工作的目的以及发明的具体主题选择特定发明的保护形式。

JOHN DODDS，*Founder，Dodds & Associates，1707 N Street NW，Washington，DC，0036，U. S. A. j. dodds@doddsassociates. com*

ANATOLE KRATTIGER，*Research Professor，the Biodesign Institute at Arizona State University；Chair，bioDevelopments-International Institute，and Adjunct Professor，Cornell University，PO Box 26，Interlaken，NY，14847，U. S. A. afk3@cornell. edu*

---

1 Article I，Section 8，Clause 8.

2 Some 30 years later，in 1474，the first patent law was enacted，called the “Inventor Bylaws，” also in Venice.

3 See，also in this *Handbook*，chapter 4. 4 by JP Kesan，and chapter 4. 6 by J Dodds，A Krattiger and SP Kowalski.

4 See，also in this *Handbook*，chapter 10. 2 by RL Cruz.

5 See，also in this *Handbook*，chapter 4. 7 by M Blakeney.

6 See Dodds et al.，*supra* note 3.

7 See，also in this *Handbook*，chapter 10. 7 by AM Schneiderman；chapter 10. 8 by R Yin and S Cunningham；and chapter 10. 6 by AS Viksnins and AM McCrackin.

8 35 U. S. C. 101.

9 *Diamond v. Chakrabarty*. 447 U. S. 303（1980）.

10 *State Street Bank v. Signature Financial Group*. 47 U. S. P. Q. 2d 1596. This case was the most important

case to establish the concept of business-method patents. As a result, during fiscal year 2001, the U. S. Patent Office was expecting to receive about 10,000 businessmethod patent applications. This was in a year the U. S. Patent Office issued only 433 business-method patents.

11 35 U. S. C. § 102(a).

12 *Rosaire v. Baroid Sales.* Div. 218 F 2d 72.

13 *Kimball Int'l Inc. v. Allen Organ.* Co. 212 U. S. P. Q. 584.

14 *Ritter v. Rohm & Haas Co.* 271 F. Supp. 313.

15 35 U. S. C. 102(b).

16 *Brenner v. Manson*, 383 U. S. 519 (1966).

17 See, also in this *Handbook*, chapter 4. 3 by W Needle.

18 See, also in this *Handbook*, chapter 4. 8 by J Dodds, S Somersalo, SP Kowalski and A Krattiger.

19 Musical works, graphic, pictorial or sculptural works, motion pictures, or other audiovisual works are not included in this exception.

20 Note that libraries may make copies of entire works if the work cannot be obtained after a reasonable search and at a reasonable price. This exemption is also the basis of the fair-use doctrine that libraries may copy and place materials on course reserve.

21 18 U. S. C. § § 1831-1839.

22 For further information on trade secrets, especially the licensing of trade secrets, see, in this *Handbook*, chapter 11. 4 by KF Jorda.

23 See, also in this *Handbook*, chapter 8. 2 by JA Thomson.

24 See, also in this *Handbook*, chapter 17. 26 by M Goldman.

25 For example, see, in the *Handbook*, chapter 10. 1 by S Boettiger and C Chi-Ham.

26 See Sections 2 and 10 in this *Handbook*.

第4.2章

如何阅读生物技术专利

卡罗尔·诺滕堡（CAROL NOTTENBURG）
美国Cougar专利法首席/专利律师

译者 张晓 戴培刚 **审校者** 刘晓娜 杨坤 张熠 殷宏

摘 要

本章对美国的一份专利文件样本做了详细注解说明。美国专利的格式很合理，与欧洲等其他主要司法管辖区要求的格式相似，因而是一个方便的范本。

1 引言

专利是一种通常由政府通过专利局颁发的知识产权权利，并且仅在一定期限内有效。对世界贸易组织（WTO）成员具有约束力的《与贸易有关的知识产权协定》（TRIPS）第28条规定，专利权人有权“阻止第三方……制造、使用、许诺销售、销售或进口”其专利产品。如果受保护的发明是某种工艺，其所有权人不仅可以阻止第三方使用该工艺，还可以阻止第三方使用、许诺销售、销售或进口“必须采用此工艺才能获得的产品”。必须指出的是，TRIPS协定规定，专利权人并不拥有实施其发明的权利，但有权阻止他人实施其发明。

TRIPS协定规定，专利期限至少为20年。大部分国家专利保护期为首次提出专利申请之日起的20年。在产品投入商业生产之前，如果监管委员会或专利局造成延迟，可以申请延长专利期限。重要的是，仅在授予国，所授予的专利权才具有法律约束力。

2 专利出版物

文本框1（本章末尾）为美国第6,551,586号专利文件[1]的首页，文本框2为美国

Nottenburg C. 2007. How to Read a Biotech Patent. In *Intellectual Property Management in Health and Agricultural Innovation: A Handbook of Best Practices* (eds. A Krattiger, RT Mahoney, L Nelsen, et al.). MIHR: Oxford, U. K., and PIPRA: Davis, U. S. A. Available online at www.ipHandbook.org.

第 5,723,765 号专利文件的摘录（下文简称为“765 号专利”）[2]。765 号专利文件主要包含以下 3 个部分：

- 扉页，呈现专利著录项目信息（在本章最后的文本框 2a）
- 正文，描述发明（文本框 2b）
- 权利要求书，从第 35 栏（文本框 2c）开始，限定发明的保护范围[3]

2.1 扉页

扉页主要包含著录项目信息、在先专利申请的内容以及相关识别要素，任何一项信息都具有解释专利的法律意义。每个材料分段相邻括号中的数字为专利局内部识别所用。

扉页顶端是第 6,551,586 号专利最重要的识别信息（文本框 1）：

[12] 出版物性质。本范例中上方为“美国专利”，下方为第一发明人的名字“Davidson 等”。[4]

[10] 专利号。美国专利号由专利局按顺序分配。2000 年年初之前，专利号只是出版刊号。[5]

[45] 专利公布日期。这一日期（本例中为 2003 年 4 月 22 日）之所以重要，有以下两个原因：(1) 如果专利作为专利申请还未公开，则这一日期就是公众知晓该专利的日期，使该专利成为非美国管辖区的现有技术；[6] (2) 在《关税及贸易总协定》(GATT)（1995 年 6 月 8 日）之前，对于在美国提交的申请，该日期代表专利期限的开始，如本例所示。[7]

扉页的其余部分为主要著录项目数据：

[54] 专利名称。专利名称应代表整体内容，通常由发明人或其委托代理人撰写，并且不影响对专利的解释。许多专利名称表达的都是主观愿景。

[75] 发明人姓名和住所。就专利本身而言，发明人的姓名顺序并不重要，该顺序由申请人决定，而非专利局。在美国，发明人及其代理人（见下文）可以不经过其他发明人允许，独立实施或许可其拥有的专利权利。值得注意的是，澳大利亚和欧洲国家有不同的规定：未经其他共同发明人允许，发明人不得实施或许可专利权利。

[73] 受让人及其办公地址。[8] 发明人签字将发明权利转让给受让人，受让人即成为专利的所有人。通常，若发明人受雇于公司或大学，其有义务将发明权利转让给雇主。在美国，此类转让文件由专利局备案登记，一旦专利申请向公众披露，即可公开查阅。公众知道专利权人的身份，但获得专利许可的人，其身份不一定要为公众所知。

[21] 申请号。由专利局指定。

[22] 专利申请的提交日。如果没有相关的美国申请数据（见下文），则该日期为 20 年专利期限的开始。

[63] 相关申请。正是在这些相关申请的基础上，专利主张其优先权。无论有没有

新的披露内容，美国通常都不允许重新提交申请。重新提交的申请被称为“继续申请”，若其中包含新的披露，则为“部分继续申请”。美国第6,551,586号专利的提交日期为1998年11月27日（领域21），然而在1996年1月29日提交的在先申请（序列号08/593,006）中，包含了本发明专利中的一些公开内容。换句话说就是，本专利是在先申请文件的部分继续申请。[9] 由于专利期限从先申请的提交日算起，因而本专利到期时间为2016年1月29日。

[60] 临时申请。临时申请的提交日期不影响专利期限，但考虑到现有技术可能影响发明的可专利性，临时申请还是很重要的。

[51] 国际专利分类（IPC）号。[10] 由数字和字母组合而成。专利申请的国际专利分类号由公布该专利的国家或地区专利局指定。对于专利审查机构、潜在发明人、律师以及其他与技术应用或开发有关的人员来说，国际专利分类号是不可或缺的工具。

[52] 美国专利分类号。由美国专利局指定。*

[58] 检索范围。包括审查员用来检索现有技术的美国专利分类号。

[56] 参考文献。细分的美国专利文件、外国专利文件和其他出版物在评价申请保护的发明的可专利性时，审查员要考虑这些文献。[11]

[无编号] 审查员。专利局主审查员和副审查员（如有的话）的姓名。

[74] 律师、代理人或公司。发明人或代理人的代表。

[57] 摘要。申请人对本发明的简要描述。专利局和公众能够通过摘要快速了解专利的内容。尽管“摘要不应用于解释权利要求书”，但法院已在个别场合将其纳为审议对象。[12]

[无编号] 权利要求数量和附图。本专利文件中共有8项权利要求和13个附图。

2.2 专利文件的正文

专利文件的正文也称“披露”（在美国也称“说明书”）。根据TRIPS协定的规定，发明必须“清楚完整公开，以保证本领域技术人员能够实施该发明”（第29.1条）。每个国家对专利文件都有自己的要求，美国专利局要求书面描述发明，即所谓的“实施性”（enablement）和所谓的“最佳实施例”（best mode）。[13]

专利文件的结构因国家而异。美国与欧洲的结构类似，以下（b）（c）两部分为美国独有：

a. 发明名称
b. 相关申请的交叉引用
c. 关于联邦资助研究的声明（如果适用）
d. 发明背景
e. 发明内容

---

* 美国自启用CPC分类号后，已放弃使用美国专利分类号。——译者注

f. 附图说明

g. 具体实施方式

h. 相关核苷酸和肽序列的列表

i. 限定发明范围的权利要求

2.3 发明背景

发明背景一般是为专利审查员和陪审团所撰写的，以防专利被提起诉讼。发明背景将本发明技术与该领域中现有的发明技术进行比较，由此解释本发明技术存在的必要性。从已下载的完整专利文件（文本框 2b 中的摘录）可以看出，765 号专利文件的发明背景，大部分是在解释几个相关参考中的技术。

2.4 发明内容

发明内容不同于摘要，其概括了本发明的范围（权利要求）。该部分通常讨论本发明的优势之处或解释其如何解决现有技术中存在的问题。

765 号专利文件中的发明内容部分对本发明进行了讨论，与权利要求中所体现的一样。该部分对本发明的具体优势也进行了描述（例如，第 1 栏第 61 ~ 64 行，第 2 栏第 1 ~ 6 行；第 2 栏第 51 ~ 54 行，此处未示出）。发明人认为本发明有以下优点：可通过外部刺激上调基因表达，但不需要持续进行刺激，可导致植物生长在不同条件下表型不同，以及使某一种子性状仅在初代或随后世代中表现的能力。

2.5 发明的详细说明

发明的详细说明是专利文件最核心的部分。详细说明由两部分构成：第一部分（第 2 栏第 58 行 ~ 第 8 栏第 40 行）是对发明的解释以及说明如何实施本发明；第二部分（第 8 栏第 43 行 ~ 第 20 栏第 33 行）提供了本发明的具体示例。许多新读者会错误地认为这些示例在描述必须如何实施或使用本发明，但事实并非如此。这些示例仅仅是“为了说明权利要求的技术方案，而非限制”。虽然可专利性的规定并不要求举例，但在实践中，如果生物技术发明没有实施例，就很难满足授权要求。

第 1、2 段描述了本发明最广泛的概念，解释了如何使用 DNA 构建体构建转基因植物，并描述了如何将本发明用于控制基因表达。

第 3 ~ 11 段（第 4 栏第 1 ~ 39 行）阐述了关键术语的定义。这些定义在解释权利要求的范围时极其重要。例如，本专利将术语“植物活性启动子”定义为“在植物细胞中活跃的所有启动子”。启动子不仅来自植物，还来自病毒、细菌、真菌等。该列表仅提供了可衍生启动子的来源示例，发明人并未打算给出详尽列表。

接下来的三段（第 4 栏第 10 行到第 5 栏第 47 行）描述了本发明的最佳实施例。这通常是对最广泛的概念的进一步限定。它为发明人提供了一个“保障措施”，防止较广的概念无法获得专利保护。

第 12 段（第 4 栏第 10 行）中，最佳实施例是“瞬时活性启动子”（仅在胚胎发育晚期具有活性）和“与该启动子连接的基因”，即“致死基因”。接下来两段描述的实施例，一个是将一对转基因植物杂交以产生显示出一种改变的表型，另一个是将重组酶与可诱导启动子相连。此外，该段还介绍了几个诱导型启动子的例子。

接下来几段（第5栏第48行~第7栏第48行）定义并给出了权利要求的一些重要要素［瞬时活性启动子、表达产生可检测表型的基因、致死基因、阻断序列、阻遏因子（repressor）和阻遏启动子以及重组酶/切除序列］。这几段内容是支持发明人权利要求保护范围的。在第6栏第47~60行中，先对“致死基因”进行定义，然后给出了一个例子（皂草素-6，其通过切割大核糖体RNA分子产生作用，从而抑制蛋白质合成）。总的来说，本专利文件中披露的内容相对少。

接下来的4段（第7栏第49行~第8栏第29行）探讨了该技术可用于改造目标植物的方案（第7栏第62~65行）。这是一种典型的专利起草方式，它清楚地表明，用于改造的实际方法并不重要。引入构建DNA的其他方法在第21~23段中有所描述。

最后，第24段（第8栏第30~40行）讨论了一些适宜的植物种类。发明人认为他们所描述的方式不需要限定于特定种类。

下一部分将给出一些示例。通常，这些示例是展示实施发明的一个或多个具体方式。这些示例可能并不是基于发明人的成功试验。如果试验已经完成，这些示例就叫作“实操”例；如果没有完成，就叫作“预示”例，在专利文件中用现在时态或将来时态记载。在765号专利中，示例1~6（文本框2c）描述了3个DNA序列的克隆：(1) 致命基因，皂草素-6，由晚期胚胎发育启动子控制，并被阻断序列LOX分离；(2) 由CaMV 35S启动子控制的tet阻遏基因；(3) 由可降解的四环素35S启动子控制的CRE（重组酶）基因。示例7~10对引入植物结构和系统激活进行了介绍，用的是将来时态，这是因为在申请提交日尚未开展相关试验。

2.6 序列清单

序列清单包括专利申请中提到的至少10个核苷酸组成的所有核酸分子序列，以及至少4个氨基酸组成的所有肽序列。

2.7 权利要求

权利要求必须“特别指出并明确申请人认为要求保护的发明主题”。[14] 权利要求对专利所有权可能面临的侵权行为进行了界定。

每一项权利要求都必须是简单句。权利要求由前序和主体两部分组成，中间有过渡词或过渡短语。

- 前序是一个介绍性陈述，包含权利要求的主题。例如，权利要求1的前序为：“一种制造转基因植物的方法。”
- 权利要求的主体介绍了构成所要求保护主题的要素或步骤。在权利要求1中，主体包括“稳定转化……”和“再生……”两个步骤。

权利要求中前序和主体之间的过渡词或过渡短语，表明权利要求是否“至少”包括列出的要素或步骤，以及是否“仅”包括列出的要素或步骤。过渡词“包括”

（comprising）的意思是“包括以下元素但不排除其他元素”。[15]765 号专利文件中的权利要求 1 在两处使用“包括”：（1）前言（“一种包括……的方法”）和（2）主体（“一种包括……的 DNA 序列”）。如果有人在使用专利方法时做了一些小的改动，例如增加了一些步骤或包含额外要素的 DNA 序列，那么其仍构成侵权。

相反，过渡词“组成”（consisting of）将权利要求范围限定于所述的要素或步骤。如果权利要求为“由 ACGTGC 组成的 DNA 序列”，那么制造包含“ACGTGCTA”的 DNA 序列就没有构成侵权。

过渡短语“主要组成”（consisting essentially of）的含义介于上述两者之间。表明该专利对那些不影响方法或产品基本属性和新颖性的差别化利用方式没有约束。这在生物技术专利中并不常见。

此外，权利要求有两种：独立权利要求和从属权利要求。“独立权利要求”（如权利要求 1、10、19、28、37、46 和 55）包括所有必要的限定，并且既不依赖也不包括任何其他权利要求的限定条件。奇怪的是，美国专利法对“从属权利要求”有定义，但对“独立权利要求”却没有。美国专利法规定，从属权利要求必须“引用并进一步限定在前的其他权利要求”。[16] 而且，从属权利要求“应包括参考文献中包含的所有限制条件”。[17]

765 号专利文件中的权利要求 4 是典型的从属权利要求。权利要求 4 取决于权利要求 1，瞬时活性启动子受限于 LEA 启动子。权利要求 1 中的其他所有要素保持不变且不做进一步限定。

从属权利要求有非常重要的作用。首先，对区分权利要求有帮助，即在专利法中，任意两个权利要求的保护范围都不会相同。因此，权利要求 4 中的瞬时活性启动子必须包含权利要求 1 之外的 LEA 启动子，否则，权利要求 1 和 4 的保护范围就会相同。其次，从属权利要求还可用于保护发明的具体实施例。诉讼案件中，如果独立权利要求主张失败，从属权利要求仍然可以有效。此外，陪审团能够更容易清楚地辨认出所指控的侵权行为。

3 结语

即使不考虑侵权，专利文献仍包含了大量对研究人员十分有价值的信息。虽然在互联网上可免费获得专利文献（通常是从专利局获得），但是这些专利文献可能并不容易理解或领会。因为专利申请文件以一种特殊的方式书写，并不遵循科学或技术文体惯有的风格。要想理解专利文献，可以借助导引熟悉其套路。

本章为阅读专利文献提供了导引，并对专利文献的各部分进行了解释说明。本章特别描述了构成专利文献各部分的体量和类型。每个部分都包含了一组自成体系的有用信息。权利要求书的重要性在于其对了解专利权利界限至关重要。然而，解读权利要求需要更多指导，远超本章范围。即使没有充分理解权利要求的界限，仍然可以从专利文献中获得很多有用信息。

CAROL NOTTENBURG, *Principal/Patent Lawyer*, *Cougar Patent Law*, *814 32nd Ave.*

South, Seattle, WA, 98144, U. S. A. carol. nottenburg@ cougarlaw. com

1 patft. uspto. gov/netacgi/nph-Parser? Sect1 = PTO1&Sect2 = HITOFF&d = PALL&p = 1&u =% 2Fnetahtml% 2FPTO%2Fsrchnum. htm&r=1&f=G&l=50&s1=6,551,586. PN. &OS=PN/6,551,586&RS=PN/6,551,586.

2 patft. uspto. gov/netacgi/nph-Parser? Sect1 = PTO1&Sect2 = HITOFF&d = PALL&p = 1&u =% 2Fnetahtml% 2FPTO%2Fsrchnum. htm&r=1&f=G&l=50&s1=5,723,765. PN. & OS=PN/5,723,765&RS=PN/5,723,765.

3 More typically, patents contain four sections with drawings comprising the last section.

4 In the United States, a patent application must be filed for in the name of the inventors. In most of the rest of the world, patent applications can be filed for in the name of the inventors or in the name of the assignee(s).

5 Patent applications are generally published 18 months after the earliest priority application date. Depending on the country, the publication number may or may not differ from the patent number. If the numbers are the same, a suffix is usually used to denote the status of the application. For example, in Europe, the publication and patent numbers are the same, but the suffix *A* is used to indicate an application and *B* is used to indicate an issued patent.

6 In the United States, inventions that are disclosed but not claimed are prior art against other U. S. applications and patents, as of their filing date. 35 U. S. C. § 102(e).

7 Before the GATT treaty implementation, the patent term in the United States was 17 years from the date of issuance. Under GATT, the patent term is 20 years from the earliest claimed priority date.

8 An assignee in the United States is called an applicant in the rest of the world.

9 Priority applications determine both patent term and which prior art can be applied in a patent examination. A particular claim has a priority date as of the earliest application that contains the patentable subject matter. Art available after the priority date cannot be cited against the claim. In practice, U. S. examiners rarely determine the priority date of a claim, whereas European examiners frequently review priority applications to determine priority dates of claims.

10 The IPC system is a hierarchical classification system administered by the World Intellectual Property Organization. For more information on international classifications and IPC, see WIPO's Web site at www. wipo. org.

11 In the United States, each individual associated with the filing and prosecution of a patent application (for example, inventor, patent attorney, assignee) has a duty to disclose all material information to the patent office.

12 37 C. F. R. 1. 72(b).

13 The written description shows that the inventor has the invention in mind. The enablement describes the invention clearly enough that one skilled in the art can understand it, make it, and use it without undue experimentation. In the best mode, an inventor discloses the most effective method of practicing or using the claimed invention. The patent office does not ask applicants whether or not they have disclosed the best mode, a question which usually only arises during litigation.

14 35 U. S. C. § 112.

15 Equivalent words are *having* and *including*, but most practitioners use *comprising* because it has become a standard term of art.

16 37 C. F. R. 1. 75(c).

17 See *supra* note 16.

文本框 1：美国授权专利扉页

US006551586B1

(12) **United States Patent**
Davidson et al.

(10) **Patent No.: US 6,551,586 B1**
(45) **Date of Patent: Apr. 22, 2003**

(54) **MALARIA VACCINE BASED UPON THE ADDITION OF A MSA1 PEPTIDE**

(75) Inventors: **Eugene A. Davidson**, Washington, DC (US); **Shutong Yang**, Washington, DC (US)

(73) Assignee: **Georgetown University**, Washington, DC (US)

(*) Notice: Subject to any disclaimer, the term of this patent is extended or adjusted under 35 U.S.C. 154(b) by 0 days.

(21) Appl. No.: **09/117,415**

(22) Filed: **Nov. 27, 1998**

Related U.S. Application Data

(63) Continuation-in-part of application No. 08/593,006, filed on Jan. 29, 1996, now abandoned.
(60) Provisional application No. PCT/US97/01395, filed on Jan. 29, 1996.

(51) **Int. Cl.**[7] **A01N 63/00**
(52) **U.S. Cl.** **424/93.2**; 514/44; 435/320.1; 435/69.1; 435/325; 435/455
(58) **Field of Search** 514/44; 536/23.1, 536/23.4, 24.1; 435/69.1, 320.1, 325, 455; 424/93.1, 93.2, 184.1

(56) **References Cited**

U.S. PATENT DOCUMENTS

5,032,520	A		7/1991	Binns et al.	435/325
5,225,534	A		7/1993	Certa	530/350
5,541,087	A	*	7/1996	Lo et al.	435/697
5,585,268	A		12/1996	Knapp et al.	435/252.3
5,756,101	A	*	5/1998	Paoletti et al.	424/199.1
5,766,597	A	*	6/1998	Paoletti et al.	424/199.1
5,876,964	A	*	3/1999	Croteau et al.	435/69.1
5,948,647	A	*	9/1999	Ring	435/69.6

FOREIGN PATENT DOCUMENTS

WO	WO94/21680	9/1994
WO	WO 94/28930	12/1994
WO	WO 96/34105	10/1996
WO	WO 97/30159	8/1997

OTHER PUBLICATIONS

McCluskie et al., Molecular Medicine, 5, 287–300, 1999.*
Stoute et al., BioDrugs, 10/2, pp. 123–136, 1998.*
Database Biotechds, AN: 1996–13489, Hestrom et al., abstract, Nov. 1995.*
Murphy et al., Parasitology, 11, Pt 2, pp. 177–183, 1990.*
Longacre et al., Mol. Biochem. Parasitol., 64, 2, 191–205, 1994.*
Hui et al. Infection and Immunity 61:3403 (1993).
Gierasch Perspectives in Biochemistry 28:923 (1989).
von Heijne Subcellular Biochemistry 22:1 (1994).
Englund Annu. Review Biochem. 62: 121 (1993).
Arita Nature 279:293 (1979).
Mackett et al. J. Gen Virol. 67:2067 (1986).
Houard et al. J Gen. Virol. 76:421 (1995).
Fujii et al. J. Gen Virol 76:1339 (1995).
Rodrigues et al. J Immunol. 153:4636 (1994).
Earl et al. Current Protocols in Molecular Biology Units 16.1–16.2 (1993).
Smith et al. Gene 25:21 (1983).
Chakrabarti et al. Nature 320: 535 (1986).
Hu et al. Nature 320:537 (1986).
Ball et al: Proc. Natl. Acad. Sci 83:246 (1986).
de La Salle et al. Nature 316:268 (1985).
Langford et al. Mol. Cell Biol. 6:3191 (1986).
Blackman et al. Mol.Biochem. Parastilol. 49:29 (1991).
Perrin et al. J. Exp. Med 160:441 (1984).
Siddiqui et al. Proc. Natl. Acad. Sci. USA 84:3014 (1987).
Perrin et al. Immunol. Rev. 61: 245 (1982).
Holder et al. Parasitology 94. 199 (1987).
McBride et al. Mol.Biochem. Parastilol. 23:71 (1987).
Blackman et al. Mol.Biochem. Parastilol. 49:35 (1991).
Fox et al. Infect. Imm. 61:2309 (1993).
Holder et al. Parasite Immunol. 10:607 (1988).
Günzburg Molecular Medicine Today vol. 12, 9:410–417, 1995.
Coghlan New Scientist, vol. 148 pp. 14–15, 1995.
Crystal Science 270: 404–407 (1995).
Robert Whalen Emerging Infectious Diseases 2:168–175.
Etlinger Immunology Today 1312:52–55 (1992).
Cryz Vaccine 14: 683–687 (1996).
Kaslow D. C. et al. "Expression and Antigenicity of Plasmodium Falciparum Major Merozoite Surface Protein (MSP119) Variants Secreted From Saccharomyes Cerevisiae" *Molecular aned Biochemical Parasitology*, 63(2): 283–289, 1994.
Sandhu J. S. and Kennedy J F. "Expression of the Merozoite Surface Protein GP195 in Vaccinia Virus" *Vaccine*, 12(1): 56–64, 1994.
Kumar S. et al. "Immunogencity and In Vivo Efficacy of Recombinant Plasmodium Falciparum Merozoite Surface Protein–1 in Aotus Monkeys" *Molecular Medicine*, 1(3): 325–332, 1995.

* cited by examiner

Primary Examiner—Dave Trong Nguyen
(74) *Attorney, Agent, or Firm*—Henry D. Coleman; Coleman Sudol Sapone P.C.

(57) **ABSTRACT**

The present invention relates to an expression vector which expresses a malaria MSA1 peptide in combination with a signal peptide and anchor peptide in a host animal. The MSA1 peptide is combined with a signal peptide and anchor peptide for expression. Chimeric peptides being expressed with both signal peptides and anchor peptides were the most effective in eliciting an immunogenic response from a vaccinated host.

8 Claims, 13 Drawing Sheets

文本框 2a：美国 5, 723, 765 号专利扉页

US005723765A

United States Patent [19]

Oliver et al.

[11] **Patent Number: 5,723,765**

[45] **Date of Patent: Mar. 3, 1998**

[54] **CONTROL OF PLANT GENE EXPRESSION**

[75] Inventors: **Melvin John Oliver**, Lubbock; **Jerry Edwin Quisenberry**, Idalou; **Norma Lee Glover Trolinder**, Quanah, all of Tex.; **Don Lee Keim**, Leland, Miss.

[73] Assignees: **Delta and Pine Land Co.**, Scott, Miss.; **The United States of America as represented by the Secretary of Agriculture**, Washington, D.C.

[21] Appl. No.: **477,559**

[22] Filed: **Jun. 7, 1995**

Related U.S. Application Data

[63] Continuation-in-part of Ser. No. 283,604, Aug. 1, 1994, abandoned.

[51] **Int. Cl.**[6] **C12N 15/29**; C12N 15/82; A01H 4/00; A01H 5/00

[52] **U.S. Cl.** **800/205**; 800/250; 536/24.1; 536/23.6; 536/24.5; 435/320.1; 435/240.4; 435/172.3

[58] **Field of Search** 536/24.1, 23.6, 536/24.5; 435/320.1, 240.4, 172.3; 800/205, 250

[56] **References Cited**

U.S. PATENT DOCUMENTS

4,959,317	9/1990	Sauer	435/172.3
5,159,135	10/1992	Umbeck	800/205
5,217,889	6/1993	Roninson et al.	435/172.3
5,231,019	7/1993	Paszkowski et al.	435/172.3
5,244,802	9/1993	Rangan	435/240.5
5,270,201	12/1993	Richards et al.	435/240.4
5,304,730	4/1994	Lawson et al.	800/205
5,352,605	10/1994	Fraley et al.	435/240.4

FOREIGN PATENT DOCUMENTS

131623	3/1991	European Pat. Off. .
9008826	8/1990	WIPO .
9109957	7/1991	WIPO .
9403619	2/1994	WIPO .

OTHER PUBLICATIONS

Schena et al. A steroid–inducible gene expression system for plant cells. Proc. Natl. Acad. Sci. USA. vol. 88, pp. 10421–10425, Dec. 1991.

Gatz et al. Regulation of a modified CaMV 35s promoter by the TN10–encoded Tet repressor in transgenic tobacco. Mol. Gen. Genet. (1991) 227:229–237.

Bayley et al. Exchange of gene activity in transgenic plants catalyzed by the Cre–lox site–specific recombination system. Plant Molecular Biology 18: 353–361, 1992.

Galau et al. Cotton Lea4(D19) and LeaA2(D132) Group 1 Lea Genes Encoding Water Stress–Related Proteins Containing a 20–Amino Acid Motif. Plant Physiol. (1992) 99, 783–788.

Barthelemy et al. The Expression of Saporin, a Ribosome–inactivating Protein from the Plant Saponaria officinalis, in *Escherichia coli*. J. Biol. Chem. vol. 268, No. 9, p. 6546548, Mar. 1993.

Lanzer, Michael and Bujard, Hermann, "Promoters largely determine the efficiency of repressor action," *Proc. Natl. Acad. Sci. USA*, 85: 8973–8977 (1988).

Araki, Kimi et al., *Site–specific recombination of a transgene in fertilized eggs by transient expression of Cre recombinase*, Proc. Natl. Acad. Sci. USA, 92(1):160–164 (1995).

Medberry, Scott L., et al., *Intra–chromosomal rearrangements generated by Cre–lox site–specific recombination*, Nucleic Acids Research, 23(3):485–490 (1995).

Chapman, Sean, Kavanagh, Tony and Baulcombe, David, "Potato virus X as a vector for gene expression in plants," *The Plant Journal*, 2(4):549–557 (1992).

Odell, Joan T., et al., *Seed–Specific Gene Activation Mediated by the Cre/lox Site–Specific Recombination System*, Plant Physiol., 106:447–458 (Oct. 2, 1994).

Qin, Minmin, et al., *Cre recombinase–mediated site–specific recombination between plant chromosomes*, Proc. Natl. Acad. Sci. USA, 91:1706–1710 (1994).

Sauer, Brian, *Manipulation of Transgenes by Site–Specific Recombination: Use of Cre Recombinase*, Methods in Enzymology, 225:890–900 (1993).

Barinaga, Marcia, "Knockout mice: round two," *Science*, 265:26–28 (1994).

Gu, Hua, Marth, Jamey D. Orban, Paul C., Mossmann, Horst and Rajewsky, Klaus, "Deletion of a DNA of a polymerase B gene segment in T cells using cell type–specific gene targeting," *Science*, 265:103–106 (1994).

(List continued on next page.)

Primary Examiner—Douglas W. Robinson
Assistant Examiner—Thomas Haas
Attorney, Agent, or Firm—Rothwell, Figg, Ernst & Kurz

[57] **ABSTRACT**

A method for making a genetically modified plant comprising regenerating a whole plant from a plant cell that has been transfected with DNA sequences comprising a first gene whose expression results in an altered plant phenotype linked to a transiently active promoter, the gene and promoter being separated by a blocking sequence flanked on either side by specific excision sequences, a second gene that encodes a recombinase specific for the specific excision sequences linked to a repressible promoter, and a third gene that encodes the repressor specific for the repressible promoter. Also a method for making a genetically modified hybrid plant by hybridizing a first plant regenerated from a plant cell that has been transfected with DNA sequences comprising a first gene whose expression results in an altered plant phenotype linked to a transiently active promoter, the gene and promoter being separated by a blocking sequence flanked on either side by specific excision sequences to a second plant regenerated from a second plant cell that has been transfected with DNA sequences comprising a second gene that encodes a recombinase specific for the specific excision sequences linked to a promoter that is active during seed germination, and growing a hybrid plant from the hybrid seed. Plant cells, plant tissues, plant seed and whole plants containing the above DNA sequences are also claimed.

55 Claims, No Drawings

文本框 2b：描述第 5, 723, 765 号专利的摘要

5,723,765

1

CONTROL OF PLANT GENE EXPRESSION

This is a continuation-in-part application of application Ser. No. 08/283,604, filed on Aug. 1, 1994, now abandoned.

BACKGROUND OF THE INVENTION

This invention relates to certain transgenic plants and involves a method of creating transgenic plants with controllable genes. More particularly, the invention relates to transgenic plants that have been modified such that expression of a desired introduced gene can be limited to a particular stage of plant development, a particular plant tissue, particular environmental conditions, or a particular time or location, or a combination of these situations.

Various gene expression control elements that are operable in one or more species of organisms are known. For example, PCT Application WO 90/08826 (Bridges, et al.) discloses an inducible gene promoter that is responsive to an exogenous chemical inducer, called a "gene switch." This promoter can be linked to a gene and introduced into a plant. The gene can be selectively expressed by application of the chemical inducer to activate the promoter directly.

PCT application WO 94/03619 (Bright, et al. discloses a gene cascade consisting of a gene switch linked to a repressor gene and a repressible operator linked to a disrupter protein capable of disrupting plant development. Growth of the plant can be controlled by the application or withholding of a chemical inducer. While the inducer is present, the repressor is expressed, the promoter attached to the disrupter gene is repressed, the disrupter protein is not expressed, thereby allowing the plant to grow normally. If the chemical inducer is withheld, the gene switch is turned off, the repressible promoter is not repressed, so the disrupter protein is expressed and plant development is disrupted. This system is said to be useful for controlling the escape of plants into the wild by making their continued growth and development dependent on the continued application of a chemical inducer, and to mitigate the problem of preharvest sprouting of grains by withholding the chemical inducer at the last stages of seed development.

Gatz and Quail (1988) and Gatz, et al. (1992), (Hoppe-Seyler), 372:659-660 (1991), disclose a plant-active repressor-operator system that is controlled by the application of tetracycline. The system consists of the Tn10 tet repressor gene, and a cauliflower mosaic virus (CaMV) 35S promoter, modified to contain two tet operons and linked to the chloramphenicol acetyltransferase (cat) gene (Gatz and Quail, 1988), or modified to contain three tet operons and linked to the beta-glucuronidase (gus) gene (Gatz, et al., 1992). So long as the Tn10 tet repressor gene is active, the modified promoter is repressed by the interaction of the repressor with the tet operons, and the cat or gus gene is not expressed. The presence of tetracycline inhibits repressor binding, enabling expression of the cat or gus gene.

SUMMARY OF THE INVENTION

The present invention involves, in one embodiment, the creation of a transgenic plant that contains a gene whose expression can be controlled by application of an external stimulus. This system achieves a positive control of gene expression by an external stimulus, without the need for continued application of the external stimulus to maintain gene expression. The present invention also involves, in a second embodiment, the creation of transgenic parental plants that are hybridized to produce a progeny plant expressing a gene not expressed in either parent. By controlling the expression of genes that affect the plant phenotype, it is possible to grow plants under one set of conditions or in one environment where one phenotype is advantageous, then either move the plant or plant its seed under another set of conditions or in another environment where a different phenotype is advantageous. This technique has particular utility in agricultural and horticultural applications.

2

In accordance with one embodiment of the invention, a series of sequences is introduced into a plant that includes a transiently-active promoter linked to a structural gene, the promoter and structural gene being separated by a blocking sequence that is in turn bounded on either side by specific excision sequences, a repressible promoter operably linked to a gene encoding a site-specific recombinase capable of recognizing the specific excision sequences, and a gene encoding a repressor specific for the repressible promoter whose function is sensitive to an external stimulus. Without application of the external stimulus, the structural gene is not expressed. Upon application of the stimulus, repressor function is inhibited, the recombinase is expressed and effects the removal of the blocking sequence at the specific excision sequences, thereby directly linking the structural gene and the transiently-active promoter.

In a modification of this embodiment, the sequences encoding the recombinase can be introduced separately into the plant via a viral vector.

In an alternative embodiment, no repressor gene or repressible promotor is used. Instead, the recombinase gene is linked to a germination-specific promotor and introduced into a separate plant from the other sequences. The plant containing the transiently-active promotor, blocking sequence, and structural gene is then hybridized with the plant containing the recombinase gene, producing progeny that contain all of the sequences. When the second transiently-active promotor becomes active, the recombinase removes the blocking sequence in the progeny, allowing expression of the structural gene in the progeny, whereas it was not expressed in either parent.

In still another embodiment, the recombinase gene is simply linked to an inducible promoter. Exposure of the plant to the induce specific for the inducible promoter leads to the expression of the recombinase gene and the excision of the blocking sequence.

In all of these embodiments, the structural gene is expressed when the transiently-active promoter becomes active in the normal course of growth and development, and will continue to be expressed so long as the transiently-active promoter is active, without the necessity of continuous external stimulation. This system is particularly useful for developing seed, where a particular trait is only desired during the first generation of plants grown from that seed, or a trait is desired only in subsequent generations.

DETAILED DESCRIPTION OF THE INVENTION

This invention relates to a method of creating transgenic plants wherein the expression of certain plant traits is ultimately under external control. In one embodiment the control is achieved through application of an external stimulus; in another embodiment it is achieved through hybridization, in still another embodiment it is achieved by direct introduction of a recombinase or recombinase gene into a plant. The transgenic plants of the present invention are prepared by introducing into their genome a series of functionally interrelated DNA sequences, containing the

文本框 2c：包含第 5, 723, 765 号专利权利要求的摘要

5,723,765

35 36

-continued

(iii) HYPOTHETICAL: NO

(iv) ANTI-SENSE: NO

(xi) SEQUENCE DESCRIPTION: SEQ ID NO:26:

GATCCATAAC TTCGTTATAA TGTATGCTAT ACGAAGTTAT 40

We claim:

1. A method for making a genetically modified plant comprising

stably transforming a plant cell with a first DNA sequence comprising a first gene whose expression results in an altered plant phenotype, and a transiently-active promotor, the first gene and the transiently-active promotor being operably linked to one another, but separated by a blocking sequence that is flanked by specific excision sequences, such that the presence of the blocking sequence prevents the expression of the first gene, a second DNA sequence comprising a second gene that encodes a recombinase specific for the specific excision sequences flanking the blocking sequence of the first DNA sequence, and a repressible promotor operably linked in functional relation to the second gene, and a third DNA sequence comprising a third gene that encodes a repressor specific for the repressible promotor of the second DNA sequence, the third sequence being linked to a plant-active promoter;

regenerating a whole plant from the plant cell.

2. A method according to claim **1**, wherein the blocking sequence comprises the third DNA sequence.

3. A method according to claim 1 or claim **2**, wherein

the transiently-active promotor is selected from the group comprising a promotor active in late embryogenesis, in seed development, in flower development, in leaf development, in root development, in vascular tissue development, in pollen development, after wounding, during heat or cold stress, during water stress, or during or after exposure to heavy metals,

the first gene is selected from the group comprising a lethal gene, an insecticidal gene, a fungistatic gene, a fungicidal gene, a bacteriocidal gene, a drought resistance gene, a protein product gene or a gene that alters secondary metabolism,

the specific signal sequences are selected from the group comprising LOX sequences and se quences recognizable by either flippase, resolvase, FLP, SSV1-encoded integrase, or transposase,

the second gene encodes a specific recombinase selected from the group comprising CRE, flippase, resolvase, FLP, SSV1-encoded integrase, and transposase,

the third gene encodes a repressor selected from the group comprising the Tn10 tet repressor, and the lac operator-repressor system,

the repressible promotor is selected from the group comprising a 35S promotor modified to contain one or more tet operons, a modified ubiquitin promotor, a modified MAS promotor and a modified NOS promotor.

4. A method according to claim **3**, wherein the transiently active promotor is the LEA promotor.

5. A method according to claim **3**, wherein the first gene encodes ribosomal inhibitor protein (RIP).

6. A method according to claim **3**, wherein the specific excision signal sequences are LOX sequences and the second gene encodes CRE.

7. A method according the claim **3**, wherein the third gene encodes the Tn10 tet repressor.

8. A method according to claim **3**, wherein the repressible promotor is a 35S promotor modified to contain three tet operons.

9. A method according to claim **2** wherein the plant is cotton, the transiently active promotor is a LEA promotor, the specific excision signal sequences are LOX sequences, the first gene encodes ribosomal inhibitor protein (RIP), the repressible promotor is a 35S promotor modified to contain three tet operons, the second gene encodes CRE, and the third DNA sequence is the Tn10 tet repressor gene.

10. A method for producing seed that is incapable of germination, comprising

stably transforming a plant cell with a first DNA sequence comprising a lethal gene and a promotor that is active in late embryogenesis, the lethal gene and the late embryogenesis promotor being in functional relation to one another, but separated by a blocking sequence that is flanked by specific excision sequences, such that the presence of the blocking sequence prevents the expression of the lethal gene, a second DNA sequence comprising a gene that encodes a recombinase specific for the specific excision sequences flanking the blocking sequence of the first DNA sequence, and a repressible promotor linked in functional relation to the specific recombinase gene, and a third DNA sequence comprising a gene that encodes a repressor specific for the repressible promotor of the second DNA sequence, third sequence being linked to a plant-active promoter;

regenerating a whole plant from the plant cell;

allowing the regenerated whole plant to produce a first generation seed;

exposing the first generation seed to a stimulus that blocks the function of the repressor, such that the repressor element no longer inhibits expression of the specific recombinase gene, thereby allowing expression of the specific recombinase and excision of the blocking sequence of the first DNA sequence at the specific excision sequences, resulting in the direct functional linkage of the late embryogenesis promotor with the lethal gene;

germinating the first generation seed to produce a first generation plant expressing the late embryogenesis promotor/lethal gene sequence;

allowing the plant to produce second generation seed, whereby in the course of embryogenesis, the late embryogenesis promotor becomes active, permitting expression of the lethal gene in the second generation seed, thereby rendering the second generation seed incapable of germination.

11. A method according to claim **10**, wherein the blocking sequence comprises the third DNA sequence.

12. A method according to claim **10** or claim **11**, wherein the seed is cotton seed;

the late embryogenesis promotor is selected from the group comprising a LEA promotor and a promoter other than LEA that is active in late embryogenesis.

第4.3章

商标入门

威廉·尼德尔（WILLIAM NEEDLE）

美国罗森博格（Needle and Rosenberg）律师事务所总裁及创始人

译者 张晓 戴培刚 审校者 刘晓娜 杨坤 张熠 殷宏

摘 要

从广义上来说，商标，由商品和/或服务的一系列标识组成，包括服务商标、集体商标、证明商标、商号和商业外观。商标，可以是名称、标志、特征或设计，也可以显示原产地，辨认并区分商品或服务，让顾客确定商品（或服务）的质量。商标与其他形式的知识产权（如版权和专利）不同，其衍生的权利不是来自作者或发明人的创造性活动，而是在于商标在商业中的使用，获得权利的关键因素是顾客在商标与特定产品（或服务）之间建立的联系。商标的有效性取决于其独特性的程度。通过将商标分类，根据不同的保护力度，从臆造商标到叙述商标，建立了划分商标的不同等级。臆造商标具有固有的独特性，因为它们是仅为特定目的而发明的术语［如高洁丝（Kotex）］，而叙述商标［如 Chap-Stick（无色唇膏）］必须具有“第二含义”才能获得保护。在美国，商标受州和联邦法律的保护。虽然进行联邦商标注册不是维护商标权利所必需的，但注册会为商标所有者提供许多优势和益处，因此迄今为止联邦商标注

Needle W. 2007. Trademark Primer. In *Intellectual Property Management in Health and Agricultural Innovation: A Handbook of Best Practices* (eds. A Krattiger, RT Mahoney, L Nelsen, et al.). MIHR: Oxford, U.K., and PIPRA: Davis, U.S.A. Available online at www.ipHandbook.org.

Editors' Note: We are most grateful to the Association of University Technology Managers (AUTM) for having allowed us to update and edit this paper and include it as a chapter in this *Handbook*. The original paper was published in the *AUTM Technology Transfer Practice Manual* (Third Edition, Part IV: Chapter 2.4).

册是商标保护的首选。然而，重要的是，商标必须维持、保护和正确使用。它们的影响力以及由此产生的价值与公众的认知直接相关。

1 引言

本章“商标入门”，既为技术转移人员提供一般性知识，也帮助有可能许可商标的人员了解保护方式。由于商标是知识产权（IP）的独特法律形式，商标的知识对于技术许可领域的从业人员非常有用。

商标、专利和版权虽然都属于知识产权，但事实上有不同的功能：专利保护发明，商标保护独特的产品或服务标识，版权保护原创艺术或文学作品。一般人大都知晓发明，但商标与版权之间的区别常常令人困惑。举例来说，期刊的内容受版权法（copyright law）保护（如格式、照片、文本），但出版物的名称受商标法（trademark law）保护［如《新闻周刊》（*Newsweek*）］。有关这些主题的更多信息可以在全球互联网上找到。[1]

与专利和版权不同，商标（通常称为品牌或标记）受联邦和州法律的监管。根据联邦商标法［称为《兰哈姆法案》（*Lanham Act*），《美国联邦法规》（*U. S. Code of Federal Regulations*）第15篇］，标记可在美国注册。在联邦注册后可在全美范围内获得保护。个别州也可注册商标，但在特定州注册的商标仅在该州内有效。不进行注册也可以享有商标权，必须在商业中实际使用。如果仅在州际贸易中使用标记，那么基于诚信为本的原则，可以向美国专利商标局（Patent and Trademark Office，PTO）提交联邦保护申请，但只有在州际贸易中实际使用该商标之后才能获准注册。未经注册的商标可根据普通法（common law）获得保护，但仅限于实际使用的市场区域。

2 术语

2.1 商标

“商标”或“品牌名”，为单词、名称、标志、设备或这些元素的任何组合。制造商或商人在商业中使用这些元素的目的是：（1）识别公司或个人的商品或产品；（2）与另一个人或公司生产或销售的商品进行区分；（3）表明标有此商标的货物的来源。

可以作为商标的例子包括：

- 一个单词或词组，例如标语（Tide®，Cabbage Patch Kids®，Don't Leave Home Without It®）
- 标志、符号、绘画作品或图形设计（Nike 的“Swoosh”符号，McDonald 的金色拱门，奥运5个相连的圆环）
- 一个或几个单词加上符号、绘画作品或图形设计［单词 Nestea 加上它的图形（见图1），词组 Cabbage Patch Kids 及其图形设计］
- 数字、字母或其组合［Levi® 501® Original Jeans，IBM®，V8®（金宝汤公司生产

的果汁）］

- 容器或其他包装的形状（可口可乐的瓶子形状、Cross 笔的顶部锥形、Toblerone 巧克力包装的形状）
- 颜色（The Home Depot 的橙色，Owens Corning 的粉色绝缘产品）
- 声音（MGM 的狮子怒吼声，NBC 的钟声）
- 香气（Celia Clarke 拥有的“浓郁的鲜花香味让人想起鸡蛋花盛开时的模样”，以 Clarke's OSEWEZ 开展业务）

图 1　商标示例

2.2　服务标记

“服务标记”类似于商标；然而，服务标记用于服务销售或广告中，并不是商品。服务标记用于识别个人的服务并将其与他人的服务区分开（McDonald ®和 Office Depot®）。服务标记享有与商标相同的法律保护，可以相同的方式注册并具有相同的效力。

2.3　商号

通常，商业实体的名称是不可注册的，除非它也用作商标或服务标记，即与商业实体的商品和/或服务结合使用。通常以术语（如公司、股份有限公司、有限公司）结尾标识商号［如 McDonald 公司（商号）与 McDonald®餐厅（服务商标）。可以根据联邦和州法律起诉商号侵权行为。

2.4　商业外观

法院已将商标保护范围扩大到文字、标语、符号和其他设备之外，以保护产品的独特之处（尽管未经注册）。起初，商业外观仅指不受商标注册保护的产品的包装或外观，此概念已发展到产品设计，例如墨西哥连锁餐厅的装饰（内部餐厅和庭院区域以手工艺品、明亮色彩、绘画和壁画为装饰，形成节日就餐氛围），甚至销售技巧，例如 Original Appalachian Artworks 公司为 Cabbage Patch Kids®娃娃模拟收养流程并提供出生证明。

为了挽回商业外观侵权造成的损失，原告必须通过大量证据证明：（1）在市场上商业外观已经包含了“第二含义”（即在公众心中，商业外观的主要意义是确定产品的来源而不是产品本身）；（2）两种竞争性产品的商业外观非常相似以致达到令人困惑、无法区别的程度；（3）商业外观的特征主要是非功能性的。

2.5 域名

“域名”是标识一个或多个网址的名称，是网站统一资源定位系统（URL）的一部分（如.com、.org 和.net）。在确定商品或服务的来源时，域名无法起到商标的作用，但是，将域名用作其他用途而不仅仅是个网址时，它就能起到商标或服务标记的作用。例如，在 Amazon.com 中，域名（.com）起到了服务商标的作用，因为.com 是 Amazon.com 网站服务特性的一部分。例如，词语 Google®用于谷歌首页、广告或用于推广网站时，就确定了特定服务的来源，因此它能起到服务标记的作用。类似地，域名 Amazon.com 也起到了服务标记的作用，因为它与服务标记 Amazon®一同用于广告以确定服务来源。[2]

2.6 证明标志

“证明标志”是证明他人生产或提供的产品或服务具有一定质量的标志。Vidalia 洋葱的 Vidalia®就是个例子。根据美国佐治亚州（Georgia）农业部门的说法，“证明标志由认证机构授权使用，证明使用该标志的商品是黄色格兰尼品种的洋葱（yellow Granex type onions），是由被授权的种植者根据 1986 年颁布的《佐治亚州 Vidalia 洋葱法案》在佐治亚州 Vidalia 洋葱种植区种植的洋葱”。[3]

2.7 集体商标

群体或组织成员将“集体商标”用于识别其生产的商品或提供的服务。例如 *ILGU*®（国际女装联合会）是一种集体商标。

3 标记的选择与运用

3.1 标记的类别

标记的“等级”存在于整个保护体系中，区别性更强更独特的商标比区别性较弱的保护范围要大。独特性从高到低的顺序是：臆造商标（fanciful mark）、任意商标（arbitrary mark）、暗示商标（suggestive mark）和叙述商标（descriptive mark）（见图 2[*]）。最好选择臆造商标、任意商标或暗示商标。正如人们预料的那样，标记越独特，保护和注册的可能性就越大。

图 2 标记的类型

“臆造商标”仅为了充当标志而创建，无其他含义。例如 Xerox®、Pentium®、

* 原书中编号有误，此处已修改。——译者注

Kodak®、Exxon®、Clorox®、Kotex®以及 Polaroid®。

“任意商标”是包含常见词或通用符号的商标，常见词或通用符号随意地应用于所说的商品或服务，在此种情况下，该词或符号不能描述或暗示此产品。这些词汇通常也不会与产品相关联。例如 Command®（头发护理产品）、Shell®（汽油）、Apple®（电脑）、Ice Cream®（口香糖）、Guess®（牛仔裤）和 Die-Hard®（电池）。

“暗示商标”暗示着但并未描述特定产品或服务的质量或功能。如果商标不能立即体现产品的质量，但可以通过想象体现此产品或服务的特征，这个商标就是“暗示性”的。例如 Crosstalk®（软件）、Stronghold®（美甲）、7-Eleven®（便利店）、Coppertone®（防晒产品）、Rapid Shave®（剃须膏）、Gleem®（牙膏）、Roach Motel®（蟑螂诱饵）、Woolite®（羊毛皮清洁剂）和 Honey Maid®（全麦饼干）。

任意商标、臆造商标与暗示商标的内在各不相同，但都受到高度的保护。

“纯叙述商标”的保护范围通常最狭窄。叙述标记（可以）立刻让人区分或想到产品或服务的特征、质量、成分、功能、组成、目的、属性、用途或其他特征。纯叙述性的标记不受保护，因为这些叙述性的词，所有竞争者都可获取使用。有时很难区分暗示商标和纯叙述商标。纯叙述的标记包含“第二含义”或独特性时才受到保护，即消费者接受并承认其代表着产品或服务的唯一来源，并且这个术语与该产品或服务同义（因此起到标记的作用）而不仅仅是对商品或语言的描述。商标评审委员在判断术语是否是纯叙述性时，经常会参考下列（标准）：

- 在广告中术语使用的数量与方式
- 使用标记的产品/服务的销售量
- 术语的长度与使用方式
- 消费者调查的结果

已认定的纯叙述商标包括：Chap-Stick®（干裂嘴唇护理）、Shear Pleasure®（美容院）、Hair Color So Natural Only Her Hairdresser Knows for Sure®（染发剂）、Beef and Brew®（餐厅）、Hour after Hour®（除臭剂）、raisin bran®（谷物）。举例来说，词语“耀眼的”可以作为钻石的叙述商标、家具抛光剂的暗示商标，以及苹果酱的任意商标。

最后，“通用术语”是一类事物的通用名称，根据定义，通用术语不能用于暗示来源，不能充当商标或服务标记（通用术语的例子有“混合威士忌”“计算机软件”“鼠标”“磁盘”或“键盘”）。

某些情况下，通用术语是指曾经充当商标的术语，但由于广泛使用，这些通用术语丧失了确定来源的功能，对于公众而言，它们意味着产品自身，而不再是制造商的品牌或产品的版本。商标丧失独特性，即所谓的“商标退化”（genericide），是由于标记滥用，使其变成了通用术语（如 Frigidaire®相当于冰箱的另一个称呼），该标记不再暗示产品来源，在此之后该名词会进入公共领域，无人再拥有该标记的使用权。

这样的前商标有很多，包括阿司匹林、玻璃纸、可乐、玉米片、扣出棋盘格孔的薄片牛肉、干冰、自动扶梯、高辛烷值、煤油、羊毛脂、油毡、油印机、折叠床、尼龙、葡萄干麦片、冰箱、小麦片、保温瓶、蹦床、溜溜球、大富翁和拉链。举个例子，词语“电梯”首次用于商标 Escalator®（移动楼梯），但随着时间的推移，公众不再将该词语当作商标（形容词、修饰语，如“Escalator®楼梯”中），而开始将任何制造商生产的移动楼梯称为“escalator”，从此商标术语就变成了产品名称。

3.2 使用前调查

一旦选定商标，在其使用前，应该开展全面的检索来确定该商标是否可以使用，以及是否可在联邦注册。已注册商标的信息来源如下。

3.2.1 美国专利商标局（PTO）的记录

商标使用者如果使用在联邦政府已注册的任何相同或混淆性近似的商标，会受到指控。已注册的商标可在 PTO 数据库在线搜索 PTO 记录，[4] 手动查询办公室记录，或通过 Trademarkscan®数据库[5]（文件 226）的对话服务[6] 查询。此外，也能查询 Trademarkscan®的文件 116 获悉品牌名称。

私营检索公司可从事有偿的检索服务。这些公司包括：

- Thompson & Thompson[7]
- Dialog[8]
- Questel/Orbit[9]
- Micropatent[10]
- Corsearch[11]

这些公司将检索联邦注册记录和待定申请注册记录以及电话簿、黄页、工业目录和州商标注册簿，以确定是否有特定商标或类似商标已投入使用。

此外，如果考虑在外国使用商标，应该检索这些国家的商标或服务商标记录。可在 Trademarkscan 数据库中检索这些国家的商标记录，例如加拿大（文件 127）、法国（文件 657）、德国（文件 672）和英国（文件 126）。

3.2.2 州商标记录

Trademarkscan 数据库（州记录在文件 246 中）可用于检索所有州的商标和服务商标记录。

相关信息可通过网络搜索找到。Network Solutions 网站[12] 提供了一种便捷的搜索工具来判断拟使用的商标是否在域名中使用，判断谁拥有这个商标（“WOSIT”按钮）。也可使用浏览器直接搜索相冲突的网站或全国企业名。可通过以下网站进行搜索：

- Big Book[13]
- Switchboard[14]
- GTE Superpages[15]
- World Pages[16]
- ZIP2[17]

3.3 误区

商标保护中常见的误区如下：

- 某人参与或有资格以某个名称开展业务，或在特定州的化名记录中注册该名称，并不（意味着）其自动获得授权，将此名称用作标记。
- 某人没有绝对权利将其名字用作商标或服务标记（例如，禁止 Old McDonald 把他自己的真实姓名用作自己快餐汉堡包全国连锁店的商标或服务商标）。
- 在某个州（或管辖地）注册的标记，可用作商标或服务标记，但在其他地方未必允许使用该标记。
- 即使商标申请已被驳回，或商标注册已过期，但其所有者仍可使用，可根据普通法获得保护权，并有权反对后续使用者。

4 在美国专利商标局注册商标

4.1 步骤

没有必要为了保护商标而去州或联邦进行注册，因为商标的权利是基于使用而非注册。通常商标所有者是在特定商品或服务上使用该商标，或向美国专利商标局提交该商标的意向使用申请的第一人或公司。然而，强烈推荐向美国专利商标局进行商标注册，因为这样会给商标所有者在全国范围带来明显的效益，即使该商标在商业中的实际使用范围限制在较小的地理区域内——但术语“商业”在广义上定义为美国国会合法监管地域上的任何贸易。

商标法（15 U.S.C. §1127）对商业用途的定义如下：

术语“商业用途”意为“在日常贸易业务中真正使用商标，而不仅仅保留标记的权利”。基于本法案，下列情况应视为在商业活动中使用商标：

> （1）用于商品的情况包括：（A）以任何方式放置于商品、商品容器、与之相关的展览品、粘贴在商品上的标签，或者（因为）商品特性不能如上所述放置，而体现于与商品或销售品相关的文件上；（B）在贸易中销售或运输商品时使用该标记。
>
> （2）用于服务的情况包括：在销售服务或为服务做广告时展示或使用该商标，并且商业化地提供该服务；或是不止在美国一州或他国提供该服务，并且在提供服务的人员从事与服务相关的商业活动时展示或使用该商标。

4.2 注册的优势

在美国专利商标局注册网站上（Principal Register）[18] 注册商标：

- 禁止注册完全相同或易混淆的相似的标记

- 针对全国范围的侵权行为，允许所有者从联邦法院获得禁令救济和损害赔偿（而未注册商标只能在使用其的特定市场上受到保护）
- 主张在联邦法院注册，作为注册有效性、商标所有权以及在商业活动中独家使用该商标的初步证据
- 使用5年后，该商标将视为无可争议
- 在注册日期后消除任何人因不知情而使用商标所引起的纷争，从而为已注册商标提供全国范围的保护，不管该商标实际使用的地区在哪里
- 通过在美国海关登记该标志，可禁止进口带有侵权或假冒商标的商品

4.3 实际使用与意向使用申请

美国专利商标局存在双重申请系统，既允许基于使用意向申请商标或服务标记，也允许基于在贸易中的实际使用商标进行申请。然而，尽管可以基于初步的商标使用意向提出申请，但在商标注册前，申请人仍需在商务中实际使用该商标。

意向使用申请程序鼓励尽早提交申请，因为在申请审批过程中，申请人将享有推定使用（constructive-use）的优先权。因此，当实际注册商标时，与其他人相比，即提交申请前已经使用商标的人、更早提交申请的人或基于国外申请有优先权的人，申请人将在全国范围内享有使用该商标的优先权。

4.4 联邦注册期限

联邦商标/服务标记注册的有效期为10年，并且只要该商标处于实际使用状态，可续展10年。

此外，从联邦注册之日起第五年到第六年之间，注册人必须提交声明或宣誓书，证明该商标自那日起（即注册后第六年）仍在使用。必须在每个注册期限结束前1年提交使用宣誓书。如未能按时提交该声明，将导致美国专利商标局取消该商标注册。

4.5 在某州注册

在某州注册并不享有与联邦注册商标相同的权利和利益。例如，在某州注册只适用于该州，而联邦注册则可提供全国范围内的保护和推定告知（constructive notice）。[19] 通常如果在美国专利商标局注册商标，无须在州层面注册。只有在美国专利商标局无法注册商标时，才在州注册。

5 商标侵权

无论是否注册，商标保护都涉及要采取行动反对其他可能引起混淆的商标使用。商标所有者要战胜被告方，各自相关的商标、商品或服务都需要有所不同。而混淆的程度（商标侵权测试）是由以下因素确定的：

- 原告商标本身保护的强弱程度
- 商标在发音（如SO与Esso混淆性地相似）、外形（Old Forester被Old Foster侵权）、含义等方面的相似点［ornado 用于铁丝网围栏与Cyclone（铁丝网围

栏）混淆性地相似]

- 产品或服务的相似性
- 在先使用商标的所有者缩小双方产品或服务差距的可能性
- 是否存在真正的混淆（实际混淆显然需要通过对两个相冲突的商标进行最佳测试才能确定）
- 被告采用商标的诚意
- 潜在客户的精明程度（购买昂贵商品的买家可能更挑剔，不会轻易混淆两个相似商标的同类商品）
- 贸易渠道（在相同的销售渠道中出售或不出售货物/服务给同一类普通客户）
- 广告媒体的相似之处

6 商标的“保养与维护”

商标和服务标记是有价值的资产，因此正确使用、维护和保护是所有者应该关心的重要问题。避免误用商标非常重要，误用商标可能会破坏商标的法律意义，例如误用导致“商标退化”，使有价值的商标不幸成为通用术语。有必要维护商标，以避免任何造成不利商业印象的可能性；稳固、强力并维护得当的商标会吸引商业机会。合理使用商标和服务标记需要长期保护商标并预防商标退化：

- 始终将商标用作适当修饰名词的形容词，例如 Cabbage Patch Kids®娃娃、Levis®牛仔裤、Xerox ®复印机。
- 切勿以所有格、复数形式使用商标，切勿将商标用作动词。
- 不要给商标加上前缀、后缀、附加词，或删除商标。
- 在使用中，区分商标与周围文字，如使用独特的字体、引号标志，所有字母大写，或至少商标每个单词的首字母大写。
- 对于在美国专利商标局注册的商标，请使用注册标记，即®或短语“Registered in the U. S. Patent and Trademark Office（美国专利商标局注册）或 Reg. U. S. Pat. Tm. Off.”。
- 对于“未注册”的商标，使用非正式标记 TM 或 SM（或相应符号）或用星号标明“XYZ 公司的商标/服务标记”。

下面的小调是可口可乐公司征集的获奖作品，记住它有助于正确使用商标：

可乐王国有三条法律。
三者绝不能被破坏：
字母“C”应当大写
决不使用所有格
读成用成复数也不行

7 许可

绝不能允许第三方未签订书面许可协议就使用您的商标！协议中应规定被许可方拟使用商标的商品或服务，其性质或质量应由您监督和把控。否则，您的商标可能会终结于“裸许可”，[20] 这可能会对商标的独特性产生负面影响，还可能会导致事实上放弃商标。另外，在许可协议中应规定被许可方要通知您潜在的商标侵权情况，以便您监管自己的商标，因为未经授权使用您的商标同样会对您的商标保护范围产生负面影响。

无论是否注册，转让商标必须以书面形式进行，必须包括“与商标相关的良好商业意愿”，否则转让无效。这一规定是基于商标仅仅是良好意愿的象征（即商标所有者负有责任确保以此商标销售商品或服务的质量声誉）。不附带良好意愿的商标转让是恶劣的[21] 的转让，并且是无效的。此外，意向使用申请无法转让，因为在商标实际使用前没有任何商誉可以转让。

8 结语

商标如果得到妥善管理、维护、保护和使用，会是有价值的知识产权。在全面协同的知识产权战略中，商标可以为其他形式的知识产权增强保护，例如专利和商业机密，因此不可忽视商标，它可作为知识产权分层次保护组合中的额外选项。单一产品，如农作物品种，可以有多种形式的知识产权保护，包括专利、商业机密和商标。因此，重要的是理解什么是商标，理解如何选择保护力度强的商标并建立权利，理解注册的重要性以及对商标进行监管的必要性，明确是否要维护被许可方的完整权利或识别潜在的侵权者。保护力度强的商标，具有独特性并能明确指明产品或服务的来源。所有者要保护好商标的功能，永远都不希望在字典中找到他或她的商标；如果发生这种情况，那就意味着这个商标已经不幸成为商标退化的受害者，就像“溜溜球”一样。

WILLIAM NEEDLE, *President and Founder, Needle and Rosenberg PC, Suite 1000, 999 Peachtree Street, Atlanta, GA, 30309, U. S. A.* bneedle@ needlerosenberg. com

---

1 For copyright information, go to www. copyright. gov; for patent information, go to www. uspto. gov/main/patents. htm. The U. S. Patent and Trademark Office has a very informative Web site at www. uspto. gov/web/menu/tm. html.

2 See www. uspto. gov/web/offices/tac/notices/guide299. htm.

3 Registration No. 1,709,019.

4 www. uspto. gov.

5 http://library. dialog. com/bluesheets/htmlaa/bl0246. html.

6 See library. dialog. com/bluesheets/html/bl0226. html.

7 www. t-tlaw. com.

8 www. dialog. com.

9 www. questel. orbit. com/patents/.

10 www. micropat. com/trademarkwebindex. html.

11 www. corsearch. com.

12 www. networksolutions. com.

13 www. bigbook. com.

14 www. switchboard. com.

15 www. superpages. com.

16 www. worldpages. com.

17 www. zip2/com.

18 A trademark or service mark may be registered with the united states patent and trademark office on either the principal or supplemental registers. Arbitrary, fanciful, and suggestive marks are on the principal register, while suggestive marks with secondary meaning are on the supplemental register: "A certificate of registration of a mark upon the principal register provided by this act shall be prima facie evidence of the validity of the registered mark and of the registration of the mark, of the registrant's ownership of the mark, and of the registrant's exclusive right to use the registered mark in commerce on or in connection with the goods or services specified in the certificate, subject to any conditions or limitations stated in the certificate." 15 U. S. C. § 1057 (b).

19 Constructive notice is a notice to the public of the registrant's claim of ownership of the mark.

20 Naked licensing means the licensing of trademarks without that trademark owner's retaining the right to approve the said use of the mark in connection with the licensee's goods or services. As a result, the trademark would be deemed abandoned (*Barcamerica International USA Trust v. Tyfield Imports, Inc.* ,289 F. 3d 589-598 [9th Cir. 2002]).

21 Assignment in gross: A mark is a symbol of the mark owner's goodwill in the goods or services associated with the mark. The rule both under the common law and the Lanham act is that a mark cannot be assigned apart from the goodwill in the mark. An assignment in gross is an assignment of a mark without the associated goodwill. This rule is intended to protect the public from the deception that might arise if the assigned mark becomes associated with goods or services of a different nature or quality than was previously the case. An assignment in gross is invalid, and the assignee acquires no rights by such an assignment. See www. inta. org/index. php? option=com_content&task= view&id=174&itemid=132&getcontent=1.

第4.4章

植物的法律工具箱

杰伊·P. 克山（JAY P. KESAN）
美国伊利诺伊大学教授、知识产权和科技法项目负责人

▍译者 张晓 戴培刚 ▍审校者 杨坤 张熠 殷宏

摘 要

农业生物技术发明的知识产权保护形式有很多种不同形式，包括：发明专利、植物品种保护、植物专利、商业秘密、地理标志、商标和版权等。每种保护形式都有其优缺点。一般来说，保护效力越强，需要满足的条件就越苛刻。农业生物技术发明最重要的3种（保护）形式是发明专利、植物新品种保护与商业秘密。仔细考虑每种形式相对应的需求和收益，有利于针对发明者的需要和发明的属性，采取量身定制的保护形式。

1 引言

若干知识产权（IP）形式都可以保护农业生物技术，可单独运用，也可组合运用。一般来说，特定形式的知识产权保护越容易获得，其所提供的保护就越弱。相反，保护越强大，获得保护的要求就越严格。本章概述了可用于保护农业生物技术创新的各种知识产权形式。

2 专利与相关制度

专利和类似专利的知识产权保护制度为农业生物技术创新提供了最重要的保护。一般而言，对于具有新颖性、非显而易见性、实用性的发明，专利权赋予发明人固定

Kesan JP. 2007. The Statutory Toolbox: Plants. In *Intellectual Property Management in Health and Agricultural Innovation: A Handbook of Best Practices* (eds. A Krattiger, RT Mahoney, L Nelsen, et al.). MIHR: Oxford, U.K., and PIPRA: Davis, U.S.A. Available online at www.ipHandbook.org.

期限的排他权，换取发明内容的公开。专利和相关制度提供的知识产权保护效力最强。这些制度相互并不排斥，多种制度可同时提供保护。本章重点介绍发明专利、植物新品种保护和植物专利制度，并探讨它们的优缺点。

2.1 发明专利

第一种保护形式是发明专利，它为各种发明提供了覆盖范围最广泛的保护。在农业生物技术领域，发明专利可以保护从基因改良种子、基因改良植物到转化方法的一切内容。

根据美国发明专利管理条例：

> 任何人发明或发现了任何新颖且实用的工艺流程、机器、产品或物质组成，或对其任何新颖且实用的改进，都可以获得专利，但须符合权利的条件和要求。[1]

植物是“物质组成”目录下发明专利保护的重要内容。

2.1.1 保护范围

在美国，发明专利授予了广泛的权利，阻止他人制造、使用、许诺销售、销售已获得专利的发明或进口该发明到美国。[2] 在专利期限内，他人未经授权使用专利发明就构成了专利侵权。发明专利提供的保护范围广泛，具有为不同植物创新提供保护的灵活性。

发明专利可涵盖植物的各个方面，包括植物的基因组、细胞、细胞培养物、组织以及植物栽培方法。例如，农化公司孟山都（Monsanto）拥有 Roundup Ready®大豆的多项美国专利，该公司通过插入一段基因序列使这种大豆能够抗广谱除草剂 Roundup®，从而创造出 Roundup Ready®大豆。Monsanto 公司的发明专利中，权利要求不仅保护生产 Roundup Ready®大豆的方法，还保护编码抗除草剂的 DNA 分子、抗除草剂的植物细胞、抗除草剂的植物种子，最终保护 Roundup Ready®大豆植物本身。

发明专利也可以同时覆盖多个品种。如果申请人符合下列的披露要求，那么专利可以覆盖整个种或属。并且，保护范围比研发的特定植物品种更广。根据专利法的等同原则，对此项发明进行微小的改变后，如果没有落入字面上要求的专利权利要求保护范围内，仍属于该发明的等同物，构成侵权。

2.1.2 获得发明专利的条件

为了获得发明专利保护，申请人必须达到获得知识产权保护的最高门槛条件，即发明必须“新颖、非显而易见并且实用”。[3] 首先，如果公众尚未知晓该发明，则视为新颖。[4] 此发明若已公开使用，出现在印刷出版物中，或包含在之前存在的发明中，则不能满足新颖性要求。美国对于公开使用和出版印刷有 1 年宽限期。其次，发明必须实用，即能够带来特定的收益。[5] 不能判定用途的基因序列，就不符合专利实用性的保护条件。最后，发明要满足非显而易见性（创造性），也就是说，对于本领域的普通技术人员来说，本发明的技术方案并非轻易可以获悉的。这一要求需要考虑现有技术的范围和内容，以及相关领域的一般技术水平。如果本发明是已知发明 A、B、C 各部分拼凑而成，并且拼凑涉及的 A、B、C 各部分对于本领域普通技术人员显而易见，那么该发明不能被授予专利权。

专利申请至少包含说明书和 1 项权利要求。专利说明书中，申请人必须以书面形式公开其本人的发明。说明书必须详细地描述该发明，足以使本技术领域其他普通技术人员能实施该发明。[6] 例如，某专利申请将 DNA 作为其发明，如果申请中包括了该发明的物理性质、分子式、化学名称或结构，那么对于 DNA 的描述就是充分的；如果仅仅描述了该发明涉及的 DNA，那么就达不到发明专利申请对说明书的要求。如果公众不能获得实现该发明的原材料，则需要申请人将此材料保存于保藏机构，以符合公开充分的要求。发明的说明书必须描述发明人所认为的发明最佳实施方式。

专利的权利要求界定了专利权人排他权的范围。因此，专利申请书必须记载发明人的权利要求，包括：

> ……1 项或多项权利要求特别指出并明确声明申请人视为发明的主要内容。[7]

理想情况下，权利要求既应保证范围足够宽，为专利权人提供广泛的保护范围，也应保证足够窄，以避免被现有技术无效掉。一般而言，权利要求限制越少，它提供的专利保护范围就越宽。请参考水桶的两个简化的权利要求：

> 水桶包括木质圆底、木制侧壁和不锈钢把手
> 水桶包括底、侧壁和把手

第一个权利要求的保护范围相比第二个权利要求要窄。

如果竞争对手的发明是方底的金属水桶，那么就超出了第一个权利要求的保护范围，但是落入了第二个权利要求的保护范围，因此会侵犯其权利。

另外，权利要求可以分为独立权利要求和从属权利要求两类。独立权利要求一般最宽泛，且不引用该专利的其他权利要求。从属权利要求则引用其他权利要求，并增加了额外的限定条件。因此，从属权利要求比独立权利要求提供的保护范围更窄。思考下列例子：

> 权利要求：
> 1. 水桶，其特征在于，包括底和侧壁
> 2. 权利要求 1 所述的水桶，其特征在于，还包括把手
> 3. 权利要求 2 所述的水桶，其特征在于，底与侧壁为木质材料
> 4. 权利要求 2 所述的水桶，其特征在于，底为圆形

此例中，权利要求 1 为独立权利要求。权利要求 2 至 4 是基于前述权利要求的从属权利要求。最终，专利覆盖的范围只包括专利申请书中的描述以及权利要求。

2.1.3 专利申请/获取步骤

a）美国的专利保护。在美国，发明专利由美国商务部（U.S. Department of Commerce）下属的专利商标局（the Patent and Trademark Office，PTO）管理。PTO如果认定发明具有新颖性、实用性且非显而易见，同时符合条例中设定的其他条件与要求，那么就会受理并审查该申请，其有权授予该发明专利。[8] 获取专利的第一步是申请人向PTO提交专利申请。随后，申请人与PTO会进行一系列的沟通。专利申请提交日后6个月至2年内，PTO会给申请人发送官方审查意见通知书（Office Action）。该审查意见通知书会告知申请人是否认可其权利要求，如果不认可需给出拒绝的理由。之后申请人可在审查意见通知书规定的时间内答复PTO，一般答复期限为3个月。申请人可修改申请以免被拒。PTO收到申请人回复审查意见书后的2~6个月内，会给申请人发送第二次审查意见通知书，或发出专利授权通知书（Notice of Allowance）。收到授权通知书表明PTO已认可申请书中的所有权利要求。申请人支付相关费用后专利就会颁布。

一旦授予专利，发明专利保护期限为20年，时间从专利权人提交申请之日算起。专利不受豁免的约束。专利持有人在保护期限内必须定期向PTO支付维持费。

b）国际专利保护：《专利合作条约》（*The Patent Cooperation Treaty*，PCT）。[9] 在全球经济中，发明人可能希望获得不止一个国家的专利保护，但仅能在提交申请的管辖区内获得权利；专利授权国家的地域之外，其他人可自由使用该发明，不用承担专利侵权责任。例如，在美国获得授权的专利不会为法国的发明自动提供专利保护。为了在全球范围内保护发明，发明人必须确保在想得到保护的每一个国家都可以获得专利。

许多国家加入了国际协议，因其可以简化专利保护程序，其中包括《专利合作条约》（PCT）。PCT由世界知识产权组织（World Intellectual Property Organization，WIPO）管辖，简化了在多个国家获取发明专利的步骤。通过提交一份专利申请并指定进入保护的国家，专利申请人可同时在多个国家获得专利保护。虽然PCT不会改变每个国家对可专利性的实质性要求，但的确减少了同一件发明在不同国家提交专利申请的重复性劳动。

想充分利用PCT的发明人，首先在其本国专利局提交申请，该专利局需是指定的PCT的受理局（Receiving Office）。国内受理局初步检索现有技术，并为申请人提供国际初步审查。初步审查虽然没有约束力，但可体现出该发明的专利性，可以帮助申请人决策是否继续申请并承担向国外提交的高额费用。下一步称为"国家阶段"，申请人在30个月内将PCT申请转为多个平行的专利申请，进入其本人希望获得专利保护的国家。这时，专利申请程序就按照每个国家制定的审查步骤进行。

2.1.4 发明人权利

专利授予其所有者这样的权利：未经专利权所有人许可，可禁止他人制造、使用、许诺销售以及销售专利发明产品。专利属于个人财产，因此可能会许可或转让给他人，包括公司。转让是将专利从现有所有权人转让到新的所有权人。相反，专利许可并不转让专利所有权并允许撤销；撤销许可但继续实施的行为将构成专利侵权。专利许可有排他许可（只许可给一个被许可方）和非排他许可（一次许可给多个被许可方）等方式。

2.2 植物新品种保护

虽然发明专利为植物创新提供了最强有力的保护，但只有少数国家为农业生物技术提供发明专利保护。更常见的保护形式是植物新品种保护，也称植物育种者权利。总的来说，植物新品种保护为植物新品种育种者提供了独特的知识产权保护形式。

2.2.1 国际保护：UPOV——《国际植物新品种保护公约》（*The International Convention for the Protection of New Varietiesof Plants*）

许多国家的植物新品种保护体系是以《国际植物新品种保护公约》（UPOV 公约）为基础构建的。[10] UPOV 公约最初于 1961 年在巴黎通过，目标是为植物新品种提供知识产权保护。UPOV 公约经历过几次修订，第一次是在 1972 年，第二次是在 1978 年，最近一次是在 1991 年。国际植物新品种保护联盟（UPOV）是一个政府间组织，总部设在瑞士，管理 UPOV 公约。

UPOV 公约规定了植物新品种保护的最低保护范围，使植物育种者可以禁止他人未经授权使用受保护的品种。根据 UPOV 公约的规定，需要得到有资格的植物品种育种者的授权，才能生产或繁殖，为繁殖而进行种子处理，提供销售，售出或其他市场销售，出口，进口，以及储存受保护品种的繁殖材料。如果植物育种者没有合适的机会对其植物品种繁殖材料行使权利，那么同样的权利将延伸至受保护品种的收获材料。此权利也适用于受保护品种的“实质性（或依赖性）派生”品种、与“受保护品种区分不明显的”品种以及“需要重复使用受保护品种”的植物品种。[11] 公约规定，“实质性派生品种”是指：

> 通过选择天然或诱变株，或体细胞无性变异株，从原始品种中选择变异、回交或经遗传工程转化等获得的品种。[12]

为获得植物新品种保护，UPOV 必须对申请进行审查，以确保所提议的品种符合保护条件。要符合 UPOV 保护条件，植物品种必须：

（ⅰ）与现有的公众所知的品种有所区别
（ⅱ）足够一致的
（ⅲ）稳定的
（ⅳ）新颖的，在申请保护日之前，绝对不能商业化[13]

一旦获得批准，UPOV 规定植物育种者的权利应至少持续 20 年；对于树木和葡萄（藤蔓）而言，自授予之日起，期限应不少于 25 年。

UPOV 还界定了植物育种者权利之外的豁免行为。下述行为无须征得植物育种者的同意，包括私人的非商业目的行为、为实验使用受保护品种及培育其他品种的行为。除了上述强制性豁免，还有一种非强制性豁免，即允许农民为了再次种植而保存收获的种子。

UPOV 公约成员同意采取一切必要措施履行公约中列出的植物育种者权利，并向外国公民提供与本国公民相同的权利。实施公约需要建立合法的育种者权利保障与执行机制，也需要指定权力机构授予申请人权利。UPOV 为植物新品种保护提供了基本框架，但是，各国在执行 UPOV 公约规定时可以根据国内情况调整其法律，所以不同国家采用的植物新品种保护制度略有不同。

2.2.2 美国的保护制度：《美国植物新品种保护法》(PVPA)

美国是 UPOV 成员之一，于 1981 年加入 UPOV 公约。植物新品种保护证书由美国农业部（USDA）植物新品种保护（PVP）办公室发放，为种子植物的新品种提供类似专利的保护，保护新的植物品种。根据《美国植物新品种保护法》，为下列人员授予权利：

> 对有性繁殖或块茎繁殖的植物品种（不包括真菌或细菌）进行品种培育的繁育者……符合本法的条件及要求。[14]

PVPA 保护独立的品种，禁止他人未经授权使用。继 UPOV 公约后，PVP 证书赋予其持有人以权利，禁止他人销售、许诺销售、繁殖、进口或出口受保护品种，禁止使用受保护品种生产杂交种或不同品种。根据 UPOV 公约，PVPA 提供的保护不仅涉及受保护的植物品种，还涉及“实质性派生品种”（essentially derived variety），根据 PVPA 的狭义定义，是指两代间派生。PVPA 将品种的术语定义为：

- 主要来源于另一品种［本段中称为“初始品种”（initial variety）］，或者来源于初始品种的变种，同时保留初始品种基因型或其组合所带来的实质性状
- 与初始品种有明显区分
- 除了派生带来的差异外，符合初始品种基因型或其组合带来的实质性状[15]

将实质性派生品种纳入育种者的权利范围内，是为了反对公开的扩繁行为。实质性派生品种在受保护品种周围划出了一个保护带，纳入对受保护品种进行略微修改而形成的植物品种。例如，从受保护品种产生的杂交品种玉米，可能会表现出修饰性差异，与亲本有明显区别；但作为实质性派生品种，杂交品种还是落入了 PVP 的保护范围内。

根据 UPOV 公约的指导方针，PVPA 包含一些豁免情况，可以保护某些行为免受侵权指控。私人非商业性使用受保护品种并不构成侵权。[16] 再次种植“农场中的作物”以及销售种子但“并非为了繁育目的”也不构成侵权。[17] 此外，PVPA 明确规定研究豁免，即：“为植物育种或其他善意研究，使用和繁殖受保护品种不构成对本法规提供保护的侵权。”[18]

此外，尽管不属于免除侵权责任的情况，但是为了公众利益必须维持足够食物供应时，美国农业部部长可以就 PVPA 发布强制许可，允许以支付许可费为条件在两年内使用受保护品种。PVPA 存在多种豁免情形，允许他人在一定情况下无须获得品种所有者的授权而使用受保护品种，因此降低了植物新品种保护的力度。

为了平衡保护范围较小的问题，获得 PVPA 保护的门槛也较低。与发明专利不同，

PVPA 并未严格要求公开发明，也未强加非显而易见性的要求。相反，植物新品种保护证书申请者必须证明该品种有资格获得保护，必须提供对该品种的描述，并且必须将种子储存在品种库中。

PVPA 的保护条件要求，植物品种必须是新颖的、特异的、一致的和稳定的。法规定义了每个术语。首先，如果在申请人提交 PVP 申请之日前的 1 年以上，"该品种尚未售出，或以其他方式出售给他人"，那么该产品可定义为"新颖的"。[19]

其次，如果"在提交申请时……该品种明显区别于其他任何已为公众所知的品种或是业界常规品种"，[20] 则该产品可定义为"特异的"。

此外，"……一个品种与另一品种的特异性可能是基于一个或多个可识别的形态、生理或其他性状（包括加工或生产性状显示的任何特征，例如小麦的碾磨和烘烤特征），并考虑系谱差异方面的证据"。[21]

再次，当"……任何变异都可描述、可预测并且在商业上可接受时"，品种可定义为"一致的"。[22]

最后，如果"……繁殖时，以相同培育方法，该品种的基本性状和特异性状与同一品种类型相比，在合理的可信度条件下保持一致"，品种可定义为"稳定的"。[23]

植物保护期限为证书颁发之日起的 20 年，树木或藤蔓则为 25 年[24]。与发明专利和植物专利必须授予给个人不同，植物新品种保护证书可以授予公司，即允许公司可以自己的名义提交。此外，为满足 PVP 的要求，证书持有者必须定期给种子库补充提交受保护植物品种的种子。然而，PVPA 不要求支付证书的维持费用。与发明专利相比，PVP 制度的保护范围有限。但是 PVPA 的优点是即刻提供保护：一旦提交植物新品种保护申请并且支付了费用，植物品种就会得到临时保护。通过在种子上标注保护标识"禁止未经授权繁殖"或"禁止未经授权扩繁种子"，种子所有者可以在植物新品种保护证书颁发之前获得保护。[25]

2.3 植物专利

在为农业创新提供保护的 3 种专利和类似专利的知识产权形式中，植物专利的保护范围最窄，仅限于无性繁殖的植物品种。一般来说，美国法规将植物专利授予：

> ……发明、发现以及无性繁殖任何特异和新颖的植物品种，包括栽培、突变体、杂交和新发现的幼苗，除了块茎繁殖的植物或在非栽培状态下发现的植物……[26]

例如，发现并无性繁殖菠萝新品种的人可获得植物专利权。如果后来又发现第二个菠萝品种与第一个品种具有一个性状的差别，第二个品种也可能获得植物专利保护。

植物专利制度提供的保护，禁止未经授权对受保护植物品种进行无性繁殖，植物专利授予其所有权人"有权禁止他人对植物进行无性繁殖，禁止使用、许诺销售或销售无性繁殖的植物或其任何部分……"[27]。有资格获得植物专利保护的植物，必须是无性繁殖的，如通过嫁接、插条、芽接、压条和靠接等手段繁殖。

植物专利保护的基础是无性繁殖，但无性繁殖也严重限制了其所能提供的保护，因此成为其“阿喀琉斯之踵”*。无性繁殖的要求有效地将侵权限定在狭义定义下，即获取专利权人的原始植物材料并进行无性繁殖。独立培育出与植物专利主题非常相似的品种，可以避免侵权责任。以种子繁殖和植物有性杂交的也是如此，因为这些行为不属于植物专利权的保护范围。植物专利保护由于保护范围非常狭窄，通常不应成为保护植物创新的唯一形式。

可以说，在3种专利以及与专利类似的制度中，获得植物专利的要求最不严格。在美国，专利商标局管理植物专利和发明专利。像申请发明专利一样，植物专利申请必须符合专利法的非显而易见性要求。植物专利申请还必须符合公开的要求并明确权利要求。满足植物专利公开的要求需要包括“尽可能完整”的描述和植物彩色绘图。[28] 植物专利不需要公开如何制作或利用所要求保护的发明。植物专利权利要求限制为对整个植物的单一权利要求。

植物专利保护与PVPA保护的要求相同，但仍有一些差异。与植物新品种保护一样，品种必须具备新颖性和特异性，新颖性意味着植物品种至少在申请日前1年未销售或使用，特异性表明该品种的特征与现有品种存在明显区分。但是，与植物新品种保护不同的是，植物专利并不要求植物品种一致且稳定。不适于采用PVPA保护的低纯合度植物，就可以通过植物专利获得保护。

如果符合要求，美国专利商标局（PTO）会颁发植物专利，该专利保护期是自专利申请日起的20年。像发明专利一样，PTO对植物专利的保护不设例外；专利持有人必须向PTO定期支付维持费用。

3 植物知识产权保护的其他形式

3.1 商业秘密

除了发明专利和植物新品种保护，商业秘密是保护植物创新的另一个重要形式。最重要的是，不符合专利或类似专利制度保护要求的发明，都可以采用商业秘密保护。

一般而言，商业秘密的保护目的是通过禁止未经授权使用和披露机密信息来维护商业道德，同时让其他各方自由独立地开发相同的内容。商业秘密保护的主题与专利制度保护的主题相一致。通常情况下，商业秘密保护的是信息，这些信息能够用于商业目的、给竞争者带来利益并处于保密状态。

与专利不同，商业秘密保护可立即生效，不需要正式的申请或审查程序。一旦启动了商业秘密保护，就拥有了对不当获取秘密信息者的追索权。然而，为了追回盗用的商业秘密，商业秘密所有者必须证明这些信息受到了合理的保护，即确保商业秘密的机密性。保持信息机密性，这一要求至关重要：如果隐藏着的信息不再是秘密，商业秘密保护将不复存在。因此维护商业秘密的成本主要是采取保密措施的成本。保护商业秘密的措施包括采取持续、较高的资金投入，以禁止未经授权使用或披露信息。

与其他知识产权制度不同，商业秘密提供的保护，没有固定的保护期限。只要隐

---

* “致命弱点”之意。——译者注

藏着的信息仍然是机密，就可以一直作为商业秘密受到保护。一些商业秘密，尤其是可口可乐饮料的秘密配方，在很长一段时间内一直作为商业秘密保护了下来。但是，商业秘密保护可在任何时候终止，因为一旦隐藏着的信息不再是秘密，商业秘密保护将不复存在。失去商业秘密保护，可能是由于公开、通过反向工程成功破解或其他人独立开发。与专利保护不同，对于反向工程破解者或自行发现相同技术主题的人，商业秘密保护无法实施追索权。这种不确定性是选择商业秘密保护的风险。

对于植物创新，商业秘密保护是个混合体。对于种子公司来说，仅凭商业秘密保护植物品种可能会很困难。因为作物在露天田地种植，种子在市场上公开出售，保持信息处于秘密状态十分困难，不能保证秘密性。杂交品种是最容易用商业秘密保护的。由于杂交亲本品系的特征难以确定，所以杂交植物品种的所有者可以将亲本品系作为商业秘密保护，仅销售由亲本品系杂交而产生的种子。商业秘密保护也可用于保护植物育种者的专有技术或方法。此外，商业秘密保护可用于在专利发布前的审查期间保护发明。

最重要的是，商业秘密保护有助于保护不符合专利和类似专利保护制度保护要求的创新。商业秘密保护所涵盖专利保护的相同主题，只是要求保密。因此，在专利和类似专利保护不适用的情况下，商业秘密的保护至关重要。

3.2 地理标志、商标和版权保护

虽然比专利（以及某种程度上的商业秘密）的保护程度要弱，但地理标志、商标和版权也可以用于保护植物创新。第一个制度，即地理标志制度，传统上不受美国法律保护，但受WTO条约承认。地理标志向消费者传达产品与产地之间的关联，可能表明产品的质量、声誉或其他特征。地理标志最突出的例子是葡萄酒的名称，例如“香槟”和“波尔多”。地理标志可用于区分来自不同地区的种植物。

第二种制度是商标，着重于向消费者传达产品与产品来源（如制造商）之间的关系。这可能反映产品的质量或真实性。商标可以区分某个植物育种者的产品与另一个育种者的产品，从而禁止竞争者冒用育种者培养的良好品种声誉。管理商标保护的主要国际条约包括《巴黎公约》（*Paris Convention*）、《马德里协定》（*Madrid Agreement*）和《马德里议定书》（*Madrid Protocol*），所有这些都由世界知识产权组织管辖。

最后一个制度是版权，它保护“表达形式为有形媒介”的作品。[29] 版权可以用来保护作者的作品，如工序描述、培训材料和小册子，以及植物品种的艺术效果图和其他辅助材料。版权虽然保护观点的表达，但并不能保护所表达的观点。任何人都可以自由使用版权作品中的观点。因此，版权尽管可以保护描述植物新品种的书面材料，但并不为植物品种本身提供保护。在国际上，版权保护的最低实质性标准载于1886年建立的多国协议——《伯尔尼公约》（*Berne Convention*）和由世界贸易组织管理的《与贸易有关的知识产权协定》（TRIPS）。

4 结语

在农业生物技术方面，有几种知识产权保护形式可为植物创新提供保护。3种最重

要的形式是发明专利、植物新品种保护和商业秘密。仔细考虑每种形式为不同类型的植物创新提供保护的相对要求和益处，可以定制个性化形式以满足发明人的需要并体现发明的本质。

JAY P. KESAN, *Professor and Director, Program in Intellectual Property & Technology Law, University of Illinois, 504 E. Pennsylvania Ave., Champaign, IL, 61820, U. S. A.* kesan@uiuc.edu

---

1 35 U. S. C. § 101
2 35 U. S. C. § 271(a)
3 35 U. S. C. §§ 102-103
4 35 U. S. C. § 102
5 35 U. S. C. § 101
6 35 U. S. C. § 112
7 35 U. S. C. § 112
8 35 U. S. C. §§ 102-103
9 See also in this *Handbook*, chapter 10. 7 by AM Schneiderman.
10 The acronym UPOV originates from the French name for the organization, Union internationale pour la Protection des Obtentions Végétales.
11 "International Convention for the Protection of New Varieties of Plants," art. 14, 19 March 1991, available at www.upov.int/en/publications/conventions/1991/w_up911_.htm.
12 See note 11.
13 UPOV, "International Union for the Protection of New Varieties of Plants: What It Is, What It Does," www.upov.int/en/about/pdf/pub437.pdf.
14 7 U. S. C. § 2402(a)
15 7 U. S. C. § 2401(a)(3)
16 7 U. S. C. § 2541(e)
17 7 U. S. C. § 2543
18 7 U. S. C. § 2544
19 7 U. S. C. § 2402(a)(1)
20 7 U. S. C. § 2402(a)(2)
21 7 U. S. C. § 2401(b)(5)
22 7 U. S. C. § 2402(a)(3)
23 7 U. S. C. § 2402(a)(4)
24 7 U. S. C. § 2483(b)
25 7 U. S. C. § 2567
26 35 U. S. C. § 161
27 35 U. S. C. § 163
28 35 U. S. C. § 162
29 17 U. S. C. § 102(a)

第4.5章

植物育种者权利介绍

威廉·H. 莱瑟尔（WILLIAM H. LESSER）
Susan Eckert Lynch 科学与商业教授，美国康奈尔大学应用经济和管理系主任

译者 李义强 **审校者** 杨坤 张熠 殷宏

摘　要

一般来说，如果国家为履行《与贸易有关的知识产权协定》（TRIPS），决定选择一种“有效的独立制度”代替植物专利，则植物育种者权利（plant breeders' rights，PBRs）制度是个很好的选择。本章通过描述植物育种者权利制度的组织形式和功能，解释什么是植物育种者权利。并从目标、范围、保护要求和审查原则4个方面，比较植物育种者权利制度和专利制度之间的差别，以澄清一些令人困惑的问题，包括最新的《国际植物新品种保护公约》（UPOV公约）没有解决的农民留种问题（选择权留给了各个国家，但几乎所有国家都选择允许留种）。一旦理解了植物育种者权利制度的目的和架构，植物育种者权利的概念就会变得清晰。事实上，这个制度的目标非常具体，充满细节。

1　引言

15世纪中叶，威尼斯同业公会的成员不愿意与以前的学徒直接竞争，于是通过立法禁止学徒参与贸易，这条法令直到18年后才被废止。知识产权历史学家认为这条法令标志着专利的起源。事实上，专利的期限（从申请之日起20年）据说就是参照了很

Lesser WH. 2007. Plant Breeders' Rights: An Introduction. In *Intellectual Property Management in Health and Agricultural Innovation: A Handbook of Best Practices* (eds. A Krattiger, RT Mahoney, L Nelsen, et al.). MIHR: Oxford, U. K., and PIPRA: Davis, U. S. A. Available online at www.ipHandbook.org.

久以前威尼斯的学徒期。然而，几个世纪过去了，一些易被复制的创造依然没有得到类似的知识产权保护，不仅威尼斯存在这一现象，世界上的其他地方也存在这种现象。代表性的例子就是植物。农作物、纤维作物和观赏作物（F_1 杂交种除外）通过有性或无性的方式就能够繁殖。任何人通过一粒种子或一支插条就能繁殖该植物品种。直到1930年，《美国植物专利条例》才对植物材料用于繁殖进行法律限制。即使这样，其保护范围也仅限于无性繁殖植物（不包括块茎）。又过了30年，才出现了涵盖所有植物品种的知识产权保护的统一立法形式，这就是《国际植物新品种保护公约》（根据其法语名称缩写为UPOV）。这一国际公约自1961年首次问世后历经数次修订，最近一次修订是在1991年。UPOV所创造的知识产权形式广为人知，非正式场合也称之为植物育种者权利（PBR）。本章讲述各国与UPOV兼容的植物育种者权利的立法和实践模式。尽管力求全面准确，但仍然不能保证考虑周全。了解更多详情，可以查阅《国际植物新品种保护公约》文本和其他官方文件，例如UPOV网站上的资料。[1] 本手册中《发展中国家的植物育种者权利》章节，讨论了植物育种者权利的法律效果和国家层面上可供选择的替代方案。

2 什么是植物育种者权利

植物育种者权利是一个类似专利的制度，让植物品种拥有者能阻止特定的未经授权使用该品种的行为。植物育种者权利法律只适用于植物，因此该法律属于专门制度范畴，即具有特殊目的的制度。应用于电脑芯片的法律［包括“掩模作品”（mask-works）……用于制造芯片的一套模板］是另一种专门制度。实际上，专门制度已经被运用于从航空航天到Xerox®复印机的所有领域。这些专门制度与专利法有很大不同。两种制度之间的差别和相似之处如下。

植物育种者权利，与专利法和其他形式的知识产权法律相似，是国家立法的一种形式。也就是说，这种保护只适用于可以寻求这种保护并能获得批准的国家。因此，某向日葵品种在美国受到保护，其拥有者没有任何法律权利来控制该品种在加拿大的使用。但是该品种的拥有者可以禁止美国进口该品种，包括籽粒、植株、植物体（在大多数情况下如此，但取决于不同国家针对植物品种的特殊制度），在一些国家甚至禁止进口用该品种制成的产品。对于受到美国植物新品种保护法保护的某向日葵品种，品种拥有者无法阻止它在加拿大境内的种植、生长、收获或者销售，但该品种拥有者可以禁止该向日葵品种的种子、葵花籽粕、葵花籽油以及类似产品进入美国市场。

《与贸易有关的知识产权协定》（TRIPS）中规定的植物育种者权利，是世界贸易组织（World Trade Organization，WTO）的一个组成部分。WTO缔约国*承诺遵守TRIPS协定中关于至少建立一个统一的最低水平知识产权保护制度的要求。虽然TRIPS文本对于大多数问题是比较详尽的，但关于植物育种者权利只有一句话。第27.3条（b）规定，WTO成员必须在某种程度上提供植物品种专利或“一种有效的

---

* 2007年约150个，2008年已有164个。——译者注

专门制度”或两者并用保护植物品种。大多数刚涉足植物品种保护的国家会选择植物育种者权利而不是植物专利。PBR 显然是一种专门制度，但什么能称得上“有效”尚不明确。

3 UPOV 扮演着什么角色

如果 PBR 是基于国家法律的，那么 UPOV（国际公约）扮演着什么角色呢？从本质上讲，UPOV 建立了一个可供各国参照并采纳的法律框架。各国可以向 UPOV 管理机构提交其国家的法律来进行评估。如果该国法律具有相似的关键要素，则该国可以成为 UPOV 的一个缔约方。实践中，在最终提出外交申请之前，UPOV 通常会进行一个非正式的评估。UPOV 提供了国家间法律的协调机制及标准术语的定义/翻译。UPOV 也要求对联盟其他成员的外国申请者一视同仁（国民待遇，1991 年文本第 4 条）。然而，此条规定很大程度上已被 TRIPS 协定第 3 条地理覆盖范围更广的国民待遇要求所取代。UPOV 每年以各国国民收入为基础征收会费，联盟成员可以得到培训和其他技术支撑。国家可以不加入 UPOV 但拥有 PBR 制度，但这些国家的具体实施情况不为人知且极少有国家这样操作。自问世以来，UPOV 共采纳过 4 个文本（1961 年、1972 年、1978 年和 1991 年）。成员方会酌情参照一个年代较近的文本，而年代较远的文本已经停止使用了。目前，唯一向新成员开放的是 1991 年文本。1978 年文本和 1991 年文本之间存在一些重要差别，这两个文本基本上涵盖了所有现有成员。此处所有术语和参考文献都来自这些文本。国家层面的法律存在一些差异，但在大多数情况下，识别这些差异需要有更多的细节，本文将不涉及。

4 PBRs 如何发挥作用

正如其他知识产权制度一样，PBR 制度有 3 个主要构成部分。

（1）可被保护主体的定义/识别

（2）获得保护必须满足的要求

（3）品种所有人的权利

4.1 确认什么能被保护

作为一种专门制度，该保护仅限于植物品种，但“植物品种”这一概念缺乏标准的定义。1991 年文本中第 1 条（vi）定义如下：

> 一个植物群体……
> - 通过其性状表达来定义
> - 至少通过一个上述性状的表达……得以区分
> - ［具备］繁殖后保持不变的适应性

除了技术的相关性，该定义的重要性还体现在它与早期文本使用的语言不同。1978 年文本没有这样定义，但 1961 年文本（第 2.2 条）将品种定义为“所有栽培种、克隆系、自交系、砧木和能够栽培的杂交种”。定义“品种”的目的，就是将UPOV文本的保护范围与《生物多样性公约》（Convention on Biological Diversity，CBD）保护下的“植物遗传资源”进行区别。属于UPOV管辖的植物品种常常也被CBD定义为植物遗传资源，这种情况很普遍。此外，国际惯例通常（但不是所有的）允许用更新的公约来取代前一个。CBD于1992年签订，于1993年开始生效。但是，CBD（第16.2条）中确实“为知识产权提供了充分有效的保护”。因此尽管也有例外，PBR似乎是在CBD规则下的国家法律之外独立实施的。有时也存在冲突，例如传统农民培育的品种通常被称为地方品种。地方品种当然是遗传资源，但是否是植物品种还存在争论。实际的问题是，异质化的地方品种很少能满足PBR保护所要求的一致性和稳定性，所以这种冲突在实践中很少发生。当然这并不表示地方品种被PBR保护排除在外，或者不能被PBR保护。相反，UPOV要求对地方品种（如回交育种）给予特殊的关注，所以地方品种是否有资格受PBR保护的问题很少出现。至于UPOV，显而易见，该制度是为市场上销售的种植材料提供保护的，无论是粮食作物还是园艺作物品种。

另一个有可能重合的领域是为植物提供专利和PBR保护。TRIPS协定文本中提出允许为植物提供专利保护，这两种保护形式并存的状况在美国已经有一段时间了。但欧洲国家并没有照搬这种做法，因为《欧洲专利公约》（European Patent Convention，EPC）已通过。EPC将“动植物品种”排除在保护之外［第53条（b）］，引发了一个问题，即品种的恰当定义是什么。对这个问题的裁决已经来来回回反复了数十年，但目前的规则似乎趋向稳定，即一个植物品种的所有特性都应是固定的。可用于多个品种的发明不会是植物品种，因此可以申请专利。这一解释虽然在其他国家没有法律约束力，但仍具有意义，因为相关条款［第53条（b）］所表述的内容已被许多其他国家的专利法所采纳。

4.2 保护条件

以UPOV为基础的法律要求可获得保护，合格的品种应当具备如下特征（1991年文本第5条；1978年文本第6条）：

- 新颖性（new）
- 特异性（distinct）
- 一致性（uniform）
- 稳定性（stable）

这些要求经常被缩写为DUS。新颖性要求申请品种在某国申请前“出售或以其他方式提供给他人”的时间不超过1年或在其他地方不超过4年（树或藤本植物不超过6年）。这条要求确保了公众获得某些已供给市场的品种排他权，允许在品种应用之前，进行有限度的使用或测试。

需要一定数量的回交，品种才能实现反复繁殖后在植株间（一致性）和世代间（稳定性）保持不变。稳定性和一致性是品种繁殖后依然能被识别的重要依据。这两个特征也有很大的商业用途。UPOV曾因要求通过稳定性和一致性提高遗传均一性而饱受诉病。于是文本改为："其相关性状具有足够的一致性"（1991 年文本第 8 条）和"其相关性状保持稳定"（1991 年文本第 9 条）。也就是说，仅在一定程度上要求特定性状具有稳定性和一致性。这些要求是可变的，也是有限度的，除此之外，从 UPOV 的角度，可保护的品种在适当的情况下可以是异质化的。商业上必然要求更高的品种一致性，但这与 UPOV 无关。特异性是具有推动作用的特性，"如果一个品种在申请书登记之时显然有别于已知的任何其他品种，则这个品种应被认为是特异的"（1991 年文本第 7 条）。1978 年文本［第 6.1 条（a）］中的措辞除了包含"通过一个或多个重要性状"这几个字，其他几乎相同。一个品种必须通过一个或多个性状，例如味道、颜色或抗病毒性与其他品种相区别。但什么样的性状可以用来区别不同品种是国家层面需要解释的问题。

4.3 品种所有者权利

根据 1978 年文本（第 5.1 条），以下行为需要得到品种所有者的许可：

- 用于商业营销的生产
- 为出售或市场营销而开展的有性或无性繁殖

1991 年文本（第 14.1 条）增加了这些行为：

- 生产或繁殖（扩繁）
- 以繁殖为目的的使用*
- 出口
- 进口
- 为以上任何目的而进行的储存

这些权利的特殊规定加强了所有者排除他人获取受保护品种的能力，这是 PBR 和其他知识产权制度唯一授予的权利。举例来说，1991 年文本实施后，很容易证明未经授权的繁殖行为，但 1978 年文本则需要提供意图对该材料进行"商业营销"的证据。另一个相似的情况是，1991 年文本（第 14.2 条）的保护范围扩大到"已收获的材料，包括整个植株或植物部分"。这意味着，可能会禁止未经授权繁殖的海外玫瑰品种的花朵进入本国。而在 1978 年文本（第 5.4 条）中这种保护范围的扩展是可选择的。最后，1991 年文本第 14.3 条规定，缔约国可以选择（但不强求）将保护范围扩大到"由受保护品种的收获材料直接制成的产品"。

这些权利存在两个重要的例外情况。第一个例外情况是，受保护的品种可用于育种和实验目的（1991 年文本第 15.1 条和 1978 年文本第 5.3 条）。这是由 UPOV 授予的权利，通常被称为"育种者权利"。然而，对于使用育种者品种的自由度，这两个文本存在差异。这是一个非常重要且晦涩难懂的问题，需要单独处理。

第二个例外情况是种植者（农场主）保留收获物作为下一季种子的权利。在 1978

---

* 如繁殖自交系用于繁殖杂交种。——译者注

年文本中，这项权利是绝对的，因其不涉及商业营销，故不会被禁止。1991 年文本（第 15.2 条）使这项权利（通常被称为“农民特权”）变成可选择的。该文本有时被误认为去除了农民特权，但它的真实意图是让每个国家自行选择。目前，几乎所有国家都选择保留农民特权。但欧盟作出了一个不同的选择，它要求农民支付留种的许可费，“小”农户则免征。还需注意，这一权利与联合国粮食和农业组织（the Food and Agriculture Organization of the United Nations，FAO）所定义的农民权利（Farmers Rights）截然不同。

UPOV 的 PBR 保护期至少 15 年，根据 1978 年文本（第 8 条），木本植物可延长到 18 年。1991 年文本（第 19.2 条）则将保护期限分别延长到 20 年和 25 年。

4.3.1 测试（审查）方式

1991 年文本规定“决定授予育种者权利之前，应就其是否符合保护条件进行审查”（1991 年文本第 12 条）。1978 年文本（第 7 条）的措辞几乎相同。缔约国在如何进行审查方面有很大的自由度。特异性要求与“当时已经公认存在的任何其他品种”进行比较。因此，国家审查制度必须包括维护（或能够访问）一个大型的品种描述数据库，包括受保护和不受保护的品种，也包括国内和国外使用的品种。除此之外，各国在实际操作时有相当大的灵活性。例如，欧盟国家通过开展为期两年的田间试验，对申请品种和所设立的参考品种进行比较。申请品种的特异性只有在特定作物性状出现差异时才会被认可，有时依据作物委员会定义的定量标准判定。比如，假设经过 *X* 个月的储存后，一个洋葱品种的出芽率比参考品种低 3%，那么这个品种就具备特异性，作为这个品种的一个变体。一些国家（如加拿大）要求申请人在植物品种办公室的监督下进行种植（品种的田间评价）。大部分 PBR 办公室设在农业部。但美国却采用了相反的方法，美国很少使用田间种植的方法。申请人的权利要求基本上会被接受。此外，任何性状都可以用来声明特异性，包括那些没有实用价值的性状。对特异性的不当声明将由相关当事人在法庭上解决。迄今为止，因不当声明而引起的法院案件很少。从经济角度看，美国的方法更简单，成本更低，同时能够更快速地获得新品种。一个品种获得保护，并不一定意味着该品种具有农艺优点。针对外观的育种会增加育种者的成本（“外观”特性，例如豆类花的颜色，不会提高作物的生产力），并且可选择的品种数量增加也会降低其市场价格。对一个国家来说，选择单一方法还是选择采用组合办法，是一个重大的国家决策。美国的做法更依赖高效透明的法院系统。对阿根廷 PBR 文本（首个发展中国家的 PBR 文本）的研究表明，当权利能够充分实施时，PBR 系统才是有效的。

4.3.2 原始品种和实质性派生品种

1991 年文本（第 14.5 条）添加了一个特别的新内容，即实质性派生品种（又称依赖性派生品种）。这个新内容为植物育种者权利增加了一种例外：受保护的材料仍然可能用于育种计划，但如果培育出的品种被判定为实质性派生品种，则未经原始品种拥有者的许可，该品种不能进行商业化。在考虑该条款技术层面的问题之前，先考虑以下理由。如果基础研究或开发育种者花了 15 年时间，将一个野生亲缘种的抗病性状转入一个商业化品种，那么根据1978年文本的规定，培育出的品种可以作为其他人后续育种的基础，并且几年后就会出现有竞争力的品种。培育该品种的育种者很难收回15年的工作成本，这意味着，在现实情况下，基础育种必须留给公共部门。一个商业性主导品种的拥有者也会面临类似情况，即其他人将基因修饰的性状特性插入该品种。根据1978年文本，如果将专利基因通过杂交育种导入商业性主导品种，使该品种产生抗除草剂特性，那么所得到的基因修饰抗除草剂品种就可以商业化，而不会受原品种拥有者的限制。然而，原品种拥有者想利用专利基因开展育种计划则会被禁止，这就造成了权利不对称。相关条款（第14.5条）旨在通过建立两级保护水平纠正这种不平衡：

- 原始品种是那些实质性派生品种依赖的品种。如果原始品种是受保护品种，则实质性派生品种可以从原始品种中培育出来，但未经原始品种拥有者许可，不能商业化。实质性派生品种通常非正式地称为依赖性品种。如果基础育种的品种是一个原始品种，所有由它派生的小品种都将成为实质性派生品种，在实际操作中应支付许可费。UPOV［1991年文本第14.5条（b）］使用了诸如“实质派生”的术语。
- 其他品种保留了“实质性状”的表达。实质性派生品种有多种方式产生，包括选择、回交或基因工程转化。一些UPOV关联委员会已经使用了诸如“遗传物质主体”（preponderance of genetic material）这样的词汇。如何区分原始和派生品种相当关键，但也可能难以明确，除非有解决该问题相关纠纷的实际决策。许多国家PBR办公室把这种情况视作侵权，即自我认定是原始品种的拥有者自称是从属品种的拥有者并提起诉讼，由法院决定反诉是否成立。这种方法使国家办公室避免了无法区分的难题，但会延长操作层面上的确定过程。

5 植物育种者权利和专利的比较

专利和PBR制度之间的相似性多于差异性。两者都是通过暂时性地私有化来防止公共领域免费获取某物品。都可以通过市场销售评估获得该物品的费用或回报。然而在细节上PBR和专利之间存在极其重要的差异。

5.1 保护条件

专利的保护条件包括新颖性、发明步骤（美国法律中的非显而易见性）、实用性（或产业应用）。在这两个制度中，新颖性的概念是相似的，尽管大多数专利制度要求具有绝对新颖性，或者事先没有公开过。专利制度的发明步骤类似于PBR制度的特异性要求。专利制度中的从属概念，类似于UPOV 1991年文本中的原始品种，除了专利制度，没有关于从属关系或者如何获得从属专利的成文（文本）规定。例如，从属专利可以是对现有产品或过程的改进，也可以是发明了现有产品的新用途。新产品/新用途可以在其权利范围内受到保护，这样任何一方拥有者都不能未经许可使用对方的发明。这些细节是由利益各方制定的。

实用性要求，简而言之就是产品的用途必须要明确。以基因和基因片段专利为例，实用性要求提出了一般在 PBR 中不存在的严肃问题。如上所述，受保护品种是以销售为目的的，所以在许多审查制度中，受保护品种必须显示出实用的优点。专利法中没有类似一致性和稳定性的要求。

5.2 可保护对象

在可保护对象方面，专利制度和 PBR 制度并不相同。根据专利法，除了已明确的例外情况外，一切都可以授予专利。常见的例外是“植物和动物品种”。PBR 则涵盖了所有的属和种，如下几个文本中有明确的最低限度：

- 1978 年文本（第 4 条）：加入后 8 年内，受保护的植物属或种数量要从 3 个上升到至少 24 个
- 1991 年文本（第 3 条）：新成员加入时至少有 15 个属或种受保护，10 年后要扩大到所有属和种

5.3 其他部分

PBR 制度与专利制度的不同之处在于，根据 1991 年文本，PBR 允许农民为下一生产季留存种子。在专利系统中，此类行为将构成侵权。PBR 立法规定了育种者的权利，其范围相对清晰。国家专利制度确实允许对专利发明进行一些研究，但研究允许的形式和程度都基于判例，所以更难以评判。PBR 和专利制度的差异只有在这个问题上是十分明确的。允许研究中可以使用，在 PBR 中规定比在专利发明中更明确。相比专利持有者，农民特权（允许范围内的）和育种者权利的规定，使 PBR 对所有者的保护更弱。这解释了当有机会选择时，商业育种者通常更愿意选择专利或专利加 PBR，而不是单独选择 PBR 的原因。

然而，专利的申请和维护成本通常要高很多。差别不在于申请费的组成，事实上专利的申请费相对较低，但专利通常需要请律师协助准备申请文件，而 PBR 申请则通常由育种者自己完成。与 PBR 相比，一些国家的专利法要求精准翻译，加上每年的维持费用，使申请专利变得非常昂贵。

6 结语

虽然 PBR 仍存有一些法律上的模糊性，但是该制度的目标是明确的，如果人们能清楚地理解法律和规定，那么它们就是可控的。PBR 制度和更传统的专利制度有几个相同特点，但这两个制度在重要方面存在明显差异。作为一个专门制度，PBR 只适用于植物和植物材料，但它们像专利一样禁止擅自使用这些材料的行为。

UPOV 建立了一个框架，指导缔约国将 PBR 规定纳入本国法律。其文本历经修订，大多数国家参照了 1978 年或 1991 年文本进行操作。

为了获得保护，植物品种必须具有新颖性、特异性、一致性和稳定性。如果该品种受到保护，那么潜在用户必须在生产、销售、进口或出口该品种，及某些情况下使用该品种或该品种制成的产品之前，向所有者寻求许可。这条规定在实施时存在一些例外，例如：“育种家豁免”允许研究人员将该品种用于实验，“农民豁免”一般允许

农民将该品种作为种子保留。1991 年文本中，有一个重要的新内容，如果研究创造的某品种被判定是一个受保护品种的实质性派生品种，那么未经原始品种拥有者的许可，该品种就不能商业化。

WILLIAM H. LESSER, *Susan Eckert Lynch Professor of Science and Business, Chair of the Department of Applied Economics and Management, Cornell University, 155 Warren Hall, Ithaca, NY, 14853, U. S. A.* whl1@cornell. edu

---

1 www. upov. int.

第 4.6 章

植物、种质、基因库与知识产权：原则、选择和管理

约翰·多兹（JOHN DODDS）
美国 Dodds & Associates 公司创始人
阿纳托尔·克拉蒂格（ANATOLE KRATTIGER）
美国亚利桑那州立大学生物设计研究所研究员；
生物发展国际研究所主席；美国康奈尔大学兼职教授
斯坦利·P. 科瓦尔斯基（STANLEY P. KOWALSKI）
美国富兰克林·皮尔斯法律中心

▍译者 王秀芳 ▍审校者 杨坤 张熠 殷宏

摘 要

越来越多的机构正在建立技术转移办公室（technology transfer offices，TTOs）。这些办公室具有各种职能，所有职能都必须整合在一起，以便高效开展技术转移并对该机构有益。TTO 十分重要的职能是主动管理与农作物相关的知识产权（IP）。农作物通常可以同时受到多种形式的知识产权保护，包括商标、商业秘密、植物专利、发明专利以及植物品种保护（PVP）。认真且组织有效的基因库管理非常重要，它与这些职能密切相关，同时也是整个知识产权和有形财产管理系统的重要组成部分。PVP 提供了一种保护，让 TTO 能够为客户服务并产生收益。PVP 是为具有全球使用潜力的农作物提供知识产权保护的一种形式。明智的机构会建立一个 PVP 办公室或在 TTO 中建一个 PVP 分部。此外，本章提供的重要信息，有利于帮助建立国家 PVP 办公室，并为作物及种质资源选择和实施各种形式的知识产权保护。

Dodds J, A Krattiger and SP Kowalski. 2007. Plants, Germplasm, Genebanks, and Intellectual Property: Principles, Options, and Management. In *Intellectual Property Management in Health and Agricultural Innovation: A Handbook of Best Practices* (eds. A Krattiger, RT Mahoney, L Nelsen, et al.). MIHR: Oxford, U.K., and PIPRA: Davis, U.S.A. Available online at www.ipHandbook.org.

1 引言

植物的品质和价格影响着人们的日常生活，包括食物、饲料、纤维、燃料和其他必需品。植物为工业生产提供原材料，例如植物油、橡胶、药品及其他保健品。到2020年，地球人口很可能将达到90亿。为满足人类日益增长的需求，全球粮食年产量必须从目前的18亿吨增加到30亿吨以上。同时，高产耕地正在以越来越快的速度转为非农用地，并将持续下去。水资源获取也将继续成为农业生产的主要限制因素。

为满足世界人口持续增长带来的需求，植物育种者正在开发改良植物，这些品种在种植环节产量更高，同时占地和用水更少。训练有素的专业人员努力培育转基因品种以创造出更高产的优质产品，植物育种者为解决这些挑战做出了重大贡献。经过改良的植物在提高产量的同时，对病虫害也有更强的抵抗力，因此可能减少大规模（且昂贵）的化肥和农药施用。此外，在种植这些植物的过程中，减少了对宝贵水资源的额外消耗，有助于进一步加强环境保护。

因此，培育新的植物品种是一项重要的经济活动，以多种不同的方式为社会经济和社会福祉做出贡献。在大多数情况下，培育植物新品种对人类生存至关重要。然而，新品种培育也会面临许多挑战。例如，经验表明，育种者在最初几年出售其刚培育的新品种时，很难收回经济投入。育种者的竞争对手如果能获得繁殖材料，短时间内就可与育种者竞争，从育种者的多年投入中获利。这样一来，植物育种者创新努力所带来的回报就会迅速消失。因此，植物品种保护在最初几年至关重要，因为大多数植物新品种的开发可能都需要10~20年时间。

这些植物新品种对满足现代社会的需求非常关键。它们有助于构建多样化的饮食结构，并提供了多种多样的观赏植物和景观植物。然而，培育足够多的品种，需要对作物育种项目进行大规模投资。因此，许多国家在持续投资公共部门植物育种研究的同时，已经建立了开放的自由市场制度，授予植物新品种培育者开发品种的专有权、排他权（类似专利保护）。

本章概述了可用于植物的知识产权保护形式。重点关注的是植物品种保护（PVP），这是植物知识产权保护的一个关键形式，可以广泛地用于满足发展中国家的需求。

2 定义

在讨论与作物、种质和基因库有关的一些具体问题之前，有必要对某些词的含义达成共识：

- 育种。通过控制杂交或授粉以及选择具有理想性状的后代，培育新的或改良的株系。
- 选育品系。为特定性状组合而选择并培育的遗传类群。
- 扶壮。通过育种提高种质资源数量，同时保留种质的重要遗传物质，这个过程中可能还包括简单的选择。

- 基因。基因是遗传物质最基本的结构单位和功能单位。基因是特定染色体上特定位置的核苷酸序列，编码特定的功能性产品。
- 基因库。基因库是一种特殊的设施，用来保存作物品种及其野生近缘种的活体样本。这些样本常以种子或其他植株的部分组织形式出现。基因库中的一些作物品种在野外已经灭绝。基因库保存遗传资源的价值不仅包括现在和未来预期的使用价值，还具有灵活应对未知未来的期权价值。
- 遗传资源。通常作为种质的同义词，种子、植株或植株的部分组织，其遗传特性可用于作物育种、研究或保存。妥善保存遗传资源，以便研究、管理或使用它们拥有的遗传信息。
- 改良材料。优良的育种品系。
- 地方品种。典型的遗传异质性植物群体，通常由农民主导，经过多年选择，在特别适应当地条件的传统农业中培育起来的品种。
- 公共领域。信息处于公有状态，即未受专利权或版权保护。
- 野生物种。在野生状态下收集获得、未经培育的物种。

3　影响遗传资源管理的知识产权问题

植物育种是一种基于知识的活动，因此，是不会消耗的。如果与他人分享，知识不会减少，在分享中失去的是“市场价值”。如果有人盗用了新品种，并且仅仅以种子生产的成本价来出售，那么植物育种者多年投资的数百万美元就无法获得回报。免费分发品种会使植物育种者失去动力。知识产权制度通过向育种者提供一定程度的保护来补偿这种情况。

知识产权是法律为保护创造性劳动的经济投资所提供各种权利的总称。与农业研究有关的知识产权保护形式主要包括专利、植物品种权、商业秘密、版权和商标。

3.1　专利

专利是一种法定的保护形式，允许发明人在限定的时间和特定的区域拥有其发明的排他权，作为交换，该发明需充分公开。

对于植物，有两种专利形式。第一种是植物专利，它只适用于无性繁殖的材料，如菠萝和香蕉。第二种是“发明专利”，它不是保护植物本身，而是保护体现在植物上的发明（例如，通过将抗虫性基因转入植物抵抗虫害的方法）。

3.2　植物品种保护

植物品种保护（PVP）是植物知识产权保护的另一种形式。PVP 授予育种者以排他权，使其可对自己育出的新的特异性植物品种进行开发。

1991 年文本《国际植物新品种保护公约》（International Union for the Protection of New Varieties of Plants，UPOV）将“育种者”定义为培育、发现和改良品种的人。因此，保护不限于通过亲本杂交并对后代进行选择而产生新品种的育种者。“育种者”这个术语还包括发现变异，并通过选择性的繁殖过程将该变异转化为栽培品种的人。然而，发现本身并不构成育种。

《美国植物新品种保护法》（The PVP Act，PVPA）于 1970 年 12 月制定，并于 1994 进行了修订。它为有性繁殖（种子）或块茎繁殖的植物新品种开发者提供合法的知识产权保护。细菌和真菌不在保护范围之内。PVPA 由美国农业部（U. S. Department of Agriculture）管理。

如果一个品种是新的，经过试验与其他品种对比具有特异性，并连续几代遗传性状一致且稳定，那么该品种的拥有者就能被授予保护证书。对大多数作物来说保护期限是 20 年，而树木、灌木和藤蔓的保护期限是 25 年。一个拥有美国品种权保护的人同样也拥有该品种种子的繁殖和销售排他权。

表 1 总结了 PVP 制度的特点，并将其与植物专利和发明专利进行了比较。布莱克尼（Blakeney）及其同事就 PVP 及其全球应用进行了详细讨论并发表了文章。[1]

3.3 商业秘密

美国商业秘密法（U. S. trade secret laws）保护机构内部的育种材料，例如作为杂交亲本的玉米自交系。然而，这些法律并不能阻止购买者自主发现育种材料或进行反向工程。

遗传资源具有双重财产属性：它们是与人工改良（知识产权）相关的有形物质（有形财产）。这种双重属性使遗传资源一方面是以种质资源形式存在的有形财产，另一方面是构成发明、商业秘密和植物新品种等知识产权的遗传修饰信息。

3.4 版权

在植物育种领域知识产权保护中，版权变得越来越重要，因为存储植物基因信息的数据库往往是受版权保护的。然而，这种版权不影响利用受保护信息开发产品的交易。

3.5 商标

商标可以用来保护品牌名称，例如 Monsanto's Roundup Ready ®。但是商标只保护产品和技术的名称及其符号，而不是技术本身。尽管如此，商标可以给消费者提供质量证明，可能与品种保护同等重要。

4 非知识产权问题对遗传资源的影响

如前所述，有形产权关系到遗传资源的所有权。《生物多样性公约》（见下文）认定了各国对其遗传资源的主权。这种主权针对的是实际材料所有权中的有形产权。

然而，还有许多其他非知识产权问题影响着该领域遗传资源专家们的日常生活。最典型的问题包括本土知识问题以及材料的获取和转让。

表 1　植物品种保护体系比较

条约或条款名称	UPOV 1978 年文本	UPOV 1991 年文本	与 TRIPS 协定兼容的专利法[2]	发明专利（1985 年颁布；美国）	植物专利法（1930 年颁布；美国）	PVP 法案[3]（1970 年颁布；美国）
保护范围	经过选择，列入清单的属和种的品种	所有属和种的品种	所有植物种类和使能技术	通常在自然界中不存在的植物基因型	无性繁殖，包括栽培、变异和杂交的植物	有性繁殖的植物
特例					野生和块茎繁殖的品种	杂交一代和野生品种
要求	新颖性，特异性，一致性，稳定性	新颖性，特异性，一致性，稳定性	新颖性，创造性，实用性	新颖性，实用性，非显而易见性，可实施性	新颖性，特异性，稳定性	特异性，一致性，稳定性
公开			描述新颖性的特点、系谱，公开培育过程，新材料保存	公开培育过程，公开最佳模式，新材料保存	尽可能完整的照片或图样	描述新的特点、系谱和种子保存
声明			未确定	品种声明，属类声明，基因转移载体，生产植株的过程，等等	单一品种声明	单一品种声明
权利	禁止他人为了商业目的而生产、为销售而提供，以及营销	禁止以繁殖为目的的生产、繁殖、出售、销售该品种或为以上目的进行营销、进口、出口、储存该品种	禁止他人生产专利产品，使用专利方法，并禁止使用、出售、售卖、进口专利产品或通过专利方法所获得的产品（延伸到收获材料）	禁止他人制造、使用或出售请求保护的发明，或出售部分请求保护的发明	禁止他人无性繁殖、销售或使用请求保护的植物	禁止他人进口、售卖、有性或无性繁殖、自行分发该品种，禁止使用该品种制造杂交种或新品种，禁止使用请求保护的植物

续表

条约或条款名称	UPOV 1978 年文本	UPOV 1991 年文本	与 TRIPS 协定兼容的专利法[2]	发明专利（1985 年颁布；美国）	植物专利法（1930 年颁布；美国）	PVP 法案[3]（1970 年颁布；美国）
豁免	育种豁免及农民保存自己种子的强制性豁免	育种豁免，新品种为实质性派生品种除外；非强制性的农民豁免，只适用于同一农场，并须有许可证或缴费；私人使用和研究	育种者权利和农民权利，原则上与 TRIPS 协定兼容，但尚未验证		不保护请求保护植物的有性繁殖产品；不保护植物产品	新杂交或改良品种的豁免和农民种子保存和销售的豁免；强制许可条款
保护期限	多数作物 15 年（藤本植物及林木 20 年）	多数作物 20 年（藤本植物及林木 25 年）	自申请之日起 20 年	自申请之日起 20 年（1995 年 6 月 8 日以后）；自申请之日起 17 年（1995 年 6 月 8 日以前）	自申请之日起 20 年（1995 年 6 月 8 日以后）；自申请之日起 17 年（1995 年 6 月 8 日以前）	多数作物提交申请之日即受到保护，自签发日起 20 年皆受保护（藤本植物及林木 25 年）
优先权				最先在美国发明	最先在美国发明	首先在美国或另一个 UPOV 成员方提交材料
双重保护	不允许专利和 PVP 双重保护	允许专利和 PVP 双重保护				

来源：Modified from Krattiger and Potter.[4]

4.1 本土知识

专利、PVP、版权等知识产权制度建立在一套法定（立法）规则上的。目前的制度允许以“现有技术”来确定发明是否存在新颖性。但现行的制度没有充分将本土知识作为现有技术，也不允许本土人士成为发明家或育种者。这在国际社会引起了巨大的争议。世界知识产权组织（WIPO）和国际植物新品种保护联盟（UPOV）都在积极地审视并讨论这个问题，他们试图创建一种机制，将这些知识纳入正式的体系中。在国家层面，菲律宾植物品种保护（PVP）办公室允许对本地材料的描述进行登记。这些描述在授予 PVP 证书过程中，会被审查。

4.2 材料转让协议（material transfer agreements，MTA）

转让遗传资源时，使用 MTA 越来越普遍。这样的文件构成了委托人与接受方之间的合同关系。MTA 通常会附加条款和条件，包括批准使用遗传资源和拥有这些材料或其衍生品的权利。

MTA 可以以多种形式出现。虽然最常见的形式是传统的纸质件，但也有可能是材料外包装上的词语表述，即“外袋标签语”。然而，争论的焦点是，MTA 的“委托人”是否确实拥有并有权分配该材料的所有权。

5 国际条约

一般而言，植物遗传资源受国家、区域和国际法律的管辖。这些法律管理着植物遗传资源的所有权、获取和惠益分配。国际上，这些问题由《生物多样性公约》（CBD）、《国际植物新品种保护公约》（UPOV）、《植物遗传资源国际条约》、《与贸易有关的知识产权协定》（TRIPS）等条约来管理。

5.1 《生物多样性公约》（CBD）

CBD 是与生物多样性相关的国际法律原则。它广泛界定了各国和其他相关行动主体在生物资源方面的权利，肯定了各国根据本国环境政策利用本国资源的主权。但各国对本国生物资源行使主权会受到限制，因为这些资源是人类共同关注的焦点。

CBD 为会员国提供了一个关于获取、发展和转让技术的广泛框架。强调所有各方必须认识这一领域知识产权的重要性并提供保护。CBD 承认当地社区在保存和持续利用这些生物资源方面所发挥的必不可少的作用，指出了公平分享传统知识、创新和实践使用所产生惠益的必要性。

5.2 UPOV 公约

UPOV 公约是唯一一个关注 PVP 的国际公约。它赋予已经开发或发现具有新颖性、特异性、一致性、稳定性的植物品种的植物育种者以权利，也赋予农民某些权利。公约 1978 年文本允许农民重复利用前一年收获的繁殖材料，也允许农民自由地与其他农民交换受保护品种的种子。植物育种者可以使用受保护的品种进行育种，或商业化其他新品种。

公约最近一次修订是在1991年，进一步加强了商业植物育种者的权利。修订内容包括缔约方需为所有植物属和种提供保护。此外，各国可以就此问题制定本国法律，将育种者权利扩大到受保护品种的所有种子生产。在某些情况下，1991年文本将商业育种者的权利扩大到品种的收获材料，并将其保护范围延伸到受保护品种的实质性派生品种。

5.3 《粮食和农业植物遗传资源国际条约》

2001年11月，联合国粮食和农业组织（FAO，简称联合国粮农组织）成员国协商一致通过《粮食和农业植物遗传资源国际条约》。该条约设立了一个多边制度，以最少的程序和行政成本，获取关键的遗传资源。最初，该条约适用于成员国政府控制的、不受知识产权保护的35种作物和80余种牧草。因此，该条约实际上包括了人类赖以生存的所有粮食作物，邀请保护名单内的所有植物遗传资源拥有者加入多边系统。保护名单本身可以根据缔约方的一致意见进行修改。

多边体系的目标是高效和透明。建立该体系的目的不仅是获取粮食和农业植物遗传资源，而且包括获取这些资源的信息，以便可以公平合理地分享使用它们所产生的惠益。

在这个背景下，应考虑“农民权利”和“农民的豁免/特权”之间的差别。这两个术语经常被互换使用，所以会产生极大的混淆。农民权利是联合国粮食和农业组织根据《植物遗传资源协议》定义的一个术语。相关决议（决议5/89）阐明：“……农民因过去、现在和将来保护、改良及利用现有植物遗传资源所产生的权利。”相关决议（决议3/91）阐明这些权利“将通过植物遗传资源国际基金会实施，支持植物遗传保护和利用项目，特别是发展中国家，但并不限于发展中国家”。

《联合国粮农组织条约》对这种差异作了进一步阐述。然而，没有明确针对未来的具体行动；但该条约表达了追求公平的总目标。这些领域仍处于争论之中，尚未明确参与和利益分享的机制。

另一方面，PVP法律中农民豁免或农民特权的概念，与农民有权“合理使用”自己生产种子的观念相关。大多数国家接受这种合理使用的观念，按照UPOV示范法，允许农民使用自己农场生产的种子进行下一轮种植。只有当农民出售或交易种子时，才侵犯了PVP持有者的权利。1991年UPOV文本的相关条款（第15条）这样规定：

> a）[强制性例外] 育种者的权利不应扩展到：
>
> （ⅰ）私人且非商业目的的行为；
>
> （ⅱ）实验目的的行为；[…]
>
> b）[非强制性例外] 尽管有第14条的规定，各缔约方在合理的范围内，并在保护育种者合法权益的条件下，仍可对任何品种的育种者权利予以限制，以便农民在自己土地上为繁殖之目的，而使用在其土地上种植保护品种所收获的产品或第14条（5）（a）（i）或（ii）所指品种

收获的产品。

5.4 《与贸易有关的知识产权协定》（TRIPS）

《与贸易有关的知识产权协定》是发达国家倡议更严格知识产权贸易规则的产物。该协定旨在扩大知识产权的国际保护范围。TRIPS 协定第 27.1 条示意生物技术领域可获得专利，第 27.3 条明确授予生物技术，特别是与植物有关的生物技术知识产权。

6 关于基因库管理的特殊问题

基因库的管理者要解决遗传资源利用的技术问题，以及遗传资源所有权的相关问题。如下文所述，这些问题通常在工作的不同阶段出现。

按照 CBD 的规定，入库材料（incoming material）必须征得"拥有"这些材料主权的国家同意。通过种质获取协议（germplasm acquisition agreement，GAA），或材料转移协议（MTA），清楚说明材料所有者授予基因库使用和分发材料的权利。

"在库材料"（in-house material）可能包括 CBD 之前获得的材料，可能在基因库、植物园内保存。虽然在库材料的所有权仍有争议，但法律明确规定，这些材料可以自由使用，无须获得事先许可。重要的是区分从自然界中搜集的"遗传资源"和"改良材料"。只有后者才有可能具有知识产权。事实上，掌握一定的与材料相关的生物学知识，并了解与此相关的所有权和合法权利至关重要。

"对外分发材料"（outgoing material）是由基因库管理者分配给他人，或者用于研究、直接使用，或用于改良项目等。通常这时容易出现问题。谨慎地使用恰当的 MTA 是解决这些问题最有效的方法。MTA 应当反映出一系列考虑：国际法、机构政策、材料性质、接收方性质、获得材料的性质以及接收材料 MTA 的相关条件（例子详见本《手册》）。

基因库管理最近已经变成了非常敏感的问题。有效地管理基因库并避免问题，需要有组织的、循序渐进的方法。必须分析清楚遗传资源的潜在所有权问题，获取和分发这些材料的文件程序必须充分有效。

在过去 10 年里基因库的法律问题发生了巨大的变化。这种变化还将继续下去，基因库管理人员必须警惕这些变化所产生的影响。在适当情况下，管理人员应寻求专业人士的意见，以便了解这些变化将如何影响各自的机构。然而，基因库管理人员不能忽视自己重要的社会角色：守卫并保存着人类生存及粮食安全所依赖的基本组成，不仅为这一代，还为后代工作。

7 PVP：作物品种的知识产权保护

PVP 解决了全球范围内包括发达国家和发展中国家的特殊需求。其实施目的是：

- 为育种者（公共部门和私营部门）提供获得合理投资回报的机会
- 激励持续或增加对未来育种研究的投资
- 承认创新者的合法权利

- 承认他或她从努力中得到回报的经济权利

为了在全球经济中促进这些法律和协议的应用，UPOV联盟成员同意在国际协调一致的基础上给予植物新品种培育者以独家开发权。UPOV开发了一套示范法，为PVP提供了一个立法框架。事实上，TRIPS协定的有些条款参考了UPOV的标准，成为一种与WTO标准保持一致的有效机制。这样安排的有效之处在于，这种条款是互助性质的，允许UPOV成员在司法管辖范围内形成交叉保护；各国利用UPOV的示范法制定本国立法标准。这个系统并非没有缺点。例如，受保护的品种和其他形式的植物遗传材料（包括遗传资源和地方品种）之间的差异尚未确定。

美国制度是一个有用的模板，因为UPOV制度致力于协调一致，使得美国PVP制度的大部分规定与其他国家的PVP一致。应当指出的是，许多司法管辖区的专利法都保护植物，这是对PVP的补充。在美国，对植物品种的保护，以及产品和/或过程中发明专利都越来越普遍，新品种的名称通常注册了商标（欲了解更多有关美国PVP系统的信息，请参阅第3.2节）。

UPOV的示范法和相关国家有效的法律规定，允许政府推行强制许可使用。事实上，如果一个国家迫切需要种植一个受保护的品种，政府可以许可该品种的使用。而PVP持有者仍然拥有合法权利，并收取合理的许可费用。

要成为合格的受保护品种，育种产生的植物品种必须具有：

- 特异性
- 一致性
- 稳定性

满足这些标准的方法详见第7.3节。

7.1 PVP的申请过程

PVP的申请表格和支持文件，如UPOV作物指南，会指导申请人（和测试者）通过描述育种历史、来源和品种，提交种子备份，支付费用，如果满足所有的要求，将获得PVP证书。如果已有申请材料，可在相关的农业部门进行保存；如果还没有提供申请材料，本章将为准备这些材料提供帮助。

任何人，无论是品种拥有者、育种者、改良者或有性繁殖或块茎繁殖植物等独特栽培品种的发现者，都可以申请PVP。PVP适用于所有UPOV成员公民。申请人可以是个人、公共机构或公司。

未经品种所有者明确同意，禁止个人对该品种进行销售、营销、分发、运送、托运、交换或以销售为目的的展示。此外，禁止任何人以任何方式招揽购买、转让或持有该品种。非法行为还包括进口或出口、有性扩繁、块茎繁殖该品种，使用该品种生产杂交种（区别于改良），以繁殖为目的保存该品种。值得一提的是，植物的部分组织（花、花粉等）也受到保护。确定材料在何处使用对于审查侵权行为至关重要。

7.2 豁免

一般来说，植物品种保护中的豁免有两种：1）研究豁免；2）农民豁免（也称为农民特权）。[5]

“研究豁免”允许利用保护品种通过育种培育出新品种；“农民豁免”仅允许农民保存种子并在其土地上重新种植。然而，如果农民出售或交易种子，那么就侵犯了PVP持有者的权利。围绕这一条款的争议很大程度上来源于对术语的定义。应当指出，无论是植物专利还是发明专利都没有这些豁免。

7.3 审查标准

品种持有者必须证明新品种具有特异性、一致性和稳定性。这项工作完全由申请人承担。

关于特异性，申请人可以：

- 列出他或她认为的与新品种最相似的一个品种，并描述新品种与它的区别
- 列出与新品种相似的一组品种，并描述新品种与这组品种的区别
- 描述该品种与同类作物中所有其他已知品种的区别

PVP办公室维护着公共及私人作物品种数据库。检测人员使用这些数据和其他资源来确定是否可以区分现有品种与新品种。如果检测人员不能区分现有品种和申请的品种，那么通知申请人必须补充数据。为了获得更多的数据，申请者可以进行额外的田间或温室重复试验，并使用DNA分析和其他分析来证实特异性。在美国，PVP办公室不开展确认品种特异性的试验，这个责任由申请人承担。

关于一致性，申报材料必须报告该品种所有性状的变异水平。可预见、可描述并在商业上可接受的变异是允许的。

关于稳定性，遗传稳定性的声明是必需的，声明中要说明该品种所有可识别性状保持不变的种子繁殖周期数。

注意实质性派生品种。所谓的“突变（sports）”就是个好例子。经过几十年育种而成的红皮马铃薯品种已受PVP保护，尽管之后有人在田间筛选出白皮的变突品种（a field sport），根据1991年的UPOV法案，新的白皮马铃薯会被认定是原始品种的实质性派生品种受到保护。

7.4 实施

受保护品种的所有权人可对侵犯其权利的人提起民事诉讼，所有权人可要求法院发出禁止令，防止他人进一步侵犯其权益。在这样的案件中，受保护品种的所有权人必须提起诉讼，美国农业部不会采取这样的行动。在美国，植物的知识产权保护是通过植物专利、PVP和发明专利实现的。植物专利为无性繁殖（通过苗木部分器官、组织或细胞）的品种提供保护但不包括块茎植物。PVP为有性繁殖（通过种子）的品种提供保护，包括块茎、F_1杂交种和实质性派生品种。发明专利为任何类型的植物或植

物部分组织提供保护。植物品种也可以得到发明专利和PVP的双重保护。

7.5 完整的申请和附件表格所包括的内容

PVP申请包括一张填写完整并签名的表格，以及附件A、B、C和E（附件D是可选择的）：

A）附件A（育种历史）

B）附件B（特异性声明，以前称作“新颖性陈述”）

C）附件C（客观描述）

D）附件D（附加描述信息）

E）附件E（所有权声明）

至少需要2500粒未经处理的活性种子样本，这些种子能够繁殖所申请的品种。至于块茎繁殖品种，则需要通过细胞培养进行验证。申请者须缴纳申请费。

7.5.1 附件A：育种历史

申请者需要提供以下材料：

- 完全披露品种系谱，追溯到公众已知的品种、品系或克隆体，包括育种方法
- 培育品种所使用的选择和扩繁连续阶段的细节
- 一致性声明，说明该品种所有性状的变异水平（允许存在商业上可接受的变异）
- 遗传稳定性的声明，说明该品种所有可识别性状保持不变的种子繁殖周期数
- 繁殖和扩繁过程中观察到的该品种变异的类型和频率
- 所观察到的或已知的异型株（换句话说，非纯系）发生的频率

7.5.2 附件B：特异性声明

申请者必须提供该品种特异性的情况。需明确说明如何区别申请品种与同类作物中的其他品种。如果申请品种与某个品种或某组品种最为相似，那么申请者需要：

- 指出这些品种并客观地说明所有的差异
- 附上数字化的性状统计数据，并证明在这些性状上与其他品种存在明显差异
- 可提交种子和植株标本或种子及植株照片（打印），照片应能清晰反映特异性。

7.5.3 附件C：品种的客观描述

PVP办公室为申请人准备了表格，以描述大部分作物的植物学特征。这些表格列出了应描述的作物的植物学特征和各个特征的表达程度，还为申请人提供了应与申请品种进行比较的推荐品种清单。申请人需要尽可能完整地填写表格。

7.5.4 附件D：选择性支持信息

申请人可以提供额外的资料、标本和/或材料，以满足申请的要求。

7.5.5 附件E：所有权声明

申请人须对申请人所有权的构成提供一份声明。PVP办公室准备了一个表格简化

这个过程。该表格也包括一份声明，证明申请人有资格在美国申请 PVP。

7.6 启动和运行国家 PVP 办公室所需的步骤

您阅读本章，可能因为您正在组建一个 PVP 办公室。如果是这样的话，那么以下的内容将帮助您高效地建立办公室。

PVP 办公室的基本运作及筹建行动可分解为以下步骤：

（1）设立办公室。初次建立办公室，由物理部分（获得必要的空间、设备和其他有形资源）和立法部分（制定法律和规章，以及审查指南）组成。

（2）任命工作人员。PVP 办公室需要任命一名登记员、几名审查员、文员及技术辅助人员。

（3）培训员工。PVP 办公室工作人员需要接受与试验有关的技术程序，以及与签发和注册证书有关的法律及文书事项的培训。

（4）建立正式程序。必须设立正式程序，如颁布法律、批准规则和审查标准。

（5）向公众宣告办公室功能。一旦 PVP 办公室开始工作，工作人员必须告知公众可以利用办公室提供的服务。

（6）分发信息和申请材料。工作人员应提供公开的信息和表格，帮助公众知晓，越来越多的司法管辖区通过 PVP 办公室网站提供申请表。

（7）通知和教育公众该如何申请。律师和代理人可能需要了解准备和提交申请的方法。

（8）受理申请。申请日期是申请程序的重要组成部分，应告知申请人有关申请日期的详细规则。

（9）审核申请。这是整个程序的核心步骤。审核的内容包括：1）是否符合所有的申请标准；2）技术内容。

（10）审查标准及其应用。1991 年 UPOV 法案中的规则以及审查员手册为特定的申请提供一套客观的标准。这种客观性对增加系统可信度非常重要。

（11）和客户沟通。与申请人进行有效沟通是必不可少的。所有信件必须始终如一地标明日期和编号，并通过挂号信或保证邮件（指次于挂号邮件的一级邮件，寄件有依据，收件经签字）寄出。

（12）与政策制定者沟通。建立办公室时，与高级决策者保持密切沟通非常关键。PVP 办公室的行为和规定需要通过立法支持，而且必须遵循其他国内法律。PVP 条例也需要符合 WTO 要求。

（13）存放材料。必须安排存放附件材料的设施。

（14）准备证书。必须制定出 PVP 证书和登记的格式及样式。

（15）纠纷处理。立法和条例通常包含该条款，允许申请 PVP 证书被拒的申请人通过 PVP 办公室和/或通过司法系统对该决定提出上诉。

（16）样品存放。必须建有充分适当的设施为申请人提供储存种子或植物材料的地方。在大部分国家，该储存设施隶属于农业部或者由相关组织管理。该设施应符合适宜的国际种子储存指南，并有足够的机制保证种子样本的安全。

8 结语

显然，有效协调不同国家的 PVP 制度将大大降低使用者的成本，从而增加植物育种投资回报。这无疑会给农民提供更多的品种和更多的选择。另一方面，成本高昂的制度将阻碍较小的国家公司申请 PVP 保护，增加了参与他们国外市场的成本，却有利于具有资源和基础设施优势的跨国公司在多个国家运行。

本章讨论的知识产权保护机制取决于各国政府的执行情况。如果法律取决于执行，那么诸如 PVP 办公室等监管机构就取决于执行规定的人。为了强化多个国家的政策举措，建议采取全面、深入的培训项目，提供建立 PVP 制度长期健康运行所需的信息和经验。联合培训多个国家的行政人员，配合区域 PVP 协调制度，增加区域内的合作与协调。

当然，体系内不同角色的人需要不同类型的培训。作为起点，所有参与者，无论是官员、管理人员，甚至是育种公司的人，都需要在运用规则方面达到特定的最低能力要求。基于网络的培训课程或其他远程学习等常规项目有助于实现这一目标。对于管理人员，可开设专门的研讨班，让他们接触相互冲突的领域，并加深他们对 PVP 在植物育种业务发展中重要性的认识。开展这些课程和研讨班，可以结合实习项目，与具有完善 PVP 制度的国家的公共和私营机构合作，选择适当的人员接受更严格的培训。受过高等培训的人员可以组成一个核心小组，进一步提高员工的专业能力。

JOHN DODDS, *Founder, Dodds and Associates, 1707 N Street NW, Washington., D. C., 20036, U. S. A. j. dodds@ doddsassociates. com*

ANATOLE KRATTIGER, *Research Professor, the Biodesign Institute at Arizona State University; Chair, bioDevelopments-International Institute; and Adjunct Professor, Cornell University. PO Box 26, Interlaken, NY, 14847, U. S. A. afk3@ cornell. edu*

STANLEY P. KOWALSKI, *Visiting Scholar, The Franklin Pierce Law Center, 2 White Street, Concord, NH, 03301, U. S. A. spk3@ cornell. edu or skowalski@ piercelaw. edu*

---

1 Blakeney M, JI Cohen and S Crespi. 1999. Intellectual Property Rights and Agricultural Biotechnology. In *Managing Agricultural Biotechnology. Addressing Research Program Needs and Policy Implications* (ed. JI Cohen). pp. 209-227. CAB International Press; Blakeney M. 1999. Agricultural Research and the Management of Intellectual Property. In *Managing Agricultural Biotechnology. Addressing Research Program Needs and Policy Implications* (ed. JI Cohen). pp. 228-40. CAB International Press.

2 Modified from Helfer LR. 2002. Intellectual Property Rights in Plant Varieties: An Overview with Options for National Governments FAO Legal Papers Online, No. 31. www. fao. org/Legal/Prs-OL/lpo31. pdf.

3 The initial PVP Act of the United States was not UPOV compliant, but in 1980 the United States acceded to

UPOV 1978 and later to UPOV 1991. A further jump in investment was seen after 1986 when the U. S. Patent and Trademark Office established that plant varieties were patentable subject matter.

4 Krattiger AF and RH Potter. 2002. The Status of Plant Variety Protection Issues in the Asia-Pacific Region: An Overview. *Asian Seed* 9(5): 17-20.

5 Farmer's exemption or farmer's privilege should not be confused with "Farmer's Rights". Farmer's rights is a concept that became popular during the 1980s through the FAO Revised Undertaking for Plant Genetic Resources (Resolution 5/89) in an attempt to recognize and reward the "*...rights arising from the past, present and future contributions of farmers in conserving, improving and making available plant genetic resources...*" (see www.fao.org/docrep/X0255E/x0255e03.htm for a detailed history). The term now constitutes a central element in the International Treaty on Plant Genetic Resources for Food and Agriculture where it is called "Farmers' Rights." ftp://ftp.fao.org/ag/cgrfa/it/ITPGRe.pdf. æ.

第 4.7 章

植物品种保护、国际农业研究与种质交换：专门法与专利制度的法律问题

迈克尔·布莱克尼（MICHAEL BLAKENEY）
英国伦敦大学玛丽女王知识产权研究所所长

译者 徐宗昌 审校者 杨坤 张熠 殷宏

摘 要

本章概述了国际上的各种植物品种保护制度，包括《国际植物新品种保护公约》《生物多样性公约》《与贸易有关的知识产权协定》《粮食和农业植物遗传资源国际条约》，从影响植物育种和植物遗传改良的知识产权法律演变史着手，探讨相关国际标准协调一致的发展趋势，并总结这些趋势对种质交换、国际农业研究和粮食安全的影响。

1 知识产权和农业

第一个国际知识产权公约是订立于 1883 年的《保护工业产权巴黎公约》，简称《巴黎公约》。在该公约中，农业属于可以进行产权保护的工业领域，因此《巴黎公约》第 1（3）条规定：

> 对工业产权应作最广义的理解，不仅适用于工业和商业本身，也同样适用于农业和采掘工业，适用于一切制成品或天然产品，例如：酒类、谷物、烟叶、水果、牲畜、矿产品、矿泉水、啤酒、花卉和面粉。

Blakeney M. 2007. Plant Variety Protection, International Agricultural Research, and Exchange of Germplasm: Legal Aspects of Sui Generis and Patent Regimes. In *Intellectual Property Management in Health and Agricultural Innovation: A Handbook of Best Practices* (eds. A Krattiger, RT Mahoney, L Nelsen, et al.). MIHR: Oxford, U. K., and PIPRA: Davis, U. S. A. Available online at www.ipHandbook.org.

鉴于1883年的技术状况，将这些农业相关主题纳入《巴黎公约》的目的是保护商标及产地标志。

首次将农业生物创新纳入知识产权保护法规的是1930年的《美国植物专利法》，该法案创建了一个仅对无性繁殖植物进行保护的专门制度，但没有对有性繁殖的植物进行保护，其原因在于有性繁殖的植物缺乏稳定性。[1] 该法案还排除了对块茎繁殖植物的保护，主要是担心保护此类植物会导致对马铃薯等基本粮食作物的垄断。[2] 该法案要求，植物专利的申请人应对需要保护的植物进行无性繁殖，以证明该植物的性状具有稳定性。第161节要求新品种应具有"特异性"。法案没有明确对该要求进行定义，但该法案附带的参议员委员会报告指出："一个新品种必须具有与现有品种明显区别的性状才表示其是特异的"，但并不是"新品系"才能构成新品种。[3]

古巴、南非和韩国分别于1937年、1952年和1973年通过了与《美国植物专利法》相似的立法。

2 PVP专门制度的国际标准

与其他类型的知识产权一样，将农业创新纳入国际监管领域中，行业协会发挥了主要作用。1911年召开的法国植物大会呼吁对植物品种进行专门保护。20世纪20年代和30年代，这种呼吁持续不断，并最终于1938年11月在阿姆斯特丹成立了以保护植物新品种为目的的国际植物育种家协会（International Association of Plant Breeders for the Protection of Plant Varieties，ASSINSEL）。1956年6月的塞默灵会议上，ASSINSEL协会正式决议，呼吁举行国际大会并建立国际性的植物新品种保护制度。1957年2月，法国政府邀请12个西欧国家[4] 参加同年5月在巴黎举行的外交大会，共同探讨建立该制度。法国仅邀请已知的对此问题具有共识的国家参加会议。1957年巴黎会议的决议最终以法案的形式得以通过。这届大会承认了育种者权利的合法性，并提出新品种必须与原有品种不同，且在相关性状上保持充分的一致性和稳定性作为新品种保护的先决条件。法案同时界定了育种者的权利，并承认了新品种保护的独立性原则。1961年年底在巴黎召开的第二届会议上通过了《国际植物新品种保护公约》（the International Convention for the Protection of New Varieties of Plants或Union pour la Protection des Obtentions Végétales，UPOV）。公约第4条（1）提议本公约适于"所有植物的属和种"，但会逐步引入。公约附有13个属的清单：小麦、大麦、燕麦或稻子、玉米、马铃薯、豌豆、豆类、紫花苜蓿、红三叶草、黑麦草、莴苣、苹果、玫瑰或康乃馨。第4条（3）要求各成员在公约生效时，新品种保护的种类至少包括该清单中的5个属，并在8年内扩大到所有属。

1961年公约第27条明确了定期复查制度，并将第一次修订时间定于1972年。在最初的19年里，UPOV公约只吸引了12个国家加入。一些国家不愿意加入公约的原因在于其严格的规定，特别是各公约缔约国只能选择专利或UPOV方式中的一种保护植物品种，不能二者兼选。因此，修订了公约第2条，允许像美国这样的国家加入，这些国家的法律允许采取专利和UPOV双重保护方式。1961年文本删除了附件中属的清单，该清单主要包含来自温带的物种。根据新文本的第4条，成员方同意对至少5种属采用公约保护，8 年内扩大至 24 种。此外，提交植物品种保护（PVP）申请之前，允许有宽限期，即品种销售时限长达 12 个月。

1991 年修订文本进一步扩大了 UPOV 公约保护的范围。1991 年文本要求，各成员方在成为成员时至少对 15 个植物属进行保护，并在 10 年内将保护范围扩展到所有的植物［第 3 条（2）］。针对发达国家育种者的要求，1991 年文本取消了禁止双重保护的规定。1991 年文本明确了育种者权利包括使用受保护的品种创造新的品种。然而，这种例外仅限于受保护品种不属于实质性派生出的新品种［第 14 条（5）和第 15 条］。起草者增加这一限制是为了防止第二代育种者仅仅对现有品种进行简单的修饰性改变，就提出新品种保护的要求。在实践中，实质性派生品种的概念非常有争议，证明第二代品种并不是较早品种的实质性派生品种所需要的最小遗传距离，育种者一直未能达成一致意见，超过最小遗传距离就不再属于原始品种的保护范围了。[5]

从农民的角度来看，1991 年文本中最具争议的，可能是限制农民留种繁殖自己已经获得的种植品种，农民只能在"符合育种者合法利益的安全阈值内"享受农民特权，即"在自己的土地上"种植受保护品种，将收获的种子进行保存以便"在自己土地上"继续生产［第 15 条（2）］。与 1978 年文本不同，1991 年文本中规定的农民特权并未对农民与其他农民为繁殖而出售或交换种子的行为进行授权。这与许多发展中国家农民为作物和品种轮作而交换种子的做法相悖，受到了指责。[6]

许多发展中国家抵制将 1991 年文本作为 PVP 法律的标准。非洲统一组织的外交部长们在 1999 年 1 月的一次会议上发表声明，要求暂停对植物品种的知识产权保护，直到制定出一套认可土著社区种植做法的非洲范围内的制度。

3 UPOV 制度

在大多数国家，实施 UPOV 公约需要国内立法。

3.1 植物育种者的权利范围

一般来说，参考 UPOV 制度的国内法律所赋予的植物育种者权利（PBRs），是在如下行为中行使植物品种繁殖材料排他权或者许可权：

- 生产或繁殖该材料
- 将该材料作为繁殖材料
- 许诺销售该材料
- 销售该材料
- 进口该材料
- 出口该材料
- 为上述所有目的而储存该材料

3.2 豁免

根据 UPOV 公约的规定，除了育种者具有上述权利，其他人可以开展私下的及非商业目的的试验或培育其他植物品种。农民将收获材料作为种子保存并在自有土地上播种的行为，不是 UPOV 1991 年文本立法规定的侵权行为。

法律也可规定，将繁殖材料用作食品、食品配料或燃料，或其他任何不涉及生产或繁殖该材料的目的时，没有侵犯植物育种者权利。

此外，一旦权利人出售了繁殖材料，则植物育种者权利就已用尽，除非在销售后又对繁殖材料进行了扩繁。

3.3 植物育种者权利的期限

UPOV 1991 年文本的规定，树木和藤本植物的 PBRs 期限一般为 25 年，其他植物为 20 年。该期限自该品种获得 PBRs 权之日起开始计算。当一个植物品种属于另一个原始品种的实质性派生品种时，该依存品种或者实质性派生品种的保护期限一般不能超过原始品种。

3.4 PBRs 申请

假如在某国培育了一个品种，应由该国公民或居民且从事育种工作的人提出申请才符合要求。一个国家也可以允许国内或国外的任何人根据该国的法律申请品种保护。

该品种在申请保护之前已在该国销售则不符合申请要求。

3.5 申请表

PBRs 申请表将由国家法律规定。必须包含以下信息：

（1）申请人的姓名和地址

（2）代表申请人提出申请（如果有）的代理人的姓名和地址

（3）如果申请人是该品种的育种人，需提供声明

（4）如果申请人不是该品种的育种者，要说明申请人有权提出申请的细节

（5）对品种进行简要说明，如果适宜，需附照片，初步证明该品种与其他已知品种存在不同之处

（6）该品种的名称和建议的其他任何名称

（7）该品种育种地点和培育方式的详细信息，包括该品种在该国已公知和出售的名称，以及在该国或另一个 UPOV 公约签署国获得的任何 PBRs 的细节

（8）该品种在任何其他国家申请或授予的任何类型权利的细节

（9）证明人的姓名，其负责核实申请细节、按照法规第 37 条的要求监督开展品种测试试验、核实品种详细信息

（10）表格所要求填报的其他详情（如果有）

3.6 申请费

申请费通常根据法律规定。

3.7 接受或拒绝

提出申请后，负责执行相关法律的主管机构或官员在切实可行的情况下，需要尽

快决定是否接受或拒绝申请。如果主管机构或官员认为该申请比任何其他申请都早，且符合法律的要求，并收到了与其他品种不同的初步证据，则必须接受该申请。在接受申请时，必须通知申请人已经受理申请，并向公众公布受理申请的相关信息。当申请被拒绝时，同样需要履行通知义务。

3.8 申请更改

从接受 PBRs 申请到审查该申请并得出结论期间，主管机构或办理人员允许申请人更改申请，但须支付规定的费用。

允许申请人随时撤销申请。如果在公布申请后撤销，主管机构或经办人必须尽快告知公众该申请已撤销。

3.9 植物品种的详细描述

无论是否可行，申请受理后的 12 个月内，或者主管机构授权后的一段期限内，申请人需要提交植物品种的详细描述。未能提供此描述的申请将视为撤回。详细描述必须以书面表格的形式提供，包含以下细节：

（1）该植物品种与其他已知品种的性状差异

（2）任何已开展的种植试验

（3）任何国外种植试验，以证明该品种在本国种植的特异性、一致性和稳定性

（4）要求的其他细节

3.10 PBRs 申请的异议

收到新品种的详细信息后，行政主管部门要尽快公布。任何人都可以对植物育种者的申请提出异议，只要异议人能证明申请人获得 PBRs 后，他们的商业利益会受到影响，以及主管部门不能采信申请人提出的各种实质性权利要求的理由，尽管这些权利要求符合法律规定。

提出异议时，必须列明异议人认为其商业利益受到影响的详情，以及主管部门不能采信实质性权利要求的理由。

3.11 申请和异议的审查

任何人可以随时对植物品种 PBRs 申请及异议进行审查。支付规定费用后，可申请获得文件副本或针对申请文件的异议副本。

3.12 植物品种的种植试验

对于已受理的申请，或者对申请提出的异议，或者撤销 PBRs 的请求，主管部门可能会要求对该品种进行种植试验或进一步的种植试验。在这种情况下，需要通知到所有相关人员。除了告知申请人、异议人或主管部门负责审批授权的人，还必须说明试验目的，并要求当事人向主管部门提供足够的植株或繁殖材料，以及其他任何信息以便安排种植试验，或安排批准的人员监督种植试验。种植试验的费用必须由申请人、

异议人或要求撤销 PBRs 的人员承担。针对在国外培育的植物品种，可以制定一个国外种植试验的规定。

3.13 临时保护

如果 PBRs 的申请得到受理，则从收到申请之日起到申请处理结果公布之日，申请人被视为该权利的权利人。在该临时保护期内，禁止申请人采取任何反对 PBRs 的侵权行为，直到申请人的申请得到有效处理为止。

3.14 实质性派生的声明

如果一个人是特定植物品种（原始品种）的 PBRs 权利人，而另一个人是另一品种（第二品种）的 PBRs 权利人或申请人，则初始品种的 PBRs 权利人可能会提出第二个品种是其第一个品种的实质性派生品种。如果符合以下条件，则将该植物品种属于另一植物品种的实质性派生品种：

（1）派生品种主要来源于另一植物品种

（2）派生品种保留了另一品种的基因型或基因型组合所产生的实质性性状

（3）派生品种没有在重要性状上表现出与另一品种有所区别的重要特征（不同于描述特异性的修饰性状）

提出实质性派生品种必须填写申请表格，包含初步证明属于实质性派生品种的信息。主管部门认可或不认可，视初步证据是否被采纳而定，但必须告知第二件植物品种的申请人和育种者权利人，并给予其反驳的机会。管理部门可能会安排种植试验，以反驳质疑实质性派生品种的证据。

3.15 植物育种者权利的授予

如果一个植物品种的 PBRs 申请被接受，法律规定将对该申请进行如下审查。如果满足以下条件，管理部门必须授予申请人权利：

（1）存在该品种

（2）在法律范围内该品种是可登记的

（3）申请人有权提出申请

（4）法律不禁止授予这项权利

（5）该权利未授予他人

（6）品种的命名符合第 27 条的规定

（7）该品种的繁殖材料已经由申请人出资保藏在主管机构批准的遗传资源中心

（8）必须向规定的植物样本库提供符合要求的样本植物

（9）已缴清所有费用

授予 PBRs 是以表格的形式签发证书。

3.16 授予植物育种者权利（PBRs）的影响

如果某人就某个植物品种被授予了 PBRs 权利，则此人作为品种权受让人相比其他有资格申请该品种权利的任何人，享有优先权。然而，这并不能阻碍他人申请撤销权利或对已批准的 PBRs 申请行政复议，或要求主管部门宣布授权品种属于另一植物品种实质性派生品种。如果另有他人依法或根据裁决有资格共同申请 PBRs 权利，则该人也有资格共享 PBRs 权利。

相关的农业部门应对符合条件的申请授予 PBRs 权利。部长可能会听取依法设立的 PBRs 咨询委员会的建议。

3.17 撤销

如果授权前或发布公报前，主管部门已经接受了质疑授权或声明的事实依据，或植物品种属于另一品种的实质性派生品种，则有权按规定撤销 PBRs 或拒绝发布公报。也可能是由于未支付规定的费用而撤销 PBRs 权利。在决定撤销的规定日期内，PBRs 权利的受让人或转让人会收到拟撤销申请的详尽理由。

申请撤销的人，可能是因植物品种授权或属于实质性派生品种而使其利益受到影响的人。如果撤销或放弃 PBRs，撤销或放弃的细节通常会记入 PBRs 登记系统并公布于众。

3.18 强制许可

国家法律通常要求植物品种权权利人采取一切合理步骤，确保公众合理获取该植物品种。如果以合理的价格和满足需求的数量向公众供应，或者赠予质量合格的繁殖材料，则认为这一要求得到了满足。为了确保公众合理获取繁殖材料，在适当时期以主管机构认为正常应授予的条款和条件（包括向受让人提供合理报酬），法律可以允许相关主管机构授权有关人员销售该植物品种的繁殖材料，或为销售该品种而生产繁殖材料。

如果某人认为权利人未能确保公众合理获得植物品种并损害其利益，则可以向授权机构提出书面请求。请求中须列出具体证据以及对其利益的影响。主管机构通常要求在规定期限内向权利人提供机会，以满足权利人向公众合理提供植物品种的权利，或在合理的时间内满足其需求。主管机构决定授予许可时将发布公告，公告中标识该品种并展现拟批准的授权许可详情，发出邀约让大家申请许可。当局通常需要考虑所有申请，公开通知所提议的被许可方，并通知到每个申请人。

3.19 侵犯植物育种者权利

一般来说，未经授权的以下行为属于侵犯植物品种的植物育种者权利：

（1）实施植物育种者权利中所包含的行为

（2）宣称有权实施植物育种者权利中所包含的任一行为

（3）将注册品种的名称用于另一个植物或植物品种

如果上述行为属于法律豁免，则不属于侵权行为。侵权行为的被告可以反诉该品种不是一个新的植物品种，或存在可以导致拒绝授权及撤销该权利的事实。

3.20 补救措施

在侵权诉讼中，依据原告选择按损失还是按获利进行赔偿，法院可以根据自己认为合适的条款授予强制令。如果被告向法庭证实，即侵权时自己并不知道存在这种权利，并且没有合理的理由怀疑存在这种权利，则可以拒绝按损失或获利进行赔偿。

3.21 行政管理

大多数法律都规定设立植物育种者权利登记办公室，该办公室负责法律相关的普通行政管理并维护植物品种登记。

登记办公室通常会发布官方的植物品种公报，用于公布所有公告。

3.22 遗传资源中心和遗传圃

法律可能会指定数个遗传资源中心用于种质资源材料的保存和维护。

4 植物、品种、种子及其他繁殖材料的专利

如上所述，植物品种权保护法律是为了响应行业要求，对农业和园艺创新进行专门保护而制定的。然而，明确农民有权保留种子的豁免作为公共政策保障，反映了早期对粮食安全的担忧。专利法中通常不存在这种保障，促使种子公司将其注意力转向专利制度，作为保护其创新的手段。这种转变也与现代生物技术的发展相吻合。

专利保护最初并未被认为是保护植物品种特别有效的制度。在现代生物技术发展之前，培育新品种并不具有创造性的步骤，所做的创新显而易见，而不具有创造性。然而，随着专利保护扩展到培育转基因植物及其产物的重组 DNA 方法，专利在植物品种保护中日益重要。在同类知识产权保护中，专利权的优势是保护范围更广，涵盖了植物、种子和使能技术。植物品种权则是专门针对品种的，其范围仅限于物质的（繁殖的）材料本身及授权文件中给出的品种描述。

4.1 欧洲的专利禁令

《欧洲专利公约》（EPC）第 53 条（b）把植物品种以及“实质上的生物学方法”排除在可授予专利的范围之外，首次提出植物和植物品种定义之间的区别。UPOV 公约将植物品种定义为已知植物最低分类单元中单一的植物群。该植物群可以是：

- 以某一特定基因型或基因型组合所表达的特征（如形状、高度、颜色和习性）来确定
- 至少表现上述的一种特性，以区别于任何其他植物群
- 作为一个分类单元其适应性经过繁殖不发生变化

1984年的Ciba-Geigy仲裁案，欧洲专利局（EPO）上诉委员会首次考虑到植物和植物品种的区别。[7] 该案是关于某种植物经某种化合物处理后，获得一定程度的保护使其免受特定除草剂的毒副作用。审查部门根据第53条（c）拒绝了该专利申请。上诉委员会却驳回了该决定，依据UPOV公约中的植物品种定义："第53条（c），禁止仅以植物品种遗传性状稳定的植株或其繁殖材料申请专利……从这个意义上来说，所有栽培种、无性系、品系、株系和杂交种都属于植物品种。"[8] 在此案中，权利要求仅涉及化学处理的应用，不涉及植物品种本身。

上诉委员会在Lubrizol（一种杂交植物）[9] 案中应用了该原则，上诉委员会认为"植物品种"一词，意味着植物扩繁时其性状表现出最大化相同（即一致性），并在每次繁殖或每个繁殖（周期）后在一定公差范围内保持不变（即稳定性）。[10] 上诉委员会随后裁定，由于杂交种不稳定，所以它们不属于植物品种的例外范畴。

欧洲《关于生物技术发明的法律保护指令》（以下简称《指令》）允许植物相关的发明申请专利，其中"技术的可行性不限于特定的植物……品种"。[11] 因此，专利权利要求可以针对植物群体，或者如《指令》的引言31中所述：

鉴于以特定基因（而非其全基因组）为特征的植物群体不属于新品种保护的范围，即使它由植物新品种组成，也不排除可专利性。

上诉委员会在Novartis/Transgenic Plant（诺华/转基因植物）事件[12] 中表达了上述限制条件。该专利申请涉及一项包含特定异源基因的转基因植物的权利要求，其表达产生抗病性的活性物质，并涉及制备这种植物的方法。欧洲专利局拒绝了该专利申请。上诉委员会支持这项决定，理由是第53条（b）排除了可能包含植物品种的发明申请专利。

到1999年12月，欧洲专利局扩大上诉委员会（Enlarged Board of Appeal）作出决定表示赞成这项申请，因为实质上它并不涉及植物品种的申请。该决定包含了一些关于植物品种的法律定义提供了有用指导。扩大上诉委员会指出，UPOV公约和欧盟（EU）植物品种权管理委员会对植物品种的定义是"植物的整个组成或一组遗传信息"，而植物是由单个重组DNA序列定义的，"单个植物不能归结为植物的整个组成"。扩大上诉委员会认为，申请中要求保护的转基因植物，是由抑制植物病原体生长的特定性状定义的。没有任何看起来像是针对植物品种的权利声明。扩大上诉委员会认为，就植物育种者权利而言，申请人必须培育一个植物群体，满足一致性和稳定性的特定要求，而在典型的基因工程发明案例中，是通过所提供的某种工具将一段基因插入特定植物的基因组，从而使植物获得期望性状。扩大上诉委员会指出，培育特定品种不一定是基因工程发明人的必要目标。

4.2 欧洲以外植物品种的可专利性

在欧洲以外，并不禁止以植物品种申请专利。例如，美国联邦巡回法院在*Pioneer Hi-Bred International Inc. v. J. E. M. Ag Supply Inc.*案[13] 的判决中，解决了基于《植物品种保护法》的保护与专利保护之间的潜在冲突。[13] 被告提出反对意见，Pioneer公司对同一种以种子繁殖的玉米品种获得了《植物品种保护法》的保护证书和专利保护，认为实施《植物品种保护法》意味着已从专利法的保护范围中排除了以种子生产的植物。联邦巡回法院驳回了这一论点，并指出最高法院认为“当两项法规能够共存时，法院有责任对每一项都视为有效”。

加拿大联邦上诉法院对 *Monsanto Canada v. Schmeiser* 案[14] 的判决支持在加拿大申请植物品种专利。这起案件涉及一个农民种植的油菜品种，其中含有耐受草甘膦除草剂的嵌合基因。Monsanto 公司获得了该油菜品种的专利，并通过其产品 Roundup® Ready 油菜销售这些基因。Schmeiser 公司种植了源自其土地上的油菜品种，并声称以风媒授粉遗传的方式获得了该耐受性。一审法院（trial court）认为，种植某种植物并不侵犯该植物所含的专利基因；然而，联邦上诉法院大多数人的意见与 Monsanto 公司观点一致，认为这是侵权行为。

Schmeiser 公司律师提出了一个道德问题，即通过操控基因以获得更好的杂草防控或更高产量的行为是否正确。联邦上诉法院裁定这是议会应该考虑的问题，而法院的工作是“按照现行情况解释专利法”。[15] 其多数成员解释说：“根据现行法律，一项农业领域的发明与一项机械领域的发明一样值得保护。如果议会不能区分植物相关发明和其他发明之间的差别，则法院也不能。”[16]

正如少数法官指出的世界贸易组织《与贸易有关的知识产权协定》（TRIPS）中的第 27.2 条（b），允许将植物排除在专利主题之外，但可能会以植物品种申请专利。Novartis 公司认为增加或修改遗传物质获得抗病性不是创造新的植物品种。Schmeiser 案中多数人的观点认为，如果一个细胞所获得的专利权赋予的排他性权利能够覆盖包含该细胞的植物，那么第 27.2 条（b）的豁免就变得毫无意义。

非洲集团与 TRIPS 理事会联合通报小组（the Joint Communication of the African Group to the TRIPS Council）[17] 建议：适当修改 TRIPS 协定第 29 条来处理植物品种的专利权问题似乎最适合，包括加入公平要求、披露遗传资源和传统知识的起源地，以及遵从了国内适用程序的证明。因此，非洲集团建议修改第 29 条，增加以下内容作为第 3 段：

> 成员应要求专利申请人披露其发明使用或涉及的生物资源及传统知识的来源国和原产地，并提供符合原产国所有获取遗传资源相关规定的确认材料。

4.3 知识产权和研究豁免

植物育种者倾向于强调自由获取遗传材料的必要性，包括受知识产权保护的遗传材料。因此，UPOV 公约提供的是广泛的育种者豁免权。而专利法倾向于更狭窄的研究豁免权，通常仅限于非商业性的科学或实验用途。

美国在 *Madey v. Duke University* 案[18] 作出的一项判决，说明了专利法中研究豁免的狭窄程度，该判决裁定承担商业研究合同的大学不能以豁免权作为辩护理由。英国专利法实验性研究豁免的范围则通过 *Monsanto v. Stauffer* 案[19] 得到印证。在该案例中，Stauffer 开发了一个变种，取名为 Touchdown®，该变种是在 Monsanto 已成功获得专利的除草剂 Roundup®的基础上开发出来的，Stauffer 已经获得有关部门对 Roundup®的临时审核批准。为了获得最终批准，Stauffer在其自己的研究农场开展了试验，并在农场外组织了一系列试验，有兴趣的人员可以观察结果。Monsanto以专利侵权为由申请临时禁令，得到了专利法院的授权，要求取消在农场外开展的验证不同土壤和气候条件下产物效果的田间试验。上诉法院虽然认为其在外部开展的试验不符合试验豁免，但豁免了Stauffer在英国的农场、实验室及温室里进行的所有试验。根据试验的规模、程度、受体和方法，法院对“试验”一词进行了限制性解释。该判例增加了大学研究人员在农业田间试验中使用试验豁免的不确定性。[20]

另一个说明专利法的试验豁免比PVP狭窄的例子，是一个受保护的植物品种仅有一个名称，但与植物有关的生物技术发明可能获得一件专利保护，某些情况下还能获得多件专利保护。这些专利不仅涉及植物，还涉及种子、基因和DNA序列。专利的作用是限制获取已被专利保护的“产品”。有人认为，将遗传资源与专利“锁定”是一件坏事，因为植物育种的创新是积累性的，并且取决于能够尽可能广泛地使用遗传材料。《粮食和农业植物遗传资源国际条约》（以下简称《条约》）出台了很多规定来处理这一问题。这些规定附在后面。

除了专利，限制育种材料获取，可能有知识产权以外的其他原因。一种情况是，在根据条约设立的多边制度中，某些国家为他们认为具有重要战略意义的特定类别植物遗传资源提供豁免。另一种情况是，有些发展中国家已经加入联合国环境规划署（UNEP）下辖的《生物多样性公约》（CBD），管制对其遗传资源的获取，并限制这些资源的自由流动。从粮食安全的长期性出发，这种做法可能对这些国家和其他国家不利。[21]

知识产权权利与农业研究私有化挂钩的问题，除了以专门知识产权将育种所需的遗传材料私有化之外，还包括缩减非专有化的公共部门研究，以及不断提升育种材料、研究工具和技术所有权的集中度，并掌握在少数大公司手中。[22]这种私有化趋势不仅减少了繁殖材料获取途径并限制了其自由流通，而且可能导致促进粮食安全的公共政策难以付诸实施。实际情况是，政府对公司的影响，要比对政府部分或全额资助的公共机构小得多。

4.4 生命形式可专利性的伦理问题

大量文献报道了有关允许“生命基础”（building blocks of life）财产化，或者“将生命和自然的价值减少到只剩下经济价值”的伦理含义。非洲组织与TRIPS理事会对TRIPS协定第27.3条（b）审查的联合通报[23]指出，有关生命形式的专利是不道德的，“有悖于世界贸易组织成员的社会道德和文化规范”。联合通报援引了第27.2条中的豁免情况：保护公共秩序和道德，可作为宣布生命形式专利权不合法的理由。

有些重要问题需要开展实证工作，即垄断生物技术市场对国际机构向发展中国家提供农业领域公共产品能力的影响。使能技术以及遗传资源的产权化，引起了对公共农业研究体系履行职责，即提供公共物品以消除粮食不安全的担忧。正如德拉霍斯（Drahos）观察到的：“在生物技术和农业领域，很多研究可能最终会成为国际化的非公共物品，并且将根据复杂的许可体系进行收益分配。”[24]

除了市场集中对竞争可能产生的不利影响，这些私营公司的市场主导地位也对生物技术研究产生重要影响。例如，在生物医学和农业研究领域，营利性企业在何种程度上主导面向发达国家关注的研究，而远离发展中国家关注的健康问题[25]和粮食问题?[26]知识产权所有人是否能够向研究机构提供关键的可负担的使能技术?[27]

TRIPS 协定第 27.2 条允许成员驳回“对保护公共秩序或道德，包括保护人类或植物的生命或健康或对环境造成严重影响的发明……”的开发利用。成员必须说明特定发明的商业利用与公共秩序或道德是否相悖。《欧洲专利公约》中对同等条款的解释和适用，在《指令》中也得到了加强，不大可能通过例外情况排除生物材料的可专利性。专利局是否是裁决专利制度涉及道德和伦理问题的适当机构也值得怀疑。[28]无论如何，各专利局已经放弃了在该领域进行道德判断。因此，例如在 *Greenpeace v. Plant Genetic Systems NV* 案[29]中，绿色和平组织反对对具有除草剂 Basta®抗性的转基因植物申请专利，认为这是不道德的，违反了《欧洲专利公约》第 53 条（a），“拥有”的植物属于人类共同遗产。欧洲专利局的上诉委员会支持审查部门的观点，即它不是讨论基因工程优缺点的恰当公共场合。同样，在 *Novartis/Transgenic Plants* 案[30]中，欧洲专利局扩大上诉委员会认为，有关基因工程的争论争议性太强，使委员会无法支持绿色和平组织反对该专利的意见。扩大上诉委员会指出，《指令》表明欧洲议会认为基因工程有一定的益处。

5 植物品种保护、植物遗传资源和 TRIPS 协定

获得一个国家的植物遗传资源，要受其国家立法的管辖，该立法体系综合了《生物多样性公约》（CBD）、TRIPS 协定、《国际植物新品种保护公约》（UPOV）和《粮食和农业植物遗传资源国际条约》等相关公约内容。

TRIPS 理事会在 1999 年实施的第 27.3 条（b）的审查中表明了这些文书之间的相互关系。在 2001 年 3 月举行的 TRIPS 理事会会议上，主席列出了在审查第 27.3 条（b）（IP/C/M/26）中出现的一系列关键问题。其中包括：

- 第 27.3 条（b）中与专利和植物品种保护有关的技术问题
- 与植物品种专门保护有关的技术问题
- 遗传材料的保存和可持续利用的关系
- 传统知识和农民权利概念之间的关系

TRIPS 协定第 27.3 条（b）允许排除以下方面的可专利性：

> 除微生物外的植物和动物，以及除非生物和微生物外的生产植物和动物的主要生物方法。但是，各成员应规定通过专利或一种有效的专门制度或通过这两者的组合保护植物品种。

然而，第 27.3 条（b）并没有就“有效的”是什么意思提供指导，TRIPS 理事会的辩论侧重于哪些专门制度能够满足要求。在知识产权背景下的特殊选项，通常是指

传统知识产权保护类别之外专门制定的知识产权权利。UPOV 已经推动将其制度当作可行的专门保护 PVP 制度的范例。有趣的是，TRIPS 协定的起草者从其他已知的国际文件（例如《巴黎公约》《伯尔尼公约》《罗马公约》以及《关于集成电路知识产权的华盛顿条约》）中自由地引用协议条款，唯独没有引用植物品种领域 UPOV 公约的相关规定。

TRIPS 协定的起草者没有界定“专门”（sui generis）的含义，为各国根据本条款确定可实施的立法范围留下了相当大的空间。一种选择是将《生物多样性公约》（CBD）的惠益分享和知情同意条款纳入 UPOV 类的法规中。这样做的一个问题是，尽管这类条款适用于已加入《生物多样性公约》的国家，但不适用于未加入该公约的国家。在引入该条款的国家和采用基于 UPOV 1991 年文本或专利保护的国家，不能保证惠益分享和知情同意，甚至不能保证保存种子的权利。

2001 年 11 月《多哈部长宣言》第 19 条指出：

> 我们告知 TRIPS 理事会在实施其工作计划时应审查第 27.3 条（b），TRIPS 协定第 71.1 条的实施情况，以及本宣言第 12 段的预见性工作，除此之外，检查 TRIPS 协定与《生物多样性公约》之间的关系，传统知识和民间文学艺术的保护以及成员根据第 71.1 条提出的其他相关新动态。在开展这项工作时，TRIPS 理事会应遵循 TRIPS 协定第 7 条和第 8 条中规定的目标和原则，并应充分考虑到发展进程。

5.1 根据第 27.3 条（b）与专利和植物品种保护有关的技术问题

下述技术问题是关于第 27.3 条（b）的术语：

- 第 27.3 条（b）所称的可申请专利的发明是什么？
- 第 27.2 条所称的微生物是什么？
- 第 27.3 条（b）所称的植物品种是什么？
- 是否应该存在与植物材料相关的专利研究豁免？

5.1.1 发明的可专利性是什么

知识产权法试图区分发明和发现。后者是不可保护的，这一区别可以在相关立法中找到。例如，基于《指令》的欧洲法律在第 3.2 条中规定：“从自然环境中分离出来或在技术过程中产生的生物材料或许属于发明的范畴，即使它以前存在于自然界中。”

当然，法院或立法机构也可以裁定或规定，即使遗传材料以分离或纯化的形式存在，也不具有可专利性，理由是它仅仅是一种发现。事实上，TRIPS 协定中并没有任何内容要求各国将分离出来的遗传材料视为发明。一些发展中国家排除了遗传物质（墨西哥）或自然界存在的物质（阿根廷、巴西和安第斯共同体 *第 486 号决定）的可专

* 安第斯共同体（La Comunidad Andina，简称“安共体”）前称安第斯集团或安第斯条约组织，是由南美洲 5 国哥伦比亚、秘鲁、委内瑞拉、玻利维亚和厄瓜多尔于 1969 年成立的（2006 年委内瑞拉退出组织）。——译者注

利性。

5.1.2 第 27.3 条（b）所称的微生物是什么

第 27.3 条（b）允许世界贸易组织成员排除对植物、动物以及生产植物和动物的实质性生物学方法进行专利保护。不允许成员排除对微生物以及非生物和微生物的过程进行专利保护。第 27.3 条（b）中使用的语言意味着一方面可以对植物和动物进行明确区分，另一方面可以对微生物进行明确区分。然而，无论是在科学领域还是在专利局的实践中，都没有形成普遍接受的“微生物”定义。缺乏明确定义会造成成员在实行这种豁免时存在较大的差异。

发达国家专利局的做法表明，定义不是必需的：保护的关键问题不是其主题，而是发明是否符合专利授予标准。

涉及生物材料的发明会被认为缺乏创造性：（1）仅仅鉴定了生物材料；（2）仅仅鉴定了生物材料的天然功能。如果鉴定出来的生物材料的功能具有重要的技术应用形式，则说明该发明具有创造性的步骤。技术应用不仅仅是简单地重复生物材料的自然功能，而必须展示现有技术的重大进步。那么方法和用途呢？

涉及生物材料的发明，如果能够产生可证实的公共利益，则被视为能够在产业上应用。公共利益意味着有利于公共健康，促进社会、环境及经济的福祉。

5.1.3 第 27.3 条（b）所称的植物品种是什么

如上所述，建立专门制度的一个关键问题是受保护客体的定义。TRIPS 协定第 27.3 条（b）要求保护“植物品种”，但没有提供（如在发明的情况下）其定义。因此，国家法律有足够的空间从保护的角度确定什么是植物品种。哪些定义具有可能性。法律上要求“受保护”品种所具备的特定特征，从科学定义的角度来说并非实质性内容。

5.2 关于植物品种保护专门制度的技术问题

第 27.3 条（b）没有就“有效性”的定义提供指导，TRIPS 理事会里的辩论侧重于哪些专门制度能够履行职责。

专门法通常定义为某些不属于传统知识产权的保护范畴，且为处理一类独特的创造而设立的制度。工业化集团国家主张把 UPOV 制度当作植物品种保护专门制度的主要操作性典范。超过 50 个国家已经加入了 UPOV 公约。

TRIPS 理事会中的发展中国家认为，《与贸易有关的知识产权协定》与《生物多样性公约》并不兼容，特别是公约中关于生物材料知情同意和公平分享利益的条款。

在协助筹备 1999 年部长级会议时，肯尼亚代表非洲集团向世界贸易组织建议：

> 在第 27.3 条（b）关于植物品种保护的表述之后，应插入一个脚注，说明保护植物品种的专门法律可以规定：
>
> （ⅰ）根据《生物多样性公约》和《国际植物遗传资源约定》，保护发展中国家土著的和地方农业社区的创新；
>
> （ⅱ）延续传统的耕作方式，包括使用、交换和保存种子的权利，并出售

其收获物；

（ⅲ）如 TRIPS 协定第 31 条所允许的那样，防止反竞争权利或做法威胁到发展中国家人民的粮食主权。

这项非洲提案部分反映在上述 2001 年 11 月的《多哈部长宣言》第 19 条中。

为了帮助各国制定适当的特殊制度，国际植物遗传资源研究所［IPGRI，现在名称为国际生物多样性组织（Bioversity International）］提出了决策者应考虑的关键问题清单。[31] 内容如下：

- 现有的国内种业状况。
- 现有的公共育种部门状况。
- 已有的种子供应体系状况。
- 该国农民自留种的程度如何？
- 育种者目前的能力怎么样？
- 本地育种者在未来 5~10 年内想做什么？
- 农业的外部投入是低还是高？
- 该国的生产需求和目标是什么？
- 该国的生物技术能力怎么样？
- 生物技术部门的目标和现实期望是什么？
- 该国希望在未来 5~10 年内达成什么样的战略联盟，以及其他国家如何参与？

各国对这些问题的答案差异很大。事实表明，与专利一样，一种模式不太可能适合所有国家。

6 《粮食和农业植物遗传资源国际条约》

粮食和农业植物遗传资源（PGRFA）可以在国际农业研究磋商组织（CGIAR）下属的国际农业研究所以及国家相应机构之间自由交换，因为这些是“人类的共同遗产”。这一原则体现在 1983 年联合国粮农组织（FAO）会议通过的《粮食和农业植物遗传资源国际约定》（简称《约定》）中，该《约定》作为会议决议予以通过，但不具有约束力。随着知识产权在农业中的影响，自由交换原则适用的范围逐渐缩小。1989 年 11 月，联合国粮农组织大会第二十五届会议通过了两项决议，提供了“协商一致的解释”，即植物育种者的权利与《约定》互不兼容。承认植物品种权显然有利于种业生产活跃的工业化国家。作为让步条件，发展中国家得到了对农民权利概念的认可。1991 年进一步作出的决议，承认了各国对其自身遗传资源的主权。1992 年里约热内卢地球峰会颁布的《21 世纪议程》，呼吁加强联合国粮农组织的全球植物遗传资源制度。《生物多样性公约》最后议定书的第 3 号决议指出，获取非原生境保存的种质资源（如国际农业研究磋商组织保存的）以及实现农民权利，是《约定》的职责。1993 年联合国粮农组织大会呼吁成员将《生物多样性公约》与《约定》相协调一致。1994 年 11 月启动了根据《生物多样性公约》和 TRIPS 协定修订《约定》的谈判，并最终将《约定》并入《粮食和农业植物遗传资源国际条约》（以下简称《条约》）而圆满完成任务。

6.1 《条约》的主要目标和创新之处

《条约》在第1条中阐述了目标，即“本《条约》的宗旨与《生物多样性公约》相一致，即为可持续农业和粮食安全而保存并可持续地利用粮食和农业植物遗传资源以及公平合理地分享这些资源产生的利益”。《条约》第4条要求签署国“在适当情况下促进综合探索、保存和持续利用粮食和农业植物遗传资源”。第10.2条规定，“各缔约方在行使其主权时，同意建立一个高效、透明的多边系统，以方便获取粮食和农业植物遗传资源，并在互补和相互加强的基础上公平合理地分享因利用这些资源而产生的利益”。“协助提供粮食和农业植物遗传资源”是指应按照第12.3条规定的条件提供。本条款（d）段规定，对于从多边系统中得到的“粮食和农业植物遗传资源”或其“遗传部分或成分的形态”，受赠人不能提出限制其方便获取的任何知识产权或其他的权利要求。当然，这并不妨碍受赠人改良种质而获得有关的知识产权。

第13.1条明确，根据本条款，应公平公正地分享由获取粮食和农业植物遗传资源所产生的利益。第13.2条规定，这种惠益分享机制包括信息交流、技术获取和转让、能力建设以及分享商业化所产生的货币利益。

第28条规定，该《条约》将在40个成员加入后90天生效。在该日期之前，《承诺》将继续保持有效。2004年3月加入的成员数量达到要求后，《条约》于2004年6月生效。

《条约》的主要创新是建立多边系统。主张缔约方对生物资源拥有首要主权，但实际上也严格限制了各缔约方获得其他国家资源的能力。各缔约方必须为获得附件Ⅰ中所列的作物提供便利，这些作物是人类营养的重要组成部分。缔约方有义务根据适用法律提供所有种质的基本数据，并提供任何相关的其他非保密描述性信息。对于农民或育种者正在培育的材料，如果有人申请获取，《条约》可以允许原产国在培育期间延迟提供。申请人必须作出两项妥协才能确保获取权：第一，根据《条约》第12条规定的条件，限制受益人对获得的材料寻求知识产权权利；第二，捐助者有获得某种形式利益分享的权利。《条约》的利益共享机制包括信息交流、技术获取和转让、能力建设以及分享商业化带来的利益。

1994年，国际农业研究磋商组织的各中心与联合国粮农组织签署了协议，在该日期之后，将所收集的遗传资源交由联合国粮农组织托管。根据《条约》，已经建立新的协议，用于确定《条约》生效后所收集的附件Ⅰ清单中种质资源是否受《条约》获取条款的管辖。

6.2 农民权利和粮食安全

《条约》第9条接纳了根据《约定》制定的承认农民权利的提案。第9.1条说明了这种接纳背后的政策原因：

> 各缔约方承认世界各地区的当地社区和农民以及土著社区和农民，尤其

是原产地中心和作物多样性中心的农民，对构成全世界粮食和农业生产基础的植物遗传资源的保存及开发已经做出并将继续做出的巨大贡献。

传统农民对农业生物多样性的主要贡献是保护地方品种，即当地农民培育的作物品种，是原始栽培品种，适应当地的气候和病害，并迎合当地的口味和食物烹调方法。[32] 这一培育过程可能涉及将当地未经驯化的植物与栽培植物杂交，以及不同农民和不同农场之间交换不同的基因型。[33]

6.3 传统知识和粮食安全

土著居民和传统农民的知识在培育新作物类型及保护生物多样性方面做出了重大贡献，他们一直发挥着保存植物遗传资源以及向种子公司、植物育种者和研究机构传播这些资源的重要作用。捐献者通常没有得到相应的回报，而育种者和种子公司则能通过知识产权收回他们的开发支出。

传统农民为农业生物多样性所创造的经济价值难以量化。有人提出，“农民品种的价值并不直接体现在它们目前在传统育种中的使用，主要作物从地方品种到私人销售栽培品种的基因流动非常有限”[34]，“传统育种越来越关注来自育种者自有的优质材料与公共机构开发的先进品系之间的杂交”。但这些资源和先进的育种品系最初通常来源于传统农民提供的种质。

生物多样性日益显著的经济价值在于提供了可用于驯化的物种储备，以及可用于改良现有主栽品种所需的遗传资源。现代生物技术革命有助于从当地物种中获得理想的遗传性状。据估计，现在开展的农业遗传研究中，约 6.5%关注的是源自野生种和地方种的种质材料。[35]

在发展适应当地条件和耕作方式的耕作制度时，传统知识特别重要。能使边缘土地得到利用，从边远地区获得食物促进粮食安全，并通过防止侵蚀、保持土壤肥力和维护农业生物多样性提升环境管理。

勉强维持生计的农民，倾向于增加作物品种的多样性确保其年度收成，保证最低水平的产出，防止粮食短缺。在许多情况下，种子生产是通过收集和驯化当地已知野生品种来实现的。现代农业措施依赖于提高产量和抗病性的作物品种，只有持续加入新的种质，作物品种才能维持这些特性。地方品种的多样性及其特定品质的相关信息，为正规育种提供了宝贵的信息。有人指出，生物多样性的丧失与传统知识的丧失是同时发生的。如果一种植物品种已经灭绝，那么关于其功效的整个知识体系就会被忽视。

第 9.1 条的假设是，传统农民使用的地方品种，是培育新品种和传播理想遗传特性的动态遗传资源保存库。当地和本土社区的传统知识也有同样的作用。这些群体过去对粮食和农业生产植物遗传资源发展做出的贡献应得到补偿，这点毫无争议，只是补偿的数量和分配方式尚无定论。

对传统农民和土著社区在农民权利或传统知识制度下可能享有的公平份额，任何计算方法都显得很随意。然而，知识产权制度相关的计算也很随意。如 20 年的专利期限，旨在为任何技术领域的所有发明人提供补偿机会。同样，UPOV 公约为树木和藤本植物新品种提供25年独家经营权，也并未考虑不同品种间研发成本的差异。

植物遗传资源成为粮食和农业生产的主要方式，是通过植物育种和植物专利实现的。农民权利的核心，是根据农民为植物育种和植物专利创新所做出的贡献，与农民公平分享惠益。

《条约》第9.2条设想“与粮食和农业植物遗传资源有关的农民权利的责任在于各国政府”，国家立法应包括与下列有关的措施：

- 保护与粮食和农业植物遗传资源相关的传统知识
- 公平参与分享利用粮食和农业植物遗传资源所产生的利益的权利
- 参与国家一级就粮食和农业植物遗传资源保存及可持续利用有关事项决策的权利

第9.2条要求《条约》缔约方“采取措施”，但须遵守其国家立法，以保护和促进农民的权利。为了使该条款达到平衡，对权利的内容进行了界定，包括保护传统知识、公平分享利益和参与决策的权利。《条约》为制定农民权利预留了法律空间。

最后，第9.3条规定，该条不应被解释为“限制农民保存、利用、交换和出售农场保存的种子/繁殖材料的任何权利”。

农民权利的相关国家立法倾向于将UPOV的某一文本与CBD的准入原则结合起来。非洲统一组织（OAU）1998年6月举行的国家元首峰会在瓦加杜古通过的《保护地方社区农民和育种者权利以及管理获取生物资源的非洲示范法》，采用了基于UPOV 1991年文本的专门制度。然而，大多数国家的立法倾向于采用UPOV 1978年文本（例如，1996年《安第斯共同体获取遗传资源共同制度》；1998年《哥斯达黎加生物多样性法》；1999年《印度社区知识产权法》；1975年《肯尼亚种子和植物品种法》）。

7　知识产权与粮食安全之间关系的评估

要想理解知识产权在消除粮食不安全中所起的作用，必须将其置于适当的政策视角下。过去50年的发展经验，将发展中国家的农村贫困和粮食不安全问题归咎于忽视了农业部门发展的重要性，特别是主粮的生产。[37] 因此，加强发展中国家的粮食安全需要围绕食物链的供应、分销和消费等方面提出的一揽子政策解决方案。联合国粮农组织指出，贫穷国家可选择的政策受到以下若干因素的制约：（1）公共开支项目资源有限；（2）生产者获得回报的价格和大量贫困家庭能够承受价格之间的两难困境，因此不管关税税率如何高，选择边境保护的吸引力依然较小；（3）限制外汇供应导致出口作物生产的压力增大。[38]

知识产权可以做出的最大贡献，是激励有益的农业创新。从历史上看，最有效的激励措施源自销售产量更高的杂交种子，由于这些种子不能培育出纯种作物，导致农民不能使用后代的种子，种子营销商才能获得商业利益。无论植物品种保护和专利是否有助于激励国家种业发展，都很难找到关于激励作物育种研究的证据，在发展中国家更是如此。巴顿（Barton）认为，发展中国家“可能最好达到TRIPS协定的最低标准，对植物提供某种形式的专门保护——有些具有类似农业条件的国家可能以某种方式结合市场鼓励私人投资。采用UPOV式的法律可能有助于将公共部门开发的品种商业化”。[39]

发展中国家是否根据 TRIPS 协定第 27.3 条（b）采用专门的植物品种保护体系或专利体系，取决于该国农业研究技术的复杂程度。

MICHAEL BLAKENEY, *Director, Queen Mary Intellectual Property Research Institute, Center for Commercial Law Studies, University of London, 13–14 Charterhouse Square, London, EC1M 6AX, U. K. m. blakeney@ qmul. ac. uk*

---

1 Williams SB. 1983. Intellectual Property Aspects of Plant Variety Genetic Engineering: View of an American Lawyer. UPOV. *Genetic Engineering and Plant Breeding* 23.

2 Senate Report accompanying S. 4025. Report No. 315. 71st Cong. (2d Session).

3 See *supra* note 1, cited by J Rossman. 1935. The Preparation and Prosecution of Plant Patent Applications. *J. Patent Office Society* 632.

4 Austria, Belgium, Denmark, Finland, Germany, Italy, the Netherlands, Norway, Spain, Sweden, Switzerland, and the United Kingdom.

5 Helfer L. 2001. Legal Study on Intellectual Property Rights in Plant Genetic Resources. FAO: Rome. paragraph 1. 1. 1. 4.

6 Leskien D and M Flitner. 1997. Intellectual Property Rights and Plant Genetic Resources: Options for a Sui Generis System. *Issues in Genetic Resources* No. 6. IPGRI: Rome 60.

7 Case T 49/83 [1984] O. J. EPO 112.

8 Ibid, at pages 114–115.

9 Case T 320/87 [1990] O. J. EPO 71.

10 Ibid., at page 79.

11 Directive on the Legal Protection of Biotechnological Inventions, Article 4(1) para. 2, 98/44/EC [1998] *O. J.* L 213/130.

12 [2000] O. J. EPO 511.

13 200 F. 3d 1374 (Fed. Cir. 2000), *cert. granted*, 148 L. Ed. 2d 954 (2001).

14 2004 SCC 34, Decision. January 20, 2004.

15 Ibid., paragraph 93.

16 Ibid., paragraph 94.

17 WTO Doc., IP/C/W/404, 20 June 2003.

18 307 F. 3d 1351 (Fed. Cir. 2002).

19 [1985] RPC 515 CA.

20 Loughan P. 1996. Intellectual Property, Research Workers and Universities. *European Intellectual Property Review* 6: 351. See also Faye, DJ. 2005. Exploitation of research tools in plant biotechnology: Access through application of the experimental use exception (Part Ⅱ). www. pharmalicensing. com/articles/disp/1113234094_425a9aae5f6f8.

21 Fowler C. 2002. Sharing Agriculture's Genetic Bounty. *Science* 297: 157.

22 Herdt RW. Enclosing the Global Plant Genetic Commons. Paper prepared for delivery at the China Center for Economic Research, 24 May, 1997.

23 IP/C/W/404,20 June 2003.

24 Drahos P. 2002. The Rights to Food and Health and Intellectual Property in the Era of "Biogopolies." *European Intellectual Property Review.*

25 Watal J. 2000. Pharmaceutical Patents, Prices and Welfare Losses: Policy Options for India Under the WTO TRIPS Agreement. *The World Economy* 23:733.

26 Alston J, G Pardey and J Rosenboom. 1998. Financing Agricultural Research: International Investment Patterns and Policy Perspectives. *World Development* 26:1045.

27 Leisinger KM. 1999. Ethical Challenges of Agricultural Biotechnology for Developing Countries. In *Agricultural Biotechnology and the Poor* (eds. GJ Persley and MM Lantin). Proceedings of an International Conference, Washington, DC, October 1999. CGIAR.

28 Ford R. 1997. The Morality of Biotech Patents: Differing Legal Obligations in Europe? *European Intellectual Property Review* 6:315; Llewelyn M. 2000. The Legal Protection of Biological Material in the New Millennium: The Dawn of a New Era or 21st Century Blues. *Bio-Science Law Rev.* 4:123.

29 OJ EPO 8/1995 545.

30 Decision G0001 of 20 December 1999.

31 IPGRI. 1999. Key Questions for Decision-makers: Protection of Plant Varieties under the WTO Agreement on Trade-Related Aspects of Intellectual Property Rights. IPGRI: Rome.

32 Brush SB. 2000. Ed. Genes in the Field: On-Farm Conservation of Crop Diversity. IPGRI, IDRC: Rome, and Lewis Publishers.

33 Wright P. 1998. Intellectual Property and Farmers'Rights. In *Agricultural Values of Plant Genetic Resources* (eds. R Evenson, DGollin and V Santaniello). FAO/CEIS/CABI: Wallingford.

34 Correa C. 2000. Options For The Implementation of Farmers' Rights at The National Level, South Centre, Trade-Related Agenda, Development and Equity Working Papers, No. 8. December 2000, citing Wright P. See *supra* note 33, at p. 228.

35 McNeely R. 2001. Biodiversity and Agricultural Development: The Crucial Institutional Issues. In *Tradeoffs or Synergies? Agricultural Intensification, Economic Development and the Environment* (eds. DR Lee and CB Barrett). CABI: Wallingford. pp. 399-404.

36 Ibid. at pp. 399-408.

37 FAO. 2000. The State of Food and Agriculture: Lessons from the Past 50 Years. FAO: Rome.

38 FAO. 2001. Incorporating Food Security Concerns in a Revised Agreement on Agriculture. FAO Round Table on Food Security in the Context of the WTO Negotiations on Agriculture (20 July 2001). Discussion paper no. 2.

39 Barton J. 2003. *Nutrition and Technology Transfer Policies.* UNCTAD/ICTSD: Geneva.

第4.8章

知识产权与信息管理：图书馆、数据库、地理信息系统和软件

约翰·多兹（JOHN DODDS）
美国 Dodds & Associates 公司创始人
苏珊·萨默萨洛（SUSANNE SOMERSALO）
美国 Dodds & Associates 公司知识产权专家和专利代理人
斯坦利·P. 科瓦尔斯基（STANLEY P. KOWALSKI）
美国富兰克林·皮尔斯法律中心访问学者
阿纳托尔·克拉蒂格（ANATOLE KRATTIGER）
美国亚利桑那州立大学生物设计研究所研究员；
生物发展国际研究所主席；美国康奈尔大学兼职教授

译者 李义强 审校者 刘晓娜 杨坤 张熠 殷宏

摘 要

近几十年来，知识管理、图书馆服务和信息资源数据库配置发生了一场革命。集成计算机网络的应用，以及制作和传播信息的能力对知识产权保护产生了深远影响。为了说明知识产权法律及其应用，本章主要以地理信息系统和遥感（GIS/RS）技术为例，介绍有趣且复杂的知识产权问题。

1 引言

数据库和图书馆藏书管理越来越复杂。在许多机构中，图书馆工作人员负责信息的存储和检索，以及新书或文章的更新。这些不同材料涉及的知识产权，对图书馆工

Dodds J, S Somersalo, SP Kowalski and A Krattiger. 2007. IP and Information Management: Libraries, Databases, Geographic Information Systems, and Software. In *Intellectual Property Management in Health and Agricultural Innovation: A Handbook of Best Practices* (eds. A Krattiger, RT Mahoney, L Nelsen, et al.). MIHR: Oxford, U.K., and PIPRA: Davis, U.S.A. Available online at www.ipHandbook.org.

作人员来说，是日益增加的挑战。

知识产权是一个术语，指的是各种智力创造的统称，包括发明、文学和艺术作品，以及商业中应用的符号、名称、图案、设计等。

本章集中于一项技术，其带来了独特的知识产权管理挑战，即地理信息系统（GIS）和遥感（RS）技术。GIS/RS之所以是特别有趣的知识产权案例，是因为它包含并连接了一系列的不同内容和组成：硬件、软件和其他可保护的内容（包括地图、调查数据、航空照片、土地记录信息等）。这些内容的每个部分都有自身的知识产权保护要求和限制条件，导致最终产品也将带有各种知识产权保护和附加限制条件。换句话说，GIS/RS系统受数据库和软件相关知识产权问题的影响，也与创建全新的数据集技术有关。这些问题并非总是明确的：对于一件事，不同的知识产权和许可条款似乎是重叠的。本章末尾的文本框1提供了数据、数据库、GIS和软件中常见的最普通的技术和法律术语清单。

几乎在所有国家，各种形式的知识产权保护均可用于保护数据和与数据相关的产品，包括版权、商标和商业秘密：

- 商业中使用的符号、名称和图像可以受商标保护
- 创作作品可以受版权保护
- 通过保护商业秘密可以保护信息

GIS/RS受版权和商标保护，并在一定程度上受商业秘密保护。

2　版权和公共领域

原创作品受版权保护，并允许作者享有以下排他权：

- 排他性地复制作品
- 制作衍生作品
- 通过销售、所有权转让、租赁、出租或出借等方式发行复制品
- 公开表演作品
- 展出作品

一般来说，受版权保护的作品类型有：文学作品、音乐作品（包括附带的文字）、戏剧作品、哑剧及编舞作品、绘画、图形、雕塑作品、电影及其他视听作品、录音和建筑作品。

2.1　公共领域

公共领域的作品不受版权保护，并且可以公开获取。任何人随时随地都可以使用，不需要经过同意或许可。如果版权保护期限届满，作品就进入公共领域。在美国，政府的作品都属于公共领域范畴（第17卷，《美国法典》第105章），不受版权保护。但是，美国政府雇员可能会在工作职责之外的时间创作版权作品。如果美国政府的作品在外国广为传播，这些作品可能在这些国家法律允许的范围内获得版权保护。

非常重要的一点是，作者不需要广而告知其作品是否受版权保护。因此，用户有责任确定作品是否属于公共领域。这种情况可能会引发问题，例如，经作者同意其个人作品被收录在政府出版物中。根据美国法律，此类私人作品不属于公共领域范畴，因此使用政府出版物的人，可能仍需要获得同意或许可才能使用该出版物中属于私人的内容。

2.2 合理使用豁免

《美国版权法》第 107 条规定，作者的原创作品应受“合理使用”原则的约束，也就是说，为批评、评论、新闻报道、教学、学术或研究的目的而使用该作品无须得到许可。这种免责是最重要的版权限制之一。永远不要假设存在实际上的合理使用。合理使用是根据个案的具体情况确定的，应考虑使用的目的和性质、版权作品的性质、使用作品的数量、实际使用的部分在整体作品中所占的比例，以及使用后对作品的市场营销和分布所产生的潜在影响。

2.3 版权注册

作品创作出后自动获得版权，并不一定要到美国版权局注册；但只有注册了，才能强制实施版权，或因不当使用而要求损害赔偿。目前，注册版权的成本为 30 美元。

2.4 版权期限

在美国，1978 年 1 月 1 日或之后的第一次创作并固定在有形载体上的作品，自创作之时起自动获得保护，保护期限是从作者的有生之年直到作者死亡后 70 年。共同创作的作品，版权期限为最后一位作者去世后 70 年。对于受雇作品和匿名作品，著作权期限为自发表后 95 年或创作后 120 年（以较短者为准）。1978 年 1 月 1 日之前注册版权或发布版权声明的作品，自获取之日起最多可保护 95 年。

需要注意的是，不同国家版权持续的时间有所不同。在欧盟成员国，一般来说，版权保护的期限是作者终生加 70 年。在日本，通常是作者终生加 50 年。在墨西哥，保护期限是作者终生再加 100 年。

2.5 首次销售原则

首次销售原则，记录于《美国法典》第 109 条（17 U. S. C. 109），限制了版权所有者控制其作品传播和展示的权利。版权作品复制品的所有者有权“出售或以其他方式处置该复制品”，并“公开地向复制品所在地的观众出示复制品”。因此，首次销售原则赋予版权所有者仅控制作品首次销售的权利。合法复制品的所有者可以通过任何方式进行处置。首次销售原则是公共图书馆的法律基础，可以出借他们以前购买的复制品。然而，首次销售原则并不允许除版权所有者之外的任何人制作更多的复制品。1998 年的《数字千年版权法》（*Digital Millennium Copyright Act*）允许为非营利图书馆和档案馆保存及留档而创建数字拷贝。但传播这些拷贝时，需要版权所有者的授权。

2.6 版权所有权归属

一般而言，作品的作者拥有版权。对于雇佣作品，雇主被视为作者和版权所有者。

就GIS/RS系统而言，如果一家公司的雇员根据其工作合同完成了所有工作（包括航空摄影和地理数据录入），就满足了雇佣工作（work-for-hire）的要求，公司将拥有相关的任何版权。重要的是公司必须与所聘用的任何独立承包方签订书面协议（采用适当的表明雇佣工作的用语）。

如果在创作时，作者们打算将各自的贡献整合为一个不可分割的或相互依存的整体中，那么所产生的作品就被认为是一种联合创作作品，作者们是共同的版权所有者。每个版权所有者都有同等的权利使用自己的版权。一家公司只需从一位作者那里获得许可，即可获得联合作品的版权。如果作者们在创作时并不打算将他们的作品作为不可分割整体的一部分，那么所产生的作品就被认为是一种集合作品，作者们被认为是集合作品的版权所有者。每位集合版权所有者仅拥有其本人在最终产品中相关内容的版权。

2.7 职务作品

在版权法中，职务作品被定义为雇员在其工作职责范围内完成的作品，或专门订购或受托对集体作品做出的贡献，如电影的一部分或其他视听作品，包括翻译、补充作品、汇编、教学文本、测试或测试关键答案及图集。各方必须明确同意签署书面文件，认可这项工作应视为是雇佣而产生的职务作品。

在学术界，雇佣条款通常要求发明人将其可授予专利的发明（但不一定是他们的版权作品）预先转让给大学。如果一家公司聘请学术研究人员作为顾问，咨询合同中应明确规定签约机构拥有该顾问完成的所有工作。以下是该条款的一个例子：

财产和产权。顾问同意，由顾问根据本协议履行服务、由顾问单独或与他人共同开发而完成的任何计算机程序、软件、文档、版权作品、发现、发明或改进，均为签约方的财产，且顾问同意将其中的所有权利转让给签约方。顾问同意，根据版权法使用和界定由“服务”所构成的“雇佣工作”等术语。该条款将在到期和终止后继续有效。

2.8 转让和许可版权

版权所有者可以将全部或部分版权转移给另一方。转移通常通过转让或许可进行。版权转让即版权所有者将其权利出售给受让人，而版权许可则是版权所有者保留所有权，但授予被许可方根据协议的限制条件使用版权作品的权利。

重要的一点是，应知道版权包括许多权利（例如，复制作品的权利、准备衍生作品的权利以及传播复制品的权利）。因此，版权所有者可以通过出让或许可部分或全部权利的方式转移版权。版权所有者也可以按排他或非排他的方式转移版权。除非是以书面形式并由权利所有人签署转让协议，否则排他专有权的转让无效。以非排他方式转让权利不需要书面协议。

举一个例子，数据库的作者和版权所有者可以将复制及传播数据库的权利转让给公司。但是，作者也可以将使用该数据库制作衍生作品的权利转让给另一家公司。授予这些权利可能是以排他或非排他许可实现。

美国政府的作品（包括地图）不符合美国版权保护条件。如果图像信息已被数字化并存储在电子数据库中，地图以图像形式也会得到版权保护。然而，地理信息系统的数据未以连贯的图像形式存在，应按汇编对待。

2.9 数据库

唯一可以受到版权保护的汇编，是经过选择、协调或安排而产生的作品，整体上构成作者原创作品（联合作品，请参阅第2.6节）。版权旨在奖励原创，而不是努力的程度。因此，并非所有数据库都受版权法保护。例如，电话目录就满足不了原创性要求而没有必要进行版权保护，电话公司只是简单地选择姓名并按字母顺序排列进行汇编。这样的数据库不是原创的或创造性的，没有必要进行保护[1]。然而，需要注意的是，获得版权保护不需要新颖性，因此，汇编的数据或信息可能是广为人知的。只要在选择、组织和安排信息的方式上总体具备一些极小的独创性或创造性即可。

《著作权法》第102条（b）规定："在任何情况下，原创作品的版权保护绝不延伸到任何想法、程序、过程、系统、操作方法、概念、原则或发现上，不论这些内容在作品中以何种形式进行描述、解释、说明或体现。"该条款意味着数据库中的单个数据不受版权法的保护。因此，即使数据库本身可以受版权保护，用户也可以使用从中提取的数据。但是，用于开发新作品的原始数据/图像不得传递给任何第三方，或者不得以与提供的条款和条件不一致的方式使用。为了防止以这种方式使用，版权所有者通常会将禁止条款写入许可协议。

2.10 地图

尽管地图的地理特征不受版权法的保护，但地图可能仍具有足够的原创性，可以受到版权保护，具体取决于其所包含的信息、收集信息的来源以及如何以图像展示信息。

2.11 摄影影像

GIS/RS可以使用航空照片代替地图。根据《著作权法》，如果照片具有一定的独特性，那么可以受到保护。美国上诉法院第11巡回法院指出，版权法保护照片的"光线、阴影、时间、角度和底片的选择"[2]。但是，照片所表达的客观事实并不适用版权保护。

3 商业秘密

根据美国法律，空间数据库能获得的知识产权保护甚至比最乏味的国际间谍小说都少。因此，将数据库作为商业秘密可能是保护数据库的最佳途径。1939年《美国侵权行为法重述》（Restatement of Torts）中阐述了普遍接受的商业秘密定义。商业秘密保护的主题必须是秘密的，只有参与使用其特定业务的人才知道。某个行业的公共知识或一般知识不能被任何人当作其秘密。市场出售商品完全披露的事项也不能成为商业秘密。

4 软件的知识产权保护

4.1 保护

一种软件程序可受到两种类型的法定知识产权保护：[3]

- 软件代码受版权保护。
- 如果软件的算法是原创的，可以通过专利在美国（但不是在大多数其他国家）得到保护。

由于软件算法不受版权保护，因此第三方有可能再现软件程序的流程和功能，并且（如果其未从原始代码中获得新代码）合法使用并出售所得软件。

专利可以提供更好的竞争保护，但有几个缺点：

- 专利提交和申请费用昂贵（软件专利通常比普通发明专利更昂贵）。专利的成本取决于寻求专利保护的国家数量，在任何地方都可能达到 10000 美元及以上。
- 必须证明算法是原创的。
- 大多数国家的专利法不保护软件。
- 到专利公开时，该程序可能已经过时。

4.2 许可

版权和专利都可用于商业化许可。美国的一些软件许可是版权和专利的组合许可。一般来说，除非所涉及的程序非常庞大并且开发了好多年，用户很难复制，否则软件版权单独许可的价值有限。

不同类型的软件许可包括：

- 终端使用许可。被许可方可以使用该软件但不得传播。这些许可几乎都是非独占的。许可方可能会也可能不会提供源代码。
- 非独占传播许可。被许可方可以通过代码或硬件形式（如半导体）传播软件。许可方通常提供源代码。
- 独占传播许可。被许可方将把软件传播给最终用户，并且还将改进和支持该软件的使用。许可方提供源代码。
- 开源许可。该软件通常通过互联网向用户免费提供。有许多不同形式的开源许可，每种都有不同的使用限制[4]。其中有两种最常见的使用限制如下：
  - 最小限制。被许可方可以使用、改进、出售，甚至对软件进行的任何升级获得所有权，前提是其承认许可方对版权的所有权。
  - 相当严格。被许可方可以使用和改进软件，但是对于软件的任何改进或修改必须以相同条件提供给其他被许可方。授予被许可方对软件进行任何改进的许可协议中，必须包括要求被许可方承担相同的义务和限制；也就是说，原来授予被许可方对原版版权产品进行改进的权利必须纳入改进后的版本中。

4.3 协作开发软件

为了传播或商业化而创建软件是一种特殊的情况。软件程序通常有许多作者，并且经常包含由第三方编写，以及通过正式（通过许可协议或开源许可）或非正式途径（如通过同事）获得的软件。

技术转移办公室应提前确保本机构可以合法许可软件程序，特别是如果希望授予独占许可。为了确定许可的合法性，必须考虑以下问题：

- 准许可方是否拥有软件程序的版权？所有作者是否都有义务将其版权转让给准许可方？为确保这一点，准许可方应该：
  - 制定明确的政策，规定学生和员工在何种情况下必须将其版权转让给许可方
  - 与任何其他作者（如咨询顾问或学生）签订书面协议，将咨询过程生成的软件转让给准许可方
- 程序中是否有第三方编写的代码？如果有，许可方应该：
  - 了解从谁那里获得的代码，或代码的内容是什么，以及该第三方是否被授予了版权许可；了解传播包含原始代码软件的“衍生产品”有什么限制（如果有的话）
  - 如果代码是开源获得的，确定开源许可的类型以及对代码传播有什么限制

技术转移办公室应开展必要措施，告知商业化软件的创作者有关所有权的问题。缺乏知识产权相关的知识可能会导致产品无法商业化。

美国《统一计算机信息交易法》（UCITA）对包括软件在内的数字信息许可规则进行了标准化。然而，UCITA 的争议性非常大，目前*只有两个州（弗吉尼亚州和马里兰州）在实施。

4.4 拆封（shrink-wrap）和点击（click-wrap）许可

拆封和点击许可在软件许可中很常见。拆封许可装在软件产品的塑料收缩包装膜中；它们通知买方，如果买方不同意协议的条款，应该将软件及其包装退还给零售商。点击许可会在软件安装开始之前出现在屏幕上，通常显示为：“在下载此软件之前，您必须阅读并同意以下许可条款，然后单击‘我同意’按钮接受。”在美国，这类许可是可执行的。

5 国际方面

有时，数据来自多个司法管辖区域，每个司法管辖区域都有自己的法律。欧洲的

* 2007 年。——译者注

数据库知识产权保护比美国更为强大。欧洲议会于 1996 年通过的《欧盟数据库指令》授予数据库制造商两项权利：

（1）禁止未经授权使用数据库的权利

（2）有权禁止擅自提取和重新利用数据库内容的行为

第一项权利与《美国版权法》所规定的权利相似，为在选择或安排数据方面具有足够独创性的数据库提供保护。但是，该权利并不保护数据本身。

第二项权利是一项特别权利，禁止提取或重新利用任何已付出大量努力才获取、校准或呈现的数据库。第二项权利并不要求创造性或独创性。

数据库自创建之日起保护 15 年。如果对数据库的内容进行重大更改，修改后的数据库将再保护 15 年。根据该指令，所提供的保护只适用于欧盟成员国的国民。其他国家只有对欧洲国家数据库提供类似保护，并达成双边协议的情况下才能获得此类保护。

6 结语和两个假设情况

图书馆和数据库管理专业人员面临一系列知识产权问题，涉及谁拥有什么，以及如何且通过谁可以使用各种媒介。如果作品属于公共领域，或者许可/协议允许使用，则不需要获得许可使用作品。使用版权保护的事实，没有必要获得许可，因为版权法不保护事实。但是，使用这些事实的图表、图形或数字可能受版权保护。知道谁是版权作品的所有者非常重要：潜在用户需要知道它是一个职务作品还是集合作品。此外，仔细检查许可协议的条款，确定被许可方的权利也非常重要。为了客观判断，本章末尾的文本框 2 介绍了各种假设的有关图书馆和数据库知识产权问题的例子，文本框 3 提供了软件开发和使用的例子。

JOHN DODDS, *Founder, Dodds & Associates, 1707 N Street NW, Washington, D. C., 20036, U. S. A. j. dodds@ doddsassociates. com*

SUSANNE SOMERSALO, *IP Specialist and Patent Agent, Dodds & Associates, 1707 N Street NW, Washington, DC, 20036, U. S. A. s. somersalo@ doddsassociates. com*

STANLEY P. KOWALSKI, *The Franklin Pierce Law Center, 2 White Street, Concord, NH, 03301, U. S. A. spk3@ cornell. edu and skowalski@ piercelaw. edu*

ANATOLE KRATT IGER, *Research Professor, the Biodesign Institute at Arizona State University; Chair, bioDevelopments-International Institute; and Adjunct Professor, Cornell University. PO Box 26, Interlaken, NY, 14847, U. S. A. afk3@ cornell. edu*

---

1 *Feist Publications Inc. v. Rural Telephone Service Company Inc.* 499 U. S. 340 (1991)

2 See *Leigh v. Warner Bros.*, *Inc.* 212 F. 3d 1210, 1215. [11th Cir. 2000]

3 This section is based on a text graciously supplied by Lita Nelsen, Director, M. I. T. Technology Licensing Office.

4 Further details on open-source licensing can be obtained from the Open Source Initiative at www.opensource.org.

5 www.uspto.gov/web/offices/tac/notices/examguide4-06.htm.

文本框 1：与知识产权和信息有关的通用及法律术语

作者。创作版权作品的人或基于雇佣关系而创作版权作品的人的雇主（参见第2.7节）（著作权法中的“作者”一词不仅包括小说、戏剧和专著的作者，还包括那些创建计算机程序，排列电话簿中的数据，编排舞蹈、摄影、雕刻石头、绘制壁画、写歌、录制声音以及将书籍从一种语言翻译成另一种语言的人）。

书。印刷的文学作品。

集合作品。一部作品，如期刊、选集或百科全书，其中每一个作品本身是独立的，集合成为一个整体。

汇编。如《著作权法》第103条所定义的那样，“收集和汇总先前存在的材料，通过选择、调整或安排数据而形成完整的原创作品”。

版权转让。版权拥有者放弃或出售版权的所有权利。

版权许可。版权所有者保留版权所有权，但允许他人在特定条件下使用或出售版权保护的材料（例如，出于某种目的，在某段时间或在有限地理区域内）。

版权。法律授予作者（对于某些文学或艺术作品则是发起人）的一种无形权利，赋予其在特定时间段内复制、出版和出售该作品的独占专有权利，以获得投资。

创作作品。无论作品是以打印、录制还是以电子形式出版，作品的内容不变（诸如书籍、录音、可下载的歌曲、可下载的铃声、录像带、DVD、音频CD或电影等资料，通常是单一的创作作品。如果创作作品是系列的，以某种标记标识为整个作品，但以章或节形式发布的，也被认为是单一的创作作品。文艺演出也被认为是单一的创作作品，因为以戏剧、音乐剧、歌剧还是类似形式的演出作品的内容并没有显著的变化[5]）。

数据。为特定目的而收集的有组织的信息，一般用作诉讼案件判决的依据。

数据库或资料存储系统。计算机可读的数据和/或信息集合，便于搜索和检索。

设计。在制造品中体现的视觉装饰特征。

电子复制品。计算机可读的数据或信息复制品。

事实。关于某些事情已经发生或证实事实如此的声明或主张［从更合法的角度来看，事实是实际的事情或正在发生的事情（必须提供证据在试验中证明，并由事实发现者评估）］。

地理信息系统（GIS）。能够收集、存储、操作和显示地理参考数据的计算机系统。

图像。人物或物体外形的再现，特别是雕塑的肖像（图像可以是原始图像或原始图像的复制品；例如，可以是绘画的数字图像或是根据印在书上的绘画制作的数字图像）。

联合作品。两个或两个以上作者之间的合作，他们的贡献均被纳入联合作品中。

专利许可。许可方和被许可方之间的协议，允许被许可方按照约定条款实施发明，而许可方保留专利的所有权。

照片。一张图像，特别是一张正面图像，由相机记录并再现在光敏表面上。

公共领域。没有任何法律限制公众广泛使用该领域的作品。

正文。印刷作品的主体，与标题和说明页（一页纸）或封面封底（书的）不同。

商业秘密。通常不为人知的任何有价值的商业信息，并需要付出合理的努力加以保密。

转移版权。转移版权所有者的任何或者所有的专有权，或转移任何这些权利的细分部分（版权转移通常按合同执行；一般为许可或转让）。

作品。通过一个人的努力、活动或代理而产生或完成的东西。

职务作品/雇佣作品。雇员在其雇佣范围内准备的作品，或经各方书面同意视其作品作为雇佣作品（在作品完成的那一刻，真正从事的人、合作伙伴关系，或制作作品的公司，被认为既是作者又是版权所有者）。

文本框2：假设的例子——图书馆和数据库问题

假想某位图书管理员正在汇总一部回顾并反映研究机构50年历史的作品。为了完成这个项目，图书管理员将使用各种可能带有或不带有知识产权限制的材料：

（A）在机构档案中保存了20~50年的照片性图像

尽管机构对这些图片进行了长达50年的实际保管，但它们仍受版权保护。

（B）由工作人员拍摄并捐赠给图书馆的照片

如果照片是在员工履行工作职责的过程中拍摄的，则照片属于该机构财产。如果是在工作之余拍摄的，可能在一定的附加条款及条件下，才能授予该机构使用照片。

（C）由商业摄影师拍摄的该机构图像

商业摄影师可能已许可该机构使用，因而会阻止该图像被进一步使用。

（D）工作人员（其中一些现已退休）撰写的文章

如果文章是在员工履行工作职责的过程中编写的，则归该机构所有。如果是在员工退休后撰写的，应该问以下问题：就业或离职合同是否明确将版权转给一方或另一方？文章中包含的信息是基于作者工作时获得的知识吗？

(E) 曾获诺贝尔奖的退休院长撰写的序言

作者拥有该序言的版权，并应签署豁免或版权转让文件，以便该材料可以合法使用。

(F) 科学家在同行评议期刊上发表的研究论文复制件

同行评议期刊很可能要求并获得了文章的版权；因此，该机构需要获得期刊所有者的许可才能复制这些文章。只要不存在明确的竞争问题，这些要求一般都会接受。

(G) 由专业媒体顾问撰写的该机构历史文章

顾问应签署合同，表明在顾问期限内所形成的所有知识产权均为该机构所有。

(H)（该机构员工与世界各地同事合作生成的）数据显示，该机构仍在产生诺贝尔奖质量水平的数据

必须注意，数据披露不要侵犯科学家或他们所在机构的知识产权。与外部科学家们（最好签一个）的协议条款也可能限制该机构的数据所有权和传播权。

(I) 特殊的50周年纪念标志

可能会将该徽标申请商标。

在许多情况下，最重要的知识产权保护手段是具备常识。如果知识产权侵权纠纷的可能性极低，机构可以机智灵活地适当省略一些步骤。

该机构可以对最终文本的印刷版或电子版寻求一些保护。但是，最终文本的知识产权保护不得侵犯其集体作者的所有权。

文本框3：假设的例子——软件问题

现在，让我们考虑另一个例子：研究型大学的员工开展GIS/RS项目创建了各种地图，该地图将协助培育植物新品种。为了开发该项目，主要研究人员必须处理各种类型的素材，每种素材都具有各自的知识产权限制。

(A) X国的土壤地图（从X国政府获得）

美国政府不会拥有其制作的地图版权；但X国的知识产权法律规定可能不一样。有必要制定一份材料转移协议（MTA）明确专家的使用权。该协议可能包括一个延伸条款，赋予X国政府享有对该项目所创建的新素材的权利。

(B) 气象数据（从X国气象局购买）

主要研究人员应进行检查，以确保许可中没有特定用语禁止在商业中使用数据（仅限研究型许可）或限制其传播。

(C) 相关主题领域的摄影图像（来自商业来源）

如上所述，购买的素材几乎总是有限制的；见上一段。

(D) (从国际开发组织获得) 某种植物品种的农艺性状信息

信息来自国际开发组织并不意味着不受保护。该组织可能要求该信息使用者签署材料转移协议。

(E) X 国家的地形图 (非正式地从合作科学家手中获得)

非正式共享的信息通常会导致知识产权冲突。合作科学家的雇主可能拥有地图的所有权。如果雇主是美国的大学，它可能会保护其知识产权，并仅在其认为适合的情况下才会出售信息。X 国政府也可能拥有该地图的知识产权权利。

(F) 首席研究人员使用大学拨款购买的软件程序

本软件可能获得的许可是“仅限教育使用”许可。

(G) 由首席研究人员现场收集的数据

由于首席研究人员是大学雇员，因此大学对其收集的任何数据拥有所有权。

(H) 由首席研究人员在其工作期间开发的数据处理算法

如上所述，大学可能会对算法拥有所有权，因为是在大学的员工履行职责的过程中开发的算法。

第4.9章

药品和农用化学品的数据保护及试验数据独占权

查尔斯·克利夫特（CHARLES CLIFT）
英国伦敦

译者 王杰 **审校者** 刘晓娜 杨坤 张熠 殷宏

摘 要

本章在《与贸易有关的知识产权协定》（TRIPS）的框架下，探讨了数据保护和试验数据独占权（Data Exclusivity）的含义；概述了试验数据独占权和专利保护之间的关系，并简要介绍引入试验数据独占权相关法规的成本和收益。最后，解释了国家在开展双边贸易协定谈判时，如被要求引入这些法律，所需考虑的成本和收益。

1 引言

开发杀虫剂这样的新药物或农用化学品，依据药物或化学品的性质，通常需要在实验室或在田间，对动物、人、植物或环境进行广泛的大量试验。

开展测试的方法，至少在测试后期阶段，需按照监管机构发布的法规进行严格监管。设计这些法规是要确保人类使用的或释放到环境里的产品（如农用化学品）的质量、安全性和药效符合要求。在美国，监管机构有美国食品药品监督管理局（Food and Drug Administration，FDA），针对医药及疫苗制定了严格的法规，以及环境保护总署（Environmental Protection Agency，EPA），负责农用化学品的监管。

满足产品投放市场的审批要求，需投入巨大的成本。尽管有人质疑，但制药业相

Clift C. 2007. Data Protection and Data Exclusivity in Pharmaceuticals and Agrochemicals. In *Intellectual Property Management in Health and Agricultural Innovation: A Handbook of Best Practices* (eds. A Krattiger, RT Mahoney, L Nelsen, et al.). MIHR: Oxford, U. K., and PIPRA: Davis, U. S. A. Available online at www.ipHandbook.org.

关研究数据表明，一种新药的总开发成本大约为 8 亿美元，其中约 60% 用于开展各种试验（大部分试验是为了获得监管机构审批而必须完成的）。[1] 据估计，农用化学品的开发成本超过 1.8 亿美元。[2]

由于药物开发的临床试验需要的投资规模较大，药品和农用化学品行业提出必须禁止第三方（监管机构除外）使用这些数据。如果监管机构依靠原研药公司提供的大量测试数据允许同等产品进入市场，那么原研药公司将没有动力承担率先将新产品推向市场所需的巨大成本。实际上，禁止第三方使用数据的规定（或者监管方根据数据而批准第三方仿制品的规定），就是对原研药的试验数据独占权产生了保护效应。这主要是因为为满足监管要求而进行大量临床试验所需要的高昂且重复性投入，足以阻止潜在的竞争对手。就药物而言，即使成本并不是高到难以承受，也需要考虑对已知有效的药物开展重复性试验的道德问题（包括未经处理的对照组）。

本章试图介绍有关数据保护和试验数据独占权等颇为复杂的问题，以及不同司法管辖区如何对待它们，尤其关注发展中国家的立场，他们正在考虑或者被迫考虑数据的保护或排他性制度。

2 数据保护和试验数据独占权的区别是什么？

关于“数据保护”和“试验数据独占权”的争论，主要源于《与贸易有关的知识产权协定》（TRIPS）在该问题上的不同解释。

相关条款［第 39.3 条］规定：

> 各成员如要求，作为批准销售使用新型化学个体制造的药品或农业化学物质产品的条件，需提交通过巨大努力取得的、未披露的试验数据或其他数据，则应保护该数据，以防止不正当的商业使用。此外，各成员应保护这些数据不被披露，除非属为保护公众所必需，或除非采取措施以保证该数据不被用在不正当的商业使用中。

然而，该段表述中却引发了无法调和的观点，尤其就上述议题开展协议谈判时。

值得注意的是，第 39 条作为一个整体，构成了“保护未公开信息”内容，而该部分就是通常所说的“商业秘密”。第 39.2 条是世界贸易组织（WTO）条约关于商业秘密义务的一般条款。第 39.3 条规定了将商业秘密数据提交给政府或政府代理机构是获得上市批准的前提条件。

第 39.3 条规定了 3 项政府义务：

（1）保护那些付出了巨大努力才得到新化合物的试验数据，防止不正当的商业用途

（2）保护这些数据免于披露，除非为保护公众所必需

（3）保护这些数据免于披露，除非采取了措施以保证该数据不被用于不正当商业中

第一项义务是简单地保护提交给管理机构的数据，防止不正当商业用途。没有指定时间限制。不公平商业用途的情况包括政府本身以商业为目的使用这些数据，或各种不诚实的商业行为。世界知识产权组织（WIPO）[3] 提供了一套关于防止不公平竞争的示范条款。

第二和第三项义务涉及一个或多个的例外情况下，保护数据免于披露给第三方。尽管措辞笼统而导致例外情况尚不明确（特别是在第三项义务下），但要点是该义务产生了一个假设，即监管机构没有任何正当理由不会将数据披露给第三方。并且，没有时间限制。而避免披露的目的是避免不公平的商业用途。因此，第三项义务意味着可以接受数据披露，前提是确保披露不会导致不公平的商业用途。

大多数观察者将 TRIPS 协定中第 39 条的“数据保护”，看作未公开信息或商业秘密的保护。而第 39.3 条没有创造“新的”知识产权形式，也没有权利阻止第三方利用原研药企业提交的测试数据使等同替代产品获批上市，除非涉及不公平商业用途时才禁止。本文的观点是明确采用关于商业秘密和不正当竞争的广为接受的法律概念，而不是请求为测试数据创建新的知识产权形式。

但是，工业集团和一些发达国家或地区（如美国和欧盟）认为第 39.3 条是要求各个国家创建“试验数据独占权”的保护制度，即一种有时间限制的知识产权形式。在 TRIPS 协定之前，美国和欧盟的一些国家已经采用了药品和农用化学品相关的数据独占制度（例如，美国在 1984 年、欧盟在 1987 年分别出台过药品相关的数据独占制度）。在一种原研药获得市场准入之后的 5 年内，如果没有获得该公司同意，其他公司均不能基于该原研药研发公司所递交的产品数据，在美国寻求等同产品的注册审批。在保护期内，监管部门不得使用（或参照）药品研发者的数据批准仿制药产品，即使该仿制药产品的化学成分和体内反应与原研药完全一致。

现在欧盟将药品独占权时间延长至 10 年。与 TRIPS 协定中的数据保护条款不同，数据独占制度的管理范围常常扩展至新化合物以外。如在美国，未获批准的化合物可享有 5 年独占权的资格，已经批准的化合物，其新用途和适用症状仍有权获得 3 年的独占权。在欧盟，不仅新化合物，新的医药产品也能获得独占权。欧盟和美国相关制度的细节在圣胡安（Sanjuan）的文章中有所描述[4]。

在美国，农用化学品和药品享有独占权的期限分别是 10 年和 5 年。二者期限不同的原因在于，1984 年出台的关于药品数据独占权法案（即 Hatch-Waxman 案）包括一项条款，规定专利期限最多可延长 5 年，以补偿为满足监管要求导致专利期限缩短的损失（主要是按美国食品药品监督管理局要求收集试验数据而产生的时间损失）。权衡之后，缩短了药品数据独占权的期限。

此外，美国关于农用化学品的规定还包括进一步增加 5 年的独占权延长期，在这 5 年内可以根据研发数据申请批准仿制药产品，但使用这些数据要向产品研发者支付报酬。

总之，数据独占制度规定了禁止监管机构参照产品研发者的数据批准潜在竞争者的仿制药产品上市的期限。数据独占权不涉及向第三方披露的问题，也不涉及 TRIPS 协定第 39.3 条和第 39.2 条中规定的商业机密，这两项条款中没有规定时间限制。

3 数据独占和专利

如果产品的专利保护期限已满，或者该产品没有专利保护，那么数据独占权可以独立发挥作用，推迟仿制产品进入市场的时间，直到数据独占权到期。需要注意的是在多数情况下，如果数据独占权的期限在专利保护期内，那么可能就没有实质性的作用，因为独占权是受专利保护的。

然而，数据独占权远比专利的保护力度更大。与专利不同，数据独占权不存在豁免或灵活性，使政府可以根据国情来调整相关法律。例如，政府不能针对数据独占权提供同等的强制许可，或者说，通过阻止强制许可的被许可方获得上市批准，数据独占为相同产品的专利强制许可制造了障碍。数据独占权对原创型研发公司十分具有吸引力，因为数据独占权与专利不同，它是自动获得的，与版权十分相似。在权利的运用和维护过程中不会产生费用，而且质疑其合法性的可能性比专利法规更加有限，发起挑战和辩护的费用十分昂贵。由于这些原因，制药公司成为数据独占制度的坚决拥护者。不论数据独占期限延长到专利期限之后能带来什么利益，至少这些公司的成本非常低廉。

4 成本和收益

数据独占带来的明显好处，很大程度上是对公司开展长时间、高成本药品研发投入的额外激励。数据独占权允许这些公司扩展药品的原始用途（如通过年龄和地域扩大药品使用群体，或者开发新的适应证和治疗用途），而这些扩展用途由于种种原因无法获得专利保护。如果在专利期限的后期获得上市批准，数据独占权则给药品研发公司提供了一个投资补偿的额外机会，其所提供的保护能够延续到专利期限结束之后。专家认为数据独占权也有益于发展中国家的研发者，特别是可以激励研发者针对已有的未获得专利保护的产品开发新用途，同时也激励研发公司在发展中国家推广产品，因此实际上，数据独占权将会保护研发公司免受仿制药竞争带来的损失。

但是，如果发展中国家很少或者几乎没有创新研究能力，数据独占的好处可能很有限。在这种情况下，由于大多数发展中国家的市场潜力十分有限，所以数据独占权不会促进研发公司自己研发新产品而增加公司收益，产品研发激励机制的补充作用也很小。对于原创产品而言，数据独占权将允许额外的独占期限，所以能相应延迟仿制竞争行为开始的时间。需要特别指出的是，在发展中国家，独占权可能对降低药品成本造成阻碍，医疗保健将维持较高的成本。

由于历史或其他一些原因，在某些国家有很多产品没有获得现行的专利保护，而数据独占制度在这些国家可能发挥最大作用，从而获得独占权。例如，在许多发展中国家很多药品没有获得专利（即使这些药品在发达国家已经获得专利保护）。尤其在刚建立以 TRIPS 协定为基础的相关法律的发展中国家，这种情况时常发生。例如，印度在 TRIPS 协定框架允许的过渡期结束后，于 2005 年引入了符合 TRIPS 协定要求的相关法律。另外，即使在实施专利法的地方，一些公司可能也不认为市场价值大到足以值得在专利保护和管理费用方面投入成本。在这种情况下，引入数据独占相关法律能给药物带来独家权，否则这些药品将面临仿制竞争。2005 年以前，由于印度缺乏产品专利保护，国内存在大量无专利保护的产品，即使 2005 年印度对相关法规进行了修改，但是仍被认为不存在严格的专利保护，这也是国际医药行业为在印度推广严格的数据独占制度而进行艰苦游说的主要原因。相比之下，印度公司把精力主要放在仿制产品上，支持更宽松的数据保护制度[5]。

5 双边贸易协定

TRIPS 协定在 1995 年正式生效前经历了近 10 年的谈判期，其早期草案除了包含接近第 39.3 条最终版本的语言表述外，还包括反映美国 5 年数据独占制度的内容，即 1984 年 Hatch-Waxman 法案颁布的内容。1992 年达成的《北美自由贸易协定》（The North American Free Trade Agreement，NAFTA[6]）包含了与第 39.3 条几乎相同的内容，后一段中规定在合理的一段时间内（通常意味着不少于 5 年）禁止监管机构参考产品研发者的数据。

所以说，从数据独占制度支持者的角度，就这个特定问题而言，TRIPS 协定是一种倒退。考虑到 TRIPS 协定的谈判历史，尽管数据独占制度的支持者认为 TRIPS 协定中第 39.3 条实际意味着独占性，但是大多数观察家还是注意到了一个相反的事实，即在最终协定中，删掉了与 NAFTA 协定类似的数据独占制度的具体条款。如果 TRIPS 协定的初衷是批准“数据独占”，那么就应该像 NAFTA 协定一样进行明确规定。

在后 TRIPS 协定谈判中，美国在与发展中国家双边自由贸易协定谈判中加入与 NAFTA 协定数据独占相关的一些表述，甚至加入更严格的条款。达成这些协议的国家包括巴林、约旦、摩洛哥、智利、多米尼加共和国，以及一些中美洲国家。与泰国、厄瓜多尔、秘鲁和哥伦比亚的谈判还在进行中。

美国的大多数双边条约均接受 5 年规则，这一规则在美国得到了普遍遵守。其他情况，如在 2005 年通过的《中美洲自由贸易协定》（the Central American Free Trade Agreement，CAFTA）中，5 年规则同样适用于协议另一签署方批准的产品，也就是说如果一种产品在 A 国获得上市批准，那么在 5 年内该产品的仿制品也不能进入 B 国市场。如果产品研发者 5 年内在 B 国申请上市批准，那么从上市批准之日起，在 B 国能够获得额外的 5 年数据保护期，所得到的数据独占权最长可达 10 年。CAFTA 协定规定，在商品获得专利或者市场准入过程中遭到不合理延迟的情况下，签约各方应延长专利的期限（如从申请之日起 5 年期限）。

在双边贸易协定中，发展中国家需要考虑双边贸易协定对数据独占权的要求在多大程度上反映了发达国家医药公司的游说，尤其是美国，工业界人士和谈判代表之间存在紧密的、合法的制度化联系，例如通过知识产权有关的工业贸易咨询委员会（Industry Trade Advisory Committee，ITAC）进行联系。该委员会对持续性的自由贸易协定进行评估的依据是是否达到美国以知识产权为基础的产业目标，并不考虑对发展中国家利益最大化的服务措施。

6 结语

本章解释了药品和农用化学品数据保护及试验数据独占权的含义。TRIPS 协定规定，政府对其持有的具有商业价值的数据进行保护是其职责所在，最重要的是防止将这些数据用于不正当的商业用途。相比之下，数据独占是一种有时限的知识产权保护形式，旨在为公司提供机会弥补因监管机构要求而产生的数据成本。数据独占制度的作用在于阻止仿制品竞争者进入市场，不受所述产品专利状况的影响。数据独占制度的成本和收益取决于不同国家的特殊经济环境。在缺乏创新能力的发展中国家，就降低医药或农用化学品市场竞争成本而言，收益更加不明显。在签署双边贸易协定时需要考虑到这些成本和收益问题，特别是在同美国签订协议的时候，美国很可能会将数据独占制度作为知识产权保护措施中的一部分，要求不同国家的政府接受。

CHARLES CLIFT, *18 Parsons Green Lane, London, SW6 4HS, U. K. charlesclift@ tiscali. co. uk*

1 DiMasi J, Hansen R and Grabowski H. 2003. The Price of Innovation: New Estimates of Drug Development Costs. *Journal of Health Economics* 22: 151–185.

2 CropLife International. 2004. Position Paper: On the Protection of Safety and Efficacy Data for Existing and New Crop Protection Chemicals. CropLife International: Brussels. www. croplife. org/librarypositionp. aspx? wt. ti = Position% 20papers.

3 WIPO. 1996. *Model Provisions on Protection against Unfair Competition.* World Intellectual Property Organization: Geneva www. wipo. int/ cfdiplaw/ en/ trips/ doc/ unfair_competition. doc.

4 Sanjuan JR. 2006. U. S. and E. U. Protection of Pharmaceutical Test Data. Consumer Project on Technology: Washington, DC www. cptech. org/publications/ CPTechDPNo1TestData. pdf.

5 Satyanarayana K, S Srivastava and NKGanguly. 2006. Data Protection Issues in India. *Indian Journal of Medical Research* 123: 723–726. medind. nic. in/iby/ t06/ i6/ ibyt06i6p723. pdf.

6 NAFTA 1992. North Atlantic Free Trade Agreement. www. nafta-sec-alena. org/DefaultSite/ index_e. aspx? DetailID = 169#A1711.

第 4.10 章

制药和其他行业的数据保护监管

特雷弗·库克（TREVOR COOK）
英国 Bird & Bird 公司合伙人

译者 张晓 戴培刚 审校者 刘晓娜 杨坤 张熠 殷宏

摘 要

药品和农用化学品等领域的产品安全及功效至关重要，为了确保获得监管部门批准，这些产业需要提供越来越多的数据且造价不菲。因此有必要提供一种激励措施保护投资，保护产生数据所付出的努力，反对"搭便车"的行为。《与贸易有关的知识产权协定》（TRIPS）第 39.3 条规定，需要以知识产权方式对这些领域作出保护。本章讨论了某些司法管辖区，特别是欧洲共同体（简称"欧共体"）如何实施 TRIPS 协定所要求的数据保护监管制度。这种保护并非由保护发明的专利制度所提供。

1 引言

当公司或机构花费时间和金钱来证明一个产品安全有效时，其部分投资回报是通过保护测试所产生的数据而产生的。在药品和农用化学品等受到高度监管的行业，产品的安全性和功效至关重要，其数据保护也同样重要。数据保护的重要性体现在 TRIPS 协定第 39.3 条将其作为知识产权保护方式中的部分内容。这种数据保护的必要性日益凸显，是因为获得监管批准所必需的测试更加广泛而昂贵。因此，对于那些没有任何其他形式的保护，且需要监管机构批准上市的产品而言，尤其需要加强激励推行数据

Cook T. 2007. Regulatory Data Protection in Pharmaceuticals and Other Sectors. In *Intellectual Property Management in Health and Agricultural Innovation: A Handbook of Best Practices* (eds. A Krattiger, RT Mahoney, L Nelsen, et al.). MIHR: Oxford, U.K., and PIPRA: Davis, U.S.A. Available online at www.ipHandbook.org.

保护工作。

出于监管目的而对数据进行保护，是为了阻止后续申请人为同一产品申请市场准入时直接或间接使用该数据。除非后续申请人得到了首次提交数据且首次获得监管部门批准上市的当事人同意，否则适用该保护条款。对于后续申请者来说，独立完成数据测试通常花费较大且不经济，所以排他地使用这种数据，实质上可有效地为在先申请人赋予权利。然而，这种保护是有时限的，一定时期之后后续申请者就可以使用这些数据了。

这种数据保护措施也避免了重复测试。从经济和伦理的角度来看，无论是对动物还是对人，重复测试都是不可取的。

2 监管数据保护与其他保护形式比较

2.1 监管数据保护与秘密信息保护

虽然监管数据保护源自监管秘密信息（包括商业秘密）的法律，事实上 TRIPS 协定同一条款中也涉及秘密信息的保护，但数据保护是一项单独的权利，需要单独分析。[1] 这两种类型的知识产权不同，在一种权利类型上所达成的个人利益和公共利益之间的均衡，不应影响到另一种权利类型的均衡。例如，似乎没有令人信服的理由来解释，为什么只要秘密信息维持秘密状态其保护期就可以一直持续，而监管数据保护的期限则是有限的。

有些专家认为，不需要单独的法律制度来保护监管数据，因为这些数据可以根据有关秘密信息的法律进行保护。事实上，从英国普通法的角度来看，监管数据本质上是秘密，监管机构负有保密的义务。然而，就监管机构对提交的数据进行保护，商业秘密法已被证明是不够的。首先，该问题并不是关于数据的披露，而是关于数据的使用（尽管出于信息自由方面的考虑，不可避免地要采取一些有限披露措施，这些措施会破坏信息的秘密性）。其次，目前还不清楚，监管机构是否确实以某种方式“使用”了根据法律必须保密的数据，尤其是当官员仅依赖此类数据的存在而并没有积极引用这些数据。最后，即使假定这种依赖确实构成了使用，应不应该存在一些“公共政策”或“默示权限”等免责条款而允许使用？

对于第三点，西咪替丁（Cimetidine）* 案件在英国、澳大利亚和新西兰等实施普通法国家的不同判决，[2] 都是在公共政策或默示许可基础上作出的有效决定，说明了秘密监管数据提交人所面临的困难。当监管机构对这些案件中的仿制药竞争对手提交审批的同等药品进行评估时，原始数据文件无法通过传统的保密信息概念加以保护。

秘密信息法不能阻止监管机构参考原研者的文件或依赖先前审批的事实。[3] 因此对于英国的西咪替丁案，上议院确认信息是保密的，如果信息披露给第三方或将信息用于与监管机构职能无关的事宜，就会违反保密规定。但事实并非如此。相反，监管机构一直在利用这些数据来执行监管职能。法院进一步证实，监管机构有权利和义务利

* 或称甲氰咪胍，一种抗消化性溃疡的药品。——译者注

用这些信息，法院认为：“为确保公共安全，不应阻止许可机构行使其权利和权力……”

2.2 监管数据保护与专利

一些专家认为，药品和农用化学品等受管制领域的创新应该由专利制度来保护，没有必要再设其他保护制度。然而，持这种观点的人没有认识到，向监管部门证明产品的安全性和功效，与验证一项发明专利是否可以授权是完全不同的事情。从监管的角度来看，直接投入研发中的大部分时间和资金，很少能产生可获得授权专利的发明。

实际上，在某些情况下，监管部门审批的产品获得的专利保护可能很不稳定，或者根本不会被授予专利权，尤其专利保护的不是新的化合物或其他新的活性物质，而仅仅属于一种新的物质形态、新的配方、新的合成过程或原有物质新的应用方法等。这类改进型专利（second generation patent）被成功无效的风险很大，因为专利有效性主要是基于发明的首次发现，而不取决于将该发明投入市场的工作，或者证明专利产品安全有效。这种专利有效性的考量与监管数据保护完全无关，因此监管数据保护仅为药品提供保护。虽然专利的保护范围有限，但作为有限的激励方式，可以确保获得市场准入必要的重要工作得以完成，这一点在英国 Merck & Co 公司的专利案[4]中得到了验证。审判法官认为阿仑膦酸钠（alendronate）* 关于医疗用途的专利无效并表示：

> 据此，我认为这两项专利权均无效。对此我感到抱歉。默克公司只拥有阿仑膦酸盐几年的独家开发权。[该公司] 肯定在 [该产品] 推向市场过程中进行了巨大投资，并承担了巨大风险。由此人类的境况会变得更好。但专利制度不会对那些开发显而易见的产品或已有产品的人授予垄断权，尽管这些产品从未被开发过。设立一个有效的制度可能是解决上述问题的好办法，尤其是在药品和类似领域。

这种有效制度的框架在监管数据保护法中已经存在，英国提供有效的数据保护比在本案中提及的专利制度时间更长。[5] 然而，按照 TRIPS 协定第 39.3 条的规定，药品监管数据保护系统，至少在欧洲只是对专利制度不足之处的有限补偿。因为监管数据保护只适用于支持保护新的活性化学物质数据，而不会（只有最近发生的一个例外）用于支持已有药品新的适应证、新配方或已批准活性化学品的新剂量方案。而有一种例外情况（在下文将进一步讨论），会将所有药品使用数据的保护期延长一年，即与现有的治疗方法相比，被批准的一种或多种新的治疗适应证方法具有显著的临床效果。若不能保护已获批准的活性化合物的新适应证、新配方或新剂量方案的数据资料，则会产生两种不良后果：一是会打击现有药品开发工作的积极性；二是鼓励研发一些实际药效不如被替代药物的新药品。这实质上变相地剥夺了公共卫生的投资，因为这些“创新”并没有给公众带来任何好处，但仍然需要投入资源用于新的研究和上市审批。显然，在这种情况下追求更好的知识产权保护是一种不当激励。需要修正的方法是承

---

* 一种用于治疗骨质疏松的化合物。——译者注

认监管数据保护和专利之间的区别。简而言之，数据保护与专利有 3 种不同之处：（1）数据保护时间明显较短；（2）不需要遵守与专利性相关的传统概念，如新颖性和显而易见性；（3）只对受监管的产品开展保护。表 1 详细地列出了这些差别。

表 1　专利和数据保护的对比

	专利	数据保护
保护	要求保护化合物或类似物的使用方法、配方和（或）合成过程	针对已获得上市销售的有效成分（有时是配方）
禁止	• 制造、销售、使用或进口要求保护的产品，或制备过程中直接产生的产品 • 使用所保护的制备过程 • 间接侵权行为	基于原研者的数据为后续申请人获得上市批准
相关的例外使用情况	–私下的和非商业用途 –用于确保获得监管批准 –与本发明主题有关的实验用途（在美国以外）	任何不需要审批进入市场销售的使用
保护期	从申请开始 20 年	有差异，但通常从上市批准开始起计 5~10 年
要求	可专利性：新颖性、创造性、充分披露等	安全性和有效性的证明

尽管这两种保护制度之间存在基本概念上的差别，但已经建立了相互间的联系。美国对医药产品批准上市（根据美国和第三世界国家之间双边贸易协定所要求的内容）的管理制度中规定，当产品受专利保护时，大多数情况下监管数据保护的期限延长 30 个月或更长时间。然而，在欧洲，如果没有向监管部门提交样本（这本身构成了欧洲专利应用意义上的侵权行为），仅仅申请上市批准并不构成专利侵权行为。事实上，任何符合应用技术要求的当事人都可以获得上市批准，而不侵犯任何专利权。[6]

2.3　监管数据保护与其他形式的市场独占权

保护监管数据的权利需要与其他类型的市场独占权进行区别并进行对比。因为两者都提供了一种市场排他性的保护形式，但它们之间的区别并不总是非常清楚。

在国际上，与监管数据保护相比，市场独占权典型的例子是当 TRIPS 协定开始生效时，在那些没有为药品和农业化学品提供完整产品专利保护的国家，TRIPS 协定第 70.9 条赋予了该产品市场独占权。

在欧盟和美国还存在另一种类型的市场独占权，即“孤儿药”产品的市场独占权。由于这些药品的潜在市场很小，发展这类产品需要高于甚至超过标准的激励措施。从某种意义上说，“孤儿药”产品的排他性可以说是间接地保护了机构为获得批准所提交的数据，但它的作用远不止于此。在“孤儿药”销售的独占权期限内，第二个申请人即使提交了自己的数据，也无法获得上市许可。因此，认定为“孤儿药”产品地位不仅保护了监管数据，而且还赋予了真正的市场排他权。

正如人们所预期的那样，监管数据保护这种最近才发展起来的，并且现在才开始进行细节分析的权利具有相当大的国际差异。这是1994年TRIPS协定条款最后定稿时的情况，到2007年仍然如此。因此，第39.3条在国家层面执行，有很大的回旋余地（见文本框1）。

文本框1：TRIPS协定第39.3条

TRIPS协定第39.3条范围所规定的任务

监管数据保护的重要性及其作为一种专门的知识产权类型得到的国际认可，体现在TRIPS协定第39.3条中。这种体现，是第39.1条和第39.2条（它们以某种不同方式表示并要求保护机密信息）所共同提供的。

1. 在确保有效保护而反对不公平竞争的过程中，《巴黎公约》（1967年）第10条第2段和第3段分别提出，成员应保护未披露的信息（第2段），及递交给政府或政府代理机构的数据（第3段）。
2. 自然人和法人应有可能在未经其同意的情况下，防止其合法控制的信息，以违反商业诚信行为的方式向他人披露，或被他人取得或使用，只要此类信息具有以下的性质：
   a）属于某种意义上的秘密，当处理相关信息的问题时，其作为一个整体或其组成部分精确排列并组合，通常不为人所知，或在一定范围内不易获得；
   b）因属于秘密而具有商业价值；
   c）该秘密信息的合法控制人，在此种情况下采取了合理的措施以保持其秘密性质。

注意：就本条款而言，“违反诚信商业惯例的方式”在实践中至少包括违约、失信和诱导失信，还包括在第三方已知的情况下获取未披露信息，或因疏忽大意在不知情的情况下获取信息时涉及上述行为。

3. 各成员方，如被要求，作为批准利用新型化合物制造的药品或农用化学品上市销售的条件，需提交付出巨大努力取得的、未披露的试验数据或其他数据，则应保护该数据，以防止不正当的商业使用。此外，各成员方应保护这些数据不被披露，除非为保护公众所必需，或采取措施以保证该数据不被用于不正当的商业使用中。

迄今为止，在世界贸易组织（WTO）争端解决机制下，还没有与第39.3条有关的案例能提供指导。但是，以下主张提出了其所要求保护的最低门槛：

- 第39.3条解决了两个问题：第一个是关于数据的使用；第二个是关于数据的披露。但是，要保护的数据在各种情况下都是相同的。
- 在各种情况下，受保护的数据都必须“作为批准药品或农用化学品销售的条件”，说明没必要为那些具有其他目的的产品或者为批准其他类型的产品上市所提交的数据提供保护（例如，欧盟也为其他领域提供了监管数据保护，像动物饲料和生物杀虫剂，但 TRIPS 协定并不接受这一点）。

- 在各种情况下，受保护的数据都必须“作为批准利用新化合物的农业化学品……销售的条件”。所述的“新化合物”（new chemical entity）没有定义。因此，这一规定没有必要强加上专利的新颖性标准，实际上也不应如此期望，因为权利具有不同的性质。在任何情况下，如果采用了专利新颖性的标准，那么应该是绝对的（全球范围）还是相对的新颖性呢（本地范围）？针对与专利有关的问题，TRIPS 协定没有回答，然而随着时间的推移，更倾向于绝对的新颖性，但并未被普遍采用。应该注意，在监管工作范围内，“新化合物”这个术语使用得很广泛。因此，新的化合物可以是在特定监管框架内首次被批准的活性物质，而相同的化学物质可能在不同监管框架内得到批准。此外，在有些监管体系中，术语“新化合物”实际仅限于“小分子”（与通常的生物技术产品的“大分子”相反，如治疗性蛋白质在该制度中通常被称为“新活性物质”），该术语应该被视为包含新的活性物质。然而，对于旧的或已经批准的化合物或活性物质，无论创造它们花费多少努力，并不想保护新的数据，尽管在公共政策层面上，这种保护是值得的。
- 在每种情况下，受保护的数据都必须源自“付出的巨大努力”。这必然包括安全性和有效性的数据，例如药物临床试验或者农用化学品田间试验所产生的数据。但除此之外还有哪些数据应该保护，仍是一个悬而未决的问题。
- 关于禁止性使用，所称的使用一定是指“不公平的商业性使用”。这种表述没有定义“商业性使用”，但明确排除了非商业用途，例如公共卫生和安全。当后续申请人依赖已有数据（无论是否实际提及）从事商业行为，或者更准确地说，当监管机构根据原创申请人所提供的数据评估后续申请人的申请时，这种使用是否是不公平的。在这种情况下，保护的恰当术语是什么以及保护是否应该采用排他权或仅仅是一种补偿的权利（因此可用于强制性许可）等问题就会产生。
- 关于披露，除了以下两种情况外，这些数据必须得到保护：“为保护公众而必需的”或“采取措施确保数据免受不公平的商业使用”。因此，在这两个选择性案例中，没有绝对禁止公开这些数据。第一个允许的例外情况，即“为保护公众而必需的”在范围上显得狭窄，不应完全等同于公开透明，保持透明度是信息自由所要求的披露原则。因此，就提高透明度的信息披露而言，TRIPS 协定要求“采取措施确保数据免受不公平的商业使用”。这似乎要求监管部门不要将为此目的而披露信息看作破坏潜在数据的未披露性质。事实上，在欧洲医药制度中，《申请者须知》中明确规定，《欧洲公共评估报告》（European Public Assessment Report，EPAR）中列出的信息，不能用于审批以目录中的或公开的数据为基础申请医药产品的上市批准（另见本章最后的文本框 2）。

TRIPS 协定第 39.3 条的背景及谈判历史

在 1995 年 1 月 1 日 TRIPS 协定生效之前，在整个欧共体和美国已经通过法律规定保护药品和农用化学品的监管数据。自1987年以来，欧共体成员国为批准药品上市所提交的数据提供了保护，并且自1991年以来为植物保护产品获得上市批准提供的数据进行了保护。同样自1982年以来，美国对农药颁布了自己的监管数据保护规定，自1984年以来，颁布了药品数据保护规定。此外，正如前面所讨论的，在这两个司法管辖区中，判例法都明确阐述了秘密信息法作为监管数据保护手段所具有的局限性。

此外，TRIPS协定不是第一个要求其成员提供监管数据保护的多边协议。该荣誉应归于《北美自由贸易协定》（NAFTA）[7]，其第1711条第5~7款规定：

> 5. 如果一缔约方要求，作为批准新化合物药品或农用化学品销售的条件，提交未公开的测试或其他数据以确定使用此类产品是否安全有效，则缔约方应保护提交人付出巨大努力获得的数据，禁止披露公开，除非公开披露数据是出于保护公众的需要，或者采取了保护措施确保数据免受不公平商业使用。
> 6. 在本协定生效日期之后，根据第5款每一缔约方规定对数据进行保护，除提交人之外的任何人，未征得提交者的许可，不得依赖此类数据在提交方提交数据后的合理时间内提请上市批准。为此，考虑到数据性质和个人努力，以及产生数据的成本，合理的期限通常是从缔约方准许提供数据获得审批的个人所生产的产品上市销售之日起不少于5年。在不违反本规定的情况下，任何一方基于生物等效性（bio-equivalence）和生物利用度（bioavailability）研究而获得的此类产品，可以不受限制地实施简化的审批程序。
> 7. 鉴于一方借助另一方所获得的上市批准条件，以所提交数据获得批准的独占使用合理期限，应当从第一次获得上市批准的批准日期开始。

毫无疑问，《北美自由贸易协定》（NAFTA）在第1711条（6）中接受并认为“合理”的保护期限“不少于5年”，反映了美国对药品的立场，但该期限在以研究为基础的制药行业中普遍被认为是不够的。然而，《北美自由贸易协定》在监管数据保护的历史上具有重要地位，因为它是第一个以协定的语言体现了监管数据的保护原则，并且其语言表述与TRIPS协定相似。

3 欧盟和美国实施TRIPS协定第39.3条的情况

3.1 背景

尽管TRIPS协定第39.3条规定的义务已充分表达，但考虑世界两大贸易区——欧盟和美国是如何实施这些措施是非常有意义的，尤其是它们越来越普遍地试图通过实施区域或双边贸易协定向贸易伙伴推行自己的知识产权准则。

3.2 药品

针对药品试验数据出现了多个国家保护制度。这些制度在保护期限和受保护数据类别等方面各有不同。例如，欧盟成员国以前曾（取决于所遵循的国家或监管路线）对支持新药化合物批准的数据提供6年或10年的保护，但不对已批准药品新适应证的相关数据进行保护。2005年10月以后，新化合物被欧共体批准为药品的，后续的申请人可以在首次获得批准的8年后申请上市许可，但该批准在第一次批准之日后不应少于10年。在每种情况下，数据保护都从欧共体的第一个批准文件开始计算。在新制度下，如果在8年期限届满之前获得药品的重要新适应证批准，则10年期再延长1年。

在美国，后续的申请人在首次获得上市批准5年后才能（假定该产品没有专利保护）申请上市批准。假设标准审查期为18个月，那么有效保护期总共为6年半。然而，更常见的情况是相关监管机构［美国食品药品监督管理局（FDA）］被告知所述药物有一项或多项专利保护，在这种情况下，监管制度与专利制度之间就产生了关联（见第2.2节）。这种关联关系在美国存在，但在欧盟不存在。

在美国，希望通过首次申请人的监管数据销售仿制药物的公司必须向FDA证明，存在下列情况之一：（1）无专利申请；（2）相关专利已过期；（3）只有在专利到期后才申请批准；（4）有专利，但断定会被无效或不会被侵权。一旦仿制药制造商提供了该专利无效或不会被侵权的证明（即“第四类证明”），制造商必须通知专利权人，专利权人有权直接起诉专利侵权。在通知发出后45天内提交的专利侵权诉讼，将会使首个仿制药的批准延迟30个月。因此，这种关联的实际结果是将有效的监管数据保护期延长了至少30个月，达到7年半，即使第四类证明是正确的，并且所列出的专利确实是无效的或未被侵犯。因此，乍看起来，美国为支持某一药物作为新化合物批准而提供的数据保护期，似乎低于欧共体所提供的数据。然而在实践中，差异要小得多，特别是遇到这种专利关联的情况。

而且，在美国，基于新的临床研究（不是生物利用度研究）数据（涉及已获批准的产品）对进一步批准至关重要（如新的适应证所需的），保护期为3年。尽管美国显然比欧共体更多支持保护旧产品新适应证的新数据，但在美国只延长了1年；重要的是，在欧共体，保护范围扩大到了所有适应证，而不像在美国那样，只适用于新的适应证。

3.3 农用化学品

一般来说，欧共体和美国批准的农业数据保护制度，所提供的保护时间比药品的更长。相比医药系统推行的数据保护，欧共体为旧的活性化合物的新数据提供了更高的保护水平。

欧共体的制度生效时，对已面市的产品有特殊规定，为新活性化合物提供了10年的共同体级的保护。该制度还在全欧共体国家范围内提供10年的数据保护（从在欧共体内获得的首次批准开始），提交的数据用于审批含有已批准活性化合物的植物保护配方化合物产品。然而，获得这些保护期需要遵守一些规定，如促进有关脊椎动物的数据共享，避免对动物进行重复试验。如果未能就此问题达成一致，则成员国有权强制共享此类数据，这些数据通常涉及对赔偿的仲裁。由于存在强制性的许可条款，脊椎动物测试数据并不能从专有权中获益。因此，授予数据保护可以看作一种补偿权，而不是一种排他性的专有权。

对于农药，在美国，新旧产品的监管数据均受10年保护。另外可续展5年，在此期间，只有在潜在用户向首次提交数据者进行补偿的情况下，其他人才可以使用这些数据（如果没有就补偿达成协议，可以按规定进行仲裁），但是在这15年之后，则不会再限制使用。因此，15年保护期中的最后5年保护，不是排他性的，而是补偿性的。

3.4 在双边和区域贸易协定中的监管数据保护

《北美自由贸易协定》（NAFTA）是区域自由贸易协定的一个例子，但自TRIPS协定谈判以来，美国和欧共体都与第三国签署了一系列双边贸易协定。其中有些是区域贸易协定。此类协定通常包含涉及知识产权的章节，包括监管数据保护。《欧共体贸易协定》的做法，如与乌克兰签署的，就是要求贸易伙伴将其法律与欧共体的标准协调一致。相比之下，《美国自由贸易协定》（FTAs）包含了一些具体规定，对TRIPS协定中模糊不清的问题提出了严格要求。有几项自由贸易协议正在生效，其中包括与澳大利亚签署的自由贸易协定（见本章后文本框3）。其他几个国家的文本已经定稿，还有一些正在进行谈判。这些文本阐明了在实施TRIPS协定标准时所采用的方法。这些责任，作为相互间的责任，通常要求对方至少采取美国实施方法的部分要点。这是监管数据保护条款的趋势。

在大多数情况下，通过谈判达成的《美国自由贸易协定》（FTAs），规定了药品的监管数据保护期最短为5年，农用化学品的监管数据保护期为10年。一些国家批准一种药品上市，是基于相同药品在另一国家获得的上市批准而授予的。其中一些情况下，《北美自由贸易协定》要求第二国的保护期限与提交监管数据的第一国保护期限相同，或不受此约束。对提交的测试数据进行保护，有时不限于保护含有新化合物的批准药品，甚至保护任何药品。相比之下，欧洲提供的保护，主要针对药品中与旧的活性化合物有关的新数据，所提交的数据应支持一项或多项新的适应证，并带来显著的临床效果。然而，对于支持新化合物药物批准而提交数据的监管保护时间长于《美国自由贸易协定》（FTAs）要求的最低5年。

《美国自由贸易协定》（FTAs）还要求当事各方采用美国的药品制度：在数个不同的专利到期之前，将第二个公司申请仿制药销售批准的任何意图通报给专利持有人。事实上，在很多情况下，禁止管理机构在专利到期之前授予上市批准。《北美自由贸易协定》条款要求在市场准入机制和专利保护之间建立联系，但这不是TRIPS协定规定的，主要取决于所涉及的具体机制。有些仅要求通报。其他一些则规定在专利有效的情况下，不得批准，其结果是大大增加了数据保护的有效期。此外，除非仿制药厂商有动力依据美国制度提供的短暂期限，以仿制药专有权的形式挑战专利保护，否则甚至不可能去尝试，因为他们所做的一切都成了为其他仿制药竞争者扫清道路。

4 结语

监管数据保护为开发安全有效的药品和农用化学品提供了重要动力。这是专利本身无法提供的。TRIPS 协定第 39.3 条概括阐述了保护监管数据的义务，并允许灵活实施。但是，美国和欧盟作为两大贸易体，各自制定了具体的实施策略，都有自己精心制定的制衡机制。每个国家采用不同的方法保护药品及农用化学品的监管数据。各国也在向其贸易伙伴推行履行义务的具体方式。他们通过贸易协定规定各方必须承担的知识产权保护最低标准。因此，需要了解美国和欧共体在保护药品及农用化学品监管数据方面的差异，不同的制衡机制以及产生差异的原因和后果。这种差异使得仅仅选择这些制度的某些方面，或试图将它们各自的特点组合起来而形成一个制度变得很危险，因为这样做可能带来自下而上的协同，导致所形成的监管数据制度的保护力度比任何一个制度本身提供的保护都要更严格。

TREVOR COOK, *Partner, Bird & Bird, 15 Fetter Lane, London, EC4A 1JP, U. K. trevor.cook@twobirds.com*

---

1 Article 39.2 TRIPS mandates the protection for confidential information. There are, however, considerable disparities in the manner in which countries comply or enforce this protection (even within the European Community), in the remedies conferred (for example, are they are enforced in the criminal or civil courts?), and in the legal bases for such laws (are they contractual or, as tends to be the case in common law jurisdictions, equitable? Or are they seen as a species of unfair competition, as tends to be the case in civil law countries?)

2 *Smith Kline & French Laboratories Ltd. v Attorney General* FSR 418 (1989), *In re Smith Kline & French Laboratories Ltd.* 1 AC 64 (1990) (England), *Smith Kline & French Laboratories (Australia) Ltd. v Secretary to the Department of Community Services and Health*, and *Alphapharm Ltd. v Secretary to the Department of Community Services and Health* FSR 617 (1990), relating respectively to New Zealand, England, and Australia.

3 Likewise in the United States, *Ruckelshaus v Monsanto Co.* (467 U. S. 986, 1019–20 (1984)) shows the reluctance of the courts to impose an unqualified restriction on regulatory authorities' use of the data filed with them. *Ruckelhaus* was analyzed extensively in the Australian *Cimetidine* case *Alphapharm Ltd. v Secretary to the Department of Community Services and Health* [1990] FSR 617.

4 *Merck & Co. Inc's* FSR, p. 498 (2003).

5 However, one of the patents in issue in this case was for a new dosing schedule (seven days as opposed to one, with a concomitant difference in dose), and neither the old regulatory data protection law in Europe, nor the current one that replaces it, protects new data in support of a new dosing schedule for an old active compound, as was confirmed under the old law in the unsuccessful challenge to the grant of a marketing authorization to a second applicant in *The Queen on the application of Merck Sharp and Dohme Limited v The Licensing Authority (acting by the Medicines and Healthcare products Regulatory Agency, and Approved Prescription Services (U. K.) Ltd., Generics (U. K.) Ltd. and Arrow Generics Ltd.* EWHC 710 (Admin, 2005) (Moses J, 28 June 2005).

6 The earlier regulatory data protection regime in Europe as introduced by the amendments made in 1987 by Directive 87/21/EEC to Directive 65/65/EEC allowed Member States the option not to confer regulatory da-

ta protection for medicinal product "after patent expiry" and thus undermine the effect of regulatory data protection in such countries. However, although some countries, such as Denmark, initially availed themselves of this option, they rapidly abandoned it. The current regulatory data protection regime in Europe, which applies to active compounds the application for the first marketing authorization of which was made since November 2005, provides no such option.

7 NAFTA was signed on 12 August 1992 and entered into force (subject to transitional provisions) on 1 January 1994.

8 Although, as observed in Section 3.2 where the pharmaceutical is the subject of a patent, this can in practice prove to be rather longer.

9 For specifics of the current European Community system for the regulatory data protection of medicinal products see Box 2 of this chapter.

10 See the Federal Food Drug and Cosmetic Act (21 U.S.C. 355), "New Drugs," and in particular the amendments here introduced by the Drug Price Competition and Patent Term Restoration Act 1984 (Hatch-Waxman Act).

11 Such declarations are listed in the so-called Orange Book, the electronic version of which is available at www.fda.gov/cder/ob/.

12 There is an exception to this in the unlikely event that a final judgment disposes of the patent in less than 30 months. The U.S. system also provides an incentive to be the first applicant to file a Paragraph IV Certification: no other such applicant can go to market until 180 days after the first applicant to file such a certification goes itself to market or disposes of the patent in a final judgment.

13 See Articles 13 and 14 of Directive 91/414/EC of 15 July 1991 concerning the placing of plant protection products on the market.

14 See the Federal Insecticide, Fungicide, and Rodenticide Act (7 U.S.C. 136a), "Registration of pesticides."

15 Details of those U.S. FTAs signed to date and the progress of the others can be found at www.ustr.gov/Trade_Agreements/Bilateral/Section_Index.html.

16 For example United States-Australia FTA Article 17.10, CAFTA Article 15.10, United States-Jordan FTA Article 4(22), United States-Bahrain FTA Article 14.9.

17 For example United States-Jordan FTA, Article 22 Footnote 10, United States-Singapore FTA, Article 16.8.

18 For example United States-Chile FTA Article 17.10, United States-Singapore FTA Article 16.8(4), CAFTA Article 15.10(3).

19 For example United States-Singapore FTA, United States-Chile FTA, CAFTA, United States-Australia FTA, United States-Morocco FTA.

20 Namely, "*any substance or combination of substances presented as having properties for treating or preventing disease in human beings*" or "*any substance or combination of substances which may be used in or administered to human beings either with a view to restoring, correcting or modifying physiological functions by exerting a pharmacological, immunologic or metabolic action, or to making a medical diagnosis.*"

21 *Separate* is here meant in the sense that an authorization secured under one system cannot form the basis for securing another authorization in the other system. One exception to this is provided by Article 3(3) of the Regulation, which allows Member States to apply the Article 10 abridged authorization procedure to grant a national authorization for a generic medicinal product of a reference medicinal product first author-

ized by the Community.

22 The centralized system has long been obligatory for medicinal products produced by most biotechnological processes, and has with effect from 20 November 2005 been obligatory also for medicinal products for human use containing a new active substance for the treatment of AIDS, cancer, neurodegenerative disorder, and diabetes, and for medicinal products that are designated as orphan medicinal products. It is optional for other new active substances and for medicinal products shown by the applicant to constitute "*a significant therapeutic scientific or technical innovation or that the granting of authorisation in accordance with* [*the*] Regulation is in the interests of patients or animal health at Community level." This latter provision provides a theoretical possibility of securing an entirely new period of data protection via the centralized route in relation to an active compound that has already been authorized via the national route.

23 See Article 14(11) and 89 of the Regulation, paralleling part of Article 10 of the Directive, as amended, and Article 2 of the amending Directive.

24 See Article 6 of the Regulation, incorporating by reference, inter alia, Articles 10, 10a and 10b of the Directive, as amended.

25 Moreover by New Article 10(5) "··· *where an application is made for a new indication for a well-established substance, a non-cumulative period of one year of data exclusivity shall be granted, provided that significant preclinical or clinical studies were carried out in relation to the new indication.*" The precise application and scope of this provision (which was added at the final stage of the legislative process and for which there are no *travauxpreparatoires*) is yet to be established. The EMEA takes the view that the expression *well-established substance* means that the product no longer benefits from data exclusivity, and that the new period of data protection can be granted independently at any time after the initial protection period has expired, but can only be granted once.

26 Case C-368/96, *R v Licensing Authority, ex parte Generics* (*UK*) *Ltd.* 2 CMLR 181 (1999).

27 The proviso under the old regulatory regime stated, "*However, where the medicinal product is intended for a different therapeutic use from that of the other medicinal products marketed or is to be administered by different routes or in different doses, the results of appropriate toxicological and pharmacological tests and/or of appropriate clinical trials must be provided.*"

28 In Case C-106/01, *v R v Licensing Authority, ex parte Novartis* the abridged authorization that the ECJ held to be lawful concerned a formulation of an active that was suprabioavailable to the formulation that had been authorized for longer than the data protection period but was bioequivalent to a formulation for the same active that had been authorized for less than that period. In Case C-36/03, *v R v Licensing Authority, exparte Approved Prescription Services* the abridged authorization that the ECJ held to be lawful concerned a pharmaceutical form of an active compound that was different to the pharmaceutical form that had been authorized for longer than the data protection period but was the same as that for the same active that had been authorized for less than that period. In Case C-74/03, *Smith Kline Beecham plc v Laegemiddelstyrelsen*, the abridged authorization that the ECJ held to be lawful concerned a different salt of the active moiety to that in the originally authorized product.

29 Whether or not such a mechanism was in effect implicit in the old regulatory regime was the subject of a challenge to a Commission Decision under the old regulatory regime concerning a human growth hormone product in Cases T-15/04 & T-105/04 *Sandoz GmbH v Commission of the European Communities*. However as the product in question (Omnitrop (somatropin)) has now received an authorization under the new regime, this litigation may well not continue.

30 See www. emea. eu. int/pdfs/human/ewp/309702en. pdf and www. emea. eu. int/pdfs/human/bwp/320700en. pdf for already-adopted general guidelines and the listing at www. emea. eu. int/htms/human/biosimilar/biosimilardraft. htm for various draft guidelines including specific draft guidelines as to recombinant EPO, G-CSF, human insulin, and somatropin.

31 C-440/93, *R v Licensing Authority of the Department of Health* (*Norgine intervening*) *ex parte Scotia Pharmaceuticals Ltd*. 3 CMLR 657 (1995).

32 "*The Parties acknowledge that, at the time of entry into force of this Agreement, neither Party permits third persons, not having the consent of the person that previously submitted information concerning the safety and efficacy of a product in order to obtain marketing approval in another territory, to market a same or similar product in the territory of the Party on the basis of such information or evidence of prior marketing approval in another territory.*" [Footnotes 17 and 18 in original Annex].

33 "*As an alternative to this paragraph, where a Party, on the date of entry into force of this Agreement, has in place a system for protecting information submitted in connection with the approval of a pharmaceutical product that utilizes a previously approved chemical component from unfair commercial use, the Party may retain that system, notwithstanding the obligations of this paragraph.*" [Foot notes 17-19 in original Annex].

文本框 2：欧共体医药产品的监管数据保护（摘录）

引言

本部分详细规定了欧共体人用药品监管数据保护的有关规定，[20] 以及适用于兽药产品的相似规定，但这些规定在监管数据保护的某些细节方面有所不同。

修改这些规定的法律依据如下：

- 2005 年 10 月 30 日，欧共体成员国通过了《2004/27/EC 号指令》，修改了《2001/83/EC 号指令》，使关于人用药品（用于各国家体系中的药品）的规定得以生效。
- 2005 年 11 月 20 日，第 726/2004 号条例的相关条款规定了欧共体对人用和兽用药品（用于集中制的欧共体系统中药品）的批准及监督程序并生效，取代了第 2309/93 号条例。

本文本框的结尾部分列出了修订指令的相关摘录。然而，应该指出的是，以前规定的某些方面（特别是保护期以及新用途无法延长保护期）仍然适用于在该日期之前提交批准申请的药品，由于大部分有关旧规定范围和效力的诉讼反映了对新条款的解释，所以在讨论新条款时，也要牢记旧的规定。此外，参考这些指令管理国家级/地区级、分散式和相互承认系统中的药品，比参考法规[21]（其从规定的角度，一般处理分散式系统）管理集中式系统[22] 更为方便，因为在各种情况下，实体法与本规定所述结果是相同的，或者重复一遍[23]，或者在某些情况下参考了指令的相关规定。[24]

本文本框内容并未涉及《（EC）141/2000号条例》（孤儿药产品法规）在某些情况下可能会提供的专门保护制度。

总则

药品监管数据保护规定是通过提供例外情况实施的，即在特定期限后，为拟获得药品上市批准的人提供已批准药物的毒理学和药理学测试数据结果，或临床试验数据结果。因此，这些条款允许在此期间之后，即使没有此类数据，也可以对已批准药物的仿制药进行批准。这类批准可以方便地称为“简化批准程序”（abridged authorization）。

保护期限

当一种药品在2005年11月之前提交批准申请，根据旧的制度［第10条（1）（a）（iii）］必须在欧共体获得批准，并与欧共体的现行条款一致，那么适用旧制度下的保护期限，不少于6年或10年，且必须在提出申请的成员国进行销售。10年保护期适用于经过条例的统一程序及其在先条例审批而在整个欧共体得到批准的医药产品，也适用于选择在成员国（即比利时、法国、德国、意大利、荷兰、瑞典和英国）申请产品批准的情形。6年期适用于选择在其他成员国获得国内批准的情形。这种制度将在未来一段时间内继续有效。

如果在2005年10月以后提交药品批准申请，那么适用新制度下的保护期。根据新的第10条（1）规定，在欧共体首次获得上市批准8年后，才可提交简化批准申请，但批准的产品从首次获得批准上市销售开始到投放市场的时间不得少于10年。如果在前8年，上市许可持有人获得一项或多项新的治疗适应证批准，在对新适应证批准进行科学评估的过程中，与现有的治疗方法相比，证明具有显著的临床效果，此时10年期可延长至11年。新制度下首次批准的简化申请程序不能在2013年11月之前使用。

已批准医药产品的变体和生产线扩展有：新适应证，新效力，新剂型，用药途径，外包装等。

如前所述，2005年10月之后提交药品批准申请会获得10年的保护期，若在前8年批文持有者获得一种或几种新治疗适应证的批准，并在批准前完成了科学评估，证明比现有的治疗方法有显著的临床疗效，那么保护期将会延长至11年。旧的监管制度没有这样的规定，仿制药案例已经表明，已批准活性成分的新适应证不能从批准该新适应证之日起确立新的保护期，对于所有适应证已经通过简化批准程序获得批准的特定医药产品，可相应地以简化批准程序进行批准。该案例还明确了新剂型、剂量和剂量表也不能确保从批准这种新剂型、剂量和剂量表之日起开始计算新的保护期，对于在简化批准当日已经批准的特定医药，其所有剂型、剂量和剂量表可相应地以简化批准程序进行批准。

关于是基于旧监管制度判定的“仿制药”案例决定，如第10条（1)(a)(iii）的规定，应在某种程度上认为使用简化批准程序的批准对象与原创药具有“实质性相似”。“实质性相似”需要满足：“仿制药品与原创药品在有效成分的定性与定量组成方面相同；药品剂型相同；具有生物等效性，另外，没有科学证据表明仿制药在安全有效性上显著区别于原创药。”旧监管体制下的后续案例表明，即使缺乏实质相似性，第10条（1)(a）的先决条件也允许提交链接数据或依赖原始申请人提交的链接数据，只要原创药和申请简化批准程序的产品具有相同的有效成分。

借助新的第6条和第10条（1)，这些原则在新的监管制度下得到保留。通过引入全球市场批准的概念，第6条涉及的问题涵盖了“任何额外优势、剂型、用药途径、外包装以及任何变体和生产线扩展”，阐明了对诺华（Novartis）和批准处方服务（Approved Prescription Services）案例的解读意见。第10条（1）要求申请人证明经过简化批准程序的医药产品“是参照已获批药品的仿制药，并且获批药品根据第6条规定已在成员国或欧共体批准上市不少于8年”。根据第10条（2)(b)，仿制药的定义与《ECJ案例法》中的概念基本相似。

新的组合

新的第10条b取代了旧的第10条（1)(b)，关注含有获批原创药活性成分但迄今为止还没有组合起来用于治疗目的的医药产品。在这种情况下，应提供与该组合的新的临床前试验或新临床试验的结果，但没有必要提供每种活性物质的科学参考资料。这个问题还没有成为诉讼主体，但人们普遍认为，受益于这一规定，一个新的组合有自己的数据保护期，从该特定组合物在欧共体首次上市批准之日算起，就好像该新组合是一种新的活性物质一样。

生物医药产品

新的第10条（4）提供了旧监管制度中不存在的架构。对于没有完整毒理学和药理学试验或临床试验结果的生物医药产品，应制定指导方针，可以根据早期批准的“生物相似性”产品批准其上市。EMEA目前正在制定这样的指南，但到目前为止，唯一公布的具体指南仅涉及某种特定的重组蛋白。

参考文献使用

新的第10条a取代旧的第10条（1)(a)(ii)，并像以前一样允许在没有完整的毒理学和药理学试验结果或临床试验结果的情况下寻求上市许可，但不涉及已批准的参照药品，且“该药品的活性物质在欧共体内已上市使用至少10年，具有公认的有效性和可接受的安全性”。例如，根据这一规定，含有活性物质的药品可以寻求上市许可，如减轻疼痛的阿司匹林。根据旧监管制度的较早版本，该规定的应用范围很窄，在 Scotia 案例中得到了强调。

欧共体法规的第 2001/83/EC 号指令，涉及人用药品的相关规定，该指令已通过第 2004/27/EC 号指令得到修正。

第 6 条

1. 除非成员国的主管部门根据本指令批准上市，或根据法规（EEC）第 2309/93 号进行批准，否则不得将药品投放到该成员国的市场上。

根据第 1 条的规定，当医药产品获得初始上市批准时，任何附加的效力、药品剂型、给药途径、外包装，以及任何变体和生产线扩展也应根据这项规定获得批准，或被列入最初的上市批准。所有这些上市批准应被视为同样的全球上市批准手续，特别是符合第 10 条（1）目的的情况下。

第 10 条

1. 作为第 8 条（3)(i）规定的例外情况，并且在不触犯有关工业和商业财产保护法律的情况下，若药品申请人能证明该药品是根据指令在成员国或欧共体内被批准上市且已有 8 年的参照药品仿制品，则无须提供临床前试验数据与临床试验数据。

根据指令批准的仿制药品，在其参照药品获得初始上市批准之日起 10 年后方可上市。

如果参照药品在提交仿制药品申请的成员国未获得批准，则也适用第 1 条。

在这种情况下，申请人应在申请表中注明参照药品获得上市批准的成员国名称。根据受理申请的成员国主管机构的要求，另一成员国主管机构应在 1 个月内发出参照药品已获得批准的确认文件，以及参照产品的全部成分和其他相关必要文件。

如果在 10 年中的前 8 年内，上市批文持有人获得了一个或一个以上的新适应证批文，并且批准前的科学评价表明新适应证的药品所提供的临床疗效比现在的疗法效果更显著，则 10 年期限最多延长至 11 年。

2. 该条款的目的：

(a)“参照药品”（reference medicinal product）是指与第 8 条规定一致，根据第 6 条获得上市批准的药品；

(b)“仿制药品”是指与参考药品在活性成分的定性和定量组成及剂型均相同的药品，同时通过适当的生物利用度实验证明其生物等效。活性物质的不同盐、酯、醚、异构体、异构体混合物、化合物或衍生物应被认为是同一种活性物质，除非它们在安全性和/或有效性上有重大差异。在这种情况下，申请人必须提供附加信息，证明所批准活性物质的各种盐、酯或衍生物的安全性和/或功效。各种速释的口服药物应被认为是一种或相同的药物剂型。如果申请人能够证明仿制药品符合相应的详细指导原则规定的相关标准，则不需要申请人做生物利用率研究。

3. 如果药品不符合第 2 段（b）款规定的仿制药定义，或者无法通过生物利用率研究证明生物等效性，或者活性物质、治疗适应证、效力、药物剂型或给药途径发生变化，应提供与参照药品相关的临床前试验或临床试验结果。

4. 当与参考生物制品类似的生物医药产品不符合仿制药定义的条件时，特别是生物仿制药与生物医药产品的原材料或制造工艺存在差异时，必须提供与这些条件相关的临床前试验或临床试验的结果。

所提供的补充数据的类型和数量必须符合附件和有关详细指南中规定的相关标准。不需要提供参照药品档案中的其他测试和试验结果。

5. 除了第1段规定的条款外，如果申请中已确认物质的新适应证，则应授予不可累计的1年试验数据独占期，前提是针对新的适应证进行了显著的临床前或临床研究。

6. 为实施第1、第2、第3和第4段的规定以及相应的实际要求而进行必要的研究和试验，不得视为与专利权或医药产品补充保护证书相抵触。

第10条a

作为第8条(3)(i)规定的例外情况，并且在不违反有关工业和商业财产保护法律的情况下，若药品申请人能证明药品的实际成分在欧共体实际医疗中至少已应用了10年，并且在附则提出的条件下，其疗效得以确认并具有可接受的安全水平，则无须提供临床前试验数据与临床试验数据。在这种情况下，可使用适当的科学文献替代试验和试验结果。

第10条b

对于含有已获批原创药活性成分的组合药品，但迄今该组合药品还未用于治疗，应根据第8条(3)(i)提供新的临床前试验或与该组合有关的新临床试验结果，但没有必要提供有关每种活性物质的科学文献资料。

第10条c

在获得上市批准后，批文持有人有权使用药品及与药品相关的临床前和临床试验结果，以核查后续申请中与参照药品具有相同活性成分的定性和定量组成及药物剂型的医药产品。

文本框3：《美国-澳大利亚自由贸易协定》的监管数据保护条款第17.10条：

与某些受管制产品有关的措施

1. (a) 对于一种新的药物产品上市批准申请，如果一方提出的条件是提交该产品未披露的试验数据或其他安全性或效果数据，缔约方不得允许第三方未经数据信息持有人同意而上市销售以该信息为基础的相同或类似产品，或者至少在缔约方审批上市的5年时间内，不能给予此类信息提交者的上市批准。

(b) 对于一种新的农用化学品，包括同样产品的新用途，如果缔约方提出其上市的条件是，提交该产品未披露的试验数据或其他安全性或效果数据，缔约方不得允许第三方未经信息持有人同意，在上市许可之日起10年内，根据该信息销售相同或类似的产品，或者政府药监机关不得依赖该试验数据批准新的农用药品的上市申请。

(c) 作为批准新的药品或新的农用化学品上市的条件，如果缔约方允许第三人提交他人先前在其他国家已提交的药品安全有效性数据作为证据，例如在先上市批准证明，那么未经数据持有人同意，缔约方不应允许第三人在其他司法管辖区获得上市批准之日起至少5年内获得同样或相似药品的上市批准，对于农用化学品是10年，也不允许使用先前在其他国家取得上市许可的证明或数据。

(d) 就本条而言，新产品中不包含先前已经被批准在缔约国内销售的化合物。

(e) 如果政府部门或代表政府的机构披露了为了获得上市许可而向其提交的任何关于产品的安全性或有效性的未披露信息，各缔约方要按照本条规定的方式保护这些信息不被用于不公平的商业用途。

2. 关于药品，如果缔约方要求提交：(a) 新的临床信息（与生物等效性相关的信息除外）或（b）在其他需要这种审批药品关键信息的国家已批准上市的重要性证据，则未经信息提供者的同意，缔约方不应允许第三人在其他国家取得上市许可之日起至少3年内获得相同或类似的医药产品的上市批准。

3. 当产品按照第1段或第2段的内容申请上市批准，并且在该缔约国内申请专利时，如果专利保护在第1段或第2段规定的保护期结束前提前终止，该缔约方不得改变第1段或第2段提供的保护期限。

4. 如果缔约国允许第三人提交他人先前在其他国家已提交的药品安全有效性数据作为批准上市的条件：

(a) 该缔约方应提供阻止他人获得上市批准的措施：

(i) 可销售该产品，如果该产品已受专利保护；

(ii) 可按已批准的用途销售该产品，如果专利中包括该用途并在专利保护期限内，且经专利权人同意或达成一致。

(b) 如果缔约方允许请求上市批准的第三方进入市场：

(i) 在专利期限内确定为专利保护的产品；

(ii) 经批准使用的产品，在被认定保护了该用途的专利有效期内，缔约方应当通知专利权所有人该请求，并告知任何提出此类请求的其他人的身份。

第五部分

机构政策和战略

第 5.1 章

知识产权战略

罗伯特·皮特克斯利（ROBERT PITKETHLY）
英国牛津大学赛德商学院讲师，圣彼得学院管理专业教师，
牛津知识产权研究中心高级研究助理

译者 周希劢 **审校者** 刘晓娜 李义强 张熠 林鉴非 殷宏

摘 要

本章概述了知识产权战略的目的，讨论了知识产权战略执行过程中的管理问题。本书其他章节提供了更为详细的知识产权管理信息，而本章旨在提出一个综合性框架，探讨知识产权权利所对应的平衡性对价*问题。

1 引言

知识产权（intellectual property，IP）具有许多不同的含义。为了理解这一术语的重要性和含义，我们首先需要审视“知识产权”与“战略”这两个词的含义，它们如何组合使用，以及知识产权战略对于组织机构的意义。有人认为，知识产权战略指的是管理知识产权项目时所采取的战术，关注的是许可、申请与诉讼策略的细节。另有人认为，知识产权战略指的是运用知识产权管理技术的常规性商业策略。还有一些人认为，知识产权战略只是大型营利性企业考虑的问题，与小型或非营利机构无关。然而，我们认为知识产权战略及知识产权权利的知情使用对所有具有一定规模的机构都至关

Pitkethly R. 2007. IP Strategy. In *Intellectual Property Management in Health and Agricultural Innovation: A Handbook of Best Practices* (eds. A Krattiger, RT Mahoney, L Nelsen, et al.). MIHR: Oxford, U.K., and PIPRA: Davis, U.S.A. Available online at www.ipHandbook.org.

* 对价是英美合同法中的重要概念，其内涵是一方为另一方做某事的承诺而向另一方支付的金钱或得到该种承诺的代价。——译者注

重要。

2 知识产权

人们通常简单地认为知识产权是保护创新的方式，并认为这类保护会使创新者受益。[1]然而这样的观点，过度强调知识产权所有权人的私人利益，而忽视了知识产权制度所带来的重要的公共利益。广义上，知识产权制度由多项内容组成，维持了知识产权制度的整体效率。各部分所发挥的作用要保持平衡，才不会使私人利益支配公共利益。从短期来看，公共利益也不应影响推动该体系长期有效运行的私人利益。

知识产权的益处体现在诸多方面：知识产权通过提供激励或奖励、集成或界定智力资产、传播技术信息以及管控智力资产等方式，为创新提供强大的动力。除了这些实用性功能，Lockean[2]关于资产的观点中指出，知识产权还可以保障发明者对其创造成果拥有自然的、合乎道德的权利。

无论我们运用哪种知识产权理论，知识产权制度面临的困难在于如何实现私人利益与公共利益之间的良性平衡。从公共政策的角度来看，这一目标是难以实现的，尽管经济学家、政治领袖与发明者们为此进行了数百年的争辩，也仍旧没能找到适合的办法来平衡这些彼此冲突的观点。

在鼓励投资创新的政策措施中，知识产权制度扮演着重要却又不甚明确的角色。比如，人们时常引用Mritz Machlup的话支持这一观点：专利制度固有的不确定性使得这一制度既难以施行也难以废除[3]。早在7年前，在国际专利制度的研究中，Edith Penrose就提出了同样的观点："假如国家专利法不存在，那么作出引进专利制度的决定将非常困难；如果它们已经存在，虽然提供证据的责任改变了，但作出废止专利法的决定也同样困难。"[4]Penrose指的是19世纪那场关于专利的辩论，Machlup与Penrose早前关于19世纪专利制度的辩论，主要与废除专利法有关[5]。然而，他们在同一篇文章中提出"20世纪支持或反对专利制度的声音很少，甚至几乎没有，与19世纪不同"。这一说法放在21世纪也同样适用。

的确，尽管知识产权制度长期以来在理论上存在不确定性，但实施知识产权制度的国家，都证明该制度具有很强的适应性。到目前为止，我们无法确切地说知识产权制度要优于这些年来出现的其他任何替代选项。当然，我们是在国家层面而非企业层面对知识产权战略进行这种解读。事实上，有许多可供研究的有趣案例支持这一观点。[6]例如，美国宪法从一开始便纳入了知识产权。[7]日本从19世纪50年代的封建社会转变为20世纪初的工业化国家，其迅速的现代化进程包括了相当快速地采纳知识产权制度。[8]甚至在英国第一次工业革命中逐步演变的专利制度扮演了一定角色。[9]专利制度因支撑了工业化国家的利益而享有盛誉，大多数情况下，该制度在推动早期工业化进程中也发挥了作用。这说明，在国家层面，某种形式的知识产权战略对所有国家都很重要，无论该国的工业化程度如何。

2.1 知识产权制度的组织作用

尽管对知识产权制度的评判不同，执行知识产权制度的国家战略也不同，这些话题都值得探讨，但本章的目标更加切合实际，即帮助人们理解知识产权制度的实际意义。本章将讨论知识产权制度的 4 种实际功能：（1）激励创新；（2）包装智力资产；（3）传播技术信息；（4）管控智力资产。

知识产权制度的作用是通过限制他人使用来保护创新，为创新提供激励或回报。这种限制通过保护发明，使发明人能够要求垄断价格。相比于没有限制，发明人从创新成果中能够获得更大的收益。这对该战略具有一定意义，因为限制使用会赋予控制权，而实施控制权不仅可以限制创新成果的市场，也可以扩大创新成果的市场。

对于以技术为基础的创新，知识产权制度还有助于智力资产的包装和界定。按照定义，智力资产起初是隐性的想法，源自发明人的内心。而知识产权，尤其是申请专利的要求，会促使隐性的发明转变为更易于传播和保护的智力资产实物。这种将处于隐性或秘密状态的信息，转变为能够被识别并成为交易与交流对象的能力，是知识产权的重要功能，具有战略意义。比如，这一功能可以促成许可。肯尼斯·阿罗（Kenneth Arrow）的信息悖论中提到，当信任不存在时，交易保密信息会变得困难，而利用知识产权与合同法，可以摆脱这一困境。[10]

知识产权制度（尤其是专利制度）在传播技术信息中起到了关键作用。为了避免有人免费“搭便车”和竞争的威胁，发明人更倾向于不公开发明。历史上有过这样的案例，其中一个著名案例就是钱伯伦（Chamberlen）家族行医时秘密使用产钳长达 130 多年，由于保守着发明的秘密，当时的社会无法知晓这项拯救生命的技术。[11] 在现代分析方法与工作流动性大的背景下，这种保护策略如今不太可能再实现，但知识产权制度仍然发挥着保障发明公开、保证发明信息便于获取的重要作用。当然，其挑战在于知识产权制度必须安排得当，授予创新者的权利不会过度阻碍获取创新成果，最终不会使整个社会付出过多的代价。

最后，有人可能认为知识产权不仅是一种保护方式，更是一种“管控”潜在智力资产的方式。当某机构或个人出于公共利益看待知识产权时，这一点尤为重要。知识产权赋予人们禁止他人使用的权利，同时也给了他们许可使用的权利，从而使知识产权持有者能够对自己的创新成果加以控制。控制的程度取决于一系列其他因素（见以下第 4 部分）。假如某一机构忽视或未能获得知识产权，他们将面临放弃某项发明控制权的风险。假如针对的是一项基础发明的知识产权，则可能导致较大的战略性影响。

不同的案例证明了上述观点，例如青霉素及后续受专利保护的头孢菌素类抗生素。1929 年发现青霉素时，英国没有将化学产品纳入专利保护的主题。当时有人认为，与青霉素产品相关的发现或工作不应成为专利保护的对象。因此，来自伦敦的青霉素发现者亚历山大·弗莱明（Alexander Fleming）与设计生产方法的牛津大学 Howard Florey 团队并未对青霉素及其最初的生产方法进行专利保护。20 世纪 40 年代后期，青霉素得到广泛使用，关键就在于出现了大量的发酵生产方法，而这些方法专利属于美国发明者。[12] 因此，青霉素商业化的潜在控制权，大部分掌握在参与商业化开发的美国公司手中。几年后，来自牛津大学的 Florey 研究团队的科学家发现并开发了头孢菌素类抗生素。当时负责大学英国国家研究开发公司（National Research and Development Company，NRDC）获得了专利。[13] 借助专利许可带来的使用费，两位主要发明人盖伊·牛顿（Guy

Newton）和爱德华·亚伯拉罕（Edward Abraham）设立了两家公益信托基金：E. P. Abraham 研究基金与 Guy Newton 信托基金。这两家信托基金至今仍在支持牛津大学的医学、生物与化学研究。

这两则故事背后的重点在于，第一个案例中，后续关键技术的发明者获得了控制权和经济效益；第二个案例中，通过运用专利不仅保留了该专利的控制权，还使发明者获得了经济效益的控制权（在本案例中用于慈善）。许多年后 NRDC 作出了一个同样重要的有关经济效益的决定：他们没有就乔治斯·克勒（Georges Köhler）和色萨·米尔斯坦（César Milstein）在单克隆抗体方面的初步发现申请专利。这一决定导致他们损失了数百万英镑的许可使用费收入。然而，色萨·米尔斯坦就其实验室成果申请专利和许可的观点值得关注：

> 我们实验室建立了这样一套原则。公共利益位居首位，其次是发明者的科学兴趣，只有在这两个优先项得到满足的前提下，才会考虑赚钱。[14]

但是，如果实验室成果在商业方面具有更多价值，前两个选项还能得到优先考虑吗？的确，这些原则不会妨碍知识产权的使用，只是对知识产权的使用方式提出建议。更重要的是，那些肩负关注公共利益责任的人控制创新成果使用的话，公众会受益于此。知识产权是科学与研究机构可采取的数个控制方法之一，即使不直接参与研究成果商业化的机构也是如此。

更广泛地来说，将知识产权视为一种控制措施，远比将它当作竞争道路上的壁垒更为有效。

3 战略管理理论

了解了知识产权的作用后，应该探讨知识产权战略的本质与范围。从商业的角度来看，“战略”一词具有诸多定义。普遍广泛使用的是商业史学家 Alfred Chandler 的定义：

> 战略可以定义为，决定企业的长期目标与中短期目标，采取的行动路径以及分配实现这些目标所需的资源。[15]

“目标”（objectives）一词是复数形式，我们必须认识到机构可能有多个不同目标。人们倾向于认为商业是单向的，只专注追求利润，或实现股东利益的最大化。实际上，大部分机构都有多个目标，追求的也不只是利润。对于非营利性机构来说，这一特点通常更明显，拓宽获得药品的渠道、消除疾病、改善社会状况等都是机构的首要目标，这些目标可能导致无法追求利润。然而，无论什么机构，无论设立了什么目标，都必须对资源进行管理，才能达到最佳效果。假如一家公司声称因为经济效益较低，所以不愿谋划资源而要放弃利润，听起来很容易接受。假如一个机构因为不愿花费精力谋划资源而放弃挽救生命的机会，人们就不那么容易接受了。的确，如果非营利性机构决定退出全球知识产权制度，最大的受害者或许不是他们自己。这一观点再次强调了知识产权以及理解知识产权挑战的重要性，其重要性在于为了实现机构的目标，需要在资源的管理、控制和使用之间达成平衡。知识产权是一种资源。因此，即使出于最良好的意愿，也不应该放弃知识产权。但对于知识产权的诸多方面，各种选择并不总是清晰明朗，且几乎总是互相冲突；人们应该预料到，挑战恰恰是无法预料的。

商业战略的传统观点，一般是将相关考虑分为两部分：开展业务竞争的“外部”环境，以及用于实现竞争的“内部”资源。20世纪80年代早期，战略研究更倾向于关注外部环境，包括从产业组织经济学的角度进行研究。这项工作，强调市场进入的壁垒，诸多作者如贝恩（Bain）[16]和梅森（Mason）[17]等人持此观点，最终波特（Porter）形成了关于产业结构分析的观点[18]，主要将知识产权看作市场进入的壁垒，同时也形成了保护竞争优势的“隔离机制”。[19]然而，关注在哪里投资和竞争等外部问题，导致当时的战略分析很少直接涉及知识产权问题。20世纪80年代与90年代后半期，基于发展公司资源的观点，伴随着关注组织内部的资源管理，战略分析逐步接近知识产权管理。[20]

组织机构的资源，本质上包含机构员工、经济财务资源、一切有形资产，及其所控制的无形资产或智力资产。战略的目的便是通过管理可用资源而实现预设的目标。大部分情况下，资源都是可交易的资产，因此即便任何宝贵资源与机构当前的目标并不直接相关，机构也应当尽可能实现这些资源的最佳利用。

如果一家公司公开承认未能成功实现其资产的最佳利用，将导致他人争夺公司的控制权，他们会认为自己与现任管理人员相比，能够从这些资源中获取更多价值。即使是非营利性机构，无法最大化地利用本机构的可用资源也是一项严重错误。

知识产权是机构的一种无形资产，因此需要最大限度地挖掘知识产权以实现机构的目标。具体做法也许不是很清晰，但可以确定的是，任何资源都不应该拱手让人，或一扔了之。

综合战略管理理论与知识产权研究有关的最后一个方面，是增值管理的概念。在任何使资源得到利用并加工业务中，各方构成的价值链（在产品最终到达终端客户之前的每个环节，各方都会增加少量的价值），机构之间的关系及其与买卖双方的关系都是至关重要的。同样重要的是整个价值链所创造的价值，在各方间如何分配，或与价值链如何紧密衔接。如果创新者试图借助非常有效的知识产权权利，攫取业务中的所有增值价值，那么他会发现根本找不到任何分销商来销售产品。这可能会迫使创新者转向直接销售，结果会导致丧失竞争力。同样地，如果介入生产链的每个企业或许可方都坚持在最终零售价中占有很大比例，那么由此产生的堆叠许可使用费会使相关产品失去竞争力。无论在产业层面[21]还是业务单元层面，价值链概念内化于一系列不同的战略模型中，而布兰德伯格（Brandenburger）和纳尔波夫（Nalebuff）倡导的“价值网模型”（value net）则很好地解决了在直接或间接参与业务的各方中如何分配增加价值的问题。[22]

在考虑如何开发利用并分配某一项知识产权收益时，必须考虑产业的动态、如何获得互补性资产，以及知识产权的保护强度如何，这些因素都会影响任何一方获得创新收益的能力。

4 知识产权战略

在明确了知识产权是什么，以及如何纳入更大范围的战略管理后，最迫切的问题是，除了常规督促，知识产权战略到底需要什么，才能实现资源的最佳利用。

正如更大范围的战略管理被分为针对内部与外部资源一样，对知识产权战略进行简单的分类也很有必要。一方面，在机构外部进行的一些活动会涉及与其他相关方的交流。另一方面，也有一些内部活动涉及机构内部的管理。“战略”一词容易引发对竞争性行动的联想，但倾向于外部活动不应忽视内部的知识产权战略，因为两者都与资源的价值和分配直接相关。

此外，还需厘清知识产权“战略”与知识产权“管理”之间的区别。这可以比作战略与战术之间的区别，以及指导行动路线的一般原则（战略）与行动路线的实际执行（管理）之间的区别。

4.1 外部知识产权战略

外部知识产权战略的关键要素是开发利用问题以及明确什么是诉讼、许可以及学习。在某种意义上，诉讼与许可是相反的两种行为，因为前者否定而后者允许侵犯知识产权。事实上，两者都是知识产权所有权人的战略选项，体现了知识产权战略所赋予的控制权。依照知识产权的保护强度，知识产权所有权人有权阻止、允许或者甚至鼓励人们使用这一权利。

关于诉讼，最需要明确的也许是不同诉讼策略之间的区别，如决定在哪个国家对多个侵权人提起诉讼，或选择哪些证据进行诉讼。相比之下，诉讼策略则涉及以下内容：决定禁止侵权还是授权许可，从而在上诉法院前解决诉讼问题。尤其当持有的海外知识产权受到侵犯时，所有权人可能会接受劝说通过授权许可将本地侵权人转变为被许可方，以解决侵权的问题。然而，这并不总是最佳行动路线；可以肯定的是，最理想的被许可方不会在侵权人中发现。侵权人也许是故意为之，其目的就是以有利的条件获得许可。实际上，关注诉讼策略可能会使知识产权所有权人在选择授权许可对象时，作出糟糕的决定。此外，海外运营时，专利权所有人的选择会更加有限，诉讼策略应该由知识产权所有权人而不是由侵权人来决定。在任何情况下，一切有关授权许可的决定都应该是出于许可的考虑，而不是为了逃避诉讼。对于部分机构和组织而言，其主要目的是最大化地利用创新成果，诉讼应当是次要的——远次于开发与许可。

当一个机构试图开发利用知识产权时，至少有三种选择：第一，可以彻底出售该技术并退出这一领域（除非在过渡时期暂时提供技术咨询）；第二，可以选择在机构内部开发这项技术，借助其资源开发并营销产品与服务；第三，可以选择将这项技术对外授权许可。

在所有情况下，都需要认真考虑各种做法的后果。机构的目标在于充分利用其所控制的资源。就专利技术等知识资产而言，关键的问题是成功开发这项技术需要哪些资源。Teece 曾经指出，公司需要的不仅仅是知识产权：要想在竞争性市场中取得成功，需要强大的知识产权加上获取“互补性资产”[23]。对大部分技术来说，从实验室走向市场，到病人、接受者或这一技术的其他受益人，需要的远不止是发明并公布这项技术。开发过程、检测、试验、批准、生产工程、生产设备、分销商、营销技巧等都仅仅是开发一项技术所需资源的一部分。所有机构并不能拥有所有需要的资源。即使那些确实拥有上述所有资源的机构，或许也只在有限的市场内拥有这些资源，而无法实现全球范围内的开发。假如一项新技术得到了良好的知识产权保护，该机构是否具有开发技术所需的足够“互补性资产”仍是问题，先不说创新者是否保留创新成果的大部分收益，关键问题在于发明创新的机构能否最大限度地开发这项创新成果。

的确，如果一项新发明与现有技术相比具有实质性优势，便可认为这项发明在技术方面取得了成功。但无法预知发明该技术的机构是否会比竞争对手们在营销、推广、供给这项技术方面更成功。除了非常大的巨型跨国公司，其他所有公司的资源都很有限，不太可能快速开发新产品或新服务。这就意味着必须利用或交易机构的资产来获得所需资源。尤其对于人员、财力、有形资产都很有限的小型机构而言，在面临海外开发的需求时，唯一可以开拓市场的充足资源就是自己的知识产权。

对外授权许可技术的回报，必然低于在机构内开发这些资产所获得的潜在利益。但对外授权许可，可以接触市场和技术所在领域。因此值得付出一定成本，这类许可很可能会产生大量的附加值。即使对非营利性机构而言，也不可避免地会签订某些协议，以换取继续开发的机会。

然而，许可协议中还存在两个潜在问题。授权许可只是维持机构间持续交流的诸多方式之一，其他方式还包括出售、通过许可的方式购买技术、设立合资企业、充分通过联盟的方式收购和合并机构等。当在机构内部开发和完全出售这项技术都不太可能时，上述选项可以作为授权许可的替代方案。对于资源有限的组织来说，授权许可也许是最容易的做法，但不一定是最有效、最大化实现该创新机构控制权与回报的方式。

直接出售会导致失去控制权，更重要的是可能会减少所获得的回报。作为整体出售的替代方案，独占许可也许是更可取的一种选择，因为合同中可以增加一些期权条款，使创新者能够从后续增加的收益或开发的新机会中获利。这种做法本质上是运用了实物期权的概念，既限制了机构的不利风险，同时又使它能够获得正向收益中受益。实现这种实物期权还有另外一种方法，即将技术授权给该机构成立的衍生公司，独立开发这项技术。然而，成立衍生公司需要从其他渠道募集额外的资金，机构可以按照其所持有的衍生公司股份从最终的资本增值中收回投资。但建立衍生公司的要求要高于技术授权许可或出售的要求，因为必须协调投资者、产业以及机构内部人员的利益。然而此类衍生公司的战略，能为机构带来更高的回报，并且因为获得了外部投资，比起向现有公司许可或出售技术，其发展规模可以达到前者无法企及的高度。任何机构都可以采用建立衍生公司的做法，包括大学等公共部门机构。其实，各个技术转移办公室（technology transfer office，TTO）已经有许多建立衍生公司的例子。[24]

组织机构授权许可或出售知识资产的目的，是为了最大限度从创新成果中获得利益。这意味着不仅是为了短期机会寻求最大利益，更是为了海外扩张等未来机会。不管从市场还是从时间来看，制定知识产权战略都不能短视。正如专利代理律师起草权利要求书时，一般会在现有技术允许的情况下尽量扩大其保护范围，从而获得更全面的专利保护，确保专利保护不会因这项发明出现新用途而受到不必要的限制，这意味着技术转移办公室构思合同和准备许可时应当考虑所有可能性。这些措施应该是一个机构知识资产管理战略中的常规内容。

对非营利性机构来说，许可还有一个作用同样重要，那就是促进学习，或者说技术传播。在竞争性市场中，技术领先者对外授权许可，使人们不仅接触到授权技术，还能获得学习机会[25]。如果目标是尽可能广泛地传播技术，这种双重获取渠道将成为一种优势。但如果想比那些通过获得技术许可而学习的人更有竞争优势，则这种做法会带来相当大的弊端，而且这种弊端也无法通过获得许可收入而抵消。因为，知识产权的许可方需要在学习效果与获得潜在许可收入之间达到平衡。

最后，授权许可时常被忽视的一点是网络外部效应，即一项对用户有价值的技术会吸引更多的用户。在这种情况下，即便在竞争环境中，该机构都应该将技术对外许可，或者以低价或低于成本价推出这项技术，因为这将会带来更庞大的用户群，进一步鼓励应用技术（当然，机构应当了解所有的相关竞争法限制）。如果创新成果已经得到了保护与开发，但不愿意对外许可技术的做法，或许会造成竞争劣势。从中可以得到的教训是，相比利用知识产权防止他人使用开发的功能而言，控制知识产权更重要；过度严格限制知识产权的态度将导致机构处于劣势。

4.2 内部知识产权战略

知识产权战略不只是针对外部事务，也包括与组织内部资源相关的各种问题。其中与知识产权战略密切相关的是：评估、信息、协作与教育，包括管理机构内创造知识产权的研究人员和管理知识产权的人员。

4.2.1 评估

对知识产权的评估总体上反映了知识产权制度的本质。尽管经济学家付出了最大努力，但仍难以确定知识产权制度对任何一般性的创新成果到底具有多大价值。同样，尽管管理人员与会计人员也做出了最大努力，但仍难以确定某项知识产权的价值是多少[26]，事实上决定获得并保护一项知识产权，就说明其具有一定价值。如果机构准备支付获取并保护知识产权的费用，尤其对于流程复杂、花费较多的知识产权申请，例如向海外申请专利，就必须证明投入高成本的合理性。

很容易证明长期支付法律费用有助于维护现金流，比如成功地许可一项知识产权。然而，知识产权管理人员更多的是需要决定是否为那些价值不明确的知识产权投入成本。如在专利申请的早期阶段，需要预测该项发明的未来前景，这种决策难免会产生很多问题，毕竟关于未来的预测很有可能出错。

有两种方法可以解决上述问题。第一种是简单地采用组合式创新管理方法，即使假定投入研发与知识产权保护的大部分开支都会被浪费，仍会有足够的成功抵消失败所带来的损失。采取这种做法的公司大多有足够的支付能力；但当财务压力上升、需要削减短期开支时，这种做法通常难以维系。当有财务压力时，处于盈利边缘的公司会发现他们的知识产权覆盖范围非常零散、分布不均，恰恰反映了其财务状况的波动对知识产权的影响。或许会出现不太幸运的情况，当财务出现困难时，一项有价值的创新成果刚好问世，却无力保护，降低了其本应有的开发价值。

第二种方法是对每个开发项目采取个案分析，需要考虑与创新成果未来前景相关的所有信息。这类分析的关键点是：在一项发明的生命周期内，早期缺乏收入所造成的不利影响，没有晚期那么多。当然，一旦发明获得成功，就很容易对稳定的收入流进行估值。对早期创新成果估值的关键在于，此类知识产权代表了未来额外收入的“实物期权”，而额外收入源自保护该发明的知识产权。[27] 但在计算专利价值时，将实物期权考虑在内还不够。实践中，只要专利律师与知识产权管理人员预判一项知识产权未来会形成收益，即使当前留存的知识产权效果不佳，都会给出隐含的估值。

在评估某些行动的替代性做法方面，某些形式的估价方法是评估潜在产出与潜在成本之比。因而战略也与估价密切相关。然而除了评估，还有一个更为普遍的影响因素是受机构目标驱动的价值观。受机构价值观驱动而作出的决定，而不是仅仅基于财务分析时，便会出现这种情况。即便有多重战略目标与非财务价值观参与其中，财务分析仍然是作出知识产权相关决定的可靠基础。

估值是知识产权管理及战略中至关重要且无法避免的组成部分。因此在作出重要的战略决定时，可靠的估值更不易进行。

4.2.2 信息

传播信息也是知识产权的重要功能之一。专利制度通过要求发明者公开发明成果以换取专利权，提升公共利益。虽然公开这类信息也有弊端，但公开不仅为机构本身，也为其竞争者提供了有用的信息来源。

除了查询出版物，研究者还应当进行文献检索和专利检索。尽管学术出版物可能会在相关的专利申请之前出版，但通常情况下专利申请是唯一的或者最先能够找到的与竞争技术相关的公开内容。除了确定现有技术的内容，专利检索还能很好地呈现机构的技术发展脉络，因此在应对竞争对手、授权许可或其他协议谈判中具有重要的战略意义。不仅专利，其他知识产权相关信息也具有技术和战略双重意义。

制定战略几乎总是依据一些尚不完善的信息，因此有助于决策的相关任何信息都是非常有价值的资源。

4.2.3 协作

参与知识产权管理的各方需要协作，Chandler 在战略的定义中曾提到，这种协作就是“资源分配”的关键。知识产权战略管理中经常遇到的问题是，完成所有任务需要的人员数量、技能与资质等，任何个人或单一团队都很难承担。所需要的技能包括法律专业能力，如专利代理师起草并提交专利和商标申请材料；知识产权专业律师为诉讼或授权许可合同提供协助；研发经理为员工提供外在与内在的激励，并确保他们参与获取及保护知识产权。其他人员，如许可业务经理等也许缺乏法律或技术资质，但如果具备丰富的商业经验，也能在知识产权管理中扮演重要的角色。

最后，还需要高级管理人员为机构的知识产权整体管理战略提供指导与监督。最终在企业里负责知识产权管理的人员可能具有法律、商业或技术背景。然而，由于任何一个管理人员都不太可能掌握管理知识产权的所有技能，因此知识产权管理良好的重要特征，是与拥有这些技能的团队能进行良好的沟通与协作。组建为机构提供技能服务的队伍时，必须把沟通与协调的观念牢记于心。这些观念对于决定在何处安排人员或寻找外源专家尤其重要。

例如，把专利代理师安排在研发科学家身边，他们就能够互动交流，有助于推动专利申请与技术转移的进程。相反，如果把专业的知识产权部门与机构的战略管理部门隔离开来，则不利于把知识产权管理纳入机构的整体战略考量中。协调研发实验室、知识产权法务部门与机构总部之间的需求冲突时，可能必须作出妥协。然而其目的还是在于使研发部门、知识产权法务部门、普通法务部门与整体战略部门能够高效合作。

4.2.4 教育

最后，必须为所有员工提供最基本的知识产权培训，尤其是对于不是知识产权专家的员工，这种培训很有必要，通过培训能够避免员工因缺乏了解而损害一些有价值的知识产权，如在提交专利申请前公开技术导致申请无效。知识产权培训能够促进研究人员与知识产权专家之间的沟通。机构可以设置相关论坛，向员工宣传该机构的激励政策，从而为机构获取与保护知识产权提供支持。英国早期的研究成果以及机构内部专利律师的共同经验表明，尽管大部分管理人员都听说过专利，但他们对细节的了解却非常有限，比如哪种类型的信息披露不利于专利申请。因此，机构开展培训提高知识产权意识的目的应该在于提高认知，而不必把所有的员工都培养成专利代理师，只需要确保所有员工能够适度掌握一定知识，保护机构的知识产权利益即可。

5 机构知识产权战略的差别

政府部门、公共领域机构、衍生公司、中小企业（small and medium enterprises，SME）和大型企业都需要注意知识产权问题。然而，各类组织面临的问题各不相同，所采取的知识产权战略与做法各异。

5.1 政府的知识产权战略

大部分工业化国家除了设立知识产权法律的管理机构，还需要制定与贸易相关的知识产权政策，作为整体贸易与产业政策的一部分。所有国家政府的知识产权局或专利局，既要承担行政管理工作，又要制定内部政策并进行宣传推广。英国设立第一个知识产权制度并不是外部贸易压力的产物，其最初的目标是鼓励创新。今天，争议通常来自以下两者之间的博弈与抉择：贸易压力要求保护外部知识产权；而获得当地短期优势则要求外部知识产权保护最小化，或是搭乘外部知识产权“便车”。这一冲突会导致对知识产权原有的推动创新与传播发明的功能关注不足，使本地创新者无法利用知识产权制度传播的信息（如专利信息系统），不了解推动创新的激励手段，无法从中获益。因此，政府部门最重要的一项工作就是提供有效的、可实施的保护制度并促进当地创新，同时不仅应该提供管理与传播知识所需要的基本制度，更应积极推动潜在用户使用并从中获益。

这种促进措施可以由中央政府在国家层面实施，比如丹麦专利局（Danish patent office）开展的推进活动[28]、英国专利局（the U. K. patent office）举办的巡回讲座[29]。推进活动还可以在地方政府层面开展，如东京都（Tokyo metropolitan government）成立的知识产权中心，不仅提高了知识产权认知度，还承担部分知识产权工作与申请的费用[30]。很明显，各国在如何提高认知度以及重点强调知识产权不同方面的工作不尽相同。无论如何，不为人知的知识产权制度注定不会奏效，因为它仅对少数了解其好处的使用者有益。

5.2 公共部门知识产权战略

知识产权战略看似只符合营利性商业机构的利益。人们想当然地就会认为，对于执行政府政策开展研发的公共机构而言，知识产权在推动创新方面的作用，不如寻求商业回报的私营企业那么重要。然而，知识产权战略的控制和知识资产管理对所有机构都非常重要，尤其是那些有责任管理资源实现公共目标的公共机构。政府的服务，包括医疗保健服务、政府研究部门、大学研究实验室及其他参与创造知识产权的公共机构等，都必须规划知识产权战略。他们需要确保员工了解组织内有价值的知识产权资产，而且知道这些资产和组织的其他任何资产一样需要进行管理与保护。同时，知识产权战略还有助于减少使用（尤其是无意使用）其他机构所持有的知识产权所引发的责任。

若想让知识产权管理在大学或政府研究实验室内发挥作用，知识产权战略的重点可能是通过授权许可或衍生公司强调知识产权的保护与开发[31]。非合同与非诉讼方面的工作，如起草专利申请，可以外包给私营的专利代理师。对于涉及研发（尤其是合作研发）的公共机构而言，管理研究合同中的知识产权内容是极其重要的任务。

对于公共或慈善研究机构，缺乏知识产权战略，可能会导致知识资产拱手让人。无视知识产权资源管理的需求，与忽视机构有形资产和人力资源管理是同样严重的错误。

5.3 衍生企业与中小企业的知识产权战略

小型企业，尤其是刚起步的初创企业，也许没有足够的资源聘请任何专家（例如有资质的专利律师）。然而，有人认为，恰恰处于这一发展阶段的公司，知识产权在其整体资源中所占的比重是最大的。正因为如此，知识产权成了公司整体战略中最关键的内容。由于资源和信息有限，知识产权战略难以成形。因此，由于缺少资源和前文提到的互补性资产，这些小型企业（包括知识产权衍生企业）就面临着无法从创新成果中获得回报的风险。

为减少潜在利益的损失，小型企业需要投入看似不成比例的资源来保护并开发知识产权。必要的时候，这些机构需要依赖外界的帮助，实现知识产权的保护与开发。但经常无法避免的是现金短缺，这可能会限制企业保护与开发知识产权的能力。企业从创新成果中获得的收益也会因此减少。

通过投资初始创新成果而从中获取更多价值，小型企业可以利用受保护的知识产权创造价值并获取其他资源回报，继续发展壮大企业。衍生企业在知识产权权利较少时可能难以从自己的创新成果中获取最大价值。然而，随着企业可使用的资源逐步增多，开发后续创新成果的能力会相应提高。对于小型企业而言，难以承担的不是制定知识产权战略的成本，而是因缺少知识产权战略所带来的后果。

5.4 大型企业的知识产权战略

人们可能认为大型企业的知识产权战略任务最为简单，因为他们拥有足够的资源能够及时应对知识产权问题，而且通常能在企业内部解决。但是大型企业也面临着中小企业或公共机构不太可能遇到的知识产权战略问题。

第一，大型企业建立在成功技术的基础上。但大部分知识产权（除商标之外）的生命周期都是有限的，以往的成功无法保证未来的成功。实际上，当一家企业开始通过对外许可以往忽视的知识产权资产而获得经济回报，也许就是这家企业走向灭亡的序曲，除非一部分已有成果的许可收益能投入未来的发展中去。重现辉煌并非易事，尤其是所在领域的技术不确定性会削弱技术与商业能力。如果缺乏持续投资，加之知识产权流失，技术会被逐渐淘汰，企业衰退不可避免。任何企业，无论多大，都无法靠曾经的辉煌维持下去。

第二，沟通与互动也可能成为挑战。小型企业的优势之一是所有涉及知识产权问题的关键人员都在同一座楼里工作，每天互动。对于大型企业，尤其是内设了独立知识产权部门的公司而言，必须不断鼓励知识产权专家同公司研发部门的同事进行沟通。此外，知识产权部门必须与高级管理部门进行良好沟通，向他们解释知识产权管理的重要性。

第三，大公司的知识产权部门倾向于关注部门内部利益，而非公司整体利益也是一种挑战。这可能导致公司提交过多的专利申请或过度授权许可那些本应保留在企业内部的技术。

综上可见，大型企业不应该将知识产权管理职能外包，而是需要妥善管理知识产权。如果知识产权部门管理良好，沟通顺畅，将知识产权管理保留在企业内部会带来更多好处。

6 改进知识产权战略

不同规模和类型的机构，其知识产权战略必然存在差异。正如我们所看到的，知识产权战略的关键组成包含外部与内部因素。外部因素包括许可与诉讼；内部因素包括评估、信息、协作与教育。尽管重点各不相同，但知识产权战略的各方面内容在某种程度上都影响着各类机构的发展。公共机构可能更多地关注许可、信息与教育。衍生企业与小型企业会更关心许可与诉讼等外部因素，并因此而更关注评估。大型企业对各个因素都同等关心，也会因为拥有自己的知识产权部门而更了解知识产权问题。

各类机构都能通过采取一些基本措施完善其知识产权战略。对政府而言，这些举措可能包括：

- 从创造者（及潜在创新者）和使用者（及潜在侵权人）的角度，提高知识产权

意识

- 更多地运用专利信息以及其他知识产权数据库中的信息，获取技术并为进一步创新提供信息
- 中央与地方政府就创新成果开发提供建议与协助，尤其是海外市场开发
- 为知识产权律师提供创新开发方面的基础教育（尽管知识产权律师是许多人寻求知识产权建议时的首要联系对象，但他们只接受过法律方面的培训而缺乏商业培训。向专业人士寻求具体建议，对公司大有裨益）
- 建立创新支持中心并形成网络体系，提供有关技术转移办公室（TTO）/知识产权的共享信息（创新成果开发所需的基础设施分布在全球；许多国家遇到的问题正在从发明人转到海外被许可方。这类中心也许无法承担普通技术转移办公室的所有工作，但能够协调知识产权开发与保护）
- 国外贸易组织介入，将帮助缺乏资源的公司或企业在海外市场推广技术
- 采取措施帮助机构使用、保护并开发非技术类的知识资产，尤其是版权与商标，包括集体商标、证明商标与原产地标记，包括那些没有或缺少技术创新的机构

对于公共机构与研究实验室而言，改进知识产权战略的基本举措可能包括：

- 提高创新者的知识产权意识，包括认识到知识产权对机构的价值
- 通过促进运用专利与其他知识产权数据库中的信息，为后续创新提供信息
- 提供有关知识产权和创新开发的咨询及帮助，特别是针对海外市场
- 在机构内设立专门负责知识产权管理的管理人员
- 将知识产权管理人员与技术转移办公室管理人员的角色合并，从而控制机构所产生的技术开发，并对外部机构签署合作研究合同提供建议（这种情况适于与研发相关的机构）
- 采取措施推动知识产权创造者与知识产权管理人员之间、知识产权管理人员与机构整体管理人员之间的良好沟通

衍生企业与其他中小型企业可采取以下做法：

- 提高员工对知识产权法律和知识产权开发的基本认知，使每个人都了解应该避免的关键错误
- 在经济效益合理的情况下，鼓励企业投入资金保护并开发具有商业价值的知识资产
- 鼓励企业借助专利与商标数据库等知识产权信息资源，为文献检索提供补充，使公司能够了解国内外竞争者的活动
- 管理并激励为公司创造知识资产的发明者，他们未来很可能也会产生知识产权
- 在公司早期阶段缺乏资源时，尽早筹建联盟或许可协议，补充公司资源的不足，并更早开发市场（这类许可不宜太晚，否则竞争者会开始投资开发与之竞争的技术；也不宜太早，太早的话，公司技术的价值无法得到充分的认识与重视）
- 做好准备开发一系列创新成果（随着以早期发明获得的开发收益再投资，公司

开发能力会逐步提高)

对于公共机构与人事研究的实验室科学家，改善知识产权战略的措施可能包括：
- 妥善保管实验室笔记，在出版公开所有技术前都应进行专利性与商业潜力的评估
- 确保所有研究人员了解基本的知识产权法律，尤其要让科研人员知晓，在递交申请前公开技术可能会失去专利保护
- 确保所有研究人员都认识机构内的知识产权工作人员，如有必要，要认识能够迅速提供专业建议的外部技术转移办公室或专利代理师
- 确保所有科学家在与其他组织签订合作协议之前，协议都经过知识产权专家的审查

最后，大型企业需要牢记以下几点：
- 即便大公司可能拥有成功开发知识产权需要的所有资源，但如果各方人员无法进行足够的沟通，这些资源可能也无法发挥作用。因此，大公司需要采取措施推动知识产权创造者与知识产权管理人员之间，以及知识产权管理人员与机构整体管理者之间的良好沟通。
- 知识资产既可以作为技术开发的资源，也可以作为开发技术的手段：以“非我发明”（Not Invented Here）* 而排斥或憎恶的态度对待源于外部组织的技术是目光短浅的做法。

7 结语

知识产权战略包含的议题范围甚广，此处只能涵盖其中一部分。与知识资产相关的战略议题——尤其是知识产权强度与获得互补性资产之间的联系，以及管理知识资产所需的专业技能——是知识产权管理特有的议题。然而，知识产权战略适合在一系列的传统战略管理理论框架内运用，尤其是公司基于资源的观念，将无形资产视为组织的资源，并以博弈论的角度考虑资源分配。与其他任何资源一样，知识资产也需要充分地利用，才能实现机构的目标。

知识产权制度一直是有争议的，因为该制度显然是“为了结果不顾手段”：借助通常不受欢迎的事物（垄断，即使是暂时垄断）来获得人们想要的事物（技术或商业进步）。然而，知识产权制度深深地扎根于社会的方方面面，以至于如果缺乏国际协同合作，很难废除甚至削弱知识产权制度。而这种合作发生的可能性微乎其微。因此，无论机构如何看待这个制度，都别无选择，当前，只能尽量适应该制度。

所有机构，包括非营利性机构的基本原则：假如创新者没有运用手上的知识产权来影响或控制其发明成果的开发，就会有其他人为他们做这件事。如果这种情况发生

---

* 非我发明症是一种文化，在该文化中的组织单位对不是由内部提出的事物或者不能在内部执行的事物持排斥和憎恶态度。——译者注

了，其他人对该机构的发明所做的开发将有可能违背或损害该机构的利益。

ROBERT PITKETHLY, *University Lecturer, Said Business School; Fellow and Tutor in Management, St. Peter's College; and Senior Research Associate, Oxford Intellectual Property Research Centre, University of Oxford, Park End Street, Oxford, OX1 1HP, U. K.* robert.pitkethly@sbs.ox.ac.uk

---

1 For example, "A patent does not give you the right to do make something or to do anything except to appear in court as the plaintiff in an action for infringement," Earl of Halsbury House of Lords (20 February 1985).

2 Gordon WJ. 1993. Property Right in Self-Expression: Equality and Individualism in the Natural Law of Intellectual Property. *The Yale Law Journal* 102 (7): 1533-1609.

3 Machlup F. 1958. An Economic Review of the Patent System. Study no. 15 of the U. S. Senate Subcommittee on Patents, Trademarks, and Copyrights. 85th Congress, Second session.

4 Penrose ET. 1951. *The Economics of the International Patent System.* Johns Hopkins Univ. Press: Baltimore.

5 Machlup F and TE Penrose. 1950. The Patent Controversy in the Nineteenth Century. *Journal of Economic History* 10: 1-29.

6 For example (though dated now), the comparison of India and Japan, in Watanabe S. 1985. The Patent System and Indigenous Technology Development in the Third World. In *Technology, Institutions and Government Policies* (Watanabe S and J James, eds.). Macmillan: Basingstoke.

7 U. S. Const. art. I, § 8, cl. 8.

8 Pitkethly R. 1993. *The Formation of the Japanese Patent System*, 1853-1885. MSc thesis. University of Stirling: Scotland, U. K.

9 Mac Leod C. 1988. *Inventing the Industrial Revolution: The English Patent System* 1660-1800. Cambridge University Press: Cambridge.

10 Arrow KJ. 1962. Economic Welfare and the Allocation of Resources for Invention. In *The Rate and Direction of Inventive Activity: Economic and Social Factors*, Princeton University Press: Princeton, New Jersey. pp. 609-26.

11 Dunn PM. 1999. The Chamberlen Family (1560-1728) and Obstetric Forceps. *Arch Dis Child Fetal Neonatal Ed* 81: F232-F235.

12 1946. Penicillin Its Properties, Uses and Preparations. The Pharmaceutical Press: London. [Andrew J. Moyer, et al. -Method for Production of Penicillin-US Patent Nos. 2,442,141; 2,443,989; UK Applications 45/13674-6]

13 Bud R. 1998. Penicillin and the New Elizabethans. *The British Journal for the History of Science* 31: 305-33.

14 Milstein C. 2000. With the Benefit of Hindsight. *Immunology Today* 21: 359-64.

15 Chandler AD. 1962. *Strategy and Structure.* M. I. T. Press: Cambridge, Mass.

16 Bain JS. 1956. *Barriers to New Competition.* Harvard University Press: Cambridge, MA.

17 Mason ES. 1957. *Economic Concentration and the Monopoly Problem.* Harvard University Press: Cam-

bridge, Mass.

18 Porter ME. 1980. *Competitive Strategy.* Free Press: New York.

19 Rumelt RP. 1984. Towards a Strategic Theory of the Firm. In *Competitive Strategic Management* (R Lamb, ed.). Prentice-Hall: Eaglewood Cliffs, pp. 556-700 New Jersey.

20 Wernerfelt initially developed this view in Wernerfelt B. 1984. A Resource Based View of the Firm. *Strategic Management Journal* 5: 171-180. But the field developed considerably in the 1990s. See, especially, Barney J. 1991. Firm Resources and Sustained Competitive Advantage. *Journal of Management* 17: 99-120.

21 Such as Porter, see *supra* note 18.

22 Nalebuff BJ and AMBrandenburger. 1996. *Co-opetition.* Harper Collins: London.

23 Teece DJ. 1986. Profiting from Technological Innovation: Implications for Integration, Collaboration, Licensing, and Public Policy. *Research Policy* 15: 285-305.

24 ISIS Innovation, Oxford University's TLO, has a long record of successful spinouts: www.isis-innovation.com/spinout/index.html.

25 Pitkethly R. 2001. Intellectual Property Strategy in Japanese and UK companies: Patent Licensing Decisions and Learning Opportunities. *Research Policy* 30: 425-42.

26 For example, see work on using renewal fees to deduce patent values. Pakes A. 1986. Patents as Options: Some Estimates of the Value of Holding European Patent Stocks. *Econometrica* 54: 755-84.

27 Pitkethly RH. 1999. The Valuation of Patents: A Review of Patent Valuation Methods with Consideration of Option-Based Methods and the Potential for Further Research. Electronic *Journal of Intellectual Property Rights.* www.oiprc.ox.ac.uk/EJWP0599.html.

28 www.dkpto.dk.

29 www.patent.gov.uk/about/about-ourorg/aboutcontact/events/events-ipseminar.htm.

30 See *supra* note 27.

31 Oxford University's technology licensing office is ISIS Innovation. It has developed a long track record of success in exploiting university-based research through a combination of licensing and the formation of spinout companies (www.isis-innovation.com). See, also, in this *Handbook*, chapter 13.4 by T Cook.

第 5.2 章

从出资人的角度看知识产权管理政策

佐伊·巴兰坦（ZOË BALLANTYNE）
英国维康信托基金会（The Wellcome Trust）法律与运营顾问
丹尼尔·内尔基（DANIEL NELKI）
英国维康信托基金会法律与运营主管

▌译者　周希劢　▌审校者　刘晓娜　李义强　张熠　林鉴非　殷宏

摘　要

本章介绍了生物医药研究领域著名的慈善机构——维康信托基金会（The Wellcome Trust）对其资助的研究如何进行管理。维康信托基金会认识到创新性的健康技术发展，需要包括出资人、科学家、机构与公司在内的合作伙伴对知识产权进行明智的管理。本章阐述了该机构的慈善使命如何影响其决策过程。还用部分案例详细解释了该机构的关注重点并说明了关键流程。

1　维康信托基金会

维康信托基金会是一家位于英国的独立生物医学研究慈善机构。2006—2007 年，在英国和全世界投资了近 10 亿美元用于生物医学研究。1936 年亨利·维康爵士（Sir Henry Wellcome）去世之后成立了维康信托基金会。亨利爵士在遗嘱中将他创立的医药公司维康基金会（The Wellcome Foundation）的全部股份资金赠予维康信托基金会。经过一系列并购，维康医药公司并入葛兰素史克公司（Glaxo Smith Kline），在这个过程中，维康信托基金会的投资组合也变得多元化。基金会已经不再持有葛兰素史克公司的大额股份，并完全独立于该医药公司进行运作。

Ballantyne Z and D Nelki. 2007. IP Management Policy: A Donor's Perspective. In *Intellectual Property Management in Health and Agricultural Innovation: A Handbook of Best Practices* (eds. A Krattiger, RT Mahoney, L Nelsen, et al.). MIHR: Oxford, U.K., and PIPRA: Davis, U.S.A. Available online at www.ipHandbook.org.

维康信托基金会的使命，是培育并促进改善人类与动物健康的研究（该组织的宗旨与总体方针说明见文本框1）。基金会在生物医药领域广泛地支持了一系列工作，包括基础科学、技术转移、医学人文以及公众科学普及。为了支持最高水准的科学研究，资助计划不仅包括以助力科学家职业生涯为目标的项目，如博士生奖学金和助学津贴等，还包括课题和项目资助、购买设备的拨款与基础设施建设。

文本框1：维康信托基金会关于知识产权与专利的政策

请注意，该政策正在修订中，预计于2007年审核通过。[1]

序言

维康信托基金会的使命是促进并推动以改善人类与动物健康为目标的研究。这一使命推动维康信托基金会开展所有的活动，并以此为基础制定知识产权保护与运用政策。本政策是为了向受资助的科学家明确说明维康信托基金会*关于专利保护的立场、使用知识产权的权利，并向他们告知维康信托基金会的其他行动，尤其是与基因组学相关的行动。

在制定该政策时，维康信托基金会广泛考虑了一系列问题，尤其是知识产权在开展研究并将研究转化为有形的医疗成效过程中所扮演的角色。维康信托基金会支持对知识产权进行合理的保护与运用，以使医疗成效最大化并推动生物医学研究的进步。

一项研究进展要获得知识产权保护，就必须满足专利保护的法定要求。这意味着，要想申请专利，将研究结果转为发明成果，必须具备：

- 新颖性，如从未在其他地方提及
- 非显而易见性，涉及发明创造性的步骤，如本领域内大部分人都未预料到
- 可应用于产业，如能够被制造或使用

专利，包括涉及基因及其产物的专利，也不例外，假如有足够的信息说明该DNA序列能够带来医疗方面的有益效果，维康信托基金会愿意提供支持。如果没有此类信息，则无法支持单纯的DNA序列申请专利。这一做法符合欧盟法律规定，一个基因序列无论完整与否，只能在已经成功分离并说明其功能的情况下方可申请专利。

维康信托基金会尤其担忧的是，专利和专利申请异常宽泛，且存在投机性，比如支持专利权利要求的功能效果数据非常有限。假如维康信托基金会认为专利申请的目的或使用方式将对研究造成不利影响，或限制医疗效益开发，他们就会对这类投机的专利申请提出质疑。

---

* 原文错误，译者已纠正。——译者注

文本框1(续)

作为一家慈善机构，维康信托基金会有义务确保其资助的研究产生的有效成果能够应用于公共利益。维康信托基金会的技术转移部门旨在联合研究人员、大学、企业以及发明家，共同确保具有前景的研究能带来实际的医疗成效。考虑到这些议题的重要性以及基因组学研究带来的潜在健康益处，维康信托基金会将继续审议该项政策。

维康信托基金会的大部分资金用于支持英国学术机构的研究人员，但也一直支持热带疾病研究，尤其是与发展中国家相关的疾病研究。凡是有意在发展中国家开展热带医学研究的英国研究人员，以及发展中国家开展公共卫生及传染病研究的研究人员，都能获得资助。

2 知识产权管理

考虑知识产权管理时，维康信托基金会的主要目标在于：（1）确保其资助的研究所创造的知识产权慎重地用于增加医疗健康福利；（2）为未来生物医学研究营造并维持一个积极的环境。该信托基金会一直以开放与创新的态度管理知识产权，下面将讨论部分案例。

其他捐赠人可能会持不同的看法，也会采取不同的机制和程序实现各自的使命。维康信托基金会采取了一种他们认为能够实现自身目标的做法来管理知识资产。本章不打算给出任何形式的最佳做法。笔者的目的在于简要介绍在维康信托基金会从事技术转移工作所获得的经验，供其他从业者借鉴。

3 通过维康信托基金会的拨款条件管理知识产权

维康信托基金会的大部分拨款都根据其资助标准条件发放[2]。维康信托基金会通常不会寻求获得其资助的知识产权所有权，但是受资助的学术和研究主持机构与参与研究并为机构产生知识资产的研究人员需要签订协议。根据信托资助条件的要求，受资助机构组织还需要建立一个制度，用于鉴别并管理资助项目产生的知识产权（如通过机构的技术转移办公室行使发明披露、评估或类似功能）。

资助条件要求，如果资助项目产生了知识产权，主持机构要考虑这项知识产权的保护方式是否合理，能否造福公众[3]。对这种做法的合理解释是，为了吸引更多研究与开发投资（很可能来自风险投资公司、医药或生物科技公司等第三方商业机构），需要保护知识产权，通常是申请专利。专利申请将有可能为有意开发知识产权的各方提供有期限的垄断。

当然，在一些情况下，知识产权保护也不是获得公众利益的最佳方式。相反，允许公众快速获得不受保护的研究成果，也许可以直接改善公共健康状况，或使得其他研究者能够运用这些成果实现其目标，如通过建立大型数据库帮助开展相关的健康研究（另请参见本章 7.1.3 部分）。或者，也可能由于研究成果自身价值有限而无须申请专利。

3.1 开发知识产权

维康信托基金会的使命之一是改善人类与动物健康，将研究成果成功地运用到医疗健康行业。大部分情况下，受资助的研究成果都必须进行进一步的开发和投资，才能对健康产业起作用。根据信托基金的捐资条件，受资助机构有责任确定开发所获得的知识产权是否能够带来公共利益。假如该机构认为开发这项知识资产是合理的，那么在知识资产获得任何权利前，必须征求维康信托基金会的同意。通常在机构接受了基金会关于收入与股份的标准条款之后，维康信托基金会才会同意。

根据维康信托基金会的资助条件，如果有充足理由认定该机构未能妥善保护、管理或开发受资助的知识产权，那么维康信托基金会有权接手该工作。此外，为确保潜在的受资助者能够遵守该机构政策，需要申请者和机构在申请资助的阶段就说明其研究所涉及的技术或材料是否会受第三方（如公司或其他研究机构）限制，因为这可能影响研发机构开发受资助的知识产权的能力。

3.2 知情同意

在知情同意的过程中，机构将尽可能多地提供拟采用的开发方法细节（如许可条款草案、材料转移协议以及合作协议）。假如机构提议将知识产权转移至衍生企业，应当提供股东协议与公司章程草案。维康信托基金会将按具体情况评估所拟定的条款是否制定了合理使用知识产权并实现公共利益的方法。如果机构提议的开发路径及相关协议条款与基金会的公共利益目标相符，基金会通常会与该机构以及任何其他相关方签订一份利益共享协议，其中可能会包括各里程碑节点和（或）许可使用费的分配百分比。如果涉及衍生公司，基金会通常会占有该公司一定的股份。

由于维康信托基金会的慈善性质，它必须对所有利益共享条款及对公共利益的影响进行评估。英格兰慈善法的一项基本原则是，个人或公司从慈善组织所获得的任何“私人收益”，都必须是为实现慈善目标而产生的公共利益的附带产物。因此，当信托的慈善基金创造了有价值的知识产权，而与研究人员、主持机构和被许可方等其他各方分享其价值时，非常重要的一点是要确保各方仅获得知识产权总价值的一部分。各方所获得的价值必须与各方为创造及进一步开发这项知识产权所做的贡献相一致。维康信托基金会也必须获得所资助创造知识产权价值的相应份额。

由于维康信托基金会资助的大部分机构本身就是英国的慈善性质的机构（如大学），受同样的慈善法管辖，所以这些研究机构在起草知识产权开发协议时本身也会考虑公私利益的平衡。因此，知情同意的过程通常都很简单，所提出的开发条款也很容易符合维康信托基金会的目标。

4 维康信托基金会知识产权管理案例

4.1 材料转移协议

当维康信托基金会的研究者需要第三方生物材料时，如果相关的材料转移协议

（material transfer agreement，MTA）涉及任何基金会资助获得的知识产权权利，就需要得到基金会的同意。基金会时常遇到“延展性权利”条款协议，即在这类许可协议中，出于商业目的，材料提供者要免费获得材料接受者所做出新发明的许可。维康信托基金会认为，如果材料提供者除提供材料外，并没有对材料接收者所创造的新发明知识产权做出贡献时，该条款可不接受。针对这种情况目前采取个案分析的做法，但维康信托基金会通常会建议：（1）给材料提供者授权的知识产权许可，只限于非独家、非商业的研究许可；（2）假如材料提供者对新发明的知识产权贡献显著，且被认为是进一步开发的合适伙伴人选，可在有限时间内，向材料提供者提供付费许可的商业谈判机会（如果在有限时间内无法达成双方同意的许可条款，该机构可以将发明授权给其他伙伴）。然而，材料接收者提交发明的专利申请时，如果该发明申请与这些材料具有直接且显著的相关性时，通常应该向材料提供者授予非排他许可，允许其在仅涉及这些材料的情况下使用专利，使其能够继续使用自己的材料。在许多案例中，允许材料提供者在有限的时间内有机会就该专利的排他许可进行谈判的做法是恰当的。

4.2 流水线协议（Pipeline agreements）

流水线协议往往是指公司获得了机构中某一部门未来的所有知识产权独家许可。这类协议对维康信托基金会来说存在问题，因为一旦有任何资金注入该部门，自动许可将导致维康无法按照个案分析的原则，单独评估各项新的知识产权开发计划是否是实现医疗健康福祉的合理做法。流水线协议涉及的范围很广，通常是自动向公司授权许可，不太可能成为最佳的开发方式，尤其是公司资源有限且许可的技术领域远超公司关注的领域时。这种情况下，依据流水线协议向公司授权任何受资助的知识产权许可之前，维康信托基金会一般会与相关机构达成协议，即该机构需要先征得维康信托基金会对开发计划与许可条款的认可。然而，如果流水线协议涉及面很窄、预期的知识产权能得到妥善定义、对方公司具备开发相关知识产权所需的足够资历和资源、能够与主持机构提前协调好收入分配条款时，也许维康信托基金会也能接受这类协议。

4.3 许可协议

维康信托基金会一般会同意向大学衍生公司授予排他许可，或者转让专利。他们认识到，排他许可或转让专利能够使其资助的知识产权获得进一步的投资和开发，因为它能够为投资者或开发者提供竞争性优势。条件合适时，维康信托基金会还会采取协同排他许可（co-exclusive licensing）的方式（向少数合作伙伴授权许可，通常少于5个），使产品开发、制造与分销环节的商业投资达到平衡，从而更广泛地推广新产品。

有时，专利的保护范围非常广泛，也许是能治疗一系列疾病的方法，也许能被第三方广泛用于开发医疗健康产品，而不会对各方的市场或应用造成负面影响。在这种情况下，维康信托基金会认为单一被许可方（尤其对于资源有限、创立不久的衍生企业）无法在所有可能领域充分开发某项专利。此外，在这种情况下，如果无法妥善处理授权许可，那么还存在阻碍各研究领域发展的风险。因此，维康信托基金会通常会提议非排他许可的方式，或谨慎选择授权许可的应用领域，这种做法能够更好地保障公共利益。

5 公开

维康信托基金会的资助条件是受资助的研究成果以适当的形式进行公开，不过出于保护知识产权的目的而适当推迟公开也可以接受。维康信托基金会将公开研究成果视为使研究保持健康而富有活力的关键过程，既能使研究成果接受同行专家的评判和检验，也能使其他科学家在新的知识基础上有所建树并从中获益。甚至，在适当条件下，仅仅公开发表成果就能够实现公共利益。

2003—2004 年，维康信托基金会撰写了两份关于科学研究出版市场的报告[4]，得出的结论是，尽管能够获取许多科学论文的电子版本，但出版商的供应政策形成了潜在的传播壁垒，杂志订阅费用对机构图书馆与研究者来说是一项沉重的开支负担。这两份报告发表后，基金会在其资助条件中增加了一条，要求所有受基金会资助的研究者在公共医学中心（Pub Med Central）* 存入一份与受资助研究相关的科学出版物副本。维康信托基金会同时还隶属于一个医学研究慈善机构和政府资助机构组成的协会，该协会正在资助并参与建立类似公共医学中心的英国机构。这项计划旨在确保尽可能广泛地传播研究结果，并保障文章获取的渠道通畅且能够长期存档。

6 知识产权与技术转移奖

为推动早期阶段的医疗健康发明得到商业公司的进一步开发，维康信托基金会的技术转移部门会颁发转化奖励。从基础性学术研究的研究成果，到充分开发吸引风险投资公司或潜在商业被许可方，这之间会存在资金缺口，而该奖项所提供的资金旨在填补这一缺口。信托机构的转化奖励也会颁给公司，通常是成立初期的衍生公司或学术主持机构。给衍生公司的资助通常以项目投资的形式发放。通过这种类型的资助（允许慈善组织采用），“慈善投资”得以进入研究项目，实现该慈善组织的使命。某些资助条款也允许维康信托基金会给开展具体医疗健康应用的研究或开发项目的商业机构提供慈善资金。尽管从此类项目相关投资中获得潜在回报并不是维康信托基金会设立这一奖项的首要目的，但维康信托基金会从项目相关投资产生的利益中获得合理份额（以平衡慈善资产所创造的公共与私人利益）仍然非常重要。因此，技术转移部门通常将转化奖励作为贷款，而不是直接捐赠给公司。[5]

由于技术开发阶段非常关键，因此恰当的知识产权创造、鉴别、申请、持续管理与起诉很重要。作为申请转化奖励的一部分内容，技术转移部门需要知道所述技术是否已申请专利，或是否会在资助期间申请。专利申请一般也需要披露相关技术的自由实施状况（FTO）。

在具有高度战略利益或与维康信托基金会相关的领域，技术转移部门也许能提供战略性转化奖励。通过此类奖项，技术转移部门通常能够积极参与项目管理，包括管

---

* 由美国国立卫生研究院旗下的国立医学图书馆开发维护的一个经同行评审生物医学和生命科学期刊文献全文数据库，向全球公众免费开放。——译者注

理可能产生的知识产权。其参与的工作甚至还可能包括寻找商业伙伴，或进一步提供资助。战略性转化奖励的资助协议通常更加个性化，但也形成了一系列常用的条款，用于解决可能产生的知识产权问题。这些条款主要解决两大类问题：1）保持研究领域的开放性；2）为了医疗健康福利，确保妥善管理并开发知识资产。

1）保持研究领域的开放性：

（a）禁止利用基金资助的知识产权反对大学或研究机构开展非商业性研究

（b）向维康信托基金会或相关机构授予或保留以支持研究为目的的许可（有可能是分许可）

2）为医疗健康福利，确保妥善管理并开发知识资产：

（a）组建一个知识产权管理小组，包括研究人员、独立专家以及来自维康信托基金会的代表，就知识产权战略提供建议与指导

（b）设计专门条款，确保在发展中国家有可能应用的研究成果得到开发，并在发展中国家应用

6.1 案例研究

6.1.1 伤寒疫苗

Emergent（欧洲）有限公司利用维康信托基金会的资金，在身体健康的越南成人与儿童身上试验单剂口服伤寒疫苗，准备在东南亚地区开展概念验证和第Ⅲ期实验研究。Emergent公司拥有该疫苗的基础知识产权。伤寒疫苗的主要市场，一是发达国家旅行者市场，二是利润相对微薄的发展中国家流行病市场，维康信托基金会想确保发展中国家市场也能获益于疫苗的开发。所以，他们就条款进行了协商，必须在限定时间内在发展中国家市场推出疫苗。假如没能在限定时间内推出疫苗，也没有在合理时间范围内制订推出疫苗的具体计划，维康信托基金会便有权在这些国家制造并销售疫苗。

6.1.2 疟疾药物

维康信托基金会、抗疟药品事业会（Medicines for Malaria Venture）与新加坡经济发展局（Singapore Economic Development Board）达成协议，为诺华热带疾病研究所（Novartis Institute for Tropical Diseases，NITD）提供资金，帮助其开展疟疾药物研发项目，其主要目的为发现恶性疟原虫（Plasmodium falciparum）疟疾的单剂治疗药物，以及间日疟原虫（Plasmodium vivax）疟疾的治疗方法。诺华同意承担项目的费用。

NITD拥有（如知识产权是由合作而产生的，即有权获得）所有项目在受资助期间产生的知识产权，但维康信托基金会和抗疟药品事业会也拥有项目所有成果的非商业研究许可，可以开展基础研究。假如NITD放弃注册或申请这一知识产权，维康信托基金会和抗疟药品事业会可以保留这项具有价值的知识产权。此外，NITD也签订了合同，不会以侵犯项目专利的名义起诉任何开展非商业性研究的非营利性机构。如未获得维康信托基金会与抗疟药品事业会的批准，诺华不得对利用了维康信托基金会资助知识产权的产品进行开发或将其商业化。拒绝这种申请是合理的，它属于一种利益共享的

安排。假如诺华将开发工作搁置了一段时间，或药品推出后的一定期限内，未能在发展中国家进行销售，维康信托基金会与抗疟药品事业会有权接受必要的知识产权，以确保发展中国家能够从研究成果中获益。

7 特殊项目的知识产权管理

维康信托基金会参与了一系列为科学界建立数据资源（以基因序列信息为主）的大型项目。在每个项目开始之初，知识产权管理都被作为一项重要工作进行考虑。在基因测序的案例中，维康信托基金会的立场是：基本的基因序列信息一旦可以不受限制地使用，就要在公共领域进行分享。

7.1 案例研究

7.1.1 人类基因组计划

维康信托基金会桑格研究中心（Wellcome Trust Sanger Institute）的大部分资金来自维康信托基金会，作为“人类基因组计划”的主要参与者，参与完成了近1/3的基因测序工作。“人类基因组计划”的参与者认为，由公共性质的人类基因测序中心所产生的所有信息，都应当通过互联网立即免费向生物医学研究界公布，而不申请任何知识产权，对信息使用也不加限制。1996年2月由维康信托基金会赞助在百慕大（Bermuda）召开的一次战略会议上，所达成的一份人类基因测序协议就纳入了上述原则，该原则在之后的会议上也被用于其他机构产生的数据。

7.1.2 SNP联盟

由于维康信托基金会与数家大型医药与技术公司都建立了伙伴关系，因此它也是单核苷酸多态性（single nucleotide polymorphism，SNP）联盟的主要投资者。该联盟的宗旨是建立高质量的人类基因标记图谱。一个SNP是指遗传密码上某个“字母”改变的位点。某些情况下这一改变能够产生明显作用或导致疾病，即便没有产生明显的影响，了解这些变化发生的位置也大有裨益。SNP图谱可用于确定疾病过程中涉及的某些具体基因，以开发新的诊断测试，并预测个人对药物治疗的反应。

由于SNP本身只是新药开发中一个很小的因素，因此这份图谱被视为一项非常有利于生物医药研究领域的前期竞争资源。联盟同意将SNP图谱向公众免费开放。联盟成员和其他用户有权以同样条件获得数据：任何人都没有优先通道。为保证公众免费获得SNP图谱（从而使其成为后续申请专利的“现有技术”），协会为SNP申请了专利，作为其发现日期的证据，但专利申请在授予专利前就终止了。

7.1.3 人类基因组单倍型图谱计划（HapMap）

通过桑格研究中心，维康信托基金会成为人类基因组单倍型图谱联盟的主要参与者，其他成员来自英国、日本、美国、加拿大、尼日利亚和中国。该研究联盟旨在建立一份单倍型图谱或人类共同遗传的SNP“区块”，以精准定位与疾病有关的基因变异。这些数据为生物医学研究领域带来了珍贵的竞争前技术*资源。此外，他们还决定SNP与单倍型一经确定便向公众开放。有人担心在项目早期数据还不够密集、不足以得到单倍型时，第三方就将人类单倍型图谱计划的数据与他们自身的数据相结合，申请单倍型的专利。此类专利会导致人类单倍型图谱项目无法继续。因此，该计划一开始就通过一个“点击”式的非排他许可协议发布数据[6]，该“点击”式许可要求研究者获取数据库时（通过点击HapMap网页上的一个消息框）同意以下标准条款：

（1）不得限制他人获得或使用人类单倍型图谱计划的数据

（2）不得将基于该项目数据的SNP、基因型或单倍型申请物质成分专利（composition-of-matter patent）

（3）不得将任何源于HapMap数据的SNP、基因型或单倍型数据作为特定用途的权利要求申请专利，除非该权利要求或其许可条款没有限制他人免费使用HapMap数据

（4）同意上述许可条件，才与其他被许可方共享数据

这一做法的主要缺点是HapMap数据将无法与其他大型基因数据库进行共享。2004年12月，佩尔金科学有限公司（Perlegen Sciences Inc.）通过HapMap项目发布了超过100万个SNP后，又接着向公共领域发布了160万个SNP，新的单倍型分析工具开发后，联盟认为公共领域已经具备充足的数据，足以构成现有技术，从HapMap数据中派生的单倍型与单倍型标签SNP将被认为是显而易见的，不具备专利性，因此就弃用了“点击”式许可。

8 结语

当维康信托基金会考虑知识产权管理时，首要目标是确定该机制能否合理地、在一定程度上实现其使命，即改善人类与动物健康的目标。在实践中，这意味着聚焦促进形成健康的研究团体，推进开发研究医疗健康成果。通过鼓励研究成果的交易、帮助研究者免费获得大型数据库以及减少科研使用发明成果的限制，维康信托基金会的目标在于使研究基础更为宽广并从思想交流中获益。显而易见，医疗健康最终会从中获益，商业（或非商业）开发的作用已经得到认可与鼓励。维康信托基金会将知识资产视为实现目标的有效工具，鼓励受赠方对知识资产进行明智的管理，确保基金资助的研究项目充分实现其潜力。

与此同时，维康信托基金会也认识到，由于各种研究内在本质不同，会产生多种多样的医疗健康用途，应该对资金支持产生的潜在知识资产逐一分析，以决定最好地传播、保护、开发这些成果的最佳方式。基于这一原因，维康信托基金会组建了一个专门的“技术转移”团队来管理这类流程与问题。维康信托基金会作为生物医学研究领域的重要投资者，具有慈善投资者的身份优势和机会，可以为政府决策与组织机制

---

* 竞争前技术（Precompetitive Technology）是一种基于能应用于未来商业或为特殊的商业原型所进行的早期非常不确定的技术研究与开发活动。——译者注

提供有关知识产权的观点和看法。维康信托基金会的合作者、合伙人与知识产权开发者了解其慈善动机，也愿意为其政策提供便利条件，实现医疗健康的目标。这样的配合与支持非常关键，因为维康信托基金会认识到发展新的医疗健康技术需要对知识产权进行明智的管理。

ZOË BALLANTYNE, *Legal and Operations Adviser, Technology Transfer, the Wellcome Trust, 215 Euston Road, London, NW1 2BE, U.K.* z. ballantyne@wellcome. ac. uk

DANIEL NELKI, *Head of Legal and Operations, Technology Transfer, the Wellcome Trust, 215 Euston Road, London, NW1 2BE, U.K.* d. nelki@wellcome. ac. uk

---

1 Please visit www. wellcome. ac. uk for the latest policy version.

2 www. wellcome. ac. uk/doc_WTD004055. html.

3 Trust-funded IP includes all IP created, exemplified, or developed in whole or in part from the research that the Trust funds. Trust-funded IP does not normally include copyright in artistic works, books, articles, scientific papers, lectures, or audio or visual aids to the giving of lectures or teaching.

4 The Wellcome Trust. 2003. Economic Analysis of Scientific Research Publishing. *SQW Limited*, A Report Commissioned by the Wellcome Trust: London. www. wellcome. ac. uk/assets/wtd003184. pdf.
The Wellcome Trust. 2004. Costs and Business Models in Scientific Research Publishing. *SQW Limited*, A Report Commissioned by the Wellcome Trust: London. www. wellcome. ac. uk/assets/wtd003182. pdf.

5 www. wellcome. ac. uk/assets/wtx024257. doc.

6 Click-wrap licenses are similar to the shrink-wrap licenses common with software. If one wants to access data online, one has to click a box that typically states something like "I agree to these terms" before one is let through to the online database.

第 5.3 章

充分利用知识产权：制定机构知识产权政策

斯坦利 · P. 科瓦尔斯基（STANLEY P. KOWALSKI）
美国富兰克林·皮尔斯法律中心

▌译者 周希劢 ▌审校者 刘晓娜 李义强 张熠 林鉴非 殷宏

摘 要

机构知识产权（intellectual property, IP）政策构成了知识产权管理的基础，并因此成为建立机构最佳实践体系的出发点。知识产权政策需与机构的使命保持一致。根据机构的使命，无论其主要角色是通过教学与出版作为知识的传播者、研究的创造者、技术转移的引导者，还是通过教育与服务和（或）技术转移成为促进经济发展的推动者，知识产权政策的制定与执行必须与机构使命相一致。知识产权的各部分内容，包括知识产权所有权、申请专利、保密与公开都能写入政策，有助于知识产权管理更加高效明确。此外，知识产权可以改善机构的信誉、口碑与公众形象，从而更好地实现机构的使命。

1 引言

有诸多重要原因说明制定知识产权政策很有必要。知识产权包括研究、管理及学术成果（包括课件）中含有的专利权、著作权（版权）、商标和工业产权。因此，任何公共机构与私营部门签订合同时都会遇到知识产权问题。政府资助协议同样需要面对这些问题，也应该包含知识产权处置的条款。

当然，大部分大学已经在很多领域制定了知识产权政策。教职人员和学生对发表

Kowalski SP. 2007. Making the Most of Intellectual Property: Developing an Institutional IP Policy. In *Intellectual Property Management in Health and Agricultural Innovation: A Handbook of Best Practices* (eds. A Krattiger, RT Mahoney, L Nelsen, et al.). MIHR: Oxford, U.K., and PIPRA: Davis, U.S.A. Available online at www.ipHandbook.org.

学术著作感兴趣，而公开出版则带来著作权归属的问题。大部分时候，出版商都会要求获得版权，但作者或机构的利益如何保障呢？讲座与课程同样具有著作权，它们归谁所有？教职人员还是大学？那些看起来很复杂的知识产权领域，比如，大学想要拥有或控制非学术类员工的工作成果，这些问题也同样存在。大学所在的国家政府是否制定了可行的“雇佣工作”（work for hire）原则？假如没有，就必须实施向大学转让所有权的协议。

随着公共研究机构更多地参与到国家与全球知识产权体系当中，这类问题将与它们更加密切相关。的确，假如一所大学要实施一项技术转移项目，明确且实用的知识产权政策是该项目的重要组成部分，其他所有关乎知识产权的内容都应以此为基础。对发展中国家而言，建立知识产权政策是保护其利益的重要举措。发展中国家的大学将一项发明进行商业化时，可借助知识产权政策建立公平基础，解决所有权、信息披露、收入分配等问题。事实上，世界知识产权组织（World Intellectual Property Organization，WIPO）已经有证据证实，发达国家以及亚洲和拉丁美洲的大学和研发机构可以从以下几个方面获得大量收入：

- 许可员工创造或发明的成果专利所产生的许可费与使用费
- 咨询
- 研究合同
- 受资助的研究
- 高校办企业或联合办企业[1]

请记住，等到知识产权谈判开始后再着手制定知识产权政策将为时已晚。麻省理工学院（M. I. T.）许可办公室主任 Lita Nelsen 发现：“尽管在项目发展过程中，政策会发生变化，但主要的问题还是要提前决定。否则，因为委员会的犹豫不决和模糊不清的政策将导致新的项目拖延或失败。”[2]

2 知识产权政策应与宗旨相匹配

制定机构知识产权政策时需要采取某些特定步骤。首先，管理人员需要对机构的使命进行评估。不仅需要评估大学的使命，还需要根据其使命排列出机构各项职能的优先顺序。这些任务可能包括：

- 通过教学与出版传播知识
- 产生研究成果
- 推动技术转移
- 通过教育与服务和（或）技术转移促进经济发展

这些做法将有助于制定机构的知识产权政策，为机构的优先目标提供支持。比如，当机构优先考虑教育与传播知识时，知识产权政策应该侧重教职人员的所有权，或知识资产在公共领域的发布，而相对较少关注知识产权保护。如果机构的首要目标是研发，那么机构需要拥有较大的知识产权控制权（比如，对企业采取更灵活的许可协议，鼓励企业投入资金，或更多关注行业需求)。如果机构的目标是强调技术转移与商业化，那么最合理的做法可能是更主动地控制知识产权，如通过吸引投资（倾向于排他许可)、更灵活地与发明人分享许可费以鼓励发明人更多地披露发明、选择每项技术的最佳商业伙伴等方式，采取更加商业化的知识产权战略。最后，如果机构的首要任务是促进经济发展，那么能够推动技术转移、受经济发展驱动、较为均衡的知识产权所有权政策更为适宜。这类做法可能更关注向区域性公司授权许可，并通过提供孵化设施鼓励当地的衍生公司发展。由于经济政策将推动建立并实施最能支持经济增长的知识产权政策，所以也需要设立内在的灵活机制以适应经济环境的变化。

在根据机构使命匹配知识产权政策方面，“被忽略疾病药物研发组织”（Drugs for Neglected Diseases Initiative, DNDi）是一个范例。该组织在使命宣言中声明：“被忽略疾病药物研发组织的使命是为身患被忽略疾病的患者寻找安全、有效、可负担的新治疗手段，并确保获得渠道平等。”[3] 这一机构使命为知识产权政策提供了框架（见文本框 1)。

请注意，被忽略疾病药物研发组织指出，在知识产权管理方面将会“追求创造性、创新性战略，使研究项目成果更易获得”。这样的表述提供了一种与核心使命相符的、更灵活的知识产权管理方式。以这样的语言表述强有力的知识产权政策，可以使被忽略疾病药物研发组织的运转不受自身知识产权政策的牵制。

文本框 1：被忽略疾病药物研发组织（DNDi）的知识产权政策

III. 知识产权与 DNDi 的工作：基本原则

实施知识产权战略时，DNDi 将坚持以下基本原则：确保尽可能广泛地传播其主持开展的工作成果，并确保其产品在发展中国家易于获得且价格合理。如果获取知识产权保护对于实现其使命和目标并非必需，DNDi 将尽一切努力确保其工作成果公开、供公众使用。然而，有时需要知识产权保护才能促进 DNDi 实现使命和目标（见第 IV 和第 V 部分)。在这种情况下，鉴于所涉及的成本，个别情况下可能会申请专利，但并非一定成为惯例。其他非专利类型的知识产权，如秘密信息（“商业秘密”）和版权，也会考虑用于保护其知识产权。

为了使工作成果得到运用，并鼓励在被忽视疾病领域进行额外或后续研究，在有可能且不破坏获得知识产权的情况下，DNDi 将寻求通过出版物、演示文稿、互联网（效仿人类基因组计划）和其他适当的渠道传播其研究成果。

通过知识产权许可收入为其研究和运营提供资金不是 DNDi 的主旨。尽管获得知识产权属于个别情况而非惯例，但 DNDi 可能会寻求专利以确保控制开发过程并增强与合作伙伴谈判的能力。

DNDi 赞助的研究项目产生的知识产权，应用于实现 DNDi 的使命。为此，DNDi 将制定创造性和创新性的战略，使被忽视疾病的患者可以随时获得研究项目成果。这需要避免使用代价高昂的方法、制定限制性知识产权战略或出现其他可能阻碍或延迟发明被快速采用的问题。

3 所涉及的知识产权形式

规划机构知识产权政策，需要定义知识产权的范畴和政策所覆盖的知识产权权利。所涉及的知识产权类别可能包括专利、版权、商标、工业产权与设计、植物新品种、计算机软件、视频、多媒体或课件等。

对于政策设计者来说，重要的是理解高校按照什么标准来决定何时寻求知识产权保护（通常是专利），以及没有获得专利保护时会产生什么后果。为解决后一问题，需要设计一个流程，将权利赋予发明者或作者。此外，需要注意的是决定哪些权利应该回授给高校，如用于教育与研究等目的。

4 知识资产的所有权

当然，与所有权相关的问题是核心问题，与知识产权所有权直接相关的有联邦/地方/州法律，以及雇主或雇员的合法权利、合同义务等。同时还要考虑知识资产创造者所在的国家有哪些现行惯例需要遵守。所有权的归属可能有以下几种：

- 属于发明者/作者
- 属于高校
- 属于提供研究资金的公司
- 属于提供研究资金的政府
- 属于公共领域，即不属于任何人

设计有效的机构知识产权政策，需要仔细界定分配给高校的发明人或作者的知识产权权利，包括用于分配许可费现金收入的公式，大学在衍生企业中所占的股权份额，以及发明者或作者使用所创造的知识资产（通常是版权）时应保留的个人权利。通常，高校拥有全部知识产权，即由其员工、学生、客座教授等在受雇和供职期间，或在发明过程中主要使用本校机构的资源（包括机构管理的资金或研发机构提供的时间、设施或设备）设计、发现或创造的知识产权。[4] 举例来说，麻省理工学院的政策规定，学校拥有在其研究基金资助下进行的或主要使用大学设施所创造的所有知识产权[5]。为了避免发生争议，知识产权政策应该清楚说明“机构的资源”具体包括什么。对于资助研究，无论私营部门还是政府部门，解决所有权问题的常见做法都是参照赠款合同、协议或现行的法律条款。通常协议会规定将所有权赋予高校。对于学生或访问学者创造的知识产权而言，这也是一种非常好的解决所有权问题的具体方法。在麻省理工学院，在职研究人员与访问学者（包括短期工作的科学家）在开始工作前必须签署一份《发明与专有信息协议》（Inventions and Proprietary Information Agreement）。这种知识产权表格式的文件非常值得所有高校借鉴。[6]

机构的知识产权政策，同时还应该考虑该机构是否对由其教职人员、学生及雇员发明，但不归机构所有的知识产权保留雇员发明实施权。［根据雇员发明实施权原则（the shop right rule），当雇员在工作时间内，利用雇主的材料与设施作出发明，即使这一发明不是该员工为了完成雇佣任务作出的，雇主也能获得不可取消的非排他的发明许可使用权。[7]］这些知识产权包括出版物、软件、论文、艺术作品或学生作业。解决这一问题最重要的是要理解出于什么目的保留雇员发明实施权。例如，是出于内部使用的目的，还是用于网络远程学习课程。

机构的知识产权政策还应当对政策没有提及的知识产权建立默认机制，覆盖那些“模棱两可”的知识产权。[8]换句话说，什么样的知识产权应由发明者、作者或机构所拥有？尽管大家为梳理这些事项已经付出许多努力，但仍然不可避免地会出现争议。因此，知识产权政策应详细规划，并建立一个知识产权争议解决委员会。最好在争议出现之前就建立委员会，出现问题时能够出面解决。

的确，知识产权政策应该致力于协调所有利益相关者之间的利益冲突。世界知识产权组织（WIPO）建议，为了协调利益相关者各自不同且相互冲突的利益，并实现广泛的目标，高校和研发机构的知识产权政策应该解决以下问题：

- 知识产权政策所覆盖的范围
- 知识产权的所有权
- 知识产权披露
- 专利的市场营销、商业化与许可
- 收入分配
- 发明者与机构的权利及义务
- 其他相关问题[9]

正如前文所述，尽管各方出于良好愿望并做了诸多努力，但仍然可能出现利益冲突。例如，资助研究的目的可能会与高校快速广泛传播研究成果的目标相冲突。机构与私人利益之间也可能会因为其他合理但相悖的目标，导致研究人员与机构的矛盾。因此，高校与研发机构必须设计出能够公开并处理好利益冲突的政策与流程。[10]

制定确保符合发明成果公开披露要求的相关政策也同样困难。私营部门通常会采取全面审查的程序，但大学缺乏实施该程序所需要的资源与时间，因而不可行。确保合规的最佳做法，是帮助研究人员认识到他们的发现对高校和他们自身具有潜在价值。开明的利己主义一直以来都是有效的激励因素。

5 知识产权政策的管理

确定由谁管理和执行机构知识产权政策是政策的另一个关键要素。管理者可能包括：

- 分管研究的副校长
- 技术转移办公室
- 知识产权办公室
- 教务长

此外，还可以建立一个专利委员会解决专利政策事务，并负责专利申请方面的决策。

6 建立、完善并宣传知识产权政策

在一些更为成熟的机构中，管理人员有时需要进行评估，是选择设计并执行新的政策，还是对已有的政策进行修订。评估的第一步需要快速检视“是什么”这一问题，以确定现有政策的有效性、合同承诺与法律约束。

开展上述工作时，明智的做法是争取最高级别行政领导的支持，并找到阻力最小的路径，或许可以借由教授评议会或校务委员会进行。此外，说服教职人员改变知识产权政策或执行新政策也很重要。获得这样的支持，有助于将这项工作的重要性、紧迫性和可信性传递给执行人员。政策制定者可能需要与其他机构的政策进行比较，证明他们想要作出的改变并非脱离主流。提供这方面材料并制造机会围绕这些改变的优缺点进行知情讨论和辩论，将有助于减轻焦虑并突出这一改变所带来的好处。的确，在整个过程中，关注政策改变所带来的任何积极的影响至关重要。

必须在机构内外成功地“推销”知识产权政策。让利益相关主体了解“政策是什么”以及“为什么采取这样的政策”，将有助于提高接受度。为了取得成功，必须进行适当的宣传。这很可能涉及：

- 使读者全面理解政策
- 为参与者提供激励
- 建立知识产权管理团队，为全体提供服务
- 连贯地实施政策
- 展现所获得的收益

政策的主要收益之一是共享许可收入，大家喜闻乐见的是固化且一成不变的政策。它们应该简单直接且鲜有例外。如麻省理工学院就将许可净收入的 1/3 分配给发明人(除去 15%行政费用和未缴纳的专利费)。剩余的资金按照公式分配给院系和大学总基金，公式中要包含未许可的专利成本。[11] 世界知识产权组织（WIPO）的建议也同样非常明确：

> 在去除与专利或版权保护、开发相关的所有实际开支后，收益 100%归机构所有。这些开支包括专利申请或版权注册费用，以及所有与许可和知识产权的其他商业化方式相关的持续性投入。之后，发明人与机构便可以分享净收入；整体趋势是随着净收入总额的增加，发明人得到的比例逐渐减少，而机构获得的比例逐渐增加。如某所美国大学给予发明人第一个 10 万美元净收入的 50%，再下一个 30 万美元的 40%，再下一个 60 万美元的 30%，超过 100 万美元则为 25%。

7 麻省理工学院的知识产权政策

麻省理工学院为制定机构知识产权政策提供了一个鲜活案例。机构的主要使命是传播知识、教育与研究，但同时也致力于公共服务并涉及技术转移，这在麻省理工学

院知识产权政策的节选中有所体现（见文本框2）。

麻省理工学院关于知识产权所有权的知识产权政策是经过精心设计的。比如，专利所有权只有两种情况：（1）如果该发明来自资助项目或主要使用了麻省理工学院的资金或设施，则所有权属于大学；（2）如果该发明是在发明人自己的时间内、未借助大学设施完成的，且并非大学指定发明人执行的项目，则所有权属于发明人。在合适的情况下，如果没有外来的要求，麻省理工学院将会把所有权交回给发明人（见文本框2）。

文本框2：麻省理工学院的知识产权政策

13.1 知识产权

麻省理工学院的政策与程序

大学关于专利、版权和其他知识产权的政策目标是为了公共利益，将大学的技术提供给产业和其他机构，认可个人发明人的贡献并鼓励迅速公开传播研究成果。

13.1.1 知识产权的所有权

除了下文第13.1.3节（针对论文版权的所有权）中所述的学生论文之外，可获得专利的发明、掩膜作品、有形研究资产、商标和受版权保护的作品，包括软件（“知识产权”）等由麻省理工学院的教职员工、学生、工作人员，其他参与麻省理工学院项目以及访问学者所创造或创作的作品权利如下：

a）在以下情况下发明人或作者将拥有知识产权：

i）并非在资助研究或实施资助研究或其他协议的过程中所研发的（教师顾问、行政人员或资助计划办公室的合同管理人员可就适用于特定研究的协议条款提供建议）；

ii）并非根据版权法作为“雇佣作品”而创作的（“雇佣作品”的一部分定义是员工在其受雇工作范围内准备的作品），并且不是根据与麻省理工学院的书面协议而创作的，该协议规定了将版权或知识产权所有权转让给麻省理工学院；

iii）并非在主要使用麻省理工学院所管理的资金或设施的情况下开发的（“主要使用”在指南第2.1.2节中讨论）。

b）其他所有知识产权的所有权如下：

i）在资助研究或其他协议中所研发的知识产权所有权，将根据该协议的条款确定；

ii）作为“雇佣作品”或根据与麻省理工学院书面协议而创作的受版权保护的作品，协议规定将任何知识产权或所有权转让给麻省理工学院的，所有权将归属麻省理工学院；

> iii) 由教职员工、学生、工作人员和其他包括访问学者在内的参与麻省理工学院的人，主要使用学院管理的资金或设施，所研发的知识产权所有权，将归麻省理工学院所有。

麻省理工学院的知识产权政策明确了多种预计会引起知识产权所有权争议的问题。显然这些细节与麻省理工学院总体使命相一致。如政策中解释了学术出版物、教材与课程资料的版权归作者所有。但是麻省理工学院拥有其员工“受雇创造”的成果。换句话说，麻省理工学院拥有指派员工完成的任务或“受雇作品”，包括资助研究或大量运用大学资金或设施所创造的受版权保护的作品。

对于掩膜作品和有形研究成果，其所有权政策和专利相同。政策中并没有特别说明数据的所有权，但和专利、版权一样，视为归麻省理工学院所有。

技术转移是麻省理工学院完成教育和研究主要使命的副产品，其目的在于实现机构的以下目标：

- 通过展现公众受益的情况（即新产品），促进公共资源持续资助基础研究
- 激发产业对研究的更多支持
- 通过创造就业及创建新企业，获得社会支持
- 帮助学生了解创业精神
- 使教职人员看到研究的实际成效

8 有关植物的特殊问题

国际玉米小麦改良中心（International Maize and Wheat Improvement Centre，CIMMYT）的知识产权政策也颇值得借鉴。[12] 该政策体现了从事作物改良的公共领域研究机构，在服务广泛全球公共利益与解决知识产权保护之间如何实现平衡。CIMMYT 的知识产权政策明确阐述了这些问题，并提供了一个连贯、全面且易于理解的声明，以彰显机构的使命：

> 作为一个公立的国际研究机构，国际玉米小麦改良中心将其研究成果视为国际公共财产。然而，创造研究成果并将其保留在公共领域供科学家和农民免费使用与开发，在当今的政治与法律环境中已经出现越来越多的问题。在这种背景下，中心开始并将持续审查其知识产权政策与做法。中心一如既往地履行对资源匮乏者坚定且热情的承诺。该承诺所带来的直接结果是中心有责任时刻关注政治、法律与市场信息的变化，同时恪守使命必须准备好在必要的时候采取新的措施与战略。[13]

重要的是，在获取种质资源方面，中心鼓励分享资源，以实现自己为发展中国家贫困人群提供服务的宏大使命。

CIMMYT 的知识产权政策中多次重申其使命，根据实现 CIMMYT 全球使命的基础指导原则，制定了知识产权政策（见文本框 3，文本框 4）。

文本框 3：国际玉米小麦改良中心知识产权政策

IV. 目标与运作方针

1. 国际玉米小麦改良中心在管理知识产权事务时将恪守：

- 正直
- 公平
- 责任
- 义务

2. 在寻求和管理知识产权的过程中，国际玉米小麦改良中心将会遵循：

- 其使命
- 作为种质、技术和信息提供者，对资源匮乏地区负有的特殊职责

中心知识产权政策对其使命的表述，以及对知识产权问题的看法并不是泛泛而谈，而是具体说明了机构如何根据其使命看待知识产权问题。因此，知识产权政策是建立在机构的使命上的，两者相互交融。

IV,4. 中心有时也会订立涉及获取和管理保密材料的合同。此外，为了保护其研究成果，中心也会以专利、植物育种者权利、版权、商标、注册发明登记或类似登记和（或）商业秘密的形式，获取知识产权保护，从而在以下几种情况服务资源贫乏地区：

1. 支持基于机构使命开展研究或开发与应用研究成果的公私伙伴关系；
2. 确保他人能够获取中心开发或资助的研究成果；
3. 避免“阻碍式”专利所带来的限制，并确保中心有能力开展研究而不受过度阻碍；
4. 推动技术、研究成果和其他利益向资源匮乏地区转移，适当的时候可采取研究成果商业化或实用化的做法；
5. 推动协议的谈判与订立，以获得对中心研究有用或有助于实现使命的专利技术。

文本框 4：国际玉米小麦改良中心知识产权政策

IV,8. 寻求知识产权保护时，中心应当遵循其服务资源匮乏者的承诺，而不是着眼于获得反复收益的机会。当从知识产权中获得财务收益时，将用于帮助中心实施 1996 年被 150 个国家采用的《全球粮食和农业植物遗传资源保存及可持续发展行动计划》。

中心知识产权政策中多次重申中心的使命，成为整个文件中最重要的决定性因素。

除了 CIMMYT 知识产权政策中的条款，其他适用于植物和知识产权问题的条款主要是关于：

- 转基因植物
- 实质性派生品种
- 杂交作物（与自交亲本相关的问题）
- 依据联合国粮农组织的条约，明确的种质资源和未明确的种质资源
- 地方品种的状况
- 自由实施
- 与《生物多样性公约》相关的资源获取问题

这些问题与作物的实际改良方式直接相关，改良方式包括以下几种：

- 现有品种的常规杂交
- 野生种质资源的基因渗入
- 通过植物遗传转化开展的基因工程

9 结语

制定或修订机构的知识产权政策，是推动机构内部讨论知识产权作用和功能的途径。行之有效的知识产权政策应体现以下 3 个基本原则：

（1）基于并增强该机构的核心使命。应是机构的使命驱动知识产权管理，而非相反。

（2）政策中应留出一定灵活操作的空间，帮助机构达成创造性的协议或约定。

（3）简洁明了，而非详细地列出整个过程。后者可以另行提供，知识产权政策是知识产权战略的基础，并作为知识产权管理的指导原则。知识产权战略应定期更新。

遵循以上标准，就能在知识产权制度这片时常波涛汹涌的大海中顺利航行，而航行的最终结果一定是值得的。

致 谢

作者感谢新罕布什尔州康科德的富兰克林·皮尔斯法学院的凯伦·赫西（Karen Hersey），她为这一章节的完成提供了重要资料；感谢阿纳托尔·克拉蒂格（Anatole Krattiger）在作者准备该文稿期间进行的大有帮助的讨论。

STANLEY P. KOWALSKI, *The Franklin Pierce Law Center, 2 White Street, Concord, New Hampshire, 03301. U. S. A. spk3@cornell. edu and skowalski@piercelaw. edu.*

1 www. wipo. int/freepublications/en/intproperty/848/wipo_pub_848. pdf.

2 Lita Nelsen, Director, M. I. T. Licensing Office, personal communications.

3 See, also in this *Handbook*, chapter 17. 8 by J Banerji and B Pecoul. See also the latest version of DNDi's IP policy. www. dndi. org/cms/public _ html/insidearticleListing. asp? CategoryId = 87&ArticleId = 320&TemplateId = 1; The Medical Research Council of South Africa also follows an exemplary IP policy. innovation. mrc. ac. za/ippolicy2. pdf.

4 www. wipo. int/freepublications/en/intproperty/848/wipo_pub_848. pdf.

5 See *supra* note 2.

6 web. mit. edu/policies/13. 1. html.

7 A shop right is "*an implied-in-law nonexclusive license of a patent from an employee to the employer. A shop right is generally implied when an employee who is not specifically hired to invent uses the employer's facilities to invent, usually while on the job. The shop right rule grants to such an employer the royalty-free right to use the invention of the employee. It is based on the employer's presumed contribution to the invention through materials, time, and equipment.*" (McCarthy JT, RE Schechter and DJ Franklyn. 2004. *McCarthy's Desk Encyclopedia of Intellectual Property*, Third Edition. The Bureau of National Affairs, Inc.: Washington, DC.).

8 Stranded IP is IP that is not covered by the formal policy. No policy is perfect, so certainly not all IP will be covered explicitly. If the IP is not covered, then there is a presumption that the university owns it, that the creator owns it, or that it must be reported to the technology transfer office and a determination made as to who owns it.

9 www. wipo. int/freepublications/en/intproperty/848/wipo_pub_848. pdf.

10 See also in this *Handbook*, chapter 5. 8 by AB Bennett.

11 See *supra* note 2.

12 www. cimmyt. org/Resources/Obtaining_seed/IP_policy/htm/IP-Policy_Eng. htm.

13 www. cimmyt. org.

第 5.4 章

关于大学发明所有权的实际考虑

B. 让 · 魏德米尔（B. JEAN WEIDEMIER）
美国剑桥许可法律有限责任公司负责人

译者 周希劢 审校者 刘晓娜 李义强 张熠 林鉴非 殷宏

摘 要

大学发明成果归谁所有，以及大学是否有权拥有，可以通过以下因素确定：(1) 是否制定了明文规定或“默认”协议中提到确定所有权的分配原则；(2) 发明人是否是大学雇员；(3) 发明成果是否属于工作职责范围内的产出；(4) 何时、何地做出的发明成果。根据美国法律，发明成果归个人所有，除非协议明确说明发明成果所有权转让给雇主，或者协议中暗含着聘用或指派该雇员进行发明或解决某一特定问题，或以受托人身份服务雇主。因此，除了执行明确界定所有权的政策外，对大学而言，要求所有雇员和访问学者抵达大学的第一天就签署发明转让协议（invention assignment agreements，IAA）非常重要。仅依靠发布政策界定大学雇员是否拥有自己的发明成果，并不明智。大学应该确保雇员签署（明文的）协议，雇员和技术转移办公室也都要保留副本。在与政府和其他赞助方签署的合同中，核查清单中应包括 IAA 这一项，供课题负责人（PI）和其他研究人员参考（是否要求本科生签署例行的发明转让协议由大学自己决定）。雇佣关系结束时，应要求受雇人员签署离职表，说明他们已根据 IAA 的条款，向大学许可办公室披露了所有发明成果。

Weidemier BJ. 2007. Ownership of University Inventions: Practical Considerations. In *Intellectual Property Management in Health and Agricultural Innovation: A Handbook of Best Practices* (eds. A Krattiger, RT Mahoney, L Nelsen, et al.). MIHR: Oxford, U.K., and PIPRA: Davis, U.S.A. Available online at www.ipHandbook.org.

Editors' Note: We are most grateful to the Association of University Technology Managers (AUTM) for having allowed us to update and edit this paper and include it as a chapter in this *Handbook*. The original paper was published in the *AUTM Technology Transfer Practice Manual* (Second Edition, Part VI: Chapter 1.2).

1 引言

谁该拥有一个想法或原型或专利？对于思想自由的大学研究人员来说，将发明成果转让给雇主听起来不合逻辑。那么，大学管理人员怎么减少雇主与雇员之间关于专利所有权的意见分歧呢？在什么情况下，法律黑白分明？又在什么情况下，存在灰色地带？

法律的出发点是发明成果归个人所有，除非：（1）存在“明文”协议，将发明成果转让给雇主；（2）雇员出于以下原因，达成了“默认”协议：

（a）受雇或被指派进行发明

（b）受雇或被指派解决某一特定问题

（c）以受托人身份服务雇主（如某一商业公司的总裁）

如果没有签订书面协议或达成默认协议转让权利，发明人拥有该项发明；如果发明人利用雇主的资源或设施完成了该发明，则雇主拥有发明成果的“雇员发明实施权”(shop right)。“雇员发明实施权”常常引起争论，也常被误用。它是指，如果雇员在发明过程中使用了雇主的设施，即便不是受雇进行发明，也有义务授予雇主免费享有该发明成果的非独家许可权。换句话说，“雇员发明实施权”是一项法律默认的、代表雇员授予雇主的许可。它与转让协议的不同之处，在于雇员的专利权并没有转让给雇主，雇员保留该专利的全部权利。

2 运用规则

但是该如何运用这些规则呢？教授是受雇进行发明的吗？某个大学许可办公室实际开展日常业务的下述场景，为运用上述规则提供了解决思路。

2.1 例1：不讲道理的发明人

Z教授到大学开始工作的那天，签署了一份清晰明白的IAA协议（见本章后文本框1样例），以及W-2纳税表格。她签了一份为期3年的名为“太阳能灯泡研究”的联邦项目合同。某个星期三，在上午9点至下午5点上班期间，她在大学实验室里发明了一款太阳能灯泡。她拒绝将这项发明成果转让给大学，因为，她说“这终究是我自己的想法”。

毫无疑问，根据法律，Z教授必须将她的发明成果转让给大学。按照IAA协议，为了强制雇员转让发明，雇主必须证明：（1）发明是在雇佣期间完成的；（2）是根据一份有效、有约束力、可行的合同而进行转让的；（3）雇主符合转让合同中的所有条件（参考 *Mosser Industries, Inc. v. Hagar* 案）[1]。在这个案例中，以上所有元素都有所体现。

为了化解这一问题，大学可以建议Z教授联系大学的律师或她自己的律师。通过征求专业人士的意见，Z教授就能理解这个事情不值得抗争。此外，大学还可以提醒Z教授学校有关以发明成果许可收入奖励发明人的任何政策。

2.2 例2：不理智的发明人

Z教授以上述案例1中同样的情况，发明了太阳能灯泡；然而在她上班的第一天，人事部职员因为流感请了病假，而代班的人以为Z教授只需要签署W-2纳税表格。因此，Z教授没有签署IAA协议。

由于Z教授接受了联邦政府资助，因此适用37 C. F. R. §401（14）条款，该条款要求合同方（大学）在发明公开的两年内要选择所有权归属。37 C. F. R. §401.14（f）条款还规定合同方与其雇员（不包含文职人员与非技术人员）要签订书面协议，要求：（1）及时公开与主题相关的所有发明；（2）完成提交专利申请所需要的所有文件。不幸的是，这所大学违反了涉及Z教授发明的联邦合同。Z教授聘请了一名律师，律师的费用由Z教授的潜在被许可方支付，其与Z教授已达成了私下交易。该大学手忙脚乱中找到了一份大学的最新专利政策，是上一年修订后通过电子邮件发送给所有教职人员的，其中声明：

> 大学的政策规定，受雇于大学、参与资助研究项目，或使用大学管辖的资金或设施的个人，就此接受本政策阐明的技术所有权原则。为进一步推动该工作，所有成员都将签署发明转让协议……

专利政策还规定，发明人或作者在如下情况下拥有其发明成果或材料的所有权：（1）不是在资助研究或其他协议期间创造的；（2）根据版权法不属于职务工作内容，不属于与大学签署的将版权或所有权转让给大学的书面协议内容；（3）不是大规模使用大学资金或设施而创造的成果。

大学的律师准备了一个经常被引用的*United States v. Dubilier Condenser Corp.* 案[2]作为例证，其中提到：

> 受雇完成一项发明的人，在其工作期间成功完成了任务，必须将所获得的专利转让给其雇主，因为其仅完成了受雇发明的内容。另一方面，假如工作内容非常广泛，那么尽管涉及雇员付出劳动和努力、作出发明并获得了专利的领域，该合同也不足以要求转让专利。

引起大学注意的另一个早期案例是*Solomons v. United States* 案[3]，其中提到：

> 如果雇员是受雇设计或为实现某一既定结果而完善一种仪器或改进一种方法，那么他（她）在成功完成受雇进行的工作后，不能要求获得属于雇主的权利。他（她）受雇完成且从中获取薪水的工作结束后，该成果即变成雇主的资产。

在这个例子中，判定发明所有权的关键问题在于Z教授是否受聘发明太阳能灯泡，或者说她的工作内容是否“广泛”。事实上，在这个案例中，在Z教授受雇的10年前，没有人能够未卜先知地预料到她会产生太阳能灯泡的想法。Z教授受聘的工作内容是讲授多门课程并开展太阳能研究，但她前7年一直致力于太阳能汽车的研究。

“受雇发明”的原则清楚地预见到，具体工作任务在雇佣期间会发生变化，与事实相关的问题会随着发明时的环境和当时的工作任务而出现。因此，10年间，Z教授的研究重心从太阳能汽车转向太阳能灯泡是相关联的。“雇员在其长期雇佣期间，受雇主指示解决某一特定问题，是真正受雇开展这一特定项目并领取相应酬劳的原因，这几乎等于一开始就在雇佣合同里作出了说明”（*Houghton v. United States* 案）[4]。

在 *Standard Parts Co. v. Peck* 案[5]中，Peck受雇解决一特定问题，书面合同要求他“投入时间开发一种工艺和机械设备，该工艺或设备能够生产用于福特汽车的前弹簧”，每月支付他300美元作为酬劳，外加一些奖金。合同没有提及发明所有权的问题，这成为诉讼的主题。法院答复认为“无可避免且无法抗拒”：为公司开发的“工艺和设备”按约定属于公司而不是Peck，Peck已经获得了服务的报酬。

根据“标准部分”（Standard Parts）的论述，Z教授联邦合同中的工作声明是否明确包括开发太阳能灯泡，是认定事实的关键问题。根据《专利法基础》（第11.04章，雇主与雇员权利）进行的进一步深入分析指出，如果雇员“受雇于计划并执行基础和实际的调研，而直接导致产生发明成果”，“显然”雇主将拥有发明成果，因为雇员的活动领域得到了“足够具体”的界定。

在 *Speck v. North Carolina Dairy Foundation Inc. et al.* 案[6]中，发明人是数名教授与研究人员，他们发明了一项秘密工艺，但并没有签署IAA协议。他们的工资由大学支付，并且知道这一工艺是利用大学的资源在大学开发的。北卡罗来纳州最高法院认为，尽管没有签署IAA协议，但这些教授和研究人员是受雇进行开发的，他们的发明成果属于大学：“他们作为教师与研究者专门受雇为大学开展这项研究与发明，在此期间开发了这项秘密工艺。”[7]

一个与大学有关的最近案例，是 *University Patents, Inc. v. Kligman et al.*[8]案。克里格曼（Kligman）博士发明了一种减缓皮肤老化的维生素A制剂。和Z教授一样，克里格曼博士也没有签署IAA协议，更没有签署发明转让声明。尽管克里格曼博士与大学的联系不如 *Speck* 案中那么密切，他还是使用过一些大学资源。动物研究是由他的妻子洛兰（Lorrain）按照美国强生公司合同在大学实验室完成的，另一个临床研究则是在大学的皮肤老化专科医院进行的。

宾夕法尼亚大学和高校专利有限公司签订了合同，对大学的专利进行开发。该公司主要根据大学员工手册中列出的专利政策，证明双方已达成了默认协议。按照宾夕法尼亚大学的政策，在大学工作期间或由大学开支费用的所有研究，其成果都属于大学。

宾夕法尼亚州的法律对于员工手册能否算建立了雇佣合同，并不明确。法院将传统的专利转让原则应用到争议更大的手册概念上，认为宾夕法尼亚大学的手册“很明显没有传递出作为明确工作合同的信息”[9]。这本手册开篇提到，“我们希望本手册能够作为一个有用的指南（加粗强调）”，因此这不是一份具有合同性质的法律文件。

1991年4月，美国宾夕法尼亚州东部地方法院作出判决，“陪审团有理由认为克里格曼博士与（宾夕法尼亚）大学就转让该项专利形成了一个默认契约”[10]。大学多年来以一种非常松散的方式传达并执行其专利政策，但法院认为“还是有少量的证据表明克里格曼博士从 1967 年 8 月开始就知晓该项专利政策，并表明了愿意受其约束的意愿”[11]。法院提醒并建议雇主不要单纯依靠手册来管理专利权的转让；相反，应当在 IAA 协议中明文说明这些问题。然而，教授与大学研究人员作为一个群体，在从事其研究领域时是否属于受雇进行发明的问题，并没有得到解决。

第三个案例 *Regents of University of Colorado v. K. D. I. Precision Products, Inc.* 案涉及不同的主题[12]，其中提出了“大学工作的主题就是以获得专利为目标的研究”。这恰好支持了大学教授和研究人员正是受雇进行发明的观念。

但之前 Z 教授的例子中，大学教授和研究人员是否受雇进行发明，在这点上没有明确的法律规定。Z 教授可能得到的结果是什么呢？有利于大学的是以下几个方面：

- 未能让 Z 教授签署 IAA 协议是一个一次性的错误，而不是长期疏忽的后果。
- 所有教授最近都收到了有关专利政策的邮件。
- Z 教授的发明成果正好属于她在联邦合同框架下的工作内容。

有利于 Z 教授的则是以下几点：

- 她没有签署 IAA 协议。
- 这是她的第一项发明，此前她从来没有经历过该工作流程。（见 *Mainland Industries, Inc. v. Timberland Machine and Engineering Corp* 案[13]）

大学应当加强过程管理，要求所有正式员工和访问学者在抵校当天就签署 IAA 协议。在大学许可办公室决定公开新的发明之前，员工应再次确认是否存在针对特定发明人的类似协议。与政府和其他赞助者签订的研究合同中，应当在检查清单中加入 IAA 协议，供课题负责人和其他研究人员对照检查。

2.3 例 3：星期六下午在家产生的想法

星期六下午，在 Z 教授家的车道上，她从儿子的滑板上摔了下来，头部受到轻微撞击，然后发明了太阳能灯泡。她拒绝将发明成果转让给大学，因为“我是在自己的时间内做出的发明”。

在这个案例中，Z 教授在工作的第一天就签了 IAA 协议。此案例中的所有权取决于 IAA 协议中的具体用词。作为一项政策，每所大学都必须确定哪些是公平的、哪些是超出 IAA 协议范围的。大学要求发明人将这类“在家产生的想法”的发明所有权转让给大学，应非常非常谨慎。否则，大学的赞助者就要被事实所欺骗，因为即便成果是在自家车道上发明的，但多年来发明人依靠大学里的政府资助形成了研究背景，发明成果也一定是受这一研究启发或至少部分受它启发。

在 *Mainland Industries* 案中，发明人是一名没有具体工作时间也没有签署 IAA 协议的受薪雇员 *。他不确定这个可申请专利的想法是在家还是在办公室产生的。法院在 665 案中提到：“发明成果完成的具体地点无法决定专利权利归雇主还是雇员所有。”

---

* 受薪是指按年、月、周或其他固定期间支付的固定报酬，有别于按小时支付或零星给付的酬劳。——译者注

从实际来看，星期一早晨 Z 教授很可能就会回到大学上班，修改日程计划，列出需要完成的任务优先事项，将星期六的想法转变为原型，并安排 3 名学生开始实施她的想法。很明显，现在 Z 教授已经在利用大学的资金和设施来开发这项发明，因此根据文本框 1 中假设的 IAA 协议，大学应该拥有专利权。

2.4 例 4：折中的发明人

Z 教授不再继续发明太阳能灯泡，相反，她从太阳能项目中脱离出来，星期二下午借用植物学系一名同事的实验室和两名研究助理，开发出了一种非凡卓越的郁金香球茎新肥料。没有文件证明 Z 教授曾经签署过 IAA 协议。

例 2 提到的 *Dubilier* 案也出现了一系列类似的情况。弗朗西斯·邓摩尔（Francis Dunmore）和帕西瓦尔·罗威尔（Percival Lowell）受政府聘用在美国商务部国家标准局收音机部门开展实验室研究与测试。1921 年秋天，邓摩尔和罗威尔正在思考将交流电应用于广播接收设备。这一项目与收音机部门的工作不相关，也不是任何领导指派给他们的。这两名雇员独立且自愿开始了这项研究。

邓摩尔和罗威尔发现了一种用于飞机炸弹和鱼雷的远程控制系统，并在向部门主管汇报了他们的发现后，获得批准在实验室开展研究并完善技术雏形。邓摩尔和罗威尔没有签 IAA 协议，也没有人提醒他们并期待他们将权利转让给美国政府。相反，邓摩尔和罗威尔将发明成果转让给了杜比利埃电容器公司（Dubilier Condenser Corporation）。

最高法院认为两人所做的研究不属于具体指派给他们的工作，因此雇员保留权利。政府获得免费使用发明成果的权利，也就是雇员发明实施权：当“雇工（雇员）在其工作时间内，利用其雇主的材料与设施，构思或完善一项发明并因此获得专利，他（她）必须为雇主提供非排他性专利实施许可的权利”[14]。

除了雇员发明实施权，杜比利埃公司案例还解决了一个问题，即这种技术服务是否需要采取不同的规则，另外规定政府（作为雇主）和雇员的相关权利。答案是否定的，雇主-雇员原则同样适用于此处。

以上这些法院判决对 Z 教授来说都是好消息。她或许能够拥有自己的郁金香球茎肥料的发明成果；大学则获得免费的、不可转让的实施权。

如果人事部门职员当时能够处理好 Z 教授应签署的文件，就能避免争议。如果 Z 教授正式签署了这份 IAA 协议，那么大学将拥有郁金香球茎的发明，因为标准协议涵盖了主要使用大学管理的资金和设施的情形。

2.5 例 5：早慧的大学生

Z 教授的内心充满欣喜，这么多年来她一直面对的是潮水一般涌来、虽然年轻但困倦的面孔，直到一名大二学生简（Jane）出现在她的高级太阳能课上。课后，她们讨论了长期困扰 Z 教授的难题，如何在 60 瓦灯泡中利用太阳能，简问了一个关键问题：“为什么不这么做呢……？”简通过一个简单的实验证明了她的想法确实行得通。Z 教授将实验室交给了简使用，接下来的一年里，简将所有的自由时间都用于在实验室里设计模型。

大学通常不会要求学生签署知识产权协议，除非他们被大学聘为研究助理。简在校时不需要工作，也从没签过协议。学生们并不会收到专利政策文件，说实话，简也从未考虑过专利所有权的问题。

当Z教授向大学许可办公室提交发明披露书，提到联邦政府对研究的支持，并将她自己和简作为共同发明人时，问题出现了。简拒绝将自己的发明转让给大学，也否认了Z教授是共同发明人。最终，在大学专利律师解释了“发明人资格”的定义后，大家一致同意简是唯一发明人，Z教授作出了让步。

这个案例和 *University Patents* 案一样，大学仅能依靠其专利政策，没有人签署IAA协议。根据例2中假设的政策描述，大学将拥有简的发明成果，因为她主要使用了大学资金和设施，尽管她并没有签署IAA协议。

假如简拥有打官司所需要的财力资源，那么在庭审大战中，大学将面临一场艰苦的诉讼。没有人会认为简了解专利政策条款并知道该政策适用于自己，因此大学可能只会获得雇员发明实施权。

假如简签了IAA协议，结果就不同了；大学很可能会获得所有权，因为简大量地使用了学校的资金和设施。各个大学应充分考虑之后，再决定是否要求学生签署例行IAA协议。

2.6 例6：迟签好过不签协议

Z教授没有在上班的第一天签署IAA协议。5年之后，她发明了太阳能灯泡，巧合的是，做出发明的两周之后她收到了IAA表格，这是大学许可办公室清理整顿工作的一部分，她就签了协议。

这份协议是在劳资关系形成后签署的，延续聘用是否是该协议的充分对价呢？不同法院在这个问题上出现了分歧（见 *Mirafi, Inc. v. Murphy* 案[15]）。在劳资关系已经形成后签署的任何协议，必须对可执行性进行新的考虑；*Harso Corp. v. Zlotnicki* 案[16]的判决认为，协议涉及将发明转让给雇主，尽管在发明完成之后协议还没有生效，然而参照协议中使用的过去和现在时态，说明时间范围指的是整个雇佣期间。

在 *General Signal Corp. v. Primary Flow Signal, Inc. et al.* 案[17]中，德佐·哈尔米（Dezsoe Halmi）被General Signal（GSC）公司聘用，从绘图员的职位上升到产品开发经理。在哈尔米先生被要求并最终签署一份《雇员保密信息与发明协议》前，他已经在公司工作了15年。协议要求他在GSC公司工作期间和离职后6个月内所发明的成果转让给GSC公司。

1983年4月5日，在离职6个月期限结束的5天后，哈尔米先生记录下来一个通用流量计的设想，并由他离开GSC之后创立的一家名为Primary Flow Signal, Inc. 的公司进行专利申请、制造和销售。

法院认为其延续聘用是发明协议的充分对价。法院同时还判定：

> 流量计的完善过程是极其辛苦、错综复杂、投入大量测试的过程。因此，

> 很难相信哈尔米先生是在原告公司结束长期且杰出的职业生涯后，在跟踪条款到期后进行了5天沉思并第一次提出了该想法。尽管多年以来不止一个发明人宣称经历了一个大喊“我发现了!”的时刻，但该案所争议的概念并不会这样突然地出现。

法院得出结论，这一想法必然是在哈尔米先生受雇于 GSC 期间产生的，并且因此违反了发明协议。

如果员工入职的第一天没有签署 IAA 协议，或雇员离开学校时没有汇报其发明成果，大学可以采取一些步骤保护自己，免于陷入类似的情况。例 2 中提到，可以采用多种“追捕机制”确保 IAA 协议妥善存档。如果发现一位雇员还没有签署协议，那么之后签署一份措辞严谨的协议，也能在审判中提供帮助。协议需要说明，合同成立的对价条件就是延续雇佣关系、后续使用大学资金与设施，以及整个雇佣期间都受合同管辖。此外，还可提出额外的对价，如支付 10 美元。大学专利政策下的任何许可费分享权利也应该在协议中提到。

聘用关系终止时，应当要求雇员签署一份离职表格，其中包括如下声明：“我已向大学许可办公室披露了《发明转让协议》有效期内的所有发明成果。”

2.7 例 7：访问学者

Z 教授和她的大学同学 Martin Xcaliber 保持着定期通信联系，该同学在半个国家之外的另一所大学担任终身教授。某个炎热的夏日，Z 教授感觉在工作上毫无头绪，邀请 Xcaliber 教授到她的太阳能实验室合作一段时间。Z 教授用联邦合同中的资金给他支付酬劳。合作取得了成功，Xcaliber 教授打破了困扰 Z 教授将近一年的僵局。当年夏天，Xcaliber 教授即将自己的想法付诸实施，这一发明明显具有新颖性且可以申请专利。但 Xcaliber 教授没有签署 Z 教授所在大学针对访问学者的 IAA 协议。Xcaliber 教授就职的大学声称拥有所有权，并制作了一份清晰有效的 IAA 协议，在教授受雇期间的所有发明，无论是在哪里完成构思和付诸实施的，都包括在内。

和之前一样，因为该研究人员没有签署 IAA 协议，Z 教授所在的大学由于联邦合同的要求陷入了不小的麻烦。大学只能再一次依靠一项专利政策文件，声明大学拥有所有访问学者主要利用其资金和设施完成的发明成果。然而 Xcaliber 教授可能根本就没见过该专利政策文件。

大学可能会争辩说，Xcaliber 教授应该知晓 Z 教授所在的大学有专利政策，也应该提出合理的询问。但没有发现与这种情形相关的判例法案，Xcaliber 教授所在的大学很有可能会拥有这项发明，而 Z 教授的大学则获得雇员发明实施权。这也许是一个值得相关大学就共同所有权进行谈判的绝佳案例。另一种可行的妥协做法是承认两所大学所做出的贡献，双方共同分摊专利成本、共享许可费。除了双方的权益，从实际角度来看，Xcaliber 教授的大学将来也可能会发现自己是相同情形的另一方，从而也想就此类事务建立良好的声誉。

2.8 例8：不太合群的发明人

Z 教授在第一天工作时没有签署 IAA 协议，但5年后许可办公室清理整顿时，她回应道，“我不会出售创意和想法”。由于担心 Z 教授会有情绪，部门主任和管理层指示许可办公室不必坚持要求 Z 教授签字。

没有上层对 Z 教授的职业问题施加压力，许可办公室只能说：

- 专利政策适用于任何情况，Z 教授应当在 IAA 协议上签字，以便确认该协议。
- Z 教授与大学将来可能出现所有权争议，或许会阻碍发明的许可。
- 大学将通过法律程序争取 Z 教授在专利政策管辖范围内所作发明的所有权。

3 结语

在例2提供的假设性专利政策中，大学雇员如果签署了清晰明确的 IAA 协议，就必须将利用大学资金和设施作出的所有发明成果转让给大学。即使没有书面合同，大学也能拥有发明。各方必须默认这一合同的规定。

该政策的基本原则来自一系列法院审理的案件，在缺少书面协议的情况下，除非雇员是受聘进行发明或解决某一特定问题，否则发明成果属于雇员亦即发明人（*Standard Parts Co. v. Peck* 案[18]）。在所有这些案件中，都发现存在默认协议，因为雇员只是完成了他受雇开展的工作。如果发明人承担的是公司委托的任务，那么雇主也拥有发明成果（见 *Great Lakes Press Corp. v. Froom* 案，[19] 案件中发现公司总裁对公司具有特殊的信托关系）。

当转让的书面合同和默认协议都不存在时，发明人拥有发明成果，但如果利用了雇主的资源或设施完成发明，那么雇主拥有可以使用发明成果的雇员发明实施权。

一位知识产权法专家得出结论：“通常雇员对于大学工作的期待，与对私人企业的期待并不相同。”[20] 该作者认为 *Speck* 案庭审中“将大学教职人员作为受雇进行发明的人，与高等教育的前提相悖”[21]。作者建议应当鼓励大学教授通过研究获得知识。这一结论没有得到判例法的支持，判例法没有区分大学和商业用人单位；实际上，*Speck v. K. D. I. Precision Products* 案强调大学教授与研究人员都是受雇进行发明的人。高等法院声明，政府部门作为用人单位也遵循与 *Dubilier* 案私人企业同样的规则。*Dubilier* 案的逻辑在于，按照政府研究人员的方式对待承接政府资助开展研究的大学雇员，同样，对待商业雇员也是一样的。

在 *Houghton* 案中，雇员发明人提出“受雇发明”的规则不应该适用于雇主（比如政府）不应寻求垄断（专利的本质）的案例。法院对此作出了激烈的反驳：

> 难以想象，当一家公共机构利用公共资金开发出了一种抗击疾病的宝贵工具，应当允许从事该工具生产的公职人员出于私利而垄断这一发明，向已为生产付费的公众征收费用，并仅仅只向聘用他们的政府部门提供非排他使用许可。

如果没有书面协议，会根据各个案例的实际情况决定所有权的最终归属；某位教授可能知道也可能不知道自己是否受聘进行发明或解决某一特定问题。对任何层级的雇员来说，也许无法作出全面声明，正如大学教授和研究者不确定自己是何时受雇进行发明的。

在管理知识产权、发明与所有权问题上，最佳做法是时刻要求进行发明的雇员与访问学者像签署 W-2 纳税表格一样签署 IAA 协议。

B. JEAN WEIDE MIE R, *Principal, Cambridge Licensing Law, LLC, 124 Mt. Auburn Street, Suite 200, North Cambridge, MA, 02138, U. S. A.* Weidemier@cambridgelicensing. com

---

1 200 U. S. P. Q. 608 (1978).

2 289 U. S. 178,53 S. Ct. 554,77 L. Ed. 1114 (1933).

3 137 U. S. 342,346,11 S. Ct. 88,89,34 L. Ed 667 (1890).

4 23 F. 2d 386,390 (4th Cir. 1928).

5 264 U. S. 52,59 (1923).

6 311 N. C. 679,319 S. E. 2d 139 (1984).

7 319 S. E. 2d 139,143.

8 762 F. Supp. 1212 (1991).

9 762 F. Supp. 1212,1228.

10 762 F. Supp. 1212,1234.

11 Ibid.

12 488 F. 2d 261,267 (1973).

13 218 U. S. P. Q. 662,665 (Ore. Ct. App. 1982).

14 (289 U. S. 178,188).

15 14 U. S. P. Q. 2d 1337,1350 (W. D. N. C. 1989).

16 779 F. 2d 906,228 U. S. P. Q. 439 (3rd Cir. 1985).

17 C. A. Nos. 85-0471B,86-034B (D. C. R. I. 1987).

18 264 U. S. 52 (1923).

19 695 F. Supp. 1440 (W. D. N. Y. 1987).

20 Smith GK. 1985. The Souring of Sweet Acidophilus Milk: Speck v. North Carolina Dairy Foundation and the Rights of University Faculty to their Inventive Ideas. *North Carolina Law Review* 63: 1259.

21 See *supra* note 1, p. 1248.

文本框1：发明转让协议

姓名（请打印或用印刷体书写）：
作为1美元（$1.00）的对价：

- 过去、现在和（或）将来本人在大学的工作；以及（或）
- 过去、现在和（或）将来本人在大学参与的研究；以及（或）
- 本人获得或将会获得大量使用大学资金或设施的机会；以及（或）
- 分享许可费和《大学技术所有权、传播与商业开发指南》中所述的其他发明人或作者的权利

A. 同意及时向大学披露所有本人独立或同他人合作构思、发明、写作或付诸实施且属于以下情况的发明成果、版权材料、电脑软件、半导体集成电路布图设计、有形资产和商标（“知识产权”）并转让所有其相关权利：
  (i) 根据《大学技术政策指南》第×段所述内容，是本人参与的一项受资助研究或其他协议过程中，或根据该研究或协议开发而完成的
  (ii) 源于主要利用大学资金或设施，“主要利用”的定义参见第×段《大学技术政策指南》
  (iii) 如《大学技术政策指南》第×段所定义的内容，源于一项由大学资助的职务发明作品

B. 在本人供职于大学或后续期间，基于大学的花费，同意签署所有必要的文件，或提供适当的协助等，为大学或其委托人获得、维持或加强专利、版权或其他此类知识产权的法律保护；以及

C. 同意为大学对所有此类大学知识产权制作并保留充分的近期书面记录；以及

D. 当本人以任何原因终止大学工作时，根据大学提出的要求，同意及时向大学提交所有以上C段落中提及的书面材料副本，以及所有由大学制作、编制、递送、生产、使用、开发或调查，或发送给大学的相关备忘录、笔记、记录、日程安排、计划或其他文件，以上内容始终是属于大学的财产；以及

E.（除非与大学另有书面约定）不会向大学披露或者在本人于大学开展的工作中，使用：
  (i) 任何所有权归前雇主或第三方所有的任何信息，这些信息包括但不限于任何有关前雇主或第三方业务、工作或调查的商业秘密或保密信息；或
  (ii) 任何未包含在上述A段落中，本人的想法、作品或知识资产均属于本协议范围内的内容（请注意，假如此前构思的发明属于A段落中所列情况下首次付诸实施，那么即使发明已提交专利申请或获得专利，也服从本协议规定）。

自本协议签署之日起，将取代本人之前与大学就相同或类似事项达成的全部或部分协议。除非由大学授权代表以书面形式签署，否则不得全部或部分修改或终止

文本框1(续)

本协议。履行本人在协议中的承诺将是本人的执行人、管理人、继承人或其他法定代表人或受托人的义务。

本人声明，除本协议背面指明的情况外，本人没有与其他人签署与上述内容相冲突的任何协议或承担的义务。

鉴证（Witness）

签名（Signature）（包括姓名全称）

日期（Date）

注：本协议一式三份填写并签署，并以下列方式分发：原件存于员工人事档案；第二份交于员工；第三份呈送技术许可办办公室。

第5.5章

发明人在技术转移过程中的作用

安妮·C. 迪桑特（ANNE C. DI SANTE）
美国韦恩州立大学技术转移办公室主任

译者 顿宝庆 **审校者** 刘晓娜 李义强 张熠 林鉴非 殷宏

摘 要

没有发明人，就不会有技术可转移。没有从事技术转移的专业人员，技术转移则很有限。因此，发明人和技术转移专业人员之间的良好关系是商业化事业成功的关键。在技术转移办公室（Technology Transfer Office，TTO）开始提供服务之前的很长时间，就应当建立起这种良好关系。良好的关系使技术转移管理人员能够就许可协议中双方共同关心的问题，与教师和企业进行协商。确保发明人了解技术转移办公室的目标，会让每个人更容易理解技术如何满足市场需求，找到潜在的许可对象，并确定被许可方是否正在履行其义务。基于上述及更多的理由，技术转移办公室应加倍努力，教育、培养发明人并与其保持良好的工作关系。

1 引言

就专业而言，技术转移专业人员所应具备的技能是具体而独特的，对知识产权的

Di Sante AC. 2007. The Role of the Inventor in the Technology Transfer Process. In *Intellectual Property Management in Health and Agricultural Innovation: A Handbook of Best Practices* (eds. A Krattiger, RT Mahoney, L Nelsen, et al.). MIHR: Oxford, U. K., and PIPRA: Davis, U. S. A. Available online at www.ipHandbook.org.

Editors' Note: We are most grateful to the Association of University Technology Managers (AUTM) for having allowed us to update and edit this paper and include it as a chapter in this *Handbook*. The original paper was published in the *AUTM Technology Transfer Practice Manual* (Second Edition, Part V: Chapter 2).

管理和许可至关重要。如果没有发明人，就无法成功实现技术转移。技术转移专业人员面临的挑战是要努力获得发明人的全力支持，但技术转移经理无法真正左右发明人。除了获得发明人的支持，技术转移专业人员还必须熟练地协调发明人与技术转移办公室以及学校的关系，还必须确保发明人对市场的预期是现实的。本章将描述发明人在技术转移过程中所起的多种作用，以及技术转移专业人员对发明人负有的诸多责任。

2 发明人是技术的创造者

发明人的重要作用是创造并开发将要转移的技术。没有人比发明人更了解技术，所以在披露和技术转移过程中，与发明人的充分合作是必要的。技术转移办公室和技术转移经理的声誉是与发明人建立最佳工作关系的关键。机构本身的公共关系对于维护上述关系以及建立新的关系也很重要。

技术转移专业人员应该确保发明人在获得一项重大发明之前，就听说过技术转移办公室。出于多种原因[1]，技术转移专业人员应该尽早，而不是尽晚获悉发明的情况。与10年前相比，教职人员明显更了解技术转移流程，但是管理人员不应认为这足以激励发明人提交发明披露。发明人必须充分意识到及时向技术转移办公室披露发明的重要性。然而，教师们如果知道过早披露（包括通过出版）的“风险”，他们打电话给技术转移办公室的次数增多，更多询问的是技术，而不是许可事实。当然，应对“尚未”（披露）要比处理已经（泄露）的“大案子”要更容易。

技术转移专业人员面临的挑战是建立早期的信息传递系统，同时要了解大学特定的学术环境和教师的压力。重要的是，开发的信息传递程序必须相对容易获取及使用，技术转移办公室需要及时且全面地获取发明信息。技术管理人员可能面临着教职人员打算保密的情况。例如，发明人愿意向学术同行，甚至是其他机构的学术同行披露发明，却可能将技术转移办公室的工作人员视为局外人或行政官僚。技术转移经理应邀请发明人彻底参与技术转移的整个流程，以缓解他们的担忧。

3 发明人在保护过程中的作用

一旦决定提交专利申请，技术转移专业人员最常听到的问题是：“这需要花我多少时间?”尽管可以尽量减少发明人投入的时间，但重要的是预先的估计要符合实际，防止不切合实际的期望。根据发明披露文件提到的技术和细节，发明人在起草及提交阶段投入的时间，有时很少，有时很多。

为了使专利申请文件达到一致，发明人和专利代理师之间必须建立联系，尽早交流。发明人必须保密，并相信向专利代理师全面披露技术的积极作用。发明人除了协助起草专利申请，还可帮助确定发明人资格。许多教职人员通常将发明人资格等同于文章资格，因此会按照学术投稿作者署名的原则列出合作发明人。幸运的是，专利律师可以帮助裁定发明人资格。针对较难的案件，技术转移办公室可能要邀请系主任和其他大学行政人员参与协助[2]。

在专利申请的实际审查过程中，发明人必须成为自愿的合作伙伴。尽管可能难以掌握专利创造性的概念[3]，但专业的专利代理师将与发明人密切合作，为应对此类驳回撰写答复意见。应鼓励发明人阅读相关材料并回答专利代理师的问题；毕竟，发明人比其他人更了解该领域。当专利代理师将驳回中的“专利术语”转换为通俗易懂的语言时，大多数教职人员就能很好地进行反馈。对于发明人而言，直接回答问题往往比泛泛地“请阅读并将您的想法反馈给我”更容易。为答复官方审查意见，专利代理师阅读材料、分析并提出问题所花费的时间很多，如果从一开始就让发明人明白审查问题并给出相关答复意见，这种投入是值得的。

提交专利申请并获得专利授权，并不是技术转移办公室的唯一目标。技术转移专业人员几乎百分之百地都需要发明人的帮助以在后续过程中将技术实际转让给被许可方。此外，一旦专利授权并获得技术许可，当侵犯专利的产品出售时，发明人最有可能发现侵权技术的产品，并担任“侵权警察”的非官方角色。应鼓励发明人向技术转移办公室举报涉嫌侵权的行为，而由技术转移办公室负责追究侵权人。

软件和多媒体开发人员应当被告知如何使用版权声明；强化其在新的程序中放置版权声明的意识。当然，这取决于机构正在使用的具体版权政策。

具有商业价值的生物材料是知识产权的另一种形式，并不总与专利保护相关。发明人必须了解将该材料转移给非营利性研究机构与转移给营利性机构之间的差异，后者或许将该材料作为产品开发工具。对于发明人来说，重要的是理解控制材料发放能够保障材料的价值。这种控制不是妨碍发明人履行学术期刊的要求，即为希望重复实验的人们提供样品，也不是违反联邦政府关于传播研究工具的指导原则。生物材料的管理，关键是技术转移专业人员和发明人必须设计并商定出能够使商业潜力最大化的材料发放计划，而又不会对科学研究产生负面影响[4]。

4 发明人在技术转移过程中的作用

技术转移过程包括许多步骤，有些步骤会同时进行。发明人可以在不同程度上参与每个步骤，但其参与的程度取决于许多因素，包括大学的企业文化和其他参与各方的作用。

4.1 市场营销

不能期望技术转移专业人员了解每个产业、市场以及技术可能适合的环境。大多数情况下，发明人会认识该技术领域的学术界和产业界从业者。另外，发明人更清楚市场中有待满足的需求，以及该技术是否满足这种需求。这些信息可以帮助技术转移专业人员通过一个范围相对较小的市场调查，开展普通的 SWOT 分析（strengths，优势；weaknesses，劣势；opportunities，机会；threats，威胁）。发明人也可以提供学术界和产业界的其他市场信息，如市场规模、市场所在地和竞争对手的技术。虽然任何数字都应该通过外部资源进行验证，但发明人可以成为市场信息的一站式来源，有助于启动技术营销工作。

4.2 确定潜在被许可方

通过出版、会议报告和产业通信等方式公开信息，技术转移经理可借由发明人联系潜在的被许可方。许多发明人会召集业内朋友讨论他们的研究。鼓励发明人直接向TTO进行商业查询非常重要。将产业界的电话转交给技术经理去联系，有助于实现许多目标。第一，可以使技术转移专业人员通过密切关注商业利益来管理技术的商业化，从而在作出最终决策时，考虑到所有潜在的被许可方。第二，可以在流程早期就能确定关键的许可方联系人。第三，防止发明人“货卖两家”。第四，将发明人转为谈判的次要角色，使发明人不再受许可决定的影响，可以和企业的科学家基于科学问题而非商业利益保持联系。事实上，企业的科学家很有可能成为许可公司内部该技术的“大拿”，而这一过程的第一步就与发明人有关。

4.3 向潜在的被许可方提供信息

由谁向潜在的被许可方提供什么信息，在某种程度上是凭直觉决定的。例如，技术转移专业人员通常会处理与专利申请、知识产权政策和许可有关的问题，而由发明人解决技术问题、技术原型、技术演示和技术评估材料。发明人最了解技术，了解能做什么和不可以做什么，因此是分享这种信息的最佳人选。技术转移经理可能希望鼓励发明人与企业伙伴进行头脑风暴，讨论扩大规模过程中可能出现的问题。发明人可能会对向企业全面披露该技术而感到紧张。技术转移专业人员应与发明人相互配合，确保在审查过程中充分披露的时间节点是正确的，并且确保披露的信息通过某种方式记录下来。

4.4 许可谈判

发明人参与许可谈判的程度其实取决于其个人。技术转移专业人员有权决定发明人在什么程度上介入谈判。技术经理人必须权衡发明人的个性、人际交往能力和商业谈判知识，以及发明人对TTO政策的理解、对被许可方的了解程度以及作为谈判团队成员的能力。技术转移专业人员应该警惕发明人有时在谈判期间倾向于被许可方的迹象。通常情况下，技术经理人可以多花点时间与发明人讨论来解决此问题，确定发明人对被许可方的观点表示同情或赞同的根本原因。对于发明人来说，同意斡旋者的意见并从交易中后撤一步非常重要。如果发明人对商业谈判感到畏惧，可以在一旁观望。如果需要这样，技术转移专业人员应该让发明人随时了解许可谈判的最新进程，以便控制预期并与发明人保持良好关系。反过来，发明人应该与技术转移经理人保持沟通，告知技术转移经理人从公司内部联系人处获知的信息。应向技术转移专业人员通报任何新的技术进展，尤其是在谈判期间，将此信息及时披露给公司可能很重要。在谈判期间，技术转移经理人与发明人应安排例行讨论，有利于谈判。这种讨论可以达到更新谈判进展、获知技术进展的双重目的。在签署协议之前，发明人应明确了解哪些材料、哪些专有技术等必须转让给被许可方。发明人还应与被许可方讨论如何以最佳的方式完成这一转让。一旦达成协议，被许可方可能希望与发明人联系，例如聘请发明人作为顾问。技术转移专业人员必须随时了解这些活动的情况，并确认协议规定大学应尽的任何义务都已履行，并且被许可方与发明人之间所建立的任何新的关系都是许可协议和机构政策允许的。

4.5 被许可方的勤勉尽责和许可的合规性

在执行许可后，发明人是主要的信息来源。对于 TTO 来说，开发一套跟踪许可合规和勤勉尽责情况的制度非常重要[5]。理想情况下，技术转移专业人员应与被许可方的相应人员保持紧密联系。但是，发明人通常比其他任何人更了解被许可方的技术开发信息，大多数情况下，与被许可方相应的科研人员保持联系，是获得良好信息流的关键。发明人与被许可方科研人员的关系可能有助于技术转移经理人洞察被许可方是否在努力推动技术发展。技术转移专业人员担忧的是被许可方努力（或缺乏）的程度，因此应鼓励发明人告知 TTO 有关这些方面的情况。这些信息有助于了解达到技术里程碑（technical milestones）的可能性。应鼓励被许可方让发明人（作为观察员）参与产品开发讨论。这样，发明人可以随时了解情况，并能够帮助解决被许可方扩大规模时可能出现的技术故障。

4.6 当事情进展顺利时

在技术转移各方的共同努力下，发明获得绝对成功时，发明人、被许可方、大学（包括 TTO）和公众都会从中受益。根据其发现，发明人可能会名利双收。这种事件带来的积极作用，有可能影响到其他教师，并可能鼓励那些尚未“试水”接触 TTO 的发明人公布一项发明。相反，成功也会带来不必要的关注，这往往与预期的收入现金流有关。发明人、其部门负责人或系主任之间的许可费分配可能会产生争议。大学的许可费分配政策可能会受到挑战。如果预期会有重大收入，传统上可预先安排一部分作为基金，用于重新分配。明智的技术转移专业人员会与发明人保持联系，避免这些事件发生，并在必要时提供帮助。当有人提出调整分配方式时，即使 TTO 试图保持中立，也可能会按照学校要求提出建议并参与讨论。

4.7 当事情不顺时

如果许可协议未按计划进行，发明人通常会最早（有意或无意）发现迹象。因此，技术转移专业人员应该建议发明人针对发现的故障所担忧的问题寻找证据，以及与办公室联系等。更好的做法是，技术转移专业人员应定期与发明人保持联系，以便了解被许可方的研发工作进展。如果许可暂停了（无论出于何种原因），发明人可以帮助确保机构从被许可方处收回应得的款项。一旦技术转移经理人发现自己处于许可终止的尴尬境地，发明人可能会帮助鉴定对方是否违反勤勉尽职的责任。但是，如果发明人打电话，过分热心地要求终止许可，管理人员应该谨慎。例如，发明人自己难以从研究转向产品开发，却把“从研究到开发”的困难进程当作被许可方不称职的表现。

如果发生诉讼，技术转移专业人员会希望得到大学顾问办公室的帮助，以确保发明人理解该过程。具体而言，发明人需要知道大家对发明人的期望，以及进入这种程序所投入的精力。诉讼很复杂，需要协调与合作。事实上，如果 TTO 需要就许可相关事宜提起诉讼，技术转移专业人员和发明人将会从之前建立的长期相互支持关系中受益。

5 发明人作为企业家

随着技术转移在经济发展活动中的作用日益受到重视，当发明人转为企业家时，管理人员可以预期这种转变带来的变化。许多因素会影响不断发生变化的关系，包括推动创业活动的是发明人还是 TTO。无论如何，关键问题是发明人要认识到技术转移专业人员接受的是大学的委托。在过去向第三方许可的案例中，发明人的利益与大学是高度一致的，但现在情况不同了。大学要积极尽职地通知发明人企业家，期望他或她提供适当的商业和法律支持。为了防止难以补救的问题出现，发明人企业家必须了解大学的利益冲突和责任冲突的政策。技术转移专业人员应该鼓励发明人与其部门主任和系主任经常沟通。同时，技术转移专业人员还应向行政部门主管、系主任和校长提供准确的信息。发明人企业家必须认识到，与公司进行许可谈判必须公平，并且通常需要高层批准，这可能会造成协议延迟数周执行。发明人企业家有可能成为该大学技术转移工作的代言人；反之，也可能成为这类行动的最强烈批评者，取决于这些关系是如何管理并平衡的。

6 发明人的管理问题

6.1 发明人在技术转移中的其他作用

发明人在整个学术生涯中还参与了许多其他技术转移活动，这些活动都是在没有技术转移专业人员参与的情况下举办的，诸如咨询、教育或培养毕业生、发表文章、会议报告、发布海报、参与联盟，以及参与资助研究协议等，这些可能被视为无须经过批准的专有技术转移。

尽管一开始技术转移专业人员可能不参与这些活动，但某些活动（如果不是全部的话）会影响技术管理人员的工作。在可能的情况下，最好就出版或签署咨询协议中的相关权利造成的影响对教师进行培训，提高他们对这些影响的认识。虽然这样做会有更多人咨询 TTO，但早期的投入可能会避免以后出现类似情况。

6.2 关系管理

技术转移专业人员必须牢记，发明人需要处理与学术界不同身份人员的关系：专利代理师、TTO 职员、资助和合同管理人员、系主任、校长、赞助商、学术合作者、被许可方和学生，这些只是其中的部分人员。请记住，发明人和技术转移专业人员都是在组织中发挥作用。此外，大学的企业文化会在当地文化中受到孤立，并受到频繁的分析和批评。

对于技术转移专业人员来说，重要的是成为发明人联系网中的优先级人员。但是，教授们通常未受过专业训练来评估提交披露的数量或获得专利的数量；发表文章和获得资助仍然是重中之重。如果技术转移专业人员能无条件地接受这样的学术环境，随着时间的推移他们会与发明人建立开放和信任的关系。

在发明人与上述人员之间 TTO 可以作为中间人、谈判代表或推动者发挥作用。这是一种具有挑战性的责任，因为 TTO 也需要与这些人员保持自己的联系。当 TTO 承担这一角色时需要考虑对发明人和 TTO 造成的所有潜在后果及影响。

6.3 期望管理

管理 TTO 与发明人的关系，重要的是确保发明人的期望符合实际。一位同事虚构了一个假设性的披露问题："请说明这项技术的价值：数百万、数十亿还是无价？"虽然这是一种挖苦的说法，但实际情况却确实如此。在发明市场化的过程中，发明人和 TTO 之间常常脱节。技术转移专业人员面临的挑战是如何巧妙地使发明人的期望符合实际。寻求他人的意见可能会有所帮助。例如，技术转移经理人可能希望具有转移技术经验的值得信任的教职人员加入进来。专利代理师或外部顾问也可以帮助传递消息。发明人唯一可以接受的可能是产业界代表的评估。技术转移人员可能希望确定发明人与谁关系最密切，并争取他们的帮助。如果一开始就从实际出发，符合每个人的最佳利益。如果发明人的价值观发生偏差，其部门领导的价值观也可能发生偏差，而发明人的校长可能期待值过高。在这些情况下，TTO 将花费大量时间（和管理资本）来解释并消除不切实际的期望，重新定义合理的期望。从失望中复原可能需要数年时间，预期与实际获得之间的差距或许只能通过 TTO 的重组来结束。

7 结语

虽然技术转移专业人员面临的挑战是管理各领域的技术，但他们还面临着要与各种各样的发明家进行有效的互动。这些复杂的关系和人际关系互动有时可能会占据发明人和技术转移人员大量的时间，但共同工作会非常有益。这些相互作用为技术转移专业人员的工作增加了一个意想不到的，令人愉快的收获。

致　谢

笔者希望感谢许多创造性发明人，在过去的 20 年里乐意与之合作。特别感谢密歇根大学名誉教授 Leroy B. Townsend 博士，感谢他帮助笔者理解学术发明人的动机，以及敏锐的智慧、洞察力和友谊。

ANNE C. DI SANTE, *Director, Technology Transfer Office, Wayne State University, 5057 Woodward Ave., Suite 6306, Detroit, MI, 48202, U. S. A.* anne.disante@wayne.edu

1 See also in this *Handbook*, chapter 8. 4 by D McGee.

2 Gates ER and MN Rader. 2001. Disentangling Inventorship. *The Journal of the Association of University Technology Managers*. vol. XIII. www. autm. net/pubs/journal/01/disentangling. html.

3 Terry KR and JEEmbretson. 2001. Patent Application Filing in the United States. *AUTM Technology Transfer Practice Manual*, AUTM: Northbrook, Ill.

4 See also in this *Handbook*, chapter 7. 3 by AB Bennett, WD Streitz and RA Gacel.

5 Tretheway JA and H Bremer. Monitoring the License Agreement, *AUTM Technology Transfer Practice Manual*, AUTM: Northbrook, Ill.

第5.6章

知识产权审查

迈克尔·布莱克尼（MICHAEL BLAKENEY）
英国伦敦大学玛丽女王知识产权研究所所长

▌译者　顿宝庆　▌审校者　刘晓娜　李义强　张熠　林鉴非　殷宏

摘　要

本章解释了研究机构对其拥有的知识产权及其研究人员使用的第三方知识产权进行审查（audit）的重要性。通过审查，使研究机构（适当时）能够保护其所有权，维持并管理其负责的知识产权。

1　引言

若干年来，知识产权被视为私权，不属于公共研究部门关注的问题。随着形势的发展，这种看法得到了改变。第一，基因材料已经私有化，限制了公共研究利用的基因材料。第二，使能生物技术领域引入了知识产权保护，有可能会阻碍公共研究机构开展现代生物工程研究的能力。第三，公共研究机构的资金减少，使他们意识到需要在知识产权管理方面积极发挥作用。事实上，由于上述变化，公共研究机构正利用其知识产权，争取获得私人资产的产权。

知识产权管理的第一步是进行知识产权审查。通过审查，将鉴定该机构研究人员产生的知识产权，能否作为资产使用，并有助于识别第三方的知识产权，避免机构误用第三方知识产权。

Blakeney M. 2007. Conducting IP Audits. In *Intellectual Property Management in Health and Agricultural Innovation*：*A Handbook of Best Practices*（eds. A Krattiger, RT Mahoney, L Nelsen, et al.）. MIHR：Oxford, U. K., and PIPRA：Davis, U. S. A. Available online at www. ipHandbook. org.

2 方法

知识产权审查的目标通常是确定相关的知识产权、明确知识产权所有权、按程序管理知识产权，以及协助制定并执行研究机构的知识产权政策。

在这些程序开始之前，必须确定审查范围。在某些情况下，审查的目的是满足资助机构或外部认证的需要。另一方面，审查可能是研究机构与私营部门合作的开端。开展审查的人必须确定目标，必须明确谁会得到审查结果，是否可以向董事会、资助者、管理层或公众提供。

审查可以通过以下方式进行：

- 在线调查高级行政和研究人员
- 后续访谈，通过电话或亲自与这些工作人员进行面谈
- 分析合同、材料转移协议（material transfer agreements，MTA）以及行政管理总部持有的其他文件
- 对访谈中提到的相关文件进行分析

在审查之前，要使研究机构的工作人员了解知识产权与机构运作密切相关，可以通过讨论或分发说明材料的方式，也可以在线进行。还可以采取在线管理调查，确定可能涉及知识产权的协议和活动。后续访谈将讨论调查所获得的信息，并确定需要分析的文件。当然，应从知识产权的角度对机构的所有合同进行仔细审查。

注意对审查结果保密，有利于保护研究机构的全面合作。毕竟，审查过程中可能会发现有损研究机构名誉的事情。从积极的角度看，审查结果可以进一步明确机构工作人员的教育和培训方向，并转化为最佳管理实践。

3 知识产权的所有权和控制权

3.1 介绍

知识产权审查的主要目标是帮助研究机构建立所有权制度并控制所审查的知识产权。需要审查下列所有相关文件：(1) 研究机构的法律地位；(2) 工作人员根据其服务协议和雇佣合同及根据研究机构的知识产权政策应承担的义务；(3) 与研究合作伙伴达成的协议；(4) 与资助机构和赞助者签订的协议；(5) 与研究机构在任何研究网络中位置相关的文件。

研究机构获取知识产权所有权和控制权的能力，取决于其法律资格和地位。如果研究机构是法人机构，这些条款将列于其章程及规定中。这些文件通常会遵守研究机构注册所在地的法律。但是，如果研究机构具有国际地位，其职责则由研究机构与东道国、资助机构之间的总部协定规定。

一旦法律赋于研究机构财产支配权，包括知识产权，其将有权与其雇员签订合同。通常情况下，知识产权条款将纳入聘用合同，或者纳入机构的知识产权政策或准则并

在聘用合同中提及。最简单的条款是说明雇员必须遵守研究机构的知识产权政策，该政策通常以文字形式或在研究机构的网站上提供。

例如，华盛顿州立大学的知识产权政策规定：

> 所有员工均接受这些政策，作为聘用或自由结社的条件。员工应同意将其未来可申请专利的作品和发现转让给大学。行政管理部门在与大学教职员工协商后，经董事会批准，可以修改这些政策。[1]

如下所述，该政策要求员工就可能产生知识产权的任何创新成果向其雇主报告。例如，美国得克萨斯农工大学（A & M）的知识产权政策适用于：

> (i) 该大学雇用的所有人员；
> (ii) 在大学人员的监督下使用大学设施的任何人，包括但不限于访问学者和客座教授，除非经与大学协商采用特别条款对个人的工作进行管理，或该条款适用于大学的部分内容。没有外部未来雇主的明确通知，大学工作人员不得达成与外部工作有关的知识产权协议，例如咨询或暑期聘用协议，大学的知识产权不能纳入第三方的咨询或聘用协议。[2]

应该由机构决定如何处理此类知识产权。某些情况下，机构也可能会放弃知识产权权利。通常，机构会制定分享开发知识产权带来任何收益的程序。得克萨斯州立大学的知识产权政策很典型：

> 在这些情况下，大学将知识产权权利许可给第三方，许可成本包括运营和支持技术转移办公室及部门或机构知识产权咨询委员会的费用，以及代表董事会获得专利或其他保护成本的花费。首先应从大学收到的任何使用费或其他许可收入中剔除这些成本，其余的收入（包括但不限于许可费、预付费、最低许可费、运行许可费、里程碑付款和分许可的付款）应按如下方式划分：
> - 50%分给发明人
> - 50%分给大学
>
> 经董事会事先批准，各组成机构可在其《操作程序手册》中调整此处所述的许可费分配条款，但发明人的收益分配比例在任何情况下均不得超过50%或低于25%。

相似的情况也适于政府部门运作的研究机构。对于下属员工产生的任何知识产权，无论该知识产权是由有关部门开发利用，还是由更广泛的科研界开发利用，政府部门均须就知识产权是否归员工所有进行个案分析。

3.2 总部协议

对于国际研究机构来说，资助方和所在地政府之间的协议，通常会说明该研究机构的法律地位，通常会将研究机构定义为“一个自治、慈善、免税、非营利的、非股份、仁爱的机构”。[4] 明确该研究机构的存在期限，例如从成立之日起50年，并有可能延续。通常会注明期限结束时谁将拥有研究机构的资产。如果一个研究机构收集了来自其他国家的生物资源，期限结束时失去这些生物资源的所有权，可能会产生有关生物剽窃行为的问题。

总部协议通常会表明该机构有权“为执行研究机构的目标和宗旨，通过捐赠、授予、交换、遗赠、购买或租赁，以绝对或托管的方式，接受并获得生物资产的贡献，无论是不动产还是私人产权”。该条款不具有实际效力，因为权利是通过法人注册授予的。[5]

3.3 注册法人机构

一般情况下，注册一个研究机构需依据所在国家的法律，这项法律规定了法人机构的类型及其权利。公司通常分为非营利性和营利性企业，每类公司的所有权和资产结构各不相同。公司的投票权一般按股份分配。管理层将由董事会和首席执行官组成。公司的权利通常在章程或内部管理章程中列出，并在规章制度或相关文件中详细说明。应审查这些文件，以了解该研究机构拥有和处理知识产权的权利。这些文件还将解释法人机构的管理人员代表法人进行交易的权利，并说明机构存续期终止和终止时其资产的处理程序。

法人机构的组织文件，通常没有记载在法人存续期产生无形财产（如知识产权）的后续处理结果。这是因为直到最近，知识产权才成为法人关注的问题。然而，处置无形资产的方法可能会遵循处置有形财产类似的方法。

3.4 研究机构章程

公共研究机构通常会在其管理章程中列出公共服务职能。根据法人注册依据的法律，董事会通常会颁布管理章程。因此，管理章程属于机构的一般操作条款，相比而言，法人机构注册依据的法律授予的权利更大。

3.5 人事管理文件

通常，公共研究机构的人员包括本国工作人员、国际聘用人员、访问学者、顾问、兼职科学家、项目科学家、合作研究人员、博士和博士后。机构主张、获取上述人员产生的知识产权所有权，取决于机构与人员的约定条件。为了方便起见，我们可以将上述这些人分为在职人员和非在职人员。

3.5.1 在职人员

工作人员所产生或持有的知识产权，其所有权和控制权将由用人合同、研究机构人事政策和程序结合起来处理。这些内容通常会集中体现在人事手册中。鉴于知识产权日益受到关注，一些研究所已要求签署知识产权声明或保密协议。例如，在国际水稻研究所（International Rice Research Institute，IRRI），该声明是一项知识产权协议，IRRI员工同意由他们所创造的“所有发明、改进、数据、过程、技术、发现和其他知识产权”，是受 IRRI 指派、由员工承担的“IRRI 相关研究和开发计划或任务的结果”，“是 IRRI 的唯一财产”。[6]

如果合作伙伴希望保密，而研究机构主张公开发表其研究，那么发表就成为一个重要的问题。在文章、研究论文和会议中过早公开，可能会破坏可专利发明的新颖性，研究人员想要公开其学术成果时会变得紧张。知识产权审查是向员工介绍知识产权会影响其研究的好机会。从私营部门获得专有技术的许可时，许可协议中有时会对发表文章进行限制，要求对研究中蕴含的商业化机遇进行评估之后再发表。非研究类的工作人员和董事会成员也应受到保密义务的约束。

协议中列出的知识产权类别清单，是为了让签署协议的工作人员详尽无遗地了解相关信息：

- IRRI 的知识产权协议规定了员工必须“立即”向 IRRI 披露的知识产权类别。要求建立披露程序、明确处理披露事宜的人员或部门。
- IRRI 的知识产权协议要求员工将相关知识产权转让给 IRRI，并“尽一切可能，包括执行相关文件”以协助 IRRI 为其知识产权获得法律保护。这是一个相当有效的方法，能够保障 IRRI 获得工作人员产生的知识产权权利。
- IRRI 的知识产权协议还规定，只有在履行 IRRI 的职责时，工作人员才能使用机密资料。在职期间以及离职后 5 年内，不得向未经授权的人披露在 IRRI 任职期间的信息。这项规定有效地施加了保密义务。

工作人员，包括机构之外的雇佣人员，例如在田间工作或隶属于其他机构的人。他们受就业合同的约束，并可能受其工作的外部机构的知识产权政策约束，也要遵守他们工作所在国家的法律。例如，一些国家已颁布法律，限制获取可能成为专利申请主题的生物材料。如果一个研究机构提交了有关知识产权的申请，而涉及的生物材料是未经同意而获得的，那么将违反该法律。

可通过引用关于知识产权的机构政策和这些权利的定义对知识产权协议进行有益的补充。文本框 1 列出了知识产权的一个全面定义。

文本框 1：知识产权

知识产权指的是信息、想法、发明、创新、艺术作品、设计、文学文本以及可能受法律保护或具有合法权利的任何事项或事物，包括以下保护形式：

- 专利
- 秘密（对于某种信息以某种方式传达而引起了保密义务）
- 版权，附在文学作品（包括计算机程序）、戏剧作品、音乐作品、艺术作品、电影、录音、多媒体作品、广播、出版版本和某些类型的表演中
- 注册商标
- 尚未注册但已使用或有意用于商业的商标

- 已注册的设计，以及可注册的设计
- 培育植物新品种的权利
- 与设计相关的权利
- 与数据库有关的权利
- 工业、商业、科学、文学和艺术领域的智力活动所产生的其他权利

3.5.2 非在职人员

各种类型的非本研究机构的人员经常汇聚于研究机构，如来访的科学家、顾问、项目科学家、合作研究人员和学生。保持研究所知识产权的所有权和控制权，可能对于拥有非在职人员的研究机构来说，是需要关注的一个特殊问题。如果研究机构没有与这些非在职人员达成协议，研究机构将无法控制这些访问人员可能产生或使用的知识产权。的确，在某些情况下，由于来访研究人员的身份不确定，产生了一些问题，他们在访问期间以访问者的身份获得了研究的专利权。由外部资助者资助的客座研究人员也会存在问题。研究机构的知识产权政策，可以明确这种资助所产生的知识产权所有权。因此，一些国家通常要求非在职人员也遵守知识产权政策和保密协议。

3.6 知识产权政策

目前，公共研究机构通过制定政策来处理知识产权的所有权和控制权问题。该政策通常在董事会上获得同意和批准。作为一项普遍原则，各研究机构强调可自由使用它们所开发的信息、发明和生物材料。然而，各研究机构有责任寻求知识产权保护，以确保为发展中国家提供先进的生物技术或生物材料。一些研究机构宣布，对于为其客户群体开发的技术或材料，他们可能寻求保护，还可能采取保护措施，防止第三方获得知识产权。例如，通过提交临时专利申请，有关研究机构公开创新知识，公开的目的在于破坏专利的新颖性，防止这些发明被私营部门据为己有，从而为发展中国家提供所需的创新技术。

一些公共研究机构将其知识产权政策纳入与私营部门合作的政策中。这些研究机构为确保发展中国家获得生物技术产品和先进的生物技术，经常会作出让步，并签订特殊协议，规定分发生物技术衍生相关材料的限制条件。在这项政策的背景下，研究机构可以汇集一份知识产权清单，根据双方可接受的条件，换取私营部门的知识产权。

4 识别研究机构产生的知识产权

4.1 背景知识产权

显然，知识产权审查必须对研究机构产生的所有知识产权进行甄别，不论其处于注册或未注册状态。这需要分析管理和研究人员填写的调查表，并审查合同、材料转移协议（MTA）、许可、合作协议、谅解备忘录、协作工作计划、就业合同和其他法律

安排。这些工作使审计员能够：（1）阐明获取知识产权的法律条款；（2）确定该条款是否限制了研究机构通过分发知识产权形成产品和服务能力；（3）确定相关知识产权的所有权；（4）确定知识产权的来源，对可能需要重新审查知识产权获取和所有权问题的领域进行辨析，以确保符合研究机构目前的知识产权政策；（5）评估知识产权对研究机构活动的重要性；（6）识别出研究机构正在开发的所有新的知识产权（特别是研究机构意识到为自己和第三方申请知识产权的机会）。

通常，主要审查识别以下类型的知识产权：

- 研究机构与生物资产有关的专利及专有技术
- 专利和工业设计权利
- 研究机构开发的与农业设备有关的知识产权
- 与研究机构的出版物、计算机程序和数据库相关的版权、数据库权利以及专有技术
- 从研究机构功能基因组学研究中开发的版权数据库和专有技术
- 商标
- 工业设计

4.2 可申请专利的生物资产

科研机构的主要生物资产包括：

- 种质资源库
- DNA 库
- 用于发现基因的生物研究工具
- 使能技术（例如，标记基因和探针）
- 高代作图群体
- 近等基因系
- 基因渗入系：突变体（表征/未表征）；BAC 文库
- 基因渗入系
- 基因聚合
- 传统品种的高代品系：常规品系；新株型
- 杂交种的自交系：父本、母本和恢复系
- 品种/栽培品种
- 杂交种
- 转基因品系

这些生物资产代表了研究机构及合作伙伴和合作各方的大量投资。其中所包含的潜在可授予专利或许可的信息，代表了不同程度的增值空间、实用性和创造水平。

4.3 发明专利、实用新型和工业设计专利

医学或农业研究机构可能会开发需要知识产权保护的设备和工具。

4.4 专有技术

并非所有的知识产权都通过注册登记体系进行保护。医学研究中不需要注册的重要知识产权类别是秘密信息。秘密通常是注册知识产权的补充。例如，专利保护是通过在专利申请中披露足够多的发明信息而换取的，发明属于可申请专利的主题，可以使用。为了保护其竞争优势，申请人不可避免地会隐瞒如何将一项发明有效实施商业化的信息。这些信息或专有技术可能包括：工厂的设计和设置、培训、营销计划、客户名单以及核算和调查方法。同样，受保护的商标，如果没有相关的广告、许可、特许经营，以及该商标下的货物或服务的综合营销计划，其商业效用就很有限。通常需要运用商业秘密保障许可货物的质量。

保护秘密的核心是努力控制前雇员或研究人员披露商业秘密。在这种情况下，较为困难的是需要区分哪些信息被视为有技能的技术人员或研究员自身的专长技术，哪些信息是他们在受雇期间获得的信息，秘密的工业配方或工艺等信息可能认为属于雇主。一般而言，对于存在争议的信息，如果一位诚实程度和智力水平普通的人公平地认为该信息属于雇员或研究人员知识储备中的独立内容，则该信息将被视为员工资产。在进行这项客观测试时，法院往往会考虑到就业性质、信息种类，以及这些信息是否能够与其他不受保护的信息剥离开。通常认为，化学配方、制作方法、工程图纸和设计是可保护、非公开信息范畴的秘密信息。

各个国家关于秘密信息保护的法律有所不同。世界贸易组织（World Trade Organization，WTO）管理的《与贸易有关的知识产权协定》（TRIPS）第 39 条涉及提交给政府审批机构的秘密测试数据的维护。鉴于批准程序时间较长，尤其是药品，这些数据很有可能被竞争对手不正当占用。因此，TRIPS 协定第 39.3 条*规定：

> 作为批准销售使用新型化学个体制造的药品或农业化学物质产品的条件，需提交通过巨大努力取得的、未披露的试验数据或其他数据，则应保护该数据，以防止不正当的商业使用。此外，各成员应保护这些数据不被披露，除非属为保护公众所必需，或除非采取措施以保证该数据不被用在不正当的商业使用中。

4.5 植物品种保护的生物资产

农业科研院所开发的植物新品种，可以根据植物育种者权利的相关法律进行保护。这些品种在美国也可以获得专利，但在欧洲不能获得专利保护。

4.6 与出版物、计算机程序和数据库相关的权利

出版物、CD-ROMs（光盘）、数据库、在线资料和软件等与版权相关。创作作品

---

* 引自商务部世界贸易组织司（中国政府世界贸易组织通报咨询局）公布的 2017 年 1 月 23 日修正的 TRIPS 协定中文全文。——译者注

的保护受一国管辖，版权是地域性的。但通过国际协议，特定国家的法律在境外可以得到尊重和遵守。大多数国家都签署了 TRIPS 协定，受《伯尔尼版权公约》（the Berne Copyright Convention）保护并增加了一些额外的保护。

大多数版权法为印刷作品提供保护，如书籍、会议论文集、研究报告和期刊。版权保护可用于保护研究报告，前提是这些报告已形成书面形式。版权保护也适用于电影、照片、录音和 CD。根据《伯尔尼版权公约》和 TRIPS 协定，计算机程序被视为文字作品。版权保护还可用于在线材料和屏幕显示文件。版权保护期通常是从作品发表之日起 50 年。

4.6.1 出版物

文本材料、照片、图形设计、示意图、图表以及出版物汇编也存在版权。一个研究机构会出版科学书籍（包括专著、会议论文集、手册和野外工作指南）；讨论文件；大会、会议和研讨会论文；技术公告；科学海报。

4.6.2 光盘（CD-ROMs）

光盘里的材料可能会产生许多不同的版权收益。光盘中包含的有关文本、艺术作品（如照片、图画、图表）、音乐作品、录音和电影，以及有关汇编材料都有版权。研究机构可能会制作光盘作为其培训材料的一部分。例如，由国际水稻研究所（IRRI）创建并管理的有关实验设计、数据分析以及农业英语等互联网课程，可通过光盘获取。如果研究机构尚未制作这些材料，审查人员应注意在出版之前确定是否已获得作者或最初材料供给方的许可。审查人员还应注意作者或最初材料供给方的贡献是否已经得到承认。研究机构的材料被纳入光盘里时，光盘封面应附有版权声明，以尊重集体或个人对光盘的贡献。

4.6.3 视频资料

为培训而制作的视频资料受版权保护。因此，研究机构制作的视频资料应当明确其来源，并附上版权声明。如果愿意，可附一份通告，授权他人可以全部复制或复制所提供的材料，条件是承认材料来源于研究机构。如果视频中包括来自研究机构外的资料，则必须事先制定获得版权授权和版权补偿金的程序。

4.6.4 数据库和专有知识的版权

研究机构承担或签署的各种研究项目，产生了大量数据。根据现行著作权法，原始数据或信息不受保护。但是，一些国家正在考虑立法，使数据库和原始数据本身成为特殊的或专门的知识产权保护主题。虽然数据库中包含的原始数据可能不受版权保护，但表达信息的方式可以受到保护。例如，数据库中包含的一段文本、示意图或图表可能受版权保护。在某些情况下，如果在整理数据方面有足够的独创性或创造性，则整个数据库可能受到版权保护，因为它属于一种编著。由于数据库中包含的个人的内容可能受版权保护，因此必须设定必要的机制和程序，确保使用数据库不会侵犯他人版权的内容。当数据库以集成的方式创建时，知识产权问题尤其需要关注。在这种情况下，如果一个人的贡献具有版权时，可能分不清楚版权是属于一个合作者还是所有合作者。此外，如果材料的来源不清，每一个合作者都可能成为共同侵权者，即使只有其中一人侵犯了第三方的版权。

为了处理这些版权问题，国际生物多样性中心的文件建议，版权通知页可以增加一个特定版权通知的超级链接。这些文件将明确由研究机构的哪些部门或中心拥有相关材料的版权保护。该文件建议的通知如下：

> 本网站的网站设计受国际版权法保护，包括汇编、文学作品、艺术作品及其他，也包括版式、版面设计和图形，以及所载信息的表达。

国际生物多样性中心文件推荐的特定版权通知格式为：

> [版权所有人全名] [创作年份] 拥有 [描述] 作为 [汇编/出版的版本/文学作品/艺术作品] 或其他中的版权。

4.6.5 在线资料

适用于印刷作品和光盘的版权保护，原则上同样适用于在线资料。因此，研究机构必须获得许可并提供补偿金，才能在网站上使用受版权保护的材料。

通过超文本链接到其他互联网网站，需要获得知识产权许可，这种情况最近引发了一些版权问题。如果研究所主页链接了大量的因特网资源，应确保这些在线资源的所有者不反对这种链接。

网站镜像和架构（mirroring and framing）也会引起版权问题。网站镜像是指在另一台服务器上复制站点。网站架构是指一个网站从其他站点导入材料并组成自己网站的一部分。当这种网站镜像或架构发生时，必须得到版权许可并提供补偿金。

4.6.6 计算机程序

计算机程序的源代码和目标代码都存在版权问题。当研究所开发的大型项目中使用或纳入了从商业途径购买的程序时，就获得了这些程序供应商的许可。应当指出，获得许可使用的商用软件不一定会授权允许开发或改进该软件。假设为了方便或改进获取存储在数据库中的信息而开发或改进商用软件，将侵犯其版权，除非已获得开发该程序的供应商的许可。如果是研究机构内部员工编写的程序，就不会出现版权问题。

为了证明计算机程序是在内部产生的，建议研究机构人员创造这种材料时，填写一份原创声明。这种声明可以电子形式制作，以便集中收集和储存。

4.7 商标

研究机构通常会为其名称和关键的研究产品寻求商标保护。例如，一个研究机构的缩写和名称可以按尼斯商标分类（Nice Trademark Classification）的第16类“研究和教育材料”注册。在开展研究工作的每个国家都可以进行登记。如果一个研究机构繁育的种子等产品，可以在第30类“[植物]品种/品系”注册。设备和工具也可以申请商标，例如第7类包括农业设备。

4.8 保密信息

研究机构科研人员执行项目所产生的研究数据可作为秘密信息进行保护。为了进行保护，研究机构必须与雇员和研究人员签订保密协议。通过协议还可以告知他们，研究机构对其研究数据和研究方法充满信心，需要加以保密。大多数情况下，对研究中产生的信息，公共研究机构将放弃保密的权利。然而，根据某些协议，研究机构承诺与合作伙伴分享未发表的研究结果和数据，并且须执行保密协议，以确保研究结果被分享而没有浪费。随着公众日益重视知识产权协议，研究合作者将开始实施可行的保密制度。因此，建立机制和程序，确保机密材料不被公开披露，变得越来越重要。

4.9 生物多样性权利

《生物多样性公约》(Convention on Biological Diversity，CBD) 寻求建立一项国际计划，以“公平和公正地分享利用遗传资源所产生的惠益”的原则，保护和利用世界生物资源。类似的政策还促进形成了《粮食和农业植物遗传资源国际条约》(International Treaty on Plant Genetic Resources for Food and Agriculture)。例如，《生物多样性公约》(CBD) 包含了有关获取遗传资源的规定。第 15 条要求缔约方根据共同商定的条款和条件，按照“事先知情同意”原则，由其他缔约方“尽力创造条件，以环境友好为目标获取遗传资源”。第 16 条规定了获取生物技术的详细准则。获取和转让应“承认并符合充分有效的知识产权保护条件”。该条款规定，应允许提供遗传资源的发展中国家有权“获取和转让利用这些资源的技术”。此外，第 19.2 条规定，根据共同商定的条件，公平公正地向缔约方，特别是发展中国家“基于缔约方提供的遗传资源，授予获取生物技术成果和收益的机会”。此外，《生物多样性公约》第 8 (j) 条规定，利用本土和当地社区的知识、创新及实践做法所产生的利益应当公平分享。

一些发展中国家已经立法实施《生物多样性公约》的利益分享条款。因此，当一项可申请专利的发明所基于的种质资源，是本土人员或当地社区捐献的，或是利用这些本土人员或社区的知识而收集的，那么就可能存在补偿义务。一些本土群体和当地社区已经开始坚持要根据生物勘探协定的相关规定收集遗传资源，这就决定了他们可以从可能产生的任何专利许可费分配中受益。在一些发展中国家，已强制性使用生物勘探协定。

5 第三方知识产权

5.1 与生物技术相关的专利和专有技术 (know-how)

大多数研究机构需要获取第三方专有技术的许可。许可方利用专有权保护的大多是生物材料或专有技术秘密，许可给研究机构使用。此外，受专利保护的研究技术也可能被许可。

这些许可的显著特点是：

- 仅限于在科学研究中使用许可材料

- 维护许可材料的秘密性
- 对材料的所有改进或与材料有关的发明，都应当向许可方报告
- 定期报告研究进展情况
- 指定研究机构的科学家使用材料
- 发表论文或出版物前，要先向许可方提供复印件

这些第三方协议中所规定的各项义务，强调了一个研究机构知识产权管理的重要性。

5.2 遗传材料

医学和农业研究中越来越多地使用遗传材料，这些遗传材料一般是根据材料转移协议（MTA）或保密协议提供给研究所的。MTA 的条款可能会限制该材料的使用方式。例如，不得以该材料为条件寻求有关的知识产权，或者不得用于商业目的。有时，MTA 提供材料的条件是，所提供的材料衍生出的材料也应遵守这些条件。在上述每宗案例中，研究机构具有观察这些规定是否遵守到位的责任；审查的目的是明确这些责任并记录管理如何执行到位。

有时，基因材料是由第三方的科学家以非正式的方式提供的，没有得到第三方的授权而使用。在这种情况下，未经授权使用可能涉及研究所的责任。因此，审查应分辨所有使用第三方遗传材料的条款。

5.3 与研究所使用设备相关的知识产权权利

从商业供应商获得的一些研究设备可能会产生知识产权责任。例如，国际水稻研究所（IRRI）的研究人员使用伯乐基因枪（Bio-Rad Biolistic PDS—1000/He），但其协议规定“仅限于研究目的”。使用 Hybaid PCR Express 热循环仪需受“用于内部研究和开发的 PCR 过程”的许可限制。

6 知识产权管理架构

知识产权审查应从管理架构和程序是否适当的角度，分析研究机构的知识产权管理。还应考虑知识产权管理人员对知识产权责任的认识。最后，应审查该机构处理第三方知识产权的机制。

6.1 知识产权管理文化

有效的知识产权管理，其关键特征是拥有一种研究文化，即将知识产权意识传递给研究人员。为了确定一个研究所内部知识产权意识和知识产权管理实践的水平，可以向行政和研究人员发放调查表。除了开展普及性的知识产权意识提升活动，还可以为工作人员提供一本知识产权手册，其中包括知识产权入门知识以及所有知识产权相关文件和程序，这会非常有用。该知识产权手册也可线上提供，并可在研究所网站上查阅获取。

6.2 知识产权协调办公室

随着知识产权对科学研究的重要性逐渐加大，机构设立知识产权协调办公室或知识产权专员变得更加重要。该办公室可以设在研究机构内，或委托第三方设立，负责协调研究机构内部的知识产权管理和程序，协调外部知识产权资源。制定知识产权程序，包括确保员工和来访者在知识产权方面合规；确保在相关的第三方协议中纳入知识产权条款；确保研究机构作为种质资源和生物工具的接受者或分发者时，使用适当的材料转移协议；知识产权文件集中存档；维护研究机构知识产权数据库；提高对知识产权问题的认识。对外，知识产权协调人员可以从知识产权的角度与研究合作者进行谈判，并与其他研究机构的知识产权管理人员保持联络。

知识产权协调办公室将确保：

- 员工和访问者签署并遵守知识产权及保密协议
- 为各种出版物提供版权许可和补偿金
- 将材料转移协议（MTA）和其他知识产权协议副本集中存档，并提供给适当的工作人员
- 编制、维护并正确归档研究记录
- 指导材料转移协议（MTA）授权过程
- 监督其他协议中的知识产权规定
- 及时向研究机构法律顾问告知知识产权动态

6.3 研究记录

对于研究机构所产生的知识产权，明确研究成果的最早出处是保障和开发知识产权的核心。实验工作结束时，由监管科学家每天在连续编号的实验室笔记本末尾签名，是私营企业的普遍做法，但可能与公共研究机构的研究文化格格不入。然而，如果没有这种管理实践，就很难解决专利法“先发明制”* 引起的争议。同样，很难将科学家带入该研究机构的技术性专有知识，与该研究所已有的技术区分开来。这对于划定工作人员和研究所各自拥有的机密信息很重要。

6.4 材料转移协议（MTA）

材料转移协议的批准准则和程序，可以有效地指导科研机构的知识产权管理。针对《粮食和农业植物遗传资源国际条约》指定的种质资源管理，已有一套既定程序。国际农业研究磋商组织（Consultative Group on International Agricultural Research，CGIAR）的一些基因库对他们自己开发的种质和指定的种质进行了区分，他们自己开发的种质被认为是非指定种质。研究中心正在制定单独的材料转移协议（MTA）来处理这些材料的分发。

---

* 该操作实践基于美国当时实施的先发明制度。——译者注

7 结语

往往需要大量投入才能在现代科学研究中产生可保护的知识产权。研究所需要决定将该知识产权置于公有领域还是进行登记注册，是追求商业利益还是防止未经授权的第三方对其产权私有化。但是，在采取任何行动之前，研究机构必须界定其研究人员创造或利用的知识产权。因此，有效的知识产权审查是支持研究所研究目标的重要工具。

MICHAEL BLAKENEY, *Director, Queen Mary Intellectual Property Research Institute, Center for Commercial Law Studies, University of London, 13-14 Charterhouse Square, London, EC1M 6AX, U. K.* *m. blakeney@ qmul. ac. uk*

---

1 www. wsu. edu/ ~ oipa/FacIP. html.

2 www. tamut. edu/SACS/3-2-1417-02-01. pdf.

3 www. utsystem. edu/OGC/Intellectualproperty/2xii. htm.

4 See, for example: www. irri. org/publications/ chandler/pdfs/ Appendices. pdf.

5 See, for example: www. irri. org/about/ images/ Memorandum% 20of% 20Understanding. pdf.

6 For an example of a standard research agreement along these lines, see Oklahoma State's template for a sponsored research agreement at: www. vpr. okstate. edu/Forms/Forms% 202003/ Spon% 20Res% 20Agmt. doc.

第 5.7 章

技术转移管理中的利益与责任冲突

阿兰·B. 班尼特（ALAN B. BENNETT）

美国加利福尼亚大学戴维斯分校研究办公室副校长助理；

美国农业公共知识产权资源联盟常务理事

译者 顿宝庆 **审校者** 刘晓娜 李义强 张熠 林鉴非 殷宏

摘 要

大学和公共研究机构不断开展知识产权管理和技术转移活动，产生的个人和机构财务收益持续影响着机构的决策，使利益冲突和责任冲突不可避免。本章解释了这类冲突的性质，讨论了多个大学针对利益冲突所制定的政策，并提供了制定这些政策的模式。

1 引言

有史以来，大学和公共研究机构的特点就是通过无私努力，为公共利益而不是为一己私利传播知识。这使公众高度认可这些机构的正直诚信，并视其为公正信息提供者。机构的诚信取决于受雇于机构或与之有联系的个人诚信，个人诚信是机构最大的资产。实际上，削弱机构诚信或公众信任，可能会对机构获得公众支持产生破坏性的影响。

私人利益（通常是财务方面的）是损害大学或公共研究机构诚信的重大威胁，可能使雇员在承担大学责任和履行职责时，对其研究方向和行动的专业判断产生不利影响。个人对机构的义务，与其个人利益之间可能存在分歧，造成利益冲突，而感觉中的利益冲突与实际的利益冲突一样具有破坏性。

如今，每个机构都加强了知识产权管理和技术转移，由于这些活动有可能产生个人和

Bennett AB. 2007. Conflict of Interest and Conflict of Commitment Management in Technology Transfer. In *Intellectual Property Management in Health and Agricultural Innovation*:*A Handbook of Best Practices* (eds. A Krattiger, RT Mahoney, L Nelsen, et al.). MIHR:Oxford, U.K., and PIPRA:Davis, U.S.A. Available online at www.ipHandbook.org.

机构的财务收益，导致利益冲突问题成为永恒的关注点。事实上，现代研究型大学的任务，明确包括将研究成果转移给商业伙伴，利益冲突无法避免。这些冲突需要管理，使各机构能够在不损害其诚信和公众信任的情况下履行技术转移职责。

另一个与之密切相关的陷阱是在技术转移和商业化活动中，雇员对其机构保持忠诚的压力增大。鼓励研究人员积极参与技术转移甚至筹建新的公司，需要确保员工对其机构，而不是对私人或校外活动保持职业忠诚。当外部活动损害或似乎损害员工对机构的忠诚时，就会造成责任冲突。由于利益冲突和责任冲突都是技术转移过程中的陷阱，本章将对二者加以讨论。有些大学（例如斯坦福大学）通过单一的综合性政策解决这两种冲突，而多数大学是通过不同的政策处理利益冲突和责任冲突。

2 与知识产权管理有关的利益冲突

从根本上说，利益冲突是指任何个人的私人利益与其职业责任之间存在冲突的情形，独立的观察员可以合理地质疑其个人的职业行为，或者决定其职业责任是否受私人利益的影响[1]。重要的是要注意，无论是否作出受个人利益影响的决策，都会存在利益冲突。冲突只是表明可能会作出带有偏见的决定，而不是有多大可能性这样做，或存在任何不当行为。还应当指出，对利益冲突的精确定义是以国家和地方法律、研究资助政策和机构政策为准；因此，其定义很大程度上取决于地域和体制背景。

当机构开始积极支持并促进研究成果进行商业化转化时，研究人员个人的财务利益冲突可能会急剧增加[2]。在许多情况下，早期研究成果的商业开发最好由衍生公司开展。通常，大学研究人员要么是公司创始人，要么是公司的顾问，都在公司中拥有很大比例的经济利益。这会引起个人利益冲突，研究人员出身的企业家未来的任何决定，关于研究方向、学生研究课题分配、临床试验管理或机构知识产权许可等决定，均应该从机构利益冲突的视角进行审视。同样重要的是，要注意不仅从他们个人而且要从整体来看个人经济利益，应该公开冲突，并且由机构对处于利益冲突中的个人实施任何活动及决定进行审查和管理。

研究人员从外部潜在被许可方那里获得经济利益的可能性非常高，尤其是被许可方是由研究人员发明人创办的衍生公司。当研究人员参与许可谈判，甚至与机构的许可管理人员进行讨论时，研究人员就会处于利益冲突中：研究人员有可能影响与其个人有直接经济利益的机构许可决定。在加利福尼亚州，根据 1974 年发布的《政治改革法》（*Political Reform Act*），这一情况构成利益冲突罪。根据该法案，加利福尼亚大学针对许可、披露以及利益冲突制定了详细的指导方针和管理指南。这些指导方针允许发明人参与许可谈判，即使其因经济利益并无资格参加。正如指导方针所述，这种参与“是恰当的，代表了有益的贡献，因为大学向产业转移技术符合公共利益，并且与大学的使命相一致”[3]。然而，这种参与需要进行适当的干预性实质审查，称为许可决定审查（Licensing Decision Review），以判断许可决定是否受到不当影响（见文本框 1）。虽然指导许可利益冲突的管理方针，具体涉及加利福尼亚州法律，但它们提出并考虑了对于技术转移具有普遍性和特殊性的重要问题。

文本框 1：加利福尼亚大学许可决定审查指南

什么是许可决定审查

许可决定审查是指在许可意向提交给最终决策者批准前，由一位或多位无利害关系的人员进行的审查。该审查必须基于受理案的事实进行独立思考和评估。许可决定审查组由有资质的员工组成，即具有适当的专业技术背景、知识以及专业判断能力，审查组必须独立检查原始数据，分析由许可专业人员提出的各被许可候选人和其他许可事项，并就这些事项提出独立的建议。

谁承担许可决定审查任务

2001 年 6 月 18 日，加利福尼亚大学教务长和 Mullinix 高级副总裁致信各个学院院长和实验室主任，要求制订一项计划，对许可决定进行干预性实质性审查（即许可决定审查），许可决定可以由大学的技术转移办公室（Office of Technology Transfer, OTT）或学院或实验室授权的许可办公室执行。本部门的许可决定审查计划，包括执行许可决定审查流程、机制和承担机构（个人或委员会），可以根据当地的需要和情况进行调整，但必须积极响应信中提出的指导原则，与这些原则保持一致，并在技术转移办公室（OTT）备案。

来源：加利福尼亚大学（University of California）。[4]

另一层面的利益冲突，出现在大学积极推进知识产权许可，特别是开办公司的情况下。一般来说，大学接受公司的股份，替代前期许可费，会给大学带来公司经济利益。这导致了机构的利益冲突，并且这种机构利益冲突，在以人为主题的研究中特别容易产生问题。因此应制定相关机构政策，以确保研究人员和机构的经济利益不会与以人类为主题的相关研究课题的安全性产生冲突。《斯坦福大学机构利益冲突政策》提供了一个简明的方法，以确保对所有与人类主题相关的研究机构进行审查，包括审查该大学在在研药物或设备中是否拥有经济利益，或者是否在资助该研究的公司中拥有经济利益（见文本框 2）。[5]

3　与知识产权管理有关的责任冲突

教育和研究机构期望教职人员及研究人员对机构忠诚，坚守基本的职业操守，并将主要精力投入教学和研究中。除此之外，大多数机构还很重视员工对专业和公共服务的贡献，包括公益工作和有偿咨询。公共机构越来越重视员工在技术转移方面的作用以及技术转移对经济发展的贡献。有效的技术转移不可避免地需要教职人员和研究人员积极地参与到商业化进程中，他们经常会在创建新公司的过程中发挥积极作用，这些衍生公司能够发展并开发大学的发明技术。多重的机构目标造成了潜在的责任冲突，即机构基本的教育和研究任务，与机构通过教职人员和研究人员开展外部活动有效支持经济发展及技术转移之间的冲突。

责任冲突通常需要合理平衡机构内与外部活动之间的时间分配，关键是外部活动不应削弱机构的主要责任。各机构允许从事的外部活动差别很大，反映出不同机构的优先序，以及该机构的性质是公共还是私立的。例如，斯坦福大学将利益冲突和责任冲突纳入统一的政策，规定参加外部活动的时间需保证适当平衡，即每星期大约只允许 1 天参加外部活动（见文本框 3）。

文本框 2：斯坦福大学机构利益冲突政策的亮点

该政策针对在斯坦福大学或斯坦福研究人员在其他机构开展的人类主题相关研究，排除大学拥有非公开交易的所有权股权或股份的情形。该政策假设研究客观上具有很大风险，并要求向主管研究的院长办公室通报所有此类情况，规定对事实和情况进行审查后，主管研究的副院长可以安排技术许可办公室转让股份，如果不能这样做，就应拒绝继续开展研究。

讨论和细节

1. 由技术许可办公室（Office of Technology Licensing，OTL）审查大学首席科学家（Principal Investigators）提出的所有涉及人类主题的研究方案：
   根据主管研究的院长办公室要求，斯坦福大学研究合规办公室已经制定了一项程序，要求所有提交给机构审查委员会（IRBs）进行定期或快速评审的涉及人类主题的新研究方案要指出：(1) 拟用于研究的所有药物、设备或生物制品（如疫苗产品、基因治疗）的性质和来源；(2) 用于支持研究的所有资金来源。根据该程序，技术许可办公室主任随后应审查所提供的信息，以确定所议研究是否：(1) 使用了斯坦福大学拥有知识产权的药物、设备或生物制品；(2) 资金来自斯坦福大学通过许可协议获得非公开交易股权或股份的公司。
2. 由主管研究的院长办公室审查可能受此政策管辖的所有协议：
   根据上述程序，如果需要主管研究院长进一步审查，由技术许可办公室主任先对所有涉及使用斯坦福大学知识产权的药物、设备或生物制品的人类主题研究新提案，或者受斯坦福大学通过许可协议获得的非公开交易股权或股份公司资助的项目，进行标记。根据本次审查中确定的事实和情况，主管研究副院长将会：(1) 要求技术许可办公室代表大学转让该股权；(2) 禁止或要求修改所议的人类主题相关研究，这种做法将会排除大学作为一个机构或任何大学的院系，从实施所提议的研究或从研究结果受益的可能性。

如果大学的经济利益是从排他性专利技术许可获得的许可费，技术许可办公室应通知主管研究的副院长，如果适用，主管研究的副院长将根据各案具体情况决定潜在机构利益冲突的重要性并进行管理。

3. 监控是否合规：

大学内部的审查部门将定期审查人类主题相关研究方案的样本，以确保能妥善识别所有的机构利益存在潜在冲突的风险，并适当缓解人类主题研究的所有风险。

4. 主管研究系主任的职责：

副教务长和主管研究的系主任负责解释并监督这项政策的执行与遵守。有问题可向主管研究的助理主任提出。

来源：斯坦福大学（Stanford University）。[6]

文本框3：斯坦福大学关于责任与利益冲突的教师政策总结

1. 在职期间的每个季度，教职人员都必须在校园（本土或海外）实际出勤。
2. 不允许教职人员参加有损对斯坦福大学忠诚的其他专业活动。例如，全职现任教职人员不得在外承担重大管理责任，也不能担任斯坦福大学可执行但由另一个机构提交并管理的项目资助计划的首席科学家。
3. 教职人员必须通过促进公开和及时的学术成果交流活动，营造学术自由的氛围，必须确保他们给学生和博士后学者提出的建议与个人商业利益无关，当肩负的外部责任有可能影响他们和其他教职人员之间自由交流学术信息时，必须向学生和同事告知实际情况。
4. 教职人员不得使用大学资源作为其外部咨询活动的内容，包括大学设施、人员、设备或秘密信息，除非纯属偶然。也不得将这些资源用于与大学的教育、研究、奖学金和公共服务任务无关的任何其他目的。
5. 教职人员必须及时披露其在大学工作的过程中，或主要利用大学资源创造或发现的所有可申请专利的发明。无论资金来源如何，这些发明的所有权都必须授予大学。发明者将分享获得的许可费。
6. 在斯坦福大学批准某些实体提出的工作建议或安排之前，教职人员必须向大学报告他们（或按下文定义的直系亲属）是否与这些实体存在咨询或就业关系，以及/或重大的经济利益（也在下文定义），包括：a）礼品；b）资助项目；c）技术许可；d）定向采购。在这种情况下，实施各项工作建议和安排前，必须得到学校院系主任的批准。

7. 如果教职人员的客观性受到合理质疑，院系主任可设立一个独立的监督委员会，开展（包括但不限于）以下工作：审查在斯坦福大学进行研究的合理性，监督研究开展，确保公开并及时传播研究成果。所有产生利益冲突问题的临床试验都需要监督委员会的监督。
8. 所有教职人员每年都必须向院系主任自证遵守斯坦福利益和责任冲突政策的情况。他们还必须汇报自己（及其直系亲属）与赞助其教学或研究项目的外部机构的经济关系，或者与大学有关并涉及其他教职人员的现有、已提议或待发生的经济关系。此外，教职人员必须在会引起责任或利益冲突问题的特定情况下，即一旦学院其他教职人员有可能知道现在已经发生、已提出或待发生的情况，就要马上向院系主任汇报。
9. 院系主任应制定程序，确保及时审查教职人员年度或临时对潜在或明显冲突情况的汇报，并确保（与主管研究的院长办公室协商）恰当管理这类冲突。此类程序应将学院教职人员代表纳入审查机构。院系主任也应提交他们自己的年度报告以及遵守研究主任职责的证明材料。
10. 研究院长应批准每位院系主任执行该政策的计划，与院系主任协商解读政策规定，向对院系主任的决定提起上诉的教职人员进行反馈，并每年向研究委员会报告这项政策的状况和执行情况。
11. 如果教职人员对研究院长的决定提出上诉，其本人可以向教务长申诉，教务长将与咨询委员会共同协商审议此案。

来源：斯坦福大学（Stanford University）。[7]

4 利益或责任冲突政策的结构

制定针对机构利益冲突和责任冲突的政策，是发展技术转移能力及项目的关键步骤。制定这项政策需要明确并阐明机构的优先序，在机构利益与其研究人员的内部和外部利益之间寻找适当的平衡。此外，还需要从国家或地方法律、赞助研究的机构政策对该机构的要求入手，进行深入分析。下文概述了利益或责任冲突政策的要素，实际政策具有多种形式。

4.1 政策的目的和适用范围

政策的序言部分应重申机构的主要任务，并概括指出该机构如何看待内部和外部活动之间的平衡，以及产生冲突的可能性。例如，美国圣路易斯华盛顿大学的利益冲突政策，在文本框 4 中展现了其中一部分。

序言部分还应明确该政策的适用范围。某些情况下，政策可能广泛适用于机构的所有工作人员，但在有些情况下，对于教师、临床人员和非学院工作人员可能需要制定不同的政策。无论如何，政策的适用范围需要在政策文件中明确提出。

文本框4：华盛顿大学的利益冲突政策

华盛顿大学的教职人员和行政人员认识到他们共同的责任，是以公正的方式管理自己并为大学目标服务。因此，大学及其雇员均有责任防范利益冲突，因为冲突可能会损害大学的诚信度和客观性。

已达成共识的是，教师作为知识的开发人员，有独特的机会和责任向公众传播知识。通过采取该利益冲突政策，大学重申与产业界合作的价值在于促进公众从大学研究中切实获益。通过采取该利益冲突政策，大学（i）表明其秉持指导大学研究的道德原则；（ii）建立了维护大学和教职人员诚信与客观的保障机制，使大学与产业界的互动可以最大限度地造福社会。

来源：华盛顿大学（Washington University）。[8]

4.2 定义

该部分通常会提供关键术语的定义，以确保政策清晰。例如，“重大经济利益”的定义应明确提及适用的货币价值工具，如股票和股票期权。还应明确说明这种利益延伸到研究人员的配偶、子女或同居伴侣。加利福尼亚大学定义的术语示例很有帮助，包括：

- 商业实体（business entity）
- 临床研究（clinical research）
- 补偿金（compensation）
- 利益冲突（conflict of interest）
- 礼品（gift）
- 知识产权（intellectual property）
- 科研人员（investigator）
- 管理计划（management plan）
- 研究（research）
- 官员遴选（select officials）
- 重大经济或其他利益（significant financial or other interest）

4.3 政策

政策声明应明确说明可接受和禁止的活动、对报告和披露的要求，以及对于该政策尚未提及的具体情况进行评估和管理的程序。

4.4 程序、角色和责任

如果要求披露外部活动，政策应明确说明本机构的披露程序，并说明对所披露的利益冲突进行审查和评估的过程。大多数机构都会任命一位官员负责此事，并组建一个委员会参与评估。该政策应说明组建该委员会以及任命负责利益冲突评估和管理的机构官员的过程。

4.5 参考资料和源文档链接

有关利益冲突与责任冲突的政策并不是孤立存在的，通常会综合参考一些文件、政策和法律。这些参考资料应该在政策中列出并设置超链接。

5 结语

除了根据法律要求制定并严格实施利益冲突和责任冲突政策，从该机构的根本声誉出发，也要制定并维持高的道德标准。正如约翰斯·霍普金斯大学政策所述："公众对大学诚信正直的信心无疑是其最大的资产之一。"[9] 虽然在很多领域可能存在利益冲突，技术转移活动只是其中之一，但大学的使命与产业需求和私营部门之间的相互协作关系是一个大量滋生潜在冲突的领域。随着机构与私营部门不断开展合作及技术转移，深思熟虑地制定利益冲突和责任冲突政策必不可少。不仅仅因为政策本身可以作为一项基本的行政工具，制定政策的分析过程也有助于厘清机构的优先序。这一工作还有助于强调实现大学使命应在允许和禁止的活动间达到适当的平衡。在美国，法律制度和国家研究资助机构的政策，已推动形成一系列的利益与责任冲突政策管理准则。然而，不同国家的经济发展对研究的要求不同，美国的做法或许并不符合它们的地区和机构需要。

ALAN B. BENNETT, *Associate Vice Chancellor, Executive Director, PIPRA, Office of Research, University of California, Davis, 1850 Research Park Drive, Davis, CA, 95616, U. S. A. abbennett@ucdavis. edu*

---

1 Chinn J and EC Kulakowski. 2006. Conflict of Interest in Research. In *Research Administration and Management* (eds. EC Kulakowski and LU Chronister). Jones and Bartlett Publishers: Sudbury, Mass. pp. 511–21.

2 Garton JD. 2002. Conflicts of Interest and Technology Transfer. *AUTM Technology Transfer Practice Manual*, Part XIII, Chapter 2. AUTM: Northbrook, Ill.

3 University of California. 2001. Guidelines on Managing Potential Conflicts of Interest in Licensing. www. ucop. edu/ott/staff/ott00-05b. pdf. This and other conflict of interest and conflict of commitment policies are also available via the online edition of this *Handbook*.

4 Slightly edited and based on *supra* note 3.

5 An online tutorial on conflict of interest from Columbia University can be found at ccnmtl. columbia. edu/projects/rcr/rcr_conflicts/foundation/index.

6 www. stanford. edu/dept/DoR//rph/4-7. html.

7 Ibid.

8 www. wustl. edu/policies/conflict. html.

9 jhuresearch. jhu. edu/Policy_onConflict_of_Interest. pdf

第六部分

建立并运营技术转移办公室

第6.1章

技术转移办公室的开门十件事

利塔·内尔森（LITA NELSEN）
美国麻省理工学院技术许可办公室主任

▌译者 张熠 ▌审校者 李雪 张熠 林鉴非 殷宏

摘 要

技术转移是对大学、研究人员、学生、商界、公众以及技术转移专业人士进行回报的过程。技术转移带来了新的产品、服务和就业机会。但这个过程很复杂，需要在各个层面持续投入。本章就最重要的政策和战略问题提出了十个建议：五个是经济问题，五个与具体实施有关。不切合实际的期望所引起的技术转移隐患将在最后讨论。本章强调高级管理人员在改变知识产权（IP）文化中的作用，利益冲突解决政策公开透明的必要性，以及对于技术转移人员来说，充分自主和得到基础设施支持的重要性。

1 引言

经过广泛宣传，美国大学技术转移的成功，吸引了全世界大学和研究机构的兴趣。德国、南非、英国以及其他多个国家和地区，都修订了法律和政策，并套用美国的做法，允许大学和教员管理并转移知识产权（IP）。规模较小的美国大学和研究机构也在仿效同行的成功经验。这些变化主要受两类经济利益驱动：

（1）将新技术转移给当地产业来促进经济发展；

（2）从行业获得资金支持大学的项目。

本章旨在帮助研究机构和大学负责人了解在设立技术转移办公室时可能遇到的挑战。“十件事”（Ten Things）是麻省理工学院技术许可办公室近20年工作经验的总结。

Nelsen L 2007. Ten Things Heads of Universities Should Know about Setting Up a Technology Transfer Office. In *Intellectual Property Management in Health and Agricultural Innovation*: *A Handbook of Best Practices* (eds. A Krattiger, RT Mahoney, L Nelsen, et al.). MIHR: Oxford, U.K., and PIPRA: Davis, U.S.A. Available online at www.ipHandbook.org.

本章所表达的想法也反映了笔者在大学技术经理人协会（AUTM）长期工作并担任总裁期间的经验，在此期间北美增加了很多技术转移项目。笔者也曾在近 20 个不同国家的大学进行访问并了解他们的技术转移活动，这些经历都影响了笔者所表达的想法。

2 “十件事”列表

“十件事”列表中的许多内容可能会令人惊讶（文本框 1）。与经济有关的五件事听起来令人沮丧，但列出“十件事”的目的是制定现实的时间安排，并持续投入必要的时间和金钱，从而让成功的技术转移计划带来实质性的社会和经济效益。有些技术转移办公室采取了非常规的做法，尤其是在经济方面的五项事宜，与所述原则不同。但这些例外情况大部分靠运气和策划无法确定。这些问题之后会详细讨论。

文本框 1：设立技术转移办公室需知的十件事情

经济方面的五件事

1. 技术转移不会让大学富裕起来。成功的项目将获得微薄的利润，但不足以支撑大学发展。然而，可以为机构和社区提供许多其他好处。
2. 建立强有力的技术转移计划需要持续的财务投资。投资要用于布局专利组合、吸引专家并培训办公室专业人员。
3. 在盈利之前，可能需要 8 到 10 年，并且有可能永远都不会让机构获得任何大量收益。布局知识产权组合、建立联系以及培养技术转移技能都需要时间。基础建设完成之后，技术转移办公室有可能开始赚钱。
4. 大学技术转移项目（包括建立企业化的衍生公司）可能需要 20 年或更长时间才能从根本上对当地经济产生影响。对区域经济发展产生影响需要 20 到 30 年。预计几年内就产生大量回报会导致投资不足和彻底失望。
5. 技术转移办公室最终对大学、毕业生及社会在经济还是文化层面的影响可能会非常大。

实施方面的五件事

6. 持续努力需要获得看得见的支持，包括来自高级管理层在财政和其他方面的支持。高级管理层不仅要引领方向，更要持续努力改变研究和投资的文化。
7. 只有高级管理层才能为项目制定宗旨、政策和优先事项。明确任务将帮助技术转移专业人员在相互竞争资源的优先事项中进行选择，并在商业和学术价值之间不断进行权衡。这些政策最终将有助于定义一个大学，但需要明确阐述，并得到上层支持，技术转移专业人员才能作出最佳决策并承受来自竞争利益方的压力。

8. 在项目开始之前，应制定明确的知识产权所有权政策、确定研究人员与产业互动时的角色以及其他基本规则。在交易过程中才制定这样的政策会导致混乱和官僚性的懈怠，减缓学习进程，并损害大学在完成交易方面的声誉。
9. 无论是真实的还是感知到的，利益冲突都不可避免。需要尽早制定明确的政策，尽早制定审查和申诉程序并使其得到充分的理解。他人的技术转移经验有很多值得借鉴，但高级管理层的支持至关重要。
10. 技术转移是一项以人为基础的工作。很难找到同时熟悉学术界和产业界的两种语言体系并能够创新性地制定满足双方需求的协议的人。所需技能的组合及其水平十分重要，与开展研究所需要的技能和经验非常不同。

下文将更充分地讨论技术转移的前景、技术转移涉及的经济问题与期望，以及实践事项。

2.1 技术转移的前景

大学技术转移项目在加速新技术运用、增强企业家精神、创制新药和其他产品、创造就业机会以及促进经济繁荣发展等方面，具有根本性的潜力。几所主要大学所形成的高科技和生物技术公司集群已经众所周知，大学技术经理人协会（AUTM）和其他机构的数据表明大学许可和衍生公司直接提供了数十万个工作岗位。

对于大学，除许可收入之外，强大的技术转移项目还带来多种重要益处（此处所说的“许可收入”包括大学从知识产权许可中获得的许可收入，以及大学知识产权形成衍生公司的股权收益）。其中包括：

- 与产业部门富有成效的互动：学术界和私营部门之间相互交换想法，通常会提高研究质量；
- 提高了产业部门对大学研究的支持；
- 中央和地方政府更愿意支持能够促进经济发展的大学研究；
- 学生接触到产业界和研究商业化机会（包括创业培训），而影响他们未来的职业抱负并最终影响国家经济；
- 获得感恩的校友和其他企业家的资金支持，他们的财富源自大学研究产生的衍生公司。

这些项目会对周边地区的经济产生重大影响，而不仅仅是直接影响大学的衍生企业。大学衍生企业产生的创业热潮和创业能力，反过来又促进形成许多其他新的公司。大公司也经常搬到同一地区，利用创业公司的关系而雇用熟练员工，获得红利。

2.2 创建一个项目所抱有的期望

尽管技术转移计划有希望获得成功，但当所在地区和大学试图启动新的技术转移项目或加速推动现有技术转移项目时，道路仍然非常曲折。不切合实际的期望是造成失败和挫折的主要原因。大学通常希望自己的项目不仅能获得产业赞助，还能提供许可收入，并建立衍生企业，从而支撑整个大学运行。

不幸的是，政府的期望同样常常不切实际。有些政府预计技术转移的许可收入可以取代政府对大学的支持。很多时候，地方和国家政府认为，通过给技术转移提供几年财政支持，加上对大学施加一定压力，使其产生可衡量的影响，就可以立即创造出蓬勃发展的生物技术[1]、软件或电信公司集群，类似于波士顿、硅谷或圣地亚哥等地的公司集群。

然而，在1979年《拜杜法案》(*the Bayh-Dole Act*)* 的引导下（该法案允许大学拥有联邦政府资助的研究专利），美国近1/4世纪的技术转移经验提供了更现实的情景。

2.2.1 许可收入

许可费用和衍生企业权益收入最容易计算。来自美国大学（不包括2002财政年度的医院和研究机构）的大学技术经理人协会（AUTM）的调查数据显示，有158所大学的总许可费（包括股权收入）为9.59亿美元。而那一年的研究支出总基数超过了320亿美元。

因此，即使在扣除专利费用和人员费用之前，技术许可和衍生企业股权收入平均也不到大学研究费用的3%。而且收入分配并不均衡：其中10所美国大学（占总数的6.3%）的许可收入占所有美国大学许可总收入的近60%。

收入分配不均衡，是因为美国大学技术许可总收入的很大一部分来自一些“重磅炸弹”：一件发明产生了很高的许可费（每年数百万美元或数千万美元，通常超过十年，直到专利到期）。但这些“重磅炸弹”数量很少，而且产生时间间隔很远，每年在美国不超过两三个。

因此，指望技术许可和衍生企业（许可费或股权）的收入来支撑大学是不明智的。

2.2.2 项目盈利能力

建立一个收支平衡的项目需要时间和金钱。北美的经验很有启发性。研究表明，使一个技术转移项目实现盈利，需要花费8到10年或更长时间，如果能够持续努力维持项目，大多数项目都能够实现盈利。[2]

如果仅以许可费收入来衡量，研究基础较弱的大学更难以实现收支平衡。这些大学研究项目较少，发明更少，“重磅炸弹”型发明的发生概率很低。许可机会少，也意味着技术转移人员获得的经验少，学习相关技能的速度慢。如果小型技术转移项目收入不足，则可能需要在很长一段时间内对其进行持续资助。

最后，应该指出，新的技术转移项目往往缺乏资金，既没有钱申请专利也无法雇用工作人员。大学往往希望在某种程度上项目能靠自身能力盈利并实现扩张。然而，一个投入不足仿佛得了“厌食症”的项目（“anorexic” program），会非常缓慢地沿着学习曲线爬升，直到盈利，但它对大学和社区的贡献和影响也是微不足道的。

---

* 1980年美国国会通过该法案。——译者注

因此，大学必须深思熟虑，制订一个建立技术转移办公室的长期财务计划。该计划应基于预期收益，包括财务收益和非财务收益，以及大学在未来十年左右时间内建立一个成熟项目所能够支付的经费。

2.2.3 区域经济发展

政府常常直接支持大学的技术转移，因为其希望创业衍生公司能够重振大学周边的区域经济。这种希望并非毫无根据，有些地区已经证明这些项目会随着时间的推移而取得成功。但这需要时间：多数衍生公司需要超过十年的时间去创建，大量技术型公司形成集群需要长达20到30年的时间，并且只有在目标明确地进行规划并给予强有力的经济支持时，才能得到这样的发展（美国北卡罗来纳州的三角研究园就是在大约1/4世纪之后才取得了成功）。

因此，政府支持成果转化项目4到5年就期望这些项目能自给自足，并被一群蓬勃发展的公司所包围，是不现实的。成功不会发生得那么快。以企业家精神为基础建立区域经济，是一个缓慢而渐进的过程。

3 实施

3.1 上级管理人员的作用：文化变革

建立成功的技术转移项目意味着要改变文化。研究人员必须意识到，从研究中识别潜在的可商业化的发明是非常有用且有益的。他们还需要看到与产业合作转移技术的好处。对于大多数研究人员来说，这将是一种新的思维方式，而有些人则会认为这会威胁到大学的终极目标。

文化的改变必须自上而下。上级管理人员不仅需要对个人和大学，更需要对整个社区详细清楚地描述技术转移项目的目标和潜在益处。因此，大学管理人员可以通过明确不允许技术转移违背传统学术原则，来缓解他人对此项工作的不信任，大学的传统原则包括：研究者确定基础研究方向，出版物内容不得删减以及大学内部信息交流公开进行。

3.2 明确宗旨

上级管理人员和教职员工必须确定技术转移办公室的宗旨及优先事项：主要是为了产生许可收入，还是帮助研究获得产业支持？其宗旨主要是为公众开发技术，还是要为了创建初创企业和区域经济发展？

管理人员不可避免地需要在这些可能发生的主要任务之间进行权衡取舍。除非明确确定了优先顺序，否则技术转移办公室的做法可能会与大学的最佳利益产生分歧。令人惊讶的是，即使在美国，在大学技术转移方面已经有了20多年的经验，大学管理层也很少与技术转移办公室讨论办公室的宗旨和优先事项。

3.3 制定基本规则：政策和做法

技术转移办公室，与它每天面对的研究人员、公司和投资者，在开始工作之前必须知道基本规则。如果每个新发明或谈判许可都必须通过委员会进行，就会阻碍办公室的发展壮大和学习过程。因此，关于知识产权所有权，教师在技术转移方面的权利、职责和义务，发明人的收入和股权分配，公司对大学设施的使用，所有这些政策性问题都应尽早明确。

新成立的办公室会发现，有经验的大学可以提供许多指南帮助他们编写基本规则，但只有大学的管理人员和教职员工才能决定哪些规则对他们所在的机构最有意义。

3.4 利益冲突

技术转移不可避免地会带来利益冲突。[3] 管理冲突是一种挑战。就大学本身而言，将许可收入最大化与促进公开发表的目标之间，为促进衍生公司成立而作出的承诺（例如，允许使用大学设施、员工，甚至学生）与保留大学资源之间，在严格的知识产权所有权政策与试图从产业获得更多研究支持之间，都存在冲突。最大的利益冲突在于，为了引入大项目，要求大学管理部门对长期执行的政策破例，这种例外本身对大学可能只有轻微的损害，但如果是为了足够的金钱或非常高层的人而破例，这种想法本身就很危险。

对于教师而言，利益冲突包括投入任务的时间（通常称为责任冲突）。例如，在大学的教学时间、研究时间与在衍生公司工作所花费的时间，会产生冲突。教师也可能会尝试对大学研究工作所获得的研究数据有所保留，因为对公司来说，对数据进行保密是有益的，而公开发表数据对公司是有害的。在公司项目中使用学生，形成了另一种潜在的利益冲突，公司使用大学设备也是如此。当研究人员必须决定新的专利是属于所在的大学、他或他本人，还是属于衍生公司时，也会产生利益冲突。

甚至国家政府也会发现自己置身于利益冲突之中：是支持大学的基础研究，在未来几十年内继续使学术界保持世界一流的水平以追求新的前沿技术，还是应该转为支持实用技术研究从而有可能更快速地推动新的技术转移、产生新的衍生公司并促进区域经济发展？

对于大学和教职人员来说，经过深思熟虑并始终如一地实际执行且落在纸面上的政策，可以避免许多利益冲突。技术转移项目随时间推移而不断成熟，不可避免地会出现灰色地带或要求破例的情况。大学需要为管理大多数问题制定明确的指导意见。只有将极少数的破例情况提交给监督委员会讨论；否则，就陷入了无休止的等待委员会委员召集并讨论的过程中。20 年的经验表明，允许破例的情况应非常非常少。在一所大学内，为一位研究人员破例，很难拒绝下一位研究人员的类似情况一旦开始，政策很快就会被削弱并变得毫无意义。

3.5 技能

技术转移人员需要有不同的工作技能：

- 了解前沿研究（尽管不一定是实际操作者），对多学科大学中广泛的技术领域要有所了解（这通常需要扎实的科学或工程背景）；
- 了解行业语言（技术转移人员必须熟悉市场、技术如何发展为产品、会计和财务原则以及决策过程）；

- 要对风险资本、建立衍生企业和运营小公司有最低限度的了解；
- 要了解专利法，比及格线更进一步；
- 要理解并对学术界的运作方式、学术原则以及学生和教授的职业发展道路及愿望抱同情心；
- 在正式和非正式场合都具有出色的书面及口头沟通技巧；
- 具有良好的谈判技巧，或者天生具备学习谈判技巧所需要的才能、智力、情绪控制和“人际交往能力”；
- 能够协调多个群体之间相互冲突的目标，而技术转移人员在大部分群体中并没有权威；
- 有能力处理高度模糊、令人困惑的状况；
- 有动力和创造力解决复杂的多维度问题，并提出双赢的解决方案；
- 有动力着手完成工作或者继续跟踪进展；
- 具有非常高的个人诚信和智慧，无论对大学、教师或许可方多么有利可图，都要避免触碰道德规范底线。大学的声誉是无价的，必须避免不道德的或天真行为的危害。

最后：

- 愿意拿着大学的薪水，能够从技术转移工作中获得特有的满足感：见到伟大的技术，遇到复杂且始终有趣的问题，见证新公司建成和新技术进入市场，总而言之，愿意有机会为大学、学生和社会做贡献。

拥有这些资质的人确实很难找到，但是不应该降低对高水平人才的要求。笔者从招聘和指导技术转移专业人员中获得的经验说明，这是一项以人为本的业务，有些人可以做到，有些则做不到。那些能做到的人比那些做不到的人表现要好很多倍。随着时间的推移，他们还能与研究人员和商业界建立更好的关系，从而提高办公室的效率。

在选择员工时，技术和商业方面的正式资历必不可少。与个人特征不同，这些资历证明可以通过简历轻松查看。而如果这个人非常聪明并且能够理解如何进行研究以及大学如何运作，则其具有学士学位还是博士学位相对来说并不重要。不幸的是，在候选人接受这项工作之前，很难确定一个人是否具有创造力、处理人际关系的技巧、解决歧义的能力以及完成工作所需要的动力。

应给予工作人员充分的文字工作和基础设施的支持，以及充足的自主权，使他们能够很好地完成工作。明确的书面政策有助于确定自主权的范围。良好的培训加上监督管理，但不是细致入微的控制，能让有才能的专业人员在工作中学习和成长，同时将他或她的才能用于承担任务。此外，他或她要能快速作出决策并完成交易，而无须在整个过程中的每个点都等待层层批准。

他们还必须得到足够的文字工作支持。文字工作看似微不足道，但事实证明并非如此。遗憾的是，技术转移不仅是一项以人为本的业务，也是一项文字密集型业务。

如果没有良好的计算机系统和文字秘书的帮助，那么非常有才华的技术转移专业人员将花费太多时间在文字工作上，这既是一种浪费又令人沮丧。

LITA NELSEN, *Director, M. I. T. Technology Licensing Office, Massachusetts Institute of Technology, Five Cambridge Center, Kendall Square, Room NE 25-230, Cambridge, MA, 02142-1493, U. S. A. lita@mit. edu*

---

1 See, also in this *Handbook*, chapter 3. 11 by PWB Phillips and CD Ryan, and chapter 3. 12 by K Viljamaa.

2 Brandt KD, EJ Stevenson, JB Anderson, CL Ives, MJ Pratt and AJ Stevens. 2005. Do Most Academic Institutions Lose Money on Technology Transfer? Boston University. Poster Session, AUTM Annual Meeting, 2005.

3 See, also in this *Handbook*, the chapter 5. 7 by A Bennett.

第6.2章

建立技术转移办公室

特里·A. 杨（TERRY A. YOUNG）
美国南达科他大学研究发展部主任

译者 张熠 审校者 李雪 张熠 林鉴非 殷宏

摘 要

技术转移不会自然而然地发生。为了得到商业运用和公共利益，将知识和创新从公共研究机构转移到私营部门，需要一个正式的机制，即技术转移办公室（TTO）来保护和许可知识产权。建立一个新的技术转移办公室不是一件小事，应该长远规划，并需要考虑以下问题：(1)“研究商业化”是否符合机构的使命？(2) 机构的研究质量和数量是否值得建立TTO？(3) 机构是否愿意长期承诺进行必要的制度变革，并投入充分的资源和人员？如果所有这些问题的答案都是肯定的，那么就是制订TTO业务计划的时候了。建设TTO，需要有强劲的耐心。业界常引用的经验法则说明，即便在最好的情况下，TTO建成后7~10年内也不一定会成功。本章提供了主动出击创建TTO的实用建议，并提供了全球创建TTO的历史案例。

1 三个基本问题

在规划建设TTO之前，研究机构必须首先解决三个基本问题。

Young TA. 2007. Establishing a Technology Transfer Office. In *Intellectual Property Management in Health and Agricultural Innovation: A Handbook of Best Practices* (eds. A Krattiger, RT Mahoney, L Nelsen, et al.). MIHR: Oxford, U.K., and PIPRA: Davis, U.S.A. Available online at www.ipHandbook.org.

1.1 “研究商业化”是否与机构的宗旨一致?

如果该机构的主要宗旨是教育，或者其宗旨不支持将研究作为机构的工作重点，则不需要建立TTO。如果没有很强的研究能力，只是偶尔需要技术转移服务，可以寻找其他替代方案。

根据20多年的经验，国际大学技术经理人协会（AUTM）[1]认为公共研究机构加强学术技术转移的4个主要原因：

- 为提高公共利益而促进研究成果商业化；
- 奖励、留住并招募高素质的研究人员；
- 与行业建立更紧密的联系；
- 创造收入，进一步加强研究和教育，促进经济增长。

如果本机构认同以上原因，就应该建立TTO。

1.2 研究的质量和数量是否值得建立TTO?

所有技术转移的机会都来自研究。2003年AUTM年度许可调查表明，平均而言，美国研究型大学每200万美元的研究支出，会正式披露1项发明；每500万美元的研究支出，会提交1项美国专利申请；每850万美元的研究支出，会催生1项技术转移或许可协议。[2]这些统计数据表明，公共研究机构审查的创新（发明披露）数量比实际进行申请的要多得多。显然，需要大量的研究才能产生技术转移机会。使用上述平均值进行估算，研究预算为1亿美元的公共研究机构，其TTO每年的工作量大约是审查50项发明披露，提交20项专利申请并处理11~12项许可协议。因此，机构必须确定其研究体量是否足以支撑建立一个新的TTO。

研究机构完成研究的质量是另一个关键变量。这点可能会受机构吸引人才能力的影响，即招募并留住世界级的科学前沿和工程领域研究人员。此外，从事基础研究比从事应用研究产生可转化成果的机会更少。如果预估的研究数量和质量均低于AUTM的平均值，则该机构应使用替代方案来解决其偶尔发生的技术转移需求。

1.3 机构是否愿意给TTO委派长期任务?

时间可能是TTO最大的成功预测因素。换句话说，TTO运行的时间越长，其积累的结果和表现出来的状况就越好。从直觉上讲也是有道理的：随着机构每年不断积累创新、专利申请和许可协议，其中一小部分终归会产生回报。技术转移从业人员表示，许可给产业合作伙伴的技术，通常需要五年或更长时间才能生产出适销对路的产品。因此，根据这些从业者的说法，无论如何衡量，TTO都需要7~10年才能取得成功。机构应预料到类似的结果，并准备未来多年为办公室提供补贴。承诺支持TTO不仅是只提供2年或3年的财政支持。

1.4 如果机构不符合四项标准，怎么办?

如果研究机构在其初步规划过程中，对基本问题的回答不是“是”，则可以使用以下替代模式，这些模式在全球范围内证明是成功的：

- 与营利或非营利的外部机构签订合同，临时管理偶尔的发明披露。在全球范围内，有很多小型研究机构采用这种方式。
- 建立单人的或小型内部办公室，对披露的创新进行审查、筛选和排名，由外部营利性公司对最有希望的技术进行商业化。美国贝勒医学院的技术管理办公室和得克萨斯州休斯敦 BCMT 技术公司使用的是这种模式。[3]
- 一个 TTO 为同一地区的多个公共研究机构提供服务。位于天津的中国北方技术交易市场就是采用这种模式的很好的例子。[4]
- 由国家政府或慈善机构资助建立，作为若干公共研究机构的技术转移办公室[5]。例如美国国立卫生研究院技术转移办公室和南非创新基金商业化办公室[6]。

2 制订 TTO 业务计划

当经过深思熟虑，认同上述四个基本问题，并且决定建立 TTO 时，应制订短期和长期计划，就像营利性机构制订业务计划一样。至少，也应该制订一个解决关键问题的简要执行计划。

2.1 确定宗旨

首先，TTO 应与其成员共同制定清晰易懂的宗旨，其成员包括但不限于管理层、发明人、外部客户以及潜在的行业合作伙伴。TTO 的宗旨可以集中于三个主要目标，或三个目标的组合：（1）服务；（2）经济发展；（3）收入[7]。

2.1.1 以服务为宗旨

TTO 可以作为研究人员的服务部门，类似于机构的人力资源办公室或合同及资助办公室。按这种模式，研究机构不会给 TTO 一定比例的商业化成果转化收入提成。相反，该办公室从机构得到全额资助，就像其他任何内设部门一样。研究人员对此安排的满意度通常很高，因为所有创新都得到了 TTO 的关注和服务。

2.1.2 以经济发展为宗旨

以经济发展为目标的机构，具有为当地社区、地区、州或国家创造就业和促进经济增长等方面的责任，这些机构通过衍生公司以及向当地企业进行许可来完成上述任务。围绕核心技术领域，可以创建企业集群（卓越中心）。值得注意的是，位于美国加利福尼亚州的智库——米尔肯（Milken）研究所的一项针对高科技经济研究成果表明："研究中心和研究机构无疑是培育高科技产业最重要的因素。"同样的研究发现，在美国排名靠前的 30 个高科技产业集群中，有 29 个位于综合性研究型大学的所在地。[8]

2.1.3 以增加收入为宗旨

从转移商业化创新成果中获取收入是这类运营机构的主要关注点，获得收入就是其主要目标。这种机构非常挑剔，会鉴别最具潜力的创新任务并迅速放弃其他方面的研究成果。毫不奇怪，这会导致研究人员整体不满；以服务科研人员为导向的机构通常不会采用这种模式。许可收入水平较高的机构通常是教学/研究类医院，这种机构实现商业化的可能性更大。

当然，TTO并不只注重单一宗旨，而是将宗旨与满足机构各部门的需求以各种方式结合起来。其宗旨可作为实施这些目标的指南，并指导新建TTO采取行动。一个简短而简单的使命宣言可能是：TTO帮助研究人员将机构的研究成果转移到产业中，促进商业应用、经济发展并提高公共利益。TTO必须小心，以避免“任务无限蔓延”。当TTO负责与创新商业化没有直接关系的工作时，如科研管理、机构出口监管、利益冲突合规以及其他不属于其既定目标的任务时，就会发生这种情况。

最后，虽然TTO是学术机构内的商业办公室，但这些办公室的使命更多地是宣扬一种社会责任。作为机构商业化创新的管理者，TTO是否也肩负改善人类福祉的社会责任？答案是明确而肯定的！社会责任和对社会福祉的贡献必须在TTO的使命中有所体现。办公室和机构的宗旨使命很容易纳入这些内容。事实上，公共研究机构应该全力支持联合国的千年发展目标。[9] 此外，鉴于当前的观点是反对企业利益介入一系列重要的社会目标，包括可持续发展、环境健康、本地农民，以及世界发展中国家艾滋病、疟疾和其他疾病的免费或低成本治疗，公共研究机构必须确保与社会福祉保持一致。TTO的宗旨是宣扬这些目标的有力场合。

有很多方法可以平衡这些目标与商业化做法。相对简单的一种做法是精心制订许可协议，确保将发展中国家的社会福利纳入许可条款中。例如，一种农作物改良品种的许可条款，可以允许被许可企业以提成费或增值溢价所定的价格出售用于商业生产的种子，但以成本价向发展中国家的本地农民出售种子（或者至少大学可以不要求企业支付提成费，或者公司不用像对商业生产者收取增值溢价费那样收取发展中国家本地农民的费用）。

2.2 政策和程序

创新管理机制应易于理解，指导机构完成使命的政策应该透明。确定某机构的研究所形成的知识产权（IP）所有权必须是该机构政策的核心。所有权的处置可以采取多种形式，但是处置方式必须明确定义，并且不得有任何疑问或含糊不清。在有些国家，所有权由国家法律界定。在其他国家，每个机构都拥有确定研究成果所有权归属的权利：政府、发明人、研究机构或上述各方中的两个或多个。例如，在美国，每个研究机构都可以自由决定如何分配所有权，但根据美国专利法和商标法，如果创新是在政府赞助下完成的，则所有权归机构所有。如果机构缺少有关所有权的书面政策明文规定（必要时，还需要书面的所有权分配政策），技术转移是不可能发生的。

即使北美和全球已经主动开展了20余年的技术转移实践工作，关于学术机构和其他公共研究机构知识产权所有权归属最佳模式的争论仍在继续。发明人拥有所有权的模式和机构拥有所有权的模式各有利弊，美国（机构拥有，威斯康星大学除外）和加拿大（多数机构是发明人拥有）都有成功的案例。世界各地一些国家最近已经转向机构拥有的模式（例如日本、德国和英国）。很明显，每一种模式都能很好地运行。

然而，对于刚刚涉入技术转移领域的国家，其近期法律出现了一些令人不安的趋势。在某些情况下，新的国家法律要求由研究赞助者和研究机构共享受赞助研究项目所产生的知识产权所有权。开始时，平等共享所有权，但后来所有权变为可以谈判（这种规定在2005年巴西新技术转移法中有所体现）。但这些国家会发现，实施国家技术转移制度时，这种安排是不可行的。为了在政治上正确并且不冒犯国内企业界，政府制造了一种“双输”的局面：任何一方都无法维持排他性，从而阻碍了研究成果的转移。这将造成一个难以逾越的障碍，阻止任何企业合作伙伴投入所需的资源和资金，无法将萌芽状态的技术推向市场。结果仍是死路一条：技术转移阻力重重。

显然，应该在政策中明确那些有助于技术转移计划获得成功的众多至关重要的问题，例如许可收入分配、披露程序、寻求专利保护的责任分配、研究人员和机构利益冲突、争端解决、被许可方合同履行状况的管理、衍生公司股权管理以及其他更多的要求。可以在 AUTM 网站上查看并参考美国和许多其他国家大多数研究型大学的政策。[10]

2.3 资助 TTO

如前所述，在最好的情况下，机构新设立一个 TTO 需要多年提供补贴。但是，不同国家的筹资模式不同。

2.3.1 澳大利亚模式

在澳大利亚，公共研究机构的外部环境并不一致，它们负责资助自己的技术转移业务，主要采取两种模式：（1）组建外部公司；（2）建立内设机构或办公室。对于公司模式，通过各种相关的业务活动，如咨询、会议管理和开发专业课程等，产生现金收益。这些收益使公司能够支持研究机构的技术转移业务。在某些情况下，大学为公司运营提供启动资金。

在内部办公室模式中，研究机构直接为 TTO 提供资金，TTO 被视为机构的重要管理部门之一。TTO 获得资金的数量和充足程度取决于创新管理在核心行政管理中的重要程度以及 TTO 为机构带来收益的能力。[11]

2.3.2 印度模式

印度没有关于建立并资助技术转移办公室的正式法律。然而，过去十年中，大多数技术大学和研究机构各自独立建立了与产业对接的机构。这些机构承担了许多在其他国家通常由技术转移办公室承担的技术转移活动。有些自治实体机构是由州政府或中央政府提供的初始资金启动建立的。例如，位于德里的印度理工学院建立了创新和技术转移基金会（FITT），印度人力资源开发部给予相当于40万美元的拨款。在其他案例中，自治大学或研究所理事会拨款成立了技术转移办公室。

在所有案例中，此类支持是有时间限制的，期望这些机构实现自给自足，像管理良好商业性的“盈利中心”一样进行运作。与澳大利亚一样，机构收入可能来自对商业开发活动收取的服务费，这些服务费与研究所的创新管理（例如，产业咨询和为中小型企业提供其他商业服务）几乎没有关系。此外，每个中心通常会从其管理的公共研究机构技术转移交易许可收入中获得一定比例的收入。[12] 2005年4月，技术管理协会（STEM）作为印度的专业技术转移协会正式成立，它包括机构和个人会员[13]。

2.3.3 日本模式

1998年，日本政府颁布法律，由政府批准建立大学TTO。一旦TTO获得批准，政府将提供其运营成本2/3的资金，相当于每年300 000美元，为期五年。大学或其他大学相关机构应提供1/3的配套资金政府支持。五年期结束时，期望TTO能够在没有商业化产生收入的情况下维持运行。然而，当日本政府意识到无法实现这样的期望时，延长了对TTO部分业务成本的直接补贴，包括为选定的顶级或所谓超级TTO直接划拨资金，以确保其专利申请。此外，2004年，日本法律赋予所有国立大学独立法人地位，允许其参加TTO计划。

但不少日本TTO发现政府的资金不足以支持其运营。因此，它们创建了营利性公司，促进衍生公司的创建。要求教师们对大学研究成果进行商业化开发的公司进行投资。许多教师拥有的公司与大学已有的TTO一起，通过衍生公司促进研发的商业化。这激励教师披露发明，因为他们在商业化公司中拥有个人利益。然而，政府和大学意识到，这种扩张战略将需要新的支持系统，如孵化器和风险资本，才能促进这些日本机构成为创业型大学。[14]

2.3.4 中国

1998年，在中国境内，只有北京的清华大学和北京大学经营TTO。今天，中国的大多数公共研究机构都有一个TTO。这些TTO最初得到了中国政府的支持，但随着中国从国家计划经济转向更加市场化的经济，TTO的资助模式也在发生变化。大多数TTO都是作为相关私营公司由相应大学独立运营，由大学提供初始资金。作为私营公司，这些TTO在商业开发服务方面非常活跃，例如建立孵化器、协助中小企业制订业务计划、帮助成立衍生公司、利用针对大学的风险投资资金投资新的衍生公司等。大多数情况下，TTO主导谈判大学初创企业的重要股权分配，并可能完全拥有一些衍生公司。最终，期待TTO（通常被称为技术信息交易市场）从其持有的股权以及从许可和其他相关业务开发活动中获得收入，实现自给自足。[15]

2.3.5 南非

南非将政府对研究和创新的支持作为国家经济发展战略的重要组成部分。2002年8月，南非政府批准了新的国家研发战略，并继续讨论新战略的实施，包括提供国家资金支持技术转移活动。为商业化活动和专利提供资金至关重要，但重大能力建设和促进发展的努力尚不完备，有赖于大学和公共研究理事会的积极推动。

南非正在寻求在新兴技术转移体系与研究体系之间建立牢固的联系。这意味着在研究界内建立一种新的创新文化，并确保研究的所有益处都能够得到理解和利用，包括非商业性的和社会性的利益等。为了顺应这种综合发展趋势，南非于2002年成立了研究和创新管理协会（SARIMA），以期在国家研究和创新能力建设行动中发挥主导作用。SARIMA得到了政府、参与的学术机构以及美国和欧洲慈善捐助者的支持。[16]

作为国家战略的一部分，南非政府设立了创新基金，以促进技术创新，从而增强创新活动的网络化发展及跨部门合作。该基金已在100多个项目中投资了6.5亿扎元（南非兰特）。许多项目已经产生了专利，部分还成立了衍生公司。最近，政府成立了创新基金商业化办公室（IFCO），这是一个集约式办公室，为所有国家公共研究机构提供一站式的知识产权保护和商业化支持服务。成立 IFCO 是对南非公共研究机构已有的技术转移办公室的补充。[17]

2.3.6 英国

1998 年英国政府发布《英国竞争力白皮书》之后不久，就制定了许多政策举措并投入政府资金，促进大学研究人员与企业家之间的合作。这种合作明显改变了英国大学开展技术转移活动的方式。有几所知名大学创建了独立的公司，将知识产权以及有可能建立衍生公司（大学的公司或 UNICO[18]）的创新商业化。虽然如此，大多数大学还设有内部技术转移办公室，与赞助研究的办公室和 UNICO 密切合作，以发展与产业的关系。最近，通过英格兰和威尔士高等教育创新基金（HEIF）[19] 以及苏格兰执行力、知识和创新转移计划（SEEKIT），政府直接向大学的第三类（third stream）* 活动提供资助，促进 TTO 的增长和发展。[20]

最初，HEIF 的财务经费是通过竞争性招标分配给机构的。如今，借助多种指标组成的公式化资助程序，政府将 HEIF 资金直接分配给大学，这些指标包括但不限于机构研究能力（数量和质量）和 TTO 绩效指标等。[21]

2.3.7 俄罗斯联邦

2002 年开始俄罗斯联邦实施了一项重大举措，在一流大学中建立技术转移办公室。这是弗吉尼亚州阿灵顿的美国民间研究与发展基金会（CRDF）与俄罗斯教育部的合作项目。参与名为高等教育基础研究（BRHE）计划的 19 所大学被确定为研发和技术转移的重点。资金主要由约翰·D 和凯瑟琳·T. 麦克阿瑟基金会通过 CRDF 提供给俄罗斯联邦教育部。2003 年，CRDF 和俄罗斯联邦教育部举行了一次联合竞赛，BRHE 中的大学提交了设立专门 TTO 及所需资金的提案。CRDF 选择了四所大学发放 TTO 成立资金，这是通过第三方慈善机构提供资金支持技术转移办公室的很好案例。奖励金额从 75 000 美元到 150 000 美元不等，并在三年内支付。最近，美国商务部和俄罗斯教育与科学部签署了一项双边协议，其中包括建立美俄高技术创新委员会。委员会第一次会议于 2005 年 6 月在莫斯科召开。委员会设立了 4 个重点工作组，其中之一将讨论大学和研究机构在创新与商业化过程中的作用，包括如何在俄罗斯联邦建立和资助 TTO 业务。俄罗斯联邦大多数研究由俄罗斯科学院研究中心开展。其中许多中心拥有广泛的技术转移业务，由政府直接拨款，在研究中心内部分配。[22]

2.3.8 美国

在美国，政府不给大学的 TTO 提供资金，也没有所谓的国立大学。然而，1980 年颁布的《拜杜法案》（*the Bayh-Dole Act*），即实际实施的 PL 96-817 法案，《美国联邦法规》[23] 为资助 TTO 提供了法律依据。该法案规定，由政府资助的研究成果商业化所获得的收入只能用于 3 个目的：（1）资助具有技术转移职能的管理机构，例如 TTO；（2）给发明人分配一定比例的收入，作为参与技术转移的激励；（3）支持该机构的教

---

* 是指学术环境之外知识的产生、使用、应用和开发，以及大学的其他能力。——译者注

育和进一步研发。

该法案没有规定这三方面收入分配的百分比。大学可以按照自己的意愿自由决定如何分配商业化收入。大多数机构预留了一部分收入作为 TTO 的资金，通常在 10% 至 25% 之间。除了给 TTO 分配一部分商业化收入用于支持之外，大学在其运营的最初几年还会以内部资源直接补贴 TTO。随后，由于 TTO 可以通过许可协议获得收入，为 TTO 运营所提供的补贴会随着时间推移而减少。最终，机构期望 TTO 产生现金流，减少大学的直接补贴。如上所述，TTO 需要几年时间才能从依赖分配收入过渡到完全自给自足。在少数情况下，借助立即产生大量收入的成功项目，TTO 在早期阶段就可以实现自给自足。最后应该提到的是，美国公共研究机构（如联邦实验室）是通过政府行政部门（如美国国防部、能源部和商业部等）的年度拨款直接获得技术转移预留资金（参见联邦实验室技术转移联合会[24]）。

2.3.9 评估各项选择

前面的例子说明了全球各地的 TTO 融资模式是如何变化的。每种模式都是在符合相应的国家文化、政治和经济条件的情况下得到发展的。大多数国际模式均包括两项主要内容：

（1）通常 TTO 能从创新商业化获得一部分收入；

（2）期望 TTO 通过这种收入分配以及其他创收服务，最终实现自给自足。

尽管有新的理论（在第 2.5 节中讨论），但由于现有的原因，如建立 TTO 的成本以及机构研究成果的数量和质量等，许多国家或地区别无选择，只能建立一个区域或机构间的成果转化机构。从区域办事处到其服务的研究机构，物理距离越远，识别具有商业潜力的研究成果、保护此类结果以及寻找商业化合作伙伴的挑战难度就越大。如果遵循以下建议，可以减少物理距离远带来的负面影响：

- 在区域办事处服务的每个机构内，必须确定一个人作为该机构与区域办事处的联络人（此人也可以承担其他责任）。设一个特定联系人，协调哪怕最简单的管理任务。理想情况下，这个人不应是校长、副校长、教务长或院长，而应该是向这些机构管理层汇报的第二层级管理人员。
- 区域 TTO 与其服务机构之间必须建有最佳的通信设施，包括但不限于视频会议系统。
- 区域 TTO 的主要工作人员必须定期、频繁地访问其服务的每个机构，以便进行充分的面对面沟通。
- 区域 TTO 运作的透明度至关重要。提高透明度要求：（1）在协商和公平的基础上分担服务机构之间的成本（如果区域办事处没有得到政府的全面支持）；（2）对 TTO 服务的所有机构给予平等对待和考虑（即不偏袒任何一个机构）。

13 年来，笔者指导了一个 TTO，为得克萨斯 A&M 大学系统内的 10 个学术机构提供服务。该 TTO 曾一度寻求为 A&M 系统以外的得克萨斯州内更小的大学提供服务。在管理如此广泛项目的过程中，笔者遇到的最大挑战是，尽管 TTO 对此作了一切努力，但所服务的机构却认为存在偏袒。这种看法不可避免但必须加以管理。一旦 TTO 服务的其中一个机构取得了重大成功，其他机构就想知道为什么他们没有取得或没有正在取得类似的成功。认为自己机构受到轻视的人经常会怪罪 TTO 及其员工“失职”。多年来，尽管 TTO 办公室和工作人员力求公正，但笔者仍花了很多时间与机构官员和体系内的官员在高级别会议上解决这个问题。因此，区域 TTO 必须对解决这个关键问题有所准备，否则集中式的解决方案就有可能失败。

2.4 为 TTO 配备人员

为新建 TTO 配备人员是一项重大挑战。让合适的人参与办公室经营往往是成败的关键。在美国，TTO 的数量自 20 世纪 80 年代开始增加，不同背景的人被选聘指导新建 TTO，包括高级管理人员、其他部门的工作人员（例如负责合同和拨款的工作人员）、办公室职员、科学家、律师和商人等。在 20 世纪 80 年代和 90 年代，就管理人员和与许可相关的工作程序最需要哪些技能组合，引发了一场大讨论：是科学技能、法律技能还是商业技能？与此同时，为完成具体的工作任务，许多办事处从简单的 1 人或 2 人业务演变为包含多种不同职位的复杂业务，例如综合行政管理、办公室、会计、律师助理和项目管理，包括评估、市场营销和许可等。

对于新建 TTO 办公室的大学来说，最少需要两个职位：

- 主任或许可助理。理想的状况是，负责新建办公室的人员应具有丰富的商业经验（营销、管理和业务发展），并具备科学或工程教育背景。通常，科学家和律师都缺乏建立、组织和管理 TTO 所必需的精明商业头脑。主任或许可助理应具备出色的沟通技巧，能够有效地推广创新，对内（如研究人员和行政管理人员）对外（潜在的企业被许可方）都能成功合作。

  除非新的 TTO 招聘到的是经验丰富的技术转移专业人员，否则新的主任/许可助理应在运营开始前接受培训。培训可通过 AUTM 和国际许可执行会（Licensing Executives Society International）等类似机构，国际上举办研讨会和其他培训活动的机会很多。[25] 此外，许多国家都有实习机会，例如美国商务部提供的特殊美国商业实习计划（SABIT）。[26] AUTM 提供培训奖学金，如霍华德·布雷默（Howard Bremer）奖学金和发展中经济奖学金（5 个奖项）。通过竞争性招标程序每年提供各项奖学金。

- 文字和行政工作。TTO 运营需要大量的文字和行政工作。TTO 活动由大量的文字工作组成，包括专利申请草案、许可协议、项目摘要和市场营销材料等形式的文件，以及与律师、潜在被许可方和研究人员的日常通信。工作人员必须准备好项目文件和标签系统，管理每项创新工作的进度，这不仅需要文字工作，还需要适当的计算机技能和电子数据库资源。发明者和潜在的企业合作伙伴会经常打来电话。此外，还必须创建和维护网站，接收处理大量的电子邮件。因此，在创建 TTO 时，必须为主任配备优秀的文字/行政助理人员。

在帮助国家和机构建立技术转移办公室时，笔者经常听到这样的问题：“我们是否应聘请内部律师为机构提交专利申请?”一般不建议为起草和提交专利申请而保留内部法律顾问，主要有以下原因：

- 总的来说，机构研究的范围太宽广，任何一位专利律师的技术专长和知识都无法全部涵盖。此外，聘请数名具有相关技术技能的律师来解决范围如此广泛的问题，成本过高。国际农业研究磋商组织（CGIAR）各中心或类似的研究范围较窄、重点集中的研究机构则不同。
- 专利申请的权利要求构成了产品和公司的基础。尤其在人类健康研究中，投入上千万甚至上亿美元，将萌芽状态的技术推向市场。此类投资取决于专项技术专利权的强度和可实施性，并受其保护。让机构内部律师负责过多技术领域而削减专利申请成本，是短视的。鉴于存在极高的风险，应尽可能聘请最好的专利顾问起草保护力度最强有力的权利要求。
- 公司的被许可方更愿意用最好的律师确保投资安全，他们对内部律师的能力没有充分的信心。
- 当今诉讼中，聘请外部律师顾问形成了第三方缓冲，律师事务所必须以最专业的方式，负责进行彻底的现有技术检索、在截止日期前及时提交、尽可能起草最佳的权利要求，以及从头至尾管理专利申请程序。整个过程中一旦出现问题，就像常做的那样，最好的办法是让律师事务所，而不是研究机构，对发明人、机构和被许可方等有关各方负责。出现问题时，不建议大学通过内部法律顾问来维护专利申请。
- 最后，许多机构在总法律顾问（或类似名称）办公室下设法律顾问职位，可以协助 TTO 解决签署合同、合同执行和其他法律问题。

美国的许多技术转移办公室，包括得克萨斯 A&M 大学系统的 TTO，都聘请的是内部律师助理，而不是内部法律顾问，来管理该机构与聘请的专利律师之间的工作交接。律师助理负责确保所有文件得到妥善执行并提交给专利事务所，备份“待定文件”或棘手文件，确保在截止日期前提交国内和国际专利局，代表机构及其成员为软件和其他作品提交版权申请，以及维护所有官方项目文件的相关数据库。

2.5 管理 TTO

20 世纪 80 年代和 90 年代，美国技术转移事业兴起之初，技术转移办公室被置于公共研究机构的各种行政部门内，包括：（1）总法律顾问办公室；（2）商务管理办公室；（3）研究副总裁办公室；（4）合同和资助办公室。然而，随着时间的推移，TTO 通常被置于该机构的研究管理部门内，向负责研究的副校长汇报。在多数情况下，由一个人担任机构的研究和技术转移官员，并将上述职能合并到一个管理部门内。

此外，随着 TTO 在美国和其他工业化国家逐步增多，办公室呈现多样化发展，设立了不同运营部门管理重点任务：

- 行政管理；
- 文件撰写；

- 项目管理服务（通过许可助理，如负责评估发明、市场营销、产业关系协调和谈判许可协议等提供项目管理服务）；
- 会计服务（负责管理一般财务，被许可方的应收账款，支付顾问、专利律师事务所和其他服务代理人的费用）；
- 律师助理服务（负责管理往来通信，与专利律师事务所进行讨论，执行并公证法律文件，以及跟踪处理关键日期，确保按截止日期提交相关文件）；
- 市场营销/公共关系（负责管理网站，编制小册子、新闻稿和其他营销材料，以及为研究人员和产业频繁主办推广活动）。

更多的创业办公室甚至可能创设新的部门，以建立衍生企业、孵化器、大学风险投资基金等。显然，新的技术转移办公室可以利用已有的办公室来管理其中的一些活动，例如与大学宣传部门合作制作营销材料，直到 TTO 不断发展，能够保证聘请得起内部的专职人员。

正如所建议的那样，除了在公共研究机构内设立传统独立的单位或部门之外，技术转移办公室还有其他各种组织形式。其中包括：（1）由该机构拥有或与该机构密切相关的外部公司管理其技术转移活动；（2）与第三方公司签订服务或咨询合同，管理研究人员偶然的创新披露；（3）同一个办公室根据合作协议为一个地区的多个机构提供服务；（4）一个政府机构为一个地区、州或国家内的大学和其他研究组织提供 TTO 服务。

那么，如何进行选择呢？本章提出了一个新的“TTO 理论”，以帮助规划人员选择最有效的组织形式：TTO 与其服务的科学家和研究人员距离越接近，就越有效。反过来也是如此：TTO 的有效性会随着其距离客户群越远而越低。即使在电子邮件、即时文本消息和其他视频、语音及数字通信技术时代，后者也成立。这些技术不能取代 TTO 工作人员与其发明人之间频繁的面对面沟通，也不能在短时间内召集项目利益相关者之间的会议，包括发明人、TTO 工作人员、学术管理人员和潜在的被许可方等。有时潜在的合作伙伴抵达 TTO 时，很少或根本不会预先通知。如果发明人在遥远的城市，显然不可能参加小组的会议、午餐或晚餐。此外，创新管理需要的简单行政和后勤保障要求，也说明物理上的接近很重要。例如，一个发明人接到了专利代理师关于专利申请记录的电话，要求在当天结束之前在保证书上签字。这种问题只有 TTO 在附近才能解决。

3 运行

TTO 参与研究、技术转移和行业关系的广泛程度因机构和国家而异。参与程度取决于多种因素，最重要的是该机构和地区或国家的创业者文化程度。机构的文化最常取决于院长或校长的态度和支持程度。一些创业者文化程度高的首席执行官会扩展 TTO 业务，包括支持产业合作伙伴的活动。这可以与企业部门建立更加紧密的联系，例如由大学的工商管理学院创建衍生公司的商业计划；建立以大学为基础的技术企业孵化器、研究和科学园区；成立风险基金等。新建的 TTO 则至少要开展以下活动：

- **协助教师和研究人员确定研究成果所具有的商业价值，并通过披露程序记录发明的过程。**发明披露表格应当简单并且有助于发明人记录；通过访谈和与发明人的互动，获得更详细的信息。披露表格的复杂程度以教师不畏惧参与技术转移过程为准。
- **评估所披露创新成果的商业潜力。**建立 TTO 是为了寻找技术的商业应用价值和合作伙伴，以实现其商业潜力，而不是判断其科学价值。这种评估是 TTO 所有任务中最难的。评估发明有很多方法。[27] 评估过程为未来知识产权保护和营销决策奠定了基础。
- **确定是否保护创新中的知识产权；确保申请专利、商标或版权的所需资金；并管理保护过程。**保障申请国际知识产权保护所需的资金，在高度工业化国家寻求知识产权保护时，费用常常是决定性因素，甚至许多发展中国家因为高额费用而无法申请保护，但发达国家往往是产品的主要预期市场。然而，在创新的原发国，创新成果的商业市场可能非常小甚至不存在，就会造成严重的两难困境。许多情况下，唯一的解决方案是首先在原发国获得保护，通过《专利合作条约》（PCT）[28] "赢得时间"，以找到企业合作伙伴，然后在许可协议中将国际专利保护费用作为商业许可费用的一部分要求对方支付。
- **进行市场调查以确定潜在的行业合作伙伴，然后营销创新成果。**研究表明，美国主要靠发明人来识别被许可方。工业化国家的发明人通常很熟悉其科学专业领域的市场[29]；他们甚至可以通过自己的专业性活动网络，借助个人结识行业中的同行（即潜在的被许可方）。
- **一旦根据创新内容确定了一个或多个行业合作者，就可以与这些行业合作者商议法律合同（许可协议），转移创新中获得的知识产权，换回许可费或其他条件。**谈判的目标是通过公平的安排，促进并协助商业伙伴成功开发和营销产品，而不是简单地追求谈判协议中绝对高的许可费用和提成费。发展产业合作伙伴关系可以带来许多意想不到的好处，例如资助研究、学生就业、咨询机会，甚至对机构的慈善性捐赠。
- **维护并管理行政职能，以支撑完成知识产权保护和技术转移的主要任务。**这些职能包括会计、收入分配，被许可方合同履行情况管理和专利申请管理。
- **如果 TTO 决定不对一项创新进行知识产权保护及商业化，那么就启动流程，确保发明人有机会另外寻求保护和商业化时。**

4 典型 TTOs 和结论

2000 年，路易斯·托那斯基（Louis Tornatsky）博士为美国国家州长协会开展了一项研究，明确了该国最具代表性 TTO 的常见做法。大多数典型办公室常具有七个特征：

（1）清晰阐述的 TTO 宗旨；

（2）透明的 TTO 政策和工作流程；

（3）富有创业精神的工作人员和创业环境；

（4）技术转移办公室的工作人员与内外部成员建立友好的客户关系；

（5）大学管理层和所在社区（地方、区域和国家）高度支持；
（6）TTO 与潜在的行业合作伙伴建立稳固的联系；
（7）TTO 能够接触到风险资金或风投资本[30]。

世界各地的 TTO 形式和规模各式各样，从小型研究机构的兼职人员到拥有数百名专业人员的办公室（如加利福尼亚大学系统），以及通过合同聘请第三方组织来管理偶发的具有商业潜力的创新。此外，TTO 的资金来源、组织结构、活动范围以及许多其他运营因素，都因不同办公室、不同国家而相异。

TTO 特征和性能中最引人注目的决定性力量，是本章的主要重点：机构内的研究活动数量和研究结果的质量。研究是 TTO 管理创新和抓住机遇的源泉。公共研究机构在考虑创建 TTO 时，首先应考虑研究机构的研究数量和质量能否证明这项工作是必要的。

TERRY A. YOUNG, *Director of Research Development, Office of Research and Sponsored Projects, University of South Dakota, Vermillion, South Dakota, 57069, U. S. A.* *terry. young@usd. edu.*

---

1 www. autm. net.

2 The survey is published online at www. autm. net/surveys/dsp. surveyDetail. cfm? pid=16. The survey can be accessed by members of AUTM at no cost. Nonmembers may purchase the survey on the AUTM Marketplace at www. autm. net/shopping_cart/.

3 www. ultrabiotics. com/a_team. cfm.

4 www. ntem. com. cn/.

5 ott. od. nih. gov.

6 www. innovationfund. ac. za/index. asp.

7 These concepts were first presented by Jim Serverson at the 1999 AUTM Central Regional Meeting in Minneapolis, Minnesota.

8 DeVol R. 1999. *America's High Tech Economy.* The Milken Institute: Santa Monica, California.

9 www. un. org/millenniumgoals/.

10 www. autm. net.

11 Electronic communication with Claire Baxter, University of Sydney, and Colin Melvin, Queensland University of Technology, 17 November, 2002.

12 Electronic communication with Parameshwar P. Iyer, Center for Scientific and Industrial Consultancy, Indian Institute of Science, Bangalore, 22 November, 2002; and A. K. Sengupta, Foundation for Innovation and Technology Transfer, Delhi, 25 November, 2002.

13 Chandrashekhar G. 2005. Society Set Up for Managing Technology *The Hindu Business Line.* 25 April, 2005. www. blonnet. com/2005/04/25/stories/2005042501221300. htm.

14 Electronic communication with Akio Nishizawa, Tohoku University, Sendai, Japan. 18 August, 2005.

15 Personal visit to China as principal investigator on project sponsored by U. S. State Department and Chi-

nese State Intellectual Property Office. Intellectual Property Rights and Technology Transfer Exchange Program, October 26–November 9, 2002.
16 Electronic communication with Tony Heher, University of Cape Town, South Africa. 21 November, 2002; and Rosemary Wolson, University of Cape Town, South Africa. UCT Innovation (Pty) Ltd. 22 August, 2005.
17 www. innovationfund. ac. za/index. asp.
18 www. unico. org. uk.
19 www. hefce. ac. uk/reachout/heif/.
20 www. scotland. gov. uk/library5/enterprise/seekit2–00. asp.
21 Electronic communication with Isabell Majewsky, Connect Midlands, University of Warwick, U. K., 21 August, 2005.
22 Electronic communication with Marilyn Pifer, Civilian Research and Development Foundation, 15 August, 2005; and personal experience as an appointed member of the U. S. –Russian Innovation Council on High Technologies.
23 Another source of the Bayh–Dole act: (i) AUTM offers a description of the Act, with a link to the actual legislation: http://www. autm. net/aboutTT/aboutTT_ bayhDoleAct. cfm. (ii) When you click on the AUTM link, it takes you to the actual legislation at: www4. law. cornell. edu/uscode/html/uscode35/usc_sup_01_35_10_II_20_18. html.
24 www. federallabs. org.
25 www. lesi. org.
26 www. mac. doc. gov/sabit.
27 See, also in this *Handbook*, chapter 9. 3 by R Razgaitis, and chapter 9. 2 by RH Potter.
28 www. wipo. int/pct/en/texts/articles/atoc. htm.
29 Thursby J and M Thursby. 2000. Industry Perspectives on Licensing University Technologies: Sources and Problems. *AUTM Journal*, XII.
30 Tornatzky LG. 2000. Building State Economies by Promoting University–Industry Technology Transfer. National Governors Association: Washington D. C.

第6.3章

如何建立技术转移办公室：来自欧洲的经验

艾莉森·F. 坎贝尔（ALISON F. CAMPBELL）
英国KCL企业有限公司董事总经理

▌译者 张熠 ▌审校者 李雪 张熠 林鉴非 殷宏

摘 要

在当今世界，技术转移发挥着重要作用，所转移的专有知识和技术是宝贵的有价商品。建立技术转移办公室（TTO）有多种不同的方式，但应与支持机构的使命和目标紧密结合。TTO的战略及其运营结构受可利用的外部资源影响，因此要考虑TTO的外部环境非常重要。创收通常是技术转移办公室的主要目标之一，但技术转移本身就很有价值，因为它能促进创新并增进知识交流，从而为社会带来福祉。本章从结构、人员配置到外部环境，以及奠定成功的基础，讨论了构建TTO的关键要素，还通过描述欧洲的多种模式和趋势分享更多信息。

1 引言

建立技术转移办公室（TTO）没有所谓的“正确”方式，但想获得成功确实需要考虑一些关键因素。本章讨论如何建立和运行TTO，并借鉴此类办公室的经验，以案例研究的方式阐明这些问题。本章还讨论了资助TTO的新兴趋势。

Campbell AF. 2007. How to Set Up a Technology Transfer Office：Experiences from Europe. In *Intellectual Property Management in Health and Agricultural Innovation：A Handbook of Best Practices* (eds. A Krattiger, RT Mahoney, L Nelsen et al.). MIHR：Oxford, U.K., and PIPRA：Davis, U.S.A. Available online at www.ipHandbook.org.

2 基础

任何技术转移办公室都应与其服务的科研机构保持一致并得到其支持。其使命应与科研机构的使命一致，其做法和活动应支持并能增加科研机构的价值。TTO 和科研机构应就增加价值的方式达成一致。如果从战略和背景出发审视大学商业活动的价值，仅有财务回报是不够的。持久的伙伴关系、文化嬗变、创造就业机会和社会福祉等，这些长期回报也是技术转移办公室可提供的价值。这种长期回报对获得收入、资源和专业知识以及项目交付等短期、更实际的回报是一种补充。美国技术转移协会、美国大学技术经理人协会（AUTM）和英国技术转移协会（UNICO[1]）通过数据和案例[2]，都强调技术和知识转移会使社会受益。

TTO 应该进行纯粹的商业化活动还是更广泛的知识转移，对于制定运营战略非常重要。在知识经济中，获取知识和在获得知识的环境之外使用知识是一种有价商业行为。[3] 英国研究理事会将此类知识转移定义为：

> 在科研环境与更广泛的经济之间，人与思想的双向流动，有助于国家繁荣、提高英国公民生活质量以及丰富社会文化。知识转移包括知识、专业技能和技术人员在大学、中心和研究所等研究环境与工业、商业、公共和服务部门等用户群体之间转移的系统与过程。[4]

虽然公共利益始终是 TTO 议事日程的一部分，但有的 TTO 却是将创收作为首要目标。其他则将公共利益或经济发展放在首位。确定 TTO 的目标，决定着如何为办公室配置人员、分配资源并实际操作运行（本章末尾将介绍有关示例）。

主办机构的高级管理层必须积极支持明确上述目标。为此，管理人员需要了解技术转移与该机构的相关性。了解 TTO 的生命周期，有助于 TTO 办公室鼓励学者参与技术转移，并有助于在回报放缓或从表面上看合作政策没有吸引力时继续稳定支持。还应了解技术转移各方合作伙伴的愿景以及主要人员之间的持续沟通情况。各方都应该清楚，虽然技术转移可能产生额外的收入来源，但不应该依赖它为机构提供大量收益。牛津大学的 Isis 创新公司，是欧洲最著名的技术转移机构之一，其技术转移的总收入约为年投入总额的 0. 005%。牛津大学的年投入总额为 5. 3 亿英镑，而技术转移活动的总收入为 270 万英镑，技术转移的净收入（除去业务成本后）是 26 万英镑（2005—2006 年的数据）。

TTO 的建立应参考国家和区域的政策及目标确定优先顺序。例如，当技术转移办公室从地方发展资金中获得支持时，他们就能够保持合作伙伴关系，并为当地感兴趣的具体活动提供资金。例如，在德国的亚琛地区，最急迫的事情是促进地方经济发展，确保将已消耗殆尽的传统煤炭开采区转化为高科技创新中心。为激发该地区新型业务的发展，设立了专门项目和资金。德国亚琛应用科技大学（Fachhochschule Aachen）[5] 的 Julich 科学研究所是这次重建工作的中坚力量，其设立目标是提供各种技术转移服务，包括提供咨询、设施以及商务建议。

建立TTO的第一步，也是关键的行动，是建立并促进与各利益相关方的关系。利益相关方包括学者、企业代表和用户群体代表以及地区和政府办公室。刚开始时，最重要的是内部群体。但成功并有意义的技术转移是需求驱动的，因此了解外部合作伙伴的需求非常重要。如果学术界内部不支持技术转移，那么在技术转移过程中的各个阶段都有可能失败。技术转移经理需要花费大量时间，让其所服务的学术部门看到他们的努力。这种可见性将加速文化嬗变，并有助于TTO融入大学。机构必须传递出支持并鼓励技术转移的讯息。TTO工作人员必须与学者在各个层面上开展全面合作，在宏观和微观层面上，以企业家的标准培育他们。这项工作包括各种培训，例如如何参与商业业务并对需求作出响应，如何担任顾问以及如何确定合作伙伴关系或许可机会等。所有学者都需要了解获得知识产权（IP）权利的流程，包括披露、保密、保护形式等。此类提升保护意识的培训可由TTO本身或与外部培训机构合作完成。例如，知识产权专家、律师和研究资金提供方通常愿意提供一定程度的培训。在英国，政府资助的大学联盟建立了多个企业中心可以提供这种培训。

需要认真考虑针对研究人员的激励措施并尽早实施。经验表明，感谢员工参与技术转移并与他们分享经济回报，是鼓励参与技术转移的清晰的激励措施。希格（Siegel）及其同事[6]强调了教师奖励制度的重要性，奖励制度是技术转移成功的三个关键因素之一，另外两个是消除文化障碍和为TTO配备人员。

3　技术转移办公室的架构

3.1　人员

技术转移成功的核心要素是人。技术转移是一种“联络活动”，因此管理者必须有能力与各级人员进行接触，甚至跨出国界。管理者需要了解产品的潜力并具有高度灵敏性。技术转移经理要能与学术界和商界同等地开展工作；既能对内又能对外。商业技能虽然很重要，但无须聘请MBA毕业生。应由了解业务经营细节的人担任办公室领导。具有相关业务/用户部门工作经验，能够理解工作要求并能作出相应调整的员工也非常有用。为了增强对潜在新机会的理解，技术转移经理需要赢得学者的信任，这就是为什么对于TTO来说，将其纳入机构并视为机构一部分是有帮助的。员工应能够花时间与学者在一起，以便更好地了解学者可以为企业和用户提供什么，如何更好地抓住相关机会，使机构和社会共同获益。同样，员工必须积极与企业合作，更好地了解市场需求，并能灵敏地提出与研究机构适配的项目。

有效的TTO是能力互补的团队。TTO工作人员需要的业务背景类型没有一定之规；在工作中并通过特定培训可以学到很多东西。但是，如果确定在特定技术领域提供中介服务，那么招聘技术专家就是明智之举。他们需要能够使用技术语言，与学者和客户进行沟通，了解机会所在及其应用场景、研究合作伙伴感兴趣的领域，并将他们的想法转化为商业人员能够理解的思路。并非所有TTO都需要很大的规模。一个可行的核心单元开始可以有三名工作人员，其中两人具有商业和技术技能，以及知识产权和商业化方面的专业知识。第三名工作人员应提供行政支持。通常机构更想雇用尽可能多的专业人员，而不会考虑雇用行政管理人员。但是，没有适当行政支持的办公室总是效率低下的。

可以通过外包获得专家建议（例如专利和法律顾问）。越来越多的律师事务所具有与研究机构技术转移部门合作的经验，他们可以提供服务以满足部门需求，包括咨询的类型、水平，以及咨询费用。如果尚未确定选择哪家律师事务所，技术转移工作联络网通常会提供许多信息和选择。虽然大多数办公室聘用外部法律顾问，但越来越多的技术转移办公室雇用内部顾问，这是否可取，取决于工作的数量和复杂程度以及这种安排在经济上是否合理。

TTO 可以充分利用免费且有用的商业建议。同行的建议，包括加入技术转移联络网，都是非常宝贵的。其他来源包括研究资助者［例如，维康信托基金会、健康研发知识产权管理中心（MIHR），以及比尔及梅琳达·盖茨基金会］以及政府和地区机构。企业本身也是学术机构和 TTO 的热心盟友。通常，有经验的人会愿意花时间就具体问题提供建议或成为咨询小组的成员。许多人很高兴提供咨询而几乎没有人拒绝提供帮助。

3.2 提高技能

由于许多国家公认技术转移是一种专业，因此产生了最佳实践清单。通过网络、培训和教材，团队有许多机会培养核心技能。例如，通过个人网络和导师，可以免费获得提高技能的方法。借调，即一个组织的成员在另一个组织中花时间工作，到企业或其他 TTO 实习，是提高技能、加深理解并分享最佳实践的方式。这种安排常常具有双向作用，参与双方通常都会热衷参加。然而，在大多数情况下，需要进行特定的培训团队才能获得核心技能。随着业务需求的增加和环境的发展，团队还能获得新的核心技能。

在欧洲，最著名的论坛网络是欧洲科学与技术转移行业协会（ASTP）[7]，该协会是一个技术转移管理者的专业会员组织，在欧洲各地举办各种会议。Praxis（非营利组织）为从业者提供全方位的技术转移培训课程。[8] Praxis 强调体验式学习和结成联络网，为入门者和富有经验的专业人员提供培训，其课程对国际开放。在英国，UNICO 以方便易读的形式出版了名为《UNICO 实践指南》的系列丛书，提供技术转移活动的深入建议，包括学生知识产权、法律协议和公司组建。[9] 还有许多在售和免费的指南。《MIHR 健康知识产权管理最佳实践手册》[10] 就是免费的好例子。

3.3 管理信息

在设立办公室时，必须充分注意信息管理。一开始就建立业务流程至关重要。技术转移是一个长期的过程，知识产权和法律协议的关键信息必须长期保存、组织和维护。例如，专利的有效期可能长达 20 年，许可的期限也是如此。此外，大多数诉讼会要求提供原始文件，而这是在产品成功投放市场之后，通常是专利申请和许可后的好几年。如果不能查询原始记录，专利或被无效，收入也有可能损失。要开发业务，必须得到项目信息和联系人信息，并在整个机构内共享，因此需要建立客户关系管理

（CRM）数据库。可以直接购买或在内部开发。每种方法都有自己的优点和缺点。许多生产商和试用过不同系统的 TTO 都乐于分享他们的专业知识。

3.4 预算

没有适当预算的办公室将会生存困难。如上所述，技术转移要求的是活动和技能的复杂组合。所有技术转移结果都基于硬的或软的知识产权权利（即专利或专有技术）的交易。交易通过签署法律协议进行，需要起草法律文件（或使用模板协议）和谈判技巧。必须能够清楚理解交易协议中包括的财务内容，并且需要对相关的知识产权或资源进行评估及保护。这意味着必须有人了解哪些组成部分可以并且需要受到保护。最好与专利代理师一起完成专利申请的起草和提交，而专利申请是一个持续的过程。所有这些活动都需要资金；不过，某些成本可以通过商业交易或转移给合作伙伴承担。

3.5 商业模式

办公室往往是机构或附属公司的内设部门。将 TTO 作为机构的一个部门设立，其利益与机构的目标明确一致。TTO 的工作人员与研究人员地位相近。然而，通过附属公司进行技术转移，或许有助于激发对技术转移的积极态度，并证明该机构对技术转移的认真程度。在制订员工薪酬激励方案方面，附属公司具有更多的灵活性和操作能力。关于 TTO 员工薪酬和激励的争论很多，采取与完成目标相挂钩的绩效薪酬和奖金机制的越来越多。如果容易定义并衡量工作目标，并且是针对结果而不是过程进行奖励，这种方法很有效。然而，这种奖励制度更多倾向于有助于实现目标的行为，因此需要确保奖励制度也适用于促进核心业务目标的实现。这也是 TTO 应该有明确目标的另一个原因，明确的目标容易传达给员工，无论他们是附属公司的雇员还是大学的雇员。无论 TTO 是内设机构还是外设公司，其最终的转折点在于员工的归属，员工不一定要受雇于公司；他们也可以受雇于大学，纳入大学的薪酬和养老金计划，然后借调到公司。

必须明确上下级指挥关系和责任制。内设部门式的 TTO 应向大学高级管理人员报告。公司式的 TTO 应对董事会负责，董事会可由大学高级管理人员担任主席。在任何一种情况下，TTO 都应对大学管理机构负责，并每年提交年度活动报告。对于这两种类型的组织结构，由机构内和机构外的专家组成顾问委员会，会很有帮助。顾问可以为组织带来新的经验，并充当内部和外部的支持者。例如，关于建立和运行 TTO 的税务建议，有助于确定其为内设部门还是独立法人。建立公司时，应考虑运行问题，可以通过建立非执行董事和/或咨询委员会组成的董事会加强对公司的管理。

最后一种选择是将技术转移外包给独立的第三方。外包最大限度地减少了机构的投资和风险，但也降低了机构获得的回报，因为合作伙伴将占据收益的最大份额。这类模型通常以收入为基础，因此合作伙伴可能会针对高价值、能创收的项目开展技术转移，而忽略公益性的项目。

4 技术转移办公室的发展趋势

技术转移活动的格局正在发生变化。正如 Campbell[11] 所讨论的那样，英国尤为进步。大学正在建立创新性的合作伙伴关系，并发展技术转移方面的专业知识，确保金融投资、获得未来收益。研究资助者正在寻找能够填补技术转移空白的举措。

谢菲尔德（Sheffield）大学是一个有趣的案例。它缺乏实现技术转移目标所需要的资金，因此 TTO 管理人员着手建立与外部专家的关系，并倡议建立了一个独立的公司：Bio Fusion PLC（英国谢菲尔德）[12]。该公司与谢菲尔德大学签订了独家协议，将大学所拥有的医疗知识产权商业化，Bio Fusion 独立于大学及其 TTO。2005 年，Bio Fusion 在伦敦证券交易所的创业板（AIM）上市，募集资金为 823 万英镑。大学是公司的股东之一。募集的资金使公司能够管理并资助生命科学领域内现有的和新投资的公司。Bio Fusion 明确表示有意在该领域内建立类似的关系。随着将技术转移作为外部投资对象的趋势，建立明确创收模式时，学术型技术转移公司就能够获得足够的资金。最突出的例子是伦敦帝国理工大学的帝国创新部。凭借其在商业化方面的良好记录和强大的创建衍生公司能力，帝国创新部（以及帝国理工大学）从私人机构投资中受益，并打算上市。当然，这种外部资金模式并不适用于所有技术转移办公室，它仅适用于那些投资回报率高的机构。对于大多数技术或知识转移活动而言，情况并非如此，因为大多数办公室都在代理合作伙伴间的交易，以便将现金返回到大学进行特定研究，而不是产生可支配收入。在帝国理工大学，知识转移和发展研究合作伙伴关系属于机构内部事务；而创新部则专注于产生现金的许可和衍生公司成立等活动。

5 技术转移办公室模式方面的案例

在伦敦国王学院（KCL），技术和知识转移是由伦敦国王学院企业有限公司（KCL Enterprises Ltd.）进行管理的，该公司是大学的全资子公司。伦敦国王学院企业有限公司负责寻找新的机会和研究支持，并将所有外部业务和研究资助活动结合在一起。这种功能将大学的活动整合在一起，并创建了一个不断扩展的集成团队。团队成立于 12 年前，是一个小型技术转移部门，专门负责大学知识产权的保护和商业化。随着时间的推移，大学的研究资助和合同办公室被纳入其中。该公司目前已发展到 50 人，工作内容包括业务开发、咨询、工作安排、营销、技术转移、衍生公司孵化和研究支持。该机构的使命是利用大学的智力资本创造收入并造福社会。业务开发团队是公司运行的基础；专家的职能是负责相应的引导。8 位业务发展经理专注于不同的行业，并且与企业及相关学术部门协同办公。他们的目标包括与企业开展协同研究，并在国王学院内外促进企业发展。技术转移团队专注于知识产权的鉴别、管理和利用。他们擅长专利申请、尽职调查、起草和谈判许可协议，并得到一个致力于指导及孵化大学新衍生企业团队的支持。通过大学和政府的资助，团队不断扩大，双方都意识到知识经济和应用研究的重要性在日益增加。英国政府特别积极地推动知识转移，建立了一个特定的资金资助形式，即高等教育创新基金，供英格兰的大学使用。这使得许多大学能够发展知识转移的技能和能力，也使这些学校在机构层面制定激励机制并抓住新的机会时，能够承担一些风险。

英国政府一直热衷于通过公共研究机构鼓励知识转移。早期，该领域的先行者是医学研究委员会技术部（MRCT），它是医学研究委员会（MRC）的全资子公司。这家技术转移公司从1990年的4名员工发展成为一家拥有60多名员工的公司，当年的许可费收入超过1.4亿英镑。从很多方面来说，MRCT都是技术转移方面的特殊案例，但从有些方面来说，它也为其他人指明了方向。MRCT与MRC的一个应用研究部门合并，成立一个独立的实体，从而获得了员工并扩大了其技术转移的形式，包括应用开发实验室。它的扩张得益于良好的工作记录及其母体机构的愿景和支持。虽然它产生的收入数量不同寻常，但收入的来源却很典型：经过各种精心设计的一系列相关技术的开发。（该案例还支持了一个普遍概念，即Scherer和Harhoff[13]所讨论的，商业化的巨大胜利仅来自少数几笔交易。）继续扩展到应用研究领域后，MRCT发展了新的增值活动，以加快学术性知识产权的汇集。一种方法是创建一个药物发现团队，鉴别并引导学术知识产权向产业进行许可。英国资助者和国际项目也试图加快这一进程。例如，癌症研究技术（CRT）拥有药物开发实验室，维康信托基金会（Wellcome Trust）提供了转化奖金，以便推动早期研究发展成为更具商业吸引力的产品。国际上的做法包括疟疾药品风险基金，将公共、私营和慈善部门的合作伙伴聚集在一起，资助和管理新药的发现、开发和注册，以在疟疾流行国家治疗和预防疟疾。

过去10年，随着促进技术转移的风潮，瑞士各地建立了20多个技术转移办事处。为了达到群聚效应，伯尔尼和苏黎世两所大学于1999年共同成立了一家非营利性技术转移公司：Unitechtra。Unitechtra拥有7名员工，同时还服务于另外两个研究机构，其使命是为经济做出贡献，促进提升公共利益的研究，发展与行业的互利关系，激励并留住学术人员，最终为研究机构增加收入。这些目标是通过一系列活动实现的，包括研究成果商业化、研究协议谈判、支持创建新的衍生公司以及在技术转移领域培训和教育科学家等。瑞士技术转移工作自然发展到了下一步，2003年成立了瑞士技术转移协会（swi TT）[14]。作为一个网络组织，它旨在将TTO和各领域的专家聚集在一起，改善所提供的服务并共享信息和资源。瑞士创新网络（SNI）和瑞士联邦政府为swi TT提供资金。

6 结语

可以通过多种方式设置TTO，但在各种情况下，尽可能吸收外部的技能资源是有益的。拥有明确的目标并建立正确的基础，对于TTO的规划运营至关重要。设定目标时，赚钱始终是一个考虑因素，但在其他重要方面，技术转移也会增加价值：成为促进创新转化为公共利益的源头，促进企业和公共部门之间的知识交流，为社会带来福祉。转化人文、法律和社会科学等学科的知识，与转化应用科学的知识和技术同样重要，建立技术转移办公室，会灵活地实现这一更广泛的知识转移目标。

ALISON F. CAMPBELL, *Managing Director, KCL Enterprises Ltd., King's College London, Capital House, 42 Weston Street, London, SE1 3QD, U.K.* alison.campbell@kcl.ac.uk

---

1 For the transcript visit www.unico.org.uk/prodben.doc, and for the slides visit www.unico.org.uk/prodben.ppt.

2 AUTM. 2006. *AUTM Better World Project.* AUTM: Northbrook. www.betterworldproject.net.

3 Arnesse F and A Cohendet. 2001. Technology Transfer Revisited from the Perspective of the Knowledge Based Economy. *Research Policy* 30: 1459–1478.

4 U.K. Parliament. 2006. Research Council Support for Knowledge Transfer 2006. The Stationery Office Limited: London. www.publications.parliament.uk/pa/cm200506/cmselect/cmsctech/995/99507.htm.

5 www.juelich.fh-aachen.de.

6 Siegel DS, D Waldman and A Link. 2003. Assessing the Impact of Organizational Practices on the Relative Productivity of University Technology Transfer Offices: An Exploratory Study. *Research Policy* 32: 27–48.

7 www.astp.net.

8 www.praxiscourses.org.uk.

9 www.unico.org.uk.

10 Mahoney R. (ed). 2003. *MIHR Handbook of Best Practices for Management of Intellectual Property in Health.* MIHR: Oxford, U.K. www.mihr.org.

11 Campbell AF. 2005. The evolving concept of value add in university commercialisation. *Journal of Commercial Biotechnology* 11: 337–349.

12 www.biofusion.co.uk.

13 Scherer FM and D Harhoff. 2000. Technology Policy for a World of Skew-Distributed Outcomes. *Research Policy* 29: 559–566.

14 www.switt.ch/html/information.php.

第 6.4 章

如何在发展中国家建立技术转移体系

卡洛斯·费尔南德斯（CARLOS FERNANDEZ）

智利农业创新基金战略研究部主任

▌译者 张熠 ▌审校者 李雪 张熠 林鉴非 殷宏

摘 要

本章报告了对智利技术转移现状的研究结果，包括建立新的技术转移系统。在智利，目前几乎没有商业上可行的技术从研究机构转移到私营部门。这意味着许多大学应该审视自己的角色，并以创新的方式为社会做贡献。

1 引言

在新兴经济体中，现有研发能力往往高度集中于大学和公共研究机构中。在智利，大约 85%的科学家与大学有正式工作关系，据估计，研发资金的 80%来源于智利政府。

2004 年年初，经济部委托智利基金会（Fundación Chile），一家位于圣地亚哥的私营独立非营利研究机构，研究智利大学的技术转移部门。[1] 经济部的目标是找到办法改善机制，使智利大学和研究机构的研发成果向私营部门转移。为了开展这项研究，智利基金会组建了一支团队，由 6 名当地专家和 3 名外国专家组成。[2]

首先，智利基金会开始评估智利目前的大学技术转移状况。在 7 所大学进行了访谈和调查，这些大学当时开展的研究项目占智利所有大学研究项目的 51%。同时，也调查了位于大学相关企业孵化器内的 4 个技术转移办公室（TTO）。

其次，举办了一个研讨会，经济部、CORFO（Corporación de Fomento de la Producción）[3]、CONICYT（国家调查委员会）[4] 和智利基金会组建的专家团队成员都出

Fernandez C. 2007. How to Set Up a Technology Transfer System in a Developing Country. In *Intellectual Property Management in Health and Agricultural Innovation: A Handbook of Best Practices* (eds. A Krattiger, RT Mahoney, L Nelsen, et al.). MIHR: Oxford, U.K., and PIPRA: Davis, U.S.A. Available online at www.ipHandbook.org.

席。第一天，研讨会重点关注智利大学和研究机构的技术转移现状（见本章第2节）。第二天，与会者讨论了其他国家的技术转移经验。然后，他们制定了从智利大学和研究机构向商业部门技术转移的操作指南。

对智利当前状况的评估和研讨会参与者制定的指导方针，形成了建立新的国家技术转移体系的提案（见第3节）。

2 智利技术转移的现状

2.1 大学在国家研发环境中的作用

传统上，大学实现了两个主要的社会功能：培养学生和开展研究。然而，近年来，大学不得不履行更多职能：促进其研究成果的商业化。这种功能扩增不仅需要改变政策和资源分配方式，还需要改变学术文化本身。

在理想的环境中，许多机制能将学术和商业联系在一起。研究人员通过研讨会和出版物交换信息，各类机构的研究人员之间存在着非正式和正式的联系。此外，学者还担任公司顾问和董事会成员，并参与专业培训、合同研究以及创建衍生公司和孵化新企业。当然，大学仍然培育未来的研究人员。

然而，在智利，缺乏系统的技术转移政策阻碍了学术界和商界之间富有成效的互动。反过来，又带来了其他挑战：

- 学术研究人员几乎缺乏参与技术转移和商业化活动的动机。
- 学术界认为技术转移和商业化不是“合法”的活动。
- 学术界和商界对技术转移的看法不同：短期和长期愿景不同，使用资源的期望不同，以及实现共同目标的优先级不同。

在过去的20年里，智利经济增长主要靠依托该国丰富的自然资源而形成的产业。在此期间，技术转移主要是通过资本输入以及接受外国投资，智利本地的创新体系几乎不起作用。智利创新型企业的形成和企业文化在智利的发展都没有受到鼓励。

智利每年约有4.8亿美元用于研发；其中只有大约1/5来自私人。智利的大学承担了约58%的在研项目；4800名专家或智利每5名科学家和工程师中的3名在从事此类项目。只有6%的研发人员在私营公司工作。

此外，国家研发预算中用于商业开发活动的不超过13%。其余的是基础和应用研究项目。相比之下，发达国家约60%的研发支出用于支持开发活动，只有40%用于基础研究和应用研究。

最近一项研究中，贝纳文特[5]（Benavente）建议大学和私营部门之间应联合从政府获得更多的资金，并且应建立TTO以促进大学研究成果的商业化应用。

2.2 对智利大学技术转移部门的调查

智利基金会对7所大学和4个技术转移办公室进行了调查，总结如下：

（1）大学的知识产权保护活动。知识产权的概念体现了法律对无形的（即拥有知识产权的）作品或信息所有权的保护，以及对信息表达的保护，包括商标、标识、数据和技术诀窍等。在智利，知识产权的保护形式包括专利、版权、商标、工业品外观设计或植物新品种权等。与任何其他商品或资产一样，知识产权可以购买、出售或许可。

受调查的大学每年参与的具体知识产权保护活动（如签署保密协议或申请知识产权保护），大多涉及农业、健康和能源技术。11 个机构涉及此类活动的总数少于 100 项。签署保密协议的几乎占一半；申请专利的占另外 1/4。剩下的 1/4 主要涉及版权和植物新品种注册。每个机构每年平均签署约 4 份保密协议。

（2）大学与私营部门之间的沟通。接受调查的机构中，有 73% 的机构称其技术转移办公室（TTO）和/或调查人员与私营公司有联系。与公司建立联系的方式，包括出版物和互联网（55%）、展销会和展览会（36%）以及技术经纪人（27%）。

（3）有潜力技术的评估程序。正式评估（即评估不仅仅依赖研究团队的意见）是大学确定哪些技术应该转移到私营公司的最佳方式。然而，调查的 7 所大学中，只有 1 所声称拥有评估技术的正式程序。4 个与孵化器相关的 TTO 中的 3 个建立了正式程序。

（4）关于研究结果所有权的政策。重要的是要明确界定谁拥有研究成果的权利。调查的 7 所大学中，只有 3 所制定了涉及研究成果所有权的正式政策。与孵化器相关的 TTO 都没有这样的政策。

（5）关于利益冲突的政策。技术转移办公室需要资源来管理潜在利益冲突。受访的 11 个机构中只有 2 个制定了关于利益冲突的具体政策。

（6）技术转移收入分配。大学一般按如下比例分配技术转移收入：

–研究人员占 38%

–研究单位（部门）占 15%

–主要行政部门占 18%

–技术转移办公室占 8%

–其他相关人员占 21%

与孵化器相关的办公室按如下比例分配收入：

–37% 给予研究单位和研究人员

–12% 给主要行政部门

–10% 给自己的转移办公室

–41% 给其他相关人员

（7）合作网络。调查显示，各机构之间合作程度不高。例如，在接受调查的大学中，只有一半加入了包括其他大学的网络，其中只有 2 个加入了与商业机构有联系的网络。在与孵化器相关的办公室中，只有 1 个参与了包括研究中心在内的网络。

（8）技术转移对大学研究人员职业生涯的影响。7 所大学中有 4 所表示技术转移对研究人员的学术生涯没有影响。有 2 所指出，成功的技术转移可能会提高研究人员的工资，剩余的 1 所报告说技术转移会影响其晋升决策。学术工作候选人的技术转移经验不会影响所调查的 7 所大学的招聘工作。因此，78% 参与 Fondef 项目的受调查大学员工认为该基金仅作为其自身项目和机构的资金来源，也就不足为奇了。[6]

(9) 衍生公司和初创公司。在过去的 19 年中，11 个被调查的技术转移机构共利用其机构研发成果创建了 28 家公司。在这些新公司中，2/3 是衍生公司，其余是初创公司。

从 1991 年到 2003 年的 13 年间，Fondef 项目共资助了 159 个研发项目：

–农业	37 个项目
–渔业和水产养殖	35 个项目
–林业	34 个项目
–采矿业	17 个项目
–教育	13 个项目
–其他	23 个项目

这些项目共投资 1.26 亿美元，其中对项目技术感兴趣的公司或其他机构，以金钱或实物形式提供的资助只占 28%。

159 个项目创建了 33 家公司、13 个业务部门并在现有公司中发展出 12 项新的业务线。这些机构中有 2/3 仍在运营。截至 2002 年年底，项目累计销售额达 890 万美元。

这些结果表明，智利大学开发的技术只能产生很少的初创企业或衍生企业。

2.3 智利大学技术转移现状

智利大学中设立 TTO 是最近出现的现象。这些办公室的能力仍然有限。一般来说，他们的员工很少。许多办公室尚未就技术的正式披露和评估、知识产权所有权以及利益冲突制定基本政策。大多数人在技术管理、知识产权保护和商业协议谈判等领域缺乏经验。

研究人员没有受到鼓励去参与或发起向生产部门的技术转移。此外，大学项目很少能产生商业上可行的创新，技术很少能离开大学、产生衍生公司或初创公司。因此，许多大学认为没有理由建立技术转移办公室。

3 关于建立 TTOs 国家系统的提案

跨学科研讨会的参与者提议建立一个机构联盟，其成员将共享一个总部 TTO。联盟中的每个机构也建立一个本地 TTO，协助研究人员和私营公司建立关系并开展技术营销。该联盟将代表成员机构的利益，通过运营达到双重目标，即提高智利的技术能力并发展国家企业文化。

机构联盟将是一个私立的非营利组织，由成员机构代表组成的董事会进行管理。这些办公室将利用公共资金建立；一旦开始运作，则应当通过所提供的服务获得费用自给自足。

3.1 TTO 系统的商业模式

总部 TTO 应有能力每年管理 20 到 30 个技术转移项目。从项目开始酝酿到最终商业化，TTO 系统都应参与。该系统还需要参与分析十几个已完成的 Fondef 和 FDI 项目，以确定项目技术的商业化机会。

总部 TTO 系统的年度预算共需要约 65 万美元。各成员机构应根据各自开展的研究项目数量进行年度捐款。TTO 还将根据每个项目的规模和复杂程度向成员机构收取事前费用。此外，TTO 系统应从其帮助的公司以及获得其专业服务的其他用户那里收取费用。参加该联盟的机构也应支付年度会员费。在该系统运行的前三到五年，所需的任何额外费用将来自公共资源；但是，只有在 TTO 系统持续获得良好的年度绩效评估时，才会获得公共补贴。联合会董事会应负责确保 TTO 系统从外部获得资金。

TTO 系统的财务管理应基于年度决算（即对系统总收入和支出的检查）和单项决算（即对每个项目相关收入和支出的检查）。建议使用以下公式分配许可费用：大学将净收入的 1/3 分配给发明人，另外 1/3 分配给发明人的部门或研究单位；这个公式与国际惯例一致。剩下的 1/3 通常会转到大学的总基金，也可能会转到其他指定基金，包括 TTO 系统自有的基金。在每个财政年度结束后分配许可费。工资、租金、办公设备和出差等一般费用由 TTO 系统的资金支付。任何项目特定费用（例如专利诉讼中涉及的法律费用）将由相应技术许可产生的提成费支付。董事会每年审查这笔资金的分配情况，并在必要时进行调整。

3.2 总部 TTO 和本地 TTO

3.2.1 总部 TTO 和本地 TTO 之间的协议

总部 TTO 将与各个本地 TTO 共同管理和合作，以保护并营销联盟成员大学和研究所研发的技术。总部 TTO 和本地 TTO 之间的合作协议需要包括以下信息：

- 政策概述：
  - -联盟成员对联盟章程的监督
  - -知识产权所有权
  - -知识产权收入分配
  - -利益冲突解决方案以及各方对其他方的义务
- 对具有商业潜力的发明进行正式评估的条款和条件
- 在国内和国际上营销及许可发明的计划
- 跟踪成功的发明的后续计划
- 传播并沟通 TTO 系统工作结果的计划
- 在技术开发和商业化方面建立国家及国际战略联盟的计划

3.2.2 总部 TTO 和本地 TTO 的职能

总部 TTO 的主要职能是：

- 对具有预期商业潜力的研发项目所产生的结果进行评估
- 申请专利和其他形式的知识产权保护
- 营销技术
- 为本地 TTO 提供专业知识和技术援助
- 在重要的技术转移目标地区建立国家和国际战略联盟

本地 TTO 的主要职能是：

- 促进机构与产业之间的互动（包括拟定研究合同、确定合作研究项目并开展咨询）
- 向研究人员介绍营销研究成果的机会和技巧
- 及时了解机构开发的新技术，并寻找这些技术的营销机会
- 作为总部 TTO 和机构之间的联络点
- 帮助研究人员获得研发项目资金

随着本地 TTO 获得的经验、工作更有成效，它可能会承担其他职能，例如向国家联盟之外的其他机构（例如，当地企业孵化器）提供服务。

3.3 人力资源和基础设施

一个功能齐全的 TTO 系统需要以下人员，其中一些可以通过外包来实现，或是长期聘请（例如办公室的法律专家），或是短期聘请（例如市场研究人员）。

3.3.1 总部 TTO 人员

总部 TTO 关键岗位需要聘请技术熟练的人员：

主任。主任需要富有领导才能；具有创建网络并建立联盟的优异能力；有商业眼光；具有技术管理经验；熟悉有关国家和地方法律法规；了解国家大学系统、国家创新体系和当地产业所处的地位。此外，需要至少十年相关领域的经验，以及良好的英语书面和口语表达能力。

项目经理。国际专家建议，总部 TTO 最初应由项目管理人员组成。鼓励专业化和定向招募。可以利用网络的协同作用。项目管理人员在其职级范围内需要满足以下要求：

- 生物科学和/或生物技术方面的博士学位，既具有实验室经验，也具有产品开发经验，至少十年的专业经验，良好的英语书面和口语表达能力。
- 工程科学领域博士学位，拥有广泛的产品开发知识，至少十年的专业经验，以及良好的英语书面和口语表达能力。
- 项目分析人员。总部 TTO 至少需要两名经济学家和/或工程师。他们需要完成研究生课程学习，至少有五年的专业经验，具有良好的英语书面和口语表达能力。

3.3.2 本地 TTO 人员

当地的 TTO 需要由以下人员组成：

- 主任或经理
- 2~3 名具有研究生学历的专业人员，最好是博士学位，在生物科学、生物技术或工程方面具有至少五年的专业经验
- 项目分析人员

每所大学或研究所开展的研究数量和类型，将决定办公室的规模以及其工作人员的专业背景。

3.3.3 办公室辅助人员和基础设施

总部 TTO 和本地 TTO 需要一名行政与辅助人员。每个办公室至少需要为每个专业人员提供一台计算机、一台打印机、本地和国际通信网络、文件归档空间以及进行正式演示的空间及设备。

3.4 政策

TTO 联盟将共同设计技术转移过程的关键政策，这些政策将成为联盟章程或提案的组成部分。该政策应明确规定知识产权所有权、收入分配和利益冲突解决机制：

知识产权所有权。参与技术转移联盟的大学或研究所需要制定统一的知识产权所有权指南。统一做法有助于降低交易成本，提高透明度，并促进利用第三方拥有的知识产权。政府机构可以鼓励成员通过形成“行为准则”的方式达成共识，或者遵守某些准则以达到获得国家资金的要求。

收入分配。对技术商业化产生的收入进行公平分配，是世界各地的普遍做法，而且是对参与技术转移过程各方的一种强有力激励。如何分配这些收入有多种方式，需要根据机构和国家的情况进行选择。

解决利益冲突。联盟成员需要制定明确的政策和程序，以解决创建技术转移系统初期存在的潜在利益冲突。

3.5 早期阶段

TTO 联盟的规划者/发起者在初期创建国家系统时需要考虑一些问题：

- 发展不同层级的技能。
- 国家 TTO 系统的建设需要得到公众支持，这样总部 TTO 可以通过注册自己的商标来发挥主导作用。
- TTO 可以通过培训和教育，并为所服务的机构提供必要的技能，来解决他们的不足。

4 结语

发起成立创新型科技公司以及发展企业文化，将推动新兴产业发展，并提升智利经济的全球竞争力。笔者认为，本章提出的 TTO 系统是实现这些目标的最佳办法。该系统可用最经济有效的方式为智利的主要大学和研究机构提供全方位的技术转移

功能。

CARLOS FERNANDEZ, *Director, Strategic Studies, Foundation for Agriculture Innovation (FIA), Loreley 1582, La Reina, Santiago, Chile, carlos.fernandez@fia.gob.cl*

---

1 Fundación Chile. 2004. Design of a Model for Technology Transfer Applicable to Chile. The Ministry of Economy sponsored this study.

2 The selection of foreign experts began with a request to the Association of University Technology Managers (AUTM) of which Fundación Chile is a member. AUTM is the leading professional association in technology transfer, with about 3,200 members worldwide. The foreign experts who were chosen have been actively involved in the design and implementation of different transfer offices—in their home countries and abroad: Alan Bennett, Executive Director of the University of California system's Office of Technology Transfer; Niels Reimers, an international consultant and formerly the Director of Stanford University's Office of Technology Licensing; and Pedro Palominos, Director of Spain's Consultoría Tecnológica de Instituto Robotiker. The local team consisted of Eduardo Bitrán, Director General of Fundación Chile; Sergio Burdiles, Project Head in Information Technologies at Fundación Chile; Joaquín Cordua, Manager of Fundación Chile's Human Capital and Information Technologies Area; Carlos Fernández, Head of Regulations for Fundación Chile's Agribusiness Area; Michael Moynihan, Director of Research for Biogenetic S. A.; and Gabriela Paiva, from the law firm Paiva Associates.

3 CORFO is a government organization that promotes the productivity and competitiveness of the Chilean economy. www.corfo.cl/.

4 CONICYT is a government organization that promotes science and technology development. www.conicyt.cl/.

5 www.expansiva.cl.

6 Santibáñez E. 2003. *Intellectual Property, University and Business.* Presentation at the WIPO-ECLAC Regional Expert Meeting on the National System of Innovation: Intellectual Property, Universities and Enterprises. Santiago: Chile.

第6.5章

建立技术转移办公室的实际考虑

约翰·多兹（JOHN DODDS）
美国 Dodds & Associates 公司创始人
苏珊·萨默萨洛（SUSANNE SOMERSALO）
美国 Dodds & Associates 公司知识产权专家和专利代理师

▌译者 张熠 ▌审校者 李雪 张熠 林鉴非 殷宏

摘 要

建立技术转移办公室（TTO）是一项复杂的任务，因此，在办公室成立之前，应对其经营范围、获得资助的渠道、有效管理以及应该制定的政策等问题作出决定。本章提供了技术转移办公室有效运行不可或缺的基本信息，阐述了所需要的物质和人力基础设施，概述了技术转移办公室的职责和权利，强调了技术评估的重要性，并明确了良好沟通和谈判技巧的核心。

1 引言

过去10年，知识产权保护在商业企业，特别是生物技术相关企业得到了广泛应用。越来越多的机构设立技术转移办公室（TTO），协助技术的合法转让。这些办公室履行各种职能，如评估具有商业化潜力的研究成果、提供知识产权保护、撰写并提交专利申请、提供咨询、协助获得资金、开展可行性研究等。

创建TTO是一项复杂且花费不菲的任务。该项工作必须得到管理者和科学家的支持，必须要有一个有力、有效的开始，并要关注服务对象。第一印象很重要。

从一开始就确定TTO的业务范围，以及如何为其提供资金并进行管理非常重要。

Dodds J and S Somersalo. 2007. Practical Considerations for the Establishment of a Technology Transfer Office. In *Intellectual Property Management in Health and Agricultural Innovation*: *A Handbook of Best Practices* (eds. A Krattiger, RT Mahoney, L Nelsen, et al.). MIHR: Oxford, U.K., and PIPRA: Davis, U.S.A. Available online at www.ipHandbook.org.

建立数年之后，TTO 才能通过知识产权转让获得收入或许可费，因此办公室必须尽可能高效运作。成败与否主要取决于办公室所能获得的人力资源和基础设施。

2 基础设施

TTO 的位置至关重要。办公室的位置靠近科学家的工作场所，这样效率最高。距离接近，有助于科学家/研究人员与 TTO 员工建立合作及信任。大多数 TTO 一开始就建在科研或行政大楼里。

需要的基础设施，包括但不限于以下方面：

- 办公空间（大多是租赁的或出租的）。如果是大学，将办公室设在校园内可能使科学家更容易联系 TTO；将办公室设在校外，则可能会更好地服务潜在的被许可方。办公室的设立应考虑诸如保密性、会议室空间等因素。
- 办公家具，包括书桌、椅子、文件柜、会议桌、装饰物、地毯等。如果预算非常紧张，可以废物利用或购买二手家具以节省费用。
- 计算机系统，包括个人计算机、打印机、照相机和扬声器等。高速调制解调器或 DSL 线路至关重要。
- 能够进行电话会议、呼叫转移和发送语音邮件的电话设备。
- 复印机。如果预算紧张，选择小型复印机或二手机器可以节省费用。请记住，复印机频繁出错和制造麻烦也会影响声誉。
- 办公用品，包括铅笔、钢笔、纸和订书针。确保优质的办公室用品目录随手可得。每个办公室都需要提供品质较好的咖啡和茶；来宾会欣赏简单却周到的接待方式。
- 具有一定藏书量的图书馆。提供重要有用的手册，例如《布莱克法律词典》[1]和《麦卡锡案头知识产权百科全书》。[2] 基于 CD 的知识产权手册既方便参考，又易于使用和存储。可专设一台计算机利用此类资源。
- 在线法律数据库，包括付费服务（例如 Lexis Nexis ®[3] 和 West Law ®[4]）和其他免费数据库。[5]
- 各种软件包。开始时，标准办公软件包已足够。软件包必须包含防病毒、防火墙保护和磁盘维护的软件。

3 人力资源结构和人才

人力资源结构比物质基础设施更为重要。TTO 需要具有知识产权、商业、法律、合同和谈判专业知识的员工。典型的 TTO 应有以下职位：

- 办公室主任（通常是具有丰富商业经验的科学家，而不是律师）
- 行政助理
- 许可专家
- 律师（内部人员或外部签约人员）
- 学生（通常是国内法律专业的学生）

TTO 的日常运作涉及许多不同的领域。因此，办公室应建立获取外部专家建议的途径：咨询小组、聘用顾问或同事。所需专家类型通常包括但不限于：

- 专利律师或专利代理师（取决于发明领域）
- 总法律顾问
- 许可专家
- 市场营销专家
- 数据库专业人员
- 绘图和设计专业人员

最重要的技能是沟通和谈判。办公室主任应具备以下沟通和谈判技巧：

- 良好的人际交往能力（与发明家互动时尤其重要）
- 良好的互动技巧，可与私营部门、公共部门以及小型和大型企业的企业家打交道
- 良好的口头和书面表达能力
- 正式谈判的经验

4 办公室的工作范围

为了尽可能有效地提供全面的知识产权服务，应从一开始就确定 TTO 的职责和权利。

4.1 专利和其他保护

申请专利可能涉及检索、自由实施调查、提交和维护申请文件等。如果专利申请是办公室的主要职责，应考虑聘请专利代理师。无论哪种方式，都必须清楚了解专利的不同保护形式，包括：

- 发明或外观设计专利
- 国内专利申请
- 国外专利申请
- 临时专利申请，获得初始保护，然后根据《专利合作条约》（PCT）提交正式的国家甚至国际申请

办公室需要逐项考虑每件发明的处理方案，或者对大多数发明披露采取默认流程。例如，某些情况下，有些办公室在美国先提交相对便宜的临时专利申请，在临时专利有效期内进行市场推广，然后再花费更多资金获得专利，如果被许可方感兴趣，再提交国家或国际申请。当然，这只是众多策略中的一种。

TTO 还应考虑商标和服务标志在其运营中的作用。产品品牌是全球营销中非常重要的元素，但是商标保护通常没有得到充分利用。保护 TTO 自身的商标是明智的。版权是保护书籍、论文和数据库非常简单且便宜的形式；基因组学研究中，数据库作为具有成本效益的知识产权保护形式使用得越来越普遍。商业秘密是最便宜的保护方式：

它们是免费的！当然，仅依靠商业秘密保护，TTO有风险，如果有人对发明进行了反向工程并申请了知识产权保护，发明机构反而无法再使用了！

4.2 政策制定

应制定针对以下问题的内部办公政策：

- 如何共享许可收入？
- 作为许可相关交易的一部分，办公室可以接受公司的股权吗？
- 办公室应代理竞争性技术吗？

TTO必须开发一种系统，识别并处理利益冲突和道德问题。例如，需要提前决定：是否允许工作人员将发明授权给其担任顾问的公司？

TTO应考虑组建道德与冲突小组，定期审查办公室行为。指导机构制定其知识产权政策时，应参考相应的政策文件。

4.3 许可

许可是TTO的业务重点和本职工作，是其主业。请记住信息和资料的流动是双向的：一些员工通过许可协议获得他人的知识产权，而TTO通过许可协议将技术许可给他人。

4.4 发明的市场营销

伟大的技术不会自我推销。TTO需要优秀的营销人员，并给他们支付酬金。不要低估发明人在发现潜在被许可方方面的作用。

4.5 助力谈判

谈判是一种需要技巧、实践、耐心和机智的艺术。TTO人员应考虑参加一些课程以提高谈判技巧。另外，TTO可以聘请谈判专家。无论做什么，TTO都应该提防法律漏洞。

4.6 技术评估与评价

任何TTO面临的挑战之一，尤其是在开始之时，是决定保护哪些发明以及保护到何种程度。办公室没有为所有发明申请专利的资源，特别是如果这些发明在一段时间内不太可能产生收入的话。根据经验，10项发明公开可能会产生1项专利，而10项专利可能产生1项许可。换句话说，只有10%的专利能产生许可费用。因此，至关重要的是，TTO只能投资那些真正具有创新性和商业价值的发明。请记住，某些重大的科学成就无法市场化。与此同时，有些简单的发明却具有巨大的商业价值。

TTO通常设立内部委员会，负责审查并向发明人反馈发明披露的商业可行性。如果TTO管理人员需要告诉科学家其发明不能获得专利，良好的沟通技巧就很关键。显然，管理者不想让发明家失去信心，他/她将来或许可能提出具有商业可行性的其他想法。

因此，TTO工作人员确定要保护的发明时，应准备花费时间、精力和金钱。应根据产品的市场影响潜力，而不是其背后的科学卓越水平或发明人的期望作出决策。请记住，简单地将发明变成专利并不是目标，而是要战略性地为具有商业潜力的发明申请专利。

开始谈判之前，TTO主管必须确保自己充分了解TTO拥有的合法权利。投资一项技术后才发现该技术不能许可是不幸的。

4.7 监控许可收入和可能的许可侵权

一旦技术被许可后，TTO必须确保被许可方支付其认可的许可费。许可协议应赋予许可方（即TTO）审查被许可方的权利，并应行使这一权利。[6] 办公室必须监控可能的许可侵权行为，这不是一件容易的事：必须监控使用竞争技术的公司，以及可能由于不知情而出售专利产品的小规模分销商。

4.8 保密说明

知识产权业务的性质，意味着TTO的所有员工必须遵守严格的保密规定，并且在诸如利益冲突之类的事情上始终遵守办公室的规定。招聘过程中应考虑这些因素，并且应始终全程记录办公室的运营过程。

5 费用

评估、保护并维护知识产权，成本巨大，包括以下方面：

- 专利和商标检索费
- 专利和商标申请费
- 植物新品种权费用
- 维持费
- 版权备案费
- 授权费用
- 专利律师费
- 文件起草费

在美国，商标费用（包括专利律师费）为1200~2000美元。临时专利申请费用为2500~8000美元，非临时专利申请费用为6000~30 000美元。在全球范围内申请和维护专利的费用约为500 000美元。TTO主管必须牢记，国际专利申请必须使用翻译服务，并且翻译费用会很快累积起来。

6 及时更新

对于TTO而言，密切关注技术和市场的发展非常重要。为了及时了解情况，TTO员工应该成为专业协会的积极会员，例如大学技术经理人协会（AUTM）和生物技术产业组织（BIO）。

及时更新的还有合同和协议的义务。制定并审查合同与协议是 TTO 经理的主要工作。因此，制定可根据需要修改的标准合同和协议模板非常重要。

使用标准化的表格和协议会减少成本，这通常很诱人。但是必须指出的是，标准化文件很少能够按照交易发起人的意愿起草。如果使用标准格式和协议，律师应审查最终版本，并指出需要进一步协商的任何特定条款。

7 办公室的组织人事问题

在建立技术转移办公室的早期阶段，需要解决组织人事问题，包括制订用人计划和就业手册，注册成立（如果需要），设立处理联邦和州政府申报要求的程序，税收和工资等。

- 用人计划。用人计划应协调一致，应提供职位权限的详细信息、工作内容说明和每天的工作计划。尽早计划可以防止将来出现麻烦。
- 就业手册。员工就业手册必须说明办公室相关政策，包括保密、道德准则和利益冲突，以及其他内容。
- 在联邦和州政府备案的程序。填写工作许可申请文件、退休金计划、居住许可、消防检查许可等文件时，当地政府可以提供协助。
- 注册成立。办公室可能希望（或需要）成为一个独立的法人实体。在美国，这类独立办公室（通常称为研究公司）可按慈善机构或“501（c）（3）”纳税。
- 税收策略。TTO 应聘请优秀的会计师和优秀的审查公司。
- 工资计划。TTO 主任必须始终了解联邦和州的税收政策。聘请好的会计师和好的审查公司进行监督是明智之举。

8 结语

TTO 为许多大师级人士提供服务，并具有一系列不同的功能。一个有效且高效的办公室需要拥有精通业务、法律、技术并具有良好签约技能的员工。重要的是要确定办公室的业务范围，并尽快制定全面的办公室政策。本章提供了 TTO 的基本模板。当然，每个办公室都有需要解决的独特需求，拥有创造力和良好的团队合作精神更容易实现目标。

JOHN DODDS, *Founder, Dodds & Associates, 1707 N Street NW, Washington, D. C., 20036, U. S. A.* *j. dodds@dodds associates. com*

SUSANNE SOMERSALO, *IP Specialist and Patent Agent, Dodds & Associates, 1707 N Street NW, Washington, D. C., 20036, U. S. A.* *s. somersalo@doddsassociates. com*

1 Gardner BA, ed. 1999. *Black's Law Dictionary*. West Group, St. Paul, MN.

2 McCarthy JT, RE Schechter and DJ Franklyn. 2004. *McCarthy's Desk Encyclopedia of Intellectual Property*, 3rd edition. The Bureau of National Affairs: Washington, DC.

3 www.lexis.com.

4 www.westlaw.com.

5 See also, in this *Handbook*, chapter 14.3 by H Thangaraj, RH Potter and A Krattiger.

6 See also in this *Handbook*, chapter 15.1 by HH Feindt.

第 6.6 章

大型技术转移办公室的管理

莎莉 · 海因斯 （SALLY HINES）
美国斯坦福大学技术许可办公室行政事务经理

译者 索亚丽 **审校者** 李雪 张熠 殷宏

摘 要

本章以斯坦福大学技术许可办公室（Office of Technology Licensing，OTL）管理经验为基础，描述了技术转移和许可办公室的组织管理。该办公室由 1 名主任、7 名许可专员、8 名许可助理、1 名版权许可专员和 1 名行政管理人员组成。行政性的管理人员还包括主任助理、行政事务主管、信息系统主管、接待员、合规主管及其助理，以及会计及其助理。产业合同办公室也是 OTL 的一部分，由 1 名主管和 3 名副主管组成。

1 背景

OTL 的使命是通过促进斯坦福大学的技术转移，强化社会运用和福祉，同时获得可自由支配的收入用于支持研究和教育。因此，OTL 的主要关注点不是最大限度地增加收入，而是促进斯坦福大学的创新发展，增加社会福祉。

早些年，为了控制总开支而将员工数量压得很低。前 5 年仅有 2 名员工。1974—1975 年

Hines S. 2007. Administration of a Large Technology Transfer Office. In *Intellectual Property Management in Health and Agricultural Innovation*:*A Handbook of Best Practices* (eds. A Krattiger, RT Mahoney, L Nelsen, et al.). MIHR:Oxford, U. K. , and PIPRA:Davis, U. S. A. Available online at www. ipHandbook. org.

Editors' Note:We are most grateful to the Association of University Technology Managers (AUTM) for having allowed us to update and edit this paper and include it as a chapter in this *Handbook*. The original paper was published in the *AUTM Technology Transfer Practice Manual*(Second Edition, Part II:Chapter 3).

增加了第三个人，接下来的6年中总共有3名员工。今天，OTL由以下员工组成：[1]

- 主任（1名）
- 主任助理（1名）
- 一级许可专员（0名）
- 二级许可专员（1名）
- 三级许可专员（6名）
- 市场营销、软件和版权专家（1名）
- 一级许可助理（0名）
- 二级许可助理（8名）
- 行政事务主管（1名）
- 行政支持人员（7名）

建立并运营OTL给斯坦福大学带来诸多益处。尽管过了数年才获得大量净收入，但是在2005—2006年年末，OTL总收入为10亿美元，总运营经费为4500万美元。OTL运营36年，已为斯坦福大学及其发明人贡献了5.91亿美元。

2 人员问题

向主任汇报的人员，包括许可专员、行政事务主管、营销人员、软件和版权专家、合规主管、会计、工业合同办公室经理和主任助理。每个许可助理协助一名许可专员；许可助理直接向许可专员汇报。信息系统经理向高级许可专员汇报。接待员向行政事务经理汇报。

专业人员分为许可专员和许可助理（表1），图1展示了组织架构。本章最后的文本框1提供了完整的工作描述。

表1 主要许可职位

职位	工作描述（见相应附录）
一级许可助理	按照管理人员的安排，协助市场营销、修订规则、专利检索、数据库管理；75%的职位是文员
二级许可助理	在一定指导下，推广新发明，包括进行市场研究并准备摘要；案卷管理；协调并监督专利相关活动进展；安排发明人会议；协助许可专员处理行政/文书工作
一级许可专员	在一定指导下，按照标准和非标准案子的不同情况，评估并处理许可事务
二级许可专员	独立地评估并处理非标准案子的许可；多数情况下采取适宜的独立行动
三级许可专员	独立地评估并处理复杂案子的许可；适当地处理各种知识产权问题

注意：标准案子包括非独占许可和标准模板型协议。非标准案子需要创造性地解决问题。复杂案子需要非同寻常的创造性去解决新问题。

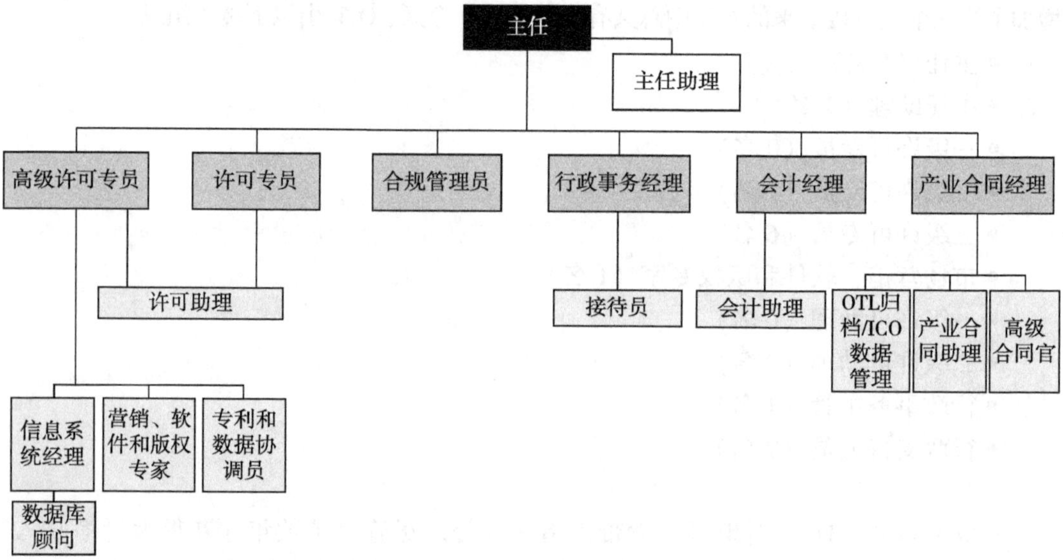

图1　斯坦福大学技术许可办公室的组织架构

2.1　许可专员

每个许可专员都有自己特定的专业领域（见 OTL 网站 2）。斯坦福大学的许可专员，大多都是本领域其他大学或个人推荐给 OTL 的。许可专员中没有律师。

- 一级技术许可专员负责处理常规案子（包括监督），参与谈判并负责更复杂案子的准备工作。在以下经验中至少有一项是必要的：许可，谈判/合同，营销或专利。

另见本章最后文本框 1 中的工作描述。

- 二级技术许可专员处理各种复杂案子，需要高水平的技术和业务专长，熟悉涉及的相关法律问题，并具有至少四年的适用经验。
- 三级技术许可专员要能够处理重大案子，此类案子的许可潜力估值达数百万美元。这些案子非常重要，因此此项工作将对大学产生重大影响，并且涉及多方面协调和复杂决策。需要具有 11 年以上适用经验和/或在 OTL 工作两年的人员。在办公室工作五年（达到了三级专员水平）后，可享有高级专员头衔。

2.2　许可联络员

斯坦福大学的 OTL 有两个级别的许可助理。一级许可助理相比二级许可助理，需要许可专员的更多指导。通过很多方式可以找到合适的人。最好的方式是引荐，在各种网站上和通过一些组织，如大学技术管理者协会和许可执行者协会进行宣传。

3 结语和标准操作规程

从很多方面来说，无论是政策还是战略，运营并管理技术转移许可办公室都是一项极具挑战的任务。正如内尔森[3]（Nelsen）所述，关键是严格、一致、权威的管理方法和程序。本章描述的是一个实体案例——斯坦福大学 OTL。

持续进行办公室年度统计并收集形成数据库，用于分析办公室工作进展，供其他实体参考是很重要的。斯坦福大学 OTL 的数据每年都会发布一次，并可在 OTL 网站上查询。[4]

最后，为了确保平稳运营，办公室的每个员工都要经过培训，并通过 OTL 内网了解标准操作规程（Standard Operating Procedures，SOP's）。SOP 包括各种文件程序的说明。本章最后文本框 2 中包括两个 SOP 样本。然而，重要的是，要注意到 SOP 在不断演变，每个技术转移办公室都应该开发属于自己的操作程序，以适应机构的政策和现行的管理程序。

SALLY HINES, *Administrative Services Manager*, *Stanford University*, *Office of Technology Licensing*, *1705 El Camino Real*, *Palo Alto*, *CA*, *94306 U. S. A.* *sally. hines@ stanford. edu*

---

1 The information provided here is current as of the publication date. As with any technology transfer office, structure, job descriptions and responsibilities, and the number of persons employed change over time.

2 otl. stanford. edu.

3 See, also in this *Handbook*, chapter 6. 1 by L Nelsen, which provides relevant information for heads of research institutes and research hospitals, whether private or government supported.

4 otl. stanford. edu/about/resources. html.

5 Note that SOPs are rarely shared with third parties because they are highly specific for the particular institution and environment in which an office operates.

文本框 1：OTL 许可职位描述

一级技术许可专员

许可专员与发明人（斯坦福大学教授、研究生和研究人员）以及潜在被许可方一起工作。许可专员负责评估技术，获得知识产权保护，开展市场营销，并与业界谈判许可协议的条款和条件。

一级许可专员通常履行以下职能：

- 评估和分析新的发明披露（初步审查；与发明人见面；确定行业审查人员；开展联系，发送资料，跟进；收集和评估信息；作出决定并发布必要的通知）

- 许可（制定许可战略；确定潜在的被许可方；谈判条款；准备协议草案；完成交易）
- 开展与专利相关的工作（选择代理师；就何时何地提交专利申请作出决定；并从财务角度管理未许可案子清单）
- 监控许可协议/与被许可方关系（确保遵守勤勉条款；准备和执行修正案；终止进程；与被许可方举行会议，监控许可产品开发进度）
- 业务进修（参与专业协会；参加协会会议；参加培训班）

一级许可专员负责处理（监控）标准和非标准案子，主要是修改标准协议。许可专员也参与更为复杂案子的谈判和准备。

下列经验中至少有一项是必须的：许可，合同谈判，市场营销和专利。有四年工作经验更好。至少有科学或工程领域的文/理学学士学位，或同等学力。

二级技术许可专员

许可专员与发明人（斯坦福大学教授、研究生和研究人员）以及潜在的被许可方合作。许可专员负责评估技术，获得知识产权保护，开展市场营销，并与业界谈判许可协议的条款和条件。

二级许可专员通常履行以下职能：

- 评估和分析新的发明披露（初步审查；与发明人见面；确定行业审查人员；开展联系，发送资料，跟进；收集和评估信息；作出决定和发布必要的通知）
- 许可（制定许可战略；确定潜在的被许可方；谈判条款；准备协议草案；完成交易）
- 开展与专利相关的工作（选择代理师；就何时何地提交专利申请作出决定；并从财务角度管理未许可案子清单）
- 监控许可协议/与被许可方关系（确保遵守勤勉条款；准备和执行修正案；终止进程；与被许可方举行会议，监控许可产品开发进度）
- 业务进修（参与专业协会；参加协会会议；参加培训班）

二级许可专员独立处理各种非标准化案子，被视为经验丰富的专业人员。该职位要求具备很高的技术和业务专长，熟悉相关的法律问题，需要4年左右的适用经验（例如科学、研究、市场营销、业务发展、专利和许可）。至少有科学或工程领域文/理学学士学位，或同等学力。

在二级许可专员岗位上，合格的专业人员可以积累工作经验，并在OTL职业发展阶梯上，上升到三级许可专员。二级许可专员必须作为OTL团队的成员参与其工作，并不断承担更多责任和可独立工作。

三级技术许可专员

许可专员与发明人(斯坦福大学教授、研究生和研究人员)以及潜在的被许可方合作。许可专员负责评估技术,获得知识产权保护,开展市场营销,并与业界谈判许可协议的条款和条件。

三级许可专员通常履行以下职能:

- 评估和分析新的发明披露(初步审查;与发明人见面;确定行业审查人员;开展联系,发送资料,跟进;收集和评估信息;作出决定并发布必要的通知)
- 许可(制定许可战略;确定潜在的被许可方;谈判条款;准备协议草案;完成交易)
- 开展与专利相关的工作(选择代理师;就何时何地提交专利申请作出决定;并从财务角度管理未许可案子清单)
- 监控许可协议/与被许可方关系(确保遵守勤勉条款;准备和执行修正案;终止进程;与被许可方举行会议,监控许可产品开发进度)
- 业务进修(参与专业协会;参加协会会议;参加培训班)

三级许可专员应能够处理重大案子(例如,Cohen/Boyer 专利*或调频声音合成技术**),此类案件许可潜力估价达数百万美元。因为案件重大,该工作会对大学产生重大影响,且涉及多方面协调和复杂决策(例如,要参与决定是否提起重大诉讼)。

为了满足三级许可专员的任职资格,需要有技术许可办公室 11 年以上相关经验和/或 OTL 两年工作经验。

复杂案子具有以下一个或多个属性:

- 由于涉及的专利申请/专利的数量非比寻常;潜在的或实际许可费数额大;参与的被许可方数量众多,要求具有良好的判断力并给予特别关注
- 涉及斯坦福大学发起或者密切参与的诉讼,以及参与将为斯坦福大学带来重大责任或收入的诉讼
- 涉及新的和复杂知识产权的许可,因此必须制订创造性的解决方案
- 该案子可能产生 300 万~500 万美元的收入,或者需要花费 100 万美元(诉讼费用或针对斯坦福大学的索赔),或者将对 OTL 的许可项目有重大影响

复杂案件的案例包括:

- Sondius 项目:该技术是由一系列专利、商标、版权作品形成的组合;被许可方包括初创公司、大型公司和其他公司,许可使用的领域多种多样;收入潜力巨大;斯坦福大学投入了大量资源开发这项技术;诉讼的可能性相对较高

---

* 1974 年,由斯坦福大学 Stanley Norman Cohen 教授与加利福尼亚大学的 Herbert Wayne Boyer 教授共同向美国专利商标局提出重组 DNA 技术的专利申请。

** 1970 年,由美国斯坦福大学音乐学教师约翰·乔宁(John Chowning)博士提出。

- ARIM 成果组合：20 项专利和获得版权保护的技术通过排他和非排他许可给多家公司；其许可策略是使技术广泛运用，同时鼓励技术投资
- 藻胆蛋白：许可策略非常复杂（排他许可给两家公司，其中一个转换成非排他许可）；起诉一个被许可方；每年产生 300 万美元以上的许可费，但因为分销链不明确，需要对所有被许可方进行管理和监督；正在审查；每个许可都是独立的并需要单独协商

许可专员必须证明具有良好的判断能力，具有专利、版权和商标等方面的丰富知识，有能力单独处理复杂问题并解决特殊困难。许可专员必须运用独到的创造性，为困难复杂的案子构建双赢许可。通常情况下，复杂案子所呈现的问题，是过去没有得到解决的问题，尤其需要创造性的解决方案。

一级许可助理

在许可专员的密切监督下：

- 协助向行业推销发明，包括识别潜在被许可方，建立联系，准备和分发宣传资料
- 研究图书馆和计算机数据库里的资源，确定使用本发明领域的潜在被许可方
- 帮助监控被许可方的执行情况，确保符合勤勉规定
- 准备对协议进行例行修改，需要时发出通知并启动终止协议的程序
- 协助协调并监控专利申请及获得状况
- 准备财务和法律状态报告，完成许可专员安排和指定关于发明营销和分析的其他任务
- 整理文件并做好索引（包括纸质的和计算机数据库），以便跟踪发明的评估、专利申请、市场营销进展情况及功能维护
- 广义的数据库管理，包括录入新发明的信息，记录人员、公司信息，更新专利信息及录入许可协议数据
- 尽可能准备和签署自己的往来信件，并准备专员需要签名的信件

总体要求：

根据需要协助办公室处理日常任务，提高办公室效率。预计 75% 的时间用于文书工作。

任职资格：

大学水平，最好具有科学或者工程教育背景。具有较强的口头和书面沟通技巧。能够主动、按优先顺序安排工作，并独立工作。出色的组织和分析能力。注重细节。

在技术市场营销方面有兴趣或经验。能够使用电脑、熟悉数据库（最好是4th Dimension*）和微软程序，如Microsoft Word和Microsoft Excel。

二级许可助理

在专员的监管下，许可助理负责协助营销和发明管理工作。许可助理与许可专员一起合作（许可助理具备一定的监管能力和良好的判断力）：

- 市场营销，包括通过市场调查确定潜在的被许可方，建立联系，准备和分发推广材料
- 利用图书馆和计算机数据库资源进行市场调查
- 为数据库准备发明摘要
- 监管许可协议的实施，确保遵守勤勉规定和财务条款
- 开展与专利相关的工作，包括协调监督专利的申请和授权。协调发明人签署文件并纳入被许可方的意见
- 负责所有资助人的合规性审核，确保履行所有的相关规定和义务
- 准备财务和法律状态报告，完成许可专员安排和指定有关发明分析和营销的其他任务
- 准备并执行许可费分配和保密协议
- 处理遗漏案子并跟进执行
- 为专员提供二级管理支持和数据库录入
- 整理文件并做好索引（包括纸质的和计算机数据库），以便跟踪发明的评估、专利申请、市场营销进展情况等
- 安排发明人会议
- 协助完成日常工作，包括接待，提高办公室效率。这个职位具有管理及文书的职责，以协助许可专员

任职资格：

不需要许可工作经验，但是具有三年助理律师或相关经验者优先。具有文/理学学位者优先。有知识产权经验者优先。能够主动、按优先序安排工作，持续跟进并独立工作。口头和书面良好的沟通技巧很重要。需要出色的组织能力并注重细节。熟练操作数据库、文字处理和电子表格软件。

* 当时的一种数据库。——译者注

文本框 2：标准操作规程[5]

标准操作规程列表

发明披露
概念性披露
初步披露已录入数据库的信息
就披露内容通知政府和其他资助人
专员进行案卷审查

许可费分配协议（RSA）
准备许可费分配协议
分发副本
将 RSA 数据录入数据库

合规——政府和其他资助人
政府资助人
通知政府资助人相关信息披露
告知政府相关合规信息
分发副本
公司和其他资助人
通知公司和其他资助人相关信息披露
告知公司和其他资助人相关合规信息
分发副本

专利处理程序
专利申请
专利审查
新授权专利
专利维护
专利放弃/到期

市场营销
市场决策
撰写非机密摘要
制定公司名单

撰写营销信件，请发明人审阅并提出意见

保密披露协议（CDA）
将两份初始保密披露协议原件发送给潜在被许可方签字
将斯坦福大学的协议原件归档

许可协议
和被许可方谈判协议条款
启动协议签署程序
将许可和许可条款录入数据库
分发副本
启动许可协议流程
修订协议
终止协议流程

股权
从公司获得股权证明

将目录制作成表格
评估发明是否应放入“有价值文件栏”
将发明发送到“有价值文件栏”的相关步骤
放入“有价值文件栏”中，考虑再次市场营销
从“有价值文件栏”中删除

被终止的协议
接收/发出终止的信函
更新“已经终止”的安全文件
分发终止信函

删除案卷
决定删除案卷

外部储存
文件首次归档
在非原地储存文件时，重新提交文件
杂项文件归档

一般行政文件

外发信件

一般文件

许可协议的标准操作规程样本[4]

1　与潜在被许可方谈判协议条款 ……………………………… 许可专员

许可使用费的分享协议应该在专利申请提出或许可谈判启动时完成。

(另见附录L，标题为“第一次许可会议清单和附录M”，“独占许可协议的范围”[不包括在手册中])

1.1　术语表 ……………………………………………………… 许可专员/团队

许可专员和团队决定所需要的：

- 财务条款
- 无协议时的最佳替代方案（BATNA，Best Alternative to No Agreement）
- 协议的取消条件
- 许可的类型（非排他许可，某领域排他许可或排他许可）

许可专员或者生成一个术语表［参见术语表示例（不在本手册中），或者请被许可方提出建议。对于覆盖全领域且完整的排他许可，许可专员会收到来自被许可方的开发计划］。

许可专员和公司代表就财务条款达成一致。

1.2　许可协议 ………………………………………………… 许可专员

一旦条款达成一致，需将财务条款和具体案卷信息纳入标准许可协议中（参见OTL内部网络的标准文件许可协议；这里没有提供）。根据需要，选择使用不同条款并将团队的意见纳入其中。向主任报告相关情况，如果许可包含有非标准条款尤其应汇报。

1.3　利益冲突审查 ………………………………………………… 专员

如果发明人在公司或与公司有关的其他关系中存在经济利益，应准备利益冲突备忘录，包括：

- 持有股权
- 已经是或将成为顾问
- 已经或将加入科学顾问委员会
- 已经承担受公司资助的研究或将与公司合作

a. 要求发明人将他们的利益冲突备忘录发送给院长，描述与公司的关系并阐述将如何管理潜在利益冲突的关系。建议发明人核对他们各自机构的利益冲突网站上的文件（斯坦福大学参见 www. stanford. edu/dept/DoR/ad_ hoc. html） … 许可专员

b. 签署协议之前要求获得学院院长和研究主任的批准 ……… 由许可专员跟踪

2. 协议签署程序

签名顺序不重要；如果 OTL 先签字，应包括协议返回的最后期限。

2.1 主任审查并批准协议最终草案 …………………………………… 主任

2.2 为执行实施准备两份协议原件 ………………………………… 许可助理

2.3 被许可方签字（最好是第一个签字） ………………………… 被许可方

2.4 OTL 主任签字 ………………………………………………………… 主任

2.5 返回一份原件给被许可方 ………………………………… 许可专员/助理

3. 将许可和许可条款录入数据库 ………………………………… 许可助理/专员

确保将所有必要的信息增添进去，包括：

-对于许可记录：

- 所有标准领域
- 股权（如适用）
- 科学研究办公室的资金（如适用）
- 公司联系方式
- 公司实体规模
- 特定的许可注释

-对于许可条款：

- 所有许可使用费条款
- 进度报告条款
- 勤勉条款或自我提醒事项

4. 副本分发 ……………………………………………………………… 接待员

- 原始的安全副本
- 用于运转的副本，运转路线是：

1. OTL 会计；然后

2. OTL员工；然后
3. 接待员扫描
- 给许可专员的个人副本（如果许可专员已经有一份个人副本时应该通知接待员）。

5. 处理和提交斯坦福大学的协议原件

5.1 输入许可条款之后 …………………………………………………… 许可专员
- 如果收到许可费用，转交给OTL会计核算处理。
- 如果还没有收到许可费用，OTL会计将发票发送给被许可方。

5.2 通知该许可协议的发明人，核实他们的地址并更新4D … 许可专员/助理

5.3 如果发明人需要许可协议的复印件，并且协议中没有保密规定不允许此情况发生 ……………………………………………………………………… 许可专员/助理
- 发明人必须签署并交回“发明人披露信息保密协议”。
- 发送给发明人之前，将发明人的披露信息保密协议存档于“安全”文档中，并在协议复印件上盖上“保密”字样。

5.4 许可时，通知专利代理师 …………………………………………… 许可助理
- 支付大型机构的费用。
- 将与专利局的通信抄送给被许可方（仅限于独占被许可方）。

6. 修改
对于小的变动可以进行修改；如果变动较大需要重新写协议。

6.1 每个协议可以进行两次修改，再有修改就需要重写协议 …………………………………………………………………………………………… 许可专员/助理

6.2 许可专员和团队决定想要的条款和条件 …………………… 许可专员/助理

6.3 遵守原始协议同样的签署程序（参见上面第2部分） …… 许可专员/助理

6.4 如果必要，更新4D许可和许可条款 ……………………… 许可专员/助理

6.5 修改文件的原件提交到“安全”文档中；专员个人保有一份复印件 …………………………………………………………………………………… 许可专员/助理

7. 终止协议流程 ………………………………………………… 许可专员
[进一步说明参见SOP部分“协议终止”(不包括在手册中)]

发明披露的SOP样本

1. OTL/专员收到新的文件披露 …… 许可专员/助理(对于在线披露，转到3)
提交披露文件给主任。
(参见 http://otl.stanford.edu/inventors/resources/disclosure.pdf)

2. 将初步的披露信息录入数据库 ………………………………………… 主任

2.1 根据关联首字母和标题分配案卷编号 ……………………………… 主任

2.2 将披露文件的复印件给前台 ………………………………………… 主任助理

2.3 创建相应的文件夹，将文件夹给专员 ……………………………… 前台
将披露文件的复印件给合规管理员。
见SOP部分的“综合行政录入”，未包括在本手册中。

2.4 审查，签字并见证披露，然后交给助理处理 ……………………… 许可专员

2.5 将所有发明披露文件中的其他信息录入数据库，包括每个发明人的：
- 姓名
- 地址
- 邮件地址
- 手机号码
- 传真号码
- 部门(请根据斯坦福指南进行核实) …………………………………… 助理

同时检查每个数据库文本框对应的特殊从属关系或情况[例如霍华德休斯医学研究所(HHMI)员工或科学研究委员会(SRC)]

2.6 如果发明受过资助，并且资助人已经在数据库中列出：
则在案卷首页的资助人部分输入资助人名字和合同号 ……………………… 助理
如果没有资助人或没有列出：请与发明人仔细核对。

如果发明人是 HHMI 员工：HHMI 应该作为一个资助人包含在内。

如果发明人是退伍军人管理部门的员工（VA），VA 应该作为一个资助人包含在内。

[参见 SOP 部分“合规：政府和其他资助人”（不包括在手册中）]

2.7 如果资助人未列在数据库中，可从产业合同办公室、资助研究办公室或发明人那里获取任何非联邦政府赞助的复印件，并将协议归档。然后将资助人信息/术语录入数据库中。根据需要，核实资助人需求并传达给合规管理员[参见 SOP 部分“合规性：政府和其他资助人”（不包括在手册中）] ………………………… 许可助理

3. OTL 接收新的在线披露，通过数据库通知主任 ………………………… 主任

3.1 主任分配案卷给专员，并且通过数据库生成通知邮件给专员/助理团队 ……………………………………………………………………………… 主任

3.2 将往来信件中主任邮件（如果有）及其附件打印出来 ………… 许可助理

3.3 审查披露（在数据库披露视窗中找到）

- 根据需要，在数据库中添加/更新发明人和资助人信息
- 如果没有资助人或没有列出：与发明人仔细核对
- 如果发明人是霍华德休斯医学研究所（HHMI）的员工，HHMI 应该作为资助人包含在内
- 如果发明人是退伍军人管理部门（VA）的员工，VA 应该作为资助人包含在内
- 批准案卷并生成邮件发给主任
- 打印披露文件

3.4 主任创建案卷并发送 4D 邮件给专员/助理团队 ……………………… 主任

3.5 一旦主任分配案卷编号，将案卷编号写在打印出的披露文件的右上角，并且将披露文件原件（如果有，和打印的附件）交给前台创建相对应的文件夹 ……………………………………………………………………………… 许可助理

3.6 数据库通知合规管理员有新的披露 ………………………………… 数据库

4. OTL 通知政府和其他资助人斯坦福大学的披露行动[参见 SOP 部分“合规性：政府和其他资助人”（不包括在手册中）] ……………………… 合规管理员

5. 许可专员进行案卷审查

5.1 阅读披露文件并在1个月内安排和发明人见面 ………………… 许可专员
由发明人、见证人、专员签署披露文件。
如果有材料转移协议（MTA）：从工业合同办公室复制MTA并审查知识产权要求。
确认发明人是否计划出版或发表，包括以在线的方式。
在数据库注解视图中，录入描述发明人会议和案卷评估状态注释。
[另见附件B：第一发明人会议清单：(不包括在手册中)]

5.2 评估披露项的专利性和商业化潜力。评估应包括以下各类人员的看法：
- 生物或物理科学团队
- 专利代理师
- 产业联系人
- 技术专家（例如来自其他学院的人员，Niodesign网络）
- 全面营销人员 ………………………………………………… 许可专员/团队

5.3 如果营销摘要信息没有与披露文件一起提供，则需要从发明人处获取或创建营销摘要 ………………………………………………………… 许可专员/助理
[参见附件D：营销摘要（不包括在手册中）]

5.4 将以下信息录入数据库（如果以在线方式披露，这些内容应该更新）：
- 摘要
- 实际应用
- 优点
- 出版物
- 发展阶段
- 持续研究
- 实验室网站的链接
- 状态
- 行动
- 类别
- 生物/物理科学
- 如果适用EPIC*

* EPIC或为Electronic Privacy Information Center，美国电子隐私信息中心。——译者注

- 专利律师日期 …………………………………………………………… 许可专员/助理

5.5 决定是否需要进行初步的国内/国外申请——如果需要更多的研究，则推迟 ……………………………………………………………………………… 许可专员/团队

5.6 发送标准许可共享协议（RSA）备忘录，如果：

- 正在营销发明
- 专利申请已经提交
- 如果营销前已经放弃发明，则不需要RSA ……………………………… 许可助理

[参见SOP部分“使用费分享协议（不包括在手册中）”]

第6.7章

培训知识产权管理人员

西布尼尔·菲夫利（SIBONGILE PEFILE）
南非科学和工业研究委员会研发成果部团队经理
阿纳托尔·克拉蒂格（ANATOLE KRATTIGER）
美国亚利桑那州立大学生物设计研究所研究员；
生物发展国际研究所主席；美国康奈尔大学兼职教授

▌译者 索亚丽 ▌审校者 李雪 张熠 林鉴非 殷宏

摘要

本章概述了就知识产权相关的实施和执行问题，如政策、管理、程序等，发展中国家机构可以探索的各种培训方式。本章提供了评估培训需求、评审各种不同类型的培训项目并确定各自优缺点的机构指南。知识产权管理培训需要长期投资，但成本效益高，利用第三方知识产权资源，制定更有效的内部知识产权管理政策和程序，才能获得更高效的对外许可并建立合作伙伴关系。本章强调了与机构内部参与者责任相关、战略层面和实操层面培训项目的重要性。最后，提供了多维度的案例研究，说明知识产权管理可能会出现的各种问题。

1 引言

无论是包含了新产品和新服务的技术，还是现有技术的改进，无论简单还是复杂，技术都为社会经济发展做出了重要贡献。知识和技术转移的过程，确保了技术实际应用于所有产业部门。发展中国家技术和知识的转移能力无法满足当地社会经济发展的

Pefile S and A Krattiger. 2007. Training Staff in IP Management. In *Intellectual Property Management in Health and Agricultural Innovation*：*A Handbook of Best Practices*（eds. A Krattiger，RT Mahoney，L Nelsen，et al.）. MIHR：Oxford，U.K.，and PIPRA：Davis，U.S.A. Available online at www.ipHandbook.org.

需要，也不能推动卫生和农业等关键产业部门的发展。尽管发展中国家拥有积极的研究环境，但在开发研究成果，特别是知识产权方面的效率却不高。发展中国家的机构在管理知识产权方面面临诸多问题，包括：对知识产权制度理解有限以及对如何将其应用于公共部门研究认识不足；不了解管理制度带来的好处；投入机构知识产权管理的政策和资源（如人员及资金）不足等。

在知识产权管理中，实践培训的重要性怎么强调都不为过。出于这个原因，我们在本章末列出了一些可用于培训的简短案例（本章最后的文本框 1）。这些案例研究，允许参与者扮演角色（日常知识产权管理中出现的角色扮演情境），最重要的是使参与者看见他们在现实生活中如何直接或间接地影响交易活动。即使对那些不参与交易的人来说，这种实践方法也非常有用，因为能够使参与者在更广阔的背景下看清各自的任务，从而更好地理解自己的角色和责任，及在这个过程中的重要性。

2 知识产权管理能力的建设策略

2.1 分析机构目标

如果决定设立以提高知识产权管理能力为目的的项目，首先要对机构目标、近期政策变化、与知识产权管理相关的机构策略调整进行透彻分析。机构的知识产权管理意味着一系列事务，包括：清晰透明的政策（利益冲突、许可、专利等）；建立工作程序（例如材料的引入和输出，实验记录）；详细告知机构中各个层级程序如何运作及背后的原因。为了更好地利用现有组织架构，确定机构知识产权管理制度的劣势和优势非常重要。这意味着要找到知识产权管理制度最薄弱的环节。培训计划将帮助员工更好地理解管理制度并帮助机构实现目标。

2.2 确定培训需求

第二步是确定实现总体目标所需要的能力。要求对需要的专业能力进行分析，了解存在的不足以及存在不足的原因。表 1 总结了对员工的综合培训要求。为了明确具体需求，应先回答下列问题：

- 知识产权办公室需要哪些知识和技能才能实现最佳运营，由此出发，知识产权管理人员需要哪些知识和技能？
- 研究人员需要哪些与知识产权相关的知识和技能？
- 在机构内部以及与第三方沟通中，在知识产权方面存在哪些不足？
- 哪些知识产权政策的特定要素是无法理解并执行的？
- 将知识和技能提高到所需水平，需要哪些资源？

可以通过以下不同方式收集培训所需要的信息：

- 以一对一或小组形式；面对面或通过电话进行采访。可以是正式采访和非正式讨论。
- 小组座谈。来自机构不同工作团队的人员进行交流。

- 匿名或实名制进行问卷调查。
- 文件分析，如对政策、战略和管理程序（例如就业协议、赠予文件和其他合同）进行研究。
- 观察。

表1　不同员工群体的综合培训要求

群体	培训的最低要求
研究人员	• 维护良好的实验记录 • 了解基本的知识产权协议类型，尤其需要了解交换研究资料和信息涉及的知识产权协议类型 • 了解保密的重要性，特别是出版和发表学术报告时 • 什么时候向相关办公室披露知识产权 • 机构的知识产权政策指南和程序
研究管理人员和机构负责人	• 知识产权管理和管理功能的重要性 • 知识产权保护过程和流程；对投资要求的知识产权进行有效管理（包括在知识产权和研究发展的不同阶段所需要的关键性决策） • 实施知识产权政策、流程和程序 • 评估技术在解决社会经济需求方面的作用
知识产权管理人员	• 在知识产权创造、开发和应用过程中，知识产权的管理概况 • 提高认识 • 了解科学（在某种程度上，了解特定的学科领域会带来额外的益处）
操作人员	财务部门 • 了解知识产权政策指南，包括处理知识产权费用支付和收入的系统及过程，例如，许可费；研究人员和机构的收益管理 人力资源部门 • 知识产权政策指南以及与机构其他政策的衔接，如服务条件、招聘、利益冲突和责任，与客户签订合同等 法律服务部门 • 知识产权政策指南 • 知识产权合同和协议 • 什么是知识产权；知识产权保护的不同形式 • 知识产权谈判 授权和合约研究部门 • 知识产权合同和协议，特别是涉及知识产权所有权的条款 • 知识产权政策指南

2.3 制定策略实现培训目标

对培训目标进行排序，满足最高优先序的培训需求比较困难。完善的计划应该包括具体且现实的目标，可衡量和可实现的成果，为所有活动制定明确的时间框架，并定期进行监督和评估。[2] 当然，不同的人有不同的理解、既得利益和偏好，需要进行大量细致的谈判。这样做对第三方培训提供者是有帮助的，如果他们了解机构，就能够采取更客观的观点，有助于设计更好的培训计划达到机构的目标。

3 知识产权培训计划

最初，对知识产权培训感兴趣的人仅限于本机构工作人员，因为他们在此领域有可分享的实际经验和业务诀窍，可以提供少量的课程。但是知识产权作为一个研究领域，越来越受到机构的重视，也越来越重要。除了机构提供的重要实践培训外，类似健康研发知识产权管理中心（MIHR）机构也提供了知识产权管理的正式培训。[3] 本《手册》在线版本将列出许多类似的项目和地点。

知识产权培训由两个不同的学科组成：法律和知识产权管理，后者以交易为核心。

3.1 知识产权法律

尽管大多数培训项目都是从知识产权法律开始，但在培训结束时讲解这个题目更合适。培训开始时可以对知识产权法律进行一个简短的概述，但一开始就强调这一点会偏离对更重要问题的关注，即机构如何利用其知识产权及第三方的知识产权。因此，对于大多数机构来说，培训项目应该从交易的核心问题开始。

知识产权法律与为知识产权提供保护的法律制度有关。知识产权法律研究通常包括：

- 专利法。对发明专利的研究，包括国际和区域条约，它们构成了专利法的国际法律框架的一部分。
- 版权法。对国家和国际版权以及相关权利条约下保护原则和标准的研究。
- 商标法。对国家、国际和区域性知识产权条约中有关商标的法律规定研究。
- 工业设计法。对原创和创新设计的注册及保护的法律研究（有些国家，外观设计专利有不同的名称，比如法国称为“实用新型”，澳大利亚法律上称为“小发明”）。

也可在以下领域开展培训：

- 传统知识和生物多样性的法律问题
- 电子商务的法律问题

许多法学院为培养专利律师提供培训。通常情况下，专利律师主要负责准备和起草专利申请，进行专利检索，应对专利侵权和诉讼，准备并提交专利及其他知识产权的申请。在履行这些职责的过程中，专利律师需要和辩护人交流，并就本领域的法律问题为客户提供指导。

3.2 知识产权管理

另一方面，知识产权管理课程可将个人培养成为知识产权从业人员。知识产权从业人员可能不需要受过知识产权方面的正规教育或培训，但应具有该领域工作经验并接受过非正式培训。知识产权管理融合了基本的知识产权法律、商业和科研管理，以及机构行政政策管理。知识产权从业人员需要掌握知识产权知识，能够制定合适的策略及管理政策，保护并开发机构拥有的知识产权。此外，知识产权从业人员应当能够制定机构的知识产权政策，就何时、何地、什么情况下，为什么以及如何保护知识产权提出建议；鉴别机构中有用的知识产权；建立机构知识产权管理的体系和流程；评估知识产权价值；报告知识产权活动；提高研究人员对知识产权重要性的认识。从本质上讲，知识产权从业人员充当了科学界与外部世界之间的桥梁。因此，从业人员应该知道如何有效地向不同利益相关者阐述问题，以及何时为技术性的问题寻求专业顾问。

3.3 知识产权法律与知识产权管理培训

当决定哪种类型的知识产权培训项目适合员工时，应该考虑的重要问题包括：

- 培训成本。机构从培训投入中获得价值非常重要。
- 培训持续的时间。知识产权法的法律培训需要数年时间；知识产权管理的短期课程需要几周或几个月的时间。
- 机构需求。虽然知识产权律师参与知识产权管理活动并非没有，但通常情况下，律师关注的是法律问题。机构可以将法律业务外包给本地律师事务所。根据工作的类型和数量，机构需要决定是否要求知识产权管理人员额外具备法律资质，大多数知识产权从业人员都具有科学和研究管理背景。
- 获取及提供培训机会。除非机构自行建立内部的知识产权培训项目，否则就要依赖于其他项目的培训计划。有些培训机会与机构的业务周期并不吻合。此外，对于发展中国家的机构来说，资助个人参加 1 天或 2 天的海外培训课程非常昂贵，而这种知识产权培训项目往往就是这样昂贵。
- 机构规模和知识产权活动数量。大型研究机构拥有重要的、不断增长的知识产权资产，除了知识产权管理人员外，还需要知识产权律师。然而，对于大多数机构来说，1 位知识产权从业人员就足够了。

3.4 培训地点

市面上提供的知识产权培训项目不断增多。表 2 所列项目是无法穷尽的；通过互联网搜索肯定会产生更多结果。

3.4.1 知识产权法律

无论是发展中国家还是发达国家的许多大学都设置了知识产权学位项目或课程。世界知识产权组织（WIPO）与南非大学（UNISA）共同提供了知识产权法律的远程学习课程。

3.4.2 知识产权管理

如下机构提供与知识产权管理高度相关的课程：

- MIHR[4]（健康研发知识产权管理中心）
- AUTM（大学技术经理人协会）[5]
- NTTC（国际技术转移中心）[6]
- WIPO（世界知识产权组织）世界学院[7]
- NIH（美国国立卫生研究院）技术转移办公室[8]
- PIIPA（公共利益知识产权顾问公司）[9]

3.5 设计培训项目

培训策略应该从明确任务开始，并提供可衡量的培训目标，以便监测培训进展。培训项目应有助于实现机构研究成果的推广和商业化目标。

规划培训项目可以分解为10个关键步骤，如图1所示。注意，培训是一个连续的迭代过程。

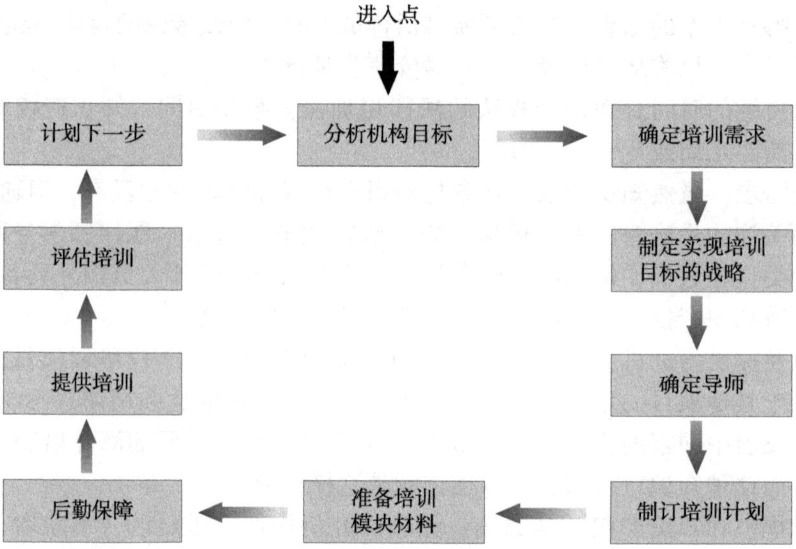

图1 培训开发周期中的步骤

3.6 好的培训项目必备的要素

现在已有许多不同类型的培训项目，如何从毫无价值的培训中区分出好的培训？规划知识产权培训项目需要考虑的关键因素包括：

- 与实际问题相关。例如，对于律师而言，课程主要围绕着法律，大多数情况下强调法律内容，尤其是专利法，但这些内容对于知识产权管理从业人员来说，太过于学术性。应以同样的篇幅强调促成交易，促成交易像一根线一样贯穿技术转移管理人员的培训项目中。

- 培训老师和项目的声誉。多年来，某些项目建立了良好的记录，并被之前的学员不断推荐。征询参加过课程的学员和培训老师的看法及这些课程衍生的价值是有用的。
- 培训老师的资格和经验。一些培训项目提供培训老师和报告人的简历。简历提供了有关培训老师在该领域的知识和经验信息，以及为特定听众提供培训的经历。
- 培训主题和相关性。仔细审查培训的主题，可以快速评估培训的实用性。为了最大限度地利用培训机会，课程内容应该具有时效性，提供新的知识，并与听众的培训需求相关。
- 教学方法。为了确保学习的有效性，培训应该采用不同的教学方法。讲授是最常见的教学形式（尽管可能不是最有效的）。演示、小组讨论、角色扮演以及模拟等其他教学方法，都可以最大限度地利用培训机会并保持听众的兴趣。使用不同的教学方法，并加强师生间互动的项目往往是最有效的，学员受益最多。
- 培训环境。培训场所的位置和环境对于培训老师和学员非常重要。培训环境不应干扰学习。场地和设施应容易使用，利于学习。没有合适的设备，培训会受到影响。
- 培训时间和课程计划。精心设计的课程应紧扣听众需要了解的主题。应明确阐述课程目标，确定目标听众，采取有利于传达授课方法和内容的时间安排，方便提问和讨论。提前对培训计划进行详细的分析，可以了解该项目是否有良好的计划，并有助于决定选择在哪些培训项目上投入时间和金钱。
- 培训教材。根据培训前、培训中和培训后提供的教材质量及相关性，可以评估课程的优缺点。培训前提供的教材对于介绍主题并帮助受训人员做的准备很重要。培训后的教材应该强化培训效果，并为学员提供参考资料。这些材料有助于新知识的运用。
- 培训后支持。培训后支持很重要。在大多数情况下，真正的培训是在工作环境中进行的，这是学习可以得以应用和巩固的地方。学员并不总是对自己有信心；当他们提出问题并复习学习内容时，成功应用新知识的机会就会更大。

不同形式的培训项目中，有些项目会比其他项目更有价值：如果可能的话，学员应该体验系列培训。培训后的报告不仅应详述特定培训项目的成果，还应解释培训经验如何改变工作实践。也可以明确管理层用于调整发展策略的措施。如果是付费培训机构，应该能够衡量培训的成果。解决能力差距的长期成效，使用量化指标进行评估。长期成效应该包括：

- 增加研究成果
- 投入更多有效资源用于知识产权管理活动
- 提高机构的财务绩效
- 组合性绩效

短期成效包括：[10]

- 提高技能
- 提高执行程序和任务的效率
- 以规定的方式表达对所执行任务的理解和了解

表2介绍了不同类型的培训，并分析了各种形式的优缺点。本章最后文本框2概述了一个研习班的计划。

表2　不同类型培训项目的优缺点

培训类型	优点	缺点
短期课程	• 学员不必长时间离开工作 • 培训机会注重并旨在发展业务 • 价格不会太昂贵 • 专门针对成人教学 • 具有选择性，可只选择最相关的培训课程	• 无法得到正式认可的资质 • 课程内容较浅 • 课程覆盖范围不够集中 • 学习价值取决于学员运用新知识的程度
全日制课程	• 通常有正式资质 • 课程内容详细，学习紧张 • 直接接触培训资料、讲师和其他资源 • 是学员建立持久联络网的好机会 • 学员在固定时间完成课程的机会更大	• 学员离开工作时间较长 • 培训费用可能很高 • 并非所有课程内容与机构目前的需求相关
在职课程	• 学员不用长时间离开工作 • 学习按模块分开，使学员能够以更加结构化的方式应用新知识	• 整体培训时间可能比全日制课程更长 • 学员离开工作所带来的总体成本不一定便宜 • 由于课程灵活，学员可能需要更长时间才能完成课程
远程学习	• 灵活的学习时间安排 • 学员可以在任何地方学习 • 培训材料通常采用日后易于参考的形式 • 学员不需要离职	• 需要良好的时间管理技能和学习纪律 • 培训师和培训资源不太容易获得 • 可与全职工作同时进行
实习	• 可以为个人定制 • 获得实践性的经验 • 通过借调到不同机构，学员有更多机会接触不同知识 • 深入培训，教师和学员交流更佳，机构支持培训的成本效益更明显 • 整体培训经验通常随着更广泛的接触而有所不同	• 可能需要延长离岗时间 • 可能很昂贵 • 不能获得正式资质

续表

培训类型	优点	缺点
内部培训	• 培训定制化和情境化 • 更好地控制课程内容 • 培训更集中更深入 • 可以进行系统调整，满足研究人员不同群体的不同需求 • 更多的人可以接触到同一培训情境 • 协助进行学习并理解知识产权内部文化 • 帮助发展机构的知识产权网络和体系 • 一般提供培训后的协助	• 除非培训得到资助，否则机构必须支付费用 • 课程期间，工作产出可能会降低 • 机构需要参与项目的规划和实施；某些情况下，机构可能需要指派工作人员协助安排培训

4 结语

本章概述了培训工作，使发展中国家的机构或世界任何地方的机构，培养内部知识产权管理能力，加强工作人员竞争力。本章还提供了机构对培训进行评估的指南，对不同类型的培训项目进行了比较，明确了各自的优缺点。

“阅读即学习，看见才相信，做过才知道”这句格言对于培训和能力建设尤为适用。本章附有短期课程的几个案例研究，每个案例都提出了一种不同的具有挑战性的知识产权管理方案。案例研究为学员们提供了一个设想技术转移项目如何进行的机会。

最后，详细地展示出全部环节的培训计划非常重要。这样的知识产权管理培训课程，才能够成功实施，同时也能带动、教育并激励参与者。

SIBONGILE PEFILE, *Group Manager, R&D Outcomes, Council for Scientific and Industrial Research (CSIR), PO Box 395, Pretoria 0001, South Africa. spefile@csir.co.za.*

ANATOLE KRATTIGER, *Research Professor, The Biodesign Institute at Arizona State University, Chair, bio Developments-International Institute, and Adjunct Professor, Cornell University, PO Box 26, Interlaken, NY, 14847, U. S. A. afk3@cornell.edu.*

1 CIPR. 2002. *Integrating Intellectual Property Rights and Development Policy*. DFiD: London. www.iprcommission.org/papers/pdfs/final_report/Ch7final.pdf.

2 OPM. 2006. *Guidelines for Conducting Diversity Training*. Office of Personnel Management: Washington, DC. www.opm.gov/hrd/lead/Policy/divers97.asp.

3 www.mihr.org.

4 *Ibid.*

5 www.autm.net.

6 www.nttc.edu/services/training.asp.

7 www.wipo.int/academy/en/index.html.

8 tttraining. od. nih. gov/.

9 www. piipa. org.

10 Boydell T and M Leary. 2001. *Identifying Training Needs*. Chartered Institute of Personnel and Development: London. pp. 8-10.

11 Although the case studies are based on real occurrences, the scenario has been adapted to protect the privacy of all organizations and individuals involved.

12 Although the case studies are based on real occurrences, the scenario has been adapted to protect the privacy of all organizations and individuals involved.

文本框 1：培训中使用的案例研究

AEYEBORN™ 眼眶植入物

当地的研究和技术机构（RTI）联合临床研究机构（CRO）、外科医生和地方大学，开发了一种眼眶植入物代替由于疾病或受伤而失去的眼睛。Eyeborn™ 植入物在国际眼科大会上作为一个商业产品推出。该项目的中心目标是在天使投资人的支持下，开发一种改进的、更经济的眼眶植入物。制造植入物的羟基磷灰石材料允许组织和血管生长到多孔陶瓷中。由于眼部肌肉附着在眼眶植入物上，植入物与正常的眼睛的移动是同步的。一旦虹膜和瞳孔的聚合物假体放置在植入物上，通常很难辨别植入物与眼睛在外观和运动上的差异。这意味着接受植入物的病人有正常眼睛的功能。目前，产品提供了更经济、更优质的现有植入物替代品。这将有利于占比较大的贫困人群，而且由于成本较低，更容易被政府医院和诊所采用。目前在政府医院，失去一只眼睛的病人要么使用硅胶眼球，要么什么都没有。

背景

- 已获得有关眼眶的当地专利。
- 已提交眼眶植入物的专利申请。
- RTI 拥有知识产权。
- 已经联系当地公司进行制造。
- 想在国内外销售产品。
- 希望确保当地所有公共卫生机构都能负担得起该产品。
- 有 3 年的时间把产品推向市场，并保持市场地位。

任务

- 确定是否要提交国际专利申请，在哪里、如何提交以及为什么提交。
- 确定如何与研究团队分享利益。

- 识别可能想到的其他任何形式的知识产权。
- 总结将使用什么商业化工具以及原因。
- 确定关键的合作伙伴，帮助获得市场上的产品信息。
- 与合作伙伴一起列出所需要的协议。
- 描述为私营和公共部门医疗机构提供的商业模式。

智能锁安全注射器

智能锁安全注射器能提供更好的保护，防止刺伤和被污染。该设备还具有更易使用和测量更精确等额外优点。

背景

- 智能锁安全注射器是你所在机构研究人员最新公开的一项技术。
- 样品已经开发完成。
- 贵国的注射器市场竞争激烈且饱和。虽然市场上没有智能锁安全注射器，但也有许多其他不同类型的注射器可供选择。
- 据说，如果你能在非洲法语区的某个国家建一个工厂，你就可以在该地区大量销售该产品。但该地区大多数国家知识产权保护制度非常薄弱。
- 智能锁安全注射器制造过程的技术含量很高，而制造过程或制造专有技术属于你所在机构的一小部分研究人员。

任务

- 为智能锁安全注射器制订详细的知识产权保护策略：

  –你是否希望保护你的知识产权（如果不是，请继续下一个任务）；

  如果是，则：

  –在何处保护知识产权（需要考虑国家、区域和国际专利制度）

  –何时开始申请知识产权保护

- 回答上述问题并制订一个商业计划，详细说明你打算如何利用你的知识产权。在商业计划的摘要中，要解决以下问题：

  –伙伴关系和合作伙伴关系协议的条件

  –其他所需要的协议

  –技术和知识的转移安排

  –商业模式

向腹泻宣战！

研究这个案例的目的是考虑与下列因素相关的基本战略，即公私合作伙伴关系、资源共享、建立比较优势、实现社会需求和商业目的双重目标等。具体而言，学员将试图解决对公共部门和私营部门的许可问题，同时满足发达国家和发展中国家的需要。

本案例研究中，鼓励学员创新方式，使公共和私营部门能够聚合资源，细分市场，解决不同群体（发达国家和发展中国家）的具体需求。

背景

Viajes 生物技术公司[11] 是北美一家小型制药公司，由美国的墨西哥移民 Jose (Pepe) Herrera 创立。创立公司之前，Pepe 在他母亲的旅行社工作，同时在墨西哥坎昆自治大学攻读博士学位，他走遍了世界的每一个角落。在此期间，他经常肠道不适，腹泻严重。他的博士论文专注研究这些疾病，他收集了来自世界各地的大肠杆菌。从网络热潮中赚了钱后，他在美国圣地亚哥创立了 Viajes 生物技术公司，以他博士期间研究为基础，主要目的是减轻去发展中国家旅游的数以百万游客的痛苦。

研究进展

大肠杆菌不耐热肠毒素（*E. coli* heat-labile enterotoxin，LT）由催化 A 和非催化的同源五聚体 B 亚基组成，可引起人和动物腹泻。为了产生无毒的用于疫苗和佐剂开发的 LT，通过亚单位的定点突变构建了两个新的 LT 衍生物；删除 LTS63Y 中的 Ser63 到 Tyr63 和 LT delta 110/112 中的 Glu110 和 Glu112。用纯化的突变体 LTs（mLTs）免疫小鼠，无论是在胃里还是在鼻腔，都能诱导出高滴度的 LTs 特异性血清和黏膜抗体。这些结果表明将 Ser63 替换为 Tyr63 或 Glu110 和 Glu112 的缺失消除了 LT 的毒性，并且两个突变体都对 LT 本身具有免疫原性。因此，两种 mLTs 均可用于开发新型抗肠毒大肠杆菌的止泻疫苗。

注意，本研究中使用的特定菌株来源于墨西哥恰帕斯州 San Cristobal de las Casas 外丘鲁拉（Chulula）一家诊所收集的样本，那里是 Pepe 祖父母的家乡。每当圣诞节和复活节看望他的家人时，Pepe 会花几天时间在村庄的诊所帮忙。这里的农民一般都是贫穷的农场工人。

Viajes 生物技术公司的商业模式

该公司主要关注特定腹泻疫苗的开发和商业化，这在发达国家的商务和休闲旅客中有很大市场。

Viajes 生物技术公司约有 50 名训练有素的员工，拥有能够生产大部分先进疫苗的非 GMP 实验室，但没有诊所或生产设施。

该公司拥有疫苗的核心知识产权，包括 1 项核心专利（但有一系列延续专利仍在美国专利局申请中）。Pepe还有两个月时间将提交PCT专利申请进入其他国家，意味着申请仍有可能性。然而，相对来说资金比较紧张，费用是否有保障也不清楚。

在大多数发达国家，这种感染非常罕见，所以无法在这些国家进行疫苗检测。因此 Viajes 生物技术公司正在寻求发展中国家的合作伙伴协助临床实验。Pepe 在墨西哥生活了 25 年，一直想找到一种方法，让发展中国家的人们能够从疫苗中受益。

最近在圣诞假期期间，他去了南非的葡萄园，拜访了他之前的同学 Koreen Ramessar。Koreen 在开普敦大学医学院人类遗传系从事肌肉萎缩症研究。Koreen 听说 Pepe 的疫苗有进展，就将他介绍给斯里兰卡科伦坡国际医学研究院（IIMR）的现任主任 D. C. Mokhobo。Mokhobo 主任假日期间回开普敦探亲。

Pepe 和 IIMR 的 Mokhobo 博士新年前夕共进晚餐，原则上同意共同努力进一步开发疫苗，Viajes 生物技术公司致力于将疫苗引入发达国家，而 IIMR 则通过合作伙伴关系将重点放在发展中国家。

国际医学研究院（IIMR）

IIMR 是一家总部位于斯里兰卡科伦坡的自治性国际非营利组织，维护着由一系列领先的研究机构主办的发展中国家实验室和研究中心网络。该机构还利用其设施开展研究、教学和培训。该机构自己不开展临床工作，但通过位于发展中国家的合作中心安排临床研究。

任务

总体任务

在公共机构（IIMR）和私营机构（Viajes 生物技术公司）之间建立一个框架协议，概述商业计划纲要，要求重点关注知识产权战略，恰当使用所有可用工具。

团队

Pepe 和 Mokhobo 博士分别要求各自机构的相关人员制订详细的双方均受益的框架计划。创建两个团队：

- 一个团队代表 Viajes 生物技术公司开展商业发展和市场营销。
- 另一个团队代表所在机构 IIMR 承担研究开发项目，其中包括主管国际合作的副主任。

细节

第一，将自己的团队集合起来，召开 60 分钟的会议，确定需要解决的问题。具体来说，考虑自己机构的需要，确保本机构的主要政策在交易中得到尊重。考虑对方的要求，比如，Viajes 生物技术公司必须找到确保投资得到回报的方式。另一方面，IIMR 不销售产品，但需要考虑营销联盟和许可，以及如何获得资金开展工作。

第二，团队聚在一起，比较各种想法、问题和方法。注意，这不是谈判练习。首先制订总体商业计划，确定疫苗如何在发展中国家和发达国家进行检测和商业化。然后制订一个连贯的知识产权战略以强化商业计划。

记住你的老板已经原则上作出了决定，要让这个尝试继续下去。你的任务是充实框架，让它在实践中发挥作用。因此另一方不是敌对团队，本质上，你们在一条战壕里的战友。而且，你不需要制订涉及现金流和专利使用费细节的投资计划；而是要制定达成交易的原则。

假设条件

- 开发用于临床试验疫苗的时间是9个月。
- 如果一切顺利，临床试验需要两年时间完成。
- 5个国家的临床试验费用估计2000万美元。
- 100万单位的生产成本是1000万美元。如果在印度优质的实验室生产，成本会降低到500万美元。注意，这些费用不包括营销和分销成本、佣金、广告费用等。
- Viajes生物技术公司估计，美国、欧洲和日本的商务及休闲旅客市场总量约为前5年每年500万单位，随后每年增加到1500万单位。公司估计旅客愿意支付每针或每单位25美元的价格。
- 亚洲、非洲和拉丁美洲等主要城市的市场总量估计是每年至少1亿单位。
- Viajes生物技术公司已经在该疫苗上投资了750万美元。下轮融资将在3个月后启动，为了说服目前的和潜在的新投资者在未来3年再投入3000万美元，公司需要展示良好的商业计划及强大的盈利潜力。

提交给你老板的报告

报告中应该解决的具体问题（幻灯片演示形式不超过10分钟）包括：

- 谁提供临床试验的疫苗？
- Viajes生物技术公司应在美国之外哪个国家申请专利保护？请记住每个申请将花费约25000美元，包括翻译费和申请费。
- 还应该寻求其他什么形式的知识产权保护，何时、何地、为什么？
- 谁对临床试验中疫苗的不良反应负责？
- IIMR负责进行的临床试验所产生的潜在的新的知识产权归谁所有？
- 疫苗（1）生产，（2）推销，（3）在发展中国家销售的方式。
- 如何处理生产疫苗所必须获得的第三方技术许可？
- 使用墨西哥大肠杆菌菌株制造疫苗，是否有补偿的问题？如果有，补偿多少？怎样解决？
- 事先审查在任何市场销售的疫苗标签。并解释为什么要审查。

其他注意事项

- 如果你的团队需要具体的技术、策略和法律建议，可以在有限时间内提供。然而，外部顾问仅回答思考成熟并相对具体的问题。

- 创造任何你感觉自己可能需要的其他信息，但要明确此类假设（如需要资金的数量，寻求和获得的知识产权保护方式，所需的商业许可条款，监管问题的处理方式等）。根据你的活动环境，作出合理的假设。

文本框2：研习班计划模板

目标
- 提供知识产权管理方面的知识和转移技能的持续性优质培训。
- 培养能够识别、保护、开发、评估并将研究资源商业化的适当技能。
- 发展战略性知识产权管理的知识和技能，关注知识产权的基本知识：如关于健康产品研究成果许可和举办合资企业的协议谈判。

研习班重点
为参与者提供初级/中级/高级（需指出是哪一级）知识产权管理培训。

背景
许多发展中国家的机构缺乏人力资本和能力来设计并实施满足学术机构需求的知识产权管理体系。如果无法提供知识产权管理人员所需要的培训，知识产权管理实践就不太可能取得成功。所提出的能力建设举措将侧重于发展针对参与者的职业和经验的学习经历，从而为开展机构知识产权管理活动提供基础。

合作伙伴
感谢合作或赞助培训的组织

研习班形式
- 辅导和讲授
- 案例研究和角色扮演
- 提供阅读资料和参考资料

培训主题
- 知识产权管理基本知识。该部分将提供知识产权保护的基本原则和知识产权制度概述。
- 知识产权战略和方法。目的是教授谈判、起草协议、许可、技术转移和业务发展的方法。

- 技术转移管理。概述技术管理的功能和策略。
- 商业化。指导如何制订商业计划，包括此类计划的关键组成部分，以及谈判、交易结构和风险资金来源等。

教学和学习方法

所选择的教学方法是为了让学员通过传统的辅导方法和交流彼此的经验获得知识。

- 讲座。使用传统教学方法直接教学
- 演示。“演讲嘉宾”包括来自私营和公共部门的知识产权专家
- 案例研究。互动的实践练习，鼓励参与者运用所学知识解决复杂的知识产权问题
- 角色扮演。使受训者了解各种知识产权管理中正在运用的策略和方法并进行练习

研习班内容和课程

与主要合作伙伴协商制定研习班教学内容。建议为期4天的研习班议程如下。

第一天　回顾知识产权发展过程和制度体系：知识产权概述

第二天　知识产权管理实践
- 知识产权管理当前措施和相关问题
- 许可的基本知识

第三天　知识产权管理战略：知识产权组合管理

第四天　技术转移战略和商业化
- 技术转移基本知识
- 知识产权商业化的基本知识

培训教材

- 幻灯片演示
- 案例研究
- 角色扮演
- 阅读材料
- 参考资料CD光盘和网站链接

认证

参与者将收到全程参与培训的证明。

导师

导师包括：

- 3~4个主讲人
- 讲师和主持人
- 互动活动的推动者

谁应该参加

本培训项目主要针对有兴趣学习知识产权管理技能而从事健康研究开发的专业人士。目标听众包括：

- 技术转移办公室人员
- 研究管理人员和科学家
- 高级管理者

场地

以优惠价格提供住宿，并将提供茶点和餐饮。

费用

参与者需要支付他们的旅费。注册研习班时，参与者需要一次性付款（或提供其他支付计划）。

入学限制

完成注册的前20名申请者将获得入学资格。

后续培训和支持

研习班结束后的活动包括培训需求分析中明确的问题，并且对研习班结束后参与者提出的问题进行反馈。

研习班评估

首先根据研习班的具体目标决定评估措施，其次是根据参与者的期望。评估措施包括：

- 对于参与者而言，研习班的相关性
- 导师的选择
- 学员专业背景的多样性
- 研习班持续的时间
- 理论和应用之间是否达到平衡
- 培训技巧
- 讨论和交流
- 各种文件材料

从培训人员、学员和观察者处寻求进一步改进的意见。

第6.8章

构建网络：技术经理人协会的国内和国际经验

凯伦·赫西（KAREN HERSEY）
美国富兰克林·皮尔斯法律中心法学客座教授

译者 索亚丽 **审校者** 李雪 张熠 林鉴非 殷宏

摘 要

制定并实施知识产权管理最佳策略需要若干关键性的投入，至关重要的是构建联络网。大学技术经理人协会（AUTM）在构建和维护联络网方面具有丰富的经验，可供借鉴。学习AUTM的发展和扩展经验，可在世界各地构建动态、高效和可持续的联络网。而且，AUTM的成员是个人，不是机构或组织，所以其更像是联络网催化剂。

建立联络网有两个优点。首先，促进各种具有不同经验、专业知识和技能的个体建立联系，鼓励彼此分享专业知识。其次，有助于提高团队绩效的整体质量。通过联络网，参与者交流思想和经验，形成最佳实践规范，形成个人和机构的操作标准。因此，联络网有助于个人和机构层面构建知识产权管理能力，而这种能力构建也进一步推动联络网本身的扩展。

本章研究了AUTM建立联络网的实践经验，记录了该机构30多年的成长过程，它从一个由美国和加拿大专利经理人组成的小组，成长为拥有来自所有大洲不同国家超过3400多名成员的协会。[1]AUTM的故事体现了联络网始于本地，逐渐扩展到国家、地区甚至在国际范围内运营的过程。然而，正如AUTM所示，组织本身必须始终并坚定不移地坚持清晰且有针对性的核心使命。

Hersey K. 2007. Building Networks: The National and International Experiences of AUTM. In *Intellectual Property Management in Health and Agricultural Innovation: A Handbook of Best Practices* (eds. A Krattiger, RT Mahoney, L Nelsen, et al.). MIHR: Oxford, U.K., and PIPRA: Davis, U.S.A. Available online at www.ipHandbook.org.

1 引言

在任何行业同行之间建立联络网都具有两个重要的优点。第一，它鼓励个体之间建立联系，其中一些人可能技能较高，而另一些人水平较低。无论个体的熟练程度如何，联络网有助于分享彼此的经验。个人无论作为导师还是学徒，一对一互动都会提高个人的实践和专业水平。第二，联络网有助于提高团队绩效的整体质量。通过网络联结，参与者交流思想和经验，形成最佳实践，成为操作标准。大学技术经理人协会（AUTM）树立了一个有益于组织成长的光辉榜样。AUTM 的经验为联络网的作用和效果提供了现实的案例说明。

2 为解决问题形成网络

AUTM 的成立是联络网建设的直接结果。20 世纪 70 年代中期，为解决一系列共性问题，少数人形成一个小团体，组成了一个联络网，最终发展成为 AUTM。到 2006 年中期，其成员总数已达到 3494 人。该组织将学术技术转移发展成为一个独特的职业，在全球发挥了作用。

AUTM，或更准确地说，其前身大学专利管理协会（SUPA），开始并没有打算培育出新的职业。相反，它开始是一个松散的个人组织，而不是机构，人们认为需要一起合作解决问题。当时的问题主要与美国大学的专利申请有关。美国政府资助大学研究，出台了一系列相互不一致的专利政策，为早期大学技术转移工作者制造了困难。与此同时，一些有经验的人意识到，这些涉及专利申请和许可的问题成为大学许可专业人员的日常，但他们的同事并不了解这些问题。20 世纪 70 年代中期，尽管美国很少有大学从事技术转移活动，但有足够的活动表明需要建立一个个人协会来互相帮助。开始，AUTM（当时的 SUPA）得到特许创建联络网，参加的人员能解决美国复杂的立法环境所带来的问题，并提供有用的人际联系，帮助理解和处理复杂的专利许可事务。

3 早期：形成使命

如果新的组织能够满足需求，尽早吸引新成员加入进来才能使羽翼未丰的组织获得成功。现在也一样，阐明使命对于建立可持续网络必不可少。虽然“联络网”这个词当时使用得并不普遍，但建立类似组织应包括这些目标，如“建立自助项目，使大学能够建设内部的专利技术和许可能力”以及“大学专利管理人员能够交流意见”。这些目标符合现代联络网的概念。早期的努力证明该使命是成功的：1976 年第一次年会上，有 51 个人支付 30 美元的费用加入了 SUPA。

没有哪两个联络网是相同的，它们形成的过程也不同。不同的人因不同的目的加入联络网。每个联络网都因成员关注的活动而不断成长。通常，联络网所扮演的角色会受外部因素影响。SUPA 就是如此。随着其在联络网方面的能力逐渐显露，显现出了意想不到的影响力，越来越多的成员支持影响美国大学技术转移最重要的法律：拜杜法案（*Bayh-Dole Act*）。[2] 通过将联络网作为讲坛，不断传播拜杜法案的相关信息，SU-

PA 为成员提供他们所需要的信息，敦促他们自己的国会议员支持法案。该组织从促使成员活跃参与联络网的积极表现中获得公众认可，并持续在几乎所有涉及大学技术转移的美国联邦政策中发挥作用。

4 扩大地理边界

今天，AUTM 的成员来自世界各地，是一个多元化的种族和文化群体。造成这种多元化的部分原因是在 AUTM 网络扩大发展的过程中，另一个外界因素发挥了意想不到的作用。SUPA 于 1974—1975 年成立期间，没有公开扩展到美国边界以外的意图，但该组织一开始就欢迎加拿大机构加入。加拿大成员包括在内也很自然，因为他们和 SUPA 的组织者之间存在个人联系和关系，也可能是因为大家都在使用跨越美国和加拿大边界的邮件列表。这种对外宣传鼓励了 6 名加拿大人参加 1976 年的 SUPA 第一次年会。1978 年，SUPA 有了第一个加拿大籍委托人，大家齐心协力向加拿大大学的许可从业人员宣传 SUPA。而 AUTM 拥有国际会员的另一个原因是，其早期成员资格要求没有任何地域或国家限制。会员对“任何承担高等学府发明和知识产权管理职责的个人……”开放。虽然这不是早期计划的一部分，但加拿大成员早期参与 AUTM 的事实为其国际化发展铺平了道路，使 AUTM 成为一个包容性很强的全球网络。通过不限制成员资格，SUPA 提供了一条建立发展全球联络网的路径。

5 建立联络网架构

早期 AUTM 决定以个人而不是机构或者组织作为成员，为其成为联络网催化剂奠定了基础。其发展联络网的第一步，是按区域划分小组，而不是按公共或私人、大或小或其他分类方法。按美国地理区域（东部、中部、西部）形成小组，然后形成加拿大区域小组，这种方式促进了网络建设。它帮助同一地区的人们相互熟悉，并提供机会讨论该区域普遍存在的问题。联系紧密的区域小组推动所有权和许可问题得到快速圆满的解决，而相邻区域机构中的教师和学生也会积极参与研究。建立区域小组也为 AUTM 于 1992 年举办夏季区域会议奠定了基础。夏季区域会议的新颖之处在于提供小型的、非正式的会议场所，这比会员广泛参与的综合性大会更有助于建立个人联系。

1978 年，该组织采取了第二个步骤，即采取附属会员形式扩大成员之间的联系。如果个人“直接或间接从事知识产权管理相关活动……并且（他们所在的机构）与高等教育机构或教学医院进行了互动”[3]，则允许他们成为附属会员。引入附属会员的重要原因是为普通会员与潜在许可方以及服务提供商，如专利咨询顾问创造联络机会。利用这些机会，会员可以与客户公司建立个人联系。AUTM 认为联络网可以作为营销工具与潜在客户建立联系。该决定对组织发展产生了巨大影响。

通过反复尝试，AUTM 建立了内部架构以实现目标。原来的管理架构中不包括任何致力于组织联络活动的职位。但随着成员数量的增加及教育活动的扩大，AUTM 必须更加关注具体的成员需求。1993—1995 年，AUTM 用两年时间进行了重组，并将联络网建设作为组织的重点任务。通过增加两个董事会的新职位，即会员副主席和负责沟通的副主席，完成改组。为了进一步强化帮助成员建立联络网的职责，AUTM 董事会于 1997 年增加了一名负责会员的副主席，并于 2000 年增加了负责国际关系的副主席。最近，AUTM 在受托人层面做了改变，支持并更加重视联络网建设。负责公共政策的副主席支持 AUTM 成员在有关政策问题上集体发声。另外，在美国度量和调查委员会监督下，其举办年会和采集数据的职能，已经成为成员的主要获益途径，这两个职能（以前归一个副主席管理）现在由 AUTM 董事会的两个独立副主席分别管理。

6 成员联络网

虽然通过组织架构支持联络网建设不可或缺，但要推动联络网成员经验无缝对接，还需要超越组织架构。过去 30 年中，AUTM 一直在通过不同途径实现此目标：

- AUTM 网站于 1995 年上线。网站为成员提供共享信息的在线访问。通过网络的“成员连接”功能解决建立联系的问题，成员可以通过电子邮件直接查找另一个人并进行沟通。[4]
- AUTM 时事资讯提供当前热点信息和文章。该时事资讯每年以电子邮件的方式发送 6 次，成员则每周通过电子邮件收到更新内容。
- 全年为新学员和经验丰富的成员举办专业教育课程。这些课程对提高 AUTM 成员整体素质和影响力有直接帮助。
- 专题兴趣小组（SIGs）鼓励有共同兴趣的成员聚在一起讨论并解决问题。每个 SIG 聚会都与 AUTM 年会同期举办。
- 在不同 AUTM 区域举办夏季会议，构建联络网成为会议主题。夏季会议和年会日程都包括加强联络网建设的专题研讨会。
- AUTM 年会支持联络网建设的活动包括：
  - 有助于建立联络网的后勤保障和空间，方便安排预订的和临时性会议
  - 专为促进人际关系而组织社交活动，例如体育赛事、招待会、集体晚宴，以及为新会员举办的特别招待会，促进他们把握首个 AUTM 社交机会
  - 为每个 AUTM 地区预留特定时间开会
  - 留出某个下午专门参加 SIG 会议
  - 线上博览会，2000 年首次与年会一起举行，为成员提供论坛，方便其与附属会员会面并寻找新的许可机会（这次博览会使成员能够建立他们自己的营销网络，并成为重要的年会活动）
  - 2006 年年会推出了创新成果展示会，为 AUTM 成员提供机会向 AUTM 附属会员正式呈现新的和有前景的技术（2006 年的展示会促成了很多潜在被许可方发展多种关系。另一个为 AUTM 成员及其客户建立联络网的成功案例是，作为权益保障，展示会将在 2007 年年会及以后再次举行）

作为 AUTM 架构的组成部分，这些工作中的大部分今天仍在继续。

机构的活动对于成员是否重要，以及机构的工作是否促成了活动成功举办，可以用指标衡量。AUTM 2005 年调查了建立联络网对 AUTM 成员的重要性。调查结果显示，

22%的受访者认为与同事建立联系是加入AUTM的重要原因；51%的受访者认为，与同事建立联系是保留AUTM成员身份的原因。迄今为止，建立联络网是保留成员资格最重要的原因。38%的受访者选择建立联络网是加入AUTM第二重要的原因。调查清楚地表明，建立成功的成员联络网始终是该协会的主要关注点。

7 建立AUTM的国际联络网

7.1 选择

长期以来，AUTM一直在讨论如何扩展美国和加拿大之外的成员网络，包括如何与其他国家技术转移专业人士建立联系，学习欧洲、亚洲、南美洲和其他地区的同行经验。任何国家的个人都可以成为成员，只要他们符合普通会员或附属会员的条件。然而，20世纪80年代初到90年代中期的成员调查问卷显示，大多数加拿大和美国成员没有参与足够多的全球活动，因此“国际化”的问题也无法提到AUTM日程上来。

20世纪90年代，随着全球化的发展，情况发生了变化。更多的机构在海外开展业务，并且有越来越多的国外成员申请加入（尽管国外成员仍然只占所有AUTM成员的一小部分）。公平地说，将AUTM推向全球舞台的主要因素是1994年该机构发表的两个重要著作——《AUTM技术转移实践手册》和第一本《AUTM许可调查年报》，奠定了该机构在国内外技术转移界的领导地位。实践手册的翻译要求清楚地表明，AUTM为技术转移专业人士提供了一种不受国籍限制的实用资源，AUTM的许可调查年报提供了一种模型，供其他国家和地缘政治单元能够据此对照检查自己的技术转移活动。

尽管国际上的兴趣渐涨，但AUTM却响应缓慢。这种犹豫不是因为缺乏与国际同事交流的兴趣，而是因为要谨慎选择互动的框架。任何始于区域而希望扩张的联络网机构必须考虑扩张如何适应其使命。该机构必须决定能否在不影响使命的前提下扩张。就AUTM而言，它究竟应尝试作为一个更广泛的机构去扩展边界，还是将任务留给分散在各个国家或地区的个人来完成。整个20世纪90年代，AUTM一直在纠结这些问题。它考虑了有关国际扩张的不同建议，从以AUTM品牌在全球范围营销资料，到特许经营。推敲了建立“国际化区域”的选择，反映美国和加拿大地区的特点，建立更为宽松的架构，通过该架构建立联络网、共享教材，而联合会议将形成AUTM国际关系的基础。

1997年，在阿姆斯特丹举行的会议旨在邀请欧洲同行参与，通过与国际科学联盟达成正式合作协议，AUTM找到了合适的国际角色。成功举办此次会议后，AUTM和国际科学联盟于1998年和1999年再次发起类似会议。由于这些会议搭建了联络网的部分功能，欧洲组建了自己的机构，即欧洲科学与技术转移专业协会（ASTP），同时在英国成立了UNICO与其他机构。从某种意义上说，AUTM的国际化方法不是由AUTM决定的，而是由那些愿意组织新的国际机构的人决定的。他们自己回答了这个问题。就建立联络网和教育而言，他们通过构建自己独立的机构关注区域问题，收获最大。随着这些机构自己开始具有建立联络网的能力，他们可能会发现AUTM的经验是有用的。

然而这不是故事的结尾。尽管AUTM决定自己既不加盟也不建立国际化区域机构，但国际上对 AUTM 的教育和联络网活动的兴趣在不断增长。在不影响其最初使命，即教育、建立联络网并影响美国学术性技术转移方向的情况下，2000 年 AUTM 董事会增加了一名负责国际关系的副主席。同年，AUTM 在苏格兰爱丁堡举办了首个独立的国际会议，吸引了来自 18 个国家的 182 名参与者。

7.2 建立具有全球影响力的联络网

AUTM 目前面临的挑战是满足发展中国家同行的联络网和教育需求。努力的第一步是为发展中国家同行提供低价电子会员资格（每年 10 美元）。电子会员可以获取 AUTM 的出版物和新闻，并可直接参与 AUTM 的活动，不用支付普通会员的更高费用。为了建立全球伙伴关系网络，AUTM 正在寻求与健康研发知识产权管理中心（MIHR）以及世界知识产权组织（WIPO）等国际机构建立可持续关系。

7.3 联络网作为战略计划的一部分

虽然从一开始建立联络网就是 AUTM 的工作核心，但在许多方面，即使没有外界强力推动或直接规划，成员之间的联系也会自然发生。虽然如此，由于 AUTM 近期调整战略计划，将联络网作为实现两个战略目标的中心平台：

（1）明确鉴定并收集通过 AUTM 联络网活动学到的基本技能和最佳实践；（2）扩展联络网工作内容，与其他有兴趣的机构建立网络。后者解释了何为努力“增加联络网中的营利性和非营利性关键机构以及有意与 AUTM 合作的个人”。[5]

8 结语

建立任何专业机构或团体的联络网，都是个人成员的偏好、机构的目标以及随机发生因素的独特组合。因此，AUTM 的经验是独一无二的，因为只有一个 AUTM。然而，针对成员的根本利益，寻求共同经验鼓励学习和指导而建立联络网，这种实践和活动并不是唯一的。这一目标代表了在整个世界，包括发达国家和发展中国家，都可以应用的建立联络网的普遍准则。采用经过测试并证明成功的最佳实践经验，强大的会员联络网建立了品质和诚信。如果某个机构期望在其运营范围内处于领先地位，那么在其成员和结盟的组织间建立联络网可以提升机构的信誉。对于有意实现此类目标的其他机构，AUTM 的经验或许是有帮助的。

联络网是志趣相投、受使命驱动的专业人士组成的群体，可以在不同的地域上组建起来，服务各种功能。多层次组建允许机构实现各自的使命：

- 本地联络网为相邻地区的同行创造合作机会。他们可能正在研究类似的问题，通过网络可以协同合作。
- 国家级联络网可能成为同行合作的有用机制，鼓励国家立法解决知识产权和技术转移问题。也有益于设计并实施适当的知识产权管理、培训及教育。
- 区域性联络网为相邻国家提供了协调研发以及知识产权管理和技术转移活动的机会，包括建立类似 AUTM 的机构。
- 随着全球化进展，国际化联络网变得越来越重要。与来自世界各地的同行建立网络，将为多种形式的技术转移和提高知识产权管理能力提供可能。

KAREN HERSEY, *Visiting Professor of Law*, *Franklin Pierce Law Center*, *2 White Street*, *Concord*, *NH*, *03301*, *U. S. A.* *khersey@piercelaw.edu*.

---

1 The author gratefully acknowledges the contribution to this chapter by Jon Sandelin. (Sandelin J. 2004. *Association of University Technology Managers*: 30 *Years of Innovation*. Association of University Technology Managers: Northbrook, Ill.) While the work is not quoted herein except as noted, it provided a history of AUTM that would not have been otherwise available.

2 35 U. S. C. § 200-212 (1980, 1984).

3 See AUTM Bylaws, Article IV: Categories of Membership: Affiliate Members. www.autm.net.

4 www.autm.net.

5 AUTM Strategic Plan, adopted by the board of trustees, 1 March 2006. www.autm.net.

第6.9章

如何选择专利律师并与其共事

迈克尔·L. 高盛（MICHAEL L. GOLDMAN）

美国尼克松·皮博迪律师事务所合伙人

▌译者 张成尧 ▌审校者 李雪 张熠 林鉴非 殷宏

摘 要

公共部门技术转移办公室（TTOs）的工作职责是将技术从研发环节“移”向商业化环节，从而更好地实现其为公共利益服务的使命。知识产权管理是这一过程中不可或缺的部分，而专利授权则是知识产权管理过程中不可或缺的部分。专利的质量和保护范围将极大地影响公共部门技术的最大价值，而前者又受到专利律师（Patent counsel）工作质量的影响。因此，对于公共部门技术转移办公室来说，选择一个好的专利代理师（Patent attorney）就能提高该机构获得最佳许可机会的可能性。从选择、招聘到维系聘用关系，公共部门技术转移办公室与专利律师保持良好的工作关系非常重要。工作关系的核心是确保专利律师能够以经济有效、成果显著的方式来准备并处理专利申请文件。这是一个复杂的过程，其中许多责任需要技术转移办公室和专利律师共同承担。另外，专利代理师要能提供基本的咨询服务，如判断发明权的问题、在拟订许可协议方面提供帮助、处理争议等。技术转移办公室是专利代理师的实际客户，

Goldman ML. 2007. How to Select and Work with Patent Counsel. In *Intellectual Property Management in Health and Agricultural Innovation:A Handbook of Best Practices* (eds. A Krattiger, RT Mahoney, L Nelsen, et al.). MIHR:Oxford, U.K., and PIPRA:Davis, U.S.A. Available online at www.ipHandbook.org.

Editors' Note: We are most grateful to the Association of University Technology Managers (AUTM) for having allowed us to update and edit this paper and include it as a chapter in this *Handbook*. The original paper was published in the *AUTM Technology Transfer Practice Manual* (Part IV:Chapter 1).

并且在研究机构和专利律师之间起着桥梁的作用。通过选择能力强的、合适的专利律师，与之建立良好的关系，可减轻技术转移办公室的工作负担并实现工作目标。因此，聘请训练有素、符合技术转移办公室需求的专利代理师是成功开展技术转移项目的关键因素。物色专利代理师必须经过谨慎考虑。

1 引言

大学或者其他学术机构的技术转移办公室只有一样产品可以销售——技术。技术的价值很大程度上受专利质量和保护范围的影响。如果一项专利文件的起草工作不够完善或者没有为技术及其合理扩展提供足够的保护范围，可能会丧失授权机会或者造成技术的价值被低估。与工业制造品不同，专利不是机器制造出来的——它们是由人或者说是专利代理师（Patent attorneys 或 Patent agents*）准备出来的。因此，专利的类型和质量会因准备者不同而有所差异。由于存在这种差异性，重要的是仔细选择专利代理师，其工作质量将增加机构许可的机遇。本章主要阐述如何选择专利律师。

一旦选定了合适的专利律师，技术转移工作管理者及相关工作人员与专利律师保持良好的工作关系就很重要。维护这种关系，要确保专利代理师能够以经济有效、成果显著的方式准备并处理专利申请文件。除此之外，重要的是要明确专利代理师能够提供一般性的咨询服务，如发明权判定的问题、在许可协议方面提供帮助以及解决争议等。本章还对技术转移办公室就如何与专利代理师开展高效合作提出了建议。

通过选择优质的专利律师并与之保持顺畅的工作关系，可帮助技术转移办公室减轻工作负担，有助于处理复杂事务。妥善地准备并提起专利诉讼，必然会增加专利的价值或许可收益。因此，选择合适的专利律师并维持良好的工作关系是成功实施技术转让项目的重要因素。

2 选择专利律师

2.1 专利代理师

专利代理师在政府代理机构执业前，必须在美国专利商标局登记注册。获得此类登记注册与选举投票登记完全不同。专利代理师必须通过美国专利商标局组织的笔试。另外，专利代理师必须拥有科学或工程类的学位或者在这些领域修完了相当数量的课程。

专利律师和专利代理师都要在美国专利商标局注册。拥有法律学位和国家律师资格的可以注册为专利律师，不是律师的人可以注册成为专利代理师。在一家律师事务所（与大学不同），专利代理师的工作范围通常限于在美国专利商标局审核之前准备专利申请文件。专利律师也可以处理此类业务，还可以提起专利诉讼、起草许可协议、开展协议谈判并提供法律援助。因为专利代理师在律师事务所内的工作范围有限，技

---

* 前者有代理资格证，后者没有。——译者注

术转移办公室最好选择一位专利律师作为主要联系人。

可以从很多渠道获知专利代理师的姓名。与大多数专业人士一样，最好参考别人的意见及口碑寻找专利代理师。电话簿及美国专利商标局的注册列表中也能找到专利代理师，但是列表没有提供个人基本信息以供甄别。本地律师协会或者知识产权法律协会也是很好的选择，因为这些机构对个人的业内声誉有一定的了解，一般会推荐声誉良好的专利代理师。

如果技术转移管理人员是大学技术经理人协会成员，会了解很多杰出的律师，这些律师有与学术机构合作的经验，并为其他技术转移办公室的同行提供过优质服务。给其他机构技术转移办公室打电话就能获悉推荐者的姓名。

本地公司也可以推荐专利律师。拥有内部专利代理师的公司倾向于在某些项目中聘用私人执业代理师，所以企业内部专利代理师也是一个很好的信息来源。没有内部专利代理师的公司，其研究、开发或项目工程主管或者公司的法律顾问可能与外部专利律师团队合作，也会提供一定的建议。

2.2 评价专利代理师

一旦知道专利代理师的名字，技术转移管理人员应对被推荐者进行评价。判断一个专利代理师是否符合机构所需，可以将以下内容作为评价的标准：

- 事务所的规模
- 专利代理师的法律经验范围
- 专利代理师与学术机构合作的经验
- 专利代理师的技术背景
- 事务所的地理位置

2.2.1 事务所的规模

需要考虑专利代理师所属事务所的规模。大型事务所拥有足够数量的专利代理师和资源来处理各种问题。可利用的资源包括大型图书馆、可访问的数据库、维护和处理数据的工作人员等。大型事务所专利代理师的专业背景包括生物技术、化学、机械制造、软件和电气工程，因此事务所有能力处理各种技术领域的工作。除此之外，这些代理师在专利申请、专利诉讼、知识产权咨询、专利抵触申请和专利许可等方面都具有一定经验。因此，一家大型事务所通常能处理一位技术转移管理人员所遇到的大部分法律问题。但另一方面，如果小型事务所正好有能力匹配的律师，或许具有低成本优势。尽管事务所的规模是一个需要考虑的因素，但不要夸大其重要性。毕竟与技术转移管理人员合作的是代理师个人，评估中应更多关注代理师的个人能力。

2.2.2 法律经验的范围

技术转移管理人员应该了解专利律师的法律经验范围，因为技术转移办公室的主要工作是起草和处理专利申请书，专利律师应具有扎实的专利从业背景。仔细考察其个人处理专利申请的能力很有必要，可以询问其从业时间、准备并提交过多少件专利申请等。确保选定的专利律师起草过大量的原始专利申请文件而不是仅提交源自海外的申请。可以审查专利代理师准备的专利申请书或经其处理已获得专利授权的文件，这些都是专利授权后或者专利申请公开后可以获得的。技术转移管理人员还应考察专利代理师是否有在其他领域工作的经历，如专利诉讼、谈判、许可和咨询等。技术转移办公室有时不可避免地需要这些工作技能。

2.2.3 与学术机构合作的经验

选择一名具有与学术机构合作经验的专利代理师十分有益。有此工作背景的专利代理师愿意将技术转移办公室视为客户，并乐意与教师打交道。这类专利代理师在准备专利申请时，有能力承受在公开发表论文之前提交申请的持续压力。另外，还需要与学术机构中不太了解知识产权的教师打交道，教师们通常都承担很多任务，时间和注意力都很有限。最后，专利代理师需要适应技术转移办公室常延迟缴费或降低成本的工作流程。例如，专利律师需要对《专利合作条约》的国外申请程序非常熟悉，以延迟缴纳选定国家的国家申请费。另外，没有高校工作经验的专利律师可能不知道需要在特别申明中提及政府权力。专利律师和教师发明家之间的融洽与相互尊重，对于强化专利保护发挥成本效益至关重要。

2.2.4 技术背景

另一个选择标准是专利律师的技术背景与学术机构需求的匹配程度。大型学术机构可能在许多技术领域，从电气工程到生物技术都开展研究工作。因此，这种学术机构需要不同专业背景的专利代理师（或者拥有这些专利代理师的事务所）。另外，小型机构，如药物研究中心，可能只需要一名拥有生物技术或药学背景的专利代理师。选择专利律师时，技术转移办公室应从技术层面评估需求，找到专业背景匹配的专利律师。

2.2.5 事务所的地理位置

专利律师办公室应该离学术机构多近？通常来说，如果在其他方面都令人满意，最好选择本地代理师。如果本地没有所需法律和技术背景的代理师，则应首先考虑质量而不是距离。如果技术转移管理人员需要到外地寻找有合适资质证书的代理师，应试着与其建立关系，最大可能地促成专利代理师访问研究机构。例如，技术转移管理人员可以一次安排给专利代理师一个以上的工作项目，以便其可以到校园与发明家交流，以经济有效的方式解决问题。为促进关系更和谐，技术转移办公室人员和专利律师进行当面会晤很重要，这使得技术转移管理人员和办公室人员能快速收到建议。如果当面会晤不可行或不够经济有效，外地的专利律师要通过电话、传真、邮件和连夜快递的方式与技术转移管理人员更加有效地开展工作。

2.3 选择一个事务所还是多个事务所

另一个需要考虑的因素是应该选择几个个人律师或律师事务所。这取决于学术机构的工作量。技术转移管理人员应该选择足够的人手或事务所来处理学术机构的工作任务。另一方面，最好尽可能少选择几个事务所，以减少技术转移办公室的行政管理负担，也容易建立良好的合作关系并遵循机构的办事程序。尽管如此，只选择一个事务所开展合作并不是好主意，因为由于各种原因一间事务所可能无法处理所有问题。例如，法律专业有严格的利益冲突标准，专利代理师不能代表一个客户反对另一个客户。在专利事务中，由于专利代理师需要避免代表发明技术相似的不同客户，利益冲突问题更为复杂。利益冲突问题很难预料，可能永远不会出现，也可能首次聘用专利律师后很多年才出现。另一个潜在的问题是，在未来某一时间，现在选定的专利代理师或事务所可能没有能力处理某一特定的专利项目。这种状况是可能发生的，因为专利代理师或者事务所可能忙于其他事务或者缺少所需的技术知识。与其在危机的基础上处理利益冲突或能力不足的问题，不如选择可以处理此类项目的备用公司。

2.4 代理条件

一旦技术转移管理人员选定了专利律师，应该将代理条件确定下来。在很多司法管辖区，会要求律师起草书面聘用合同确定两者之间的聘用关系。

起草聘用合同的一个目的是明确双方的联系人处理相关事务，包括费用问题。技术转移办公室应选择一位沟通能力强的员工作为法律顾问的联系人，聘用的专利代理师或律师事务所会指定一位代理师准备和寄送账单。研究机构和律师事务所选择一位专利代理师作为双方的联系人也很合理，此人在事务所中扮演监察员的角色，确保能够满足研究机构的特定需求和要求。最好是知道哪位代理师在指定项目中承担主要责任并确保其资质符合要求。

聘用合同中还应包括计费标准。由于大多数律师事务所按小时计费，可以由负责研究机构工作的律师制定专门的计费比率。有时可能还会用替代的计费方式，如固定费用或费用与股权相结合的方式。此外，有些技术转移办公室为得到日常咨询和建议而选择按月支付律师费。这样技术转移办公室工作人员和学院老师就不会因为不愿意联系律师而耽误一些微小但很重要的事情。在聘用合同中应对特殊的费用支付方式加以说明，还应明确账单结算的周期。通常来说，大多数事务所按月结算费用账单。

律师合同中还应规范账单的内容。合理的账单应说明负责某一特定项目的专利代理师每天投入该项目的工作时间，以及做了哪些工作，才能确定技术转移办公室应该支付的费用。没有说明具体某个专利代理师完成了项目某项特定任务、花费了多少时间以及何时完成，仅有一份包含该项目所有工作量的总体账单，技术转移办公室是很难接受的。

技术转移办公室应为新选定的专利律师准备一份律师合同。在机构合同中，技术转移办公室要明确期望专利律师提供的服务内容。重要的是，要强调专利律师的客户是技术转移办公室，而不是学院的教职人员。这个概念看似简单，因为是技术转移办公室负责接收和支付专利律师的账单。然而在学术环境中，当专利律师与学院教师密切合作时，事情就会变得复杂起来。主要是因为学院教职人员实际上是按机构原则开展工作的“自由人”，自然而然地会把专利律师当作自己的个人代理师，有时会在没有得到技术转移办公室许可的情况下要求专利代理师为他们处理其他的项目。专利代理师应该将此类请求转交给技术转移办公室。技术转移办公室起草的合同中应强调会有此类情况发生，并告知专利律师团队，技术转移办公室不会支付未经授权的工作费用。为减少此类问题的发生，技术转移办公室还应向教职工强调，专利代理师代表的是技术转移办公室，而不是教职员工个人，任何专利事务都应通过技术转移办公室提交。

3 与外部专利律师合作

3.1 工作分配

选好了专利律师，技术转移办公室就要开始与专利代理师建立工作关系。此时最重要的是如何在专利律师与技术转移办公室之间分配工作。一般来说，律师的工作越少，技术转移办公室所需支付的费用就越低。另一方面，技术转移办公室承担的工作越多，办公室员工完成其他事情的时间就越少。因此，技术转移办公室需要评估如何利用资源，并合理分配任务。

3.2 评价发明披露

技术转移办公室经常会收到教职人员的发明披露，应马上评估此披露是否足够成熟并可以提交专利申请[11]。技术转移办公室应考虑的因素有：

- 本发明的商业价值
- 类似发明是否很快会公开披露
- 本领域技术人员依据相关出版物是否能够实施该发明
- 在该发明的发展阶段，能否获得有意义的保护

一般来说，技术转移办公室应通过初步评估，决定是否（以及何时）就某项技术申请专利。但是，如果该技术在技术和法律层面都比较复杂，应该咨询专利律师。

另一个需要考虑的重要因素是，该发明是否值得专利保护。具有市场营销和价值评估经验的技术转移办公室应能作出决策。

3.3 申请前可专利性评估

一旦技术转移办公室决定对某项发明进行专利保护，建议开展申请前可专利性评估。如果可以使用计算机检索系统或者愿意与外部检索公司直接合作，技术转移办公室可以承担此类基础评估性工作。通常，计算机检索更适用于生物技术和化学发明。另一方面，最好检索并人工阅读在美国专利商标局系统中搜集到的本领域专利。当然，技术转移办公室必须有员工能够承担此类检索工作。

为技术转移办公室员工提供协助的一种解决方案是，聘用具有工程、科学或法律背景的学生兼职从事此类工作。聘用兼职人员时，有评估经验的专利律师或员工应将兼职人员的工作范围严格限定在为评估工作进行信息收集。员工在进行可专利性的初步评估时，需要掌握可专利性的标准以及什么是现有技术（换句话说，也就是能够阻止专利授权的主题）。获得此类知识的理想方式是参加大学技术经理人协会的相关项目课程。其他机构也提供关于专利和专利性的基础课程。但毫无疑问，与专利律师长期

合作并从中学习是获得知识的最佳方式。

如果技术转移办公室没有从事初步专利性评估的职员，那么应该将发明披露交给能进行专利检索和评估的专利律师。当然，这是最昂贵的方式，因为专利律师要进行专利检索、评估该研究，然后提供建议，费用很高。可是，由于许多技术转移办公室的职员都在忙于市场运营和技术转移，因此采取这种方式进行初步专利性评估的机构很多。

3.4 准备并进行专利申请

一旦确定可专利性的检索结果，就要开始准备并进行专利申请，专利律师将承担大量的工作。尽管如此，技术转移办公室应推进该流程（最大化地降低成本，保证有价值的专利获得授权）。可以通过多种方式实现这一目标。

3.4.1 发明人的参与

技术转移办公室应当面或通过电子邮件介绍专利律师和发明人互相认识，而且应尽量减少双方开会的次数。大多数情况下，一次会面讨论发明内容，另一次会面讨论申请书草稿足矣。两次会议之外的沟通，可通过简明扼要的电话会议进行补充。

发明人牢记应明白，配合提供专利律师所要求的信息很重要。发明人应提供自己撰写的任何期刊文章，为准备专利申请工作提供便利。如果论文不能提供足够的信息，专利律师会要求发明人提供额外的试验说明。这通常有一定的工作量，但发明人会比专利律师做得更加出色。而且，由发明人承担这部分工作（而不是专利律师）会降低费用。

对于生物技术和化学领域的发明，由于专利申请披露的信息无法支持所要寻求保护的范围，专利申请经常被驳回［根据美国专利法（35 U. S. C. §112），第一段：未能披露并解释发明的细节］。为解决这一问题，专利保护范围或许不得不缩小到不可接受的程度。仅仅基于出版物的专利申请特别容易受到此类问题的影响，因为出版物中通常只阐明研究者实际开展的工作，而不讨论替代方法或进一步扩展发明的方法。为了获得更宽泛的保护范围，专利律师会要求发明人提供发明的实施方法。技术转移办公室应提醒发明人与专利律师合作的重要性，只有这样才能使具有商业价值的专利及时获得授权。

3.4.2 披露的义务

技术转移办公室应清楚向专利商标局进行披露所意味的责任。根据这一责任，审查员需要获得的能决定专利是否授权的所有重要信息，在专利申请书中都必须披露。发明人不能提供不准确的数据信息，并且必须告知与可专利性相关的全部专利、出版物以及其他披露（例如现有技术），包括发明人自己以及其他人员在分享信息时所做的工作。印刷出来的摘要和会议海报上的信息也应该告知。申请书提交后也依然应该遵守这一责任，如果发明人在专利申请提交之后发现存在现有技术，他依然有责任将信息提交给专利商标局。

技术转移办公室需要就发明的哪部分更有价值向专利律师提出建议。然后，专利代理师可按意向保护范围以及扩增授权可能性的思路，来构思专利权利要求。技术转移办公室应谨慎地审查最初提出的和整个专利申请过程中的权利要求，以确保所要求保护的范围能够实现。

3.4.3 审查意见

提交申请之后，专利商标局最终会发出审查意见，要求专利律师进行答复。通常，在准备答复意见时，专利律师需要发明人的建议。技术转移管理人员在此过程中可提供协助，向发明人强调，律师要求得到信息或者新增试验数据的愿望非常迫切，要迅速回复。如果提交给专利商标局的答复意见中没有包括律师所要求提供的全部信息，专利商标局会另外寄出一份审查意见书。技术转移办公室就要承担第二份答复意见的费用，而第二份答复意见本应并入第一份答复意见中。

准备答复意见时，可以通过支付额外费用来延长答复时间。为降低成本，应减少延长答复时间的做法。

3.4.4 海外申请

在美国提交申请后，专利律师通常会询问该项发明是否需要提交海外申请。决定是否提交海外申请需要考虑以下因素：

- 从海外申请中获得的收益能否证明支出的费用是合理的
- 国内被许可方是否认为该申请具有价值
- 该发明是否具有足够的价值能吸引到特定国家的被许可方

当然，还有其他因素需要考虑是否应该在海外申请专利，但这超出了本章的范围。技术转移管理人员应提前通知专利代理师申请海外专利的计划，以提前准备好所需的纸质文件而避免在最后一分钟冲刺。

3.4.5 后续研究和新的数据

提交申请后，发明人会暂时松一口气，认为专利申请已经完成了。他们通常会继续开展研究工作，而不再向技术转移办公室和专利律师通报任何研究进展。这会产生一些问题，因为近期的工作可为未来进一步申请专利保护奠定基础（事实上，或许更有价值）。技术转移管理人员应提醒发明人，及时通报最新研究进展的重要性。

3.5 专利维持费和年费[1]

一旦在美国或者其他国家获得专利保护，应确定专利维持费和年费的支付方。技术转移办公室可以自己支付或者与年金缴纳服务机构合作，也可委托专利律师通过系统来处理此事。

4 与专利律师在其他事项上合作

专利律师不仅能提供准备和提交专利申请的服务，还可在其他领域提供有价值的

[1] 发明专利申请维持费（2010年修订的中国《专利法实施细则》取消了该收费）。——译者注

帮助。

4.1 解决纠纷

近来，学术界频频发生发明权纠纷。这些问题最好在专利提交之前得到妥善解决。

在教师及其研究生之间，也可能出现发明权纠纷。有时，研究生仅仅按照教师的指导进行操作；有时，研究生提出了发明的设想或者对发明的构思提供了帮助。为了合理确定发明人，有必要与各方进行面谈并审查他们的文件，明确每个发明人的贡献。专利律师最好对解决发明权纠纷有一定经验，让涉案各方都感到自己的意见得到了正确的对待。

研究机构经常会与其他科研机构或者企业的科学家开展合作。这种合作通常不会关注专利问题。然而一旦决定申请专利，就容易在发明人署名问题上产生纠纷。同样，可以请专利律师调查情况并提出解决问题的建议。为了与合作机构或公司继续保持良好合作关系，妥善处理这类纠纷很重要，技术转移管理人员可以选择专利律师居中调停解决冲突。而且，专利律师尽早介入此类纠纷，有助于维护客户（即技术转移办公室）的利益。

4.2 起草协议和协议谈判

专利律师还能够为技术转移办公室提供起草协议和谈判许可以及其他协议等方面的服务，一些技术转移办公室经验丰富，不需要此类服务，一些技术转移办公室缺少此类工作的经验，可考虑让专利律师参与此项工作。例如，律师可以起草协议，审查潜在受让方或技术转移办公室的协议草案，提出协议中的可选择条款，与潜在受让方谈判等。在围绕实质性的专利问题进行讨论时，让专利律师参与尤为重要，如专利保护范围、是否因存在发明权争议或者在先发明人争议而导致潜在被许可方无法获得标的技术的许可权。专利律师应参与这类谈判，以客户具有良好的业内地位为由来说服潜在被许可方。至少，专利律师应该不断获悉许可谈判的实质性内容，以便为提高申请质量及时作出改变。

4.3 干预程序

发明的优先权问题（谁是第一个发明者）通过被称为干预程序的诉讼环节在专利商标局（PTO）得以解决。通常这些问题在许可谈判中会得到强调。另外，发明人参加会议时，有时会发现其他人已经完成了相似的发明。不论信息来源是什么，重要的是要让专利律师知悉。律师会采取策略让技术转移办公室在任何干预程序中都处于优势地位。律师应及早介入，并与发明者商讨策略。一旦宣布启动干预程序，该过程类似一个小型专利诉讼。这是一个复杂的程序，专利律师需要参与其中。事实上，专利代理师应该在此类诉讼中代表机构参加。

4.4 回答问题

专利律师可以通过解答知识产权事务方面的基本问题为技术转移办公室提供服务。

多数专利律师愿意免费帮助技术转移管理人员提高专利意识，例如为学术机构职工做讲座，或者参加与技术转移项目有关的发明博览会。通过为技术转移办公室和学院提供建议，可确保有价值的技术受到保护并且加强保护力度。

5 结语

公共研究机构的使命是研究先进技术并推动其发展，最终使公众在各个领域，尤其是健康和营养领域普遍受益。知识产权管理（专利是很重要的部分）通过促进公共部门创新活动的发展和商业化完成这一使命。因此，对于公共部门的技术转移办公室（TTO）来说，所推广的产品就是技术和包含这些技术的专利。为了确保公共机构科研工作者创造成果的价值最大化，关键是能够写出、申请并维护高质量的专利。最重要的是谨慎选择专利律师。这项工作包含几个关键因素，例如专利代理师所在事务所的规模、法律经验和能力，专利律师与学术机构合作的经验和技术背景、事务所的地理位置。一旦选定律师，应积极与其建立良好的工作关系。需要明确代理条件、工作任务、专利律师与其客户（TTO）以及与机构管理层、职工和科学家之间的关系。细致地按照这些步骤进行，技术转移办公室就能以经济省时的管理方式，获得高质量的专利。

MICHAEL L. GOLDMAN, *Partner, Nixon Peabody LLP, Corner of Clinton Ave. and Broad Street, P. O. Box 31051, Clinton Square, Rochester, NY, 14603, U. S. A. mgoldman@nixon-peabody. com*

1 See also in this *Handbook*, chapter 9. 1 by L Nelsen and chapter 9. 3 by R Razgaitis.

第 6.10 章

如何经济有效地聘请专利代理师

约翰·多兹（JOHN DODDS）
美国 Dodds & Associates 公司创始人

译者 张成尧 张熠 审校者 李雪 张熠 林鉴非 殷宏

摘 要

随着知识产权保护力度的加大，越来越多的机构建立了技术转移办公室（TTO）开展技术转移工作。此类办公室肩负着多种工作职能，需要整合起来经济有效地转移技术成果，使机构从中获益。TTO 的工作职责之一是提供服务：从战略发展到合同和协议签署；从专利申请到商标保护；从利益冲突分析到辅佐谈判。在所有领域中，法律意见很重要，没有几个技术转移办公室内部具有必要的法律专业能力。因此，在建立高效 TTO 的战略中，与专利代理师建立联系并保持合作至关重要。本章为 TTO 选择专利代理师（或专利代理师团队）并与之合作提供了重要建议。

1 引言

聘请能够代表本机构知识产权利益的专利代理师，其过程很复杂也很昂贵。因此，办公室一开始就应寻找有活力、高效以及用户需求导向的人选——第一印象很重要。管理层和科学家对技术转移办公室的支持很关键，特别在其开始运作的前几个月或前几年。聘请合适的律师可以真正有助于实现知识产权目标。

技术转移办公室（TTO）为许多大师级科研人员提供服务，具有一系列功能；因此，从一开始就明确定义办公室的工作范围并分析开展工作的方式非常重要。

Dodds J. 2007. How to Hire an IP Attorney and Not Go Bankrupt. In *Intellectual Property Management in Health and Agricultural Innovation: A Handbook of Best Practices* (eds. A Krattiger, RT Mahoney, L Nelsen, et al.). MIHR: Oxford, U.K., and PIPRA: Davis, U.S.A. Available online at www.ipHandbook.org.

2 律师—客户关系

律师和客户之间的法律关系受一系列特殊法律条款保护，包括“客户机密”“法律特权”等规定。保密性和法律保护提供“保护伞”而避免公开是这种关系的重要组成部分，使律师和客户可以处理敏感问题而不会侵犯客户的隐私。当客户的员工希望谈论可能暴露潜在不当行为的问题又不想承担公开的风险时，这种保密尤为重要。在建立客户关系的早期阶段，客户应了解这种特殊关系的存在，为了 TTO 的利益而加以有效利用。

3 TTO 的范围及其法律需求

初期阶段，确定 TTO 的工作范围很重要。TTO 应该提供综合性的知识产权服务，而又不能过度承担工作任务。为 TTO 提供的法律援助类型依需要讨论和解决的问题类型而定，应包括以下几点（见文本框 1）。

文本框 1：技术转移办公室的工作范围——备忘录

法律文件：	律师的主要工作成果应该是法律文件，不要在乎数量，而应该关注文本的质量，如意见书、拟定的合同框架等。
不断追踪：	对于技术转移办公室来说，及时了解变化很重要。律师应对合同和技术进行监督管理，这是识别侵权者和潜在被许可方的重要方式。
与办公室相关的法律问题：	建立技术转移办公室的初期，需要解决各种各样的法律问题，包括但不限于以下内容： • 职工合同：合同中应该明确员工工作权限和职责范围，聘用合同需要由律师审查。 • 职工聘用手册：应包括保密条款、道德和利益冲突条款。律师应审查该手册并提出意见。 • 政府和州政府的备案：本地政府可以帮助解决这个问题，包括工作许可证、养老金计划规定、居住许可证、消防验收等文件。 • 实体运营的可能性：技术转移办公室有意愿或者需要成立一个独立的法人实体机构。在美国，很多办事处被称为研究公司，具有慈善性质，即 501（C）（3）待遇。律师对这些很熟悉，因此在成立实体之前应向律师咨询。 • 税务事宜：如果在美国，请注意所有美国联邦和州的税务事宜（其他国家/地区有当地、地区和/或国家/地区的税法），请聘请好的会计师和审查公司，他们和律师一样重要。

3.1 制订战略

专利律师的重要作用是与技术转移办公室密切合作，制订对机构或企业有效和有益的知识产权战略（大多数会在下文中提到）。早日制定目标和战略，可以为机构或公司节省后期资金（例如，不再提交对 TTO 工作无足轻重的专利申请，可以节省资金）。帮助客户制定战略目标决策是律师的重要工作之一，他们在战略多样化方面的帮助，是知识产权办公室长期顺利运营的关键，有助于确保资金只用在符合战略发展方向的领域。

3.2 专利申请

专利申请包括专利检索、自由实施相关分析、现有技术检索、提交专利申请、专利维护等。

需要考虑技术转移办公室的专利申请是否涉及实用新型或者外观设计专利，或者植物专利。何时应该使用临时申请而不是非临时申请？如果对技术存有疑虑，则利用临时申请争取一年过渡时间，以寻找合作伙伴并培养外界的兴趣（还需要留意《专利合作条约》（PCT）的条款以及何时提交申请，以便申请多国保护）。专利律师参与以上步骤很有必要，他们可以就主题的实质性内容提供指导。当就专业知识领域申请专利时，为得到更好的建议，可以尝试建立本领域专家团队。

3.3 商标和著作权

商标通常没有得到充分的重视。在全球环境下，产品品牌是一个很重要的市场元素。请想一想可口可乐和柯达的品牌价值。另外，当为发明选择名称、标识、宣传语时，应参考律师的建议，这样可以最大限度地降低处理潜在侵权行为的成本。

著作权是一种简单且低成本的保护方式，对于书籍、论文和数据库的保护很有用。在基因组学领域，数据库保护常被当作一种经济有效的知识产权保护手段。而使用这种手段，对技术转移办公室的总体战略发展至关重要。比如，Celera Genomics 和 Human Genome Systems 两家公司非常有效地运用了版权和合同法条款，保护并开发他们的基因序列数据库。

3.4 商业秘密

将创新性的想法保护起来，使其不成为公共知悉，这一做法是成本最低的保护方式——因为它是免费的！而且专利律师不太受欢迎！这种知识产权保护手段的弊端是必须要保守秘密。如果不能守住秘密，就会有风险，如果别人对该发明进行反向工程并申请专利，发明人将不能再实施属于自己的发明！在商业环境下保守秘密并不像想象的那样简单，而是需要付出相当多的努力保持秘密或许可出去[1]。

3.5 植物品种保护

知识产权保护有性繁殖植物品种的重要领域是植物品种保护。本书其他独立章节已对此进行了详细介绍。[2]

3.6 起草合同和协议

起草一套高标准的（严谨的）协议和合同模板，然后就可以根据不同的需要自行调整内容。但请注意，应定制所需要的协议内容。律师通过审查协议可确保客户利益得到保护。如果使用过一种协议模板，在另一个项目中不经过咨询就使用同一份协议，这种做法是错误的。

3.7 制定政策

建立一套内部办公室政策文件，有助于机构建立自己的知识产权政策和管理指南。在制定战略的初始阶段，应由律师进行审查，并提出建议。请记住，不应违反政策文件中的内容。技术转移办公室的政策文件还可以作为谈判和诉讼工具。

3.8 冲突分析

可考虑聘用律师和道德冲突小组定期审查技术转移办公室涉及的潜在冲突行为。冲突非常常见，特别是员工拟定咨询合同、在董事会任职等情况下。教职人员研发竞争性技术时，审查小组也要发挥作用。必须制定支持某项专利而不致影响另一项相竞争专利的有效规则，否则会违反信托关系*。

3.9 许可

技术转移办公室的主要收入来源是许可。信息、思想和材料是双向流动的。有些研究人员可以通过许可协议获得他人的知识产权，而技术转移办公室将通过许可协议许可技术。注意，必须遵守所签署的任何协议！确保律师审查所有重大的交易文件。您也可以请律师提供创造性的技术许可建议，包括知识产权作价入股合资企业。还可以考虑在紧急或部分紧急的情况下聘请律师或技术转移公司开展工作。

3.10 辅助谈判

谈判是一门需要技巧、实践和敏锐智慧的艺术。律师受过谈判技能培训并每天使用。此外，律师所承担的代理责任可以使其成为技术转移办公室的出色辩护人。在某些情况下，TTO 可能希望聘请律师作为谈判代表。

3.11 战略发展与技术评估

战略发展和技术评估非常重要。也许这是律师费花得最有价值的领域。如果技术转移办公室的战略构想不当，其他所有工作都是多余的。

任何技术转移办公室面临的主要挑战之一，尤其在初期，都是试图确定要保护的

---

* 信托关系是指当事人和受益人之间因信托合同的成立而形成的基于信托财产的权利和义务关系。——译者注

发明以及以何种程度保护（即在哪个国家或在哪个应用领域）。申请保护的成本和费用如此之大，以至于没有任何一个实体能为所有的发明申请专利保护。通常，10 项发明公开中能获得 1 项专利授权，10 项专利产生 1 项许可，能获得许可使用费的专利占全部的 10%。这就是律师如此重要的原因。要聘用专利律师来评估发明的潜在市场。

关键是明智地花费资金并尝试评估真正具有创新性且具有商业价值的发明。记住，有些伟大的科学发现并没有市场，而有些简单的发明则具有巨大的商业价值。

通常技术转移办公室会成立内部委员会或小组来审查发明公开并向发明人反馈。聘用律师是评估过程的一部分。

4 跳出固有思维模式

可以有效地利用律师的思维方式，从知识产权组合中获取价值。在某些领域，专利不一定是可行的办法，而利用版权、商标和合同法等创新手段却是可行的，甚至是更可取的替代方法。

4.1 外包服务

高效的技术转移办公室应考虑与一组专利代理商建立联系，后者具有可靠的外部技能，能提供所需的建议或服务。可以建立咨询专家组，通过系列咨询或功能适宜的个人（业务）网络来获得服务。律师可以在联络此类外包服务中发挥关键作用。在外包服务之前，请考虑以下因素：

- 聘请专利代理师：选择适合发明组合性质、具有各种资格和专门知识的专利代理师。例如，化学工程背景可能有助于天然产物专利申请，而生物工程背景擅长处理基因枪专利。
- 聘请法律总顾问：寻找一个了解全局但也了解发明的领域和客户的人。全局性问题由该律师进行指导。

4.2 成本与费用

评估、保护和维持知识产权的成本并非是微不足道的。与知识产权保护相关的费用类别很多。技术转移办公室可能面临的费用类型包括：

- 专利和商标检索费
- 专利和商标申请费
- 植物品种保护费
- 维持费
- 版权备案费
- 授权费
- 律师费
- 申请书起草费

这些费用数额巨大。在美国，您将为商标支付 1200~2000 美元，为临时专利申请支付

2500~8000 美元，为非临时申请支付 6000~30 000 美元。在全球范围提交和维护的一项专利，其费用约为 500 000 美元。聘请律师为您谈判时，请不要忽略谈判您的律师费！

4.3 使用表格式协议和合同

律师通常不喜欢使用标准表格。表格的设计通常是中性的。而律师的义务是代表客户利益行事，这就是律师反对表格的原因。

但使用标准表格和协议的成本相对较低，这点很吸引人。可以使用适当的标准表格和协议，然后让律师查看最终版本中需要协商和达成一致的任何特定条款。

5 结语以及有关保密的注意事项

保密和信任的重要性不可低估。服务客户发明、业务性质等要求所有技术转移办公室的员工遵守有关保密和利益冲突的最严规则。聘用人员应考虑到这点。另外，应使用与技术转移办公室运营相关、针对保密和利益冲突的规定完全而充分的文件，以进一步强化遵守规则。律师与技术转移办公室的特殊关系，可以作为处理困难而棘手事务的宝贵资源。律师特权是一种可以使您受益的法律力量。

JOHN DODDS, *Founder, Dodds & Associates, 1707 N Street NW, Washington, D. C., 20036, U. S. A. j. dodds@doddsassociates. com*

---

1 See also in this *Handbook*, chapter 11. 5 by K Jorda.

2 See also in this *Handbook*, chapter 4. 7 by M Blakeney and chapter 10. 11 by W Pardee.

第 6.11 章

技术转移数据的管理

罗伯特·G. 斯洛曼（ROBERT G. SLOMAN）
美国 Inteum Company LLC 首席执行官

▌译者 吴定峰 ▌审校者 李雪 张熠 林鉴非 殷宏

摘 要

技术转移办公室必须能够管理大量的动态数据。本章探讨了电子文件系统如何满足此需求，重点是共享数据链接的重要性，以及使用由私营部门开发的高级电子表格应用程序的好处。本章对比了电子表格、平面文件型数据库和关系型数据库的相对优点，并强调了网络解决方案的众多优势；介绍了如何确保此类系统中的数据完整并管理“分析暂停”（Analysis paralysis），提供了一个自我调查表，以指导采用管理软件时如何作出的决策。

1 引言

管理技术转移办公室（TTO）需要强大的行政、技术和沟通技巧。为了作出明智的决定，需要获取并分析大量的信息。TTO 获取信息的速度越快，对其信息处理能力的要求就越高。而且，普通学术性的 TTO 用于建立复杂数据管理系统的资金和人员有限，因此其信息处理能力更加难以满足需求。

应对这些挑战并及时作出明智的决策非常有益。但是，随着工作流程的增加，高标准决策能力会受到损伤。如果 TTO 是一个封闭的系统，并且无法获取更多专业资源

Sloman RG. 2007. Technology Transfer Data Management. In *Intellectual Property Management in Health and Agricultural Innovation: A Handbook of Best Practices* (eds. A Krattiger, RT Mahoney, L Nelsen, et al.). MIHR: Oxford, U.K., and PIPRA: Davis, California, U.S.A. Available online at www.ipHandbook.org.

Editors' Note: We are most grateful to the Association of University Technology Managers (AUTM) for having allowed us to update and edit this paper and include it as a chapter in this *Handbook*. The original paper was published in the *AUTM Technology Transfer Practice Manual* (Part II: Chapter 4).

或支持力量处理额外的工作流程，则必须找到其他解决方案。这些解决方案很可能从根本上改变办公室使用现有工具的方式。

幸运的是，虽然TTO在实施数据管理和决策支持软件系统方面落后了一代或几代技术，但追赶上来并没有花费多少年。十多年来，其他公司花费了数百万美元来试验决策支持软件和信息管理系统，这些软件旨在将信息快速传递给组织，从而提高效率并促进快速响应。这些目标同样适用于TTO，因此TTO可以利用这些最新软件和技术迎头赶上。

尽管早期的线性编程方式与用户需求脱节，但是现代软件应用程序设计已经以用户需求和用户体验为核心驱动力。因此像航空公司预订应用程序这种大型、用户友好的实时信息系统的实际应用，极大地推动了软件设计的发展，使得软件应用程序不仅符合用户工作流程而且更加易于访问。如今，TTO采用数据管理和决策支持软件系统将少走许多弯路。

随着计算机价格暴跌，计算机硬件的性能和可靠性快速增长。大型计算机因其高昂的维护和专业支持费用而退出了市场，取而代之的是在公司局域网（LAN）上运行且可以共享文件服务器资源的企业应用软件。[1] 计算机领域的进展在企业得到了率先应用，提高了效率、可靠性和工作量，现在都可为TTO经理所利用。

2　物理文件还是电子文件

2.1　注意事项

应该让需要支持决策信息的人员能够访问信息资源。通常，技术转移和知识产权（IP）管理决策取决于多种变量，包括发明人的相关信息和他们正在进行的研究计划、对技术感兴趣的公司、相关专利申请及其状态以及能够用于投资每个技术转移案件的金额。在这种复杂的环境中，电子数据管理系统提供了快速适应的支持工具。

纸质文件存在一些根本性限制。在TTO中，工作记录（或文件）通常是根据经理的指导原则按案件或技术归档。技术转移经理可能会发现纸质文件数量有限且难以维护，因为只有一个副本，除非工作人员制作多个文件副本并将其放置在相关区域。一般是由提交文件的人决定最好在哪里提交每个文件。这就是为什么经理可能会按惯例在“错误的地方”查找信息，但根本找不到。经理可能采用某些规则归档文件，但是这些规则通常很复杂且松散，因此经常会被误解或误用。通常，技术转移经理必须查看整个文件才能找到与问题相关的信息。纸质文件的另一个问题是需要花费时间处理并正确归档。如果文件不是最新版本的，则可能会迫使技术转移经理仔细检查一堆纸质文件，以查找所需的信息。

然而，借助电子系统，可以将工作所需的文件打包并快速分派给同事。所有与案子相关的数据和业务活动，都可以连同相关的备注信息一起轻松转移给另一位经理或业务支撑人员。这等于将纸质文件连同必要的说明和简要的信息一并转交给某人。采用纸质文件的方式，收件人可能会错过相关待办事项。但是，使用电子文件，前任经理可以轻松地将与该案件相关的各种待办事项完整可靠地转交给新经理。

当然，使用先进的数据管理系统，最令人信服的原因之一是可以打破时空限制查询整个企业范围内的数据。经理借此可以快速地了解问题的全貌，而在纸质文件环境中则无法想象，因为集成和分析信息需要大量时间。

2.2 信息联通性

通过计算机网络环境实现信息联通的关键，是创建共享的网络链接，其中包括电子邮件设施和共享信息池。没有其他方法可以像计算机网络环境一样提供如此广泛深入的信息联通特性。实际上，网络计算环境可以用物理文件无法实现的方式在文件本身之间建立链接。例如，技术转移经理可以查询在 TTO 所有的技术转移案件中是否与某个公司或某个人建立过联系。以纸质文件完成此项任务所需的劳动则令人望而生畏。

3 寻找工作的最佳工具

3.1 计算机应用

3.1.1 财务电子表格建模工具（亦称为电子表格）

电子表格是为个人计算机开发的首批应用程序。自第一个广泛使用的电子表格 Visicalc™ 发布以来，人们包括为电子表格开发了许多强大的分析工具（包括为电子表格模板建立了一个二级市场。这些模板通过提供电子表格布局和内置算法来增加实用性，从而实现即插即用的简便性。不幸的是，这些模板对技术转移专业人员来说很少有用）。

当技术转移经理试图利用数据生成图表时，电子表格是无与伦比的。用户可以在不同的电子表格之间创建关系，可以共享数据并将其从一个工作表链接到另一个工作表。但是，试图在多层电子表格之间创建复杂链接的用户知道这将是一项复杂的任务，不亚于编程。不幸的是，由于链接的软性，它们可能会被损坏。将一个损坏的单元格或一个带有引导错误的单元格复制到其他电子表格中，会得到灾难性结果[2]。而且这种错误很难追踪。

当然，电子表格可用于编制预算和预测许可收入。在这类场景中，电子表格容易理解，并且可以提供图形等简明易懂且令人印象深刻的视觉输出效果。现代电子表格能够执行“如果……怎么办”的场景，这在尝试预测专利维护费用时特别有用。其中一些还包含类似于数据库的基本功能，可创建用于数据输入的交互界面。但是电子表格的庞大规模和复杂性使其难以编程。此外，它们与专用数据库产品相比没有优势。

TTO 已开发出一些使用 Microsoft Excel® 和其他软件产品的复杂系统。设计出这些适于管理预测和预算流程的电子表格链接，需要花费大量的时间，因此应鼓励共享这些系统。

3.1.2 平面文件型数据库

平面文件型数据库创建了一个环境，用户可以在其中创建包含有关特定事件或信息数据的记录。例如，关于技术的记录以及与该技术直接相关的数据可以形成单个记录，但是专利将单独建立数据库文件。因此，在平面文件型数据库中，用户需要先查询一个数据库，然后根据数据之间有实际业务含义的联系，再查询其他数据库。因为程序员或用户可以更改特定表格的数据结构，所以这些数据库非常灵活。此外，这些更改还不会破坏与其他数据库的关系。简言之，平面文件型数据库具有设计简单、易于识别最终用户和灵活的优势。

尽管平面文件型数据库的导航很简单，但用户需要做到在正确的位置查找内容，这并非易事。除此之外，平面文件型数据库还有其他不足，通常，终端用户必须购买平面文件数据库引擎，然后在其上设计自己的系统。经验丰富的平面文件型数据库用户会制定出自己熟悉的路线和询问模式；但是，新用户可能会对在系统中建立明晰的业务导航毫无把握。

此外，从平面文件型数据库生成数据报告非常困难，因为将信息聚集在一起所需的数据连接关系可能与链接电子表格中的单元格一样复杂。如果技术转移经理正在考虑建立平面文件型数据库，则应提前考虑喜欢的报告设计和有用的模板以降低生成数据报告的复杂程度。

3.1.3 关系型数据库

关系型数据库包含一组数据表，这些表的各方面信息被组织在一起或硬链接到其他表。数据输入界面可能会绘制许多表格以显示非关系模式下的各类信息。但是，在真正的关系型数据库设计中，表之间必须有一个或多个链接字段。

技术转移经理的日常工作需要获取财务、教职员工、专利诉讼和市场营销联系等方面的数据。每个功能数据元素可能包含在单独的数据管理资源中，但是这样效率很低。用编程术语来说，访问后台（详细）数据很重要，但是技术转移经理越来越重视那些不了解底层数据结构时也可以轻松搜索到的数据，关系型数据库系统就可以满足这一需求。

与其他可选择的技术相比，关系型数据库能够操作更大的数据集，例如经理和部门两两组合所形成的技术转移数据集。传输一套物理文件，需要对文件进行回顾，并可能需要前任经理对相关业务案件进行总结。而借助关系型数据库，整个项目文件可以方便地从一个经理转移到另一个经理，与物理文件相比，可以更有效地转移业务操作信息和其他备注信息。这样可以最大限度地利用专业管理人才，例如，如果一位经理需要将精力集中在其他紧急项目上，例如侵权支持，则可以使用关系型数据库工具轻松地将手头的案件重新分配给其他人。

关系型数据库中固有的刚性结构和数据连接性使其具有前所未有的能力，使用者能够以不同的具有创造性的方式查看数据和商业模型。以一定频率运行的异常报告可以快速显示还欠缺哪些数据，从而推动行政管理项目以弥补这些数据缺口。管理人员可以预测费用和收入，以区分各种参数并确定数据划分是否符合实际。能够开展近乎即时的审查，可以帮助技术转移经理规划办公室活动，并且这种数据连通性还使得管理层可以利用数据管理系统评估技术转移经理的表现。

有人认为关系型数据库的缺点是数据之间的结构关系很严格，缺乏灵活性。但是，如果技术转移经理希望通过电子询问获得可靠的结果，则严格的数据结构至关重要。为了满足对自由格式注释的实际需求，可以提供记录特殊详细信息的备注或备忘字段。实际上，技术转移经理在选择或设计关系型数据管理系统时应在规则和灵活性之间寻求平衡。

在某些关系型数据库模型中，通过定期下载所有办公室成员都可以读取和解释的最新数据可以增强业务连通性。当办公室中的层级结构趋于扁平化时，这种方法效果最佳。如果以电子方式向办公室主任、经理和支持人员简要介绍案件和联系人，那么会议就可以更有效地进行，简报会也可以缩短或取消。当真的召开会议时，那些没有直接参与案件的人仍可以根据足够的信息提出有用的想法，因此可能会更有信心作出决定。此外，当支持人员能够获取最新状态的数据时，他们可以更有效地规划工作流程。

在关系型数据库设计中，有一些规则描述了数据应该如何“规范化”。关系型数据库的三大设计范式保证了数据结构的统一和数据资源的高效利用。对于基于事务的数据库，可以优化设计以提高记录销售事务数据或库存动态数据的效率。或者可以对设计进行优化，以便随时访问大量相关数据。随时能提供最新版本的完整数据十分符合技术转移管理信息系统的需要。其原因很简单：技术转移决策是基于复杂多变的信息。技术转移经理需要访问一系列信息，包括 IP 状态、商业联系人、费用和其他信息，基于这些最新且完整的信息才能作出正确的决策。然而，事务和相关数据设计范式不必相互排斥。换句话说，即使数据互联的需求占主导地位，也完全可以兼顾快速响应整体更新数据的需求。

当考虑技术转移数据管理要求的复杂性时，关系型数据库理所当然成为首选，因为它需要输入的数据较少，并且更易于维护和检查。通过专家编程代码，关系型数据库可以快速提供技术转移管理者所需的信息。由于数据集的复杂性需要功能强大的计算工具，因此技术转移界所使用的商业数据库都是关系型或类关系型数据库引擎。

购买独立供应商所开发的技术转移管理系统产品的一个明显缺点在于，系统的结构设计由供应商控制。也就是说，在下一代产品中，总是会添加上更多数据结构上的限制，最终用户将无法根据自己的需要来修改系统的数据结构。软件产品的代码编写成本通常高达每月数千美元，再加上多年累积的业务优化设计和代码迭代，导致开发这种类型的产品可能需要超过 20 万美元的投资！因此从产品供应商的角度来看，这种控制系统的结构是有充分理由的。

3.2 网络解决方案

以上所有数据库工具都可以通过局域网（LAN）共享。然而只有关系型数据库才能在多用户模式下可靠地工作，它可以支持多个用户同时访问同一个数据库而不必担心数据损坏。例如，在局域网上，如果技术转移经理要打开其他人在其屏幕上显示的电子表格文件，经理将收到一条错误消息，指示该文件正在使用中，或者被告知该文件在只读模式下可用。在后面的场景中，所做的任何更改都将丢失。更准确地说，它们会被保存，但会被首先打开并保存文件的人覆盖。平面文件型数据库也可能面临同样的问题。

关系型数据库具有内置的记录锁定和事务跟踪功能，可以控制对共享文件的访问和数据的更新过程。许多 TTO 将局域网与互联网连接起来。然而，本章讨论的是局域网，在局域网中，一台计算机充当文件服务器，为其他的客户机工作站提供服务。局域网技术在过去的几年里有了很大的发展，有许多支持良好的系统可用。即使对于小型 TTO，将局域网与关系型数据库结合使用的优势也非常显著。

3.3 数据可移植性

大多数软件应用程序都能够导出和导入数据，具备数据可移植性将会产生显而易见的优势。如果技术转移经理可以在一个应用程序中输入数据，并以有组织的方式将数据传输到另一个应用程序，那么数据就不必输入两次。重复键入数据具有明显的问题，如果在两个地方的数据记录不同（例如，如果错误地输入了从被许可方处收到资金的日期或答复专利申请局截止日期），则重新键入数据不仅浪费时间，而且还可能导致数据完整性问题。

对于给定的工作，使用最合适的工具是很重要的。关系型数据库是最好的全方位数据管理工具，电子表格则是财务分析和绘图的好工具。技术转移经理可以选择使用关系型数据库引擎来存储数据，然后将数据导出到电子表格以进行操作和绘图。

关系型数据库引擎是所有商用会计软件包的核心。越来越多的商用会计软件包正在设计与 DBase®兼容的数据库文件结构。DBase 数据文件结构又是所谓 XBase 数据结构的一个例子。当两个应用程序之间的数据结构等效或兼容时，在它们之间转换数据所需的步骤更少。因此，如果使用与 DBase 兼容的数据结构会计软件包，则应当选择与 DBase 兼容的数据文件结构的管理信息系统。DBase 数据文件结构目前由两个领先的专有关系型数据库引擎供应商支持和推广。技术转移经理应该意识到，并非所有的关系型数据库引擎都与 DBase 兼容。

3.4 数据分发

数据分发意味着提供当前信息的快速访问，而访问者恰恰是那些需要根据信息作出明智决策的人。数据查询的方便程度将决定技术转移工作人员使用数据库的频率。有了关系型数据库引擎的强大功能和局域网的连接性，使得用户可以轻松查询所需的数据。

技术转移经理应将购置系统的投资和数据输入所花费的时间视为组织运作中的一项资产。技术转移管理人应充分利用系统中的数据，以协调技术转移业务工作，并按计划或在临时需要时快速生成报告。

3.5 数据管理范例

技术转移管理信息系统的主要设计模式由委员会和行政部门或系统的最终用户来驱动。由前者驱动的系统通常优先考虑报表输出的设计。例如，管理部门可能会这样提出要求：“我们需要一份月度报告，显示哪些专利申请需要支付维护费，由技术许可经理进行排序。”可以定义一个表结构，并生成报告来支持这一管理目标。虽然定义目标很重要，但这种方法可能会在数据结构方面产生不一致的情况。此外，要创建这种类型的设计，需要考虑所有可能查询数据的方式，同时避免大量数据重复、重新键入密钥或导致系统速度减慢的过度查找要求。

如果系统是围绕非常具体的询问输出范式设计的，管理者的要求将容易得到满足，但用户的易用性极可能会降低。通过使用日常功能，用户可以更轻松地访问系统的其他部分。即使大多数用户将80%或更多的时间花在一个模块上，他们也应该熟悉导航技术，以便在需要时找到其他相关部分。因此，提供丰富的用户功能有助于获取用户在工作中输入的各种数据，当一个管理信息系统提供的最终用户功能很少时，它就很难获取最新的数据。

技术转移经理可能希望选择为用户设计的系统，但该系统应具有强大和灵活的管理报告功能。技术转移数据管理系统应该设计为一个工作中无处不在的伙伴，以便在工作中实时输入数据。如果用户在开展工作时同时输入数据，则数据输入更为及时和准确，并且可以减轻用户的时间负担，增强用户的成就感。

4 数据完整性

4.1 分配数据输入任务

技术转移数据管理系统涉及技术转移从业者的日常工作，用户应根据其工作习惯和工作内容选择使用系统的不同功能。依靠技术转移经理完成专利和许可的数据输入可能降低他们的时间利用效率。相反，这项任务如果委托给负责管理合同的个人或有经验的行政人员可以更有效率。最好由一个人负责输入数据的特定部分（例如，关于专利起诉和每项技术或案件的收入及费用的数据）。这种方法降低了出错和数据重复的可能性。一般而言，管理信息系统应使行政助理人员能够方便地完成这种数据输入。

4.2 数据审查

最好在所有环境中都可对信息进行审查。报表可以完成此功能，并且可以设置为按一定间隔运行或按需要运行。此外，对于真正的关键任务信息，应编制报告并提交给外部专业服务提供商进行定期审查。例如，从数据库中生成报告，其中包含有关特定专利起诉的当前信息，并将该报告或报告组合提交给专利律师。然后工作人员可以要求律师更新报告。

这种方法一个最直接的好处是提升了数据完整性。另一个好处是，服务提供商可能会了解大学的技术转移资产（本案中的专利申请）的价值。

如果技术转移管理人员有兴趣进行这种审查，则可以轮流进行审查，而不是直接检查所有记录，通常来说，通过报表进行检查可能就足够了，同时可以减少审查的费用。

5 分析暂停（Analysis paralysis）

“分析暂停”这一术语用来描述这样一种情形：在一段时间内，关闭业务，几乎停止所有服务，以便让员工有时间更新、分析、修改和讨论技术数据。这个过程对所有员工来说是一次极好的培训经历。一般来说，团队应该事先规划，并分配一批技术或案例文件，以便从中找到预定义问题的答案。这一过程有助于确定办公室今后的运作模式，并可能发现需要注意的领域。如果全员都参与到这个过程中来，甚至有望建立起团队意识。

通过这一过程，技术转移经理可以预见来自大学行政部门的问题。此外，如果所有技术人员都参与数据的制作和解释，工作人员中可能会出现不同领域的专家。最后，数据结果的周期性分析有助于在需要快速、应急分析时作出更快的响应。这种“暂停”似乎成本极高，在实际工作中难以实现，但是其回报可能远远超过成本。

6 评估软件解决方案

如果一个技术转移管理者要采用一套软件管理解决方案，本文作者建议尽量采用最先进和最完备的方案。在确定适用性时，应提出若干问题（见文本框 1）。决定为管理技术转移数据而设计一个系统或购买一个商用软件包，应以技术转移办公室的需要为基础。像所有的计算机解决方案一样，信息系统只有适合用户需求才是最好的。因此，在购买或开发任何系统时，最终考虑的是如何保障员工实际使用软件的积极性。参与系统设计的员工更乐于使用系统，这种说法不是必然为真，听起来甚至可能有悖于常理，但是在实践中确实如此。

文本框 1：决策者用以评估软件解决方案的关键问题

1. 软件解决方案与业务的适配程度有多高？

本章推荐的解决方案并不便宜，特别是当技术转移经理考虑采用局域网方案、购买商用软件包并进行培训时。

2. 是否值得为软件解决方案投入金钱、人力和时间？

只有技术转移经理才能回答这个问题，同时考虑到大学和技术转移办公室的所有影响因素。技术转移经理应该判断采用软件解决方案是否具有以下优点：

a）采用软件解决方案后，能够随时访问当前数据，可以促使管理者更快、更准确地工作，并且可以更有信心地作出决策。

b）采用软件解决方案后，工作人员更有可能将重要问题提请技术转移主管注意，后者更有可能进行必要的干预。

c）本章所述的软件工具可以作为新技术许可管理人员的培训工具，同时可以创造一个使员工能够更高效工作的环境，促使更多工作项目按照计划完成。

d）软件解决方案可以提高对客户要求的响应能力，提高业务流程分析能力并且使资源分配更加合理。

3. 为什么要花时间输入数据（而不是用来完成日常工作）？

对这个问题的一个可能回答是：数据输入创造了一个工作环境，在这个环境中，当用户、管理人员和支持人员需要时，可以随时访问相关数据，以便及时作出明智的决策。

7 结语

开发数据管理系统的一个关键要素，是设定明确的目标以达成高效的数据管理。技术转移经理应掌握哪些数据能够支持办公室工作人员在业务和战略上的基本任务。业务支持意味着确保随时可以获得有关特定案子所有方面的信息；战略支持要求提供能够说明趋势并有助于办公室组织、工作分配和规划的信息，收入预测和现金流规划都是此类数据的现实应用。虽然现金流在所有学术技术转移机构中可能还不是一个突出的问题，但在技术转移领域开展业务的成本正在迅速增加，现金流规划可能很快就会成为当务之急。

数据管理工具应该与管理者的目标一致，并适应管理者的工作方式，而不是要求用户适应工具所规定的信息处理模式。数据的严格组织管理十分重要，但前提条件是不能对用户的工作造成障碍。

提前思考并设计符合未来技术发展趋势的应用程序也很重要。如今，编程工具和桌面计算机变得越来越强大，工作组软件采用事件驱动而摒弃编程驱动，应用程序开始采用完整的图形用户界面。工业关系数据库文献表明，应用程序开发的重点正在从主机和小型计算机环境转移到分布式计算环境（如局域网）的客户机-服务器模式。

TTO 因缺乏管理经验，对数据管理不善导致的业务成本增加，尚未受到普遍关注。这类增加成本的例子包括由于收集收益数据的方法效率低下或技术组合管理不善而持续存在的大量未付债务。尽管可能经年累月才能显现出来，但这两种情况都可能给 TTO 带来实际成本。

有了正确设计并实施的软件解决方案，支持决策所需的数据触手可及，管理者可以更自信地作出决定。数据管理系统解决方案使管理人员和工作人员能够对客户作出更及时的反应，还可以极大地提高办公室的总体专业水平。

ROBERT G. SLOMAN, *CEO, Inteum Company LLC, 8826 NE 124th Street, Kirkland, WA, 90834, U. S. A. robs@inteum.com*

---

1 A file server is a high-powered personal computer linked by communication cables to computer workstations. The file server provides storage of shared data files and software applications, as well as printer sharing capabilities.

2 A spreadsheet "pilot error" is a data entry error made in an algorithm or data cell that causes erroneous results.

3 "Normalized" data has been organized into relationships in a way that seeks to minimize duplication of data and maintain data integrity.

第6.12章

WIIPS™：Whitehead研究所知识产权系统

（一个用于知识产权管理和技术转移的关系数据库）*

阿米娜·哈姆佐伊（Amina Hamzaoui）
美国Whitehead生物医学研究所知识产权副主任

▌译者　张熠　▌审校者　李雪　张熠　林鉴非　殷宏

我们很高兴地宣布，位于美国马萨诸塞州剑桥市的Whitehead生物医学研究所（Whitehead Institute for Biomedical Research）允许MIHR和PIPRA对外发放该研究所自建的WIIPS™数据库。该数据库对于提高技术转移办公室的职能和效率，具有切实的益处。MIHR、PIPRA和Whitehead Institute均为非营利机构，WIIPS™可免费使用，主要目的是帮助发展中国家的TTO。

WIIPS™是一个关系型数据库，旨在自动执行基本的知识产权管理和技术转移功能，简化了记录保存功能，并可生成技术披露、专利申请、共同发明协议、许可和材料转移协议等有用报告。此外，系统还存储了与特定TTO联系的每个发明人、所有者和被许可方的基本信息。因此，该系统可自动有效地保存所有记录，并提供每个案子即时且准确的信息，包括文档、专利和许可信息。由于WIIPS™可以使工作人员轻松沟通，不仅使TTO能更好地管理IP数据量，而且还可以提高生产率和准确性。该系统易于学习和使用，并附带详细的系统文档。此外，WIIPS™还提供完整的财务控制、财务审查跟踪和自动化功能，能满足TTO通常需要的合规性要求。WIIPS™可用于管理TTO的所有财务信息，从而更好地控制专利申请成本。该系统允许有效监控费用和法

Hamzaoui A. 2007. WIIPS：Whitehead Institute Intellectual Property System：A Relational Database of IP Management and Technology Transfer. In *Intellectual Property Management in Health and Agricultural Innovation*：*A Handbook of Best Practices*（eds. A Krattiger，RT Mahoney，L Nelsen，et al.）. MIHR：Oxford，U.K.，and PIPRA：Davis，U.S.A. Available online at www.ipHandbook.org.

* 该数据库已无法找到。——译者注

律账单，从而有助于确保费用及时报销和应收账款管理，并且有助于更快地计算并分发许可费。

为了使 WIIPS™ 更好地适应 TTO 的需求，用户获得该产品授权后可复制和修改软件，并重写随附的用户指南，只要提到该产品基于 WIIPS™ 并由用户进行修改即可。用户还可以根据需要制作和使用 WIIPS™ 的更多副本。

至 2007 年 8 月，可从 www. ipHandbook. org 的在线手册版本中免费下载关系型数据库和用户指南，但须遵守许可条款。数据库要求用户在 Windows XP 或更高版本的系统上运行 Microsoft® Access®。

作为专注于生物医学领域研究的非营利性研究和教育组织，Whitehead 研究所很高兴进一步助力 MIHR 和 PIPRA 实现其使命，传播技术转移和知识产权管理方面的最佳实践经验和工具，我们愿意为这些令人称赞的努力做出贡献。

AMINA HAMZAOUI，*Associate Director，Intellectual Property，Whitehead Institute for Biomedical Research，Five Cambridge Center，Cambridge，MA，02142，U. S. A. hamzaoui@wi. mit. edu*

第 6.13 章

协议和合同管理

罗伯特·波特 (ROBERT POTTER)
加拿大农业与生物技术战略有限公司高级合伙人
希尔德·雷格内斯塔德 (HILD RYGNESTAD)
加拿大 Rygnestad 公司董事总经理

译者 张熠 审校者 张熠 李雪 吴定峰 林鉴非 殷宏

摘 要

协议和合同不仅是金钱易手之前签署的一页纸，而且是至关重要的文件。如果机构希望正确履行合同条款，即使不涉及未来的合同谈判，也必须有一个管理合同的系统。这类系统必须具备良好的数据可访问性和安全性，尽可能整合资源和工具，并在预算范围内设计实施。实施后，还应不断监控并评估合同管理系统的有效性。

1 引言

社会和文化的差异可能导致人们，甚至好朋友互相误解。因此，书面协议和合同至关重要，因为它们可以使交易细节正式确定下来，并确保相关各方均了解其权利和义务。由于这些原因，合同不仅是金钱易手之前必须签署的一页纸，而且是贯穿交易双方整个关系周期的重要文件。

对于公司或机构来说，管理合同以了解其现有义务很重要。毕竟，如果本机构没有使用某项技术的权利（或已经获得该技术部分许可权），则就该项技术达成的任何协议都没有用。更糟糕的是，如果无法确定自己是否拥有使用该技术的权利，则根本无权签署交易合同。这两种情况都要求机构快速确定自己所处的位置，并且承担与开发

Potter R and H Rygnestad. 2007. Organizing and Managing Agreements and Contracts. In *Intellectual Property Management in Health and Agricultural Innovation*: *A Handbook of Best Practices* (eds. A Krattiger, RT Mahoney, L Nelsen, et al.). MIHR: Oxford, U.K., and PIPRA: Davis, U.S.A. Available online at www.ipHandbook.org.

技术相关的合同义务。

本章将从管理合同权利和义务的角度，考虑合同的整个“生命周期”。合同的“生命周期”定义为从最初的交易构想到合同或其义务到期的整个过程（或阶段）（图 1）。

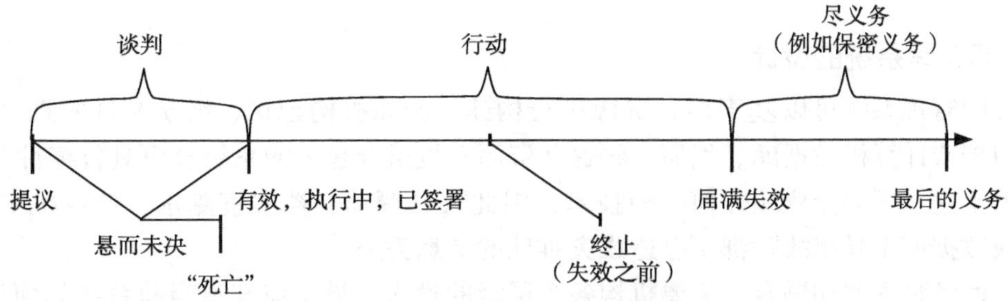

图 1　典型的交易“生命周期”

2　对合同管理系统的要求

协议和合同具有生命周期，合同管理的需求会随着时间周期而发生变化，即谈判期间、合同有效期以及合同到期或终止后。

2.1　谈判中的要求

合同始于两个或多个参与方之间建立的潜在关系。理想情况下，当事各方以签署合同作为结束协商的标志，但是如果当事各方无法达成协议，或协议流程因某种原因未能按既定方向进行，协议则会被搁置甚至完全放弃。预签的协议在多大程度上需要进入合同管理系统，取决于参与各方以及交易发起和完成的方式。需要考虑以下问题：对有关各方或未来的谈判者而言，将谈判历史记录在案是否有价值？谈判中的沟通情况对最终交易有影响吗？谈判（特别是如果没有达成协议）是否会影响未来的潜在交易？[1] 只有参与谈判的工作人员才有可能回答这些问题。一般而言，对于小型机构，正式记录此类信息可能并不重要。但是，对于规模较大、人员流动性较高和合同数量较多的机构，通常意味着“机构的记忆”时长更短，更需要正式的信息记录。

2.2　有效合同的要求

安全保存已签署的合同很重要；但是，同样重要的是，负责执行合同条款的人员必须可以接触到这些文件，以便确保所有的权利得到执行并履行义务。例如，必须支付许可费用，并且必须按时报告。此外，合同可能要求一方投入资金，认真跟进产品开发，将衍生材料的权利授予第三方或从第三方获得相关权利。合同的保存和获取方式，很大程度上取决于机构的规模和资源，这将在后面详细讨论。

2.3　合同到期后的要求

合同到期或在到期日之前终止时，有关各方通常仍然受各种法律责任的约束。例如，各方要受保密条款的约束，保密条款的延续时间要长于合同期限。可能还有其他义务，例如，一方有责任放弃原材料或衍生材料的权利。各方履行义务的程度可能直接影响未来交易是否成功，因此行政和管理人员必须熟悉各方的义务。为了促进信息共享，对于合同管理系统来说，能够顺利获取合同和能够安全存储合同同等重要。

3 合同管理系统的设计

合同管理系统可以基于多种资源进行构建，例如机构记忆、纸质文件归档、电子文件归档或计算机数据库。然而，将这些资源有机组合起来的系统会更具鲁棒性*。此外，由于它并不完全依赖任何一种技术，因此人员调动、档案室跑水、计算机室发生火灾或数据库工具出故障都不会造成灾难性的信息丢失。

要使各种资源相融合，需要机构各个层级的投入。员工应知道当前系统如何运转，或为何不运转，并为改进管理系统而提出建议。管理系统的所有用户都应参与系统设计，以确保有效使用：当用户参与设计并有权使用系统时，系统就能成为有用的工具，而不是耗费资源的负担。

设计合同管理系统，不仅是选择软件工具，而要满足组织需求，并在数据可访问性和安全性之间找到平衡。适宜的设计要适应可供利用的资源，例如现有工具、人员和信息技术架构最终都要服从预算。

3.1 要求：可访问性与数据安全性

在设计合同管理系统时，重要的是要在系统可访问性与数据安全性之间找到平衡。

3.1.1 可访问性

实施合同管理系统的主要目的之一，是最大限度地减少机构合同管理和相关业务对一个或几个特定人员的依赖。这要求合同文件以及任何其他相关信息，在一定程度上都可以访问。

纸质文件归档系统。维护和使用纸质文件系统，不需要用户具有专门的技术技能，但是纸质文件系统难以组织和更新。如果多人参与合同的管理和文件的存储，可能就不需要核心人员批准而能及时获得包括原始文件在内的信息。无论使用什么存储技术，纸质文件原件都必须始终以安全的方式存放在手边。

电子归档系统。使用电子归档系统，可以轻松访问文档，尤其是如果文档存储在可通过网络访问的介质里。文档转为电子介质（例如扫描为计算机文件），比纸质文件更易复制和更新。电子归档系统可以集中存储，可以直接访问存储位置，也可以通过计算机网络进行远程查看。

数据库。需要审查时，用电子归档系统检索文件更加容易。但是，搜索特定的信息并浏览所有的合同和协议仍然很耗时。基于计算机的数据库，包括保存为电子表格和文本文档的简单数据库，都非常有用，因为它们比纸质文件更易于搜索。数据库应记录每个合同和相关文档的如下信息：

---

* 鲁棒性（Robust）是指系统在不确定性的扰动下，具有保持某种性能不变的能力。——译者注

- 合同双方的名称和地址
- 执行期限和到期日期
- 保密期限
- 必须交付产品或信息的截止日期
- 支付资金的截止日期
- 描述合同内容的关键词或摘要
- 文件的电子链接

可搜索的数据库应具有几个基本功能，即：

- 减少查找纸质或电子文档所需的时间和资源
- 如果通过光学字符识别（OCR）流程搜索电子文档文本，则可以对其进行合并搜索
- 合同到期和截止日期即将到来时，发出自动提醒
- 签订新合同前，帮助确定潜在的利益冲突

设计得当的可搜索数据库可以帮助工作人员大海捞针。数据库不仅可以检索包含特定术语的任何文档，而且还可以将数据库设计为自动搜索相关信息，诸如未付款、逾期未提交报告或即将到来的截止日期等。

系统访问。需要根据所有员工的工作职责，设置不同级别的系统访问权限。员工扫描文档并输入数据时，访问权限级别很低；而访问特定记录或信息时，需要的级别较高。例如，可以设计一个系统，使其仅向授权用户显示所选合同的详细信息。工作人员可以生成总体业绩的统计信息（例如已完成的合同数量、已付款或逾期未提交的报告），而无须获得访问敏感材料的权限。在启用网络应用程序时，外部各方可以直接访问与其自身义务相关的信息，从而减少合同管理办公室需要处理的事务数量。

合同管理系统还可以将文件电子归档与可搜索数据库设计在一起，使用户可以通过中心节点或内部网络（Intranet）上的工作站或虚拟专用网络（VPN）上的工作站，链接到不同的位置。只要链接安全可靠且下载时间较少，通过网络进行访问是有益的。需要注意的是，如果整个系统都存储在异地而没有现场访问点，一旦网络中断，就会比较麻烦。

3.1.2 数据安全

无论采取何种措施，合同管理系统都将面临安全问题，如数据丢失以及非授权用户的访问等。

数据丢失。无论如何存储数据，都可能由于火灾、洪水、盗窃或其他许多灾难而造成数据丢失，因此采取措施防止数据丢失非常重要。预防措施包括保险箱、火灾警报器、自动喷淋系统、防盗系统以及防火防水文件柜。如果将硬拷贝和电子系统放置在不同的位置，则数据丢失的概率会进一步降低。将备份电子副本保存在异地也是一个好主意。可以通过商业方式或机构其他部门购买和/或管理异地存储和备份服务。服务提供商应保证已采取适当措施，防止未经授权的访问和数据意外丢失。

非授权访问。可上锁的存储设施，如文件柜和保险箱，通常可防止未经授权使用纸质文件材料。与纸质复印材料相比，电子材料和数据库的非授权访问风险更大，尤其是异地存储的情况下。网络传输应加密，并应使用用户名和密码，确保只有授权人员才能输入、查看或更改数据。

信息技术支持。由于越来越依赖信息技术，内部计算机技术支持至关重要。如果机构没有聘请专职计算机支持人员，则必须培训员工解决常见的计算机问题。更复杂的技术问题则需要由可靠且响应迅速的外部机构来解决。

3.2 可利用资源

确定机构对可访问性和数据安全性的要求之后，下一步就是决定怎么根据可用资源设计并实施系统。考虑可用资源时，通常需要就以下问题修订原计划，包括：新的需求、员工专业知识发生变化、新的技术以及可用资金逐渐减少。

3.2.1 确定已有工具和程序

第一步是确定机构中已经存在并在现阶段可用于管理合同的所有（如果有的话）工具。这样的工具可以是归档系统、流程、电子表格或更高级的数据库和提醒系统。这些工具可以作为模型用于设计新系统的内容。如前所述，合同管理者可以将有用的工具和程序作为线索，但也可以将无效的工具和程序作为有用的线索，这些信息通常更有用。

3.2.2 选择新的工具

低技术水平的解决方案。合同管理系统不仅是指数据库等软件工具，技术含量低的解决方案在访问性和安全性方面虽然有一些限制，但在资源特别有限的情况下也是可行的。有些机构使用纸质存档系统，每份合同都有不断更新的纸质摘要表。摘要表可供快速参考，但其他人获得起来比较困难。如前所述，为避免数据丢失，重要的是要有备份机制。

简单数据库。其他机构则以最简单的形式设计并维护计算机数据库，如电子表格或文本文档。这样可以提高可访问性，快速地浏览，并可以通过某种形式提醒即将到来的截止日期和义务。

数据库软件包。一些机构决定请内部或外部专家设计更复杂的数据库工具，例如 Microsoft® Access 或 File Maker® Pro 之类的软件。这些软件为设计和维护数据库提供了用户友好的界面。更高级的趋势是使用其他数据库软件，例如 Oracle®、MySQL™、Microsoft® SQL Server 和 DB2®。使用这些数据库软件，设计的时候可以帮助系统更好地适应需求，如果机构有内部专家了解如何选择软件，使用这些软件也是不错的选择。

现成的工具。专为合同管理而设计的软件或可立即使用。很重要的是确保软件具有必要的功能。尽管通常可以在某种程度上自定义现成的工具，但是对于机构而言，重新设计流程，可能比尝试使用现成工具执行系统无法处理的任务更有意义。

客户定制工具。另一种选择是使用客户自定义工具。供应商可根据客户需求定制应用程序。工具越复杂，其设计和实施所需要的时间及资源越多，成本也越高。定制软件的实施成本应约为软件工具本身价格的两倍。重要的是要记住，更高级（和更昂贵）的工具并不总是最佳或成本效益最优的解决方案。

许多公司提供知识产权资产管理软件系统，包括管理专利申请（主要是美国专利）和发明许可。许多系统是可定制的，客户或公司必须进行修改以适应其自身需求。购买这些系统非常昂贵。对于大型研究机构和研究型公司来说最有用。本章后面的尾注中提供了供应商列表及其网站链接。[2]

最后，还有许多其他专业性较低、成本较低的文档管理系统可选择。简单搜索一下，就会发现大约有 20 家或 30 家提供这种软件的公司。常见的操作系统或办公室套装版本将来可能会包含此类应用程序。但如本章所述，合同管理的范畴要远远大于文件的存储和检索。

3.2.3 人员方面的注意事项

将信息从旧系统转移到新系统，需要大量时间处理现有文档，将其转换为电子文件，并将相应的数据输入数据库。同时，新的合同必须输入系统。初次输入完成后，需要不断更新文档系统和数据库，这是一项耗时的任务。如需进行系统设计更改，则还须分配时间完成此项任务。

更换管理系统所需要的受训员工的数量，取决于系统的复杂性和现有的员工技能。可以对员工进行培训，使他们掌握归档、数据录入、报告和解决日常问题等技能。购买商业的管理系统，供应商通常会提供员工培训课程，但需额外付费。

3.2.4 选择信息技术架构

选择信息技术（IT）基础架构主要取决于信息获取性和安全性之间的平衡。合同管理系统可能包括下列部分或全部内容：

- 物理存储设施。防火防水文件柜，可以存储不需要经常访问的纸质原件或系统备份介质。
- 计算机/服务器。具有必要软件的计算机或服务器，用于存储所有电子文档和数据库工具，即中央数据收集点。机构应得到专业 IT 建议和持续 IT 支持，以确保数据安全。
- 备份系统。以另一台计算机或存储介质的形式，每小时、每天或每周自动备份合同管理系统中的信息，具体取决于数据更新的频率。如果无法进行自动备份，则应在备份驱动器或其他存储介质上手动备份，并且应在远离活动信息存储点的位置安全存放副本。
- 扫描功能。无论是否具有光学字符识别功能，用扫描硬件和软件都可以将文档转换为可搜索的电子媒体。
- 网络。连接到中央存储点的计算机还具有专业的 IT 支持，可以确保访问的稳定性以及网络数据安全。
- IT 和系统支持。同时支持网络基础架构维护和系统运行。如果是内部设计的系统，则应详细记录操作细节，方便未来的维护和开发。如果系统是现成的或由外部开发人员设计的，则服务提供商应提供现场或电话支持。

3.2.5 预算注意事项

最后，必须将所需的系统要求与可用预算进行比较，例如可访问性、数据安全性、现有工具、人力资源、系统工具选择以及信息技术基础架构。必须进行权衡，确定哪些需求必须满足，哪些仅仅是想要的。虽然通常倾向于削减培训和用户支持之类的支出，但必须注意的是，如果不充分利用系统的投资，会更浪费金钱和资源。

一些机构有条件想得远一些，选择比初级功能更完备的系统，减少频繁升级的成本。在可能的情况下，机构应规划并建设一个当前看来过大的系统，因为过几年可能就看起来太小。具有更严格预算限制的机构可以采用能够满足当前需求且更小或更便宜的系统，但应尽力确保以后的扩展空间。

3.3 新系统收益监控

实施新的合同管理系统成本很高，且必须向高级管理层证明成本合理，因此衡量新系统的收益非常重要。最先进的系统可以自动跟踪和监控许多（即使不是全部）收益。表 1 概述了应该建立的基准数据，据此可以衡量收益。

表 1 提供了示例；每个机构都希望根据自己的标准进行自我监控。监测新系统的收益不仅有助于判断其费用是否合理，而且还有助于确定系统中需要修改的方面。

表 1　可用于衡量新的合同管理系统收益的标准示例

基准数据	可衡量的收益
搜索和管理合同所花费的时间及资源	提高合同管理效率，节省了员工时间，可额外用于执行其他任务
提出成功建议的价值减去失败建议的价值	由于减少了研究与现有合同的潜在冲突的时间，增加了成功项目建议的价值和数量
受邀提出提案的价值，作为判断成功和失败提案的依据	提高在合作者、资助机构、董事会和承包商中的声誉
没有合同时，需要支出的花费或承诺的资源	减少不存在或到期合同所引发的风险
未按合同提交的可交付成果数量	未按合同提交的可交付成果更少
延迟提交报告的数量。用于准备报告的资源	由于及时且毫不费力地处理了报告，无论是计划中的还是临时的，所节省的时间和资源
延迟付款的罚款	因为按时处理付款而节省的资金
破坏保密条款的次数	所遵守的保密条款

4 结语

管理合同和协议并不闪耀光鲜，但至关重要，尤其是在机构参与了具有多项权利和义务的复杂技术转让时。理想情况下，应在谈判任何合同之前建立合同管理系统。实施功能性系统的时间越早，更新系统就越容易。

确定系统要求，首先要在合同的全生命周期中平衡可访问性和数据安全性。其次是考虑可用资源，包括人员和预算。应在机构各层级的充分参与下，规划并实施合同管理系统，确保它成为有用的工具，而不是行政负担。

流畅的合同管理几乎是不露痕迹的，但是管理不善则显而易见：交易失败，机构声誉差，最糟糕的是诉讼。在管理上投资资源就像任何预防措施一样：您永远不知道它为您节省了多少时间和金钱。

ROBERT POTTER, *Senior Associate, Agriculture & Biotechnology Strategies, Inc., 106 St John Street, PO Box 475, Merrickville, Ontario, K0G 1N0, Canada.* rpotter@agbios.com

HILD RYGNESTAD, *Managing Director, Rygnestad Canada, 179 George Street, Apt. 306, Ottawa, Ontario, K1N 1J8, Canada.* hild@rygnestad.net

---

1 If negotiations are aborted, there may still be certain obligations that affect future deals. These include confidentiality agreements. Being aware of other types of information about the party with which negotiations were aborted, for example reasons for failure or specific problems encountered, may also be useful when future deals are being contemplated.

2 Knowligent has developed IP-Portfolio (an IP management system) and many lab-management software modules. www.knowligent.com/.

Computer Packages provides customized solutions for managing IP portfolios and collecting royalties. www.computerpackages.com/.

Inteum LLC is the maker of Inteum C/S®(the successor to a widely used system called DEALS), a program that manages the entire technology life cycle from negotiations to final obligations. www.inteum.com/.

InfoEd supplies module-based software for managing sponsored research programs, including technology transfer modules. www.infoed.org/.

O P Solutions Inc. provides software to the IP legal industry, including software for patent and trademark filing and prosecution management. www.opsolutions.com/.

Master Data Center provides IP management software, including installation of software systems and maintenance services. www.masdata.com/.

Knowledge Sharing Systems LLC makes Tech Tracs, a complete management system covering sponsored research, patent filing, and compliance with licenses and agreements. www.knowledgesharing.com/.

第 6.14 章

监管、评价和评估研发的影响

西布尼尔·菲夫利（SIBONGILE PEFILE）
南非科学与工业研究理事会（CSIR）研发成果部小组经理

▌译者 张熠 ▌审校者 李雪 张熠 林鉴非 殷宏

摘 要

关于发达国家通过投资科学研究和技术创新，获得社会经济利益及竞争优势的文献很多。对于发展中国家和新兴经济体而言，可持续发展取决于所建立和支持的研发机构，不仅要在科学方面表现出色，还要有效地分享知识和技术产出。研发活动的投资回报程度，以及预期受益的程度，对于投资者、政策制定者、纳税人、政府官员、发展机构以及研究机构本身都至关重要。本章提供了机构规划、监管、评价和评估研发（R&D）投入影响的能力建设指南。请注意，本章并不涉及衡量技术转移办公室管理知识产权的绩效，而是侧重于确定其所转移的知识和技术的社会经济影响。

1 引言

关于发达国家通过投资科学研究和技术创新获得社会经济利益和竞争优势的文献很多。[1] 人们公认，对于发展中国家和新兴经济体，可持续发展取决于建立并支持的研发机构在科学方面表现良好，同时能分享他们的知识和技术成果。[2] 研发投资的回报及其回报规模，对于决策者、纳税人、政府官员、发展机构，尤其对于资助研究和研究机构的各方而言，都至关重要。本章提供了机构计划、监管、评价和评估 R&D 投入对

Pefile S. 2007. Monitoring, Evaluating, and Assessing Impact. In *Intellectual Property Management in Health and Agricultural Innovation: A Handbook of Best Practices* (eds. A Krattiger, RT Mahoney, L Nelsen, et al.). MIHR: Oxford, U. K., and PIPRA: Davis, U. S. A. Available online at www.ipHandbook.org.

社会和市场影响的能力建设指南。应当指出的是，本章并未评估技术转移部门知识产权管理方面的绩效，而是侧重于明确所转移的知识和技术对社会及经济的影响。

发展中国家研发机构的研发资金有限，用于技术和知识转移的资金更少。发展中国家所面临的社会经济挑战，给研发机构带来很大压力，它们需要通过转移并运用创新，科学有效并高效地解决当地的社会和经济发展需求。发展中国家研究机构的主要职责是使研究成果应用于社会和地方产业。因此，至关重要的是，研究机构不仅要开展相关研究，还要最大限度地转移和传播研究结果来扩大影响。一个完善、全面有影响的监测、评价和评估框架有助于衡量研发机构为达到目标所付出的努力。此类框架可以在以下方面帮助研究机构：

- 提高研究资源分配的效率
- 改善项目决策的标准和有效性
- 更有效地指导未来的研究计划
- 获得调动资源的依据
- 根据经济回报和社会正面影响，对研究进行优先排序

技术创新是将研究过程中产生的想法转化为进入市场的新产品或改进产品，转化为工商业中使用的新的或改进的操作流程，或社会服务的新方法。[3] 监测、评价和评估技术创新所产生的影响应贯穿如下所述的整个研发过程：

- 研究和技术的产生阶段。包括基础研究、应用研究和试验开发。
- 技术开发阶段。在此阶段，研究所产生的知识与实践经验相结合，指导新产品的生产。
- 技术转移阶段。技术转移的重要内容是 IP（知识产权）管理。通常，研究机构需要管理知识产权、实现商业化或转移的路径以及有助于知识产权从实验室转移到市场的相关合同。
- 技术应用及扩散阶段。这个阶段是整个过程的关键节点，因为它标志着产品出现在市场上，达到一定深度并广泛传播。技术应用是在某个时间节点衡量的，并且与所转移技术的使用状况相关；技术扩散是指技术随着时间推移在整个人群中传播的过程。

监测、评价和评估技术所产生影响的强有力的框架系统应具有透明度并设立问责制。很重要的是，框架系统必须能够使机构有效地记录、分析并报告其研究和技术转移绩效。

2 框架系统

监测、评价和评估技术所产生的影响有不同的方法和过程。为了适应机构及其利益相关者的信息和报告要求，可以定制和组织评估技术影响的相关研究。图 1 展示了全面的监测、评价和评估技术所产生影响的框架（本章后续部分对图的各组成部分进行了详细描述）。

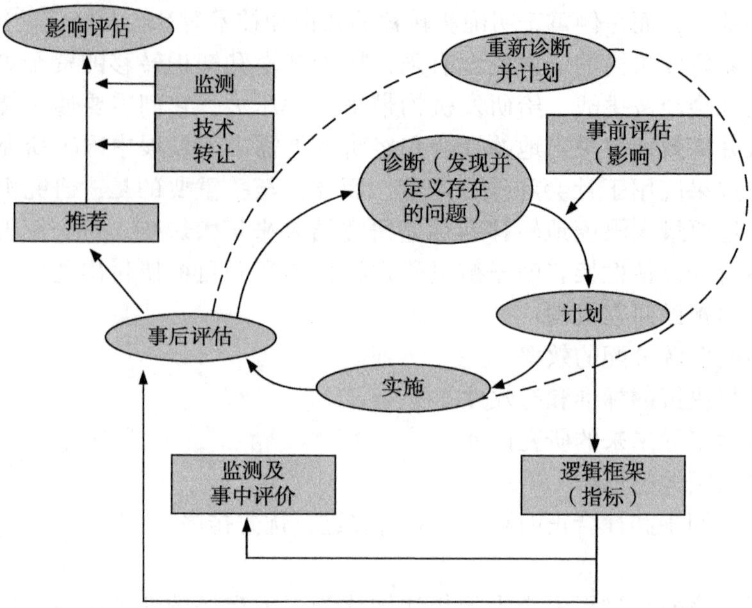

图 1　计划、监测及评价循环图

2.1　诊断

对于许多发展中国家而言，公众希望科学研究能够为健康、粮食安全、卫生、水、贫困和环境挑战提供解决方案。研究机构在这些重要领域投入了其有限的资源，他们的研究工作必须集中，才能对社会和经济产生最佳影响。因此，研究机构必须能够阐明科学可以解决的问题。在项目开始时，进行需求评估可以确定问题是什么，并为事前评估提供基准数据。诊断阶段应明确如下问题：

- 谁负责收集绩效信息？
- 正在收集什么信息？
- 绩效指标何时以及多久报告一次？
- 如何报告信息？
- 向谁报告绩效指标？

还应寻找以下信息进一步明确评估需求：

- 需要采取行动的问题，其性质和范围是什么？
- 可以采取什么干预措施来缓解问题？
- 谁是合适的目标干预人群？

诊断结果应形成文件，包括：

- 定义基准信息

- 设定项目目标
- 说明假设条件
- 详述测量指标
- 可与事后评估联系在一起，即在项目结束后进行评估

2.2 规划

一旦发现问题，应制订计划解释研究将如何应对挑战。逻辑框架可用于指导各种活动，并详述手段和结果。逻辑框架应包括如下信息：

- 为什么要开展项目？
- 项目有望实现什么目标？
- 项目将如何取得这些成果？
- 哪些外部因素对项目的成功至关重要？
- 如何评价项目是否成功？
- 评价项目成功与否所需的数据在哪里可以找到？
- 项目费用是多少？

此信息用于完成矩阵信息汇总表，这是设计和评估活动所必需的。表 1 说明了矩阵信息汇总表的样式。

表 1 逻辑框架结构

总结概述	客观可验证性指标（OVI）	验证的手段（MOV）	重要的假设
投入	• 自然资源水平 • 必要成本 • 项目开始的日期	• 信息来源	• 最初的项目假设
产出	• 产出规模 • 计划完成的数据	• 信息来源 • 使用的方法	• 影响投入-产出连接的假设
目的	• 项目结束状态	• 信息来源 • 使用的方法	• 影响产出-目的连接的假设
目标	• 实现目标的对策	• 信息来源 • 使用的方法	• 影响目的-目标连接的假设

逻辑框架（logframe）是评估者的有用工具，其具有以下优点：

- 明确说明分析所依据的假设，并允许对所提出的假设和预期结果进行事后分析，使项目评价变得透明。
- 明确要满足多重社会目标，而不是将收益缩减为一个数字。
- 非科学家的普通人也可以理解评价结果。因此，该工具可以用作权衡不同目标，从而阐明决策过程。

- 对于信息和技能的要求很灵活。可以合并社会成本、收益分析，利用输入/输出表和部分模型。可以与基础信息技能一起使用，尽管代价是假设更多及不确定性更大。

2.3 实施

实施是指实际的评价；需要数据收集、分析并报告。评估是系统评定指定时间的情况，无论是过去、现在还是将来。换句话说，评估是针对所设定的目标和目的，对项目的相关性、绩效、效率、质量和影响进行定期及系统的评价。评估旨在调查并确定以下事项：

- 干预措施是否已覆盖预期的目标受众
- 干预措施是否正在按计划实施
- 干预措施是否有效
- 干预措施的成本（相对于有效性和收益）是否低于收益

可以使用不同的监测和评估系统。选择时主要取决于以下注意事项：

- 应该评估什么？评估应基于项目设计。相关各方应就如何评估项目的关键问题达成共识。
- 应该为谁评估？应当确定评估结果的使用者，结果应符合他们的期望。
- 出于什么目的进行评估？这决定了措施的敏感性和所需要的准确性。
- 应该如何评估？评估人员与计划/项目经理要达成共识，评估方法是否真的能在所期望方向上测出发生的变化。
- 应该如何收集数据？应明确评价系统的设计，并就所需信息的准确性达成共识。
- 何时以及以何种形式提供需要的信息？应该在需要时以可用的形式提供。
- 谁收集、分析并呈现信息？这对于调整监测和评估系统以适应计划/项目的现实情况是必要的。管理人员不应低估分析和展示信息所需的时间。

有效评估应回答的具体问题是：

- 该计划是否有效实现了预期目标？
- 计划产生的结果可以以计划中没有的替代方案进行解释吗？
- 计划是否有非预期的效果？
- 向计划的参与者提供服务和收益的成本是多少？
- 该计划是否有效利用了资源？

决定使用哪种评估程序取决于许多因素，例如设定目标、可用时间、技能和资源。为作出选择，表 2 总结了数据收集设计方案及其不同特征。通常，数据收集方法包括事项清单、评分模型、成本效益分析、调查和案例研究。最好的方法是将几种不同的方法结合到一起，以平衡定量和定性信息。

持续的监控和评估流程可监测以下内容：

- 技术方面：商品和服务的实物投入产出
- 制度方面：组织和管理方面，包括习俗、任期、当地组织和文化背景
- 社会文化方面：更广泛的社会影响、资源和收入分配以及就业机会
- 商业方面：商业和金融，确保供给和市场需求
- 经济方面：经济效率，成本和收益
- 环境方面：生物和物理影响

表 2　数据收集方法设计及其特征

特性评估设计	成本	技术专长	可靠性	评估类型（主要用于设计）	能够衡量正在发生的事情	排除假设竞争对手的能力
案例研究：一次监测（实际 VS 计划）	低	非常低	低	报告	非常低	不存在
案例研究：两次监测（之前 VS 之后）	中	低	低	过程评估	好	低
时间序列设计（之前的趋势 VS 实际趋势）	相对较低（如果可行）	中等	中等	影响评估	非常好	中等
一次监测和一个对照组案例研究（有 VS 没有）	中等	低	低	形式评估	低	低
准实验设计（有变量）	相当高	相当高（有变量）	相当高	影响评估	非常好	好（变量）
实验设计	昂贵	/	/	评价研究	非常好	非常好

2.4　重新诊断和重新计划

如果监测和评估工作的结果表明，项目未按计划进行，则需要重新诊断和重新计划。重新诊断和重新计划要求不断改进监测过程，并且更改监测过程应与不断变化的需求和优先序保持一致。[4] 重新计划和重新诊断可能还需要返回到计划过程之前的步骤，以检查：

- 问题是否得到明确定义和描述
- 目标是否得到充分执行
- 是否开发了修订影响的模型
- 目标人群是否已经重新定义
- 交付系统是否已经过重新设计
- 是否修订了计划以监控影响和效率

评估时应考虑到研究计划是动态的。研究项目持续的时间越长，特定项目需要修

改和调整的可能性就越大。表 3 总结了研究项目处于不同阶段的设计、实施和评估要求。

表 3 评估计划指南

	创新的程序	已有的程序	微调
建立概念	• 问题描述 • 运营目标 • 建立干预模型 • 确定目标人群的范围和分布 • 指定传送系统	• 确定评估能力 • 建立评估模型 • 确定潜在的修正机会 • 确定责任要求	• 确定需要改变的程序 • 重新定义目标 • 设计程序的调整
开展实施	• 正式研发 • 实施监测	• 计划监督和问责制	• 研发计划完善 • 改变监控程序
进行评估	• 影响研究 • 效率分析	• 影响研究 • 效率分析	• 影响研究 • 效率分析

2.5 事后评估

事后评估发生在研究项目结束时，此时可以跟踪该项目的效果和结果，并将其用于研究项目。在此阶段：

- 项目完成后立即评估其性能、质量和相关性
- 如果确定了项目之前的基础、计划目标并收集了有关重要指标数据时，效果最佳
- 通常由专业的和外部评估人员完成
- 扩大标准，将用户满意度包括在内
- 应该是项目实施的内在组成部分
- 要求事前准备
- 综合使用访谈、实地访问、观察和可用报告等手段
- 提供可以系统采纳的未来活动的经验教训，例如事前评估和项目计划
- 通常仅对更重要的、创新性的或有争议的项目采取此步骤

从本质上讲，事后评估可以确定项目的影响力，并用来证明相关的责任。评估总结了项目的经验教训，为未来计划并建立对公共部门研究的信任提供了坚实基础。事后评估也可以用来证明资源分配的合理性。

2.6 建议

根据评估中得出的建议对收集的信息进行评估。评估还应审查：

- 哪部分结果与预期不同
- 哪部分策略产生了预期的结果，哪些没有
- 是否听取并考虑了代表性观点

• 所发现的结果应与谁分享
• 结果应以什么形式呈现

评估结果有多种用途，并有三种基本类型：直接型、间接型和象征型。[5] 直接型的评估结果是指所得到的信息或发现，直接在运营过程中改变决策及结果。间接型应用是指更加明智、渐进的过程，决策者对项目或程序所解决的问题具有更广泛的了解。间接应用研究结果是对结果的战略性或框架性应用。象征型应用是指评估结果在纸面上被接受，但并没有得到进一步使用。不幸的是，许多评估研究最终仅作为象征性的措施。当务之急是让技术转移评估不能仅仅作为学术活动而结束。当评估结果不能得到实际应用或使用时，不仅浪费了精力，在未来的工作程序中还会继续重复错误并浪费金钱。

2.7 影响力评估

评估研究的影响力旨在确定因果关系，并确定对预期受益者的改善程度。影响力评估具有时间的敏感性，因此，在整个项目期间应定期进行研究。研究所取得的影响力应衡量可供社会或行业使用技术的采用率。此类研究应评估目标受益人群的技术使用水平，并估算研发投资的收益。通过遵循这些准则，影响力研究应该能够确定技术产生和转移所产生的影响。影响力评估还应考虑衡量预期和非预期的结果，以及潜在用户和受益者之间的行为变化。由此产生的对生产力和生活质量的影响也应该是可衡量的，因此，应进行评估并报告。

在进行影响力评估时，通过收集有关用户数量、采用程度以及技术对生产成本和产出的影响等相关信息来评估。评估应该在不同的层级上进行（例如，家庭，目标人群，区域和国家；以及第一产业、第二产业或整个经济）。

技术存在不同类型的影响。衡量技术对生产和经济的影响，包括：

• 降低风险
• 增加产量
• 降低成本
• 减少必要的投入
• 创造就业
• 对其他经济领域的影响

衡量对社会文化的影响，包括：

• 粮食安全
• 减贫
• 妇女地位
• 知识和技能水平的提高
• 工作的数量和类型
• 利益在不同性别和地理位置上的分配

- 资源分配的变化
- 现金需求的变化
- 劳动分配的变化
- 营养状况

衡量对环境的影响，包括：
- 土壤侵蚀和退化
- 淤积
- 土壤板结
- 土壤污染
- 水污染
- 流域水文状况的变化
- 对生物多样性的影响
- 空气污染
- 温室气体排放

衡量对机构的影响，包括：
- 组织结构的变化
- 科学家人数的变化
- 研究团队组成的变化
- 多学科的趋势和改进
- 该项目获得的资金变化
- 公共和私营部门参与情况的变化
- 新技术或方法

2.8 工具

可用不同的研究工具来衡量一段时间内的表现。包括：（1）数据的二次分析；（2）同行和本领域专家对项目及研究方向的筛选；（3）案例研究和轶事传闻的定性描述；（4）矩阵方法。这些工具提供了丰富的信息并有助于对各种选项合理化和简化。

矩阵方法的例子有：
- 系统法。可以用来开展评估（此方法并不真正适合评估，因为很难实施。）
- 财务法。即成本收益法，考虑市场化的产出和商业资源（通常很难收集信息，并且某些因素无法进行财务评估。）
- 技术预测法。需要使用情景方法并允许因果关系逆转（此方法可用于预测，需考虑社会变迁。）
- 定量指标。例如，科学技术指标和衡量方法，纯描述性的方法和各类选择的集成（用指标度量各种基本的科学产出。）

为了选择最合适的研究方法，表 4 将研究的预期效果与评估方法和技术进行了对比。

表 4　影响力的评估方法和技术

影响力的类型	方法	技术
直接影响 • 机构变化 • 外部环境变化	调查，调整	单一比较/趋势分析
研究的直接产出	利用逻辑框架进行有效性分析	单一比较：目标 VS 实际状况
对经济的影响（微观，宏观，溢出）	计量经济学方法，盈余	生产函数，全要素生产率，指数方法和导数
对社会文化的影响	社会经济调查/采用调查	随时间进行比较
对环境的影响	环境影响评估	变量 • 定性 • 定量

2.9　指标

制订指标是评估过程中的关键步骤。指标最终会影响评估并影响评估的方式。总之，有 3 种评估方法可以使用，包括：（1）定性方法，如同行评议；（2）半定量方法，如追溯科学证据；（3）定量方法，如计量经济学指标。所选择的评估方法应取决于研究的评估目标和每个利益相关者的需求（表 5）。表 6 详细介绍了每种工具的优缺点。

表 5　不同利益相关者评估需求的清单[7]

评估行为	决策方	捐赠方	研究管理人员/项目领导者	研究人员
对整个系统进行评估	×	×	×	×
深度评估内容		×	×	×
事先对计划/项目进行评估		×	×	×
持续评估或监测研究活动		×	×	×
研究计划/项目的事后评估		×	×	×
对影响力的评估	×	×	×	×

表 6　评估工具比较

方法	研发时间框架	研发类型	优点	缺点
调整后的专家评议法（Modified peer review）	过去的、正在进行的以及未来的研发	所有研发	• 相对容易组织 • 可以提供有关潜在影响的有价值信息 • 可能是基础/战略研发的最佳方法 • 中低成本	• 依靠少数人的意见 • 仅限定性信息
用户调查法（User survey）	过去的、正在进行的研发	应用型研发	• 克服了受访者数量较少的问题 • 可以开发定量指标 • 中等成本	• 组织调查和分析结果可能很棘手 • 通常需要相当长的时间来识别用户、开发调查方法、分析调查结果
收益成本法（Benefit-cost methods）	过去的，在某些情况下可用于正在进行和未来的研发	应用型研发	• 可以对潜在利益进行合理估计 • 为评估研发项目提供结构和框架，使人们提出正确的问题	• 可能非常耗时且劳动强度大 • 结果严重依赖高度不确定的假设 • 由于成本和时间要求，只能用于数量有限的项目 • 成本相对较高 • 数据收集要求苛刻
成本效益分析法（Cost-effectiveness analysis）	未来的以及过去的（在一定程度上）	应用型研发	• 最简单 • 不需要收益信息 • 中等成本	• 没有任何证据可以证明任何替代方案都能产生超出成本的收益 • 如果其中一种替代品成本较低，但生产的产品质量低或造成了不同的影响，则评估变得更加复杂
案例分析法（Case study）	过去的	应用型研发	• 可以很好地说明研发及其产生影响之间的关系 • 可能是基础/战略研发的最佳方法 • 中等成本	• 通常无法将一组案例研究的结果相加，来衡量该组的总体影响 • 所得结果不能外推到非组内的其他研发项目
部分指标法（Partial indicators）	过去的、正在进行的以及未来的研发	所有研发	• 设定指标所需要的信息相对容易收集 • 可能是持续监测的最佳方法 • 相对成本低	• 单项指标一般只能主观相加，使对整体影响的评估更加困难 • 仅提供了非常局部的影响状况

续表

方法	研发时间框架	研发类型	优点	缺点
综合性的部分指标法（Integrated partial indicators）	未来的研发	应用型研发	• 一种确定研究重点的简单但结构化方法 • 迫使决策者明确考虑影响的关键性决定因素 • 相对成本低	• 严重依赖少数人的判断 • 在为不同指标分配权重时可能存在偏差
数学编程法（Mathematical programming）	过去的、正在进行的以及未来的研发	所有研发	• 更强大和更复杂 • 使人们能够选择最佳投资组合 • 可以处理多个变量的同时变化	• 数据要求苛刻 • 相对成本过高 • 评估过于多样化的一组研发项目不是特别有用 • 如果没有很好地定义标准或约束条件，就有可能得出一个荒谬的“最佳”解决方案
模拟法（Simulation method）	过去的及未来的研发	应用型研发	• 具有灵活性 • 可用于估计国家、商品或项目级的最佳研究水平 • 可以估计研究对价格、收入、就业或其他参数的影响 • 可以处理多个变量同时发生变化	• 有用，但必须准确反映技术进步和经济发展之间的关系 • 需要大量时间来构建和验证数据 • 成本相对属于中高水平
生产函数法（Production function approach）	过去的研发	应用型研发	• 提供更严格的影响分析 • 能估计边际回报率 • 在统计上将研发的影响与其他补充投入和服务分离开来	• 以过去的收益率预测未来，具有不确定性 • 数据要求高 • 选择合适的函数形式可能很困难 • 可能涉及大量的计量经济学问题 • 相对成本高

3 挑战以及成功的关键因素

监测、评价和评估影响力是一个复杂的领域。这里所描述的条件、方法和项目展示了各种挑战，需要在评估影响力研究中加以考虑。这些挑战中包括的研究和技术转移是无法预测的。某些研究成果是离散的，因此难以测量、跟踪和记录。而且，没有一种准确的方法可以客观地评估研发绩效。另外，还存在体制方面的挑战。利益相关者之间的有效沟通可能是一个问题，数据质量难以保证也是部分原因。而且由于评估往往集中于衡量近期、短期的收益，因此存在忽略研发长期收益的风险。此问题还与评估研究的频率有关。例如，欧洲联盟采用了一项系统，要求进行 3 项影响力评估研究：在项目开始之前进行事前评估，在项目结束时以及项目完成3年后进行事后研究。[6] 研究的频率可能会影响某一时段的重点。当然，如果没有建立任务和关键绩效数据等资源的收集、处理、存储及访问机制，就无法实现任何目标。技术转移经理需要开发必要的基础架构以获取有效和可靠的性能信息，并将数据用于决策。他们应该花时间与资助者就公共研发在国家创新体系中的作用达成共识。这样可以缓解必要的财政、人力和知识资源的短缺。

必须确定关键因素，关键因素如能到位，将提高评估的有效性。管理人员必须尽力汇聚以下的成功关键要素：

- 领导的承诺
- 责任心
- 概念框架
- 战略调整
- 知识渊博且训练有素的员工
- 有效的内部和外部沟通
- 积极而不是惩罚性的文化
- 与绩效挂钩的奖励机制
- 有效的数据处理系统
- 承诺运用考评结果和相应计划
- 足够的资源以及有效部署资源的权限

4 结语

有效的评估系统可以增强机构的能力，维持其在科学知识前沿的领导力。该系统应加强基础研究与国家目标之间的联系，如改善健康、环境保护、经济繁荣、国家安全和生活质量。这种评估系统还将促进合作伙伴关系的建立，促进基础科学和工程领域的投资，以及全面有效地利用物质、人力和财务资源实现社会及经济利益。

作为一种进度的基准衡量方法，了解其他组织如何衡量影响力会很有帮助。衡量影响力是了解科研正在实现其目标及研发项目在产生预期效果的可靠方式。没有衡量的过程，机构就无法根据其经济和社会目标，证明其在研发、知识产权管理、商业化和技术转移方面的努力是合理的。

最后，重要的是要花时间去消化、反思，并从评估过程中学习。教训，既可以来自成功，也可以来自错误。教训，不仅可用于纠正错误，更应用于改善未来。

SIBONGILE PEFILE, Group Manager, R&D Outcomes, Council for Scientific and Industrial Research (CSIR), PO BOX 395, Pretoria 0001, South Africa. spefile@ csir. co. za

---

1 Macfarlane M and J Granowitz. 2002. *Report to Science Foundation Ireland: Technology Transfer for Publicly Funded Intellectual Property*. Columbia University: New York; Rivette K and D Kline. 2000. *Rembrandts*

in the Attic–Unlocking the Hidden Value of Patents. Harvard Business School Press: Cambridge, Mass.

2 Idris K. 2003. *Intellectual Property: A Power Tool for Economic Growth.* World Intellectual Property Organization, WIPO Publication No. 888; Alikhan S. 2000. *Socio–Economic Benefits of Intellectual Property Protection in Developing Countries.* World Intellectual Property Organization, WIPO Publication No. 454(E); Dickson D. 2007. Technology Transfer for the Poor (editorial), *SciDev. Net*; 16 January 2007. Moreira M A. 2007. Technology Transfer Must be Relevant to the Poor (opinion), *SciDev. Net*; 16 January 2007. www. SciDev. Net (click on Dossiers, Technology Transfer).

3 Main definitions and conventions for the measurement of research and experimental development (R&D): A summary of the Frascati Manual 1993. OECD. Paris.

4 U. S. Department of Energy Office of Policy & Office of Human Resources and Administration. 1996. *Guidelines to Performance Management.* Washington, DC.

5 Mackay R and D Horton. 2003. Expanding the Use of Impact Assessment and Evaluation in International Research and Development Organizations. Discussion Paper, ISNAR.

6 Anonymous. 2003. Assessing EU RTD Programme Impact; Collecting Quantitative and Qualitative Data at Project Level: Designing Suitable Questionnaires for Measurement of EU RTD Programme Impact Study Contract No XII/AP/3/98/A. www. evalsed. info/downloads/sb1_research_development. doc.

7 Interest depends on the activity and the role of the stakeholder concerned.

第七部分

签署合同和协议，支持合作伙伴关系

第 7.1 章

管理知识产权的基本工具

——协议

理查德·T.马奥尼（RICHARD T. MAHONEY）
韩国国际疫苗研究所儿科登革热疫苗计划疫苗接种中心主任
阿纳托尔·克拉蒂格（ANATOLE KRATTIGER）
美国亚利桑那州立大学生物设计研究所研究员；
生物发展国际研究所主席；美国康奈尔大学兼职教授

译者 王迪 姚金玲 赵丽霞 **审校者** 欧阳石文 刘勤 张熠 殷宏

摘 要

公共研究机构可以利用多种协议保护并管理知识产权。这些协议是促进私营部门间竞争及降低发展中国家购买价格的有力工具。本章概述了几种主要协议的功能，并提出有效使用这些协议的策略，包括保密协议、材料转移协议、开发协议（被许可方负责进一步开发）、共同开发协议（双方协作继续开发）以及推广协议。本章讨论了这些协议的标准要素和模式的含义及用途，解释了所使用的术语和语言的含义及意义，并讨论了诸如产品责任、费用和许可使用费以及仲裁等关键问题。本章还强调了在谈判和执行协议的过程中建立并维持信任的重要性。

1 引言

公共部门许可专利的一个重要目标应该是促进私营公司之间的竞争。专利本身不会造成垄断和抬高价格，而专利则有可能运用不当，所以公共部门需要利用促进竞争和降低价格的许可策略来实现目标。

用于保护和管理知识产权的协议有很多种，其中包括保密协议、材料转移协议、开发协议（被许可方负责进一步开发）、共同开发协议（双方协作继续开发）以及推

Mahoney RT and A Krattiger. Agreements: A Review of Essential Tools of IP Management. In *Intellectual Property Management in Health and Agricultural Innovation: A Handbook of Best Practices* (eds. A Krattiger, RT Mahoney, L Nelsen, et al.). MIHR: Oxford, U.K., and PIPRA: Davis, U.S.A. Available online at www.ipHandbook.org.

广协议。

大多数协议事关两方，有些可能涉及三方或多方。公共部门或谈判方可以起草协议初稿。起草初稿的一方通常会占有优势，所以公共部门应该尽可能主动准备协议。无论哪一方提供初稿，都应该遵循良好的谈判原则，即提供一个双方都愿意签署的协议。好的协议对双方都有益。要达成协议，双方必须相互信任并且在整个协议实施过程中保持这种信任。如果双方相互高度信任，在情况发生变化时，任何一方要求重新谈判都可能更容易被对方接受。由于通过法律救济而执行国际协议可能比较困难，因此签署国际协议应视为其必须遵守的庄严承诺。

2 协议模板的使用和局限性

本章为每种主要的协议类型提供了模板或样本，《手册》在线版本还提供了来自世界各国不同机构的各种协议，所有这些协议都能以 Microsoft Word 或 Adobe PDF 格式下载。

模板协议不能也不应该被认为是“正确的”或“最好的”协议。任何协议都必须具体体现双方之间达成的交易，对于所有当事方来说，交易的优劣将取决于交易的目的和交易发生的背景。模板协议仅仅是一种例证，可以作为讨论和谈判的起点。在下面第 3 节中的协议讨论时，特别强调了适用于人道主义的相关条款。

如果审慎使用模板协议，以之作为双方谈判的起点，模板协议是有用的。模板协议可能相对完整，但是允许更改、删除或添加条款。然而，对于任何机构来说，制定含有主要条款的自用模板协议是有益的。在签署协议之前，最终的协议草案应由机构的律师进行审核（有时要在发送给对方审查之前进行审核）。

本《手册》[1] 在线版本包括来自许多不同机构的数百个可下载的协议。

3 协议的主要类型

建立长期合作关系的双方可以签署一系列协议，也可以签订一个或两个协议而将多个协议整合起来。当双方开展新产品开发和分销或改进产品时，应按如下顺序签署协议。

3.1 保密协议

涉及专有健康产品业务合作的讨论可能会包含保密信息，如实验室数据和其他研究数据、材料来源、生产方法、许可协议的性质、专门设备的详细设计、员工培训要求、开发人员希望出售产品的国家等。在与另一方进行认真讨论之前，签署保密协议是明智之举。除了保护保密信息之外，保密协议能确保双方都更加认真地讨论协议。保密协议传达了保密意图并保护保密信息，是衡量双方是否愿意继续合作的一项措施。这对于接收保密信息的一方尤其重要，签署后他们就可以提出任何合理的问题，并期望得到详细的答复。如果没有保密协议，对方可以拒绝提供敏感信息。谈判开始之后，特别是信任受损的情况下，再讨论保密协议将更为困难[2]。

3.2 材料转移协议

在签署许可协议进一步开发产品之前，准被许可方可能希望评估新的材料或产品，查看能否正常使用。虽然许可方愿意提供样本，但他们关心的是确保准被许可方不会滥用样本。滥用样本包括将样本的一部分转移给第三方，或者使用样本生产额外的材料以备将来许可协议未能签署时继续使用。通常推荐公共部门研究机构使用简单的信函协议[3]或者由美国国立卫生研究院[4]开发的“通用生物材料转移协议”和“执行函”。如果需要大量定期转移材料，例如植物育种者转移材料，简单的材料转移协议可能最适合，例如由国际水稻遗传评价网（INGER）[5]、亚洲不同国家的农业研究和推广体系和国际水稻研究所（IRRI）共同制定的协议（本章后文本框 1，另见本《手册》卷 2 末尾的附录，原文第 1853 页）。

3.3 合作邀请函

为了实现产品开发目标，研究机构往往需要与另一个机构合作，从实验室研究到许可推广，这种需求随时可能出现。例如，大多数公共部门研究中心缺乏高质量的生产设施，当公共部门的研究计划需要临床试验所需的原型产品时，可能需要找到合作伙伴。许多发展中国家被忽视的疾病需要协作开发高特异、高敏感、能够负担得起的诊断制剂，开展监测或临床试验诊断。合作伙伴是开发的重要成功因素，因此公共部门研究机构应该制定周密的办法筛选合作伙伴。可以通过发送合作邀请函来寻求合作伙伴，合作邀请应该广泛发布到国际期刊或其他媒体上，包括互联网和本机构的互联网主页。邀请函中可包含合作目标的摘要，制定明确的标准审查申请人的回复，并给所有申请人发送申请结果的报告。公开透明的程序（适当保护保密信息）能够建立公平的声誉。如果某一机构能够无可非议地迅速、有效、经济地承担这项工作，那么选择该机构作为唯一的合作伙伴是合适的。但是，应该清楚地记录唯一合作伙伴的选择过程，管理层应该能够清楚地解释为什么选择该机构作为唯一的合作伙伴（见本章后文本框 2）。一旦确定了合作伙伴，可以及时开展共同开发协议谈判[6]。

3.4 共同开发协议

如果研究和开发到了新阶段，需要进一步扩大工作队伍，而公共部门研究机构缺乏能力或不愿意分配新的力量，则会希望发出合作邀请、确定合作伙伴、达成共同开发协议。

根据初始所有者或产品开发者对产品的控制程度，共同开发协议差别很大。一旦引入合作开发者后，缺乏开发能力的独立发明人可能很难掌控产品的发展方向。而几乎完成了所有产品开发的大型企业，如果只需要开展产品新剂量的临床测试，就几乎可以保留完整的控制权（在这种情况下，企业可以与临床测试机构签署分包合同）。共同开发协议包括界定最终产品或其他产品的性质、各方在开发过程中的作用、各方投入的资源（财务、人员和机构）、项目管理的流程，中期目标（重要事件节点）和时间表，以及共享成功与失败的规定。项目管理体系尤其重要，常见的做法是成立由各方人员组成的项目管理委员会。协议中将特别规定各方成员数量、委员会权限、会见频率以及书面报告的要求（参见本《手册》的附录中的共同开发协议样本）[7]。

3.5 技术许可协议

这种协议是大学谈判中最常见的协议类型。它允许一方使用、制造或销售涉及对方知识产权的产品。该协议界定许可有效期限；被许可方可以制造、使用或在该产品的市场（地区）出售；是否允许分许可；前期费用和专利许可费的性质及数额；以及许可方是否有权获得被许可方开发的任何改进。许可协议中可能会出现许多其他条款，技术许可协议样本见附录，本《手册》的第 11 和第 12 部分包含许多涉及许可中特定要素的章节。

3.6 销售协议

销售协议同意被许可方获得许可方的产品或从第三方购买产品在特定市场上进行分销，规定了价格、数量、质量、标签、许可使用费等多种条件。该协议一般允许经销商安排临床试验、向国家许可审批机构提交所需文件，准备并开展产品推广。例如，公共研究机构可以安排某一商业公司制造诊断产品，但该商业公司可能并不打算在任何或所有地区销售该诊断产品。因为公共研究机构要把有价值的产品交给第二方，所以会非常谨慎地处理销售协议，尤其是在协议的谈判和实施阶段。在药物、疫苗和诊断领域，许可协议授予了被许可方以监管允许的方式在特定市场销售产品的权利。如果被许可方不履行义务或者丧失对产品的兴趣而致使许可终止，许可方和新的被许可方难以从监管机构获得新的市场准入证。所造成的延误将导致他们不得不重复执行耗资巨大的多重审批环节。在当地法律允许的情况下，解决这个问题的一个潜在办法是规定市场准入证可以经由许可方转让给其选定的第三方。销售协议也可以是建立长期合作关系的第一步，促进后期达成技术许可协议和其他共同开发协议。本手册的附录包含一份销售协议样本。

4 协议的标准组成部分

4.1 引言、前言和“鉴于”条款

为了阐明各方的总体动机和目标，开篇部分很重要，尤其是公私营机构之间的协议。它表明了各方认为各自的动机和目标相辅相成，并且协议的最终目标是实现双赢，需要以正确的角度来明确阐述各方签订协议的理由。如果双方出现纠纷，甚至最终要通过仲裁或诉讼解决纠纷时，引言部分介绍的信息是非常有价值的。

4.2 当事方

当事方是那些愿意达成协议的个体、公司或机构。大多数情况下有两个当事方，但也可能超过两个。协议可以在两个机构或两个个体之间，或者机构和个体之间达成。需要注意的是，如果其中一方是机构，那么整个机构都将受到该协议的约束。

机构的名称及其总部都应写入当事方的名称和地址列表中。一些组织设有地区办事处或具备签署协议权限的子公司，其地址可能不同于发送通知或资料的地址。

4.3 定义

任何协议都应以书面文字的含义为基础。许多单词或术语是具有法律意义的“专门术语”，如果使用的是在相应领域的标准含义，则不需要对其进行定义。通过在协议中明确术语定义，可以使律师起草协议时，能够精确、清楚地使用协议语言，并确保不偏离术语的形式或其含义。例如，作为一个法律术语，“幼儿”（infant）一词是指任何未成年的孩子，而不只是一个婴儿（baby），而“国外公司”是在任何司法管辖区成立的公司，但不一定是在另一个国家。如果对一个术语能否被正确理解存有疑虑，最好对其进行定义，以避免日后混淆。

4.4 保密

以“有形形式”披露的保密信息需要谨慎管理。保密信息应被放置在一个安全的、上锁的档案柜或有密码保护的计算机中，并标记为“机密”。只有签署了保密协议的工作人员才能访问这些资料。他们在拿走材料时要填写登记表，如果是电子材料，就要留下材料访问记录。口头传递的信息应尽快转化为书面形式，纸质材料调进调出要及时登记。科学家们通常会毫无顾忌地讨论研究结果并试图尽早发表结果。然而，如果以申报知识产权为重要目标，那么科学家应考虑如何在宣传成果的同时保护知识产权。解决这一问题的办法是让知识产权管理办公室就一项新的发明是否要申请专利进行迅速评估。一些技术转移办公室可以在30天内完成评估，不会造成不合理地拖延成果的展示或发表。永远要记住，保密信息具有商业价值，不正确地发表会造成实质性的损害。如果未经授权发表保密信息，保密信息的原始拥有者可以要求经济赔偿，此外，泄露保密信息也可能成为终止协议的理由。

4.5 地域和排他性

在许可协议中，地域是指允许被许可方制造、使用或销售产品的地理区域。主要适用于销售协议。地域可以是一个国家的部分地区、整个国家、几个国家或是全世界。被许可方是否要与同一产品的一个或多个其他被许可方分享销售区域取决于许可的排他性。许可方授予非排他性许可，将刺激被许可方之间的竞争，并在一个被许可方失败时提供替代分销商。对于健康产品，当针对单一国家的有限地域许可时，许可方只能采取排他性的许可方式，其中一个原因是获得国家许可审批机构的批准需要耗费成本和时间。很少有被许可方愿意自己单独承担审批成本而让其他人无偿享受。

一般来说，被许可方致力于获得面积最大的地域和最高排他权，寻求最大机会开拓市场、追逐利润，排除竞争对手。这通常可以降低被许可方的风险。技术可行性尚未证明的，被许可方的谨慎做法是将区域和排他性限制在项目成功所需的最低限度（至少在最初阶段）。许可方不愿意看到的情形是，与被许可方共同努力数年，其仍未能成功地开拓市场。折中的做法是，随着被许可方在业绩上不断突破，许可方可授予其越来越广的区域和越来越强的排他权。例如，被许可方在成功完成该区域的营销计划并对实施该计划进行了最基本的投资之后，可以获得新的地域许可。或者要求被许可方为每个获得授权的区域支付单独的许可费。支付款项的数额应该足够大，以确保持被许可方因其所支付的高额费用而切实在新的地域开发市场。一个好的经验法则是，只有被许可方有可能开发该市场的情况下，才授予其在该地区的许可。对许可方来说，主要考虑并计算达到产品财务目标所需的最小市场规模。排他性许可事实上造成了垄断，会导致公共部门难以负担产品价格。

4.6 产品责任

产品责任越来越重要，影响着健康产品业务的许多方面，从临床试验到产品价格，也增加了保险的成本。

所有的健康产品制造商和经销商都应该关心其产品的安全性。产品有可能伤害个人。预防性产品（例如疫苗）比药物更受人关注，因为前者是健康人使用的。当健康产品对个人造成伤害时，受害人理应得到伤害赔偿。不过，赔偿形式因国家而异。在发达国家，“产品责任”在一定程度上变成了彩票：个人经常依据公司的支付能力来获得巨额赔偿，而不是实际损失。有时赔偿数额相当巨大，以至于威胁到公司的生存，导致公司采取谨慎的态度对待责任，但减弱了公司进入新市场以及开发健康新产品的意愿。

在就许可进行谈判时，需要厘清关于责任的关键问题：谁应该承担产品责任？为什么？对于某些问题，答案很清楚。例如，制造商应遵守良好生产规范，并对生产过程中出现的任何失误负责。因为被许可方负责销售产品，公共部门许可方通常会期望被许可方承担大部分责任，许可方可以将被许可方承担产品责任作为授予许可的条件，增加被许可方仔细评估产品的潜在责任。针对许可方提起责任诉讼极为罕见。即使被指控，许可方也很少被认定负有责任。

但即使被许可方坚持许可方没有责任，也不能阻止许可方被列入诉讼名单。在美国和欧洲，诉讼辩护的成本可能会非常大，有时与判决认定的损害责任一样大。因此，许可方应要求并在协议中规定，由被许可方在合理范围内承担许可方应诉责任案件时所产生的一切费用。可以通过保险来支付这笔法律诉讼费用，许可方应要求被许可方证明已购买责任保险，并且保证保险生效。责任是一个非常重要的问题，公共部门的研究团队应当咨询高水平的专业人员。

4.7 预付费和许可使用费

许可可以传递价值。预付费和许可使用费代表着通过协议达成的价格。由于许可并不是在价格可以通过供求来设定的公开的市场上进行，所以每一次谈判都是独特的，反映了各方的评估结果。许可方有几方面需求。首先，许可方至少需要收回产品已经投入的费用或部分合理费用。其次，许可方希望可以获得稳定的收入。

预付费方式必须平衡两个问题。首先，应该足够高，在允许范围内满足许可方获得短期收入的需求，并保证被许可方勤勉地开发产品。其次，又不应该过高，以至于限制了被许可方投资产品并取得成功的能力。其他需要考虑的因素是产品的预期寿命和知识产权的期限。一个产品的寿命越短（如预计其他更好的产品会很快出现），许可方可能要求预付费越少，许可使用费也越少。如果许可是以专利为基础的，那么在专利有效期限结束时，许可费水平可能会下降，甚至会取消。许可专有技术时，许可期限更为复杂。对于这样的许可来说，合理但相对复杂的方法是，随着时间的推移，逐渐减少许可使用费，并且当双方都认为专有技术不再有价值时，费用最终降为零。这种情况可能发生在许可方停止使用专有技术的时候。但是，如果在整个产品生命周期内，专有技术对于成功地生产和销售产品都是必不可少的，那么就不需要改变许可使用费。此外，许可方可以不断改进专有技术，并将其转让给被许可方。在这种情况下，可能会长期收取许可使用费[8]。

重要的是记住许可策略的目标是最大限度地为公共部门带来益处。收取预付费和许可使用费是公共部门获取价值的两种方式——也许并不是最理想的方式。

4.8 仲裁

成功的协议是建立在相互信任的基础上，协议双方应在协议执行过程中努力保持信任。一些协议双方通常在同一个国家，可以在法庭上解决纠纷。然而，更普遍的做法是采用仲裁。需要考虑仲裁员的人数，如何选择仲裁员，他们的运作规则，仲裁地点，哪一方应该承担仲裁程序的费用（或者各方承担的费用份额），以及是否应由仲裁机构管理。

常规做法是，选用 3 名仲裁员。每方选择 1 名，然后由所选的这两名仲裁员选出第三名仲裁员。第三名仲裁员担任仲裁小组组长。仲裁员可以按照多种规则工作。通用的参考规则是国际规则，许多仲裁机构都有自己的仲裁规则。另外，大多数国家都制定了境内仲裁法律。选择仲裁地点时应慎重考虑这些法律。不同的仲裁地点会影响各方的成本。如果仲裁在一方当事人办公室所在地进行，另一方将必须承担出席仲裁所产生的费用。成本的分配可以在协议中加以规定，或者也可以由仲裁员进行分配。仲裁可能非常昂贵，这也进一步强调了需要确保最初的谈判尽可能地全面和具体。[9]

4.9 期限和终止

期限条款和终止条款明确了协议期限。起始日期可以是指定的日历日期，或者更常见的是最后签名的日期。当某些特定日期涉及税务问题或有必要确保一方不会延迟协议启动时，可能需要指定日期。

协议终止是一个更为复杂的问题。标准的协议终止条款应包括一方违反协议中一部分条款的情形。一方认为对方违约时，需要告知对方违约。通常会给予一段时间让所谓的违约方纠正或证明其没有发生违约行为。此外，由于情况可能发生变化，可能希望允许一方或双方在规定的通知期限（例如 60 天）结束后再终止协议。最好确定在何种情况下都允许终止协议。

4.10 司法管辖权、保证和通知

协议中应规定，如果发生争议，解决争议所适用的特定国家、州或省的法律。通

常以许可方所在地的管辖权作为司法管辖权，也可能因特定理由选择一个中立的第三方地点。

协议中的每一方都应保证其有权执行协议中的内容。例如，如果协议是关于专利许可，则许可方应保证其拥有专利权，并保证没有了解到存在侵犯专利权的任何情况。同时，这个保证也意味着，被许可方不能让许可方对任何对对方事先不知情的侵权行为承担责任。保证往往是对等的（即每一方都对对方保证同样的事项）。

协议中需详细说明各方正式通信所应直接送达的个人或职位名称、地址和其他联系信息。通知条款也应指明是否可以通过传真和电子文件接收信函。

4.11 其他重要条款

在某些类型的协议或管辖范围内，以下条款可能特别重要：

4.11.1 非法/不可执行的条款

在某些司法管辖区，最好纳入如下限制性条款：

> 如果具有管辖权的任何法院之后认为本协议中的任何条款是无效的、非法的或不可执行的，则这些条款应被视为与本协议是可分割的。只要本协议的其余条款符合双方的意图，不管因分割而放弃的条款如何，其他所有的规定、权利和义务应继续执行。

4.11.2 完整性声明

许多机构与特定的第三方达成了不止一项协议。在这种情况下应尽可能引用已存在的协议，并审查与任何新的协议是否一致。或者，该协议接受之前确定的限制事项。典型用语表述如下：

> 以上内容构成双方就此目的达成的充分而完整的协议。

4.11.3 适用的主体法律

在主体法律部分，双方阐明他们希望解释和裁定协议的地点。该部分并不总是必要的，但可以使未来的解释变得相对容易，特别是如果各方位于不同的国家。典型用语如下：

> 本协议根据______国在______省（或州，郡等）______的法律解释、分析和裁定。

4.12 签约人

应该由有权约束各自机构的代表签署协议。明智的做法是签署时写明代表的头衔，以明确该人代表机构而不是作为独立的个人签署协议。

在某些情况下，每个签约方需派不止一名代表来签署协议。例如，当材料被转移到某个科学家的实验室时，有必要确保该科学家充分认识到责任，因此科学家就可以列入签署人。

此外，大学的不同部门，甚至是法人实体，在引入许可和对外许可上都有一定的责任。例如，赞助项目的办公室可能负责接收材料，而负责大学发明商业化的基金会也可能在协议中持有股份。在这种情况下，至少有 3 位代表实体的签署人，其中 1 个人可以是首席科学家。

5 结语

没有协议是完美的。显然，有好的和不太好的协议（甚至有写得很差的协议或无效的协议）。更好的协议可能需要更长的时间来协商，但双方每次能成功达成协议就是好消息，这样会使谈判过程变得简单。花时间思考和讨论协议的条款有助于促进合作伙伴之间的沟通。如果能在早期进行协商的话，会使项目更容易成功。任何情况下，任何协议的关键是协议签署后双方的行动。协议应当是长期互利关系的开始。

RICHARD T. MAHONEY, *Director, Vaccine Access, Pediatric Dengue Vaccine Initiative, International Vaccine Institute, San Bongcheon-7dong, Kwanak-ku, Seoul 151-818, Republic of Korea. rmahoney@pdvi.org*

ANATOLE KRATTIGER, *Research Professor, the Biodesign Institute at Arizona State University; Chair, bioDevelopments-International Institute; and Adjunct Professor, Cornell University, PO Box 26, Interlaken, NY, 14847, U. S. A. afk3@cornell.edu*

---

1 www.ipHandbook.org. Included there are many actual agreements including confidentiality, material transfer (for germplasm, biological resources, materials for testing, research tools, and experimental animals), IP licenses for copyright, software, trademarks, trade secrets, and various forms of exclusive, coexclusive and nonexclusive licenses, as well as the Model Provisions for an Equitable Access and Neglected Disease License developed by the working group, based at Yale University, convened by Universities Allied for Essential Medicines. Other chapters in this *Handbook* also contain sample agreements including nonasserts, invention disclosure, licensing checklist, and more. Please refer to the index for a list of agreements.

2 See, also in this *Handbook*, chapter 7.2 by SP Kowalski and A Krattiger.

3 See, also in this *Handbook*, Box 3 in chapter 5.7 by AB Bennett.

4 See http://ott.od.nih.gov/policy/rt_guide_final.html and http://ott.od.nih.gov/NewPages/UBMTA.pdf.

5 The swift program at Cornell University and IRRI collaborated at the time for the INGER Training-Workshop on IPR, 17-18 July, 2001, Maruay Garden Hotel, Bangkok, Thailand.

6 See, also in this *Handbook*, chapter 17.10 by KR Schubert.

7 Ibid. and chapter 7.4 by MB Steinbock.

8 See, also in this *Handbook*, chapter 5.4 by BJ Weidemier.

9 See also, in this *Handbook*, chapter 15.3 by E-J Min.

10 Mahoney RT (ed.). 2004. Handbook of Best Practices for Management of Intellectual Property in Health Research and Development. MIHR: Oxford, U.K.

文本框 1：INGER 协作者开展水稻遗传评价的材料转移协议

国际水稻研究所（简称 IRRI），位于 MCPO Box 3127，Makati City 1271，Philippines，根据下述条款和条件，提供×××材料：

（1）所提供的材料并非为任何单个机构专用。

（2）如果接受者将材料分发给第三方，应书面通知 IRRI。

（3）如接受者未事先与 IRRI 进行书面协商，不得就本材料寻求任何形式的知识产权保护。IRRI 保留拒绝此类要求的权利。

（4）在适当时候和适当地点，使用该材料的情况应公布于众，接受者应以合理的频次向 IRRI 提供有关该材料使用情况的报告。

（5）IRRI 不就所提供材料的名称、质量或正确性进行保证或担保，并且不承担与材料或其使用相关的任何责任。

（6）在接受该材料转移协议的条款和条件下，IRRI 方能提供材料。收件人接收了该材料就被视为接受上述条款和条件。

接受者姓名（Name of Recipient）________________
职务（Title）________________
机构（Institution）________________
地址（Address）________________
电子邮箱（E-mail）________________
日期（Date）________________

文本框 2：合作邀请函

健康产品 A 的开发

目标

公共部门研究中心（The Public Sector Research Centre，PSRC）拟寻找一个或多个合作伙伴完成原型健康产品的下述任务：产业开发、制造、临床测试，以及获取国家监管部门的许可。

健康产品A可以多种不同的方式生产。PSRC认为，这些生产方法中的一种或多种可以用于商业化规模生产。

公共部门研究中心（PSRC）

［插入PSRC的情况介绍，包括管理、资金、研究计划、目标、历史和能力等］

______

______

______

参与的科学家

下列科学家及其合作者对附件中描述的健康产品A开发合成方法发挥了主导作用。［附上有关出版物的副本］

______

______

______

运作模式

PSRC有能力通过财政、技术和实物支持等多种手段推动健康产品的开发。

有意愿的公司可联系PSRC就开发项目启动协议谈判。

合作协议中可以包括下述内容：

- 产品开发，包括制造、辅助、包装、热稳定性等细节方面的协商。
- 分摊健康产品制造Ⅰ至Ⅲ阶段试验所需的成本。
- 评估并规划将健康产品引入私营部门市场。
- 评估并规划将健康产品引入公共部门市场。
- 与国家监管机构和世界卫生组织互动，制定监管标准。
- 在发达国家和发展中国家多类型人群中进行Ⅰ到Ⅲ阶段的试验。
- 在发达国家和发展中国家获得监管部门的批准。

知识产权

签署并执行适当的保密协议后，有关各方将讨论专利申请的细节。PSRC拥有广泛的专业知识，这是经济高效地实施健康产品开发计划必不可少的。

预期的产品

计划中的健康产品预计由__________组成。所附文件提供了有关健康产品具体制造方法的进一步信息。

在发展中国家，产品的主要用途预计是__________。在发达国家，健康产品可能在__________中使用。有关潜在市场的进一步讨论，请参阅以下内容。

提交意向书

请提交包含以下信息的信函：

- 你对这个项目的兴趣点
- 如果你愿意，可以总结一下你的组织能力和经验
- 其他合作者或合作伙伴的名称
- 说明所需的来自研究所的援助/协作类型

有兴趣的人请写信给 PSRC __________________。请在__________之前提交。

如需了解更多信息，请联系 PSRC [姓名 1] ___________________或 [姓名 2] __________________联系电话__________或传真__________，或通过 [电子邮件地址] __________________或上述地址写信给他们。

审查和签约程序

将联系有意向的人士，安排会议，制定合作协议。

健康产品 A 和合作科学家的背景

健康产品 A 涉及急性、慢性和__________。健康产品 A 在发展中国家和发达国家都有普遍需求，感染__________。感染终生存在。健康产品的递送主要是通过____________________。

与健康产品 A 相关的疾病是影响发病率和死亡率的重要原因。例如，在发展中国家__________。在发达国家，这会导致更高的发病率__________。

合作科学家简短的个人介绍 [作为附件包含]

健康产品 A 的市场潜力

科学和其他参考文献

来源：Mahoney[10]

第7.2章

保密协议：建立合作关系的基础

斯坦利· P.科瓦尔斯基(STANLEY P. KOWALSKI)
美国富兰克林·皮尔斯法律中心
阿纳托尔·克拉蒂格（ANATOLE KRATTIGER）
美国亚利桑那州立大学生物设计研究所研究员；
生物发展国际研究所主席；美国康奈尔大学兼职教授

译者 王迪 姚金玲 赵丽霞 审校者 欧阳石文 刘勤 张熠 殷宏

摘 要

保密协议（也称非披露协议、保密披露协议和秘密协议），是用于管理一方（提供方）向另一方（接收方）披露保密信息的合同。基于对保守秘密的承诺，保密信息才能进行交换。信息提供可能是单向的、双向的或多向的。保密协议中提供的保密信息可能涉及科学研究的结果和数据、化学成分和公式、软件开发信息、配方、实验室方法和商业秘密制造技术（有价值的专有技术和/或技术示范方式）。保密信息的价值恰恰是在于仅有少数人知道的事实，公开披露会对该价值造成损失。在许可谈判或获得知识产权之前应就保密协议谈判，并在提供方和接收方之间取得适当的平衡。保密协议既可以单独使用，也可以作为框架协议中的一部分。合理的保密协议应包括一系列标准条款和例外条款。在特殊情况下，如果提供方希望更慎重地保护保密信息，协议中还可以纳入额外的强化条款和明确的安全条款。

Kowalski SP and A Krattiger. Confidentiality Agreements: A Basis for Partnerships. In *Intellectual Property Management in Health and Agricultural Innovation: A Handbook of Best Practices* (eds. A Krattiger, RT Mahoney, L Nelsen, et al.). MIHR: Oxford, U.K., and PIPRA: Davis, U.S.A. Available online at www.ipHandbook.org.

1 引言：建立信任

在建立合作关系之前，双方必须建立信任。这种信任是保密协议的基础，通常也是发展互利关系的第一步。通常在许可谈判或获得知识产权之前商议保密协议。

无论是保密信息的提供方还是接收方，各自依据角度的不同，信息提供方希望接收方能够提供最大化的保护，而接收方则希望尽量减少限制。披露方往往希望把提供信息作为许可谈判或其他业务活动的第一步，或者按照技术诀窍许可协议的要求来提供信息。但接收方也需要理解协议中附加的约束条件和使用信息的能力等问题。总之，保密协议是在提供方和接收方的需求之间取得适当的平衡。

在合作期间或某些类型的许可协议以及材料转移时，保密信息通常会从一方转移到另一方。保密协议是协议中的最简单形式，保密条款通常作为组成部分纳入其他协议中。但是，也有为了披露保密信息的目的而单独签署保密协议的。需要注意的是，获取第三方保密信息并不总是一个好的选择。这些知识可能会对一些未来的重要研究造成障碍，或者对接收方的业务造成不利影响。

2 保密协议的定义

保密协议（也称非披露协议、保密披露协议和秘密协议），是用于管理其中一方（提供方）向另一方（接收方）披露保密信息的合同。信息提供可能是单向的，由一方向另一方提供保密信息；也可能是双向的，双方互相提供信息；或者是多向的，由三方或多方提供保密信息。

保密协议基于保密承诺而交换保密信息。保密信息是那些普遍不被竞争对手或公众所知从而具有价值的信息。这些信息可能涉及科学研究成果和数据、化学成分和公式、软件开发信息、配方、实验室方法、商业秘密制造技术（即有价值的专有技术和/或技术示范形式），等等。保密协议涉及的信息由于处于相对未知的状态而具有价值，因此公开披露这些信息会对其价值造成损害。

3 主要条款

保密协议的形式和篇幅不同，应适应特定的情况和法律环境，但是其基本构成和目的相同：确保对于第三方来说交流是保密的。除了任何协议的标准条款外，如合同条款模板，保密协议还包括一些重要的条款。文本框 1 提供了大学使用的一个相当典型的保密协议。

以下协议是单向保密协议的示例。对于双向协议，协议双方通常彼此负有相同的义务，原则上以相同的方式互相提供保密信息。本《手册》的网络版提供了来自不同组织的单向和双向协议的具体协议样本可下载。

文本框 1：单向保密协议

本协议于________（“生效日期”）生效，由________（“信息提供方”），位于________和________（“接收方”），位于________签订。

提供方有意向接收方披露某些保密信息，目的如下：

（“目的”）

因此，考虑到提供方向接收方提供此类保密信息，接收方同意如下条款：

1. 本协议中所使用的术语“保密信息”，是指提供方向接收方提供的任何技术或业务信息，以帮助达成相关目的，无论这些信息是否被明确指定为保密信息，无论这些信息是以书面、口头、电子或其他形式提供。此类保密信息应包括但不限于商业秘密、专有技术、发明、技术数据或规范、信息汇编、记录、检测方法、业务或财务信息、研发活动、产品和营销计划以及客户和供应商信息。

2. 保密信息不包括接收方能够找到的可以证明为已公开的信息，例如：

(a) 在根据本协议提供信息之前，其已被公开；

(b) 在根据本协议提供信息之后，所述信息已被公开，但并非因接收方的行为或不属于以未经授权方式所公开的；

(c) 由接收方在不使用保密信息的情况下独立开发或发现的信息；

(d) 无论是根据本协议提供信息之前还是之后，由与提供方没有信托关系的，并且对这些保密信息没有保密义务的第三方，在任何时候提供给接收方的信息；或者

(e) 根据所适用的法律或法规、法院或行政命令，必须公开保密信息，条件是提供方事先收到此类公开的书面通知。

3. 接收方同意其应当：

(a) 严格对所有保密信息进行保密，除了根据本协议，对于需要知晓这些保密信息的人，接收方可能会或允许向负责维护此类保密信息机密性质的董事、官员、雇员、参谋和顾问披露任何保密信息；

(b) 仅为本协议目的而使用所有保密信息；

(c) 在目的达成后或提供方提出要求之前，向提供方返还由接收方保留或控制的保密信息的所有正本、副本和文献综述、材料，以及其他有形信息。

4. 本协议的有效期为自生效之日起 1 年（“终止”）。

5. 本协议所规定的义务在终止后的 5 年内仍有效，但接收方将保密信息返还给提供方的义务应维持至其履行该义务为止。

6. 接收方承诺，提供方拥有所提供的保密信息和此类保密信息中的所有知识产权或由此产生的知识产权所有权。根据协议，接收方不得授予或暗示对此类权利的期权、许可或转让。

兹证明，双方当事人已执行本协议。

提供方	接收方
签名：__________	签名：__________
姓名：__________	姓名：__________
头衔：__________	头衔：__________
日期：__________	日期：__________

3.1 信息提供方

需要注意，提供方不一定是实际拥有保密信息的一方。相反，提供方是可以合法拥有这些信息并合法许可披露的一方。

3.2 接收方

接收方，特别是在大型机构中，是保密协议的缔约方。因此取决于披露的复杂程度，接收方可以是若干个不同的个人。在这种情况下，保密协议和披露按不同的阶段进行，例如，最初是一个人或一个小部门接收保密信息，如果接收方不确定机构整体是否真的需要接收信息，则在执行后续协议之前，可以先提名一位个人接收保密信息。一般来说，除非在保密协议中另有规定，否则接收方机构内的每个人都可以与本机构的其他人分享保密信息。但是，根据协议中关于披露的具体规定，信息披露可以仅限于“需要了解保密信息”的人员，或者某些部门，或者仅限于特定研究组内的科学家。

3.3 保密协议的目的

与任何其他协议一样，为了避免混淆及分歧，定义和描述协议的目的对于任何保密协议都很重要。可以这样表述：

……为评估披露方的×××技术，或者
……为评估签订的研究资助协议，或者
……为决定是否签署许可协议而评估信息

这些措辞就如何在保密协议限定的范围内使用保密信息，提供了一个额外的警告。也就是说，除了明确接收方以及保密信息的内容之外，协议的目的还可以进一步明确，或者限制信息的使用方式。

3.4 披露的限制条件

根据保密协议的规定，不能向非协议方的第三方披露收到的信息，即使这种披露符合与第三方单独签署的协议要求。例如，接收方认为，提供方与第三方有单独的保密协议，因而接收方可能会误认为该第三方已经从提供方获得了特定的保密信息，进而向该第三方披露保密信息。这种向第三方的披露是不允许的（除非提供方明确允许这种方式）。

3.5 重要的例外条款

保密协议中通常包括接收方承担保密义务的例外条款，这些条款一般不是谈判的重点。不同的协议可能包括不同的例外条款，以下是6种比较典型的情况：

（1）披露前已公布于众的信息。

（2）已为接收方知道的信息。

（3）在根据本协议提供信息之后，所述信息已被公开，但并非因接收方的行为或不属于未经授权公开的。

（4）由接收方在不使用保密信息的情况下独立开发或发现的信息。

（5）无论在本协议提供信息之前还是之后，由与提供方没有信托关系的，并且对这些保密信息没有保密义务的第三方，在任何时候提供给接收方的信息。

（6）根据适用的法律或法规、法院或行政命令的要求，而必须披露的相关信息，例如，依据大陪审团程序发出传票要求提供信息。

第四点对学术研究机构特别重要。下面的例子可以说明这一点：Yuri在一所大学的生物化学系工作。他与某一特定保密信息没有关系，也不了解这些信息。Yuri独立开发了一项创新，这项创新源于另一名研究者Irina使用的相同的普通知识，Irina在同一所大学的物理化学系工作。运用这些普通知识，Yuri开发完成了他的发明，并同时产生了有价值的数据。而Irina依据保密协议从BioChem公司获得了几乎相同的数据。Yuri在先已告知Irina自己拥有这类机密数据。

显然，Yuri和Irina两位教授在同一所大学工作，但分属不同部门。然而，Irina遵守的保密协议是BioChem和大学缔结的，由项目赞助办公室代表大学签署了该协议。而Irina从来没有与Yuri分享这些数据，所以Yuri对他自己开发的具体数据不承担保密义务。

现在参考上面第四点，如果保密协议中包含这项规定，即接收方（大学中的某人）没有使用保密信息，而独立开发或发现的信息，属于保密的例外情况，那么Yuri就没有保密信息的义务。如果Irina与BioChem公司的保密协议中没有包含这一例外条款，那么Yuri将不能将其创新信息公之于世，否则会给Irina带来违反保密协议的风险。一旦Yuri公布了他的数据，Irina也不再有义务保密她接收到的数据（假设数据是相同的），因为数据现在已是公开的信息。在起草研究机构的保密协议时，这是需要牢记的一个最重要的例外条款。

4 其他可能需要的条款

非授权声明。在一些保密协议中，提供方可能有必要声明双方对“披露保密信息”不存在任何分歧。这是为了防止接收方以后声称，提供保密信息意味着提供方给予接收方额外的权利或许可。这种限制可表述如下：

除本项目外，本协议中所包含的任何内容都不应被解释为有义务就项目或保密信息达成任何进一步的协议，或授权许可使用保密信息。

披露的限制。对于需要披露的信息数量可以给予某些限制。协议中可以这样表述：

披露的保密信息数量完全由信息提供方决定。

使用信息的限制。某些协议还包含一个特定条款，规定接收方使用保密信息时受到某些限制，例如：

未经提供方事先书面批准，接收方不得将保密信息用于商业性或非商业性研究（或用于制作原型；或用于获取监管审批）。

代表权。在某些情况下，接收方可能要求提供者具有代表权。这个问题可以用以下表述来说明：

保密信息的提供者表示，所提供的信息并不违反任何前雇主、现任雇主或对任何其他方的任何承诺或义务，信息提供者有权作出此类披露，并作出本协议中所述的承诺和内容。

在个人披露信息的情况下，需要此人具有代表权。

存档要求。至于是否应该将披露的保密信息进行存档，没有标准。特别是在学术环境中，提供方和接收方都是科学家，通过电话和电子邮件进行交流，在很多情况下会忽略或遗忘存档要求。但是，如果需要纳入类似要求，则可以使用以下条款：

在实际可行的范围内，保密信息应以文件或有形形式提供，注明“专有”或“保密”字样。当以口头或视频等非书面形式提供时，提供方有权，或如果接收方要求的话，提供方有义务在披露后的合理时间内对每一项披露的事实及其属性以书面形式予以确认。

强化保护的额外条款[1]。有时候，信息提供方可能希望保密协议提供尽可能多的保护。对提供方而言，当提供的信息极有价值、非常重要时，会有这种要求。在这种情况下，提供方可以在协议中纳入强化保护的额外条款。这些条款不会改变协议中规定的基本义务，而是阐明和强调所述义务的重要性。强化保护的额外条款可能包括：

- 接收方不得使用所提供的保密信息进行发明或其他有价值的开发。

- 如果接收方使用所提供的保密信息进行发明或其他有价值的开发，则其所获得的权利应归属于提供方。
- 接收方不得试图复制所提供的保密信息。
- 接收方不得为了调查保密信息的细节和详情而进行详细研究。
- 接收方不得为自身商业利益或以损害提供方商业利益的方式使用所提供的保密信息。

安全措施[2]。在任何保密协议中，安全措施是一个重要的考虑因素。协议中的共同条款规定，接收方必须以保护自己保密信息的相同安全措施对待披露的保密信息，或者以明确条款规定合理和适当的措施确保保密信息的安全。但是，如果提供方要求对所提供的保密信息建立并维持一个特定的安全级别，那么保密协议中可以包括如下规定：

- 保密信息必须存储在指定的上锁的存储空间中。
- 只有指定的个人才能获取保密信息。
- 严禁复制保密信息。
- 不能将保密信息带离存储场所。
- 任何时候查看保密信息都必须按时记录在日志中。
- 记载保密信息的所有文件都有唯一标识号码，并全部用红色标记为“保密”。

5 结语

在处理保密协议时（实际上任何协议都需要），要记住两条简单的规则：首先，如果双方之间没有建立互信，那么最好的办法是不要启动签署协议，不管协议多么简单；保密协议也可能推动建立合作关系所需要的理性信任，这种关系可能带来进一步合作和新机遇。其次，如果与另一方签订保密协议并接收了对方的保密信息，那么重要的是确保机构中每个有机会接触保密信息的人都充分了解保密的义务。

STANLEY P. KOWALSKI, *Franklin Pierce Law Center, 2 White Street, Concord, New Hampshire, 03301, U. S. A. spk3@cornell.edu and skowalski@piercelaw.edu*

ANATOLE KRATTIGER, *Research Professor, the Biodesign Institute at Arizona State University; Chair, bioDevelopments-International Institute; and Adjunct Professor, Cornell University, PO Box 26, Interlaken, NY, 14847, U. S. A. afk3@cornell.edu*

---

1 This section is based on UNICO. 2006. UNICO Guides: Confidentiality Agreements. UNICO; Cambridge, U. K. www.unico.org.uk. The UNICO Guide provides additional and valuable discussions on confidentiality agreements, including a range of template agreements.

2 Ibid.

第7.3章

关于材料转移协议的具体问题

阿兰· B. 班尼特(ALAN B. BENNETT)
美国加利福尼亚大学戴维斯分校研究办公室副校长助理；
美国农业公共知识产权资源联盟常务理事
温迪 · D. 斯特里茨 (WENDY D. STREITZ)
美国加利福尼亚大学戴维斯分校技术转移办公室政策、分析和校园服务处处长
拉斐尔 · A. 盖塞尔 (RAFAEL A. GACEL)
美国加利福尼亚大学戴维斯分校技术转移服务处、技术研究和工业联盟办公室副主任

译者 王迪 姚金玲 赵丽霞 审校者 欧阳石文 刘勤 张熠 殷宏

摘 要

在健康和农业领域，生物材料曾经可以自由而广泛地交换。但越来越多的材料具有商业价值，因此，公共部门以及私营公司已经认识到对这些材料采取专有保护或许是必要的。材料转移协议（Material Transfer Agreements, MTA）是规定在两方或多方之间转移有形生物材料的法律文件。MTA 是转移占有权但不是所有权的委托书：转让材料的一方保留完整的所有权；收到材料的一方以诚信的方式保管它们。另外，MTA 可能会包含知识产权（专利权）转移的许可条款。因此，MTA 可以是一种组合工具，涵盖有形财产（通过委托书和合同）和无形财产（通过专利权许可）的转移。使用 MTA 转移的生物材料包括试剂、细胞系、抗体、研究工具、插入突变群体、基因组序列数据库、新型载体和植物遗传资源。由于机构的优先目标不同，私营部门和公共部门之间的材料转移通常比公共部门机构之间的材料转移更为复杂。

1 引言

生物材料共享的历史很悠久，例如植物种质资源或遗传资源等，而且大部分都是免费的，往往没有签署任何形式的法律协议。但在健康领域的研究中，这种情况并不

Bennett AB, WD Streitz and RA Gacel. 2007. In *Intellectual Property Management in Health and Agricultural Innovation: A Handbook of Best Practices* (eds. A Krattiger, RT Mahoney, L Nelsen, et al.). MIHR: Oxford, U. K., and PIPRA: Davis, U. S. A. Available online at www. ipHandbook. org.

典型，具有潜在治疗用途的试剂、细胞系或抗体，一般会根据特定转移协议规定的条件进行转移。在农业和卫生健康研究中，日益复杂的研究方法很大程度上依赖于由其他研究人员创造的生物或生物信息资源，极大地增加了研究人员共享研究工具的需求。联邦机构［特别是国家科学基金会（National Science Foundation，NSF）］、国立卫生研究院（National Institutes of Health，NIH）和私营公司投资开发主要用于进一步发掘基因功能或基因调控的基因组资源，进一步推动了这一趋势的发展。这类生物和生物信息资源（例如插入突变群体、基因组序列数据库和新型载体）在共享方面常常存在问题，因为它们属于能够产生有价值成果的研究工具，会引起归谁所拥有或控制下游成果的问题。

国立卫生研究院（NIH）认为，研究工具的共享对未来研究的发展非常重要，因此针对 NIH 资助研究项目的材料转移发布了适当条款[1]。同样，NSF 发布了数据和材料转移指南，并要求研究者描述所开发材料的转移时间、限制条件和发放方式，尤其是针对产生研究资源和工具[2]的项目（如植物基因组研究计划）。

对植物遗传资源自由交换的关注度日益增加。即使是致力于种质资源自由交换的植物遗传资源中心，现在也利用特定协议管理种子的转移，哪怕只是为了规定接收者不能以该材料［非洲水稻中心（the African Rice Center），WARDA；文本框 1（见本章最后）］[3] 申请知识产权（IP），或确保接收方理解不提供所转移材料［番茄遗传资源中心（Tomato Genetics Resource Center）；文本框 2（见本章最后）］的保证。

科学家一直以来都在自由共享研究材料，事实上，科学出版物的一个重要标准就是其他研究人员能够再现试验，从而验证发表的结果。再现结果往往依赖于使用生物材料或信息，但是如今不能再确保可以使用。到底发生了什么？最重要的变化是基础研究与商业发展之间的差距在缩小，尤其是在卫生健康研究领域，农业领域也是如此[4]。那些曾经几乎完全用于基础研究的材料，具有越来越高的直接商业价值。这一趋势催生了一类研究人员和公司，他们专注于利用新颖的研究工具发现新的具有商业价值的特性、基因或化合物。对于企业而言，如果不能保护商业利益，他们可能不愿意共享“皇冠上的宝石”（创新成果）。借助《拜杜法案》，许多大学积极利用专利制度将研究成果转移给产业。另外，大学越来越多地开展企业资助的研究。这些情况使大学也有了类似私人公司的担忧。因此，本来对大学使用其资产不甚关心的公司，现在在一定程度上会担心其专有材料可能会产生有价值的发明，甚至可能会促进竞争对手的商业利益。大学和非营利研究机构也对研究材料有了更多的认识和保护。结果是在科学家之间，特别是产业科学家和大学科学家之间研究材料的自由转移缓慢而稳定地消失了。

随着研究的不断规范化，需要在材料转移协议（MTA）的规定下开展研究材料的共享。MTA 是一种法律协议（委托书），用于管理双方之间有形财产的转移。例如，加州大学戴维斯分校于 2005 年执行了 470 余个 MTA，自 2001 年以来，这个数字每年都在增加。与此同时，MTA 的复杂性也急剧增加，限制和义务可能远远超出材料本身，延伸到利用材料和/或衍生材料所创造的数据和发明。因此，MTA 已经开始呈现出类似许可协议的复杂性，并且需要高水平的技能和时间来确保在不影响关键原则的情况下执行 MTA，而不会与其他协议冲突。因此，MTA 可以成为组合工具：涵盖有形财产（通过委托和合同）和无形知识产权（通过专利权许可）的转移。更为复杂的是，MTA 的条款可能会规定使用所转移的材料而产生的知识产权未来如何分配。

由于 MTA 是两方或多方之间的契约性协议，这些协议通常不具有专利技术的地域或时间限制（专利是地域性的，由国家颁发，有期限限制，通常在申请之后 20 年），因此，MTA 的范围远远超过专利权。值得注意的是，水稻品种“Golden Rice”相关产权的评估显示，其开发中使用了 44 项专利产品或工艺，以及至少 15 种材料[5]，其中许多是按 MTA 管理的。Potrykus 报告，分析围绕“Golden Rice”布局的知识和技术产权时，MTA 提出的限制条件造成了特别的障碍[6]。

大学使用 MTA 接收并传播材料的经验不断增加，公司也是如此。某大型制药公司表示，2000 年有 6 名管理人员处理了 1000 余个 MTA，其中许多协议经过了漫长的谈判。一些公司质疑与大学科学家交换研究工具是否值得。[7] 根据我们自己的经验，公司法律部门往往不太重视从企业向大学转移研究材料的协议，特别是这种转移往往是附属于主要的商业利益，或实际上可能只是一种妥协。我们估计，从企业向加州大学转移材料的 MTA 中，有 10%~25%的 MTA 从未被执行，因为这些条款与基本的学术原则相冲突或产生了大学无法履行的法律义务。MTA 无法被大学接受的条款有几种，比如规定提供方拥有使用该材料所产生数据的所有权，这一条款可能会阻止出版物发表，或阻止这些材料用于继续研究。因此，总的来说，对于大学而言，研究材料交换在不断增加，且这种交换确实非常重要，但大学和私人公司都难以找到简单的方式分享这些资源。正如 Eisenberg 所总结的那样：“虽然存在许多不同的观点，但大多数相关的人士似乎都同意，问题是在增加而不是减少。”[8]

2 什么是材料转移协议

从根本上说，MTA 是一种委托，即有形财产的转移，而不是转让所有权。根据这样的协议，提供方继续持有所转移财产的所有权。接收方按照合同规定的具有法律约束力的条件持有被转移财产。因此，合同用于规定双方或多方之间有形生物材料的转移。除提供方所拥有的有形财产权外，材料可能是专利或专利申请的客体。在这种情况下，MTA 除了有形资料的转移外，可能还需要考虑知识产权的转移。知识产权的转移可以以许可的形式进行，例如制造、使用、出售等，也就是说，许可他人去做，而未经许可就会侵犯提供方的知识产权。如果提供方和接收方没有研究协作计划，仅转移研究材料，可以通过 MTA 附带的单独合作协议进行安排。MTA 规定了提供方和接收方对材料和衍生材料的权利。

在大多数机构中，研究人员无权代表所在的机构签署转移或引入材料的 MTA。MTA 必须经过授权机构官员的审查和批准，未经机构官员签署的协议可能无效或无法执行。这些职能通常由研究管理办公室或知识产权和技术转移管理办公室负责。由于使用材料的研究人员最终负责履行 MTA 的义务，所以大多数 MTA 都要求材料的接收者签名，确认他们知悉协议中提及的责任和义务。

3 材料转移协议的架构

MTA 的篇幅不等，可以从一页几百个字到十几页几千个字。美国国立卫生研究院（NIH）的“关于材料转移的简单协议书”［文本框 3（见本章最后）］是一个简单易懂的单页 MTA。简单协议书不需要谈判，美国各地的学术机构都可使用其来转移材料。对于由多个学术机构或非营利机构组成的研究联盟来说，可以修改此类协议，为联盟成员之间简单的材料转移提供保护。对于材料创新程度和专有程度很高的公司，需要数年时间的谈判才能达成复杂冗长的 MTA。

加州大学戴维斯分校使用的标准 MTA［文本框 4（参见本章最后）］，是大学之间提供材料的 MTA 模板。一份 MTA，无论其长度和复杂程度如何，都可包含以下多个或全部内容：

- 前言
- 定义
- 材料的使用说明
- 保密信息
- 知识产权
- 担保
- 责任和/或赔偿
- 出版物
- 适用法律
- 终止
- 签名
- 附件或附录

3.1 前言

MTA 的前言概括了 MTA 的基础框架，并为下文中具有法律约束力的条款和条件奠定基础。前言明确协议的各方，指定 MTA 的生效日期。前言也可以包括各方的地址，甚至可能包含对材料的描述或鉴于条款、研究目的及各方意图。

3.2 定义

可以在 MTA 中用一个单独的部分来定义具体术语，例如材料、材料的使用、修饰或发明，也可以在术语首次在协议中出现时定义它们。还可以用一个单独的定义部分定义整个协议用到的术语，而对于仅在一两个部分中出现的术语，则在它们首次出现时进行定义。

材料的定义应限于被转移的实际材料，包括子代和未修饰的衍生物，不应包括材料接收方所创造的物质和发明。“统一生物材料转移协议”（the Uniform Biological Material Transfer Agreement，UBMTA）定义的子代是原始材料未经修饰的后代。子代可以包括来自病毒的病毒、来自细胞的细胞或来自有机体的有机体。根据 UBMTA，未经修饰的衍生物是由接收方创造的物质，构成未经修饰的功能性亚基或所提供原始材料的表达产物。未经修饰的衍生物包括：原始材料的纯化物或分馏的馏分；子代或其产物；未修饰细胞系的亚克隆；转录和翻译产物，如来源于提供的DNA的RNA和蛋白质；逆转录和反向翻译产物，如使用提供的RNA在模板上合成的DNA；由杂交瘤细胞系分泌的单克隆抗体，以及化学合成的拷贝。由于提供方通常主张材料的所有权，因此材料的定义不应过度延伸到修饰、衍生物、杂交后代（动物）、突变体或提供方没有提供的其他物质。

3.3 材料的使用

MTA规定了接收方使用该材料时哪些情况是允许的，哪些是不允许的。通常MTA中会留有一个空白区域，供研究人员添加对材料进行研究及使用的描述。有时，MTA中用一个单独的附录详细描述预期的研究用途。MTA通常禁止接收方以原定研究目的之外的方式使用这些材料，也会禁止将提供方的材料在人体上以及用于食用植物和动物体上进行测试。其他禁止性条款可能包括将材料用于第三方拥有知识产权的研究，或与第三方的其他材料一起使用，或将材料转让给第三方，甚至转让给接收方机构的其他研究人员。最后，大多数MTA都禁止将这些材料用于商业目的。

3.4 保密信息

通常，材料提供方在MTA表单上会列出专有或保密信息。因此，MTA可能包含保护提供方保密信息的条款。保密信息可以被定义为“与材料相关的书面或其他有形的信息、数据或材料，提供材料时确定为保密信息”。但是，保密信息中不应该包括以下信息：

- 向接收者提供时已广为公众所知的
- 提供方提供时已为接收方所拥有的
- 由有权作出披露的第三方以非保密的方式向接收方提供的
- 由接收方独立开发的，并没有使用提供者提供的保密信息，且有书面记录为证
- 依照法律或政府的规定或法规需要进行披露的

MTA中应说明上述信息不被视为机密的原因。

MTA中可以规定，保密信息的接收者将其作为保密信息，并在一定时间内保密。长期保密，例如5年以上，可能对大学来说非常困难。一般来说，MTA可能要求将所有保密信息标记为“秘密”，并且以书面形式保存。将保密信息以书面形式保存会给双方带来额外的行政负担，但这样做更容易使接收方明确知道哪些信息必须保密。

MTA中可以规定，接收方只能将提供方的保密信息披露给需要知道并使用保密信息的接收方人员。MTA可以要求接收方采取与提供方保护保密信息相同的步骤和方法，防止未经授权使用或披露提供方的保密信息。在交换保密信息时，这些要求通常是适当的。

3.5 知识产权

几乎每个MTA都涉及知识产权事宜，例如发明的公开、专利的审批和植物品种保护证书，以及授予期权和授予许可。知识产权术语也许是最具挑战性的谈判语言。MTA可能采用宽泛的知识产权语言，可能涉及研究人员和/或机构过去的发明和未来的发明，可能与提供的材料关系很少或根本没有关系，并可能影响研究人员继续开展相关研究的能力。

MTA可以规定接收方向提供者披露、转让和/或许可任何发明，且不收取任何使用费和其他费用。虽然大多数机构会同意许可某些权利，但他们通常无法转让一项发明，因为这样做可能会违反：

(1)《拜杜法案》，如果这项发明是由美国联邦政府资助的研究而产生的。

(2) 1986年颁布的《税收改革法案》（Tax Reform Act），如果使用了美国联邦政府发行的用来建立或改善研究设施的免税债券。

(3)《美国国立卫生研究院研究资助获得者及获取并传播生物医学研究资源协议方的原则和指南》，如果签署了该协议而协议限制研究材料的可获得性。

(4) 机构自己的原则、政策和惯例，如不是为公共利益而研发发明。

(5) 其他法律、法规、规定和政策。

一般来说，向材料的提供方授予部分知识产权是合理的。例如，在法律允许的范围内，接收方可以就任何必须使用或必须包含该材料的发明授予非排他性的免费研究许可，这些发明在研究过程中产生并首次付诸实践。很多情况下，接收方可以针对这些发明授予非排他性或排他性商业许可谈判的优先权或期权。某些情况下，当提供方提供的是具有创新性和市场价值的化合物时，如果提供方担心自己将材料用于新用途时受阻，特别是当提供方正在开展或资助类似的研究时，那么接收方可能必须将此类发明的非排他性的、免使用费的研究权许可授予提供方。

3.6 担保

MTA几乎总是规定，材料不附带任何担保责任。典型的担保条款，通常以大写字母书写，内容如下：

> 提供方不代表任何人，不作任何形式的保证，无论是明示的还是暗示的。不对某一特定用途的适销性或适用性作明示或暗示的保证，也不保证使用该材料不会侵犯任何专利、版权、商标或其他所有权。

该段文字几乎总是用大写字母书写，以突出本条款。

3.7 责任和损害赔偿

MTA通常规定，由材料接收方承担其使用、储存或处理以及修改材料所造成损害的全部责任。此外，许多提供方会规定，由于接收方使用、储存或处理材料所造成的任何索赔、费用或其他责任，接收方都要赔偿，以保护提供方免受损失。许多州立机构，例如亚拉巴马州、佐治亚州、肯塔基州、纽约州和其他州，被禁止向其他方进行赔偿，并且必须在国家法律允许的范围内限制赔偿额度。除了接收方的责任外，一些MTA还规定因提供方的疏忽或不当行为而导致接收方提出，或其他任何一方对接收方提出的损失、索赔或诉求，由提供方负责。

3.8 出版物

MTA中规定无须经过提供方的批准，接收人能够发表或展示使用材料所获得的研究结果。MTA可以要求接收方在发表或展示之前向提供方发送任何拟提交的稿件、摘要、海报或演示文稿的副本，以便提供者可以进行审查、提供建议或请求删除提供方的保密信息。对大多数提供方来说，30~45天的审查时间是足够的，而且大多数学术性的接收方都可以接受。MTA可以延迟一段时间出版或展示，以便提交专利申请。对于大多数提供方来说，30~45天的时间足够。MTA中还可以要求接收方在任何出版物或展示中向提供方表示感谢。

3.9 适用法律

MTA可以规定受某一特定司法管辖区、州或国家的法律管辖。当提供方和接收方位于不同的司法管辖区、州或国家的情况下，可能会出现问题。大多数提供方和接收方会同意对适用法律不作指定。

3.10 终止

MTA应规定协议的有效期。否则，接收方的义务将会永远持续下去。对于提前终止MTA的，双方应事先书面通知。当MTA到期或终止时，通常要求接收方停止使用该材料，并要求其返回或销毁剩余的材料。终止条款也可以描述终止后仍然延续的某些义务，包括保密、知识产权、担保、责任和赔偿等方面。也可以通过双方的共同协议延长MTA期限。

3.11 签名

签名部分通常是MTA的最后一部分。典型的MTA可能包括以下个人签名：

- 接收材料的机构或公司的授权人员
- 接收材料的研究人员
- 提供材料的机构或公司的授权人员
- 提供材料的研究人员

一些MTA只需要材料接收方的授权人员和/或研究人员签字。研究人员可签署承认、阅读和/或理解MTA，但不应作为MTA的法律责任人签署。若作为法律责任人签署，则可能会使他们面临承担个人责任及被起诉的风险。

3.12 附件或附录

MTA 可以包括附在协议末尾的附录或附件。在许多情况下，附件是对研究、协议或一长串材料的详细描述。有时候，保密信息会被放在附件或附录中，这样做比放在协议正文中更容易编校。

4 大学之间的材料转移

大学科学家之间的材料共享，通常比产业和学术界之间转移存在的问题要少，这主要是因为每个参与交换的机构具有相似的文化和动机。在美国，大多数大学转移材料用于学术研究目的很容易，除了不经批准或通知不得将材料转让给第三方外，通常没有任何限制条件。这些转移通常使用 NIH 制定的统一生物材料转移协议（Uniform Biological Material Transfer Agreement, UBMTA）[9]、NIH 简单协议书或者类似的慈善协议来完成。UBMTA 包括对要转移材料的狭义定义，没有给予提供方"原始材料、子代和未经修饰衍生品"之外的权利。这种狭义定义不"延展至"新材料和新研究成果，这是大学之间协议的标志，有助于促进材料的转移。

当学术机构之间转移出现问题时，通常是由于该材料获得排他性许可，并且协议条款对提供方进行了限制。但是，这一问题通常是可以避免的，尤其是如果这种排他性许可保留了可以内部研究使用材料，以及将材料转移到其他学术机构用于研究的权利。例如，加利福尼亚大学通常将以下条款纳入其专有许可协议：

> 本协议中的任何内容均不会被视为限制"……董事会"（即大学）制定和使用……发明及相关技术的权利，并允许其他教育机构和非营利性机构为教育和研究目的而使用。

5 从私营公司到大学的材料转移

私营公司和公共部门机构之间的材料转移通常要比大学之间的转移复杂得多，而且更容易失败，特别是从公司向大学研究人员转移材料[10]。此类 MTA 的哪些特点造成了困难，特别给大学造成了困难呢？与普遍的看法相反，大多数大学关注的主要问题并不是从未来的发明许可中获利的能力，而是围绕：

- 基本的学术原则
- 避免产生无法支付的债务
- 避免与第三方产生法律冲突的义务

这些问题主要反映了多数大学对机构基本使命的保护与重视，以及对金融或法律风险的容忍度很低。

5.1 研究成果的传播

对大学和研究人员来说，最明确和最基本的原则是能够不受限制地发表研究成果。当提供方要求对出版物进行编辑或批准，以及存在不批准的可能性时，MTA就限制了研究成果的自由发表。MTA中也会出现间接限制公开出版的条款。例如，规定材料本身为机密，会造成无法公开出版。特别需要注意的是限制公开发表对学生会造成严重的后果，学生的未来在很大程度上依赖于公开发表。这是大学不能妥协的原则，且已得到广泛认可，以至于人们认为没有公开讨论的必要。然而，这种情况时有发生。

通常情况下，材料提供方的根本关注点不是限制学术出版，而是保护与材料相关的保密信息，并维护所产生发明的可专利性。这两种关注点都是合法的，通常可以通过从公开出版物中删除公司的保密信息，并在有限的时间（通常为60~90天）推迟公开发表等措施，允许对发明的潜在可专利性进行评估，并适时提交专利申请，以此来满足上述需求。大学会同意这类规定，但对进一步限制公开出版无法容忍。

5.2 研究成果中蕴含的权利

大学需要保证研究人员在未来研究中能够使用自己的研究成果。这似乎是显而易见的，但是如果材料提供方坚持主张拥有源自其材料（有时包括数据、发明和报告）的研究成果，研究人员和大学就有可能不能获得自己的研究产品，由此导致很难开展后续的研究，即使不是完全不能开展。如果提供方对大学研究人员使用其专有材料所创造的新物质主张所有权，有时延伸到不含任何形式原始材料的物质或合成物（通常被称为延伸权），就会出现这种情况。这种类型的规定也可能对公开发表产生影响，因为许多期刊要求论文中讨论的材料可用于重复研究。然而这种情况下，材料可获得性是由提供方而不是研究人员控制的。许多情况下，营利性提供方可能有合法的理由坚持其拥有原始材料所有修饰物的所有权。例如，如果花费数年时间创建的载体现在可以很容易地修饰，增加新的功能，那么提供方将不愿意放弃现在相对容易的改进权利，这是可以理解的。在这些情况下，分享材料可能是不合适或不可能的。但是，其他情况下，这种规定主要源于提供方过于宽泛地保护自己的权利不受损失。商谈时通常可以确定一个平衡的解决方案，使提供方确保保留专有材料的所有权，而接收方可以拥有创造的有限改进，但如果原始材料继续作为改进的组成部分，则提供方仍然拥有原始材料的权利。

5.3 冲突的法律义务

最棘手的问题是达成的MTA有可能导致法律义务相互冲突。这种情况经常出现，是因为虽然材料来源只有一个，但研究经费来源不同，通常是由公共机构提供，但也可能由其他私人公司提供。接受MTA和相关资金所附带的知识产权义务，就很容易产生冲突。虽然此类义务通常是私人公司支持研究时提出的要求，但接受公共资金也需对政府承担相应的法定知识产权义务。这类义务中，最为突出的是美国《拜杜法案》的要求，例如，禁止将发明的所有权转让给第三方，向政府提供非排他性许可，以便继续从事发明或代表政府实施发明以及保留政府介入的权利。很明显，大学不能签订与这种法律义务或对他人合同义务相冲突的MTA。例如，如果使用特定的研究工具或材料，提供方要求获得发明的排他性许可，就限制了项目接收其他任何附带类似义务的材料或研究资助，因为同一项目的发明排他性许可只能提供一次！大学及其研究人员需要非常谨慎地确定具体投入对项目的重要性，他们可能需要决定哪些知识产权可以分配给研究的赞助者和/或材料提供方，并优先考虑这些权利。从研究项目投入的复杂程度，以及研究工具和材料所有权日益复杂的情况中，可以清楚地看到，某些项目获取全套研究工具也许根本不可能。这种情况类似于“反公地悲剧”，在这种情况下，知识产权所有权变得如此复杂分散，以至于没有一个实体能够获得开发产品所需要的所有权利[11]。同样的道理，分散的研究材料或信息所有权可能会影响开展基础研究的实际能力，或者至少会影响使用最有效研究工具的能力。

5.4 大学研究的公益性

大学，特别是公立大学和主要靠公共资金支持的大学，有责任将他们的创新尽可能且及时地提供给公众。在美国，这项义务不但基于《拜杜法案》（该法案的一项目标是“促进……发明的公共可获得性”），而且基于大多数大学的哲学使命。实现可获得性的一种方法是向私营公司颁发发明许可，这些公司可以投入额外的大量研发工作生产出真正的产品。公益性义务可能会受到MTA的影响，因其需要将非排他性的发明许可以免使用费的方式回授给提供方。如果公司对这项发明的商业化没有兴趣，那么由于该公司拥有非排他性的、免使用费的许可，可能会阻碍其他公司获得投资技术开发所需的排他性权利，从而实际上导致该技术被“搁置”。通常可以接受的解决方案是，将这种许可与依赖公司材料的发明紧密地联系在一起。这些发明代表了公司合法的商业利益，通常只有提供该材料的公司才能对所述发明商业化。虽然可以使用更宽泛的语言表述促进与材料联系并不紧密的发明许可，以不妨碍大学签署MTA，但使用这种语言表述也需要仔细评估相关的情况。

5.5 公平的对价

大多数大学以其研究成果的商业化作为交换，寻求获得经济回报。公共机构关心的是，用于支持该机构的公共资金不应用于间接地支持私营公司。这些考虑因素影响了大学的期望，特别是如果材料的提供方想要获得所产生发明的免费许可。大学的行政管理人员和研究人员的利益在此处可能会存在一定的分歧，研究人员主要依赖获得的材料来推动他们的研究，而行政管理人员则希望维护大学的基本原则，避免代价高昂的法律争端。在利益分歧之处，情况会变得非常复杂。根据我们的经验，各方共同的根本利益是启动和加速研究进展，在大多数情况下，可以找出满足各方基本需求的解决方案。然而，可能需要很长时间，如前所述，对于许多私营公司来说，与对公司主要商业利益更相关的知识产权交易相比，和大学研究人员就MTA进行谈判并不那么重要。

6 结语

总的来说，研究人员之间的材料转移变得越来越困难，而且材料交换的开放时代似乎已经结束，特别是对于将材料从产业界转移给生命科学的学术研究人员来说更是如此。虽然一些自由交换的领域继续蓬勃发展，一些资助机构和基金会正在积极推动材料的公开交换，但这些都是例外而不是规则。大学和私人公司各有合法的利益，在从事材料转移时，他们需尽力符合自身的利益。当这些利益发生冲突时，则很难找到共同点。然而，研究型私营公司和大学之间的共同利益是推动研究的进展；当双方都牢记这一总体目标时，材料转移通常还是可能的。

ALAN B. BENNETT, *Associate Vice Chancellor, Executive Director, PIPRA, Office of Research, University of California, Davis, 1850 Research Park Drive, Davis, CA, 95616, U. S. A.* abbennett@ ucdavis. edu

WENDY D. STREITZ, *Director, Policy, Analysis, and Campus Services, Office of Technology Transfer, University of California, Office of the President, 1111 Franklin Street, Oakland, CA, 94607-5200, U. S. A.* wendy. streitz@ ucop. edu

RAFAEL A. GACEL, *Associate Director, Technology Transfer Services, Office of Research - Technology and Industry Alliances, Technology Transfer Services, University of California, Davis, 1850 Research Park Drive, Suite 100, Davis, CA, 95618-6134, U. S. A.* ragacel@ ucdavis. edu

---

1 Marshall E. 1999. New NIH Rules Promote Greater Sharing of Tools and Materials. *Science* 286:2430-2431.

2 Silverthorne J. 2003. Ensuring Access to the Outcomes of Community Resource Projects. *Plant Physiology* 132:1775-1778.

3 The sample agreements found at the end of this chapter are also available for free download at www. ipHandbook. org. An Adobe® Acrobat® reader or Microsoft® Word® are required. The Web site also contains many additional IP sample agreements.

4 Rai AK and RS Eisenberg. 2001. The Public and the Private in Biopharmaceutical Research. In *Proceedings of the Conference on the Public Domain*, Duke Law School: Durham, North Carolina. www. law. duke. edu/pd/papers/raieisen. pdf.

5 Kryder RD, SP Kowalski and AF Krattiger. 2000. The Intellectual and Technical Property-Components of Pro-Vitamin A Rice (*Golden*Rice™): A Preliminary Freedom-to-Operate Review. *ISAAA Briefs* No. 20. ISAAA: Ithaca, New York. www. isaaa. org/kc/Publications/pdfs/isaaabriefs/Briefs%2020. pdf.

6 Potrykus I. 2001. Golden Rice and Beyond. *Plant Physiology* 125:1157-1161.

7 Eisenberg RS. 2001. Bargaining over the Transfer of Research Tools: Is This Market Failing or Emerging? In *Expanding the Boundaries of Intellectual Property: Innovation Policy for the Knowledge Society* (eds. RC

Dreyfuss, DL Zimmerman and H First). Oxford University Press: New York. pp. 223-249.

8 See *supra* note 6.

9 ott. od. nih. gov/newpages/UBMTA. pdf.

10 Pool R. 2000. Material Transfer Agreements. In *Finding the Path: Issues of Access to Research Resources*. National Academic Press: Washington, D. C. www. nap. edu/catalog/9629. html.

11 Heller MA and RS Eisenberg. 1998. Can Patents Deter Innovation? The Anticommons in Biomedical Research. *Science* 280: 698-701.

文本框1：非洲水稻中心（WARDA）代管的植物遗传资源材料转移协议（MTA）[1]

本协议所述植物遗传资源（以下简称材料）由非洲水稻中心（WARDA）在下述条件下提供：

- 非洲水稻中心（WARDA）正在促进提供附件清单中的材料，以最大限度地利用材料开展研究、育种和培训。该材料由非洲水稻中心（WARDA）开发；或者是在《生物多样性公约》（the Convention on Biological Diversity）生效之前获得的；或者如果在《生物多样性公约》生效之后获得的，则符合1994年10月26日非洲水稻中心（WARDA）与联合国粮食和农业组织（the Food and Agriculture Organization of the United Nations，FAO）签订协议中规定的条款和条件，即材料可用于农业研究、育种和培训目的。
- 根据本协议条款，接收方属于代管材料，无权获得有关材料或相关信息的知识产权（IPR）。
- 接收方可以利用和保存收到的材料，并可以按本协议的条款和条件将其分发给其他方。
- 接收方同意不要求拥有材料的所有权，也不以收到时的形式寻求材料或其遗传部分或组分的知识产权，并同意不会就收到的相关信息寻求知识产权保护。
- 接收方同意确保后续接受其材料的任何人员或机构受相同规定的约束，并承诺将相同的义务传递给材料的未来接收方。
- 非洲水稻中心（WARDA）对材料的安全性或名称，以及材料附带的任何身份信息或其他数据的准确性或正确性不作任何保证。对所提供材料的质量、适用性或纯度（遗传的或机械的）不作任何保证。材料的植物检疫状况只保证符合所附的植物检疫证书。相关的遵守接收国的检疫和生物安全条例及遗传物质进出口规则的全部责任由接收方承担。
- 根据要求，除了随材料提供的任何信息之外，非洲水稻中心（WARDA）还提供可能有用的已知信息。接收方需要向非洲水稻中心（WARDA）提供在评估和利用过程中收集到的相关数据和信息。

- 鼓励本协议的接收方，建立由信息交流、技术获取和转让、能力构建以及商业化所带来的惠益分享机制，分享使用材料所产生的收益。非洲水稻中心（WARDA）愿意指导保护和可持续利用有关的植物遗传资源，特别是通过发展中国家和经济转型国家的国家性和区域性计划，尤其是生物多样性中心和最不发达国家，促成利益分享。

只有明确接受本协议条款的条件下，才提供本材料。接收方接受材料即表示接受本协议的条款。

1 该MTA涵盖了在《国际粮食和农业植物遗传资源条约》（以下简称条约）生效前在被转移的材料。该条约设想，一旦《条约》生效，非洲水稻中心（WARDA）将与该条约的管理机构达成协议。非洲水稻中心（WARDA）已表明愿意与管理机构达成协议。本协议符合《条约》的规定，将为协定生效后转移的材料提供新的MTA和利益分享安排。接收方应注意，MTA的细节，包括接收方的身份，都将向公众开放。

2 这并不能阻止接收方将材料发放给农民或消费者，使其可直接用于种植，前提是遵守该MTA所规定的其他条件。(原文中找不到上标2——译者注)

文本框 2：向 C. M. Rick 番茄遗传资源中心
（Rick Tomato Genetics Resource Center，TGRC）
申请获得植物材料的材料转移协议（MTA）。

本协议由加利福尼亚大学董事会（“董事会”）代表 C. M. Rick 番茄遗传资源中心（“TGRC”）和________________（“接收方”）制定。在接收方收到 TGRC 提供植物材料的回复之前，董事会要求接收方同意以下内容。

1. TGRC 将根据需要对目前无法分发的材料进行替换。对于大宗的材料转移请求，TGRC 可以根据需要删除某些材料，以减少其工作负荷并满足其他请求。TGRC 将提供一份装箱清单，详细说明已装运的株系（“材料”）。
2. 为支持番茄的研究、育种和/或教育项目，该材料免费提供，除本协议规定外，不受 TGRC 的限制。接收方可以根据 MTA 的规定将材料分发给第三方，须遵守第 3、4、5 和 6 条的规定。
3. 对于材料特定用途的适用性或适销性，或者使用本材料不侵犯任何专利、版权、商标或其他专有权利，董事会不作任何声明，也不提供任何明示或暗示的保证。
4. TGRC 尚未对该材料进行全面评估。对于 TGRC 提供信息的准确性，材料的质量、健康或植物检疫状况，或者材料的遗传特征，包括其来源、纯度、种类、遗传背景的真实性以及是否存在或缺乏任何转基因，董事会不作任何明示或暗示的保证。由接收方负责在种植过程中验证其遗传特征是否正确，并且接收方应当通知 TGRC 其观察到的任何潜在问题，如异常分离、不正确的表型、意想不到的特征或其他问题。
5. 除非法律禁止，否则接收方将承担由于接收方使用、储存或处置材料而可能引起的损害以及由第三方提出索赔的一切责任。接收方应对因接收方使用、存储或处置材料而可能产生的任何索赔、成本或其他责任，并承担保全、辩护和赔偿的责任。
6. 接收方应在使用本材料而产生的任何出版物中指明 TGRC 是材料的提供者，并应向 TGRC 提供相关出版物的副本。
7. 在 TGRC 可以发送材料之前，接收方或接收方组织的其他授权人员必须通过邮寄、传真、电子邮件或亲自前往 TGRC 的以下地址签署和交付本 MTA：

C. M. Rick 番茄遗传资源中心

美国加利福尼亚州戴维斯 95616
One Shields 大道
加利福尼亚大学戴维斯分校
植物科学学院（信箱 3）

电话：+1-530-754-6059
传真：+1-530-752-9659
电子邮箱：tgrc@ ucdavis. edu
网址：http://tgrc. ucdavis. edu

接收方或其他授权人员的声明：

我已阅读并理解本协议中确定的条件，同意在收到和使用本材料时完全遵守这些条款。

签名，姓名和头衔＿＿＿＿＿＿＿＿＿＿＿＿＿＿＿＿＿＿＿＿＿＿＿＿＿＿

机构＿＿＿＿＿＿＿＿＿＿＿＿＿＿＿＿＿＿＿＿＿＿＿＿＿＿＿＿＿＿＿

日期＿＿＿＿＿＿＿＿＿＿＿＿＿＿＿＿＿＿＿＿＿＿＿＿＿＿＿＿＿＿＿

文本框3：简单的材料转移协议

基于接收方对材料＿＿＿＿＿＿＿＿提出的请求，提供方要求接收方和接收方的科学家在收到材料之前同意以下内容：

1. 所述材料是提供方的资产，作为一种服务提供给研究组织。
2. 本材料不得用于人体。
3. 本材料仅用于教学或非营利研究目的。
4. 未经提供方的书面同意，本材料将不得再分发给其他人。接收方应将对材料的任何请求反馈给提供方。在可提供的范围内，提供方或提供方科学家将按照与其他科学家签署的简单协议书来提供材料，并仅用于教学或非营利性研究。
5. 接收方同意在任何出版物中指明该材料的来源。

6. 根据本协议交付的任何材料，都应被理解为是实验性质的，并可能具有危险性。提供方不作任何声明以及任何明示或暗示的担保。对于材料特定用途的适用性或适销性，或者使用本材料不侵犯任何专利、版权、商标或其他专有权利，提供方不作任何明示或暗示的声明，不作任何保证。除非法律禁止，否则接收方将承担由于接收方使用、储存或处置材料而可能引起的损害以及由第三方提出的一切索赔责任。在法律允许范围内，如果由于提供方的重大过失或故意行为不当造成的损害，由提供方承担对接收方的责任。
7. 接收方同意按照适用的法律和法规使用该材料。
8. 该材料是免费提供的，或可选择支付转让费，以补偿提供方准备和配送材料的成本。如需费用，在此注明费用数额：________

提供方、接收方和接收方的科学家必须签署两份协议副本，并将一个签名副本返回给提供方。然后提供方将向接收方发送材料。

提供方信息和授权签名

提供方科学家：________

提供方机构：________

地址：________

授权人员的姓名：________

授权官员的头衔：________

授权人员声明：本简易协议已经☐/没有 ☐ ［选一项］已被修改。如有修改，则附加修改内容。

____

授权人员签名　　　　日期

接收方信息和授权签名

接收方科学家：________

接收方机构：________

地址：________

授权人员的姓名：________

授权人员的头衔：________

授权人员签名：________

日期：________

接收方科学家声明：我已阅读并理解本协议中列出的条件，并同意在收到和使用本材料时遵守这些条款。

____

接收方科学家　　　　日期

文本框 4：与加州大学戴维斯分校的材料转移协议

本协议由（____________在________）戴维斯分校（UC DAVIS）其地址：技术转移服务处、技术研究和工业联盟办公室；加州大学戴维斯分校（UC Davis）；1850 Research Park Drive, Suite 100；戴维斯分校 CA 95616-6134 和____________（“接收方”），其主要营业地点为____________（统称为“签约方”）订立。

下文第 1. F 节界定的研究用途，由下文第 1. G 节界定的接收方研究员（S）确定。考虑到 UC DAVIS 向接收方提供的材料，双方同意如下：

1. 定义

A. “原始转移材料”：UC DAVIS 实际交付给接收方的实物材料，如本文附件 A 所示。

B. “材料”：原始转移材料、子代和未修改的衍生材料。

C. “子代”：来自“材料”的未修改后代。例子包括但不限于：来自病毒的病毒；来自细胞的细胞；来自有机体的有机体。

D. “未修饰的衍生材料”：由接收方创造的物质，构成未修改功能子单元或原始转移材料表达产品。包括但不限于：原始转移材料的纯化或分级子集；子代或其产品；未修饰细胞系的亚克隆；转录和翻译产物（例如来自提供的 DNA 的 RNA 和蛋白质）；逆转录和反向翻译产物（例如，使用提供的 RNA 在模板上合成的 DNA）；由杂交瘤细胞系分泌的单克隆抗体；和化学合成的拷贝。

E. “修饰物”：由接收方创造的含有或包含材料或通过使用材料创造的物质。

F. “研究用途”：图表 A 中规定的科学研究用途。

G. “接收方的研究者”：在附录 A 中指定的接收方的科学研究者。

H. “保密信息”：与提供时确定为机密的材料相关的书面或其他有形形式的信息、数据或材料。保密信息不包括以下信息：

(i) 在向接收方提供时已为公众所知的；

(ii) 在 UC DAVIS 提供时已经为接收方所拥有的；

(iii) 由有权披露的第三方以非保密方式向接收方提供的；

(iv) 由接收方人未使用 UC DAVIS 提供的保密信息而独立开发的，须有书面记录证明；或

(v) 法律或政府规章制度要求披露的。

2. 条款和条件

A. 使用

i. 接收方仅将该材料用于研究。未经 UC DAVIS 事先书面同意，明确禁止接收方对该材料用于任何其他用途。此外，接收方同意遵守所有适用的法律

和法规，包括但不限于涉及使用动物或重组 DNA 研究的相关材料。本材料不得用于任何人体或用于商业用途或除研究用途以外的任何其他用途。

ii. 接收方不得分析材料的化学成分或物理结构，也不允许分析材料中的任何成分或者使用任何此类分析。接收方不得以任何方式改变材料的化学结构。

B. 有形财产所有权：UC DAVIS 保留材料的所有权，包括包含或整合材料的任何修饰物。

C. 保密性：UC DAVIS 向接收方提供的任何保密信息应被视为机密，接收方获得后保密 5 年。除了需要知道该信息的内部人员外，接收方不得透露有关 UC DAVIS 的任何保密信息。在基于前述内容的前提下，接收方同意采取相同步骤，使用相同方法保护自己的和接收的保密信息或专有信息，防止未经授权使用或披露 UC DAVIS 的保密信息。

D. 分发：接收方同意，未经 UC DAVIS 事先书面同意，不将任何材料或修饰物转移给不允许在研究中使用材料的人。

E. 公开、发明人和知识产权：

i. 公开：对任何通过使用该材料而可能取得的专利或发明，无论是否属于批准的研究用途指定范围，接收方应立即通知 UC DAVIS 并立即向 UC DAVIS 提供本发明公开的副本。

ii. 发明人：应根据美国专利法确定发明人。

iii. 知识产权：根据美国专利法或签约方可选择提交专利申请的任何适用管辖区域的法律，UC DAVIS 和接收方协同努力选择哪些发明需要提出专利申请。各方应将利益不可分割的发明作为共同拥有的发明。签约方应合作讨论和确保获得知识产权，以保护可能取得专利的发明。

iv. 无隐含权利：接收方承认该材料是或可能是专利申请的主题。除本协议规定的情况外，对于 UC DAVIS 的任何专利、专利申请、商业秘密或其他所有权，包括 UC DAVIS 所作的任何材料变更形式，均不向接收方提供任何明示或暗示的许可或其他权利。特别是，不提供任何明示或暗示的许可或其他权利，将 UC DAVIS 的材料、修饰物或任何相关专利用于商业用途或研究用途以外的任何其他用途。

F. 担保和许可

i. 根据本协议交付的任何材料，应理解为试验性质的，可能具有危险性。UC DAVIS 对此不作任何声明，也不提供任何明示或暗示的担保。对于特定用途的适销性或适用性不作任何明示或暗示的保证，也不对使用该材料不会侵犯任何专利、版权、商标或其他专有权利作出任何保证。

ii. 如果接收方希望将该材料或修饰物用于营利或商业目的，则在使用之前，接收方应进行善意谈判，并签订 UC DAVIS 通常要求执行的许可协议。接收方应理解，UC DAVIS 没有义务向接收方授予这样的许可，如果有的话，未来的许可权利可能受到 UC DAVIS 现有合同义务的约束，并且 UC DAVIS 可能会向其他人授予排他性或非排他性商业许可。

G. 责任：接收方对其使用、储存或处置材料和修改所产生的损害承担全部责任。如因使用、储存或处置该材料而引起的或因接收方的修改而引起的任何其他方的损失、索赔或要求，UC DAVIS 将不承担任何责任。接收方负责赔偿，并使 UC DAVIS 免于因接收方使用、存储或处置资料而引起的任何索赔、费用或其他责任。

H. 研究成果的发表：接收方可以发表或公布与该材料有关的研究结果，但在接收方发表或公布前至少 30 天内，应向 UC DAVIS 提供撰写的草稿、摘要、海报或简报的副本。UC DAVIS 应审查此类公开出版或报告中有关保密信息或可申请专利的材料，并可要求将公开出版或报告推迟至多 30 天，以便删除保密信息或提交专利申请。除非 UC DAVIS 另有指示，以该材料进行研究的任何公开出版或报告都应按照学术期刊格式承认该材料源于 UC DAVIS。

I. 终止

i. 日期：本协议将在下列日期中最早到达的日期前终止：(a) 接收方完成对该材料的研究；(b) 一方当事人在 30 天内书面通知另一方；或 (c) 自本协议由 UC DAVIS 签署执行之日起（　）年。

ii. 存续期间的义务：有形财产所有权（2. B.）、保密（2. C.）、分发（2. D.）、披露、发明人和知识产权（2. E.）、担保和许可（2. F.）、赔偿责任（2. G.）、公布研究结果（2. H.）和本节（2. i. ii）的义务应在终止后继续存在。

iii. 材料返还：如果 UC DAVIS 明确表示，则本协议终止时，接收方应停止使用该材料，并归还或销毁剩余材料。

J. 适用法律：本协议的效力和解释，以及双方在履行本协议时的法律关系，应受加利福尼亚州法律的管辖，法律冲突条款不予考虑。

K. 通知：本协议所要求的任何通知，如以预付邮资一级挂号信邮件邮寄，则视为在邮戳日期发出，并于邮戳当日生效；如当面交付，则视为在交付日生效；如由任何全球速递服务公司邮寄，并要求收件人签署送达文件，则以收件日为准。通知应按下列地址向指定的授权官员发出：

加州大学董事会

授权官员：技术和产业联盟执行董事

地址：1850 Research Park Drive, Suite 100，加州大学戴维斯分校技术转移服务处、技术研究和工业联盟办公室

城市、州、邮政编码：Davis, CA 95616-6134

国家：美国

电话：530. 757. 3432

传真：530. 758. 3276

接收方

授权人员：______

接收机构：______

地址：______

城市、州、邮政编码：______

国家：______

电话：______

传真：______

3. 完整的合同

本协议由双方就协议标的所达成的所有书面和口头协议构成。双方之间之前所有关于协议标的的书面或口头的、明示或默示的协议，自此作废。

加利福尼亚大学董事

姓名：______

头衔：______

日期：______

接收方

姓名：______

头衔：______

日期：______

加州大学戴维斯分校的研究员和接收方研究员同意阅读并理解本协议，并遵守本协议的条款和条件。

UC DAVIS 研究员

姓名：______

头衔：______

日期：______

接收方研究员

姓名：______

头衔：______

日期：______

附件 A

1. 原始转移材料
2. 研究用途
3. 接收方研究员（姓名）

第 7.4 章

如何起草合作研究协议

玛莎·拜尔·斯坦贝克（MARTHA BAIR STEINBOCK）
美国农业部农业研究服务处技术转移办公室助理副主任

译者　王迪　姚金玲　赵丽霞　审校者　欧阳石文　刘勤　张熠　殷宏

摘　要

合作研究协议主要由 5 个部分组成：（1）目标说明；（2）工作说明；（3）通则；（4）预算；（5）材料清单。本章讨论了每一部分需要解决的问题，强调起草一项协议最重要的是互惠互利并且表述清晰。虽然任何协议中的各个部分都很重要，但应慎重对待合作研究协议中描述合作的目标和工作、研究计划以及应对研究计划改变的协商机制等部分。合作伙伴不断增多和变化，必然需要对合作研究协议进行修订。最好的合作研究协议通常需要进行大量的修订，才能反映有关各方不断变化的需求。

1　引言

撰写合作研究协议的目的是明确双方共同努力实现的目标，并明确合作的指导规则。良好的伙伴关系必然是互利的，有效的合作研究协议将有助于双方加强理解，互惠互利为目标。当然，仅仅写明要互利并不一定能实现。有效的协议必须建立在真正的互惠关系之上才能达到共赢。因此，首先，合作研究必须包括研究项目，通过该项目，双方都可以从完成的工作中获益。

撰写质量不佳的协议可能会破坏原本和谐的关系，而良好的协议能帮助各方理解

Steinbock MB. 2007. How to Draft a Collaborative Research Agreement. In *Intellectual Property Management in Health and Agricultural Innovation*: *A Handbook of Best Practices* (eds. A Krattiger, RT Mahoney, L Nelsen, et al.). MIHR: Oxford, U. K., and PIPRA: Davis, U. S. A. Available online at www. ipHandbook. org.

各自的责任，建立并加强富有成效的关系。一份有效的协议，无论对研究人员还是双方的管理人员来说，应当是清楚明白的。优秀的合作研究协议还可以为研究成果商业化奠定基础。

本章集中讨论了一种情况：国家农业研究体系（National Agricultural Research System，NARS）的政府实验室和一家私营公司签订一份研究协议。其中提出的许多要点对于其他类型实体之间的合作研究协议同样适用。

2 协议的组成部分

大多数合作研究协议都有 5 个通用部分。协议中使用的术语可以有一定的灵活性。各部分的名称并不十分重要。重要的是，协议应包括以下内容：

（1）目标说明

（2）工作说明

（3）通则

（4）预算

（5）材料清单

合作研究协议的第一部分通常称为目标说明，解释了协议的总体设置，描述了各方希望共同完成的任务，以及合作的重要性。

协议的第二部分为工作说明，有时被称为研究计划。它描述了签约方提议进行的研究，以及将要采取的方法和应用方向。这一部分规定了各方负责的研究内容，并规定了完成每一部分研究项目的截止日期。

协议的第三部分为通则。有时称为法律条款，它涵盖了一系列重要的细节、协作机制以及合作的实施规则。

协议的第四部分是预算，阐述了各方所需要的资源，以及各自对合作研究项目贡献的资源。

如果需要将生物或其他材料（种质、植物部分、生物技术组件等）从一方转移到另一方，则协议通常包括称为材料清单的附加部分，作为协议的附录。在某些情况下，可能会有多个附录，因为在项目的实施过程中，使用和转移的材料可能会发生变化。

材料清单中应为每一项材料拟定一个唯一的名称，说明每一项材料的数量以及从一方转移到另一方的日期。研究人员每次将新材料发送给另一个研究人员时，应更新材料列表，这样可以确保所有各方都有一个完整的当前材料清单。

2.1 目标说明

目标说明应当简明扼要。使用非科学人员容易理解的词语，避免过度使用科学术语。目标说明应该解释合作研究将解决的现实问题，阐明合作的内容和原因。当科学界以外的人阅读协议时，应该能够明白为什么各方认为进行合作是重要的。此外，目标说明应说明合作的科学目标，注意区分协议完成后几年的长期目标，以及协议结束时完成的短期目标。

请考虑两个真实的协议项目目标说明案例：

- 好的：开发、测试并评估转基因番茄表达编码耐烟草花叶病毒的“N”基因。
- 不好的：确定基础育种生物学，包括多倍体水平的黑麦草抗性生物类型。

第一个例子写得很好，它清楚明确地阐释了目标。从这个明确的说明中，大多数读者会对协议所希望达成的目标有所了解。

写得不太好例子，其目标说明模糊。像“基础育种生物学”这样的词语并没有真正的意义，除非进一步定义，而像“多倍体水平”这样的术语可能不被非科学人员所理解。记住，阐述目标的目的是明确说明双方希望达成的目标，从而为实现协议奠定基础。

2.2 工作说明

撰写得当的合作研究协议，下一部分通常是工作说明。这是协议中非常重要的部分。有时，工作说明作为附录附在协议后，但并不会削弱它的重要性。将这项研究计划与协议的一般内容略微分开只是为了方便。将其独立出来的优点是能使科学家更容易感受到这一部分。而且如果工作计划发生变化，更容易对此部分进行修订。

工作说明包含了科学目标、方法和途径。工作说明应该被细分为小节，每个小节解释“伙伴 A”将做什么、“伙伴 B”将做什么，并具体列出时间范围和标准。

在起草协议的这一部分时，各方必须紧密合作。协议的其他部分最初可以由技术转移人员和/或知识产权管理人员起草，然后可以在合作伙伴之间交换，以供审核、评议和谈判。但是，应由研究人员自己编写工作说明的初稿，然后由技术转移人员修改。这是因为参与合作研究的科学家才真正了解将要开展的工作复杂程度，而且也正是他们必须完全接受并执行所制订的计划。

在工作说明中，应有一节说明项目的科学目标。对于复杂或较长的项目，可能存在许多目标和子目标。在这种情况下，使用编号或大纲体系可使目标更加清晰可读。

工作说明中的每一个目标都应阐明解决相关科学问题的方法和途径。此外，每个目标都必须非常清楚地说明每个合作伙伴（研究所科学家和公司科学家）将单独和合作开展的工作。这种责任说明也许是研究协议中最关键的内容，因为如果不明确理解责任，合作伙伴可能会有不切实际的期望，并会感到不愉快。如果不清楚由谁来开展每一项试验，那么双方可能都会袖手旁观，等待对方去做。工作说明中的每一项科学目标都必须细分为任务，并清楚地说明每项任务由谁来负责，这一点如何强调都不为过。

另一个需要考虑的问题是量化将要完成的工作。使用精确的数字也许没有必要（例如，实验的类型和重复，或者将要使用的试管数量），但是可以使用一般性的指南，其中包含合作研究的规模和范围。举个例子，如果要做喂养研究，并且每重复一次使用 30 只老鼠，则需在协议中说明。这样，双方就可以清楚地了解将要生成的数据规模和顺序，以及工作所需要的资源规模。研究人员通常认为他们理解对方的想法，但是如果没有书面描述，这样的假设往往会导致误解。例如，如果一个研究所的研究人员说将“实地测试”一个新的品种，可能会想到在半公顷的地块上就能生产足够的作物数量供出版所需，而公司科学家的想法是 100 公顷。所以，在工作说明中应尽可能清楚地说明每次重复试验的大小或数量以及其他可量化的内容。

另一个非常重要的方面是建立时间进度和基准。一般来说，在工作说明中，每一方都希望明确在每一个目标或子目标下各自所要承担的责任。通常研究人员会反对这样的设定，因为时间进度安排过于细节让他们备感压力，但是这样的计划将有利于合作伙伴科学家有序地取得进展，有助于防止一方等待另一方而造成时间损失。时间进度很重要，可以使实验顺利进行，并帮助合作伙伴获得推进项目所需要的资源。

衡量工作进展的标准非常重要。它们明确指出，在某一时刻，双方期望产生的某些数据、已经完成实验的某些部分，或者已经解决某些问题，则希望将这些目标写成标准。在大型协议中，存在多个目标和多个参与人员时，可能会有一些活动要按顺序进行（一个活动必须在另一个活动开始之前完成）。也有一些研究可能在平行实验中同时进行。在这些复杂的情况下，项目管理软件有助于工作人员编写工作说明。

合作研究协议可能会是一份冗长的文件。但是，不应该认为它像一个专利申请，可以是 20 页、30 页、40 页或更多页。协议的目的并不是要让外界相信这项工作是值得的，也不是证明每一个合作科学家都是高质量的研究人员。相反，它应该清楚地说明合作伙伴将各自开展的研究。因此，工作说明应当确保双方都明确各自的期望。典型的协议通常是 10~15 页，工作说明则不超过 2~3 页。

3　通则

合作研究协议的下一部分是通则。这是协议的主体，涵盖了如何共同工作，并为研究机构和公司的科学家以及管理人员提供了明确指导。通常情况下，研究机构或实体会有一套标准的通则，这些条款已由其法律顾问审查过，并可作为谈判协议的基础。每个研究这一部分的人都应该考虑制定这样的协议模板。在制定协议模板的过程中，制定者通常一开始就能充分理解哪些要点是可以谈判的，哪些法律条款是机构政策或法律所要求的。与此同时，协议应该尽可能方便用户使用，避免不必要的规定。

典型的通则包括公开披露/出版政策，涉及各方如何在彼此之间以及与外部进行交流，以及报告、保密、知识产权管理和从研究机构向公司转让技术；监管机构的批准；赔偿和责任声明；争端解决方案和终止条款等重要问题。协议的这一部分还应包括修订程序，并指明在研究机构和公司管理和技术层中对协议负责的人员。

3.1　公开出版

公开披露是研究协议的重要组成部分。科学发展是由出版的需求推动的，而科学事业也取决于这些公开出版物。公开披露，包括专利文献的出版，促进创新持续发展。“公开披露”这个词是一个宽泛的术语，包含了许多披露方式，公共传播的研究成果如：文章、摘要、会议海报、非正式和正式的研讨会、会谈、在互联网上发布的信息和专利申请等。大多数参与合作研究的机构都希望对公开披露权进行限制。为确保合作工作所产生的发现能够提交专利申请，推迟公开披露可能是必要的。

公开出版条款应保护双方的利益。一般而言，双方会声明保留审查和评论的权利，对另一方所有拟公开披露内容进行审查或评论。通常，会为这种审查设定一个特定的时间期限（通常为60天或90天）。合作研究协议往往也包括一项规定，一方可以要求另一方推迟一段时间再公开披露项目产生的信息，以便允许该方有时间准备专利申请或排他性使用。一份完善的协议应该清楚地说明对公开披露的所有限制。

3.2 保密

通则还涉及秘密信息，有时被称为商业秘密信息（confidential business information，CBI）。对于合作研究协议来说，对两种类型的信息进行区分很重要，这两种类型是：（1）协议生成之前产生的、一方带入项目的机密信息；（2）协议生成后产生的保密信息，以及双方在一起工作和进行项目实验时产生的信息。合作研究协议中应该明确双方如何处理这两类信息。

对于一方在协议之前或协议范围外创建的信息，可以使用保密或非披露协议中的常见表述。与任何保密协议一样，这些条款应具体规定信息的保密期限。通常，时间期限是在合作终止后2~5年，或者从信息产生的时间开始2~5年内结束。如果当事方先前签署过的保密或非披露协议，则该文件可以简单地在合作研究协议中引用，或者以合作研究协议取代之前的保密协议。

合作项目产生信息的保密处理方式与知识产权（IP）和有形财产的处理方式密切相关。

3.3 知识产权

通则中最重要的部分是涉及知识产权（IP）和有形财产（TP）的条款。因为大多数合作研究的动机是获得合作的IP/TP。对于研究机构来说，与公司合作是一种有效的技术转移方式。许多人认为，与公司合作伙伴的协作开发过程，是研究成果从实验室最终进入市场的最有效、最高效的方式。如果没有知识产权方面的规定，合作的益处可能会丧失。

起草本节的第一步是明确界定IP和TP权利。

IP（知识产权）是受法律保护的各种权利。这些知识产权包括从下列方面获得的无形财产权：

- 已授权的专利权和专利申请权
- 植物新品种保护（或育种者权利）的申请和授权证书
- 版权（包括软件）
- 商业秘密
- 商标和服务标志

TP（有形财产）权是第二大类产权。它们包括所有生物材料、种质、数据库、商业计划、研究计划和协议、实验室记录等的所有权。它们涉及人们可以触摸、看到、品尝、闻到和听到的事物的所有权。

处理 IP/TP 问题的第二步是确定谁拥有什么。合作研究协议应明确指出，所有 IP/TP 都对合作研究有所贡献，但在合作之前获得的 IP/TP，应该由做出贡献的一方拥有。应列出涉及的所有 IP/TP 的清晰清单，以明确任何一方对这个项目的贡献。

例如，如果合作伙伴要使用公司拥有的基因结构或基因组数据库，那么无论这些贡献是否属于已申请或已授权的专利，或某种其他类型的法定保护，都需要在协议中明确标明。同样，如果研究所将种质系、特定位点的启动子或转化载体引入项目中，也应在协议中进行确认和记录。这样做，可以促进合作，因为每一方都能识别并承认对方对所贡献材料的所有权。

在材料列表中，建立引入项目的 IP/TP 清单之后，下一步是考虑项目产生的新资产（新的 IP/TP）所有权该如何确定。在典型的合作研究项目中，有三类潜在的新 IP/TP：

（1）由研究机构研究人员独立发现的新 IP/TP

（2）由公司研究人员独立发现的新 IP/TP

（3）由研究机构研究员和公司研究员共同发现的新 IP/TP

合作研究中，许多发现属于第三类。一份完善的合作研究协议应解决由其中一方或另一方发现 IP/TP 的情况下，如何以及由谁作出所有权归属的决定。

全球范围内，专利法各不相同。美国以外几乎所有国家的专利法，都规定先申请专利者（并且参与了发现过程）决定发明权的归属。在美国，发明权是由谁先发明决定的，而所有权是由发明权决定的，也就是说，谁先申请则所有权属于谁。这就是所谓的先申请原则。* 因此，对于合作研究协议来讲，有必要解决所有权归属问题，或者参照合作伙伴的国家法律。

通常情况下，发明权由专利律师和研究人员通过会谈进行确定。如果在美国申请专利，就必须非常小心，专利申请中仅包括实际发明者，即那些对发明有创造性、智力贡献的研究人员。如果将非发明者的名字列入专利申请的发明者，将会阻碍合法地取得美国专利。

采取先申请制的国家，确定实际发明权的规则不同。就像采取在先发明制的国家一样，所有权是由发明权决定的。因此，无论谁先提交申请，都会被列为发明人和所有者。显然，了解专利申请所在国的规则很重要。但是必须记住，如果新的 IP/TP 要在美国（和其他先发明制的国家）寻求保护，则无论研究在哪里进行，先发明制的原则适用于所有的专利申请。

一般来说，如果只有研究机构的员工被列为发明者，那么研究机构就拥有这项发明。如果只有公司的员工被列为发明者，那么公司就拥有这项发明。但是，如果至少有研究机构的一名员工和公司的一名员工被列为发明者，则本发明由研究机构和公司共同拥有。不管专利申请是在先发明制的国家还是先申请制的国家，重要的是要在合作研究协议中妥善解决专利所有权的问题。然而，与专利权同等重要的是基于专利权

---

* 美国也已改为先申请制。——译者注

而赋予的权利。

知识产权条款的关键内容是协议在授予许可权或“授权”方面的实际承诺。通常情况下，双方通过签订合作研究协议，可以确定从合作项目中能够获得的发现。

必须仔细考虑授权范围。例如，如果科学家正在进行基体（mer）研究，并寻找一种抗病技术，该协议有可能也适用于其他植物。因此，合作研究协议应该明确的是，该授权是否只用于基体（或商定的其他植物子集）。这将是协议谈判的一个关键问题。通常情况下，一方希望获得非常广泛的授权，而另一方则试图缩小授权的范围。

接下来要考虑的，是授予期权许可还是授予实际许可。这两种方法各有利弊。授予期权，需要预先设定费用，允许双方在签署实际许可之前，有足够时间对发明进行彻底评估。另一方面，一方可能强烈地倾向于通过商业许可条款清晰地阐述直接授予许可的条件，以减少不确定因素。

授予期权通常更有意义，因为很难预测会产生什么样的IP/TP。此外，也很难预估新的IP/TP价值。因此，直接授予许可并充分阐述许可条款的协议，可能会导致对新IP/TP价值的严重误判，要么低估，要么高估。如果高估IP/TP的价值，会对未来IP/TP的开发产生抑制作用。如果新的IP/TP的价值被严重低估，会对双方未来的关系造成障碍，因为一方认为受到了不公平的待遇。

无论采用哪种方法，合作研究协议都应该明确时间期限，在此期间，接受期权许可的一方必须决定是否执行其期权并获得许可。授予期权不应该是无期限的。如果合作方不愿意开发并将新的IP/TP商业化，则可寻求另外的被许可方。

同样，明确授予许可的排他性类别也很重要。许可（或许可的期权）是排他性许可还是非排他性许可？是按国家排他还是按地区排他？是否有农作物的限制？有产品限制吗？有时间限制吗？或者，许可通用吗？大多数公司（以及其他许多合作者）都希望获得某种具有排他性的许可（或许可期权）。对于这样的合作伙伴来说，在某些特定时间段内，或者某个特定使用领域，或者某个许可地域，或者是这些因素的组合的排他性，才可能在一定程度上满足其需求的专属权。如果机构不能保证获得排他性许可，大多数机构都不愿意投入资源，因为竞争对手也可能获得许可。

知识产权授权谈判是合作研究协议的重要组成部分。需要花时间仔细考虑，以找到能满足双方需求的解决方案。

3.4 修订

通则条款的最后一部分是协议修订程序。合作伙伴关系在不停地发展与变化，因此，需要修改协议。事实上，最好的合作研究协议需要不断地修订。合作研究协议每6个月或每年修订1次并不罕见。这是因为研究人员经常发现合作伙伴希望共同探索动态的、新的机会。因此，可以修订完善协议的目标说明、工作说明和预算，反映新的需要。

所有修订都应是书面形式的，由授权人员签署，并作为协议的附件。当项目发展势头迅猛，研究人员感到兴致盎然时，需要谨防非正式的修订。如果修订的内容没有被记录下来，就会导致纠纷和诉讼。所以，要让每个人都明白，研究中的所有重大变化都必须写下来，并作为协议的附件。

3.5 终止

所有协议都应有明确的结束日期。可以增加终止条款，规定何时以及在何种条件下，各方可以选择在终止日期前终止协议。如果双方同意，可以通过修订程序延长终止日期，在成功的协作中，这种做法很常见。

4 预算

一份完整的合作研究协议，其第四部分是预算。有一种倾向认为这是最重要的部分，因为它记录了各方所提供的资金。然而，过分强调是不恰当的。诚然，公共部门农业研究经费严重不足，因此从合作伙伴处获得的资金在整个研究预算中占有极其重要的地位，但合作研究绝不应被视为一种增加收入的主要方式。合作远不止于此。如果研究人员只关注合作研究经费，就会忽视了协议作为技术转移手段的作用，也忽视了智力协同的作用。

编制预算必须从详细的工作说明开始，帮助确定协作项目所需资源的数量和时机，这是编制预算的起点。必须有足够的资金保障项目的执行，同时不要损害其他已经在进行的项目。

应该考虑工作人员的时间，以及有形的资源（例如支持项目所需的空间和设备）。例如，如果一个合作伙伴需要招聘研究生、技术人员或其他人员，那么必须包括新员工的工资和福利费用。另外，不要忽视合作伙伴可能提供的实物贡献。举例来说，一家公司可能拥有非常专业的设备、专业技术、配方技术，或者设施的使用权，而自主采购这些设施对于研究机构来说是非常昂贵的。这种实物贡献的价值应在预算中注明。

合作研究协议的预算应绝对清晰，作为研究预算，与任何许可收入预测要完全分开。预算还应具体说明何时付款，并明确说明何时提供实物资源。

5 材料清单

合作研究协议的最后一部分是材料清单。与预算一样，本部分提供了各方为项目提供 TP 的明确清单。这一点至关重要，因为所有这类材料都是在项目之外开发的，由一方或另一方合作伙伴拥有。它们不是新的、根据许可授予条款而划分的 TP。相反，列入清单的材料完全归一方合作伙伴拥有。有时清单中列出的材料具有相关知识产权，有时则没有。

在真正的合作研究中，材料清单可能需要定期修订。这就要求协议便于修订（如上所述）。一份完善的合作研究协议，材料列表应动态反映研究人员的新需求。

6 结论

合作研究协议对双方都极为有利。任何一个实体都不一定拥有足够的资金、资源和智力来完成它想做的所有研究。建立伙伴关系是一种有效的、经济的资源获取方式。

此外，合作研究协议通常是建立长期伙伴关系的第一步，也可以是有效的技术转移工具。其好处远远不止于金钱。花时间仔细考虑并讨论合作研究协议的条款，有助于促进合作伙伴之间的沟通，并使项目走上成功之路。事实上，良好的合作伙伴关系可以激发创造力，有助于创新服务公共福祉。

最后，应该说，起草和谈判合作研究协议似乎是一个非常困难的过程。事实上，第一次尝试撰写这样的协议通常很困难。但好消息是，多做几次后，这个过程就会变得容易一些。

MARTHA BAIR STEINBOCK, *Deputy Assistant Administrator, Research Operations and Management, Office of Technology Transfer, USDA-ARS, Room 4-1158, 5601 Sunnyside Avenue, Beltsville, MD, 20705, U. S. A.* *martha. steinbock@ ars. usda. gov*

第7.5章

起草有效的合作研究协议和相关合同

E. 理查德·戈尔德(E. Richard Gold)
加拿大麦克吉尔大学知识产权政策中心主任
塔尼娅·布贝拉（Tania Bubela）
加拿大艾伯塔大学商学院助理教授

译者 王迪 姚金玲 赵丽霞 审校者 欧阳石文 刘勤 张熠 殷宏

摘 要

许可和签约的专门知识是知识产权管理最佳实践的基础。合同定义了双方商议的条件，并以此确定双方的关系和期望。因此，必须认真起草合同，明确并客观地表达当事各方的意图。起草合同时，要避免生硬的法律术语；相反，要力求使用直接、简单、准确的语言。书面协议中，一定要包括授权相关条款和规定，如支付、争端解决、研发中产生的知识产权、知识产权所有权和保密，以及其他相关法律条款和定义。但是请记住，协议通用模板并不存在。双方的关系和目标将决定协议的架构。实际文件也会有所不同，取决于双方是公共部门还是私营部门实体，是合作研究协议还是赞助协议，以及所处的商业背景和法律文化。

1 引言

人的关系是创新的动力，推动着知识产权创造、运用和管理。专利、商标和版权所提供的机制，使私营和公共部门的相关人员可以建立关系、协调活动、分配责任，并分配创新及其传播所带来的利益。合同将这些相关人员和各种知识产权制度联系在一起，以法律术语定义关系的形式，促进那些拥有知识、技能和/或资源的人加强互

Gold ER and T Bubela. 2007. Drafting Effective Collaborative Research Agreements and Related Contracts. In *Intellectual Property Management in Health and Agricultural Innovation:A Handbook of Best Practices* (eds. A Krattiger, RT Mahoney, L Nelsen, et al.). MIHR:Oxford, U. K., and PIPRA:Davis, U. S. A. Available online at www. ipHandbook. org.

动，创造新的、改进或传播已有的事物。本章首先讨论起草优质合同的基本原则，即清晰和简单，避免盲目使用标准格式合同，因为标准格式合同可能包含不适合特定文化和环境的条款。本章后部，将讨论有关起草研究合同以及更复杂的合作研究和赞助合同的合理化实践经验。

合同是关于关系的，但人际关系中很多含混不清、陷阱和令人兴奋之处，很难在律师撰写的枯燥文件中体现出来。书面合同永远不能完全体现一种关系，也不能完全体现关于这种关系的一整套安排。法官和仲裁员在多大程度上能够依赖书面文件本身而不依赖当事人之间关系的外部证据对争议进行解释，因不同司法管辖权而异。例如，在普通法管辖区，合同解释往往更多考虑背景，更多参考广泛关系的外部证据。然而，大陆法管辖区更多地侧重于实际的合同措辞和法律规定。然而，无论管辖权如何，书面合同是双方缔结关系时呈现各自意愿的最有力客观手段。

如果合同尽可能全面、简单地描述双方达成的协议，那么双方很容易避免争端。这一概念对合同文件的起草具有重要影响。冗长的句子、陈词滥调和无法理解的定义，只会使生活变得复杂，相互间不断发展关系中存在的怀疑和歧义却无法消除。不仅合同的实际签署人无法读懂这些冗长的文件，那些不得不根据这些文件解决争端的企业界人士和法官也无法从中得到指导。

与用合同文件中的复杂的法律术语确定当事人关系细节不同，本章提出了一种不同的方法，即借鉴大型企业律师事务所的经验：尽可能用通俗的语言，简单地按照逻辑顺序以清晰和可理解的方式阐释交易条款。不仅使双方当事人更好地遵守实质性合同关系，企业界人士和法官也能按照当事人的基本意图解决争端。

毫无疑问，就降低交易成本和法律费用来说，使用标准格式合同和模板条款是有诱惑力的，但写得不好或不适当的合同条款可能会导致更高的成本，而不是节约资金。这并不是说每一份合同都必须从头开始起草，借鉴以往的合同是利用法律资源的明智做法。但请选择结构与撰写良好的合同范本。缔约各方应对相关的每一条款提出问题并在适当的文化背景下进行议价。使用标准格式合同条款时，关键是要问：考虑到文化和法律背景，你是否理解这种语言？它是否准确地描述了各方间的约定？

1.1　解释讨价还价的原因是起草合同的艺术

如果人们阅读法院关于合同的裁决就会发现，法官并不是努力去理解文件所说的内容，而是要确定合同背后关系的性质。如果合同文件混乱而复杂，法官更有可能误解当事人之间的原始协议。这种误解会导致违背各方最初意图的责任和利益分配决定，增加不确定性，从而削弱合同的商业基础。法官试图在合同文件中寻找的是当事人意图的客观表述：谁将承担何种风险？谁将从合同的结果中受益？当事人如何处理纠纷和争议？法官们想要了解当事人谈判的内容，这样他们就可以知道谁应该做什么，什么时候做，在哪里做。

好的合同文件会尽可能清晰和简单地列出议价的内容；糟糕的文件则用了太多词语、晦涩语言和不严谨的法律逻辑而变得乱七八糟。律师的工作是确定这种关系的本质，使当事人和法官能够确切地了解商业交易的内容，包括以结构化的方式制定合同，重点关注谈判的基本要素。

最简单的合同是一方承诺向另一方交付某物以换取某种东西（金钱或其他）。如果发生纠纷，双方同意遵循既定程序（如仲裁或调解）或向法院起诉（诉讼）[1]，这一过程应在合同中加以界定（例如调解程序，包括有约束力的仲裁）。

此外，该协议应明确一方如何向另一方交付某物，这是第 1 条应涵盖的核心内容。第 2 条应处理付款问题：应向谁付款？以何种货币付款？以何种形式（例如电子汇票、银行汇票）和何时付款？还可以增加几句话来处理延迟支付的问题：是否收取利息，如果收，收多少？如何处理货币危机（例如，不能向国外支付现金）？第 3 条涉及问题的解决：如果接收方对所交付的标的物的质量或数量不满意，应采取哪些步骤；当事方将如何解决冲突；如果第一人拿不到付款，应采取哪些措施。当事人同意诉讼或仲裁，但首先要建立一种机制，通过这种机制可以将问题提交给高级管理人员，而高级管理人员想必希望避免诉诸法院或仲裁所带来的成本和尴尬。

起草这些条款的关键是尽可能清楚和简单地讨价还价。使用的语句应该简短，没有模糊的形容词，用主动语态。使用企业界人士（有技术知识，但法律知识有限）和法官（技术知识有限，但具有广泛的法律知识）都可以理解的词汇。要使用正确的语法和简单的词汇。假设中学老师对该文件判分很低，则不要用它。事实上，有时法律纠纷会变成语法问题。最近加拿大的一场价值 200 万加元的商业纠纷，就是一个捣蛋的逗号[2] 引发的。

双方对协议主要条款讨价还价后，需要定义合同中使用的词语和短语。当事人应考虑适于当地法律的合同条款。这些条款对交易具有重要的意义，需要专门的法律知识。类似的条款，包括如果发生自然灾害或劳工罢工时如何处理，或者时间安排上有多少回旋余地，或者如何计算汇率。这类信息必须与当地法律相关联，诸如美国加利福尼亚州的法律规则细节可能与印度北方邦（Uttar Pradesh）等地的法律规定大相径庭。

书面合同文件在很大程度上取决于当地的习惯。也就是说，只有存在于合同执行地的商业惯例和规范中，合同才有意义。由于实践和规范的差别很大，用来反映合同关系的合同文件也会有很大的变化。例如，美国的合同文件往往非常详细和冗长，而德国类似主题的合同文件会更短、更简洁。将某一种类型的合同文件从一个地方移到另一个地方使用可能是有风险的，因为企业界人士和法院将很难解释针对不同地方不同习惯撰写的文件。这是避免盲目崇拜标准合同的另一个强有力理由，也是为什么本章不附样板合同范本，而只列出合同主要内容的原因。

当然，如果双方来自两个不同的地方，比如北方邦和加州，双方必须采用一种更通用的合同语言风格，尽可能地反映双方司法管辖区的惯例。这不是出于法律方面的考虑；因为合同文件将只按照一个司法管辖区的法律和习俗进行解释。但这种反映两种文化的做法对维持商业关系很重要，因为双方都必须对合同文件感到满意。

最后，应当认识到，虽然法律体系很多，但管辖大多数商业合同的主要体系有两种：判例法和大陆法。虽然有些国家采用混合法律制度（例如阿曼、波多黎各和印度尼西亚），但处理合作和研究的大多数合同将受制于这两个制度中的一种或另一种。判例法国家通常是英国的前殖民地，遵循英国的法律制度，而大陆法系国家通常是欧洲大陆列强的前殖民地。

判例法和大陆法系在结果上通常是相似的，但法律和实践上的差异可能会使粗心大意的人措手不及。例如，要使判例法合同生效，就必须进行价值交换，即所谓的对价（consideration）。对价的形式可以是金钱的形式、回报的承诺、行动或宽容。而大陆法不需要对价。因此，不提供对价（例如，没有付款和保密义务的许可）在判例法中可能无法强制执行。这两种法律制度的另一个不同之处是，大陆法强调诚信的义务，与判例法相比，对合同主体限制更多。但是，两种法系之间的差异相对较少。在大多数情况下，不太可能对合作或研究协议产生重大影响。更大的区别在于风格：判例法的合同文件往往更长、更详细，而大陆法系的合同文件往往较短，需要更多地参考法典。

1.2 为创新而签署的合同

针对创新的合同文件应该遵循合同的一般规则：用简单明了的句子解释交易。清晰和简单是合同文件成功的关键。如果合同起草得很好，所涉机构和法官都不会误解有关各方的责任。当然，遵循这一规则并不能避免所有冲突，而是尽量减少冲突，并为企业界人士和法院提供解决争端的框架。

1.2.1 许可

传统上，许可是允许一方当事人进入另一方的有形财产，而不追究当事人非法侵入责任的协议。对于知识产权（IP），许可是一种承诺，即不起诉一方当事人可能会构成侵权的行为。换句话说，许可是在精心规定的条件和条款下允许他人使用知识产权。

与知识产权有关的合同和相关文件有许多。基本许可是这些合同中最简单的。基本许可的第 1 条应描述被许可的权利（专利权、版权、商业秘密权、数据使用权等）和许可的范围（对地域、用户和时间的限制）。第 1 条应该提供足够的细节，以便企业界人士和法官尽可能清楚地了解许可的性质及限制。第 1 条还应讨论可能会用到的附加许可［例如，回授许可（license back）或交叉许可］。

除了这些条款之外，还应解释各方合作的原因，以及目标。合同还应承认或拒绝有关地方法律对可能出现的问题的赔偿责任，包括当事方控制范围内的问题，如未能付款，或洪水或火灾等超出其控制范围等问题。合同应明确规定适用哪些国家（或州）的法律等。各方应谨慎定义概念，并应在结尾或序言中列出这些定义。其他问题可以在结论性条款中进行处理，其中包括一些平常但必不可少的问题，例如当事双方如何相互通知。

涉及知识产权其他形式的合同文件是在许可协议的基础上进行了扩展，除基本许可的内容外，还可包含针对信息交换、工作人员和知识产权所有权等事项的条款（如联合研究协议）。

1.3 合同类型

正如不存在对交易真正的限制一样，合同类型也没有限制。随着环境的变化，新技术的引进，企业界人士和律师试图找出新的商机，发掘新的签约方式。唯一限制合同内容的是想象力。因此，我们不必试图涵盖所有新的签约形式——这是不可能完成的任务，而是要集中讨论主要的类型，让读者去想象不同的情景。关键是要一如既往地保持清楚和透明，这里所讨论的合同框架基本形式也可以用于其他情况。

本章剩余部分集中于两类合同：研究合同和合作研究或赞助协议。合作研究和赞助协议更为复杂，包含了研究合同的大部分基本条款。

前面对使用标准协议发出了警告，下面将集中讨论各种合同中出现的主要问题。关键是让合同适应深层次的基本关系，而不要过分关注细枝末节。

2 研究合同

研究合同是研究人员寻求获得某些知识（无论以专利还是以商业秘密受到保护）的使用权利以推进其研究项目的合同。也就是说，无论是在公共机构、非营利机构还是营利性机构，获得权利都是开展研究项目的重要因素。

研究合同的基本框架包括以下内容：

- 第 1 条：许可
- 第 2 条：付款条件和流程
- 第 3 条：问题升级和争端解决机制
- 第 4 条：研究中产生的知识产权（如果适用）
- 第 5 条：保密和出版的权利
- 第 6 条：法律条款，例如在不可抗力或其他干扰的情况下该怎么做、时间安排和通知程序
- 第 7 条：定义

最简单的研究合同从第 1 条开始，由知识产权持有人向研究人员授予许可（即承诺不起诉侵权行为），以便后者可以利用某种技术开展特定的研究。然而，一般来说，研究合同更为复杂，许可只是涉及范围广泛的研究合同中的一部分。合同中可能承诺提供材料样本。

材料转移协议在其他地方已进行了充分的讨论[3]，但值得注意的是，该协议不仅对研究具有特别重要的意义，而且往往是合同谈判中最棘手的。在行业投入资金越来越多、竞争越来越激烈、研究成果商业化越来越受到关注的研究环境中，研究材料和研究成果的共享引发了更多担忧。这些协议也明显产生了实际困难，例如准备和转移研究材料需要的时间及劳动，以及转移生物材料需要的国际运输。[4]

研究合同可能要求以现金和实物（例如，承诺不做或不披露某些事情）支付（通常是名义上的）成本费用。合同还可以讨论如何解决关于许可标的的争议（例如，初始技术的细微改变）、付款金额（如何生产从未使用过的材料），等等。

这是基本的交易。有了明确的书面合同，已经避免了大多数可能会发生的冲突。然而，我们依然要在这里详细地讨论一些有争议的问题，包括公开发表权、保密信息、棘手的许可问题、付款以及研究成果的权利归属。

2.1 公开发表

只通过公开的专利形式保护一项技术的情况很少，如果能得到其他形式的商业保护而只使用专利保护也不是好的商业做法。因此，当一方许可使用某一项技术时，该方往往必须提供相关的保密信息。为了不公开受保护的信息，当事人经常要求对任何公开出版进行审批的权利。此外，如果这项研究产生的新信息可能会影响技术所有者利益（如研究表明该技术不起作用或比预期的效果更好），技术所有者会希望在任何公开披露之前，有时间为这种可能发生的情况做好准备，也会要求审核公开出版的权利。

鉴于技术所有者有防止公开披露失控的权利，技术所有者可坚持在研究合同中增加一项条款，规定研究人员只有在获得技术所有者的许可后，或先给技术所有者足够的时间审核之后，才能发表文章。技术所有者用3~6个月来审查拟公开出版的文章以确保不披露任何保密信息，是合理的，条件是允许文章作者在此期间将文章提交至期刊，在保密的状态下进行评审。由于正常的同行评审过程通常也要花费这么长的时间，所以对作者来说这种推迟几乎没有带来不便。

如果技术所有者有权获得研究成果中的新发明（通常只在赞助研究的情形下出现，稍后将加以讨论），那么所有者也可以合理地请求推迟公开出版，以便评估披露是否会威胁到新发明的可专利性。

2.2 保密信息

专利通常只代表技术的一部分，例如一项发明的早期实施方式。技术的其余部分，如秘密和专有技术，作为商业机密或保密信息，受到大多数法律制度的保护。此外，根据合同开展的研究可能会产生新的保密信息。如果拥有保密信息的人与最初提供信息的一方存在保密关系的话，只能阻止其他人如竞争对手披露信息。确保信息不被披露的最佳保护办法之一是借助合同的力量。

保密的义务往往是相互的。技术所有者要求研究合同中包含保密信息条款，是为了防止研究人员泄露技术所有者最初提供的保密信息。而研究人员希望在合同中插入这类条款，是为了保护其研究成果。

要注意“保密信息”这个术语的定义是十分宽泛的。狭义的定义可能很清楚，但可能会遗漏重要的信息。广义的定义可能会妨碍各方继续工作。因此，研究合同的签约双方应仔细审查该定义，并确保其是清晰的。有几种方式可以提高定义的清晰度。首先，我们可以将保密信息限于明确标识的材料上（即标记为机密），或将保密信息限于清晰的但各不相连的信息类别中（例如商业计划或客户列表）。在接受开放式定义时应该谨慎（例如，“保密信息包括但不限于……”），特别是在没有要求专门标记为保密信息的情况下。此外，法院可能会推翻一个过于宽泛的保密条款，因为他们有时认为这些条款与公共政策相悖，限制了竞争。

总的来说，保密范围不应太广，以致妨碍研究成果的发表和其他人对研究成果的使用。此外，由于保密范围将取决于这些材料的用途，因此，没有一个单一的定义能够适用于所有情况。

保密信息合同应明确规定可向谁披露信息（例如其他研究人员，包括同一机构和其他机构的研究生等）。应注意确保这些义务不会妨碍博士生或博士后研究人员发表论文和报告交流。

保密条款还应包括“自动废止条款”，以便在各种可能的情况下终止保密义务，包括接收方并无过错而信息已公开，以及法院要求披露信息等情况。

最后，合同应规定接收信息的人必须采取多大强度的保密措施。例如，接收方必须将信息锁在保险箱中，还是可以将信息保存在办公室档案柜中？这一点很重要，因为它确定了接收方保护信息必须采取的预防措施水平，以及当事人应如何处理无意中披露信息的情况。协议还应具体说明信息接收方在合同期满后有权保存哪些信息，以及必须归还或销毁哪些信息。

2.3 许可

研究人员使用专利或其他受保护的发明开展研究的自由，取决于许可的范围。许可范围可以是狭窄的，并且只在限定领域许可使用，例如与特定的载体一起使用；许可范围也可能是宽泛的，涵盖所有的研究领域。范围越广，研究者开展研究的自由度就越大。

研究人员需要理解一个违反直觉的事实，即获得发明许可并不能保证有权使用该发明。例如，研究人员可能需要监管部门的批准，或可能需要从相同或不同的提供者处获得其他发明的许可。因此，研究人员通常需要在许可方的协助下，需要确定如何才能合法地使用所述发明，这是至关重要的。

许可可以是非排他性许可，可以是独占许可，也可以是排他许可。技术所有者授予非排他性许可时，可以向其他任何人授予相同或类似的许可（但是，所有者不得再授予他人独占许可或排他许可）。与非排他性许可不同，独占许可包含两个承诺，第一个是许可本身，即承诺不起诉研究人员侵犯专利权；第二个是技术所有者承诺自己不使用这项发明，也不向其他任何人授予许可。共同排他许可，可防止所有者在指定对象之外授予许可。排他许可类似于独占许可，但技术所有者保留自己使用发明的权利。通常，所要求的排他性程度越高，研究人员支付的专利费就越高，因为技术所有者可以获得的收入来源更少。在学术背景下，研究人员通常只需要非排他性许可。在私营部门，特别当技术是开发某一特定用途的关键时，研究机构可能需要独占或共同排他许可，以证明将该技术推向市场所需的投资是合理的。如果研究机构要承担重大风险，或者预期技术的市场规模较小，就属于这种情况。

生物技术领域的一些发明，如基因技术发明和平台技术，往往代表了上游的技术：这些发明在各种各样的环境和应用中都有用途。对于这种类型的发明，不推荐对所有的应用领域授予排他许可或独占许可。事实上，经济合作与发展组织（OECD）最近发布了一项基因技术发明许可最佳实践指南，其中强调对基因技术普遍采取非排他性许可[5]。可以推断，对平台技术而言非排他性许可更受欢迎。一项研究表明，排他许可的被许可方往往无法真的投入必要的资金推动技术进步[6]，如果其缺少资金或对开发技术失去兴趣，这种情况就更有可能会发生。因此，强排他性许可通常不是促进研究或商业化的最佳方式。

如果排他许可是必要的，特别是对于非常早期的研究，最好狭义地定义该发明的专有应用领域，这样技术所有者就可以灵活地允许不同应用领域的研究人员自由进行研究。在需要排他许可的情况下，双方应在许可协议中包括允许技术所有者在某些情况下收回授予权利的条款。这些情况可能包括研究机构未能按照许可协议所述的方式开发本发明，未能充分开发本发明的所有方面，或未能视情况将其进行分许可。例如，收回条款应该包括终止许可、将排他许可转换为非排他性许可或缩小排他许可范围等内容。

一般来说，为了保护研究人员可以为了人道主义目的自由地从事研究工作，许可应尽可能明确同意第三方开展人道主义研究。可以让其中一方保留向计划开展此类工作的其他人员提供许可的权利。当事各方可以规定在特定情况下这样做的义务。在寻求纳入此类条款时，应咨询相关国家的律师，以确保该项义务可以强制执行，特别是在破产的情况下。

许可的一个重要的，但偶尔会被忽略的内容是定义有权使用许可的组织和人员。如果没有这样的列表，默认情况下，只有被许可方可以使用许可。如果多个机构，或几个地点的研究人员，或同一家公司多个分公司的研究小组正在使用这项研究，则必须起草许可协议，以便相关的所有研究人员能够使用该项技术。为实现这一点，许可方应允许研究机构有权签署同意他人获得本发明分许可的许可协议。另一方面，技术所有者通常希望确保这个群体不会变得太大。因此，许可协议应从符合双方的利益出发具体界定哪些人能够使用发明。此外，许可还应明确哪些国家的研究人员可以使用这项发明。

2.4 付款

一般来说，获得许可的人，为了使用这项发明，需要支付预付费和持续的许可使用费。如果许可的是研究工具，而且市场主要由从事研究的人组成，则需要确定收取的市场价格。然而，就研究协议而言，标准做法是，要么不收取这些费用，要么设定费率补偿技术提供者自付的费用。在其他情况下，通常不会收费，例如将许可作为交叉许可的一部分，或者当事人订立合同，提供与研究相关的知识，而这些知识属于现有研究豁免的范围。需要付费时，费用数额取决于许多因素，包括许可范围和性质、发明类型以及研究人员是由私营部门还是公共部门赞助的。一般来说，设立预付费必须谨慎，特别是这些费用可能会成为阻碍发明可获取性的因素。

2.5 通过研究创造的知识产权

使用许可进行创新研究，本身可能会产生可申请专利的发明。其中一些发明可能与被许可的技术有关。例如，所产生的发明可能是对原始技术的修正或改进，或者可能本质上是不同的。如果研究协议并未提及这些新发明的所有权，那么研究人员或研究人员的雇主，或者其两者将有权获得专利，取决于特定研究机构的知识产权政策。这意味着，如果不存在任何相反约定的情况，原技术所有者通常不能拥有这项新发明的知识产权，因此没有权利使用这项新发明，更不用说控制其使用权。但可以通过适当的转让、回授许可条款或研究合同中的许可条款来获得相关的权利。

2.5.1 所有权

在研究中，使用许可技术而开发的知识产权所有权一般归研究人员或研究人员的雇主所有。在大学或公共研究中心开展的研究，以及使用公共资金开展的研究更是如此。因此，一般应避免签订延伸性（reach-through）许可协议，因为在这样的协议里，原技术所有人会声明有权拥有利用被许可发明得出的研究结果。

赞助研究的情况是不同的。在赞助研究中，研究人员实质上是被聘用来为原始技术所有者开展研究的。在这种情况下，研究人员将知识产权转让给技术所有者是合适的，因为默认规则是知识产权归研究人员所有。在转让时，研究人员应确保其他研究人员、研究生和从事该项目的博士后研究人员理解这一点，并同意将知识产权转让给原技术的所有者。

合同还应规定是由研究人员还是原技术负责人负责为新发明申请专利并进行维护。通常情况下，由最终获得专利的一方或持有该发明排他性许可的一方来承担这些责任。

2.5.2 回授许可（license back）

研究合同通常不包括研究人员将研究过程中产生的发明向原技术所有者回授许可。这是因为产生新发明的风险和责任由研究人员承担，而不是原技术所有者。对被许可发明的改进，情况略有不同，原技术所有者可能希望能够获得这些改进技术，无论是为其自己的利益，还是为了其被许可方的利益。对于研究人员来说，在非排他性许可的基础上，将改进技术回授给原技术所有者可能是合适的，只要原技术所有者及其他被许可方需要使用（改进的）发明。可能需要支付合理的许可使用费，而且回授许可的范围不应太大，不至于阻止研究人员将改进的发明授权给他人。

2.6 研究关系的替代性安排

研究人员经常需要获得许多发明才能完成他们的工作。事实上，研究人员可能需要获得多个许可才能执行一个特定的研究项目。对于需要多个许可的情况，即所谓的专利堆叠，可能会产生问题，因为支付数量庞大的专利许可相关成本，包括时间和费用，令人望而却步。为了避免问题，需要通过许可协议确保研究人员支付的许可使用费是合理的。可以通过设置研究人员必须支付给所有许可方的最高许可使用费总额来实现。如果总的许可使用费超过这一数额，研究人员将按总额的相应比例支付给各技术所有者。不过，技术所有者可能希望设定一个支付使用费的比例下限。

另外，许可方和被许可方可能希望考虑创建专利池、专利交换所或其他开源手段，以确保公共和私人机构的研究人员能够获得基本技术。可以将许可协议标准化，确保以合理的成本来获得各种发明。

专利池是指“两个或两个以上的专利权人同意将他们的专利授权给对方和/或第三方”的合作方式。[7] 专利池将特定创新领域的专利持有者聚集在一起，如病毒基因组，以促进一项技术的高效使用和发展。这些专利整合在一起，允许发明者在优惠的许可条款下，使用专利池中所有的专利。参与组建专利池的专利所有权人可以从中分享获得的任何利益。电影工业、航空公司和开发新 DVD 技术的公司都成功地使用了专利池来推进各自的技术。[8]

设立专利池有许多挑战。首先，专利池可能触发反竞争法。[9] 其次，研究人员可能会选择不加入专利池，因为这些专利池减少了交易成本并分散了风险，但也降低了获得巨额利润的可能性。因此，各方需要在研究目标和获得利润之间找到恰当的平衡。[10]

开源专利制度的目标是促进研究结果在发明人员和公众之间自由传播，这与市场垄断形成鲜明的对比。开源制度可以用于最终产品或开发产品的研究工具。开源专利制度有几个有效的例子。公共专利基金会（the Public Patent Foundation，PPF）是其中之一。它促进了自由区的创建，专利汇集在自由区中免费提供给其他参与方。[11]PPF 通过给予参与者非排他性和免许可使用费的方式来实现这一目标。另一个例子是开放社会的生物创新计划（the Biological Innovation of Open Society，BIOS）。涉及已经获得专利权的技术。BIOS（像 PPF 一样）专注于研究工具而不是最终产品，通过成熟的许可条款来实现特定目标。[12] 开源专利制度的最后一个例子是热带疾病计划（the Tropical Disease Initiative，TDI）。TDI 的目标是维护一个可以访问的 Web 数据库，以促进相关研究和开发，并使研究人员能够随时获取研究信息。[13]

3 合作研究协议和赞助协议

虽然研究合同通常涉及技术从技术所有者到研究人员的单向流动，但可能存在更复杂的情况。本节考虑其中两个：合作研究协议和赞助协议。

“合作研究协议”涉及多个合作伙伴，通常是私营部门和公共部门的合作，共同研究一个特定的研究项目。这些合作伙伴各自贡献出一定的资金、人才和技术，共同利用这些资源开展研究。通常情况下，私营部门参与者要么获得由此产生的知识产权，要么获得知识产权许可的优先权。因为参与者增多了，技术所有权方案多样化，比起研究协议中的单向技术流动，合作研究协议更为复杂。

基本的合作研究协议将包括以下内容。

- 第 1 条：合作研究工作参与方的共同义务
- 第 2 条：详细描述每一方为研究项目的投入（资金、技术、材料、技术人员），以及对第 3、4 和 5 条的交叉引用。每一方的投入细节可以作为协议的附件
- 第 3 条：付款条件和流程规定
- 第 4 条：各方已有技术的许可使用（包括额外技术的增加机制）
- 第 5 条：开展研究需要转移的材料清单
- 第 6 条：研究产生的知识产权归属原则
- 第 7 条：研究产生的技术许可（包括谁有权许可该技术）
- 第 8 条：新产生技术的使用或许可所获得的财务收益分配和支付条款
- 第 9 条：增加和减少合作团队成员
- 第 10 条：用于监督研究和研究成果的管理架构

- 第 11 条：问题升级和争议解决机制
- 第 12 条：保密和公开出版原则
- 第 13 条：法律条款，如在不可抗力或其他干扰情况下应做什么，时间安排和通知程序。
- 第 14 条：定义

“赞助协议”通常是私营部门的参与者为了其自身利益而促成的研究合同。在某种意义上，这属于聘用研究。一般来说，当公共部门的研究人员或研究机构被聘用时，这种合作也为该机构或研究领域创造了知识。在赞助协议中（原文为“合作研究协议中”，疑原文有误——译者注），发起人通常除了为初始技术提供许可费用外，还支付研究费用，并保留该研究结果中的某些知识产权。

赞助协议的基本结构包括以下内容：

- 第 1 条：研究人员将开展研究的说明
- 第 2 条：付款条款和流程规定
- 第 3 条：开展研究所需要的任何技术的许可
- 第 4 条：研究中需要且必须转移的任何材料
- 第 5 条：研究成果的所有权
- 第 6 条：基于该技术所产生技术的任何许可使用
- 第 7 条：问题升级和争议解决
- 第 8 条：保密和公开出版权
- 第 9 条：法律条款，如不可抗力或其他干扰情况下应采取的行动；付款时间表和其他时间安排问题；以及通知程序
- 第 10 条：定义

合作研究和赞助的关系都很复杂，这些关系的性质将取决于具体情形。应该避免教条地使用标准格式协议，并确保合同是针对特定情形制定的。合同越复杂，对清晰度和结构的要求就越高。

3.1 保密信息

接下来的讨论是在读者已理解了研究合同的基础上进行的，因此只突出了特别重要的部分，单独介绍普通研究合同不需要的规定。建议读者在阅读本节之前再仔细阅读关于研究合同的内容。

赞助研究或合作研究旨在创立新的知识和新的发明。虽然其中一些发明也许能够获得专利，但其他发明可能被视为商业秘密。在后一种情况下，协议通常应确定如何保护商业秘密。几乎所有的合作研究或赞助协议中都规定，所有各方都有义务保密，保护研究项目中的内容和通过合作研究产生的内容。不同于标准研究合同，合作研究和赞助协议会使信息在多方或不同的管辖区域之间来回流动。因此，协议中必须明确规定信息的共享，并提供一种机制，以跟踪谁访问了什么信息以及何时访问的。这样

的规定不仅有助于控制信息，而且可以更容易确定哪一方对失误负责。在跨司法管辖区的协议中，确保保密信息条款在所有相关司法管辖区都具有可执行性也很重要。

各方应谨慎地描述项目结束时应如何处理引入项目的保密信息或通过项目创建的保密信息。因此，协议应当明确规定，在研究结束时，研究项目的其他参与者是否有权使用另一方引入项目的保密信息。同样，各方必须决定谁将有权使用通过研究项目创造的信息，以及用于什么目的。

为了确保保密信息可以许可给其他人，协议中需规定哪一方有权决定信息的许可。如果没有这样的规定，很难将研究项目产生的保密信息最终转让给被许可方。

3.2 带入的专利技术认可

在项目的研究过程中，由于使用需要，参与者不仅会带入保密信息，而且还会带入专利技术。复杂的研究项目不断发生变化，项目开始时，各方不太可能确切地知道各自需要贡献的技术。为了处理这个问题，协议应该列出需要引入项目的技术和相关专利。签约双方应建立一种可以添加技术（以及相关专利）的机制，例如，成立委员会，负责批准在技术和专利清单中增加新的技术和专利。通过建立这样一种机制，提高了透明度，也具有适应新进展的灵活性。

3.2.1 许可的范围和性质

标准研究协议是向一方授予技术许可，与此不同的是，合作研究协议或赞助研究协议，需要向所有机构的所有研究参与者授予许可。因此，协议中需要列出有权使用该技术的人员名单，并规定其他研究人员和机构以后加入该项目的增补机制。

通常情况下，由赞助或合作研究协议提供的材料或信息，将以非排他性的方式许可研究人员使用。即使对于存在正式研究豁免的国家，将这些规定纳入协议也是保险的做法，因为法律有时含混不清，法律规则在不同国家也存在差异。各方应确保许可的范围足够广泛，以适应研究方向可能发生的变化。

如果是多方协议，应提供允许参与者退出的机制。这对于参与方破产时尤其重要，否则可能会影响正在进行的研究。这种机制还可以应对参与方的机构状态发生变化（例如，子公司与其母公司合并）。协议中通常应说明，其余各方有权继续使用材料或信息，并规定新的合作方加入的程序，但须遵守国家破产法和竞争法以及其他合同义务。

我们必须再次明确，许可本身并不能保证被许可方或协议中指定的其他方能够实际使用本发明。

3.2.2 支付

许可研究人员使用技术，其根本目的是推动研究工作取得进展，因此这种许可通常是免费的，或者以合理的费率收取费用。

3.3 通过研究产生的知识产权

赞助或合作研究协议的最重要目标之一是开发可以商业化的新技术。因此，协议的一些关键知识产权条款涉及通过研究产生的知识产权，而不仅针对现有发明。

3.3.1 与赞助协议相关的知识产权

如果赞助者希望改变默认的法律规定（默认规定是研究人员或雇主拥有研究成果的知识产权），则协议应明确规定每一方当事人对各自研究产生发明的所有权。赞助者和研究组织还应具体说明谁有权就这些发明的许可作出决定。这不一定与所有权的归属相同，尽管两者经常是相同的。当事各方还应具体说明哪一方有责任就发明提交专利申请和维护专利。在正常情况下，赞助者拥有知识产权，并负责维持专利。

3.3.2 合作协议相关的知识产权

科研合作产生的知识产权归属很难确定。机构管理知识产权所有权的规则不同。一些机构可能会将知识产权所有权留给研究人员和学生，而另一些机构则要求自身拥有知识产权。实际上，所有权问题非常复杂，因为所有权规则通常取决于资助研究的人（即政府、慈善基金会或私营部门）。此外，在实践层面上，可能难以评估哪一方在研究过程中对发明有更高的诉求。

针对上述情况，各方应明确指出这些问题，即哪些人将获得专利和其他知识产权的所有权。如果双方未能解决这一问题，就有可能阻碍进一步开发和使用由合作产生的研究成果。假如有参与方破产的情况，为避免被他人扣押，所有权归属也特别重要。双方还应当说明，他们中哪一方有责任为这些发明申请专利并维持专利。

与之相关的问题是，哪一方或哪几方有权决定知识产权未来的使用，包括研究过程中开发出来的技术许可。重要的不是实际所有权，而是哪一方能够实际控制这些发明的使用和进一步许可。

一般而言，无论哪一方或哪几方拥有技术和相关知识产权的所有权，各方都有权在非排他性的基础上供内部和其附属公司使用已开发的技术。然而，在某些情况下，这样的安排是不太实际或有效（例如，当研究项目完成后双方没有进一步计划开展技术工作，并且倾向于将其排他性地许可给第三方）。

应限制有权向他人发放许可的一方当事人的权利。例如，合作协议通常应规定，协作开发的研究工具或平台技术的许可应该是非排他性的。如果不可能这样做，并且合作协议规定所获得的技术可以进行排他许可，则应对此有所限制。排他许可中，应该为所有合作研究人员保留权利，最好是为所有研究人员保留权利，以继续开展技术研究并在教学中使用。其次，任何排他许可，都应确保技术进一步开发和使用不受阻碍。可以通过一些条款明确规定取消许可的情形，例如，未来许可持有者未能按照许可协议描述的方式开发技术，未能充分开发技术的所有性能，或适当地进行分许可。无效条款可以采取取消许可、将排他许可转换为非排他性许可及减少排他许可范围的形式。

正如技术所有权应该与技术的控制权分开一样，所有权应该与收益分配的问题分开。至关重要的是，协议要明确规定合作者之间如何分配许可和其他收入。

4 结语

合同文件一旦签署，最好的情况是没有必要再去阅读。当双方能够详细地描述他们的关系，对于谁做什么、谁承担风险都非常清晰时，就会是这样的情况。不幸发生纠纷时，对于协助管理合同的企业界人士和可能被要求解释合同提供合适公平的解决方案的法官来说，条款明确的合同是至关重要的。

无论是一个简单的研究合同，还是更复杂的赞助研究或合作研究协议，双方谈判的基本要素决定了合同文件的结构、语言和长度。合同起草者要抓住主要组成部分，按照双方整体关系的重要性进行排序。虽然法律细节不容忽视，但这是起草合同的次要方面。

E. RICHARD GOLD, *Director, Centre for Intellectual Property Policy, McGill University, 3664 Peel Street, Montreal, H3A 1W9, Canada. Richard. gold2@ mcgill. ca*

TANIA BUBELA, *Assistant Professor, School of Business, University of Alberta, 3-30D Business, Edmonton, T6G 2R6, Canada. Tania. bubela@ ualberta. ca*

---

1 See, also in this *Handbook*, chapter 15. 3 by EJ Min.

2 Robertson G. 2006. A $ 2-Million Comma? Au Contraire, Rogers Tells Aliant. *Globe and Mail* 16 October, 2006: B1.

3 See, also in this *Handbook*, chapter 7. 3 by A Bennett, WD Streitz and FA Gacel.

4 Walsh JP, C Cho and WM Cohen. 2005. View from the Bench: Patents and Material Transfers. Science 309: 2002-2003.

5 In order to address these concerns, OECD member countries agreed to *Guidelines for the Licensing of Genetic Inventions* used in health care. The guidelines set out principles and best practices for those in business, research, and health systems who enter into license agreements for genetic inventions used for human health care. The guidelines are targeted at those involved with innovation and the provision of health services, particularly those involved in the licensing of the inventions. Overall, the guidelines seek to foster the objectives of stimulating genetic research and innovation while maintaining appropriate access to health products and services. www. oecd. org/document/26/0,2340, en_2649_37437_34317658_1_1_ 1_37437,00. html.

6 Colyvas J, M Crow, A Gelijns, R Mazzoleni, RR Nelson, N Rosenberg and BN Sampat. 2002. How Do University Inventions Get Into Practice? *Management Science* 48: 61-72.

7 U. S. Department of Justice and the Federal Trade Commission. 6 April 1995. Antitrust Guidelinesfor the Licensing of Intellectual Property. 4 Trade Reg. Rep. CCH. See also Goldstein JA, TJ Ebersole and MC Guthrie 2005. Patent Pools as a Solution to the Licensing Problem of Diagnostic Genetics. *Drug Discovery World* Spring: 86-90.

8 Clarke J, J Piccolo, B Stanton and K Tyson. 2000. Patent Pools: A Solution to the Problem of Access in Biotechnology Patents? United States Patent and Trademark Office: Washington, DC. www. uspto. gov/web/offices/pac/dapp/opla/patentpool. pdf.

9 Ibid.

10 Verbeure B, E Van Zimmeren, G Matthijs and G Van Overwalle. 2006. Patent Pools and Diagnostic Testing. *Trends in Biotechnology* 24: 114-120.

11 Feldman R. 2004. The Open Source Biotechnology Movement: Is It Patent Misuse? *Minn. J. L. Sci. & Tech.* 6:117–167.

12 Ibid.

13 Maurer S, A Rai and A Sali. 2004. Finding Cures for Tropical Diseases: Is Open Source an Answer? *Minn. J. L. Sci. & Tech.* 6:169–175.

第7.6章

使用不主张协议：一种促进人道主义许可、管理责任和全球可获得性的工具

阿纳托尔·克拉蒂格（ANATOLE KRATTIGER）

美国亚利桑那州立大学生物设计研究所研究员；
生物发展国际研究所主席；美国康奈尔大学兼职教授

译者 王迪 姚金玲 赵丽霞 **审校者** 欧阳石文 刘勤 张熠 殷宏

摘 要

不主张协议（nonasserts covenants）允许第三方实施他们拟使用的专利。在法律上，不主张协议是针对专利侵权的和解协议，其设计和起草的目的是预先解决未来的侵权纠纷。不主张协议可以采取3种形式：（1）双方协议；（2）多方协议；（3）公开声明。不主张协议可以指定特定专利权或指定应用领域，也可以宽泛地指定整个专利家族，包括某一领域的所有发明。其公开声明将专利或其权利置于公共领域。然而，不主张协议需要明确指出许可的是哪些权利，以避免可能导致禁止反言的歧义。

不主张协议在加强公共部门的研发方面可能产生广泛的影响，其中一种情况是专利权涵盖了对加速生物技术开发应用至关重要的研究工具。为了满足发展中国家特定的人道主义需求，目标明确的不主张协议可以成为允许产业界在世界任何地方使用专利发明的有效方式。这种方法可能产生广泛而显著的积极影响，因为可以降低交易成本，鼓励以创新帮助贫困者，并且在不损失任何商业机会的情况下，实现这一目标。

Krattiger A. 2007. The Use of Nonassertion Covenants: A Tool to Facilitate Humanitarian Licensing, Manage Liability, and Foster Global Access. In *Intellectual Property Management in Health and Agricultural Innovation: A Handbook of Best Practices* (eds. A Krattiger, RT Mahoney, L Nelsen, et al.). MIHR: Oxford, U.K., and PIPRA: Davis, U.S.A. Available online at www.ipHandbook.org.

1 引言

2006年，由于开源软件出现，“不主张协议”（non-assert agreement，NAC）[1] 的概念广为人知。当年，Sun Microsystems 和微软公司（Microsoft Corp.）等几家主要的软件公司宣布，他们不会就某些基于 web 应用程序的相关产品的特定部分强制执行任何专利。同样，IBM 宣称不会就使用开放源代码软件对其拥有的500项专利维护权利。麻省理工学院（MIT）和其他公共机构也在生物技术领域采用过不主张协议。

不主张协议的应用范围很广泛。本章介绍了不主张协议的主要类型，从实际的不主张协议中总结了示范性用语，并讨论了在公共机构努力实现全球可获得性时，如何更广泛地使用不主张协议响应人道主义许可并满足对新方法的巨大需求。

2 不主张协议的形式

不主张协议是一种隐含的许可。换句话说，不主张协议是一种协议，默示协议的一方或多个当事人不会主张或捍卫他们所拥有的某些权利。这类权利通常与专利有关。不主张协议可以采取以下 3 种形式之一：

- 双方协议（双边）
- 多方协议（多边）
- 公开声明（公告）

在起草一项不主张协议时，知识产权所有人承诺不强制执行其权利，应使用确切的语言来具体说明将不强制执行哪些权利，以及是否限制使用领域。如果表述含混不清或模棱两可，可能会在未来某个时候造成禁止反言的可能。[2] 这意味着，一人或一方有可能打赢侵权诉讼，成为不主张权利的意外受益人，继续使用知识产权而不受惩罚（其胜诉的理由可能是，不主张协议具有误导性，如果专利权人主张其权利，意外受益人将受到重大损害）。

文本框 1 提供了来自软件行业的公开声明不主张协议的范例，文本框 2 给出了来自生物医学领域的公开不主张协议的范例。

3 不主张协议的优势

不主张协议是促进标准开放或建立行业标准的重要工具。与传统的开放标准委员会或机构相比，公开声明形式的不主张协议具有许多优势：

（1）通过不主张协议可以精简标准，通过免费许可促进了标准的采用，使标准实施进展更快。重要的是，不需要与第三方进行任何复杂的谈判（例如开放标准委员会），就可以单方面发布不主张协议。

文本框 1：软件行业的不主张协议：Microsoft 开放规范协议

发布日期：2006 年 9 月 12 日　　更新：2007 年 2 月 15 日

Microsoft 不可撤销地承诺，对您提出、使用、销售、许诺销售、输入或分发任何符合规范涵盖（Covered Specification）（或实施涵盖，Covered Implementation）的任何实施行为，不主张任何微软必要的权利要求，但要符合下列条件。这是微软直接对您的个人承诺，而您从其中受益的一个条件是，需承认没有从供应商、分销商或与此承诺相关的其他方面获得微软的权利。如果您提出、维持或自愿参与针对微软实施该涵盖规范的专利侵权诉讼，则此承诺不适用于您所制定或使用的同一规范涵盖的任何实施涵盖。“微软必要的权利要求”是指那些微软拥有或微软控制的专利权利要求，而且只需要实现规范涵盖中详细描述的部分，并且也不仅仅是在该规范涵盖中引用的部分。下面列出“规范涵盖”范围。

这一承诺不能保证：(i) 微软的任何授权专利的权利要求都涵盖了一项实施，或者可以强制执行；或者 (ii) 所涵盖的实施不会侵犯任何第三方的专利或其他知识产权。除本承诺明文规定外，均没有以暗示、用尽、禁止反言或其他方式给予、放弃或接受其他权利。

“规范涵盖”[……] 适用于下列规范的确认版本。以前的规范涵盖的新版本将考虑另行列入清单。

[特定的 web 服务列表]

资料来源：微软公司[3]

文本框 2：生物医学领域中 Tuschl I siRNAN 专利申请的不主张协议

为了促进该重要研究试剂的广泛分发，麻省理工学院、马克斯·普朗克科学促进学会（the Max Planck Gesellschaft zur Förderung der Wissenschaften e. V.）、White Head 生物医学研究所和马萨诸塞大学（“专利拥有者”）现在宣布，不会针对销售或使用诱导产生 siRNA 的 DNA 载体的公司主张下述专利的保护，只要该载体仅用于研究目的，并且介导 RNA 干扰的 RNA 不能从转化的细胞中分离出来。专利所有者将对上述明确列出的用途之外的任何用途强制执行以下所列专利。

下面列出了本公告中包含的专利，同时还包括进一步的继续申请、分案申请、已授权的专利和再颁专利。

David P. Bartel, Phillip A. Sharp, Thomas Tuschl 和 Phillip D. Zamore 的"RNA 序列特异性介导的 RNA 干扰"

- 澳大利亚申请号 2001249622，申请日 2001 年 3 月 30 日。
- 巴西申请号 P10107536-5，申请日 2001 年 3 月 30 日。
- 加拿大申请号 2404890，申请日 2001 年 3 月 30 日。
- 欧洲专利公约申请号 01922870.9，申请日 2001 年 3 月 30 日。
- 以色列第 151928 号申请，申请日 2001 年 3 月 30 日。
- 日本申请号 2001-573036，申请日 2001 年 3 月 30 日。
- 韩国申请号 200270123832，申请日 2001 年 3 月 30 日。
- 新西兰申请号 522045，2001 年 3 月 30 日。
- PCT 申请号，申请日 2001 年 3 月 30 日。

RNA 序列特异性介导的 RNA 干扰

- 美国申请号 09/821832，申请日 2001 年 3 月 30 日。
- 美国申请号 10/255, 568，申请日 2002 年 9 月 26 日。

来源：M. I. T.[4]

(2) 不强制执行某些专利权的承诺，可以是非常具体或宽泛的，或两者兼而有之。根据美国严格的反托拉斯法，在同一地方有多个竞争对手的情况下，可能不允许广泛的行业合作。

(3) 与反托拉斯有关的问题还包括对特定价格或条款的限制，可能被指控为垄断价格和操纵市场。在竞争对手之间制定标准举措总是会带来潜在的重大法律风险。

(4) 以公开声明的形式发布不主张协议不产生执行成本。本质上，它们是自动执行的。一旦宣布，就不需要法律工作人员就许可进行谈判。每个人都可以得到同样的许可，并且是免费许可。

在软件行业中接受和使用不主张协议的结果是，出现越来越多支持开源软件的"专利共享"(patent commons)。

在农业生物技术应用和健康相关研究中，不主张协议也正在成为某些定义明确问题的简洁解决方案。这些方案包括：

- **管理责任的工具**。即使包含所有必要的保障措施和保证，许可协议也负有一定的责任。农业生物技术应用尤其如此，因其几乎不存在确定性，关于全球责任和补救措施制度的讨论仍在继续。[5]
- **获得研究工具**。不主张协议可以消除知识产权障碍，提供专利保护的研究工具(如下面的文本框 2 所示)，否则会阻碍那些最需要该研究工具却负担不起的人使用。具体而言，不主张协议可以提供关键研究工具的访问权限，供指定机构专门开展研发以解决发展中国家的需求。但是，不主张协议的使用已更进一步：

只要承诺是为了为发展中国家生产药物或疫苗，在已经授权药物或疫苗（或工艺）的国家，也可以生产药品或疫苗。

- **降低双边或多边许可协议的谈判成本。**任何许可协议的谈判都非常耗时。在许可特别是出于人道主义目的的情况下，许可方通常不会获得物质利益，谈判此类协议的优先序很靠后。不主张协议，甚至双边协议，谈判相对容易，因为主要是就两个相当简单的内容达成一致：
  –专利（或其他形式的知识产权保护）清单
  –明确使用方式，或授权使用的限制条件，或两者兼有

需要明确的是，不主张协议并不是专利池的一种形式。这种区别对于商业化产品的责任管理很重要，特别是在药物、疫苗和食品生物技术领域。专利池是明确授予其他当事人权利。而不主张协议是保证不起诉那些会侵犯权利的人。因此，不主张协议也可被视为预先安排的侵权和解协议，即尽管按照实际法律属于侵权，但允许实施专利。

文本框 3 提供了一个不主张协议的样例，是基于两家美国机构（一家公司和一所大学）签署的实际协议。在人道主义许可方面，可能会采取某些限制，例如限定为了非营利人道主义目的才能使用；仅服务于发展中国家人民的利益；甚至是仅允许营利性实体为了发展中国家人道主义目的使用。

4 结语

从法律的角度来看，不主张协议是为了解决未来的侵权纠纷，而设计和起草的预先安排的专利侵权和解协议。因此，从本质上说，不主张协议是将某些专利权授予特定的对象。在软件方面，往往是公共部门；与健康和食品生物技术有关的往往是应用领域的双边协议。有理由相信不主张协议可以成为更广泛的工具，促进进步和创新，满足发展中国家的需要。

双边不主张协议应该找到更为广泛的应用，因为禁止反言的问题几乎没有什么实际意义。由于私下的互相联系（换句话说，当事方之间的关系程度）越密切，引发禁止反言误解的可能性就越小。因此，双方协议或多方协议，如同许可协议一样，足够密切的联系能够通过沟通解决任何误解或歧义。

专利权人通过不主张权利公开声明不强制实施专利权，对于提高公共部门研发会产生广泛影响。尤其涉及受专利保护的研究工具，特别是在美国对研究豁免有限制的情况下，对于加速健康和农业领域的基本生物技术应用至关重要。因此，在世界上任何地方为发展中国家和公共部门研发机构（和/或为了专门解决人道主义需求的商业目的）而精心拟定的有针对性的不主张协议，可能具有广泛而重要的积极影响，这种方法降低了交易成本，鼓励创新以帮助贫困人群，并且不需要多少成本、时间，或者损失商业机会就能完成此项任务。

致 谢

感谢 Stanley Kowalski 提醒我注意衡平法禁止反言这一重要问题。

ANATOLE KRATTIGER, *Research Professor, the Biodesign Institute at Arizona State University; Chair, bioDevelopments-International Institute and Adjunct Professor, Cornell University. PO Box 26, Interlaken, NY, 14847, U. S. A. afk3@cornell.edu*

---

1 They are also called nonassert agreements (when between two parties) or Covenant Not to Sue.

2 "*Equitable estoppel [is] an equitable defense to a claim of patent infringement available when a defendant has prejudicially relied on the patentee's misleading conduct concerning his intentions to enforce a patent. The Federal Circuit [has] adopted a three-part test for equitable estoppel, under which the defendant [being sued in an action for patent infringement] must show: (1) The patentee, through* misleading conduct, *led the alleged infringer to reasonably infer that the patentee did not intend to enforce its patent against the alleged infringer. (2) The alleged infringer relied on that conduct, and (3) Due to its reliance, the alleged infringer would be* materially prejudiced *if the patentee is allowed to proceed with its claim. When an alleged infringer establishes the defense of equitable estoppel, the patentee's claim is entirely barred [that is, an alleged infringer may continue to practice the patented technology].*" McCarthy JT, RE Schechter and DJ Franklyn, 2004. *McCarthy's Desk Encyclopedia of Intellectual Property*: Third Edition; The Bureau of National Affairs, Inc.: Washington, DC.

3 www.microsoft.com/interop/osp/default.mspx; see also www.oasis-open.org/committees/security/ipr.php for other samples.

4 http://www.web.mit.edu/tlo/www/industry/nonassert_statements.html.

5 See also in this *Handbook*, chapter 17.18 by RY Boadi.

文本框 3：双边协议形式的不主张协议

日期：2007 年 3 月 21 日

致：研究所

来自：公司

主题：美国专利号×, ×××, ×××的不主张协议

感谢您有意使用本公司所拥有的专利技术，致力于改善发展中国家人民的健康和福祉。本公司愿意不主张您所要求的公司专利技术权利，详情如下。

本公司理解，您的工作旨在开发用于_________的_________。针对研究所或其受托人、董事、高级人员、雇员、联营公司、其代理人、被许可方或利益继承者，公司愿意不主张本公司的美国专利号×, ×××, ×××或专利的外国同族、分案或部分继续申请的任何权利，或公司现在或以后可能拥有的与其所载技术有关专利的其他任何权利。

本不主张协议仅限于上述专利，并且此类专利技术仅用于生产_________。

此处所述的公司不主张权利协议，研究所及其附属机构、代理商、许可持有者和利益继承人均同意不会针对公司、其关联公司、代理人、许可持有者或继承人主张任何专利或专利申请的权利，以阻碍公司、其附属公司、许可持有者、代理人、继承人或客户实现基于上述公司专利权利要求中的任何目的。一旦研究所的控制权或研究所转让给任何一方或实体，研究所应同时向该收购方或关联方出示本协议。

对于下述任何方面，公司不作任何明示或暗示的担保，包括（1）不主张权利主题相关的知识产权状况；（2）任何材料、结果或特定用途的产品的适销性和适用性；（3）不侵犯或滥用任何第三方的知识产权；（4）使用公司利用该专利制造产品的雇员、工作人员或购买者的安全。

因此，研究所及其附属机构、代理商、许可持有人、继承人和客户应对其基于本协议进行的活动全权酌处、负责并承担全部责任，包括对产品的研究、设计、制造和潜在销售。研究所应使公司及其附属公司、高级人员、雇员和顾问不受任何与所有索赔、诉讼、义务、诉讼原因、责任、费用和损害、人员伤害（包括可能导致死亡的人）或财产（包括，但不限于使用损失）、产品责任索赔、环境损害索赔、使用、处理或储存材料以及任何其他索赔的损害。其中，不论任何原因，不论是基于、起因于，或是有关于研究所及/或其附属机构及/或其任何雇员、高级人员、雇员、顾问或其他代表机构行事或受研究所控制的人的作为或不作为，而该等行为与该机构的执行、交付、履行或没有履行或实施根据本不主张协议所赋予的权利有关。

请尽早签署两份副本，并将原件的完整复印件返回，以表明您接受本不主张协议中的条款。

向您致以最良好的问候，并祝一切顺利！

公司官员

第八部分

发明人与发明

第 8.1 章

大学背景下的知识产权导论：科学家入门读物

玛莎·穆施勒（MARTHA MUTSCHLER）
美国康奈尔大学植物育种与遗传学系教授
格雷戈里· D. 格拉夫(GREGORY D. GRAFF)
美国农业公共知识产权资源联盟研究型经济学家，
加利福尼亚大学伯克利分校农业和资源经济部访问博士后

▌译者　刘勤　▌审校者　刘芳　王靖轩　张熠

摘　要

知识产权是大学在研究、教学和推广职能中所固有存在的，知识产权问题在项目的各个阶段都可能出现。研究项目的计划和执行阶段可能会用到他人创造并保护的知识产权。随着研究工作不断取得进展，是否披露研究结果，会决定项目的研究成果最终能否得到保护。

成功的研究项目会产生新的发现，进而涉及知识产权，因而需要决策是否进行保护，以及如何布局和利用发明创造。该决策必须考虑知识产权管理以及大学和研究项目的目标和优先序。知识产权问题在大学的教学和推广工作中同样很重要，如创建或使用书面材料、软件、网络资源、设计等均会涉及知识产权。

知识产权及其问题不是大学唯一或主要的关注点。但是，对知识产权问题考虑欠妥，可能会令人感到挫败并付出高昂的代价。万幸的是，在研究、教学与推广中，大学若想实际而有效地管理知识产权，只需要对相关问题有基本了解，并且有能力获得校内援助即可。

本章介绍了任何科学家都应当了解的知识产权基本知识，讨论了知识产权管理在

Mutschler M and GD Graff. 2007. Introduction to IP Issues In the University Setting: A Primer for Scientists. In *Intellectual Property Management in Health and Agricultural Innovation: A Handbook of Best Practices* (eds. A Krattiger, RT Mahoney, L Nelsen, et al.). MIHR: Oxford, U. K., and PIPRA: Davis, U. S. A. Available online at www.ipHandbook.org.

科学家工作中的重要性，并总结了有关知识产权的更多信息来源。希望本章所述内容有助于读者避免简单但代价高昂的知识产权管理错误。

1　为什么要了解知识产权和技术转移

1.1　教职员工

切实评估、管理知识产权并做出合理决策，需要具备对知识产权的正确理解。从项目启动到项目执行过程中，都要决定如何以最佳方式处置项目产生的发明成果。假如对知识产权和技术转移问题缺乏基本了解，可能会付出高昂的时间、机会和金钱代价。教职员工必须在项目的知识产权管理决策中发挥积极作用，方能引导参与项目的本科生、研究生、博士后研究人员和/或技术人员。

忽视知识产权管理问题并不会让这些问题消失。知识产权管理不善以及未做出明智的选择，事实上可能会导致不良且不可逆的后果。参与项目的学生和工作人员所犯的错误可能对知识产权问题产生实质性影响。无论教职员工是否知晓这些错误是何时发生的，最终仍要负起责任。

教职员工学习知识产权管理方面的基本知识并不困难或费时。大家也无须成为知识产权管理和技术转移方面的专家。只要充分意识到问题存在，就可以合理使用现有的资源，避免产生知识产权的问题，并最大限度地把握机会。本章提供了许多重要在线资源的链接，在尾注[1]中亦列出了相关的附加资源。

1.2　研究生、博士后研究员和技术人员

无论将来供职于政府部门、学术界还是企业界，对知识产权具有基本了解都是研究生、博士后研究员和技术人员学习培训的重要内容。基础知识产权培训对研究生、博士后研究员和技术人员开展研究十分重要。不要寄希望于顾问、主管或技术转移办公室（technology transfer office，TTO）能够逆转研究生、博士后研究员和技术人员所犯的知识产权错误及其造成的后果。作为学生或博士后研究员，即便正处于“培训中”，也必须遵守使用他人受保护的知识产权的相关法规，必须满足正确处理自己任何发明的要求。事实上，基本的知识产权培训，对于负责指导教学活动的教职员工而言，是非常重要的。

1.3　缺乏知识产权相关知识所造成的问题

处理知识产权问题时的误判，根据错误的性质，可能会导致发明难以获得保护或难以许可给他人。即使这些问题是可以解决的，也会令人感到非常沮丧，并且耗费时间和成本。某些错误甚至可能导致发明错失保护的良机，或是大大缩小保护范围，使这些发明很难或无法进行市场转化。事实上，无意中侵犯他人受保护的知识产权，会减少发明者使用自己发明的机会，甚至无法使用，并且要为侵权承担责任。但是，具备恰当的知识产权保护和管理理念，就能选择适宜的方法处理所创造的知识产权，并确保收益最大化。

1.4 基本知识的应用

大学的教职员工和学生，不必成为知识产权管理方面的专家，但学习管理方面的基础知识将会带来以下帮助：

- 做出合理的日常决策，避免耗费时间和成本
- 知道何时联系知识产权或技术转移人员
- 与大学的技术转移人员高效且成功地互动
- 实现自我目标

此外，请记住，大学里非常缺乏训练有素的知识产权管理和技术转移人员，因此，如果这个领域吸引你，类似的就业机会是非常多的。

更多信息。欲了解更多有关就业机会的信息，请参阅大学技术经理人协会（AUTM）网站：www. autm. net/directory/job_ list. cfm。

2 大学知识产权和技术转移政策

大学要制定面向所有人员的知识产权政策。所有人员都要按照该政策行事。大学的主页是检索该大学不同政策的核心网站。一般来说，大学都设有政策办公室、技术转移办公室或研究基金会以及大学法律顾问办公室。

2.1 《拜杜法案》和大学政策

任何一所美国大学的政策都必须符合《拜杜法案》（公法96-517）所规定的义务。《拜杜法案》旨在促进私营部门投资联邦政府所资助的公共研究的商业化，该法案支持美国的小企业和制造业。依据《拜杜法案》，大学需要对其所拥有的发明进行筛选并申请专利，鼓励与企业合作，以促进发明的运用。

根据《拜杜法案》，政府保留的权利包括专利实施权和介入权的非独占许可。若大学或被许可人没有尽职尽责地执行一项重要发明的商业化，政府享有的介入权允许其“介入”并接管该发明。到目前为止，政府还没有行使过介入权，但未来可能会使用该权利。需要采取这种措施的一种可能情况是，用某种药物或疫苗控制一种流行性疾病。

更多信息。要了解更多有关《拜杜法案》的背景，以及其对美国高校知识产权政策的影响，请参阅政府关系委员会（the Council on Government Relations，COGR）网站，《〈拜杜法案〉：法律指南和实施条例》，1999年10月。要了解更多有关发展中国家类似的法律法规信息，请参阅格雷戈里·D. 格拉夫（Gregory D. Graff）撰写的本《手册》中的第3.3章*，标题为《〈拜杜法案〉的反响——新兴和发展中国家知识产权和技术转移政策调查》。

---

* 原文为第6.1.14节。——译者注

2.2 知识产权的所有权

任何组织的知识产权政策的核心部分，都会涉及知识产权的所有权，具体政策在企业和大学之间会有所不同。

2.2.1 代表性的企业政策

在企业，关于知识产权所有权问题的雇用合同具有约束力。公司通常对创意和发明拥有全部的所有权，而员工的工资被认为是员工/发明人向公司提供“发明服务”的回报。雇佣协议中通常包含竞业禁止条款，员工离开公司时将会用到该条款。

2.2.2 代表性的大学政策

在大学中，就知识产权所有权问题而言，大学的雇用合同或知识产权协议同样具有约束力。大学政策覆盖全体人员，包括教员、博士后研究员、技术人员、研究生和访问学者。雇用合同通常明确知识产权的所有权属于大学，不过发明人一般会获得知识产权所有收入中相当大的份额，通常占专利许可使用费的25%~50%。知识产权所有权归属于大学这一政策的一个主要例外是涉及版权的材料（有一些排除条款）。此外，知识产权协议只是涵盖了个人职务领域的发明和创造。因此，如果一个分子生物学家在不使用大学资源的情况下，在家里利用自己的空闲时间，发明了一个更好的割草机，那么这个发明就不会被包含在雇用协议中。

3 大学技术转移办公室

3.1 大学的知识产权、许可或技术转移办公室所执行的知识产权政策

大学的知识产权或技术转移办公室是最重要的信息和帮助来源。这类办公室的构成与职责在不同机构中可能会有所不同。技术转移办公室通常设在研究机构内或者隶属于研究机构，当然在某些情况下，它可能是大学拥有或附属于大学的一个独立基金会。大多数大学的知识产权或技术转移办公室会对发明进行评估并为其谋划适当的保护。一些办公室还会进行发明的交易或许可。

技术转移办公室将告知发明人必须提供哪些材料，以便技术转移管理人员能为其提供所需的服务。对这一过程的合理预期将有效提高技术转移的工作效率并减少误会的产生。技术转移人员不是发明人所在领域的专家，发明人必须向他们提供有关创造和发明的详细信息。与知识产权/技术转移人员合作撰写发明专利或其他形式的知识产权保护文档，与协作撰写授权提案或者其他重要出版物一样，可能需要花费很多时间和努力。

更多信息。有关大学技术转移办公室的基本资料，请参阅以下内容：

- G Graff, A Heiman and D Zilberman. 2002. University Research and Offices of Technology Transfer, California Management Review, vol. 45, no. 1. are. berkeley. edu/~ggraff/Graff-Heiman-Zilberman-CMR-2002. pdf
- EM Rogers, J Yin and J Hoffmann. 2000. Assessing the Effectiveness of Technology

Transfer Offices at U. S. Research Universities, Journal of the AUTM. www. autm. net/pubs/journal/00/assessing. html

3.2 知识产权或技术转移办公室的使命

技术转移办公室作为大学知识产权的责任代理人、被信托人或受托人的使命是：

- 培育大学的创造力和创新力
- 支持大学的教育和科研任务
- 加强保护大学及其雇员的知识产权权益
- 管理知识产权，使大学的研究、教育事业及发明人受益

技术转移办公室在提供发明保护及其商业拓展方面的作用通常是：

- 如果可以的话，确定一项发明可能需要的保护类型
- 评估一项发明的商业潜力
- 获得适当的知识产权保护
- 找到合适的商业发展伙伴或研究和开发合作者进行知识产权交易
- 商谈和管理知识产权许可

4 可能会对科学家产生影响的日常知识产权和技术转移问题

可能会影响大学教师或职员的重要问题和协议包括：以恰当的记录方法进行文件记录、使用源自其他地方的材料和方法、与大学以外合作者的协调沟通、执行具有法律约束力的协议以及研究结果的公开披露等。

4.1 文件记录：笔记本、胶卷、电子信息等

文件记录对于起草出版物、报告和授权提案非常重要，同时它具有支持知识产权保护专利申请文件的作用，偶尔也会支持专利权利要求。文件记录的类型和质量很重要，但有一些方法可以有效地完成这项工作，这样正确的文件记录就不会成为负担。

更多信息。有关记录笔记的优秀案例指南，请参阅以下内容：

- Cornell Center for Technology, Enterprise, and Commercialization, "Lab Notebook Guidelines." www. cctec. cornell. edu/cctec/researchers/protocols/guidelines/index. cfm
- Northwestern University, Technology Transfer Program, "Maintaining Laboratory Notebooks." www. northwestern. edu/ttp/investigators/lab_notebooks. html
- Florida State University, Office of IP Development and Commercialization, "Notebook Guidelines." www. techtransfer. fsu. edu/notebookguidelines. html

4.2 使用源自其他地方的材料和方法

使用源自其他地方的材料或方法，会产生多方面的问题或在不同情况下出现问题，包括使用受版权保护的材料和受保护的材料或工艺。在研究中，使用受保护的材料和工艺，最终会影响你的自由实施（FTO）。

4.2.1 使用版权材料

在出版物、教学和研究中，使用版权材料已有管理准则。大学图书馆可以提供课堂阅读和保留目录使用版权材料的相关信息。大学的信息技术（IT）或计算机使用政策，或许在其课程网页上已明确提及版权材料使用的相关原则。通常，学校内部处理版权问题的是大学法律顾问，而非技术转移办公室，这些版权问题包括获得大学所拥有材料的版权等。

4.2.2 使用受保护的材料或方法

受保护的材料和方法差异很大，取决于工作的领域，包括以下情形：

- 用于生物基因工程的载体
- 实验室里使用的酶、试剂及其他用品
- 计算机程序

使用受保护的材料或工艺会导致如下问题：在你的研究项目中，你是否拥有完全的自由来实施，或者存在未认识到、未解决的自由实施（FTO）的问题？

4.2.3 自由实施（Freedom to operate）

“自由实施”意味着你可以“自由地”使用你的计划与项目所需的所有资料、方法和其他资源，并且这种使用不会侵犯他人的财产权利。就像你的发明通过某种形式的知识产权受到保护一样，他人的发明也会得到保护。未经许可使用他人受保护的发明也许构成侵权。要想合法又恰当地使用受保护的发明，需要与发明人达成正式的协议或许可。

发明或发现的发布并不意味着其不受保护！科学家关于发现或发明发表文章仅仅表明，如果存在保护，则在文章发表之前已经申请了保护。在计划和项目执行中，科学家必须了解所使用的材料或方法涉及的知识产权保护问题。

研究豁免可能适用于科学家在大学工作中对材料或方法的利用。但这并不意味着所有的情况均适用。美国专利法中，大学研究没有正式的研究豁免。但是，现有的强大社会准则，使得专利所有人几乎从未对大学研究人员从事学术研究的行为行使过知识产权权利。有几个实际的限制，阻碍了对大学研究人员提出专利诉讼：

- 对专利权所有人已经拥有的技术进行学术性的测试、验证和提炼，这在大多数情况下对专利权所有人是有益处的。
- 若专利权所有人的技术用于某个学术研究项目，或许难以界定专利权所有人所遭受的损害。
- 一旦明确反对大学研究使用专利技术，可能会打开针对大学广泛诉讼的大门，从而放慢学术研究的步伐并耗尽公共资源。专利权所有人普遍认为，追究此类事件的责任，对他们自己的长远利益是不利的，或就眼前来看，任何法官或法院都不太可能希望通过他们的裁决确立这样一个先例。

因此，大学实际上存在某种研究豁免。

使用他人的私有材料和方法而导致的自由实施问题，更可能在研发下游显现。比如当科学家试图对其获得的研究成果申请专利和进行商业化时，科学家所得到的技术和专利，都很有可能被他人的专利所主宰。如果科学家的发明包含了他人的技术（例如，假设构建了一个含有他人启动子的质粒），那么该技术的所有权人可能会阻止科学家将该发明完全商业化。

为防范上述风险，或者至少认识到这些风险，在开始使用任何新的方法或材料时，科学家就要考虑自由实施的问题，而不是在项目完成之后。毕竟专利权所有人没有义务向他人授予许可。若对自由实施问题是否适用于自己的工作存有疑问，请联系技术转移办公室代表。

实际上，自由实施问题在大学是很常见的。要充分了解那些只能用于研究目的的材料或方法，这方面的例子可以在分子生物学相关内容的目录中找到。同样要注意允许使用受保护材料或方法协议中的限制因素。该协议可能会限制科学家仅用于研究目的，或者可能会将产品的商业化限制在一定范围内，这将影响科学家对其工作中可能产生的发明进行保护和商业化的水平。

正如研究人员会根据研究方向检索最新的出版物一样，建议研究人员也进行专利文献检索。虽然这看似乏味或多余，但实际上可能会有重要的意外收获。也许有人已经完成了研究人员正在从事的发现或发明。若某项专利已经存在，科学家可以去研究它，以确定项目是按计划继续进行，还是应该做修改调整，或者是否应该寻求获得该项专利的许可。另外，专利是一个很好的信息来源，因为一项发明的申请必须完全公开，包括其最佳的实施方式，专利文献相对于需经同行评议的研究出版物来说，能够为重现某个结果提供更多细节。

更多信息。有关自由实施的顾虑或问题，研究人员应咨询技术转移办公室代表或者大学法律顾问。本《手册》中其他相关的章节包括：

- Intellectual Property Freedom to Operate: The Law Firm's Approach and Role, by GM Fenton, C Chi-Ham and S Boettiger. www.ipHandbook.org
- Freedom to Operate: The Preparations, by SP Kowalski. www.ipHandbook.org
- Freedom to Operate Strategies: Why the Public Sector Needs to Learn How to Manage Risk, by A Krattiger. www.ipHandbook.org

4.3 与外部合作者打交道

在项目开发过程中，讨论合作协议并形成文件很重要，应考虑每个合作者将要完成哪部分工作、如何分担责任和信用以及谁是出版物的署名者。如果在项目一开始就考虑这些问题，并且随着项目计划的推进而重新评估，是最理想的。反之，若一直拖延至发明产生，那么就很有可能产生问题。

4.3.1 材料转移协议*

材料转移协议（material transfer agreement，MTA）是向他人提供材料时使用的法律协议，用来限制他人使用材料的权利，并列出相应的义务。简言之，它详细说明了知识产权的所有权人和希望使用它的当事方之间的协议条件。研究人员想要使用他人受保护的材料或方法，或者他人想要使用研究人员受保护的材料或方法时，就会用到材料转移协议（MTA）。由于材料转移协议（MTA）具备法律约束力，因此需要认真起草，并且必须在所述材料转移发生之前就确立并签署。

获取他人的材料或散发自己的材料，所涉及的任何相关材料转移协议（MTA）问题，请咨询技术转移经理。不过，大学的材料转移协议（MTA）或许会归几个办公室来管理，比如进校的材料通常由资助计划或研究办公室管理，而出校的材料则由技术转移办公室管理。

更多信息。要了解更多关于材料转移协议的知识，可参见以下内容：

- Cornell Center for Technology, Enterprise, and Commercialization, "Material Transfer Agreements." www.cctec.cornell.edu/cctec/researchers/protocols/mta.cfm
- Northwestern University, Technology Transfer Program, "Material Transfer Agreements (MTAs)." www.northwestern.edu/ttp/investigators/material_transfer.html
- Council on Government Relations (COGR), "Material Transfer in Academia." www.cogr.edu/docs/MTA_Final.pdf

4.3.2 保密和保密协议

保密协议是披露和使用秘密的专有资料、具有法律约束力的协议。在与另一方共享专有资料或获取来自另一方的专有资料之前，应当签署保密协议。

大学环境下的保密协议不同于企业。如果教师或职员为大学外的某公司做咨询，就会被要求签署保密协议。在此情况下，不是由大学，而是由个人签署并承担责任。保密协议中，教师或职员没有权利强制大学负责，若试图这样做，大学可能会要求他们个人承担责任。授权签署协议和为大学约定法律义务的相关事宜，通常由技术转移办公室（处理发明许可、协议、联系方式等的签署授权），或者诸如资助计划或研究办公室（对外的项目资助申请书与所获得的基金资助项目协议书的签署授权）负责。

例如，某公司若对由技术转移办公室负责的知识产权许可感兴趣，那么公司代理人将会在获取该技术的详细资料之前签署保密协议。由技术转移办公室为发明人办理保密协议的起草与署名，这有助于确保妥善地草拟协议，并由合适的个人签署协议。

4.4 什么是公开披露

当发明人向圈外人及其直接监管人员揭示之前尚未披露的（即秘密的）信息时，就进行了公开披露。信息保密和信息披露之间相互影响，前者是基于保护发明的需要，

---

* 原书以下各章节都涉及“材料转移协议”的内容，可互相参照：第4.6章第4.2节、第5.2章第4.1节、第5.4章第6.4节、第7.3章、第8.1章第4.3.1节、第16.3章第3.5节。——译者注

后者则是大学的规范做法，按照披露和透明化的要求，大学开展项目时应进行信息披露。大学在承担培养学生、出版文献、努力获得基金项目等重要职责时，或许会对披露产生复杂而又难以预料的影响，这部分内容一般不是企业的工作。披露有多种不同的手段，具体包括讲座、讨论、研讨会、小组会议、年度报告、基金资助项目申请书以及广播与电视访谈等。

不按计划公开披露会对知识产权的保护产生重大影响。发明越有价值，企业就越难寻找任何使知识产权保护失效的不经意间的披露。

更多信息。在以下在线出版物中，可以找到有关通过发表或在网上发布披露的好建议：

- GP Malilay，AM Mueting and AS Viksnins. 1996. Prior Art：Silent Time Bombs that Can Blow Away Your Licensing Deals. Journal of the AUTM，pp 18-28. www.autm.net/pubs/journal/96/3-96.html
- SJ Braman. 1996. Are Your Patent Rights Disappearing over the Internet? Journal of the AUTM，pp. 29-31. www.autm.net/pubs/journal/96/4-96.html

5 你拥有一个发明！太棒了！接下来该做什么？

5.1 概述

与技术转移办公室合作，有几件事很重要。最重要的首先是，发明人必须积极参与发明保护及其市场化的各个时期。有两个主要原因：首先，发明人对发明具有独到又详细的理解，这对本发明的特征描述和专利及其权利要求的起草至关重要；其次，发明人通常能提供有用的线索，诸如企业联系方式，这将有助于发明的市场化。就发明人而言，收集用于撰写披露文件和专利申请的资料与文献，需要花费很多时间和精力，这与编写一部重要出版物或基金资助申请书所花费的时间和精力相当。如果发明人期望为自己的发明寻求专利保护，就需要为此做出承诺并腾出时间，这将使流程运行得更加顺畅。

一所大学的研究范围，通常要远远大于企业，即便是最大的公司也不足以与一所大学抗衡，记住这点很有帮助。但同时，大学技术转移办公室的人员配备却要少于企业同行。因此，与企业界同行相比，大学技术转移人员可能要与更多的发明人和更广泛的发明打交道。发明人投入精力将会直接帮助技术转移人员顺利完成项目。

愿意合作、积极响应的发明者，往往能够获得最佳的体验，因为他们能促使技术转移人员提供及时而完整的服务。

技术转移过程的步骤遵循以下典型模式：

- 披露：开始着手处理保护/交易某项发明
- 评估：决定是否对发明进行保护，若是，如何实施保护
- 保护：进行专利申请（application）（也称 prosecution）
- 交易：寻找被许可人
- 许可：达成交易

5.2 发明披露

发明人在发明披露中的作用是提供材料，包括：

- 关于发明的描述
- 产生该发明的研究资助的详细信息
- 关于该发明为什么会对行业有意义或有价值的解释
- 企业可能对该发明感兴趣的原因
- 发明人（或多个发明人）的身份
- 关于该发明是如何形成的描述

请记住，清楚而详尽地披露会让技术转移人员提供更好更快的服务。

技术转移人员在披露中的作用是，研读发明人提供的材料并提出疑问，获得进一步的信息或细节，从而帮助发明人对发明进行充分描述。在讨论披露、决定保护及许可策略的过程中，技术转移人员会对知识产权进行审查，以明确是否存在对该过程产生影响的在先知识产权。

更多信息。有关披露过程的更多详细信息，包括表格在内，通常能够在大学技术转移办公室的网站上找到。例如：

- Cornell University, Center for Technology, Enterprise, and Commercialization, "Invention Disclosure Process." www.cctec.cornell.edu/cctec/researchers/disclosures/index.cfm
- University of California, Office of Technology Transfer, "Disclosing an Invention." www.ucop.edu/ott/faculty/disclose.html

5.3 评估

技术转移办公室开展评估的目的是确定技术的效果及其商业潜力。例如：

- 是一个研究工具、软件、化合物、新的诊断方法或治疗方法吗？
- 是否填补了需求空白，或相比目前的方法是否能更好地满足需求？
- 潜在市场或现有市场的规模有多大？
- 市场上有无其他竞争技术？
- 市场上有哪些公司？
- 谁在投资这些市场？投资人为什么会对这项技术感兴趣？

5.4 决定是否保护以及如何保护

披露和评估某项发明之后，必须就是否保护发明及应该如何进行保护做出决定。应该由发明人和技术转移办公室根据所有可用的技术和法律资料以及基于经济效益的考虑而共同做出决定。

一些学科产生的技术，通常采用特定的保护方式。例如，文学作品类的采用著作权；疫苗、药物、化学品、工程方法与材料方面采用专利；图表、图形或艺术作品类的采用外观设计专利；植物新品种类的采用植物专利或植物新品种证书（plant variety certificates，PVC）。

在一些地区，保护措施早已可行，但大学并没有常规化地使用。例如，自1930年以来，已经可以使用植物专利制度。但1982年之前，纽约日内瓦农业试验站（the Geneva Agricultural Experiment Station in New York）的苹果育种计划在没有使用任何保护措施的情况下，开发并公开了苹果的新品种。这些没有受到保护的栽培品种包括一些广泛种植的品种，诸如Empire（1968年）、Jonagold（1972年）和Liberty（1978年）。然而，1982年以后发布的栽培品种，采用了植物专利进行保护，为发明人及其研究单位带来回报。这些受保护的品种包括Freedom（1983年）、Empress（1988年）、Royal Empire（1990年）和Fortune（1995年）。

在一些领域，知识产权保护近期才得到发展。例如，在20世纪80年代对美国专利法的解释发生变化之前，不能使用发明专利保护涉及修饰生命形态的发明。

重要的是要认识到，保护知识产权的法律、对该法律的解释以及相关策略，会随着时间的推移而发展变化。技术转移办公室有责任随时了解这些发展动态，并根据需要为大学发明人提供建议和帮助。

5.5 交易和许可

除非一项发明成功交易并许可，否则不会为项目带来财务收益。根据发明的性质，技术转移办公室的员工也许会掌握该技术潜在被许可人的详尽列表。发明人也能提供相关信息。

授予独占许可（仅向一家公司提供许可，该公司拥有分许可的全部权利）或者是非独占许可（向不止一家公司提供许可），取决于发明本身以及对该发明感兴趣的公司。在某些情况下，授予某个公司的发明许可权利，仅限于其潜在用途中的某个范畴，而非所有可能的用途。授予许可的性质（即其将涵盖的用途），是由技术转移办公室与发明人协商，并与被许可人进行充分交涉后做出的决定。

除了交易和许可，还有其他的选项。在某些情况下，通过技术转移办公室大学鼓励利用某项发明培育一个新的创业公司。

专利需要定期维护，例如，由技术转移办公室管理，定期向美国专利商标局（USPTO）支付费用。技术转移办公室还需管理许可：接收和分配款项，给被许可人开具票据，监督被许可人是否遵守许可条款。

一项发明若有价值，那么企业未经许可利用该发明侵犯财产权益的现象很常见。一旦确定发生这种情况，技术转移办公室应率先纠正此事，同时根据需要向发明人寻求援助。这会涉及联系侵权公司、要求其停止侵权或寻求获得正规的许可、提请法律诉讼等一系列步骤。发明越有价值，一些公司就越有可能挑战大学维护其知识产权权利的决心。这种情况尽管时有发生，但是可控，对技术转移办公室和大学的其他法律顾问而言，因为具有特定的专业知识，能够控制此类情况的发生。

交易和许可显然是一项庞大而复杂的工作。关于这一过程的最佳信息，可以从技术转移办公室代表处获得。

6 知识产权保护的类型

6.1 概述

知识产权保护类型倾向于按照创造或技术的种类提供特定的保护，但它们并不总是相互排斥的。在某些情况下，存在多种类型的知识产权保护一项发明的情形。

各保护类型在许多特征上有所不同，包括：

- 获得保护的条件要求
- 费用
- 涵盖的技术类型
- 给予保护的类型
- 提供保护的时长

对任何一种知识产权保护类型充分进行研究，都能写成一本书。下面简要介绍大学研究人员可能用到的各种知识产权保护类型。

6.2 专利：发明专利、外观设计专利和植物专利

发明专利是绝大多数人听到专利这个词时所想到的。发明专利是美国政府授予发明人20年期限的产权。

申请人在专利申请中，要充分披露发明内容，并完整描述实施该项发明的最佳实施方式，从而使相关技术领域的专家（用专利术语来说，即所属领域的技术人员）仅依靠申请中所提供的信息，就能实际制备和使用该项发明。

专利主题可以是以下任何一种：

- 机械设备：一种机械或设备
- 方法：使用或制造某种事物的方法，比如诊断或治疗方法
- 制品：回形针就是一个典型的例子
- 物质组成：一种新的塑料配方、一种新的合金、一种新的药用化合物
- 上述任何一项的改进

一项发明需要具有某些特征才能获得专利授权。当然，发明必须具备合适的主题，也必须是新颖的。对于本领域的技术人员来说，该发明必须是非显而易见的。同时，发明必须可以在产业或商业上实施和应用（即发明不能是毫无价值的）。

在美国，有两种专利申请的类型：正式申请和临时申请（临时申请只是开始行动，能留给发明人一年时间提出正式申请）。

一旦获得授权，美国专利将赋予专利权所有人排除他人在美国制造、使用、许诺销售或销售专利发明的权利，或是将专利保护期限内的专利进口到美国的权利。专利是具有地域性的，记住这一点很重要。例如，一项专利在加拿大获得授权，其专利权所有人在加拿大将被赋予与加拿大本国专利相似的权利。由发明人及其技术转移办公

室决定在哪些国家申请国外专利（提交国外申请）。在某些国家没有就某项技术申请或授予权利，那么权利实际上就留给了公共领域（除非采用其他保护手段）。

专利申请必须列出发明人的名单。关于发明人身份的问题，也就是说谁是发明人，有时候是争论的焦点，这点要仔细考虑。根据美国专利法，出于专利保护目的，确定谁是发明人的规则和通常确定谁是出版物作者的方法有很大不同。具体来说，发明人身份具体取决于专利的权利要求。在项目研究过程中，一个提出关键性建议的人，即使提了一次建议，也可以算作一个发明人，而一个在监督下完成很多工作但不做决策的技术人员，也可能不被算作一个发明人。但是，如果某位技术人员对一项发明的开发，提出了意想不到的意见或建议，那么她/他也可以算作一个发明人。倘若对发明人身份问题不是很了解的话，大学知识产权/技术转移办公室的建议也许会有帮助。

更多信息。要了解有关发明人资格的更多信息，请参阅：SH Lieberstein. 1998. Relevant Concepts in Determining Difficult Disputes Over Ownership. Journal of the AUTM. www.autm.net/pubs/journal/98/lieberstein.html。

6.2.1 发明专利

发明专利非常耗费时间和精力。申请与处理一项发明专利所花费的时间和精力，可能与发表一个重要出版物或撰写一个大的合作基金资助方案投入的时间和精力相当。

发明专利在费用开销方面同样昂贵。美国专利申请成本很高，通常为 15 000~30 000 美元，甚至更高。国外专利申请成本取决于相应的国家，但是德国、英国、法国、澳大利亚和日本的专利申请成本在相似的区间范围内。专利发布后，会有专利维持费用的开销。有时，保护申请或专利还会产生额外的费用。一项知识产权越有价值，就越可能受到挑战，要么是抵触申请（要求保护同样技术的相同专利权利要求），要么是侵权（某公司使用了未经许可的技术的行为）。

在大多数大学，专利费用最初由技术转移办公室负担，但是一旦发明获得许可，开始有收入进账，首先要补偿的就是专利费用。关键要考虑一项发明许可的收入回报是否会大于申请、维持和保护的花费，否则，就应该使用成本较低的保护形式。一个好的经验法则是，若一项技术不值得去保护，那么就不要为之申请专利。咨询技术转移经理人可以帮助确定申请发明专利是否是对发明进行保护的恰当途径。

更多信息。以下有关发明专利所提供的要求和对保护有帮助的信息，按详细及复杂程度递增排列：

- L von Bargen Mueller. 1995 (with revisions by JT Sorensen, 2002). An Inventor's Guide to Patents and Patenting, AUTM Educational Series No. 1
- American Bar Association, "Inventor's Committee: Short Description of the Patent Process." www.abanet.org/intelprop/comm106/106patent.html
- U. S. Patent and Trademark Office, "Frequently Asked Questions about Patents." www.uspto.gov/web/offices/pac/doc/general/faq.htm
- U. S. Patent and Trademark Office, "A Guide to Filing a Utility Patent Application." www.uspto.gov/web/offices/pac/utility/utility.htm
- American Bar Association, "Comprehensive Information on Patents." www.abanet.org/

intelprop/comm106/106general. html

6.2.2 外观设计专利

外观设计专利具有视觉性、装饰性特征，诸如体现在或应用于某些制品（如杯子、运动衫或海报）的标识、瓶子的形状或汽车前灯的形状。外观设计专利针对某件制品全新的、原创的、装饰性的设计进行保护。外观设计专利保护的是一件物品的设计外形，而不是该物品的结构或实用特性，也就是说，是针对标识的设计，而不是运动衫的布料或马克杯的陶瓷材质。在美国，外观设计专利保护期限是自专利授权日起14年。

外观设计专利申请必须包括：

- 序言，写明申请人的姓名、设计的名称以及对外观设计的性质和预期用途的简要描述
- 所述外观设计的图纸或照片［由于这是外观设计专利的关键部分，下面列出的PTO（美国专利商标局）网站对申请的这部分内容有非常详细的介绍］
- 外观设计要素的书面描述，可用图纸或照片来展示
- 外观设计特征的书面描述
- 外观设计的特有权利要求
- 申请人的履行承诺或声明

更多信息。要了解有关外观设计专利的更多信息，请参阅美国专利商标局网站，“外观设计专利的常见问题（FAQ）”［Frequently Asked Questions（FAQ）about Design Patents］：www. uspto. gov/web/offices/pac/design/desfaq. html。

6.2.3 植物专利

植物专利是保护特异性的无性繁殖植物新品种，无性繁殖是在不使用遗传繁殖种子的情况下创造出完全相同的植物基因后代。利用以下途径可以进行无性繁殖，包括：

- 根插
- 无性种子
- 鳞茎
- 分切
- 根茎
- 走茎
- 球茎

……以及诸如以下的方法：

- 嫁接和接芽
- 分生

- 压条
- 组织培养
- 珠心胚

植物专利所覆盖的大部分植物都属于园艺作物，诸如苹果、木莓、杏树，或诸如杜鹃花、玫瑰、郁金香一类的观赏植物。由于历史原因，诸如马铃薯和洋姜等块茎类作物，明确不在保护范围之内。就植物专利而言，藻类和大型真菌在保护范围内，而细菌则不在。

植物专利申请应满足与发明专利相同的要求。被保护的植物必须由申请人发明或发现。该植物必须符合新颖性和非显而易见性的要求。在申请日前一年或更早时间，不得在美国销售或发布。

植物专利必须包括对植物学特征的完整描述，以及该植物与已知或相关植物区分开来的特征。展现植物最显著特征的图片或照片，并配有文字说明图片或照片展示的内容，有助于帮助记录植物的新颖性。

一旦被授权，植物就会受到保护，包括它的突变种、杂交种和转基因植物。授权期限为自申请之日起 20 年。在此期间，植物专利将会保护发明人的权利，防止其他人进行植物无性繁殖、销售或利用该植物进行繁殖等。同发明专利一样，植物专利到期后，专利标的（即植物品种）就进入公有领域。

更多信息。要了解有关植物专利的更多信息，请参阅美国专利商标局网站，“植物专利的基本资料”（General Information about Plant Patents）：www. uspto. gov/web/offices/pac/plant/。

6.3 植物品种保护

植物品种保护（PVP）是一种保护有性繁殖植物品种的手段，它是由美国农业部（USDA），而非美国专利局管理并授予的一种知识产权形式。根据国际植物新品种保护联盟（UPOV）在国际上达成的公约，植物品种保护（PVP）基本上是美国版的植物育种者权利。授予植物品种保护（PVP）的保护期限是从发布之日起 20 年（灌木和藤本植物为 25 年）。对于大自然中发现的未经种植的植物或材料，不能授予植物品种保护（PVP）。

根据植物品种保护（PVP）规程要求，被保护的植物栽培品种必须是：

- 新颖或新型的：不能在美国销售超过 1 年
- 独特性：与其他常见作物品种有着明显不同
- 一致性：相比作物的其他品种没有太多的变异
- 稳定性：繁殖时保持不变，特别是品种的特色特征方面

申请植物品种保护（PVP）时，申请人要提供品种的系谱以及对品种本身及其新颖性的描述，还要求对该品种的种子进行保藏。

植物品种保护（PVP）提供的保护，适用于所主张的单个品种，防止他人销售、

有性或无性繁殖、未经所有权人的允许而传播扩散。自20世纪90年代中期以来，植物品种保护（PVP）还阻止他人使用已申请保护的品种作为亲本来繁殖杂交品种。

植物品种保护中排除了用于育种的品种栽培、农民自用的种子储备以及出售有限数量的种子。

更多信息。要了解更多关于植物品种保护的信息，请参阅美国农业部（United States Department of Agriculture，USDA）植物品种保护办公室的网站：www. ams. usda. gov/science/PVPO/pvpindex. htm。

6.4 著作权

著作权为固定形式的或具有表达载体的原创作品提供法律保护。企业实体拥有作品的保护期限是自出版之日起不超过95年，或自著作权作品创作起不超过120年。个人拥有作品的保护期限是作者的有生之年再加上70年。

著作权保护的对象包括：

- 文学作品
- 音乐作品，包括所配的歌词
- 戏剧作品，包括所配的任何乐曲
- 哑剧和编舞作品
- 绘画、刻印和雕塑作品
- 电影和其他音像作品
- 录音作品
- 建筑作品

不受著作权保护的例子包括：

- 想法或概念
- 缺乏原创性的名单列表
- 标题、名称、短语和口号
- 类型样式
- 事实性信息
- 公共领域信息
- 没有具体形态的作品

著作权赋予作品所有人复制受保护作品的权利，可以复制其作品的一个或多个副本。尽管有著作权保护，诸如档案工作者、教育工作者和媒体人员等仍然可以复制受保护作品，在某些形式下合理使用。著作权还赋予了其他一些限制性的权利，限制传播或分发副本、准备衍生作品（包括翻译），以及公众场合的演示或展览（教学用途、广播和宗教服务除外）。自1998年年末《数字千年版权法案》生效以来，数字电影、数字游戏及类似产品已排除在合理使用范围之外。

在大多数大学，著作权问题由大学法律顾问而非技术转移办公室来处理，既涉及著作权保护，又涉及发明专利保护的某些技术可能会是个例外，如软件产品。

更多信息。要了解有关获取著作权或使用著作权材料的更多信息，请参阅下列网站：

- Cornell University,"The Copyright Information Center." www.copyright.cornell.edu
- Stanford University Libraries,"Copyright and Fair Use." fairuse.stanford.edu
- Indiana University and Purdue University Indianapolis,"Copyright Management Center." www.copyright.iupui.edu
- Library of Congress, United States Copyright Office. www.copyright.gov

6.5 注册商标

注册商标本质上是一个品牌名称，用来在市场上识别或区分一个公司的商品。注册商标中可以包括任何文字、名称、符号或图案，也可以是这些内容的任意组合。例如我们购买的许多运动品牌产品，从新奇士橙、可口可乐，到李维斯牛仔裤、戴尔电脑和英特尔微处理器。

还有其他类型的"标志"。服务商标与注册商标相似，但服务商标标识的是服务或服务的来源，而不是货物或商品的来源（例如，服务商标标识的是清洁服务，而不是拖把和扫帚）。认证标志应当能识别出"地域或其他地理来源、材料、制造方式、产品质量、准确性或商品与服务的其他特征"。集体商标是注册商标或服务商标的一种类型，它为集体成员所用并标示集体组织的成员资格。

注册商标以及其他类型的标志均由美国专利商标局处理。申请时，申请表格连同保护标志的图纸及标志样本在内一起提交（样本是设计的原型，如某个标签或标记，最终会并入标志）。提交申请之前，建议先检索，以确认该商标是否已经注册过。通过适当的维护（使用、更新等），注册商标可以永久使用。

在大多数大学，由大学法律顾问处理注册商标和服务商标的申请。许多大学通过著作权、外观设计专利、注册商标，对大学的名称、徽标以及诸如吉祥物等其他标志进行保护。一些大学，特别是那些有知名运动项目的大学，通过许可其受保护的名称和商品标识获得了可观的资金。

若有部门想使用大学徽标，例如，为即将举行的研讨会设计 T 恤，首先必须获得负责商标事务的办公室的允许。

更多信息。要了解更多关于商标的信息，请参阅美国专利商标局网站"商标概览"(Basic Facts about Trademarks)：www.uspto.gov/web/offices/tac/doc/basic/。

6.6 商业秘密

商业秘密是秘密或机密信息，拥有机密信息的公司比没有机密信息的公司更具优势。商业秘密能够为任何具有竞争优势的信息提供保护，例如某种过程、某种方法、某种组成或某种配方。可口可乐糖浆以及其他许多食物和饮料产品的配方，均作为商业秘密而受保护。商业秘密的保护期限远远长于专利，只要机密信息一直保密、不公开，商业秘密就会一直有效。

商业秘密对信息的保护很简单，就是对其保密。商业秘密法规定，盗用秘密（如闯入保管机密的保密室）是非法的。当然，一项产品必须在不泄露受保护商业秘密的情况下，还能被使用或进行市场销售（如产品必须不能被反向工程）。如果有人无意间自主发现了相同的信息，那么他们可以使用，而不会构成侵权，甚至在某些情况下，第二个发现者事实上可以去申请发明专利。

根据大学的政策，大学并不进行任何秘密方面的研究。但是，在某些情况下，科研中所产生的发明，在申请另一种形式的知识产权保护之前，至少可以临时通过商业秘密进行保护。

6.7 担保法

一些发明可以在没有专利保护或其他形式知识产权保护的情况下，通过使用担保法进行市场销售。在此途径下，通过谨慎使用材料转移协议与许可，来获得对发明的使用和传播的控制。一旦适用，这种方法能减少文书工作及专利或其他形式保护的准备与申请成本。该方法需要与技术转移经理人仔细协调。

更多信息。要了解更多有关担保法的信息，请参阅：PM Simpson，Jr. 1998. Use of Bailment in Transferring Technology from a University. Journal of the AUTM. www. autm. net/pubs/journal/98/simpson. html。

7 结语

对大学研究和教学过程中所出现的知识产权进行管理很重要。虽然有时问题很复杂，但对这些问题进行有效的管理可以减少时间的投入。本章的目标是提供基本信息，使得大学的科学家/发明人能够管理知识产权和技术转移问题。大学的科学家不必是一位知识产权专家。一些形式的知识产权保护技能是新近提出的，在解读和策略方面已经经历甚至正在经历快速变化。掌握这些领域的知识和能力是大学技术转移办公室的人员，以及与大学知识产权和技术转移工作开展合作的外部法律专家的工作。研究人员/发明人应该考虑他们在日常工作中如何处理知识产权问题，并知道在知识产权或技术转移出现问题时，应该去联系谁，他们应该在需要时毫不犹豫地利用这些资源。

致　谢

本章的贡献者（按字母顺序排列）是：Richard Cahoon，David Kryder，Patricia McClary 和 James Seversen。他们富有激情，提出了重要建议，并进行了修改，衷心感谢他们的贡献和支持。

MARTHA MUTSCHLER, *Professor, Department of Plant Breeding and Genetics, Cornell University, 303 Bradfield Hall, Ithaca, NY, 14853, U. S. A.* mam13@cornell.edu

GREGORY D. GRAFF, *Research Economist, PIPRA, and Visiting Research Fellow, Depart-*

ment of Agricultural and Resource Economics. University of California, Berkeley, PIPRA, Plant Sciences, Mail Stop 5, University of California, Davis, CA,95616, U. S. A. gdgraff@ucdavis.edu

1 This chapter provides many links in the text to important online resources. Pertinent additional resources are:

Braman SJ. 1996. Are Your Patent Rights Disappearing Over the Internet? *Journal of the AUTM*, pp. 29–31. www.autm.net/pubs/journal/96/4-96.html.

Cornell Center for Technology, Enterprise, and Commercialization. Invention Disclosure Process. www.cctec.cornell.edu/cctec/researchers/disclosures/index.cfm.

Cornell Center for Technology, Enterprise, and Commercialization. Lab Notebook Guidelines. www.cctec.cornell.edu/cctec/researchers/protocols/guidelines/index.cfm.

Cornell Center for Technology, Enterprise, and Commercialization. Material Transfer Agreements. www.cctec.cornell.edu/cctec/researchers/protocols/mta.cfm.

Cornell University. The Copyright Information Center. www.copyright.cornell.edu.

Stanford University Libraries. Copyright and Fair Use. fairuse.stanford.edu.

Council on Government Relations (COGR). 1999. The Bayh–Dole Act: A Guide to the Law and Implementing Regulations. www.cogr.edu/docs/Bayh_Dole.pdf.

Council on Government Relations (COGR). 2003. Material Transfer in Academia. www.cogr.edu/docs/MTA_Final.pdf.

Florida State University, Office of IP Development and Commercialization. Notebook Guidelines. www.techtransfer.fsu.edu/notebookguidelines.html.

Graff G, A Heiman, and D Zilberman. 2002. University Research and Offices of Technology Transfer, *California Management Review* 45, No. 1 (fall). are.berkeley.edu/~ggraff/Graff-Heiman-Zilberman-CMR-2002.pdf.

Indiana University and Purdue University Indianapolis. Copyright Management Center. www.copyright.iupui.edu.

Innes C, and CC Valauskas. 2000. Development and Deployment of Digital Works in Universities: A Guide for Authors and Licensing Officers, AUTM Educational Series, No. 5.

Leslie B. (1998) Material Transfer Agreements, AUTM Educational Series, No. 3.

Library of Congress. United States Copyright Office. www.copyright.gov.

Lieberstein SH. 1998. Relevant Concepts in Determining Difficult Disputes Over Ownership. *Journal of the AUTM*. www.autm.net/pubs/journal/98/lieberstein.html.

Malilay GP, AM Mueting, and AS Viksnins. 1997. Prior Art: Silent Time Bombs That Can Blow Away Your Licensing Deals. AUTM Educational Series, No. 2.

Northwestern University Technology Transfer Program. Maintaining Laboratory Notebooks. www.northwestern.edu/ttp/investigators/lab_notebooks.html.

Northwestern University, Technology Transfer Program. Material Transfer Agreements (MTAs). www.northwestern.edu/ttp/investigators/material_transfer.html.

Public Law 96–517, Patent and Trademark Act of 1980, 37 C. F. R. Part 401, reported in the Federal Register, vol. 52, No. 52, March 18, 1987, pp. 8552–8563.

Rockman HB. 2004. *Intellectual Property Law for Engineers and Scientists*. Wiley-IEEE Press: Hoboken, New Jersey.

Rogers EM, J Yin, and J Hoffmann. 2000 Assessing the Effectiveness of Technology Transfer Offices at U. S. Research Universities. *Journal of the AUTM*. www. autm. net/pubs/journal/00/assessing. html.

Simpson Jr, PM. 1998. Use of Bailment in Transferring Technology from a University. *Journal of the AUTM*. www. autm. net/pubs/journal/98/simpson. html.

United States Department of Agriculture. Plant Variety Protection Office. www. ams. usda. gov/science/PVPO/pvpindex. htm.

United States Patent and Trademark Office. Basic Facts about Trademarks. www. uspto. gov/web/offices/tac/doc/basic/.

United States Patent and Trademark Office. General Information about Plant Patents. www. uspto. gov/web/offices/pac/plant/.

University of California, Office of Technology Transfer. Disclosing an Invention. www. ucop. edu/ott/faculty/disclose. html.

Valauskas CC and C Innes. 1999. Copyright Protection of Software, Multimedia, and Other Works: An Authors Guide. AUTM Educational Series, No. 4.

Von Bargen Mueller L. 1995. An Inventor's Guide to Patents and Patenting. AUTM Educational Series, No. 1.

第 8.2 章

如何开始并坚持做好实验室记录：政策和实践指南

詹妮弗·A. 汤姆森(JENNIFER A. THOMSON)
南非开普敦大学分子与细胞生物学教授

译者 刘勤 审校者 刘芳 王靖轩 张熠

摘 要

实验室记录是一个非常重要的工具，超出了研究管理的范畴，对于知识产权管理和防止欺诈等问题具有重要意义。本章讨论实验室记录的关键要素、记录类型、记录中应包含的内容、所有权及其存档和安全性。本章还提供记录页面示例，并推荐一些做法。

1 什么是实验室记录

虽然你可能会认为，你会记得你做了什么、为何用一周时间做了某个实验，但是你错了！并非实验室的其他人都会记得。因此需要实验室记录。简言之，实验室记录就是：

- 你做的每个实验、工作想法或计划的日常记录。
- 关于每个实验及其结果思考的日常记录。
- 你写的每篇学术论文和学位论文的基础。
- 专利局所需要的记录（倘若你就你的发现去提交专利申请），若有争议发生，则法院也需要该记录。

Thomson JA. 2007. How to Start—and Keep—a Laboratory Notebook: Policy and Practical Guidelines. In *Intellectual Property Management in Health and Agricultural Innovation: A Handbook of Best Practices* (eds. A Krattiger, RT Mahoney, L Nelsen, et al.). MIHR: Oxford, U. K., and PIPRA: Davis, U. S. A. Available online at www.ipHandbook.org.

- 记录能够使接替同一个项目的科学家，捡起你所中断的工作或重现你的工作结果。

2 实验室记录的类型

以下介绍了有关实验室记录及其使用的重要事项：

- 记录本需硬面装订，带有页面编号且没有缺页或增页。
- 对以生产可专利保护产品为主的公司或机构而言，往往要求每页都要复写。此外，在工作完成后两周内，每页都可能需要由科学家和某位独立见证人签名并注明日期。如果需要，这位科学家也许是未来几年后可追溯的人，以便阅后确认和会签。见证人不应被列为专利申请的共同发明人。会签人应在记录的每一页上签名并注明日期，以确认其已经阅读并理解了每条记录，并认可记录的正确性和准确性。
- 建议不同的项目或同一项目的不同方面使用不同的记录本，记录本封面要有明显区别。

3 实验室记录本里记录什么

记录本的封面应该是对其记录内容的描述（例如，克隆×基因及其产品特征），记录的首个和最后一个日期也应该写在封面上。

以下事项说明了实验室记录中需要记录的一些重要内容。**请记住，所有内容都必须用墨水或其他持久的材料书写。**

- 对每一个计划和执行实验的详细描述，其详细程度要能使属于“本领域技术人员”的科学家能够确定已经完成了什么、为什么已经完成，以及结果是什么。
- 每个条目、解释或记录都应标注日期。
- 每条记录应记录方法、试剂、批次，在适当的情况下可为草图、描述等。
- 解释每个实验的意义以及实验的现象、结果和结论。
- 每个实验的细节（请记住，在进行实验时，也许看起来微不足道或显而易见的事情，可能以后会变得至关重要）。
- 个人评注（这是一份真实的文档，可以留下自己的痕迹。诸如“终于成功啦!!第三次的幸运：）”这样的评注就非常合适。但是，请不要笼统地评论，比如“这个过程毫无价值”或者“我们用这个过程侵犯了×专利”，这样的说法也许会对你研究工作的可专利性造成影响）。
- 图片、计算机生成的数据等都应该贴在记录上，以免松掉（参见图1）。如果这些数据的格式对于你的实验室记录本来说太大，请在这些数据上签名并标注日期后，以活页文件且能明显辨别的形式归档，并在记录中记下这些文件的存放位置。
- 交叉引用（如果先前已经对某个实验做了描述，或者已经用过某个标准方法，并且当前实验没有偏离先前实验的描述，则可以引用先前信息而不必再次描述。

例如，如果在第 48 页上开始记录一个新的实验，并且所用方法与第 22 页上已经描述过的方法一样，那么就在第 48 页上写下“沿用本实验室记录本第 22 页所述方法”）。

- 如果实验涉及通用的标准程序，那么使用预先印好的表格能节省时间（参见图 2）。
- 以电子方式获取的数据信息（这些数据应可供任何“本领域技术人员”访问，此类电子数据应每周备份和存档）。

需要更正时，必须要在每条记录中画一条单横线（参见图 3）。如果在页面底部留有多于 4 行的空白，那么应该划掉该区域，以表明这些行未被用过（参见图 4）。绝不要使用修正液。

请记住，实验室记录及其内容都是保密的，有重要价值。应将其存放在安全的地方，若有任何丢失或失窃情况，应立即向主管报告。若暂时离开实验室，需要告诉主管实验室记录放在什么地方。若永久离开，则要确保将记录移交给你的主管。

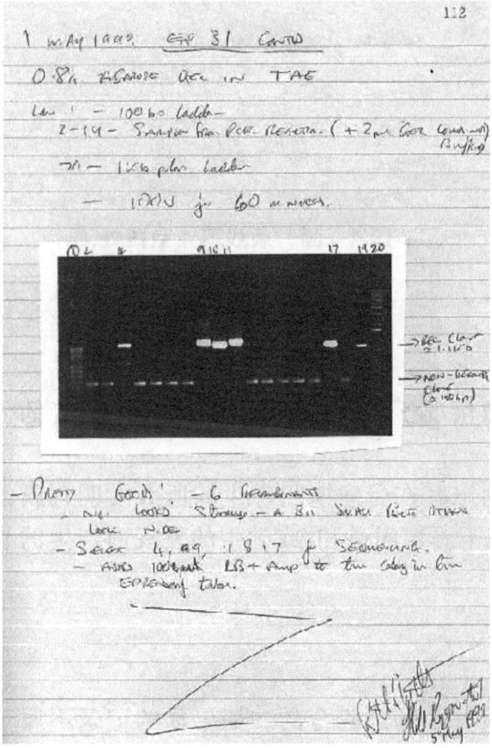

图 1　将凝胶图片粘贴到实验室记录上的示例

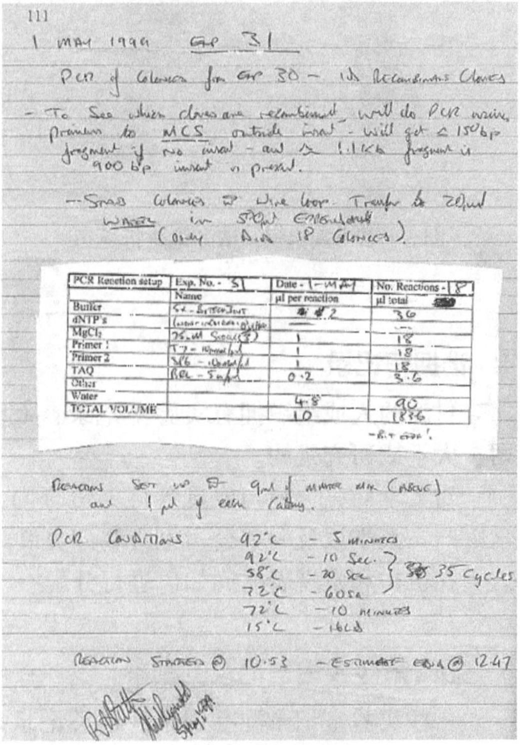

图 2　标准的化学反应使用预先印好的表格节省时间

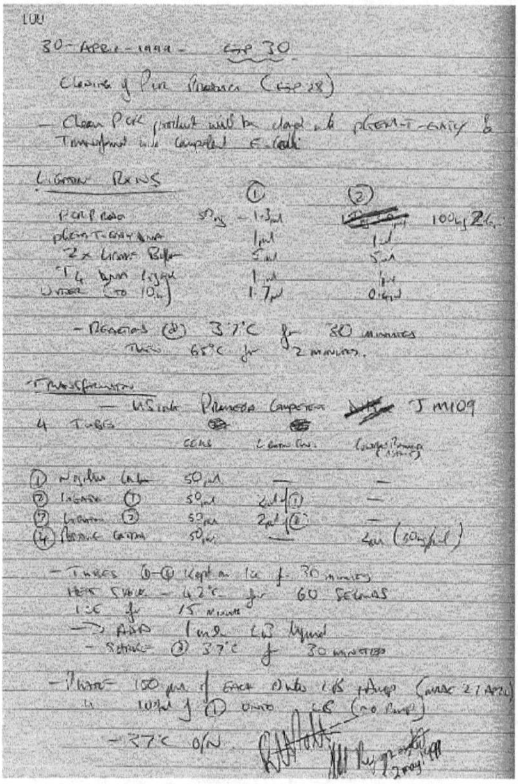

图 3　若出现错误，清晰地进行更正

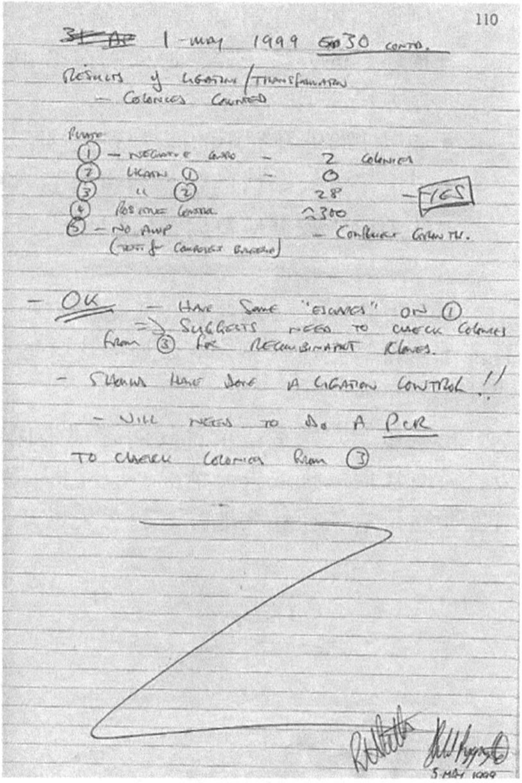

图 4　画一条线填充空白处

4　谁拥有记录

付款的人或组织拥有实验室记录，大多数情况下，它会是雇用你或你的主管的公司、大学或研究机构。

对大学而言，应与雇员签订一份合同，约定其在受雇期间产生的所有发明均属大学财产。大学以及一些公司也会签订协议，关于源自雇员和/或学生的发现而产生的收入，在机构和发现者之间如何进行分配。

5　如何保存实验室记录的副本

一些实验室记录配有副本，这类记录是最好的和最安全的。如果你的记录不属于这种类型，那么应该制作整个记录的复印本。但为什么需要复制呢？

- 一旦用完一本实验室记录，你的主管可能会想要保留原件。因此你需要副本帮助完成研究工作；还会经常需要查阅几个月前所做的事情。
- 在有时间撰写研究报告或专利之前，也许你已离开了机构，这时候，你需要记录副本才能进行撰写。你的主管也会需要一份副本以确保数据与解释的正确性（后者也是为什么要在实验室记录上标注数据、提出建议、进行解释等的重要原因）。

- 另一位科学家或许不得不接受你所中断的工作。虽然你的主管留有你的实验室记录，但你的继任者也需要有一份副本继续完成工作。研究结果必须要能够重现。

6 如何存档实验室记录?

存档意味着记录要保存在一个存取便捷的系统中。你的主管或机构或许为此已有一个正在运行的档案系统。下面是存档方面的建议：

- 最好选择可上锁的书柜、橱柜或文件柜。
- 在记录本的脊侧标注你的姓名、项目名称以及笔记的开始和结束日期。
- 确保主管知道你的记录存放在哪里！

7 如何保护实验室记录?

保护记录的安全非常重要。以下是需要遵循的重要做法：

- 每天离开实验室时，请务必将实验室记录放在主管可以找到的地方，最好放在同一个地方。虽然每天晚上都把它锁好是一个良好的习惯，但也不是必须的。
- 当最后一个离开的人是你，请锁上实验室。若不确定其他人是否会返回实验室，还是为了安全锁上门，他们很快就会明白要随身带上钥匙！
- 如果主管允许你保管之前的记录，那么要确保主管知道它们放在哪里。

8 结语

实验室记录是一个远比研究管理更重要的工具，保持良好的记录对知识产权管理、防止欺诈等问题都有作用。机构应该制定一个需严格遵照执行的综合性政策（参见文本框 1 关于记录政策的指导方针）。

文本框 1：实验室记录规定

以下规定是一份文件，是由康奈尔大学的 SWIFFT 与国际农业研究磋商组织（CGIAR）合作起草完成的。规定本身虽然是基于几个主导的研究中心和公司正在实施的现行政策，但是已经根据公共部门研究机构的具体需求进行了调整。

背　景

许多公共机构进入了一个新时代，正在考虑保护他们自己的发明，同时与公共和私人机构共同开展研究。这些通常基于合作研究协议的新关系，或许会要求针对某些活动与结果形成准确的文件资料。这些资料经常需要以规范的形式认真记录实验室和研究过程的实践活动，以便日后知识产权审核员能够审核结果的真实性，并证明事件的发生日期。对于这些机构或其合作者可能发现的潜在专利，特别是想在美国寻求专利保护时，这些做法尤为重要。

记录过程一般是针对规范的实验室记录操作步骤来做说明。这些过程阐明所有工作人员日常建立与维护实验室记录的方法，而这些记录也许会成为解决争议或诉讼的主要证据。在法庭上，可以通过认真记录的实验室记录确定发明的日期、发明的描述以及研究技术。

为了达到开庭可用文件资料的标准，无论采取何种格式，装订的实验室记录都必须符合下述要求：

- 研究人员所做研究工作的真实陈述
- 定期记录（通常建议每日记录）
- 按惯例由另一位科学家做见证人（至少每周一次）
- 若研究人员需要一份工作复写件，则在记录用完后复制一份
- 采用安全方式在安全的地方存档

下面概述的原则与流程可以修改，以适应任何组织的需求和现有的知识产权原则，或与其他制度性的实验室记录原则相协调。无论如何，每个实验室记录原则必须与其他实验室的流程保持一致，所有研究人员在执行原则方面都要经过良好的培训，这样可以系统性地执行原则。

实验室记录政策

该原则的目的是确保机构能够充分保护其发明、研究与产品，以便在发生争议或诉讼时，均可基于有证据的事实进行辩论或申述，诸如某项发明的日期、该项发明或研究的描述、被采用的日期或研究技术等。为了做到这一点，实验室记录无论以何种格式，都必须是机构所做研究工作的真实陈述，必须能够被法院、美国专利商标局以及其他负责监管法定知识产权保护的办事机构所接受。因此，各种类型的记录都有特定的规范。

指导方针

1. 概述

所有的想法和数据都必须记入实验室记录。每条记录必须足够完整，以便其他科学家在理解和重复该实验时几乎不会有任何困难。

必须由执行和记录实验的科学家在每一页上每天签名与注明日期，并由见证人签名并注明日期，若不能马上签注的话，则至少在科学家签名后的一周内签注。在决定所要遵循的确切程序时，重要的是要记住任何类型的实验室记录都必须达到两个目标：

（1）体现自己的诚信

（2）独立于研究人员而证实信息

因此，要求实验室记录必须要做到对实验室所发生的活动有清晰而又准确的陈述，不能篡改任何信息：对所记录信息的任何改动都应清晰明了，新旧信息之间应可相互对比；记录应该完整无缺，没有页面缺失或难以辨认。见证人并不参与实验，而是通过记录上的签名与注明的日期，来证实（凭借签名的作用）在指定日期所产生的信息、试验和（或）想法被记录了下来。

2. 实验室记录的类型

A. 硬面装订的记录

- 实验室记录由指定部门或办公室的指定图书管理员检查后签发，填写完毕后马上送到指定的技术人员那里制作缩微胶片。
- 当一本新的实验室记录签发后，研究人员应注意实验室记录已经编号、永久装订、有索引页（图5），而所有页面均预先编有页码。

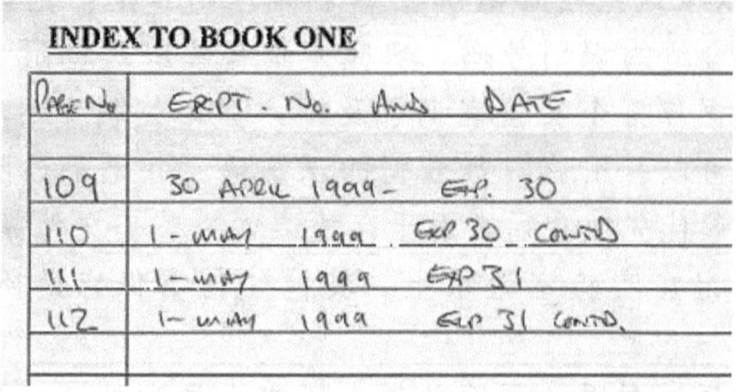
INDEX TO BOOK ONE

PAGE No.	EXPT. No. AND DATE
109	30 APRIL 1999- EXP. 30
110	1-MAY 1999 EXP 30 CONTD
111	1-MAY 1999 EXP 31
112	1-MAY 1999 EXP 31 CONTD.

图5　在记录本背面列出索引让记录本更实用

- 当研究人员每次开始做一个新的实验时，都应在索引页中记入该实验。
- 按顺序使用每个页面。实验记录之间不应留有空白页面。
- 记录足够的信息，以便使“本领域技术人员”的科学家根据实验室记录就能轻松判定已经完成了什么、怎么算已经完成以及结果是什么。每条记录包括过程、试剂、批次，适当的示意图、描述等。实验的目的和意义以及实验现象、结果和结论都应清楚说明。请记住，进行实验时看起来微不足道或是显而易见的事情可能在日后变得至关重要。
- 如果先前已经对某个实验做了描述，或者已经用过某个标准方法，并且研究人员所做的当前实验没有偏离先前实验描述，那么研究人员就可以引用先前信息而不必再次描述。例如，如果研究人员在第42页上开始记录一个新的实验，并且所使用的方法与第25页上已经描述过的方法一样，那么他或她就可以在第42页上写下“沿用该实验室记录第25页上所述的方法”。
- 所有数据均应用墨水笔直接记录在实验室记录本上。
- 更正应通过在每条记录中画一条单横线来完成。绝不要使用橡皮擦或修正液，研究人员应该在画掉的每一行上均签上姓名。若可能的话，在画掉的每一行旁边添加一个注解，诸如“错误的数据”。研究人员绝不应该撕掉实验室记录上的页面，页面可以复印供研究人员自己使用，但绝不可拿走。

- 每天结束时，研究人员应在实验室记录本当天页面上的未用空白处，画上一条横线或十字线。如果在段落之间留有一空行，则该空行不必画掉。但是若页面底部留有一些空行，则应该在其上画上横线。这能证明，在实验室记录的这些空白处，不可能过后再去记录附加信息。
- 诸如机器生成的表格或图表、原始图片、自动识别码等附加信息，如果属于实验的一部分，并且尺寸足够小能粘贴在记录上，则这些附加信息应使用永久性胶水或不可移除的胶带粘贴。研究人员应在附件边界与实验室记录页面交汇处签名，这种签名方式将清楚地显示未来某个时候该附件是否已被移除。
- 如果附加的数据页对实验室记录本来说太大（如好几页长的计算机打印出的资料），则可以在这些附加数据上签名并注明日期；见证人要会签和注明日期；并赋予其合适的识别号码。研究人员还要给这些附加数据做出注释，以表明该附加数据与哪个实验室记录及哪一页相关联。之后，研究人员在实验室记录中，就可以引用该附加数据的识别码，并记下该附加数据所在的安全存储位置。一般优先放在通常用于存放诸如一整套文件等超大资料的抽屉里。数据摘要可以记在实验室记录上。其他任何要保存的附件都应遵循同样的程序。
- 实验室记录的每一页原始页面必须由研究人员和见证人签名并注明日期。见证人应该阅读过每条记录并且是有能力理解所读内容的人，但见证人不是共同发明人。每个研究组应委派一名人员负责指定长久的见证人。但是，如果需要时指定的见证人不在场，那么可以将满足适当标准的其他人作为见证人。
- 如果要对签过名或见证过的页面做出任何更改，则必须由研究人员和见证人在修改处签名并注明日期。签名或见证实验室记录时，应注意要用当前日期。
- 应该把想法记录在实验记录本上，因为这对确定发明日期很重要。
- 尽快将完成的实验室记录交还给指定人员，以确保通过缩微胶片或其他永久性介质获取实验室记录的副本，这一点很重要。这一过程需要尽快完成，以使记录能快速返还给研究人员。如果需要的话，在制作缩微胶片过程中可随时取回实验室记录。一旦完成制作缩微胶片的过程，实验室记录要立即返还给研究人员，因为研究人员需要用作实验参考，或者需要把它放进长期存储的位置。一份缩微胶片的副本应保存在图书馆供随时调阅，另一份缩微胶片的副本则放进安全存储的指定位置。

B. 含有电子读取数据的硬面装订记录本

- 有些实验室的大量数据是由计算机生成并存储的，但仍然需要遵循上述的所有指导原则，进行书面实验室记录。在这种情况下，尽管实验室记录中涉及的许多数据在电子文件中或许已经存在，但实验室记录中应包含这些文件信息的摘要，同时还要给出数据存储的文件名称和格式。

文本框1(续)

- 电子数据应每周进行备份和存档。应提供一个新的单独的文件夹作为存储数据的位置。这些文件及备份过程的详细情况，应在备忘录中向所有的研究和管理人员说明。除处理诉讼或美国专利商标局的相关事务之外，绝不应该打开这些备份文件。

C. 由计算机生成的硬面装订记录

- 手写实验室记录的指导原则同样适用于计算机生成的硬面装订记录。不同之处在于，不用购买实验室记录本并在上面进行记录，而是以电子方式记录研究活动。文件定期打印出来，然后装订成一个实验室记录。打印的材料应配有一个清晰的标签，该标签将出现在稍后硬面装订记录的首页，然后送给适当的人员或部门进行装订。一旦装订结束，实验室记录会被分配一个编号，将编号记录下来，然后根据要求返还给研究人员或存档。
- 每个实验都要描述，每一页面都应编号并签名、会签和注明日期。如备忘录中所述，每周都将这些实验保存在专门的数据文件中。另外，与硬面装订的记录一样，诸如图形、凝胶照片等数据可以粘贴在实验室记录上，其粘贴方法与之前的描述相同。
- 电子文档尽管是记录实验的一种便利方式，但出于各种原因，并不建议以这种方式进行记录。例如，如果将来自不同日期的几个实验打印在一页纸上，该页上仅有的签名和注明的日期位于最末的一条记录之后，那么就会很难甚至不能查明特定活动的日期，特别是某项发明的确切日期。

JENNIFER A. THOMSON, *Professor, Department of Molecular and Cell Biology, University of Cape Town, Private Bag, Rondebosch 7701, South Africa. jennifer.thomson@uct.ac.za*

第 8.3 章

发明的证明文件

W. 马克 · 克劳威尔 （W. MARK CROWELL)
美国北卡罗来纳大学教堂山分校经济发展与技术转移部联合副主任

▌译者 刘勤 ▌审校者 刘芳 王靖轩 张熠

摘 要

研究的证明文件是知识产权管理最佳实践的一个关键内容。为了有效地管理专利，产生发明的研发活动必须完整地记录下来，包括确定可专利性、撰写并提交专利申请，以及之后如果需要保护专利免受第三方的挑战，还应该记录专利抵触审查程序。因此，为每项发明保存一份完整的记录，记录发明者、发明时间和发明方式，必须成为大学政策和培训计划的常规组成部分，并且必须按照特定的规程来进行。有组织的、规律性的文件记录方法能够支持专利管理，方便提供关键信息，确保发明取得最大价值，并在需要时保护专利产品免受专利抵触挑战。

1 引言

虽然记录发明过程是一个极其重要的问题，也是个相对简单的活动，但却是发明管理中最容易被忘记、忽略，甚至简单草率应付的事情之一。对这一活动缺乏关注，或许会导致申请人丧失本该拥有的专利权。技术转移办公室有义务帮助研究人员理解

Crowell WM. 2007. Documentation of Inventions. In *Intellectual Property Management in Health and Agricultural Innovation*:*A Handbook of Best Practices* (eds. A Krattiger, RT Mahoney, L Nelsen, et al.). MIHR: Oxford, U. K. , and PIPRA: Davis, U. S. A. Available online at www. ipHandbook. org.

Editors' Note: We are most grateful to the Association of University Technology Managers (AUTM) for having allowed us to update and edit this paper and include it as a chapter in this *Handbook*. The original paper was published in the *AUTM Technology Transfer Practice Manual*(Second Edition, Part VI: Chapter 2).

做好记录的重要性。此外，技术转移办公室还必须建立自动故障防止系统，以记录并努力处理办公室收到的发明披露。

为什么记录如此重要？在研究环境中，良好的研究记录对于许多方面至关重要，包括协助机构完成研究资助者要求的进度报告、记录经费开支、提升研究工作的完整性。但是，对于技术转移管理人员来说，推行发明文件的良好记录方法，美国专利法提供了一个完全不同的理由。

美国技术管理人员在第一堂课中学到的就是，专利法规定发明专利授予最先发明人*。事实上，与其他所有国家都不同，在美国，是按先发明原则来确定发明的优先权的。而大多数其他国家则遵循申请优先原则，即先申请的一方有权获得专利。那么就意味谁持有发明优先权会发生争议，即谁才是事实上的最先发明人。这一争议由美国专利商标局（PTO）的专利申诉和抵触委员会，通过被称为专利抵触的行政诉讼进行裁定。专利抵触程序确定谁先发明、谁拥有优先权，从而有权获得专利。

因此，当两个相互竞争的专利申请主张相同的主题时，美国专利商标局就会宣布存在抵触，即上述专利申请相互“抵触”。每个发明人随后都试图证明自己拥有发明的优先权。记录文件作为可依赖的证据，用于证明事实上哪一方最先发明。根据美国专利法，按照定义，发明的过程开始于发明的构思，而后继续付诸实施（实际构建发明，或向专利商标局提交专利申请）。为了遵守专利法，构思专利发明的第一方当事人，必须要完成某些动作，以证明对发明的开发和专利化合理尽责。换句话说，以下情况可能会发生，即如果没有为发明勤奋尽责，或虽然实际上为发明的实施勤奋尽责了，但不能拿出任何文件作为证据，证明已经这样做了，那么作为第一个构思该项发明的人，将会在专利抵触程序中无法胜出。所以，无法证明谁是第一个构思发明的人，或者指控发明人没有对发明勤奋尽责，如果缺乏证据反驳，可能会导致发明人和机构丧失本该获得的珍贵专利权。

众所周知，抵触程序非常复杂，仔细记录从构思到付诸实施、发明和发明的过程，对于赢得此类法律挑战至关重要。除抵触程序之外，专利还经常因发明人的错误命名、最新参考文献等受到质疑。质疑者认为，应当在专利申请时，就将最新的参考文献提交给专利商标局作为现有技术的证据。在这样的情况下，研究记录对证明谁为发明做出了贡献，以及发明构思和付诸实施的关键日期及事实，是非常有价值的。如果记录文件中记录了在参考文献之前就已经进行了构思并付诸实施（发明），那么，这些日期将能反驳参考文献所认定的相关现有技术的主张。这个例子强调了清晰而又严谨的时间记录的重要性。如果专利或专利申请遇到复杂的法律挑战，那么什么都不能代替全面的记录。应经常假想可能会遇到的麻烦，并相应地收集记录下来，以保护宝贵的研究、开发和商业化投资。

---

* 2011 年 9 月 16 日，美国总统奥巴马签署了对美国专利法进行重大变革的《美国发明法案》（AIA）。该法案对美国专利法做出 4 项根本性改变：将“先发明制”改成“发明人先申请制”；增加 4 种对专利有效性提出质疑的新程序；扩展某些侵权抗辩，并取消或弱化某些抗辩；取消一些可授予专利权的主题。引自 https://www.sipo.gov.cn/zfwq/wqyzgndt/1073862.htm。——译者注

2 保存记录的实际重要性

事实上，在某些情况下，发明披露表（invention disclosure form，IDF）或授权申请，是第一个切实可靠的记录，证明了在整个发明的过程中，从发明构思到付诸实施，研究人员都在勤奋尽责地向前推进。在这种情况下，技术转移办公室必须确保这些记录安全存储、恰当见证，并在需要时易于获得。对管理和维护记录的投入，是否能够得到长期回报，很大程度上取决于对保存记录的重视程度。

当两方或多方主张同一发明时，美国专利实务操作非常重视见证记录。例如，涉及抵触程序的申请人，即便发明本身还没有很好地商业化，仍必须能够证明构思的日期（发明人在脑海中构想出明确而完整的发明思路时的日期）和付诸实践的日期（发明构思中每个要素实际构建时的日期）。要向工作人员说清楚，技术转移办公室所使用的发明信息披露表，必须避免使用涉及第一次构思日期或第一次付诸实施日期的用语，倘若出现法律裁决，这样的陈述可以被解释为承认没有更早的产生构思或付诸实施（当事实上在更早之前已产生），这大大地损害了机构在优先权争夺中的地位。相反，发明信息披露表应该简单地指出所认定的构思和付诸实施的记录位置。

除记录构思和付诸实施的日期之外，美国专利商标局的抵触程序可能会要求发明人竞争者展示勤奋尽责记录。在这种情况下，需要依据美国专利法的法定要求，发明人的见证记录必须能证明，其以合理的勤奋尽责方式进行了发明研发，包括提交美国专利申请的行为。在抵触程序中，能证明自己是第一个构思该发明的人，很可能会被授予专利。如果一方证明自己是某个想法的第一构思人，而另一方不但构思了这个想法，并且以更加勤奋尽责的方式付诸实践，那么另一方就可能在抵触程序中获胜。

在私营部门，大多数产业化的研究都严格执行记录保存，以此作为常规做法。通常，这些记录每天都要记录日期、被见证以及被存放好。如果在这种条件下工作的研究人员是涉及抵触程序专利申请的指定发明人，那么证明构思和付诸实施的日期应该不会有歧义和信息空白，因而确认起来相对简单和直接。

另一方面，大学对保存研究工作记录或许要求不严格，甚至到了马虎的程度，在这种情况下，组织和管理更具挑战性。实验室研究往往随时都在进行，研究人员经常发现很难找到资源、见证人或其他便于文件记录的方法。此外，一直以来，一些大学文化使得此类做法被认为是不恰当或不必要的。研究人员也许既不理解也不欣赏，更不希望在文件记录时，由于需要留意详细程度及时间顺序的一致性而导致不便，因而将这样的要求简单地视为烦人的行政负担。的确，在一些实验室，研究主任可能会敦促员工多花一些时间在工作台上，尽量减少在办公桌前工作的时间；实验室记录保存将不可避免地受到时间分配优先序的影响。在某些情况下，参与研究项目的来来往往的研究生认为或可能被告知，实验室笔记本仅仅属于学生。如果关于某项发明的构思或付诸实施的重要事实包含在这样的笔记本中，那么将来某时专利受到挑战时，该文件记录也许会无法获得（它已经随学生一起“离开”了）。

尽管大学可能面临严格保存记录的困难，但是其重要性是不容忽视的。现在大多数研究型大学都有有效的专利化和许可授予计划，良好的研究文件记录与记录保存是计划成功的重要组成部分。不容忽视或心存侥幸，赌注越高，风险也就越大。

3 记录保存的指导原则

良好的实验室记录保存方法，不应仅仅为知识产权问题所驱动。长期以来，良好的实验室记录一直被认为属于“良好科学”（good science），若实验室面临学术不端行为的指控（无论多么似是而非），那么良好的实验室记录对此是极其有帮助的。本质上，保存记录相同的方法被认为是“良好科学”，恰当地回应学术不端行为的指控也是管理、保卫和保护知识产权的良好做法。

强烈建议使用《北卡罗来纳州立大学专利与版权程序手册》中列出的保存记录的指导原则：

(1) 良好的方法是使用硬皮装订的笔记本记录。应每天记录相应的条目。使用“日记形式”提供按日记录的年表（这对记录文件中体现勤奋尽责或其他重要问题极其重要）。

(2) 使用笔记本记录某个构思（针对特定目的或结果手段的完整描述，原则上还要包括构思发明的所有要素）、实验室数据、绘图或其他观察结果。每个条目都应该注明日期、用标题打头，并且页码要连续。

(3) 笔记本上的登记项应该用墨水书写。任何情况下都不应该删除或“涂改”条目；应在被删除的文本或图纸中画一条线，并应填入正确的内容。页面上的任何空白都应该被划掉。

(4) 不能并入笔记本中的材料，都应粘贴在笔记本上，并用笔记本的一个条目关联。

(5) 在笔记本上记录所有条目时，要签名、注明日期和见证人（至少要两个人）。见证人应该阅读过所记录的材料，并且能够理解它，但见证人只是公正的工作观察员，和工作结果没有直接关系。比如，见证人可以是来自同一部门另一实验室的同事。一个非常重要的或非同寻常的发现或观察（某项潜在的可取得专利权的发明）要保证有两个以上的见证人。多个发明人之间不允许相互充当见证人。如果重要记录缺少必需的见证人签名，应在该记录创建后尽快完成签名。即使签名是在创建记录后几天或几周内完成的，也证明该文件在签名日期之前已经存在。

(6) 实验室负责人应该让所有实验室人员（或在温室或田间从事农业研究的人员）暂时停下手中工作，留出一段时间，用来在笔记本中记录条目。这段时间应该仔细并持续观察，确保记录条目后能立即邀请条目的见证人。

(7) 如果要在计算机上保存笔记，每天结束时务必要将适当的条目输入计算机系统中。与书面笔记本所建议的流程相同，每个日常登记条目都应打印出来，签名并见证。最终打印、签名与见证的文件应粘贴在笔记本上。

(8) 确定存放和监控记录的安全方法。与待决专利或已授权专利有关的研究数据不应被销毁，因此需要组织、实施和维护一个可检索的档案系统。如果发生专利纠纷，这种投入本身将会多次得到回报。

4 结语

一般而言，记录实验室研究的最佳方法基于两个目的：科学和法律（知识产权管理和专利化）。这两个目的相互并不排斥，事实上还有很多重叠，因为针对这两个目标所使用的手段完全一致。文件记录的最佳方法，将为研究人员在汇编出版物、以资金资助申请书以及发生欺诈或不当行为指控时，提供确定事实的明确记录。同样地，记录研究工作的最佳实践方法将为管理有关知识产权管理和专利化方面的问题提供很大帮助。这可能包括但不限于专利申请的撰写和提交、第三方提出的专利挑战以及为专利抵触程序提供证据，这些都需要研究与开发活动的文件记录。因此，文件记录的原则必须经过仔细推敲并制度化，作为每所大学规程要求的一部分。这些过程和要求应该是知识产权全面管理与培训工作体系的一个组成部分，技术转移办公室要把这些过程和要求告知大学行政部门、工作人员和科学家。专利价值高意味着风险也高，投资能力建设和适当的知识产权管理系统将会获得长期回报。

W. MARK CROWELL, *Associate Vice Chancellor for Economic Development and Technology Transfer*, *University of North Carolina at Chapel Hill*, *Box 4000*, *312 South Building*, *Chapel Hill*, *NC*, *27599-4000*, *U. S. A.* *Mark_Crowell@ unc. edu*

---

1 See, also in this *Handbook*, chapter 8. 2 by JA Thompson.

第 8.4 章

发明披露与发明人的作用

大卫·R. 麦基 (DAVID R. MCGEE)
美国加州大学戴维斯分校技术和产业联盟执行主任

译者 刘勤 审校者 刘芳 王靖轩 张熠

摘 要

本章旨在帮助知识产权专业人员与发明人合作进行高质量的发明披露，并最终提交专利申请。本章的主要议题包括数据记录的重要性、发明的实用性、发明的实施、了解现有技术（包括发明人自己的技术）以及确定发明人。

1 引言

发明披露不仅仅是为了满足某些政策要求而简单地填写机构或公司的表格，它包括完整描述发明的新颖性和非显而易见性，描述的方式要使得特定领域的任何普通技术人员能够再现该发明。披露代表了发明的首次官方记载，如果能够正确地完成此项工作，也就能够确定该发明确凿的发明日期与保护范围。通常，披露文件用于反驳对发明日期、发明人、发明范围以及现有技术的质疑。相反，不当的书面发明披露已多次造成专利权灾难性的丢失。

本章从科学家履行披露发明的职责开始，甚至履行该职责之前，到利用披露创造可保护的专利结束，解释了发明披露的具体细节（以及一些细微差别）。

2 发明的构思

“发明”这个词偶尔会与“想法”这个词相混淆。按照美国联邦法规［37 C. F. R.

McGee DR. 2007. Invention Disclosures and the Role of Inventors. In *Intellectual Property Management in Health and Agricultural Innovation: A Handbook of Best Practices* (eds. A Krattiger, RT Mahoney, L Nelsen, et al.). MIHR: Oxford, U. K., and PIPRA: Davis, U. S. A. Available online at www.ipHandbook.org.

§501.3（d）]，发明被定义为“任何技术、机械、制造、设计或物质组成，或者任何新的和有用的改进，或任何植物品种，根据专利法能或可能取得专利权”。根据定义，“想法”仅限于某个思想，在头脑中存在；作为一个观念，想法可能会或可能不会取得专利权。只有发明才能被授予专利权，而想法不能。

从法律层面看，产生发明构思是指人在头脑里已经形成某种想法，具有新颖性、非显而易见性，并具有足够实施的细节，可使相关领域的普通技术人员能够实施该发明。构思并不一定要求发明真正付诸实施，但是确实需要充分考虑整个技术方案。概念的不完整程度不应使发明无法实施。

通常情况下，形成一个完整的构思需要一段漫长的时间，并可能涉及其他做出贡献的人。如果某一天认为这种构思是完整的，即它满足了一项发明所要求的各个方面(具有新颖性、非显而易见性并可实施)，那么这一天就被认为是发明的日期。发明日期可以是但不必须是发明付诸实施的实际日期或专利申请的提交日期（推定付诸实施的日期)。

3 发明人

对构思可实施概念有所贡献的人被称为发明人。因此，发明人仅限于智力上的概念，并不延伸到那些使发明付诸实施但对发明构思没有贡献的人。

确定发明人，将依据授予或公布的专利中经专利局最终审批的具体权利要求而定。专利审查时，专利申请提交的权利要求通常会变化，因此发明人可能会改动。

科学家和知识产权专业人员之间经常误解并起争议的问题之一，是混淆发明人与作者的身份。如上所述，法律上认定的发明人身份，是基于其对可实施构思中至少一项被授权的权利要求做出了贡献。在实验室花费大量时间和精力让发明付诸实施的那个人，不是任何意义上的发明人，除非其对至少一项权利要求做出了如上所述的贡献。

科学家团队开展了大部分研究工作。因此，研究团队成员经常会讨论研究的技术问题，一段时间后，一个共同打造的想法或许会形成。这个想法，可能就会描述成某项发明。当某位作者没有被列入专利申请发明人中，但自认为在实际付诸实施过程中所做的工作意味着他或她应当作为一个发明人时，则经常会出现冲突。通常，可以在专利局调整无意中列入的某位非发明人或者某个发明人被排除在外的情形。但是，故意将一个对权利要求没有做出贡献的人列为发明人属于专利欺诈行为，如果发现将会导致专利无效。而故意将发明人排除在外也同样可能导致专利无效。

潜在的发明人都有责任真诚地努力确定他们当中谁是真正的发明人。最终，发明人资格必须由有资质的专利代理人进行审查，以确保专利申请中列入的发明人是事实上的发明人。

4 发明披露的准备工作

4.1 披露之前对发明人进行培训

知识产权专业人员绝不应该认为本机构内的科学家们知道何时、如何、向谁以及为什么要恰当地进行发明披露。与其他许多商业措施一样，要从机构的最高层开始接受专利申请。如果最高管理层不同意申请专利，那么其他人也不会同意。对机构的员工来说，针对专利申请过程的政策、实施以及实际领会的有效培训是绝对有必要的。这项工作必须持续进行，因为新员工不会了解这一过程，现有员工也需要经常温习。培训新员工的最佳时机是在他们入职前的适应训练中，在这一年，应该定期辅导所有潜在的发明人。只有技术转移办公室（TTO）真正有资格培训这些科学家。

4.2 披露的义务

员工要了解并遵从雇主关于发明披露义务的政策，这很重要。许多机构要求，所有员工应向雇主披露其在受雇期间获得的所有发明。根据具体政策，披露的义务可能延伸至雇用以外的范畴，包括工作职责之外所获得的发明，比如为另一家公司做咨询时或在家做出的发明。

4.3 面对发明人的询问

技术转移办公室要想获得成功，发明人必须确信他们的发明将接受对其可专利性和商业化潜力的全面评估。没有什么事情比技术转移办公室流于表面或随意对待发明，更能迅速而彻底地瓦解发明骨干人员。无论其内容如何，技术转移办公室都必须认真地对待每项发明披露。

4.3.1 了解所在机构的知识产权政策和所在国家的知识产权法律

知识产权管理者必须是公司和机构的知识产权政策及实践方面的专家，必须认真耐心地向每个发明人解释这些政策和做法。同样，任何与知识产权相关的法规，技术转移办公室都必须理解并在需要时随时传达给发明人。

4.3.2 了解发明人公开披露的时间安排

发明披露常见的复杂问题之一，是公开或即将公开。如果即将公开，那么临时专利申请可能是避免失去专利权的唯一办法。在美国，提交专利申请不会被视为公开，直到专利授权公告发出后才被视为公开。因此，彻底了解预期公开的性质和内容非常重要，以确定该公开是否会包含可依照实施的发明披露。还必须知道何时进行发明披露。目前，学术会议摘要通常在会议前几个月就通过电子邮件发送给参与者。根据具体发明的情况，摘要或许很容易变为一个可依照实施的披露，因此，重要的是询问每个发明人，以确定是否以及何时公开和（或）通过摘要披露信息。很多时候披露（如演讲）并不会提供足够的细节形成可实施的披露。技术转移办公室应得到所有演讲、技术演示报告、待批申请等的副本，并与专利申请材料一起进行保存。

4.4 掌握大局

发明披露时，知识产权专业人员不仅应该清楚地理解发明的技术细节，还应该清楚地了解新发明是否与其他发明关联形成组合。此外，发明人或许极具创造力，因此知道发明人是否还有其他的发明披露就很重要。如果有的话，是否应该将这些披露与手头的发明披露结合起来。这种认识会极大地影响是否或者何时提交专利申请、如何根据其他现有的或预计的发明披露表来确定专利申请的范围。尤其重要的是，如果发明还没有付诸实施，发明人必须向知识产权专业人员提供继续从事的与发明相关的研究工作计划。

倘若因为发明人尚未完成可实施的构思而造成发明披露不完整，或者需要通过付诸实施来确定发明的实用性，则知识产权专业人员必须清楚地告诉发明人存在哪些缺陷。发明披露表由知识产权专业人员保管，直到发明人能够提供完整的披露信息之前，不得采取任何行动。建议定期回访发明人，以确保其提供发明披露表所必须填报的信息。

4.5 发明人与所有权

披露义务与发明转让不应混为一谈。发明披露仅仅意味着对发明的完整（即可实施的）细节进行了描述。转让是指发明人将发明所有权即法定权利交付给了另一方（如雇主）。雇主通常将披露义务和发明所有权转让合并为一个单独的表格，由新入职的员工签名汇报工作。但并非总是如此，所以必须仔细审阅实际的措辞。在之后的专利申请过程中，为了防止发明所有权产生问题，将披露义务和发明转让合并成一份签署文件还是较为方便的。

对于某些政府组织来说，披露义务不仅仅是政策规定，如果不能及时且完整地进行披露，还会产生其他的法律后果。

4.6 当所披露的发明属于共同所有时

不同实体之间合作研究项目很常见。通常这些项目通过合同、资助或机构间协议进行描述。这些文件一般包含一个或多个部分，对共同发明人以及在协议期限内形成的知识产权共同所有权进行约定。在全面审查协议之前，不应对知识产权的所有权做任何假定。一旦确定了所有权，需要在收到发明披露表之后、提交专利申请之前，通知另一方。在知识产权处理过程中，另一方通常有机会以某种方式参与其中。

如果某个发明是由共同发明人提出的，而且至少有一个共同发明人来自第二个实体，并且实体之间没有合同协议，那么就必须决定是否要将发明披露表的情况告知第二个实体。在发明披露之前，两个机构最好签署双向保密协议，以避免公开披露和后续权利的丧失。另外，在实行“先申请制”的国家，第一方应该在提交专利申请后，再通知第二方。后续的协议，例如机构间协议，可以用来约定每一方的权利，并决定如何分担专利申请费用。

5 什么时候进行发明披露

一个比较好的方法是，一旦形成发明就进行发明披露。申请发明披露也就明确了该发明的内容、发明人和发明日期。即使从未提交专利申请，但恰当而完整的发明披露，也许能够用来对抗由其他方随后提交的专利申请，避免其他方阻止第一方实施发明。在美国，先发明优先于先申请，所以这种预防措施可能特别有用。最重要的是，如果没有及时披露，就不能做出是否提交专利申请以保护知识产权权利的任何决定。偶尔可能会适当延迟披露，例如，发明人需要连续进行实验，以便能获得更好的实施性或更广泛的实用性，这种延迟能满足专利本身所谋求的更广泛的权利要求。不管怎样，应该与合适的知识产权管理人员磋商后，再做出延迟提交发明披露的决定。

如果发明人不能完成或拒绝完成发明披露表（见本章末文本框 1：发明披露表的样表），那么基于披露的目的，可能需要与同一机构的知识产权专业人员或技术转移办公室的管理人员面谈。不建议在没有得到发明人意见的情况下完成发明披露。因为无论如何，发明人肯定要比其他人更熟悉发明。如果要准备的专利申请来自面谈所获悉的发明披露，那么要花费更多时间与开销来准备专利申请。最终，每个发明人都必须严格地检查和确认专利申请中对该发明的描述是正确而完整的。在美国，为了满足美国专利商标局的申请要求，每个发明人都必须签署声明，确认已正确而完整地描述发明。

在一些国家，专利局不需要为了提交专利申请而提交发明披露。但在某种状况下，其他政府机构可能会要求提交发明披露。

5.1 发明披露呈送到哪里

发明披露可以呈送到雇主政策所规定的任何地方，例如公司自己的知识产权部门，或者外部的专利律师、学术机构的技术转移办公室。

在美国，专利法规定了发明人向美国专利商标局（PTO）递交发明披露文件的披露程序。这一程序在联邦法规［37 C. F. R. §1. 2. 1（c）］中有详细描述。它对无雇主的个人发明人尤其有益，因为该程序提供了披露的证据，能避免向见证人公开发明人希望保密的信息。美国专利商标局对发明披露将会保留两年，除非涉及未决的专利申请，否则到期会将其废弃。披露文件程序不能代替专利申请提交，也不会提供专利的申请日期。

5.2 发明披露的保密性

为了避免提交专利申请之前出现可能的、不希望有的发明公开，应当对递交的所有发明披露进行保密。当某个员工将发明披露给一个同事时，应该清楚披露要保密。同样地，在大多数情况下，披露不会被认为是公开的。在庞大的机构里，假定无法做到保密。若外部提出质疑，那么从专利角度看，这种披露可能会被认为不是保密性的披露，而是公开。所以即使在机构内部，在披露之前查证保密性并在需要时执行保密协议就显得尤为重要。

5.3 发明披露表的内容

发明披露表没有固定的格式，但是，某些类型的信息是所有的发明披露表都必须要有的。选择任何一个搜索引擎，在搜索框中输入“发明披露”，即可很容易地从互联网上获得这些表格的范本。可以找到世界各地机构的大量表格。所有的表格都有一些共同点：大多数都要求提供类似的信息。本章末尾的文本框 2 列出了表格中的常见列表项。

6 将实验室笔记作为发明披露文件

依靠实验室笔记来查明发明的实际日期和辨识发明人是很常见的。不幸的是，大多数实验室笔记是不完整、难以辨认、没有见证人的，或即使完整保存下来也没有得到规律性见证。然而，如果保存得当，实验室笔记毫无疑问是可以用作发明披露文件的。但这些信息至少一定要包括对发明的详细描述，由发明人、适当的见证人签名并注明日期的页面。真实的发现（即发明）一定要能解释清楚。

既然有用，那么知识产权专业人员就应该指导科学家了解实验室笔记对于完整披露的必要性。科学家还应该接受培训，以避免在笔记上随手书写评论（例如，“这是一个明白易懂的实验方法”或“我利用×博士的想法简单扩展后进行这项研究”或“有一篇论文是这项研究工作的现有技术”）。这种笔记里的披露在诉讼期间是会被发现的，并可能导致专利权丧失。科学家应该一如既往地被告知要完成发明披露文件并且只提供绝对真实的披露。

7 转让表格

转让是发明的法定权利的转移。通过签署通用的转让协议，所有发明的转让都可以在发明之前预先完成。在专利申请过程中，专利局可能要求提供发明转让文件。用人单位应当获得某个正在提出专利申请的具体发明的二次转让权，因为它已经向专利局提供了简单而又清晰的转让协议。不管怎样，若发明人不能达成或不愿意提供已签字的转让协议，那么最初的普通转让协议可以作为发明转让的证据。

根据美国专利法，所有专利申请和已授权专利的转让必须备案。其他国家对这一要求或许会有所不同。

7.1 当负有披露义务而又缺少事先签订的转让协议时应该做什么

在专利申请准备的过程中，知识产权专业人员有时会发现没有转让的记录，也可能缺少员工签名认可的责任分配书。这些都是严重的问题，因为专利所有权是共有的且可分割的；任何一个所有权人都可以独立于其他共有者行事。换句话说，在没有共有者允许的情况下，任何所有权人都可以单独地实施发明或授予许可。因此，获得明确的发明转让尤其重要。

7.2 取得责任分配和转让文件的签名

一旦发现发明人没有履行所分配的责任或者没有执行转让文件，技术转移办公室管理人员应立即审查机构的政策，看对此是否已明确规定。此外，还应该检查其他记录，其中可能包括员工同意将遵守公司或机构政策的签字。例如，员工规章手册通常包含了与知识产权有关的条款。人力资源部门通常要从员工那里获得书面认可，确认他们已经阅读、理解并将遵守所有的规章政策。如果发明人不想提供书面的发明转让材料，那么该书面认可或许会有帮助。

接下来，知识产权专业人员应尽可能亲自联系发明人，解释为什么必须转让发明。如果尚未签订披露义务协议，那么知识产权专业人员应向用人单位解释签订披露义务的重要性。如果该机构为发明人提供了诸如专利使用费等补偿的政策，那么知识产权专业人员应该仔细审视相关政策。知识产权专业人员应该为发明人准备好拟签订的一式两份的协议，并提供一份副本（原件应保存在档案中），同时需要向发明人解释为什么将来的任何发明都需要有这个附加的转让协议。

建议不要要求任何人签署与实际日期不同的协议——这会削弱该文件的合法性。不过，可以在协议的文本中约定一个早于签订日期的生效日期，前提是，不存在已经在执行的其他与此有关的或相冲突的协议。

8 收到发明披露表后，申请专利要勤勉尽责

由于美国专利商标局有“先发明”的规定，因此美国申请专利的习惯做法包括，一旦发明完成，就有义务勤勉尽责地提交专利申请。在某种情况下，延迟提交可能会导致专利权丧失。这通常发生在第一方发明日期之后，但是在第一方提交专利申请日期之前，第二独立方也完成了发明并提交了专利申请。若能说明第一方未能勤勉尽责，则第二方或许会占上风并赢得专利申请。很明显，在“先申请制”国家，是否勤勉尽责地提出专利申请是一个值得探讨的问题。

9 更新呈送的发明披露表以及合并披露表

当提交发明披露表时，它通常针对的是正在进行的研究。就其本身而言，它可能不能满足专利申请应具备的可专利性或商业化潜力的标准。不管怎样，知识产权专业人员收到发明披露表后，应该评估是否提交专利申请，或者可以保留发明披露表，以期待从发明人那里收到新的数据或材料。发明人可以将随后的发明披露表作为第一次发明披露表的附录。如果能把发明披露表的相关材料整合起来，将会更好地支撑权利要求保护范围更宽的专利申请。

如果第二次提交的发明披露表包含发明的最佳实施方法或新材料，那么，发明日期应该是第二次发明披露表的日期而不是第一次的日期。

10 以发明披露表的信息准备专利申请

正确填写发明披露表将大大提高专利代理人起草专利的能力和速度。加快这一过程可以显著降低代理费用。为了协助推进此过程，发明披露表的全部副本、所有参考文献的副本、专利申请中需要重点保护的情况说明，以及解释其为什么很重要的材料，都应该提交给专利代理人。只有委托人在有关发明的文本中能清楚地描述其战略目标时，专利代理人才能够正确制定专利申请策略。

大多数发明人不熟悉专利审查过程，因此知识产权专业人员应该清楚地向发明人描述这一过程，并解释发明人要在这方面提供怎样的协助，同时将发明人引荐给专利代理人。雇主应注意确保发明人与专利代理人之间建立良好且富有成效的工作关系。

发明人是专家，在撰写发明背景、发明的技术描述以及获取任何已知的参考资料等方面，需要给专利代理人提供实质性帮助。专利申请提交后，发明人还需要协助专利代理人，就专利局提出的问题提供技术反驳意见。发明人的参与程度取决于具体的专利申请，有时可能会付出大量的时间。

专利代理人以发明披露表为基础来准备和提交专利申请。专利代理人有责任准备一份完整且能够披露发明的文件。大多数情况下，专利代理人愿意与发明人一起就发明进行详细讨论，以确保理解发明的所有特征。在讨论过程中，专利代理人将以非发明人的视角，帮助发明人提出保护范围尽可能宽的权利要求。

11 发明披露表的维护

每个技术转移办公室都应建立一个发明披露数据库和一个用于归档发明披露表正本的安全存储设施。防火文件柜是这种设施的很好的例子。在任何相关专利的有效期内，应保留好发明披露表。副本应该存储在异地，外部专利公司经常会提供这项服务。根据美国专利商标局的披露文件程序，发明披露表仅保存两年时间，除非未决的专利申请中涉及该发明披露表。

12 发明人证明

发明人证明可以替代专利申请提交。该证明包含发明的详细描述及专利申请的绝大部分组成内容。因此，发明人证明类似于发明披露表。不过，与发明披露表不同的是，发明人证明是法律程序的一部分（依照每个国家各自的专利法律与规程来确立），证明上公开承认的发明人，正是特定日期确定发明的发明人。

发明人证明不是专利，也不提供专利申请所规定的任何知识产权权利。但是，许多国家会用证明为不打算申请专利的发明提供金钱奖励。

13 通过发明披露来营销知识产权

在学术机构中，利用发明披露表中包含的信息来推介知识产权是很普遍的做法。由于发明披露表包含发明的可实施细节，因此在提交专利申请之前，过早披露这些信息可能会破坏专利权。必须注意应该只提供一般性非保密信息，任何可实施信息则不包括在内。如果专利申请已提交但尚未公布，则不应披露提交日期或专利申请编号。未经授权的人可能会通过这些编号，获取有关未决申请的秘密信息。如果专利申请已经提交，那么将未决申请中包含的信息包括在内是可以接受的。尚未公布的专利申请的简介中披露的信息，应该在专利申请公布后予以更新。不建议把发明人的姓名作为联系人列入简介，相反，应该列入许可专业人员的名字。

许多机构在网站上提供非保密的知识产权摘要，通常按技术领域将摘要和联系信息整理到数据库中。这些数据库可以按技术领域，通过大规模发送电子邮件或邮寄的方式，有效推介给潜在的被许可人。

DAVID R. MCGEE, *Executive Director, Technology and Industry Alliances, University of California, Davis, Office of Research, Technology Industry Alliances, 1850 Research Park Drive, Davis, CA, 95616, U. S. A.* drmcgee@ucdavis.edu

1 For example: http://research.ucdavis.edu/homecfm?id=OVC, 2, 1025.

文本框 1：发明披露表的样表

[在这里插入机构或公司名称]

机密

1. 发明的名称：____________________

2. 发明的概述或目的：____________________

3. 简要描述发明：

请提供该发明的简要摘要，包括该发明具有新颖性的实施例。

4. 发明的详细描述：

请提供一份编号列表清单，用简明的语言说明你作为发明人认为哪些特征对该发明来说是有用的。

为该发明提供一个完整且可实施的描述，包括概述、步骤、过程以及必要的其他数据和信息，以便该领域的普通技术人员能够重现和实施该发明。如果该发明是一个物质的组合，则要提供一个完整的配方以及任何其他必要的信息，来完整并准确地描述该组合物。如果该发明需要开发软件，作为该发明的一部分，则要提供一份详细的程序流程图和软件拷贝。对任何一个装置都要提供详细图纸和说明。如有必要，可附上附加页。

5. 背景（可选）:

若已知，则应对专利或期刊参考文献中所述的现有技术状态进行描述（如果可能的话，标识出专利号或期刊引证)，并指出该发明是如何克服本领域的缺点或问题的。如有必要，可附上附加页，同时也要附上参考文献的完整副本。如果发明人了解任何与该发明相关的技术，请在适当的参考文献下面描述这些信息。所有被引文献应该附在该发明披露表上。

____

____

____

____

6. 构思:

请提供发明人确信构思是完整且可实施时的日期。

发明构思的日期: ____________________

第一次书面记录: ____________________

7. 首次向他人披露:

如果你已经向某些人披露发明中可实施的细节，请提供所涉及的每个人的完整姓名及披露日期。

日期: __________　　姓名: __________

日期: __________　　姓名: __________

日期: __________　　姓名: __________

请指出披露是如何进行的（如口头或通过演示、报告或出版物)。请提供用于披露的每份文件或其他媒体的副本。

____

____

8. 首次付诸实施:

请提供首次制备或分离化合物分子或微生物的日期；首次使用该制备过程的日期，或装置的构造日期。

日期: __________

9. 发明的首次出售或公开使用:

请描述并提供在美国或任何其他国家的出售日期，或者所有公开使用或计划公开使用的日期。请提供所有销售、使用或披露的细节。此描述应告知该使用是否用于测试目的，并且在开始使用后是否对该发明进行保密或努力维持其秘密状态。

____

____

____

10. 计划或合同:
该发明是否产生于发明人为某个特定计划、资助或合同工作中?
是: ________ 不是: ________
如果不是,请提供如何以及在何处获得该发明的解释。
如果是,请在下方提供资金机构的名称及其可用的编号。
资金来源________资助或合同编号________

____

____

____

11. 联系信息:
请提供有关发明人的特定信息。
发明人签名: ________ 日期: ________
发明人名字的印刷体: ________
工作单位: ________
邮寄地址: ________
邮编: ________
电子邮件: ________
电话: ________
发明人签名: ________ 日期: ________
发明人名字的印刷体: ________
工作单位: ________
邮寄地址: ________
邮编: ________
电子邮件: ________
电话: ________

12. 见证人:
上述发明人已将该发明向我作了描述,本人已检查并清晰地理解该描述。
见证人签名: ________ 日期: ________
印刷名字: ________
工作单位: ________
见证人签名: ________ 日期: ________
印刷名字: ________
工作单位: ________

文本框 2：发明披露表中通常要求的信息

发明人

这里应该包括发明人的完整名字及其雇主的所属机构，以及完整的邮寄地址。

发明

一项发明应该包括该发明的名称、一个简短的摘要以及该发明的详细描述。应清晰地描述出该发明的优势所在。发明人应尽可能多地列出该发明的特征、具体体现及其使用。

发明日期

这是指构思该发明可实施细节方面的日期。美国专利法（35 USC § 104）规定，只要符合以下条款，在国外提出某项发明的时间可以确立为提交日期：1）该发明人必须在美国或北美自由贸易协定［NAFTA］或世界贸易组织［WTO］国家有固定居所；2）该发明要么是在美国，要么是在 NAFTA 或 WTO 国家被构思的；3）该发明人必须代表上述其中一个国家在 NAFTA 或 WTO 成员中任职。在美国以外的其他国家，这样的条款的使用可供选择。该条款对“先申请制”国家来说也许没有任何意义。

实际付诸实施的日期，如果适用（或许是发明日期）

实际付诸实施并非必需，但它有助于准备专利申请。

可用的研究资金来源，如果有的话

了解该发明是不是由一个拥有所有权/许可权的实体（发明人的雇主除外）提供资金资助非常重要。

发明公开披露的日期

如果披露日期问题成为专利化进程中的法律障碍，那么这个日期或许至关重要。如果该日期发生在将来，那么它提供了一个时间表，在该时间表内决定是否提出专利申请。任何公开物（如手稿、宣传材料、海报、电子演示文稿和幻灯片）的副本都应作为发明披露表的附件。此外，任何相关的支撑性学术参考文献也应完整复制并附在发明披露表上。

参考文献

发明人应该提供其所知道的任何其他相关学科的完整参考文献和影印本，这些材料可能会被专利审查员引证，用于提出破坏发明的新颖性或使发明看起来显而易见。发明人或有资质的代理人没有义务进行文献检索，以确定是否存在与该发明相关的任何现有技术。但是，若发明人或指定机构了解到存在此类技术，那么必须向专利局披露。发明人没有义务就专利局所引证的参考文献，向专利局提出任何相关性的意见。做出决定是审查员的责任。

应该指导发明人不要直接或间接地书面承认某个参考文献是现有技术。在一些国家，这种陈述会被看成是一个不可撤销的承认，认可该参考文献确实是现有技术，从而致使该发明不具备新颖性和/或非显而易见性。

潜在竞争对手/被许可人名单

由于发明人在与发明相关的学科领域具备丰富的知识，因此，通常他们也对该领域的工作人员了如指掌。这是非常有价值的信息，因为这提供了寻找潜在竞争对手、潜在被许可人以及现有技术潜在发展领域的方向，在提交专利申请之前对这些方面进行评估，可以帮助确定发明的可专利性和撰写权利要求。同样，某机构或公司可以通过评估另一家机构或公司提交的专利和文件材料来构建一个更好的专利组合。

见证人

通常，发明披露表上至少需要有两名见证人。见证人应该具有理解发明细节的学术能力，不应该与所披露的研究有直接关系（例如，发明披露表上的某个发明人或研究中的某个主要研究者)。

所有发明人的签名

至少要有一个发明人在发明披露表上签名，这很关键，否则该表就不是完善的。机构所属技术转移办公室应设法尽快获得每个发明人的原始签名。

用电子方式提交发明披露表的接收

传真签名通常被全世界认可为执行文件的充分证据，但电子签名尚未被广泛接受。所以，在随后不能传送原始签名副本的情况下，建议不要用电子方式发送发明披露表。

农业与健康创新的知识产权管理

最佳实践手册

［美］阿纳托尔·克拉蒂格

［韩］理查德·T. 马奥尼

［美］利塔·内尔森

［南非］詹妮弗·A. 汤姆森

［美］阿兰·B. 班尼特　　◎编

［印度］卡尼卡拉姆·萨蒂亚纳拉亚纳

［美］格雷戈里·D. 格拉夫

［智利］卡洛斯·费尔南德斯

［美］斯坦利·P. 科瓦尔斯基

中国农业科学院◎主持翻译

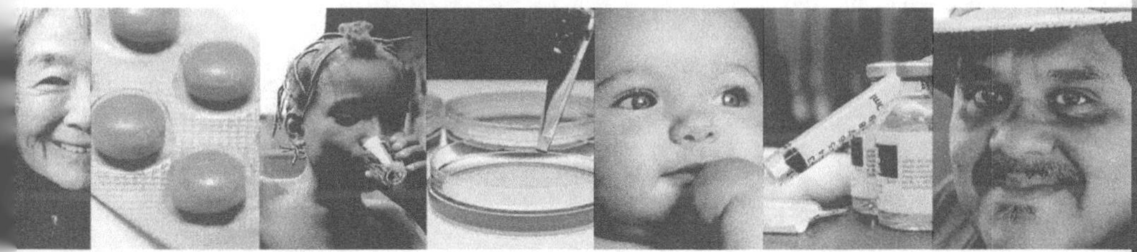

下　册

MIHR
A STEP NEARER EQUITY

PIPRA
public intellectual property resource for agriculture

Ministério da Saúde
FIOCRUZ
Fundação Oswaldo Cruz

bioDevelopments
INTERNATIONAL INSTITUTE

知识产权出版社
全国百佳图书出版单位
—北京—

目　录

第九部分

技术评估与估值

第9.1章

研究机构的发明评估

利塔·内尔森（LITA NELSEN）

美国麻省理工学院技术许可办公室主任

译者 刘芳 **审校者** 李雪 王友华 张熠

摘 要

研究机构的专利战略基于3个关键决策。第一个决策涉及是否需要申请专利。这一决策必须基于一些可靠的信息，这些信息包括：市场状况，发明和/或技术的独特性和实用性，获得专利保护的可能性，与发明人相关的因素，以及专利申请与该机构的社会和人道主义责任是否具有潜在的矛盾等。第二个决策涉及是将发明卖给一个已有公司，还是将其发展成一个衍生企业。第三个涉及一项许可收取多少费用。与所有这些决策相关的关键问题是，申请专利是否是实现全球推广的最有效途径。要达成对研究机构、私营公司和发展中国家都公平的许可协议，其过程很有挑战性，因为研究机构可能很难确定公平的市场价值。本章除了简要描述价值实现过程之外，还提供了一些粗略的数据作为指导。总的来说，笔者认为，达成协议比为达成一项最佳协议而无休止地争取完美的财务条款要好得多。

1 引言

本章讨论如何评估大学和其他研究机构的新发明。这里所考虑的是处于基础研究早期的“大学阶段发明”，而非已开发的项目。这些大学阶段的发明，大多数都需要投

Nelsen L. 2007. Evaluating Inventions from Research Institutions. In *Intellectual Property Management in Health and Agricultural Innovation: A Handbook of Best Practices* (eds. A Krattiger, RT Mahoney, L Nelsen, et al.). MIHR: Oxford, U. K., and PIPRA: Davis, U. S. A. Available online at www.ipHandbook.org.

入大量的金钱和时间才能开发成适销产品。这种投资风险通常很大，无论是技术的可行性还是其最终的市场接受度都无法确定。

人们认为研究机构的兴趣主要是实现技术转移的社会功能：将新药和其他有用的产品用于公共用途，通过鼓励使用新技术而提高产业竞争力，促进经济发展，创造就业机会。人们认为许可使用费收入是次要的考虑因素。（在美国，即便《拜杜法案》允许研究机构拥有和许可由政府资助的研究发明，但它也是为了促进经济发展而颁布的，而并不是作为资助研究机构的机制。25 年后，这些收入虽然对研究机构有用，但一般只占其研究预算的一小部分。）

2 评估过程

技术转移办公室评估早期的发明，是为了作出 3 个决策：

（1）是否就该发明申请专利。

（2）是否向已有的公司推广该发明或尝试创建一家衍生公司。

（3）对该发明要价多少。

所幸的是，通常不需要同时作出这 3 个决策。并且，如果第一个问题的答案是否定的，那么另外两个问题也就没有实际意义了。

2.1 决策 1：是否申请专利

假设有申请专利的钱但是很有限，决定申请专利时应考虑以下问题：

（1）该发明可能获得的专利，是一项保护范围足够广泛、能保护一件产品或产品线的专利吗？还是仅仅在现有技术上做出的微小变化？

（2）如果获得专利，该发明能否吸引被许可方或投资者继续进行商业化，产生的回报是否足够弥补研究机构支出的专利费用？

（3）申请专利是社会最大化利用技术的正确途径吗？

第一个关于可专利性的问题，相对容易作出一定的（虽然不是绝对的）肯定性决定。如果时间允许，对过去和已公布的待审批专利进行文献检索，可以揭示现有技术的情况。如果可能的话，这种检索最好由专业检索人员与一位发明人共同完成。如果发现现有技术非常重要，则可以请专利代理人评估其重要性，并评估专利申请可能获得的权利要求。对现有技术进行检索，还可能发现必须予以考虑的核心专利。

第二个问题——如果获得专利，该技术是否会吸引到商业投资——回答这个问题，要比模糊地回答第一个问题困难得多。市场调研需要时间和人力，如果技术转移办公室收到许多发明披露（麻省理工学院每年收到大约 450 项发明披露），将没有足够的资源对每一项披露进行市场调研。此外，在公开发表文章之前可能没有足够的时间进行此类调研（尤其是学术机构反对因专利或其他商业原因而延迟公开发表文章）。申请专利之前的保密要求也限制了任何深度的市场调研。

总之，必须认识到，发明越具有创新性，获得良好的市场反馈就越困难。新技术的潜在用户不能轻易判断他们未曾设想过的事物价值。在商业发展史上，严重低估创新产品潜力的现象一直存在（如复印机和家用电脑）。来自大学基础研究的创新发明也会遇到类似的挑战。

那么技术转移办公室要做什么呢？

以下是一些需要考虑的问题。在大多数情况下，这些问题需要先跟发明人讨论、在图书馆做些准备、与潜在用户或投资者讨论，再根据技术转移工作人员的经验和判断来回答。

2.1.1 市场

尝试了解该发明会面临怎样的市场是非常重要的：

- 该发明满足了何种需求？是一个重要、公认的还是小的需求？
- 现在是如何满足这一需求的？是否完全满足？
- 市场规模有多大？巨大、大、小还是微不足道？（正如随后将在定价中讨论的那样，专利持有人此时通常不需要更精确的答案，但被许可方或者投资人可能需要。）
- 市场是已经存在，还是需要进一步开发？
- 是一个朝阳产业还是夕阳产业？

2.1.2 技术

针对新技术和现有技术以及如何开发发明，研究机构需要回答下列问题：

- 该技术将如何改变市场目前满足需求的方式？
- 新技术是否与现有技术不同，是更好的吗？如果更好，它提供的主要好处是什么？
- 能确定该技术是如何发挥作用的吗？能向潜在的被许可方或投资者证明吗？
- 将该发明开发成商业产品需要多长时间？需要投入多少经费？

2.1.3 专利保护可能达到的程度

回答以下问题将有助于决策者确定是否值得获得专利：

- 现有技术检索（或者对科学现状的了解）是否表明有可能获得较宽的权利要求保护范围？
- 发明是否处于产品开发的早期阶段，以至于在产品上市之前专利将到期？（可悲的是，当市场快速增长时，很多人发现他们的专利已经到期了。）
- 该领域的发展速度是否太快，以至于专利无关紧要？当专利授权时，发明是否已经过时？（这在美国软件专利中并不少见。）
- 是否能够监测到专利侵权，从而能够对侵权者实施专利制裁？（如果制造方法简单且不需要特殊材料，并且该发明在最终产品中并不显著，则针对该专利进行执法可能是不切实际的。）

2.1.4 发明人

处于大学阶段的技术开发，发明人的参与通常至关重要。发明人最熟悉该技术，并且最有可能设想出该技术的应用场景。一些发明人（特别是学生或助理研究人员）可能希望离开研究机构并加入（或帮助组建）一家公司。然而，大多数教授或高级研究人员可能会选择留在研究机构，尽管他们会为开发该发明的公司开展咨询或兼职。

另一方面，如果连发明人都没有兴趣看到该技术得到开发，并且不会帮助将专利推向市场，那这些任务就无望完成。

应该考虑以下问题，以确定发明人寻找技术被许可方或投资者的效率。正如我们将要看到的，并非所有的结果都已记录在案！

- 该发明是否属于发明人的主要研究领域？如果答案是否定的，那么他或她是否完全熟悉市场对发明的需求？
- 发明人是否在发明领域内有业务联系？
- 发明人是否出名？（以诺贝尔奖获得者的名义对专利进行市场化要容易得多！）
- 发明人是否愿意与潜在的被许可方或投资者会面，以分享其发明的设想及开发方式？
- 发明人对开发任务的规模、不确定性以及潜在财务回报的期望是否现实？
- 能否合理地推进与投资人或公司的关系？发明人是否过于天真或过于偏执？

2.1.5 社会责任

从公共政策的角度看，专利是把双刃剑。一方面，它们可以非常有效地保护投资。此外，与将发明置于公共领域相比，许可大学专利已被证明可以激发早期投资。大学专利的许可还可以为研究机构带来亟需的收入（尽管处于大学阶段发明的收入潜力被严重夸大了）。另一方面，如果专利持有人（或独占被许可方）没有在专利技术的所有应用领域进行投资，专利反而会限制对新技术的投资。专利有时也可以通过排除竞争而维持必需产品的高价格。

需要顺带说明的是，针对发展中国家疾病的药物和疫苗的开发及分销，专利的作用尤为自相矛盾[1]。事实上，如果针对发展中国家所有疾病的有效药物和疫苗，已经存在并能够低成本制造，那么社会慈善家可能希望专利并不存在。因为从理论上来讲，如果没有专利保护，就会允许竞争，从而带来更低的价格和更广泛的供应。但由于缺乏有效的药物和疫苗，专利能够确保制药公司的利润，从而鼓励对新药和疫苗的研究、开发以及临床试验的商业投资。这种矛盾，给技术转移人员带来了特殊的负担。当对来自非营利性研究机构的健康和农业相关专利进行许可时，技术转移人员必须设法战略性地布局专利，以保护发达国家的利润并鼓励商业研究和开发。同时，他们必须运用各种机制确保穷困人口可以获得最终产品。

当对一项新发明申请专利是否符合公共利益进行决策时，在众多因素中，应考虑以下问题：

- 该技术是否自证有用而无须在开发上进一步大量投资？该技术是否能得到广泛应用，即使它没有获得专利而是被公布于众？
- 如果对上述问题的回答是肯定的，那么专利持有机构是否可以制定非独家许可策略，以在不妨碍技术使用的情况下产生收益？
- 如果该技术需要大量高风险投资，因此必须申请专利并采取独家许可的方式，那么是否应放弃发展中国家的专利以鼓励仿制品竞争？（对于健康和农业专利，这种方法在某些情况下是合理的。）
- 专利持有人是否可以要求其他机制的分许可，以促进发展中国家公共部门的低成本制造和分销？
- 如果药物或疫苗预计仅在发展中国家使用，发达国家的市场很小或根本没有市场，那么通过专利和有限许可进行市场整合，会创造出一个足够有利可图的市场，从而鼓励开发和临床试验吗？
- 专利持有人是否应专门允许非营利性研究机构免费使用受专利保护的研究工具？

2.1.6 本地化考虑

关于专利的决策在一定程度上取决于机构及其地理位置。例如：

- 在欠发达地区（包括发达国家和发展中国家中的欠发达地区），可以推广非常适合当地产业的技术，特别是该地区的技术技能，以创造就业机会并发展当地经济。
- 与私人机构相比，公共机构可能会更强调促进当地经济发展的技术——特别是立法者将技术转移作为资助机构的考核指标之一。
- 出于对患者潜在利益的考虑，医疗机构可能会决定为市场规模相对很小的产品申请专利。

总之，这一系列挑战是艰巨的。对于任何特定的发明，大多数答案充其量只是猜测；然而，应当是有依据的猜测，而技术转移办公室的判断可能是仅有的可借鉴的参考意见。无论是技术转移办公室还是更重要的研究机构管理层，都必须认识到，决定申请专利是具有一定风险的决策。专利是昂贵的，而专利预算有限。尽管如此，决策者说“不”比说“是”更加容易，但疏忽的罪过——没有为后来变得重要的技术申请专利——可能比申请了专利却从未许可更糟糕。决策者应该考虑到，如果审批专利申请的要求太严格，那么提交给技术转移办公室的发明中只有少数获得专利。这将使研究人员望而却步，并导致随后几年披露的发明明显减少。

2.2 决策 2：将发明推销给现有公司还是将其许可给衍生公司

与许可给一家衍生公司（为开发这一技术专门新成立的公司）相比，许可给现有公司具有许多优势。现有公司已经拥有包括管理在内的基础架构，这些公司通常有足够的资金开发该发明，并且其财务健康状况随时可以评估。这些公司通常还拥有分销渠道，其品牌名称和市场途径也使产品的最终分销更容易、更有效。从研究机构的角度来看，许可协议较之衍生公司协议更加容易落实，潜在利益冲突的可能性要小得多。

这并不是说许可给现有公司就没有困难和劣势。首先，很难用新的但尚未被验证的发明引起现有公司（尤其是大公司）的注意。现有公司已经制定了其研究议程和优先序，需要进行开发的新技术可能会带来干扰。当新技术在开发中遇到不可避免的困难时，在大公司中很难找到一个“拥护者”能够热情地支持这项并非是其自己的新技术。

许可给现有公司最大的缺点是，存在该公司对技术失去兴趣的风险，或者更糟糕的是在独家许可的情况下，公司对该发明可能保留一些兴趣，但对该项目优先序评级较低并且资源匹配不足。当事情不对劲时，在大公司中很难找到合适的人选提供信息或协商许可协议的变更。

许可给衍生公司的优点和缺点几乎与许可给现有公司的完全相反。至少在开始时，衍生公司会将开发该发明作为第一要务。衍生公司通常也会与一个或多个发明人密切合作；此外，研究机构本身也了解相关人员。许可的财务方案可能包括股票和许可使用费，从而保证研究机构能从其许可中获得一定的回报。并且，如果公司的战略确实与原始技术背道而驰（或者该技术不能发挥作用），尽管不会再交专利许可费了，但股权具有流动性，仍可回馈研究机构在公司启动时所发挥的作用。

衍生公司存在重大的利益冲突风险，它可能来自发明人/研究人员或来自研究机构本身。通常，发明人和机构都将拥有公司的股票，这可能导致利益相关方对公司的命运持有一种不健康的兴趣——参与各方可能会鼓励研究机构在未来获得的知识产权方面作出让步、屏蔽用于发表文章的数据，或滥用机构资源或员工的时间。如果研究机构将自有资金投资于公司，情况会更加恶化。因此，如果研究机构打算利用其技术成立衍生公司，就需要精心制定并有效执行避免利益冲突的相关政策。

衍生公司也很脆弱，他们必须找到管理人才并筹集投资资金。这类公司高度依赖管理团队的才能，而一次失败的聘用可能会让公司倒退一年或更长时间。衍生公司通常在市场营销和开拓分销渠道方面存在困难。在经济困难时期，很难吸引到进一步的投资。由于估值打折（Down Round）* 或无奈之下低价出售给收购公司，研究机构的股权可能会变得毫无价值。而且，由于股权投资的复杂性，与常规许可相比，技术转让协议的谈判可能要困难得多。

对于不同的发明，常规许可和许可给衍生公司的优缺点是不同的。当满足以下条件时，衍生公司更受青睐：

- 该发明是一种平台技术，并非仅仅产出一种产品，而是可以产出许多产品。当只考虑单个产品时，很难判断衍生公司面临的风险。此外，衍生公司更有可能尝试开发该技术的所有潜在应用，而已有公司则可能重点关注为其现有产品线增加单一产品。
- 没有现有公司制造类似产品。除非技术具有绝对优势，否则新公司很难在成熟市场中竞争。

---

* “估值打折”又称流血融资，指投资者在一轮融资中购买同一家公司股票的价格低于对上一次融资投资者支付价格的情况。——译者注

- 市场规模足够大，利大于弊（风险）。对于需要在开发上进行大量投资的技术尤其如此。由于衍生公司的失败率通常较高，投资者期待从成功的衍生公司那里获得非常大的投资回报。因此，规模小的市场是不够的。
- 衍生公司所在的国家和/或其打算出口的主要市场，知识产权保护很强。在技术进入市场获得成功之后，专利是小公司对抗大公司的主要保护武器。没有这些专利保护，第二个进入市场的大公司，其市场实力足以打倒创新型的小公司。
- 至少有一名可靠的发明人将作为创始人、顾问和/或员工加入衍生公司（这是最重要的准则）。如果没有这种人员的转移，几乎不可能筹集投资资金，开发技术也将更加困难。

在现实中，通常由技术转移办公室在常规许可和衍生公司之间做出选择。如果发明人对衍生公司不感兴趣，那么它就不可能成功。另一方面，如果发明人想要组建衍生公司，并且没有证明其不可行的明确理由，那么建议技术转移办公室不要“从父母身边带走孩子”，将工作交给已有的公司。这种做法可能会在研究机构中引起政治问题，也可能阻止未来发明者披露他们的发明。

2.3 决策3：对发明要价多少

尽管研究机构可能主要是为了社会福祉而进行技术转移，但大多数研究机构仍希望从许可中获得合理的经济回报。公司希望通过产品获利，而对于市场规模较小或者支付能力非常有限的关键公共产品，则需要加入优惠条款。

一般情况下（对于营利部门），技术转移办公室从特定发明许可中得到多少回报才合理呢？不幸的是，太多的技术转移办公室花费了太多时间，试图以某种所谓的科学的方式评估“萌芽期”发明的总价值。计算者坚持依靠净现值计算法和其他更深奥的公式进行估算，但是公式中用到的主要投入，如技术开发成本、制造成本、市场寿命和最终市场规模都是未知的，甚至是不能合理估计的。因此，这种计算通常属于“废进废出”(garbage in garbage out，GIGO)，产生的结果毫无意义。

所幸，技术转移办公室几乎从未被要求（或能够）一次性地直接出售技术（即使研究机构愿意报价，也很少有公司或投资者愿意为未经证实的技术支付任何可观的首付款）。因此，在技术转移时无须计算发明的全部价值。通过各种支付形式的组合，许可协议和衍生企业的协议分摊了研究机构与公司之间的不确定性风险，有些在许可开始之时支付，其他一些是在较晚阶段支付，取决于未来的销售情况或公司未来的成功程度。

在针对“公司的常规许可”中，许可的财务部分可能包括以下内容（还有其他条款，如分许可费用）：

- 许可入门费（a license issue fee）：签发许可时应支付的已协商金额
- 许可维持费：年度费用，通常在应该支付许可提成费的任何年份允许抵免或取代许可提成费（因此，许可维持费在销售产品的年份中发挥着“最低许可提成费”的作用）
- 专利费用补贴：大学几乎总是要求支付该项费用

- 里程碑费用：通常仅在技术风险很大且需要大量投资时适用（初始许可费相对较低，但验证的技术达到某一里程碑阶段时，例如批准进行临床测试或监管部门批准允许销售之后，研究机构可以获得更多的资金）
- 连续支付式许可提成费：通常占销售额的一定比例（预期技术具有重大价值，但取决于技术是否成功以及市场对产品的接受程度）

在“针对衍生公司的许可”[2]中，财务方面的内容可能包括：

- 许可入门费
- 许可维持费
- 专利费用补贴
- 里程碑费用
- 连续支付式许可提成费
- 公司的股票（换句话说，股权）

股票可能是也可能不是研究机构的主要回报来源。公司股权毫无疑问是研究机构最具风险的部分。在严峻的经济形势下，公司可能长期难以达到流动性（即股票公开交易或被更大公司收购）。此外，如果公司以后必须从投资者那里筹集更多资金，而当下进展情况不佳（或者投资的经济环境不好），公司可能不得不接受“估值打折”的资金支持，使得原始股票几乎一文不值。

如果同时采取了连续支付式许可提成费和股票两种方式，则每种方式通常都低于以“纯现金”或“纯股权”方式交易的情况。此外，许可费通常低于大公司的技术许可费，因为新公司总是现金不足，而开发技术需要现金。

常规许可和衍生公司的要点是，如果该技术成功了，那么主要的财务回报将来自许可费和/或股权。对于常规许可和衍生公司，回报都是线性的。也就是说，一旦设定了连续支付式许可提成费比例（如净销售额的4%），那么无论最终产品的销售额是每年10万美元还是每年1亿美元，该公式都将产出“适当的回报”：

- 如果销售额每年只有10万美元，那么公司每年仅支付给研究机构4000美元；数额很小但很公平，因为销售额并没有那么高。
- 如果销售额是每年1亿美元，那么研究机构每年将获得400万美元，这反映出产品的巨大成功。

类似地，如果研究机构以技术换取100万股原始股票中的10万股，占公司股份的10%（在这个例子中的股票总数是100万股，完全是随意举例，重要的是占总数的百分比），则：

- 如果流动性股价为每股50美元（这是一家成功的公司），那么大学将获得500万美元。
- 如果股价低，“无奈收购”的价格仅为每股0.50美元，那么研究机构将只能获得5000美元。（这并非闻所未闻）

值得重申的是，研究机构不需要知道许可或建立衍生企业时技术的总价值，因为连续支付式许可提成费和/或股权的线性特性决定了研究机构将获得的金额。然而，购方公司（或衍生公司）必须对技术的最终价值及其开发成本有更好的估计，因为衍生公司必须平衡开发产品的成本和风险，与预期的销售额和利润回报。所幸，产业相关方面和金融投资者有更好的资源来做出这种估算。

3 交易数额是多少

这部分对于作者和读者都存在风险。人们经常要求提供数据，但并没有典型的数据，因为没有典型的交易；每一个交易都是独特的。本部分尝试提供一些有关数据的指导。这里介绍的内容基于美国和英国机构内的个人经验，交易数额取决于以下方面：

- 技术对最终产品的重要性
- 产品的类型
- 技术和最终产品的独特性
- 该类产品和/或产业部门的典型盈利能力
- 该知识产权是否是公司的关键知识产权，或者只是其持有的一小部分资产
- 该知识产权的强度和广度
- 该知识产权是否包括：
  -仅为现有的专利权
  -研究机构可以获得回报的附加专有技术（大多数专有技术属于公有领域）
  -研究机构的未来技术和专利的“输出管道”（如果管道太宽，有危险的先例）
- 公司是否必须从第三方获得能起到阻碍作用的专利的许可
- 技术的发展状况
- 开发需要多长时间和多少资金
- 公司所在国家的开发成本
- 经济状况——包括来源国和被许可方国家（如果存在不同的话）的股票市场状况以及投资环境
- 相对于公司，研究机构的谈判能力
- 研究机构的谈判技巧

大学获得的股权数量取决于所有上述变量，以及技术离开机构之前，研究机构“孵化”技术及衍生公司的程度。例如，如果大学仅仅将处于学术阶段的发明许可给新成立的公司，那么股权数量（或百分比）将会较少，如果大学对证明概念可行性或最终产品原型开发进行了投资，则股权的数量会较多。如果大学帮助组建公司、设计和撰写商业计划、雇用管理团队、帮助公司筹集资金，甚至在公司成立最初的一两年，允许其安置在研究机构的实验室中，那么大学获得的股权数量将会最多。

根据这些注意事项，文本框 1 给出了常规许可的许可费和许可提成费的典型范围，并基于美国的经验，进一步提示某些交易不属于这些范围。

4 结语

早期阶段技术的评估和定价，该任务更像艺术而非科学（对于谈判也是如此）。成功完成任务，需要具备产品开发、制造和市场的基本知识，以及可比性技术的价格知识（如果能够获得信息），再加上经验。技术转移办公室主要通过自己的经验，并研究类似机构的经验来进行学习。如果能够吸引并留住有才能的员工以及得到管理层的承诺，那么办公室会随着时间的推移而变得更有前途。

没有任何交易是完美的，总是有些会失败。然而重要的是要记住，与能够胜任开发产品的公司达成交易，要比等待最佳交易或无休止地争取最佳财务条款好得多。只有开发技术并投放市场才能使公众受益，这也是大学及其技术许可办公室开展业务的初衷。

LITA NELSEN, *Director, M. I. T. Technology Licensing Office, Massachusetts Institute of Technology, Five Cambridge Center, Kendall Square, Room NE25－230, Cambridge, MA, 02142－1493, U. S. A. lita@mit. edu*

---

1 See also in this *Handbook*, chapter 1. 4 by L Nelsen and A Krattiger.

2 See also in this *Handbook*, chapter 13. 1 by A Brown and J Soderstrom.

文本框 1：麻省理工学院许可费和许可提成费
（美元）

常规许可（无股权）

- 许可入门费：$10 000~$200 000
- 年度许可费（最低许可提成费）：$20 000~$200 000（通常开始从低逐年增加，直到数额达到稳定水平）
- 里程碑费用（存续期间）：$50 000~$1 000 000（后者为主要药物经美国食品药品监督管理局批准上市时所获得的费用）
- 连续支付式许可提成费：0.5%~7%（对于工艺改进或商品性产品，通常较低；对于非商品性产品和包含产品的专利权，通常更高）。对于软件和含有物质成分专利的药品，这一费用可能更高。

根据美国和英国的经验，在衍生公司融到 100 万美元资金之后，以下股权分配方案较为典型。它假定各类许可费和许可提成费较低。

文本框1(续)

融资 100 万美元后，衍生公司股权分配方案

风险投资人：	33%
研究机构仅基于知识产权的份额：	5%~7%
(如果) 研究机构做了大量孵化工作：	10%~15%
研究机构总共：	15%~22%
员工股票期权池：	20%
创业团队：	25%~32%

如果研究机构没有提供孵化，那么创业团队的份额可能占40%~45%。

第9.2章

技术价值评估简介

罗伯特·H.波特(ROBERT H. POTTER)
加拿大农业与生物技术战略公司高级助理

译者 刘芳 审校者 李雪 王友华 张熠

摘 要

本章解释了各种新技术价值评估方法的基本知识，重点介绍了技术最终交易之前就价值达成一致的重要性。实际上，价值仅是双方达成的协议金额的体现。尽管有很多方法对技术的价值进行评估，但大多数许可交易的焦点都是许可使用费，因为这会在技术提供者和开发者之间分散风险。许可使用费的分配比例必须经过协商。多个因素会影响许可使用费的金额，比如：市场需求水平；技术为最终产品带来的改进；开发最终产品是否需要其他投资，以及最重要的，预期的市场占有率。理解这些因素，或者至少理解估算这些因素的程序，将增强人们进行交易谈判的能力，有助于将技术推向市场，也有助于改进双方关系，从而促进未来的技术转移交易。

1 引言

什么是价值，什么是价值评估技巧？价值是意向买方和意向卖方商定交换财产权的基础，在我们的讨论中，财产权主要是指知识产权(IP)。关键点是要找到买卖双方都可以接受的具体数值。第一项任务，也是最困难的任务，是为系统中的各个要素匹配切合实际的价值(合作伙伴可以达成一致的价值)。简言之，价值评估是经双方商定，估算出产品或知识产权价值的过程，从而使产品或知识产权能够从卖方转移到买方。人们使用许多技巧来找到这个价值。完美的价值评估方案是买卖双方都认为得到了最好的交易。

Potter RH. 2007. Technology Valuation: An Introduction. In *Intellectual Property Management in Health and Agricultural Innovation: A Handbook of Best Practices* (eds. A Krattiger, RT Mahoney, L Nelsen, et al.). MIHR: Oxford, U. K., and PIPRA: Davis, U. S. A. Available online at www.ipHandbook.org.

我们可能没有意识到，但我们每天都在使用价值评估技术。例如，一个人可能会毫不犹豫地为一个汉堡包支付6美元，但肯定不愿意支付50美元。这是因为我们认定的汉堡包价值是在一个有限的范围内。我们从汉堡包中得到的收益不会少于*我们愿意花的钱；否则，我们会选择到其他地方吃饭。

从买方的角度看，成本、收益和竞争性替代方案决定了我们将支付的价格，因此决定了价值。这个价值将根据我们所处的位置、饥饿程度以及最接近的更好替代品距离多远而变化。从卖方的角度看，问题在于：我可以用汉堡包收取多少费用？对我的汉堡包有什么需求？有多少种不同的替代产品？我的产品与其他替代产品的区别和优势何在？

本章提供了与农业知识产权尤其相关的技术价值评估背景知识，旨在提高读者在谈判出售新技术权利以及其他情况下，对技术估价所涉及重要问题和方法的认识。

2 知识产权的价值评估

人们在确定知识产权、技术或产品的评估方法方面花费了很多精力。所有可用的方法都需要不同数量的数据，并用于不同的目的（无论采用何种方法，都会存在局限）。本章简要概述了最常见的技术价值评估方法。更详细的讨论在本《手册》的其他章节中提供。[1]

知识产权的价值评估往往非常复杂，因为需要确定未来技术或产品的现值。目前已经开发出了或多或少利用经济学理论的方法。归根结底，由于价值通常是一个谈判出来的数字，最重要的是找到双方都同意使用并能够估算出他们可以接受价值的方法。

最常见的价值评估方法是现金流折现法，即计算未来收入的现值。现值反映了知识产权的购买者现在愿意支付，以便从未来的产品销售中获得预期现金的价格。该方法可以纳入不同的变量和系数，例如技术无法提供所承诺回报的风险，但很显然，它难以准确估计来自知识产权或未开发、未经验证技术的未来现金流。越接近最终产品，对未来现金流的估计就越切合实际。然而，等到产品开发接近尾声再协商许可使用费，可能会在达成解决方案时产生严重问题。

大多数价值评估模型依赖于市场数据，这些数据最多只能提供一系列可能的值。对于革命性的新产品，通常无法获得直接的市场数据，但可以用近似产品（或市场上的现有产品）替代。价值评估的复杂性在于识别出有用、恰当的近似产品，这是一种挑战。使用的数据越恰当，价值评估就越准确。

此外，资产的单独和特定价值会有很大差异，了解这些特定价值在统计上如何分布将对价值估算有极大的帮助。将获得特定回报的可能性纳入模型有助于制定决策。无论单个组成部分的可能数值的范围如何，了解该范围的统计分布可以使整体价值评估更准确，也能估算出实际达到该值的概率。

以下介绍了几种价值评估方法，并对每种方法作了简短说明。为了说明这些方法，虚构了哥斯达黎加大学和Mer Seeds SA de CV公司之间正在进行的谈判，谈判是关于该大学分离出的根腐病抗性基因的商业使用许可。该基因已经被转移到一种名为mer的

---

* 原文为“多于”（cost more than the money），疑逻辑不通，此处改为“少于”。——译者注

根茎作物中，Mer Seeds 公司打算与它们的优良育种品系进行杂交。

2.1 成本法

成本法基于一种新产品的开发成本。使用这一方法，哥斯达黎加大学需要一次性收取以下费用，包括分离基因、产生具有抗根腐病性状转基因 mer 的所有研究费用和可能发生的专利费用。虽然这种方法与产品定价高度相关，但很少用于为知识产权确定价值，因为开发产品的成本通常与其中所包含的任何知识产权价值无关。该方法的一种版本是用来计算开发相似技术的预期成本，实际上相当于用该相似技术的销售收益来支付下一个技术的开发费用。然而，这种方法非常主观且难以证明其合理性。

尽管如此，了解特定技术的开发成本，对于计算各方在合资企业中的相对投入，通常是有用且相关的。如果研究机构加入合资企业，不是许可技术，而是开发产品，注入合资企业的初始投资通常决定着分配给各方的股份。大学或研究机构可能没有足够的财务资源将一项技术开发为产品，但可以根据截至当前时点的项目投资总额以及产品的潜在价值，合理要求获得合资企业的股份。

2.2 收益法

纯正的收益法是对未来几年内的预期收入（现金流）进行折现。在我们设定的情境中，当哥斯达黎加大学向 Mer Seeds SA de CV 公司询问其现在愿意为未来的回报（例如，在 10 年之内 1000 万美元）支付多少经费时，可以使用这种方法。该方法的一大缺陷是没有可用于预测未来收入的销售、市场或成本数据。此外，该方法在很大程度上依赖于风险分配：评估得到令人失望的回报（甚至根本没有回报）的可能性有多大，谁应该承担这种风险，是大学还是公司？风险评估对于确定是否投资新的技术至关重要，但其往往只是依靠直觉。

2.3 市场法

市场法需要找到与被评估的技术相似或相当的技术。在我们假定的情境中，哥斯达黎加大学将在市场上寻找其他抗根腐病的 mer 植物，想确定有多少农民正在使用该品种并付费。因此，用这种价值评估方法主要依赖于找到类似交易的足够数据，以便准确估计新产品的价值。该方法本身的缺点是难以获得真正是新产品的数据。

2.4 混合法

更常见的方法是混合使用收益法和市场法进行评估。这种方法结合了市场法的可比性和企业界熟悉的收益法的优势。在我们的例子中，Mer Seeds SA de CV 公司将利用类似产品的经验来评估农民支付的费用以及种子市场快速增长产生所估计收益的速度。这种方法通常适用于了解以往的经验并充分获得信息的情况。在企业内部开发产品的情况下（例如，大型公司开展全部或大部分研究和开发工作），计算新产品的净现值便可基于这种混合方法。需要通过估算特定的最低净现值才能做出资助该产品的决定。

2.5 许可提成费率法

由于许可提成费使发明人能够从最终产品的销售中获得回报，因此通常用于分担发明人和开发商之间的风险。各方通常采取相似技术曾经达成过的提成费率，然后将该费率应用于预计的收益流。该方法具有风险共享的性质（如果产品未获得成功，提成费率的金额就很低），因此这是开展技术许可的常用方法。但这种方法并不能对技术本身进行价值评估。实际上，提成费率通常是随意确定的，与技术可能带来的产品附加值几乎没有关系。例如，在我们设定的情境中，如果哥斯达黎加大学和 Mer Seeds 公司之间的初步合作研究协议将大学的最高提成费率限定为总收入的 5%，而如果该技术使 mer 种子产品的价值增加不止 5%，那么大学将蒙受损失。在本案例中，提成费率的随意性带来的另一个问题是，如果 Mer Seeds 公司将多个性状组合在一个品种中，那么假设组合性状产生的附加值不足，该公司可能无力给每个技术提供者都支付 5%的提成费。

3 生产体系

为了准确评估新技术，必须了解现有生产体系，清楚新技术将应用在什么地方。尽管农业生产体系因气候和当地土壤条件而异，但和任何领域一样，也存在投入（成本）和产出（收益）问题。

由于农业市场之间存在复杂的相互关系，很难估计竞争的情况，但确实存在一些数据，并可在此基础进行假设。由于现代农业产品越来越依赖生物技术这个相对较新的领域，该领域几乎没有信息，根本就没有产品的风险也很大，所以估价变得愈加困难。为了说明农业体系的复杂性，我们使用基于 mer 种子收成的投入/产出或成本/收益模型进行分析（见图 1）。

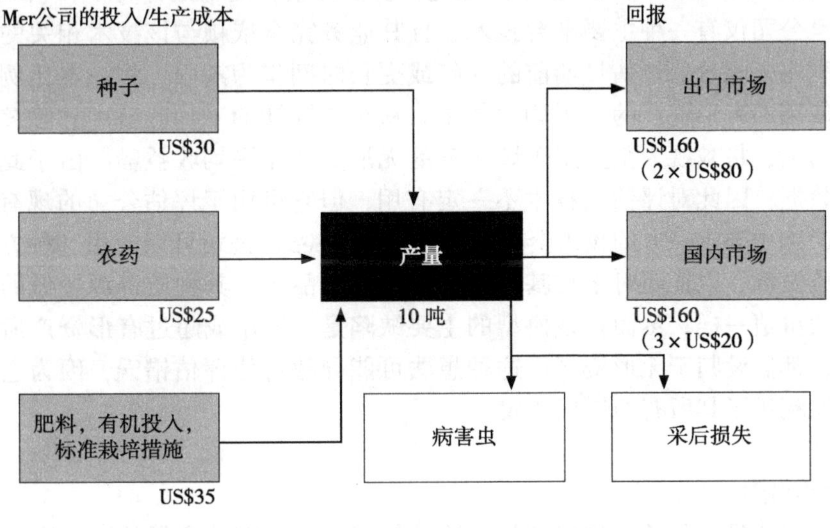

图 1 假设的拉丁美洲 mer 种子收成的成本/收益模型（US $：美元）

注意：本《手册》的在线版本（www.ipHandbook.org）包含可下载的 Microsoft® Excel 电子表格，读者可以使用该电子表格对成本/收入方案进行建模。

该图描绘了在拉丁美洲每公顷 mer 种子的平均回报率。种子、肥料和杀虫剂等的投入成本，是将各项内容在拉丁美洲的平均成本转换为美元算出的。

同样，通过采用保守的产量数据并扣除平均采后和虫害损失，得出普通的 mer 种子农户每公顷的最终产量，从而计算出每吨产量。回报分别来自国内消费的 mer 种子（国内）和出口的 mer 种子（出口）。基于此模型，生产成本为 90 美元，回报为 220 美元。可以通过计算所减少的农药成本（在本案例中减少投入的新产品是根腐病抗性蛋白的农药），得出所增加的回报。

4 对知识产权资源进行价值评估

有些时候，公司或研究机构的所有知识产权资源都需要进行价值评估。评估这些资源可以反映出整个公司的价值，包括其知识产权和有形资产，或者显示出公司投资开发一项产品的投入，但不包括正在谈判的技术。在我们假设的例子中，显示的是 Mer Seeds 公司已拥有的知识产权，例如现有的 mer 种子，表明公司正在投入大量的资源开发新产品，并且还表明从大学获得的基因仅占总附加值的一部分。了解这些数据对于建立合资企业的谈判很重要。

这些计算中的复杂之处在于需要评估非正式（nonformal）的知识产权，即公司及其员工拥有的专有技术、经验和专业知识，这些东西可能没有得到专利和商标保护。研究机构如果只考虑正式的知识产权价值，将会因忽视这些非正式的知识产权而蒙受损失。

4.1 超额收益/剩余价值法

超额收益/剩余价值法是对整个业务进行价值评估，而不是针对单一技术。该方法适用于一家公司仅有一种主要平台技术，且其业务完全依赖与该技术相关的产品的情形。它是利用紧临价值评估日期前的 5 年或更长时间作为期限，将一定比例的回报分配到企业使用的有形资产的年平均价值中。从企业同期的平均收益中扣除该回报，如果有剩余的话，将被视为企业用于该业务的无形资产年平均收益额。由于此方法是基于过去的数据，因此对评估新技术不一定有用，但它可用于评估公司的现有技术。这有助于在谈判中确定一方的投入金额。例如，Mer Seeds 公司可以使用这种方法评估其现有的种质资源，以证明对于转基因项目中产生的品种，其种质资源所做的贡献与所转入基因的价值一样。然而，该模型的主要缺陷是，溢出或超过有形资产所产生回报的那部分，都假设归于无形资产。这种想法可能导致价值评估错误，因为它假设该业务最大化地利用了其所有的知识产权。

4.2 技术要素法

技术要素法是对收益法或超额收益法的修正，它是直接衡量技术对企业总收入的贡献，以解决这些方法的缺陷。技术要素法一次可以用于一种技术，以消除超额收益法对全部无形资产进行价值评估并合并在一起的局限性。如果 Mer Seeds SA de CV 这家公司销售的产品不仅仅是 mer 种子，而大多数产品的技术投入相对较低（例如，如果该公司分销了由大型跨国公司生产的其他许多农业化学品），则技术要素法可能对其适用。在本案例中，整体评估无法给出公司种质资源的真实价值。

4.3 期权定价法

期权定价法是在技术被认为成功的时间点上对技术进行价值评估，然后计算其在商业化道路上取得初步成功的概率。在抗根腐病 mer 种子的例子中，尽管基础研究已经完成了，但该技术有可能不能在田间发挥作用，农民不准备购买，或者竞争对手会提供更好的产品（如非常便宜的杀菌剂）。也可能由于生物安全或食品安全问题，转基因 mer 无法得到批准。在这一过程中，每个步骤成功的概率很难计算，但随着这些步骤的推进，失败概率降低，技术价值得到有效提升。利用该模型进行早期价值评估，必须明确定义所评价的技术，历史数据统计分析必须非常充分，当技术从一个步骤进行到下一个步骤时，评估人员可以估算概率。这种方法适用于初创公司的首轮融资，也适用于开发高风险技术的公司，如药品公司。

4.4 技术风险/回报法

技术风险/回报法是将大致可类比技术的商业价值作为专利价值的测算代替值，然后从这个数字中减去将技术进一步开发到商业阶段所需的现金数额。因此，Mer Seeds SA de CV 公司应首先计算公司可从该技术中获得的价值，然后再看一看将该技术推向市场所需的投资。基于这个数值，公司决定是否将产品商业化，以及是否支付得起哥斯达黎加大学的费用。这种方法的一个缺点是假设基于该技术的公司价值反映了技术的价值，但忽略了许多其他因素。

5 产品的采用

确定产品市场价值的一个非常重要的因素是产品的销售或使用量以及产品需求以什么速度发展和增长。产品的成功不仅仅取决于试用人数，更取决于复用人数。这被称为产品采用过程，在这个过程中，产品从市场上的新产品变为成熟产品（或者在某些情况下，成为过时产品）。

图 2 是假设的新技术或新产品的一般采用曲线。重要的是，产品的使用率对产品开发者的收入有很大影响。在本案例中，正如经常发生的那样，初始采用率很低，随着人们开始关注产品，尝试并使用它，采用率会慢慢增长。早期采用者展示了该产品的潜在价值，其他消费者开始逐渐使用它。随着越来越多的用户看到其优点，产品会遍布整个市场。当新产品完全进入市场时，被采用的速度就会变慢——总是有人很晚使用或者永远不会使用该产品。在某些节点，其他竞争产品可能进入市场并降低市场份额，或者可能出现更新的技术完全取代了该产品。因此，实际曲线将比图 2 所显示的曲线更复杂。

现实中，农民可能会对一开始就大量投资农产品（如新品种）持谨慎态度。有些人会在他们的部分土地上尝试，如果他们认为值得投资，他们可能会种更多的种子。

其他农民可能会看到这种情况，并决定自己尝试种植该种子。一旦种植了一定数量的种子，采用率就会增加。然而，几乎总会有一些农民要么推迟采用，要么根本不采用，因为他们更喜欢传统方法，不愿意改变，或许因为他们的土地质量很差，增加的收成不足以覆盖增加的成本。

因此，通过销售预测（收入法）计算产品的价值，不仅要考虑可以种植种子的土地总面积，还要考虑产品在适种区域扩展达到全覆盖的现实速率。同时，由于其他产品也可能出现，原有产品不太可能无限期地保留其面积。

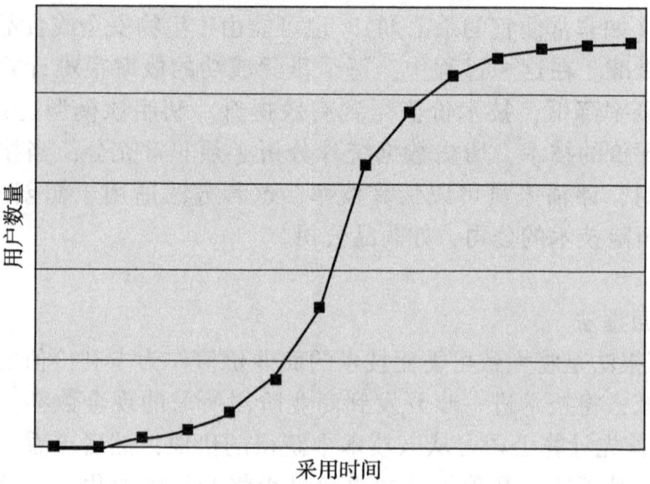

图2 新产品的一般采用曲线

6 结语

正如上述讨论所揭示的，不存在通用的技术评价方法。实际上，一个机构通常会使用不同的方法。选择什么样的方法取决于所议技术的类型，以及是作为技术购买者还是技术出售者。最终，最重要的是对产品是否会成功以及人们将为此支付多少的准确性进行估算和假设。在此过程中，估算潜在市场规模以及产品采用率都很重要。

谈判是实现技术价值的重要组成部分，但请记住，通过获得许可（in-licensing）和对外许可（out-licensing）将知识产权开发为商业产品并非零和博弈。买方和卖方都希望从交易中获得好处。这就是备受追捧的双赢互利模式。

ROBERT H. POTTER, *Senior Associate, Agriculture & Biotechnology Strategies, Inc., 106 St. John Street, PO Box 475, Merrickville, Ontario, KOG 1N0, Canada.* rpotter@agbios.com

1 See, also in this *Handbook*, chapter 9. 3 by R Razgaitis.

第 9.3 章

对早期技术的知识产权进行定价：基础评估工具和考虑因素

理查德·拉兹盖蒂斯（RICHARD RAZGAITIS）
美国 CRA 国际有限公司高级顾问*

译者 刘芳 审校者 李雪 王友华 张熠 兰星

摘 要

本章向技术许可经理介绍了价值评估和定价的关键因素以及 6 种方法。对买方（被许可方）而言，技术的价值取决于其在商业上如何使用，需要考虑开发成本、技术产生回报所需时间、财务回报规模以及在此过程中涉及的风险。许可或销售早期技术，需要通过判断该技术的未来开发方式来评估和量化许多（也许是全部）此类因素。这种评估和预测性评估是所有估算商业模式的精髓。从这个意义上来说，评估早期技术的权利许可，与预测其他未来业务没有什么不同，尽管细节可能会有差异，比如：预测时间跨度可能更长，市场规模不能很好地界定，盈利能力以及技术商业化运营绩效不确定性可能更大，等等。只有卖方（许可方）和买方（被许可方）通过某种程序，对技术的当下价值达成了共识，并把这种价值共识换算为（现在和未来）所支付的资金总额或非现金资产的财务价值时，才有可能达成协议。

评估技术价值并算出其价格的关键，是明确双方拟提供或转让的对象。这可能包

Razgaitis R. 2007. Pricing the Intellectual Property of Early-Stage Technologies: A Primer of Basic Valuation Tools and Considerations. In *Intellectual Property Management in Health and Agricultural Innovation: A Handbook of Best Practices* (eds. A Krattiger, RT Mahoney, L Nelsen, et al.). MIHR: Oxford, U. K., and PIPRA: Davis, U. S. A. Available online at www.ipHandbook.org.

Editors' Note: We are most grateful to the Association of University Technology Managers (AUTM) for having allowed us to update and edit this paper and include it as a chapter in this *Handbook*. The original paper was published in the *AUTM Technology Transfer Practice Manual* (*Second Edition* Part II: Chapter 4).

* CRA 国际（CRA International）是美国最大的金融和经济咨询公司之一。——译者注

括特定专利的排他性或非排他性权利、专有技术和版权（知识产权权利）、技术数据、卖方未来改进的权利、再许可的权利，等等。价格可以包括各种类型对价的任意组合，如连续支付的许可提成费、固定费用、普通股份（股权）、研发资金、实验室设备、咨询服务、补助金或得到买方的其他产权资源。

虽然有时会采用成本定价法，但这种价值评估方法的基础很差，无法根据未来的商业应用前景考虑技术的价值：市场是为所获得的价值付费，而不是支付为创造投入的成本。本章介绍并解释了 6 种价值评估和定价方法，在某种程度上，这些方法基于的是市场对价值的预期。

- 方法一：行业标准法，即按行业分类查找技术许可中已公开的许可提成费（以及其他付款方式）的标准范围，并利用这些信息指导当前正在考虑的技术价值评估。
- 方法二：评级/排序法，查看类似技术的现有许可协议，将目前正在考虑的技术与现有许可协议，按照发展阶段、知识产权保护范围、市场规模、利润率和其他此类因素等进行比较和排序。
- 方法三：经验法则（The Rules of Thumb，又称大拇指法则），例如 25% 法则（和其他法则），用于在卖方和买方之间分配技术商业化应用所产生的预期利润。
- 方法四：风险调整后最低预期回报率对现金流折现的分析方法，该方法试图分解期望收益，在基本的会计损益上，考虑投资支出与收益回收的时间因素以及双方承担的风险因素。使用这种方法会引起对各种潜在支付方式的讨论，因为支付方式不同会影响折现的时间及风险因素。
- 方法五：高级工具法，即将统计方法（如蒙特卡罗模拟）用于贴现现金流模型，以测试各种价值假设条件和许可条款对交易结果的影响。
- 方法六：拍卖法，让感兴趣的各方根据自己对技术价值的独立判断来竞标该技术，比较他们的估值，确定最高估值，并根据最高估值确定价格。

序　言

虽然我们一次只考虑一种价值评估方法，但并不意味着每次只使用一种方法进行评估。有 6 种方法，也不意味着每种情况下都使用。根据具体情况，开展任何特定价值的评估工作，考虑使用一个以上的方法可能比较有利。然而，并非所有的方法在所有情况下都能很好地发挥作用，应该根据潜在的许可机会，实际考虑具有相应水平的价值评估分析方法。

本章讨论的价值评估和定价以及价值评估方法，其应用场景是许可（销售），通常称为机会许可（opportunity licensing），与诉讼场景下的许可不同。诉讼许可，通常只是非常狭窄地关注某些专利的某些权利要求，这些专利在特定时间因特定产品而被侵权，即已知这些专利处于有效期、可实施但被侵权。而早期技术的机会许可，通常在被许可方开展商业应用之前，需要处理很多要素，而不是仅仅狭窄地列举某些特定的专利权利要求，并且该专利未来可能会有一系列的产品、应用和市场。

本章是对该复杂主题做一个必要的简短介绍。笔者撰写了 3 本书籍，均已公开出版，书中对价值评估和定价问题进行了更为全面的梳理。其中已经出版的两本书籍，可从亚马逊（Amazon®）等在线资源中购买，推荐给负责价值评估和技术定价的人士，以供参考。

- *Valuation and Pricing of Technology-Based Intellectual Property*（技术性知识产权的价值评估与定价），Dr. Richard Razgaitis，published by John Wiley & Sons，2003.
- *Dealmaking Using Real Options and Monte Carlo Analysis*（利用实物期权法和蒙特卡罗分析法进行交易），Dr. Richard Razgaitis，published by John Wiley & Sons，2003.
- *Early-Stage Technologies：Valuation and Pricing*（早期技术的价值评估与定价），Dr. Richard Razgaitis，published by John Wiley & Sons，1999（now out of print，and supplanted by the 2003 valuation and pricing book）.

本章表达的观点与上述著作中的一致，仅为笔者观点，并非代表 CRA 国际或本人担任会员或官员的任何专业团体观点。

1 引言

技术许可经理面临的最有趣且最具挑战性的任务之一，在于确定特定机会下许可的价值和价格。本章概述了以此为目的的有用工具和方法，并总结概括了各种许可实践经验。[1] 由于每种评估都取决于许多特定因素，因此这种概括可能不具有广泛的适用性，建议读者在对比或类比相似情况时要谨慎。

定价，当然是商业化过程中的一个关键问题。购买早期技术的客户可以被视为增值转销商（value added reseller）*。当且仅当转销商认为自己有能力开展所需要的增值活动，并以远超最初支付的价格而将结果出售给客户时，就会有动力购买（许可）技术。

在出售早期技术权利时，技术所有者和被许可方（通常）都面临着重大的不确定性。这些不确定因素包括以下重要问题：

- 该技术是真的适用于生产环境，还是仅能在封闭的实验室中使用？
- 还需要进行哪些产品开发和制造活动才能使技术达到商业性成熟的程度，成本如何？
- 为了阻止模仿者，是否可以申请具有商业价值的专利保护？
- 最终用户真正想从该技术获得哪些产品？他们愿意支付多少钱？
- 需要满足哪些监管要求？
- 这项技术比现有技术好多少？
- 竞争对手是否会开发出更好的产品满足最终用户的需求？

解决定价问题的一种方法是利用许可提成费。许可提成费（和股权）的优势，是

---

* 增值转销商是指从事某种形式业务的转销商，在这种业务中，通过添加功能性或专用组件来增加所提供产品的价值。——译者注

在某种程度上分散了各方的不确定性和风险。按照许可提成费（或股权）的安排，最终在市场上取得巨大成功的技术将为许可方和被许可方带来高额的经济回报，与所实现的商业销售规模成正比。这在一定程度上有助于消除为了确定合适价格带来的焦虑。

能给被许可方带来高额利润的技术，通常也保证了许可方获得更高的提成费。同样，回报较少（具备所有考虑到的相关因素），提成费率也更低。通过固定提成费率、股权分配或者提成费和股权之间的任意组合，技术转移经理在发明机构和商业化机构之间分配获得的全部财务收益。这种分配取决于双方所创造的相对价值。

确定的许可提成费是否合理，取决于当前对许可技术的商业用途和经济影响力的理解。从这个角度来看，在可行的情况下，最好在商业阶段或更接近商业阶段时，才设定许可提成费率。如果许可的是早期技术，意味着许可或期权协议中暂时无法明确许可提成费率。双方应承诺以后就此问题进行真诚谈判，最好在市场更稳健并可预测生产的情况下，在能够得到预计的收入损益表之时再讨论。

但是，想获得许可的一方通常不喜欢这种做法。他们认为，许可提成费率是技术许可首先要考虑的重要因素。此外，被许可方认为，当贪婪的许可方到最后一刻还在要求不合理补偿时，他们无法保证投入大量的产品和市场开发资金并承担风险。技术卖方不愿意推迟许可提成费率谈判也有一些充足的理由。根据最终的许可提成费价值，卖方可能会选择采用不同的商业化方法（例如在衍生公司中获取股权，或在行业范围进行非独家许可），或继续寻找愿意支付更多费用的其他被许可方。

此外，如果市场机遇期已经结束，由于无法就财务条款达成一致而将权利归还给卖方，这时的权利几乎是没有商业价值的。显然，在准确预测许可的经济效果基础上，进行许可提成费谈判对双方都有利。在了解经济效果之前就达成协议，更可能使被许可方或许可方失望。只要被许可方完成了交易，许可方即使失望通常也没有任何追索权。然而，被许可方如果过后认为许可提成费率过高而失望，则可以将许可权利还给许可方并威胁放弃权利，从而要求降低许可提成费率。许可方可以拒绝这样的请求，但重新寻找另一个被许可方，也带来相应的经济成本、时间延迟成本和风险，而且原被许可方手中专利的剩余年限会显著减少，许可方可能会处于谈判的不利地位。因此，无论协议中怎么写，买方都可以将进入商业化阶段之前确定的许可提成费率视为许可提成费的上限。当然，买方不能指望通过重新谈判，让卖方同意降低专利许可提成费率；买方面临的选择，要么是根据约定条款开展商业化，要么是放弃许可并失去其对技术的投资。

寻求双赢的各方应设法使谈判尽可能公平，即使各方都在关注自家机构的利益。这需要尽可能获得经济性信息以及使用此类信息的工具。以下各节介绍了决定商业收益分配机制的工具和考虑因素。为做好准备，请感受一下风险投资家收到的真实信函，以下为部分摘录：

> ……我们想要 4000 万美元（40 000 000 美元），这将满足所需资金……按照计划，在两年期结束时，我们将开足马力上升 100%，达到预期的税前利润 2.11 亿（211 832 258）美元。[2]

那么，这是一个好的交易吗？更重要的是，哪种方法可以判断该机会的合理价格并建立理性决策的基础？

虽然本章的基本准则同时适用于被许可方（买方）和许可方（卖方），但本章主要从许可方的角度审视这些准则。本章并未详细说明协议的形式；关于许可提成费和股权的许多其他方法也是可行的。这个话题非常复杂，值得在本《手册》其他章节进行相应的介绍。[3]

2 启动阶段

在深入研究问题之前，先回顾两个相关的关键术语[4] 的定义，将很有帮助。

- 价值：适当等价物的金额
- 价格：要求或给予的金钱或物品的总和

本章中，“价格”意味着“价值”的量化或细化。价格应该以货币和其他对价形式，表达技术经理认为适当的可以讨论的基础，并最终代表研究机构认为公平的条件且愿意作为许可方签订商业协议。

这就要求技术转移经理从一开始就要确定研究机构在交易中最终愿意提供什么。从早期技术许可方的角度，表 1 总结了 10 项价值。

表 1　与知识产权权利相关的 10 项价值

1. 实施技术（专利、商业秘密、版权、商标）的权利	• 包含的知识产权权利 • 领域/地区 • 排他性的程度 • 期限
2. 商业数据	生产图纸、物料平衡、经营报表、培训或技术支持
3. 未来的改进	来自许可方，来自被许可方，来自其他被许可方，权益许可给谁，向谁支付
4. 再许可的权利	所需的条件，费用分摊，改进/反授权
5. 专利费用	维持费用，专利诉讼费用，在外国申请的费用
6. 专利抗辩	无效，抵触审查，宣告式判决，主张所有权
7. 侵权问题	研究与观点，自由实施度，侵权诉讼，第三方诉讼
8. 一般补偿	产品责任，所有权问题
9. 质量控制	测试，实验室服务，商标管理
10. 监管机构批准	国家监管机构和法规，如 FDA[a]、EPA[b]、TSCA[c]

[a] 美国食品药品监督管理局

[b] 美国环境保护局

[c]《有毒物质控制法》

第一项是许可方在典型的早期技术协议中所能提供的关键价值——实施知识产权（IP）的技术权利。许可方还可以在第二、第三和第四项类别中提供一些内容。第五项通常是左口袋进右口袋式的授权：如果许可方同意为被许可方支付专利费用，则被许可方应向许可方等额偿还这些费用。[5]

从早期技术许可方的角度来看，第六、第七和第八项严格来说是被许可方的责任，因此不属于授权许可的范畴。虽然这些方框里列出的相关成本平均下来可能很少，但在特定交易中，增加相关成本的风险会很大，而且主要由或仅由被许可方控制，因此由许可方承担这些风险是不明智的（第6.4节将详细讨论这一内容）。

最后两项，第九项和第十项，许可方可能以某种方式加入；然而，大多数情况下，许可方只是在得到费用补偿的基础上，才应协助被许可方开展这些活动。

因此，一般来说，早期技术许可方会提供第一项内容，也可能是第二到第四项。打个比方，每个方框中都有更小的方框进一步定义了授权许可的内容。例如，第一项中，可以选择各种情况下的排他性许可，如技术包中所有专利针对所有领域和地区、特定应用、特定地区、特定期限（例如5年之后，许可方可以许可给其他人）的排他性许可，或者除了另一个许可方之外的排他性许可（即有限排他性，有时作为替代或第二选择）等各种无限的可能性和组合。每个选择都具有不同的经济价值；因此，每个选择都对应着不同的价格。这些问题有时被称为价值的多个方面（见第6.2节）。

作为许可方，技术转移经理需要确定该机构提供的技术包含哪些方框（即其内容）。从有利于内部管理出发，将技术包中的细节详细记录下来，是一种非常好的做法，并且可以用更简洁的方式与潜在的被许可方进行初步讨论。例如，拟许可的技术内容，可能包括产品原型、定制测试或设备开发，以及未公开或尚未公开的额外数据，从这些数据中可以看出有关的潜在应用、成本或潜在改进领域的额外信息。

同样，专业技术人员应详细记录机构要求被许可方提供的公平交换条件。当对交换条件做出决定时，需要考虑的内容包括：

- 许可提成费（通常被称为“连续支付式许可提成费”）
- 其他现金付款（预付款、分阶段付款或年度最低付款）
- 普通股或合伙人权益（部分或全部抵消许可提成费）
- 研究机构用于推进技术或其他研发目标的研发基金
- 实验设备
- 咨询合同
- 对发明的改进（所谓的反授权）
- 获取与发明有关的专有和/或技术数据

或许机构希望从被许可方那里获得的资源有一长串。通过思考这些内容，并且写下机构最想获得的资源，技术转移经理可以制定出一个预期目标合理的框架。从谈判的角度来看，遵循这一过程，可以防止机构被视为“蚕食者”（nibbler），即，总是想从交易中得到比应得到的更多。

3 定价的背景

卖方的定价表达了其对价值的看法。这种看法来自一些考虑，包括使用所提供技术带来的经济利益、潜在买方可获得的竞争性替代品以及谈判的整体策略。

如前所述，许可方和被许可方能够接受的组合有无数个。为所有这些组合定价并提供价目表是不切实际的。相反，需要提供一个能满足基本交易的价格，机构感兴趣，技术经理认为被许可方也会感兴趣。

在与潜在被许可方讨论合作机会的过程中，许可专业人员将发现每个被许可方想要的内容都很不同，而且每个被许可方对其志在必得的内容所赋予的价值也不同（令人惊讶的是，并非所有公司都以同样的方式看待金钱；在研发资金和预付金之间，或者预付金和许可提成费之间等存在很大差别）。当获悉新的信息后，技术转移经理应准备新的定价方法并重新考虑假设和选项。技术转移经理还应该了解潜在的被许可方采用机构技术的竞争性替代方案的可能性。同时，如果被许可方说"不"，经理们应分析本机构的替代方案。

在自由市场中，所有参与者都可以决定他们认可的产品价值，并与其他人沟通。从这一过程中，技术转移经理应该了解会导致重新评估价格的相关事实。应该记住，自由市场的参与者并不认为自己有必要就该机构所提供产品的优点或低估之处进行交流。在大多数情况下，技术转移经理只会听到（或主要听到）与产品有关的坏消息；有些可能是真的，有些只是相关。

谈判策略也很重要。虽然该主题超出了本章的范围，但以下两个极端情况说明了谈判策略的重要性：

- 固定价格卖方：卖方已尽最大努力确定了其认为的对双方公平的价格。该价格是其底线，它向所有潜在买方提供产品，态度都是"就是这个价儿""值这个价儿""要就拿走，不要拉倒"。
- 价格最大化卖方：卖方致力于找到那些对许可机会感兴趣的潜在买家，起初以接近设想的最大合理价值进行定价，因为预计经过多轮谈判会下调价格，甚至会大幅下调。

当然，在这两种极端情况之间存在着不同的中间情况。固定价格法（作为一种理想化方法）具有交易简单和快捷的吸引力，但其结果可能是：（a）没有买家，因此没有达成交易；或者（b）如果问到了确实愿意支付更高价格的买家，则达成了协议。价格最大化法实际上是卖方在价格和交易条件上具有一定的灵活性，以吸引潜在买方参与到谈判中来，相互学习。在某些方面，第二种方法可以更好地表述为"交易概率最大化法"，因为它提供了固定价格方法中所没有的可调节定价和交易条件。然而，第二种方法的初始定价必须在买方认为合理的范围内；否则，买家甚至可能都不启动尽职调查。最重要的是要记住，定价是一个过程，而不是一次性的一锤子买卖。

4　将成本作为价格的基础

尽管有时会利用成本，但成本难以作为定价基础。通过以下假设的案例，可以感受一下以开发成本作为交易价格的困难之处：一家机构及其赞助商在一项特定技术上投资了 1000 万美元，但最终确定该技术没有商业价值。当你进入商业市场并宣称：我这个买卖很划算，虽然这项技术不是很有效，但我们不要求任何利润，只要收回我们投入的1000万美元，它就是你的了——这种情况下会有机会吗？市场不会看重机构为开发技术所付出的代价，不是因为市场对研究机构的投资（和困境）无动于衷，而是因为对市场（买方）而言，重要的是产品价值，而不是开发成本。如果产品不成功，就没有价值，该机构投入的开发资金就打了水漂。

再来看另一个极端例子：一个人花1美元买了一张彩票。这是一张唯一中奖1000万美元的彩票。现在，有人出来说：我给你2美元购买你的中奖彩票，这将使你的钱增加一倍。这是笔好买卖吗？同样的道理，彩票的成本在这个例子中无关紧要。相反，筛选后的彩票价值是想要彩票的一方为获得所有权利益而将付出的代价。对于没有中奖的所有彩票，没有一个理性的买家会支付哪怕一分钱。在这个中奖彩票的例子中，理性的买家会出价上百万美元，但不会超过1000万美元。

在制成品的世界里，成本和价格往往密切相关。从历史上看，这种情况下的定价，是按制造成本乘以行业标准乘数系数确定的。典型的历史性乘数系数为2，因此价格是制造成本的两倍。[6]

但对于高智力含量产品，如知识产权，成本并不适合作为计价基础。如果毕加索还活着的话，你去找他买一幅画，你会这样问吗：“你画这幅画花了多少钱？”再来看另一个例子。已故的萨米·卡恩（Sammy Cahn）得到了（据说）大约4万美元的报酬，允许制片人在电影《虎胆龙威2》开场时播放他的歌曲《Let It Snow》，以营造节日气氛。卡恩曾多次出售《Let It Snow》的版权。卡恩并没有为这部电影创作任何新音乐，甚至可能都没有给制作人提供一份乐谱。那么制片人花4万美元得到了什么呢？他们仅仅是购买了已有事物的使用权利。如何确定是4万美元的呢？这就是交易双方认为公平合理的价值，而不是基于人工劳动计时计算卡恩歌曲使用权的金额。

市场为价值而不是为成本买单。在软件零售销售中，光盘的实际成本、说明手册(如果没有印在光盘上)、包装费加起来一般不到价格的10%。为什么软件公司要并且能够以超过其成本10倍的价格销售他们的产品呢？答案同样是，市场购买的是价值，而不是成本。

然而，考虑潜在被许可方签订协议的替代方案时，成本确实会发挥作用。潜在被许可方可以围绕机构的发明开发自己的技术，达到同样的目的。如果潜在被许可方确信自己可以在非常短的时间内，比如以100万美元的成本完成，那么被许可方可以合理地判断该机构的技术不值100万美元，也就是说，用这个花费可以得到机构所拥有的，就无须购买它所出售的。[7]

当说到成本时，需要考虑的是潜在被许可方的成本。卖方开发该技术的成本是10美元还是1000万美元基本上是无关紧要的。另一个重要但通常被误解的问题是如何确定卖方的成本。在彩票的例子中，成本很容易知道——它打印在票面上。但就技术发展而言，成本很难估计。考虑一下以下需要回答的问题的种类和范围：我们是否已经搜集到了最初开发阶段所有的直接成本？我们知道如何定义“最初”吗？我们是否将对项目有所贡献的产品、服务、见解、知识产权等价值都包括进来，而这些贡献并没有记录在项目成本中？我们是否已经排除了与提供给潜在被许可方技术不相关的开发成本？我们是否已经扣除了“错误判断”的成本（不合理的研发计划开销）？还是应该将这种“错误支出”成本作为研发的天然组成部分？当事各方在谈论卖方成本时，他们通常谈论的是某个用于追溯某些类型投资的成本账户中的数字，而不是仔细考虑卖方投资的所有活动和价值并分析得出的结果。

5 定价方法

如果成本不是决定价格的好方法，那什么才是呢？本章第 5.1~5.6 节讨论了回答这个问题的方法。这些方法包括：

- 方法一：采用行业标准方法
- 方法二：评分/排名法
- 方法三：经验法则，比如 25%法则（以及其他法则）
- 方法四：使用折现现金流分析和风险调整后的门槛率法
- 方法五：高级工具
- 方法六：拍卖

以下讨论的目标是发展各种工具和思想。因为无法抽象地确定技术相关权利的价格，所以无法回答本节开头提出的问题。

5.1 采用行业标准方法

在摒弃将成本作为定价基础之后，下一个最合理的方法是使用行业标准，因为这种方法在其他领域得到了实践，能够很好地服务决策者。

假设你想租赁办公室。该领域的通行货币单位为：美元/平方英尺/年（dollars per square foot per year，DSFY）。在美国，DSFY 的范围从 1 美元到大于 50 美元。然而，当考虑范围仅限于某一特定城市和该城市中的某一特定地区时（市中心/黄金地段、市中心/周边、外围地带、郊区、市内仓库区等），DSFY 的范围将显著缩小，比如 6~12 美元。那么，如果进一步明确设施的级别（是毕格罗®品牌地毯还是油地毡），以及租金所包括的服务（供水等公用事业、清洁服务、停车、安保、办公室布局是分区还是开放空间），范围将进一步缩小，例如 10.25~11 美元。许多其他商品和服务也是如此定价，从理发到回形针。

为什么这种方法不能为许可早期技术权利服务呢？主要是可比较的产品缺乏按已知（或可知）条款买卖的跟踪记录。在办公空间的例子中，有许多房产，许多买家（承租人）和卖家（出租人）。各方按相对标准化的条款达成了许多交易，在签署之前，可以考虑和评估达成交易的多种替代方案。购买物品的有形性、购买频率和公众对买卖的了解，才导致有可能采用行业标准。

在早期技术的许可交易中，通常不清楚哪些产品可以或最终将被引入。价格明确的类似交易数量太少，而且通常不可能（或很难）知道其他许可方/被许可方在类似交易中支付的价格。尽管如此，还是能找到一些早期技术许可的公共和私人数据，在许多情况下，可以从中得到有用的信息。

通过调查可以获得公开的许可协议财务数据库，最著名的例子是日本公司和非日本公司交易的公开表格。在20世纪80年代放宽日本外汇管理之前，外方向日方提供技术许可，需要政府批准许可条款。日本政府公布了与许可有关的年度统计数据。典型表格如表2所示。该表格在某些方面比大多数表格更完整，因为包括预付款和最低许可提成费。此类表格的典型特征是，每个许可技术类别，在选定的许可提成费率范围内都出现了一定频率的数据。该表是否有用的最佳评判方法，是考虑其如何引导技术转移经理对某种东西的价格做出决定。

表2　使用行业标准确定许可提成费
（数据集是通过审查在日本提交的所有协议获得的）

		行业类型				
支付条款	技术分类	化工	金属	机械	电气	其他
首期付款	要求	100	54	223	119	231
	未要求	65	37	187	119	220
连续支付式许可提成费	<2%	5	6	16	32	28
	2%<x<5% *	42	24	119	55	126
	5%<x<8% **	12	8	112	24	119
	>8%	7	4	24	11	17
	其他	48	28	80	54	69
	无	51	21	59	62	92
最低付费	要求	38	19	116	35	186
	未要求	127	72	294	203	265
小计		165	91	410	238	451
免许可提成费		16	4	11	2	15
总计		181	95	421	240	466

来源：科学技术机构[8]

考虑一下诸如血糖监测仪之类医疗设备的定价。查看表2，最接近的类别可能是电气类，但这真的属于电气类吗？该表反映了预付款的什么情况？有一半协议包含预付款项，另一半没有。[9] 现在怎么办？该表对是否应该这样付款及其金额有何指导？（最常见的）连续支付式许可提成费模式的价值是什么？没有！现在怎么办？许可提成费应该设为零吗？可以根据表2所示范围确定许可提成费案例的百分比，但机构产品适合哪部分呢？最后，看看最小值那一行。技术转移经理利用这些信息可以做些什么？

实际情况更糟。该表所提到的协议实际上是一整套的交换条件，但表2仅对其中

* 原文为2%>x<5%。——译者注

** 原文为5%>x<8%。——译者注

一部分进行了总结。技术转移经理将不同的考虑因素浓缩为一个数字，即许可提成费率，但怎么将机构面临的机会与公布出来的结果进行比较？此外，还可能出现许可提成费的基数并不准确的情况。以假设的医疗设备例子来举例，我们大胆猜测“电气”数据可能会有一些指导意义，我们设想出售的整个设备都属于许可的主题范围，但其他情况下，许可的可能只是一个很大设备中的有限特性或功能。在这种情况下，各方如何使用许可提成费率数据？这两种情况下，是否同意将整个医疗设备的售价作为计算基数，或者对于第二种情况，是否同意使用低于全套设备的售价作为许可提成费基数，因为是有限的单一使用特征或功能？这张表格无法给出答案。关于此表还有其他问题，它仅限于在 20 世纪 70 年代早期/中期转移到日本的技术，而对于美国使用的许可技术，这些费率有何相关性呢？

还有一份时间更近一些的行业标准调查提供了区别更大的类别。[10] 其中一份表格如表 3 所示，它是否为技术转移经理提供了更有用的信息？

表 3　通过调查获得的近期许可提成费数据

（按行业许可提成费分类划分对外许可的许可提成费率）

第一产业	0~2%	2%~5%	5%~10%	10%~15%	15%~20%	20%~25%	25%以上
航空航天		40.0	55.0	5.0			
汽车	35.0	45.0	20.0				
化工	18.0	57.4	23.9	0.5			0.1
计算机	42.5	57.5					
电气		50.0	45.0	5.0			
能源		50.0	15.0	10.0		25.0	
食品/消费品	12.5	62.5	25.0				
一般制造业	21.3	51.5	20.3	2.6	0.8	0.8	2.6
政府/大学	7.9	38.9	36.4	16.2	0.4	0.6	
医疗设备	10.0	10.0	80.0				
药品	1.3	20.7	67.0	8.7	1.3	0.7	0.3
电信				100.0			
其他	11.2	41.2	28.7	16.2	0.9	0.9	0.9

再次利用测试来说明问题。这些数据如何帮助技术转移经理做出决定？以药品、一般制造品和其他类别为例。每个类别的许可提成费都有一条录入信息。不幸的是，可以看出，大多数许可提成费都在 0~10% 的范围内，药品通常高于制造品。电信类别的仍不清楚。这是否意味着该行业的所有许可提成费率都在 10%~15% 的范围内？（事实证明并非如此，因为调查反馈对象只有一个。）根据表 2 编写的文件包含了大量有用的信息，但技术转移经理应该认识到，作为许可提成费率的设置指南，其所具有的局限性。

讨论这些不是为了贬低收集和发布这些数据的努力。查明价值评估（定价）技术的有效方法非常困难，本章作者珍惜所发现的每一条信息。在评估过程中，解锁并发布对专业技术人士有所帮助的信息，每个人的努力都值得赞赏。这里讨论的目的只是想提醒读者，在使用许可提成费的行业标准和其他许可对价时，要注意其局限性。

现在让我们考虑许可协议财务信息的其他来源。下列参考资料不作为推荐的规范或标准，仅作为通过调查得到信息的情况说明。

麻省理工学院的利塔·内尔森（Lita Nelsen）发布了一张标准表格，比上述宽泛的日本许可协议数据更有用。表 3 列出了更具体的许可方（麻省理工学院和类似的大学），并提供了类别差异更小和更窄的典型许可提成费范围的相关信息。它发布的数据改进版本如表 4 所示。

表 4 根据经验制定的许可提成费率示例表
（来自某大学的许可办公室）

产品	许可提成费（%）	说明
材料加工	1~4	商品为 0.1%~1%；工艺为 0.2%~2%
医疗设备/器械	3~5	
软件	5~15	
半导体	1~2	芯片设计
药品	8~10	材料的成分
	12~20	有临床试验
诊断	4~5	新分子实体
	2~4	新方法/旧分子实体
生物技术	0.25~1.5	过程[a]/非排他性的
	1~2	过程[a]/排他性的

[a] 表达系统、细胞系、生长培养基/条件

显然，Nelsen 数据涵盖的许可提成费率范围很广，从 0.1%~20% 不等，相差 200 倍。即使在同一个类别中，高端和低端之差也可能达 5 倍或更多。此外，很可能存在远离该范围的“异常值”，比如麻省理工学院会以低于该范围下限的价格授权许可，以及，对于重大突破和范围广泛的知识产权投资组合，预期价值可能高于该价值范围的上限。这些数据说明了其他案例中出现的另一种趋势：与材料行业相比，传统上运营利润率（利润）高的产品和行业（如药品和软件）往往表现出更高的许可提成费率。

其他作者也公布了一些许可提成费表，以便许可方和被许可方建立合理的预期。表 5 是科里（Corey）和卡恩（Kahn）发布的医疗行业表格。[12]

表 5 医疗行业许可提成费[13]

技术/产业	许可提成费（%）	预付款（美元）	最低付款标准（美元）
试剂/加工	1~3	专利费用	2 000~10 000
试剂/包	2~10	专利费用	2 000~10 000
体外诊断	2~6	5 000~20 000	2 000~60 000
体内诊断	3~8	5 000~20 000	2 000~60 000
治疗	4~12	20 000~150 000	20 000~150 000
医疗仪器	4~10	5 000~150 000	5 000~20 000（一年） 10 000~25 000（超过一年）

该表内容定义明确（研究实验室的早期技术），类别相对精确（体内诊断），并且包括了对前期费用和最低限度许可提成费的指导原则。但是，请注意，在提供的许可提成费范围中，其两端存在重要的经济差异：1% 比 3%，2% 比 10%，等等。除非技术转移经理理解该机构所面临机会适合的范围，否则很难知道从哪里开始。此外，并不是所有的机会都落入这些范围内。有些机会只有微不足道的价值；而有些则可能非常宝贵。

汤姆·基利（Tom Kiley）发布了另一份涉及排他性授权的医疗行业表（表 6）。[14]

表 6 建议的标准许可提成费[15]

	排他性的（%）	非排他性的（%）
研发 rDNA[a] 药物	7~10	3~4
已批准的 rDNA[a] 药物	12~15	5~8
治疗性的 mAb[b]	5~7	3~4
诊断性的 mAb[b]	3~4	1~2
药物递送组分	2~3	0.5~2

[a] 重组 DNA

[b] 单克隆抗体

Kiley 显然建议，非排他性的许可提成费应该是排他性许可提成费的一半左右（有关 50% 规则的更多信息，请参见第 6.3.2 节）。根据 Kiley 的说法，为获得药物经营许可证提供支持的发明，比药物递送、诊断和治疗单克隆抗体（2%~7%）的专利提成费更高（他总结的是 7%~15%），这也许反映了另一种二对一比率（two-to-one）。

公布的价格表是行业定价标准的另一个来源。有时，公司只是公布了其许可提成费。表 7 显示的是一个许可方的 LCD 的专利非排他许可费用。

表 7　一件液晶显示专利的价格表[16]

汽车	0.125%
录像机等	2%
仪表、计量仪等	3%
电话等	4%
计算器等	5%

公开费率的另一个例子是 IBM 的许可条款。在 20 世纪 80 年代和 20 世纪 90 年代初期，IBM 创建了一种实用的许可方法——实质上是一个价格表——它提供了计算机应用的几乎全部 34 000 项专利的全球许可，每件专利的许可提成费率为 1%（仅限专利，仅限非排他许可），最高为全部 34 000 件专利，占 5%。[17] 这种做法并未将每件专利的最低许可提成费率设定为 1%；而是反映了 IBM 的一种实践，即被许可方可以以 1%的费率选择 IBM 庞大专利组合中的任何一个，以 2%的费率选择任意两个，以此类推。此外，由于 IBM 未公布其许可协议，因此最终与被许可方达成的付款结构或金额并不可知。

LCD 和 IBM 的示例说明，发布此类数据会让人产生预期，而且，技术转移经理对许可机会的定价与所公布示例的符合程度，可能会影响潜在被许可方的想法。在某些情况下，所提议的定价在相应行业已成为广泛接受的规则，如果许可的主题属于相似类别，卖方就很难超过此标准制定更高价格。被许可方与许可方一样，会寻求这种行业标准（或规则或可比对象）。但是，他们可能会参考不同的案例，比如他们已完成交易的大量内部记录，并建立自己的财务条款期望标准。

另一个行业标准来源是法院专利侵权诉讼中所判定的合理许可提成费。表 8 提供了迈克·卡彭特（Mike Carpenter）撰写的一篇论文的概要，他分析了一系列审判案例。[18]

表 8　从诉讼结果获悉的其他许可提成费[19]

产品	许可提成费（%）	日期	引自
旋转翼飞行器	2	1976	192 USPQ 612
睡袋	5	1967	156 USPQ 403
数码数据发射机	7.5	1978	200 USPQ 481
示波器	10	1977	193 USPQ 385
计算机辅助教学教具	12	1978	199 USPQ 178
卫生纸打孔器	20	1977	195 USPQ 125
航空行李推车	100[a]	1977	196 USPQ 129

[a] 利润的

这些数据的主要局限性在于，其结果是针对非常具体的诉讼主题。技术的成熟程度很高，通常远远超出早期技术的水平。此外，被裁定合理的许可提成费率几乎总是不能代表公平交易的费率，因为它们代表的是已知有效且受侵权的专利许可提成费，这些不是早期技术的典型特征。这个特定诉讼结果的例子也相当过时，但是过时是所有已有例子的特征，并且是任何历史数据所固有的。[20] 而且，法院案件通常包含了大量有关如何确定这些费率的信息，当然，这些信息也存在于公共记录中。艾因霍恩（Einhorn）发布了关于法院确定的合理许可提成费的更多最新摘要。[21] 还可以搜索 LEXIS®获取更多当前数据。关键是找到可比技术、发展阶段、市场影响等。如果能够找到已发布的可比较信息，就会很有帮助。

使用该方法获得的最有价值的行业标准工具，是类似机构公布的类似技术的许可协议。正如阿什利·史蒂文斯（Ashley Stevens）所解释的，上市公司将向美国证券交易委员会（SEC）提交可能对公司价值产生重大经济影响的许可协议。[22] 现在可以通过互联网搜索上市公司披露的信息。有些机构提供此类文件的摘要和特定协议的副本。图 1 显示了一个例子，它来自马克·爱德华兹（Mark Edwards）的演讲。[23]

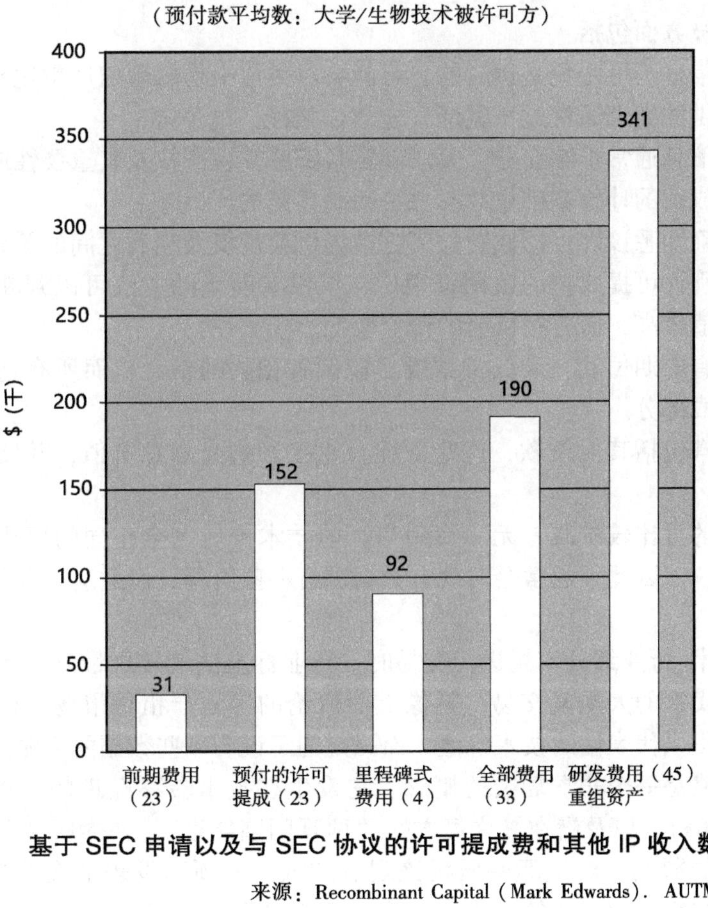

图 1　基于 SEC 申请以及与 SEC 协议的许可提成费和其他 IP 收入数据

来源：Recombinant Capital（Mark Edwards）. AUTM presentation 1993.

这些数据的不同寻常之处在于，它们显示了许多大学为许可生物技术而接受的前期对价的多种形式。然而，这些摘要的背后，是数以千计的具体协议，通过研究可以找到这些协议的副本。从这些公开的协议中，可以更好地理解双方就类似内容达成的一致意见，哪怕只有一次。[24]

休斯敦大学（UH）和杜邦公司（DuPont），就休斯敦大学 Wu 教授开发的 1-2-3 超导体达成的协议就是一个具体例子。得克萨斯州要求公开该协议。协议详细说明了杜邦公司为获得休斯敦大学超导体技术权利而同意支付的款项：协议签署时支付 150 万美元现金，美国专利授权时再支付 150 万美元，美国专利获得授权的第二年支付第三笔 150 万美元。这份协议还有许多其他有趣的细节，明智的话最好研究一下这份协议，尽可能多地了解其背景和现状。

总而言之，使用行业标准法确定价格既有积极的一面，也有消极的一面：

行业标准法的积极之处在于：

- 定价的基础来自市场。
- 不需要计算（除了可能采取平均值、中位数或其他统计方法）。
- 当处于大家都相信的可供比较的参考范围内时，人们会有一些信心。

潜在的消极方面包括：

- 公布的信息不可避免是过时的，可能会对类似交易的现值产生比较重大的影响。
- 调查提供的类别通常过于宽泛（电气、机械、电信等）。
- 发布的信息通常不够充分，无法确定是哪些知识产权及其重要性或保护强度。
- 许可提成费的计价基础也并不总是明确界定的。
- 不能明确知悉该许可提成费与买方市场机会规模及利润之间的关系。
- 每个类别许可提成费的范围都很广，但没有明确的方法可以判断为什么有些机会的价值较高，而有些机会的价值较低。
- 通常没有前期付款、最低付款或尽职调查相关的信息，而所有这些都是价值的重要组成部分。
- 许可通常包括其他条款，这些条款会直接影响交易总价值，并反映在许可提成费率中。
- 在发展的可比较阶段，无法找到与当前技术价值完全相同的可比较各方之间的历史协议。因此，通常会对现有数据进行一些解释，以适应当前的情况。

在一个技术/行业细分市场进行交易时，行业标准法的效果最好，特别是涉及多个买家和竞争性卖家的大规模交易，就像上面讨论的房地产租赁市场一样。此处给出的示例并非旨在提供代表性的技术价值，而只是为了说明一些数据的来源。

总之，价格是一个非常复杂的概念。它发生在技术转移经理的“两耳间脑袋里”（between the ears），以及潜在被许可方的“两耳间脑袋里”。如你所见，它会受到其他所有判断因素的影响。对于那些质疑该观点的人，一项已发表的实验证明了这一点：两组学生被要求复习相同的笔记本，其中包含对 7 种消费品的描述，要求每个人对每个产品做出反馈，说明他们愿意为该产品支付多少钱。调查结果的总结见表 9。

表 9　价格是个棘手的问题：你愿意出多少钱[26]（$：美元）

消费品目录	A 组平均数	B 组平均数	(B-A) /A
衣服 1	$ 27.77	$ 41.50	49%
衣服 2	$ 21.09	$ 33.91	61%
帐篷	$ 69.95	$ 77.73	11%
男士毛衣	$ 13.91	$ 20.64	48%
灯	$ 28.36	$ 40.41	42%
电动打字机	$ 131.45	$ 165.36	26%
国际象棋	$ 35.29	$ 43.15	22%

在这两组（A 和 B）中，所有的设置都是相同的，除了 B 组的桌子上留有万事达®的商标。尽管所有的参与者都明白他们并不是购买笔记本中的物品，也没有讨论这些物品应该如何付款，但仅仅出现了商标，就对 B 组学生产生了显著的影响。

这个实验的论点是，关于技术转移经理、机构、发明人等的所有各种事务，都可能对被许可方给出公平价格有影响。

让我们想象一下同一发明处于的两种不同场景。场景 A 中，有意向的被许可方去了一个乏味之地，因为不通飞机，他必须开 4 个小时的车，下车后一脚踏在牛粪上，见到一个没有门牙的、不停抓挠腋下的发明者，他们在连锁餐厅 Greasy Spoon Cafe 里讨论这项发明。场景 B 中，有意向的被许可方拜访的是一所最著名的大学，在专属教师俱乐部里，他被介绍给那个知名的发明家（曾经获得过诺贝尔奖），午餐时，一个著名的、备受尊敬的高级官员停下来问好。

请记住，在这个想象实验中，该机构在两种场景中销售的是相同的发明。尽管有意向的被许可方不是学生，也不像上述例子中那样购买的是日常消费产品，但原则是相同的。被许可方可能会受情景和环境的影响，而这些与发明的内在价值完全无关。

阿瑟·米勒（Arthur Miller）有一部名为《价格》（*the Price*）的精彩剧目，第一幕就是拥有满满一屋子家具却很沮丧的房主，因为他邀请前来竞标家具的经销商迟迟不出价格。相反，经销商却花了很多时间来了解出售的背景（该建筑物即将被拆除，卖方没有时间或耐心逐件销售这些物品）。他时不时（有礼貌地）指出物品存在某些瑕疵，而这些物品本来价值非凡。当卖家最终要求报价时，扮演买主的老者只是说："二手家具的价格只不过是一种观点，如果你不理解这种观点，你就不可能理解价格。"从买方的立场出发，其观点总是会影响其愿意支付的价格。

关于价格还有一点需要说明，那就是它常常是谈判的筹码。通常，谈判双方都以价格为筹码来获取其他东西。关于买家如何谈判，有一句古语说得好："买物的说，不好，不好，及至买去，他便自夸。"

5.2　评级/排名法

本方法适用于任何定义的要素：属的特性加上"区分项的差别"。

首先，技术转移经理必须找到想要定价的技术所在的属（或种类）。可以搜寻之前讨论过的公开协议、大学技术经理人协会（Association of University Technology Managers，AUTM）和国际许可贸易工作者协会（Licensing Executives Society，LES）中的朋友、顾问以及机构的谈判交易文件。理想情况下，技术转移经理通过这种搜索，应该找到至少 1 个、2 个或 3 个可比较的交易。

其次，本方法使用某种形式的评级表（区分项）给交易打分，这些交易是对比已知价格的交易定价的。为此，技术转移经理必须选择一系列的相关因素。汤姆·阿诺德（Tom Arnold）和蒂姆·海德利（Tim Headley）在刊物 *Les Nouvelles* 的一篇文章中，发表了实用的广义清单[27]，包括 100 个因素。然而，对 100 个因素进行评价，任务实在太多了，无法完成，这也许就是为什么 Georgia Pacific* 因素表声名鹊起的原因，该表因与 Georgia Pacific 公司的诉讼有关而得名，此后在各种诉讼中广泛引用。上述刊物发布了一项调查结果，询问受访者在获得许可或对外许可时，主要使用 Georgia Pacific 表中的哪些因素来进行评估。表 10 是对调查结果的总结。

表 10　用于评级/排名的 Georgia Pacific 因素示例[28]

重要因素	引入许可[a]	对外许可[A]
1. 保护的状况	4.3	4.2
2. 相对于旧方法的实用性	4.2	4.2
3. 排他性的范围	4.1	4.1
4. 被许可方的预期利润	3.0	3.4
5. 商业上成功	3.7	3.4
6. 地域限制	3.7	3.5
7. 可对比的许可费率	3.6	3.7
8. 保护期限	3.3	3.1
9. 许可方的预期利润	2.6	3.1
10. 许可方与被许可方之间的商业关系	2.6	3.6
11. 跟随式出售	2.1	2.1

[a]、[A]　评分为 5 代表最为相关；评分为 1 代表最不相关。

其他方法可能只使用 3 个或 4 个因素来简化分析，例如：（1）知识产权保护的全面性；（2）将技术推向市场的发展阶段（或相反，被许可方投资的规模）；（3）被许可方预计获得的市场规模和价值；（4）鉴于目前和预期的竞争性替代技术，目标技术创新的可持续性。

一旦选择了关键因素，技术转移经理或者最好是商业评估团队，对照上述参考协议，在一定范围内选择每个因素，对标的机会进行评分。可采用 1~5 进行打分，其中

* Georgia Pacific 公司，即乔治亚太平洋公司，是全球最大的造纸商、建材商和批发商之一。——译者注

3 意味着对照参考协议难以区分，4 意味着就某个特定因素而言，标的机会更好（更有价值），5 意味着尤其好，等等。通常，最好还包括权重因子，这样就不会平均对待每个考虑因素。表 11 对此进行了说明。

表 11　方法 II：评级/排名方法

因素	得分（1~5）×（乘以）权重因子=权重得分
开发阶段	
知识产权保护得分	
市场吸引力	
保护的可持续性	
利润率	
诸如此类（等等）	

相较于 3.0 的平均权重得分。

得出的结果是加权平均分。任何得分大于 3.0，则表明标的机会比标准案例更好，任何得分小于 3.0，则表明标的机会更差。如果技术转移经理有两个或三个标准可用，就可以使用此方法来分级考评拟许可的技术机会。

虽然这种方法很直接，但也存在严重的局限性。什么是可真正比较的？每个协议都是即时快照，没有两种技术真正相同，市场瞬息万变，谈判者和机构也各有特色。此外，每个协议中都有许多权衡取舍和交换条件；技术转移经理不能简单地比较一个方面，例如许可提成费率，而不考虑协议中的其他内容。所选择的差异化因素怎么样？对于这个机会而言，技术转移经理真的知道重要的因素是什么吗？得分为 4，在经济方面真正意味着什么？最后，技术转移经理如何处理结果？假设技术转移经理确定机构这次许可的机会与标准相比，得分为 3.8，那么然后呢？根据[（3.8−3.0）/3.0]，技术转移经理是否应将许可提成费率预设为 27%，比标准高？预付款从 100 变为 127？最低许可费是 64 而不是 50？尽职调查要求是否规定被许可方必须在 31 个月而不是 40 个月内进入市场？延迟付款的溢价是 3.8% 而不是 3%？这些问题并没有简单的答案。尽管如此，采取多个标准实施排名法，并对结果进行认真思考，通常可以更好地理解特定情况下评级/排名法的作用。

该方法至少还产生了其他两个好处。首先，它帮助技术转移经理为营销和谈判做准备，强化了对与许可机会相关的重要经济因素的思考。帮助经理建立了更强的自我意识。其次，它提供了与内部利益相关者进行对话的途径，吸收了他们的有益见解。

评级/排名法也可用于选择商业化路径。在制定商业化战略时，有无数的可能性：排他与非排他许可，许可还是在初创企业里持股，选择行业 A 还是行业 B 中的公司进行独家许可，是选择行业的领导者还是选择意图颠覆行业的小公司，等等。评级/排名法可以帮助经理们厘清每种候选方案的优缺点。通过考虑该技术对被许可方的特殊益处，该方法也可用于辨别不同的潜在被许可方/合作伙伴；该方法可以帮助卖方在多个潜在候选人中进行区分，识别出那些可能会从许可中获得最大收益，因此最有可能签订协议并且可能付款最多的人。这些方法以及其他标准可以帮助技术转移经理做出最佳商业化路径的决定。

5.3 经验法则，例如 25%法则（和其他法则）

5.3.1 25%法则*

25%法则是运用最广泛的价值评估工具之一。这一法则有多种表现形式，大多数技术转移经理通常在下列两种情况之一援引该法则：

（1）以美元计算的许可提成费，是使用许可标的为被许可方节省的美元金额的 1/4。

（2）以净销售价格百分比计算的许可提成费，是被许可方因销售包含许可标的产品而得到的税前利润的 1/4。

尽管看起来很简单，但事实并非如此。其中一个关键问题是许可标的对节约或产生利润的贡献程度。例如，生产过程中采用的发明可以为每单位产品节省 1 美元。然而，当详细研究如何实现这种节约时，结果可能是为节省 1 美元，需要综合利用被许可方开发和拥有的其他几种技术。在这种情况下，许可方应当得到 25 美分，还是应当先以某种方式对所节省的金额进行折算，再按 1/4 公式计算？这个问题似乎取决于该发明能否"立竿见影"（opens the door to an otherwise locked room called）：其本身就能节省 1 美元，还是只是共同节省 1 美元的多重链条中的一环。[29]

在法则的第二个指标（利润）中，事情变得更加复杂了。虽然净销售额这个术语可以直接使用，但税前利润有多种解释。一般来说，许可提成费的计算基础是按净销售额定义的：净销售额是发票总价减去返还津贴，并且减去允诺支付的现金和其他折扣、包装和运输费用以及销售和消费税。[30]

就本法则而言，没有普遍接受的可比较的税前利润定义。实际上，其中一个基本问题是确定适当的损益表（又名"利润表"）应是什么样子。通常，利润表包括以下科目：

销售总额

减去：返点/津贴

= 净销售额

减去：商品销售成本（cost of goods sold，COGS）[31]

= 毛利率（或总利润）

减去：间接费用（或 G&A，用于总务和管理费用）

减去：销售额（或销售和分销总额）

减去：其他费用

* 25%法则，又写为百分之二十五法则，是美国一些行业曾采取的一种简单的专利许可费计算方法，就是销售专利产品的厂家必须向专利权人支付因专利技术得到总收益的 25%作为许可费。其理论基础是产品实现利润分成四个环节，研发、产品化、生产、销售，研发占其中之一，所以获得 25%。

减去：研发费用
= 　　税前利润（或 EBIT，息税前利润）

通常，从毛利率计算往下开始比较麻烦。对于此次许可，应包括哪些间接费用？被许可方目前所发生的所有间接费用是否都应当纳入计算中，纳入进去是否鼓励被许可方效率更低？分摊销售成本时，如果涵盖了现在正在销售的诸多产品，是否会对此项技术许可收取的费用过高？什么是“其他费用”（other），为什么在计算许可提成费之前要减去该项而降低利润率？最后，研发费用（R&D）由什么构成，应该把它从利润中减去从而合理地确定专利许可提成费吗？

这些问题的背后，是难以对每个数值进行合理的估算。查看销售某机构许可相类似产品的公司年报可以获得有用的信息。表 12 显示了两家大型材料公司（一家美国公司和一家欧洲公司），在年度报告中公布的利润表摘要。尽管表 12 中反映的数字代表了真实数据，但为了便于说明，公司分别被称为美国公司和欧洲公司。

表 12　应用 25%法则的实例

美国公司的 1991 年年报			欧洲公司的 1991 年年报		
	美元，以千计	%		英镑，以百万计	%
销售额	1 249 512	100	“营业额”	454.0	100
COGS[a]	643357	52	其他公司	2.2	
毛利率	606 155	48		456.2	
“S，D，&A”	447 607	36	“运营成本”	405.0	89
R&D	140 196	11	EBIT	51.2	11
EBIT[b]	18 352	1			
			“投资”	(1.4)	
利息	8 090		“财务费用”	8.7	
重组	3 687				
其他	9.674		EBT	43.9	10
EBT[c]	(3 109)	(0.25)		现在是多少？2.5%？	
	现在是多少？0.25%？				
	(0.06%)？				

[a] 销售成本（制作产品的全部“直接”成本）

[b] 息税前收入

[c] 税前收入

如前所述，25%法则的关键是在哪里应用。如果将其应用于 EBIT 线*（在该美国公司的示例中为 18 352 000 美元），可以断言，在这条线之上扣除 COGS、SD&A 和 R&D** 可用于确定被许可成果真实的商业盈利能力。

可以考虑从获得的利润中减去研发费用是否合适。如果不减去，按照这个规则，我们将得到 12%（11%+1%）的 1/4，或者说 3%的许可提成费。这对许可方来说要好得多，因为它是减去研发费用后剩余费用 0.25%的 12 倍。但是应该减去研发费用吗？认为应该的理由是，研发费用是企业的一项必要业务支出；如果没有这些投资，被许可方就不会产出维持其运营所需的高价值、高竞争力的产品，也就意味着无法成功地将标的技术商业化。

另外，这些费用是公司对未来收益的投资，而许可方未来可能无法分享收益。假设美国公司选择在报告当年将其研发投资增加到 18 351 000 美元，开展一项反引力发明。这将在 EBIT 线上总共留下 1000 美元，相当于（销售额）的万分之一。但为什么许可方的利润额要取决于公司管理层在开发反引力材料或其他产品方面的研发投入呢？

高于或低于 EBIT 线则属于更主观成本***。如果它们与公司的核心业务相关联，则可能是适合的。但如果它们与购买蒙大拿州新的狩猎小屋相挂钩呢？或者购买巴西雨林？重组呢？其或许等于为过去的愚蠢买单？双方都存在这个问题。再说一次，会计报表中最喜欢用的术语“其他”，到底是指什么？

如果许可方同意根据收益对所有费用进行适当分配，则会导致本年度出现赤字。怎么办？为了使其产品商业化，机构还要向被许可方支付许可提成费吗？本次讨论的重点是，应在标的技术的背景下分析低于销售额线的每一项成本，以确定本案中所显示的 EBIT 百分比是否合理预测了被许可方的盈利能力。如果没有，则应调整这些费用，以纠正该规则适用的基础。

表 12 中的第二个例子（欧洲公司）提出了其他问题。出于竞争原因，许多公司隐藏了报表中的一些细节。他们也可能使用不同的术语。在欧洲，销售额（sales）通常被称为营业额（turnover），利息（interest）被称为财务收入，等等。这个例子显示了投资收益。[32] 因为总部在欧洲的公司一年内从一笔投资中获利，许可方就应该获得更高的许可提成费吗？可能不会。但是，如果公司因投资而亏损，那么难道被许可方不应该主张将亏损作为正常的业务支出予以扣除吗？这样的话，又该如何对待收益呢？

另一种获得利润表的方法是使用 Ibbotson and Associates[33]**** 以及 Robert Morris As-

---

* EBIT 一般指息税前利润（Earnings Before Interest and Tax），通俗地说就是不扣除利息也不扣除所得税的利润，也可以称为息前税前利润。——译者注

** COGS（Cost of goods sold）是指主营业务成本，即公司生产和销售与主营业务有关的产品或服务所必须投入的直接成本，主要包括原材料、人工成本（工资）和固定资产折旧等。R&D 为研发费用。——译者注

*** 主观成本是主观主义者将成本理解为采取了某一种而不是另一种行动方案的管理决策所舍弃的潜在机会。简单地说，经济核算的问题是“企业是否盈利、盈利是多少、如何增加企业盈利”，而主观成本的问题是企业获得的盈利，对我值不值。——译者注

**** Ibbotson Associates 是美国著名的金融数据服务机构，它定期公布包括资本成本（折现率）在内的各种金融数据，是许多评估师和金融分析师的重要数据来源。——译者注

sociates（RMA）* 发布的信息。[34] 例如，RMA 每年根据《标准工业分类规则》（SIC）代码公布各类公司的利润表。回到两个材料公司的示例，表 13 显示了 1991 年版 SIC#2395 的数据。

根据资产规模，前两列显示了 11 个较小公司和 17 个较大公司的总数。右边的 3 列提供了数据库中所有公司 3 年的数据。即使只关注营业利润那一行，也给出了应用 25%法则的 5 种选择：4. 1%、4. 7%、7. 8%、8. 4%和 10. 4%。技术转移经理应作何选择？以平均收益率的 1. 5%作为许可提成费。公平吗？不太可能。

表 13 应用 25%法则的另一实例[35]

矿物和土壤，经研磨或其他方法处理[a]（SCI #2395）	11 家公司 50 万~200 万美元资产	17 家公司 200 万~1000 万美元资产	所有 1991 年	所有 1990 年	所有 1989 年
净销售额	100. 0	100. 0	100. 0	100. 0	100. 0
毛“利润”	29. 9	21. 8	25. 4	33. 8	32. 5
“运营费用”	21. 5	17. 7	20. 7	26. 0	22. 1
“营业利润”	[8. 4	4. 1	4. 7	7. 8	10. 4]
“其他”	1. 2	0. 8	10	1. 8	1. 6
“税前利润”	7. 2	3. 3	3. 0	5. 9	8. 7
	现在是多少？	1. 5%？ ←	平均 ←		

[a]不包括矿山和采石场破碎、研磨粉碎，或者制备黏土、陶瓷耐火矿物；重晶石和其他各种矿物，燃料除外。包括粉碎炉渣和制备屋面颗粒。

根本问题是要获得标的技术相关盈利能力的良好数据。几乎可以肯定，有意向的被许可方会这样算。然而，许可方会发现很难获得这些信息。商业企业公开的数据有如年报、10K**、RMA 协会的出版物、Ibbotson，以及其他来源，对于许多不同产品是“模糊的”，而每种产品的盈利能力差别很大。一旦推出一种产品，只要它对管理费用有所贡献，就意味着它至少能抵消销售成本（COGS），公司就会倾向于让它留在市场中。简而言之，企业利润组合中的瘦狗类产品***拉低了明星类产品的回报。因此，根据这些数据进行价值评估永远是非常棘手的事情。它还忽视了企业愿意为一个新机会支付更多费用的意愿，比如获得一项可以制造新产品的特定技术许可。随着技术转移经理在各个业务领域变得越来越有经验，将更好地理解这些变量的经济意义——尤其是公司对新技术机会的兴趣——从而更好地进行价值评估（见方法Ⅳ：使用折现现金流分析和风险调整后的门槛率法，第 5. 4 节）。

---

* 罗勃莫里士协会，创立于 1914 年，为美国全国银行放款及征信主管员的非营利性专业社团组织。——译者注

** 证券上市公司的年度报表。——译者注

*** 瘦狗类产品指销售增长率和市场占有率“双低”的产品。——译者注

解决这些困难的一种可能方法，是要求被许可方为标的技术提供预估（预测性）利润表。在许多情况下，被许可方以商业机密为由拒绝提供此类信息，即使签署了保密条款，也不予提供。有些情况下，被许可方可能会提供。如果是这样，那么可以肯定的是，提供的信息是比较模糊的。此外，此类预估性质的利润表，可能因某些规则或习惯而将成本合并在内，对于各方拟应用 25% 法则而想得到的数字来说，这种法则或习惯可能是有争议的（无论以哪种方式）。

许可方有时将 25% 法则称为“1/3 法则”。但另一方面，被许可方有时会争辩说，即使只收取利润的 1/4 也是过分的，因为技术处于早期发展阶段、专利保护薄弱、市场风险高、被许可方将要调动的无形资产也具有非凡的价值等问题。显然，在应用经验法则时，必须始终考虑对价值有贡献的各种因素（前面总结过）。也许，某一特定技术商业化所具有的高风险，意味着 1/10 也是公平的。而且，如果技术只是一个非常复杂整体中的一小部分，被许可方的许多其他专利和专有技术也需要包括在内，而许可提成费是按照这个复杂产品的整体销售价格计算的，则评估价值远低于 1/10 也是合理的。最后这一点涉及与许可提成费计算基础相关的讨论，计算基础与许可提成费率对确定许可提成费的支付金额，都有作用。如果许可方的技术基本上能够支撑整个产品，那么整个产品的销售价格通常就是计算基础。如果许可方的技术只是整个产品的一部分，那么各方可以选择仍然使用整个产品的销售价格作为计算基础，但需认清这一事实，对许可提成费率进行打折。如果完整技术包的商业化，并且该技术包具有明确的市场吸引力，那么高于 25% 的价值可能也是合适的。

尽管情况很复杂，但 25% 法则众所周知并且广泛使用。在 *Gore vs. Internal Medical Prosthetics* 案的判决中，法官引用到：“作为一般经验法则，许可提成费占净利润 25% 用于了许可谈判。”[36] 著名的宝丽莱公司诉柯达公司（*Polaroid vs. Kodak*）案中，法官判定的一笔合理的许可提成费，比侵权人预期的收益高 60%。必须始终牢记“价值的十大来源”（表 1）和评级/排名因素，同时，也应该牢记，同样的机会风险等级明显不同。如果被许可方认为一个机会的风险极大，那么以利润的 25% 作为许可提成费将显得过高。如果许可方认为许可商业化很容易，那么 33% 或更多也似乎是合理的。因此，我们不应该把该“法则”当作建议使用，以“25%”的比例覆盖所有的情形。

威廉（比尔）·李［William（Bill）Lee］的论文对 25% 法则的应用历史进行了总结，包含了更多信息。[37] 使用该法则的情况总结如下：

25% 法则的积极方面：

- 在某些情况下“感觉对路”。
- 可以作为早期协议的基础（原则）。
- 与营利性紧密相关。
- 被广泛接受（至少很多人曾听说过）。

25% 法则的困难之处：

- 处于损益表或模型顶线下方的位置越低，其主观性（即不可审计并有争议）就越强，例如，间接费用多少为合适？

- 销售成本多少为合适？
- 计算方法取决于其表现，反而会导致被许可方业务效率更低下。
- 对于许多企业和产品，很难获得好的清晰的利润表数字。
- 许可标的技术（通常）仅对一部分销售价格起作用；需要考虑复杂的情形，才能决定是否打折。
- 在可用的利润表数据中，可能存在显著的年度差异。
- 对预付费用没有帮助。
- 没有评估第三方的知识产权和技术在被许可方使用标的技术时所具有的潜在影响或重要性评估。

一条关键建议：如果要使用25%（或1/3）法则，就仅限基于销售额计算许可提成费——绝不要允许以税前收入的百分比按照量入敷出、分期付款的方式来计算许可提成费。

5.3.2 50%法则

杜克·利希（Duke Leahey）提出了一个与25%法则有关的50%法则：[38]

- 在产品推出时，仍然存在大约50%的产品失败风险。
- 如果发明机构将技术发展到即将推出产品的状态，则有权获得总回报（利润）的50%。
- 如果商业化机构参与承担产品上市前的开发成本和风险，则有权获得总回报的50%以上。

从这个角度来看，25%法则代表了承担上市前风险的比例为50：50。因此，50%法则建议，为了确定公平的利润分配，产品最终上市时，应该评估许可方和被许可方所承担的上市前风险及成本。但这并不容易做到。

发明从何时开始的？在大多数情况下，发明机构和发明人经历了漫长的、投入大量资源的酝酿期，这是发明诞生前必不可少的原始泥沼。因此，对许可方来说，花上5000美元的专利申请费用和1万美元的项目经费数，就认为这些费用与被许可方提出的将技术推向市场所花费的100万美元成本相当，并以此确定许可方和被许可方上市前的相对贡献，是不公平的。

50%法则的第二个版本主要应用于软件领域，在某些情况下，反映了大学和研发组织在商业化之前及商业化之后各自的重要贡献。当软件商业化时，无论是被许可方还是许可方都要承担许多后续责任。包括：对原始代码的所有漏洞进行修复和兼容性测试、开发用户界面、创建软件手册、复制分销、打包、寻找客户、递送产品、常规问题热线解答、为解决高深问题配备资源、新的漏洞修复、更新和改进、产品广告、销售和分销、更多漏洞修复等。当创造产品的成本/风险由许可方承担时，被许可方和许可方的责任最终的分配比例为50：50。

但是没有简单方法保证责任按50：50分配。例如，在极端情况下，软件产品的所有者/开发者可以完成商业化应用所需的一切工作，包括广告和其他促销活动，并且选择聘用营销人员进行直接销售（当软件销售成本超过数千美元时，这样做通常是必要的）。在这种情况下，营销人员在商业过程中所起的作用是有限的，基本上是作为制造商的代表，可能获得10%~20%的佣金。如果佣金是15%，则意味着销售收入实际上被分成了85：15，这是一个不同的经验法则。

另一个极端情况下，开发机构在开发的早期阶段取得许可，转化装载有效但尚未成为代码产品的硬盘驱动。在这种情况下，被许可方必须完成代码；开发所有用户友好型工具；将产品推向市场；承担所有促销、销售和分销任务；处理客户问题等。因此，被许可方可能只同意支付10%~25%（甚至更低）的许可提成费。15%这个数字再次出现，但此时却意味着销售收入分为15：85。

通过50%法则，或50：50的收入分配比例，许可方比按15：85比例分配的情形多提供了35%的服务（或者商业伙伴比按85：15比例分配的情形多提供35%的服务）。正如你所看到的，过度依赖这些数字是无益的。实际上，与其他任何类型的许可一样，一旦技术转移经理经历了大量的交易，他或她将能够识别出按50：50比例分配的工作内容，以及在特定情况下按参与程度分配的适当份额。

5.4 设置最低回报率的贴现现金流分析法

方法三通过查验各方创造利润时所做的贡献和所承担的风险，引入了利润分配的概念。方法四是针对这些考虑的更复杂方法，包括确定未来现金流，通过计算获得收益的时间与收到现金流的相关风险对其进行折现。因此，该方法有时称为现金流量折现法（DCF）。当所有此类现金流均已折现时，可以将它们相加以确定净现值（NPV）。这种方法的关键是应用风险调整后的最低资本回报率（以下用 k 表示）或基于可预见的风险因素对未来现金流进行折现，这里将其称为“风险调整后的最低资本回报率”（RAHR）。实际上，k 用于确定如何分配由标的技术商业化而产生的利润（或现金）。

5.4.1 定义风险

首先，让我们考虑风险的含义。风险包括技术风险、市场风险以及其他风险，如市场缩小或消费者口味发生变化。技术风险的内容可能并不清晰，但与技术是否有效有关。由于多种原因，许多发明根本不起作用。有时发明是有效的，但只有按照极其缓慢的程序非常小心地控制，由经验丰富的科学家与熟练聪明的技术人员在洁净房间里少量操作才有效，这种技术很难重复，而且成本很高。如果一种产品需要以低成本大批量生产，那么仅仅是把在最干净的房间里才有效的技术挪到工厂里操作，就存在巨大的风险。

市场风险包括，竞争者可能基于另一种技术开发出更优质的产品，客户需求也可能发生巨大变化，可能会改变口味。因此，预期的利润率可能会下降或消失。尽管有各种市场评估，但客户可以直接不喜欢一种产品。还记得New Coke（可口可乐公司推出77天就下架的新可乐）吗？还记得Corfam吗？还有Sinclair and Commodore电脑，以及叫Ayds这个倒霉名字*而让人倒胃口的糖果？

---

* Ayds同AIDS（艾滋病）发音相同。——译者注

最后，各种外部事件都有可能搞垮一家企业。被许可方需要使用的原材料或其计划销售的产品可能会变得不合法或受法规限制，而无法以经济有效的方式使用或销售。行业可能会遭受剧变，导致被许可方的致命损失。还记得石油禁运吗？DRAM 芯片短缺？核能？关键的商业秘密可能被盗。专利局可能拒绝授予专利权，或授予第三方的阻碍性专利以广泛的权利要求。

5.4.2 制定风险-回报模型

投资者利用风险-回报模型指导投资决策。它通常以某种形式的图表表示，如图 2 所示，风险增加要求提高回报率（k，也称为最低回报率）。商人的工作是将公司的投资转化为等于或超过投资者预期回报率的回报。因此，商人的最低预期回报通常是公司资本的特定平均成本（债务和权益的组合）。在投资的阶段，一个特定项目投资状况的好坏，人们认为回报是否具有吸引力，取决于风险，而风险是由公司规定的回报-风险关系决定的。

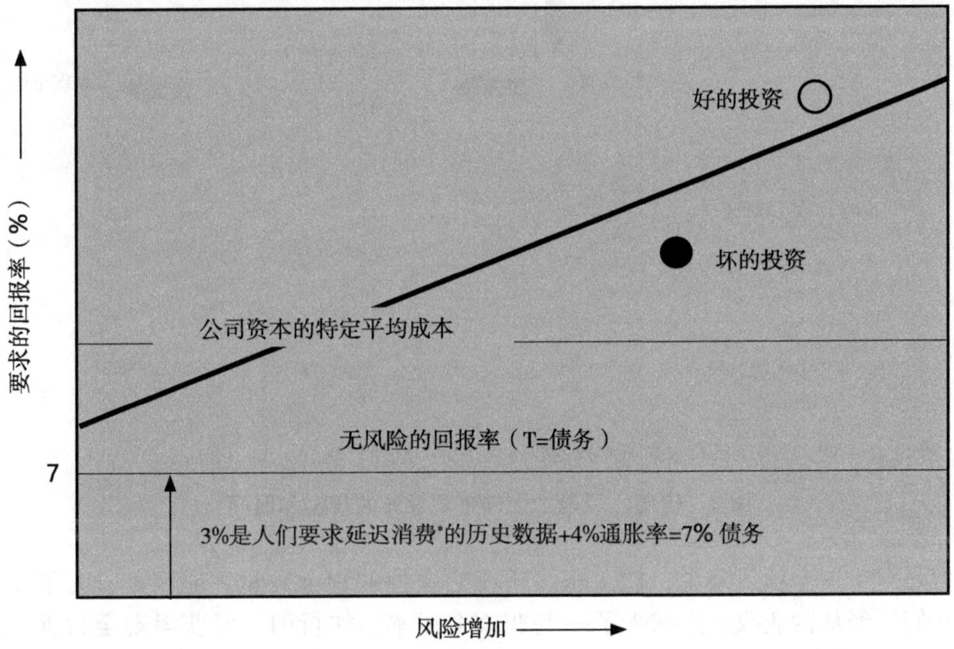

图 2 回报和风险

从被许可方角度来看，具有基本价值的问题之一是通过许可方的研发和其他活动降低风险的程度。风险降低的程度越大，感知到的价值就越大（换句话说，许可的潜在价值不太可能打折扣）。从许可方，特别是发明人的角度来看，额外的研发将增加许可的可能性和经济价值。但只有当许可方的研发活动对降低商业化风险起作用时，才会出现这种情况。为提高对科学的理解以及增加发明公开进行研发投资，可能会，也

---

* 延迟消费是指居民的消费发生在购买行为完成相当长的时间之后，将消费分散到多个时间点，是为了得到更大的效用。——译者注

可能不会降低被许可方感兴趣产品的商业化风险。[39] 并非所有的行动都会推动进步，这是成本与价值评估无关的另一个原因。图 3 总结了该方法的关键步骤。

首先，必须确定息税前利润（EBIT）。其确定方式与方法三相同（并且具有相同的不确定性）（参见表 12）。接下来，要规定支付许可提成费，这是被许可方的又一支出。开始，这个值只是一种猜测。之后，将对其进行调整，使整体回报对被许可方具有吸引力。接下来，要确定税费。在整个 20 世纪 80 年代和 90 年代，美国州税和联邦税的总和通常为 40%；有时对未来会做较低预测。这样便产生了税后收益（EAT，一个容易记住的首字母缩略词）。

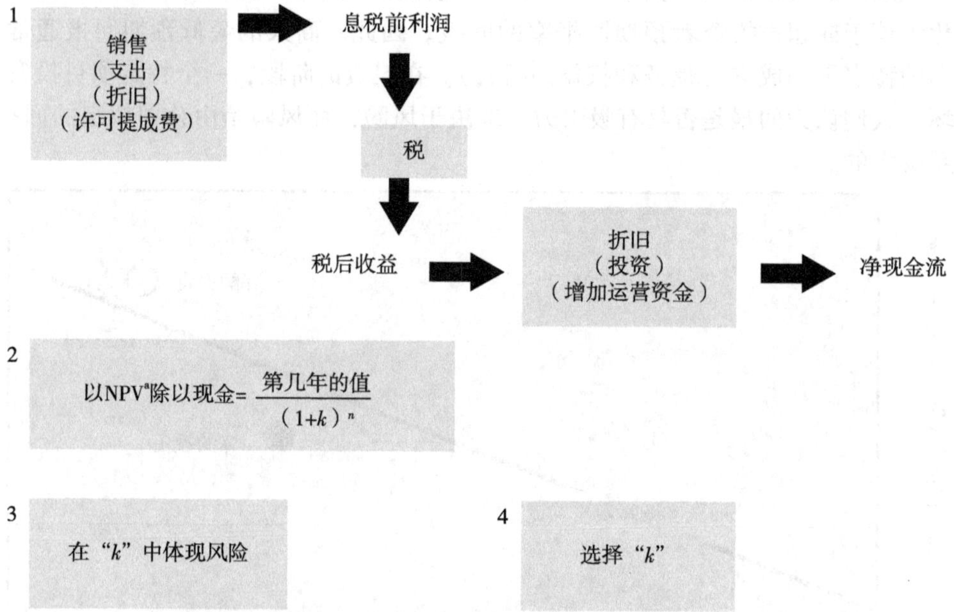

[a] 净现值（NPV）等于所有未来所有权的收益集中为一次性付款。

图 3　价值：风险加上未来现金流的规模和时间[40]

但是对于一个项目来说，EAT 很少等于它去掉的现金数量。原因是，为了计算收益，我们已经从营业收入中减去了一些非现金成本，如折旧。要获得现金数据，我们需要对收益进行 3 次另外的调整：（1）必须加回为实现 EBT 而从收入中扣除的总折旧费用，因为它们不是当年支付的现金；（2）为让技术产生收入而必须扣除当年投入的现金投资（如工厂和设备）；（3）必须减去逐年增加的净运营资本（流动资产，例如现金、应收账款和库存，少量流动负债，例如应付款——所有这些都会随着销售额增加而增加）。所得结果以当年美元计，项目期间的净现金流，通常是 10 年的销售额，或者从许可协议生效之日起的 15 年或更长时间的销售额。

接下来，每年的现金流减去每次现金流除以 $(1+k)^n$，其中 k 是最低回报率或折现率，n 是从现在开始到预计现金流产生的年份。[41] 为了进行这一计算，必须逐年估算收入和所有相关成本及投资。对于一个新手来讲这可能是一项艰巨的工作，但技术转移经理做了几次之后，就不会胆怯，他们会发现自己能大胆地讨论 2020 年的预计销售成本。表 14 提供了从戈登·史密斯（Gordon Smith）和罗素·帕尔（Russell Parr）处得到的计算示例。[42]

在表 14 的示例中，一家公司正在考虑是否购买特定产品许可，增加到现有商品中去。许可提成费的额度显示，销售额的 12.6% 是基于许可的特定产品销售额。合并的净现值 NPV 为 19 684 美元。采用 12.6%，是因为该 NPV 与未获得许可特定产品的 NPV 完全相同。因此，以销售额的 12.6% 作为许可提成费是该公司为获得额外产品而支付的最高金额。

表 14　消费品公司折扣现金流分析（以千美元计）

	%	1991	1992	1993	1994	1995	%
商品销售	100	100 000	105 000	110 250	115 763	121 551	
特殊产品销售	100	1 000	5 000	20 000	45 000	60 000	
总销售		101 000	110 000	130 250	160 763	181 151	
商品销售成本	68	68 000	71 400	74 970	78 719	82 564	
特殊产品销售成本	45	450	2 250	9 000	20 250	27 000	
总销售成本		68 450	73 650	83 970	98 969	109 654	
折旧费用		2 632	2 813	3 051	3 446	3 669	
总利润	30	29 918	33 537	43 229	58 348	68 198	38
一般性支出及管理支出	24	24 240	26 400	31 260	38 583	43 572	24
许可提成费为销售额 12.6%		126	630	2 520	5 670	7 560	
运营收入	5	5 552	6 507	9 449	14 095	17 065	14
纳税		2 449	2 928	4 252	6 343	7 679	
净收入	3	3 054	3 579	5 197	7 752	9 386	5
折旧费用		2 632	2 813	3 051	3 446	3 669	
总现金流	6	5 685	6 369	8 248	11 198	13 085	7
减去—							
–运营资本的附加费		1 200	1 800	4 050	6 103	4 158	
–资本支出		2 632	3 632	4 763	7 901	5 046	
–净现金流	2	1 853	960	(565)	(2 805)	3 881	2
–折扣率		0.9333	0.8115	0.7057	0.6136	4.9718	
–现值		1 730	779	(399)	(1 721)	19 296	
总净现值（以千美元计）					19 684		

上述计算的关键是确定 k 值。在深入研究如何选择 k 值之前，需要准确理解 k 值对计算结果的影响。图 4 显示了某项许可的预估净现金流，可以帮助我们迈出理解 k 的第一步。

在时间起点 0 时，签署许可协议。第一年和第二年，被许可方每年花费 100 万美元，用于支付前期费用、技术开发以及项目成本。第三年，这些成本增加到 200 万美元。第四年，随着规模扩大并产生生产成本，费用增长到300万美元。那么，到第四年结束时，虽未开始任何销售，被许可方已花费700万美元。尽管第五年开始销售，但仍需要净投入200万美元，第六年还需要100万美元。第七年，被许可方终于不需要当年对技术进行额外的现金投入。在这一模式中，被许可方总共得花费1000万美元才能到达该点（7+2+1），而在第七年，该项目现金净收益为100万美元。请注意，对于大多数项目，初始阶段的投资金额通常比后期利润更容易准确估算出来。

现在，该产品市场有望迅速扩大，在第十二年产品达到顶峰之前，预期的现金收入会有显著增长。销售额在第十五年开始下降，直到第十九年，由于产品不再具有经济竞争力而退出市场，最终结束销售。

从第七年到第十九年，将基线以上的所有现金流进行加和，累计为1.36亿美元。因此，需要肯定性地投入1000万美元，才能获得1.36亿美元的预期回报。[43] 用另一种方式说，从今天开始每年投资1000万美元并持续6年，接下来的19年将产生1.26亿美元的净收益。[44]

图4忽略了通货膨胀以及与产生未来现金流相关的所有风险。计算通货膨胀时，可以将 k 值设为2%~8%（取决于我们对未来的看法），将所有现金流减少到相同的基数，从回报中扣除投入成本，计算时可以使用与时间起点0时同一年份的美元。如果选择将 k 值设为7%，所显示的现金流将除以项数1.07n，其中 n 为1、2、3等，以此类推，直至19。

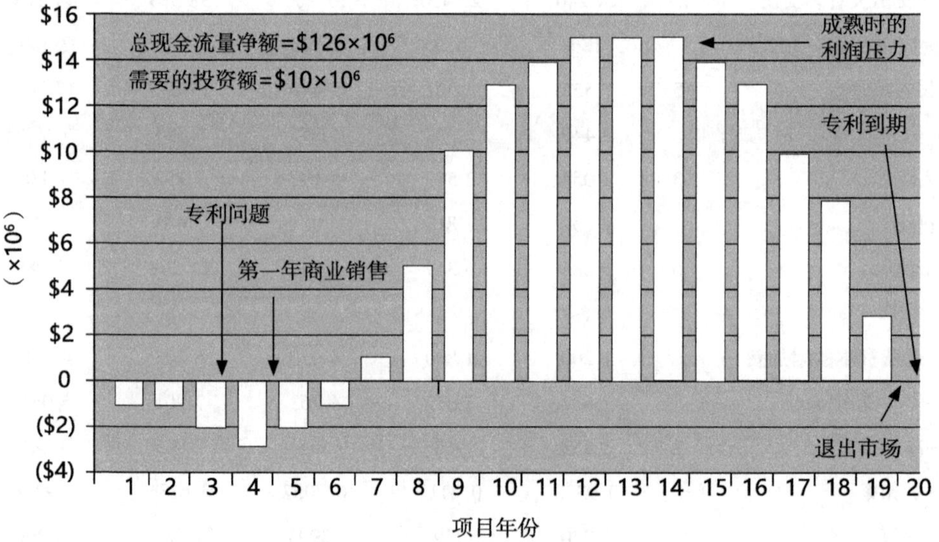

图4　未来现金流量净额

然而，除通货膨胀外，还必须评估并计算风险。被许可方的资金支出相对确定，但回报却不是这样。如果被许可方认为投资和收益应该按照公司的资本成本进行折现，该成本是15%（包括通货膨胀的影响）的话，那么图4的现金流将呈现图5中示出的曲线。

这表明早年的现金金额略有减少（曲线和条形图在第一年和第二年都很接近）。随着时间的推移，出现了现金金额复合折现，直到第十九年，按15%折现系数计算的现金贡献几乎可以忽略不计。这是因为假设随后的每一年风险都会增加（换句话说，随着时间的推移，会有更多的事情出错）。请记住，在这个模型中，*k*（15%）大于假定的通货膨胀率。这就是为什么使用了“最低预期回报率”这个术语来表征 *k*。如果用15%的预期现金流无法吸引投资者，那么这项投资就不会超过这个最低预期回报，也就不应该进行这一投资。

图5显示的是，如果 *k* 为15%，1.26亿美元的名义净现金实际上只是时间0时（现在）的1725万美元。这个1725万美元的价值被称为15%最低回报率下的净现值（NPV）。NPV意味着，对于15%的风险值，包括通货膨胀和所有可能出错的事情，该投资决定，最终将产生相当于今天1725万美元的价值。根据定义，这意味着该投资是值得的，除非被许可方在相同或更低的风险水平上有更好的NPV机会。

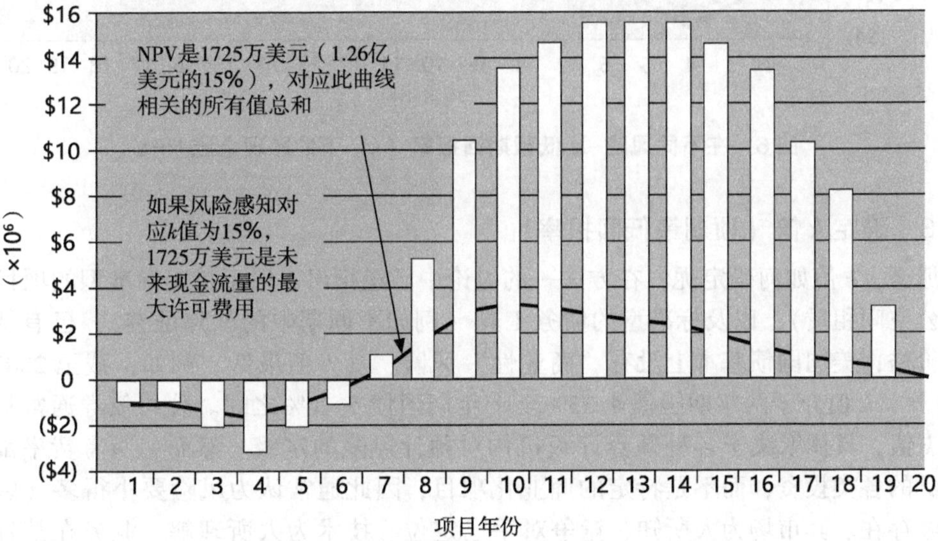

图5　在最低预期回报率15%（折扣率）下净现金流的NPV

图6显示了各种最低回报率对图5所示相同现金价值的影响。

最初现金状况显示的预期最低回报率为0，并将这一机会的名义美元净值评估为1.26亿美元。如果在此期间选择了一个 *k* 值，对应几乎无风险的替代投资机会，该 *k* 值设为7%，那么该机会的价值评估为4900万美元（同样，而且总是以今天的美元计算）。如果选择15%的最低回报率，对应着低但真实的风险，则进一步减少至1700万美元。最后，当认为该机会包含重大的技术、市场和其他风险，对应风险调整后的最低预期回报率（RAHR）为30%时，NPV减少至160万美元。

NPV的关键理念是，一旦被许可方选择了适当的 *k* 值，那么只要公司有足够的资源追求每一个积极的NPV机会，那么被许可方就有动机争取获得对NPV有积极作用的任何所有权权利。否则，被许可方将选择能得到的最积极的机会。在任何情况下，被许可方希望尽可能少地购买权利，甚至少于最初计算NPV时的价值：“商业就是为15

美元付10美元。”[45]

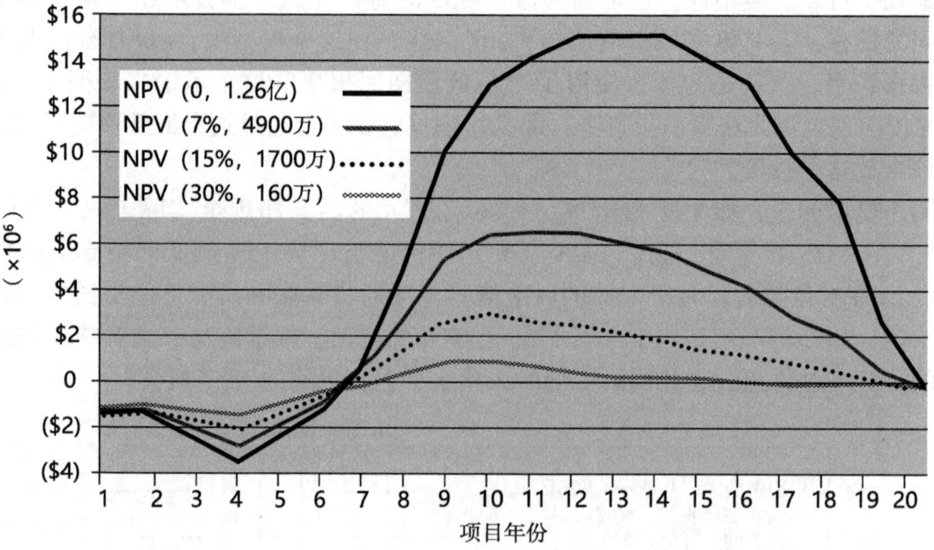

图6　在不同风险–最低预期回报率（*k*）下的净现金流NPV

5.4.3　确定*k*值（预期最低回报率）

那么，*k*值如何确定呢？在方法一的讨论中已经指出，对于特定标准型的项目（例如办公空间租赁），以及标准型的债务工具（例如不同期限的联邦证券），已有特定的市场价格；美国国债基本上没有“商业性”风险，其*k*值最低。例如，截至2001年4月13日，*k*值介于两年期国债4.33%至十年期国债5.16%之间。公司债券通常具有较高的*k*值，具体取决于各种债券评级机构对预计风险的定级。然而，所有费率都是针对广泛的各类投资，而不是特定的商业化项目，因此通常认为风险要小得多（因为公司已经存在、其市场为人所知、竞争对手已定位、技术为人所理解、业务在某种程度上通常是多元化的）。

遗憾的是，在技术许可领域并不存在这种价值表。正如拿办公空间租金和技术商业化机会进行对比一样，后者没有足够的精确分类，没有大量公开的数据，因此无法建立标准的*k*值。

图7说明了另一种风险因素：初创公司风险。这主要是基于杰夫·蒂蒙斯（Jeff Timmons）的著作。[46]

有许多术语用于描述发展阶段的特征；有时，这些术语可能会造成困惑和矛盾。一般而言，在初次销售之前寻求资本投入，风投要求的最低回报率非常高，达50%～100%（甚至更高）。一旦开始销售并且可以辨别市场特征，假设结果是有利的，则最低预期回报率将急剧下降至30%～40%（取决于对竞争性反应、市场饱和度、扩张成本等的评估）。对于真正的初创公司，所要求的最低预期回报率通常远高于已成立的公司，反映了从无到有创建企业所涉及的各种活动存在很大的风险。

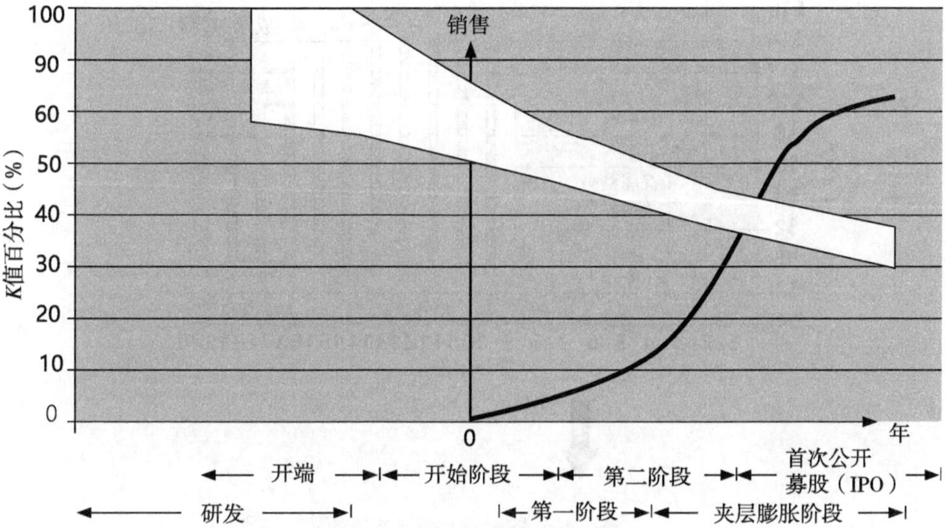

图 7　初创公司的最低预期回报率

那么，对最低预期回报率进行合理分类的方法是什么呢？这个问题没有简单的答案。尽管如此，文本框 1 大致概括了 5 类风险，可供参考。[47]

已经建立的公司，其大多数许可情况落入Ⅱ类和Ⅲ类，对应的最低预期回报率在 25%～40%范围内。初创公司或考虑拆分的公司，通常要求最低预期回报率超过 40%，甚至达到 50%或更高。但是，正如 25%法则所讨论的那样，每个许可各有特殊因素，这些因素既影响价值，又影响关注的重点，如风险。因为发明仅仅涉及已知技术领域的现有制造能力，潜在的被许可方可能会认为与该特定发明相关的风险，保证高于或低于下框中给出的 RAHR。

文本框 1：合理的 k 是什么

不幸的是，答案是：市场说是什么，就是什么。

市场可能说什么？

Ⅰ. 低风险（确定适合现有的生产线和市场）为 10%～20%；如果需要维持基本产品寿命，那么 k 可以更低，甚至舍弃

Ⅱ. 新产品（已有制造能力、已知技术）为 25%～30%

Ⅲ. 新产品和技术（仍处于现有业务中）为 30%～40%

Ⅳ. 新业务、准备出售的产品（不需要研发）为 40%～50%

Ⅴ. 新业务、种子基金、研发阶段为 50%～70%（甚或更高）

图 8 将这 5 个风险类别应用于先前图 4 的现金流例子中。

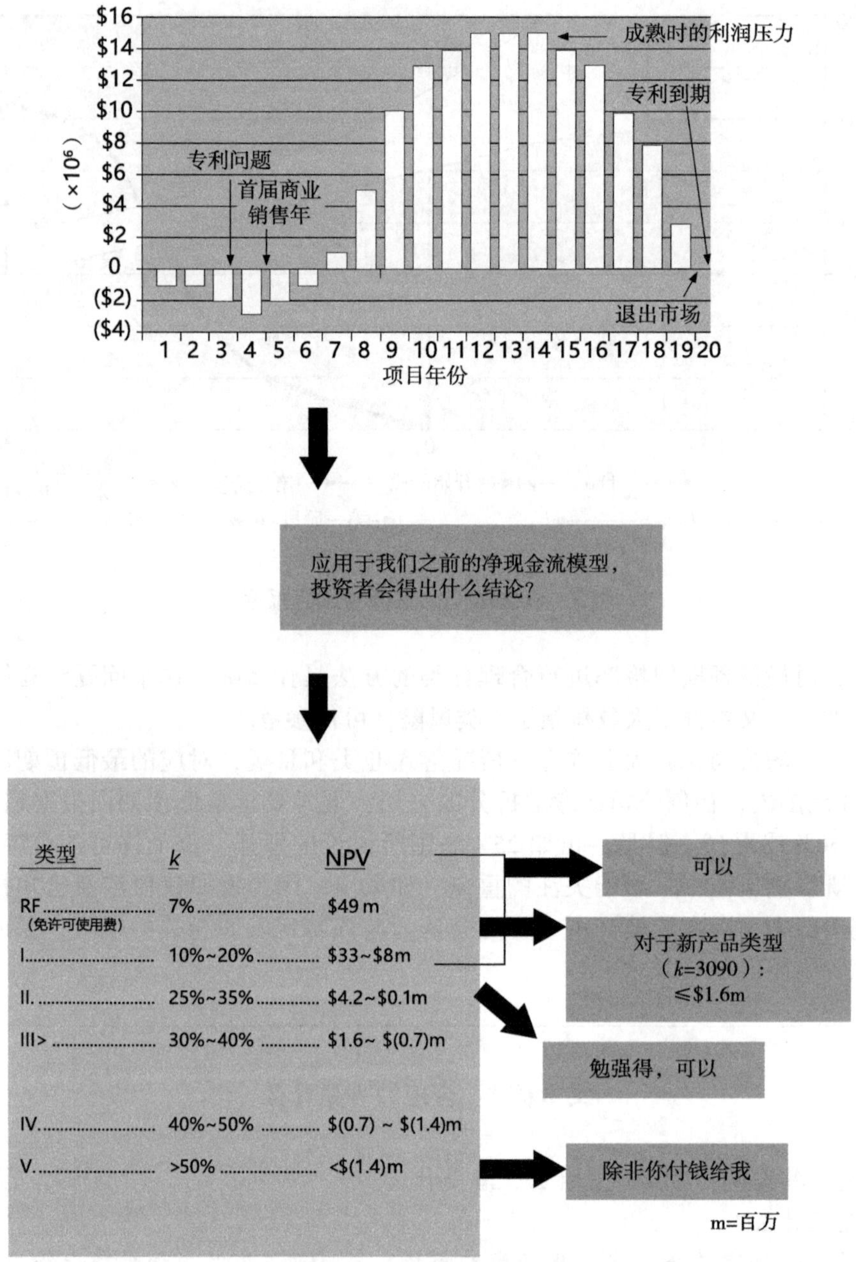

图 8　谁是潜在的被许可方，他们愿意支付什么

如果这一机会属于第三类，NPV 从负的 80 万美元（k 为 40%）到正的 160 万美元（30%）间不等。所以，总投资 1000 万美元，净赚 1.26 亿美元，原本看起来很简单的一个决定，实际上只是险胜。如果这个机会风险对应的最低预期回报率是 40%，那么该投资不能算合理，因为 NPV 是负的。回想一下，在创建此模型时，（并未说明）预付款和分阶段付款是由被许可方向许可方支付的，连续式许可提成费也是如此，会减少显示的现金流。这两项都是1000万美元投资的一部分。从被许可方的角度来看，负的NPV应刺激其重新考虑支付的所有知识产权费用，以确定负的NPV是否可以变成正值。

5.4.4 降低风险/提升价值

在任何情况下，至少还有两种降低知识产权费用的可能性。首先，如果潜在被许可方已经在商业上应用与标的类似的技术，或者正在销售相似或类似的产品，则与他们合作就可以降低可预见的风险因素。重点是，公司对风险的感知取决于他们的技术基础和已有客户。如果重新定位营销活动，另一个潜在被许可方对风险的评估是30%，那么除了现金流计算中包含的付款之外，还有可能获得160万美元的额外收益。这是一个非常显著的价值增长。此外，获得许可提成费的可能性也增加了，因为这样的被许可方更有可能获得成功（在所有其他条件都相同的情况下——当然这些条件永远都不会相同）。

处理负的NPV结果的第二种方法是，考虑哪些研发和/或市场开发活动可以降低风险。发明者可能知道该技术有哪些真正关键的技术风险，这些风险比潜在购买者认为的要少得多。为实现商业目标，实施经过详细指导、由内部资助的研发项目，可以显著降低这种风险。当然，总是有可能出现相反的结局。核心要点是在关键的、与商业相关的试验上花少量的钱，而不仅仅是收集更多的可发表数据。有些人把这个过程描述为最后一个实验先做。总的来说，这是一个非常好的主意。

降低风险的另一个途径是利用政府资金。有种观点认为，政府资金应该用于降低重大商业机会的风险，以便私营部门能够利用它创造高价值公司和就业机会。商业资金必然针对直接的市场应用和引进。然而，有时也有其他的"研究"资金用于推动特定知识领域的前沿发展，从而带来专有技术的发展，支持特定许可机会所需要的后续商业开发。

除了降低风险，还可以努力直接提升价值。提升价值的途径是与其他研发组织建立合作关系，汇集技术资源和市场意识，有时可以显著提高潜在被许可方认可的NPV。即使NPV已经是正值，而且潜在的被许可方对权利谈判感兴趣，但请记住，许可方总是还有其他选择。例如，通过内部投资，或与另一个研发机构合作将技术推向市场来提高价值。技术转移经理应通过计算成功的风险贴现预期增值来做出此类投资决策。

风险调整的最低预期回报率法，可用于排他性和非排他性许可，以及按领域（或产品）和区域划分的许可。对于每种情况，鉴于协议的结构，现金流预测应反映预期的商业结果。例如，如果许可策略是在所有领域和地区向两个相互竞争的被许可方授权许可，那么每个被许可方可实现的总销售额可能小于只有一个独家被许可方的情形。然而，毛利率（或盈利能力）可能仍然很高，因为每个被许可方不会面临大量竞争对手。最终的结果很可能是，每个被许可方支付的许可提成费会更少，但总的许可提成费会更多。[48] Wiley出版社出版的该作者的书中，提供了关于DCF模型的更多细节。[49]

5.4.5 可能的支付结构

连续支付式许可提成费的结构。许可提成费的结构有各种各样的可能。由于许可提成费率取决于特定产品的相关经济价值，如果有多种产品，可以在一个协议中为每个产品或产品领域设定单独的许可提成费。根据所获得的知识产权保护措施来设立许可提成费率也是合理的。例如，被许可方可能会为基础专利支付3%的许可提成费，为专利包中的其他两个专利支付1%的许可提成费，或者为使用未公开的技术信息支付1%的许可提成费，为专利权额外支付3%的许可提成费，等等。当然，只有存在经济收益（较低的k值，较高的利润等）时，才应考虑这一点。

很多被许可方要求随着销售量的增加而逐渐降低许可提成费率，即所谓的阶梯式或婚礼蛋糕型许可提成费结构。例如，根据年销售额，第一个100万美元的许可提成费率为5%，接下来的900万美元为3%，1000万美元以上的所有销售额为1%。这种方法的基本原理类似于批量采购的规模经济论点。如果一家公司购买一盒回形针，5美元是合理的；如果该公司购买1000盒回形针，可能希望每盒只支付3美元；如果其承诺每年购买几车皮回形针，则可能希望每盒只支付1美元。公司通常会在购买时利用批量购买，销售时也采用同样的思路。但是，知识产权不适用规模经济的原则。许可方向被许可方授权的成本与此不相关，也不会因销量而降低成本，像回形针供应商那样。事实上，基于经济回报模型，可以认为被许可方的盈利能力随着销售增加而增强，因此，许可提成费实际上应该随着销售的增加而提升。从实际操作考虑，双方可以简单地选择折中，并固定许可提成费率，而不考虑销量如何。

根据累计销售额或首次商业化应用的年限，制定阶梯式许可提成费可能合理。通常，在最初推出产品之后，其盈利能力攀升至顶峰，然后随着产品的成熟，价格压力往往会挤压利润率。假设高利润率年份的提成费率反映了经济效益，那么用许可提成费的结构试图模拟这种情况是有意义的。出于实际原因，各方经常在专利期限内选择单一费率，尽量平衡所有这些因素。无论采用何种方法，由于本章引言中讨论的原因，所商定的费率往往是上限。许可方没有提高费率的手段，而被许可方则会因为利润率低于预期，找到许可方，威胁要放弃许可而降低费率。

被许可方有时会建议对许可方的所有经济回报进行限制。这可能以许可方成本的几倍来表达（你不应该期望获得的收益超过投资成本的10倍），或者简单地表达为某种道德原则（1000万美元应该绰绰有余，毕竟你是一个公共非营利机构）。这些都是无稽之谈。许可方是技术解决方案的合法拥有者，负有管理责任，要将转让这些权利的收益返还给机构。此外，所有的技术解决方案中，有很多是失败案例，有些是中等程度的成功，只有少数表现得非常好。如果许可方同意对技术解决方案中所有协议的总回报设置上限，那么该技术解决方案将只产生失败者和中等程度的回报。如果没有偶尔出现的大赢家（按照公平的许可提成费率），投资组合将不会产生公平的总体回报。

那么一次性付清许可费的方法呢？也就是说，在连续支付式许可提成费为零的情况下设置更高的许可费。一些被许可人极力推行这种方式——但并不总是出于单纯的目的。有几种常见的观点支持这种方法：（1）它消除了许可方和被许可方的行政负担

（季度或年度报告和核查）；（2）基于销售的许可提成费可能会泄露被许可方高度敏感的商业信息，违反了公司政策或意愿。回想一下之前的讨论，关于在办公空间租金明确的情况下设定未来收入流的价值。当明确界定现金支付流，并且风险较低或至少充分理解时，双方很容易将未来现金流价值转换为一个当前价位［实际上是未来现金流的净现值（NPV）］。然而，对于早期技术，从许可提成费中得到的美元回报，其范围可能会变化几个数量级。这正是许可提成费率能够有效地处理此类不确定性的原因。当被许可方或许可方寻求减少这种不确定性，而变为一次性付清的总额时，这种转换的风险就更大。潜在被许可方这样做的一个可能动机，是看看是否可以便宜地获得许可。每一项协议都是一系列的预期成果。如果被许可方以最保守的预期结果一次性付清相关的 NPV 获得许可，那么更符合被许可方的利益。

确信无疑的是，被许可方不太可能同意按最乐观的结果计算净现值（NPV）。然而，应该认识到，维持正在执行的协议既是商业成本，也是风险。正在执行的付款安排可能会导致纠纷甚至诉讼。在某些情况下，许可方的现金需求如此之大，以至于机构愿意放弃更乐观的回报预测。然而，如果许可方这样做，则从技术解决方案中获得的总体回报将会减少，因而许可方不会破除常规地从许可中获得罕见、重要而高于预期的回报。

综上所述，有时这种安排可能对双方都有利（除了上面给出的简单示例）。许可方可能希望利用高付费许可的机会，将资金进一步用于并加快获得其他技术，从而带来更大的回报。或者，也许被许可方当年就获得了高价值回报，从而开始拥有充裕的现金，愿意支付一笔公平而可观的费用来拥有和控制这个具有重要战略意义的机会。总的来说，在这些例子中，机会未来的应用和价值显然具有合理而明显的边界，然后就可以进行对双方都公平的 NPV 计算了。

预付款。预付款有多种形式。如前所述，极端情况是一次性付清，以代替连续支付式许可提成费。[50] 也可以根据日历（例如年度支付）或进度［例如提交 IND（研究性新药申请，提交给美国食品药品监督管理局）、首次商业销售或其他里程碑时间节点］来进行一系列支付，与许可提成费一起，或代替许可提成费。或者，被许可方承诺开展研发，为许可方实验室的特定活动提供资金。

所有这些都是基于在先计算出的 NPV 预付款，并且任何首付款的目的都是相同的。它将勤勉和承诺结合在一起，为初始投资者，即许可方提供早期回报。在大学-产业的许可中，预付款通常至少包括许可方迄今为止为申请和获得专利或专利授权而支付的所有费用，由被许可方支付。如果如前例所示，许可对应的 NPV 为 160 万美元，而专利成本是 5000 美元，那么如果预付款仅覆盖许可方的专利成本，就很便宜——简直是太便宜了。

对于已为大家所广为接受的交易，例如购买房屋或汽车，首付款为 10%，或多点少点，都很常见，如果销售人员积极努力，比如销售某些不太受欢迎的汽车类型，“零首付”交易也让他们很高兴。对于高度投机的机会，例如许可一种新技术，10% 可能偏高。在前面的例子中，160 万美元的 NPV，是基于单一的、处于时间零点、100 000 美元的现金支付，以及按销售的许可提成费计算出来的。该数字对应的首付比例略高于 6%，这可能是合理的。有些谈判专家的经验法则是，将预计的一年许可提成费作为适当的首付款；也就是 NPV 的 5%～10%。

最低支付限额。另一种勤勉的形式是最低现金支付限额。同样，就此类支付达成一致，也能提高双方从相似角度看待机会的可能性。通常，排他许可包含最低支付限额，非排他许可可能包括也可能不包括最低支付限额。经验法则似乎是年度支付金额应该按照销售额估算的年度预计合理许可提成费的 1/4 到 1/2。再次说明，此类销售估算的风险和不确定性越高，最低限额的许可使用费越低，反之亦然。

重要的是要认识到，对于最低限额，被许可方仍有有力的谈判筹码。如果最终价格太高，而且协议已执行 5 年，那么如果没有按照实际销售额减少最低限额（假设被许可方一直在努力开发技术和市场），被许可方可以威胁放弃许可，对许可方施加压力。即使收回一项已有 5 年历史的技术，许可方也难以找到对该产品感兴趣的另一家公司。如前所述，在被许可方发起的谈判中，被许可方希望或威胁获得更好条款，会危及被许可方对技术的投资（任何预付款、里程碑节点款项、年度许可提成费，及其自己的研发和市场开发）。因此，如果许可方不同意，被许可方将不得不采取突然措施来实现这种威胁并放弃许可。

股权对价。对这个问题的全面论述超出了本章的范围。然而，上面讨论的关于使用贴现现金流分析和最低预期回报率进行 NPV 计算的大部分内容都适用。读者可以参考笔者在 Wiley 出版社出版的书籍以获取更多信息。

5.4.6 总结

文本框 2 和文本框 3 给出了对方法四的评述摘要和价值评估原则。

文本框 2：观察结果总结

1. 价值依赖风险调整后的最低预期回报率（对于相同规模和时间节点的未来净现金流而言）。
2. 不存在正确的风险模型。
3. 价格是由买家愿意为获得现金流付出多少而决定的。
4. 当许可方的预期价格符合较低的（乐观的）RAHR 价格时，找到这样买家的可能性很小（也就意味着找到这样的买家所需的时间和资源更多）。
5. 不存在正确的价格（假设第二条是正确的）。
6. 未来净现金流持续的时间越长，风险边界越广，预期价格的不确定性就越大。
7. 对于满足某种标准类别的现金流，例如房屋抵押贷款，已经有完善的市场，能够显著降低风险和价格分散性。但对于早期技术而言，这种市场并不存在。
8. 净现金流模型需要多次运行，并且受运营和未来等重要假设的影响（被许可方使用这些假设分析机会，许可方也应如此）。

文本框 3：DCF 价值评估原则

1. 由于未来净现金流的规模、时间点和风险估计范围，计算价值可能有很多限制条件。

2. 价值由预付款（期权/许可费）和未来许可提成费组成，最终可用于确定一次性付清的总许可预付款。

3. 连续支付式许可提成费的首付款（通常）应该基于以下总估值中的一项，占其一小部分：

-接近较高的风险界限（但非零）

-NPV 总值的 5%～10%（在估计最佳基础值的情况下）

4. 只有对未来净现金流作出合理估计时，才能协商出公平的许可提成费。

5. 许可提成费不应设上限。

6. 如果基于总销售额设定许可提成费比例，应该基于价值而非数量折扣模型。

7. 根据（销售额）上限以下的数字计算许可提成费，会使许可人面临着被许可人效率低下/无效的风险，造成双重计算风险的效果。

5.5 高阶工具

一旦建立了现金流量折现法（DCF）模型，就可以通过非常复杂的数学建模工具扩展分析，并更好地了解它们的经济影响。

基本工具有时称为“概率模型”，最常见的是“蒙特卡罗分析”（Monte Carlo analysis）。这些模型非常复杂，过去需要大型机或小型计算机，现在至少有两种此类产品可以在个人电脑上运行。[51]

该工具的工作原理，是将电子表格中的某些单元格替换为概率值，而不是方法四中的单个数字。然后，反复运行该模型数百次，得到结果分布。这就像运营公司 1000 次（或更多）并比较结果。使用 DCF 方法，每个结果都是相同的。然而，使用蒙特卡罗方法，对于那些选择这种方法处理的单元格，1000 次运行中，每次都会产生稍有不同的值。听起来可能更复杂，但在很多方面它更简单。事实上，在模拟初创公司时，蒙特卡罗方法特别有用。

下面是一个提供个人护理产品公司的例子。[52] 此处考虑的是一种虚构药物 Clear View，它用于治疗近视。关键假设如图 9 所示。

虚构的新药 Clear View，用于治疗近视

成本（以百万美元计）：	
Clear View 至今的开发成本	$ 10 000
测试成本	$ 4 000
营销成本	$ 16 000
总成本	$ 30 000
药物测试（100 名患者样本）：	
治愈的患者	0. 25
如果治愈了 20 名以上的患者，FDA 就会被批准	
（1=批准，0=拒绝）	
市场研究：	
现今美国近视的人数	40 000
近视的增长率	1. 00%
一年后的近视人数	40 400
每销售剂量的净利润：	
市场渗透率	8. 00%
以美元计算的人均利率	$ 12. 00
如果批准，毛利率	$ 38 784
净利润	$ 14 000

图 9　样本蒙特卡罗方法——基本假设

在本例中，通过 5 个假设的概率调查来检验对盈利能力的影响，如图 10 所示。

A. 均匀分布

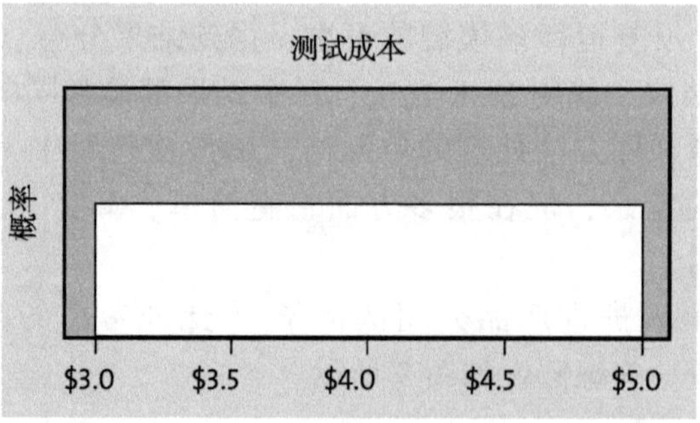

图 10　Clear View 案例的蒙特卡罗假设

B. 二项分布

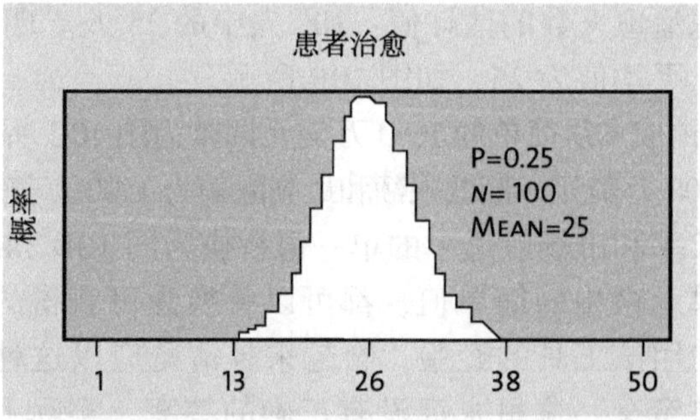

C. 三角分布

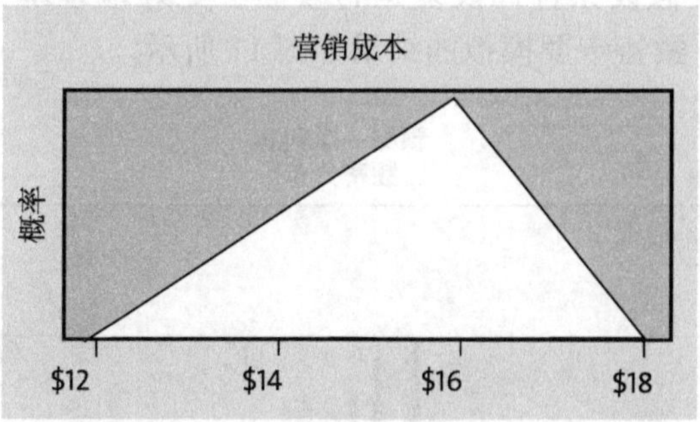

D. 自定义分布

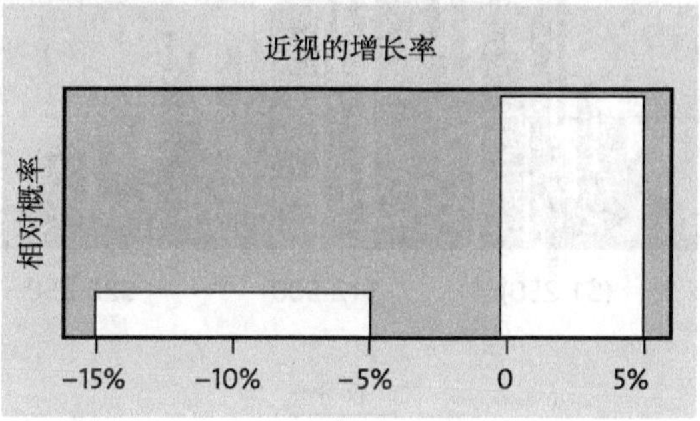

E. 正态分布

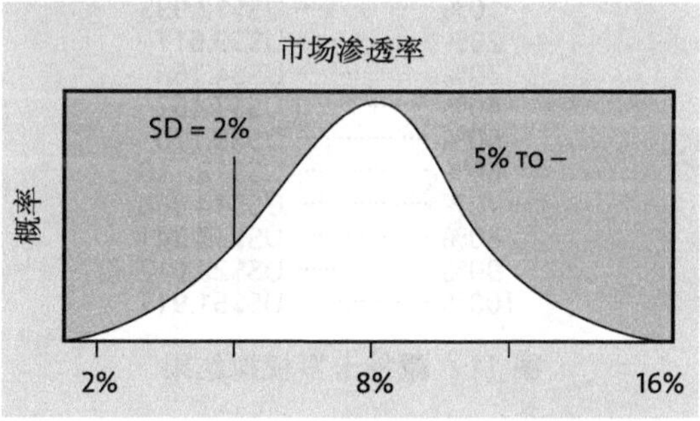

图 10　Clear View 案例的蒙特卡罗假设（续）

首先，考虑测试成本。初始模型假设的测试成本为 400 万美元。假设成本在 300 万美元到 500 万美元之间的可能性是相等的，但绝不会低于 300 万美元，也不会超过 500

万美元。图 10A 显示为在左上方均匀分布。

接下来，重新考虑治愈人数的估计值：100 人中的 25 人。现在假设属于二项分布，一种常见的自然分布，平均值为 25，如图 10B 所示。

现在，将假设的营销成本从简单的 1600 万美元调整为图 10C 所示的三角形分布。显示出最有可能的结果为 1600 万美元，最低限额和最高限额为 1200 万美元和 1800 万美元。

类似地，市场增长率和市场渗透率的单一值替换为图 10D 和图 10E 所示的分布。

电子表格中每个单元格中的简单值，都可以替换为可获得的任何概率分布。一旦技术转移经理积累了使用该工具的经验，会越来越清楚应以这种方式处理哪些单元格以及哪些概率分布最有意义。这里永远没有正确的答案。实际上，这种方法的强大之处在于，可以通过改变假设条件而反复运行模型，更好地理解关键假设的更多细节，以减少总体不确定性。蒙特卡罗模拟的结果如图 11 所示。

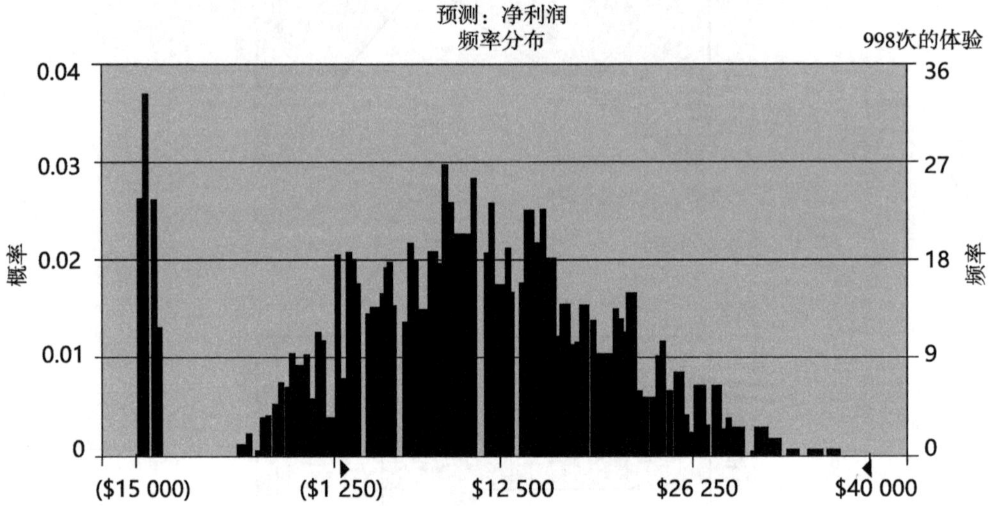

百分比	
0	US$14.939
10%	US$12.933
20%	US$0.617
30%	US$4.166
40%	US$7.402
50%	US$9.770
60%	US$12.110
70%	US$14.968
80%	US$18.341
90%	US$22.612
100%	US$51.917

图 11　蒙特卡罗模拟结果

这个结果显示了商业投资运行 998 次时发生的事情。财务结果包括了最糟糕的情形，即所有事情都以错误的方式（最高的营销成本、治愈患者数量最少等）呈现而损失 1490 万美元，以及最有利的情形，即一切运行正确，净收益 5190 万美元。有一半的时间，净收益不到980万美元，还有一半的时间，净收益比这一数值高。图11左侧的峰值则反映了由于治愈率太低，无法获得美国食品药品监督管理局（FDA）批准而损失严重的情形。

另一种越来越重要的高级方法，是使用实物期权*（与金融期权相对）。事实上，很多书籍探讨了在商业决策中使用实物期权法。它们可能可以用于早期的高风险技术，并且有用，因为实物期权不会以高的复合型风险调整最低预期回报率，严厉对待重大却遥远的未来成果。而DCF方法，假如未来10年可能会发生大量的普通风险，却能把价值10亿美元的机会算成几乎毫无价值。通过逐阶段评估机会、逐项评估风险的方法，实物期权可用于在决策和投资的过程中分散风险。笔者在Wiley出版社出版的书籍中介绍了这些方法，特别是笔者2003年在Wiley出版社出版的书籍：《达成交易：使用蒙特卡罗和实物期权分析方法开展商业谈判》（*Dealmaking*：*Business Negotiations Using Monte Carlo and Real Options Analysis*）。这些书籍介绍了更全面的蒙特卡罗和实物期权方法，以及谈判的规划和策略。《基于技术的知识产权价值评估和定价》（*Valuation and Pricing of Technology Based IP*）的2003年版本还对各种形式的交易结构和金融支付方法进行了更广泛的讨论。

5.6 拍卖

对这些方法和工具的分析是从考虑使用行业标准开始的。然而从某种意义上说，考虑各种选择也让这种分析就此结束。拍卖只是具有竞争潜力的买家出价的一种正式方式。这种方法，可以追溯到古代，是一种普遍的商品交易形式，从纽约证券交易所到业主破产的房地产商品市场和司法拍卖都广泛采用。

然而，由于各种结构性困难，拍卖较少用于技术许可领域。最重要的障碍之一是，任何技术许可买家都需要进行广泛的尽职调查和分析。想象一下，在股票交易所现场出价，与以100美元出售100股IBM股票，或以每蒲式耳3美元出售100蒲式耳玉米之间的区别，这些都是无须进行调查就可明确到底销售的是什么产品或者市场是否存在。与此相比，一家电子公司的副总裁收到一所大学或研究所的来信，提出要许可或出售蓝绿激光制造新方法的专利组合。对于副总裁来讲，即使出于未来利益而理性思考过，也必须努力学习，确定所提供的技术与公司已有技术或其他已发表文献在开发阶段、关键优势、知识产权保护范围等方面的差异。

采用拍卖法的另一个障碍是，许可交易更加碎片化，比起单纯的现金支付，比如IBM股票或蒲式耳玉米交易，许可交易通常要复杂得多。支付一笔或多笔预付款是常有的事，专利提成费、研发机构追加的研发投入以及许多其他交易也是如此。这些情况对于投标人之间相互沟通或卖方进行比较，都不容易。

尽管如此，知识产权拍卖实际上也会发生。最常见的情况是因为停业或破产，投资者想收回部分投资，而公司不能独立继续经营。所有各方都明白，法院已判决，资产将出售给出价最高的人。

---

* 实物期权是指以实物资产或知识资产为标的资产的期权。——译者注

洛克菲勒大学（Rockefeller University）发现的脂肪基因，是来自大学的著名许可案例。据《商业周刊》的一篇文章报道，[53] 洛克菲勒大学和新成立的一家生物技术公司就通过基因“治愈”肥胖的发明开展谈判，这也引起了其他公司极大的兴趣，并触发了其他类似谈判。当许多公司都表示有兴趣（据报道超过十几家）时，所有公司都被邀请参与竞标。1995 年 2 月 28 日，洛克菲勒大学宣布，Amgen 公司中标，其愿意在协议签署时支付 2000 万美元，并包括尚未明确的许可提成费。按洛克菲勒大学学术主管副校长的说法，“Amgen 购买的是一个科学概念”，一个非常有价值的科学概念。

洛克菲勒大学的这个基因被认为具有极高的潜在价值，赋予其相当大的议价能力（有人认为它引发了一场疯狂收购）。在大多数许可情况下，卖方/许可方根本无法吸引到足够数量可同时参与竞标的竞标者。这是因为尽职调查的成本以及成功收购的可能性很低，使本已忙碌的公司更愿意利用宝贵的时间和精力做其他事情。笔者在 Wiley 出版社出版的书籍中也包括了一些成功和失败的其他拍卖案例。

6 结语

本章从一封请求投资的信开始，并以另一封信结束（同样，这是一封风险投资家收到的真实的信）：[54]

> 嗨，你好吗？我的工作对于地球生命的生存必不可少。我需要钱。最低投资额为 100 000 美元。利润 25%。谢谢。

这封信具备良好营销手段的所有基本要素：友好的开头、陈述使命、表达需求、明确利益、友好的结束。现在，你应该拥有了判断这是否是一个良好交易的方法。

最后，对于那些阅读了所有这么多页内容、看完了所有数字的人，可能发现自己完全迷失了方向，我理解你们，作为读者，希望此时我引导你们得到一个数字。OK，这个数字就是 3. 14156。这是笔者能做的最好的事情，请谨慎使用。这就是你需要知道的全部，祝定价愉快。

RICHARD RAZGAITIS, *Senior Advisor, CRA International, Inc., P. O. Box 65, Milford, NJ, 08848, U. S. A. richard@razgaitis. com*

1 The initial version of this chapter was created during the author's tenure with Battelle Memorial Institute, a relationship the author gratefully acknowledges. For more on this topic see Razgaitis R. 1999. *Early Stage Technologies: Valuation and Pricing*, John Wiley & Sons; Razgaitis R. 2002. Technology Valuation. In *The LESI Guide to Licensing Best Practices: Strategic Issues and Contemporary Realities*, chap. 2. John Wiley & Sons, 2002; Razgaitis R. 2003. *Valuation and Pricing of Technology-Based Intellectual Property*. John Wiley & Sons; Razgaitis R. 2003. *Dealmaking: Using Monte Carlo and Real Options Methods*. John Wiley & Sons. For further information about the author, visit www. razgaitis. com.

2 Malone MS. *Upside*. September 1992.

3 See, also in this *Handbook*, chapter 11. 11 by D Bobrowicz.

4 *The American Heritage Dictionary*, New Collegiate Edition. 1980.

5 If the licensor has multiple licenses (that is, two for two different applications within the same territory), it is not uncommon to have each licensee pay half the patent costs. When developing the initial agreement with the first licensee, the language can provide that, in the event that there is a second licensee, the cost would be shared.

6 Even for conventional manufacture, this approach to pricing is rapidly being supplanted by value pricing. This is because it has been determined that, in many cases, such pricing shielded manufacturing and overhead inefficiencies that are not being tolerated by a market that can turn to more efficient sellers. In other cases, such a cost-based approach did not capture, for the seller, the high value present in its products.

7 Notice that even in this example there are some important risks and timing issues. The technology, in this example, is in hand, ready, and works. Launching an R&D project always involves risk, no matter how confident anyone may claim to be about the outcome. For example, it may be that no alternative workaround is possible, or that it will take $20 million, or that it will only work 80% as well, or that it will take much longer than anticipated, and so on. Having something in hand today is less risky than attempting an independent solution. On the other hand, there are many examples where a highly sophisticated buyer can invent around an institution's invention cheaply and quickly, even though the institution may have made an enormous investment indeveloping the invention in the first place.

8 Science & Technology Agency, Japan. Class A Technological Assistance Agreements (1975).

9 Actually, in reviewing the bottom of the table, under electrical, it appears that two agreements had no payments at all. So more than half of the agreements had no upfront fee!

10 McGavock DM, et al. 1992. Factors Affecting Royalty Rates. *les Nouvelles* June 1992. p. 107. The data presented was obtained from the voluntary response to a mailed survey. The authors caution that the number of replies may not be statistically significant. Also, given the nature of voluntary replies, there is no assurance that the survey is not biased.

11 Nelsen L. 1989. University Patents. Presented at the 1989 AUTM Annual Meeting. These rates were not determined by a scientific study; rather, they are typical ranges estimated by Lita Nelsen, Director, Technology Licensing Office, M. I. T, based on extensive experience in this area.

12 Adapted from article published by Corey G and E Kahn. 1991. How to Negotiate Reasonable Royalty Rates for Licensing Novel Biomedical Products. *Genetic Engineering News* July-August 1991. p. 4. A related article by the same authors was published in 1990 as Biomedical Royalty Rates: Some Approaches. *Licensing Economics Review* December 1990. p. 13.

13 Adapted from Corey and Kahn (*supra* note 2).

14 Kiley T. 1990. *IPH Newsbrief* April 1990.

15 Ibid.

16 Source: Communication from the seller.

17 Private communication, Emmett Murtha, November 1993.

18 Mike Carpenter presented at workshop given at the 1979 LES Annual Meeting.

19 Ibid.; See also the list of reasonable royalty determinations in Einhorn: *Royalty Patent Licensing Transactions* vol. I, sec 303, pp. 3-11ff; or search DIALOG.

20 There is a widely held perception that royalties determined or negotiated before the mid-1980s, when the Court of Appeals for the Federal Circuit was established, are lower than rates established since.

21 See Einhorn, *supra* note 19.

22 Stevens A. 2000. Finding Comparable Licensing Terms. *AUTM Technology Transfer Practice Manual.* Part VII, Chapter 5. AUTM: Northbrook.

23 Edwards, M. Workshop presented at the AUTM 1993 Annual Meeting. Since these data were published by Mark Edwards there has been an enormous increase in the number of such transactions, especially in the "life sciences/health" area. Examples of such additional data are available at www. recap. com.

24 For more discussion on obtaining copies of comparable agreements see Stevens AJ. 2002. Finding Comparable Licensing Terms. *AUTM Technology Transfer Practice Manual*, Second Edition. part X, chap. 3.

25 Feinber RA. 1982. *APA Proceedings*. Division of Consumer Psychology. p. 28.

26 Ibid.

27 Arnold T and T Headley. 1997. 100 Factors. *les Nouvelles*, March 1987. p. 31.

28 Degnan SA and C Horton. 1997. A Survey of Licensed Royalties. *les Nouvelles*, June 1997. pp. 91-96. Reprinted with permission from *les Nouvelles*.

29 When using a savings approach, the technology transfer manager should build in some inflation factor to avoid collecting 25 cents a unit over a 15-year period when inflation eats into the real value of the royalty. Remember, the \$1 savings is \$1 in the currency of the year that the royalty is calculated (in this example). Ten years later, with inflation or increasing costs of electricity or a particular raw material, the savings could be \$8 in the currency of that tenth year. The agreement should normally have some provision for the calculation of royalty to similarly inflate in dollars so that, as in this example, it would yield \$2 in the tenth year.

30 This particular form of the definition is adapted from an article by Sommer EM. 1993. Patent and Technology License Agreements Explained. *The Licensing Journal*, August 1993. p. 3ff. This article and other similar sources also deal with an important but complicated issue of transfer pricing: that is, when a licensee sells or transfers the product made by the practice of the technology to another division or a subsidiary of the licensee.

31 All the materials, labor, electricity, and all other variable costs attributable to the manufacture of the product sold.

32 Because this is a gain in a part of the statement where reductions are applied, it is shown as a negative number; minus a minus means a plus, and so forth.

33 Ibbotson and Associates, Chicago, Ill. www. ibbotson. com.

34 Robert Morris Associates, Philadelphia, Penn.

35 Data from RMA Annual Statement Studies, 1991. published by Robert Morris Assoc.; Philadelphia, Penn.

36 *W. L. Gore and Associates v. International Medical Prosthetics*, 16 USPQ Second. p. 1257.

37 Lee Jr. W. 1992. Determining Reasonable Royalty. *les Nouvelles*, September 1992. p. 24.

38 Duke Leahey has included this point in various talks. The version here was the subject of a private communication in 1993.

39 This is part of a long, impassioned argument between business and science. Science argues that it is unwise to develop and apply technology that is not completely understood. Business says: If we took that view, we would still be sitting on a rock and arguing about the Pythagorean Theorem—so, let's get on with it.

40 Smith and Parr. 1989. Valuation of IP & Intangible Assets. Wiley. p. 125. See also, Razgaitis, *Valuation and Pricing of Technology-Based Intellectual Property* (*supra* note 1); see also, numerous papers and books by Gordon Smith and Russ Parr on DCF methods and ways of separating intangible and tangible val-

ues.

41 Some people prefer to use a mid-year convention: that is, the costs and revenues occur on average on one day, halfway through the year. For this convention, it should be 1/2, 3/2, 5/2, and so on, which can be generalized by using a discount factor of $(1+k)^{(2n-1)/2}$.

42 Smith G and R Parr. 1990. Royalty Rate Analysis Techniques. *Licensing Economics Review* November 1990. p. 9ff; also published in the 1991 Supplement to the Razgaitis' *Valuation of Intellectual Property and Intangible Assets* (*supra* note 1). Smith G and R Parr have written extensively on this subject. Their organization publishes the journal *Licensing Economics Review*, which frequently includes articles on the application of this method, as well as other news and information on valuation, pricing, and other IP matters.

43 This model assumes that the licensor received upfront and minimum payments as part of the \$10 million investment by the licensee and a reasonable royalty throughout all the period that the product was in commerce, so that the \$126 million cash flow to the licensee was net of all the licensee's expenses, including royalty.

44 Also assumed in this model is that there is no net residual value or cost after the product is withdrawn from the market and the business is exited.

45 A quote heard during a talk by Ray Rogers, finance professor at the University of Michigan Business School.

46 The summary incorporates some of the terms and values by Timmons. (See Timmons JA. 1990. *New Venture Creation*).

47 Paul Purcell of Battelle, and others, have provided valuable initial insights to negotiating and valuation contexts.

48 Earlier in this chapter, Kiley (see *supra* note 15) proposed nonexclusive royalties as being approximately onehalf the royalties paid under an exclusive license. The economic rationale for such a differentiation would need to derive from comparing the NPVs of two DCF scenarios—one as an exclusive license and one as a nonexclusive license. Although it seems obvious that the nonexclusive licensee royalty should be less, it is difficult to generalize what a fair difference should be.

49 Razgaitis R. 1999. *Early-Stage Technologies: Valuation and Pricing*. John Wiley and Sons. Razgaitis R. 2003. *Valuation and Pricing of Technology-Based Intellectual Property*. John Wiley and Sons.

50 However, this author generally recommends that a licensor of early-stage technology not sell out for a one-time, upfront payment. Exceptions to this rule, as to most rules, can be warranted, as discussed in the text.

51 The two products currently available for personal computers are Crystal Ball®, sold by Decisioneering of Denver, Colo., (800/289-2550) and @ Risk®, sold by Palisades, New York (607/277-8000). Both require the use of a spreadsheet program such as Microsoft Excel®.

52 Crystal Ball, sold by Decisioneering of Denver, Colo.

53 *Business Week*, 20 March, 1995.

54 See *supra* note 2.

第 9.4 章

生物勘探样本的价值评估：方法、计算和对政策制定者的启示

威廉·H. 莱瑟尔（WILLIAM H. LESSER）

美国康奈尔大学应用经济与管理系主任，

科学和商业 Susan Eckert Lynch 席位教授

阿纳托尔·克拉蒂格（ANATOLE KRATTIGER）

美国亚利桑那州立大学生物设计研究所研究员；

生物发展国际研究所主席；美国康奈尔大学兼职教授

译者 刘芳 **审校者** 李雪 王友华 张熠

摘 要

本章说明了种质资源勘探（germplasm prospecting）* 合同中收取各种材料收集费和许可提成费所产生的后果。主要影响因素是能否找到适合市场的产品，以及能否判定这些产品的价值。谈判是在收取材料收集费（开始）与许可提成费（稍后）之间取得良好平衡。除非国家利率非常高，否则注重收集材料收费会减少总体付款。在本国利用本土知识进行材料筛选而降低失败的风险，是有价值的。本章概述了合同谈判者面临的问题，并讨论了对生物多样性保护的影响。从概念上讲，最高级的价值评估方法，即许可提成费，将最大限度地鼓励遗传资源保护，但由于各方通常会严重低估未来的收益，收取材料收集费的方法可能是最有效也最能得到更多关注。本章还对各国政府、非政府组织（NGO）和发展机构的政策考虑进行了总结，从中可以得出结论：为本

Lesser WH and A Krattiger. 2007. Valuation of Bioprospecting Samples: Approaches, Calculations, and Implications for Policy-Makers. In *Intellectual Property Management in Health and Agricultural Innovation: A Handbook of Best Practices* (eds. A Krattiger, RT Mahoney, L Nelsen, et al.). MIHR: Oxford, U. K., and PIPRA: Davis, U. S. A. Available online at www.ipHandbook.org.

* 种质资源勘探是为获得具有商业价值的遗传和生化资源而开发生物多样性，来源：UNEP/CBD/COP/5/INF/7。——译者注

国筛选种质资源而设立的赠款/贷款和培训/设备，是一项长期可行的活动，应该给予高度重视。

注意，本章使用的数字和计算仅用于说明情况。遗传资源样本的价值评估以及整个国家的生物多样性评估，是一场取决于诸多因素的谈判，这些因素包括公司替代性投资选择方案、可用于先导化合物的替代技术、利率以及一系列风险因素，例如展开生物勘探谈判的特定国家的政治局势。国家的政治局势是一个关键因素：价值评估是会导致重要政治后果的计算过程。另一个复杂因素是需要保密，国家和公司通过保密掌握其整体业务状况。无论是一个公司，还是一个国家都不可能出于谈判目的而对外分享其价值评估的根据，因为它们都不想向其他实体提供有关机会的信息。因此可以得出结论，从实用的角度来看，正确的价值评估是：（1）为国家提供补偿和其他收益，使其不会感到被利用，而且能够承受选民的批评；（2）为被许可人（通常是公司）提供机会，使其能够以合理的成本获得业务所需的关键原始材料或半成品。

1 引言

自1992年《生物多样性公约》（Convention on Biological Diversity，CBD）通过以来，传统知识的法律地位成为国际争论的焦点。与CBD同时发生的是，默克公司（Merck & Co）与哥斯达黎加国家生物多样性研究所（the National Biodiversity Institute of Costa Rica，INBio）达成了交易，并被广为宣传，交易的主要内容是公司支付其在哥斯达黎加保护区内收集种质资源的费用和许可提成费。重要的是，该协议在1994年、1996年和1998年分别以相同的条款续签。到2004年，基于合作而提交的专利超过27件，并已完成了一定数量的植物、昆虫和环境样本提取物的潜在用途研究，该协议使INBio获得了技术、团队和培训，标志着INBio完成了一系列交易中的首个交易（表1）。

> 注意：我们已经谨慎指出，本章示例中使用的货币数字是说明性的，重要的是注意这些数字不能用于实际谈判。在笔者看来，对生物勘探交易感兴趣的人总体上很少，主要原因之一是，对重要药物巨大市场潜力的预期，可能会损坏产业应用市场潜力很低的生物勘探样本交易。

遗传资源收集活动，即所谓的生物勘探，在许多文章中受到了相当多的关注，并促成了收集样本和从样本中提取化学物如何付费的讨论。但是，讨论通常泛泛而谈，仅重点关注研究需求、基本权利和道德义务。CBD本身以语言宽泛、具有多种解释可能性而闻名。对于付款问题，CBD建议“……在共同商定的条款下，公平公正地分享研究开发的结果以及从遗传资源的商业和其他利用中产生的利益”［第15（7）条］。该文件没有明确规定恰当的支付方法，或针对特定用途的种质资源价值评估体系。CBD生效后整整10年，这个话题仍然受到关注，但到其通过15年后，该问题也没有得到解决。显然，就实际条款和支付方法无法作出决议，因为这将取决于市场条件、替代技术（例如重组化学等）和其他因素。我们希望说明可用于计算许可提成费率和材料收集费用的方法。

表 1　1991 年至 2002 年 INBio 所签署的主要合作研究协议

产业或学术合作伙伴	获取的自然资源/目标	主要应用领域	哥斯达黎加的研究活动/年
康奈尔大学	INBio 的能力建构	化学药品勘探	1990—1992
默克公司	植物、昆虫、微生物	人类健康和兽医	1991—1999
英国技术公司	DMDP（具有杀线虫活性的化合物）*	农业	1992—现在
ECOS	费利佩薄荚豆属，DMDP 的来源	农业	1993—现在
康奈尔大学和美国国立卫生研究院	昆虫	人类健康	1993—1999
百时美施贵宝公司	昆虫	人类健康	1994—1998
奇华顿公司	植物	香水和香精	1995—1998
马萨诸塞大学	植物和昆虫	杀虫组分	1995—1998
Diversa 公司**	来自细菌的 DNA	工业用酶	1995—现在
INDENA SPA 公司***	植物#	人类健康	1996—现在
Phytera 公司	植物	人类健康	1998—2000
英国斯特拉斯克莱德大学	植物	人类健康	1997—2000
礼来公司	植物	人类健康和农业	1999—2000
Akkadix 公司	细菌	杀线虫蛋白质	1999—2001
FollajesTicos****	植物	观赏应用	2000—现在
La Gavilana S. A.	木霉#	香草病原菌的生态控制	2000—现在
里桑实验室股份公司	无#	标准化植物用药物生产	2000—现在
三角梅股份公司(Bouganvillea S. A)	无#	标准化杀虫剂生产	2000—现在
农业生物技术股份公司(Agrobiot S. A.)	植物#	观赏应用	2000—现在
圭尔夫大学	植物#	农业和保护目的	2000—现在
佛罗里达冰雪和农场公司(Florida Ice & Farm)	无#	技术和科学支持	2001—现在

* DMDP 为源自天然的植物农药，即 2,5-二羟甲基-3,4-二羟吡咯烷。——译者注

** 以圣地亚哥（Sandiego）为基地的生物技术公司。——译者注

*** 位于意大利专门做植物提取物生产和销售的跨国公司。——译者注

**** 西班牙语，蒂科斯树叶。——译者注

续表

产业或学术合作伙伴	获取的自然资源/目标	主要应用领域	哥斯达黎加的研究活动/年
锥虫病空间计划（Chagas Space Program）	植物，真菌[#]	锥虫病	2001—现在
SACRO	植物[#]	观赏应用	2002—

[#] 这些协议包括了INBio提供的重要技术和科学支持。

来源：Cabrera Medaglia 2004

本章的目的还包括提供有关种质资源收集替代性付款收益结果的条款。尽管会用近似的数值来说明情况，但我们不是尝试提供材料的实际市场价值。通常，种质资源丰富的国家会以固定的初始付款（收集费用）、基于最终商业产品销售的延迟性付款（百分比形式的许可提成费，即利益分享的一种形式）或者二者相结合的形式收费。可以证明的是，当找到商业化产品的可能性很小时（失败的风险很大），注重初始付款只能以显著降低许可提成费率为代价，因此预期的总收入也会明显降低。失败风险的重要之处在于，通过初步的本国筛选工作降低失败风险可以极大地改善获得收入的前景。这是否可行，取决于本国的技术、设施和成本，这些无法在这里进行评估。利用植物的本土知识是降低失败率的另一种方法，可以增加样本的价值，也可用于确定为分享知识的土著群体支付适当费用。

此处使用的示例是默克和INBio协议中提到的医药产品药物勘探。药品通常是高价值产品，收入可能很大。然而，开发方法是通用的，也可以用于其他产品，如作物品种和化妆品。找到有用的种质资源和最终产品的价值，存在不同的可能性，会得出不同的结论。例如，将植物品种置于供种质库公开获取的长期做法（但可能正在发展）限制了该材料的市场价值。

本章不准备去确定种质的特定市场价值。迄今为止，这方面已做出大量努力，甚至可追溯到十多年前，它属于笼统性概念，或者仅与发达国家的具体实例有关。尽管如此，众所周知，生物多样性具有两种类型的价值，分别是：

（1）直接价值

-消费性使用价值（源自钓鱼运动、生存狩猎、采集等活动）

-生产性使用价值（如伐木产生的价值）

（2）间接价值

-非消费性使用价值（来自旅游等活动）

-期权价值（源于延迟破坏性使用，直至能够更好地理解其用途和价值）

-存在价值（遗产价值，即留下资源供后代消费）

价值评估非常复杂，除了生产利用价值外，其他使用形式都与可以直接确定价值的市场产品无关。而利用其间接价值（如旅游支出），或者期权及存在价值等相当深奥的价值，又不能解释得很清楚。然而，价值评估很重要，因为它说明了保护的潜在经济理由，或者更确切地说，对于种质资源勘探，说明了以可持续用途替代伐木等破坏性用途的潜在经济理由。

高级复杂的价值评估，需要讨论把选择另一个互斥用途而放弃的期权价值，作为机会成本恰当地增加进去（例如，砍伐殆尽的机会成本是种质资源勘探）。机会成本有时会计算进去（通常选择互斥的投资机会时，公司会这样做），但传统上，从来没有从选定用途的价值中减去，即使有时认为应该这样做。从概念上讲，因为存在多种可能性，没有理由把机会成本限制在某一单一替代用途上，也没有理由不将间接收益（例如，从用于耕作或放牧的土地中伐木获得的那些利益）添加到应用价值中去。与当前消费相比，延迟消费还存在未来收入贴现率的问题——类似于降低利率。通常，私人（个人和公司）贴现率大于社会贴现率，尽管确定社会贴现率是开放的，可以有不同的解释。然而，正如任何在 10 年或 20 年期间偿还贷款的人认识到的，利率的微小变化会对结果产生重大影响。实际上，如何利用机会成本是一个尚未解决的复杂问题。

2 定价选择

20 世纪 90 年代早期的 Merck/INBio 协议中，采用了两种主要支付方式的组合：收集费用和许可提成费。默克向 INBio 支付了 110 万美元的费用以及最终产品销售额的未公开许可提成费率。在 Merck/INBio 案例中，收集费用可以以服务的方式全部或部分支付，例如为本国科学家提供筛选程序的培训或设备。此处要展示的是初始付款（而不是延迟付款）如何影响总收入。

签约公司倾向于延迟付款（许可提成费），就本文而言，我们假设该公司是一家跨国制药公司。延迟付款意味着公司不需要支付利息成本，如果在产品上市以及获得收益之前支付，则需要支付利息费用。药品进入美国市场可能需要长达 12 年的时间，因此利息成本会相当可观。重要的是，初始付款会将失败的风险转嫁给公司，这样会增加收集和筛选成本以及开发费用。大约 12 000 次尝试才能发现一个成功产品，产品开发成本平均（包括失败成本）为 2.3 亿美元，风险确实很大。由于这些风险和利息因素，以及紧缩的预算和稀缺的外汇，签约国宁愿获得初始付款，也不愿选择后续不确定的许可提成费。但是，签约公司将会寻求降低总付款的形式寻求补偿，以承担额外的风险。我们要探讨补偿可能会是多少。

根据本文的目的，这里以一个基本协议在前期采样的基础上进行计算（以美元计）。该协议代表了认真谈判的结果，双方达成了最低限度的可接受条件，以此为出发点，双方不想在对方不做让步的情况下采取进一步行动。

表 2 显示了生物勘探协议所需要的变量估值。由于我们正在开发不同的变量，我们称这个为“基本”协议。

表 2　对基础协议变量的估算

基于每个样本			
项目	计算中使用的价值	范围	评价或参考
收集费	50 美元	20~200	数字包括了实际成本（包装、运输和相关成本），但不包括返还的利润
许可提成费	5%	1%~5%	总销售额的许可提成费
发展中国家利率[a]	15%	10%~25%	货币严重紧缺的发展中国家使用的贴现率（可能是最低标准数字）
公司利率	7%	5%~9%	大公司收取或被收取的公司利率；由于发达国家信用评级更高，信贷市场更有效，因此低于发展中国家的利率
产品价值	5 亿美元	1 亿~10 亿+美元	开发出来且在整个产品的生命周期内的全球销售总额。预期市场低于 1 亿美元的话，回报通常无法支撑开发和获得批准的成本
开发延迟期	10 年	10~12 年	—
命中率	1 : 12 000	1 : 6000~1 : 30 000	收集的材料产生可销售产品的概率

[a] 这个数字代表硬通货贷款的利息，例如以美元计价的贷款，它并不反映通货膨胀期间当地货币贷款偶尔会有很高的利率 —— 高达和超过 100%。

从表 2 可以计算出每个收集样本的预期回报，如表 3 所示（为方便起见，数字是四舍五入的），其中包括 12 000 个样本合同的总价值。当然，大多数样本将按平均 50 美元（初始付款）收取，而 12 000 分之一即是将收取 2500 万美元。换一种说法则是：

5 亿美元的 5% 许可提成费 = 2500 万美元

这是一般性平均值，命中[2] 可能性的范围很广。因此，选择这种方法的国家将以“经济繁荣或萧条”的模式进行运作。收集费用包括成本，因此，只有命中才会产生实际收益，所估计的 1/12 000 命中率的范围（概率分布）并没有确定。因为高利率（15%）和 10 年延长期，2500 万美元现值仅为 600 万美元。图 1 显示了许可提成费率和产品价值是如何影响这些价值的。

表 3　基础协议的预期回报计算

项目	基于每个样本			全部合同
	计算	等式[b]	回报	12 000 个样本
收集费用	—	—	50	60 万
10 年内支付的许可提成费	$5\% \times 5$ 亿$\times \frac{1}{12\ 000}$	[1]	2000	2500 万
许可提成费现值[a]	$\frac{2\ 000}{(1+i)^n}$	[2]	500	600 万
预期总现值	50+500	—	550	660 万

[a] 其中 i =15%（发展中国家利率水平）并且 n=10 年（开发延迟期）

[b] 指文本中的编号等式

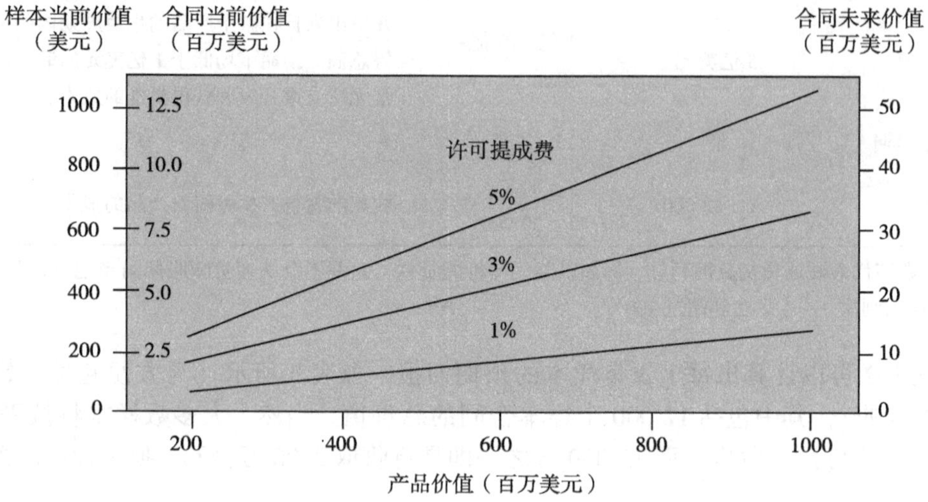

注：计算中包含了每个样本 50 美元的初始收集费用。其他变量为 15% 的发展中国家利率，10 年的发展延迟期，以及 1/12 000 的命中率。

图 1　合同当前和未来价值与产品价值和许可提成费的关系

3　与许可提成费相比，收集费用更受重视

提前收费，强调当前收款而以长期的许可提成费为代价，这样会产生什么后果？就该实例而言，假设收集费用增加了 150 美元，每个样本的收集费用增加到 200 美元，这样会发生什么变化？我们假设基本收入情况保持不变，只有时间表改变。由于只有两个支付参数（收集费用和许可提成费率），增加一个必然会减少另一个。

提高收集费用必然要降低许可提成费率，有几方面原因。首先，存在美元直接转移支付。其次，在本案中，今天而不是未来 10 年内付款，公司的支出中将增加隐含的利息费用（从技术上来说是折扣）。第三个，也是计算起来最复杂的，是公司承担的风险发生了变化。根据基本协议，由销售国承担大部分风险；如果没有适销产品，则不

会支付许可提成费。这里使用的命中率1/12 000是平均值和近似值。12 000个样本可能不会产生可销售的产品或只产生价值较低的产品。将许可提成费转为收集费用，实际上意味着已经“预付”了一些许可提成费，因此产品失败是公司的损失。也就是说，该公司承担了额外的风险损失。在这方面，签约公司像银行家一样行事，而实际上任何私人公司都一样，是风险/回报的管理实体，承担额外风险的同时要求获得财务补偿。而所需的补偿是可以估算出来的。

将收集费用提高150美元将使该公司的预期成本增加180万美元。换一种说法：

$$12\ 000 \text{个} \ 150 \text{美元} = 180 \text{万美元}$$

此外，现在就要支付，而不是10年后，因此该公司的总成本（包括利息）为350万美元，即根据表3和等式［2］得：

$$180 \text{万美元} \times (1+7\%)^{10} = 350 \text{万美元}$$

然后，该公司仅愿意支付2150万（2500万－350万）美元的许可提成费（来自表3），则有效许可提成费率变为：

等式［3］：

$$\frac{5\%}{2500 \text{万美元}} = \frac{x}{2150 \text{万美元}} \longrightarrow x = \frac{107.5}{25} \times 100\% = 4.3\%$$

但该公司接受了额外的风险（价值180万美元），并希望得到补偿。可以使用以下等式计算金额：

等式［4］：

$$\text{风险变化大小} = \frac{\text{付款的变化}}{\text{付款}} = \frac{3.5 \text{美元}}{21.5 \text{美元}/(1.07)^{10} + 0.6 \text{美元}} = \frac{3.5}{11.5} = 30\%$$

因此，该公司愿意提供降低30%的许可提成费率，即：

等式［5］：

$$4.3\% \times 0.3 = 1.3\%$$

现在，新的许可提成费率是3.0%，即根据等式［3］得：

等式［6］：

$$4.3\% - 1.3\% = 3.0\%$$

这比原始值低了40%。现在，每个样本预期付款的新的现值可以计算为：

等式［7］（根据表3，等式［1］和等式［2］）：

$$200 \text{美元收集费用} + 3.0\% \times 5 \text{亿美元} \times \frac{1/12\ 000}{(1.15)^{10}}, \text{或} \quad 200 \text{美元} + \frac{1\ 250 \text{美元}}{4.045} = 500 \text{美元}$$

因此，该国放弃了每个样本 50 美元（550 美元-500 美元）或 9%的费用，以确保付款及时性。

从这个例子中可以得出一个重要结论：随着种质资源供应国的利率增加，或者更准确地说，随着它的利率与签约公司的公司利率（本例中为 7%）之间的差距增加，种质资源提供国的不利之处会下降。在国家利率接近 20%时，表 4 使用的上述数字显示出这种不利减少到零；利率更高，国家境况更好。公司以优惠的利率借款，并以同样的利率加上风险溢价借给该国。这种方法可能是销售国的有效融资方式，但必须考虑其他几个因素。

表 4　不同国家利率对预期总现值的影响

利率	10%	15%	20%	25%
收集费用	50	50	50	50
许可提成费现值[a]	775	495	325	215
预期总现值/样本	825	545	375	265
收集费用	200	200	200	200
许可提成费[b] 现值	465	300	195	130
预期总现值/样本	665	500	395	330
国家损失/收益[c]	-160	-45	+20	+65

[a] 根据表 3 中的等式［2］（结果四舍五入）：2 000 美元/（$1+i$）^{n}

[b] 根据表 3 中的等式［2］（结果四舍五入）：1 250 美元/（$1+i$）^{n}

[c] 收集费用为 200 美元的总预期值/样本-收集费用为 50 美元的总预期值/样本

第一，签约公司必须同意这种安排（并非所有安排都会得到同意）。第二，15%是相当高的贴现率，对未来收益大打折扣。请注意，该国正在向公司支付 7%的费用，同时未来的折扣率为 15%，总折扣率则为 22%，这将使未来的许可提成费减少到 1/7（根据表 4，等式［2］）：

$$2500\text{ 万美元}/(1+0.22)^{10}\text{ 或者 }25/7.3$$

第三，也是最后一点，该国实际上是在为未来借款；如果受到打击，将减少额外收入。虽然对后代来说是不可取的，但这种方法确实提高了对种质资源价值的认识。这里再次提到 Merck/INBio 协议，收集费用超过 100 万美元（一个相当微不足道的数字），得到了所有公众的关注，而许可提成费的数字水平从未被公开，并且可能代表更大的数字。

应该指出的是，在不了解具体国家环境的情况下很难提出适当的贴现率，它可能也不是一个客观数字。个人贴现率的概念，即桌子另一边的人的内在化风险，政治和经济的不稳定，以及对资金的即时需求，都可以在收集费用和许可提成费之间进行选择时起主要作用。

4 为筛选工作付款

《生物多样性公约》以及在其他一些情形，重视种质资源勘探的其中一个理由，是给一个国家（增值）提供了大量的服务，而不只是种质原始材料的出口。重视种质资源勘探不仅增加了支付能力，而且增强了国家的科学能力，同时摆脱了对商品出口的依赖。现在我们要研究的是通过这种方法获得的收入。我们没有尝试去提高该方法的实际可操作性，因其取决于原产国是否具有经过充分培训的工作人员和足够的设施，从而能够准确、及时并经济有效地完成筛选工作。由于包装和运输成本以及一些化合物的挥发性，在原产地附近开展筛选具有一定优点。另一方面，有些筛选程序的技术很复杂，或者对于传染病，要求高标准的隔离设施。至少从目前来看，远离大公司实验室开展筛选是不可行的。

开发可销售的药品经历了几个阶段，从初步筛选开始，如果成功，则进行二轮筛选（包括分离和初步毒理学评估），然后进入药物开发阶段。为达到此目的，假设在本国进行收集和初步筛选，每个样本的成本为 200 美元。因为已经去掉了最没希望的样本，本案例中初步筛选后的样本具有 1/3 000 的命中率（是未筛选的 4 倍）。命中率取决于几个因素，包括筛选的严格性。这个命中率假设的是相对宽松的筛选，对很多发展中国家都是最适合的。

当然，筛选不会改变找到可商品化产品的潜在可能性。筛选仅增加了保留下来的样本的价值，因为它们比所收集的样本具有更高的可能性。但这是有成本的：每个保留下来的样本代表 4 个筛选后的样本，因此保留每个样本的成本是 800 美元。假设该国收取的是实际现金垫付费用，即每个样本 200 美元，但由于这些费用代表的是实际成本，因此该国家没有像前面第二个示例中的那样获利。付款可以按早前显示的许可提成费率计算方法进行计算，使用 1/3 000 的命中率和 800 美元的收集及筛选费用（数字四舍五入）：

等式 [8]（根据表 3，等式 [1] 和等式 [2]）：

许可提成费的现值：

$$5.0\% \times 5\text{ 亿美元} \times \frac{1/3\,000}{(1+i)^n} = 5.0\% \times \frac{167\,000\text{ 美元}}{4.04} = 2\,100\text{ 美元}$$

每个样本的总预期值：

$$800\text{ 美元} + 2\,100\text{ 美元} = 2\,900\text{ 美元}$$

每个样本的总预期值现在是基本付款的 5 倍多。

应该注意的是，许可提成费率和风险因素都保持不变。额外的“收集”费用仅仅是将公司内部的筛选成本转移到发展中国家，这并不会改变合约的基本价值。然而，这个计算是假设发展中国家的筛选质量与公司相同。如果发展中国家的筛选工作质量较差，筛选的价值会受到质疑，制药公司可能会拒绝这一选项。特别是在假阴性结果

（错误地排除了有希望的化合物）的情况下，不准确或不一致的结果必须重复进行。如果发展中国家的筛选总成本低于制药公司的筛选成本（由于工资和运输成本较低而形成的合理情况），那么资源输出国可以将差额作为利润。对于刚刚提到的示例，进一步想象制药公司的筛选费用为 150 美元，而在资源输出为 100 美元。那么总成本包括 50 美元收集费用，为 200 美元，而非 150 美元。从理论上讲，该公司应该愿意向资源输出的发展中国家支付 200 美元的全部费用，这将使每个样本的“利润”达到 50 美元（200 美元的付款-150 美元的费用）。如前示例所讨论的，许可提成费率和风险因素都不会改变。

现在，想象一下成本反过来，制药公司筛选的费用为 100 美元，出售的国家筛选的费用为 150 美元。发生这种情况的原因有很多，例如维护专用设备的成本很高或只是简单地缺乏经验和/或低效率。如果该国仍然通过谈判收取 200 美元的收集费用加上筛选费用成本，公司将把其中的 50 美元（200 美元付款-150 美元费用）视为更高的费用，类似于第二个示例。请注意，这里增加费用是第二个示例中显示金额的三分之一（50 美元/150 美元），不要重复计算。许可提成费率的降低幅度同样是该数额的三分之一，或者：

根据等式 [6]：　　$0.33\times(5\%-3.0\%)=0.66\%$

这给出了最终的费率：

等式 [9]：　　$5\%-0.66\%=4.34\%$

虽然数额不是很大，但它代表了一种损失，从长远来看可能不是一个可行的选择。

当然，这些计算仅仅是一种说明，而不是对国内开展筛选工作的实际可操作性的评价。此类计算需要有实际成本和结果的具体数字，但这种练习确实表明，经济的本国筛选是一项具有潜在价值的增值活动。如前所述，各国采用这一战略开展筛选的成本必须比承包公司的筛选成本低，但准确性也低。实际上，由于工资水平较低、运输成本节省以及其他因素，在国内开展筛选的成本较低，所以各方都可能从中受益。但是，在提供此项服务之前，各国必须在培训和设备/基础设施方面进行投资。投资来源有几种可能，包括使用收集费用（Merck/INBio 协议中略微提及）或通过双边或多边机构的赠款或贷款。

5 本土知识

有关植物的本土知识可以替代初步筛选工作的。例如，不被昆虫侵害的植物可能含有强效生物碱，可能是最重要的医药化学品。如果收集到土著居民鉴定过的具有特定属性的植物，则命中率会增加。为简单起见，在这里我们假设增加到 1/6 000。一些人认为，如果利用了传统知识信息，筛选的成功率可能会增加两倍或三倍。此外，鉴于找到所选植物的额外难度，假设单个样本的采集成本是 100 美元。那么付款额是（再次四舍五入）：

收集费用：100 美元

等式［10］（根据表 3，等式［1］和等式［2］）：

$$许可提成费的现值=5\%\times 5\ 亿美元\times\frac{1/6\ 000}{4.04}=5\%\times\frac{8\ 330\ 美元}{4.04}=1\ 000\ 美元$$

此示例中许可提成费的级别与基本情况相同，因为：

$$50\ 美元\times 12\ 000=100\ 美元\times 6\ 000$$

所以付款时间没有变化。同样，风险因素保持不变：

每个样本的总预期值：

100 美元+1 000 美元=1 100 美元（是基础水平 550 美元的两倍）

同样，虽然只是假设，但这个示例确实表明了本土知识具有潜在价值，至少对植物而言（本土知识一般对微生物和昆虫了解较少，因此指导价值较低）。每个样本 500 美元（方程式［11］）的额外数额，可以支付给土著群体，因为他们的知识具有价值，但必须建立适当的转移机制。

等式［11］（根据表 3，等式［2］）：

1 100 美元−100 美元收集费用−500 美元许可提成费现值=500 美元

6 结语

种质资源收集条款谈判是一个复杂的问题，并且由于原始形式的资源材料普遍缺乏可接受的价值而变得更加复杂。本文针对的是相关问题：如何划分当前（收款）费用和未来许可提成费。这两者是不同的，其在于是谁承担了寻找可用产品风险以及未来 10 年或更长时间内销售的资本成本/价值。此处给出的示例表明（但不保证），就总体预期付款而言，提高收集费用的代价是很高的。但是，对于外汇短缺而因此利率较高的国家而言，提高收集费用是从签约公司获得“借款”的一种经济手段。看似更有利的在本国开展筛选工作，选择之前必须仔细考虑成本、可行性和结果的可接受性。根据此处使用的示例，利用好本土知识也可以获得报酬，有望向远离市场体系的众多群体提供期权支付。但是，本土知识必须比大规模筛选更便宜才能被公司采用。

总体而言，鉴于目前的知识水平，收集种质资源的总付款额似乎有限。同样，与土著群体的需求相比，支付给他们的费用可能相当低。这些问题使认真仔细地开展价值评估和合同谈判变得更加重要。

谈判者还需要考虑的另外两个因素，本文尚未讨论。首先是授予样本的排他性许可权。当然，如果竞争对手有可能率先将技术推向市场或获得专利，公司会犹豫是否对产品进行投资。因此，公司会寻求排他性许可权。但是，各国希望找到其他市场；当然，也存在从样本中开发出多种产品的可能性。因此，各国选择反对排他性许可权。

作为妥协，各国应该：（1）对授予独家许可权的被许可方收取更多费用；（2）设定时限（在 Merck/INBio 协议中为 4 年）。

其次，谈判者必须评估他们对对方的信任程度。一种方式是通过裁定来明确义务，从而降低对信任的需求。但是，各个方面都明确是不可行的，因此还是需要一定程度的信任。对于种质资源勘探，最关键的问题是确定用于开发产品的遗传材料是直接还是间接来自协议提供的样本。几乎不可能完全跟踪未经筛选的样本，以及它们可以提供的无数化合物及众多类似物。初步筛选的样本应进行更详细的描述，以便于跟踪，但在法庭上以文件举证申诉仍然困难且昂贵。因此，相信签约公司的诚信似乎至关重要，但协议中应该包括一些核查。

在更广泛的背景下，该分析为国家政府、非政府组织（NGO）和国际捐助者（如基金会、双边和多边机构）提出了若干政策层面应考虑的建议。这些考虑包括收集费用和许可提成费之间的分配以及国内筛选两方面。如果这里使用的示例可以通过实际成本的数字进行证实，那么在财务上以及对发展和技能改进的影响方面，本国筛选是具有吸引力的。但是，在这种努力成功之前，需要大量投资。由于缺乏足够的国内资金，国际捐助者应认真考虑用于培训和设备采购的贷款或赠款，因为从长远来看，国内筛选在经济上会有所回报。与众多潜在项目不同，初步筛选服务似乎已形成了一个现成的产品市场。从 INBio 经验中得出的更多更广泛的结论在文本框 1 中列出了（见文后）。

收集费用和许可提成费之间的资金分配可能会影响资源保存的激励措施。虽然对该问题深入讨论超出了本文的范围，但确实值得一提。从概念上讲，长远看，最高级的价值评估方法（支付许可提成费）将最大限度地鼓励保护。然而，人们通常会对未来严重低估，因此前期（收集费用）付款可能得到更多关注，从长远出发，应尽力鼓励保护。这是一个感知问题，而不是商业或经济问题，需要通过其他方法进行探索。

WILLIAM H. LESSER, *Susan Eckert Lynch Professor of Scienceand Business; Chair of the Department of Applied Economics and Management, Cornell University, 155 Warren Hall, Ithaca, NY, 14853, U. S. A. whl1@ cornell. edu*

ANATOLE KRATTIGER, *Research Professor, the Biodesign Institute at Arizona State University; Chair, bioDevelopments-International Institute; and Adjunct Professor, Cornell University, PO Box 26, Interlaken, NY, 14847, U. S. A. afk3@ cornell. edu*

---

1 Cabrera Medaglia J. 2004. Bioprospecting Partnerships in Practice: A Decade of Experiences at INBio in Costa Rica. *IP Strategy Today* No. 11-2004. pp. 27-40. www. bioDevelopments. org/ip.

2 A hit rate is the number of expected lead compounds divided by the number of samples to be screened to obtain the given lead compounds.

文本框 1：哥斯达黎加 INBio 建立生物勘探合作伙伴关系十年的经验总结

A. 必须针对勘探合同谈判所需要的标准专门制定明确的机构政策。在 INBio，这些政策包括技术转移，许可提成费，有限的数量和获取时间，有限的排他性，对生物多样性没有负面影响以及直接为保护付费。这些政策规定了启动谈判的最低要求，意味着拒绝某些不合理的要求（例如，许可提成费很低，不愿意提供培训等）。这些政策还为未来的谈判提供了更多的透明度和确定性。当当地社区和土著居民（如巴拿马的库纳人）在他们自己签订的合同中引用法律时，也必须考虑同样的政策。这些政策应该包括其他相关的想法，例如某些特定要素无法专利化、用许可替代完全转让等。

B. 国家的科研能力，以及因此可能提高了生物多样性要素的价值，增加了合同协议谈判优势并规定了利益分享机制。正如我们之前提到的，如果不仅仅希望是简单的遗传资源提供者，就必须为材料、提取物赋予总的价值，这一点至关重要。通过实验室、设备等发展重要的人力、技术和基础设施能力，加上机构的声望，为谈判创造了更好的条件。

与传统知识相关的操作意味着更强的科学能力，因此应该得到更好的补偿，尽管 INBio 尚未有此经历。

C. 了解运行规范以及商业部门发生的变化和变革，包括这些变革背后的科学和技术创新，有助于制定获取和惠益分享机制。关键是了解不同市场的运作方式，以及这些市场中已存在的获取和利益分享机制。这些机制因行业而异：营养保健品、观赏植物、作物保护、化妆品和药品的市场变化复杂且不同。需要掌握这些知识才能正确协商许可提成费和其他付款条件。否则我们如何知道某个百分比是低还是高呢？了解这些市场的运营也至关重要。当 INBio 开始与美国礼来公司（Eli Lilly）和 Akkaddix 公司谈判新的补偿形式，例如预付款或达到预定里程碑付款时，了解行业曾为谈判而支付的大概金额至关重要。否则，可能就会提出完全脱离市场的条款要求或者接受不适当的条款。

D. 内部的谈判能力，包括有关商业和环境法的法律及咨询技能。研究所现在认识到，谈判涉及科学（这对于定义诸如产品等关键领域至关重要），商业，谈判以及各自的法律。后面几项不仅包括国家贸易法，还包括国际环境法、冲突解决和知识产权。因此搭建跨学科团队是关键。考虑到建立这样的团队也是对合同机制最重要的批评之一。有些作者提出了设立协调人或其他假装“使谈判能力保持平衡”的解决方案。不幸的是，直到有效的多边机制建立之前，利益分享和合同机制必须携手并进。缺乏跨学科团队将使其中一方处于不利地位，特别是考虑到制药公司强大的法律和谈判能力。

E. 得到补贴的创新和创造性思路。大量的潜在利益是存在的。过去，通过适当的谈判制定了有趣的利益分享方案。这些方案包括，访问种质资源保存库的费用，收集材料等。通过谈判合同允许各方根据每个具体事件的独特情况，制定新的条款和处置方法。

F. 理解以下关键主题：知识产权；保证合法的重要性；估算收益（净额、总额等）的方法条款；对第三方（包括附属公司等）转移材料的要求和限制，以及各方的义务；准确定义其他关键条款，明确其他重要义务的条件和概要（包括产品、提取物、材料、化学实体等）；精准确定研究结果的财产和所有权（知识产权和其他权利），共同的关系等；协议中的保密条款以及如何平衡协议中的透明度要求；义务的终止，以及如何确定某些义务和权利（如许可提成费、保密等）的存续；冲突解决机制。

正如子条款D非常清楚地表达的那样，谈判协议是复杂的。例如，利益分享产生的结果，例如许可提成费，将取决于"产品""提取物""实体"定义的性质。更全面的定义将带来更有利的地位。各方面必须明确进一步示例，包括减少示例可运用的领域或部门，净销售额以及可以从中排除的内容。此外，共同发明和个人发明的判断程序及权利归属（优先权和购置权等）也是涉及利益的，包括向第三方转移材料的条件（按照主协议相同的条款吗？是否需要同意或告知？转移给第三方的话相关服务也能履行吗？等等）。

G. 根据机构政策积极关注。等待公司上门谈判时，没有必要停滞工作。根据机构的自身政策，理解国家和地方的需求，积极开展谈判，会产生重大收益。INBio业务发展办公室及其高素质的专业员工，与产业界一起参加各种研讨会和活动，分发或分享信息和材料，直接联系沟通，所有这些都赋予机构应对挑战的能力。目前的政策是基于这样一种想法，即仅仅等待公司联系或听从公司授意是不够的；相反，应该拥有并坚持自己的方式。

H. 理解技术、培训和联合研究方面的国家及地方需求。必须建立国际战略联盟。即使一个机构或社区拥有足够的资源来满足具体的需求，了解国情和战略需求将能够达成更好的协议，并超越单纯满足机构利益的使命。这将使勘探活动有利于整个社会，有可能改善生活质量。

I. 宏观政策以及法律、机制和政治支持。为了取得成功，必须制定所谓的宏观政策；也就是说，必须有"生物勘探框架"的明确规则，这需要生物多样性清单、信息系统、业务开发和技术准入。哥斯达黎加取得成功的一个原因是，各机构不仅具有谈判经验，而且还具有在整个领域制定政策和行动的经验。例如，建立一个被评为"成功级"的现有生物多样性清单，使我们知道自己拥有什么。这是智慧利用资源的第一步。相关经验还包括建有"国家保护区系统"，确保提供资源、未来补给和供应，以及作为合同系统一部分的生物多样性保护机制，等等。同时，拥有足够的信息管理工具、土地和财产所有权制度等，与现有的科学能力共同做出贡献，为生物勘探创造有利环境，使吸引并与合资企业谈判成为可能。除此之外还应增加其他要素，例如拥有可信赖的合作伙伴，这是共同事业中最相关的因素之一。

最后的关键是，由于新的准入规则（主要是主管当局是谁，要采取的步骤，如何获得事先知情同意等）所造成的不确定性，使商业界不断受到谴责。这些新出现的制度，以及为了实质性控制遗传信息的流动、供应和接受——这方面几乎没有国家、区域和国际经验——已经引起了关注，因为这有可能违反法律规定。需要作为政策建立必要条款来履行当地法规，证明缔约方有权根据国家法律履行其义务，提供适当的许可证明和执照等。在某些情况下，谈判中对该主题进行了重要的讨论和分析。在国际层面，由于缺乏法律依据，世界各地的各种生物勘探协议成为被投诉、索赔和诉讼的目标。产生的问题和差异妨碍了各种行动和合资企业。有关圣地亚哥Diversa公司和墨西哥自治大学协议的投诉（仍在诉讼中）、该公司与美国黄石国家公园之间的交易、有关委内瑞拉环境部与苏黎世联邦大学协议的批评，便是其中几个例子。

资料来源：Reproduced with permission from Cabrera Medaglia J. 2004. Bioprospecting Partnerships in Practice: A Decade of Experiences at INBio in Costa Rica. *IP Strategy Today* No. 11 (2004): pp. 27-40. www.bioDevelopments.org/ip.

第十部分

专利和专利申请：
与公有领域相平衡的保护

第10.1章

防御性公开和公有领域

莎拉·博蒂格（SARA BOETTIGER）
美国M-Cam公司PIPRA高级顾问兼首席经济学家
塞西莉亚·希哈姆（CECILIA CHI-HAM）
美国农业公共知识产权资源联盟（PIPRA）生物技术中心主任

译者 张志刚 审校者 欧阳石文 刘晓娜 张熠

摘 要

知识产权激励创新者，鼓励对开发的新产品和服务进行投资。然而，知识产权的排他性有时会产生负面影响，使技术更难获得，从而可能阻碍创新。因此，要在技术可及性和知识产权保护之间进行平衡并做出明智的决定，需要理解传统知识产权制度（专利、版权、商标、商业秘密）和保持技术可及性的替代机制。本章对公有领域和防御性公开做了简要介绍，并对创新进行公开披露还是专利保护以及这些选择背后的问题进行了考察。本章探讨了防御性公开在知识产权管理方面的战略应用，涉及防御性公开的作用及其在支持广义创新方面的局限性。在研究了如开源和共有权等公有领域及其与其他开放获取有关的概念基础上，本章重点介绍了使用公有领域技术和防御性公开管理知识产权所涉及的实际问题。

1 引言

一个运转良好的创新体系需要在保护技术和保持技术可及性之间寻求平衡。知识产权可以提供激励，激励创新者，鼓励投资开发新产品和新服务。然而，知识产权的排他性有时会产生负面影响。例如，当研究工具或者使能技术［或支持技术（enabling

---

Boettiger S and C Chi-Ham. 2007. Defensive Publishing and the Public Domain. In *Intellectual Property Management in Health and Agricultural Innovation: A Handbook of Best Practices* (eds. A Krattiger, RT Mahoney, L Nelsen, et al.). MIHR: Oxford, U. K., and PIPRA: Davis, U. S. A. Available online at www. ipHandbook. org.

technology）］得到了专利保护又不能进行许可时，创新的创造性和协作过程可能会受到阻碍。要确保可及性和保护之间的平衡，需要理解传统的知识产权制度（专利、版权、商标、商业秘密）和其他相关概念，如防御性公开、公有领域和开源。

关于知识产权的政策以及在知识产权与公有领域之间寻求社会最佳平衡必要性开展讨论，对于追求充满活力的国家和国际创新体系至关重要。然而，本章重点讨论的不是公有领域的政策如何支持创新，而是知识产权管理人员在现行的知识产权法律框架下，如何最佳地利用公有领域达到特定目标。

"公有领域"是指可免费获得、不受法律保护且不受制于个人所有权的所有作品和知识。公有领域意味着"不存在个人的知识产权"。这个定义从字面上体现了公有领域的含义，也说明了是全部知识产权边界被圈定后所剩下的内容。好比我们通常会说一项技术"落入"（falling）公有领域，这种表达就好像从来没有做出过一个有意识的决定，有些内容就置于了公有领域；相反，公有领域只是包含了知识产权系统运行过程之外的"剩余物"。然而，本章并没有将公有领域简单地视为未受到知识产权保护的技术自动形成的，而是将公有领域视为有价值的资源，以促进对其更广泛的理解。笔者致力于帮助大家敏锐地使用公有领域，使其成为一种明智的知识产权管理工具（这套工具包括传统的知识产权及相关的许可机制）。

第 2 节提供了一些背景知识，说明公有领域的重要性及其近几十年来的变化。第 3 节简要介绍另外两个开放获取的概念，即"共有权"和"开源"，对三者之间的差别进行了区分，并说明了它们与知识产权制度的关系。第 4 节通过公有领域更狭窄的法律定义，探讨了公有领域技术的实际应用。为了更好地理解如何构建一个成功的防御性公开，以及如何确定一项技术在法律意义上是否属于公有领域的一部分，这一节还回顾了专利法及其相关的概念。第 5 节介绍了防御性公开的措施，探讨如何最优化地将创新置于公有领域。第 6 节考虑了知识产权管理者在专利保护和防御性公开之间进行选择的潜在策略。第 7 节概述了公有领域技术的使用者所面临的实际问题。

2 创新与公有领域

> 与知识产权和公有领域相比，公众更关注科学技术研究。在过去的 15 年中，无论是关于人类基因组或多功能干细胞系的专利和获取、知识产权在大学研究中的合理定位，还是民族植物和传统中草药知识在药物专利中的应用，科学与产权保护共存等争议，一直受到人们持续的关注。—*James Boyle*[1]

近几十年来，对于不断扩大的知识产权体系，许多作者研究了创新体系是如何随之改变的。随着知识产权变得更强大、更广泛及更深远，以前在公有领域可以自由获取的许多技术，现在有了所有权，这种现象在卫生和农业领域尤其明显。

1980 年，美国最高法院（通过 *Diamond v. Chakrabarty* 案）[2] 作出一项具有里程碑意义的决定，为生物技术产业的迅速发展和生命科学专利数量的指数级增长奠定了基础。美国最高法院决定允许对人造微生物申请专利保护，这一决定表明了法院的立场，即可专利性并不取决于生物和无生命物质之间的区别，而是取决于是由“人”做出的发明还是自然存在的发明。在此期间关于提高专利保护的众多影响因素中，1980 年颁布的《拜杜法案》发挥了重要作用。它为学术界的交流制定了新的规则，其中公开出版物成为贸易中的通货，大学研究则通过专利和许可实现商品化[3]。生命科学技术专利申请数量增加，而公有领域中保留的技术数量相应减少，在发达国家表现得最明显。尽管如此，在许多发展中国家，专利仍然很少[4]。事实上，尽管通过《与贸易有关的知识产权协定》（TRIPS）和 TRIPS 后续规则，强化了全世界的知识产权保护政策，但在专利申请行为方面的国际差距仍继续存在。理解这些差异对于理解如何最好地使用公有领域很重要。

同一个国家的公共部门和私营部门之间，专利申请行为也存在实质性差异。公共部门申请专利并利用公有领域的行为受到各种因素的影响，包括机构文化［例如，美国政府的赠地大学、国际农业研究磋商组织（CGIAR）下属中心以及世界上许多公共农业研究机构都曾对公有领域做出过贡献］，公共部门相对于私营部门资源缺乏，以及机构设置往往是为了适应不同目标而设计的。尽管存在例外情况，但从战略层面上利用专利制度实现研究和发展目标时，公共部门机构和个体研究人员通常处于劣势。在这些情况下，公有领域或许是至关重要的资源。

本章没有考虑生命科学公有领域相关力量的改变是否会有不利后果，也没考虑如果有，对谁不利。这些复杂问题已在与知识产权政策相关的文章中得到了充分讨论。而本章的重点是如何利用公有领域实现个体的知识产权管理目标。

无论研究和发展目标是否涉及下列决定，包括如何获取技术、如何持续广泛地获得新的研发技术，或如何确保按照商业化研发路径开展创新而不受知识产权问题的干扰，对公有领域的深入理解都是至关重要的。重要的是需要了解公有领域与知识产权体系如何交互，才能知道何时及如何利用公有领域的知识。

3 开放-获取（open-access）的定义

本节中，比较了公有领域的概念和另外两个概念：“开源”和“共有权”。这三个术语都与开放-获取有关，是传统的知识产权制度之外的选择，但它们之间具有非常大的区别。

3.1 公有领域

> “公有领域”一词自使用以来，是“可改变的且具有不确定性”。某一种定义只是众多定义中的一种，而每一种定义无疑都体现了某种视角和论点……[5]

将“公有领域”定义为个人财产权的缺失，就产生了两类互斥的技术：一种是受某种形式（任何形式）的知识产权保护的技术，另一种是没有知识产权保护的技术。因此，在专利法中，如果制造、使用、许诺出售、销售或者进口某项发明，而不侵犯有效专利，并且没有其他类型的知识产权对该发明主张所有权，则此项技术被认为属于公有领域。公有领域的技术可以随意使用而不受惩罚，因为从定义上来说，其所有权缺失，故可免费获取。然而，将公有领域也描述为一类具有明确界限的技术，则是一种误解。事实上，两者之间的界限难以辨别，不同国家之间也存在不同，并且处于持续不断变化之中。确定一项技术是否属于公有领域，并非简单的事。

3.2 开源

与公有领域一样，开源的特点是免费获取。然而，就开源技术而言，免费获取技术的来源不同。公有领域中的免费获取是由于技术不具有所有权，但开源的免费获取则是因为存在允许开源的知识产权许可。

开源的概念起源于计算机软件。一旦计算机代码“被附着于某种有形的表达形式”，就自动受版权保护。版权保护允许其所有者可以许可代码的使用。例如，典型的（非开源的）许可包含限制使用被许可产品或约定支付费用的条款。但是，开源许可条款与典型的许可条款截然相反［很不同，以至于这种许可有时被称为“著佐权”（copyleft）］。通过签署开源许可协议，被许可方需确保该软件仍可为公众使用、修改和再发行；如果被许可人私自使用技术并限制公众使用，就违反了协议。

保护私有财产的法律已经用于这种具有自我防卫性质的软件代码共有权，即公众可共同添加并持续改进软件代码。因此，以开源许可方式进行许可的技术，不算公有领域；否则将不存在许可，也无法履行共有权。

常用的开源许可协议有几个版本，其限制条款各不相同。例如，有一项条款规定，“任何”与许可代码相关联的代码都归于开源许可范畴。因此，相关的所有代码都只能以相同的开源许可协议许可使用——不能私下使用。这种“病毒式”的特性，限制了开源许可在商业环境中的应用，但提高了受共有权保护的代码的增长潜力。其他版本的开源许可协议则不那么流行，并且已经根据不同的商业需求进行了调整。

在健康和农业领域，具有类似技术特征的研究领域容易采用开源模式（例如，基因组学）。开源模式在非数字化技术领域[6]的应用，遇到了一系列困难。为生命科学领域的技术提供保护的，是专利法而非版权法。在专利法中应用开源许可机制，存在法律障碍。同样，创新过程在非数字化技术领域也有不同。例如，药品生产与软件生产，在投入的时间、资本以及风险等方面存在巨大差异。另外，一些技术不那么容易采用协同创新架构，而协同创新架构正是开源模式成功的基础。尽管如此，开源原则在众多技术领域的创新群体中产生了共鸣。寻找开源模式的新的应用场景无疑值得一试。

3.3 共有权

“共有权”一词广泛用于各种情况；在知识产权领域，其含义比公有领域或开源更不清晰。在知识产权领域之外，共有权常常指的是公共管理资源（例如，在墨西哥用 ejido 描述公共管理的土地）。集体管理的概念尽管不是很严谨，但可以转化为知识产权的相关术语。

除了描述对知识产权主题的管理之外，“共有权”这个词还被用来指代所有权和使用权的特征[7]。无论共有权的定义源自私人所有权缺失、开放获取或是集体管理，似乎都是根据其出现的上下文和作者对这个词的解释而变化。根据所选择的定义，共有权一词适用于公有领域和开源。

4 相关法律概念回顾

在更详细地讨论利用公有领域之前，本节简要回顾专利法的相关章节。所提及的法律背景对于防御性公开很重要，防御性公开是通过公开发表而有意将一项技术置于公有领域，从而防止未来申请专利保护。此外，理解这些法律概念，将使第 7 节所讨论的确定某技术是否真的属于公有领域更加清晰。已阅读过本《手册》中自由实施(FTO)[8]、专利申请与专利申请策略[9] 等章节的读者，也熟悉本节的大部分内容。

4.1 可专利性的要求及其对防御性公开的重要性

防御性公开，是使潜在的专利权人不能满足一项或多项法定的可专利性要求[10]，从而在某技术领域无法获得未来的专利保护。深刻理解可专利性的要求，有助于在防御性公开方面获得更大成效。专利法中关于新颖性、非显而易见性和实用性的概念尤为关键。

4.1.1 现有技术和专利申请程序

为了达到可专利性的标准，申请专利保护的发明必须满足实用性[11]、新颖性[12] 和创造性（非显而易见性）[13] 的法定要求，后两点涉及对现有技术的评价。此外，专利必须在专利申请中进行充分描述并且可以实施[14]。专利审查员对现有技术进行评价后，如果认为申请专利保护的发明并非是新的，或是显而易见的，则该专利申请将被驳回，或必须缩小权利要求的保护范围，以便对记载的现有技术负责。需要注意的是现有技术既包括非专利技术，也包括专利技术（本节不考虑专利技术）。

申请人和审查员均可引用现有技术[15]。美国专利法不要求专利申请人检索现有技术(主要由专利审查员负责)。但是如果申请人或发明人知晓相关现有技术，就必须将其纳入申请文件。在专利申请的审批过程中，申请人在美国专利商标局办理事务时应当“坦白和诚信”。违反该规则将被视为不公正行为，可能导致专利权无法实施，但是该规则无法阻止申请人故意忽略现有技术。事实上，从 2001 年开始，美国专利商标局开始记录审查员所添加的引用，40% 的美国专利原始申请文件中，申请人根本没有列出任何现有技术[16]。

目前还不确定审查员如何彻底地检索现有技术。无论是国内还是国外的专利，都属于一种相对容易且能快速检索的现有技术。然而，防御性公开取决于专利审查员在检索非专利技术时发现文献的能力。Sampat[17] 论述了专利审查员在检索非专利现有技术中面临的困难，同时指出，“越来越多的人担心各种各样约束条件会限制审查员对现有技术的检索，专利商标局正在颁发越来越多的‘低质量’专利，也就是说，如果审查员考虑了所有现有技术中的相关技术，这些专利就不会被授权”。

因此，对于那些想要实践防御性公开的人来说，构建优质防御性公开的出版技巧，须与专利审查员常用的搜索引擎相匹配。更重要的是，应对感兴趣领域中新公布的专利申请给予足够的关注。随着专利申请的公布，防御性公开出版物的作者需提供证据让专利审查员了解其为现有技术，进而限制相关专利的权利要求范围。如果在专利授权之后才意识到防御性公开的存在，则可对相关专利提出无效请求，但费用会高昂到令人望而却步。美国专利法中规定了专利申请过程中需提交现有技术，可以策略性地充分利用这个机会[18]。

4.1.2 新颖性和非显而易见性

一项发明如果与现有技术相比，不是新的或是显而易见的，将不符合可专利性的要求。专利新颖性和非显而易见性的要求，定义了实施防御性公开的相关参数。发明公开披露的参数，可作为现有技术，也可以作为证据用于反驳未来专利申请的授权。

公开一项发明以及由于缺乏新颖性而导致未来可专利性受到限制，不仅限于印刷形式的出版物。任何源自公共知识的发明，或已经使用和生产销售的发明，均不符合专利申请的要求。然而，值得注意的是，美国法律规定，仅限于美国国内的申请，可以以非印刷品作为缺乏专利新颖性的证据。如果用来自其他国家的证据来证明该发明不具有新颖性，则必须是一项专利或者是一份印刷出版物[19]。美国专利法对专利的新颖性和防御性公开的规定表明，如果“在专利申请人做出发明之前，或者在美国申请专利前超过 1 年，该发明在本国或外国申请专利或在印刷出版物上记载描述过”，专利申请将由于缺乏新颖性而被驳回[20]。在其他大多数国家，不存在 1 年的宽限期，在这些国家发明的公开披露直接导致不能获得专利授权。

除了理解披露的时间要求，成功的防御性公开策略应考虑“印刷”和“公开出版”的含义。例如，如果在互联网上发布的一份文件被认为是“印刷”的，并构成了现有技术，那么会减少未来的专利申请吗？本章第 5.1~5.4 节讨论了防御性出版文件内容的最佳做法，以及它们的公开日期和公开方式。

美国法律中对非显而易见性的要求是，如果所属领域的“普通技术人员”很容易从现有技术中得到实现本发明的技术启示，那么这项发明就不能获得专利授权：“如果请求保护的技术主题与现有技术之间的区别在于，在做出发明的当时，该发明主题作为一个整体对于所属领域的普通技术人员是显而易见的。不应以发明完成的方式而否定可专利性条件。[21]”

与新颖性相比，非显而易见性的专利性要求，使得防御性公开更有可能阻止未来的专利保护。关键的区别在于，在以新颖性要求阻止专利授权时，印刷出版物必须明确或暗示性地包含发明的每一个和所有的权利要求。然而，只要现有技术所公开的内容以一种显而易见的方式进行修改即能达到所要求保护的发明，就可以按照非显而易见性的要求驳回专利申请。此外，专利审查员可以使用现有技术的组合以非显而易见性驳回专利申请，因此在防御性公开中，即使完成部分的发明披露也可能会给那些希望在该领域申请专利的人造成障碍。

4.1.3 可实施性

根据上述专利性的两方面要求（新颖性和非显而易见性），通过精心设计防御性公开，可以提前知晓如何最大限度地支持专利审查员驳回目标专利申请。以不符合根据新颖性要求做出的驳回，出版物或非专利现有技术必须是可实施的。如果以不符合创造性做出驳回，那么对可实施性的要求并不会成为一个关键因素；缺乏可实施性的出版物仍然可以以不具备创造性而支持驳回[22]。本节将帮助防御性公开的作者考虑如何构建符合可实施性要求的防御性公开出版。

尽管法律规定在一定程度上取决于所涉及的国家，但总体来说，可实施性的要求是为了确保文件中披露足够的细节，使本领域的技术人员能够在阅读文件后制造并使用这项发明。关键问题是在专利申请人声称做出该发明之前，公众是否清楚地掌握了这项发明。现有技术可实施性的举证责任在于专利申请人，其必须提供证据支持所提出的现有技术缺乏可实施性的观点（在现有技术中可实施性的假设对于非专利出版物和专利来说没有什么不同），防御性公开的可实施性也需要考虑。

对于植物专利申请，如果要以防御性公开使其不受专利保护，则可实施性的要求是普通技术人员能够繁殖这种植物。无论对植物新品种的描述多么详细，仍然可能不够充分。例如，尽管有明确的细节和证据表明作者拥有这种玫瑰，但对玫瑰的描述仍被认为不具有可实施性[23]。在该案例中，法院认为如果没有嫁接过程的信息，玫瑰的繁殖是不可能的。在其他案件中，为了阻碍专利授权，有必要在法律规定的时间内提供一些支持性文件，指出可以公开获取种子。

4.2 重叠权利要求（Overlapping Claims）和主要专利（dominant patent）

用于确定技术是否属于公有领域并能自由使用的法律概念是什么？正在为项目选择技术的科学家和知识产权管理人员，都应考虑这个问题。这些人必须谨慎行事，因为使用出版物中公开的技术，或者决定获得有效专利的许可而使用某项技术，都仅仅只是具有实施技术或从事某个研究项目的部分权利。

该领域存在着源于一种普遍误解的看法，即专利的权利要求书界定了相互排他的技术范围。实际上，专利权利要求是相互重叠的：使用某种技术可能侵犯不止一项专利的权利。虽然专利颁发给专利权人，意味着排除他人从事这项发明的权利，但这并不意味着专利权人可以在不侵犯已存在专利的情况下“实施”其发明。当需要现有专利权利来实施某项技术时，这些专利被认为是“主要专利”（dominant patent）。

广泛存在的开创性专利，说明了主要专利如何影响使用下游创新的权利。例如，孟山都公司就农杆菌介导的遗传转化方法获得了专利，意味着如果其他所有专利的权利要求明确必须依赖于这种转化方法，则其他专利受孟山都公司专利的阻碍。先锋国际育种公司（现为杜邦公司的子公司）研发的高粱转化技术获美国专利，专利号为6, 369, 298。其权利要求的技术方案依赖于农杆菌介导转化方法。打算实施这项技术的第三方可能不仅需要得到专利6, 369, 298的许可，也需要得到孟山都公司农杆菌介导转化法的主要专利许可[24]。

像先锋公司的这种专利相对来说并不常见，但专利技术的所有领域都存在重叠权利要求和主要专利。理解专利权利要求重叠的本质，对于那些想要利用公有领域的人来说至关重要，因为使用看似属于公有领域的技术有可能侵犯一项或多项专利权。

果实特异性E8启动子的案例研究提供了另一个例子（参见Fenton等撰写章节中的

图1时间轴[25])，在这幅图中显示了最初检索获得的文件：几篇科学论文和一组专利。一旦将这些文件按时间顺序排列，我们就可以发现，E8启动子DNA序列在较早的两份科学出版物中已被披露了。但是确定E8启动子是否仍在公有领域并且可以“自由”使用，则需要进一步调查在最初发表后数年中授权的几项专利，因为这些专利权利要求保护了E8启动子序列的变体和原始序列与特定基因的组合。因此，虽然原始序列本身留在公有领域，但是在使用该序列时必须考虑避免侵犯后续的专利权。

出版的科学文献、商业期刊、会议论文集、放弃的专利[26]和过期专利都是公有领域技术的重要来源。对于过期专利和放弃的专利，专利的权利要求明确界定了无效知识产权的边界：之前的专利所有者不再拥有排除他人使用专利权利要求限定范围内的法律权利。但这两个区域特别容易出现与其他专利权利要求相重叠的现象，而这些专利可能仍然有效，因而影响该技术的自由使用。公司通常在一个技术领域内申请多件专利，或者从最初的一件申请发展成为包括多件申请的专利家族。专利已经过期并进入公有领域，并不意味着该技术可以自由使用。

当试图确定一项技术是否属于公有领域时，因为存在重叠权利要求的情形，所以必须小心。有了这些认识，对潜在公有领域技术的研究应从公共可用的专利数据库开始[27]，这些数据库提供了大量关于公有领域边界的信息。然而，正如E8案例研究所阐明的，我们很难理解发表的科学文献与专利之间的关系。关于这一方面，农业公共知识产权资源联盟（The Public Intellectual Property Resource of Agriculture，PIPRA）提供相关的技术援助，即分析公共部门农业研究中使用的技术，以更准确地界定公有领域的边界[28]。

5　何时使用防御性公开：专利保护与公开发表之间的选择

决定是否申请专利或者公开发表是一个战略决策，必须考虑一系列因素：机构（和/或资助机构）的使命、单个项目目标、能用于知识产权保护的经费、技术的本质、将使用该技术的国家及其法院系统的功能，以及其他生产类似技术的机构所采用的策略。此外，防御性公开和申请专利保护有其各自的局限性和优势。在制定知识产权管理策略时，还需要考虑诸如商业秘密、商标保护和托管[29]等其他策略。

防御性公开通常与促进技术可及性相关，但有些情况下，可能与直觉相反，对于最终产品或新开发的技术，防御性公开可能并不是广泛推广使用的最佳选择。当然，在有些情况下，基于专利的局限性，防御性公开可能是更好的选择。

5.1　防御性公开能促进推广使用吗

许多机构或者资助者，特别是在健康和农业领域，将广泛推广使用先进技术作为最优先选项。事实上，在大学和其他公共部门研究机构中，技术的公开发表仍然发挥着关键作用。然而，如前所述最近在全球范围内的专利趋势，正迫使这些机构重新评估知识产权管理策略是否是达到其目标的最佳方式。本节重点介绍如何促进技术可及性，并强调在某些情况下，选择加强技术专利保护可能是促进可及性的关键，因为可以提供重要的筹码。

5.1.1 是否需要私营部门的资源来进一步发展和传播技术

知识产权对私人经济提供的激励有时对研究、开发和推广过程至关重要。例如，需要考虑从发现药物到交付药物所投入的成本。虽然准确估计药物开发的真实成本极具争议性，但毫无疑问的是开发成本会达到数亿美元的规模[30]。在大多数情况下，期望公共部门承担与药物开发有关的投资和风险是不合理的。农业领域也有类似例子，新的产品可能需要监管机构的批准，或者需要种子分销网络。因此，重要的是要尽早评估私人资本的介入是否在某个时间点对研究、开发、监管机构批准、制造和分销来说是必不可少的。知识产权是可以谈判议价的关键资产（例如，在产品开发的合作伙伴关系中），能促进私营部门的参与。

5.1.2 能否从细分市场中获益

选择专利保护而不是公开发表的一个好处是，专利为技术使用者或被许可方提供了细分市场的机会。知识产权管理者可能需要不同的许可条款，例如针对该技术是用于商业用途还是用于人道主义目的。另外，许可也可能包含以地理区域或使用领域细分市场的条款。例如，可以通过独占实施许可，将技术的使用限制在一种主要作物上，同时还可保留该技术的所有其他用途用于广泛推广使用和非独占许可。使用这种方法，帮助知识产权提供者实现获得收入回报与扩大推广使用这两种互补的目标。或者，可以通过合同义务，以技术进入发达国家市场作为交换，要求以合理的价格将产品提供给发展中国家。选择知识产权保护而不是防御性公开，可能会获得谈判议价的筹码，而最终达到机构的目标。

5.1.3 技术是一种研究工具（使能技术）吗

大量证据表明，对于使能技术的专利保护和限制推广使用（例如通过独占性许可）影响了医药和农业领域创新的发展[31]。事实上，错综复杂的专利丛林或“反公地”的存在和影响，现在已被广泛接受。然而，本节的任务并不是考虑研究工具是否应该获得专利的政策问题，而是在选择专利保护（尤其给出的例子进行的是广泛的非独占许可）和防御性公开时，知识产权管理者应该考虑的因素。知识产权管理者的目标是在研究工具及其改进获得众多专利保护的情况下促进其使用。换句话说，知识产权管理应考虑如何保留使能技术的使用权利。

第一个例子是植物遗传转化获得新的性状。得到一个产品需要使用数个辅助的使能技术。必须使用包括启动子、选择性标记、载体骨架和目的基因在内的载体，以及转化方法和种质资源。任何一项技术无法获得都可能会推迟研究和开发，或者在某些情况下会完全阻碍项目的进展。

在这种情况下，技术间互补意味着寻求专利保护可能会获得谈判议价的筹码。如果知识产权管理者对一项使能技术选择不申请专利保护，例如在植物转化中具有广泛适用性的新的筛选体系，那么就会失去控制该技术应用的能力。对于原来受限于选择体系（即拥有或可获取其他所有相关技术）的研究项目，如果技术已公开发表，就可以没有障碍顺利开展。相反，如果知识产权管理者选择采取专利保护的方式，该技术的本质属性可能使技术所有者需要广泛地签署合同，才能换取该筛选系统得到广泛的使用。例如，BiOS 就是在此原则下运行，支持组织开放获取目标的许可条件，提供受专利保护的使能技术[32]。

第二个例子涉及改进专利。和前面的例子一样，假设知识产权管理者选择不为新的筛选系统申请专利。其他人随后对这项技术进行了改进并获得专利保护，反而会限制初始技术的使用。如果知识产权管理者当初申请了专利，后续改进专利的价值将取决于能否获得基础的主要专利的使用权（参见第 4.2 节关于主要专利）。E8 启动子案例研究提供了一个具体的例子，当原始序列受到专利保护而不是公开发表时，下游专利技术的使用将依赖于 Agritope 和 Epitope 公司许可的初始专利。但对于那些并不受制于后续改进专利的技术来说，就不成为一个问题。小鼠模型就是这种技术的一个例子。例如，在研究中使用的大多数小鼠模型都是许可，而没有申请专利保护。

5.2 利用防御性公开作为知识产权战略管理的一种工具

很明显，普遍的观点认为防御性公开有助于促进推广使用，这可能需要重新考虑。但是，对于各种各样的知识产权管理目标，防御性公开的优点是什么呢？以及如何克服使用专利保护创新的局限性？

5.2.1 维护专利组合的成本

专利组合的构建和维护成本很高。此外，有时还需要漫长的成熟期才能达到收入回报点。除非被许可方在专利审批程序开始前就承担费用，否则在专利审批过程中的初期费用可能就会很高，特别是在多个国家寻求专利保护的情况下。即使已经找到被许可方，可能需要很多年的许可才能产生正向现金流。在考查美国大学技术转移办公室（TTOs）的过程中，Heher 注意到，40%～50%的专利是净亏损的，而是否盈利往往仅取决于一项或多项重大专利的收入[33]。在对 TTOs 的跨国比较中，他发现“资金充足的高质量研究系统是技术转移获得成功的首要条件，因为研究商业化的收益与研究投资的规模成正比[34]”。虽然机构建立专利组合和技术转移办公室能带来广泛的直接和间接经济收益，但投资是长期的并具有高风险。如果资源有限，就需要慎重考虑增加专利保护费用的决定。专利替代方法成本更低，也可以支持知识产权管理目标，并允许将更多资源直接用于研究。

5.2.2 许可的交易成本

谈判许可的交易成本很高，可能需要在寻求专利保护的决定中予以考虑。例如，如果知识产权管理的目标是促进技术推广应用，可以选择防御性公开或是非排他许可，那么协商多个非独占许可，或者针对技术用户细分市场而使用多种语言进行许可的成本可能会超过收益。以“要么接受、要么放弃”（take-it-or-leave-it）的方式进行非排他许可交易，成本可能会降低，但这种情况很少发生。

5.2.3 实施方面的考虑：成本和法律框架

实施专利的成本（以及可行性）也需要考虑。因为专利赋予了专利权人排他性权利，如果没有执行这些权利的能力，它可能就毫无价值。执行中可能需要起诉侵权者，或者用该专利去无效随后的障碍性专利。无论哪种情况，专利诉讼都是财力雄厚者的游戏。在美国，每件专利诉讼案的平均费用超过200万美元。任何寻求专利保护的决定，都必须评估专利权人实施专利的能力。除费用外，还应考虑所涉及国家专利法律制度的成熟度或有效性。例如，如果这项技术本身适于托管（bailment），就可以通过合同法来控制技术的使用，特别是在专利制度尚不健全的国家。

5.2.4 将防御性公开作为一种积极的策略

将防御性公开作为积极性策略是最有效的。这与目前许多研究机构使用防御性公开的策略不同。使用防御性公开，需要精心构建信息披露，在所涉及的技术领域中最大限度地公开，并且对全球范围内出现的新专利申请进行严格监控。当出现一项专利申请时，防御性公开要达到使其权利要求保护范围缩小或完全被驳回的目的，并且必须通过适当的渠道让专利局获悉已公开的现有技术。

5.2.5 防御性公开与专利申请结合使用

防御性公开最有力的作用之一是，当使用防御性公开时，它不是专利保护的替代办法，而是可以与专利组合起来使用。例如，一种策略是知识产权管理者对一项核心技术申请了专利保护，然后防御性公开了其周围的相关创新，从而降低其他人获得主要专利的可能性。对核心技术的改进获得专利，可能是对有限资源的不当使用。除了改进之外，随着研发的进展，可能会发现核心技术的新用途。但是，防御性公开了这些改进和替代性用途，将经济有效地促进核心技术在广泛领域的应用。

5.3 保证技术可及性需要考虑的10个问题

当知识产权管理者对公众获得技术的可能性进行决策时，应考虑以下问题：

- 机构或发明人的知识产权管理目标是什么？
- 这项技术是否需要私营部门的资源才能进一步发展和传播？
- 能否从细分市场中得到好处？
- 技术是一种研究工具（使能技术）吗？
- 专利保护和许可的收益是否大于成本？
- 如何以及何处能够实施专利？
- 还有其他可行的保护措施吗？——商业秘密、托管、商标等
- 这项技术在哪些地区/国家可能应用？
- 这项技术是否可以在不申请专利的情况下进行许可？
- 防御性公开可以与传统的知识产权保护相结合吗？

6 使用公有领域的技术

公有领域的技术对于研究来说是有价值的投入资源。实际上，它们是研究人员的一个重要但通常未被充分利用的资源。使用公有领域的研究工具或使能技术可以降低交易成本，并减少研究和开发过程中潜在的知识产权障碍。

在发达国家，许多卫生健康和农业领域的科学性资源、思想等都获得了专利。但是，科学家继续使用这些工具是因为其历史众所周知，包括其效率水平和特定农作物

的使用记录。但另一方面，使用受专利保护的研究工具，会使机构在商业化后期要面对侵权责任和/或造成其他问题。虽然在研究项目开始时，最大限度地使用公有领域技术可能是可取的，但使用更知名的工具（通常有专有权）在研究的概念初步验证阶段可能很重要。在这种情况下，后期阶段需确定是否可用公有领域技术进行替代。

PIPRA 对农业领域的重要贡献之一是在公有领域中识别并推广替代技术。PIPRA 的任务是，针对发展中国家开展主要作物，针对发达国家开展小众作物的研究、开发和传播，协助世界各地公共部门研究人员避免知识产权障碍。由于这些作物的商业市场太小，无法吸引私营部门的投资，因此主要由公共部门从事这类作物的研究和开发——但往往缺乏成功解决知识产权争议的资源。因此，公有领域技术是开发这些“孤儿”作物的关键。

随着 PIPRA 公有领域的技术及法律信息资料库以及具有专利保护但可获取的农业领域使能技术（包括来自律师的自由实施意见）不断增加，知晓哪些技术属于公有领域以及如何使用它们替代专利保护技术的需求也在增加。下面列出了研究人员和知识产权管理者在识别公有领域技术方面需要实际考虑的一些因素。

6.1　专利数据库提供的只是部分内容

正如 E8 案例的研究表明，必须从公开的科学文献和专利数据库开始调查。对每一篇参考文献的内容及出版时间进行比较，确定该技术是否属于公有领域以及使用该技术的限制条件。简单的专利检索可能由于检索出数量众多的相关专利而产生误导。但是，将这些专利与已出版的文献进行比较可以发现，例如，虽然原始核心技术属于公有领域，但由改进的和其他专利组成的专利丛林限制了原始技术的利用。如果是这种情况，设计研究计划时了解这些限制可能是至关重要的，设计研究计划将围绕现有的专利进行发明，并将公有领域技术的使用最大化。

比较序列可以为寻求使用公有领域技术的研究者提供另一种关键信息。例如，PIPRA 对大豆热休克启动子的分析发现，通过改变一个核苷酸序列，研究者可以避免侵犯已授权的专利[35]。然而，应当指出这种情况并不寻常。PIPRA 的律师通过仔细考虑现有技术和专利，做出改变单个核苷酸来回避现有的专利的决定。但不能一概而论，因为只有通过核查两类特定文献的相互作用关系，才能对自由实施状况（FTO）进行评估。然而，这个例子说明了在分析专利时使用序列分析工具（如 BLAST）有多重要。一般来说，密切关注现有技术并在专利权利要求中使用同源性限定，对于区分特定公有领域的序列可能是必要的。

6.2　公有领域的边界一直在变化

随着新的专利授权，公有领域的边界也在发生变化。专利分析有必要定期更新，以核查可能限制原技术使用的最新授权专利。因为专利申请在首次申请日后多月仍处于未公开状态——在专利搜索引擎中无法查到，因此专利检索是有局限性的。

6.3　地域因素

由于专利的地域性本质，发现公有领域到底有哪些内容变得更加复杂。E8 案例的研究分析只考虑了美国的情况，其他任何国家的不同文件也都需要收集。尽管如此，由于某些国家公有领域的范围比其他国家更广，因此可以利用这些差异来设计研究策略。例如，基于专利的地域性，发展中国家的研究机构可以利用在本国没有专利保护的技术，虽然该技术在更发达国家获得了专利保护。从法律上讲，在没有申请专利的国家，研究人员使用相关技术是不侵权的。然而，当研究产品需要出口到有专利保护的国家时，就会出现明显的限制。在这种情况下，尽管国内没有申请专利保护，也有必要调查出口市场的专利整体情况。

还有更多需要考虑的因素。为了使用在国内属于公有领域而在其他地方获得专利的技术，研究者可能需要从专利权人那里转移材料或技术秘密。这经常涉及具有限制性条款和延伸义务（reach-through obligations）的材料转移协议（MTAs），可能会妨碍研究并同样阻碍发达国家和发展中国家的研究人员广泛获取技术。即使没有专利权，这种情况也可能需要与技术所有者达成协议［如不起诉侵权的非断言承诺（nonasserts）］。此外，即使大公司作为专利权人不关心侵权问题或失去市场份额，也可能会担心责任和管理职责问题。最后，发展中国家的研究机构，或其研究的赞助机构，可能非常看重与拥有专利技术的公司建立良好关系。因此，尽管某技术没有受到专利保护且从法律上可自由使用，但仍有重要理由协商获得许可。

7 防御性公开的机制

最后一节着重讨论了防御性公开的机制：如何最佳地确保信息披露、阻止他人获得后续专利。防御性公开要考虑的因素包括：内容、选择的语言、公开地点和公开日期。下面几节将详细介绍防御性公开的最佳实践措施。

7.1 公开的内容

防御性公开的目的是防止在某一特定技术领域申请专利。因此，专门设计的信息披露机制可以形成证据从而防止某项技术获得可专利性，即减少在该技术领域中获得专利的可能性。披露应尽可能完整和详细。与此相关的是，出版物应该包括所有的实验描述、实验条件、图表、公式、程序、序列、材料和方法。我们认为，尽早公开非常重要；防御性公开应包括已拥有该发明的证据，并使所属领域的普通技术人员能够制造和/或使用该发明。

7.1.1 考虑披露组合技术的潜在作用

除了完整的描述之外，防御性公开还应该包括目标技术与其他技术的潜在组合。即使作者没有提供详细资料的技术组合也应如此。正如 E8 案例研究所揭示的那样，将另外的组合包括进来，可以扩大利用公开文件，以非显而易见性的理由驳回未来专利的授权。E8 植物启动子序列公开，并不能阻止未来利用该启动子与特定基因相组合获得授权专利。如果作者在论文的结束语中，阐述了该启动子序列可以启动多种基因表达，那么就有更强有力的理由拒绝后续专利授权。延伸开来，如果文中不仅记载设想了启动子与基因的组合，诸如转化方法、选择性标记系统和植物转化载体的其他元件等整个系统中的应用，还设想了在特定的作物中的应用，那么防御性公开可能会更有力。

在这种情况下，公开中是否记载了某些语言表述、能否阻止未来的专利授权都是不确定的，应该指出的是，用现有技术文献组合以创造性的理由拒绝专利授权，应注意几点。第一，能够以不具备创造性的理由驳回保护的发明时，必须要表明所属领域的技术人员能够将现有技术文献结合起来，而且还有动机去这样做。第二，对于所述组合，须预计可达到合理程度的成功。第三，所引用的参考文献整体上必须能指导或建议所请求保护发明的所有要素。在起草防御性公开的内容时，不可能预料到作者拥有的技术与他人技术相结合的所有可能，但是通过采用上述提示的描述方法，作者可以尽可能地扩大公开披露的主题内容。

7.1.2 考虑披露的其他潜在应用

与潜在的组合一样，即使没有详细的描述，也应该记载包括该技术的其他应用。如果该技术是一种产品，作者可能需要考虑将当前产品、产品的潜在用途以及衍生产品包括进来。虽然防御性公开可以将产品技术置于公有领域，但后来使用该产品所做的研发仍然可能获得专利。防御性公开的作者通过预测潜在的应用，可能会在未来构成不具备创造性的理由。如果公开的技术是一种方法，作者可能需要考虑通过该方法得到的产品细节。这些考虑因素预期了产品和方法专利的可专利性。产品和方法专利的例子，可以参考著名的科恩-波伊尔（Cohen-Boyer）技术。这不是一件专利，而是三件：（1）构建分子嵌合体的方法专利；（2）用重组真核生物 DNA 合成蛋白质的产品专利；以及（3）用重组原核生物 DNA 合成蛋白质的产品专利[36]。

7.1.3 考虑披露的相关替代办法

一种围绕防御性公开（或专利）进行设计的方法，是改变（即使是最低限度的）技术的结构。TGo 预计，防御性公开能表明，在保持原有公开功能和特征的情况下，如何改变技术。这与起草专利权利要求的通用做法相一致。例如，可以将技术功能相同而同源性百分比不同的序列都包括进来，共同发布。此外，发布中可包括在不同品种中使用的同源物，也是有用的。

7.1.4 考虑生物材料保藏

对于一些涉及生物材料的发明，我们知道书面描述不足以表达该项技术而使所属领域的技术人员能够实施。对于这类发明，专利制度已经开始依靠世界公认的、公众可获得的微生物保藏机构保藏相关的生物材料。根据经验，如果生物材料可以制造或分离，无须过度的试验，或者如果生物材料是已知的并容易获得的，就没有必要保藏。然而，在许多情况下，如果保藏了生物材料，防御性公开将更强有力（其保藏号应当在相关的公开文献和序列信息中列出来）。

1980 年开始生效的《国际承认用于专利程序的微生物保存布达佩斯条约》（Budapest Treaty on the International Recognition of the Deposit of Microorganisms for the Purposes of Patent Procedure）[37] 对世界范围内的专利微生物保藏进行了规定。世界知识产权组织[38] 公布了已批准该条约国家和公认的国际保藏机构（IDAs）[39] 最新名单。

7.2 语言选择

防御性公开中所使用的语言（即英语或其他语言）也很重要。

例如，防御性公开使用的语言可能需要选择有专利保护的国家所使用的语言。然而，至少要写一篇英文的摘要和标题，才能在美国和欧洲专利局进行现有技术检索时，最大限度地引起专利局审查员的注意。鉴于专利局对非专利技术的检索有局限性，最佳的公开后策略是监控该技术领域公开的专利申请，并提请相关专利局注意该防御性公开。

7.3 在哪里公开

如前所述，美国专利法对新颖性的要求采用的是“印刷出版物（printed publication）”这一术语。美国法院已经对“印刷”一词采用了宽泛的定义，包括了存储在电子介质以及缩微胶卷上的文件[40]。因此，互联网上发布的文件也符合专利法新颖性对印刷方面的要求。

“公开出版物”一词也被广泛地解释为，任何可以自由提供给公众的印刷文件（printed document）。经同行评议的出版物只是防御性公开的一种选择形式，因为其对内容的限制可能会使作者无法达到完全防御的目标。商业展览、会议、研讨会或互联网站上发表的印刷品都被认为符合公开出版的定义。事实上，许多大公司将这种防御性公开作为部分知识产权管理策略已经有数十年。最著名的是 IBM 利用技术期刊进行防御性公开的实例。2002 年，比尔·巴雷特（Bill Barrett）对美国专利数据库进行检索发现，有近 10 000 项专利引用了 IBM 的《技术信息披露简报》（*Technical Disclosure Bulletin*），说明了该公开策略是成功的[41]。通过没有同行评议限制内容的技术信息披露方式，IBM 采用了一种更便宜、更灵活的工具来补充其总体的专利策略。许多公司专门从事非专利现有技术的出版。例如，网站 IP. com 提供专业性的防御性公开内容以及搜索引擎，方便专利审查员可以轻松浏览该网站的公开信息库[42]。通过这种公司披露一项发明，将增加专利审查员获知该发明技术的可能性。然而，这些公司可能会对这种披露收取数百美元的费用。另一种披露方法是使用法定的发明注册程序，即美国专利商标局允许注册一项未经审查的发明。这种方法也很昂贵。最省钱的方式是在互联网上免费发布（但在互联网上发布资料的公开日期可能会有问题；详见下一节）。如果利用互联网来进行防御性公开，则更需要监控最近公开的专利申请。

7.4 时间和日期戳

防御性公开的日期是一个关键的信息，必须能够被专利局所记录和识别。它可以帮助专利审查员确定该公开日期是否会对所审主题的可专利性产生怀疑。确定网站上发布资料的公开日期可能是一个困难的问题：互联网上许多文件标注的都是访问日期，而不是上传日期。显然，这种做法不利于在其技术领域利用互联网通过防御性公开阻止未来的专利保护。幸运的是，已有一些解决方案。许多公司现在提供数字时间戳（DTS）或数字公证服务。这项技术已成为公认的法律证据，证明公开的内容在某一特定时间点已存在，并且自那时起没有改变[43]。另一种建立互联网公开日期的简便方法是扫描包含日期和签名的文件，并以 pdf 格式在网上发布。

8 结语

本文研究了知识产权管理者和研究人员如何利用公有领域和防御性公开的优势。战略性的知识产权管理计划首先要确定研究的投入和使用的使能技术，同时也应明确技术的预期用途。一旦建立了这个框架，就可以有效地使用知识产权管理工具实现项目目标。

公有领域是早期思考项目研究工具时的宝贵资源。上述实际考虑将有助于将公有领域技术纳入知识产权管理计划，从而减少对许可技术的需求，为从事更多研究释放资源。此外，在管理一个研究项目的产品时，需要一并考虑传统知识产权和防御性公开，或者将一项技术置于公有领域。然而，当考虑防御性公开时，知识产权管理者不仅应当记住它的作用，还应当知道其局限性。

致 谢

感谢查尔默斯理工大学知识产权研究中心弗雷德里克（Fredh Fredrik）的研究协助，以及迈克尔（Michael Lang of Harness）、迪基（Dickey）和皮尔斯（Pierce）对本章的早期版本的审核和讨论。

SARA BOETTIGER, *Senior Advisor, One Shields Avenue, PRB-Mail Stop 5, University of California, Davis, Davis, CA, 95616-8631, U. S. A.* sboettiger@ucdavis. edu

CECILIA CHI-HAM, *Director, Biotechnology Resources, PIPRA University of California, Department of Plant Sciences, Plant Reproductive Biology Building, Extension Center Circle, Davis, CA, 95616, U. S. A.* clchiham@ucdavis. edu

---

1 Boyle J. 2003. Foreword: The Opposite of Property? *Law and Contemporary Problems* 66(1-2): 25. www. law. duke. edu/shell/cite. pl? 66+Law+&+Contemp. +Probs. +1+(WinterSpring+2003).

2 447 US 303 (1980).

3 The Bayh-Dole Act (1980) altered incentive structures surrounding the development of publicly funded research by mandating institutional ownership and the ability to exclusively license these inventions. See, also in this *Handbook*, chapter 3. 3 by Gregory Graff and chapter 3. 2 by Rachrl A Mgent and Gerald T Keusch.

4 Because patents are territorial grants of exclusionary rights, the patent landscape can vary considerably among countries.

5 Lange D. 2003. Re-imagining the Public Domain. *Law and Contemporary Problems* 66(1-2): 463. www. culturaleconomics. atfreeWeb. com/Anno/Lange% 20Reimaging% 20the% 20Public% 20Domain% 20LCP% 202003. html.

6 For example, the Biological Innovation for Open Society(BiOS, www. bios. net).

7 The discussion of the commons here derives from the excellent compilation of collected papers from the Duke Conference on the Public Domain (www. law. duke. edu/pd/papers. html), in Law and Contemporary Problems, 66, Winter and Spring 2003, where readers will find an in-depth discussion of many facets of the public domain.

8 See, also in this *Handbook*, chapter 14. 2 by SP Kowalski; chapter 14. 4 by GM Fenton, C Chi-Ham, and S Boettiger; and chapter 14. 1 by A Krattiger.

9 See, also in this *Handbook*, chapter 10. 5 by O Livne, chapter 10. 6 by AS Viksnins and AM McCrackin, andchapter 11. 8 by S Shotwell.

10 This section refers in particular to U. S. patent law. However, internationally the requirements for patentability tend to be similar.

11 35 U. S. C. § 101.

12 35 U. S. C. § 102.

13 35 U. S. C. § 103.

14 35 U. S. C. § 112.

15 A member of the public can also add citations. See footnote 14.

16 Alcácer J and M Gittelman. 2004. How Do I Know What You Know? Patent Examiners and the Generation of Patent Citations. Working Paper. www. olin. wustl. edu/cres/research/calendar/files/alcacer_gittelman. pdf#search=%22Alc%C3%A1cer%20and%20Gittelman%20(2004)%22.

17 Sampat BN. Examining Patent Examination: an Analysis of Examiner and Applicant Generated Prior Art. Working Paper. faculty. haas. berkeley. edu/wakeman/ba297tspring05/Sampat. pdf.

18 35 U. S. C. 301. Citation of prior art: "*Any person at any time may cite to the Office in writing prior art consisting of patents or printed publications which that person believes to have a bearing on the patentability of any claim of a particular patent. If the person explains in writing the pertinency and manner of applying such prior art to at least one claim of the patent, the citation of such prior art and the explanation there of will become a part of the official file of the patent. A tthe written request of the person citing the prior art, his or her identity will be excluded from the patent file and kept confidential.*"

19 § 102(g) allows for proof of prior invention in any country that is a member of the WTO, but this is limited to cases where inventorship is disputed in a formal interference proceeding. Outside the scope of an interference proceeding, proof of lack of novelty is limited to printed documents and patents.

20 The one-year period is based on the *priority* date, which is usually the date on which the patent application is filed. It is possible, however, for a patent to have a priority date that is earlier than the date on which it was filed. Continuation and divisional applications, for instance, may retain the priority date of the "parent" application from which they are derived (in these instances it is even possible for one patent to have more than onepriority date, as different content in the claims may have entered the patent application process at different times). In addition, the establishment of a priority date must encompass international applications. If a patent is filed on an invention in Japan, and then later a U. S. application is filed, the U. S. application will retain the priority date of the earlier Japanese application. Patent applications can also have earlier priority dates if a provisional application was filed first.

21 35 U. S. C. 103 Conditions for patentability; nonobvious subject matter.

22 "*Even if a reference discloses an inoperative device, it is prior art for all that it teaches.*" *Beckman Instruments v. LKB Produkter AB*, 13 USPQ2d 1301, 1304 (Fed. Cir. 1989). "*A non-enabling reference may*

qualify as prior art for the purpose of determining obviousness under 35 *U. S. C.* 103. " *Symbol Technologies Inc. v. Opticon Inc.* ,19 USPQ2d1241,1247 (Fed. Cir. 1991).

23 In re LeGrice,133 USPQ 365 (CCPA 1962).

24 Monsanto's patent application(s) for *Agrobacterium* mediated transformation have not yet issued as patents in the U. S. Until this happens, it is impossible to say with certainty which patents will be blocked by the issued claims. In addition, Monsanto's *Agrobacterium* mediated transformation patents in other parts of the world have already expired;dominance changes by territory.

25 See *supra* note 8.

26 In addition to patents that have been abandoned due to non-payment of maintenance fees, some abandoned patent applications may also be in the public domain. Under a revised law, U. S. patent applications filed on or after 29 November 2000 are to be published within 18 months. Prior to this change in law, patent applications were not publicly available. The new law still contains an option for secrecy up until the point that the patent issues. If the patentee elects to foreg of oreign patenting, s/he has the right to request that the application remain unpublished.

27 See, for instance, www. uspto. gov.

28 www. pipra. org.

29 If the technology has an element of tangible property, bailment may be used (for example, material transfer agreements) to protect the technology under contrac tlaw instead of patent law—a choice that may be warranted in countries where patents are more difficult or prohibitively expensive to enforce in comparison with contracts.

30 A report by the Global Alliance on Tuberculosis Drug Development on the economics of tuberculosis drug development estimated the cost of drug development for a tuberculosis indication was US $ 115-240 million. See *The Economics of TB Drug Development* (October,2001) at www. tballiance. org. These figures are well below many other cited estimates for drug development cost, such as the well publicized study by DiMasi *et al* (DiMasi AA, RW Hansen and HG Grabowski. 2003. The price of innovation:new estimates of drug development costs. *Journal of Health Economics* 22:151-185).

31 See, for example, BD Wright and PG Pardey. 2006. The Evolving Rights to Intellectual Property Protection in the Agricultural Biosciences. *Int. J Tech and Globalisation* 2(1/2):12-29. While they articulate the complexity of the issues and admit that"*definitive evidence on the effects of IPR on agricultural research will not be available soon, if ever,*" their paper also includes a catalog of examples where the path of research has been altered because of IP rights. Tomatoes with improved shelflife characteristics, fungus-resistant strawberries, hypoallergenic wheat, as well as herbicide tolerant barley, turf grass, and lupin are all examples where research and development were suspended due to IP roadblocks.

32 www. bios. net.

33 Heher AD. 2004. Economic Modelling of Institutional Research and Innovation. Unpublished Report for SARIMA. SARIMA Project 3. University of Cape Town:Cape Town.

34 See *supra* note 33, page 3.

35 Contact PIPRA for more information on the written FTO opinion for this technology.

36 Intellectual Property Rights and Research Tools in Molecular Biology:Summary of a Workshop Held at the National Academy of Sciences, February 15-16,1996 (1997), p. 40; www. nap. edu/readingroom/books/property/5. html.

37 The term"microorganism" was appropriate at the time the Treaty was named because the primary uses of

biological materials in industry involved bacteria and lower fungi. Today the term is interpreted broadly within the context of the Budapest Treaty to include a wide range of biological materials (for example, bacteria, viruses, isolated DNA, and cell lines, etc. (see Fritz D and V Weihs. 2001. Deposition of Biological Material for Patent Protection in Bio-Technology. *Appl Microbiol Biotechnol* 57:443-450.)

38 www. wipo. int.

39 See www. wipo. int/treaties/en/registration/budapest/pdf/ida. pdf for a current list. Also of relevance is chapter 10. 10 by Dennis Harney and Timothy McBride in this *Handbook*.

40 *In re Wyer*, 655 F. 2d 221, 226-27 (C. C. P. A. 1981).

41 Barrett B. 2002. Defensive Use of Publications in an Intellectual Property Strategy. *Nature Biotechnology* 20:191-193.

42 www. ip. com.

43 For instance, www. digistamp. com offers non-profit organizations performing medical or environmental public research use of their service at 30 cents per time stamp.

第 10.2 章

临时专利申请的优势和局限性

理查德·L. 克鲁兹（RICHARD L. CRUZ）
美国 DLA Piper US 有限责任合伙公司知识产权律师

译者 张志刚 **审校者** 欧阳石文 刘晓娜 张熠

摘 要

在美国，临时专利申请可以提供额外多 1 年的专利保护，因而从最初申请日期起计，共有 21 年。临时申请，也可以为外国申请者提供这种保护期的延长，只要根据《巴黎公约》在外国提交申请 12 个月内申请美国专利即可。临时申请既有优点也有缺点，所以恰当的管理措施是关键。其优点包括：在完成一项发明构思后立即能够获得优先权日，可以在随后的 1 年内进一步完善其发明、获得额外多 1 年的专利保护，并建设性地将发明付诸实践（reduction to practice）。此外，临时申请提供了一种低廉的方式来避免法律规定的限制条件，并确保向国外申请时的新颖性。还允许使用“专利未决”一词来标记实施该发明的产品。其缺点包括可能增加获得专利的总体成本，有可能丧失商业秘密，以及提供一种假设的安全感。发明人必须在 1 年内提出非临时申请，而非临时申请的主题必须限制在临时申请主题之内。

1 引言

从 1995 年开始，发明人可以在美国提交临时专利申请。这种非正规的专利申请方式确定了优先申请日期，并为发明人提供了额外多 1 年的时间准备并提交正式的发明

Cruz RL. 2007. Provisional Patent Applications: Advantages and Limitations. In *Intellectual Property Management in Health and Agricultural Innovation: A Handbook of Best Practices* (eds. A Krattiger, RT Mahoney, L Nelsen, et al.). MIHR: Oxford, U.K., and PIPRA: Davis, U.S.A. Available online at www.ipHandbook.org.

专利申请。

美国设立的临时专利申请制度，对国内发明人与外国发明人一视同仁。在美国实施临时申请制度之前，外国（《巴黎公约》的缔约国）申请人可以申请享受外国优先权日，但他们的美国专利期限却是从美国申请日这一较晚日期算起。外国发明人因此获得了21年的专利保护期限。而另一方面，美国的申请人则处于劣势：他们的专利期限从在美国首次申请日算起，最长期限可能只为20年。从1995年6月8日开始，美国国内申请人获得了提交临时申请的机会，从而确立了美国优先权日，而这一日期不会对美国任何的专利期限产生不利影响。允许美国的专利保护从首次申请日起持续21年，这一政策变化为美国发明人和外国发明人建立了平等关系。

作为非正式申请，临时专利申请不需要具备申请发明专利的所有正式要素。例如，临时申请不需包括正式的权利要求、发明所有权的声明或附图，而这些都是正式发明专利申请所必需的。相反，只需要提供发明的书面描述和封面索引，以及其他明确该文件为临时专利申请的材料。

与发明专利申请不同，美国专利商标局（USPTO）的审查员不对临时专利申请进行实质性审查。相反，美国专利商标局的受理部门只审查其是否满足申请文件的最低要求。因此，与正式发明专利申请相比，准备临时申请的法律成本相对较低。由于美国专利商标局不对临时申请进行现有技术的检索或分析，因此与正式发明专利申请相比，其申请的经济成本也相对低廉。

除了成本之外，在决定是否提交临时专利申请时，还要考虑其他几个因素。下面概述了临时申请的优点和局限性。

2 临时申请的优点

2.1 保留优先权日

因为临时申请对形式的要求更少，所以更简单，而且撰写和提交申请的成本通常较低。因此，完成发明构思后，可以利用临时申请快速而低廉地获得官方申请日。官方申请日证明该发明至少早在申请日之前已构思完成了。

2.2 有用的1年延长期

一旦提出临时申请，发明人将有整整1年的时间准备提交正式的发明专利申请。延期1年使发明人能够进一步研究发明，评估该发明的商业潜力，寻求资金支持进一步开发和/或申请专利。此外，这1年时间可以使发明人延缓准备并缴纳与发明专利申请相关的大部分费用，直到确信这项发明具有商业价值，并且/或者确保为该发明申请专利的经费支持。如果发明人在这段时间内确定本发明不具备商业可行性，就避免了为获得发明专利而付出更高成本。

2.3 额外的1年专利保护期

一项授权专利使发明者在20年内有权排除他人使用、销售和/或许诺销售专利保护的发明。这20年的专利期限是从发明人提交发明专利的申请日当天起计算的。提交临时申请和提交发明专利申请之间的1年并不计算在20年专利期限之内。因此，临时申请可提供额外多1年专利保护期，有效地将专利期限延长至21年。

2.4 建设性地将发明付诸实践

所谓的将发明“付诸实践”，就是发明人将其创造性的想法转换成可操作的、能够被他人再生产的方案。提交临时申请具有“建设性地”将发明付诸实践的效果，即要求充分地描述该发明，以使所属领域的技术人员能够重复。通过提交临时申请，产生了一种法律推定，即该发明已付诸实践，尽管是建设性的，但至少早于临时申请的申请日。特别是当另一个发明人声称他第一个做出了同样的发明的情况下，这种推定对发明人来说非常有利。

在美国，专利权授予第一个完成发明的人。如果对谁先完成了这个发明出现争议，那么在确定发明人是否有权获得专利的问题上，付诸实践的日期可能是至关重要的。在此类争议中，付诸实践更早的发明人（例如，通过提交较早的临时申请）将被认为是第一个发明的人。如果前来挑战的发明人，即被认为不是第一个发明的人，想要推翻这个假设，则需要提供证据以表明他或她（即来挑战的发明人）更早地将发明付诸实施*。因此，提交临时申请不仅能尽早地确定付诸实施的日期，而且还能将举证责任转移到任何来挑战的人身上，需要由挑战人证明他或她是首先完成这项发明的人。

2.5 在美国之外的其他国家获得优先权日

美国之外的大多数国家都实行先申请制的专利制度。也就是说，专利权将被授予第一个申请某项发明的人，而不管另一个发明人是否实际上先将该发明付诸实践。因此，许多外国发明人（以及寻求国际专利保护的美国发明人）在美国之外申请专利，需要尽快地获得外国优先权。应当指出的是，根据美国法律，获得外国优先权日无须保证在规定的时间内在美国提交申请。然而，作为《巴黎公约》的成员国，其专利申请人有最长12个月的时间在美国申请专利，仍然能够保留国际优先权日。

2.6 避免法定禁止的情形（statutory bars）

按照美国专利法的第102条（b）规定，在美国申请发明专利保护的一年前，如果一项发明在世界上任何地方发表，该公开发表就成为美国专利法禁止获得专利的情形。这个法定禁止不限于第一个发明该发明的人所做的公开发表。如果第二个发明人在第一个发明人提交申请的前一年，独立构思并公开该发明，第二个发明人的公开将阻止第一个发明人就这项发明获得美国专利。

举例来说，假设发明人X是一位德国发明人，在2005年1月1日发明了一个新的小部件，并相应地在2005年4月提交了描述了该部件的德国专利申请。一位法国发明人Y独立发明了这种小部件，并于2005年3月1日在一本法国出版物上进行了公开。

---

* 美国于2011年已开始实施发明人先申请制，下同。——译者注

根据美国法律，这位德国发明人可以依靠其更早的发明日期获得美国专利，该日期早于在法国出版物上公开发表的日期。然而，如果德国的发明人到2006年3月1日之后才提交美国专利申请，那么这份法国出版物就被认为是在美国专利法第102条（b）规定下的现有技术，并将阻止这位德国发明人获得美国专利。

为了避免美国专利法第102条（b）规定的法定禁止的情形，德国发明人可以在提交德国专利申请的同时或者之后再提交美国发明专利申请。根据《巴黎公约》的规定，德国发明人从提交德国专利申请后到提交美国专利申请，仍然有1年的时间。然而，选择提交发明专利申请，成本非常高昂，特别是德国的申请必须翻译成英语，并需要采取美国式的权利要求、附图方式并办理其他正式手续。

另一种选择是，如果这位德国发明人不准备承担这样的费用，他或她更愿意在提交美国发明专利申请之前进一步开发这个小部件，那么他或她可以简单地提交一份美国临时申请。由于临时申请不需要用英文撰写，也不需要包括权利要求、附图或办理其他正式手续，所以德国发明人可以简单地以德文的德国申请文件，作为美国临时申请文件提交。通过这种方式，德国发明人可以获得美国的申请日，并避免美国专利法第102条（b）规定的法定禁止情形，而成本也非常低。

2.7 为外国申请保留绝对的新颖性

美国以外的大多数国家采取的都是绝对新颖性标准，这意味着，作为获得专利保护的先决条件，必须在该发明以任何形式公开之前提交专利申请。在采取绝对新颖性的国家中，申请专利之前公开一项发明的任何行为都会阻碍专利的授权。因此，寻求外国专利保护的发明人必须在世界范围内保持绝对的新颖性。临时申请提供了一种简单、低成本、高效率的方法来获得绝对的新颖性；然而，因为需要充分的披露，必须谨慎采用这种方式。而不同的外国司法管辖区法院是否将美国的临时申请作为优先权的基础，仍未达成共识。即使如此，如果发明人希望在演讲中公开一项发明，而又保持绝对的新颖性，可以将所有演示文稿和讲义材料作为临时申请提交。以这种方式，发明人既可以获得美国的申请日，也可以获得相关国家所要求的绝对新颖性，如《巴黎公约》成员国，或包括《巴黎公约》在内的世界贸易组织国家（如《与贸易有关的知识产权协定》）。这些已经包括了世界上大多数国家。

2.8 专利未决

一旦提交了临时申请，就允许发明人将“专利未决”的字样用在体现发明的产品上。通过使用该术语，向公众表明所标记的产品是具有创造性的，并且正在寻求任何和所有可获得的专利权。使用该术语也使得一项发明以更小的风险尽快开展商业推广，降低发明被抄袭和/或被窃取的可能性。此外，“专利未决”的标志也是向竞争对手和潜在侵权人发出的正式通知，一旦该发明正式获得专利权后，有助于进行专利侵权索赔。应该指出的是，“专利未决”一词并没有可强制执行的专利权。只有专利被授权后，才具有强制执行的专利权。

3 临时申请的局限性

除了上面描述的许多优点之外，提交临时申请还存在一些限制和缺点。

3.1 增加了总成本

虽然临时申请的撰写和提交，通常比发明专利申请要便宜，但还是会产生相关的成本。先提出临时申请，再提出相应的发明专利申请，必然会增加获得专利的总成本，尤其是针对同一个发明的不同方面提交多个临时申请。

3.2 发明披露

虽然临时申请并不需要达到像申请发明专利那样的所有正式要求，但临时申请必须满足发明专利申请的披露和可实施性的要求。也就是说，临时申请必须包括完整且充分披露的发明及其最佳实施方式，以及理解和/或重建发明所必需的任何附图。如果临时申请不能充分支持发明专利申请的全部内容，那么只有在临时申请中得到充分支持的那部分内容才能享有临时申请的优先权日。发明专利申请的其他内容将以发明专利的申请日作为相应的优先权日。从这点来说，为充分支持随后提交的发明专利申请而撰写一份临时申请可能会耗费大量的时间，甚至与撰写一份正式发明申请的时间成本相同。

3.3 有可能丧失商业秘密

与临时申请有关的另一个担忧是有可能丧失商业秘密。如上所述，虽然临时申请并不要求满足发明专利申请的所有正式要求，但它们必须充分披露，达到可实施性的程度。为了满足这些要求，发明人可能会披露过多的信息，包括他们日后可能希望作为商业秘密保留的信息。一旦提交了临时申请，所有披露的信息将被整合到相应的发明专利申请之中。当该发明申请成为专利时，整个临时申请内容将被公开，其中包含的任何潜在的商业秘密可能会丧失。

3.4 为期 1 年的申请截止期限

一旦提出临时申请，发明人必须在 1 年内提交发明专利申请以获得优先权。1 年内未能提交发明专利申请将导致临时申请自动放弃，反而会阻止发明人为该发明获得专利保护。

3.5 虚假的安全感

提出临时申请可能会给发明人一种虚假的安全感。尽管临时申请确实提供了一些保护，但它并没有提供任何可强制执行的专利权。况且，临时申请本身不可能获得专利。如果一个发明人错误地认为已受到临时申请的充分保护，他或她可能会推迟提交发明专利申请。如果发明人在 1 年期限内未能提交发明专利申请，临时申请将被自动放弃，从而阻止发明人对其获得专利保护。

3.6 其他潜在的局限性

临时申请还有一些其他的局限性。例如，由于提交临时申请而延迟了发明专利申请的时间，专利最终授权的时间也被推迟。根据发明人（或专利拥有者）的专利策略，这样的延迟可能并不是想要的。

值得注意的是，临时申请和发明专利申请启动后，都是根据《专利合作条约》（PCT）和《巴黎公约》规定的时间表进行。国际专利申请必须在提交美国申请后的1年内提交，因而在提交临时申请后的1年之内，就需要考虑提交国际专利申请的高额费用。

临时申请是不能修改的。如果在提交临时申请后，一项发明的某些方面得到了进一步完善或改变，则需要发明人另外提交一份临时申请反映这些改进或改变。

类似地，如果发明人在临时申请中无意间披露了秘密信息，那么发明人将不得退回并修改临时申请，以删除其中的秘密信息。在这种情况下，发明人可以选择放弃临时申请，还可以选择另外提交一个不包含秘密信息的临时申请。但是，这将重新计算优先权日。

4 结语

临时申请为国内外的发明人提供了诸多优势，这就是它们被广泛使用，并且作为成功专利策略的原因。不过，临时申请也存在一定的风险和不足，可能并不总是可取或恰当的。因此，在决定是否提交临时申请之前，必须谨慎评估：

- 发明的本质特性
- 发明人（或公司）的特殊需求
- 发明人（或公司）的整体专利战略

RICHARD L. CRUZ, *Intellectual Property Attorney*, *DLA Piper US LLP*, *1650 Market St.*, *Suite 4900*, *Philadelphia*, *PA*, *19103*, *U. S. A.* *richard. cruz@ dlapiper. com*

第 10.3 章

为“按应用领域许可”布局专利申请

阿恩 · M. 奥尔森（ARNE M. OLSON）
美国 Olson & Hierl 有限公司董事

▌译者 张志刚 ▌审校者 欧阳石文 刘晓娜 张熠 殷宏

摘 要

应该围绕一个长期的目标来组织和起草专利申请，并仔细考虑生产实践中的各种可能性和机会。农业、制药、生物化学和化学领域的应用多种多样，有时甚至无法预见，尤应如此。技术经理人不仅必须从战略上关注发明的基本思想，而且要广泛考虑各种方法使该发明的用途更宽泛，获得更多收益。因此，在专利申请过程中考虑并披露更多的细节、实施例和可选方案，未来的分案申请或继续申请的机会就更多，获得独占许可（使用领域）的权利要求也更多。通过制订机构的所有许可计划，即许可使用的领域，技术经理人具备了未来使用并许可给他人使用的能力，使发明创造的利益最大化，并为该机构产生更高的许可收益。

1 引言

技术转移管理人员的生活并不轻松。由于预算紧张，大学期望从许可项目中获得

Olson A M. 2007. Designing Patent Applications for Possible Field-of-Use Licensing. In *Intellectual Property Management in Health and Agricultural Innovation*: *A Handbook of Best Practices* (eds. A Krattiger, RT Mahoney, L Nelsen, et al.). MIHR: Oxford, U. K., and PIPRA: Davis, U. S. A. Available online at www.ipHandbook.org.

Editors' Note: We are most grateful to the Association of University Technology Managers (AUTM) for having allowed us to update and edit this paper and include it as a chapter in this *Handbook*. The original paper was published in the *AUTM Technology Transfer Practice Manual* (First Edition, Part III: Chapter 3).

的资金越多越好。按领域许可的最大好处之一，是允许许可方将相同的专利或相关专利授予不同领域不同的被许可方，从而使专利使用费的收入来源最大化。例如，一项生物技术发明的部分内容可以用于诊断测试一种疾病，而同一项发明的另一部分可以用于制备药物来治疗这种疾病。一家公司可能拥有非常专业的销售和分销能力，而另一家公司则拥有获得美国食品药品监督管理局（FDA）批准人类药物的全部资源。这两个领域许可给两家公司中的任何一家都可行，但按其各自擅长的领域分别许可，可以使销售和许可使用费最大化。本章重点讨论了“按应用领域进行许可”的具体例子，并讨论了技术管理人员如何通过完善专利申请来支持这种授权方式。

可以考虑对每件专利都“按应用领域进行许可”。一项特定的发明提出了一种单一的用途，似乎完全适合潜在的被许可者，但根本没有办法知道在专利的生命周期中还会发现什么其他用途。完全为汽车制造而研发的一项控制技术，可能会在几年后用于研发火箭系统。发明人不应仅仅考虑将专利独占许可给某一特定的汽车制造商，而是应该考虑将专利许可给汽车制造领域的某一特定汽车制造商。当在某一特定使用领域进行了恰当的许可时，未来开发的其他领域将仍然是该大学以后可资开发利用的财产。

2 高质量专利申请的价值

以下基本概念适用于所有专利申请，并不仅限于“按应用领域进行许可”的专利申请。首先，完善的专利申请撰写很重要。大多数技术经理人考虑的是准备和提交专利申请的成本，而不是获得专利的总体成本。专利的申请费用不是最重要的，更重要的是获得专利的总体成本。尽管成本本身并不是撰写完善申请文件的决定性因素，但节约成本准备专利申请可能会造成错误或遗漏，也可能会因考虑不充分导致将来无法扩展到其他更宽范围的领域或想法。这些最初的疏忽可能导致后续花费更多成本进行修改，需要提交继续申请，甚至需要为提交部分继续申请而重写申请书，从而增加了专利申请的总体成本。

2.1 专利申请作为销售文案

与准备不充分的申请相比，恰当地撰写专利申请，其好处之一是能提供一个更有价值的销售文案。通常，一个特别新的且有价值的研发结果并不一定能找到被许可方。因此，一件撰写完善的专利申请对于说服潜在的被许可方来说是非常重要的。潜在的被许可方和专利审查员都需要相信这项发明的价值，虽然他们的出发点有所不同。专利审查员会寻找“法律”的价值，即对所属技术领域的技术人员来说，发明是否具有新颖性、实用性和非显而易见性。潜在的被许可方除了考虑法律价值外，还要考虑该发明的潜在商业价值或人道主义价值。如果一份申请撰写得很糟糕，包括排版错误或科学矛盾，将会给潜在的被许可方和专利审查员留下负面印象。

2.2 考虑未来覆盖的领域

撰写完善的申请应对未来可能覆盖的领域有所考虑，它不仅描述了实验室研发的基本思想，还描述了附带的想法和推断。将这些信息包括进去，将有利于支持专利覆盖更宽而更有价值的范围。它为在后的继续申请更详细地描述所覆盖的范围提供了提示。具体而言，如果这些未来的想法在专利申请说明书中进行了概述（也就是说，在最初的申请中充分披露），就可以最先申请日（优先权），对后续权利要求以及最初母案申请中记载的内容进行修订。因此，该机构将享有该申请日的优势，避免某些内容成为现有技术。

为一项发明提出替代用途或发展其他想法，需要专利律师、技术经理人和发明人共同协作努力。管理者通常倾向于尽量减少发明人和律师之间的直接接触以降低成本，但实践表明，直接沟通特别有用并很有价值，即使是最好的专利律师也不可能全面地考虑到发明的其他用途，或者所有的修改或未来可能的用途。

发明人与律师之间的沟通，对于发展适用的或假设的实施例，为未来“按应用领域进行许可”提供明确的思路至关重要。在沟通之前，技术经理人可能希望鼓励发明人描述其他的替代方案或其他未来可能的用途，并直接将这些描述转发给专利律师。这种办法能够开启创造性思维的过程，它以“如果……会怎样”的方式思考，想出未来其他可能的用途。发明人以这种方式思考的时间越长，专利律师考虑和描述该发明潜力的时间就越短。而因为专利律师准备申请文件花费的时间较短，有时还可以节省费用。

2.3 控制专利申请的过程

大学把专利申请的撰写和专利申请的控制权交给被许可方的现象非常普遍。这就造成了潜在的利益冲突和未来诉讼的可能。（造成冲突的原因是，被许可方可能倾向于相对狭窄的专利保护范围，减少未来可能需要支付的许可使用费。）在专利申请过程中，需要对达到何种保护程度做出决定。相对较窄的专利权利要求通常较容易获得授权，没有太多困难，不用太多经费。然而，对于大学来说，宽的保护范围更重要，因为将来还可以许可，并覆盖更多被许可方出售的产品。虽然为了涵盖被许可方未来的改进，更宽的保护范围有可能最初已经考虑到了，但如果在专利申请期间，权利要求被缩小，以至于被许可方未来的改进落在专利保护范围之外，大学可能会丧失可观的专利许可使用费。

针对潜在的“按应用领域进行许可”的情况，专利申请将会披露和请求保护某一特定许可方利益之外的发明。但被许可方没有任何动力为其自身利益之外的发明构思花费时间或金钱。

如果大学对专利申请过程进行监控，则有可能决定希望寻求的专利保护范围，以及是否愿意将专利保护范围扩展到其他使用领域。在准备专利申请时，应该考虑到本发明的所有可能用途，而不仅仅是目前被许可方的用途。即使这些不需要体现在所有的权利要求中，但应该在专利申请中披露相关内容。在将来的某个时候，如果另一个潜在的被许可方对该领域有兴趣，则可以通过提交继续申请（或者部分继续申请）来扩展基本概念的特定方面。由此，因为该机构享有较早的申请日，新的申请可以扩展保护范围并对特定的新的改进进行保护。

虽然大学应该保有对专利申请的控制权，但仍有可能在许可协议中让被许可方支付专利申请的费用。对于同一专利有两个被许可方时，专利费用可以在两个被许可方之间平均分配。这已在前面章节做了更详细的讨论。

3 构建专利申请

在构建专利申请时，最好尽可能多地将未来可扩展的备选方案纳入申请中。这样做有两个好处：（1）申请文件将支持可能的更宽范围的权利要求，这在生物技术和化学领域尤其重要，通常需要给出不止一个简单的例子来支持专利申请更宽范围的权利要求，以及（2）在申请中包括未来的使用，以便在继续申请中完善这些想法。这种做法可以说是“全力以赴”（throwing the kitchen sink）。很难预测将来会有什么价值，也可能对于潜在的用途请求保护并没有作用，但至少用一个句子或段落来描述可能的替代方案是可取的做法。两三页的专利申请书就可以纳入许多呈休眠状态的“沉睡”发明，而当它们被发现具有特定价值时就能恢复活力。

这并不是一个新的想法。1876 年，亚历山大·格雷厄姆·贝尔（Alexander Graham Bell）的一件名为“电报”的专利中，贝尔将该发明描述为一种利用不同频率的声波通过同一电线同时传送多条电报信息。在专利的末尾有一个说明，提到该发明可以用来传送声音，如果进行特定修改，甚至也能传送人类的声音。最后这个推断所具有的价值，从为数众多的“电话案”侵权诉讼中就能看出来。

专利申请的权利要求可以“按应用领域进行许可”的方式来构建。可以对总的整体概念提出更宽范围的权利要求，以“按应用领域进行许可”的方式许可给不止一方；也可以针对特定的应用领域提出较窄范围的权利要求，只许可给特定的被许可方。较窄范围的权利要求可以限定应用领域，例如，将发明的用途限制在农场动物特定疾病的诊断；另一项较窄范围的权利要求则限定将发明用于一种人类类似疾病的诊断。将来的继续申请或分案申请可以针对其他具体的应用领域提出权利要求。

这里所描述方法的好处是，可以将特定权利要求或特定专利以排他许可的方式许可给特定被许可方。一般来说，被许可方更倾向于拥有排他许可，即使是特定权利要求或特定专利。此外，为不同的被许可方定制窄范围的权利要求，可以提供一种机制，用于决定专利申请的费用如何承担，以及确定哪些被许可方负责或参与起诉潜在的侵权人。例如，许可协议可规定，如果独占许可给特定被许可方的专利权利要求被侵犯，那么该被许可方就应参与相关的侵权诉讼。如果独占许可给不同被许可方的不同权利要求均被侵犯，那么两个被许可方都应参与到诉讼中来。这种做法是，如果每个被许可方的独家“地盘”被侵犯，他们就会想参与进来。不同的专利独占许可给不同的被许可方则会造成一些限制性要求。下面详细讨论这个问题。

3.1 生物技术案例

生物技术的奇迹之一是发现遗传信息可以用来编码蛋白质或蛋白质的一部分。例如，人们已经发现，相对较短的多肽可以用来制备疫苗。在该发现之前，疫苗是用灭活或致弱病毒中获得的蛋白质来制备的。

举一个虚构的例子，一位科学家发现了“RBS”病毒的囊膜蛋白编码基因。假设

"RBS"病毒最近才开始感染人类，它的一些潜在影响包括可导致先前被治愈疾病的复发。该科学家还发现了一种20个氨基酸残基的多肽（命名为"Merkin"），可制作预防这种可怕的"RBS"病毒的疫苗。此外，该科学家还发现将Merkin多肽注射到动物体内时，动物会表现出免疫反应，并产生可收集的抗体，后者可与样品中的RBS病毒发生反应。这位科学家最近还成功地培育出分泌"RBS"病毒抗体的单克隆细胞系。

这些抗Merkin多肽的抗体特别有价值，其对RBS病毒有很高的亲和力，至少在实验室中，可以保护数量很少的体液不受感染。因此，这种抗体的可能用途是直接治疗RBS病毒感染者：作为一种治疗方式，收集抗体，然后注射到病人体内。

Merkin多肽的另一个用途是检测人血清中是否存在RBS抗体。研究发现，使用抗体作为检测RBS的手段不是很成功，因为RBS病毒在血液中浓度通常较低。然而，当使用Merkin多肽时，由于它会与患者血液中的抗体和其他体液反应，可表明是否产生了抗RBS病毒的抗体。这与一种艾滋病毒检测系统的工作原理相似。并不需要检测HIV本身是否存在，而是检测患者血液中是否存在HIV抗体。这项检测方法的成功之处在于假设当HIV抗体存在于患者的血液中时，患者就已经接触或感染了HIV病毒。

因此，看起来Merkin多肽至少有两个直接用途。第一个是作为检测RBS病毒感染分析系统的一部分，第二个是未来开发为疫苗。已研发的抗体似乎有可能具有未来的化验分析及治疗价值。

一个潜在的被许可方，ASI公司（Assay Specialists, Inc.）对使用Merkin多肽研发诊断方法显示出了特别的兴趣。ASI是一家大型公司，对这类诊断和化验产品方面有丰富的经验，但在治疗和研发疫苗方面几乎没有经验。另一家名为Vaccinia的公司表示他们有兴趣进一步研发疫苗和治疗方法。但目前Vaccinia的积极性不高，因为疫苗用于动物的初期研究还在进行中。

基于此，一项准备充分的专利申请应涵盖以下发明：

1. 用来制造囊膜蛋白的基因
2. 纯化的囊膜蛋白
3. 编码Merkin多肽的部分基因
4. Merkin多肽
5. 一种基于Merkin多肽的疫苗
6. Merkin多肽的抗体
7. 单克隆细胞系
8. 基于Merkin多肽或其抗体的诊断试剂
9. 一种基于抗体的治疗方法
10. 治疗复发性疾病的方法

按应用领域进行许可，ASI公司得到了诊断试剂的许可。该许可包括涉及权利要求（4）Merkin多肽的非独占性许可，以及权利要求（8）使用Merkin多肽进行诊断的排他性许可（即ASI公司将是唯一的被许可方）；还可以包括权利要求（3）编码Merkin多肽部分基因使用权的非独占性许可，ASI公司也可以利用DNA克隆技术合成多肽。

这样安排的结果使被许可方在研发阶段的早期签署许可协议，因而也可以提供资源支持专利申请和进一步研究。

随着事件的发展和 Vaccinia 公司的兴趣开始增加，可以按应用领域向 Vaccinia 公司非独占许可（3）和（4）两项权利要求。Vaccinia 公司将是权利要求（5）基于 Merkin 疫苗的唯一被许可方。在未来的某个时候，如果已治愈疾病大暴发，那么可能需要另外的潜在被许可方，因而需要判断是否针对权利要求（10）复发性疾病治疗提出分案申请。

3.2 化学案例

Lovejoy 博士发现了一种剧毒化合物，他将其命名为 oxymoronic acid。这种化合物对治疗某些精神疾病非常有用。唯一已知的 oxymoronic acid 来源是生长在核试验地点附近的某些突变的沙漠灌木。然而，禁止在开放空间进行核武器试验大大限制了这种突变植物的数量。所有栽培产生 oxymoronic 植物的尝试到目前为止还没有成功，但 Lovejoy 博士最近发现了一种方法可以合成 oxymoronic acid 的前体，该前体被命名为"protomoronic acid"，可以用于制成 oxymoronic acid。通过这一合成方案，可以生产医疗所需数量的 oxymoronic acid。

在技术经理人和专利律师的鼓励下，Lovejoy 博士已经为研究开发 oxymoronic acid 的前体合成提供了其他可能替代方案，其中一种叫作"AP"。虽然这些方案还没有经过充分的测试，但它们似乎提供了其他合成 oxymoronic acid 的方法，未来或许证明是有价值的。专利申请准备包括下列主题的权利要求：

1. 作为药物的 oxymoronic acid 纯化物
2. 前体：protomoronic acid
3. 其他可替代的前体，包括 AP
4. 使用不同前体制造 oxymoronic acid 的方法
5. 基于 oxymoronic acid 的老鼠药

上面列出的最后一项是一个无意的发现，Lovejoy 博士的一名研究生的实验室地点有点糟糕，他在地板上洒了一些 oxymoronic acid，一只造访的啮齿动物取食后，大家发现 oxymoronic acid 是一种非常有效的老鼠药。

这是一个偶然发现，没人认为具有任何直接的商业价值，所以在专利申请中只用一两句话提及 oxymoronic acid 作为老鼠药的想法。这并没有带来任何成本，但留下了未来选择的可能性。几年后，尽管其中一项专利申请悬而未决，但一家大型农药公司来到大学，要求获得许可进一步开发这种老鼠药。因为分案申请仍然待定，因而有可能提出继续申请（或部分继续申请），包含将 oxymoronic acid 作为一种老鼠药使用的权利要求，从而在将 oxymoronic acid 作为一种老鼠药的使用领域独占许可给该农药公司。在这种情况下，该研究生就可能是一名共同发明人（而不是那只真正发现了这一发明但没能活着说出来的老鼠）。

在医疗领域，上述权利要求（1）药物可以按使用领域授予独占使用许可。后来发现 AP 作为一种胶粘剂特别有用，因为没有对权利要求（3）授予独占许可，所以可以授权给一个汽车保险杠贴纸公司。

4 将权利要求限制当作机会

专利审查员在审查该专利申请时，很有可能会认为在一份专利申请中存在不止一项发明（在某些司法区称为该发明不具有单一性）。例如，审查员可能会说基因是第一项发明，多肽是第二项发明，诊断是第三项发明，疫苗是第四项发明，等等。当这种情况发生时，专利申请被"限制"为一项发明，然后要求从原始专利申请中分出来一项或者可能更多项的分案专利申请。

对这种做法的典型反应是恼怒。毕竟，一件专利申请现在被分成了 4 件，甚至可能多达 10 件。然而，没必要抱怨，毕竟"天无绝人之路"（a silver lining in this gray cloud）。这种情况，虽然开始很烦人，但通常可以简单完成，并带来新的机会。

当美国专利商标局认为专利申请中有多项不同的发明时，这些发明可以作为单独的发明申请。因此，可以继续申请涉及诊断的权利要求，直到这些申请被允许为止。诊断专利授权后，可以独占授权给 ASI 公司。与此同时，由于对权利要求限制而从同一核心发明（该母案申请）中分出来的一系列分案申请，相应地可以获得一系列其他专利。每一项专利分别指向不同的使用领域，因而可以分开进行许可。此外，根据每个申请的不同情况，可能有机会延长专利期限，例如由于专利局的延迟、某些行政程序（例如申诉成功），或为受监管的医疗产品补偿审批延误而延长保护期等。因此，对权利要求的限制可能由于战略性的管理而获得一系列意想不到的机会。

5 结语

本章的重点是鼓励在准备专利申请时采用创造性思维。技术经理人不仅应该关注发明的基本想法，而且应该鼓励发明人广泛地考虑他们的发明可能运用的各种方式。当提交专利申请后，就没有办法知道该发明的每一个可能用途。因此，将更多的发明想法写到专利申请中，才能对未来的分案申请或继续申请提供更多的支撑，或者可以对未来的权利要求授予独占许可。通过制造机构的所有许可，即使用按领域许可，技术经理人保留了将这些用途授权给其他人的能力，使发明创造的利益最大化，并为该机构带来更高的许可使用费收益。

ARNE M. OLSON, *Director*, *Olson & Hierl Ltd.*, *20 North Wacker Drive, 36th Floor, Chicago, IL, 60606, U. S. A.* aolson@olsonhierl.com

第 10.4 章

专利策略：建立知识产权壁垒

约翰 · 多兹（JOHN DODDS）
美国 Dodds & Associates 联营公司创始人

译者　张志刚　审校者　欧阳石文　刘晓娜　张熠

摘　要

综合性的知识产权保护组合对私营和公共部门实体具有重要价值。专利是知识产权保护组合的重要组成部分，必须根据机构的使命、目标和动机进行管理。大公司有能力负担进攻性的专利策略，但小公司可能没有这样的资源。因此，对于私营部门实体，特别是中小型企业来说，设计并实施一种有效的、低成本的专利管理策略极其重要。对于公共部门实体而言，专利策略将侧重于促进社会福利，因此，机构的使命将推动其实现这一目标。机构需要考虑的关键因素是知识产权保护的方式：专利、商标、版权或商业秘密。这些不同类别的知识产权维护成本是不同的。尽管研究机构和公司可能希望尽可能降低成本，但关键技术仍然需要得到适当的保护。公司欲降低成本，可以选择在有业务的地域集中申请专利保护。大学欲降低成本，可以通过选择权利要求范围宽的专利进行申请，战略性地许可技术，并在必要时实施专利权。为了建立强有力的保护基础，同一发明或改进可以采用几种类型的知识产权保护。

1　引言

从历史上看，专利权是由主权国家授予，允许对某一特定行业、服务或产品实行

Dodds J. 2007. Patenting Strategies: Building an IP Fortress. In *Intellectual Property Management in Health and Agricultural Innovation: A Handbook of Best Practices* (eds. A Krattiger, RT Mahoney, L Nelsen, et al.). MIHR: Oxford, U.K., and PIPRA: Davis, U.S.A. Available online at www.ipHandbook.org.

垄断的权利。随着时间的推移，这个概念已经被重新定义，现在的理解是，专利是政府与发明人或创造者之间的契约或协议。作为对排除他人实施该发明权利的回报，政府要求发明人充分披露该项发明，并达到可实施的程度。此外，目前垄断有时间限制，并且仅限于授予专利的政府管辖区域内。

在美国，专利是宪法第 1 章第 8 条规定的基本权利。国会有权“保障著作家和发明人对各自著作和发明在限定期限内的专有性权利，以促进科学和实用技术的进步”。

为了获得排除他人制造、使用或出售潜在发明的权利，作为交换条件，发明者必须公开提供完整、准确的说明和发明的最佳实施方式。发明人披露的信息允许其他人进一步发明，从而推动技术进步而造福社会。

美国国会授权美国专利商标局（USPTO）负责授予发明人在美国排除他人使用发明的权利，从专利申请日算起，发明专利期限为 20 年，外观设计专利期限最长可达 14 年。这种排他权使专利权成为一种否决权，因为专利权人只能排除他人使用、制造、复制或出售其发明。

专利具有地域性。例如，美国专利一般在其他国家没有任何效力，就像美国以外国家授予的专利在美国也没有效力一样。然而，在美国销售的产品，即使在专利受保护区域之外制造的产品，也可能侵犯美国的专利权。各国间的专利申请程序、可专利性条件和专利期限有很大不同。

美国（曾经——译者注）是世界上唯一采用先发明制授予专利的国家，所有其他国家都采用的是先申请制。先发明制发展出了专利抵触审查的实践经验，即在美国专利商标局采取准诉讼的方式确定优先权的问题，或谁先做出了这个发明。

美国和其他许多国家（例如欧洲国家）制度上的另一个重要差异，是美国设置了 1 年的宽限期。这意味着，如果一项发明在专利申请前 1 年未被公开或未以其他方式为公众所知，则该发明仍然能够获得专利权。

申请专利需要准备并提交相当复杂的文件，为获得保护而花费的时间和费用相当可观。考虑到法律的复杂性和所涉及的成本，对于发明人来说，制定符合逻辑的策略来处理专利申请过程很重要。

2 定义

- **外观设计专利**。是表现制造品、编织物或美术的新样式、模型、形状或布局的原创设计或构思的图案或图片，主要是装饰性特征。外观设计专利的有效期为 14 年。
- **垄断**。是一人或多人或公司拥有的排他性特权或特殊利益，包括对某一特定业务或贸易实施排他性权利，制造某一特定商品或控制某一特定商品全部的销售。垄断是一种市场结构，其中只有少数几家公司主导产品或服务的总体销售。
- **非临时专利申请**。此类专利需向专利局提交一份书面文件，包括说明书（包括描述和至少一项权利要求）、宣誓书或声明，必要时还包括一幅或多幅附图。
- **专利**。一项排除他人制造、使用、销售或许诺销售其发明的授权或权利，以及许可他人销售、制造、使用或许诺销售该发明的权利。

- **植物专利**。一项专利，授予发明或发现无性繁殖的具有特异性、新颖性植物的发明人。植物专利不授予块茎繁殖的植物或在非栽培状态下发现的植物。植物专利的有效期为20年。
- **植物品种保护**。保护有性繁殖（种子）或块茎繁殖的植物。由美国农业部管理植物新品种的部门进行登记。
- **临时专利申请**。是一种价格低廉的首次专利申请，允许在没有正式专利权利要求的情况下提交专利申请。它是一种获得较早申请日的方式。临时专利申请在提交12个月后到期。在此之前，发明人必须提交一份非临时专利申请，以保护其发明。

3 专利类型

专利有3种类型：

(1)"外观设计专利"保护一种新的、原创的和装饰性的工业产品设计。

(2)"植物专利"保护一种新的、独特的、无性繁殖的植物品种。块茎繁殖植物不能被授予植物专利。

(3)"发明专利"授予任何有用的新工艺方法、设备、产品或物质组成，或任何新的或有用的改进相应的权利。最重要的是，这项发明必须是有用的。发明专利是大多数人所熟悉的专利类型。发明专利的申请可以是临时性的或非临时性的。

3.1 外观设计

外观设计是对产品的外观进行保护。为了获得专利，设计或外观必须是原创的。举个例子，一个米老鼠形状的花瓶不能获得外观设计专利，因为这个形象已受专利保护，并且不是原创的。然而，外观设计专利可能会被授予一个不一样的老鼠形状花瓶。

外观设计专利申请应包括以下内容：

- 该设计的名称
- 简要说明体现该外观设计的物品的性质和预期用途
- 图片或照片
- 一项单一的权利要求
- 一份宣誓书或声明

一件外观设计专利可能只有一项涵盖整个设计的权利要求。下面的例子展示了一个典型的权利要求："如图所示（和描述）的花瓶装饰性设计。"

可以对一件物品的新的、原创功能申请发明专利，也可以对同一物品的原创设计申请外观设计专利。

3.2 植物专利

植物专利的授权对象是新的、特异的无性繁殖品种的整个植株。无性繁殖的植物是指那些不是通过种子繁殖的植物，例如扦插生根、压条、芽接、嫁接或靠接。

然而，块茎繁殖的植物被排除在植物专利之外。一项植物专利的申请需包括以下内容：

- 名称，其中必须包括申请保护的植物名称。下面的例子展示了一个典型的名称：命名为"*Renci*"的桦树
- 说明书，包括描述性说明和一项权利要求
- 一幅或多幅附图或照片
- 一份宣誓书或声明

说明书应该包括对植物的详细描述，应全面描述与相关的已知品种不同的品种特征。说明书还应包括植物品种的原种或亲本来源，并指出品种在何地及如何无性繁殖。如果植物新品种是新发现的幼苗，说明书必须充分说明幼苗在被发现时的生长条件。

植物专利授予植物的整体。因此，只允许有一项权利要求。下面是一个典型的植物专利的例子："此处所展示或描述的是名为'*Renci*'的新颖且独特的桦树品种。"

附图必须揭示所有视觉可见的植物独特特性。如果颜色是新品种的显著特征，附图必须是彩色的。作为一种选择，申请可以附照片。

如果植物是新发现的植物，宣誓或声明中必须说明植物是在哪个栽培区发现的。

3.3 发明专利

任何有用的新方法、新设备、新产品或组合物可授予发明专利。为了获得专利，这项发明必须具有新颖性、实用性和非显而易见性。对于纯思想或理论，无论多么有用，都不能获得专利。除了植物专利外，还可以对某些种类的植物（例如转基因植物）授予发明专利。这是因为，如果转基因植物具有新颖性、实用性，可以被看作一种物质或产品的组成。

一项发明专利的申请与外观设计专利的申请要素相同。

3.3.1 非临时申请

一份非临时的专利申请文件应包括以下内容：

- 名称
- 说明书，包括描述说明和至少一项权利要求
- 一幅或多幅附图
- 一份宣誓书或声明

描述说明的撰写方式应该达到能让所属领域的技术人员制造和使用本发明。

在非临时专利申请中，必须至少有一项权利要求。专利保护的范围是由权利要求限定的。是否授予专利很大程度上取决于权利要求的选择。最佳的权利要求是足够大、尽可能多地覆盖保护范围且不与任何已知的技术相重叠。

3.3.2 临时申请

临时专利申请的成本较低，最初的专利申请不需要包括任何权利要求、宣誓书或

声明。临时专利申请自提交申请之日起有 12 个月的未决期。一项临时专利申请不能到期就成为授权专利，但它给了发明人一个较早的申请日期并可以使用“专利未决”作为标识。为了从临时申请较早的申请日期中获益，必须在临时申请后的 12 个月未决期结束前提交一份非临时专利申请。

4 专利的协调

只有在授予专利的国家，专利才有效力。然而，贸易是全球性的，因此不限于在一个国家拥有专利保护是很重要的。但是，因为每个国家都有自己的专利保护法律法规，在多个国家获得专利保护既复杂又昂贵。为了改善这种情况，国际社会花费了 100 多年的时间来努力协调各国的可专利性标准。

《专利合作条约》（PCT）是一项协调 117 个国家*专利申请程序的国际条约。PCT 由世界知识产权组织（WIPO）管理。在一件 PCT 专利申请中，发明人可以在所有成员国取得申请日。在提交申请的 18 个月后，申请人必须决定其真正想去或者需要获得专利保护的国家。PCT 申请的好处是无须在所有国家单独提交申请，因为整个程序可以通过一件申请完成。此外，PCT 制度为发明人提供了 18 个月的时间“货比三家”，可最终决定在哪些国家获得专利最有用。

如果在 PCT 申请公布前不撤回的话，所有的 PCT 申请将在申请日后满 18 个月予以公布。这一做法大体上与美国专利商标局的做法一致，当然并不完全相同。在美国，如果只在美国提交了申请，发明人可以要求在专利授权前不公开。而如果本发明申请了 PCT 保护，只要满足特定条件，仍然可能适当延迟公开。具体地说，根据 PCT 第 64（3）（b）条的规定（该条规定清楚地说明了美国的保留制度），可以类似地推迟公开该申请。根据该规定，如果只在美国提出专利申请，国际申请公开可以推迟到美国专利授权之后。因此，PCT 第 64 条（3）（b）与美国的规定并不矛盾。

5 地区性专利

设立区域性专利局有助于协调世界各地的专利申请。欧洲专利局（EPO）是服务《欧洲专利公约》（EPC）成员国的区域性专利局。以 EPC（英语、法语、德语）三种官方语言中的任何一种提出申请，可以在任何或全部 24 个成员国**获得专利。欧洲专利申请也可以延伸到一些非成员国的东欧国家。如果 EPO 决定授予专利权，那么该专利还必须进入每个国家并在该国生效。

目前，欧洲联盟正在朝着建立共同体专利（community patent）的方向发展。专利申请一旦授权，共同体专利将在所有欧盟成员国中生效，而无须任何其他生效条件。然而，共同体专利需要一个集中的专利法院体系，其应有专门的法庭和集中的上诉法院。

另一项促进协调专利申请的努力是苏联各加盟国加入《欧亚专利公约》。通过在俄

---

* PCT 缔约国已达 153 个。——译者注

** 当前为 27 个成员国。——译者注

罗斯提交一份申请，可以在一个或所有的缔约国获得一项欧亚专利。同样，英语系的非洲国家建立了非洲地区知识产权组织（the African Regional Intellectual Property Organization，ARIPO）；在非洲的法语系国家中，也已经建立了非洲知识产权组织（Organisation Africaine de la Propriete Intellectualle），即 OAPI。

6 费用

美国专利商标局收取的费用包括申请费、公布印刷费、授权费和维持费。有关费用的最新信息可在该局网站上找到。

发明专利的维持费必须在专利授权后的第 3、第 7、第 11 年缴纳，否则将终止专利权。专利权一旦终止，该发明将落入公有领域，任何人都可以使用，而不需要得到专利权人许可。

对于被认定为“小规模实体”的机构，美国专利商标局的大部分费用可减免 50%。小规模实体是指独立发明人、非营利组织、大学和一些小型企业。

7 上诉、干涉和其他审查程序

专利审查员对专利申请作出驳回决定，申请人可以提出上诉。在美国，美国专利商标局的上诉委员会负责审理此类上诉。如果申请人不服上诉委员会的决定，则可向联邦上诉法院提出上诉。

有一种独特的专利纠纷是两个或两个以上的发明人，对谁最先做出了发明有争议。争议的解决机制被称为抵触审查。

美国有两项授权后程序。如果有人认为审查专利申请时存在优先权争议，那么此人可以提请专利复审。任何人，包括专利权人，都可以要求复审。通常情况下，被指控侵权的人会采用复审程序质疑专利的有效性，如果专利商标局在复审过程中发现专利应当无效，专利权人也就没有理由指控侵权了。复审程序可以是单方面程序，也可以是双方间程序。在单方复审程序中，第三人即使提出请求，在提出请求后也无权参与审查过程，第三人也无权对决定提出上诉。1999 年创设了双方间复审程序，只适用于 1999 年 11 月或之后授权的专利。双方间复审程序为第三方在审查过程中提供了提出意见和进行争辩的机会，并且有权向专利局申诉委员会提出上诉。

第二种授权后程序是再颁专利。只有专利权人能够请求再颁专利，只有在没有欺骗意图的情况下，并且在权利要求或原申请公开中存在错误时，才能请求再颁专利。如果专利权人寻求扩大原权利要求，则必须在专利授权后两年内提出再颁专利的请求。但是，如果专利权人试图缩小权利要求的范围，则可以在任何时候提出再颁专利请求。

美国专利商标局对上述每一种程序都要收取费用，其中复审费是最高的。除这些费用外，申请人还要支付律师费。律师费用可能会大大高于美国专利商标局的费用。

8 其他非专利的知识产权类型

知识产权（IP），有时也称为“无形财产”，是人类思想或智力的产物。因此，知识产权几乎包括任何一项技术发明或对早期发明的改进。它可以是一个独特的名称或标志，设计、方法，软件、数据库、域名或一篇文章。

知识产权类型繁多，细分为不同的法律类别，受不同方式的保护。专利不是保护知识产权的唯一途径。商标、版权和商业秘密也很常用，并经常成为整个知识产权保护策略的重要组成部分。

8.1 商标

商标是区分不同商品或服务来源的词语、短语、符号、设计或其组合。商标只有在与商品或服务有关的商业活动中使用才有效。通过商标使用专有权确保区别货物或服务，或授权他人使用换取回报，从而为商标所有者提供保护。商标保护可以防止他人将类似的商标用于劣质或不同的产品或服务。

如果商标持有者持续使用商标，或在注册中规定的商品和/或服务上使用关联商标，则只要每十年在美国专利商标局续展该商标，就可以无限期地拥有联邦注册商标的权利。

可以在美国专利商标局注册各种类型的商标。《商标法》除了对商标和服务商标进行规定外，还规定了可注册集体商标、会员商标、认证商标。域名，如 *yahoo. com*，如果其网站也向公众提供商品或服务，该域名还可以作为商标或服务标记。

申请商标可以基于实际使用，也可以基于使用意向。如果申请人根据使用意向而申请商标，必须以真诚的态度发誓要在产品或服务上使用该标记。如果商标在注册后30 个月内没有实际使用[2]，则与类别相关的商标注册将被视为放弃。

8.2 地理标志

“地理标志”用于标志具有特定地理来源的货物，其所拥有的品质或声誉依赖于产地。地理标志在《与贸易有关的知识产权协定》（TRIPS）中被定义为一种知识产权。世界贸易组织（WTO）为有关利益各方提供法律手段，防止一方利用地理标志来表明或暗示货物来源于良好的地理区域，但其实这里并不是其真正的产地。地理标志不能用于误导公众理解商品真正的地理来源，也不能用于不公平竞争。

最常见的地理标志包括商品原产地的名称。农产品通常具有源于其生产地的品质，并受到气候和土壤等特定当地因素的影响。“爱达荷（*Idaho*）”土豆和“罗克福尔（*Roquefort*）”法式奶酪都是地理标志的例子。

一个符号是否具有地理标志功能，是国家法律和消费者观念的问题。如果在世界贸易组织成员方，某地理标志是货物的通用名称，则 TRIPS 协定并不要求该成员将其作为地理标志进行保护。因此，“香槟”（champagne）这个词在美国不能注册作为地理标志，因为香槟在美国是一个通用词汇，意思是任何带有气泡的淡色葡萄酒。

美国为地理标志提供了强有力的保护，通常将货物注册为证明商标，证明商标是商标中的一种。

8.3 商业秘密

在美国，商业秘密是一种重要且广泛使用的商业资产。无论是大企业还是小企业，都依赖于商业秘密保护，甚至大家往往都没有意识到这一点。据估计，90%的发明都是以商业秘密加以保护的。

商业秘密种类繁多。最著名的商业秘密例子就是可口可乐的配方，它已经被保密了100多年。除了化学配方或加工方法外，商业秘密还包括软件、会计记录、客户名单和工厂设计等。尽管商业秘密可能与可申请专利的主题重叠，但它们远远不止于此。即使是失败的实验也可以成为商业秘密；在某些情况下，知道一种方法不起作用就可以给个人或企业带来巨大的竞争优势。

1939年美国的《侵权法重述》（*Restatement of Torts*）中，首次出现了目前普遍接受的商业秘密的定义。商业秘密的标的物必须保密；因此，在一个行业中，公开的内容或普通知识不能被任何人当作秘密。某人销售商品所披露的所有信息，不能被视为商业秘密。从定义上说，商业秘密只在特定业务中使用才能为人所知。

8.4 版权

版权是对作者原创作品的一种知识产权保护。版权保护原创作品，并允许作者享有下述独占权：

- 排他性的复制权
- 准备衍生作品
- 通过出售、租赁或其他类型的所有权转让来分发复制品或唱片等
- 公开表演作品
- 展示作品

然而，在版权法中，公平使用有例外规定，即作者的原创作品可用于评论、新闻报道、教学、学术或研究。判断使用是否合理，需要考虑使用的目的和性质、版权作品的性质、所使用部分的数量和内容与版权作品整体的关系，以及该使用对潜在市场的影响。一般来说，受版权保护的作品类别包括：

- 文学作品
- 音乐作品，包括音乐附带的歌词
- 戏剧作品
- 哑剧和舞蹈动作
- 图画和雕塑作品
- 电影和其他视听作品
- 录音
- 建筑作品

受版权保护的作品必须是原创的，而且有固着的媒介。这意味着作品必须可以独立于创作者，并且必须体现出一些创造性。有固着的媒介意味着创造是有形的形态：一个短篇故事被写下来，一首歌被录制下来，等等。没有经过描述或说明的纯粹想法或概念不能受版权保护。

9 组合策略

制定合理的知识产权管理策略，需要对 3 种类型的知识产权进行分析：自主开发的、获得的和对外的。为了制定知识产权管理策略，机构通常要开展自由实施调查或知识产权审计。这种分析需要审视所有的专利、商标、版权、合同、材料转移协议、专有技术，以及任何可能成为机构知识资产的内容。

制定知识产权管理策略的第一步，是记录机构中已经存在的技术，以及开发中的技术。现有技术包括商业秘密、专有技术、专利或其组合。这些技术最关键的要素要放在数据库中。例如，数据库可以包含以下内容：已授权专利、专利的申请日和过期日期、技术摘要、专利的第一项权利要求、当前和未来潜在的知识产权、已有的许可，等等。公司的每个项目都可以进行类似的记录。每个项目中专利授权和应用的数据都应被记录下来；有价值的商业秘密和合同也应记录在案。

当所有的知识产权都记录在一个数据库中时，应该重点考虑所记录技术的优点。需要考虑的问题包括：

- 技术处于什么阶段？
- 该技术的新颖性是什么？
- 该技术在使用吗？
- 是否需要获得外部许可才能进一步开发这项技术？
- 是否存在竞争性的技术？
- 这项技术是否已投入商业运营？
- 启动这项技术需要资金吗？
- 是否存在与该技术相关的环境或监管问题？

不同机构看待上述问题答案的重要性将会不同。例如，大学技术转移办公室可能不会太在意处于试验阶段的技术，或专利是否已经授权。然而，对于以内部开发技术为基础的机构来说，这些问题至关重要。

申请专利非常昂贵。因此，尤其对于小型机构来说，重要的是评估哪些技术需要申请专利以及在哪里申请专利。即使一项发明具有可专利性，寻求专利保护也不一定是最佳解决方案。例如，如果一项发明很难进行反向工程，或者围绕发明很容易做出可获得专利授权的技术，那么把该发明作为一个商业秘密就更有利。另外，如果很难确保无人侵犯专利权，专利保护可能不是一个有效的工具。例如，如果一个机构开发了一种转化改造植物品种的方法并获得专利，很难确保无人侵犯该方法，该专利保护基本上是无效的。

机构还应该分析专利在何地需要进行保护。如果这项技术只在美国使用，或者唯一的潜在市场在德国，那么就不需要在世界范围内维持专利的有效性。在这些情况下，明智的选择是只在相关国家申请专利。

深入了解所在领域竞争对手的知识产权也很重要。了解所在领域其他机构的知识产权，将有助于确定机构具有的独特竞争优势，并能够识别任何过期的知识产权而减少相关成本。通过了解自己的知识产权，可以识别尚未充分利用的知识产权，其或许有潜力转让或许可；了解他人的知识产权有助于避免昂贵的侵权诉讼。最后，了解自身的知识产权还有助于制定成功的研发战略路线图。

最后，机构可以选择进攻性或防御性的专利策略。这在很大程度上取决于公司的规模，也取决于公司所在特定行业的需求。

9.1 进攻性专利策略

进攻性的专利策略旨在设置障碍，阻止竞争对手进入所在的专有技术领域。采用进攻性专利策略意味着要尽可能早地申请专利。提交大量的专利申请，以及后续维持授权专利都很昂贵；另一方面，进攻性的专利策略可能产生大量许可收入。

考虑到费用，进攻性专利策略通常只适用于大型机构，因为小公司一般无法负担申请和维护专利的费用。除了公司规模，对于竞争非常激烈领域的公司来说，进攻性专利策略更为重要。

9.2 防御性专利策略

使用防御性的专利策略，公司申请专利主要是为了确保创新可被实际使用。采用防御性策略，专利的申请和维持费用将会很少，但公司也不会从对外许可专利中获得专利许可费。

除了这两种策略（进攻性和防御性），机构还可以根据领域及其所使用的技术类型，采取介于两者之间的策略。防御性专利策略可以与强有力的商业秘密相结合，或者从外部获得大量技术许可相结合。进攻性专利策略可以用来向产业和市场展示自身的创新。

9.3 公共和私营部门策略比较

公共和私营部门在很大程度上具有不同的使命、目标和动机，各自采取的整体专利策略不同。

私营部门机构，主要是企业，以利润为导向，必须积极应对市场和股东期望投资获得回报的压力。因此，私营部门会采用防御性和进攻性的专利策略，通常获得大量权利要求范围相对较窄的专利。通过这种方式，竭力构建一系列专利组合，战略性地建立起专有权的防御体系。因此，私营部门机构可以通过界定其领地，保护其自身利益，并确保利润。在世界市场不断扩大的过程中，这一策略正变得越来越普遍；利用国外专利申请及专利族确定跨国公司的全球战略愿景。

公共部门，则肩负着根本不同的使命，要更多服务公共利益。此外，对于大部分公共部门来说，其关注点主要在本地：要么是国家层面的，要么是地区层面的。专利策略重点在于权利要求范围更宽，包括一项技术，或者更常见的，一项关键的工艺、方法或技术（例如，一种基因转化技术）。这些类型的专利，一旦获得战略性许可，将促进技术得到有效发展、广泛传播并将其社会效用最大化。这正符合公共部门提供人道主义利益和公共福利的使命。相比之下，私营部门的使命则非常局限。

10　知识产权壁垒

建立强有力的知识产权保护基础，将使其他人和公司难以侵犯被保护的权利。确保发明得到保护的方法是采用各种形式的知识产权进行保护。

假设某家美国公司的知识产权是一种新型的油漆刷，该公司可在美国获得油漆刷的发明专利。如果该公司在欧洲有业务，那么最好申请一件 PCT。权利要求包括用油漆刷刷油漆，会很有益处。这样一来，公司将在制造油漆刷的人以及想使用刷子的人没有在第一时间获得许可时，指控其所犯的侵权罪。当持有专利的公司改进了该工具时，则可以提交一项新的专利申请涵盖该改进（部分继续申请）。此外，油漆刷的外观可以通过外观设计专利获得保护。最后，该公司可以为该工具取一个独特的名称，并注册为商标。

围绕这项发明建立的知识产权壁垒，使其他人在没有获得许可的情况下很难使用这项发明。根据机构的政策和发明的类型，机构可以对该产品进行独占或非独占许可。

保护知识产权有多种方法，但是人们应该永远记住，保护知识产权很昂贵。因此，一个机构需要仔细考察竞争对手、可能的侵权人以及该发明将要商业化的地理区域。有时候，将一项发明作为商业秘密进行保护，可能是最廉价的保护方法。有时申请专利，即使花费更高，却能提供更好的保护。寻找构建和保护知识产权组合的最佳方法，除了对公司及其产品线要全面了解外，还需要具有创造力。

11　总结与结语

全面的知识产权保护组合对私营和公共部门实体都具有重要价值。专利是知识产权保护组合中的关键要素，对两者来说都适用。大公司有能力负担进攻性的专利策略，但小公司可能没有这样的资源。因此，对于中小企业来说，规划和横向思考如何实施有效的、成本效益高的策略是极其重要的。知识产权可以通过专利、商标、版权和商业秘密进行保护。维护这些知识产权类别的成本不同。公司可以通过将专利保护限制在有业务的地理区域来降低成本。但是，即使公司希望尽可能降低成本，对重要的技术也需要进行适当的保护。构建强有力的知识产权壁垒，可以通过对同一发明或改进采取多种形式的知识产权进行保护[3]。

JOHN DODDS, *Founder*, *Dodds & Associates*, *1707 N Street NW*, *Washington*, *DC*, *20036*, *U. S. A.* *j. dodds@ doddsassociates. com*

1　www. uspto. gov/main/howtofees. htm.

2　See also in this *Handbook*, chapter 11. 6 by WT Tucker and GS Ross.

3　Recommended reading for further information on this topic:

Field TG, Jr. Avoiding Intellectual Property Problems. www. piercelaw. edu/tfield/avoid. htm.

Field TG, Jr. 1994. Intellectual Property: Some Practical and Legal Fundamentals. *IDEA The Journal of Law and Technology* 4:79-129.

Goldschreider R. 1998. Licensing In: A Key to Continued Corporate Health. *IDEA The Journal of Law and Technology* 2:361-382.

Patel R. A Patent Portfolio Development Strategy for Start-Up Companies. Fenwick & West LLP: Washington, DC. www.fenwick.com/docstore/Publications/IP/IPbulletins/IP_Bulletin_Fall_2002.pdf.

Rivette KG and D Klive. 1999. Rembrandts in the Attic: Unlocking the Hidden Value of Patents. Harvard Business School Press: Cambridge, Mass.

U.S. Department of Commerce. 2000. *Patents and How to Get One: A Practical Handbook. Dover Publications.*

Unites States Patent and Trademark Office. Types of Patent Applications/Proceedings. www.uspto.gov/web/patents/types.htm.

第 10.5 章

专利申请的成本策略

奥伦·利文（OREN LIVNE）
美国加利福尼亚大学圣巴巴拉分校技术与产业联盟办公室许可副主任

▌译者 张志刚 ▌审校者 欧阳石文 刘晓娜 张熠

摘 要

时机和成本是决定专利申请的两个关键因素。本章探讨了尽可能延缓发生专利申请高额费用的机制，这样就可以收集更多发明信息以及证明其价值的证据。在未来的某一时刻，减少前期成本与获得专利权的潜在需求会达到平衡。本章首先介绍了专利从提交之前到公开之后的各个阶段，然后介绍了每个阶段可能涉及的专利申请成本的策略。重点是延迟重大成本的发生时间，直到更加确定发明的价值。本章还总结了做出专利申请决定时要考虑的其他问题。

1 引言

大学的发明，其研究往往处于早期阶段，无论从科学还是市场的角度，都无法确定该发明的真正价值。与此同时，需要对发明施加公开的压力，迫使人们提前决定是否申请专利。公司在推迟公开发表方面有一定的灵活性，但由于竞争对手的压力及公司需要展示自身技术实力，因此在产品线明晰之前，也常常需要决定是否进行专利保护。因此，大学和公司都必须对那些仅有一些苗头的发明做出决定，例如，可能会出现在最终产品中的发明，需要进一步研究才可能证明有重要结果的发明，或者未来可能许可的发明[1]。本章所建议的降低成本的方法是针对那些价值存疑或不确定的发明。

Livne O. 2007. Cost-Conscious Strategies for Patent Application Filings. In *Intellectual Property Management in Health and Agricultural Innovation: A Handbook of Best Practices* (eds. A Krattiger, RT Mahoney, L Nelsen, et al.). MIHR: Oxford, U.K., and PIPRA: Davis, U.S.A. Available online at www.ipHandbook.org.

这种方法并不推荐用于畅销药或代表公司产品核心技术的发明。

2 决策

2.1 计划不公开发表

当发明人计划不进行任何公开发表，也没有其他的理由（比如担心竞争对手们）需要获得优先权日，公司或大学可以有充足的时间进行考虑。只要发明没有被压制、隐藏或放弃，就不需要就专利做任何事情。可以持续进行技术研究和市场评估，直到确定发明的价值。如果合适的话，可以提交专利申请。

2.2 计划在未来某天发表

如果公开发表前有充足的时间，应继续进行技术研究和市场评估，以期收集更多的信息支持申请专利的决定。为了有更多时间开展评估，通常需要推迟公开发表。当明确要提交专利申请时，可以遵循以下小节中的步骤。

2.3 投稿

投稿不一定非常可怕。不是所有的投稿都被认为是发表。通常情况下，直到出版为止，实际上投稿一直处于未公开状态（最好在手稿上注明“保密”字样）。如果是这样的话，又有几个月的时间可以进行技术研究和市场评估（同样，假设不需要获得更早的优先权日）。如果投稿后无法确保不被公开且被认为已经公开，那么在投稿之前就需要提出专利申请（见第 2.4 节）。

2.4 即将发表

在即将发表的情况下，只有需要申请外国（非美国）专利权的情况下，才需要提交申请。如果不需要到外国寻求专利保护，可以在公开后一年之内提交美国专利申请。在这种情况下，可以遵循第 2.5 节“公开”的步骤（假设没有其他理由需要获得较早的优先权日）。

如果需要申请外国专利权，必须在公开发表之前提出申请（除美国之外，只有少数几个国家有一年宽限期）[2]。图 1 详细说明了可以采取的步骤（参见图的左侧标“是”的一边）。

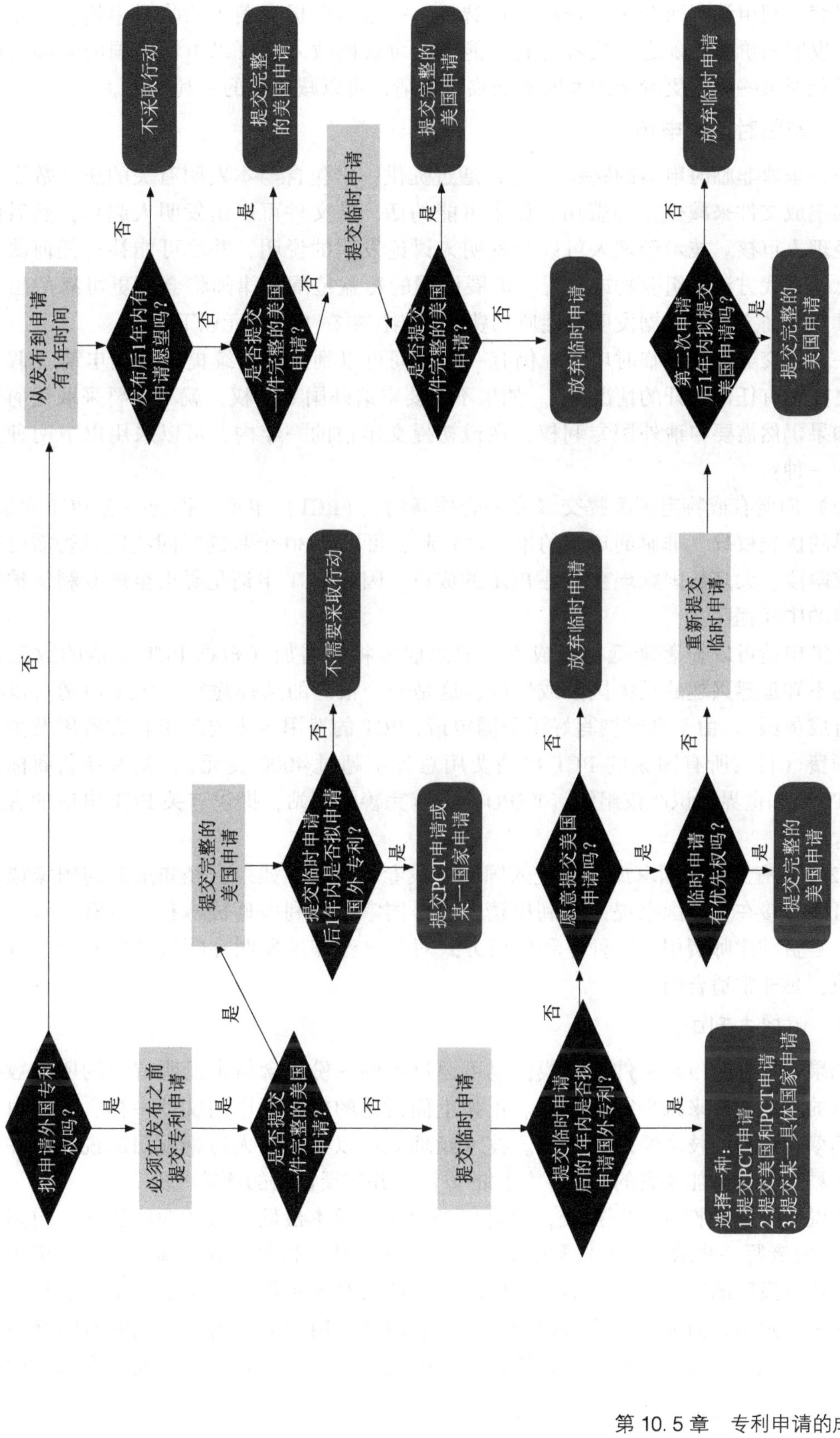

图1　一种低成本的专利申请方法以及公布详细发明细节的决策图

提交专利申请有两个主要选项可供选择：一是可以提交美国的临时申请；二是如果这项发明的价值更确定，或者它有可能产生可观的收入，可以申请美国的非临时申请。避免对某些价值更确定的发明提交临时申请，可以减少总的专利费用。

2.4.1 非临时美国申请

如果采取非临时申请的路线[3]，可以通过提供一份包含与本发明有关的所有数据和信息的集成文件来减少律师费用。如果可能的话，该文件可以由发明人起草，然后由技术经理人审核。技术经理人可以与发明人讨论发明的说明，并尽可能补充任何缺失的信息、替代方法、组合物或装置，扩展说明的覆盖范围。律师将会从更可靠的出发点来撰写申请文件。根据发明的性质，费用可能控制在 1 万美元以下[4]。

一旦提交美国的非临时申请，仍有一年时间可以到外国继续提出专利申请（假设在此之前没有任何公开的情况下）。如果不需要申请外国专利权，就不需要采取任何行动。如果仍然需要申请外国专利权，在最初提交申请的一年内，可以采用以下两种方式中的一种：

（1）向所有或特定国家提交《专利合作条约》（PCT）申请。提交一份 PCT 申请，从最早的优先权日（非临时申请的申请日）起，可以有 30 个月的时间决定是否需要进入国家阶段。大多数国家现在都是 PCT 的成员，因此 PCT 申请是寻求全球专利保护很有价值的中间程序。

PCT 申请可以显著降低初始成本，但总成本将会增加（根据 PCT 申请的数量）。如果还不知道感兴趣的具体国家或地区，这是一个很好的选择途径（PCT 申请可以指定所有成员国）。由于已经撰写好了美国申请，PCT 的费用将主要限于官方费用及少量的律师费（目前所有国家的 PCT 申请费用总计不超过 4000 美元）。美国专利商标局（USPTO）和世界知识产权组织（WIPO）拥有完善的网站，提供有关 PCT 申请的有用信息[5]。

（2）在有意向的国家或地区进入国家阶段专利申请。如果已经知道意向国家或地区，可以直接在这些国家提出专利申请。每个国家的专利申请成本相当可观，包括翻译费、官费和律师费用。这种专利申请方式对于已经知道发明在哪些国家有潜力或者有价值，是非常适合的。

2.4.2 临时专利申请

如果采取临时申请文件的路线，也可通过提供一份包含与本发明有关的所有数据和信息的集成文件来减少律师费用。正如上面讨论的非临时申请文件一样，可以由发明人起草，然后由技术经理人审核。技术经理人可以与发明人讨论发明的说明，并在说明中添加任何可能缺失的信息、替代的方法，并扩展说明的覆盖范围。

该说明可以"按现状"提交，没有权利要求，成本最低（大约 300 美元，包括律师费），或者写一些示例性的权利要求，花费稍多一些。这是一种冒险的做法，因为律师不会核查发明的说明文件，不会确保所期望的权利要求得到了必要的信息支持。如果特别不确定是否需要获得外国权利，那么就需要利用所增加的一年临时时间获得相关信息，这是一种可取的方法。如果获得外国权利非常符合利益要求或者发明在国外市场有很大的潜力，最好向律师提供一份单独的核查文件，并要求进一步核查及增加权利要求（根据本发明的性质，总费用是1500~2500美元）。

2.4.2.1　期望获得国外权利

一旦提交美国的临时申请，就有一年时间可以继续争取获得外国权利。如果想要获得外国权利，可以在最初申请一年内采取以下三种方法中的一种：

（1）针对所有的或指定的特定国家提交PCT申请。提交PCT申请后，从最早的优先权日起算（非临时申请的申请日）有30个月的期限，在此期限结束前，需要申请进入国家阶段。大多数国家现在都是PCT的成员，因此PCT申请为寻求全球专利保护提供了很有价值的中间程序。

PCT申请的前期成本最低，但总成本将高于在少数几个特定的意向国家或地区直接申请专利。但如果当前还不知道意向国家或地区，这是一个很好的途径（PCT申请可以指定所有成员方）。将先前提交的临时申请转换为完整的PCT申请，费用差别很大，需要考虑临时申请文件的完善程度以及是否需要整合新的信息等（根据发明的性质，费用可能低于10000美元）。

（2）对所有的或指定的特定国家提交PCT申请，并提交一份单独的非临时美国申请。在这一阶段除提交PCT申请外还提交美国专利申请的做法具有一定的好处，美国的专利申请可能会更快获得授权。此外，美国专利商标局可能会及时发出审查意见通知书，可以帮助专利申请人决定PCT申请是否进入其他国家的国家阶段。额外的美国申请会增加费用，主要是官费（申请费为1500~2500美元，外加最基本的律师工作时间费用）*。如果美国的专利申请人收到了审查意见通知书，会产生起草和提交答复意见的额外费用（根据审查意见通知书的性质，大约为3000美元）。

（3）在特定的国家申请专利。如果已经知道意向国家或地区，可以直接向这些国家或地区提出专利申请。每个国家的专利申请成本都很高，包括翻译成本、官费和律师费用。如果已经明确发明在哪些国家很有潜力或者被证明很有价值，则这种专利申请方式非常适合。

2.4.2.2　不想获得国外权利

如果不想获得国外的专利保护而只考虑在美国获得权利，并且需要通过临时申请获得优先权日，则在提交专利临时申请的一年内，必须提交一个完整的美国申请。

如果不需要通过临时申请获得优先权（例如，不考虑竞争对手），那么就不需要提交完整的美国申请文件。临时申请可以在最早公布后的一年内重新提交申请，因为所有的撰写工作已经到位（如果用一位律师，大约300美元），费用将是最低的。采用这个策略，公司或大学将有一年的时间来决定是否值得获得外国专利权（第一次临时申请），并还有一年时间用于确定是否需要提交完整的美国专利申请（第二次临时申请）。如果需要完整的美国专利，则完整的专利申请文件必须在第二次临时申请后的一年之内提交。

---

* 美国已上调官费，具体查阅官网信息。——译者注

2.5 公开

如果实施发明所需要的详细信息已经公开，那么想要获得美国之外的权利保护通常是不可能的[6]。图 1 右边“否”那一侧，是在这种情况下可能采取的步骤。美国的专利申请可在公开后一年内提交。在此期间，还可以进行进一步的研究和市场分析。

如果一年时间结束的时候，发明的价值变得更加确定，就可以申请一个非临时的美国专利申请。

如果发明的价值还不确定，但它仍有潜力，如果想额外获得一年时间评估发明，则需要提交一份美国临时申请。提交临时申请会使总成本有所提高，但可以大大降低初始成本。如果评估结果是正面的，并且也有必要获得美国专利，则必须在临时申请日后一年内提交非临时申请。

3 结语

在保证未来获得专利权的前提下，本章提供了延迟发生专利申请前期成本的做法。以下是采用该策略时需要考虑的一些要点：

- 在采用本文推荐的策略之前，请咨询律师，确认这些策略是否适合您的具体情况。
- 推迟申请专利有风险。可能您没有意识到已存在现有技术。有时一篇论文在印刷前已在网上发表，或者一本期刊早于其封面日期已经寄出，或者在会议之前论文集已发给与会者。可能在您提交申请文件之前，其他团队已经进行了公开。外国（美国可能很快也会）采取先申请制*，所以延迟可能导致其他机构在您有机会申请之前已经获得了专利权。
- 在决定申请专利的下一个时间点之前，应考虑要得到什么信息。例如，如果需要有 3 年时间开展研究才能确认一项发明是否可行，那么提交临时申请可能不太值得：直接提交非临时申请将会降低总成本。另外，如果仅需要 6 个月的时间就能确认一项发明的价值，则提交临时申请可能更可取。
- 只有在未来决策中放弃某些申请时，通过临时申请延迟提交以及本文中讨论的其他方法才有意义。延迟的主要好处是，可以有额外的时间进行研究和市场评估，可以从较弱的发明中区分出强大的发明。如果必定会提交专利申请，那么提交临时申请将会增加总成本。
- 评估是否真正需要申请外国（非美国）的专利权。如果不需要申请外国专利权，就会有很大的灵活性。
- 记住，通过提供一份包含与本发明有关的所有数据和信息的全面性申请文件，可以减少律师费用，并由技术经理人核查是否需要添加任何遗漏的信息、替代方法、组合或设备，以及扩大发明描述的范围，如此可以减少律师费用。

---

* 美国已于 2011 年 9 月 16 日采取发明人先申请制。——译者注

致　谢

这一章是经过编辑的一篇文章，原文章题目是：A Cost Conscious Approach to Patent Application Filings, Les Nouvelles, Vol. XLI, No. 2, June 2006, pp. 115–119.

OREN LIVNE, *Associate Director, Licensing, Office of Technology & Industry Alliances, University of California, Santa Barbara, 552 University Avenue, Santa Barbara, CA, 93106–2055, U. S. A. livne@research. ucsb. edu*

---

1 Livne O. 2002. Investigation of At-Risk Patent Filings. *Journal of the Association of University Technology Managers* 14:19–29.

2 See Strauss J. 2000. *Expert Opinion on the Introduction of Grace Period in the European Patent Law*. Max-Planck Institute: Munich. www. european-patent-office. org/news/pressrel/pdf/straus. pdf. Page 44 provides a summary of countries with various types of grace periods ranging from six to 12 months. If detailed information on specific countries is needed, see the WIPO Guide to Intellectual Property Worldwide at www. wipo. int/about-ip/en/ipworldwide/country. htm. WIPO provides a good starting point for information on the patent laws of specific countries.

3 It is also possible to file a Patent Cooperation Treaty (PCT) filing in lieu of, or in conjunction with, the non-provisional U. S. application if the desirability of foreign rights is more certain.

4 All cost estimates in this paper are based on small entity filing fees. U. S. patent filing fees (effective 1February 2007) can be viewed at www. uspto. gov/web/offices/ac/qs/ope/.

5 See, also in this *Handbook*, chapter 10. 7 by AM Schneiderman.

6 See *supra* note 2 for information on exceptions.

第 10.6 章

国际专利保护指南

安・S. 维科斯宁斯（ANN S. VIKSNINS）

美国 Viksnins Harris & Padys 专利有限责任合伙公司专利律师和合伙人

安・M. 麦克克拉克因（ANN M. MCCRACKIN）

美国 Schwegman，Lundberg，Woessner & Kluth 专利代理公司股东

译者 张志刚 **审校者** 欧阳石文 刘晓娜 张熠

摘 要

当涉及国际化的生产、营销、分销以及专利产品或方法的销售时，必须仔细鉴别并评估几个关键因素。这些因素包括商业和法律两方面的问题。商业方面的问题包括市场定位、市场规模、存在的竞争对手（或没有）、新兴市场的机会、产品的生命周期以及税收。法律方面的问题包括专利申请中是否存在商业秘密（或不存在）、外国申请专利的法律状况、外国专利保护的水平（包括立法和执行），以及在相关外国市场新的法规要求等。在全面考虑了商业和法律因素后，根据本机构的业务目标和财务资金资源，才可以对国际专利保护的可能选项进行评估和适当选择。这些选项包括国家、地区和国际专利申请，每种都各有优缺点。有效地采用整体战略可以最大化实现商业或人道主义目标。

1 提交国际申请的基础策略

如果研究人员做出了一项令人兴奋的发明，并且已经决定在美国申请专利，现在

Viksnins AS and AM McCrackin. 2007. A Guide to International Patent Protection. In *Intellectual Property Management in Health and Agricultural Innovation*: *A Handbook of Best Practices* (eds. A Krattiger, RT Mahoney, L Nelsen, et al.). MIHR: Oxford, U.K., and PIPRA: Davis, U.S.A. Available online at www.ipHandbook.org.

Editors' Note: We are most grateful to the Association of University Technology Managers (AUTM) for having allowed us to update and edit this paper and include it as a chapter in this *Handbook*. The original paper was published in the *AUTM Technology Transfer Practice Manual Second Edition* (Part IV: Chapter 2.2).

需要决定是否应该申请外国专利，如果是的话，在哪些国家或地区提出申请。全球大约有 200 个国家可以提供不同程度的专利权，每一个国家申请专利的费用都在迅速增长。因此，需要选择到哪些国家或地区提交专利申请。

在决定向国外申请专利时，需要考虑许多因素。有些因素与本发明的商业发展或市场营销有关，其他因素与本发明的法律状态有关。例如，在想要申请专利的国家，这项发明会被认为具备“新颖性”吗？这些国家是否允许对该发明的技术类型给予专利保护？例如，有些国家对计算机软件不提供专利保护。另一个需要考虑的因素是，一旦获得了专利，是否能够实施该专利。不同国家的专利司法保护程度差别很大。有些国家的法律允许当事人获得专利，但几乎没有保护专利实施的机制。《北美自由贸易协定》（NAFTA）和《与贸易有关的知识产权协定》（TRIPS）等国际条约有助于执法，对侵权行为的补救措施也更加充分。

具体来说，在规划外国专利申请时需要考虑以下商业和法律方面的问题：

- 该发明在某个国家的市场规模有多大？如果发明在某国的市场相对较小，可能就不值得在该国提出专利申请。一些公司采用的评判基准是该发明在一个国家每年收入能达到 500 万美元。
- 该发明在某一地区的市场有多大？很多发明都有地区针对性。例如，如果该发明是一种转基因蓝莓植物，就不需要考虑在赤道上的非洲地区提交专利申请，因为蓝莓植物不会在那里生长。专利产品的主要市场有可能仅限于少数几个国家，而在其他地方只有少量利益。此外，专利产品覆盖主要市场会形成经济规模优势。如果在大多数潜在客户所在的国家都申请了专利保护，就能拥有强大的制造和成本优势，则无须在不那么重要的国家申请专利保护。
- 你和竞争对手的主要制造中心在哪里？不同行业的制造中心分布在世界的不同地区。例如，远东经济体中的新加坡、中国、韩国、印度尼西亚、泰国和日本是计算机及半导体产业的重要制造国家。
- 新兴市场在哪里？发展中国家正在强化专利保护，因此在不久的将来，专利会变得更有价值。例如，中国最近修订了《专利法》*，并对某些类型的发明给予专利保护。中国专利实施中仍然存在许多问题，但从长远来看，市场规模可以弥补短期的困难。另一个例子是，越南最近加入了世界贸易组织（WTO），将在实施 TRIPS 协定方面取得切实的进展[1]，其重点是加强专利法及其实施。
- 防御性专利会有价值吗？如果你知道一个主要竞争对手在某个国家经营或拥有制造工厂，即使市场很小，那么在该国提交专利申请也是值得的。可以让竞争对手从你这里获得这项新技术的许可，或者至少阻止竞争对手将你的发明在该国商业化。
- 你的时间有限吗？有些技术只有几年的生命期，你只能在专利有效的最初几年获得许可费用的收入。而其他一些技术需要花费很长时间研发，在专利有效期的最后几年才会有经济价值。获得日本专利申请授权可能需要 10 年的时间。即

---

* 中国分别于 1992 年、2000 年、2008 年和 2021 年四次修改专利法，文中应特指第二次修改。——译者注

使你可以成功起诉侵权人，并在申请日后得到使用费的追溯权，但那时竞争对手已经进入市场了。同时，你经常无法获得要求竞争对手停止侵权的限制令，直到专利实际授权。

- 你是否将有限的资金用于国外专利保护？仔细挑选几个国家申请专利保护可能更值得，可以选择把所有的资金都花在能够得到良好的司法保护、专利保护范围更宽的国家，而不是选择获得很多国家保护范围过窄的专利。另一个策略是将你所有的努力集中在技术的关键特性上，这些关键特性是竞争对手参与竞争所必需的。
- 在意向国家，专利申请的法律状态如何？有些国家，比如日本，专利申请一公布就会受到尊重，如同已授权的专利，并因此可获得被许可的机会。当地的这种惯例使得尚未授权的专利申请也具有价值，即使该国专利局因专利申请审查周期非常长而声名远扬。
- 在意向国家你的发明具有新颖性吗？大多数国家要求发明在专利的有效申请日期之前未被披露或者具有新颖性。不同国家对专利的新颖性要求差异很大。有些国家要求绝对新颖性（在实践中，意味着专利申请必须在任何公开之前提交），而有些国家则在发明公开后，为发明者或申请人提供一定期限的宽限期。
- 你的竞争对手在哪里提交专利申请？竞争对手申请专利的地方表明其未来的商业计划。即使你最初并不打算在相同国家制造或销售你的发明，你也可能想在你的竞争对手提交申请的国家提交专利申请文件。
- 你的专利申请中含有商业秘密吗？大多数外国申请（以及大多数在2000年11月29日当天及以后的美国专利申请）都是在其最早优先权日之后18个月公开。将发明作为潜在的商业秘密可得到无限期的保护，比有限期限的专利进行保护，可能具有更大价值。
- 专利持有人能否在国外实现税收优惠？专利可以与技术转让许可相结合而变换征税地点，使资金进入国外而对税收影响更小。

2 提交国际专利申请的选项

2.1 概述

一旦决定在国外申请专利，则有3个选择：（1）直接在意向国家专利局提交专利申请；（2）在地区性专利局提交专利申请；（3）基于《专利合作条约》（PCT）提交专利申请[2]。下面详细讨论这些申请途径的选项。与美国不同的是，其他大多数国家的申请专利都以受让人的名义申请，而不是发明人。

2.1.1 国家申请

1978年6月1日前，直接在外国专利局申请专利，是获得外国专利保护的主要途径。申请人通常会根据《巴黎公约》（即《巴黎公约》成员国组建的联盟）所确定的优先权制度[3]获得权利。这个优先权制度允许《巴黎公约》成员国的居民在任何成员国家首次提出专利申请，然后在最初申请日期后的12个月内，可以就同样的发明向其他成员国申请专利。根据条约规定，在后申请保留与最初申请相同的申请日。换句话说，只要他们在12个月内提出在后申请，就视为按首次申请的同一日期提出的申请。

申请人如在非*《巴黎公约》成员国中提出后续申请，将不会获得最初申请的优先权日。如有可能，申请人应在其首次的《巴黎公约》专利申请当日考虑在非《巴黎公约》成员国中提出专利申请。

应该指出的是，尽管中国台湾地区不是《巴黎公约》的成员，但由于双方的协定（1996年4月10日生效），在美国提出的专利申请具有在中国台湾地区申请的优先权。发明专利和实用新型专利的优先权期限为12个月，外观设计专利的优先权期限为6个月。要获得优先权必须满足相关的各种要求。例如，在中国台湾地区提出专利申请时，必须提出要求优先权的声明，提出申请的申请人必须与美国申请的申请人相同，并且在中国台湾地区申请的发明必须与美国的申请相同。

直接在个别国家提出申请的主要缺点是费用非常昂贵，因为申请人必须在专利项目的早期支付申请国的官费、专利律师费用和外国协办人员的费用及翻译费用。

2.1.2 地区性申请

不在每个意向国家直接申请专利的话，可能的替代方案是在一个地区性专利局申请专利。这些专利局是根据国际条约而建立的。地区专利局的例子有欧洲专利局（European Patent Office，EPO）[4]、非洲地区知识产权组织（African Regional Intellectual Property Organization，ARIPO）[5]、非洲知识产权组织（African Intellectual Property Organization，OAPI）[6]和欧亚专利公约（Eurasian Patent Convention，EA）[7]。

在地区性专利局中，EPO通常是最具商业价值的，因此其申请程序后面将会更详细地讨论。在欧盟成员国申请专利时，可通过EPO使用统一的申请系统。EPO专利申请的费用约为1万美元，包括EPO申请费、美国律师费和EPO协办人员收取的相关费用。

EPO不允许美国专利代理律师直接与之进行沟通，因此，在专利申请和审查过程中必须聘用一名欧洲专利代理律师或有资格在EPO执业的代理律师。EPO审查员检索现有技术，对专利的权利要求进行审查。如果适用，审查员必须考虑PCT第二阶段的审查报告（下文将进一步详细讨论PCT程序）。EPO发出“审查意见通知书”后，美国专利代理律师通过他们的欧洲协办人员对官方意见作出答复。成功通过审查，申请将被授予欧洲专利权。应当指出的是，在申请未决期间，可以通过在每个指定国家提交一份权利要求的译文获得临时保护。

然而获得欧洲专利权后，直到在寻求保护的国家对其进行注册或“登记有效”，申请人专利权才会生效。注册费用可能很高，因为除了官费和翻译费用外，还需要为每个国家的欧盟协办人员和当地代理支付更多费用。一旦欧洲专利生效，需要定期给每个国家缴付每年的维持费用或“年金”。各个国家的维持费相差很大。例如，英国和法国的年金总额约为7000美元，而德国在整个专利生命期收取的费用总额约为1.8万美

* “非”为译者所加，原文疑误。——译者注

元。当然，这些都是估计的费用，根据主题会发生变化。

2.1.3 PCT 申请

《专利合作条约》（PCT）是一项国际协议，通过一件初始申请为多个国家的专利申请提供了统一和简化的程序。大多数工业化国家都是 PCT 缔约国，其中许多还是不同地区性专利局的成员国。请注意，随着新的国家加入 PCT，这个名单也在不断变化。所有 PCT 缔约国都受《巴黎公约》的约束；然而，并非所有《巴黎公约》成员国都是 PCT 缔约国[8]。如果对某些国家是否属于 PCT 缔约国有疑问，需要核查最近的情况。可以与网上的《PCT 通讯》（*PCT newsletter*）或 PCT 服务台（PCT Help Desk）[9] 取得联系。

PCT 实施细则第 4.10 条规定，属于世界贸易组织成员[10] 但不是《巴黎公约》缔约国的申请人也能够要求享受在先申请的优先权。

PCT 程序规定允许申请人获取或保留包括美国在内的任何 PCT 缔约国首次申请的优先权日。申请人向 PCT 办公室提交一份专利申请，并支付 PCT 申请费。该申请可以视为在任何地方首次提出的专利申请，或要求更早专利申请优先权的专利申请，只要在最初申请日期的 12 个月内提出申请即可。

申请人在提交专利申请副本时应同时提交一份 PCT 请求书。当提交该请求书时，假定申请人希望指定所有可选国家或地区专利局，从而保留以后提交国家（或地区）申请时，有权要求第一次申请的优先权。在 PCT 申请书表格中第 V 栏中提到，“根据第 4.9（a）条的规定，提交的这一请求书，指定在所有 PCT 缔约国（强调）以国际申请日获得各种保护，并在适用的情况下授予地区和国家专利”。换句话说，第一次申请优先权是自动的和全面的，适用于所有指定的国家。然而，PCT 申请表提供了“指定”德国、韩国、俄罗斯和日本的选项（例如，如果已经在这些国家提出申请）。重要的是要记住，如果要在非 PCT 缔约国获得专利保护，申请人必须直接在该国提出专利申请。

在提交国际专利申请时，根据《巴黎公约》规定的优先权日后有一年宽限期，提交外国申请的期限是从第一次申请国家的申请日算起。对于大多数美国申请来说，第一次提交的国家申请是一件常规的非临时美国申请。然而，值得注意的是，如果把美国的临时申请作为第一次提交的申请，则为期一年的宽限期是从提交临时申请日开始计算，而不是从“转换”为常规的非临时美国申请开始计算，后面的非临时申请要求在先临时申请的优先权。因此，如果提出了临时申请，美国非临时申请的转换日期和基于《巴黎公约》而提交国际申请期限的最后日期就是同一天。因此，国际申请和美国常规的非临时申请必须在同一日期提交。申请人如果提交国际申请，相对于常规的非临时美国申请，不会再额外获得一年的宽限期。

PCT 申请程序包括两个阶段。第一阶段涉及申请的受理，对现有技术的检索以及对申请文本和检索结果的公开。第二阶段涉及可选择的国际初步审查（图 1 和图 2）。

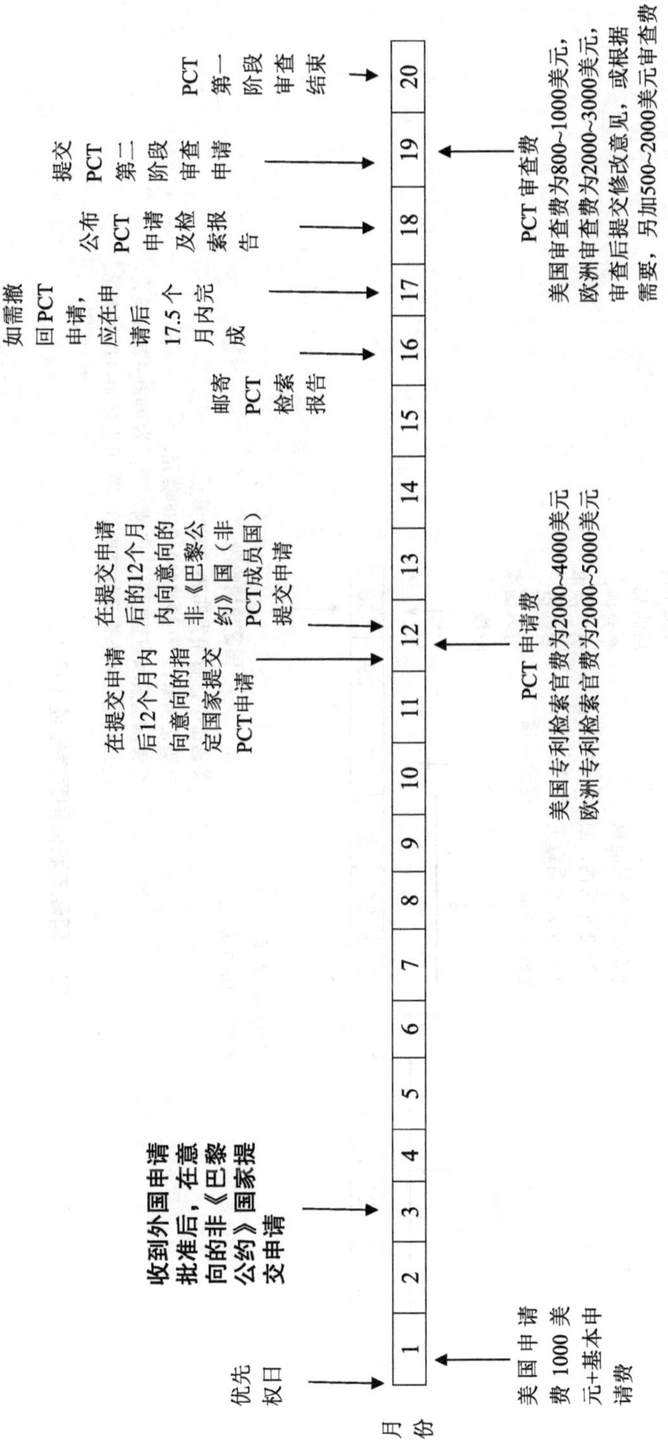

图1　国际专利保护程序概述

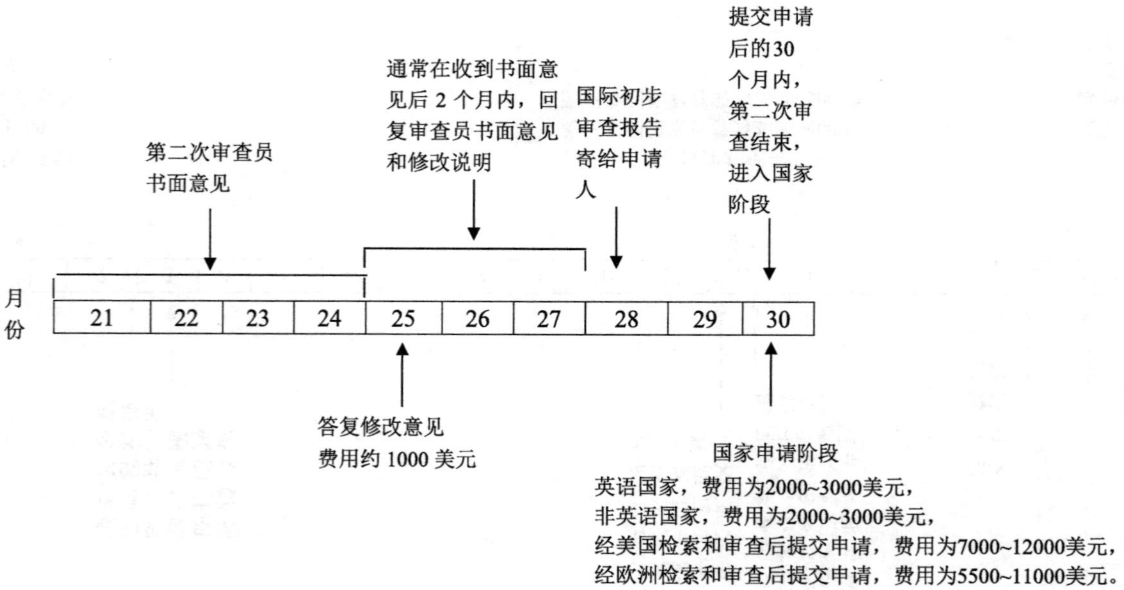

图1　国际专利保护程序概述（续）

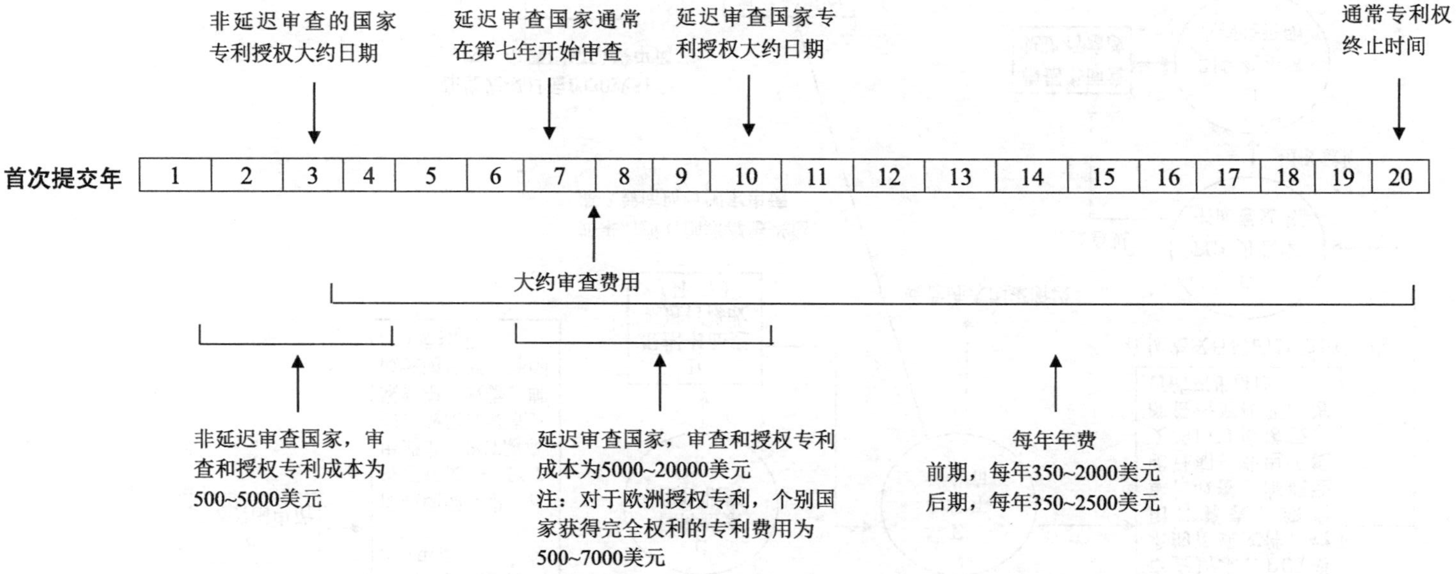

图1　国际专利保护程序概述（续）

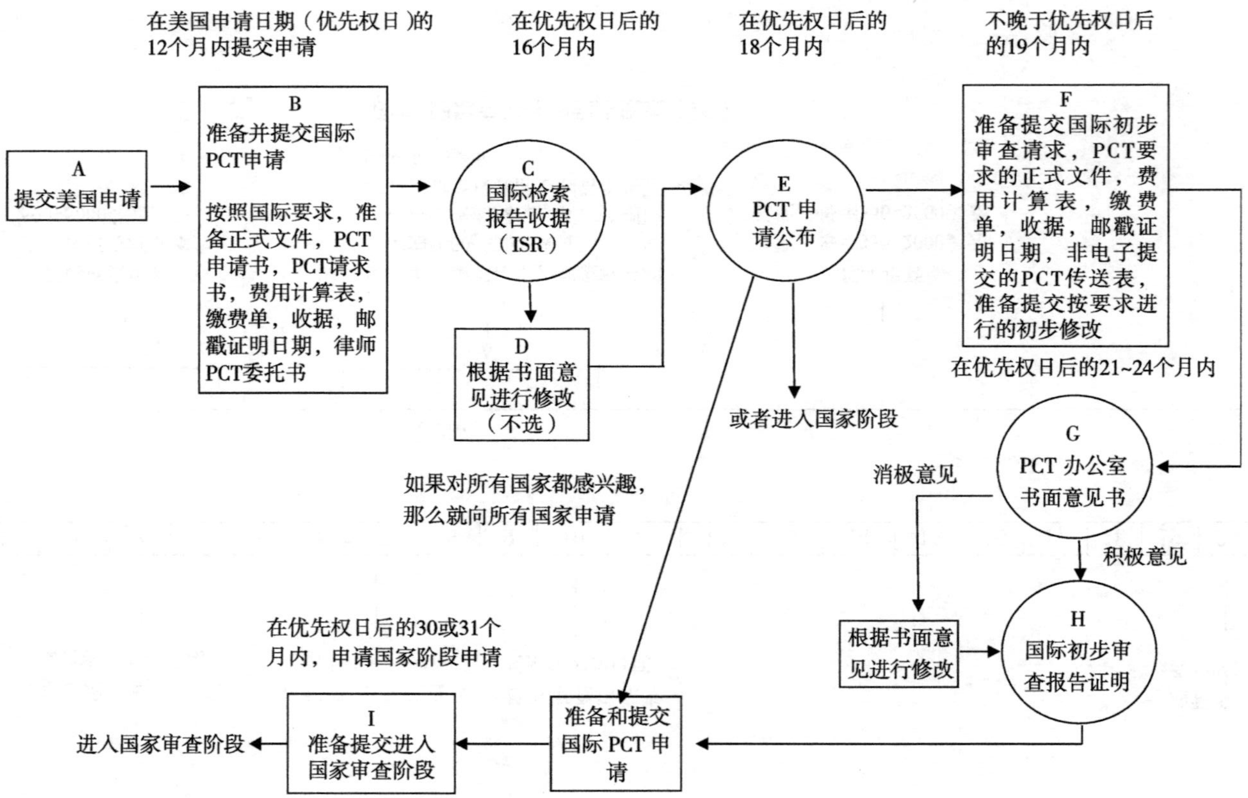

图2　PCT国际专利概述

一旦申请人决定提交 PCT 申请，申请人必须根据第一阶段的规定提交 PCT 请求书、申请文件副本及 PCT 申请费。大多数国家的申请是以发明的所有权人名义提出的，而不像美国要求以发明人的名义提出申请。PCT 申请可能是首次专利申请，或者要求更早申请优先权的 PCT 申请，只要在优先权日起算的 12 个月内提出申请即可。美国专利商标局（PTO）或世界知识产权组织（WIPO）的国际局可以作为 PCT 申请的受理单位，接收美国公民或美国居民申请的发明。也可以指定美国专利商标局或者欧洲专利局作为检索单位。

然后由指定的审查员审查提交的申请，并对现有技术进行检索。审查员检索并分析来自世界各地的专利和出版物，列出那些与权利要求相关的现有技术。从优先权日起算 16 个月内将公开初步检索报告。然后，申请人有机会修改 PCT 申请中的权利要求。从优先权日满 18 个月后，PCT 申请被公开。

根据前述的 PCT 申请程序，在优先权日起算的 19 个月内，申请人必须选择是否进入 PCT 第二阶段的程序，或进入国家阶段（即，至少在一些国家或地区专利局提交申请），或放弃申请。如果申请人决定进入 PCT 第二阶段，则需要提交初步审查请求，并对第二阶段的申请费进行评估。但是，PCT 第 22（1）条规定了进入国家阶段的期限，并不需要提出该请求，期限都已从 20 个月或 21 个月改为 30 个月或 31 个月。这一变化于 2002 年 4 月 1 日起生效。不过，申请人应该知道，一些 PCT 缔约国对新的时间规定持保留意见，因而应特别注意[11]。

申请人可根据需要提出初步修改。当这些都完成后，PCT 审查员会准备一份书面意见，申请人应在优先权日起 22 个月内收到。在优先权日后 22~28 个月期间，申请人有机会修改权利要求并对审查员的书面意见作出答复。最后从优先权日之后的 28 个月内申请人会获得 PCT 国际初步审查报告。PCT 第二阶段从优先权日起的 30 或 31 个月结束。

通常，在 30 或 31 个月期限结束之前，申请人必须再次决定是否进入部分指定国家或地区专利局，或放弃申请。申请人可以选择进入某些或所有最初指定的国家。然而，申请人不能在最初指定的国家名单中增加其他国家。由于 PCT 申请本身并不会授予任何国家的专利权，申请人必须在拟申请专利保护的国家专利局启动进入国家阶段。在这一点上，申请人通过当地的律师或代理人提交国际申请的副本、翻译申请（如有必要）、国家官费和国家专利局要求的任何其他文件的副本。当申请被直接提交到国家专利局后，其余部分的审查与上面讨论过的类似。国家专利局确实会参考 PCT 国际初步审查报告的意见，还可能不会进行进一步的检索。

应该注意的是，在 PCT 程序中任何时候都有可能提交一个或多个国家阶段申请。不需要等到第一阶段或第二阶段规定的时段结束之时，才提交国家或地区的申请。

对于采用 PCT 程序并等待选择 EPO 作为检索单位的美国申请人来说，EPO 对检索类别进行了限制。EPO 不会针对商业方法和相关发明进行检索或审查。“根据 PCT 第 32（3）条，对于美国居民或美国公民在 2002 年 3 月 1 日当日或以后，以美国专利商标局或［国际局］作为受理局提出国际申请，如果在申请中包含一项或多项针对商业方法领域的权利要求，EPO 不再是合格的国际初步审查单位[12]”。

20世纪90年代，欧洲专利局声明将在电信领域检索发明，但不会审查这些申请。这意味着对于美国申请人提交的所有电信发明，即使EPO已经进行了检索，也需要由美国专利局负责审查。但是，对于美国居民或公民在2004年7月1日当日或以后提出的申请，如果该申请包含一项或多项与电信领域有关的权利要求，EPO恢复作为电信领域的国际初步审查机构[13]，从2004年7月1日开始生效。

相似地，在生物技术领域，尽管EPO早前宣布它既不检索也不审查该领域的专利申请，导致这些申请需指定美国专利局作为检索和初步审查单位，但从2004年1月1日起，对于美国公民或居民提出的国际申请，如果申请中包含与生物技术领域有关的一个或多个权利要求[14]，EPO恢复了作为国际检索机构和国际初步审查机构。

2.2 不同申请策略的优缺点

2.2.1 直接提出国家申请

如果申请人只选择在少数国家进行专利申请，申请人可以直接申请相应的国家专利，不选择PCT申请或不在地区性专利局申请专利，可以减少中间步骤的相关费用。有些国家不进行审查，或进行有限的审查。

直接申请国家专利的缺点是：（1）每个申请都将被独立审查（对不同国家先前的有利审查结果不予以任何承认）；（2）在专利申请过程中，需要提前支付官费和翻译费用。

2.2.2 直接提出地区性申请

直接在地区专利局提出申请，申请人可以避免一些翻译成本（例如，欧亚专利公约要求以俄语申请，但授予欧亚专利后，各国不要求翻译成不同的语言）。直接在地区专利局申请的另一个好处是，不需要在每一个指定国家对地区性专利开展实质性审查。如果需要在一些成员国获得保护，直接申请地区性专利可以节约成本，因为统一的地区性审查取代了每个成员国分别进行的国家审查。

如果只需要在少数成员国获得保护，可以单独在每个国家申请专利，避免在地区性专利局首次申请这一中间步骤所带来的费用。

2.2.3 PCT申请

PCT申请可用于保留未来获得外国专利权的机会，并允许申请人将进入PCT国家阶段的时间推迟至从优先权日起算的第30或31个月。这一延迟可能为进一步的市场分析、为发明找到被许可方或业务合作伙伴、获得有关发明的新颖性、创造性步骤和产业实用性问题的初步审查报告等提供机会。

最终，如果专利申请直接进入国家阶段，适当时才会产生提交国家申请或注册的费用（以及进一步的国家审查）、专利律师费用、当地协办人员费用和翻译成本。此外，也将会产生与PCT申请提交和审查相关的额外中间成本。此外，意向国家也必须是PCT缔约国。

3 可能的国际申请计划

选择国际申请的策略将取决于这项发明的潜在重要性和其他商业及法律考虑。以下是各种情况下的一些申请策略例子。

3.1 当即具有国际市场潜力的发明

(1) 在美国提出专利申请；加快从美国专利局获得向外国申请专利的批准。

(2) 在收到可向外国申请专利的批准后，在非《巴黎公约》成员国中的意向国家提交申请。

(3) 在提出美国申请后的3个月内，提交PCT申请，指定所有PCT国家。

(4) 在美国申请日后的12个月内，向想进入的国家支付指定费用，并进行PCT审查。

(5) 在美国申请日后的12个月内，在非PCT国家但是《巴黎公约》成员国中提交专利申请。

3.2 发明具有国际性，但没有全球市场的潜力

(1) 如果提前知道在哪些国家具有市场潜力，我们可以：

a. 提交PCT申请，指定到包括美国在内的感兴趣的国家。如果想在任何非《巴黎公约》成员国中提出申请，则需获得向外国申请的批准，并在收到可向外国申请的批准后再向相关国家提交申请。

b. 在PCT申请日后12个月内支付指定费用，并进入PCT审查程序。

c. 提交PCT申请日后12个月内，向《巴黎公约》成员国中的非PCT缔约国提交专利申请。

(2) 如果在最初申请时不知道在哪些国家具有市场潜力，可以：

a. 提交美国申请（如果对任何非《巴黎公约》成员国的国家感兴趣，还需要获得向外国申请专利的批准）。

b. 在美国申请日后的12个月内，提交PCT申请，指定欧洲专利局、日本、加拿大和其他任何可能有意向的PCT缔约国。

c. 在美国申请日后的12个月内，向《巴黎公约》成员国中的非PCT缔约国提交国家专利申请。

3.3 申请人只对《北美自由贸易协定》（NAFTA）签署国家感兴趣

(1) 提交美国专利申请。

(2) 在一年的宽限期内，在加拿大和墨西哥提交专利申请（在发明人以任何方式公开发明的一年内要在加拿大提出专利申请）。

3.4 在国外无法获得专利的障碍

为了让发明人或申请人获得发明专利，大多数国家要求发明具有新颖性。新颖性的定义在世界上不同国家之间差别很大。有些国家要求绝对新颖性，即在申请日或优先权日之前，不能在世界上任何地方以口头或书面形式描述该发明，或销售、使用本发明等。其他国家采用相对新颖性的标准。例如，相对新颖性意味着这项发明不能在特定的国家为公众所知，或在世界上任何地方以书面形式披露（但在外国以口头方式公开可能不会破坏新颖性）。此外，一个国家可能会给发明人或申请人一个宽限期，即发明人或第三方披露该发明之后，仍然可以提交专利申请。

根据PCT第二阶段的规定，只要现有技术中未披露权利要求，就被认为具有新颖性。相关的现有技术是指在相关日期（首次专利申请日或PCT申请日）之前，在世界上任何地方通过书面公开、图案或其他说明方式为公众所知的技术。

《欧洲专利公约》（EPC）对新颖性的规定更严格。根据EPC的规定，一项发明如果不属于现有技术的一部分，就被认为具有新颖性。现有技术包括，在欧洲专利申请有效申请日之前或在欧洲申请要求的优先权日之前，通过书面或口头描述、通过使用或以任何其他方式使公众所能得知的内容。此外，在优先权日之前提交但在优先权日之后公布的欧洲专利申请的内容，也构成现有技术的一部分。

特定国家对于新颖性的定义有许多不同，并且这些新颖性的定义可以改变。因此，要了解某一特定国家对新颖性的要求，最好咨询当地的专利代理律师。

4 结语

如果管理得当，国际专利保护能够为一个机构提供许多策略和经济优势，寻求优化发明的最佳价值。然而，实施专利组合管理策略需要周密的计划、连贯一致的组织以及对发明潜力的深入了解。例如，实施专利的关键因素包括（无论是以货币还是以地理因素论）市场潜力、是否存在竞争对手，以及在本发明可能被使用、销售、生产或销售的各个国家或地区的（以法律和执行论）整体专利保护制度。仔细权衡这些考虑因素之后，就可以评估专利保护策略的各项选择。例如，专利申请可以选择国家专利局（例如美国专利商标局）、地区专利局（例如欧洲专利局）或国际条约［例如《专利合作条约》（PCT）］，每种选择都有其优缺点，取决于机构的目标和资源。无论采取什么策略，连贯性的计划都必不可少，而对所有相关因素的全面了解是最基本的要求。最后，重要的是要记住，这一整体战略可以有效地实现商业或人道主义目标的最大化。

ANN S. VIKSNINS, *Patent Attorney and Partner, Viksnins Harris & Padys PLLP, 7900 International Drive, Suite 870, Bloomington, MN, 55425, U. S. A.* aviksnins@vhpglobalip.com

ANN M. MCCRACKIN, *Shareholder, Schwegman, Lundberg, Woessner & Kluth, P. A., 1600 TCF Tower, 121 South Eighth Street, Minneapolis, MN 55402, U. S. A.* AMcCrackin@slwk.com

1 Vietnam became the WTO's 150th member following a decision by the General Council, on 7 November 2006, to approve the southeast Asian country's membership agreement. More information is available at www.wto.org/english/thewto_e/acc_e/a1_vietnam_e.htm.

2 www.uspto.gov/web/offices/pac/dapp/pctstate.html. See, also in this *Handbook*, chapter 10.7 by AM Schneiderman.

3 Listings of states party to the PCT and the Paris Convention and Members of the World Trade Organization can be found at www.wipo.int/pct/en/texts/pdf/pct_paris_wto.pdf.

4 A listing of European Patent Organisation (EPO) member states can be found at www.europeanpatent-office.org/epo/members.htm.

5 A listing of members of the African Regional Intellectual Property Organization (ARIPO) can be found at www.aripo.org/articles.php? lng=en&pg=14.

6 A listing of members of the African organization of the Intellectual Property (OAPI) can be found at www.oapi.wipo.net/en/OAPI/historique.htm.

7 Web site of the Eurasian Patent Organization Office (EAPO): www.eapo.org/index_eng.htm.

8 See *supra* note 3.

9 The newsletter is available at www.wipo.int/patentscope; to reach the help desk, call +1-703-305 3257 (United States) or +41-22-338 8338 (Switzerland).

10 See *supra* note 3.

11 Time Limits for Entering National/Regional Phase under PCT Chapters I and II can be found at www.wipo.int/pct/en/texts/pdf/time_limits.pdf.

12 Patent Cooperation Treaty (PCT) Information. European Patent Office as Searching and Examining Authority. www.uspto.gov/web/offices/com/sol/og/patpcti.htm.

13 Ibid.

14 Ibid.

第 10.7 章

基于《专利合作条约》（PCT）提交国际专利申请：延迟支付费用及知识产权全球范围价值最大化策略

安妮·M. 施耐德曼（ANNE M. SCHNEIDERMAN）
美国 Anne M. Schneiderman 律师事务所注册专利律师，博士

译者 李瑞云 审校者 欧阳石文 刘晓娜 张熠

摘 要

对于知识产权管理预算有限的初创公司、创业型企业或非营利性机构而言，获得国际专利保护可以明显减少其财务支出。本章剖析了根据《专利合作条约》（PCT）提交专利申请时，如何延迟、合并或使海外专利申请费用降至最低。利用 PCT 进行国际申请，能使专利申请人推迟决定在哪些国家寻求专利保护的战略决策，通常最长能延迟到第一次提交申请（优先权日）之后的 30 个月。推迟决定的显著优势是，在向需要进行专利保护的国家提交国家阶段申请之前，申请人有更多时间来评估该发明的商业需求、在海外市场成功的可能性以及在特定国家获得专利授权的可能性。

1 引言

一项发明获得国际专利保护可能明显减少财务支出，尤其对于初创公司、创业型企业或非营利性机构（如大学和慈善组织）和独立发明人而言。这些实体，通常必须在努力建立、维持、保护并扩展其知识产权（IP）的同时节省经费。在一个国家或地区申请专利的费用，包括从撰写申请文件到提交专利申请、专利审查、授权登记及授

Schneiderman AM. 2007. Filing International Patent Applications under the Patent Cooperation Treaty (PCT): Strategies for Delaying Costs and Maximizing the Value of Your Intellectual Property Worldwide. In *Intellectual Property Management in Health and Agricultural Innovation: A Handbook of Best Practices* (eds. A Krattiger, RT Mahoney, L Nelsen, et al.). MIHR: Oxford, U. K., and PIPRA: Davis, U. S. A. Available online at www.ipHandbook.org.

权后的专利维持各阶段的费用，其律师费和官费很容易就从 3 万美元飚升至 5 万美元。如果一项发明在多个国家或地区申请专利保护，国际专利申请费用会相应翻倍。由于获取专利保护的相关费用如此之高，因此推迟、合并或将费用降至最低的知识产权保护策略就非常有意义。

《专利合作条约》（PCT）是一项重要的知识产权保护工具，可用于解决与国际专利保护相关的经费压力。为了方便在任何 PCT 缔约国中进行平行的专利申请，PCT 专利申请提供了一种管理、推迟或合并国际专利保护费用的有效手段。PCT 专利申请可以争取时间，战略性地评估一项发明整体的潜在价值，即 PCT 专利申请可延缓时间，以便申请人做出专利保护的最佳明智决定[1]。

使知识产权成为商业资产而非金融负债，是技术经理管理知识产权保护成本时普遍要面对的挑战。一个已经开发（或取得）知识产权的企业，必须在一开始就要决定该知识产权是否值得进行专利保护，必须仔细分析专利保护的成本和收益。尽管成本效益分析超出了本章的范围，但值得注意的是，授权专利通常“保护”的知识产权内容是在此范围内授予专利权人实施该专利的权利，即排除他人制造、使用、进口等本发明的权利。在进行成本效益分析时，企业应根据某一特定知识产权总的预期价值做出抉择，其不应简单地以申请专利的花费和执行专利权的收益为依据。

专利申请人（或知识产权所有者）必须确定该发明的优点、该发明所提供的产品或方法的商业需求、在市场上成功的可能性以及在特定国家是否应寻求保护[2]。申请人最好结合专利律师、专利代理人或具有专利法相关专业知识的其他专业人员的建议，确定在某一特定国家或地区性专利局成功申请专利的可能性，即是否满足可专利性的要求，从而获得专利授权。

理想情况下，应在向特定国家提交专利申请之前进行这些分析。因此，延长在一个国家提交专利申请期限而同时保留申请优先权日（首次提交申请日）的任何策略，都有可能让专利所有者在得到国外专利保护经费保障之前，有更多时间进行分析和决策。

对于专利所有者和需要通过专利保护相关技术主题资产权益的其他实体（例如，非营利组织、大学、地方技术孵化器和农业合作社），如果没有实施专利组合的足够预算，延迟专利申请提交期限，可以有机会刺激投资和技术转移。如下所述，发展中国家越来越认识到，以提交 PCT 申请所提供的时间延长为契机，可以使发明公开处于“专利未决”状态，寻求潜在的赞助商、投资者、被许可方以及其他参与技术开发和商业化的人，并与之谈判，进一步激励国内创新和相关的技术活动。

2 国际专利保护的途径

为发明获取国际专利保护，有 3 种基本途径[3]。第一种途径是最贵的，是在寻求保护的每个国家或地区专利局[4]（通常是在同一天）分别提交专利申请[5]。这种途径的缺点是，一旦申请提交，就要开始支付每个国家的律师费和官费。

第二种国际申请途径是根据《巴黎公约》提出专利申请[6]。采用该途径，申请人在一个《巴黎公约》成员国[7]（通常要求至少有一个发明人是该国的居民）提交专利申请，为该申请获得首次申请日或优先权日。申请人可在优先权日后的12个月内向其他《巴黎公约》成员国提交申请。在一个成员国提出的专利申请的优先权日，所有《巴黎公约》成员国都承认有效。这种办法使缴纳国际专利申请保护费用的时间最长推迟了一年。最初仅需在首次申请的国家缴纳申请国际专利保护的费用，然后，最长一年内，才需要在其他《巴黎公约》成员国支付申请费用（图1）。

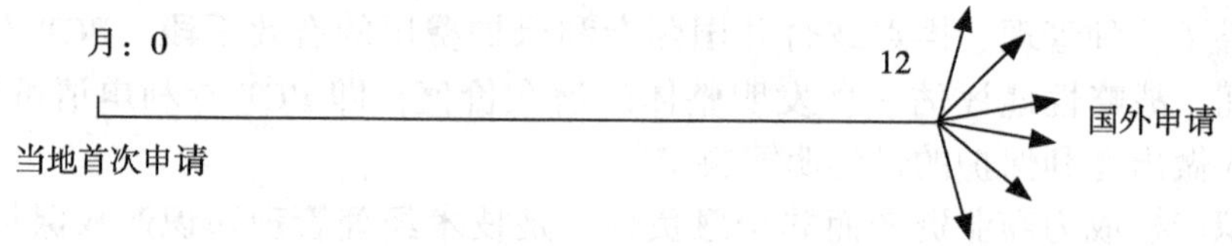

基于《巴黎公约》优先权，当地首次申请专利，12个月内可在多个国家申请：

- 多重手续要求
- 多重检索
- 多个专利申请公开
- 对申请的多次审核和审查
- 12个月内翻译和相关费用

某些合理化的地区安排：非洲地区知识产权组织（ARIPO）、欧亚专利局（EAPO）、欧洲专利局（EPO）和非洲知识产权局（OAPI）

图1　基于《巴黎公约》的传统申请途径

来源：Courtesy TDR Patents；T. David Reed LLC

第三种途径是最省钱的途径，也是本章关注的重点，即基于PCT条约提交一件“国际”专利申请。这3种途径中，从财务和策略上，PCT专利申请最有利于管理、推迟或合并申请国际专利保护的费用。提交PCT专利申请，允许申请人推迟做出在哪些国家申请专利保护的决定策略，从提交申请算起最长可推迟18个月，或在大多数情况下，在提交第一个（优先权）申请后可推迟长达30个月。延期的重要优势是使申请者在向拟获得专利保护的国家提交国家阶段专利申请之前，有更多的时间来评估该发明的商业实力和可行性。

3　《专利合作条约》(PCT)

《专利合作条约》（PCT）是由130多个国家（被称为PCT缔约国）* 签订的合作协议，目的是为提交专利申请和初步审查提供国际协调，[8] 简化在其他国家寻求专利保护的过程并更经济。基于PCT提交申请，申请人并不是获得“国际”专利。负责处理PCT申请的世界知识产权组织（WIPO）不授予国际专利。PCT申请程序提供了一种经过审核、符合申请形式且已通过初步检索和审查的单一专利申请形式。这项申请可以被转送到申请人选择的众多PCT缔约国国家专利局，进入该国的国家阶段申请。因此，PCT把在多个国家中寻求专利保护的过程简化合并为一套程序和一套初步要求

---

* 截至2021年，为153个PCT缔约国。——译者注

(见第4节)。

通过PCT提交国际申请变得越来越受欢迎。截至2005年1月，已提交了100万个PCT申请，申请数量翻一番用时从22年（前50万件申请）缩短到4年（后50万件申请）[9]。

3.1 非PCT缔约国

然而，还有100多个国家不是PCT的成员国*，包括亚洲（例如柬埔寨、尼泊尔、巴基斯坦、泰国）、南美洲（例如玻利维亚、智利、圭亚那、巴拉圭、秘鲁、苏里南、乌拉圭、委内瑞拉）、中美洲（例如巴拿马）、中东（例如伊朗、伊拉克、约旦、科威特、黎巴嫩、沙特阿拉伯、也门），以及非洲（例如埃塞俄比亚、卢旺达、索马里）的一些国家。为了在非PCT缔约国获取专利保护，通常必须直接向该国（或地区）专利局提交申请[10]。因为专利保护涉及复杂的法律问题，稳妥的做法是申请人在申请专利前咨询熟悉当地专利法并具有《巴黎公约》及PCT专利申请实践经验的专利律师，尤其在申请人为非PCT缔约国的居民而发明又在非PCT缔约国做出来的情况下。例如，如果专利的所有申请人都是非PCT缔约国的居民或公民，那么提交PCT申请的PCT国际申请日通常不被承认。

一般来说，如果第一次提交申请是在一个非PCT缔约国而是《巴黎公约》成员国，[11] 申请人将不具备提交PCT申请的资格，但可以选择在首次申请日（优先权日）的12个月内在其他《巴黎公约》成员国的国家专利局提出专利申请（上文第2节，第二种途径）。

如果第一次提交申请是在一个既不是PCT缔约国又不是《巴黎公约》成员国的国家，申请人将不具备PCT申请资格，或不具备按《巴黎公约》成员国享有的首次申请日（优先权日）的12个月内的申请资格。申请人必须分别向寻求专利保护的国家或地区专利局（通常在同一天）提交专利申请（上文第2节，第一种途径）。

3.2 PCT专利申请相关的费用

提交PCT专利申请需要单独支付一份申请费，而不是向寻求专利保护的每个国家支付多份申请费。目前，一件PCT申请的申请费大约为1100美元（在线提交或通过其他电子媒体提交，费用可以减少），现有技术的检索费从200美元到2100美元不等（取决于开展检索的国际检索单位），PCT受理局象征性收取传送费（约300美元）。申请人亦可选择请求国际初步审查，所需的额外费用是600~750美元。

3.3 PCT申请合并和推迟支出专利审查的费用

提交PCT专利申请可以合并或减少在多个国家多次申请的重复费用，申请人可用一种语言和一种符合PCT缔约国专利局要求的文件格式来提交专利申请。因此避免了翻译

---

* 2017年3月PCT缔约国增加至152个，如柬埔寨（2016）、泰国（2009）、智利（2009）、秘鲁（2009）、巴拿马（2012）、伊朗（2013）、约旦（2017）、科威特（2016）、沙特阿拉伯（2013）、卢旺达（2011）。——译者注

申请文件以及准备个别国家专利局所需要的特别格式文件而产生的额外负担和费用。

在“专利未决”的“国际阶段”，一件PCT申请要经过初步审查，包括对现有技术的国际检索、一份书面意见和一份关于可专利性的初步报告，以及可选择的国际初步审查和第二份更详细的可专利性报告。然后，申请人可以选择将统一格式的申请文件和附带的评价文件转送到拟申请PCT保护的缔约国国家专利局，由此该PCT申请进入专利审查程序的国家阶段。

到目前为止，申请国际专利最昂贵的是国家阶段费用，其中包括进入国家阶段而支付给每个国家专利局的费用，以及在专利申请过程中，支付给当地律师或代理的律师费，向国家专利局缴纳的授权专利维持费。按照PCT申请专利，能够推迟支付国家阶段相关的费用，在大多数情况下，从优先权日（首次申请日）起算，最长可推迟30个月。与此同时，也可以推迟制定国际专利保护策略，并做出在哪些国家需要寻求专利保护的决定。

3.4 世界知识产权组织（WIPO）在《专利合作条约》中的作用

世界知识产权组织（WIPO）是总部设在瑞士日内瓦的国际组织，是基于PCT条约提交国际专利申请的管理机构。WIPO国际局负责管理进入专利保护国家阶段之前的PCT国际阶段申请，负责接收和保存PCT申请文件，以及相关的专利检索文件、审查报告及其他附件。WIPO审查每一份申请是否符合申请手续（如专利申请所要求的格式、附带的行政备案文件，以及已支付的费用）。根据初步审查结果，可能会要求申请人纠正任何形式的缺陷，以使申请符合成员国专利局所接受的PCT申请格式。实施这些程序降低了专利申请的早期阶段费用。在国际阶段发现PCT申请中的形式缺陷，可以在进入国家专利局专利申请的国家阶段之前得以纠正。这样，就可以避免国家专利局因形式问题拒绝授权专利保护。

WIPO负责公布PCT申请[12]和相关信息，可以通过WIPO网站在全球范围内获取这些信息。WIPO负责将PCT申请的部分内容和相关文件翻译成英文或法文（可在互联网上获取），并可以向成员国的国家专利局提供申请文件。

4 提交PCT申请的选项和步骤

4.1 备选方案1：提交一件符合PCT手续要求的国际PCT申请，并支付一系列费用

如果一项发明的发明人中至少有一位是PCT缔约国的居民，则可以根据PCT条约提交国际专利申请。如果申请人所在国家的国家专利局是PCT受理局，申请人通常可以向本国国家专利局提出PCT国际申请。在某些情况下，也可以直接向位于日内瓦的WIPO国际局提交PCT申请。

WIPO网站提供了提交PCT申请要求的详细指南[13]，并提供了PCT相关时间期限的指南[14]和PCT期限计算器[15]，方便申请人计算提交申请以及提交其他所需文件的基本期限。PCT期限从优先权日起计算（图2）。根据PCT条约第2条（xi），优先权日的规定如下：

(xi) 为计算期限的目的，“优先权日”是指：

(a) 国际申请中包含按 PCT 第 8 条提出的一项优先权要求的，指作为优先权基础的申请的提出日期；

(b) 国际申请中包含按 PCT 第 8 条提出的数项优先权要求的，指作为优先权基础的最早申请的提出日期；

(c) 国际申请中不包含按第 8 条提出的优先权要求的，指该该申请的国际申请日[16]。

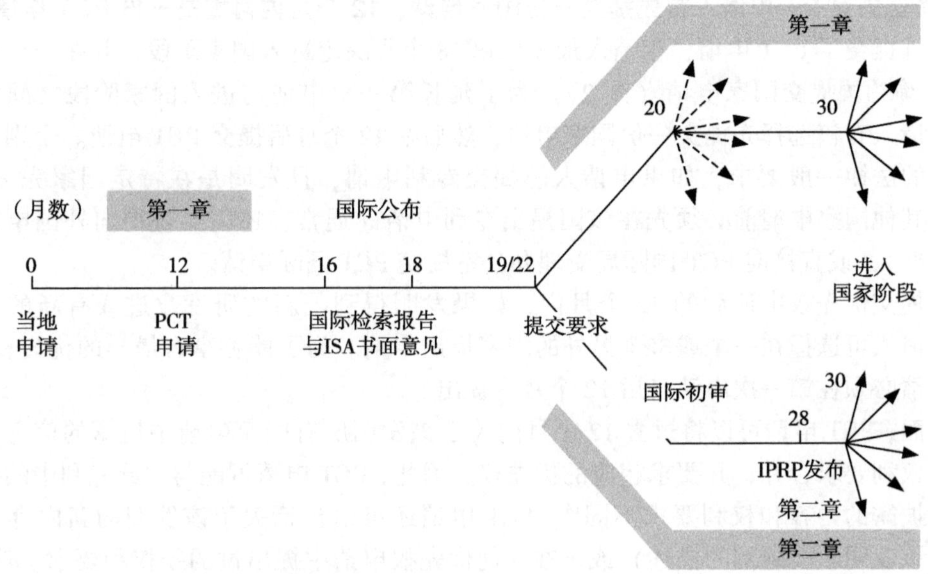

2004 年 1 月 1 日或之后提交的国际 PCT 申请时限。

- “第 0 个月”对应的是优先权日期，即最早提交的地方、地区或国家申请的日期。要求优先权日优先权的国际 PCT 申请必须在优先权日起 12 个月内提交。
- 在优先权日后约 16 个月，国际检索机构（ISA）发布国际检索报告和书面意见。
- 在优先权日后约 18 个月，该申请公开。
- 对于 PCT 第 22 条（1）规定的时限与适用的国内法不符但尚未撤回通知的国家，如果申请人希望推迟进入国家阶段并需要国际初步审查，应在优先权日起 19 个月内提出。否则，可以在国际检索报告和 ISA 书面意见发送之日起三个月内提出要求，或者自优先权日起 22 个月内提出要求，以较迟者为准。
- 自优先权日起约 28 个月，专利性国际初步报告（第二章）由国际初步审查机构（IPEA）发布。除非根据第二章建立了国际初步审查报告，否则 WIPO 国际局将代表 ISA 发布与书面意见内容相同的报告。该报告，即专利性国际初步报告（第一章），应在优先权日起 30 个月到期之前发送给每个指定国家阶段的专利局。
- 通常必须在从优先权日起 30 个月到期之前进入国家阶段。一些国家对 PCT 30 个月期限之后进入国家阶段进行了规定（见尾注 15）。与本章中提到的所有截止日期一样，应查阅 PCT 条款、规则、申请人指南和 PCT 时限计算器，并且应由合格的专利律师或代理人确认截止日期。
- 对于尚未采用 PCT 新的第 22 条（1）的所有指定国家，申请人必须决定是在 19 个月之前提出要求还是在 20 个月之前进入国家阶段。截至 2006 年 6 月 26 日，坚持保留新的第 22 条（1）规定时间的国家/地区是：瑞士、立陶宛、瑞典、坦桑尼亚和乌干达。

图 2　PCT 时限

资料来源：根据美国专利商标局改编。[17]

基于 PCT 申请最早优先权日计算的各时间期限包括：

- 基于 PCT 申请优先权日的优先权文件提交期限。
- PCT 申请国际公布的最早可能日期，通常在优先权日后满 18 个月。
- 要求进行国际初步审查的期限。
- 进入国家/地区阶段的期限。

4.2 备选方案 2：申请人首先提交一份国家申请，12 个月内再提交一份 PCT 申请

一旦提交了 PCT 申请，申请人最多推迟 18 个月决定进入国家阶段，并在一个或多个 PCT 缔约国提交国家申请（图 2）。为了延长第一次申请与进入国家阶段之间的时间，申请人有权选择先提交一份国家申请，然后在 12 个月后提交 PCT 申请。个别 PCT 缔约国的法律一般要求，如果申请人想提交专利申请，且发明是在特定国家完成的，那么在其他国家申请前必须先在该国提出专利申请（通常，还需要获得向外国申请专利的批准），或直接向 PCT 国际局受理办公室提交 PCT 国际申请。

在提交优先权申请后的 12 个月内，如果发明得到了新的研发改进或有新的实施例，申请人可选择在一个或多个另外的国家提出申请。为了能够享有最早的优先权日，PCT 申请必须在第一次申请日后 12 个月内提出。

然而，PCT 申请可以将过去 12 个月内关于该发明所有国家申请中披露的信息及所提出的权利要求合并，并要求相应的优先权。因此，PCT 申请可能与同族专利中的优先权申请披露的内容和权利要求不同[18]。PCT 申请还可以包括关于该发明的新内容（例如，对该发明新实施例的描述）或未在任何优先权申请中提出过的新权利要求。然而，为了能够享用较早的优先权日，PCT 申请所包含的新的权利要求，必须从优先权申请中披露过的信息得到支持。

如上所述，在提交 PCT 申请后，申请人在决定进入国家阶段并在不同的 PCT 缔约国提交国家阶段申请之前，最长可推迟 18 个月。因此，申请人可以在初次优先权申请后推迟 12 个月加 18 个月或至多 30 个月时间进入预期的 PCT 缔约国国家阶段[19]。在此期间，申请人可以利用这一推迟优势，有时间评估在特定国家寻求保护的价值，估算在多个国家的专利审查费和实际支出。

因此，采用这种方法：

- 在 PCT 缔约国的国家专利局提交专利申请，获得优先权日（首次申请日）。国家申请有时被称为优先权申请。
- 在优先权日后的 12 个月内，提交 PCT 申请并进入国际阶段。
- PCT 申请后的 18 个月内，或优先权日后的 30 个月内，进入选定 PCT 缔约国的国家阶段[20]。

4.3 在指定国家提交国家阶段申请

当提交 PCT 申请时，默认会向所有 PCT 缔约国提交国家阶段申请[21]。在优先权日后 30 个月期限届满前，申请人可以指定某国家专利局并实际提交国家阶段申请。向

PCT 缔约国国家专利局传送和提交 PCT 国际申请，被称为国际 PCT 申请进入国家阶段（图 2）。基于 PCT 条约，允许申请人在 30 个月期限届满前提交国家申请，相对于直接向某国家专利局提交专利申请，PCT 申请大大推迟了国家专利局对该申请可专利性进行审查的时间。

专利申请进入国家阶段后花费非常高昂。在批准专利权利要求及专利申请授权前，专利代理人和专利审查员在审查阶段的沟通需要数年，需花费数万美元的律师费用和国家专利局审查费。如果在多个国家进行专利审查，那么为获得专利保护所花费的费用也会成倍增加。因此，申请 PCT 专利的主要优势之一是，从优先权日到进入国家阶段，允许推迟至多 30 个月。

4.4 PCT 国际检索报告和书面意见

从优先权日到 PCT 申请公布之前 18 个月期间，以及在国际阶段，PCT 国际检索单位（ISA）对申请进行国际检索，找出能够实质性确定所请求保护的发明可专利性的相关专利文献、技术文献和其他现有技术参考文献。目前国际检索单位（ISA）有欧洲专利局和澳大利亚、奥地利、加拿大、中国、芬兰、日本、韩国、俄罗斯、西班牙、瑞典和美国的国家专利局*。国际检索单位（ISA）根据 PCT 设置的检索标准进行检索，并制作国际检索报告，包含确定可专利性的参考资料列表。检索报告要对每一个引用文献标注与该申请可专利性的相关性（例如，新颖性、非显而易见性或创造性以及实用性）。国际检索单位还要给出一份书面意见，附带检索报告，并说明该发明基于检索结果是否具有可专利性。

申请人基于权利要求能否成功取得专利，国际检索报告和书面意见提供了早期证据。这一早期证据是 PCT 申请的另一显著优势。根据检索报告和书面意见，在进入国家阶段之前，申请人可以修改权利要求，以便更好地将该发明与现有技术区分开来。因此，减少或避免同样的权利要求以同样的（或类似的）理由被多个国家专利局驳回，也减少了在每个国家专利局分别提出修改权利要求的律师费和官费。

国际检索报告和书面意见的另一个显著优点是，申请人可以向世界知识产权组织提交非正式的答复意见，解决或者反驳书面意见中给出的推理和结论。这可以使申请人陈述权利要求的可专利性理由并创建申请记录，该记录将伴随申请进入每个国家的国家阶段，供各国专利局审查。

申请人（如第 4.5 节中所解释的）还可以选择请求国际初步审查并支付国际初步审查费（第二章审查），以更详细地评估权利要求的可专利性，其结果在专利性国际初步报告中发布（IPRP 第二章）。提出该请求的期限为从发送国际检索报告和书面意见之日起 3 个月，或从优先权日起 22 个月内，以最后到达的期限为准[22]。

如果申请人没有提交国际初步审查请求，国际审查单位的书面意见将随后转化为一份专利性国际初步报告（IPRP 第一章），连同申请人对书面意见的非正式答复意见，一起传送到每个选定进入国家阶段的专利局，而不是在优先权日起 30 个月期满前传送。

---

* 截至 2021 年，共有 23 个国际检索单位。——译者注

因此，在进入每个国家的国家阶段时，每个国家阶段的专利申请都有相同的国际检索和国际初步审查报告（第一章报告，以及可选择的第二章报告，取决于是否请求国际初步审查）。这大大减少了各个国家专利局的检索和审查工作。

4.5 国际初步审查

如果申请人请求国际初步审查并支付相关的费用后，国际初步审查单位（IPEAs）的PCT审查员对权利要求的可专利性作出第二轮更详细的评估，国际初步审查单位即上文所述的国际检索单位。国际初步审查的请求可以在以下时间节点之前的任何时间提出：（a）提交给申请人国际检索报告和书面意见之日起3个月，或（b）从最早的优先权日起22个月（以较晚到期的日期为准）。

对于PCT审查员的书面意见或专利性国际初步报告（PCT条约第一章）中所述的推理和结论，国际初步审查为申请人提供了正式回应的机会，可以就权利要求的可专利性、记录在案的权利要求修订及其可专利性提出争辩。国际初步审查在PCT审查员出具第二份或专利性国际初步审查报告（PCT条约第二章）后结束，这些报告被传送到国家专利局。大约在优先权日起的28个月内，将由IPEA做出专利性国际初步审查报告（基于PCT条约第二章）（见图2）。

进入国家阶段之前建立上述正式专利申请记录，进一步减少了各个国家专利局各自进行的与国际初步审查相同的重复工作，进而减少了申请人答复每个国家审查结果所产生的费用。专利性国际初步审查报告（第二章）与专利申请一起进入国家阶段，可以进一步减少各国专利局的重复审查工作。它还可服务于合并和聚焦该专利的申请策略，避免专利律师或代理人在每个国家处理该申请的重复劳动。

虽然国家专利局没有接受国际初步报告有关专利性推理和结论的法律责任（基于PCT条约第一章和第二章），但他们经常这样做。因此，国际初步审查是努力减少不同国家专利局对同一申请分别审查的一种手段，从而减少申请人相关规费的支出。例如，若干国家专利局审查员可能以同样的理由反对（或驳回）申请中的同一类权利要求，申请人可能会向每一位审查员提交相似的论据来解决争议。然而，由于不同国家或地区的专利法不同，每个国家的审查员可能会对这些论据作出截然不同的回应。因此，虽然不同国家或地区专利局的审查员在国家阶段最初审查时会发布相似的问题，但随着各专利局进一步审查申请，后期的一致性可能越来越低。然而，在专利审查能力较低或资源较少的国家专利局，专利审查员可能更多地依赖于专利性国际初步报告。因此，专利性国际初步报告最终可能对在这些国家的专利权利要求产生更大影响，从而促进了不同国家授权专利权利要求的相似性或一致性。

此外，发布书面报告或专利性国际初步报告的PCT审查员（第一章）和从事国际初步审查并发布更详细专利性国际初步审查报告的审查员（第二章），可能是同一个人，也有可能被指派去审查该PCT申请的国家阶段申请。例如，审查提交给美国受理局的PCT申请的审查员，可能与审查提交至美国专利商标局（USPTO）相应申请的审查员是同一个人。这避免了重复工作，在国际阶段已审查过该申请的专利审查员可作出更全面的知情评价。

4.6* 进入国家阶段

在申请第一个优先权日后30个月期满前，PCT申请需进入国家阶段，要求申请人选择PCT缔约国提交国家阶段申请，并向每个国家专利局提交国家申请，支付相关的国家申请费，某些情况下，还需提供申请文件的译文[23]。

相比直接向国家专利局提交专利申请而言，PCT申请进入国家阶段的好处是，申请人可以利用PCT国际阶段获得的信息强化国家阶段的申请。在进入国家阶段之前，申请人可以使用书面意见中的信息和国际初步报告中的专利性内容，有针对性地对权利要求进行修改。在权利要求超过规定数量需收取附加费的国家，可以减少或避免此类附加费[24]。例如，美国要求对独立权利要求超过3项或全部权利要求超过20项的申请收取高额附加费。PCT申请对权利要求的数量没有限制，也不对超过数量的权利要求收取附加费。因此，申请人如果计划随后进入美国国家阶段，可选择在PCT申请中纳入数量较大的预期的权利要求，然后根据PCT国际阶段的评估结果，对权利要求进行相应修改或删减。

5 本章小结

提交PCT专利申请，可使申请人就在哪里申请专利保护推迟做出战略决策：

- 合并专利审查费用；单一的申请格式、语言和收费标准。
- 为申请人提供有关该发明可专利性的初步意见反馈。
- 在向国家专利局提交申请前，为申请人提供可专利性信息、修改权利要求和完善申请的机会。
- 允许申请人在特定国家专利局推迟提交申请，从第一次申请日（优先权日）算起，最长可推迟30个月。
- 推迟向多个国家支付审查费用。
- 简化在多个国家提交专利申请的流程。

推迟国际专利审查可以提供更多时间确定以下内容：

- 对申请人或所有者来说，知识产权的价值。
- 国外商业需求的强度。
- 哪些权利要求具有可专利性。
- 在哪些国家寻求专利保护最具吸引力。
- 在目标国家获得专利授权的可能性。

ANNE M. SCHNEIDERMAN, *Registered Patent Attorney, Law Offices of Anne M. Schneiderman, Ph. D., 102 East State Street, Suite 7, Ithaca, NY, 14850, U. S. A.* anne@schneidermanlaw.com

* 原文为4.5有误，译文改为4.6。——译者注

1 This chapter reflects the present considerations and views of the author and provides information for educational purposes only. It is not intended to constitute legal advice or to substitute for obtaining legal advice from a lawyer about a particular legal issue. Legal advice needs to be tailored to specific circumstances, and readers are therefore urged to consult directly with a lawyer for assistance regarding their particular legal issues.

2 See also Radack DV. 1992. Patents Outside of the U. S. : A Cost-Effective Approach. JOM 44(4):62. www. tms. org/pubs/journals/JOM/matters/matters-9204. html.

3 World Intellectual Property Organization (WIPO). 2006. WIPO Publication, No. 433(E):Protecting Your Inventions Abroad:Frequently Asked Questions about the Patent Cooperation Treaty (PCT). WIPO:Geneva, Switzerland. www. wipo. org/pct/en/basic_facts/faqs_about_the_pct. pdf.

4 Examples of regional patent offices include African Regional Industrial Property Organization www. aripo. wipo. net/index. html; Eurasian Patent Organization www. eapo. org/index_eng. html; and the Gulf Cooperation Council www. gulf-patent-office. org. sa.

5 Since patentability is based, in part, on novelty and nonobviousness of an invention, patent applications on the same invention should be filed on the same day and should not be spaced out (filed in different countries at different times).

6 Articles of the Paris Convention for the Protection of Industrial Property can be viewed online at www. wipo. int/treaties/en/ip/paris/pdf/trtdocs_wo020. pdf.

7 Many, but not all, members of the Paris Convention are also members of the PCT (and vice versa). List of Paris Convention contracting parties (currently 170) can be viewed online at www. wipo. int/treaties/en/ShowResults. jsp? lang=en&treaty_id=2.

8 Articles of the Patent Cooperation Treaty (PCT) can be viewed online at www. wipo. int/pct/en/texts/pdf/pct. pdf. PCT Regulations, including rules and requirements for filing applications, time limits, and so on, can be viewed online at www. wipo. int/pct/en/texts/pdf/pct_regs. pdf. A list of PCT contracting states (currently 134 contracting states) can be viewed online at www. wipo. int/treaties/en/ShowResults. jsp? lang=en&treaty_ id=6.

9 World Intellectual Property Organization (WIPO). 14 January 2005. Press Release 401:WIPO Marks Filing of One Millionth PCT Application. WIPO:Geneva, Switzerland. www. wipo. int/edocs/prdocs/en/2005/wipo_pr_2005_401. html.

10 See also World Intellectual Property Organization (WIPO). No stated date. *WIPO Publication No.* 849 *(E):A Brochure on Intellectual Property Rights For Universities and R&D Institutions in African Countries.* WIPO:Geneva, Switzerland. ISBN 92-805-1097-7. www. wipo. int/freepublications/en/intproperty/849/wipo_pub_ 849. pdf.

11 See *supra* note 7.

12 Languages of international publication:Arabic, Chinese, English, French, German, Japanese, Russian, and Spanish.

13 WIPO provides detailed guides online to filing under the PCT:World Intellectual Property Organization (WIPO). *PCT Applicant's Guide (Volumes* 1 *and II)*. WIPO:Geneva, Switzerland. Volume I is available at www. wipo. int/pct/guide/en/gdvol1/pdf/gdvol1. pdf and Volume II at www. wipo. int/pct/guide/en/gdvol2/pdf/gdvol2. pdf.

14 World Intellectual Property Organization (WIPO). PCT Timelines and Time Limits. WIPO:Geneva,

Switzerland. www. wipo. int/pct/en/seminar/basic_1/timeline. pdf.

15 PCT time limit calculator. www. wipo. int/pct/en/calculator/pct-calculator. html.

16 PCT Article 2. www. wipo. int/pct/en/texts/articles/a2. htm#_2.

17 www. uspto. gov/web/offices/pac/mpep/documents/1800_1842. htm.

18 The term *patent family* is used to designate a relationship between a patent application and its priority application(s) or other patent priority document(s). At least three descriptions are commonly used in patent practice to characterize a patent family:

(1) The applications or documents are directly or indirectly linked to a specific priority application or document.

(2) All applications or documents have at least one priority application or document in common.

(3) All documents have exactly the same priority or priorities in combination.

See also European Patent Office (EPO). About: Patent Families at gb. espacenet. com/espacenet/gb/en/help/161. htm.

19 There are a few instances in which the national law of a contracting state is incompatible with the PCT 30-month time limit-rule and in which the national patent offices of these countries still adhere to the old 20-month time limit for entering the national phase (This older rule was replaced on 1 April 2002 with the new time limit). In countries with a 20-month time limit for entry into the national phase, the limit can be extended to 30 months if a demand for international preliminary examination is made. Some countries make provisions for entering the national phase later than the PCT 30-month time limit. In these cases, if the applicant fails to meet the time limit to nationalize their PCT application within 30 months, the time limit can be extended upon petition and payment of extension fees. As with all deadlines mentioned in this chapter, the PCT Articles, Rules, Applicant's Guides, and the PCT Time Limit Calculator (available online at www. wipo. int) should be consulted in determining time limits and the deadlines confirmed by a qualified patent attorney or agent.

20 If the country in which the *national* (priority) application was filed is also selected as a country into which the PCT application enters the *national phase*, this essentially creates a continuation application in that country.

21 The PCT request form, which is one of the administrative forms filed with a PCT application, sets forth this default designation. Certain exclusion provisions can be selected, using the request form, to exclude a country from designation.

22 A demand should be filed prior to the expiration of 19 months from the priority date if the applicant wishes to postpone entry into the national phase in countries that have not withdrawn their notifications of the incompatibility of the time limit under PCT Article 22(1) with applicable national law (see Figure 1 and World Intellectual Property Organization). *PCT Practical Advice* 2003. www. wipo. int/pct/en/newslett/practical_advice/pa_122003. htm.

23 The general national-phase entry requirements and the specific requirements for each PCT contracting state are described in detail in: World Intellectual Property Organization (WIPO). *PCT Applicant's Guide Volume II.* WIPO: Geneva, Switzerland. www. wipo. int/pct/guide/en/gdvol2/pdf/gdvol2. pdf.

24 See also Austin CB. 2005. Leveraging PCT Patent Applications to Gain Advantages in Patent Prosecution. www. michaelbest. com/articles. cfm? action=view&publication_id=1648.

第10.8章

在不同司法管辖区申请及保护专利

罗纳德·尹（RONALD YIN）
美国DLA Piper US有限责任合伙公司合伙人
肖恩·坎宁安（SEAN CUNNINGHAM）
美国DLA Piper US有限责任合伙公司合伙人

译者 李瑞云 **审校者** 欧阳石文 刘晓娜 张熠

摘 要

为了建立一个有效的专利组合，一个机构必须做到：（1）了解国际专利领域的动态发展：如何获得外国优先权，到哪里提交专利申请，以及各种专利申请途径的利弊；（2）基于机构的目的（商业目标或人道主义目的），确定在哪些国家和/或地区寻求专利保护；（3）预测诉讼的可能性，了解应诉可以选择的方式。

1 引言

2006年2月，美国专利商标局（USPTO）授予了第700万件专利。PTO授予第一个100万件专利（1911年）用时75年，但授权最后一个100万件专利用时不到75年的1/10。[1] 美国和国外的发明人正以史无前例的速度寻求专利保护，而专利许可收入也达到了历史最高水平。

在组建专利组合前，公司必须搞清几个关键问题。一旦拥有了专利，打算用这些专利做什么？是以进攻的姿态维护专利（即以保护市场份额为目标），或作为许可策略的一部分，或在公司不愿意许可时进行诉讼？还是打算以防御的姿态使用专利，如作为许可谈判的筹码，或者为了避免其他人提起诉讼？如果以进攻的方式使用专利组合，那么潜在目标在哪里？主要的经营业务在哪里？如果一个专利组合主要用于防御，那么公司在什么地方最容易因许可方式或诉讼受到攻击的风险最大？

Yin R and S Cunningham. 2007. Filing and Defending Patents in Different Jurisdictions. In *Intellectual Property Management in Health and Agricultural Innovation*: *A Handbook of Best Practices* (eds. A Krattiger, RT Mahoney, L Nelsen, et al.). MIHR: Oxford, U.K., and PIPRA: Davis, U.S.A. Available online at www.ipHandbook.org.

2 专利申请程序概述

发明若获得专利保护，发明人（通常称为申请人）必须在一个或多个国家或地区专利局提交专利申请。一旦提交了必要的文件并且支付了所要求的所有费用，专利局将进行专利审查并决定是否对申请人请求保护的发明授予专利权。专利的首次申请日通常被称为“优先权日”。

在大多数情况下，申请人将向所在国家的国家专利局提交专利申请［例如美国专利商标局（USPTO）、日本特许厅（JPO）或欧洲专利局（EPO）］，以便在国内市场保护该发明；随后，可以向其他国家提交专利申请，或按《专利合作条约》（PCT）规定的程序提交国际申请（见第3节），以便在国外市场保护该发明。重要的是，某专利局授予的专利权只在该专利局特定的管辖范围内保护该发明，而在世界上其他地方无效。

3 《巴黎公约》概述

《巴黎公约》，正式名称为《保护工业产权巴黎公约》，该公约建立了目前国际公认的优先权体系。美国和其他171个国家是《巴黎公约》的签约国，而签约国有时也被统称为“巴黎联盟”[2]。

根据《巴黎公约》，如果一位发明家提交了一项专利或商标申请，从优先权日起12个月内在另一个《巴黎公约》成员国享有优先权。换句话说，该期限内，其专利或商标申请将优先于在第二个国家提交的任何相同专利或商标申请。因此，即使一位发明人需要花很长时间将其发明翻译成某国语言，在该国申请专利也不会失去专利权。由于《巴黎公约》是互惠性质的（换句话说，A国必须给予B国发明人以B国给予A国发明人同样的优先权），成员国之间没有哪个更有优势。

不是每个国家都是巴黎联盟的成员国。然而，某些国家虽然不是《巴黎公约》签约国，例如泰国*，但与美国签订了双边条约，也可以授予发明人类似的优先权。

4 在不同地区申请专利

不同专利局之间存在显著的差异。表1列出了3个主要专利局之间的重要区别，下面的文字进行了更详细的描述。

表1 3个主要专利局之间的重要区别[3]

项目	欧洲专利局	日本特许厅	美国专利商标局
成功的专利申请人的法律地位	先申请制	先申请制	先发明制**
专利期限	20年	20年	20年

* 泰国2008年5月2日加入《巴黎公约》，2008年8月2日生效。——译者注

** 美国已于2011年9月16日修改《美国发明法案》，修注改为“发明人先申请制。”——译者注

续表

项目	欧洲专利局	日本特许厅	美国专利商标局
申请语言	英语，法语，德语	日语	英语
专利有效区域	指定的 EPC[a] 成员国及扩展国家	日本	美国
专利复审请求	有此规定，6 个月内	有此规定，3 年内	无此规定
申请公布时间	优先权日起 18 个月	优先权日起 18 个月	优先权日起 18 个月[4]

[a] 欧洲专利公约

4.1 向美国专利商标局提交申请

当一件申请提交到美国专利商标局（USPTO）时，将被分配给一名专利审查员。从优先权日起 18 个月，该申请将被公布（即申请信息向公众公开）。申请人有可能要求不公开该申请，但是这项请求只有在该申请没有也不会向国外申请时才能提出。专利审查员通过检索优先权日之前的美国和外国专利文献及已公开的专利申请，来确定所请求保护的发明是否符合新颖性、实用性和非显而易见性的要求。

如果专利申请被驳回，申请人将会收到书面审查意见通知，并有机会对审查意见提出争辩。在专利生命周期内的任何时间，任何人都可以向美国专利商标局（USPTO）提出请求，要求根据在先专利技术或印刷出版物对该专利的任何权利要求进行再次审查。为了保持专利有效（即保持发明受专利保护），申请人必须在一定时间内支付专利维持费。

2005 年，美国专利商标局共授权 157 740 件专利，其中，发明专利 143 806 件，外观设计专利 12 950 件，植物专利 716 件，再颁专利 245 件，以及法定发明登记 23 件[5]。2005 年授予的专利总数比 2004 年减少 13%，比 2000 年减少 8.7%；2005 年颁发的发明专利授权量比 2004 年减少 12.5%，比 2000 年减少 10.4%[6]。

2005 年，在所有美国授权专利中，发明人是美国居民的占 52.4%，比 2004 年增加了 0.5%，剩余的 47.6% 的发明人是外国居民[7]。

4.2 向日本特许厅提交申请

虽然有些重要区别，但日本特许厅（JPO）的专利申请程序与美国专利商标局（USPTO）相似。专利审查员不会自动审查提交给 JPO 的专利申请，申请人必须从申请日起 3 年内提出实质审查请求（2001 年从 7 年减少到 3 年）。申请人在规定期限内不提出实质审查请求的，申请将被视为撤回。所有待审申请，均在优先权日后满 18 个月在官方的《专利和实用新型公报》上公布。如果专利审查过程没有出现驳回的理由，则该专利将被授权并在公报上公告。专利授权后，任何人都可以以缺乏新颖性或创造性（非显而易见性*）为理由，要求对专利进行无效审查[8]。

---

* 原文为“lacking novelty or an inventive step (obviousness) ”可能有误，宜译为“非显而易见性”。——译者注

4.3 向欧洲专利局提交申请

向欧洲专利局（EPO）提交专利申请，可以采用3种官方语言中的任意一种（英语、法语或德语），申请人可以在一个或多个《欧洲专利公约》（EPC）签署国获得发明专利权。目前，已有31个国家签署了该条约，另有5个国家接受延伸协议。* 在提交申请时，申请人必须指定拟寻求专利保护的EPC成员国和“延伸”国家。如果申请人向7个国家支付了指定费用，那么该专利在所有EPC成员国都将自动授权。因此，向EPO提交的每一件专利申请通常都是一组专利，申请人寻求保护的每个国家分别对应一件专利。

提交EPO专利申请有3种不同的途径：

（1）直接向欧洲专利局（EPO）提交申请；申请日成为优先权日。

（2）国家专利申请在优先权日起12个月内延伸为欧洲专利局（EPO）专利申请，即EPO申请是在第一次专利申请后提交的。

（3）根据EPC条约提交国际专利申请。

一旦向EPO提交申请，要接受两个阶段的审查程序。首先，专利审查员检索与该发明相关的现有技术；在优先权日后的18个月，这份检索报告连同专利申请一起公布。申请人有6个月的时间提出进一步审查的请求。如果申请人提出进一步审查请求，EPO将进行实质性审查，以决定是否授予专利。如申请人在此期间未提出进一步审查请求，则该申请视为撤回。在成功获得EPO专利授权的9个月内，任何人都可以对该专利提出异议[9]。

2002年，EPO接收了超过11万件的专利申请，比1991年增加了84%。2002年，欧盟居民申请EPO专利的比例最大（44.7%），远远超过了美国居民（27.3%）和日本居民（17.4%）。1991—2002年，向EPO提交的生物技术专利申请数量年增长率为8.3%，而EPO专利申请量增长率仅5.7%。2002年，提交给EPO的生物技术专利申请超过5800件，其中39.9%来自美国，34.5%来自欧盟，14%来自日本。欧盟居民获EPO专利授权的比例与美国居民获美国专利授权的比例一致。这表明，总体而言，美国居民和欧盟居民必须与来自其他司法管辖区的居民“分享”他们的本土市场。然而，生物技术专利的增长已经超过了非生物技术专利的增长，美国居民在这一领域的专利申请比欧盟居民占比更高，表明美国居民在这一领域处于技术领先地位。

4.4 根据PCT提交国际申请

1978年1月24日，美国成为多边条约《专利合作条约》（PCT）的签约国。PCT允许申请人向一个专利局提交一份国际申请而在多个国家获得专利权。PCT专利申请并不是在所有司法管辖区都有效，但允许提交PCT申请的申请人享有在指定国家或地区延迟提交申请的权利，延长时间从优先权日起最长达30个月。

---

* 截至2021年共有38个缔约国，2个延伸国。——译者注

在 20 世纪 90 年代，PCT 申请量的年均增长率为 17%。最近，增长速度已经放缓，但 2005 年仍有 135 602 件 PCT 申请，比前一年增长 10.6%，比 2000 年的申请量（93 237 件）增加了 45%以上。这些数字表明 PCT 申请的重要性日益增加。

5 全球专利申请程序

如果管理不当，出于几个原因，全球专利申请程序的成本很快就会变得高昂。专利只能在特定地理区域内有效。专利审查（即获得专利的过程）既昂贵又费时。在许多国家，申请人必须定期支付授权后费用（“维持费”或“年费”）以保持专利有效。最后，专利申请必须在该发明被公开之前提交，也就是说，专利申请必须在其商业价值还不确定的情况下提交。全球专利申请是一场高风险的赌博。

然而，通过考虑以下问题可以降低风险：

- 这项发明是否具有全球市场潜力？如果该发明只在某地区应用，就不值得在全球申请专利。
- 从申请日起 15 年或 20 年，这项发明还会被使用吗？在许多国家，专利的标准寿命是从申请日起 15~20 年。如果该发明很快过时，那么在全球申请可能在经济上不合算。此外，从提交专利申请到授权，通常需要 2~3 年的时间。在专利授权前，该发明得不到任何可强制执行的法律保护。在这种情况下，根本不值得申请专利保护：利用率先将发明推向市场的优势，反而可能获得更多经济利益。
- 授予专利权人的权利是否可分离？也就是说，专利权人是否有权排除他人销售该发明，或者有权排除他人制造该发明？可以把国家分为两类：一类是可以制造该发明的国家，另一类是可以销售该发明的国家。当然，其中一些国家可能会重叠。然而，没有必要同时在可以制造该发明的和销售该发明的国家提交专利申请。只有在销售该发明的国家进行保护才能有效地控制世界市场。即使潜在侵权者/竞争对手可以在不提供任何专利保护的国家生产该产品，该产品也不能在其他国家销售。此外，在专利保护期内，资本市场和劳动力市场是变化的，因此，在授权专利的有效期内，制造状况也会发生改变。一般而言，需要在可以销售该发明并能得到有效保护的国家提交专利申请。
- 是否有必要在每个可能销售该发明的国家都申请专利保护？可能没这个必要。如果在销售额占 80%~90%的国家进行专利保护，那么没有竞争对手能够获得超过 10%~20%的全球市场份额。如果生产成本足够低，可能根本就没有潜在的竞争对手。

6 诉讼注意事项

无论是在国内还是国外，专利常常导致诉讼。然而，这并不全是坏事。可以前瞻性地使用专利——通过威胁或发起诉讼来保持市场份额。当然，专利权可以用于保护公司自己，以免被其他公司指控侵犯专利权。如果拟在美国提起专利诉讼，可以选择在不同联邦地区法院或美国国际贸易委员会（ITC）提起专利诉讼。

6.1 向联邦地区法院提起诉讼

在美国联邦地区法院提起专利诉讼时，诉讼当事人首先必须确定哪些地方法庭是恰当的。然后，必须考虑哪些具有管辖权的地方法院最适合自己的诉讼目的。

6.1.1 找到恰当的诉讼地点[10]

一个恰当的专利诉讼法院，必须对争议的标的物和涉及的人或实体具有司法管辖权。"管辖权"是指法院有权解决争端。

在诉讼开始时，公司被视为"位于"具有"属人管辖权"的任何司法区域内[11]。根据美国联邦巡回上诉法院的观点，专利侵权案件适用于属人管辖权原则，因为被告故意将侵权产品投入商业环节，并期望在法院所在的州开辟业务。因此，在诉讼开始时，可以在对该公司具有属人管辖权的任何地区法院对该公司提起专利侵权诉讼。也可以在被告居住的任何司法辖区提起专利侵权诉讼[12]。

可以审理专利侵权诉讼案件的美国地方法院位于不同的州。每个地方法院所在的州［法院所在地州（the forum state）］恰当时或许可以对所在州之外的当事人行使属人管辖权，如果（1）基于法庭所在州的长臂管辖权，当事人有义务接受送达的传票；而且（2）当事人在法庭所在州的活动满足正当程序条款（Due Process Clause）的最低联系要求[13]。关于长臂法则的第一个要求，各州已经颁布了法律，允许其法院（包括位于该州的联邦地区法院）在一定条件下，对非法庭所在州居民行使属人管辖权。关于正当程序的第二项要求，美国最高法院裁定，如果非法庭所在州的居民在该州有特定的最低限度行为，从而满足正当程序条款，宪法允许非法庭所在州居民受法庭所在州的法院管辖。因为有些州的长臂法则，包括得克萨斯州和加利福尼亚州的长臂法则，与正当程序条款同时适用，属人管辖权的问题经常落入宪法的正当程序调查中。

即使在诉讼程序中选定了一个法院，其案件也不一定要在该法院审理。专利权人作为原告因对审判地点的选择而受到质疑时，通常在以下情况下被驳回动议：（1）因缺乏属人管辖权而驳回动议[14]；（2）因法院是"不方便法院"（forum non conveniens），也就是说，该法院在证人、专家、文献等方面存在诸多困难；（3）诉讼动议转到另一个地方。当最初的地点不适宜，而不仅仅是不方便时，被告可提出地点不适宜，驳回动议。如果原告在适宜地点提起诉讼，但该地点对被告或证人来说不方便，如果有更方便的联邦法院可以审理诉讼，被告可以根据 28 U.S.C. § 1404（a）提出变更管辖法院的动议。当更方便的法院在国外时，被告可以提出"法院不方便"驳回动议[15]。被告应在其提交答复时或接近提交答复时，单独提出变更管辖法院的请求。

6.1.2 评估适宜的管辖地

接下来，专利申请人必须决定哪个联邦地区法院和法庭是最有利的。这一决定很大程度上取决于诉讼审理的平均时间、诉讼费用以及诉讼成功的可能性。其他因素，如反诉的可能性，可能也需要考虑，但不在本文讨论范围之内。

诉讼审理时间是至关重要的考虑因素。一些地区法院以迅速解决问题而闻名，其他则不然。有些因审理特别快而出名，被称为"火箭办案"，如得克萨斯州东部地区法院、弗吉尼亚州东部地区法院，以及其他一些已经采用特定的地方专利规则、要求加快信息披露和缩短审判时间的法院。

2005 年联邦法院管理统计数字显示[16]，截至 2005 年 9 月 30 日结束的 12 个月期间，民事案件从起诉到审理的时间中位数大约为 22.5 个月。在此期间，联邦法院接到了大约 253 273 个民事案件，其中大约有 12 184 个涉及版权、专利和/或商标的知识产权案件（表 2）。

表 2　2005 年 20 个地区法院的民事案件从起诉到审理的时间中位数[20]

地方法院	从起诉到审理的时间（月）	知识产权案件数量
弗吉尼亚州东区法院	9.4	182
威斯康星州西区法院	11.3	51
缅因州法院[21]	13.0	17
得克萨斯州南区法院	15.3	366
得克萨斯州东区法院	15.9	193
佛罗里达州南区法院	16.7	332
佛罗里达州中部法院	20.0	280
威斯康星州东区法院	20.3	76
加利福尼亚州中心区法院	20.5	1427
得克萨斯州北区法院	20.7	279
宾夕法尼亚州东区法院	20.8	1005
纽约州南区法院	22.0	876
密歇根州东区法院	22.0	208
明尼苏达州地区法院	23.0	201
特拉华州地区法院	23.5	149
加利福尼亚州南区法院	25.4	162
佐治亚州北区法院	27.0	273
伊利诺伊州北区法院	27.0	462
加利福尼亚州北区法院	28.0	467
马萨诸塞州地区法院	31.0	221

“火箭办案”可能会变得更常见。2006 年 9 月，美国众议院通过了一项法案，设立了旨在鼓励并提升审理专利案件的地区法官专业知识的试点项目。如果该法案成为法律，将在至少 5 个联邦地区法院建立一个为期 10 年的试点工程，每年拨款 500 万美元用于培训法官并额外聘请具有专利方面专业知识的工作人员。这 5 个法院将从 15 个地方法院选出，需要同时满足下述要求：前一年专利案件最多，且（1）拥有至少 10 名地区法官；（2）至少有 3 名审理专利案件的法官。根据 Fulbright & Jaworski 有限责任合伙律师事务所最近的一项研究，如果试点工程在今年成为法律，参与的 5 个地区法院

可能会从以下 14 个候选区中选出：[17]

- 加利福尼亚州中心区
- 纽约州南区
- 加利福尼亚州北区
- 新泽西州地区
- 加利福尼亚州南区
- 马萨诸塞州地区
- 佛罗里达州中心区
- 密歇根州东区
- 佛罗里达州南区
- 宾夕法尼亚州东区
- 佐治亚州北区
- 得克萨斯州北区
- 伊利诺伊州北区
- 得克萨斯州南区

原告在选择专利诉讼地点时也应该考虑诉讼费用（见表 3）。根据美国知识产权审判律师协会 2005 年的一项研究，专利诉讼地点对诉讼费用影响很大。[18]

表 3　2005 年专利诉讼全部费用

地区	标的在 100 万~2500 万美元案件的平均专利诉讼费（美元）	标的超过 2500 万美元案件的平均专利诉讼费（美元）
波士顿	2 638 889	4 107 143
纽约市	3 667 308	6 190 000
费城	3 287 500	4 712 500
华盛顿	3 167 742	6 947 917
其他东部区	2 468 750	3 076 923
大底特律东南区	3 285 294	9 440 909
其他东南区	1 662 500	3 342 857
芝加哥	2 133 000	4 404 412
明尼阿波利斯—圣保罗都会区	1 567 500	3 688 889
其他中部区	1 686 098	3 258 571
得克萨斯州	2 847 826	4 993 750
洛杉矶	3 015 000	4 866 667
旧金山	2 823 529	7 985 714
其他西部区	2 279 630	5 283 333

最后，尽管很难成功预测可能性，乔治梅森大学法学院教授 Kimberly A. Moore 说，“法院在专利诉讼结果中起着至关重要的作用”。[19]Moore 教授对 1983—1999 年专利诉讼中最常选的 10 个地区法院进行了实证分析。她的总体结论是，所有专利诉讼中专利权人胜诉率为 58%，但因地区而异（表 4）。

表 4 在诉讼审理多的地区法院中获胜的比例（1983—1999 年）

地区法院	专利权所有人胜诉率（%）	侵权人胜诉率（%）
加利福尼亚州北区	68	32
明尼苏达州	67	33
加利福尼亚州中心区	63	37
纽约州南区	63	37
佛罗里达州南区	63	37
新泽西州地区	61	39
弗吉尼亚州东区	58	42
伊利诺伊州北区	48	52
特拉华州地区	46	54
马萨诸塞州地区	30	70

来源：联邦司法部[26]

6.2 向美国国际贸易委员会申诉

尽管联邦地区法院是专利诉讼的常见选择，但在某些情况下，原告也可以向美国国际贸易委员会（ITC）提出申诉。根据 1930 年的《关税法案》（19 U. S. C. § 1337），美国国际贸易委员会可以对进口贸易不公平行为的指控进行调查，包括专利侵权以及侵权产品的进口*。2003 年，美国国际贸易委员会发起了 18 项专利调查；2004 年，启动了 28 项调查；2005 年上半年，启动了 21 项调查。

美国国际贸易委员会要求原告提供的证据比联邦地区法院的更多。对于专利案件，例如，美国国际贸易委员会需要下列文件启动“337 调查”：证明侵权的专利权利要求对照表（claim charts，亦称侵权对照表），每个涉案专利的许可协议副本，每个涉案专利的审批历史文件副本，以及每个涉案专利申请历史中引用的技术参考资料副本[22]。

向美国国际贸易委员会提出申诉后，通常在提交申诉的 30 天内，由美国国际贸易委员会不公平进口调查办公室（OUII）审查申诉，并决定是否启动 337 调查。如果美国国际贸易委员会选择发起调查，将为调查中所提到的所有调查对象以及他们所在国的驻美使馆提供一份起诉书副本和一份调查通知。调查通知也会在《联邦公报》上刊

* 简称 337 调查。——译者注

登。不公平进口调查办公室极少决定不发起调查[23]。一旦调查开始，美国国际贸易委员会会指派一名来自不公平进口调查办公室的调查律师作为此项公共利益调查的独立诉讼人。

337 调查是按照美国国际贸易委员会的程序规则进行的，尽管这些规则与联邦民事诉讼规则有些相似。联邦民事诉讼规则是所有美国地方法院所采取的诉讼规则。但是，在 337 调查期间，向全国范围内发出传票[24] 的是行政法官（Administrative Law Judge, ALJ）*。另一个重要的区别是时间。通常，337 调查非常快速，包括回复证据开示**和提交答辩状的最后期限都很短（通常是 10 天，而不是 30 天），法定目标日期要求“在最早的可行时间”完成美国国际贸易委员会的程序。法定目标日期通常在 15 个月内，取决于案件的复杂性。因此，发起美国国际贸易委员会调查的各方可以合理预期，从提起申诉之日起 9 个月或 10 个月会进行审判。

337 条款调查通常会在首席行政法官主持之前举行正式的证据听证会。听证会结束后，行政法官对案件的是非曲直做出初步裁定，在美国国际贸易委员会最终裁定之前，该初步裁定要接受美国国际贸易委员会全体委员会的审查（如果当事各方选择了这一程序）。调查完成的目标时间通常是 15 个月，在这之前至少 3 个月会提出该初步裁定。各方之一如要求审查初步裁定，美国国际贸易委员会全体委员会可以审查、采纳、修改或撤销初步裁定，也可以决定不予审查。如果美国国际贸易委员会拒绝审查最初裁定，最初裁定会被默认为美国国际贸易委员会的最后裁决[25]。

如果美国国际贸易委员会确定违反 337 条款的情况属实，可以发出停止/终止令（cease-and-desist order），责令违反方停止其非法活动，以及发出两种“驱逐令”（exclusion orders）中的一种，即禁止某些产品进入美国的普遍禁止令（适用于所有侵权物品，不论来源），或有限禁止令（适用于被调查对象进口的侵权物品）[27]。美国国际贸易委员会无法评估经济方面的损失。尽管美国国际贸易委员会发布的禁止令由其自己强制执行，但美国国际贸易委员会发布的驱逐令由美国海关总署强制执行。

在美国国际贸易委员会的裁决令生效前，美国总统有 60 天时间对其进行审查。在此期间，如果进口商向海关缴纳了美国国际贸易委员会规定数额的保证金，侵权物品可以进入美国。同样，在总统审查期间，如果被告向海关缴纳了保证金，则仍可继续实施美国国际贸易委员会停止/禁止令所禁止的活动。对 337 条款调查的上诉由美国联邦巡回上诉法院审理。

利用美国国际贸易委员会作为专利诉讼管辖机构有优点也有缺点（见表 5）。也许最大的优势在于美国国际贸易委员会调查中原告的胜诉率大约为 70%，而联邦地区法院的这一比例为 58%。

---

* 美国行政法官（Administrative Law Judge，简称 ALJ）虽称作法官，但不是司法系统组成人员。——译者注

** 证据开示制度是英美法系国家实行的一项专门制度。——译者注

表5 美国国际贸易委员会发起调查的优缺点

优 点	缺 点
广泛的禁令救济，排除进口或责令侵权方停止并终止特定活动	337条款只针对进口货物；美国国际贸易委员会不负责评估损害赔偿（然而，美国国际贸易委员会案件并不禁止在联邦法院提起平行的赔偿诉讼）
调查工作通常在15个月或更短时间内完成，比大多数地区法院要快	证据开示和动议行动很快，几乎没有时间寻找可能无效专利或其他使专利无法执行的现有技术证据。通常要求10天（日历日）内须答复。此外，因为在美国国际贸易委员会的调查中，OUII是其中一方，因此证据开示和辩护状不仅由对方当事人，而且也由OUII提出
广义（in rem）管辖权指的是源自进口物品的管辖权，而不是在华盛顿特区或其周围存在的特定行为及其人员。因此，在美国国际贸易委员会没有具名的下游进口商的货物，以及通常不受法院管辖的人（如外国居民）被排除在外	国内产业要求规定申诉人证明以下事项： • 国内存在原告寻求执行的专利权所保护的产业 • 被告实施了一项不公平的行为 • 被告人行为具有不利的影响或倾向（不仅限于法律侵权）
不允许反诉	原告必须对请求的每一项内容提供详细的事实指控
事实调查由具有专利诉讼经验的行政法法官承担	不可能依赖陪审团审判
行政法法官定期轮换。因此，可以预测案件分派给哪个行政法官	近几个月来，法官轮换变得不可预测了

7 结语

全球专利申请计划是知识产权管理一体化制度的重要组成部分。它最大限度地提高了机构专利组合的价值并确保其整体性。这样的计划需要相关的知识、组织和规划。必须了解国际专利领域的动态（例如，有关获得国外优先权的问题，在哪里提交专利申请，以及各种申请途径的利弊）。机构在专利组合安排方面集中发力，以实现全球战略目标（例如，根据私营部门的商业目标或公共部门的人道主义目标，确定需要在哪些国家和/或地区寻求专利保护）。规划需要远见。例如，必须预见到诉讼的可能性，并且基于诉讼的成本、速度和成功的概率知道如何选择司法管辖地。有了这样一个全面的规划，公共和私营部门将能够预测、管理并克服农业和健康创新领域国际技术市场所带来的不确定性和挑战。

RONALD YIN, *DLA Piper US LLP, 2000 University Avenue, East Palo Alto, CA, 94303, U. S. A. Ronald. Yin@ dlapiper. com*

SEAN CUNNINGHAM, *DLA Piper US LLP, 401 B Street, Suite 1700, San Diego, CA, 92101, U. S. A. sean. cunningham@ dlapiper. com*

1 PTO Press Release (February 14, 2006) titled United States Patent and Trademark Office Issues 7 Millionth Patent.

2 For a current listing of members of the Paris Union: www. wipo. int/treaties/en/ShowResults. jsp? lang=en&treaty_id=2.

3 A patent application filed with the EPO may be submitted in the official language of any EPC member state (including the extension states), but a translation must be submitted in one of the three official EPO languages (English, French, or German) within three months of filing the application and no more than 13 months after the earliest requested priority date. The date of application is the actual filing date. If a request for priority is also filed, that is, the application was initially filed in a foreign jurisdiction, then the "requested priority date" is the priority date that the applicant requests the EPC application be accorded. A patent application filed with the JPO must be written in Japanese, but the specification, claims, drawings, and abstract can be written in English, as long as a Japanese translation of the English documents is filed within two months of the initial filing date. It is possible to file a patent with the U. S. Patent Office in any language, as long as an English translation is submitted within two months.

4 The application for an invention that has not and will not be patented in foreign countries will not be published if the applicant so requests.

5 A Statutory Invention Registration is authorized by law: 35 U. S. C. § 157. It permits a party to publish an invention, but without all the attributes of a patent, that is, the published invention can be used defensively, as a publication, but not offensively to assert infringement against others.

6 U. S. Patent and Trademark Office. 2006. Calendar Years 1790 to the Present. Table of Annual U. S. Patent Activity Since 1790. www. uspto. gov/web/offices/ac/ido/oeip/taf/h_counts. pdf.

7 U. S. Patent and Trademark Office. 8 February 2006. Patent Trends Calendar Year 2005.

8 OECD. 2005. Compendium of Patent Statistics. Organisation for Economic Co-Operation and Development: Paris. p. 55.

9 OECD. 2005. Compendium of Patent Statistics. Organisation for Economic Co-Operation and Development: Paris. pp. 55-56.

10 Subject matter jurisdiction (that is, the power of the district court to hear the subject matter of the controversy) is not an issue for patent cases because federal courts have exclusive jurisdiction over patent issues. See 28 U. S. C. § 1338. However, if the litigation involves other claims, those other claims might be permissible in federal court.

11 28 U. S. C. § 1391(c).

12 See 28 U. S. C. § 1400(b).

13 See Hildebrand v. Steck Mfg. Co., Inc., 279 F. 3d 1351, 1354 (Fed. Cir. 2002).

14 Unlike challenges to subject matter jurisdiction, the defense of lack of personal jurisdiction must be raised at the outset of litigation or else the defense is deemed waived. See Fed. R. Civ. P. 12.

15 Quackenbush v. Allstate Ins. Co. (517 U. S. 706, 722 [1996]).

16 www. uscourts. gov/fcmstat/index. html.

17 Anonymous. 2006. Patent Rocket Dockets? House Approves Bill for Pilot Program to Enhance Patent Expertise in Certain Federal District Courts. Fulbright & Jaworski LLP Client Alert (October 2006). www. fulbright. com/images/publications/FulbrightClientAlertPatentRocketDockets1. pdf.

18 American Intellectual Property Lawyers Association. 2005. AIPLA Report of the Economic Survey 2005.

pp. 109–10.

19 Moore KA. 2001. Forum Shopping in Patent Cases: Does Geographic Choice Affect Innovation? *N. C. L. Rev.* 79:889.

20 The median time was calculated using the date a case was filed and the date the trial began. In the case of reopened cases that resulted in a second completed trial, the median time was calculated using the original filing date and the date the second trial was completed.

21 Statistics for the District of Maine were not available for 2005. These statistics are for 2004.

22 See Rule 210. 12(c–g), 19 C. F. R. § 210. 12(c–g).

23 See U. S. International Trade Commission. 2004. Section 1337 Investigation: Answers to Frequently Asked Questions. Publication No. 3708. p. 21.

24 See Rule 210. 32, 19 C. F. R. § 1337. Investigation: Answers to Frequently Asked Questions 210. 32. The Federal Rules of Civil Procedure limit the scope of any subpoena to command a person within 100 miles where the court sits if the rules of state statute permit issuance of state-wide subpoena.

25 Ibid.

26 See *supra* note 21 at page 916.

27 The remedy of an exclusion order has become a more powerful tool (and threat) after eBay v. MercExchange (126 S. Ct. 1837 [U. S. 2006]). In the wake of the eBay decision, patent owners can no longer assume that injunctions will issue if infringement is found in a case brought in federal district court.

第 10.9 章

专利与药品监管审批程序的衔接及其相互作用对市场准入的影响

丹尼斯·S. 费尔南德斯（DENNIS S. FERNANDEZ）
美国 Fernandez & Associates 律师事务所管理合伙人
詹姆斯·休伊（JAMES HUIE）
美国 Fernandez & Associates 律师事务所合伙人；
现任美国 Wilson，Sonsini Goodrich & Rosati 专利事务所合伙人
贾斯廷·徐（JUSTIN HSU）
美国 Fernandez & Associates 律师事务所暑期助理

译者　李瑞云　审校者　欧阳石文　刘晓娜　张熠　殷宏

摘　要

在美国*，所有的生物技术产品和药品都必须经过美国专利商标局（USPTO）及食品药品监督管理局（FDA）的审批。为了使产品市场独占期（market exclusivity）的作用最大化，需要尽可能缩短获得批准所花费的时间。本章讨论 USPTO 和 FDA 申请之间的相互作用如何影响专利审批过程，如何延长专利期限，以及这些相互作用如何影响产品的商业寿命。

Fernandez DS，J Huie and J Hsu. 2007. The Interface of Patents with the Regulatory Drug Approval Process and How Resulting Interplay Can Affect Market Entry. In *Intellectual Property Management in Health and Agricultural Innovation*: *A Handbook of Best Practices* (eds. A Krattiger, RT Mahoney, L Nelsen, et al.). MIHR: Oxford, U. K., and PIPRA: Davis, U. S. A. Available online at www. ipHandbook. org.

Editors Note: This chapter is included in this Handbook to show the important interface of patents and the regulatory drug approval process and how this interplay affects market entry. It is not intended as an endorsement of effective patent life extensions to delay the market entry of generic drugs.

* 原文无“在美国”，系译者所加。——译者注

1 引言

医药行业的公共部门和私营部门的目标往往不同。公共部门的主要目标是以尽可能低的价格为公众提供药品，而私营部门最感兴趣的是获取最大利润。许多私营公司的策略是收入最大化，明白这一点很重要，因为利用好这一点也可以帮助公共部门实现目标。例如，实施差别定价策略，即在不同市场以不同价格将健康产品销售给不同顾客，私营公司为提高利润率通常采用该策略。然而，这种做法也可以被非营利组织所利用：如果以更高价格向发达国家销售产品或向发达国家的制造商发放许可，这些组织就能够更好地在贫穷国家为药品提供价格补贴。

公司还可以通过其他方式实现收入最大化。例如，生物技术和制药领域的公司必须申请 USPTO 和 FDA 的批准。这两个机构的审批都是必需的：USPTO 授予专利以保护公司的发明，获得 FDA 的批准则是新产品上市前的必需程序。由于审批过程漫长，为使利润最大化，作为公司战略的一部分，应尽量减少花在这些流程上的时间。本章概述了审批流程的管理策略以及延长专利有效生命期的各种方法。

2 USPTO 和 FDA 审批程序

2.1 专利申请

USPTO 给具有新颖性、实用性、非显而易见性的发明授予专利权[1]。新颖性的要求阻止了任何人以一项已经公开的发明获得专利保护。“有用性或实用性”，则要求所属领域的技术人员必须能够利用该发明为公众提供益处。“非显而易见性”*，则用于防止申请人对现有产品或方法稍加修改而获得专利保护。

发明人对在美国或美国领土或领地内制造、使用、许诺销售或销售专利保护的发明具有排他权。授予发明人 20 年期限[2] 的垄断权以换取发明人公开披露该发明[3]。在美国，提交专利申请并获得批准的平均时间是 3.5 年，而获得生物技术专利的平均时间接近 4.5 年。

2.2 发现阶段和临床前研究

简单地说，在发现阶段的研究中，科学家们确定了值得进一步测试的特定化学或生化物质。接下来，进行临床前研究，包括体外研究和动物试验、药效反应、代谢分析、细胞受体相互作用和/或通常类似于人类的生理学试验。临床前研究平均需要 5 年，但精确的时间长短取决于研究的复杂性和最初的研究是否顺利。

2.3 FDA 审批程序

FDA 审批程序通常需要 10~12 年的时间，花费 1 亿~5 亿美元。该过程分两个阶

---

* 原文为“obviousness”，此处译为“非显而易见性”。——译者注

段：临床试验和新药申请（NDA）批准。

当制造商提交一个试验性新药（investigational new drug，IND）申请，请求批准开展人体试验时，FDA的审批程序就开始了。试验性新药申请必须提供高质量的临床前数据，以证明在人体内进行药物试验是合理的。一旦提交了试验性新药申请，制造商必须允许FDA在临床试验开始前30天对前瞻性研究进行审查。试验性新药申请必须每年重新提交，直到完成临床试验。在所有申请试验性新药的药物中，大约85%需要进行临床试验。

提交试验性新药申请的下一阶段是人体试验的临床Ⅰ期试验。Ⅰ期试验的重点是确认药物的安全性（建立说明药物安全的文件资料），并了解药物在体内如何被吸收、分布、代谢和最后排泄。Ⅰ期试验通常不需要超过100名健康志愿者，试验平均持续时间为1~3年。

如果该药物成功通过Ⅰ期试验，将开始Ⅱ期临床试验，主要评估剂量、疗效范围和附加安全性。在该阶段，给患有目标疾病的志愿者用药。Ⅱ期试验平均持续2年。

Ⅲ期临床试验，是在至少1000名患者中做双盲研究，验证该药物的有效性。（双盲研究是一种严格的临床试验方法，医生/护士和患者都不知道他们所给予/服用的是安慰剂还是实验药物，从而消除了主观偏见。）这一阶段通过监测长期使用药物导致的任何副作用，继续建立药物安全性的文件资料。Ⅲ期临床试验平均持续3~4年。

如果该药物成功地通过了临床试验的前3个阶段，研究人员可以提出包括药物建议标签的新药申请（NDA）。由内科医生、统计学家、化学家、药理学家和药物评估研究中心的其他科学家组成小组，对临床前和临床的报告、使用风险收益分析进行审核，以确定该产品的有益效果是否超过可能的有害影响。新药申请的批准时间可能是2个月到数年，但平均来说，2年内可以获得批准。一旦新药申请获得批准，就允许创新公司分发并销售药品。

药物开始在公共市场上分发，则被认为进入第Ⅳ阶段试验。在日常使用中，制造商必须继续监测和评估药品的安全性（请参见图1，了解上述过程的时间轴）。

2.4 提交USPTO和FDA申请

专利的“有效寿命”是指从产品进入市场到专利期满的一段时间。产品有效寿命长，制造商将享有更长的市场独占期，从而收回研发成本。当专利到期时，制造商就会处于真正的劣势：平均来说，仿制药公司在专利期满药品市场上占有57.6%的份额。显然，药物获批并进入市场越快，市场占有及由此产生收入和利润的时间就越长。

临床前研究是FDA批准过程中的速度限制步骤，因为除非有足够的数据证明人体试验的合理性，否则不能开始临床试验。因此，应尽早进行临床前研究，最好在申请专利之前开展，因为这些研究结果也有助于证明发明的实用性。

在寻求FDA批准之前，创新公司应该为产品申请专利，有以下几个理由：首先，USPTO对药品的安全性要求标准低于FDA[4]；尽管专利申请必须证明药物具有人体安全的“足够的概率”，但申请人无须提供其安全的任何临床证据[5]。

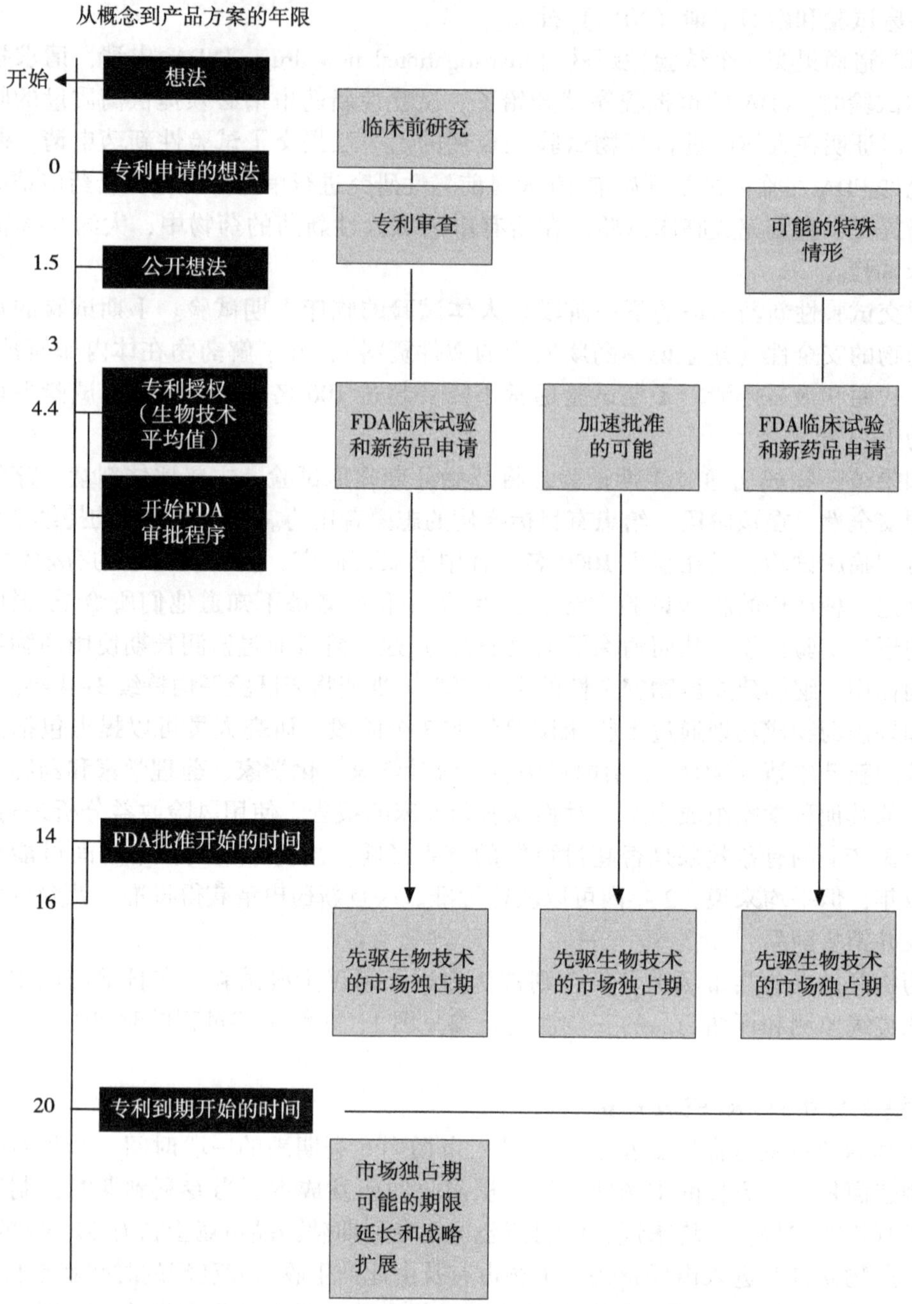

图 1　专利/产品批准时间轴和利润最大化选择

其次，专利是重要的知识产权保障。如果一家创新公司没有事先提交 USPTO 申请而直接开始了 FDA 的程序，那么另一家公司就可能在他们之前就该发明提出专利申请。创新公司要么不得不从另一家公司获得生物制药的许可（在此过程中失去了专利权许可使用费、市场独占权和公司价值），要么完全放弃 FDA 程序，并损失数百万美元的前期研发支出[6]。即使没有另一家公司为该产品申请专利，创新公司也必须小心，不要公开该发明，否则在专利进入公有领域后，创新公司仅有 1 年的时间来申请专利（国际上，专利申请必须在其被披露前提交）。

在开始 FDA 申请前先申请专利的另外两个理由是：（1）FDA 会加快对专利化合物的审批速度；（2）专利能够吸引潜在投资者的注意，可以为 FDA 的临床试验提供资金。理想的情况是，临床前研究应该在专利授权前结束，或者与之同时进行。此后，应立即开始 FDA 的临床试验。但在临床试验开始之前，制造商必须提交开展试验所需的证明文件，验证所产生数据的质量，并证明研发人员遵守所有的监管规定。这些证明文件包括：科学期刊，体外试验数据和动物试验数据，试验对象信息，财务分析和实验室操作程序。FDA 必须要审查这些文件，获得批准后才能开始临床试验。如上所述，首先应该提交专利申请，否则药品制造商就有可能错过获得发明优先权后的 1 年最后期限。

一旦 FDA 批准在美国市场使用这个药物，创新公司将在专利有效期内享有市场独占权。策略性地撰写专利，将有效且高效地防止其他公司的产品侵权。创新公司应努力提高品牌知名度，建立消费者对其产品的依赖，以便在专利期限届满后仍然可以保持尽可能大的市场份额。

3 专利期的延长

专利期一旦结束，创新公司会希望不要立即失去市场独占权。有各种策略可以用于延长专利期限并延迟仿制药进入市场。

假设一项专利符合特定的基本条件[7]，当审查超过 3 年时，USPTO 将给予专利一定的延长期。例如，如果一项专利申请花了 4 年时间才授权，专利期限可能会额外延长 1 年。[8]

1984 年颁布的《药品价格竞争和专利期恢复法》（*Drug Price Competition and Patent Term Restoration Act*）（又称 Hatch-Waxman 法案）和 1988 年颁布的《仿制兽药和专利期恢复法》（*Generic Animal Drug and Patent Term Restoration Act*），都规定了专利期限可延长。Hatch-Waxman 法案第Ⅱ条（“专利期恢复”或“延长”条款）赋予某些专利权人延长人用药品专利期限的机会，包括抗生素和生物制品、医疗器械、食品添加剂和色素添加剂。《仿制兽药和专利期恢复法》为动物药品专利权人提供了类似的机会（不包括 DNA 重组技术的专利）。这些法律旨在刺激国内制药公司的创新。两项法案都允许专利期限最多延长 5 年。但是专利总有效寿命从 FDA 批准日算起不能超过 14 年。[9]

一家创新公司要延长专利期限，必须满足以下条件：

1. 该专利尚未到期。
2. 该专利之前没有延长过期限。
3. 专利权人或其代理人提交了申请。
4. 该产品在商业销售或使用前，已接受了 FDA 或美国农业部（USDA）的监管审查。
5. 允许商业销售或使用，代表着经过监管审查的产品首次被允许商业销售或使用（见下文）。利用 DNA 重组技术生产的产品，除动物药品外，必须是首次使用该技术生产而获得的。
6. 补偿专利期限的请求必须在 FDA 初次批准后的 60 天内提交[10]。

监管审查期由测试阶段和审批阶段组成。测试阶段是临床试验产品免责生效日期（例如，提交了试验性新药申请）和首次提交市场化申请（例如，新药申请）之间的时间段。审批阶段是提交市场化申请至批准之间的时间段[11]。USPTO 通过考虑上述测试阶段和审批阶段的时间长度，来计算延长专利期限的长度。值得注意的是，USPTO 不考虑在监管审查期间由于申请人没有尽职（Due diligence）所耽误[12]的时间。

在创新公司的专利期限届满后，**仿制药**公司可能会以等效仿制药进入市场。鉴于最初 FDA 批准过程可能需要 10~12 年，Hatch-Waxman 法案允许仿制药公司使用简略新药审批程序（ANDA），6 个月内获得等效仿制药的批准。提交简略新药审批申请要满足 3 个条件：

1. 该公司必须证明所提交的仿制药与某个 FDA 批准的药物相同或生物等效。
2. 该公司必须证明所批准的药有专利保护。
3. 该公司不得使用创新公司受专利保护的制造方法（即所谓的“生产方法专利”）。

由于第三条规定，在提交最初专利（一般集中在药物成分上）申请后的几年内，创新公司明智的话应申请药品制造方法专利。这将确保即使药物成分进入公有领域，制造方法继续受到保护。这一策略对生物药比传统的化学药更有效，因为利用复杂的微生物系统创建制造方法的难度非常大。

另一种策略被称为“代谢物[13]防御”，包括在主要专利申请日之后的几年内，为有用的药物代谢物申请专利。一旦仿制药上市销售，创新公司可以对**仿制药**公司提出专利侵权索赔，因为该公司将不可避免地要通过使用者的代谢过程制造侵权产品[14]。虽然法院对代谢性防御的效力可能存在争议[15]，但诉讼可以推迟仿制药进入市场的时间。

最后，创新公司可以就仿制生物药的安全问题向 FDA 提交公民请愿书。尽管多数请愿书最终被 FDA 否决或由创新公司撤回，但提交请愿书可使仿制药进入市场的时间推迟 6 个月或更长时间。

4 加速进入市场

有 5 种*方法可以让公司加快新药上市的步伐：

- USPTO 特殊待遇：USPTO 给予某些生物技术发明优先处理的特殊待遇。要获得这种特殊待遇，公司必须是一个小型实体（员工少于 50 人）或是一个非营利性组织。而且请求书必须声明，如果推迟专利审查，专利申请人的技术将严重受损。
- FDA 良好表征待遇：如果能够充分确定并控制生物医药的同一性、纯度、效力和质量，FDA 就可以将其认定为良好表征生物技术产品。只要制造商能够生产出同样的产品，可以更改具有良好表征药物的制造技术，但不必重复临床试验。如果一家公司开发出一种具有良好表征的生物技术产品，就可以立即启动 FDA

* 实际仅列出了 4 种。——译者注

的临床试验，后期再改进制造方法。

- FDA 扩大使用程序的例外：这种例外允许制造商在完成临床试验之前（在完成审批程序之前）将产品推向市场。扩大使用程序用于数量非常有限、处于 FDA 最后批准前待定状态的新药。这个程序允许在 FDA 批准程序完成前使用和销售药物。制造商必须通过扩大使用程序，为可供使用的药物提交申请。为了获得这种待遇，公司必须提供足够的证据证明该药对某种特定疾病有效，并且该药不会产生不合理的健康风险。这一条款很少使用，只有在某些特定疾病缺乏其他令人满意的治疗方法的情况下，FDA 才允许启用扩大使用程序。
- FDA 加速审批流程：如果有充足并严格控制的临床试验显示相对于现有治疗方法，特别对于那些严重或危及生命的疾病，该药具有更好的显著疗效，FDA 可能会加快对生物药品的批准。

5 结语

USPTO 和 FDA 的审批程序既昂贵又耗时。当一种药物可以向公众销售时，部分专利的期限将过期。为了使利润最大化，需使 FDA 的处理时间尽量缩短。此外，专利期限有时可以延长，并且可以采用各种策略来防止仿制药公司占据过多的市场份额。本章所概述的策略，对非营利组织尤其有益，而如果将这些策略与差别定价一起使用，效果更佳。

DENNIS S. FERNANDEZ, *Managing Partner, Fernandez & Associates L. L. P., 1047 El Camino Real, Suite 201, Menlo Park, CA, 94025, U. S. A. dennis@iploft. com*

JAMES HUIE, *Associate, Fernandez & Associates L. L. P., (Currently: Associate, Wilson, Sonsini, Goodrich & Rosati, P. C., U. S. A.,) 1047 El Camino Real, Suite 201, Menlo Park, CA, 94025, U. S. A. james_huie@yahoo. com*

JUSTIN HSU, *Summer Associate, Fernandez & Associates L. L. P., 1047 El Camino Real, Suite 201, Menlo Park, CA, 94025, U. S. A. currently: Wilson, Sonsini, Goodrich & Rosati, P. C., 650 Page Mill Road, Palo Alto, CA, 94304, U. S. A. justinhsu@berkeley. edu*

---

1 35 U. S. C. § 102; 35 U. S. C. § 103.

2 On December 8, 1994, President Clinton signed the Uruguay Round Agreements Act into U. S. law. The Uruguay Round Agreements Act gives all patents that were in force or filed as of 8 June, 1995 an effective term of 17 years from the date the patent was granted or 20 years from the date of the first filing of the patent application. All patents filed after 8 June, 1995 have a patent expiration date of 20 years from the date of the first filing of the patent application.

3 *Nelson v. Bowler* 626 F. 2d 853 Cust. & Pat. App., 1980 (C. C. P. A. 1980), "*Knowledge of the pharmaco-*

logical activity of any compound is obviously beneficial to the public. It is inherently faster and easier to combat illnesses and alleviate symptoms when the medical profession is armed with an arsenal of chemicals havingknown pharmacological activities. Since it is crucial to provide researchers with an incentive to disclose pharmacological activities in as many compounds as possible, we conclude that adequate proof of any such activity constitutes a showing of practical utility."

4 35 § U.S.C. 102;35 U.S.C. 103.

5 See *In re Hartop*, 311 F.2d 249 (C.C.P.A. 1962).

6 The Federal Circuit recognized such concerns of pharmaceutical companies in In re Brana, 51 F.3d 1560 (Fed. Cir. 1995): "*FDA approval, however, is not a prerequisite for finding a compound useful within the meaning of the patent laws.... Usefulness in patent law, and in particular in the context of pharmaceutical inventions, necessarily includes the expectation of further research and development. The stage at which an invention in this field becomes useful is well before it is ready to be administered to humans. Were we to require Phase II testing in order to prove utility, the associated costs would prevent many companies from obtaining patent protection on promising new inventions, thereby eliminating an incentive to pursue, through research and development, potential cures in many crucial areas such as the treatment of cancer.*"

7 21 C.F.R. Part 60.

8 35 U.S.C. § 155;35 U.S.C. § 156.

9 If the patent was issued before 24 September, 1984 and the product's regulatory review period began before that date, then the limit is two years. For animal drug products whose regulatory review periods began before 16 November, 1988 the limit is three years. In all cases, the total patent life for the product cannot exceed 14 years from the product's approval date.

10 The FDA defines product approval as the date the FDA sends a letter notifying the marketing applicant that (1) the FDA approved the marketing application, (2) the product development protocol was completed, or (3) the listing of used food or color additives. The 60-day term begins on the day after approval; the PTO must receive the application for patent extension on the 60th day (or the next business day after the 60th day if this day falls on a weekday or holiday).

11 The FDA has 30 days by law to determine the regulatory review period for a product. After this period, there is a 60-day comment period during which parties can request revisions to the regulatory review period determination. The end of the 60-day comment period marks the end of the regulatory-review period stage.

12 Due diligence is defined as "*that degree of attention, continuous directed effort, and timeliness as may reasonably be expected from, and are ordinarily exercised by, a person during a regulatory review period.*" 35 U.S.C. § 156(d)(3).

13 Metabolites are the metabolized derivatives of a drug.

14 In *Hoechst-Roussel Pharms., Inc. v. Lehman*, 109 F.3d 759 (Fed. Cir. 1997), the court "*recognized that a person may infringe a claim to a metabolite if the person ingests a compound that metabolizes to form the metabolite.*" See also *Zenith Labs., Inc. v. Bristol-Meyers Squibb Co.*, 19 F.3d 1418 (Fed. Cir. 1994) (stating that a compound claim could cover a compound formed upon ingestion).

15 In *Schering Corporation v. Geneva Pharmaceuticals, Inc.*, 339 F.3d 1373 (Fed. Cir. 2003), a Federal Circuit panel recognized that patent protection is available for metabolites of known drugs: "[*A*] *patentee may obtain patent protection for an inherently anticipated compound through proper claiming.*"

第 10.10 章

用于支持美国专利申请的生物材料保藏

丹尼斯·J. 哈尼（DENNIS J. HARNEY）

美国 Sonnenschein Nath & Rosenthal 律师事务所律师

蒂莫西· B. 麦克布莱德(TIMOTHY B. MCBRIDE)

美国 Senniger Powers 律师事务所律师

译者　李瑞云　审校者　欧阳石文　刘晓娜　张熠

摘　要

用于支持美国专利申请的生物材料保藏，是一种让申请人解决专利申请中甚至专利授权后可能存在致命缺陷的机制。在某些情况下，生物材料保藏可以用于满足专利的可实施性、书面描述和最佳实施方式的要求，并有可能在诉讼中扩大权利要求的范围。本章简要探讨了生物材料保藏与可专利性要求之间的关系，需要保藏什么、何地何时进行保藏以及谁可以获得保藏的生物材料。

1　保藏的目的

美国专利申请说明书中引用保藏的生物材料，有助于将所保藏的生物材料纳入专利披露内容中[3]。作为披露的一部分，保藏的生物材料可用于补充或纠正申请说明书中的缺陷，特别是在可实施性、书面描述和最佳实施方式等方面存在的不足。

1.1　保藏和可实施性要求

虽然生物材料保藏并不总是必需的，但它是满足美国专利法（35 U. S. C. §112）可实施性要求的一种方法。专利说明书必须使“所属领域”的技术人员，通过利用本领

Harney DJ and TB McBride. 2007. Deposit of Biological Materials in Support of a U. S. Patent Application. In *Intellectual Property Management in Health and Agricultural Innovation*: *A Handbook of Best Practices* (eds. A Krattiger, RT Mahoney, L Nelsen, et al.). MIHR: Oxford, U. K., and PIPRA: Davis, U. S. A. Available online at www.ipHandbook.org.

域的常规技术和现有技术水平能够制造和使用该发明[4]。可实施性要求通常通过在说明书中描述该发明来实现。但是，仅凭书面文字不容易描述或合理地描述发明，则可以"通过在说明书中引用生物材料保藏方式来替代描述"[5]。通过提供可以获取但难以描述的生物材料，申请人可以让公众制造和使用所请求保护的发明。

生物材料保藏可以减少申请中要求披露的信息量，也能支持所请求保护的发明。例如，在 *In Ex parte C* 案中，通过描述亲本品种和选育过程，结合种子保藏，申请人成功地就一种新的大豆品种、植株种子以及一种通过自花授粉生产种子的方法获得专利授权。[6] 值得注意的是，美国专利申诉和干涉委员会（Board of Patent Appeals and Interferences, BPAI）不要求对育种、选育和测试过程进行严格的描述，因为该发明所涉及的抗病大豆植物已经进行了保藏。

保藏生物材料，可能不仅使保藏的生物材料本身可授权。例如美国联邦巡回上诉法院在 *Ajinomoto Co Inc v. Archer Daniels Midland Co* 案中作出判决，尽管事实上只有一种能够产生苏氨酸的转基因细菌菌株被披露和保藏，但从一种基因工程细菌中产生氨基酸的方法是可授权的[7]。然而，在以前的数个案件中，BPAI 并没有这么慷慨。例如，在 *Ex parte Hata* 案中，BPAI 断然驳回使用特定乳酸杆菌菌株治疗传染病的权利要求，因为所保藏的筛选菌株比包括所有菌株的纲（class）覆盖范围要窄，并且还需做大量的实验才能确定权利要求能否覆盖新的微生物。[8]

1.2 保藏和书面描述要求

虽然并不总是要求保藏生物材料，但生物材料保藏是满足美国专利法（35 U. S. C. § 112）要求的书面描述的一种方式。如果说明书详细描述了所请求保护的发明，则满足了书面要求，因此所属领域技术人员可合理地得出结论：申请人在提交申请时确实拥有所请求保护的发明。可以通过文字、结构、图形、图表和公式等描绘手段，来描述该发明及其所有的限定特征，这些描述充分地阐述了所请求保护的发明[9]。简单地说，说明书必须描述该发明，使其可辨识（distinguishable）。

2002 年之前，对于保藏生物样品是否能满足书面描述的要求是不太确定的。但在 2002 年，联邦巡回法院在 *Enzo v. Gen Probe* 案中明确，在公共保藏机构中保藏生物样品可以满足书面描述的要求[10]。Enzo 专利说明书提供了功能性描述（杂交特性），并提到了生物保藏，但没有公开请求保护任何核酸序列或结构描述。因此，根据 *Enzo* 案，只要描述的功能与保藏（或描述的结构）的生物材料之间存在已知的相关性，则保藏生物材料和功能性描述相结合就能满足书面描述的要求。所属领域技术人员基于披露的信息，包括从生物保藏中获得的信息，可以支持权利要求的上位概括范围，因而能够认为专利权人拥有权利要求范围所界定的权利。[11]

从支持专利生物保藏中获得的信息，有可能扩大权利要求的解释范围。例如，在 *Schering v. Amgen* 案中，专利权人使用保藏的生物材料证明了白细胞干扰素的权利要求包含 IFN-α-14 亚型，尽管该说明书仅公开了另外两种亚型[12]。在 *Schering* 案中，专利权人提供了保藏材料编码为 IFN-α-14 的证据，但仅提供给了上诉法院，没有提供给初审法院。法院认为，尽管保藏可以满足可实施性要求，但在用生物保藏解释特定权利要求前，必须记录在案。由于 *Schering* 案中专利权人提供证据的时间太晚，保藏不能影响对权利要求的解释。然而，从该案中所吸取的教训是，纳入披露范围的保藏生物材料可用于支持对权利要求的解释，比在说明书中明确披露的范围更宽。

1.3 保藏与最佳实施方式要求

生物材料保藏也可以满足美国专利法（35 U.S.C. § 112，¶ 1[13]）对“最佳实施方式的要求”，但不是严格要求必须保藏[14]。必须在提交申请时充分披露发明的最佳实施方式，使所属领域的技术人员能够实施。为了满足最佳实施方式的要求，提交申请时，发明人不得隐瞒比所披露方式更好的已知实施方式[15]。

在 *Amgen v. Chugai Pharmaceutical* 案中，被告辩称，在生物材料领域，为了使公众能够准确地获得专利申请者所认为的最佳实施方式，应当进行生物材料保藏[16]。联邦巡回法院认为，在说明书中披露了实施该发明所必需的细胞系的最佳制备方式，并达到了可实施性要求时，进行保藏不是必需的[17]。

同样，在 *Scripps v. Genetech* 案中，专利说明书描述了制备、筛选和评估单克隆抗体的方法，联邦巡回法院认为，虽然没有对分离到的抗体进行保藏，但申请人没有隐藏使用抗体进行蛋白质纯化以实施该发明的最佳实施方式[18]。在 *Scripps* 案中，法院特别驳斥了因“筛选单克隆抗体过程耗时费力的特性”而必须要保藏代表最佳实施方式抗体的观点。

2 可以保藏什么

适合于保藏的生物材料是能够直接或间接自我复制的材料[19]。具有代表性的例子包括细菌、真菌、酵母、藻类、原生动物、真核细胞、细胞系、杂交瘤、质粒、病毒、植物组织细胞、地衣和种子。此外，保藏规则规定，存在于活细胞中并能在活细胞中复制的病毒、载体、细胞器和其他非生物材料，可以通过保藏能够复制该非生物材料宿主细胞的方式进行保藏。

一般来说，对于每一个保藏，专利说明书必须包含保藏的登记号、保藏日期，对已保藏生物材料的描述要能够达到足够识别它并允许审查的程度，以及保藏机构的名称和地址[20]。

3 是否要求保藏?

生物保藏的“要求”本身并不是一种要求。相反，保藏规则为申请人提供了一种方式，能够克服专利申请本身可能存在的缺陷。必须指出的是，即使不要求，也可以在说明书中引用生物保藏。此外，根据美国专利法（35 U.S.C. § 112）的规定，在说明书中引用生物保藏并不能说明“保藏是必需的”。

如果实施一项发明需要生物材料，且“单凭文字不能充分描述如何以可重复的方式制造和使用该发明”[21]，则生物材料保藏是必要的。例如，如果缺乏从自然界获得的生物体，一项发明就不能实施时，则可能需要保藏[22]。联邦巡回法院的表述是：“当一项发明涉及新的生物材料时，即使说明书包含了详细步骤和完整的分类学描述，该材料可能也无法繁殖。进而，专利授权的条件是，基于美国专利商标局和国际条约的程序规定，需要对这些材料的实际样品进行保藏并使公众能够获得。”[23]

即便如此，如果“单凭文字不能充分描述”该发明，则通常需要进行生物保藏。如果该发明所必需的生物材料是（1）已知的和公众能够获得的，或（2）源于现成的初始材料（Starting material）通过常规筛选而不需要过度实验就可以得到的，那么保藏仍然不是必需的。[24]

3.1 已知且公众可获得的材料

除非根据美国专利法（35 U.S.C. §112）规定，所需要的可获得材料不为他人所知，也不能为公众所获得，否则生物材料不需要保藏。生物材料已知且可为公众获得的情形包括：

- 可通过商业渠道购买
- 印刷出版物中提到的生物材料
- 所处领域的技术人员可获得该材料的声明
- 有证据表明分离技术可预期
- 之前已有保藏

因此，专利权人可能决定不进行生物材料保藏，但有义务说明必要的生物材料可为公众所获得。

虽然美国专利商标局（USPTO）接受专利权人生物材料可为公众所获得的陈述，但专利权人可能要承担所述生物材料不再为公众所知以及不为公众获得的风险[25]。相关条例规定不能在授权后提交原始保藏。如果接到保藏机构的通知，其将不再提供原保藏样本，或该保藏已被污染或失去功能，专利权人出于尽职提供替代保藏，USPTO 是可以接受的[26]。如果没有努力提供替代保藏，将无法获得更正的授权证书[27]。其后提交的替代保藏将不被 USPTO 认可，而且即使其后迅速提出修改更正证书的要求，亦不会得到批准[28]。此外，如果根据美国专利法（35 U.S.C. §112）的规定要求必须进行保藏，但是没有及时提供替代保藏，涉及专利再颁或复审程序时，将导致 USPTO 不会按已进行保藏来对待[29]。

因此，无法提供实施该发明所必需的生物材料，是授予专利权后无法弥补的缺陷，并且可能导致专利不可实施。USPTO 的建议中提示了这种风险：

> 需要考虑在说明书中明确提到的生物材料，是否必须满足美国专利法（35 U.S.C. § 112）的要求进行保藏，或该材料目前可自由获得而将来或有可能无法获得，如果专利申请人对此有任何疑问，最稳妥的做法是在专利授权前提交生物材料保藏[30]。

3.2 无须过度实验可以获得的材料

如果公众可获得的只有起始物料，则说明书必须提供制备或分离该发明所需生物材料的足够说明，而不需要再进行过度实验，否则就需要保藏所述生物材料。[31] 过度实验是根据合理的标准来判定的，而不仅仅由实验次数所决定。一般来说，如果只是常规性的消耗时间的实验，例如在大样本上进行的可靠筛选试验，并不构成过度实验。[32]

4 生物材料什么时候能保藏

根据美国现行的专利法和实践，生物材料可以在专利授权之前的任何时间进行保藏，包括在申请过程中进行保藏。但是申请后再进行保藏会严重损害其在国际上获得授权的权利。

在美国，专利申请书中明确说明的生物材料，可以在申请未决期间（即在专利授权前）进行保藏[33]。在说明书中引用保藏可以作为申请日后进行保藏的依据。申请人只需提供一份确凿的声明，即在提交的申请说明书中明确指出了保藏的生物材料。如果符合要求，在独立保藏机构获得保藏日期和登记号后再添加至说明书，就不属于美国专利法（35 U. S. C. § 132）所禁止的新内容[34]。

照此，美国专利申请人可以在专利申请日当天或之前，先私下保存生物样品，在说明书中明确披露所保藏的材料，然后再将样品转移到认可的公共保藏机构，并在专利授权前的任何时间将保藏数据添加到说明书中。私下保存可以是在发明人自己的实验室或同事的实验室，只要该申请处于未决期，USPTO 可以获得所述生物材料样品，并且在专利授权前将样品转移到公共保藏机构中即可。

例如，在 *In re Lundak* 案中，发明人在同事的实验室保存了实施其发明所必需的生物样品[35]。在提交的专利申请中明确指明私下持有生物样品，提交专利申请后，发明人将样品转移到美国典型微生物菌种保藏中心（the American Type Culture Collection, ATCC），并根据其保藏登记号和保藏日期修改了申请文件。联邦巡回法院认为，根据美国专利法（35 U. S. C. § 112）的规定，“在申请日当天，生物样品不管是在发明人手上保藏还是在独立的保藏机构中保藏，并不重要”。[36]

另一个例子，在 *In re Argoudelis* 案中，Argoudelis 在提交专利申请之前在保藏机构保藏了生物材料，但严格要求在专利未决期间仅对专利申请人同意的人提供保藏生物材料[37]。法院认为该保藏符合美国专利法（35 U. S. C. § 112）的要求，尽管限制了公众的可获得性，但在专利授权之后，就不会限制公众获得该生物材料[38]。类似地，在 *Feldman v. Aunstrup* 案中，Aunstrup 于申请日前在荷兰的一个公认保藏机构保藏了生物样本，但保藏材料仅限其指定的人获得[39]。这些限制将在专利公开前解除。法院认为这种保藏符合要求，因为在申请未决期间，USPTO 可以通过 Aunstrup 获得保藏材料，并且确定公众在授权后可以获得。[40]

相反地，许多外国专利局要求在优先权日之前就应当提交保藏以获得外国优先权。例如，申请人在提交美国临时申请后、在提交 PCT 申请前保藏生物材料，则依赖于保藏的部分将无法享受美国临时申请优先权日。因此，为了充分保证获得外国权利，申请人应在提交优先权申请之前对生物样品进行必要的保藏。[41]

要求在提交优先权申请之前进行保藏的国家，包括澳大利亚、加拿大、中国、欧洲专利组织成员的欧洲国家（根据《欧洲专利公约》的规定）等。对于没有及时保藏生物材料的情况，这些国家或地区也提供补救手段，但这些补救措施常常要求：（1）未及时保藏是由于判断错误或疏忽导致的（这种错误不是保藏本身的失败，也不包括出于战略或经济原因而故意拖延）；（2）申请人能够声明，尽管未进行保藏，但生物样品在申请提交日时已经能够为公众所获得。能否成功使用这些补救措施并不确定，因此强烈建议在提交国际申请的优先权文件之前，就对所需的生物材料进行保藏。

再次强调，在申请后至授权公布前进行保藏，足以满足美国专利申请条件，但这种做法可能无法充分保证在除美国之外的国家获得专利权。

5 生物材料保藏在哪里

根据《国际承认用于专利程序的微生物保藏布达佩斯条约》[42]，美国申请人可将生物材料保藏在世界知识产权组织（WIPO）承认的35个*国际保藏机构（IDA）中的任何一个。包括美国在内的签约国[43]承认在WIPO批准的任何地点任何保藏机构进行保藏的生物材料，无论其位于哪个国家。根据《国际承认用于专利程序的微生物保藏布达佩斯条约》的规定，保藏时间至少30年，申请人保藏材料后，不能收回。此外，保藏机构对有关保藏的事实和保藏材料的性质等有保密的义务。

WIPO承认的35个国际保藏机构（IDA）中只有两个在美国，即弗吉尼亚州马纳萨斯市的美国典型微生物菌种保藏中心（ATCC）和伊利诺伊州皮瑞亚市的美国农业研究菌种保藏中心（NRRL，基于之前名称的缩写）。但截至1999年，这两个美国保藏机构拥有世界上全部专利相关生物保藏材料的51.6%（或20 461份保藏材料）[44]。ATCC对每份与专利相关的保藏收取2500美元的费用。该费用包括活性测试、保藏证书、30年期的保藏，根据保藏规则发放生物样本、有关材料发放情况的季报，以及合规审查。[45]

美国政府问责局（Government Accountability Office，GAO）最近的一份报告汇编了有关美国保藏实施的历史数据[46]。GAO报告说，在1999年的最后3个月内，美国授权专利中约有0.6%的专利（52 841件中有308件）在美国的两个IDAs进行了生物保藏。其中，只有53件专利（约0.1%）对种子进行了生物材料保藏。ATCC是仅有的4个可以接受种子保藏的IDAs之一，据其估计，种子在其全部保藏材料中占比不足8%。

申请人在材料保藏期间也应保存自己的生物材料样品。如上所述，实施该发明所必需的生物材料不为公众所获得，是专利授权后无法挽救的缺陷，并且可能导致专利不可执行。申请人在专利期限内要保存自己的样品，以防止保藏机构的样品无法提供等可能情况。

6 谁有权获得保藏的生物材料样品

在申请未决期间，纳入专利申请说明书的保藏材料不需要向公众提供，但必须向USPTO提供。[47]

---

* 截至2020年7月28日，共有48个国际保藏单位。——译者注

专利授权后，说明书中记载了登记号的保藏生物材料必须向公众提供，使其可自由获得[48]。也就是说，授予专利时，除非没有按照正当程序提出请求，否则必须永久排除妨碍公众获得保藏材料的所有限制。作为一种小规模的保护措施，保藏人可以与保藏机构签订合同，要求只有在满足以下条件时方可提供保藏的生物材料样品，即以包含请求方名称和地址以及保藏材料登记号等信息的具有日期的书面材料提交请求，并以书面形式通知保藏人。[49]

在认可的保藏机构中保藏生物材料，无论明示或暗示，并不是授权许可侵犯该专利权。此外，保藏机构向其他人发放保藏材料，无论是明示或暗示，都不是授权许可他们侵犯该专利权。例如，ATCC 在其目录、参考指南中，给微生物接受者提供了一个标准的免责声明："该材料在美国和/或其他专利中被引用，不得使用侵犯该专利权利要求。"[50] 无论如何，保藏人应对免责声明进行补充，根据每份样品的请求，量身定制一封信，明确说明没有默示或明示允许以从保藏机构获得的生物材料用于侵犯该专利权。

据估计，1999 年度世界范围内向有资格的合法当事人发放的样本数量为 7400 个。当年，ATCC 发放了大约 7000 个样本，占全球总量的 95%。相比之下，NRRL（另一个认可的美国保藏机构）发放了 123 个样本，欧洲 IDA 发放了 190 个样本，日本 IDA 发放了 63 个样本。

在最近向国会提交的报告中，GAO 无法找到一个记录在案的案例，即个人或组织获取保藏的生物材料后，用以侵犯相应的专利权。[51] 这是在对法院案例、生物技术行业代表以及 PTO、ATCC、NRRL 和 WIPO 的官员进行调查后得出的结论，没有发现这种案例。

7 结语

用于专利程序的生物材料保藏规则，提供了一种防止专利可能存在致命缺陷的方式，并在专利申请准备过程中增加灵活性。如上所述，生物材料保藏，在某些情况下可以满足可实施性、书面描述和最佳实施方式的要求，并且在诉讼中可能会拓宽权利要求的范围。只有当语言无法解释如何制造和使用该发明时，保藏才是必要的，但即使不是必须进行保藏，申请人也可以进行保藏。在美国专利申请未决期，可随时进行保藏，但如果要寻求外国的专利权，建议在提交优先权申请前进行保藏。美国申请人可以在 WIPO 承认的 35 个 IDA 中的任何一个保藏机构中进行保藏，其中有 2 个在美国。公众可以自由获取为了支持专利授权而保藏的生物材料，专利权人也可以通过获悉谁要获得该保藏材料而受到一定保护。

DENNIS J. HARNEY, *Attorney*, *Sonnenschein Nath & Rosenthal LLP*, *One Metropolitan Square*, *Suite 3000*, *St. Louis*, *MO*, *63102 U. S. A.* *dharney@sonnenschein. com*

TIMOTHY B. MCBRIDE, *Attorney*, *Senniger Powers*, *One Metropolitan Square*, *Suite 1600*, *St. Louis*, *MO*, *63102 U. S. A.* *tmcbride@senniger. com*

1 The views expressed in this article are those of the authors alone, and should not otherwise be attributed to the firm or its clients. The author's law practice is concentrated in biotechnology, biochemical, and pharmaceutical patent preparation and prosecution, as well as validity/invalidity and infringement opinions and counseling related to patentability and freedom to operate.

2 The views expressed in this article are not necessarily those of the firm or its clients. The author's law practice is concentrated in biotechnology, biochemical, and pharmaceutical patent preparation and prosecution, as well as validity/invalidity and infringement opinions and counseling related to patentability and freedom to operate.

3 *Ex parte Maizel*, 27 USPQ2d 1662 (BPAI 1992).

4 35 U.S.C. § 112, ? 1.

5 *Enzo Biochem, Inc. v. Gen-Probe, Inc.*, 296 F.3d 1316, 1326 (Fed. Cir. 2002); *See In re Wands*, 858 F.2d 731; 8 USPQ2d 1400, 1403 (Fed. Cir. 1998).

6 27 USPQ2d 1492 (BPAI 1993).

7 228 F.3d 1338 (BPAI 1987), 56 USPQ2d 1332 (Fed. Cir. 2000), cert. denied, 121 S. Ct. 1957 (2001).

8 6 USPQ2d 1652 (BPAI 1987). See *Ex parte Jackson*, 217 USPQ 804 (BPAI 1982); *Ex parte Forman*, 230 USPQ 546 (BPAI 1986) (limiting enablement of generic claims covering bacterial vaccine of hybrid *S. typhi* bacterial species to the extent of deposited species where there were no working examples outside of deposited species and unpredictability in the hyperconjugation procedure used to produce the strains).

9 MPEP § 2163 (2003) [citing *Lockwood v. American Airlines, Inc.*, 107 F.3d 1565 (Fed. Cir. 1997)].

10 See *supra* note 5, at 1325.

11 See *supra* note 5, at 1327.

12 222 F.3d 1347, 55 USPQ2d 1650 (Fed. Cir. 2000).

13 *Wands*, 858 F.2d, at 736.

14 *Amgen, Inc. v. Chugai Pharmaceutical Co.*, 927 F.2d 1200, 18 USPQ2d 1016 (Fed. Cir. 1991), *cert. denied*, 502 U.S. 856, 112 S. Ct. 169, 116 L. Ed. 2d 132 (1991).

15 *Hybritech Inc. v. Monoclonal Antibodies, Inc.*, 802 F.2d 1367, 231 USPQ 81 (Fed. Cir. 1986), *cert. denied*, 480 US 947 (1987).

16 *Amgen*, 927 F.2d 1200.

17 See *supra* note 16.

18 *Scripps Clinic & Research Foundation v. Genetech, Inc.*, 927 F.2d 1565 (Fed. Cir. 1991).

19 37 C.F.R. § 1.801.

20 37 C.F.R. § 1.809(d).

21 MPEP § 2402.

22 See *Amgen*, 927 F.2d, at 1211.

23 *Ajinomoto*, 228 F.3d, at 1345, 56 USPQ2d at 1337-1338.

24 *Wands*, 858 F.2d, at 735-736.

25 Compare *In re Metcalfe*, 410 F.2d 1378, 161 USPQ 789 (CCPA 1969).

26 37 C.F.R. § 1.805(a). During a PTO proceeding (such as, for example, the prosecution of a patent application, the reissue or reexamination of a patent, or an interferences proceeding), the PTO will not recognize a replacement deposit by the patent owner if the depository could still provide samples of the o-

riginal deposit. MPEP § 2407.06.

27 MPEP § 2411.04. A replacement deposit made in connection with a reissue or reexamination shall not be accepted unless a certificate of correction is requested. MPEP § 2407.02.

28 MPEP § 2411.04.

29 MPEP § 2407.03.

30 MPEP § 2411.04.

31 See 37 C. F. R. § 1.802; *Hybritech, Inc. v. Abbott Laboratories*, 849 F. 2d 1446, 7 USPQ2d 1191 (Fed. Cir. 1988); *Amgen*, 927 F. 2d, at 1211; *Wands*, 858 F. 2d, at 735.

32 Compare *Jackson*, 217 USPQ 804 (isolation procedure required undue experimentation so deposit was required) *with Hata*, 6 USPQ2d 1652 (biological materials obtainable through routine experimentation and a reliable screening test did not require deposit).

33 37 C. F. R. 1.804; MPEP § 2406.

34 *In re Lundak*, 773 F. 2d 1216, 227 USPQ 90 (Fed. Cir. 1985).

35 See *supra* note 36.

36 *Lundak*, 227 USPQ, at 93–94.

37 434 F. 2d 1390, 168 USPQ 99 (CCPA 1970).

38 *Id.*, at 1393 ("It is not necessary that the general public have access to the culture prior to the issuance of the patent").

39 517 F. 2d 1351, 186 USPQ 108 (CCPA 1975).

40 See *supra* note 39, at 1355.

41 See MPEP § 2406.03.

42 *Budapest Treaty on the International Recognition of the Deposit of Microorganisms for the Purposes of Patent Procedure*, 32 U. S. T. 1241 (April 28, 1977) www.wipo.int/treaties/en/registration/budapest/trtdocs_wo002.html. A listing of the IDAs as of May 17, 2006 www.wipo.int/treaties/en/registration/budapest/pdf/idalist.pdf.

43 WIPO, Budapest Treaty Contracting Parties, Status as of May 17, 2006 www.wipo.int/treaties/en/documents/pdf/budapest.pdf.

44 U. S. General Accounting Office, Report to Congressional Committees GAO-01-49, *Intellectual Property: Deposits of Biological Materials in Support of Certain Patent Applications*, at 9 (Oct. 2000) www.gao.gov/new.items/d0149.pdf.

45 ATCC. 2004. *Patent Depository Expanded Services and Fee Changes for* 2004 www.atcc.org/Services/PatentFees.cfm.

46 See *supra* note 44, at 9.

47 *Lundak*, 227 USPQ at 93–94.

48 37 C. F. R. § 1.808 (a)(2).

49 37 C. F. R. § 1.808.

50 ATCC. 2004. *Use of Patent Cultures*, www.atcc.org/Services/PatentMore.cfm.

51 See *supra* note 44.

第 10.11 章

用 PVP 保护植物新品种：一位育种者对同行的建议

威廉·D. 帕迪（WILLIAM D. PARDEE）
美国康奈尔大学植物育种与遗传系荣誉教授

▌译者　李瑞云　▌审校者　杨坤　刘晓娜　张熠

摘　要

植物品种保护（PVP）证书保护植物品种所有权人销售、繁殖、进口和出口植物品种及其种子的专有权。另外，植物品种保护证书可以防止他人获得 PVP 或发明专利权。本章带领读者了解申请 PVP 证书的过程，并介绍防止未经授权使用和销售已获保护品种的其他方法。

1　引言

植物品种保护（PVP）证书保护植物品种所有权人销售、繁殖、进口和出口植物品种及其种子的专有权。另外，植物品种保护（PVP）证书也可以防止他人获得 PVP 或发明专利权。PVP 证书的保护期为 20 年（木本和藤本植物保护期为 25 年）。当与许可相结合时，PVP 证书还能为育种项目获得未来发展资金，也可以为提前支付资金的参与者提供经济利益或其他利益等方面的保护。

符合 PVP 的品种必须具备如下条件：

- 新颖性：与其他品种有区别的新品种

Pardee WD. 2007. Protecting New Plant Varieties through PVP: Practical Suggestions from a Plant Breeder for Plant Breeders. In *Intellectual Property Management in Health and Agricultural Innovation: A Handbook of Best Practices* (eds. A Krattiger, RT Mahoney, L Nelsen, et al.). MIHR: Oxford, U.K., and PIPRA: Davis, U.S.A. Available online at www.ipHandbook.org.

• 一致性：遗传一致
• 稳定性：世代间稳定

本章讨论的是由美国农业部管理的美国 PVP 申请程序的规则[1]。《美国 PVP 条例》与国际植物新品种保护联盟（UPOV）制定的条款非常相似，后者已经被世界上许多国家采用或正在采用。当然，任何人要申请 PVP 证书都必须熟悉当地法律和申请程序。

只有当一个品种的繁殖材料和收获材料未行销售，或以开发目的在美国使用不超过 1 年或在美国以外不超过 4 年，美国植物品种保护办公室（PVPO）才认定该品种具有新颖性，符合授予植物品种保护证书的条件。

2 为获得植物品种保护证书倒计时

育种者应该是完成植物品种保护申请的人，因为只有育种者拥有所需资料，并能回答审查员的问题。做好育种记录至关重要，因为当侵权发生时，育种记录是无价之宝。

2.1 提前 2 年

从美国植物品种保护办公室获取申请说明书，以及合适的（按特定种属）证明材料 C 的表格（详见下文 3.4 节）。按证明材料 C 表格的填写要求，开始进行测试（如抗病性和抗虫性），这样的测试可能需要 1~2 年才能完成。

2.2 提前 1 年

论证这个作物品种是否值得保护，以及该作物销售的潜在回报是否值得花费植物品种保护费。育种者应与品种项目负责人（如果在国家研究中心或大学）、主管或销售经理（如果在私营机构）协商，必须客观分析并决定是否申请植物品种保护及随后的商业化，而不能感情用事。对于一个付出了大量时间、努力和金钱的项目，很容易产生感情依恋。要征求种子繁育者、咨询委员会、公司销售代表的意见和建议，最关键是征求最终种植作物的农民的意见和建议。

下面的问题很重要，需要考虑：

• 该品种的许可使用费或其他收益能补偿申请植物品种保护证书的成本吗？
• 该品种有足够的优势能够超过标准品种吗？这个品种能引起种子公司、种子繁育者以及（最重要的）农民的兴趣吗？
• 该品种的需种量可能有多大？
• 该品种的适宜区域有多广？
• 该品种的潜在市场有多大？
• 种子公司或种子种植者对该品种有特别的兴趣吗？

根据这些问题的答案，你将考虑该品种是适合一般的许可（许可给所有感兴趣的公司和种植者）还是排他或限制许可（只许可给一个或有限的公司或种植者）。进行独家许可时，植物品种保护最有用。

如果这个育种项目有多个贡献者，你需要考虑是否与他们共同申请 PVP。应考虑以下问题：

- 哪些实体（公司、协会等）促进了这个新品种的培育？
- 这些实体想许可这个新品种吗？
- 这些实体会帮助支付植物品种保护申请的相关费用吗？
- 这些实体具有许可的优先购买权吗？

3 准备申请 PVP 证书

美国植物品种保护办公室为填写和提交 PVP 申请表格提供了详细说明。所有文件都可在线访问。[2]

3.1 一般申请要求和程序

一件 PVP 申请包括：

（1）已完成并签字的 S&T-470 表（植物品种保护证书的申请书）。申请人必须提供姓名、地址和代表人，以及该品种所属的植物属、种和品种名称（授权前是品种暂定名称）。所推荐的品种名称或实验编号必须由美国农业部种子监管和测试部门批准[3]。

（2）以下为“证明材料”（下面还会继续详细讨论）：

- 证明材料 A：育种历史，包括系谱、选育方法、任何品种性状变异程度说明、遗传稳定性声明和变异频率及类型。
- 证明材料 B：特异性陈述，说明如何区分该品种与同种作物的所有其他品种。
- 证明材料 C：品种客观描述，一种作物的特殊表格。
- 证明材料 D：可选择的支持性信息。
- 证明材料 E：所有权声明，拥有该品种的声明，核实申请人是否有资格在美国申请品种权。
- 证明材料 F：关于保藏的材料声明，声明申请人将向种子保藏机构提供一定数量的繁殖材料用于保藏。

还必须有一张支付给美国财政部的美国银行开具的支票（自 2006 年 10 月 6 日起，申请和审查费是 4382 美元）。由于费用定期变化，所以要到美国植物品种保护办公室的网站上查看[4]。签发证书时也要支付费用。

美国植物品种保护办公室存有大多数已知的美国作物品种数据（包括美国的本土品种和某些国外品种）。植物品种保护审查员将提交的申请与该种作物的数据库进行比较，如果审查员发现数据库中的一个或多个品种与申请材料的描述基本上相似，会要求提交附加数据。请注意，如果一个品种与另一个品种的所有其他特征看起来相似，则采用 DNA 片段分析帮助审查员做出决定。

美国植物品种保护办公室不对申请材料的描述性状进行露地/温室评价（所谓的种

植测试）或其他测试，申请者必须提供所有相关数据，越详细越好。

3.2 证明材料 A：育种历史

3.2.1 亲本和育种方法

证明材料 A 描述了该品种选育历史的多个不同方面。第一，描述了新品种的血缘关系，包括每次杂交的父母本、来源和每个亲本的血缘关系。PVP 办公室规定：

> 获得知识产权需要披露。作为披露的一部分，申请者向公众披露发明信息以换取对该品种的保护。为了获得植物品种保护，在证明材料 A 中需要披露全部亲本和育种方法、亲本来源和选育历史。这些信息尤其应包括申请者初始的植物材料，即亲本。所有亲本材料都必须可追溯到公知的品种、自交系或无性系等或属于常识问题。[5]

证明材料 A 还需要描述培育这个新品种的选育方法，包括使用的任何特别的选择标准。描述尽量简单，避免给审查员造成混乱。没有必要解释为什么使用了特定的选择方法，只要说明什么时间完成了什么工作即可。

3.2.2 一致性和稳定性

这部分陈述表明该品种经过一定的世代观察，所有性状已经是一致的和稳定的。陈述中必须使用“一致”和“稳定”这两个词。

陈述该品种所有的显著特征经过一定种子繁育周期保持不变。稳定性可能追溯到这个品种的自交系。记住，可预见的变异是可以接受的，只要这些变种可描述、商业上可接受。许多现代品种包括一个或多个低水平变种。

一个“变种”是在一个或多个方面与该品种的主要显性性状不同的可预测的显性性状。申请者必须识别该品种的典型变种，并提供变种植物的百分比和频率分布数据。只要每种变种是可数的，多于一个变种是允许的。但所有变种的总频率不能超过 5%；变种超过 5% 的品种将被视为“混合物”（因此不符合申请植物品种保护的资格）。

一个“异型株”是指非预期变种的表现型。如果你发现不能从你的品种中去掉一个特定的表现型，那就把它描述为变种。如果不把它描述为变种，审查员或种子检验员会认为它是异型株。

3.3 证明材料 B：特异性陈述

为了证明特异性，必须在该品种上体现与以下材料的一个或多个性状是有区别的：

（1）与其最相似的一个品种

（2）几个相似品种

（3）该种的所有其他品种

在测量数量性状时，描述你的统计设计，提供统计参数如 *F* 值、最小显著差数（LSD’s）、标准差（SD’s）、极差或其他可以指示试验变异程度的参数，这些数据可以显示该品种确实如何不同，即它可以与同类品种进行区分。需要包括来自至少两个点（最好来自两个州）的两年以上的数据，但不要跨年或跨地区的混合数据，数据越多越好。数据来源可包括州立农业大学的试验，由几个州的育种家进行的联合测试或行业测试。但是，请注意植物品种保护办公室也可以获取这些结果，并可能用这些数据来评价品种的特异性。对于许多作物，植物品种保护办公室要求在比较试验中要包括该品种的几个标准品种，与提交 PVP 申请的品种进行对比，为评价其特异性提供参考。

美国植物品种保护申请说明书指出：

- 像植株大小、种子大小和成熟度等数量性状的差异，在没有直接比较的情况下不是很明显，必须由申请者提供支持证明材料。证明材料必须是至少两次试验的数据。
- 基于颜色差异的区分需要参考英国皇家园林协会比色卡（Royal Horticultural Society Colour Chart）或孟塞尔（Munsell Book of color）国际标准色卡，除非颜色差异很大（如红色与绿色）。比色卡测量必须在两个或更多的地点或生长季节进行。[6]

有时候，提交照片展示颜色差异很有帮助。

如果病害反应的差异不是很明显（如，其他品种是高感，而该新品种是抗病），新品种与其他品种在病害反应上的差异，必须由来自两个或两个以上地点或生长季的至少两次试验结果的数据支持。记住要包括以下内容：对病原体或病原生物的疾病反应，病原体或病源（如果它已被证实或被鉴定），适宜地区病害的种类、菌株或致病型。

需要注意的是植物保护办公室不接收将产量作为特异性的要素，因为产量不是十分稳定的特征，在很大程度上取决于环境因素。

3.4 证明材料 C：品种客观描述

与证明材料 B 类似，必须提供数据支撑描述品种的某些要素：性状表达、抗虫性、品质或其他特性。至少应包括两个地点或两年以上的数据。描述所使用的统计方法有附加变异系数（CV）、标准差（SD）、最小显著差（LSD）、极差或其他测试变异性的估值。

3.4.1 实质性派生品种

通常培育一个“实质性派生品种”，是把一个或几个基因或性状添加到一个已经存在的品种中，导致其显性性状发生变化。发生变化的可以是修饰性状（如，花色改变）或经济性状（如，增加附加值、把诸如抗虫基因这样的基因工程性状添加到现有品种中）。

1994 年以后，如果原始品种已经获得植物品种保护证书，而实质性派生品种与原始品种有一个或多个区别的特征，美国植物品种保护办公室将保护该派生品种。如果该品种的原始品种没有被保护或是用 1994 年前的版本标准保护，美国植物品种保护办公室将不保护该实质性派生性品种。如果原始品种的种质构成了实质性派生品种的主要部分，植物品种保护可能不保护存在侵权可能性品种所有者。因此，为了使用原始品种的种质，给原始品种所有者支付补偿是明智的。虽然种子委员会及协会正在努力制定标准，但截至目前，品种是否属于实质性派生品种没有绝对的规则。如果这个标准制定不好，品种所有者之间的分歧就必须通过法院解决。

3.5 证明材料 D：可选择的支持性信息

小麦品种需要提供证明材料 D（制粉和烘焙性质必须描述），其他作物是可选的。这份证明材料主要描述作物的质量要素，并/或提供在其他证明材料中未包括的能够说明品种特异性的其他信息。

3.6 证明材料 E：所有权声明

证明材料 E 是一个声明，声明谁培育了这个品种、谁拥有它、谁或什么实体（如果有）对它拥有权利。简单一段即可。

3.7 证明材料 F：关于保藏材料的声明

在证明材料 F 中，申请人在提交申请中要声明，能提供未经处理、能够生产申请品种的有活力种子（发芽率不低于 85%）不少于 3000 粒的“凭证样品”（voucher sample）。对无性繁殖或克隆型作物，申请人声明将把有活力的细胞组织存放在公共保藏机构，并在植物品种保护证书有效期内被保存。

在审查期间，美国植物品种保护办公室可以使用少量的提交种子的子样品（不多于 25 粒），其余的种子样品将被保存在科罗拉多州北部城市柯林斯堡的国家种子保藏实验室（NSDL）。NSDL 保存的 PVP 种子与他们正常收集的分开，在证书有效期内，只有申请者和美国植物品种保护办公室可以使用这个种子。这些保存的种子将被用于鉴定。植物品种保护证书到期或失效后，NSDL 将把剩余的种子还给申请者。

4 其他考虑因素

4.1 记住关键日期

（1）“第一次销售日期”。要在首次种子商业销售之日起 1 年内申请植物品种保护证书（为进一步测试的试验性种子销售除外）。国外品种从第一次商业销售之日起不超过 4 年（藤本和木本不超过 6 年）。以发票或收据的形式保存首次销售日期的证据。

（2）“美国植物品种保护办公室收到申请的日期”。受理申请的初次日期被认为是申请日，尽管可能需要数月或数年才能完成补充资料的要求。申请证书的品种在等待植物品种保护证书授权期间可以销售。

4.2 何时申请

一旦决定保护这个品种，就要收集必要的资料（应在首次销售日之前），立即申请 PVP 证书。批准 PVP 证书的时间跨度很大，取决于美国 PVP 办公室当前的工作量，要求补充资料可能会延长批准时间。至少需要一年或可能两年的时间。

4.3 提交申请后

准备答复 PVP 审查员提出的问题和要求，几乎没有初次申请就按原样被审查员接受的情况。其中一些问题可能用现有数据可以回答，其他问题可能需要收集更多数据。

5 植物品种的进一步保护

虽然 PVP 证书给你或你的代理人独家销售该植物品种的权利，并保护该品种名称免于被侵权，但采取以下额外预防措施是明智的：

- 通过你或你的机构自己种植、收获和保存，控制所有原种。
- 只在你的机构内生产原种，或通过严格的许可或合同让可靠的种子生产者生产原种，控制所有原种生产。
- 通过严格的许可或销售合同，控制原种获得者。

5.1 强化保护

警惕未经授权销售 PVP 种子的行为：地方报纸上的广告是暴露非法活动的地方。告诉任何个人、公司或其他组织出售或分销你的品种是非法的，如果有谁发现，应立即通知你。

重要的是要认识到，未经授权的卖方很可能没有意识到该品种是受保护的。通知违法者他或她正在出售一个受 PVP 保护的品种。一个警告常常就足以解决这个问题。如果违法者坚持非法销售，可以警告其将与新的品种无缘。将起诉仅作为最后的手段，需考虑从金钱和公共关系出发，一场法庭诉讼花费的成本是否值得。

5.2 包装袋上的警告标签

在 PVP 证书颁发之前，在所有品种种子外包装上标注如下字样：

> 禁止未经授权繁殖
> 已申请美国 1994 年植物品种保护条例(PVPA)保护

在 PVP 证书颁发之后，在种子外包装上标注如下字样：

> 美国 1994 年植物品种保护法保护品种
> 禁止未经授权以繁殖为目的的销售

5.3 棕色包装袋的销售

根据农民豁免特权，允许农民种植和保存足够的 PVP 品种种子，在他们自己的土地上种植[7]。如果他们决定不种这些种子，就可以出售。然而，一些农民所生产和销售的大量种子，远远超过他们自己农场能够种植的数量。很遗憾，在美国中西部和南部地区，这种做法很常见，特别是大豆、棉花和花生。因为非法种子通常使用没有标记的棕色袋子包装出售，这种做法被普遍称为“棕色包装”，（即无标识出售）。最近最高法院的一项裁决支持了 PVP 证书所有者的权利，可能会不鼓励棕色包装袋销售，但不会禁止这种情况。

《美国联邦种子法案》第Ⅴ项规定，以品种名称出售未经认证的 PVP 品种种子是非法的。许多州的种子法律也包括类似的条款。在 PVP 申请的第一页，可以声明你也打算申请第Ⅴ项保护。当然，即使第Ⅴ项保护有效，也仍然可能发生棕色包装袋销售的情况。在这种情况下，就需要向适当的州、联邦或州的执法机构寻求帮助。执法人员可以发布命令，禁止违法者采取进一步行动，并可向惯犯发出停止销售的命令或进行罚款。

6 结语

整理和提交 PVP 申请，既可以是一项几乎令人无法忍受的烦心事，也可以是一项非常简单的任务，取决于你的筹划、勤奋和先期工作。关键是要提前做好计划，保留详细记录，知道需要做什么，知道什么时间做什么，知道 PVP 办公室处理申请需要什么（不多不少）。从实际的角度来看，这意味着要保留好育种记录，熟悉 PVP 网站，了解申请表单和提交材料的时间表，并持续跟踪时间节点。如果安排得当，申请过程可能会很顺利。请记住，在 PVP 证书发布之后，要细致而坚持不懈地留意侵权者。PVP 可以为您的品种、育种项目或生意实现投资回报打下基础，然后可以开展开发育种项目中的下一轮改良品种，并继续申请 PVP。

WILLIAM D. PARDEE, *Professor Emeritus, Department of Plant Breeding and Genetics, Emerson Hall, Cornell University, Ithaca, NY, 14853, U. S. A.* wdp5@cornell.edu

1 Pursuant to the PVP Act of 1970, 7 U. S. C. § 2321–2583.

2 www.ams.usda.gov/science/pvpo/apply.htm.

3 They may be contacted at: U. S. Department of Agriculture, Agricultural Marketing Service, Livestock and Seed Programs, Seed Regulatory and Testing Branch, 801 Summit Crossing, Place, Suite C, Gastonia, North Carolina, 28054–2193 (Phone: 704–810–8870). www.ams.usda.gov/lsg/seed.htm.

4 See *supra* note 2.

5 www.ams.usda.gov/science/PVPO/Forms/Guidelines A.htm.

6 www.ams.usda.gov/Science/PVPO/Forms/Guidelines B.htm.

7 McCarthy JT, RE Schechter and DJ Franklyn. 2004. *McCarthy's Desk Encyclopedia of Intellectual Property, Third Edition*. The Bureau of National Affairs, Inc.: Washington, DC.

第十一部分

技术和产品许可

第 11.1 章

生物技术发明许可

约翰·W. 弗里曼（John W. Freeman）
美国斐锐（Fish & Richardson）律师事务所*部门负责人

▌译者　刘磊　渠晖　▌审校者　欧阳石文　张熠　邓欣　李雪

摘　要

在对生物技术领域专利许可进行总结之后，本章详细阐述了专利许可协议的关键内容，尤其是生物技术领域需要特别考虑的相关问题。本章提出了许可方和被许可方在协商专利许可协议时需要考虑的一些问题，提供了关键术语的精确定义，指出了协议中特别值得关注的部分（包括独占许可或非独占许可的相对优点），考虑了如何确定专利价值这一难题（尤其是将专利用于筛选目标时），并且对保密协议的复杂性给予了足够的关注，特别是涉及学术研究机构的情况下。为了使谈判更容易、更现实，本章讨论了许可方和被许可方的激励措施，以及发展合作的细节。除此之外，笔者还就如何定义专利滥用提出了一些建议，以及在出现严重问题时的应对之策。总之，本章的目标就是确保达成许可协议。

1　生物技术许可概述

许可生物技术专利产生的问题，与申请和实施专利时所产生的问题类似。就专利许可谈判在一定程度上是一门艺术，而生物技术行业的特征就是艺术家的工具。没有其他哪个行业为了一件产品上市需要消耗如此多的金钱和时间。实际上，提交生物技术专利申请，开展生物技术专利许可，往往在商业前景展露曙光之前就得进行。重要

Freeman JW. 2007. Licensing Biotechnology Inventions. In *Intellectual Property Management in Health and Agricultural Innovation*: *A Handbook of Best Practices* (eds. A Krattiger, RT Mahoney, L Nelsen, et al.). MIHR: Oxford, U. K., and PIPRA: Davis, U. S. A. Available online at www.ipHandbook.org.

* 美国知名知识产权律师事务所。——译者注

药物的专利申请尤其如此，这些药物或诊断方法在其商业化生产和临床使用之前，通常要经历相当长的时间。即使发明与医药无关，也会在远未达到商业目标之前花掉大量经费。专利许可在生物技术发明的开发上经常起到关键作用。

实际上，将一件专利中所包含的任何医疗用途商业化，其成功的可能性比赔率还低。根据杜克大学经济系教授亨利·格拉博斯基（Henry Grabowski）的文章，进入临床前检测阶段的药物最终只有不到1%进入人体试验阶段，而进入临床试验阶段的药物中，只有20%能够留下来并获得市场准入许可。[1] 因此在留下的1%新开发的化合物中，只有不到1/4能上市。即使产品获得市场准入批文，其后的任务也不会轻松。产品面临着来自同行的巨大竞争压力，而建立生产和销售产品基础框架也相当困难。

开展生物技术专利许可，并不需要面面俱到考虑所有问题的细节，这是不可能的。提出这些问题，是为了说明生物技术专利许可的运作方式有别于其他行业。此外，知道生物技术发明很有可能无法成功，会使许可协议起草者对导致协议终止的各种原因更加敏感，并考虑协议终止后所产生的影响。

许可协议的起草者应当记住的其他行业特点包括：

- 花费过长的时间和成本进入市场会使专利商业化后所剩余的专利有效期限过于短暂。
- 发现、证明并开发产品的过程，需要复杂的协同操作。
- 特别高的风险伴随着高回报（通常会滞后）。

2 专利许可协议的关键内容

生物技术专利许可在商业和科学方面所固有的复杂性，使人很容易忘记生物技术专利许可协议只是一个合同。要遵循合同法的所有基本原则，协议起草者必须从商业术语和科学问题中抽离出来，去考虑许可文件所要解决的执行和侵权等问题。

专利许可协议像其他合同一样，通过法律诉讼寻求：（a）对受害方的损害赔偿，其数额应与其商讨的侵权收益相对应；（b）按其商讨的收益给予受害方衡平法（禁令）救济。为了经受住许可所面临的仔细审查，特别是如果存在违反合同或专利侵权的法律诉讼，许可文件应尽量书写准确完整，字句清晰，不存在难以解释的语法、用法和句法错误等。总之，许可协议应该始终如一地使用术语（就像专利的权利要求），避免同样的事物使用不同的词，或者用同一个词表达不同的事物。

完整和清晰是重要目标，但是有时模棱两可也无法避免，签约各方需要利用良好的判断力应对签约阶段无法解决但可忍受的歧义问题。许可文件在一段时间内影响着各方的权利，而这段时间很有可能会发生不可预见的事件，许可文件无法明确地应对所有的不确定性。

在谈判过程中，必须考虑不太可能发生的事情及其带来的后果。然而，注意这些不太可能发生的事件很容易浪费大量的时间和精力，从而转移对协议核心问题的讨论。因此，一定要注意，对这类问题所投入的注意力应与其潜在的成本或收益成比例。要记住，各种减少风险的替代方法可能都同等适用。例如，就划分风险和责任进行过度谈判，并相应地组织协议用语，可能比利用保险来解决这些风险效率更低。本章将对许可的关键内容进行了总结，以明确在生物技术专利许可的谈判和执行过程中反复出现的问题。

2.1 背景

许可协议的背景部分，是确定许可的事实依据（或基础），包括相关各方、生效日期以及各方的动机和期望。关键术语的定义也可以出现在背景部分。

起草背景部分时，通常会遇到一些典型问题，其中一类涉及确定参与方的身份。生物技术行业的企业结构经常发生变化，并购和拆分以后相互之间经常合作，例如小公司拥有的关键人员在产品开发过程，其参与比被许可方其他资产更重要。因此应格外小心，必须注意明确履约合同义务的参与方身份。各方应清楚地考虑以下问题：

- 合同义务是否可转交给“下属”公司？
- 对“下属”一词的定义是否符合对方的预期？该词是否包括一家资本充足的公司，而该公司比那些资本不足的公司更有希望继续生存下去？
- 竞争对手是否可以通过成为参与谈判协商的另一家公司的下属而成为参与方？（例如，所定义的参与方是否包括有可能向您的客户或您的分支机构客户销售产品的公司？）
- 机密信息传递是否应限制在集团特定的下属公司？
- 竞争对手公司是许可方的股东吗？
- 根据以前的协议，竞争对手公司是否有权拒绝特定技术或在特定地域的商业化？

许可协议中很可能会用到诸如净销售额、净利润和许可产品等术语，需要在背景部分进行定义。下列清单列出了一些术语，以及如何使用它们和使用的注意事项：

- **净销售额**。包括在计算提成费前从总销售额中扣除的费用，一般净销售额中不包括运输成本、返利、坏账、实际交易额，批量折扣或现金折扣，经纪人/代理人的佣金，因拒收或退货而给予的信贷或津贴等。
- **净利润**。可以用来代替净销售额，但将其作为计算提成费的基础会造成困难，因为利润数据可能会因会计方式而有较大差异。
- **许可产品**。所认定的产品，其销售构成计算提成费的基础。包括许可专利覆盖的任何产品，或用许可的专利方法制造的任何产品。许可产品的范围应与许可授权所限制的领域一致。
- **许可专利**。一般是指特定的专利，以专利证书的编号进行确定。处于授权过程中的专利申请，可能会出现下述问题，如继续申请、分案、国外同族、再颁，复审以及已知专利的部分继续申请。另一个问题是许可是否涵盖了许可方所有可能会与被许可专利技术一起使用的专利。例如，被许可方可能希望获得“涵盖被许可产品所有专利”的许可。这样的定义并不清楚，因为许可方其他专利是否适用完全取决于被许可方所选择的具体实施方式。对于学术机构来说，其拥有许多覆盖领域范围很广的专利，这种开放式许可可能会产生问题，应当予以避免。更差的情况是把定义写成“实施许可发明所必需的所有专利”。除了不知道被许可方将要按哪个方式具体实施外（因此不知道哪些专利应被许可），当此定义与许可产品的标准定义结合使用时，就变成了循环论证：许可产品是许可专利所涵盖的产品，许可专利是制造、使用或销售许可产品所必需的专利。此外，这个定义会因为暗含着许可属于第三方的专利而造成一些问题。最后，对“改进专利”的许可也可能产生一些问题（另请参阅下面的第2.5节和第5节）。

在协议背景部分中看似无关紧要的定义，可能会决定关键问题，包括许可范围和各参与方的性质。

2.2 授权

许可协议的授权部分，对于被许可方或其他人（包括许可方）来说，明确了许可是否具有实施发明的排他性。授权部分确立了授权的限制条件，例如实施许可的技术或商业领域，或者地域限制等。授权部分还可以确定分许可或再次许可的权利，或者说明在本许可下没有这种权利。

应当明确允许分许可或禁止分许可的权利，以及是允许还是禁止对下一级授权的权利。按照只有经许可方同意才能分许可权利的条款，许可方在一定程度能保持对未来事务的控制。许可方必须意识到，拒绝分许可或授权权利，并不能保证被许可方在本质和特性上保持一致。举例来说，HIV（艾滋病病毒）诊断领域的小公司拥有来自第三许可方的关键专利，虽然其没有权利进行授权或分许可，但巨头公司可以购买股票并控股。许可方的本意是为了避免来自大型公司竞争者的竞争压力才对小公司进行许可，但通过购买小公司的控股权，大公司的竞争者挫败了许可方的目的（*Institut Pasteur v. Cambridge Biotech Corp* 案）。[2]

在某些情况下，当控制权发生巨大变化时（例如：一方的合并或并购），假如幸存下来的实体获得了被合并/被收购一方的所有责任和权益，那么即使没有得到授权也能分配利益。对于考虑合并和拆分的公司来说，这样会非常有利，因为简化了这类交易的程序。当许可方更关心收入而非由谁支付费用（以及取得许可），以及未来可能与合作伙伴开展研发互动时，这种方式更易被接受。

生物技术许可常常还会限制具体的医疗适应证、治疗方式（例如给药途径）或诊断方式（例如筛查与确诊）。这样做的一个原因可能是，当技术处于较早时期，即使在一个有限的领域内也需要大量资源才能使该技术市场化。很多生物技术发明具有基础发明或技术的特征，可以用于诸多不同的医疗适应证，许可方通过在不同领域与不同被许可方建立联系，提高成功的机会，尤其是如果被许可方不是在所有领域都有优先发展的资源或意愿。这类基础技术或平台技术的例子，如基因治疗中向患者递送基因的病毒构建体、诊断方式和筛查方法。

各方更愿意在有限的应用领域中协商许可的另外一个原因，是可以根据被许可方的实力调整合适的使用范围。即使是大型的制药企业，通常也会具体研究某些特定的医疗适应证。有些可能倾向于投资囊性纤维化治疗，有些则倾向于投资凝血障碍治疗。一个公司的在研项目或与两项医疗适应证相关，则该公司可能会决定先在一个领域进行验证，然后再进行第二个领域的验证。

基于这些和其他许多充足的理由，许可方可能希望给不同领域的多个公司授予排他许可权，但需要注意一些事项，有些生物技术专利的权利要求是从功能上定义发明的（例如：通过分子机制）。一般来说，应避免使用严重依赖功能性限定的语言描述权利要求，如果可能的话，或者可以用保护范围相对较窄的权利要求进行补充，避免在分子水平上描述该事件（具体原因在本材料的其他地方进行解释），但是当没有其他办法宽泛而有效地描述发明的贡献时，此类功能性语言也可以在专利权利要求中使用。这不一定意味着相似的功能性表述适合许可的领域。无论科学家对分子机制多么确定，自然界却不按常理出牌（foiling neat pigeonholes）。使用功能性限定语言描述专利权利要求，会对专利权利要求的解释和有效性造成问题。[3] 当用于许可时，对应用领域的功能性描述可能会成为“重大灾难”的源头，事实上，当给多个被许可方授予相同的权利时，每一个被许可方会被认为应处于明显可区分的不同领域中。例如，对于保护范围较宽的使用 X 物质的专利，在两个不同领域中进行许可似乎很安全（即中枢神经系统神经元保护和血管舒张），实施许可的这两个领域被认为是能够明确区分的。但如果数据表明该物质既可以通过舒张血管降低眼压，也可以保护视网膜神经节免受缺氧损害，对青光眼患者都有帮助，那么哪一个被许可方有权治疗青光眼就成为一个难以解决的争议问题。如果根据医疗适应证来划分许可领域则很简单，被许可方也不大可能相互交叉。

将许可限于特定的医疗适应证治疗，需要注意的一个问题涉及药品超适应证使用（off-label uses）。如果许可限于专利药的多种用途中特定的一个，那么被许可方希望在合同中写明，以阻止或至少限制其他被许可方在产品销售方面产生重叠。如果允许该产品以其他用途销售，被许可方也应该找到某种途径避免侵权指控。即使详细标注了药物在许可领域中的使用，也并不能保证医生不会开出超出该药物适应证之外的处方，或者保证被许可方的产品不会用于被许可领域之外。

许可方可能根据地理区域授予多个排他性许可。对于许可方来说，好处包括：可以接触多个研究项目和发展的合作者（因此可以挖掘其他专业技能，并减少发展单一合作伙伴所带来的风险），可选择在该地区具有特殊销售/营销技能的合作者，也可以选择在该特定地区具有审批经验的合作者。

无论在某个领域进行排他许可还是非排他许可，如果授予多个许可，则需谨记：通过经济手段激励至少一个被许可方去维护专利很重要。许可方如果不准备或不愿意花费金钱或精力维护专利的话，建议不要采取多方非排他许可的方式。非排他许可的被许可方很少愿意（即使有的话）维护专利，通常会将其完全留给许可方承担。如果许可方缺乏资源，或者因为一些其他原因不愿意实施专利的话，许可计划在初期就有可能搁浅。如果认为专利无法实施，潜在的被许可方就没有动力接收公平合理的许可条款。

实际上，从一开始就有意采用非排他许可的策略很少见（相反的是以应对诉讼为基础的策略）。这种情况的一个例外案例是关于遗传材料操作的一组早期专利许可，即斯坦福大学的 Cohen/Boyer 基因剪接专利。斯坦福大学拟以非排他许可的方式将该技术推广应用到整个产业中。这一策略非常成功，部分原因是许可费用非常低，更有可能是因为这种形式之前从未采用过。公司一开始愿意接受这种许可形式，但很快就转变了想法，拒绝向其他采用非排他专利许可方式的许可方付费，并抱怨这种宽泛的多重专利许可费负担破坏了其脆弱的商业启动计划。当然，对于联邦资助项目或共有发明，从政治上考虑就排除了排他许可，即使排他性许可才是最佳商业策略。

2.3 固定费用还是许可提成费，或者二者兼有？

几乎每一个许可谈判，都需要权衡是承担未来获得大笔收入的风险（例如，获得一定比例的销售额），还是先期获得较为明确的收益。这种选择在生物技术领域尤为明显，因其上升空间和风险都是巨大的。被许可方或许希望为自己保留利益上升空间而拒绝分享收益。另外一方面，尤其在技术产品化市场成功率较低的情况下，他们实质上面临着技术商业化需要的大量投入，短期内也不愿意增加现金流负担。从许可方的角度来看，很难接受的是，与创造和获得专利的人相比，其他人从一个点子的开发和商业化中获得更多收益。

专利许可提成费一般来说是在专利提成费用的计算基础（例如净销售额）上，按一定比率来计算出的。如果许可是排他性的（由此许可方放弃了自身或通过第三方对发明进行商业化的机会），则协议一般会规定最低额度的年度专利提成费，或者如果在一定期限内不能支付最低专利提成费的话，至少会恢复非排他许可。后一种条款的问题是许可方不能再授予第三方排他许可的权利，因此只有最初的被许可方能保留任何许可权利。而且，无论是与第三方合作还是单独进行，勤勉条款与不能满足这些条款就须完整归还权利的条款一起捆绑使用，才可以确保技术在整个开发阶段顺利进行。

作为对排他许可的回报，许可方应在合同中提出要求，确保被许可方为发明商业化做出了足够努力。除了比较模糊的对努力程度的要求，比如“合理的努力”或类似语言，许可方应该考虑采取易于衡量的要求，如最低销量或取得临床进展的里程碑节点。但同时如果许可方要求最低年度收入，被许可方可能希望用最低年度收入代替最大（或其他）努力，因此被许可方通过支付年度最低费用而保留了排他权，甚至可能依靠该技术开发出竞争性的产品。

在被许可方需额外支付固定费用的相关里程碑时间节点（例如，筛选临床试验候选人，启动临床试验，完成令人满意的临床试验，提交披露协议）是权衡风险/回报的方便的中间地带。具有商业化权利的被许可方应该能够在该里程碑节点获得额外的经费支持。此外，临床试验阶段项目失败的部分风险，被转嫁给了许可方，证明了此时应支付的金额比在许可协议签署日期更高是合理的。其他比较常见的里程碑节点与商业计划进程相关，如可能为被许可方带来资金，包括美国食品药品监督管理局（FDA）的市场准入审批、执行营销伙伴或其他合作者的协议、首次商业销售和/或联合企业创建。

在生物技术领域，被许可方经常抱怨许可费叠加的问题，即单一产品的商业化需要支付多头许可费。例如，某制药公司筛选了能阻断特定神经元受体的化合物文库，可能要向文库覆盖的不同专利的专利权人支付使用费，这样的专利包括通用筛选分析方法、分离的受体、编码该受体的 cDNA、源于 cDNA 的表达序列标签（EST）（如果EST 的专利权利要求采用的是含“包括”字样的开放式限定条件）。斯坦福大学在 Cohen /Boyer 专利许可计划中取得了成功，部分原因是斯坦福大学是第一个拥有使用范围广泛的生物技术专利的专利权人。之后，听说越来越多的生物技术公司都表示不愿意为单一产品支付多头专利使用费。

如果累计的许可费超过了销售额的一定百分比，解决专利使用费叠加问题的一个折中办法是将专利许可提成费确定为普通许可提成费的最高但有上限的百分比（比如 0.5%）。实际上，是许可方承担了为获得其他专利许可而支付的另一半费用。

2.4 保密

根据各方交换保密信息和生物材料的范围，保密条款有可能是协议中异常重要的部分。在某些情况下，专利保护范围很狭窄，仅限于不可繁殖的生物材料，而这种材料本身在专利授权之前，就是重要的机密信息。[4] 在这种情况下，申请人可能会放弃保护范围非常狭窄的权利要求，不会为了获得专利授权而必须保藏生物材料供公众获得。

核苷酸和氨基酸序列信息是另一种类型的保密信息。然而，利用现代测序技术，当获得的材料足够纯并易于测序时，这些信息按理来说就变得不那么机密了。在任何保密条款中，明确本协议中各类信息和材料的保密期限都非常重要，也要明确不再使用的书面信息和材料的处置方法，以及利用授权信息和材料所创造的发明所有权的归属。

保密条款的一个特别重要的功能是，如果合作失败，能阻止一方当事人自由寻找其他合作伙伴。被第一个合作伙伴的机密信息“污染”后，许可方或被许可方可能对未来合作伙伴不再具有吸引力，这些合作伙伴不想承担风险，也不想被迫处理因“不当”使用所述信息而招致的法律诉讼。解决的办法是限定保密期限，并提供（类似婚前协议的）谅解备忘录，如果没有达到特定的里程碑要求，各方可就同一主题与他人合作。当然，这样的谅解并不等同于一方或双方可以向他人许可在协作期间利用机密信息做出的改进。需要重点提醒的是，如果协议没有明确规定谁拥有这种改进的权利，那么通过实施许可所获得成果的发明人资格和所有权问题是非常含糊并且极易引起争论的。

2.5 对侵权者的强制执行

与付款条款一样，由哪一方承担成本并从强制侵权方执行专利许可中获益的这类决定，通常也涉及冒险行动所带来的风险和成功后收益的分配。能从中获得最大收益的当事方通常希望（并且应该）有权强制侵权者实施专利。对于昂贵而旷日持久的专利侵权诉讼，其诉讼策略（特别是和解）应该以恰当的商业激励为指引，而不应由无法从诉讼中获益的一方主导。例如，当许可方为诉讼付费时，无论是直接的或间接的（例如，诉讼费超过当年应缴纳的许可费，可以抵消以后年度的许可费），都不希望在专利强制执行诉讼中有一个处于不合理位置的被许可方。如果诉讼费完全抵消许可费，许可方实际上在部分资助自己无法控制的诉讼，这是一个令人沮丧的处境。即使递延得到保证的最低许可使用费（而不是永久抵消），也会增加许可方的风险，因为如果专利权被撤销或保护范围被缩小，这些递延的许可费可能永远不会得到支付。

一种解决方案是允许被许可方对发明进行商业化以控制诉讼，每年延迟缴纳部分（不是全部）应缴的许可费，这部分许可费是无论被许可方产生了什么法律费用，都需要支付的最低金额。当被许可方在缴纳许可费期限内的法律费用低于一定水平时，就应该停止抵消。这一主题的变通方法是允许被许可方扣除某一特定年份一定比例的应缴法律费用。如果该年度专利使用费总额低于扣除的数额，问题就成为是否可以结转当年的法律费用，以抵扣未来年份的使用费。虽然实际模式和许可条款有很大差异，但通常较好的做法是构建许可，至少被许可方在遇到一些重大的不可回收的法律费用时，能够有适当的经济动力（诉讼费用）来进行并/或有效地解决诉讼。

另一方面，许可方希望减少或消除诉讼费用的风险，但应该明白有价值的专利一定处于风险之中。作为一种策略，许可方至少可以部分资助并完全控制诉讼，避免被许可方在专利无效辩护中不作为。如果专利是许可方获得收入来源的重要资产，则尤应如此，例如来自其他被许可方的使用费，或者许可方在被许可方所在领域之外提高市场地位会增加许可收益。此外，赋予被许可方承担诉讼相关费用和控制诉讼的责任，却没有补偿或延期支付许可费，就使被许可方缺乏资源和动机来恰当地捍卫专利。

对于被许可方来说，至少在一个重要领域内获得专利排他权具有重要吸引力。一般来说，只有排他性的被许可方才对维护专利有强烈的兴趣。非排他性被许可方更有可能面对来自该专利或并非来自该专利的竞争。此外，对非排他性被许可方而言，只要专利有效，就得支付专利许可费，即使有效专利并没有为被许可方带来更有利的市场地位。在某些情况下，非排他性被许可方可能会有充足的动机去无效许可的专利，因此赋予这类被许可方强制实施专利的权利是不明智的。

事实上，由于非排他性被许可方缺乏强制实施许可专利的身份，因此，即使当事人希望非排他性被许可方强制执行专利权，仍然可能会以许可方的名义提出侵权行为控告（如 *Ortho Pharmaceutical Corp. v. Genetics Institute* 案）。此外，即使被许可方是执行方，许可方也可能是联邦民事诉讼规则（Federal Rules of Civil Procedure）下的必要一方，因此被控侵权人可以要求许可方参与诉讼。

总之，在就专利强制实施条款进行谈判时，应该关注由此产生的商业动机。显然，这些问题取决于特定许可的背景，例如当事人的相对经济实力以及他们维护专利的相对兴趣。

2.6 期限和终止

与大多数许可一样，生物技术许可通常与专利期限一致。此外，因实质性违约而提前终止的权利，通常包括接到通知后纠正违约行为的宽限期。常见的规定是，任何一方提出破产申请均构成终止。然而，当被许可方根据美国破产法第 11 章宣布破产时，法院将不支持这样的条款。这是因为该许可被视为美国破产法（11 U.S.C.）第 365 条管辖下的待执行合同，双方均有待完成的实质性行为（例如 *Institut Pasteur v.*

Cambridge Biotech Corp 案)。[6] 因此，破产的受托人有权利选择是否承担许可的权利和义务。

3 许可的动机

与任何合同谈判一样，了解交易双方如何受益非常重要。如果不了解双方的动机，就很难有效地进行谈判。生物技术专利所有者进行许可有以下多个原因：

- 以长期风险和赚取大量收入的概率换取适度的短期收益
- 获得超出专利所有者能力的开发机会和市场援助
- 获得学术发现的临床应用研究机会
- 获得进一步研究的资金
- 挖掘专利所有者自身无法开发的领域
- 通过与知名公司合作提升在该领域的声誉

在进行许可时，专利所有者面临以下风险：

- 如果产品处于许可方已经经营的范围，则会增加竞争对手
- 必须依靠被许可方的选择来实现发明的价值（如果被许可方失败，可能会丧失机会）
- 如果发明成功，必须长期分享利润
- 如果开发是在公司内部完成的，可能会对需要保密的信息失去控制

被许可方出于以下几种原因获得许可，例如：

- 确保自由使用产品系列
- 获得产品系列的排他权
- 不投入内部研究成本而快速跟上形势
- 得到来自行业主导者的技术
- 得到受过专门训练的员工

作为交换，当然，被许可方：

- 增加了成本并降低毛利润
- 承担与长期保密协议相关的潜在责任
- 承担共享自身内部财务信息的长期义务

了解特定情况下的利弊平衡，对于评估对方愿意支付多少费用以及对他们来说哪些是关键条款至关重要。当然在不同的许可背景下，各方博弈的平衡点会有所不同。

4 发展合作

通常，在签署许可协议与生物技术产品进入市场这两个时间点之间，仍有大量的

不确定性工作需要完成。除非该工作完全由许可方完成，或完全转交给另一方，否则必须合作。许可方做出了最初发现，最了解该发现的本质和前景。然而，被许可方通常最具实力，能将这些发现进一步推到可在市场销售的程度。至少在理论上，对于许可方和被许可方的合作而言，结合不同优势实现协同效应是基本原则。但是，这种合作经常会引发其他许可问题。

4.1 合作背景下的保密问题

我们已经讨论了几乎所有生物技术许可都会涉及的一些保密问题。如果开展实质性合作，每家公司的员工都需要分享想法和信息，保密条款将变得更加重要。合作许可中的保密条款应该涉及几点：第一，他们应该禁止接受方为任何目的而使用或披露保密信息，除非为了进一步履行合作的义务；第二，如果每一方都需将现有专有知识（和保密信息）带入协作，保密协议应该是双向的，即每一方披露和接收信息都应根据保密规定进行；第三，重要的是不要让任何一方找到借口为从未意图保密的信息建立保密义务。为避免上述做法，有必要在许可协议的背景部分，明确每一方的技术专长以及各方预期贡献的技术内容，这些信息也有助于区分发明权。

虽然以下几点广泛用于保密协议，但在长期相互交流信息和技术而披露信息时，具有特别重要的意义。实际上，非雇员仅接触到信息的类型，雇员才有权利获得信息，长期交流使保密问题变得非常重要。

4.1.1 保密信息的特征

简而言之，对于那些不掌握信息的人而言，任何信息如果能提供商业价值就属于商业秘密。笔者认为商业秘密、专有权及保密信息之间没有实质上的区别。无论使用何种标签，通过秘密关系才能得到的有价值信息，理论上都应该得到保护。有能力整合大量公开资源而创建新的信息，并不一定说明保密关系之外的人员能够轻易获取这些信息。认定保密信息的标准并不像非显而易见性那么高，而类似专利显而易见性的审查分析在决定信息是否具有保密性时不起任何作用。对于具有商业价值的事项，例如客户和供应商名单、价目表以及从每一个已知有大量替代选择的步骤中，挑出特定的各步骤适当组合，在某些情况下都可以受到保护。

典型的不属于保密信息的包括：

- 已公开的信息
- 由信息接收方自主开发的信息（有时仅限于接收保密信息前所开发的信息）
- 由接收方独立地从不受披露方约束的第三方获得的信息
- 受司法或监管机构工作流程命令而披露的信息（需加以注意并尽量反对该流程）

让信息接收方承担援引上述例外的义务是有意义的。他们应当记录这些例外的事实基础，并在接收方公开或使用所述信息之前通知披露方。关键是要避免让这些例外成为不当披露或不当使用的无效理由。

4.1.2 从披露之日起的责任期限

信息的生命周期价值是什么？或将是什么？即将发布的信息仅在短时间内处于保

密状态。另一方面，无法复制的生物材料所具有的保密价值可以无限期延长。因此，时间长短具有很重要的现实意义，要避免就这一问题引发广泛的争议。

当然，对于已经发表或者以其他方式公开的信息，则没有保密义务。这一原则说起来容易，做起来却很难，因为典型的实际情况就是无法将某一主题的大量出版信息一网打尽。相反，许多信息可能会随着时间的推移而消失在出版物中，从头到尾全过程的所有知识可能依然是有价值的商业信息，但没有大量的工作，竞争对手或者其他公众很难获取这些知识。

4.1.3 义务的延续

签约各方可能在合作结束后的一段时间内仍须保守秘密（只要信息仍然属于保密信息），而这项责任可能会影响签约各方就该主题单独或与他人合作开展工作的能力。因为各方开发该技术的自由度令人存疑，所以保密义务具有防止合作终止的作用，但这并不意味着必须要避免合作后的保密义务。事实上，客户可能需要利用此类义务来保护自己的信息。

4.1.4 秘密的标注

通常，协议要求，如果披露方希望将信息视为保密信息时，应将其标注为秘密。信息披露内容会有举证的问题，以口头形式披露而没有书面记录的信息，在披露之前或之后一般都不视为保密信息。在这种情况下，以口头形式披露机密信息的人员有责任以书面披露确认详细证明披露信息的性质和全部内容（以及信息的机密性）。这一过程看起来似乎烦琐而没有必要，但它是保护口头披露信息的可选办法。因此，良好的商业惯例都要求建立披露记录。书面披露中要求加上图例是有用的，但当签约双方都清楚地理解信息的性质和披露的内容应该保密的时候，则不用添加图例。

4.2 合作产生发明的所有权

确定发明的所有权是合作谈判中最困难的部分。在没有合同约定的情况下，所有权归属于发明人。确定发明人资格的决定可能会引起争议，而且法律也难以适用于个别事实。因此，要考虑避免采用标准的解决方案，即各方拥有各自的发明，合作发明共有。一种选择是将合作领域中的全部发明所有权归一方所有，而另一方在此领域拥有排他性使用权。或者，所有权按领域或地域划分。如果各方不能就这些问题达成一致，则可能表明他们希望选择开放性的竞争，合作只是暂时的权宜之计。在所有权问题上无法达成一致，可能也反映出早期阶段没有能力决定每个许可所暗含风险和回报的相对份额。一方可能想分享风险投资项目的最终成功，即使其近期贡献（资本、知识产权和使用资源的承诺全部算上）与其他各方的贡献并不相称。

最后，做出发明时可以确定其所有权归属，是属于一般共有专利还是属于已知技术［根据美国专利法（35 U.S.C.）第102条（e）（f）（g）款和第103条的整个章节来判断］。经过深思熟虑的合作协议应该解决所有权问题，以便能够最大限度地减少或避免各方为合作而带入的发明或专利申请成为现有技术这一严重问题。多年来，这一直是生物技术专利许可协议起草人的一个棘手问题。但是幸运的是，随着2004年12月美国通过了《美国合作研究和技术促进法案》（CREATE），共同所有权的范围扩大了。根据美国专利法（35 U. S. C.）第102条的（e）（f）和（g）款中所规定的现有技术，并不对共同研究协议下完成的相关发明的专利性造成影响［美国专利法第103条（c）款中规定的安全港条款除外］。修正案中的新条款，如联合研究协议，必定会经历一个逐步解释澄清的痛苦过程。值得注意的是，CREATE法案在很大程度上是由生物技术行业推动的，这一变化反映出生物技术行业合作实践的现实情况。

4.3　合作者的实施和分许可权利

排他性许可甚至可以排除许可方自己实施发明。如果许可方打算实施发明，即使是在一个很狭窄的领域，许可中也要明确地保留或授予该权利。

在美国，每个专利的共同所有权人可以自行实施该发明，而无须经过其他所有权人的同意，并且许可人/所有权人也不需要向其他所有权人付费（美国专利法第262条）。因此，在没有协议的情况下，共同的所有权人之间可能会存在竞争。事实上，一个有望获得许可的被许可人可能会迫使所有权人相互竞争。此外，根据定义，共同所有权人均不得单方面授予排他性许可，因为其他所有权人及其相应的被许可方都可以自由实施该发明。

日本和欧洲也允许每个所有权人实施该发明，但在许可方面，这些国家与美国有所不同。欧洲或日本的专利被许可方，必须获得全部所有权人的授权，才能实施该发明。如果你的商业计划需要在海外进行许可，并且你的共同所有权人要求自己实施该发明，你应该得到共同所有权人的同意才能授予许可。

5　学术机构的许可

学术机构的许可比较特殊。学术机构的部分使命是向大众提供有价值的技术，特别是医疗技术。当然，资金有助于推进这一进程，但其他因素也同等重要。被许可方实现最终目标的稳定性、才干、激励措施以及使用资源的意愿、专业知识和商业技能，对于学术许可方将这项发明推向公众非常关键。实现这一目标的另一个因素是被许可方与审批机构之间的关系。双方的合作增加了被许可方将发明成果开发出来达到临床应用水平的可能。

许多学术机构主要依赖联邦政府的资助。相比较而言，来自许可的收入相对较少。根据大多数政府对资助研究的规定，利用拨款资金做出的发明，其许可在某种程度上受政府约束。约束的关键工具是《拜杜法案》。[7] 拨款支持的研究，其相关条款通常遵循该法案，规定拨款的接受者（通常是作为被拨款方的学术机构）必须保留所有权，以便在没有达到下述条件的情况下，政府可以重新获得所有权。这些条件包括要求学术机构或其被许可方对于政府拨款所获得研究成果的商业化取得合理进展。此外，放弃专利申请之前必须事先通知政府，以便政府可以及时接管这些申请的所有权和申请权。无论哪种情况（无法取得进展或放弃申请），政府都可能接管。政府也拥有免许可费并已付清费用的许可权而可以实施发明，例如，利用医疗发明为部队人员制造疫苗。

除了政府保留的些许权利之外，对于学术机构许可，其他一些规定通常也很关键。

首先且最重要的是，发明人必须保留发表的权利，尽管在提交或公开稿件之前，被许可人通常有权利审查手稿以确定是否存在潜在的发明。此外，学术机构通常要求对研发活动所产生的诉讼进行损害赔偿并购买保险（例如，工伤赔偿、商业综合责任保险、伞式责任保险、产品责任险或人身伤害险），有时将许可人列为被保险人。但是，根据当地法律规定和本地商业惯例，应灵活处理保险要求。

许多学术发明处于早期阶段，并且以即将或已发表的技术工作作为基础。因此，机密信息通常不会长期保有。在学术背景下，对于被许可人来说，许可的价值在于专利，而专利的价值则取决于：

- 从早期专利申请中获得宽泛的保护范围，并主导后续改进的可能性；
- 在原有工作公开后，以较少的改进获得专利的可能性；
- 承认被许可人可以在未经许可的情况下自由使用未获专利权的和已发表的成果；
- 在合理条款下，被许可人获得许可改进的选择能力。

6 专利权滥用

专利权滥用是对专利侵权的抗辩。在实施这种抗辩时，被控侵权方认为专利所有权人滥用了政府授予的垄断权，通过专利侵权诉讼丧失了实施垄断的权利（*C. R. Bard, Inc. v. M3 Systems, Inc.* 案[8]）。为将这一原则应用到专利许可实践中，美国判例法已经逐步发展，1988 年实施了《专利权滥用改革法》[9]（*the Patent Misuse Reform Act*），对美国专利法（35 U. S. C.）第 271 条（d）款中关于专利权滥用方面的内容进行了修订。

根据美国专利法（35 U. S. C.）的规定，由于专利权滥用而导致的不可执行不会影响发明人享有专利的权利。这有别于对专利提出无效抗辩，无效抗辩需要证明美国专利商标局不应当授予专利权，因为发明申请不符合可专利性的法定要求。

常见问题是，解决专利权滥用问题涉及专利法和反垄断法之间固有的对立平衡。为了建立专利权滥用的诉讼请求，必须证明专利所有权人滥用了政府授予的专利权，或者换句话说，是不当利用专利扩大其市场控制力。一般认为分析专利权滥用的情形颇有些复杂，部分原因是它与反垄断分析相互作用，使得分析容易受到当前社会/监管压力的影响，并且这种分析往往仅涉及具体事实，导致适用范围较为狭窄。从历史上看，某些行为被认为属于专利权滥用。其他一些行为，例如受美国专利法（35 U. S. C.）第 271 条（d）款所管辖的行为，需要在类似于反垄断的“合理原则”下进行评估。（*Viginia Panel Corp. v. MacPanel Co.* 案[10]）

现在非常清楚的是，仅仅因为存在专利权并不能构成反垄断意义上的市场支配地位，某些许可条款曾经被认为不公平地拓展了专利垄断，但其本身也不构成专利权滥用。相反，法院需要对专利权人是否拥有市场支配力进行事实分析（根据《反托拉斯法》的合理原则 a rule of reason），而专利只是该分析中的一个因素。在 *Illinois Tool Works, Inc. et al. v. Independent Ink, Inc.* 案中[11]，最高法院处理的一项指控，是指控专利权人通过将受专利保护的打印头和墨盒与未受专利保护的部分搭配销售而滥用专利权。法院认为在每一个涉及搭售的行为中，专利权并不一定赋予专利权人市场支配地位。原告若想找到非法搭售和垄断的证据，说明被告违反了美国《谢尔曼反托拉斯法》

（*Sherman Act*），必须证明专利权人在搭售产品中具有市场支配地位。

美国联邦巡回上诉法院（CAFC）依据伊利诺伊工具公司（Illinois Tool Works）的判决，认为孟山都营销抗草甘膦农药种子的各种手段都不构成专利权滥用（*Monsanto Co. v. Scruggs et al.* 案[12]）。该案涉及复杂的营销方案，其中包括对美国食品药品监督管理局（FDA）批准的竞争性产品做出的灵活反应。

CSU, LLC, et al. v. Xerox Corporation 案[13] 提出了一个基本问题，即拒绝许可是否属于《谢尔曼法案》（15 U.S.C.）第 2 条规定的反竞争行为。CSU 指控施乐公司试图垄断施乐牌高容量复印机和打印机的销售及服务市场属于反竞争行为。施乐公司提起专利侵权作为反诉，而 CSU 则提起专利权滥用作为抗辩。堪萨斯地区法院否定了施乐公司提出的即决判决动议*，部分原因是因为 CSU 提出的专利权滥用抗辩有效（*In re Indep. Serv. Orgs. Antitrust Litig.* [14]*And In re Indep. Serv. Orgs. Antitrust Litig.* [15]）。然而联邦巡回法院却认为施乐公司没有滥用专利权，虽然专利权人的排他权并不是没有限制，但是单方面拒绝出售或许可专利没有超出专利权的范围，因而也不会导致专利权滥用（*GSU LLC, et al. v. Xerox* 案[16]）。

总是拒绝（或从不）许可是否等同于专利权滥用，这一规则本身似乎并不成立。这样的规则，一方面排除了专利制度，超越了司法权力，迫使专利权所有人在所有情况下都要进行许可；另一方面，在审视垄断总体情况时忽视专利权人的许可活动（或根本不涉及），看起来就很虚假。实践者需要在宽泛的中间地带进行判断。

CSU 案一个有趣的地方是涉及被控垄断者的心态（即“意图”）。堪萨斯地区法院认为必须就滥用问题提供证据，因而明确拒绝遵循联邦巡回法院就评估专利权滥用给出的主观意图标准。堪萨斯地区法院也拒绝采纳已落地实施的“本身违法原则”，即拒绝许可就违反了《谢尔曼法案》。这种远离“本身违法原则”的趋势已经持续了很长时间（*Eastman Kodak Co. v. Goodyear Tire & Rubber Co.* 案[17]）。

潜在的专利权滥用的另一个例子，是在被许可技术专利期满后仍要求支付专利使用费的许可行为。未明确推翻的判例法认为，这类许可协议是非法的、不可执行的，因而其本质上构成滥用。（*Brulotte v. thys Co.* 案[18]；*Scheiber v. Dolby Laboratories, Inc.* 案[19]）。按照非专利保护产品支付的许可费而调节授权许可，被认为是本质上的错误（*Zenith Radio Corp. v. Hazeltine Research, Inc.* 案[20]）。另一个例子是两次收取专利使用费（*PSC v. Symbol Tech.* 案[21]），这个例子是按照“合理原则”进行分析的。这种许可安排其本身是否构成专利权滥用（即不需要对市场支配能力进行分析）还有待商榷。

在 *Bayer A.G. v. Housey Pharmaceuticals, Inc.* 案[22] 中，联邦地区法院解决的争议是受专利保护筛选工具的许可，延及由其所获得的产品（例如，药品）也需支付许可费，是否构成专利权滥用。联邦地区法院以其他理由[23] 认定构成专利权滥用，而在后续诉讼中[24]，联邦巡回上诉法院[25] 也基于其他理由确认构成专利权滥用。拜耳公司（Bayer）首先声称，对被许可专利涉及筛选工具权利要求未涵盖的产品和活动收取许可费，构成了专利权滥用。由于 Housey 公司为被许可方提供了不同的补偿模式，例如，

---

* 即允许法官可以不经开庭审理而直接对全部或部分案件作出实质性的、有约束力的判决。——译者注

一次性总付款、根据所发现产品的销售量收取许可费，或者基于被许可方的研发总支出收取许可费（协议中明确规定可按“最合适”和“方便”的方式进行选择），地区法院认为 Housey 公司没有对专利之外的产品/活动进行许可“调节”，因此不构成专利权滥用行为。拜耳公司接下来声称因为协议要求在专利期限届满之后支付许可费，根据 Brulotte 案，这种行为本身构成专利权滥用。

地方法院没有发现 Housey 公司在这个问题上构成专利权滥用，认为在专利期满后收取许可费这一行为本身并不直接构成专利权滥用。地区法院的理由是，专利权人在发明专利到期之前，可以就实施专利收取专利使用费，并且可以在专利有效期后延期收款。付款是在专利期满前还是期满后需要由地区法院来判定。因此，如果协议语言明确表示付款发生“时移”（time-shifted）是为了方便当事人，而不是为了专利期满后收费，这似乎是地区法院在分析专利权滥用时的一个重要因素。

总而言之，对于具有外部（非专利）市场支配力的专利权人来说，从事以上许可行为是有风险的，但可能需要运用“合理原则”进行分析以确定是否存在专利权滥用。

7 赞助研究

在学术机构，赞助研究不被视为典型的合作研究，而是一种特殊情况。无论发明人身份如何，赞助者几乎总是希望独占研究成果。此外，如果赞助者希望通过保密来获得竞争优势，则至少在提交专利申请之前，也可能在此后的一段时间内，会因为保密信息产生争议。鉴于目前资金数量和赞助时长受限，研究人员希望自由地从他人那里获得未来资金。如果研究者是学术界人士，他/她还会希望自由发表而不受干涉，他/她可能在短时间内同意推迟发表，以便赞助者有机会准备并提交专利申请。然而，在竞争激烈的领域，即使只推迟一个月，另一个实验室都可能有机会抢先发表研究成果。除了从赞助者处获得的信息，研究人员不可能放弃对其发表内容的控制。

上文讨论的问题在何种程度上对赞助性研究产生严重影响，取决于具体情况，特别是资金的范围和期限。一个研究人员的全部行动基本上依赖单个赞助者的资助，所产生的权利问题，显然比与数个公司合作要更少一些。理想情况下，赞助者希望得到研究方的陈述和保证，即在所资助的研究中不使用第三方的保密信息或者第三方的专有材料。但在现实中，特别是在来自机构和政府多方资助的方案中，无法陈述和保证。

维护赞助者秘密信息的机密性也是一项挑战。一些机构不允许部分研究人员成为保密协议的参与方。在这种情况下，有必要确定特定的研究人员（除了项目负责人外），以及他们接触机密信息的可能性。保护信息的机制应谨慎考虑。陈述并保证这些材料不会用于所认可的范围之外，且这些材料不会用于分析或反向工程，也是可取的。

在学术环境下，起草研究资助协议时常见的问题是“资金流动”（mobility of funding）文化。通常情况下，项目负责人有权将自己的活动、经费和一切转移到另一个机构。当项目负责人从一个机构转到另一个机构时，如果赞助者希望保留对项目负责人的资助，则须在协议中明确。否则，如果项目负责人调离，赞助者就可能被迫留下来资助原机构的其他研究人员。解决方案是明确指出如果特定人员（通常只是项目负责人，可能还有一个或两个其他人）终止聘用，则赞助者的资金支持义务就会终止。然后赞助者可以自由决定是否在别的地方继续资助该项目。

另一个问题源于著作权甚至是技术所有权均由项目负责人自由控制的特定文化。项目负责人普遍认定其有权决定专利申请的内容和发明人资格，就像有权控制期刊发表的内容和作者一样。显然，这些必须由规定发明人资格的法律、专利申请战略和资助研究合同来决定。出于这些原因，赞助者可能想要控制研究中产生的专利申请。

类似的问题在单个实验室获得多方资助时也会产生。研究人员在一定程度上习惯于在若干项目之间决定如何分配资助资金。再者，协议应包括精心起草的工作内容和研究领域的声明，并明确领域中研究人员工作专有权的归属。

8 药物筛选和开发工具的许可

生物技术发现，可能由于属于基础性研究而无法获得外科治疗或诊断应用方面的专利权，但有可能获得筛选工具方面的专利。以分子（包括 DNA）为基础的合成、筛选和分析等相关知识迅速积累，人们对合理的药物设计和筛选兴趣激增。实际上，以药物筛选和开发为特点的发明进行许可已风靡一时。

8.1 计算机软件

为合理的药物设计和筛选而开发的计算机软件，可以受到专利、版权和/或商业秘密的保护。保护的具体形式取决于软件反向工程的能力，和/或公司公开软件的影响，如同专利保护的情形。不论选择什么形式的保护，许可协议需包括软件环境所特有的几个要素。

例如，需要涉及使用软件的各种限制以及软件的可获取性（源代码或目标代码形式）。此外，如果被许可方能够获得源代码，是否允许修改和改进该软件，如果可以改进的话，哪些可以被改进，是否可以反向许可（flow back）给许可方？软件的使用是否限于特定的数据库、CPU、物理位置、用户数量、并发用户数和/或应用程序？

如果许可仅限于目标代码，被许可方是否坚持（他/她可能会这么做）将源代码委托第三方托管，以免计算机软件发生错误而许可方没有予以纠正？（托管协议的性质，以及由谁托管，通常由另一项协议的内容确定。）

如果许可方提供了软件，则该软件是否受维护协议的约束，即许可方根据协议进行改进，如果软件代码中出现问题，则应予以解决并收取年度维护费？如果被许可方没有采用许可方提供的维护服务，那么许可方在一段时间（比如一年）后可以不承担软件的运行责任吗？

如果许可方提供的软件是实验性软件，并且存在缺陷，则许可方可能会限制自己的责任，或者退还任何已支付的款项，或者通过合理的努力纠正错误代码。另一方面，多数学术机构只提供软件代码“本身”，而没有义务提供进一步的帮助。（因此，如果许可协议同意改进软件代码，通常是与代码开发人员达成协议，帮助解决问题或改进代码。）

应该考虑提供软件代码、技术和根据专利许可协议许可开发类似功能之间的区别。对于后者，根本不会转让任何技术，只是许可使用专利权利要求所涵盖的技术。技术条款援引了上面提到的关于被转让技术保护的许多注意事项。

8.2 控制使用用于筛选的试剂

用于筛选的试剂通常受商业秘密保护。例如，筛选中使用的单克隆抗体、特定的肽片段或DNA片段以及细胞成分，可能不为公众所知或者无法获得。当许可他人实施筛选时，协议应该清楚说明许可是受限的（例如，限制一定时间或筛选一定数量的化合物），并且在许可结束后将材料交回。至少，许可应该规定（类似软件许可）相关试剂只能用于特定方法（例如在某些类型屏幕格式的前提下），并且只能在主要试剂丢失或损坏的情况下才能复制备份。不得复制试剂（或其衍生物）并用于其他场所或者由其他公司进行筛选。如果美国专利商标局不能提供广泛的保护，则这种类型的合同可能是唯一有效的保护。

8.3 筛选技术专利评估（Screening Patents）

对筛选技术专利的价值进行评估存在一些特殊问题。由于筛选技术专利集中于研究活动，并且不涉及商业产品或生产过程，实际上，就其本质来说，在发现任何产品且该产品尚未达到上市程度之前，就已经实施了筛选技术专利，传统的评估方法（即随着时间推移，销售量会减少）可能并不适用。

筛选技术专利的一种评估办法，是估算从外部获取筛选技术许可而不是开展内部研究项目所节省的研究费用。另一种方法是考虑筛选技术在总研发预算中所占的比例，或是与合理项目或筛选预算相比的比例。然而，正如下文所讨论的，其他因素也在发挥作用。

8.3.1 专利授权前与筛选技术相关的问题

由于在美国，专利授权之前不存在所谓的侵权，因此如果已授权专利的权利要求没有覆盖筛选技术，则在授权前进行筛选不会导致侵权赔偿的问题[26]。但是，《美国发明人保护法》[27]规定了临时保护权。如果专利申请已经公开，最终的专利权将包括申请公开日与专利授权日之间获得合理使用费的权利，如果：（1）提供了专利申请公布的通知，以及（2）专利的权利要求与专利申请公开时的权利要求基本相同。鉴于生物技术专利申请通常至少有两年审查待定时间，潜在的被许可人应该评估其筛选项目可能持续的时间，如有可能，可在专利授权后确定是否要继续进行筛选。

8.3.2 未经许可使用引起的损害赔偿

对于专利授权之后可能还要进行的筛选，剩下的问题就是，要支付多少资金才能获得许可。当然，许可方想要得到利用筛选技术发现药物所占的销售比例，但是这种做法在行业中并不是很普遍，或者被法院用于确定“合理的”侵权损害赔偿金。更典型的是，筛选鉴定将根据使用时间长短和强度，以及可用的非侵权替代筛选技术而确定许可费。因此，对于一个偶尔用于确定非侵权筛选结果的筛选技术所给予的补偿，要比已广泛接受并有效地用于获得人体临床试验批准的筛选技术低得多。

最后，利用筛选技术生成提交给美国食品药品监督管理局的数据并不构成侵权行为。在许可筛选技术时，许多原因都会导致难以实现该技术的合适价值。

8.3.3 用于筛选的组合物

通常，筛选组合物的专利许可同样需要考虑上面讨论的各种因素。考虑到试剂可能会有其他更有价值的用途，许可应该严格限制试剂仅用于进行筛选（例如，作为使用领域），并应明确排除其临床用途。

9 结语

许可生物技术发明需要考虑一些特殊情况，并要求起草专门许可协议，以清晰的规定毫无疑义地界定许可方和被许可方的义务。在很大程度上，是因为与生物技术产业相关的生物技术发明的性质、风险和不确定性需要重点关注。例如，将一项发明研发成产品需要结合一系列复杂的操作。因此，生物技术发明不太可能成功，或可能需要长期投入且耗资巨大才能上市，从而导致商业化后剩余的专利寿命有限。这种高风险与高回报（通常会延期）相伴而生。因此，许可的架构设计反映了生物技术企业风险/回报的现实情况。主要考虑的因素包括：费用和许可费、许可费叠加上限、应用领域、关键节点设置、兼并和收购、许可的排他性、专利维护、专利执行、保密、专利权滥用以及与合作有关的问题。尽管这些考虑事项令人生畏，但仍有许多激励因素促使生物技术发明成功获得许可。

对于“许可方”来说，受到的激励包括获得：

- 超越所有者自身能力的开发和营销帮助
- 将学术发现用于临床开发
- 为进一步研究提供资金
- 在那些本不会研发的领域得到帮助

对于“被许可方”来说，受到的激励包括：

- 确保能够自由使用产品线
- 获得产品线的独占权
- 无须内部研究投入即可迅速跟上潮流
- 从行业领跑者那里获得技术和获得或培养受过良好训练的人员

因此，通过平衡内在的风险和潜在的回报，架构恰当的生物技术许可服务，有助于整合许可方和被许可方的激励点，实现各方共赢，使生物技术研发朝着商业化的方向迈进，造福所有人。

JOHN W. FREEMAN, *Principal, Fish & Richardson P. C., 225 Franklin Street, Boston, MA, 02110-2804, U. S. A. Freeman@fr. com*

1 Gradowski H. 2002. Patents, Innovation and Access to New Pharmaceuticals, July. *J. Int. Econ. Law* 5(4): 849-860.

2 104 F. 3d 489 (1st Cir. 1987).

3 See also, in this *Handbook*, chapter 4. 2 by C Nottenburg.

4 If those in the art cannot duplicate the material based on a written description and public starting materials, then patent law requires that the material be deposited with a public depository. Absent publication of a foreign patent or issuance of the U. S. patent, however, this deposited material is probably not available to the public, and it remains valuable confidential information.

5 52 F. 3d 1026, 34 USPQ2d 1444 (Fed. Cir. 1995).

6 104 F. 3d 489, 41 USPQ2d 1503 (1st Cir. 1987).

7 PL96-517 (1980); see 35 U. S. C. § 200 and following.

8 157 F. 3d 1340, 1372 (Fed. Cir. 1998).

9 (PL 100-73, 102 Stat. 4674 (H. R. 4972).

10 133 F. 3d 860 (Fed. Cir 1997).

11 126 S. Ct. 1281, 547 (US ____ 2006).

12 (Fed Cir. Slip op., August 16, 2006; 01-1532; 05-1120; 05-1121).

13 203 F. 3d 1322 (Fed. Cir. 2000).

14 964 F. Supp. 1454 (D. Kan. 1997).

15 964 F. Supp. 1469 (D. Kan. 1997).

16 203 F. 3d 1322, 1328 (Fed. Cir. 2000).

17 114 F. 3d 1547, 42 USPQ 2d 1737 (Fed. Cir. 1997).

18 379 U. S. 29 (1964).

19 63 USPQ 2d 1404 (7th Cir. 2002).

20 395 U. S. 100 (1969).

21 26 F. Supp. 2d 505 (WDNY1998).

22 228 F. Supp. 2d 467 (D. Del. 2002).

23 340 F. 3d 1367 (Fed. Cir. 2003).

24 386 F. Supp. 2d. 578, 582 (D. Del. 2005).

25 (Fed. Cir., August 4, 2006) (Slip op.)

26 We ignore for the moment the question of whether use of a screen patented in the United States to identify a compound renders the importation or use of the compound in the United States infringement of the screening patent under 35 U. S. C. § 271(g).

27 PL 106-113. Enacted 29 November 1999.

第11.2章

农业生物技术许可协议

理查德·S. 卡洪（RICHARD S. CAHOON）
美国康奈尔技术、企业和商业中心执行董事；康奈尔研究基金会高级副总裁

▌译者 梁燕 穆怀彬 ▌审校者 欧阳石文 张熠 张春义

摘 要

尽管农业生物技术许可协议与其他类型的许可协议有很多相似之处，但有一些独特的要素需要特别注意。本章首先讨论了相似之处，重点研究了所有许可协议均可通用的典型模板语言，概述了所有此类协议的基本架构和重点。接着转向农业生物技术许可的独特之处，重点讨论了单个技术和（或）产品受多重知识产权类型保护、自由实施问题引发的反专利许可使用费堆叠条款（Anti-Royalty Stacking）*、慈善和人道主义利用条款以及管理义务等问题。

1 引言

“农业生物技术”是一个相对宽泛的术语，包括细胞培养、发酵、生物加工、育种和畜牧业、诊断方法与仪器，以及植物病虫害的生物防治。农业生物技术知识产权管理和许可，是与应用核酸化学及相关技术开展动植物基因工程相关的一个重要且具有挑战性的领域。这些技术包括分离DNA功能片段（例如基因和启动子）的方法和材料、构建表达载体（即DNA序列的功能包），以及将基因稳定插入动植物体内的方法

Cahoon RS. 2007. Licensing Agreements in Agricultural Biotechnology. In *Intellectual Property Management in Health and Agricultural Innovation: A Handbook of Best Practices* (eds. A Krattiger, RT Mahoney, L Nelsen, et al.). MIHR: Oxford, U. K., and PIPRA: Davis, U. S. A. Available online at www.ipHandbook.org.

* 所谓专利许可使用费堆叠，是指标准使用者以一个标准支付给许多不同的标准必要专利权人许可使用费的现象。——译者注

和材料。本章将重点讨论这些问题（术语“agricultural biotechnology”和“agri-biotech”在描述这一领域基因工程时具有相同含义，即“农业生物技术”）。迄今为止，由于农业中绝大多数基因工程活动是围绕植物进行的，因此讨论的重点是与植物相关的技术。但是很多知识产权和生物产权管理及许可的原理，尽管是基于植物领域的农业生物技术，同样也适用于动物和微生物领域。

本章的主题是许可协议，探讨了许可协议的基本性质和目的：在分享特定权利和义务的情况下，两方或多方之间对特定产权的界定和转移。许可与“出售”的区别在于，财产的所有权不转移，仍属于最初的财产所有者。在许可中，所有权人（即“许可方”）会将某些占有权和使用权（但不是所有权）转移给这些权利的接受者（即“被许可方”）。

与任何领域一样，在农业生物技术领域创建许可协议，涉及对利益财产的准确定义、协议签署后许可方和被许可方对财产的确切权利，以及各方将持续履行的权利和义务。下文将对这一过程的构成要素予以定义，并就农业生物技术许可中出现的问题进行说明，还对首选的许可方法提出了建议。

2 农业生物技术许可的背景信息

一项农业生物技术发明是否能够获得许可，通常取决于如下一些重要的背景信息：

- 创建、研发和商业化农业生物技术产品的高额成本
- 政府法规在产品测试和商业化过程中的关键作用
- 公众对农业生物技术产品的认知和接受的重要程度
- 开发农业生物技术产品时，使用多种不同（通常是专有的）技术的必要性

最后一个问题引出了以下相关问题：

- 单个产品具有多个技术所有者所造成的“反公地悲剧”问题
- 农业生物技术和产品的自由实施（freedom to operate，FTO）所带来的挑战
- 专利许可使用费堆叠问题，即每一个专有技术拥有者都期望从销售中获得可观的专利许可使用费
- 任何一种技术或产品中都同时存在着多种产权形式
  - -发明专利
  - -植物专利
  - -植物育种者权利［例如，基于《国际植物新品种保护联盟公约》（UPOV Convention）的植物新品种权］
  - -商业秘密
  - -商标
  - -有形生物资产
- 农业产业的独特属性
  - -利润率低
  - -商品经济

-国家粮食安全问题

-对饥饿和营养不良现象的人道主义关怀

3 农业生物技术许可概述

上述因素共同构成并限制着农业生物技术许可协议的条款和条件。例如，农业生物技术的知识产权工具涉及多方面问题，要求对许可包含的知识产权类型和范围进行慎重的描述。许可中是否包括新的植物品种专利权和植物新品种权？许可中是否包括对有形材料（例如种子、植物插条或组织培养物）的有限占有权？

同样，授予被许可方的权利，其确切性质也必须在许可协议中给予明确的说明。该授权是否仅限于以自由测试为用途的非排他性权利，或制造、使用和销售专有权？授权是否包括技术、产品及其相关未来发明改进的权利（例如，授权培育、使用、销售一种转基因植物，是否包括使用传统育种技术与该植物进行杂交的权利）？授权是否允许被许可方拥有进一步开发的权利？例如，授予被许可方转基因植物的权利是否包括将基因表达载体的单个组分（单独或组合形式的）应用到被许可方创造的其他表达载体和“转基因植物事件”中？农业生物技术许可还应明确规定授予被许可方分许可的确切权利。例如，分许可是否仅限于特定的转基因事件或遗传成分？最后，这些权利的地域范围是什么？是否在一个国家许可某些权利，而在另一个国家则不予许可？例如，可以将育种权限制在一个国家，而将销售权许可给另一个国家。

商品性农业行业典型的低利润率，自然降低了技术所有者对专利许可使用费的期望。出于类似的原因，药品行业所特有的前期高额许可费在农业领域也不大可能产生。

权利的反面是义务，许可协议中的若干章节将界定被许可方的义务。最重要的是付款义务。需要定义被许可方应支付的费用，包括许可费、按产品销售量确定的提成费、里程碑节点付款，以及知识产权费用。这些义务由不同的架构、时间表和专有术语进行定义。在农业生物技术许可中，里程碑节点可能包括成功开展田间试验、获得监管部门批准，以及产品首次销售。被许可方的其他义务还包括遵守适用法律、承担业务风险，以及产品质量保证。许可中还可能包括被许可方的如下义务：强制性分许可、商业开发的勤勉义务、标签要求、商标使用、保密性，以及某些特定的慈善和人道主义用途要求，尤其在发展中国家。

许可协议中也可能包含对许可方的要求。例如，许可方有义务在一定时间内提供规定数量的生物材料。同样，可能要求许可方提供专有技术，和/或数据、文件以及相关信息。有时，许可方还有义务开展某些测试或实验室工作，提供未来的开发和改进。毫无疑问，许可方有义务保证其确实拥有的所有权、产品性能以及被许可的知识产权没有受到侵犯，等等。

当然，许可的当事各方有义务遵守一系列标准合同的法律要求，例如正式通知、合同修订条款、争端解决、名称使用以及确定法律救济措施和地点。尽管合同的每一部分都有一定的重要性，但其中法律标准语言、陈述和保证部分尤为重要。这些措辞准确界定了各方所做的承诺，必须经常仔细审查。

农业生物技术许可协议的重要部分将在下文中详细介绍，该技术领域许可所特有的一些含义也将一并讨论。

4 农业生物技术许可协议的重要章节

4.1 前言

前言部分清楚界定了协议各方，并提供了协议背景和内容，这些并非是农业生物技术许可协议所特有的。像任何许可协议一样，如果仔细撰写，“鉴于”条款会为协议的术语和条件提供良好的背景信息。

4.2 知识产权界定

在授予农业生物技术许可的过程中，准确界定协议所涵盖并转移的知识产权至关重要，并应准确描述生物材料。例如，协议应附一套完整清单，包括已命名的作物育种品系、细胞类型及细胞系、质粒等。所有的专利、专利申请和植物保护证书都应列在附件里，包括序列号及其适用的国家。还应明确授予权利中涵盖哪些专利及专利申请的衍生案，包括继续申请、部分继续申请、分案申请和复审等。

4.3 权利的授予

许可协议中的这部分内容，拥有所有权的许可方应准确定义向被许可方转移的权利。在农业生物技术领域，这类权利很可能会混在一起授予。例如，被许可方可以获得出售特定转基因植物株系的排他权，但不得制造该株系的变异体。授予被许可方的转基因植物株系的商业独家经营权很可能不包括单独或以组合的形式制造、使用或出售基因表达载体组件的权利，而只是作为特定转基因植物不可分开的一部分。

权利的授予还应界定地理区域使用限制。与任何知识产权一样，农业生物技术专利也是限定国家的。但在农业生物技术领域，可能会限制具有制造和销售权的国家出口。此外，农业生物技术的许可方经常激励被许可方进行分许可，特别对于被许可方实力不够甚至无法涉入的市场，分许可方却能占据一席之地时。因此，分许可权的授予及其范围是一个很重要的问题。

农业生物技术领域中，界定被许可方是否可以使用该技术创建新的变异体至关重要。例如，被许可方是否有权将独家许可的植物株系与其专有种质杂交？如果可以的话，是否会影响许可中的其他条款，如已有的提成费相关条款？

授予权利需要明确界定排他权的性质，以及这种排他权的时间限制。例如，某些独占许可仅提供5年左右的独占周期，之后将恢复许可。非排他性许可在农业生物技术许可中很常见，但也经常会授予独占、排他和联合排他许可。最后，农业生物技术许可中关于权利的使用范围也相对特殊。在农业生物技术许可中，使用范围通常是指一种作物类型，可以是广义的，也可以是狭义的。例如，权利授予的范围包括制造、使用和销售使用该技术所创造的所有单子叶植物和双子叶植物。或者，授权范围可能仅限于单子叶植物，或仅限于玉米。授权使用领域在许可农业生物技术基因表达载体组分（如基因、选择标记、翻译增强子或启动子）中尤为普遍。这是由于这些技术通常具有普适性。

4.4 对价

协议中对价是最为常见的一部分。它在所有许可协议中都是通用的，包括农业生物技术领域。许可值多少钱？许可有多大价值？这些是对价部分中需要处理的标准问题。该部分重点讨论许可方的机会成本，以及许可的潜在价值、开发成本和市场潜力。农业生物技术许可会提供种质资源交换，以及获取许可方拥有的其他技术。例如，被许可方可能会为掌握基因表达载体的许可方提供有价值的种质资源，以便未来进行转化。如上所述，农业生物技术许可的许可费通常更低，而且在商业开发阶段通常采取里程碑节点付款的方式。

4.5 支付提成费

同大多数许可一样，农业生物技术许可协议包括与销售额挂钩的提成费条款。通常，这项费用是净销售额的一个百分点。由于农业利润率很低，该百分点几乎总是小于10%。事实上，1%~5%的提成费是最常见的。

农业生物技术专利提成费比率设置的一个相对独特的问题，是专利提成费堆叠问题。这个问题之所以会产生，是因为一个农业生物技术产品中包括若干不同的知识产权或有形资产，每个所有权人都希望从销售中获得合理的提成费。所有权人会将他们的提成费期望“堆叠”到每种产品的销售上。虽然2个或3个独立的提成费堆叠相对可控，但是如果存在多个所有权人，并且或许每个所有权人都期望很大比例的提成费时，就完全失去了控制。例如，4个或5个不同专有技术部件的不同所有权人，每人都要求得到一半利润，这种情况很常见。显然，这种提成费堆叠使农业生物技术产品商业化在经济上不可行。农业生物技术许可的提成费堆叠相关条款，旨在解决这个问题。尽管这类条款非常难以协调，但在实施时，它们可以提供一个按比例共享的解决方案，并且可以在技术所有权的组合体随着时间发生变化时而进行自我调整。其他流行的提成费机制还包括根据某种附加值计算公式，以固定数额支付。例如，在美国，具有抗鳞翅目和/或抗除草剂的转基因玉米（即BT玉米或抗草甘膦®玉米）的提成费是按每袋种子收取固定的技术费用。另外，也可以利用返利、商标使用、奖励和其他机制调整固定费用的数额。

4.6 支付最低提成费

支付最低提成费并非是农业生物技术许可中独有的，在所有的排他性许可中都很常见。在农业生物技术许可中，此类费用往往与授权的范围有关，尤其是与使用的地域和领域有关。例如，许可方可以用增加或者减少最低提成费作为一项激励（或抑制）措施，激励被许可方对某些特定的作物类型或在某些国家开展商业化运作。

4.7 慈善和人道主义用途

农业生物技术许可中，常常会迫于压力而设立慈善或人道主义条款，特别是如果涉及的作物是发展中国家的主要粮食作物（例如大米或小麦）时。设置这些条款的目的，是在商业领域和直接影响贫困国家人口用途之间划分明确的界限。尽管有多种方法来确定这些界限，但通常以生产规模和商业活动范围为基础。这些界限的设定取决于农作物、国家以及特定的社会经济状况。例如，在孟加拉国，种植3棵鳄梨树很有可能被定为慈善用途，种植25棵树不一定被视作慈善用途；而种植500公顷将毫无疑问被看作是商业性的。然而，如果这500公顷土地被一个非营利组织用于养活穷人，则很可能被视为慈善用途。认真设计并实施慈善用途的界限至关重要，同时也要持续监测其合规性。当涉及发展中国家的主要作物时，应始终考虑慈善用途。然而，这些条款不应用于掩饰具有商业规模的用途。

在商业化的农业生物技术许可中，慈善或人道主义用途条款通常会指定第三方来负责执行非商业化的部分。许可协议可以通过某些特定的条款，诠释商业化的被许可方和执行慈善用途的被许可方之间的关系。技术所有权人和非商业合作伙伴之间，可以制订一个单独的慈善用途许可。此类许可通常也包含提成费或其他付费义务。但是，为了确保实现慈善目标和商业目标，被许可方需要承担对技术和产品的严格控制及监控义务。尽管许可方为慈善放弃了收取提成费，但慈善被许可方需要征收象征性的费用，以支持技术的传播。商业化的和慈善用途的许可都必须经过设计，以增强且不妨碍实现每项协议的各自目的。

4.8 技术的管理

农业生物技术许可授权过程中，经常出现管理问题。尽管管理的准确定义尚不统一，但一般是指在新技术进行商业开发及传播过程中的持续监督和指导。它通常明确了在长期使用转基因作物的过程中，维护许可方整体利益的重要性。农业生物技术许可中的管理条款主要涉及以下内容：如何顺利获得监管审批、良好的政府关系、有效的公共关系管理，以及减轻因操作不当或欠佳而造成产品功能损失。例如，农业生物技术许可中的管理条款，一定会要求被许可方采取行动避免影响监管审批，避免损害相关政府人员与被许可方和/或许可方之间的关系。这些条款还规定了许可方和被许可方的权利及义务，使许可方能够对公共关系保持有效控制。最后，在技术方面，管理条款用于规定强制实施某些特定的作物管理技术，例如轮作、缓冲区和害虫避难所，以避免转基因作物病虫害抗性的不断发展。

4.9 执行与诉讼

成功的农业生物技术产品都有一段出名的专利侵权诉讼史。大型农业生物技术公司，如孟山都、先正达、拜耳和先锋良种国际有限公司（现在是杜邦的一个部门）都曾卷入过彼此间的或与其分许可方间的大量且复杂的专利侵权诉讼案中。尽管人们普遍对诉讼持排斥态度，但无法避免。因此，农业生物技术许可应包括执行与诉讼条款，以备不时之需。

5 实践案例

康奈尔大学在农业知识产权许可方面的悠久历史始于兽医疫苗。20 世纪 30 年代初，康奈尔大学成立了其专利和授权附属公司——康奈尔研究基金会（CRF），为这些动物疫苗申请专利并进行许可。在这之前的几年，康奈尔大学已经开启了非正式的技术转移工作程序，向纽约农民提供新的作物品种。利用这一非正式方式，康奈尔大学通过纽约品种改良计划（New York Seed Improvement Program，NYSIP）将新的品种种子转让给私营部门（农民），这是康奈尔大学农业与生命科学学院纽约农业试验站的一项职能。虽然本身并不是许可，但纽约品种改良计划（NYSIP）长期以来已形成传统，为农民提供康奈尔大学研制的种子，而农民给该计划象征性地支付一定费用作为交换。康奈尔大学知识产权技术转移的做法沿用至今，纽约品种改良计划（NYSIP）将这些种子以非排他性的方式从大学转移给私营部门。

非排他性许可反映了康奈尔大学的公共使命，以及希望康奈尔大学的技术得到广泛传播的根本愿望。纽约品种改良计划（NYSIP）种子推广的历史如此悠久，因此在兽医疫苗之后，康奈尔大学开始努力申请农业领域的专利并以非排他性许可的方式转化木本、藤本植物和其他果实的新品种，也就不足为奇了。20 世纪 80 年代初期，康奈尔大学启动了一项新的关于树莓和草莓品种的专利和许可计划。开展这项活动的部分原因是受新入职的新一代植物育种家驱动，他们认为政府赠地大学开展植物育种工作，其职责的重要组成部分是专利和许可。而负责康奈尔大学苹果和其他果树品种的传统育种者，则对这种利用知识产权控制新品种传播的观念持抵制态度。他们更喜欢传统方式，即将新的果树品种公之于众，置于公共领域，不涉及知识产权、不控制推广传播，也不为康奈尔大学或其育种计划带来任何经济回报。

康奈尔大学推出苹果品种“乔纳金”（Jonagold）后，这种将品种置于公共领域的传统观点开始改变。尽管这一品种在美国并不算成功（经常被贴上其他更普通的苹果品牌），但乔纳金在整个欧洲都非常受欢迎。多年来，它是最受欢迎的欧洲苹果。但是，由于康奈尔大学没有为该品种申请保护，没有获得当地的知识产权，因此这一市场畅销品种并没有为康奈尔大学带来经济效益。这一事实，再加上州和联邦政府对苹果育种的支持力度开始下降，彻底改变了康奈尔大学特定群体中传统的“公共领域”思维定式。

自 20 世纪 80 年代中后期以来，康奈尔大学开展了一项专利申请和国内许可的综合计划，涉及苹果、樱桃、李子、葡萄、苹果砧木、树莓和草莓。这些许可都是非排他性的、简单的两页纸合同，规定在出售植物时向康奈尔研究基金会（CRF）支付提成费。这些许可没有规定支付预付费用或最低门槛费用。虽然这些许可实现了康奈尔品种得到广泛使用的目标，但仍有不足之处，因为非排他性的被许可方很少或根本没有动力投资开发许可品种的市场。因此，每个被许可方的销售量仍然很少。在一个极其罕见的情况下，康奈尔大学决定独家许可一个名为“沃森”（Watson）的树莓品种，收取高额的许可费、最低数量的许可使用费，以及按销售收取较高比例的提成费。康奈尔大学及其果树育种计划从这项许可中获得了经济上的成功，并极大地推动了沃森品种（Watson）的市场占有率。但这一独家许可在政治层面却是失败的。康奈尔州的各类政治选民，包括农民、苗圃主、州立法者和其他人，都对这项许可表示抗议。因此，截至目前，所有康奈尔大学水果品种的国内许可都是非排他性的。尽管从这些非排他性许可中获得的许可费已经为康奈尔大学的水果育种人员提供了巨大的支持，但人们不禁要问，如果允许以排他性许可来刺激市场发展，康奈尔大学的水果品种在市场上是否会取得更大成功？

尽管康奈尔大学在作物领域坚持采用非排他性许可，但在兽医技术领域推行的却是排他性许可方式。这不仅考虑到被许可方将产品推向市场需要大量的投资，也是因为动物卫生领域没有针对排他性许可采取政治抵制。这些情况也同样存在于食品加工和农业设备领域。在整个 20 世纪 70 年代、80 年代和 90 年代，康奈尔大学获得专利并独家许可的几种食品生产工艺包括：鸡蛋巴氏灭菌法和蔬菜蒸汽杀青，以及超临界二氧化碳流体挤出机。后者的独特之处在于，销售使用专利机器所制造的食品，需要为许可的设备支付提成费。

在同一时期，还有许多生物防治技术获得了专利并被许可，所有都是独家的。其中有两项格外引人注目，因为这些技术通过初创公司进行了商业化运作。在这两个案例中，康奈尔研究基金会（CRF）获得了这些公司的股权。名为 Bioworks 的纽约公司出售一种控制植物病害的专利保护真菌。Bioworks 是一家私营公司，康奈尔大学与这家纽约公司保持着密切的联系。第二家公司，Eden Bioscience 在纳斯达克上市交易，负责康奈尔大学专利发明的最大股权清算事件之一。

允许康奈尔研究基金会（CRF）取得初创企业的股权，作为专利许可的一部分，这项决策是一个重要的分水岭。20 世纪 80 年代末做出这一决定，是由植物生物技术中最早也是最重要的发明之一——“基因枪”推动的。基因枪，基于生物弹道学（biolistics）方法，是由康奈尔大学的教授约翰·桑福德（John Sanford）和爱德华·沃尔夫（Edward Wolf）发明的。康奈尔研究基金会（CRF）为这项发明申请了专利，但未能成功地将其授权给已有的农业相关公司。桑福德（Sanford）和沃尔夫（Wolf）成立了一家名为 Biolistics 的公司，该公司最终被杜邦（DuPont）收购，杜邦公司正积极从事设备的商业化运作。由于康奈尔研究基金会（CRF）拥有 Biolistics 公司的创始人股权，它从该公司出售给杜邦（DuPont）公司获得了巨大利益。

尽管 Biolistics 公司的故事在许多方面都称得上是技术转移的成功案例，但早期的参与者并没有完全意识到许可协议中某些知识产权内容的特定含义。尤其是，康奈尔大学未能保留将该发明用于研究和技术转移的权利，也未能从商业许可中剥离出慈善或人道主义用途。这就给那些想使用这项技术但无法遵守杜邦（DuPont）及其分许可持有者限制条件的人带来了问题。事实上，康奈尔大学已经因缺乏远见而受到质疑，这或许是对的。然而，在当时，几乎没有人能了解农业生物技术许可的全部含义，其在很大程度上是未经证实的。

基因枪的经验产生了一个非常积极的结果。基因枪之后，康奈尔研究基金会（CRF）许可的每一项发明都可用于慈善和人道主义用途。此外，康奈尔研究基金会（CRF）的所有许可都明确包括以下条件：确保在任何地域对任何作物都勤勉地利用康奈尔的技术。

从基因枪一事获得经验后，康奈尔大学和康奈尔研究基金会（CRF）对农业生物技术许可采取了双管齐下的办法，即采用非排他性和排他性两种许可方式。非排他性许可更为常见，但当授予排他性许可时，往往严格要求被许可方在所有应用中均要勤勉发展，并要切分出针对慈善事业和“孤儿”作物的应用。例如，“过敏蛋白”（harpin）技术就是在两套不同的条款下许可给 Eden Bioscience 公司的：一个是对 harpin 蛋白的局部应用（用于控制植物疾病和提高产量），另一个是 harpin 基因的转基因表达。分别提供了两套尽职要求和财务条款。

在农业生物技术领域，康奈尔大学非排他性许可策略的一个很好的案例，是水稻 actin 启动子的许可。这一启动子是在水稻中发现的，在单子叶作物中具有广泛的用途。它在转基因玉米中具有独特的用途，已被应用于具有抗除草剂和抗虫复合性状的玉米品系中。水稻 actin（肌动蛋白基因）启动子在玉米中应用，引起了广泛的许可兴趣。康奈尔大学的非排他性许可策略，成功地传播了这项发明，同时得到了合理的补偿收益。然而，由于各种非排他性许可的被许可方具有不同的商业模式，使许可工作变得复杂起来。尽管康奈尔大学试图坚持使用一套标准的许可条款，但每一个后续的被许可方都要求根据其特定的商业模式修改条款。为了对所有被许可方保持公平，康奈尔大学变更许可条款时要平衡权利和义务。例如，对分许可条款作出重大调整。当然，就启动子本身而言，是不允许进行分许可的。然而，分许可方在多大程度上可以开发新的杂交品种，一直是许可谈判的焦点。

水稻 actin 启动子非排他性许可策略的一部分内容，是一次性付清入门费和提成费的混合许可。农业生物技术产业企业曾被要求一次性付清许可费用，业内人士常常抱怨按每笔销售提成许可费造成了沉重的财务负担。而这样的条款使许可方很难获得可观的回报，除非一次性付清的金额非常非常大。所以，康奈尔大学发展出了一种收取许可使用费的组合方法，被许可方不必为每笔销售分别支付提成费；而是在达到特定的里程碑节点后一次性支付款项（按照预先约定的金额）。例如，在签署协议、首次成功进行田间试验、首次获得行政审批、首次销售以及首次销售三周年等时间节点支付款项。

如今，康奈尔大学采用了多种许可策略，确保实现将技术推向市场的自定目标。这种做法在很大程度上依赖于非排他性许可，但排他性许可更容易被接受。康奈尔大学将继续尝试新的、创新性许可策略，以实现多重使命。

6 结语

农业生物技术许可协议，与其他基于知识产权的技术许可协议有许多相似之处。大部分标准、法律模板文件与任何其他技术许可协议都很类似。然而，农业生物技术有其独特之处。差异在于：

- 单个技术和/或产品通常受多个知识产权类型保护
- 自由实施的问题推动了要采用反垄断条款
- 慈善和人道主义使用条款

• 管理义务

通用条款、架构和合同惯例，也是这一技术领域的组成部分，但农业生物技术及其产业的复杂性决定了每项许可协议都是独一无二的，具有特殊的固有机制，促使许可方与被许可方达成一致。希望这篇综述能够使我们更进一步了解农业生物技术许可的共性和个性特征。

RICHARD S. CAHOON, *Executive Director, Cornell Center for Technology, Enterprise & Commercialization and Senior Vice President, Cornell Research Foundation, Cornell University, 20 Thornwood Drive, Suite 105, Ithaca, NY, 14850, U. S. A. rsc5@cornell.edu*

第 11.3 章

植物品种的引入许可和对外许可

马林 · 尼尔森（MALIN NILSSON）
瑞典 Svalöf Weibull AB 公司*谷物和油料种子价值链部市场营销经理

译者 赵金梅 孙娟娟 审校者 欧阳石文 张熠 邓欣

摘 要

品种许可是植物育种公司和研发机构将品种商品化并向农户高效转移技术的途径。随着种子产业日益私有化，国内和国际市场获得新品种许可的兴趣在不断增加。同时，资金压力提高了公共育种部门通过对外许可实现品种商业化目标的需求。随着种子行业越来越透明，市场应该会看到，通过许可提供品种的国外公司会投入更多的资金。这也相应地促进了本国种子生产和品种测试的发展。被许可方和许可方应重点关注许可协议中的实质性内容，特别是植物材料和地域的排他性、植物新品种保护、品种测试、国内注册、许可使用费支付和信息交换等。本章旨在为未来的许可方和被许可方就品种引入许可和对外许可中存在的实际问题提供指导。

1 引言

品种许可能够促使育种公司或研发机构将其产品（植物品种）商品化，同时也是技术转移的有效途径。品种中所蕴含的新技术，以遗传改良为代表，大多数表现为农艺性状改进，通过向种子公司许可品种的生产经营权而推广给农民。品种许可，其本身是品种所有权人或授权代表与希望将品种商品化的企业法人达成的协议。

Nilsson M. 2007. The In-and Out-Licensing of Plant Varieties. In *Intellectual Property Management in Health and Agricultural Innovation*: *A Handbook of Best Practices* (eds. A Krattiger, RT Mahoney, L Nelsen, et al.). MIHR: Oxford, U. K., and PIPRA: Davis, U. S. A. Available online at www.ipHandbook.org.

* 瑞德合资从事基因作物改良的公司。——译者注

如 Louwaars[1] 所述，制定种子政策遇到的第一个问题是种子具有双重功能。种子是技术转移的方式，而种子本身也是一种商品。这两种功能是建立长期有效的品种引入许可和授权许可的最重要问题之一。新品种的种子所蕴含的技术很容易大规模地转移给农民，并且可以立即使用。在很多国家，公共育种机构无偿给种子生产者和农民提供品种。而免费提供品种，就很难通过支付许可费的方式对品种改良工作予以认可。

技术的进一步应用和改进，要依赖种子的另一个功能，即商品功能。种子必须用于贸易。一旦种子在市场上流通，就会有部分利润投资到下一步的育种工作中，以及新技术、新品种的开发中。这种激励，尤其使私营种子企业等受潜在的投资回报驱动而不断地开展作物育种。

私营种子企业的发展将会加剧竞争，并会加快努力覆及更大范围的农业社区。小型和中等规模种子企业需要通过引入许可品种，发展产品组合（而公共育种机构需要通过品种对外许可增加收益）。种子产业私有化和透明度不断增加，将会吸引外国公司加大投资，这些公司希望通过许可提供品种，继而也促进了本地的种子生产和品种测试发展。

获得新的品种需要妥善处理知识产权相关事务。品种许可协议可以解决这个问题，也为新品种的开发和引进提供了途径。品种许可协议可分成两个主要部分：第一部分包括各方当事人的关键权利与义务条款，以及构成许可框架的各种条件，这些条款要确定合作的标准并列出当事人想要达到的目标；第二部分为“程式化”条款，这些条款并不是许可协议所特有的，而是法律相关条款（例如仲裁的处理方式、相关法律、合法性、财产的可转移性、保证及不可抗力等）。本章的目的是指导撰写品种许可协议的第一部分，其中的关键因素包括以下几个部分：

- 排他性
- 地域
- 被许可材料的评价
- 种质资源的保护
- 国家登记注册和植物品种保护
- 许可使用费
- 协议终止效力
- 向许可方报告

本章中，“育种者”（breeder）和“品种所有权人”（variety owner）两词可以互换，是指育种公司、个人育种者或具有被许可植物材料合法所有权的个人。

2 许可的驱动力

2.1 引入许可

植物品种引入许可，通过满足用户需求而提高市场占有率或竞争优势。植物品种引入许可最明显的理由是可以提升或完善公司的品种组合。这对自己拥有育种项目的育种公司以及采用排他性许可引进品种的公司都成立。公司已经拥有育种项目的品种，或者市场感兴趣的品种，就有可能引入许可。公司从品种所有者手中得到许可品种供应市场，满足农民、加工业和消费者对特定产品的需求。这些客户可能需要现有市场上并不存在的品种，或者农艺性状经过改良的或营养价值高的品种。

育种公司和种子公司可以通过引入许可获得新技术（如杂交品种），即使育种公司本身没有机会使用杂交体系进行品种开发，也可以从这些新技术中获益。另一个优势或者说是附带作用，是育种者可以在品种培育的早期，将育种材料与竞争对手的材料进行比较。

2.2 对外许可

公司对外许可其品种，主要是为了让其他公司在本公司不能覆盖的市场生产、销售自己的品种，从而获得最大的投资回报。例如，小型或中等规模的育种公司可能没有资源在本国或其他国家建立自己的销售网络。因此，这些公司将品种对外许可给其他公司，可以充分挖掘其育种项目的潜力。

2.3 植物品种保护

《植物新品种保护法》（PVP）为品种许可提供了动力，其重要性怎么强调都不为过。植物品种保护所授予的知识产权，即植物育种者权利（PBR），激励着育种者开发作物新品种。反过来，又促进了农业可持续发展，为农场主和种植者带来了新的或改良品种，普遍改善了他们的经济状况。然而，如果法律不认可被许可品种的所有权，品种所有权人就很难从品种开发中收到投资回报。有效的植物品种保护法律可以维护品种所有权人和农场主的利益，促进技术转移，并激励进一步投资开发新的植物品种。在很多国家，植物品种保护立法都是基于《国际植物新品种保护联盟公约》（UPOV），该公约有3个修订文本（分别于1961年、1978年和1991年通过）。当前已有61个*成员[2]加入了该公约。《国际植物新品种保护联盟公约》是签约最广泛的联盟公约，形成了专门针对植物新品种的知识产权保护体系。不是全部成员都签署了公约的最新文本，但是所有新加入的成员都被要求签署该公约的1991年文本。

公约各文本的主要差别将影响许可的途径。这些差别包括植物新品种保护法保护范围所覆盖的植物属、种、植物育种者豁免（也就是对育种者、农民或作物的豁免，也被称为“农民特权”）、保护时限，以及植物育种者权利的保护范围。公约的最新文本强化了育种者权利：成员必须对所有的植物属、种提供保护［第二章，第13条（1-2）］；育种者权利的保护期限延长了5年［第五章，第19条（2）］；扩展了保护范围，将出于繁殖的目的、出口、进口、贮存等情形包括在内［第五章，第14条（1）］。将农民特权作为植物育种者权利中的非强制性豁免［第五章，第15条（2）］。因而可能会限制农民使用已获得许可的在自己土地上收获的受保护品种材料作为繁殖材料。这种繁殖材料一般被称为农民自留种（farm-saved seed，FSS），该豁免权在

* 截至2021年2月，已有77个成员。——译者注

UPOV公约1961年和1978年文本中都属于基本权利（尽管在UPOV公约1961年文本和1978年文本中，该豁免权都不是可选择的，但却没有像1991年文本那样进行明确定义）。

UPOV成员的植物品种权保护立法应做到有案可查，而不致给未来的许可方和被许可方带来任何大的问题。了解这些文本的不同之处，有助于制定品种许可协议。另一方面，对非成员的植物品种保护（PVP）立法施加影响可能更难，因此强烈建议许可方尽可能多地收集新地域的植物品种保护体系相关信息，以便能够相应地调整其许可策略。

3 品种许可的关键问题

在起草许可协议时，不管是引入许可还是对外许可，最重要的是就协议的核心问题进行讨论和商定，奠定良好的合作基础。

3.1 排他性

以下针对排他性的讨论分成两个部分：第一部分讨论许可中授予的权利；第二部分明确定义授予排他许可的材料。

非排他性许可很少见，经验表明，育种者更愿意进行排他性许可，而不是非排他性许可。育种者倾向于排他性许可，因为他们相信在排他的情况下，双方的承诺更有效。一个好的品种具备竞争优势，并且可以通过排他性的权利为公司产生效益。让品种获得尽可能大的利润符合许可双方利益最大化的目标，排他性权利带来的承诺被认为是使品种达到最大市场占有率的主导力量。事实上，以非排他性许可为基础开展工作，其市场潜力确实更小。

下面将更详细地介绍影响排他性许可的各种因素（如授予作物或品种排他权的所在地域）。

3.1.1 授予的权利

授予被许可方的排他性权利，通常对应于部分或全部的植物育种者权利（PBR）。根据《国际植物新品种保护联盟公约》（UPOV）1991年文本[3,4]的定义［第五章，14条（1）］，下列行为须事先得到育种者的同意：

- 生产或繁殖（增殖）
- 为繁殖而进行的种子处理
- 许诺销售
- 销售或营销
- 出口
- 进口
- 用于上述目的的原种制作

这些条款将作为讨论被许可方行使权利的出发点。决定许可类型的最重要因素包括：以往的经验、种子生产和被许可方可利用的分销渠道、被许可品种的类型和植物品种权保护。

下面是两种主要的许可类型。第一种许可是“分销许可”，包括被许可材料的营销和销售。第二种是“生产许可”，除上述权利外，还包括种子繁殖和生产的权利。对于容易且可迅速扩繁的品种，例如那些种子小、播种量低的品种，许可方更愿意自己控制全部或大部分种子生产。这种情况很少采用排他性的分销许可。对于播种量高、增殖倍数低的品种（如谷物），对于被许可方来说商品种子运输成本可能较高，通常会优选生产许可。

育种者可以通过限制提供以繁殖为目的的种子，而部分保留品种保护权利。如果许可方的授权仅限于营销和销售，能更好地保护品种，因为育种者不必将内控体系中的早代种子释放出来用于繁殖。然而，在特定情况下，最后一代种子，或商品种子可能更昂贵，因为种子必须在不同国家之间运输或在一个国家内长距离运输，导致种子的总成本增加。如果授予被许可方繁殖和生产种子的权利，将会减少许可方的利润（种子本身实际的销售收益），因为收入就只能基于许可使用费（许可使用、繁殖、销售等而产生的收益），而不能基于销售利润和许可使用费，即利润更丰厚的双重收入流。然而，生产许可也可能对许可方有利，因为种子繁殖期间的风险可以分散出去，也会分散种子生产环节的各项成本。

有太多因素会影响种子成本[5]，从育种者到农民这一交易链，成本很高会产生大问题。交易成本高会导致种子价格昂贵，从而使该种子的市场销售更难进行。对于大量使用农民自留种（FSS）的国家或者公共品种占市场主流的国家，尤其如此。在这些国家，很难实现种子营销，因为农民会因为价格低廉而选择上述两类种子。不过，如果被许可方具备种子生产所需的基础设施（基本上具备种植、收获、加工、储存和运输种子的能力），当接纳新的品种时，也可以将生产成本保持在较低水平。对于被许可方来说，这将会增加种子的价值，并改进当地农业生产。不过，如前所述，将种子生产权转移给小规模企业，将会分散种子生产的风险，降低种子运输成本，因为种子可以在靠近市场的地区生产。

允许被许可方繁殖种子的代数也是一个重要议题。一般来说，繁殖代数按个案情况而定，而不是由许可协议统一规定。许可时，应参考国家立法以及国际规定和指南[例如，经济合作与发展组织（OECD）[8] 所规定的《OECD 种子方案》[6,7]]，这些资料中规定了种子繁殖的代数。由于繁殖系统会影响特定品种的稳定性，所以异花授粉和自花授粉品种的繁殖代数是不同的。

被许可方对杂交品种行使的权利通常仅限于商品种子的营销和销售。杂交种子的生产要比常规品种种子生产费用更高、更复杂。杂交亲本归所有权人控制会影响对外许可杂交种子生产的可能性。而且，许可方控制杂交种子生产，在一定程度上可以保护杂交亲本。此外，在一些司法管辖区（例如，美国），自交系可以作为商业秘密加以保护。或者通过法律和技术的准确界定，将种子中蕴含的“信息”作为商业秘密进行保护。

许可方可能希望限制被许可方从许可方以外的其他途径进口种子的权利，可能也希望限定从特定的区域出口种子。相反，被许可方可能希望保留这些权利，而且常常不太希望限制种子的进口和出口，因为这种做法可能被法律所禁止。例如，根据欧盟（EC）的《共同体植物品种权条例》（CPVR）［第三章，第 13 条第（2）款）］[9,10]，受保护品种从欧洲共同体（EC）出口以及按合同范本向欧共体进口都需要所有权人授权。欧共体成员国之间，受保护品种材料以繁殖为目的（即种子世代高于认证的种子）的进出口是受限制的。

3.1.2 定义许可材料

针对排他性讨论的第二部分是关于许可材料的定义。能否得到许可方准备给被许可方的品种，取决于诸如早期经验、市场渗透能力、被许可方现有品种的组合，以及与其他育种者的持续合作等因素。提供材料的具体规模也需根据不同情况来确定，许可方的材料可以按不同级别授予排他性：

- 单个品种
- 选定的作物/种属
- 所有的作物/种属

初次建立合作关系时，最常见的排他性许可是优先购买权（first right of refusal），或许可方提供的单个品种排他性许可。许可方可以提供几个品种供选择，或者允许被许可方从多个品种中挑出候选品种进行商业化。许可方可以在同一地区通过其他营销渠道自由地安排其余品种。仅对单个品种进行排他性许可，许可方就有机会评估被许可方商业化许可品种的能力。这是在多个被许可方中分配许可品种的策略，同时也能激发竞争，从而在特定市场获得更大的市场总份额。

将育种项目中全部品种的排他性权利都授权给被许可方的案例极其少见，但是这也取决于许可方推出的作物或品种的数量。育种者与被许可方之间的这种排他性关系，可能源于公司之间长期战略合作关系的要求，希望加强与关键合作伙伴或者母公司/子公司之间的联系。

另外一种类型的排他性许可，是对选定的作物或品种授予排他性权利。在从事种子贸易人数很有限的国家，参与者可能专注某些特定作物。在这种情况下，对育种项目中的所有材料都授予排他性许可可能是恰当的。

在特定环境下，排他性可能会限制公司或公共机构的育种工作。公司的育种项目也会得到公共部门或外部资金的全部或部分资助。这些资金可能会附加一定的条款，限制育种者选择对外排他许可。公共育种部门也可能无法选择授予被许可方排他权，因为这样会限制公众使用所述的品种。

许可协议可以规定由同一许可方持续提供新品种。如果许可协议仅限于单个品种，则需要每一方当事人提出请求才能持续获得授权，并写入书面协议中。对于合作范围更广泛的品种，明智的做法是根据可为各方提供的数量和对方的要求，确定每年提供给被许可方的新育种品系或品种的数量。

3.2 地域

地域定义了被许可方有权行使排他权的地理区域。地域不一定限于一个国家，可以是国家的一部分，或者更多的国家、洲，甚至全世界。

然而，在品种许可中，最常见的地域是限定在一个国家。根据被许可方的市场覆盖能力，地域范围也可能更适合定义为一组国家或已建立的联盟，例如，欧盟[11]、非洲联盟[12]、南方共同市场（the Mercosur）[13]。在这些地区，植物品种保护、种子贸易和其他相关领域的共同规则更为协调一致。这些联盟所包含的成员会随着时间而变化，因此签署协议时，建议在许可协议中将联盟明确定义为其成员。

地域的定义可能受已有的植物品种保护立法情况的影响。如上面所述，不是所有国家都是植物新品种保护联盟（UPOV）的成员，而且即使是UPOV成员，根据本国签订的UPOV公约文本而建立的植物品种保护（PVP）法律也会有所不同。很多国家，尤其是发展中国家，还不是UPOV成员。因此在定义地域以及许可方给予被许可方地域内权利时，应该考虑到这一点。

3.3 品种在当地的适应性评价

双方引入许可和对外许可品种的目的，是选择那些农艺性状表现优异或具有其他理想特性的品种进行营销。除了满足市场（终端用户）的需求外，品种的价值很大程度上取决于其适应当地生长条件的情况。根据植物属种的特性，品种可以在不同地理区域和气候带之间引种。引进新的品种需要了解其在当地的表现，这样做的目的是将品种列入国家名录和/或确定市场优势。公共品种测试体系或私人品种试验都可用于新品种引进。

评价品种当地适应性的试验方案和最低要求，包括费用分摊，都应该在协议中明确。一般来说，许可方会要求被许可方自己进行品种评价并承担相关费用，目的是将品种列入允许在该地区种植的国家名录、推荐名录或其他官方注册的相关品种名录中。这些试验通常被称为栽培和利用价值（value for cultivation and use，VCU）试验。当然，试验方案还要考虑是否有必要将品种纳入该地区的官方名录。例如，在欧盟，任何一个成员国或者任何欧洲自由贸易联盟（EFTA）国家官方名录中的品种，都可以在其他成员国内销售，而不需要事先列入其他国家的品种名录中。

植物品种保护申请应与地方适应性试验分开进行。从提交申请到获得植物育种者权利期间，UPOV公约3个文本均提供合法的品种临时性保护。如果申请人提交了植物育种者权利申请，就有权行使临时权利，防止私人或官方试验机构在评价期间违反规定。如果没有这类临时法律保护体系，许可方可以在许可协议中增加规范植物试验材料扩散的条款。

3.3.1 私人测试

本文中的私人测试，是指所有非公开进行的测试。可以由被许可方或者其他训练有素的具有相应设施的技术合作伙伴实施测试（比如其他种子或育种企业、农民合作社、大学或农业推广服务中心）。对于没有官方测试体系的国家，私人测试的作用非常重大。

私人测试是被许可方测试品种性状，并为官方测试筛选最好候选品种的有效途径。一些国家要求进入官方测试前提供最低数量的“站点数据”（station data）。这些数据的收集，或者可以用多个站点一年的数据，或者可以用少数站点两年或者多年的数据。

不幸的是，由于疏忽、拖延或者私心，育种家可能会滥用私人测试体系，使品种长期保存在私人测试体系中，导致品种过时而无法进入市场。这样做，要么阻止竞争对手将该品种纳入自身的品种系列，要么阻止育种公司以该特定品种进入市场。为了避免滥用，在一个品种进入国家测试名录之前，有必要限制在私人测试体系开展测试的年数。对于一年生作物，最多两年或两个生长周期，就足够对品种的性状进行评价，除非有不可预料的意外事件发生，在那种情况下，私人测试时间可以增加一年或一个生长周期。

3.3.2 官方测试

官方品种测试，也称为国家测试或推荐名录测试，用于评价候选品种的栽培及利用价值，并综合评价品种的农艺性状和质量特性。在测试中，如果品种表现优于国家品种名录中的标准对照品种，就可以进行品种登记并允许在国内市场投放。列入国家品种名录或者登记品种并不是为该品种提供任何植物育种者权利。相反，它是一种允许投放国内市场的品种质量保障手段，因为通过与国家品种名录上的其他品种相比较，它们经过了测试，证明其在栽培及应用方面具有价值。

在一些国家，官方测试并不提供栽培和利用价值评价测试，私营部门可以承担这些工作。也有可能建立私人测试网络，独立开展新品种评价。

3.4 种质资源保护

对已经完成登记的品种以及正在进行测试的新材料进行保护，对于育种者来说至关重要。由于品种保护非常重要，在获得植物育种者权利（PBR）保护之前，签署协议时一定要列上植物材料的处理和监管措施。如果在获得植物育种者权利之前，品种已经开始销售，则存在无法获得保护的风险。建议限制被许可方把尚未受到保护的材料发放给第三方，并限制其仅在自己的育种计划中使用。该限制条款可以写入许可协议，也可以写入单独的材料转移协议。

3.5 植物育种者权利和品种官方登记

3.5.1 植物育种者权利

许可使用新品种时，植物品种保护（PVP）非常重要。它提供了特定种属在某一地域的所有权保护。实施植物品种保护（PVP）并没有统一的蓝图，因为各个国家的政策有很大不同。欧盟和美国都是国际植物新品种保护联盟（UPOV）的成员，也是建立公共与私人责任体系的优秀榜样。两种体系都为植物品种提供保护以及实施权利的法律救济，均在测试（通常是 DUS 测试）的基础上，授予植物育种者权利，DUS 测试需要证明品种具有特异性、一致性和稳定性，并需附上育种者的新颖性声明。欧盟已经对植物育种者权利协调一致，欧洲国家普遍采用的是指定部门控制并执行且基于试验与注册的保护体系。植物育种者权利由欧盟植物新品种保护办公室（CPVO）负责，在整个欧盟地区均有效。美国的植物新品种保护体系主要基于自我控制。美国植物新品种保护办公室（PVPO）签发植物育种者权利证书，申请人负责按照植物品种保护办公室制定的形式和指南，进行必要的测试并提交申请。[14]

限定地域的植物育种者权利法案，明确了两个问题：许可方和被许可方针对许可品种可以选择的保护策略，以及如果保护品种被侵权时将采取何种措施。

对于第一种情形，许可方和被许可方可以联合决定保护许可品种的合适途径，以及何时申请保护。有些国家，虽然有植物育种者权利法案，但事实上难以执行。有人抨击说，在这种情况下，植物育种者权利法案只是资助和维护官僚机构的一种办法，而没有真正起到保护知识产权的作用。也有人认为，尽管执行难，但可以确保该制度不断完善。无论如何，在当前环境下，许可方和被许可方需要共同决定保护品种的最佳途径。保护策略应在许可协议中明确规定。应用杂交技术可以为植物提供额外的知识产权保护。虽然收获的F2代杂交种可以作为种子，但其杂种优势和一致性并不能在二代种子中得以体现。这为杂交种提供了一种自我调节式的保护，并通过反复销售种子提高了被许可方和许可方的收益。需要注意的是，不同国家的植物品种保护法不同：有些国家允许杂交品种的F2代种子作为自留种使用，而有些国家则不允许。

3.5.2 品种官方登记

许多国家要求新品种经批准后进行登记，然后马上进行官方测试。品种进行官方登记，意味着已被列入可向市场投放的国家推荐名录中。如上所述，官方测试体系是控制品种质量的一种方法，因为已对上市品种的农艺性状和性能进行了测试。品种投放的决定是基于独立的公开测试结果，或者基于育种者提供的测试数据，或者两者都有。应由被许可方和许可方共同决定为官方注册采取适当测试策略，并纳入许可协议。

3.5.3 责任与费用分担

除了关于植物育种者权利的决定和官方登记注册策略，由谁负责申请维护植物育种者权利以及进入国家名录，许可方和被许可方也必须达成一致。同样重要的是，在没有获得对方书面确认的情况下，任何一方都不能撤掉植物育种者权利或撤出国家名录。即使被许可方希望停止营销被保护的品种，但出于其他目的，可能还需要继续保护该品种（例如，将该品种用作杂交亲本，可以通过其他途径销售，或者用于继续收取农民自留种的许可使用费）。

申请并维持品种保护或者列入官方名录，会产生相关的费用。如果被许可方拥有该地区的品种排他权，通常由被许可方承担与品种保护和国家名录相关的费用（包括为两种用途所进行的试验）。然而，如果被许可方获得的是非排他性权利，那么通常由许可方承担这些费用。在欧盟，可以获得国家范围的植物育种者权利，或联盟范围的植物育种者权利（在整个联盟内有效），维持国家植物育种者权利保护的费用通常由被许可方承担，而维持欧盟植物育种者权利的费用则由许可方承担。

试验（如营销试验或示范试验）的费用，通常由被许可方支付。许可方可以做出其他贡献（例如，提供宣传材料、田间标识、通过信息材料提供技术支持，或者参加田间日活动，并提供带有许可方标识的种子包装袋）。

3.6 许可使用费

根据许可协议，被许可方需要向许可方支付使用费，以获得植物品种商业开发权。许可使用费不仅包括许可方和被许可方协商一致的费用，还包括与使用许可品种相关的所有费用，如农民自留种（FSS）费用和土地面积费。

许可使用费应该参照市场可接受的水平，既不能高到农民买不起种子，也不能低到许可方得不到利润。通常的做法是由许可方和被许可方分割许可使用费。需要通过谈判确定付给各方的分割比例。许可使用费的金额取决于费用构成，包括与试验有关的分摊成本、列入国家名录和植物育种者权利的维持费、市场支持及其他。对于任何一个品种的许可使用费，并不存在统一的解决方案，都必须进行单独商谈。然而，可以分别使用许可使用费的不同计算原则，也可以结合起来使用，比如固定许可使用费费率、与种子价格关联的使用费、最低许可使用费率、许可使用费区间和销售数量，以及制种面积和终端产品许可使用费。

3.6.1 固定许可使用费率

设置固定费率的许可使用费是最常见的报酬机制。这样做，需要了解当地种子业务和农民购买种子的能力。固定费率独立于销售价格，可以以一定数量种子的种子袋重量为单位来计算，也可以以指定数量种子的重量为单位来计算固定许可使用费率。比如，欧洲冬油菜（*Brassica napus*）就是采取后一种方式，以150万粒或200万粒发芽种子（分别为杂交和品系品种在德国的播种量）和200万粒种子（法国的杂交品种播种量）为单位销售种子。

许可使用费也可以由育种者和农民代表进行谈判来确定。例如，西班牙的GESLIVE[15]和法国的SICASOV[16]都是这样做的。每个品种和种子世代的许可使用费都经过谈判并按年度确定，如此可有效解决单个品种的许可使用费问题。

3.6.2 与种子价格挂钩的许可使用费

与种子价格挂钩的许可使用费，是随着种子价格的增加或减少而发生即时变化。这个比率可以根据给农民的净价百分比来计算，由于许可方很难核查实际的净价，所以被许可方和许可方之间的信任就非常重要。

3.6.3 最低许可使用费率

每年支付最低许可使用费是一种不太常见的许可费形式，必须与其他许可使用费体系结合起来使用。在该体系中，许可使用费按上述规则中的一种进行计算，同时增加了最低许可使用费的规定。例如，如果按固定使用费率计算，总的许可使用费超过了最低许可使用费时，按照固定许可使用费率计算的许可费用就要支付给被许可方。如果总的许可使用费低于规定的最低许可使用费时，要按照最低许可使用费来支付，而与实际总许可使用费无关。

3.6.4 与销售量挂钩的许可使用费区间算法

许可使用费往往也可以与种子销售量挂钩。每单位的许可使用费率可以根据种子销售数量的区间进行固定。被许可方，或者按所有种子销售量达到的最高区间支付许可使用费，或者按销售量对应的每个区间支付许可使用费。

3.6.5 按制种面积和终端产品数量计算许可使用费

有的许可使用费体系与实际种子销售量无关。如果销售量很难控制，那么更有效的办法或许是以制种面积乘以单位面积的固定比率来计算。

有些国家或地区，很多农业生产不是在田间地头进行，可以采用有效的所谓“终端产品”许可使用费。无论农民是购买种子或是使用自己的种子，当运付农产品时，可以根据运付数量收取许可使用费。这种许可使用费体系可以以使用品种、认证种子或其他标准作为基础。

3.7 效力解除

协议终止会对被许可方和许可方产生即时和长期的影响。明确品种许可终止后和终止时剩余种子的处理方案，可以避免争议。品种可分为3类：

（1）已进入市场的品种

（2）即将进入市场的品种

（3）试验中的品种

第二类的品种包括正在进行官方测验的品种，以及列入国家品种名录但还没有进入市场的品种。

如果终止协议的理由属于需即时终止，则许可方可能要求立即撤销所有品种的所有权利，由被许可方保有的任何种子均需还给许可方。

如果协议因其他原因终止，许可方可能希望以不同的方式对待这三类不同的品种。通常，该协议就第一类和第二类品种仍可有效，但对于第三类品种则应立即终止。

3.8 向许可方报告

建议许可协议明确规定双方（通常从被许可方到许可方）之间的信息交换应常态化。这些信息包括许可协议包含的任何活动内容，例如：

- 本季度销售报告中的营销计划和销售目标，以及整个季度预测报告
- 许可使用费报告
- 品种测试计划
- 品种测试结果
- 种子认证报告
- 与植物育种者权利和国家品种名录相关的文件副本，如申请表格和植物育种者权利证书

通过协议确立这种规则，有助于建立透明的信息交流机制和关系，有助于双方达到各自的目标并持续改进合作。

4 结语

许多发展中国家的种子行业正在趋于减少公共部门育种投资并增加私人育种投资。这一趋势，一方面导致进入市场的新品种减少，另一方面增加了引进新品种的机会。种子公司需要获得品种许可，而私营部门、国家和国际的育种者可能需要许可他们的品种。公共育种部门的经济压力使其很难持续开展品种改良，因此，可以通过对外许可品种而获得收益。私有化可以进一步吸引外国种子公司，使其在当地生产和销售品种。这为当地的种子公司和农民提供了新技术。新品种开发以及私营种子部门市场占有率更高，都要求育种者和种子公司从投资中获得回报。这可以通过农民购买种子以及向育种者支付许可使用费而得以实现。对于育种者来说，植物新品种获得适当的知识产权保护很重要，也需要恰当的植物新品种保护法。为育种者提供法律框架保护，使他们公正地从育种工作中获得收益，将进一步激励对品种开发的投资。

本章有关植物品种保护的讨论，是基于 UPOV 规定下的各种文本处理植物新品种权的排他性问题。授予植物育种者权利是植物品种知识产权保护的主要制度；在世界上大多数国家，植物品种都不能获得专利保护，这是唯一的保护机制。植物育种者权利和专利权的主要区别在于植物育种者权利的育种者豁免和农民特权，而在专利的各项权利中，没有类似的豁免。

许可协议是描绘许可方和被许可方共同任务目标的书面声明。必须明确说明许可的主要目标，否则，它们将永远无法实现。本章描述了品种许可的关键要素，以及如何实现。许可协议的条件部分应该确定基本框架和合作标准，但同样重要的是，要认识到许可协议并不是静态的。规定要遵守，但也需要一定的灵活性。市场、种子立法和植物新品种权法律的变化应该体现在协议中，因为这是协议的成立基础。

本章所讨论的问题是许可方和被许可方在签署许可协议时应该重点关注的部分，也是影响许可实施的最关键内容。

MALIN NILSSON, *Marketing Manager, Value Chain Cereals and Oilseeds, Svalöf Weibull AB, SE-268 81 Svalöv, Sweden. Malin. Nilsson@ swseed. com*

---

1 Louwaars, NP. 2002. Seed Policy, Legislation and Law: Widening a Narrow Focus. In *Seed Policy, Legislation and Law: Widening a Narrow Focus.* (ed. NP Louwaars). The Haworth Press, Inc. : Binghamton, New York. pp. 1–14.

2 www. upov. org/en/about/members/index. htm.

3 UPOV. 1991. Act of 1991. International Convention for the Protection of New Varieties of Plants.

4 www. upov. org/en/publications/conventions/index. html.

5 van der Meer, C. 2002. Challenges and Limitations of the Market. In *Seed Policy, Legislation and Law: Widening a Narrow Focus.* (ed. NP Louwaars). The Haworth Press, Inc. : Binghamton, New York. pp. 65–75.

6 OECD. 2005. OECD Seed Schemes 2005: Rules and Directions.

7 www. oecd. org/agr/seed.

8 www. oecd. org.

9 European Union. 1994. Council Regulation (EC) No 2100/94 of 27 July 1994 on Community Plant Variety Rights.

10 www. cpvo. fr/default. php? res = 1&w = 1024&h = 583&lang = en&page = droit/legislation. htm.

11 www. europa. eu. int/.

12 www. africa-union. org/.

13 www. merco-sur. net/.

14 www. ams. usda. gov/science/PVPO/apply. htm#proof.

15 www. geslive. com.

16 www. sicasov. com.

第 11.4 章

利用计算机生成合同模板系统（CoGenCo）促进性状和品种许可

阿纳托尔·克拉蒂格（ANATOLE KRATTIGER）
美国亚利桑那州立大学生物设计研究所研究员；
生物发展国际研究所主席；美国康奈尔大学兼职教授
约翰·多兹（JOHN DODDS）
美国 Dodds & Associates 联营公司创始人
唐娜·博布罗伊茨（DONNA BOBROWICZ）
美国芝加哥洛约拉大学研究服务办公室技术转移专家

译者 张亚林 **审校者** 欧阳石文 张熠 邓欣

摘 要

公司之间许可性状和品种属于常规操作。毫无疑问，这在公司和公共部门之间应该也很平常。有些公共部门经过艰苦努力取得了该领域的经验，却导致公司回避谈判，甚至无法发起讨论。然而，公共部门通过引入许可，获得性状（具有良好表征和放松管制的转基因“事件”）和品种的机会巨大，并可能会使转基因事件更早接受（通过与当地品种回交），改善农民生存所依赖的品种。为了提高公共部门引入许可和对外许可种质的能力，在洛克菲勒基金会的资助下，纽约因特拉肯生物开发研究所开发了“计算机生成合同模板系统”（CoGenCo）的测试版软件。通过该系统列出问题和测试参数，匹配潜在的许可方和被许可方，促进商业品种的交换（或许可）。对于成品品种以及用于回交的转基因种质来说，CoGenCo 是促进许可的一种实用办法，其灵活性特别适于发展中国家。本章解释了测试版软件背后的理念，并引导读者了解其使用方法。本文作者非常欢迎关于该软件的意见和建议，并期待与感兴趣的各方合作，进一步将 CoGenCo 发展成一个全面且可广泛使用的系统。

Krattiger A, J Dodds and D Bobrowicz. 2007. Potential Use of a Computer-Generated Contract Template System (CoGenCo) to Facilitate Licensing of Traits and Varieties. In *Intellectual Property Management in Health and Agricultural Innovation: A Handbook of Best Practices* (eds. A Krattiger, RT Mahoney, L Nelsen, et al.). MIHR: Oxford, U.K., and PIPRA: Davis, U.S.A. Available online at www.ipHandbook.org.

1 引言

关心农业发展的国际社会、种业企业和各种倡议团体，对如何将受保护的品种和生物技术发明转移给发展中国家持有不同意见。然而，所有人都同意，应通过捐赠、“开源”许可或各种其他策略，改进并加速发展中国家获得创新成果的状况。但是，由于太多的人坚持产业渐进主义或激进分子散布谣言，这个目标变得更为复杂。从人道主义的角度看，这种争论偏离了问题的唯一重点，即农民迫切需要获得改良的性状和品种。

毫无疑问，许可种质和性状，特别是为了满足发展中国家资源贫乏农民的需要，比常规商业对外许可的难度更大。任何从事常规商业的植物育种公司，可以说几乎所有的公司，都会考虑对外许可。目前由孟山都公司拥有的霍尔顿基金会种子公司（Holden's Foundation Seeds），其唯一的收入来自基金会种子的对外许可。然而，大多数公司不愿意参与讨论，向发展中国家许可，更遑论谈判，部分原因在于存在许多未知变数，而这些未知变数几乎没有经过验证，公司也极少具有这方面的经验。鉴于此，设立了一个小型项目，即开发 CoGenCo（计算机生成的合同模板系统）的软件程序测试版。

2 CoGenCo 是什么

CoGenCo 旨在通过系统设置问题和测试参数，匹配潜在的许可方和被许可方，促进商业品种的交换（或许可）。这里使用“商业”一词，是因为许可方转让的商业品种主要用于在发展中国家进行商业化推广（需要时可适当回交）。这种商业化推广可能通过国家农业研究体系或直接通过种子公司以捐赠的方式进行。

提出 CoGenCo 这个概念，是为提高专有和成品品种的许可，无论其是否蕴含专有技术。基本上，CoGenCo 有利于激励对发展中国家机构的许可，包括国际农业研究磋商组织（CGIAR）的种质资源。根据许可协议中具有法律约束力的条款，特定国家的数个实体企业可以在“贫困的”（发展中）国家通过价格相互竞争，但不允许其与发达国家的专利所有者竞争，这样为发展新品种和新技术而制定的财政税收及激励机制不会因此而减少。在适当的情况下，种质和/或性状也可以免费许可使用。这种对外许可方式将两种根本不同的市场区分开，通过强化各种法定保护措施，成为成功的农业研发不可或缺的手段，促进改良种质和技术的推广运用。

因此，CoGenCo 旨在建立特定的国际标准化许可。使用此模板的机构越多，系统越有价值。因此，我们打算开发 CoGenCo 后，免费提供给大众使用。

3 测试版本

根据与几位律师和许可专家的讨论，我们生成了一个基本的许可模板。首先，开发了一组关键变量，并商定了在定义范围内可供选择的不同选项。一位软件工程师将这个概念转化为一个“可行”的软件版本，看上去像是一个产品。我们选择 Microsoft®

Access®作为系统的底层，因为它使用灵活并且可以轻松扩展为 Web 界面的版本。由此，世界各地用户未来都能够访问该系统，而无须购买昂贵的数据库软件。

该测试版本的主要目标是了解不同类型的潜在用户如何使用它。该软件允许调整某些参数。例如，对于“人道主义”许可，可以指定 0% 的使用费，而对于较大的农场主，可以选择比例相应递减的浮动许可费率。根据偏好的选项，将出现一系列不同的后续选项，例如负债、付款条款、审计要求等。该软件将以个人用户个性化定制的方式开发。例如，可以适当选择自己机构的标准语言。该软件最终可以从本手册的在线版本中下载[1]。

图 1 显示了多个截屏图中的一个，允许用户输入各种参数，并从一系列选项中进行选择。例如，如果选择“许可”标签，则出现一个界面，列出了所有相适宜的许可选项，包括地区（国家）等。用户基本上可以了解许可中应考虑的不同问题，并提供一个、两个或更多选项。

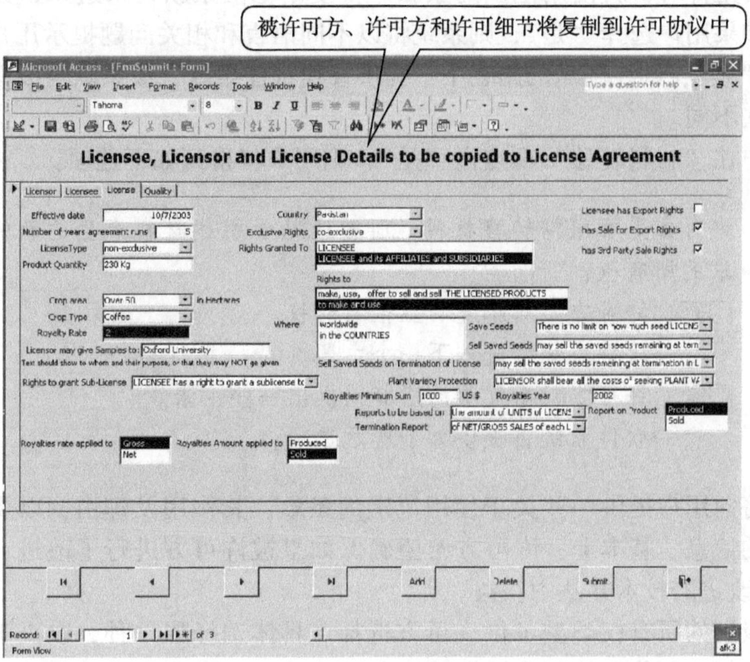

图 1　用于指定详细信息的用户界面

该软件向用户呈现的是交互式决策树，允许进行多种选择或用户输入。软件包括的关键因素是：

- 国家
- 商品/作物
- 技术
- 农场规模
- 材料转移或使用范围的条款
- 农场收入

- 进口/出口事宜
- 合作农场的事宜
- 比例相应递减的浮动许可提成费率
- 许可提成费堆叠的问题
- 担保
- 债务
- 第三方分销问题
- 农民自留种问题

例如，软件系统将询问用户，是否在该许可协议下转移有形材料。如果选择“否”，那么下一个选项将仅限于知识产权许可方面（包括专利和/或专有技术和/或商标和/或版权）。如果在有形材料中选择了“是”，那么就会出现一个关于转移条件的具体问题，主要是许可材料使用范围的条款。将使用范围条款纳入进来，具有一定的优点和缺点。如果用户选择“是”，则系统将以不同语言和相关问题提示用户。同样，如果用户选择“是”，则在随后的路径中，提供替代责任条款，该条款与没有发生材料转移的情况有些不同。

如果用户在“材料转移”项点击“是”，则用户将得到如下选项：

（1）许可方是否根据转移材料，而转让基于所述材料产生的新的权利要求的所有权？

□否，许可方不对新发明主张所有权。

→软件系统将进入下一个主题。

□是，许可方对新发明的所有权提出一些主张。

→软件系统将提供如下所示选项：

首先，将向用户提供一些关于使用范围的条款，其作用及理由，以及在不同条件下常见条款的信息。基本上，许可方希望确保如果被许可方进行了改进，不会禁止其使用/许可所改进的技术并从中获益。

有几种级别的所有权类型可供许可方选择。具体选择哪一种，取决于许可方的商业化策略，包括谈判信息的对称性。一般来说，有三个属于典型级别（无论是商业还是人道主义用途）。这些将被列出，并附有空白处供用户填写自己的条款。例如：

许可方提供材料，如果被许可方根据转移的材料做出了改进或发明了某些东西，被许可方将授予许可方以下各项中的一项权利：

（1）在所有地域（国家、国家联盟等，如上述定义）、所有应用领域（作物及其应用，即医疗、农业、环境等，如上述定义）的排他性许可，以及在指定应用领域向被许可方回授的免费的非排他性许可；

（2）免许可费的非排他性许可和排他性许可的优先购买权（在某些/所有使用领域和某些/所有地域）

（3）排他性许可的优先购买权（在某些/所有使用领域和某些/所有地域）

（4）其他（由用户指定）

这类选项都以通俗易懂的英文法律语言插入许可协议中。例如，对于上述第 2 项，将会插入以下语言：

考虑到许可方对“材料”的贡献（如上定义），被许可方授予许可方已付款的全球范围的非排他性许可，以制造、已经制造、使用、已经使用、进口、出口、销售和已销售由“材料”开发的产品和工艺，以及有权获得免费的全球排他性许可，以制造、已经制造……（定义行使期权的条款；软件将向用户弹出新的界面，其中显示可以行使期权；根据所选择的内容，法律语言和条款将相应作出修改）。

对于上述第 3 项，该条款可以是：

考虑到许可方对“材料”的贡献（如上定义），被许可方授予许可方以期权，可在期满或终止后两年内的任何时间行使，以获得需支付使用费的全球排他性许可，并有权在某地域（有限定的或全球的地理区域）和某使用领域（界定在哪个领域使用作物）或二者的组合，向附属公司和下属公司授予分许可权利。

其他领域也是多样化的，包括许可机构的类型、国家或许可类型（表 1）。

如上所述，根据选择的字段，数据库模板中的其他文本将自动插入许可协议中。

要想在 Microsoft® Word®中生成完整的许可协议，用户需按下右下角的“提交”选项。有关输出的示例，请参阅本章末尾的文本框 1（另请参阅本《手册》附录，以获取商业化品种的许可协议）。

表 1　许可类型

许可类型	注释
排他性许可	排他性许可是许可方承诺不实施许可的知识产权，并且也不再授予任何进一步许可
非排他性许可	非排他性许可确保拥有知识产权的许可方不得就许可范围内的行为向被许可方提起诉讼。许可方可以将同一知识产权授予多项非排他许可
共同许可	共同许可与排他许可类似，但许可方保留自身实施知识产权的权利

4　结语：使用 CoGenCo

CoGenCo 对公共机构有帮助，使其比以前更容易许可植物品种和相关知识产权。它为起草许可协议提供了非常灵活和实用的方法。CoGenCo 测试版、初期的用户指南以及许可草案供感兴趣的各方使用。它要求在 Windows XP 或更高系统上运行 Microsoft® Access®。作者非常欢迎有关该软件的意见和建议，并期待与感兴趣的各方进行合作，将 CoGenCo 进一步发展成一个全面且广泛可用的系统。

声 明

我们感谢洛克菲勒基金会向纽约因特拉肯生物开发研究所提供资助，使这一项目成为可能。我们还要感谢很多人（不胜枚举），他们在最初的咨询以及可行性阶段提出了宝贵的建议和意见。

ANATOLE KRATTIGER, *Research Professor, the Biodesign Institute at Arizona State University; Chair, bioDevelopments-International Institute; and Adjunct Professor, Cornell University, PO Box 26, Interlaken, NY, 14847, U. S. A. afk3@ cornell. edu*

JOHN DODDS, *Founder, Dodds& Associates, 1707 N Street NW, Washington, DC, 20036, U. S. A. j. dodds@ doddsassociates. com*

DONNA BOBROWICZ, *Technology Transfer Specialist, Loyola University Chicago, Stritch School of Medicine, 2160 S. First Avenue, Building 120, Room 400, Maywood, IL, 60153 U. S. A. dbobrowicz@ lumc. edu*

---

1 See www. ipHandbook. org.

2 This means that the LICENSOR shall be the first party to which a worldwide exclusive license is offered. Only after the LICENSOR has refused from such a license may the LICENSEE offer the license to others.

文本框 1：非商业品种许可协议样本

下画线和粗体表示在使用该软件的协议时须填写这些空格。
斜体和粗体表示许可各方有一个或多个可供选择的情况等。
粗体表示可能不适用于特定协议的文本。

____年____月____日起生效（以下简称生效日期），**许可方全称**(以下简称许可方)，主要营业地址位于 **地址** ，**被许可方全称**(以下简称被许可方)，主要营业地址位于 **地址** ，协议如下：

1. 签约方

许可方

a）作为非营利组织的目的是__________

b）作为非营利公司的主营业务是__________

c）作为营利公司的主营业务是__________

被许可方

a）农民__________

b) 农民协会________

c) 作为营利公司的主营业务是________

d) 作为非营利组织的目的是________

同意____________(**例如，商业化生产品种**)

许可方表示它拥有以下权利：

专利

植物专利

商标

植物品种

商业机密

版权

同意被许可方

非排他性许可

排他性许可

共同许可

被许可方希望获得

专利

植物专利

商标

植物品种

商业机密

版权

目的是（**例如，种子生产、经营、销售等**）

许可方和被许可方通常称为“签约方”。

第1条　定义

在本协议中定义的条款具有以下含义：

[**可选项**] 签约方的**附属机构**意味着任何人或法人在本协议的范围内是该方的一般许可所有人，并且与该方有合同使其有权从签约方获得持续的技术服务，但任何此类人员均应被视为只要有这样的合同，并且继续成为这样一个被许可方，就被认为是一个附属公司。

商业销售指在一定区域内许可销售。

合作企业指由使用其设施或服务的人共同拥有或管理的企业或组织。

[**可选项**] **国家**指许可出口销售的国家，作为本许可协议的组成部分，附有国家名单。此类名单可由双方通过双方协议实时书面更新。

[**可选项**] **出口额**指许可协议在出口国家的销售额。

农民协会指有组织的农民团体。

[可选项] **销售总额**指在给定时间内收到商品和服务的发票价值收入。

[可选项] **发明**指作为专利、PVP或任何其他形式的知识产权保护主题的发明。

知识产权指与本发明有关的世界任何地区的发明、改进、设计和任何其他知识产权的专利、版权、商标、设计权、数据保护权、植物品种权和任何其他法定权利。

专有技术指所有信息、数据、结果和专有技术（包括但不限于报告、笔记本、图纸、文件、手册和数据库），但不包括材料。

许可作物指附录I中列出的作物，最初源自植物品种××××。

许可专有技术指与发明有关的专有技术。

许可

专利

植物权

商标

植物品种

商业秘密

指____

材料指所有形式的生物活性和非活性材料，包括但不限于菌株、克隆、抗血清、植物、植物器官、栽培品种、种质、遗传材料、基因构建体和微生物。

[可选项] **净销售额**，指总销售额除去客户折扣、退货、运费和缴税的部分。

[可选项] **非营利公司**，指公司不得将其收入分配给其成员、经理或高级职员。公司不是为了营利目的而成立的。

[可选项] **非营利组织**，指为了产生利润以外的目的而设立的组织，例如慈善组织、科学组织或文学组织。

[可选项] **专利**，指任何专利和所有专利（包括但不限于实施、改进或增加的专利；实用新型和外观设计专利；发明人证书；以及任何这些专利的分案申请、再颁申请、继续申请、续展和延期专利），专利申请以及可能就此类申请发出的专利信函。

[可选项] **体现发明的产品量化单位**，指品种种子的千克数、果实的数量。

体现发明的产品意味着<u>例如植物品种的果实、种子或植株部分。</u>

专有种质是指在有关国家或地区是由许可方拥有或控制的受知识产权保护的种质。

生产成本指生产种子所需的原材料和劳动力的综合成本。

[可选项] **PVP**指植物品种保护；品种保护是基于植物材料的独特性、一致性和稳定性而确定的独占所有权和使用权形式。

样本指出于测试目的，将该材料的任何样本或副本分发给第三方。

小农户指农民

a) ***拥有和经营小于<u>该地区</u>的农场，并在该地区至少<u>(百分比)%</u>的范围内种植<u>作物</u>***

b）年销售额少于$ 数量

[可选项] 签约方的子公司是指超过50%表决权的股份由签约方直接或间接拥有或控制的公司。

技术，指发明、许可的技术知识、许可材料和知识产权。

地域，指地理位置上领土名称（例如乌干达）。

[可选项] 品种指植物品种保护有关证书中所描述的植物品种。

品种名称，指 具体名称 。

第2条 许可授权

许可方向被许可方授予

a）排他/非排他性许可在全球范围内/在整个地域范围内生产和使用的体现发明的产品，并在全球范围/在整个地域/在国家/地区内销售的权利

和/或

b）在全球范围内/在整个地域范围内生产和使用的排他/非排他性许可，但不允许在全球范围内销售和销售体现发明的产品

被许可方

有

没有

将体现本发明的产品出口到各国家的权利。被许可方：

有

没有

将体现本发明的产品出售给第三方供其出口或旨在出口的权利。被许可方：

有

没有

通过任何第三方（包括任何农民协会）出售体现发明的产品的权利。

[可选项] 本文所述许可授权许可方非排他性许可，即允许许可方生产、使用、销售、许可销售和进口本协议的产品。

第3条 各方义务

[可选项] 3.1 保存种子的权利

a）被许可方可以保留多少种子没有限制

b）被许可方可以保留足够的种子来种植其自己的农场

c）被许可方无权保留种子

[可选项] 如果选择a或b，转到3.1.1出售保留的种子的权利

a）未经许可方许可，不得销售保留的种子

b）被许可方可以出售保留的种子

a）只可采用许可的品种名称

b）只可使用许可商标

当被许可方终止协议

a）不能出售已保留的种子

b）能出售已保留的种子

a）只可使用许可的品种名称

b）只可使用许可的商标

c）应以生产成本将种子出售给许可方

[可选项] 3.2* 提供样品的权利

[可选项] 许可方保留提供样品的权利

a）任何第三方用于（例如研究，测试）目的

b）提供给（例如研究）机构从事研究的目的

3.3 分许可权利

a）被许可方无权向第三方授予分许可。

b）被许可方有权向第三方授予分许可。被许可方只有在以下情况下才拥有这种权利，即根据本协议被许可方没有实质性违反向许可方承担的义务。任何此类分许可均应以书面形式并由第三方书面接受。

第三方的运营应视为被许可方的业务，被许可方应对此承担责任并主要负责督促第三方履行本协议下的所有义务。

被许可方应立即以书面形式将分许可通知许可方。

被许可方授予的任何分许可协议在本协议终止后将被视为终止。

3.4 广告、营销和促销成本

被许可方应承担与本许可涉及的材料和技术相关的广告、营销和推广的所有费用。

[可选项] ***被许可方应在活动发布之前尽力与许可方分享此类活动的细节。***

3.5 政府和监管部门的审批

被许可方应负责遵守所有法律法规，并负责本协议项下的所有相关活动获得相关政府和监管部门审批、许可、批准和同意。

[可选项] 3.6 植物品种保护

只要潜在市场证明这些费用是合理的，双方同意由许可方承担在地区和/或国家寻求植物品种保护的所有费用。

3.7 独立实体

每一方都是独立的实体。本协议中的任何内容均不得解释为在签约方之间构成任何形式的合伙或合资企业。本文档仅用于向被许可方发放许可中的材料和技术。

---

* 原文序号为3.1，出现错误，已更正后续序号。——译者注

第4条　许可提成费

4.1　许可提成费比率

a）被许可方应从商业销售中向许可方支付许可提成费，其数额为____% 1）总销售额 /2）体现本发明的产品的净销售额和/或

b）被许可方应从出口销售中向许可方支付许可提成费，费用为____% 1）总销售额 /2）体现本发明的产品的净销售额和/或

c）被许可方应从商业销售中向许可方支付许可提成费，每单位美元为____% 1）销售产品 /2）体现本发明的产品

d）被许可方应从出口销售中向许可方支付许可提成费，每单位美元为____% 1）销售产品 /2）体现本发明的产品

［可选项］**如果12月31日前所支付的许可提成费没有达到最低美元数额，并且在本协议生效期间的每一年年终前30天内被许可方都将向许可方支付根据本协议制定的在这一年实际支付的许可提成费的差额和最低限额。**

4.2　报告

a）被许可方同意a）报告 /b）向许可方作出书面报告

i.）一年一次

ii.）在本协议生效期间每年两次，在每个此类报告中陈述以下内容的数量和描述

a 净利

b 售出的或以其他方式处理的每个体现发明的产品的总额

i. 12个月

ii. 6个月

b）被许可方同意在本协议生效期间每年向许可方报告a）生产的 /b）销售的体现本发明的产品数量。

被许可方同意在本协议终止之日后三十（30）天内向许可方提交书面报告，在该报告中注明数量和情况介绍

a）销售或以其他方式处置的每个产品的净/总销售额

b）体现本发明产品的数量

c）体现本发明产品的数量，并且在此之下应付许可提成费，但之前未向许可方报告。

4.3*　持续记录

被许可方同意保留足够详细的记录来显示发明产品的销售情况或其他处置情况，并进一步同意允许许可方不时检查其账簿和记录，以核实上述报告。任何检查账簿的费用都是由许可方承担的。

* 原文序号为4.4，出现错误，已更正后续序号。——译者注

4.4　终止许可提成费的义务

本协议终止时，支付许可提成费的义务随即终止。

[可选项] 第5条

以商品销售或出口销售为目的的促销活动应为

a) 其质量至少相当于被许可方生产和销售的产品，并符合许可方批准的标准样品

b) 认证种子的质量

c) 发芽率至少____%

如果此类产品的质量低于许可方先前认可的质量，则被许可方应尽其最大努力达到该质量。如果在许可方发出通知后的数量 天内，被许可方没有采取适当措施来达到该质量，许可方有权终止本协议。

在出售本协议所述产品之前，被许可方应免费向许可方提供许可方批准出售的产品样本，以及一套完整的促销和广告资料。许可方在收到此类样品后的数量 个工作日内未批准此类样品将被视为认可。如果许可方拒绝批准任何样品，应提供具体原因。一旦样品获得许可方的认可，被许可方不得在未经许可方事先明确的书面同意的情况下解除该许可，且不能无理拒绝。

被许可方同意允许许可方或其代表检查正在生产该发明产品的设施设备

和/

或

包装。

[可选项] 第6条　发明

6.1　发明、改进、发现的通知

如果在本协议期限内，被许可方通过改进材料或技术产生任何发明、改进或发现，应立即通知许可方，双方应召开会议讨论新材料、技术或发明的所有权和专利，并寻求在该区域和国家的专利保护。如果此类材料、技术或发明是可授予专利的，许可方将被授予免费的全球非排他商业许可，包括对所有申请分许可的相应权利，以及在全球范围内与排他许可或所有用户谈判的优先购买权[1]。

6.2　被许可方对新知识产权的权利

在任何情况下，被许可方应保留使用非排他许可的权利。在

a) 某一区域

b) 某一国家

在本协议有效期内产生的任何此类知识产权。

[可选项] 6.3　被许可方的义务

未经许可方事先书面同意，被许可方不得允许任何员工、被任命者、代理承包商披露与本协议有关的数据，不得透露此协议的存在或内容。

第7条　保密信息

根据本协议向被许可方提供的任何信息（许可方认为是保密的）将以书面或口头形式或以正文的形式提供。被许可方同意将对此类信息和材料予以保密，并不会向任何第三方透露或提供此类信息和材料。除非经许可方要求或授权，否则被许可方同意不会使用此类信息或材料。

第8条　协议的终止

[可选项] 如果直至____年12月31日或任何后续完整日历，年度支付的许可提成费未达到或超过最低金额，在书面通知被许可方30天后，许可方可以选择终止本协议和授予被许可方的许可。在终止日期之前，被许可方对许可方的任何责任或义务不应废止。

该协议可以通过向另一方发出书面通知的方式予以终止，明确另一方对其条款有实质性违约。如果在书面通知后的60天内指定的违约行为未得到解决，未违约方可以终止本协议。

除非提前终止，否则本协议应自本协议签署之日起延长____年。

第9条　债务

许可方在任何情况下均不承担由于被许可方或任何第三方使用本协议下提供的信息或材料而造成的直接或其他方面的损失。

在任何情况下，许可方均不对丧失预期利润或特殊相应损失承担责任，无论是否已经告知许可方可能发生损害赔偿，也不论第三方对被许可方提出的任何索赔。

许可方保证是____知识产权的唯一所有者，并且有权发放许可。

第10条　遵守的法律

本协议遵照____国家或国家法律管辖并根据该国家法律解释。

第11条　时效性

如果本协议的任何条款被认为是无效或不可执行的，则双方将寻求新的条款取代它们，并具有同样的效力。其余条款不受影响。

第12条　争端解决

如果本协议双方之间发生争议，双方同意根据本协议的调解规则________，参与至少4小时的调解。双方同意平摊调解费用。如果双方无法解决争议，他们同意将争议提交至：

a) *根据仲裁规则____，[可选项] 以及仲裁员对仲裁裁决的判决，可以进入任何有判决权的法院。双方同意平等分摊仲裁费用。*

b) *法院判决*

鉴于此，签约方在下列日期授权其正式代表签署，本协议生效。

许可方：________________　　时间：________________

被许可方：________________　　时间：________________

a 这意味着许可方应是提供全球排他许可的第一方，只有在许可方拒绝这种许可后被许可方才可以向其他人提供许可。

第11.5章

商业秘密与商业秘密许可

卡尔·F. 乔尔达（KARL F. JORDA）

美国富兰克林·皮尔斯法律中心 David Rines 知识产权法律和产业创新终身讲席教授，Kenneth J. Germeshausen 创新创业法中心主任

译者 张亚林 审校者 欧阳石文 张熠 邓欣

摘　要

知识产权管理的一个重要方面，是利用不同类别知识产权（IP）之间的重叠，尤其是专利与商业秘密之间的重叠与交叉。专利（需要充分披露）和商业秘密（需要保密）不是互斥的。相反，它们可以相互补充：专利保护发明，而商业秘密保护附带的专有技术。以协同方式同时使用专利和商业秘密的方式进行保护，可以产生强大的排他性。此外，由于许可已成为技术转移的首选手段，大多数技术许可都是混合式的许可，同时涵盖专利和商业秘密。之所以演变成这种状况，是因为如果专利许可不允许使用附带的专有技术，通常无法使许可的技术真正商业化。尽管获得商业秘密保护很容易（即时效力强，成本低），但此类知识产权保护往往被忽视。

1　引言

“商业秘密”一词是指处于保密状态并具有商业价值的信息。有150个*国家（地区）签署的世界贸易组织（WTO）条约（《关税及贸易总协定》［GATT］和《与贸易有关的知识产权协定》［TRIPS］）规定了对商业秘密的保护。以下是TRIPS协定中有关商业秘密相关内容的摘录：

Jorda KF. 2007. Trade Secrets and Trade-Secret Licensing. In *Intellectual Property Management in Health and Agricultural Innovation: A Handbook of Best Practices* (eds. A Krattiger, RT Mahoney, L Nelsen, et al.). MIHR: Oxford, U. K., and PIPRA: Davis, U. S. A. Available online at www.ipHandbook.org.

* 2021年4月已有164个成员。——译者注

自然人和法人应有可能防止其合法控制的信息在未经其同意的情况下以违反诚实商业行为的方式向他人披露，或被他人取得或使用，只要此类信息：

（a）属秘密，即作为一个整体，或就其各部分的精确排列和组合而言，该信息尚不为通常处理所涉信息范围内的人所普遍知道，或不易被他们获得；

（b）因属秘密而具有商业价值；并且

（c）由该信息的合法控制人，在此种情况下采取合理的步骤以保持其秘密性质。

如果国家立法与此不一致，所有WTO成员都必须接受该条约的规定。虽然该规定回避了真正的“商业秘密”术语，但它显然指的是通常所说的商业秘密，并符合下文中引用（第2节中）的1985年《美国统一商业秘密法》（UTSA）的定义。《北美自由贸易协定》（NAFTA）对加拿大、墨西哥和美国也具有约束力，其用语与UTSA中的定义相近。

2 商业秘密的定义

《美国统一商业秘密法》（UTSA），已在美国45个州生效，其“商业秘密”定义如下：

商业秘密是指任何信息，包括公式、模式、汇编、设备、方法、技术或方法工艺，（i）从其能够获得独立的经济价值，实际或潜在的价值，通常不是广为人知的，也不能通过适当的手段轻易探查，而如果其公开或使用，其他人可从中获得经济价值；（ii）在这种情况下努力采取了合理措施保持秘密[2]。

使用最广泛的“商业秘密”定义见于1929年美国的《侵权法重述》（*Restatement of Torts*）[3]，写道：

商业秘密可能包含在任何公式、模式、设备或信息汇编中，这些信息用于个人业务，并使他/她有机会比不了解或使用它的竞争对手获得更多优势。它可能是化学化合物的配方，制造生产的过程，处理或保存材料的方法，机器或其他设备的样式，或客户清单[4]。

根据1929年商业秘密的定义，法院采取以下标准确定是否存在商业秘密：

- 该信息在商业范围之外的知晓程度
- 业务相关的员工和其他人员的知晓程度
- 为保护信息安全而采取的措施
- 信息对商业和竞争对手的价值
- 为开发信息而投入的工作量或费用
- 信息可以被其他人正当获取或复制的难易程度

在本文作者看来，最近对商业秘密的最广泛和最好的定义载于美国的《反不正当竞争法重述》（第三版）［*Restatement*（*Third*）*of Unfair Competition*］[5]。

> 商业秘密是可用于商业或其他企业运营的任何信息，具有足够的价值和秘密性，相比其他能提供实际或潜在的经济优势。

这个定义最终很可能取代之前的定义。1996年，美国联邦刑事立法商业秘密法规《经济间谍法》（Economic Espionage Act，EEA）提供了以下定义：

> （A）“商业秘密”一词是指金融、商业、科学、技术、经济或工程信息的所有形式和类型，包括方式、计划、汇编、程序设备、公式、设计、原型、方法、技术、流程、程序或代码，无论是有形还是无形的，以及是否或如何以物理、电子、图形、照片或书面形式存储、编辑或记录，如果
>
> （B）其拥有者已采取合理措施保密此类信息，而且这些信息具有实际或潜在的独立经济价值，不为大众所知晓，也不是通过适当的手段就能轻易获得的。

3　什么是商业秘密，什么不是商业秘密

上述定义提供了一个相当清晰的画面，即什么构成了商业秘密。简单地说，商业秘密最基本的就是信息和知识。具体地说，它是任何专有技术或商业信息，通常蕴含于发明、专有技术和展示方式中。这些定义大致上的共同之处在于，可实施的商业秘密必须满足三个基本要求。专有信息必须是：

（1）秘密的，在某种意义上通常不为交易中的人们所知

（2）对不拥有它的竞争对手来说很有价值

（3）采取了合理的措施以确保并维持保密

在商业秘密的执行和诉讼中，商业秘密或陷阱的概念具有关键性的限制条件。要求保持秘密状态就是一个常见的陷阱。此外，任何易于探查或从员工个人技能中产生的信息，都不能视为可执行的商业秘密。

商业秘密保护不仅仅在生产过程中产生，有时也适用于早期阶段的发明和尚未申请专利的创新。可授予专利的发明可以被视为商业秘密；最高法院在*Kewanee Oil v. Bicron*案中作出的判决明确了这一点，该判决认为商业秘密是专利完美可行的替代品[6]。法院裁定联邦专利法不能凌驾于州商业秘密法之上，并明确指出：

> 当然，鼓励发明的专利政策并不会因另一种形式的发明激励方式而受到影响。在这方面，这两个体系没有也从来不会相互冲突……商业秘密法和专利法在这个国家共存了一百多年。两者都可以发挥特定的作用，其中一个制度的运行并不会影响对另一个制度的需要……我们认为，将商业秘

密的保护（甚至）延伸到明确可获得专利权的发明，与专利制度要求的公开披露并不矛盾。

由于专利制度的本质是发明的公开披露，因此有时认为保守发明秘密是错误的。这是一个严重的误解。*Dunlop Holdings v. Ram Golf* 案中明确表示大众可从商业秘密中受益。商业秘密通常不会抑制经济活动，因为员工、供应商、被许可方和其他人可以获得必要的信息[7]。此外，由于员工流动性高，无意或故意泄露，许多商业秘密几年内就丧失了。逆向工程和对产品进行分析，也是使商业秘密丧失或受到危害的其他可能方式。换句话说，仅在有限的法律意义上，商业秘密才是秘密。

与传统观点相反，商业秘密保护可以与专利结合使用，以保护任何与申请专利的发明相关但在专利说明书未披露的大量专有技术。

对“专有技术”和“商业秘密”的术语使用进行说明也是有效的。虽然商业秘密的关键要求是保密，但从以下定义可以看出，专有技术并不一定要求或暗指要采取保密措施：

- 正确做某件事情所需的知识和技能[8]。
- 使人能够胜任特定任务或操作特定设备或过程的信息[9]。
- 适用于企业运作或专业实践[10]的技术、商业、行政、财务或其他性质的知识和经验。

专有技术并不像知识产权那样得到保护。专有技术只有处于秘密状态，具有经济价值并且已采取措施确保其保密性时，才会获得商业秘密的地位。专有技术只有符合商业秘密的要求，才会受到知识产权的保护。因为我们并没有用“发明和专利许可”这种说法，因此说“专有技术和商业秘密许可”并不恰当。

4 商业秘密的历史

商业秘密是最古老的知识产权保护形式。在古罗马，商业秘密法规定了诱使他人的员工（或奴隶）泄露雇主商业事务的人，要承担相应的法律责任。商业秘密在中世纪的欧洲公会中广为盛行。但是，现代意义上的商业秘密法于 19 世纪早期才在英国得到发展，以应对技术和专有技术日益增长以及员工流动性不断增加的状况。1868 年，马萨诸塞州一家法院在 *Peabody v. Norfolk* 案中，将秘密的制造过程认定为财产，受到保护以防止不当利用，并且员工在解除雇佣关系后仍负有保密义务。该决定还认为，商业秘密可以机密地透露给需要使用它的人，并且可以禁止接受方不当使用商业秘密。*Peabody v. Norfolk* 案清楚地预见了我们目前的商业秘密保护制度的主要特点。到 19 世纪末，当代法律的主要内容已经形成[11]。

5 商业秘密的重要性

商业秘密如同企业皇冠上的宝石。事实上，跟几十年前作为保护创新的工具相比，商业秘密现在甚至更有价值，所涉及的风险也更高。与十年前相比，禁止令在商业秘密侵占案中的威力更大，近年来侵害赔偿金已达数亿美元。最近在佛罗里达州奥兰多市的一次审判中，两名商人向沃尔特·迪士尼公司索取 14 亿美元的损失赔偿金，指控对方窃取商业秘密用于建设沃尔特·迪士尼世界体育中心，陪审团判定应给商人 2.4 亿美元的赔偿金[12]。最近的另一起案件中，嘉吉公司（Cargill. Inc）盗用当时的先锋公司（Pioneer Hi-Bred）的转基因玉米种子商业秘密，被判支付 3 亿美元赔偿金。在另一个案例中，由于存储芯片与其主机设备进行通信的控制器技术[13]被盗用，Lexar 获得东芝公司 4.654 亿美元的损失赔偿。

Mark Halligan 最新宣布“商业秘密是新世纪的知识产权，不应再被视为‘继子女’”，James Pooley 赞同这种说法，“忘了专利、商标和版权吧……商业秘密可能是贵公司最重要和最宝贵的资产”[14]。Henry Perritt[15] 指出“商业秘密是最古老的知识产权保护形式，专利法的发展是为了保护商业秘密，不要求对他们保密，从而阻止更广泛地使用有用信息”。这种解释使专利成为商业秘密保护的补充形式，而不是相反。

事实上，根据 2003 年知识产权所有人协会（IPO）主办的知识产权战略管理调查，专利很少被视为知识产权的灵丹妙药，而更多是作为其他知识产权保护形式的补充[16]。专利有其不足，比如早期公布、回避发明的可能性和严格的可专利性要求。调查受访者确实将专有技术作为竞争优势的关键来源，而绝大多数受访者（88%）将技能和知识作为最重要的知识资产。因此，商业秘密直接涉及专有技术和知识的保护。

而且，专利只是商业秘密海洋中的冰山一角。90% 以上的新技术都被商业秘密所覆盖。超过 80% 的许可和技术转让协议涉及专有技术（商业秘密），或是专利和商业秘密的混合协议。国际知识产权顾问 Bob Sherwood 称商业秘密是“技术转让的主力”。

最后，也是非常重要的一点，商业秘密保护不存在任何操作拖延，也没有过高的成本，而专利是地域性的，成本高昂，且只能在某些国家获得。

6 商业秘密的特征

从上述的商业秘密定义中，我们可以了解商业秘密的显著特征以及它们与其他类型知识产权之间的显著差异。

对于商业秘密，不存在任何主题或内容的限制，也没有注册或保护期限限制。此外，商业秘密没有严格的新颖性要求，只要该主题不为一般人所知或获取，就可以获得商业秘密保护。

重要的是秘密本身，即信息不为外人所知。保护秘密需要采取合理的积极保护措施。这些措施可能包括：

- 制定了商业秘密政策
- 向员工宣传商业秘密政策
- 让员工签署明确保密义务的雇佣协议
- 对获取商业秘密进行限制（以哪些人必须知道为基础）
- 限制公开获取商业秘密并且限制陪同参观者
- 存放商业秘密的场所要锁住大门和保险柜
- 将商业秘密文件标记为专有和机密文件

- 审核员工的演讲稿和出版物
- 与第三方接触时要求签署保密合同
- 对离职员工进行离职面谈

重要的是要考虑到，尽管具有充分的经济价值或竞争优势很重要，但商业秘密的试金石不是实际应用，而是对拥有者具有价值。这意味着失败的科研成果也可以带来竞争性优势（就像成功的结果一样），因为对于进一步商业化，信息拥有者已经很了解哪些是可行的，哪些是不可行的，对可行性的选择有更多了解。如果竞争对手秘密地知道什么是不可行的，通过避开已知的技术“死胡同”，他们的研发活动就可以加速，拥有者原有的任何战略或竞争优势就会减弱。

最后，对于侵占商业秘密的行为，如不正当地获取商业秘密、使用或披露不正当地获得的商业秘密，或者个人违反保密义务，可以采取行动。通过盗窃、贿赂、欺诈、违反或导致违反维护保密义务或通过间谍活动（包括电子间谍活动）等不正当手段获取商业秘密都属于侵占商业秘密。侵占商业秘密的补救措施，包括实际的和惩罚性的损害赔偿、利润、合理的许可使用费和禁制令。获取商业秘密的恰当方式（不支持侵占指控）包括独立发现、逆向工程、化学分析或通过观察那些允许进入公共领域的部分而发现的商业秘密。

7 知识产权权利的整合

有关知识产权战略、知识产权评估和其他知识产权主题的文献及介绍中，几乎总是涉及专利和专利组合。然而，关注专利却忽略了这样一个事实，即任何形式的创新（特别是高科技领域），其法律保护都涉及多个知识产权类别。这种交叉重叠确保了双重或多重保护。

Jay Dratler 在《知识产权法：商业、创新和工业产权》中首次写到“将所有的知识产权领域联系在一起”。如 Dratler 所述，由于技术和商业的进步，以前按专业区分的知识产权现在是一个“无缝网络”[17]。六年后于 1997 年，《新技术时代知识产权》的作者也强调，“通过将知识产权作为一个统一整体”，关注“不同类型知识产权之间的相互作用”[18]“避免碎片化的覆盖范围”。今天，知识产权的统一管理理论，针对各子集的单一领域法律，以及知识产权类型之间存在的明显交叉重叠。同一知识产权可受到若干类型的知识产权保护，或者保护同一知识产权的不同方面。不充分利用这种交叉重叠，将失去一些机会，而且根据 Dratler 的观点，会造成“处理不当”。

尤其是对于高科技产品，商标和版权可以作为专利、商业秘密和掩模作品（在半导体芯片的研发和生产中使用的“蓝图”）的补充。某一个知识产权类别，通常是专利，在某些情况下成为“重心”。其他知识产权类别则作为补充，但同样有价值。补充形式的知识产权可用于：

- 覆盖其他主题
- 强化排他性
- 在诉讼中形成补救措施

- 如果主要知识产权被无效，则可提供后援，从而形成协同和最佳的法律保护

Dratler 提供了以下案例：

a）对于数据处理系统的多重保护，可以包括：

- 对硬件和软件申请专利保护
- 对电路设计的计算机架构申请专利保护
- 对生产工艺采取商业秘密保护
- 对代码采取版权保护
- 对操作系统采取版权保护
- 对说明手册采取版权保护
- 将半导体芯片作为掩模作品保护
- 利用外观设计专利保护操作台或键盘，或作为商业外观按照商标规则进行保护
- 注册为商标

b）涉及单克隆抗体诊断试剂盒的多重保护：

- 对检测试剂盒采取产品专利保护
- 对制备抗体的方法采用方法专利保护
- 对专有技术采用商业秘密保护
- 对检测试剂盒的说明采取版权保护
- 注册商标

即使这些例子，也有一定的局限性，因为商业秘密不仅可以保护专有技术和工艺，还可以保护专利说明书没有提供的大量附带数据、信息和其他专有技术。

其他有参考价值的例子：

c）艺术设计的多重保护：

- 专利
- 对不同的特征采取版权保护
- 对非功能性特征采取商标保护
- 对整体外观采取商业外观设计保护
- 对功能性特征申请发明专利
- 对附带的专有技术和数据采取商业秘密保护

d）植物和植物部位的多重保护：

- 植物专利
- 植物新品种保护（PVP）证书
- 发明专利
- 商业机密[19]

为了概括知识产权的一体化概念，众多从业人员建议客户执行以下操作：

- 挖掘交叉重叠的部分
- 制订妥协方案
- 形成各种权利的网络
- 建立知识产权资产
- 建立“防火墙”
- 过度保护（多层知识产权保护）
- 布置“雷区”

最重要的知识产权管理和技术许可战略，是利用专利与商业秘密之间的交叉重叠。

8 初步的专利/商业秘密评价

知识产权管理始终需要在寻求专利保护和维护商业秘密之间进行抉择。《初步专利/商业秘密评估问卷》（文本框 1）可用于帮助决策并协助确定重点（通常是申请产品专利，而对生产方法采取商业秘密进行保护）[20]。为避免“发明”这一术语所带来的可能影响，并为了尽可能地覆盖该调查问卷可能涉及的各种创新，统一使用“发展”这个术语。

这 11 个问题按功能而不是按重要性进行排列，粗略对应营销（问题 1~4）、技术（问题 5~8）和法律（问题 9~11）等类别。每个问题以 1~10 进行打分。然后统计得分。以目前的问题数量来看，分值将在 11~110 之间。如果分值总和接近上限（超过 75），商业秘密保护似乎是有利的；总和接近下限（低于 45），则表明专利保护会更有利。有时会产生中间范围（45~75）的值。这类分值表明，最初采取哪种方式并不重要。例如，商业秘密保护可能适用于制造工艺技术，而竞争对手可能更容易重新创建；对于可以分析或逆向工程的产品，专利保护更有意义。但是，不应对采取其他策略保护附带部分及改进带有任何偏见。

文本框 1：专利/商业秘密初步评估问卷

1）研制成果的前景是商业产品还是许可主题？

1	2	3	4	5	6	7	8	9	10
是									不是

2）如果公司最大化了排他性，将获得多大的竞争优势？

1	2	3	4	5	6	7	8	9	10
很大									很小

3）如果竞争对手获得了排他性，竞争劣势会有多大？

1	2	3	4	5	6	7	8	9	10
很大									很小

4) 成果的商业重要性是否有可能会受到时间的限制?

1 2 3 4 5 6 7 8 9 10

是(限制) 否

5) 是否有可能开发替代品("回避设计")?

1 2 3 4 5 6 7 8 9 10

不是 是

6) 从商业产品中是否可以确定研发的性质(产品是否可以被"逆向工程")?

1 2 3 4 5 6 7 8 9 10

是 不是

7) 披露此项研发成果是否需要或允许获得其他不可保护的信息?

1 2 3 4 5 6 7 8 9 10

否 是

8) 其他人是否可能会独立完成相同的研发成果?

1 2 3 4 5 6 7 8 9 10

是 不是

9) 如果获得专利,法院维持有效性的可能性有多大?

1 2 3 4 5 6 7 8 9 10

高 低

10) 公司内部对研发成果的传播是否可能难以控制?

1 2 3 4 5 6 7 8 9 10

难 易

11) 是否难以确定竞争对手正在使用该技术?

1 2 3 4 5 6 7 8 9 10

易 难

总分:______

为了从问卷中获得最准确的结果,对以下每个问题的思考将有助于解读问卷答案。

问题1 如果该技术很有可能商业化或许可,专利保护似乎比商业秘密保护更适合。可能会有一些例外情况(如可口可乐®),但这仅限于不易通过逆向工程确定产品性质的情况(参见问题6)。

请注意,问题1涉及技术本身的商业化。因此,仅仅使用生产工艺生产商业化产品并不是该过程的商业化(参见问题4,关于商业化的含义)。对工艺本身是否申请专利,取决于问题2~11的答案。

问题2 该问题的目的是确定研发成果的排他性是否有商业意义。如果研发成果的商业重要性微不足道,作为商业秘密可能更好。然而,如果研发成果的商业优势非常明显,则获得专利可能更好。

问题 3 该问题与问题 2 相反，即专利公开的防御价值。因此，如果对于公司来说，技术的商业价值可能很小，则倾向商业秘密保护，如果竞争对手的排他性没有优势，则应考虑申请专利（或公开）。

问题 4 这是一个难题。有些作者认为，市场生命期短的产品应申请专利，而市场生命期长的产品则用商业秘密保护更好。在本文作者看来，市场生命期并不是特别有用的指标，因为它取决于与技术本身无关的因素。对正在研发产品的使用寿命进行估计，是一个非常主观的问题。在某些情况下，可能不需要考虑。

问题 5 围绕一项发明开展设计的能力取决于专利保护的性质。如果权利要求很容易规避，其价值将大大降低。因此，如果公开并没有破坏商业秘密保护的效果，则选择商业秘密的相对价值更高（因为专利保护的价值下降了）。

问题 6 该问题是问题 5 的平衡问题，如果选择了商业秘密保护方式，竞争对手能否通过产品确定技术研发的进展。如果竞争对手可以合理并轻易确定产品的性质，那么专利保护将更好一些。

问题 7 披露的问题往往容易被忽视。例如，要求披露菌种保藏号就为竞争者获得菌种本身提供了机会，获得菌种可能会大大超过专利保护的价值。披露未申请保护的或中间的工艺也可能影响最终产品能否获得专利。

问题 8 在许多情况下，评估其他人能否独立做出同样的研发成果可能会非常困难。但是，如果其他人也在该领域耕耘，则有可能得到相同的研发成果并率先寻求专利保护。那么，如果不寻求专利保护，最终可能会无法使用该产品。

问题 9 尽管可能出于其他原因而选择专利保护，但会因为最终获得的保护范围比较微弱而抵消。一件保护很弱的专利，竞争对手完全忽视，而公司也不愿意进行起诉，与没有进行专利保护是一样的。实际上，情况可能更糟，因为由于公开而不可挽回地失去了通过商业秘密进行保护的机会。

问题 10 理想的情况下，公司内部传播的信息是可以控制的。如果不这样做，商业秘密可能会丢失。如果存在这种风险，例如，众多的员工、访问者和供应商都可以获取该研发项目的信息时，专利保护就更可取。科学出版也存在同样的问题。

问题 11 这个问题与第 9 个问题有关，但涉及内在的执行问题，而不是专利保护强度大小的问题。如果很难发现侵权行为，专利的根本价值将会降低。必须权衡减少的价值与专利公开造成商业秘密保护丧失的成本。如果不能有效执行专利权，那么事实上专利公开可能就会变成扩散商业秘密的渠道。

9 专利/商业秘密的衔接

商业秘密是第一道防线，但它们不仅在专利之前使用，也可以与专利同时使用，甚至可以在专利申请之后使用（见下文第 11 和 12 小节）。此外，无法获得相关或附带的专有技术许可，通常实际上不足以对专利技术商业化。这是因为专利很少披露最终规模化生产的商业实施方案。因此，数据和专有技术非常重要。在这方面，请考虑以下颇有说服力的建议：

- 在很多情况下，特别是在化学技术领域，专有技术是技术转移协议中最重要的部分[21]。

- 不仅要获得专利，还要获得专有技术的权利。获得专家和记录、实验室笔记本以及关于中试运行的报告，包括市场数据和该技术的潜在用户都是至关重要的[22]。
- 工业上的普遍做法，是对易于利用专利保护的技术部分寻求并获得专利，同时将相关技术数据和其他信息作为技术秘密。有些人认为专利只不过是出售相关专有技术的广告[23]。
- 与［技术许可］相关的专利权总体上在后面的讨论中会提到，相对于专有技术，其具有“微不足道的”价值[24]。
- 商业秘密几乎是所有技术许可的组成部分……［并且］相比不涉及商业秘密的交易，商业秘密可以将许可交易的价格提高 3~10 倍 [25]。

专有技术的重要性，用一个来自巴西的著名案例可以说明。多年前，为了促进巴西工业发展，巴西政府官员决定将发达国家授权的重要专利翻译为葡萄牙语，但教训来得迅速且令人吃惊。他们认为，将这些专利文本翻译为葡萄牙语就足以使本国的产业实施这些国外发明而不必支付许可费。但因为没有得到必要的专有技术，毫无疑问，该计划彻底失败了。这种疏忽令人惊讶，因为继韩国、中国台湾地区、中国香港地区和新加坡的惊人进步和成功之后，巴西几年前已经开始从发达国家引进技术（包括专有技术），经过适应及改善后，满足当地需求。他们期望进口技术的成本物有所值。事实上，进口技术不仅改进了产品，增加了产品出口，改进后的技术向非洲、中东和拉美其他地区发展中国家的出口也增加了。这种进口/出口政策被称为反向技术转让[26]。

重申一下，专利和商业秘密并不是相互排斥的，而是高度互补并相辅相成的。这就是为什么美国最高法院将商业秘密视为替代专利完美可行办法的部分原因：“将商业秘密的保护延伸到明显可专利保护的发明并不违背专利披露原则。”[27] 有趣的是，Marshall 法官在 Kewanee Oil[28] 案判决的同意意见中，“劝说”道：“国会在实施专利法时，仅仅是为了向发明人提供有限的垄断［原文如此］，以换取发明人对发明进行披露，［而不是］向发明人施加交换的压力，并撤回为其发明提供任何法律保护的可能替代。”因此，很显然，专利和商业秘密不仅可以共存，而且还可以相互协调。“商业秘密/专利共存是公认的，两者是和谐的，因为它们有着不同的经济和道德功能。”[29]

实际上，专利和商业秘密是密不可分的，因为大量的研发数据和结果，以及与任何重要商业创新相关的附加专有技术，不能也不是必须包含在专利申请中。这些信息值得并且需要商业秘密提供保护。过去，有时甚至今天，如果考虑维护商业秘密（例如，对于制造工艺技术），这个问题总是表述为在专利和商业秘密之间的选择。例如，讨论此事的文章标题为“商业秘密 *vs* 专利保护”“申请专利还是不？”“商业秘密还是专利？”“专利还是保密？”这种观点假定，专利和商业秘密在保护期限和范围方面存在很大差异，并且明显各具优势和劣势。但是，正如本章所表明的那样，两者的差异是虚幻的。专利保护的最长时间从申请日开始起大约为 20 年，而商业秘密平均也就能持续数年而已。在保护范围方面，它们也不存在差异，因为几乎人类智慧创造的所有东西都可能具有专利性。虽然专利可以防止他人独立做出发明，而商业秘密不会，但专利会引导竞争对手试图进行回避设计或发明。当然，如果要妥善地保护和维持商业秘密，就要承受住破解它的企图。

10 专利和商业秘密如何互补

事实上，选择一项知识产权策略而放弃另一项没有必要，也是短视的。实际上，问题不在于是寻求专利保护还是商业秘密保护，而是哪些寻求专利保护，哪些作为商业秘密。当然，最好是同时拥有专利和商业秘密，从而实现专利和商业秘密的最佳组合，对创新进行协同保护。

专利和商业秘密在披露信息方面确实是对立的。专利中披露的有关信息，就不再是商业秘密。但是专利和商业秘密确实是互补的，特别是在以下情况下：在关键的研发阶段，在提交任何专利申请之前，以及在申请公布和颁发专利之前，商业秘密法律与专利法可以很好地衔接[30]。如果已经充分描述了本发明，使本领域技术人员能够制造和使用本发明，并且如果已经公开了（如专利申请中要求的）用于实施本发明的最佳实施例（如果可用），则所有未披露的相关知识或附加专有技术，都可以并应该作为商业秘密进行保护。如果数据未在随后的申请中披露，则所有大量研发数据（包括提交申请后制定最佳实施例的有关数据，无论是否具有创造性）都应作为商业秘密进行维护。专利和商业秘密互补，无异于两全其美，尤其是在技术非常复杂并且包括多种可专利的发明和大量相关专有技术的情况下。

11 最佳实施例和可实施性的要求

传统观念认为，由于最佳实施例和可实施性的要求，商业秘密保护不能与专利保护共存，这也是一个严重的误解。这些要求仅适用于提交专利申请时，由发明人的所知和要求保护的发明。

专利申请是在研发阶段早期提交的，以尽早获得申请日或优先权日。为了体现与现有技术的差别，专利权利要求保护范围往往较窄。因此，说明书通常只用几页描述基本的实验室实验或原型；随后才研发商业制造和使用的最佳实施例。因此，最佳实施例和可实施性要求不会妨碍专利提交后形成的海量专有技术作为商业秘密。

最新的 *CFMT v. Yieldup International* 案的判决与此尤其密切相关：“可实施性要求并不是要求发明人满足商业化市场上成功的高标准。美国法典第 35 章（即美国专利法）并不要求专利公开使得本领域普通技术人员能够以完善的、商业上可行的实施方式进行制作和使用，在权利要求方面并没有这种限制……本法院判定的是提交申请文件之日其可实施性情况，而不是以后的发展情况。”[31] 这种论证同样适用于对最佳实施例的要求。

在 Peter Rosenberg 看来：“专利只是保护发明与商业化应用相关的整个技术中很小的一部分……需要花费大量时间、精力和资金将（发明概念）转化为可销售的产品。”[32] 他补充说，在这个过程中，会产生有价值的专有技术，即使其具有创造性并属于可专利的发明，也可以作为商业秘密来维护。Rosenberg 指出，“有些发明寻求专利保护，而有些则用商业秘密保护，这种做法没有任何不妥之处”。同样，Tom Arnold 指出了一种完全错误的假设，即“许多法院甚至许多专利律师似乎都倾向于这样做”“因为专利法要求披露最佳实施方式，所以，专利必然会披露或预先提及所有对于本发明实施有用的商业秘密[33]”。

Gale Peterson 还强调，“专利法只要求书面描述所申请的发明以及如何制作和使用该发明”。因此，他建议说，由于专利制度所允许的权利要求，其覆盖范围通常远远少于技术体系的整个范围，因此专利申请中的公开内容仅限于支持美国专利法（35 U. S. C.）第 112 条要求即可（也就是说，提供足够信息以能够制作和使用本发明），尽一切努力将技术系统的其余部分作为商业秘密。

简言之，制造过程中的细节（即使能够获知）不属于法定要求的最佳实施例和专利可实施性披露的一部分，而在扩大规模进行实际生产的过程中，“最佳实施例”经常是个谎言。

12 典型的商业秘密案例

当然，商业秘密保护的技术、商业信息、附带的专有技术，不包括通常已知的、易于确定的或构成个人技能的信息。但是，这种排除仍然使大量的数据和专有技术能够作为商业秘密受到保护，通常还包括对专利的进一步改进。例如，通用电气公司（GE）的工业钻石加工技术，就是专利和商业秘密协同整合以确保获得无懈可击排他性的绝佳例证。

工业用途的人造钻石，对通用电气公司来说是非常大的业务，他们拥有制造这种钻石的最佳专有技术。通用电气公司的大部分技术都获得了专利，当专利过期时，大部分技术成为技术文献和公有知识。但通用电气公司还保留了一些截然不同的发明和研发秘密。苏联和远东某国非常想获得这种技术的许可，但是通用电气公司拒绝向任何人授予许可。与通用电气公司沟通无门，远东某国采取了商业间谍活动。通用电气公司一个该国裔深受信赖的平步青云之明星员工，受数百万美元的诱惑，窃取了通用电气公司宝贵的商业秘密。该员工最终被抓获、审判并入狱。

同样，自 1942 年以来，惠氏（Wyeth）就占据了畅销激素治疗药物 Premarin®的垄断地位。他们（从怀孕母马的尿液中提取）的制造工艺专利数十年前就过期了，但该公司严格保护相关的商业秘密。15 年来，医药公司 Natural Biologics 一直想推出仿制的 Premarin®，就窃取了惠氏的商业秘密。惠氏起诉对方并胜诉，获得了全面禁止令，这显然是一起极糟糕的商业秘密侵占案。

这些案例说明了商业秘密的价值，更重要的是说明了将专利与商业秘密相结合的优点。事实上，这些案例表明，通用电气公司和惠氏能够两全其美，为其发明申请专利，并仍可以通过保密生产细节而保持其竞争优势。通用电气公司和惠氏依靠商业秘密保护的这种策略，以及可口可乐为其配方保密而不申请专利，是不明智或者一时大意吗？显然不是。

其他一些判决，例如，*C&F Packing v. IBP* 和 *Pizza Hut* 案和 *Celeritas Technologies v.*

Rockwell International 案，都证明了双重或多重知识产权保护不仅可能，而且对于充分发挥知识产权叠加优势非常重要，甚至可以作为应变方案[34]。

例如，*Pizza Hut* 案中，Pizza Hut 被判向 C&F 支付了 1090 万美元的侵占商业秘密赔偿费[35]。C&F 经过多年的研究，开发了一种作为比萨配料的预制肠制作及冷冻方法，该方法做出的预制肠具有现制肠的特点，并在价格、外观和味道上超过其他预制产品。C&F 分别就预制肠制作设备和预制肠制作工艺获得了 2 件专利。C&F 在提交专利申请后改进了制作工艺，并将新的研发作为商业秘密保护起来。

Pizza Hut 同意购买 C&F 的预制肠，条件是 C&F 向 Pizza Hut 的其他几家供应商公开其工艺，表面上是为了确保 Pizza Hut 的备货供应。作为交换，Pizza Hut 承诺从 C&F 购买大量预制肠。因此，C&F 向几家 Pizza Hut 供应商披露了这一工艺，并与他们签订了保密协议。随后，Pizza Hut 的其他供应商学习了如何制作 C&F 预制肠。然后 Pizza Hut 告诉 C&F，如果不大幅降价，它不会再购买更多预制肠。

IBP 是 Pizza Hut 最大的非肠类肉制品供应商之一。Pizza Hut 为 IBP 提供了比萨配料预制肠的说明和配方，IBP 与 Pizza Hut 签署了关于此信息的保密协议。此外，IBP 聘请 C&F 预制肠工厂的前任主管担任其生产主管，但 5 个月后，当其能够制作预制肠后就解雇了该员工，同时 Pizza Hut 开始从 IBP 购买预制肠。

随后 C&F 针对 IBP 和 Pizza Hut 提起了专利侵权和侵占商业秘密的诉讼，法院认定 C&F 的专利无效，因为申请日之前一年已经开始销售发明产品了。然而，法院认定 C&F 拥有富有价值且可执行的商业秘密，且确实已被侵占。在专利无法提供任何保护的情况下，以商业秘密作为保护的补充，这是一个非常好的例子！

在某些情况下，考虑到诸多潜在损耗因素，专利的确是一个薄弱的工具，例如：

- 由于专利无效的理由而导致对专利性存疑
- 专利局授予的权利要求保护范围狭窄
- “大量专利布局中只有约 5% 的专利具有商业价值”是事实[36]
- 专利的寿命短（平均有效的经济寿命“仅约五年”）[37]
- 专利的强制执行比较复杂并且代价高昂
- 有些国家专利覆盖范围有限或缺乏

13 商业秘密和组合许可

在商业秘密许可实践中，人们需要考虑的门槛问题就是所谓的“黑匣子困境”。用两句盎格鲁撒克逊的俗语可以生动地形容。商业秘密的所有者不能“不小心说漏了嘴（let the cat out of the bag）”，而且潜在的被许可方不会“没有过目就轻率买下（buy a pig in a poke.）”。用更通俗的话来说，无限制地披露新发明或专有技术会导致某些商业秘密权利的丧失。另外，潜在的被许可方不大可能去获得看不见的东西。幸运的是，存在一个解决困境的方案，即保密协议，也称不公开保密信息协议或保密信息公开或预先协商协议。在谈判和起草这样的协议时，需要解决双方不同的担忧。

商业秘密的所有者会考虑：

- 应该用什么机制和程序来披露黑匣子内容？

- 如果接受者选择使用这些信息或决定不使用信息，应该对接受者使用黑匣子信息采取什么限制？
- 允许接受者检查黑匣子内容的时间和程度应该是多少？
- 应该收取他们多少钱才能让他们看黑匣子？

另外，商业机密接受者希望知道：

- 如果他们想要获得许可和使用信息，他们应该接受哪些限制？
- 如果他们不想许可这些信息，他们应该接受哪些限制才能在未来使用这些信息？
- 如果这些信息已经处于公有领域该怎么办？
- 如果事实证明他们已经掌握了这些信息，或者是它的一个重要组成部分该怎么办？
- 他们应该支付多少钱才能看到黑匣子？

书面协议是保护秘密的最安全方式，也是执行协议的最佳方式。它应该有准确界定技术领域的条款，在双方之间建立保密的法律关系，仅为特定目的提供专有信息，强制接受者保守信息秘密，并阐明保密义务的例外情况。最后应该包括已经在公有领域公开的信息，后来信息公开了但并非由于接受者的失误而造成的，接受者已经知道或后来通过没有保密义务的第三方接收到的信息。最重要的是，书面协议应该限制保密义务的期限。

类似的关键条款应纳入商业秘密的许可协议、技术援助协议以及专利和商业秘密的组合许可协议中。这些条款应与典型的运作条款相结合，运作条款规定了许可授予、许可费支付、赔偿、担保、时限和终止条件以及其他事项。

虽然这种组合协议在美国非常普遍，但它们存在很多问题。因为专利失效后，许可方可能会滥用专利或者违背诚信原则而继续收取专利使用费[38]。这种情况可能会发生，是因为商业秘密的生命期可能是无限的，而专利的寿命是有限的。因此，解决该问题主要取决于如何起草许可协议，在美国，超出该协议专利或商业秘密的寿命期限后，不会同意再支付许可使用费。美国的组合许可协议中，尽管有价值的商业秘密仍在发挥作用，但支付使用费的义务自此告终。解决此困难的办法：

- 分别签署专利和商业秘密许可协议
- 初期的一次性付款
- 明确区分专利和商业秘密权利
- 将许可费分别划分到每项权利
- 如果专利权终止或被宣告无效或者如果申请没有被授权，则适当降低专利使用费率
- 缩短使用费支付期限（例如 10 年）
- 对专利授予免费许可
- 授予商业秘密许可而不授予专利许可

这种选择在很大程度上取决于专利和商业秘密在特定技术中的相对作用和价值。

14 结语

商业秘密是一种可行的知识产权保护形式。它们可以用来替代专利，但更重要的是，它们可以并且应该与专利并行使用，从而可以保护发明附带的专有技术。摒弃专利和商业秘密不可调和的观点，而将专利和商业秘密看作是平等的合作伙伴关系，即专利和商业秘密，而非专利或商业秘密。

有了专利和商业秘密，显然可以覆盖其他主题，强化排他性，在诉讼中就可以使用不同的补救措施，并在第一个保护工具失效或无法执行时进行补救。利用专利和商业秘密之间的重叠获得最佳保护是一项实用、可盈利且合理的知识产权管理及许可战略。

许可协议已成为技术转移的首选工具。专利和商业秘密的组合协议也很流行，因为专利披露通常只涵盖初期或早期研发结果，如果无法得到附带的专有技术，这些结果不足以使专利技术商业化。这种作为商业秘密保护的专有技术，不需要包含在专利申请中，通常是在提交申请后开发出来的。这种组合协议不仅应包括为商业秘密所有人的利益而要求维护商业秘密的条款，也需就商业秘密保护对被许可方设置适当的限制。

KARL F. JORDA, *David Rines Professor of Intellectual Property Law and Industrial Innovation and Director, Kenneth J. Germeshausen Center for the Law of Innovation and Entrepreneurship, Franklin Pierce Law Center, 2 White Street, Concord, NH, 03301, U. S. A. kjorda@piercelaw. edu*

---

1 General Agreement on Tariffs and Trade, Multilateral Trade Negotiations (Uruguay Round). Agreement on Trade-Related Aspects of Intellectual Property Rights (TRIPS), 15 April, 1994. Part II, Section 7: Protection of Undisclosed Information, Article 39 (2).

2 Uniform Trade Secrets Act § 1(4), 14 U. L. A. 372 (1985 & Supp. 1989).

3 Restatement (First) of Torts (1929).

4 Restatement (First) of Torts, § 757 Comment B (1929).

5 Restatement (Third) of Unfair Competition, § 39 (1995).

6 *Kewanee Oil Co. v. Bicron Corp.*, 416 U. S. 470 (1974).

7 *Dunlop Holdings, Ltd. v. Ram Golf Corp.*, 188 U. S. P. Q. 481 (7th Cir. 1975), *cert. denied*, 189 U. S. P. Q. 256 (1976).

8 The American Heritage® Dictionary. 2000. 4th edition. Houghton Mifflin: Boston, Mass.

9 McCarthy JT. 2004. *McCarthy's Desk Encyclopedia of Intellectual Property* (3rd ed.), p. 330.

10 International Association for the Protection of Intellectual Property. 1973. Mexican Congress Resolution. Mexico DF.

11 *Peabody v. Norfolk*, 98 Mass. 452 (Mass. 1868).

12 *All Pro Sports Camp v. Walt Disney Co.*, 727 So. 2d 363 (Fla. 5th DCA 1999).

13 Price D. 2000. Cargill Reaps Bitter Harvest in Pio neer Dispute, (Fin. & Com.), May 17, 2000. www. finance-commerce. com/recent_articles/051700b. htm; *Lexar Media v. Toshiba Corp.*, No. 1-02-

CV-812458 Santa Clara Co., Calif. (Super. Ct. 2005).

14 Halligan and Pooley are prolific authors and frequent lecturers and hence well-known experts on trade secret law and practice. Halligan also teaches two advanced courses in trade secrets at John Marshall Law School. Pooley will be President of the American Intellectual Property Law Association later in 2007. Their statements were made at conferences attended by the chapter's author.

15 Perritt H. 2006. Trade Secrets, *A Practitioner's Guide*. Practising Law Institute. New York: NY. pp1-1, 3-7.

16 Intellectual Property Owners Association. 2003. Survey on Strategic Management of Intellectual Property.

17 Dratler J. 1991. *Intellectual Property Law: Commercial, Creative, and Industrial Property*. Law Journal Seminars Press: New York, NY.

18 Merges RP, PS Menell and MA Lemley. 2003. *Intellectual Property in the New Technological Age* (3rd edition). Aspen Publishers: New York, NY.

19 *Advanta USA Inc. v Pioneer Hi-BredInternat'l Inc.*, No. 04-C-238-S, slip op. (W. D. Wisc. Oct. 27, 2004) states that the Plant Varieties Patent Act does not preempt trade secrets.

20 The Initial Patent/Trade Secret Evaluation Questionnaire was created by the author of this chapter.

21 Blair H. 1978. Understanding Patents, Trademarks, and Other Proprietary Assets and Their Role. In *Technology Transfer and Licensing: The Practical View*, Franklin Pierce Law Center: Concord, New Hampshire. p. 6.

22 R Ebish, freelance writer.

23 Rosenberg P. 2001. *Patent Law Fundamentals*, vol. 2 3. 08 (2d ed.). West Group: St. Paul, Minn.

24 Michael Ward, Honeywell VP Licensing.

25 Jager M. 2002. The Critical Role of Trade Secret Law in Protecting Intellectual Property Assets. In *The LESI Guide to Licensing Best Practices* (RGoldschneider, ed.) Wiley: Hoboken, New Jersey. p. 127.

26 See presentations by Karl F. Jorda at a) Santiago University, Santiago de Comporela, Spain, Jan. 1997, b) IABA XX Conference, Atlanta, Georgia, May 1977; and c) Fifth ASIPI Congress, Rio de Janeiro, May 1977.

27 *Kewanee Oil Co. v. Bicron Corp.*, 416 U. S. 470 (U. S. 1974).

28 *Kewanee Oil Co.*, 416 U. S. 470.

29 Chisum DS and MA Jacobs. 1992. *Understanding Intellectual Property Law.* 3B (1), Matthew Bender: New York. pp. 3-7.

30 *Bonito Boats v. Thunder Craft Boats, Inc.*, 489 U. S. 141 (1989).

31 *CFMT, Inc. v. YieldUp Int'l Corp.*, 349 F. 3d 1333 (Fed. Cir. 2003).

32 See *supra* note 23.

33 Goldscheider R and GJ Maier (eds.). 1988. *Licensing Law Handbook.* Clark Boardman and Company: New York. p. 37.

34 *C&F Packing Co. v. IBP, Inc.*, 224 F. 3d 1296 (Fed. Cir. 2000); *Celeritas Techs. v. Rockwell Int'l Corp.*, 150 F. 3d 1354 (Fed. Cir. 1998).

35 *C&F Packing Co. v. IBP, Inc.*, 224 F. 3d 1296 (Fed. Cir. 2000).

36 Emmett Murtha, ex-IBM and former LES president.

37 Ibid.

38 *Brulotte v. Thys Co.*, 379 U. S. 29 (U. S. 1964).

第11.6章

商标在植物品种许可中的应用

威廉·T. 图克尔 (WILLIAM T. TUCKER)
美国加利福尼亚大学校长办公室研究管理与技术转移执行主任
加文·S. 罗斯 (GAVIN S. ROSS)
美国园艺研究所商业发展副总裁

译者 张亚林 审校者 欧阳石文 张熠 邓欣

摘 要

植物品种知识产权保护的主要形式是植物专利、植物品种保护(PVP)和发明专利。但是，商标也可以为植物品种提供持久而重要的保护。相对于法定的植物知识产权保护形式(植物专利，PVP，发明专利)，只要产品在市场上销售并实际使用商标，商标的优势是可以无限期地保护。负责国际商标注册的最重要协议是马德里体系和马德里议定书(美国是其签订国)。许可商标，可以单独许可，也可以结合其他知识产权保护形式一起许可，例如植物新品种权与商标的组合。

1 引言

2006年排名前十的全球"品牌"[1]：可口可乐®、微软®、IBM®、通用电气®、英特尔®、诺基亚®、丰田®、迪士尼®、麦当劳®和奔驰®，所有这些品牌的估算价值达到了惊人的3960亿美元[2]，每个品牌都依赖于成功的品牌战略，其中重要的组成部分是可识别的商标。成功的产品品牌可以为企业创造惊人的无形价值。据估计，当今无形资产至少占公开交易公司市值的80%[3]。

虽然，新鲜果蔬行业尚未充分利用成功的品牌和商标战略所能创造的价值，但是，

Tucker WT and GS Ross. 2007. Use of Trademarks in a Plant-Licensing Program. In *Intellectual Property Management in Health and Agricultural Innovation: A Handbook of Best Practices* (eds. A Krattiger, RT Mahoney, L Nelsen, et al.). MIHR: Oxford, U. K., and PIPRA: Davis, U. S. A. Available online at www.ipHandbook.org.

情况正在发生变化，跨国公司开发的品牌（通常是商标名称，如都乐®、德尔蒙®和金吉达®）以及可识别商标下的其他品种（例如，使用黑钻®商标的李子和使用佳沛®商标的绿色、金色猕猴桃），正向着这个方向演化。

2 商标是什么

商标是指交易过程中表明某些商品和服务与商标所有人之间存在关联的任何标记、标志或名称。商标用于识别商品和服务，将其与其他类似商品和服务区分开来，并指明其来源或起源，从而引导并影响消费者的决定。商标保证某些商品或服务已知且质量可靠。例如，带有可口可乐®标志的瓶子向消费者表明该瓶中装有特定的可乐饮料。在许多司法管辖区，商标可以在当地专利和商标局注册。注册商标（或其非常类似的版本）不得被其他任何与商品或服务无关的其他人使用，商标所有者可以对其他任何试图使用商标的人提起商标侵权诉讼。但是，注册商标的所有权并不能阻止他人以明显不同的商标制造或销售相同或类似的产品。

商标可以有各种不同的形式。可注册的商标通常包含独特的有时是无意义的词语（例如柯达）。注册商标也可以采取其他形式：数字、数字和文字组合、标语、设计、图像、颜色、声音、图片，标签、气味和三维构型（例如瑞士三角形®巧克力）。

为了获得保护，商标必须具有适度的显著性。其显著性可分类，从最可能获得保护到不可保护依次排序：

（1）臆造性商标是最具显著性并可保护的。它们是独特的无意义文字。包括高乐士、埃克森美孚和百事可乐。

（2）任意性商标是真实的（而不是无意义的）文字，但是它们与所关联的商品或服务之间没有必然的易于理解的联系。例如 Apple（电脑）、Apple（唱片）、Domino（比萨）和 Sonic（餐厅）。

（3）暗示性商标暗示但不明确描述商品或服务的特征。例如，假日酒店和套房的名称，暗示住宿在这家酒店里，就像是“在假期”。

（4）描述性商标指明商品或服务的目的、功能、质量、尺寸、地理来源，等等。为了使其具有显著性并因此受到保护，消费者必须能够将此类商标与特定商品或服务相关联。例如，“炸鸡”作为描述性标记不符合保护资格，因为它仅仅指的是一只鸡。然而，肯德基炸鸡对消费者来说意味着很多，而不仅仅是“以肯塔基州很受欢迎的方式炸出的鸡肉”：它指明了一个地方，客户从那里可以获得已知并可预期质量的食物。

（5）通用名称如肥皂、番茄或汽车不能注册为商标。有趣且不幸的是，对于商标所有者来说，多年来一些商标已经从别出心裁的注册商标转变为普通词汇；包括现在常见的词语，如油毡（linoleum）、阿司匹林（aspirin）、煤油（kerosene）和自动扶梯（escalator）。（另请参见下一节的非商标性讨论。）

3 商标的收益、风险和义务

商标没有内在的价值，只有与其相关的商品或服务被消费者接受时，商标才会获得价值，随后，消费者将品牌/商标作为指标找到质量一致的商品或服务。相比之下，植物专利、植物品种保护和与植物有关的发明专利（统称为植物品种权或PVR）具有即时可交易的价值，从专利授予到专利到期，该价值可能会也可能不会减少（图1）。

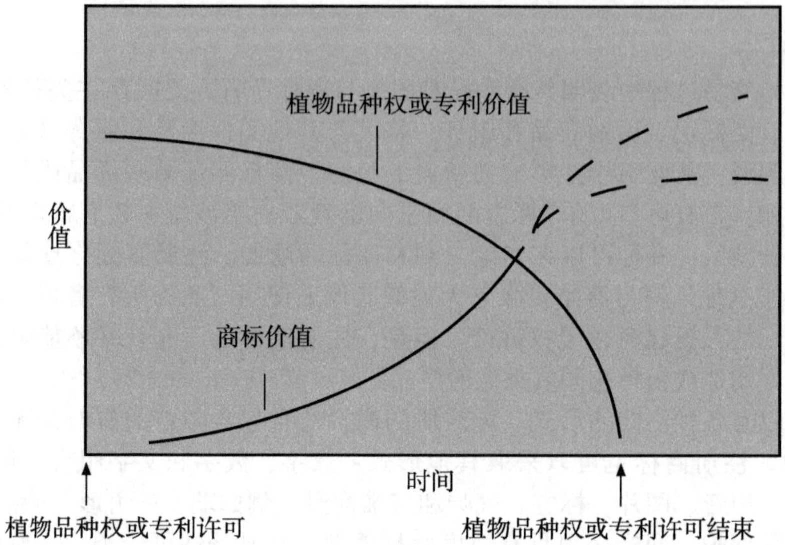

图1　商标的相对价值与专利和植物品种权利随时间的价值相比较

资料来源：图由A MacKenzie，HortResearch友情提供

对于PVR来说，商标的重要优势与其他形式的知识产权保护（如专利和版权）不同，商标可以无限期拥有，只要它们得到适当使用、执行并且（通过续展）保持有效状态。商标是可识别的，因此即使在专利或PVR保护期限到期后也有价值。制药行业拥有许多强大的商标：氯雷他定®的制造商默克医药公司即使在专利过期和仿制药进入市场后，仍能保留抗组胺剂的显著市场份额。

注册商标的过程通常廉价而直接。必须投入一些资金才能创造出显著性强、可以保护的标志。在设计用于全球商业的商标时，重要的是研究拟售产品的国家商标注册管理机构中的注册商标，以确保商标或与其非常相似的商标尚未被他人注册。在不同的国家使用不同的商标或在不同的商品上使用同一个商标并不是好的做法，因为这些做法可能会使消费者混淆，从而降低商标的价值。商标所有者应该意识到，一种语言中的无意义词汇可能是另一种语言中的真实词汇（也可能是带有负面含义的词汇）；别出心裁的标志（如埃克森）在任何语言中都没有实际意义，通常是安全的。

商标是一种“非用即失”（use it or lose it）的商品。首先，商标仅在其代表的商品或服务质量保持一致且持续可用时才具有价值；因为市场的记忆是非常短暂的。此外，更严重的是，如果一个商标在一个国家连续一段时间不被使用（大多数国家通常是三年），则该商标可能会失效。

促进并发展消费者对商标的认可，要比注册商标花费多得多。商标所有者需要明确目标受众并针对受众开发宣传材料，如果涉及全球销售的产品，该过程可能会变得相当复杂。或许应该将这些任务委托给一家广告公司。

商标所有者不仅要投资建立并维护市场上的品牌，还要保护商标。商标所有者需要指定知识产权管理人员负责商标的申请和许可，制定商标的使用政策以及起诉那些非法使用注册商标的人。

4 正确使用商标

如果不受控制地使用商标，它不再表示商品或服务的特定来源，则该商标将变为通用名称。一旦商标变成通用名称，那么所有人都可以免费使用。这种“非商标化”一直是许多著名商标的命运，如 cellophane（赛璐玢）和 thermos（热水瓶），现在就是普通词典中的一部分。尽管施乐®和舒洁®商标仍然受到保护，但用施乐®代替复印机或者用舒洁®代替纸巾，成了常见做法，并且已经有人认为这些商标变成了通用名称。

商标所有者必须努力确保商标得到正确使用，特别是在他们自己的机构内。商标是限定名词的形容词，不应该当作专有名词或动词使用。例如，不要说“我打算去复印（施乐®）几页纸”，这是不恰当的用法，即使是商标所有者也不行。

最后，商标应始终与®或™ 符号一起使用。在美国，®符号表示联邦商标注册（具有重要的法律含义）；™ 符号表示普通法标记（不具有特别的法律意义）。™ 符号在申请和注册联邦商标期间使用。商标应该总是用来修饰一个普通名词，例如德蒙特金™ 菠萝或爵士™ 苹果。为了避免违反商标法，育种者和种植者必须使用品种的名称而不是商标来命名植物品种。这可能是一个挑战，尤其是如果商标特别朗朗上口（为了成功它应该这样！）或品种名称只是一串字母数字。

5 农业领域商标

商标有助于为农产品创造价值。RoundupReady®商标就是一个例子，该商标指代孟山都开发的转基因作物，其转基因产物对除草剂草甘膦具有耐受性。

通常用商标强调植物品种的显著性和吸引力特征，（例如，Pink Lady® ［苹果］，Superior Seedless® ［葡萄］和 SunMaid® ［葡萄干］[4]）都是成功的品牌例子：商标增加了普通农产品的消费者吸引力，使商标所有者可以许可含有该葡萄干的产品使用该商标。

请注意，植物品种的名称与植物品种的商标不同。植物品种的传统名称范围从描述性的到想象性的，并且通常由植物育种者选择。植物品种名称的唯一限制是不能用于同一物种的品种。然而，选择商标需要注意更多事项。首先，品种名称不能被注册为商标：品种名称被认为是“通用性的”，因为它是特定品种所有植株的名称，而商标是用于识别品种植株的特定来源（种植者、销售商等）。其次，商标局通常会拒绝地理名称，特别是如果某个地理名称与所述作物相关联［例如，“Valencia（西班牙瓦伦西亚）”与柑橘，“Turkey（土耳其）”与无花果］。与特定作物相关的颜色通常也不能作为商标。最后，如果商标已被用于相关商品或服务，即使是不同的商品或服务，也很难注册商标。

为了说明申请产品商标时可能会出现的一些复杂情况，我们以加利福尼亚大学拥有的 Shasta Gold®无籽柑橘为例进行说明。美国商标审查员反对在商标中使用地名，但该大学认为 Shasta 并不是指与柑橘有关的加利福尼亚州地区。审查员反对在商标中使用某种颜色，但该大学认为 Gold 指的是水果质量，而不是其颜色。该大学在美国专利商标局成功注册后，受到 Shasta 饮料公司的质疑，该公司声称 Shasta Gold®柑橘的存在会影响其 Shasta®果味汽水的销售。最终，双方达成了庭外和解。如果大学只是把与美国植物专利相关的品种称为"Shasta Gold"（而没有注册商标），就不会存在争议。

用一个商标覆盖整个产品类别是特别有力的策略。Sun World[5] 将 AmberCrest®商标用于各种早熟桃品种。这些品种在外观和味道上都相似，但在不同时间成熟。不同品种受不同名称的保护（例如 Supechsix、Supechnine），但消费者只知道其商标名称 AmberCrest®。这一战略使 Sun World 能够开发新的早熟桃品种，同时又能保持品牌形象的一致性。另一种策略是为品牌内的单个产品开发次级商标或限定名称。一个例子就是来自新西兰的商标 Zespri®猕猴桃：黄肉猕猴桃被称为 Zespri® GOLD，早先的猕猴桃被称为 Zespri® GREEN（图 2）。由于限定名是常用词，因此不能注册商标。

图 2　Zespri®黄金猕猴桃

如果合理地使用商标，可以增加单一品种的价值。Pink Lady®苹果就是一个很好的例子。几乎没有消费者知道该品种的名称 Cripp's Pink，但大多数消费者都熟悉 Pink Lady®的商标名称。商标从持续的市场占有率和接受度中获得价值，因此为季节性品种创建商标可能没有经济意义。然而，Pink Lady®苹果全年都可买到，所以这个商标非常成功。

零售市场近期的结构变化，将影响商标在新鲜农产品行业的使用。在发达国家，超市业务正在日益巩固，而这些超市还经常扩张到其他国家。为了跟上竞争的步伐，超市连锁企业正在想方设法与竞争对手区分开来，并将大部分精力集中在商店的产品部分。

大型连锁企业具有支持商标产品所必要的营销力量，而唯一为这种投资可能带来回报的品种是具有独特消费者吸引力的品种：它们可能具有不同寻常或改进的形状、颜色、质地、风味，或其他质量（如无籽），或非典型性的或延长了市场供应（例如，早熟或晚熟品种）。

连锁超市的增长势头也可能对该品种所有者造成不利影响。零售商为了自己的商标而选择拒绝品种所有者的商标。澳大利亚就有这种情况，两家连锁超市控制着约80%的新鲜农产品零售市场。两家连锁店都在开发自己的生产品牌，因此不愿意通过储藏和销售带有其他商标的产品来降低其自身商标的潜在价值。

由于植物新品种权在许多国家缺位（或需特别强制执行），因此商标保护通常比品种权保护更强大，可以作为品种权保护的替代方式。例如，加利福尼亚大学在某些没有植物新品种权的国家为草莓品种注册 Camarosa 商标，然后许可生产 Camarosa®草莓。许可的核心是商标使用。第三方虽然未获得 Camarosa 商业化许可，仍然可以在没有植物新品种权的国家种植该草莓品种，但他们无法以受保护的名称 Camarosa 出售它们。然而，由于符合国际植物新品种保护联盟（UPOV），植物新品种权保护在发展中国家越来越常见，而且多国保护机制［如欧盟植物品种局（Community Plant Variety Office, CVPO）］在其他地区也适用，利用商标作为植物新品种权的替代方式可能会过时。

6 国际商标保护

根据世界知识产权组织（WIPO）管理的马德里体系[6]，如果商标所有者直接向其本国或区域商标局提交一份申请，则可以在若干国家（马德里联盟成员）保护其商标。相比之下，植物新品种权程序要复杂得多：品种拥有者必须在每个国家提交保护申请（除了在欧盟国家提交的植物新品种权）。马德里体系可以减少商标所有人在律师费用和申请费用方面的花费[7]。美国不是马德里联盟的成员，而是 2002 年通过并于 2003 年年底实施的类似马德里议定书成员[8]。

在某些情况下，马德里体系有助于遏制商标盗用和敲诈问题，前提是商标所有人利用该体系并立即向许多国家申请商标保护。请考虑以下情况：一个流氓公司在一个国家市场上看到一种产品，认识到它可能在另一个国家取得商业上的成功，就在第二个国家注册相同或非常相似的商标（大多数国家不要求使用注册商标）。当产品所有者想要进入第二国的市场时，盗用者会试图出售这个商标。以商标剽窃的理由进行诉讼需要时间和金钱，而盗用者期望商标所有者有可能选择庭外和解而不是正式诉讼。这种情况就发生在加利福尼亚大学的草莓品种身上：在外国，一名“海盗”以该大学的一种草莓品种名称注册为商标，然后对该大学在该国以注册商标的名义销售该植物材料提出质疑。在马德里体系下，同时在多个国家保护商标为产品所有者提供了阻止此类计划的有用工具。

7 许可问题

同时涉及植物新品种权和商标权，并解决这些权利何时以及如何到期的许可，被称为组合许可。如果商标产品不断推出上市，商标就是永久的，但是植物新品种权的期限有限。即使植物新品种权已经过期而其他人正在销售相同的产品，被许可方自然希望维持该商标的使用权利。因此，许可协议的架构应该使任何特定的权利和相关的义务区分开来，并且可以在不损害任何其他权利或义务的情况下到期（或终止）。文本框1为许可协议提供了一些样本条款。除了授予权利和指定产品标记的要求之外，组合许可协议还必须明确定义使用每项权利需支付的许可费金额和种类。例如，协议可以分别规定使用植物新品种权的费用和使用该商标的费用。在这种情况下，植物新品种权到期后，被许可人只需支付商标使用费。另外，并非所有产品都符合商标许可条款要求的质量标准，因此协议可能允许被许可人通过其他渠道销售低档产品（例如，非出口级产品可能会出售给加工业或当地市场）而不使用商标。对于这些规格外的销售，许可方只收取使用植物新品种权的许可费。

许可协议还必须考虑到可预见的意外事件。使用商标销售的商品或服务必须严格控制质量。因此，许可协议必须要求被许可方仅将该商标与许可的植物品种一起使用，并且仅限于符合规定的质量标准（例如尺寸/数量或等级，无论适用哪个）的产品。一旦被许可方为自己的标志创建了品牌，它可能非常想终止许可协议，并在自己品牌下出售许可品种或类似品种；这样的行为显然是非法的，无论是否通过马德里体系，[*] 就许可方在许多国家维护权利而言，都会存在耗时、代价高昂及组织管理方面的困难。为了从一开始就避免这种情况，许可方应禁止被许可方使用任何可能与许可标记混淆的其他商标。或者，许可协议中可以包含一个条款，要求被许可方创建并使用的与许可产品相关联的任何标记都应归还给许可方，否则视为被许可方终止协议。

文本框1：主许可协议中的商标条款示例

（其中主要的被许可方需要向育苗商、种植商、包装商和分销商授予分许可）

授权条款：

1.1　根据本协议规定的限制条件和第XX条规定的权利保留，许可方在此授予被许可方以下商标权利：

1.1.1　与商标产品测试和销售相关的商标使用权；

1.1.2　授予育苗商使用商标的分许可专有权销售所繁殖的商标产品；

1.1.3　授予种植商使用与水果销售相关商标的分许可专有权；

1.1.4　授予包装商使用与水果销售相关商标的分许可专有权；

1.1.5　授予分销商使用与水果销售相关商标的分许可专有权。

1.2　被许可方将在所有涉及许可产品的宣传材料上使用商标。被许可方将以突出显著的方式使用商标。分许可协议要求分许可的被许可方（a）在且仅在以下情况下使用商标：（i）销售或许诺销售商标产品，以及（ii）描述商标产品的任何营销或广告；（b）以突出显著的方式使用商标。对于分许可被许可方的水果销售，此类分许可方将要求分许可被许可方**仅**在销售或许诺销售最高等级水果时使用该商标。

---

* 根据上下文意思，原文 but Madrid system or not 疑有误。——译者注

> 1.3　无论是被许可方、分许可被许可方，或任何被许可方或分许可被许可方的关联方、合资企业或相关方实体，都不得使用与商标产品相关的任何其他商标，或与许可方授权商标易混淆或暗示性（按照许可方的判断）的商标。除非是本协议允许的商标，否则被许可方和所有分许可被许可方都不得使用。
>
> 如果被许可方直接或通过分许可方了解到，任何未经授权使用商标或任何彩色模仿或与其混淆相似的任何名称或标签，被许可方应按照第 XYZ 段的规定，以书面形式立即通知许可方。此外，对于任何未经授权使用商标或其任何模仿或任何与其相似的名称或标签，分许可方要求分许可被许可方通知被许可方（通常通过分许可方）。
>
> 产品标记条款：
>
> 被许可方将要求其所有包装商和分销商，依照本协议条款在销售的水果（商业上可行且符合一般行业惯例的地方）及其纸箱、包装盒、托盘或容器上粘贴耐用且易读的标签或标牌，标明许可品种的正确名称和相应的商标（如果适用）。

8　在发展中国家推出新的水果产品

未来许多新型水果产品可能来自热带地区，该地区包括许多发展中国家。这些品种的所有者可能希望采取一种刺激全球需求的产品策略，从而最大限度地为自己带来商业回报。针对消费者需求的全球商标计划，可能比通过许可获得投资回报的植物新品种权战略更为可行。

新品牌水果产品的开发商必须记住，任何商标策略都应具有的 4 个关键点：

(1) **确定什么应该注册商标**。所有者必须明确定义拟注册商标的产品，以及希望开发的标准和品牌价值。发展中国家的农艺措施是多元化的，要想达到产品的一致性也是很大的挑战。

(2) **在销售的地方注册商标**。所有者必须制订完善的商业化计划，对每个可能销售水果的国家制定不同的策略。所有者可能需要在每个产品销售国家或地区的专利和商标局注册商标。

(3) **及时注册商标**。应该在产品概念化的早期阶段提交商标申请，抢在竞争对手之前。

(4) **实际使用商标**。所有者需要投入资金以确保商标得到恰当的使用，并且只有有权使用商标的人才能使用。发展中国家的水果生产商可能会尝试在自己的产品上使用成功的商标（或近似副本）。必须注意确保商标不被滥用，避免成为通用的描述符号。

9　结语

如果选择得当并有效使用，商标可以为植物品种增加实质性价值。但是，时间、精力和前期成本非常重要，因此品种的所有者必须愿意进行所需的投资。此外，有效的全球商标战略尤其要求知识产权许可方及其被许可方共同合作以实现互利共赢。

致 谢

感谢 Wendy Cashmore、Michael Carriere、Andrew MacKenzie 和 Clint Neagley 在编写本章期间给予的建设性帮助和意见。

WILLIAM T. TUCKER, *Executive Director, Research Administration & Technology Transfer, Office of the President, University of California, 1111 Franklin Street, 5th Floor, Oakland, CA, 94607, U. S. A. william. tucker@ ucop. edu*

GAVIN S. ROSS, *Vice President, Business Development, HortResearch (U. S. A.), 430 F Street, Suite F, Davis, CA, 95616, U. S. A, gross@ hortresearch. com*

---

1 The term *brand*, as opposed to a statutorily protected trademark, encompasses a name, sign, or symbol used to identify items or services of a seller aimed at differentiating them from goods of competitors. Put differently, a brand is simply a promise, allowing customers to identify a product or service. It thus includes nonprotected assets (or liabilities) linked to a brand's name or symbol, which adds to (or subtracts from) the value provided by a product or service. It is the collettion of perceptions in the mind of consumers.

2 Interbrand. 2006. *Best Global Brands: A Ranking by Brand Value*. Interbrand and Business Week. www. ourfishbowl. com/images/surveys/BGB06Report_072706. pdf.

3 Bucknell D. 2006. United States: Global Brand Strategy and the Top 100 for 2006 (the "B. R. A. N. D. I. N. G." approach). Published only on the Web. www. mondaq. com/article. asp? articleid=41882&searchresults=1.

4 www. sun-maid. com/brandlicensing. html.

5 www. sunworld. com.

6 www. wipo. int/madrid/en.

7 Information about the Madrid system is available on the Internet from patent and trademark offices in member countries (for example, www. uspto. gov; www. ipaustralia. gov. au) and from attorney firms who have trademark-law practices.

8 To learn more about the Madrid Protocol and its important differences from the Madrid system, see the U. S. Patent and Trademark Web site. www. uspto. gov/web/trademarks/madrid/madridindex. htm.

第 11.7 章

商务协议：期权处置的实操指南

马克·安德森（MARK ANDERSON）
英国安德森律师事务所初级律师
西蒙·基维-科塔里（SIMON KEEVEY-KOTHARI）
英国安德森律师事务所出庭律师

译者 杨洋 邓秋洁 刘晓娜 贾淑云 **审校者** 欧阳石文 张熠 邓欣

摘 要

获得大学知识产权（IP）的期权可以通过几种方式：签订独立协议，在协议中增加一个条款（例如，研发资助协议或材料转移协议），以“流水线”（pipeline）或知识产权框架协议的方式与大学衍生公司签订协议。虽然授予期权的条款在一个很大的协议中通常只占很少的一部分，但该授权经常成为一个机构知识产权商业化战略的重要问题。流水线协议（pipeline agreements）作为一种有效的期权协议特殊形式，尤其如此。本章的目的有 3 层：

（1）提供期权及其用途的介绍，包括法律、实践和谈判问题。

（2）提供参考模板以及填写模板的相关指南。

（3）考虑并讨论一些常见问题或大学特别关注的问题。

Anderson M and S Keevey–Kothari. 2007. Commercialization Agreements: Practical Guidelines in Dealing with Options. In *Intellectual Property Management in Health and Agricultural Innovation: A Handbook of Best Practices* (eds. A Krattiger, RT Mahoney, L Nelsen, et al.). MIHR: Oxford, U.K., and PIPRA: Davis, U.S.A. Available online at www.ipHandbook.org.

UNICO *Editors Note*: We are grateful to UNICO for having licensed one of its *UNICO Practical Guides* for inclusion as a chapter in this *Handbook*. The original version of the Guide was published by UNICO (www.unico.org.uk). The work was prepared by Anderson & Company, the Technology Law Practice™, U.K. (www.andlaw.eu), in cooperation with UNICO. The guide was edited by MIHR/PIPRA for this publication.

本章试图既为入门者，也为有经验的研究合同及技术转移专业人员提供有用的信息。材料覆盖范围广泛可能会给人造成一种错误印象，即大学签署合同时存在法律和商业方面的困难。情况通常并非如此。但有时，在洽商协议各方间，尤其是涉及国际交易时，可能会存在各方预期、操作实践或法律文化方面的差异。

前　言

本章基于《UNICO 实用指南》系列之一展开。近年来，商业化专业知识不断增长且越发成熟，创造了有关大学商务合同的大量知识、经验和最佳措施。《UNICO 实用指南》是为专业人士分享这些知识、经验和最佳实践而专门制作的。这些书是关于大学商务合同的实用指南，为入门者和经验丰富的专业人士提供向同行和专家集中学习的机会。该指南在英国主要作为商业化专业知识的来源，但并不是为取代现有手册或其他指南或与之竞争，而是提供一套全新的内容，我们 UNICO 人相信，对于那些每天处理大学商务合同的人来说，这是一套非常重要的支撑材料。我们希望这个文件对您也很有用。（Kevin Cullen，英国苏格兰格拉斯哥大学，UNICO 主席。）

1　引言

1.1　什么是期权

期权（option），又称为选择权，既可以是一个协议，也可以是协议中的一个条款。通常期权给予协议中的一方下述权利：

- 获得特定的权利（例如，专利许可）或资产（例如，一件专利）；
- 要求另一方（以特定的形式）订立协议，或就后续协议的条款进行谈判；
- 评估材料、产品或资产，以确定是否签订后续协议（如后续研究或许可协议）。

通常，期权是在排他性的基础上授予的。因此，当大学授予一组知识产权权利的期权时，期权条款可能要求该大学在授予期权期间不得将知识产权许可给其他任何人。这意味着授予的是“排他性期权”，但有时双方倾向于再增加一个期权条款，明确约定大学在期权持续有效期间不能再许可给其他任何人。有时，可能进一步表述并禁止大学在此期间与任何人洽商许可。这种类型的明确表述（当使用时）最有可能由期权的受让人提出来。

从事技术转移的人将遇到的主要协议类型包括以下内容，从中可以加深对期权的理解：

- 独立的期权协议，协议的主要标的物是授予期权，例如获得特定专利申请许可的期权，其不属于大合同的一部分（见本章末尾的文本框 1，期权协议样本）。
- 期权和评估协议，通常被认为只是一个评估协议，在计算机软件方面很常见（例如，在这样的协议里，其中一方向另一方提供一个软件项目供评估，在指定的时间段内，让第二方充分判断是否想获得该软件的许可。评估期给了第二方一个期权，如果其愿意的话，可以获得所述许可。请参见本章末尾的文本框 2，软件评估协议样本）。

- 研究协作或资助协议，参与其中的合作伙伴或资助者，有时会得到大学研究项目产生的知识产权的许可期权。
- 许可协议，其中规定被许可方除了获得大学特殊专利和专有技术的许可外，还可以获得许可技术改进后的权利（这类规定通常是对改进之处授予期权，并在协议中对改进作出适当界定）。
- 流水线协议和优先购买权，其类似于期权，下面将分别并更详细地说明，并简要解释它们与基本期权协议和条款的不同之处（参见本章末尾的文本框 3，流水线协议样本）。

1.2 优先购买权是什么

人们有时会不严格地甚至交替地用“期权”（option）、“优先购买权”（right of first refusal）这两个术语，指代任何类型的机会权利（参见本章末尾的文本框 4，期权、优先购买权及其类似规定的例子）。

本指南的作者没有特意对这些术语进行正式定义。然而，通常理解优先购买权具有下列更精确的含义，以最佳实践角度采用的是这个含义。

优先购买权和期权的关键区别在于谁启动权利的授予。通常，对于期权，其受益方（受让方）会在指定时间段内提出价格，通知授予权利的一方（授予方）自己想获得期权（例如许可或转让）。

相反，如果受让方获得了优先购买权，其并不能启动权利的授予。授予方控制着过程。如果授予方希望授予该权利，必须通知受让方，并给受让方一个接受或拒绝该权利的机会。

一般情况下，优先购买权的条款在以下一个或两个阶段使用：

（1）当授予方第一次决定准备授予权利时（或准备提供权利给第三方时），就必须给受让方提供权利。

（2）当授予方准备与第三方签署协议时，授予方必须保证给受让方提供与第三方同样条件的优先权。如果受让方接受了这个机会，那么授予方必须以所述条件优先授予受让方，而不能将权利授予第三方。

当基础协议（例如研究协议）的另一方赞助研究（提供资金或实物）或提供材料时，通常会提出优先购买权。事实上，许多大学的研发协议和材料转移协议（MTAs）源自大型制药公司，通常会在协议中纳入优先购买权。

优先购买权大体包括以下几种情形：

- 如甲方与乙方就特定条款洽谈协议时（例如，许可协议），甲方将给丙方留出接受相同条款的机会。
- 如果甲方从研发项目中创造了知识产权，或产生了某种东西（比如原型），在甲方答应许可或转让之前（无论是对普通大众还是特定一方，如乙方），丙方都将拥有第一个得到该成果所有权或产品的机会。

针对知识产权起草优先购买权条款，会有很多实际困难，特别是上文第 2 条所描述的情况。知识产权授权谈判可能需要数月才能完成，而且通常需要对技术和知识产权的潜在价值有所了解，并且需要各方在协议下开展合作，建立一定程度的信任。一个实际问题是，谈判中一方必须决定何时告知另一方第三方具有优先购买权。如果从一开始就告诉第二方，他还愿意花时间和资源进行谈判吗？如果直到第三方行使了优先购买权时，才告知第二方，第二方可能会认为自己被愚弄了。

因此，大学可能希望拒绝授予在第三方签署合作协议前就生效的优先购买权。如果商业上必须要授予优先购买权，笔者发现有一个解决办法是，起草好优先购买权条款，在与第三方签署非约束性条款之前才生效。如果到这个阶段才胜出，第三方可能不会有太多抱怨。

期权和优先购买权的另一种说法是“优先机会权”（right of first opportunity）。这个词的使用频率低于优先购买权，可能因为它的意思更加灵活多变。当作者遇见优先机会权时，它往往意味着被授予方有权在某个特定的时间点（例如，授予方决定授予权利的时候）向授予方提议，但根据规定，授予方没有义务接受被授予方的提议或与被授予方进行排他性谈判。有时，这个层次的权利意味着相当于在谈判桌上拥有一个（非独占的）席位。与其他类型的期权一样，“优先机会权”的准确含义和使用范畴，以及在行使时应遵循的程序，应在协议中明确规定。

有时会遇到一些重量级条款，由期权和优先购买权组合而成。例如，可以用期权协商后续协议。如果双方不能就条款达成一致，那么大学可以寻求向其他方授权，但如果所达成的协议与另一方提出的条件相比，对大学没有更多好处，在达成协议之前大学必须与协议另一方协商。任何此类条款都需要仔细审查，确保可行，并且不损害与第三方的协商。

1.3 什么是流水线协议（pipeline agreement）

流水线协议通常只在大学成立衍生公司的合同中出现。这种情况下，大学（或其技术转移办公室）会将特定的知识产权授权或许可给衍生公司。所讨论的知识产权通常来源于创造它的学者实验室或院系。这些学者通常最终会成为新的衍生公司创始人。

流水线协议基本上是一种期权协议的复杂形式，其目的是使衍生公司获得创始人部门未来所产生的知识产权。在这样的协议下，期权的接收方（衍生公司）就得到了一条“流水线”，以使它可以从产生知识产权的大学院系获得权利。

典型的流水线协议通常由三方签订：

（1）学术机构的技术转移公司或办公室（TTO）；

（2）衍生公司；

（3）最初参与创建发明或技术的发明人/学者（公司组建协议中通常被定义为创始人），该发明或技术被授权或许可给该公司。

通常产生流水线协议的情形可能包括以下几部分：

- 创始人或其实验室发现或创建了与最初发明或技术相关的知识产权，或许也有可能与原始发明或技术无关。
- 后续改进的知识产权是在一定时间范围内创建的（例如，从流水线协议签订之日起的1年或3年）。
- 衍生公司通过期权获得后续形成的知识产权转让或许可。

此外，流水线协议一般包括：

- 要求创始人按期报告工作，并明确期权覆盖范围内的所有知识产权。
- 允许公司鉴定知识产权是否属于期权覆盖范围的条款。
- 处置协议期间形成的知识产权的条款，即涉及第三方权利或者第三方资助的知识产权（或技术），结合了第三方的知识产权（或技术），或受第三方限制的主题（例如，转让或许可），或受第三方许可、转让或期权要求的主题。
- 根据流水线协议授权给公司的任何知识产权或技术许可的规定，赋予大学回授的权利（或保留权利）［例如，用于研究和/或教学或“非商业的”使用（需要确定各方对非商业的理解），或在规定领域之外的使用］。
- 规定了公司的勤勉义务，要求进一步发展并商业化开发按流水线协议转让或许可的知识产权和技术。
- 规定哪一方负责知识产权保护并承担知识产权保护的费用，以及何时寻求保护并支付相关费用。

洽谈并起草一个好的期权协议和优先购买权协议，尤其是流水线协议，是非常艰巨的任务，在此期间必须考虑许多法律和商业方面的问题。

永远不要轻视期权协议和类似的协议，应当清晰、全面地开展谈判并起草协议，以便充分反映出各方的意图和期望。

2 处理期权的最佳实践方式总结

本节描述的实践方法，是作为最佳的可能方式提出的，供参考（读者可能会觉得，有些做法过于理想化）。

政策。制定针对不同类型期权的机构政策，包括下述事项：

- 从根本上看是否需要采取期权的形式，如果是，哪一种形式是恰当的——即基础期权、优先购买权，或是流水线期权。
- 应该实施何种“尽职调查”，才能确保期权下的义务不与其他已有协议规定的义务相冲突，并确保每项期权条款不与知识产权商业化战略相冲突或背离。
- 通过问卷调查相关研究人员/部门，提供与该期权和/或围绕知识产权的相关情况。
- 谁有权代替机构签署该期权协议。

模板。准备好每种类型的期权协议模板，用于不同交易。

谈判。明确谁负责谈判期权条款。此人是否受过符合要求的培训并具有相应的技能？针对棘手问题，制定程序征求专业顾问（例如，内部律师）的意见。

条款。对于每种类型的期权协议，均设置清晰的“底线”，即必须接受或不能接受的条款。可能出现的关键问题包括：

- 法律和司法权（是否适用相关的保险政策）。
- 期权的期限。
- 到底如何行使期权。
- 当行使期权时会发生何种情况应明确（也就是说，可能需要签订后续协议）。
- 是否可以接受不同类型期权中的担保或赔偿。

监督。监督期权协议中规定义务的实施程序，包括维护期权（和其他协议）的数据库。

3 创建一份协议模板

当起草或创建一份标准期权协议，或者在一个更大协议中包括期权部分内容时，可使用如下所述步骤快速检查关键项清单。根据本文目的，假设基本出发点是起草或完成一个类似或与表 1 模板相同的协议，下列评述足够通用，但具有普遍价值。这里提到的问题已经在正文中提及了，但可以再次简单描述一遍，这样就可以对起草期权协议的合适措辞有一个一次性的整体印象。

签署日期。这是指协议的日期，通常是指（除非有另外约定）最后一个人或一方签署的时间。不建议倒填时间，即将签订时间填写成较早的协议启动日期；如果希望协议覆盖签订日期之前的时间段，则需要单独插入一条关于生效日期的条款，即在该有效日期之后，协议的权利和义务就生效了。

签署方。对于大学来说：各方必须是获得授权的签约代表。有时候学术性院系的高层管理人员认为他们有权代表大学合法签约，但事实上并没有该权利。

对于英国公司来说：协议上需要填写完整的公司地址（可以是公司的注册地址或营业地址；但必须说明是哪类地址）。应考虑提供公司的编号[3]。

对于个人：应提供家庭住址（人们可能更换雇主，但如果需要找到他们签署后续文件或发生纠纷时，就会有问题）。

协议中的“背景陈述”或“鉴于”部分。该部分通常出现在协议的首页，在“各方”部分之后、合同主体之前进行阐述［这部分通常以“如下约定（It is agreed as follows）”或类似语言开始］。背景陈述用于介绍本协议的背景，但严格来说，并不是必要的组成部分。

定义。该部分在协议中可能以单独条款，也可能不以单独条款的形式出现。通常定义会贯穿整个文件；介绍定义的标准方法，是在该专有词汇出现后进行阐述，首字母大写，插入括号内。此后，整个协议中“生效日期”将代替实际日期。如果将一个单独条款用于定义，传统上一般会将所定义的专有词汇置于引号之间。相关条款通常将被定义的术语采用引用的方式来表述。例如：

1.4 “合同期限”是指从生效日期开始的期限，到生效日期之后（第三年）结束，任何提前和延期终止需要遵守本协议第8条。

从协议起草及解释合同的观点看，这两个版本都是非常有效的方法。

义务。需要清晰地制定期权协议：

- 协议所涵盖的知识产权，或者是流水线协议中涵盖的未来知识产权，需要进行恰当的限制性保护，例如，通过规定特定研究团队在特定研究领域后续研发产生的知识产权而进行限制。
- 期权的持续时间。
- 如何行使期权。
- 如果不能行使期权会发生什么。
- 根据期权协议，一旦协议终止，对所转移的材料/软件会发生什么。

管辖权。管辖协议的法律应尽可能以英国法律为准，如之前讨论的，管辖权应是“英国法院的非专属管辖权”。

4 期权协议的关键谈判点

4.1 典型期权协议的关键条款

尽管期权协议的具体条款不同，但它们通常包括以下规定：

- 对期权协议约定主题的一般性描述。
- 对“期权协议所述的知识产权及流水线协议所述的知识产权”进行详细定义（可以是指现有的知识产权或基于现有知识产权未来产生的知识产权）。
- 说明期权的内容，例如，接受独家许可或转让。
- 在价值评估协议中，仅为所定义的目的实施知识产权的义务。
- 期权行使的期限（例如，“从协议签订之日起3个月”；或“根据流水线协议，在公司被告知产生了新知识产权的1个月内”）。
- 实际行使期权的方法。
- 对实施期权后发生事情的陈述，例如，明确签约各方的义务。
  - 针对应执行的特定专利签署正式合同。
  - 根据预先商定的条款，明确许可协议的细节，例如，期权协议附带时间表中列出的条款，包括任何时间限定。
  - 谈判后续协议的条款，例如，谈判许可协议的内容以及如果各方不能完成协议，会有什么后果。
- 在支付条款中设定期权的费用，包括对曾经发生的任何专利申请费用的补偿。
- 一般保密义务。

- 与知识产权相关的各种规定，包括知识产权所有权，可以提供的任何担保，或是否就信息或知识产权的评估提供任何担保的规定（即按原样提供材料、信息或知识产权许可）。
- 如果评估协议或研究协议中包括期权规定，要求披露研究或评估的结果。
- 按照流水线协议的规定，有义务及时告知衍生公司，所产生的知识产权有可能落入流水线协议覆盖的范围。
- 标准样板的规定。
- 终止的规定。

4.2 谈判中的共同问题是什么

期权谈判中经常协商的条款包括如下内容：

- 协议所覆盖的知识产权范围，特别是在流水线协议的情形下，大学希望流水线的范围尽可能窄（由发明人和研究团队、研究领域、研发资金来源等来定义），这经常与衍生公司（及他们的投资者）的愿望相悖。
- 期权费用。
- 期权的期限。
- 在期权期间，实际控制专利保护（并负责付款）一方的名称。
- “后续协议”的详细条款（例如，许可协议），如果协商期权协议时，这些条款还没有达成共识，要求各方在多大程度上以真诚的态度开展协商，以期达成后续协议，例如，知识产权实际最终许可以及最终无法对这些条款达成共识的后果（例如，这些条款是否由专家起草，以及受让方是否接受优先购买权）。

有时，在达成具体许可协议条款以及洽谈后续协议条款之间的中间节点上，可以将未来许可或转让的特定关键性商业条款作为期权协议的组成部分，例如，支付许可提成费的排他性许可。然而，特定规定，例如许可提成费的实际百分比数字，可以留到协议的后期阶段再决定（各方不能达成一致意见时，可以寻求专家的意见）。

5 期权规定的核查清单

核查清单见表1（本章末尾）：

- 可能需要考虑的基本点。
- 期权协议中列出的主要条款以及主要事项，应根据每个规定逐条处理。

6 期权协议中的特别法律事项

注意：下面的注释都基于英国法律，而在其他司法管辖区可能有不同的考虑，例如关于需以诚信原则进行谈判的可执行性。

实施期权协议依赖于（1）协议的条款以及（2）支撑“协议约定”相关事项的法律的效力。期权协议的起草方式可能会产生类似的效果，如当事各方在谈判过程中使用并将相关特定文件作为意向函（letters of intent）或意向书（heads of terms），但这种文件不会涉及太多将来会发生事件的所有预期交易细节（或许需要后续书面协议进一步约定）。

通常来讲，当期权协议中的实质性和必要性条款保留作为后续谈判的讨论内容时，则还没有形成合同。理想状态下（从法律强制性角度来看），所有后续协议的条款（例如，许可协议）都将作为期权协议的工作计划，以便所有当事人在行使期权时必须签署进一步协议。然而，各方并不总是希望在期权协议谈判期间，就花很多时间洽谈详细的许可条款。另一种选择是一旦开始行使期权，就明确各方需要协商的具体条款。除非精心起草（特别是，以默认机制说明如果双方无法达成协议会发生什么，例如，由独立专家解决的条款），否则可能达成的是无法执行的协议。

签约方如想制定一个具有法律效力的期权协议，尽管未来达成协议是签订合同的必然结果，但应该尽量避免仅仅同意"未来达成一致"。相反，双方应该具体描述各方都应尽的责任和义务，清楚表述对各方义务的要求。通过避免需要未来进一步谈判不确定性条款，一方可以确保制定一个有约束效力的合同。

如果不能在期权执行期间就某些商业条款做出决定，各方应提供解决方案。例如，在后续支付期权费或其他款项的问题上，各方可就未来计算费用或价格的公式达成一致，或由指定的独立人士，即专业人士确定所述费用/价格。这些事情不应该留给法院判决。

7　期权中商业事务详述

相比《UNICO 实用指南》中的其他主题，一旦解决了关键协议的起草和谈判问题，即期权行使的范围和期限以及行使程序，其他商业化的细节问题基本可以不用讨论了。

7.1　是许可期权还是转让期权

正如前文所述，期权的类型有许多，也有可以通过期权解决的各类不同问题——例如，收购股份，知识产权，合同权利和收入流。在技术成果转化活动中，期权的主题主要集中于知识产权，关键问题是期权是否给受让方带来知识产权所有权（即以转让的方式），或仅仅给予许可，而大学保留知识产权所有权。

从大学的角度来看，保留所有权的主要优势（即许可而不是转让）在于所有权赋予的控制程度（或者至少是影响）。控制的主要领域包括：

- 控制专利申请（被许可方或受让方的利益可能与大学的利益并非总是一致）。
- 控制知识产权的发展和商业化开发。
- 如果公司破产，大学可重新收回权利。

当然，转让协议可以包括勤勉义务。但是，相比仅仅授予许可的情况，授予了受让方知识产权的全部权利，要想重新获得知识产权的控制权可能更难（如果受让方违约的话）。许可可以终止，但退还知识产权所有权可能更难以执行。如果受让方拥有知识产权并随后进行了出售（例如，通过受让方的清算方，作为破产过程的一部分），新的所有权人可以规避遵守转让协议要求的义务（如果新的所有权人不知道这些义务，将是更大的风险）。

就衍生企业的流水线协议而言，公司的投资者可能会力争获得知识产权转让，而不是许可（两者都与从大学最初获得的知识产权包有关，也与未来通过流水线协议获得的知识产权有关）。一些大学越来越抗拒这种压力，只授予许可，或者，在某些情况下，最初只授予许可，等公司一旦获得一定水平的投资，再将许可转成转让。

7.2 把期权作为研究协议的一部分

以一家公司赞助大学开展项目研究的协议为例。这样的协议通常会规定研究成果归哪一个缔约方所有，包括由此产生的任何知识产权。有时，协议明确指定成果归大学所有，但授予赞助者以期权获得许可，可以继续开发并商业化这些成果。一些"兰伯特"协议（协议编号 2，第 4.6 条规定）包括这样的期权条款[4]。*

通过授予知识产权许可开展成果的商业化，只是开发研发资助项目知识产权的各种可行方式中的一种。兰伯特协议提供了一些替代方式解决该问题。其他可行的方式包括：

- 资助方拥有所有研发成果（单独或与大学联合）。
- 资助方自动享有成果的许可权（无论用于什么目的，包括商业化，或仅用于研究目的）。
- 资助方不自动拥有成果的权利或期权。

其他多种方式还包括在特定领域或地区授予权利。

7.3 不自动提供许可或转让：美国的方式

尽管兰伯特帮助英国大学发展出一种更标准化的方法解决研发合同产生的知识产权问题，但英国大学还是没有采取与美国大学相一致的方法。总的来说，美国大多数大学的政策是对于研究协议产生的知识产权只赋予期权。

美国大学通常保留其研发的任何知识产权所有权，虽然在特定（罕见）的情况下存在例外，但是，他们愿意通过适当的方式授予赞助方以知识产权的商业化权利。这种模式得以发展有两个原因：第一，大学都认为有必要在一定程度上掌握其内部研发的控制权（无论是谁资助的研究）；第二，《拜杜法案》禁止大学向企业转让联邦政府资金支持研发的知识产权，但法律鼓励通过许可进行技术转移。

《拜杜法案》于 1980 年在美国通过，法案中的政策鼓励运用美国联邦基金资助产生的发明。这一政策促进了大学和小企业参与到研发及商业化进程中。政策允许为了公众利益通过独家授权许可将发明转化到市场上。美国政府为实现政府公共目的而使用（包括政府的协约商使用）该发明，享有免许可费、非排他性的许可权。

---

* "兰伯特"协议是由英国大学和行业代表组成的委员会制定的，由 Richard Lambert（现任英国工业联合会总干事）主持。协议包括 5 个不同的知识产权协议模板，他们的目的是减少在大学研究合同中讨论知识产权问题的时间。参见 www. innovation. gov. uk/lambertagreements。——译者注

美国大学授予的有些许可权必须是非排他性的，或是因为联邦政府的要求，或是因为研发有多个赞助方。在某些情况下，美国大学愿意给一个公司授予独家许可。但是需要明确，首先，许可应用的领域限定于公司的商业化应用范围（这样大学的科研人员可以持续开展其他应用方面的研究并寻找其他许可机会）；其次，大学希望确认公司会勤勉工作并抓住商业化的机会（许可协议中通常会插入尽职条款，如果公司没有按承诺有效开发或销售产品，大学有权终止许可）。

此外，美国大学授予许可权，通常会要求公司支付或补足大学为获得专利而产生的历史性费用，并给大学支付相关许可费以及/或者基于产品销售的许可提成费。如果公司和大学没有就此达成一致，或者公司不想得到许可，大学可以自由地与其他合作方进行洽谈。

假如研发工作是一家私营公司资助的，美国大学通常会跟资助方签订一个协议，针对协议中由科研人员产生的知识产权，授予公司免费的、非排他性的、不可转让的、免许可提成费的许可，并仅供内部研发使用。此外，以固定年费考虑（许可提成费），大学可能会授予公司期权，即非排他性的、不可转让的、免许可费的许可，但不授予以知识产权制造产品的公司以分许可权利。

美国模式的一个很好案例是麻省理工学院（M. I. T）。M. I. T 的大部分情况是与单个赞助方签署研究协议，赞助方接受了 M. I. T 的标准知识产权协议条款，该条款授予资助方一系列期权（包括排他性许可的期权），如专利和软件著作权材料的许可。某种情况下，资助方希望与 M. I. T 洽谈定制化的“非标准”知识产权条款，M. I. T 也希望进入后续谈判。如果 M. I. T 的研发协议涉及联合体，其标准的许可期权将仅限于非排他许可[5]。

关于软件许可，不管软件的知识产权是否源自赞助的研究，公司通常希望获得非排他性许可。因为典型的电子消费产品涉及大量专利，计算每件专利在产品中的应用是巨大的工作。在这种情况下，许多公司不喜欢承担很重的许可提成费。因此，大学会考虑在公司支付前期费用的基础上，提供免许可提成费的许可——这样做最典型的案例就是斯坦福大学的 EPIC（Engineering Portfolio of Inventions for Commercialization，商业化发明的工程投资组合）项目，即按标准收费的订阅性系统[6]。这种处理方式将增加大学许可软件技术的机会。

7.4　期权协议何时成为流水线协议

如果希望获得知识产权相关权利的是大学衍生公司，并且协议主题是大学未来产生的知识产权（通常该衍生公司开发的是承担主要研发大学院系的主要研发学者或公司创建者的知识产权），则该协议往往被描述成流水线协议。另外，大多数的标准期权协议通常是与一件独立的已存在的知识产权相关，缔约方希望能对其进行评估，可能的话在获得许可后能进行商业化开发。

考虑到流水线协议涉及（尚不明确的）不同的知识产权，并服务于衍生公司与大学（和/或大学的科技成果转化部门）之间的关系，那么流水线协议一定比直截了当的期权协议更加复杂。

流水线协议时常通过授予期权来获得知识产权的转让或许可。流水线协议经常包括对“流水线知识产权”的定义，以明确并限制通过流水线转化的知识产权。通常，大学希望限制发明人、创始人或他们的实验室在协议期间创造的知识产权通过流水线转化的数量。大学也希望根据定义排除任何属于第三方的知识产权，例如属于赞助方或第三方拥有的知识产权（比如，与其他大学聘用的研究人员共同发明的知识产权）。鉴定流水线知识产权的正确方法应在细节上进行明确，即应该制定规定，要求大学或创始人向衍生公司提交相关研究工作的常规报告，便于公司能够选择实施其期权。

此外，流水线协议将明确缔约方中的哪一方对未来知识产权保护负有责任，同时明确公司在知识产权商业化开发中的特定勤勉义务。

7.5 大学应该签署流水线协议吗

从大学的利益出发，判定是否真的要与衍生公司签署流水线协议，需要综合考虑很多因素。最根本的一点是，该大学衍生公司真的是商业化这些知识产权的最佳公司吗？通常假设的是大学在同一领域研发产生的知识产权，自动许可给依赖其生存的衍生公司（请记住新知识产权的学术发明人经常会参与创建衍生公司，并与该技术有密切关系）。但是，这个假设并不总是成立的。另一个公司可能更适合转化新的知识产权，比如拥有更好的资源或能提供互补性的产品。

另一种情形下，衍生公司也许不能被作为“许可选择对象”，即大学可能决定授予非排他性许可，例如，如果多个公司都有可能侵犯大学相关知识产权，则他们可能有意通过获得许可避免侵权。

7.6 期权的范围、期限和行使程序

期权协议应该明确：

- 行使期权的期限。期权协议应该清楚地列出行使期权的起始和终止日期。有时，对期权的期限有不同的规定：
  - -受让方可以决定行使期权的期限，例如，在研究项目期间以及在最终报告完成后的一个确定时期内。
  - -如果受让方行使期权，则各方需要在一个期间内进一步协商协议的条款，例如，许可协议（有时这一期限是含糊不清的，且仅仅要求双方有义务协商，而没有明确的截止时间点。从大学的角度来看，这种做法是非常不可取的）。
  - -如果期权中纳入了优先购买权，则需规定优先购买权的期限（例如，条款可能规定，如果双方未能在规定期限内谈妥后续协议的条款，大学可以自由地许可给第三方，但必须向受让方提供第三方的同等条件供其定夺。有时，这种优先购买权只会在一段特定时间内有效力，例如，与受让方谈判破裂后的一年内）。
- 期权的确切目的究竟是什么？例如，是获得谈判的权利还是得到某样东西的权利，精确地明确期权的主题是什么，例如，是特定的技术还是特定的专利（精确定义主题通常是必要的）。
- 未能就后续协议条款达成一致的后果（主要有两种选择：①期权失效；②将问题提

交给专家，由专家决定后续协议的条款）。

7.7 付款

有时，期权是免费授予的。这种情况通常是认为期权受让方具有足够强的议价地位，因而可以在决定是否获得该资产的权利之前要求一段时间的排他期。

然而，在许多情况下，大学可能会认为，授予期权具有商业价值，这种价值应体现为支付期权费。但收费产生的问题是，如果授予的是排他性期权，在此期间该大学将无法与其他公司开展许可活动。这种费用可以是下面的一种或两种：

- 授予期权需支付的费用（例如，签署期权合约时支付）。
- 行使期权时支付的费用。

授予期权应收取的费用数额，显然是商业问题，而不是法律问题。笔者曾见过数万英镑的期权费，但这很大程度上取决于技术、市场、授予权利的范围等。通常，除了期权费外，大学希望收回为实施期权所产生的专利费用。期权费不应与任何后续协议的首付款相混淆（例如，许可协议）。各种标准技术已被广泛应用于技术价值评估（以及定价）[7]。

8 期权的管理

无论是审查和谈判期间，还是双方已经签订了期权协议，对期权的跟踪管理很重要。最好集中管理，以便更容易检查与同一机构签署的期权协议以及任何其他协议，是否与审查中的期权协议存在潜在冲突。一旦决定授予一项期权，就需要解决若干管理方面的问题。

8.1 标准操作程序（SOP）

对于谈判期权协议的人来说，如果机构制定了处理期权的书面政策或书面标准操作程序（SOP），其中包括特定条款和问题的指南，是极有帮助的。对于不可协商的条款，如果有书面指导意见，对谈判者尤其有益，其立场可以更加坚定自信。指南应该根据谈判者日常工作经历的实际问题，定期更新并仔细推敲。

除了帮助谈判者，制定一份标准操作程序也符合机构的利益。通过发布明确的指南（并强调哪些条款应向更高级的员工或法律顾问咨询），可能会减少潜在的错误或疏忽。标准操作程序应包括：

- 应当（或不应当）纳入的条款清单。
- 就特定问题何时征求高级职员意见的指南。
- 在相关数据库中提示输入最终期权的详细信息，并向相关学者发送副本。
- 授权的签署人名单和有关假期保障的相关程序。
- 是否要由相关的学术研究人员完成期权的问卷调查（不像材料转移协议，这可能相当复杂，并且要求用结构化的方法确保大学不给相互竞争的企业授予相同的权利或污染自己的背景，期权往往更加直接。在笔者看来，重要的信息可以在一封电子邮件中列出，必要时再通过电话交流）。

8.2 为新的期权获取所有基本信息

要求或得到期权的研究人员或科学家掌握基本信息，使谈判者能够理解相关问题，并能够确立更好地保护机构及学术人员利益的立场。即使该机构没有使用正式的问卷，而是通过电子邮件/电话收集信息，把SOP上提出的相关问题记录下来，也有其优势：（1）谈判者不需要依靠记忆回答这些问题；（2）节省时间。

8.3 决定哪些信息可以披露

如果涉及一组保密信息，最安全的方式是只向接收者提供一部分秘密信息，而保留信息中最有价值、最敏感、最机密的部分。或者，可以在一段时间后谨慎地公开最敏感的信息，例如已经签署后续协议或在提交专利申请之后。《UNICO实用指南：保密协议》中讨论了与保密信息披露有关的其他详细问题和最佳实践建议。

8.4 指定协调人

应指定某人，例如，一个高级秘书或联络员作为协调人，确保在签署期权协议之后再进行信息披露，并监督该期权下的信息披露和接收情况。其他职责包括：

- 监控任何的最后期限（例如，期权的到期日）。
- 在适宜情况下，记录员工收到的机构之外的保密信息。
- 注意任何不同寻常的条款，或者与自己的标准期权之间的偏差。
- 将已签署的期权副本发送给相关的学术机构，并在主信函中强调期权中包含的任何特殊义务。
- 在合同数据库中记录该期权的详细信息，并将原始文件归档到安全（或指定）的区域。

8.5 让员工和其他人意识到自身的义务

确保员工意识到自己有完成期权工作的义务，是很好的做法。为达到这个目的，所有的第三方保密信息都应明确标明，并标识为保密。应告知任何收到第三方信息的员工要对这些信息进行严格的保密，除非根据期权协议得到第三方允许，否则不得使用。在某些情况下，可以向员工提供一份期权的副本。

8.6 合同数据库

许多大学都与不同机构签订了大量知识产权合同，包括期权协议。如果大学想要和第三方沟通，很难追溯彼此之间是否已经拥有期权，期权是否有效，是否涵盖了预期的讨论内容。通过建立通用合同数据库（或者更好的是建立专门的期权数据库），概述每个期权条款的简要说明，建立可搜索字段，可以提供非常有价值的帮助。

8.7 何时需要律师介入

责任和赔偿方面的规定，需要咨询更专业的法律顾问。同样重要的是，确保期权中没有语焉不详的情况，也不要让该项期权长期处于模棱两可的状态。然而，需要核实任何条款中的生僻措辞。有些机构制定了一套政策，规定在签署非标准期权之前，需要进行最后的法律审查。无论实际情况是否如此，定期对非标准化的期权协议进行随机性的法律审查，可以作为尽职勤勉的工作措施。

致 谢

许多学者和组织为编制《UNICO 实用指南》做出了一定的贡献，我们要感谢所有人。特别是：

- Jeff Skinner，伦敦大学学院的商业主任，他首先提出了实用指南的概念。
- Isis 科学基金创新部的 Tom Hockaday 和伯恩茅斯大学的 Phil Clare 代表 UNICO 共同管理开发和交付过程。
- 英国伦敦贸易与工业部慷慨地资助了实用指南的制作。
- 行业内很多大学和个人都参与并帮助审查了《UNICO 实用指南》。

UNICO 是在专业人士分享思路的基础上发展起来的。我们认为，《UNICO 实用指南》和本章内容都使用了最新案例。我们感谢每一位做出贡献的人，也感谢您花时间阅读和使用它们。

通讯作者：

MARK ANDERSON, *Solicitor (Attorney), Anderson & Company, 76 Wallingford Road, Shillingford, OxfordshireOX10 7EU, U. K. Mark@ andlaw. eu*

---

1 This chapter includes an overview and discussion of certain legal issues from the authors' perspectives as lawyers who are qualified in England and Wales. This overview and discussion is not intended to be comprehensive and does not constitute and must not be relied upon as legal advice. Readers should consult their institution's own legal advisers on any specific legal issue that may arise. UNICO members based in Scot-land and Northern Ireland should be aware that, whilst some areas of law are the same throughout the United Kingdom, other areas (such as Scots contract law) differ significantly from that in England and Wales. To the fullest extent permitted by law, neither Anderson & Company nor UNICO nor any of their employees or representatives shall have any liability, whether arising in contract, tort, negligence, breach of statutory duty or otherwise, for any loss or damage (whether direct, indirect or consequential) occasioned to any person acting or omitting to act or refraining from acting upon any advice, recommendations or suggestions contained in this chapter or from using any template or clause contained in this chapter.

2 See www. unico. org. uk or write to UNICO, St John's Innovation Centre (Unit 56), Cowley Road, Cambridge CB4 0WS, U. K. info@ unico. org. uk.

3 In the U. K. ,consider inserting the company ‘number’ (a company can change its name,but the original number given to it by Companies House never changes).

4 The Lambert agreements were developed in the UK by a committee consisting of university and industry representatives,and chaired by Mr Richard Lambert (now the Director General of the Confederation of British Industry (CBI)). The agreements consist of 5 alternative template agreements with different IP terms;they were designed to reduce the time spent in negotiating IP issues in university research contracts www. innovation. gov. uk/lambertagreements.

5 See also www. mit. edu.

6 otl. stanford. edu/industry/resources. html.

7 See,for example,Anderson M. 2003. *Technology Transfer*:*Law*,*Practice*,*and Precedents* (Second edition), ch. 3. Tottel Publishing:U. K. In this book,techniques such as net present value,benchmarking,and going rate are discussed,and a table of published royalty rates is included.

文本框 1：期权协议样本

本协议于 2007 年____月____日签订，签订双方是：

大学技术转移有限公司（一家在英格兰和威尔士注册的公司），其注册办事处位于［ ］（简称“大学技术转移中心”）和［公司名称］（一家在［ ］州注册的美国公司），其主要营业场所位于［地址］（简称“公司”）

鉴于：

A. 大学技术转移中心的主要职责是在［大学名称］（简称为“大学”）里负责技术开发和商业化。

B. 大学技术转移中心或大学已在［英国］就大学雇员［姓名］的发明提出了专利申请号为［国家号］的专利申请，其涉及［具体的发明内容］。

C. 公司希望获得期权以便得到专利权许可，［并愿意投资建立所述发明的“概念验证”，包括发明目的，将使专利申请的说明书和权利要求得以改进］，大学技术转移中心愿意按照本协议的规定给予公司所述期权。

双方同意如下内容：

1 定义

在本协议中，下列词语应具有以下含义：

生效日期

［日期］

期权

如第 2.1 条中描述的期权。

期权费

总计［金额］

期权期限

从生效日期开始起的［90］天，根据第2.4条规定的条款可提前终止。

专利权

概述第B条中所述的专利申请［以及任何延续申请、部分延续申请、延伸案、再颁程序、分案和［基于或］前述专利优先权产生的任何专利、补充保护证书以及类似权利］。

2 期权

2.1 在期权费方面，大学技术转移中心特此授予公司排他性期权（称为“期权”），在期权有效期间和本协议的规定下，协商世界范围内排他性许可所述的专利权（含分许可的权利），以［在领域］开发、制造或已制造、营销、使用和销售产品（“许可权利”）。

2.2 在期权有效期内，大学技术转移中心和公司应按照协议，本着诚信的原则，协商公司将获得许可的权利。［任何此类许可协议应包括但不限于工作计划2的条款。］在期权有效期间，双方达成的许可协议条款，双方应立即执行。

2.3 如果双方未能在期权有效期间就许可协议条款达成一致，尽管进行了诚意谈判，但期权将失效。

2.4 在期权有效期间，大学技术转移中心应就专利的提交和申请与公司协商。公司应向大学技术转移中心偿付与技术转移相关的所有成本，以及专利申请和审查费用，包括但不限于专利代理费用。如果在本协议延续的任何时间，公司通知大学技术转移中心不愿承担专利家族的申请费用，则大学技术转移中心在收到通知之日起，可终止该公司与专利相关的期权。在此日期后，公司不再承担所述专利的费用。

2.5 ［如果期权终止，大学技术转移中心向任何第三方许可了专利权，大学技术转移中心应寻求从第三方收回公司就该专利权支付的任何专利费用，并将该收回的费用退还给公司。］

3 支付费用

3.1 根据上述期权，公司应在本协议签订之日起［30］日内，向大学技术转移中心支付期权费（包括税费，如适用）。

3.2 在期权的延续期间，公司应当：

3.2.1 向大学技术转移中心支付所有大学技术转移费用，包括专利起草、申请提交和审批费用，包括但不限于专利代理费用［；和］

3.2.2 ［按工作计划1所述的日期支付大学技术转移中心的费用，并按该计划中所述的工作提供资金。］

3.3 为避免争议，在上述第3.2条所列工作中产生的所有知识产权和其他权利应当归属于大学技术转移中心，但如果依照第2.2条达成了协议，则依据第2.2条规定应当将所述知识产权和权利许可给公司。

3.4 本协议所列或提及的所有金额均不含增值税，除此金额之外，如适用，增值税将按适当比例由大学技术转移中心从公司收取。

4 一般原则

4.1 本协议是根据英国法律制定的，对本协议产生的任何或相关争议，双方服从英国法院的专属管辖权。

4.2 按照本协议的规定，任何通知应当采用书面形式，用普通邮件发送，或以传真方式发至本协议抬头部分所载明的相关方地址（再发普通邮件确认），或者下述相关传真号码，或者根据第4.2条规定随时通知对方的其他地址或传真号码，并提示各方代表关注以下各项：

4.2.1 大学技术转移中心指定接收通知的代表人______［插入名称］

4.2.2 大学技术转移中心传真号码______［插入号码］

4.2.3 公司指定接收通知的代表人______［插入名称］

4.2.4 公司传真号码______［插入号码］

4.3 在发送后的3个工作日，通知应被视为收到（内陆普通邮件），或在传真后下一个工作日收到（以传真的方式，但只有发送方传真机生成的传输报告，记录了接收方传真机返回的信息，并确认所有页面都成功发送到上述传真号码才算）。

经双方授权签署人同意：

代表	代表
大学技术转移有限公司	[……]
签字______	签字______
印刷名______	印刷名______
职务______	职务______
日期______	日期______

（附表1）

［已完成工作的总结及应付金额和付款日期］

（附表2）

［许可协议中包含的要点］

文本框 2：软件评估协议样本

本协议于 2007 年＿＿＿＿＿＿由下述各方间签订：

(1) [　] 在 [英格兰和威尔士] 注册成立，公司编号为 [　] 的公司，其注册办事处位于 [　] (简称“许可方”)；和

(2) [　] 在 [英格兰和威尔士] 注册成立，公司编号为 [　] 的公司，其注册办事处位于 [　] (简称“被许可方”)。

鉴于：

A. 许可方开发的软件 (如下所定义)。

B. 被许可方有意对该软件进行评估，[按照对本协议所附的 [有利] 条款] 以获取软件许可 (如下所定义)，并愿意根据本协议的条款对该软件进行评估和测试。

现达成下述一致意见：

1　定义

在本协议中，下列词语应具有以下含义：

1.1　“文件”应具有软件许可中所描述的含义。

1.2　“评估费”是指被许可方向许可方支付的费用，按照协议 B 部分所附的表 1 所示。

1.3　“评估期”指在本协议生效之日开始的时间，在此期间，被许可方允许使用、评估 [和测试] 本协议 C 部分所附表 1 中所述的软件。

1.4　“地点”应指 [　]。

1.5　“软件”是指根据本协议许可的软件，以及由本协议 A 部分所附表 1 中所描述的软件。

1.6　“软件许可”是指本协议附表 2 的软件许可。

2　软件许可

2.1　考虑到被许可方向许可方支付评价费用，许可方特此授予被许可方使用软件的非独占使用权，仅供评估期间在所述地点或依照本协议规定的软件许可，以内部评估为目的，除非根据本协议对所述条款进行了修订。

2.2　[被许可方同意并承诺使用该软件，并为许可方 (未经许可方收费) 对软件进行 (测试和) 评估]。

2.3　在评估期结束后的 30 天内，除非被许可方按照第 2.4 条终止本协议，被许可方可以根据软件许可中规定的财务条款和其他条款接受软件许可。

2.4　被许可方可以在评估期间的任何时候，最迟在评估期结束时，如果决定不接受软件许可，将软件从其计算机系统中卸载，并把所有的软件副本连同所有包含

信息的软件和有关其他材料文档返回给许可方，除本协议第 4 条以下以及软件许可协议中表示协议终止后将继续存续的内容外，其他条款继续适用。

2.5 ［为避免争议，根据本协议，许可方不会向被许可方提供以下文件。］

3 被许可方的义务

3.1 在评估期间，被许可方应当：

(a) 在其办公室的计算机系统上安装软件，并在可提供时，允许许可方对软件进行升级；

(b) 在所述地点允许通常使用该产品的员工使用该软件；

(c) ［每周］对软件的性能形成书面报告（关于软件的质量、内容和功能以及其适销性），报告还应当指出任何错误、漏洞或不足，以及许可方随时向被许可方征求的合理意见和建议；

(d) 让使用该软件的员工不时地参加许可方的会议和讨论；

(e) 应许可方提出的要求，向许可方指定的潜在的和实际的被许可人，免费提供并使其工作人员免费提供有关使用该软件的实际经验、相关参考资料和信息等；

(f) 遵守软件许可的条款（除本协议修订的条款），并遵守第 4 条中规定的保密条款。

4 提及被许可方

许可方可以在任何公开场合及其他推广材料中，提及被许可方在本协议有效期间是该软件的使用者。

5 保密

5.1 在评估期间及评估期后，被许可方应将许可方所提供的软件，及由许可方提供或由此而得知的所有相关信息，视为机密信息，并且不应当：

(a) 向任何第三方披露任何此类信息；

(b) 向未签署书面承诺保密该信息的员工披露任何此类信息；

(c) 将任何此类信息用于其自身内部使用、测试和评估软件目的以外的用途，除非此类信息已成为或成为公众所知，且并非由于许可方的任何过错；应许可方的要求并自费采取必要的程序来保护此类信息的机密性。

6 竞业禁止(在将该条款纳入协议之前，寻求法律建议是明智的)

6.1 在从［ ］［月］［年］开始的评估期间，被许可方不能代表任何第三方提供和/或开发，或者向任何第三方开发或提供任何与该软件直接或间接竞争的软件产品。所述的“任何此类产品”，包括作为独立产品运行的软件，或作为另一软件产品的一部分，或集成到另一软件产品中，无论是否只能与另一产品一起运行，另一产品是否属于被许可方拥有、被许可或使用的软件。

6.2 这项义务不应限制被许可方本身就这类竞争产品进行的内部研究和开发工作，但在该期限届满前，被许可方不得从事同一产品的任何营销或促销活动。

6.3 为避免争议，本条款第6条的规定应在本协议和/或软件许可到期后继续有效。

7 不作担保

不管许可方为软件许可作出任何担保，被许可方知悉在评估期间，仍然会对软件进行以测试和评估为目的的开发，低于许可方正常收取的费用，并相应地"按原样"提供而不附带任何形式的担保，且由被许可方自行承担测试和评估的风险。

8 一般规定

8.1 被许可方不得转让本协议规定的权利和/或义务。

8.2 如果主管机关认定本协议中的所有或任何部分条款、条件为无效的、非法的或不可执行的，则其余的任何条款、条件应当在其允许的最大范围内继续有效和执行。

8.3 本协议受英格兰和威尔士的法律管辖和解释，双方在此建议的（非专属）法院拥有管辖权。

8.4 对于非本协议的任何一方，本协议不具有任何限制性的权利。

经双方授权签署人同意

代表	代表
[……]	[……]
签字＿＿＿＿	签字＿＿＿＿
印刷名＿＿＿＿	印刷名＿＿＿＿
职务＿＿＿＿	职务＿＿＿＿
日期＿＿＿＿	日期＿＿＿＿

任务清单1

A. 软件描述

B. 评估费用

C. 评估期限

任务清单2

软件许可

文本框 3：流水线协议样本

本协议由下述各方于 2007 年____月____日签署：

(1) ABC 公司的注册办事处位于 [ ]（称为“公司”）；

(2) 定义为创始人的个人（称为“创始人”）；

(3) 大学技术转移有限公司，其注册办事处设在 [ ]（称为“技术转移中心”）。

鉴于：

A. 技术转移中心负责大学内产生的流水线知识产权（如下定义）的商业化（如下所述）。

B. 大学的研究组（如下定义）开展了包括在（如下所述）领域内的工作。

C. 双方预期这项工作对该公司具有商业价值。

D. 创始人和技术转移中心准备授予该公司利用该研究组在该领域开展工作过程中所产生的流水线知识产权的机会。

达成如下协议：

1 定义

在本协议中，下列术语具有以下含义：

1.1 “关联方”是指就一方而言，控制该方、受该方控制或与该方处于共同控制下的任何实体或个人。就本定义而言，“控制”是指直接或间接实际拥有 50% 或更多的股本、股票或其他带有投票权或能分配该实体或个人利润的参与权益，情况可能如此；

1.2 本“协议”是指该流水线协议及其所有工作清单、附件和修正案；

1.3 “候选技术”指下述的发明、专有技术或其他知识产权：

(a) 在期权行使期间，研究组开展研究工作所产生的；

(b) 被认为适合并准备商业化，且可被公司申请保护的；

(c) 根据第 2.1 至 2.3 条由一方所确定的。

1.4 “合同期”系指从生效日开始计算，并在有效日的 [第三周年] 结束之间的期限，但根据第 8 条的规定可提前或延迟终止；

1.5 “系”是指 [ ] 系，属于大学的 [ ] 学院。

1.6 “有效日期”是 [××××] [即本协议的日期]。

1.7 就任何“流水线”知识产权而言，“受限”的含义是，技术转移中心不具备将“流水线”知识产权转让给公司的权利，没有任何优先权、产权负担以及第三方的权利和义务。“限制”应当作同样的解释。作为例子，但不限于这些情况，“流水线”知识产权可能会受限制：

(a) 所结合的知识产权或材料全部或部分属于某人，而非大学或技术转移中心(例如，但不限于这种情况，即对技术发展做出贡献的人不是该大学的雇员)。

(b) 与第三方达成的协议中有条款规定，限制或禁止大学使用或披露这类“流水线”知识产权，或将该“流水线”知识产权赋予第三方或其他任何人的权利。

(c) 项目由外部赞助实体全部或部分资助开发，设有条款限制大学拥有研发结果的所有权或使用和披露。

(d) 在 (a) 至 (c) 之外的情况下，考虑向第三方授予优先权、签订许可和转让协议，或签订其他商业协议，或与第三方开展授予商业权利的谈判。

1.8 “排他性商业许可”意味着研发、产品商业化和服务的许可是排他性的、全球性的，这种许可具有分许可的权利，在协议中受限于任何限制性保留条款。

1.9 “专家的决定”意味着清单2中列出的程序。

1.10 “领域”意味着用于无线电通信芯片设计的低功耗电路领域。

1.11 “创始人”是指 [ ] 和 [ ] 教授。

1.12 “创造性贡献”是指对“流水线”知识产权中权利要求的贡献，如果没有本协议，在涉及知识产权法律问题时，将把做出贡献的人员或其雇主作为“流水线”知识产权的所有权人或共同所有权人。应当注意，尽管某篇文章描述了产生“流水线”知识产权的研究内容，但名列为这篇学术文章的共同作者，通常并不能作为其对发明做出创造性贡献的证据。

1.13 “主要地域”的含义应当是如下地域：[美国、加拿大、英国、德国、法国、意大利和日本]；

1.14 “净销售收入”是指公司或其分公司获得的任何收入（不包括增值税）和任何非货币收入价值的总额，这些收入来自任何一次交易或一系列关联交易，其中所销售的产品含有的技术是授权或许可给公司的“流水线”专利或“流水线”商业秘密，包括下列情况：

(a) 所收到的预付款、里程碑式付款（无论是在研发、市场营销或其他阶段都可以)、成交费、奖金、维持费、阶段性付款（包括年度付款）以及最低额度付款等收入，都是通过许可或交易“流水线”专利或“流水线”商业秘密而获得的。

(b) 涉及“流水线”专利或“流水线”商业秘密相关的研发时，所收到的任何大于已发生成本的研发投入收入；条件是已发生成本不应当包括研发基金协议签署日期之前发生的成本。

(c) 在关联交易中，被许可人（或其附属机构）按照公司或其分公司的股份资本，以超出此类股票、优先权或其他证券的公平市场价值，为股份、优先权或其他证券所支付的任何溢价（公平市场价值是假设技术转移部门未授权或未同意向公司授予任何“流水线”知识产权权利)。

(d) 被许可人在关联交易中，除已订立市场条款的正常情况之外，任何贷款、担保或其他经济利益；以及来自第三方关联交易的任何股票、优先权或其他证券。

1.15 “净许可收入”是指在公司或分公司的任何交易或系列关联交易中，通过销售含有授权或许可给公司的“流水线”专利或“流水线”商业秘密的产品，获得的任何收入总额（不包括增值税）和任何非货币收入，包括以下情况：

(a) 收到的预付款、里程碑式付款（无论是研发、市场营销或其他阶段都可以)、成交费、奖金、维持费、阶段性付款（包括每年付款）以及最低限付款等收入，都是许可或交易“流水线”专利或“流水线”商业秘密得到的。

(b) 涉及“流水线”专利或“流水线”商业秘密的研发基金时，所收到的超过每年已发生成本的研发投入；条件是不包括那些在研发基金协议签署日期之前发生的成本。

(c) 在交叉许可协议下授予许可或分许可权利时，从任何第三方许可中所获得的价值。

(d) 在关联交易中，被许可人（或其附属机构）按照公司或其分公司的股份资本，以超出此类股票、优先权或其他证券的公平市场价值，为股份、优先权或其他证券所支付的任何溢价（公平市场价值是假设技术转移部门未授权或未同意向公司授予任何“流水线”知识产权权利)。

(e) 被许可人根据关联交易订立的市场条款，在正常情况之外获得的任何贷款、担保或其他经济利益。

(f) 根据关联交易从第三方获得的任何股票、优先权或其他交易证券。

1.16 “非大学院系的科研人员”是指某人受雇于大学，但不属于研究团队成员。

1.17 “优先权行使期”的含义以第3.1条的表述为准。

1.18 “各方”指任何公司中的一方、每个创始人、技术转移中心，“签约方”是指上述所有各方。

1.19 “专利权”是指专利、专利申请、小专利（短期专利)、实用新型专利和登记证书、改进专利和模型、附加登记证书，以及所有外国相对应的各类情况，包括任何延续申请、部分延续申请、延伸案、再颁、分案，以及包括任何专利、专利期延长、补充保护证书和类似的权利。

1.20 “流水线专有技术”是指大学研究工作过程中形成的技术信息，这种信息受保密法律保护，不属于“流水线”专利和“流水线”商业秘密，但与“流水线”专利和“流水线”商业秘密直接相关。

1.21 “流水线知识产权”指“流水线”专利、“流水线”商业秘密、“流水线”专有技术以及其他“流水线”知识产权。

1.22 “其他‘流水线’知识产权”是指所有大学科研工作中形成的知识产权，归大学或技术转移中心所有，不是“流水线”专利、“流水线”商业秘密、“流水线”专有技术，包括但不局限于：版权、数据库权利、设计权利（登记或未登记的)、与实物材料相关的产权（包括生物样品)，以及全球任何国家中存在的类似权利；

1.23 “流水线专利”是指所有大学科研工作中形成的专利权，并归大学或技术转移中心所有。

1.24 “流水线商业秘密”是指在研究工作过程中形成的发明创造和发现，大学的专利律师认为适合申请专利，如果申请了专利，就形成了“流水线”专利，但公司依据第5条选择将这些发明创造和发现作为秘密保留。

1.25 “研究团队”是指创始人，及其在院系中直接单独或联合指导的本领域博士后研究助理和研究生。

1.26 “研究工作”是指在合同协议期间，研究团队在本领域开展的所有研究工作，但排除以下已经完成的工作（除非另有约定）：

(a)（1）公司与（2）大学和/或技术转移中心之间的单独协议（包括但不限于研究或咨询协议）；或者

(b)（1）公司与（2）大学任何雇员之间的私人咨询协议。

1.27 “选定技术”应采取第3.2条所给出的含义。

1.28 “软件和数据库净收入”是指公司或分公司的任何交易或系列关联交易中，通过销售含有授权或许可给公司的“流水线”专利或“流水线”商业秘密的产品，获得的任何收入的总额（不包括增值税）和任何非货币收入，包括以下情况：

(a) 收到的预付款、里程碑式付款（无论是研发、市场营销或其他阶段都可以)、成交费*、奖金、维持费、阶段性付款（包括每年付款）以及最低限付款等收入，都是许可或交易“流水线”专利或“流水线”商业秘密得到的。

(b) 涉及“流水线”专利或“流水线”商业秘密的研发基金时，所收到的超过每年已发生成本的研发投入收入；条件是不包括那些在研发基金协议签署日期之前发生的成本。

(c) 在交叉许可协议下授予许可或分许可权利，任何第三方按照此安排获得的许可价值。

(d) 在关联交易中，被许可人（或其附属机构）按照公司或其分公司的股份资本，以超出此类股票、优先权或其他证券的公平市场价值，为股份、优先权或其他证券所支付的任何溢价（公平市场价值是假设技术转移部门未授权或未同意向公司授予任何“流水线”知识产权权利)。

(e) 被许可人在关联交易中，除正常情况以外获得的任何贷款、担保或其他经济利益。

(f) 根据关联交易从第三方获得的任何股票、优先权或其他交易证券。

1.29 “第三方”是指除签约方、大学以及他们各自的雇员和代理人之外的任何一方。

1.30 “技术转移中心”按第3.5条给出的含义。

---

* 成交费是指项目顾问支付的居间费用。——译者注

1.31 “不受限的”是指对于任何“流水线”知识产权而言，不受限制。

1.32 “大学”是指 [ ]，对于协议中特定条款或清单的每个指代，都应该在条款或清单中说明。

2 确定备选技术

2.1 由创始人确定技术。创始人无论在何时确定了任何备选技术，应当及时书面通知技术转移中心和公司。

2.2 季度性汇报。根据第2.1条的规定，创始人的义务不受限制，创始人在合同期限内每3个月应当向技术转移中心和公司提交现阶段研究工作的书面说明，并且提供尽量详尽的细节，以便于能够识别出任何发明创造结果、专有技术或其他知识产权。利用这种书面说明，经创始人与技术转移中心和公司协商，将确定一些备选技术，并且为公司共同起草备选技术的详细报告，同时确定这些技术是否是第2.4条中所描述的“受限制的”情形。

2.3 由公司确定技术。如果公司（除第2.1条和第2.2条）确定了一项备选技术，希望获得保护或进行商业化。公司应当立即书面通知创始人和技术转移中心，并且创始人应当通知对技术创造做出实质性贡献的任何大学员工或学生（发明人）。

2.4 受限制的技术。当确定的备选技术符合第2.1、2.2或2.3条时，技术转移中心应当立即通知公司备选技术是否受限。如果备选技术受限，公司只能在与“受限”情况不冲突的前提下获得备选技术的权利。

2.5 其他研究合同。为了避免争议，此类协议中不应存在任何限制技术转移中心或大学在本领域缔结赞助研究合同的受限“流水线”知识产权。

2.6 [保留记录。创始人应当确保研究小组所有成员都以适当的形式保留试验记录本，根据美国专利实际要求提供发明创造的证据。]

3 授予优先权

3.1 优先权行使期。当首次确定备选技术或由公司确定备选技术后（优先权行使期），当事人自确定之日起3个月内不应当与任何第三方讨论该备选技术，也不能授予任何权利；除非出现以下情况：(a) 技术转移中心通知公司，该备选技术是受限的；(b) 公司在优先权行使期内通知技术转移中心不再行使优先权。

3.2 行使优先权。公司有权在优先权行使期截止前选择是否行使优先权，并以书面方式通知技术转移中心根据第3.4条和第3.5条（优先权）处理备选技术。

3.3 优先权到期。如果一项备选技术的优先权行使期结束后，技术转移中心仍未收到公司希望行使优先权的通知，备选技术的优先权就会失效，同时技术转移中心应当根据意愿自由处理该备选技术。

3.4 向技术转移中心转让“流水线”知识产权。公司在优先权期间行使优先权，备选技术应当被认为是已选择技术，同时按照第3.4.1条至3.4.2条的规定启动程序。

3.4.1 已选技术所形成的“流水线”知识产权自动归属大学，技术转移中心应当从大学获得此类“流水线”知识产权。

3.4.2 如果已选技术不是自动归属大学，创始人和技术转化中心应当尽合理化的努力，将已选技术转让给技术转移中心。

3.5 “流水线”知识产权许可给公司。如果技术转移中心成功获取已选技术的所有“流水线”知识产权（根据第3.4.1和3.4.2条），技术转移中心应当根据第3.5.1至3.5.2条的规定处理已选技术。依据第3.5.1或3.5.2条，将已选技术许可给公司，在本协议中称作“转移技术”。

3.5.1 单独在院系产生的技术。如果已选技术是研发团队成员单独研发的，那么“流水线”知识产权应当根据任务清单1中列出的条款许可给公司。

3.5.2 与大学的非院系科研人员合作产生的。如果已选技术是研发团队成员与大学非院系科研人员共同做出的，并且：

(a) 无创造性。如果技术转移中心认为非院系科研人员对于已选技术没有做出创造性贡献，那么“流水线”知识产权应当直接根据任务清单1中列出的条款许可给公司。

(b) 有创造性。如果技术转移中心认为非院系人员对于已选技术做出了创造性贡献，那么[技术转移中心没有义务将已选技术许可给公司，同时本协议中的规定对于这类已选技术也无效]，[如果与非院系人员达成一致，在优先权行使期，技术转移中心与公司进行商务谈判，对该技术按“流水线”知识产权进行许可（技术转移中心可自行决定），技术转移中心需要考虑的是，当“流水线”知识产权商业化开发后，所有大学研究人员的成果转化补偿政策是什么]。

3.6 回馈许可。公司授予技术转移中心和大学不间断的、非排他性的、免费的许可，允许使用所有转化的技术和知识产权，并按以下条款进行：

(a) 技术转移中心和大学出于教学和研究的目的，可使用“流水线”专利，包括第三方资助研发计划中使用的使能技术。

(b) 技术转移中心和大学出于教学和科研目的，获得授权使用该领域的“流水线”商业秘密和“流水线”专有技术信息（以及其他“流水线”知识产权），包括第三方资助研究计划的使能技术。同时技术转移中心和大学有权将“流水线”商业秘密、“流水线”专有技术信息和其他“流水线”知识产权许可给资助方，并在开发和商业挖掘中使用资助研究的结果。本协议不存在限制技术转移中心、大学使用、许可，或在该领域范围之外开发“流水线”商业秘密、“流水线”专有技术信息和其他“流水线”知识产权的内容。

4 付款

4.1 优先权和股份。根据本协议，在考虑授予优先权权利时，公司应当：(a) ［自有效日起］给技术转移中心分配并签发［相当于公司10%股权股份］；(b) 将技术转移中心注册登记为公司相关股权的持股人；(c) 准备并给技术转移中心递送股权分配的股权证明。

4.2 许可。考虑到根据第3.5条进行许可，公司应当：

(a) 在执行这类许可前，向技术转移中心支付专利成本，即执行日期前与技术转让相关的任何“流水线”专利和“流水线”商业秘密的专利成本。

(b) 支付给技术转移中心的数量和比例在任务清单1中详细列明。

4.3 支付条款。本协议下所有支付遵循以下规定：

(a) 不包括增值税，由公司向技术转移中心额外支付增值税。

(b) 应该直接支付到技术转移中心的银行账号［ ］，代码［ ］，银行［ ］，地址［ ］或者技术转移中心指定的其他账户。

(c) 以英镑支付，对于公司收到的净销售收入、净许可收入（或者软件和数据库收入），不以英镑支付而是按其他货币计算的情况，应根据汇率将收入折合成等值英镑，在每季度最后一个工作日具体支付，由英国银行将这些货币转换为英镑后存入公司银行账户。

(d) 不得扣除公司税或其他可能征收的税费或关税，除非公司遵照适用法律需要扣除这类税费。由适当的税务部门征收的任何及所有税款，都可以应公司的要求从此类付款中扣除，所扣除的数额是按照协议的许可提成费或技术转移所产生的其他款项，前提是（ⅰ）在适用的支付期内，是为了技术转移中心并代表其支付给适当的税务机关；（ⅱ）公司给技术转移中心提供正式税务收据，或由税务部门发放的其他适合的支付证明。双方应当合作并采取合理合法的措施，以避免扣税并获得双重税收救济。

4.4 外汇管制等。在本协议延续期间的任何时间内，如果遇到任何国家政府部门禁止公司支付任何款项，公司应在规定的付款期内，以合适的方式努力获得相关国家政府部门的批准，并且在获得批准的7天内完成支付。如果在提出请求后的30天内，公司仍未获得政府部门的批准，技术转移中心可以有两个选择，一是公司将定金支付给技术转移中心指定的该国家内的银行账户；二是支付给技术转移中心指定的在该国设有办公场所的相关技术转移公司。

4.5 声明。公司根据第4.2条的规定向技术转移中心支付每笔款项的同时，都应当及时告之，并且写明已经计算过的所付款项。

4.6 记录。公司应当在其正常营业场所保存详细的最新记录和账目，并按净销售收入、净许可收入（以及软件和数据库净收入）等显示公司的收入，按每个不同的国家进行记录，足以证明公司是按协议进行支付的。为了核实公司根据第4.5条提交给技术转移中心的报告或声明的正确性，接到合理的通知后，公司应当能够提供这些记录和账目，由技术转移中心指定的独立注册会计师在工作时间内进行检查。这种检查在公历年一年内不超过一次（除非发现错误，需要重新检查账目外）。应要求会计人员对在检查期间接触到的各类信息保密，仅在必要时，可向技术转移中心提供一些有关报告或声明正确性的细节。技术转移中心应当负责会计费用，除非非正常地超过了许可提成费的5%，在这种情况下，公司应当自己为特别的检查支付费用。公司应当确保根据协议第4.6条获得“流水线”专利许可分公司或公司的被许可方与其享受同样的权利，也遵守相同的规定。

5 保密和公开

5.1 一般义务。按照第5.3至5.5条款规定，本协议中各方均应当对任何直接或间接信息和材料进行保密，或者应当仅在本协议规定下行使权利。

5.2 免责条款。第5.1条列出的义务，不适用于接收方接收到的可以通过书面记录证明的信息或材料。

(a) 在其他方提供给接收方之前，已经属于接收方的财产或合法占有的财产。

(b) 其他方提供的信息已经属于公共领域。

(c) 不是因为接收方的过错而进入公共领域。

(d) 从第三方收到的信息，而该第三方没有保密义务并有权提供给接收方。

(e) 根据信息官员建议，按照《自由信息法案2000》进行的披露。

(f) 根据具有管辖权法院的命令或者政府部门的规定，进行披露；如果接收方努力采取合理措施，确保该信息得到保护令或等同保护令，要尽快通知其他方并给予其同样的机会；如果时间允许，应向法院或主管部门进行适当的陈述或尝试确保信息保密。

5.3 在选择期间披露已选技术。创始人、大学和技术转移中心应当努力采取合理的措施，防止在选择期间公开披露与已选技术相关的信息。

5.4 选择期限后失效。如果公司在选择期到期前未行使权利，大学和发明人可以根据正常的学术惯例自由公开发表已选技术的相关信息。

5.5 优先权行使后。如果公司在选择期限到期前行使优先权，可适用下述第5.5条的规定：

5.5.1 公司承认大学是慈善基金支持的学术研究机构，对于大学而言，及时公布研究结果是必要的。大学承认公司是商业机构，对具有商业价值的发明进行专利保护，对于公司是必要的。

5.5.2 为了有充足的时间考察任何披露信息是否具有可专利性，大学应当给公司提供以下材料：

(a) 至少在提交公开发表的14天前，向公司提供披露转移技术的原稿副本。

(b) 至少在口头公开发表14天前，向公司提供口头汇报转移技术所使用的幻灯片副本。

5.6 公司应当及时核查第5.5.2条中列出的材料。如果公司认为拟公开的技术不包括可专利的主题内容，应当通知大学，然后大学可以自由公开披露该技术。如果公司认为拟公开技术包括可专利的主题内容，并且预期该技术可以申请专利，也应当在14天内通知大学，在这种情况下，为了有足够的时间申请专利，大学应当延迟公开披露的时间至［30天］或［3个月］或［6个月］，但各签约方应当尽量减少此类推延。

6 尽职

6.1 公司应当最大限度地在全球范围内或根据公司和转移技术中心之间的一致意见，努力推进转移技术的商业性开发。

6.2 依据第6.1条，在不影响公司承担一般义务的情况下，公司每年至少应当向技术转移中心提供更新的、书面的发展计划，以说明过去、目前和计划采取的所有活动，或公司基于全球转移的技术所实施的产品商业化活动。技术转移中心接收或批准任何此类计划与否，都不得用于放弃或承担第6.1条规定的公司义务。技术转移中心根据第6.2条规定的公司义务，应当对提交的所有发展研究计划进行保密，并且需要仅对知道这些材料的自己员工或者大学员工公开。

6.3 在协议期间的任何时间内，如果技术转移中心认为公司没有合理正当的理由而未尽职推进具体转移技术的商业开发（具体技术），技术转移中心应当通知公司，各方应尽最大努力友好解决当前问题。如果在技术转移中心首次通知公司后3个月内，没有达成一致的解决办法，技术转移中心有权向独立专家征询以下问题：

(a) 公司在具体技术的商业化开发过程中是否已经尽职，如果没有，则

(b) 为了尽力履职，公司应当采取哪些具体的措施（具体计划）。

6.4 应当按照清单2中的规定，指定独立专家提出意见，专家的意见应当是最终决定，并对双方都有约束力。

6.5 如果专家认定公司未能基于第6条履行义务，并且根据清单2，专家给出决定后的6个月内，公司未能采取具体措施，则公司将失去对这项具体技术的所有权利。

7 专利

7.1 ［依据第2.1至2.3条款，确定备选技术之后，根据其成本和判断，技术转移中心有责任负责备选技术的初始专利申请。］

7.2 依据第3.2条，公司行使与备选技术相关的“流水线专利”或“流水线商业秘密”的优先权时，应当由技术转移中心负责处理任何“流水线专利”（包括支付相

关的成本费用)。[依据第3条行使优先权后，已经许可给公司的专利，如果存在与许可协议任何条款相违背的情况，技术转移中心有权自行决定，终止专利申请或者终止维持该专利]。应当是［技术转移中心］［公司］与［公司］［技术转移中心］相互协商，准备、起草、提出专利申请（公司单独出费)。[公司应当与技术转移中心协商，并确保技术转移中心获悉专利申请的进展情况，需要时应当立即向技术转移中心提供与申请相关的任何文件副本。]

7.3 如果有任何研究结果能够申请专利，那么技术转移中心可以自行决定提交专利申请，并支付费用，或者是应公司的要求，由公司提交专利申请及支付相应的费用。

7.4 对于应公司要求并支付费用的情况下，如果技术转移中心提交或已经提交专利申请，公司若想停止支付任何申请期间的相关费用，至少应当提前3个月书面通知技术转移中心。在收到公司通知后，技术转移中心既可以放弃专利申请，也可以继续维持专利申请，但由技术转移中心付费。

8 期限和终止

8.1 期限。本协议自生效之日起生效，并应当在整个合同期内持续生效，除非依据第8条提前终止合同。

8.2 创始人离职。如果任何一个创始人不再受雇于大学，本协议应继续有效，但“创始人”的定义应自动进行修订，去掉该创始人的名字。

8.3 创始人加入。大学里积极参与该技术领域的学术或终身研究人员可以成为本协议中的一方，本协议应当持续生效，并在“创始人”的定义中增加上述人员，但需要获得所有创始人、公司、[大学]和技术转移中心的书面同意。

8.4 所有创始人都离职。如果所有创始人不再受雇于大学，本协议应当自动终止。

8.5 违约或破产。如果不存在损害任何其他权利或补救办法的情况，技术转移中心或者公司可以随时书面通知其他两方（称为“其他方”）终止协议，该通知按通知中指明的方式生效：

(a) 如果“其他方”违反本协议，能够在30天内对违约情况进行补救，但在“其他方”收到了违约通知的30天内，并没有进行补救，或者

(b) 如果“其他方”资不抵债，或者按照命令或决议清算“其他方”（不是自行的，而是出于解决合并、重建目的)，或者如果管理人员、行政接管人或接收者接受任命，接收“其他方”的全部或部分资产，或者如果“其他方”与债权人签订协议，接受因债务而造成的任何相似或雷同的后果。

8.6 协议终止后的结果。任何一方因任何原因终止本协议时，在生效日终止之前均不影响各方的权利和义务。协议终止时，所有终止前尚未实施的优先权都将自动失效。本协议终止，无论以何种方式终止，在协议终止前，均不影响双方对公司已选定技术行使第3~7条规定的权利和义务。

9　一般原则

9.1　本协议的任何内容以及双方根据本协议所采取的任何行动，均不得构成或视为构成双方之间的合伙、合资或其他合作实体关系，除本协议规定的以外，任何一方均无权以其他任何方式约束其他方。

9.2　双方确认并同意，与本协议相关的试验研究结果，其产权归属和安全性可能尚未建立，因而相应地：

(a) 任何结果、材料、信息、备选技术、已选技术、转移技术以及基于本协议提供的“流水线”知识产权（即“交付产品”）应以“本来”的状态提供，并且没有任何明示或暗含的陈述、保证、承诺本协议未规定的内容，以及

(b) 公司应当赔偿并保护大学和技术转移中心、其附属机构以及所代表的官员、雇员、顾问、代理人和代表人（被赔偿人），免受第三方对上述人员主张的可能索赔，因使用交付产品或者与生产、分销、销售、供应交付产品，以公司名义或其被许可人名义或被第三方分许可的名义，使用包含交付产品的任何产品或服务，包括但不限于基于制造者责任法的索赔。

9.3　未经协议其他各方书面同意，任何一方不得转让或以其他方式转让本协议的利益和/或负担。

9.4　以任何方式改变本协议条款的变更协议，只有经书面并双方授权代表同意后才可生效。

9.5　根据、遵照或依据本协议事项作出的任何通知或其他信息均应以英文书写，并应以专递公司送达，或邮寄到上文提到的合作方地址。

9.6　本协议受英国法律管辖，并受英国法院专属管辖。

兹证明，本协议已作为契约执行，并于上述日期和年份交付。

由［ABC］LIMITED 作为契约执行：

____________________　　____________________

董事总监/秘书

该契约由［大学技术转移］有限公司执行：

____________________　　____________________

董事总监/秘书

该契约由［　］教授签名

____

作为见证人：

____

证人签名

____

姓名

____

地址

____

清单1

选定技术许可的详细安排

1 “流水线”专利

在对“流水线”专利行使优先权后，根据本协议规定，技术转移中心授予公司该领域“流水线”专利的排他性商业许可。

公司第一次收到被转让专利的净销售额时，公司应按净销售额向技术转移中心支付许可提成费。公司与技术转移中心应按正常的公平交易商业条款，在收到第一笔净销售额时，就净销售收入提成费率达成一致（预计在4%~8%）。

依照第3.5条，公司第一次收到许可“流水线”专利的净许可收入时（被许可的“流水线”专利下文称为“转让专利”），公司应根据净许可收入向技术转移中心支付专利提成费。许可提成费应按当时正常的公平交易条款约定。

2 “流水线”商业秘密

在对“流水线”商业秘密行使优先权后，根据本协议的规定，技术转移中心授予公司该领域“流水线”商业秘密的排他性商业许可。

双方同意，“流水线”商业秘密是由于技术转移中心不寻求申请转化技术的“流水线”专利，而是选择保留作为“流水线”商业秘密。因此，在对“流水线”商业秘密行使优先权时，如果“流水线”专利已获实施，按本清单第1条，公司应支付技术转移中心相关费用。

3 “流水线”专有技术

在对“流水线”专有技术行使优先权后，根据本协议规定，技术转移中心授予公司该领域的“流水线”专有技术排他性商业许可。

4 其他“流水线”知识产权

在对某项其他“流水线”知识产权行使优先权时，须遵守本协议的下述规定：

(a) 技术转移中心特此授予公司该领域中的其他“流水线”知识产权排他性商业许可；

(b) 对于每项其他“流水线”知识产权，公司应向技术转移中心支付许可提成费，或者（在公司做出选择并在收到第一份软件和数据库净收入后通知技术转移中心）：

(i) 在收到其他“流水线”知识产权的第一笔软件和数据库净收入时，收取 *X* [货币] 的一次性费用；或

(ii) 收取软件和数据库净收益的 *X*%，作为其他“流水线”知识产权许可提成费。

清单2

专家的决定

1 根据本协议应由专家确定的任何事项或争端，应提交给有适当资格决定该事项或争端的人，此人需由有关各方共同提名。一方当事人向另一方书面提出启动选定专家的程序，如果双方在30天内未达成协议，则任何一方都可以请求相关专业机构的在职主席提名专家。

2 在任何情况下，无论由谁任命专家，其任命条件应包括：

2.1 双方承诺平均分担专家费用；

2.2 要求专家在当事各方之间公平行事，并遵守自然公正原则；

2.3 要求专家在确定任命之日起3年内购买职业赔偿保险；以及

2.4 双方承诺向专家提供所要求的一切协助、文件和资料，以便其作出决定。

3 专家的决定是最终结论，对双方具有约束力（过失或明显错误除外）。

4 双方明确承认并同意，他们不打算在仲裁范围内将专家列为仲裁对象。专家的决定不是一种准司法程序，各方无权对专家的决定提出上诉，但这不应被解释为，对于专家违反任命原则或以其他方式玩忽职守时，各方会放弃享有的任何权利。

文本框 4：期权、优先购买权（以及类似条款）的例子

注意：关于优先购买权（rights of first refusal，ROFR）的下述示例，用于解释遇到的各种优先购买权。通常，大学需要谨慎授予优先购买权，并且对于优先购买权的表述总体上应寻求法律意见。

示例 1：简单的大学优先权条款

(a) 根据条款 [ ] 的规定，大学授予公司排他性优先权（“优先权”），使其获得全球范围内的排他性许可（具有分许可权利），即在 [领域] 生产、制造、已经制造、交易、使用和销售包含所述知识产权产品的权利（“许可权”）。

(b) 可在 [商定的研究期限内的任何时候] [和] [在大学提交最终报告后最多 3 个月内] 行使优先权。应由公司向大学发出书面通知（“行使优先权的通知”）后，才能行使该优先权。

(c) 在收到公司行使优先权的通知后，双方应诚意谈判，自收到通知之日起 90 天内，根据他们之间的许可协议条款，公司将获得许可权。[任何许可协议包括但不限于所附清单 [x] 的条款]。各方约定许可条款后，应当立即按照约定，执行许可协议。

(d) [如果收到公司行使优先权通知后 90 天内，双方未能就许可协议的条款达成一致，则该优先权将失效]。

示例 2：附加在优先权上的优先购买权（相当简短）

如果被许可人、TTCO* 或大学，某些情况下，在收到被许可人的优先权通知后 90 天内，未能就许可协议的条款达成一致，尽管谈判态度真诚，但优先权将失效；鉴于 TTCO 或大学很有可能以后不会先向被许可人提供这些条款和条件就与第三方订立协议，而此协议的条款和条件要与 TTCO 或大学和被许可方之间谈妥的条款及条件相同或更有利于第三方。

示例 3：以强优先权和优先购买权扩大应用领域；以温和的优先权扩展地域

1.1 扩大应用领域

1.1.1 就每种化合物而言，所有权人授予被许可人第一权利，针对新增的人类疾病适应证和动物疾病适应证，扩展该化合物及基于该化合物的所有许可产品的现有使用领域。只有在所有权人决定在某地域内（直接或通过附属机构或分许可机构）针对现有应用领域以外的一种或多种人类疾病症状或动物疾病症状，开发并

* 原文无 TTCO 含义的解释。经查，“技术转移与商业化运营”（Technology Transfer and Commercial Operation）英文首字母为 TTCO，不确定二者的关系。——译者注

商业化一种化合物，被许可人才可行使这一权利。

1.1.2 在所有权人做出决定后的合理时间内，所有权人应向被许可方提供书面通知，说明在该地域扩大应用领域的提议，并向被许可方披露所有由所有权人控制并与该领域扩展有关的信息。在所有权人发出书面通知60天内，被许可方应当向所有权人发出书面回复，说明是否对该扩展领域感兴趣。如果被许可方对该领域的扩展不感兴趣，或被许可方未在60天内提供书面回复，则所有权人（无论是直接还是通过分支机构或分许可持有人）可自由开发并商业化该化合物以及所有以该化合物为基础的许可产品，以便在该地域对新的疾病适应证进行治疗。

1.1.3 如果被许可方在60天内提供了书面回复，表明其对扩展该领域感兴趣，双方应在被许可方书面回复的120天内进行诚意谈判，达成协议。

1.1.4 如果双方不能在120天内（或双方商定的任何延期时间内）达成协议，则所有权人可根据14.8部分自由选择（i）将此事提交仲裁解决，或（ii）在随后的12个月内与第三方签订协议（但不直接或通过附属机构开发或商业化），以行使所有权人许可专利权的权利，以及在该地域使用所有权人专有技术的权利；但是，给予被许可方优先权，按照所有权人与第三方拟定的协议，以大致相同的财务条款和条件，与所有权人达成协议（理解为被许可方有权以现金或被许可方权益代替第三方权益）。

1.2 地域扩展。对于每种化合物，如果潜在的分许可持有人与所有权人接触，有意开发并商业化该化合物，或所有权人决定通过分许可持有人开展该化合物的开发和商业化，在上述各种情况下，涉及当时所定地域以外的一个或多个国家时，则所有权人应立即通知被许可方。如果可行的话，所有权人将通知被许可方拟议许可框架（例如，许可的领域和国家），被许可方拥有所有权人授予的谈判该许可的非排他性权利。

示例4：优先购买权（非常简短）

ABC与XYZ同意，ABC不会将其［.］业务的全部或任何重要部分出售，或以其他方式转让给任何第三方，除非首先给予XYZ以与第三方相同的条件购买此类业务的机会。

示例5：购买股票的优先购买权

除非卖方另有约定，买方不得出售、让与、设置权益负担、质押、出让、赠与，或转让任何股份或其中任何利益（整体或单独“转让”），除非毫无关联的第三方是真正的价值购买者，在这种情况下，对于买方希望转让给第三方的任何股份或任何股份的任何权益，卖方均享有“优先购买权”。如果买方欲转让部分或全部股份，买方应向卖方提供书面通知（“转让通知”），充分说明拟转让的全部内容，包括拟转让股份的数量、拟转让的价格、拟定的股份付款方式、拟受让方的名称和地址，并向卖方证明该转让不会违反任何适用的联邦或州的证券法律。转让通知书应由买方和拟受让人签字，并且对于股份转让，双方的承诺必须具有约束力。卖方有权在收到转让通知之日起30天内，按照转让通知所述的建议条款，通过递交优先购买权通知，购买部分或全部股份（但可根据下文第2（b）款允许的条款变更）。应由卖方自行决定如何使用优先购买权，是全部还是部分转让。

示例6：获得许可提成费收益的优先购买权

其他利益转让：如果教育机构在开始日期之前或之后的任何时间（直到2012年4月［ ］日），希望将其拥有的能够收取知识产权许可提成费的任何其他权利转让出去（即“剩余许可提成费收益”），教育机构应通知资助方（i）它希望转让这种许可提成费收益，以及（ii）针对该许可提成费收益，提出由指定的善意第三方支付的对价。资助方可以有90天的时间提出购买该许可提成费收益。如果资助方在收到通知的90天内，不以相同或比善意第三方报价更高的对价购买许可提成费收益，则教育机构可以以等于或高于上述通知中所指明的价格向第三方出售这种许可提成费收益。

表1　优先权协议中常见的基本问题和注意事项清单

条款	注意事项
准备工作	
合作方	• 各方是否正确（例如，在“流水线”许可方式中，各方应该包括技术转移中心/大学的院系、衍生公司和创始人学者） • 他们的合法姓名和地址在协议中是否正确
授权签字人	• 优先权协议是否需要由机构的核心部门签署（例如，技术转移中心） • 关于授权签字人，是否需要提醒其他方
材料或软件是否处于评估中	• 是否已经准确地指出材料/软件及其预期用途 • 对材料/软件是否有充分的描述
优先权协议	
序言	• 交叉引用一个平行协议是否有用或恰当（例如，在“流水线”许可的情况下，签署研究合作协议） • 检查其他协议的条款，以确保不存在冲突 • 序言有哪些内容应该在合同正文中体现出来（序言可能不具有法律约束力）
合同条款	
协议日期	• 这是行使优先权的签署日期。最后一方签署的日期将是正式/法定日期，这是应该输入合同数据库的日期 • 各方是否希望有一个特定的协议生效日期？如果是这样，可以经双方同意并定义一个“有效日期”或“起始日期”作为任何优先权的起始点。在签名栏中输入一个较早日期，而试图将协议回溯到过去，这种做法不好，也不建议

续表

条款	注意事项
期限	• 协议是否规定了时间期限 • 是否应该规定时间期限 • 期限结束后是否负有任何责任（例如，退还材料/软件） • 是否有责任在期满前寻求延长优先权（例如三个月） • 超出期限后，是否负有保密义务 • 是否应列入终止条款
优先权中权利的含义	• 是否涵盖某一特定研究项目所产生的所有知识产权 • 是否只涵盖某些知识产权（例如，在特定领域内或与用于评估材料有关的领域）
优先权的具体内容是什么	• 为达成进一步的协议 • 为评估材料/产品 • 为获得产品，材料或权利 • 为按既定条款达成协议
付款（优先权费）将如何处理	• 优先权费是否与被授予优先权的人根据协议应支付的任何其他付款分开 • 如果是单独付款，什么时候付款？是签署协议后，还是在行使优先权时 • 付款方式是什么？通过支票还是直接转账
什么时候行使优先权	• 从协议签订之日起的确定天数 • 在发生特定事件或结果（“触发事件”）时，如 -提交了专利申请 -产生了新的发明或改进了技术，或例如，由于研究工作而产生了知识产权 -概念得到验证 -软件开发进入公测阶段 -另一个特定事件 • 在优先权协议存续（或优先权合并）期间的任何时候
如果触发事件发生了	• 触发事件的一方是否有义务通知另一方 • 在什么时间内必须通知另一方（例如，在触发事件发生的 30 天内） • 必须以什么方式通知对方（例如，通过书面通知） • 书面通知是否必须明确说明某些事项（例如，准确地描述触发事件是什么，并提供详细信息）
如何行使优先权	• 通过书面通知 • 通过把通知发给另一方当事人的指定代表
优先权期限什么时候开始	• 当行使优先权的一方发出通知时 • 当另一方收到通知时
行使优先权后将采取什么措施	• 各方应进行谈判 • 各方应本着诚意进行谈判，或尽最大或其他特定的努力程度进行谈判 • 合作方应协商一个确定期限，例如，以另一方收到通知后［X］天为期限 • 各方为了达成某些可得到的结果而进行谈判，如达成进一步协议
如果谈判达成了进一步协议意味着什么	• 谈判期间是否有特定的条款可供使用 • 是否有必须纳入任何协议的最低条件（如里程碑节点和支付方式）

续表

条款	注意事项
如果没有达成一致，会发生什么	• 优先权失效 • 由第三方决定协议的条款 • 产生优先购买权
关于第三方解决的问题	• 第三方是否对这些条款有最终的决定权 • 如何选择第三方？是由当事人自己，还是由另一个第三方，还是由一个特定机构（如英格兰和威尔士律师协会这样的专业机构）选择 • 这些条款是否以商定的最低限度条款为基础（例如优先权协议附带的条款）
优先购买权	• 如果优先权失效，并且存在优先购买权，什么情况下优先购买权能发挥作用 • 必须为优先权方提供什么（例如，与提供给第三方的条款相称的条款） • 一旦优先购买权产生后，各方还可以谈判多久 • 什么时候必须向第三方告知优先购买权
保密条款	• 有吗？是否应该有 • 是否应该有一份单独的保密协议，可以相互参照 • 秘密信息的定义涵盖了哪些内容 • 秘密信息是否包括为一方评估材料/软件而提供的信息 • 保密义务延续多久
涉及材料或软件的注意事项	• 究竟要提供什么，什么时候进行评估？协议中是否明确规定了这些要点 • 提供者做什么才算尝试/努力提供 • 在运输、包装和保险等方面怎么分配责任 • 如果期限结束时归还材料，由谁来承担运费 • 有没有关于规范材料使用的规定（例如关于转基因生物的使用规定）
哪一方负责履约	• 如果软件正在评估，是否包含了适当的免责声明 • 一般来说，每一方是否都应提供任何保证或免责声明 • 材料/软件的定义是否包括机密信息/文件？如果是，请检查相关的知识产权、出版物和保密条款 • 接收方到底要用这些材料做什么 -对材料进行（特定）试验 -确定这些材料是否可以用来制造新产品 -准备商业、市场和科学报告 -明确在优先权/评估期结束时如何（商业化）开发这些材料 -通知提供者接收方是否希望签订进一步协议，例如许可协议 • 所陈述的评估性质和目的，是否反映了相关方实施与材料相关内容的理解 • 接收方是否有义务披露评估过程中产生的信息
责任和赔偿	• 是否应就优先权的标的物做出任何保证，责任是否有限 • 是否提供赔偿，如果有，它们（1）是否适当，（2）是否纳入了本机构保险范围内 • 在机构给予赔偿的情况下，是否应坚持参与由第三方发起的任何诉讼（针对［已获赔偿的］另一方） • 赔偿是否仅限于对第三方的索赔

续表

条款	注意事项
法律和管辖权	• 是否提及涉及优先权的法律 • 是否规定了管辖权（也就是说，哪一方的法院可以审理任何争辩） • 指定排他性或非排他性管辖权是否合适 • 如果保密规定很重要，是否应将在任何司法管辖区获得强制令的权利纳入其中
样板条款	• 完整协议 • 不可抗力 • 通知（如果优先权通知发往技术转移中心，会比发往法人地址更有效）
清单	• 是否有合适的清单描述要评估的材料/软件 • 内容是否已得到相关学术机构/部门的同意/检查 • 是否作为附件 • 涉及优先权的知识产权是否已得到足够详细的描述

第 11.8 章

按应用领域许可

桑德拉·L. 肖特韦尔（SANDRA L. SHOTWELL）
美国 Alta 生物医药集团有限责任公司管理合伙人

▌译者 陈继康 ▌审校者 欧阳石文 张熠 邓欣

摘 要

通过按应用领域许可，许可方能更有效地控制其知识产权的运用，同时有利于实现技术用途和价值最大化。为了充分挖掘某项特定技术的用途，管理者需要付出额外的努力去确认、协商并管理多个被许可方。对于不同或部分重叠领域中的多个被许可方，必须仔细谋划并平衡各方利益，处理好他们的特殊问题。什么时候值得为按应用领域许可而付出额外努力呢？是需要多个公司全面发掘某项技术的潜力，需要不同被许可方应对不同市场需求时，还是需要通过某项技术按应用领域许可而显著增加经济回报时？正是在上述这些情形下，按应用领域许可往往能够帮助所有参与者取得更好的结果。

1 引言

针对某项技术的商业化用途，创新机构可以不受限制地进行排他或非排他许可。

Shotwell SL. 2007. Field-of-Use Licensing. In*Intellectual Property Management in Health and Agricultural Innovation*: *A Handbook of Best Practices* (eds. A Krattiger, RT Mahoney, L Nelsen, et al.). MIHR: Oxford, U.K., and PIPRA: Davis, U.S.A. Available online at www.ipHandbook.org.

Editors' Note: We are most grateful to the Association of University Technology Managers (AUTM) for having allowed us to update and edit this paper and include it as a chapter in this Handbook. The original paper was published in the *AUTM Technology Transfer Practice Manual* (Part IX: Chapter 4).

被许可方可以使用该技术煮汤、制药或者制造集成电路。技术的使用仅仅受许可协议中明确的责任所限制（以及该项技术当前或未来的应用情况。）

然而，通常将技术许可给任何一个“唯一的”被许可方，往往都能获利。由于业务重点和资源有限，一个企业可能无法挖掘出某项技术的“所有”可能用途。在不同应用领域具有多个被许可方，有助于确保挖掘某项技术的多种用途，促进不同种类的产品投放市场，并增加许可方收益。发明资助机构发布的指南，有时可通过按应用领域许可而兑现[1]。它同样也可以用于企业对人道主义的关注，确保商业化产品服务不同的市场需求（虽然也可以通过地域限制而非按应用领域许可来实现）。基于这些原因，按应用领域许可非常有价值。不过，许可方对应用领域的限制，也可能会影响潜在被许可方的积极性，所以必须在需求和动机之间找到平衡。

即使许可方目前只看到某项发明的一个潜在应用领域，但在该领域限制一个排他性的许可方仍是有意义的。技术革新如此之快，在其专利保护期内，一项发明的新用途可能会得到很好的挖掘。如果发现了新用途，许可方应坚持与最有可能的被许可方就新的用途开展合作。

2 适于按应用领域许可的技术

按应用领域许可，给予被许可方实施某项技术的权利，但不是许可技术的所有用途，只是其中的一部分。许可范围可以通过一般性应用领域（如数字录音或医疗）或特异性应用领域（如治疗非霍奇金淋巴瘤的产品）来限定。在任何情况下，应将被许可方使用某项技术的权利限定在特定范围内，这样许可方就能自由地与其他企业就这项技术的其他用途开展合作。

很多技术类型都适于按应用领域许可。总体上，如果技术已经具备或者可能会具备多种明显差别的用途，都能按此类方式进行许可。在电子工程、计算机、化学制品和卫生健康领域中很容易找到案例。例如某大学生物化学系分离出一个新基因，并进行了 DNA 测序和蛋白产物表达。表面上看，这仅仅是一项基因工程技术，然而实际上它却轻易拥有至少 9 种不同的商业用途：

（1）在研究用试剂市场销售该蛋白质产物；

（2）为研究用试剂市场生产并销售该蛋白质的抗体；

（3）生产并销售抗体诊断产品；

（4）生产并销售 DNA 诊断产品；

（5）提供 DNA 诊断检测服务；

（6）将该蛋白质作为一种医疗产品生产并销售（如果该基因涉及多种疾病，还可进一步聚焦到具体疾病上）；

（7）利用该基因和蛋白质进行候选药物筛查；

（8）利用该基因进行基因治疗；

（9）利用该基因开发一种基于反义技术的疗法。

销售研究用试剂的企业可能因为投资太大而不会生产并销售医疗药物。开发医疗技术的企业可能因为没有足够的回报而对DNA诊断检测服务没有太大兴趣。提供DNA诊断服务的企业又因为没有市场营销人员而难以将蛋白产品投放到研究用试剂市场。然而每一种产品都是有用的，进一步挖掘该技术，会成为许可方获取收益的潜在来源。

当技术具备多种不同用途时，许可方可以采取什么方法进行许可呢？至少有如下3种选择：

（1）不加任何限制地许可给一家企业，然后坐等，并希望这家企业最大限度地开发该技术的所有价值，占据所有市场份额，许可方得到最大回报。

（2）许可给一家企业，要求该企业直接或通过分许可，开发该技术的所有用途，并与该企业紧密合作以确保其履责。

（3）通过按应用领域许可，选择多个企业许可。

本章主要讲述第三种选择，这是一种更为自主的方法，需要许可方付出更多，但能够更有效地控制，同时也更有可能实现许可方的利益最大化。

3 起草按应用领域许可协议

某些技术从一开始就明显具备多种用途。而另一些技术的潜在用途可能并没有那么明显，但仍值得为这些潜在用途做准备。无论哪种情况，许可方都可利用多种方法针对不同应用领域起草协议。

不过，首先必须做一些基础工作：必须确定可能的应用领域。例如，潜在的许可方可以考虑：有机化学部的最新产品可以用作肥料吗？或者食品添加剂？或者香水成分？或者药物？如果可以用作食品添加剂，那么它能在液体产品中使用吗？或干汤料？或动物饲料？如果可以用作动物饲料，那么它能用作宠物食品吗？或牲畜饲料？大多数技术转移专业人员都采用这种市场评估程序，获得开发最佳应用领域许可的必要信息。

一旦明确了可能的应用领域，下一步就是向根植于一个或多个相关领域市场的企业转移技术。假定已有转移意愿的被许可方和许可范围适合的协议，可以通过评估多种方法，在实际许可协议中限定应用领域。

3.1 授权条款

可以在授权条款中加入描述领域的术语来限定应用领域。本节及之后两节提供的各种示例，修订了公开的许可协议中限制应用领域的条款。（原始条款和协议全文可以在案例中许可方的网站上找到。尾注中有网站地址。）

a. 根据本协议的条款和条件，美国公共健康服务局（Public Health Service，PHS）授予被许可方一项专利的独占许可权，允许其在指定地区制造、使用、销售、许诺销售和进口任何被许可的兽药领域产品，并在兽药领域实施被许可的任何方法*。

---

* 协议样板见ott.od.nih.gov。——译者注

如果描述应用领域的术语通俗易懂，则示例 a 中的方法能发挥有效作用。如果不是，或者需要说明（如排他性），则可按照如下示例在授权条款中增加内容：

b. 按照本协议的条款和条件，斯坦福大学（Stanford University）授予被许可方在指定地区实施 DNA 诊断服务的专利许可，提供 DNA 诊断服务。此项许可明确不包括许可产品的销售权*。

示例 b 中，提供 DNA 诊断服务的应用领域中，是否可以销售 DNA 诊断产品并允许他人开展诊断测试是含糊不清的。增加的内容对被许可方进行了限制，即被许可方不能销售许可产品。因而，提供诊断服务必然仅限于被许可方自已利用许可产品开展诊断服务。

在这两个示例中，授权条款中的下画线部分，对技术的任一或所有不受限制的许可应用领域进行了限定。请注意所用的语言，既可以限定某个领域，也可以排除某个领域。这种限定授权应用领域的方法，可以用于不明确其他特定应用领域的许可协议，也可在协议的定义部分与相关语言结合使用，如下文所述。

3.2 定义领域

许可协议中最常见的限定应用领域的方法，是在协议中以定义术语的形式确定“领域”或“许可应用领域”，进而限定授权条款的领域范围。该方法的优点是简化授权条款，同时可以在别处对应用领域进行完整定义。如果授权条款已经很长或已经分段，或者无法用少量词汇充分描述应用领域时，这种方法尤为有效。以下是一组对应的定义与授权条款示例：

a. 应用领域，指研究用试剂产品领域。许可应用的领域不包括人类诊断产品。

根据本协议的条款和条件，俄勒冈健康与科学大学（Oregon Health and Science University，OHSU）授予被许可方一项专利的非排他性许可使用权，即允许在指定的地区和许可应用领域中制造、使用和销售许可产品和/或许可方法**。

b. 本协议所指的“领域”，为人类疫苗和人类获得性免疫缺陷综合征的治疗。

针对一项达特茅斯大学（Dartmouth University）的专有技术及专利，大学授予公司及其子公司的排他性、收取许可使用费的许可，允许其在指定地区和领域内制造、使用和/或销售许可产品。尽管有上述规定，达特茅斯大学明确表示保留免费自用其专利及专有技术的不可转让权利，供所属教职工及研究人员使用，但仅限于教学和研究。公司同意，在美国的排他性许可期内，所有用于在美国销售的许可产品主要在美国境内生产***。

另外一种选择是在协议的授权部分用术语限定许可，之后在协议的定义部分对术语进行定义。如下例：

---

* 文档样板见 otl. stanford. edu/industry/resources. html#documents。

** 协议样板见 www. ohsu. edu/techtransfer/index. shtml。

*** 见 www. autm. net/aboutTT/aboutTT_policies. cfm 或 www. dartmouth. edu/%7Etto/standard. html。

c. 人类癌症治疗，是指针对恶性肿瘤患者治疗，包括但不限于癌、肉瘤和淋巴瘤。

根据本协议的条款和条件，斯坦福大学授予被许可方在人类癌症治疗领域实施所述专利的许可。

示例 c 的优点在于可根据客户需要量身定做，而示例 a、b 的优点在于针对新技术提供了更便于修改的模板。起草协议时，仅需要对模板中的定义部分进行修改。授权条款可直接使用而无须修订，通过恰当定义术语限制相应的应用领域。

3.3 通过引用专利权利要求或分开专利申请限定权利

限制许可应用领域的第三个方法，是通过限制特定的权利要求，或限定相关专利申请的特定专利家族来限制应用领域。专利申请的撰写质量如果很高，则能够覆盖与该技术相关的非常广泛的领域。但是，如果权利要求可分为有明显区别的几个类别，则可以通过引用必要的权利要求限定计划许可的应用领域，或者通过排除特定的权利要求而明确非计划的应用领域。该方法可用的授权用语如下例所示：

a. 当某项授权专利存在并且在协议的定义部分被全部引用时，可以采取直接引用的方法。通过在授权部分引用权利要求的序号，确定应用领域所需的权利要求。例如：

   根据本协议的条款和条件，PHS 授予被许可方一项专利的第1至7项权利要求的排他性许可使用权，在指定地区制造、使用、销售和引进许可产品并实施许可的方法。

b. 另一种可直接引用的合理情况是，某项独特发明的相关应用领域，包含在某个专利申请中，而该专利又属于某个技术用途覆盖范围更广的专利家族，超出了计划许可的应用领域。在这种情况下，专利申请可作为被许可专利的定义基础，但必须注意在申请过程中，不要混淆专利申请中的不同技术用途。授权条款的语言可以不作修改，但是授权专利的权利定义需要通过适当的专利申请文件进行限定。如下例所示：

"被许可的专利权利" 是指：

1）所请求保护的发明，是于（申请日）提出的美国专利申请（申请号），和包含该发明的一项或多项权利要求的美国专利申请（申请号），及其所有分案申请与继续申请，所有这些申请、分案申请与继续申请所产生的授权专利，以及所有这些专利的再颁、再审和延期所产生的授权专利；

2）涉及所述发明的一个或若干权利要求的美国专利申请（申请号）：i）上述 a 所述专利的部分继续申请；ii）上述部分继续申请的所有分案和继续申请；iii）由这些部分继续申请及其分案与继续申请而产生的所有授权专利；iv）所有上述专利的再颁、再审及延期专利；

3）包含所述发明的一项或更多权利要求的美国专利申请（申请号）：上述 a 与 b 所有相应的外国申请和专利。

“被许可专利的权利” 不应当包括上述 a、b 或 c 中含有的一个或多个涉及新的主题的权利要求，如果新的主题并不是美国专利申请（申请号）权利要求的主题。

注意这种专利权定义，考虑到了审查过程中的常见情况（分案、继续申请、国外同族）；但是常规的衍生申请，即部分继续申请，可能会引入新的主题，该定义使案子仅限于与初始专利申请主题相关的权利要求。这样做，能确保在获得专利授权的过程中，超出应用领域计划的发明用途，不会纳入许可的范围。

还应注意，单独通过引用尚处于审查状态的专利申请来限定应用领域，存在一些弊端。采用已经授权的权利要求则会更明确（见第 3.3 节的 a 段）。如果案子的权利要求还在审查当中，就有可能因修改、删除或补充而改变；理论上，它们可能有各种变化，而与预期的应用领域不一致。因此，在处理专利申请时，与已授权专利相反，本部分描述的方法，可以结合明确说明应用领域的表述（见第 3.2 节的 a 和 b 段）。这种“双重保险”（belt and suspenders）的方法，可以保证在明确定义应用领域的同时，将独立专利申请中涉及该领域的权利要求区分开来。以独立的专利权支撑一个被许可方的要求，在“偿还专利费用”以及“处理专利侵权/抵触问题”时，其附带的价值就会得到明显的体现。

4 按应用领域许可中的特殊问题

如果许可方不是将一项技术的全部权利授予唯一指定的一家企业，而是将该项技术的专利权按不同领域向多家企业许可，会遇到很多问题。下列 3 个部分分别描述了这些问题，无论按应用领域许可是否具有排他性，这些问题都会出现，事实上，对应用领域不做任何限制的非排他性许可，有些问题也同样会出现。令人欣慰的是，通过谋划，许可方可以尽量减少这些问题。

4.1 许可之间的权利重叠

按应用领域许可时，许可方应努力清晰定义一项技术的可能应用领域。虽然基于当前可用信息，尽可能地区分不同领域，但事后才能厘清。许可双方应注意未来可能产生领域的重叠问题。发生重叠，可能是由于许可双方对许可使用的权利有不同解读，或者未来的技术发展不可预期。

这种许可权利的重叠可能给被许可方带来巨大的经济影响。例如，会导致被许可方在本想独占的细分市场丧失排他性，进而减少了被许可方在该应用领域的收入。虽然经济利益争端会影响被许可方，但通过双方签订的有关合同，这种情况可得到有效解决。

明智的做法是为解决这类潜在争端尽早做好预案。在每项许可中加入相关条款的做法是可以接受的，使许可双方能够有效应对。还可以在调停、仲裁、替代性纠纷解决机制以及其他非诉讼方法中作出承诺。当然，最有效的方式是许可双方持续进行建设性的对话，一旦出现问题，就通过良好的沟通和牢固的关系达成谈判解决方案。如果各方缔结关系时就意识到有可能需要解决纠纷，并在问题出现前，一致同意采取平衡的方式解决纠纷，那么问题出现时，处理起来会简单很多。

此类问题还有一种情况是交叉处方（Cross Prescription）或交叉营销（Cross Marketing），即被许可方在指定许可领域销售产品，但购买者在许可领域之外使用产品，购买者使用产品的领域与许可给别家企业的应用领域重叠。此外，预先规划有助于消除严重纠纷。例如：在医疗领域，有效的做法是按相同的递送方式对技术应用领域进行归类，然后将这些领域许可给同一家企业。如一种治疗方法采用静脉注射的方式，相似的剂量下，既可治疗癌症又可治疗心脏病，那么明智的办法是将这两个领域许可给同一家公司。在这种情况下，对各方均有多重益处。一方可更有效地处理研究、开发、监管机构审批和销售等事务。由于收益都归同一被许可方，因此交叉处方不是问题。而且，被许可方还可与其他企业独立开展合作，通过分许可共同开发一种或多种用途，在加强控制的同时获得更多必要资源。在一个更大范围的领域中，将相关用途分为一组，能够更有效地激励被许可方投资该技术，也减少许可方的很多难题。

4.2 持续控制专利的申请过程

在申请过程中，被许可方和许可方的利益并不总是契合的。如果被许可方的应用领域有限，该问题就会加剧。被许可方可能不愿意支持某些权利要求的申请，或者可能会试图修改权利要求的语言，以牺牲其他被许可方或许可方的利益为代价，提高专利对被许可方的价值。出于这样或那样的原因，建议许可方持续控制专利的申请过程，同时在按应用领域许可的被许可方之间合理分摊成本。

4.3 补偿专利费用

对于任何涉及多个被许可方的技术许可，打算按应用领域许可的许可方必须创造性地管理专利费用。没有哪一家被许可方愿意支付或补偿所有费用，许可方必须选择另外的机制覆盖相关专利费用。有以下几种方式可供选择：

a. 许可方支付专利的前期费用，之后从专利许可提成费中获得补偿。这个模式的许可协议中没有关于专利补偿的表述。

b. 如果按应用领域许可已经根据不同的专利申请或专利构建，申请费用可以清晰地与一个特定许可挂钩，按照标准的排他许可协议设立专利费用返还条款就足够了。

c. 许可方按比例向多个被许可方分配专利费用。如果标准主题发生变化，该方法需要在许可协议中列入专利费用补偿条款。例如，在协议期限内的每年3月1日，许可方向被许可方提供专利费用的发票，发票额等于前一日历年的专利费用总额除以当年被许可方的数量。对于仅在部分日历年中有效的许可，费用将按比例分配。被许可方应在票面日期30日内支付。

d. 有些情况下，在成功许可一项技术前，已经积累了相当多的专利费用。在这种情况下，如果计划由多个被许可方进行补偿，则费用补偿条款中可以纳入未来的被许可方。已发生的固定的专利费用可以体现在各个许可中，或首个（批）被许可方给许可方补偿的所有费用，当新的被许可方签约时将这些款项当作应付账款。最后这种方法可以在一定程度上激励被许可方与其他企业共享同一技术的许可。

4.4 处理专利侵权/抵触问题

按应用领域许可，和非排他性许可一样，由于不是一家企业包揽一切许可，导致在专利抵触或侵权时，被许可方保护专利权的积极性下降。排他性的按应用领域许可，要比简单的非排他许可更能鼓励被许可方参与保护，因为通过排他性许可能够获得一些专有权利，并且在缺乏有效专利时，很可能显著增强竞争力。其他各方（即其他被许可方）也会从专利成功维权中受益，因此任何一家企业都不大可能同意承担抵触审查或诉讼的全部费用。

此外，按应用领域许可的专利申请策略，规划得当也大有裨益。如果按应用领域许可的被许可方，是某项技术相关专利家族中一件特定专利或专利申请的唯一被许可方，则可使用排他性被许可方的标准协议，但需集中关注该特定案子。

如果按应用领域许可，有多家被许可方同时对一项特殊专利权感兴趣，最简单的方法是由许可方独自承担抵触审查和维权费用，然后通过许可提成费或协议补偿。该方法赋予许可方更多控制权，但同时也要承担风险和成本。所以采用这种方法的预期回报至少应与处理专利侵权或抵触事务所投入的资源相抵。相应的成本可以从许可方所属机构的其他资源获取经济和法律上的支持，也可从初期收取的许可提成费中预留一部分，或以被许可方/许可方购买的保险产品支付。因此，按应用领域许可规划（包括非排他性许可），应制定相应的策略，以应对可能需由许可方独自承担的、潜在的、庞大的预期成本。

另外一种应对潜在侵权和抵触行为的方法，是与若干被许可方建立分摊成本和事务管理的机制。例如，允许或要求被许可方主导其所在应用领域的侵权诉讼。为得到专利许可提成费，可酌情将净收益当作净销售额或利润。或者，在被许可方的应用领域内，双方可以共摊成本、共享收益，或者许可方主导侵权诉讼并获得所有收益。如果许可方选择任何排他性许可，这些建议同样适用。在这种情况下，按应用领域许可限制了侵权或抵触行为，这些都是被许可方的责任。

但值得注意的是，排他性许可的被许可方不止一家时，许可方更容易牵扯上诉讼，因为只有许可方有诉讼资格。许可时可以要求被许可方支付许可方的所有诉讼费用，但如果许可方不希望被列为官司被告，可以在许可协议中要求拥有不可分割的利益的唯一排他性被许可方主导诉讼。

4.5 尽职

按应用领域许可，使得对被许可方的尽职管理变得更加省事。例如，一家公司负责为欠发达国家开发产品或研制针对人的医疗方法，许可方很容易评估被许可方的表现。一个被许可方负责多个领域会受到资源的限制，而将一个应用领域从其他领域中剥离出来，就无须推动多个领域的产品商业化。

5 结语

此处提供的指南，旨在帮助许可方将其发明创造尽可能地推广到多个领域中，无论进行许可时这些领域就已存在，还是随着技术的发展而新出现的。有时，一个被许可方偶尔也能把某项技术的潜能全部开发出来。但通常需要由多个各有侧重、各具资源和专业实力较强的合作方来共同实现。

SANDRA L. SHOTWELL, *Managing Partner, Alta Biomedical Group LLC, 7505 S. E. 36th Avenue, Portland, OR, 97202, U. S. A.* shotwell@ altabiomedical. com

---

1 For example, the National Institutes of Health from time to time issues guidelines intended to ensure broad access to certain types of technologies, such as biomedical research tools, and suggests limitations on how such technologies should be licensed. (See, for example, Sharing Biomedical Research Resources: Principles and Guidelines for Recipients of NIH Research Grants and Contracts at ott. od. nih. gov/policy/rt_guide_final. html#20) The approach some institutions have taken to follow these guidelines has been to issue nonexclusive licenses for the research reagent market and exclusive licenses for therapeutics or other fields requiring significant investment.

2 See model agreements at ott. od. nih. gov.

3 See sample documents at otl. stanford. edu/industry/resources. html#documents.

4 See sample agreements at www. ohsu. edu/techtransfer/index. shtml.

5 See www. autm. net/aboutTT/aboutTT_policies. cfm or www. dartmouth. edu/%7Etto/standard. html.

第 11.9 章

许可提成费率、许可提成费叠加与许可提成费打包的相关问题

基思·J. 琼斯（KEITH J. JONES）
美国华盛顿大学研究基金会执行主任
迈克尔·E. 惠特姆（MICHAEL E. WHITHAM）
美国 Whitham，Curtis，Christofferson & Cook 私人公司总裁
菲拉纳·S. 汉德勒（PHILANA S. HANDLER）
美国 Whitham，Curtis，Christofferson & Cook 私人公司合伙人

译者 陈继康 审校者 欧阳石文 张熠 邓欣

摘 要

事实上，利用生物技术、基因工程和化学手段开发的产品，都使用了多项技术，结合了多方面的不同投入。单就此而言，就使研发工作非常复杂。而除此之外，随着这些投入带来的第三方持有的相关知识产权，进一步增加了产品研发的复杂性。比如，一种新疫苗的研发，需要使用第三方持有的大量相关知识产权：研究工具、重组技术、DNA 序列、转化载体、细胞系、佐剂和递送装置。因此，当疫苗最终可以使用时，可能需要向多个许可方支付相应的专利或知识产权许可提成费。这种需要承担多个许可提成费的困境，被称为许可提成费叠加（Royalty Staking）*。当各种许可提成费叠加，导致需要支付的多项款项占 6%~20%，甚至更高时，就会发生许可提成费叠加困境。另一种与之相似的情况为许可提成费打包（Royalty Packing），即将多项技术捆绑、打包在一起（如多疫苗产品包）。许可提成费打包常由许可方或产业管理或卫生部门强制实施，会产生与许可提成费叠加一样的费用加总问题。管理许可提成费叠加和打包问

Jones KJ, ME Whitham and PS Handler. 2007. Problems with Royalty Rates, Royalty Stacking, and Royalty Packing Issues. In *Intellectual Property Management in Health and Agricultural Innovation: A Handbook of Best Practices* (eds. A Krattiger, RT Mahoney, L Nelsen, et al.). MIHR: Oxford, U.K., and PIPRA: Davis, U.S.A. Available online at www.ipHandbook.org.

* 许可提成费叠加（Royalty Stacking），又被译为专利费累加、权利金堆叠。——译者注

题，可采取的技术措施有：设定许可提成费上限（Royalty Ceilings）、许可提成费保底（Royalty Floors）、可变许可提成费（Variable Royalty）和许可提成费替代项（Royalty Alternatives，包括一次性支付和专利池）等。许可提成费叠加和打包是重要的许可事务，任何涉及知识产权管理和技术转移的机构都必须能够主动、预先进行规划和管理。

1 引言

几乎所有利用生物技术或化学开发的产品，都能用到一种或多种知识产权保护方式，例如专利、材料转移协议和商业秘密。为销售或使用这些产品，被许可方必须支付许可提成费，根据产品的用途、使用区域，以及起草产品许可协议时甲乙双方的交易谈判地位，其比率有巨大差异。另外，大多数生物技术产品由一种或多种受专利保护的研究工具而制成，任何一种研究工具都可能涉及许可提成费；因此，即使专利权人持有该产品的专利，但该产品利用了研究工具，也需支付相关许可提成费。这种许可提成费的要求不应与专利权滥用相混淆，专利权滥用可能违反反垄断法[1]。当确定生产某个产品需要使用专利研究工具或者由多个不同实体持有多个不同专利技术时，就可能产生这种许可提成费。

发生许可提成费叠加的情况可以用下例说明：一种新疫苗的鉴定和测试，利用了不同企业许可的具有专有权的若干种研究工具；该疫苗通过重组技术制备并采用了专利 DNA 序列；同时，插入和表达的载体也为其他企业所拥有，而生产该疫苗需要一个专有细胞系；该疫苗需添加一种或多种疫苗佐剂，并通过受专利保护的递送方式或设备对患者进行治疗。当该疫苗最终能够投入使用时，可能需要支付多家企业或许可方的许可提成费，由于涉及多项许可，总许可提成费率可能达到产品销售价格的 6% ~ 20%，甚至更高，而且还要向各个许可方分别汇报并提供财务报表等。表 1 提供了一种含专利佐剂的多抗原疫苗许可提成费叠加的案例。在这种情况下，总许可提成费占销售价格的 8%，同时需要向 4 家实体机构分别汇报。

表 1　一种多抗原疫苗的许可提成费构成

疫苗组分	销售疫苗的许可提成费
抗原 A，为 A 企业所有	2%
抗原 B，通过 B 企业的专利工具发现	2%
抗原 C，不存在专有权利	0%
C 企业的专利组装技术	2%
专利佐剂	2%

一般来说，8% 还是 4% 的提成费率，是疫苗能否商业化的分水岭。农业领域也存在相似的问题，基因工程作物，由源自不同企业的专有品种、专利载体、专利基因序列和专利研究工具而育成。在一个案例中公开的自由实施（freedom to operate，FTO）报告表明，黄金大米（Golden Rice），即某大学通过基因工程培育的水稻品系，

富含维生素A原，涉及美国20多个所有权人的45件专利/专利家族和专利申请保护。幸运的是，由于多家企业[2]的大力支持，黄金大米[3]项目可以获得免费的专利许可，为发展中国家的1.24亿维生素A缺乏症（Vitamin A Deficiency，VAD）患者和50万例不可逆失明患者提供产品。尽管如此，在商业领域，许可提成费叠加过高，可能造成产品推广和商业化无法开展。许可提成费叠加问题经常使农业技术转化更加困难。例如，如果必须同时给药，一种新型的猪病疫苗就需要和其他猪病疫苗打包销售。

对于负责健康和农业领域知识产权管理的人员来说，他们遇到的所有产品和技术几乎都涉及多项许可提成费和许可提成费叠加的问题。本文旨在强调这些问题，解释相冲突的利益关系和可选用的措施。

2 许可提成费用于什么

2.1 许可提成费的基础

很明显，知识产权许可的目标之一，是通过被许可方使用许可方的专利技术，或销售其专利技术生产的或含有专利技术的产品，让许可方获益。许可协议中，应设立基础报告制度条款，将销售额作为许可提成费的计算基础，并列出议定的所有扣除项(例如有记录的产品退还、破损产品和免费样品)。被许可方应准确记录销售情况，审计并核实报表。许可方应该能够依据记录确认其收到的许可提成费收入是否准确，并且被许可方是否遵循了所有里程碑节点和其他许可条款，如报告最低的销售额数据(minimum sales figures)。

看起来很简单的操作，在某些许可情形下也可能很困难。当被许可方将一个许可产品与其他许可捆绑在一起时，统计单位产品的销售额，再将总数乘以一个百分比或每单位许可提成费率，这些操作也会变得很复杂。许可方相信自己的技术与其他技术相结合，能够让产品更具价值，因而想按照复合或组合产品的销售价格获得许可提成费。如果没有对这种产品结合方式进行事先协商和考虑，被许可方可能面临专利侵权诉讼的风险。例如，1970年 *Georgia-Pacific Corp. v. United States Plywood Corp* 案 318 F. Supp. 1116（S. D. N. Y.，1970）* 中，法庭试图以知识产权的价值而非最终产品作为许可提成费的计算基础（法院判处的许可提成费率可能比任何一方先前同意的要高或低。)

复合或组合产品的案例中，被许可方可能认为许可方的专利所占比例只是该产品价值中的一小部分。如果纠纷发生时或发生前，专利产品从未单独销售过，解决专利产品的价值与复合/组合产品的价值对比问题，就会特别棘手。处理这种问题的方法之一，是在许可协议中增加价值评估方法的条款。但应认识到，这种做法可能会使各方按照对自己有利的方式进行计算，从而在计算方法上又发生纠纷。为了避免出现这种问题，协议可以明确规定：除非许可方同意，否则销售产品只能当作一个单独的单元。

* 参见《联邦补充案例》1970年第318卷第1116页。佐治亚-太平洋公司（Georgia-Pacific Corp.）于1987年兼并了美国胶合板公司（United States Plywood Corp.）。

解决这类问题的办法还包括可以在协议中明确规定：如果专利产品单独销售，则按照专利产品的销售价格计算许可提成费；如果以复合或组合产品销售，则按照复合或组合产品的销售价格计算许可提成费。

许可协议通常明确规定，许可产品是指利用授权专利的“有效权利要求”（valid claims）在特定地域内生产、销售或使用的产品。这种条款直接排除了在专利权有效地域之外，为生产和销售产品而支付许可提成费。进一步来说，这种类型的语言表述使被许可方可以以专利权在特定区域没有效力为由，拒绝支付许可提成费。从被许可方的角度看，他们关心的是在专利权有效地域之外，会不会存在没有获得许可的其他同行竞争者。但从许可方的角度看，尤其是在排他性许可的情况下，除了专利和专利申请，自己还提供数据、信息和专有技术，被许可方获得的不仅仅是专利权带来的收益，因而应当为销售所有的许可产品支付许可提成费。

这个问题可以通过设计许可协议而解决，包括专利及专有技术[4]。此类协议应当包括：（1）区分不同技术的许可提成费条款（比如专利技术的许可提成费和使用商业秘密的许可提成费）；（2）减免无效或过期专利许可提成费的条款*，即认为不应基于无效或过期专利收取许可提成费［参见 *Brulotte v. Thys.* 案 379 U. S. 29，33（1964）和 *Pitney Bowes*, *Inc. v. Mestre* 案 517 F. Supp. 52（S. D. Fla. 1981）］；（3）商业秘密成为公共知识或被申请为专利后的条款；（4）专利过期后继续许可专有技术和/或商业秘密的条款。必须注意应该明确专有技术转让的相关义务。例如，大学、非营利性私营机构或政府机关可能不愿承担商业交易中为许可专有技术而提供的相关服务（如快递模具原型或明确一定时长的指导时间的条款）。

对于专利权有效地域之外生产和销售产品的许可提成费，避免出现问题的另外一种方法是在条款中明确许可方在专利权有效地域之外，减少许可提成费或缩短支付许可提成费的期限。在专利权有效地域之外的发展中国家，或许将许可提成费率设置为零更适合。

发展中国家的大学或政府机构的技术管理人员应认识到，对于被许可方根据有效权利要求生产或销售的产品，设定与之相关联的许可提成费，有利于被许可方的利益，被许可方以微不足道的费用，获得了某项技术的排他使用权（即在一定的年限内阻止许可方向他人许可），而开展产品的商业化，使被许可方不会侵犯专利权。另外，被许可方可在世界上多个国家或辖区获取这种排他使用权（即在印度挑战一个专利有效性，并同时在美国挑战相关专利的有效性）。这种做法将迫使许可方要么通过诉讼证明被许可方生产的产品实质性侵权，要么向他人许可该技术（这种情况下，由于专利有效期将明显少于最初与许可方达成协议的期限，该技术的价值将会减少）。如果许可方将其技术与一家企业绑定，而这家企业最终不会将其商业化，则对于许可方来说，这种选择没有什么益处。为解决这种可能的令人懊丧的情况，许可方可以事先要求被许可方同意，不管是否发现专利侵权行为，都将基于被许可方研发的产品计算许可提成费。

---

* 见《美国判例汇编》1964 年第 379 卷第 29、33 页 Brulotte 诉 Thys. 案和《联邦补充案例》1981 年第 517 卷第 52 页 Pitney-Bowes Inc. 诉 Mestre 案。

此外，许可协议可以将有效的权利要求定义为任何专利的任何权利要求，只要还没被具有合法管辖权的法院判为无效，尚未或不会被上诉，都可以包括进来。有了该条款，许可方可以在终审判决专利无效前收取许可提成费。当然，若现有技术（prior art）准确无误且属于许可方，则该定义不利于被许可方。

2.2 许可提成费叠加

当多项专利用于同一个产品时，涉及多个许可，就会出现许可提成费叠加问题。如前文所述，生物技术产品可能需要诸如研究工具、基因序列、表达载体、细胞系和佐剂等各项的分别许可。因此，对于计划生产该产品的企业，必须把多项许可提成费“叠加”在一起评估总的费用负担。由于许可提成费叠加涉及多个知识产权所有权人，相关产品的有效开发将会受到阻碍（即开发被推延甚至完全终止），而且未来产品的进一步推广也将受阻。

2.3 许可提成费打包

当要求将某项技术与其他技术捆绑在一起时，则会发生许可提成费打包问题。这种要求可以由许可方提出，也可以作为产业的最佳实践措施，由卫生管理部门提出。例如，为了节省给药成本，要求将某种疫苗与其他企业的若干专利疫苗产品同时给药。这种情况下，各个相关专有产品的许可提成费就会“打包”在一起。许可提成费打包可能导致多个被打包产品的成本累计过高。

3 许可提成费叠加与打包的管理技巧

在与许可方签订的任何协议中，被许可方都可以设法提出许可提成费上限。例如，被许可方可以为销售产品设定6%的组合许可提成费上限。当叠加的许可提成费超过6%时，许可方应同意按比例缩减许可提成费，因而支付给许可方的总数将是6%。这种情况下，被许可方可能更有动力在其产品或方法中使用更多技术，因为每单位的总许可提成费是限定的。反过来，许可方可能会质疑在产品中使用更多技术的必要性，因为其所能获得的份额会远远低于预期回报。在很多情况下，许可方认为自己的技术才是“最重要的”，因而其获得的许可提成费份额不应按比例缩减。这种利益冲突，需要各方彼此谅解，积极沟通签署协议后何时以何种方法进行缩减，以及当采纳新的技术时是否会影响许可方对许可提成费的期望。同样，也有必要区分不同类型的许可提成费。例如，当其他专利技术用于商业化产品中时，有些许可方可能愿意按比例缩减许可提成费。但如果被许可方采用的是专利研究工具的延展性许可费条款（reach-through license）*，则许可方可能不愿接受缩减许可提成费。

许可方可设法提出许可提成费保底额，即许可提成费不会比它再低。例如，当开发某产品需要使用额外的技术时，许可方同意按比例缩减许可提成费，但不得低于指

---

* 延展性许可费条款是研究工具专利许可协议中的一种许可费计费模式，主要以被许可方利用研究工具专利衍生或辅助产生后续研发成果的商业化收益作为计算专利许可使用费金额的基础。——译者注

定的保底额（比如，要求支付5%的许可提成费，但允许缩减费用，当需要其他技术许可时，按照条款在任何情况下都不得低于每单位销售额的2%）。只有为了有效使用许可方的技术，必须加入第三方主导性的专利技术许可时，许可方才会同意将许可提成费缩减到保底额。换句话说，如果被许可方渴望采用额外的技术生产更好的产品，但对于使用许可方的发明来说，该技术并不是必需的，则许可方可能不会同意缩减，例如，许可协议明确指出，如果为实施许可的发明专利，需要获得第三方的额外许可，被许可方可将许可提成费减少50%（或按许可方实得的费用进行削减，但在任何情况下削减额度都不应高于50%）。在同一项许可中，为叠加的许可提成费既设定上限，又设定保底额下限，这种情况并不少见。设定保底额需要考虑许可协议中列出的许可提成费支出。例如，允许减少专利费用，但在任何年度都为许可提成费设定保底额。

许可双方可能会基于相关技术在产品制造中的重要性同意使用“可变许可提成费”。某项专有技术在产品中的作用越重，其许可提成费就越高，反之亦然（例如，一种疫苗含有两项专有技术，一项是产生抗体的抗原，另一项是抗原表达系统，则抗体权利人会比表达系统权利人获得的许可提成费更高）。然而这种情况下，就产品开发而言，许可方和被许可方很有可能对专有技术的重要性认识并不统一。

解决许可提成费打包问题，对于单独销售的产品，可以基于销售价格计算许可提成费；对于以复合或组合方式销售的专利产品，可以按照复合或组合产品的销售价格计算许可提成费。

4 其他问题

提成不是获取利益的唯一方式。例如，推广和开发某项专利技术时，对于某种研究工具，采用一次性付款的方式获得其使用权，可能更为适合。某些技术最好集中在专利池中，允许免费或以固定价格使用这些技术。专利池可以使被许可的技术在不同市场广泛使用（例如不同的产品都可以采纳该技术），并且通过进一步获得其他不同但相关的技术，使大学或非营利组织加入专利池而对外提供技术。如此安排，就可以使用大量专利技术开展研究和推广，又可免除协商获得许可的麻烦。

5 结语

许可协议应明确规定许可方将在何时以何种方法获得许可提成费。任何协议的一个重要方面就是明确定义产品，使得双方了解计算许可提成费的基础。而且，为了避免支付许可提成费产生争议，协议应明确规定何时无须支付。健康与农业领域知识产权管理人员应充分认识和了解许可提成费叠加问题，尤其涉及生物技术产品、服务和研究工具时。如果为实现产品的商业化，需要集结多家不同企业的专利技术，并向各个企业支付许可提成费，此时如果要采用许可提成费上限、保底额或其他应对许可提成费叠加的机制，那么需要各方对每项技术的重要性达成共识。最后，除了以提成方式收取许可提成费外，还可以考虑其他替代方法，包括一次性支付和专利池[5]。

KEITH J. JONES, *Executive Director, Washington State University Research Foundation, 1615 NE Eastgate Blvd., Pullman, WA, 99163, U. S. A. jonesk@wsu.edu.*

MICHAEL E. WHITHAM, *President, Whitham, Curtis, Christofferson & Cook, P. C., 11491 Sunset Hills Road, Suite 340, Reston, VA, 20190, U. S. A. Mike@WCC-IP.com.*

PHILANA S. HANDLER, *Associate, Whitham, Curtis, Christofferson & Cook, P. C., 11491 Sunset Hills Road, Suite 340, Reston, VA, 20190, U. S. A. Philana@WCC-IP.com.*

---

1 Feldman RC. 2003. The Insufficiency of Antitrust Analysis for Patent Misuse. Hastings Law Journal 55:399-450. www.robinfeldman.com/Insufficiency%20pdf.pdf.

2 Kryder RD, SP Kowalski and AF Krattiger. 2000. The Intellectual and Technical Property-Components of proVitamin A Rice (Golden Rice): A Preliminary Freedomto-Operate Review. ISAAA Briefs No 20. ISAAA: Ithaca, NY. www.isaaa.org/kc/Publications/pdfs/isaaabriefs/Briefs%2020.pdf.

3 Potrykus I. 2001. Golden Rice and Beyond. *Plant Physiology* 125:1157-1161. See also childinfo.org/areas/vitamina/.

4 See, for example, Bleeker RA, BH Geissler, A Lewis and R McInnes. 2003. Certain Clauses in Know-How and Hybrid License Agreements in Several Jurisdictions. *Les Nouvelles* 38(1):10-17.

5 Additional publications of great relevance to this topic are:

Adhikari R. 2005. Patents, Royalty Stacking and Management. *World Pharmaceutical Frontiers* 25. www.worldpharmaceuticals.net/pdfs/025_WPF008.pdf.

Clark V. 2004. Pitfalls in Drafting Royalty Provisions in Patent Licences. *Bio-Science Law Review*. pharmalicensing.com/articles/disp/1087832097_40d70021d738c.

Feldman RC. 2003. The Insuffi ciency of Antitrust Analysis for Patent Misuse. *Hastings Law Journal* 55: 399-450. www.robinfeldman.com/Insufficiency%20pdf.pdf.

Lemley M and C Shapiro. 2006. Patent Hold-Up and Royalty Stacking. Working Paper. Haas School of Business, University of California at Berkeley: Berkeley, California. http://faculty.haas.berkeley.edu/shapiro/stacking.pdf.

Mireles MS. 2004. An Examination of Patents, Licensing, Research Tools, and the Tragedy of the Anticommons in Biotechnology Innovations. *University of Michigan Journal of Law* 38: 141.

Mowzoon MM. 2003. Access Versus Incentive: Balancing Policies in Genetic Patents. *Arizona State Law Journal* 28: 1077.

Sutton G and E Ewing. 2002. Government Alliances with Biotechs Introduce "Royalty Stacking" Issues. www.klng.com/files/tbl_s48News/PDFUpload307/8169/Ewing_Sutton_12_2002_MHT.pdf.

第 11.10 章

发展中国家公共机构引入许可的策略

卡尼卡拉姆·萨蒂亚纳拉亚纳（KANIKARAM SATYANARAYANA）
印度医学研究委员会知识产权部主任

译者 陈继康 **审校者** 欧阳石文 张熠 邓欣

摘 要

以前，有些国家在推动经济发展、提升公共健康的同时，可能忽略了知识产权管理。然而，全球化将世界各国越来越紧密地联系在一起，而且随着《与贸易有关的知识产权协定》（Agreement on Trade-Related Aspects of Intellectual Property Rights，TRIPS）的问世，没有哪个国家能够独立于世界知识产权体系之外。本章旨在介绍发展中国家如何利用这一新的体系，通过引入技术许可从中受益（即利用专利许可协议为公共部门引入技术）。本章概述了此类许可协议的常规要求，并讨论了发展中国家公共机构在协商此类许可时遇到的独特问题。

1 引言

由于全球化不断深入，知识产权管理规则迅速发生变化。之前游离在专利体系之外的很多国家，诸如印度，如今都在全面履行 TRIPS 协定规定的义务。对于有着坚实科技基础、健全制药产业、生物技术产业开始萌芽的发展中国家来说，遵循 TRIPS 协定及其后的变化并全面履行 TRIPS 协定，既是机遇也是挑战。发展中国家可通过两种途径生产药品：一是向制药行业许可由公共研发机构开发的技术（包括农业应用在内的整个生物技术产业）；二是从制药行业引入技术许可。公共部门旨在向市场推出价格

Satyanarayana K. 2007. In-Licensing Strategies by Public-Sector Institutions in Developing Countries. In *Intellectual Property Management in Health and Agricultural Innovation*: *A Handbook of Best Practices* (eds. A Krattiger, RT Mahoney, L Nelsen, et al.). MIHR: Oxford, U.K., and PIPRA: Davis, U.S.A. Available online at www.ipHandbook.org.

可承受的药品，而生物技术产业的主要目的则在于投资回报最大化，但可以相互妥协。例如，生物技术产业开发的知识产权可以向公共部门转移，以进一步得到开发。

众所周知，引入许可是企业向公共部门转移技术的一种策略。引入许可能够促使多方参与制造产品，从而造成足够的竞争，降低公共健康产品（药品、诊断试剂、疫苗和其他生物制剂等）和农作物的成本。由于相关各方目标相冲突，知识产权许可往往很复杂。另外，生物技术产业往往不太愿意与缺乏工作效率与相关技能的政府官员合作——至少在发展中国家是这样。在任何情况下，参与知识产权许可的各方，都需要：

- 交易谈判技巧；
- 谈判策略；
- 保护公共部门利益的做法。

2 协议的种类

2.1 总体要求

知识产权转移协议必须包括如下内容：保密、材料转移、开发（被许可方承担进一步开发的所有责任）、联合开发（双方合作继续开发）和分销。

因为多个公共机构参与开发产品，这种协议至少是双向的。例如，如果印度医学研究委员会（Indian Council of Medical Research，ICMR，位于印度首都新德里）为开发某种疫苗，从一家私营企业引入技术许可，至少会有三方参与协议：ICMR是被许可方也是公共机构；许可方是一家私营企业；而印度政府健康和家庭福利部（Ministry of Health & Family Welfare，Government of India）将全额或差额资助该项目，承担临床测试并为公众提供疫苗。通常由公共机构或私营企业提供谈判协议的初稿*，使协议各方，尤其是被许可方清楚理解交易背后的基本理念非常重要，即如果没有政府支持，就无法做到向民众提供产品，好的协议让各方受益。

起草得当的协议初稿，能让政府官员迅速进入谈判，获得官方批准并酌情达成共识。某个产品从实验室研发到临床使用，往往需要耗费多年时间，因此相互信任在项目谈判和执行中，尤其是中途需要重新谈判时，显得尤为重要。打官司非常麻烦、成本高昂，尤其是涉及外方时，会走到这一步。

各方若有意建立长期合作关系，可以签署一系列协议，一个总揽的综合性协议(附加小的具体协议)，或者一个宽泛的通用协议，加上两个或两个以上相关但独立的具体协议。下述章节将阐述参与联合开发产品的双方可以签署的各类协议。附录部分列举了公共机构可以采用的协议样板。

---

* 通常有一些观点认为，许可协议初稿应由公共组织提供（实例参见本《手册》第12.1章）。这种做法通常比私营组织起草协议更方便开展工作。因为这类协议需要涵盖公共组织特别关注的一些议题，而这些议题往往不会在私营组织提供的初稿中体现。——译者注

2.2 保密协议

开发专利健康产品往往涉及使用秘密信息：研究数据、材料来源、生产方法、特种专有设备的设计和其他非科学的商业信息。因此，相关各方均需签署保密/不披露协议。这类协议不仅可以保护有效的商业信息，而且也体现出信息的价值。这类协议使得各方可以在保密的基础上交换敏感信息。

2.3 材料转移协议

当潜在的被许可方想要评估某个新产品或新方法时，就可能会涉及签署材料转移协议。许可方应积极提供样品或信息，但同时也自然希望能够确保避免被他方滥用（比如向第三方转移一部分样品，或为非许可用途而额外复制材料）。健康研发知识产权管理中心（The Center for the Management of Intellectual Property in Health Research and Development，MIHR）建议公共研究组织使用《统一生物材料转移协议》（*Uniform Biological Materials Transfer Agreement*）和美国国立卫生研究院（U. S. National Institutes of Health，NIH）起草的实施函。知识产权转移协议的措辞是统一的，仅需根据每项转移标的的特殊情况修订执行函。

2.4 通过协作共同开发

从私营企业获得新的知识产权之后，由一个公共机构承担所有生产和市场化的步骤往往是不可能的，也没有必要。例如，该机构可能会联合其他公共实验室，一起完成产品评估（临床前的毒理检测、临床试验等）。同时，公共部门研究机构往往缺乏高质量的、有良好作业规范（Good Manufacturing Practice，GMP）的生产设备，而这些是市场开发产品所必需的。被许可方，或者付款给其他机构完成任务，或者最好与他们建立合作伙伴关系。合作机构可能会要求得到知识产权股份，或通过产品销售获得一定份额的收益。产品开发的最后阶段也可能需要新的知识产权。

要求合作一般需要采取公开招标的方式。由于公共部门的技术商业化仍处于起步阶段，缺乏既定的工作流程，公共部门采取了多种方法，避免为公共机构带来不必要的商业失误，大多数政府部门依靠由各种专家组成的专家委员会，包括技术转移专家、管理人员、财务人员等，以透明的方式开展交易谈判。信息公开很重要，因为给予资助的政府部门希望交易公开透明。另外，透明也能打消合作方和投资方的疑虑。

2.5 技术许可协议

技术许可协议，即准许一方使用其他方的专利材料或专有技术。标准的技术许可协议应明确规定许可的有效期间、许可的类型（排他或非排他许可）、许可的有效地区、产品投放的市场（公共部门或公开市场）、是否允许授予分许可、预付款额以及许可方应收取的许可提成费。

2.6 典型协议的标准要素

2.6.1 保密

保密协议要求谨慎保护所有信息。获取保密信息应仅限于已被证明是值得信赖的人员。保密材料的不当使用，可能会严重影响相互间的信任，甚至导致诉讼。科学家，尤其是公共机构的科学家，应特别注意，因为他们往往会在其他场合公开讨论科学问题。

2.6.2 不同区域的排他性

许可协议中，区域是指允许被许可方销售产品的地理区域。该区域可以是国家的一部分、次大陆的一部分、多个国家甚至全世界*；或者也可以是单个公司的一部分市场，如通过公共部门或私下销售。有时采取非排他性许可，鼓励被许可方间的竞争。或者针对有限市场销售的昂贵产品，采取排他性许可。但是除非能确保其排他性，否则没人愿意生产。委托专业机构开展市场调研，确保产品定价合理、适于目标区域，是可取的（由于缺乏内部专业人员，以及政府规章制度的规定，委托调研逐渐成为常规做法）。决定授予排他性许可，还是非排他性许可，最重要的指导原则是要在市场可承受的价格范围内投放新产品。

2.6.3 产品责任

健康产品需要承担相关责任，尤其是疫苗等易致敏产品，需要经过健康志愿者的测试。企业往往因潜在的责任风险而不愿销售产品。因而与健康技术相关的许可协议，必须规定哪些情况下，由研究者负责或免责（例如涉及残次品、保存和使用不当、给药剂量错误等），而且在试验之前，被许可方必须办理额度适宜的保险。临床试验协议应描述对因健康产品造成损害的个人如何进行赔偿以及赔偿的额度。

2.6.4 预付款和许可提成费

从根本上来说，营销能力和价格决定了一个产品的命运。许可方必须决定授予许可的种类和数量、占据多大市场等。各方必须对许可方从预付款和许可提成费中获得的收益达成一致意见。这些决定受期望从产品中获利多少影响。通常由专家、管理人员和财务顾问组成委员会，代表公共机构进行谈判。需要在许可方和被许可方的期望之间找到平衡点。被许可方希望预付款少一些，主要通过许可提成费支付；而许可方则希望开始的时候就能够收到尽可能多的回报。影响许可价格的因素，包括产品预期寿命、知识产权期限、是否存在竞争产品、购买力和是否有市场（换句话说，政府是否提供购买承诺），等等。

2.6.5 仲裁

许可协议必须约定仲裁条款，以防万一出现失误或各方意见分歧。如果各方在同

---

* 在印度和其他一些欠发达国家，有一些州或相当的实体较富有，并且政治稳定、市场前景广阔，而其他一些州——通常是那些政府不稳定的——市场前景则不确定。当前，印度的每个州都有自己的药品监管机构。这些行政机构具有不同的专长，加之其他因素，能够决定产品在本州的可销性。另外，尽管全国都可以按照统一价格销售，但各州也能各自规定自己的销售税和其他税率。——译者注

一个国家，仲裁程序相对简单一些。当政府部门介入仲裁时，通常由其判处结果。而各方来自不同国家时，其仲裁程序则非常复杂，尤其是如果在第三方国家进行仲裁。当然，应尽一切力量友好解决问题。

3 结语与建议

在发展中国家，对于制药行业，特别是生物技术行业来说，开发具有国际市场潜力的产品（药品、诊断试剂和疫苗）通常是非常重要的。通过发达国家和发展中国家公共部门和私营部门间的通力合作，能够促使该行业由发达国家高度集中的市场格局，向发展中国家也能参与产品开发的局面转变。

但大多数发展中国家不具备处理复杂知识产权许可事务的能力。发展中国家的公职人员，经常用拖延掩饰无知和专业知识的匮乏，因而损害了那些有兴趣与之合作的私营企业的积极性。从产品评估到起草知识产权协议，在各个环节提供专业支持，将大有裨益。发展中国家需要以下因素确保获得成功：

- **商业策略**：在公共部门与私营部门目标之间达成平衡，公共部门拟为市场提供价格可接受的健康产品，而私营部门希望盈利。
- **营销策略**：利用最新的市场信息合理定价，包括市场上已有的任何产品及其价格结构、潜在用户、公共部门和私人领域的潜在市场规模等信息。
- **适合的法律人才**：很多发展中国家的律师事务所熟悉基本的许可程序，当地往往就有合适的法律人才。营销和科技专家可以对专利评估提供帮助。

针对发展中国家缺乏上述经验和人才的情况，理想的解决方案包括两个层面：首先，建立国家技术转移办公室；其次，从不同学科选拔、培养核心专家团队，协助开展产品引入许可谈判。

KANIKARAM SATYANARAYANA, *Chief, IP Rights Unit, Indian Council of Medical Research, Ramalingaswami Bhawan, Ansari Nagar, New Delhi 110029, India. kanikaram_s@yahoo.com.*

---

1 Some argue that in general, the public sector organization should offer the first draft of a licensing agreement. (See for example, in this *Handbook*, chapter 12. 1 by RT Mahoney.) This approach is generally much easier than trying to work from a draft prepared by the private sector organization, because the draft needs to cover a number of topics of particular concern to public sector organizations, and these topics probably would not be addressed in a private sector organization's draft.

2 In India, as perhaps in other poor countries, there are states, or equivalent entities, that are rich, and politically stable, with promising markets, while other states—often those with unstable governments—have uncertain market potential. Currently, each state in India has its own drug regulator. These officials have varying expertise and, along with other factors, can determine the marketability of products in their states. Additionally, while a price can be the same over the entire country, each state has its own rates for sales tax and other taxes.

第 11.11 章

许可协议谈判事项清单

唐娜·博布罗伊茨（DONNA BOBROWICZ）
美国芝加哥洛约拉大学研究服务办公室技术转移专家

译者 陈继康 审校者 欧阳石文 张熠 邓欣

摘 要

本章为专业许可人员提供许可协议谈判的路线图，明确最常用的条款、合同义务，以及制定许可协议时很有可能会遇到的其他条款。重点阐述了农业技术许可。由于参与谈判的人员往往同时参与多个交易，在任何时间、任何交易中都有可能忘记或忽视重要的内容。许可人员可利用事项清单核查各方要求完成的每一项工作。尽管内容宽泛，但并不一定适合所有情形，因而可以作为基础模板，供机构或个人据此制作自己的事项清单。

1 引言

对于经验丰富的谈判者或合同代理人来说，事项清单在许可协议谈判中的作用，更像是一种简化工具，而非实际准备和起草的协议本身。毕竟处于这个位置的人，绝大多数都受过良好的教育，习惯于同时处理多个涉及科技、法律和商业领域的细节问题。如果不具备处理这种工作状况的能力，就无法长期胜任这种活跃、高压的许可工作。也正因为需要处理大量的细节，对许可工作人员或代理人来说，有一份事项清单既省时又省事。参与谈判的人往往同时涉及多个交易，因而在任何时间都有可能遗忘或忽视任何交易的重要内容。为了确保避免因疏忽而发生重大或代价高昂的失误，最

Bobrowicz D. 2007. A Checklist for Negotiating License Agreements. In *Intellectual Property Management in Health and Agricultural Innovation: A Handbook of Best Practices* (eds. A Krattiger, RT Mahoney, L Nelsen, et al.). MIHR: Oxford, U. K., and PIPRA: Davis, U. S. A. Available online at www.ipHandbook.org.

简单的方法之一就是将本章描述的事项清单作为工具。

2 事项清单的具体部分

本部分内容介绍并讨论的是许可双方都需要的事项清单各要素。如果需要起草许可协议，可以从本《手册》网络版中下载没有注释的事项清单。

2.1 第一部分——当事人

将当事人的法定名称、联络人的联系方式、法定地址等相关信息写在一处，虽然这表面上看来是不言而喻的，但起草最终协议时可以节省时间。这是首次会晤时就该交换的信息，不要等到最后一刻才打电话、发邮件索要。

当事人：

1. 许可方名称：______________________

   地址：______________________

   总部：______________________

   公司：______________________ 简称：______________________

   联系人姓名：______________________

   联系人职务：______________________

   联系电话/传真：______________________

   联系电子邮箱：______________________

2. 被许可方名称：______________________

   地址：______________________

   总部：______________________

   公司：______________________ 简称：______________________

   联系人姓名：______________________

   联系人职务：______________________

   联系电话/传真：______________________

   联系电子邮箱：______________________

2.2 鉴于条款（Whereas clauses）

“鉴于条款”是作为导引、详细说明许可背景而设计的。不是所有当事人都使用鉴于条款；有些当事人倾向于先说“《协议》条款如下”或类似的语言，然后将背景信息作为一组标准条款列入。建议在合同中纳入背景信息，因为达成协议并签署后，谈判者的记忆会模糊，在需要向法庭或仲裁员解释合同时，有关交易背景的简要声明可能会极有价值。

鉴于条款：

1. 鉴于许可方拥有包括发明______，专利______，申请______，专有技术______，其他与______相关的______的知识产权/有形物权。
2. 鉴于许可方有权并愿意向______授予许可。
3. 鉴于被许可方拥有包括发明______，专利______，申请______，专有技术______，其他与______相关的______的知识产权/有形物权。
4. 鉴于被许可方提出____。
5. 鉴于被许可方为达成______的目的，希望获得与______有关的许可。

2.3 定义

简单的合同不需要专门的定义部分，当具体的术语首次被提及时，直接定义即可。复杂的文件应将所有定义列在一处，便于起草和后期解释合同。贯穿整个合同的通用术语应列入这一部分，频繁使用的技术术语也应如此。按字母顺序或词语不同分类层次排列都是可行的。如果几个术语紧密关联，将它们放在一起，采用不同分类层次排列，更便于读者厘清协议。

每项许可都有一组自身特定的定义，所以在此仅给出包含最常用术语的简短列表。

定义：

应该列出并定义所有适用的其他术语。定义清晰会提升许可的明确性。一般来说，应注意定义的独立性，且不可循环论述。

考虑将哪些内容列入定义部分，从当事人的定义开始是个好办法。如果与一家公司交易，那么当事人是这家公司及其所有附属公司？还是所有子公司？或者只是母公司？被许可的产品/方法应该明确定义为“许可产品”或者“许可方法”。如果仅涉及部分发明，在此定义并称作“发明”；标明许可相关的专利号、专利申请号，并详细说明专有技术。

被许可方、销售额、净销售额、利润、地区、领域、专利、专利权、知识产权和非营利性都是常用术语的例子，并且还有更多。定义完成后，这些术语在合同中将以首字母大写或全部大写的形式出现*。

2.4 授权部分

这一部分对许可专业人士来说，似乎有点多余。但是任何一部分，如果缺少细致的关注和谋划，都有可能导致当事人一方或双方很不满意。

2.4.1 授予的权利

授权用语应详细、准确。许可的知识产权，仅指专利权或专有技术，还是两者都有？排他权，与许可方共有排他权，还是非排他权？这部分内容还应详细说明排他权和/或非排他权的期限，该权利是否不可撤销，以及是否具有授予分许可的权利。各机构往往会按照某种特定的方式开展交易，因而会反复使用某些特定组合的授权用语。

* 适用于英文等区分大小写的文字。中文可采用“本发明”“本方法”等术语，或以其他方式标示。——译者注

在这种情况下，对如下表格进行简单修改，就能符合各机构的具体要求。

1. 授予：

a）实施下述知识产权/有形物权（详情如下）________的所有实质性（法定）权利；

b）制造________，已制造________，使用________，进口________，许诺销售________，和销售________产品和方法；

c）________年的排他性许可和之后的非排他性许可；

d）________的非排他性许可，用以生产（制造）________；

e）________的排他性许可，用以生产自用的________；

f）除许可方之外的排他性许可，用以使用________，出口________，和在限定的市场内生产和销售________；

g）出售________，已售出________的________权不可撤销；

h）按照________的租赁方式、________的租金，授予________分许可的权利。

2.4.2 许可限制

这部分内容涉及领域、地区、在先被许可方的权利，以及许可方保留的商业权利。这部分内容中，有些可能已在第一部分（当事各方）中出现，而且也不是所有情况都需要这部分内容。

2. 许可限制：

仅限于____领域

仅限于____地区

保留在先被许可方（有则写明）________________________________的权利

保留许可方制造________，已经制造________，使用________，已经使用________，出口________，进口________，出售________，已经出售________的权利（根据具体情况）。

2.4.3 保留的权利

这部分内容非常重要，如果许可方是非营利组织，在开展非营利性学术研究，或在发展中国家开展人道主义工作，或依据《拜杜法案》（仅限于美国）时，必须确定哪些知识产权的特定权利需要保留。在许可协议中忽略应保留的权利，可能会导致许可无效，和/或可能需要打一场昂贵的官司才能确定许可方事实上应拥有哪些权利。

3. 权利保留：

a）许可方保留该技术的非排他性权利（代表自身及其他非营利性/学术研究机构），该权利不可撤销；

b）用于________的教育和研究，包括在资助研究________和非营利性合作________中使用；

c）出于________的人道主义目的；

d）在________（指定国家）等发展中国家或者经济发展弱势国家用于________；

e）依据《拜杜法案》，用于美国政府开展________。

2.4.4 分许可的权利

将一项许可中的一部分向第三方授予分许可时，参与各方同样有很多重要的选项需要考虑。例如，分许可可以授予任何人，也可以仅限于与被许可方有共同利益关系的当事人；仅限于被许可方的附属公司；仅限于特定数量的第三方；或者仅限于许可方预先同意的当事人。

> **4. 授予被许可方如下分许可的权利：**
> a）授予其他任何一方________________________；
> b）授予限定数量内的第三方______________________；
> c）向被许可方的附属公司____________仅授予__________________；
> d）授予许可方预先同意的第三方________________________；
> e）授予许可方提名的____；
> f）按照规定报酬（标明）____；
> g）与许可方分享的报酬____；
> h）提供给许可方的分许可协议副本________________________；
> i）在其他情况下____

2.4.5 地域

许可协议中，授予被许可方许可的地域必须详细说明。

> **5. 地域：**
> a）所有国家____________________________________；
> b）除________________________之外的所有国家；
> c）下列国家____________________________________；
> d）特定国家的一部分，包括____________

2.4.6 协议期限

不管以何种方式计算，协议开始的日期、有效日期以及结束日期都要注明。下面列举了一些最常用的方法。

> **6. 协议期限：**
> 生效日期为____________。
> 期限为______年/月/日（按约定），直到（指定日期）____________；或者
> 特定专利或者其他知识产权的有效期____________；或者
> 至未来某事件达成（列明）________________________

2.5 改进的内容

这部分主要用于明确改进内容的归属和职责，包括许可有效期内许可方或被许可方做出的任何改进和申请的专利（由谁完成和由谁出资），当前许可是否包括未来产生的新技术，以及许可方保留新技术的权利等。

7. 改进：

许可方：	被许可方：
包括________________	包括________________
不包括________________	不包括________________
申请提交人________________	申请提交人________________
出资人________________	出资人________________
转让/许可给被许可方________________	转让/许可给许可方________________

2.6 对价（Consideration）

事项清单中的对价部分相当复杂，如果向许可方支付的报酬不包括股权，则这部分内容可以减去。在此列出了许可提成费、里程碑费用、货币种类、确定汇率和股权所有权问题，其中最低年费对排他性许可尤为重要。

8. 许可对价：

免费________；或者

许可提成费，费率为________%；按利润________；按总销售额________；按净销售额________；按指定数额（具体说明）________每单位（具体说明）________；其他（具体说明）________；

一次性支付（许可费）________；

里程碑费用（事件节点及费用额度）________________________；

用________________国家的货币支付；

按当前的汇率________________；

按汇率________（货币）________（货币）

如果汇率降低或者升高________%（指定一个百分率）则按照相同数量减少或者增加支付；或者参照________公布的汇率；

股权：被许可方持股（具体说明）________

现有公司持股________；新公司持股________

股价应为协议达成日________的市价________

账面价值________根据进度表________；股权应该有充分表决权________；无表决权________；

9. 许可的最低年费：

每日历年支付金额________；以12个月为期支付________

应付预付款________________________

日历年年末应付________________；以12个月为期应付________________

使用费抵免，是________________；否________________

2.7 报告和账目审计

无论采用何种方法计算许可提成费，只要是与产品销售相关联，交付许可提成费的同时，都应一并提交许可提成费计算依据的说明报告。应确定提交报告（和许可提成费）的频率和时间。另外，许可方对形成报告账册的审计权也应该是许可的一部分。

10. 获得使用费的声明：

按季度，在各季度结束前的________天内

按年度，在各年度结束前的________天内

按其他时期，（具体说明）________

以书面形式，并由________（官方或审计公司）认证________

分许可方名称和地址________

分许可协议的副本________

许可提成费合计________

11. 被许可方账目审查：

不准审查________

准许审查________

可在任何营业时间________

仅在指定时间________

由许可方授权的代表人________执行审查

由注册会计师________执行审查

许可方支付审计费用，除非支付金额超过________%

2.8 陈述/保证

各方应给予彼此一些基本陈述和保证，例如订立协议的能力、知识产权的有效性，以及标准的免责声明。下面列出陈述/保证的内容。

12. 陈述/保证：

A. 许可知识产权的有效性

不承诺________

承诺被许可方________

如果专利无效，则：

被许可方可以终止：

仅无效的权利要求________

整个协议________

B. 在________（指定国家）有效的知识产权

C. 许可方订立许可的权限________

被许可方订立许可的权限________

D. 标准的免责声明，适合特殊目的的

适销性________；明示或暗示________。

2.9 侵权

这部分内容涉及对被许可方以往的侵权行为如何处理；如果第三方侵犯知识产权，

应当如何处理，如果有侵权赔偿，如何在许可方和被许可方之间分配。同样也涉及因被许可方实施知识产权，许可方需支付的赔偿。

13. **侵权：**

A. 侵犯授权的知识产权/有形物权

被许可方以往侵权行为

免除________；不免除________

支付______________后免除

如果被他人侵权：

由________发出通告

由________提起诉讼

由________负责诉讼

费用：由________承担

按________划分

B. 侵犯他人的知识产权/有形物权

无须许可方赔偿________

许可方向被许可方赔偿________

被许可方向许可方赔偿________

由________发出通告

由________进行辩护

由________支付费用

费用：由________承担

按________划分

C. 判决后赔偿

由________保留；按________划分

诉讼权：

由许可方________；由被许可方________

由许可方征得被许可方的同意________

由被许可方征得许可方的同意________

2.10 尽职

尽职是指排他性许可中，依据许可内容，被许可方应尽其所能，确保许可方获取经济收益。如果协议中没有纳入尽职条款，被许可方在获得排他性许可后，可能独霸受让技术而无所作为，并阻碍他人开发，使许可方无法获利。

14. 被许可方的尽职（通常没有最低使用费）：

没有义务________

被许可方应尽其所能________

被许可方应合理地尽最大努力________

被许可方同意：

生产________或者销售________指定装置________

生产________或者销售________指定产品________

投资特定金额________________

满足交易需求________

不可拒绝分许可的合理请求________

缺乏尽职的惩罚：

许可变更为非排他性________

许可方可以提名新的被许可人________

许可方可在发出书面通知后________天终止________

2.11 定义知识产权

无论许可的知识产权仅仅是一件专利还是包含各种报告与实物材料，都应在协议中明确定义，并说明费用支付方式。这部分内容更适于以获利为目的的许可方，但不以营利为目的的许可方也可能将更多专利（和专利家族），而不是仅仅将一件专利列入定义部分。

15. 许可方的知识产权和有形物权：

不包括，除了在专利或者申请中所述的________

包括产品（指出）________________________

按协议期限________；按指定期限________

许可地区________；其他地区________

A. 知识产权和有形物权的性质

i. 发明记录________专有技术，不保密________

ii. 实验记录________专有技术，保密________

iii. 研究报告________员工受约束________

iv. 发展报告________

v. 实验室笔记本________

vi. 构造组成和设计________

vii. 测试场地布局和设计________

viii. 生产规格________

ix. 原材料规格________

x. 质量控制________；ISO9000 流程________

xi. 经济调查________

续表

xii. 市场调查________；生产者名单________；经纪人________

xiii. 推广方法________

xiv. 商业机密________

xv. 客户名单________

xvi. 图纸和照片________

xvii. 模型，工具和部件________

xviii. 种质资源________________________________

xix. 其他（指出）________________________

B. 知识产权和有形物权的使用费

包含在许可使用费中________

不包含在许可使用费中________

一次性支付________________________________

股票数额____

年度服务费________________________________

按协议期限________________________

按指定期限________________________

如果与其密切相关的知识产权被认定无效：

停止支付专有技术使用费________________

继续支付专有技术使用费________________

16. 被许可方的知识产权和有形物权：

不包括，除了所述的________________

包括产品（指明）________________________

按协议期限________；按指定期限________________

地区____

产权性质包括____

2.12 查看的权利；技术人员

如果被许可方许可的种子是由许可方生产的，许可包括将实物材料（种子）转移给被许可方，被许可方可能希望获得在许可期限内查看许可方的研究数据和试验地的权利。合同中应说明，专有技术和有形材料转移中是否需要派遣许可方的技术人员以及费用等，这些都是重要事项。

17. 查看的权利：

被许可方有权查看许可方的：

研究实验室________________

开发实验室________________

实验室笔记________________________

续表

> 试验田________________
> 生产田________；苗圃________；温室________________
>
> 每年允许的访问次数________；人数________________
> 允许访问的特殊情况________________________________
> 许可方享有互查的权利________________________________

> **18. 技术人员：**
> 许可方应派遣技术人员交付知识产权/有形物权（指明）________：
> 许可方应承担________费用；被许可方应承担________费用
> 不超过________人数在不超过________天内
> 收费应该是薪金，加上________百分比
> 差旅费________；生活费________________
> 由许可方承担________；由被许可方承担________________
> 技术人员人数和停留时间取决于：
> 许可方________；被许可方________；相互________________
> 技术人员报告的所有权归________________

2.13 其余部分

事项清单中的其余部分被称为许可协议的“通则部分”，即使所有这些条款也都需要谈判。在任何情况下，保密条款、出口管制规定、不使用对方的名义、仲裁（与否）等可能导致合同解除和产生分歧的违约责任条款，以及不可抗力、权利的转移、受惠国、通知、合并、语言、修订、适用法律以及明细表等条款，都是每个专业许可人士应该考虑的标准内容。

2.14 保密

如果当事人已签署了保密或不公开协议，并在许可期限内持续有效，就不再需要该条款。否则，可将保密条款纳入许可协议。如果以前商定的保密协议效力较弱，此时便是加强效力的合适时机，要确保这些条款的效力优先于先前的协议。

> **19. 涉密信息的保密：**
> 没有义务________；被许可方有义务________________
> 双方有义务________
> 特定时间内保密________；在时间上不设限________；按协议期限________________
> 直至权利人发布________________
> 协定秘密的存在形式；协议中保密的条款和条件________________
> 其他________________________________

2.15 出口的规定；使用当事人的名义

对于从美国出口技术的交易，涉及出口管理的相关法规非常重要。所有出口必须遵守美国的出口管控法律法规，尤其是涉及军事用途的商品和知识产权。这个议题超出了本章的范围，但作为事项清单上的一项，主要是提醒大家要在谈判中关注该议题。其他国家可能也有针对相同问题的法律，或需要在政府登记备案最终协议。再次强调，此条内容是为了提醒谈判者。

在某些情况下，会有一方或者各方均不愿意将自己的名义与许可产品的广告或销售关联起来，因为这样做，或许就暗含着许可机构推荐该商品的含义。如果有此意图，则应在协议中写明。

20. A. 出口管理________
　　B. 政府登记条例________

21. 不可使用名义
　　许可方的名义________，经准许后________
　　被许可方的名义________，经准许后________

2.16 仲裁

当对协议条款产生重大分歧时，双方可能希望通过仲裁解决问题。仲裁有多种不同方式，在真正有问题需要仲裁前，在协议中明确所采取的仲裁规则很容易。

22. 仲裁：
　　无仲裁权________________________
　　各方将尽最大努力________________________
　　各方同意仲裁：
　　　　通过国家仲裁协会________________________
　　　　通过其他机构________________________
　　　　通过三个仲裁人，其中各方各选一人，并由被选的两人选择第三人________________

　　仲裁裁决的上诉：
　　　　不允许，最终裁决对双方均有约束力________________
　　　　允许________向________提出上诉

2.17 终止

合同中的终止部分，可以很复杂，也可以很简单。曾经发生过因无法决定出现实质性违约后如何处置各方权利而中断合同的情况。应对此予以关注，但也需提防在谈判中花费太多时间。需要考虑的内容包括：任何一方无理由终止协议的权利；当一方已经执行权利，而另一方拒绝执行时怎么办；实质性违约问题；告知违约行为的时长，以及违约方丧失权利或受到处罚前给予其补救的时间。同样也要考虑许可自然到期后的处理方式。所有专利期满后，专有技术如何处理？以及保密条款是什么？

23. 终止：

A. 由许可方终止：

如果某人无行为能力________（名字）________________

如果某人死亡________（名字）________

在指定时间______________________

书面通知违约________天后在________天内没有补救

其他____

B. 由被许可方终止：

书面通知违约________天后的任何时间

在任何签约周年日________

在指定时间________

只有在支付________美元的罚款后

书面通知违约________天后在________天内没有补救

其他________________________________

C. 期满后，被许可方转让给许可方：

商标________

专利________

版权________

分许可________

任何指定的专利或者申请________

种质资源________________

任何指定国家________

排他性许可期满后继续作为非排他性许可________

任何必要主张无效时________

任何一方破产________

D. 终止后，无违约情况的许可方转让给被许可方：

商标________

专利________

版权________

分许可________

任何指定的专利或者申请________

种质资源________________

任何指定国家________

排他许可期满后继续作为非排他性许可________

任何必要主张无效时________

任何一方破产________

续表

E. 因为被许可方违约解除，被许可方转让给许可方：

商标________

专利________

版权________

分许可________

任何指定的专利或者申请________

种质资源________________

任何指定国家________

排他许可期满后继续作为非排他许可________

任何必要主张无效时________

任何一方破产________

F. 因许可方违约解除，许可方转让给被许可方：

商标________

专利________

版权________

分许可________

任何指定的专利或者申请________

种质资源________________________

任何指定国家________

排他许可期满后继续作为非排他性许可________

任何必要主张无效时________

任何一方破产________

2.18 不可抗力

不可抗力（Force majeure）是在许可期间发生了导致不能履责的“不可控的”因素。飓风摧毁了庄稼导致无法提供或出售种子；化工厂发生了火灾。事故时而有之，合同必须考虑现实生活。关键在于发生不可抗力事件后，需要做些什么才能尽快推出产品，或向被许可方供货。严格来说，“force majeure”是一个法语词汇，其字面的意思是“更强的力量”。

24. 不可抗力：

许可方有权________

被许可方有权________

两方有权________

不可抗力的性质：

自然现象：火灾，洪水，雷电，风暴，地震，地层沉降等。

（注明）________________________

续表

意外事故：火灾，爆炸，设备故障，其他______________ 民事活动：暴动，骚乱，战争，罢工，工人骚乱，劳工短缺，原材料和设备短缺________ 政府：政府控制，定量配给，法庭判令________ 任何当事人无法控制的原因________ 排他许可变为非排他许可后的________月 如有定额支付，在不可抗力发生期间是否免除________

2.19 转让条款

通常认为许可是属于许可方个人的，尤其是进行排他性许可时。许可方出于很多原因选择了被许可方，又出于很多原因拒绝了他人。同样，被许可方的兴趣可能仅仅在于从特定的许可方获得排他性许可。这些情况禁止对许可进行再次转让，或者至少严格限制为“必须征得非转让一方的同意”。非排他性许可对转让则更加包容，特别是有多个被许可方时，可以为转移或转让许可设定费用，也可以不设定费用。

25. 协议和许可的转让： a）禁止任何一方转让________ b）可以由许可方转让，无须征得被许可方同意________；只需征得________同意 c）可以由被许可方转让，无须征得许可方同意；只需征得________同意 d）可由任何一方转让： 给兼并企业________ 给涉及部分业务的继承者：许可________；或者整个业务________ 给拥有多数股份的公司________ 给拥有控股权的公司________ 具有约束力的继承人，继承者和配给________ 有无转让费用________金额________

2.20 受惠国待遇

被许可方可能要求对于相同的许可，其支付的许可提成费应与其他被许可方相同。例如，可以限定为相同的许可提成费率，但不限定预付款，或不考虑交叉许可知识产权在交易中产生的价值。确定与一方的交易优于其他方很难，除非只是简单的金钱交易。

26. 受惠国待遇条款： 被许可方保证履责（和回报额）______________ 要求许可方告知被许可方，存在类似的其他被许可方______________ 被许可方有权选择参照类似许可的条款______________ 许可更改为更有利的条款______________ 如果不给予优惠，被许可方可解除许可______________

2.21 通知、合并、语言、修订、适用法律和签署等条款

包括以下内容的条款一般为通则条款：

- 通知条款。用以处理必须安排或应当接受的任何通知、支付等事务。
- 合并条款。用以说明本协议是控制性文件，无论先前口头约定或签订过什么内容，除非在本许可协议中明确写明，否则都不算数。
- 语言。用以处理书面许可协议的语言（是否接受许可文件的翻译件，或者仅允许使用一种语言撰写协议）
- 修订。用以说明协议的修订是否需要采用书面形式（口头更改是否可行，或者针对协议中的部分内容是否有效，需要在这里明确）。
- 法律：说明适用哪个国家的法律解释本协议；哪些法院可以审理诉讼；确切说明在哪个国家提起诉讼。
- 签名：建议将签署人的姓名和头衔都写入协议（签署两年后，交易参与各方都可能已发生变动，那时很多签名可能会难以辨识）。

27. 通知和地址：

通过挂号邮件________________________________

通过挂号航空邮件（外国许可）________________________________

通过特快专递________________________________

发送传真________并________天后电话确认

通过向________________发送电子邮件________小时后________

许可方法定通知地址：________________________

被许可方法定通知地址：________________

28. 合并条款：

本文件是双方的完整协议________

本协议取代所有________双方在先协议或签署日期为________的协议

29. 语言（关于外文许可协议）：

官方语言应该是________具体指出________

副本的官方语言采用________________；非官方采用________________

30. 修订和修改：

许可不能修订或者修改________________

除非双方书面签订，否则修订没有效力________________

31. 适用法律：

依据________法律在位于________的法院进行合同的解读、解释、理解和裁决

续表

32. 签名： 个人： 以______________为见证人 企业： 职员________ 头衔________

2.22 明细表

这部分用于非常具体的项目列表，包括许可、背景文件、研究项目概述和特定程序等。如果需要调整，变更明细表要比变更整个合同简单得多。如下列出了部分明细内容。

33. 明细： A. 专利清单（给出发明人、专利号、发证日期、正式名称） B. 专利申请（给出发明人、申请号、申请日期、正式名称） C. 正式文件的说明或者副本，例如分许可、转让、在先许可，等等 D. 确定销售额、净销售额、股票售价或者其他财产的会计程序 E. 现存许可或分许可 F. 股权安排的说明 G. 研究计划的细节

3 结语

许可协议的检查事项清单，对于在复杂的许可事务中抓住重要概念和条款而言，是一款有用的综合性工具。尽管如此，每个机构都应该并能够通过修改事项清单，体现自己开展交易活动的方式。对于许可谈判人员和协议起草人员，快速浏览事项清单，把握关键概念，有助于避免不利的交易结果和潜在的困境。比起事后通过仲裁或诉讼来解决问题，预先精心拟定许可协议、明确界定条款是更加高效经济的做法。

DONNA BOBROWICZ, *Technology Transfer Specialist, Loyola University Chicago, Stritch School of Medicine, 2160 S. First Avenue, Building 120, Room 400, Maywood, IL, 60153 U. S. A. dbobrowicz@ lumc. edu.*

第十二部分

与产品开发合作伙伴进行交易及技术营销

第 12.1 章

合同谈判的技能、技巧和最佳实践

理查德·T. 马奥尼（RICHARD T. MAHONEY）

韩国国际疫苗研究所儿科登革热疫苗计划疫苗接种中心主任

▌译者 马凌珂 ▌审校者 张熠 李雪

摘 要

许可谈判涉及现实的或潜在的巨大利益，因此，应该得到一组专家的支持。谈判获得成功需要各种基本技能和专业知识，包括：制定并发展主导谈判的经营策略，通过市场营销评估商业潜力，评估知识产权和专利的法则以及执行各种相关任务，评估新的和有潜力的健康产品所需要的科学及医学知识，设备制造和生产的关键技术诀窍以及额外的培训需求，结合其他专家意见形成所需投入全面报告的财务分析等。此类团队的优势在于可以由跨学科人员组成，其各项技能可以实现互补。

从国际许可的角度来看，许可人从“传统”的许可方式，转向结合科研院所的需求改善发展中国家医药产品的供给。科研院所与私营企业谈判的最佳办法是，提供谈判另一方可能会同意的协议条款。

公平的许可协议谈判，不应被视为“讨价还价”的过程。相反，许可协议是以书面形式确立不断发展关系的运行规则。相互信任是谈判成功的必要条件。

1 引言

协议是双方传递价值的一种手段。谈判双方各取所需。例如，一方产品具有非常

Mahoney RT. 2007. Negotiating an Agreement: Skills, Tactics, and Best Practices. In *Intellectual Property Management in Health and Agricultural Innovation: A Handbook of Best Practices* (eds. A Krattiger, RT Mahoney, L Nelsen, et al.). MIHR: Oxford, U.K., and PIPRA: Davis, U.S.A. Available online at www.ipHandbook.org.

广泛的销售市场，而另一方具有研究、制造或分销能力，能真正占有这个市场。因此，谈判成功的关键是清楚了解各方为共同利益带来的价值。价值分多个方面，包括定量价值，以特定价格出售货物，产生一定水平的利润；也包括定性价值：（1）某公司认为，获得另一家公司拥有的某一产品，会提高或完善特定产品的生产线。例如，目前生产乙肝疫苗的公司希望具有生产甲肝疫苗的能力；（2）某公司认为，获得另一家公司拥有的某种产品，能使其开发出同类产品。通过学习如何重组 DNA 生产乙肝疫苗，该公司提高了今后生产其他疫苗产品的能力。协议双方都必须仔细考虑通过许可协议将获得或可能获得的利益，只有清楚地认识到通过许可协议获得的好处或利益，双方才能理智公平地谈判并达成协议。

本章主要帮助科研院所开展科技创新和成果转化，或者对内许可其需要的技术，或者对外许可其产业的技术，主要针对相对先进的技术进行讨论。当然，这些信息也适用于高校成果转化管理人员和其他相关从业人员。

我们从 3 个角度讨论许可流程，即所需技能、策略运用和保护科研院所收益的措施。

2 所需技能

因为许可谈判涉及大量现实的或潜在的价值，所以应得到一组专家的支持。私营企业的管理人员经常抱怨说，科研院所对开展有效谈判准备不足，往往会提出不切实际的条款，也不能举出令人信服的案例说明其要求的合理性。比较好的做法是，安排 1~2 人与不同领域的专家们交流后再进行谈判。谈判所需技能如下：

- 经营策略或业务拓展
- 市场营销
- 法律
- 科学和医学，包括法律法规
- 生产
- 金融

2.1 经营策略

通常，经营策略专家是首席谈判家。经营策略专家在拓展和维护业务关系方面具有相当丰富的经验，能将其他所有专家的意见整合成谈判方案。此人应清楚意识到谈判内容与总目标之间的关系。如果没有这种意识，谈判的结果对科研院所并无益。毕竟，签署协议并不一定意味着谈判取得成功。经营策略专家的目标是使各方利益最大化。制定科研院所可实施战略的同时，还需特别考虑到发展中国家的贫困人口能够获得物美价廉的产品。这样的战略，被称为全球推广战略，也是作者最近一直关注的焦点，经营策略专家及其团队应为产品制定一个全球推广战略。许可协议的谈判有助于达成预期目标。

2.2 市场营销

市场营销和市场分析的专业能力是达成谈判合作协议的关键。缺乏市场营销知识会导致错误评估市场前景，从而导致签署的协议不能完全实现初衷或无法签署协议，也会导致难以达成最佳（最公平）的交易。在本《手册》中将市场定义为由私营部门市场和公共部门健康体系组成。对于像疟疾疫苗这类产品，公共部门市场占据主导地位，但了解发达国家的市场也是至关重要的。市场营销专家应该问询以下问题：

- 所销售产品的复杂程度？
- 新产品与现有产品是互补关系还是竞争关系？
- 产品针对老的还是新的客户群体？
- 如果在公共部门市场和私营部门市场同时销售此产品，那么影响市场收益的问题是什么？
- 同时向公共部门市场和私营部门市场推广产品，需要什么类型的信息？
- 适宜价格是多少？这些定价足够支持项目吗？
- 市场增长有多快？达到可持续发展/盈利所需要的最低销量是多少？

这些问题的答案准备就绪，就标志着公共机构做好了谈判准备。

2.3 法律

法律援助是必要的。律师应该具备知识产权的专业知识，能够评估专利，拥有或能够拥有多种技能。希望获得技术许可的一方需要评估专利价值。这种评估包括对其他类似专利权利要求的评估。虽然专利局试图避免重复授予专利权，但许多专利拥有相同或相似的权利要求，这一问题在健康医药产品专利中尤其常见，相当多的专利通过不同方法生产出同类产品。在使用该专利之前，律师查到存在侵权行为，会建议从其他专利权人那里获得许可。这项自由实施评估将有助于确定专利的真正价值，并回答以下问题：还有其他更重要的专利吗？谁拥有它们？律师还需要针对不同国家的法律规定提供咨询意见。例如，有必要对可能涉及的预付费用和许可费等费用开支进行司法评估。有些国家对许可提成费课以重税，而对技术转移的合法收费征税很低或不征税。其他涉及特定国家法律的事项包括终止条件的合法性和“里程碑”条件的生效或强制执行。

2.4 科学、医药和相关规定

谈判小组成员应该包括了解该产品的科学家和医药专家。在科学高度发达的今天，如果无法获得新的健康产品技术的科学建议，首席谈判代表就无法主导谈判。从科学的角度评估新产品的可行性很重要，但也要广泛了解该领域的进展。例如，我们必须清楚，如果有几种健康产品的生产方法，哪种方法最好？哪种可控性最好？每种的安全事项是什么？对于有潜力的新产品，了解监管规定的每个流程很重要：要做什么样的临床试验？有几种设置？需要多长时间？如果没有针对真正的创新产品的监管规定，如何创建这样的规定？需要多长时间？

2.5 生产

生产人员也应参与许可谈判。他们需要提供生产设备、额外培训需求和设施条件等相关信息。生产专家还可以提供启动生产的成本预算，并估算既定生产量的可变成本（可变成本研究有助于确定成本对产量的敏感程度）。生产人员也能够提出质量控制的建议。对于共同开发协议，生产专家的生产可行性建议必不可少。在实验室工作的产品研发人员通常对商品的产量盲目乐观，生产人员则将实际情况带入讨论。生产专家关注的最后一个问题是发达国家和发展中国家生产同一种产品的成本差异。在发展中国家以最低成本生产可能是适宜的。

2.6 财务

开始谈判前，对项目进行详细的财务评估是关键，将帮助管理人员确定启动和维持项目需要的经费，应考虑以下变量：资金成本（支付的利息），硬通货需求量，损益平衡点（假设销售和成本确定的情况下，全额收回初始投资所需的时间），投资回报率，许可提成费和获取其他技术的费用，以及机会成本（这笔钱用于其他用途是否更有利可图）。财务分析师从其他所有专家那里获取各种信息，汇总后形成一份报告。

应该清楚每个技能领域都是互补的。例如，在技术许可协议中，有必要评估潜在被许可方的生产和营销能力。被许可方可能擅长生产，但市场营销能力很弱，或者擅长市场营销，但生产能力很弱。如果差距太大，协议就会很难执行。这种情况下，协议应针对公司薄弱点在协议中明确规定履约义务，而针对公司的优势则给予一定的灵活性。市场、财务和生产人员要共同努力完成评估。

并不是所有小组都能配齐技能互补的人员，也可以通过咨询公司或相关机构获得专业人员。

3 许可协议的谈判策略

一旦谈判双方决定达成许可协议，第一步是指定人员建立谈判小组。每个机构都应该明确谈判小组的成员及各自职责。由两个首席谈判代表把握沟通的主要原则。但是，两组之间需要交换技术信息。例如，一个机构可能需要与另一个机构共享科技信息。在这种情况下，每个机构的科研人员都可以进行信息交流；或者在需要对生产中的技术细节进行讨论时，各方生产人员都应该参与其中。进行技术交流时，除非应首席谈判代表要求，讨论应该限于此项技术范围，技术人员不应就许可协议的其他内容进行任何谈判。

一般而言，公共机构应该提供许可协议的初稿。这比要求私营机构准备初稿容易，因为公共机构特别关注的问题，私营机构是不会提出的。双方关注的主题包括管辖权、责任、知识产权所有权、公共机构权益保护等。根据以往经验，初稿即包括全部要解决的问题，比在谈判过程中再将这些问题插入草案容易得多。

公共机构的首席谈判代表可以要求其他机构提供其易接受的协议范本。首席谈判代表可以从协议范本中提取条款的关键措辞，运用到协议起草的初稿中。某些时候，主要在进行许可时，对方可能会要求使用自己的协议，或是因为其在所讨论的问题上具有广泛的许可经验，此时就有必要使用私营机构的标准协议，以节省时间和精力。

起草许可协议初稿的变通办法是准备条款清单。条款清单列出了谈判中预计出现的主要问题，以及提出一方希望达到的结果。例如，如果协议确定商业上进行的生产，条款清单应指出实现生产能力（如生产数量），以及质量标准等各个阶段的时间表。条款清单是供双方讨论关键问题的简单方法，无须浏览包含大量常规条款的冗长文件。表 1 提供了临床试验协议条款清单的范例。

表 1　促成谈判的意向条款清单

条款清单	
临床研究协议	
地点	肯尼亚
第Ⅰ/Ⅱ阶段于×年×月×日前完成	
起始年份	2007
结束年份	2008
复试者	250
资金	×年×月×日前 100% 支付
第Ⅲ阶段于×年×月×日前完成	
起始年份	2009 或 2010
结束年份	2012
复试者	10000
资金	×年×月×日前 100% 支付
勤勉条款	
第Ⅰ/Ⅱ阶段开始日期	1/1/07
第Ⅲ阶段开始日期	1/1/10
管理报告提交日期	1/1/12
临床试验于×年×月×日设计完成	需许可方同意
生产	许可方或其代理
到［日期］的转移费用	
第Ⅰ/Ⅱ阶段试验的 ncGMP 材料	由许可方支付
现行 GMP 材料，每单位	10 美元
生产规模成本分摊	待定
由许可方准备新药物申请	0 美元
临床试验质量监测	到［日期］100% 支付
监督许可证持有人	［日期］
赔偿金	［日期］赔偿许可方

公共机构与私营实体谈判达成协议的最佳途径是谈判双方就初始条款达成一致意见。公平的许可协议谈判不应被视为“讨价还价”。许可协议是以书面形式确定维持合作关系的规则，在这种关系中，相互信任是成功的必要条件。

谈判开始时，每个小组都必须清楚地说明希望从谈判中获得什么，当然也会存在无法透露的机密信息。公共机构可能有兴趣与某团队开展合作，是因为其能为科研院所开发的新产品制定最有效且经济的生产方法。相关机构可能有兴趣参与制订特定产品的监管准则。谈判开始时清楚地说明各自的主要目标，双方就更容易换位思考，达成一致。

谈判许可协议花费的时间往往超乎谈判双方的想象。对公共机构技术人员来说这令人沮丧，他们希望尽快恢复研发活动，但在签署许可协议之前他们必须搁置此类活动。很多因素导致许可谈判比预期的时间要长。每个单位的许可管理流程都要逐级审批，同时技术、财务、法律和其他专家也要进行审查，通常情况下，审查小组成员的观点还会不一致，这都需花费时间进行内部协调。

4 保护公共机构利益的做法

表 2 说明了许可方如何提高发展中国家健康产品的可获得性。它总结了“传统”许可方法，并提出公共机构的更多选项。

下面列举使用该领域相关条款的两个例子。该条款用于农业领域的研发，但也适用于健康领域。该条款可用于高校向私营实体进行许可。

例 1：农业公共知识产权资源联盟（PIPRA）[3]

人道主义的定义：

> <u>定义：</u>
>
> “人道主义目的”是指（a）世界上任何地方的任何非营利组织使用发明创造或种质资源的目的，是研究开发供发展中国家使用的植物材料和品种，以及（b）使用发明/种质资源是为商业用途，包括使用和生产发展中国家人或动物消费的种质、种子、繁殖材料和农作物。
>
> “商业目的”是指制造、已制造、传播、已传播、使用、已使用、进口或出口产品、商品或服务，以销售或许诺销售该产品、商品或服务。
>
> “发展中国家”是指在本协议生效之日被世界银行集团确定为低收入或中低收入经济体的国家，以及所有许可方和被许可方共同承认的其他国家。
>
> <u>保留权利：</u>
>
> 尽管本协议授予了其他权利，但出于人道主义目的，大学保留发明/种质的不可撤销的非排他权。人道主义目的应当明确排除的权利是，非营利性组织、发展中国家，或任何在其中的个人、组织，出口或出售来自发展中国家的遗传资源、种子、繁殖材料，进入发展中国家之外的市场，而商业性的被许可方在此市场中已经推出或将推出含有该发明或遗传材料的产品。为了避

免疑问，非营利机构或发展中国家，或在其中的个人或组织，可以将来自发展中国家的种质、种子、繁殖材料或作物，出口到其他发展中国家和许可方及被许可方均同意的其他国家。

表2　满足公共部门目标的最佳许可方式说明

主题	基本概念	公共部门需要考虑的问题
应用领域	这一条款规定了在开发产品中运用专利的限制。最简单的方法是授予被许可方专利排他权，排他性不仅包括在专利说明书中规定的用途，还包括随着进一步研究和开发可能出现的其他用途	该条款针对许可方真正希望授予排他许可的产品。此外，该条款只对在发展中国家贫困人口中不占市场优势的产品授予独家许可
地域	本条款规定被许可方有权行使专利的地理区域。最简单的方法是授予被许可方有可能涉及领域的排他权。通常，只在申请了专利的国家许可才有效，但许可使被许可人有权（由被许可方承担费用）在其他国家/地区申请专利保护	这一条款可以授予大部分发达国家排他权，例如北美国家。许可方可以向欧洲国家授予有限排他许可。最终，许可方可以向两个被许可方都同意的发展中国家授予非独占许可。同时约定两个主要的被许可方不得竞争销售
价格	在大多数许可协议中，没有价格限制。许可人假定被许可人将确定最佳价格，确保获得最大的投资回报	许可方可以考虑为发展中国家的科研院所设置几个价格选项。例如，许可方在详细了解生产、市场营销和分销成本的基础上，将指导价格定为每片0.30美元。 • 价格可以设定为生产成本加上合理收益，例如生产成本的15%。当许可方对监控生产成本的期望合理时，这是可行的。 • 预计大量擅长谈判最优惠价格的私营部门有购买需求时，可以首选将价格设置为“不高于任何私营部门可拿到的最低价格”
标签	在大多数许可协议中，没有关于标签的要求。许可方假定被许可方将按照国家药品监管机构的要求准备标签	许可方可以帮助确保产品获得适当的授权，特别是有些发展中国家的国家监管机构对标签的要求可能不严格或不做强制要求。例如，如果专利研究得到了世界卫生组织（WHO）的支持，那么许可协议可以规定，未经世界卫生组织的事先书面批准，不能使用WHO的名称。此外，许可协议还可以声明，任何关于产品的使用、安全性和有效性的声明都应得到事先的书面批准
“白衣骑士”条件	这个概念是由美国国立卫生研究院提出的，要求被许可方采取一些有利于公共部门的具体行动	许可方可以要求被许可方采取一些行动，包括向公共部门研究项目中的临床评估工作捐赠产品，共同努力开发发展中国家的市场，在特定条件下向发展中国家免费供应产品等

例 2：唐纳德·丹弗斯（Donald Danforth）植物科学中心

出于人道主义目的许可使用知识产权

公司和丹弗斯将真诚地协商许可条款，并为满足发展中国家的需求而规定许可使用知识产权。

或

丹弗斯将保留为学术和商业研究目的使用第一阶段和第二阶段材料的权利，包括如最近的世界银行年度报告所述为符合国际开发协会（International Development Association）* 基金资助资格国家的利益使用该技术的权利。

这一条款曾经是唐纳德·丹弗斯植物科学中心 2002 年 4 月制定的知识产权政策的部分内容。[4]

5 结语

许可谈判是一项复杂的工作，其中涉及各种策略和各种技能。为了满足公共部门的需要，谈判应包括协议条款中列出的特别注意事项。此外，由于知识产权转化涉及巨大利益，因此应该配备足够的资源和人员做好此项工作。任何负责任的私营企业都不会在资源和人员不足的情况下开展知识产权谈判。公共部门研究机构关心的是拯救人的生命健康，所以他们必须要做同样的事情。

RICHARD T. MAHONEY, *Director*, *Vaccine Access*, *Pediatric Dengue Vaccine Initiative*, *International Vaccine Institute*, *San Bongcheon-7dong*, *Kwanak-ku*, *Seoul 151-818*, *Republic of Korea*. *rmahoney@pdvi.org*

---

1 Mahoney RT, A Krattiger, JD Clemens and R Curtiss. 2007. The Introduction of New Vaccinesinto Developing Countries IV: Global Access Strategies. Vaccine (in press). See also Krattiger A, et al. 2006. Global Access Strategy for the live recombinant attenuated Salmonella anti-pneumococcal vaccine for newborns. Arizona State University: Tempe. www.biodesign.asu.edu/centers/idv/projects/, and Anonymous. 2006. Strategic Plan. Dengue Vaccines: The Role of the Pediatric Dengue Vaccine Initiative. Strategic Partnerships, Supportive Research & Development, Evaluation, and Access. International Vaccine Institute: Seoul. http://www.pdvi.org/PDFs/PDVI%20Strategic%20Plan.pdf.

2 See, also in this *Handbook*, chapter 6.10 by J Dodds and chapter 6.9 by M Goldman.

3 www.pipra.org/docs/HumResLanguagePIPRA.doc. See, also in this *Handbook*, chapter 2.1 by AB Bennett.

4 Beachy R. 2006. Donald Danforth Plant Science Center. St. Louis, U.S.A. Personal communications. See, also in this *Handbook*, chapter 17.9 by K Schubert.

---

* 国际开发协会是世界银行的两大附属机构之一。1960 年 9 月 24 日正式成立，同年 11 月开始运营。该协会宗旨为对低收入的国家提供条件优惠的长期贷款，以促进其经济的发展。贷款对象仅限于成员方政府，主要用于发展农业、交通运输、电子、教育等方面。——译者注

第 12.2 章

早期技术的营销策略

马塞尔·D. 蒙哥（MARCEL D. MONGEON）
加拿大摩根咨询公司知识产权专员

▌译者 马凌珂 ▌审校者 张熠 李雪

摘 要

本章描述了营销的概念，以及如何利用它们为健康和农业部门新开发的技术制订营销计划。传统的营销模式会强调营销的“4P”：产品（product）、价格（price）、地点（place）和促销（promotion）。然而，本章的重点是市场营销的“5W”，即：谁（who）？什么（what）？哪里（where）？何时（when）？为什么（why）？这与早期技术的特点相关。然后，作者讨论了独特销售主张（unique selling proposition，USP）的概念，最后讨论了技术转移活动的市场营销或内部营销。

1 引言

因为通常只有正规的商业课程才会传授市场营销，科学家、技术人员和工程师往往不了解相关内容。但缺乏对市场营销的理解会阻碍技术从实验室转移到商业领域。

对营销的常见误解包括：

- 它仅适用于营利性公司
- 它是广告的花哨别称
- 它让买家购买不需要的东西
- 它仅仅是一个向别人推销东西的技巧

Mongeon MD. 2007. An Introduction to Marketing Early - Stage Technologies. In *Intellectual Property Management in Health and Agricultural Innovation: A Handbook of Best Practices* (eds. A Krattiger, RT Mahoney, L Nelsen, et al.). MIHR: Oxford, U.K., and PIPRA: Davis, U.S.A. Available online at www.ipHandbook.org.

首先，市场营销只与营利性公司有关。当然，营利性公司只有销售产品才能成功；这意味着该公司必须了解市场。然而，非营利组织或政府机构也是如此：如果不了解技术的市场空间，两者都不可能成功。对于需要找到技术用户的人来说也同样如此。如果没有用户，技术将得不到应用。

其次，早期技术营销与广告没有关系。虽然了解市场怎么获知技术很重要（这是广告商需要面对的关键问题），但这只是了解市场对特定的早期技术如何反应的众多方式之一。对于产品来说，广告只是整体营销策略的一小部分，使潜在市场意识到该产品的存在。但对于早期技术，营销的其他方面更重要：毕竟，如果没有人知道潜在市场在哪儿，肯定无法构思广告或会准备不足。市场营销包括识别市场以及识别市场感兴趣的技术特性。

再次，营销通常被描述为一种行为改变技术，可以改变购买者的欲望，诱导消费者通过广告的夸大宣传购买不需要的产品。但如果产品并不具有所宣传的功能或优势，购买者肯定不会满意。孩子们在电视广告上看到的洋娃娃，真的不能跳舞时，他们就会不满意，这是一个常识！

最后，尽管"销售技能"很重要，例如可以用"给陌生人打电话"（cold-calling）的方式向潜在投资者/被许可方推荐早期技术并进行许可谈判，但是这些技能只是营销的一个方面。简而言之，营销是了解买方的需求及如何满足这些需求。然而，实现简单的目标也常常需要严谨的策略。

2 "推"和"拉"

技术转移经常被人诟病，人们过度关注如何将技术"推向"市场，而不是以购买者的需求自然"拉动"技术。而真正的问题是，买家往往不知道自己的实际需求！

以互联网为例。尽管今天大多数使用互联网的人会说他们不能没有网络（或者他们需要网络），而20年前，所有计算机被包罗万象的网络相连接的想法还只是科幻小说的素材。即使科幻作家也很少设想到"网络"会允许我们下单购买商品和服务，或者接收通信和信息。然而，互联网技术一旦被消费者接受，市场就应运而生。尽管互联网技术诞生时，没有任何有关互联网中消费者需求的研究，但是消费者需求把越来越多的技术拉向市场。

3 技术转移和早期技术

阅读本章，理解"技术转移"和"早期技术"这两个关键概念非常重要。

"技术转移"广义上是指将科学思想从实验室转移到生产环境中实际应用的任何方法。有些技术转移是正式和规范的。例如，为一项新技术申请知识产权、许可技术，以及以新技术为基础成立一个新公司。

有一些技术转移是非正式的，并缺乏监管。例如，20世纪70年代，施乐公司帕洛阿尔托研究中心开发了许多用于个人电脑的革命性技术，比如激光打印机、以太网、所见即所得和鼠标等。施乐公司并没有利用这些技术形成实际投放市场的产品。最终，参与原项目的员工离开施乐公司，将技术带到了其他公司。

“技术转移”通常也用来形容研究成果转化为实际应用的过程。除了由发明人决定发明的实际用途，并建立适当的架构将该用途推向市场，还可以由中介人或中介部门［被称为技术转移办公室（TTO）］负责这项工作。

早期技术是指现有产品未体现出的科学、技术或工程发现，显然，早期技术还不能提供给经营性企业。

例如，孟山都公司出售的转基因品种农达系列，即源自早期技术。一种能使植物耐草甘膦的基因被发现了，这一发现本身并没有什么实用价值。然而，现有的农达牌除草剂是以草甘膦为基础的，研究人员发现含有新基因的作物可以安全使用农达牌除草剂。除草剂可以杀死杂草，但不会危害作物。

认真的营销工作（通常由技术转移办公室完成）可以帮助机构将早期科学发现转化为商业产品。技术转移办公室需要确定科学发现的可能用途，识别潜在用户，鉴别最吸引用户的产品特性，然后给用户提供最终产品才能完成上述任务。

“效用”是指产品允许客户使用的功能。例如，骑自行车可以使人从A点到B点比步行快。“边际效用”可用来形容一种特定产品比其他产品做得好。自行车的边际效用是有限的，因为对于短距离行程，自行车不是唯一的方式，也不是最好的方式。一辆方形车轮的自行车，能在倒链结构路基（也称为“搓衣板”表面）上滚动，其边际效用几乎对所有人都有限。只有那些不仅想要自行车，而且居住附近的道路结构非常特殊的人群，才会被这种自行车吸引。对于这些特殊人群而言，当没有其他车辆可以在这样的道路上行驶时，方轮自行车就具有非常高的边际效用。

让我们思考一个早期技术的案例。一种用于分离蛋白质的新模具具有与许多现有技术（如滤纸或凝胶电泳）类似的用途。然而，如果新模具能够基于离子电荷分离蛋白质，其边际效用就在于以此为基础分离蛋白质的能力。那些关注此性能的用户（数量可能很多）会对新产品的边际效用感兴趣，而不是对各种过滤和分离方法的普通效用感兴趣。

4 市场营销的“5WS”，再加上1个“H”

4.1 市场营销对象

当营销一种产品时，首先要知道谁会买它：比如我们该如何推销一种可治疗高血压的新药？谁是这种药的“购买者”？

我们可以假设买家是患者，因为实际上是患者向药剂师支付药费。然而，进一步思考后我们意识到，患者对这个决定几乎没有选择权，是处方医生决定开哪种药，买方可能是处方医生。在许多司法管辖区，是大型组织如健康管理组织（health management organizations，HMO）或政府决定在什么情况下使用哪些药物，患者才能受益。因此，新药的购买者在不同司法管辖区是不相同的。

现在，让我们来看另一种早期技术。研究人员发现了一种特殊的基因型，使猪更容易受到猪应激综合征（porcine stress syndrome，PSS）的影响。有 PSS 的猪比没有 PSS 的猪（没有该基因型）要小得多。养殖户（生产者）把猪卖给屠宰场，屠宰场将猪肉卖给加工商。生猪养殖户以较低的价格将 PSS 生猪卖给屠宰场，猪肉加工商以较低的价格从屠宰场收购 PSS 屠宰猪。

谁可能购买 PSS 识别技术：是生猪养殖户、加工商还是屠宰场？最有可能购买该技术的是生猪养殖户。通过使用这项技术，他们可以从存栏中剔除 PSS 阳性猪，节省饲养成本。反过来，生猪养殖户可以向屠宰场出售并保证猪群中没有 PSS 猪。

4.2 营销的内容

买家想要什么？为了了解市场，技术转移机构的专业人士必须明白：

- 买家如何使用该产品；
- 决定购买时，买家会考虑哪些因素；
- 对买家有吸引力的产品特征。

不能准确了解买家需求以及他们愿意付钱购买什么是很危险的。例如，协和飞机跨越大西洋的飞行时间与普通飞机的飞行时间（大约 7 个小时）相比，节省将近 4 个小时。但是，为了使公司完全扭亏为盈，协和飞机的机票价格是普通非超音速飞机平均价格的 3 倍以上。因此协和飞机缺乏市场竞争力，只能关门倒闭。

协和飞机的营销理念出了什么问题？很有可能是营销人员高估了长途旅客为缩短飞行时间所愿意支付费用的数额。20 世纪 50 年代，长途旅客当然愿意为更快的旅行支付更多费用，他们支付相当高的价格，选择乘坐飞机而不是铁路或轮船。由于买家愿意支付，航空旅行市场的规模迅速扩大，使得航空公司降低成本的同时又进一步扩大市场规模（即所谓的良性循环）。最终，铁路和海上客运几乎完全被航空客运取代。但是，20 世纪 50 年代的乘客很乐意为节省数天时间给交通新技术买单，但协和飞机的乘客们并没有感觉节省近 4 个小时的飞行时间（飞行 3 小时而不是 7 小时）与为此付出的机票价格等值。

再举个例子。一套新的产钳[2] 设计出来了，是用模制塑料而不是现有的金属制成的。这种塑料允许在钳子支点处留有一定余地，这样可以确保施加在分娩婴儿头部的力不会超过设定值。但这项新技术在市场上遇到了很大的阻力。为什么？

部分阻力来自对营销对象的误解。购买者（包括产科医生）需要考虑影响购买这种设备的多种因素。分娩室环境下，人们公认塑料比金属的无菌性差，所以使用塑料而不是钢材是一种缺陷。另外，改变材料性质导致产科钳重量显著改变，从而使人们认为塑料装置不如金属装置坚固。如果综合了购买者的看法来改进产品，会使该技术更容易被采用。

4.3 营销的原因

一旦确定了谁将购买产品，以及想购买什么，就需要询问为什么有人会购买我们的产品而不是别人的产品。为了回答这个问题，必须先问一个普遍性的问题：为什么一个公司（毕竟，大多数早期技术都不是直接向消费者销售）会购买某样东西？换句话说，一家公司购买产品的驱动力是什么？

迈克尔·波特认为这样的力量有五种：[3]

（1）业内企业间的竞争；

（2）业内新业务的威胁；

（3）竞争性新产品的威胁；

（4）公司与供应商的议价水平；

（5）公司与买方的议价水平。

通过了解这些情况，营销人员可以理解潜在用户对任何早期技术的兴趣。如果该技术能够帮助用户解决公司在这些方面的顾虑，就有可能被采用；如果对这些方面没有任何作用，用户就不会感兴趣。

如果分析什么因素决定用户是否采用早期技术产品，就知道新产品必须能为用户提供以下五个方面中的一个价值才有可能。例如，新产品是否可以：

（1）**减少行业内的潜在竞争**。可以通过创建竞争对手多年无法创建的新产品类型来实现；

（2）**减少刚入行新公司的威胁**。例如，提高新公司从业的门槛；

（3）**减少竞争性新产品对行业内公司的威胁**。通过强化新产品的知识产权保护，减少有竞争力的同类新产品；

（4）**影响现有供应商的依赖度**。减少从现有供应商获得供应的数量，或引入新的供应商，新产品为公司提供更多议价权；

（5）**影响买家的关系**。新产品可以显著改变与买家的关系，例如，为买家提供他们无法从其他人那里获得的产品。

重要的是，要阐明哪一种技术能够帮助客户解决这些方面的问题——我们可以称为“然后呢？”测试。为了回答这个问题，你需要考虑你的产品为客户提供了什么好处。

- 特性（产品的显著属性）
- 优于其他同类产品
- 对用户的益处

请记住，这是个确保产品具有竞争力的奇妙思路！

此外，任何产品或早期技术都需要一个独特销售主张（unique selling proposition，USP），使其有别于其他产品（第5节讨论）。

4.4 市场营销的地点

我们已经知道谁将购买我们的产品。接下来我们必须问：产品或早期技术在哪里销售？毕竟，到现在为止还没有科技类的易趣网出现（尽管许多技术交换正在进行）。

产品通常会顺着“销售渠道”转移。以一种虚拟的 DNA 扩增新技术为例。怎样才能让这项技术发挥作用？会存在什么样的销售渠道？首先，可以在研究实验室中应用。实验室应用还可以细分为学术性和营利性（如制药公司）的实验室。此外，可以利用扩增技术为患者开展各种实用性测试，如亲子鉴定和预测性基因测试，以及法医犯罪现场测试等。其次，扩增技术也可用于某些药物的生产过程。不用很大的工作量，我们就能看到一个相对简单的早期技术具有很多用途。

这些不同的用途具有知识产权含义。尽管超出了本章的讨论范围，但重要的是，我们要认识到，受知识产权保护的技术在特定范围内会被禁止使用，因此要尽可能多地衍生出不同用途，其中某些用途受知识产权保护而被禁止使用，有些则能免费公开使用。

再举一个例子：对于医院成像设备的辅助应用软件，营销人员需要考虑有哪些销售渠道。在不同的管理体制中，医院可以是独立的私人机构、健康管理组织（HMO）的一部分、政府或准政府组织的一部分。此外，医院不可能是完全独立的个体：其与同一团购小组的其他医院或医疗服务提供者都有联系。[4] 换句话说，做出购买决定的人（甚至在目录中列出软件产品）可能与使用软件的用户还有一定的距离。

此外，软件公司与出售成像设备的公司各行其是，还是相互结盟？决定谁是买家不是一个简单的决定。例如，设备供应商更有可能直接向医务人员销售，而软件供应商更有可能卖给计算机和信息服务部门。不仅医院内存在分属两个不同部门的多个潜在买家，而且医院或部门可以通过至少 8 个不同的销售渠道购买软件（直接从设备制造商，或通过一个或多个团购小组[5] 购买）。

4.5 营销的时间

最后一个问题是何时向买家出售产品。

4.5.1 长期性

许多技术在形成产品之前已经存在很长一段时间了。例如，在 20 世纪 50 年代发现 DNA 双螺旋结构后，大约 40 年后（直到 20 世纪 90 年代）才有以 DNA 为基础的实际产品。当人们考虑到专利保护期限是 20 年时，长期性的观念就变得尤为重要。换句话说，即使最初 DNA 结构的发现获得了专利，但与专利有关的任何实际收入都在该专利到期后才会出现。

19 世纪早期发明的传真机技术历经了一个多世纪才被大众接受。最初传真机传输速度太慢，传输一页纸的时间为 6 分钟以上。直到 20 世纪 80 年代末，数字压缩技术使一分钟之内发送一页纸数据成为可能，普通民众才对传真机产生了兴趣。

4.5.2 短期性、季节性或周期性

政府和机构在年度经费预算上采用不同的方式方法，导致他们在设备采购中对设备的使用年限、更新时间、设备采购政策等有不同的需要。例如每年的 2 月、3 月和 4 月，帮助会计师创建不可更改的数字图像文档的软件销售速度最慢。为什么？答案很简单：每年这个时候，会计师忙于处理客户的税费，以至于不会考虑购买新的办公软件。

4.6 营销方式

到目前为止，我们已经考虑了 5W：

- 谁（Who）来买我们的产品；
- 什么样（What）的产品特性应加以强调；
- 为什么（Why）买家要购买产品；
- 我们应该在哪里（Where）销售产品以及分销渠道的买家在哪里；
- 何时（When）买家对产品最感兴趣。

营销人员该如何使用这些信息？

“如何”的问题，要用“营销计划”来回答，这是一份书面文件，需要详细回答先前的每个问题。如果该产品是一项早期技术，可能不会有任何明确答案。实际上，找到“可能”的答案及其结果就足够了。初步的营销计划就像我们撰写一份临时文件一样，随着研究和开发的不断进行，该文件会定期修订。

必须指出的是，制订营销计划是技术转移办公室的重要职能。办公室一旦回答了本章提出的问题，就完成了此计划的创建，使早期技术大幅增值。即通过确定早期技术的潜在市场以及产品具有的功能、优势和收益来增加价值。

尽管此时尚无定论，但市场研究不会浪费，当公司考虑许可实施或成立衍生企业时，市场研究可能会派上用场。同样，可以及早联系潜在买家，他们的信息反馈在随后的市场调研中很有作用。所以，从事早期技术工作的研究人员很乐意与正在研究新技术市场的人合作。

5 独特销售主张

“独特销售主张”（unique selling proposition，USP）是产品为买家带来的利益或好处，而不是那些可以提供利益或好处的技术。要理解其中的差异，请思考下列案例。

在 19 世纪 70 年代加利福尼亚淘金热期间，矿工们抱怨说他们的裤子很快就磨损了。作为应对措施，一个名叫 Levi Strauss 的裁缝把铜铆钉钉在他设计的牛仔裤口袋的四角。矿工们很快就意识到这条裤子的优势，直到今天，Levi's 牛仔裤还是以耐穿为独特销售主张（USP）。铜铆钉是这种耐用性的来源，但它们并不是广告宣传的重点。

独特销售主张也适用于汽车工业。沃尔沃代表着终极安全，法拉利代表着终极速度，劳斯莱斯代表着终极奢华，而丰田的普锐斯是最环保的混合动力汽车。这些公司宣传安全、速度、奢华或环境友好的概念，而不是宣传让他们的汽车安全、快速、豪华或环保的技术。像通用和福特这样的品牌，已经不再推出与商标相关联的任何独特销售主张，与那些有着明确销售主张的品牌相比，他们现在做得相当不好。

同样，计算机产业中各公司也在利用“独特销售主张”这一概念。举例来说，苹果公司的广告强调其电脑的易操作，但不会宣传实现这一目标的技术手段。

为了挖掘出早期技术能吸引人的独特销售主张，营销人员必须在技术能提供的基础上强调买家需要什么。许多市场营销人员有过分强调技术的倾向，这解释了为什么他们经常被指责将产品“推”向市场，而不是根据消费者的需求特性将产品“拉”进市场。

以气雾剂而非注射方式使用疫苗的技术为例。对于潜在的用户来说，科学令人兴奋并具有吸引力。但是，独特销售主张与令人兴奋的科学发现没有任何关系。能真正增加用户需求潜力的是强调气雾剂疫苗将使终端用户更容易（且无痛）采用，并且疫苗在使用之前更便于存储和寄送。

有时独特销售主张与公司的商业模式密切相关。联邦快递保证隔夜送达；达美乐披萨店可以快速地把冒着热气的披萨送达客户家。这两家公司都有非常快速地交付产品或服务的商业模式。使用这种独特销售主张的关键是按承诺时间及时交付，因为即使是些许的延迟也会让客户放弃购买相关产品。

6 结语

市场营销是甄别市场的技能。对于早期技术而言，确定该技术的实际用途是一个困难的过程。但是对于某些早期技术，在营销阶段完成的工作实际上可能会产生巨大价值，可以帮助科学家遴选出从未考虑过的技术潜在用途与用户。

MARCEL D. MONGEON, *Mongeon Consulting Inc.*, *301 Sunnymeade Drive*, *Ancaster*, *ON*, *L9G 4L2*, *Canada*. *marcel@mongeonconsulting.com*

1 Peterson I. 2004. Riding on Square Wheels. *Science News Online*, 165(14). www.sciencenews.org/articles/20040403/mathtrek.asp.

2 See U.S. Patent No. 5,849,017.

3 Porter ME. 1979. How Competitive Forces Shape Strategy. *Harvard Business Review* 57(2): 137-145. An explanation can also be found at en.wikipedia.org/wiki/Porter_5_forces_analysis.

4 MEDBUY® is an example of a purchasing group. www.medbuy.com.

5 The actual distribution channels for such a product, defined by those who might make the decision to buy this product, include: (1) the radiologists who are ultimately responsible for the equipment; (2) the medical administrators of the hospitals; (3) the information technology department in charge of software at the hospital; (4) the purchasing department in charge of purchasing imaging equipment; (5) a buying group that acts on behalf of an aggregate of hospitals such as an HMO; (6) a paying authority thatauthorizes any new acquisitions such as a government department or an HMO; (7) the manufacturer of the equipment looking to integrate the software; and (8) individual physicians and departments who find out about the software and are looking to acquire the tool outside of the normal channels.

第12.3章

技术营销

罗伯特·S. 麦克莱特（ROBERT S. MACWRIGHT）
美国弗吉尼亚大学专利基金会执行董事
约翰· F. 里特（JOHN F. RITTER）
美国普林斯顿大学技术许可办公室主管

▌译者 马凌珂 ▌审校者 张熠 李雪

摘 要

找到办法将技术推销给潜在的被许可人是一个复杂的过程。如何进行技术许可尚未达成共识，相关主题的研讨会提供的各种工具和策略的复杂组合，很难广泛应用。本章强调积极营销的重要性，并提供系统的营销方法。这种方法受众多模型支持，可以帮助建立联系并确定联系的优先级。本章还提供多种有用的工作表，指导并聚焦各种方法的应用。遵循本章所列出的步骤，可以学到很多有关“技术交易”市场、潜在的被许可人及其价值的知识，甚至可能找到被许可人！

1 引言

如果向10位经验丰富的许可专家询问如何找到潜在的被许可人，保证会收到10个不同的答案。事实上，尽管是技术许可中最重要和最困难的部分之一，却很少有人系统地开展技术营销工作。

MacWright RS and JF Ritter. 2007. Technology Marketing. In *Intellectual Property Management in Health and Agricultural Innovation: A Handbook of Best Practices* (eds. A Krattiger, RT Mahoney, L Nelsen, et al.). MIHR: Oxford, U. K., and PIPRA: Davis, U. S. A. Available online at www. ipHandbook. org.

Editors' Note: We are most grateful to the Association of University Technology Managers (AUTM) for having allowed us to update and edit this paper and include it as a chapter in this *Handbook*. The original paper was published in the *AUTM Technology Transfer Practice Manual* Second Edition (Part Ⅶ: Chapter 3).

开展技术许可的最佳方法尚未达成共识，而且许多人不愿意分享他们的专业知识。像其他所有学习商业技巧的人一样，技术转移市场中的营销专家通过“碰运气”掌握此中窍门。这种无序的方法可能解释了为什么大多数相关主题的培训班会提供大量的工具和策略，可能有一个人或几个人觉得这些工具和策略有用，但同样的策略对其他人则可能有用，也可能没用。培训班从来没有为使用哪种工具、何时或按什么顺序使用提供太多指导。

以下材料表明，可以制订一个营销计划：（1）在大多数（如果不是全部）情况下对新手和专家都有用，并且（2）帮助专业许可人员系统地核查各种反馈，不断完善其营销策略。

2 让商品流通起来

为了了解技术营销对许可的重要性，请考虑以下开展技术营销的简化步骤：

（1）首先，从营销处于“原材料”状态的技术开始；

（2）通过在专利申请或其他知识产权保护方面投入资本，将“原材料”转化为“商品”。

（3）通过许可将“商品”（非流动性的知识产权资产）转换为“资本”（流动性资产）。这些资本分为两类：收回的资本和利润。

（4）收回的资本（或者包括利润）可以进行再投资，将更多的“原材料”转化为“商品”，许可商品产生更多的回收资本和额外的利润。

（5）如果许可率低于“原材料”转换为“商品”的速度，则库存增加。最终，大部分资金捆绑在非流动资产上，将会导致破产。

关键是必须让商品流通起来。

3 如何推销

技术营销的普遍做法是打电话。与潜在的被许可人通完电话后都要以书面形式跟进。虽然给潜在的买方直接发邮件是最经济的方法，但邮件回复率极低，而且无法即时回答对方可能提出的任何问题。计算机数据库和网络发布信息也一样，需要买方登录、搜索、查找专利技术的广告信息。这种方法的局限性显而易见。

在理想情况下，专业许可人员应亲自与所有潜在的被许可人会面，面对面传达更多信息，可以更轻松地看到大家对介绍的反应。但是，几乎没有公司能让其营销人员始终出差。尽管召开会议是营销人员亲自与许多潜在被许可人见面的有效方法，但召开会议的频率不足，无法作为建立新联系的唯一来源；此外，并非所有公司都会派代表参加此类会议。

虽然电话交谈没有会议的效果好，但可以作为备选方案。使用电话的最大优势在于方便快捷、低成本地与地理位置遥远且分散的潜在客户进行沟通。以简明扼要的信函描述拟许可技术的可公开信息，并跟进每个电话。这个跟进举动将提醒潜在客户你提供了信息，并允许你进一步发送相关材料给对方公司的科学家供深度考虑。

4 免责声明

请记住，本章中分享的主意都是新的，尚未在“现实世界”中进行验证。然而这是基于专业许可人士 20 多年的实践经验。我们相信这些是实用信息，希望可以在实践中得到检验并期待你的评论和批评。

本文概括的策略可作为用户的工作模板。希望每个用户以此为基础将其调整为符合自己需求和个人风格的策略。有些专业人士可能最终会选择完全放弃该策略，而采用更加自由的营销方式。

最后，我们勉强推荐了一些特殊的参考文本或数据库；一些同领域的专业人士可能会认为我们是为了某些公司的利益。但是，我们要指出的是，（1）本文的作者中没有一位拥有任何一家被推荐公司的所有权权益；（2）我们中间没有人因此推荐而获得任何补偿或照顾。此外，我们承认，其他许多服务和资源可能与我们推荐的服务和资源一样好，有些可能会更好；许多是我们亲自评估过的资源。因此，我们希望您去探索自己的替代方案。大学技术经理人协会（AUTM）网站中关于业务的单元，也包括有关营销资源的内容，有助于您开启探索之旅。[1]

5 系统营销

系统性的技术营销方法可分为 4 个主要活动：

步骤 1　从发明人那里收集信息。

（1）披露表要附上文本框 1A 中所示的市场营销信息表（所有文本框均在本章末尾）。此表向发明者说明了技术营销的重要性。[2]

（2）披露表再附上文本框 1B 中所示的调查表，该调查表要求发明人考虑其发明的各种市场化应用。每个发明人都应填写这部分调查表，每个人会有不同的想法和不同的联系方式。

（3）可能会引入本发明的市场现状，可以将手头上（或可以合理估计）的任何信息，填写在文本框 1C 中所示的摘要表中。你或发明人设想的每种假设产品或服务填写到一张表格中。收集相关信息时，请不断更新此表。

（4）为了进一步收集有助于营销发明的信息，请与发明人协商文本框 1C 的摘要表信息内容，并向他们询问文本框 1D 清单中的问题。

（5）对于每个目标市场，按照文本框 1E 中所示的指南和示范文本，起草一个量身定制的单页非机密披露信息文件。

步骤 2　收集潜在被许可人的信息。

（1）从在线搜索开始。手动搜索潜在的被许可人，例如，使用 Corp Tech 的纸质指南。[3]

（2）通过订阅在线数据库的服务，搜索潜在的被许可人［例如，Knowledge Express 数据系统（KEDS）或您选择的其他系统]。

（3）按照教程分步骤安装数据库软件。查看数据库的相关其他指导材料，尤其要注意有关如何使用数据库的信息。

（4）开发有助于识别潜在被许可人的关键字列表和描述理想被许可人的文件，并为理想被许可人制定类似于 Corp Tech 的资料。

（5）使用收集的参数搜索数据库：如关键字、准客户公司的 Corp Tech 资料以及所创建的理想被许可人资料。确定与拟转让技术最匹配的 5 家公司。如果无法确定前 5 名，请使用文本框 2 中的工作表缩小公司的范围。

（6）如果您使用的是 KEDS 系统，则可以使用 Knowledge Express 的“超文本”功能增加命中次数和重点。此功能有助于在众多可用数据库中，快速确定哪个数据库具有标识关键字相匹配的条目。然后，可以逐个搜索数据库查找专利许可的机会。超文本功能通常会在以下数据库中找到先进技术的条目，即 Corp Tech 和 Bio Scan 数据库（后者是专注于生物技术和相关学科的数据库），商业新闻（包含最新信息以及未在其他地方列出的公司清单），SBIR（列出了联邦小型企业创新研究计划授予小型高科技公司的奖项）。

步骤 3　回顾潜在客户列表并确定其优先级。

检查潜在客户清单。使用文本框 3 中的工作表，从前 5 名公司的不同方面从 1 到 5 进行打分，1 表示最高优先级，5 表示最低优先级。

步骤 4　联系潜在客户

（1）查看“确定联系人”的指南（文本框 4A），找到合适的人与之交谈。记下公司的电话号码，尽可能地列出潜在联系人的姓名和职务。

（2）回顾直接打给陌生人的 3 个通话记录（文本框 4B），熟悉预期对话，具体取决于所联系的潜在客户是非常感兴趣、根本不感兴趣，还是有些兴趣。

（3）查看“致电时与联系人的谈话内容”清单（文本框 4C），并确保你已准备好所有需要传达的信息。可能需要将其写下来，以免忘记其中的任何内容。

（4）拨打电话。致电你所选择的 5 个优先级最低的公司。文本框 4A 说明了如何找到合适的人与之交谈。

（5）通话期间和通话结束后，在“反应数据表”（文本框 4D）上记录该公司以及通话人的反馈。

（6）给潜在客户发送跟进信件（以文本框 5 中的信件为模板），并附上一份非保密的介绍技术信息的文件（无论对方是否要求）。

（7）向其他潜在客户重复第 4 步至第 6 步，从潜力最小的开始，到潜力最大的（换句话说，从数字 4 开始，然后是数字 3，依此类推）。

（8）接下来，请按潜力递减的顺序，将潜在客户的等级调为 6、7、8 等。

（9）如果你找到了被许可人，那么恭喜！但是不要就此止步。有一个潜在客户很好，但两个或越多更佳，如果计划提供独家许可，那么潜在客户越多将给你带来更多议价能力；如果计划提供非排他性许可，则每个新的潜在客户都将为营销工作带来更多收益。另外，如果你找不到被许可人，请使用文本框6中的准则评估结果，然后决定下一步要做什么：继续使用相同的策略寻找潜在客户？制定新的策略继续寻找潜在客户？等待一年，卷土重来？放弃知识产权保护方面投入的资金，列为损失？

6 结语

通过执行这些步骤，你将了解商品所在的市场、潜在的被许可人以及与产品价值相关的大量信息，甚至可能已经找到了被许可人。通过花费时间从实践中汲取经验，分析从系统营销方法中获得的反馈，建立任何可能获得成功的基础，并与他人分享其中有效的方法。

有关营销策略以及如何对其进行定制或改进的进一步信息、建议或指导，请随时通过下面的电话号码与作者联系。我们感谢你就此方法的成效和改进反馈意见，并请分享你对说明或表格进行的任何修订。

致 谢

感谢 Teri Willey，ARCH 发展合伙人部的执行合伙人，她为出版文稿做出了贡献。

ROBERT S. MACWRIGHT, *Executive Director*, *University of Virginia Patent Foundation*, *250 West Main Street*, *Suite 300*, *Charlottesville*, *VA*, *22911*, *U. S. A.* *Robert@ uvapf. org*

JOHN F. RITTER, *Director*, *Office of Technology Licensing*, *Princeton University*, *4 New South Building. Princeton*, *NJ*, *08540*, *U. S. A.* *jritter@ princeton. edu.*

---

1 www. autm. net (accessible to AUTM members) First select "Business," then "Marketing," then "Resources to Review."

2 See, also in this *Handbook*, chapter 8. 4 by DR McGee.

3 www. corptech. com.

4 See, also in this *Handbook*, chapter 7. 2 by SP Kowalski and A Krattiger.

5 See, also in this *Handbook*, chapter 11. 8 by S Shotwell.

文本框 1：内部收集信息（步骤 1）

A. 填写发明调查问卷

当你完成所附的发明调查问答时，你会注意到，它不仅包括与你的发明技术相关的问题，还包括其潜在商业市场的问题。

如果你像大多数发明家一样，对推销发明不感兴趣。但是，你对这些问题的回答与对技术问题的回答同样重要，甚至更为重要。为什么？请记住，专利首先是经济手段。它赋予专利所有权人在专利有效期内对发明的制造、使用和销售的垄断权。政府给予这种垄断权，是为了激励个人和公司付出资源及精力将新产品推向市场。

如果专利是免费的，我们可以为每一项发明申请专利，并从进入市场的任何一项中获利。不幸的是，获得专利常常破费颇多。典型的美国专利申请程序从头到尾，所需费用在 1 万美元到 2 万美元，而单个发明申请国外专利的费用可能超过 10 万美元。

因此，作为技术转移专家，我们必须尝试预先确定被许可人可能会感兴趣的发明。这样做的目的是对每项专利发明进行许可，换取专利使用费，从而既可以收回专利申请成本，又可以产生额外收入。如果不事先考虑发明的许可潜力就申请专利，则可能会损失所投入的成本。

当然，市场开拓不是你的工作，而是我们的工作。尽管您可能认为自己对营销一无所知，但经验表明，发明人是最宝贵的市场信息来源之一。您比其他人更了解自己的新技术。

您可能知道其用途，甚至可能知道谁会对它的许可感兴趣。

现在您知道了我们为什么要向您寻求营销方面的帮助。请尽力回答以下营销问题。如果您不知道问题的答案，或者不确定您是否真正理解该问题，请尝试尽可能全面地回答该问题，并请随时向我们提供未明确要求的其他信息。

B. 关于发明问题的问卷

案卷____________ 标题____

日期____________ 完成人____________ 表格______到______

如果需要更多位置或想解释答案，请随意附加表格。此外，请附上有助于说明或补充答案的所有材料。

产品和服务

尽可能多地列出可能源自本发明的产品或服务（无论是实际的还是假设的）。可以同时考虑广义的和狭义的应用，包括本领域之外的应用。

1. ____

2. ____

____ 等

竞争性产品和服务

尽可能多地列出现有产品或服务，以及提供这些产品或服务的公司，如果它们具有你在“产品和服务”表格中列出的所有功能，就是新发明的竞争对手。你可能希望完成下表时列出参考目录或数据库。请附上相关的产品手册或描述。

产品或服务　　　　　　公司

1. ____
2. ____

____ 等

可能的被许可人

列出可能对利用该发明制造、使用或销售产品或服务感兴趣的公司名称。如果你与这些公司中的任何一家有联系，请确保提供姓名和电话号码。(在与任何人联系之前，我们将获得您的许可)

公司　　　　联系人　　　　电话号码

1. ____
2. ____

____ 等

优点

如果我们想说服公司投资您的发明并开展商业开发，必须说明其优于替代产品、过程或服务。请列出发明的所有优点。随附清单列出了您可能需要考虑的几方面优点，并有助你提出其他想法。

1. ____
2. ____

____ 等

您的发明可能存在的优势

更便宜	与目前可用的产品或工艺相比，制造或使用本发明更便宜。
易于使用	与目前可用的产品或工艺相比，该产品或过程更简单，劳动强度更小或对用户更友好。
制造更容易	与目前可用的产品相比，该产品的制造复杂程度较低，或者其制造工艺不复杂。
安全	与目前可用的产品相比，对于操作人员、旁观人员或动物来说，产品或工艺更安全。
生态	与目前可用的产品相比，该产品或工艺的可回收材料通常最终进入垃圾填埋场或污染更少。

文本框1(续)

更快	与目前可用的产品相比，该产品或工艺工作速度更快。
更精确	与目前可用的产品相比，该产品或工艺产生的结果更精确。
更具吸引力	与目前市场上的产品相比，该产品具有更广泛的细分市场吸引力。
新颖性	产品或工艺是新颖的，人们会问："为什么我没想到呢?"
净值	其他产品或工艺或许比较雷同，而本产品或服务的价值显而易见。
更安静	与当前可用的产品或工艺相比，本产品或工艺更安静，或更少产生刺耳的声音。
气味佳	与当前可用的产品或工艺相比，该产品或工艺不会产生任何气味，或能散发出更令人愉悦的气味。
口味好	该产品（如果能品尝）的味道比目前可供的产品更好。
尺寸更合适	与当前可用的产品相比，该产品更紧凑，或者更大、容量更多。
重量合适	该产品比当前可用的产品更轻或更重（看哪个更合适）。
更耐用	该产品比现有产品更耐用。
更可靠	与当前可用的产品或工艺相比，该产品的故障发生率更低，或工艺更为持久。
更易修复	与当前可用的产品相比，该产品的复杂性或修复或调整的成本更低。
市场大	该产品或工艺已经存在很大市场，或者其吸引力足以创建一个前所未有的巨大市场。
市场持续增长	对产品或工艺的需求一直在稳定增长。
持久的市场	对产品的需求持续很长时间。
轻松切换	与当前可用产品或工艺足够相似，用户或制造商可以轻松切换。
难以复制	竞争对手难以生产出同等的产品或工艺，或很难解决没有该产品或工艺的问题。
利润率更高	与当前可用的产品或工艺相比，该产品或工艺的制造更容易且成本更低，但可以同等价格出售。

C. 市场总结数据

案卷__________ 标题______________________________

日期__________ 完成人______________________ 编号______ 总编号_______

读者须知：由于此表是在开展任何系统研究之前完成的，因此该信息具有高度的推测性和不完整性。你可能需要为你设想的本发明的每个产品或服务填写单独的表格。与发明人讨论营销问题时，可使用此表格作为指导。

产品或服务＿＿＿＿＿＿＿＿

市场规模（百万美元）　世界＿＿＿＿　美国＿＿＿＿

欧洲＿＿＿＿　亚洲＿＿＿＿

本领域的顶级公司＿＿＿＿＿＿＿＿

其他公司＿＿＿＿＿＿＿＿

竞争性的产品或服务＿＿＿＿＿＿＿＿

市场周期状况　□增长期　□稳定期　□缩减期

监管要求＿＿＿＿＿＿＿＿

预计监管成本（百万美元）＿＿＿＿＿＿＿＿

其他需要的投资（粗略估计）＿＿＿＿＿＿＿＿

D. 询问发明人的问题

最好亲自或通过电话，而不是书面询问每个发明人以下问题。根据对话的走向，您可能会决定询问不在列表上的其他问题。您可能会发现，私下交谈时发明人会更坦率。

1. 你的家庭成员、朋友或以前的同班同学工作的公司可能对你的技术感兴趣吗？
2. 你有自己的公司吗？你有兴趣创办公司吗？
3. 你与公司有任何咨询或其他关系吗？这些公司会对你的技术感兴趣吗？
4. 当我们对技术进行许可时，你愿意作为负责人还是技术顾问与拟授权公司合作？
5. 你是否认识任何想投资该技术的人（例如，风险投资者或私人投资者）？
6. 在这里开始工作之前，你在哪里工作？你知道以前的单位会有谁可以提供帮助吗？
7. 你是否愿意花一点时间打电话给朋友和同事，以了解他们对你的技术及其可能的应用有何看法？
8. 你能否提供一些人的姓名和电话号码，我们可以与他们谈论你的技术和可能的许可？
9. 你愿意与潜在的被许可人谈谈你的技术吗？
10. 你是否愿意制作原型或样品，或进行演示，以帮助我们开展许可工作？

E. 起草非保密信息披露文件

披露非保密信息（NCD）应该是非使能的，也就是说，它不应包含足够的信息使本领域技术人员能够在不进行过多实验的情况下再现本发明。但是，NCD 应该包含足够的信息激发人们阅读的兴趣。仅在极少数情况下，NCD 的长度可超过一页。

NCD 可能有多种格式，但我们建议采用以下格式：

第一部分。首先使用介绍性的句子，例如："BioReplicon Corp. 所开发的一种新型登革热病毒疫苗，拟进行许可。"本节的其余部分将对本发明的专业领域给予简短而有力的说明。

第二部分。简要描述本发明之前的现有技术，然后对比当前可用的替代方案，强调本发明提供的重要优点。

请记住，你通常可以在不泄露其他任何信息的情况下披露性能数据。例如，你可以说："容积为 1 毫升的小瓶，壁厚为 0.1 毫米，能够承受超过 10 个大气压的持续压力。"读者将能够明白所讨论的材料非常坚固，而无须指出它是什么或如何制作的。

尽可能引用并附加任何能显示发明的技术优势，和/或该技术与当前可用替代方案进行比较的数据（图表、表格、图形）[4]。

第三部分。请描述许可条款并提供联系信息，以便读者希望进一步查询时联系。

第四部分(可选)。提供发明人的简介，尤其当他们在各自的领域很有名气时。

NCD 的示例如下：

新发明

Moorhead 大学开发了一种新颖的压电复合材料制造方法，拟进行许可。压电复合材料由两层组成："主动相"和"被动相"。当施加电流时，主动相发生物理变形，从而产生声波。通过改善主动相位的声阻抗与声波目标（例如皮肤）之间的匹配度，被动相位提高了声音传输的效率。压电复合材料用于医学成像设备、水听器和各种传感器。行业中目前使用"切块填充"方法来制造这种复合材料。该方法包括将狭缝锯切成主动相材料块，然后用被动相聚合物将其填充。我们的新方法克服了"切块填充"方法的许多缺点和局限性：

效率更高：该过程只需较少的制造步骤即可生产相同的复合材料。

浪费更少：没有材料损失，因为不必锯切缝。

灵活性增加：切块和填充方法只能创建两相复合材料，但是我们的方法可以创建多相复合材料。(使用本技术制造多相复合材料，请参见附件)

改进预成型：我们的方法允许主动相体积含量的变化，从而减少了发射信号的面外失真。

本技术以排他或非排他的方式提供许可。如欲了解更多信息，请联系：

John Smith
技术转移技术许可办公室
Someplace University
Somewhereville, LA 12345

电话+1-800-555 1212，传真+1-800-555 1213
smight@ someplace. edu

本发明的共同发明人 Arnold Smuthers 博士是压电领域的世界知名权威，拥有 30 多项美国和国外专利。

文本框 2：从外部收集信息（第 2 步）

A. 制作简单搜索策略的工作表

案卷________ 标题______________________________
日期________ 完成人________________表_____ –__________

因为已经从发明人那里收集了有关该技术及其市场的一些信息，所以制定被许可方搜索策略应该很容易。问问自己：

1. 潜在的被许可人可能在哪些产品开发领域感兴趣？列出可用作搜索词的单个词和组合词。请记住，你可能希望找到多个被许可方，每个被许可方都拥有在不同领域中制造、使用和销售许可产品的许可。[5]

2. 我是否已经知道一些公司可能是该技术的被许可人？搜索这些公司的有关信息，然后将这些信息作为搜索其他类似公司的指南。

3. 为理想被许可人创建档案。想象一下该技术的理想被许可人（或描述你认为理想的被许可人）。根据本技术设想出来的每种产品或服务，都应填写一份表格。可根据需要增加表格。

公司规模	□大型	□中型	□小型	□初创企业
公司构成	□私营	□公共	□非营利	
国家	□美国	□国外	□跨国	

州或省________________________________
年营业额____________________________百万美元
雇员人数_______________________________
产品或服务______________________________

4. 如果你陷入困境，请想象你是一家理想的许可合作伙伴公司的总裁，并问自己以下问题：

（1）我们的产品开发重点是什么？该产品如何搭配？

（2）我拥有什么样的人员？如果要获得该技术的许可，我需要什么样的人员？

(3) 我现有的制造能力是什么？我可以开发这项制造技术吗？我可以创造性提高制造能力吗？我可以外包制造吗？
(4) 我可以使用互补技术吗？
(5) 我拥有什么样的资本资源？研究经费将从何而来？
(6) 我们拥有什么样的营销专业知识？如果有限，我们可以与其他擅长营销的公司合作吗？
(7) 这项技术具有国际市场是否重要？我们有能力开发国际市场吗？
(8) 将会涉及哪些监管问题？鉴于我们目前的资源和专业水平，我们可以处理这些问题吗？
(9) 我们有这类早期技术方面的经验吗？(例如，技术适用的类型)

现在，返回并重新解决问题1、2和3。

文本框3：前景排名工作表（第3步）

对于每个潜在的被许可人，使用下面列出的标准为他们打分。缺乏信息的部分，请留空。对公司进行排名，最有前景的公司总分最高。如果你有5个以上的潜在客户，请增加纸张。

在空格中以及类似空格中写下潜在公司的名称。

打分标准	分值1~5				
产品组合包括这样的产品					
在相关市场中占有很大份额					
可以扩大其在该市场的份额					
拥有相关技术专利					
拥有所需人员					
与你或你的办公室有业务关系					
与发明人有联系					
公司规模不是太大或者太小					
公司已经表示有兴趣					
与公司其他产品很匹配					
位于附近					
具有许可经验					
非常契合公司的研发重点					

文本框3(续)

具有历史悠久的成熟管理机制					
以创新型公司而闻名					
受发明人尊重					
最近推出了新产品					
拥有专业协会会员资格					
知名并具有良好的声誉					
具有庞大的市场和销售力量					
具有国际营销能力					
已经成功获得过你的许可					
在公司业务中占比很大					
可以制造或外包生产					
可以负担必要的新置装备					
拥有产品开发资源					
可以预付最低数额款项					
总分					
排名					

文本框4：建立联系（第4步）

A. 确定联系人的指南

当你考虑最好与公司中的哪个人联系时，可以反向考虑，对方向你的机构许可或从你的机构获得许可时，将如何找到你。你希望对方会找到你，但最终，你可能与此人无法建立直接的联系。此外，在准备许可的公司中找到“合适”的人，可能需要打好几个电话。以下准则应有助于你与合适的人建立联系。

1. 利用秘书

接待人员和秘书通常对谁在公司做什么很了解。高层管理人员的秘书最了解复杂的职责，例如谁负责与许可相关的事宜。如果你找不到应与谁联系，请尝试询问副总裁或总裁的秘书。法律部门的秘书可能也很有帮助。仔细说清楚你是谁以及你需要什么。

2. 尝试查找联系人

无论公司规模大小如何，应首先在国际许可贸易者协会（LES）目录和美国大学技术经理人协会（AUTM）目录中花时间查找。即使是小公司，有时也属于这两个组织中的一个或两个。如果在目录上能找到该公司，则清单上列出的任何一个成员都有可能“直接命中”。

如果公司有多个成员，请先查找所有成员的职务，然后再决定致电谁。如果公司规模相当大，除非你的技术是革命性的发明，否则最好致电排名第二或第三位的高级许可人。他或她更有可能花时间听你介绍，您应在通话结束后花时间跟进。

如果公司规模很大，请在 Corp Tech、Dunn & Bradstreet* 或 Moody's** 的目录（如果有的话）中查找该公司（也可以在线操作）。在公司管理人员的列表中查看，并查找如下的头衔：

- 许可总监
- 新产品开发总监
- 技术采购总监
- 新产品开发副总裁
- 新建企业副总裁
- 新技术分析师
- 专利顾问
- 营销总监
- 总顾问
- 研发副总裁

该清单应标明该职位人员的姓名。尽管某人可能不是你想找的人，但至少找到与其相关的姓名和头衔。

3. 打一两个电话

如果你发现某个名字或某个头衔比较有希望，请致电公司找到此人或找到具有该头衔的人。很可能是秘书接这个电话。正确无误地告诉对方你的名字、你来自的机构，并说明你拥有一种新技术，你认为该公司会对购买该技术非常感兴趣。问你打电话联系的人是否是合适的人。秘书可能认为其他人是合适的人，或者其他部门可以提供更好的帮助；无论哪种情况，都可请求转接电话。另一种情况是，秘书可能不知道将你推荐给谁或哪个部门。在这种情况下，可请求与你想联系的人通话。然后，做同样的介绍，并询问他或她是否是合适的人。如果对方不是，则要求转接。

无论何时被转到另一条电话线，首先要说："某某办公室认为你可能会帮助我"，例如，"总裁办公室认为你可能会帮助我"。这样可以避免你又被转介给已与之交谈过的人，并且可以向第二个人暗示，第一个人认为应当帮助你，因此他们也应该这样做。按照上述程序以相同的方式介绍自己。

未在 LES 目录、AUTM 目录、Corp Tech、Dunn & Bradstreet 或 Moody's 中列出，则意味着该公司可能规模非常小。对于非常小的公司，明智的做法是"从顶部开始"。打电话要求直接与公司总裁通话。通常，执行秘书会筛选致总裁的来电，并询问你为什么打电话。告知对方你的姓名和组织名称，并说明你拥有公司感兴趣的新技术。你有可能会与总裁、副总裁或研究总监联系。介绍自己，并询问自己得到的指引是否正确，对方是否是自己要找的人。并按上述所示开始介绍自己和相关情况。

---

* 美国邓百氏集团始建于 1841 年，拥有世界上最大的企业信用数据库，是世界上最大的信用报告部门，也是历史最悠久的企业资信调查类信用管理公司。——译者注

** 穆迪投资评级机构。——译者注

B. 打给陌生人的电话记录

以下记录说明了与潜在被许可人交谈时可能会遇到的各种对话。请记住，这些只是示例，你应该有准备，即真正的谈话并不会遵循这些模式。我们并不是暗示一种规模的公司比另一种规模公司的许可前景更好，或者更有可能接受你的来电。实际上与各种规模的公司都能达成好的许可协议。

另外，请注意这些谈话记录的长度不一定代表你与潜在被许可人的对话时间。对话时间可能很长，涉及很多主题，也许对方对你的发言非常感兴趣。确保留出足够的通话时间，并希望你的确需要这么长的时间。

1. 理想的电话沟通情况。(有时确实会发生)

许可方：您好，我是杰克·辛克莱尔，我来自 Maui 大学。我之所以打电话是因为我们的 Mahalo 教授发明了一种新型光纤听诊器，我们认为您的公司会对此感兴趣。

对方：Maui 大学，对吧？我本科的时候去过那儿。很棒的学校。你说谁是发明家？

许可方：Mahalo 教授。

对方：哦，是的！大约 10 年前，我和他一起上了生物医学工程课程。我敢肯定他发明的任何东西都很棒！您能告诉我些什么？

许可方：嗯，它有一个电子拾音器，可以拾取非常微弱的声音。它将信号转换为光束，然后将光束通过光纤传输到解码器，该解码器与大号毡头笔的大小相同。解码器以电子方式过滤掉背景噪声，然后将过滤后的声音发送到耳机中。

对方：光纤听诊器。非常美妙。如您所知，我们在听诊器技术领域的唯一业务是听诊器。

许可方：是的，我们知道。这就是我们想到您的原因。而且您在这一领域也赫赫有名。

对方：实际上，我们一直在寻找一种高科技产品向高端市场销售。但非常重要的是，这种设备在外观和操作方面要跟其他传统听诊器一样。

许可方：Mahalo 博士认为，只需少量的工程工作，拾音器和解码器就可以实现足够的微型化。

对方：嗯，这当然很有趣。你们有专利保护吗？

许可方：是的，我们已经申请了两项美国专利，并且其中一项已经根据 PCT (专利合作条约) 提交了全球性申请。

对方：哇，这听起来确实就像我们一直在寻找的东西。您能给我们发送一些详细的技术信息吗？我们可以与产品设计团队先沟通一下。

许可方：好的。当然，我们需要先让您签署保密协议。

对方：哦，对我们来说这没问题。如果您通过传真发给我，我今晚给您快递回去，也许您可以将专利申请的文本发送给我们。如果我们评估后仍然感兴趣，我们可以下周从日本回来时顺路拜访您和 Mahalo 博士。

许可方：太好了。但是，在确定有意向许可之前，我们倾向于不向您显示权利要求。

对方：没关系。

许可方：好的，我真的非常高兴与您交谈，我会立即将保密协议传真给您。

对方：很好。并告诉 Mahalo 博士，我期待着再次见到他。

许可方：当然，我会的。再见。

2. “不，谢谢。”由于技术很少对所有人都有吸引力，因此您的许多电话可能属于此类。

许可方：您好，我叫 James Sulkind，负责 Omed 航海公司的外部许可。我之所以打电话，是因为我们的一位科学家开发了一种无线电灯标技术，但对于我们的制造能力而言，它有些过于高科技。我们认为这或许符合您的兴趣。

对方：无线电灯标？我们生产电视和 FM 接收器，但从未生产过航海产品。这个市场太小。

许可方：好吧，我们知道现在的市场相对较小，但是航海无线电设备（包括游艇）正变得越来越复杂，对您来说可能是一个新兴市场。

对方：不，我们是批量生产商，这个市场永远不会大到值得我们费心进入。我们甚至放弃了便携式收音机市场，这比您所谈论的市场要大 10 倍。

许可方：您确定不会感兴趣吗？

对方：是的，我确定。不管怎样，你为什么不给我寄些材料呢？

许可方：当然可以，我很乐意。

对方：谢谢。再见。

有趣的是，即使不感兴趣，对方通常还是想要书面材料。有些人可能会将其转发给他们的研发和营销人员，想再次确认你的技术是不是他们想要的。有些人则可能只是希望在自己的月度报告中附上非机密披露信息，向其上司表明他们一直在积极考虑新技术。无论通话对象有何意图，请电话跟进并发送书面披露文件。可能会、也可能不会有人第二次查看，但是这样做，至少您下次提供另一种技术时，对方会乐意接听电话。

3. “天哪，我不知道。”另一个常见的情况是，通话对象对你所说的话有一些兴趣，但不确定公司是否会感兴趣。在这种情况下，说服能力强以及事先与发明人沟通此技术的优势会很有帮助。

许可方：您好，我叫 Beverly Houghton，我是 Ethridge 大学的许可合作人。我之所以打电话，是因为我们计算机科学系的 Cuthbert 博士认为您会对他的利用新神经网络方法对汽车零件生产实现“准确按时调度”非常感兴趣。

对方：神经网络？去年，我们刚刚入手了计算机生产计划系统。我认为目前我们还没有准备对其进行任何大的改动。协调所有仓库和汽车经销商是一笔巨大的投资。此外，与过去相比，我们的库存已经稳定下来并且处于非常低的水平。

许可方：好的。Cuthbert 博士熟悉你们的系统，他认为你们可以轻松、快速地实施新方法，并从中真正受益。

对方：哦，真的吗？他认为这将带来什么好处？

许可方：Cuthbert 博士说，他认为处理时间将减少至少 50%，并且节省的时间将直接转化为提高零件部门的终端速度。

对方：嗯，节点速度一直是个问题。

许可方：是的，您可以将节点速度提高 20%，然后保留处理时间，使您可以实时接收和传输更多数据。增加信息传递会使现有库存水平低于您当前认为的可能水平。

对方：有趣。Cuthbert 博士认为这样做需要我们花费什么呢？

许可方：就硬件而言，没有投入。在软件方面，他已经拥有兼容软件元素，他和您的程序员都可以轻松编辑进去。

对方：但是有一个陷阱，对吗？你们不会让我免费使用它的。

许可方：您是对的。但是由于我们也希望将此技术许可给他人使用，因此给您的价格也会相当低。我们希望收些预付款，加在一起是每年每个节点约 100 美元。当然，Cuthbert 博士的工作时间也会收一些费用。我们想按每年约 50 000 美元收取他的神经网络系统软件使用费。

对方：好吧，如果加起来，这也是一笔不小的数目。此外，如果告诉经销商我们将再次调适系统，他们肯定会非常气愤。

许可方：等到他们看见它能做什么就会停止了。

对方：也许吧。您能给我寄点什么呢？

许可方：对于新入手者，我可以向您发送非机密的披露文件。如果您仍然有兴趣，我可以给您发送专利申请副本，或许也可以请您跟 Cuthbert 博士谈谈。

对方：好吧，此时就先请给我发送非机密披露文件。如果操作人员有兴趣，我再给您回电话。

许可方：已经发出了。如果您愿意，也许我们还可以为您的操作人员进行演示。

对方：好的，既然您就在底特律，这并不是一个坏主意。

许可方：如果我请 Cuthbert 博士打电话帮您设置，如何？

对方：好吧，但咱们不要提前行事。我们这边考虑之后，会给您打电话。

许可方：很好。期待您的来电。再见。（挂断电话后，自言自语：谁知道呢，我最好做个记录后再打给他）

C. “致电时与联系人的谈话内容”清单

以下清单能够帮助你确定每次打电话都应提供的基础信息。当然，可能你想让对方了解的其他事情并不在此清单上。同样，你致电的人也有可能会问列出的问题。

在某种程度上，联系人感兴趣的程度将决定你使用此表的深度。无论如何，未能达成共识并不是致命的。

刚开始时，你可能想给自己写个讲话稿，确保自己确切地知道需要说些什么。但是别让自己听起来像在念剧本。即使你有很多经验，当你“拿开剧本”时仍会觉得核查清单很有帮助。

□你的姓名
□你的单位
□你的位置
□技术的一般概述
□发明人是谁（如果他/她是学者或知名人士）
□为什么你认为公司应该对该技术感兴趣
□新技术相对于现有产品、流程或服务的优势
□是否提供该技术的原型或演示
□你是否已申请专利、版权和/或商标；是否存在商业秘密
□你是否正在寻找排他性或非排他性的被许可人（或不确定）
□是否已授予其他许可
□你可以提供有关该技术的书面非机密信息
□你愿意与该公司签订保密协议
□你可以提供哪些机密信息

D. 反应数据表

案卷__________ 标题______________________________
日期__________ 完成人____________________表______ -__________

每次致电各个潜在客户后，都请填写此表。而每次拨打电话之前，都请务必查阅之前所有的表格。这将有助于记住此人的性格，并帮助解释其反应。

该清单是客户总体反应的晴雨表，是对通话记录的内容和需要完成事项的补充，但不能替代电话记录。

辩识信息

谁打的电话______________________________

公司名称______

公司地址______

联系人______

职务______

秘书的姓名______

电话号码______

通话日期______

公司规模　□大型　□中型　□小型　□初创企业

公司位置　□美国　□国外　□跨国公司

公司架构　□私人机构　□公共机构　□非营利性

联系人的心情

□冷静　□慌张　□忧虑　□恼怒　□好奇　□高兴　□生气　□疲惫
□警惕　□快乐

联系人的态度

□接受　□热情　□讽刺　□不感兴趣　□鼓励　□真诚　□故弄玄虚
□阴险　□遮遮掩掩　□困惑　□冷漠　□友好　□居高临下
□恭敬　□紧张

联系人的沟通方式

□几乎不说话　□问问题　□提建议　□开玩笑　□进行少量交谈
□谈论公司　□很专业　□谈论自己的看法　□谈论市场
□健谈　□谈论 LES*　□谈到家庭

联系人的兴趣水平

□很感兴趣　□有一点儿兴趣　□表现出适当兴趣
□不感兴趣　□感到无聊　□有一些兴趣　□不感兴趣

联系人对技术的负面评价

□购置设备的成本太高　□技术太复杂　□技术太昂贵　□市场太小
□市场太固化　□市场太不可预测　□收不抵支　□利益太少　□没有原型
□技术没经过验证　□许可人/发明人没有名气　□没有验证证明
□类似的技术失败了　□市场下滑　□利润率太低　□与市场需求不吻合

* 原文为 talked about LES。LES 应是国际许可贸易工作者协会（Licensing Executives Society）的缩写。——校者注

联系人对技术的积极评价

□改装成本适度 □技术不是太复杂 □技术不贵 □市场很大
□市场可以接受 □市场可预测 □收支相抵 □收益很大
□可以满足当前和未来的市场需求 □技术得到了很好的验证
□边际收益很高 □市场在扩张

联系人对技术不感兴趣的原因

□资源都已经投入其他项目了 □技术与公司的其他产品不匹配
□公司没有创新能力 □正在致力于发展更好的技术
□公司不喜欢从外部许可 □上次搞砸了
□经济不景气 □技术与公司目标不符
□公司没有许可经验 □公司的销售或研发人员太少

联系人对许可感兴趣的原因

□该产品与公司的其他产品非常适合 □公司喜欢高科技产品
□可用资源充足 □公司具有许可经验
□公司是创新型的 □产品正是他们所需要的
□公司具有强大的研发、营销和销售能力
□许可人或发明人知名度很高并很受尊重
□工作的版本较低 □公司喜欢从外部许可
□经济较好 □产品与公司的目标非常吻合

联系人不喜欢本条款的原因

□不理解该技术 □想要不同程度的排他性
□想限制前期许可成本 □想减少许可使用费
□不喜欢保密协议 □不喜欢常用的许可条款

你答应的后续行动

□提供非机密披露文件 □提供保密协议
□提供演示或样品 □请发明人或科学家致电
□发送样品 □再次安排演示 □再次电话联系

联系人承诺的后续行动

□向技术人员询问技术
□与管理人员对技术进行评估

☐提供保密协议
☐如果感兴趣的话，我会联系您的（“不要打电话给我们，我们会打给您”）
☐请回电话（“我们会打电话给您，同时我们不介意您打电话给我”）

关于前景的结论

前景明确：　　我们正在制定协议。
前途光明：　　积极跟进有可能会达成协议。
不冷不热：　　经过艰苦的努力或许会实现。
希望渺茫：　　奇迹会发生！
穷途末路：　　彻底忘记它。

文本框5：后续信件

通过发送类似下面的示范信件跟进你的许可。根据拟建立许可方的反应，是热的、不凉不热的还是冷淡的，决定使用哪种信件模板。

写这样的一封信时，应简短并个性化：例如，提及对话中的一些内容，表明您对对方说的内容真正感兴趣。请记住，这些仅仅是示例。来个即兴创作吧！

1. 客户态度热情，信函如下：

尊敬的Charles：

今天下午，我非常高兴与您讨论我们用于涂抹石膏的新型旋转设备。尽管我知道CastCorp是医院和医师办公室石膏的主要供应商，但我不知道你们也制造石膏室和手术室设备以及整形外科用品。难怪您对我们的新发明如此感兴趣。

按照我承诺的，附上旋转铸件施加装置的非保密披露文件。由于您对这项技术非常感兴趣，我还冒昧发送了一份标准保密协议副本。当然，我们很乐意与您讨论该协议，并解决您对此可能存在的任何疑问。如果该协议对您来说合理，我们可以向您发送一份专利申请的副本。另外，我们也想邀请您观看设备演示。如果您对技术或保密协议有任何疑问，请随时给我打电话［电话号码］。静候您的佳音。

此致

Lawrence Muvaney
许可专员

2. 客户态度不冷不热，信函如下：

尊敬的Hollister女士：

感谢您今天抽出宝贵时间与我谈了 Mortimer 博士的新型基因治疗载体系统。正如您所指出的，我们知道市场上已经有很多类似的系统。但是，Mortimer 博士及其同事们认为，这个新系统比目前市场上供应的系统更简单、更灵活。

按照我承诺的，附上载体系统的非保密描述文件。希望这份文件有助于您和贵公司的科学家增加对它的了解。如果您有任何问题，请随时给我打电话 [电话号码]。

此敬

Janice Datillio

许可助理

3. 客户态度是“希望渺茫”，信函如下：

亲爱的 Corman 先生：

感谢您今天抽出宝贵时间与我谈了 Kaufman 博士的制造聚丙烯微晶纤维素的新工艺。我了解到，PolyCo 目前仅生产本体聚丙烯。随信附上关于我们新工艺的非保密信息文件，或许 PolyCo 将来会考虑生产特殊产品。如有任何疑问，请随时致电 [电话号码]。

此敬

Martin Howard

许可专员

文本框 6：评估你的结果

案卷__________ 标题______________________________

日期__________ 完成人__________________ 表______ –__________

至此，你已经与至少 5 家公司就你的新技术进行了交谈。请回看你的反应数据表。

如果你至少听到一些“可能”，就值得继续寻找潜在的被许可人。至少，确保自己跟进这些“可能”。

如果你只听到“不”，请问自己：

• 人们说“不”的原因中是否存在某些共同点？如果是这样，请仔细考虑。或许他们是指您的技术或营销策略中存在某个缺陷。

• 人们说“不”的理由中，是专指该公司还是认为整个市场都不适合该技术？如果是前者，则意味你仍然可以说服他们该技术对他们有利：也许可以将该技术更有效地推销给另一类公司。

根据你对上述问题的回答以及你的直觉，请在下列文本框中进行选择。到目前为止，你已经在这个市场上为这项技术花费了大量时间，你有权对此进行诚实的评估。如果看起来不行，就坚定地说“不”。

关于技术的结论

稳定赢家：我们只需要找到一家能接受的公司。

前景良好：紧锣密鼓地营销可能会达成交易。

前途未卜：努力工作或许会找到被许可人，但可能不值得。

希望渺茫：也许有人会喜欢它。

穷途末路：没有可能性，没有希望。

如果你的技术是“稳定赢家”或“前景良好”，请返回步骤2，找到其他潜在的被许可人，并按照其排名与他们联系。如果是“前途未卜”和“希望渺茫”，你可能希望在6~12个月内重新审视该技术：市场情况和/或潜在的被许可人可能已经改变，或者该技术的发明人可能对其进行了改进。但是，如果完全是“穷途末路”，请一笔勾销，至少在你自己的脑海中取消此项，然后将精力转移到其他更有前途的技术商品上。

第 12.4 章

知识产权组合管理

杰里米·伯顿（JEREMY BURDON）
美国亚利桑那州科技公司、健康科学风险投资有限公司智力资产总监

译者 马凌珂 审校者 张熠 李雪

摘 要

知识产权管理是指按程序和过程将创新转化为有价值专利权的创新管理方式。真正的知识产权战略管理涵盖了从概念到产品市场发布的整个过程。将知识产权管理与研发、高级研发和产品开发的整个周期紧密结合，可以提供并增强获得知识产权保护的机会，同时有望降低风险和减少成本。本章讨论了知识产权组合管理的关键要点，以及如何将正确的知识产权工具、程序化的专有知识以及机构的属性和行为结合在一起，为成功实践做出贡献。

1 引言

商业性、学术性和法律性的实体机构中，专利专业人员在知识产权组合管理（IP portfolio Management，IPM）中的作用和重要性正在显著提高。在技术大规模高速发展、专利信息海量出现以及竞争日益激烈、泛全球化的背景下，需要更有效地管理专利流程，提高效率并在市场上获得竞争优势。这意味着在许多方面要部署商业领域中普遍使用的工具和流程：

- 数据挖掘以及用于信息收集和存储的数据库

Burdon J. 2007. IP Portfolio Management: Negotiating the Information Labyrinth. In *Intellectual Property Management in Health and Agricultural Innovation: A Handbook of Best Practices* (eds. A Krattiger, RT Mahoney, L Nelsen, et al.). MIHR: Oxford, U. K., and PIPRA: Davis, U. S. A. Available online at www.ipHandbook.org.

• 用于数据采集和分析的最新软件工具及流程
• 项目管理方法
• 在技术、商务和法律团队之间进行有效的沟通

高效、持续地改进流程，可以有效地创造并管理知识产权，使其成为可预测并平衡风险的资产（见图 1）。

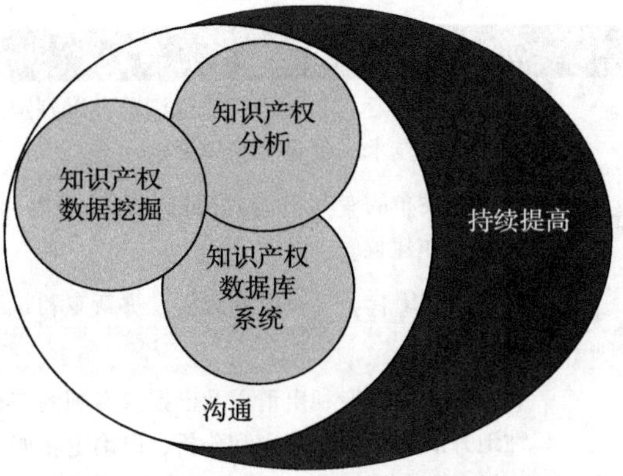

图 1　知识产权有效管理的关键因素

2　知识产权组合管理（IPM）：工作成果

知识产权信息的规划、收集和分析，对于任何组织开展高效的竞争性情报搜集及战略决策至关重要。从知识产权组合管理的角度来看，无论最终结果是用于制定战术还是战略，获取、分析和组织知识产权信息的过程及工具通常是相同的，但是，专利检索的广度和范围、知识产权组合的分析及信息传递则大不相同。支持战术决策而研究的信息范围可能较窄，并且取决于竞争对手产品的明确特性。支持战略决策则需要可靠、准确的知识产权信息研究，尤其需要广泛搜索专业领域的专利信息，并运用多种分析方法和各种信息传递工具。

成功地管理知识产权，需要融合各种特殊技能。知识产权组合管理（IPM）经理或团队要具备丰富的技术知识、商业敏锐度、较强的沟通技巧，并熟悉美国和国外专利法律及程序。需要使用最先进的专利搜索和分析工具来搜集并分析专利数据，而强大的知识产权数据库则可以维护发明记录、专利信息、专利申请文件，以及相关的业务、许可和财务信息。

知识产权管理专业人员需要研究并提供的知识产权分析类型和范围非常复杂。表 1 定义并描述了大多数指定的知识产权分析任务及其范围和复杂程度。

商业化的知识产权数据库，包括 Derwent（德温特）[1]、STN[2]，Thomson[3]、Delphion[4] 和 Micropatent[5]，覆盖范围广泛，非常适合按专利分类或布尔逻辑检索技术的关键字字符串进行简单查询和复杂检索。免费的专利检索可在美国专利商标局（PTO）[6]、欧洲

专利局（esp@ cenet*）[7] 和其他国别专利局数据库中进行，但目前不适合进行详细的专利检索。欧洲专利局 esp@ cenet 等类型的数据库可用于快速筛选商业数据库生成的知识产权数据，并通过方便、用户友好的界面提供单件专利申请书或已授权专利的快速访问。

表 1　知识产权组合管理的各项任务定义

知识产权管理任务	定义、范围和复杂程度
快速浏览技术	对专利和非专利文献进行快速浏览，以判定当前技术状态，作为发明概念的在先技术或促进头脑风暴
近期通报或知识产权动态监控	监测新发布的专利申请或授权专利；提出“专利情报”或“竞争性情报”工作建议
许可和业务发展的知识产权支撑	维护专利组合，支持专利起诉，更新专利状态信息，生成知识产权现状报告
专利开发/可专利性	在美国和外国专利申请以及已授权专利的完整范围内搜索专利，有针对性地开展知识产权搜索和分析，以确定相似、重叠或相同的技术
专利态势分析	在一个或多个特定技术领域开展知识产权分析；将详细的知识产权分析信息集结在某种特定形式中，例如“专利地图”，从而可以进行高层次概括或详细分析（可以支持可专利性或权利要求的分析活动）
侵权	有针对性地开展知识产权权利要求分析，以确定投放市场的新产品是否侵犯一项或多项专利权
有效性	检索可能会导致一项或多项目标专利无效的现有技术参考文献

知识产权管理的专业人员通常受过培训，可以根据最初的发明公开文件、发明公开的组合文件以及参考资料，或者快速查阅本发明相关的技术领域，生成复杂的关键字字符串。通过确定关键技术的同义词，建立特定的技术关键字组合，利用布尔逻辑运算符连接各个检索词进行搜索。专利分类系统是功能强大的工具，巧妙地利用专利分类（单独使用或与其他关键字搜索结合使用）对于相关专利检索极为有效。专利分类系统主要包括国际专利分类（IPC）、欧洲专利局分类和美国专利局分类。

快速浏览专利和非专利文献，常常是为了对特定技术领域进行快速分析。这项工作可以在技术头脑风暴之前完成，或有助于促进头脑风暴，也用于激发和验证发明构想。科学家或工程师通常可以借助免费的在线检索工具，直接进行文献和专利检索，而无须知识产权管理专业人员的支持和帮助。如果技术概念尚处于早期阶段或应用范围广泛，则知识产权管理专业人员会帮助缩小知识产权检索范围，剔除无关检索数据，分析并解释结果。

知识产权监控通常是指在明确的技术领域中，对新发布的专利申请或授权专利进行监控。该行动通常与研究、高级开发和产品开发一起进行，并支持“专利情报”或

---

* 欧洲专利局及其成员国于 1998 年共建了一个名为 esp@ cenet 的网站，主要宗旨是通过欧洲委员会、欧洲专利组织成员国专利局和欧洲专利局等为用户提供免费专利检索。——译者注

“竞争情报”工作。当前市面可用的商业专利检索工具，可以根据检索频率自动生成复杂的检索式，并通过电子邮件发送结果。用户可以定义分析级别和分析结果发送频率。在大多数情况下，仅需提供专利号、专利名称和受让人（如果知道）。如果要求数量少，可以提供单独的专利文件，或者可以生成带有直接链接的专利文件列表。有时可能需要提供专利文件的摘要和/或独立权利要求列表。知识产权管理专业人员通常可以通过对专利说明书和权利要求进行快速扫描生成此数据。申请文件非常复杂的知识产权可能需要进行更广泛的分析，才能理解所要求保护的权利要求。或者，有些商业服务，如德温特（Derwent）可提供发明的概述。

许可和业务发展支持活动，包括维护专利组合、支持专利申请、更新专利状态信息以及生成有关知识产权现状报告，都是知识产权管理专业人员的主要职责。知识产权管理软件系统（例如 Inteum C/S®[9]）是必不可少的数据库管理工具，能够将专利数据（发明公开、专利申请、授权专利信息等）与当前财务状况（许可、费用、专利申请、年金和维护费等）结合起来。大多数情况下，可从知识产权管理人员的数据库中提取数据，并对专利检索和交叉引用进行更新，以确保获得最准确的专利状态。可能还需要使用美国专利商标局的数据库（PAIR [10]）获知当前的申请状态，或者与专利代理师沟通确定最新的状态。

可专利性或新颖性检索是旨在发现可能与在申请专利相似、重叠或相同的技术而进行的检索和分析，主要在美国和外国专利申请以及授权专利的完整说明书中搜索（换句话说，这类检索不限于权利要求，因为专利或专利公开对于所有已披露的内容都是潜在的现有技术）。在大多数情况下，可专利性检索最好由专利专业人员进行。取决于技术的性质和发明的范围，检索结果的数量可能会非常巨大而难以管理。架构良好的检索可以大大减少检索时间，消除不相关的检索数据，并简化分析。一定要在撰写权利要求和提交专利申请之前完成可专利性检索。知识产权管理专业人员通常负责确保完成这一关键步骤，并提供与发明公开相关的结果分析。

专利“态势”或“地图”通常是对一个或多个特定技术领域中的知识产权进行分析。对知识产权检索结果进行分析，并将信息集成到固定格式（例如可视化图片或地图）中，可以对特定范围的专利文件进行高度概括或详细分析。专利态势的复杂程度是由所提出的问题定义的，对于提供潜在领域的研究和发明信息很有帮助，能够指出当前所处位置的优势（通过比较新的公开文件、预备申请、专利申请以及与竞争对手相关的授权专利），或定义技术的“差距”或“空白点”。知识产权管理专业人员应该谨慎利用专利态势/地图确定技术路线或某发明的潜在可专利性，特别是当数据解释中不包括专利的详细分析和所有的公开信息时，尤其要注意。如果在较高层次使用简单（广泛）的检索策略或者稍微复杂一点儿（狭窄）的检索策略，技术分布看起来可能会非常拥挤。定义技术的“空白点”，可能需要另外的进一步检索对专利态势进行连续细化，并在公开级别对可专利性进行详细分析，以确保不会失去任何机会。简言之，只有对专利数据进行分析时（通常意味着阅读了专利态势检索中的每个专利），才能生成准确的知识产权态势报告。

知识产权管理专业人员可以为侵权、自由实施（FTO）或有效意见提供专利检索和分析。侵权分析包括仅对专利的权利要求进行检索，其目的是确定投放市场的新产品是否会侵犯一项或多项专利。有效性检索针对可能导致目标专利无效的现有技术，其复杂性类似于技术审视或可专利性检索。针对权利要求进行的侵权或自由实施检索比较简单，但是数据分析更加复杂。应以“权利要求表”的形式对权利要求进行分析，从而可以将权利要求的每个组成部分，与潜在侵权产品的元素或特征进行比较。权利要求表是律师诉讼专利案件的主要工具。

3 与创新管理相结合

阶段式创新管理是新技术开发的管理过程，广泛用于中型和大型技术公司。该过程提供了一个框架，用于评估“漏斗”（funnel）中的概念性想法和处于早期阶段的概念，同时降低投资风险。图 2 说明了（A）产品开发和（B）研究与开发方案的阶段式开发过程。在每个阶段的最后，将分析输入和输出因素。根据技术状态，在进入下一阶段前，还将分析风险、业务影响、市场环境和财务状况。

及时制订稳健的专利定位、有效的专利组合管理以及持续监控竞争性分析和侵权相关的专利信息，对于降低风险至关重要。

但是，知识产权战略通常仅用于产品开发的初始概念阶段和后期阶段（即定义产品之后和发布产品之前）。在技术或产品的早期概念阶段可能就提交了专利申请，而忽略了进一步修改或改进，以及监控竞争性知识产权的状况。这会给研发和业务发展小组带来虚幻的安全感，相信简单地提交专利就能获得可靠的知识产权保护。

将知识产权管理流程嵌入技术开发流程，是新技术开发、知识产权产品组合开发以及制定战略的关键策略。通过将知识产权管理不断地集成到阶段式开发过程中，从概念到研发（包括早期开发以及产品开发），机构可以获得更强大的专利保护、优化研发成本，长期来看会减少专利费用，并最大限度地降低专利侵权和诉讼风险。图 3 说明了这种方法，显示了集成知识产权管理流程的阶段式技术开发过程。

在项目定义或概念开发的初始阶段，利用专利态势或专利地图分析，有助于发现可开展研究和发明的潜力领域，并提供开展合作或许可的相关信息。可能会检索出处于申请阶段的一个或多个专利申请，在特定技术领域已经存在的专利，或者有机会许可使用该技术。在先申请或已授权的专利到底是有利还是有害，取决于现在认为是新的并具有新颖性而被公开的发明的广度和范围。先前的公开可能导致新的发明无法申请专利，较早公开的申请或已授权的专利也可能成为现有技术。根据当前知识产权产品组合的分析，可能有机会修订、放弃后重新提交正在处理的申请，或申请再次颁发授权以获得更广泛的保护。在产品开发的早期阶段，从外部获得许可将获得关键技术，从而显著降低开发成本并缩短上市时间。知识产权保护在早期概念、研发及高级开发阶段最为活跃，到产品开发后期阶段产品定义更加清晰，活跃度将逐渐减少。然而，在这些后期阶段仍需要进行有效的知识产权管理，确保专利申请得到充分支持。早期阶段提交的临时专利申请此时可能不再是临时申请，一两年后就转入专利申请阶段，PCT 申请可能正在进入国家阶段。持续的高级开发活动或产品开发可能创造出新的发明，需要进行可专利性分析，并需要对不断增加的专利组合进行战术或战略方面的定位。同时，连续不断的专利监测，可能显示竞争对手的知识产权态势正在发生变化，有可能需要根据产品开发策略进行调整。

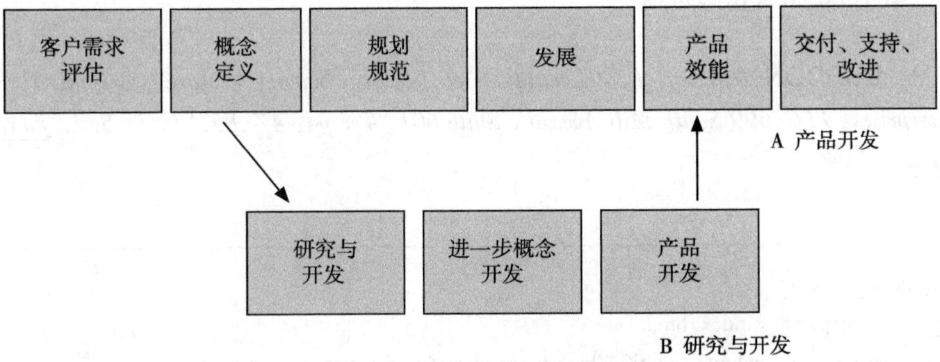

图 2　将知识产权管理与技术发展过程相衔接

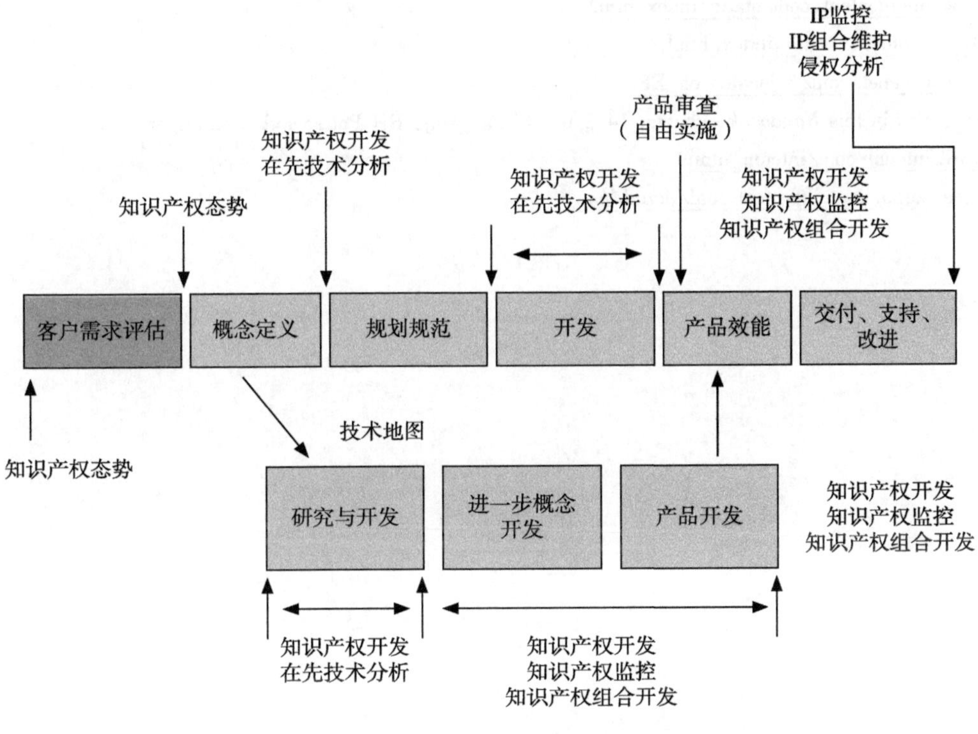

图 3　技术发展：嵌入知识产权管理

4　结语

技术开发和知识产权管理需要相互融合，才能确保商业上的成功和公司生存。高科技研发的复杂性在不断提高，需要制定全球市场战略、缩短产品生命周期以及扩大产品组合，这些都亟须将知识产权管理的做法和程序结合到创新及产品开发中去。机构可以通过融合最新的知识产权检索和分析技术及工具、IP 数据库管理系统、持续改进流程以及研发、商务和法律团队之间的无缝沟通，实现知识产权集成管理的收益。成功应用这种模式，以范围广、质量高的专利组合为基础，通过明确战略定位和权利保护，就能将创新转化为价值。

JEREMY BURDON, *Director of Intellectual Assets, Health Science Ventures, Arizona Technology Enterprises, LLC, 699 South Mill Avenue, Suite 601, Tempe, AZ, 85281, U. S. A. jburdon@azte. com*

---

1 www. derwent. com/.

2 www. cas. org/patents/index. html.

3 www. thomson. com/content/scientific/brand_overviews/patent_store.

4 www. delphion. com/.

5 www. micropatent. com/static/index. htm.

6 www. uspto. gov/patft/index. html.

7 ep. espacenet. com/? locale = en_EP.

8 See, also in this *Handbook*, chapter 14. 3 by H Thangaraj, RH Potter and A Krattiger.

9 www. inteum. com/inteum. html.

10 See portal. uspto. gov/external/portal/pair.

第12.5章

知识产权营销流程

托德·S.凯勒（TODD S. KEILLER）
美国佛蒙特大学技术转移中心主任

译者　岳强　审校者　刘芳　张熠　李雪

摘　要

知识产权营销工作必不可少并具有挑战性。本章提供的是如何发现潜在的被许可人，如何确定他们是否胜任管理一项特定的技术，以及如何说服他们启动许可谈判等有用信息。本章强调自我认知的重要性：对本机构知识产权目标、优势和不足要有清醒认识。有了这种意识，技术转移办公室就能在评估潜在营销对象的优势和劣势时作出明智的选择。事实上，本章与其说是简单概述基本的市场营销过程，不如说是为想要成功营销知识产权的人们，提出具体的建议及尖锐的问题。

1　引言

知识产权的营销目标是激励当事人启动许可谈判。技术转移经理必须找到潜在的被许可人，并让他们了解技术的前景。技术转移办公室（TTO）要能够在恰当的时间将准确的信息正确地传递给适宜的公司，从而吸引被许可人。实现“恰当、准确和正

Keiller TS. 2007. The IP Sales Process. In *Intellectual Property Management in Health and Agricultural Innovation*: *A Handbook of Best Practices* (eds. A Krattiger, RT Mahoney, L Nelsen, et al.). MIHR: Oxford, U.K., and PIPRA: Davis, U.S.A. Available online at www.ipHandbook.org.

Editors' Note: We are most grateful to the Association of University Technology Managers (AUTM) for having allowed us to update and edit this paper and include it as a chapter in this *Handbook*. The original paper was published in the *AUTM Technology Transfer Practice Manual* (Part VII: Chapter 2).

确”，对任何营销工作都是挑战，但有一些挑战是营销知识产权所独有的。首先，产品，即高校成果不是为满足市场需求而研发的。因此，在企业认识到这些产品的存在及其效用之前，TTO 必须让企业相信产品潜在的适销性。诚然，高校的发明一般是早期技术。通常这些技术还没有得到证实，比如买方（被授权人）无法“触及商品实物”，发明人自己可能也很难界定技术的效用。事实上，没有人确定这些技术会起作用。

此外，说服潜在客户启动许可谈判是很困难的，因为企业在知识产权许可方面承担着相当大的风险。许可费用是一方面，更大的成本是重新调整内部资源和优先事项，投入大量开发资金，并要改变公司行为，包括制造流程、提供的产品种类等。如果这些发明是“垃圾”，那么被许可人通常要承担巨大的财务损失。

另一方面，每个人都知道新技术蕴含着巨大的价值。创新是任何持续增长背后的引擎。因此，对于知识产权机构的营销人员来说，其任务是通过降低风险/承诺比，尽可能地使许可交易具有吸引力。

2 起步

要克服困难，必须从头开始。事实上，当我们考虑“出售”一个机构的知识产权时，一个合乎逻辑的出发点就是确保技术转移办公室（TTO）的目标与该机构的目标相匹配。TTO 与所服务机构的目标和愿景一致。这可能看起来是不言而喻的，但机构最好能够了解并认可 TTO 的运作方式（包括利益冲突、股权持有、许可收益分配，以及拟进行许可的研究方向等政策）。如果没有这种认可，技术转移经理的营销工作将得不到支持。在最坏的情况下，技术转移经理花费大量时间和精力完成的谈判，也将由于机构不认可 TTO 的运作方式而遭到拒绝。如果 TTO 的目标与机构的不一致，那么 TTO 与机构之间难以建立并保持信任与合作的氛围，遑论 TTO 与其潜在客户之间的信任与合作。

由主管部门批准并供所有人员使用的书面政策，将成为 TTO 运行的根本规则。除了强调为机构和社区创造经济利益之外，该政策还要体现机构的理念。以下目标可供参考。

（1）在坚持如下原则的同时增加行业对研究的支持：
- 同事之间自由开放的沟通
- 同事之间开展适当的合作研究
- 科学家和临床医生之间形成亲切而相互尊重的氛围

（2）为公平分配研-产合作关系所产生的经济利益提供指导，并确保这些合作关系能够加强机构实现在教学、研究和社区推广方面的基本使命。

（3）为解决研究与产业合作关系中的利益冲突提供可靠、快捷的流程和程序。

（4）确保合作企业以合乎道德的方式行事，并负起社会责任，努力推动机构研究产品的开发和推广，尽可能提高公众利益。

公开阐述机构的原则将使 TTO 的工作更加集中、透明和有效。不仅因为该机构能够全心全意地在幕后支持 TTO，而且与潜在的商业伙伴分享目标，可以增进相互了解，促进谈判进程。

3 技术审核

TTO 常见的抱怨是“没有人审核发明清单”。如果技术转移经理不知道正在酝酿的是什么，那么就无法组织实施有条理的销售或营销策略。了解专利申请中的发明内容、科研人员积极工作的方向、手头的工作是否符合部门领导的期望，都是有价值的，至少能为建立有效的销售策略奠定基础。

审核每项技术现状是关键切入点，值得为此聘请外部顾问，以增强对发明披露的审查、了解专利情况、评估商业潜力并推荐商业化替代方案。

3.1 资源评估

一旦技术转移经理知道了 TTO 的“存货清单”，管理人员就可以评估实施销售策略所需要的资源，特别是人员配置。例如，根据可用的许可专员平衡各案子所需力量，为即将结案的案子均衡分配时间。技术转移经理一般不会将所有案子交于一名专员，而让其他专员无事可做。总的来说，如果制订了良好的计划，每个人可以处理 40～50 件处于不同审查阶段的发明案子。

但是，如实地根据可用资源分配案子会导致人力缺口，再次印证了需要引进外部咨询小组来管理无人照料的案子。很难决定何时放弃一个案子，由于办理流程太长，承办机构会有无法收回专利费用的风险，因此，即使没有制定最终的营销策略，TTO 也不应将案子闲置。以成交费*为基础，将案子转交给咨询组，并提供小额定金管理相关费用，可能是 TTO 人员无法处理案子的合理解决办法。其挑战在于要确保咨询顾问的工作方法完全符合 TTO 的策略和特点，与机构的职责相称，并能够与商业目标方对接，同时还能使科研人员感觉到其技术已得到恰当的管理而非被忽略或搁置。

3.2 销售策略

跟踪了解新的发明，管理现有项目的文件、谈判并完成技术转移——所有这些都是设置和规划工作的优先顺序的经验。认真的准备可以让技术转移经理高效且公平对待相关各方。毕竟，一个科学家的技术此刻价值不高，下一刻就有可能一鸣惊人，为机构带来巨大的许可费收益。成功的关键在于跟上技术潮流，同时建立任务清单。

建立长期的持续许可关系是机构的目标，管理者不可能在没有达成协议的情况下做到这一点。技术转移经理应考虑将每年达成一定数量的协议作为 TTO 的目标。以此作为销售目标将会带来紧迫感，提升工作表现，并令员工更专注。TTO 可以考虑举行“待办事宜”月会，切合实际地提出未来 30 天的目标，主要目标就是设定达成协议的具体任务。学术目标的设置往往围绕财年或学期，而 TTO 客户则按照月或季度设定目标。使 TTO 针对短期优先事项开展工作，会提高机构工作效率，或将技术“提升”到许可阶段，或将技术“移”到“放弃”栏。

---

* 成交后给予的费用。——译者注

4 谁是顾客

4.1 识别顾客

制定销售策略，技术转移经理需要完全了解客户，才能确保客户与技术的要求和潜力得到最佳匹配。技术转移中，谁是客户并不总是显而易见的。一方面，TTO 必须与研究出资机构和其他预期的被许可人进行艰苦谈判；另一方面，TTO 服务的是机构和科学家。但是，技术经理人需要记住的就是，由产业出资方/被许可人支付许可使用费。而科学家是待售技术解决方案的生产者，所以把他当作 TTO 的客户和合作伙伴同等重要。TTO 必须保持微妙的平衡。

聆听客户的声音是整个过程中的挑战，交易很可能取决于 TTO 员工是否进行了很好的聆听。技术转移经理必须认识到，开发技术通常与公司发展计划中的其他优先事项相互竞争。开放的沟通将使技术转移经理能够回应客户的需求，帮助 TTO 判断客户是否适合该技术。

4.2 寻找潜在的被许可人

对于大多数技术来说，潜在的合作伙伴清单是容易获得的。事实上，由于网络数据库的爆炸式增长，很容易得到可联系的潜在客户清单。[1] 像 biospace. com 这样的网站不仅允许技术转移专业人员“接触”并找到客户，而且可以通过维护自己的网站，经常更新，使公司“深入”获得机构的技术文件。TTO 可能会对企业在搜索大学网站方面所具有的丰富经验感到吃惊。马萨诸塞州技术转移办公室联盟（Massachusetts Association of Technology Transfer Offices）已先走一步，建立并维护了一个中心网站，在上面通过使用关键词能搜索 19 个研究机构。[2] 该网站每晚更新一次，增加/删除各机构的信息。其他程序，例如 TechEx. com，还允许企业从来自世界各地的会员研究机构推出的技术文件中获取信息。但是，在提出目标清单之前，需要进行技术筛选。

另一个行业联系来源是所在机构的科学家团队。科学家往往已经就某项特定技术与产业建立了联系，这对于启动谈判是非常有利的。事实上，据大学技术经理人协会（AUTM）的数据显示，54% 被许可人是由于科企合作关系而启动的。[3] 因此 TTO 的工作人员必须向科学家询问企业的联系方式（了解他们的毕业生去了哪里通常可以提供有用的线索）。然而，在利用发明人的个人联系方式时，必须确保技术转移经理是为了技术利益最大化，不能因顺从发明人/科学家而限制这种可能性。

其他联系方式可能来自 TTO 成员的行业经验、以往案例，以及同一技术领域打过交道的同行（AUTM 成员），或与该企业打过交道的其他机构成员。产业指南、专业协会目录和材料、贸易出版物和内部简讯等都可以提供有用的线索。

当然，如果您是一位 TTO 经理，请记得要考虑您自己的联系人！您认识谁？您朋友认识谁？谁最近来见过您？人际关系始于您。

4.3 确认潜在的被许可人

评估一家公司至少要问 4 个关键问题：

（1）技术是否符合公司的需要？

（2）公司开发产品的时间安排是什么？

（3）公司是否有预算开发该产品？

（4）公司是否有理由不愿意与该机构/科学家合作？

通常很难得到这些问题的准确答案。企业联系人可能无法回答这些问题，这时需要技术转移经理试着向企业说明并解释其立场。一个简单的技巧就是以“谁，什么，什么时候，什么地点，为什么”这些词开始提问。有了这类问题，联系人不能只给出一个简单的肯定或否定答案。最重要的是，TTO 经理在提问之后一定要聆听！提出一个问题，然后由同事（或你自己）代替客户回答是没有意义的。

5 关键的资格问题

5.1 该技术是否符合需要

首先要问清楚，该技术领域是否与公司目前的业务发展战略相匹配。这个问题应该问企业负责研发和商务的联系人，最好是执行层面，至少是业务发展部门的高级经理。技术转移经理应当警惕那些与公司总体业务目标不一致的科学家。虽然这些科学家可能初期能为这项技术工作提供资金，但很大程度上无法深入推动这项技术发展。

可以适当要求介绍企业的商业战略，好的客户会希望以机密的方式提供这些信息，以确保每个人都了解潜在的合作伙伴关系是否适合。毕竟，企业在科学方面的努力必须与市场营销策略相匹配，才能使许可的技术商业化。

公司也应该能够提供对所述产品的市场判断信息，包括市场规模、趋势、参与者和联系人，与市场相关的近期交易以及公司对市场的总体态度。具体问题可能包括以下内容：

- 产品的市场定位是否适合？
- 总的市场潜力（范围）是多少？
- 整体市场增长速度有多快？
- 是频繁创新的，还是传统的静态市场？
- 市场需求是稳定的、周期性的或季节性的？
- 存在多少主要竞争对手？
- 市场力量分散在众多参与者中，还是集中在少数参与者身上？
- 市场价格壁垒严重吗（例如，法规、行业协会、价格主导者等）？
- 在市场营销中，竞争者通常是积极进取的还是相对被动的？
- 其他人是否在从事类似的工作？
- 存在哪些竞争性的研究/开发工作？

- 复制产品容易吗？
- 参与该技术领域的其他人处于什么发展阶段？
- 该行业的入门门槛有多高？
- 实现公司目标需要多大的市场份额？
- 当提供创新成果时，消费者认识并响应创新的速度有多快？

理想情况下，双方坐到谈判桌前时都清楚自己的需求。TTO 会列出技术优势、研究人员优势以及机构优势，而公司则带着实现其战略目标的明确需求而来。在这几方面双方已达成一致时，技术转移经理可以转向下一个问题。

5.2 各方面的时间是否匹配

项目在哪些方面符合公司发展计划？合同中的尽职调查条款需要能回答该问题。技术转移经理可能已经就产品销售谈判了一笔可观的专利使用费，但该公司还没有计划在某年之前将该技术引入其产品开发部门。审查商业计划有助于评估公司的打算。

公司需要说明在双方可接受的时间期限内自己对技术商业化的打算，以便继续谈判。很多 TTO 对合作伙伴不够勤奋感到惊讶，所以一开始就提出这个问题，为进入下一个问题奠定基础。通过附加条款，比如分期付款、最低年度许可费或承诺对研发活动的资助水平等，可以确保对方足够勤勉。

5.3 公司的预算是否足够

公司预算了多少费用来开发此项技术？答案须与机构和公司的需求相匹配。科学家会对这种资助水平感到满意吗？公司和机构应该各自承担哪些研究？这些问题的答案可能会揭示公司的打算存在哪些缺陷。例如，它可能迫切希望这项技术成为一个技术解决方案，以帮助公司筹集更多资金，但实际上并没有预算来承担该项目。这样，TTO 就会错失将技术许可给资金充足一方的机会。

通常，应该向声称拥有一些资金的公司而不是拥有合适资金的公司提出这个问题。尽管拥有“一些资金”是可以接受的，但所有相关方在达成协议之前都需要了解这一点。

5.4 存在成见吗

在资格审查过程中不应忽视对机构、TTO 或科学家的成见。例如，TTO 可能已经找到了技术商业化的理想公司，但发现科学家是其竞争对手的领衔顾问。或者该公司在该领域与另一个研究机构已有重大计划，并且希望避免影响其合作。或者之前与该公司的谈判未处理好，因此公司不愿再与该机构进行谈判。

这种成见需要加以克服。这些情况中的任何一种都可能导致谈判破裂，甚至永远不会开始。如果历史成见涉及的是前任人员或已不复存在的情形，可能就无关紧要了，但需要公司做出保证。

6 营销方案

6.1 根据客户定制方案

营销方案取决于客户所处的阶段。最初制定清单时，应该准备一份简短的、非保密的技术摘要。按照细分的市场分门别类地梳理摘要，使 TTO 能够为潜在的客户提供量身定制的方案。技术转移经理必须了解，商业开发部门会收到数百项技术提案。与机构利益一致的建议更有可能引起注意。但是，不要过分夸大这一点。在询问潜在客户“技术是否适合需求”时，将了解他们对市场的熟悉程度。告诉公司如何在其领域内开展业务是非常危险的，即使科学家认为公司在以错误的方式接近市场。文本框 1 和文本框 2 介绍了开始寻找公司并许可开发技术的两种方法。当 TTO 拥有数个良好的合作伙伴时，“步枪点射”营销法[4]（文本框 1）最合适。“霰弹枪扫射”营销法（文本框 2）为小型技术转移办公室提供了优势。[5] 该方法并不复杂，可以花费较少时间进行广泛的推广，但需要周密安排。

不断更新并容易获得可用技术的网站，将放大营销成效。要让客户轻松地在各技术领域浏览并提供非保密摘要。链接摘要和其他出版物的 pdf 格式文件也有帮助，这样搜索者容易与其他内部员工共享信息。TTO 还可以考虑制定一个快速投放的视频清单，让研究人员花费 3~4 分钟来解释这项技术。可以为当前技术制作相对便宜的视频，同时设定工作目标，每月增加 1~2 个，这样将有助于构建项目清单，而不需要从其他任务上转移过多的精力。

6.2 使之正确（保密吗）

比步枪射击营销法更有针对性的方法，是在正确的时间为正确的人提供正确的信息。这种精确性需要付出巨大的努力，管理者应该评估这种方法的机会成本，并与其他营销方法的技术成本进行对比。要采取“四个正确”工作法，[6] 一定要提供“正确的信息”，包括：

- 标题
- 摘要
- 专利或序列号
- 概要和文摘
- 目录和列表
- 专利用途
- 风险概要
- 商业计划大纲

至于提供多少信息，以及提供信息的形式，应强调发明的益处，而不是其特征。要描述发明的作用，而不是如何发明的。将该发明与一种或多种现有替代品进行比较，强调该发明的优点，但是还要准备好讨论其缺点。要鉴别并评估市场潜力，估算生产方法（如果可能，包括成本），并估算发明商业化所需的资金，还要考虑是否需要其他技术、营销或分销等方面的资源。此外，需要分享了解到的任何有关监管、政府政策或其他对特定技术商业化很重要的因素。最后，要对该发明如何适应公司的战略技术计划形成直觉。作为一种尝试，请尽量使用具有市场吸引力的标题，而不是专利类型标题。例如，把“旋涂氧化物氮化合成导电薄膜”改成“溶胶-凝胶法制备氮化钛薄膜”。这表明你已经仔细想过，潜在的产品怎样适合公司的产品组合，以及该产品怎样在市场中得到更广泛的应用。

文本框 1：“步枪点射”营销法

1. 每次让一家公司出席（或最多三或四家）。
2. 不要花时间和金钱发布“待转让技术”列表。
3. 为您的联系人精心挑选现有技术——但不要过分而使人厌倦。
4. 尽可能多地发送非保密信息，包括发表的论文。
5. 未经请求，不要发送商业机密，但为了方便起见，对于想获得更多信息的人，附上保密协议。
6. 列出所有发明人的姓名；例如，“R. 琼斯和阿尔伯特·爱因斯坦”，而不是“琼斯”等人。
7. 附一封总体说明的信函，包括如下内容：
- 发明的全部内容（一段）
- 为什么该发明可能会引起公司的兴趣
- 在什么情况下可许可
- 如何获得更多信息
8. 不要对信息进行过度保护。
9. 及时接听电话并反馈信件。

文本框 2：“霰弹枪扫射”营销法

霰弹枪扫射营销法的主要特点：
- 同时通知许多公司
- 用“群发邮件”代替目标邮件
- 优先选择“击中更多”而不是“更少”
- 减少后续跟踪时间

使用霰弹枪扫射法的特殊技巧： • 为发明/技术提供一份带有非保密摘要的营销方案 • 使用有机构明确标识的信笺抬头、文具和其他纸制品 • 使用谨慎的选择标准确定营销目标 • 与主要营销目标的技术联络人尽可能保持联系 • 向潜在的被许可人解释为什么使用这种营销方法

要将信息送入“正确公司”中的“正确之手”中，您需要确定谁是“正确之手”。考虑公司的哪个级别或职能部门最适合您的定位：

- 顶层：首席执行官、总裁、总经理、副总裁、总监
- 底层：科学家、工程师、运营人员、市场/销售人员
- 中层：许可人员、专利顾问、技术转移人员
- 职能部门：研发、工程、营销、业务发展

务必充分利用校友、已离职的发明人和其他可能仍然非常有用的联系人和信息，这些人员可以帮助您将材料妥善地送到正确的人手中。当然，在你确定正确的人之前，需要找到正确的公司。寻找正确公司的信息来源包括：

- 发明人
- 在线服务
- 商业目录
- 贸易杂志
- 专业和行业协会
- 科学会议与会者/发言者
- 政府联系人（例如，小企业创新研究项目的受资助人）

为了带着正确的信息找准正确的时机，联系正确公司中的正确的人，需要了解政府法规的变化、商业重点的转变、外部环境（例如战争或宏观经济变化）、人事变动、技术突破以及其他有关事项。认真思考，然后勇往直前。签署保密协议后，可以提供更详细的信息。但越来越多的公司正在仔细思考是否愿意签署此类协议，特别是对于设备。无论如何，在保密的情况下，可能会提供更多科学细节，包括更详细的专利状态描述。根据机会潜力的大小，TTO 应更深入并为有希望的投资者提供完整的商业计划。

搜集信息的关键在于找到尽可能多问题的答案，这些问题是关于什么公司能够与机构良好地合作，然后为解决客户提出的任何反对意见量身定制解决方案。一定要强调发明与市场相关的益处。例如，该发明可以适用于以下哪一项？

- 体现全新功能的产品或服务
- 改进现有性能

- 改进现有产品的制造过程
- 现有产品的附加功能
- 现有产品进入新的市场
- 两种现有产品的整合

如果答案是肯定的，就一定要说出来。最后，也是最重要的，跟进并保持联系。

7 完成交易

7.1 条款

技术转移资格审核完成后，技术转移的基本条件也就水落石出了。然而，合同条款无须反映出所有资格问题的真正答案。相互了解对方的期望是问题的真正关键。在这个阶段，应该解决预算和酬劳问题，而不要留到执行阶段。

技术转移经理不应该草率对待条款清单。机构的律师会告诫 TTO，条款清单可以被解释为一份具有约束力的文件。因此，它不应用于松散的谈判，而应该作为一种真诚的表示，以了解彼此对交易的责任，不仅包括财务方面的承诺，还包括人事、实验室、机构和公司资源方面的安排。

7.2 交易时间和谈判过程

如果 TTO 想保持一定工作量而不是越积越多，交易时间，或从开始到结束谈判一个合约所花费的时间至关重要。冗长的谈判、没有议程或结果的漫长会议以及缺乏准备工作，都会造成成见，干扰当前和未来的交易。

技术转移经理应该记住，没有完成交易，就不能开始收取许可费。由于缺乏重点或责任而导致6个月的延误，可能意味着公司损失了6个月的收入，而机构损失了6个月的许可费。而且，竞争性技术的机会窗口期非常有限。如果由于无法解决问题而错失机会，对所有参与者来说都是真正的伤害。应该永远记住，而不仅仅是说说而已，快速判定一个潜在的合作伙伴实际上不是合格的客户，然后快速转向另一个更有能力的合作伙伴通常会更好。TTO 必须考虑诸如机会成本之类的选择：除了延迟资格认证流程，总会有其他一些案子可以推进。

作者发现，作为技术转移部门的成员，定期审查接近收尾的前 3~6 个项目是有帮助的。部门成员可以就案子终结方式提出建议。这项操作还提醒专家花费适当的时间完成任务。总之，TTO 经常需要成为促进者以及谈判者。

7.3 继续跟进

合同执行文件上的签名通常意味着：（1）庆祝信号；（2）有机会转到下一个案子。然而，忽视了合同的跟进，往往会成为一个代价高昂的错误。为了确保公司在技术方面的最初目标保持不变，必须保持联系。请注意，公司在交易谈判期间对机构的技术商业化可能一直说“是”，但实际上并非如此。当 TTO 向一家公司提供技术时，其优柔寡断的表现可能反映了他们不愿或不能做出商业化的决定。例如，机构可能是公司现有产品的大客户，公司不希望因为错过技术许可机会而扰乱当前关系。但是，由于公司不知道该怎么做，就什么都不做，技术也被搁置。

没有替代人员可以跟踪合同，确保付款并完成阶段性目标。事实上，为了看到产品最终进入市场，需要各方共同努力。TTO 可以使用数据库程序自动标记重大事件、各项活动和付款日期，以更有效地跟进资方、收取费用并监控进度。通过跟踪并衡量项目成功与否，可以获得关于未来合同的有用信息。事实上，与公司建立关系，有助于未来谈判更加高效。

8 结语

营销知识产权面临着独特的挑战，其中最重要的是试图出售未开发完成的（因此未经证实）的技术。无形性和不确定性使得寻找公司开发技术变得困难，而将技术推向市场至关重要。综合考虑多种因素，营销知识产权使技术转移经理处于机构知识产权发展的顶端，成为工作中的智力和社会激励措施，并成为 TTO 获得整体成就的基本成功要素。

致 谢

ARCH Development Partners 的管理合伙人泰瑞·威利（Teri Willey）对本材料做出了贡献，该材料现已由作者进一步更新。

TODD S. KEILLE, *Director of Technology Transfer*, *University of Vermont*, *1 Pendulum Pass*, *Hopkinton*, *MA*, *01748*, *U. S. A.* *todd. keiller@ uvm. edu*

---

1 For example, AUTM lists, on its Web site, Technology Transfer Offices and companies that support technology Transfer activity. www. autm. net/directory/search_org_results. cfm? searchby=all.

2 www. masstechportal. org.

3 See Jansen C and HF Dillon. 1999. Where Do the Leads for Licenses Come From? Source Data from Six Institutions. *Journal of Association of University Technology Managers* XI. www. autm. net/pubs/journal/99/leads. cfm.

4 Special thanks to Lita Nelsen for this outline.

5 Special thanks to Connie Armentrout for this information.

6 Special thanks to Richard (Dick) Cahoon for this information.

第 12.6 章

小型农业生物技术公司的专利许可

克林顿·尼格利（CLINTON H. NEAGLEY）
美国加州大学戴维斯分校技术转移部副主任

译者 岳强 审校者 刘芳 张熠 李雪

摘 要

小型农业生物技术公司（agri-biotech）需要建立强大的知识产权组合。这种组合能为研发提供基础，激励外部投资和资金支持，并支撑产品商业化。建立知识产权组合的一个重要步骤是从第三方专利持有人获得专利权许可。非排他许可通常赋予公司自由实施的权利并使产品商品化成为可能。就专利商业化而言，独家许可赋予了公司排他的地位。

本章讨论了小型农业生物技术公司从外部获得的专利许可，描述了需要采用获得许可形式的技术类型、许可过程中涉及的程序，以及获得许可的协议条款。

1 引言

为了取得成功，一家技术公司需要在知识产权领域建立专有地位，也就是说，需要建立一个强大的知识产权组合。该组合应当主要由公司开发的专利权和通过许可获得的专利权组成，也可能包括技术诀窍、商业秘密、版权和商标。知识产权组合应包括多种类型的知识产权，使公司可以自由实施（FTO）、明确商业化路径并处于排他状态，从而获得独一无二的竞争地位。获得许可以及该许可所带来的自由实施权利或排他权，可以提高公司的价值，增加对投资者的吸引力并获得资助或公开上市的机会。

公司拥有的知识产权是公司资产的重要组成部分，但研发知识产权需要时间和资

Neagley CH. 2007. Patent Licensing for Small Agricultural Biotechnology Companies. In *Intellectual Property Management in Health and Agricultural Innovation: A Handbook of Best Practices* (eds. A Krattiger, RT Mahoney, L Nelsen, et al.). MIHR: Oxford, U. K., and PIPRA: Davis, U. S. A. Available online at www.ipHandbook.org.

金。获得许可使公司能够在早期阶段得到知识产权的使用权，而无须投资研究。非排他许可权，即授予多个被许可人的权利（见下文），在给定的专利权范围内允许自由实施。另外，排他许可权，即只授予一个被许可人（见下文）的权利，也在给定的专利权范围内允许自由实施，并确保被许可人在生产、销售或使用方面享有一定时间的排他性商业地位。

在已经建立专利制度的国家，强大的知识产权组合对于公司至关重要。强大的知识产权组合也可以是世界其他地区公司的资产，使这些公司在其本国更具竞争力。此外，如果公司希望向已建立专利制度的国家出口产品，同样需要强大的知识产权组合。

2 非排他和排他许可

知识产权许可（或知识产权许可协议）是知识产权权利人（许可人）向另一方（被许可人）授予某些权利并获得补偿（货币或其他方式）的契约。许可范围取决于被许可的权利，以及如何、何时及在何处使用或行使这些权利。专利许可授予的权利包括专利本身的权利，也可能包括商标权、著作权、专有技术权利或有形物质（如个人财产）权利。知识产权许可的特点取决于各方视角：被许可人认为它是一种引入式许可（因为被许可人将许可及其责任和利益纳入其知识产权组合），而许可人认为它是输出式许可（因为许可人从自己的资产组合中授出了知识产权）。在交叉许可的情况下，各方通过授予外向式许可来获得内向式许可。

引入式专利许可或是非排他的或是排他的。每种类型的许可有不同的目的，涉及不同的合同条款，随之而来的是不同的价格。

一般而言，非排他许可允许被许可人自由实施专利技术，但不是排他地位。许可人可以将同一技术授予他人使用。非排他许可包含了一条不主张条款：许可人同意不针对被许可人运用该许可技术开发的产品主张其他任何专利权利。小型农业生物技术公司获得系列非排他许可并不罕见，由此他们有权开发技术并最终用于创造新的产品。

相比之下，排他许可为被许可人提供自由使用专利技术的权利，并拥有独家使用的地位。换句话说，拥有专利的排他许可在某些方面就像拥有专利权一样。排他许可能够帮助新的公司在研究领域建立自己的地位，并通过研究活动创造收益。需要权衡的是排他许可通常要比非排他许可的费用高。

“介于两者之间”的许可是有可能的。例如，公司可以获得非排他许可，并选择在一定时间内将该非排他许可转换为排他许可。由于许可人同意在规定的时段内不向其他人授予许可，所以被许可人获得排他许可授权通常比仅获得非排他许可花费更多。

3 许可涵盖的农业技术类型

一家小型农业生物技术公司应该开发具有竞争力的知识产权组合，包括使能技术、性状技术和植物育种材料的专利及许可。

使能技术（换句话说，研究工具）用于生物工程合成新的有机体。使能技术包括：植物转化技术；启动子和其他表达系统，包括组成型、诱导型、组织特异性和时间特异性的启动子；标记，包括可选择标记和可筛选标记；载体；基因抑制技术；引导，转换和信号；切除技术；其他一些非性状特异或表型特异的成分被移入生物工程合成的植物体内。

获得使能技术的授权通常是非排他性的。许可人用非排他性许可能够授予多项许可，从而扩大其收入基础；同时，被许可人可以以较低成本获得技术和自由实施权利。然而，有时使能技术的许可也可能是排他性的，无论是广泛使用还是特定用途，例如特定的作物范围或限定的性状范围。使能技术的许可可能涉及有形财产的权利转移（例如，DNA 序列），这就需要按照材料转移协议或委托协议的约定进行。[1]

性状或表型特异性技术用来创建能够表达所需性状的新基因植物。这些基因可以来自任何类型的生物体，例如病毒、细菌、真菌、植物或哺乳动物。这些基因可以表达为理想的农艺性状，例如，生物或非生物抗性，或消费者期望的性状，如颜色、风味、质地或香味。

特定性状技术的引入式许可通常是排他性的。获得授权的被许可人仅可以在特定作物或一组作物上开展工作。排他许可使许可人从尚未开发的基因获得补偿；同时，这些许可使被许可人拥有使用该技术的排他地位，并利用其开发新的商品。性状技术的许可可能涉及有形财产权的转让，例如基因或基因构建，需要按材料转移协议或委托协议的规定办理。

第三类技术是可应用使能技术和性状技术的植物材料。包括研究初期使用的模式植物，例如拟南芥，以及研究期间和后期开发或商业开发阶段使用的商业化植物材料（育种材料或品系材料）。

如果植物材料受专利（或植物专利）、植物新品种保护或植物育种者权利的保护，也可以被许可。如果植物材料不受知识产权保护，则可以通过材料转移协议或委托协议获得。然而并非所有植物材料都受到知识产权法律保护。有些材料属于公共领域或可免费获得，例如来自美国农业部的材料。

4 许可程序

许可是一个耗时且昂贵的过程。通常，参与许可的每个公司都要建一个团队，包括一个或多个内部技术人员（通常是研究负责人），以及一个或多个商务人员。此外，内部和外聘专利专家应提供意见。专利专家包括专利法律顾问（在美国，是指有资格在美国专利商标局执业的专业律师）和专利代理人（在美国，是指在专利进入美国专利商标局之前有资格执业的经过技术培训的非律师人员）。如果公司的规模不足以聘请内部专利顾问，那么应聘请了解公司技术和预算要求的外部顾问。即使内部专利顾问（和/或内部专利代理人）在场，外聘专利法律顾问仍应随时准备协助处理困难或特殊情况。

公司应为实施每个研发项目制订专利计划。除了为公司研发的成果规划知识产权保护之外，专利计划还应该确定第三方专利的现状和状态，以有利于获得许可。随着研究计划的深入，以及第三方专利格局的变化，专利计划需要不断进行修正。

识别第三方专利的过程详见本《手册》的其他部分。[2] 简单地说，第三方专利状态可以根据多种信息来识别，包括已公布的专利申请、授权专利、出版物、会议报告、网站、证券交易委员会提交的信息，以及大众媒体。专利申请由美国专利商标局及不同国家专利局公布；世界专利组织根据《专利合作条约》公布专利申请。

尽管查询已公布的专利申请很重要，但需要注意一些事项。第一，专利申请在提出申请 18 个月后公布，因此它不包含最新信息。第二，公开的专利申请通常是提交的权利要求，而不是在审查过程中可能被修改或最终被授予的权利要求。但是，专利申请公布后，专利文件将向公众公开，并且可以在专利审查期间跟踪专利权利要求的任何变化。第三，不能保证专利申请将被授予专利。第四，不止一个申请人会为同一发明寻求专利权。在美国以外的国家，一般规则是先提交专利申请才有权获得专利。然而在美国，第一个发明人有权获得专利。*

一旦确定了重要的第三方专利，应该研究该专利及其历史申请文件，以确定专利权利要求的范围及应用场景，或其对所考虑项目是否具有适应性。如果专利适用于该项目，可以获得许可，并且价格在预算范围内，公司可以决定寻求许可。如果专利适用于该项目，但难以获得许可，或经济上不划算，则应重新评估该项目计划；或许存在解决方法，即找到可达到相同效果的替代方法，从而规避该专利。

如果公司决定获得许可，首先要确定是非排他许可还是排他许可，然后决定是否愿意支付费用，最后决定是需要许可权还是期权。[3] 可以直接与专利持有人（潜在的许可人）接触，或者通过中介机构（如律师事务所）进行沟通。在确定有可能许可之前，如果不希望被潜在的许可人认出是哪家公司，可以通过中介人联系。无论是直接谈判，还是通过中介机构沟通，双方通常都要签署保密协议。谈判过程中，如果许可方需要在若干潜在被许可人之间做出选择，或者/并需要计算许可费的水平和类型，许可人可以要求潜在的被许可人提供商业计划书。谈判通常是在各个公司的商业和法律团队的指导下进行，或者至少要听取其意见。通常情况下，讨论后会形成一个协议意向书，然后就许可协议中的条款和措辞进行谈判。

5 许可协议条款

专利许可协议的核心条款由两部分组成：第一部分是授予被许可人的权利，第二部分是向许可人支付的补偿金。授予的权利通常取决于专利的范围，但并非总是如此。许可协议还可以限定其他要授予的权利，例如有形财产权、版权、专有技术、商业秘密或商标。经过协商确定许可人获得补偿金的方式，包括固定付费和/或提成费。许可协议的其他主要条款包括应承担的责任；勤勉要求（定义见下文）；被许可人参与专利申请程序的权利；协议的期限或时长；以及许可的可转让性（定义见下文）。

5.1 专利权

许可或专利权赋予的权利，通常基于一项或多项专利申请或专利所涵盖的权利，以及任何相关申请（例如续展、分案和再颁）的权利。如果专利许可适用于外国，也

---

* 美国专利法已改为先申请制，而不再是先发明制。——译者注

将包括该国相应专利的权利。如上所述，许可还可以授予许可人其他任何专利的权利，涵盖所述专利涉及的产品（不主张条款）。

5.2 授予被许可人的权利

根据排他许可的严格定义，许可人仅保留专利所有权，但不保留任何其他权利（尽管如下文所述，实际上通常会为许可人实际保留某些权利）。在排他许可中，许可人授出唯一许可但自己同时保留所有权利。在共同独占许可中，许可人向特定数量的被许可人（通常为两个）授予许可。

有多种重要方式可以限制或定义授予的（排他或非排他）许可。首先，可以从地域上限制授权，例如，可以限于特定国家或美国境内的特定地理区域。其次，可以在延续时长方面限制授权，例如，可以以专利的寿命限定，或者以其他限定时长。最后，可以限定用于特定领域（例如，限于研究用途，或某些作物或性状）。

授权，即使在排他授权的情况下，许可人也可以规定保留某些权利并进行限制，即许可人继续持有权利，或许可人可以授权给不同业务领域、不同属地或不同应用领域的其他被许可人。例如，农业公共知识产权资源联盟（PIPRA）建议农业生物技术许可人保留出于人道主义目的而将技术许可给他人的权利。[4] 如果使用美国政府资助开发出的专利技术，则任何许可都受到美国政府权利和义务的约束（《拜杜法案》，35 U. S. C. § 200 et seq. ）。

通常，授权应明确被许可人是否有权向分支机构、其他公司合作伙伴或第三方进行分许可。也应该明确表示分许可是否允许他人代表被许可人制造或销售产品。排他许可协议通常比非排他许可协议允许进行更广泛的分许可。

此外，授权可以为被许可人或被许可人的代表以往的侵权行为带来解脱或宽恕。可以以非排他许可的最惠国待遇或以许可人未来改进技术的“优先购买权”等形式，给予许可额外的权利。最惠国待遇规定是指就相同的专利权，如果许可人向另一方授予更优惠的许可条款，应向最初的被许可人提供相同优惠的条款。“优先购买权”条款是指如果许可人对被许可的专利权进行了改进，并选择将改进之处进行许可，则许可人应优先将此种许可提供给被许可人，然后再提供给他人。

5.3 许可人的补偿金

许可人补偿金可以是固定收费与许可提成费的组合，固定收费是预先支付和/或定期支付的。从公司计划和预算的角度来说，补偿的水平和时间很重要。在确定其愿意支付的报酬规模时，公司需要评估被许可技术的潜在价值，并评估由此技术开发的商业产品潜在价值。这种分析需要考虑多种因素，包括产品的潜在市场规模、可能的市场份额、竞争的现状、许可人专利权的强度、许可的范围、引入许可的优势（货币方面或其他）、未来开发的项目成本以及产品成功商业化的可能性。相同或类似技术的在先许可协议是与上述分析相关的。如果必须从其他许可方获得许可才能使许可协议所述的产品商业化（即许可提成费叠加），则被许可人倾向于降低支付费用。[5]

补偿也可以采取非货币形式，如被许可人公司股票、许可交换、交叉许可或对许可人的回授。回授补偿是指被许可人利用许可技术所取得的改进或发明，应将相关权利授予技术许可人。

5.4 责任

被许可人可能希望许可人提供许可权担保，并保证所许可专利权的范围或强度。许可人可能希望被许可人赔偿其在许可协议活动中可能产生的责任。此外，许可人可能会强制要求被许可人购买保险。这种与责任相关的条款通常是谈判的主题。

5.5 勤勉条款

许可人通常希望被许可人在开发产品和确保产品进入商业市场方面尽职尽责。勤勉对于排他许可尤其重要，没有被许可人的勤勉行为，许可人就不能从专利权中获得足够的利益。在非排他许可中，被许可人的努力同样重要，可以确保许可人从许可协议中获得价值，是确保许可技术创建产品进入市场的重要途径。

勤勉条款（或要求），特别是在排他许可协议的情况下，通常会确定重要时间节点。要求被许可人在特定日期之前完成研究、开发和商业化过程中的特定步骤。在农业生物技术方面，重要时间节点包括模式植物系统开发、作物系统开发、田间试验、获得监管批准、初步商业化以及商业化达到预期水平。如果被许可人未能在指定时间完成指定任务，许可人可以终止许可，如果是排他许可，则可降至非排他状态。勤勉条款包括以额外补偿换取时间节点的延长。如果无法预料的情况减缓了发展和商业化进程，被许可人希望能保护自己，避免丧失权利；另外，如果被许可人不能履行协议中的责任和义务，许可人则希望保留追索权。

除了（或偶尔）代替里程碑时间节点，勤勉条款会要求被许可人定期付款（通常为年度最低付款），无论被许可人的销售水平如何。这类支付可以设定为固定金额，也可以根据业务预测逐步增加。许可人可以同时要求定期付款和达到某个里程碑时间节点，以确保获得报酬并保证技术进入市场。

5.6 被许可人对于专利的责任

在非排他许可协议中，被许可人可以不支付专利费用，即申请、起诉和维护专利申请的费用；这样的话，被许可人通常无权参与专利的相关决定，即没有机会对专利申请进行审查并发表评论。另外，非排他被许可人也可能被要求按比例支付专利费用；或者，如果它是第一个被许可人，可能会被要求支付所有的专利费用，直到其他许可授权。

在排他许可协议中，通常要求被许可人支付专利费用。作为回报，排他被许可人有权参与专利决策。排他被许可人也有权在上诉、干涉或异议等情况下选择退回专利费用，但被许可人退回专利费也就等于放弃了自己对此类申请的权利。如果许可人选择放弃许可专利的起诉和维护等权利，则排他被许可人有权承担。

许可协议条款可以对专利实施过程中被许可人的权利进行明确，例如，如果允许被许可人参加实施，或者无论许可人和被许可人是否共同参加、如何参加，或者被许可人单独参加，都将承担实施过程中产生的费用并获得由此产生的任何经济补偿。

5.7 许可期限和终止

专利许可协议的期限通常根据专利期限决定。只要恰当的通知，并支付应计费用和适用的专利费用，可允许被许可人在任何时候终止协议。相反，如果被许可人违反了相关许可条件，例如，严重违反或未能满足勤勉条款，则许可人可终止协议。

5.8 可转让

许可人可能会担心许可协议被小型公司的被许可人再次转让，即在企业重组或并购的情况下，被许可人的权利转让给了另一方。许可人不希望事先就同意可转让，因为无法得知被许可人的接手者是谁。各种中间条款可以解决这些冲突；例如，仅在某些情况下允许转让。另外，被许可人希望条款明确，许可人的任何许可转让，新接手者（新许可人）将受许可协议条款的约束。

5.9 其他规定

许可协议通常还包含其他许多规定，常被称为通则或标准条款，如被许可人进展的报告条款；通信保密条款；许可人与被许可人之间争议的仲裁或诉讼程序；遵守适用法律法规的要求；以及管辖法律的选择。

6 结语

一家小型农业生物技术公司，无论身处发达国家还是发展中国家，都可以通过与第三方达成专利许可协议，快速构建其专利组合并大幅推动商业化进程。公司应该确定其想要寻求的许可，是否希望以非排他或排他方式寻求权利，以及以什么条件获得权利许可。在自由实施以及公司独有的专营权方面，许可协议都能给公司的自有知识产权提供重要补充。

CLINTON H. NEAGLEY, *Associate Director, Technology Transfer Services, University of California, Davis, 1850 Research Park Drive, Suite 100, Davis, CA, 95618-6134. U. S. A. chneagley@ucdavis. edu*

---

1 See, also in this *Handbook*, chapter 7. 3 by AB Bennett, WD Streitz and RA Gacel.

2 See, also in this *Handbook*, chapter 14. 2 by SP Kowalski.

3 See, also in this *Handbook*, chapter 11. 7 by M. Anderson and S Keevey-Kothari.

4 See, also in this *Handbook*, chapter 2. 1 by AB Bennett.

5 See, also in this *Handbook*, chapter 11. 9 by K Jones, ME Whitham and PS Handler.

第 12.7 章

农业和生物技术领域早期技术发展的商业伙伴关系

玛莎·邓恩（MARTHA DUNN）

美国先正达生物技术有限公司许可部经理

布雷特·隆德（BRETT LUND）

美国先正达生物技术有限公司许可部经理

埃里克·巴伯（ERIC BARBOUR）

美国先正达种子有限公司北美自由贸易协定种子许可主管

▌译者　岳强　▌审校者　刘芳　张熠　李雪

摘　要

即使大型农业公司在尖端产品研发方面具有很强的专业能力，他们通常也会选择从小型生物技术公司和大学获得技术许可，而不仅仅依靠其自身努力。本章概述了业界巨头从多家公司采购早期技术的兴趣方向，包括如何与这些公司就某个机会进行最佳沟通，以及在评价技术和构建许可协议方面的期望。大公司一般对商业上可行并有助于建立可持续农业经济的新产品或新技术感兴趣。除此之外，他们也会支持那些用于自给自足型农业和人道主义的产品及技术，同时保护公司的知识产权免受商业或其他未经授权的非计划用途侵犯。

1　为什么大型公司希望获得许可技术

与大多数其他行业不同，大型农业公司在产品研发方面表现出色。但他们已经逐渐认识到，大部分创新、早期、前沿的农业研究都是在大学和小型企业完成的，大型

Dunn M, B Lund and E Barbour. 2007. Business Partnerships in Agriculture and Biotechnology that Advance Early-State Technology. In *Intellectual Property Management in Health and Agricultural Innovation: A Handbook of Best Practices* (eds. A Krattiger, RT Mahoney, L Nelsen, et al.). MIHR: Oxford, U.K., and PIPRA: Davis, U.S.A. Available online at www.ipHandbook.org.

公司投入巨资开发产品、注册并将其推向市场。虽然产品开发需要大量的资源和资金，但这种投资在经济上可行，因为它本质上比投资早期研究的风险要低。与仅仅依赖大型企业内部的研究项目相比，通过与其他实体建立伙伴关系和合作，使大型公司能够有机会获得数千个不同实体开发的更大规模的技术组合，分散了风险。较小的公司和大学专注于尖端研究并发现新的解决方案，无须承担投资的负担，通过给较大的公司授权和/或合作开展后续产品开发和商业化来实现其发现的价值。制药行业已经采用这种模式：大多数大型制药公司为了寻求“一鸣惊人”的突破性药物，选择从小型生物技术公司和大学获得技术许可，而不是单纯依靠内部研究。

2 农业产业

尽管农业和制药行业都逐渐开始采用新的早期技术许可模式，而不是依赖内部投资高风险研究，但两个产业之间存在着根本性差异。这些差异主要表现在制药公司和农业公司与技术合作伙伴建立关系及选择协议的方式不同。

开发品种需要的时间很长。使用传统育种方法，开发常规品种平均至少需要 5 年。当涉及转基因性状时，开发并商业化新品种可能需要 7~10 年，包括在多个国家获得监管批准允许进口、出口和种植作物所需的时间。

造成开发时间漫长的其他因素包括种植时间有限、生长周期长以及需要对功效和环境影响进行严格的多区域测试。从投资的角度来看，一个早期遗传性状技术从最初发现到 10 年后仍起作用，才有可能盈利。

将农产品推向市场的成本可能低于医药产品，而农产品的单价也更低。此外，农业领域受到关注的只有少数主要作物，在这些作物中，只有少数高价值农艺性状能够证明开发转基因作物解决方案是合理的，例如干旱、虫害、病害和耐除草剂以及许多品质性状。这与制药行业的情况不同，制药公司所针对的目标涉及很多不同的治疗领域。这一特点使投资早期技术的少数大型农业企业兴趣点相互重叠，产业竞争加剧，并极其重视知识产权保护。过去 10 年已经发生的重大整合便可证明，如今，仅有屈指可数的几家主要竞争者投资农业产业新技术。

与制药行业公司类似，农业公司通过专利保护、植物品种保护、商业秘密和商标等多种手段大力防范竞争对手。而与大多数只关注地区的小公司不同，大公司希望在全球推广其产品，包括发展中国家和新兴国家。

各公司还以新的方式与基金会和公共机构合作，支持发展中国家的基础研究、地方市场和自给自足型农业。除了带来直接的人道主义和能力建设等利益之外，这些合作伙伴关系的最终目标是为当地农民和种植者开发新的、有利可图并可持续的农业市场，确保这些国家的粮食供应安全可靠。包括先正达在内的多家公司，通过先正达可持续农业基金会等众多基金会提供了有力支持并捐赠了专有技术。公司通常愿意提供其专有产品和技术，支持自给自足型农业和人道主义工作，同时认识到需要保护其知识产权避免未经授权的使用，例如用于商业或非预期目的。这种善意在商业机会有限的地方更容易体现。

3　向大公司推销新技术

联系公司时，通常有两种渠道：(1) 联系从事许可或业务发展的个人；(2) 联系公司的研究机构。第一种渠道，可以通过积极参加机构的活动，如大学技术经理人协会（AUTM），生物技术工业组织（BIO）和国际许可贸易工作者协会（Licensing Executives Society，LES）等，与从事许可和业务发展的专业人员建立关系。通过这种方式，借助社交网络可以轻松建立关系。而通过这些联系，专业人员可以了解潜在合作伙伴的兴趣，以及这些兴趣与某个拟许可技术主题匹配的程度。公司对他们认识的人以及与他们分享经验的人反馈更及时。此外，当获得的信息旨在满足公司的需求和兴趣时，公司能够更快速地作出反应。如果尚未在公司内部建立任何个人联系，推销人员至少可以访问公司网站，查看公司当前产品和研究兴趣等可用信息。针对可能对这些技术感兴趣的特定公司推荐特定技术，比使用群发电子邮件向潜在合作伙伴描述多种技术的作用要大得多，因为在长长的列表中，目标公司感兴趣的技术容易被忽略。另外，拥有及时更新、易于浏览的技术展示网站，也能让目标公司在有空时看到感兴趣的内容。

向公司的许可部门发送信息时，需要注意这些信息会被快速审核，只有质量或某方面符合公司特定需求和战略利益时，才能得到审查人员的进一步审核，评估其技术相关性和价值。因此，提供技术潜在用途和商业价值的明确信息很重要。如果没有这些信息，仅靠阅读速度的快慢，高度技术性的内容最终会被忽视。

接近公司的第二种方法，是基于科学家圈子。这是进入公司的更直接途径，科学家（尤其是商业环境中工作的科学家）身处独特环境来观察技术的适用性，并确定是否能够真正解决商业需求。除此之外，公司会依赖内部研究人员在各自专业领域搜索技术，为进一步实现公司商业目标推出新产品。

4　公司在找什么

农业公司希望获得具有商业应用价值的许可技术，从而发现更好的产品或生产现有产品更有效的方法。最终，将根据财务效果对技术进行审查。从科学角度来看，许多技术很有趣，但没有明确的商业用途。许可人关注该技术潜在的商业价值，会增加技术的吸引力。但从产品开发和竞争角度看，商业应用必须在财务上可行。

最终，每项技术都需要公司内的“支持者”，他们确信该技术具有科学和商业的双重价值。“支持者”通常就是最终进行市场开发的科学家。如果交易成功，交易双方的技术“支持者”都至关重要。技术许可进来后就束之高阁或误用，通常是由于公司内的“支持者”缺席或资源不足。技术许可前的尽职调查，应该包括确保项目资源充足、明确公司内的技术“支持者”，并能够按照协商好的时间表推进工作。

4.1　技术风险

来自大学或小公司的大部分技术处于早期阶段，从产品开发的角度看具有巨大风险。许可方需要认识到，从开发项目到成功推出产品需要大量时间、资源和资金，包括研发支出、知识产权和专利成本、监管审批以及生产营销成本。在将技术推向市场的过程中，分配资源时需要将所有因素都考虑在内。后期技术（如已在相关作物中证实的技术）当然会具有更高的价值。如何生成数据证明技术也需要考虑。

在温室中或以非生境种质资源进行的研究，并不一定能在田间地头很好地转化，产品会受各种环境和其他因素影响。很多时候，公司希望在两年到三年的时间内，对技术进行评估，了解其在实验室或温室环境之外多个环境中的表现，这些工作需要在谈判最终商业条款之前完成。由于技术存在风险，大型公司通常倾向于从获得研究或评估的许可开始，保留商业许可的意向，构建关键条款，如果田间试验成功，就能确保产品商业化在经济上是可行的。

4.2 技术类型

不同类型的技术具有不同用途，因此价值不同。农业技术通常被分为两类：(1) 第一类，农业技术作为使能技术，能够促进或直接创造某种产品（例如，驱动蛋白表达的基因启动子或增强某种作物转化效率的工具）；(2) 第二类，农业技术本身是具有某种特性的产品或种子，能为种植者、制造商或最终用户提供利益，还能为种子公司增加效益。

使能技术有助于将产品推向市场，但在许多情况下，这些技术只是替代或改进其他功能相似的方法或技术。一项使能技术存在多项替代方案，因此其价值要低于产品技术。因此，大型农业公司可能只对使能技术的非排他许可感兴趣，只要能够自由使用该技术即可。公司不愿意支付提成使用费，而更愿意支付前期入门费、年费或里程碑费用。需要注意的是，虽然使能技术经常交叉用于多个项目，但这些技术和项目中的大多数不会进入市场。

另一方面是产品技术，即那些被推向市场的技术。对于这类技术，农业公司往往对排他性专有权感兴趣，以获得市场战略优势。由于这种技术可以直接转化为销售和收入，因此具有更高的价值。

5 技术评估

技术评估是一项艰巨而复杂的任务，因为将技术推向市场具有多种不确定因素。通常，许可人和被许可人对技术贡献度的看法存在差异。农业行业的信息不对称使情况更加严重：在确定产品推向市场的成本以及最终产品的潜在销售收入方面，有的公司获得的信息比另一家更完整。农业行业，不是总能找到可参考的历史交易来比较未来产品，特别是当公司开始进入新的市场领域时，涉及已有性状以外的性状，例如抗虫性和除草剂耐受性。此外，为了在市场上销售的某些性状，必须与其他许可人提供的另外的投入或农艺性状相结合。市场上现存竞争性性状也会影响技术价值。这些都使价值评估更加复杂。

早期技术的价值需要根据上市时间、货币时间价值、技术风险以及获得监管批准的风险进行贴现。必须考虑商业化过程中投入的资源。许多许可人过于看轻或看重这些因素，是因为这些因素超出了他们的控制范围，但风险依然存在，并会影响价值评估。影响价值共享的其他因素包括商业化过程是否需要额外的许可，以确保产品在市场上能够最大限度地自由运营。如果需要其他许可才能将技术推向市场，“许可费叠加”问题就会出现，产品被收取多重许可费，可能会超过产品利润率，就无法实现商业化。

基于净销售额的传统许可费支付方式很少用于农业许可交易，因为许可费叠加的问题以及许多技术（从早期使能技术到性状相关技术）都可能用于开发最终产品。无论这些技术是从外部许可引进来的还是由公司开发的，公司都尽量避免向许可人支付总价值中其他技术贡献份额的许可费。出于同样的原因，大型公司也试图避免对使能技术按产品技术支付许可费，因为使能技术本身并不会带来额外收入。

大多数情况下，公司可以根据特定技术在市场上的增值部分达成协议。诸如按百分比收取性状相关收入或按单位固定收费等模式，供许可人采用。

6 许可协议条款

当公司选择内向引入许可技术时，尤其是在农业和生物技术行业，各方在许可协议中必须考虑几个问题：

- 支付方式：根据技术的使用情况和风险状况，需要使交易费用达到平衡。有时可以在许可有效期内通过按净销售额支付许可费、里程碑费用和许可提成费实现这种平衡。其他情况下，例如，涉及使能技术的非排他许可，可能是一次性付清。对于产品技术，传统上是在许可的生命周期内分摊支付，反映了风险因素和开发时间安排，因此当研发费用很高时，许可费用不会过高，不会成为阻碍因素，但会反映从产品获得实际收入的时间范围。

  对许可人来说，为了满足农业公司的需求，在探索新的市场时，保持支付方式的灵活性非常重要。很多时候，风险投资方期望，在小型创业公司创建 3~5 年之后退场。可能在达成交易时造成紧张局势，因为投资者期望获得回报，而公司在从已投资和正在进行的投资中获得收入之前，仍存在重大的开发和产品风险。
- 排他性：每个公司会津津乐道于在市场上排除他人获得战略优势，但有时获得排他权既不必要也不划算。对排他性的需求或渴望受多种因素影响，包括财务状况、阻止或给竞争对手许可的机会，以及在市场中创造竞争地位的机会。
- 应用领域：如果许可人打算在应用领域进行排他性许可，则许可人希望确保应用领域不重叠，并且划分领域的方式不会破坏其他潜在被许可方的利益。农业公司会多次考虑特定应用领域（例如，特定作物或特定性状的利益），以此获得特定市场的独占权。
- 勤勉：关于勤勉条款，双方需要对条款和时限的合理性与灵活性达成共识。对于某些农业技术尤其如此，例如，种子具有不确定性和相关风险，包括技术、田间和环境风险以及与科学监管相关的风险。农业公司接受许可方设立勤勉条款的愿望，但过于严格的条款可能会给许可带来风险。大多数公司都欢迎合理的勤勉要求，因为这会确保在合理的商业时间范围内进行技术的评估和开发。

技术“支持者”鼓励许可人与被许可人在勤勉条款方面进行公开而持续的沟通，并在必要时进行调整，以便技术发展惠及双方。

- 发表文章：许可人与大型农业公司合作时，要确保许可开始后发表的文章（尤其是排他许可）不会影响获取知识产权保护，并因此降低技术的价值。双方的密切合作应确保发表的权利不受损害，同时确保在发表前获得适当的保护。公共部门和企业处理出版物相关问题的机制已经相当完善。
- 改进：为了使技术充分发挥潜力，允许农业公司获得基础技术的改进结果，这样做符合双方的利益。
- 时间表：许可方和被许可方在进行许可协议谈判时，及时反应很重要。预计会出现延误时应及时沟通，因为企业可能是按照特定的时间表推动产品开发，过度延迟会导致利益损失和/或资金损失。
- 交易后：要及时转交许可需要的专有技术或材料。公司正在评估技术并可能出现问题时，应在协议中明确谁是合适的联系人，以确保充分实现技术的潜力。通常情况下，为了实现许可的全部利益，被许可方期望并欢迎技术专家的持续支持。

7 结语

大型农业公司为获得市场竞争优势，愿意获取和利用技术。大学和研究机构可以通过许可协议，与拥有资源以及产品开发和市场营销能力的公司合作，将早期技术转化为消费者需要的产品。这种技术合作伙伴关系可以产生新产品或新技术，不仅可以为发展中国家带来人道主义福利，也有助于在所有国家建立可持续的农业产业经济。

MARTHADUNN, *Licensing Manager, Syngenta Biotechnology, Inc, 3054 Cornwallis Rd., Research Triangle Park, NC, 27709, U. S. A.* martha. dunn@ syngenta. com

BRETT LUND, *Licensing Manager, Syngenta Biotechnology, Inc., 3054 Cornwallis Rd., Research Triangle Park, NC, 27709, U. S. A.* brett. lund@ syngenta. com

ERIC BARBOUR, *Head, NAFTA Seeds Licensing, Syngenta Seeds, Inc., 7500 Olson Memorial Highway, Golden Valley, MN, 55427, U. S. A.* eric. barbour@ syngenta. com

第 12.8 章

生物技术和医药商业化协议*：其架构及对大学技术转移办公室的启示

马克·G. 爱德华兹（MARK G. EDWARDS）
美国资产重组公司董事总经理

译者 岳强 审校者 刘芳 张熠 李雪

摘 要

在不同商业模式不断发展的背景下，理解生物技术和医药的商业化协议对于大学技术转移办公室（TTO），以及促进区域生物技术发展的公共政策制定者是有意义的。本章指出了生物技术和医药商业化协议中关键的结构和经济要素，以及影响合作伙伴选择特定类型协议的因素。协议的 4 个特点决定了产品发起人（以下简称发起人）和商业合作伙伴之间价值分配的方式，即发展阶段、产品供应、市场机会和条件范围。本章解释了建立生物技术协议涉及的典型经济合作条件，并从 1981 年至 2000 年建立的生物技术协议中抽取样本，对经济合作条件进行了实证分析。对处于不同发展阶段的 4 个特定协议作为案例研究，进行了详细分析。最后为大学 TTO 提供了建议及起草商业化协议的指导方针。

1 引言

自 20 世纪 40 年代以来，制药行业基本沿袭了垂直整合的商业模式。这个时期引入了第一批抗生素，制造能力增强，并在不久后发展出了销售和营销组织。随后的半个

Edwards MG. 2007. Biotechnology and Pharmaceutical Commercialization Alliances: Their Structure and Implications for University Technology Transfer Offices. In *Intellectual Property Management in Health and Agricultural Innovation: A Handbook of Best Practices* (eds. A Krattiger, RT Mahoney, L Nelsen, et al.). MIHR: Oxford, U.K., and PIPRA: Davis, U.S.A. Available online at www.ipHandbook.org.

* Alliance 直译为联盟，但根据本文后的作者注，“术语‘联盟’通常用来描述当事人之间的关系。这种关系通常涉及许可和/或再许可，以及双方的其他权利和责任。除非特别强调的，本章中，术语‘联盟’‘协议’‘交易’‘合作伙伴关系’和‘许可’可互换使用。”考虑到中国习惯，将主要用‘协议’代替‘联盟’一词。——译者注

世纪，该行业一直靠药物化学家的创新产出能力得以维系，他们从微生物、植物和动物中分离天然产物，设计同型物，并出乎意料地发现活性分子。

过去几十年来，生物技术的出现改变了药品产业，并引入了新的参与者和新型商业模式。20世纪80年代早期，重组DNA和单克隆抗体（mAb）技术成就了第一种生物技术商业模式，主要基于分离和/或产生新化合物的相关知识产权。强大的知识产权保护和难以掌握的生产方法使生物技术初创公司与已有的制药公司始于合作，终于竞争。这种模式中，假设合作伙伴不断提供一系列新颖的产品和日益优惠的合作条件，该公司就成为完全自主研发型制药公司（FIPCO*）。1992年之前，100多家生物技术上市公司中的大多数都采用这种模式。迄今为止，美国安进公司**（Amgen）和美国基因泰克公司（Genentech***）就是从该时期延续下来的仅存的两家完全依靠自主创新模式的公司（FIPCO）。

到20世纪90年代初，出现了两种新的生物技术商业模式。第一种是技术平台模式，利用新技术发现新药物和/或改进药物生产力。通过搭建一个广泛的平台，一家生物技术公司可以为多个药物合作伙伴提供付费研究，同时积累专业技能并追求自身利益。最早的技术平台公司开发了新型化合物筛选方法。这些筛选公司依赖制药界合作伙伴筛选化合物，但合作协议通常缺乏吸引力。

其他类型的技术平台很快出现，包括使用专有技术从寡核苷酸（例如反义核酸和基因疗法）、脂质、碳水化合物、多肽和组合化学中产生的新化合物。随着20世纪90年代后期人类基因组测序发展，技术平台模式再次扩大，包括发现和验证新型药物靶标的公司。加入这类平台，使公司能够用仪器和软件通量处理不断增加的基因组材料、组合文库和结构信息。

这些技术平台公司的共同之处在于，基本上依赖公司合作伙伴支付部分费用使用并改进平台，同时增加生物科技的基础设施和专业知识。Gilead Sciences和Vertex Pharmaceuticals公司是目前采用技术平台业务模式的成功典范。

20世纪90年代初出现的第三种商业模式，主要集中在具有明显需求和特定患者群体的疾病，如癌症、皮肤病和神经退行性疾病等。这些公司试图通过保留临床开发的商业权利，获得更多创新产品的价值，并为特定市场开展商业化开发。利用这一战略，集中关注某种疾病的公司尝试将发现阶段、开发阶段和有时进展到商业阶段的计划进行平衡组合。然而，后者是典型的创新性较差的产品，主要用于建立销售基础，以准备并最终销售公司正在开发的更具创新性的产品。Amylin和MedImmune公司是目前采用聚焦疾病商业模式的成功典范。

然而，到了20世纪90年代中期，由于投资者缺乏兴趣，许多聚焦疾病的生物技术

---

* FIPCO是英文Fully Integrated Pharmaceutical Company的简称。——译者注

** 安进公司（Amgen），全球生物科技巨头，是由一群科学家和风险投资商于1980年创建的。主要从事人用创新药物的探索、研发、生产和销售，致力于发掘生物科技潜力以用于对患有严重疾病患者的治疗。通过借助前沿人类遗传学等工具，安进公司力求揭示疾病的复杂性，为理解人类生物学原理奠定基础。——译者注

*** 美国基因工程技术公司，简称基因泰克，是由风险投资家Robert A. Swanson和生物化学家Herbert Boyer博士于1976创立的生物技术公司，被认为是生物技术行业的创始者。发起人Boyer博士是DNA重组技术先驱者。——译者注

公司削减了药物发现项目计划。同样，与顶级医药公司合作开展药物研发的技术平台公司也认为早期发现研究在资源利用方面不具吸引力。随着主要医药公司的整合，技术平台公司认识到产品收购机会将会出现，但不为规模更大的制药公司所知悉（低于其雷达飞行）。这些制药公司将注意力转向从生物医药公司许可已获批准并进入后期开发的化合物。由于大多数生物医药公司仅专注于需要少量销售队伍的专业市场，如癌症、抗感染药物和皮肤病学，到20世纪90年代后期，投资者开始将这一群体视为一种新的商业模式，称为专业制药。Cephalon 和 Celgene 是目前采用专业制药商业模式较为成功的公司。

这4种生物技术商业模式总体上对医药产业产生了影响，显著提高了制药公司通过许可获得和出让化合物的机会。从而弱化了制药公司垂直整合的商业模式，致使大多数制药公司25%到50%的上线产品来自外部。继而，制药公司成为生物技术产品商业化的主要模式，2005年销售额最高的100种生物技术药品中至少有63种是为某些地区合作开发的，2006年十大畅销生物技术产品中有8种亦如此。

在几种不断发展的商业模式背景下，理解生物技术和医药商业化协议对于大学技术转移办公室（TTO）以及旨在促进区域生物技术的公共决策者是有意义的。首先，在某些情况下，TTO可以扮演类似生物技术公司的角色，作为商业合作伙伴的许可方，无论合作伙伴是传统制药公司、新兴生物技术公司还是区域营销公司，均能为其提供重要的知识产权和/或化合物。然而，TTO通常会成为知识产权和/或化合物的上游许可人，这些知识产权或化合物在被许可给商业合作伙伴之前还会由生物技术公司打包开发。在这些情况下，为了保护或加强TTO技术的贡献度，理解并/或影响商业化协议的条款很重要。

本章旨在确定生物技术和医药商业化协议[1]的主要架构和经济要素，以及影响合作伙伴选择特定协议的因素。第2节描述了协议价值分配的4个特点，定义了发起人与商业化合作伙伴之间的价值分配。第3节讨论了协议中的典型经济条款。第4节对从1981年至2000年建立的生物技术协议中选择出来的样本进行了实证分析。第5节描述了处于不同发展阶段的4份特定协议。第6节是为TTO提供的建议和起草商业化协议的指导方针。

2 协议价值分配的特点

2.1 发展阶段

药物开发分为几个阶段，很大程度上取决于新药批准的监管要求。通常被分为发现、先导化合物、临床前、提交临床研究型新药（IND）申请、Ⅰ期临床试验、Ⅱ期临床试验、Ⅲ期临床试验、新药申请（NDA）备案、审批以及批准（Ⅳ期）临床试验等阶段。一般而言，越靠近药品研发后期达成协议，支付给发起人的对价股份份额越高。[2] 这一行业惯例在一定程度上反映了迄今为止各方的累积投资，以及获得化合物批准和上市的可能性。

例如，当一个化合物成功地度过药物开发的各个阶段，相关风险较低，会增加协议各方分享的经济利益总价值。在其他条件相同的情况下，对一个处于研发后期化合物的许可谈判，比处于研发早期化合物的许可谈判，分配给发起人对价股份份额更高。

相反，处于新化合物开发早期的公司则面临着巨大的成本和风险，因为投资开发新产品可能会失败。为了有足够的动力承担风险，一旦化合物能获得成功，被许可方需要从新产品中获得更大份额的预期销售或利润。

到了开发链条的最后端，拥有成熟的产品，在一个或多个区域市场上销售业绩不断增加、利润丰厚的公司，继续尝试扩大产品的地理销售范围几乎不会面临任何风险。在其他条件相同的情况下，产品营销合作伙伴在扩大产品销售区域方面所获得的预期销售额或利润的份额将小得多。

大多数情况下，在签署各个发展阶段的商业协议之后，发起人不再有无偿研发的义务。此时商业合作伙伴的兴趣在于控制商业化进度和所需支出，发起人的兴趣在于使该化合物或技术权利变现并保留任何预先商定的对价。但是，如果发起人在签署协议后持续获得重大进展，则会出现例外情况。这种例外，通常与共同开发或分销的协议有关，将在第 3.2 节中讨论，一般需要向发起人支付更高份额的对价。

2.2 产品供应

虽然许多商业协议只是关于提供化合物或技术相关知识产权和/或专有技术的许可，但有些协议额外规定，发起人在整个商业化过程中要提供全部或部分化合物。在这种情况下，与不提供产品相比，发起人将承担更大的成本和风险。因此，要求发起人通过临床开发和商业化供应初级或批量生产化合物的协议，通常会给发起人支付更高的对价。

2.3 市场机会

上市药品的毛利润率一直保持在历史高位，通常在 75% 至 95%。这是由于新产品比替代治疗方案更具优势，开发成本和风险较高，以及市场新入者面临的监管和坚固的知识产权壁垒。凭借较高的毛利润率，显著的销售及分销规模效应，畅销药品（所谓的“热销品”）推动了主要制药公司的整体盈利能力。因此，对市场潜力大的化合物竞争非常激烈。相反，市场潜力相对较小的化合物，例如投放特定市场的化合物，发起人的吸引力和利润条件都较低。因此，通常情况下，市场机会越有吸引力，支付发起人的对价份额就越高。

2.4 范围

特定的商业协议是指限制或扩大协议所表达权利的非财务条款。这些条款限定了所授予的许可是排他的、半排他的还是非排他的，总的来说，更强的排他性会对发起人产生溢价。同样，地域规模越大，经济上越具吸引力，协议存续时间越长，支付给发起人的对价份额就越高。这是因为权利和任何相关经济利益通常会在协议终止后归还发起人。因此，在其他条件相同的情况下，长期协议支付给发起人的对价会高于有限期限的协议。

如果协议为商业合作伙伴提供一个或多个额外化合物或用途的选择，通常也会增加发起人的对价份额。这种选择为商业合作伙伴提供了更广泛的选择，同时最大限度地减少了支出和渠道发展风险。从发起人的角度来看，向商业合作伙伴提供复合或多项选择，将排除替代方案，包括发起人本身的前向整合公司业务，因此与有限的选择范围相比，通常需要溢价。

3 协议的经济条款类型

3.1 预付款

商业协议通常会包括初始付款（所谓的预付款）。预付款可能在协议执行时支付和/或按月或按年分期支付，但后一种情况下不可撤销支付义务。这不是开发中使用的里程碑式付款（见第3.3节），其付款义务取决于预计的工作完成情况。

预付款表示商业合作伙伴“买入”，反映了发起人将以化合物或技术签署协议时发生的全部或部分费用以及风险。发现阶段的交易也需要预付款，通常称为技术获取费。

对于生物技术公司来说，预付款是向投资者发出的一个重要信号，表明合作项目的质量很高，商业协议正处于优势而不是劣势地位。这种支付一旦完成，通常不可退还，因此将其纳入协议，将增加发起人按风险调整的对价份额。

3.2 签署协议后偿还或分摊研发费用

协议签署后，在药品投放市场过程中产生的研发、生产和启动费用，涉及生物技术公司的商业化协议通常分为三种不同类型，这些类型有时会按产品或地区混合或组合。

大多数生物技术协议属于第一种类型，其商业合作伙伴在签署协议后承担所有费用，包括报销发起人在签署协议后继续研发和制造的费用，并直接支付与产品开发、制造、监管批准和启动相关的所有其他费用。这些成本非常庞大，风险全要由商业合作伙伴承担。

签署协议后，如果协议要求偿付发起人的研发费用，通常也会要求发起人在1~5年内，每年提供特定数量的全职科学家（FTE），按季度以最大固定数额报销每个全职科学家的费用。然而，发起人会面临超支风险。例如，如果10名全职科学家的固定报销数额为每人每年25万美元，而发起人每年实际研发费用为270万美元，则仅能报销250万美元。相反，如果发起人的实际研发支出为220万美元，则30万美元就结转为下一年的研发费用。

第二种类型的协议是双方共同分担成本（所谓共同开发）。在共同开发协议中，前期支付和里程碑节点支付通常用于调整研发计划中的各方利益，并分享后续进展和其他费用。在典型的共同开发协议中，发起人可能仅拥有部分能力或资源完成临床开发、商业供应和/或推出化合物。这种协议在商品化后期往往会出现利润分割，反映了产品中各方的利益。虽然成本分摊的比例或水平因协议而不同，但这种协议通常提供一种机制，使一方可以支付另一方发生的超额费用，通常是溢价的。

至于第三类协议，则是发起人在签署协议后继续承担全部或几乎全部的开发、制造和管理费用，但商业合作伙伴承担部分或全部启动成本以及持续的销售和营销费用。如果发起人放弃所有的销售和营销责任，则第三类协议通常被描述为经销协议；如果双方都参与产品的商业化，则这类协议被看作是共同推销或联合营销协议。

虽然商业合作伙伴承诺以全职科学家（FTE）报销的形式投入大量资源，但与预付费和里程碑付款不同，此类付款对发起人来说并不合算。因此，在其他条件相同的情况下，所有费用由商业合作伙伴承担的协议，支付给发起人的对价份额是最低的；合作发展类型协议支付的对价居中；而分销型协议支付的对价最高。这种行业实践经验部分反映了各方在产品发布过程中的总投资，以及化合物开发失败时商业伙伴承担的不同风险。

3.3 发展过程中的里程碑付款

大部分生物技术协议都采取视情况而定的支付方式（即所谓的发展过程中的里程碑支付方式），通过签署协议后各发展阶段取得的循序渐进的结果来推进研发项目的进展。

对于早期阶段的协议，典型的发展里程碑包括技术可行性论证、专利颁发、选定先导化合物、IND 申报、启动Ⅱ期临床试验、启动Ⅲ期临床试验、NDA 申报和监管部门首次批准。对于后期的协议来说，发展里程碑可能包括追溯个人医疗指标或主要市场的市场准入，如美国、日本或欧盟。

与前期付款一样，发展里程碑付款一旦支付则不可退还，因此采用这种支付方式的协议，将增加付给发起人的风险调整对价份额。

3.4 股权投资

15%～20%的生物技术协议，明确了生物技术公司的股份中，商业伙伴的投资需占一份或更多份的单位股份。购买此类股份常涉及新发行的股票，因此投资收益可供公司使用。如果生物技术公司在投资时公开交易，商业合作伙伴可以购买公允市价（FMV）股票，或者可以在购买时按超过公允市价支付指定保费。如果协议包括非公共生物技术公司购买其股份时，价格通常要比最近一轮股票发行的市场公允价高出 20%～50%。

然而，与前期支付方式和开发里程碑支付方式不同的是，股权投资涉及所有权权益的资本交换，因此，发起人的获利程度，取决于与公允市价相比，商业伙伴额外支付的份额。

3.5 商业化后期的支付

商业化后期的支付通常由 5 种类型中的一种或多种组成：（1）商业合作伙伴向发起人支付以产品销售额为基础的许可提成费；（2）商业伙伴支付给发起人的制成品费用（所谓的转让价格）；（3）商业合作伙伴向发起人支付商品化后一次性里程碑付款（所谓销售门槛费）；（4）双方之间的净利润分配（所谓利润分成）；或（5）发起人向

商业伙伴支付的市场营销费用。

3.5.1 许可提成费

商业合作伙伴支付给产品发起人的专利许可提成费通常随着产品销售量增加而增加。例如，协议指定一个基本许可提成费率，该费率与年度（或累计）产品销售达到某销售水平有关。高于该水平，将采用更高的许可提成费率，直到达到第二个销售门槛，会有更高的费率，依此类推，通常有 3 到 5 个不同的许可提成费级别。这种做法符合行业偏好，竞争明星产品不是细分市场产品的特点。

3.5.2 转让价格

发起人向商业合作伙伴提供半成品或成品，其价格经常通过以下 3 种方法来确定：一种是成本加指定利润，另一种是按每单位指定价格，第三种是产品销售价格的百分比。由于商业化协议通常不能确定实际或预期的制造成本，因此很难明确转让价格对利润的贡献。在这 3 种方法中，指定转让价格占产品售价百分比的协议信息最清晰，因为一般行业惯例是对新产品进行定价，制造成本通常为产品销售价格的 5%～10%。这意味着如果转让价格超过产品销售价格 10%后，就达到最大限度了。

3.5.3 销售门槛类支付

销售门槛支付是指对产品发起人一次性支付费用。与开发里程碑支付一样，销售门槛支付通常不可退款。

3.5.4 利润分配

利润分配方法随时间或特许区域而变化，可能包括、也可能不包括协议指定的其他类型付款方式。在合作开发中，入股支付方式平衡了各方的既有风险和在先创造价值，利润分配则趋向跟踪各方签署协议后在临床开发方面的支出——例如，一方支付 40%开发成本，将有权获得净利润的 40%。在类似协议中，各方精确地定义了“所允许”的开发、制造、监管、启动和营销等方面的支出，从而调整或达成相互认可的利润分配方法。

3.5.5 市场营销费

产品发起人向商业伙伴支付市场营销费，通常只适用于发起人负责产品预订销售的情形，有时也适用分销和联合推广协议。此类费用通常被称为提成费，但发起人支付给市场营销或共同推广伙伴的费用除外。在这样的协议中，可能存在静态或动态的销售标准（所谓的基准），低于该标准，商业伙伴将得不到补偿。这反映了在没有市场营销方帮助的情况下，发起人销售产品的能力。

4 协议中经济条款的实证分析

4.1 样本选择

美国证券交易委员会（SEC）要求在美国证券交易所上市的生物技术公司提交材料凭证。生物技术公司历来谨慎地对待此项要求，并经常提交与商业伙伴结盟的协议，以及与大学和其他技术供应商签订的上游技术许可。

资本重组（Recap）协议数据库囊括了1973年以来达成的2万多个研究、开发、许可、供应、联合开发、分销和类似协议的副本。Recap分析师从美国证券交易委员会获得的文件中收集的协议，主要是生物技术公司所披露的资料。Recap分析师跟踪了大约1400家向美国证券交易委员会提交文件的公司，其中绝大多数是从事药物研发的生物技术公司。

公司通常可以要求对协议中的敏感业务信息进行保密处理，包括专利许可提成费比率和其他支付方式，但这种保密要求是有时间限制的。Recap分析师首先收集向美国证券交易委员会提交的协议，然后尝试依据《信息自由法》（FOIA）向该委员会提出要求，获得未修订的副本。

图1（本章末）显示了1981年至2000年处于发展阶段的研发协议样本中，最活跃的20个生物技术和药物商业伙伴参与的协议。“20强”商业伙伴是根据过去30年来他们加入的生物技术协议总数选定的，其中包括由商业伙伴建立、前20强随后再加入的协议。例如，诺华（Novartis）共参与了超过700件生物技术协议，包括由汽巴-嘉基（Ciba-Geigy）和山度士（Sandoz）签订的协议。诺华的32个协议被纳入了样本。根据2006年2月Recap协议数据库，这些未经编辑的处于发展阶段的研发协议都将诺华公司作为商业化合作伙伴。其他生物技术研发项目最活跃的19个商业化合作伙伴也得到了相似的分析，最终获得259个未经编辑的处于发展阶段的研发协议。

4.2 预先支付

图2和图3（本章末）分别显示了1981年至2000年，前20位商业合作伙伴建立的生物技术协议中，预先支付的平均数和中位数情况。按照签署时所处的发展阶段，将协议进行分组。其中，中期是指临床前或Ⅰ期临床试验阶段签署的协议，后期是指Ⅱ期或Ⅲ期临床试验阶段，或NDA申报阶段签署的协议。

图2和图3数据支持了所观察到的现象，即越在药物开发后期达成协议，支付给发起人的对价金额就越高。例如，中期阶段协议给发起人的预付款为2180万美元，而后期阶段交易为3070万美元。虽然发现阶段协议的预付额超过了先导化合物阶段的交易支付，但此类支付在发现阶段的最大组成部分是研发费用报销，因此并未使发起人受益。

4.3 许可费提成和其他商业化后期付款

图4和图5（本章末）分别显示了有效许可提成费率的平均数、中位数（即按许可等级调整的费率）和最高许可提成费率（其中包括转让价格的对价）。这一数据也支持了所观察到的现象，即药物开发后期达成协议，支付发起人的对价金额更高。例如，数据显示，在年销售额为5亿美元的情况下，向产品发起人承诺的有效许可提成费率的中位数，发现阶段的协议为7%，先导化合物阶段为8%，中期阶段为9.6%，后期阶段为15%。同样，平均而言，实际许可提成费率随着产品年销售额增加而增加。

分析表明，当转移价格和最高许可提成费率相结合时，产品发起人的补偿中位数，发现阶段的协议增加到 8%，先导化合物阶段增加到 10%，中期阶段增加到 15%，后期增加到 20%。然而，这些平均的或中位数的商业化后期付款，都不包括涉及利润分割的 44 个协议，因为这种形式的对价与许可提成费没有直接可比性。

5 不同阶段协议的实例说明

5.1 发现阶段的协议

1997 年 5 月，Eli Lilly 公司和 MegaBios 公司（后来合并成为 Valentis 公司）签署加入了一个全球协议，开发癌症的基因疗法产品。启动时，MegaBios 有一个基因治疗技术平台，但在癌症领域还没有开发出先导化合物。

如图 6（本章末）所示，技术发起人 MegaBios 没有收预付款，但 Eli Lilly 公司承诺在两年内支付 700 万美元用于支付 FTE 和制造过程的费用。Eli Lilly 公司负责开发、临床、制造和监管等其他所有费用。发展里程碑节点支付的总额为 2750 万美元，包括治疗卵巢癌和乳腺癌化合物的临床开发相关费用。Eli Lilly 公司在签约时购买了 300 万美元的 MegaBios 公司股权。到商业化后期，Eli Lilly 公司承诺向 MegaBios 公司支付分级许可提成费，从年净销售额的 6% 增加到 13%。这些许可提成费将在任何授权专利的有效期限内或产品推出后的 7 年中（以较长的时间为准），按不同国家进行支付。之后，Eli Lilly 公司获得费用缴清的许可权。

5.2 先导化合物阶段的协议

2000 年 12 月，Novartis 与 Celgene 签署了一项全球协议，开发骨质疏松症治疗方案。在开始时，Celgene 有几种基于选择性雌激素受体调节剂（SERMs）的先导化合物。

如图 7（本章末）所示，先导化合物的发起人 Celgene 两年内获得了 1000 万美元的预付款以及 400 万美元的 FTE 付款。Novartis 负责所有开发、临床、制造和监管费用。发展里程碑节点支付总额达 3000 万美元。没有股权投资。在商业化后期，Novartis 承诺向 Celgene 支付分级许可提成费，从年净销售额的 10% 增加到 12%。许可提成费或是按任何已授权专利的生命周期，或是按产品推出后的 10 年期（以较长的时间为准），按不同国家支付，之后 Novartis 获得费用缴清的许可权。

5.3 处于中期的协议

1997 年 11 月，Eli Lilly 公司和 Ligand 制药公司签署了一项共同开发、许可和共同推广协议，以获得 RXR 维甲酸治疗糖尿病的全球权利。在双方签署协议时，Ligand 制药公司的几个 RXR 化合物正在进行临床前试验。

如图 8（本章末）所示，化合物的发起人 Ligand 获得了 1250 万美元的预付款。5 年内 FTE 支付总额达 4900 万美元，Lilly 负责所有开发、临床、制造和监管费用。发展里程碑付款总额为 7300 万美元，分为 6 种不同类型的化合物，每种化合物为 650 万美元至 1400 万美元不等。没有股权投资。在商业化后期，Lilly 承诺向 Ligand 支付分级许可提成费，按年度净销售额并按不同化合物类型提成，占净销售额的 5% 到 12% 不等。

这些许可提成费将在任何已授权专利的生命周期或产品推出后的 10 年期间内（以较长的时间为准），按不同国家进行支付，之后 Lilly 获得费用缴清的许可权。

5.4 后期的协议

1993 年 12 月，Burroughs Wellcome（后来被 GlaxoSmithKline 收购）和 Centocor（后来被 Johnson & Johnson 收购）在亚洲以外的地区签署了 Panorex 的合作开发、许可、分销和供应协议，Panorex 是一种用于结肠癌辅助治疗的单克隆抗体。当双方合作时，Panorex 处于Ⅲ期临床试验。

如图 9（本章末）所示，复合物的发起人 Centocor 公司签署协议时获得了 1900 万美元的预付款，并在 1994 年将地域扩大到亚洲后获得了额外的 900 万美元。没有 FTE 付款，Centocor 负责完成第三阶段试验。发展里程碑节点支付总额为 4750 万美元。Wellcome 购买了 2350 万美元的 Centocor 股权，签约时支付了 2000 万美元，地域扩大后又增加了 350 万美元。在商品化后期，Centocor 承诺支付的转让价格是年净销售额中第一个 2 亿美元的 50%，第二个 2 亿美元的 40%，然后是净销售额超过 4 亿美元部分的 35%。协议期限为 Centocor 供应产品的期限。

6 建议和结论

虽然没有供应商展台或交易大厅，但是与生命科学产品开发和商业化相关的发现、知识产权和服务交易市场发展势头迅猛。经过几十年的反复试验，生物技术公司和制药公司已经解决了鉴别、创造和分享价值的关键市场架构及经济因素等问题。

正如作者在以前文章中指出的那样，[3] 大学技术转移办公室（TTO）（主要在美国和英国）作为上游许可方和推动者，这个市场已经获得经济利益。

这个市场的新进入者，特别是代表美国、英国之外，至少是加拿大、德国和法国等国家机构的 TTO，了解市场的内部情况则有机会参与市场运作。至少，新进入者应该了解研发下游可以创造价值，并能够承担技术或化合物开发项目。如果这些机构能够开发并提供重要的知识产权和/或化合物，则技术转移办公室可以选择替代生物技术公司，直接与潜在的商业合作伙伴打交道，无论他们是传统的制药公司还是区域营销公司。

本章试图确定生物技术协议的主要结构和经济要素，以及影响其选择的因素。为了简洁起见，只讨论了最重要的结构性条款。文本框 1（本章末）中记录了这些协议通常涉及的其他规定。

MARK G. EDWARDS, *Managing Director*, *Recombinant Capital*, *Inc.*, *2033 N. Main St.*, *Suite 1050*, *Walnut Creek*, *CA*, *94596 U. S. A.* *medwards@recap.com*

1 Since this chapter is principally concerned with development-stage biotechnology R&D programs, the term *alliance* is used to describe generally the relationship between the parties. Such relationships typically involve a license and/or sublicense, as well as other rights and responsibilities of the parties. Except where specifically not-

ed, the terms alliance, agreement, deal, partnership and license are used interchangeably in this chapter.

2 In this chapter the term *originator* refers to one who licenses (a licensor) a compound or technology to a commercialization partner. When the originator is a biotechnology company, the conveyed intellectual property may include one or more sublicenses of university-derived intellectual property.

3 Edwards M, F Murray and R Yu. 2003. *Value creation and sharing among universities, biotechnology and pharma. Nat. Biotechnol.* 21:618-24. Also Edwards M, F Murray and R Yu. 2006. *Gold in the ivory tower: equity rewards of outlicensing. Nat. Biotechnol.* 24:509-15.

文本框 1：起草许可协议的指导原则

Ⅰ. 研究与开发

A. 协议范围
- 生效日期
- 合作性质
- 研究领域
- 联合开发方式
- 确定关键的研究条款

B. 研究期限
- 研究赞助计划的期限（如果有的话）
- 注意是否延期

C. 报销依据或费用分摊
- 研发费用支付（金额和类型）
- FTE（全职人员工时计量法）报销额度

D. 预付款
- 签署后付款（或按日历时间）
- 技术获取费
- 签署前收到期权付款信用证？

E. 基准数量
- 商业化前的里程碑节点（即 IND，NDA）
- 基于销售的里程碑节点
- 许可费可抵免？信用限制

F. 技术收购费用
- 适用于资产购买和分配

G. 付款时间表
- 比如，是否按季度

H. 预算
- 预先批准？
- 协议中是否附加预算？

I. 报销开始日期
- 通常在签署时

J. 监管注册
- 谁控制和支付监管注册？
- 责任是否因阶段、地区或产品而异？

K. 具体的资本要求
- 被许可人需要支付的固定设备
- 如果购买特殊设备，协议终止时由谁保管？
- 材料转移

L. 专利所有权
- 技术诀窍、专利、知识产权和材料所有权
- 谁拥有专利权？
- 联合发明

M. 专利申请费用
- 谁支付专利申请、起诉、维护费用？

N. 专利防御成本
- 谁有权率先起诉第三方侵权人？

- 谁支付专利防御费用?
- 从这类行动中收回的利益如何分配

O. 第三方专利
- 谁有权优先回应第三方提起的侵权诉讼?
- 如果应付第三方许可费，通常此类支付的50%可抵免应付许可人款项的50%

P. 竞争免除条款
- 每一方可以或不可以在同一领域竞争

Q. 出版
- 审批程序
- 被许可方可以要求延迟专利申请

R. 核心技术
- 谁拥有核心技术?
- 访问学者，保留的权利等

S. 取消金额
- 任何终止时的应付金额?
- 也许包括逐步停止赞助研发

T. 终止
- 终止包括 (i) 共同的，(ii) 许可人，(iii) 被许可人。

U. 产品归还
- 协议终止后产品权利归谁?
- 许可费归未终止方吗?

V. 控制权变更
- 通常是"未经另一方事先书面同意不得转让"
- 在控制权变更的情况下，失去了共同推广和/或供应权吗?

W. 选项/其他
- 其他研究选项（即增加领域、产品）
- 其他研究的优先权（ROFR）

Ⅱ. 产品许可

A. 许可持有人/类型
- 授权许可，包括制造、已经制造
- 独家许可，非排他许可或半排他许可(注意限制条件)
- 商业化的权利（再次许可的权利?)
- 是否包括专有技术?

B. 产品使用领域
- 定义产品使用领域
- 知识产权是否具有超出许可范围的实用性?

C. 区域划分
- 界定区域；哪里是主要市场?
- 区域选项中是否有包含/排除的内容?

D. 许可费
- 许可提成费率和/或利润分割
- 特定条件下调整（知识产权保护类型、毛利率、竞争状况）
- 注意第三方专利对许可提成费和/或先前付款抵消的限制

E. 从属许可权
- 是否需要事先同意?
- 对许可提成费率的影响
- 直接支付给上游许可者

F. 期限/专利期
- 许可协议持续多久?
- 许可义务的期限（"许可期限"）（"延续到最后一个专利到期……"）
- 许可提成费到期后许可的排他性会发生什么变化?

- 注意被许可人在许可到期后出售产品的任何权利（根据许可费?）

G. 许可的维护和义务

- 年度许可维护费用和/或最低许可费标准
- 尽职调查（例如IND，第一阶段，特定日期的NDA申报，“付出合理努力的开发”等）
- 违约终止或非排他许可

H. 许可提成费会计

- 定义“净销售额”或同等水平
- 许可提成费计算的其他定义条款?
- 审计规定
- 迟付费用，罚款，利息

I. 专利–许可提成费的关系

- 许可提成费率是否与授予专利有关?
- 仅限技术诀窍的降级费率
- 如果在专利授权前发布产品，则按不同国别来处理未决专利

J. 期权/其他

- 共同推广的权利，如果有的话
- 相关产品的商业化选择

Ⅲ. 制造与供应

A. 权利持有人/类型

- 谁有权制造?
- 包装上的ID
- 第二供应商或后备供应情况如何?

B. 大宗供应/剂型

- 大宗供应或最终形态是什么?
- 是按照发展阶段还是规模而变化?

C. 区域

- 供应区域

D. 报销依据

- 确定支付基础（例如，每单位固定价格，制造成本加成，净销售额百分比）
- 如果有转让价格，包括/不包括许可费?

E. 流程开发条款

- 关于制造工艺开发的条款
- 谁负责制造计划?
- 订单和交付承诺的时间安排
- 生产设备的所有权

F. 临床使用制造

- 谁提供用于临床试验的化合物?
- 临床用品供应的报销依据

G. 装运条款

- 离岸价（船上运费）装运地点
- 大宗货物的标准成本?
- 更换非规格货件的运输条款

H. 资金

- 被许可方是否为许可方提供资金以履行供应义务?

I. 例外条款

- 如果许可人无法满足供应要求，被许可人有权制造或已制造同等数量
- 违约的触发事件
- 临时的还是永久的?
- 针对特定产品/地域?

文本框1(续)

J. 产品责任
- 赔偿，包括标准和有限条件的
- 保险要求

K. 选项/其他
- 供应选项
- 回购产品的选项

Ⅳ. 合作管理

A. 代表
- 项目管理
- 双方建立委员会
- 委员会的构成，宗旨

B. 法定人数
- 任何特定的法定人数?

C. 行动的基础
- 全体一致投票通过或多数规则?

D. 会议
- 委员会多久会见一次?

E. 意见分歧
- 争议解决机制（升级程序）
- 仲裁或调解以及适用的规则
- 上诉?

F. 买断/终结
- 适用于合资企业的安排
- 合资企业终止/到期时的购买选项

G. 选项/其他
- 与合作管理有关的任何其他条款

Ⅴ. 股权投资

A. 财产担保
- 所购股票的数量和类型

B. 定价
- 已付价格

C. 董事会席位
- 获得董事会席位?
- 指定个人或其放弃时由一方任命

D. 研究相关产品
- 如果所得收益必须用于研发

E. 期权和权利
- 购买额外的股权
- 可转换贷款
- 购买者的权利/义务:
  - 注册权
  - 防止股权稀释保护
  - 销售限制条件
  - 停滞
  - 市场僵局
  - 优先权

Ⅵ. 签署

A. 对于大学或生物技术公司（R&D 公司）
姓名、职务、公司

B. 对于生物技术或药物公司（客户公司）
姓名、职务、公司

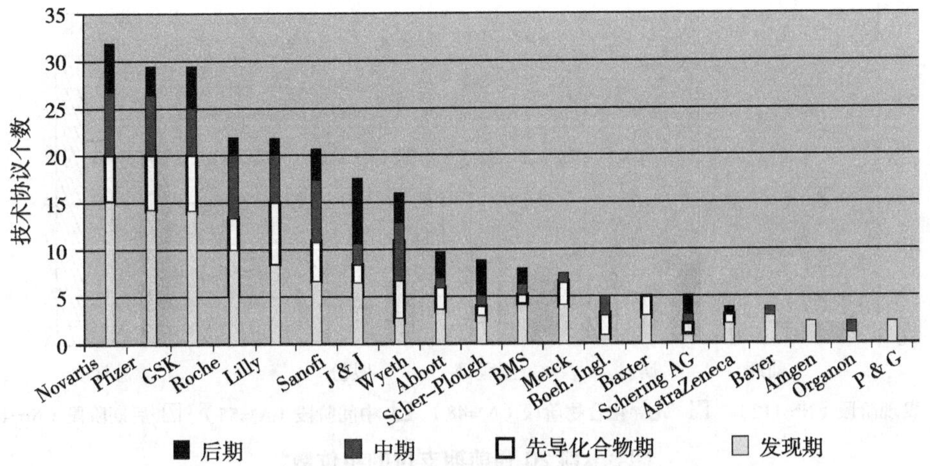

图 1　前 20 位 Pharmas 未经修改的生物技术协议
（在 1981 年至 2000 年签署的 259 个协议）

来源：Recombinant Capital　www. recap. com

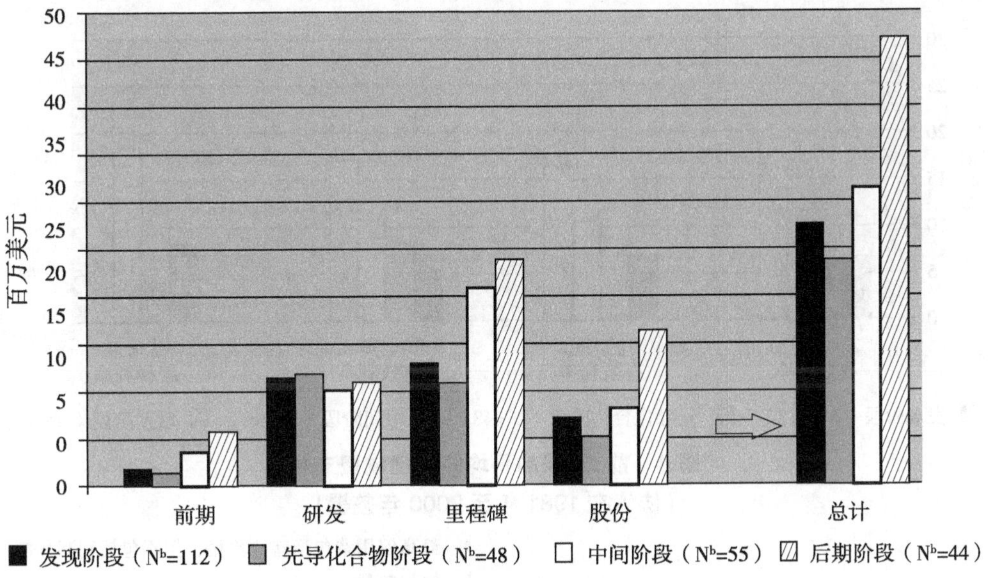

图 2　前 20 强前期支付的平均值[a]
（协议在 1981 年至 2000 年签署）

[a] 按类型分平均非零付款

[b] 协议数量

来源：Recombinant Capital　www. recap. com

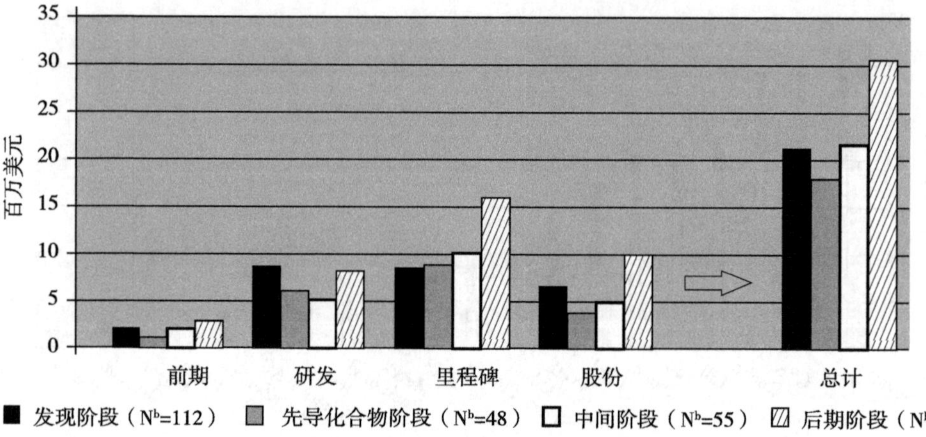

图3　前20强前期支付的中位数[a]

（协议在1981年至2000年签署）

[a] 按类型分平均非零付款

[b] 协议数量

来源：Recombinant Capital　www.recap.com

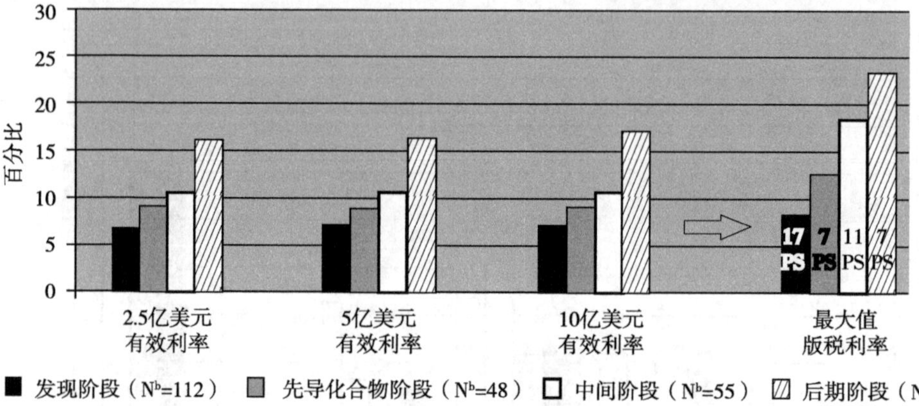

图4　前20强的平均许可提成费支付

（协议在1981年至2000年签署）

[a] 最高使用费包括转让价格，但不包括利润分割

[b] 协议数量

来源：Recombinant Capital　www.recap.com

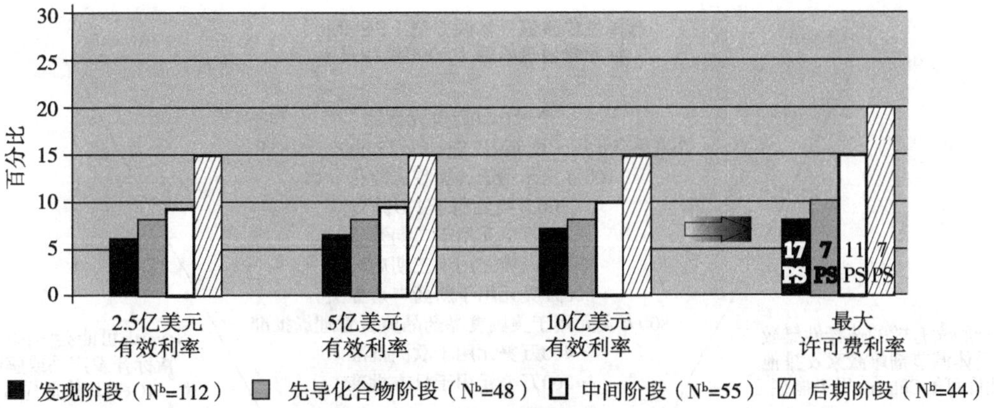

图 5　前 20 强的许可费支付中位数

（协议在 1981 年至 2000 年签署）

[a] 最高使用费包括转让价格，但不包括利润分割

[b] 协议数量

来源：Recombinant Capital　www.recap.com

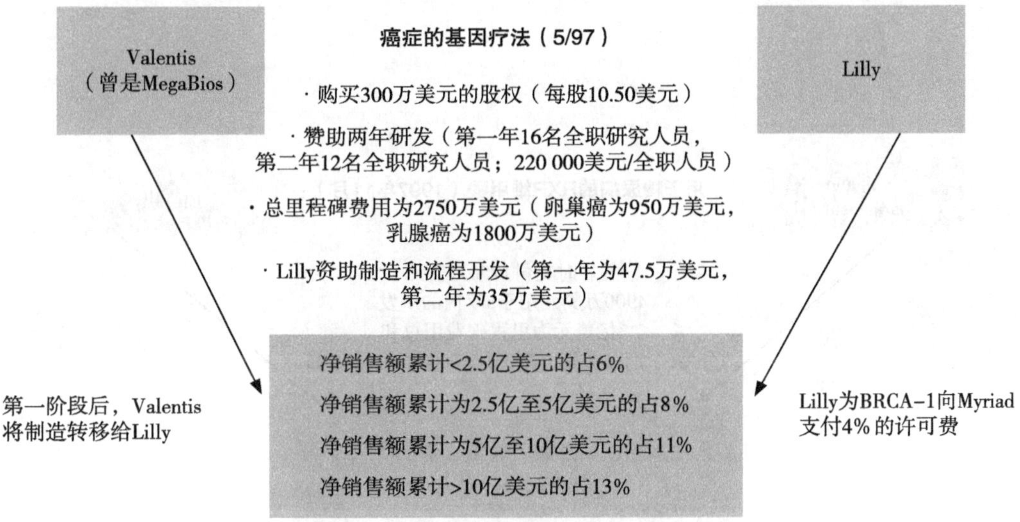

图 6　一个发现阶段的说明性协议

来源：Recombinant Capital　www.recap.com

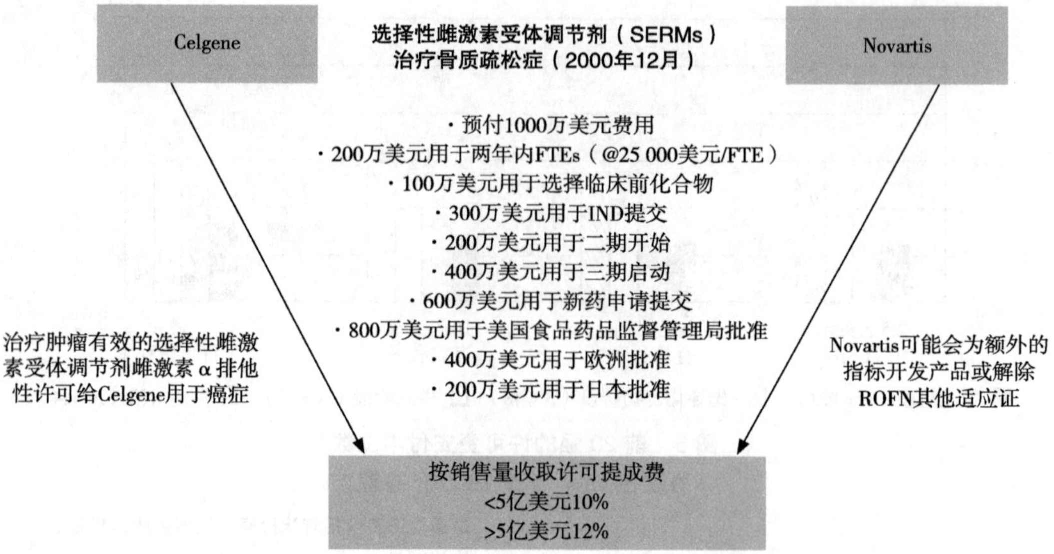

Celgene 有权根据其在心血管检测中的活性，将雌激素 α 与 SERMs 合用，用于心血管适应证。

图 7　一个先导化合物阶段的说明性协议

（所有数字均以美元计）

来源：Recombinant Capital　www. recap. com

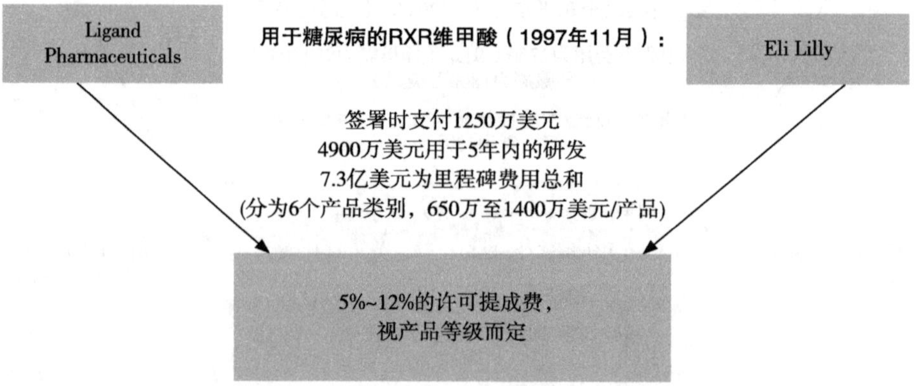

通过在二期之后支付 33% 的开发成本，以及用于癌症销售时要额外支付三分之一的许可费，Ligand 可以选择共同开发 SERMs 肿瘤产品。

图 8　一个中期阶段的说明性协议

来源：Recombinant Capital　www. recap. com

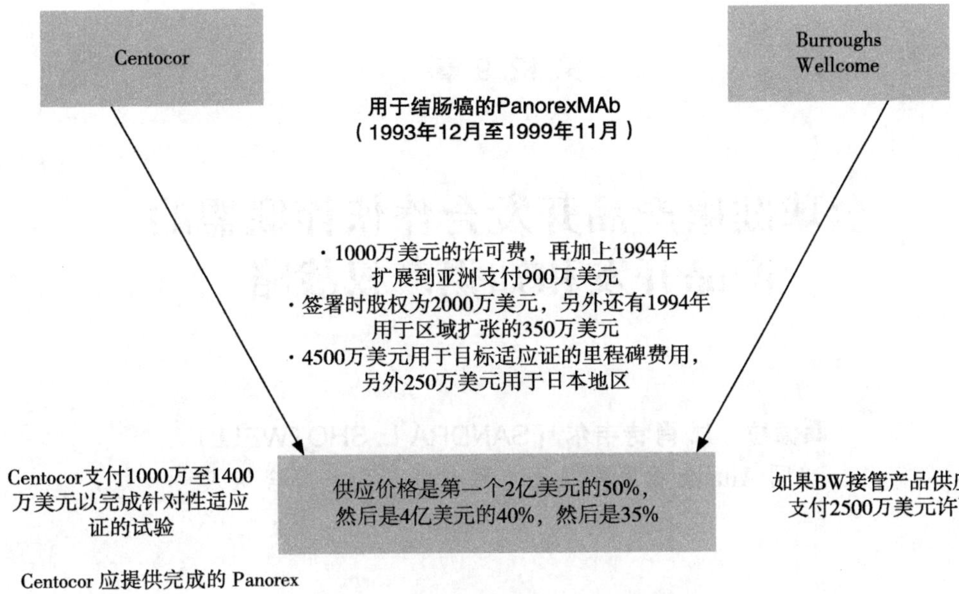

图 9　一个后期阶段的说明性协议

来源：Recombinant Capital　www. recap. com

第12.9章

全球健康产品开发合作伙伴联盟的产品开发和知识产权战略

桑德拉·L. 肖特韦尔（SANDRA L. SHOTWELL）
美国Alta生物医学集团有限责任公司管理合伙人

译者 岳强 审校者 刘芳 张熠 李雪

摘 要

全球健康产品开发合作伙伴联盟（PDPs）的使命是开发有效又可负担的健康产品，让亟需人群买得到，买得起。非营利性的全球健康产品开发合作伙伴联盟（PDPs）经常寻找营利性的合作伙伴获取必要的技术、专业知识和资源。这些初创公司利用慈善和政府资源开发平台技术或创建公司，从现有市场向外延伸或者验证新技术。这种非营利性/营利性的合作伙伴关系需要独特的产品开发和知识产权战略，既要认识到公司的商业利益需求，又要为发展中国家提供亟需的健康产品。

1 引言

"因此，我们得出结论，就此目的而言，专利既不是天生坏，也不是一定好，只是像大多数工具一样，须明智使用。"[1]Lita Nelson的话特别适合全球健康产品开发合作伙伴联盟（PDPs），他们通过利用私营部门及其知识产权和知识产权制度本身的力量，为供应公共产品提供帮助。

PDPs的使命是针对发展中国家的疾病，开发、制造并提供买得起、买得到的健康产品。PDPs致力于服务那些无人照顾且落后的市场，其他制药公司则远离其中。某些

Shotwell SL. 2007. Product Development and IP Strategies for Global Health Product Development Partnerships. In *Intellectual Property Management in Health and Agricultural Innovation: A Handbook of Best Practices* (eds. A Krattiger, RT Mahoney, L Nelsen, et al.). MIHR: Oxford, U.K., and PIPRA: Davis, U.S.A. Available online at www.ipHandbook.org.

情况下，PDPs 的产品也投放发达国家的私营营利市场，但这不是他们的主要目标。

PDPs 的努力显著增加了用于防治发展中国家疾病的产品数量，[2] 正在开发的产品包括防治下列病害的药物、疫苗和诊断试剂，如艾滋病、肺结核、疟疾、脑膜炎、登革热、志贺氏菌和霍乱等。[3]

2 PDPs 的特点

虽然 PDPs 是非营利组织，但与营利性公司和研究机构有相似之处。首先，PDPs 的 IP（知识产权）目标与其他类型的组织类似：尊重有效的第三方专利，确保自由实施。换句话说，即无障碍地使用自己的知识产权，并利用专利获得投资、合作伙伴和政策支持。

研究机构将产品推入市场，通常既缺乏资金，也缺乏专业知识。因此，他们依靠企业合作伙伴将其技术开发成为公众可使用的产品。他们利用专利来吸引企业的兴趣，并在企业合作伙伴希望获得竞争优势的国家寻求专利保护。

PDPs 类似于研究机构，具有非营利性使命，主要依靠慈善和政府支持，并不计划生产与销售面向客户的产品。[4]PDPs 更倾向于与营利性公司合作，以便可以利用他们的制造技能、生产设施、市场渠道及研发专长。

营利性公司为了使市场份额和利润最大化，试图获得超越竞争对手的优势。他们通过孜孜不倦地保护自己的知识产权，降低开发新产品的风险。PDPs 也努力保护合作产生的知识产权，但是他们的目标就像研究机构一样，利用知识产权来获取其他知识产权或有助其使命的其他用途。

像营利性公司一样，PDPs 开发的产品终有一天会被引入市场。他们管理处于不同发展阶段、来自不同项目而建立市场的产品组合，并努力克服产品供给方面的后勤和社会障碍。但是，他们的知识产权战略与营利性公司有几点不同。他们没有必要保护自己的市场份额或利润。事实上，他们的目标是产品定价最低而不是最高。他们欢迎其他组织为同一个市场开发产品。他们愿意分享知识、资源和项目。因此，他们的知识产权战略并不是为了营利而将竞争对手持续排斥在市场之外或增加自身市场份额。

尽管存在这些差异，大多数 PDPs 都在不断推进产品开发，知识产权战略与营利性公司也非常相似。为了追求人道主义目标，PDPs 会许可自己的知识产权或获取企业合作伙伴的知识产权。事实上，如果一家公司已经开发出可以立即投付使用的产品，就根本不需要 PDPs 参与，例如公司直接提供低成本的抗艾滋病药物的情形。[5]

3 PDPs 与营利性公司的合作关系

为了吸引营利性合作伙伴的兴趣和投资，PDPs 必须保护自己的知识产权。在发展中国家获得专利的费用高昂且费时，市场规模往往很小，但可实施专利的存在，对潜在的产业合作伙伴具有强烈的诱惑。

PDPs 遵循合作范围广泛的商业模式：虚拟的药物研发组织（例如结核病联盟[6]），机构内部研究能力（如国际艾滋病疫苗行动[7]），制造能力（如 AERAS 全球结核病疫苗基金会[8]），和非营利药品公司（如寰宇一家健康研究所，iOWH[9]）。所有的 PDPs 商业模式主要依赖公共和慈善组织的支持［如比尔和梅琳达·盖茨基金会（BMGF）］，以及与非营利机构、政府、慈善和营利性伙伴的广泛合作。

《手册执行指南》介绍了 PDPs 与公司共同开发的众多合作伙伴关系的案例。[10] 根据技术、发展阶段和市场性质，产品开发和知识产权战略差异很大。PDPs 所开发的大部分产品都属于两大类别之一：那些碰巧拥有巨大利润的发达国家市场（例如治疗艾滋病或结核病的药物）和那些没有巨大利润的市场。下面对这两种情况下 PDPs 如何采用不同的战略进行说明。

3.1 针对利润丰厚市场生产健康产品

结核病在发达国家和发展中国家肆虐。作为结核病联盟的成员，某 PDPs 计划开发更经济实惠、更有效的产品，并采用时间更短的给药方案从而提高患者完成疗程的概率。[11] 结核病联盟的主要产品开发战略，是与拥有知识产权保护的结核病药物公司形成合作伙伴关系。因此，它与拜耳医疗保健股份有限公司合作，开展拜耳公司药物莫西沙星的临床研究；希望这种药物在 3~4 个月内起作用，而不是标准的 6 个月。协议指出，拜耳捐赠了药物并支付监管费用；结核病联盟协调并支付试验费用，同时寻求企业合作伙伴的支持。

2006 年，另一个 PDPs—AERAS，获得美国范德比尔特大学疫苗技术专利的排他授权，开发结核病疫苗。大学保留权利，可将该技术许可给从事非结核病产品发展的其他合作伙伴。排他性授权使 AERAS 获得了大学的技术和专业知识，并能自由实施；如果该组织能够开发出结核病疫苗（甚至对现有技术进行一些改进），就能够利用其知识吸引营利性合作伙伴。

3.2 在没有市场利润的情况下生产健康产品

为低利润（或无利润）的市场开发产品时，需要采取不同的策略。可能很难找到正在开发此类产品的营利性公司合作伙伴。然而，也有一些公司拥有相关的专业知识、技术和产品，可以鼓励他们与 PDPs 合作共赢。

疟疾在发展中国家不成比例地发展，来自发达国家的旅行者和军事人员使印度等地的营利市场不断增长。[12] 目前这里还没有获得批准的疟疾疫苗。PDPs 疟疾疫苗研究所与大学、政府实验室、初创公司和成熟企业合作，共同推动疟疾候选疫苗的研发。目前正与营利性的葛兰素史克生物制剂公司合作，在非洲儿童中进行疫苗测试。该疫苗已被证实至少在 18 个月内有效，临床发作疟疾减少 35%，严重疟疾减少 49%。《时代》杂志宣布这个项目是 2005 年医疗领域最重要的成就之一。

另一个 PDPs—iOWH，获得了加州大学伯克利分校开发技术的许可。该技术可用于生产青蒿素的前体，青蒿素是一种供不应求的疟疾治疗天然产物。2004 年下半年，iOWH 与 Amyris 生物技术公司的子公司合作。在 BMGF 的支持下，三方协议使各方受益：大学的技术得到开发，Amyris 对生产流程进行了微调，iOWH 开发出一个疟疾待选药物。

4 结语

发达国家不断承诺要满足发展中国家的健康需求。但成功的产品开发和知识产权战略，仅是承诺服务此类市场所涉及的众多问题中的两个。其他问题包括：不同监管机构参与，地方政治和法律问题，责任管理，在基础设施不足或安全无保障地区实现产品交付，以及新产品的接纳。需要解决和管理这些问题，才能帮助 PDPs 实现目标。

SANDRA L. SHOTWELL, *Managing Partner*, *Alta Biomedical Group*, *LLC*, *7505 S. E. 36th Avenue*, *Portland*, *OR*, *97202*, *U. S. A.* *shotwell@ altabiomedical. com*

1 See, also in this *Handbook*, chapter 1. 4 by L Nelsen and AKrattiger.

2 Moran M, A Ropars, J Guzman, J Diaz and C Garrison. 2005. The New Landscape of Neglected Disease Drug Development. LSE Pharmaceutical R & D Policy Project. The Wellcome Trust: London. www. lse. ac. uk/collections/LSEHealthAndSocialCare/documents/PRPP/Thenewlandscapeofneglecteddiseasedrugdevelopment. pdf.

3 See, for example, www. mihr. org, www. tmgh. org, and www. gatesfoundation. org for information about PDPs and their projects.

4 A notable exception is the Aeras Global TB Vaccine Foundation, which setup an in-house manufacturing facility for producing rDNA vaccines.

5 www. bms. com/sr/philanthropy/data/introx. html.

6 www. tballiance. org.

7 www. iavi. org.

8 www. aeras. org.

9 www. iOWH. org.

10 Krattiger A, RT Mahoney, L Nelsen, JA Thomson, AB Bennett, K Satyanarayana, GD Graff, C Fernandez and SP Kowalski. 2007. *Intellectual Property Management in Health and Agricultural Innovation: Executive Guide to Best Practices.* MIHR: Oxford, U. K., and PIPRA: Davis, California, U. S. A.

11 "Working with the best in both the public and private sectors, we collaborate formally with leading university laboratories, large pharmaceutical companies, biotechnology companies, and government agencies. Our work is also informed by constant dialogue with other organizations working to develop TB treatments." TB Alliance. 2006. Next Steps Now. Annual Report 2005/06. TB Alliance: New York. p. 14. www. tballiance. org/downloads/publications/TBA_Annual_2005-2006. pdf.

12 www. malariavaccine. org/files/Market-Assessment-18Jan05-LB-BOS. pdf.

第十三部分

公共部门和企业家精神

第 13.1 章

创建并发展衍生企业：来自耶鲁大学及其他机构的经验

阿尔弗雷德·布朗（ALFRED（BUZ）BROWN）
美国耶鲁大学医学院合作研究办公室负责人，现任美国 BCM 企业总经理
乔恩·索德斯特罗姆（JON SODERSTROM）
耶鲁大学合作研究办公室总负责人

译者　宋潇　审校者　沈慧芝　欧阳石文　张熠　李雪

摘　要

本章介绍大学衍生企业的相关事务：为什么建立、谁来建立以及如何发展。同时也说明了大学及其研究人员在成功建立并发展新的营利性企业过程中遇到的许多问题。建立衍生企业伴随着风险，但也是大学发展早期技术的最佳手段，而且可以带来多种益处。本章提供了耶鲁大学以及私营部门在过去 5 年的部分案例，就风险最小化和收益最大化提出了建议。

1　引言

在完成大学研究和教学任务的过程中，教师们通常会创造出对社会有益的智力资产。这些资产包括可以申请专利的发明、获得著作权的作品以及能够产生新产品和服务的基础概念。这些资产从大学的实验室中诞生时，还不是成熟的商业产品，需要投入大量的人力和资金资源，才能实现其潜能。但在大学的环境中通常无法找到这些资源。

Brown A and J Soderstrom. 2007. Creating and Developing Spinouts: Experiences from Yale University and Beyond. In *Intellectual Property Management in Health and Agricultural Innovation: A Handbook of Best Practices* (eds. A Krattiger, RT Mahoney, L Nelsen, et al.). MIHR: Oxford, U.K., and PIPRA: Davis, U.S.A. Available online at www.ipHandbook.org.

Editors' Note: We are most grateful to the Association of University Technology Managers (AUTM) for having allowed us to update and edit this paper and include it as a chapter in this *Handbook*. The original paper was published in the *AUTM Technology Transfer Practice Manual* (Part Ⅷ: Chapter 1).

因此，对这些发明进行商业化开发，需要掌握必需资源的营利性合作伙伴的参与。大学吸引合作伙伴最常用的方法是许可。专利、著作权及其他知识产权保护形式可以有效地保护大学合作伙伴的投资。通常，大学向 3 种类型的私营部门实体许可技术，即超过 500 名员工的企业（大型企业），少于 500 名员工的企业（小型企业），及新成立的企业（衍生企业）。“大学衍生企业”这一名词是指围绕一种或多种大学研究人员的发现而建立的企业，在大学资产许可的过程中，研究人员（发明人）及大学的许可部门都参与其中。

本章讲述大学衍生企业的相关事例：为什么建立、谁来建立以及如何发展。同时也介绍了大学及研究人员成功建立并发展一个新的营利性企业所遇到的许多问题。其中许多例子来源于本文作者过去 5 年中在耶鲁大学工作时的亲身体验；另外一些例子来自其他私营部门的经验。

2　为什么要建立大学衍生企业

大学衍生企业会带来许多益处，包括：

- 让公众有机会接触新的产品或服务
- 成功最大化
- 树立大学和研究人员的形象
- 增加教职人员的留任机会
- 促进当地、区域或国家经济发展
- 大学和发明人得到经济回报

2.1　公共利益

大部分大学的学术任务和目标是开展对社会有用的研究。为了将这些研究转化为有用的商业产品，需要人力及财务资源的有效投入。发明的商业化通常不是学术或非营利性机构的重点，而是企业的中心目标。然而，为了使企业为大学的发明投资合法化，大学必须首先通过专利、著作权或商业机密等知识产权手段保护其发明。

在对大学发明的管理、保护以及商业化过程中，技术转移管理人员会面临很多选择，而其中并没有明确的最优选。大学通常将私营部门作为合作伙伴，很少优选创建衍生企业。如果一个企业有兴趣、有才干、有能力、有财力并具有拓展市场的愿望，则大学更倾向与之合作。但有时市场需要围绕系列技术建立新的衍生企业。耶鲁大学合作研究办公室（Office of Cooperative Research，OCR）的基本原则之一，即是从提高技术商业化成功率的角度进行决策。

相比成熟企业，新建的衍生企业会有更多风险。管理人员通常缺乏经验，员工可能初次在一起工作。风险投资家的投入是企业资金的主要来源，这些投资家应对环境变化而采取的一系列措施对企业不总是有利。比如，在经济增长缓慢时期，风险投资家可能会更多地投资现成的投资组合企业，其次是已有企业的次要贷款和夹层融资。而在经济扩张时期，风险投资家们则会积极投资新建企业，即使有可能因为溢价而对未来融资造成损害。

即便有这些影响因素，衍生企业仍为大学处于早期发展阶段的新科技提供了最佳发展机会。为衍生企业找到强有力的管理团队至关重要，团队至少包括一名首席执行官/首席运营官和一名首席科技官。衍生企业需要获得充足的投资；理想状况下，业务团队应具有经验，并且可以说服其他人以高于公司初始融资的价格进行投资。最后，衍生企业的商业战略必须扎实，并能为广大客户群服务。

以大学技术为基础创建的衍生企业将从技术的成功中受益。企业的管理人员、咨询人员、科学指导、董事会成员和其他员工的加入，都是基于相信并致力于使这项技术成功。初始投资人对于初始阶段技术的成功来说尤其重要。相反，如果新的技术被许可给一家已有企业，刚开始可能会得到强有力的支持，但与衍生企业相比，后续支持则会逐渐变弱。现有企业可能无法充分认识一项新的技术，也无力解决衍生企业可以克服的困难，从而削弱了对新技术的支持。在较大较成熟的企业中，有更多的产品研发机会，业务的优先顺序和人事安排经常发生变动，往往导致大学技术被搁置，发展停滞不前。

2.2 经济发展

建立新的企业以推动发明商业化，可以促进当地经济的发展。在科技氛围浓厚的波士顿、圣地亚哥和旧金山海湾地区，这个观点也许并没有说服力，但在20世纪70年代至90年代经济大幅下滑的康涅狄格州纽黑文市，耶鲁大学带来的科技创新着实推动了经济发展。当衍生企业稳定在一个区域发展时，区域经济就会增长。截至2007年，围绕耶鲁大学的技术建立了30余家企业，一半以上位于纽黑文市。仅在2000年，这些投资为高素质人才提供了超过1000个工作岗位，同时还促成了大学与企业共同承担的多项合作研究课题。大学科技衍生企业已经将纽黑文市打造成了康涅狄格州的生物科技中心，并成为吸引其他企业迁移至此的磁石。

2.3 研究人员的聘请和留任

耶鲁大学拟招募的研究人员越来越多地寻求与当地已有企业和衍生企业合作的机会。我们最近招募的系主任在医学院拥有丰富的创业经验，其指出大学成功的技术商业化工作和强大的生物科学产业是其决定搬迁的关键因素。充满生机的地方和区域技术经济可以为新任教师的配偶提供大量的就业机会。区域性技术衍生企业通常拥有最先进的研究工具和专家团队，对学术研究人员极具价值，教研人员也认为与这些企业开展合作，对于在快速发展领域中保持领先地位很有必要。如果衍生公司留在此地，而教研人员作为这些公司的活跃顾问并建言献策，那么它们就成为将这些发明人留在大学的强大力量。

2.4 经济激励

股权、期权或认股权证等形式的股本，通常是将知识产权许可给衍生公司所获得的一部分对价*；股本也可以作为协助成立新企业的对价。耶鲁大学和其他许多机构很少采用只涉及股本的许可。在包含股本对价的许可协议中，通常包括预先支付现金报酬作为授权费用，以及每年支付最低费用及/或里程碑式付款、出售许可权、分许可按比例分成等方式。然而，当许可协议包括股本对价时，通常会减少前期支付费用。股权被视为是一种合理的商业解决方案，可以提高整体财务收益（公司及其投资者都可以接受的解决方案），同时也为大学增加潜在回报。

股本的经济回报与授权技术是否成功相互分离，因此，股本可以看作是在授权技术并未成功或企业选择了其他市场时仍能获得报酬的一种手段。一些大学将股本看作能产生大量收入并使研究项目或大学从中获益的一种方式。但目前来看，该策略尚未得到证实。在股本交易中获利的赢家甚至少于传统的许可交易。

3 如何建立一个衍生企业

3.1 值得投资的首席执行官（CEO）

虽然建立一家衍生企业能否成为最佳的商业化途径主要与技术和市场评估有关，但同样关键的是能否找到一位经验丰富的业务经理加入创始团队。我们经常把这个人称为“值得投资的 CEO（首席执行官）”，因为在专业投资者眼中，其在技术领域的业绩记录能够创造更多价值。这个人不仅要能理解创业科学家和发明人的想法并与之交流，更要能进行战略性、战术性的思考和行动。值得投资的 CEO 必须具有实际运营快速增长的小型技术型企业的经验，最好是经历过盈亏，并且能够与来自大学的创始人和科学家成功合作。这样的人才十分难得。在耶鲁大学，我们成功地通过业内人士和相关企业的高级管理人员找到了具有潜力的候选人。随着生物科技型企业在纽黑文地区日趋成熟，这些企业也成为新生代 CEO 的重要来源。幸运的是，一些最优秀的 CEO 是连续创业者，他们在一家衍生企业获得成功后，也会热衷继续创业。此外，他们中的一些人并不愿意到大型官僚机构工作。

典型的衍生企业 CEO 应：

- 拥有成功的风险投资支持的衍生企业业绩记录
- 能够理解、接受和管理风险
- 能够理解科学、发现和发展的过程
- 能够在学术和商业环境中工作
- 能够兼顾实现大学与投资者的期望
- 拥有创业精神

---

* 对价（consideration）原本是英美合同法中的重要概念，其内涵是一方为换取另一方做某事的承诺而向另一方支付的金钱代价或得到该种承诺的代价。指当事人一方在获得某种利益时，必须给付对方相应的代价。——译者注

3.2 知识产权评估

投资者关心的两个关于技术的主要问题是：(1) 是否存在阻碍这项技术开发和商业化的其他技术或产品？(2) 这项技术能否主导市场并排除其他技术进入市场？虽然耶鲁大学的合作研究办公室很少委托正式的尽职调查评估（我们认为这是被许可人的义务），但我们确实进行了文献检索和专利调查来确定这项知识产权的相对优势。这些检索通常是在确定 CEO 候选人之前发起的，但确定了人选后，办公室会征求其意见协助进行评估。

3.3 市场机会分析

为大学拥有的知识产权商业化确定最合适的途径，关键的决策是选择将其授权给已有企业还是新的企业。无论选择哪种商业化途径，大多数技术都需要进行市场和机会评估。无论是对于大学还是潜在的被许可人，这样的评估看起来都是在未来的投资回报与察觉到的技术与市场风险之间进行平衡。进行评估分析时需考虑以下问题：

- 该技术的市场应用领域是什么？
- 谁是该技术的潜在客户，他们为什么要购买这项技术？
- 每项应用需求目前得到的服务如何？
- 该技术与现有技术相比如何？
- 市场中的竞争特点是什么？
- 竞争技术的市场结构是什么样的？
- 采用该技术的主要障碍是什么？
- 如何使该技术对产业具有吸引力？
- 应该设计哪些附加功能使该技术更具吸引力？
- 市场愿意为该技术支付的价格是多少？
- 该技术的预期采用率是多少？
- 该技术推出后，在特定市场中会有什么竞争？
- 对于该技术的特性和目前所处的发展阶段来说，监管需求是什么？成功率是多少？

以上所有问题都有助于为技术制定产品方案。管理人员和员工需要充分了解最终产品，才能够对知识产权整个生命周期作出初步的收支预测。预测必须尽可能地基于产品销售、利润和费用进行假设和比较。但是，在处理医疗相关的需求或技术时，往往没有可比较的产品，有时只能作出有根据的推测。

3.4 财务预测

对于耶鲁大学创建的每一家衍生企业，许可办公室都汇总了一系列财务数据从而确定商业的基本要素。链接电子表格是实现此目的的理想工具。电子表格包括客户数量、产品方案、收入、开支（包括人员、行政、设备和营销）及销售成本。我们用一个总表汇总所有单项工作表。识别关键变量（如客户数量和定价）并链接计划中的相关元素（例如员工数量或新产品的开发状态），使方案测试与可行性预测变得更加容易。我们发现，这些预测对于开发产品方案、商业和运营计划具有重要的价值，但通常所包含的信息比投资者需要的更多，尤其在初次会见时。

3.5 商业计划书与投资者路演

根据我们的经验，商业计划书对企业创办者和管理人员十分有用，而投资者路演则是针对潜在的资助方。尽管投资者可能会用商业计划书来质疑创始团队的想法和假设，但他们往往通过投资者路演来决定是否抓住这次机会。因此，我们利用商业计划书作为管理工具来分析商业机会，而通过投资者路演来筹集资金。投资者路演通常来自商业计划书，或至少利用了商业计划书中的想法和假设。

我们发现，理想的投资者路演时长约为 20 分钟，不超过十几张幻灯片或电脑放映的 PPT。原因是大多数投资小组仅为初次会议预留大约一个小时，其中 30 分钟用来提问题。假设再进行 10 分钟的介绍和准备，则实际演示可利用的时间约为 20 分钟。文本框 1 介绍了一次成功路演所具备的相关要素。

文本框 1：一次成功路演所具备的要素

问题/需求

本项业务/产品将解决哪些未解决的问题或未满足的需求？类比逆向工程技术的思路，这项技术的市场机遇是什么？

技术/产品

这项技术是什么？它将如何产生新产品？或如何将其融入新产品？这项技术将产生哪些新产品？

长期计划

假设商业周期是 10 年，周期的后半程会是什么样的？

短期计划

在初始融资期间及商业周期前半程余下的时间内，每隔一年产业表现如何？应讨论最初的产品开发计划、合作伙伴和雇佣策略以及市场和盈利机会。

知识产权和市场保护

企业得到许可或开发的知识产权现状是什么？未来将如何保护知识产权？讨论自由实施与在市场中对抗其他产品的能力。未来收购或自主开发知识产权的计划是什么？

文本框1(续)

竞争

目前的竞争有哪些？当技术商业化后竞争态势会是怎样？要帮助企业在竞争中脱颖而出。

管理人员/创始人

谁是科学方面的创始人？谁是管理人员？谁是理想的科学和商业顾问？

资金需求

最初两年或资助初期的资金需求是什么？在投资两年后到退出之前、首次公开发售股票或盈利之时，预期的资金需求各是什么？

资金的使用

在起初两年或资助初期，哪些特殊业绩可以提升企业的价值？

4 创建企业的两个极端案例

4.1 亲自上手式

由于多种重要原因，耶鲁大学更倾向于集中、亲自创建以大学技术为主的衍生企业。耶鲁大学合作研究办公室为这些企业制订商业计划书，保护其他机构（或部分）技术的权利、招聘管理人员、准备及进行投资者路演、商定融资协议，甚至承担企业的临时管理职责。需要澄清的是，我们没有做过以下两项工作，一是将大学资金注入衍生企业，二是以个人身份从这些衍生企业获得股权或其他奖励。由于纽黑文地区缺乏强劲的生物医学领域创业人员及/或风险投资机构，合作研究办公室在很大程度上已经履行了这些职能。我们希望能够最大限度地使耶鲁大学的技术获得成功，同时发展纽黑文及周边地区的经济。我们从这些实践中获得的另一个十分重要的经验是，当办公室在创建企业的过程中承担领导者角色时，尤其是招聘管理人员时，企业应该建立在纽黑文附近。这样能够缩短路程，并增进企业与大学间的互动，对于承担企业顾问工作的创始科学家和发明人来说尤其重要。

4.2 放手式

在耶鲁大学创建衍生企业的最初几年里，放手式管理产生了很多问题，几乎无一成功。有一段时间，大学甚至不允许教研人员召开会议讨论以大学无形资产建立企业的前景。从那个时代幸存下来的公司被认为是坚持的结果，而不是许可办公室的功劳，尽管后者也做了很多工作。根据政策，许多大学在组建公司中很少扮演主动的角色。但在许多案例中，机构会通过发送大量邮件来推广衍生企业的活动（例如许可机会）；

另一些案例中，投资者直接与大学的科学家沟通，开发产品方案、制定商业策略并招聘管理人员。

5 股权：创始人和技术的对价

5.1 创始人股本（equity）*

我们办公室对于衍生企业采取了积极主动的态度。我们把新企业的创始人股本单独分离出来，并与许可给衍生企业的技术对价区别开来。当采取亲自上手式管理时，我们与企业其他创始成员进行谈判，达成详述各方职责及补偿条款（创始人股本）的协议。创始人协议达成之初，在企业拥有任何知识产权资产或资金之前，股本价值可以忽略不计。因此，创始人股本最好以百分比而不是确切数额予以体现。举例来说，如果有一位科学家，再加上一位值得投资的 CEO 和大学共同参与了企业建立，我们通常采取的方式是平均分配创始人股本，每股价值为 0.01 美元。根据我们的经验，并非所有的大学发明人都是创始人，也并非所有的创始人都是大学里的发明人。这似乎与标准的许可做法不一致，即根据大学专利政策，所有大学中的发明人享受同等待遇。然而，并非所有发明人都选择成为创业者，所以我们的做法既有利于创业者，也有利于不想创业的人。创始人股本通常作为普通股发行，虽然不同的创始人可能持有不同数量的股本，但都拥有相似的股东权利。

5.2 作为技术对价的股本

经验表明，创始人股本经常与作为技术权利对价的股本相混淆。在耶鲁，我们制定了一项针对所有股本许可交易的政策，其中对大学衍生企业的典型许可条款与跟现有企业已经商定过的条款类似。因此，我们对衍生企业的典型许可条款包含许可费、里程碑式支付、收入提成和分许可费、每年支付的最低费用和勤勉义务要求。一旦我们确定了 CEO，并与各位创始人确定了创始人协议，我们就会与 CEO 开始商定许可条款。由于大多数授权给衍生企业的知识产权都是处于早期阶段的产品或技术，因此，预付的许可费通常较低，在 5 万至 25 万美元之间。在许多案例中，普通股可以用来代替许可费。然而，由于许可交易有时发生在创始人协议和建立企业之后，作为许可对价的每股股本面值常常高于创始人股本面值。

6 谁负责创建大学衍生企业

6.1 大学作为创建方

大学创建方代表大学负责处理衍生企业相关事务。在耶鲁大学，由合作研究办公室行使这项职能。许多创建企业相关的事务通常是由综合法律顾问办公室、教务长办

---

* 股本，亦作股份，是经营公司章程授权、代表公司所有权的全部股份，既包括普通股，也包括优先股，为构成公司股东权益的两个组成部分之一。——译者注

公室的代表和相关学院院长定期进行审查。最终内部批准程序因大学而异。收到的股权由大学持有，并根据大学的股权政策进行清算。以下是耶鲁大学合作研究办公室在创建大学衍生企业过程中遇到的常规事务：

- 进行知识产权开发并获得专利权
- 创建产品方案
- 制定商业模式和战略
- 寻找并发展与潜在合作伙伴的初步关系
- 找到并招聘关键管理人员
- 建立创业团队
- 制定收支预测
- 撰写执行纲要
- 准备投资者路演
- 解决利益冲突问题
- 管理与外部法律顾问、知识产权和/或交易律师的关系
- 商定机构间协议并从其他大学获得技术权利
- 构建和商议技术获取术语清单及许可条款
- 筹划并商定资金投入
- 商定资金投入条款
- 代表大学进行技术和知识产权尽职调查
- 审查并批准企业相关文件，包括股东协议和股票购买协议
- 在衍生企业董事会中任职

6.2 发明人和教职员工作为创建方

耶鲁大学的结构和政策允许教职员工发明人作为衍生企业的创始人。根据我们的经验，一旦发明人决定建立衍生企业时，大多希望以创始人的身份参与其中。但每个研究人员需要单独做出决定，特别是有多个发明人的情况下，其中一些可能是学生、博士后研究人员和他们的非终身教职的研究人员可能没有时间做创始人。不是发明人的研究人员也可以作为衍生企业的创始人参与。在许多案例中，许多资深研究人员就表达过愿意作为科学顾问委员会（Scientific Advisory Boards，SAB）的负责人并代表大学承担创始人职责。参与衍生企业对于教职人员发明人和科学家来说可能是一个十分有意义的经历，不仅因为能够创造经济价值，也因为能够为发明的实际应用做出更多贡献。

大学教职人员作为创始人通常会这样做：

- 积极开展与大学职责和使命相一致的研究
- 参与制定产品方案和商业策略
- 协助确定发展合作伙伴并与他们进行初步沟通
- 协助招聘企业关键管理人员和科学顾问

- 协助募集资金和做投资者路演
- 参与技术和知识产权的尽职调查
- 参与或领导科学顾问委员会

7 管理衍生企业

在大多数情况下，管理决策权由 CEO 承担。但是，如果 CEO 无力承担或缺乏关键经验，以下权限/职能可由不同的个人承担：

- 制订产品方案、商业模型和战略
- 确定并与潜在合作伙伴建立初步关系
- 找到并招聘运营团队和技术团队的核心成员
- 帮助建立创始团队
- 制定收支预测
- 撰写执行纲要
- 准备投资者路演
- 参与制定知识产权保护策略
- 商定许可条款和协议
- 谋划和商定资金投入
- 商定投资条款
- 代表企业进行技术和知识产权尽职调查
- 审查并批准企业相关文件，包括股东协议和股票购买协议

8 衍生企业投资者

大学衍生企业的资金来源范围，从个人天使投资者到大型跨国专业风险投资基金都有。与耶鲁大学合作过的大多是专门投资以技术为基础的衍生企业的大型专业基金。这些基金有能力领导当前和后续几轮的融资。过去的几年里，我们可以看到，衍生企业获得的初期资金规模从 50 万美元增加到 500 万美元，最近许多衍生企业在第一轮融资就能够获得 1000 万以上美元。这可能是因为许多大型风险投资基金有了更多的资金。

相应地，许多衍生企业的投前估值也增加了。根据之前的投资、有利条件领域的技术实力以及后续投资能力，我们在最先联系的有希望投资的群体中谨慎地进行选择。通常情况下，我们选择 6 个投资基金，并期望从这个群体中找到一个主要投资机构和一个或两个联合投资机构。

9 交易结构和案例

图 1 提供了一个从形成初期创始人协议及建立企业到首次公开发行的时间段中，耶鲁大学衍生企业结构的简化案例。

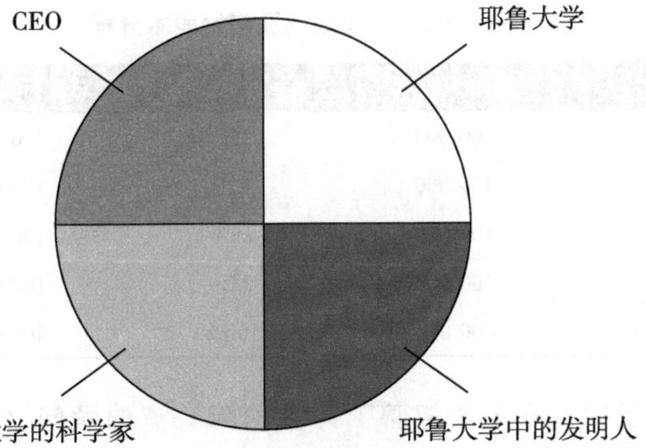

图 1　初期创始人协议

创始人之间的初始股本是平均分配的：大学、大学发明人、大学科学家和创始CEO。在这个例子中，假设来自大学的发明人和科学家（非发明人）都只有 1 位。

企业成立时，每位创始人会获得相同数量的名义价值为每股 0.001 美元的普通股。当建立科学顾问委员会（SAB）时，委员会成员可以从企业股票期权池中获得股票期权，每股名义价值或执行价格为 0.01 美元。当技术许可给企业时，大学将获得每股 0.50 美元的股权来代替许可费。初始基金投资价格为每股 1 美元。因此，因为有重大事件发生（如拥有世界一流的科学顾问委员会）而不是因为科学顾问委员会成员或大学以设定值获得股本时，企业的交易前估值会有所增加（图 2）。

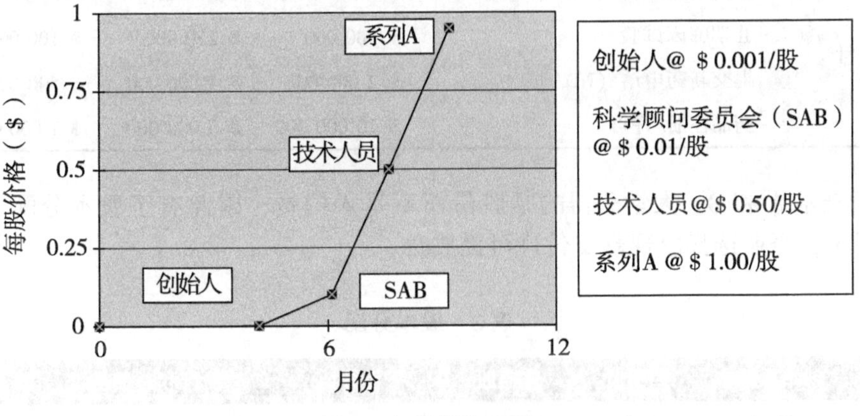

图 2　初始股权周期

考虑到企业创始人的初始创建股本是平均分配的，企业成立时的初始股本分配如下（表 1）。创始人股本指的是发行给创始人的普通股，与发行给员工和顾问的普通股具有相同的价值。创始人获得股本的成本是名义上的（每股 0.001 美元或每个成员 100 美元），之所以能以这个价格发行是因为企业此时的价值是最低的。

表1　企业成立及初始股本分配

股东	创始人股本	百分比	总发行和总债务	总百分比
大学	100 000	25%	100 000	25%
发明人	100 000	25%	100 000	25%
科学家	100 000	25%	100 000	25%
CEO	100 000	25%	100 000	25%
总和	400 000	100%	400 000	100%

在上面的例子中，该企业招聘了许多国际一流的顾问（技术、临床和商务专家）在企业科学顾问委员会和企业董事会中任职。委员会、董事会是在企业成立之后、初次融资之前形成的，因此在融资之前为企业创造了额外的价值。在这个例子中，由于招募这些关键人物给企业带来了直接价值，这些股本以股票期权而不是普通股的形式分配。该企业随后根据表2中列出的条款协商了3项技术的许可。

表2　许可协议

		技术A	技术B	技术C
入门费		$ 100 000	$ 50 000	$ 10 000
许可提成费		6%	3%	1.5%
最低许可费		$ 100 000	$ 50 000	无
阶段性支付	-新药临床试验（IND）申请	$ 250 000	$ 50 000	$ 50 000
	-Ⅱ期临床试验	$ 500 000	$ 250 000	$ 100 000
	-提交新药申请（NDA）	$ 2 000 000	$ 1 000 000	$ 500 000
	-药品注册/许可	$ 10 000 000	$ 5 000 000	$ 1 000 000

对于技术A和B，大学获得的是股份而不是入门费，因此有了股本分配（表3）。对于技术C，企业选择以现款支付许可提成费。

表3　股本分配

股东	创始人股本	百分比	普通股	百分比	总发行和总债务	总百分比
大学	2 000 000	25%			2 000 000	24.1%
发明人	2 000 000	25%			2 000 000	24.1%
科学家	2 000 000	25%			2 000 000	24.1%
CEO	2 000 000	25%			2 000 000	24.1%
技术A		0%	200 000	67%	200 000	2.4%
技术B		0%	100 000	33%	100 000	1.2%
总和	8 000 000	100%	300 000	100%	8 300 000	100%

在为管理部门、科学顾问委员会、董事会等（由董事会决定）预留了期权池后，初始投资总额为1500万美元，股权分配情况如表4和图3所示。

表4　股权分配

股东	创始人股本	百分比	期权池	百分比	普通股	百分比	A轮融资首选	百分比	总发行和总债务	总百分比
大学	2 000 000	25%		0%	2 000 000	19%		0%	2 000 000	7.8%
发明人	2 000 000	25%		0%	2 000 000	19%		0%	2 000 000	7.8%
科学家	2 000 000	25%		0%	2 000 000	19%		0%	2 000 000	7.8%
CEO	2 000 000	25%		0%	2 000 000	19%		0%	2 000 000	7.8%
期权池		0%	2 250 000	100%	2 250 000	21%		0%	2 250 000	8.8%
技术A		0%		0%	200 000	2%		0%	200 000	0.8%
技术B		0%		0%	100 000	1%		0%	100 000	0.4%
主要发明人		0%		0%	0	0%	7 000 000	47%	7 000 000	27.4%
发明人2		0%		0%	0	0%	4 000 000	27%	4 000 000	15.7%
发明人3		0%		0%	0	0%	4 000 000	27%	4 000 000	15.7%
总和	8 000 000	100%		100%	10 550 000	100%	15 000 000	100%	25 550 000	100%

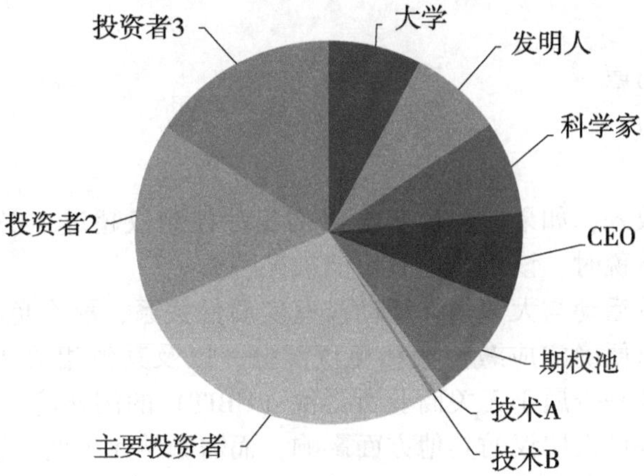

图3　第一轮融资过程中的股权分配

10　参股风险

虽然大学积极参与创建新的企业可以显著提升大学的财政和非财政方面的收益，但也增加了大学的各种财政、法律和道德风险[1]。随着大学越来越多地参与创业，必须提高对风险的认识并做好管理风险的准备。这些风险包括：

- 影响免税地位
- 产生了无关的商业收入应纳税额
- 承担责任

- 造成利益冲突和/或义务冲突
- 与大学使命产生冲突

10.1 保护免税地位

根据《美国国家税收法》第501条（c）（3）的规定，大学为了获得免税资格必须从事与慈善、教育或科学有关的活动。目前，美国国家税务局对于危及免税资格的无关活动数量并没有严格的定义。大学失去免税资格并不常见，但是，如果过多从事无关的商业性活动，那么极有可能失去免税资格。由于国家制定了中间制裁措施*来惩罚某些非营利组织的不当活动，建议大学在建立新的企业时应谨慎行事。技术转移管理人员应仔细监控大学对营利性实体机构日常活动的实际控制程度，避免发生私下利益输送或承担其他负债。

10.2 所得税会计

与免税机构主要目的无关的经营性活动产生的收入（无论是直接从事还是通过其他合作企业）应缴纳无关商业所得税（Unrelated Business Income Tax，UBIT）。UBIT存在重要的法定例外情形。具体来说，被动投资收入通常不征税。这种收入包含大部分大学从其衍生企业经营活动中获得的主要财务报酬，包括：

- 许可提成费
- 分红
- 利息
- 获得或售出股票
- 行使股票期权

但即使是被动收入，如果该免税实体机构实际控制权超过50%的下属或分支机构对这部分费用没有纳税时，该机构也有可能被征税。

如果无关的经营活动与大学整体活动没有实质性关系，那么免税资质不会有风险。但必须详细记录，以便确定应缴税额和免税部分，以及其他相关费用。大学需要评估一项被动收入的来源是否属于无关商业所得税（UBIT）的例外情形，例如许可提成费，有可能受大学和被许可人协议的其他方面影响，而需缴纳无关商业所得税（UBIT）。在大学向被许可人提供服务的案例中，上述情况有可能发生。

还应调查任何新的风险活动对大学使用免税债券所建造设施的影响，以确定这些活动不会违反使用免税债券的协议。通常情况下，低于免税债券收入5%的部分可用于无关的贸易或业务。这个比例同样适用于免费债券建设设施的使用，尽管将大学研究设施用于公司资助的研究也存在特殊例外。

10.3 承担责任

任何时候个人或组织与另一方进行商业交易时，另一方遭受损害的风险就会增加。

---

* 中间制裁措施是介于传统的缓刑和监禁之间的刑罚方法，包括家庭拘禁、电子监视、社区服务等。——译者注

受损害的一方可以起诉违法者赔偿损失。此类伤害包括不履行合同规定，或不合格产品造成的财产损失/人身伤害。当个人从事有可能被起诉的商业活动时，大部分人通常会建立一个企业。通过建立企业，股东受到企业庇护，对可能由侵权行为导致的经法院评估的损失享有有限责任和隔离。

当大学积极从事商业化工作时，用公司的形式能够最大限度地保护大学免受上述风险的威胁。只要大学不控制企业，无论是股份所有权还是日常管理方面，大学就不用对所持有股份企业的欠款和债务承担责任。此外，如果大学主要是作为企业的被动投资者，则其税务资质也不会受到企业商业活动类型或范围的影响。

10.4 利益冲突

当大学与外部企业合作时，参与各方（大学、研究人员和工作人员、政府和行业）的利益和义务非常复杂，并且不一定一致。这些利益可能发生冲突。当个人有足够的外部激励和机会影响大学活动时，利益冲突就会存在。

当个人参与大学有关的投资、贷款、购买或销售商品或服务、核算等财务方面的决策时，可能会产生利益冲突。

个人的经济利益可能来源于：

- 雇佣、独立承包或咨询关系
- 管理职位、董事会成员以及与营利组织有关的其他信托关系
- 股票或其他证券的所有权以及贷款等经济利益
- 个人从中得到或期望获得报酬的任何其他活动

这种冲突会自然而然产生，但并不一定意味着有人犯了错误。随着大学商业化活动的增加，这种冲突可能会增多。当冲突发生时，必须承认、公开、消除或妥善处理。

10.5 大学的公众形象

耶鲁大学的利益冲突和义务冲突政策规定，耶鲁大学确保其与外部企业的互动坚持“正确管理并秉持公开、信任和自由探索的原则，这是一所大学自主与福祉的基础，与大学的管理责任相关”。[2] 大多数大学都有类似的政策。但是，随着大学在商业领域更加活跃，违反上述政策的情况可能会频繁地出现。

要关注的主要问题是，无论违规行为是真实发生了还是仅有所感知，公众都可能质疑学术研究及研究人员的廉正。例如，一名研究人员参与了一项新的风险投资，把有严重缺陷的技术推向了市场。在这种情况下，尽管大学可能没有做任何不当之事，但显然无法彻底撇清。

另一种冲突在于，企业保护产权的想法和学术界自由交流与发表学术成果的职责相悖。需要密切关注参与研究的博士后研究助理和研究生的权利及利益，虽然他们参加了企业资助的研究，但他们的利益与教职人员的利益并不一致。

当这类冲突出现时，大学的自由学术氛围就极有可能遭到破坏。这种冲突必须得到及时妥善的处理。如果置之不理，不仅会严重损害个人声誉，更会严重破坏大

学的信誉。

10.6 将风险最小化

尽管可能出现上述风险，但风险本身并不应该阻碍大学参与创建企业。然而，大学应当建立工作程序识别并积极管理所感知到的风险。对于新的企业而言，积极的风险管理方式能够将合理、明智的行为转化为标准措施。包括：

- 保护大学的非营利地位并避免中间制裁措施。尽管税法没有严格要求，但大学应该有能力证明某一笔投资不是主动的生意或商业行为。最好的做法是将新企业的股本利益限制在少数股东手中，并禁止大学工作人员积极参与企业的日常商务活动。大学应仔细审查任何涉及私下利益或收益的安排。
- 税务结果会计。大学应通过尽量减少商业企业中的股东人数来限制大学的无关商业收入纳税，而应主要靠被动、免税的资源来获取收入。
- 尽量减少责任。在创建新的企业时，大学应该使用公司的形式最大限度地对抗产品、侵权或合同债务的风险。
- 防范利益/义务冲突。根据大多数大学的利益冲突政策，研究人员必须每年报告在大学持有相关股份或有协议关系的企业中，进行投资、担任职位以及开展顾问或咨询的情况。这些信息必须在发表涉及企业研究成果时公开。这些政策应该进行公布并严格执行。

  为了保护大学免受证券法和由内幕交易引起的利益冲突困扰，大学应考虑在股票公开发售前、解除任何交易限制前，或在公司被第三方收购前，一直持有股票。应禁止企业董事会内的大学代表持有任何数量的个人股权，一直持续到企业上市。

  应与新企业的业务保持一定距离，如许可或赞助研究协议。待相关机构审查并确定无实际利益冲突之后才能继续开展业务合作。
- 提升大学形象。决定参与建立新企业时应该考虑对大学形象的影响。大学决策者的头脑中应有这根弦，“这个问题在《华尔街日报》头版上看起来如何？”

11 管理过程

除了上述指导原则之外，大学还需要建立技术转移办公室对风险和机会进行评估及管理，为解决新企业引发的问题建立一套审查流程和处理机制，为大学管理人员提供商业化活动的正式指导。

当技术转移办公室负责建立新企业时，如创建企业理念、招聘管理团队和筹集风险投资等，大学应另外指定机构审批新企业建立并评估其状态，例如可以指定教务长办公室负责。监督办公室最好由委员会提议，可包括以下人员：

- 大学管理人员，如主管财务和行政的副校长，法律总顾问等
- 物理和生命科学研究领域的副教务长
- 大学内相关院系的高级管理人员

12 股本管理

大学可以通过以下 3 种方式之一获得股本：（1）代替技术许可费应付的现款，（2）帮助创建新企业付出的劳动，以及（3）在某些大学的案例中，作为投资方直接购买企业的股票。决定获得企业的股票后，特别是在公开交易市场获利后，大学应制定管理和处置股票的一套政策及程序。最终，大学出售部分或全部股份，换成现款。大学应当建立并公开相关政策，明确何时以及如何实现这一目标。这样的声明能够避免大学开始剥离其股权时对新上市企业产生潜在的破坏性影响（本章最后的文本框 2 和文本框 3 提供了指导方针和政策建议）。

13 结语

许多技术许可办公室已经开始采取更具战略性的方法实现知识产权商业化，这种做法为新的衍生企业带来更多关注。衍生企业为大学提供了获得专利收入和通过股权实现资本增值的机会。由于大学的参与，还可以使企业设在大学附近。然而，参与企业创建可能会增加新的风险，但这不应成为大学参与企业的绊脚石，大学应建立专门机制识别并积极管理风险。

ALFRED(BUZ)BROWN：*Director, Office of Cooperative Research, Yale University School of Medicine, U. S. A.; Currently: Managing Director, BCM Ventures, Eleven Greenway Plaza, Suite 2900, Houston, Texas, 77046, U. S. A.* bbrown@bcmventures.com

JON SODERSTROM：*Managing Director, Yale University, Office of Cooperative Research, 433 Temple Street, New Haven, CT, 06511, U. S. A.* jon.soderstrom@yale.edu

---

1 This section is intended to be a brief overview of the types of risks to consider. Much of this material is adapted from an unpublished monograph titled *Trading Technology for Equity: A Guide to Participating in Spinout Companies, Joint Ventures, and Affiliates* by RM Goodman and LA Arnsbarger, attorneys with Morrison and Foerster LLP in Washington, D. C.

2 Yale University. 1995. Policy on Conflict of Interest and Conflict of Commitment. Memorandum from Provost Alison Richard to all faculty and principal investigators August 1995.

文本框 2：获得新企业股份的指南

1.1 如果大学确实决定对衍生企业（不包括大学投资办公室持有的风投基金投资）进行资金投入，那么建议大学与这种直接的财务投资决策保持一定距离，以避免任何可能的或现实的利益或义务冲突。此类投资决策仅作为投资办公室正常投资活动的一部分，或作为其他大学专项的一部分。但是，后几轮投资应由未参与管理许可产生的股票的人员进行决策。

1.2 当企业额外筹到资金时，大学的股本应成为少数，并且与其他股东的稀释度应该一样。

1.3 作为一个机构，大学通常会保留向其拥有股权的新企业董事会指派一名代表，作为观察员或正式投票成员的权利。

1.3.1 如果大学指定了董事会成员，那么建议在企业向证券交易委员会注册首次公开发行股票之前，辞去董事会职务。

1.3.2 在参加董事会的任期内，该董事会成员产生的任何费用或其他形式的报酬应属于大学的资产并记入相应的账户。

1.3.3 如果指定个人以正式投票成员的身份在董事会任职，其应在州法律允许的范围内获得大学或企业的保险保障。

1.4 研究人员参与新的创业活动（无论是通过购买股票、成为董事会成员、签署顾问协议或其他方式），应遵守大学关于利益冲突和义务冲突的各项政策。

文本框3：关于新企业股本管理的一般性政策建议

1.1 通过技术许可办公室的工作而获得的股票，应遵守与大学持有的其他股本相同的政策和程序。

1.2 如果作为许可费的对价现金以股票形式支付，那么股票将被视为专利费收入，并根据大学的专利费分配政策及时发放给发明人。为了分配，股票应该按其最初发行给大学时的每股价值进行估值。股票分配给发明人后，发明人应自己承担管理其股份的责任，并遵守与股票分配、所有权或处置相关的税务、法律或合同义务。

1.3 从符合大学利益的角度，大学倾向于选择以下两种方式中的一种管理和处置股票。

1.3.1 一种方式是将股票立即转让给大学投资办公室，以与基金投资组合内其他股权相同的方式进行管理。当然，必须遵守所有限制（如在首次公开发行后的禁售期不能交易任何股票）。大多数大学的投资办公室和其他部门之间保持着法律界限，因此这种做法能够缓解可能的或现实的利益冲突。这种方法存在一些困难，例如投资办公室缺乏相关认知和/或专业知识，比如管理私人企业中的个人股票、转让时确定股票价值以及股票没有立即清算时评估股票的价值等。

1.3.2 另一种方式是技术许可办公室持有和管理股票，直到股票在公开市场发售（如股票禁售期过后）。有了公开市场，可以将股份转移给投资办公室，按交易当日结束时的股票价值将资金转入适当的收入账户。投资办公室随后就可以像管理大学其他受赠股票一样管理股票的清算。

第13.2章

管理衍生企业

乔恩·C.桑德林（JON C. SANDELIN）
美国斯坦福大学技术许可办公室高级副主任

译者 宋潇 **审校者** 沈慧芝 欧阳石文 张熠 李雪

摘 要

本章为向衍生企业转移知识产权（IP）（通常通过许可协议）的机构提供实用指南，以便企业可以将知识产权转化为造福公众的产品或服务。根据斯坦福大学过去30年的经验，指出向衍生企业转移知识产权的谈判关键问题，并提供了成功达成协议的最佳实践指南。本章简要回顾了潜在的利益冲突和义务冲突问题，这些问题是公共研究机构的人员参与衍生企业工作无法避免的。

1 引言

公共研究机构（Public Research Organizations，PRO）经常创建衍生企业进行商业性开发和销售其发明。新企业可能由公共研究机构的研究人员、员工和/或学生组建，或由不属于公共研究机构的企业家组建，也可能由上述人员共同组建。几乎在所有案例中，新企业的投资者都希望与该许可技术的发明人建立联系。投资者认识到，发明人所拥有的知识技能、“技术示范”和详细的技术知识对企业的成功至关重要。

在这个过程中技术转移办公室可以采取多种形式扮演重要的角色。技术转移办公室必须明确，在利用公共研究机构的技术和/或人员形成新企业的过程中，它是否将发

Sandelin JC. 2007. Dealing with Spinout Companies. In *Intellectual Property Management in Health and Agricultural Innovation: A Handbook of Best Practices* (eds. A Krattiger, RT Mahoney, L Nelsen, et al.). MIHR: Oxford, U.K., and PIPRA: Davis, U.S.A. Available online at www.ipHandbook.org.

挥作用。美国的技术转移办公室最常见的模式是被动参与，即向帮助衍生企业发展的资源方提供建议，但本身不参与企业组建。技术转移办公室也会积极参与以下活动：撰写或帮助撰写商业计划书、协助企业注册、寻找初始种子基金、招募管理团队、确保第一轮风险投资。这些工作非常耗时，通常需要具备相关能力和经验的人员。

衍生企业是将技术转化为有用的产品或服务的唯一选择，因此经常会成立衍生企业。毕竟，是技术带来的产品和服务，而不是技术本身改善了我们的健康和生活水平。发明通常未经开发并未经检验，因此已成立的企业不愿意为许可和技术开发投入资源。另一方面，发明者通常对自己的发明所具有的社会价值深信不疑，因此，他们愿意承担风险并做进一步努力，以促进将发明发展为产品。发明者经常会通过参与创建衍生企业来完成任务。

大学技术经理人协会（AUTM）的调查显示，近年来，美国大学每年授予5%~10%的许可给衍生企业。2003年，美国大学向衍生企业授予了374个许可，约占总数的7.5%。出售股本总额为3900万美元，约占2003年许可总收入的3%。

在过去的15年中，斯坦福大学与140家衍生企业签署许可协议从中获得股本。截至2005年，斯坦福大学持有了85家企业的股本，但其中有14%的企业惨遭失败，其股本一文不值。出售了18%的公司股本。其中两家企业的股本现金收入（2250万美元）超过了总数的80%。衍生企业支付了许可收入和年度最低支付费用，但缺乏这两类数据。与其他许可一样，大学在向衍生企业授予许可并提供支持时，重点不应放在能够获得多少收入上，而应放在新的合作关系所带来的价值（例如，专业人员的咨询机会、赞助研究、招聘毕业生、捐赠和赠予设备等），以及衍生企业产品和服务所带来的公共利益。衍生企业能够带来大量新的就业机会，并成为地区、州和联邦税收的重要来源，还可以拉动出口。一些衍生企业（例如硅谷的惠普公司）已经发展成为地区的支柱产业，吸引了更多企业家和其他企业入驻。

2 环境评估

技术转移办公室在衍生企业中扮演的角色，受公共研究机构高层管理人员和董事会成员对衍生企业态度的影响。这些人可能会持鼓励、支持、容忍或者毫无信心等各种态度。因此某些情况下可以看出他们并不积极。公共研究机构人员参与衍生企业的业务，可能会引起利益冲突，同时，优秀的研究人员请假去衍生企业工作后，可能会不再返回研究岗位。此外，研究人员请假还需要调整教学任务和研究生指导工作。如果研究人员未离职，他们在衍生企业中的职责可能会导致其忽视教学或研究任务（本章后续会详细讨论这些冲突问题）。总之，高级管理人员和董事会成员对公共研究机构人员参与衍生企业业务的担忧是合理的。

在美国，几乎所有公共研究机构对衍生企业起码持容忍态度，近年来则更多趋于接受。大多数积极参与衍生企业的研究人员都愿意分享他们的经历。如果这些人能够获得财富（通常是通过股票期权），那么他们就能成为其他人的榜样。与衍生企业的合作经验也可以提高大学研究人员在大学的表现。斯坦福大学校长约翰·亨尼斯（John Hennessy）在20世纪80年代请假1年为衍生企业MIPS工作。他公开说，MIPS的经历对他回归斯坦福大学后的教学和研究工作非常有价值。

3 许可协议谈判

技术转移办公室关于衍生企业的第一项工作，通常是向企业许可拟转化为商业产品或服务的技术。在大多数情况下，被许可的技术将成为企业的基础技术，因此企业会要求排他许可。投资者希望确保他们的投资受到专利或其他知识产权的保护。对于许可协议本身，投资者通常会关注：

- 排他许可期的时长
- 应用领域的限制
- 发明的改进程度
- 协议转让的规定
- 财务条款

投资者几乎都会要求与专利有效期同样时长的排他许可权。这是预料之中的，因为在美国，很大比例的发明是由联邦政府支持的项目产生的，因此规定了限制排他期时长的政策。在最初的《拜杜法案》中，美国政府规定，排他期从首次产品销售后 5 年或许可协议生效之日起的 8 年后结束，以先到的时间为准。虽然这一规定后来被取消了，但仍作为许多美国技术转移办公室的指导原则。美国政府准则规定，排他期的期限应该不超过许可协议生效之日起 8 年或许可产品首次销售之日起 5 年。经验表明，在大多数情况下，首次许可产品销售 5 年内就能够获得较好的回报。但是，如果企业能够提供令人信服的证据来证明其需要更长的时间，这些证据会得到评估和考虑。如果许可时无法提供这些证据，后期提供的新证据最终也可以延长排他期限。

投资者几乎都希望获得无限制的许可。如果技术转移办公室坚持限定应用领域，投资者会希望限制程度越小越好。有时会以授予特定应用领域的排他权但允许其他领域非排他性应用作为一种妥协，或者后期对其他应用领域增加特定要求来实现这种安排，如要求准备商业计划、增加投入以及针对被许可产品研发的适宜勤勉条款。

投资者还会希望自动获得改进专利的许可，这种改进来自许可技术领域的后续研究。如果被许可专利申请书描述了这种改进，并且初始发明和改进发明的发明人一致，那么改进的内容可以作为部分继续申请（continuation-in-part，CIP）进行申请。在这种情况下，部分继续申请通常会成为被许可专利的一部分。在排他许可期内，如果没有获得专利主案的许可，其他人无权实施改进专利，因此改进专利对公共研究机构没有价值。如果要在许可协议中添加非继续申请的改进专利，则需得到发明人的书面同意方可进行。

经验表明，以公共研究机构为基础的衍生企业最常见的退出途径是兼并和收购，很少能进入首次公开募股（IPO）阶段。因此，将许可权划拨给兼并方或购买方的管理能力非常重要。技术转移办公室的选择有：（1）未经技术转移办公室的书面同意不得划拨；（2）与被许可方的所有资产一起自动转让给另一方，不收取额外费用；或（3）与被许可方的所有资产一起自动转让给另一方，收取一定的费用。典型的做法是

(1) 与 (3) 的结合，因此，不属于兼并或收购的划拨需要得到书面批准；属于兼并或收购的是自动划拨，但需要按商定结果支付相应费用。

衍生企业必须谨慎管理其可用现金。对于许可费，衍生企业倾向于以股本代替现金。尽管协议中有时会写以股本支付全部许可费，但很少见，通常是采用普通的财务条款。许可费的现金部分会很低（但不会为零），其他部分以股本替代。一开始年费较低，但会随着时间增加。以技术获得许可费是正常的，但在某些情况下，衍生企业还必须获得其他人的许可，才能拥有与生产相关许可产品的所有权利。在这种情况下，企业会要求每个许可方减免一定费用，以达到合理的许可费比率。而且随着专利补助回笼，衍生企业会在达到一定资金水平后才去支付许可费。

公共研究机构应该就技术许可获得多少股本？这是一个具有挑战性的问题。当然，公共研究机构所占股本数量不应该太多，以免企业没有足够的资金来发展业务。股本对于保障资金和吸引优秀的人才来说十分重要。有些企业家提出，技术创始人的股本比例应该在 1%~10%。如果技术仅是一个未经证实的概念，那么 1% 就足够。如果技术已基本做好进入市场的准备，那么 10% 较为合适。遵循这一原则，由于公共研究机构技术大多数处于发展初期，股本应当在 2%~4%。当然，具体是多少还要考虑其他影响因素。

另一个问题是，按照反稀释条款，公共研究机构的所有权占比是否应在后续各轮融资中保持不变呢？投资者不希望公共研究机构在每轮融资中不增加投入却增加股票数量，这是合理的。大多数时候会达成一些反稀释条款，例如首轮风投（通常称为 A 轮融资）前不稀释，或坚持反稀释，一直等企业达到某个估值后。

投资者还会关注勤勉条款，即要求衍生企业要么达到特定的里程碑，要么启动技术转移办公室的终止协议。任何会导致技术转移办公室终止协议的条款，投资者都会关注，对于衍生企业来说，这种勤勉条款也非常重要，它们能够确保企业不会成为 John Preston（麻省理工学院技术转移办公室前主任）所说的那种“僵尸”企业，即衍生企业永远仅有几名员工，始终跨不过产品开发阶段，或者仅仅出于评估目的售卖少量许可产品。要求勤勉义务的目的（达到特定的资金水平、拥有生产设施、并达到一定的销售量）是为了确保衍生企业不会失去生存能力。

协商期间还会讨论许可协议的其他组成部分，包括：

- 定义，即关键词汇的定义
- 侵权条款，即在察觉到第三方侵权许可专利的情况下，各方应负的责任
- 分许可，即定义分许可的决定因素，包括分许可收入的分配
- 担保和赔偿，即定义保护大学权益的条款

“定义”是许可协议的第一部分。在这部分，协议中用到的关键词汇需要定义。其中，“许可产品”“许可专利”和“许可的应用领域”等定义非常重要。定义应当清晰，以便双方充分理解其含义；应当尽量避免对关键术语含义的任何争议。因此，花费一定时间来确保定义清晰准确十分必要。有时，举例说明会使定义更易于理解。任何协议条款中，如果一个人对所提出的定义不能完全理解（例如不常见的法律用

语），那么这个人可以将其改写为他/她所理解的意思，或要求被许可方重新说明以理解其定义。

“侵权条款”部分叙述了如果发现第三方侵犯许可专利时应采取的行动。在美国，侵权诉讼非常昂贵；如果通过审判途径解决，花费可能会达到数百万美元。因此，许可协议不应要求大学作为许可方在任何情形下均进行诉讼，包括侵权。解决侵权事件最常见的办法是各方查找侵权证据，然后一起商定。最理想的结果是不经过诉讼就能解决。大学可以利用其影响力寻找解决方案——大多数企业都会希望与大学保持良好的关系，所以他们通常也会找到令人满意的解决方案。但是，如果诉讼是解决问题的唯一行动，那么被许可人和大学可以共同诉讼（并分担花费和赔偿金），或者如果一方不愿参加，另一方也可以进行诉讼。不参加诉讼的一方应按需要提供合理的支持，但诉讼方将支付所有费用并获得产生的任何赔偿。

“分许可”部分说明了被许可人可以向另一方授权，以第三方的品牌名称制作和销售许可产品。但是当被许可人使用他人制造的许可产品组件，或被许可人使用了分销商或他人出售许可产品的情况下，就不能使用分许可。分许可条款仅适用于独占许可。对于非独占许可，技术转移办公室可以进一步对外许可专利。分许可条款主要解决分许可收入如何分配。在签订许可协议时，最常见的方法是平分分许可收入。实际操作中，分许可十分少见，如果发生，就会发生在被许可人已经销售许可产品之后。通常许可协议签订后过几年，可就 50/50 的收入分配比例重新进行谈判。签订分许可时，会包括专利、专有技术，甚至分许可企业的培训等内容。为公平起见，技术转移办公室应同意将最初许可的专利价值与在分许可条件下企业增加的价值进行比较，以公平地分配分许可收入。

“担保和赔偿”是保护大学权益的条款。这个部分需要律师参与，并且要用到相关法律术语。如果在商谈过程中需要对模板协议中的相关条款做出重大改变，那么技术转移人员应该强调改变存在的困难，并且需由大学的律师进行核准。在大多数情况下，大学的律师不会批准过于明显的改变。企业通常会对过于偏向大学的条款有意见，但如果没有这样的规定，大学可能会因风险过大而中断许可。鉴于双方是合作伙伴而不是竞争对手，且双方都有维系良好关系的强烈愿望，通常能够通过商议来解决争端。因此，担保和赔偿部分的条款很少实际应用。

4 利益与义务冲突

利益冲突和义务冲突是公共研究机构关注的重要问题。公共研究机构董事会主席和成员对维持并保护机构的声誉负有责任。这些人会担心对机构的正面形象造成影响的任何活动或状况，丧失公众信任会产生严重的后果，包括失去潜在赞助商的赠品、捐赠以及资助。因此，识别并处理“公共研究机构工作人员持有的经济利益所引发的冲突（COI）”以及“公共研究机构工作人员的承诺对机构产生不利影响（COC）”等问题得到了前所未有的重视。

冲突可能源于：

- 失去公众对公共研究机构和/或公共研究机构相关人员的信任

- 不能履行对研究的资助者、学生和/或公共研究机构常规职责的承诺
- 在公开研究结果时存在偏倚，或根本不公开研究结果
- 利用研究生的工作结果谋取私利
- 在媒体上发表负面、尴尬的报道

冲突造成的潜在后果包括：
- 研究的方向和优先顺序偏向企业的利益
- 研究结果的发布受到限制
- 研究成果和相关知识产权定向转给一家特定的企业
- 企业或个人不恰当地使用公共研究机构设施

大多数公共研究机构认识到当前环境中，冲突不可避免。如果公共研究机构愿意为公共利益做出贡献，则必定处于引发冲突的关系中。世界各国政府越来越注重通过投资公共研究机构来促进经济发展和增长，与《拜杜法案》相似的法规正在世界各地出现。因此，公共研究机构建立了“早期预警系统”，关注潜在的冲突情况。应直接关注状况的发展，确保其不会发展成带来负面结果的实际冲突。冲突本身可能并不坏，事实上还可能会给个人和/或公共研究机构带来重要利益。但机构的冲突管理系统必须审查并监测冲突情况以避免负面结果。

为了管理冲突状况，许多公共研究机构会对研究人员进行年度调查。研究人员要列出自己及其配偶（如有）拥有的可能造成冲突的所有外部利益。这些信息由公共研究机构的管理部门进行审查，并与研究人员讨论引起关注的所有问题。

大多数公共研究机构都制定了 COI 和 COC 的相关政策，以明确需要进行临时冲突审查的具体情况。在斯坦福大学，如果一名雇员（如一名教授）即将加入一家已获得或正在申请公共研究机构许可的衍生企业，则需要进行临时冲突审查。[1,2]

文本框 1 列举了涉及利益和义务冲突的例子，也许能够说明公共研究机构可能面临的一些问题。

5 结语

衍生企业也许是将发明的新技术转化为造福公众的产品或服务的最佳选择，也可能是唯一的选择。世界各地政府都已经或正在制定政策和法律来鼓励基于公共研究机构知识产权的衍生企业。成功的衍生企业能够创造新的就业机会并为经济发展做出贡献，也有可能成长为大型跨国企业。因此，创造一个能够培育和鼓励衍生企业的环境是所有区域经济的目标。在这样的环境中，技术转移办公室可以发挥多种形式的作用，必须评估自身所处的环境，并确定在组建衍生企业中的任务，其中一个基本任务是提供许可协议，允许衍生企业从潜在投资者那里获得资金。在这个过程中，技术转移办公室必须平衡其所代表的公共研究机构与衍生企业以及与社会效益之间的利益关系。技术转移办公室还必须能够辨认潜在的破坏性冲突情况，并制定和实施相应政策及程序以避免或减少冲突。

JON C. SANDELIN, *Senior Associate Emeritus*, *Office of Technology Licensing*, *Stanford University*, *1705 El Camino Real*, *Palo Alto*, *CA*, *94036*, *U. S. A.* *jon. sandelin@ stanford. edu*, *sandelin@ stanford. edu*

---

1 See Stanford University's policies on faculty conflicts of commitment and interest at www. stanford. edu/dept/DoR/rph/4-1. html.

2 Other sources of COI guidelines include: (1) the October 2001 *Report on Individual and Institutional Financial Conflict of Interest* published by the Association of American Universities (AAU), (2) the June 2003 *Recommendation of the Council on Guidelines for Managing Conflict of Interest in the Public Service* published by the Organisation for Economic Cooperation and Development (OECD), and (3) the 2004 *Approaches to Developing an Institutional Conflict of nterest Policy* published by the Council on Government Relations (COGR).

文本框 1:涉及利益冲突和义务冲突的实例

案例 1:

这个例子来自 1982 年斯坦福大学举办的系列专题研讨会中的第一个,题为《大学、产业和研究生教育》(Lee Randolph Bean 在 1982 年 10 月黑斯廷斯中心的报告)。斯坦福大学当时的校长唐纳德·肯尼迪(Donald Kennedy)用这个例子说明了研究人员从教师/研究人员角色转变为企业家角色时出现的问题。虽然已经过去了很多年,但这个例子仍具有参考价值。

X 博士和他的研究生从事分子生物学基础研究。X 博士是 Clotech 公司的顾问和股东,该企业已经建立了用于生产和检测一种有用蛋白质的规模化生产设施,该蛋白质是 X 博士最早从细菌细胞中获得质粒的主要基因产物。拥有该产品专利的斯坦福大学目前计划投资 Clotech,并向该公司独家许可相关生产流程中斯坦福大学持有的专利权。而善于提取蛋白质的研究生 Y 先生向大学的监察人员投诉说,X 博士正在竭尽所能诱导 Y 先生接受 Clotech 的外聘工作。

肯尼迪希望在研讨会上讨论的问题是:

利益冲突。X 教授是否为有益于他的咨询和股本安排而在 Clotech 投入过多的时间和精力,甚至疏忽了他的教学任务?他的校外关系是否会导致他对斯坦福大学和 Clotech 之间产生忠诚冲突?

保密。X 博士是否会因为同事 Z 博士为竞争对手企业工作而将已经完成的研究成果留给自己?Clotech 是否会要求 X 博士推迟公开他的研究成果以确保获得斯坦福大学的排他许可?[作者的意见:斯坦福大学是否应该将专利同时许可授权给另一方,以支持其(也许是更合格的一方)开发许可产品?或者斯坦福大学是否应该考虑向所有感兴趣的企业提供非排他许可?]

专利。科学知识是否能够被拥有并为利益而交易?大学应该分享这种所有权吗?

研究优先顺序。X博士参与商业生产设施建设是否表明他的研究重点从基础研究转向了应用研究?未来的科学研究方向是否会偏向私营企业的需求?

研究生。Y先生的时间和才能是否为了其导师在企业的利益而被利用?

公众态度。与私营企业广泛联系会影响公众对大学研究独立性和可靠性的信心吗?

科学准则。根据社会学家罗伯特·默顿的观点,信息的公开和自由共享以及以科学发展为重的无私研究方法是传统治学准则。这些准则会随着商业应用研究日益加剧和随之而来的利润而瓦解吗?

案例2:

这个和接下来的例子是基于斯坦福大学的经验延伸而来的。

Clotech公司扩大和升级了规模化设备,并允许Y先生在此进行与其博士学位相关但无法在X博士实验室中开展的高质量研究实验。Y先生的研究完全是由美国政府资助的。由于Y先生的研究工作与Clotech的产品计划相关,因此Clotech非常愿意让Y先生在研究中使用其设施。Clotech要求参与指导Y先生的研究工作,并要求大学签署一份文件,声明Y先生使用其设施进行研究所产生的任何知识产权归Clotech所有。X博士鼓励Y先生利用Clotech的设施开展研究,并敦促大学接受Clotech的要求。Clotech表示,只要Y先生在研究中遵循Clotech的指导,并且其研究的知识产权归Clotech所有,Clotech公司愿意有偿聘请Y先生作为顾问。X博士支持Y先生在这些条件下担任Clotech的有偿顾问。

研究院长办公室的Z女士应邀对相关情况进行审查,并要告知X博士和Clotech公司大学政策是否允许这种情况出现。经过仔细审查并与X博士和Y先生讨论后,她的结论如下:

- 根据政府资助Y先生研究资金的管理规定,Y先生开展其博士学位研究项目所产生的任何知识产权均归大学所有。与Y先生在哪里、以何设备开展研究无关。
- Y先生不能在政府资助的研究工作中担任有偿顾问。
- X博士所在的系可以另外指定一位教授作为Y先生的共同导师,并负责确保Y先生的研究工作符合博士学位的进展要求。
- 大学与Clotech将就合作协议进行协商,其中应明确相关合作条款,包括Y先生创造知识产权的大学所有权以及Y先生随时自由公开发表研究结果的权利。
- 研究院长与X博士召开了会议讨论这种情况,并确保X博士知悉,在任何情况下,大学都不允许外部企业指导研究生开展研究工作,研究生通过政府资助而创造的任何知识产权成果,都将归大学所有。

案例3:

某大学著名眼外科专家A教授4年前向技术许可办公室披露了一项发明,该发明在眼科手术方面用途很广。这项属于大学的专利已经得到授权。该专利排他许可给了衍生企业EyeCare, A教授既是该公司的顾问,也是其科学顾问委员会的主席。A教授的工作换来了10万股企业股票。大学得到20万股股票作为排他许可的部分报酬。此外, EyeCare在过去3年中(企业成立以来)一直在资助A教授实验室的研究。当EyeCare首次提出资助A教授的研究时,大学曾设立了一个监督小组来审查研究方案和结果及研究生参与企业的工作情况,并向A教授提出了潜在冲突情况的相关建议。

由于这项资助, EyeCare对研究产生的3项改进专利进行了排他许可。在授予排他许可之前,大学许可办公室单独进行了冲突评估,就向他人营销该发明提交了报告,并声明EyeCare是将发明及时商业化的最佳选择。这次冲突评估非常仔细地评估了与EyeCare的关系会如何影响在A教授实验室从事研究的研究生,重点关注了改变学生的工作而使企业受益的问题。

授予许可给EyeCare的发明现在已经到了人体试验临床研究阶段,获得政府批准后即可在美国出售相关医疗设备。A教授的实验室显然是协调临床研究试验的最佳地点, A教授和她的同事们正在开展相关的工作。但是,由于A教授与EyeCare的关系,如果临床试验成功,她可以从中获得丰厚的利润,这引起了极大的担忧。因此,大学必须仔细审查以确定是否应当参与临床试验,并需确定如果允许进行临床试验,应开展何种程度的监督和控制。

经审查,大学决定按下列监督条件进行监控:

- A教授必须出售她在EyeCare的全部股份,并同意今后不再获得该企业的任何股权,包括股票期权。
- 大学将出售EyeCare的全部股份,并同意今后不再获得任何该企业的股权,包括股票期权。
- A教授将参与临床试验,但不是临床试验的主要投资方。
- 将成立一个监督委员会来审查临床试验结果和与临床试验有关的任何出版物。该委员会包括来自另一所大学医学中心的资深眼科外科医生B教授。
- 在与EyeCare有关的任何研究任何出版物或报告中, A教授需要充分申明她与EyeCare的关系。
- 必须在参与试验的每个受试者签署的“知情同意”协议中充分说明并解释A教授与EyeCare的关系。

第13.3章

公共部门应该了解哪些风险投资知识

罗杰·怀斯（ROGER WYSE）
美国 Burrill & Company 董事总经理兼普通合伙人

译者 朱晓昱 审校者 沈慧芝 欧阳石文 张熠 李雪

摘 要

获得风险资本投资，对于生物技术等资本密集型高科技创业企业取得成功至关重要。但是人们普遍会错误地认为，大量的风险投资会催生新企业的成立。但实际上情况恰恰相反：是新的企业吸引了风险资本。本章概述了风险投资体系，解释了其重要性，并指出了企业的哪些特质会吸引风险投资人。其中有些因素可能会受到政府行为的影响，因此本章提供了政府鼓励风险资本投资的几种方式。

1 引言

生物技术研究商业化是一个漫长、成本高昂的过程，需要高度专业的人员、先进的实验室设施和昂贵的监管批准程序。这些工作越来越多地由小企业完成。他们是生物技术创新的主要来源，在美国研发资金总额中所占的比例越来越大。根据国家科学基金会的数据，小企业研发的价值达到400亿美元，占所有私营部门研发的20.7%。这些小型创业企业依靠风险投资为其研发活动提供资金。

随着制药和农业公司的合并与壮大，他们越来越侧重于开发和营销，而失去了创新的敏捷性和能力。因此，大企业越来越多地通过许可协议、研发合作和收购获得小

Wyse R. 2007. What the Public Sector Should Know about Venture Capital. In *Intellectual Property Management in Health and Agricultural Innovation*: *A Handbook of Best Practices* (eds. A Krattiger, RT Mahoney, L Nelsen, et al.). MIHR: Oxford, U.K., and PIPRA: Davis, U.S.A. Available online at www.ipHandbook.org.

企业的创新。

在20世纪80年代之前，美国大多数农业创新都来自于赠地大学；几乎没有小型创业企业通过产品和许可协议直接向农民和大型农业企业提供创新。随着20世纪90年代末进入农业基因组时代，农业经历了两次重大的重组周期。第一个周期的前提是分子水平上对生命过程的理解在农业和制药业中得到利用。这一周期形成了所谓的生命科学企业。小型农业生物技术公司是基于新的基因技术成立的，很快就被较大的公司收购。大公司竞相通过收购基因组技术和种质转变为生命科学公司。

然而，这些大型生命科学企业很快就发现，管理成本结构、市场规模、利润率和监管路径截然不同的业务部门有其固有的复杂性。因此，两三年内，大企业仅剥离了独立的制药和农业企业。这些快速重组对小企业产生了负面影响，1998年至2004年间几乎没有发生合作和收购。幸运的是，目前趋势似乎在逆转，大型农业生物技术企业再次从小企业获得创新，特别是农业逐渐向食品生产和生物质燃料及材料产业扩展。现在面临的挑战是如何创造一个鼓励创业、组建小型创新企业和风险投资的环境。

2 什么是风险投资

风险投资（Venture Capital，VC）是投资早期企业的高风险资本。它不是贷款，而是股本投资，投资者拥有企业的股份。当技术风险仍然很高时，风险投资公司就开始投资快速增长、早期的私人企业，一旦成功，潜在的财务回报就很高。风险投资的管理一般由领域中具有深厚专业知识并具有成立和培育初创企业经验的公司承担。风险投资家不仅是重要的资金来源，同时还积极参与帮助管理和发展小企业。

有些风投公司专注于非常早期的企业，被称为种子基金。这些基金规模通常很小，在1000万至5000万美元之间。他们通常给一家企业投25万至300万美元。成长阶段的基金规模较大，拥有7500万至10亿美元。他们投资处于后期阶段的企业，投资额通常在1000万至2000万美元。

风险投资公司从机构投资者、企业、养老基金、政府机构和高净值人群筹集资金。大多数基金持续10年。在最初3年或4年期间，基金一般投资15~20家企业的投资组合。

只有在投资组合中的企业通过交易出售或参与首次公开募股（IPO）时（通常是初始投资后3~5年），投资者才能获得投资回报。此时，投资者获得最初投资的回报，以及在投资者与风险投资企业之间二八分成的利润。一般而言，风险投资公司期望在基金存续期内实现20%~40%的内部收益率（折现收益率）。

3 为什么风险投资很重要

驱动生物技术产业发展的资本来源广泛，但主要来自大型和小型企业之间的研发及营销合作关系。2005年，投入美国生物技术企业的各种资金来源共有340亿美元（表1）。到2006年第三季度末，已超过这一数额。* 2005年，大约40亿美元的投资金

---

* 根据表1数据，得不出这一结论。——译者注

额来自风险投资。全年所有投资来源总额中，一多半来自大小企业之间的研发合作。

表1 生物技术产业的资本来源

资本来源		总投资	
		2005	2006（第1季度至第3季度）
公共部门	首次公开发行（IPO[a]）	819	567
	后续发行（Follow-ons[b]）	4 194	3 032
	通过私募融资投资上市实体（PIPES[c]）	2 376	1 817
	债券（Debt）	5 565	12 241
私募资金		3 518	3 186
其他		1 114	303
总资本		17 586	21 146
合作伙伴		17 268（50%）	12 463（37%）
总计		34 854	33 609

a. 首次公开发行——一家私人企业将其部分股份在规范证券交易所（如纳斯达克）发售。

b. 后续发行——上市企业在证券交易所出售更多股份筹集更多现金。

c. 通过私募融资投资上市实体（private investments in public entities，PIPES）——将上市股份出售给私人金融机构，以公开市场上的公众股作为企业募集现金的方式。

由风险投资支持的小企业会创造新的就业机会、创造财富并为经济增长做出贡献。从历史上看，美国80%的新职位是由员工人数少于500人的企业创造的，其中许多获得过风险投资。从1970年到2003年，风险投资支持过的企业在美国创造了1010万个新的就业机会，并创造了1.8万亿美元的收入。

当具备两个条件，即企业文化和吸引风险投资的小企业临界数量群体存在时，风险投资支持的小企业对当地和国家经济的影响最显著。大多数风险投资公司都位于美国，而大多数风险投资支持的美国企业都成立于加利福尼亚州（在旧金山湾区和圣地亚哥）、波士顿和大西洋沿岸地区。有6个州的风险投资占美国所有行业投资总额的近75%（表2）。

表2 各州风险投资情况

州名	占整个美国风险投资的百分比
加利福尼亚州	47.5%
马萨诸塞州	10.3%
纽约州	5.2%
得克萨斯州	4.7%
新泽西州	4.2%
科罗拉多州	47.5%
前6个州的总和	74.9%

风险投资是发展生物技术产业的关键因素，但通常难以实现。获得成功的区域非常少。全球75%的风险投资在美国，而其中约75%集中在6个州。但是，成功的基础是明确的；要在能提高成功概率的环境中建立运营新的企业。

4 是什么吸引了风险投资

4.1 成立具有成功属性的企业

4.1.1 强大的管理团队

早期阶段的企业投资风险很高：他们总会遇到问题，并且总是缺乏资金。因此，拥有一支能快速解决问题并能高效利用有限资本创造实际价值的管理团队至关重要。

4.1.2 可行的技术

小型企业的成立基础应是经同行评议在出版物上发表的科学研究结果；然而，许多企业在概念验证之前就已经启动了。事实上，风险投资家决定是否投资一家企业时，通常会根据其已经实施或计划实施的科研成果质量进行判断。风险投资家通过分阶段注资降低自身风险，并在企业完成每项技术的里程碑目标时投入更多资金。

4.2 知识产权所有权和自由实施

生物技术企业的价值取决于它可以取得、开发和保护的知识产权（IP）数量，以及所服务市场的潜在规模，而不是当前收入。因此，企业必须获得强大的知识产权保护并拥有良好的专利战略。理想情况下，企业应该建立在专利制度健全的国家。

但是，只有企业同时有权自由实施的情况下，专利才是有价值的；也就是说，能够使用专利技术而不必依赖企业本身不拥有知识产权的技术。

4.3 巨大的潜在市场

对于投资者来说，企业的产品或技术拥有广阔市场显然更具吸引力，市场小的技术，其开发成本通常与市场大的技术大致相同。

4.4 良好的创业环境

“临界质量”创业环境，即有足够数量的类似企业并因此聚集大量人才，处于该环境中的企业对投资者的吸引力远超此环境之外的企业。这是有原因的。首先，当同一地区有许多小企业时，首席执行官们可以相互分享想法并制订解决方案。如果一家企业失败了，员工可以轻松地转到其他企业去，该地区既有足够的管理人才满足企业的需求，也能支持大批熟悉小企业问题的律师和会计师开业。

风险投资家从不单独为一项投资提供全额资金。他们几乎总是与其他当地公司联合起来共同投资，特别是那些资金雄厚的公司。风险投资家的出现使联合发展更容易。外埠的风险投资者会希望与当地其他风险投资者合作，特别是投资早期企业时。

5 什么环境吸引创业企业

5.1 令人鼓舞的商业文化

理想的商业文化奖励成功，视失败为汲取经验，并坚信技术和创新是经济增长及财富创造的驱动力。

确实，成功孕育成功。当地英雄冒险成功建立企业的事例鼓励着企业家们创办企业，并且在出现问题时像他们一样坚持到底，而富有经验的首席执行官/经理人组成的现成人际网络可以帮助新企业或为年轻首席执行官（CEO）提供指导。

5.2 获得智力资本

成功的生物技术企业集群受益于优秀研究型大学的智力资本。类似的群集在波士顿（麻省理工学院和哈佛大学）、旧金山湾区（斯坦福大学，加利福尼亚大学伯克利分校、旧金山分校）和英国（牛津大学和剑桥大学）都有存在。

5.3 获得金融资本

金融资本包括对同行评议研究提供的资金；通常由天使投资者（富有的个人）注资的种子基金；由风险投资者提供的早期和成长期资金。

5.4 其他因素

该地区还必须提供恰当的、容易获得的设施，如低成本的实验室和办公室。应有足够数量的律师和会计师，低成本、高质量的生活也能增加优势。

6 农业生物技术风险投资

医疗保健生物技术已有40年的成功风险投资历史，并且拥有经验丰富的风险投资家和首席执行官，产品上市的路径，众所周知。然而，其他领域的风险投资（如农业和健康护理）以及生物技术的工业应用则刚刚开始。

投资农业尤其具有挑战性。其市场规模和价值小于药品，开发新的性状或使能技术成本高昂，而新的科技进展对成熟作物的影响可能很小。由于大多数作物用于生产食品或饲料，利润率很低，难以获得有吸引力的风险投资回报。农业产品上市需要10~12年的时间，与药品投放市场的时间大致相同。但是，农业产品的潜在市场价值远远低于药品。

在过去的10年中，农业生物技术产业得到了极大的整合。潜在的研发交易和收购数量已经减少，该产业对潜在风险投资家的吸引力在降低。而转基因生物体的不确定性监管政策意味着，对于投资者来说农业是一项有风险的投资。

为了鼓励风险投资者投资农业生物技术，公共部门必须为转化类研究（translational research）提供更多的资金，即：使技术或产品沿价值链延伸并更接近市场，从而减少商业化所需投资，降低风险（图 1）。此图的重点在于，与制药行业相比，以知识为基础的农业生物技术产业需要更加重视转化类研究，才能够吸引到必要的风险投资和企业投资，将新产品和新技术商业化。

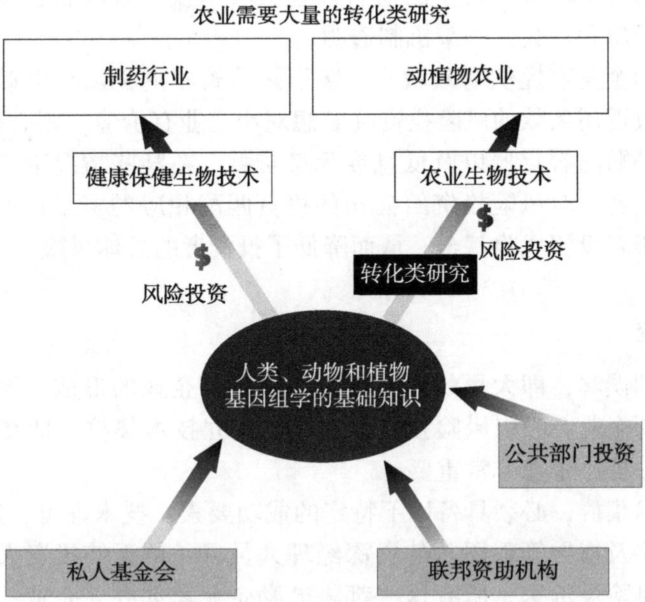

图 1　农业和制药领域知识型生物技术产业的商业化

7　政府如何鼓励创业

政府不能命令或立法强制开展创业活动，只能提供一个经验丰富的企业家可以随时获得资金、技术和支持的环境。以下行为有助于促进这样的环境：

- 提供受过教育的劳动力。生物技术行业需要一批拥有生物学高等学位的人才，以及受过数学、计算机科学和高级实验室操作训练的人员。
- 为基础研究和转化类研究提供资金。创新依赖于对知识的无限追求。因此，地方和国家政府应该确保对大学的支持。根据具体情况，政府资金最好资助应用性而非基础性研究。地方政府应该资助农业生物技术的成果转化，以弥补大型企业和风险资本家资金投入不足的情况。
- 强有力地执行专利相关法律。无论实验室研究多么具有创新性，除非得到强有力的专利制度积极保护，否则几乎没有社会或经济价值。
- 鼓励积极主动的技术转移。从大学向私营部门的技术转移往往是创新道路上的薄弱环节。应该积极主动有效地进行转移。技术转移办公室必须认识到小企业现金不足，并且在时间严格受限的情况下工作。因此，必须灵活制定给小企业的许可条款，并愿意以股本头寸代替现金支付。此外，资助概念验证研究将有助于明确技术的真正价值以及商业化的剩余风险。这些信息可以缩短商定许可价值所需的谈判时间。

• 利用政府号召力。政府必须是生物技术和企业家的坚定支持者，需要建立一个充满期待的环境，与反对者对话，并示意某地区适合发展生物技术产业。高级官员的新闻发布、展览和广告是成功的经验。

• 提供科学的监管环境。科学的监管体系会吸引投资者和企业家，在鼓励发展的同时保护环境和社会，决策机制透明。

• 为投资者和企业家提供财政激励。吸引风险资本的创新性财政激励措施有：设有研发税收返还条款的风险投资（若想对小企业有价值，则必须可交易），递延税收，有补贴的孵化器以及低息或无息贷款。在某些情况下，激励措施可能直接面向投资者，对风险投资给公司的投资匹配相应的资金，加上税收抵免，可以吸引投资者投资风险基金，从而降低了投资者的总体风险。

8 发展技术集群

有一种普遍的误解，即大量的风险投资会促成新企业的形成。但事实上情况正好相反：高质量的新企业会吸引风险投资。因此，建立技术集群，即在相同领域和相同或相关产业集聚一群小企业非常重要。

建立一个技术集群，必须具备以下特定的成功要素：技术许可，制订商业计划书，协助制订商业战略及指导管理团队的资深经理人员，一帮天使投资人以及具有丰富种子期投资经验的风险投资家。所有这些都将鼓励企业家创办新企业，并且能加速企业发展。

下一步应该鼓励经验丰富的、管理过大型基金的外埠风险投资家加入本地企业。地方资本不足以支持生物技术企业成功发展，而大型风险基金则由拥有丰富知识并经常参与全球联络网的个人管理。尽管大型投资公司仅位于美国沿海各州的少数几个地区，但他们可以以多种方式参与，最简单的方法是邀请他们参加投资方会议，地区企业届时将介绍业务计划。由于风险投资家非常繁忙，参加这些会议的企业越多越好。另一种更成功的策略是将当地资本注入风险投资公司的基金，作为回报，可要求公司在该地区设立代表处。一旦公司成立，就能为当地企业提供建议。然而，该公司不是必须投资当地企业。

最后，地方或国家政府可以另外设立发展基金，要求外埠风险投资公司管理或共同管理。这种机制可以培养当地的风险投资人才，并为该地区带来具有广泛行业视角的风险投资家。这种方法具有多种优点，也有成功的历史。它解决了全球视角下生物技术所必须解决的重要问题，并通过首次公开募股或收购退出前的各种增值操作为企业提供充足资金。大企业将与风险投资圈建立联系，他们也可以通过收购或首次公开募股获得企业后续发展所需要的大量资金。

ROGER E. WYSE, *Managing Director and General Partner*, *Burrill & Company*, *One Embarcadero Center*, *Suite 2700*, *San Francisco*, *CA*, *94111*, *U. S. A.* *roger@b-c. com*

第13.4章

通过衍生企业和初创企业的技术转移中介作用推动知识产权商业化

蒂姆·库克（TIM COOK）
英国Isis创新有限公司董事

译者　朱晓昱　审校者　沈慧芝　欧阳石文　张熠　李雪

摘　要

知识产权（Intellectual Property，IP）可以通过无偿交付或许可，或者通过建立新的公司开发利用进行商业化。这些新企业被称为衍生企业*，或初创企业。建立成功的衍生企业和初创企业需要可靠的商业计划书、愿景一致的专业协调团队、受人尊敬的经理人和技术转移中介机构。中介机构的存在，有助于弥合知识产权创造者与新建企业之间的文化鸿沟。

1　引言

鼓励或阻碍发明商业化的力量是什么？这个问题的部分答案可以在产生知识产权的文化中，特别是学术界和产业界之间存在的文化壁垒中找到。积极进取的技术转移中介可以通过协调发明家、开发人员和营销人员，帮助克服商业化的障碍。这种协调背后的策略对于发展中国家开展技术转移大有裨益。

2　知识产权的产生和披露

个人发明家、商业性实体、学术机构和慈善基金会都能产出可商业化的知识产权。

Cook T. 2007. The Role of Technology Transfer Intermediaries in Commercializing Intellectual Property through Spinouts and Start-ups. In *Intellectual Property Management in Health and Agricultural Innovation: A Handbook of Best Practices* (eds. A Krattiger, RT Mahoney, L Nelsen, et al.). MIHR: Oxford, U. K., and PIPRA: Davis, U. S. A. Available online at www.ipHandbook.org.

* 类似于机构的分支，如院所办企业。——译者注。

知识产权有多种商业化方式：交付使用（或者给特定受众，或者通过出版向公众公开）、许可、开发，或通过新企业，即所谓的衍生企业和初创企业开发利用。本章集中讨论最后一种方式。然而，要记住衍生企业和初创企业并不一定总是最合适的知识产权商业化方式。

发明家通常富有创造力、自我激励且灵活。然而，流行的“疯狂科学家”假设是，无视周围环境，不顾失败或沮丧继续前进，这在现实生活中是相当少见的。事实上，发明家是否向外界展示其发明，取决于两个变量：（1）是否想要披露它；（2）发明家所处的环境是否鼓励这种披露。

就发明家而言，有些因素激励了披露：

- 对发明充满热情
- 对本发明价值有信心
- 很有自信
- 资源丰富
- 扎实的教育基础
- 联系人鼓励他或她披露该发明

就发明家而言，有些因素则阻碍了披露：

- 对发明不感兴趣
- 不相信发明的价值
- 缺乏自信
- 没有得到鼓励去披露
- 资源贫乏
- 没有时间考虑披露
- 缺乏披露需要的财务支持
- 即使披露也没有奖励

积极因素有时可以弥补消极因素。如果一位发明家所处的环境鼓励创造，并乐于接受发明披露，那么即使其缺乏自信或不那么敢于冒险，也无关紧要。一个公认的事实是，创造一个更加包容的环境往往会增加商业创意的数量。在1997年至2007年政府更迭期间，英国大学系统就发生了这种转变。

这些列表并不意味着应该将主张披露的因素推向极致。最佳的披露氛围是平衡。如果环境对发明披露的接受程度过高，或者政府慷慨支出过度刺激了发明过程，可能会产生大量的非商业性发明。除了消耗本可以更好地用作其他用途的资源之外，这样的发明几乎没用。

3 新企业

新企业，无论是大学或大企业的衍生企业，还是独立的创业企业，都是新的企业。这意味着他们没有续航动能。他们的管理团队仍在发展。这些企业本身没有明确的市场定位，难以用美好的未来说服潜在投资者。此外，他们通常人手不足，缺乏足够的资源。所有这些都意味着，专心致志的方向管理和效率最大化对于这样的企业至关重要，先不说在其领域建立强大地位，它至少要在最初几年生存下来。

在大多数情况下，如果发明家继续积极参与该项目，商业成功的可能性更大。发明家不需要负责整个过程；实际上，发明家通常不是实施商业发展计划的最佳人选。然而，他们应该作为该计划的积极合作伙伴，这样不仅可以防止重复失败实验（“死胡同”），而且他们的创造力可以解决商业化进程中可能出现的问题。

企业员工不必是亲密的朋友，但他们应该相互尊重。既然需要经理人执行商业计划，那么选择一位备受尊重的经理人尤为重要。这个计划必须清楚而简洁地描述企业如何赚钱：企业将出售什么？在哪里获得原料？成品将出售给谁，该如何操作？找到这些问题的答案并实施，需要智力和领导力，这也是一个经理人必备的特征。

4 知识产权创造者和新企业之间的障碍

在商业社会里，研发必须遵循严格的预算和时间表；如果一个因素失败，整个企业就会失败。然而，发明家通常对他们工作的商业化结果不太感兴趣，而对作品本身更感兴趣。许多发明人都是学者。在学术研究中，改变方向几乎每天都会发生：明天的实验取决于今天的结果，研究人员非常自主。他们非常愿意与同事和竞争对手分享成功经验，这样能够进一步推进自己的研究。此外，学术成就的优秀程度以出版物的数量和质量为衡量标准；学术界鼓励思想的自由交流。而私营部门的研究人员所做的实验是市场需求驱动型企业更大目标的一部分。虽然他们可能会与企业内的其他研究人员分享工作，但通常不会对公众公开，因为他们所创造的发明具有潜在的货币价值。

文本框 1 比较了研究和商业两种活动类型环境中的不同驱动力。当然也有许多反例：产业发明家以发表文章为动力，而一些学者的研究是保密的。

文本框 1　商业活动和研究活动的比较

研究活动	商业活动
由研究人员推动	受市场需求驱动
今天的结果定义明天的实验	明天的实验是整体计划的一部分
不可预知的结果	结果必须是可预测的
依靠个人的努力	依靠合作活动

5 打破障碍

为了克服发明家与商人合作时可能出现的问题，请考虑一种极相似的情形：文化和语言不同的两个国家必须共同开展合作。显然，帮助两国互动交流的最有效方法是聘请对双方文化和语言都有深刻理解的双语中介。这些中介必须：(1) 了解两种文化的价值体系；(2) 流利使用两种文化的语言，可以在翻译中兼顾两种语言的细微差异；(3) 对两种文化的成员而言都是可信的（可能涉及第三种“文化”：即金融投资者）。

我们在哪里找到这样的中介？我们如何使他们融入整个过程？我们如何动员并奖励他们？

5.1 合格中介人选的来源

从理论上讲，实业家可以了解大学是如何运作的；学者在理论上可以学习企业是如何运作的。这两种方法都有人尝试过（或许后者比前者要更常发生），但收效甚微。对于一个一生都在一个环境中度过的人来说，要适应另一个环境的文化是很困难的。经验丰富的实业家认为大学是“管理不善的工厂”，这个看法很难改变，而高级学者也很难适应产业界对纪律和合规的需求，认为这是“僵化”的。因此，可以从学术界或产业中的中层而不是顶级人士中招募中介人选。

5.2 合格中介适合的选址

中介机构可以依托大学建立，如大学的技术转移公司，也可以依托专业服务公司（银行，会计师事务所，律师事务所），甚至是公共服务机构。中介人员也可能是投资者或投资机构的雇员（本章作者 1990 年至 1997 年从事投资工作）。当然，中介机构最终必须建在效率最高的地方。如果其目标是最大限度地将大学成果进行转移，那么可以将中介机构建在大学内，或依托大学的技术转移公司，都是明智的选择。

5.3 激励中介

可以基于以下方面激励中介：

- 财务贡献。可以给他们支付与绩效挂钩的薪水，或在交易成功后提成。
- 团队建设。成为团队中的一员从事有价值的工作，是一种奖励。
- 公民或人道主义贡献。为国家或地方经济做出贡献，也是一种令人满意的成就。

当然，最合适的奖励因情况而异，在某些情况下，没有任何奖励措施反而是恰当的，而且需要对奖励的种类进行限制。由于大学章程或地方或国家法律作了限制性规定，禁止大学技术转移办公室（TTO）的工作人员作为中介从技术转移协议中获得任何个人利益。

但是，大学成立的技术转移公司雇员作为中间人，从技术转让协议中获得个人财务利益没有任何法律限制。尽管如此，这类中介人员获得任何奖金都可能对其与大学同事之间的关系产生负面影响。例如，在牛津大学，技术转移人员（他们不是大学的工作人员，而是大学所属公司的雇员）与大学管理人员就同一个商业化项目密切合作。如果该项目为技术转移人员带来大量财务收益，而大学工作人员没有份儿，他们之间的关系就会变得紧张。

另外，一位研究人员的成功可能会导致中介和其他客户之间的关系恶化。例如，牛津每位技术转移项目经理一次管理大约 40 个项目，也就是说，每位经理至少协助 40 名研究人员（图 1）。如果其中一个项目非常成功，技术转移经理和发明该技术的研究人员当然会感到非常高兴。然而，该项目经理协助的其他研究人员可能会觉得自己的项目没有得到应有的关注，他们与项目经理的关系可能会变得很糟糕。

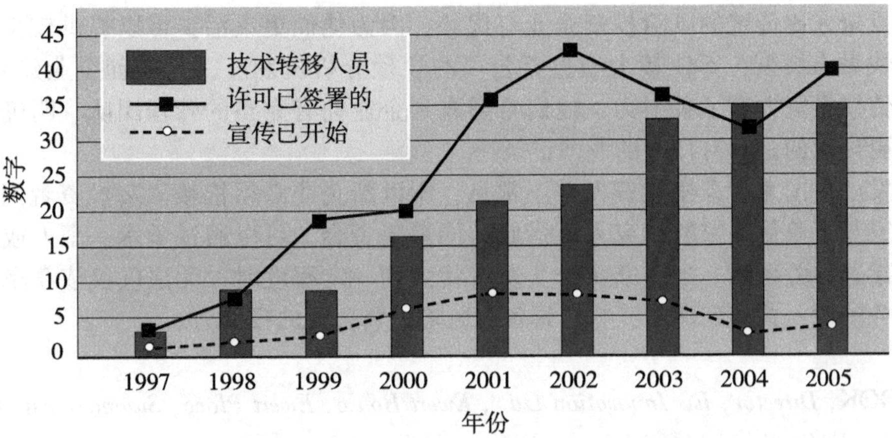

图 1　牛津大学技术转移人员与衍生企业和许可活动增长的关系

如果中介人员是由投资机构而不是大学或大学所属的技术转移公司聘用的，那么他们通过努力获得报酬是恰当的，并应该将这些努力用于最有希望成功的领域。毕竟，中介的工作是帮助企业或机构获得利益，而没有义务支持某一特定大学的研究人员。

既非大学也非投资机构聘用的中介，所面对的局面更为复杂。总的来说，距离所工作的公共部门越近，仅为财务目的开展技术转移交易就越不合适。

对许多中介机构而言，最有力的激励手段可能不是财务上的，而是智力上的：与创造性科学家合作创造新产品的内在自豪感。将发明创造从大学研究人员的办公桌推向市场，无论是药物还是软件产品，都非常有意义。事实上，将自己的才能与学术界、金融界和商业界资源相融合，并创造出新的事物是最好的奖励。当然，这种无形的动机只有在技术转移办公室支付员工可观的薪水，提供良好的工作条件，并认识到工作满意度可以成为强有力的激励因素时才能发挥作用。

6　对发展中国家的影响

知识产权的商业化是经济发展的潜在贡献者。为了成功实现知识产权的商业化，一个国家必须具有稳定的经济和制度环境、投资资本的来源、可商业化的知识产权和能够接受知识产权并将其商业化的商业环境，以及，正如本章所指出的有能力的技术转移中介。

如果政府和研究机构的最高管理层持续推动，那么任何技术转移都极有可能获得成功。为了在发展中国家创造适当的条件，必须完成以下任务：

- 对小学和中学教育培训的坚定承诺
- 致力于加强有助于企业发展的条件：法律体系、劳动力市场的灵活性、基础设施、金融市场的有效性和管理技能

“天使投资人”（即私人投资者），而不是风险投资公司，是许多英国大学所办企业的初始资金来源。他们与初出茅庐的企业合作，贡献他们的技能、经验和人脉。这些天使投资人比传统的风险投资企业有优势，因为他们更灵活：可以提供较少的资金额，更快做出决策，不依赖大型投资公司的烦琐分析机制。一旦初创企业建立起来，就会对传统投资方有了吸引力，他们希望看到企业拥有完整的管理团队、明确的商业计划，更理想的是具有良好的业绩记录。

在发展中国家，天使投资人并不常见，所以新企业必须依赖国际投资者网络，发展中国家与工业化国家的研究人员借此共同筹集资金。可以通过学术、个人或行业联系来创建这种关系网。当一家新企业发展壮大到一定程度时，无法仅仅依靠私人投资人的财务资源；希望到那时，它已具备对风险投资公司的吸引力。

TIM COOK, *Director*, *Isis Innovation Ltd.*, *Ewert House*, *Ewert Place*, *Summertown*, *Oxford*, *OX2 7SG*, *U. K.* *tim. cook@ isis-innovation. oxford. ac. uk*

---

1 See Wright M, MBinks, A Vohora and A Lockett. 2003. Annual Survey of Commercialization of University Technology. UNICO/NUBS/AURIL, Nottingham.

2 Acs ZJ. 2004. Overview of the Global Entrepreneurship Monitor. 2004 *Executive Report* (Key Findings from the Global Entrepreneurship Monitor Report of 2004). London Business School: London, U. K. www. gem-consortium. org/download/1166438555062/overview%20of%20gem%202004. pdf. For the full report, visit www. gemconsortium. org/download. asp? fid=364.

第 13.5 章

为知识产权商业化建立新企业：创办衍生企业还是初创企业

凯茜·加纳（CATHY GARNER）
英国曼彻斯特知识资本公司首席执行官
菲利普·特努斯（PHILIP TERNOUTH）
英国工业与高等教育委员会研发与知识转移副主任

译者 朱晓昱 审校者 沈慧芝 欧阳石文 张熠 李雪

摘 要

大学正在急切地寻求将创新成果商业化的办法。最近，衍生企业获得的成功使商业化更受欢迎，但商业化可能不是研究机构最擅长的，必须权衡风险和收益。本章概述了建立衍生企业的隐秘成本，讨论了提高成功率的必要条件，并对初创企业和孵化中心等潜在的较优选项进行了介绍。

1 引言

20 世纪 90 年代末以来，人们非常关注如何通过建立新的企业将研究机构的技术商业化。这条路线被视为向已有企业许可技术的有吸引力的替代方案。即使在研发密集的大型企业内部，“企业孵化”也成为一种趋势。通过组建新企业，大型企业已经开始尝试以技术创造价值，即使这些技术并不是现有业务的核心技术。

对于技术所有者和关注区域经济发展的人来说，新企业的吸引力是引人瞩目的。20 世纪 90 年代后期的风险投资热潮造成了这样一种印象：成立新企业是创始人快速致富的途径，使一家企业在几年内能够从衍生企业跨越到首次公开募股（IPO）。对于关心经济发展的人来说，组建新的、成功的高科技企业被认为是促进当地经济发展的途

Garner C and P Ternouth. 2007. New Companies to Commercialize IP: Should You Spinout or Start-up? In *Intellectual Property Management in Health and Agricultural Innovation: A Handbook of Best Practices* (eds. A Krattiger, RT Mahoney, L Nelsen, et al.). MIHR: Oxford, U.K., and PIPRA: Davis, U.S.A. Available online at www.ipHandbook.org.

径：创造高薪、高科技的就业机会以及相伴而来的其他就业机会（每1个高科技工作[1]带来3个普通职位）。许多国家通过组建“企业孵化器”和科学园响应这一趋势，形成一个支持性的环境。本章将探讨通过创建新企业将新技术推向市场这一做法的优势和劣势，还将探讨提高成功率的必要支撑条件。

本章没有具体讨论如何通过衍生企业向发展中国家直接提供技术方面的公共利益[2]。技术类的衍生企业通常有一个特点，即风险资本通过利润增长率、资本增长或股价上涨而获得高回报率。风险投资者期望的典型收益率是在退出时达到30%左右，而这样的预期几乎不可能以社会价值代替利润和企业增长。因此，有利可图的市场是获得风险投资的首要关键。这样的市场有可能存在于发展中国家，但发展中国家的人士必须对衍生企业如何解决公共卫生需求进行评估。

也许更重要的是，由于新的企业及所创造的本地工作机会带来了公共利益，创建衍生企业间接成为主要的经济驱动力。这种从学术研究中产生新企业的潮流始于美国，部分原因是第二次世界大战期间大学对美国国防做出了贡献。创建衍生企业的早期经验强调工业界、学术界和政府研究部门之间强有力的合作关系及联系。大学研究所具有的价值首先得到了20世纪40年代[3]富兰克林·D. 罗斯福总统的科学政策顾问范内瓦·布什的认可。布什将扩大政府支持的产业可以使用的知识体系视为促进经济增长的手段。硅谷及其衍生企业传奇般的成功故事亦得益于大学的贡献。[4]

美国目前创建了很多衍生企业。根据大学技术经理人协会（AUTM）调查，在反馈的121所大学中，2000年约有500家新成立的企业是以学术发现及新开发的技术为基础。值得注意的是，其中80%的企业所处的位置都是大学所在的州。这些新企业获得的600多项许可占所调查许可总数的14%，而另外50%是许可给小企业（雇员少于500人）。英国的情况类似，最近一份关于英国大学的报告显示，近年来许可收入下降，可能是因为政府当局一直在敦促创建更多衍生企业[5]。英国的大学正在发展一种更加平衡的方法。要成功地创建并发展衍生企业，需要提高对市场状况、内部和外部支持、管理及早期融资智能化的认知，中央政府正在采用更广泛的指标来评估知识转移绩效。

2 新企业作为通向市场的适宜途径

尽管全世界对创建新企业开展技术商业化产生了浓厚兴趣，但奇怪的是鲜有文章系统地总结他们获得成功的环境因素。

在决定是否组建一家新企业实现某一技术商业化时，应该多角度考虑问题。然而，从成功地将新产品推向市场的角度来看，创建新企业的风险毫无疑问要高于传统的对现有企业进行许可的方式。一般说来，在不能通过向现有公司许可技术实现同样“供给市场”的情况下，才会成立一家新公司开发产品，并将其推向市场。相反，如果能通过许可达到该目的，新企业就很有可能无法为技术所有者创造相同的价值，也不可能做到以许可的方式同样成功地供应产品。

在大多数情况下，已有企业拥有必要的基础设施，如市场渠道、生产设施、商业管理、行业知识以及现成的联系网络，风险系数较低。但是，如果新技术具有破坏性和/或远离市场（以大学研究为基础的技术就属于这种情况），那么创建新企业就可能是唯一现实的选择。此外，如果政策优先鼓励创造新的就业机会和促进地方经济发展，就为新建企业带来额外的压力和益处。

尽管如此，大学从头开始建立新的企业很难，特别是需要开拓新市场的情况下。市场营销专业人士需要在拥挤的市场对新的产品进行定位，而完成这些工作花费不菲。此外，决定是否组建新企业时还需要考虑一个关键问题，即如何完成大学的社会使命及公共部门职责。例如，当大学考虑市场路线时，向发展中国家提供产品可能是需要考虑的社会责任之一。如果这是首要考虑因素，那么建立新的企业将不现实，因为发展中国家的市场不足以说服投资者投入足够的资金来支持建立新企业。只有当产品的潜在市场和许可机会均不存在时，新企业才可能是唯一可用的市场战略，因为这样的市场或产品类别是全新的。在这种情况下，可能也不存在合格的被许可人（即与快速发展起来的新企业相比，拥有更好的专业知识和基础设施）。但是，开发新市场或营销新的产品成本非常高，要求有充足资源，将产品推向市场、大批量销售并获得收益的时间可能会很长。需要对这些因素进行详细分析，以便根据适宜的盈亏平衡点和投资回报的实际情况计算初始的资金需求。对大学来说，由于实现政治目标的愿望和发明者赚钱的愿望经常凌驾于基本的经济分析之上，很少系统评估这些情况。

3 建立新的企业——大学的初创企业和衍生企业

就本章而言，初创企业是研究机构之外的人创建的企业。初创企业以一项或多项技术许可为基础，其他资源（包括管理人员）则来自别处。相比之下，衍生企业是指科研机构投入自己的资源成立，通过首轮风险投资孵化的企业。建立衍生企业通常涉及将大学在职员工以长期或是借调的方式派驻到新企业。初创企业模式的一个特例是英国一些大学与知识产权集团[7]按照合作伙伴关系建立，根据知识产权使用权的一揽子协议向大学提供资源。此类协议在多大程度上会对学校造成负面影响尚不确定，例如是否会影响大学更广泛的使命或其研究计划。

建立衍生企业可能会导致知识资产的经济价值开发不足，并造成大学中具有丰富经验的人力资源外流。研究机构在技术商业化方面的人力资源和能力通常都很有限，利用自己的资源仅能创建数量很少的企业，与引进资源的方式相比，创建的企业数量更少、质量更低。吸引新的资源组建一家初创企业会更加高效，无论在利用稀缺资源方面，还是在利用具有成熟经验的人才在有限时间内发展业务并管理企业方面，都是如此。

3.1 风险和收益

从大学的角度来看，应在风险和回报达到平衡的基础上做出选择。大学将在建立的衍生企业中保留更高比例的股权。因为在寻求外部投资之前，大学也为企业创造价值。而建立初创企业，大学不得不将创始人股权交给即将上任的企业家；实际上，仅用许可也能换取股本。另一方面，在内部建立衍生企业时，机构是使用自己的固定人力资源并投入人员时间换取高额股权。20 世纪 90 年代，市场表明此举确实达到了风险和收益的平衡。但是，应从两个方面鼓励大学和研究机构自然而然地选择以许可去建立衍生企业。首先，经验表明，新企业成功的关键在于管理，而不仅是技术本身。由缺乏经验的管理人员组成的衍生企业失败的概率更大，因此当管理人员缺乏经验时，建立初创企业的方式更可取。其次，高增长的新技术企业与高风险相伴相随（投资者预计十分之九的企业是失败的），如果大学期望增加从商业化活动获益的确定性，就应采用各种方式的组合。无论对成熟的企业还是对外部管理人员创建的新企业，大学都应尽可能地以许可的方式提供技术。在更多企业中获得更少的股权是一种更安全的投资策略，而不是将大量的固定资源投入成立 1~2 个主要的衍生企业。大学中从事技术转移的资源固定且有限，按照传统的资本评估，如果存在替代方案，无论从经济效益还是社会效益角度，很难判断衍生企业是否是合理的。

3.2 经济和社会收益

从管理衍生企业到风险投资，工作强度很大，充满令人兴奋的挑战，也为主办机构提供了更大的控制权。但是，机构的技术转移工作人员数量有限且职位固定，只能关注筛选过的项目，个别项目的成功和最终实现的价值，始终比不上技术未充分利用所累积的价值。事实上，从经济角度和利用技术创造社会回报的机会成本来看，经济价值和社会价值的差别可能更大。经济价值是通过创造就业岗位数量或创建优质企业数量来衡量的，而不是以大学获得的权益衡量。社会回报是公共利益的一个组成部分（例如，提供新的医疗保健产品并对可用资金加以合理利用）。集中研究机构的资源、优化财务资源管理，其重要性要远远大于是否创建了一定数量的衍生企业或为更多潜在的初创企业提供了便利条件。最终目标是确保技术通过最佳途径进入市场。目前研究机构成为本地区经济增长引擎的压力，导致过于强调创建新企业的数量，而不是技术的成功商业化。大学往往混淆了目标和多重绩效评价指标，所有这些都造成了成果转化商业化低效率。事实上，机构需要明确商业化的目标是为了公共利益还是为了机构利益。

4 有助于新的技术型企业获得成功的条件

研究机构创建新企业可以从企业虚拟阶段就开始受益。利用大学衍生企业名义可能会持续很长一段时间。事实上，大多数企业通常只在大学内部存在，而没有明确的界限。虚拟阶段可以为日后企业独立做准备。在特定技术领域风险投资不稳定的时期，虚拟阶段可能会使新技术更加贴近市场，而不会产生正式的法律实体负担。在英国，面向特定经济发展的种子基金（例如，苏格兰企业概念验证基金[8]）可以资助虚拟状态企业。然而，企业必须在适当的时候独立存在，并且以法人实体（企业）的自主权开展业务。无论以何种方式和何种法律形式开展业务，有些因素对于企业的生存和成功都至关重要（见文本框 1）。

文本框 1：新企业成功的关键因素

经验表明，以下因素对企业成功或失败至关重要：

技　术

在现有产品类别下（与之相反的是平台技术），能够提供实质性但渐进式改进的技术最有可能得到有效许可。现有产品有现成的市场、渠道和客户，与之竞争是有风险的。企业间相互争夺市场，占据市场份额第二或第三位的企业，渴望利用创新从排名第一的市场领导者手中夺取市场份额。在大多数情况下，市场领导者处于最佳位置，能将产品或技术的价值最大化，但要冒着现有市场被蚕食的风险，可能会将新产品拒之门外。在这种情况下，授予市场领导者的任何许可最好要求业绩表现良好（里程碑）条款作为支持条件。

对于平台技术（可能产生一系列针对不同市场不同产品的技术），组建新企业往往是获得最大价值并确保技术得到充分利用的途径。能不能直接解决市场需求，取决于技术的边际成本和效应。平台技术通常对投资者很有吸引力，因为如果最初预期的技术应用失败的话，具有市场开发潜力的其他应用将提供更有保障的回报。与单一产品技术相比，平台技术有获得更大回报的机会。

市场发展

拥有客户忠诚度和现有分销渠道的固定竞争对手，最有可能为现有市场（定义为以特定类型产品面对特定客户群的销售）提供服务。这种情况与渐进式改进技术的情况相似，最佳选择会出现在技术许可的最后阶段。相反，如果是全新市场，许可或不可能，或对于未来的被许可人来说，边际成本更高。因此，如果存在潜在的市场需求，组建新企业可能是更好的选择。

产品、系统或组成部分

如果预期产品能够形成完整的体系，那么理论上通过建立初创企业或衍生企业将其推向市场是可行的，因为企业有能力为最终用户提供解决方案。如果预期产品是系统中的一部分，那么需要以现成的企业作为渠道将产品引入该领域并嵌入完整的系统中。

管理能力

开发技术非常依赖管理能力。这是初创企业的潜在优势之一，而衍生企业则相反。通过良好的技术营销（在产品外形中展现其引人注目的优点），可以通过技术资产从市场中获得管理资源。相反，很难以一个提案吸引管理层，可能因为组建新企业的其他条件得不到满足。选择许可则能有效地将现有企业的管理层纳入新产品的市场推销渠道中去。

市场集中度

集中的市场是指其价值存在于数量有限的客户中。弥漫型市场的价值分散在大量客户手中。定向访问数量有限的大客户比向大量小客户进行销售要更容易。如果真正有新产品或企业具有潜力，通过分销权开拓现有分销渠道，也许是向大量小客户销售的唯一经济方式。

销售任务的复杂性

如果销售任务非常复杂，而客户对产品类型一无所知，产品的益处也未经证实(对于新的产品概念来说，这很可能)，只有最初的发起人可以充分描述产品的功能并需要与有创新精神的客户合作以证明其产品效用。在这种情况下，最好的选择是与能干的营销人员合作，经过充分的培训，使营销人员能够正确地展示产品。

获得投资

由于从技术到市场的整个开发过程的高成本和高风险，整个项目可能无法获得投资。许可或许可后开发可能是唯一能获得投资的途径。如果可行，则有利于许可的其他因素也有可能之后出现。药物开发和市场营销过程是经典的高成本高风险案例，临床试验和监管程序的成本可能超过1亿美元，并且失败率超过90%。

交货的复杂性

如果交付产品或服务非常复杂，则承担该业务需要详细了解产品和协作团队提供服务所需要的支持技术。这种情况在软件开发和初期健康技术设备中很常见，至少在市场引入的早期阶段，可能会延长内部的开发周期。

致力于生物技术开发的新企业需要协作。复杂的价值链包括许多不同的流程，包括目标识别、成分设计或合成及筛选，以及药物开发和市场开拓等。还需要配套的基础设施，包括疾病动物模型复制、生物信息学、基因测序、化学合成、组合化学、药物递送、配方和制造、临床试验管理、生物统计和管理审批等。

不同技能和专业的相互依存，意味着创办一家初创企业来开发和营销自己的产品取得成功的可能性很小。除此之外，初创企业难以追赶全球科技快速更新的步伐，它们对现有项目或新机遇的影响也就更加难以阐释。例如，人类基因组测序产生了大量的潜在疾病目标，最大的制药企业都难以处理完成。这些情况交织在一起使得协作成为必需，通过合作，大型企业可以增加产品来源，小型企业可以获得开发产品所需的资源。

研究机构与其他企业合作并利用对方资源的能力，本身就是竞争力的体现，因此新的生物技术企业应该围绕开发这种能力制定战略。在开发初期，企业应该确定潜在的合作伙伴，以开放的心态和准备就绪的状态与其他企业开展合作，并确定合作项目。同时，也需要以高度的专业精神保护商业利益，包括根据不披露和材料转移协议保护商业敏感信息及生物材料，最重要的是通过撰写和提交专利申请保护知识产权。

5 新企业的商业孵化

现在有一个趋势，位于研究机构附近的孵化器经常会支持新的、基于技术的企业。因此，如果没有考虑商业孵化和孵化器，关于衍生企业或新创企业的讨论或阐述就不完整。一些国际知名的研究机构，如麻省理工学院和剑桥大学等均大力支持新业务发展。这样的环境提供了本地管理人才库、资金、专业能力支持（如专利代理人和律师），以及可能作为潜在合作伙伴的一批现有企业。这种创新生态的重要性近期已有详述，[9] 详细介绍了牛津大学内及其周边地区约 30 家企业的历史案例。没有这种环境的地方，可以通过设计专门的孵化器进行更深入的研究并深思熟虑如何提供这种环境带来的好处。

孵化器为新企业提供了许多有潜在价值的服务，使管理人员能够专注运行其核心业务。最好的孵化器还提供交际联系网络，可以利用其中的专业人士发展业务。政府和其他公共部门经常将投资孵化器视为刺激知识型经济发展的关键。孵化器确定可以提供企业在早期阶段难以获得的设施、资源和专业才能。获得这些资源有助于确保企业取得早期商业成功。但是，不应将孵化器视为企业的长期支持来源，如果缺乏市场机会，企业可能永远都成长不起来。

孵化器可以推动业务快速发展，包括快速加入相关市场和管理人员的个人关系网。他们中有些人可以正式地（可能作为孵化器的雇员或顾问）或非正式地指导缺乏经验的企业管理人员。有客户关系的商业人士，其本身就能协助将技术推向市场并帮助打造业务、获得第一笔收入。与潜在的早期投资者，尤其是那些“增值”的投资者建立联系同样重要，他们可以帮助企业打磨业务、进行投资及寻找潜在的业务团队成员。虚拟孵化器的这些关键功能在 *Networked Incubators: Hothouses of the New Economy*（网络型孵化器：新经济的温室）[10] 这篇文章中有很好的描述，最好的孵化器能提供网络化的专业支持服务（通常是无偿提供），例如关于专利申请、草拟员工激励协议和许可协议的基本建议。

成立孵化器也可用来发展和加快特定市场领域中的业务。例如，就生物技术而言，通过加入国际化的联系网络，可以找到在复杂的药物开发价值链中做出关键贡献的研究或产品开发合作伙伴。这些合作伙伴都会提供有用的监管建议和指导。此外，还可以使用成本很高的固定资产设备，例如扫描电子显微镜和核磁共振仪。

孵化器还可以提供基本的商业和办公设施及服务，如住宿、工资管理、会计记账和宽带网络。缺乏这些设施和服务会分散企业管理层的注意力，而具有技术背景的人或许不熟悉这些问题。

孵化企业期望孵化器提供的各类服务价格低于市场价，至少在孵化的早期阶段。这些较低的费率可以通过以下一种或多种方式实现：

- 为孵化器中的众多小型客户提供的组合式专业和商业支持服务，实现规模经济效益
- 提供激励经济发展的（如地方或地区政府）公共补贴
- 使用和服务费用一开始可以低于外部市场，但随着企业取得商业成功而逐渐

增加

- 以股本形式收取一定比例的使用和支持费用（营利性孵化器的关键战略）

一些成功的孵化器按照上述模式进行了操作，但许多孵化器除了提供办公条件之外没做什么，在美国受到了严厉批评。

6 结语

初创企业及其对当地经济增长的影响有许多成功案例，例如美国加利福尼亚州硅谷和美国东海岸的 128 号公路。然而，建立成功的初创企业非常复杂。为新技术选择市场战略路线需要做出一系列复杂的决策，而许多大学和研究机构在这方面准备不足。传统的技术许可不仅可能降低机构的风险，还可能从机构的科学研究中输出更多的技术。大学和研究机构的主要使命是提供社会和经济产品，而非获得投资回报，应仔细考虑如何更有效地实现这一使命。建立衍生企业会过度消耗内部资源，可能不是最好的方法。如果没有获得新的资源来支持建立衍生企业，就不要接受相应的挑战，比如政府期望以大学研究创造新的企业并增加本地就业机会。

一旦创建成功，新企业为了实现持续增长和股东利益会面临诸多挑战。单靠技术很难达到这个目标。良好的管理、对市场力量的认知以及早期阶段的良好支持环境尤为重要。尽管创建新企业失败率很高，但一旦成功，企业创始人、机构和当地经济都可以获得巨大回报。

CATHY GARNER, *Chief Executive Officer, Manchester: Knowledge Capital, Churchgate House, 56 Oxford Street, Manchester, M60 7HJ, U. K.* Cathy. Garner@ ManchesterKnowledge. com

PHILIP TERNOUTH, *Associate Director, R&D and Knowledge Transfer, Council for Industry and Higher Education Bowerham House, The Grove, Lancaster, LA1 3AL, U. K.* philip. ternouth@ innopolres. com

---

1 Patrick O'Brien. Member of Canadian Parliament. Spoken presentation on a visit to the U. K. in March 2001.

2 See, also in this *Handbook*, chapter 13. 4 by T Cook.

3 Bremer H. 2003. Technology Transfer: The American Way. International Patent Licensing Seminar, Tokyo, Japan.

4 Lewis M. 2000. *The New New Thing: A Silicon Valley Story*. Penguin Books: London. See also by the same author The Valley of Money's Delight, in the 27 March 1997 issue of *The Economist*; and Know Thyself in the 28 October 1999 issue of *The Economist*.

5 *Annual UNICO/NUBS Survey on University Commercialisation Activities*. 2002. Nottingham University Business School: Nottingham. See also www. unico. org. uk and www. hero. ac. uk/uk/business/archives/2002/spinouts_pick_up_speed2872. cfm.

6 There are some differences in the way the terms *startup* and *spinout* are used in this *Handbook* and indeed in the technology transfer literature. In this chapter, we have used a definition of *start-up* similar to one used in the U. S. *AUTM LicensingSurvey*™. Other authors have used "spinout" to include the kind of company described here.

7 www. ip2ipo. com.

8 Scottish Enterprise's Proof of Concept Funding Programme. www. Scottish-Enterprise. com.

9 Hague D and C Holmes. 2006. *Oxford Entrepreneurs*. CIHE/Said Business School: Oxford, U. K.

10 Hansen MT, HW Chesbrough, NNohria and D Sull. 2000. Networked Incubator: Hothouses of the New Economy. *Harvard Business Review* Sept/Oct: 75-83.

第 13.6 章

建立企业孵化器

爱德华·M. 扎布洛基（EDWARD M. ZABLOCKI）
美国纽约州立大学布法罗分校分管研究副校长办公室

译者 朱晓昱　审校者 沈慧芝　欧阳石文　张熠　李雪

摘 要

过去 15 年来，企业孵化器作为经济工具在促进地方发展方面越来越常见。孵化器提供设施和服务（例如制订商业计划和法律，会计和营销支持），促进小企业发展。事实上，孵化企业的平均存活率要远远高于衍生企业。本章介绍了建立孵化器的步骤，包括基本结构和一般应提供的服务种类，讨论了成功的孵化器计划，并提供了侧重于案例研究的有用参考书目。

1 引言

一项发明有时需要成立衍生企业才能实现商业化。如果没有企业的基础设施来执行既定的商业化过程，大学等机构可能不愿意将技术转出实验室。相比之下，因为可以获得投资和贷款，衍生企业可能更愿意接受新技术。此外，按道理，衍生企业通常更愿意接受风险，而不是受股东利益限制关注特定问题。因此建立衍生企业是将发明

Zablocki EM. 2007. Formation of a Business Incubator. In *Intellectual Property Management in Health and Agricultural Innovation: A Handbook of Best Practices* (eds. A Krattiger, RT Mahoney, L Nelsen, et al.). MIHR: Oxford, U. K., and PIPRA: Davis, U. S. A. Available online at www. ipHandbook. org.

Editors' Note: We are most grateful to the Association of University Technology Managers (AUTM) for having allowed us to update and edit this paper and include it as a chapter in this *Handbook*. The original paper was published in the *AUTM Technology Transfer Practice Manual* (Part IV: Chapter 3) co-authored with DE Massing.

推向市场的关键选择。要获得成功，3 个要素必不可少：资金、机构和设施。

本章重点介绍最后一个要素，旨在为技术转移从业人员提供基本背景信息以及专业术语介绍，包括孵化器的形成、成功的孵化器计划和有用的参考书目。

2 孵化器

Smilor 和 Gill 将孵化器定义为“为初创企业或新兴企业赋予形式和内容，即架构和信誉”的组织。因此，新兴的企业孵化器是一个控制条件以协助培育新企业的设施。[1]

按照所有权和资本来源，孵化器通常分成 3 种类型：公共、私人和大学。根据营利或非营利实体性质，后两种类型还可分成许多子类型。企业孵化器与其他商业企业的区别在于服务范围、租户取消租赁关系的难易程度以及孵化期内的租金优惠政策(通常是得到了补贴)。

3 孵化和经济发展

20 世纪 80 年代，经济发展圈从小变大。在此期间，国家和地区的经济发展战略从吸引其他地方的企业（产业招商）转变为为本土企业家提供援助。经济发展战略的这种转变是有原因的。麻省理工学院[2]David Birch 所作的开创性研究表明，几乎所有美国经济的就业增长都归因于小企业。虽然最近 Birch 研究结果的有效性受到质疑，但当时对政策的影响毋庸置疑。经济发展官员和政策规划人员试图通过促进小企业发展为州和地区创造就业机会。

小企业孵化器成为向新企业提供援助的首选。20 世纪 80 年代，孵化器被认为是 10 年中引入的最有力的经济发展工具。在 20 世纪初只有少数几个孵化器，但美国企业孵化器协会（National Business Incubator Association，NBIA）1992 年发布的孵化产业报告显示了其急剧增长的态势[3]。在 NBIA 调查的 147 个孵化器中，1980 年之前只有 4 个孵化器开业，1988—1991 年有将近 2/3 的孵化器开业。目前则有 500 多个孵化器。

孵化器的概念简单而有吸引力。孵化器是一个多租户的设施，提供可负担起的空间和促进小企业发展的环境。最初，有些孵化器只是在旧的或空置的建筑里为衍生企业提供便宜的物理空间。后来，孵化器专注于企业本身，通过制造创业环境帮助企业成长，开发了一系列服务帮助各种小企业，提供共享式的后勤服务，如秘书、接待员以及复印机等，以及专业服务，包括业务规划和法律、会计和营销支持，还帮助获得营运资金，提供债权融资和股权融资、政府补助/贷款援助以及加入由天使投资人、银行家和风险投资家组成的金融联系网络。然而，今天，大多数孵化器更倾向于以企业方式运营，按市场价收取租金，以提供增值服务作为入驻孵化器的益处。因此，孵化器最好定义为项目而不仅仅是设施。

近 90% 的孵化器由非营利实体运营，他们的目的是刺激当地各部门经济、就业增长。有些孵化器，特别是那些与高等教育有关的孵化器，强调以技术为基础的发展。

缺乏技术型关键基础设施和研究密集型大学的区域，可能会要求孵化器为制造业和服务业企业提供服务。孵化器也用于鼓励弱势群体开展创业活动，包括妇女和少数民族。例如，密西西比州格林维尔市的“妇女新建企业大厦”旨在帮助低收入的少数民族妇女。

1991 年的 NBIA 调查反映了这些孵化器不同的经济发展目标。调查发现，孵化器最重要的目标是经济发展（91.3%）和经济多样化（60.9%），其次是研究商业化、技术转移、为女性/少数民族提供机会和社区振兴等。种类繁多的被孵化企业也进一步证实了企业孵化器的多样性目标。最常见的企业类型是服务业（36%）、轻工制造业（20%）、技术产品（15.9%）、研发（10.7%）和批发商/分销商（7.8%）。

小型企业孵化器已被证明是有效的经济发展工具，尽管早期对其创造就业机会的乐观预期尚未实现，但他们提高了企业的生存率。被孵化企业的生存率远远高于普通衍生企业。孵化器管理人员报告说，有 80%~90% 被孵化的企业 5 年后仍然存在。这个数字与小企业管理局（Small Business Administration，SBA）的统计形成鲜明对比，其统计数据发现，只有 50% 的初创企业能够在 5 年内幸存下来。如果考虑到 10 家中有 9 家企业因管理缺陷而倒闭，这些数字并不令人意外，而且 90% 的缺陷是可以预见的。创造就业机会的统计数据较为温和。1991 年研究显示，孵化器平均成立年份已有 4 年，占地面积约 2 万平方英尺（1858 平方米）。每个孵化器平均有 12 家租户、54 名雇员。单个孵化器“毕业”的所有企业平均提供 85.3 个全职工作。

1987 年孵化器新建达到顶峰，20 世纪 90 年代新一轮经济发展举措则侧重于帮助现有企业在全球竞争中生存和发展。小企业孵化已成为美国城乡地区普遍接受并使用的经济发展工具，如今，孵化器用以促进各种可能的创业型企业的成长。

4 初步工作

4.1 可行性研究

为拟建的孵化器做可行性研究可以实现一些重要目标，如果做得好，可以为拟建项目的经济和政治可行性提供坚实的判断基础。可行性研究代表了早期发展阶段的第一步，为了方便做规划，早期发展阶段具体描述如下：

- 可行性研究：3 个月
- 发展期：9 个月
- 装修期：3~12 个月
- 早期运行（达到预期的盈亏平衡点）：18 个月

Meeder[4] 认为进行可行性研究是理智的，主要原因包括：

- 有助于主要机构和所在地区领导者达成共识
- 吸引能为孵化器提供一系列资源的机构加入进来，包括设施、资金、设备和人力资源
- 有助于实现提供设施和服务的计划

- 有助于从各级政府获得资金
- 对公共和私营部门的人进行企业孵化教育，以避免造成混乱以及无根据的期望
- 与类似社区的成功孵化器项目建立联系，学习他们的最佳实践经验

可行性研究还应揭示其他孵化器项目相关的关键性错误。这些错误可能涉及设施和地点选址、董事会结构、资金安排、收入预测、商业援助计划的性质。

Meeder 认为，彻底的可行性研究有助于避免建立孵化器时容易犯的两个典型错误：接受城里最糟糕的建筑，以及认为管理协助项目能以某种方式做好应做的事。对于聘请顾问，Meeder 指出，选择没有孵化器管理经验的顾问只能进行一般的情况分析研究，而无法提供具体建议。具体建议对于孵化器长期运作成功可以发挥重要作用。充分的可行性研究将回答如何以系统的方式开展工作等基本问题，以及如何在孵化器发展的各个阶段获得资金。事实上，聘请合格的顾问进行彻底研究可以且应该提供是否应执行该项目的必要信息。

4.2 建筑设施支持

致力于创建企业孵化器的核心团队必须认识到，其努力不能在真空中进行。少数人的梦想必须成为许多人的梦想。孵化器代表了重要的社区投资，无论是实际还是象征性的，都需要得到广泛的社区支持才能行得通。在《锻造孵化器》一文中，Meeder 建议与社区领导人会面时可以达成的几个目标。在社区会议上，孵化器的支持者应：

- 提供有关企业孵化产业的信息
- 邀请对当地企业孵化器前景作出反馈
- 请求介绍能帮助完成可行性研究和/或推动发展的人员、企业、组织和设施
- 提出社区直接参与的机会，如寻找特定的有创业潜质的客户，和/或收集被忽视的信息

参与创建孵化器应该明确建立前景。这个过程有助于确定潜在地点、资金来源、关键机构的项目支持者以及个人和组织提供的援助和支持。但是，社区参与这个过程也可能会发现，实现该项目存在严重的障碍。Meeder 建议项目支持者要尽最大努力安抚反对者；事实上，项目支持者不应该认为该项目会在持续反对的情况下取得成功。例如，房地产开发商可能会抵制这个项目，因为他们认为孵化器会破坏他们的市场。在这种情况下，一个有说服力的论点是，孵化器只会在有限的一段时间内孵化企业，而孵化器会有助于提高有租房需求的企业数量和质量。建立社区共识有助于找到能够确定孵化器成败的机构。这些机构被称为利益相关者。

4.3 确定并保护利益相关者

利益相关者是指任何能够影响机构目标实现或被其所影响的团队或个人。尽管每个孵化器的情况都是独特的，但预期中的利益相关方可能包括地方和州政府，以

及有兴趣促进该地区新业务发展的各种公共和私营部门组织，如大学、大企业。利益相关者也可能包括经济发展机构，这些机构可以资助设施的修复和/或运作孵化器项目。这些利益相关者的支持对于启动孵化器项目至关重要。同时，可以理解的是，孵化器支持者会有不同的动机和期望。他们对孵化企业的目的和方法的理解也会有很大差异。

需要找到利益相关者并进行培养。第一步是确保潜在利益相关者履行承诺，他们最感兴趣并且最有可能为此事业提供财政支持。一旦利益相关者承诺参与项目，需要正式成立组织机构。理事机构通常是董事会，它为维持、建立并加强对孵化器项目的承诺提供了组织保障。

董事会的任务之一是让感兴趣的各方就孵化器的使命和目标达成一致并明确表述，使利益相关各方具有共同目标。经验表明，孵化器未能就使命和目标达成共识会引发董事会的困扰，因为成员将各自创建默认任务并开始采取相应行动。

孵化器的管理人员应该扩大利益相关者的数量。一方面，只要新的利益相关者有实际贡献，就应该欢迎他们加入。另一方面，租户在董事会任职可能会产生利益冲突，因此应以成本效益为基础，评估是否允许租户参与董事会。此外，孵化器管理人员必须对外部状况保持敏感，这可能会加强或削弱利益相关方对孵化企业的承诺。最后，理事会章程很重要，为罢免不积极参与活动的董事会成员，以及在另一个将极端情况下施加不当影响的董事会成员提供了客观手段。

4.4 识别利基市场（又称“细分市场”）

企业孵化器将在具有丰富历史的特定区域开展业务运营，因此必须着眼于区域的经济和机构。为了成为这种复杂社会结构中的一部分，孵化器必须确立其独特性和独特目的。从业务角度来看，孵化器需要确定其市场定位。成功的企业会认真对待，确定其产品和服务有别于竞争对手的市场定位，并根据不断变化的客户偏好进行调整。

为企业孵化器开发利基市场同样需要关注这些任务。孵化器的竞争对手来自房地产和经济发展领域。在房地产市场中，孵化器必须与其他多租户型地产区分开来。对于技术相关的孵化器而言，区别可能是显而易见的，例如，孵化器设施可提供干湿实验室功能区。孵化器也不同于传统的房地产经纪机构，后者经常为企业的扩张提供短期租赁和弹性空间。当然，租金补贴对缺乏现金的初创企业很有吸引力。提供共享支持服务是孵化器设施的另一个有吸引力的特征，提供这类服务的营利性机构已经形成了一个增长型的产业。

小企业经济发展项目在20世纪80年代得到扩大。这些项目被称为“没有围墙的孵化器”。管理完善的孵化器常因提供广泛的商业服务的联络点，孵化器管理人员为加入各种项目提供联络方式。相比之下，协助小企业的各种努力本质上是程式化的，并受其目标范围所限。另一方面，定位良好的孵化器将帮助其租户了解现有的不同项目，还可以协助其加入商业和财务咨询及帮助的非正式联络网络。例如，一位退休的高管可能会同意为一家陷入困境的企业提供帮助，或者出现了一位商业天使投资人，在谨慎地寻找新的投资机会。

孵化器也可以划定自己的界限，并根据所服务的企业或客户类型定义其市场。虽然高科技孵化器可能会将他们的服务范围限制为以科技为中心的企业，有些孵化器可能更聚焦（例如，仅限于对生物技术企业的服务）。应在可行性研究阶段确定孵化器的客户类型，在此期间，按产业类型开展新企业注册并进行分类，为衍生企业找到特定的行业领域。

无论所提供的服务组合是什么，对所服务的市场有何评估，孵化器都必须以某种方式包装其服务产品，以有效地确定自己的定位。

5 建立过程

孵化器的基本结构取决于所有者的属性和地区人口统计。通常可以采用以下方法对所有者/赞助者进行分类：

- 私人
- 地方政府
- 大学
- 州政府
- 私人非营利
- 联邦政府

典型的组织形式包括执行和咨询委员会，首席执行官或运营经理以及支撑人员。委员会职位和其他代表性的讨论会可从以下方面选择人员：私营企业、教育机构、政府、劳工组织、发展和投资界以及公民个人。

孵化器经理或首席执行官的角色既有内部的，也有外部的。主要负责：

- 制定孵化器政策和规划
- 市场营销和招聘
- 租户选择和租赁谈判
- 设施运营管理
- 租户服务和管理

管理者由多个成分组成，分别代表赞助（筹资）部门和用户（衍生企业）群体。通过恰当地选择咨询委员会成员，可以让管理人员建立并维护向不同团体传播信息和政策的网络。表 1 提供了典型的孵化器工作人员配备。

孵化器的重要功能是市场营销，可以根据可行性研究的部分市场分析结果进行推动。市场分析应该主要考虑当地经济的以下因素：

- 该地区大企业的特点
- 区域中创业活动的水平
- 不同类型孵化器的空间需求
- 如果可行，按行业类型提供小企业支持服务

表1 典型的孵化器人员配备

	孵化器类型		
	公立	大学	私立
行政人员中位数	1.60	1.90	3.50
业务咨询人员的中位数	1.40	2.10	2.10
商业顾问与企业的比例	0.13	0.12	0.12
拥有丰富业务经验的管理人员	70%	67%	92%
具有商业咨询职责的经理	73%	67%	93%

来源：全国城市经济发展委员会[5]

大企业可以为新企业提供重要的市场，也是一个地区衍生企业的主要来源。新企业注册的数量、类型和注册率，可以作为孵化器空间潜在需求的重要指标。按类型（办公、制造等）细分的可用空间对于确定潜在需求至关重要。

可以通过举办研讨班或研讨会传递营销信息，重点介绍孵化器拟提供的商业服务内容，例如制订有效的商业计划或小企业需要的会计课程等研讨班。

这些信息可以为纳入孵化器整体预算的市场战略提供基础。

主动收集市场信息更可取，被动模式通常不能有效地推销孵化器。当孵化器经理被其他责任所牵制时，被动工作方式很有吸引力。然而，落在纸面上的营销策略能使其他各方（董事会、咨询委员会和相关机构）提供协助。正如 Meeder[6]所指出的那样，最成功的销售机构有每个参与者都熟悉的标准销售脚本或例行程序。

营销工作应包括典型的沟通手段，如小册子、新闻通讯和针对新租户、已租户和毕业企业的综合报道。孵化器的赞助机构可能能够帮助制定这些宣传材料。此外，与赞助机构的交流可包括孵化成功的故事。其他组织也可能共同赞助企业家感兴趣的研讨会。

这种营销努力是必要的，但还不够。研究表明，大多数企业家通过口碑相传的方式了解孵化器。为有效推广孵化器，无论是通过董事会和顾问等正式方式，还是通过专业组织和业务联系等非正式方式，孵化器经理都有责任持续在房地产、银行业务、专利法、商业和经济发展方面建立并维持联系网络。身处孵化器本地联络网络的人往往会第一个提醒新晋企业家入驻小企业孵化器会带来哪些好处。

6 服务

随着孵化器概念的发展，孵化器提供的服务范围也大大扩展。早期孵化器提供复印机和会议室、文秘和总机服务。如今，孵化器提供广义的办公室服务、商业咨询和专业化服务。表2列出了最常见的内部和外部服务的人员构成。

表 2　孵化器的典型人员构成

服务	内部雇员（百分比）	外部雇员（百分比）
办公室服务	81	2
商业/战略规划	65	32
外债融资	59	7
政府赠款/贷款援助	58	28
培训/教育计划	52	29
财务管理	51	36
销售/市场	51	37
对外股权融资	47	27
就业援助	31	41
实验室设备使用	29	24
会计记账	23	30
政府采购	19	52
研发/产品开发	19	43
国际贸易	14	52
会计或税务援助	8	59
法律/专利服务	6	67

来源：美国企业孵化器协会（NBIA）[7]

近年来，孵化器大大扩展了他们提供的办公室服务种类。例如，宾夕法尼亚州的一家孵化器提供的 3 年期办公服务清单包括：[8]

- 文秘服务
- 总机服务
- 语音信箱
- 电子邮箱
- 电话设备
- 传真服务
- 邮政服务
- 隔夜快递服务
- 公证服务
- 复印机
- 录像机/电视设备
- 视听设备
- 会议室
- 印刷服务
- 家具租赁

- 激光打印/绘图
- 自动服务折扣
- 购买体育门票

业务咨询服务可能包括商业计划编制、财务规划、广告和市场营销、战略规划、技术和商业信息交流、再选址规划、资本发展（股权和债务服务）、营业税、劳资关系、研发和政府采购。

专业服务包括法律/专利服务、会计、业务发展（包括销售/营销）以及技术/科学支持等服务。孵化器以优惠的折扣价格为租户提供专业服务。有些孵化器以免费或很大的折扣为新租户提供初次的专业服务。鉴于企业家们没有空余时间，专业服务提供商通常会定期拜访孵化器提供帮助和咨询。

为新建孵化器开发系列服务时，需要探索几种方式。首先，关键问题是提供哪些服务。接下来，孵化器经理必须考虑这些服务中哪些由内部雇员完成。这将取决于内部的人力资源情况和外部商业服务的供给情况。能否获得合格的外部资源取决于与公共和私营部门的服务供应商能否非正式地成功结盟。对于内部提供的服务，需要解决成本回收的问题。很多服务通常作为标准配置包含在租户的租赁协议中。最常见的包括管家服务、协助管理、水电等公用事业、共享办公室服务和融资援助。其他服务（如文秘助理）将按成本价或成本价加成的方式收取费用。这些服务的质量、范围、可靠性和可获得性具有增值特征，将强烈吸引企业家入驻孵化器。孵化器应征求租户的反馈意见，确定这些服务是否能有效满足其需求，并确定是否应增加额外的服务。

7　战略规划

尽管前面几节已经讨论了与建立孵化器有关的不同问题，但显然更需要的是战略规划以及将不同要素整合为一个延续性的多阶段计划。计划中某一方面的决定会影响其他方面。非常明显的例子就是设施内可用净面积会影响租金收入。更细微的考虑包括长期来看设施能否自给自足。管理者应该考虑能否单纯地靠租赁收入或通过赞助机构的补助或捐款实现自给自足。

战略规划迫使孵化器管理层面对棘手的问题：如果租赁收入没有达到预期，孵化器将如何继续运营？如何支付主要设备的维修费用（例如锅炉破裂）？通过战略规划解决最坏情形既可以在事情按计划进行时提供明确行动方案，也可以在事情没有按计划进行时提供必要的应急计划，以应对艰难的局面。

战略规划通常不仅决定了要做什么，也决定了应该何时完成。孵化器启动的新阶段可能会、也可能不会受前阶段任务是否成功完成的影响。在设施准备就绪、企业入驻之前能否作为“没有外墙的孵化器”提供商业服务？在发展过程中的哪个阶段聘用管理者？在孵化衍生企业的战略规划中，主张“时机就是一切”是千真万确的。

8　案例研究

本章引用了文献中记载的详细案例，因为这些研究一般都很长，故不再展开讨论。

下文提到的一些孵化器目前已不再运营，但其历史仍能提供有用的信息。作为导读，这些研究按大纲形式进行了分类，以便读者根据兴趣进行选择。

第一组案例是基于设施的孵化器：[9]

- 与大学有关的孵化器：伦萨勒理工学院先进技术开发中心
- 区域赞助的孵化器：富尔顿-卡罗尔工业中心
- 企业/特许经营孵化器：数据控制公司（Control Data Corporation）商业和技术中心
- 私人孵化器：鲁比肯集团

第二组是基于目标的孵化器：[10]

- 促进经济多样化：圣保罗小企业孵化器
- 为先进技术提供开发基地：俄亥俄大学创新中心
- 为目标人群提供机会：妇女新建企业大厦（新楼）

总之，孵化器战略的主要成功因素包括：

- 了解区域及其战略的优势和劣势。
- 找到创业机会。
- 与目标和宗旨相匹配的设计（租户）选择标准。
- 确定租户的空间和服务需求。
- 在目标企业预算成本内的地点寻找设施。
- 寻找与现成的商业和管理服务资源建立联系的机会。
- 招聘具有企业家特性的人员管理孵化器。
- 营造具有创业精神的整体环境。

9 结语

孵化器成立后，由各种各样的赞助方共同建立，为各行各业的企业家提供服务。因此，他们的使命、计划和目标各不相同不足为奇。尽管如此，在过去的 15 年中，仍涌现出最佳实践案例。孵化器成功的常规关键因素包括：[11]

- 提供现场的业务专长服务
- 获得资助和投资
- 实际财务支持
- 当地社区支持
- 创业者联系网络
- 创业教育
- 对成功的感知
- 租户的选择
- 与大学紧密联系
- 有明确的政策和进程里程碑

遵循更实际的思路，已知的相对成功的运作孵化器具体做法包括：[12]

- 面积小于 30 000 平方英尺（约 2787 平方米）的孵化器一般无法达到财务自给自足。
- 没有明确收取逾期租金政策的孵化器坏账率很高。
- 对于孵化器管理者，最有效的是将时间平衡地用于提供租户服务和设施维护。最初，更多的关注设施。随后，管理者应该集中力量增加提供服务的时间来实现平衡。
- 租户租赁的条款和条件对于维护孵化器计划至关重要。
- 电话系统是企业的重要环节，必须进行适当的设计和搭建。
- 董事会必须清楚其管理决策与政策决策方面的权限。
- 提供服务的架构应包括如何在预算内提高效率的方法。具体方法包括使用第三方服务供应商并收取服务费用。
- 应该鼓励退出机制，但不强制要求租户“毕业”搬离孵化器。

EDWARD M. ZABLOCKI, *Office of the Vice President for Research, University at Buffalo, State University of New York, 516 Capen Hall, Buffalo, NY, 14260-1611, U. S. A. Zablocki@research. buffalo. edu*

---

1 Smilor RW and MD Gill. 1986. *The New Business Incubator: Linking Talent, Technology, Capital and Know-How*. Lexington Books, D. C. Heath and Company: Lexington, Mass.

2 Birch D. 1979. *The Job Generation Process*. M. I. T. Mimeo of the Program on Neighborhood and Regional Change; Boston. Birch D. 1981. *Choosing a Place to Grow: Business Location Decisions in the* 1970s Mimeo of the Program on Neighborhood and Regional Change. Birch D. 1981. Who Creates Jobs? *Public Interest* Fall. pp. 3-14.

3 NBIA. 1992. *The State of the Business Incubator Industry* 1991. National Business Incubation Association: Athens, Ohio.

4 Meeder RA. 1993. *Forging the Incubator: How to Design and Implement a Feasibility Study for Business Incubation Programs*. National Business Incubation Association: Athens, Ohio.

5 National Council for Urban Economic Development. 1985. *Creating Jobs by Creating New Business—The Role of Business Incubators*. National Council for Urban Economic Development: Washington, DC.

6 See *supra* note 4.

7 See *supra* note 2.

8 See *supra* note 5.

9 Based on selections listed in *supra* note 1.

10 Based on selections listed in *supra* note 2.

11 See *supra* note 1.

12 See *supra* note 5.

第十四部分

自由实施与风险管理

第 14.1 章

自由实施、公共部门研发合作：战略和风险管理的选择

阿纳托尔·克拉蒂格（ANATOLE KRATTIGER）
美国亚利桑那州立大学生物设计研究所研究员；
生物发展国际研究所主席；美国康奈尔大学兼职教授

▌译者　王友华　▌审校者　刘芳　张晓　张熠

摘　要

自由实施（FTO）首先是一种战略管理工具。它是科学、法律和商务知识与战略规划的结合。但是严格说来，FTO 是一个法律概念，它是专利律师的一种法律意见，是关于在特定的区域市场和特定的时间，制造、使用、销售或进口特定产品是否对第三方知识产权或有形产权构成潜在侵犯。因此，它是管理者对研发和产品投放战略风险管理的决策依据。对于学术机构和公共研究机构而言，产品上市往往不是主要目标。然而，随着一部分研究工作进入下游产品开发阶段，FTO 成为（或者应该成为）他们工作中不可分割的组成部分。这对于健康领域的产品开发合作（product-development partnerships，PDPs）、农业领域的各种公私合作（public-private partnerships，PPPs），以及国际农业研究磋商组织（the Consultative Group on International Agricultural Research，CGIAR）和国家农业研究体系（national agricultural research systems，NARS）来说尤其相关，因为它们都在关注全球性的技术推广。

许多司法管辖区都对研究予以豁免，所以除非进行产品开发，大多数大学研究一

Krattiger A. 2007. Freedom to Operate, Public Sector Research and Product-Development Partnerships: Strategies and Risk-Management Options. In *Intellectual Property Management in Health and Agricultural Innovation: A Handbook of Best Practices* (eds. A Krattiger, RT Mahoney, L Nelsen, et al.). MIHR: Oxford, U.K., and PIPRA: Davis, U.S.A. Available online at www.ipHandbook.org.

般都不需要关注 FTO。但是如疟疾疫苗行动和肺结核联盟*这种 PDP 则不属于此类情况，因为其目标是推动产品在发展中国家推广使用。本章讨论了如何降低风险并使 FTO“可控”的 3 种可行的做法。实践中，往往会将两个或多个做法结合起来运用。这些做法包括：

- 法律/知识产权管理策略：授权引进、交叉许可、无效第三方专利、寻求不主张协议*和强制许可。
- 研发策略：改进产品或者进行规避设计**。
- 商业策略：兼并和/或收购、观望、放弃项目。

每个选项都存在风险和机遇，任何行动（包括不采取行动的决策）都有风险。比如，延误取得第三方的知识产权许可，最终会导致许可价格更加高昂、无法获得许可或者可能因此受到专利侵权起诉。但是，对于一些机构而言（比如开发转基因作物的机构），情况则恰恰相反。公共部门的难点在于平衡不同选项带来的各类风险。

本章结尾呼吁公共部门明智审慎地评估是否应该考虑 FTO 问题以及何时考虑，并在机构内部培育实施专利检索和 FTO 粗略分析（相对正式法律意见而言）的能力。这样做会带来各种好处，比如从事产品开发的公共机构会获得更好的竞争性情报分析的能力以及机构文化的变革。因此，FTO 策略一开始是针对研究的“计划”，到后来就演变成为一种贯穿整个产品研发和商业化或营销周期的“态度”。

1　引言：FTO 和风险管理

成功的自由实施（FTO）策略需要在机构内部以及与第三方之间建立合作伙伴关系。虽然 FTO 往往被狭隘地看作是法律命题，但是从更实用的角度来看，FTO 是一种需要结合科学和法律专业知识、进行商业开发和战略规划的战略性风险管理工具。基于 FTO 结论所提出的意见是管理者根据整套指标（经营目标、竞争者地位、财务目标等）作出经营决策的法律建议或依据。

FTO 的基本含义有两方面。首先，这是一个法律概念：专利律师提供的 FTO 意见将在以下方面为高级管理层提供决策参考，即在特定区域市场中制造、使用或销售特定产品是否侵犯第三方的知识产权或有形财产。这一法律意见基于对所述产品或服务进行详细分析。这种分析主要涉及专利检索（虽然也会考虑其他形式的知识产权，比如商标），还包括仔细研究专利的权利要求，审核可能的实质性转让或合同的义务条款，并对分析结果进行法律解释。

---

* 根据维基百科，该联盟（*The Global Alliance for TB Drug Development*，*TB Alliance*）是一个非营利的产品开发合作伙伴联盟，旨在发现并开发新的、更快速起作用并且可支付得起的肺结核药物。——译者注

* 不主张协议（Non-Assertion Covenant）是双方当事人达成的一种协议。即一方当事人就自己拥有的专利权或其他知识产权，不对另一方当事人的侵权寻求强制执行。不主张协议通常被用作专利侵权和解协议，其设计和起草的目的是事先解决未来的侵权纠纷。——译者注

** 规避设计（Design around），是一种常见的专利被动规避策略，即研究他人的某项专利，然后设计一种不同于受专利法保护的他人专利的新方案，以规避他人的专利权。——译者注

其次，FTO 表明了机构开展经营活动时受到约束的类型，比如是否获得行政批准以及进口或出口许可。最后，“自由实施”中的“自由”一词并不意味着绝对免除了侵犯另一方知识产权的风险。它是基于特定产品、特定司法管辖区域和特定时间点对知识产权进行分析而形成的一项“相对”评估。需要强调一个至关重要的概念，即不存在绝无风险的决策，无论机构决定是否实施 FTO，“是”和“否”两个选项都有风险。而不做决策本身就是一项决策。

本章着重阐述解决专利侵权问题的法律、研究和商业策略——换句话说，重点是那些可使知识产权约束条件最小化的策略。企业需要经常应对这些挑战，在研发项目的概念提出阶段，通常需要进行前期或粗略的 FTO 审核[1]，从而及早地指明如何减少知识产权或许可的潜在约束条件。这使得企业能够提前决定哪些部件、技术和工艺适合整合到正在开发的产品当中。当 FTO 的状况非常不确定或者代价过高而难以决策时，某些研发项目会在早期终止，甚至根本不付诸实施。因此，无论采用何种 FTO 策略，都要考虑与商业相关的其他因素，包括市场潜力、地理位置、短期和长期商机以及竞争对手的地位。

公共部门纠结的一大难题是，是否、何时以及如何关注自身的 FTO 问题。大学研究人员通常不需要关注商业 FTO，除非他们从事的是以产品开发为目的的研究。这类研究在公共部门逐渐普遍，而且主要通过产品开发合作伙伴关系（PDPs）的方式开展，资助这类研发项目的主要原因是为了开发造福贫困人群的产品。国际农业研究磋商组织（CGIAR）的研究中心和许多国家农业研究体系（NARS）都属于这种情况。高校也正在转移研究重点，并以新颖的方式管理创新。比如，亚利桑那技术企业有限责任公司［亚利桑那州立大学（ASU）的技术商业化职能部门］通过引进或者集成知识产权许可，围绕亚利桑那州立大学的发明成果建立核心技术平台，然后将成套的知识产权作为解决方案对外许可，从而加速技术进入市场的速度并提供更多的商业机会。[2]

公共部门的这些趋势意味着必须建立各种类型的合作关系。实际上，寻求和获得 FTO 的过程，需要技术许可以及其他形式的许多制度安排，正是这一过程推动了合作关系的建立。但是，合作关系也有风险，独立行动也是如此。风险不可能完全规避，实际上，研究人员和行政管理人员必须通晓各类风险，并且常常自问如何能够最大限度地平衡风险。

2 FTO：从分析到策略

FTO 的发展遵循一种逻辑顺序（图 1）。首先从 FTO 分析开始，将计划中的产品或现有产品分解为不同组成部分并开展调查研究。对于每个组成部分，检索任何与之相关的知识产权和有形产权。这种分析结果使专利律师能够提供 FTO 意见，说明此产品或工艺是否会侵犯他人的知识产权或有形产权。所得出的产品或工艺 FTO 状态成为制定 FTO 策略的基础，管理层据此能够衡量不同的风险，作出明智的经营决策。

FTO分析

FTO分析是一项重点突出的深入研究，其实施方式是将生物技术产品或工艺细致地分解为基本组成部分，然后审视每个组成部分是否存在任何未获得许可的第三方知识产权（比如专利、植物品种保护或商业秘密）以及有形财产。

FTO意见

根据FTO分析的结果，专利律师将拟定FTO意见书，说明生物技术产品或工艺侵犯其他人的知识产权或有形财产权的可能性。这种侵权的可能性或低或高，取决于FTO分析结果。

FTO策略

FTO状态为制定产品开发策略奠定了基础。FTO策略涉及商业和法律考量，平衡潜在风险与预期利益。FTO策略要周全考虑所有选项，然后根据机构的使命和风险容忍度确定最佳方案。

FTO状态

FTO意见说明了所开展的研发和/或商业化活动的潜在风险水平，需要根据所处时间和地点确定特定产品的FTO总体状态，因此风险的状况并不恒定，FTO状态也是相对的。

图 1　本文中的 FTO 策略

资料来源：SP Kowalski，personal communication.

FTO 意见通常将第三方的知识产权分为 3 类（律师或许并不使用此类术语）：

（1）侵权可能性较高的专利，需要获得许可；

（2）“有可能”侵权的专利，取决于如何解读专利权利要求；

（3）明显在产品研发领域之外的专利，则无需获得许可。

遗憾的是，许多专利没有明确的状态，所以不能将其简单地归入第 1 类或第 3 类。更多专利属于模棱两可的第 2 类。专利权利要求的含义和范围在一定程度上是分类的基础，专利的权利要求是专利文件的详细部分，它明确定义了发明的内容，并且规定了专利的概念边界或财产范围。只有专利权利所要求的部分才受法律保护；专利权利要求之外的任何内容都属于公共知识。

专利权利要求类似于房地产契约中描述的“界标和界限”。与土地契约一样，专利权利要求划定了发明的界限（尺寸和边界）。然而，有别于房地产的有形财产权，专利涉及的是无形财产权。因此，知识产权的明确范围是不可量化的；所以，它有待于解释，因为人们不能看到或触摸到专利的实际财产（专利具有“知识性”或“思想性”）。界限只能用文字描述，然而文字的含义并不精确。文字始终有待于解释，尤其需要考虑上下文的语境。[3]因此，按照被起诉后的可能结果，进一步细分第 2 类专利是有必要的：

（2a）如果原告将被告告上法庭，被告很有可能在“专利侵权诉讼中败诉”。

（2b）如果原告将被告告上法庭，被告很有可能在“专利侵权诉讼中胜诉”。

律师可以向高级管理层建议，告知属于（1）、（2a）、（2b）和（3）的专利数量以及必须与哪一家机构建立合作关系或达成许可交易。但是律师无法告知，从研发、制度和经营的角度看哪些选项最有意义。单从法律的角度来看，获得所有第 1 类和第 2 类专利的许可，可以将风险最小化。因为，律师往往认为许可是风险最低的选项。但是，如果要明确某个选项在多大程度上具有商业、财务和战略意义，需要考虑下文阐释的其他内容。

3 何时寻求 FTO

对于企业，必须在产品研发阶段尽早考虑 FTO。一旦在产品研发、监管合规和/或审批、剂型和制造中投入了数百万美元，就难以再从第三方获得有利的许可条款。投入的资源越多，谈判就越艰难，尽管其他因素也同等重要。比如，拥有良好营销网络的公司更容易进行许可谈判。

实际上，在产品研发阶段初期就对每种产品或工艺进行详细的 FTO 分析是不切实际的，而且成本极高。因此，对于特定的候选项目或产品，即便是初步决定是否投入资源进行 FTO 分析时，也必须以初期或粗略的评估为基础。这种初期评估能够帮助确定何时进行更详细的 FTO 分析以及分析的复杂程度和深度。

对于公共部门，相同的 FTO 原则同样适用，但是存在重要差异。高校的主要使命或重点是研究、教学和分享知识，从事这些工作的自由度来源于学术自由的规定，有些国家将这种自由列入了知识产权法所规定的学术研究和合理使用豁免。考虑下游方面的商业开发通常是次要或延伸出来的重点。

因此，高校技术转移办公室通常对外许可发明（专利）、商标和植物品种权（有些情况下），但是不开发和销售成品。然而，PDP 和许多非营利组织的主要目的是产品销售及推广，即使他们可能并不亲自参与实际生产和产品销售，但其使命是为市场开发产品（不论是非营利目的或者人道主义目的）。因此，主要问题是何时开始研究 FTO 以及整合必要的知识资产。

在产品开发过程的初期还是后期进行知识资产的整合[4]？决定获得第三方知识产权许可的时间是一项重要的战略决策，与任何决策一样，这个决策也有特定的风险。一旦决定推迟许可，机构就要接受以下几种可能：

- 更苛刻的许可条款（一旦机构在研发中投入多年的时间和数百万美元，其议价能力往往降低）。
- 无法获得许可。
- 由于专利侵权而导致诉讼。

相反，如果过早引入许可，机构也得承受其他风险。比如，在农业生物技术领域，公共机构从公司获得知识产权许可的最大障碍之一就是，企业不相信公共机构能够生产优质产品而且能够负责任地管理技术和产品。拥有生物技术产品开发经验的公共机构数量很少。自然而然地，企业不愿意向没有可靠的产品开发计划并且缺乏必要的产品生命周期管理能力的实体授予许可，尤其是用于人道主义目的的许可。因此，公共机构一旦证明了自己具有管理产品质量以及掌控全局的能力，尤其是知识产权管理能力、监管能力和高质量生产能力，就更容易按照专业条款获得许可。能力一旦得到证实就会产生信任和信心，使企业更愿意提供许可并且达成合作关系。这是创建非洲农业技术基金会（AATF）[5] 的原因之一。

总之，标准化的战略是不存在的。每种情况都必须审核和评估，最佳战略取决于许多因素，包括：

- 机构的使命
- 现有合作关系的范围
- 机构与企业对接的难易程度
- 所考虑产品的类型
- 与具体产品相关的公共和私营部门的利益重合程度

4 获得 FTO 的补充策略

总体而言，企业制定的总体 FTO 策略，是董事会、高级经理人、业务经理、营销经理、研发经理和法律顾问综合决策的结果。虽然本章前面的部分指出，与 FTO 有关的大多数知识产权问题都在于达成交易、引入许可及建立合作关系，但这是从 10 个主要选项中选择出来的“结果”（表 1）。

可以确定的是，并不是所有选项都同样适用于公共研究机构。产品上市不是他们的主要目的，但是如果他们的研究成果在下游被使用（比如与私营部门合作），那么 FTO 就成为他们的一部分任务。

4.1 法律/知识产权管理策略

4.1.1 引入许可

所有 FTO 问题都可以通过从有资质的所有者/受让人以单独或打包的形式获得商业许可而得到解决，前提是针对所研究的产品可能侵犯的每一项知识产权进行许可。许可谈判是最常见、可能也是最符合逻辑的选项。可以是广泛许可，即授权制造、委托他人制造、使用、委托他人使用、进口、出口、出售、销售或委托他人销售所有产品和零部件以及所有相关产品和工艺，也可以是限制性的许可。

许可协议每天都在达成，许多情况下，签署许可协议几乎是一项机械性的工作。[6] 然而，也存在这样的特殊情况：难以获得许可、被拒绝许可，或者甚至因许可争议被诉诸法庭。相比每年签署的许可协议数量，这些特殊情况为数不多，但是也需要高度重视。主要问题不在于“是否”许可，而在于“何时”开始就许可进行协商/谈判（或者何时以及如何采用本文阐述的其他办法）。但是，需要再次强调的是，许可只是众多选项之一。

表1　10个实施FTO策略的办法

办法	优点	缺点	对公共部门的关键挑战
1. 法律/知识产权管理策略			
引入许可	相对直接	不能培养内部研发主动性，可能成本高昂	确定开始许可协商/谈判的合适时间
交叉许可	涉及专利授权和获得许可	某些情况下，会产生反垄断问题	需要统一机构的策略
无效第三方专利	易有成效	成本高昂，但结果可能并非是想要的（面临更强大和/或范围更广的专利）	公共部门的政策较少允许采用此类措施；成本高昂令人望而却步
寻求不主张协议	廉价而且有效	很少考虑到宝贵的专有知识的引入许可	可能需要机构的首席科学家和负责人进行游说
寻求强制许可	TRIPS协定规定特定情况下是允许的	不适用专有知识的引入许可，带来许多约束性条件和复杂性	强制许可需要满足许多条件才可行
2. 研发策略			
调整产品	如果在研发早期阶段进行规划，则会非常简单	如果缺乏容易获得的替代方案，可能无法实现；会产生机会成本	需要及早进行FTO审核和业务驱动型研发策略
规避设计	会导致交叉许可	会延误产品投放，成本高昂；会产生机会成本	知识产权/许可部门需要推动（或者至少影响）研究人员和研究方向开展此类工作
3. 经营策略			
等待并观望	给战略定位提供了时间	可能导致诉讼并且损害已经做出的投资	总体上有害
放弃项目	简单有效	可能代价高昂（需要注销已发生的研发投入，会产生机会成本）	难以确定作出决策的时间、方式和决策者（除非出资方有明确的知识产权政策）
兼并和/或收购	非常有效	可能分散主要经营重点	一般不可行
——→实践中 同时实施多个办法组合			需要战略思维

来源：A Krattiger

4.1.2　交叉许可

交叉许可是指两个知识产权持有人相互许可知识产权，A将一组专利许可给B，作为交换，B将一组专利许可给A。这种方法往往适用于一个实体拥有发明专利，而另一个实体对该发明进行了改进并申请了专利的情况。比如，假设A持有的启动子专利仅在谷物作物中有效，但是，B修改了基因，使这种启动子也可以用于双子叶作物（非谷物作物)。A 可以继续在谷物上应用其发明，但是不能将其用于豆类（因为豆类是双子叶作物)。然而，B 不能在豆类中使用基因改良产物，因为 B 需要 A 的许可。这种情况下的交叉许可使得 A 和 B 都能在豆类中应用他们的发明。

某些企业拥有完整的研发队伍，在交叉许可中相比竞争者处于优势地位。由于成本的原因，公共机构可能无法做到这一点。但是，公共机构不应该直接放弃交叉许可。

4.1.3 无效第三方专利

通常认为，专利授权后就有效。但是，专利权也会受到质疑。实际上，美国法律规定专利有效性包括 3 个部分：新颖性、实用性和非显而易见性。对其中任何一项的成功质疑都会导致该项专利权利要求无效，有时还会使整个专利作废。如果说明书记载的内容不符合充分公开的要求，专利的权利要求也可以被无效。关于诉讼，有两点是肯定的：诉讼成本高，结果不确定。此外，质疑专利有效性的准备工作将涉及与 FTO 分析等同的、甚至更大强度的研究和分析工作。作出这个选择时，必须仔细考虑成本。而其他的可能性就是，受让人/发明人反而提出额外的专利权利要求（“伊诺拉豆类案”最初就是这种情况)。[7]

4.1.4 寻求不主张协议

许多企业原则上愿意为了发展中国家和人道主义用途而许可宝贵的知识产权。但是，自然而然，他们不愿意为不产生现金流或利润的活动承担风险。他们管理风险的途径之一是不主张协议（或者不主张协议)，知识产权持有人通过这种承诺实际上是向知识产权使用者保证不会行使知识产权权利。这些承诺是非常简单的协议，可以采用公开声明、双边或多边协议的形式。[8]

在这个“人道主义”许可的新时代，国际社会正努力开发和传播新产品并且扩大发达国家已经享受的产品利益。然而，解决所有 FTO 的问题并非易事。仅仅获得许可就非常复杂、耗时，甚至不可能。企业可能因为责任问题而不愿意授予许可，农业生物技术应用（一定程度上是由于《卡特赫纳议定书》规定的长期国际责任和补偿谈判所致）和疫苗技术尤其如此。所幸的是，这些复杂问题很多都可以通过简单的不主张协议而避免。

4.1.5 寻求强制许可

大多数国家都规定在国家紧急情况下必须向国内生产商授予强制许可，前提是满足《与贸易有关的知识产权协定》（TRIPS）规定的特定条件。国家必须具有产出专利发明成果的能力，而且还必须努力真诚地协商许可（虽然世界贸易组织理事会近期提出放弃原始 TRIPS 协定，以允许没有制造能力的发展中国家从原产国之外的其他来源进口专利药品)。强制许可必须由政府为了公共的非商业用途而启动，而且可能需要一年或多年时间才能完成：这是一个复杂的过程，需要运用大量的政府资源和经验。[9]

强制许可有很多实际生产方面的难题。专利持有人不大可能在强制许可的情况下，许可并转让他们的专有技术，所以，发展中国家的企业需要在其内部开发专有技术。此外，只能在特定条件下向特定国家出口，这种情况限制了规模经济，而且可能显著提高生产成本。但是，强制许可也可以是一种有力工具（比如作为谈判策略)。此外，

TRIPS 协定授权的国际知识产权标准已经给予其成员很大的自由裁量权，在履行条约义务的情况下，可以颁布支持国家创新政策、发展重点和文化价值观的法律和法规，包括自愿定价和许可安排。其他选项主要与国家政策和法律有关，超出了本章的范围（比如，允许并管理政府使用专利发明的行为，通过专利法庭提出诉讼以保护公共利益，明智地制定竞争法和政策框架）。重要的是，在授予强制许可时，许可人没有义务转让专有知识/商业秘密或者任何关于安全、效力或临床的数据。换言之，强制许可可能仅限于专利说明书中所披露的信息，这种信息通常只代表发明成果的早期最佳模式。但它不会包括随后开发的和/或附属的技术诀窍或相关示范案例。

鉴于必要许可的范围以及发放强制许可所需的时间，这个选项可能不允许发展中国家快速开发产品。疫苗的许可就是这种情况，其专有知识是知识产权的主要组成部分。此外，提高强制许可的可能性会显著阻止未来投资。“虚惊一场”（即宣布国家紧急状态，以证明强制许可的合理性，而实际情况并不能完全证明国家处于正当的紧急状态）可能是有害的方法，因为这种强制许可会阻碍未来投资。一旦授予强制许可，就会催生早期许可协议，但是在大多数情况下，及早寻求商业许可可能更有效。

4.2 研发策略

4.2.1 调整产品

有一种替代许可的做法是改变产品规格。比如在农业领域，载体设计使用不受知识产权保护的其他启动子，而不是使用需要获得许可的特定（专利）启动子。

这种策略只有在以下情况下才会成功：（1）存在公开的替代方案，而且该方案至少与受到知识产权保护的启动子同样有效；（2）在研发阶段及早实施 FTO 分析（抢先进行 FTO 分析），否则，多年的工作会付诸东流。而为了得到 FTO，可能会突然特别想要获得许可（甚至非常有必要）。与许可一同而来的可能还有必要的专有知识/商业秘密、数据和商标。当然，关键在于，这种方法需要对任何替代方案的可行性进行分析，从而能够评估其 FTO 可能的程度。没有人愿意用一匹病马换来一匹病得更重的驴。

4.2.2 规避设计

为了选择规避设计，研究团队必须探索各种替代途径来开发产品。仍然以启动子为例，研究团队想要分离一种未知的新启动子，同时寻求专利保护。选择规避设计会延误产品的开发进程，但是会带来重大利益，包括新发明、用于交叉许可的新知识产权，甚至更好的产品。主要缺点是成本高昂，所以在任何情况下，这个选项对于公共机构可能都是不可行的。应该采用风险/收益分析法来衡量许可的成本与开发新产品的成本。鉴于研发工作经常出现开放式成本，许可可能更可行。在工业领域，规避设计往往是与许可谈判并行的策略。

4.3 经营策略

4.3.1 等待并观望

最简单的做法是将存在问题的产品商业化，等待知识产权持有人前来联系寻求许可。如果发生了这种情况，也许仍有可能达成许可协议（参见第 4.1.1 节）。另外，也可以将无效第三方专利（参见第 4.1.3 节）作为一种防御措施。此外，可以用交叉许可（参见第 4.1.2 节）作为交换。然而在美国，这个做法的潜在缺点在于，如果可以证明侵权者有意侵犯另一方的知识产权，那么法庭可能判处的损害赔偿将达到知识产权所有人所损失收益的 3 倍。在特殊情况下，法庭也可能将合理的律师费判给胜诉方（即知识产权所有者）。

4.3.2 放弃项目

如果其他办法都失败了，可能就不得不放弃该项目了，将投资用于更加安全的、风险更低的业务。毫无疑问，决定放弃项目的最佳时间是在开始研发之前。为此，企业通常举行定期的项目/产品规划会议，会议参与者包括科学家、业务开发经理和法律顾问。

公共机构往往难以放弃项目，因为他们通常几年前就向捐赠方作出了承诺。与企业的科学家相比，公共部门的科学家往往拥有更多自主权。因此，捐赠方的知识产权政策对于作出决策的时间、方式和决策者非常重要（但财务捐赠方的知识产权政策应明确）。[10] 在这种情况下，比尔和梅琳达·盖茨基金会（以及其他捐赠方）的研究成果"覆盖全球战略"尤其受欢迎，也很重要。

4.3.3 兼并和/或收购

任何企业，不论规模大小，都可能通过并购而收购许多小企业，目的是扩展其知识产权资产组合。虽然这对于学术机构并不可行，但是在私营部门，这种做法是获得 FTO 的重要步骤。

此外，非营利性 PDP 和其他非政府组织（NGO）可能考虑将兼并作为提高创新潜力的途径，但会放在以 FTO 作为获取策略之后。比如 20 世纪 90 年代，国际农业研究磋商组织遍及世界的各研究中心面临着复杂的环境，当参与者显著增多和影响范围显著增大时，国际农业研究磋商组织没有重组和聚焦，而是进一步扩张（按名义价值计算的预算不变或削减），此后成为一个日益分散的实体。这特别成问题，因为从战略和人道主义的角度看，该组织的工作比以往任何时候都重要。而在同一时期，矛盾的是，私营部门在实施并购，主要企业的数量从 20 多个减少到 5 个左右。而发展机构、非政府组织和许多其他服务组织的数量则成倍增长。[11]

5 结语

对于公共机构而言，在研究阶段及早进行 FTO 规划的做法不一定适当，也不一定可行。实际上，学术机构进行的大多数研究并非为了直接的商业目的，所以他们不关注而且也无需关注 FTO。但是，公共机构（特别是农业领域的国家农业研究机构、国际农业研究磋商组织和健康领域为了产品发展的合作机制）将逐渐面临专有科学与公共领域的复杂对接问题。此外，捐赠人（比如比尔和梅琳达·盖茨基金会）要求公共机构推行惠及全球战略，阐明如何管理知识产权，从而将利用研发产生的产品提供给贫困人口。这就要求更多地考虑 FTO 问题，因为产品正在向下游流动。[12] 然而，值得注意的是，虽然 FTO 涉及的步骤简单直接，但是执行起来却很复杂而且耗时，FTO 的意见难以转变为产品开发策略。[13]如引言部分所述，FTO 意见只是概述了与特定时点产品有关的知识产权。比如，随着产品规格的修改和改进，法律环境的演变（比如新颁布的规则规定了哪类发明可以获得专利），以及专利申请的提交、专利发布、到期或失效，专利状态每天都在发生变化。

对于特定的产品或工艺，可靠的 FTO 获取策略应该考虑所有选项，评估每个选项在制度背景、产品类型和市场动态方面的风险。在实践中，人们同时寻求多个选项。需要根据情况的变化定期修订策略并且改变策略。实际上，有些选项在研发阶段可能更可行（比如规避设计），而在其他所有选项失败后，某个选项可能成为唯一的选项（比如诉讼或放弃产品）。

在某种程度上，本章阐述的所有选项都需要建立内部和外部合作关系。首先，潜在知识产权的侵权处理需要研发人员与业务开发、财务、战略、法律甚至管理部门的专业人员开展合作并建立合作关系。此外，把需要协调、专注、知情的风险管理转变为坚实、可靠和彻底的 FTO 策略，应该是所有参与者的共同目标。实际上，到最后，一切事物最后都受寻求 FTO 机构的内部及与第三方的关系所推动。如果决定消极地管理这种风险，就会发生意想不到的情况而且会错失良机。

最重要的是，与任何战略问题一样，关键并不在于制定 FTO 策略，而在于执行战略。战略与其说是一项计划，不如说是一种态度。请采取积极的态度来面对问题，将问题看成机会，制订最佳行动方案，然后付诸实施。

致　谢

感谢斯坦利·P. 科瓦尔斯基（STANLEY P. KOWALSKI）（富兰克林·皮尔斯法律中心）和格雷戈里·D. 格拉夫（GREGORY D. GRAFF）（美国农业公共知识产权资源联盟，加利福尼亚大学伯克利分校）在本章的准备过程中进行的有益讨论和建设性的建议。

ANATOLE KRATTIGER, *Research Professor, the Biodesign Institute at Arizona State University; Chair, bioDevelopments-International Institute; and Adjunct Professor, Cornell University, PO Box 26, Interlaken, NY, 14847, U. S. A. afk3@cornell. edu*

---

1 Fenton et al call such searches "level one" searches that are more cursory than "level two" investigations where legal FTO opinions are typically given in a confidential document under attorney-client privilege (see, also in this *Handbook*, chapter 14. 4 by GM Fenton, C Chi-Ham and S Boettiger).

2 See, also in this *Handbook*, chapter 17. 8 by PJ Slate and M Crow.

3 In addition to the interpretation of claims, an analysis of patents must also include embodiments of inventions.

4 *Assembly* essentially means to have gathered the relevant pieces of intellectual property.

5 See, also in this *Handbook*, chapter 17. 17 by RY Boadi and M Bokanga.

6 See, also in this *Handbook*, Section 11 on Technology and Product Licensing.

7 Rattray GN. 2005. The Enola Bean Patent Controversy: Biopiracy, Novelty and Fish-and-Chips. *Duke L. & Tech Rev* 0008 (3 June).

8 See, also in this *Handbook*, chapter 7. 6 by A Krattiger.

9 See, also in this *Handbook*, chapter 3. 10 by CM Correa.

10 See, also in this *Handbook*, chapter 5. 2 by Z Ballantyne and D Nelki.

11 For this, and other reasons, it has been proposed to restructure the CGIAR and FAO, for a consortium of developing countries to purchase Monsanto, and for the creation of an agricultural investment service (see Krattiger AF. 2003. Technology transfer to developing countries and technology diffusion: The future role of institutions in capacity building, regulations, IPRs and funding. In *Handbook of Plant Biotechnology* eds. P Christou and H Klee. John Wiley & Sons, London. pp. 987-1010. http://www.wiley.com/WileyCDA/WileyTitle/productCd-047185199X, descCdtableOfContents.html).

12 One of the first major FTOs conducted for a public sector consortium was for GoldenRice. It was commissioned by the Rockefeller Foundation on behalf of the International Rice Research Institute (IRRI) and the Humanitarian Board for GoldenRice (see Kryder D, SP Kowalski and AF Krattiger. 2000. *The Intellectual and Technical Property Components of pro-Vitamin A Rice (Golden* Rice™): A Preliminary Freedom-to-Operate Review. *ISAAA Briefs* No 20. ISAAA: Ithaca, NY. www.isaaa.org/kc/bin/isaaa_briefs/index.htm. See also www.goldenrice.org/Content2-How/how9_IP.html.

13 See, also in this *Handbook*, chapter 14. 2 by SP Kowalski, and *supra* note 1.

第 14.2 章

自由实施的准备工作

斯坦利·P. 科瓦尔斯基（STANLEY P. KOWALSKI）
富兰克林·皮尔斯法律中心

译者 王友华 审校者 刘芳 张晓 张熠

摘 要

自由实施（freedom to operate，FTO）是指能够进行新产品或新工艺的研发或商业化生产，同时将侵犯第三方知识产权权利或有形财产（有形资产）权利的风险最小化。用于评估产品或工艺是否具有 FTO 的程序称为 FTO 分析，其实施方式是将产品或工艺细致地分解为基本组成部分，然后审视每个组成部分是否存在任何第三方的知识产权或有形财产的权利。FTO 分析中，及早准备是关键，因为这种准备工作将影响后续所有工作，进而决定工作成果的质量。进行彻底准备将为可靠可信的 FTO 分析奠定坚实基础。本章通过一个范例介绍如何进行准备工作。

1 引言

1.1 自由实施的定义

获得农业生物技术产品和医药产品（包括疫苗）及其生产工艺，可以帮助发展中国家改善公共卫生和营养，提高人们亟须的福利。这种产品和生产工艺在技术上是非常复杂的。大致浏览一下科学或医学期刊上发表的任何论文，通过其“材料和方法”

Kowalski SP. 2007. Freedom to Operate: The Preparations. In *Intellectual Property Management in Health and Agricultural Innovation: A Handbook of Best Practices* (eds. A Krattiger, RT Mahoney, L Nelsen, et al.). MIHR: Oxford, U. K., and PIPRA: Davis, U. S. A. Available online at www.ipHandbook.org.

会发现，农业生物技术或医药产品的研发和最终商业化通常采用了许多成分和工艺。这种技术复杂性反映了相应的知识产权权利和有形财产权利的复杂性，也就是说，产品中的每个成分、工艺和/或其组合都可能附带他人的知识产权（比如专利）或有形财产权利［比如材料转移协议（MTA）］。因此，从法律意义上看，农业生物技术或医药产品/工艺可以说并不“简单”，这意味着研发和商业化可能会侵犯其他人的知识产权或有形资产权利。然而，可以通过系统性管理而显著降低侵权责任风险。这就是自由实施（FTO）的意义所在。

广义上，FTO 是指能够进行新产品或新工艺的研发和/或商业化生产、营销或使用，同时将侵犯未经第三方许可的知识产权或有形资产权利的风险最小化。[1] 用于评估产品或工艺是否具有 FTO 的程序称为 FTO 分析，其实施方式是将产品或工艺细致地分解为基本组成部分，然后审视每个组成部分是否存在第三方的知识产权或有形财产权利。

然而，必须明确的是，FTO 分析并不明确或含蓄地表示可以绝对“自由”地使用，而是一种风险管理工具，其目的是评估与新产品或新工艺有关的侵权诉讼责任的“可能性”。因此 FTO 是在特定的司法管辖区域内及特定时期对侵权责任的明智、理性和计算的“最佳估计”（即对特定产品或工艺的知识产权及有形资产权利状况的大致评估）。[2]

因此，机构或企业可以看到，FTO 分析将使新产品或新工艺的研发和商业化可能造成侵犯他人知识产权和/或有形资产权利的风险最低[3]。然而，随着知识产权及有形资产权利和法律环境的变化、转移与演变，FTO 分析的动态和结果也可能变化（比如，专利可能发布、到期或失效；可能被授予或终止许可；可能被转让和再转让）。而且，专利权具有严格的地域性，[4] 这意味着产品/发明可能在一个司法管辖区域（没有发布相关专利的国家）内拥有 FTO，但是在另一个司法管辖区域（已经发布专利的国家）内则不具有 FTO。因此，必须在适当时间和地点定期重新评估并更新 FTO 分析的结果。[5]

1.2　FTO 分析准备：综述

FTO 分析必须有组织、符合逻辑、有条不紊、细致而且仔细地记录在案。彻底进行 FTO 分析（即专利律师随后可以用于拟定 FTO 意见书）最重要的是第一步，包括完成以下准备工作：

- 组建 FTO 小组
- 分析、理解并分解技术
- 评估作物系谱
- 确定制药技术需要考虑的因素
- 采访研究人员
- 查找笔记本、实验室记录和计算机文件
- 寻找材料转移协议、袋标签、种子袋和任何未知财产的踪迹
- 提出一系列 FTO 问题
- 选择科学数据库

- 选择专利数据库
- 识别制药领域专利的特殊信息来源
- 了解美国专利商标局（PTO）的信息（文件封面信息和披露信息）
- 始终记住专利有18个月的“沉默期”（即从递交申请到公布的时间）
- 在整个FTO分析过程中坚持尽职调查

为了准备并成功实施FTO分析，本章将阐述上述每个准备步骤。它适用于农业生物技术或者制药技术。这两种技术所使用的材料、方法和工具可能不同，但是基本的FTO原理和程序是相同的。因此，通过遵循这个FTO分析的行动方案，可以提出一系列有效的、彻底的FTO问题，为形成可靠的FTO分析奠定坚实基础。然后，专利律师可以利用这一分析结果，形成一个或一系列FTO意见。

1.3 说明性范例

为了帮助说明所阐述的主题，本章将采用说明性假设。以“纯虚构”的范例作为聚焦讨论并帮助理解，背景信息如下：

近期，东非出现一种新的病毒性疾病。病原体是一种源于猿猴的病毒，几千年来在侏儒沙漠狒狒孤立种群中无症状流行。战争、饥荒和干旱的肆虐迫使许多人在灌木丛中觅食，他们在荒野中苦苦搜寻几天后，最终找到了该动物。人们认为，当饥肠辘辘的难民食用未经烹熟的被病毒感染的狒狒肉时，致病病毒从狒狒转移到人体。这种病毒可能通过晚期坏血病导致的口腔溃疡伤口快速进入血液中。在进入新的宿主体内后，病毒向骨骼肌转移，与原始狒狒宿主不同的是，病毒导致患者发生渐进性肌肉退化，症状与重症肌无力相似，俗称“跌倒病”（FDD）。这种新疾病的最严重问题在于，它似乎很容易通过体液在人与人之间传播。因此，它可能在拥挤的难民避难所中传播，造成更多的痛苦和死亡。

这种致命病毒的突然出现，迫使全球开展了一系列的研发工作，包括病毒的培养方法（只能在猴细胞中培养）、病毒基因组的测序和表征、克隆系列编码病毒蛋白的基因，以及开发候选疫苗。

东非的一个国家是旱地作物研究所（IDLCR）的所在地。该国近期加入了世界贸易组织（WTO），而且认真遵守《与贸易有关的知识产权协定》（TRIPS），以便吸引更多的外国直接投资来促进经济增长，尤其在生物技术等新兴技术领域。因此，更多的外国人在该国就生物技术应用和技术提出专利申请，通常是通过《专利合作条约》（PCT）进入国家阶段申请。

为了应对病毒性疾病FDD造成的迫在眉睫的危机，旱地作物研究所与该国的领先医学研究中心合作启动了在重组高粱中大量生产病毒抗原的计划，这种高粱转入了最具免疫原性的病毒抗原。这种病毒抗原将被用于生产大量的疫苗，为数千名无家可归的难民免疫。这项研发计划必然需要大量的专有成分和技术，这些成分和技术可能受第三方的知识产权和有形资产权利的保护。因此，FTO问题成为一个非常现实且被持续关注的难题。

2 组建 FTO 团队

2.1 FTO 团队需要卓越的负责人

一旦启动 FTO 分析工作，就必须选择可靠、能干且胜任的负责人，才能正确构思、组织和执行 FTO 分析。因为 FTO 分析是一项多学科工作，团队负责人必须确保团队始终专注、准确而且精准。在理想情况下，如果有能力聘请合格的专利律师，应由该律师带头。然而，许多情况下可能无法做到这一点。而且，FTO 分析的不同阶段，可能并不都需要专利律师的领导。比如，FTO 分析的早期阶段，主要是评估或调查知识产权状况，不需要律师就能实施。之后的阶段如有必要时，可以寻求专利律师的指导（FTO 分析的后期阶段常会出现法律问题，如专利权利要求分析）。在这个阶段，可行的路径是通过公益协会来寻求提供无偿服务的律师［比如通过公共利益知识产权顾问公司（PIIRA）］。

为了达到最佳效果，理想的 FTO 团队负责人应具有农业生物技术和/或医药方面的专业背景，这具体取决于进行 FTO 分析的具体产品和/或工艺。此外（如果不由专利律师领导 FTO 团队），FTO 团队负责人必须是具有丰富知识产权相关专业知识和技能的专业人员（比如，技术转移专业人员，专利等知识产权从业者，参与过各种知识产权和技术转移课程、研讨会和/或培训班的专利代理人或者科学家）。FTO 团队负责人必须理解 FTO 分步骤分析过程的变化，不仅从法律范式、还要从复杂的技术和科学角度进行理解。因为 FTO 分析涉及科学和法律，FTO 团队负责人必须熟练掌握这两个领域的专业知识（即在两个不同的专业环境中都游刃有余）。[6]

2.2 FTO 团队是跨专业团队

由 FTO 团队负责人来选择 FTO 团队成员。团队成员应该包括：拥有项目监督经验的科学家、技术转移人员和技术员/技术支持人员。技术支持人员不可或缺，因为他们往往知道产品研发和商业化过程中发生的实际情况。FTO 团队也可能包括商务人员（根据商业化的阶段而定）以及行政人员。行政人员可能了解相关沟通、文件和协议的情况。必须说明的是，FTO 团队可能是也可能不是委托人。实际委托人可能是研究机构，这种情况下 FTO 团队成员则由机构员工组成。

2.3 专利律师及其工作成果保密特权

之所以要让专利律师来领导 FTO 团队（尤其是在后期分析阶段），一个重要的原因是保证文件的保密。如果发生专利侵权索赔，在专利律师指导下编制的 FTO 分析和意见书可以按照律师工作成果保密特权而被免于取证（强制向反对方披露文件）。然而，这种保密特权的范围大小并不明确，所以必须谨慎行事。总之（在美国），“［按照《美国联邦民事诉讼规则》26（B）（3）］，律师在代表委托人履行法律职责过程中编制或形成的书面材料和内心感想，作为律师的工作成果免于取证，除非存在对寻求取证一方的过度损害或造成困难”。尽管如此，“对于正确解释这一措辞以及与影响证据法学的其他原则相结合时，法庭之间存在分歧……对于律师意见型工作成果应该获得的取证豁免程度的标准，一些法庭认为，规则 26（b）（3）规定了绝对保护，而越来越多的近期裁决显示，应用标准保护的情况要少于绝对保护的情况，给予律师意见型工作成果的严格保护所需要考虑的特定情况除外”。[7] 与工作成果保密特权及其可能涵盖范围有关的复杂问题，进一步表明有必要将合格的专利律师作为 FTO 团队负责人。

FTO 团队组建后，负责人协调、领导并指导团队完成完整的 FTO 分析。

2.4 科技人员的重要性

对于 FDD 疫苗的开发，旱地作物研究所的 FTO 团队负责人必须仔细挑选一批科学家，这些科学家将能够理解疫苗研发和商业化过程中涉及的各种生物、基因、农学和生物技术成分及方法，他们将构成 FTO 团队的基础。此外，也可以选择其他专业人员，比如技术转移负责人、行政管理人员和业务经理。然后，团队将开始承担繁重的 FTO 分析任务。

3 分析、理解和分解技术

3.1 产品解构

作为 FTO 分析中的第一步，FTO 团队必须彻底知晓技术本身的确切性质，不论产品、工艺还是二者的组合（以下称为产品/发明）。为了做到这一点，FTO 团队必须与所有研发人员密切合作，从而理解技术的性质，理解的程度要使他们能够将技术分解为基本组成部分，这就是“解构”。[8]

因此，在为 FTO 分析做准备的解构阶段，FTO 团队和其他科学家、合作者或工作人员一起，将产品/发明分解为基本生产工艺、组成部分以及相关的工艺和/或组成部分的任何可能组合。

3.2 研究工具

在这个阶段，重要的是识别在产品/发明研发阶段所使用的研究工具。[9,10,11] 研究工具是高效开发农业生物技术和制药领域商业应用的必要手段，美国国立卫生研究院（NIH）将这种工具定义为“科学家在实验室中使用的各种资源，包括［基因片段，基因］、细胞株、单克隆抗体、试剂、动物模型、生长因子、组合化学和 DNA 库、克隆物和克隆工具（如 PCR）、方法、实验室设备和仪器、数据库和计算机软件。”[12,13] 识别研究工具是早期 FTO 分析准备中的关键步骤，因为，虽然这些工具在许多实验室看似无处不在，而且很容易（乃至“免费”）获取，但是美国似乎没有研究工具使用的（实验用途）豁免。如果假设研究工具是免费的，那将意味着不理智地忽视了产品/发明的 FTO 分析中的重要步骤。[14]

3.3 疫苗的成分

对于跌倒病（FDD）疫苗开发，在转基因高粱中生产和部署疫苗需要用到许多成分和技术，包括但不限于：

- 猴细胞培养（用于病毒繁殖）
- 病毒蛋白抗体
- 病毒基因组
- 单个病毒基因
- 用于克隆病毒基因的研究工具［比如，聚合酶链反应（PCR）和相关方法］
- 植物转化方法（比如，“农杆菌”介导法和/或基因枪轰击法）
- 植物遗传转化构建体（比如，载体、启动子、转运肽序列）
- 植物细胞培养技术和细胞株
- 用于遗传转化的高粱种质
- 用于收获和纯化表达抗原的程序
- 实际疫苗的配制、生产和递送

上述每一项都很有可能代表预期疫苗的一部分解构内容，因此都构成了 FTO 团队在 FTO 分析中需要彻底审视的 FTO 问题（参见第 8 节）。

4 知识产权和有形资产权利

在这个阶段，有益的做法是简要明确地定义 FTO 分析中通常遇到的知识产权和有形资产权利的形式。

4.1 专利

本文所指的专利是发明专利：政府授权发明人在规定的期限内禁止其他人制作、使用或销售他或她的发明成果。这样做是为了换取发明人在专利文件（通常是说明书）中完全披露发明成果。因此，专利可以被看作发明人和政府之间的合同，发明人完全披露发明成果，以换取在规定期限内授予知识产权的绝对排他性。专利适用于农业生物技术和制药。[15]

4.2 材料转移协议

材料转移协议（MTA）是法律文书，通常伴随有形资产的转移。这种协议通常（在理想情况下）记录转移的“内容”、“谁”转移给“谁”，以及协议的条款、用途、权利范围、保密性和期限。[16]MTA 在法律上被定义为委托书。[17] 那么，问题来了，什么是委托书？委托是一方按照合同条款并且为了特定目的将有形资产交付给另一方。然而，在委托中，关键要记住的是，虽然财产的“实物”持有状态发生了变化，但是“所有权”并没有转移：所有权仍然属于所有者（委托人），即使占有权已经转移给接收人（受托人）。[18]除作为委托外，材料转移协议还规定了合同义务，因此，作为具有约束效力的合同，转移/交易中的双方必须非常严肃地对待材料转移协议的条款和条件，从而避免出现违约责任的可能性。[19]

材料转移协议的条款和规定会有很大差异，特别是将非营利机构（如高校）与营利性机构（如公司）签署的材料转移协议进行比较时会发现，[20]保密性、出版权和延展权*等方面可能差异很大，必须谨慎行事，以避免达成责任过重的技术转移协议条款。[21]如果产品或工艺开发中使用的材料是违反其他两方之间材料转移协议而获取的，则材料的“获取者”可能要对未经授权使用负责。比如，安迪将质粒转移（技术上而言是“担保”）给罗伯特（附有特定的合同义务），然后这个质粒被卡尔通过欺骗、偷盗或其他卑劣的手段“获取”。卡尔随后将它用于开发自己的产品/发明或者结合在其中。卡尔很可能有责任问题，罪名可能是侵占安迪的有形财产。[22]材料转移协议适用于农业生物技术和制药业。

4.3 袋标签（bag-tags）

袋标签是一种农业生物技术有形资产的权利保护措施，它等同于可强制执行的合同[23]，限制了被许可人（种植者）使用和/或再利用种子。[24]袋标签许可类似于收缩性薄膜包装、盒顶式和撕开即生效的软件许可交易，破坏密封条时，就形成了隐性合同。合同要求种植者有义务遵守封条上列出的许可条款。[25,26]

4.4 植物/种质资源保护

4.4.1 植物知识产权法律

种质资源（农业生物技术）的知识产权保护有各种形式，每种形式针对不同类型和水平的保护标的。在美国，《植物专利法》（PPA）、《植物新品种保护法》（PVPA）和《植物实用专利》（UPP）都是法定形式的种质资源的知识产权保护方式。[27]《植物专利法》为无性（植物性）繁殖植物提供知识产权保护（比如，通过扦插、发芽或嫁接繁殖的植物），该法不包括块茎繁殖植物（如马铃薯品种）。《植物新品种保护法》为有性繁殖植物品种、F1 杂交品种以及块茎繁殖植物（马铃薯品种）提供知识产权保护；植物品种必须符合新颖性、独特性、一致性和基因稳定性的要求。而《植物实用专利》的知识产权保护水平比《植物专利法》或《植物新品种保护法》提供的保护范围要广泛得多。《植物专利法》和《植物新品种保护法》只对特定的植物品种给予知识产权保护，但是《植物实用专利》可以覆盖对植物、植物品种、植株部分、种子和组织培养的保护。[28,29]

4.4.2 植物知识产权保护的国际条约

除《植物专利法》《植物新品种保护法》和《植物实用专利》外，还有两个关于种质知识产权保护的国际条约：《国际粮食和农业植物遗传资源条约》（PGRFA）[30]和《国际植物新品种保护联盟公约》（UPOV）[31]。在《国际粮食和农业植物遗传资源条约》中，重要的规定包括对来自多边体系的任何“以接收的形式”获得的种质资源不主张知识产权。另外还包括植物新品种商业化引发的惠益分享计划。[32,33]《国际植物新品种保护联盟公约》旨在寻求植物新品种保护中的国际一致性，该公约基本上与《植物新

* 许可人对被许可人的研发成果享有的特殊权利称为延展权（reach-through rights）。——译者注

品种保护法》一致，规定知识产权保护的基本标准是特异性、一致性和稳定性。[34]

4.5 技术使用许可

使用某些特定研究工具（参见第6.2节），可能需要寻求技术使用许可，这些研究工具往往是促进农业生物技术或医药产品、工艺或应用的研发阶段所必需的工具。[35] 虽然目前就研究工具申请专利和许可是否应该遵守实验用途豁免或强制许可存在大量的争议[36]，但是基本假定应该不变，即无论是营利性实体还是非营利性实体，开展研究工作时都不存在针对研究工具的实验用途豁免。[37]

5 评估植物系谱

5.1 植物相关知识产权的复杂性

在分析农业生物技术产品/发明时，必须确定构成其基础的种质系谱。换言之，必须追踪并且记录种质资源试验的更多细节。如果有详细的育种记录，这项工作就会容易得多。因此，FTO团队必须提出以下问题：产品/发明是以哪一种种质为基础的？该种质来自何处？种质的详细系谱是什么？

此外，如上所述，植物种质可能受到各种重叠形式的知识产权保护：

- 商业秘密（主要对于专有自交系，比如杂交玉米育种）[38]
- 发明专利[39]
- 《植物新品种保护法》（PVPA）[40]
- 《植物专利法》（PPA）[41]
- 《国际植物新品种保护联盟公约》（UPOV）（与PVPA一致）[42]
- 《国际粮食和农业植物遗传资源条约》（针对来自多边国际体系的种质）[43]

因此，FTO团队必须始终意识到种质的知识产权/有形资产权利有各种复杂情况，必须积极收集尽可能多的信息。

5.2 种质问题

在FTO分析中，如果在转基因高粱中进行病毒抗原的活体转化表达，则用于遗传转化病毒基因的品种可能会产生种质方面的复杂问题。比如，可能会存在知识产权和有形资产权利的多重保护：理想的高粱品系会同时具有第三方的专利权和植物新品种保护权。因为旱地作物研究所所在的国家正在寻求加入TRIPS协定，它可能颁布了与《国际植物新品种保护联盟公约》相一致的《植物新品种保护法》作为成文法律，当然也包括《专利法》。因此，在FTO分析中，种质问题虽然偶尔（且可笑地）从属于专利问题，但是至关重要的。

6 确定制药技术的考虑因素

6.1 药物成分

与农业生物技术一样，当研究医药产品/发明时，FTO 团队需要考虑医药产品/工艺的特定成分。[44]

必须考虑化合物本身：

- 晶型
- 非晶型
- 对映异构体
- 代谢物
- 药物前体

药剂成分的类型也必须予以考虑：

- 递送系统
- 载体
- 佐剂

产品合成涉及的方法、步骤和成分也是关键：

- 步骤以及每一步骤的试剂和技术
- 中间体（比如，对于五步合成，至少需要清除 4 个中间体，并需要 4 套用于转化中间体的试剂）[45]
- 试剂［比如，"在进行全面专利检索之前，往往有必要检索有机化学/生物化学课本和 Aldrich/Sigma 公司的商品目录，并且提出两个问题：(a) 哪些化学用途和工艺已经明确公开，或 (b) 能否从不限制商品用途的卖方手中购买到？］[46]
- 纯化方法和规程
- 处理方法和程序

使用方法也必须牢记（即下游考虑的因素）：

- 治疗方法
- 剂量学
- 限制性副作用

6.2 研究工具

最后，同样重要的是，必须考虑研究工具。生物技术研究工具用于开发药品、医疗器械或诊断方法。这些研究工具本身并不体现在最终产品、器械或诊断中。因此，它们代表了用于药品研发的全部资源。[47]（参见第 3.2 节）

6.3 疫苗

就疫苗而言，在 FTO 分析中，需要额外考虑专门针对疫苗研发、制造和部署的其他因素，包括：

- 表达系统
- 融合伴侣（fusion partners）
- 免疫刺激剂
- 佐剂系统
- 赋形剂
- 递送装置[48]

与药物产品/发明一样，FTO 团队必须仔细分析上述每一项，并且运用分析结果来提出一系列适当的 FTO 问题（参见第 8 节）。对于 FDD 疫苗，FTO 分析将包括：

- 上游考虑因素（比如，病毒基因、猴细胞培养、克隆）
- 中游考虑因素（比如，高粱种质和植物转化、植物抗原表达）
- 下游考虑因素［比如，疫苗配制、生产、优化（佐剂选择）和递送］

上文已经谈到，这些考虑因素中的每一项都可能存在第三方知识产权和/或有形资产权利。

7 采访研究人员及查阅记录

7.1 访谈并了解实验室历史

为了确保成功实施 FTO 分析，关键是 FTO 团队和科技人员之间要保持持续性的和谐关系。这种协作将有助于保证每个人不偏离轨道、保持工作动力并且保障 FTO 分析正常运行。与研究人员的非正式谈话能够揭示关键信息，比如收购的线索（比如，谁从谁那里获得什么，所纳入的知识产权和/或有形资产权利是否获得过正确授权）。考虑这样的假设情景：安迪从罗伯特那里获得一个产品成分，是罗伯特之前从卡尔那里得到的。然而，这种材料转移一开始就没有获得正式授权（比如，没有材料转移协议），这绝对是 FTO 团队需要知道的事情。

这种传闻轶事在书面记录中不可能找到，而只存在于实验室的“口述历史”中。因此，FTO 团队必须间或充当调查性的文化人类学家，对实验室和研究团队的历史、习惯（可能是不良习惯）和“传统”进行分类。此外，这类对话也将有助于研究人员更全面地回忆他们所做的事情，使他们能够填补书面记录中的空白。实验室笔记本中的内容可能只是整个故事的一部分。

7.2 纸质记录

FTO 团队还必须坚持不懈地追踪每件纸质记录，搜索实验室办公室、温室甚至储藏室，从而找到笔记本、实验室记录、相关书面文件、计算机文件、材料转移协议、袋标签、种子袋，以及能够说明存在未知的有形财产踪迹、盗用财产或者未经授权使用第三方保密信息的任何证据。通过全面审核研发小组的书面和口头记录及相关信息，FTO 团队才能深入了解产品/发明的内容以及可能涉及的知识产权或有形财产的权利。

在识别并且了解所解构的产品和/或工艺的每个基本单元后，FTO 团队就可以运用这些信息提出一系列“FTO 问题”了。

7.3 FTO 问题模板

对于 FDD 疫苗，产品解构表（表 1）简明扼要地总结了研发和商业化涉及的成分和工艺，以及潜在的属于第三方的知识产权和有形资产的权利。这是一个模板和路线图，由此可提出、回答和分析 FTO 问题（参见第 8 节）。

表 1　FDD 转基因疫苗产品解构表

技术成分、工艺或工具	可能附带的专有保护	相关文件
猴细胞培养（用于病毒繁殖）	知识产权权利，有形资产权利	专利，材料转移协议
病毒蛋白抗体	知识产权权利，有形资产权利	专利，材料转移协议
单个病毒基因	知识产权权利	专利
个体病毒基因	知识产权权利	专利
用于克隆病毒基因的研究工具［比如聚合酶链反应（PCR）和相关方法］	知识产权权利	专利，技术使用许可
植物转化方法（比如农杆菌和/或基因枪轰击论）	知识产权权利	专利，技术使用许可
植物遗传转化构造（比如载体、启动子、转运肽序列）	知识产权权利，有形资产权利	专利，材料转移协议
植物细胞培养方法和细胞株	知识产权权利，有形资产权利	专利，材料转移协议
用于遗传转化的高粱种质	知识产权权利，有形资产权利，可能是商业秘密（比如以商业秘密保护的亲本品系开发品种）	专利，植物品种证书，可能还有材料转移协议（比如，如果 PGRFA 涵盖种质），袋标签许可
用于获得和纯化表达抗原的程序	知识产权权利	专利
实际疫苗的配制、生产和递送	知识产权权利，有形资产权利，商业秘密（比如作为商业秘密受到保护的第三方保密的专有知识和/或示范）	专利，材料转移协议，技术使用许可

8 提出 FTO 问题

对产品/发明进行技术解构后，可以提出一系列 FTO 问题。[49]这些问题用于系统分析识别已分解的流程、组成部分及其任何组合中是否嵌入了知识产权（比如专利和商业秘密）和有形资产权利（比如材料转移协议和袋标签[50,51]）。因此，每个 FTO 问题都要询问生产方法、生产材料或方法与材料的组合是否具有或者可能具有属于第三方的知识产权或有形资产权利。进而，农业生物技术或药物产品/发明的开发中所使用的“单一”材料或方法可能存在多个专有权利问题，即潜在相关的知识产权（比如专利权）和有形资产权利（比如材料转移协议）。因此，重要的是提出一系列正确的 FTO 问题，而在 FTO 早期分析阶段必须谨慎细致，因为这是后续所有工作的基础。

9 科学数据库

注意：科学数据库和专利数据库检索是相辅相成的，即在 FTO 分析的整个过程中，二者之间相互支持、验证、指导并互通。比如，发明人可能是作者；机构可能是受让人；科学发现可能是实际发明（在科学文献中披露）。

检索科学数据库以及专利数据库是 FTO 分析不可或缺的。FTO 团队通过检索来收集大量的原始信息和数据（书面的、传闻的信息和数据），随后通过解析、分析和组织这些数据和信息，解答 FTO 问题。此外，FTO 团队需要了解免费的、额外付费的、增值的以及按次付费的数据库都有什么，还需要了解按次付费数据库的增值服务内容，以便在某些时候根据 FTO 分析中的特定需求以最具成本效益的方式使用它们。

科学数据库有许多，免费的科学数据库包括：

- Agricola[52]
- Google™[53]

而主要的按次付费增值数据库包括：

- Biosis [54]
- Current Contents [55]
- Cab Abstracts [56]

10 专利数据库

10.1 免费和收费数据库

与科学数据库一样，FTO 团队需要知道哪些专利数据库资源可用，包括免费数据库和按次付费增值数据库。FTO 团队还应该知悉按次付费数据库的增值服务类型。然后可以根据 FTO 分析关键阶段的具体需求访问这些数据库。[57]

比如，免费专利数据库包括：

- PTO[58]
- esp@ cenet®[59]

按次付费（具有增值功能的）专利数据库包括：

- Delphion[60]

10.2 按次付费的增值功能

为了便于说明，此处讨论了 Delphion 的增值功能，这些功能使其与美国专利商标局或 esp@ cenet 数据库有所区别。虽然免费的专利研究网站能够提供专利记录，但是它们不提供理解所记录数据需要的分析和提高效能的工具。以下是 Delphion 数据库一些关键功能的特点，这些特点使得这项收费服务成为 FTO 分析中的适合选项。[61]

Delphion 数据库并不仅仅显示专利记录，而是一个集成视图界面，全面显示交叉信息，无须进行额外查询。集成视图界面中包含的信息有：

- 专利家族信息，显示该发明受到保护的所有国家
- 德温特世界专利索引（DWPI）标题和摘要，使用清晰、简洁的特定行业英语术语撰写
- 提供专利和非专利现有技术的参考文献
- 各种相关信息的广泛超级链接，包括集成视图界面中所包含字段的定义

Delphion 提供按次付费检索的增值 DWPI 数据库，该数据库涵盖 1300 万项独特发明，并具有独特的分层编码系统，从而进一步提高了检索的精确性和准确性。DWPI 数据库可以使用大多数 Delphion 分析和效能工具。Delphion Snapshot 分析工具能够创建快速易读的条形图，便于汇总关键书目数据，然后进一步完善这些汇总。Delphion Work Files 可以保存结果集或专利组，以供将来参考。用户能够方便地与同事共享这些工作文件，以实现全球协作。用户也可以使用分析工具（如 Snapshot）来进一步分析这些手动选择的记录组。Delphion 允许用户保存频繁使用的查询词，无须每次重新建构查询词。这个功能节省了时间并降低了查询错误概率。可以将保存的检索设定为自动运行，并推荐其中一个检索结果。Data Extract 可以导出 50 多个关键书目字段，字段的格式可以用于其他流行的应用程序上。Family Legal Status 显示被检索发明成果专利家族成员的当前法律状态，意味着无须单独检索每个专利家族成员，即可确定其在每个国家或地区内的总体保护状况。作为汤姆森科技信息集团的知识产权解决方案系列的一部分，Delphion 提供了与一家全球性公司合作的所有优势，包括稳健的基础架构和支持网络、与汤姆森科技信息集团的其他解决方案的互动，以及以全球视角开展知识产权研究和管理。

11 药物专利信息

除上述标准专利检索工具和资源外，医药产品/发明还有自己的专利资源。这些资源包括橙皮书（Orange Book）、默克索引（Merck Index）以及美国专利商标局的“鞋盒子”。

11.1 橙皮书

“橙皮书”是美国食品药品监督管理局出版的纸质和电子文件，列出了美国食品药

品监督管理局批准的所有药品以及相关专利。[62] 橙皮书包含所批准药品产品以及治疗等效性、治疗性小分子以及批准适应证和成分专利的有效期。[65]橙皮书有橙色封面的纸质印刷装订版或者在线版。[66]

11.2 默克索引

默克索引列出了有关旧药和试剂的专利及出版物。[67]该索引有纸质版和在线版。[68]

11.3 美国专利商标局的“鞋盒子”

在检索医药产品/发明专利时，手动检索美国专利商标局的“鞋盒子”可能会是明智的做法。[69]即在装有专利现有技术的盒子内进行纸质检索。[70]由于不同的专利起草者使用的术语存在差异，而且这种差异在电子检索中不易识别和分类，所以在特定情况下，实地检索是尽职调查的加分措施。

12 美国专利商标局信息

除了检索科学的和专利数据库、查阅橙皮书、默克索引和美国专利商标局的“鞋盒子”之外，FTO 团队还需要知悉其他多种资源。这些资源包括专利申请和专利文件夹。

12.1 专利文件夹

专利文件夹是一种非常专业的信息资源。文件夹是指美国专利商标局持有的实物文件夹。它包含专利申请和审查文件，包括原始专利（或商标）申请、修正案、宣誓证明书、申请人提交的书面申辩，以及审查员针对专利申请采取的有关行动。[71]文件夹只在专利发布后公开。可以实地查阅文件夹，[72] 或者通过可检索、可写入的 PDF 格式访问文件夹，PDF 格式的访问需要检索人在计算机上安装 Adobe Reader 的最新版本以及充足的随机访问内存（RAM）。[73]

12.2 专利律师的专利分析文件夹

因为文件夹是特殊的信息资源，通常在 FTO 分析期间需要访问并分析该文件夹，以解决技术问题（比如，专利权利要求的解释性查询，通常只在接近 FTO 分析的最后阶段时进行）。此外，文件夹只能由合格的专利律师检索和分析，在 FTO 分析的最后阶段最好由专利律师担任 FTO 团队负责人。因为专利律师通过审核专利权利要求的修正案或免责声明，运用文件夹的内容来仔细解释专利权利要求措辞的精确含义和范围。[74,75]必须记住，FTO 分析是从广泛而全面逐渐演变为狭窄而精确的。相应地，专利分析从专利本身（摘要、权利要求和说明书）的分析转变为对权利要求的语言结构分析，进而转变为对文件夹内容的分析。[76]因此，分析的精确性和针对性越高，专利律师越有必要参与分析：其对权利要求含义和范围法律依据的理解，是 FTO 分析后期阶段的关键。

12.3 专利申请

申请专利要在美国专利商标局、《专利合作条约》（PCT）组织以及在各个国家阶段提交文件。虽然专利申请在技术上并不授予法定知识产权保护，但是它们可以充分表明在专利发布之前可能受到保护的内容。

13 沉默期

必须要认识到，在公开前专利申请是无法查到的，所以申请内容在最早有效申请日期后的18个月内始终未知。[77] 因此，虽然在此期间该发明处于商业秘密的状态，但仍是待定的"潜在未来专利"。然而，按照美国法律，如果只在美国提出专利申请，则可以不采用18个月沉默期规则，也就是说，申请人可以选择超过18个月的沉默期，这种情况下，专利申请中披露的发明在专利发布之前始终是商业秘密。[78] 因此，18个月沉默期对FTO分析有影响，因为可能存在仍未公布的待决知识产权，而这种知识产权与FTO分析相关。对已发表的科学文献（包括会议文件、摘要和演示文稿）的深入分析可能会发现，哪些相关知识产权处于专利申请状态的18个月沉默期内尚未披露。

14 尽职调查

在FTO分析的准备、设置、数据收集和FTO问题编制阶段，需要进行尽职调查。尽职调查的广义定义是"在特定情况下，理性审慎的人通常理应并勤勉不懈地行使审慎措施和行为；尽职调查不以任何绝对标准而衡量，但取决于特殊情况下的相关事实"[79]。从实用的角度来看，尽职调查必须采用有条不紊的方法，收集和汇集所有形式的知识产权和有形资产权利，并且将其整合成一个连贯的文档，比如，Microsoft Excel电子表格。[80]往往会有人问，多尽职才算够尽职？答案是什么呢？当FTO分析人员如法炮制时，就满足了尽职调查要求。

15 结语

FTO分析的准备工作将决定最终工作成果的质量。有组织、彻底、细致的文件编制和FTO团队负责人的坚强领导力，都将对取得成功做出贡献。FTO初步分析所需要的全面工作检查表是一种有用的工具。[81]比如，这个列表应该包括：

- 可能的相关专利，包括处于审查和/或诉讼状态的专利
- 专利申请
- 第三方商业秘密，包括这些商业秘密是否可能被盗用
- 所有第三方的有形资产权利
- 用于开展农业生物技术产品或医药创新的所有研究工具
- 任何协议［比如，商业秘密许可、材料转移协议、袋标签（拆封许可合同）或技术使用许可，并注意附带的条件和限制］

最后，必须妥善保存所有记录。必须书面保存所有检索和检索词的连续记录并组织有序，包括：

- 所有 FTO 检索结果的电子表格
- 使用的检索词记录
- 所检索的数据库
- 研究者的访谈和记录
- 专利律师的笔记和注释

使用本章所述的严谨规范完成 FTO 分析的初期阶段之后，FTO 分析的后续步骤应该能够顺利进行。认真勤奋的工作最终会换来稳定可靠的 FTO 分析结果，应定期更新结果并修订，从而为专利律师拟定 FTO 意见书提供必需的信息。

STANLEY P. KOWALSKI, *The Franklin Pierce Law Center, 2 White Street, Concord, NH, 03301. U. S. A. spk3@cornell. edu and skowalski@piercelaw. edu*

---

1 Anonymous. 2004. Freedom to Operate. *WIPO Magazine*, September–October, Issue 5.

2 Woessner WD. 2002. Product Clearance and Noninfringement Opinions in a Post–Festo World. *PLI/Pat* 715:135–66.

3 Kowalski SP and RDKryder. 2002. Golden Rice: A CaseStudy in Intellectual Property Management and International Capacity Building. *Risk: Health Safety & Env't* 13: 47–67. www. piercelaw. edu/Risk/Vol13/spring/Kowalski. pdf.

4 Burrone E. New Product Launch: Evaluating Your Freedom to Operate. The World Intellectual Property Organization. www. wipo. int/sme/en/documents/freedom_to_operate. html.

5 Kryder RD, SP Kowalski and AF Krattiger. 2000. The Intellectual and Technical Property Components of Pro–Vitamin A Rice (Golden Rice): A Preliminary Freedom–to–Operate Review. Brief No. 20, ISAAA: Ithaca, NY. www. isaaa. org/kc/bin/isaaa_briefs/index. htm.

6 Valoir T. 2005. Look Before You Leap: Investing in a Freedom–to–Operate Patent Review. *Executive Legal Advisor*, January 20–21. www. bakernet. com/BakerNet/Resources/Publications/Recent+Publications/FTO+Paper. htm.

7 Wagner JF. 2005. Protection from Discovery of Attorney's Opinion Work Product under Rule 26(B)(3), Federal Rules of Civil Procedure. *American Law ReportsFederal* 84:779–801.

8 Kowalski SP, RVEbora, RD Kryder and RH Potter. 2002. Transgenic Crops, Biotechnology and Ownership Rights: What Scientists Need to Know. *Plant J.* 31: 407–21. www. blackwell–synergy. com/links/doi/10. 1046/j. 1365–313X. 2002. 01367. x.

9 Aljalian NN. 2005. The Role of Patent Scope in Biopharmaceutical Patents. *B. U. J. Sci. & Tech. L.* 11: 1–76.

10 Mireles MS. 2004. An Examination of Patents, Licensing, Research Tools, and the Tragedy of the Anticommons in Biotechnology Innovation. *U. Mich. J. L. Reform* 38:141–235.

11 Xiao J. 2003. Carving Out a Biotechnology Research Tool Exception to the Safe Harbor Provision of 35 U.

S. C. § 271 (e)(1). *Tex. Intell. Prop.* L. J. 12:23-67.

12 See *supra* note 9.

13 See *supra* note 10.

14 See *supra* note 10.

15 McCarthy JT, RE Schechter and DJ Franklyn. 2004. *McCarthy's Desk Encyclopedia of Intellectual Property, 3rd edition.* The Bureau of National Affairs: Washington, DC.

16 Simpson PM. 1998. Use of Bailment in Transferring Technology from a University. *Journal of the Association of University Technology Managers* 10:85-100.

17 Goldstein B. 2002. Overview of Technology Development. *Introduction to the Principle and Practice of Clinical Research* (ed. John Gallin) pp. 307-27. Academic Press.

18 Gardner BA, ed. 1999. *Black's Law Dictionary.* West Group, St. Paul, MN.

19 Schwaller M. 2004. Uniform Biological Material Transfer Agreements: An Argument for Uniform Use. *Hous. Bus. & Tax. L. J.* 4:190-230.

20 Rodriguez V. 2005. Material Transfer Agreements: Open Science vs. Proprietary Claims. *Nature Biotechnology* 23:489-91.

21 Houser D. 1993. Exemptions under Patents and Certificates Covering Plants and Comments on Material Transfer Agreements. In *Intellectual Property Rights; Protection of Plant Materials* (eds. SPBaenziger, RA Kleese, and RF Barnes) pp. 107-109. Crop Science Society of America: Madison, WI.

22 See *supra* note 20.

23 Janis MD and JP Kesan. 2002. Plant Variety Protection: Sound and Fury? *Hous. L. Rev.* 39:727-78.

24 Binenbaum E, C Nottenburg, PG Pardey, BD Wright, and P Zambrano. 2003. South-North Trade, Intellectual Property Jurisdictions, and Freedom to Operate in Agricultural Research on Staple Crops. *Econ. Devel. Cult. Change* 51:309-35.

25 See *supra* note 18.

26 Wright BD. 2002. Biotechnology and Intellectual Property. In *California Council on Science and Technology, Benefits and Risks of Food Biotechnology.* Chapter 8. July, pp. 151-65.

27 See *supra* note 15.

28 Daniels TP. 2003. Keep the License Agreements Coming: The Effects of J. E. M. AG Supply, Incorporated V. Pioneer Hi-Bred International, Incorporated on Universities' Use of Intellectual Property Laws to Protect Their Plant Genetic Research. *B. Y. U. Educ. & L. J.* 2:771-813.

29 Koo B, C Nottenburg and PG Pardey, 2004. Plants and Intellectual Property: An International Appraisal. *Science* 306:1295-1297.

30 Fowler C. 2004. Accessing Genetic Resources: International Law Establishes Multilateral System. *Genet. Resour. Crop Ev.* 51:609-20.

31 Benda S. 2003. The Sui Generis System for Plants in Canada: Quirks and Quarks of Seeds, Suckers, Splicing, and Brown Bagging for the Novice. *Canadian Intellectual Property Review* 20:323-80.

32 See *supra* note 30.

33 Brush SB. 2005. Protecting Traditional Agricultural Knowledge. *Wash. U. J. L. & Pol'y* 17:59-109.

34 See *supra* note 31.

35 Ducor P. 1999. Research Tool Patents and the Experimental Use Exemption: A No-Win Situation? *Nature Biotechnology* 17:1027-28.

36 Hoffman DC. 2004. A Modest Proposal: Toward Improved Access to Biotechnology Research Tools by Im-

plementing a Broad Experimental Use Exception. *Cornell L. Rev.* 89:993-1043.
37 See *supra* note 10.
38 *Pioneer v. Holden.* 35 F. 3d 1226,31 U. S. P. Q. 2d 1385 (8th Cir. 1993).
39 Agris, CH. 1999. Intellectual Property for Plants. *Nature Biotechnology* 17:197-98.
40 Ibid.
41 See *supra* note 39.
42 See *supra* note 30.
43 See *supra* note 31.
44 Woessner WD. 2003. Patent Infringement and Freedom-to-Operate Opinions. *PLI/Pat* 761:99-132.
45 See *supra* note 2.
46 See *supra* note 2.
47 See *supra* note 11.
48 The World Health Organization Immunizations, Vaccines, and Biologicals. 2004. In *Intellectual Property Rights and Vaccines in Developing Countries*. Meeting report, April 19-20. www. technet21. org/whodocs. html.
49 See *supra* note 6.
50 See *supra* note 19.
51 See *supra* note 24.
52 www. nal. usda. gov.
53 www. google. com.
54 www. biosis. com.
55 www. isinet. com.
56 www. cabi. org.
57 See, also in this *Handbook*, chapter 14. 3 by H Thangaraj, RH Potter and A Krattiger.
58 www. uspto. gov.
59 www. espacenet. com/access. index. en. htm.
60 www. delphion. com.
61 Information graciously provided by Kathy Little (Thomson Scientific).
62 Derzko NM. 2005. The Impact of Reforms of the Hatch-Waxman Scheme on Orange Book Strategic Behavior and Pharmaceutical Innovation. *IDEA* 45:165-265.
63 Anderson DZ. 2003. New Orange Book Listing Requirements: Will FDA Raise Bar on Generic Drug Entry? *Lawyers J.* 5:6-7.
64 Wharton JS. 2003. "Orange Book" Listing of Patents under the Hatch-Waxman Act. *St. Louis U. L. J.* 47: 1027-63.
65 See *supra* note 2.
66 www. fda. gov/cder/ob/default. htm.
67 See *supra* note 2.
68 O'Neil MJ, A Smith, PE Heckelman and S Budavari (eds.). 2006. *Merck Index: An Encyclopedia of Chemicals, Drugs, & Biologicals*. Merck & Co: Rahway, NJ. library. dialog. com/bluesheets/html/bl0304. html and www. merckbooks. com/mindex/.
69 See *supra* note 2.
70 See *supra* note 15.

71 See *supra* note 15.
72 See *supra* note 15.
73 See *supra* note 6.
74 Berliner BM. 2004. Preparing Patent Infringement and Freedom-to-Operate Opinions. *Computer & Internet Law* 21:1-8.
75 See *supra* note 6.
76 Deveau T, and M Hall. 2002. Noninfringement and Freedom-to-Operate Opinions. *PLI/Pat* 715:115-33.
77 See *supra* note 15.
78 Watase R. 2002. The American Inventors Protection Act of 1999: An Analysis of the New Eighteen-Month Publication Provision. *Cardozo Arts & Ent. L. J.* 20:649-84.
79 Sullivan RC. 2001. Intellectual Property Due Diligence. AUTM 2001 Annual Meeting, New Orleans, Louisiana, March 2. www.darbylaw.com/Files/tbl_s31Publications/FileUpload137/1629/Autmrcs.ppt.
80 Martinez deAndino JM, RL Tate and T Maddry. 2004. Conducting an Intellectual Property Due Diligence Investigation. *J. Proprietary Rts.* 8:1-6.
81 Ibid.

第 14.3 章

检索知识产权信息：“交易技巧”和网络资源

哈里·桑加拉杰（HARRY THANGARAJ）
英国健康研发知识产权管理中心研究主任
罗伯特·H. 波特（ROBERT H. POTTER）
加拿大农业与生物技术战略有限公司高级经理
阿纳托尔·克拉蒂格（ANATOLE KRATTIGER）
美国亚利桑那州立大学生物设计研究所研究员；
生物发展国际研究所主席；美国康奈尔大学兼职教授

译者 王友华 **审校者** 刘芳 张晓 张熠

摘　要

本章重点介绍了专利检索，帮助读者初步了解并保护知识产权。通过搜索欧洲专利局网站和本章列出的其他网站上的专利信息，读者可以学习并快速获得经验，从而提升检索技能。本章还介绍了有关知识产权的其他资源。鉴于网上存在大量的知识产权信息，因此这里介绍的资源并不是详尽无遗的，但是此处列出的网站对于获取无偏见的且有用的知识产权信息，尤其是关键技术领域的信息非常有帮助。另外，本章还讨论了知识产权检索对于代表性的技术转移办公室的价值。

1　引言

信息时代的主要优势之一就是，几乎任何人都能够获取原本只有专业人员才能接触到的信息和资源。互联网及其产物万维网已无处不在，以至于现在没有什么信息不能从电脑桌面上免费或廉价获取。专利和其他知识产权信息现在几乎触手可得；当然，

Thangaraj H, RH Potter and A Krattiger. 2007. How and Where to Search for IP Information on the World Wide Web: The "Tricks of the Trade" and an Annotated Listing of Web Resources. In *Intellectual Property Management in Health and Agricultural Innovation: A Handbook of Best Practices* (eds. A Krattiger, RT Mahoney, L Nelsen, et al.). MIHR: Oxford, U.K., and PIPRA: Davis, U.S.A. Available online at www.ipHandbook.org.

要做到这一点也需要具备一定的知识水平和经验。

但是，互联网的普遍性和平等性也引发了一些问题，其中最大的问题是互联网上充斥着未经检查而且有失偏颇的信息。因此，检索新手需要了解背景知识，以及如何获得相关信息并且正确评估信息来源的可靠性。如果简单地在搜索引擎中输入“专利或知识财产”，很可能从高度偏颇的信息来源中获得许多结果，这些结果涉及专利系统（或其他方面）是否可取以及知识产权制度创造财富或破坏财富的方方面面。本章的主旨之一是为读者提供一个好的、普遍性的、没有偏见的出发点。

专利和专利申请数据库提供了有关知识产权的大量宝贵信息，这些数据库现在变得越来越普及；但是，数据库不提供可以比较的解释，并且比较生僻。与其他许多事物一样，通过数据库，用户获得的回报物有所值，但收费的订阅服务更有价值。这并不意味着免费服务就没有价值：仅仅利用好这些免费资源也能够获得价值。

在继续阐述之前，必须要说明的是：你自己进行的任何检索都不可能像专业的专利代理师或专利律师那样完善或详尽。对于与任何类型知识产权相关而可能产生法律或财务后果的检索意见，都有必要聘请律师。然而，对于初步检索、查找背景信息、关注最新技术发展，乃至出于个人兴趣，则很有必要了解能从何处寻找专利信息。

2 专利检索

许多人认为，知识产权只是和专利有关，只要通过检索专利数据库就可以确定某种产品何时具有受保护的知识产权成分。虽然这不一定正确，但是专利检索对于公共研究机构、学术机构和研究委员会的技术转移办公室（TTO）及知识产权管理办公室来说具有重大意义。实际上，专利是公共和私营部门技术转移及商业化战略的核心工具，原因如下。

2.1 自由实施

在重要产品和工艺的研发及商业化阶段，“自由实施”（FTO）正变得日益重要。虽然大多数国家的法律针对研究中使用专利技术规定了宽松的“研究豁免”，但在不同司法管辖区，研究豁免的范围和性质存在差异。在美国，豁免范围小，而且限制性强；在其他国家和地区，比如欧洲国家，无论是否存在商业目的，学术机构往往从这种豁免中获益。但是，这种豁免可能因为司法法律事件，比如诉讼程序而受到定期审查。由于往往不知道早期研究何时会产生商业化活动，所以有必要对启动 FTO 评估的最佳时间作出判断。

当研究活动产生商业化项目时，研究豁免的范围可能大大缩小。因此，对背景专利的尽职调查和彻底检索将确立 FTO 的范围。对公共机构产生的发明申请专利也需要确定 FTO。在这种情况下，研究者必须广泛检索专利数据库，以确定其发明是否可获得专利。[1]

2.2 为公共利益转移技术

一些公共机构非常看重专利战略，为公共利益而采取知识产权保护技术的开发和转移。这种战略逐渐被其他许多机构所接受，来自专利的创收则成为次要的考虑因素。

往往核心技术在公开后，其开发会受到阻碍。这是因为技术开发通常需要商业伙伴，而商业伙伴需要有激励措施才会参与高投入高风险的开发。激励措施包括通过专利保护而获得排他性。印度农业研究委员会（the Indian Council for Agricultural Research，ICAR）的《知识产权指南草案》为采用这种专利战略的公共部门提供了指导。[2]

ICAR 的上述文件之所以考虑专利战略，是为了保障自由实施、实现食品保障并且"通过最大限度地提高创新能力确保技术快速转移，满足印度农民/公民的农业和技术需求"。(注意，ICAR 文件不是最终文件，是当时为了反馈而提供的这个文件。) 为了实现粮食安全，机构需要平衡申请专利与公开创新成果之间的需求。机构采用哪项战略取决于其能否完成机构的基本使命。最佳的战略在具体情况下才能确定，需要考虑的因素包括转移的单个技术的性质。当然，良好的专利检索工具和专业技能是实现既定目标的关键。

2.3 技术信息挖掘

专利说明书中包含了大量的科学信息，使之成为发表论文的有用替代品。由于期刊编辑强烈鼓励缩短论文的篇幅，文章的材料和方法部分往往比参考文献列表长不了多少，如果研究者想要了解实际过程，就必须深入追踪论文。然而，专利申请文件往往在充分公开部分包含了详细的方法描述，这种描述是专利垄断权利的交换条件。换言之，发明成果以再现结果为目标进行披露。专利往往可能是产品或工艺相关新技术的唯一技术信息来源。比如，近期转让给 Moraga 生物技术公司的一个专利申请公开就是很好的例子，该申请披露了与全能非胚性干细胞有关的一项发明（申请编号：WO 06028723A1），详述了包括培养基成分、细胞培养技术和外科手术程序在内的用于分离细胞的详细方式，而在授予专利时尚未有任何同行评审的期刊发表过任何相似工作。

2.4 避免浪费研究精力

仅检索期刊，不会发现技术研发和产品的所有应用领域，尤其是近期发生变化的领域。专利检索能够快速发现研究领域的变化，避免在特定技术领域开展重复研究。然而，研究者必须记住，在许多国家和地区，专利申请的提交和公布之间存在最长 18 个月的时差（有时候更长）。

3 专利检索策略

特定主题或产品的专利检索并不总是一目了然。专利具有属地性，因此，有必要考虑产品或发明需要保护的地域。重要的发明通常不只在一个国家获得专利，而这些发明常常具有更大范围的潜在市场，在美国、欧洲和日本专利局进行检索，几乎可以找到所有潜在的专利和专利申请。更近一些的国际专利初步审查体系，即《专利合作条约》（PCT）体系也是一个有用的资源，提出申请的发明人有可能通过该体系在 PCT 的任何签约方获得保护。发明人在提出初步申请后有最多 30 个月的时间决定在哪些国家提出完整申请。

专利检索并没有放之四海而皆准的有效法则，以下指导是基于本章作者之一的个人经验。如果一开始对相关技术的了解有限或者一无所知，那么第一步是在科学出版物数据库中进行标准书目检索。在线数据库 Pubmed[3]、专业技术期刊以及其他科学检索网站（包括 Google 学术等网站[4]）都是很好的平台。另外还可以用普通的互联网搜索引擎（如 Google）来搜索信息。与相关技术的科研人员进行沟通也是技术转移人员/检索人员的基本功，而开展有效沟通需要付出时间和努力。

一旦掌握了关键信息，就可以在专利数据库中用技术的检索词或发明人、申请人的姓名或公司的名称进行查询。公司没有标准化的名称，所以使用这个检索字段时必须尝试各种选项，因为在不同国家公司会以不同的实体名称出现。而且，许多数据库不更新这些字段。公司兼并或收购时名称会发生变化，所以有必要用更老的名称（比如 Ciba-Geigy、Novartis 和 Syngenta）进行检索。一旦找到了相关专利，就可以通过数据库［比如欧洲专利局（EPO）］获得它们的“同类专利”或“同族专利”。本章后文介绍了同族专利。

制定结构化的检索策略非常重要。虽然可以根据发明类型而调整策略，但结构化的策略涉及将发明或者技术领域分解为基本要素，并重点关注具有新颖性和创造性的要素。这种方法创建了有用的系列检索词。检索前往往不可能确定有用的检索词，而随着检索的进行，通过进一步识别要素，可以不断完善检索词。利用单个专利的引文，有助于沿着复杂的专利线索进行进一步检索。最后，可以使用国际专利分类号（IPC）简化专利检索（详见后文）。

许多国家专利局实现了在线检索其辖区内的授权专利和申请（比如美国专利商标局[5]），某些网站（比如新加坡知识产权局的网站[6]）支持同时检索多个站点。有些网站甚至将多个专利公开信息集结在同一个数据库中（比如欧洲专利局网站[7]）。

许多网站链接了提供知识产权有用信息的其他网站，大英图书馆维护的列表是最全列表之一，[8] 但是，与所有此类列表一样，这个列表也很有可能不完整。

以下为选定网站的列表及其注释，包括一些有用信息。

4 可用资源

根据可调配的资源，每个技术转移办公室可能都希望指定专门的检索人员，或者外包检索业务，但长期而言，这样做的成本过高。内部必须要安排至少一名训练有素的专利检索人员。理想情况下，此人应该具备科学背景，并具有能够吸收和理解不同专业领域技术概念的能力。这是一项天赋的技能，有时坚持严格的最低学历要求并不明智。

计算机硬件投资是关键。最好连接高速互联网，因为研究人员下载的许多电子文件都很大。建议与本地专利律师保持良好关系，尤其在必须保证分析信息准确并需要外界建议的情况下。如果财力允许，而且检索的频率和工作量都要求快速完成检索，则强烈建议至少购买一个商业数据库（如 Delphion 和/或 Derwent）。

4.1 免费的专利网站和专利/专利检索资源

4.1.1 欧洲专利局网站

欧洲专利局（EPO）网站包含来自全世界的专利出版（首页）信息。[9] 截至 2006 年年末，该网站包含来自 72 个国家或地区的 6000 多万份文档信息。html 页面视图不提供文档的全文本版本，但可以查阅并下载许多文档的 pdf 版本。

以下是用 esp@ cenet 引擎搜索 EPO 网站的详细说明，也说明了如何检索专利数据库。

可以通过以下步骤访问并检索 esp@ cenet：

（1）通过浏览器访问 www. espacenet. com，你将进入 esp@ cenet 的主页。图 1 显示了在计算机屏幕上看到的内容。

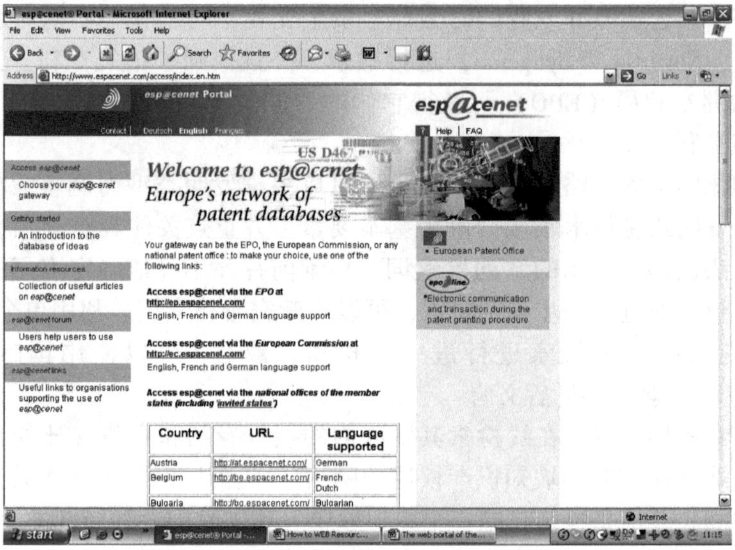

图 1 计算机屏幕内容

（2）下拉页面，找到 EPO、欧盟委员会和《欧洲专利公约》成员国的办公室以及“被邀请加入的”其他欧洲国家的不同服务器列表。

（3）点击链接，进入 EPO 服务器（ep. espacenet. com）。

（4）在屏幕左侧的菜单中选择想要的检索选项。

A. 快速检索

快速检索是可以使用关键字的简单检索，包括发明人的姓名或公司名称。图 2 显示了在选择“快速检索”后的计算机屏幕显示的内容。

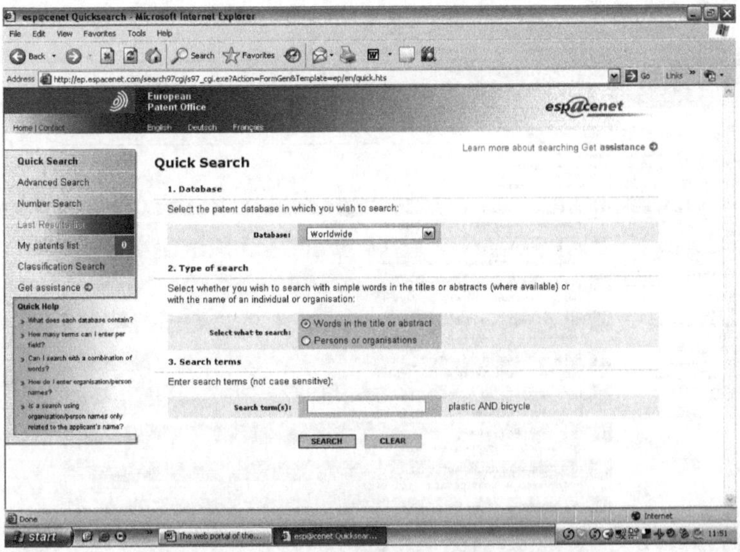

图 2 选择“快速检索”后的屏幕内容

上方显示了“全球”数据库的默认检索部分。下拉菜单中有其他选择，是“EP”和“WIPO”。实施检索时，选择“Words in the title or abstract”（标题或摘要中的词语）或“Persons or organizations”（个人或组织）。接下来，在检索栏中输入适当的词语或名称。该检索栏允许布尔逻辑检索运算符，比如“AND”和“OR”。

B. 专利号检索

专利号检索可以快速找到专利公布和申请的文件。点击屏幕左侧的“号码检索”选项。输入专利申请、公布、公开或优先权号。如果输入公开号末尾处的文件“类型”代码（A1、A3 等有时称为“种类”代码），确保用一个空格键将代码与公布号隔开。

举个例子，用“EP1226178A1”检索不能获得结果。表示出版物类型的代码“A1”应该被删除或者按“EP1226178 A1”输入。开头的“EP”代码或国家（字母）代码是任选项。如果遇到困难，可以试着省略开头的国家代码，记住，不同专利局之间可能有重复的号码。

如果在进行检索时选中“包括同族”，会出现就某一发明多次申请专利并共享同一个“最早优先权日”（同族中最早申请的提交日期）的同一专利家族的所有成员。这有助于确定全球保护的地理范围，但是应该注意，往往没有列出在发展中国家已申请但无法获得电子信息的专利。

图 3 显示了输入专利文件号“EP1226178”并点中“包含同族”框而出现的检索结果界面。

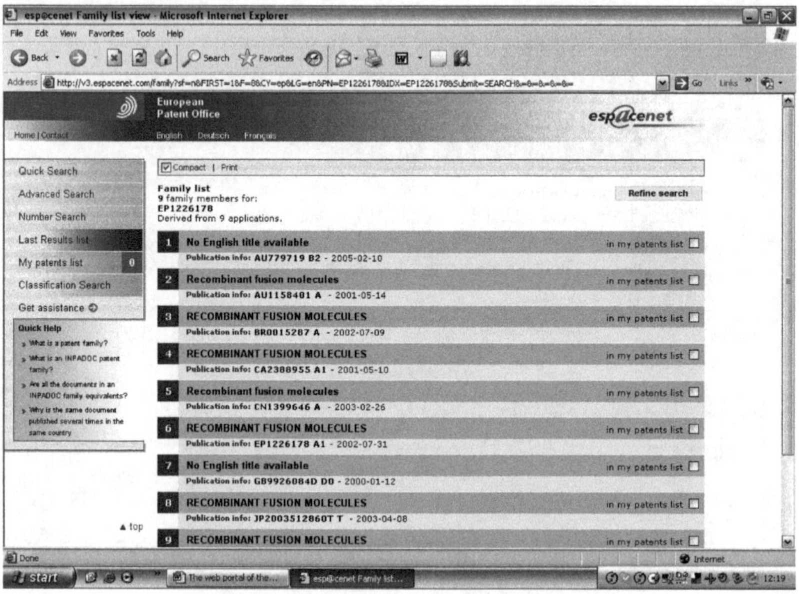

图 3　家族列表视图：采用专利出版物

结果显示了英国、日本和加拿大的多个申请或公布以及公布日期。这些申请通过共同发明以及共享的最早优先权日而相互关联。本例中，所有申请都有相同的标题，但是同一个家族中的专利并非总是如此。

通过点击标题，可以更详细地查阅检索出的每个专利文件，包括通过其他检索窗口（比如“快速检索”）检索出的文件。点击标题“Recombinant Fusion Molecules”（申请号为 EP1226178 A1），可以进入图 4 所示的页面。

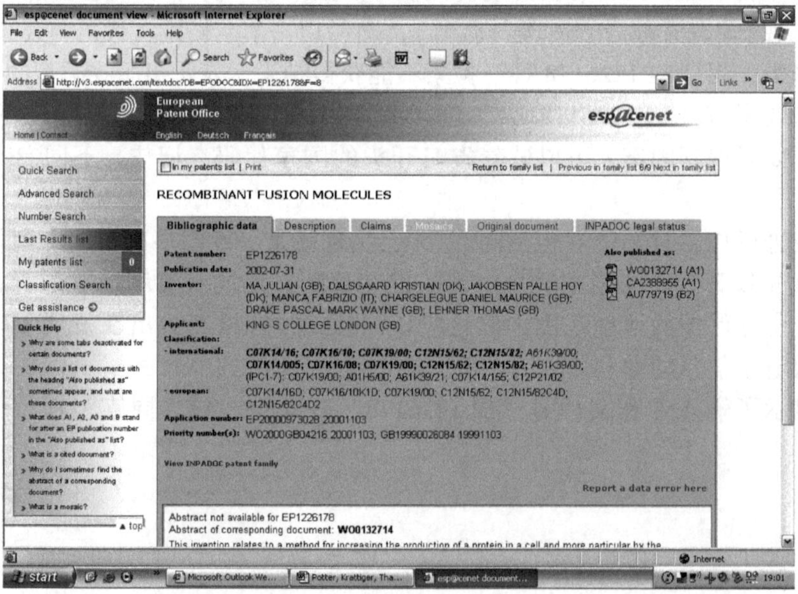

图 4　文件视图：对于特定出版物编号，选择“重组融合分子快速检索”页面

该页面显示了各种信息，包括发明人和摘要。在这个情况下，所显示的实际摘要属于同一个专利家族的等效 PCT 申请摘要。点击适当的标签后，分别显示发明的“说明书”“权利要求书”和“法律状态”，以及 pdf 格式的“原始文件”。

点击 esp@ cenet 文件视窗中显示的“原始文件”标签，会看到图 5 中显示的页面。

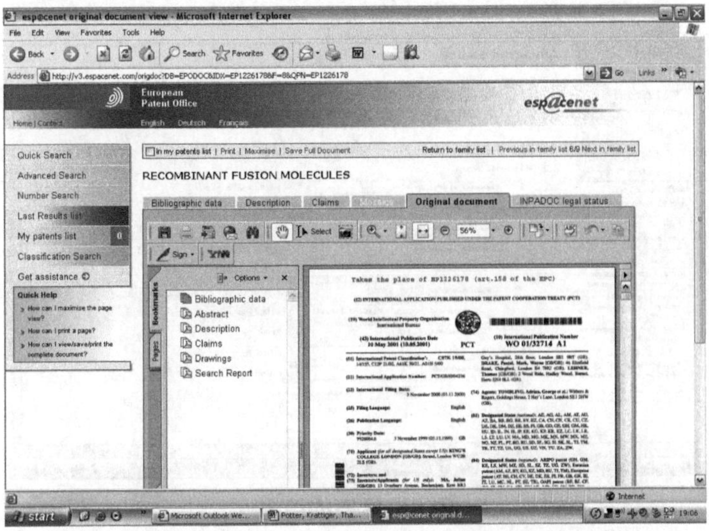

图 5　原始文件视图：选择“原始文件”标签的结果

这个页面以 pdf 格式显示整个文件，使用滑动条浏览。如需将文件保存在磁盘或其他指定位置，点击红色的“保存完整文件”链接。

注意，如果想用页面里的 Adobe Reader 菜单图标保存或打印显示的 pdf 文件（分别用磁盘或打印机图样显示的“保存”和“打印”图标），只能一次保存或打印一页。

如果不能整个下载文件，网站将显示“No full document available”（不提供完整文件），而不是“Save Full Document”（保存完整文件）链接。许多情况下，近期文件不能完全下载，尽管可以查阅整个文件的 pdf 格式。

点击“Mosaics”标签后，检索者可以在一个窗口中看到 6 张附图。在上文例子中，不提供这些附图。

点击“View INPADOC patent family”（查看 INPADOC 专利家族）后（图 4），会显示该家族的相关专利文件或者具有共同优先权号或日期的专利文件。

点击“INPADOC legal status”（INPADOC 法律状态）后，显示专利法律状态的有用信息。

如果某些 EP 专利不能完全从服务器下载，可以通过欧洲专利文献出版服务器检查是否提供。[10] 只需输入或者从专利检索中复制公布号或申请号并且粘贴到适当方框中就可以。

C. 高级检索

高级检索是通过将各种检索词组合来缩小检索范围，这种方法可以通过“高级检索”项实现。检索框可以包含用布尔逻辑运算符连接的最多 4 个检索词。图 6 显示了在“标题或摘要”栏中用“Antibodies AND Plants”关键字检索。检索范围进一步缩小到“Scripps Research Institute”申请的专利，发明人是“Mich Hein”。此外，专利检索仅限于 1997 年和 2001 年中公布的专利。

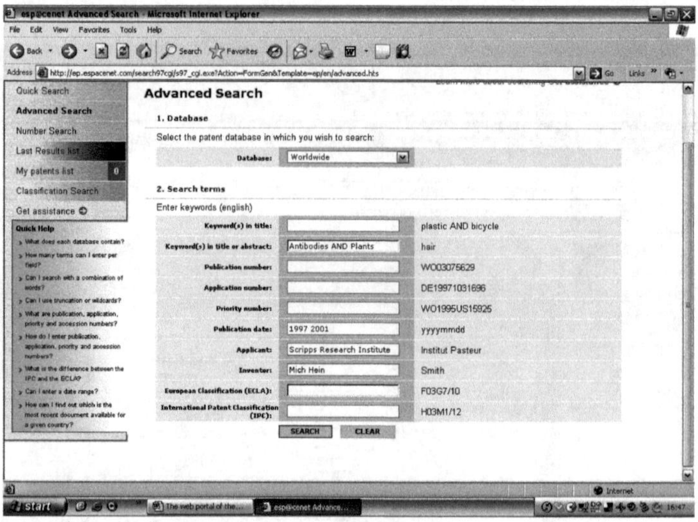

图 6　标签的结果

可以通过在“出版日期”框中输入年份来界定这个范围，对此，布尔运算符默认为“OR”，另外，也可以明确添加“OR”算符，即“1997 OR 2001”。

检索结果如图 7 所示。

下面是高级搜索表单上每个检索字段的说明（在图 7 中未显示）。

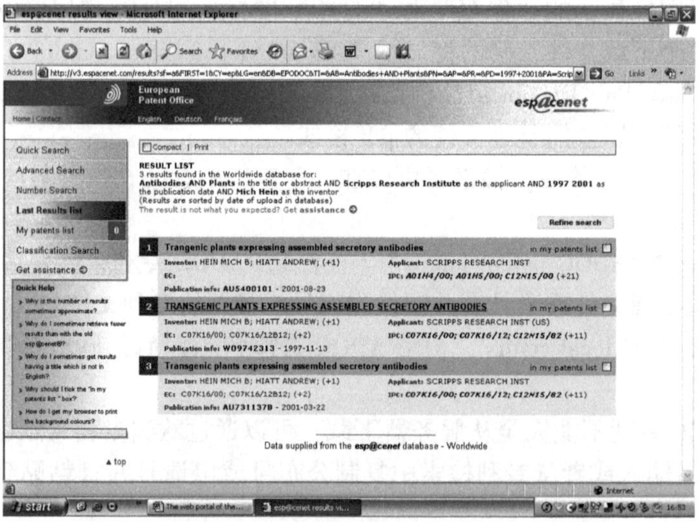

图 7　结果视图：使用关键字和其他出版物检索

- Keywords in title and/or title or abstract（标题和/或标题或摘要中的关键字）。用于已输入关键字的文本检索。
  可以使用布尔逻辑运算符（比如"AND"和"OR"），在每个方框中可输入最多4个关键字。
- Publication number（公开号）。分配给专利或公布申请的编号。有些情况下，授权专利将保留公布申请时所分配的公开号，但是并不是所有的国家都这样做。授权的已公布专利往往通过"类型代码"（在公布号的末尾）进行区分，比如"A"是指申请，"B"是指授权专利，后面跟随EPO系统的数字（比如A1或B1）。
- Application number（申请号）。在提交申请时分配给申请件的编号。令人困惑的是，该编号与公开号分离。该编号（在出版物的首页显示）包括提交的国家和年份，但是有时也会有不同的格式。为了进一步说明，上文范例的公开号是EP1226178 A1，其申请号是EP2000000973028。
- Priority number（优先权号）。申请优先权的申请号。专利往往根据之前提交的申请或者在其他国家提交的申请而备案。通过第一次（或者优先）提交的申请号，申请人能够利用最早的申请日期。专利族是一组以共同优先号关联在一起的专利公布。这种方法有助于确定专利在多个不同国家的覆盖范围，尤其是只有美国和欧洲提供直接的专利检索。为了进一步说明这一点，上述范例公开号是EP1226178 A1，其优先权号是GB1999000026084。
- Publication date（公开日期）。实际公布的日期。注意，虽然目前许多年份不能检索，但是可以使用"OR"布尔逻辑运算符（如上述例子所示）检索最多4个不同年份。另外也可以使用yyyymmdd格式检索确切日期。
- Applicant（申请人）。通常是公司、高校或其他机构实体，也可以是一人或多人。词语可以用布尔逻辑运算符连接后形成申请人的检索词。
- Inventor（发明人）。发明了该发明的人的姓名。在美国，必须在专利或专利申请中注明发明人。虽然这一点在其他许多司法管辖区没有严格要求，但是在实践中通常包含发明人。通过在字段中列出前期论文的作者，往往能够有效检索相关专利。
- European Classification（欧洲分类）。根据欧洲专利局的欧洲分类法，对专利文件的技术内容类别进行划分，是国际专利分类法（IPC）的延伸。
- International Patent Classification（国际专利分类）。按照国际专利分类法对专利文件的技术内容进行分类。此分类由出版局指定，与申请人无关，在具体领域可以作为有效的专利索工具。[11]

D. 分类检索

最后，我们考虑分类检索。这类检索基于EPO分类号码，用于检索特定技术领域的所有专利。它是专业检索人员不可或缺的强大检索工具。本章无法对分类系统的使用进行全面的阐述，仅通过以下步骤让读者了解如何在esp@ cenet上使用分类代码。

点击“Classification Search”（分类检索）按钮。屏幕上会出现与图 8 相似的窗口。在“Find classification（s）for keywords”（寻找关键字分类）方框中输入“genetic engineering”（基因工程），点击“Go”。

你会进入下一个页面（图 9）。

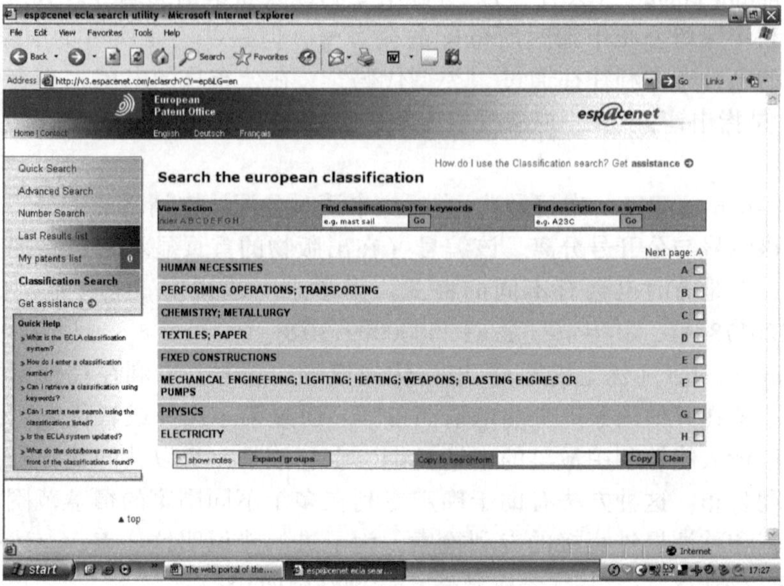

图 8　分类视窗

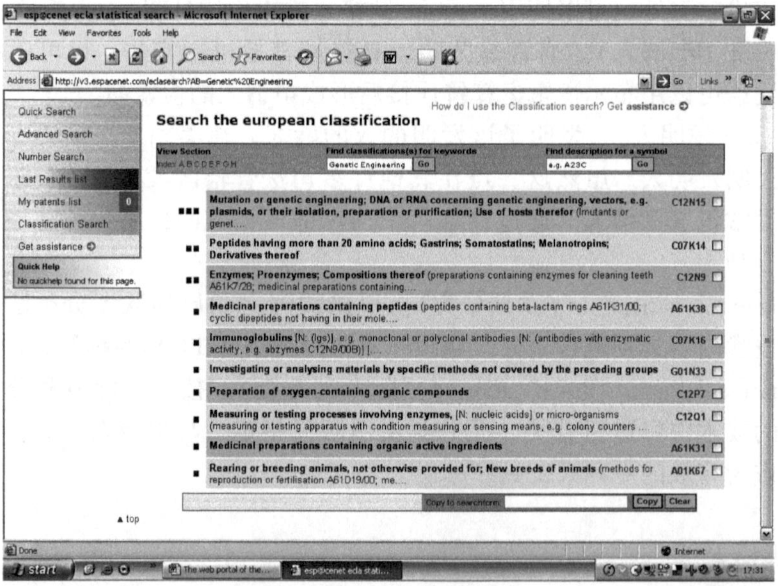

图 9　关键词检索结果

屏幕上会出现许多具体代码以及描述。假设我们希望进一步了解"C12N15"，点击它旁边的代码或名称，你会看到另一个代码列表，标着二级分类及其描述。下拉页面查看二级分类列表（或者更细致的类别），查阅每个代码，直到找到与你关注的领域有关的代码。浏览时，选中代码旁边的方框，然后选择"复制"，可以将代码复制到你的主检索表中。代码被复制到检索表后，可以将检索范围缩小到相关发明领域。但是请注意，这需要丰富的经验，同时以多个代码进行检索可能会缩小检出结果。

你还可以将代码用于"高级检索"表。

注意，所有检索页面（快速检索、高级检索、号码检索和分类检索）都包含"Quick Help"（快速帮助）链接，指导读者完成许多常见查询。点击检索页面上的"Get assistance"（获取帮助）链接后，你会进入esp@ cenet Assistant页面，这是一个互动培训模块，对初学者有用。在浏览网站时，读者还会发现其他几个帮助页面。

我们只介绍了与esp@ cenet有关的基本检索方法，但是读者可以采用总体上相似的方法来检索许多国家专利局的网站。至少有两个网站提供了不同国家的专利局及其专利的链接列表。[12]

下面简要介绍部分专利检索网站及相关的科学与教学资源。

4.1.2 美国专利商标局

美国专利商标局的网站包含从1976年至今授权专利的完整文本，1790年以来的专利全文图像，[13] 以及从2001年3月15日开始的申请。检索包括快速检索和高级检索。一次只能查阅一个图像页面，读者必须下载浏览器Tiff才能够查阅。在这个网站上，你也可以检索在美国注册的商标。美国专利商标局网站包含一些有用信息的链接，例如关于检索的好书《简易专利检索》，该书也有纸质版。[14]

4.1.3 英国专利局

英国专利局的专利网站[15] 与美国专利商标局网站相似，但是实用性较低，因为新增的大量专利现在被作为EP（英国）专利（来自欧洲专利局的多国专利申请）而申请。英国网站因此主要作为EP专利申请授权后英国发明成果的注册登记簿。其更有用的功能是能够获知专利的法律状态信息，比如受让人（与当前的公司收购有关）的变化及是否付维持费。

4.1.4 世界知识产权组织的PCT申请

世界知识产权组织（WIPO）维护的WIPO PCT网站允许检索国际PCT（专利合作条约）申请。[16]可以在该网站进行约有100万个以上的国际专利申请简单检索和"结构化的"高级检索。

《PCT公报》每周出版，该公报提供最新申请信息，并且公布与《国际专利条约》及其法规有关的专门通知。读者也可以获取周刊。[17]

4.1.5 国际农业分子生物学应用中心（CAMBIA）的生命科学专利全文数据库(PatentLens)

国际农业分子生物学应用中心（CAMBIA）的生命科学专利全文数据库（PatentLens）提供来自欧洲专利局（EPO）、《国际专利条约》（PCT）和美国的专利申请信息。[18] 该库专利是根据农业/植物技术相关的国际分类号所选择的。数据库包含大约 550 万个文件。网站主页检索也会显示与农业生物技术相关的关键兴趣点的各种有用且全面的文章，特别是与专利态势有关的文章。每隔几年，这些文章会更新一次，以涵盖更新的专利申请和授权。所涉及的领域包括在植物中表达异源基因的启动子、农杆菌基因转移方法以及选定的某些抗菌和耐除草剂的基因。仅农杆菌的专利预分析和科学信息相关文件就有 350 页。

对于农业或植物相关的研究人员，这是一个宝贵资源。首先，它通过预先筛选将来自多个数据库的植物技术相关专利形成一个资源库。因此，研究者无须检索多个未经筛选的数据库（EPO、PTO 和 PCT），这些数据库每个都有不同的界面和特殊性。使用多个数据库的用户需要熟悉所有界面，而生命科学专利全文数据库的用户只需要熟悉一个界面。生命科学专利全文数据库的检索界面有简单和高级检索选项，具有按照授权专利或专利申请公布来筛选结果的功能。

其次，可以下载全文。直到最近，甚至欧洲专利局都没有这种功能。

最后，生命科学专利全文数据库覆盖了广泛的知识产权领域，包括如何阅读并解释专利及其权利要求，尤其着重介绍农业生物技术。比如，在技术领域内，提供给定技术专利保护的专家评价，组织评价的方式使用户更容易了解专利情况。每个技术领域都说明了技术原理、法律状态和到期状况、关键专利的权利要求范围、专利的关键受让人以及关键专利族的地理覆盖范围。帮助页面中所提供的检索方法也很广泛。考虑到国际农业分子生物学应用中心的项目是面向公众利益的开放式获取，这一成就令人瞩目。

尽管该数据库具有这些优势，专业检索人员仍然会使用上述其他商业检索工具。这主要是因为专业工具更新更及时，覆盖的地理范围更大。然而，对于研究人员、小企业和技术转移办公室，该数据库具有特定优势，尤其是能够快速检索植物相关专利中的现有技术，从而避免重复研究和投资。此外，一些发展中国家的技术转移办公室使用商业数据库的可能性不大。

总之，不能孤立使用国际农业分子生物学应用中心数据库。欧洲专利局、美国专利商标局、其他专利局和商业数据库更有可能是最新的数据库。如果是技术的组合，比如在植物中克隆并表达特定哺乳动物基因，人们就会将目光投向国际农业分子生物学应用中心之外的数据库。但它仍然是一个卓越而全面的出发点。

4.1.6 新加坡知识产权局

新加坡知识产权局网站是一个很好的初步检索网站。[19]在“检索结果”栏目中提供了其他网站的链接。

4.1.7 其他资源

还有其他许多有关专利和科学信息的资源。尽管与国家专利办公室或数据库无关，这些更有用的资源包括：

- 《知识产权和生物技术手册》（*Intellectual Property and Biotechnology Handbook*）。[20]

虽然已经有几年的历史，甚至有些地方已经过时，但是该手册仍然是一个有用的教学工具。手册的各个模块可以 pdf 格式下载，第 4 模块专门用于专利数据库检索。

- 《生物技术和知识产权手册》（*Manual for Biotechnology and IP*）。[21] 这本有关生物技术知识产权的优秀手册虽然有些过时，但它是由 Spruson & Ferguson 专利及商标律师事务所编制的。手册包括检索策略。
- 知识产权管理网站（Managing IP Web site）。[22]这是生物技术领域知识产权的优秀综合指南。该网站有许多有用的最新信息。虽然并非所有资源都可以无须注册直接访问，但也有许多资源是可以的。该网站包含有关某些国家和地区（司法管辖区）的知识产权法律变化、法律解释和知识产权诉讼结果的最新信息。它由全球知名的知识产权专业人员撰写文章。“国际简报”链接特别有用，它提供与各个国家有关的文章。
- 专利博客。近期的趋势导致所谓的专利博客快速增长。这些网站让关注专利的任何人都能够分享专利相关信息，包括来自其他博客的信息。虽然其中许多网站缺乏审核或没有审核，因此会包含一己之见或者没有价值的信息，但是从中仍然能够找到大量有用信息，比如专利研讨会的通知、专利界的新进展和专利检索窍门。

如果其他用户可以帮助解决你提出的问题，那么博客就是一个有用的工具。一些博客可能涉及高度专业的领域，比如检索或许可。这个领域不断变化，新博客产生，老博客消失，但趋势是这些网站总体在增长。这里列出几个博客网站——不作为建议，而是作为出发点——鼓励读者在互联网上寻找类似这些网站的更多资源。

- Patent Information Users Group（PIUG）[23]
- Phoista *[24]
- PatentlyO *[25]
- Promote The Progress *[26]
- Scirus[27]
- Health InterNetwork Access to Research Initiative（HINARI）[28]

4.2 商用数据库和搜索引擎/服务

商用专利搜索引擎与免费数据库相比具有很多优势，但是这种搜索引擎只能付费使用。根据具体的要求，这些商用数据库所提供的附加功能和选项远超过成本。最知名和最灵活的商用数据库包括：

- Delphion[29]。Delphion 是汤姆森科技信息集团拥有并维护的专利检索数据库。它有两个版本：
  （1）要求注册的基本免费版本。该版本允许用户“快速检索”美国授权专利，并以“编号”检索全球专利。通过这个版本，可以按次付费的方式下载专利的 pdf 文件。

（2）收费订阅版本。可以根据所购买的特定订阅选项，对下载和其他功能进行不同级别的访问。我们认为，Delphion 是最好的搜索引擎（订阅版本）之一（如果不是最好的）。它是全球专利律师和专业检索人员最普遍使用的检索工具。它的全面性和可访问性远远超过各个免费服务/数据库。[30]

- 德温特世界专利索引（DWPI）。[31] DWPI（与 Delphion 一样）是汤普森科技信息集团拥有的专有数据库。它与其他数据库的不同之处在于，它包含专利申请的摘要信息，由汤普森集团的员工重新编写、注释并统一格式，使得初级专利检索者更容易使用这个网站。它还为初级和高级检索者提供了一些强大的增值功能。DWPI 适合快速确定专利的技术内容。它需要付费订阅，有时候与 Delphion 捆绑销售，因为这些产品是为了集成而专门设计的。DWPI 的一个版本在位于伦敦的大英图书馆大楼内可使用（不允许免费远程访问）。[32]
- Micropatent。[33] Micropatent 是另一个流行的专利和商标信息资源。它覆盖范围广泛，而且可以提供完整的文件。
- Questel Orbit。[34]该服务提供多个商用专利检索工具和收费检索服务。
- Nerac。[35]运用这个收费服务，分析人员和检索人员能够根据具体请求提取市场信息、现有技术和专利。

4.3 专利统计和商业分析工具

企业可以使用多个软件工具和服务从大型专利数据库中提取信息，研究专利与专利簇之间的关系，或者创建检索结果的可视化图像，并在报告中汇总信息。用户可以使用这些工具查找特定领域的受让人和发明人，查看行业和技术趋势，比较一段时期内的专利申请。但是许多工具都是收费工具。高校或者开展高级商业活动的衍生公司可能对这些工具感兴趣，但是普通技术转移办公室则不然。其中一些工具包括 MAPIT、[36] BIZINT、[37] PatGraph、[38] MapOut Pro [39]和 PatentLab Ⅱ。[40]

4.4 检索非专利知识产权和信息的其他有用网络资源

虽然对于健康和农业技术领域的研究及产品开发而言，专利无疑是最重要的知识产权形式，但是如果不结合其他知识产权来研究专利信息，那么专利信息的价值可能有限。比如，遗传信息可能不仅是专利保护的对象，还能享有其他形式的保护。以下提到了与一系列知识产权有关的几个关键链接，作为读者探索这些领域知识产权的出发点。

4.4.1 商标检索

大英图书馆的网页上提供了许多国家和地区（司法管辖区）的商标局、数据库和搜索引擎以及官方公报的全面链接。[41]

4.4.2 版权问题

版权问题比较复杂，涉及各个国家法律以及部分地区与国际条约之间的协调。世界知识产权组织网站中的各种公约和条约是研究版权问题的出发点。[42]

4.4.3 国际条约

世界知识产权组织网站是研究由该网站提供的各种国际知识产权条约［包括《与贸易有关的知识产权协定》（TRIPS）］的好平台。[43]

WTO-TRIPS 协定正在日益影响跨境贸易和国家与国际的知识产权监管及执行。有用的资源包括 WTO 的 TRIPS 网页。[44]

此外，联合国贸发会议信息与传播技术委员会（UNCTAD-ICTSD）知识产权能力建设项目提供了《TRIPS 和发展资源手册》。这本涵盖 TRIPS 各个方面的权威实用指南可以分章节下载。[45] 虽然该指南主要为政策制定者和谈判专家而编写，但它对主题的全面介绍对所有关注 TRIPS 的人都有用。

5 结语

专利检索是一门艺术，需要检索人员深入了解与具体检索有关的知识。除了汇总有关特定发明（为了自由实施的目的、现有技术或科研工作）的专利外，还必须重视其他方面，比如定期更新。有一项免费服务特别值得一提——FreshPatents。用户可以通过该服务来跟踪确定科研领域的新的专利公布。[46] 注册并且定义了感兴趣的领域后，用户可以每周收到电子邮件，包括美国专利商标局的专利申请列表。另外还可以获得其他服务，比如 RSS 提要。

HARRY THANGARAJ, *Director, Research, MIHR (Centre for Management of IP in Health R&D), Oxford Centre for Innovation, Mill Street, Oxford, OX2 0JX, U. K. harry@ mihr. org.*

ROBERT H. POTTER, *Senior Associate, Agriculture & Biotechnology Strategies, Inc., 106 St. John Street, PO Box 475, Merrickville, Ontario, K0G1N0, Canada. rpotter@ agbios. com.*

ANATOLE KRATTIGER, *PO Box 26, Interlaken, NY, 14847, U. S. A. afk3@ cornell. edu*

---

1 See, also in this *Handbook*, chapter 14. 4 by GM Fenton, C Chi-Ham and S Boettiger; chapter 14. 2 by SP Kowalskititled Freedom to Operate: The Preparations; and chapter 14. 1 by A Krattiger.

2 www. icar. org. in/miscel/iprguidelines-draft. pdf.

3 ww. ncbi. nlm. nih. gov/entrez/query. fcgi? DB=pubmed.

4 scholar. google. com.

5 www. uspto. gov.

6 www. surfip. gov. sg.

7 www. espacenet. com.

8 www. bl. uk/collections/patents/othlinks. html.

9 www. european-patent-office. org.

10 publications. european-patent-office. org/Publication Server/main. jsp.

11 Details of this complex classification system can be found at www. wipo. int/classifications/fulltext/new_ipc/ipc7/eindex. htm.

12 inventors. ca/ipsearch. htm; www. bl. uk/collections/patents/polinks. html.

13 www. uspto. gov.

14 Hitchcock D. 2005. *Patent Searching Made Easy*. Lulu Press: Morrisville, North Carolina.

15 www. patent. gov. uk.

16 www. wipo. int/pct/en/.

17 www. wipo. int/pct/en/gazette/.

18 www. patentlens. net/daisy/patentlens/patentlens. html.

19 www. ipos. gov. sg.

20 www. dfat. gov. au/publications/biotech/overview. html.

21 www. sprusons. com. au/files/Biotechnology_ip_Manual. pdf.

22 www. managingip. com.

23 piug. derwent. co. uk/archive/index. html.

24 On this blog site, at the time the chapter was written, there was a video seminar by a U. S. patent attorney about what universities should know about the patent review process and how an inventor can submit a successful application. www. okpatents. com/phosita.

25 www. patentlyobviousblog. com.

26 www. promotetheprogress. com.

27 www. scirus. com/srsapp.

28 The HINARI initiative was set up by the World Health Organization (WHO) along with several major publishers of academic journals, including *Nature* and *Science*. About 3,300 complete journals are available for free to health research institutions in countries with a "GNP per capita" of less than US $ 1000. A second group of countries with a GNP per capita of US $ 2000-$ 3000 get low-cost access. However, it should be noted that some countries, like India, are excluded from both categories, despite fulfilling the eligibility criterion for free access, because the publishers have, in their agreement with the WHO, reserved the right to exclude markets where the publishers have significant sales. By clicking on "Eligibility" on the left-hand side of the home page, you can ascertain whether your country/institution is eligible for free or low-cost access. Registration is required for using the site. www. who. int/hinari/en/.

29 www. delphion. com.

30 For further information on the features of Delphion, including detailed instructions for use, visit www. delphion. com/help/index#derwent.

31 scientific. thomson. com/products/dwpi/.

32 For further information on the features of Derwent, including detailed instructions for use, visit www. delphion. com/help/index#derwent.

33 www. micropatent. com.

34 www. questel. orbit. com.

35 www. nerac. com.

36 www. mnis. com.

37 www. bizcharts. com/patents/index. html.

38 www. micropat. com/0/new_patgraph9809. html.

39 www. mapout. se/MapOut. html.

40 www.wisdomain.com/download.htm.

41 www.bl.uk/collections/patents/tmlinks.html.

42 www.wipo.int/copyright/en/treaties.htm.

43 www.wipo.int/portal/index.html.en.

44 www.wto.org/english/tratop_e/tripse/trips_e.htm.

45 Download the guidebook at www.iprsonline.org/unctadictsd/ResourceBookIndex.htm.

46 www.freshpatents.com/.

第 14.4 章

自由实施：律师事务所的做法和作用

吉莉安·M. 芬顿（GILLIAN M. FENTON）
美国 Emergent BioSolutions 股份有限公司首席知识产权顾问
塞西莉亚·希哈姆（CECILIA CHI-HAM）
美国农业公共知识产权资源联盟生物技术中心主任
莎拉·博蒂格（SARA BOETTIGER）
美国农业公共知识产权资源联盟高级顾问；
美国 M-CAM 股份有限公司首席经济学家

译者 王靖轩 **审校者** 张亮 张晓 张熠

摘 要

在健康和农业领域，了解专利侵权在研究、开发和商业生产中的作用变得越来越重要。未经许可使用专利技术，专利权人可能有权起诉研究人员专利侵权。许多公司通常会对研究项目或产品的自由实施（FTO）情况进行常规分析，评估它是否可能侵犯现有专利或其他类型的知识产权。私人公司比公共部门的研究机构更频繁开展自由实施分析，因为计算盈利能力时必须直接考虑所面临的侵权风险。公共部门和非营利私人机构越来越意识到需要获得更充分的自由实施信息，但是自由实施分析是昂贵的，必须权衡收益成本。本章概述了该过程，包括何时考虑开展自由实施分析，尤其强调了律师事务所的角色和视角。

1 概念及定义

在健康和农业领域，了解专利侵权在研究、开发和商业生产中的作用越来越重要。专利申请在一些国家变得非常普遍，农业和健康研究人员在工作中经常使用专利技术。

Fenton GM, C Chi-Ham and S Boettiger. 2007. Freedom to Operate: The Law Firms Approach and Role. In *Intellectual Property Management in Health and Agricultural Innovation: A Handbook of Best Practices* (eds. A Krattiger, RT Mahoney, L Nelsen, et al.). MIHR: Oxford, U.K., and PIPRA: Davis, U.S.A. Available online at www.ipHandbook.org.

未经许可使用专利技术，专利权人可以起诉研究人员或者其雇主侵犯其专利权。许多公司通常会分析研究项目或产品的自由实施情况，评估制造、使用或销售产品是否可能侵犯现有专利或其他知识产权。由此产生的信息有助于更大范围的风险评估，可能涉及一系列的决策：确定许可目标，考虑替代技术，决定忽略潜在侵权，投资变通技术，甚至可能决定全面放弃项目。

私营公司更有可能进行专利自由实施分析，因为在计算利润时必须考虑其面临的风险。公共和非营利私营机构也越来越意识到需要质量更好的自由实施信息。然而，自由实施分析非常昂贵，必须权衡收益和成本。而公共机构、非营利机构和发展中国家的研究人员在权衡自由实施分析的成本和收益时，所考虑的因素是不同的。特别是，在发达国家得到授权的很多专利在发展中国家并没有申请专利。因此，在这些发展中国家，机构改进、使用、转售这些技术并不构成侵权。然而，如果将产品进口到专利技术受保护的国家，则进口商在该国构成侵权。

本章和科瓦尔斯基（Kowalski）[1] 所著的那一章共同概述了自由实施分析过程，包括考虑何时（以及是否）投资于这类分析。科瓦尔斯基从研究人员的角度讨论了自由实施分析，而本章关注的是律师事务所的角度。在本章，我们将以 E8 启动子为案例进行研究。作为植物遗传转化的众多使能技术之一，E8 启动子可以作为自由实施分析的具体案例。

虽然专利是知识产权中最常见的类型，但是全面的自由实施分析需要评估现有产权的所有类型，以确定项目或商业化产品侵权的可能性。正如科瓦尔斯基（Kowalski）[2] 和克拉蒂格（Krattiger）[3] 所说，我们也关心知识产权和有形资产权。在生物技术领域，有形资产是由与发明相关的生物材料组成，是一个人在物理上可以拥有的生物材料。在健康和农业领域中，有形资产的常见例子包括细胞系、转基因小鼠、种质和质粒。有形资产的转让通常根据合同进行，合同条款规定了资产可以改变拥有的状态但并非改变所有权（一般称为材料转移协议，或者 MTAs[4]）。与知识产权不同，有形资产的所有权不会过期。有形资产权为发明的某些要素提供了进一步保护。有时，发明的要素可以同时作为两种权利的主体。例如，使用一个基因可能需要获得专利许可，以及 DNA 本身的材料转移协议。

知识产权是一种无形资产，包括创造性作品、发明或商业秘密等。根据美国法律，知识产权被定义为排他性的，而不是肯定性的权利。也就是说，知识产权所有者通常有权排除或阻止他人使用知识产权。知识产权所有人可通过与许可类似的合同或协议授权许可。知识产权是由政府（例如，美国政府或其他国家）或根据国际条约（例如欧洲专利局在《欧洲专利公约》下行事）授予的。因此，授予方只能在政府控制的领土范围内授予知识产权，并且只在有限的数年内授予独占权。

未经专利权人许可而实施他人专利的行为被定义为专利侵权。美国为专利侵权提供法律救济，主要是对侵权行为所造成的损害判以金钱补偿（对侵犯知识产权所造成的损害给予知识产权所有人充分赔偿数额的单项裁决）和/或作出强制令（法院命令停止侵权行为或禁止开展此类活动）。在某些情况下，可能需要采取额外的其他补救措施，如承担律师费和/或提高赔偿额（两倍或三倍赔偿）；当故意发生侵权行为时，可以实施额外救济。

政府授予的知识产权，如专利权，是排除他人实施其专利的垄断权，而不是授予专利权人实施其专利的同意权利。这与美国食品药品监督管理局（FDA）授予的许可证在根本上形成了鲜明的对比，后者授予的是在美国市场销售新药或医疗器械的权利。因此，在追求业务目标，如发展并商业化新的技术时，必须意识到存在他人的知识产权，因为这些人可能有权阻止或妨碍实现所期望的业务目标。

自由实施被定义为不存在阻碍目标实现的第三方知识产权。自由实施有时也被称为“排除侵权”。正如下面要讨论的，无法建立自由实施的结论，而应将自由实施视为为了追求商业目标而持续进行的调查活动。

排他性的概念与自由实施是有区别的，前者定义为单个所有权人拥有的知识产权所带来的权益可以阻止他人使用技术，比如阻止商业竞争对手。这种情况是有可能的，例如，如果一个机构通过申请专利为一项技术创建了高度的排他性，但仍然不能具有自由实施，因为制作、使用、销售或出口该项技术会侵犯他人的专利。

具有相似主题或单一技术的知识产权集合通常被称为知识产权组合。在实际中，这样的知识产权保护了专利权人目前或未来的潜在市场。专利组合应该回应商业目标并为支持其实现而设计。

在评估追求某一特定商业目标的风险或可行性时，必须将排他性和自由实施的概念放在一起考虑。最初制定业务目标或评估新的发明时，可能几乎没有考虑过排他性或自由实施（甚至对于任一参数的状态都知之甚少）。按照惯例，在技术开发的同时建立知识产权组合；然而，在这个过程中，延迟启动自由实施调查的时间可能是不明智的。如上所述，一项特定技术虽能以一种完善的知识产权组合形式获得高度的排他性，但仍然会无法自由实施。这项技术的进一步开发或商业化所带来的风险，可能会促使采取补救措施，如深入调查自由实施或签订许可协议，以提高自由实施的状况。

相反，公共领域中的一些技术，在商业化的过程中侵犯他人知识产权的风险相对较低。必须要意识到，公共领域的技术通过他人的使用完全暴露在激烈的市场竞争之下，产品研发人员不能再通过行使知识产权的排他性来保护它们。

因此，在新技术的开发过程中，在评估和保留自由实施的同时，构建一个具有排他性的知识产权组合是极其重要的。这就是为什么这一章重点关注构建专利组合时要调研并调整自由实施的状况。基于商业目标并拥有最大化的自由实施度、最大化排他性的技术，最有可能吸引并留住投资资本。

值得注意的是，公共部门机构与私营公司在本章讨论的许多问题上存在着根本分歧。例如，一所大学早期阶段的技术投资组合，由被许可人而不是该技术组合的管理人员对技术进行商业化。被许可人要评估与特定商业目标相关的风险，同时寻求排他性和自由实施的最大化。对于技术的管理人员而言，自由实施具有部分重要性，因为阻碍性专利可能会使大学的技术无法市场化或者限制了该技术未来的实施。

在大学，针对教职员工发明人的激励措施通常与技术转移人员的不同。私营公司的激励措施更有可能围绕产品的成功商业化进行调整，与之相比，高校的知识产权管理和创造分属不同的部门，很难为其考虑特定的商业目标，很难连贯地进行风险评估并建立专利组合。

公共部门机构所追求的目标，与私营部门运用知识产权管理战略所支持的目标有着本质上的区别。从这个意义上讲，各自的风险评估计算方法可能会有所不同。例如，机构的目标是使发明的技术能够尽可能地广泛传播并采用。虽然公共部门机构也运用知识产权，因此也会考虑自由实施和排他性，但所要达到的目标不同于私人商业公司，对自由实施的基本过程和特征的合理理解，则是两者技术管理取得成功的共同关键。

2　影响自由实施的知识产权类型

如下文所概述，可以用若干不同类别的知识产权构建一个投资组合。本章主要关注生命科学，即生物技术、药品和医疗器械中通常遇到的知识权利类型。当然，在许多技术领域也存在类似的问题和机会。

2.1　专利与商业秘密

这两种主要的知识产权类型基于发明和专有技术的概念。发明强调的是发现的实用、有用内容，通常体现在新技术的开发中。如果一项发明符合有关政府部门规定的法定标准，可以通过发明专利保护。在美国，专利是由隶属于联邦政府的美国专利商标局（PTO）授予的。

评判标准包括新颖性、实用性和非显而易见性。专利申请是专利授权的必经程序，即提交一系列文件，对该项发明进行充分的书面描述，教人们如何制造和使用该项发明，并就其所请求保护的技术提出权利范围。一项专利是政府授予的排他权，禁止他人制造、使用、销售、许诺销售或进口本发明。授权专利是有时限的：根据现行的美国法律，授权专利的保护期从第一个申请公布的日期算起，20年届满。专利组合包括与发明及其相关的各个方面和用途相对应的所有专利权，包括已公布的专利和正在申请的专利。

广义的专有技术包括与发明本身或其应用相关的市场营销、分销渠道或销售技术和信息，但不能申请专利。此类信息，如果能够保持其专有地位，则可能有资格获得商业秘密保护。

商业秘密是没有申请专利保护的、能为持有者带来竞争优势而不为公众所知的技术和信息。商业秘密的状态取决于对秘密采取的警惕性保护措施，可以通过签订合适的保密协议和政策，使相关信息仅限于关键员工或需要了解的员工知悉。商业秘密的例子包括成分、制造方法、经营方法和客户名单。在美国，信息是否属于商业秘密，是根据国家法律确定的。一般来说，适用的法律赋予持有者相应权利，防止他人复制或盗用秘密。与专利一样，商业秘密被盗用时，可用的补救措施也是损害赔偿和禁令。

但是，如果秘密是由另一个善意行事且未从事不公平商业行为的人独立发现的，就没有补救办法。此外，商业秘密的保护在任何一方公开或以其他方式公开披露该秘密时终止。因此，虽然商业秘密可能是特定技术知识产权组合的重要组成部分，但它们有可能不像专利权那样，能以相同的方式或相同的程度作为商业资产发挥作用。例如，商业秘密不能像专利权那样展示出来吸引投资资本。

2.2 监管权和许可

除专利和商业秘密之外，还有其他种类的排他权。在美国，这种重要类别的排他权包括美国食品药品监督管理局（FDA）根据《联邦食品、药品和化妆品法案》授予的权利。例如，赋予美国疾病患者不足20万人的新药以“孤儿药”（又称罕见药）的资格，使其具有为期7年的排他权。一旦满足FDA的要求获得了罕见药资格，通常该机构将不再针对同一种疾病或情况的其他任何竞争性药品进行监管批准，直到排他期届满为止。这样就没有必要为具有罕见药资格的药物申请专利。同样，为了鼓励开发儿科新药，FDA可能会授予第一个开发人员为期6个月的儿科新药排他期，以确保儿科患者群的安全性和有效性。最后，在创新药物专利保护期满后，为了鼓励仿制药的发展，FDA会为首家提出简略新药申请（ANDA）的仿制药开发机构批准为期6个月的排他期。这些监管权和许可不仅仅为技术商业化的初始或发展阶段提供了重要的商业资产，也为其整个生命周期提供商业资产。

2.3 版权

版权被定义为对作者原创作品的保护，作品被固着在有形的（可感知的）表达媒介中，可以被复制或再制。文学作品、音乐作品、绘画作品、音像作品和软件代码等均具有版权。重要的是要牢记，版权保护的是表达方式，而不是其中隐含着的概念或想法。

与生命科学产业相关、受版权保护的资产，包括生物信息技术或其他软件、文档，互联网网页上的内容，以及广告和宣传材料。与专利一样，版权是政府授予的排除或阻止他人制作和/或分发作品副本的权利，以及阻止他人开发衍生作品的权利。

这种排他权存在范围限制和例外：所有权人不能阻止合理的使用，包括为新闻报道、评论、教学和研究等目的的复制。根据美国现行法律规定，著作权的保护期为作者的有生之年再加上70年；或在职务工作的情况下，从首次公开之时起算95年，或从创作之时起算120年。著作权侵权的司法救济包括金钱损失赔偿、停止复制或分发的禁令，以及法院命令扣押或销毁未经授权的复制品或创建及分发的复制品。

2.4 企业标识

现代商业中，保护技术所有者的企业标识，或拓展商誉及品牌标识的主要知识产权类型是商标、服务商标和互联网顶级域名（TLD）。商标是指任何一个词、短语、简短的口号、设计、标志或徽标，即确定该标志的所有者为特定商品的来源。

在健康和农业领域，商标可用于标明植物品种或药物类产品的品牌。同样，服务商标可以将商标所有者标记为商业服务的来源。因此，商标和服务商标是在商业产品使用期内，而不是在研究和开发阶段成为重要的资产。对于顶级域名也是同样的，域名可以与商标相同或相结合。根据美国法律，商标权是通过商业中实际使用而产生的。但是，最好在州际贸易中实际使用商标时，或表明拟在指定期限内使用该商标的真实意图时，在美国专利商标局进行注册。

联邦注册登记向侵权人发出全国范围内的强制执行及商标侵权通告。商标权的期限与商标在商业中的实际使用相一致。商标注册授予10年权利期限，但如果商标仍然在实际使用中，则会无限期续展。相反，注册后的前5年，如果有证据表明该商标没有在商业中连续使用，或者在任何时候被证明为属于通用描述性词语，则商标会被注销。未经授权复制或假冒商标，或欺骗性（混淆）仿制，与未经授权进口商标货物一样，都属于商标侵权行为。救济措施包括颁发禁止复制的永久禁令、罚没侵权人获取的收益、侵权损害赔偿及诉讼费用赔偿。侵权货物可以被扣押和/或销毁。如果侵权标志是伪造的，可以处以3倍的损害及律师费赔偿。就顶级域名而言，救济措施可能仅限于向合法所有者转让该域名。

2.5 植物育种者权利

植物育种者权利（PBRs）是保护具有新颖性、一致性、稳定性和特异性的植物品种，并且禁止未经授权出售种植。植物育种者权利通常不会禁止利用种质作为繁殖材料创制新品种。但是，国际植物新品种保护联盟（法语缩写为UPOV）1991年文本中有例外，即禁止从受保护的父本中实质性派生育出新的品种[5]。在美国，由美国农业部（USDA）根据1970年颁发的《植物品种保护法案》授权管理的植物品种保护证书（PVPCs），用于保护有性繁殖的品种种质。

上述内容并没有详细列出与某种特定技术或产品相关的所有知识产权类型。例如，外观设计专利能保护有用物品富有吸引力或与众不同的原创设计，如一种医疗或诊断设备。在农业生物技术领域，尽管植物一般会受到发明专利的保护，在美国，大多数无性繁殖植物还可以受植物专利的保护，未经授权不得使用，或者还可以获得植物品种保护证书，作为发明专利的补充或替代。

3 确定自由实施的主要内容

进行自由实施调查的第一步是定义要检索的内容。定义主要内容的精确度，很大程度上取决于产品或其他技术所处的发展阶段，以及技术本身的性质。例如，准备进入临床前开发阶段的候选产品与新发现的基因或生物学通路相比，需要更具实质意义的检索。此外，研究工具和平台性技术可能具有自由实施检索范围的特定限制。例如，检索可能仅限于某个预期的应用领域，也可能需要对所有应用领域进行全面检索。同样，制造技术和使用方法也会对检索主题造成或多或少的限定。制造过程通常会涉及一些不同的技术，如基因表达载体和宿主细胞，以及一些不同的工艺步骤。

这些技术的每一项都需要进行单独检索，或者可能需要对技术和/或过程的特定组合进行集中检索。可以广义或狭义地定义应用方法；相关领域和附带的用途（例如，治疗剂的标签外用途）也可能需要检索。此外，必须确定需要检索的国家。这些国家应该包括任何可能制造、使用或出售技术的国家，以及任何可能出口的国家。一般情况下，情况允许时，应尽量准确地定义被检索的主题。当要重新检索或更新检索时，应注意细化检索主题的定义。

4　何时进行自由实施检索

首次进行或更新自由实施检索时，必须以谨慎为原则。作为实际操作事务，这一决定取决于所涉风险的性质和客户可接受的风险承受水平。以下是对典型考虑事项的简要调查，可以帮助人们决定是否进行自由实施调查，以及如何定义此类调查。

4.1　业务目标

在决定是否进行自由实施检索时，特别有用的经验是根据相对重要性，对机构的商业目标进行回顾和排序。这需要机构决策者和律师协商完成。对于每一个商业目标，律师必须询问决策者是否可以放弃该目标，即停止实现该目标的一切活动。评估取决于，是否可以使用永久性禁令作为侵犯许多不同类型知识产权的救济措施，例如专利、商标和版权。以下进一步分析一些辅助性的考虑因素。

第一，很明确，根据美国法律，实际上没有任何研究使用的例外：*Madey v. Duke* 案的判决表明，探索性或基础性的研究可能构成专利侵权。到目前为止，商业公司尚未就大学教师在研究中使用专利所造成的侵权提起诉讼。[6] 事实上，商业公司之所以决定对公共部门的侵权行为视而不见，有其经济上的道理。如果专利权人起诉一所大学并赢得专利诉讼案件，会得到禁止令和损害赔偿的法律救济，但在基础研究中使用专利技术，造成的损失通常可能是微不足道的，不值得花费数百万美元进行专利诉讼。然而，如果大学希望进一步发展并推动研究成果商业化，就需要关注自由实施的问题，这样才能了解此技术在该领域专利中的位置，以及如何减少未来商业化的潜在障碍。

向美国食品药品监督管理局（FDA）申请监管批准以开展相关研发，从而具有临床和临床前研究的安全港豁免，但由于安全港豁免的范围和限制条件尚未确定，因此需要进行个案分析。此外，许多发达国家也有类似的法律，对基础研究和与新药审批相关的研究是否可以获得专利侵权豁免进行了规定。关于这一点的法律范围和精确性，因国家各异，本章不作详细讨论。

第二，按照以上情况所述，必须考虑商业目标所服务的市场地理范围。由于知识产权是由各国政府授予的，并且具有领土性质，因此，自由实施调查应遵从为实现商业目标而开展活动的所在国法律。例如，所有的研究、开发和制造可能都在美国进行，但是商业市场包括欧洲和美国。有时，相反的情况也存在。相应的自由实施调查应确定并评估美国和欧洲的第三方专利权。对于全球范围市场，从风险评估的成本和讲求实效的角度考虑，可能会规定对自由实施的评估仅限于主要市场。

第三，重要的是要考虑，迄今为止为商业目标投入了多少成本。重要的投资，或在总资产中占很大比例的投资，会提高对自由实施检索的需求。该原则将在生物技术或人类医疗制药的背景下做进一步说明。另一种适合研究工具或平台技术的自由实施评估方法是，确定技术的使用是否仅限于特定的（和次要的）项目。如果这项技术将得到广泛应用，或者将支撑一个重要的长期商业目标，就应该尽早考虑自由实施检索。

还有一个相关的考虑因素是，早期建立并监控自由实施，是否会增加商业目标对潜在投资者的吸引力。风险资本投资者和大型机构投资者往往非常老练，并对技术或商业计划相关的知识产权风险非常感兴趣。最近，资助机构基本上都要求制订成熟的知识产权战略，除了支持研究外，资助机构还致力于确保项目成果得到迅速传播。

4.2 知识产权侵权诉讼的风险

另一条经验法则同样重要。律师和决策者应该共同评估客户是否能够承受诉讼风险。风险承受能力因政府监管和法规、管理方式及商业活动的性质而异，但也与资金来源密切相关，包括可用的相关保险的程度和范围。在评估侵权诉讼的风险和后果时，必须牢记，至少在美国和欧洲，辩护费用非常可观。同样，至少在美国和英国，专利侵权赔偿金往往从“大额”到“巨额”不等。诉讼费用和赔偿金合计起来，可达数千万美元乃至数亿美元。

如前所述，侵权诉讼的另一个重大风险是，法院会发出永久性禁令，例如责令客户停止侵权活动，或在某些情况下，下令扣押和/或销毁侵权物品。因此，风险评估必须考虑失去的商机的价值，以及初期的侵权责任还可能带来的其他风险，比如股东诉讼和监管机构［美国证券交易委员会（SEC）[7]］的调查和/或执法行动。

但是必须指出，对原告来说侵权诉讼也很昂贵。当未经授权使用该技术，不威胁到专利持有人的商业目标时，可能不会被追诉。例如在美国，学术研究过程中使用专利技术已经被证明构成侵权，但是，针对学术研究人员的侵权诉讼很可能通过禁令或补偿损失进行赔偿，对专利权人没有什么好处。评估公共和非营利性机构以及发展中国家研究人员的侵权诉讼风险时，审查侵权诉讼的经济和法律合理性尤为重要。

4.3 投资水平

决定何时进行自由实施检索的第三个步骤，是要确定应由哪些业务决策来启动检索。有些决策能明显加大业务目标的资源投入，确定起来将非常简单。断断续续的商业战略或金融投资则表明需要启动或更新自由实施检索。事实上，许多公司在发展过程中已经为项目开展了一系列越来越严格的自由实施研究。文本框 1 中举例说明在开发一种新的生物或医药药物的过程中，新的或最新的自由实施研究会引发的投资变化。在其他的领域，如农业和工业生物技术领域中，也需要根据投资变化决定是否进行自由实施分析。

5 典型的自由实施调查范围

典型的自由实施检索会搜索与第三方知识产权相关的所有合理可用的资源细节。在大多数情况下，通过数据库和搜索引擎，能够调查公开可获得的专利、技术和商业文献。可以使用关键字，如被查找/搜索人员的姓名、受让人姓名和主题分类，检索授权专利、公开的专利申请、科技出版物以及会议报告和获奖数据库。可以检索包括核酸和蛋白质序列在内的生物序列数据库。应当查询专利转让登记的记录，以发现真正对技术感兴趣的当事人姓名和所有权转让情况。应该查询专利年费和维持费记录，以确定相关专利是否事实上仍然有效。在商业方面，可以在美国证券交易委员会（SEC）的电子数据收集、分析和再评估系统（EDGAR）[8]中，搜索公开交易的受让人/所有者的注册信息。还可以通过填报信息搜索公司的季度（8-K）和年度（10-K）的企业目标进展报告，其中包括风险的自评估报告。搜索竞争对手的记录，可能会发现威胁自由实施状态的常见问题，比如各类分子（如融合蛋白）或制造技术中存在第三方的知识产权。适当的时候，还应该查询新闻稿、特定行业的新闻报道和股票分析师的报告。

文本框 1：对新药或生物制剂进行自由实施分析后的投资变化

药物靶标筛选	探索性研究特定的生物学通路，可能会发现一个或多个基因或蛋白质是干预疾病或其他代谢过程的合适位点。药物靶标是生物过程中至关重要的分子，其具有槽状结构特征，可以针对该结构识别或设计药效结构。在许多情况下，可能存在的知识产权包括靶标的用途，或者是所有靶标或靶标特定部位相对应的物质组成。大学和研究机构经常拥有这样的知识产权。
筛选/研究工具的技术	许多公司以向研究团体提供工具和服务为基础，开发了商业模式，这种模式可能会得到知识产权的积极保护。例如，Affymetrics 公司营销并销售核酸微阵列芯片。另一个例子是哈佛大学的肿瘤鼠，由杜邦公司以商业化的方式对外供应肿瘤鼠。
鉴定先导化合物	筛选先导化合物通常代表了从研究到开发的转变。无法根据靶标知识可靠地预测出先导化合物结构中是否含有药效基团，这一点是显而易见的。因此，先导化合物及其所属的结构类别代表了开发知识产权组合的新的机会及新的风险。考虑到新的风险，在将资源投入开发阶段项目之前，应建立自由实施调查。应研究先导化合物的具体和一般特性。例如，应对人源化抗体或不同类型的融合蛋白申请知识产权保护。对于任何备用化合物也应该同样考虑。
临床前开发	开始进行临床前开发，意味着财务回报水平显著提高，也意味着开始进入专利侵权的安全港。此时，重点应开展获得数据的活动，以向 FDA 提交新药临床申请（IND）。尽管有安全港，这一步骤代表机构（或公司）作出了正式承诺，将开发一种最终具有商业用途的新药或生物制剂。因此，从投资的角度来看，它是进行彻底的自由实施检索或更新和完善之前所做检索的一个非常重要的阶段。此外，在这个阶段，需要在候选药物的结构之外完成商业化所需要的工作内容，例如，剂型或剂量、主要商业适应证以及基本的制造技术。

制造技术的选择	在许多情况下，一种新药进行商业化生产所需的制造技术，与在研究甚至开发阶段的生产技术不同。由于保证制造所需资源非常重要，许多公司都成功地获得了制造技术专利。如对一种特殊类型的、能净化某类特殊分子（如人源抗体）的层析树脂进行专利保护。又如宿主细胞的类型，或者是用来提高保质期或溶解性的配方。
临床适应证的选择	基于对靶标及其作用机理的了解，可以选择新药或生物制剂的主要或根本的临床适应证。然而，随着开发的推进，还会明显出现其他迹象，发现更多商业化途径（例如，神经病学家可能会发现这种药物有望治疗某种疾病，而胃肠病学家可能认为它的价值在于另外一种不同的疾病）。每种不同的临床适应证都有自己的竞争对手，需要作相应的自由实施分析。
新药临床申请	新药临床申请是美国食品药品监督管理局（FDA）决定是否允许新药或生物制剂进行人体试验的文件。准备提交新药临床申请，甚至更进一步，已经获得了批准的新药临床申请，都代表着取得了商业周期中的关键成就。这会激发投资者、潜在的公司合作伙伴或收购方的兴趣，显著提高其商业价值。在此紧要关头，根据药物发展项目，确定业务目标的可行性尤其重要。事实上，许多制药公司都在这个关键节点开展自由实施调查，并决策是继续还是放弃商业化计划。
关键的临床试验	关键的临床试验能够产生可靠的统计数据，美国食品药品监督管理局使用这些数据来决定是否批准该药物用于商业销售。根据临床适应证，这种试验可能需要1~5年，涉及数十名至数千名患者。启动并进行此类试验往往是商业化过程中最大的单笔投资。此外，启动此类试验表明了对特定药物成分、配方、制造方法和管理及使用方法有所保证。这一保证也为第三方知识产权所有权人敲响了警钟，提醒其知识产权所具有的价值，签订许可协议则增加了开展自由实施分析的成本，或者也可以通过专利规避设计绕开不利于发展的知识产权。
提交新药上市申请（NDA）/生物制剂许可证申请（BLA）	新药上市申请（NDA）或生物制剂许可证申请（BLA）是提交给美国食品药品监督管理局，供其对新药或生物制品进行商业批准的卷宗。获得美国食品药品监督管理局批准通常需要2~4年的时间，标志着专利侵权安全港期结束。因此，等待新药上市申请或生物制剂许可证申请批准的时期，是解决任何尚存的自由实施问题而不致侵权诉讼的最后阶段。

启动商业化过程	这是商业活动真正的开始，在这个阶段，一个公司很容易受到侵犯知识产权的指控。在此阶段之前必须开展自由实施分析，并确保在整个产品的生命周期内定期监测自由实施状况。

5.1 “一级”自由实施调查

如上所述，并不是每一个自由实施调查都具有相同的搜索范围或深度。

探索阶段的研究，或者考虑一个新的商业目标，可能只需要整体概述和风险识别。要回答的问题包括是否存在任何阻止实现新目标的所谓“阻碍性专利”。这被称为“一级”自由实施研究，以区别于更深入的分析。“一级”自由实施研究只对公共信息进行评估，通常是以下两类：

- 检索专利数据库。通过在专利数据库里检索关键字、姓名、企业名称和序列，发现相关的专利和公开的申请（存在潜在的未来风险）。
- 专利所有权和专利状态检索。通过检索指定分支机构的名称、公司/实体名称的记录，可以发现关于所有权利益、所有权转移以及其他影响所有权的记录。如果更加谨慎，还可以检索美国州政府的记录，发现联邦层面上是否记录任何转移或留置权。检索相关的年度/维持费数据库，可以发现任何所确认的专利因未付费而造成的失效风险。

5.2 “二级”自由实施调查

设计并实施更深入的自由实施检索有很多方法。每次检索实质上都是由精确定义的主题和决策者预计的风险程度所决定的。两种考虑分别取决于业务目标的重要性和实现这一目标所需的资源数量。

虽然仍旧只需要公共信息，但典型的“二级”自由实施调查要比一级调查复杂得多。对非公开信息进行评估，可能需要相关各方的合作（例如，在商业联盟的支持下开展知识产权尽职调查），或者需要法庭命令（例如，在侵权诉讼的证据开示阶段期间）。这两方面都超出了本章的范围。

检索专利数据库可以按照一级自由实施调查中的描述进行，但是对原始数据所进行的分析不仅仅是为了识别潜在的阻碍性专利。相反，对专利权进行实质性评估是为了广泛地构建专利图谱，并按照主题来进行分组。例如，一组可能包含表达载体，并根据载体的类型进行分组。另一组可能包含宿主细胞，包括特定类型的宿主细胞及其培养方法。再一组可能包含了靶标药物所属的结构类别。例如，可以将融合蛋白的所有专利权归为一组，并根据感兴趣的蛋白质类型（例如，受体-Ig 融合蛋白）定义亚组。分组可以最有效地帮助业务决策人员进行决策。

另一种能够提供有用信息的检索结果分析方法，是构建相似或重叠主题的专利时间轴。根据优先权日（也称为有效申请日期）对专利和公开申请进行排序，可以揭示重要的关系。例如，它揭示了哪些专利是新专利的现有技术。相对于现有技术而言，当权利要求具有新颖性和非显而易见性时，专利才会被授权。这一分析揭示了更早、范围更广的专利相对于较晚、范围较窄的专利所具有的相对优势。在许多情况下，涉及同一主题的广义和狭义权利要求可以共存，并由不同各方拥有。分析优先权的时间轴，将揭示出一些专利是否应该被许可或者通过开发替代技术而进行规避设计。这一分析也将揭示出哪些当事人拥有更多的筹码来获得更高的许可费。同一时间轴上的公开申请，能使精明的决策者对稍后提交申请的权利要求范围进行有根据的猜测。最后，它可以洞悉可能发生的干预。美国专利法的独特之处，是在美国专利上诉和干预委员会介入之前，采取“干预”这一行政诉讼程序，如果有两个或两个以上的当事人就同一主题分别提交了专利申请，通过此程序确定谁是第一个发明人。程序规则非常严格，获胜者将被授予专利权。下列案例研究中，图 1 展示了典型的专利优先权的时间轴。

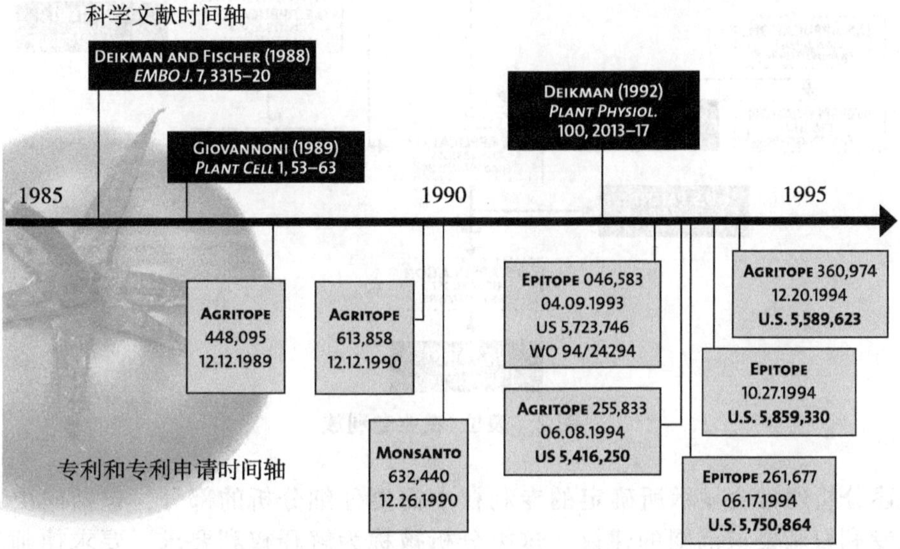

图 1　番茄 E8 的科学文献和专利时间轴

科学和专利文献，包括专利和专利申请，说明了提交相关专利申请时的现有在先技术，显示了相对于主要科学文献出版日期，每一件专利和专利申请的优先权日期。

分析已公开专利的优先权，还会揭示出不同专利和已公开专利申请之间的专利族关系。专利族包括垂直和水平的关系。在后提交的专利申请声称受益于早期的、相关的申请，并且发明人相同（如存在联合发明人时，至少有一位共同的发明人）时，就会产生垂直或沿袭的关系。如果说明书（申请文本）与在先申请相同，但权利要求涵盖了不同的主题，则在后申请被称为继续申请或分案申请。如果对说明书进行了编辑，公开了或多或少的信息，并且对权利要求进行了相应的更改，则在后申请被称为部分继续申请。横向关系出现在外国申请中，即以原始申请的对等文件在其他国家或共同专利地区进行申请。根据双边或地区性条约提出的此类外国申请，即条约规定的两个或两个以上国家政府同意相互承认各自领土内提出申请的优先权。能够产生横向专利族所对应申请的主要手段是《专利合作条约》（PCT）。PCT 提供了初步的信息交换所，可以通过单一的审查机构检索并选择性地审查权利要求。PCT 审查报告和 PCT 检索报告都是公开的。案例研究中的图 2 说明了专利族的关系。

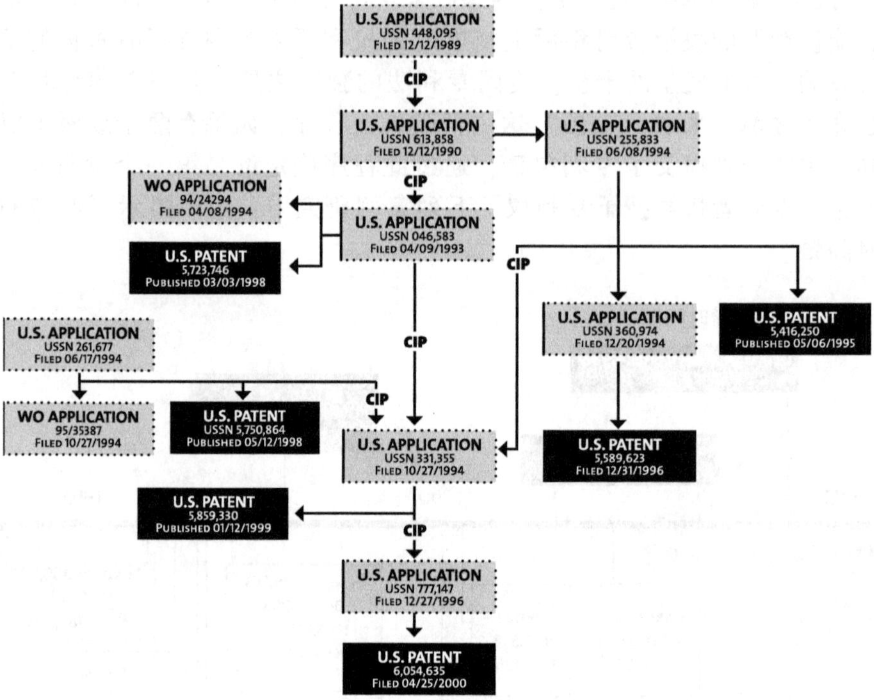

图 2　表位/农业专利族

上述分析通常会显示所确定的专利权中需要仔细分析的部分，包括向决策者提供有关专利权利要求范围的建议。这类分析被称为解释权利要求，要求律师获得并评估专利的历史文件。历史案卷（或起诉历史）是专利申请人与审查员之间的书面协商记录。专利说明书（文本部分）一般在申请期间不会发生变化。然而，权利要求的表达语言确实会改变，有时甚至相当戏剧性。例如，审查员可能要求对权利要求进行分组，然后以分案申请继续进行。权利要求的其他语言变化，是为了满足可专利性的要求，如实用性、书面描述、清晰度、新颖性和非显而易见性。即使没有修改权利要求，专利申请人也可能已经发表了定义权利要求范围或不作广泛解释的言论。这类言论属于“审查档案禁反言”（file wrapper estoppel）或“审批过程禁反言”（prosecution history estoppel）*，因为不允许专利权人在执行所得专利时主张更广

* 美国专利法的禁止反悔原则，包括审查档案禁反言（file wrapper estoppel）和审批过程禁反言（prosecution history estoppel）。作为专利侵权诉讼中的一种法律规则，其是指专利权人如果在专利审批（包括专利申请的审查过程或者专利授权后的无效、异议、再审程序）过程中，为了满足法定授权要求而对权利要求的范围进行了限缩（如限制性的修改或解释），则在主张专利权时，不得将通过该限缩而放弃的内容纳入专利权的保护范围。——译者注

泛的权利要求范围。

在美国，专利申请过程的历史分析，严格地限于授权专利和公开申请的历史，因为临时的和未公布的申请文件是依法保密的。但在大多数情况下，国外同族专利申请的历史文件可以公开。因此，通过获取并分析专利族中一个或多个同族申请的历史文件，可以深入了解可授权专利权利要求的潜在范围。欧洲的专利申请历史可通过电子方式以 pdf 格式文件提供。澳大利亚的专利申请历史可以获得，并且常常很有用，因为澳大利亚的审查速度往往比其他 PCT 成员国更快。每个外国同族专利都是根据该国的专利法来进行审查的，因此，有可能在专利申请的范围和格式上存在或多或少的细微差别。

除了分析申请历史外，还有必要检索合适的专利诉讼数据库，以确定是否会有任何感兴趣的专利被认定为无效或不可执行。美国专利商标局网站也应该能查到涉及利益的专利是否进入了干预程序。干预程序不是公开信息，但是美国专利上诉和干预委员会的最终决定是公开的。同样，应检查外国专利局的记录，以确定是否有新授权的专利成为专利异议的对象。异议是一种行政程序，任何因专利授权而受到不利影响的公众都可以提出争辩理由，说明不应授予专利权，即不符合授予方关于可专利性的法律。欧洲和澳大利亚等国家允许在专利授予后的规定时间内提出反对意见。每个国家的异议程序记录都是公开的。

最后，进行谨慎而彻底的自由实施调查，还需要对商业和新闻记录以及专利记录进行搜索。常规和特定行业的新闻报道可能显示出通过检索专利数据库搜索不到的企业或非营利性知识产权所有人的姓名。他们也可能会提供有关现有技术或竞争市场的有用观点。如果能找到的话，某个行业或单个企业的股票分析报告尤其有用。此类报告通常提供独立、专业的商业风险评估，包括知识产权风险。如前所述，知识产权所有人的年度报告或在美国证券交易委员会的注册文件，提供了有用的风险和竞争自我评估。仔细阅读专利权人的网站和相关的新闻，经常会揭示出相关专利权是否与既定的商业目标有关。这些信息为决策者提供了有价值的观察机会，能够了解专利权人的商业模式及其对相关专利权的重视程度。例如，大学或非营利机构为了实现其提高公共知识或满足公众利益的宗旨，发布了关于许可知识产权的政策。类似地，提供研究工具的公司则会采用依赖广泛知识产权许可的商业模式。相比之下，创新制药公司和生物技术公司可能更有动力维持排他权，如不对外许可，或以严苛的条件进行许可。

5.3 局限性

决策者必须牢记，律师提供的任何自由实施度调查或侵权检索的结果，天生就有局限性。首先，检索限制在一定时间段内。分析自由实施后的时间段，新的专利可能已经授权，因此必须考虑定期更新。其次，仅限于公开可访问的信息。无法鉴别出感兴趣领域中做出的所有新发明，也不可能描绘刻画出竞争对手或其他商业实体所称的商业秘密。同样，自由实施检索无法识别或分析尚未公布的专利申请，包括美国临时专利申请，以及少于 18 个月的发明专利申请（从优先权日起计算）。根据现行的美国法律，如果申请人要求不公开，并且放弃了外国同族专利申请权利，已提交的发明专利申请就不会被公开。

另外，如上所述，未公开的美国申请文件的历史记录不对公众开放。由于这些原因，自由实施调查可能需要定期更新。如果愿意，可以安装一种自动化的、基于计算机的监视软件，一旦新的专利信息公开了，就会向律师发出警报。

有关的商业信息也无法获得。例如，公司的业务目标及研究开发项目的进展不会公开。同样，公司察觉到的竞争风险信息也不会公开。虽然法律诉讼一旦记录在案是公开的，但专利许可邀约、诉讼威胁、许可谈判和争端谈判等函件通常不会公开。公司的文件，例如，涉及知识产权所有权的合同（如转让、安全利益、联合开发协议、服务合同）通常也不公开。类似地，影响知识产权使用的合同（如许可、结算、期权、材料转移协议、保密协议、雇佣协议、咨询协议、非竞争协议、服务合同）通常都不公开。除非完成了许可谈判需要进行的尽职调查，或者在启动专利侵权诉讼的证据发现阶段之前，影响自由实施研究结果或解释的商业信息都不得披露。然而，在某些情况下，如果一个公司关于知识产权所有权或使用的文件，会影响某家上市公司的业务，就需要在美国证券交易委员会披露并登记。因为这份文件被认为是能够影响公司股票价值的材料。

仅使用公开信息的情况下，另一个通常不能被利用的关键领域是，是否存在对第三方专利权发明人资格不利的主张。在诉讼或其他对抗制的诉讼程序中，出现越来越多的发明人资格诉讼，这种情况被认为是以和睦的新增共同专利权人的方式获得许可。与非公开商业信息一样，在获得专利权人同意或者诉讼启动阶段开始许可尽职调查进行之前，通常不会透露可能存在的发明人资格主张。

6 自由实施调查的结果

由律师事务所或内部律师进行的自由实施调查以及与决策者进行沟通所获得的结果，在美国各州法律中被一致认为属于“律师和当事人的保密特权信息”，视情况而定，也可能属于“律师工作成果特权”。只要客户（其拥有该特权）选择不向其他人透露信息，或者没有在无意中透露，就能保留结果的特权地位。在大多数欧洲国家以及美国，关于知识产权的建议适用于律师和当事人客户特权。然而，重要的是要记住，在某些国家，专利专业人员不是律师。因此，对自由实施调查结果的保护程度可能会有所不同，应提前建立这种保护。例如，瑞士不承认专利从业人员和客户之间的交流存在特权，尽管它是在律师和客户之间进行的。

例如，在许多情况下，当只需要“一级”自由实施调查时，调查结果可能是律师给决策者的口头建议。根据自由实施调查的目的，或者在进行更详细的“二级”调查时，律师可以向决策者提供书面报告。通常，报告包含了搜索范围的简要概况，以及检索策略的清单（例如，关键字、序列、受让人姓名）。该报告还包括了已确定的第三方知识产权的风险清单。书面的风险评估报告通常应简要并措辞谨慎，因为如果丢失或放弃了律师与当事人或工作结果特权，这类信息可能会被用于反对客户的利益。

知识产权自由实施调查结果报告最重要的特征在于文件是动态的，当出现了新的信息时，通过显示器或通过律师和决策者达成一致所形成的定期时间表，需要不断更新。决策者应该明白，当被监控的知识产权风险性质、状态发生变化时，或出现了新的知识产权时，可能需要修改或重新考虑所做的决定。只要始终在追求实现企业目标，这个过程就应该持续下去。

7 知识产权风险管理战略

一旦获得了调查结果，保证或改进自由实施的过程就不会停止。相反，发现了所谓的“阻碍性专利”时，应审核研究结果是否为客户（无论企业、大学或其他非营利性机构）采取最理想行动方针提供了必要的工具和情报。律师应与决策者就制定知识产权风险管理策略密切合作。文本框 2 展现了代表性的工作，但远未达到对所应考虑主要战略的详尽描述。文本框 2 中列出的任何一种或多种风险管理策略的组合，如果决策者与法律顾问协商时认为是谨慎且适合的，都可能被采用，克拉蒂格（Krattiger）[9]将进一步讨论这些风险管理策略。

文本框 2：战略性使用自由实施调查结果的各种选项

放弃或修改业务目标或商业惯例	如果发现了一个不能获得许可或无法避免的阻碍性专利，决策者必须考虑是否可以放弃受影响的业务目标或受影响的业务操作（例如，使用特定的研究工具或方法）。或者，采取更商业化的合理措施，修改商业目标或操作方法而消除阻碍。这个过程被称为“阻碍性专利的规避设计”。在考虑这种方法的合理性时，必须考虑调整的效果和成本。例如，决策者必须考虑改变配方或制造工艺是否需要美国食品药品监督管理局的批准。
如果能以商业上合理的条款获得许可，就去获得许可	重要的是评估阻碍性专利的所有权人授予合理的许可、推动客户实现商业目标的可能性。关于该专利是否对外许可，相关情报可以通过查看企业或非营利性专利权人的任务说明书，以及审查美国证券交易委员会的记录或新闻稿进行搜集。还必须考虑许可的财务事宜对产品或技术商业化的影响。支付许可费和制造费用都要列入货物销售成本（COGS），因此，专利许可实际上是削减了其他方面的成本。当需要支付多个许可的多重许可费而完成单一产品的商业化时，叠加的许可费对产品制造成本形成的压力更大。

要求阻碍性专利的专利权人放弃知识产权	当专利权人无法预见足够大的商业市场时，可能会考虑放弃他们在某个司法管辖区或应用领域的知识产权。此外，专利权人可能会发现，为特定人道主义用途而放弃知识产权，会带来良好的公共关系。在这些情况下，可以协商免费许可或签署不起诉契约。然而，产品责任和管理问题仍受专利权人关注。事实上，潜在的被许可方可能会发现，专利权人寻求的是规避任何使用了专利技术并进入市场渠道但存在缺陷的产品所带来的责任风险。
获得律师的正式书面意见	如果无法接受放弃或修改业务目标，或者决策者怀疑或已经确定无法以商业上合理的条款从专利权人那里获得许可，或者专利权人似乎可能采取一些攻击性的法律行动，律师应就阻碍性专利的一项或多项权利要求不存在侵权或将其无效掉给出合理的书面意见。重要的是，决策者要意识到这类意见并不能保护客户免受侵权诉讼。然而，在许可或和解谈判中能提供有用的见解或筹码，同时也可排除被法院认为其故意侵权行为的指控(该指控将使损害赔偿增至两倍或三倍)。
利用客户的知识产权组合	另一种以商业合理条款获得许可的可能方法是，将客户自己的知识产权组合用于支持实现业务目标（甚至其他业务目标)，以确定任何现有的权利要求（待定的或以授权的）是否可以达到交叉阻碍的作用。客户是否拥有任何能够妨碍阻碍性专利所有权人获得自由实施的权利要求？如果没有待定或已授权的权利要求，可以申请新的专利并以此为基础起草、申请新的权利要求，以达到交叉阻碍的效果。目前已有的专利无形资产中，如果存在已授权或待定的权利要求，与专利权人的阻碍性权利要求重叠，可能会引发客户和专利权人之间的专利抵触，这些策略中的每一种，都是与专利权人谈判的重要筹码。

8 案例研究：自由实施分析和公共领域技术的法律局限性

本案例研究的目的，是说明针对一项具有研究和商业目标的技术，执行自由实施检索的基本策略。这个特别的案例，包括了决策制定者在进行自由实施度分析时的考虑、内部收集自由实施信息的过程、法律顾问的评估以及分析的结果。为了分享此次调查的经验，放弃了律师与客户保密特权。分析的最终结果表明，虽然目标技术本身属于公共范畴，但与其他技术结合使用时，存在自由实施限制。

开发商业产品时，经常会寻求法律顾问的帮助。但使用自由实施检索并不局限于商业计划，其对于那些具有研究和社会目标的项目，也是至关重要的。产品开发的早期阶段所使用的平台技术受到特别关注，因为协商失败而无法获取该技术，可能会严重影响后续的研发计划或技术的许可价值。与拥有内部知识产权法律顾问的农业生物技术公司不同，世界各地的公共部门科学家可能无法轻易接触到法律专家，因此往往不知道通常使用的研究工具受知识产权限制。幸运的是，为了促进具有商业和人道主义目标的改良作物的研究和发展，农业公共知识产权资源联盟（PIPRA）[10] 正在努力设计技术上很强大而知识产权限制最小的农业生物技术。

植物转化载体是将所需基因和性状转入生物工程作物的分子“摆渡车”，是农业生物技术中的关键平台技术。植物转化载体结合了许多成分，如遗传调控元件（启动子）、选择标记、重新去除标记的系统等。这些技术在生物基因工程作物中发挥着基本作用，通常受知识产权保护。而且，自由实施工作很快变得纠结而复杂，因为这些技术通常都不是单独使用，而是结合不同性状并在许多宿主植物中使用。为了避开潜在的阻碍性专利，重要的是使用已进入公共领域（不受 IP 限制）的技术和方法，或获得技术和方法的使用许可。这就是为什么 PIPRA 与科学和法律领域的专家合作，正在研究各种载体成分的自由实施情况，包括用于调节所需性状在特定植物组织中表达的启动子。

8.1 定义自由实施或侵权检索的主题

本案例研究的目标技术是来自番茄果实 E8 基因的特异性启动子。从技术上说，通常会选择使用 E8 启动子，因为受其控制的基因表达是由诸如果实成熟等发育信号触发的。目的基因的表达仅限于成熟果实，其他器官如叶、根或茎中均未检出。此外，启动子还以器官特异性方式响应化学刺激（乙烯）来刺激基因表达。因此，这一转录调控元件已用于改善营养和果汁品质、延长番茄果实的藤架寿命，并在番茄果实中表达可食用的人用疫苗。

如前所述，自由实施调查的第一步是明确定义目标技术。在本案例中，PIPRA 建议使用由 Deikman、Fischer[11] 和 Giovannoni 等人最初发表的文章中描述的果实特异性启动子。[12] 这些文章中提到的启动子实际上是相同的，由 E8 基因上游约 2100 个核苷酸组成。Deikman 等人[13] 进一步报道了启动子的特征，揭示了启动子和上游核苷酸序列中功能元件的位置和序列。这些文章围绕目标启动子技术勾勒出了技术边界，正如我们稍后将讨论的那样，提供了重要的现有技术。

8.2 商业计划书是否有必要进行自由实施分析

项目计划设定了相关自由实施调查开展的方向。在这种情况下，PIPRA 预测，一旦这个特定的启动子被整合到植物转化载体中，它将被用于美国和国外的研究及商业用途。由于它将是广泛应用的平台技术的一部分，所以有必要对它进行深入分析以确定自由实施的情况。

由于是在该技术早期阶段评估的，并且可能会在广泛的项目范围中使用，PIPRA 无法了解通过 E8 启动子所能驱动的所有特定基因。因此，PIPRA 选择仅对启动子本身进行有限的自由实施分析，而不是分析其与特定目的基因结合使用后的情况，同时应理解，将来需要进一步分析才能确定E8启动子和异源基因特定组合的自由实施情况。如前所述，由于专利权利要求有可能重叠，复合技术会创建更加复杂的知识产权图谱。因此，最初的自由实施分析仅表明该技术的总体可用性。尽管早期阶段评估具有局限性，但也为研究人员和商业开发人员提供了该技术自由实施状况的重要信息，并阐明了这个被认为属于公共领域的技术所具有的法律限制。

8.3 案例研究：自由实施相关信息和法律意见书

在这个案例中，PIPRA向法律顾问提供了自由实施背景信息，后者随后进行了自由实施分析。自由实施背景信息，包括对建议结构的详细描述、对植物转化载体提出的管理策略建议、该技术相关的科学文献和知识产权检索结果。法律顾问对相关的专利进行了评估，根据主题和受让人对相关专利进行了分组，建立了一个整合相关文献和知识资产（图1）的优先序时间轴，并提出了口头和书面的意见。以下是对该过程的详细描述。

8.3.1 客户的自由实施背景资料

背景文件中的科学文献，包括一份描述E8启动子的发现、特征和应用的出版物清单。通过在线数据库检索关键字和作者来识别并下载文献记录。厘清出版物的时间轴，并联系技术的原始发明者/作者，这些工作对于了解做出发明时和发表文章时是否申请了专利保护是有利的。这一点尤其重要，因为可能相应的美国专利申请当时仍未公布，但随后作为已授权专利又出现了。PIPRA联系了研究小组中最早发现并描述E8启动子的加州大学伯克利分校（University of California，Berkeley）的负责人（PI）Robert L. Fischer，发现发明人在发表该影响深远的文章前并没有申请专利保护。在随后的调查中，Deikman和Fischer[14]也对专利保护缺失的问题进行了证实。在调查的这一节点，人们假设这项技术属于公共领域，因此出版的文章或在先技术特别重要。

专利图谱包括与该技术密切相关的专利和专利申请。检索专利或专利申请可以用关键词和主要出版物的作者姓名。所用的专利检索引擎包括Delphion[15]、M-CAM[16]、EPO[17]。与学术出版物所描述技术相关的专利或专利申请要分别进行检索及鉴定。此外，以E8启动子的DNA序列作为检索符，检索了已申请专利的DNA和蛋白质序列数据库。由于该目标技术是在20世纪80年代末和90年代初被鉴定出来并进行特征分析的，因此，特别关注了此时间段前后的出版物。在评估了专利和专利申请之后，形成了一份清单，列出了番茄衍生的E8启动子的数个区域中专利的权利要求。此外，加入了图解说明目标技术与专利权利要求都涉及的DNA序列示意图（图1）。为方便法律顾问，提供了一个专利和专利申请的表格，包括记录号、专利家族成员、受让人、出版物、优先权、申请日期以及相关的说明。专利图谱也显示了专利的非专利在先技术部分（专利扉页上的第56栏）是否引用了Fischer的出版物（这是证明在先技术的证据）。

开展的另一项独立检索，旨在明确鉴定声称使用E8启动子驱动目标基因的专利。检索方法与上述一致，使用E8启动子的关键字检索专利的权利要求。对相关专利和专利申请进行了提取和分析，再次汇编形成专利记录的表格，并将包含描述信息的书面报告提交给法律顾问。在口头交流和修订之后，提供了更多信息（如专利家族树）供分析（图 2）。

8.3.2 法律顾问的自由实施意见

利用这些背景信息，法律顾问构建了一个优先序时间轴，包括主要的科学文献和最密切相关的专利记录，它们分别被授予了美国 Agritope 公司、美国 Epitope 公司和 Monsanto（孟山都）公司（图 1）。如图所示，Deikman、Fischer[18] 和 Giovannoni 等人[19] 的出版物最初描述了 E8 技术。这排除了关于 E8 启动子本身的任何在后专利权利要求的新颖性（例如，由 Agritope 公司和 Epitope 公司提交的各项申请）。虽然本报告不包括法律顾问的详细书面意见，但律师得出的结论是，可以合理地认为番茄 E8 启动子本身（如上所述，不考虑与任何异源基因的关联）属于公共领域。

由于该分析没有检查 E8 启动子与其他基因或其他载体元件结合的自由实施情况，因此强调了适宜的自由实施限制和未来的考虑。有趣的是，由于最初的 E8 出版物没有公开在各种异源基因上使用这种技术的方法，在后授权的专利权利要求可以通过覆盖已知元件的新颖性组合来限制技术的使用。因此，尽管该技术本身属于公共领域，但用于特定目标基因时却并非如此。

该信息提示 PIPRA，当已知其他技术成分时，应该在载体结构的更高级阶段重新评估自由实施。尽管不详尽，但是有些声称包含 E8 启动子和异源基因的嵌合所构建的专利如图 3 所示*。这些专利可以分为农艺特性、生物制药和基因表达控制有关 3 类。请注意，这些类别的范围很广，存在权利要求重叠的情况，如基因表达控制的专利要求可能广泛用于农业和制药领域。

法律顾问向 PIPRA 口头转达了分析结果，随后提交了书面报告。值得注意的是，自由实施度分析材料受到律师-客户特权的保护，因此只能与需要了解的人员（例如业务决策者）以保密的方式共享。在 E8 启动子自由实施调查的案例中，客户（PIPRA）在咨询法律顾问后决定披露调查结果，供公众获悉信息并用于教育培训。

GILLIAN MFENTON, *Chief Intellectual Property Counsel, Emergent BioSolutions, Inc., 300 Professional Drive, Gaithersburg, MD, 20879, U. S. A. fentong@ebsi.com*

CECILIA CHI-HAM, *Director, Biotechnology Resources, PIPRA, University of California, Department of Plant Sciences, Plant Reproductive Biology Building, Extension Center Circle, Davis, CA, 95616, U. S. A. clchiham@ucdavis.edu*

SARA BOETTIGER, *Senior Advisor, PIPRA and Chief Economist, M-CAM, Inc., One Shields Avenue, PRB-Mail Stop 5, University of California, Davis, CA 95616-8631, United States. sboettiger@ucdavis.edu*

---

* 原文无图 3。——译者注

1 See, also in this *Handbook*, chapter 14. 2 by Stanley P Kowalski.

2 Ibid.

3 See, also in this *Handbook*, chapter 14. 1 by Anatole Krattiger.

4 See, also in this *Handbook*, chapter 7. 3 by Alan Bennett.

5 The scope of this exception has been the subject of analysis. An informative publication on the definition of "essentially derived" can be found at www. amseed. com/pdfs/EDVInfoToBreeders_0605. pdf.

6 The *Madey v. Duke Univ.* case was based on a dispute between employer and employee, rather than a commercial firm's decision to sue a university.

7 www. sec. gov.

8 www. sec. gov/edgar. shtml.

9 See *supra* note 3.

10 www. pipra. org.

11 Deikman J and RL Fischer. 1988. Interaction of a DNA Binding Factor with the 5'-Flanking Region of an Ethylene-Responsive Fruit Ripening Gene from Tomato. *Embo J.* 7(11):3315-20.

12 Giovannoni JJ, D DellaPenna, AB Bennett and RL Fischer. 1989. Expression of a Chimeric Polygalacturonase Gene in Transgenic Rin (ripening inhibitor) Tomato Fruit Results in Polyuronide Degradation but not Fruit Softening. *Plant Cell* 1(1):53-63.

13 Deikman J, R Kline and RL Fischer. 1992. Organization of Ripening and Ethylene Regulatory Regions in a Fruit-Specific Promoter from Tomato (Lycopersicon esculentum). *Plant Physiol.* 100:2013-17.

14 See *supra* note 11.

15 www. delphion. com.

16 www. m-cam. com.

17 www. european-patent-office. org.

18 See *supra* note 11.

19 See *supra* note 12.

第 14.5 章

与转基因作物相关的管理责任

理查德 · Y. 博阿迪（RICHARD Y. BOADI）
肯尼亚非洲农业技术基金会法律顾问

译者 赵海根 王靖轩 **审校者** 张晓 张熠

摘 要

近年来，围绕农业生物技术，尤其是转基因生物（GMOs）和转基因作物（GM crops）是否应纳入专门设计的责任管理体系，引起了全球激烈的讨论。本章研究了普通法（又称判例法）和成文法的责任理论，以及国家和国际层面为转基因生物设计责任制度的各种尝试和缓解责任风险的措施。

1 引言

责任是"法律上的义务或应负责任的性质或状态"[1]。这个词是指一个人或机构有义务和责任对造成的损害提供赔偿。从历史上看，责任是根据普通法或成文法界定的。然而，当赔偿责任超出了国界（农业生物技术之类的领域经常发生），以往的一些法律方法并不总是适用。实际上，针对转基因生物（GMOs）和转基因作物（GM crops 或者 transgenic crops）建立责任制度，全球在激烈地辩论。

本章研究了现有的普通法和成文法理论、在国家和国际层面为转基因生物设计责任制度的各种尝试、利益攸关者（包括小农户）共担的潜在责任风险和降低风险的措施。

Boadi RY. 2007. Managing Liability Associated with Genetically Modified Crops. In *Intellectual Property Management in Health and Agricultural Innovation*: *A Handbook of Best Practices* (eds. A Krattiger, RT Mahoney, L Nelsen, et al.). MIHR: Oxford, U.K., and PIPRA: Davis, U.S.A. Available online at www.ipHandbook.org.

2 普通法和成文法的责任理论

这里说的普通法指的是大部分曾经是英国前领土或殖民地的各国法律。法律主体遵循的是数百年的司法判决，而不是成文法或宪法[2]。无论是故意还是因疏忽造成的错误行为（即侵权行为），普通法都提供了补偿手段，这也是规范合同的一种方式。

普通法的责任理论包括以下内容：过失行为，指一方当事人违反法律职责，直接对另一方造成损害的行为；非法侵入，指针对他人或他人资产的非法行为，包括非法进入他人的地盘；妨害，指不合理地干涉他人或干涉他人使用并享受其土地（分为私人妨害和公共妨害）；严格责任原则，属于非过错责任原则，即使违法者履行了最大限度的注意，仍须承担责任。

主要的成文法[3]责任理论主要包括严格责任原则和知识产权侵犯。严格责任原则是在 *Rylands v Fletcher*[4] 案中首次被定义的，被告在自己的土地上建了一个水库，导致原告的矿井灌水。本案明确表达了该原则，即尽管所造成的责任并非出于被告的疏忽或故意伤害，但是违反了一种绝对的义务，例如，对土地非自然使用而造成危险的累积，危险一旦释放出来就造成了损害。

在现代成文法中，如果一种特殊用途对另一个人的财产可能造成了非正常的损害风险[5]，就会被认为是不自然的。土地占有者需对弃耕等逃脱行为所造成的损害负有法律责任，但有多种抗辩理由（例如：共同利益，陌生人的行为，法定机构，原告同意，原告违约，不可抗力）。侵犯知识产权是指未经授权的一方使用了知识产权所有者享有的任何专有权利。

3 法律责任和转基因作物

3.1 国际争论

对于与转基因生物相关的责任，特别是与转基因作物相关的责任，有很多国际争论[6]。一种观点认为转基因生物没有带来特殊风险，并认为转基因生物适用的责任制度与其他普通农业技术是一样的；另一种观点认为，农业生物技术与其他形式的农业育种技术有着本质上的不同，需要特殊的法律责任制度，以确保因转基因生物而遭受损失的人能够获得适当的救济。加拿大、美国[7]、英国和新西兰[8]等国秉持第一种观点，并将普通农业责任法用于转基因产品。

欧盟持反对意见，并提议转基因产品应受特殊法律责任制度的约束。某些欧盟国家，如奥地利和德国，已经通过了国家法律，对转基因生物造成的特殊损失（如死亡、伤害和财产损失）适用严格责任原则。根据奥地利法律，如果发生的事故涉及转基因生物（如食品链污染），释放转基因作物的主体将承担所造成的健康、财产或环境的任何损害责任，并且必须将任何受影响的财产还原到其“初始”状态。例如，生产转基因生物的奥地利公司必须购买足够的责任保险。

德国法律规定了转基因生物造成的财产或人身健康损害应负赔偿责任。[9]德国的法规将责任置于公司或设施的“管理者级别”，这一假设很可能使种植转基因作物的农民（作为设施的管理者）对任何可能发生的事故承担责任。德国法律还规定，转基因的运营商必须购买责任保险。

3.2 非洲示范法的趋向

在这场国际辩论中，非洲统一组织（OAU），即现在被称为的非洲联盟（AU）与埃塞俄比亚环境保护管理局一起，于2001年制定了《非洲生物技术安全示范法》，该法律旨在成为制定与生物技术相关国家法律的基础。[10] 该示范法提出了对转基因生物实行严格的责任制度。[11] 然而，到目前为止，不同非洲国家起草的生物安全法所提出的责任制度似乎都偏离了非洲示范法[12] 的极端立场。

3.3 《卡塔赫纳生物安全议定书》中涉及的赔偿责任和补救方法

转基因生物越境转移造成损害的赔偿责任和补救方法，在《生物多样性公约卡塔赫纳生物安全议定书》（其中提到的转基因生物主要指活体转基因生物体）中被提了出来。然而，谈判代表未能就责任规则的细节达成一致。因此，议定书的最终文本（第27条）敦促缔约方会议在4年内建立一个国际责任规则[13]。为了实现这一目标，已成立一个工作组，即《卡塔赫纳生物安全议定书》关于责任和补救的法律及技术专家不限成员名额特设工作组（Ad-Hoc Open-Ended Work Group of Legal and Technical Experts on Liability and Redress in the Context of the Cartagena Protocol on Biosafety）。

该工作组已在加拿大蒙特利尔举行了两次会议，第一次是2005年3月25—27日[14]，第二次是2006年2月20—24日。在第二次会议上，工作组制定了议定书第27条提到的、评估任何规则和程序有效性的标准清单，并就范围、损害程度和因果关系等操作内容提供了不同选项[15]。该工作组尚未就责任规则达成一致。

科尔申（Kershen）和斯迈思（Smyth）认为，“新型农业生物技术作物和动物的开发人员，无论是公共的还是私有的，无论是工业化国家的还是发展中国家的，都会因为将猜测性的风险纳入责任和补救制度中而受到阻碍，特别是发展中国家的公共研究人员”[16]。Kershen和Smyth进一步认为，第27条涉及的责任和补偿制度，将减少农业生物技术的数量和供给，从而为代表发展中国家贫困人群的公共研究造成障碍。[17] 他们还主张，本章的作者也同意，未来产生的责任成本会对发展中国家公共研究机构的农业研究产生不利影响，因为这类设施可能无法获得必要的财政资源来承担今后产生的任何有关责任的费用。此外，未来的责任成本可能会增加运营成本，从而提高产品成本。

4 管理既有的潜在责任

生产和使用转基因生物可以产生许多潜在的责任。例如，转基因作物或动物的生产者或使用者可能需要对转基因作物或动物所导致的另一个人或环境的人身损害或财产损失负责。[18] 转基因作物的花粉漂移到非转基因作物上，可能会造成农作物受损。[19] 例如，转基因花粉漂移可能会破坏农作物的“有机”状态或其他种子的遗传物质纯度。

关于转基因作物及其食品是否有毒、过敏或产生长期健康威胁，也存在疑问。

在人身伤亡或财产损失的诉讼中，可以基于过失、侵权、妨害或严格责任的理论要求赔偿，但目前尚未作出最终的司法裁决。美国的农民和其他当事人针对美国万安特作物科学公司（Aventis Cropscience）提起了集体诉讼，声称他们的玉米被转基因玉米污染，而该转基因玉米仅被批准用于动物饲料和乙醇生产，而非人类食品。法庭裁定，能证明存在所指控污染的原告，可以根据过失、私人妨害和公共妨害的理论提出索赔[20]。该案件的解决办法是向所划入类别[21] 中的人员支出其提出的超过1亿美元的赔偿，以强调发展、生产以及使用农业生物技术产品可能产生的责任。

4.1 疏忽

由于邻近的农民没有采取足够的预防措施来控制其转基因作物，致使自己的庄稼或财产受到损害的人，可以对邻近的农民和研制出转基因作物[22] 的生物技术公司提出索赔。为支持基于过失所提出的索赔，申诉人（原告）需要证明4个要素：被告的注意义务带来的法律责任要求个人实施合理的监护标准，而被告表现出来的是预计会损害他人的任何行为；被告违反义务的不合理行为；所谓不合理的行为与损害之间的因果关系；以及损失（以货币计算的损害或损伤的价值）。

当种植转基因作物的农民知道邻近的农民（如种植有机和非转基因作物的农民）可能会受到转基因作物污染的不利影响，按理说就对邻近农民负有注意义务，必须保证其转基因生物不致蔓延到本人资产之外的范围。然而，由于没有科学证明花粉或种子会传播，因此无法确定谁会受到被告土地上的转基因生物意外传播的影响。

种植转基因作物的农民所违反的注意义务，以及作为结果必须支付的损失，将根据理性人的标准来进行评判，可能要考虑转基因生物所带来风险的大小、这种污染自然发生的概率以及如果要求种植转基因的农民改善局面所导致的费用、困难和不便。例如，如果农艺学证据表明，某种特定的转基因作物会比非转基因作物造成更多的杂草、花粉漂移或自播植物的生长，生物技术公司和农民可能就必须采取更多合理的预防措施来控制这些特定的转基因作物。[23]

显然，生物技术公司和农民必须开发出能减少花粉漂移和自播植物的技术，以免除自己的责任。例如，可以对转基因作物进行改造，使其具有阻止花粉漂移的生物学屏障，或者通过雄性不育（防止授粉）、种子不育（预防自生作物）或控制开花时间（防止与其他非转基因作物异花授粉）而阻止自播植物存活。[24] 事实上，如果这种生物屏障可以合理地结合转基因作物，但生物技术公司未能整合这些生物屏障，之后被指控对财产或个人造成损害，可能就要对产品设计缺陷的索赔负责。[25]

此外，种植转基因作物的农民可以采用农艺方法来防止花粉漂移或自播植物落地：农民种植农田时可设置隔离距离；种植屏障作物、边界行或“生物避难所”（同一作物的非转基因种植区），或者设置非转基因作物的专用种植区。[26] 生物技术公司有义务培训农民，公司与这些农民就农艺管理措施签订合同，有责任监督农民种植公司的作物。而农民则有责任遵守生物技术公司推荐的农艺管理规范。

然而，考虑到大多数发展中国家的农业性质，是以自给自足的农业和小农户为原则，指望发展中国家的农民采用上述大部分农艺措施是不切实际的。为人道主义而捐赠技术的生物技术公司将受益于一项技术转移计划，允许这些公司向发展中国家的农民提供基因和转化系统等技术，同时保护他们免受因滥用转基因作物而需承担的责任风险。

4.2 非法侵入

相信自己遭受了转基因花粉漂移所带来损害的人，可能会根据非法侵入理论，提出普通法诉讼理由。[27] 在这种情况下，非法侵入是指转基因作物对申诉人的财产（土地）所有权的物理侵入。从技术上讲，证明转基因花粉传播到邻近农田可能构成非法侵入的充分证据。然而，生物学上的事实是，花粉会在同一种作物的不同品种间和相关植物物种间传播。因此，如果花粉流构成了对邻居作物的非法入侵，那么几乎所有的农民都将为他们种植的每一种作物承担责任。美国等司法管辖区已将构成非法侵入的花粉流与被视为农业生物学事实的花粉流进行了区别；[28] 如果要使非法侵入诉讼成功，必须有证据证明所宣称的物理入侵造成了损害（如受污染的种子）。当然，索赔人在多大程度上可以依赖此赔偿责任理论，取决于规范种子和作物标准的当地法律是如何规定的。

4.3 私人妨害

普通法中关于侵入、严格责任原则和过失的主张，重点关注的是对他人的人身或财产造成损害的行为或活动，私人妨害的主张则着眼于一个人的利益受保护的情况（即个人不受他人干扰而使用并享受私人土地的权利）。私人妨害主张的基本原则是，邻里之间必须互相包容，才能和平共处。私人妨害主张必须证明：（1）入侵或是故意的，或是不合理的，或是无意的，并可作为非法侵入、严格责任或过失的法律主张采取相应的行动；（2）侵入造成了重大损害（其界定的根据是所宣称危害的严重性及这类危害在某一特定地区的正常水平）。

就转基因生物而言，索赔人必须证明，附近的转基因作物田地已经过分地干扰到自己对土地的使用和享受。有些私人妨害主张，法院可能不会支持，如坚持对花粉流或自花植物的零容忍，或者从个人的立场声称转基因作物造成了“重大（情感）伤害”。[29]

4.4 严格责任

那些坚信邻居的转基因作物对自己的土地或作物造成损害的人，考虑以下因素后，如果认为种植转基因作物的行动“异常危险”，则会提出严格责任原则下的侵权索赔：

- 因作物生长而对个人的土地或个人财产造成损害
- 种植该作物极有可能造成伤害
- 种植者无法通过合理的注意减少风险
- 种植者种植的地点不适合
- 种植者行动所产生的价值被其潜在危险抵消

在美国，转基因作物种植范围很广，在法律上，没有认为农业生物技术与其他农业育种技术上有什么不同，基于上述任何一种理论的责任主张很难成立。[30] 看看发展中国家的决策者和法院如何处理已“抵达岸边”的转基因作物会是一件很有趣的事情。

4.5 侵犯知识产权的责任

知识产权是一类与人类智力创造有关的无形权利。[31] 知识产权权利人可以在有限时间段内对其使用进行排他性控制；在法定保护期间，任何未经授权使用知识产权的行为都将构成侵权。因此，有种可能是，由于转基因作物的存在而使自己的作物受到意外影响（花粉流或种子混交）的农民，会负有侵犯知识产权的责任。最近，孟山都公司在加拿大成功地起诉了一名传统种植的农民，他重新种植了被孟山都转基因遗传物质污染的作物种子。该转基因作物具有抗农达性状，含有一种受专利保护的抗除草剂转基因的基因。法院裁定，收获和销售已知或怀疑具有抗农达性状的种子，都侵犯了孟山都的专有知识产权。[32]

5 其他的责任管理工具和方法

5.1 符合知识产权、许可和监管要求

转基因产品的开发人员必须对所有产品采取适当的科学和技术保障措施，并向包括小农户在内的利益相关者提供技术和产品的适当使用建议。就转基因作物的农民来说，需要遵守有关转基因产品部署或使用的相关许可条件、标准、指导方针及指南。正确遵守这些准则可以确保所有各方免担责任风险。

5.2 赔偿

赔偿是一种保证，通常通过合同规定以保护当事人免受经济损失。赔偿可以给予受害者直接补偿，或者对任何损失进行赔偿。管理责任的一种方法是，在与技术有关的转让、开发和部署协议中写入补偿条款。该条款可以规定，由于赔偿方的行为对被赔偿方造成的任何损失或损害，都由赔偿方进行补偿。以这种方法，第一个当事人（赔偿方）同意使第二方（补偿方）不受损害，并保护第二方及其管理者免受第一方的行为和/或疏忽所引起的索赔。

为了使责任风险充分可控，如果非洲农业技术基金会（AATF）使用许可技术而致索赔，AATF 可能会在合理的范围内对技术捐赠者进行赔偿，但这些条件下给予的赔偿不包括因技术捐赠者自己的作为或不作为而引起的诉讼。[33]

5.3 放弃保证

管理责任的另一种方法是放弃保证。无论是明确表达或暗示，都是对特定产品或技术服务特定目的的一种保证。放弃保证则允许一方明确表示放弃作出保证，通常是技术开发人员或转让方。可以想象，技术开发人员或转移人员可以作出两种隐含的保证之一：适销性或针对特定目的的适用性。

对适销性的默认保证是法律所隐含的保证，例如，如果商人（从事销售职业的人）出售某种物品，就意味着保证该物品合理地适用其销售的正常目的。转基因技术的开发人员有资格成为商家，他们的技术被认为对于正常目的而言是合理有效的，并因此转移给用户。因此，失败的转基因技术可能会使开发和转移人员因违反技术具有适销性的默认保证而承担责任。针对特定目的的默认保证，有时简称为适用性保证，也是法律隐含的保证，如果卖方知道，或有理由知道，某项物品被购买是为了特定的目的，则卖方应保证该物品是适合该特定目的的。例如，如果一种转基因技术被开发或转移给用户，是为了解决特定的农业制约因素，那么技术开发人员就被视为作出了该技术确实能够解决该制约因素的保证。为管理转基因技术因未能达到其开发或销售的正常目的，或者未能解决本应解决的特定制约因素所产生的潜在责任诉讼，技术开发转移人员需要在开发或转移技术时，明确否认针对特定目的、具有适销性和适用性的默认保证。

5.4 声明书

一封声明书可以向用户保证技术的所有者不会强制执行其知识产权。

5.5 技术和产品管理

技术和产品的管理程序包括：分析项目和项目阶段的综合风险；适当的风险减除策略（包括适当的保险范围，概述技术的具体用途，管理并监督协议，机密信息保护程序等），并遵守所有适用法律。遵守恰当的技术产品管理最佳实践指南可以帮助技术开发人员和用户免于承担潜在责任，在合适的情况下，他们的行为可能会被认为是合理的。

6 结语

关于转基因生物是否应承担特殊法律责任的国际法律辩论仍在继续。农业发展方面的参与者有责任通过采取适当的技术和产品管理措施，开发并部署安全、环保的产品。应该尽可能地降低使用转基因生物的法律、健康和环境风险。如果不能恰当地管理风险，可能会在时间和金钱方面付出巨大的代价。

非洲农业技术基金会（AATF）是一个为撒哈拉以南非洲小农户提供包括农业生物技术在内的技术机构。AATF 必须检查与转基因作物相关的潜在责任问题，确定农业社区特定成员的主要责任风险，并提出可采取的措施以将此类风险降至最低。

致　谢

感谢非洲农业技术基金会的 Mpoko Bokanga 和 Francis Nang'ayo 在准备本章时做出的重要贡献。任何错误或错误的陈述由作者负责。

RICHARD Y. BOADI, *Legal Counsel, AATF, clo ILRI, PO Box 30709, Nairobi 00100, Kenya. r. boadi@ aatf-africa. org*

---

1 Gardner BA, ed. 1999. *Black's Law Dictionary*. West Group: St. Paul, MN.

2 The common law of England was one of the three main historical sources of English law, with the other two being legislation and the doctrines of equity. Common law constitutes the basis of the legal systems of Australia (both federal and individual states), Brunei, federal law in Canada and the provinces laws (except Quebec civil law), Hong Kong, India, Malaysia, Malta, New Zealand, Pakistan, Singapore, South Africa, Sri Lanka, most of the United Kingdom (that is, England and Wales, Northern Ireland, and the Republic of Ireland), federal law in the United States and the state's laws (except Louisiana), and many other generally English-speaking countries and British Commonwealth countries. Essentially, every country that has been colonized at some time by Britain uses common law except those that had been colonized by other nations (Quebec follows French law to some extent and South Africa follows Roman Dutch law), in which the prior civil law system was retained to respect the civil rights of the local colonists. India system of common law is a mixture of English law and the local Hindu law.

3 *Statutory law* is written law set down by a legislature or other governing authority, such as the executive branch of government (unlike common law that is based on judicial rulings) in response to a perceived need to clarify the functioning of government, improve civil order, answer a public need, or codify existing law or for an individual or company to obtain special treatment.

4 L. R. 3 H. L. 330 (1868).

5 See § 519-24. American Law Institute, Restatement of the Law (Second) Torts 34-35 (1977).

6 The issue has been debated at several meetings, including a Workshop on Liability and Redress (Cartagena Protocol, 2-4 December 2002, Rome, Italy); a meeting of the Technical Group of Experts on Liability and Redress (18-20 October 2004, Montreal, Canada); the first meeting of the Ad Hoc Group on Liability And Redress (25-27 May 2005, Montreal, Canada); and the second meeting of the Working Group on Liability and Redress (20-24 February 2006, Montreal, Canada). See also [No Authors Listed]. 1987. Designer Genes That Don Fit: A Tort Regime for Commercial Releases of Genetic Engineering Products. *Harvard Law Review* 100: 1086-105.

7 See Kershen DL. 2002. Legal Liability Issues in Agricultural Biotechnology. *National Agricultural Law Center Research Article* No. 3. www. nationalaglawcenter. org.

8 See *supra* note 7, at page 3.

9 See Gentechnikgesetz (Gen T G), Bundesgesetzblatt I. 1993. p. 2066 (published on 16 December 1993). Recent amendments to conform to recent E. U. laws can be found at www. bmelv. de/cln_045/nn_7 5 0 5 9 8/Shared Docs/Gesetzestexte/G/GesetzNeuordnungGentechnikrechts. html.

10 www. africabio. com. policies/model/lawon/biosafety_ff. htm.

11 Article 14 says, in part, that "*A person who imports, arranges transit, makes contained use of, releases, or places on the market a genetically modified organism or a product of a genetically modified organism shall be strictly liable for any harm caused by such a genetically modified organism or a product of a genetically modified organism. The harm shall be fully compensated.*"

12 See, for instance, the draft biosafety laws of Cameroon, Ghana, Kenya, and Uganda.

13 Article 27 of the Biosafety Protocol reads as follows: "*The Conference of the Parties serving as the meeting of the Parties to this Protocol shall, at its first meeting, adopt a process with respect to the appropriate elaboration of international rules and procedures in the field of liability and redress for damage resulting from transboundary movements of living modified organisms, ana lysing and taking due account of the ongoing processes in international law on these matters, and shall endeavour to complete this process within four years.*"

14 The full report of the first meeting of the Ad-Hoc Open-ended Work Group of Legal and Technical Experts on Liability and Redress in the Context of the Cartagena Protocol on Biosafety is available at the CBD Web site. www. biodiv. org/doc/meeting. aspx? mtg=BSWGLR-01.

15 The full report of the second meeting of the Ad-Hoc Open-ended Work Group of Legal and Technical Experts on Liability and Redress in the Context of the Cartagena Protocol on Biosafety is available at www. biodiv. org/doc/meetings/bs/mop-03/official/mop-03-10-en. pdf.

16 Kershen DL and SJ Smyth. 2006. Agricultural Biotechnology: Legal Liability from Comparative and International Law Perspectives. *Express Preprint Series*. Working Paper 1279, at pp. 102-103. law. bepress. com/expresso/eps/1279.

17 Ibid., at page 104.

18 The issue of liability for environmental damage, including loss of diversity, is typically addressed with reference to the statutes of the relevant jurisdiction and has not been explored in this chapter.

19 Note, however, that Kershen and Smyth (see *supra* note 16) assert that "*Organic agriculture is a set of production standards and not product standards" and thus, "... an organic farmer who follows an approved production plan produces organic products on an organic farm regardless of adventitious presence of transgenic material ...*"; see also *Hoffman v. Monsanto Canada, Inc.*, S. K. Q. B. 225 (2005) where the plaintiffs abandoned claims (among others) alleging loss of organic label.

20 In re StarLink Corn Products Liability Litigation, 211 F. Sup. 2d 828 (N. D. Ill. 2002).

21 In re StarLink Corn Products Liability Litigation, Proposed Settlement and Fairness Hearing Document, MDL Docket No. 1403 (N. D. Ill. 2003). The defined class included farmers and other persons (individuals, partnerships, and corporations) with a financial interest in non-Star Link corn harvested between 1998 and the time of the settlement who either (1) operated a farm from which non-StarLink corn was harvested in 1998, 1999, 2000, 2001, or 2002, whether or not the crops or corn stores suffered actual Cry9C contamination; or (2) operated a farm from which non-StarLink corn was harvested at any time since 1998 and suffered actual Cry9C contamination.

22 See *supra* note 7, at page 10.

23 See *supra* note 7, at page 10.

24 See *supra* note 7, at page 10.

25 See *supra* note 7, at page 11.

26 See *supra* note 7, at page 11.

27 Grossman MR. 2002. Biotechnology, Property Rights and the Environment. *Am. J. Comp. L.* 50:215-48.

28 See *supra* note 7, at page 6.

29 See *supra* note 7, at page 12.

30 See *supra* note 7, at page 8.

31 Gardner BA, ed. 1999. *Black Law Dictionary. Seventh Edition* The West Group: St Paul Minn.

32 *Monsanto Canada Inc. & Monsanto Co. v Percy Schmeiser & Schmeiser Enterprises Ltd* [2004] 1 S. C. R. 902, 2004 SCC 34.

33 AATF would usually indemnify and hold a technology donor and its employees, directors, officers, and agents harmless against any and all claims, losses, liabilities, or expenses on account of any infringement or alleged infringement of IP or injury or death of persons or damage to property caused by, arising, or alleged to arise out of AATF acts or omissions under, or in connection with, the applicable agreement exceptto the extent that such claims, losses, liabilities, or expenses are the result of the technology donor's acts or omissions.

第十五部分

监督、执行及解决争端

第 15.1 章

技术许可管理

汉斯·H. 法因特（HANS H. FEINDT）
美国国立卫生研究院技术转移办公室监督与执行处处长

▌译者　岳强　▌审校者　刘银良　张熠

摘　要

美国国立卫生研究院技术转移办公室（The National Institutes of Health Office of Technology Transfer，NIH OTT）负责管理 NIH 的技术许可，并取得了可观的许可收益（数百万美元）。尽管收入非常重要，但 NIH OTT 的主要任务是及时将新产品和新技术推向市场，以确保 NIH 的研发成果能够商业化，服务于更广阔的公共事业。NIH OTT 使用了以下几种技术许可：

- 商业评估许可（也称期权）
- 专利商业化许可（排他或非排他）
- 非排他专利许可（供内部使用）
- 生物材料许可
- 软件许可

NIH OTT 坚持要求，许可协议的起草应包括明确的财务和报告义务条款，以便许可双方（例如，NIH 作为许可方，生物技术公司作为被许可方）理解各自的义务。NIH OTT 寻求与被许可方建立合作关系，以促进解决问题的讨论、解决突出的问题，并确

Feindt HH. 2007. Administration of Technology Licenses. In *Intellectual Property Management in Health and Agricultural Innovation:A Handbook of Best Practices* (eds. A Krattiger, RT Mahoney, L Nelsen, et al.). MIHR:Oxford, U. K., and PIPRA:Davis, U. S. A. Available online at www.ipHandbook.org.

定推进产品和/或服务商业化的可能机会。作为最佳执业许可方，NIH OTT 通过监控商业开发绩效评价标准，审查销售报告以及执行其他许可义务实施的许可管理。如若必要，该办公室还将在许可实施和执行程序中施加制裁措施。NIH OTT 的政策、协议和程序对发达国家和发展中国家均具有广泛的借鉴意义，科学家、管理人员、技术经理、知识产权执业者以及律师都可以从 NIH OTT 学习如何通过最佳实践来有效和可营利地运作一个技术转移办公室。

1 引言

美国国立卫生研究院技术转移办公室（NIH OTT）致力于履行转移技术以改善公共卫生的使命，它不仅向商业企业授予许可，还通过与美国和国外为弱势群体服务的机构合作，向其发放许可。技术许可管理是该过程的重要组成部分。许可管理侧重于被许可方对许可方的义务，例如，定期支付专利使用费并进行报告。在 2005 财政年度，NIH 从 750 个许可中收取了 9800 万美元的使用费（共计 1400 多个许可）。其中商业产品使用费近 7700 万美元。

本章描述了 NIH 实施其技术转移计划所使用的不同类型许可，并对确保被许可方履行其义务的程序进行解释。概述了管理大量技术许可的工具，并就如何监控商业开发绩效评价标准、审查销售报告和强制执行其他许可义务提出了建议。本章还讨论了在许可管理中如何修订许可协议，在许可执行中如何进行制裁，并提出了非许可公司侵犯专利技术时可遵循的程序。NIH OTT 的政策和实践旨在进一步促进科学发现，从而开发出改善公共卫生的商业产品。关于 NIH 许可管理经验的概述，旨在为那些准备建立并运行技术许可管理项目的人提供指导。

2 技术许可的类型

技术许可包括商业评估许可（也称期权）、排他或非排他专利商业化许可、供内部使用的非排他专利许可、生物材料商业化销售许可、生物材料内部使用许可、商用软件许可以及内部使用软件许可。财务条款和报告义务因许可类型而异。表 1 显示了每种许可通常包括哪些义务。无论哪种类型的许可，均应使用双方都能理解的、定义良好的财务条款和报告义务（责任）条款。本节简要介绍了每种类型的 NIH 许可。有关各种类型技术许可更详细的讨论，请参见本《手册》其他部分。[1]

“商业评估许可”（也称期权）有助于公司在有限的时间内探索新技术的价值或适用性，而无须投入标准的排他或非排他专利许可所需的资金和其他资源。准确地说，这些协议的财务条款数额较小，期限较短。如果被许可方发现该技术可满足其需求，则双方通常将协商新的排他或非排他专利商业化许可。

“专利商业化许可”为被许可方提供专利技术或专利申请中所述发明权利的许可。“排他专利商业化许可”规定了单个被许可方在专利期限限定的时间内实施该技术，并排除其他人实施该技术。在大多数商业领域，排他许可为被许可方提供了显著的竞争优势，因此，具有巨大的经济回报潜力。相应地，此类许可中的专利费和财务条款通常相当可观。对于排他许可，许可方也有更高的期望，即被许可方应努力实现许可中约定的阶段性里程碑。

表 1　典型的许可义务

技术许可中的财务条款和其他义务	技术许可的类型					
	评价	排他专利商业化许可	非排他专利商业化许可	供内部使用的非排他专利许可	生物材料商业化销售许可	生物材料内部使用许可
许可执行费	+	+	+	+	+	+
年度（年度最低）专利使用费	±	+	+	±	+	±
过往专利申请费	−	+	±	−	−	−
存续的专利申请费和专利维持费	−	+	±	−	−	−
关于商业开发或研究进展的年度、定期或最终报告	+	+	+	±	±	±
绩效基准完成报告	−	+	+	−	+	−
绩效基准使用费	−	+	+	−	+	−
首次商业销售报告	−	+	+	−	+	−
年度、定期或最终销售和销售分成报告	−	+	+	−	+	−
产品销售分成	−	+	+	−	+	−
分许可报告	−	+	−	−	−	±
分许可对价与专利使用款项报告	−	+	−	−	−	−
许可转让使用费	−	+	−	−	−	−
许可续约或期限延长费用	−	−	±	+	+	+

图例：+ =通常在许可。

± =可能在，也可能不在许可中。*

−=通常不在许可。

“非排他专利商业化许可”，是在有限的时间或专利期限内，将技术专利权授予多个被许可方。当专利技术有望使广大公众受益时，通常会授予此类许可。通过向多个被许可方提供此类技术，可以加速其市场化。被许可方支付的非排他专利商业化专利权的专利费差别很大，这取决于技术的性质。

“供内部使用的非排他专利许可”，为被许可方提供了使用专利技术的途径，该专利技术可作为工具或方法使用，但本身并不是可市场化的产品。

在生物技术领域，“生物材料许可”为被许可方提供了获得非专利材料或生物构建物的途径，它们是花费了极大的努力和费用制备的，而且可能仅能从制造它们的实验室获得。内部使用的非排他生物材料许可为被许可方提供了获得非专利技术的途径，

* 原文为“+”，疑错。译者改为“±”。——译者注

该技术是独特的，且无须花费大量费用。这节省了被许可方的商业开发时间。商用生物材料许可促进了独特材料或生物构建物在研究和商业开发领域的广泛使用。

与生物材料许可类似，“软件许可”为被许可方提供了获得非专利软件的途径，这些软件只能从开发它们的实验室获得。如表 1 所示，此类许可中的财务条款和其他义务因许可类型而异。

NIH 使用了大多数许可类型，向发展中国家的公共和私营机构转让技术，特别是那些被忽视的疾病或满足公共卫生需求的技术。

3 许可方的任务

技术许可的管理、监督和执行，需要许可方跟踪许可协议的执行情况。被许可方同意履行各种财务条款和报告义务，以换取在有限的时间内实施许可技术的权利。许可方需要定期提醒被许可方，确保其在整个许可期间履行这些义务。

许可方应在许可期内监督支付专利使用费和报告义务履行的情况，并对被许可方提交的报告进行仔细持续的审查。许可方与被许可方就这些事项通过发票、信函和电子邮件等形式进行例行沟通。然而，许可管理员有时需要投入大量的时间进行调查并有技巧地沟通，以了解被许可方的活动，并确定应该采取哪些行动来纠正任何不合规的行为。解决问题时，与被许可方合作的最好方式通常是加强联系。此类讨论将解决大多数问题，并对未来技术许可谈判提供可能有用的反馈。利用这些联系，许可方还可以指导被许可方获得资金、技术和其他资源，以帮助被许可方推进其商业化的进程。

技术许可的管理、监督和实施的大多数任务，通常来自表 1 中所述的财务条款和报告义务。更常规的许可管理任务包括：

- 安排向被许可方运送许可材料
- 向被许可方开具规定的专利使用费发票
- 记录专利使用费付款
- 确认付款金额正确
- 分配专利使用费收入
- 通过提醒通知要求支付逾期专利使用费
- 通过提醒通知要求提交逾期报告
- 通知被许可方许可到期

与监督和实施有关的其他许可管理任务包括：

- 检查销售和获取的专利费报告的准确性
- 收取逾期或少付的专利使用费，并对逾期付款征收额外的专利使用费
- 根据绩效基准审查进度报告
- 跟踪并记录已达到的绩效基准，以便在适当时间开具相关专利使用费发票
- 就许可中的不合规问题与被许可方联系
- 修改许可，延长有效期，修改基准时间表或其他许可条款，或纠正原始许可中的错误

• 编制并审查专利费用报告，为专利费用补偿计费

4　管理、监督和实施许可的工具

4.1　被许可方联系人

有效管理、监督和实施许可最重要的工具之一，是被许可方的联系人名单。如果在执行许可时没有负责专利使用费和报告义务的联系人的联系方式，应在执行许可后立即索取。这份名单可以包括商业开发、法务、许可、财务和研究方面的联系人。高级管理人员也应该包括在内。理想情况下，应记录每个联系人的全名、头衔、邮寄地址、电话号码和电子邮件地址。联系人名单应定期检查和更新。这些联系人对于讨论许可费和其他可能出现的不合规问题极其重要。如果没有联系人名单，宝贵时间会浪费在确定合适的联系人上。

4.2　档案系统

用于归档并检索与特定许可相关的文件、报告、信函和其他信息的良好档案系统，与被许可方的联系人一样重要。根据组织方式的不同，可能需要几个不同的文件档案来解决并跟踪许可管理的不同方面。例如，可以建立仅用于原始的、已执行的许可协议档案。另一个“工作”档案可以设置为日常使用，用于归档、审查和检索与许可有关的往来函件。如果计算机网络和系统可用，则可将所有通信和许可协议通过扫描转换为易于存储、搜索和检索的图像文件（例如，Adobe Acrobat® pdf 文件），以电子方式设置档案系统。当然，必须要对任何此类系统进行维护。

4.3　许可条款和截止日期的跟踪系统

为有效管理许可协议，收取到期的专利使用费，以及监督和实施许可义务，许可方必须建立可靠的系统来记录和跟踪财务条款、绩效里程碑/基准、报告义务、到期金额、到期日、发票或逾期通知截止日期、付款收据以及分配给个人许可的专利使用费。

许可数量越多，使用计算机数据库进行许可管理就越重要。在 NIH 技术转移办公室，该数据库对于如下事项至关重要，如监督、记录和更新联系人列表，跟踪财务条款的到期日，记录收到的专利使用费金额，记录绩效基准的到期日，记录接收的报告，记录绩效里程碑/基准的完成日期等。

理想情况下，数据库的设计应满足整个技术转移办公室的需求。NIH 数据库由交互式模块的集成系统组成，该模块用于处理有关人员（联系人）、公司、发明、发明营销、专利申请、专利年费支付、许可申请、许可使用费支付义务、许可使用费收据、许可报告义务等数据。可以查询数据，并且可以生成各种类型的报告。该数据库向办公室中的个人发送提醒电子邮件，并允许编写、编辑和打印常规格式的信函及报告。该数据库还允许记录评论，并将外部生成的电子文件（例如，许可文件、信件或电子邮件的扫描副本）附加到数据库中的特定记录中。这些功能有助于维护每个发明和许可的历史记录。

4.4 技术转移办公室网站

NIH 技术转移办公室最近重组更新了其网站[2]，以回答被许可方关于许可义务的问题，并为潜在的许可申请人提供信息。网站菜单栏提供以下链接：许可和使用费信息；表格和模板协议示例；有关专利使用费、报告义务和其他许可事项的常见问题解答；联系信息。该网站提供当前可许可技术的链接的方式，有助于推销这些技术。最后，通过网络可以分享那些可许可的、与被忽视的疾病相关的技术信息。[3]

4.5 专利费支付义务

完全执行一个许可，通常需要支付几笔专利使用费。可能包括：（1）许可实施的专利权费；（2）按比例的最低年度专利权费和许可提成费；（3）针对既往专利申请的提成费。通常，这些付款要求通过单独的发票邮寄给被许可方，发票上注明许可编号、到期支付的专利费类型、到期金额、到期日期以及付款地点。数据库用于记录何时收到付款，并在付款到期或逾期时提醒许可管理员。

当专利权费逾期 30 天时，将向被许可方发出首次逾期通知。如果在 2 周内没有答复，则通常需要联系被许可方，以核实联系信息是否正确，并确定未付款的原因。如果在到期日后 60 天内未收到付款，则寄出最终通知。该通知告知被许可方，未付款可能导致许可终止。如果在到期日后 90 天内未收到付款，许可方将联系被许可方，以确定未付款的原因，并讨论在短时间内未收到付款时可能实施的制裁（见下文）。

4.6 销售和所获专利使用费

开发和/或销售商品的许可，通常需要提交定期的销售和到期应得的专利使用费。这些报告可以是年度、半年度或季度报告，具体取决于产品类型和预期销售量。净销售额的数值可以定量地衡量一项许可的表现，是计算到期应得的专利使用费的基础。许可合同在一定程度上详细规定了计算净销售额时允许从总销售额中扣除的金额，但也经常会产生歧义或误解。及早认识到这些问题，当涉及的资金较少时，双方通常更容易解决。如果被许可方在销售和销售分成报告中没有提供专利到期应得的专利使用费，应提醒其具有提供该项收入报告的义务，并规定提交该报告的期限。

可以用几种方法来验证所报告销售数额的准确性。与前期销售数据的比较，将显示产品销售是在增长还是在下降，以及增长或下降的速度。公司新闻稿、年度报告、向政府证券机构（如美国证券交易委员会）提交的文件、股票分析师的报告、营销报告、新闻报道等，都可以用于验证所报告的销售数字。这些信息资源都可以在互联网上找到。当报告的销售数字与其他来源的数据不一致时，应要求被许可方解释这种差异。如果许可中包括了审计该公司销售情况的条款，用审计方法来核实所报告的许可产品的数据，则应启动审计程序。

4.7 商业开发或研究进展报告

大多数技术许可要求定期汇报研究、商业化或产品开发的进展情况。这些报告有以下几个目的：

- 验证被许可方正在使用被许可的技术或产品
- 就商业化许可而言，表明正在努力将许可的技术或产品推向市场
- 为是否已达到许可基准或里程碑事件以及何时实现等提供证明

此外，当评价基准或里程碑事件与专利使用费相关联时，报告将提醒许可管理员向被许可方开具专利使用费发票。如果被许可方未能提供这些报告，应联系被许可方，并提醒其履行义务。应当为被许可方提交报告设定一个短期的截止期限。

应仔细审查进度报告，并将其与商业开发计划和许可中描述的评价基准或里程碑事件进行比较：是否达到了最初的期望？如果没有，是何原因？是技术性问题吗？是因为财务资源不足吗？是监管问题吗？该公司是否已经对产品商业化不再关注？报告中是否还有其他未提及的问题？要获得这些问题的答案，通常需要联系被许可方以获取更多信息。一旦获得这些答案，就可以决定对被许可方采取何种行动。（具体请参见“修正许可协议”和“违规制裁”一节。）

4.8 专利申请和维持费报销

专利权利要求应符合被许可方的商业目标。由于知识产权保护通常先于许可，因此负责许可授权的人需要监督专利的申请过程，以确保专利代理人和律师追求的目标与被许可方的目标一致。专利许可通常包括一项财务义务，即补偿许可方过去为获得许可技术所发生的专利申请费用。被许可方还可以同意支付持续（未来）发生的专利申请和维护费用。因此需要定期仔细跟踪、记录这些成本，并向被许可方收取费用。专利通常不会在技术许可的过程中被转让，因此通常由许可方而不是被许可方掌握专利申请的控制权。像所有的法律费用一样，在没有仔细监督的情况下，专利申请费用可能会很快失控。及时补偿许可方的专利费用是许可管理的重要组成部分。有时，申请获得技术许可的人可能希望管理专利申请过程，并直接支付所发生的费用。在这种情况下，需要进行特殊监督以确保许可方的利益得到保护。

5 修正许可协议

由于技术、监管、财务、专利和商业问题，商业化开发新技术的结果往往难以预测。被许可方通常会参照设想的最佳情况为实现绩效评价标准或里程碑而设置时间表。不足为奇的是，延误很常见。当公司已尽力而为，但遇到了意料之外的延误，并且有合理的机会可以弥补时，恰当的措施可能是对许可进行简单的修改，更新评价基准或里程碑事件时间表。此类修正反映了许可方和被许可方双方共同期望的变化。但当公司的问题无法解决时，最好终止许可。受其他因素影响，这种情况下可能会采取不同的解决方法，但是达成一致的成功秘诀是许可方和被许可方之间建立并保持良好的沟通。

对许可的简单调整通常是延长许可期限，说明双方对现有协议的满意程度和延续协议的意愿。有时，期限延长的修正案也包括变更其他条款或义务。例如，可以提高

或降低最低年度专利使用费，以反映当前机构管理协议的成本与修订程序有关的成本，或在延长期间更好地获取发明的价值。

财务困难、工作成本结构的变化、机会成本或优先考量的变化，都可能使被许可方想要更改技术许可协议的财务条款。与大多数有形资产一样，许可的知识产权资产随着时间推移而贬值（由于排他性周期缩短、市场利益变化以及该技术相对于行业标准技术提供竞争优势的程度）。虽然为改变财务条款制定规则不是一个好主意，但努力权衡影响因素可能是有用的。许可方可能会权衡如下因素：获得付款的可能性、重新许可技术的可能性（如果许可被终止）、许可费减免的当前价值以及所涉及的成本。始终如一地坚持修改过程，还可以防止没有合理需求却对许可随意改变。

除以上修正案外，还可以对现有的协议进行其他改动，以增加成功开发技术的机会。可能需要解决的一些问题包括：

- 改变使用领域
- 允许被许可方延长专利条款的期限
- 在许可中删除或添加某些技术
- 允许被许可方寻求分许可协议
- 允许被许可方承担专利起诉责任

与许可管理人员相比，许可人员可能更适合处理此类问题。但是，后者应该了解该技术的后续进展，以便知道何时需要偏离原始协议。

6 违规制裁

当技术转移办公室拥有大量可用于许可的发明和技术组合时，公司通常会再回来继续许可另外的技术。这使许可方有机会获得一定的主动，从而向申请许可的一方收取现有许可逾期或欠付的专利费。许可方可以暂停执行或谈判新的协议，直到被许可方完全支付了现有许可项下所有的未付专利费。要想有效地利用这种制裁手段，许可管理人员和许可发放人员之间需要进行有效沟通。

当被许可方不履行许可的实质义务，终止许可的威胁是执行强制许可的重要方法。然而，除非被许可方收到数份描述违约义务的书面通知并有机会作出回应之前，通常不会执行许可终止程序。如果没有令人满意的答复，最后一步是发出 90 天的书面许可终止通知。如果 90 天后仍然无法接受被许可方的回复，则向被许可方发送最终终止函。

尽管可能需要其他中期制裁措施，但通常无法使用。许可方的唯一选择就是威胁终止许可，以收回技术再进行许可。但是，因被许可方违约导致许可终止时，许可管理人员不应免除其在许可终止生效之前尚未履行的财务义务。许可终止时，应确定未履行的许可财务义务，例如，最低年度专利使用费、应偿还的专利费用和实施费等，并应努力收回欠款。当许可到期时，许可方应进行类似的审查，以获得任何遗失或错过的里程碑付款、专利申请费用、最低年度专利使用费或其他使用费。

技术转移方案成功与否，其标志之一是最大限度地收到许可的应收账款。政府机构运作的技术转移项目，可能拥有政府强制性收取债务的权力，而非政府技术转移项目则不得不依靠法院的强制执行。

7 许可到期

在许可到期以及对现行许可持续监控的期间，许可管理人员可以就有关许可协议条款和框架向许可协议的具体谈判人员提供有用的反馈。同样，可以在许可有效期内和到期时评估被许可方的表现。开发延迟、许可条款含混不清，以及可在许可有效期内进行修改解决的许可问题，都可以通过监控和到期审查进行明确。获取这些知识并与其他组织共享非保密信息，可以帮助构建并不断改进许可技术流程。

8 专利侵权

追查涉嫌专利侵权者是一项不涉及现有许可财务条款和报告义务的可实施任务。若公司未取得专利技术许可，然而却侵犯许可方专利，许可方应启动法律行动。许可方第一步是致函侵权公司，通知该公司其行为构成侵权，应立即停止侵权。专利持有者为避免提起法律诉讼，通常会同时给公司发送技术许可邀约。后续可能需要许可协议谈判，若许可邀约被拒绝，则许可方可采取其他法律行动。

9 结语

技术转移办公室通过管理技术许可有机会监督并参与发明的开发和商业化。成功的做法包括良好的组织、良好的方法、对细节的勤勉关注，以及在许可义务未履行时坚持与被许可方进行对话。尽管许多技术转移机构的大部分时间和精力都集中在谈判许可条款上，但是要想获得技术转移办公室的总体成功，还需要分配资源和时间进行许可的管理、监督和执行。

对被许可方进行彻底、持续的跟踪，将确保许可方和发明者获得经济利益。被许可方亦可从细心的合作伙伴的纪律中受益，并且可以了解许可办公室的知识和经验。最重要的是，有效的许可管理可以确保及时向市场推出新产品和新技术，为经济发展和公共利益服务。

致 谢

作者谨向 David B. Schmickel 表示感谢，他是本《手册》第一版中“许可后续”一章的撰稿人。这一新章节更新了先前的章节。作者还要感谢 NIH 技术转让办公室以下人员对本章的有益评论和建议：Bonny Harbinger，Luis A. Salicrup 和 Steven M. Ferguson。

HANS H. FEINDT，*Chief，Monitoring and Enforcement Branch，Office of Technology Transfer，National Institutes of Health，6011 Executive Blvd，Suite 325，Rockville，MD，20852，U. S. A.*
feindth@mail. nih. gov

1 See Section 11 in this *Handbook* which contains a number of related chapters.

2 www. ott. nih. gov.

3 www. ott. nih. gov/licensing_royalties/NegDis_ovrvw. html.

第 15.2 章

知识产权监管

H. 沃尔特·海斯勒（H. WALTER HAEUSSLER）

美国德州理工大学和德州理工大学健康科学中心技术转移和知识产权部主任

理查德·S. 卡洪（RICHARDS. CAHOON）

美国康奈尔技术、企业和商业化中心执行主任，美国康奈尔研究基金会高级副总裁

译者　岳强　审校者　刘银良　张熠

摘　要

不能简单地搁置和遗忘一所大学的知识产权。知识产权（如专利就是一类特别有说服力的例子）必须在持续的“培育”过程中加以管理、监控、维护和监管。对于专利而言，重要的是能够通过技术转移办公室的协调监督，及早发现潜在的侵权行为。当发现疑似专利侵权时，则有必要评估侵权类型，即是属于直接侵权还是帮助侵权，并且阅读专利权利要求的每个要素，评估该活动是否在法律上构成侵权。当大学决定采取某种行动来应对专利侵权时，必须考虑战略和商业因素。具体来说，大学必须考虑起诉谁（如果有多个侵权人）、何时起诉（如果太迟则可能会有失去知识产权的风险）以及在何处起诉（选择有利的地点）。是否起诉当然是更重要的考虑。明智的做法可能是寻求各种形式的替代解决办法，如谈判、调解或仲裁。最重要的是永远别忘记诉讼昂贵、有风险且不可预测。因此，它不应被作为第一选择，而应作为最后选择，是否诉讼应是冷静的商业决定，而不应是发泄情绪或实施报复的“武器”。在管理和监督知识产权的整个过程中，大学应获得法律顾问的帮助。最后，积极主动、良好的许

Haeussler HW and R Cahoon. 2007. Policing Intellectual Property. In *Intellectual Property Management in Health and Agricultural Innovation: A Handbook of Best Practices* (eds. A Krattiger, RT Mahoney, L Nelsen, et al.). MIHR: Oxford, U. K., and PIPRA: Davis, U. S. A. Available online at www.ipHandbook.org.

Editors' Note: We are most grateful to the Association of University Technology Managers (AUTM) for having allowed us to update and edit this paper and include it as a chapter in this *Handbook*. The original paper was published in the *AUTM Technology Transfer Practice Manual* (Second Edition Part XV: Chapter 3).

可管理是最好的处理方式，也是避免昂贵诉讼的最有效方式。通过展示可信度、信念和关注度，大学向潜在的侵权者表明自己维护知识产权的态度是认真的，一旦侵权将无法逃脱大学的监控，许可，而不是侵权，将是获得专利权的唯一合理途径。

1 侵犯知识产权

侵犯知识产权是指未经知识产权合法所有人授权而制造、使用、销售、许诺销售或进口任何知识产权。被侵犯的知识产权类型包括专利、版权和商标，这为知识产权所有人提供了一定的法律救济措施来纠正侵权行为。侵权既不神秘，也并不过于复杂和技术性。基本上，侵权类似于侵犯他人的有形财产或不动产：是对他人专有财产权的侵犯和盗用。相应地，人们可以通过租用不动产获得占用或使用的许可，或通过获得许可而使用知识产权，这两种行为是类似的。

对侵权行为进行认定并采取救济措施，是知识产权所有权的重要组成部分。维护知识产权对于保护这些权利以及最大化其经济价值至关重要。大学维护和主张其知识产权所有权，包括必要时提起法律诉讼，对其知识产权的可许可性至关重要。从产业界尤其是潜在的侵权者角度看，大学采取行动救济侵权行为对于大学表明技术许可工作的关注点、决心和可信度至关重要，也是决定其可许可技术价值的关键。本章将在美国专利法的背景下讨论这些问题。

2 如何认定侵权

侵权是专利所有人（专利权人）承担举证责任的法律事件。证明侵权是通过两步分析进行的。第一，必须通过法院对专利的实际权利要求的解释来界定被指控侵权的发明。第二，专利权人必须通过有力的证据（或优势证据）证明侵权已经实际发生。因此，专利权人既不能猜测、设想，也不能推定侵权，而必须证明侵权。例如，如果涉案专利是一个方法专利，“侵权人”销售的产品与某大学的产品相同的事实并不能证明被指控的侵权人应负侵权责任，因为被指控的侵权人可能使用完全不同的方法来制造产品。

“字面侵权”通常发生在侵权人的产品或方法体现出专利权利要求的每一个要素。专利权利要求的要素或步骤越少，表面上的侵权就越有可能构成实际侵权。

有鉴于此，在大学最初提出专利申请时，考虑权利要求的结构和范围很重要。如果负责准备申请文件和参与确权程序的律师能够理解大学不需要范围狭窄、防御性的专利，那么大学将能更有利地保护其知识产权。大学不从事生产，因此没有产品可保护。除非大学的一项专利权利要求有足够宽的保护范围而能产生经济价值（如果有人实施该技术就难免会落入该范围），否则该专利将几乎没有价值，甚至可能是负价值。例如，如果发明人惊呼“看这有个侵权者”，而大学回应说“是的，公司在实施您的发明，但是我们的权利要求太窄，因此我们的专利没有受到侵犯”。这时，所有人可能都会痛苦地意识到，在实际提起专利申请的过程中，最好是向专利局申请保护范围更宽泛的权利要求。如果申请失败，发明人会意识到，这项具有实际经济潜力的专利其实从一开始就无法获得，而不是后来当专利被认定毫无价值时才感到失望，并指责专利许可办公室没有勤奋工作。

关键是：专利申请必须着眼于在将来可能发生的侵权诉讼中获胜。专利申请的总目标不应是提出某一特定的权利要求或任何权利要求，只为专利能得到授权，而应是让符合大学使命、在市场上具有经济潜力并可实施的权利要求得到批准。

假设大学拥有一项权利要求保护范围很广的专利，那么，尤其是在其不积极参与市场活动的情况下，如何确定该专利是否被侵犯呢？

2.1 建立针对潜在侵权行为的监控

应定期联系发明人，询问他们是否知道有人正在或可能在侵犯他们的专利。如果没有其他情况，这样做可能会带来许可的可能机会，并提示谁对使用这项发明专利感兴趣。

技术转移工作人员应定期审查与该技术有关的重要媒体，注意潜在的侵权者。这样具有双重好处，说不定可以带来许可的机会。技术转移办公室市场审查人员的关注点不应仅限于市场营销，还应关注侵权和许可机会。

因此，必须尽可能地了解市场，努力与现有的许可方、校友、其他了解相关领域的人以及潜在的相关技术许可方进行交流。通过交流，知悉他们和他们的同行正在做什么和/或考虑做什么。换言之，建立和维护专业防侵权的网络至关重要。

2.2 评估侵权

除非技术转移经理能够评估侵权可能性，是知识产权法律执业者，否则首先必须征求律师的意见以确定是否存在潜在的侵权活动。如前所述，证明侵权的责任由专利权人承担。因此，大学不能指望侵权者愿意协助证明存在实际的侵权行为。虽然某些行业通常尊重大学专利并乐于提供信息，但其他行业的态度则是“你行你来抓我”。如果大学拥有的是一项方法专利，而该方法在产品上并不留下痕迹，则证明侵权可能极为困难。

“字面侵权”要求特定权利要求中的每个要素或陈述都必须受到侵犯。如果权利要求中有 5 个步骤，而表面上看起来是侵权人仅实施了其中 4 个步骤，或者将第 5 个不同的步骤与大学的前 4 个步骤结合在一起，则可能没有侵权。接近侵权通常不能判定为侵权。

另外还有“等同原则”，这是一个更灵活的权利要求解释规则。该原则意为，即使一项权利要求没有被字面侵权，但侵权人使用了与该项发明的实际权利要求实质相同的专利发明的变体，则仍然可以提起侵权诉讼。如果技术转移经理认为表面上的侵权者太接近侵权而不应允许其逃脱，则应征求专家意见，以帮助大学决定这种情况是否适用等同原则。

然而需要注意，当专利权人在专利申请中因专利局的实质驳回而缩小了权利要求的范围时，则不能采用等同原则，即禁止反悔原则限制了等同原则的使用。因为专利权人最初申请时主张缩小权利要求的范围以规避现有技术，并因而获得专利授权，但后来在侵权诉讼中却尝试通过等同原则将权利要求的范围扩展到其字面意义之外，即在诉讼中尝试收回其在专利申请中所放弃的内容，是不公平的。一旦权利要求的范围被限缩，它就永远缩小了。

2.3 记录保存和证据收集

一般来说，发明人的记录保存得越好，专利权人（或申请人）在侵权诉讼中就越容易胜诉。但是在诉讼中，发明人的记录虽然可以作为支持专利权利主张的来源，但也可能被竞争对手获取，用于寻找一些矛盾陈述或不利数据，并说这些情况未向专利审查员提供或未被其考虑。如果被控侵权人发现了此类不利数据，还可能会认为专利权人欺诈了专利局，因而当作抗辩的理由。专利权人在专利申请过程中隐瞒材料或者提供虚假信息欺骗专利局，从而使专利无法实施。属于一种不公平的欺诈行为。所以专利权人应当检查自己的记录，防止自己的数据日后可能被用来对付自己。避免这一问题的最好办法，是在提交专利申请的过程中，密切关注专利局的信息披露，及早采取主动预防措施，而不是事情发生了再后悔。

收集侵权证据时，如果大学还有其他被许可人，他们通常会帮助大学获取信息并分析样本。如有必要，大学可能需要购买侵权产品并进行分析。大学需要准确记录侵权者如何销售违规产品，比如直接销售还是通过代理或分销商销售。关于侵权人在何时制造或使用侵权产品必须要有确凿证据，包括文件、材料（对材料进行分析）和目击者的证词（例如签署的宣誓书，作为被传唤时作证的内容）。道听途说不能证明情况，“我的姐夫告诉我他见过……”这种说法不起作用。能够实际证明侵权以及侵权确切在何时何地发生或正在继续发生是必要的，但通常非常困难。地点问题，事关在何处可以提起法律诉讼，可能要求大学证明在某特定地理区域内存在侵权行为，这一点更加困难。

3 一些法律（和实践）方面的考虑

3.1 专利或合同诉讼

如果使用技术或发明的人没有签署许可协议（通常是某种形式的合同），那么大学实际唯一可用的诉讼手段通常是专利侵权诉讼。如果存在另一种法律关系，如许可协议（被许可人已停止支付专利使用费）或材料转移协议（侵权人似乎不正当地使用了材料转移协议涉及的材料），则可以考虑采用其他方法，如违约诉讼。诉讼的地点可能对大学有利，如果大学对执行现有合同提起诉讼而不是对专利侵权提起诉讼，则诉讼费用可能更便宜。因此，深入研究侵权人与大学之间的所有商业关系相当重要，其中可能包括发明人与侵权人之间的咨询合同。

3.2 大学可以起诉谁

如果可能的侵权人不止一个，那么就必须权衡起诉哪个侵权人的利弊。有时很容易做出选择，有时必须考虑选择哪个诉讼对象。专利权人不必同时起诉所有侵权人，常用的策略是对一组侵权人中的一名成员提起诉讼。

专利诉讼很昂贵，而且就像扑克游戏一样，打赢财力比其他玩家多一个数量级的玩家很困难。拥有更多财力的玩家可能会不公平地扭曲游戏规则。在专利诉讼中也是如此，通常不宜向财力最强或在诉讼结果中可能获得最大财务利益的当事方提起诉讼。另外，拥有最大财务利益的当事方可能就是一个应起诉的对象，因为从实际意义上讲，如果诉讼成功，那么该问题将得到实质性解决，并确保市场的最大份额得到保障，其他侵权人可能会加入并遵守许可条款。

其他考虑因素包括法院的便利性、获取损害赔偿的难易程度以及特定侵权人自身存在的问题，而这些问题有可能增加大学胜诉的概率，例如，有些侵权人的行为是明知故犯的，就意味着应起诉该侵权人。这时涉嫌侵权人自己的行为使自己成为诉讼目标。

管理诉讼地点的一种方法是在大学选择的地点起诉分销商：如过一方通过购买行为而变成为侵权人，则原始侵权人会因为对购买方负有赔偿义务而卷入此类诉讼。因此，大学可以选择在有利的地点起诉最重要的侵权人，否则诉讼将很困难甚至是不可能的。

专利法不仅为直接侵权行为、也为帮助侵权和诱导侵权行为提供了追索和救济手段。一方可以通过主动和故意帮助而构成侵权。最常见的帮助侵权类型，是公司在明知或本应知道该组件的唯一实际用途是制造侵权设备或创造侵权用途的情况下，仍将组件出售给侵权人。关于诱导侵权，美国专利法规定："积极诱使他人侵犯专利者应当作为侵权人承担侵权责任。"诱导侵权是指当事人主动、有意识地帮助和教唆另一方实施直接侵权。公司是否有意诱导侵权需要进行事实判定。

3.3 大学可以在哪里起诉

在美国，由于专利法的司法管辖权在联邦法院，* 理论上大学可以在美国任何地方起诉侵权。但联邦法院系统内不同法院的司法管辖权、地点和服务要求，通常限制了大学实际可用的法院数量。考虑在何处提起诉讼时，大学与法院的距离可能是一个主要因素。大学还必须考虑出庭律师、发明人或其他证人的居住地，是否有必要强制某些证人出庭，以及大学可能在哪个具有管辖权的法院占有优势。当然，给准备应诉的当事方造成不便也是一个不应被忽视的有用策略。

某些法院比较繁忙，因此如果大学想求得快速审判，可能需要选择一个案件积压少的法院，或者一个具有快速处理案件的态度、能力和声誉的法院。进一步地，某一特定法官或某法院的一组法官的态度可能也会影响对法院的选择。如果确定法官在决定某些基本问题方面有记录，那么大学可以根据该法官的裁决、思想体系和明显的优先考虑顺序来选择或不选择该法院。

如果选择陪审团审判，那么法院地点会对陪审员的性质和态度产生重大影响。如果陪审团由当地农民组成，那么一所拥有悠久农业推广历史的州立大学无疑具有优势。另外，如果大学起诉侵权公司，审判地点是在小镇，该公司又是当地最大的唯一用工单位，那么可以预期陪审团可能会对大学有偏见，会偏袒被指控的侵权人。

---

* 美国联邦法院又分为联邦地区法院、联邦巡回上述法院和联邦最高法院。由于知识产权法律以联邦法律为主，联邦法院系统具有更多的司法管辖权。引自《美国知识产权司法保护系统体系概述》，人民资讯，2021 年 12 月 07 日。——译者注

美国联邦法律和关于美国联邦法院管辖地点的条款规定："专利侵权诉讼可在被告居住的司法辖区提起，或在被告实施侵权行为并拥有常规和固定营业场所的司法辖区提起。"但联邦法院对什么是常规和固定的营业场所存在分歧。一些法院认为，必须有正式的办公室，而另一些法院则认为，销售代表在他或她的家中工作就可满足这些要求。

3.4 大学何时可提起诉讼

除非确定有实际的侵权行为，否则大学无法启动专利诉讼。在另一种极端情况下，依据诉讼时效、懈怠原则或禁止反悔原则，诉讼可因被告提出的公平抗辩理由而受阻，大学必须在这些抗辩理由提出之前提起诉讼。

从严格的法律技术角度看，专利法中并不存在诉讼时效的概念。也就是说，专利法中没有任何规定绝对禁止提起侵权诉讼。然而，专利法确实禁止对起诉前6年以上的侵权行为损害进行追偿。

"懈怠"可以简单地定义为专利权人在足够长的时间内无正当理由却没有采取诉讼行动。联邦巡回法院认定，存在懈怠行为仅阻止专利权人主张发生在诉讼前的损害赔偿救济。重要的是，要注意懈怠有两个关键要素。首先，在提起诉讼前，不合理延迟的时长不可接受。其次，被告必须证明该延迟对诉讼造成了损害。延迟时间越长，就越不需要证明存在特定损害。通常，要等到足够长时间的延迟后，懈怠原则才可能适用。一般6年后就推定构成懈怠，但是专利权人可以通过适当的证据来反驳构成懈怠的两个要素从而推翻该推定。

另一种针对专利侵权行为的抗辩是衡平禁反言原则，它意味着因为存在某特殊原因从而阻止作为专利权人/原告的大学起诉某特定被告。衡平禁反言原则通常源自专利权人故意与侵权人沟通，使侵权人依赖于专利权人的行为、行动或言语，从而受到误导和实质性损害。例如，专利权人的工作人员通过肯定行为诱导侵权人相信专利权人已经放弃了对被指控侵权人的诉求，侵权人因而继续实施制造行为。显然这种情况适用于衡平禁反言原则。值得注意的是，专利权人的沉默本身并不构成衡平禁反言，而长时间的沉默可能会构成懈怠。

4 律师

4.1 律师应于何时介入

至于何时让律师参与进来，没有对错之分。在此之前，大学应该确认事实上存在侵权行为。如果答案是肯定的，那么大学应该明确是否已经尝试了常用的许可邀约并得到了否定的答复。如果这些问题的答案也是肯定的，那么大学应该意识到该案并非普通案件，并且有正当的商业理由考虑进行侵权诉讼。届时，大学应在作出任何决定之前都与其律师进行初步讨论。

4.2 谁将担任律师

在选择律师时必须考虑几个非常重要的问题。如果大学（客户）不能控制诉讼程序，就无法控制成本，通常会造成严重的财务损失。如果律师说，“交给我们吧，我们最擅长”，与这样的律师合作，估计费用会很高。应选择对诉讼过程和成本控制方式等，与大学及技术转移办公室的认识和看法相一致的律师。例如，大学打算派律师代表其参加对方的每次陈述吗？大学将寻求什么样的证据开示水平？被选择的律师是愿意单独工作还是与事务所里的其他人一起工作，还是建议组建一个 4 人团队，外加 2 人的后备团队以防万一？这些态度上的差异会极大地影响诉讼的类型和诉讼的成本。

花费多少钱对诉讼结果有一定的影响，但态度应该是，“花最少的钱获得胜利”，而不是“让我们做所有可以想象的事，以便没人能指责我们因为做的和花费的不够而失利”。

大学员工中可能有出庭律师。他们与外部出庭律师之间的沟通以及帮助大学处理相关问题方面的经验都是非常重要的，尽管内部出庭审律师可能没有任何专利诉讼经验。

雇用外部律师需考虑一个问题，即需要一个律师、一个律师事务所还是多个律师参与诉讼。有人可能认为，就是否存在侵权行为以及为打赢诉讼提供意见的律师，应该独立于最终参与诉讼的律师。例如，如果提供意见的律师意识到，他或她将不会从提起诉讼的意见陈述中获得经济利益，那么大学更有可能得到公正的答案。在侵权问题上也是如此。如果律师知道，即使给出的意见是存在侵权，也将不会从诉讼中受益，那么大学可能会得到更客观的意见。当然并非所有情况下都是如此，例如，如果大学与律师建立了牢固的信任关系，并且律师意识到，在合法案件中，他或她确实迟早会参与出庭诉讼，那么大学就可以安心请同样的律师提供意见咨询并出庭诉讼。毕竟，大学与律师或事务所合作越多，技术转移经理和其他的机构法律顾问就越有可能给出有用的意见和建议。

如何选择律师没有正确答案。底线是出庭律师接受如下条件，即能够证明如何支出经费以及支出理由的正当性，并给出明确的选择以便大学能够控制成本。请记住对方的行动会对诉讼成本产生重大影响。诉讼一旦开始，尽管大学可能会努力控制成本，但对方的行动会使这项工作变得困难。在诉讼开始和法律问题厘清后，通常会发现在诉讼开始之前对成本的最佳估计是完全不准确的。因此，重要的是选择那些愿意重新审视程序控制问题（包括成本和策略的控制）的律师，以便大学能够继续作出明智的选择。

5 大学准备好诉讼了吗

专利诉讼费用昂贵，涉及重大风险，并危及大学的知识产权。对侵权指控的常见抗辩是专利无效。因此，判定被告不是侵权人，或者判定大学专利无效，都可能导致大学输掉官司。一项已授权的专利在法律上推定为有效，被指控的侵权人有责任通过明确且令人信服的证据证明该专利确实无效。一旦专利被宣告无效，大学将不再有机会许可该技术，现有的被许可方将会停止支付专利许可使用费。另外，如果大学有一组被许可方，但有一方是在没有许可的情况下实质性侵权，最终可能所有被许可方都会知道这一点，并且可能也会停止支付专利许可使用费，除非大学采取行动。因此大学可能面临两种结果，要么“缓慢失血而亡”，要么在败诉后“快速死亡”。无论如何，保护专利技术长期经济效益的唯一方法就是提起诉讼。

5.1 警告信

在确定可能存在侵权行为后，技术转移经理可以与侵权人进行沟通，努力终止侵权行为，通常可通过许可谈判来解决。在一些情况下，大学会发出书面文件表明其相信对方可能是侵权人，如果对方既不停止侵权也不获得许可，大学将考虑采取法律行动。技术转移经理应了解，如果大学明确和准确地指控对方侵权并威胁提起诉讼，那么情况可能会上升到实际立案或发生争议的程度，激发被指控方寻求宣告式判决（declaratory judgement）的权利，即要求法院宣布其不存在侵权行为和/或大学的专利无效。因此，寻求法律救济的权利不仅属于大学，而且也属于被指控侵权的一方。换句话说，形势已经发生逆转。因此，必须谨慎。如果大学的信函中没有提出有关侵权和威胁诉讼的实际指控，那么是否诉诸法院就完全由大学决定。如果技术转移经理缺乏起草此类信件的经验与技巧，那么在发出警告信之前，应该请律师进行审查（甚至可能是撰写）。显然，错误的警告可能会导致意想不到的后果，反过来还通过多种形式损害大学的利益。

5.2 谨防记录保存中的疏忽

大学必须调查自己的记录，并与“诉讼”相关的本方人士（可能是证人）交谈，避免发现令人难堪的或其他负面影响的知识、书面信函或记录对诉讼结果产生不利影响，才算做好提起诉讼的准备。大学不应让侵权方发现这些损害性的疏忽。校方应提前了解情况，因为这可能会极大地影响大学出庭律师是否提起诉讼。

5.3 用尽所有解决争议的替代方法

在大学提起诉讼之前，应考虑聘请第三方采取非正式的纠纷解决机制，或采取正式的仲裁或其他纠纷解决机制等无须上诉法院的解决方案。

5.4 评估替代方案

诉讼的替代方案包括改变许可条款或创建许可机会，并考虑侵权人对没有获取许可提出的理由。考虑提供许可条款是一种明智的策略，这些条款应使侵权人反对支付专利许可使用费会在经济上变得不合理（与诉讼成本相比）。在评估和寻求替代解决方案时，大学必须考虑其他被许可方以及其他许可协议中存在的优惠条款。大学可能必须将同样的条款提供给所有其他被许可方，因此，替代争议解决方案可能会在特定侵权活动之外对财务产生影响，并可能会对技术的价值产生更广泛的影响。

大学必须核算诉讼的实际成本，一般比聘请外部律师的成本要多。诉讼会耗费工作人员的大量时间，不仅包括大学的技术转移办公室，也包括法律顾问办公室。诉讼还可能会耗费发明人的大量时间并为其带来苦恼，因为发明人的技术和诚信可能会在诉讼中受到挑战。最后，当然还会产生财务成本。重要的是，大学必须认识到，过去的侵权行为、诉讼的成本以及对技术未来价值的影响是考虑替代解决方案时必须独立评估的问题。

5.5 作出艰难的商业决定：放弃还是起诉

由于专利诉讼费用高昂，并且会使大学的知识产权面临被宣告无效的风险，绝大多数专利纠纷在诉诸法庭之前就得到了解决。对双方来说，解决争端通常比打官司好。但最终，技术转移经理可能需要代表学校作出非常艰难的商业决定。技术转移经理绝不应出于愤怒或骄傲而提起诉讼。大学仅应在具有绝对商业意义的情况下进行诉讼，也就是说，如果在经济上进行诉讼比不进行诉讼更好，而且只有在大学审查了所有问题，包括权衡输赢的风险与获胜的价值，最终发现诉讼是合理的，才应提起诉讼。

5.6 马克曼裁决的效应

最高法院在 *Markman v. Western Instruments, Inc.*[1] 案中的裁决，对专利诉讼的进行方式产生了显著影响，将权利要求解释权从陪审团拿走并交给法院。马克曼与后来相关案件形成的结果是，权利要求解释可以在诉讼期间的任何时间发生，而不仅是在审判之前、期间或之后。

在 *Vitronics, Inc. v. Conceptronic, Inc.*[2] 案中，联邦巡回法院裁定，仅在极少数情况下，可根据专利、说明书和档案历史（公共记录）以外的任何内容来解释专利的权利要求，因此，建议尽早解释权利要求，以便当事各方在证据开示前就能够知道权利要求的含义和范围。由于证据开示的费用往往占专利诉讼费用的一半以上，因此如能将其缩小到更具体的问题，费用应该会更低，从而增加尽早解决的机会。

Markman 案和 *Vitronics* 案的判决结果喜忧参半。地方法院在解释权利要求的时间安排上几乎没有一致性。一些法院很早就作出解释，有些是把它作为审判前会议的一部分（以及在证据开示完成后），另一些法庭则在审判期间或审判结束时这样做。现在大多数法院已经正式制定了“马克曼程序”。有些法院已将权利要求解释听证会纳入了当地法规。但外部证据是否可在权利要求解释听证会中使用还远没有定论。

显然，权利要求解释是诉讼中的关键因素，已在诉讼过程中占据了独立地位。如果可以提前获得权利要求解释，就可以大大降低诉讼成本。如果权利要求的范围存在重大问题，那么权利要求的解释就可以促进争议解决或诉讼撤销。

5.7 大学在被许可人提起的诉讼中扮演的角色

一些大学可能会授予被许可人第一时间提起诉讼的权利，这在授予排他性许可的情况下很常见。但即使在这种情况下，大学也应密切关注事态发展，参与由被许可人及其律师举行的关键策略会议，并且/或者让大学自己的律师参加和/或审查所有文件。

如果大学人员需要作证或者对涉及大学的文件进行证据开示，应由大学的法律顾问参与。但是，如果大学授予被许可人提起诉讼的权利，从而为大学节省诉讼成本，那么为什么大学还要承担大量费用来监护被许可人呢？

大学有许多正当理由继续积极参与诉讼。在很多方面，被许可人与大学的利益可能并不完全一致，在某些情况下，被许可人的选择还可能对大学不利，尽管它可能会使被许可人受益。这一点非常重要，因为大学的良好声誉和研究人员/发明人的声誉应该始终受到保护。但在诉讼中两者都有风险。必须记住，研究人员/发明人的行为、言语、技能或诚信可能会受到质疑，可能会在不可预测的诉讼过程中对研究人员/发明人造成创伤。保持参与的另一个原因是可能造成财产损失。如前所述，一旦专利被宣布无效，它将永远无效，因此大学可能会失去有价值的知识产权。而被许可人不会承担那么大风险：它唯一可能遭受的损失是获得了一个竞争对手。

正因为大学让被许可人承担诉讼责任，专利权人需特别注意被许可人的诉讼决心、技巧和策略以及它对大学和大学研究人员的态度。专利权人还应了解被许可人的财务状况。让被许可人承担诉讼责任，可以大大减轻大学的经济负担和技术转移人员的参与程度。然而，因为这是大学的专利，而大学的工作人员可能是重要的证人，所以大学几乎总是扮演着虽然程度有所减轻但仍至关重要的角色。

5.8 被许可人的不损害承诺

在大多数情况下，当被许可人提起诉讼时，其有义务让大学在诉讼中不受损害。即便如此，大学必须密切关注被许可人在诉讼时的状况。如果情况不佳，大学面临风险，被许可人能否充分履行其保护承诺？它是否有足够的资产支付不利的判决？它会破产吗？购买了足够的保险吗？如果大学在签订许可协议时和被许可人考虑提起诉讼时都没有注意不损害承诺的意义，就难免后悔莫及。

6 许可和被许可人的“具有良好习惯”可以预防诉讼

技术转移经理应定期审查大学的许可协议，以确保被许可人及时履行付款和所有其他义务。技术转移经理应和大学的被许可人就市场状况进行沟通，如果被许可人抱怨有人实施未经授权的行为，则应听取其意见。管理者应与发明人或其他技术领域专家沟通，以便在发现侵权者的情况下，大学可以及早与这些当事人联系，而不让他们相信可以为所欲为。在大学和企业之间最可能发生诉讼的原因是，企业成员认为大学不会提起诉讼，或者认为大学没有足够的诉讼律师代表，也不知道自己在做什么。显然，以坚定的信念和可信性传达自己的决心，即大学确实会提出起诉，强调大学已经或将聘请有能力的律师并为此支付必要的代价，将大大有助于侵权人坐回谈判桌上讨论问题。

给大学的最后一句忠告是：写好话，说坏话。尽管律师的客户守密特权是真实存在的，但经常被刺探。任何书面文件都有可能在诉讼中被另一方获取，并用于反对大学，应当仔细考虑每一件事。

H. WALTER HAEUSSLER, *Director, Technology Transfer and Intellectual Property, Texas Tech University and, Texas Tech University Health Sciences Center, Lubbock, TX, 79409-2007, U. S. A.* walterx1@yahoo.com

RICHARD S. CAHOON, *Executive Director, Cornell Center for Technology, Enterprise & Commercialization and Senior Vice President, Cornell Research Foundation, U. S. A.* rsc5@cornell.edu

---

1 116 S. Ct. 1384 (1996).
2 90 F. 3d 1576 (Fed. Cir. 1996).

第 15.3 章

替代性纠纷解决程序：国际视野

民恩珠（EUN-JOO MIN）
世界知识产权组织（WIPO，瑞士）仲裁与调解中心高级法律官员

▌译者　岳强　▌审校者　刘银良　张熠

摘　要

随着跨国技术开发合作伙伴关系越来越普遍，伙伴之间的纠纷也越来越多。然而，诉讼并不是解决此类纠纷的唯一选择。事实上，对于发展中国家和发达国家实体之间的合作伙伴关系，诉讼可能是一个复杂、耗时、昂贵且令人不信任的过程。仲裁和调解可以更有效地解决纠纷，本章介绍如何运用这些方法及其优缺点，并建议在建立纠纷预防和解决策略时应提出的问题（尤其对于发展中国家的机构）。本章就如何利用这些机制解决纠纷和维护伙伴关系提供了策略和实践上的见解。

1　引言

发展中国家的机构正越来越多地进入知识产权市场，多方、跨国的知识产权关系越来越普遍，它们对社会经济发展至关重要。通过这些关系主体间的交易，科学、技术、企业、创新和传统知识得以交换。尽管如此，一项受保护的权利往往也会增加与该权利有关的纠纷。[1] 虽然当事方试图通过严格管理其知识产权的权利和义务来减少纠纷，但纠纷还是会不可避免地产生。纠纷可能会对双方产生负面影响，因此，参与知识产权交易的各方应了解纠纷解决的方法，并制定具体的纠纷预防和解决策略。纠纷

Min EJ. 2007. Alternative Dispute-Resolution Procedures: International View. In *Intellectual Property Management in Health and Agricultural Innovation: A Handbook of Best Practices* (eds. A Krattiger, RT Mahoney, L Nelsen, et al.). MIHR: Oxford, U.K., and PIPRA: Davis, U.S.A. Available online at www.ipHandbook.org.

解决程序往往是在一段关系刚开始建立的时候，在纠纷真正出现之前无意中选择的。因此，纠纷解决的条款会被与这些问题无关的人添加到合同中。此外，经常是在没有充分认识到这些条款对纠纷解决有什么特定的影响时添加进去的。

诉讼是在法院解决纠纷的正式、公开程序，是最常规的纠纷解决方式。针对跨国纠纷的诉讼可能具有风险，这种诉讼往往旷日持久，有时似乎需要投入无限的法律成本和管理时间。此外，在多个司法管辖区发生纠纷可能会产生不同的结果，取决于哪个法院对案件进行裁决。

本章聚焦发展中国家的利益，探讨解决知识产权纠纷的替代性纠纷解决程序（alternative dispute resolution，ADR）。ADR 包括在正式法庭程序之外解决纠纷的一系列选择。这些选择在形式、当事人控制和结果等方面有所不同。此外，每种选择都具有各自独特的优势以适用不同的情况。本章重点介绍两种具有代表性的 ADR 程序：仲裁和调解。

2　纠纷场景

以下纠纷场景适用于健康或农业知识产权纠纷的一些特定情况，可能与发展中国家的机构特别相关。在这些情况下，各种类型纠纷的当事方很可能会首先考虑向法院提起诉讼。但是，由于面临以下挑战，他们常常会发现诉讼的阻力很大：诉讼费用高、时间长、法律不确定性、判决者缺乏专业知识、保密性/公开性欠佳、在外国司法管辖区诉讼的难度以及对现有业务关系的负面影响。鉴于这些困难，当事方应考虑是否有切实可行的办法来替代昂贵和旷日持久的法庭诉讼。

2.1　合作研究的所有权纠纷

发展中国家医学研究中心（X 中心）的研究人员与发达国家的一流大学（Y 大学）建立了研究伙伴关系，合作寻找药物活性成分。合作伙伴相互交换数据，并讨论研究方向。Y 大学拥有完善的大学专利政策，研究人员向该校技术转移办公室（TTO）披露了一件发明文件，成为一项以 Y 大学的名义提出的专利申请，其中 3 名大学研究人员作为发明人。X 中心的研究人员没有得到通知，也没有得到承认。X 中心的研究人员谴责 Y 大学的行为，并要求将他们的名字列为发明人。Y 大学拒绝这一要求，X 中心的研究人员考虑采取法律措施，但因法律费用过高而被迫放弃。

2.2　遗传材料研究成果的专利申请

一家研究所对一种细胞系提出了专利保护，该细胞系是研究所通过一名患者的遗传材料开发而成的。这名患者来自一个至今仍与世隔绝的土著族群。土著族群寻求赔偿，声称拥有专利权益，并指责研究所违反了信赖义务。研究所声称它是在患者事先同意治疗的基础上将研究结果商业化的。这场关于生物剽窃的争论迅速升级为全球性的公共辩论。

2.3　基于传统知识的权利主张

一位民族植物学家从一个土著社区收集传统草药和有关治疗用途的知识。经过引导，社区相信这是民族植物学家的个人研究；植物学家在当地患病并接受传统药师治疗后获得了一些知识。土著社区习惯限于社区内传播和使用这种知识。植物学家随后在一份非商业性学术出版物上公布了他收集的植物知识和详细信息。该出版物被广泛分发，并被多家私营公司用于医学研究。信息的披露导致专利的产生，但专利并不是直接基于传统知识，而是基于传统知识作出的进一步创新。专利所有权人致谢出版物，但没有直接提及土著社区。土著社区试图寻求救济，但很快发现他们所能运用的法律救济措施既不明确，也无法恰当地处理他们所遭受的文化和精神上的双重伤害。

2.4 农产品和专利

几个世纪以来，发展中国家的农民一直种植全球市场上广受欢迎的谷物。一家生物技术公司通过遗传修饰该谷物获得专利。发展中国家的农民谴责生物技术公司的行为使他们丧失了国际市场份额。农民们担心他们主张的任何固有权利，在法庭上都可能会因为公司的经济、技术和法律实力而败诉。

2.5 *David v. Goliath* 案

发展中国家的一位发明人在许多国家和地区拥有某消费品零部件的专利。发明人与跨国制造商就这些专利签订了许可协议，但就许可协议下的专利许可使用费出现了纠纷。发明人想行使自己的权利，却不敢进行旷日持久且昂贵的多辖区诉讼。此外，发明人仍希望与制造商保持有利可图的关系。

3 仲裁选择[2]

对发展中国家的当事人来说，通过诉讼来解决上述纠纷可能会带来痛苦和不确定性。诉讼的替代性解决路径可能会带来更好的结果。例如仲裁，可以通过双方协议将纠纷提交给一名或多名仲裁员，由他们作出具有约束力的裁决。

3.1 仲裁程序

若要将纠纷提交仲裁，当事双方必须签署一份协议，将现有或未来可能发生的纠纷提交仲裁。仲裁协议是走向仲裁的基础。[3] 它表明当事人真正愿意通过仲裁解决纠纷，并可限制当事人将纠纷诉诸法院的权利。

仲裁可以通过不同方式进行。根据任何适用的规则和公共政策要求，应由当事方和仲裁员决定仲裁的程序。当事方可就仲裁员的人数、仲裁类型（专门的或机构的）、仲裁地点、仲裁程序使用的语言和适用的实体法*达成协议。

图 1 描绘了典型仲裁的主要步骤，它参考了世界知识产权组织（WIPO）的仲裁规则[4]（另见本章第 6.2 节）。[5]

---

* 实体法（Substantive Law）是指规定具体权利义务内容或者法律保护的具体情况的法律，如民法、合同法、婚姻法等。程序法是规定以保证权利和职权得以实现或行使，义务和责任得以履行的有关程序为主要内容的法律，如行政诉讼法。——译者注

申请仲裁	WIPO 的仲裁始于申请人向 WIPO 仲裁与调解中心提交仲裁请求。仲裁请求应包含有关纠纷的简要情节。
↓ 30 天	
对仲裁请求的答复	被申请人应在收到仲裁请求之日起 30 天内对仲裁请求作出答复。
↓	
仲裁庭的设立	当事人可以选择仲裁庭的仲裁员人数。如果双方未达成一致，WIPO 中心将指定 1 名独任仲裁员，除非 WIPO 仲裁与调解中心认为 3 名仲裁员合适。
↓ 30 天	
仲裁申请书	必须在仲裁庭组成后 30 天内提交仲裁申请书。
↓ 30 天	
答辩状	必须在收到起诉状后的 30 天内提交答辩状。
↓ 30 天	
进一步的书面陈述和证人陈述	仲裁庭可安排进一步呈递文件。
↓	
听证	根据当事人的请求，或由仲裁庭酌情决定，可以举行听证会，由证人和专家提出证据，并进行口头辩论。
↓	
仲裁终结	当仲裁庭确信当事各方有充分的机会提出陈词和证据时，将宣布仲裁结束。
↓ 3 个月	
终局裁决	仲裁庭应在诉讼结束后 3 个月内作出终局裁决。

图 1　世界知识产权组织（WIPO）典型的仲裁步骤

3.2　仲裁庭的角色

仲裁庭的运作方式与法院不同。法官具有国家法律规定的权力，仲裁庭的权力仅限于当事各方所授予的权力。仲裁庭只能确定有关当事方所提起的纠纷，并且只能行使双方通过仲裁条款和适用的规则所赋予的权力。

由于仲裁庭是解决纠纷的主要权威机构，仲裁庭的任命可能是仲裁中最具决定性的一步。因此，当事双方应当对仲裁庭的设立施加尽可能多的影响。当事人通常可以就任命程序、拟任命的仲裁员人数、仲裁员的任何必要资格（包括国籍）以及拟任命的仲裁员人选达成协议。在审查这些要素时，各方必须权衡成本、效率与纠纷的严重性和复杂性之间的关系。当事各方的法律、文化和经济背景将反映在仲裁庭的任命过程中。

3.3　仲裁的法律框架

虽然仲裁是一种私人机制，但也并非完全不受国家法律的约束。在国际仲裁中，不同的法律体系，尤其是管辖纠纷的实体法和管辖仲裁的程序法，通常会相互作用。一般来说，当事人可以通过协议自由选择适用何种法律。

当事各方可就纠纷的主题应由哪一部国内法管辖达成协议。当事方也可同意，纠纷应本着公正和善意来裁决（公平正义原则）。在农业、生物技术和传统知识等对发展中国家有重要影响的某些领域，法律制度正在不断地发展，权利和义务的基础及边界可能会引起争议。在这些情况下，放弃法律并通过衡平法解决纠纷可能是有吸引力的。

适用于仲裁程序的法律（仲裁程序法或仲裁法）是管辖程序性框架的法律，如纠纷是否可仲裁、可采用的临时保护措施、仲裁的进行过程以及仲裁裁决的执行。仲裁法不必与适用于纠纷主题的实体法相同。例如，仲裁庭可能受瑞士仲裁法的管辖，但根据当事方协议，可能需要对纠纷的主题采用印度实体法。

4 调解选择

仲裁不是诉讼的唯一替代选择，双方还可以选择调解。这是一种不具约束力的保密程序，由中立的调解机构协助双方就纠纷达成双方都满意的解决方案。[6]

4.1 调解程序

调解与仲裁一样，其出发点是双方同意将其现有或未来可能的纠纷提交调解。一旦纠纷发生并存在调解协议（事前或事后），一方就可以通知另一方开始调解。调解程序主要由双方当事人和调解员决定。图 2 描述了调解的典型步骤。

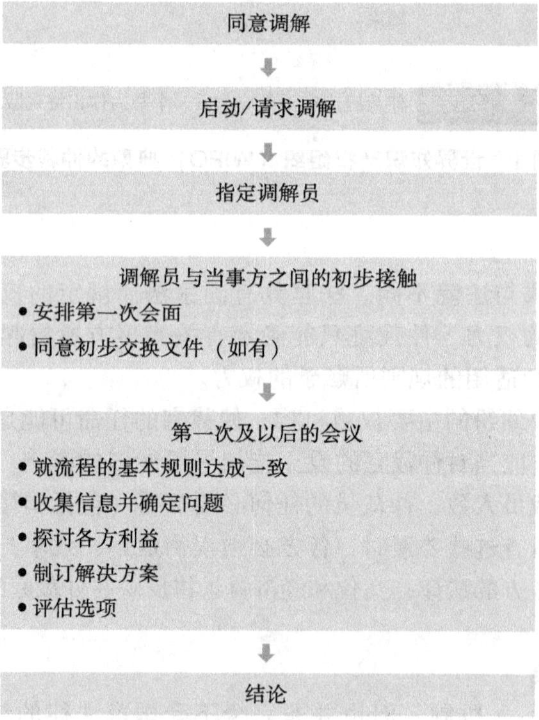

图 2 调解的典型步骤

4.2 调解人的角色

法官或仲裁员可发布具有约束力的判决或裁决，调解人则不同，调解人没有任何权力迫使各方达成和解。调解人的作用是作为当事人谈判的催化剂，致力于改善双方的沟通，帮助双方更好地理解共同利益和关注问题，阐明双方法律立场的优势与不足，探讨不解决分歧的后果，并协助双方达成纠纷解决方案。

5 仲裁与调解的特征

5.1 解决多司法管辖区的纠纷

随着国际知识产权的产生和利用，涉及多司法管辖区的纠纷日渐增多。通过诉讼解决跨国纠纷非常复杂，需要在多个国家并行诉讼，并承担每个司法管辖区多轮上诉的费用。此外，尽管知识产权实体法得到广泛协调，但各国在程序上仍然存在偏见和分歧。因此，在涉及多司法管辖区的纠纷中，在一个司法管辖区的胜诉未必能在其他司法管辖区胜诉。结果不一致的风险很大。

通过仲裁或调解，当事人可以通过单一程序解决涉及多个国家的知识产权纠纷。一个致力于广泛展示其强大知识产权实施政策且财力雄厚的当事人，发起诉讼可能是一个更有吸引力的选择。在多个司法管辖区实行旷日持久的法院程序，可能是一种有效的威胁策略，以便诱使资源有限的另一方接受快速解决方案。而对于寻求及时、经济有效地解决当前纠纷的当事人来说，通过单一仲裁或调解程序解决可能更有利。

5.2 中立的纠纷解决平台

不同国籍当事人之间的诉讼，意味着原籍一方享有优势，因为另一方会承受异域和不熟悉司法管辖区的负担。在仲裁或调解中，双方可以选择在中立领土解决跨国纠纷，因此任何一方均不受外国的法院程序、法律、习俗、语言和偏见的约束。在仲裁或调解中，当事人可以指定一名中立国籍的仲裁员或调解员，并选择一种中立的语言和程序进行。在仲裁中，当事人可以就中立的实体法和程序法达成一致。

当公共机构是纠纷的当事方时，可能特别适宜在一个便利、中立的平台诉诸仲裁或调解。[7] 如果纠纷发生在一个国家机构和一个私人当事方之间，私人当事方将不愿意向该国家机构所在地区的法院提起诉讼，而该国家当事方也不愿意接受另一国法院的管辖。在这种情况下，中立的程序，如仲裁或调解，可能是双方唯一可接受的选择。在涉及发展中国家公共机构的知识产权交易中，这一特点可能特别重要，因为这些公共机构往往拥有知识产权。

5.3 自治权

仲裁和调解基于双方的合意。随之而来的是，仲裁或调解程序要求当事方具有自治权，而当事方在很大程度上保留了对纠纷解决程序的控制权。

原则上，当事人可以自由商定仲裁应遵循的程序。当事人可以根据自身需求选择简化或更广泛的程序，并选择适用的程序法和实体法、仲裁的地点和语言以及仲裁员。因此，当事人可以调整仲裁程序以适应纠纷解决。

当事人在调解中不仅可以控制要遵循的程序，还可以控制过程的结果。各方可根据自己的具体需求调整调解程序。启动调解是以双方同意通过调解解决纠纷为基础，而该程序的继续执行也依赖于双方接受调解条款。与仲裁不同，已将纠纷提交调解的一方可以随时退出调解。调解的结果也取决于双方的意愿。调解人会在这个过程中提供协助，但最终要由当事双方来决定是否根据自身利益通过调解解决纠纷，或者在其他平台（如诉讼或仲裁）寻求解决方案。

5.4 选择相关专业人员

法官的经验和资格往往不同，法院通常缺乏处理知识产权纠纷中复杂技术问题所需要的资源。

在仲裁中，当事方可以参与选择仲裁员，原则上可以自由任命其选择的仲裁员。可以根据仲裁员在特定法律、技术或商业领域的技能和专长来选择。具有相关专业知识的仲裁员将确保对事实和法律有适当的了解，从而有助于及时、经济高效地解决纠纷。当纠纷涉及具有不同文化和经济背景的当事方时，仲裁员对文化或社会敏感性的了解也会有所帮助。

与仲裁一样，当事方可选择其调解员。但是，调解员的角色与法官或仲裁员有根本的不同。调解员的作用不是作出决定，而是促进当事方努力解决纠纷。调解员可以带有一定程度的超然性和客观性。当双方的信息共享和议价能力不平等时，调解员作为中介者的作用可能尤其重要，一个有效的调解员会关注这些问题。[8] 调解员还将帮助当事方重建信任以增加和解机会。[9]

仲裁或调解的成功在很大程度上取决于仲裁员和调解员的素质，而挑战往往是能找到既有仲裁或调解技巧，又对纠纷的主题具有专门知识和经验的候选人。

5.5 保密性

各方应能保证仲裁或调解过程和任何结果处于保密状态。这样，当事方可以专注于纠纷的本身情况，避免外界因素的干扰，如不必要的负面新闻报道。与大多数许可协议一样，当双方的关系条款未公开以及商业声誉和商业秘密有风险时，保密可能尤其重要。特别是在调解中，程序的私密性使当事方能够进行坦率的、探索性的和解谈判，而不被正式法律程序吓倒。[10]

另外，如果一个当事方希望对公众树立先例，以劝阻其他当事方不要从事类似行为，则仲裁和调解保密可能不太可取。在某些情况下，更有效的做法可能是将案件公布于众，寻求公共机构或非政府组织的支持。一定程度的宣传有时可能有助于达成解决方案。[11] 卫生和农业等领域的纠纷通常涉及公众广泛关注的问题，把存在的纠纷及其解决的结果作为秘密可能是不合适的。在适当时候，双方当事人可同意使用调解或仲裁来解决纠纷，并明确同意将过程和结果公布于众。

5.6 保持关系

随着多方、复杂的知识产权关系变得越来越普遍，发展中国家和发达国家的政府、学术界和产业界的参与者经常建立合作伙伴关系，经常不是单一短期交易。这种多方关系加剧了纠纷解决的复杂性。当这些关系引起纠纷时，当事方试图解决纠纷的意愿不应妨碍其维护关系。

诉讼的对抗性通常会加剧当事双方之间的敌意和怨恨，使纠纷难以解决，并有可能破坏工作关系。而调解所具有的合意性以及一定程度上的公断性提供了一种长期性的路径，即各方可以解决当前的纠纷，又仍可保持工作关系。这样可以缓和双方的对立并增进相互理解。调解和仲裁的这一特征尤其适合那些依赖与外国企业合作的发展中国家实体。发展中国家仍然依赖国外技术来源，因此维护这些关系非常必要。同样地，很大一部分创新发生在大学或政府的实验室，这些权利随后会在与外国公司合作时得到进一步开发。外国知识产权持有人将要求对这些权利提供一定水平的保护；发展中国家的实体，尤其是公共部门的机构，可能需要协调寻求保护与满足其国家发展目标或其他确定利益之间的关系。[12]

5.7 仲裁的终局性

诉讼的持久性是跨国纠纷诉讼的一个普遍问题，迫使当事人多轮上诉。此外，很难在法院管辖范围外执行任何法院判决。而仲裁的结果是具有约束力的最终裁决，通常不允许上诉，裁决可由一国的法院根据《承认及执行外国仲裁裁决公约》（纽约公约）强制实施。[13] 该公约目前已得到 139 个国家的批准，它规定在不审查案情的情况下，等同承认裁决与国内法院判决，从而极大地促进了跨境裁决的执行。仅在非常有限的情况下该公约撤销裁决。

5.8 调解结果的非约束性、基于利益的程序

在诉讼或仲裁中，案件结果取决于纠纷的事实和适用的法律。另外，调解涉及的不仅仅是行使和履行法律规定的权利及义务，通常是协调如何行使法律权利，同时考虑其他经济和社会因素。[14] 通过调解，解决纠纷的选择范围得以扩大，双方在调解员的帮助下能够制定出创新的、符合常识的解决办法，可友好地解决纠纷。当事人可以考虑自己的商业或社会利益找到纠纷解决方案，还可能达成一揽子协议，包括非货币利益，如技术转让协议、培训项目或基础设施开发等。

在某些情况下，调解可能是解决纠纷的唯一选择。纠纷中的每一方都可能提出有效的、可实施的，却又不可能实现的诉求。[15] 纠纷可能涉及一个没有既定法律框架的主题，或是传统法律手段无法充分处理的某些利益。[16] 在这些情况下，打破僵局的唯一策略是合作制定解决方案，如调解。

调解的非约束性意味着不能将决定强加于各方，所有相关方必须自愿同意接受调解。调解结果可以记入合同，任何一方不履行合同，相对方均可提起违约诉讼。当然，如果调解结果代表了当事各方的利益，该结果更有可能成为冲突的长期解决方案。

5.9 调解可将风险最小化

即使当事各方已同意将纠纷提交调解，但如果一方认为没有取得任何进展，程序费用太高，或另一方没有诚意，该方可以随时退出调解程序，寻求通过诉讼或仲裁解决纠纷。因此，调解的风险较低。如果调解未能达成和解，该程序仍可以通过确定纠纷的事实和问题来协助各方，从而为随后的仲裁或法院程序做好准备。

5.10 各项选择比较一览表

表1概述了诉讼、仲裁和调解的不同优势与缺点。

表1 诉讼、仲裁、调解的比较

多数知识产权纠纷的共同特征	诉讼	仲裁	调解
国际化	限于管辖法院的解决方案 不同法律有不同的诉讼程序，有产生冲突结果的风险 在本国提起诉讼的一方当事人有实际或潜在优势的可能性	全球解决方案 由当事人决定适用的法律所产生的单一程序 仲裁程序和仲裁员的国籍对于法律、语言和当事人的制度文化保持中立	全球解决方案 单一程序 调解程序和调解员的国籍对于法律、语言和当事人的制度文化保持中立
技术性	决定者可能没有相关专业知识	当事人可以选择具有相关专业知识的仲裁员	当事人可以选择具有相关专业知识的调解员
紧迫性	诉讼程序是冗长的 在某些司法管辖区可提供禁令救济	仲裁员和当事人可以缩短程序 仲裁可以提供临时措施，不排除寻求法院颁发禁令	调解员和当事人可以缩短程序 虽然在调解中没有临时措施，但不排除寻求法院颁发禁令
法律框架	法院一般只适用本国法律	适用法律可由当事人决定；如无当事人约定，仲裁员可以选择其认为适合处理该纠纷的法律 多个国家的法律可以同时适用 仲裁员可以根据衡平法（而非具体法律）作出裁决	程序较少受法律约束，更多受当事人的社会和经济利益的制约
确定性	有上诉可能性	限制上诉的选择	任何调解协议都是作为合同约束当事人
机密/商业秘密和声誉风险	公开诉讼	听证、证据披露和裁决保密	过程、证据披露和结果保密

续表

多数知识产权纠纷的共同特征	诉讼	仲裁	调解
持续关系	双方的关系可能会持续，也可能不会 纠纷可以在没有对方积极参与的情况下解决 诉讼的对抗性质可能会使当事人进一步对立	当事各方的关系通常是持续的	当事各方的关系通常是持续的 调解促进了纠纷的友好解决，从而保护了双方的关系

6 实际的考虑

由于仲裁和调解是私下的程序，因此，熟悉该过程的律师和专家提供支持至关重要。发展中国家的机构在选择仲裁和调解时需要谨慎地选择合适的律师。

6.1 控制成本

如果相关方无力承担合适的纠纷解决程序，则诉求是否有效就可能无关紧要。机构需要正视任何财务方面的限制，这可能使纠纷解决策略的选择复杂化。

仲裁和调解本质上是私下的程序，而该程序的私密性质具有诸多优势，包括当事人自治、保密、中立和意见专业。然而，这种私密性质也意味着各方需要承担相应成本。纠纷当事方不用向法官支付报酬，但要向仲裁员和调解员支付报酬。

在仲裁中，当事人必须支付法律费用，以及附加费用和仲裁员费用。若由机构管理仲裁，还须缴纳管理费用。因此，仲裁不一定比诉讼花费少。但是，当事方可以有意地设法通过加快程序和选择成本效益高的会面及听证地点来限制费用。当事人还可以选择重视各方财务限制条件的仲裁员，并选择收费合理的仲裁机构。此外，虽然仲裁费用可能高，但仲裁裁决的终结性和可执行性可能使仲裁的费用低于诉讼，而诉讼往往涉及多次上诉，并需要在外国司法管辖区执行判决。

调解的成本更容易控制。调解费用包括各方的律师费、调解员的费用和管理费（如果有管理机构的话）。各方可以监控调解的成本和进度，以确定是否需要继续调解。虽然调解费用通常由当事各方平均分担，但各方可以根据各自的经济实力商定更改这种费用分配方式。

无论是仲裁还是调解，当事各方都应记住，在很大程度上程序是由他们控制的，费用将根据整个程序中的选择而有所不同。

6.2 专门程序还是机构程序

仲裁和调解可以专门安排，也可以在专业机构的支持下进行。在专门程序中，当事方与仲裁员或调解员共同管理程序。这就要求当事方与仲裁员或调解员之间进行充分的合作，并需要有丰富的制定仲裁/调解程序方面的经验。在专业机构仲裁或调解中，机构为启动和引导程序提供程序及管理框架，并监督程序的完整性和独立性。特别是在当事方没有解决纠纷的经验时，应考虑选择一种制度性程序。管理费用因机构而异，这将是选择机构的一个因素。然而，选择一个费用适中的机构将会受益良多，包括获得管理和技术方面的帮助、提供经过验证的程序以及选择合格的仲裁员和调解员。

政府和公共机构可以通过确定和支持中立机构，提供成本效益高、可及时解决纠纷的服务，并通过满足当地企业、政府机构和外国实体的需要，使仲裁或调解程序方便可用。应该记住世界知识产权组织[17]的仲裁与调解中心（WIPO 中心）。WIPO 中心成立于 1994 年，旨在通过替代性纠纷解决方式来促进及时、经济有效地解决知识产权纠纷。在许多替代性纠纷解决程序（ADR）和知识产权（IP）从业人员的积极参与下，该中心创建了 WIPO 调解、仲裁和快速仲裁规则及条款。连同其广泛的 IP 和 ADR 专家库网络，WIPO 中心确保 WIPO 的程序处于知识产权纠纷解决技术的前沿，并确保这些程序满足不同经济和社会背景各方的需要。

6.3 起草条款

仲裁和调解以当事人的协议为前提。当纠纷发生时，当事方之间往往存在敌意，而忽视了解决纠纷所带来的利益，因此很少采用这些程序。仲裁和调解条款通常针对特定合同下的潜在纠纷，包括：专利，专有技术和软件许可，特许经营权，商标共存协议，分销合同，合资企业，研发合同，技术敏感的雇佣合同以及涉及重要知识产权的合并和收购。这些条款通常决定了仲裁或调解程序的一些基本要素，例如，特定类型、语言、仲裁员或调解员的数量以及适用的法律。仲裁和调解机构通常会提供示范性条款。采用这些条款有助于避免任何不确定性给仲裁或调解程序带来不必要的负担。在适当情况下当事人可以采用某些节约成本的模式。[18]

纠纷解决条款可以采取多层次的程序，如要求随后诉诸调解，并在没有达成和解的情况下进行仲裁。即使是在调解前，当事人也可以直接协商，这对公共场合下发生的纠纷解决可能特别有意义。当选择多层次处理程序时，为每个程序限定时间段是有用的，以防止冗长的讨论和程序之间的延误。[19]

公众情绪可能并不总是支持发展和参与 ADR 程序。公开的 ADR 承诺可能有助于解决这一问题。此外，立法机关还可以考虑通过涉及或整合 ADR 方法的程序法。

7 结语

发展中国家实体与发达国家实体发生纠纷时面临许多挑战。发达国家实体往往拥有更雄厚的财力和技术专长，利于寻求有利的纠纷解决办法。由于技术转让与经济发展密切相关，因此发生纠纷可能引发公众反应。此外，语言和文化障碍可能阻碍有效的沟通，并且导致出现一些问题，如发展中国家所主张的权利如何才能被现有知识产权制度接纳。

制定纠纷解决政策有助于解决这些问题，可以带来策略性的利益，并降低纠纷升级的风险。因此，制定纠纷解决策略应考虑纠纷的具体情况和当事方的背景。在理想情况下，确定并实施有助于降低当事人之间经济不平等的程序，可能需要考虑技术、商业、法律和社会利益。在某些情况下可能妥协，在其他情况下也可能有强有力的反击。

诉讼、仲裁和调解在不同的模式下运作。当事方应了解程序之间的差异，为潜在的或现有的纠纷采取最适当的纠纷解决策略，并确定哪一种方案最有利于该冲突的解决。请记住，诉讼不是唯一的选择，仲裁或调解可以提供一种使所有当事方都满意的可持续解决方案。

致 谢

虽然本章的大部分内容来源于世界知识产权组织仲裁与调解中心提供的主题条款，但这里所表达的观点不一定代表知识产权组织或其任何成员国的观点。

EUN-JOO MIN, *Senior Legal Officer, Arbitration and Mediation Center, World Intellectual Property Organization, 34 Chemin des Colombettes, 1211 Geneva 20, Switzerland.* *eunjoo. min@wipo. int*

---

1 O'Connor SN. 2005. Intellectual Property Rights and Stem Cell Research: Who Owns the Medical Breakthroughs? *New England Law Review* 39:665.

2 Information in this section is largely extracted from the *Guide to WIPO Arbitration.* WIPO Publication no. 919. www. wipo. int/freepublications/en/arbitration/919/wipo_pub_919. pdf.

3 Redfern A and M Hunter. 2003. *Law and Practice of International Commercial Arbitration*. Sweet & Maxwell: London. p. 135.

4 See, also in this *Handbook*, chapter 3. 6 by A Taubman.

5 Parties who place a premium on time and cost effectiveness can opt for the procedural framework established by the WIPO Expedited Arbitration Rules, which condenses the principal stages of an arbitration under the WIPO Arbitration Rules.

6 Information in this section is largely extracted from the *Guide to WIPO Mediation*. WIPO Publication no. 449 (E). www. wipo. int/freepublications/en/arbitration/449/wipo_pub_449. pdf.

7 See *supra* note 3, p. 42.

8 Williams BA. 2000. Consensual Approaches To Resolving Public Policy Disputes. *Journal of Dispute Resolution* 8 (2):144.

9 Ibid..

10 Crowne CH. 2001. The Alternative Dispute Resolution Act of 1998: Implementing a New Paradigm of Justice. *New York University Law Review* 76 (6):1768.

11 Boettiger S and A Bennett. 2006. The Bayh-Dole Act: Implications for Developing Countries. *IDEA: The Intellectual Property Law Review* 46(2), cites the example of the inventor of Golden Rice™ recounting that "*publicity sometimes can be helpful: Only a few days after the cover story about golden rice had appeared in Time, I had a phone call from Monsanto offering free licenses for the company's IP rights involved.*"

12 Reichman JH and D Lange. 1998. Bargaining around the TRIPS Agreement: the Case for Ongoing Public-Private Initiatives to Facilitate Worldwide Intellectual Property Transactions. *Duke Journal of Comparative and International Law* 9(11):50-54.

13 See the full text of the New York Convention, with the list of its contracting states, at www. wipo. int/amc/en/arbitration/ny-convention/.

14 See *supra* note 12.

15 See *supra* note 1, p. 669. Herein is cited the example of patentable inventions being assigned to two or three different funding sources, each assignment being legally binding, yet impossible to fulfill.

16 See *supra* note 8, p. 139.

17 See *supra* note 4.

18 See the WIPO Center's recommended clauses at www. wipo. int/amc/en/mediation/contract-clauses/.

19 See, for example, the WIPO-recommended clause for submission to mediation followed, in the absence of a settlement, by arbitration at www. wipo. int/amc/en/mediation/contract-clauses/clauses. html.

第 15.4 章

平行贸易策略使用者指南

邓肯·马修斯（DUNCAN MATTHEWS）
英国伦敦玛丽女王大学知识产权法高级讲师
薇薇安娜·穆诺兹-泰利斯（VIVIANA MUNOZ-TELLEZ）
瑞士南方中心创新与知识获取项目官员

▌译者 岳强 ▌审校者 刘银良 张熠

摘 要

本章为发展中国家的政策制定者和知识产权的其他利益相关者提供关于平行贸易的指南。什么是平行贸易？如何利用它来促进发展中国家获得药品和支持贫困农民？平行贸易是世界贸易组织下的《与贸易有关的知识产权协定》（TRIPS）规定的一种选项。此外，2001 年《TRIPS 与公共健康多哈宣言》确认，发展中国家可以利用平行进口来支持公共卫生。因此，发展中国家可以通过允许平行进口的法律，确保获得价格较低的专利和/或品牌产品，如药品和基本农业投入品。在实施平行贸易的促进措施时，发展中国家可以通过充分调控平行进口产品的质量、安全和健康状况，建立并维持一个有效的制度。同时，发展中国家需要防止本国低价的专利产品进入高价的发达国家市场。

1 什么是平行贸易，它为什么会发生

平行贸易是指在一个市场内受专利、商标或版权保护的产品被出口到第二个市场，并在未经当地知识产权（intellectual property，IP）所有人授权的情况下在当地销售。通

Matthews D and V Munoz-Tellez. 2007. Parallel Trade: A User's Guide. In *Intellectual Property Management in Health and Agricultural Innovation: A Handbook of Best Practices* (eds. A Krattiger, RT Mahoney, L Nelsen, et al.). MIHR: Oxford, U.K., and PIPRA: Davis, U.S.A. Available online at www.ipHandbook.org.

常，知识产权的本地所有人也是本地经销商，他们通过许可或其他专有协议，获得专利、版权或商标持有人的授权，可以在市场销售受保护的产品。当授权经销商具有专有协议时，他或她自然希望成为当地市场的唯一供货方。

平行贸易不是指在一个国家内或几个国家之间进行的非官方、非法或非正式部门的活动。并且，平行贸易不是盗版或假冒产品的贸易。后者是未经授权而侵犯知识产权产品。平行进口（也称为灰色市场进口）的产品是不侵犯知识产权的正品（通常是品牌产品），但从一个国家出口产品到另一个国家，可能未经权利持有人授权。

平行进口和“官方”进口的主要区别在于，平行进口可能最初是为某一特定市场的销售而生产的，然后在到达消费者手中之前出售给了未经授权的经销商。平行进口的商品可能在表面上与当地经销商的商品有所不同，它们可能有不同的包装或者缺乏原始制造商的保证，但在其他方面，它们与当地销售的官方进口商品相同。[1]

当平行进口发生时，实际产生的效果是在当地市场上有多个来源的专利和/或品牌产品。平行进口允许经销商绕过官方或授权的本地供应商或被许可方，直接从海外供应商处获得产品。不同来源的同一产品进行市场竞争，往往导致市场价格下降。

事实上，平行进口的诱因是同一产品在不同市场上存在价格差异。平行进口通常发生在不同市场价格差异较大的情况下，因为这时大多数利益相关者的潜在收益（价格降低、产品可及性、利润）足以补偿交易成本，包括运输成本和为遵守海关管制所需的成本。价格差异可能是多种因素造成的。就药品市场而言，各国间存在明显的价格差异，这可能源自政府实施的价格管控、知识产权所有人操纵的定价、货币价值波动、以上条件的组合以及其他因素。

2　平行贸易对利益相关者的影响

2.1　政府支持的平行贸易

对平行贸易的管控涉及生产者和消费者的利益平衡。平行进口是发展中国家的一项重要公共政策机制，可用于保护消费者的利益，特别是在医药和农用化学品领域。国家可以制定法律允许平行进口，以确保获得足够的进口产品。平行进口还允许政府在不同的市场以最低的价格购买受知识产权保护的产品。

在公共卫生领域，存在平行进口受知识产权保护产品尤为重要，因为在发展中国家，药品价格可能高于大多数人的承受能力。* 通过平行进口，发展中国家可以用较低的价格提供替代性药品资源，从而保证更多的药品供应。医院、药店和健康保险公司可以通过平行贸易以较低的价格从其他市场购得药品，降低当地市场的药品价格。

平行进口还可用于以较低价格获得农业生产的基本投入产品（如农药和化肥），其价格要比知识产权所有人在当地销售的价格低。降低成本可能有助于改善贫困农民的收入和生计。发展中国家也可以使用平行进口来遏制反竞争行为：确保在本地市场上有充分的价格竞争，各种不同来源的产品竞争性供应。本章第 3 节提供有关发展中国

---

* 我国并非如此。——译者注

家如何有效利用平行进口的更多信息。

2.2 对消费者的益处

消费者可以从平行进口中获益。通过增加产品替代性供应，平行进口可以让消费者以低于自身所在市场的价格从另一个市场获得他们需要的产品。在发展中国家，经常发生的情况是，很大一部分人得不到或难以获得药物等基本产品，因为他们负担不起那些知识产权持有人定价的产品，而政府亦无力补贴他们购买这些产品。

2.3 零售商、批发商和贸易商

当价格差异显著到足以确保获利时，平行进口对贸易商可能具有吸引力。同样地，平行进口使当地零售商和批发商能够直接从多个海外渠道获得专利和/或品牌产品。这样做可能比从当地授权经销商处采购产品享受到更低的价格。绕过当地的授权经销商，零售商或许能更好地满足消费者的需求。

2.4 权利持有人和本地被授权所有人的观点

知识产权持有人，包括授权进口商、被许可人和其他代理人，通常支持限制平行贸易，因为他们直接受益于拥有进口受保护产品的专有权利。在没有平行进口的情况下，本地授权经销商不会面临相同产品的价格竞争。在没有其他供货来源的市场中，某产品可以按当地市场所能承受的最高价格出售。此外，限制平行进口允许权利持有人在区域或国际范围内利用市场分割策略和差别定价策略。不允许平行进口的市场中，权利持有人可以在不同的市场采取不同的价格。权利持有人还可以控制 IP 产品在当地市场的分销、定价及其他事宜。

权利持有人经常呼吁应该限制平行进口，因为压低价格可能会降低在制药和农化领域进行研发投资的动力。平行进口还可能抑制权利持有人以低成本或免费向发展中国家捐赠产品的动机，因为存在将这些产品转回发达国家市场并以高于预期价格销售的风险。平行进口也可能阻碍不同国家政府对本国药品价格的管控能力。此外，权利持有人或获得授权的当地所有人支付着营销费用，而平行贸易供应商则免费从中受益。从长远来看，可能会降低权利持有人或授权的当地所有人供应特定市场的意愿。

在允许进行某种类型平行进口的发展中国家，当地授权经销商可能会设法提供售后服务、保修等以压制平行贸易商的竞争，而利润较低的平行贸易商可能无法提供这些服务。当不同市场间的价格差异较大时，如在药品方面，知识产权持有人可以采用差别定价政策，对低收入市场的药品定价要比高收入市场低。为确保发展中国家的专利药品价格更低而进行价格差异化，可能会降低平行进口的愿望。如果出口国和进口国都对平行进口进行适当管制，差别定价协议仍然可以发挥作用，而不会损害知识产权持有人和当地授权经销商的利益。

2.5 再进口及其他问题

支持受知识产权保护的产品平行贸易的发达国家经常发现一个问题：知识产权持

有人，特别是制药行业的知识产权持有人，可能不会在不同市场对其产品区别定价而使发展中国家受益。在发展中国家受专利或商标保护的药品价格往往很高。一些人主张，如果发展中国家允许平行进口，该产业在低收入国家以低价销售的专利药物可能会回流到高收入市场以更高的价格销售。再进口受专利或商标保护的药物将主要使中介机构受益，并削减产业界在发展中国家以较低价格出售受专利或商标保护的药物的动力。另外发达国家担心因为平行贸易而将假冒和/或盗版产品引入市场。

然而，如上所述，平行贸易并不涉及不合格产品。此外，各国可以并且应该通过充分管制和监督平行进出口来解决这些问题。为减少再进口的风险，并在发展中国家保持有效的、有利于贫困人口（或人道主义）的药品差别定价，发达国家可以采取措施禁止向高价市场平行进口。[2] 例如，发达国家可以（而且确实已经）颁布法律禁止从发展中国家平行进口。

3 平行贸易的法律框架

关于平行贸易的法律问题是：各国应在多大程度上允许或限制在其特定国家/区域领土内的知识产权持有人，基于其本地的知识产权所有权来控制产品在不同市场中的流通？各国有权为自己的利益最大化而对涉及知识产权的平行贸易进行管控。事实上，许多发达国家和发展中国家在区域或国际范围内都承认平行进口。[3]

《与贸易有关的知识产权协定》（TRIPS）赋予世界贸易组织（WTO）成员自行制定知识产权权利穷竭制度的自由（权利穷竭发生在权利持有人对产品的控制停止时）。由于在世界贸易组织的争端解决机制下，权利穷竭不能视为违反 TRIPS 协定，因此 TRIPS 协定允许平行进口。

根据第 6 条：

> 就本协议下的争端解决而言，在遵守第 3 条和第 4 条规定的前提下，本协议的任何规定不得用于处理知识产权权利穷竭问题。

此外，《TRIPS 与公共健康多哈宣言》[4]重申了这种自由，在利用平行进口保护其自身利益尤其是保护公共卫生能力方面给予发展中国家更大的确定性。根据《TRIPS 与公共健康多哈宣言》第 5 条（d）：

> 根据 TRIPS 协定中与知识产权权利穷竭有关条款的规定，在遵守第 3 条和第 4 条的最惠国待遇和国民待遇规定的前提下，每个成员都可以自由地建立自己的知识产权权利穷竭制度而不受挑战。

一个国家关于其权利穷竭原则将决定限制还是允许在其领土上实行平行进口政策。该原则描述了 3 种权利穷竭类型：

- 国内穷竭，也被称为首次销售原则。国内穷竭原则认为，知识产权持有人对受保护产品的专有权在一国境内首次销售后即终止。

含义：权利持有人可以阻止平行进口产品进入当地市场，即使他们的权利在那个市场已经穷竭。例子：美国。

- 区域穷竭。知识产权持有人对受保护产品的专有权在该区域市场首次销售后即终止。

含义：在一些国家范围内允许平行贸易，但是权利持有人可以禁止从该地区以外的国家平行进口。例子：欧盟。

- 国际穷竭。权利持有人对受保护产品的专有权在任何市场首次销售后即终止。

含义：权利持有人不能排斥平行进口产品进入当地市场，因为其在那个市场的权利已经穷竭。例子：肯尼亚。

因此，发展中国家可以将权利的国际穷竭原则纳入本国法律，从而允许在国际范围内平行进口。[5] 换言之，发展中国家可以决定是否允许所有或特定知识产权的平行进口。允许平行进口受专利或商标保护的产品，即对知识产权持有人的权利适用国际穷竭原则，是 TRIPS 协定向发展中国家提供的一种选择。尽管与所有领域都相关，但平行进口的潜在益处对专利和公共卫生尤其重要。如上所述，从以较低价格出售专利药品的市场进口专利药品，可给进口国亟需药品的人更多获取机会。此外，针对平行进口可能产生的负面影响，可以通过适当的监督和管制机制而不是通过贸易限制来解决。

4 允许平行进口专利产品的示范条款

本节提供符合 TRIPS 协定的示范条款，将它们纳入某国的专利法时，可使专利产品平行进口到该国。示范条款采用国际穷竭原则（见文本框 1）。

文本框 1：示范条款[6]

1. 专利持有人无权阻止由专利持有人或经其同意在任何国家投放市场的专利产品的进口行为。
2. 专利持有人无权阻止由专利持有人或经其同意或以其他任何合法方式在任何国家投放市场的专利产品的进口行为。
3. 专利持有人无权阻止由专利持有人或被授权方在任何国家投放市场的专利产品的进口行为。

示范条款 1 是对国际穷竭原则的最狭义解释，仅允许平行进口已由专利持有人投放市场的专利产品。示范条款 2 扩大了例外，允许将专利持有人的任何授权代理人（当地特许经销商）已投放市场的专利产品平行进口。最后，示范条款 3 对专利持有人的专有权利规定了最广泛的例外，允许来自任何国家的平行进口。根据本条款，专利持有人的权利也可以因政府强制许可下授权产品的销售或营销而穷竭。因此，被强制许可人生产并投放市场的专利产品可以平行进口。[7] 虽然这 3 项规定均已被采纳，但条款 3 是否符合 TRIPS 协定仍值得怀疑。[8]

5 结语和建议

发展中国家的政策制定者应设法充分利用TRIPS协定中的各项选择，促进获得药品和支持贫困农民。由于这些选择包括适用国际穷竭原则，因此发展中国家的决策者应设法充分利用平行贸易，确保当专利持有人将专利产品投放到另一个国家的市场时，该专利持有人无权阻止该产品的进口。为最大限度地利用这种弹性，各国应考虑采用其中一个示范条款实现平行进口。

DUNCAN MATTHEWS, *Senior Lecturer in Intellectual Property Law, Queen Mary Intellectual Property Research Institute, Centre for Commercial Law Studies, Queen Mary University of London, John Vane Science Centre, Charterhouse Square, London EC1M 6BQ, U. K.* d. n. matthews@ qmul. ac. uk

VIVIANA MUNOZ-TELLEZ, *Programme Officer, Innovation and Access to Knowledge Programme, South Centre, CP 228, 1211 Geneva 19, Switzerland.* munoz@ southcentre. org

（译者说明）*

* 本章原文无参考文献。——译者注

第十六部分

生物勘探、传统知识和惠益分享

第 16.1 章

生物技术专利与本土群体

丹尼斯·S. 卡哈拉（DENNIS S. KARJALA）
美国亚利桑那州立大学桑德拉·戴·奥康纳法学院 Jack E. Brown 法学教授

译者 赵蓉蓉 李瑞云 审校者 刘银良 张熠

摘 要

生物技术领域的专利制度，涉及健康产品时，会怎样影响本土群体的呢？这个疑问涉及了两个主要问题。第一是生物剽窃（也称为生物海盗）的问题——从传统的本土知识开发出有价值的药物产品在何种程度上必须适用专利制度？第二是对取自活体（尤其是人类）的基因序列和基因产品信息进行专利保护的问题——如何证明天然物质专利权的正当性？与此同时如何解决随之而来的诸多伦理问题。本章认为，生物海盗问题的核心不是基于传统本土信息获得专利是否有效，而是通过不公平的手段获取知识，以及将这些信息转化成有价值的产品后，对所获得的惠益不公平地分享。解决上述问题需要保证获取传统知识的公平性和合理地补偿提供此类信息的源头群体。关于以基因序列和基因产品信息申请专利，本章得出的结论是，此类问题同样对本土群体和非本土群体造成了影响，最好的解决办法是进行政策调整。

1 引言

论述现代知识产权制度如何确实、可以并应该影响本土群体的生活和福利有很多。[1] 涉及生物技术时，在保护功能性发明方面著作权没有太大的作用，[2] 而商业秘密固然重要，

Karjala DS. 2007. Biotechnology Patents and Indigenous Peoples. In *Intellectual Property Management in Health and Agricultural Innovation: A Handbook of Best Practices* (eds. A Krattiger, RT Mahoney, L Nelsen, et al.). MIHR: Oxford, U. K., and PIPRA: Davis, U. S. A. Available online at www.ipHandbook.org.

但与本土群体利益相关性较低。[3] 因此本章试图揭示生物技术领域的专利权问题，这些问题已经成为合理关心本土群体的重要内容。

在全球化和本土居民权利的背景下，有关生物技术专利的文献主要讨论两个问题。一是以传统本土知识为源头生产有价值的产品，如药品；二是从生物活体，特别是人类身上提取的基因序列和基因产品信息的可专利性。这两个问题可能会交叉（例如，从本土群体采集基因信息），但对这两个问题进行概念区分，对下面的分析可能会有帮助。第一个问题提出了发达国家对本土知识的所谓“生物剽窃”问题。因为这一问题直接牵扯本土群体的权利，尽管如下文所讨论的那样，只要重点分析专利法的基本原则，就可以解决大多数问题。第二个问题，特别是涉及人类基因组信息时，必须进行伦理调查，并对专利法和专利政策提出根本性的问题。但是，这些问题大多数不是对本土群体产生影响的生物技术专利所特有的，并且实际上许多问题影响到每一个人，无论他们生活在发达国家或发展中国家。本章的第二部分和第三部分将继续阐述这些问题。

第四部分将申请专利是造成生物剽窃主要原因这个问题置于一边，从证明基因和基因产品专利并没有对本土群体产生特殊的影响出发，尝试罗列世界专利体系给发展中国家造成的实际问题。第四部分得出的结论是，虽然难以证明现代专利制度能够保证发展中国家从中直接受益，但全球专利制度对发展中国家也没有造成不利影响。问题不在于专利的存在阻碍了生物技术在发展中国家传播，而是发展中国家从拥有强大专利体系的发达国家平行进口专利产品所导致的“泄露”风险。发生太多泄露将会削弱创新的动力，即使在发达国家也是如此，这对任何人都不利。

最后的结论是基于本章的基本假设。专利法整体能否以及在何种程度上可以激励创新或者商业化创新，还需要认真的讨论。专利法太强还是太弱？专利保护期限太长还是太短？我们对知识产权制度在实际工作中的激励作用知之甚少，特别是专利和著作权。[4] 本章的目的不是对专利制度进行整体的根本分析，而是假设，赋予那些智力创造符合专利条件的人一段期限内的专有权，发达国家专利制度总体上能够实现其激励创新的基本目标。[5]

2　生物剽窃与专利

2.1　基本问题

生物剽窃问题可以通过一个案例来说明。一家大型制药公司将本土群体关于一种植物或其他天然物质的药用功效知识，开发成为受专利保护并受欢迎的药物。[6] 根本的问题是，外来者利用这类知识，并从中获利，是否公平或在何种程度上公平。佩特森（Paterson）和卡哈拉（Karjala）从传统的专利和版权制度之外的本土群体权利的角度考虑这个问题，得出的结论是，按照传统的合同原则和反不正当竞争法的法规可以处理并可能解决上述问题，而运用传统知识产权制度如专利或版权制度则可能引发出根本性难题。[7] 本文从另一个角度探讨了这个问题：如果有的话，专利法影响或加剧了生物剽窃问题吗[8]？

2.2 物质资源与信息资源

在考虑生物剽窃问题时，重要的是区分物质资源的使用与信息资源的使用不同。物质资源是消耗性的，当一个人使用时，其他人不能再使用。而信息资源是不会消耗的（可无限次使用），一个人使用并不妨碍另一个人以相同或不同的方式使用[9]。惠特（Whitt）教授声明“生物殖民主义通过获得并输出数据，将一个民族及其周围环境的知识集中在帝国力量手中”，[10] 这是我所见过的对生物殖民主义最强烈的谴责之一。但这是完全错误的。公开可用的知识不可能“集中”在任何人手中。也许 Whitt 教授想说的是，在现有专利制度下，基于本土群体的数据申请外国专利的外来者，将本土知识的使用权集中在自己手中。但是如果理解为本土群体不能再以传统方式使用自己的传统知识，是不对的。

另外，以下说法也不对，即在通常情况下，因为专利权人仍然可以按自己选择的数量自由销售产品，其并不会因为销售未经授权的专利产品复制品受到伤害。但只有购买盗版产品替代了购买专利产品的情况下，伤害才会发生。通常某些盗版产品的购买者将完全放弃使用授权产品，而不是选择为授权产品支付更高的价格。当然如果无法得到便宜的盗版产品，可能至少会有一些人愿意支付更高的价格。此外，如果在较贫穷国家低价出售的盗版药品无法到达无力负担授权药品费用的患者手中，这些盗版药物可能通过某些渠道回流到发达国家，就可能会取代授权药品而降低专利权人的利润。

因此，知识产权与有形资产有着本质的区别，这也是知识产权相关法律规则必然有所不同的原因。对于知识产权学者来说，这一点显而易见，几乎是老生常谈，但在有关生物剽窃的文献中，这一点似乎常常被忽略。信息资源的不可耗竭性意味着，一旦信息公开可用，维持其专有权就是低效的经济行为。[11] 尽管存在事后经济效率低下的情形，我们仍勉强接受专利和版权有限期的专有权，因为我们相信这可以激励人们创造更好的作品。换句话来讲，我们接受在权利持续的期限内会造成短期的经济效率低下，但相信从长远来看，将会有越来越多令人满意的作品。而要求对专利和版权制度之外的信息享有专有权，特别是对已为公众所知的信息享有权利，不能以类似的激励创作的理由进行论证，而需要其他正当理由。

但其他正当理由在所谓的“自然权利”理论中很难找到。自然权利理论（“它是我做的，所以它就属于我”）不受保护期限的限制，对于同等智力创造的专利权和作品版权不进行区分。人类历史上的一些最有创造性的作品，像牛顿的万有引力定律和爱因斯坦的相对论，在任何专利或版权制度下都得不到任何保护，很难解释自然权利的基础是一个人对其创造的想法和发现享有专有权。就本土群体而言，如果他们基于自然权利对其开发或发现的信息主张专有权，那么根据相互性原则，就可要求对其他地方开发的信息承认类似的权利。然而，这种承认肯定会使任何特定群体付出远大于其获得回报的代价。

2.2.1 遗传物质资源枯竭

在某种程度上，对生物剽窃的批评集中于造成遗传物质资源枯竭的问题上，这可以依据资源供给国家的环境法规加以控制。[12] 换句话说，这不是知识产权问题，而是有形资产的问题。如今，关于未经授权（盗窃）或以欺诈手段获取这些资源是否违法，尚无明显的争议。但是，在其他地方一种关于植物活性成分的专利与该植物相关的环境枯竭问题无关。如果专利权人能够合成该活性成分，则此类活动不会进一步导致资源耗竭。如果专利权人需要该植物本身，并可在原生境之外的地方进行种植，则也不会造成原产国的资源枯竭。如果该植物只能在原产国生长，那么国外的专利甚至在原产国申请的专利，都无权使用该实体植物制造专利产品。即使有关活性成分的专利在来源国家得到认可，它将给予专利权人合法权利以阻止他人从该植物体中提取活性成分，行使该权利可能意味着对物质资源消耗得更少，因为比传统用途更多消耗遗传资源不再符合任何人的经济利益。因此，该专利可能会增加来源国用于监管损耗的权力，如果来源国选择禁止专利权人拿走该植物，则不会加剧遗传资源的损耗。

2.2.2 信息资源的消耗

如果抱怨来源国人民没有从提供信息而产生的发明中获得收益，应记住这样几点。

第一，如果是合法获得信息并得到一项发明专利，则该专利不能涵盖来源国人民对该原始资源的在先使用。[13] 事实上，如果最终产品是自然产生的物质，那么该国可以完全拒绝颁发此专利。即使是美国的专利法，也直到最近才承认天然物质的专利权，无论这些天然物质是否已被分离或纯化。[14]《与贸易有关的知识产权协定》（TRIPS）要求其成员制定专利法，保护“新的、具有创造性的、能够工业应用的发明”，[15] 但是TRIPS协定没有在任何地方对“新”进行定义。因此，任何成员方都可以以不是“新的”为由，自由地拒绝授予涵盖自然产生的物质或传统治疗方法的专利。根据TRIPS协定第27.3条（a），成员方还可以拒绝授予以纯化或未纯化的天然物质用于治疗或诊断目的的方法专利。此外，遵循传统的美国法律，成员方可以认为分离和纯化这些物质缺乏“创造性”而不涉及“创造性步骤”。

第二，如果最终产品是原始来源的实质性修改[16]，并构成一项真正的发明，我们可以假设它比原始来源具有更大的治疗价值，那么专利在来源国确实有效，允许专利权人收费，即在专利期间针对在该国使用新药设置垄断价格（假设没有有效的替代品可以压低价格）。如果来源国的人民负担不起新药，他们的状况与他们负担不起任何其他新药（不论是否获得专利）或任何其他产品没有什么不同。他们没有失去他们以前拥有的任何东西。他们可以一如既往地继续使用原始资源，而且他们现在还可能获得更有效的治疗（如果他们负担得起的话），其他地方从未接受过原始治疗的当地（和其他）人民也是如此。[17] 在生物剽窃发生后，包括原始治疗和新开发药物的更广泛应用可能值得更多地重视。威特（Whitt）教授在上面提到的她的文章中声称：

> 纵观世界各地，集体拥有的传统药物和种子正在被加速私有化和商品化。它们经过充分的改造可以申请专利，被转化为科学家和企业的“发明”，并投放到遗传市场上出售。

但很难看出“集体拥有”被改良药物和种子的前身的人是如何受到伤害的。改进产品现在可供更广泛的消费者使用，包括来自全球其他地区的本土群体。实际上，专利可能意味着在所有地方其价格都高于没有专利保护的产品价格。然而，如果没有专利激励，被改进的产品是否会存在，是一个好的问题。我们必须记住，没有人被迫购买新产品。每个人都可以自由地继续使用他或她过去使用过的任何东西。例如，那些选择购买专利种子的人应该认为较高的种子成本能够被新产品带来的收益所补偿。确实，专利法在减轻发展中国家人民面临的最重要问题方面并没有起到太大作用，例如，贫困、受污染的水和缺乏的教育。在发展中国家，目前有 8.4 亿人遭受着营养不良，13 亿人为贫困所折磨。[18] 但是，在某种程度上，专利法可以激励新产品尤其是药品和改良农业品种的开发，为包括本土群体在内的每个人增加选项，从而最大限度地改善他们的生活。如果目标是减轻发展中国家许多人的恶劣生活条件，那么只要信息是以合法和道德的方式获得，则将可能有助于解决部分问题的信息局限在发现它的小群体中就是不对的。同样重要的是要注意到，大多数本土群体没有任何资源可以用来生产有价值的产品，无论是遗传资源或其他资源。如果专利法能够激励人们创造出满足人类重要需求的产品，那么所有人都可能从中受益。

第三，否认专利并不一定会阻止“滥用”原始信息。无论如何，原始信息可能会被一个局外人商品化，以先行者或保密优势获得足够的回报。因此，如果我们接受了本土社会拥有信息专有权但经济效率低下的现象，就应该提供一些比效率低下更优越的正当理由，正如以上所述。[19] 将从本土居民收集的信息与可受专利和版权保护的信息区分开来并不涉及创新激励机制。在这些情景下，对于不正当行为的指控，应该准确地阐述从现有知识中开发出的（可能需要付出巨大代价）新的有用的东西（这是专利激励的全部内容）到底哪些是不正当的。如果在特定事例中，不正当是通过欺诈或其他暗中或不诚实的手段获取信息，现有的法律原则可以提供补救措施，或者至少是一种法定监管的路径。如果不正当是由于对西方法律惯例的无知而缺乏平等的议价能力，那么在支付使用费或其他补偿的协议中，设定缺省假设的有限法定路径也可能是合规的。美国的案例表明，利用信息创造专利产品但没有充分披露信息来源的情况并不仅限于发展中国家或本土群体。[20] 在特定情形下，违反保密关系、欺诈、侵犯隐私，甚至更普遍的不正当竞争概念，都可能成为接受保护传统知识的经济效率低下的理由。

基于源自本土居民的信息而获得专利，可能会使西方科学家及其雇主产生一种不正当的动机，促使他们企图通过欺诈或背信等违法手段获取信息。人们肯定可以找到这样的例子，富有创造力的发明人被他人的非法或令人厌恶的行为骗取了根据专利法本应属于他们的经济回报。通过提供专有权，专利法确实为专利权人带来了偶尔的好运，从逻辑上讲，对这种好运的期盼至少会引发一些企图获得不公平份额奖励的行动。但这也是专利法和财产权的一般特征。财产权的存在确实是盗窃的前提。鉴于大多数生物技术发明需要大量投资，才能将初始信息转换为商业产品，并对其进行健康和安全测试，因此生物技术专利似乎不太可能在这方面提供“特殊”的激励措施。许多发展中国家为保持对其遗传资源遗产的控制而通过大量“圈地”的法律，事实上可能会使研究人员远离生物勘探，因为确定那些能够开发出有价值产品的原始资源困难重重，而获得批准同意也异常复杂。[21] 换句话说，与许多其他产品相比，生物技术专利与为获得本土资源的信息而欺诈并不存在强烈的因果关系。此外，绝大多数的专利，包括生物技术和其他方面的专利，并不存在异议（例如，不存在欺诈或背信）。因此，当从本土资源获得的信息被转化为专利产品时，我们需要确定哪些是错误行为，并针对这种错误行为寻求适当的制裁。

一些评论员普遍断言，本土群体常常以伦理理由反对使用他们的传统知识，认为知识产权应被视为一种纯粹的公共产品。[22] 事实上，就像萨布里纳·萨夫林（Sabrina Safrin）所主张的那样，许多发展中国家为保持对其遗传资源遗产的控制而通过众多“圈地”法律，可能会使研究人员“远离”生物勘探，这是由于能够开发出有价值产品的原始资源确定起来非常困难，获得批准也异常复杂。没有人能说这种观点是“错误的”，因为它最终归结为一个基本价值观的问题。然而遗留的问题是，遵循这一观念的任何一个群体是否应保留对群体外部人员使用他们发现的知识专有权。如果仅是通过简单地造访或者通过观察他们的生活方式而获取这些知识，并且这些造访者没有欺诈或者欺骗的行为，那么认为这些造访者不能利用这些知识创造新产品或者有资格获得专利的产品，与认可当地团体的专有权或者群体权利的做法是一样的。也许这样的认可是有道理的，因为该团体的文化应该得到外来者的尊重。但如果这是权利主张，我们应该能够用西方的概念来表述它，如违反保密或隐私权。在“我们发现了它，所以它是我们的”之外，还有一些东西是必要的，除非人们采取极端的步骤为知识产权建立成熟的自然权利基础，或者相对于经济效率更偏爱经济无效率。

一种相关的观点认为，专利通过最终提供取代传统来源和方法的产品来破坏本土文化，导致生物多样性的丧失，并最终导致传统知识和文化关键要素不可挽回的丧失，从而使本土文化枯竭。很少有人会否认这种损失的发生，这些损失不仅是本土群体所遭受的损失，而且是所有人类遭受的损失，如果没有知识的取代，这些人以后可能会从这些知识中学会如何改善他们的物质或精神生活质量。如果目标是防止本土文化的流失，那么将注意力集中在源自传统知识的专利上是相当短视的。大多数的本土群体最终不会成为有利可图的专利信息来源。并且，即使是那些提供可专利信息的群体，这些特定的信息也只是他们整个文化遗产的一小部分，而这些文化遗产中的大部分正受到来自音乐、电影和服装等其他来源的威胁。事实上，专利在一定程度上阻碍了对本土文化的技术转移（由于价格较高或缺乏当地的实施诀窍），实际上略微阻止了西方文化冲击的有害影响。取消生物技术进步的专利不会消除生物技术创新或其他技术领域的专利和非专利技术的不利影响。毋庸置疑，取消生物技术专利对于西式音乐、电影、服装和快餐导致的文化损失没有任何影响。简而言之，西方生活方式对本土文化的有害影响是严重而真实的。但不幸的是，它们不会因西方国家或传统文化地区对专利法作出的微小调整而得到改善。

因此，生物剽窃的核心似乎不是基于传统本土信息的专利的可及性，而是不公平地获取知识，以及对最终将其开发成有价值产品而获得利润的不公平惠益分享。需要解决的问题是，确保以公平与公正的方式获取传统知识，并确保向提供知识信息的群体支付公平的补偿。一些发展中国家已提议修订 TRIPS 协定，要求披露用于发明的遗传资源来源，提供原产国同意的证据，并提供公平分享惠益的证据作为授予专利的证据。

我的同事乔治·沙茨基（George Schatzki）和拉尔夫·斯普利策（Ralph Spritzer）建议拒绝授予基于不公平获取信息的任何专利，或者在实施时附加如下条件，即在专利权人与信息来源者之间公平共享权利（由法院裁决决定）。这不会是专利和版权滥用原则的重大延伸，在滥用情形下除非滥用被纠正，知识产权所有者将被拒绝实施权利。[23] 重要的是要记住，没有专利就没有“任何”可补偿的利益。[24]

这种分析对发展中国家的政策影响是直截了当的：就人们关注的生物剽窃而言，将专利法作为问题的一个关键部分，甚至是重要部分，是错误的。解决与生物剽窃相关的实际问题要困难得多。如果某特定国家或群体认为其传统知识是神圣的，不能用于经济开发，总是可以通过制定规则和法规规定任何企图学习或利用这类信息的行为违法。这肯定会阻碍本应是合法的行动，这些合法行动产生的产品可以改善来源国内外许多人的生活。但这是尊重当地传统知识的预期成本。问题是，从长远来看，这种方法不太可行。只要一个掌握了此类知识的人把信息传递到这个群体之外，而一旦信息被泄露，就不可能再保密。

在某一特定群体的生物学知识或构成被视为经济资源的情况下，鼓励那些愿意为其付费的人开发该资源是很重要的。政策制定者必须界定或设法让市场界定什么是公平与公正的补偿，即给予本土群体对最终成为盈利产品所作的信息贡献公平与公正的补偿，以及谁有权获得此类补偿。然后，政策制定者必须设法在没有事先达成补偿协议的情况下，使其无法获取可能有价值的信息。这样做必须不太增加生物勘探成本，以免使那些有可能利用这些信息的人和公司望而却步。这一切都很难。然而，在合同和不正当竞争法等领域寻找法律途径才是正确的方向。

3 涉及基因相关专利的技术问题

基因专利，特别是人类基因专利和基因产品（如蛋白质和酶）专利，在解释现行专利法时引发了一些重要的技术问题。[25] 此外，对于专利而言，始终存在一个基本政策问题，即从提供专利保护中所获得的利益（如果没有专利激励，新产品和新工艺将不被发明或披露）是否足以抵消政府在专利期内实施垄断所造成的损害（例如，那些本应被发明出来的产品价格高企以及对进一步研究的抑制）。最后，一些生物技术专利引发的伦理问题与专利法在早期阶段所面临的问题类型完全不同。

3.1 天然物质

美国法律对生物技术专利问题的分析始于 *Diamond v. Chakrabarty* 案，在该案中，最高法院认为，法律并不排除活体被授予专利权［447 U. S. 303（1980）］。最高法院对可专利性的判断标准是“不在于是否有生命，而在于是自然的产物还是人为的发明”。对于美国专利法第 101 条进行如此宽泛的解释，可以理解为该案是有争议的，因为该条款允许“发明或发现任何新的、有用的方法、机器、制品或物质组成”的人申请专利。很难将生物体归于这些类别中。[26] 然而就本文的目的而言，*Chakrabarty* 案最重要的是明确保留了长期以来禁止天然物质申请专利的规定。维持并区别于先前的案件，[27] *Chakrabarty* 案中判决的特征在于拒绝对仅是发现了“大自然的杰作”而授予专利。[28] *Chakrabarty* 案的判决强调系争遗传工程微生物不是“一种迄今为止未知的自然现象”，而是“人类智慧的产物”，与自然界中发现的任何东西都有明显区别。[29]

基因和基因产物，当它们存在或在活的生物体细胞中产生时，是自然产生的物质。它们可能很难找到，但我们知道它们是存在的，如果投入足够的精力，是可以找到它们的。人们可能会认为，禁止对自然产生的物质申请专利，在较早阶段就可排除对基因和基因产品申请专利。[30] 然而，尽管最高法院重申禁止对自然产生的物质申请专利，美国下级法院和专利商标局（PTO）的行为却有很大的偏离，在这一过程中进一步扩大了专利保护的范围。关于基因问题的讨论在早期阶段就偏离了主题，即在没有披露基因功能或用途的情况下，一个原始基因序列是否能够满足专利法对“实用性”的要求。[31] 针对发明可以申请专利，但仅仅是发现（如某一特定基因）不能申请专利的论点，PTO 认为：

> 当发明人公开了如何使用从天然状态分离的纯化基因，该申请即满足“实用性”要求。也就是说，如果该申请公开了所声称的分离纯化基因的具体、实质和可信的用途，该分离纯化的基因组成就可能是可专利的。[32]

因此，当一个基因在活的生物体细胞内处于自然状态时是不可专利的，但如果任何人成功地分离和纯化了一个基因（即使是通过一种极常规的方法）并公开了其适当的用途，就可以获得该基因的专利。

许多评论家不同意仅仅因为纯化的物质在自然界不存在，就把一种天然存在物质的分离和纯化形式当作专利的主题。[33] 琳达·德梅因（Linda Demaine）和亚伦·费尔梅斯（Aaron Fellmeth）教授最近提供了一份全面而令人信服的分析报告，对这一观点提出了批评，并证明它与传统观点有很大出入。[34] 他们认为，专利法第 101 条规定了“发明”而不仅是“发现”，[35] 因为根据明确的法定要求，专利的客体应是“新的”和源于人类智力思维的应用。他们指出，“分离和纯化”的解释废除了“发明”的要求，允许在增加商业或治疗价值的情况下对天然存在物质的任何实质性改变申请专利。正如他们指出的那样，在这种可专利性的基本原理下，第一个纯化水或血细胞的人可以申请专利。

Demaine 和 Fellmeth 教授推荐了一种测试方法，测试自然产生的物质是否已经转化为一种新产品，这种新产品在生物学功能上与自然产生的物质有本质区别。对于生物物质来说，通过这样的测试实际上需要改变分子结构，因为生物学功能如果不是完全，也在很大程度上是由分子结构决定的。通过要求在功能上有实质性的改变，这个测试排除了一个棘手的问题，即一个微小的结构改变（例如，添加或删除一两个外来原子）是否有足够的创造性值得申请专利。在其测试中，如果该基因或其产品仍然像它们在自然界中那样起作用，就没有足够的创造性，不足以获得专利。对于未经人为结构变化修饰的天然存在的物质，其中的一种可行性是明确规定只可获得方法专利，包括目前分离和纯化天然存在的物质新的和非显而易见“用途”的方法专利。[36] 无论采用哪种方法，都会使这种物质本身（无论纯化与否）自由地用于研究和用于尚未被专利权人主张的其他用途（根据 PTO，产品专利涵盖产品的“所有”

用途，无论这些用途是否在专利中公开)。发现这些物质的新用途可能需要大量投资，并需要专利保护的激励。虽然方法专利的保护通常被认为弱于产品专利，但如果将纯化的基因或基因产品用于特定的治疗方法，则可能没有现成的替代品，因此方法专利权人将保留该方法的专有权。

对于基因和基因产品的新的及非显而易见用途的方法专利，更实质性的反对意见来自 TRIPS 协定规则，该规则允许排除“用于人类或动物的诊断、治疗和手术方法的可专利性”［TRIPS 协定 27（3）（a）］。欧洲大部分国家和许多其他国家都利用了这种排他性的可能性。虽然美国不排除治疗方法的专利，但它免除了医疗从业者在开展医疗活动过程中发生的侵权责任［35U. S. C. §287（c）（1）］。然而在其他排除条款中，豁免权并不适用于专利实施过程中“违反生物技术专利”的侵权行为［35 U. S. C. § 287（a）（2）（A）］。至少在美国，使用通过生物技术衍生的天然物质的专利方法在某种程度上似乎不会受到指控。无论如何，治疗方法是否以及在何种程度上应受专利法保护涉及基本政策问题。如果目前在 TRIPS 协定准许的例外条款下，专利法对治疗方法提供的保护不足，那就应该对这方面进行修正。围绕目前针对治疗方法提供一系列例外条款，以产品形式保护自然产生的物质并不是一个令人满意的解决方案。[37]

不管怎样，美国法律已经偏离其长期以来的立场，即天然存在的物质是不可专利的，仅仅以纯化形式提取并不能使它们具有可专利性。在世界其他国家则有观点认为，因为它们不是新的所以这些物质不具有可专利性。TRIPS 协定要求专利仅适用于新发明，其成员可自由决定天然物质（如基因或基因产品）是否属于其专利法规要求的对“新”的定义。此外，仅仅找到原始基因并非特别困难，也并非有创造性。因此，也可以以缺乏创造性为理由拒绝授予原始基因专利。[38]

3.2 生物技术发明的专利条件

许多生物技术发明，如 *Chakrabarty* 案中的发明，创造性地改变一种天然存在的物质。在这种情况下，基于缺乏新颖性（即“以前不存在”）而反对专利是不可行的。在许多情况下，也不能基于最终产品缺乏足够的创造性而提出反对意见。因此，如果产品像 *Chakrabarty* 案中的微生物一样符合专利要求，例如，新颖性的技术标准和非显而易见性的实质性标准，专利法本身就没有理由拒绝授予其专利。[39] 当然，TRIPS 协定允许将植物和动物（微生物除外）排除在可专利性之外，[40] 许多国家可能出于伦理原因选择这样做。但缺乏对基因组创新的专利保护并不能确保不会出现基于修饰基因或基因产物的产品。此外，承认这一领域的专利并不意味着可以没有监管或通过具体立法进行彻底禁止。我们应该记住，转基因生物在帮助消除发展中国家的饥饿和疾病方面存在巨大的潜力，特别是在获得技术的前提下。如果这些产品的专利（至少在发达国家是这样）能够激励它们的创新——这意味着，如果没有专利，我们所有人都将面临创新更少的结果——那么完全否认专利权似乎会造成社会净损失。

4 通过政策平衡基因专利的成本和收益

4.1 天然物质

基因序列或天然基因产物的专利是否与早先禁止天然存在物质申请专利权相冲突，在最高法院处理此事之前，我们必须承认，法院和专利商标局已将专利主题的概念扩展到包括基因序列和天然基因的产物，条件是它们已被分离和纯化。然而作为一项政策，传统专利法的这种扩展是否有意义？

爱泼斯坦（Epstein）教授阐述了在决定是否承认基因相关专利时必须考虑这样的基本政策问题：创造这些发明的动机是否证明了限制专有权产出的合理性。[41] 几乎没有人以经济理由主张基因相关专利应该完全被禁止。但许多有才能的评论人士有力地论证了对原始基因序列申请专利可能会抑制（而不是促进）科学进步和实际有用产品的开发。单独的基因序列，即使是以分离和纯化的形式，也很少被直接使用。[42] 有用的产物通常是将基因植入生物体（如细菌）基因组中的结果，该生物体将制造由该基因编码的蛋白质或酶。然后必须从载体生物体（在本例中为细菌）产生的细胞环境中提取该蛋白质或酶，并最终在假设的用途中测试其安全性和功效。从基因本身到有用产品的这些后期下游活动通常需要付出巨大的努力，通常比首先确定基因所需的努力更多。因此，上游基础工具的专利可能会抑制而不是促进有价值的下游研究[43]。实际上，Demaine 和 Fellmeth 教授指出，当上游专利缺乏独创性时（自然发生的基因序列就是这种情况），专利激励可能不会诱导创新，甚至可能严重阻碍下游研究。[44]

也有人认为，原始基因专利可能会导致在基因研究上投入过多，而在开发新产品并将其推向市场方面投入不足。[45] 这些专利还会抑制信息流动，这反过来又会造成重复研究。[46] 海勒（Heller）和艾森伯格（Eisenberg）教授认为，基因序列专利可能导致反公地悲剧，上游专利权人针对基因片段存在很多重叠性的权利要求，或应与下游研究人员之间通过达成延展许可协议[47] 而建立叠加权利，必须协调一致才能开发出有用的产品。但太多这样的权利要求可能使所有各方之间的谈判变得困难或不可能。[48] 此外，生物技术的反公地悲剧要比知识产权的其他领域更易持久，因为其交易成本更高，所有者之间存在多样化的利益，研究人员的认知偏差更大。[49]

因此，这些政策的争论表明，美国的法律错误地偏离了其传统，即在基因序列的情况下应拒绝保护天然存在的物质，即使它是纯化的物质。然而，就像基于缺乏发明或新颖性而反对这种专利的论点一样，其中也没有任何内容表明本土居民受到了与其他任何人不同的差别待遇。如果在法律或政策层面对基因或基因产品授予专利是错误的，我们应该纠正法律，不是因为它给本土居民带来了特别的负担，而是因为它给每个人带来了不合理的负担。[50]

4.2 修饰的基因及其产物

针对人类创造的天然不存在的 DNA 序列和这些序列的衍生产品，我们不能再泛泛地说没有发明或者发明不是新的。这些发明，如 *Chakrabarty* 案系争的可分解原油的细菌，有望改善人类的一些最严重的痛苦。与所有发明一样，专利是否以及在多大程度上为此类发明的研究提供了必要的激励，是一个困难和未解决的问题。然而在这一点上，笔者认为没有理由区分这些基因组发明和其他任何发明。

5 基因相关专利引起的伦理问题

专利赋予其所有者排除其他人制造、销售或使用专利发明的权利。因此，涵盖生物体基因的专利，特别是涉及人类基因组片段的专利，引发了以下的伦理问题：

- 这种对基因或其产品的私人控制是否涉及对“人类共同遗产”的垄断
- 是否通过把生命变成商品来玷污人的生命
- 是否会干涉个人或集体隐私
- 当集中在少数经济发达国家时，是否会促进分配的正义

农作物品种的专利也被认为威胁生物多样性。[51] 这是将在一段时间内继续审议的严重问题。笔者在此仅对它们作简单论述，因为在笔者看来，本土和非本土人群受到的影响是同样的，或者至少在基因相关专利的成本或收益分配存在差异的地方，有分析表明并非是专利带来了这个问题。

5.1 垄断人类共同遗产

我们首先应该注意到，任何反对基因专利垄断人类共同遗产的意见，实际上必须只涉及人类基因专利，因为是这些基因代代相传至人类。如果所有生物都被认为是人类共同遗产的一部分，那么在家畜甚至植物之上就不可能有财产权，更不用说专利权了。反对与人类基因有关的专利似乎被包含在自然发生的物质争议中。如果我们坚持传统的禁令，不允许专利涵盖自然产生的物质，无论是否分离和纯化，人类基因及其蛋白质产品将是不可专利的。[52]

另外，一项全面的成本/收益分析可能表明，通过认可基因及其产品的专利，获得的收益要大于损失。专利实际上可以作为发现这些产品及其期待用途的一种激励，所以应接受暂时提高价格和减少信息流的缺点。如果我们暂时认为事实确实如此，我们必须处理人类基因相关专利是否应该被否决的主张。尽管它们具有经济优势，但因为它们相当于是对人类共同遗产的不良垄断，所以它们仍应被拒绝。

如果将人类基因或其蛋白质产物的专利解释为覆盖人类细胞内发生的自然过程，即基因本身存在并导致其蛋白质产物的制造，则该权利要求是最强大的。从字面上看，就细胞以及细胞所属的人来说，每次细胞分裂都会产生基因，细胞在制造基因产物的过程中使用了该基因。因此，似乎涉及该基因或其产品的专利将受到这些自然活动的侵犯。[53] 虽然该专利仅根据申请人主张的该产品从其天然形式中分离和纯化而授予，但一旦授予该产品（或物质组成）专利，则该专利覆盖了该化学组合物的任何用途。例如，一项新药的专利将覆盖药物掺入或混合的任何形式的化学包装。如果没有，专利将毫无价值。因此，当应用于生物体时，天然存在的基因及其产物的物质组成专利的逻辑会导致荒谬的结果，这代表了该理论的一个基本缺陷。[54]

然而，问题的产生不是因为基因是人类共同遗产的一部分，而是因为基因和基因产品专利本质上覆盖了非发明的东西。想象一下，如某个人或某个群体的细胞在特定基因中含有一个独特的突变，从而使该基因具有一定的特殊价值，但它却不是人类共同遗产的一部分，因为根据假设，最多只有一个有限的群体携带该基因。[55] 此外，通过限制对人类基因的关注，共同遗产路径将使其他植物和动物中天然存在的基因免于获得专利。因此，在基因构成人类共同遗产的基础上反对基因专利，不如仅仅停留在传统专利法范围内，并以天然基因和基因产品专利在理论上垄断它们所衍生有机体的生命过程为由拒绝专利，这样似乎在分析上更有效。尽管目前看起来这更多是在理论上而非在实践中，但无论经济成本/效益分析如何，这种垄断都是完全不可接受的。

无论如何，与本章题目最相关的是，共同遗产的论点并没有将本土居民与非本土居民区别开来。如果任何人在人类的共同遗产中获得一项对本土居民不利的专利，那么对其他所有人也同样不利。[56]

5.2 生命商品化

许多人坚持认为，人类基因组专利在道德上是错误的，因为它们把生命变成了一种商品。[57] 虽然这一论点听上去有些夸张，但它的概括性很强，使分析应用变得困难。例如，对利于诊断潜在疾病的基因申请专利，可能意味着任何想要进行遗传测试的人，将比该基因处于公共领域时支付更高的费用。然而，这并不比任何其他医疗诊断设备或程序的专利更能使人类生命商品化。奴隶制使人的生命商品化。全基因组的专利很可能被认为使人类生命商品化。归根结底，它可能涉及基本的伦理或宗教价值问题，[58] 但没有一种基因或基因产品可以被有意义地视为“人类生命”。虽然整个人类基因组在许多情况下可能被视为“人类生命的蓝图”，但在任何地方都不会有关于整个人类基因组的专利。当一种产品成为市场交易的主体时，它就被“商品化”了，就像阿司匹林一样，只要支付购买价格，它就能被广泛使用。不难想象，基于人类基因的非专利产品市场，像阿司匹林这样的产品将成为大宗商品。如果它们从来没有专利保护，或者专利已经过期，那么它们与专利保护期间的产品是一样的，都是大宗商品。[59] 此外，专利的不可及性并不会阻止针对人类基因的科学活动或基因产品的所有市场活动。反过来，专利的可及性并不等同于商品化。[60]

最后，再次提出了一个问题，基于人类基因生产和销售产品如何对本土和非本土居民产生不同影响。更有可能的是，一个设法在现代社会冲击下保持相对孤立的本土群体，对于那些寻求将基因开发成可专利产品的人来说其集体基因组将具有特别感兴趣的遗传特征。[61] 但是，很难看出对这些遗传特征的研究如何将提供信息来源的人的生命变成一种商品。更多时候，讨论的是这些人应该能够最终从这些研究结果获得的任何利益中获益，这只不过是更普遍的非人类资源的生物剽窃问题的人类基因组变体。事实上，如果现代医学发展的益处惠及本土社会的过程很缓慢，那么很难看出发达国家的商品化对它们究竟有何影响。

5.3 隐私与人类尊严

许多人谴责承认基因相关专利从根本上违背了隐私和人类尊严的准则。[62] 其中蕴含的概念似乎源自个体的基因和与其表型之间的亲密关系，表现为身体、智力和情感特征。[63] 因为基因也是我们集体构成的一部分，所以有人认为基因专利也可能侵犯某种集体隐私权。[64]

毫无疑问，在个人层面对某个人基因组的了解，特别是对与特定疾病存在因果关系的特定基因的了解，可能会导致就业或保险等领域不公平的歧视。[65] 如果已知这样的基因在特定群体中具有突出的差异，那么也会存在群体歧视的危险。如果没有低估任何一个问题的重要性，就很难看出与基因相关的专利是如何加剧这些问题的。无论是否获得专利，基因组研究已经持续了一段时间并且不太可能停止。实际上，正是对基因及其功能的识别为任何后来可能发生的个人或集体歧视奠定了基础。反对这种天然存在的物质申请专利，一个主要政策论点是，专利“不是”激励这种研究的必要条件。[66] 有充分的理由相信这种研究的大多内容，即使确定了具有一般不良表型反应（如疾病）的特定系列基因，最终将导致有价值的治疗或至少是预防的方法。撤销专利激励几乎肯定会对这些发展产生不利影响。

通过滥用基因组研究结果干扰隐私规范和侵犯人类尊严，对于发达国家人民及本土居民，一样是有问题的。对本土居民来说，可能最坏的情况是发现一种某一特定群体的特定基因，这种基因在某些不受欢迎的表型属性中起着因果作用（从群体外部来看）。这一发现可能会在外人眼中给该群体蒙上不公正的污名。然而专利似乎与这样的发现无关。当群体之外的人基于一个本土群体的基因构成寻求专利时，通常是因为这个群体被认为比其他人类拥有遗传“优势”。[67] 根据专利的激励性质，专利不太可能鼓励任何人去寻找一种在发达国家被视为一种劣势而在这些国家处于未知的基因。

5.4 单一化作物种植和作物基因组的垄断

在人类基因组之外，一些评论者也提出关于基因专利适当性的伦理问题。例如，作物品种的专利可能导致单一化种植和使用昂贵的投入品，如化肥，从而造成环境伤害。[68] 据称，保护范围广泛的植物品种专利使一些公司实际上垄断了重要作物的基因组。[69]

在这一点上我们再次发现一些潜在的严重问题。例如，如果世界上所有的小麦都是同一品种，当这个品种被证明容易感染某种迅速蔓延的枯萎病，那么可能损失很大一部分世界粮食供应，从而带来灾难性的后果。尽管如此，我们必须考虑专利在产生或加剧这些问题方面可能扮演的角色。如果问题是使用昂贵的投入品，那么似乎并不是每个人都会使用这个品种（特别是那些无力支付的人）。应该记住，对于一项农作物的品种专利，任何人没有义务购买这类种子。所有农民都可以继续以传统方式使用传统品种。专利可以作为一种激励，促进寻找或商业化环境友好型作物和其他发明，专利的存在可以减少经销商采取经济上效率低下、也许对环境有害的自助式的补救措施。[70] 此外，如果环境损害是问题所在（易受影响的单一品种栽培就是例子），最可能采取的必要补救措施是环境管制。[71] 由于人类都有“搭便车”的倾向，如果不能保证竞争对手也处于同样的（经济上的）劣势，就不能指望任何人在粮食生产上采取对环境友好的方法。如果一种特定但有优势的品种没有获得专利，它很可能比获得专利的品种推广得还要好，从而增加了依赖单一品种种植的危险。

6　政策含义

本节展示的生物材料与专利法相关的主要政策问题，并非是本土居民和发展中国家所独有。相反，根据美国和欧洲的现行法律，当天然存在的化学物质（DNA 序列和基因及其天然产物）以分离和纯化的形式被提取时，它们可以作为专利主题方式。现行专利法、国际知识产权或贸易协定没有任何规定强制要求这种处理方式。即使在美国，允许对天然产生的物质申请专利也违反了长期的专利传统。迄今为止，还没有人提出令人信服的政策理由，以证明应该对传统专利原则进行如此激进的改变。发展中国家和发达国家的决策者因此应抵制采取这种改变，不是因为这种专利对隐私和人类尊严产生不良影响，而仅仅是因为拒绝对天然产生的物质授予专利权是一种好的专利政策。

6.1　专利与发展中国家

任何国家如果希望享有世界贸易组织（WTO）可能提供的自由贸易优势，就必须遵守 TRIPS 协定的知识产权要求。除其他事项外，TRIPS 协定要求其成员采用与美国和欧盟发达国家一致的专利法。许多评论者认为，发展中国家除需要避免贸易报复之外，几乎无法从 TRIPS 协定所要求的那样从承认外国专利中获益。[72] 关于专利法是促进还是禁止向发展中国家转移技术的激烈辩论仍在继续。这进而引发一个问题，即建立一个主要保护发达国家利益的专利制度的成本，是否会被其带来的益处所抵消。此外，一些评论者提出了生物技术领域之外的伦理和人权问题，这包括分配正义[73] 和获得药品[74] 的问题。其他评论者断言，发展中国家可能将知识产权视为任何个人都不应拥有的社区（公共领域）资产。[75] 尤其是专利，它与本土知识和价值体系相冲突。[76]

6.1.1　技术转移

毫无疑问，TRIPS 协定妨碍了发展中国家（地区）制定能够更好地适应本国（地区）经济和社会条件的本国（地区）知识产权标准和政策的能力。[77] 特别是，TRIPS 协定不允许选择不承认其他成员方公民的发明专利。[78]

发展中国家拥有专利法的好处也受到严重质疑。例如，有人声称，承认专利会促进技术转移，使实施专利的国家不仅能获得专利申请本身所提供的知识，而且还能获得必要的专有知识，以便开始进入这些技术领域。然而其他人对这些说法提出异议，认为外国专利阻碍了发展中国家使用新技术和新产品。[79] 例如，发展中国家的需要往往是相当基本的，有些国家缺乏吸收最新技术的能力。外国专利所有人如果能从进口中获得利润，可能就缺乏动力转移与专利发明有关的专有技术。最明显的是，专利申请中所包含的信息总是可以在保护该发明专利的发达国家获得。因此，如果一个发展中国家确实有能力在当地产业中利用这些信息，就可以在没有自己专利法的情况下获得这些信息，而且其公民可以更早地利用这些信息，或者至少不需要获得许可。[80]

6.1.2　获得发明

人们通常会观察到，进入市场的专利商品价格会高于没有获得专利的商品。[81] 在某种程度上这是正确的，如果需求有弹性，它就会减少专利商品的获得，因为根据定义，处于边际的人可以负担更低的价格而不是更高的价格。此外，有人认为，专利所有权人可能选择既不进入一个市场，也不授权当地生产，从而减少该国的获取机会。[82] 反对发展中国家制定专利法的最令人信服的理由可能是由欧迪（Oddi）教授提出的，即对于某发展中国家来说，很少有发明是由“专利引发”的。[83] 也就是说，无论如何，不管任何一个特定的发展中国家是否有可能保护其专利法，大多数发明都有可能被发明出来。从某种程度上来说，如果一项发明在这个意义上不是由专利引发的，那么在发展中国家的专利保护必然增加该国的成本，因为该国的机构可以获得授权专利国家的专利信息，所以承认这样一项专利不会带来更多好处。[84]

6.1.3 平衡专利法的成本和收益

上述分析表明，发展中国家提供专利保护可能会大大增加这些国家在新发明方面的成本，[85] 而这种成本很可能不会被当地技术发展的增长，或获取专利发明而产生的增长所抵消。然而，对最引人注目的获取关键药物案例的考虑，表明这一问题比基本理论分析所建议的更为复杂。

为了研究专利法对发展中国家获得有效治疗的影响，阿塔兰（Attaran）和吉列斯皮·怀特（Gillespie-White）研究了非洲用于艾滋病治疗的抗逆转录病毒药物的可及性。[86] 令人惊讶的是，与传统观点相反，他们发现在整个非洲获得抗逆转录病毒治疗与专利状态之间没有相关性。[87] 研究发现，在非洲各地，获得这些药物的情况都很糟糕，与这些药物是否获得专利以及在哪里获得专利无关。[88] 因此，至少在最贫穷的国家，获取可能拯救生命的药物似乎不是因为受到专利的限制，而是由于缺乏资金，无法以反映其生产和施用成本的任何价格获得这些药物。[89]

这表明，在发展中国家普遍存在的获得发明和技术的问题一般不会通过在这些国家拒绝授予专利而得到解决。在发达国家拒绝授予专利肯定也无法解决这个问题，因为这种拒绝消除了发明的动机从而使创新难以企及。这个问题把我们带回到知识产权的基本性质，特别是在不减少供应的情况下无限的可倍增性。[90] 比如，我们可以问，如果知识产权（如专利）的利用在一个特定市场缺乏预期回报，那么为什么知识产权所有者应该关心这种知识产权的产品是否被复制和分销呢？

为了便于说明，考虑一个极端的例子。假设 X 国没有钱购买一种可能拯救生命的专利药物。专利权人在开发药物时，不可能将 X 国视为其预期回报的一部分，实际上无论药物在 X 国“是否复制和分销”，专利权人在药物进入市场后都没有从 X 国得到任何回报。药物在 X 国的复制和分销并没有影响专利权人在那些授予该药物专利权的国家和能负担该药物的国家出售此种药物的专有权。如果前提是 X 国复制和分销所有药物实际上都在 X 国内进行，并且仅仅是为了让 X 国公民受益，那么该活动对专利权人完全没有影响。因此对专利权人来说，问题不在于在 X 国的复制和分销，而在于在对专利权人有利的市场中可能出现灰色市场的泄露，因为这种泄露可能会降低这些市场中药物的价格。[91] 因此，如果专利权人能够确保这些药品不会回流到更赚钱的市场，那么（根据这些极端的事实）专利权人就没有经济理由不愿意以成本价将药物卖给 X 国。[92] 换句话说，X 国专利法存在与否实质上与专利权人无关，专利权人唯一关心的是在 X 国分销的药品与其他市场的竞争。

当然在任何现实情况下，总会有少数人能够支付得起专利权人的价格，所以以成本价出售药品实际上会降低专利权人的收益。

然而对于世界上最贫穷的国家来说，这些人的数量非常少。对于拥有更多医疗保健资源的其他国家，差别定价（在需求缺乏弹性的情况下收取较高费用，而在需求有弹性的地方收费较低）可能会导致发展中国家更广泛地获取药物并为专利权人带来利润。[93] 但是，如果在一个国家以低价出售的产品返回到其他更有利可图的市场，那么这些方案不会被拥有药品专利权的制造商所选用。[94] 此外，旨在最大化专利权人利润的任何差别定价计划，价格可能会高于没有专利专有权时的价格，在某种程度上降低了产品供给，低于完全自由的市场。

平衡公共获取与激励需求问题的另一个变化发生在大学的研究中，因为研究型大学在同时积极寻求专利研究的经济回报并积极参与公共服务。最近有报道称，一些研究型大学已经成立了农业公共知识产权资源联盟，旨在规范其许可实践，使其能够参与到人道主义工作中。其中一些大学是有价值的生物技术专利的所有者，他们已发放专利许可，但现在发现他们自己需要使用专利去培育养活贫困人口的作物新品种。专利权因此成为他们人道主义使命的障碍。一个想法是在未来的专利许可中加入“人道主义使用”条款，以确保大学保留参与此类活动的权利。[95]

TRIPS 协定确实允许通过强制许可来改善专利的专有权。[96]《TRIPS 与公共健康多哈宣言》明确规定其成员有权自行确定授予强制许可的条件。[97] 对于缺乏在当地生产复杂药品的设施和技术专长的国家，TRIPS 理事会通过了一项由世贸组织于 2004 年实施的决定，[98] 免除出口成员在第 31 条（f）下针对强制许可的义务，生产和向“符合条件的进口成员”出口药品，条件是生产的数量不超过符合条件的进口方的需要。

我们可以得出结论，获取受专利保护的发明，特别是药品，并不像在世界各地获取不受专利保护的发明那样容易。TRIPS 协定是问题的一部分，而察觉到的平行进口的危险是问题的另一部分。[99] 重要的是，这些问题必须以世界范围内最大化获取所有类型的创新，尤其是对拯救生命的药物得到解决。解决方案应避免削弱发达国家激励更多创新的措施。对许多人来说，不能提供挽救生命的药品中普遍可及的创新是完全错误的。[100] 然而，我们被迫在普遍可及的现有技术和未来获取新技术之间作出权衡。如果尝试为某一特定创新提供普遍可及途径减少或消除了未来的创新，那么最终结果是任何人都无法获取创新，或者至少减少了创新成果的可及性。

7 结语

要理解生物技术发明专利对本土居民利益的影响，需要比一般文献进行更为细致的分析。例如，所谓的生物剽窃问题，并不在于基于传统本土信息的专利可及性，而在于未能公平分享最终从信息开发成有价值产品中获得的利润。在传统专利法下，自然发生的基因和基因产品的专利在技术及政策上都带来了严重的问题，也带来了重要的伦理问题。然而，这些问题并非本土居民所独有。相反，发展中国家和发达国家的所有人都应该而且必须解决这些问题。关于本土居民的基本问题是专利法的一般问题

(而不仅是生物技术专利）以及 TRIPS 协定强求其适用专利法是否会给发展中国家带来净利益。关于在发展中国家适用专利法是否会改善这些国家的技术转移或增加获得所期望发明，是一个严肃问题。该问题在某种程度上被归结为，发展中国家缺乏专利保护会损害发达国家的创新动机，要么是由于缺乏专利法的国家市场上没有盈利，要么是由于允许专利产品回流到能够激励创新的国家市场的灰色套利。

致 谢

作者非常感谢同事亚伦·费尔梅斯（Aaron Fellmeth）、罗伯特·克林顿（Robert Clinton）和道格拉斯·西尔维斯特（Douglas Sylvester）对早期文章草稿提出的诸多有益的评论。本章的早期草稿于 2003 年 9 月 19 日至 20 日在加拿大温哥华不列颠哥伦比亚大学举行的题为“全球化时代的知识产权与生物技术：挑战、机遇与风险”的会议上发表。本章的修改版本发表于《明尼苏达法律、科学与技术杂志》2006 年第 7 卷第 2 期（Volume 7，Issue 2，of the *Minnesota Journal of Law*，*Science & Technology* in 2006）。

DENNIS S. KARJALA, *Jack E. Brown Professor of Law*, *Sandra Day O'Connor College of Law*, *Arizona State University*, *Tempe*, *AZ*, *85287-7906*, *U. S. A. dennis. karjala@ asu. edu*

---

1 See for example, Paterson RK and DS Karjala. 2003. Looking Beyond Intellectual Property in Resolving Protection of the Intangible Cultural Heritage of Indigenous Peoples. *Cardozo J. Internat'l & Comp. L.* 11:633.

2 See Karjala DS. 2003. Distinguishing Patent and Copyright Subject Matter. *Conn. L. Rev.* 35:439 (arguing that functional subject matter belongs under the patent, and not the copyright, regime).

3 A modification of trade secret law aimed at protecting group privacy interests in sacred symbols and rituals might be effective. See Paterson and Karjala, *supra* note 1, at 665-66. Fellmeth has suggested that some might argue for a collective trade secret in the indigenous use of herbs or other natural materials, including biological materials. Such knowledge might qualify for protection under ordinary modern trade secret law because it may have independent economic value resulting from its not being generally known and the group may take reasonable measures to maintain secrecy. See Uniform Trade Secrets Act § 1(4), 14 U. L. A. 537-51 (1980 & Supp. 1986), defining *trade secret*. Article 39(2) of the Agreement on Trade-Related Aspects of Intellectual Property Rights (TRIPS) requires such protection for "natural and legal persons." Agreement on Trade-Related Aspects of Intellectual Property Rights, Apr. 15, 1994, Marrakesh Agreement Establishing the World Trade Organization, Annex 1C, 1869 U. N. T. S. 299, 33 I. L. M. 1197 (1994) [hereinafter TRIPS]. It is not much of a step further to recognize protection for cultural or ethnic groups collectively if the other conditions of trade secret protection are satisfied. To the extent that such knowledge is ineligible for trade secret protection, the problem is essentially that of biopiracy discussed in Part 2 of the chapter.

4 Lemley MA. 2000. Reconceiving Patents in the Age of Venture Capital. *J. Small & Emerging Bus. L.* 137, 139.

5 For a recent critique of this assumption, see Moore AD. 2003. Intellectual Property, Innovation, and Social Progress: The Case Against Incentive Based Arguments, *Hamline L. Rev.* 601.

6 See *supra* note 1, at 662–67.

7 See also Chen, J. 2006. There's No Such Thing as Biopiracy ... And It's a Good Thing Too. *McGeorge L. Rev.* 37, at p. 1 (2006) (arguing that the biopiracy narrative is largely a myth and that the term should be stricken from the ethnobiological discussion).

8 As Mark Lemley has stated: "*The economic rationale underlying much privatization of land, the tragedy of the commons, simply does not apply to information goods. It is possible to imagine physical bandwidth or server capacity being overconsumed, although the danger of that currently seems remote. But it is not possible to imagine overconsumption of a nonrivalrous thing like data. ... From an economic perspective, the more people who can use information, the better.*" Lemley MA. 2003. Place and Cyberspace. *Cal. L. Rev.* 91: 521, 536 (citationsomitted).

9 Whitt LA. 1998. Indigenous Peoples, Intellectual Property & the New Imperial Science. *Okla. City U. L. Rev.* 23: 211, 220.

10 See ratan NN. 2001. *Comment*, The Negative Impact of Intellectual Property Patent Rights on Developing Countries: An Examination of the Indian Pharmaceutical Industry. Scholar: *St. Mary's Law Review on MinorityIssues* 3: 339, 353–54.

11 See *supra* note 8. On the Economic Inefficiency of Protecting Works That Have Already Been Created; see also Karjala DS. 1997. The Term of Copyright, in *Growing Pains: Adapting Copyright for Libraries, Education, and Society* 33, 42–44 (ed., LN Gasaway). For a basic analysis of the underlying theories of property as they relate to traditional property (rivalrous in consumption) and intellectual property (nonrivalrous in consumption), see Epstein RA. 2005. Liberty Versus Property? Cracks in the Foundations of Copyright Law. *San Diego L. Rev.* 42: 1 (arguing that for both types of property utilitarian tradeoffs are necessary).

12 Professor Whitt describes how the Brazilian Guajajara treated glaucoma with a local plant now depleted by exports to the tune of US $ 25 million per year, with corporations holding patents earning even more. See *supra* note 9, at 213–14. To the extent depletion of the plant is the problem, this dispute would seem to be between the Guajajara and the Brazilian government, not between the Guajajara and the foreign patentees. Brazil has the legal right and power to regulate or even prohibit the exporting of the plant in question, especially if it is in danger of depletion.

13 As is discussed in detail below, the whole notion of composition-of-matter patents on naturally occurring substances is shaky under U. S. patent law itself, resting on a rationale that it is the isolated and purified form of the substance that is patented, not the substance as it exists in nature. In any event, the source country's long use of the plant for particular medicinal or other purposes would not be novel. Any claim that covered such a use (in the original source country) should be invalid for want of novelty.

14 For an argument that naturally occurring substances were long deemed by courts to be unpatentable and that Congress showed no intent in the 1952 Patent Act revisions to change that, see Demaine LJ and Fellmeth AX. 2002. Reinventing the Double Helix: A Novel and Nonobvious Reconceptualization of the Biotechnology Patent. *Stan. L. Rev.* 55: 303, 366–84.

15 Agreement on Trade-Related Aspects of Intellectual Property Rights, Including Trade in Counterfeit Goods (TRIPS) Article 27(1).

16 This is likely to be the case, at least in the United States, for any biotech patent based on indigenous information. Simply claiming a procedure observed in use by an indigenous non-U. S. group is likely to result in an invalid patent, because U. S. patent law requires that the patent applicant be the inventor. 35 U. S. C. § 102(f) (listing as an exception to patent entitlement that the applicant "*did not himself invent the sub-*

ject matter sought to be patented").

17 See also Heald PJ. 2003. The Rhetoric of Biopiracy, *Cardozo J. Int'l & Comp. L.* 519, 527: "[*N*] *o international patent can diminish* [*the indigenous group's*] *ability to cultivate, maintain, and use their existing resources.*"

18 Kowalski T. 2002. International Patent Rights and Biotechnology: Should the United States Promote Technology Transfer to Developing Countries? *Loy. L. A. Int'l & Comp. L. Rev.* 25: 41, 42. (citing Clive J. 2000. Global Status of Commercialized Transgenic Crops, Section 1. www. isaaa. org/kc/Publications/pdfs/isaaabriefs Briefs%2021. pdf).

19 See *supra* text accompanying note 11.

20 The *Moore* case, in which spleen cells extracted during therapy were used without the patient's knowledge to develop a new line of cells that became the object of a valuable patent, is surely the most notorious. *Moore v. Regents of the University of California*, 793 P. 2d 479 (Cal. 1990). However, there are reports of other cases in which people discovered that cell or tissue donations were used in ways beyond their expectations and the original purpose of their donations. See Kolata G. Sharing of Profits Is Debated As the Value of Tissue Rises, *New York Times*, May 15, 2000, at A1.

21 Safrin S. 2004. Hyperownership in a Time of Biotechnological Promise: The International Conflict to Control the Building Blocks of Life. *Am. J. Internat'l L.* 98: 641, 657.

22 See, for example, Gutterman AS. 1993. The North-South Debate Regarding the Protection of Intellectual Property Rights. *Wake Forest L. Rev.* 28: 89, 122; Sturges ML. 1997. Who Should Hold Property Rights to the Human Genome? An Application of the Common Heritage of Humankind. *Am. U. Int'l L. Rev.* 13: 219, 244. (asserting that developing countries view intellectual property as a publicly owned community asset that no single person should own); Whitt, *supra* note 9, at 252-53 (discussing a type of knowledge that the Maori call "tapu" and regard as sacred, believing that its misuse would cause the knowledge to lose its power).

23 See *Morton Salt Co. v. G. S. Suppiger*, 314 U. S. 488, 490-92 (1942); *Lasercomb America, Inc. v. Reynolds*, 911 F. 2d 970, 977 (4th Cir. 1990). Another approach to limiting biopiracy directly under the patent law would be to eliminate the geographical limitations on disqualifying prior art; Bagley MA. 2003. Patently Unconstitutional: The Geographical Limitation on Prior Art in a Small World. *Minn. L. Rev.* 87: 679, 724-27.

24 Kieff notes the need to find ways, possibly through contract, to solve the problem of allocating the wealth generated by a patent based on access to biodiversity, but he points out that without a patent system the wealth itself would be sacrificed. Kieff FS. 2002. Patents for Environmentalists. *Wash. U. J. L. & Policy* 9: 307, 318.

25 I address technical questions of patent law primarily by reference to U. S. patent law, which is the only patent law with which I am even modestly familiar. I assume, but am willing to stand corrected, that my comments will apply in at least some general way to the patent laws of most countries.

26 This broad interpretation of section 101 also conflicts with the special statutes aimed specifically at protecting plants. These included the Plant Patent Act of 1930, 35 U. S. C. § § 161-64 (protecting a new and distinct variety of plant that is asexually reproduced) and the Plant Variety Protection Act of 1970, 7 U. S. C. A. 57 (giving patent-like protection to sexually reproduced plants constituting a "new variety"). As a result of the *Chakrabarty* decision, plants are also patentable under the general Patent Act, a conclusion that the Court recently confirmed in *J. E. M. Ag Supply, Inc. v. Pioneer Hi-Bred Int'l, Inc.*, 534 U. S. 124 (2001). These interpretations of section 101 render both specific plant protection statutes largely extrane-

ous. Had Congress thought that the Patent Act covered all living organisms invented by man, it is unlikely it would have seen any need for special plant protection statutes.

27 *Funk Brothers Seed Co. v. Kalo Inoculant Co.*, 333 U. S. 127 (1948).

28 447 U. S. at 309–10.

29 See Demaine and Fellmeth, *supra* note 14, at 316–17.

30 While the proteins or enzymes that constitute gene products do occur naturally in living organisms in the form for which patents may be sought, genes themselves rarely do. A typical gene as found in the DNA of a living organism contains both exons and introns, which are regions that, respectively, are and are not "expressed" in protein production through the process of RNA transcription. See Karjala DS. 1992. A Legal Research Agenda for the Human Genome Initiative. *Jurimetrics J.* 32: 121, 129–33. If a gene researcher seeks to patent a DNA sequence composed only of the natural gene's exons, he would be technically correct in saying that such a sequence of DNA does not occur naturally and he has therefore created something "new." Excluding such DNA sequences from patentability, therefore, requires more than appeal to the traditional exception for "naturally occurring substances." The basis for exclusion must lie in the fact that this DNA sequence stands in a complementary one-to-one correspondence with the messenger RNA that serves as the template for protein production. Karjala DS at 130–32. The issue is whether exon-only DNA is sufficiently different from natural substances—the messenger RNA—to justify a patent. The substantial transformation test offered by Demaine and Fellmeth addresses this question and would deny a patent unless the new sequence shows a substantially different biological function from its natural forebear in the organism. See Demaine and Fellmeth, *supra* note 14, at 444–45.

31 Section 101 of the Patent Act requires that the invention be "useful."

32 PTO Final Examiner Guidelines on Utility Requirement, 66 Fed. Reg. 1092, Dec. 29, 2000, at 1093 (Response to Comment 1).

33 For example, see Drahos P. 1999. Biotechnology Patents, Markets and Morality. *E. I. P. R.* 441, 443, which argues that treating an isolated and purified form as an invention exalts form over substance. Epstein contends that granting patents to the discovery of cDNA tags would be like giving Madame Curie a patent for radium because she first isolated it from pitchblende, in Epstein RA. 1996. Property Rights in cDNA Sequences: A New Resident for the Public Domain. *Roundtable* 575, 579. Meyers argues for distinguishing between a discovery and an invention, in Meyers, AS. 1996. Intellectual Property at the Public-Private Divide: A Response. *Roundtable* 581; and Looney makes the case that a gene unaltered by human intervention does not necessarily lose its status as an object of nature simply by taking it outside the body identifying its function, in Looney B. 1994. Should Genes Be Patented? The Gene Patenting Controversy: Legal, Ethical, and Policy Foundations of an International Agreement. *Law &Pol'y Int'l Bus.* 26: 231, 264.

34 See *supra* note 14, at 366–84.

35 Section 101 provides for a patent to whoever "invents or discovers" patentable subject matter. In addition, the Constitution actually uses the word "discoveries" for the object of the exclusive rights Congress may afford to inventors: Congress shall have the power "*to promote the Progress of Science and useful Arts, by securing for limited Times to Authors and Inventorsthe exclusive Right to their respective Writings and Discoveries.*" U. S. Constitution, Article I, § 8, cl. 8. The PTO has latched onto the "discover" aspect of section 101 as a basis for gene-sequence patenting. With painstaking care, Demaine and Fellmeth argue that the word "discovery" was more narrowly understood at the time the Constitution and the first Patent Act were adopted and in those contexts required some creative act by the inventor ("invention") and not merely

that he had "found" something. See *supra* note 15, at 366–84. Demaine and Fellmeth argue further that the word "discovery" in the current Patent Act still requires "invention" and that Congress could not have intended to abrogate the requirement for human intellectual creativity if a patent is to be obtained. See also King J and D Stabinsky. 1999. Patents on Cells, Genes, and Organisms Undermine the Exchange of Scientific Ideas. *Chronicle of Higher Ed.*, at B6, B7; ("'*Products of nature' such as animals, plants, elements, and mineralscould not be patented [before Chakrabarty], becausethey are found or discovered, not invented*"); compare to Sturges, *supra* note 22, at 242 (asserting not entirely correctly, see *supra* note 30, that gene researchers do not create anything new but only indicate where a gene might lie along a naturally occurring sequence).

36 This suggestion was made to the PTO but they rejected it. Their response was simply that "*Paten tlaw provides no basis for treating DNA differently from other chemical compounds that are compositions of matter.*" PTO Utility Guidelines, *supra* note 32, at 1095 (Response to Comment 10). This, of course, is completely erroneous, insofar as naturally occurring sequences of DNA are concerned. Technically, a naturally occurring DNA sequence is usually not patented in the form it is found in nature.

37 I am indebted to my former student Fariba Sirjani for making me aware of section 287(c) and the alternative approaches to limiting therapeutic-method patents elsewhere.

38 Erramouspe M. 1996. Comment on Staking Patent Claims on the Human Blueprint: Rewards and Rent-Dissipating Races. *UCLA L. Rev.* 43:961, 997.

39 Rai AK. Patenting Human Organisms: An Ethical and Legal Analysis, Draft paper prepared for President's Council on Bioethics, June 21, 2002. www. law. upenn. edu/fac/akrai/rai. patents. cob. doc.

40 TRIPS Article 27(3)(b). Fellmeth has pointed out to me in a private communication that Article 27(3)(b) of TRIPS may soon be ineffective as a result of bilateral free trade agreements between the United States and many other countries, especially in the western hemisphere. These agreements require protection generally equivalent to that available in the United States after *Chakrabarty*.

41 Epstein RA. 2003. Steady the Course: Property Rights in cDNA Sequences. *U Chicago Law & Economics*, Olin Working Paper No. 152, p. 577. Here Professor Epstein argues against patentability for the discovery of cDNA sequences, equating it to giving the first person to capture a fox an exclusive right to all foxes (an analogy that admittedly conflates physical and informational resources).

42 Obviously, gene sequences inside the organisms from which they derive often have very important uses. The issue here is whether there is another use, therapeutic or otherwise, to which the purified form of the gene can be put.

43 Barton J. 1995. Patent Scope in Biotechnology. *International Review of Industrial Property* 26:605, 614. Barton argues that "*highly basic patents that preempt a large area of research are unlikely to be beneficial.*" Dickson describes Human Genome Organization (HUGO) officials' opposition to patents on cDNA sequences as "routine discoveries" that could inhibit incentives to establish gene function or develop applications, in Dickson D. 1995. HUGO and HGS clash over "utility" of gene sequences in US patent law, *Nature* 374:751. Epstein decries cDNA patents as opposed to patents for the fashioning of some new bacterium or virus with commercial applications. See *supra* note 41, at 578. See also Horn ME. 2003. *Note to* DNA Patenting and Access to Healthcare: Achieving the Balance among Competing Interests. *Clev. St. L. Rev.* 50:253, 263–64, 274–76.

44 See *supra* note 14, at 417–18.

45 Carroll AE. 1995. Comment on Not Always the Best Medicine: Biotechnology and the Global Impact Of U.

S. Patent Law. *Am. U. L. Rev.* 44:2433,2482;See Drahos,*supra* note 33,at 443.

46 See Carroll,*supra* note 45,at 2483–84;Chapman AR. 2000. Approaching Intellectual Property as a Human Right:Obligations Related to Article 15(1)(c),U. N. ESCOR,*Comm. on Econ.* ,*Soc. & Cultural Rts.*. U. N. Doc. E/C. 12/2000/12,at ¶¶ 6,57;but see Looney,*supra* note 33,at 244–45 (concluding that the impact of gene patenting on the dissemination of information is unclear).

47 See Marshall E. 1997. Need a Reagent? Just Sign Here.... *Science* 278:212 (describing the complex bureaucratic web resulting from general implementation of *materials transfer agreements* requiring the surrender of property rights in subsequent discoveries in exchange for materials intended for research use).

48 Heller MA and RS Eisenberg. 1998. Can Patents Deter Innovation? The Anticommons in Biomedical Research. *Science* 280:698,699–700;see also *supra* note 14,at 419–21 (noting that "*multiple patentable sequences[ESTs,codons,SNPs,etc.] can originate in the samegene,resulting in upstream patentees owning rights todifferent parts of the same gene*");See Horn,*supra* note 43,at 265–67.

49 See Heller and Eisenberg,*supra* note 48,at 700–701;see also Burk DL and MA Lemley. 2002. Is Patent Law Technology-Specific? *Berk. Tech. L. J.* 17:1155,1195–96 (arguing that the Federal Circuit's application of a stringent disclosure requirement and a lax nonobviousness requirement to biotech inventions exacerbates the anticommons problem by resulting in a multitude of narrow upstream patents that can strangle downstream product development).

50 But compare *to* Kieff FS. 2001. Facilitating Scientific Research:Intellectual Property Rights and the Norms of Science:A Response to Rai and Eisenberg. *Nw. U. L. Rev.* 95:691,704. (concluding,contrary to the premise in the text,that patent availability for basic biotechnological inventions increases the funds available for research and commercialization and will more likely promote traditional scientific norms,such as independence and objectivity,than would be observed in a world without such patents);Adelman DE. 2005. A Fallacy of the Commons in Biotech Policy. *Berkeley Tech. L. J.* 20:985,988 (states "*there are few signs that biotech patenting has impeded biomedical innovation*"). One commentator has argued that biomedical patents,by raising the cost of research tools,actually promotes fundamental scientific advances by giving scientists additional incentive to innovate at the level of basic scientific theory. Lee P. 2004. *Note to* Patents,Paradigm Shift,and Progress in Biomedical Science. *Yale L. J.* 659,694–95.

51 Center for International Environmental Law. *The 1999 WTO Review of Life Patenting Under TRIPS*. ciel.org/Publications/WTOReviewofLPunderTRIPS. pdf(hereinafter cited as 1999 CIEL Report).

52 Demaine and Fellmeth's substantial transformation test would allow a product patent on genes,including human genes,biochemicals,and tissues,that are so substantially transformed from their natural state that they perform a different biological function than they do naturally. Thus,anything taken out of the "common heritage" would have to be so changed from its natural state that a patent could not be used to control its natural use. See *supra* note 14,at 444–45. Effectively,the substantial transformation test they recommend for patentability should mean that no composition-of-matter patents would issue on naturally occurring genes or their products,because in order to perform a different biological function the substances almost certainly would have to have a different structure. Their test is thus one of the degree of *inventiveness* an applicant must show in order to get a patent on a composition of matter that he has modified from its natural form. This test does seem to leave the theoretical issue of whether a composition-of-matter patent could issue on a naturally occurring substance that has been isolated and purified and found to perform not only its natural function but also a completely different biological function. In this purely theoretical case,there remains a danger of control over its natural use. Product patents give rights to make,use,or sell the product,

covering even uses not disclosed in the patent application. Limiting protection to a method patent covering only the use of the isolated and purified substance in a specific therapy would avoid even this theoretical objection. Expressly restricting naturally occurring substances to method patents would not in any way preclude application of the substantial transformation test to substances that *are* structurally transformed. Indeed, that test is then vital in determining whether the applicant has truly "invented" something new or has simply made minor modifications of nature's handiwork.

53 For example, Demaine and Fellmeth (see *supra* note 14, at 434: "*From a purely positivistic perspective, a patenton a DNA molecule or protein entitles the patentee to forbid cell building, transcripting, and reproducing by any individual whose genome contains that DNA molecule or uses that protein, as such activities constitute using and making unauthorized copies of the DNA molecule or protein.*"

54 See *supra* note 14, at 435. While no court will be led to find infringement based on the natural operations of living organisms that have been taking place for eons, Demaine and Fellmeth point to other examples that may be closer to reality: A patient whose cells have been patented, for example, would be prohibited from donating or selling blood or sperm without a license from the patentee.

55 In a private communication, Aaron Fellmeth has offered some variations on the "universal heritage" argument. Some might argue, for example, that a gene is still part of the common heritage of mankind even though only a limited group carries it. The underlying principle would be that a gene is nature's, or God's, handiwork and cannot therefore be legally owned or monopolized by anyone other than the whole of humankind. One can get to this same result much more mundanely, but analytically more cleanly, by reactivating the traditional rule against the patenting of naturally occurring substances. And insofar as the argument is based on not monopolizing something created by God or nature, it still leaves open the question of whether and when patents should be available for structurally modified products of nature. For *that* determination we need something like the substantial transformation test of Demaine and Fellmeth. Another argument might be that genes are not just physical products but constitute information about nature and that such information should not be monopolized. This, however, is at bottom an attack on all of intellectual property law, because monopolization of information is precisely what patent and copyright laws do. Every invention carries with it information about the operation of nature, because technology works by natural laws. Consequently, the "information about nature" argument is not easily limited to genes and gene products.

56 It might be noted that the Biodiversity Convention requires that members facilitate access to genetic resources, subject to fair sharing of the benefits after genetic resources have been obtained by prior informed consent. Convention on Biological Diversity Arts. 15(2), 15(4), 15(5), & 15(7). The convention thus rejects any form of the "common heritage" doctrine that would prohibit all forms of commercialization. Downes DR. 1993. New Diplomacy for the Biodiversity Trade: Biodiversity, Biotechnology, and Intellectual Property in the Convention on Biological Diversity, *Touro J. Transnat'l L.* 4:1, 9. Similarly, Article 4 of the *Universal Declaration on the Human Genome and Human Rights*, adopted by the United Nations General Assembly, G. A. Res. 152, U. N. GAOR, 53d Sess. U. N. Doc. A/53/625/Add. 2 (1998) [hereinafter referred to as *Universal Declaration*], declares that the human genome in its natural state shall not give rise to financial gains. This too seems to allow commercialization of the human genome outside its "natural state," which would presumably include its "isolated and purified" form. This goes well beyond what would be permitted by traditional patent law under the exception for naturally occurring substances.

57 See Chapman, *supra* note 46, at 3; see Downes, *supra* note 56, at 4; see Sturges, *supra* note 22, at 242, 244-45; see 1999 CIEL Report, *supra* note 51, at 4.

58 The argument might be that every part of the human body is sacred and therefore may not be commodified. If this is the argument, however, it rejects even commodification of an unpatented human-generelated product. It is markets, not patents, that make something a commodity. This approach risks losing many products that have a potential for reducing human suffering and disease, which is a heavy price to pay in support of what is essentially a metaphysical principle.

59 Poste G. 1995. The Case for Genomic Patenting. *Nature* 378:534,536; see Rai, *supra* note 39,55.

60 Rai, *supra* note 39, at 55.

61 Compare Gross N and J Carey. Who Owns the Tree of Life? *Business Week*, Nov. 4, 1996, p. 194 (describing the Papua New Guinea Hagahai's apparent immunity to a virus that usually causes leukemia); See King and Stabinsky, *supra* note 35, at B6 (describing patent applications for cells and genes of New Guinea tribes because of an apparent immunity against certain viruses); see Frow J. 1995. Elvis' Fame: The Commodity Form and the Form of the Person. *Cardozo Stud. L. &Lit.* 7: 131, 150 (describing applications for patents on the cells of individuals from Papua New Guinea and the Solomon Islands, each of them carriers without apparent harm of the HTLV-I virus). In addition, remote, isolated populations often make it is easier to trace disease heredity, which means that studying the genes from these groups can speed up gene discovery and drug development. See Gross and Carey, *supra* note at 61; See Safrin, *supra* note 21, at 660-61 (DNA from homogeneous and isolated populations can facilitate discovery of disease-causing genes).

62 See *supra* note 14, at 437-38 (discussing the worldwide concern about these issues).

63 See Looney, *supra* note 33, at 238.

64 *Id.* at 238-39.

65 See Karjala, *supra* note 30.

66 See *supra* text accompanying note 44.

67 See *supra* note 61 (describing attempts to patent cells and genes of indigenous groups based on an apparent immunity to diseases that afflict developed countries).

68 See CIEL Report, *supra* note 51, at 4.

69 See Chapman, *supra* note 46, at ¶ 64.

70 See Kieff, *supra* note 24, at 318-19 (arguing that a patent can obviate the perceived need of the innovator of a new and valuable seed to use potentially dangerous technologies to protect against competitive sale of seed by initial purchasers).

71 *Id.* at 318 (arguing that where new technologies are harmful to environmental goals, the existence of a patent at least does not exacerbate the harm, because a patent's right to exclude does not provide an affirmative right to *use* the technology by the patentee, so such use can be regulated or prohibited).

72 See Carroll, *supra* note 45, at 2471 [citing ET Penrose, *The Economics of the International Patent System* 116-17 (1951)].

73 See Looney, *supra* note 33, at 240.

74 Lazzarini Z. 2003. Making Access to Pharmaceuticals a Reality: Legal Options Under TRIPS and the Case of Brazil. *Yale Hum. Rts. & Dev. L. J.* 6: 103, 115-119 (arguing that access to pharmaceuticals should be thought of as a human right).

75 See Sturges, *supra* note 22, at 244.

76 See Whitt, *supra* note 9, at 240.

77 See Chapman, *supra* note 46, at ¶ 16. One commentator has said that forcing countries to adopt patent laws and accept conditions of technology transfer laid down by the holder of the patent is "technological coloni-

alism." See Carroll, *supra* note 45, at 2466–67.

78 Anawalt HC. 2003. International Intellectual Property, Progress, and the Rule of Law. *Santa Clara Computer& High Tech. L. J.* 19:383, 404 ("*The linkage of WTO membership to mandatory intellectual property rightsand procedure should be ended*").

79 See Gutterman, *supra* note 22, at 122, 137; *compare* Downes, *supra* note 56, at 22–23 and Lazarini, *supra* note 74, at 111 (both concluding that the empirical evidence on the inhibiting or beneficial effects of intellectual property rights on technology transfer is scanty); see Seeratan, *supra* note 10, at 383 (noting that industrialized countries did not adopt strong intellectual property laws until they themselves had reaped the benefits of nonprotectionist policies). Even within the United States there is much anecdotal information that recent advances in medicine do not reach many of those who need it or their physicians, often even years after the information is publicly available. For example, Begley S. Too Many Patients Never Reap Benefits Of Great Research. *Wall Street Journal*, Sept. 26, 2003, at B1.

80 On these issues see Oddi AS. 1987. The International Patent System and Third World Development: Realityor Myth? *Duke L. J.* 831–52.

81 See Carroll, *supra* note 45, at 2468; see Chapman, *supra* note 46, at ¶ 61; see ratan, *supra* note 10, at 375 (asserting that the TRIPS requirement for both product and process patents will substantially increase the cost of pharmaceuticals).

82 See Gutterman, *supra* note 22, at 122–23. One might question why a patent owner would adopt this strategy, however. It would seem that if he or she is unwilling to import into a given country, one would be better off economically by licensing local production. One possible explanation is fear of grey market "leakage" that is difficult to control by contract. But even this explanation is unsatisfying, because under TRIPS, if the country has the local ability to manufacture the invention, it may grant a compulsory license. TRIPS Article 31. Of course, any such compulsory license is supposed to be primarily for local consumption. *Id.* Article 31 (f). However, if grey market leakage is a problem under a negotiated license, where the patentee has direct contact with the licensee, it would seem to be an even bigger problem under a compulsory license.

83 See Oddi, *supra* note 80, at 844; see also Seeratan, *supra* note 10, at 386 ("*None of the pharmaceutical companies really depend on achieving profits in developing countries, which generally only accountfor a minimal percentage of drug sales worldwide*"); *compare to* Anawalt, *supra* note 78, at 397 ("*Adequate incentives for innovation do not depend on mandatory international intellectual property rules*").

84 See Oddi, *supra* note 80, at 846.

85 Additional costs of a patent system come in the form of training patent officials, lawyers, and judges. See Carroll, *supra* note 45, at 2468.

86 Attaran A and L Gillespie–White. 2001. Do Patents for Antiretroviral Drugs Constrain Access to AIDS Treatment in Africa? *J. Am. Med. Ass'n* 286:1886.

87 *Id.*, at 1890. They also discovered that the option to patent antiretroviral drugs often went unexercised, surely the result of the meager expected financial return from very poor countries. This supports the conclusion of Professor Oddi that increased incentive for innovation from the possibility of obtaining patents in poor countries is negligible, that is, none of these drugs is "patent–induced" with respect to the patent law of any given African country. See Oddi, *supra* note 83 and accompanying text.

88 See *supra* note 86, at 1891. Attaran and Gillespie–White blame lack of international funding, even to purchase drugs at cost, rather than patents, for the low level of antirctroviral treatment in Africa.

89 See *supra* note 86; see Lazzarini, *supra* note 74, at 135. Aaron Fellmeth has reminded me in a private com-

munication that an effective monopoly might result not only from a patent but also from trade secret law or pursuant to exclusive pharmaceutical marketing approvals.

90 See Lemley, *supra* note 8 and (text at) note 11.

91 See Scherer FM and J Watal. 2002. Post-TRIPS Options for Access to Patented Medicines in Developing Nations, *J. Internat'l Econ. L.* 913, 928 ("*When prices are higher in one nation than in others, there is a tendency for arbitrage to occur through what is known as 'parallel trade'.*"); see also *supra* note 82.

92 More generally, enforceable and accurate price discrimination should push output to the full competitive output level, but for this to occur arbitrage between high- and low-value users must be prevented. See Kieff, *supra* note 24, at 311 and note 23.

93 See Scherer and Watal, *supra* note 91, at 9:25-28; see Lazzarini, *supra* note 74, at 125.

94 They will also be avoided to the extent the developed countries adopt notions of "reference pricing," requiring, for example, that their own domestic prices to be no higher than those charged elsewhere. See Scherer and Watal, *supra* note 91, at 929.

95 Blumenstyk G. 2003. Coalition Seeks to Make Agricultural-Biotechnology Tools More Widely Available. *Chr. Higher Ed.*, July 11. chronicle. com/daily/ 2003/07/2003071105n. htm.

96 TRIPS Article 31; See Lazzarini, *supra* note 74, at 125.

97 World Trade Organization, Ministerial Conference, Doha Declaration on the TRIPS Agreement and Public Health, No. 01-5770, Nov. 14, 2001, ¶ 5(b). In most cases compulsory licenses can be granted only after good faith negotiations with the patentee have failed to result in a voluntary license "on reasonable commercial terms and conditions." TRIPS Article 31(b). However, nothing in TRIPS supplies any standard of reasonableness, so the failure of the patentee to agree to a member state's good faith offer to pay what it believes it can afford, given its other obligations and the country's needs, should suffice to permit going ahead with the compulsory license. Moreover, even the obligation to negotiate is waived in cases deemed to be a "national emergency."

98 World Trade Organization General Council, Implementation of Paragraph 6 of the Doha Declaration on the TRIPS Agreement and Public Health, Decision of 30 August 2003, WT/L/540, 43 I. L. M. 509 (2004).

99 Some drug manufacturers have begun experimenting with "out-licensing," under which the patentee licenses generic manufacturers who agree to supply medicines to poorer countries. Friedman MA, H den Besten and A Attaran. 2003. Out-licensing: a practical approach for improvement of access to medicines in poor countries. *The Lancet* 361:341. Requiring pills to have different colors and shapes could be helpful in inhibiting parallel importing back into the more lucrative markets. *Id.* At 343; see also Hensley S. Pharmacia Nears Generics Deal On AIDS Drug for Poor Nations, *Wall Street J.*, Jan. 24, 2003.

100 See ratan, *supra* note 10, at 403-4 ("*Many human rights activists assert that the TRIPs provisions on the patenting of pharmaceuticals violates basic human rights by compromising the ability of poor countries to access essential medicines*"). The *Universal Declaration on the Human Genome and Human Rights demands* that "*Benefits from advances in biology, genetics, and medicine, concerning the human genome, shall be made available to all, with due regard for the dignity and human rights of each individual.*" See *Universal Declaration*, *supra* note 56, Article 12(a). Another commentator argues that distributive justice requires providing all countries with access to the benefits of gene research. See Looney, *supra* note 33, at 240("*Gene patenting is ethically suspect if it concentrates genome benefits in those few countries fortunate enough to have the resources to obtain gene patents, when all humans should enjoy such benefits*"). In these situations, however, it is not clear why gene patents or even medicine generally are singled out. Starvation

is a huge problem in the world, which has a production capability more than sufficient to supply everyone alive with at least a minimal food supply. Unequal distribution of resources, both natural and human-made, almost inevitably raises questions of distributive justice. To the extent that patent law serves as an incentive for innovation, a patent does not create the injustice. It only brings more clearly into focus that there is widely different access to valuable resources between rich and poor countries. Without the patent, by assumption, *nobody* would have access to the innovation. With the patent, some relatively wealthy people do. But the poor are no worse off than they were before the innovation became available.

第16.2章

获取和惠益分享：理解生物材料的收集和使用规则

卡尔-古斯塔夫·索恩斯特姆（CARL-GUSTAF THORNSTRÖM）

瑞典国际开发署（sida/SAREC）农业高级研究顾问；

瑞典农业科学大学生物多样性中心讲座副教授、客座研究员和遗传政策顾问

译者 赵蓉蓉 李瑞云 审校者 刘银良 张熠

摘　要

过去15年，生物材料的收集和使用管理规则发生了巨大变化。根据《生物多样性公约》（*the Convention on Biological Diversity*，CBD），获取和惠益分享（Access and Benefit-Sharing，ABS）机制适用于纯科学或商业原因的研究，其中有机体或其部分和/或相关传统知识来自《生物多样性公约》缔约方及其地方和土著社区。其他协议增加了新的获取和惠益分享立法，管理生物材料和相关信息的获取和使用。每个人，包括游客、自然保护主义者、科学家、摄影师和记者，都受这些新规定的约束。但是，寻求获取和使用专有遗传资源、生物物质和相关信息（如传统知识和农业知识）的科学家和研究人员尤其受到ABS机制的影响。科学家和研究人员必须了解ABS的基本原理，包括了解开展研究和/或收集样本国家的相关规则、法规、法律、习俗和惠益分享条件。必须联系关键机构并提交适当的文件，提前仔细规划任何此类活动。缺乏规划可能会导致不幸和令人失望的结果，包括被罚款、监禁、驱逐出境以及拒绝再次入境。因此规划至关重要。

Thornström CG. 2007. Access and Benefit Sharing: Understanding the Rules for Collection and Use of Biological Materials. In *Intellectual Property Management in Health and Agricultural Innovation: A Handbook of Best Practices* (eds. A Krattiger, RT Mahoney, L Nelsen, et al.). MIHR: Oxford, U. K., and PIPRA: Davis, U. S. A. Available online at www.ipHandbook.org.

1 引言

根据《生物多样性公约》，生物资源属于在其领土内发现资源的国家。因此，在所有权方面，生物资源与矿产资源、石油或木材没有区别。然而，近年来这种所有权原则有时没有得到尊重，资源的出口、开发和商业化未经提供资源的国家同意，也没有使这些国家分享提供资源带来的益处。为了防止这种生物剽窃并创造相互信任的氛围，国际社会承诺在具有约束力的《生物多样性公约》国际协定中规范遗传资源的处理。

实施《生物多样性公约》不仅是一种道德义务，也是对其成员具有约束力的法律义务。《生物多样性公约》的目标是保护生物多样性，并在公平和公正分享惠益的同时促进其可持续利用。实施该协议的责任由生物材料所在国承担，但是所有国家都有责任在实施和执行协议方面开展合作。对工业化国家而言，意味着对生物多样性丰富但往往经济上贫穷的国家在保护和管理生物多样性方面的努力予以支持。合作的关键是技术转移和合作研究。《生物多样性公约》明确了参与合作所有各方的权利和责任。

为了推进其使命，《生物多样性公约》缔约方大会于 2004 年决定创建获取和惠益分享（ABS）项目，这是一个监督遗传资源获取及其利用所产生惠益分享的国际项目。关于获取和惠益分享的谈判始于 2005 年，预计需要 10 年才能完全建立。

与此相对应，在过去 10 年中，联合国成员国签署并批准了一些有关生物材料/相关信息的具有法律约束力的新协定，例如《生物多样性公约》、《与贸易有关的知识产权协定》（TRIPS）、《国际植物新品种保护公约》（UPOV，特别是 1991 年文本）、《粮食和农业植物遗传资源国际条约》，以及世界知识产权组织（WIPO）下的知识产权与遗传资源、传统知识和民间文艺政府间委员会（ICGTK）、《生物多样性公约》下的《卡塔赫纳生物安全议定书》和非约束性全球作物多样性信托基金等。

所有这些协议为处理获取和使用生物材料及相关信息（如民族生物学和传统知识）的获取和惠益分享立法增加了新的法律动力。的确，出现了一种与生物物质相关的新的世界秩序，这一事实改变了公共和私营部门研究和开发工作的性质。

每个人，包括游客、自然保护主义者、科学家、摄影师和记者，都受这些新规定的约束，特别是科学家和研究人员，他们大量使用为人所有的遗传资源、生物物质、传统知识和农耕诀窍。在国家立法中，这些知识可被视为知识产权（IP）或商业秘密，因此既不属于公有领域，也不能未经授权随意使用。

违反新的准入法（例如，科学家开展未经授权的收集活动）可能导致被罚款、监禁和拒绝将来再次造访收集区。违法可能导致获得正式许可的时间增加，违法行为也可能导致在一个国家工作的其他科学家无法获得许可。

不幸的是，获得收集生物标本的必要许可可能需要很长时间。在巴西，每年收到约 400 份使用生物材料的申请。因为严格的 ABS 规定，这些申请的处理速度为每年 25~50 件。哥伦比亚也存在类似的情况，在过去 5 年中，哥伦比亚收到约 50 份访问申请，其中有 22 份因访问行为不当而被拒绝，1 份申请（用于海豚的生物学研究）获得批准，其余的申请仍在处理中。

2 新的遗传政策

在新的遗传政策中，关于生物材料使用的协议简要概述如下。

- 《生物多样性公约》：1992 年在巴西里约热内卢通过，规定了国家对遗传资源的主权和其他主权缔约方的获取条件。
- TRIPS 协定：于 1994 年在马拉喀什通过，为植物品种、微生物和微生物方法等生物物质提供了最低限度的知识产权保护标准。
- ICGTK：于 2001 年由 WIPO 设立，旨在讨论与获取遗传资源和保护传统知识有关的知识产权问题，包括专利申请中的信息披露要求。
- UPOV：为符合 NDUS（新的、独特的、一致的和稳定的）标准的植物品种提供法律保护，同时包括育种者豁免和农民特权。
- 《粮食和农业植物遗传资源国际条约》：2001 年在罗马通过，根据修订的《材料转移协定》（MTA）为大约 35 种界定的作物提供了一个多边获取和惠益分享制度。
- 全球作物多样性信托基金：成立于 2002 年，是联合国粮食和农业组织（粮农组织）和世界银行设立的一个信托基金，用于与粮食和农业有关的全球非原生境种质资源收集。
- 《卡塔赫纳议定书》：2000 年在蒙特利尔通过，规定了遗传修饰活生物体跨境转移的规则。
- 2002 年，《生物多样性公约》通过了《关于获取遗传资源以及公平和公正地分享其利用所产生惠益的波恩准则》（以下简称《波恩准则》）。作为《生物多样性公约》的自愿补充，《波恩准则》提供了有关获取规则和要遵守的具体程序（或协议）的基本信息。《波恩准则》与学术研究有关的目标是：
  - 提高执行《生物多样性公约》相关条款的认识
  - 为《生物多样性公约》缔约方和利益攸关方提供一个透明的框架，以促进获取遗传资源并确保公平和公正地分享惠益
  - 为有关用户和提供者在获取和惠益分享方面应采用的做法和方法提供信息
  - 促进能力建设和将适当技术转移给提供各方

3 知识产权

知识产权是对应用创意的临时的、排他的所有权。这些权利可以以专利、商标、工业品外观设计、版权、地理标志或商业秘密的形式授予。鉴于过去几十年来生物技术和信息技术的突破，知识产权已扩展到生物物质领域。例如，在农业研究领域，以下生物物质落入各种知识产权制度领域。

- 1994 年以后收集的植物种子或其他植物可繁殖的部分
- 植物和动物细胞系
- 质粒

- 其他重组载体
- 基因启动子
- 基因标记物
- 转化细菌
- 分离的植物 DNA
- 植物 cDNA
- 分离的动物 DNA
- 细菌（转化细菌除外）
- 分离/纯化的蛋白质（通过购买实验室试剂获得的蛋白质除外）
- 用于专业实验室目的的设备
- 有关实验室方法的信息
- 基因组序列数据库
- 其他核苷酸序列数据库，如 PCR 引物数据库、cDNA 序列

通过国家立法，传统和农业知识也受《生物多样性公约》和《条约》* 的保护。一般而言，公共部门的研究人员使用私营部门公司拥有的专有生物材料和相关信息，可能需要签署协议，规定进一步使用和保密的条件。此外，使用专有材料和方法的公共研究产品可能需要与拥有相关知识产权的人签署许可和使用费协议。

应始终记住，知识产权保护具有地域性；它可能在某些国家得到承认，而在其他国家则没有。这种知识产权的地域性对科学家的自由行动具有影响：如果没有适当的许可，他们在一个国家可以做的事情可能在另一个国家无法实现。

4 关于生物物质的新兴世界秩序

针对生物和基因组物质的新的国家主权，一些国家、地区或组织规定了获取和使用生物物质及相关信息的新规则。拉丁美洲近期的立法例包括《安第斯条约第 391/96 号决定：关于遗传资源获取的共同制度》。[1] 秘鲁近期根据其生物多样性国家战略（Decreto Supremo No. 102-2001-PCM）增加了有关传统知识的立法（2002 年 8 月第 27.811 号法律），并设立了一个特别国家主管部门（INRENA）来处理获取和惠益分享问题。在非洲，非洲统一组织（非统组织，现在是非洲联盟）的《保护地方社区农民和育种者权利以及管理生物资源获取的示范法》和《生物资源获取条例》（2001 年 12 月在亚的斯亚贝巴通过），已被一些国家作为管制生物材料获取的模式。印度于 2001 年通过一项保护植物品种和农民权利的法律（1999 年第 123 号法案），并于 2000 年通过了一项生物多样性法律（2000 年第 93 号法案）。

这些例子说明寻求获取生物材料和信息的外国各方人士，无论是科学家、商业勘探者还是自然保护主义者现在都面临各种规定。这些例子表明，需要对 TRIPS 协定和《粮食和农业植物遗传资源国际条约》所规定的研究人员义务作出一致的理解。

---

* 估计是指《粮食和农业植物遗传资源国际条约》。——译者注

5 利用ABS条款获得研究许可

在为研发目的收集之前，应先回答以下问题：

- 作为一名科学家，可以在哪些条件下以我的科学家身份进入另一个主权国家？
- 作为一名科学家，可以在哪些条件下收集生物材料和相关信息？
- 作为一名科学家，可以在哪些条件下从该主权国家带出或出口生物材料和相关信息？
- 作为一名科学家，可以在哪些条件下进一步使用收集的生物材料和相关信息？

在为研究目的开展收集之前，请联系收集地国家的同行，以了解适用的规则。也可以在所在国家联系收集地国家的大使馆、领事馆或公使馆。以下主题信息将是有用的：

- 外国当事人获取生物材料和信息的要求
- 惠益分享的条件
- 关于知识产权申请的条件
- 处理ABS问题的国家联络点
- ABS条件（是可以提供给外国当事人书面指示吗？）

6 准备申请研究许可

在与你的对方同行或相关大使馆核实后，填写计划访问的国家相关机构提供的任何研究许可申请。如果没有特别指定的ABS问题，则执行以下操作：

- 简要介绍科学目标，提及你在该国的同行，并包括有关计划收集哪些生物物质和相关信息的具体内容。
- 说明你将如何收集材料以及与谁一起收集材料，并说明是否将副本材料存放在开展收集工作的国家。
- 如有必要，说明你将根据国家/地区的法律申请出口许可证。
- 说明返回后你将如何进一步使用所收集的材料，例如：
  -在研讨会和讲座上展示材料和分享信息
  -与其他科学家、植物园和/或私人公司分享收集的材料和信息
  -将收集的材料和/或信息用于最终可能商业化的产品研发中
- 如果可能商业化，说明你采取了哪些措施遵守该国的获取和惠益分享条款。

7 如果遇到麻烦

如果遇到了困难，或者只是对ABS有疑问，咨询清算机构（the clearing house）或你所在研究机构、大学或学院的法律部门，以获取有关你所在机构为遵守CBD和其他协议而实施的政策和指南的具体建议及信息。

如果你没有得到足够的答案，咨询你所在国家的ABS联络人，或向研究资助机构

询问与相关国家有联系的同事。如果该国当局没有答复，联系该国的大使馆；尝试通过电话直接联系。记住谨慎和正确地行事通常要比在发生问题后解决问题容易得多。

8 不确定性问题

遗憾的是，关于获取、使用和转移生物材料及相关信息的潜在限制仍然存在不确定性。它们包括但不限于：

- **国际海洋和北极地区，国家法律未涵盖这些地区。**在这些区域的获取和惠益分享问题尚未在国际公约中得到充分规定。
- **保护传统/土著知识的工作仍在建设中。**根据《生物多样性公约》第8（j）条规定，通过国家立法实施这种保护是可能的。目前，已有大约20个国家的立法采用了专门条款保护。但是，这些还没有经过TRIPS理事会的验证，政府间委员会也仍在讨论这些问题。
- **尚未达成关于遗传资源获取和惠益分享的全球共识。**遵循《生物多样性公约关于获取和惠益分享的波恩准则》，该计划主要由政府间委员会讨论。今天，根据标准化的事先知情同意/共同商定条款和条约管理机构商定的标准化《材料转移协议》（*material transfer agreement*，MTA），通过该条约获取和交换该条约（界定的遗传资源）将是多边的。* 获取和交换所有其他遗传资源和材料（不包括人类材料）目前受国家立法规定的双边条款约束。约有35个国家或组织制定了法律，包括印度、巴西和安第斯共同体。《生物多样性公约》和政府间委员会的获取和惠益分享项目尝试将非条约界定的材料获取和惠益分享标准化。[2]
- **UPOV内/外的植物品种法律保护。**根据《生物多样性公约》第8（j）条和第9条的规定，地方品种和农民品种/原始品种受国家法律保护。UPOV的NDUS标准通常不包括地方品种和农民品种/原始品种，但它们仍然是智力创新的结果，主要由当地农民完成。TRIPS协定第27.3条（b）规定了这种对植物材料的专门保护。印度的植物品种保护和农民权利法提供了这种保护。
- **知识产权申请中的原产地证书/原产地披露**（Certificate of Origin/Disclosure of Origin，CO）。《生物多样性公约》和政府间委员会正在就知识产权/专利法的一项强制性要求进行讨论，即申请人必须提供一份原产地证书，以证实所使用遗传资源的真实获取途径（CBD的事先知情同意/共同商定条款）。为授予知识产权，关于是“在可能的情况下”提供CO还是“始终需要”提供CO存在争议。
- **在条约中未列入清单的材料、非缔约方和遗传资源的归还。**例如，对于根据1994年国际农业研究磋商组织（the Consultative Group on International Agricultural Research，CGIAR）与联合国粮农组织之间协议所指定的材料来说，如果这些材料没在条约作物清单上（如花生和大豆），则问题仍然存在。未签署或批准《条

---

* 原文为“today access and exchange of the Treaty through the Treaty will be multilateral，according to a standardized Prior Informed Consent/Mutually Agreed Terms and a standardized MTA agreed by the governing body of the Treaty”，其表达似有遗漏，故补充。——译者注

约》的缔约方的角色和权利仍然是悬而未决的问题，在 MTA 中附随的约定向条约的缔约方/非缔约方归还（遗传材料）的条款也是如此。

- **种质样品的要求。**CGIAR 基因库馆藏将成为条约下多边作物材料的基础。目前，大多数种质申请来自发展中国家，它们越来越多地（参照《卡塔赫纳议定书》）要求 CGIAR 中心应充分保证所交付的种质不含遗传修饰作物。对 CGIAR 中心来说，每次都进行这样的交付检查意味着巨大的成本。

9 结语

ABS 机制正在国家和国际层面上实施。因此，有关当局可能尚未明确指定相关机构，既定程序也可能不透明和不顺畅。如果科学家可以选择在哪里开展研究和收集活动，应该仔细了解其他研究人员和研究所的相关经验。提供国的国家法律规定获取和惠益分享的程序，这包括对政府主管机构和必须参与的其他利益相关者的界定。如果尚不存在相关的国家立法，可能就需要根据一般法律原则和类似的程序和规则逐案颁发许可。

获取和惠益分享程序还可与其他许可和批准结合起来，包括研究、收集和出口许可，还有《野生动植物濒危物种国际贸易公约》（CITES）规定的许可等。但是，ABS 在大多数情况和国家尚未适用。类似资源和类似用途的标准化 MTA 和惠益分享协议可能已经存在（分类、收集、研究、商业化）。

《波恩准则》建议在地方层面，允许公众参与到影响公众资源和许可问题的所有政府决定中。这可能导致需要不同层级的利益相关方授予其事先知情同意，这可能最终导致获取和惠益分享程序变得更加复杂和耗时。根据目前的复杂程度，获取和惠益分享立法可分为四大类：

（1）**没有 ABS 的情况。**研究工作不涉及任何获取情况或遗传资源，因此不需要 ABS 合同，但是可能需要其他研究许可。

（2）**简单的 ABS 情况。**研究工作涉及清单样品的收集和转移（包括出口）。这种情况下标准化 MTA 就足够了。

（3）**有 ABS 的情况。**需要出口样品才能在国外实验室进行进一步分析和研究。这种情况下没有计划进一步开发，简单的 ABS 合同就足够。

（4）**复杂的 ABS 情况。**拟定的研究涉及各种步骤，包括为商业目的的研究或传统知识的使用。这种情况下需要完整的 ABS 合同。

无论 ABS 的情况如何，归根结底最关键的是理解获取和惠益分享制度，彻底弄清你开展研究和/或收集的国家的法律、规则、法规和习俗，并“提前计划”所有可预见的突发事件。这样更有可能保证旅行有所收获，后续研究活动将具有与 ABS 计划的精神和目标相一致的广泛利益。

致 谢

本章是为一系列目的而准备的若干文件的实质性汇编。感谢我们的同事和出版商允许编辑和使用这些版权材料的摘录[3]。

CARL-GUSTAF THORNSTRÖM, *Swedish Biodiversity Center, Swedish University of Agricultural Sciences, PO BOX 7007, 750 07 Uppsala, Sweden. Carl-Gustaf. Thornstrom@ cbm. slu. se*

---

1 www. comunidadandina. org/INGLES/normativa/D391e. htm.

2 See, for example, www. wipo. int/tk/en/genetic/proposals/index. html.

3 Thornström CG and L Björk. 2006. Accessing Others Proprietary Biological Matter and Related Information-Towards a Handbook in Access and Benefit Sharing and Related Intellectual Property: Part Three: Entering-into Agreements. Unpublished.

Biber-Klemm S and S Martinez. 2006. *Access and Benefit-Sharing Good Practice for Academic Research on Genetic Resources.* First Edition. Swiss Academy of Sciences: Bern. www. scnat. ch.

Sennerby Forsse L. 2003. *Inventory Regarding ABS Legislation in Selected Countries.* Swedish Research Council/FORMAS: Stockholm.

Thornström CG and L Björk. 2006. Accessing Others Proprietary Biological Matter and Related Information-Towards a Handbook in Access & Benefit Sharing and Related Intellectual Property. Part One: Chapeau.

第 16.3 章

获取和惠益分享：生物材料收集和进口的示例程序

卡尔-古斯塔夫·索恩斯特姆（CARL-GUSTAF THORNSTRÖM）
瑞典国际开发署（siday SAREC）农业高级研究顾问；
瑞典农业科学大学生物多样性中心讲座副教授、客座研究员和遗传政策顾问

译者 赵蓉蓉 杨坤 审校者 李瑞云 刘银良 张熠

摘　要

《生物多样性公约》（the Convention on Biological Diversity，CBD）阐明了从成员方获取生物资源的各方权利和责任。该公约其中一个规则涉及遗传资源获取以及如何分享使用所产生的利益的管理制度。该法规通常被称为获取和惠益分享（Access and Benefit-Sharing，ABS）。任何从事收集活动的人，特别是那些大量使用专有遗传资源、生物物质和相关信息（如传统知识和农耕诀窍）的科学家和研究人员，无论是针对有形材料还是无形信息，都可能受到这些新法规的约束。因此，重要的是，所有潜在的收集者都必须熟悉获取和惠益分享法规的基本原则并遵守收集发生地国家的规则和法规。在开展任何收集活动之前，研究人员应审查获取和惠益分享的情况，确定回答有关获取和惠益分享问题的最佳人选，找到感兴趣国家的授权合作伙伴，搜集有关具体获取和惠益分享制度的信息，最重要的是，签署开展收集活动所需的文件、信件和协议。

1　引言

根据《生物多样性公约》（CBD），生物资源的权利属于资源所在地的国家。为了

Thornström CG and L Björk. 2007. Access and Benefit Sharing: Illustrated Procedures for the Collection and Importation of Biological Materials. In *Intellectual Property Management in Health and Agricultural Innovation: A Handbook of Best Practices* (eds. A Krattiger, RT Mahoney, L Nelsen, et al.). MIHR: Oxford, U. K., and PIPRA: Davis, U. S. A. Available online at www.ipHandbook.org.

防止生物剽窃并创造相互信任的氛围，国际社会承诺以具有约束力的国际协定《生物多样性公约》规范遗传资源的处理。

《生物多样性公约》的目标是保护生物多样性，促进其可持续利用，并确保公平和公正地分享其使用所产生的惠益。履行协定的责任由在其领土内发现生物材料的国家承担。《生物多样性公约》明确了所有缔约方权利和责任的规则。该公约最近增加了一项规范遗传资源获取和分享其使用所产生惠益的制度：获取和惠益分享（ABS）。这项新法规的出台，提供了一种生物物质利用的新的世界制度，改变了公共和私营部门研发工作的性质。

任何从事收集活动的人，特别是那些大量使用专有遗传资源、生物物质和相关信息（如传统知识和农耕诀窍）的科学家及研究人员，无论是针对有形材料还是无形信息，都可能受新规定的约束。在国家立法中，此类知识可被视为知识产权（IP）或商业秘密，因此不属于公共领域或未经授权即可使用的知识。

违反新的获取和惠益分享法律，例如，科学家未经授权开展收集活动，可能导致被罚款、监禁和拒绝来访。违法行为还可能增加申请正式访问许可所需的时间。因此，收集人不仅要了解相关的政策、原则和法律，而且必须切实理解各种可能的获取和惠益分享的场景，以及协议、文件、申请和其他必要程序步骤，以确保收集活动完全合规。

2 四个获取和惠益分享（ABS）场景

我们在此提供获取和惠益分享的基础知识，并根据瑞士科学院最近出版物中提出的四个类别，[1] 提供目前或即将生效协议的一些例证。请注意，在互联网上，你可能会发现数千份意向书、研究许可、事先知情同意/共同商定条款（PIC/MAT）协议、材料转移协议（MTA）和保密协议的示例。要了解哪种类型的协议最适合你的项目，请咨询你所在大学或学院的法律部门。

2.1 无 ABS 的情况

对于某些研究项目，不涉及获得任何与获取和惠益分享合同相关的遗传资源，但是可能需要其他研究许可。在这种情况下，研究许可可能要求提供超出该情况所必要的详细信息。可能的情况包括：

- 针对人类生物资源进行研究；CBD 不涵盖人类生物资源和遗传材料。你可能需要获得研究许可并获得伦理委员会批准。因此，可与当地学术合作伙伴和/或国家医学研究中心进行联系。
- 在当地对该国生物资源进行研究，没有本土居民参与。如果你受雇于国家学术机构，通常需要获得研究和工作许可，可联系当地的学术同事。
- 以瑞典为例，在瑞典对瑞典的材料或 1992 年以前引进的材料进行研究，如果包括动物，需要获得伦理委员会许可。包括收集红色名录物种在内的研究，需要获得瑞典地区当局的许可（瑞典语称 Länsstyrelse）。

2.2 有简单 ABS 的情况

在与研究相关的获取和惠益分享最简单的场景中，涉及清单样本的收集和转移（包括出口）。在这种情况下，标准化的 MTA 通常就足够了。在一些国家，这可以通过包括 MTA 在内的标准研究许可申请来完成（参见关于研究许可的第 3.2 节）。

以下其他情况需要采取不同的行动：

- 没有标准的研究许可，研究人员/收集者需要找到一位国立机构的同事，并制定 PIC 和 MTA。
- 当涉及存放在国际农业研究磋商组织（CGIAR）各研究所的遗传资源时，通常会有标准化协议。然而，这只是针对作为作物植物的某些物种的情况。
- 如果需要与本土居民合作收集，必须签署单独的合同，情况更复杂。
- 如果研究中包含人或动物，则需要获得瑞典国家伦理委员会的同意。

2.3 有 ABS 的情况

第三种场景涉及样品需要出口以便在国外实验室进行进一步分析和研究的情况，但没有进一步的开发计划。在这种场景下，PIC、MAT 和 MTA 都是必需的。在大多数情况下，完成第 2.2 节中描述的简单 ABS 情况中提到的文件就足够了，但是每份文件的内容都会更加广泛。这些附加文件包括在更详细的研究许可申请中。这种场景下也可能要求保密协议。

2.4 有复杂 ABS 的情况

涉及获取和惠益分享的最复杂场景是，拟议研究涉及若干步骤，包括为商业目的的研究和可能使用传统知识。最初，可以签署保密协议和意向书，然后是 PIC、MAT 和 MTA。在 MAT 中，必须阐明有关利益的议题并达成共识。利息、利润和回报以及付款时间等条款，必须由所有利益相关方进行讨论和共同解释。

3 说明性示例和模板协议

为了更好地帮助本章的读者理解各种 ABS 场景以及可能适用的文件、信件和协议，我们提供了以下示例：

（1）意向书

（2）研究许可

（3）PIC

（4）MAT

（5）MTA 模板

（6）保密协议

此外，我们还提供了各国的 ABS 法律原则示例，以及可以获取信息的实用的在线链接。应该指出，下面提供的合同模板或协议示例仅用于说明目的，绝非指具体的现有协议。这些示例旨在为真实文档的开发提供信息，实际应用时应进行适当调整。

3.1 意向书

意向书是项目中的合作伙伴描述其意图的文件。与 PIC 和 MTA 不同，它没有法律约束力。它主要被当作一种工具，各方可以相互传达他们的期望和预期的参与程度。一份意向书可以在以后作为 PIC 的基础。可以通过所有合作伙伴和利益相关方签署的意向书来拨款资助各项目。应资助达成 PIC、MAT 和 MTA 的项目，计划的拨款必须在提交项目提案的截止日期前 3~4 个月准备好。

这里给出的例子（文本框 1A~1D；所有文本框都在本章末尾）是假设的，但其特征源自现实世界。它描述了在某发展中国家进行的一项研究——当地科学家和本土居民一起研究用于疟疾和病媒防控的草药。该项目的利益相关方是国家政府（由万象大学、环境部和卫生部代表）、该省的地方部门、研究实施地的国家公园官员和本土居民（由村民代表和个人治疗师代表）。

3.2 研究许可

为了能在欧盟之外的几个国家进行研究，你需要获得研究许可。在一些国家，使用标准程序和标准费用很容易获得许可。在其他情况下，只能通过与国家合作伙伴合作或通过事先知情同意合同获得。有关示例请参阅文本框 2。

3.3 事先知情同意

事先知情同意（prior informed consent，PIC）是描述由所有利益相关方和其他相关方签署的计划，但可能很难确定究竟谁是利益相关方。另一个问题是谁为信息和谈判提供资金。若没有任何财务保证就投入所有工作并有所期望可能会有问题。事先知情同意通常是为了配合商业生物勘探计划而编写，但其对基本的非商业项目怎样发挥作用呢？

应考虑短期、中期和长期利益，包括预付款、里程碑付款和使用费。应明确规定惠益分享的时间框架。此外，应在个案的基础上考虑短期、中期和长期的利益平衡。

事先知情同意包括：

- 生物材料和相关信息的出口条件
- 材料和相关知识的使用条件
- 如何公开以及公开什么条件
- 专利和原产国
- 如何以及在何处解决争议

事先知情同意意味着在项目开始之前，必须告知所有相关人员项目情况及其条款。如果涉及本土居民，必须告知他们以便他们理解该计划。可能需要将项目翻译成本地语言或使用图片进行清晰的演示。如果本土居民不同意，项目就无法启动。

即使在项目获得财务支持前，也可以使用意向书来介绍计划并开始谈判。获得财务支持后，意向书可以整合到 PIC 中。请记住，大多数学术组织并不熟悉使用意向书。此外，确定和理解所涉及的法律实体各自的角色也很重要：

- 除了研究所所长签名（除非他已授权他人签名），收集材料的科学家也应签名。在进行材料收集的国家，可以由负责自然资源的部门或其他授权单位代表政府签署，政府在法律上被认为是遗传材料权利的所有者。
- 如果是与当地大学或研究所合作开展项目计划，则应由该大学的法律代表签字。在一些国家，与当地大学合作是项目被接受的先决条件。根据当地法律，参与合作的科学家有时需要签字。
- 如果计划是在国家公园内进行，公园管理部门必须签字，这也可以使收集更容易。
- 如果涉及本土居民，他们的当地代表必须签字。这可能是一项复杂的任务，因为可能涉及几个当地社区，有时不清楚谁是法定代表人。当地社区也可以拒绝签字，这将阻止计划在其合法定义的区域内进行。
- 如果当地个人为计划做出贡献，他们也被视为相关方。这可能是需要确定的最复杂的部分，因为在计划开始前判断谁将做出贡献并不容易。在瑞典，如果没有在其合同中另有说明，科学家则拥有发明和知识产权权利，这应在 PIC 中约定。

上述问题和其他问题将在以下示例（文本框 4A ~ 4E）及其分析中得到解决和讨论。

PIC 始终应设定时间表。对于特定的收集，持续时间可能是几个月，如果包括博士项目，则持续时间可长达 5 年左右。PIC 还必须规定时间表结束后材料和结果如何处置（参见文本框 4C）。

地理区域的界定也应符合实际，这可能是整个国家或局部地区。最好包括任何可能感兴趣的区域，而不是必须开始新的 PIC 谈判，新谈判需要花费很多时间。一个区域也可以定义为不同地理区域的特定群落生境（见文本框 4D 中的示例）。

科学家通常专门收集某科或选定属的遗传资源。然而，通常也会帮助对其他物种感兴趣的同事收集材料。如果是这种情况，则应在 PIC 中提及，还应说明材料是否将提供给第三方、如何使用以及由谁使用。遗传资源可以是活的或死的标本，也可以是标本的一部分，例如基因、酶、特定的化合物或提取物。可以包括来自科的全部材料或来自某几个属的材料。PIC 还可以包括由收集的材料制成的新衍生物。需要回答的问题包括：为什么要进行收集？如何使用结果？材料是否被带出国？可以发布哪些信息？哪些种/样品可以转移给第三方？可能涉及哪些研究方法？在你为获得财务支持的计划提案中是否已列出这些条款？从本土居民那里获得的材料的发表是否需要他们的同意？该计划是商业性的还是非商业性的？文本框 4E 提供了几个相关示例。

3.4 共同商定条款

根据《生物多样性公约》第 15 条第 7 款，各缔约方应“酌情采取立法、行政或政策措施……，以便以公平和公正的方式与提供此类资源的缔约方分享研究与开发的成果，以及开展遗传资源的商业和其他利用所产生的惠益。这种分享应遵循共同商定的条件”。因此，重要的是协助缔约方和利益相关方制定共同商定的条件，以确保公平和公正地分享惠益。

3.4.1 基本要求

签署 PIC 和 MTA 的每个人都应该了解其内容、后果和特定术语的含义。共同商定条款需要考虑所涉当事方的不同能力和需求，包括政府、本土和当地社区、异地收集持有者和预期的用户组织。这种方法将有助于公平的谈判和利益分享。

共同商定条款有助于：

- 法律的确定性和清晰度
- 最小化交易成本
- 包含关于用户和提供者义务的规定
- 制定不同的合同协议（如模板协议）
- 不同用途：分类、收集、研究、商业化
- 在合理的时间内有效协商
- 书面协议的编纂

可以考虑以下原则或基本要求来制定共同商定条款：

- 法律的确定性和清晰度
- 通过以下方式最小化交易成本：
  - 建立并促进政府和相关利益攸关方对事先知情同意和合同安排要求的认识
  - 确保了解申请获取、进入安排和确保惠益分享的现有机制
  - 制定框架协议，根据该协议，可以根据快速程序重复达成协议
  - 为类似的资源和类似的用途制定标准化的 MTA 及惠益分享安排（本《手册》的在线版本包括 BIO-EARN MTA 以及此类协议的建议要素）
- 包含有关用户和提供者义务的规定
- 针对不同的资源和不同的用途制定不同的合同安排，以及制定模板协议
- 不同的用途可能包括分类、收集、研究和商业化等
- 应在合理的时间内有效协商共同商定条款
- 共同商定条款应在书面协议中列明

以下要素可视为合同协议中的指导参数，也可作为共同商定条款的基本要求：

- 规范资源的使用，以便考虑到特定各方和利益攸关方，特别是有关本土和地方社区的道德关切
- 确保对遗传资源和相关知识习惯性地继续使用的规定
- 使用知识产权的规定，包括联合研究和为发明获得权利的义务以及通过一致同意提供许可
- 根据贡献程度共同拥有知识产权的可能性

3.4.2 典型术语

典型的共同商定条款清单将包括以下内容：

- 遗传资源的类型和数量以及活动的地理/生态区域
- 对材料使用的任何限制
- 承认原产国的主权
- 协议中确定的各个领域的能力建设
- 在某些情况下是否可以重新谈判协议条件的条款
- 遗传资源是否可以转移给第三方，以及在这种情况下可以施加的条件
- 是否尊重、保存和维护本土和地方社区的知识、创新和做法，以及是否保护和鼓励传统实践的生物资源习惯性使用
- 秘密信息的处理
- 关于分享遗传资源及其衍生物和产品的商业与其他利用所产生的惠益的规定

根据 CBD 第 15 条第 4 款，共同商定的获取和具体使用遗传资源（或衍生物）的条款也可包括依据原产国的国家立法将此类遗传资源转移给第三方的条件。

3.4.3 关于 MAT 的《波恩准则》

共同商定条款的制定应基于法律确定性原则和最低成本原则。这些原则被纳入《波恩准则》，以回应科学研究人员和遗传资源使用者关心的问题，即获取进入的国家程序可能过于复杂和烦琐。该准则详细说明了可能构成合同安排的部分条款类型。一些拟议的条款非常具有创新性，包括使用说明、从道德出发对这些用途的管制、继续习惯性使用遗传资源、根据贡献共同拥有知识产权的可能性、保密条款以及分享遗传资源（包括其衍生物）的商业和其他利用所产生的利益。《波恩准则》列出的应商定的原则性主题包括：

- 资源的类型和数量
- 可能使用的限制
- 承认原产国的主权
- 能力建设
- 是否可以重新协商协议条款
- 遗传资源或衍生物是否可以转让给第三方
- 传统知识是否得到尊重
- 秘密信息的处理
- 惠益的类型
- 惠益的时间安排
- 惠益的分配
- 惠益分享机制

3.4.4 生物多样性公约：共同商定条款（MTA）指南

文本框5提供了《生物多样性公约》第VIII/4号决定中有关共同商定条款的相关章节。

3.5 材料转移协议（MTA）

如果你需要从国外转移生物材料，必须与该外国当局签署MTA。这可能包括用于分离化合物的提取物，以及干燥或以其他方式保存的生物材料。该材料可用于国家植物标本馆或用于育种目的。MTA应包括：

- 要转移的材料的定义
- 转移的原因
- 对如何使用的限制或条件规定
- 对转移成本的解释以及谁将支付费用
- 开始和终止日期
- 解决争端条款

参见文本框6（在本章末尾），可了解包括上述考虑因素的样本MTA。

3.6 保密协议

在向另一方提供可能具有商业价值的信息之前，通常会签署保密协议。保密协议规定必须保密的内容，并规定保密的时间框架。该协议还包括机密性被破坏将如何继续进行的内容。《波恩准则》建议将保密协议纳入PIC。在签署任何保密协议前，研究人员应当联系其大学的法律事务办公室。[2] 参见文本框7以了解保密协议样本。

4 查找获取和惠益分享信息*

既然你已经理解确保ABS合规的基本步骤，那么你如何了解特定国家的ABS规则呢？你想开展工作的那个国家的立法状态如何？他们签署了哪些关于生物材料的公约？为了找到这些问题的答案，许多国家都有专门的网站。[3]

4.1 欧洲

欧盟和成员国签署了《生物多样性公约》。欧盟现在正在实施获取和惠益分享（ABS），但没有共同的法律。欧盟议会和理事会指令建议在专利法中引入原产国（指令98/44/EG）。欧盟的ABS门户网站包括：奥地利、比利时、塞浦路斯、捷克共和国、丹麦、爱沙尼亚、芬兰、法国、德国、希腊、匈牙利、爱尔兰、意大利、拉脱维亚、立陶宛、卢森堡、马耳他、荷兰、波兰、葡萄牙、斯洛伐克、斯洛文尼亚、西班牙、瑞典和英国。一些具体的国家信息如下：

---

* 此节原文序号为“5”，其后为“5.1”等，疑错，译文已改为“4”。——译者注

- 奥地利：在奥地利，关于惠益分享安排，只要动植物物种不受自然保护法，如规范濒危物种、国家公园、狩猎，当然还有私有财产法律的保护，就可以免费获取自然遗传资源。如果有人从国家获得科学研究的财政支持，并从研究成果中获利，他或她只需要偿还补贴。
- 格陵兰：2006 年年底，格陵兰自治政府通过了《生物资源的商业和研究相关使用法》。
- 冰岛：冰岛已经出台了与获取火山地区微生物勘探有关的获取立法。
- 挪威：挪威最近通过了关于北方珊瑚礁等的准入立法。
- 瑞典：没有关于获取和惠益分享的具体立法。瑞典遵循欧盟立法，很少有自己的举措。没有任何权威机构可以证明原产国。1992 年以后存放在北欧基因库或瑞典植物园的材料可根据国际法获得。[4]

4.2 亚洲

文莱、柬埔寨、印度尼西亚、老挝、马来西亚、缅甸、菲律宾、新加坡、泰国和越南签署了关于获取生物和遗传资源的东盟框架协定。但是，一些国家在如何制定合同方面仍存在很大的不确定性。泰国、马来西亚和菲律宾的情况并不复杂，而老挝和其他国家则相对复杂。[5]

菲律宾是第一个实施立法管理生物资源获取的国家。1995 年 5 月由菲律宾总统签署的第 247 号行政命令是政府机构、非政府组织、本土居民和学术顾问之间讨论的产物。该立法建立了一个监管生物多样性勘探的框架，它有 4 个基本要素：

（1）机构间委员会，负责审议和执行研究协议并协调进一步的政策制定

（2）获取传统知识事先知情同意的程序

（3）收集者和政府之间的双层强制性研究协议系统，包括利益分享条款：学术研究协议，有效期为 5 年；商业研究协议，有效期为 3 年

（4）符合环境保护法律法规的最低要求

将材料带离机构需要签署材料供应（或转移）协议。它应列出任何相关的原始获得条款，并说明任何其他使用、转移和利益分享条款。1997 年的《本土居民权利法》，包含《生物和遗传资源的学术收集者行为守则》，为在菲律宾的学术收集规定行为准则。[6]

通过此类立法的其他国家包括孟加拉国[7]、巴基斯坦[8] 和印度[9]。亚洲的一些国家计划规范遗传资源的获取以确保事先知情同意和惠益分享机制。这些国家包括斐济、尼泊尔、巴基斯坦、巴布亚新几内亚、萨摩亚、塞舌尔、所罗门群岛、南斯里兰卡（South Sri Lanka）和瓦努阿图。

4.3 非洲

在非洲，一些国家利用非洲统一组织关于保护当地社区、农民和育种者权利以及规范生物资源获取的示范法（非洲统一组织，亚的斯亚贝巴，2001 年 12 月）作为规范

生物材料获取的模式。[10] 到目前为止，主要是喀麦隆的立法遵循了非洲联盟的原则。来自喀麦隆的案例研究包括制药和植物医学产业在钩枝藤以及喀麦隆山上的非洲李属的可持续采伐中的利益分享。[11] 尼日利亚[12] 和南非[13] 最近也通过了立法。

4.4 拉丁美洲

哥斯达黎加是全球首批率先制定生物多样性相关立法的国家之一。有关区域组织、国家政府或州政府对遗传资源的获取进行规范，以确保事先知情同意和惠益分享的信息可以在 1998 年生效的第 7788 号《生物多样性法》（Ley de Biodiversidad No 7788）中找到。[14]《生物多样性获取规则》（第 31-514 号总统令）自 2003 年起生效。[15] 该法令涉及以下主题：获取遗传资源，公平分享利用遗传资源所产生的惠益，公平分享利用传统知识、创新和实践所产生的惠益，与遗传资源和/或保护与遗传资源有关的传统知识、创新和实践相关的知识产权。

更广泛地说，在拉丁美洲，《关于遗传资源共同制度的安第斯条约第 391/96 号决定》引领了讨论的基调。根据其《国家生物多样性战略》（最高命令第 102-2001-PCM 号），秘鲁最近增设了传统知识制度（2002 年 8 月第 27811 号法律）。秘鲁已经建立了一个特殊的国家主管部门（INRENA）来处理获取和惠益分享问题。

安第斯地区的国家（玻利维亚、哥伦比亚、厄瓜多尔、秘鲁和委内瑞拉）决定采取区域办法管理其遗传资源的获取。《安第斯条约第 391 号决定》（1996 年）为成员国制定了关于遗传资源获取的共同规则，其实施交给国家规定。这种做法背后的思考是，当具有相似动植物的邻国很少或根本没有监管时，一个国家对获取实施严格管控是没有意义的。[16]

其他已通过法律的国家包括阿根廷[17]、玻利维亚[18]、巴西[19]、墨西哥[20]、巴拿马[21] 和秘鲁[22]。

4.5 澳大利亚和美国

尽管美国从未签署《生物多样性公约》（CBD），但大多数组织和大学都遵循 CBD 和《波恩准则》。[23] 由大学与美国国家癌症研究所（NCI）、美国国立卫生研究院（NIH）资助了几个美国计划，并由 Fogarty 国际中心协调。[24] 澳大利亚已经规范遗传资源的获取，以确保事先知情同意和惠益分享（西澳大利亚州和昆士兰州）。[25]

5 结语

根据获取和惠益分享的情况（即不存在获取和惠益分享的情况，简单的获取和惠益分享情况，获取和惠益分享的情况或复杂的获取和惠益分享情况），需要根据相关国家立法采取一系列程序步骤。因此，研究人员必须清楚地了解需要签署哪些文件。这些文件可能包括：

- 意向书
- 研究许可
- 事先知情同意（PIC）

- 共同商定条款（MAT）
- 材料转移协议（MTA）
- 保密协议

对于其中的每一项，重要的是要知道预期开展收集活动的国家的主管方是谁，并且知道在哪里可以找到关于当前实行的 ABS 立法的最新和准确的信息。

虽然看起来令人生畏，但必须完全遵守。通过减少误解和可能的法律问题（包括扣留或驱逐），精心规划和积极管理将在长期内得到回报。

也许最重要的是，这些获取和惠益分享制度的存在是为了促进建立用于研发项目的公平、可持续和稳固的生物资源共享网络。我们都希望这些制度确保所产生的任何利益都惠及所有相关方。

致 谢

本章是为一系列目的准备的若干文件的实质性汇编。感谢我们的同事和出版商允许编辑和使用这些版权材料的摘录。[26]

CARL-GUSTAF THORNSTRÖM, *Swedish Biodiversity Center, Swedish University of Agricultural Sciences, PO BOX 7007, 750 07 Uppsala, Sweden. Carl-Gustaf. Thornstrom@ cbm. slu. se*

LARS BJÖRK, *Associate Professor, Ethnobotany and Pharmacognosy, Evolutionary Biology Centre, Uppsala University, Kabovaegen 18D, SE 752 36 Uppsala, Sweden. bjork. lars@ tele2. se*

---

1 Biber-Klemm S and S Martinez. 2006. *Access and Benefit Sharing—Good Practice for Academic Research on Genetic Resources.* 1st edition. Swiss Academy of Sciences: Bern. www. scnat. ch.

2 The Bonn Guidelines use the term *secrecy agreement*. Although there are different terms, including nondisclosure agreement, the editors of the *Handbook* prefer the term *confidentiality agreement*, which is more neutral and is used more widely.

3 For example, for Europe: www/abs. eea. eu. int. Worldwide: www. biodiv. org/programmes/socio-eco/benefit/. National focal points can be found at www. biodiv. org/doc/lists/nfp-abs. pdf. Case studies can be found at www. biodiv. org/doc/case-studies/abs/. If you are unable to open a link here, use www. biodiv. org/doc/info-centre. shtml and click on case studies.

4 See www. ngb. se/Material/seedrequest. php and www. ngb. se/Material/MTA.

5 The ASEAN Framework Agreement on Access to Biological and Genetic Resources (2000). www. grain. org/brl/? docid=785&lawid=1261. See also www. wipo. int/global issues/data bases/contracts/index. html and www. biodiv. org/programmes/socio-eco/benefit.

6 Further information: The Philip pines Executive Order No 247 (May 1995) can be found at www. grain. org/brl/? docid=915&lawid=1482; www. chmbio. org. ph/eo247. html; www. chmbio. org. ph/dao20-96. html.

7 www. grain. org/brl/? docid=538&lawid=1274.

8 www. grain. org/brl/? docid=683&lawid=1456.

9 During 2001 India adopted a bill for the protection of plant varieties and the farmer's rights (Bill. No. 123 of 1999). A Biodiversity Bill (Bill. No. 93 of 2000) has also been passed by the Parliament. www. grain. org/brl/? docid=322&lawid=1378 (in force beginning in 2002).

10 See www. grain. org/brl/? docid=798&lawid=2132. An explanatory booklet of the African Union Model Law, written by Professor J. A. Ekpere, can be found at www. grain. org/brl/? docid=798&lawid=2132.

11 www. biodiv. org/doc/case-studies/abs/cs-abs-aristo. pdf.

12 www. biodiv. org/doc/case-studies/abs/cs-abs-ng-a. pdf.

13 www. grain. org/brl/? docid=621&lawid=1222.

14 Both Spanish and English versions are at www. grain. org/brl/? docid=879&lawid=1859.

15 www. grain. org/brl/? docid=209&lawid=1872.

16 The Common Access Regime for Genetic Resources, Andean Pact Decision 391 (July 1996), can be found in Spanish at www. sice. oas. org/trade/JUNAC/decisiones/DEC391S. asp and in English at www. sice. oas. org/trade/JUNAC/decisiones/DEC391e. asp. These laws and others can also be found on the Web site of GRAIN (Genetic Resources Action International): www. grain. org/brl/index-en. cfm.

17 www. grain. org/brl/? docid=327&lawid=1677.

18 The *Reglamento de la Decision* 391 *Regimen Comum de Acceso a los Recursos Genticos* (in force beginning in1997). www. lclark. edu/org/ielp/boliviaspanish. html; in English at www. lclark. edu/org/ielp/boliviaeng. html.

19 The *Acre State Law* (*Accesso a recursosgenéticos lei estadual*) has been in force since 1997 and can be found at www. lclark. edu/org/ielp/acre. html. The *AmapáState Law on Access to Genetic Resources*, in force since1997, can be found in Portuguese at www. lclark. edu/org/ielp/amapaportuguese. html and in English at www. lclark. edu/org/ielp/amapaenglish. html. This legislation can also be found on WIPO's site: www. wipo. int/tk/en/laws/. The *Medida Provisória No. 2. 186-16* of 23 August 2001 regulates Access to Genetic Heritage, Protection of and Access to Associated Traditional Knowledge, Sharing of Benefits, and Access to and Transfer of Technology for their Conservation and Use and can be found at www. wipo. int/tk/en/documents/word/brazil-provisional measure-por. doc in English. For Portuguese, visit www. planalto. gov. br/ccivil_03/MPV/2186-16. htm.

20 See Torres Nachon C and G Cantoe. Towards a Lawon the Access and Use of Genetic Resources in Mexico. Center for Environmental Law and Economic Integration of the South. http://www. biodiv. org/doc/case-studies/abs/cs-abs-biodassur. pdf.

21 *Law No. 20* (26 June 2000) on a Special Regime of Collective Rights of Intellectual Property of Indigenous People for Protection of their Cultural Identity and their Traditional Knowledge. www. grain. org/brl/? docid=461&lawid=2002. See also www. wipo. int/tk/en/documents/word/panama-executive-decree-12. doc.

22 The *Propuesta de Regimen de Proteccion de los Conocimientos Colectivos de los Pueblosy Comunidades Indigenas Vinculados a los Recursos Biologicos* (in forcebeginning in 2002), can be found in Spanish and English at www. grain. org/brl/? docid=175&lawid=2041.

23 www. state. gov/g/oes/rls/or/25962. htm. For Americans working in other nations, contact: Access and Benefit-Sharing Officer, U. S. Department of State's Office of Ecology and Terrestrial Conservation, (202) 647-1804 or FAX (202) 736-7351. For research-permit applications, visit science. nature. nps.

gov/research/.

24 More information about these can be found in *Chemical Prospecting: An Overview of the International Cooperative Biodiversity Groups Program, Francesca T. Grifo Fogarty International Center.* National Institutes of Health: Bethesda, MD www. fic. nih. gov/programs/research-grants/icbg/index. htm.

25 For information about performing research in national parks, see www. deh. gov. au/epbc/permits/parks/research.

26 Thornström CG and L Björk. 2006. Accessing Others' Proprietary Biological Matter and Related Information-Towards a Handbook in Access and Benefit Sharing and Related Intellectual Property. Part three: Entering Into Agreements. Unpublished.

Sennerby Forsse L. 2003. *Inventory Regarding ABS Legislation in Selected Countries.* Swedish Research Council/FORMAS: Stockholm.

Thornström CG and Björk L. 2006. Accessing Others' Proprietary Biological Matter and Related Information-Towards a Handbook in Access and Benefit Sharing and Related Intellectual Property. Part One: Chapeau. Unpublished.

Also the publication in *supra* note 1.

27 *Editors' Note*: This and other forms in this chapter have been lightly edited for English, consistency and clarity.

28 www. epaguyana. org/downloads/BiodiversityGuideLinesForResearch. pdf.

29 www. biodiv. org/decisions/default. aspx? m=COP-08&id=11016&lg=0.

文本框 1A：材料转移协议的简单信函

×××人民民主共和国环境部，______先生/女士：

Barbro Sundberg 博士代表乌普萨拉大学植物分类学系特此声明，打算在 Nam-Nam 国家生物多样性保护区内开展植物分类学和民族植物学的合作项目。

乌普萨拉大学的 Barbro Sundberg 博士和她的博士生 Hugo Brun 及 PDR 国立大学的 Mak Naeng 博士，获准在 Nam-Nam NBCA 内以植物标本的形式收集植物材料，以研究该地区的植物多样性和 PDR 遗传资源文献化。所有标本按一式三份收集并加工，将被保留在乌普萨拉大学（UPS）的 NU 植物标本馆中，其中一份标本将进入斯德哥尔摩自然历史博物馆（S）。

所有样品都标有目录号和文本："此材料的权利属于 PDR。对这种材料的任何分发或 DNA 取样都需要得到 PDR 环境部的特别许可。"所有来自该材料研究的出版物都应该致谢 PDR 环境部，植物学文献的出版应征得 NU 植物标本馆馆长的同意。

上述项目的所有费用由瑞典国际开发合作署资助。该项目计划于 2007 年 7 月 1 日至 2010 年 6 月 30 日进行。该意向书仅涵盖该时间段。

首都，2007 年 2 月 10 日

PDR 各部　　Barbro Sundberg　　Mak Naeng

NU 植物标本馆官员　　Hugo Brun

文本框 1B：意向书——衍生物

×××人民民主共和国卫生部，______先生/女士：

Åke Mattsson 博士代表乌普萨拉大学动物分类学系特此声明，打算在 Nam-Nam NBCA 内开展生物学合作项目，该项目涉及疟疾控制和病媒控制发展的传统技术。乌普萨拉大学的 Åke Mattsson 博士、Thomas Lundberg 教授及博士、博士生 Nils Svensson 和首都国立大学的 Mai Moeng 获得了在 NBCA 内收集植物材料和昆虫样本的许可，以收集资料。

所有标本按一式三份收集并处理后被保留在乌普萨拉大学（UPS）的 NU 植物标本馆，以及斯德哥尔摩自然历史博物馆（S）。

所有样品都标有目录号和文本：“此材料属于 PDR。将此材料分发给第三方需要得到 PDR 环境部的特别许可。”准备好的植物提取物将转移到乌普萨拉大学进行分析。所有提取物都标有目录号和标签：“此样本属于 PDR。任何将材料转让给第三方的行为都需要得到 PDR 卫生部的许可。”

该项目的所有费用均由瑞典国际开发署资助，计划于 2007 年 4 月 1 日至 2009 年 8 月 31 日进行，该意向书仅涵盖该时间段。

首都，2007 年 3 月 3 日

×××部　Åke Mattsson　Thomas Lundberg

Mai Moeng　Nils Svensson

文本框 1C：意向书——生物勘探和传统知识

Nam Rew 和 Nam Chaa Valleys 是村长理事会的代表，代表 PDR 的 Nua 省 Nakay-Mai 区 Nam Rew 和 Nam Chaa 河谷的村民，Martin Stigberg 代表瑞典的乌普萨拉大学植物分类学系，特此声明，双方打算就一项有关传统药物植物和蚊虫防控的项目进行合作。该项目旨在改善蚊虫肆虐状况，并使村庄人民的健康管理变得更好。用于此项目的所有现场设备将在项目时间到期后捐赠给村庄。

所有调查结果以可能的专利和可销售产品的形式获得的权利，以及可能的商业化利润将按照以下方案分配：

- 5%给予当地的信息提供者和/或其家人
- 25%投入由 Nam Rew 和 Nam Chaa 河谷村庄村长理事会控制的村庄发展基金
- 25%由卫生部用于 PDR 的活跃性疾病防控
- 25%将由环境部用于保护生物多样性

- 20%的收益投入由 Martin Stigberg 博士（乌普萨拉大学民族植物学讲师），Maria Karlsson 教授（乌普萨拉大学医学昆虫学教授）和 Sue-Trong 博士（国立大学科学学院院长）担任董事会成员的基金。该基金用于培育来自 PDR 生物学领域优秀博士生。

该项目计划由瑞典国际开发合作署资助。项目时间为 2007 年 7 月 1 日至 2011 年 6 月 30 日。

Nam-Nam NBCA，2007 年 2 月 28 日

主管__________	Martin Stigberg
(Nam Rew 和 Nam Chaa 河谷村长理事会代表)	(瑞典乌普萨拉大学植物分类学系)

文本框 1D：意向书——教育/培训情况

PDR 国立大学科学院（由 Sue-Trong 博士代表）和瑞典乌普萨拉大学植物分类学系（由 Lisa Svensson 博士代表），特此声明打算在 PDR 的 Nam-Nam NBCA 内开展一项民族植物学项目的合作。

来自理学院的理学硕士 Mak Naeng 先生和 Mai Moeng 先生将以博士生身份参加，由来自乌普萨拉大学的 Lisa Svensson 博士和 Birgitta Eriksson 教授担任导师。来自乌普萨拉大学的 Hugo Brun 为受资助的博士生。

Naeng 先生和 Moeng 先生的资助来自瑞典国际开发合作署（Sida）和 NUOL 的双边项目。Brun 先生的资助来自 Sida/SAREC 给 Lisa Svensson 博士的赠款。

万象，2007 年 2 月 25 日

Sue-Trong 博士	Lisa Svensson 博士
(PDR 国立大学科学系主任)	(瑞典乌普萨拉大学植物分类学系)

文本框 2：允许研究示例

表格 B-001[27]

在圭亚那合作共和国开展的生物多样性
科学和/或商业研究环境保护署（EPA）申请表

环境保护署欢迎有兴趣在圭亚那开展生物多样性研究的人士提出申请。

申请人须知

a. 每份申请都需要缴纳 75 美元手续费，不可退还。该费用以及付款方式可在线查找。

b. 所有问题都必须回答。另附表格可用于回答任何或所有问题。
c. 所有申请都必须打字。如果不这样做将导致处理申请的延迟。
d. 必须在研究开始前3个月内向环境保护署提交填妥的两份申请表格。
e. 必须详细说明与任何或所有研究人员有关的所有现有的赞助商、雇主、合作机构以及商业实体及其附属机构，以及拟议的研究（见下文11)。
f. 申请细节（例如，研究团队成员或现有赞助商/机构）如果在获得批准后发生的任何变更，应以书面形式向EPA报告。
g. 研究拟收集的信息、样本和标本的种类和数量应符合研究的目的和目标，要带走的材料数量与任何特定物种的丰度相比较应是合理的。(见下文5~12)。
h. 建议在资助机构最终确定研究资金安排之前，或者最迟在研究小组前往圭亚那之前提交申请。
i. 如果你打算以个人身份进行研究，你必须提交一份公认的机构/团体/协会推荐信。如果是学生申请者，则需要导师的姓名和签名。
j. 研究人员必须对研究团队的健康（疫苗接种）采取一切必要的预防措施。
k. 研究人员/研究团队必须按照批准的生物多样性研究指南开展工作。

请提供项目中指定的以下信息：

1. 本申请的授权签字人姓名。
2. 代表其提出申请的代理机构/机构（如果有的话)。
3. 邮政地址、电话、传真和电子邮件。
4. 拟议项目的描述性标题。
5. 拟议项目摘要（请附上项目提案副本)。
6. 目标；拟议的研究地点（尽可能给出精确的地域划分)；拟议研究的描述，包括研究方法。
7. 需要收集/生产/进口哪些材料/信息？(请勾选相应的方框)
   [ ] 标本/样本收集（指定性质和数字)
   [ ] 录音（音频和视频)
   [ ] 照片
   [ ] 书面记录
   [ ] 计算机录入项
   [ ] 报道
   [ ] 文章和科学论文
   [ ] 其他产出（具体说明)
8. 所有资料/报告、标本和材料的预期中转和最终目的地。
9. 项目是用于商业目的还是专门用于学术目的？请说明确切意图。此处的商业用途包括但不限于：

(i) 为商业目的使用样本或标本、摄影和视听材料和插图
(ii) 化学、药理学和生物技术研究
(iii) 用于繁殖或育种目的的材料或标本
使用的学术目的仅涉及分类学、保护、生态和生物地理学调查。
10. 时间安排（抵达/离开圭亚那，包括在腹地的日期）。
11. 研究小组成员的组成（附简短的简历），还要附上关于当前赞助商的声明。
12. 研究预期的环境影响（简要说明）。
13. 预期资金来源（见申请人须知［d］），请附上将要或已经提交给供资机构的预算提案，包括外国和（估计的）当地费用。
14. 拟与当地机构建立的联系（如果有的话，说明每个机构是否已经正式接洽并非常简短地说明其答复）。
15. 当地对口方的培训内容。
16. 你是否打算对本土或当地社区合法拥有或占用的土地进行研究？如果是的话，在哪里？
17. 简要介绍圭亚那将如何从你的研究中受益，包括对圭亚那的即时和长期预期的补偿（现金、易货、服务、标本、从研究中分享未来的生产可能性、使用费、设备或材料）。

申请者签名
主管签名（如果适用）
办公室/机构办公室
日期
环保局
土耳其 UG 大学 IAST 大厦
圭亚那大乔治敦

文本框 4A：事先知情同意——生物多样性和民族植物学：古巴的藤黄属植物（*Clusiaceae*）

古巴国家植物园（JBN）与瑞典乌普萨拉大学进化、基因组学和分类学学院（EGS/IEGSU）之间获取生物资源交换合同

第一方代表：教育部哈瓦那大学所属的国家植物园（JBN），其法定地址为 Carretera El Rocio Km 3，Calabazar，Boyeros，19230，古巴哈瓦那。本文件由该机构主任 Angela T. Leiva Sánchez 博士代表签署。

另一方代表：瑞典乌普萨拉的乌普萨拉大学进化、基因组学和分类学学院(IEGSU)，其法定地址为 Norbyvägen 18D，SE–752 36，瑞典乌普萨拉。本文件由瑞典乌普萨拉大学进化、基因组学和分类学学院分类植物学系民族植物学小组组长 Britta Ekholm 博士代表签署。

双方声明：

- 为了共同的利益，根据本文件所载的规格、义务和条件，建立获取生物资源的双边合作
- 双方以必要的手段和资源，在最佳条件下，按所要求的质量进行经验交流
- 承诺严格遵守和尊重双方已签署的《生物多样性公约》
- 同意合作将为缔约机构和两国带来互利

双方：承认其在本文件上签字的个人和法人实体，同意按以下规格、义务和条件下签署本合同：

第一：本双边合同的目的是在 JBN 和 EGS 的合作下，为科学目的从事分类学研究、民族植物学研究，对古巴热带藤黄属植物（*Clusiaceae*）的化合物和分子研究进行调查，获取古巴活的生物资源；被获取的活的生物植物资源将从古巴送往瑞典，作为实现上述研究的样本，这些样本来自古巴国家联络网植物园的野生或捐赠。

第二：从野生收获或来自古巴国家联络网植物园捐赠的古巴活植物生物资源，将提供一个植物标本样品，作为国家植物园 HAJB 植物标本馆和乌普萨拉大学的 UPS 进化博物馆植物标本馆收藏的一部分。它们不会被用于商业目的或交换；如果以这种材料来描述新物种，正型标本必须存放在 HAJB 植物标本馆。

第三：JBN 将管理并支付进入自然区域、生物多样性、出口和植物养护所需的官方许可费用。

第四：EGS 将支付古巴合作伙伴在古巴的费用，包括管理者、参加考察和植物养护的司机、海关费用和植物生物材料的运输费用。

第五：无论材料来源是野生的，还是来自古巴国家联络网植物园的捐赠，以发芽状态到栽培体的活的古巴生物资源，从 JBN 送到 EGS，在任何情况下将不会用于商业目的。

第六：从化学和分子研究中获得的结果将是互惠互利的，并将由 JBN 和 IEGSU 以科学出版物的方式共享，或根据各部分的协议以其他方式共享。

第七：从 JBN 到 IEGSU 的活体植物生物资源运输，将由 EGS 研究人员直接从哈瓦那的 José Martí 国际机场带到斯德哥尔摩。

第八：对本合同的修改或补充应通过双方之间的正式协议进行，并作为本协议的附录。

第九：JBN与EGS之间现有合作合同自签署之日起有效期为2年，可按同等期限延长，前提是任何一方不得提前终止本协议。

第十：对本合同的解释或执行如发生争议或困难，双方应友好协商解决。如果不能达成协议，将由古巴共和国商会的仲裁法庭解决冲突。

第十一：适用的法律是古巴法律中与双方已签署的《生物多样性公约》一致的部分。

合同须经古巴检查和环境控制中心当局的批准，合同一式两份，具有同等法律效力，双方各执一份。

本文件于2007年3月3日签署。

古巴国家植物园	进化、基因组学和分类学学院
______________________	______________________
Fdo. Enrico Chavez 博士	Fdo. Britta Ekholm 博士
主任	分类植物学系民族植物学组组长

____

Vto. Bno. Ing. Tomás Rivera Amarán

中央情报局局长

科学、技术和环境部

文本框4B：事先知情同意——马尔贡植物群的描述和编目清单

项目1：马尔贡植物群的描述和编目清单

各方：瑞典乌普萨拉大学分类植物学学院院长Sven Berg博士和执行科学家、马尔贡大学应用植物学研究所理学硕士Anna Skool，马尔贡政府由马尔贡国家环境保护局（MEPA）的主任Marin Marais博士代表。

项目2：老挝人民民主共和国Nam Noi山谷（以下简称老挝）植物群的清单编目和利用

各方：

—瑞典乌普萨拉大学分类植物学学院院长Sven Berg博士，执行科学家Eva Lund，Mikael Engström博士，理学硕士Birgitta Karlsson。

—老挝国立大学理学院院长Boukaone Nourinam博士，老挝国立大学医学院院长Bourisak Nam博士，老挝国立大学代表政府。

文本框 4C：时间框架的示例

项目 1：马尔贡植物群的描述和编目清单

该项目的计划和资助期为 3 年，另有 6 个月用于出版和报告。

时间：2007 年 1 月 1 日至 2010 年 6 月 30 日

项目 2：老挝 Nam Noi 山谷植物群的编目清单和利用

该项目的资助期为 3 年，但在该项目期间预计培养 2 名博士。PIC 的时间安排只能签署 3 年，但已经准备好了续签。

时间：2007 年 1 月 1 日至 2009 年 12 月 31 日，续约时间为 2010 年 1 月 1 日至 2012 年 12 月 31 日。

文本框 4D：区域定义示例

项目 1：马尔贡植物群的描述和编目清单

该项目区域定义为“全国山区”。对于这个国家的东北部地区，需要颁发特别许可证。

项目 2：老挝 Nam Noi 山谷植物群的编目清单和利用

该项目区域被定义为 Nam Noi 山谷和邻近的位于老挝 Nam Theun 及越南边境之间的 Nam Pheo 山谷。该项目允许扩展到 Nam Theun 盆地，该盆地已计划被淹没。

文本框 4E：材料描述

示例 1：马尔贡植物群的描述和编目清单

PIC 涉及有花植物，没有具体的限制。位于阿姆斯特丹（Amsterdam）的自然历史博物馆将为 Grazia Hopper 博士收集蝗科（Acrididiae）物种。参考标本也将提供给位于马尔贡（Malgon）的自然历史博物馆。采集的标本将被标记为：马尔贡的资产。

示例 2：老挝 Nam Noi 山谷植物群的清单编目和利用

相关的遗传资源是用于疟疾和病媒防控的物种及其衍生物。Gunnar Sellström 教授获得了收集按蚊（Anopheles）属昆虫的特别许可证。采集到的昆虫标本与采集到的植物类标本采取相同的处理方式。采集的标本应标明：老挝人民民主共和国的资产。

示例 3：马尔贡植物群的描述和编目清单

该项目是非商业性的，旨在增进对马尔贡植物群的了解。项目将包括物种描述和植物标本样品的收集。标本按一式三份存放在马尔贡、乌普萨拉和斯德哥尔摩的植物标本室。为了在斯德哥尔摩和乌普萨拉存放材料分别签署了MTA。研究结果应发表在著名的科学期刊上，并将供马尔贡植物委员会使用。采集的标本将被标记为：马尔贡的资产。向第三方转移材料需要获得马尔贡环境部颁发的许可证。转移到阿姆斯特丹大学Grazia Hopper博士的材料通过单独的MTA描述。该项目用于引进PCR技术和培训NUM的工作人员。

示例4：老挝Nam Noi山谷植物群的编目清单和利用

虽然收集植物群编目清单是非商业性的，但对利用植物的民族植物学研究可能包含商业性内容。该项目的长期目标是提高对老挝遗传资源的认识，推动当地生产。该项目将有两个基本方面：

1. 姜科（Zingiberaceae）植物的植物和化学的物种编目清单。化学评价将集中在种子和根的精油。将现场介绍蒸汽蒸馏技术。通过瑞典隆德的GC-MS进行精油中化合物的鉴定和结构测定。

2. 用于治疗和控制疟疾及蚊子的植物材料民族植物学研究。对该地区不同种族的成员进行开放式或半结构化的采访后，将进行统计分析、物种鉴定、评价加工对化学成分的影响、对物种和分离化合物的文献研究以及生物活性筛选。

用GC-MS和HPLC-MS鉴定活性化合物。该项目将为NUOL的博士生提供技术转移和技术培训服务。由NUOL医学院的科学家进行采血和分析。全体教员获得了采血的伦理许可。预期结果：改善研究地区人口中的疟疾控制，确定可能的疟疾控制产品。至少有2名博士生将利用该项目完成学业。

文本框5：CBD中的共同商定条款

1. 公平、公正地分享使用遗传资源、衍生品或产品而产生利益的最低条件，应该在相关国家获取立法或/和国际制度下作出规定，应/可以考虑给定资源的提供者和用户之间的事先知情同意的共同商定条款。

2. 共同商定条款的条件可以规定遗传资源衍生物和产品的利益分享安排。

3. 使用传统知识、创新和实践和相关遗传资源（衍生品和产品）所产生利益的分享条件，将/可能以共同商定条款规定。在有关土著和地方社区积极参与下，用户和提供者的国家主管部门之间共同商定，并酌情在提供国的参与下，在土著或当地社区与使用者之间共同商定。

4. 共同商定条款可包含关于是否可以寻求知识产权保护，以及在何种条件下可以寻求知识产权保护。

5. 共同商定条款可规定使用遗传资源（其衍生物和/或产品）以及相关的传统知识、创新和实践的货币和/或非货币条件。

6. 国际制度应规定利益分享的基本义务和条件，包括通过财务机制分配利益，以便在获取安排没有具体规定的情况下适用。

7. 无法确定获取遗传资源或衍生品的原产国时，由此产生的货币利益应累积进入财政机制，而非货币利益应提供给各需要方。

来源：《生物多样性公约》[29]

文本框 6：材料转移协议样本

这项总的材料转移协议（MTA）将指导南吉亚拉（Nangijala）大学和乌普萨拉（Uppsala）大学之间交换选定的生物材料，下文称为双方。本 MTA 基于双方之间的合作研究合同，可以根据任何国家法律或法规的要求进行修改，也可以根据双方的共同商定进行修改。双方同意，所有生物材料的交换将严格按照《生物多样性公约》所规定的原则进行。

因此，双方同意以下条款和条件：

1. 定义

生物材料是指植物或动物、微生物或其他遗传资源或其衍生物的任何材料。

提供方是指生物材料的提供者，可能是根据《生物多样性公约》原则提供从原生境或非原生境来源收集的遗传资源的国家，包括野生和驯化物种的种群。提供者也可以是提供部分植物或动物、微生物或其他遗传资源或其衍生物的机构。

2. 指定执行机构

根据各当事方国家的情况，可能有几个指定执行机构的备选办法：

2.1 就本 MTA 而言，X 大学指定 Y 学院的一名授权代表作为 X 大学的主管代表。该代表应该是主任/院长/主席级别的，或者是适当的代表。为澄清起见，双方同意，Y 学院应负责确保在 U 国生效的与生物材料交换有关的所有国家法律和程序得到尊重。Y 学院应作出合理努力，将与本协议相关的国家法律和程序告知研究人员/调查人员。

2.2 如果大学没有指定一个授权代表，由大学行政主管作为代表，行政主管应负责确保在 U 国生效的与生物材料交换有关的所有国家法律和程序得到尊重。行政主管应作出合理努力，将与本协议有关的国家法律和程序告知研究人员/调查人员。

3. 目的

本协议的主要目的是为交换用于研究和教育目的的选定生物材料提供一个框架。

4. 所有权

4.1 依照本协议，生物材料交换包括包含或纳入修饰的任何材料，无论位于何处，均应始终属于提供方的财产，未经提供方根据《生物多样性公约》原则的了解、同意和书面授权，第三方不得使用或将其转移给第三方。从本协议项下转移的材料中产生的任何新知识产权所有权应受本协议第7条中所述条款的管辖。就本MTA而言，提供方是指提供生物材料的部门或大学，这些生物材料在每一份实施协议中都有定义，并在本协议第5条中有定义。

注：没有具体法律授予研究机构持有生物材料所有权的情况下，谨慎的做法是将其归于学院或大学。双方国家的教职人员需要严格跟踪正在制订的准入立法发展，并对任何相应的法律发展作出反应。

4.2 双方同意将任何未在本MTA项下定义的第三方提出的使用材料请求提交给对方。

5. 执行协议书

对于在本协议项下要交换或转移的所有材料，双方应签署一份执行协议书(ILA)，描述在本协议项下要收集或转移的材料性质。每一份ILA应在批准任何材料转让之前缔结。ILA必须包含提供和接收每个ILA中定义材料的相关主要研究人员的签名。ILA必须明确提及本MTA规定的各方权利和责任。

(本节的目的是避免每一次交换材料都需要缔结一项MTA的情况。本节将准确定义每个MTA下转移材料的性质。)

6. 与使用生物材料有关的条件

6.1 双方同意，根据本协议收集和转移的生物材料将用于教学和学术研究目的。

6.2 双方同意，对于提供材料的任何其他应用或使用，均应由提供方自行决定是否允许用于商业目的，包括对其进行的任何修饰。如果任何一方希望将材料或衍生品用于本MTA第6.1条中描述的授权使用以外的任何其他目的，对于该等使用的授权应由本MTA中所述的提供机构全权决定，且不得合理地拒绝该等授权。

6.3 各方均同意遵守本协议的条款，包括双方的雇员，在其正常业务过程中拥有该材料的任何科学家或任何一方的人员。该等人员不得将该材料或其任何部分、或相关信息，提供给任何人员或第三方，但双方直接控制的人员除外。

7. 知识产权

根据本MTA转移的生物材料所产生的任何全部或部分的发明，均应按照有关知识产权的法律进行分配。每项分配应确定材料的提供方，并确定提炼任何商业化产品原料的原产国。任何商业化产品的发明受让人应根据《生物多样性公约》所规定的原则，与材料提供方谈判达成一项善意的、双方都能接受的协议。

8. 出版

由本协议项下研究产生的或根据本协议收集的生物材料提炼出的受版权保护的出版物，不应限制任何有关各方使用该出版物。

9. 协议期限

根据BIO-EARN项目合同，本MTA有效期至2001年年底。经双方协商一致，本协议可延长一个新的BIO-EARN计划期（2002—2005年）。

10. 终止

10.1 除非另有约定，本MTA将在本合作项目期满后终止。

- 双方应按照本协议第7条的规定，遵守对本协议及其任何修改所获得的材料适用的最宽松条款。
- 双方将停止使用材料，并可能销毁或将任何剩余材料归还原产国。
- 如果出于任何原因，任何一方希望在研究完成之前终止本协议，则各方应提前6个月向另一方发出书面通知，以便完成正在进行的研究。该书面通知应送达在本协议上签字的双方每一位代表。

10.2 本协议的任何内容，均不得阻止或延迟发布使用材料或对材料进行修改而产生的研究结果。

11. 争端的解决

11.1 如果双方就本协议条款的解释或适用发生争议，双方应首先通过协商以友好方式解决争议。

11.2 如果双方未能在6个月内友好解决争议，则应诉诸仲裁。

11.3 每方应各提名2个仲裁员，第5个仲裁员应由联合国法律事务厅提名。后者应担任仲裁庭主席。仲裁员的决定是最终决定。决定应以协商一致方式通过。如不能达成协商一致，则应以投票方式作出决定。

12. 其他

双方承认，根据本协议提供的生物材料可能具有未知或难以确定的特征，并可能具有潜在危险。对于材料的安全性、质量、可行性或纯度，或其适销性或适合于任何特定目的，双方均不作任何明示或暗示的保证。

有关国家的大学/研究所

大学名称____________________

详细地址____________________

授权签字人____________________

职位名称____________________

签名____________________

日期____________________

在瑞典的大学
大学名称____________________
详细地址____________________
授权签字人____________________
职位名称____________________
签名____________________
日期____________________

文本框 7：保密披露协议样本

本保密披露协议（下称“协议”）由双方于20____年____月____日订立（“生效日期”），____________________（以下简称“贷方”）主要地址为____________________，和____________________（以下简称“借方”）主要办公地点为____________________。

下文中将贷方和借方有时单独作为“一方”，统称为“双方”。为保护贷方、借方在下列标的物上的专利、商业秘密和其他专有权利，这些权利可能对双方具有互利性，披露以供评估：

标的物描述：

双方约定如下：

除法律另有规定外，任何一方均不得直接或间接向未经授权的人士透露从另一方收到的与本协议标的物有关的任何信息。作为接收该等信息的一个条件，本协议各方特此承认，任何一方向另一方提供的与本协议标的物有关的所有信息，就提供该等信息的一方而言，均为机密信息和专有信息。受本协议约束的信息应以书面形式披露，或者，如果在披露时以口头或电子方式作为机密信息披露，则披露方应在披露后20天内以书面形式确认其机密性。

每一方作为另一方该等专有信息的接收方，仅将该等信息披露给其员工、董事、代理人、顾问、银行家和顾问（“代表”），以供评估之用，并向其披露该等信息的任何代表告知该等信息的披露和本协议的专有性质，同意对该等信息保密，并受本协议的约束，其方式与各方受约束的方式相同。任何一方均应对其代表违反本协议的行为负责。

除了评估、测试、研究及相关活动，任何一方不得将从另一方收到的这些信息用于任何目的，并且不向除了其代表外的任何人披露此类信息，除非事先获得贷方的书面同意或依从法律规定。

本协议自生效之日起对双方具有约束力，有效期为____年，但下列情况除外：

1. 如一方能证明在披露时拥有该等资料；

2. 如果本协议一方披露的信息在本协议期间为公众所知，并且是因为违反该方在本协议项下的义务而为公众所知；

3. 如果该方后来作为权利事项从第三方收到此类信息，或由该方的书面记录证明，该等信息是由一方独立开发的，或在本协议项下的任何披露。

本协议受＿＿＿＿＿＿＿＿＿＿法律管辖。

为证明双方同意上述规定，双方已通过正式授权代表签署本协议。

贷方

名称：＿＿＿＿＿＿＿＿＿＿＿＿＿＿＿＿＿＿＿＿

授权代表姓名：＿＿＿＿＿＿＿＿＿＿＿＿＿＿＿＿

职位名称：＿＿＿＿＿＿＿＿＿＿＿＿＿＿＿＿＿＿

借方

名称：＿＿＿＿＿＿＿＿＿＿＿＿＿＿＿＿＿＿＿＿

授权代表姓名：＿＿＿＿＿＿＿＿＿＿＿＿＿＿＿＿

职位名称：＿＿＿＿＿＿＿＿＿＿＿＿＿＿＿＿＿＿

第 16.4 章

生物勘探中的交易

查尔斯·科斯坦扎（CHARLES COSTANZA）
美国佐治亚州亚特兰大市顾问
莱夫·克里斯托弗森（LEIF CHRISTOFFERSEN）
美国爱德华·威尔逊生物多样性基金会助理
卡罗琳·安森（CAROLYN ANDERSON）
美国卡皮亚知识产权总裁
杰伊·M. 施沃特（JAY M. SHORT）
美国爱德华·威尔逊生物多样性基金会创始人、总裁和主席

译者 李瑞云 **审校者** 刘银良 张熠

摘　要

农业知识产权保护需求呈上升趋势。虽然有保护农业生物多样性的国际协定，但在签署使用遗传资源的商业协议时，各方的具体权利、利益和责任仍须阐明。本章为达成生物多样性资源的使用协议提供实际指导，也为达成独特的农业资源使用协议提供建议。

1　引言

知识产权（IP）权利保护在农业的许多方面都有所体现，特别是通过发明专利和植物品种保护（PVP）或称植物育种者权利。然而在全球范围内，对活生物体开展保护的知识产权形式差别很大。对于构成地球生物多样性的生物来说尤其如此，它们是数百万自然存在的物种及与之相伴的基因库。农业生物多样性作为生物多样性的子集，涉及用于食品、材料、肥料、能源等的种植作物，情况也类似。联合国（UN）《生物多样性公约》对生物多样性的定义是："各种来源的活生物体之间的多样性，包括陆

Costanza C, L Christoffersen, C Anderson and JM Short. 2007. Deal Making in Bioprospecting. In *Intellectual Property Management in Health and Agricultural Innovation: A Handbook of Best Practices* (eds. A Krattiger, RT Mahoney, L Nelsen, et al.). MIHR: Oxford, U. K, and PIPRA: Davis, U. S. A. Available online at www. ipHandbook. org.

地、海洋和其他水生生态系统，以及它们所属的生态综合体：包括物种内、物种之间和生态系统的多样性。”在知识产权方面，自然产生的活生物体不受保护，被人类修改过的可以被保护。生物勘探是对自然生物多样性或农业生物多样性的勘探或筛查，以确定这些遗传资源的潜在商业应用价值。生物勘探不应与生物剽窃相混淆，生物剽窃是指未经授权和未经补偿地获取生物或遗传资源。[1]

本章旨在帮助各方订立生物多样性获取协议（biodiversity access agreements，BAA），以使用需要额外开发才能实现商业化的独特遗传资源。虽然订立经验尚没有被普遍推广，但订立涉及微生物遗传资源生物多样性获取协议的经验已经很丰富。关于生物多样性获取协议的一般性讨论不会包括订立每一种商业协议所必需的所有元素，但在以下方面它可能是有用的：

- **可参考的模式。**已有国际准则，但在大多数情况下尚不存在订立具体协议的明确程序。这种缺乏具体指导的情况，迫使公共和私营部门加强合作，以针对一种独特遗传资源的商业利用建立互利和可持续的关系。
- **资源评估。**用于评估可能具有巨大商业潜力、可能需要大量投资（资本、技术和管理）才能开发可销售产品的资源。
- **确定利益相关者和贡献评估。**用于评估利益相关者利益重叠的资源。（对这些资源的合理评估需要考虑传统知识、农民权利和其他历史权利。一种资源的现状和组成，如一种分离的自然化合物或一种独特的植物品种，可能是几代人反复试错的结果。在确定资源的适当价值时，需要考虑这些因素和其他因素，以便能够公平地分配商业开发所得的利益。）
- **利益分享。**用于在协议各方之间分享利益。

2 生物多样性和知识产权

2.1 国际协定

生物多样性是由联合国《生物多样性公约》（CBD）规定的，其宗旨是：

- 保护生物多样性
- 可持续利用生物多样性的组成部分
- 公平、公正地分享利用遗传资源产生的收益

《生物多样性公约》通过承认一个国家政府对其境内所有遗传资源的主权（第15条），在原产国“事先知情同意”的前提下，基于“共同商定条款”，促进对这些资源的获取，为指导商业协议提供了坚实的理念基础。

农业生物多样性也受《粮食和农业植物遗传资源国际条约》（the International Treaty on Plant Genetic Resources for Food and Agriculture，PGRFA，以下简称条约）的管辖。该条约要求通过信息交换、获得技术转移、生产能力建设和分享财务和其他商业化利益的方式，鼓励开放获取植物遗传资源并分享由该资源所获得的利益。[2]

WTO的TRIPS协定在农业生物多样性问题上提供了最低限度的指导，未被归类为

人工修饰微生物的植物和动物不在其内。TRIPS 协定第 7 条规定，知识产权的保护和实施应有助于：

- 促进技术创新和技术的转移与传播
- 有利于社会和经济福利的技术知识，有利于其生产者和使用者的互惠互利
- 权利与义务的平衡

TRIPS 协定要求签署国要么提供植物品种的专利保护，要么为植物品种保护设计一种有效的专门制度（一种特别设计的独特制度）。

目前正努力通过《国际植物新品种保护公约》（UPOV，以下简称公约）规范各国专门的植物品种保护制度，UPOV 的目的是“确保 UPOV 成员在一套明确规定的原则基础上，通过授予植物新品种育种者知识产权而承认其成就”。[3,4,5]

CBD、条约、TRIPS 协定和公约为各方致力于制定自己的遗传资源获取协议提供了一般性指导。但是必须认识到，现有的（国际）协定是以宽泛的行为标准作为基础的。这些协定提供了重要的原则，却没有关于如何满足每个特殊情况要求的指示。2001 年，由缔约方会议通过的《波恩准则》是弥合国际协定与谈判获取生物多样性资源各方要求之间差距的第一步。2005 年，国际农业生物技术应用服务组织（BIO）为从事发现酶、化学物质和小分子等天然产物的成员制定并发布了自己的指南。[6]

从双方试图就提供或获得一种独特的遗传资源以及该遗传资源可能会也可能不会成为一个成功的商业产品而达成协议的角度来看，国际协定留下了许多未解的问题。各方必须运用常识，在保护权利和提供公平补偿以及在市场和法律框架规定的范围内开展工作之间取得平衡。[7]对生物多样性商业化工作来说，各方必须就资源和后续产品的所有权、将产品推向市场所需的投资金额以及产品销售所得利益分配达成协议。

一位评论者[8]指出，农业遗传资源与非农业（尤其是微生物）遗传资源的获取谈判存在差异：由 CBD 规定的微生物多样性被视为一种双边谈判主题，而条约却重视开放获取，通过鼓励育种和研究来寻求较低的获取成本和加强全球粮食安全。本章提供的模式确实强调分享要符合 CBD 下的《波恩准则》，而分享的利益则包括条约所列举的许多财务和非财务利益。

2.2 超越国际协定

鉴于对生物多样性协定条款提供的指导有限，私营和公共部门必须在个案基础上合作制订《生物多样性获取协议》（BAA）。随着时间的推移，一些公司已经制订了以国际公认的原则为基础订立 BAA 的框架。例如，美国上市生物技术公司 Diversa（纳斯达克代码：DVSA）已经与许多合作伙伴签订了多份 BAA，包括阿拉斯加、南极洲、澳大利亚、百慕大、哥斯达黎加、加纳、夏威夷、冰岛、印度尼西亚、肯尼亚、墨西哥、波多黎各、俄罗斯、圣地亚哥动物园、南非和美国黄石国家公园。该公司参与发现并发展来自独特环境的新基因和遗传途径，认识到获取微生物多样性对确保遗传材料的更大多样性至关重要；这种获取增加了发现可用于新产品或新用途的新的和独特基因的机会。在很少或没有模式、指南或要求的时期，时任 Diversa 公司首席执行官兼首席

技术官的杰伊·M. 施沃特（Jay M. Short）博士及其知识产权、商业和科学专家团队开发并完善了一套原则，用于选择世界上的工作区域、选择合作伙伴，并与政府、学术机构和私营公司达成协议，以促进基于可持续生物多样性利用的长期关系。

通过10年订立BAA的经验，Diversa生物多样性团队明确了促成生物多样性合作成功的3个主要因素：

（1）有效及合理的利益分享谈判。

（2）有效及合理的许可制度（确保3个月或少于3个月就可获得许可以及要求许可持有人遵守的报告标准是合理的）。这应该理解为，所有影响协议的国家、区域或地方法规都应充分提供合理的监管，而不应给各方造成不必要的负担。

（3）能力建设。

基于Diversa公司的经验，以下特征有助于评估建立生物多样性合作的最佳地点：

- **法律框架和政治意愿。**与农业生物多样性获取的情况一样，许多国家还没有充分解决BAA所需的立法和监管问题。其他国家可能有关于生物多样性的重要立法，但是这些立法过于宽泛和复杂，以至于对BAA来说过于累赘。另外的问题可能在于知识产权保护。以前没有签订BAA的国家往往没有建立履行此类协议所需的基本行政程序，如批准DNA样本的出口。在这些情况下，政府具有帮助确定生物勘探方向和培训官员的政治意愿，对成功达成任何国际生物勘探新方案是至关重要的。
- **给予所有公司平等待遇。**尽管某一个特定国家可能不存在管制生物多样性获取的国家法律，它也应该平等看待所有潜在的商业合作者（通常包括由私人商业利益机构资助的学者），因此应该要求所有商业导向收集样本的研究人员都签署政府认可的BAA，该BAA遵循《生物多样性公约》的指导方针并支持其目标。
- **强大的科学和保护伙伴。**具有适当的科学能力能加快缩小目标生物搜索范围的进程。合作伙伴接受培训后能够提供更多的增值服务。
- **独特及受保护的栖息地。**栖息地的多样性越大，遗传物质的多样性就越大，由此增加了发现用于新产品或新用途的新的和独特遗传物质的机会。受保护的栖息地很重要，因为它们表明有足够的遗传资源来支持长期的生物多样性（或生物勘探）合作。

一旦确定了合作伙伴，就必须确定BAA的条款。以下是影响BAA成功的关键问题。通过实施BAA（根据公司和生物多样性合作者的评估和指导[9]）以及通过监测和适应国际公约范围内的变化，这一清单已取得了显著进展。主要问题包括：

- **对遗传资源的合法权利。**那些能够有效分配和明确界定公司在使用环境样本及相关遗传物质方面法律权利的国家，是有吸引力的潜在合作伙伴。分配和界定这些权利可以降低未来对任何商业发现提出主张的风险。
- **事先知情同意。**认识到土地所有者和管理人员与生物勘探活动存在利益关系，公司应要求生物多样性合作者在采集样本之前确保获得土地所有者和管理人员的知情同意。

- **专利及商业化权利。**专利和商业化的权利对于创造BAA各方之间可以共享的利益至关重要。利益分配的方式需要在协议中概述。Diversa公司在其BAA中主张对其发明申请专利和商业化的权利，发明包括来自样本的基因和基因产品。
- **生物多样性合作者之间的竞争。**许多公司拥有将生物多样性衍生产品商业化所必需的专有技术。这些公司不希望他们的生物多样性合作者利用通过BAA转移的专有技术与其竞争。因此，对保密性的严格要求和限制性解释是发展富有成效关系的关键因素。
- **转移给第三方。**对一些公司来说，他们最大的竞争优势是专有技术，不与第三方共享这些技术对他们非常重要。向合作伙伴转移技术是为了合作伙伴自身的利益，其背景也是为了其自身能力建设。公司应尊重并保护其生物多样性合作伙伴的专有技术和信息的保密要求。此外，协议中应包括防止公司在没有生物多样性合作伙伴书面许可的情况下向第三方转移样本的条款。
- **排他性要求。**BAA的条款不应限制生物多样性合作伙伴与其他公司的合作。生物多样性合作协议越多，生物多样性合作伙伴就越受益，它在保护本国生物多样性方面拥有的资源也就越多，因为它从其他产业或商业合作中获得了额外的利益和经验。然而，许多公司可能会在特定项目上反对合作者与竞争对手合作，这是由于他们自己的保密要求，或他们需要通过获取独特的遗传物质来保证竞争优势。

各国还必须评估潜在的合作公司、非政府组织或学术机构，以判断它们是否适合作为合作伙伴。评估标准包括：

- **对环境影响小的样本收集。**生物多样性的合作伙伴应该明白，虽然生物多样性可能是商业产品的原材料和未知科学发现的潜在来源，但生物多样性也是一种宝贵的、有限的资源。因此为保护生物多样性，所有的采样制度都应调整，以尽量减少对环境的影响（例如，样本大小和采样频率应保持在最低限度）。
- **遵守国际公约和最佳实践。**合作伙伴必须表明其理解并遵守CBD和TRIPS协定的原则。有BAA经验的合作伙伴也可以根据国际公约和实践经验制定自己的标准。
- **跟踪记录。**各国和合作者应了解其商业合作伙伴在BAA方面的经验。BAA一直并将继续受到国际社会的密切关注，许多公司都有确定的跟踪记录。如果他们没有这样的记录，各国和合作者应仔细审查，并在可能的情况下，与其他协议中有关利益分享安排的提议条件、样本收集协议和转移给第三方的条件进行比较。如果合作伙伴因过去的BAA受到批评，各国应确定他们对自身政策或方法已经作出何种改变，他们愿意提供什么保证来确保那些错误不再发生？

3 生物多样性获取协议

一旦各方决定他们想要创建一个BAA，其挑战就是要建立这样一种关系，既要提供获取原材料（例如新遗传材料）的必要渠道，又要确保这种资源的可持续性并通过利益分享机制补偿给提供方。BAA 包含所有标准合同共有的基本要素，但它们也包含与各协议不同的特定信息。本节将讨论 BAA 的必要元素。

3.1 协议方

BAA 最基本的要素是确定协议的合适当事人。至关重要的是确定谁有适当的权力批准对特定生物多样性资源的获取。此外，必须确定受生物多样性资源获取影响的所有各方，如那些在生物多样性资源附近生活和工作的人。具体而言，各方需要确定以下事项：

- 在法律上控制相关资源获取的个人或团体（所有权和主管机关可以通过批文的形式形成文件，该文件应作为 BAA 的附录）
- 有权授予获取权限的权力机关（所谓的主管机关）
- 一直担任资源“管家”职责的个人或团体
- 资源所在土地上的个人租客
- 当前正在使用该资源的个人或团体
- 希望获取该资源用于商业开发的个人或团体
- 大学、非政府组织、研究人员、环保主义者等，他们出于非传统目的利用获取的资源

ABS 国家协调中心常常是明确主管机关、管辖权、管理和租赁问题的良好起点。[10]作为一个现实问题，公司应要求未来的生物多样性合作者[11]提供证据证明自己有权签署 BAA、从指定区域收集样本并分享这种合作可能带来的好处。[12]

3.2 协议期限

BAA 的有效期间应在最初协议中注明。重要的是，该时间范围将在后面的章节有所涉及，包括：根据协议获取的遗传或其他材料的未来所有权和处置以及以生物多样性为基础的产品商业化可能获取的未来利益。建议各方：

- 确定协议的有效期
- 说明各方如何终止本协议
- 确定协议是否可以续签或谈判以及可能续签或重新谈判的条件

3.3 管辖权

各方必须就协议运作的法律框架达成一致。这样做需要公司决定：

- 合同将依据哪个国家的法律
- 合同将在何种程度上采纳国际公约
- 在出现分歧时采用哪种解决争议的方法（仲裁还是诉讼）

3.4 各方的贡献

各方不仅必须就各自为协议做出的贡献达成一致，而且必须就如何评估贡献的标准达成一致。为创建 BAA，企业将生物多样性视为生物多样性衍生产品的原材料，实

现这一目标将需要进行加工、制造和营销，以使合作具有商业可行性。提供生物多样性资源的国家，在创建 BAA 时必须考虑遗传资源的多种价值。各种利益分享机制，包括财务的和非财务的，可以用于补偿各方对该风险项目的贡献。生物或遗传资源的价值评估和公平的利益分享最终是 BAA 各方的责任，必须在 BAA 中详细说明。

随着公司、研究机构、学术机构和政府机构在探索生物多样性的商业应用及产品方面展开合作，他们签订了管理材料获取的协议，并确定了分享利益的机制。这需要将遗传资源作为产品开发的一种投入进行评估，还必须考虑将微生物多样性转化为可销售产品所需的加工、制造或营销等方面的重大努力。市场将决定生物多样性衍生产品的价值。公司将了解商业化的成本和他们的目标利润。为了让公司看到项目在经济上的可行性，生物多样性获取使用费、产品的市场价值减去商品化成本，并减去目标利润后，必须涵盖采集费用以及合作伙伴的其他利益。生物多样性的独特性（即它之前没有被商品化的事实）将会影响公司对它所赋予的价值，"独特性"[13]越高，它越有可能被赋予更高的价值。

在实践中，因为达成这种合作和正式协议是一个相对较新的市场，可能很难说服公司认识到生物多样性资源的全部价值以及生物多样性合作者对达到国际环境社会的满意程度所做出的贡献。公司和生物多样性合作者必须找到谈判的中间地带，通过谈判为合作者带来的利益不仅不会在经济上阻碍产品开发，反而还能为合作者参与 BAA 提供激励。随着市场的成熟，生物多样性合作者应该能够增加他们贡献的价值，因为通过培训和公司的技术转移，他们可以提高自身能力。此外，随着公司越来越习惯于这些合作，这些公司可能更愿意增加合作者的利益。由于过分要求不具备经济可行性的利益分享条款，许多 BAA 已被放弃。因此，BAA 各方必须谨慎并相互配合，以确定其对产品总体开发和营销的贡献占全部贡献的比例。

最后，财务利益是有限的，并且可能不会立即实现，也可能需要大量的长期投资才能实现。幸运的是，如下面的利益分享部分所述，有一些潜在的非财务利益可以鼓励合作者参与交易。

3.5 各方的权利和义务

除了各方的贡献，BAA 还应提供各方对双方行动期望的具体信息。

3.5.1 权利

BAA 将产生许多关于知识产权的问题。通常，合作者将提供资源获取，并根据其科学能力收集样本和分离菌株。这些样品或分离物由公司进一步开发。在由 BAA 所约定的授权获取阶段和产品商业销售阶段之间有许多中间阶段，其中很多阶段会产生知识产权问题。

- **样品的使用。**各方应确定如何使用根据 BAA 收集的样本。例如，样本是否可以分发给第三方（如任何一方的研究伙伴）？如果是，这样做是否需要另一方的书面通知以及回复所需的时间是多少？
- **发明、样品和衍生品的知识产权。**BAA 产生的任何知识产权都必须在 BAA 中得到充分的解释和处理。例如，Diversa 公司保留其基于 BAA 获得的独特遗传物质所作出发明的权利。值得注意的是，这并不限制生物多样性合作者从发明中获益的权利。这是在协议的利益分享部分谈判的。Diversa 公司还保留其从样本中得到衍生品的所有权。这些样本本身仍然是生物多样性合作者的财产。

- **知识的公开。**各方必须确定谁将有权发表由 BAA 产生的新信息。

3.5.2 义务

各方还必须确定各自的义务。运营的责任包括样本收集和处理、定期报告、通信和行政申请。下面是来自 BAA 的一段摘录，它概述了各方的责任：

> 合作者将负责收集、处理并向（公司）运送来自不同生境的环境样本和/或使用（公司）技术从这些环境样本中分离出的 DNA 样本。合作者应进一步负责计划和执行收集活动，无论是否有（公司）的人员参与。合作者将为合作活动提供实验室空间。环境样品应当包括但不限于：土壤、沉积物、沼泽、泥土、微生物团和菌丝、植物、共生微生物内外的群落、内生植物、真菌、动物和/或昆虫粪便、海洋和陆地无脊椎动物、空气和水。合作者每年将向（公司）提供最低（数量）的环境样本。[14]

3.6 利益分享

一旦各方就其对该交易的贡献价值达成共识，他们就必须讨论鼓励可持续利用遗传资源的利益分享机制。利益分享机制有很多选择，包括财务和非财务方面。[15]表 1 提供了一个广泛的财务和非财务利益分享的可能性列表，并将它们分为短期、中期和长期三类。恰当的、针对具体交易的财务和非财务的混合利益分享机制，可以使公司在遵守国际准则和对利益相关方负责的同时，为生物多样性合作提供激励。

表 1 短期、中期和长期利益：非财务的和财务的利益分享可能性 *

时间范围	利益类型	财务的	非财务的
短期	使用公司设施和访问公司数据库		✓
	预付款	✓	
	生物勘探费（预付费用）	✓	
	每件样品的付款（样品费）	✓	
	分享研究预算或设备	✓	
	生物多样性保护和可持续利用信托基金的费用	✓	
	为生物多样性合作者重要或关键的项目提供研究支持	✓	✓
	由协议各方编写的生物多样性合作研究活动产生的出版物		✓
	共同开发和寻求资助，以支持和扩大生物多样性合作		✓

* 表中的✓原文为×。——译者注

表1(续)

时间范围	利益类型	财务的	非财务的
中期	在出版物中的致谢		✓
	联合研究和科学能力建设		✓
	管理能力建设		✓
	参与计划并制定决策		✓
	保护本地现有的知识产权应用		✓
	技术转移（设备、物资捐赠、专有技术分享）		✓
	生物勘探、采集和样品制备方面的培训，生物多样性监测、社会经济监测和/或苗圃和农艺技术（增加保护能力）		✓
	为生物多样性合作者认为重要或关键的项目提供研究支持	✓	✓
	由协议各方编写的生物多样性合作研究活动产生的出版物		✓
	共同开发和寻求资助，以支持和扩大生物多样性合作		✓
	承诺在资源提供国进行再次补给		✓
	研究经费	✓	
	阶段性付款	✓	
长期	知识产权的共同所有权或单独所有权		✓
	发展其他创收计划	✓	
	根据协议自由获取技术和产品		✓
	为生物多样性合作者认为重要或关键的项目提供研究支持	✓	✓
	由协议各方编写或批准的生物多样性合作研究活动产生的出版物		✓
	共同开发和寻求资助，以支持和扩大生物多样性合作		✓
	净销售的许可提成费	✓	
	总销售额、许可颁发费用和其他收入	✓	
	参与价值增值	✓	

来源：改编自 Liebig 和 Tides 中心/生物多样性行动网（Biodiversity Action Network）[16]。

3.6.1 财务利益分享

表 1 所列的短期财务利益涉及预付的获取费用、样本收集费用、对合作者研究预算的出资，以及为保护生物多样性所设立基金提供的使用资金。中期财务利益包括在合作和研究资助期间为达成特定目标而支付的里程碑费用。长期财务利益包括销售利润的分成以及在生产过程中为执行增值任务增加的赚钱机会。

经观察，利益的谈判过程有几个特点。对于潜在收益相对较小的市场，生物多样性合作者可能倾向于预先得到确定的资金支付，而不是未知的未来许可使用费的部分。相反，当有许多与潜在的巨大收入结合的潜在应用时，生物多样性合作者可能会对更大份额的许可使用费感兴趣，并以预付费用为代价，希望获得更大比例的提成。在这种情况下，生物多样性合作者必须权衡是更早收到资金，还是在15～20年或更长的时间内获得更大的潜在回报。[17]

在许多情况下，合作的市场潜力从一开始就很明显，在有的情况下则不会。在潜力不明显的情况下，可以采用分级许可使用费，根据销量或终端产品市场分割等变量改变产品销售收入的提成百分比。

3.6.2 非财务利益分享

各方可以处置许多非财务利益。许多人指出，对于发展中国家而言，微生物生物多样性和植物遗传资源的获取与惠益分享协议中非财务利益可能比财务利益更有价值，[18,19]非财务利益可以在短期、中期和长期内共享。在合作的整个期间，这些惠益将对各个层面（国家、区域、机构和个人）的生物多样性合作者产生累积影响。个人的专业发展以及国家、区域和机构各级的能力建设和技术转移，将使合作者能够完成更多的增值工作。其结果是，生物多样性合作者可以为源自BAA的产品开发做出更多贡献，从而得到额外收入并获得更多的上升潜力。

短期的非财务利益可能包括让生物多样性合作者使用因合作才能用到的设施和专有数据库。对于中期而言，技术诀窍、特定技术方面的培训、新设备和更可靠的实验室用品库存可以提高生物多样性合作者的科学能力。并且，生物多样性合作者参与规划和决策，可以促进他们提高其他项目的管理能力。除了上述级联效应，长期的利益可能包括知识产权所有权以及获得来自合作的技术和产品。横跨这3个时间框架，各方可考虑寻求资助机会以扩大其研究活动，并共同努力发表出版物。生物多样性合作者可能会请求公司为生物多样性合作者认为很重要的计划提供研究支持，而通过整合公司的技术，该计划应该更容易实施。

文本框1包含BAA惠益分享部分的摘录，并提供了财务和非财务收益的实例。虽然实际的百分比和金额已经被删除（因为如果缺乏整个交易细节，它们就不能提供有用的信息），但是这个例子演示了一个非常具体的许可使用费支付场景，其中收入来源被差异化地分开并分享。协议设想该公司分别从直接销售产品和向第三方许可获得收入。直接销售收入按累进制分享。生物多样性合作者获得一定比例的净直接销售额，直至达到一定的数额限制。如果净直接销售额超过该数额，生物多样性合作者将获得额外收入。例如，假设直接销售净额为1.5亿美元，如果协议规定生物多样性合作者获得第一批7500万美元净直接销售收入的0.5%，以及超过7500万美元净直接销售收入的1.0%，生物多样性合作伙伴将获得112.5万美元。对于来自许可的收入，该协议提供了类似的分级利益分享机制。

文本框1：BAA中典型的惠益分享章节

1. 许可提成费

在本协议有效期内的每个日历年度，公司应根据本公司、关联公司和/或被许可方销售的产品向合作者支付许可提成费，具体如下：

公司直接销售额：

(i) 公司销售产品净销售额的第一批X美元(US$ X)的A%；

(ii) 公司销售产品净销售额超过X美元(US$ X)部分的B%；

公司从被许可方获得的收入：

(iii) 公司在该日历年度中收到的、确认为收入的或有权收到(无重复)的产品销售净收入中第一批X美元(US$ Y)的C%；

(iv) 公司在该日历年度中收到、确认为收入或有权收到(无重复)的超过X美元(US$ Y)产品销售净收入的D%；

(v) 如果该公司从其被许可方获得的补偿不包括被许可方销售产品的许可提成费，那么公司应进一步向合作者支付本公司实际收到的所有许可费的E%作为提成，包括但不限于许可费用、年度维护费用和再许可收入。

对于仅供第三方测试的产品，不应收取任何许可提成费。

所有许可提成费均须遵守许可提成费堆叠条款，以及使用公司专有技术生产的产品按比例分成的规定。

2. 里程碑付费

公司应每年向合作者提供一份与合作者在本协议项下工作直接相关的目标清单。这些目标可以包括但不限于下列项目：

(i) 为公司收到的所有环境样品提交100%完整的环境/隔离样品数据表，时间为收到样品后的5个工作日内；

(ii) 在需要时，为每个样本提供DNA(对于土壤样本，确保每个样本都提供DNA和土壤)；

(iii) 100%符合公司的DNA分离协议；

(iv) 100%符合运输协议；

(v) 根据合作者的采样能力完成特定的采样请求；

(vi) 实现生物群落或生境的最大覆盖；

(vii) 及时、专业地回应请求。

如果合作者完成了所有这些目标，公司应向合作者支付里程碑款项，为合作者年度资助Z%的金额。如果仅实现了部分目标，公司将根据已完成的百分比和相对价值确定应支付金额。

3. 公司还将为合作者提供不同生境的分子系统发育分析技术培训，包括下列技术方法：

(i) 从环境样品中提取核酸的技术；(ii) 生成基因库的技术；(iii) 直接从环境样本中克隆基因的PCR技术；(iv) DNA分析的信息技术。

4. 此外，合作者可以自行决定并自费指派员工参观公司的设施，进行相当于一个人一个月的技术培训(例如两个人两周、四个人一周等)。

来源：摘录和概括自夏威夷大学提交给夏威夷州信息实践办公室的经过修订的Diversa BAA协议。

在文本框1提供的协议中有一项许可提成费堆叠规定。当有多件专利对最终产品产生影响时，就会发生许可提成费堆叠。通常的情况是，许多不同的专利项目已被许可用于新产品的开发。开发该产品的公司可能不得不为使用的每一件专利付费，从而增加了商业化的成本。当多件专利是由第三方持有时，许可提成费结构可能会使交易不具备财务吸引力。[20]当在此过程中一个公司持有多件专利时，决定最终的许可提成费分配就变得简单。为了本讨论的目的，应该在从商业性角度决定继续BAA业务时，理解和考虑每个专利所有者对产品的权利。（有关许可提成费堆叠的更详细讨论，请参见世界知识产权组织的网站。[21]）

除了基于该公司在产品销售和授权方面的整体成功而获得许可提成费，生物多样性合作者还获得了里程碑费用。这些付款是基于绩效的付款，以奖励生物多样性合作者称职地履行了其职责。里程碑付款是按照合作伙伴的绩效水平按比例支付的。在文本框1的示例中，最大金额是生物多样性合作者从公司获得的年度资金的百分比，它可以反映生物多样性合作者取得的成功或进展的程度。或者，里程碑付款也可以基于产品开发各阶段的完成情况。后一种方法的缺点是，它通常断言公司的成功，使得生物多样性合作者几乎没有能力影响收到的付款金额。因此，前一种选择有时被认为是更佳。

文本框1中的摘录还提供了两个非财务利益的例子。这些非财务利益涉及技术转移和现场培训（两者都是在公司和生物多样性合作者的实验室）。在这种情形下，公司对合作者进行先进科学方法和使用其专有技术方面的培训，还鼓励合作者派遣员工到公司进行培训。这不仅提高了员工的科研能力，也使员工获得了在自己的实验室得不到的专业资源。在生物多样性合作者实验室进行的培训至关重要。通常，合作者实验室的基础设施需要更新，实验室规程需要在公司的指导下进行修改以适应不同的设备和耗材。生物多样性合作者代为公司改进规程并为公司提供培训和教育也很常见。这进一步提高了生物多样性合作者增加其收益分享的可能性。虽然这是极受期待和极有价值的非财务利益的极好例子，但由于公司内部的保密要求它通常无法提供。

4　生物多样性获取协议（BAA）的潜在陷阱

上述指引旨在提供一个实际的框架，强调在订立BAA时需要考虑的主要问题。它是从多个公司和生物多样性合作者十多年的经验中提炼出来的。然而，如果没有关于将在何种商业和政治环境下建立并实施BAA的警示性说明，关于BAA的讨论就不可能是完整的。这些因素与上面列出的任何因素一样重要，如果不能充分处理，对BAA来说可能就是致命的。它们还会实质增加创建BAA的成本，因为它们需要大量的时间、努力和资源来解决。下面将对这些问题进行简要讨论。[22]

4.1　估值与谈判

由于生物多样性资源交易没有成熟的市场，也没有建立包含其他BAA详细信息的数据库，对生物多样性资源的评估最终将取决于生物多样性合作者和公司之间的讨论。与所有谈判一样，各方最好了解其谈判伙伴的动机和利益。生物多样性的合作者和公司需要有合作的首要目标，还必须有足够的灵活性，从而在协议范围内激励合作伙伴（并对合作伙伴提供的任何激励作出公平的反应）。

从合作者的角度来看，在为货币利益进行谈判时，最好了解公司预期的利润水平。但实际上，对于合作者来说这个数字是很难得到的。出于很多原因，公司不愿意分享利润预测水平，原因之一是它们希望实现利润最大化。即使是对未来利润最好的预测，也不过是预测，它受制于不同程度的风险，只有其中一部分可以降低。此外，公司公布有吸引力的潜在利润将刺激其他公司参与竞争，从而可能降低其未来利润的价值。不管是什么原因，合作者不太可能准确了解该交易的预期利润。

公司也应该认真研究可获得的任何先前 BAA 条款，特别是那些生物多样性合作者参与达成的协议。对于合作者可能看重哪些非财务利益的信息，将加强公司的谈判地位，并减轻谈妥预期利润的压力。

最终，各方要么在 BAA 中确定将要分配的财务和非财务利益的适当组合，要么对合作者失去耐心或信心，在没有达成协议的情况下离开谈判桌。

4.2 政治和观念

过去 10 年中，BAA 的谈判机制和结构变得更加清晰，但是公司在建立 BAA 时所面临的政治和观念上的困难却并不清楚。尽管已经建立生物多样性许可制度，但 BAA 的提议却几乎总是引起争议。一旦一家公司表示希望签署 BAA，并建立一个新标准来保护世界各地的遗传资源，管理部门的反应通常极其缓慢，担心会被指责批准了一项低估生物多样性价值和不利于国家发展的不公平协议。监督团体可能让这个问题变得更为复杂，它们认为私营部门在本质上是腐败的。无论公司提供何种利益条件，这些团体都会批评交易对生物多样性合作者是不公平的。具有讽刺意味的是，这种反应恰恰对那些带头支持《生物多样性公约》的公司产生负面影响。不幸的是，那些希望根据国际公约原则构建 BAA 的公司被视为与那些没有任何利益分享安排和没有得到许可而继续研究的公司处于同样地位。所有这一切营造了一种氛围，引导生命科学公司被给予各种激励以避免从事生物勘探并透露或分享任何有关这类努力的信息。这实际上使生物多样性合作者寻找合适的公司变得更加重要，要找的是那些愿意采取行动使用新方法从自然界中发现产品并尊重生物多样性（遗传资源）提供国经济利益和产权的公司。

另一个使问题复杂化的因素是，虽然《生物多样性公约》在实施，但尚未建立有助于合法获取生物多样性并就可接受或优选的利益分享安排提供指导的法律框架。此外，迄今所采取的措施在其范围和清晰度方面变化很大。与那些创建了简单和有效路径的国家相比，选择更为累赘和复杂路径的国家通常很少有生物勘探者参与实施。尽管如此，许多国家仍然没有规制生物勘探的任何法律框架，从而不能保证公司在从事生物勘探中可以合法获得和收集环境样本以及提供相关的公平利益。

政治和观念方面的情况与利益分享类似，即双方都必须表现出让 BAA 和后续协议发挥作用的意愿。这就要求每一方都应把短期的自身利益放在一边。

4.3 常见的业务不足

除了谈判和政治方面的实际挑战，随着更多 BAA 实施以及 BAA 所开发的产品市场进一步发展，当前研究采样操作中存在的几个问题将会变得更为重要。通常，为研究目的收集的样本会被目标外的生物多样性类型“污染”。这种遗传物质的意外转移可能造成放弃潜在的有价值的（就其商业化潜力而言）生物多样性。另一个争议越来越大的问题是，限制对生物多样性的获取可能对科学研究产生负面影响。虽然这些问题可能不会短期内出现在公司和其生物多样性合作者之间的 BAA 中，但从长远来看，为了科学进步和全球生物多样性保护，这些问题必须要得到解决。

4.4 解决问题的方法

通过给 BAA 各方以及对协议结果感兴趣的更大范围的利益相关者提供所能获得的信息，上述许多问题可以得到减轻或消除。BAA 的成员想知道他们是否受到公平对待，合作伙伴希望了解获取本地增值处理的公平价值，公司需要了解创建 BAA 所需的补偿金额和构成。如果没有这些信息，公司将面临更高的商业化成本。缺乏关于 BAA 的标准信息，不仅在 BAA 各方之间，而且在协议外的利益相关者之间，这都会造成不信任。根据许多生物多样性合作者和公司的经验，建立 BAA 标准将为协议各方提供一个可靠和可接受的框架，帮助推动有关协议的决策、谈判和沟通。这些标准甚至可以扩展到 BAA 的条款之外，通过示范性的立法和法规为创建 BAA 的法律和管理环境提供一致性。BAA 标准也可以通过明确研究人员的权利和义务，为非商业目的获取受知识产权保护的生物多样性提供指导，解决较为长期的问题。

非政府组织的参与可能是解决问题的一种方式。非政府组织参与的主要好处是可信性。作为独立运作的中立第三方，非政府组织可以帮助 BAA 双方合作伙伴建立信任。这种中立性还可以让 BAA 之外的利益相关者满意，他们关注更广泛的生物多样性保护和为科学研究而持续获取生物多样性的问题。非政府组织能够在全球范围内利用政府、研究机构、其他非政府组织和公司的专业知识及经验，提供广泛适用的标准。

非政府组织在此方向取得进展的例子是爱德华·威尔逊生物多样性基金会。该基金会的创始人、本章作者之一的杰伊·M. 施沃特（Jay M. Short）设想并创建了生物信托基金（Bio Trust），该基金会力求在保护生物多样性资源的同时，确保各国和公司之间获取生物多样性方面的条款公平。生物信托基金联盟基于这样一种观念建立战略关系，即所有国家（特别是发展中国家）都以生物多样性的形式拥有财富并因其开发而得到补偿。由于长期管理形成的负担，大多数国家目前没有提供继续保护下去的财务激励。

作为诚实的经纪人，Bio Trust 利用主协议将利益相关方约束在交换关系中，从而确保了获取协议各方寻求的公平性和生物多样性保护的持续性。在这种模式下，公司、学术机构和研究机构都可以对基因、小分子和蛋白质进行取样和分析，但任何由此产生的产品所带来的部分收入都会流回原产国用于生物多样性保护。Bio Trust 的参与者同意，通过为来源国提供技术获取和/或教育的方式参与能力建设。[23]

5 结语

公司和国家从微生物生物多样性方面得到的BAA经验，为农业生物多样性的提供了经验教训。这些经验教训将有助于弥合各方在生物多样性商业利用方面的国际经验指导与交易可行性之间的差距。与交易中任何技术问题同样重要的是，双方承诺以鼓励商业开发和保护独特资源的方式，实现生物多样性的可持续和合理化利用。双方需要对对方进行尽职调查，培养合作所需的信任。

公司应该根据CBD制定一套操作原则，为合作伙伴提供真正的合作激励，其中包括公平的财务和非财务利益。国家必须发展、澄清或简化行政程序和许可程序，以鼓励生物多样性的可持续使用和商业利用。他们还必须下定决心以符合国际共识（CBD）的原则操作。尽管双方对生物多样性衍生产品的市场潜力了解有限，他们仍应愿意与国内和国际批评者进行公开辩论，以证明在这一领域取得进展的价值。

缔结BAA的过程中会遇到许多实际的挑战，许多挑战可以通过为所有利益相关者提供信息来解决。非政府组织作为重要的角色，既可以促进为商业目的而公平获取生物多样性，又可以为研究目的而保持对生物多样性的科学获取。

CHARLES COSTANZA, *Consultant, 1304 North Avenue, NE, Atlanta, GA, 30307, U. S. A. chuckcostanza@yahoo.com*

LEIF CHRISTOFFERSEN, *Associate, E. O. Wilson Biodiversity Foundation, 10190 Telesis Court, San Diego, CA, 92121, U. S. A. leif@eowilson.org*

CAROLYN ANDERSON, *President, Capia IP, 10190 Telesis Court, San Diego, CA, 92121, U. S. A. Carolyn@Capiaip.com*

JAY M. SHORT, *Founder, President, and Chairman, E. O. Wilson Biodiversity Foundation, 10190 Telesis Court, San Diego, CA, 92121, U. S. A. jshort@eowilson.org*

---

1 Christoffersen LP and S Fish. 1999. Standing Up to Biopiracy: Fostering Sustainable Development through Bioprospecting. *Resource Africa* Issue 7, June 25.

2 Liebig K, D Alker, K Chih, D Horn, H Illi and J Wolf. 2002. Governing Biodiversity: Access to Genetic Resources and Approaches to Obtaining Benefits from Their Use: The Case of the Philippines. Reports and Working Papers, May, German Development Institute.

3 Smolders, W. 2005. Disclosure of Origin and Access Benefit Sharing: The Special Case of Seeds for Food and Agriculture. QUNO Occasional Paper 17, Quaker United Nations Office, Geneva. p. 3.

4 UPOV. 2005. What It Is, What It Does. International Union for the Protection of New Varieties of Plants, UPOV Publication No. 437(E), September 15.

5 Commission on Intellectual Property Rights. 2002. Integrating Intellectual Property Rights and Development Poli-

cy. Final Report of the Commissionon Intellectual Property Rights, DFID: London. www. iprcommission. org.

6 BIO. 2005. See www. bio. org/ip/international 200507guide. asp.

7 Mathur E, C Costanza, L Christoffersen C Erickson, MSullivan, M Bene and JM Short. 2004. An Overview of Bioprospecting and the Diversa Model. *IP Strategy Today* 11: 1–20. www. bioDevelopments. org/ip.

8 See *supra* note 2.

9 For the sake of clarity, the term *biodiversity collaborator* is used to describe the country granting access, as well as its institutions, universities, and researchers. The term *company* is used to describe any corporation, NGO, university, or research organization that could commercialize biodiversity or genetic resources.

10 Contact information for the National Focal Points for Access and Benefit Sharing can be found on the CBD Web site at www. biodiv. org/world/map. aspx. Once at that Web site enter the name of the country for the list of the National Focal Points for each country. See, also in this *Handbook*, chapter 16. 2 by C. G. Thornström.

11 See *supra* note 9.

12 There are 188 parties to the Convention out of a possible 195. The nation states that have yet to ratify the CBD and become members are 1) Andorra, 2) Brunei Darussalam, 3) Holy See (Vatican), 4) Iraq, 5) Somalia, 6) Timor–Leste, and 7) the United States.

13 Uniqueness in this chapter means a resource has not been commoditized in a particular place or situation.

14 This text was excerpted and generalized from a redacted Diversa BAA that was submitted by the University of Hawaii to the Office of Information Practices in the State of Hawaii.

15 Tides Center/Biodiversity Action Network. 1999. Access to Genetic Resources: An Evaluation of the Development and Implementation of Recent Regulations and Access Agreements. *Environmental Policy Studies Working Paper No.* 4. Columbia University School of International and Public Affairs, p. iii. www. biodiv. org/doc/case–studies/abs/cs–abs–agr–rpt. pdf.

16 See *Supra* note 7.

17 Smolders W. 2005. Plant Genetic Resources for Food and Agriculture: Facilitated Access or Utility Patents on Plant Varieties? *IP Strategy Today* 13: 1–17. www. bioDevelopments. org/ip.

18 Thayer AM. 2003. Diversa Promises Products, Profits. *Chemical and Engineering News* 81, (14).

19 See *supra* notes 2 and 15.

20 Clark V. 2004. Pitfalls of Drafting Royalty Provisions in Patent Licenses. *Bioscience Law Review.*

21 www. wipo. int/sme/en/documents/pharma_licensing. html–P819_48478.

22 The authors will address these issues and strategies for dealing with them in a forthcoming paper.

23 For more information on the E. O. Wilson Biodiversity Foundation, visit it's Web site at www. eowilson. org.

第 16.5 章

生物勘探安排：南北合作*

迪贾·杰恩多尔·索埃加托（DJAJA DJENDOEL SOEJARTO）
美国伊利诺伊大学芝加哥分校药学院
C. 吉伦哈尔（C. GYLLENHAAL）
美国伊利诺伊大学芝加哥分校
吉尔·A. 塔尔齐安·索伦森（JILL A. TARZLAN SORENSEN）
美国全球健康计划，约翰霍普金斯大学
H. H. S. FONG
美国伊利诺伊大学芝加哥分校
L. T. XUAN，L. T. BINH，N. T. HLEP，N. V. HUNG
越南国家科学技术中心
B. M. VU
越南社区经济发展支持中心
T. Q. BICH
越南 Cuc Phuong 国家公园
B. H. SOUTHAVONG
老挝传统医学研究中心
K. SYDARA
老挝传统医学研究中心
J. M. 佩祖托（J. M. PEZZUTO）
美国夏威夷大学希洛分校
M. C. 莱利（M. C. RILEY）
美国伊利诺伊大学芝加哥分校药学院

译者 赵蓉蓉 审校者 李瑞云 刘银良 张熠

Soejarto DD, C Gyllenhaal C, JA Tarzian Sorensen, HHS Fong, LT Xuan, LT Binh, NT Hiep, NV Hung, TQ Bich, BM Vu, BV Southavong, K Sydara, JM Pezzuto and MC Riley. 2007. Bioprospecting Arrangements: Cooperation Between the North and the South. In *Intellectual Property Management in Health and Agricultural Innovation: A Handbook of Best Practices* (eds. A Krattiger, RT Mahoney, L Nelsen, et al.). MIHR: Oxford, U. K., and PIPRA: Davis, U. S. A. Available online at www.ipHandbook.org.

* 南北合作：发展中国家和发达国家之间的合作。——译者注

摘 要

生物多样性国际合作组（ICBG）项目是一项生物勘探合作机制的设计实践，该项目是生物技术丰富的发达国家机构与生物多样性丰富的发展中国家机构（在产业合作伙伴的支持下）共同合作，发现和开发天然产品药物。本章描述了 ICBG 的总体目标和组织机构，并详细描述了伊利诺伊大学芝加哥分校-越南-老挝 ICBG 协议。本章包括知识产权问题、知情同意、各种形式的利益分享（包括短期和长期的利益分享，即许可提成费、收益）、能力建设和社区互惠，为其他此类协议提供了一个参考模板。

1 引言

生物勘探或生物多样性勘探这一术语被定义为“开发具有商业价值的遗传和生物化学资源的生物多样性”，[1]或“寻找对人类具有实际或潜在用途的野生物种、基因及其产品”，[2]或在植物、动物和微生物中寻找具有商业价值的生物化学和遗传资源。

ICBG 项目是生物多样性勘探方面的成功样板。ICBG 总部设在美国，隶属于美国国立卫生研究院（NIH）下属的福格蒂国际中心（Forgarty International Center，FIC）。它还与美国国家科学基金会（NSF）和美国农业部（USDA）合作。[3]这是一个 5 年期的项目，根据 FIC 1992 年[4]发布的申请要求，于 1993 年开始运作。按照 FIC 于 1997 年[5]提出的要求而确定的新的竞争方案，ICBG 二期项目于 1998 年 10 月 1 日开始实施。2002 年 10 月 17 日，ICBG 2003—2008 年期新的竞争要求再次发布。[6]

2 ICBG 项目

ICBG 致力于解决药物发现、生物多样性保护和可持续经济增长等相互关联的问题，基于如下信念而建立：迫切需要研究地球上植物、动物和微生物的药用潜力，持续的栖息地破坏和生物多样性不断减少将使形势更加紧迫。如果生物勘探对当地社区和来源国组织有益，ICBG 将有强烈的动力来保护并支持对环境的可持续利用。[7]

1992 年和 1997 年的 ICBG 资助了 8 个 ICBG 项目成立。[8]每个 ICBG 都有一个美国机构作为其行政基地，该机构与位于美国境内外的其他组织（政府和非政府组织，包括产业/制药公司）相配合；其中一个组织是一个或多个生物多样性丰富的发展中国家主办机构，通常是南方国家。每个 ICBG 的人员、组织结构、具体目标和操作方法已在其他地方得到充分描述。[9]

3 北/南 ICBG 生物勘探布局

ICBG 提案必须处理获取和惠益分享（ABS）问题。[10]基于合同协议，ABS 要考虑以下内容：

（1）**生物勘探可能带来的好处。**包括从生物勘探开发的药品销售中的许可提成费、预付款（获取费用或涉及商业合作伙伴时的样品付款）、能力建设（设备、培训、基础设施），并重点关注主办机构的优先领域，如优先考虑的疾病或对需要优先保护的地理区域或生物群体的收集和鉴定。

（2）**受益人群**。可能包括个人和社区、政府机构（包括国家公园、森林服务、国家植物标本馆）和非政府机构（包括大学、保护和发展服务组织以及私营公司）。无论有用的民族医学知识是否来自生物勘探工作，社区必须分别获得合作研究过程中的短期和长期利益。

（3）**谈判过程**。谈判者应考虑以下因素：

- 知情同意，个人或社区所提供知识的潜在用途的非正式披露，及项目描述和相关材料的正式文件。
- 在社区、政府和非政府组织之间达成共识。
- 为所有联盟成员提供独立的法律建议。

（4）**资金接受者之间的协议结构**。ICBG 模型包括单合同模型（one-contract model）、合同轮模型（the contract wheel）[11]、双合同模型（the dual-contract model）和轮三角模型（the wheel triangle model）。所有协议包括研究和利益分享条款、知识产权、材料转移、保密和其他条款。通常，使用特定的协议处理前述的部分问题，包括材料转移协议（MTA）、技术诀窍许可等。

4 伊利诺伊大学芝加哥分校-越南-老挝 ICBG 的联盟（UIC ICBG）

4.1 背景

UIC ICBG 联盟成员包括：伊利诺伊大学芝加哥分校（UIC），总部设在越南河内的越南国家科学技术中心（NCST），位于越南宁平的楚丰（Cuc Phuong）国家公园（CPNP），总部设在老挝万象的传统医学研究中心（TMRC）［原名为药用植物研究所（RIMP）］和总部设在英国格林福德的葛兰素史克维康研发中心（GW）［今称为 Glaxo Smith Kline（GSK）］。

该项目资助（1998 年 9 月 29 日制定）代表了美国政府与 UIC 之间的合作协议。资助文件（资助条款和条件）表明，美国政府同意为基于 UIC 的 ICBG 工作（通过 FIC）提供资金，但要符合以下标准：满足 ABS 原则，项目进展令人满意，已有资金。[12]

ICBG 背景（导致撰写提案的关键事件、合作机构的选择、向 FIC 提交提案的意向书）以及 ICBG 的结构（人员、组织、研究计划以及知识产权和知情同意政策）已经在早期的文件中论述。[13]

4.2 联盟目标

UIC-越南-老挝 ICBG 的具体目标是：

- 在越南和老挝的植物中发现生物医药并开发治疗癌症、艾滋病、疟疾、肺结核、疼痛和影响中枢神经系统疾病（特别是阿尔茨海默病）的药物
- 创建生物多样性清单并保护生物多样性，特别关注楚丰国家公园的植物和老挝的药用植物

- 帮助合作社区经济发展
- 主办合作机构之间的能力建设

4.3 联盟成员之间的谈判

1997 年 10 月 3 日意向书提交给 FIC 后，首席研究员与 UIC 的知识产权办公室（IPO）主任进行了讨论。讨论的一个重要内容是《马尼拉协定》（1990 年东南亚天然产物化学区域研讨会）所述的原则，即某药物是从特定国家收集到的植物中所提取，其产生的商业化收入至少 51%应归该植物原产国的机构。讨论的最终结果是 UIC ICBG 的 5 名成员共同形成一份协议备忘录（Memorandum of Agreement，MOA）。ICBG 提案和 MOA 草案（已被成员机构接受但未签署）于 1998 年 1 月 20 日呈送 FIC。

新的 ICBG 是在越南和老挝开展生物多样性研究：基于 UIC 的 ICBG 计划于 1998 年 10 月 1 日创建。其生物勘探计划直到 9 个月后各方于 1999 年 6 月 28 日签署 MOA 后才完全正常运行。在谈判过程中，该 ICBG 的首席研究员建议 NCST、CPNP 和 TMRC 就 MOA 草案咨询律师。[14]

4.4 协议备忘录（MOA）

MOA 包含 15 页文本和 5 个附录（共 5 页）。附录Ⅰ和Ⅱ包含在本章末尾（图 1 和图 2）并在下文进一步讨论。值得注意的是，由于 GW 和史克必成的合并，GSK 的天然产品计划于 2000 年逐步停止，因此 GW/GSK 于 2001 年 11 月退出该联盟。

4.4.1 MOA 结构

伊利诺伊大学芝加哥分校根据其与美国政府签订的合同协议，成为该联盟的管理方。UIC 向其他成员机构（葛兰素除外）的资金转移（拨款资金，不是知识产权或利益分享协议）通过独立的分包合同协议执行。葛兰素不是 ICBG 资金的接收者，也没有给该联盟提供任何资金，但是它确实同意为越南和老挝的科学家及机构的能力建设提供帮助。

4.4.2 MOA 的条款

MOA 第一部分定义了联盟成员的合作范围。第二部分界定了联盟成员的一般合作领域，包括教学或科研人员的交流，联合开展研究活动，联合参加研讨会和科学会议，交流学术研究材料和其他信息以及参与特殊的短期学术项目。第三部分描述了联合研究活动的细节，包括 5 个部分：Ⅲ-A（合作背景），Ⅲ-B（目的），Ⅲ-C（目标），Ⅲ-D（责任）和Ⅲ-E（资金筹措和服务）。

- Ⅲ-A（合作背景），包含描述促成合作因素的条款，例如，UIC 与成员组织之间过往合作的记录、提案撰写、资助奖励、关键人员和组织结构/组成部分的角色以及 ICBG 资助的条款和条件。
- Ⅲ-B（目的），定义了合作目的：发现和开发新药，保护和可持续利用越南楚丰国家公园的植物群和老挝的药用植物群，并促进合作社区和 ICBG 主办机构的发展。

- Ⅲ-C（目标），明确了该联盟的具体目标，包括植物选择方法、目标疾病、CPNP 种子植物清单、具有生物活性和有前景物种的扩繁、能力建设、保护教育、越南 CPNP 地区本土社区的经济发展、老挝的药用植物清单和数据库（包括社区互惠）以及加强越南和老挝 ICBG 主办机构的人力资源开发及基础设施建设。
- Ⅲ-D（责任），阐明了每个组织成员的责任及其共同责任。

 -Ⅲ-D-1 定义了 UIC 的责任（23 个条款）。

 -Ⅲ-D-2 定义了 NCST、IBT、ICH 和 IEBR 的责任（14 个条款）。

 -Ⅲ-D-3 定义了 CPNP 的责任（12 个条款）。

 -Ⅲ-D-4 定义了 RIMP/TMRC 的责任（11 个条款）。

 -Ⅲ-D-5 定义了 Glaxo/GW 的责任（10 个条款）。

 -Ⅲ-D-6 规定了成员机构和产业伙伴的共同责任（8 个条款）。包括：MOA 生效的时间段；任何成员组织退出的条件；用于筛选、回收、分离和结构测定的初始收集样本数量；能力建设部分的人员交换条件；技术报告的要求；如果本协议终止，材料和数据如何使用；遗传材料的合作使用限制；在出版物中表明受资助的要求；发生争议后必须寻求国际仲裁的要求。

- Ⅲ-E（资金筹措和服务），规定了作为 FIC/NIH 的资金来源（ICBG Grant 1UO1-TW01015-01）。

第四部分规定了 MOA 的有效期，MOA 终止、延期和修改的条件以及必须由联盟成员签署的 MOA 副本数量。签字页指出，MOA 文本的 5 个附录对签署的法定代表人有约束力。其中包括 UIC 校长和两名董事会成员，生物技术研究所所长和一名 ICBG-NCST 联络员（NCST 代表 IBT、ICH 和 IEBR），楚丰国家公园的主任和副主任，TMRC 的主任和副主任以及 GW 的科学研究主任。

- 附录Ⅰ（图 1）描述了一项长期惠益分享计划。在 UIC（与 ICH 合作）发现生物制药后，Glaxo 对该药物进行开发和商业化，该计划生效。在此计划中，使用费将在越南-老挝 ICBG 的组织成员和 ICBG 东道国的社区之间分配（Glaxo 放弃了它所有的使用费份额）。
- 附录Ⅱ（图 2）提出了一项长期惠益分享计划。该计划在 Glaxo 发现、开发药物并对其商业化利用时，该计划生效。与附录Ⅰ一样，第二个方案的许可提成费在成员组织和 ICBG 东道国的社区之间分配（不包括 Glaxo）。
- 附录Ⅲ授予 GW 的权利。在 ICBG 框架下，对于在 UIC-ICH 作出的发现的许可，GW 有优先购买权。
- 附录Ⅳ规定了里程碑式付款。在 UIC 发现一种药物时，GW 将支付阶段性付款。支付金额由以下变量确定：筛选的地点（UIC 与 GW），临床试验选择的化合物，进入Ⅱ期和Ⅲ期的临床试验以及 NDA（新药申请）的批准。
- 附录Ⅴ规定了 GW 所开发和商业化的任何药物的里程碑付款和许可提成费支付。付款取决于 GW 开发化合物的专利权、化学结构以及目标活动（即目标是否为

ICBG 感兴趣的目标之一)。并将为收集植物中发现的天然化合物及其衍生物所形成的新药支付里程碑付款和使用费。

4.5 知识产权问题

当 UIC 有相关的发现时，UIC-PCRPS 的知识产权办公室（IPO）将在联盟所有成员的协助下确定由此产生的知识产权归属。被列出的发明人可以是来自任何或所有联盟成员的个人。所有权问题应根据发明或发现所在国家的适用法律确定。在联盟所有成员的协助下，UIC 的 IPO 将对发明或发现申请专利保护，或寻求 UIC 认为适当的其他知识产权保护。UIC 的 IPO 将根据协议条款负责发明或发现的管理和许可。

如果发明或发现是由 GW（葛兰素史克维康研发中心）在 ICBG 框架内收集或获得的植物中得到的，GW 将在该联盟所有成员的协助下确定由此产生的任何知识产权归属。被列出的发明人可以是来自任何或所有联盟成员的个人。所有权问题应根据发明或发现所在国家的适用法律确定。GW 将在集团所有成员的协助下，为此类发明或发现获得专利保护和/或寻求 GW 认为适当的其他知识产权保护。GW 将负责此类受保护发明的管理和许可。各方进一步同意，他们将向 GW 提供所有相关信息（在适当情况下包括样本的原产国及其分类特征)，以便 GW 能够注册知识产权。

GW 将有权为其根据 ICBG 框架下收集到的植物样本或提取物所得出的发现申请专利保护，但需要与该联盟协商确定该发现的共同发明人。GW 还同意，如果决定继续开发来源于 ICBG 提供的植物化合物，它将通知联盟。[15]

4.6 知情同意

越南-老挝 ICBG 协议中有两条关于知情同意的规定：（1）收集和使用植物/遗传材料时的知情同意；（2）个人及其社区关于传统医药用途或植物用途的知情同意。

因此，在越南，“实施 ICBG 提案所述的工作之前，要确保得到越南政府的知情同意（收集许可)，越南政府是样本（遗传材料）及其衍生物的所有者”。通过 IBT、IEBR 和 CPNP，ICBG “将与越南政府就收集和出口用于 ICBG 项目的植物样品或其提取物的许可事宜进行联络”。在老挝，“通过样本（遗传材料）及其衍生物的所有者老挝政府的事先知情同意”，TMRC/RIMP 将从老挝的各个地点收集植物样本。在开展工作之前，要确保获得事先知情同意（收集许可)。越南和老挝政府被认为是各自国家遗传材料及其衍生物的所有者。

在越南，ICBG 研究员“将寻求个人和/或社区的知情同意，以记录和使用楚丰国家公园中植物的药用和其他用途数据用于 ICBG 提案所述的预期研究”。在老挝，ICBG 研究员“将寻求个人和/或社区的事先知情同意，把记录和使用老挝植物的药用和其他用途数据用于 ICBG 提案中所述的预期研究”。

4.7 许可提成费分配

MOA 附录Ⅰ和Ⅱ中完整的许可提成费分配方案（本章最后图 1 和图 2）已在早期的论文中提出。[16]在获取和惠益分享谈判时，UIC 将把从产业合作伙伴或被许可人收到的净许可提成费（扣除自付费用后）分为两个等份。第一个 50%（称为“共同基金”）将分发给合作机构、发明者和 UIC 管理部门。而另外 50% 将通过信托基金流回商业化产品遗传材料来源国的社区。前 50% 份额的分配有两种情况：第一种情况是 UIC 研究人员发现了一种药物，一家制药公司开发并将该化合物商业化；第二种情况是药物由 ICBG 产业合作伙伴的制药公司发现、鉴定、开发和商业化（换句话说，UIC 发明人不持有知识产权）。

在第一种情况下（UIC 发明人拥有知识产权），共同基金将按如下方式分配：（1）发明人将获得 50% 份额的 40%（相当于总净许可提成费总额的 20%）作为对发明的激励；（2）合作机构（PCRPS 及与其相对应的机构）将获得 50% 份额的 20%（相当于总净许可提成费总额的 10%）作为他们研究贡献的回报；（3）UIC 管理部门将因为其管理和法律的贡献而获得 50% 部分的 40%（相当于总净许可提成费的 20%）。

在第二种情况下（UIC 发明人不持有知识产权），共同基金将按如下方式分配：（1）合作机构将获得 50% 份额的 40%（相当于总净许可提成费的 20%）；（2）UIC-PCRPS 将获得 50% 共同基金的 20%（相当于总净许可提成费的 10%）作为其研究贡献的回报；（3）UIC 管理部门将获得 50% 共同基金的 40%（相当于总净许可提成费的 20%）。

以 UIC 为基础的越南-老挝 ICBG 利益分享计划的全部细节在 2002 年的文件中有详细说明。[17] 2002 年 11 月，UIC 进一步讨论和分析了上述许可提成费分配方案，并将该政策应用于联合药物发现工作：净许可提成费的 60% 将分配给合作机构，而 40% 将分配给 UIC。尽管该惠益分享政策发生了变化，但由 UIC ICBG 联盟制定通过并在 ICBG MOA 中体现的最初惠益分享方案，至今仍然有效。[18,19]

GSK 退出时提供的资金用于建立两个信托基金：越南自然保护基金会（NCF）和老挝生物多样性基金（LBF）。NCF 和 LBF 的目标包括资源保护、能力建设、生物多样性研究和社区互惠。[20]回流到相关社区的 50% 的许可提成费将纳入这些基金。

4.8 社区互惠

在越南-老挝 ICBG 项目中贯彻了社区互惠措施。[21] UIC 和东道国机构都有责任实施社区互惠政策。

5 结语

ICBG 的成功有赖于合作各方对实现共同目标的善意和理解，即保护生物多样性、有益的药物产品发现和开发及其可能所得利益的公平分享。在制定安排时，必须满足多个复杂的要求，其中最重要的是合同协议。到目前为止，已经建立了 8 个 ICBG 生物勘探小组，每个小组都有各自的合同安排模式。这些模式的共同特征是它们对知识产权问题、知情同意和利益分享都有令人满意的安排。

基于 UIC 的越南-老挝 ICBG 就是这种南北合作安排的一个例子。该 ICBG 各方已成功实现了善意和理解。尽管运行的时间很短，但目前 ICBG 的成就表明，ICBG 模式是有效的。[22,23]

此类生物勘探工作在处理与当地社区合作的方式也是独特的。为了有效地开展这种活动，在地方一级与贫困农民、农村村民合作至关重要，他们中的许多人只有有限的教育或生活机会。ICBG 允许农村村民参与保护、经济和发展计划，这种方式在促进保护、发展或新经济的“宏观的”、全国范围的努力中并不常见。（村民们通常被告知该做什么或为这些新计划所取代。）ICBG 还允许村民参与到一系列问题中，包括医疗保健服务、教育、地方经济、保护和发展，这是 ICBG 项目的一个自然副产品，也决定着对与 ICBG 合作的当地社区来说什么是“最有意义”的惠益。

在实施国际、国家甚至省级发展、保护或经济计划的过程中，农民经常完全被排除在对话之外，或仅是被告知要改变/摆脱其终生的生活和工作模式。农民在这种情况下没有发言权，经济、保护和发展的新方案只是从外部强加给村民，并没有考虑该国不同地区的村民的需要并与村民共同合作开发。ICBG 等计划为如何在“微观”层面成功实施国家政策提供一个示范，即找出改善医疗健康的获取和提供体系的最佳方法，或实施符合当地村庄的惯例和生活节奏的新的经济、发展和保护措施，特别是当事实证明当地村民的传统做法可能直接或间接地促进落实这种措施时更应该如此。虽然越南和老挝政府在实施旨在改善农村地区生活质量的新政策时，确实试图考虑当地村民的需求，但 ICBG 等计划仍然可以成为在获取农村村民实际生活条件的其他数据，以及如何与当地社区合作和为当地社区服务方面提供榜样示范，因为 ICBG 与当地村庄当局和理事会之间存在密切的联系。

因为农村村民直接参与了当地实施国家政策的进程，他们开始将自己视为对保护、经济、发展和医疗保健服务结果感兴趣的利益相关者。当农村村民积极参加并参与当地项目，当他们对该过程的贡献得到承认时，他们意识到自己对改革过程本身的直接贡献，而不是感到疏远。

ICBG 可能不是在地方一级实施变革并受到村民欢迎和指导（因为它与提高村级生活质量合作）的唯一模式，但它是目前正在使用的一种模式，且可以从中获得经验教训收集和“最佳实践”方法，然后在世界其他地方复制。通过这种方式，ICBG 为南北之间有效合作的解决方案贡献了更大的知识基础。

致 谢

以 UIC 为基础的越南-老挝 ICBG 由美国政府拨款项目 1-UO1-TW-01015-01（1998-2003）资助，资金来自美国国立卫生研究院（NIH）、国家科学基金会（NSF）和美国农业部外国农业局（FAS/USDA），由美国国立卫生研究院的福格蒂国际中心管理。作者对 UIC 越南-老挝 ICBG 的所有成员[24]表示深深的感谢，感谢他们在构建现有的 MOA 期间和项目活动的实施过程中所表现出的善意、理解、努力和奉献精神。感谢福格蒂国际中心 ICBG 项目总监 Joshua Rosenthal 博士对稿件的审阅。

作者希望感谢 BIOTEC（国家遗传工程和生物技术中心）（113 Thailand Science Park，Phaholyothin Road，Klong 1，Klong Luang，Pathumthan 12120，Thailand），感谢你们的邀请和部分赞助，使本文能于 2003 年 7 月 17 日在曼谷举行的 Bio Thailand 会议上公开发表，感谢你们允许本文的复制，其最初发表于 Bio Thailand 2003 会议论文集，并

由 MIHR/PIPRA 编辑置于本《手册》。

编辑和转载经过 BIOTEC 许可。

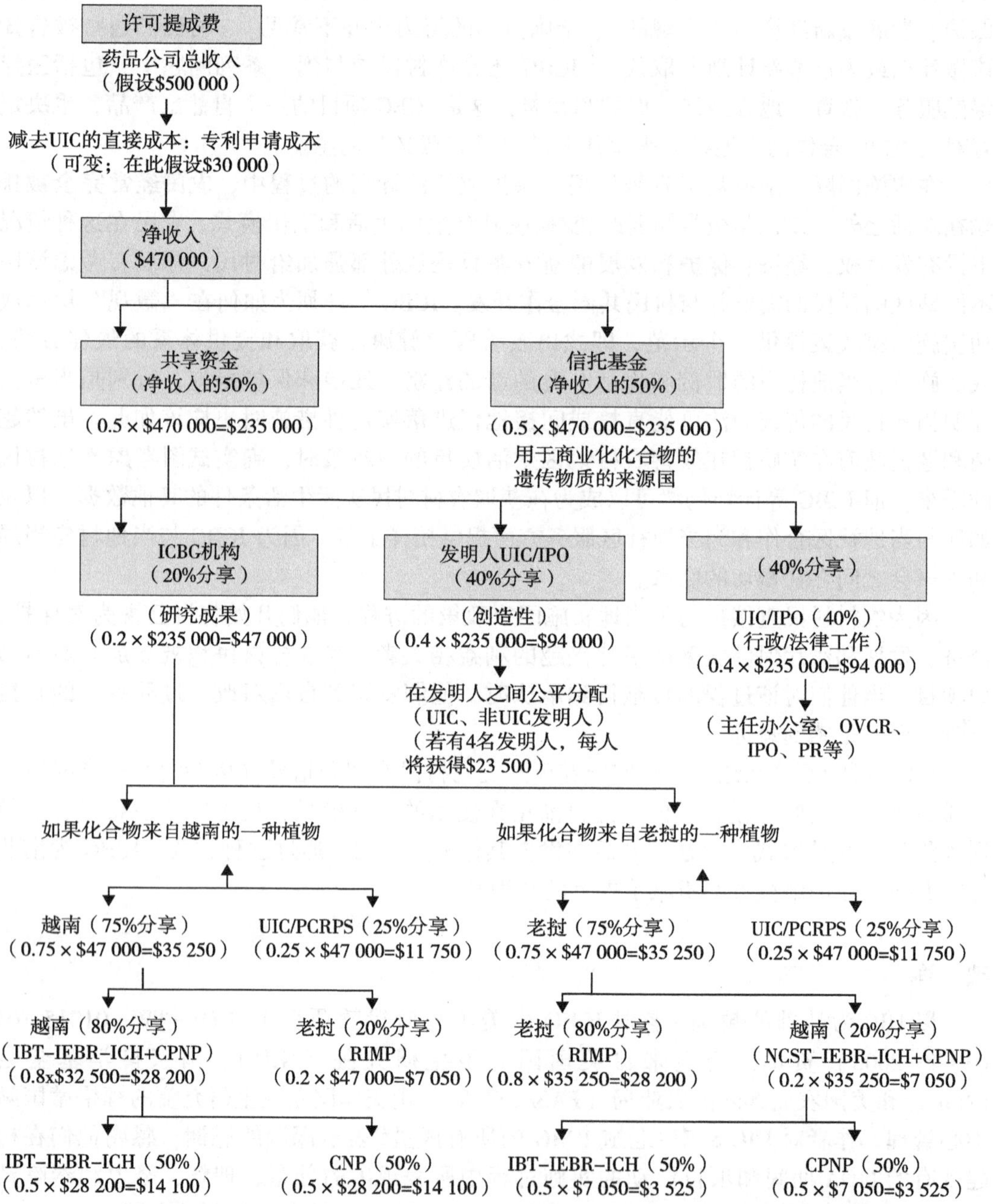

图 1　如果 UIC 发现并鉴定了一种化合物，由 Glaxo 开发的许可提成费分享

注：在这种情况下：a）在美国的净使用费收入总金额为：＄30 000（直接）+＄94 000 UIC 分享+＄11 750 PCRPS 分享+＄70 500 发明人分享=＄206 250 或总使用费的 41. 25%。［如果所有发明人都是 UIC 科学家，则 UIC 分成为：＄30 000+＄94 000+＄11 750+＄94 000 发明人分享=＄229 750 或 45. 95% 的总使用费。］b）返回来源国（越南和老挝）的总金额为：信托基金（＄235 000）+ICBG 机构分享（＄35 250）+发明人分享（在上述方案中，

与一名非 UIC 发明人的分享为 $ 23 500)，共计 $ 293 750，占总使用费的 58. 75%。[如果所有发明人都是 UIC 科学家，那么来源国（越南和老挝）的分享为：$ 235 000 的信托基金 + $ 35 250 的 ICBG 机构分享 = $ 270 250 或 54. 05% 的总使用费。

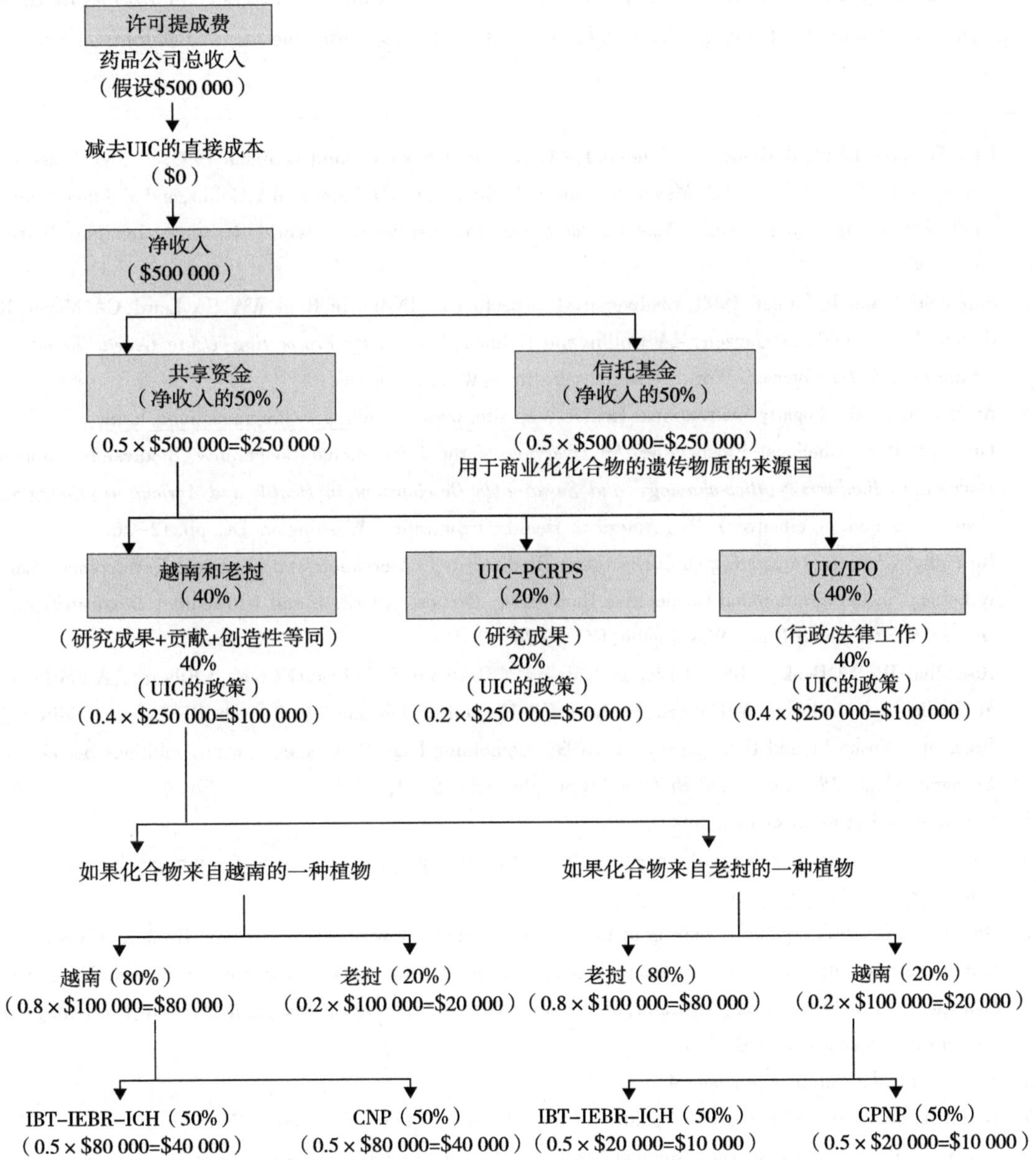

图 2　GW 发现、鉴定和开发一种化合物时的许可提成费分享方案

注：由于 UIC 未在本案例中申请专利，因此 UIC 无须扣除任何直接费用。

在这种情况下，留在美国的净使用费收入的总金额为：$ 50 000 UIC/PCRPS 分享 + $ 100 000 UIC/IPO 分享 = $ 150 000（或 30%）。资金返回来源国（越南/老挝）的总额为：$ 250 000 的信托基金 + $ 100 000 来源国分享 = $ 350 000（70%）

通讯作者：

DJAJA DJENDOEL SOEJARTO, *PCRPS, College of Pharmacy, University of Illinois at Chicago, 833 S. Wood St. , Chicago, IL, 60612, U. S. A.* dds@ uic. edu, doelsoejarto@ gmail. com.

---

1 Reid WA, SA Laird, R Gamez, A Sittenfeld, AH Janzen, MA Gollin and C Juma. 1993. A New Lease on Life. In Reid WA, SA Laird, CA Meyer, R Gamez, A Sittenfeld, AH Janzen, MA Gollin, and C Juma, *Biodiversity Prospecting: Using Genetic Resources for Sustainable Development.* World Resources Institute: Washington DC.

2 Sittenfeld A and R Gamez. 1993. Biodiversity Prospecting by INBio. In Reid WA, SA Laird, CA Meyer, R Gamez, A Sittenfeld, AH Janzen, MA Gollin, and C Juma, *Biodiversity Prospecting: Using Genetic Resources for Sustainable Development.* World Resources Institute: Washington DC.

3 Anonymous. 2003. Fogarty International Center Web site. www. fic. nih. gov/programs/icbg. html.

4 Grifo FT. 1996. Chemical Prospecting: An Overview of the International Cooperative Biodiversity Groups Program. In *Biodiversity, Biotechnology, and Sustainable Development in Health and Agriculture: Emerging Connections* (ed. J Feinsilver). Pan American Health Organization: Washington, DC. pp. 12-26.

Rosenthal JP. 1997. Integrating Drug Discovery, Biodiversity Conservation, and Economic Development: Early Lessons in the International Cooperative Biodiversity Groups. In Grifo F and J Rosenthal, *Biodiversity and Human Health.* Island Press: Washington, DC. pp 281-301.

Rosenthal JP, DA Beck, A Bhat, J Biswas, L Brady, K Bridbord, S Collins, G Cragg, J Edwards, A Fairfield, M Gottlieb, LA Gschwind, Y Hallock, R Hawks, R Hegyeli, G Johnson, GT Keusch, EE Lyons, R Miller, J Rodman, J Roskoski, and D Siegel-Causey. 1999. Combining High Risk Science with Ambitious Social and Economic Goals. *Pharmaceutical Biology* 37 (Supplement): 6-21.

5 See Rosenthal et al. in *supra* note 4.

6 www. grants. nih. gov/grants/guide/rfa-files/RFA-TW-03-004. html and www. fic. nih. gov/programs/research_grants/icbg/index. htm.

7 Rosenthal JP. 1997. Equitable Sharing of Biodiversity Benefits: Agreements on Genetic Resources. Presentation at the International Conference on Incentive Measures for the Conservation and the Sustainable Use of Biological Diversity in Cairns, Australia, 25-28 March 1996. *Investing in Biological Diversity: Proceedings of the Cairns Conference.* OECD: Paris.

8 See Rosenthal, et al. in *supra* note 4.

9 Berlin B, EA Berlin, JC Fernandez Ugalde, L Garcia Barrios, D Puett, R Nash, M Gonzalez-Espinosa. 1999. The Maya ICBG: Drug Discovery, Medical Ethnobiology, and Alternative Forms of Economic Development in the Highlands Maya Region of Chiapas, Mexico. *Pharmaceutical Biology* 37 (Suppl.): 127-144.

Kingston DGI, M Abdel-Kader, B-N Zhou, S-W Yang, JM Berger, H Van der Werff, JS Miller, R Evans, R Mittermeir, L Famolare, M Guerin-Mc Manus, S Malone, R Nelson, E Moniz, JE Wisse, DM Vyas, JJK Wright, and S Aboikonie. 1999. The Suriname International Cooperative Biodiversity Group Program: Lessons from the first five years. *Pharmaceutical Biology* 37 (Suppl.): 22-34.

Kursar TA, TL Capson, PD Coley, DG Corley, MB Gupta, LA Harrison, E Ortega-Barria, and DM Windson. 1999. Ecologically Guided Bioprospecting in Panama. *Pharmaceutical Biology* 37 (Suppl.): 114-126.

Lewis WH, G Lamas, A Vaisberg, DG Corley, C and Sarasara. 1999. Peruvian Medicinal Plant Sources of New Pharmaceuticals (International Cooperative Biodiversity Group – Peru). *Pharmaceutical Biology* 37 (Suppl.): 69–83.

Schuster BG, JE Jackson, CN Obijiofor, CO Okunji, W Milhous, E Losos, JF Ayafor, and MM Iwu. 1999. Drug Development and Conservation of Biodiversity in West and Central Africa: A Model for Collaboration with Indigenous People. *Pharmaceutical Biology* 37 (Suppl.): 84–99.

Sittenfeld A, G Tamayo, V Nielsen, A Jimenez, P Hurtado, M Chinchilla, O Guerrero, MA Mora, M Rojas, R Blanco, E Alvarado, JM Gutierrez, and DH Janzen. 1999. Costa Rican International Cooperative Biodiversity Group: Using Insects and other Arthropods in Biodiversity Prospecting. *Pharmaceutical Biology* 37 (Suppl.): 55–68.

Soejarto DD, C Gyllenhaal, JC Regalado, JM Pezzuto, HHS Fong, GT Tan, NT Hiep, LT Xuan, DQ Binh, NV Hung, TQ Bich, NN Thin, PK Loc, BM Vu, BH Southavong, K Sydara, S Bouamanivong, MJ O'Neill, J Lewis, X–M Xie, and G Dietzman. 1999. Studies on Biodiversity of Vietnam and Laos: The UIC–based ICBG Program. *Pharmaceutical Biology* 37 (Suppl.): 100–113.

Timmermann BN, G Wächter, S Valcic, B Hutchinson, C Casler, J Henzel, S Ram, F Currim, R Manak, S Franzblau, W Maiese, D Galinis, E Suarez, R Fortunato, E Saavedra, R Bye, R Mata, and G Montenegro. 1999. The Latin American ICBG: The First Five Years. *Pharmaceutical Biology* 37 (Suppl.): 35–54.

10 Anonymous. 1997. International Cooperative Biodiversity Groups (ICBG): RFA TW–98–001. *NIH Guide* 26. Anonymous. 2002. International Cooperative Biodiversity Groups (ICBG) – RFA: TW – 03 – 004. grants1. nih. gov/grants/guide/rfa–files/RFA–TW–03–004. html.

11 See *supra* note 7.

12 See *supra* note 10.

13 See Soejarto et al. in *supra* note 9.

14 Soejarto DD, LT Xuan, BM Vu, LX Dac, TQ Bich, BH Southavong, K Sydara, S Bouamanivong, HJ Zhang, HHS Fong, G Tan, J Pezzuto, SG Franzblau, C Gyllenhaal, MC Riley, NT Hiep, PK Loc, and NV Hung. 2002. Implementing IPR and Benefit–Sharing Arrangements: Experiences in the University of Illinois at Chicago–Vietnam–Laos ICBG Program. In Anonymous. *Intellectual Property Rights and Traditional Knowledge on Genetic Resources in Pharmaceutical and Cosmetic Business.* JBA/NITE, International Symposium 2002, Tokyo, Japan, 14November 2002. pp. 47–83.

15 Soejarto DD, JA Tarzian–Sorensen, C Gyllenhaal, GA Cordell, NR Farnsworth, HHS Fong, AD Kinghorn, and JM Pezzuto. The Evolution of University of Illinois' Policy of Benefit–Sharing in Research on Natural Products. *Proceedings of the 7th International Congress on Ethnobiology*, Athens, Georgia, 23 – 27 October 2000. University of Georgia Press: Athens, Georgia. pp. 21–30.

16 See *supra* note 14.

17 See *supra* note 14.

18 See *supra* note 14

19 See *supra* note 14 and Soejarto DD, C Gyllenhaal, JC Regalado, JM Pezzuto, HHS Fong, GT Tan, NT Hiep, LT Xuan, NV Hung, TQ Bich, PK Loc, BM Vu, BH Southavong, K Sydara, S Bouamanivong, MJ O'Neill, and G Dietzman. 2002. An International Collaborative Program to Discover New Drugs from Tropical Biodiversity of Vietnam and Laos. *Natural Product Sciences* 8: 1–15.

20 The 1998–2003 UIC ICBG is referred to as UIC ICBG Phase I. On 1 October 2003, a new funding as a result of 2003–2008 re–competition was awarded; the 2003–2008 UIC ICBG is referred to as PHASE II. In

Phase II, UIC, NCST[this institution name was changed in 2004 to VAST(Vietnamese Academy of Science and Technology)], CPNP, and TMRC continued to be members of the consortium, with Purdue University added as a new member, and Bristol-Myers Squibb (B-MS) Pharmaceutical Co. became the industrial partner.

21 The terms and conditions of Phase II UIC ICBG are, in large part, similar to the 1998-2003 Phase I, with the exception that, in Phase II, each member of the consortium has the right to file an IP protection.

22 In Phase II, the percentages of the royalty stream also flow to Purdue Universty; B-MS waived the rights to any royalties.

23 The accomplishments of the UIC ICBG (Phase I and Phase II) were examined in a 2006 paper: Soejarto DD, HJ Zhang, HHS Fong, GT Tan, CY Ma, C Gyllenhaal, MC Riley, MR Kadushin, SG Franzblau, TQ Bich, NM Cuong, NT Hiep, PK Loc, LT Xuan, NV Hai, NV Hung, NQ Chien, LT Binh, BM Vu, HM Ly, B Southavong, K Sydara, S Bouamanivong, JM Pezzuto, WC Rose, GR Dietzman, BE Miller, and TV Thuy. 2006. Studies on biodiversity of Vietnam and Laos 1998-2005: Examining the impact. *Journal of Natural Products* 69: 473-481.

24 Funding of Phase II UIC ICBG through NIH grant 2-UO1-TW001015-01 (2003-2008) is also acknowledged with thanks.

第 16.6 章

传统知识持有人保护其知识产权的问题与选择

斯蒂芬·A. 汉森（STEPHEN A. HANSEN）
美国科学促进会（AAAS）科学与人权项目
贾斯汀·W. 凡·弗里特（JUSTIN W. VAN FLEET）
美国 Advance Associates 有限责任公司首席顾问兼董事

译者 赵蓉蓉 审校者 李瑞云 刘银良 张熠

摘 要

传统知识（traditional knowledge，TK），是指由一个特定社区的人们基于经验并适应当地文化和环境、随着时间的推移而发展并继续不断发展的信息。这些知识用于维持该社区及其文化以及社区持续生存所必需的生物资源。自 1948 年以来，国际人权标准已经认识到保护知识产权的重要性。然而，迄今为止，知识产权（intellectual property，IP）没有充分扩展到传统知识持有人。现行知识产权制度下对知识产权保护的要求，在很大程度上与传统知识的性质不一致。因此，传统知识被忽视并被视为公共领域的一部分，知识持有者没有得到任何保护或收益，或者被他人占用获取经济收益，即生物剽窃。本章介绍了传统知识背景下知识产权的基本概念，并特别注意传统知识元素的识别、分类和保护。本章还讨论了各种知识产权保护方案的优缺点，并提出一些案例研究以便更好地理解每个选项或问题。

1 引言

TK 是由一个特定社区的人们基于经验并适应当地文化和环境、随着时间的推移而

Hansen SA and JW Van Fleet. 2007. Issues and Options for Traditional Knowledge Holders in Protecting Their Intellectual Property. In *Intellectual Property Management in Health and Agricultural Innovation*: *A Handbook of Best Practices* (eds. A Krattiger, RT Mahoney, L Nelsen, et al.). MIHR: Oxford, U.K, and PIPRA: Davis, U.S.A. Available online at www.ipHandbook.org.

发展并继续不断发展的信息。这些知识用于维持该社区及其文化以及社区持续生存所必需的生物资源。下列传统知识是生物资源使用的重要例证：

- 在泰国，用 *plao-noi** 治疗溃疡
- 在非洲，布须曼人（Kung Bushmen）用蝴蝶亚（*hoodia*）仙人掌充饥
- 在印度，用姜黄愈合伤口
- 在亚马逊盆地，把一种卡皮木（*ayahuasca*）用于宗教和疗愈
- 在喀麦隆和加蓬，把 *j'oublie* 用做甜味剂

传统知识包括当地生物资源、动物品种、当地植物、作物和树种的智力清单。它可能包括哪些树木和植物一起生长良好的信息，以及哪些是“指示植物”（例如，显示土壤盐度或在雨季开始时开花的植物）等信息。传统知识包括实践和技术，如种子的处理和储存方法以及用于种植和收获的工具。它还包括在维持人民生计、健康以及保护和恢复环境方面发挥基础作用的信仰系统。传统知识在本质上是动态的，可能包括将新植物或树种整合到现有农业系统中的试验或传统治疗师对新植物药物的测试中去。

用“传统”一词描述这种知识术语并不意味着它在本质上是古老的或非技术性的，而是指它是以传统为基础。它之所以是传统的，是因为它的创建方式反映了源起于社区的传统，因此它与知识本身的性质无关，而是与知识的创建、保存和传播的“途径”有关。[1]

传统知识具有群体性，通常被认为是整个社区的财产，不属于社区内的任何个人。传统知识通过特定的文化和传统信息交换机制进行传承，例如，通常是通过长者或专业人士（育种者、治疗者等）口头传承给社区内被选择的少数人。

用于医疗目的（通常称为传统医学）特定植物的知识和应用是传统知识的重要组成部分。传统药物曾经是新药开发的主要材料和信息来源，但20世纪新的药物来源导致民族植物学在药物发现项目中的重要性逐渐下降。然而，植物中潜在有效的抗癌剂（如姜黄和紫杉醇）的新发现以及快速增长的草药治疗市场，重新燃起了业界对传统医疗知识和实践的兴趣。随着对传统医学兴趣的重新点燃，关于遗传资源培育和应用的本土知识正在以惊人的速度得到开发。

知识产权应保证个人和群体保护自己的文化发现、创作与产品并从中受益的权利。但西方知识产权制度一直致力于保护和促进对发明的经济开发，理由是这样做可以促进创新和研究。西方的知识产权法正迅速被全球接受，它往往无意中促进和加强了经济利用和文化侵蚀的过程。它是以个人财产所有权的概念为基础，这一概念对本土社区来说通常是陌生的，并且可能对他们有害。承认私人所有权的一个重要目的是通过奖励创造性和鼓励进一步的创新和发明，使个人能够从他们的智力产品中受益。但是在许多本土社区的世界观中，如果承认这种产权，都应该扩展到整个社区。它们是维护和发展群体认同以及群体生存而非促进或鼓励个人经济收益的一种手段。

---

* 可能是一种矮巴豆。——译者注

2 传统知识持有人保护知识产权的选项[2]

2.1 专利

专利为一项发明、发现或创新的使用、生产和销售在一定时期内（通常是20年）提供合法垄断。垄断是对专利产品的使用、开发和经济利益享有的占有控制权。一项发明或创新要获得专利，通常必须满足3个标准：新颖性、非显而易见性（创造性）和工业实用性（或实用性）。事实上，专利申请必须满足所有这些标准，如果不能满足其中一个标准，专利就不能获得批准。

新颖性是指一项发明是“新的”，即不存在现有技术。现有技术是指在发明被发现之前或发明通过提交专利申请被披露之前已存在的知识。

非显而易见性是指创造性步骤的存在，即本发明或创新在其创造时对于具有“本领域普通技术”的人员来说不是显而易见的。[3]

工业实用性或实用性意指专利保护的根本原因，即促进实用技术的进步。一个产品或方法要是有用，它至少必须起作用，尽管运行效果不一定完美或者要比任何竞争产品或方法的效果更好，该发明也不必存在市场（甚至也不一定有潜在的市场）。

出于若干原因，专利可能不是传统知识的最佳知识产权保护形式。首先，申请专利需要充分公开发明或创新。在专利获得批准后不久，通过向公众提供专利申请出版物，信息将进入公共领域。在美国，专利在获得批准18个月后即被公开。* 如果传统知识被视为“商业秘密”，专利可能不是最合适的知识产权保护方案。其次，根据专利局的标准，发明或创新必须是新颖的。专利申请人必须证明发明或创新不属于各国法律定义的新颖性中的现有技术的一部分。在许多国家，传统知识事实上被视为现有技术的一部分。这项任务可能简单也可能有些困难，但无论如何必须证明。

2.2 小型专利（petty-patant models）

小型专利允许提供与专利类似的保护，但只针对详细发明步骤更少的知识。[4] 这些知识必须满足新颖性和工业实用性标准。小型专利的保护期一般在4年至6年之间，短于发明专利的保护期。

该专利仅存在于少数几个国家，并且未在TRIPS协定中作为知识产权保护的最低标准提及。但是一些国家正在推动将小型专利纳入TRIPS协定。小型专利可能更适合传统知识，因为传统知识的记录方式通常与西方科学的记录方式不同。尽管小型专利并未在全球范围内作为知识产权保护的最低标准，但一些国家已将该机制作为保护传统知识的一种方式加以实施。例如，肯尼亚的立法规定了一种小型专利以保护针对传统草药的本土权利要求。[5] 虽然目前小型专利的申请相对较少，但在更广泛层面上其可以为传统知识提供一种可行的知识产权保护选择。

---

* 这里的叙述可能有些不准确。很多美国专利申请在提交申请后满18个月就需公开，而不是等到获得专利后才公开。——译者注

2.3 植物品种保护/植物育种者权利

许多国家使用植物品种保护证书来保护植物品种。这一机制用于保护有性繁殖（通过种子）植物品种的育种者权利。育种者权利保护育种者的商业利益，从而为其继续培育新的植物品种提供经济激励，最终为农民或种植该品种的人服务。重要的是，与发明专利不同的是，植物品种证书不需要育种者的授权就可以供他人做进一步育种之用。

在提供该保护的国家之间植物品种保护证书的标准相当统一。品种必须符合所有这些标准：

- 不同于现有的、众所周知的品种
- 一致性
- 稳定性
- 新颖性[6]

《国际植物新品种保护公约》（UPOV）本身并不是一项法律机制。相反，UPOV 是一项国际条约和一个制定标准的组织。一个国家只有在其植物品种保护制度符合这些最低标准的情况下才能成为 UPOV 的成员。重要的是，根据 TRIPS 协定，各国必须对植物实施专门的保护，而 UPOV 的要求通常被认为符合这些标准。

尼加拉瓜的立法提案包括以下规定：需要 10 个独特特征以辨别某品种是特异的；排除对“已发现”植物的保护；不得将植物育种者权利扩展至用于食物或直接由农民播种的植物。赞比亚引用了《生物多样性公约》（CBD）[7] 来制定其植物品种保护机制，指出任何最终立法都必须承认并奖励本土创新。印度的《植物品种保护法》（2001 年）宣称农民权利高于育种者权利。孟加拉国的《植物品种保护法》（1998 年）规定，品种必须“立即、直接和实质性地惠及孟加拉国人民”[8]，并保护社区和农民的权利。[9] 这些例证表明，除了 UPOV，还可以通过其他选择有效地满足传统知识持有人的需求。

2.4 传统知识登记制度

公共登记将信息置于公共领域，作为一种现有技术或“防御性披露”的形式。它们可以是公共的，也可以是私人的。防御性披露是指通过印刷出版物或其他可公开获取的媒体描述相关信息，帮助构成能够防止授予专利权的现有技术。

2.4.1 公共登记

传统知识登记是描述传统知识的官方文件汇集（见文本框 1）。可以在本地（社区内）、社区外（外部）甚至在整个国家建立并维护登记制度（见文本框 2）。在本地维护的注册体系中，社区可以共同决定注册表中应包含哪些内容以及哪些知识可以共享和/或向社区外的人公开。

文本框 1：传统知识文档示例

为说明如何记录权利要求，这里提供一个来自蜜蜂网络创新数据库的条目。该数据库是一个大型的“草根”创新在线数据库，详细介绍当代和传统的创新实践

权利要求[a]	为说明如何记录权利要求，这里提供一个来自蜜蜂网络创新数据库的条目。该数据库是一个大型的“草根”创新在线数据库，详细介绍当代和传统的创新实践。
发明家[a]	Hirabhai Kodarbhai Raval
创新者地址	Sabarkantha Gujarat
创新的细节	Hirabhai Kodarbhai Raval 有一种特殊的方法来治疗动物的身体僵硬。以 250 克茴香（*variyali*）、50 克姜黄粉（turmeric powder）、和 500 克 Dalda 酥油（Dalda ghee）制成混合物。当给动物饮用时，可以减轻动物身体的僵硬感，减轻关节疼痛。非常年幼的动物用量减半。
参考文献	《蜜蜂》，9（4）：15，1998

请注意，此数据库条目包含以下信息：

正在提出的权利要求：治疗关节痛（在本文档格式中，权利要求还用作权利要求的名称或描述性标题）。

发明人或权利要求人的姓名：在本例中发明者是个人，但是也可以是一个社区的名称和/或位置。

本发明的详细内容：本发明是一种由下列成分和数量组成的混合物：茴香（*variyali*）250 克、姜黄粉（turmeric powder）50 克、Dalda 酥油（Dalda ghee）500 克。

使用方法：给动物喝。

用量：混合剂量，幼龄动物剂量减半

结果：减轻了动物身体的僵硬感，减轻了关节疼痛

[a] 作者添加的一个术语

文本框2：印度的公共登记

公共登记的一个例子是印度的人类生物多样性登记（the people's biodiversity registers，PBRs）。2000年《印度生物多样性法》明文规定了PBRs，记录了人们对生物多样性的知识、利用、贸易以及为保护和可持续利用生物多样性所做的努力。PBRs是由当地学校和大学的教师、学生、非政府研究人员和村民在村庄层面上开发的，在塔鲁卡斯（talukas）、地区、州和整个国家各层面以计算机化数据库的形式编制生物多样性登记册，以便向公众、政府和产业界提供信息。这些PBRs已被《印度生物多样性法》确认为评估专利申请现有技术的一种形式，并有助于确保公平获取和惠益分享。

外部登记通常由各国政府、非政府组织、博物馆或图书馆在社区以外的国家或国际层级维护。这些登记中心可以限定于一个特定社区或多个社区的传统知识的集合。地方社区可以控制输入登记中心的内容，但不负责登记中心的维护。区分本地登记中心和外部登记中心是由传统知识的利益相关者自行决定的。

公共登记的一个缺点是向社区外的其他人公开知识。当将知识置于公共领域时，知识可能会失去其商业价值，限制社区保护知识产权的选择，并可能未经许可被公众使用。

2.4.2 私人登记

私人登记不会将知识置于公共领域，但私人登记可在下列情况下有效：

- 以专门制度保护传统知识的机制
- 以文化和历史保存为目标的保存机制
- 作为获取和惠益分享协议的工具

私人登记的信息是有记录的，但又不属于公共领域，因此它可能不构成防止授予专利的现有技术。私人登记的知识不能阻止大多数知识产权制度下的专利授予，除非该知识通过专门机制构成现有技术并向专利局披露。但是，如果专利法承认未向公众披露的现有技术在专门制度下可以以私人登记记录的知识挑战并撤销专利，则可以这样做。专利复审请求昂贵又费时；此外，如果在复审期间没有专门禁止公开披露的保护机制，可能需要向公众披露这些知识。

私人登记的认可和有效性因国家而异，因此作为知识保护的机制以及作为获取和惠益分享协议的工具，私人登记最为有效。私人登记可以作为知识目录，授权给外部各方进行研究和产品开发。作为一种文化保护机制，私人登记可以充当文化图书馆以记录和维护隶属于社区的传统知识，防止传统知识遗失（也可参见文本框2）。

典型的登记形式是计算机数据库。互联网是保存传统知识的公共数据库的理想方式，因为它们可以作为防御性披露的载体，也可以作为现有技术的来源供世界范围的专利局使用。WIPO 正在为国际专利局汇编传统知识相关的数据库清单，几个大型公共数据库也在收集传统知识作为防止盗用知识产权的防御性披露手段。

公共登记和私人登记的优点在于它们能够防止或撤销不当的知识产权主张。为了使其更有效果，国家专利局必须了解公共登记在检索现有技术方面的作用。公共登记还有一个额外的好处，即在专利批准前否定基于传统知识的知识产权申请，并为所有人的利益促进这类知识在公共领域的免费使用。

2.5 商业秘密

商业秘密通过获取协议保护未公开的知识，其中可能涉及向知识持有者支付获取和使用其知识的许可提成费。要将知识列为商业秘密，需要具备 3 个要素。该知识：

- 必须具有商业价值
- 必须不处于公共领域
- 需要采取合理的保密措施

在某一社区范围内维持的传统知识可以被视为商业秘密。但这些知识一旦被公开，这项选择就不复存在。商业秘密只有在保持秘密的情况下才可实施。商业秘密不受法律保护，除非存在“违反保密和违反诚实商业惯例的其他行为”[12]。这意味着为补偿丧失秘密的损失，一方必须能够证明某缔约方以恶意的意图和形式把商业秘密向公众传播。

重要的是要记住，如果知识被泄露至公共领域，或被另一个人独立发现，或通过反向工程得到，那么任何人都可以使用这些被视为商业秘密的知识。由于商业秘密的持有者缺乏法定权利，商业秘密很难得到保护而不被窃取。当知识属于某一社区时，该社区必须采取合理的措施保护该秘密。如果对传统知识无法采取合理的保密措施，那么商业秘密保护就不适合它。

2.6 商标

美国专利商标局（PTO）将商标定义为“一个单词、短语、符号或图案，或单词、短语、符号或图案的组合，用以识别和区分一方商品与其他方商品的来源”。[13] 换句话说，商标是一种保护与产品有关的单词、短语、符号、图案或以上要素任意组合的途径。商标一旦确立，就可以用来确认和区分类似的产品。想想看，名称、图像和照片在营销产品中经常使用的频率有多高!

商标基于两个原则：显著性和避免混淆。商标的显著性是指该商标与类似产品相关联的其他任何现存文字、短语、符号、图案等不相类似。对于购买这些产品的消费者来说，避免混淆产品来源很重要。用商标区分产品是为了不误导消费者，避免他们将某产品误认为是其他产品或者误认为它出自另一个来源。

商标如何应用于传统知识呢？假设一家公司销售由玛卡（*maca*）组成的产品，玛卡是一种原产于安第斯地区的植物。安第斯山脉本土社区作为使用玛卡的原创知识持有者，也可能想要出售玛卡或从他们自己的自然资源和知识中获利。他们可以注册如下商标：

本土群体可以注册上述商标销售玛卡，并使用上述标志以区别该品牌。

2.7 地理标志

地理标志是表明某种产品来源于某领地、区域或该领地的某地区，该产品的特定品质、信誉或其他特征主要与该地理来源相关联。[14] 与商标一样，地理标志通常是单词或术语，但当与产品相联系时，它们将已知品质正向地归因于特定的地理位置。

地理标志不能用于描述产品，除非产品起源于与名称相关联的区域。例如，瑞士手表与高品质传统相关联，因此“瑞士手表”的术语是一种指示手表出自瑞士的地理标志。Roquefort 奶酪（来自法国）是另一种与高品质相关的产品，它也构成地理标志。Roquefort 奶酪只能用于描述产自法国 Roquefort-sur-Soulzon 地区并在传统洞穴中热化的奶酪（这种做法也与地理标志相关联）。

其他一些地理标志的例子，包括波尔多葡萄酒（法国）、帕尔马火腿（意大利）、斯第尔顿奶酪（英国）、大吉岭茶（印度）、干邑（法国）和 Queso Murcia 奶酪（西班牙）。

地理标志服务于 4 个主要目的，分别是：

- 确定产品来自何处
- 表明产品的独特品质
- 以独特的名称推广产品（为商业目的）
- 建立使用位置名称的法律基础，以避免与类似产品混淆，避免侵权和不公平竞争[15]

地理标志的一种特殊形式叫“原产地标志”。原产地标志产品的质量基于其地理环境，受到 1958 年《保护原产地名称及其国际注册里斯本协定》的保护。《里斯本协定》有 20 个缔约国。1998 年，在 766 个受保护的原产地名称中，95% 属于欧洲国家。[16] 近期印度和保加利亚等国一直非常积极地为其多项产品寻求原产地标志保护。

对地理标志的优先保护要确保其是众所周知并被登记的。可以通过数据库或其他可公开访问的媒介将地理标志置于公共领域中来实现。第二种选择是申请官方注册的证明商标（而非在公共领域对该标志的非官方公开），证明商标是商标的一种。目前，国际注册保护只适用于葡萄酒和所有其他受一国注册法律保护的产品。[17]

如果一国是TRIPS协定的成员，制定保护地理标志的法律是该国的国际法律义务。TRIPS协定第22条规定，各成员必须提供法律手段防止：

> 在商品的标志或者说明中，使用任何方式明示或者默示该商品来源于非其真实来源地的地理区域，从而在商品的地理来源方面误导公众。[18]

此外，TRIPS协定要求禁止《巴黎公约》规定的不正当竞争行为，[19] 即禁止“利用任何手段导致对竞争者的营业场所、商品或工商业活动产生混淆的一切此类性质的行为”[20]。

这些规定对传统知识持有者的日常生活意味着什么？让我们研究一个充分解释地理标志重要性的示例。植物玛卡原产于安第斯山脉顶峰的高海拔地区。假设一家西方公司要对该植物进行改造，使其能在低海拔地区生长。之后，该公司在美国大量种植这种植物，并将这种植物产品命名为“安第斯玛卡”推向市场。这显然违反了防止不当使用地理标志的规定。安第斯玛卡与卓越的品质相关联，这个不是在安第斯山脉生产的产品通过使用“安第斯玛卡”这个名字，误导消费者使其相信：

- 该产品实际上是在安第斯山脉种植的
- 该产品品质与安第斯山脉生产的一样好

只有生长在安第斯山脉的玛卡才被允许以“安第斯玛卡”的名义销售，前提是：

- 安第斯山脉种植的玛卡通常被认为比其他玛卡质量更好，这一事实在公共领域有记录
- “安第斯玛卡”已在联邦政府正式注册为认证商标

3　现有技术和防御性披露

无论是在专利申请中还是在专利申请审查过程中，在确定权利要求是否新颖时，都要审查现有技术（公有领域）。如果发明或者权利要求书在现有技术中被描述，或者已投入使用或销售超过1年，则不授予专利权。在美国专利法中，现有技术被定义为美国或外国印刷的出版物所记载的发明或发现，同时出版日期为专利申请日之前1年以上，或者简单地说在该发明或构思产生之前。出版物包括在某一专业或领域工作并因此熟练掌握有关技术的人可获得的任何文件，可能包括杂志、贸易或学术期刊、时事通讯、报纸和网站等。

欧洲专利制度中现有技术存在的证据不仅仅限于印刷出版物，还包括在专利申请日之前任意时间、通过书面或口头描述、通过使用或以任何其他方式为公众所知的所有内容。[21] 美国和欧洲对现有技术定义之间的差异，对于将传统知识作为现有技术的认定具有重大影响，因为许多传统知识没有记录或公布，而是通过口头或通过演示和公开使用被公众所知。

在专利申请中对非显而易见性的要求需要考虑现有技术。在许多情形下，现有技术可能与权利要求或发明非常相似，但又不完全相同，对于知道或者相对容易地接触

到现有技术的该领域普通技术人员而言，这些差异可能是显而易见的。

3.1 防御性披露

防御性披露是指有意向公众提供信息或文件，使其成为现有技术，以使任何随后发明或发现的权利要求不符合授予专利的要求。防御性披露能够在其他发明人提出权利要求之前提供该发明、知识或该发明被他人使用的证据，或者提供在专利申请日之前1年以上公开使用或者销售该发明的证据。[22]

防御性披露可以匿名进行，无须将其归属于特定的个人或社区。匿名披露可能有利于对那些想要披露信息但同时又不想把负面的注意力吸引到社区的人。

用于防御性地披露信息的机制基本上有两种。一种是传统的出版方法：科学、学术、技术和商业期刊等的纸质出版。另一种机制是通过互联网进行电子出版。近年来，许多互联网站点的开发仅仅是为了防御性披露。许多基于互联网的网站和数据库包含传统知识的信息。

社区登记可以作为一种可行的防御性披露手段。这涉及将登记放在互联网上供所有人访问（这也包括专利审查员在现有技术检索时的访问），或者如果一个国家有专门的系统，可以仅允许专利局访问而限制其他外部访问。

3.2 事先知情同意

《生物多样性公约》（CBD）规定了获取遗传资源必须获取事先知情同意的义务。《波恩准则》（2002）[23] 进一步将遗传资源与传统知识与获得知情同意的义务联系起来。事先知情同意是指事先批准使用一方的遗传资源和任何相关的传统知识。“事先”表示在允许获取或其他人使用知识之前必须获得批准。“知情”是指提供有关如何使用资源和/或知识的信息。“同意”是指准许使用资源或知识。知识产权局或其他机构应就使用该知识的目的、风险或影响，包括其潜在的商业价值，向社区提供足够的信息。

拥有传统知识的社区在有人获取其遗传资源和相关传统知识并希望使用这些资源时，是否拥有法定的事先知情同意权利？答案是：可能。如果该社区所在国批准并实施了《生物多样性公约》，则根据第8（j）条规定，获取传统知识须获得知识持有人的事先知情同意。

也许举例是理解事先知情同意如何运作的最佳方式。假设一位科学家正在南美洲旅行并开始与亚马逊地区的社区合作。当其观察到当地社区处理和应用当地植物来治愈伤口的方法时感到很惊奇。这位科学家现在了解了该遗传资源及运用的当地知识，其有两个选择：什么也不做，或者使用这些知识。如果科学家什么都不做，显然没有必要获得事先知情同意。如果科学家希望利用这些资源或知识（在期刊文章中发表这类知识、申请专利等），而该亚马逊国家实施了《生物多样性公约》，那他或她必须获得相应国家主管部门的事先知情同意。

4 专门保护制度

“专门”（*Sui generis*）的字面意思是“自成一体”，它包括国家认可的一系列法律和除专利外的植物品种保护（PVP）方法。TRIPS 协定本身并没有定义专门的制度是什么或者应该是什么。虽然 TRIPS 协定没有提到 UPOV，但人们普遍认为 UPOV 标准符合对专门植物保护制度的要求。然而各国不一定需要为遵守 TRIPS 协定的规定而加入 UPOV 以实施一套专门的制度。[24]

保护遗传资源的专门制度可以包括标准的知识产权保护形式，并结合其他形式的保护，或者这些都没有。例如，一国可以为发明提供专利保护，为植物品种或仅某些品种提供植物品种证书（plant variety certificates，PCV），和/或将植物排除在任何形式的知识产权保护之外（尽管这可能与 TRIPS 协定的合规性相冲突）。

专门制度可能在不同的国家有不同的定义和实施方式。并且，专门制度可以被定义为创造任何与遗传资源相关的传统知识并促进获取和惠益分享的法律权利。政府可以选择以专利、商业秘密、版权、农民和育种者的权利，或其他在当前知识产权制度中尚未确立的创造性形式，用于在一个社区中保护遗传资源和/或知识。

此外，专门制度可以以保护传统知识的特别措施将不恰当的专利宣告无效。例如，《安第斯共同体第 486 号决定》规定：

> 对基于任何成员国为原产国的遗传资源或传统知识而获得或开发的发明授权专利，如果没有提交相应社区的同意获取合同或许可的文件复印件，将被宣告无效。[25]

专门制度可以在法律上承认并保护与遗传资源使用相关的知识，即使这些知识没有正式的文件记录，而是以口头信息、传统和历史用途的形式存在。政府的知识产权局也需要了解这些知识或实践以便实施保护，即使保护范围可能被扩展。因此，如果一个国家有某种形式的专门制度，那么当地社区与知识产权局建立工作关系就是重要的。此外，知识产权局可以私下维护当地拥有的知识清单或登记册，并可以协助其保护。例如，如果专利申请所基于的知识已经存在于登记册中，专利局就可以拒绝此项专利申请。

根据 CBD 的要求，在专门制度下，为了科学、商业或工业用途，任何有兴趣获取某一个社区生物资源或知识的人，必须取得拥有相关知识的本土居民的事先知情同意，除非这些知识已经处于公有领域。这将使社区能够决定其遗传资源和知识的获取和使用，并可选择分享或不分享这些资源和知识。如果获得到了同意，希望进入本土社区拥有的土地或保护区以获取其生物资源和相关知识的人，将需要向知识产权局或其他合适的主管部门提交同意的证据。

5 获取和惠益分享

获取是指允许进入一个地区是为了采样、收集和移走遗传资源或其他资源。惠益分享是指对利用与遗传资源相关的各种形式的补偿，无论是货币还是非货币形式。另外还可能包括参与遗传资源的科学研究和开发，以及分享由这项工作所产生的具有任何潜在利益的发现。

《生物多样性公约》第 1 条和第 8（j）条鼓励为保护和可持续利用生物多样性而公平分享由传统知识所产生的惠益。在惠益分享安排中，所有各方共同分享使用遗传材料和传统知识所产生的惠益。对于当地社区而言，这涉及与缔约方和其他希望研究传统知识和资源和/或开发新产品的人分享传统知识和资源。反过来，缔约方将与当地社区分享利用当地开发的资源的任何进展、利益（包括财务的）或产品。

《生物多样性公约》第 15 条规定，应根据公平和相互商定的条件提供和/或促进获取遗传资源和任何技术转移。这可能包括后面在 CBD（第 20 条和第 21 条）中描述的财务安排类型。

惠益有多种选择，受益者往往能得到一种以上的惠益。包括：

- **启动/前期惠益**。即一次性支付的款项（如果是财务安排）或交付的设备（如果是合作或能力建设项目）。（这些惠益包括计算机硬件、软件或提取和筛选设施等设备。）
- **方法惠益**。这是在研发过程中衍生出来的。（除了财务支付，方法惠益可能包括能力、专业知识或技能建设，以及通过联合研究进行的培训。）
- **产品惠益**。在最终产品商业化后支付。（可能包括根据遗传资源的贡献或用于创建最终产品的本地知识的数量或作用进行协商的许可提成费。）
- **精神和关系的惠益**。与上面所述的经济惠益不同，它不是正式的转移机制，而是基于参与者的互动形成的。[26]

让我们考虑厄瓜多尔的一个案例作为例证。美洲开发银行（the Inter-American Development Bank，IDB）和几个非政府组织在该国发起了名为“将传统知识转变为商业秘密”的计划。该计划的目标是对传统知识进行编目，然后在区域中心维护数据库，对这些数据库的访问将受到保护。每个参与社区将在数据库中拥有自己的文件档案，但不能访问任何其他社区的文件档案。收集到的知识将被审查，对于多个社区不常见的知识可以通过材料转移协议（MTA）作为商业秘密进行谈判。任何 MTA 所得惠益都将在厄瓜多尔政府和将知识存入数据库的社区之间分配。然后，向社区支付的款项将用于资助每个社区先前确定的公共计划。[27]

合同协议[28]是任何惠益分享机制的核心，它们是各方之间具有法律约束力的文件。关于传统知识，它们通常用于概述并执行获取和惠益分享协议以及商业秘密。与传统知识相关的合同可以解释或澄清以下几点：

- 协议各方
- 协议期限
- 协议中包含的知识
- 知识的使用
- 对知识使用的限制

- 对保密性的限制
- 惠益分享的细节

根据《生物多样性公约》，可能用于获取和惠益分享的合同类型包括：

- 保密协议（也称为未披露协议）
- 独占许可协议
- 非独占许可协议
- 材料转移协议[29]

合同协议的类型将根据所涉及的知识和/或遗传资源以及与知识相关的利益和文化组成而有所不同。如果考虑合同协议，请确保所选合同类型符合社区的短期和长期利益（见文本框 3*）。

6 传统知识的定位和识别

为了利用西方的知识产权框架保护或保存传统知识，有必要首先根据该系统认可的认识论结构来定位和识别这些知识。传统知识可从以下方面进行识别：

- 日常活动，包括：
  - –农耕
  - –园艺
  - –动物饲养和护理
  - –食物和营养
  - –医疗保健和生殖健康
  - –水资源利用
  - –精神和宗教活动
  - –民间传说、歌曲、诗歌和戏剧
- 社区记录［尽管传统知识主要通过口头传播，但也可能存在其他形式的保存记录，例如，地图、界标（树木、柱子、石头等）、图示、绘画或雕刻等其他形式］
- 与社区共事的人员，例如，可能一直在收集传统知识的非政府组织研究人员、学者、科学家和开发专家
- 二手资料来源，如期刊文章和书籍、未发表的文件、数据库、视频、照片、博物馆和展览[31]

知识产权保护用于传统知识的一个要素被称为“对知识的权利要求”。对传统知识的权利要求包含 3 个主要部分：遗传资源、制备或方法、以制备或方法获得的最终结果或产品。遗传资源通常是一种植物；方法包含利用植物获得最终结果的各种方法，方法可能包括种植、收获、提取、制备或应用植物的方法；最终的结果是利用生物资

---

* 原文未见。——译者注

源和方法所得到的收益。让我们看一个例证（图1）。

遗传资源	方法	最终结果
植物 （例如：玛卡）	种植 制备 施用	提高家畜繁殖能力 改善人类生育能力

图1　传统知识（TK）权利要求的3个组成部分

这3个部分（植物、方法、产品）可以通过多种方式组合在一起，产生多个权利要求。例如，从上面这个简单的图中，可以推导出涉及植物工艺方法的6个权利要求：

- 种植玛卡以提高家畜繁殖能力
- 制备玛卡以提高家畜繁殖能力
- 施用玛卡以提高家畜繁殖能力
- 种植玛卡以改善人类生育能力
- 制备玛卡以改善人类生育能力
- 施用玛卡以改善人类生育能力

7　确定知识持有人

确定传统知识的权利要求后，下一步是确定知识持有人和利益相关者。知识持有人是持有和/或使用知识的人，利益相关者是社区中对知识有直接利益的人。在作出与特定知识权利要求相关的决策时，就如何应用知识产权作出最终决定之前，必须先咨询该权利要求的所有利益相关方（通常也是整个社区和/或其他社区）。

传统知识可以起源于一个社区，也可以从外部进入一个社区。如果知识最初不是来自相关社区，那么它可能不受制于任何知识产权，并且可能已经是公有领域的一部分。如果知识是来自社区内，那么下一步就是确定持有知识的人。知识的持有人可以是一个人、几个人或整个社区。

下一步是确定谁使用或获取知识。可能无人拥有知识的权利要求，也可能是由一个人、几个人、社区或社区外的人持有或实施。

任何潜在的知识产权选项将取决于有多少人知道这些知识以及这些人是谁。基于这些变量，知识的权利要求可以分为3组：

（1）由一个人知晓和使用

（2）由几个人或一个社区知晓和使用

（3）已在公共领域广泛扩散

图2可以帮助确定谁拥有知识以及利益相关者是谁，并帮助决定对已确定知识的权利要求采取何种保护措施。[32] 图中的虚线框表示知识可能落入知识产权保护范围，而非公共领域的一部分。如果知识跨越边框，则表示该知识可能已经属于公共领域［有或者没有事先知情同意[33]，此时已无知识产权保护的选项（见第3.2节）］。

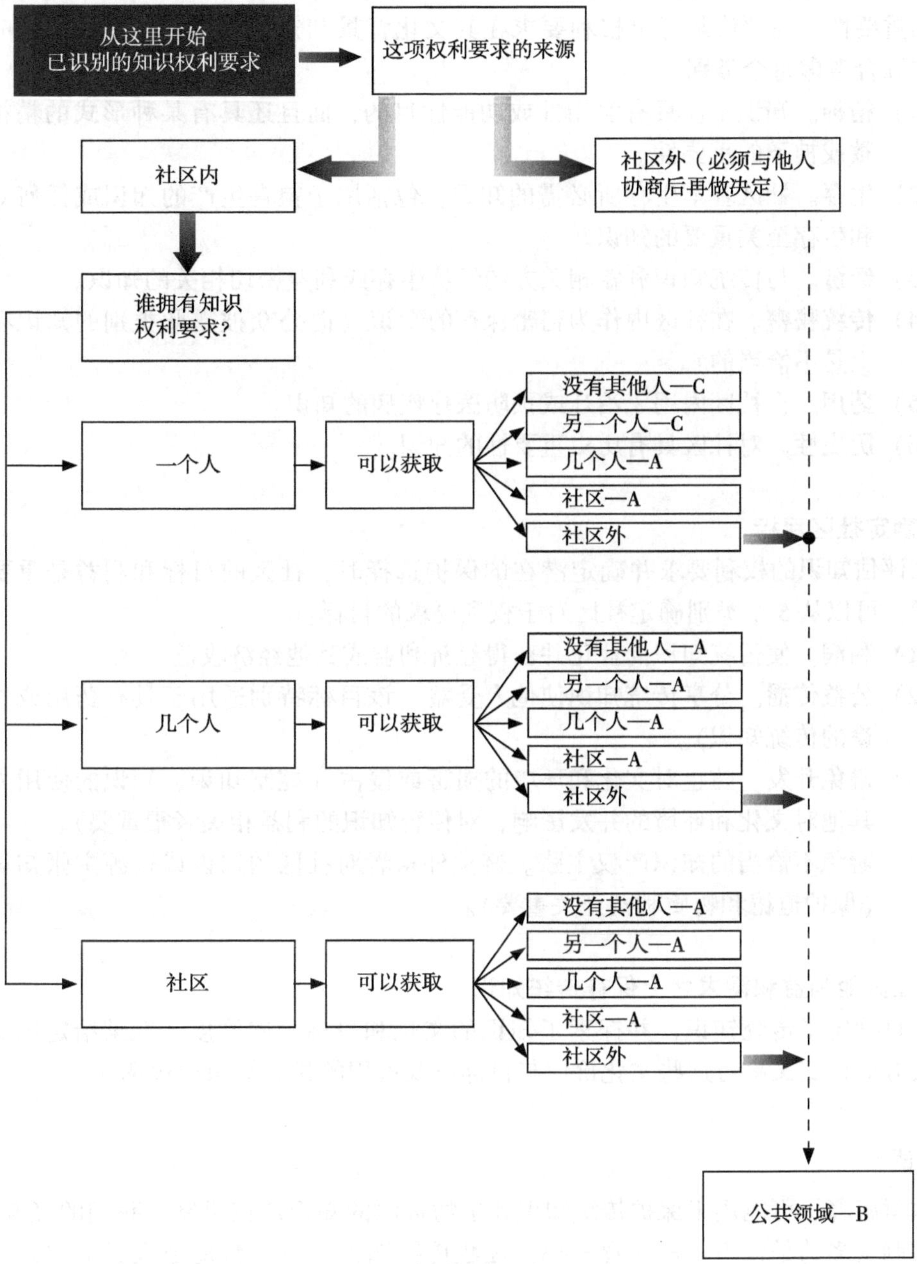

图 2 确定谁拥有知识

8 确定知识产权选项

8.1 查明文化层面的因素

传统知识的科学层面只是更广泛的文化知识的一个方面。因此，在将知识产权应用于传统知识时，不能忽视其文化层面。下面将从 6 个基本类别描述文化层面对传统知识的重要性。在评价某特定权利要求在其文化背景和知识产权制度中的地位时，应单独并综合考虑每个类别。

（1）**精神**。知识不仅具有实用性或功能性目的，而且还具有某种形式的精神、宗教或神圣的重要性。

（2）**生存**。社区基本生存所必需的知识，包括用于粮食生产的知识或任何对生命和生存至关重要的知识。

（3）**经济**。与传统知识利益相关方的经济生存或利益密切相关的知识。

（4）**传统秘密**。在社区内作为秘密保存的知识（向公众披露此类别的知识在文化上是不恰当的）。

（5）**药用**。在社区内用于治疗或预防医疗疾病的知识。

（6）**历史性**。对社区具有历史重要性的知识。

8.2 确定社区目标

在评估知识的权利要求并确定潜在的保护选择时，社区的目标和利益是重要的考虑因素。可以从 5 个类别确定社区对于权利要求的目标：

（1）利润。使传统知识商业化并获得经济利益或其他经济收益。

（2）公益传播。分享传统知识使他人受益（该目标特别适用于具有药用或农业用途的传统知识）。

（3）避免开发。防止对文化和环境的损害或侵占（控制知识、知识的使用方式及其他对文化和环境的并发影响，对传统知识的利益相关者很重要）。

（4）避免不恰当的知识产权主张。避免外来者对社区的知识或资源主张知识产权（保护道德和物质利益至关重要）。

8.3 在其他利益和需求之上保存传统知识

一旦确定了传统知识，并探索了知识的文化和目标导向维度，在某给定国家，利益相关方应该交叉参考这些文化价值与目标以及可用的相关知识产权选项。

9 结语

本章解释了可能用于保护传统知识和生物资源的知识产权机制。我们的经验表明，这种机制更多的是作为一种教育资源，提醒传统知识持有者警惕他人寻求知识产权保护所可能带来的风险，而不是作为一种为其自身寻求知识产权保护的资源。然而，过去几年中，确实有越来越多的传统知识持有者开始探索知识产权保护的可能应用。出于多种原因，对当前的知识产权法来说，传统知识仍然是难以解释的。

对于当地和本土居民来说，与生物资源和传统知识相关的知识产权管理和保护仍然是一项挑战。为了应对这一挑战，有必要正确认识和保护传统知识，并采用全球机制促进公平的惠益分享。在较短期内，需要有效利用现有的知识产权保护机制，以提供充分的保护和惠益分享。但是从长远来看，可能需要改变国内和全球的知识产权制度。然而，无论采用何种知识产权保护方式，最终的结果必须始终朝着平衡的方向发展，即在服务于更广泛公共利益的同时，更好地保护传统知识并为传统知识的创始者提供公平的收益。换句话说，获取、开发和分配必须与公平的惠益分享、可持续发展和保存相平衡。

致 谢

作者要感谢以下人员和组织在本章创作过程中给予的支持和帮助：世界知识产权组织遗传资源、传统知识和民间文学艺术政府间委员会秘书处；Merida Roets，Scientific Roets（南非）总裁、前美国科学促进会科学无线电研究员；2002 年 12 月 14 日遗传资源、传统知识和民间文学艺术政府间会议第五届会议 AAAS 传统知识圆桌会议的与会者；Rosemary Coombe，加拿大多伦多约克大学一级法律、传播和文化研究首席科学家；Michael Gollin，Venable，LLP 项目的法律顾问和律师；Matthew Zimmerman，AAAS 科学与人权计划的计算机专家。本章内容的出版得到了公共领域中心和 Richard and Rhoda Goldman 基金的部分资助。

STEPHEN A. HANSEN, *American Association for the Advancement of Science (AAAS), Science and Human Rights Program, 1200 New York Avenue NW, Washington DC, 20005, U. S. A.* shrp@aaas.org

JUSTIN W. VAN FLEET, *Principal Consultant and Director, The Advance Associates, LLC, 2112 New Hampshire Avenue NW, Suite 308, Washington DC, 20009, U. S. A.* justin@theadvanceassociates.com

---

1 WIPO. 2002. Elements of a Sui Generis System for the Protection of Traditional Knowledge. Intergovernmental Committee on IP and Genetic Resources, Traditional Knowledge and Folklore, Third Session. WIPO/GRTKF/IC/3/8.

2 The field of IP rights is rapidly changing and laws varyfrom country to country. This chapter attempts to provide an accurate summary of general IP concepts and options. All options are subject to national laws and legislation. Therefore, before pursuing any option, it is important to check with local legislation. Additionally, any IP option mentioned in this chapter should not be pursued without consulting appropriate legal advisors. This chapter should not be used to advise a community on a specific action to take regarding a specific case, but instead as a tool for forming a general IP strategy to protect and sustain a community's knowledge and biological diversity.

3 U. S. Code, 35 U. S. C. § 103.

4 Kadidal S. 1997. Subject-Matter Imperialism? Biodiversity, Foreign Prior Art and the Neem Patent Controversy. *IDEA: The Journal of Law and Technology*. p. 371-403. www.idea.piercelaw.edu/articles/37/37_2/9.Kadidal.pdf.

5 U. N. 2000. Systems and National Experiences for Protecting Traditional Knowledge, Innovations and Practices. United Nations Conference on Trade and Development, Commission on Trade in Goods and Services, and Commodities Expert Meeting on Systems and National Experiences for Protecting Traditional Knowl-

edge, Innovations and Practices. TD/B/COM. 1/EM. 13/2.
6 UPOV. 2000. Brief Outline of the Role and Functions of the Union, October. www. upov. int/eng/brief. htm.
7 CBD. 1992. Convention on Biological Diversity, Conference of the Parties (COP). Rio de Janeiro.
8 Plant Varieties Act of Bangladesh, 1998, Article 7-3.
9 GRAIN, (Genetic Resources Action International). 1999. Beyond UPOV: Examples of Developing Countries Preparing Non-UPOV Sui Generis Plant Variety Protection Schemes for Compliance with TRIPS. July www. grain. org/publications/nonupov-en. cfm.
10 www. sristi. org/honeybee. html.
11 Utkarsh G. 2002. Documentation of Traditional Knowledge: People's Biodiversity Registers (PBRs). Foundation for Revitalization of Local Health Traditions (FRLHT). India. www. ictsd. org/dlogue/2002-04-19/Utkarsh. pdf. See, also in this *Handbook*, chapter 16. 2 by CG Thornstrom.
12 World Trade Organization. 2002. Trading in to the Future: The Introduction to the WTO, IP Protection and Enforcement. www. wto. org/english/thewto_e/whatis_e/tif_e/agrm6_e. htm.
13 U. S. Patent and Trademark Office. What Are Patents, Trademarks, Service Marks, and Copyrights? www. uspto. gov/web/offices/pac/doc/general/whatis. htm.
14 1994. Agreement on Trade-Related Aspects of IP Rights (TRIPS). Art. 22-1.
15 U. S. Patent and Trademark Office. What Are Geographical Indications? www. uspto. gov/web/offices/dcom/olia/globalip/geographicalindication. htm.
16 International Trademark Association. 2000. Lisbon Agreement for the Protection of Appellations of Origin: Violation of the TRIPS Agreement. INTA Issue Brief.
17 2002. Commission on IP Rights, London. Integrating IP Rights and Development Policy: Report of the Commission on IP Rights. TRIPS, 1994. Article 22.
18 Ibid.
19 Paris Convention for the Protection of Industrial Property, as revised at Stockholm on 14 July 1967 (Stockholm Act).
20 Ibid., Art. 10 bis, 3(1).
21 European Patent Convention. Article 54(2).
22 Pryor G. 1991. The Case for Defensive Disclosure. Software Patent Institute (SPI). www. spi. org/defdis. htm.
23 CBO. 2002. Bonn Guidelines on Access to Genetic Resources and Fair and Equitable Sharing of the Benefits Arising Out of Their Utilization. Convention on Biological Diversity, Conference of the Parties (COP), Decision VI/24.
24 TRIPS, Plant Variety Protection and UPOV. The South Centre.
25 Florez M. 2000. Andean Community Adopts New IPR Law. *Ag BioTech Info Net*, Oct. 5.
26 1998. Synthesis of Case Studies on Benefit Sharing. Conference of the Parties to the Convention on Biological Diversity, Fourth Meeting, Bratislava, 4-15 May.
27 Vogel J. 1997. The Successful Use of Economic Instruments to Foster Sustainable Use of Biodiversity: Six Case Studies from Latin America and the Caribbean, Case Study 6: Bioprospecting. *Biopolicy Journal* Vol. 2, Paper 5 (PY97005). www. bdt. org/bioline/py.
28 For specific language and sample contracts, see Gollin MA. 2002. *Elements of Commercial Biodiversity Prospecting Agreements in Biodiversity and Traditional Knowledge: Equitable Partnerships in Practice* (ed. SA Laird). Earthscan: London.

29 Brascoupé S and H Mann. 2001. A Community Guide to Protecting Indigenous Knowledge. *Indian and Northern Affairs Canada*, June.

30 Jones P. 2002. Brazilian Tribe Feels Betrayed by Plant Search, *Seattle Times*, Sept. 16.

31 Adapted from *Recording and Using Indigenous Knowledge: A Manual. International Institute of Rural Reconstruction.* 1996. IIRR: Cavite, Philippines. www. panasia. org. sg/iirr/ikmanual.

32 Adapted from Gupta A. 2002. How to Make IPR Regime Responsive to the Needs of Small, Scattered and Disadvantaged Innovators and Traditional Knowledge Holders: Honey Bee Experience. Conference on the International Patent System, WIPO, Geneva, 26 March 2002.

33 See, also in this *Handbook*, chapter 16. 2 by CG Thornström. See, also in this *Handbook*, chapter 16. 3 by CG Thornström and L Björk; and chapter 9. 4 by A Krattiger.

词汇表*

为了使知识产权管理最佳实践具有清晰易懂的语言体系，必须清楚、准确地定义各种常用术语，使它们标准化并以相同的含义得到普遍理解。通过本词汇表，我们努力对技术转移和知识产权管理领域重要、常用术语进行精确、准确的定义。希望通过这种定义，使沟通清晰、透明，使参与促进创新业务的技术转移专业人员、知识产权经理、研究人员、投资者和企业家加深相互理解。清晰的交流有助于增进了解，在国际背景下尤其重要。如果在协议中使用特定定义，读者还应咨询所在机构的法律顾问。尽管在某些法律领域，世界各地的法律语言相当统一，但对于其他法律领域而言，法律语言在不同国家之间甚至在国家内部都存在显著差异。词汇表中所包含的定义，部分源自《麦卡锡知识产权案头百科全书》。[1]除了本词汇表之外，读者还可参考在线知识产权词汇表（包括以下网站提供的词汇），以获取更多的定义和更多术语：

- 世界知识产权组织：
www. wipo. int/tk/en/glossary/index. html.
- 美国专利商标局：
www. uspto. gov/main/glossary/index. html.
- 美国国务院：
usinfo. state. gov/products/pubs/intelprp/glossary. htm.

转让（assignment）

知识产权所有权的转移。例如，专利转让是将其权利充分地转让，从而使专利受让方名下拥有该专利。转让，可以是专利所有权的排他性转让，也可以是其不可分割部分的转让（例如，50%的收益），或是所有权在特定区域的转让（例如，美国的某个地区）。低于此标准的任何情况都是专利权许可，而不是专利权转让。

1980年颁布的《拜杜法案》（*Bayh-Dole Act of* 1980）

美国《拜杜法案》（P. L. 96-517，94 Stat. 3015，纳入《美国法典》35 U. S. C.

---

* 下列词汇表括号内为原文，译文保留了原文的排序。——译者注

§ § 200-211）允许大学、非营利机构和小型企业保留特定发明，即由联邦政府资助的研发活动所产生发明的知识产权。作为促进联邦政府所资助研发成果转移的法律基础，《拜杜法案》旨在促进这些来源于科研机构、产业界、国家和地方政府相互合作所产生研发成果的商业化。

《伯尔尼公约》（*Berne Convention*）

《伯尔尼公约》是主要的政府间版权公约，其拥有 150 多个缔约方*。《伯尔尼公约》主要有 5 个方面的内容：（1）国民待遇原则，即对外国的作者和版权拥有者一视同仁；（2）自动保护原则，即版权自动授予，不受注册或通知等手续的约束；（3）最低保护期限原则；（4）依据成员国的法律，为作者的精神权利提供保护；（5）著作权保护与是否在其本国受到保护无关。

最佳实施例（best mode）

指专利说明书提供的授予专利权的情形。发明者必须阐述并披露其本人已知的实施该项发明的最佳方法。

生物技术（biotechnology）

指应用生物学方法（这种方法通常是基因工程和相关高级分子生物学的应用）生产的产品、开发的工艺以及提供的相关服务。一般来说，依据美国专利法，这些是可授予专利的主题。

权利要求（claims）

是专利中定义一件发明的内容（在专利有效期内，该技术是专利权人的独占性资产），具有法律效力，权利要求限定了专利权的界限和范围。专利说明书必须以权利要求作为结尾，明确专利申请人就其发明或者发现所申请保护的主题。权利要求应在说明书中给出详尽的解释：在权利要求中使用的短语和术语必须在说明书中充分描述，即专利申请的权利要求必须在专利说明书中已有所体现。专利说明书披露发明，而权利要求书则确定专利的保护范围。

商业化（commercialization）

指将一项发明或发现投入市场的过程。包括形成有关理念的商业计划、考虑保护策略并决定如何营销和分发最终产品。

强制许可（compulsory license）

指应第三方的请求，国家许可第三方实施专利权人所拥有的发明创造的权利，前提条件是专利权人在可接受的条件下拒绝许可其专利。

---

* 2017 年已有 174 个缔约方（包括国家和地区）。——译者注

保密披露协议（confidential disclosure agreement）

见**保密协议**（confidentiality agreement）。

保密协议（不披露协议，保密披露协议）［confidentiality agreement（nondisclosure agreement，confidential disclosure agreement］

指一方向另一方约定可披露的知识产权内容的法律文件，同意后者根据协议将相关信息用于特定目的，并且同意不将相关信息披露给第三方。

在后申请（continuation）

同一申请人的第二次专利申请中，包含了与先前专利（母案和祖案）申请所披露的完全一致的内容。如果先前专利申请作为在先申请仍然待审，则该项专利申请可以享受与在先申请相同的申请日（优先权日）。

部分继续申请（continuation-in-part）

同一申请人的第二项专利申请中包含了与在先申请（母案和祖案）披露的完全一致的内容，但是与继续申请不同的是，该申请中也包含在先申请中不存在的新内容。因此，在先申请中已有的权利要求可以享有优先权日，而任何新的权利要求只能作为后者的部分继续申请使用其申请日。

间接侵权（contributory infringement）

非直接侵犯知识产权，指人们组织协助或教唆他人直接侵权的行为，例如，明知道所销售的物品使用了唯一的专利生产工艺，或者生产专利产品。

著作权（copyright）

著作权是指政府赋予著作者的专有权，禁止他人复制、改编、公开发行、公开表演或展览其作品。著作权不保护抽象概念，仅保护思想、情感的具体表现形式。获得著作权的作品必须具有独创性和一定的创造力。

《生物多样性公约》（*Convention on Biological Diversity*）

1992年在里约热内卢（Rio de Janeiro）举行的地球峰会上签署的公约。该公约力求建立可持续发展的综合战略。针对日益增长的商业与经济发展，提出了维护世界生态基础的任务。公约提出三大主要目标：生物多样性保护、生物多样性组成的可持续利用、公平合理地分享利用遗传资源所产生的惠益。

交叉许可（cross licensing）

指两方或多方的专利权利范围或其他知识产权相抵触时，当事各方通过相互许可达成共享所述知识产权的法律协议。

从属权利要求（dependent claim）

指专利的一项权利要求引用了在前权利要求，并且比在前权利要求保护范围小。从属权利要求采用的是对在前权利要求（通常是独立权利要求）技术进一步限定的撰写方式。

描述性标志（descriptive mark）

指用一个字、图片或者其他标志描述某种产品或服务的质量或特性，例如用途、尺寸、颜色、用户类别或者用户使用效果。描述性词语不能被认为是其固有特性；通过注册或法律保护确定描述性标志的有效性，需要证明该标志具有获得显著性。获得显著性具有继发性含义，例如，“肯德基炸鸡”原本是描述性标志，随着不断的发展，其拥有了继发性含义，即一种特定商业食品产品的商标。

外观设计专利（design patent）

指政府对具有新颖性、非显而易见性和装饰性的工业设计所授予的独占权。一项外观设计专利具有禁止他人制作、使用和销售与其设计非常相似的设计产品的权利。一项外观设计专利包含设计中的装饰性部分，其功能性部分受发明专利保护。外观设计专利和发明专利可以对同一物品的不同部分进行保护。

差别定价（分级定价）［differential pricing（tiered pricing）］

指针对不同市场制定不同的价格，通常在较富裕市场定价高，较贫穷市场定价低。

来源披露（disclosure of origin）

专利申请人必须在专利说明书中披露本发明（即专利申请的主题）所基于的生物材料的地理来源。

专利分案申请（divisional patent application）

指从母案申请文件中分离出来的一件专利申请，母案申请文件可以分为一件或多件专利分案申请。分案的专利申请将母案申请日作为申请日。

尽职调查（due diligence）

指在交易中出售、许可或抵押一项或多项知识产权时，通过调查，评估其所有权和保护范围。这样做是为了鉴别分析知识产权的商业和法律风险。

（专利）期限（duration）

指专利权可维持的期限或时间。例如，一项美国发明专利，从其申请日起具有20年有效期，植物专利也如此。美国著作权有效期通常是作者死亡后再加70年（自1978年1月1日以后创作的作品）。作为商业秘密而保护的信息，只要其信息处于保密状态，就一直受保护。商标的保护期限可以一再延长，只要一直被使用（作为来源标志）并得到正常续展或保护。

审查（examination）
同**专利审查**（patent examination）。

独占许可协议（exclusive license agreement）
指将知识产权独家许可给他人的法律协议。在其许可的范围和领域中，独占许可协议不能被同时或者随后再许可给任何其他人。

使用领域的限制（field-of-use restriction）
是知识产权许可协议中的条款，限制被许可方只能在特定产品或者服务市场中使用被许可的知识产权。

先申请制（first to file）
指确定专利优先权的原则。该原则将优先权赋予第一个申请发明的一方，而不是先发明的一方。除美国*以外，世界上几乎大多数国家都遵循先申请制。对于商标，处理相互抵触的注册商标优先权的方法，是公开具有较早申请日的申请，而具有较晚申请日的申请人则有权提出异议。在美国，商标的所有权归第一个使用该商标的一方，而不是第一个申请注册该商标的一方。但是，在“意图使用”的原则下，商标注册申请可以在实际使用之前提交。

先发明制（first to invent）
指确定专利优先权的原则，即取决于实际率先发明的一方，而不是第一个提出专利申请的一方。这是美国**遵循的原则。[与**先申请制**（first to invent）对比]

自由实施（freedom to operate）
指能从事产品的研究和/或商业开发，而不会侵犯他人未许可的知识产权或其他有形资产权。

功能性（functionality）
指按照预期目标，使产品功能表现更好，而不是美化产品外观或表明其商业来源。

本土文化知识产权（Indigenous Cultural and IP Rights）
本土文化知识产权是指有关社会遗产的权利，是传统上已经定义为归社会所有，

* 2011年9月16日，美国总统奥巴马签署了对美国专利法进行重大变革的《美国发明法案》（AIA）。该法案对美国专利法作出4项根本性改变，其中包括将“先发明制”改成“发明人先申请制”。——译者注
** 美国亦采用先申请制，见前注。——译者注

包括其物体、地点、知识和社区传播方式等。这种权利遵循惯例法而非现代法律。社会遗产包括文化的所有方面（艺术、音乐、舞蹈、文学等），本土知识（医药和营养），以及土地管理措施。现如今，都在尝试赋予本土知识以法律的实质和科学有效性。《世界土著民族权利宣言草案》（the Draft Declaration of the Rights of World Indigenous People）第29条申明："土著民族有权获得其文化知识产权的全部所有权、控制权和保护权。"

工业产权（industrial property）

工业产权是知识产权的子集，指具有工业应用价值的知识产权类型。具体指专利、商标、外观设计、掩膜作品*和植物新品种权。

侵权（infringement）

即对知识产权独占权的侵犯。发明专利侵权包括未得到允许即制作、使用或者出售受专利保护的产品或者工艺。外观设计专利侵权包括模仿一种设计，以致对普通观察者来说，仿制品与现有设计非常相似，从而诱使观察者购买仿制产品。商标侵权包括未经授权使用或模仿他人财产的标识，以欺骗、混淆或是误导世人。版权（著作权）侵权指公开复制、改编、分发、表演或者公开展示他人的版权作品。

知识产权[intellectual property（IP）]

是赋予人们创造出的具有商业价值的思想和表达以法律保护的一种财产权。保护知识产权的主要法律机制是版权（著作权）、专利和商标。知识产权赋予其所有者以选择权，决定谁可以获得、使用知识产权，并防止未经授权使用。

国际专利申请（international patent application）

参考专利合作条约（PCT）。

知识产权管理（intellectual property management）

指通过市场营销、申请专利、许可及行政手段，管理机构所拥有的各类知识产权。

发明（invention）

指创造一个新的技术构思，或其具体体现，或实现构思的手段。要获得专利授权，该发明必须具有新颖性、实用性，并对本领域的普通技术人员来说非显而易见。

创造性（非显而易见性）[inventive step（nonobviousness）]

授予专利的一个条件是，对于本发明技术领域中具有知识和经验的人来说，本发

---

* mask work，掩膜作品，即集成电路布图设计，《美国半导体芯片保护法》称为"掩膜作品"。引自冯晓青主编《知识产权法》第414页。——译者注

明不是显而易见的。根据《欧洲专利公约》，“如果考虑现有技术水平，对于本领域技术人员不是显而易见的，则应认为该发明具有创造性”。

共同发明人（joint inventors）

两个或多个发明人在发明过程中一起完成一件发明工作。

专有技术（know-how）

使人能够完成特定任务，或操作特定设备或工序的信息。

参考**商业秘密**。

许可（license）

即在限定的时间、环境、市场或地域内，授权允许使用某项知识产权。独占许可和非独占许可之间有重要的区别。独占许可在限定范围内是“排外的”，即独占许可所许可的，不仅仅是特定的知识产权财产，还可以是使用知识产权的应用领域和范围。授予独占许可时，许可方承诺不会在同一领域或范围内授予同样的许可。知识产权所有者在某一范围内则可能授予多个非独占许可。专利权许可是多项权利的单次转让，但不累积构成专利权的转让。只有许可方对被许可方所销售的使用同一商标或标志的商品或服务的性质和质量可控时，商标或服务标志的许可才有效。根据版权法，独占许可的被许可方是版权某一特定权利的所有者，可以因为受到侵犯而提起诉讼。无论版权所有者对不同人许可了多少件不同权利的独占许可，一件作品永远只有一种版权。

被许可方（licensee）

根据许可协议获得权利的一方。

许可方（licensor）

根据许可协议授予权利的一方。

对外许可（license out）

某人、公司或机构向另一人、公司或机构提出使用自己的知识产权的过程。

获得许可（license in）

某人、公司或机构得到同意、可以使用他人的知识产权的过程。

材料转移协议（MTA）［material transfer agreement（MTA）］

该协议由有形材料的所有者和拟将材料用于研究或评估的一方签署。材料可能受专利保护，也可能没有保护。材料转移协议一般比许可协议要短。此类协议是为了记录材料的转移，并强调使用条款，包括明确研究或评估项目、保密条款、出版和责任。

维持费（maintenance fees）

维持专利权有效的费用。根据专利管辖区域，专利费需要不定期支付，而且随着时间的推移，费用会大大增加。

标注（notice）

在体现或重现了知识产权的物品上，标注正式的标志或通知。例如，在专利持有者或被许可人制造的具有专利保护的物品上，连同专利号一起标出专利这个词或其缩写“pat.”。美国正式法定的商标注册标注，是圆圈内有一个字母“R”即®，其他包括缩写 Reg.、U. S. Pat. 和 Tm. Off.，或标注“美国专利注册、美国商标注册”等。许多公司使用非正式的商标声明，如品牌、TM、商标、SM、服务标识，以及可以被认为是被保护标识的相近词汇或符号。版权的标注是圆圈里有一个字母“C”，即符号© 或是单词“Copr.”或“版权”，版权所有者的名字和首次出版的年份。

不可转让（nonassignable）

指许可协议和/或其权利、义务和条件，不得再分配给任何未签署协议的一方。

保密协议（nondisclosure agreement）

见**保密协议**（不披露协议，保密披露协议）。

非独占许可（nonexclusive license）

指专利的某些权利被授予了被许可方，但是这种许可不是独占性的。许可方保留将相同或类似的使用权许可给他人的权利。

非显而易见性（nonobviousness）

发明获得专利保护所必须满足的 3 个条件之一。参见**创造性**。

不可转移（nontransferable）

许可协议和/或其权利、义务和条件不能出售、给予、分配或以其他方式转移给任何没有签署协议的一方。

新颖性（novelty）

发明获得专利保护所必须满足的 3 个条件之一。

显而易见性（obviousness）

即一项发明不符合获得有效专利的情形。技术领域的普通技术人员能从公开的可用信息（现有技术）中推导出该发明技术。也可参见**本领域普通技术**。

本领域普通技术（ordinary skill in the art）

普通工程师、科学家或设计师所掌握的与发明相关的技术知识、经验和专业知识。

《巴黎公约》（*Paris Convention*）

主要规定专利、商标和不正当竞争等工业产权的国际条约。《巴黎公约》由世界知识产权组织（WIPO）管理，包括4项主要条款：（1）为所有寻求知识产权保护的各方提供国民待遇，无论外国的还是本国的；（2）最低限度保护；（3）公约优先权，在规定时间内在其他成员国提出申请（专利12个月，商标6个月）；（4）巴黎联盟下的管理框架。

专利（美国）［patent（U. S.）］

指由美国联邦政府授予发明人的一项权利，排除他人制造、使用或者销售其发明。美国有3种类型的专利：有关产品和工艺功能的标准发明专利；有关实用物体装饰设计的外观设计专利；有关活体植物新品种的植物专利。专利不保护思想，只保护运用技术概念的结构和方法。每种类型的专利，都是通过精确定义技术、工业设计或是植物品种权的边界，授予排除他人使用的权利。为了回报所获得的排除他人的权利，发明人必须向公众充分披露发明的细节，以便他人能够理解、应用并进一步改进这项技术。一旦专利到期，公众即有权制作和使用这项发明，并有权全面而完整地披露所用的方法。

专利申请（patent application）

详细描述拟申请专利的技术文件。

专利审查（patent examination）

专利审查员对专利申请进行审查，以确定该申请是否符合授予专利权的法定条件。按照审查程序，对已有技术进行审查，确保该申请的新颖性，并确认其是否符合其他法定的要求、规则、程序和格式。

《专利合作条约》［*Patent Cooperation Treaty*（PCT）］

是一项专利领域的国际合作条约，该条约提供一种机制，即达到某些要求后，申请人只要提交一件专利申请，就可在PCT缔约国中的每一个国家同时要求对发明进行专利保护。目前有120余个PCT缔约国。*

专利池（patent pooling）

专利池是指，两个或两个以上专利权人达成协议，将他们拥有的一项或者多项专利许可给一方或者第三方。专利池允许利益各方使用各种必要手段实施应用技术。

专利检索（patent searching）

专利审查员对专利申请的新颖性进行审查的过程，并在随后形成的专利检索报告

* 截至2021年4月，共有153个缔约国。——译者注

中，列出与本发明主题相关的专利和非专利公开文献。

植物育种者权利（plant breeders' rights）

植物育种者权利是通过给予育种完成单位或个人授权品种和育种材料的独占销售权，来保护植物新品种。

植物专利（plant patent）

1930 年颁布的《美国植物专利法》授予发明或发现新的无性繁殖植物品种的申请人以授予知识产权独占权利。植物专利不包括块茎植物。

植物新品种保护[plant variety protection（PVP）]

是一种有性繁殖植物的类似专利的保护形式，包括杂交、块茎繁殖植物和植物收获材料。1970 年颁布的《植物品种保护法》由美国农业部管辖，而非美国专利商标局(其审批植物专利)。

现有技术（prior art）

指所有的已有技术信息，由此判断一项发明是否具有新颖性和非显而易见性，以确定该发明能否被授予专利权。

事先知情同意（prior informed consent）

指充分了解相关的所有重要事实后，当事人同意进行某项行动。《生物多样性公约》规定，获取遗传资源须经提供资源的缔约国事先知情同意。

优先权日（priority date）

指首次提出发明细节的专利申请日期。优先权日期、该发明的专利性及新颖性都取决于申请之日已经存在的现有技术。换句话说，按照相关判定标准，如果本发明在优先权日之前被知晓或公布，申请人将无法获得专利。

临时申请（provisional application）

在美国，临时申请是专利申请行为中的一份文件，用于确立一项发明的早期优先权日。临时申请不构成正式申请，也不构成授予专利的基础。临时申请是完整申请之前所递交的文件。临时申请确立了披露发明细节的优先权日，并有 12 个月的有效期，在此期间申请者可以继续改进和完善这项发明，并最终形成一份完整、正规的专利申请。

方法权利要求（process claim）

专利权利要求中的一种，其主题为某种方法，通常是特定的步骤流程等。方法权利要求与产品权利要求或构造权利要求不同，后两者通常涵盖产品的结构特征。

方法权利要求（定义）的产品（product-by-process claim）

通过描述产品的制造过程来定义产品的一种专利权利要求。由于许多新的化学制品、药物、药品只能通过描述其制造过程来定义，因此，方法权利要求通常用来定义这种新的化合物。

公共领域（public domain）

指不受知识产权保护的发明、创意作品、商标或者其他创造等的情形。确定属于公共领域的上述内容，可供任何人复制与使用。

付诸实施（reduction to practice）

方法发明的物质部分，证明其具有实际应用价值而最终完成方法发明。付诸实施可以通过实际制造一个装置，或执行方法中的步骤，或正式提出专利申请（建设性的付诸实施）来实现。

研究工具（research tools）

"研究工具"包括科学家在实验室中可能用到的所有工具，包括细胞系、单克隆抗体、试剂、动物模型、生长因子、组合化学和基因文库、克隆和克隆工具（如聚合酶链式反应）、方法、实验室设备和机器。[2] 对研究工具申请专利令人担忧，因其可能会阻碍研究的自由进行。

使用费，许可提成费（Royalty）

销售或使用被许可的产品或方法所获得的收入。

分级定价（tiered pricing）

参见**差别定价（分级定价）**。

商标（Trademark）

（1）用于标识和区分商品的词语、标语、设计、图片或其他符号。

（2）任何符合商标、服务标志、集体（团体）商标、证明商标、商标名或商业外观的法律规定的标识符号，可以包括词语、设计或商品的形状。

商标用以鉴别某卖家的商品，并使之区别于其他卖家的商品。所有物品具有同一商标标志表明来自同一供应商并具有同等质量水平。商标还有助于宣传、促销及商品销售。使用其他商标，导致原商标产品来源、从属、连接、赞助关系易于混淆，即属于商标侵权。

商业秘密（trade secret）

即相关贸易中少有人知、经过合理保护能够保密且具有价值的商业信息。机密信息应受到保护，防止不法者通过各种不当方法和违法手段窃取。滥用商业秘密属于不正当竞争。

传统知识（traditional knowledge）

指基于传统的创作、发明、文学、艺术或科学作品，以及源自某些特定人群或地域的演出和设计。

《与贸易有关的知识产权协定》［*Trade-Related Aspects of Intellectual Property Rights*（TRIPS）］

是由世界贸易组织（WTO）和关贸总协定（GATT）率先发起提出，经乌拉圭回合多次谈判达成的一项国际公约。TRIPS 协定是涵盖所有知识产权类型、最全面的知识产权多边协定。它是首个将生物体专利申请合法化的知识产权协定。TRIPS 协定为 WTO 管辖知识产权提供了指导方针。所有 WTO 成员都必须实质性遵循 TRIPS 协定。

不正当竞争（unfair competition）

从法律角度认为不公正的商业行为，由此受到伤害者可提出民事权利请求。商标侵权一直以来被认为属于不正当竞争。其他公认的不正当竞争包括虚假广告、商业诽谤、窃取商业秘密、侵犯和盗用形象权。

《国际植物新品种保护公约》［*the Convention of the International Union for the Protection of New Varieties of Plants*（UPOV）］

是一项给予缔约国的育种者以国民待遇和优先权的国际条约。各缔约国的国家植物品种保护条例应与《国际植物新品种保护公约》的各种规定相一致，例如，要求植物新品种具备特异性、一致性、稳定性和新颖性。

实用性（Utility）

指专利保护发明的实用性。要想获得专利保护，该发明必须是能够实施并可使用，为社会提供一些“有用”的功能。

---

1 McCarthy JT, RE Schechter and DJ Franklyn. 1995 and 2004. *McCarthy's Desk Encyclopedia of Intellectual Property*, 2nd and 3rd editions. The Bureau of National Affairs: Washington, DC.

2 From NIH Research Tools Guidelines. ott. od. nih. gov/policy/rt_guide. html.